DICCIONARIO
CRÍTICO ETIMOLÓGICO
CASTELLANO E HISPÁNICO

VOLUMEN III

BIBLIOTECA ROMÁNICA HISPÁNICA

Fundada por Dámaso Alonso

V. DICCIONARIOS, 7

DICCIONARIO
CRÍTICO ETIMOLÓGICO
CASTELLANO E HISPÁNICO

POR

JOAN COROMINAS

Profesor de Filología Románica en la Universidad de Chicago
Miembro del Institut d'Estudis Catalans

CON LA COLABORACIÓN DE

JOSÉ A. PASCUAL

Profesor de Gramática Histórica de la Lengua Española en la Universidad de Sevilla

G-MA

EDITORIAL GREDOS
MADRID

EDITORIAL GREDOS, S. A.

López de Hoyos, 141, Madrid.
www.editorialgredos.com

PRIMERA EDICIÓN, 1980.
    6.ª reimpresión.

Depósito Legal: M. 19720 - 2007

ISBN 978-84-249-1362-5. Obra completa.
ISBN 978-84-249-1365-6. Tomo III.

Impreso en España. Printed in Spain
Impreso en Top Printer Plus, S.A.

G

GABACHO, nombre despectivo que se aplica a
los franceses, procede de oc. *gavach* 'montañés
grosero', 'persona procedente de una región septentrional y que habla mal el lenguaje del país',
propiamente 'buche de ave' y 'bocio', por la frecuencia de esta enfermedad entre los montañeses
de las zonas occitanas septentrionales, voz de origen prerromano no bien precisado. *1.ª doc.*: principios del S. XVI[1]; 1610, Góngora, *Las Firmezas
de Isabela*[2].

Aut. cita otro ej. de Quevedo, y fundándose
en su etimología inaceptable como derivado del
Gave bearnés, afirma que se refiere «a los naturales de los Pueblos que están a las faldas de
los Pyrineos entre el río llamado *Gaba*, porque...
vienen al Reino de Aragón...», y agrega que significa «soez, asqueroso, sucio, puerco y ruin». Ningún fundamento tiene todo esto, procedente al
parecer de algún académico aragonés que había
oído hablar del Gave de Pau y se le ocurrió relacionar su nombre con el hecho de que los franceses que pasaban a Aragón eran, como es natural, bearneses en su mayor parte. El hecho es
que *gabacho* se ha aplicado en España, y como
término peyorativo, a los franceses de todas partes, a los cuales, como tantas veces ocurre con
los extranjeros vecinos, se atribuyen a menudo
muchos defectos; igual ocurre con el cat. *gavatx*.

El vocablo es vivo y muy arraigado en los varios
dialectos de Gascuña y Languedoc, y Rabelais ya
emplea *guavasche* en el sentido secundario de
'hombre cobarde': en el Gers es 'persona extranjera', en la zona bordelesa 'el que habla mal
una lengua', y especialmente se aplica a una isla
lingüística de lengua de oïl enclavada en territorio occitano, cerca de la Réole; Mâzuc (Hérault)
dice que se aplica a los montañeses del Tarn, el
Aveyron y el Lozère, Vayssier (Aveyron) dice que

sólo a los del último de estos tres departamentos,
Sauvages (Gard) afirma que es «grossier, rustre,
montagnard», y así éste como A. Ortelio, seguido
por Covarr., aseguran que viene de GABALUS o
GABALITANUS, étnico galorromano correspondiente
al actual territorio del Lozère; pero esta etimología de sonsonete es tan imposible, por razones
fonéticas, como la relación con el nombre del
Gave; no hay duda de que los españoles aplicaron a todos los franceses esta denominación, que
oían aplicada con carácter desfavorable por los
franceses fronterizos a sus connacionales de más
al Norte. Con otro sufijo, *gavot* se aplica en Provenza y zonas languedocianas, auvernesas y francoprovenzales próximas, a los habitantes de la alta
Provenza o de otras zonas montañesas vecinas.

Ahora bien, junto a estos dos nombres étnicos,
existen en las hablas occitanas, y en algunas italianas y francesas, las mismas dos palabras, con
el significado de 'bocio' y de 'buche de las aves':
oc. *gava(y)ch*, *gavai*, *gavachou*, y por otra parte
Cantal *gabot*, fr. *jabot* (es verdad que éste tiene
una *-b-* inexplicada). En este sentido, el vocablo
tiene mayor extensión geográfica: Servigliano (entre el Abruzo y las Marcas) *caacciu* «gozzo di
piccioni, galline» (*ARom.* XIII, 250; dialecto que
pierde la *v* intervocálica), calabrés *gavattsẹ* m.
«gozzo» (*ARom.* IX, 164), el derivado Val Anzasca *gavağúṅ* 'glotón' (*ARom.* XIII, 170), y el
cat. *gavaig* 'buche de las aves y de otros animales', documentado desde el S. XIII[3], hoy vivo
en las Baleares y, si no autóctono (según las apariencias), por lo menos arraigado desde antiguo.

No puede haber duda de que *gavach* y *gavot* tienen una raíz común *gava*, conservada como
nombre del buche en Picardía [*gave*, S. XIII],
Auvernia y otras partes de Francia, y que ha
dado todavía otros derivados (fr. *gavion* 'gaznate', oc. ant. y gasc. *gavier* íd. y 'bocio', de donde en Bigorra *gaouerut* 'atacado de bocio', apli-

cado como apodo a los habitantes de Gerde:
Rom. XII, 584). Tampoco puede caber duda que
se trata de un vocablo prerromano, pero ignoramos a qué idioma pertenecería, aunque su gran
extensión en Francia y tal vez el sufijo -*ach* pue- 5
den sugerir el céltico. Pero quedan muchos detalles oscuros: sobre todo la *b* de *jabot* y la forma exacta y base etimológica del sufijo de *gavach*[4].
No son satisfactorios los esfuerzos etimológicos
de Fay (*Rev. de Phil. Fr.* XXII, 189-201), que 10
quisiera identificar *gavach* con *cagot* 'leproso' (a
lo cual parece inclinarse también Sainéan, *Sources Indig.* I, 286), ni de Brüch (*ZRPh.* LI, 683),
que forja una base *GABIBAGIUM, combinación del
tipo fr. *bague* 'saco, bolsa', con *gave* 'buche', de- 15
rivado regresivamente de la base *GABĬTA, de donde proceden el fr. *joue* 'mejilla' y sus congéneres.
Véase provisionalmente *FEW* IV, 1-12, y comp.
GARGAJO.
   DERIV. *Gabacha* 'dengue de paño que usan las 20
aldeanas de Zamora y Sanabria'[5]. *Gabachada.*
   Gavota [Acad. 1884, no 1843], del fr. *gavotte*
íd., derivado de oc. *gavot* 'montañés', estudiado
arriba.
   [1] D. Fernando Colón tuvo en su biblioteca un 25
folleto titulado *Coplas a los gavachos, gascones
y franceses* escrito por Juan del Hierro; como
Colón murió en julio de 1539, el opúsculo ha
de ser anterior a esa fecha y por tanto sirve para
atestiguar el empleo de la palabra a comienzos 30
del S. XVI (comunicación de A. Rodríguez-Mo-
ñino).— [2] Ed. Foulché, I, p. 419. Alemany traduce
mal los dos pasajes, y en el segundo atribuye abusivamente su interpretación 'lacayo, peón' a
Terr., que sólo reproduce las palabras de *Aut.* 35
con que este diccionario se hace eco del concepto desfavorable que envuelve el vocablo. En
ambos pasajes significa 'francés', con el habitual
matiz peyorativo.— [3] *Gavag* está ya glosando el
ár. *qânişa* 'estómago de las aves' en R. Martí 40
(S. XIII), lo emplean Eiximenis y S. Vicente Ferrer, y figura en un manuscrito bíblico medieval,
vid. Dicc. Balari.— [4] Puede pensarse en el productivo sufijo céltico -ACTA ∾ -ACTO (Pedersen,
Gramm., § 380), aunque éste sirva en los idiomas 45
insulares para formar abstractos y nombres de acción, comp. el galo *Bibracte*, derivado de *bibr-*,
nombre del castor, y quizá *Loeches* (prov. Madrid), famoso por sus aguas, venga de *LOVACTE
(irl. *lo* 'agua', galo *Lov-*). Pero entonces no sólo 50
nos veríamos obligados a considerar occitanismos
las formas de Calabria y de Servigliano (ésta quizá importada de la Alta Italia), lo cual es casi forzoso de todos modos, sino también el cat. *gavaig* 'buche'; ahora bien, éste aparece ya en el 55
S. XIII, y como ya he dicho tiene apariencias
autóctonas. Por otra parte, varias formas galorromances al parecer postulan más bien una base
como -AGIU o -AJU: *gavai* en el picardo G. de
Coincy (h. 1223), Bajos Alpes y Niza *gavai*, prov. 60

gavagi, Aix *s'engavajà*, Barcelonnette *gavàis* «jabot des oiseaux granivores», «goître»; y sin embargo la forma *gavach, -acho*, de Mâzuc, Vayssier, Sauvages, etc., y el derivado *engavachar*
(Gard, Lozère, Cantal), representan realmente 5
-ACTU. Por esto Wartburg sugiere que haya dos
sufijos homónimos de origen diferente, lo cual
debiera fundamentarse detenidamente, pues a
primera vista cuesta de creer. Y no se reducen
ahí las dificultades de forma, pues se extraña la 10
vocal final de Barcelonnette *gavàchou* 'bocio',
átona y por lo tanto diferente del sufijo -*ou*(*n*)
del prov. y lemosín *gavachou*. El hápax cat. ant.
engavajar 'llenar el buche' (Eiximenis, en Balari) también parece indicar que el sufijo en ca- 15
talán era de la forma -AGIO- y que, por consiguiente, podía ser voz autóctona.— [5] Nada que ver
con *GABÁN*, contra lo que sugiere el *FEW* II,
1*b*, nota.

   GABÁN, probablemente del ár. *qabâ'* 'sobretodo
de hombre'. 1.ª doc.: *gavant*, invent. arag. de 1362[1].
   En los *Refranes que dizen las Viejas tras el
fuego* (med. S. XV) se lee «botas y *gaván* encu- 25
bren mucho mal»[2]. Figura también *gaván*, como
palabra de rústicos, en la Farsa de Alonso de
Salaya[3] (3.ʳ cuarto del S. XVI), en Mariana y en
Cervantes, para el vestido de una pastora en el
navarro Arbolanche (1566), 181r6, y hoy sigue sien- 30
do usual, aunque Juan de Valdés, h. 1535, pretendía
que *gaván* y *balandrán* eran voces anticuadas desde
muchos años (*Diál. de la L.*, 107.23)[4]. Estudió detenidamente el problema etimológico Vidos, *ZFSL*
LVIII, 449-57, y en líneas generales se pueden 35
aceptar sus conclusiones.
   El ár. *qabâ'* pertenece al idioma clásico, y fué
también corriente en España (R. Martí); parece
ser muy antiguo en el idioma, aunque no puede
asegurarse que venga del tiempo de Mahoma, pues 40
la leyenda referente al profeta, en que se menciona
el vocablo, figura en un autor posterior; hay razones para creer que sea de formación semítica
y que del árabe pasara al persa y no al revés,
como se ha afirmado[5]; comp. *CABAZA*. El it. 45
gabbano se documenta desde 1388 (b. lat. *caba-
nus*), el fr. *caban* (más tarde *gaban*) desde 1448,
oc. *caban* desde 1485; del port. *gabão* y del cat.
gavany [-*nt*, S. XVII] sólo hay datos modernos; en
el Sur de Italia el vocablo es muy popular en la 50
forma *cabbanu* o *capano* (Matera *kuapanę* < *ca-
panu* «pesante cappotto da contadino», *ZRPh.*
XXXVIII, 272). Como Vidos contaba con muy
escasa documentación castellana, creyó que *gabbano* se tomó del árabe en Sicilia y de ahí se ex- 55
tendió por Italia, y a través de Francia pasó a la
Península Ibérica. Ahora sabemos que en España
hay documentación todavía más antigua que en
Italia, y en aquel país tuvo el vocablo carácter
muy popular; luego debemos rectificar sus con- 60
clusiones en el sentido de que *gabán* entró si-

multáneamente por España y por Italia, y resulta dudoso de cuál de los dos países proceden las formas galorromances. En cuanto a la adición de la -n romance, es innecesario, por lo menos en castellano, explicarla por un cruce con *balandrán*, según quiere Vidos, pues es fenómeno normal en los arabismos tras vocal final acentuada, vid. M. L. Wagner, *RFE* XXI, 237-43. De notar es que *gabán* no se tomara con aglutinación del artículo *al-*.

DERIV. Gall. *gambaneta* («*zurrarle a uno la gambaneta*: azotarle» Sarm. *CaG.* 229r). *Engabanar* 'cubrir con gabán' [h. 1665, F. de Navarrete], comp. cat. *engavanyar* 'entorpecer (los movimientos de alguien)'. Vid. *GABARDINA*.

¹ «Una saya de blanchete viella. Un *gavant* vermello viello», *BRAE* III, 89. «Un *gavan* de gamellín. Un sombrero», invent. arag. de 1368, *BRAE* IV, 345. Según Wartburg, el cast. *gabán* estaría ya documentado en 1351, dato cuya procedencia ignoro.— ² *RH* XXV, 149.— ³ Ed. de Gillet, v. 37.— ⁴ También en Mal Lara: «assí a este desposado, viéndole un sene de hazer mercedes, porque estava con su *gaván* rico, pidiéronle de la fruta que tenía» (*Philos. Vulgar* III, refrán 84). La forma *haván* de la edición de 1568 será errata, rectificada en las de 1618 y 1621.— ⁵ En efecto, aunque *qabā* «vêtement, tunique» es palabra de uso general en persa, los vocablos en *q-* son generalmente arabismos (cf. Saleman-Žukovski, *Pers. Gramm.* 144*).

Gabarda, gabardero, V. *agavanzo*

GABARDINA, 'ropón con mangas ajustadas usado por los labradores', resulta de un cruce de *GABÁN* con *tabardina*, diminutivo del sinónimo *TABARDO*. 1.ª doc.: *gavardina*, 1423, E. de Villena, *Arte Cisoria*.

El glosario de la ed. de F. B. Navarro define «casaca o túnica ceñida, de faldas largas, con mangas justas y abotonadas». En las *Coplas del Provincial* (de 1465-73) se habla de «Hernando el de Tovar / con su capa *gavardina*» (así en el ms. del S. XVII; el de la Acad., más moderno, dice *capa y gavardina*: *RH* V, 261). *Aut.*, sin citar autores, define «casaca de faldas largas, y por lo regular de mangas justas y abotonadas», y agrega que así el gabán como la gabardina se empleaban «en los lugares y en el campo». Lo mismo ocurría con el *TABARDO*, otra vieja palabra castellana; de suerte que tendrá razón Segl (*ZRPh.* XXXVII, 217-8) al admitir que *gabardina* es cruce de las dos palabras; o más precisamente, creo yo, de *gabán* con un diminutivo *tabardina*.

Ahora bien, este diminutivo existió realmente: «una *tavardina* de gamellín; una cota tanada de hombre...», en inventario aragonés de 1397 (*BRAE* IV, 218) y en otros dos de 1400 (*VRom.* X, 208).

Del castellano pasó *gabardina* al francés, donde Coquillart (h. 1500) y Rabelais emplean *galvar-*

dine (el pasaje de Rabelais es: «Quaresmeprenant a... la peau comme une *gualvardine*» (IV, capítulo 31, página 126). Hoy subsiste *gabardino* en el Bearne y *caberdaine* o *calembredaine* 'sobretodo' en Picardía, según indica Sainéan, *Sources Indig.* I, 199¹. Y de Francia se trasmitió a Inglaterra, donde se lee en Shakespeare *my Jewish gaberdine*, aunque no era prenda peculiar de los judíos, vid. M. Ch. Linthicum, *PMLA*, h. 1929, 756-66. Recientemente ha tenido *gabardina* una resurrección con la ac. moderna 'sobretodo de tela impermeable', propagada también a varias lenguas extranjeras, aunque falta determinar cuál fué el idioma originario en este caso. Vid. *GALAVARDO*.

¹ Añádanse los datos que proporciona P. Barbier, *ZFSL* LV, 388, cit. por Spitzer *MLN* LXXI, 380.

GABARRA, 'lancha grande que se emplea para transportes y suele ir remolcada', del vasco *gabarra* o *kabarra* íd., y éste del grecolatino CARĀBUS 'bote de mimbres', propiamente 'cangrejo de mar'. 1.ª doc.: *gabarra*, doc. de 1422-61, en bajo latín, referente a Fuenterrabía (Jal, s. v.).

En castellano el documento más antiguo es de 1631 (Céspedes) y se refiere al Bidasoa (*Aut.*). En lengua de Oc hay mucha documentación medieval, procedente toda de Burdeos, el Garona y zonas próximas. En francés, *gabarre* se halla desde el a. 1400 (Du C.), en texto referente a la Charente Inférieure, y hay muchos ejs. del derivado b. lat. *gaba(r)rotus*, desde 1339, en textos referentes al Garona o a la costa francesa del Océano (Du C.). El it. *gabarra* [S. XIX: Zaccaria] y el cat. *gavarra* son recientes y proceden de Francia o del castellano; desde ahí se propagó también *gabâ(r)ra* al árabe africano (Simonet). A juzgar por la evolución fonética y por la localización de los ejs. más antiguos, CARĀBUS debió de transformarse en *gabarra* en vasco, pues sólo allí se explica la traslación del acento; también la metátesis, la *g-* y la duplicación de la *r* se explican allí más fácilmente; de hecho *kabarra* es la forma alto-navarra y *gabarra* la vizcaína y guipuzcoana; desde el vasco se propagó al español, y por otra parte a la zona girondina y a Francia en general. En términos generales está ya tratada correctamente la cuestión en el *FEW* II, 352b¹.

Deberá estudiarse la idea de Sainéan (*Sources I.* I, 180) de que el fr. *bagarre* 'tumulto, reyerta' sea aplicación metafórica de *bagarre* 'gabarra' (quizá por el tumulto que mueven los descargadores del puerto), pues en efecto esta forma metatética está documentada en francés, y la etimología que suele admitirse para *bagarre* 'tumulto' (vasco *batzarr*) presenta insuperables dificultades fonéticas². Sin embargo Schuchardt, *BuR.*, 6, la fórmula razonablemente admitiendo que *batsarre*, que es bearnés por «bagarre, tapage, tumulte» [Palay, y notemos que éste añade un bayonés *batsàrrou, -rre* «personne bruyante, querelleuse», con una variante *batsarre* m. y f.], se cruzó con otra palabra, quizá el sinónimo oc. *brego*; pero quizá todavía es preferible suponer que marinos franceses mezclaran o confundieran las dos palabras *batsarre* y *bagarre* < *gagarre* 'barca' (y 'tripulación jugadora') que venían de unos mismos lugares, significaban casi lo mismo y sonaban de una manera muy parecida.

DERIV. *Gabarrero*. *Gabarrón*.

¹ La sugestión del *AlcM.* de que *gabarra* proceda del ár. *ᶜabbâra* 'barca de paso' (hoy vulgar, Belot, al parecer en el Líbano; *ᶜabbâr* 'barquero' ya en Abenjaldún), deriv. de *ᶜábar* 'atravesar', es poco probable atendiendo a la procedencia atlántica y no mediterránea del vocablo romance.— ² Nótese que Rabelais (II, cap. 5) caracteriza a los *gabarriers* bordeleses como jugadores de cartas. De ahí a 'reyerta' queda poca distancia.

Gabarra, V. *garrapata*

GABARRO, 'especie de úlcera que pueden tener las caballerías en el casco', del mismo origen incierto que el fr. *javart*, oc. *gavar(ri)*, port. *gavarro* (comp. it. *chiavardo*). 1.ª doc.: *gavarro*, S. XIII, *Libro de los Cavallos*, 57.10, 104.3; 1546, en la *Albeitería* del zamorano Reina.

Dice este autor: «*gabarro* es úlcera cavernosa con raíces profundas, que se hace en las antas de los caxcos». *Guauarro* está también en el *Trato de la Gineta* (1551) de Fdo. Chacón, cap. 14. En portugués, el vocablo está ya documentado en 1318, en la *Alveitaria* de Mestre Giraldo, que en relación con esta dolencia de los caballos habla de la carne que crece dentro de la llaga (56.42, vid. C. Michaëlis, *RL* XIII, 334). Ignoramos dónde se acentuaba el cat. ant. *gavarro*, que ya aparece en la *Manescalia* editada por Batllori, correspondiente a los SS. XIV o XV: «cura a sobre os; cure per aristella; cura per *gavarro*; cura per fals quarter» (*AORBB* V, 205). En lengua de Oc tenemos *gavar* como forma languedociana, *gavarri* rodanense y *javar* lemosina. En francés se halla *javart* desde 1393, pero Olivier de Serres, que era del Ardèche, escribe *javarre* a princ. S. XVII (del francés pasó al piam. y milan. *giavard*). Finalmente, hay un vco. *kabarro* 'gabarro, enfermedad del ganado' registrado en el Baztán y en la vecina localidad francesa de las Aldudes (donde además significa 'divieso' en general), pero interesa más bien como indicio del área de máxima popularidad del vocablo, pues todos los indicios son (entre ellos la *k-* < *g-*) de que penetró allá desde el romance. Reconoció Wartburg, *FEW* IV, 11, n. 9, que en Francia el vocablo vendrá del occitano, según indica el sufijo *-arr*, ajeno al francés. En cuanto a suponer, como hace Brüch (*ZRPh.* XXXVIII, 688), que del francés pasara a la lengua de Oc y de ahí al castellano y al portugués, claro está que es imposible, pues además de que el vocablo aparece en Castilla y en Portugal antes que en nin-

guna parte, no es admisible que la *j-* se convirtiera en *g-*; todo indica, por el contrario, que la *-t* de la terminación *-art* no es más que una grafía sin valor fónico. Quizá sea cierto que el étimo en definitiva se halle en el prerromano ⋆GABA 'buche', de donde 'bulto' > 'tumor', según propuso Dauzat y admite Wartburg. Sin embargo, nótese que el tipo GABA es completamente desconocido en español y portugués. Por otra parte, el it. *chiavardo* 'furúnculo de las caballerías', que probablemente designa el gabarro, sugiere la posibilidad de que el significado fundamental sea el de 'clavo', de donde 'clavo de tumor', y de ahí 'gabarro' (comp. la ac. secundaria «n ó d u l o de composición distinta...»). Entonces podría tratarse de un derivado de oc. *gabarro* 'clavo'¹, cat. *gavarrot* 'tachuela' (Cataluña, Valencia), que parece ser originariamente 'clavo para gabarras' (V. este artículo), pues en Toulouse se les llama *clabèls de gabarro* (Doujat) y los *clavis de gabarra* aparecen ya en un documento medieval de la Gironda (Levy)²; es verdad que en el nombre de la GABARRA no se conocen formas con *j-* francés ni en el Norte occitano, lo cual obligaría a suponer que en estas zonas es palabra importada, con adaptación a la fonética local.

En castellano, desde luego, el primitivo es el sentido veterinario; de ahí después 'enfermedad de las gallinas, pepita o moquillo', por otra parte 'defecto que se descubre en lo que se compra después de celebrada la venta' (por la habilidad de los traficantes en ocultar el gabarro de las caballerías, vid. DOLAMA), 'defecto en la urdimbre', 'error en las cuentas' (todos ellos ya en *Aut.*), 'nódulo de composición distinta de la masa de la piedra en que se encuentra encerrado', 'pasta que se aplica en caliente para llenar las faltas de los sillares'.

En cuanto al salm. *gabarro* 'abejón', 'zángano, holgazán', es otra palabra, quizá metátesis de *vagarro*, que tiene los mismos sentidos en catalán, y podría ser derivado de VAGAR; en la Bureba *gabarrón* es «insecto que chupa la sangre de las bestias, esp. de los bueyes», Gnzz. Ollé, *RDTP* IX, 3; la idea de éste de que proceda de su sinónimo lat. CRABRO, -ONIS (*gabarro* sería entonces derivado regresivo), es muy razonable fonéticamente y dada la persistencia segura del vocablo en España, en otras acs., pero de ninguna manera puede darse por cierta habiendo fuertes razones en pro de otras explicaciones históricas. G. de Diego, *BRAE* XXXV, 191-6, ha ampliado y desarrollado la idea, suponiendo que de 'abejón' pasara *gabarro* a significar «carga, molestia»³, y desde ahí a 'tumor del casco de las caballerías', lo cual ya es inverosímil, siendo así que esta ac. se documenta en cast. y port. desde el S. XIII, y reaparece en el oc. *gavar*, fr. *javart* [1393]. Creo más bien que ésta sea palabra independiente y que de ella (y no de 'abejón') venga la ac. berciana y navarra

figurada. Sigue G. de Diego tratando de apoyar
la etimología de G. Ollé por medio de la forma
cabarrón empleada en Santander (G. Lomas) y en
el Alto Aller (Rdz. Cast., p. 209), pero con esto,
en vez de apoyar la idea, nos lleva a rechazarla, 5
pues en estas hablas *cabarrón* significa 'garrapata'
(y esto mismo es lo que debe de significar *gabarrón* en la Bureba) y no es más que aumentativo
de *cabarra* íd., empleado allí mismo, el cual a
su vez es inseparable de *caparra* y de *garrapata* 10
(< *caparrata*); como éste tiene claros y seguros enlaces en vasco y prerromano, y también por razones semánticas, hay que desechar la idea de que
venga de CRABRO, y el corolario de esto es que el
gabarrón de la Bureba (que a juzgar por la des- 15
cripción debe de ser una garrapata y no un abejón) saldrá también, en definitiva, de la familia prerromana de *garrapata*.

En cuanto a *tabarro*, no será debido a un cruce
de estos vocablos con *TÁBANO*; V. este artículo. 20
¹ Así en Montbarbier (Tarn-et-Garonne, *VKR*
V, 353).— ² Comp. el granadino *algabarra* 'taco
de madera que sirve para sujetar el macho de
los martinetes', que Eguílaz quisiera derivar de
un ár. *ǧabâra* «éclisse», «ferula».— ³ Así lo define 25
G. Rey para el Bierzo (*mal gabarro tienes con
tu hermano por las partijas*). En sentido análogo,
gabarro y *gabarra* en Navarra (Iribarren) y en
Andalucía (AV, sólo en la 2.ª ed.). Además estaría en Nicolás de Azara, lo cual no podemos 30
comprobar.

Gabarrón, V. *gabarra* y *garrapata*

GABARSE, palabra arcaica y gallegoportuguesa, 35
del germ. GABBAN 'alabarse, jactarse'. *1.ª doc.:*
S. XIII.

Tras algunos pocos ejs. alfonsíes el vocablo desaparece en seguida en castellano. Abunda en los
textos gallegos y portugueses medievales. *Gabança* 40
'prestigio, honra' está en las *Ctgs.,* 9.16, *gabarse*
y *gabo* 'jactancia' en cantigas del segrel gallego del
S. XIII Pero da Ponte (R. Lapa, *CEsc.* 359.5,
353.8), *gabarse, gabança* y *gabador* son frecuentes
en la *Crón. Troyana* (V. el vocab. de Parker, p. 45
119). No lo es menos *gabar-se* en Portugal, desde
la misma época y allí sigue muy vivo; también
en gallego (Castelao, 31.19). El tipo germ. GABBAN
se ha conservado en las lenguas escandinavas —es
ya islandés antiguo—, en anglosajón, en bajo ale- 50
mán y neerlandés; como hay enlace etimológico
claro con una raíz indoeuropea (*IEW*, 422), puede
admitirse que existió en gótico o suevo.

DERIV. *Gabe* 'escarnio' [Berceo, *Duelo,* 197a].
Gabiento, gaboso. 55

Gabasa, V. *bagasa   Gábata,* V. *gaveta   Ga-
bazo,* V. *baga I   Gabejo,* V. *gavilla   Gabela,*
V. *alcabala   Gabia,* V. *jaula   Gabijón,* V. *gavilla*

GABINETE, 'aposento íntimo', del fr. medio
gabinet íd. (fr. *cabinet*), diminutivo del fr. *cabine,*
ingl. *cabin,* 'choza', 'cuarto pequeño', de origen
incierto; si tiene que ver con el lat vg. CAPANNA
(vid. *CABAÑA*), tendría que ser alteración in- 5
glesa de esta palabra, luego trasmitida a Francia.
1.ª doc.: gabineto, 1702, Cienfuegos; *gabinete,*
Aut.

Falta todavía en Oudin, Covarr., Franciosini.
Aut. define «el Congresso o Junta en que se tra- 10
tan las materias más arcanas de Estado, en presencia del Soberano», «el aposento en los Palacios o casas de los principales señores, en lo más
interior de ellos, destinado a su recogimiento»,
«pieza que suelen tener las señoras para peinarse 15
y componerse». Para el origen, vid. *FEW* II, 13*b*
y 14*b*. El fr. *cabinet* se halla desde 1525, y también hay *gabinet* antiguamente (1549-1637); el it.
gabinetto aparece no sólo en el S XVII, como
dice Wartburg (Davila, etc.), sino ya en Rucellai 20
(princ. S. XVI); el ingl. *cabinet* desde 1549. Como el vocablo surge simultáneamente en los tres
idiomas, en italiano no existe su primitivo, y en
francés el sufijo *-et* es más vivo que en inglés,
es probable que el diminutivo *cabinet* se creara 25
en el Norte de Francia, y que de ahí se propagara al castellano y demás idiomas. En cuanto a
cabine, el problema es más difícil. Cree Wartburg que nació en Picardía, de donde procede el
más antiguo ej. francés, de 1364, aplicado a una 30
choza en donde se reúnen jugadores: pero como
no hay nada parecido en neerlandés y el vocablo
por su *-b-* intervocálica no puede ser autóctono
en esta zona, se deberá seguir buscando una procedencia exterior. No me parece claro que el 35
origen inglés y la posibilidad de que en definitiva
proceda de *cabanne* 'cabaña' estén tan descartados como afirma Wartburg. Pues el ingl. *cabin*
(en la forma *caban*) se halla, según Skeat, ya en
la primera versión del *Piers Plowman,* que se re- 40
monta a 1362; ahora bien, en inglés *cabin* es
una alteración fonética natural de *caban*. Por otra
parte, el fr. *cabanne,* antiguo occitanismo arraigado en la toponimia hasta la altura de París, está
registrado desde 1387; es verdad que por esta 45
época sólo se ha hallado hasta ahora en autores
meridionales, y no hay testimonios seguros de
que el vocablo adquiriera arraigo en el Norte de
Francia antes del S. XVI, y sin embargo ello es
posible. De allí pudo pasar a Inglaterra, o bien 50
pudieron tomarlo directamente los ingleses de sus
amplias posesiones occitanas medievales. Desde Inglaterra pudo el vocablo trasplantarse nuevamente
al Norte de Francia con su vocalismo alterado.

Gabiñón, gabita, gabitu, V. *gavilán*

GABLETE, 'remate en ápice agudo que se po-
nía en los edificios de estilo ojival', del fr. *gablet*
'pequeño remate triangular que adorna las hor- 60

nacinas y los palios', diminutivo del fr. ant. y dial. *gable* 'gablete', de origen incierto, quizá galo. *1.ª doc.*: Acad. 1899.

Vid. *FEW* IV, 17*b*. En francés, el vocablo es de uso poco común; más lo son los galicismos ingleses *gable* y *gablet*, de igual significado. En el céltico insular *gabhal* o *gabul* significan 'horca (de ahorcar)', y el mismo valor tiene ya GABALUS en algún autor latino (Varrón), donde se supone préstamo galo, y GABULUM en glosas; al significado romance se habría pasado mediante la idea de 'objeto saliente'. Sin embargo, como en francés el vocablo pertenece sobre todo a los dialectos normandos, sigue abierta la posibilidad de partir del escand. ant. *gafl* 'pared que remata una casa', aunque Wartburg la rechace.

Ga(b)u, V. *gayo*

GACELA, 'especie de antílope africano y asiático', del ár. *ġazâla* íd. *1.ª doc.*: 1570, Mármol.

Aut., s. v. *gazela*. *Algacel*, procedente del ár. *ġazâl*, se halla ya en los Libros de Astronomía de Alfonso el Sabio. El it. *gazzella* aparece por primera vez en versión de un texto portugués de 1515, vid. Zaccaria. Dozy, *Gloss.*, 271; Eguílaz, 403.

Deriv. *Gacel* 'macho de la gacela'.

GACETA, 'periódico', del it. *gazzetta* íd., de origen incierto, probablemente diminutivo del venec. *gaza* (it. *gazza*) 'urraca', por la verbosidad mendaz de las gacetas; el vocablo italiano procede del lat. GAJA, nombre propio de mujer, que en la baja época se aplicó a la urraca. *1.ª doc.*: 1614, Cervantes, *Viaje del Parnaso*, ed. Rodríguez Marín, p. 157.

Mahn, *Etym. Untersuch.*, 90-92; Diez, *Wb.*, 159. Después de Cervantes aparece en una carta de 1618, en Polo de Medina (h. 1630), etc. En Italia aparece ya en la segunda mitad del S. XVI, al parecer desde 1563, desde luego en el diccionario de Florio (1598), y del italiano ha pasado a las demás lenguas modernas. Consta con seguridad que las primeras gacetas aparecieron en Venecia, con las noticias de la guerra que la República hacía contra los turcos; y de hecho habla Cervantes de lo que lee «en la gaceta de Venecia» (Terlingen, 316-7). Ha sido tradicional desde Ménage afirmar que el nombre de *gazzetta* les venía de que costaban una *gazzetta*, moneda de muy escaso valor[1]. Esta derivación se funda en el testimonio de un desconocido («un valentuomo») a quien invoca Ménage (1650 y 1685) sin ni siquiera asegurar que tenga razón («fides sit penes auctorem») y en el de autores tardíos (Ferrari, 1676; Gozzi, med. S. XVIII). A pesar de fundamentos tan precarios, la mayor parte de los etimologistas dan todo esto como hecho averiguado (M-L., Wartburg, Bloch; etc.)[2],

y Mahn agrega que *gazzetta* 'moneda' debe proceder del gr. γάζα 'tesoro', supuesto inverosímil que ha encontrado poco crédito. Algunos, sin embargo (Schmeller, *Bayer. Wb.* IV, 293; Riegler, *Das Tier im Spiegel der Sprache*, p. 159), han preferido derivar directamente del nombre de la urraca. Dejando aparte el pormenor, supuesto por Schmeller, de que las antiguas gacetas llevaran como emblema una figura de urraca, lo cual no parece ser cierto, es probable que esta segunda opinión esté mejor fundada. Como observa Diez, este nombre no lo pondrían los gaceteros, sino el público que leía sus escritos, y veía a cada paso desmentidas sus audaces afirmaciones. Véanse los datos reunidos por Rodríguez Marín y se comprobará que no sólo las noticias publicadas en estos papeles eran muchas veces fantásticas, sino que lejos de dar hechos escuetos y explicados en términos lacónicos, como imagina Mahn, solían compensar su escasez de noticias con relatos imaginarios de lejanas batallas: desde entonces se ha hecho proverbial la mendacidad de los gaceteros, en frases como *mentir más que la gaceta*. Cabría incluso pensar que fuese la gaceta la que diera nombre a la moneda que costaba su lectura y no al revés; sin embargo, según Prati, esta moneda se creó ya en 1539.

El it. *gazza* en su sentido propio pertenece a una familia muy extendida en romance, a la cual pertenecen, además del fr. *geai*, cat. *gaig*, 'arrendajo', el arag., nav. y alav. *gayo* 'grajo', que A. de la Torre (h. 1440) empleó en la forma *cayo* (*DHist.*).

Deriv. *Gacetable. Gacetero; gacetera. Gacetilla; gacetillero. Gacetista.*

[1] Observa Skeat que no es verosímil que un diario costara tan poco en aquel tiempo, por lo que deberá entenderse que este precio no se pagaba por adquirir una gaceta, sino por el derecho de leerla.— [2] Sin exceptuar a Migliorini-Duro ni a Prati, quien invoca el testimonio de Buonarroti el Joven. Pero esto no es exacto, según Tommaseo: el que lo afirma sería un comentador de Buonarroti, el tardío Salvini.

Gachapero, V. *agua*   *Gachapo*, V. *cacho* I

GACHAS, 'comida compuesta de harina cocida con agua y sal', origen incierto. *1.ª doc.*: 1.ª mitad del S. XV, *Refranes que dizen las viejas tras el fuego*, n.º 340: «guay de gachas, a tal hora comidas con punta de alfilel» (*RH* XXV, 159).

También en APal.: «*mictilis*, la pobrezilla que faze *gachas*», 280*b*; «*pollis*... es farina de que fazen *gachas*», 370*b*[1]. Luego aparece en el Inca Garcilaso (1609) y en Oudin («de la bouillie»), Covarr. y Minsheu (1623)[2]; Martínez de Espinar (1644) lo aplica a una masa hecha con pólvora, y así *Aut.* advierte que se puede decir de cualquier masa blanda con mucho de líquido: claro está que es

ac. secundaria, a pesar de que la Acad. la tome
como básica³. En otros romances no hay otra forma emparentada, según nota Baist (*KJRPh.* VI, i,
390), que el port. *cachaça* 'aguardiente que se extrae
de las borras de la melaza' y 'espuma producida
con el primer hervor de la caña de azúcar' (ya
Moraes), ac. ésta que Moraes considera brasileña
y en la cual *cachaza* ha pasado al castellano de
Cuba y América del Centro y del Sur⁴. Aun suponiendo que este vocablo portugués fuese castellanismo (tomado de un preliterario **cachas*), no
sería posible derivar *gachas* del lat. COACTUS, participio de CŌGĔRE 'concentrar', que en Virgilio,
Plinio y otros significa 'espesar, condensar, cuajar'
(*cogere lac in duritiam*), como propone M. P.,
Rom. XXIX, 352-3, pues COACTAS no podía dar
otra cosa que **cuechas* o **güechas*. Es verdad que
AGACHAR quizá proceda de COACTARE, con otro
tratamiento fonético, correspondiente a la posición pretónica, y que de *agachar* se derivó tardíamente un adjetivo *gacho* 'agachado' pero además de
que esta etimología de AGACHAR no es nada segura, no es posible derivar *gachas* de *agachar*, pues
no hay noticia, ni verosimilitud, de que *agachar*
significara jamás en cast. 'condensar' o 'cuajar'.
    Semánticamente es inconcebible que pueda venir
de *caja* o del lat. CAPSA, ni aun suponiendo, con
GdDD 1419, que primero significara 'vainas de
legumbre', sentido del ast. *caxina* (R), y aunque
sea cierto que este vocablo en algún punto llegue
a tomar la forma *cachas* o *cacharitas* (así en ciertos
lugares de Santander, según G. Lomas), lo que
sólo se comprende por una confusión esporádica
con *cachas* 'guardas de navaja'; el hápax *cacha-*
pucha (junto al cual cita GdDD un cast. desusado
cachipuches, que no documenta), empleado por
Bart. J. Gallardo hablando de cierta producción
intelectual, aunque el *DHist.* lo entienda como
«gatuperio, revoltillo, bodrio», difícilmente puede
valer como prueba de que ha existido la variante
cacha para 'gachas'; no es cierto que G. Rey traiga
un berc. *cachela* 'quijada' (sólo *cachelos* 'trozos
grandes de patatas cocidas', deriv. de *cacho* 'trozo'
CACCULU, sin relación directa con nada de esto).
    Más aceptable es la idea de Covarrubias: «*ga-*
chas: las migas muy menudas: de *cachas,* porque
cacho vale pedaço, y la *g-* y la *c-* se permutan».
No hay inconveniente fonético en aceptarlo, ni
tiene nada la etimología de *CACHO* 'pedazo' que
se oponga a que de ahí derivemos nuestro voca-
blo⁵; a la verdad las gachas son hoy muy diferentes de las migas, que aunque son pedacitos de
pan humedecidos, se fríen hasta quedar completamente secos⁶; peor es que no tenemos otras noticias de que las gachas se hayan hecho de migajas
o pedazos de pan, sino de harina. De todos modos
no es inverosímil que en algún tiempo se hicieran
de pan desmenuzado, aprovechando mendrugos,
pero todo ha de quedar pendiente de que se confirme este detalle.

DERIV. *Gacheta* 'engrudo'. *Gachuela. Gachón*
'mimado', 'dulzón' [*Aut.*] (de *gachas* 'mimos', ac.
figurada, por la consistencia blanda de las gachas);
gachonada; gachonería.
¹ El Glosario de Toledo (h. 1400) sólo trae como
traducción del lat. *puls* una forma *pullada,* que
parece ser variante de POLEADAS, el cual figura
también en APal. (330, 395), como si fuese cosa
algo distinta de *gachas.* Otro sinónimo es PU-
CHES.— ² «*Gacha:* a kind of hodgepotch made
of flower, water, butter and honie». Este pormenor de que las gachas se hacían con miel consta
también en *Aut.* y en Acad. 1843, mientras que
las ediciones recientes dicen sólo que se pueden
aderezar con miel, leche y otros ingredientes.—
³ Como ya nota Covarr., es común decir del lodo,
cuando es muy blando, que está hecho gachas.—
⁴ En Puerto Rico se distingue entre *cachaza* y
cachipa 'posos que el guarapo cocido deja en las
pailas' (Navarro Tomás, *Esp. en P. R.,* 161), derivado con sufijo diferente.— ⁵ El port. *cachaça*
no podría entonces ser autóctono, comp. port.
caco 'pedazo', pero *cacho* llega hasta el leonés y
hablas fronterizas de Portugal.— ⁶ La Acad. asegura que antiguamente *miga* significaba una papilla
para niños, dato cuya fuente no conozco.

Gachapo, V. *cacho* I   *Gacheta,* V. *gachas* y
agachar   Gacho, V. *agachar   Gachón, gacho-*
nada, gachonería, gachuela, V. *gachas*

GACHUMBO, origen incierto. *1.ª doc.:* ca-
chumbo, Aut.; gachumbo, Acad. 1843, no 1817.
    Léese en *Aut.* «especie de coco, cuya madera
es dura y fuerte, de color amusco claro, que en
labrándose queda tan lisa que reluce; sirve para
hacer rosarios, tabaqueras y otras buxerías curio-
sas». El Arancel de Aduanas de 1782 cita los bastones de *cachumbo* junto con los de cuerno, hueso,
coco y metal (*DHist.*). Pero ya en 1843 la Acad.
se limita en el artículo *cachumbo* a remitir a *ga-*
chumbo, el cual define «en varias partes de América, la cubierta leñosa y dura de varios frutos,
de los cuales hacen vasijas, tazas y otros utensilios», y así ha quedado hasta hoy. Ignoro las fuentes de la Acad.: el vocablo falta en Alcedo (1789).
Malaret dice que no se conoce tal cosa en Colombia ni en Chile, basándose en la afirmación
de Sundheim y de Cavada respectivamente, y por
su parte agrega que no es voz conocida en parte
alguna importante de América. Del uso del vocablo en España es testimonio el cat. *catxumbo,* documentado en 1789, 1794, y modernamente en el
Ampurdán y en Mallorca, hablando de bastones,
rosarios y zapatos de este material; por mi parte
he oído muchas veces decir que algo es *de color*
de catxumbo cuando tiene un color sucio o in-
definible. En América acaso haya parentesco con
el aimará *cachuma,* quichua *cáchum,* nombre de
una planta indígena parecida al pepino, documen-

tado varias veces desde Garcilaso el Inca (1602), vid. Friederici, *Am. Wb.*, 112. Sería concebible que de la cáscara de un fruto semejante al pepino se hicieran vasijas, y que el vocablo se aplicara secundariamente a un árbol de fruta análoga al coco, empleada con el mismo destino, cuya madera por otra parte se usara para hacer bastones, etc.; tampoco habría dificultad en el cambio de *cachuma* en *cachumbo*, comp. *balumba* < *baluma*, *balumo;* entonces debería partirse del aimará y buscar el origen en Bolivia (nada parecido en Ciro Bayo). De todos modos inspira desconfianza lo incompleto y vago de la documentación. ¿O será de origen africano? Quizá lo más probable sea que haya una confusión de la Acad. y no se trate de un árbol americano, sino malayo; tal vez una deformación de *cachunde*, port. *cachondé*, aunque éste no es nombre del árbol, sino de la pasta masticatoria que se extrae de su madera. *Cachunde* es compuesto del malayo *kãču*, nombre del árbol, y *ondeh* 'bollo, pastelito'; en cuanto a *kãču*, port. *cacho* o *catechu*, con su derivado *catechueira*, son el nombre de la *Acacia suma*, árbol malayo también llamado *pau-ferro* por los portugueses, cuya madera «é universalmente estimada pela sua *duração*» (vid. Dalgado I, 165, 233-4; Fig.). Comp. brasil. *cachumba* 'inflamación de las parótidas'[1].

[1] El colomb. *cachumbo* 'torcido, rizo' vendría del port. *cacho* 'racimo', según Cuervo, *Ap.*, § 886; véase también Sundheim.

Gachupín, V. *cacho I*   *Gadapero*, V. *guadapero*

GAFA, del cat. *gafa* íd., derivado del verbo cat. y oc. *gafar*, *agafar*, 'coger', de origen incierto, probablemente prerromano, de un radical seguramente sorotáptico GAF-, perteneciente a la raíz indoeuropea GHABH-, que es común a gran parte de las lenguas de esta gran familia: célt. *gabi-*, 'coger, agarrar', 'aguantar', eslavo *gabati* 'coger, empuñar', báltico *gab-* 'allegar', 'llevarse', etc.; es vocablo independiente del cast. ant. *gafo* 'leproso', que parece procedente del ár. *qáfᶜa* 'contraída, encogida, enroscada', por alusión a la forma encorvada que da a las manos y pies de ese enfermo la contracción de sus nervios. *1.ª doc.:* S. XV, Quirós, *Canc. Cast. S. XV*, II, 294; 1570, C. de las Casas[1].

Palabra tardía en castellano, que falta en Nebr., APal., los invent. aragoneses, los glos. de Castro y otras fuentes medievales. Covarr. (1611) y Martínez de Espinar (1644) mencionan las *gafas* de armar la ballesta, Góngora ya emplea el vocablo en el sentido de 'anteojos', y *Aut.* apenas recoge alguna ac. más, de carácter secundario; otros vocablos de la misma familia casi no son castellanos: según Covarr.; habría *gafar* «arrebatar con las uñas, o con instrumento corvado y gafo», de-

finición que inspira desconfianza por su resabio etimológico, por lo demás es vocablo muy raramente usado, quizá sólo recuerdo del largo período en que Covarr. habitó Valencia; *gafete* «lo mismo que corchete; úsase más frecuentemente en Aragón», según *Aut.;* el arag. *gafet* sí es frecuente y antiguo, desde un invent. de 1411 (*VRom* X, 158). En portugués nuestra familia no está más firmemente arraigada que en castellano, pues aunque las *gafas* de la ballesta ya figuran en la *Ulisipo* (1547) y Camoens emplea el vocablo figuradamente, y aunque el verbo *gafar* 'agarrar' se halla en algún autor clásico (Moraes, Bluteau), observa Gonçalves Viana (*Apost.* I, 487-90) que hoy este verbo ha caído en desuso, en gallego los diccionarios lo dan como anticuado, y falta averiguar si ha existido realmente en este lenguaje; y en cuanto a *gafas*, ha alcanzado en portugués mucha menos extensión semántica que en castellano, a juicio de G. Viana. La conservación general de la *-f-* en castellano (comp. *gaho* en el nombre autóctono del leproso) confirma que nuestro vocablo ha de ser de procedencia catalana u occitana.

Aunque desde la lengua de Oc *gaffe* y *gaffer* se han extendido modernamente al francés, y desde el catalán se propagaría al castellano y portugués, así como al sic. y campid. *gaffa* 'grapa de hierro', la verdadera patria de esta familia léxica se reduce a la lengua de Oc y el catalán. Se trata ahí, sobre todo en catalán y gascón, de la palabra básica y corriente para decir 'coger'. En lengua de Oc se halla *gaf* 'gancho' desde el S. XIV, *gafa* «tiroir de tonnelier», «crochet», «pince», «louche», desde 1450, *gafet* «clou à crochet» desde el S. XIV, y una multitud de derivados verbales y sustantivos, que pueden verse en el *FEW* IV, 18-20; en catalán tenemos *gafa* con gran frecuencia desde 1373, y ya en el diccionario sin definiciones de Jacme Marc (1371), y *gafet* [1410; *Spill*, a. 1460, v. 7397] es allí el único vocablo para decir 'corchete, broche metálico, compuesto de macho y hembra, para abrochar', etc. Es importante poner en claro la cuestión de si es anterior y básico el verbo (*a*)*gafar* o los sustantivos mencionados; Wartburg da por seguro lo primero fijándose en que el oc. *gafar* 'coger' aparece desde el S. XIII: hay en efecto un testimonio en el *Fierabrás* occitano (mitad de este siglo) y tres o cuatro del S. XIV. En catalán es conspicua la ausencia de *agafar* 'coger' en casi toda la literatura medieval (*pendre* tenía entonces mayor amplitud semántica): Alcover sólo cita un ej. de la *Brama dels Llauradors*, valenciana por cierto, y compuesta en los últimos años del S. XV, aunque es verdad que *agaf*, que será la primera persona del presente de este verbo, ya figura en el citado diccionario de Marc, de 1371; *gafar* íd. ya a principios del S. XV y en varios textos de fines de este siglo o principios del XVI, incluyendo el texto catalán de la *Serafina* de Torres Naharro (1517), I, 100. Hoy *agafar* es palabra esencial y muy viva en Mallorca, Cataluña y Languedoc, *gahà* o *gofà* (*džofà*) en Gascuña y Lemosín; de todos modos se nota que apenas se conoce en el País Valenciano[2], y en Mallorca mismo su extensión semántica (por la concurrencia de *aferrar*) es menor que en el Principado. En conclusión, la cuestión de la prioridad entre el verbo y el sustantivo, aunque los datos filológicos no la aclaren, en forma inequívoca, pues en catalán se documentan ambos desde la misma fecha, deberá resolverse en favor del verbo, no sólo porque en los textos occitanos aparece éste primero, sino por ser el verbo una de las palabras básicas de la lengua.

En cuanto a la etimología, no podemos aceptar la procedencia céltica, que admitieron Gamillscheg (*EWFS*, s. v. *gaffe*), y Oehl (comp. *RFE* XIII, 126). Lo poco que sabemos del galo y del céltico continental indica que no conocían el sonido de F, por lo menos como representante de la *bh* indoeuropea, de suerte que la correspondencia del irl. *gabim* 'yo cojo', galés *gafael* 'aguantar' (cuya *f* es grafía del sonido sonoro labiodental *v*), sería *gab-* y no *gaf-*, y apenas nos queda ni el recurso de pensar en una variante dialectal céltica[3], pues hoy no hay nada que lo legitime en la vasta documentación de que se dispone para el celta continental[4].

Desde luego se puede desechar el ár. *káffa* (o más bien *kíffa*) 'plato de balanza', propuesto por Gregorio y Seybold sin fundamento semántico (rechazado ya por Baist, *KJRPh*. VIII, i, 205)[5]. Tampoco puede admitirse que *gafa*, *gaf* y *gafet* salieran por derivación regresiva de oc. *gafo(n)* 'gozne de puerta' (GOMPHUS + -ONEM), según quiere Brüch (*ZRPh*. XXXVIII, 689): ésta es forma hoy bastante extendida en Languedoc y Gascuña, pero no hay más que un ej. en la Edad Media, entre muchos de *gofon*, y cabe sospechar que se deba justamente al influjo de *gafa*.

La *-f-* intervocálica, en la imposibilidad de hallar una base latina o arábiga, invitaría, según indica M-L. (*REW*, 3633), a buscar un étimo germánico, y sin duda tiene razón Wartburg al precisar que este étimo debiera pertenecer a la lengua gótica en vista de la extensión geográfica del vocablo, pues aunque todo indica que en castellano y portugués sea importado, es sabido que los goticismos abundan más en lengua de Oc y en catalán que en parte alguna[6]. Pero los puntos de apoyo en germánico son vagos y remotos. El ingl. *gaff* 'gancho', 'bichero', 'fisga', señalado por Th. Braune (*ZRPh*. XXXVI, 83; XLII, 152-3), hoy sólo dialectal, no aparece antes del inglés medio, y pasa generalmente, y con razón, por ser un galicismo. Genuinamente germánicos parecen ser el b. alem. ant. *gafala*, neerl. med. *gaffel(e)*, f., fris. orient. *gaffel*, isl. *gafl*, 'horca', pero además de que casi están limitados a una parte del germánico occidental, lo común en germánico mismo es la forma con

b del a. alem. ant. *gabala* (alem. *gabel*), y ésta es la forma que hacen esperar las demás lenguas indoeuropeas (scr. *gábhasti*, célt. *gabalus*), de suerte que algunos suponen que en germánico sea préstamo céltico[7]; por lo demás, aunque supusiéramos una alternancia radical indoeuropea *ghabh-* ∼ *ghap-*, siempre quedaría el hecho de que una forma germánica sin el sufijo *-l-* no está documentada en parte alguna. Luego la suposición de un gót. *GAFFA, aunque no deba descartarse enteramente, en realidad queda del todo en el aire.

Teniendo en cuenta la falta de documentación anterior al S. XIV, sería posible partir del ár. *qáfaᶜ* 'tener los dedos corvos', 'contraerse, encogerse', *qáfᶜa* 'contraída, encogida, de dedos encorvados', para los cuales vid. GAFO. Ya en la primera edición de este libro advertía yo que debería estudiarse esta sugestión más detenidamente, aunque la etimología allí propuesta es la que hasta entonces se fundaba en hechos más concretos. Tratándose de una raíz del árabe arcaico, pronto anticuada, no sorprendería el hecho de que *(a)gafar*, muy vivo en Cataluña, Baleares y Sur de Francia, lo sea bastante menos en Valencia, reconquistada más tarde[8]. Pero la gran objeción es la flaqueza semántica de esta base arábiga para explicar el sentido del sustantivo *gafa* y, peor, del verbo *(a)gafar*.

Es bien difícil que uno de los verbos básicos de dos lenguas romances derive de un sustantivo de sentido tan concreto e inesencial; pero si además suponemos a éste un origen tan tardío y una base semántica tan indirecta, salta a la vista la inverosimilitud; además, siendo arabismo, no sólo habría que esperar mayor arraigo en Valencia que en el Principado, siendo así que es al revés, sino que la ausencia total del verbo en castellano y portugués, y el menor arraigo y fecha más tardía de los sustantivos serían incomprensibles. Ahora que sabemos la importancia de la aportación sorotáptica en Cataluña[9] y en los Pirineos franceses[10], el problema se resuelve por sí solo.

En efecto, no hay que dudar que no se trata del célt., pero sí de la equivalencia del irl. *gabim* en otra lengua indoeuropea, y la *-f-* revela inequívocamente que es el sorotáptico. Por cierto, en céltico esta raíz es común a todas sus ramas, pues además de las citadas formas irlandesa y galesa, hay el córn. *gavel* 'aguantar, empuñar', bret. ant. *gabel* «saisie» reprise» ky. med. *caffael* 'alcanzar', bret. med. *ka(f)font* y bret. mod. *kavont* 'tener', y no cabe duda que entre las cuatro columnas de palabras en GABA (GABE-) recogidas por Holder hay muchas que revelan la presencia de esta raíz en el céltico continental (V. además aquí mismo s. v. *gavilla* < GABAGLA). Mas parece que en realidad esta raíz debió de tener gran difusión en indoeuropeo. Recuerdo brevemente: esl. *gabajọ*, *gabati*, pol. *gabać* 'coger, empuñar', bielorruso *habać* y eslovaco *habat* 'tomar, coger', rs. *ħábiťi* 'arrebatar' (con sorda inicial secundaria), lit. *gabenù* 'llevarse algo', *gābana* 'brazado (de hierba)', *gobùs* 'ávido', lit. dial. *guõbti* 'allegar, acumular', scr. *gabhasti* 'brazo delantero, mano', lat. *habere* 'tener', osco *haf-*, umbro *sub-ahtu* (< *sub-habi-tod*), etc.[11]. Todo indica, por lo demás, que la consonante interna de esta raíz era una *-b-* (< *-BH-*) no sólo porque, como admiten todos los lingüistas, a ella pertenecen el scr. *gabhastih* y el grupo del gót. *gabei* (a. alem. ant. *kepi*) 'riqueza' y *gabig* 'rico' (con *kepik*, ags. *giefig*, isl. ant. *gofugr*) que claramente se remontan a una *-BH-*, sino porque la B era un sonido bastante menos frecuente que BH en indoeuropeo, y esto no sólo en posición inicial (donde es rarísimo y sólo en palabras expresivas onomatopéyicas o préstamos se halla claramente) sino porque, aun en posición medial, aparte de los casos d́udosos[12], es casi sólo de cierto número de raíces verbales, donde alterna casi siempre con una *-BH-* y a veces *-P-*, y donde suele constituir una ampliación de una raíz más simple, desprovista de estos elementos, que por lo comúr. siguen entonces inmediatamente a otra consonante o a un diptongo sujeto a apofonía, incluyendo especialmente las «sonantes» y, sobre todo, la nasal *m*. Ahora bien, en nuestro caso no hay tal, se trata forzosamente d́e una raíz primaria sin ampliación; luego, aun admitiendo la posibilidad de recusar en este caso el testimonio del sánscrito y el germánico, podríamos estar casi seguros de que se trata de una raíz GHABH-. Y siendo así que *-BH-* daba *-F-* en sorotáptico, se debe admitir que existió un sorotáptico GAF- 'coger', del cual proceden muy lisa y llanamente el cat. *(a)gafar* y el oc. *gafar*, con sus derivados sustantivos, luego propagados al castellano y demás lenguas vecinas. El gall. *gueifas* 'orejas del arado' (Carré) debe de ser un *GAFIAS derivado ya prerromano de este verbo.

DERIV. *Gafar* [1611, Covarr., vid. arriba]. *Agafar* (1515, dos veces en el burgalés Fernández de Villegas, como voz de ciertos oficios especiales); también *engafar* (muy raros todos ellos). *Gafete* [*Aut.*; en arag. desde 1411, V. arriba]; *engafetar*. Para *gafarrón* 'pardillo', arag. y murc., V. mi DECat.

[1] «*Gafas*: lieva, martinello, martinetto». En la ed. de 1592 hay *gafar* por errata, pero no en 1570, y en la 1.ª parte define el it. *lieva* como *gafas* de ballesta», y *martinello, -etto*, con la palabra *gafas* escueta.— [2] En Valencia *gafa* es 'laña' y *gafar* 'lañar', hablando de barreños, jarras, jarrones, ciertos objetos de madera (cuadros, cajones, mesas): *han gafat els carreus del pont perqué no es desfacen, han gafat la imatge*, etc. (J. Giner). [3] Ni aun del bretón *kafout* 'adquirir, hallar' podemos hacer mucho caso, pues tiene explicación especial en la historia de este idioma, pues por lo demás dice normalmente *ka(v)out*.— [4] Sólo J. Hubschmied cree (*VRom.* III, 104n.1) que el prov. *gafà* 'vadear' sea de origen céltico. Además

éste, desde luego, nada tiene que ver con el presente vocablo.— [5] Carecería asimismo de probabilidad semántica tomar como base el ár. *qáffac* 'guardar (algo) en su lugar'.— [6] Lo de que *gafa* tener *-FF-* etimológica, si lo tomamos en rigor, es mucho menos cierto. Se fija en la *a* del berrichon *jaffe*, pero es siempre aventurado tomar como base única una forma aislada y fronteriza. En cuanto a la falta de sonorización de la *-F-* intervocálica, bien mirado nada prueba, pues son muchos los casos de sonorización en esta consonante, aun en palabras latinas, itálicas o griegas (*tufo, rufo*, fr. *coffre, truffe*, cat. *tòfona* lat. dial. TŪFERA, cat. *aclofar-se* CUFULARE = CUBARE, etc.), sin contar los muchos germanismos. Téngase en cuenta que no existiendo históricamente la *-F-* intervocálica en latín, la tendencia del latín vulgar tenía que ser a duplicar todos sus casos en los extranjerismos que la tuviesen.— [7] Así Falk-Torp, que desde luego hablan como si la forma con *-f-* fuese totalmente ajena a los idiomas escandinavos: el danés y sueco *gaffel* 'tenedor' serían préstamos del bajo alemán.— [8] Una contaminación del tipo arábigo *gárfa* que ha dado el cast. *garra*, con el grecolatino GRAPHIUM 'punzón' o con un a. alem. ant. *krapfa* (> fr. ¿*agrafe*?), es muy difícil que pudiera dar *gafa*, desde todos los puntos de vista: formal, semántico y geográfico. En cuanto a decir que *gafa* puede venir de *garfa* por vía fonética (como hace Malkiel, *NRFH* XI, 271-4) es revelar una notable ignorancia de la fonética histórica. Desde luego no cabe insistir en la idea de Dozy (*Gloss.*, 271), que quería explicar *gafete* por metátesis del ár. *ḫuṭṭâf*, vulgar *ḫaṭṭâf* 'gancho'; no tendría verosimilitud alguna suponer que *gafa, agafar*, etc., se extrajeran secundariamente de *gafet* < *ḫaffât*· < *ḫaṭṭâf* (por lo demás nótese que junto a *ṭ* la *â* no se puede cambiar en *e*).— [9] Véase mı largo artículo sobre los Plomos de Arles (*ZRPh.* 1975) y desde luego, además de muchos artículos de este diccionario, la nota de *Fontes Linguae Vasconum* n.º 13; *Topica Hesperica* II, 204-206; 236-288; *Est. de Top. Cat.* I, 90; II 175-194, 207-215; sin hablar de los trabajos de Pokorny, Schmoll y Mz. Pidal. [10] V. mi estudio *Du Nouveau sur la Toponymie Occitane* en *Beitr. zur Namenfg.*— [11] Otros amplían más la extensión de esta raíz, en especial atribuyéndola al germánico: los unos admitiendo en la misma raíz la familia del alemán *geben* 'dar' —a lo cual se oponen graves razones semánticas— otros la del alemán *haben*, contra lo cual hay razones fonéticas quizás aún más claras, pese a las apariencias, aunque son bastantes los que, aun en este último caso, siguen pensando en un parentesco con el lat. *habere* por una alternancia de un tipo especial (acaso expresiva o intensiva, cf. el caso del ruso *ḫabiti* y ciertas anomalías en las formas oscoumbras; para las cuales vid. Ernout, *Le Dial. Ombrien* 86; y para el problema

germánico vid. las ediciones antiguas de Kluge,
y aun cf. Walde² y lo que escribe Pok., *IEW*
en 528.37-40 y 407.2); con esto último entrarían
en juego aun el iranio, el griego y el albanés:
casi todo el indoeuropeo. Lo último, claro, dudo- 5
so.— ¹²'Y en algún sustantivo aislado, como el
nombre de la manzana (ingl. *apple*, esl. *(j)abloko*,
etc.), sin raíz verbal con la que pueda relacionarse. Algún caso menos claro como el nombre del
edificio TREB- (célt. *treb-*, germ. *Þrop-*, que por 10
lo demás no deja de tener una variante *Þorp*,
con la labial tras *r*) será también puramente nominal, aunque formara algún verbo —sin duda
denominativo— en irlandés y oscoumbro.

Gafedad, V. *gafo*   *Gafete*, V. *gafa*

GAFETÍ, ant., 'eupatorio', derivado del ár. *ğâfit*
íd. *1.ª doc.*: Acad. ya 1817, como ant.
Dozy, *Gloss.*, 119. 20

Gafez, V. *gafo*   *Gafinete*, V. *cañivete*

GAFO, ant., 'leproso', origen incierto, probablemente del ár. *qáfᶜa* 'contraída, con los dedos do- 25
blados', aplicado a la mano del leproso. *1.ª doc.*:
princ. S. XIII, *Libre dels Tres Reys d'Orient*,
v. 170.

También se halla *gafo* en el Fuero de Guadalajara (1219), en el *Alex.* (vid. el vocab. de Keller), 30
en Berceo, Juan Manuel, J. Ruiz (en éste con la
variante *gaho*), en el Fuero de Plasencia (*RFE* X,
127), en las *Partidas* y el *Fuero Juzgo* (Aldrete,
Origen, 49vº1), y en general en muchos textos
medievales. Covarr. le dedica un largo artículo, lo 35
cual no es prueba de que el vocablo no se hubiera
ya anticuado en la lengua común, por lo que hace
a su sentido propio, aunque siguiera empleándose
como insulto¹. Hoy sigue siendo popular en muchos dialectos occidentales, pero en sentidos secun- 40
darios: ast. *gafu* 'ponzoñoso, fiero, irritado' (R, V);
gafura y *gafez* 'ponzoña', 'sabandijas', 'reptiles',
agafar y *engafentar* 'enconarse una herida'), *gafura*
'ponzoña' en el asturiano de Colunga (Vigón, *Juegos*, glos.), cast. de Galicia *gafo* 'irritado, enfadado, 45
furioso' (*BRAE* XIV, 120), extrem. *gafo* 'lleno de
piojos, pulgas u otros insectos' (*BRAE* IV, 91), en
Colombia 'despeado' (*Ap.⁷*, p. 439). Lo mismo en
portugués, donde es también vocablo muy antiguo
(vid. Viterbo), trasm. *gafar-se* «inçar-se, encher-se» 50
(*RL* I, 211); gasc. *gahet* (ant. *gafet*), documentado
desde el S. XIII (*FEW* IV, 19b, y n. 7; Sainéan,
Sources Indig. I, 286; documento medieval del
Gers en Polge, *Mel. Phil. Gers.*, 1959, 39). De
gafura 'sabandijas', 'piojerío', por cruce con *gen- 55
tualla* 'gentuza' [*Aut.*] resulta el gall. *gafualla* 'multitud de gente ruin y baja' (*é un fato de gafualla*
'gente mísera, andrajosa'), Sarm. CaG. 157r.

Desde luego no hay duda de que está muy fundada semánticamente la etimología que relaciona 60

éstos vocablos con el tipo *GAFA* 'gancho' (así
REW, 3633; *FEW*, *l. c.*), por la forma encorvada
que da a las manos y pies del leproso la contracción de sus nervios; en esta observación de hecho
coinciden autores tan diversos como Covarr., Bluteau, Antoine Thomas, Sainéan, etc., y no tiene
razón Brüch (*ZRPh.* LI, 465-8) al poner en duda
que sea detalle característico del leproso, pues en
ella se fundan indiscutiblemente el port. *garro* 'leproso' (junto a *garra*), y el oc. (> fr.) *cagot* y
nav. *AGOTE* 'leproso', procedentes del vasco *kako-
te* 'ganchito'. La etimología de Brüch gót. *gahamfs*
'mutilado' (derivado de *hamfs* íd.), aun si la admitiéramos semántica y morfológicamente, tropezaría
con la insuperable dificultad fonética de que el
grupo -*mf*- no se reduce a *f* en castellano y portugués. De todos modos tiene razón Brüch al hacer notar la oposición entre las áreas geográficas
de *GAFA* (catalán-occitano) y *gafo* (portugués-cas-
tellano-gascón); este último vocablo es ajeno al
catalán y a casi todos los dialectos de Oc, mientras
que en castellano da muestras de profundo arraigo
y popularidad con el cambio de -*f*- en -*h*-, que si
no estuvo más generalizado es porque el vocablo
se anticuó antes de generalizarse la aspiración de
las efes en la lengua escrita, y hoy pertenece a los
dialectos de tipo leonés y gallegoportugués.

Me inclino por ello a dudar mucho de que *gafo*
sea un mero derivado de *gafa*, y no vacilaré
en partir, con Cortesão, del ár. *'áqfaᶜ*, femenino
qafᶜâ' (en España *qáfᶜa*), 'contraído', 'encogido,
enroscado, abarquillado'; es vocablo clásico, que
Freytag (III, 481), fundándose en los diccionarios
del Ýauharí (fin del S. X) y del Fairuzabadí (principios del XV), define «deorsum incurvatos habens
pedum digitos», «contracta et incurvata a summo
ad imum velut ambusta (auris)», «reflexos digitos
habens» (y el verbo *qáfaᶜ* «impedivit», «incurvatos
deorsum habuit digitos», «contractus in se, corru-
gatus fuit», *muqáffaᶜ* «contractas in se et corru-
gatas habens (manus)»); téngase en cuenta que el
port. *gafa* vale 'zarpa', comparable a una mano de
esta clase. La coincidencia de estas definiciones con
los detalles descritos por Covarr. es tan perfecta,
que me inclino a dar poca importancia al hecho
de que el vocablo arábigo no se halle en R. Martí,
PAlc., Dieterici, Bocthor, Beaussier, Lerchundi,
Tedjini, Probst, Marcel ni otras fuentes: quizá
se anticuaría pronto, después de penetrar en el
habla de los cristianos hispánicos, donde, como
hemos visto, es sumamente antiguo. Por lo menos podemos estar seguros de que la raíz q-f-ᶜ
tuvo existencia real en el lenguaje vivo y todavía
la tiene en alguna parte, pues el dicc. sirio *Mohît*
(Dozy, *Suppl.* II, 383b) nos informa de que vulgarmente se dice *muqûfiᶜ* en vez de *muqáffiᶜ*
(definido éste por Kazimirski «qui a toujours la
tête baissée vers le sol»), y es muy conocido el
literato persa arabizado Abu Mohámed Abdállah
ibn *al-Muqáffaᶜ*, que vivía en el Irac en la pri-

mera mitad del S. VIII, y cuyo padre recibió
este sobrenombre porque Haŷŷâŷ le sometió a
tortura «et il conserva toujours de ce supplice
une main grippée et recroquevillée» (Huart, *Li:t.
Arabe*, p. 212; Kazim.). Estamos, pues, seguros
de que el vocablo era popular en esta época arcaica, y después pudo anticuarse[2].

Es natural que predominara la forma del femenino *qáf ᶜa*, pues es lo que suele suceder en estos
casos (quizá por el apoyo que le daba el plural
quf ᶜ), comp. *ZARCO*. El cambio de *q-* en *g-* es
corriente en los arabismos. Nótese especialmente
que Gracián escribió «l a s m a n o s tiene *gafas*»
(Cej., *Voc.*), y Castillo Solórzano (1637) «los calo-
fríos que causa / pedigüeño retintín / os tienen
gafo de manos, / pues que nunca las abrís» (*Aventuras del Bachiller Trapaza*, ed. 1949, p. 212): luego el vocablo se aplicaba normalmente a las *manos*,
razón de más para que predominara la forma del
femenino.

DERIV. *Gafedad* [h. 1275, *1.ᵃ Crón. Gral.*, 14a32].
Gafoso. Gafez; gall. ant. *gaféen*, *Ctgs.* 93.39 [<
-EDO, -EDINIS] 'estado del leproso'. *Engafecer*. Port.
y gall. dial. *gafañoto* 'langosta (insecto)' [ya en la
Biblia Medieval gallega *Gén.* 20, y hoy en Becerreá,
según Crespo Pozo prelim., p. XVI]: quizá por
la posición doblada de la pierna delantera del insecto, comparada a las manos encogidas del leproso.

[1] Véase lo que dice Covarr. No sé si *gahurras*
(*fazer ~*) 'hacer escarnio', en Berceo, *Duelo*, 177,
texto del que no tenemos edición correcta, deberá
enmendarse en *gahuras*.— [2] ¿Sería acaso por haberse alterado fonéticamente convirtiéndose *q-f-ᶜ*
en *q-f-f*? En todo caso, esta raíz tiene acs. muy
semejantes a las de aquélla: «se replier; se blot-
tir, se tapir», «se contracter, se ratatiner, se rider
(vieillard)», y junto al sustantivo *qáf ᶜa* «panier
rond sans anses, en feuilles de palmier, dans lequel on met le sésame, les dattes ou autres fruits
qu'on vient de cueillir» y *quffâ ᶜa* «sorte de piège
en brins de palmier pour prendre les oiseaux»
se encuentra *qúffa* «cabas ou panier en feuilles
de palmier» (de donde nuestro *COFA*). Dejo
a los arabistas la última palabra acerca de la posibilidad de este cambio, que desde luego nada
tiene de inverosímil fonéticamente.

Gafura, V. *gafo*   *Gagate(s)*, V. *azabache*

GAGO, ant., canar., salm., amer., 'tartamudo',
imitación de la voz *ga-ga* de los tartamudos. *1.ᵃ
doc.*: 1233 (como apodo: *Domingo Pedrez gago*,
en escritura zamorana, Staaff, n.º 12, línea 50).

Hoy vive en Canarias, Cuba, Puerto Rico, Costa
Rica, Ecuador, Perú y en gallegoportugués (Pérez
Vidal, s. v.; M. L. Wagner, *RFE* X, 78)[1]; salm.
gaguear 'divulgar, comenzar a manifestarse alguna
cosa secreta', port. *gaguejar* [«*balbutio, impedite
loquor*», S. XIV, *RPhCal.* VI, 76, § 339]. *Aut.*
recoge ej. en Castillo Bobadilla (de Medina del

Campo, a. 1597) y entiende 'gangoso', ac. que no
parece confirmarse. En otros idiomas existe la
misma onomatopeya: fr. *gaga* 'viejo chocho', bret.
med. *gagoill* 'tartamudo', bret. mod. *gâk*, gaél. *ga-
gach* íd., ingl. *to gag* 'impedir de hablar' («imi-
tation of choking sound»); en otros tiene forma
más diferente, KEK- (vid. *FEW* y *REW*), u otro
sentido (alem. *gack(s)en*, ingl. *cackle* 'cacarear').

DERIV. *Gaguear. Gaguera. Gagadear* [fin S. XV,
R. Cota, *HispR.* XXVI, 281] 'tartamudear' aproximadamente.

[1] En Pontevedra quedó como apellido de una
gran familia patricia; ya *Afon Gaga*, notario de
aquella ciudad en doc. de 1428 (Sarm. *CaG.*
169r); enmienda probable es *Gago*, aunque no
sé si del todo segura, pues se debió partir del
reduplicado *ga-ga*; de todos modos, otros notarios *Johan Afonso Gago* y *Sancho Gago* aparecen con esta forma docenas de veces en docs.
de allí, de 1492 a 1503, etc. (ibid. 172r).

Gaibola, V. *jaula*   *Gaicano*, V. *guaicán*

GAITA, voz oriunda del castellano y el gallegoportugués, extendida desde la Península Ibérica
por el África hasta Turquía y el Oriente europeo;
probablemente del gót. GAITS 'cabra', porque el
fuelle de la gaita se hace de un pellejo de este
animal. *1.ᵃ doc.*: med. S. XII[1]; siglo XIV: J. Ruiz,
1233a, mss. *G* y *T* (de fines del S. XIV)[2]; *Poema
de Alfonso XI*, copla 604[3]; Biblia med. rom., *Génesis* 31.27.

Hablando de *ESTRAMBOTE* he demostrado la
antigüedad ˙y vasta influencia de la lírica hispana
sobre los pueblos musulmanes y de la Europa
occidental. Si allí hemos visto cómo el zéjel o estribote llegaba hasta el Irac y la India (M. P., *Poesía Ár. y Poes. Eur.*, 25-27) y se extendía por
Francia e Italia, aquí tenemos otro elocuente testimonio lingüístico del hecho. *Ǵáita* como nombre
de una especie de clarinete o *dulzaina* se ha propagado al árabe de Marruecos, Argelia, Túnez y
otros países africanos, desde donde pasó al turco
ǵaida 'flauta de pastor', y de ahí al servio, búlgaro, polaco, ruteno y eslovaco (*gajdy*, pero ya no
en checo), mientras por otra parte penetraba hasta
la lengua hausa, hablada en el Sudán y el Congo
belga[4]; en Europa mismo pasó al cat. *gaita*[5], bearn.
gaito y, con significado secundario, campid. y
logud. *gaita*: nadie se extrañe cuando el idioma
de los trovadores poseía varios nombres de instrumentos que se revelan como hispanismos por
su evolución fonética, tales el arabismo *guitarra* y
el romance *cedra* < CITHĔRA (que en lengua de Oc
hubiera dado **ceira*). Sé muy bien que varios han
creído a *gaita* voz turca trasmitida a nosotros por
los árabes (Schuchardt, M-L., Engelmann, Steiger),
mientras otros han sostenido lo contrario (Dozy,
Gloss., 380; Seybold; Simonet), pero salta a la
vista que no puede venir del turco una voz do-

cumentada en el S. XIV, así en la España cristiana[6] como en el Andalús: se lee, en efecto, en las obras de Abenbututa y Abenloyón, redactadas a mediados de este siglo; en Abenjaldún, que es de la segunda mitad, y PAlc. confirma su empleo en hispanoárabe[7]. Pero tampoco puede ser de estirpe arábiga, como observa Dozy, por carecer de raíz en este idioma. No cabe duda que el país de origen es aquel donde hoy sigue teniendo la máxima popularidad y arraigo, a saber España y en particular Galicia.

No vacilo en creer que *gaita* es fruto lingüístico del interés que la aristocracia germánica del Noroeste de España, encabezada por sus reyes, demostró desde antiguo por la lírica y la literatura en vulgar. Gracias a Gregorio de Tours sabemos que en el S. VI los reyes suevos de Galicia mantenían en su corte a los precursores de los juglares, esto es los mimos, vid. M. P., *Poesía Jugl.*, 146. Toda una escuela, orientada por el mismo maestro, y hoy predominante, cree firmemente en el origen germánico de la épica española, pero el dato suministrado por el obispo francés nos muestra que los germanos de España no olvidaban por ello la lírica[8]. De ellos debe de proceder el nombre de la gaita.

Que las gaitas se hicieran con un odre, que probablemente sería de cabra, no era cosa nueva por entonces, pues ya Suetonio nos informa de que Nerón se había ofrecido a exhibirse como *utricularius*, es decir, gaitero o tocador de odrecillo[9], y el *ascaules*, que figura en el español Marcial (X, iii, 8) y en autores griegos, hubo de servirse de un instrumento parecido (ἀσκός 'pellejo de animal', 'odre'). Pero los germanos denominaron la gaita con el nombre mismo del animal sacrificado para fabricarla: a. alem. medio *boc* 'gaita', propiamente 'macho cabrío' (Lexer, *Mittelhochdeutsches Wb.*, 1872, p. 320), a. alem. mod. *bock*, también llamado *bockpfeife*, y a veces *der polnische bock*, por su frecuente uso en Polonia (Adelung, *Wb. der hochdt. Mundart*, p. 1102); y siguiendo su tendencia popular a adornar los objetos con los signos característicos de sus nombres, ha sido común entre ellos, y en los pueblos más influídos por el germanismo, emplear gaitas rematadas con cabezas de cabra. Gay[10] reproduce una escultura de Reims del S. XIII, con un instrumento muy parecido a una gaita, cuyo fuelle lleva una cabeza de animal fácilmente reconocible por sus dos cuernecitos, observándose otra cabeza de animal en el tubo; también reproduce otra escultura francesa parecida, del S. XIV. Nos consta que en Alemania hasta mucho más tarde era típico el instrumento llamado *der grosse bock*, consistente en un largo «roncón», o tubo de gaita de sonido grave, terminado en un cuerno enroscado de morueco[11]. Siento no tener a mi alcance la iconografía antigua de la gaita gallega, citada por M. P. y por Cej., pues no dudo que en estos capiteles y esculturas, esca-

lonados desde el S. XI, habrá figuras semejantes. Por lo demás, que hasta hoy la gaita gallega se hace con «un cuero de cabrito a manera de odre, denominado fuelle», es hecho tan conocido que así consta ya en la Acad. Con estos antecedentes resulta sumamente probable que aquellos godos y suevos del Norte de España, aficionados a la música popular, dieran a la gaita el nombre de GAITS, que en sus idiomas era la denominación de la cabra[12].

Un nombre así para la gaita está lejos de ser algo nuevo. En Auvernia, Rouergue, Quercy, Lemosín, Perigord, Agen y tierras vecinas, la gaita se llama *cabreto* (*chobreto*) o simplemente *crabo*, *chabro* (en el Tarn, Puy-de-Dôme, Forez, etc.), el fr. ant. y medio *chevrette* es frecuente desde el S. XIII, y también se hallan *chievre* o *chevie* (propiamente 'cabrito hembra'), con igual sentido y en la misma fecha o algo más tarde; *chevrie* es vivo actualmente en el Poitou (*FEW* II, 300b; Gay, l. c.). Como curioso y por su alusión al País Vasco transcribo el pasaje siguiente del poema que el abad Aymeric de Peyrac, quercinol del S. XIV, escribió sobre la Vida de Carlomagno: «Quidam taborellis rusticabant / gressum sonum praemittentes. / Quidam *cabreta* v a s c o n i z a b a n t, / laevis pedibus persaltantes. / Quidam liram et tibiam properabant» (cita de Du Cange, s. v. *baudosa*).

No hay dificultad de orden fonético en el paso de GAITS al romance *gaita*. Siendo femenino en gótico, era natural que, una vez eliminada la -s del nominativo, se romanizara con la terminación femenina -a, para lo cual hubiera bastado ya el influjo del vocablo español *cabra;* nos consta que así se hizo en las tierras italianas ocupadas por los ostrogodos, pues *ghetta* o *ghetla* designan al animal mismo en Rovereto, Comelico, etc. (Gamillscheg, *R. G.* II, p. 18). En España la conservación de la T sorda intervocálica—hecho, por lo demás, frecuente en voces de origen gótico: BROTAR, ESPETO, ESPITA y nombres propios como *Guitián*, *Guitarriu*, etc.—nos muestra que su entrada definitiva en el vocabulario romance debió ser tardía; que hubo varios estratos cronológicos de germanismo nos lo muestran casos como el de la tríada *espeto*, *espito* y *espita*, los últimos con la ĭ conservada; y algo parecido ocurrió con el diptongo AI, unas veces arrastrado por la evolución romance de este diptongo hacia *ei*, *e*, otras simplificado en A, otras intacto hasta la fecha, véanse los casos reunidos por Gamillscheg (pp. 34-35); el de *gaita* pudo ser tan tardío como el del cat. *gaire* '(no) mucho', por ejemplo, tomado del fráncico WAIGARO en el S. VIII, pues de los godos comprimidos en Asturias y Galicia por la invasión arábiga algunos pudieron conservar memoria de su idioma nacional, y casi todos recordarían por lo menos muchas palabras sueltas[13].

Sería inútil entretenerse en refutar la etimología *gayo* (por la alegría de su música o por los colorines de la cubierta), propuesta por Covarr. y respetada piadosamente por la Academia, a pesar de su imposibilidad morfológica[14]. Pero se ha propuesto otra que parece muy razonable. Su autor fué Diez (*Wb.*, 452). Se trataría de oc. *gaita* 'acecho, vigilancia' y también 'velador, centinela', de origen germánico (WAHTA íd.); y Diez daba cierto apoyo aparente a su tesis citando el port. *na primeira gaita* 'a primera hora de la noche', en el cual este origen es evidente, aunque no se trata de un provenzalismo literario, sino de un catalanismo náutico, esfera semántica a la cual pertenece el vocablo en portugués[15], y no hay que pensar en el grito o señal del velador, sino en la división latina de la noche en cuatro vigilias, cat. *guaites*, conocida en Cataluña (Ag.) y trasmitida a los marinos portugueses por los castellanos, puesto que la misma locución sale, en boca de gente de mar, en la *Crónica de Pero Niño* (Cej., *Voc.*), pero en la forma *guaita*, que ocasionalmente pudo alterarse, como suele suceder a los extranjerismos, por influjo del nombre del instrumento músico autóctono (vid. aquí *AGUAITAR*). M. P., ateniéndose a la opinión de Diez, trató de buscarle mejor fundamento: «pasó a significar el instrumento que el velador tocaba para anunciar las horas de la noche; el origen de este nombre se ilustra con una miniatura de la *Crónica Troyana* [de 1350], que representa una ciudad sobre cuyos muros y torres hay muchos juglares de salterio, vihuela y trompas; en la torre más alta, propia para el centinela que vigila o aguaita, está un tañedor de gaita» (*Poesía Jugl.*, p. 70). A la verdad esta miniatura (reproducida en la p. 71) me parece demostrar tan poco que el vigía de la torre más alta acostumbrara tocar una gaita, como que en las torres de las murallas soliera haber, como ahí, en vez de soldados, tañedores de salterio, vihuela o trompas; el gaitero no lleva vestido de centinela ni soldado, y se trata de una ilustración de fantasía y adorno, como las de ángeles violinistas o análogas. El velador anunciaba ciertamente el alba y quizá otras horas nocturnas, pero el detalle de que tocara para hacerlo un instrumento de sonido tan poco adecuado es todavía resabio de la mala interpretación de la frase portuguesa por Diez; por un edicto francés de Francisco I, dado en 1539, sabemos que las empleadas con este objeto eran trompetas, como es natural[16].

Quizá se podrían hallar justificaciones semánticas más adecuadas[17], pero hay un obstáculo material que se opone terminantemente a esta etimología. De haber entrado el vocablo occitánico en español lo habría hecho ciertamente en la forma *guaita*, propia de los idiomas más vecinos y afines, el gascón y el catalán; así ocurrió con el derivado *AGUAITAR*, tan extendido, y junto al cual una forma hispana *agaitar* no existe. No se me diga que se trata en nuestro caso de un vocablo lírico tomado, por conducto literario, del lenguaje de los trovadores, porque entonces lo que se hubiera to-

mado es la forma más extendida entre ellos, a saber *gacha*. Indudablemente existía una tercera forma *gaita*, pero era la menos extendida y más distante de España, pues su área se reducía y reduce esencialmente a la Auvernia y Nordeste del Lemosín; es verdad que hoy reaparece en otra zona algo más cercana, que desde el Aude se extiende hasta el Norte de la Gironda por una faja estrechísima a lo largo del Garona, pero es dudoso que esta zona existiera en la Edad Media, ya que indudablemente el área antigua de *gw-* ha perdido terreno desde entonces, y es probable que las dos isoglosas fonéticas *gw-* y *-ch-* coincidieran más o menos en aquel tiempo. Examínese el esquema que publico en otra versión de este artículo[18] (dibujado según los datos de Ronjat, *Gramm. Istor.*, II, 48-52, 176-8; F. Fleischer, *Zur Sprachgeographie der Gascogne, BhZRPh.* XLIV; y *ALF* s. v. *étroite* y *garder*) y véase si hay probabilidad alguna de que el hispano-portugués *gaita* venga del oc. dial. *gaita*, tan remoto y minoritario, y de significado diferente además. Ya M. P. hacía notar la extrañeza de que el vocablo no existiera en lengua de Oc como nombre de instrumento musical, y lo mismo he notado más arriba respecto del francés.

Antes de concluir, algunas palabras acerca de las clases de gaita. Cuando nada se agrega se ha entendido siempre por gaita la llamada gaita gallega; *Aut.* encabeza con ella su artículo, y diciendo que «regularmente» se entiende este tipo, lo describe en los términos que abrevio a continuación: «se compone de un cuerecillo, a que está asida una flauta con sus orificios, para diferenciar los sonidos según se cierran o abren los dedos; tiene asimismo pegado un cañón del largo de una vara, el qual se pone encima del hombro, y se llama el Roncón, cuyo sonido es uniforme, y corresponde al baxo de la Música: y por un cañoncito que tiene el cuerecillo en la parte superior se le llena de aire, y apretándole con el brazo izquierdo sale a la flauta y al roncón». Cita *Aut.* dos ejs. de este tipo en Góngora y Ambrosio de Morales, al mismo corresponde la traducción de Nebr. («instrumento músico: *utriculus*»), probablemente los de J. Ruiz y Rodrigo Yáñez arriba citados, y a él corresponden las descripciones de Covarr. y otros lexicógrafos.

Otro tipo, que pudiéramos llamar la gaita morisca, es una especie de dulzaina o chirimía, y *Aut.* lo describe sin dar ejs.: «flauta de cerca de media vara, por la parte de arriba angosta, donde tiene un bocel, en que se pone la pipa por donde se comunica el aire; en la parte de en medio tiene sus orificios; y por la parte inferior se dilata la boca como la de la trompeta; úsase regularmente de este instrumento para acompañar las danzas que van en las processiones»; a este instrumento corresponden en parte las menciones hispanoárabes y orientales referidas arriba, y quizá la del glosario aragonés del Escorial (h. 1400), en

21

GAITA

vista de sus traducciones «clas(s)ica» y «cheremine»; en ediciones modernas del diccionario académico (desde 1899) se ha colocado esta ac. en primer lugar, tal vez por obra de un colaborador que creía en la etimología arábiga, pero es indudablemente desarrollo secundario sufrido por el vocablo al trasponer la frontera cristiana en la Edad Media.

Finalmente hay la gaita zamorana, mencionada dos veces en el *Quijote*, que era, según *Aut.*, «a modo de caxón más largo que ancho, con diferentes bordones o cuerdas, heridos por una rueda que está dentro al movimiento de una cigüeña de hierro, y a un lado tiene varias teclas, que pulsadas con la mano izquierda forman las diferencias de los tañidos»: fácil es ver que ahí tenemos una innovación mecánica de carácter posterior, tipo local a cuyo origen aludirá el gentilicio que le da nombre, pues debe inspirar escepticismo la explicación de Paul Ravaisse por el ár. *zammâra* 'flauta', aducida por Rodríguez Marín en las notas de su edición cervantina.

DERIV. *Gaitero* [h. 1400, Glos. del Escorial]; *gaitería* [h. 1600, H. de Santiago]; *engaitar* [1603, Oña]; *engaitador*.

¹ Doc. zaragozano p. p. Lacarra *Docs. Repobl. V. Ebro* II, 591 (cita de Alvar, *Variedad y Un. del Esp.*, p. 116).— ² El ms. *S* trae *dulçema*, lección preferida por M. P., *Poesía Jugl.*, p. 65.— ³ «La *gayta*, que es sotil, / con que todos plazer han, / otros estrumentos mill, / con la farpa de don Tristán.» Este pasaje narra hechos de 1328, y el poema se escribiría a fines del reinado, es decir, h. 1350.— ⁴ Simonet, s. v. *gáitha*; Dozy, *Suppl.* II, 235*a*; Schuchardt, *Slavo-Deutsches*, p. 42; Seybold, *GGr.* I, p. 404; Fernando Ortiz, *Glos. de Afronegrismos*; Steiger, *Contr.*, 369. Con la expansión islámica de *gaita*, compárese la de otro instrumento español, el *pandero*, nombre que hoy se emplea hasta Egipto.— ⁵ No es antiguo ni castizo. El ej. citado por Ag., donde parece significar un baile al son de la gaita, es del S. XVI y se refiere a la recepción de un rey español, recibido con música castellana. Es verdad que se emplea en Beceite, Calaceite, Peñarroya, Fraga y Benabarre (Ag.; *BDC* XXI, s. v.), pero éstas, aunque localidades de lengua catalana, pertenecen a las provincias de Teruel y Huesca y son ya fronterizas. Los viejos nombres catalanes son *sac de gemecs y gralla*, y hoy también se emplea el afrancesado *cornamusa*.— ⁶ Cej. en su comentario a Juan Ruiz afirma que *gaita* se halla ya en las *Cantigas* de Alfonso el Sabio, con lo cual llegaríamos hasta el S. XIII. No lo hallo en el glosario de Valmar, ni en el glosario alfonsino de la Crestomatía de Solalinde, lo cual no es prueba suficiente, claro está. De todos modos quizá se refiera Cej. a la representación de una gaita en las miniaturas de las Cantigas.— ⁷ De la popularidad alcanzada en el árabe magrebí dan pruebas los derivados actuales *gáyyaṭ*

'tocar la gaita' y *gayyâṭ* 'gaitero'. Lo mismo indica la variante *gaitá* del judeoespañol marroquí (*BRAE* XIII, 220-1; XV, 194), con su *ǵ* rehilante y el traslado de acento, explicable por la pronunciación esdrújula *gâyiṭa*, que es la actual de Marruecos y Argelia, y que a su vez se explica por la necesidad de reducir el vocablo a una estructura morfológica árabe.— ⁸ Un dato señalado por Grünebaum revela la existencia de lírica vulgar entre la nobleza visigótica de Asturias a med. S. VII (*Al-And.* XXI, 403-5), cf. los demás datos reunidos en este sentido por Borello, p. 67n.— ⁹ En la vida de este César, cap. 54. Los colegios de utricularios son frecuentes en las inscripciones del Sur de Francia, y algunos han entendido 'tocadores' o 'vendedores de gaitas'; pero la opinión más extendida es que ahí se trata de un transporte fluvial o lacustre, en almadías hechas con odres.— ¹⁰ *Glossaire Archéologique*, s. v. *chevrette*.— ¹¹ Mi alumna, Srta. Helga Doblin, que prepara un trabajo sobre nombres de instrumentos musicales, me llama la atención sobre estos pormenores, descritos en un libro célebre publicado en Wolfenbüttel en 1618 por Michael Praetorius, *Syntagma Musicum*, 2.ª parte, *De Organographia* (ed. 1884, cap. 19 y 5, 11, 13).— ¹² Es el sentido que por lo común tiene en los varios dialectos teutónicos: a. alem. ant. *geiz*, oberdeutsch *geiss*, ags. *gât*, ingl. *goat*, escand. ant. *geit*. En la biblia de Úlfilas el gót. *gaits* traduce el griego χίμαρος, que designa tanto la cabra como el cabrito, y es posible que por entonces se conservara todavía este último sentido, que era el etimológico, pues el vocablo corresponde fonéticamente al lat. *haedus*. Como el suevo era dialecto alto-alemán, pero anterior a la segunda mutación consonántica, la forma sueva hubo de ser también *gaits* o *gait*. *Gaita* tiene en gall. centr. la ac. de 'cuerno, asta' (*las dos gaitas del carnero*), Sarm. *CaG.* 187r; se tratará aquí más bien de una comparación con las puntas de la gaita, sobresaliendo sobre los hombros del que la toca, que de una relación directa con el germ. *gaits.* 'cabra, cabrón'.— ¹³ Como Gamillscheg reúne sobre todo goticismos italianos, occitanos y catalanes, correspondientes a la época del reino tolosano, S. V, es natural que la mayor parte de sus ejs. presenten alteración romance del diptongo AI, a no ser en las zonas donde este diptongo se ha conservado hasta la actualidad. Pero los de castellano y portugués, menos estudiados por Gamillscheg, corresponden a una época muy posterior.— ¹⁴ La frase popular *estar de gaita* es moderna, y se comprende bien por la alegría ingenua de las fiestas rústicas, pero también la favoreció en el Siglo de Oro la tendencia al floreo verbal con el adjetivo *gayo*.— ¹⁵ La cita Moraes la cita en el cronista de las expediciones al África, Eanes de Azurara (S. XV), donde corresponde ciertamente a este ambiente lingüístico.— ¹⁶ Véan se los dos pasajes de este edicto citados por God., IV, 205c. Por cierto que es infundada la definición 'trompeta del velador' que God. da con este único fundamento al fr. *guette*. En el primero es 'acción de velar' («sera tenu celuy qui a la charge de la *guette* du dit chastelet, de sonner la trompette»), en el segundo 'el vigía' («au son de la *guette*», es decir, «au son que fait la guette», en femenino, según es corriente).— [17] P. ej. las cánticas del velador o centinela para no dormirse en altas horas de la noche, especialmente la llamada «hora de la modorra», hacia el amanecer. Véase material literario acerca de esta costumbre en M. P., *Estudios Literarios*, 1920, pp. 303-7. El caso es que ahí se habla de instrumentos más apropiados, como la guitarra, el caramillo, la bocina y la trompa, pero no de una gaita, que supone un público numeroso y en humor de fiesta.— [18] *Estudios dedicados a M. P.* I, 20-30, p. 27.

GAJE, 'prenda', 'lo que se adquiere por algún empleo además del sueldo', ant., 'molestia o perjuicio que se experimenta con motivo de una ocupación', tomado del fr. *gage* 'prenda', 'sueldo', y éste del fráncico *WADDI* 'prenda' (a. alem. ant. *wetti* 'prenda', 'obligación jurídica', 'apuesta', alem. *wette* 'apuesta', ags. *wedd*, escand. ant. *veđ*, gót. *wadi* 'fianza', 'prenda', comp. ingl. *wed* 'casar'). *1.ª doc.*: 'prenda de desafío' *Gran Conq. Ultr.*, I, 27v°b16 y 23, 28v°a39; 1360 o 1422, en el sentido de 'sueldo', en la *Caída de Príncipes*, comenzada por López de Ayala y terminada por A. de Cartagena y J. A. de Zamora; S. XV, 'prenda', en el libro 2.° del *Amadís*[1].
La variante *gaja* 'prenda que el vencedor toma del vencido' está en APal. 299b. Extranjerismos de procedencia francesa son también el it. *gaggio*, cat. *gatge* [fin S. XIII, Lulio, *Meravelles* II, 138], port. *gage*, y aun quizá oc. ant. *gatge*. En vista de ello no se puede partir del gótico, como hace el *REW* 9474. Vid. Gamillscheg, *R. G.* I, p. 164.
DERIV. *Gajero*.
[1] *Aut.* s. v. *gage*. Más ejs. en Cej. IV, § 137, y *Voc.*

Gajisco, V. *gajo*   *Gajo*, V. *galón*

GAJO, 'cada una de las divisiones de frutos como la granada, la naranja, etc.', 'racimo pequeño o apiñado de cualquier fruta', 'rama que se desprende de un tronco del árbol', 'división o punta de las horcas, bieldos, etc.', del adjetivo lat. vg. *GALLĔUS* 'a manera de *GALLA*', es decir, 'como la agalla del roble y árboles semejantes'. *1.ª doc.*: 1423, E. de Villena, con referencia a un *gajo* de granada (Cej., *Voc.*); Nebr., s. v. *horca*, en cuanto división de esta herramienta; *gajo de uvas*, 1604, *G. de Alfarache*; 'rama de árbol', 1611, Covarr.

Tiene *j* sonora en Villena, Nebr., y hoy en judeoespañol *gažo*, M. L. Wagner, *VKR* IV, 242. Ast. *gayu* 'gajo, rama de árbol', y la forma castellanizante *gaxu* 'zoquete de pan o de borona' (V). La etimología se debe a Schuchardt, *ZRPh.* XXIX, 324, comp. Baist, *ZRPh.* V, 233ss. Voces emparentadas son port. (y gall.) *galho* 'rama de árbol' 'parte de la rama que queda fija al tronco después de arrancado el resto'[1], gall. *ḫála* 'gajo de horca' (Krüger, *Gegenstandsk.*, 104, 239; *WS* X, 81), Pallars *gall* 'gajo (de naranja)' (Tavascan, Esterri de C.)[2], cat. occid. *galló* 'gajo de naranja' [S. XV, Ag.], gasc. *galhoun* 'gajo de cebolla', 'diente de ajo', 'brote de trigo y otras plantas', prov. *gaio* 'glándula de animal, etc.' (*FEW* IV, 36a), Tesino *gai* 'retoño', 'brote', sic. *gaggiuni*, etc. (*REW* 3657; *FEW* IV, 36b). Derivado romance de *GALLA* con sentido análogo es el trasm. *gallelo*, *gallinhó*, 'gajo de naranja' (*RL* V, 91). Comp. el artículo *AGALLA* I.
DERIV. Ast. (Villaviciosa) *gayama* 'helecho macho' (V, s. v. *felencha*) (?). *Gajoso* [1629, Huerta]; antes *gajudo* [*Canc. de Baena*, W. Schmid]; *gajisco* [como adjetivo en Nebr., s. v. *rábano*; como sustantivo, en Lucas Fernández, referido al mismo vegetal, vid. Cej., *Voc.*; etimología algo dudosa en vista de la variante *rábano vexisco*, Rob. de Nola, p. 238]. *Gayera* ast. 'variedad de cereza grande y de color blanco y encarnado'; *gayón* 'especie de *forcáu* de palo, con una de sus puntas más larga, que puesto al hombro se emplea para llevar cargas de leña' (V). *Desgajar* [h. 1325, Juan Manuel; vid. Cuervo, *Dicc.* II, 1074-5]; *desgajadura*; *desgaje*. De un arag. *gallo* 'gajo', 'brote' parece ser derivado *gallón* 'el césped que se arranca de los prados con una pala de acero, de que se fabrican paredes muy firmes para las huertas', como arag. en *Aut.*, y tal vez el compuesto *gallipuente* arag. 'puentecillo sin barandas, de cañas cubiertas de césped, que se hace en las acequias para comunicación de los campos' (*RABM* IV, 1874, 14, 15, 63). Además puede verse el artículo *GALLARDO*.
[1] Además, en Galicia designa ganchos y púas de metal, como los que sostienen los pucheros en el hogar o las púas de una horquilla (Vall.); de ahí, o desde 'pedazo de rama' se pasa a la idea de 'agarradero', 'pretexto' e 'idea que hurga en el cerebro': *c'o gallo de* 'a pretexto de' (Vall.), pero en Castelao: «non pasou de estudarlle as tripas, c'o gallo dos vellos anatómicos que buscaban no cadavre o segredo da vida» (148.2).— [2] También significa 'borbotón de un líquido que brota o hierve', en la misma comarca y en el País Valenciano, en forma mozárabe *gallo* en Capçanes (Priorato); en el mismo sentido *gallo* en el aragonés de Segorbe (Torres Fornés) y *gajo* en Murcia (G. Soriano); para la explicación semántica, Schuchardt, *ZRPh.* XXIX, 323.

GAJORRO, 'gañote, garguero', and., *guajerro* en Murcia y otras zonas andaluzas; quizá fuese **gajerro* la forma primitiva, alterada por influjo de *guargüero* (vid. *GARGUERO*); *gajerro* podría ser descendiente mozárabe del lat. CIGERIUM 'buche de los pájaros'. *1.ª doc.: guajerro,* 1927, en el murciano Ramírez Xarriá; 1932, G. Soriano; *guajerro* y *gajorro,* 1933, A. Venceslada; el último, Acad. 1936 o 1925.

Para descendientes romances de GIGERIUM, muy extendido en Francia, Cataluña y el País Vasco, vid. *REW* y *FEW* s. v.: fr. *gésier,* gasc. *guizè* (*guidè*), cat. *guier* (*grier*), etc. Para una etimología iránica de este término culinario latino, vid. Schuchardt, *ZRPh.* XXVIII, 447, Meillet-E. y Walde-H. *Gajorro* resultaría de un cambio de sufijo, o por influjo de *morro.*

GALA, tomado del fr. ant. y med. *gale* 'placer, diversión', derivado de *galer* 'divertirse, ir de parranda', de origen incierto, quizá del fráncico **WALLAN* 'hervir', 'bullir, agitarse' (a. alem. ant. y b. alem. ant. *wallan,* alem. *wallen,* ags. *weallan;* comp. escand. ant. *vella*). *1.ª doc.:* med. S. XV, Suero de Ribera, *Canc.* de Stúñiga, 168; Nebr.: «gala: elegantia vel lauticia vestium»[1].

No es inverosímil que existan ejs. anteriores; pero falta en APal., los glosarios de Castro, y es ajeno al léxico de los muchos autores medievales investigados[2]. Por otra parte, figura en A. de Guevara (1539) la frase *a la gala,* como invitación a aplaudir el mérito de alguno (Fcha.), y *Aut.* cita muchos ejs. clásicos de *gala,* desde Juan del Encina (1496). En los otros romances meridionales, por lo demás, aparece por la misma época.

En portugués tenemos bastantes ejs. desde la Crónica de García de Resende (h. 1500), Gil Vicente, etc. (Moraes, Vieira). En catalán aparece desde fin S. XIV: Crón. del Ceremonioso; J. Roig, *Spill,* v. 6431[3]; en J. B. Masdovelles y el *Tirante* (Ag.). En lengua de Oc, esta palabra y su familia faltan casi del todo en la Edad Media: sólo Levy cita un ej. en texto no fechado. En italiano aparece *gala* 'fiesta', 'pompa', 'lujo de vestidos' desde los Pulci, a fines del S. XV, y se hace común en el XVI y XVII[4]. En contraste con estas fechas tardías y coincidentes, el fr. ant. *gale* está ya en Rutebeuf (3.ʳ cuarto del S. XIII), hay algún ej. del S. XIV, y es muy frecuente hasta fines del XV por lo menos (Coquillart); el sentido es 'placer', 'gozo', 'diversión', y *faire la gale* es 'entregarse al placer, pasarlo bien, divertirse'. Es visible que *gale* arranca del verbo *galer* 'divertirse', 'pasarlo bien', 'festejar', 'ir de parranda', a veces con matiz indecente, y casi siempre término familiar y afectivo, que ya aparece en Gautier de Coinci (1223) y permanece usual hasta la misma época y aun en Rabelais, mientras que la locución sinónima *galer*

le bon temps aparece aún en Montaigne y en Cotgrave (1611).

Para la etimología tiene importancia la existencia de variantes con *w-* inicial, como ya notaron Suchier (*ZRPh.* I, 431), Gamillscheg (*EWFS,* s. v.) y Rohlfs (*ASNSL* CLXXI, 135). En verdad los testimonios de esta variante parecen reducirse a uno solo, citado por Du C. (s. v. *galare*), y de texto por lo demás idéntico al pasaje de G. de Coinci que figura en God.: se trata, pues, de una variante manuscrita de este autor picardo, muy conforme, por lo tanto, a su dialecto[5].

En cuanto a la etimología, debe descartarse definitivamente la de Diez (todavía preferida por E. Thurau): a. alem. ant. *geili* 'orgullo', 'rumbo', 'ufanía', pues aunque supongamos una base germ. **GAILA* y admitamos que al romanizarse se redujera a **GALA,* esta reducción del diptongo sólo se produjo en germanismos muy antiguos, y siendo *gale* oriundo del Norte de Francia, un **GALA* allí hubiera dado forzosamente **giele.*

La que propuso Suchier en la citada brevísima nota no ofrece tampoco la base necesaria: el ags. *weala* (ingl. *weal*) significa por cierto 'riquezas', 'bienestar', pero como no conviene fonética ni geográficamente, se apresuraba Suchier a agregar que el neerl. med. *wale* era preferible; sin embargo, es el caso que esta forma, variante poco común del neerl. med. y mod. *wel,* sólo parece emplearse como adverbio, en el sentido de 'bien', y aunque supongamos que ocasionalmente se sustantivara, tampoco satisfaría en lo semántico; Gamillscheg, que en su *EWFS* había aceptado este origen sin examen, debió de rechazarlo más tarde, pues no cita el vocablo romance en su *R. G.*

Schuchardt, *ZRPh.* XXIX, 331, hablando de los descendientes romances del lat GALLA 'agalla (de roble)', estudia especialmente el it. *galleggiare* 'flotar', 'agitarse'—explicable por la propiedad que tienen las agallas de sobrenadar en el agua— y el antiguo *gallare* 'flotar' y 'mostrarse soberbio' [Dante][6], y dice de paso que el fr. *galer* es de origen italiano: pero aparte de la forma con *w-,* no me parece verosímil un italianismo tan vivaz en francés desde princ. S. XIII, y faltaría de todos modos hallar los necesarios eslabones semánticos[7].

La explicación más satisfactoria me parece ser la resumida arriba, publicada por Bloch, y probablemente inspirada por Sainéan (*Sources Indig.* II, 210-1)[8], pero en lugar de partir de un gót. **WALLAN,* que no convendría geográficamente (en este idioma sólo se halla WULAN), o del alto alemán, es preferible tomar como base la forma fráncica, que sería idéntica, a juzgar por los dialectos más afines[9].

En cuanto a la historia semántica de nuestro vocablo y de su familia, en español y en los idiomas afines, hace gran falta una monografía de conjunto, más general y más original que la de Else Thurau[10], que contiene una apreciable reunión de materiales, pero limitada casi del todo al francés. Ahora bien, es un hecho que el español y el italiano, aunque tomaran los vocablos franceses en préstamo, les dieron vida nueva, lozana y original, se influyeron recíprocamente en su uso y reaccionaron también sobre el empleo francés.

Acerca de los usos clásicos en castellano, además de las indicaciones dadas arriba, informa bastante bien *Aut*. Es muy clásica en particular la ac. concreta 'atavío, prenda de vestir lujosa' (Cervantes, Lope, etc.)[11]. Así *gala* como *galante*, *galán, galano*, alcanzaron gran vitalidad en el Siglo de Oro, y formaron en España más derivados que en parte alguna; no cabe duda que influyeron luego en el uso de las voces francesas y, como reconocen Zaccaria y Migliorini (*VRom*. I, 85), en las acs. italianas. De ahí el *vestido de gala, día de gala*, y locuciones semejantes, cuya adopción en la Corte española halló pronto eco en toda Europa: en Inglaterra se habla ya de que «the whole Court put on *Galas*» en 1625, en Viena el emperador Leopoldo (1658-1705) introdujo *gala* en el ceremonial de Corte tomándolo de España, y así entró el vocablo en alemán, y si en Francia Voltaire escribe «le *gala* des Italiens» es probable que este influjo italiano no sea el que allí abrió las puertas al vocablo (vid. Thurau, p. 86).

DERIV. *Galán* [med. S. XV, Mendoça, en el *Canc*. de Stúñiga, p. 249[12]; 1476, *Coplas* de J. Manrique[13]; «*galán*: elegans, lautus», Nebr.; con matiz familiar, casi despectivo, en el *Alfarache* de Martí[14]], del fr. *galant*[15], participio activo de *galer* [S. XIV], al principio 'que se divierte', 'atrevido, emprendedor', después 'enamorado', 'galante' (sobre todo desde el S. XVII)[16]; primitivamente se empleó *galán* como sustantivo o como adjetivo, así p. ej. en el *Quijote* o en Góngora (V. los respectivos glosarios), y aun como adjetivo de una sola terminación con nombres de objetos[17]; pero pronto, según el modelo de otros adjetivos (*buen ~ bueno*, etc., comp. el caso análogo de *fulán > fulano*), se tomó *galán* por forma proclítica apocopada de un adjetivo de dos terminaciones, creándose *galano*, y acabó por especializarse *galán* en el uso sustantivo; *galana* figura ya en el aragonés Juan de Tapia, a mediados del S. XV[18], *galanamente* está en el dicc. de Nebrija, que emplea también *galana cosa* en su artículo *elegante*, y el italiano Pedro Mártir de Anghiera, a fines del S. XV, dice que «hispanico idiomate elegantes *galanos* appellant»; de ahí pasó ocasionalmente a Italia, donde el Aretino y Cecchi emplean *galan* y *galani* en frases bilingües hispano-italianas y se sustantivan *galano* y *galana* en el sentido de «cinto, nodo o cappio di nastro» desde fines del S. XVI y en los XVII y XVIII (Zaccaria). En cuanto al cast. *galante*, es por su

origen duplicado de *galán* y *galano*, pero de aparición más tardía (*Aut*. sólo desde G. del Corral, 1628, aunque ya está una vez en Santillana y otra en el italianizante Torres Naharro), limitado al principio al uso ante sustantivo en vocal inicial, y como sinónimo riguroso de *galano*, del cual al fin era variante fonética («*galante* estilo», en Góngora I, 356); después se aclimató con el sentido actual, procedente al parecer de Italia («es hombre *galante*, como dizen en Italia» escribe Cervantes, *Quijote* II, xxv, 97; vid. Gillet, *Propaladia* III, 691), donde era galicismo nacionalizado desde fines del S. XV; falta averiguar la procedencia francesa o italiana de los derivados *galantería* [1517, Torres Naharro, *Sold*. IV, 142, y *Tinell*. V, 288; 1611, Covarr.; Cervantes, *Coloquio de los Perros*, 1613, ed. *Cl. C.*, 283; Paravicino; Vélez de Guevara], *galantear* [Góngora; Oudin; el it. *galanteggiare* aparece en el S. XVII], *galanteo* [mediados del S. XVII, Rebolledo; de ahí el it. *galanteo* que aparece una sola vez, en el mismo siglo y en traducción del castellano]. *Galancete* [Quevedo]. *Galanía*, ant. [h. 1570, Ambr. de Morales]; *galanura* [*Aut*.]. *Engalanar* [1583, Fr. L. de León]; falta aún en Nebr. y en C. de las Casas, 1570]. *Galar* 'ganar' gnía. y *galear* 'bravatear' [1609, J. Hidalgo], el primero quizá derivado directo del fr. ant. *galer*. Véase además *REGALAR*.

[1] Zaccaria cita *gala* en doc. de 1492 de la colección Fernández de Navarrete.— [2] Es de notar la ausencia en las Coplas de Jorge Manrique, donde había ocasión de emplear el vocablo y donde figura *galán*.— [3] «De mes parentes / e benvolentes / una ·n triàs / qual me semblàs / voler menys *gala*, / e pensant quala / ja m'alegrava».— [4] Zaccaria, s. v. Es verdad que *gala* en la ac. «striscia di trine o di pannolino lavorato a trapunto con ago», todavía viva en la actualidad, aparece ya una vez en Boccaccio, pero éste es otro vocablo, derivado regresivo de *galone*, de otro origen etimológico, vid. *GALÓN*.— [5] «Ce tant peu qu'il avoit *wala*, / et geta puer ['lejos'] si folement / que povertés isnelement / a son oncle le racacha [= fr. *rechassa*]». Es, pues, transitivo, en el sentido de 'gastar en fiestas', ac. sin otros ejs., aunque el vocablo es también transitivo en la frase *galer le bon temps*. Roquefort tiene también un artículo *waller*, sin ejs., que define de la misma manera: se fundará, pues, en el pasaje citado por Du C. En cuanto al fr. ant. *walois* 'alegre' no lo común *gallois*, será prudente mantenerlo aparte: parece ser idéntico al étnico *gaulois*, que tiene también el sentido de 'libertino' y procede del germ. WALHA 'romance, francés'. Pero deducir de ahí el fr. *galer*, como parece proponer Ettmayer (*ZRPh*. XLVII, 49), tiene poca verosimilitud; además de que la fecha de *galois* es posterior, creo que la ac. 'libertino, amigo de placeres' se

debe justamente al influjo de *galer*.— ⁶ En los
Pulci, segunda mitad del S. XV, tiene aproximadamente el sentido del fr. *galer*, pero es probablemente galicismo.— ⁷ M-L., *REW*, 3655, se
adhirió a la opinión de Schuchardt, si bien notando que el it. *gala* y *galante* han de ser a su
vez galicismos posteriores; pero en la tercera
edición borró totalmente esta etimología, aunque
sin reemplazarla por otra.— ⁸ Ahí hay que rectificar la confusión con el fr. *jaillir* (ant. y dial.
galir), que según muestra la *j-* ha de corresponder a una base completamente diversa.—
⁹ Wartburg, en la nueva ed. de Bloch, reemplaza esta etimología por una variante de la de
Suchier, partiendo de un fráncico *WALA 'bien'.
Aunque admitamos la posibilidad de que ésta
fuese la forma fráncica (a pesar de que se esperaría más bien *WËLA (gót. *waila*, ags. y neerl.
wel, a. alem. ant. *wëla*, y a veces *wola* y *wala*),
desde luego es forzado en el aspecto semántico suponer que el verbo *galer* derive de un adverbio.—
¹⁰ «*Galant*», *ein Beitrag zur französischen Wort-
und Kulturgeschichte*, en *Frankfurter Quellen
und Forschungen zur germ. u. rom. Philol.*,
1936, 113 pp. Comp. *ZRPh.* LVIII, 401-10, y
la reseña citada de Rohlfs.— ¹¹ Nótese la frase
hacer alguna gala 'gastar algo para vestir bien':
«vengo a Madrid a verme con mi suegro / y
a ver esta divina cortesana. / —De vuestro bien,
si lo ha de ser, me alegro. / —Aquí querría
hazer alguna *gala* / y entrar a vistas con vestido negro», Lope, *Marqués de las Navas*, v.
468.— ¹² «De las que han grand dolçura, / *galanes* non vos fiés».— ¹³ «¿Qué se hizo el rey
don Joan? / Los infantes de Aragón, / ¿qué se
hizieron? / ¿Qué fué de tanto *galán*, / qué de
tanta invinción / que truxeron?, copla XVI,
v. 4.— ¹⁴ «Y como iba embebecido y descui-
dado, siento que me dan un golpe en el hombro y un empellón diciendo: —apártese, *galán*—; vuelvo la cara, y veo era un corchete
o alguacil que hacía lugar a un alcaide de casa
y corte», ed. Rivad., p. 411. Comp. sentidos
semejantes en el francés de los SS. XVI y XVII,
Rabelais, Despériers, Lafontaine (Thurau, pp.
24, 30, 66).— ¹⁵ Para los sentidos variadísimos
y algo vagos que toma en el francés del S. XVII,
V. el interesante estudio de Brunot, en su *Hist.
de la Langue Fr.* III, 236-41.— ¹⁶ Inadmisible,
por evidentes razones fonéticas y de toda clase,
es derivar, como hacen algunos, el cast. *galán*
del ár. *gulâm* 'muchacho'.— ¹⁷ «Los valerosos
Zegrís / con libreas muy *galanes*, / todos de
morado y verde, / marlotas y capellares», Pérez de Hita, *Guerras C. de Granada*, ed. Blanchard I, 149.— ¹⁸ «Aunque seas más *galana*, /
de muchos serás represa, / que eres tornada
francesa, / non quieres ser catalana», *Canc.* de
Stúñiga, p. 201.

Galabardera, V. *agavanzo*   **Galáctico**, *galacti-
ta, galactófago, galactómetro, galactosa*, V. *leche*

GALACHO, arag., 'barranquera que excavan
las aguas al correr por las pendientes del terreno', del mismo origen que el alto arag. *galocho*
'barranco sin agua', cat. (Ebro) *galatxo* 'brazo de
un río', sic. *galecci* o *galiggi* 'riachuelo que queda sin agua', probablemente del ár. *ḥaliǧ* 'brazo
de un río', con sustitución, en España, de la
terminación *-ich* por la aumentativa *-acho*. 1.ª
doc.: Poema de Yúçuf, B, 147d, modernización,
hecha en la 2.ª mitad del S. XVI, de un texto
de fines del XIV¹.

Peralta, en su diccionario aragonés (1836), traduce «hoyo o cortaduras que dejan las avenidas
o aguas, derrumbadas» (añado la coma, necesaria
para el sentido), definición reproducida por Borao. La Acad. (después de 1899) dió la definición transcrita arriba. En Panticosa es «hondo
de montaña, vestido de unas matas» (Kuhn, *RLiR*
XI, 235); en Caspe recogió Casacuberta la variante galarcho «torrente» (*BDC* XXIV, 171), que
reaparece en la localidad çatalana de Calaceite
(Teruel) galarxo «xaragall o regueró que fa la
pluja forta' baixant per una pendent» (Ag.; malamente acentuado galarxó por el editor Montoliu). Pero también en catalán la forma sin *r*,
galatxo, es la corriente: en Tortosa significa 'canal para el riego o la navegación' (*BDC* III, 98),
y remontando el curso del Ebro lo anoté personalmente en el sentido de 'brazo de río' en Benifallet, Móra de Ebro y Flix; más al Norte,
p. ej. en Seròs (Bajo Segre), el vocablo ya no
es conocido en el territorio de este idioma. Con
otro sufijo hallamos galocho 'barranco sin agua
para bajar troncos' en Embún y Echo, 'golpe de
lluvia' ahí mismo (Rohlfs, *Patois de Lescun*, p.
20, define «torrente pluvial» para la misma localidad), galocha en Echo 'arroyo', galochera en
Echo, Embún y Ansó 'inundación', en Aragüés
'barrancada'² (*RLiR* XI, 236-7), Litera galocha
'bache' (Coll A.). V. los datos reunidos por Hubschmid, *Pyrenäenwörter vorroman. Urspr.*, 52-53;
pero dudo mucho que sea iberismo, como él cree.

Muy lejos de ahí tenemos otra variante: el sic.
galiggi «rivolo d'acqua che subito scema e manca» (Traina), «rivi d'acqua chi mancanu nellu
principiu di la primavera», en Villalba (centro
de Sicilia) li *galéci* «pozze di acqua per macerare
il lino», y en Cosenza (Calabria) *galíci* con la ac.
conocida 'brazo de un río' (Rohlfs, *ZRPh.* XLVI,
148-9; Pagliaro, *ARom.* XVIII, 360). Como ya
propusieron Aleppo-Calvaruso (187), y corrobo-
raron Rohlfs, Steiger (*Contr.*, 195) y Pagliaro,
las palabras siciliana y calabresa proceden evidentemente del ár. *ḥaliǧ* «a canal or cut from a
large river: what is cut off from the main mass
of water» (Lane), 'brazo de un río' según Barth
(que viajó por el Norte y Centro de África en

el S. XIX)³. Esta etimología no puede ofrecer la menor duda en cuanto a las formas italianas, puesto que *ḥ-* da una *g-* romance en muchísimos casos. Sumamente verosímil es también derivar del árabe el cat. dial. *galitx* 'chorrillo de un líquido que sale con fuerza; salpicadura', empleado en el Campo de Tarragona (Alcover).

Por otra parte, sabemos que el vocablo era usual en el árabe hablado de España, puesto que *al-ḥaliǧ* figura en Abulhasan de Cartagena como nombre de un río de esta ciudad o de Murcia (G. Gómez, *Al-Andalús* I, 101), y es sumamente verosímil que *galacho* y *galocho* se deban a dos cambios de sufijo distintos del mismo vocablo árabe. Nótese que este fenómeno morfológico no es nada raro en los arabismos: *ḥardûn* se cambió en *FARDACHO* 'lagarto' o en *(es)farditxa* 'lagartija', justamente en la misma zona catalano-aragonesa, indudablemente porque el sufijo romance *-ó(n)* tiene allí valor diminutivo, y siendo *-acho* el sufijo aumentativo autóctono fué considerado más propio del nombre de un animal relativamente grande, como el lagarto; y cuando posteriormente, y en un pequeño número de localidades, se sintió la necesidad de un derivado del mismo radical para nombrar la lagartija, se creó *farditxa* con el sufijo diminutivo mozárabe *-itxa*. Paralelamente *ḥaliǧ*, romanizado primero en **galicho*, parecería inadecuado por su terminación diminutiva para designar una corriente de agua bastante importante como es un brazo del río Ebro, y así se dijo *galacho*. No es prudente, desde luego, relacionar con palabras tan exóticas en esta zona como el fr. *jaillir* (picardo *galir*) 'brotar (el agua)', según hace Spitzer (*Lexik. a. d. Kat.*, 55; comp. Brüch, *Misc. Schuchardt*, 44). Más razonable sería, en vista del bearn. *galè* «canal étroit, conduit, gorge resserrée, passage étroit», *galet* «goulot, tuyau... gorge», *galut* (Gers *gaüt*) «gorge, gosier; tuyau, canal étroit», y especialmente *agalè*, *agoalè* «sillon, petit canal d'écoulement; rigole; évier», derivar de AQUA, o de su derivado AQUALE, pero la generalidad de la pérdida irregular de la A- y de la -U- me hace dudar mucho de esta etimología⁴.

¹ No poseemos en este pasaje el texto del manuscrito *A*, más antiguo. Léese en *B*: «I kwando bido Yusuf la luna prima i delgada / en el xino ke xe iba, kon planeta abenturada, / ke dentraban los annox de bentura abextada / mando juntar la tierra i toda xu konpanna. / I de ke fweron llegadox todox xux baxallox, / fizo lex a xaber por ke eran llegadox, / ke xe fwexen a xenbrar los bajox i altox, / ke xenbraxen toda la tierra, bal[l]ex i *galachox*». Luego del sentido parece ser 'pequeño valle afluente'. En Vinebre (Ribera catalana del Ebro) anoté en 1936 la frase siguiente: «prop de la seva desembocadura la vall de Martí forme un *galatxo* que a vegades s'hi fique el riu Ebro». Es decir, 'valle

afluente a veces inundado por el río del valle principal'.— ² *Gorgolocha* «galochera» en Ansó, por influjo de *GARGANTA* y su familia.— ³ Aunque Freytag da también, algo dubitativamente, las acs. 'golfo, ensenada marina', 'río', 'orilla de un río', 'abismo, lugar muy profundo en el mar', quizá la única existente sea la de «canalis e flumine maiore derivatus», no sólo porque es la que confirman Lane y Barth, y la que se comprueba por *al-ḥaliǧ* o *al-ḥaliǧ al-kabîr* o *ḥaliǧ miṣr*, nombre del canal que baña la ciudad del Cairo (Dozy, *Suppl.* I, 389b), sino porque es la que mejor se explica como procedente del verbo *ḥálaǧ* «traxit, attraxit», «e loco suo traxit et evulsit (rem)».— ⁴ Por el sentido está claro que *galacho* nada puede tener en común con *GALAYO* (véase), contra lo sugerido en *RFE* XX, 62.

Galafate, V. *calafatear*   *Galamero*, V. *lamer*
Galamperna, V. *engalabernar*   *Galamperro*, V. *galápago*   *Galán, galancete*, V. *gala*

GALANGA, 'planta exótica de raíz medicinal', del b. lat. *galanga*, y éste del ár. *ḥaláng* íd. 1.ª doc.: garengal, *Alex.*, *O*, 1301c, y Aranceles del S. XIII; *galingal*, en el mismo pasaje del ms. P del *Alex.*; *garingal*, *Gr. Conq. de Ultr.*, 322a; *galangal* y *garanjal* (?), 1525, Rob. de Nola, pp. 165, 72, etc.; *galanga*, 1555, Laguna; otras variantes en invent. arag. del S. XV, *VRom.* X, 159.

Galanga figura en unas recetas en bajo latín, anteriores al S. XI y posteriores al VI (A. Thomas, *Bull. Du C.* V, 97ss., s. v.); *calanga* en unas ordenanzas catalanas desde 1271. Esta variante parece procedente del ár. *ḥaláng*, documentado como nombre de árbol cuya madera desprende un olor fuerte y agradable (*Aut.* dice que el olor de la galanga es «muy fuerte y subido»); así lo sugiere Steiger, *Contr.*, 229, fundándose en Dozy, *Suppl.* I, 400a. En cuanto a las formas en *-al*, citadas arriba, así como port. *galingal*, oc. *galengal, garengal*, cat. ant. *galangal* (Costumbres de Tortosa, ed. Oliver, 389; ordenanzas de 1252), *galangau* (Lleuda de Tortosa, de 1252: *RLR* IV, 248), b. lat. *calangani* (San Gall, fines del S. IX: *RF* XXVI, 938), como ya indicaron Dozy (*Gloss.*, 271), Neuvonen (263) y otros, provienen del ár. *ḥalangân* íd., por lo visto derivado del anterior.

Galanía, galano, galante, galanteador, galantear, galanteo, galantería, galanura, V. *gala*

GALÁPAGO, 'especie de tortuga', del mismo origen que el cat. *calàpet* o *galàpet* 'sapo' y que el port. *cágado* (ant. *caágado*), port. dial. *cácavo, caganapo*, 'galápago'; probablemente de un hispánico prerromano **CALAPPǍCU*, quizá emparentado con **CALAPACCĚA* 'calabaza' y con **CARAPPACEU* 'carapacho', 'caparazón'. *1.ª doc.*: aparece ya en su forma moderna en un glosario latino conservado en manuscrito del S. IX; *qalápaq* (o *qalâpaq*) en el tunecí Abenalŷazzar, fines del S. X, que recoge nombres españoles; *galápago*, 1251, *Calila*[1]. Está también en el glosario del Escorial (h. 1400) glosando el lat. *testudo*, y como equivalencia del lat. *testa* se halla «cáscara, *galápago*»; en APal. 498b («los *galápagos*, que son testudines que se crian en el agua y tienen dura la cobierta del espinazo y encorvada; *testudo* es linaje de animal que se cubre con concha dura, *galápago*»), en Nebr. («*galápago dela tierra*: testudo chersina; *galápago dela mar*: testudo marina»), y en muchos autores desde el S. XVI (*Aut.*). Por otra parte, el vocablo se lee en dos glosas muy antiguas: «*golaia*: id est *galapago* marino sive riano» (es decir, 'galápago de mar o de río', que son también las dos especies a que alude Nebr.), *CGL* III, 539.34, y «*golaia*: id est *galapaco* magrinos [léase *marino*] sive fino [quizá: *flumineo*]», *CGL* III, 564.15-16 (vid. *CGL* VI, 498; y *ThLL*, s. v. *golaia*); la primera de estas glosas figura en un glosario casinense médico-botánico, conservado en manuscrito del S. IX, y la segunda en unos Hermeneumata vaticanos, de un manuscrito del S. X (Reg. Christinae, 1260), que contiene otros hispanismos (como *sarracla*, *impedigo*, *cicala*); probablemente ambos glosarios serán de origen hispánico. En fuentes mozárabes se halla *qalápaq* en Abenalŷazzar, Abenbuclárix (h. 1106) y R. Martí (S. XIII), traducido «tartaruga», y ya en Ben-Masᶜûd (Málaga, h. 1016) y otros (*Al-And.* XXXVII, 44); y *calápaq* o *galápaq* «galápago de la tierra y galápago de la mar» en PAlc.; además *al-Galápaq* como apodo de un literato de Archidona, S. XII, *Aben Calápac* en los repartimientos de Mallorca y Valencia (S. XIII), *Beni Calápech* en el último (Simonet, 73-74), *Galápago* en escritura mozárabe toledana de 1199 (Oelschl.).

El cat. *calàpet* significa 'sapo'[2], pero no cabe dudar que sea el mismo vocablo, en vista de los casos numerosos en que ambos animales llevan un mismo nombre: gall. *sapo concho* 'galápago', valón *crapaud de mer* 'galápago', según Sainéan *caille* significaría 'sapo' en el Berry y 'galápago' en Lión, y la misma sinonimia tendrían el fr. y gasc. *carrec*, el fr. dial. *lut*, el sic. *bufuruna* y el macedorrum. *broască* (*BhZRPh.* X, 121; *Sources Indig.* II, 89-90). Ahora bien, el cat. *calàpet* está bien documentado en la Edad Media, desde fines del S. XIV por lo menos[3]; hoy se pronuncia *galápęt* en Lérida, el vocablo es de uso normal en todo el Alto y Bajo Ampurdán, Garrotxa, Ripollés, La Selva, Gironés y Este de Osona (por lo general en la forma *galàpet*, pero *calàpet* en parte del Alto Ampurdán, *escalàpet* en Blanes, y *calàput* o *escalàput* en Gerona y Bajo Ampur-

dán, «sapo o *calapot de aygua*» ya 1575, en Gerona, O. Pou. *Th. P.* 89) y vuelve a aparecer en Valls y el Vendrell, así como en todas las Baleares (*calàpot* en Santanyí —*BDLC* IX, 287— y otras localidades mallorquinas, *calàpet* en el resto de la isla y en Menorca e Ibiza). Debe de haber sido un tiempo de uso general en todo el territorio, pues el adjetivo derivado *calapatenc* figura en el *Procés de les Olives* (Valencia, S. XV), la toponimia permite localizar el colectivo *Calapatar* en la zona catalana de Teruel y en la Marina de Alicante[4], y variantes debidas a un cruce de nuestro vocablo con el sinónimo *gripau* (*grapau*) se hallan en otras comarcas: *galapát* en todo el Pallars[5], *calapaut* en Cotlliure (Pyr.-Orientales, *ALF* mapa 346, n.º 798), *galipau* en Vic y en Sant Feliu de Codines; confirma este antiguo carácter general de *calàpet* la modernidad del tipo valenciano actual *sapo*, tomado del castellano, y la falta total de ejs. medievales del hoy común en el Principado y Rosellón, *gripau* (o *grapau*, *grapal*), que por lo tanto penetraría desde Francia, aunque ya en fecha antigua. El cat. *calàpet* es importante porque, junto con las formas mozárabes, indica que el vocablo tenía primitivamente c- inicial.

En lo concerniente a la terminación en -*t*, su antigüedad es más dudosa, pues existe, por lo menos localmente, una tendencia a cambiar en esta forma la -c originaria (en Gerona *càntot*, *pénjot*, *rèbot*, formas de la primera persona del presente de indicativo, en lugar de las más extendidas en -*oc*; en algunos puntos dicen *tàvet* por *tàvec* 'tábano'; y Griera supuso, con apariencias de razón, que *àpat* 'conida', 'banquete', venga de *àpac < *àpague < AGÁPE); es verdad que esta tendencia es moderna y local, mientras que en nuestro vocablo las formas con -*t* son generales desde el S. XIV (Moll, en Alcover, no confirma la forma *galàpec* que Ag. atribuye a Menorca, y el *Beni Calàpech* del repartimiento de Valencia es evidentemente pre-catalán); de hecho, una forma *galapato* (con adelanto normal del acento en este dialecto) se emplea en Navarra (A. Alonso, *RFE* XIII, 32), y el diminutivo *calapatillo* es castellano (Acad. ya 1843) en el sentido 'insecto de unas cuatro líneas de largo, con las alas superiores más cortas que el cuerpo; de color ceniciento y cobrizo; gusta con preferencia de la semilla del trigo, y la harina del grano que ha mordido no llega nunca a fermentar', probablemente oriundo de Aragón (*gclapatillo* en la Litera y *carapatillo* en la Sierra de Guara: *RLiR* XI, 198), comp. *calápac* 'gusano que roe los pámpanos' en PAlc., *qalapaqêl* 'gusano o insecto roedor' en escritura árabe de Granada de 1370, y *quelepequil* «gusano reboltón» en PAlc.

Más complicado es el problema fonético que presenta el port. *cágado* 'especie de tortuga de agua dulce', gall. y beirão *cágado* 'renacuajo'[6], pero la existencia de variantes como trasm. *cácavo* «cágado» (*RL* XIII, 113), *caganapo* 'renacuajo' en la Régua (Fig.), *caganato* íd. en el Minho y en el Douro (Leite de V., *Opúsc.* II, 236; Fig.), no me deja dudas en cuanto a la identidad fundamental de *cágado* y de *galápago* ~ *càlapet* (ya entrevista por Diez, *Wb.*, 453); el detalle de la explicación es dudoso, pero no creo apartarme mucho de la verdad suponiendo que *cácavo* (= *cácabo* en esta zona) sale de un metatético *CALACCĂPU*, *caganapo* puede ser *CACALAPPU*, metátesis de CALAPĂCU, y en cuanto a *cágado*, la grafía *caágado* que figura en Gil Vicente' es prueba clara de que procede de *calágado*, el cual a su vez saldría de *calágapo* (< *calápago*) a causa de la rareza de la terminación átona *-apo* (comp. *cárcado*, que he supuesto procedente de *CÁRCABO*)³.

Nuestro vocablo es estrictamente iberorromance: es ajeno aun a las hablas más meridionales de la lengua de Oc, y no le conozco parientes en vasco, en sardo ni en el Sur de Italia⁹.

Bien puede decirse que no se ha estudiado el origen de *galápago*. Diez se limita a declararlo desconocido, y M-L. ni siquiera menciona el vocablo. Simonet, fijándose en la propensión del galápago o *testudo lutaria* a vivir en el cieno, piensa en origen céltico relacionando con el bret. *kalar*, córn. *caillar* 'fango', idea inaceptable, pues, según V. Henry, estas palabras vienen de *kageliar* (derivado de *kagal* 'cagarruta' y de *kach* 'excremento', hermanos del lat. CACARE), y en cuanto al irl. mod. *clabar* o *cladach* 'fango, barro', no tiene que ver con el vocablo bretón-córnico, y ambas formas faltan a los glosarios del irlandés medio y antiguo a mi disposición. Imposible pensar con Moll (Alcover) que los moros de España tomaran el fr. *crapaud* y lo devolvieran alterado en *calápac* a los cristianos de la Península: se opone a ello la terminación diferente, y salta a la vista que el vocablo ha de ser muy anterior a la invasión musulmana, en vista de la presencia en un manuscrito del S. IX y de las formas diversas de los tres romances ibéricos, pero coincidentes en una base común antigua.

C. Michaëlis (*St. zur roman. Wortschöpfung*, 53, n. 2) rechaza la relación con el ags. *creópan* (< germ. KRIUPAN) 'rampar, arrastrarse' (que en efecto no ofrece la base fonética necesaria), pero tiene razón Körting (2593) al reprocharle que pretenda derivar de la raíz indoeuropea *grb*, pues las palabras romances no pueden explicarse directamente por el indoeuropeo, y menos las privativas del iberorromance. Que haya parentesco con el lat. glosemático *golaia* 'galápago', palabra muy frecuente en glosarios medievales y muchas veces alterada (*golia, golale, golola*, etc., vid. *ThLL*, *CGL* y Du C.), como sospecha Heraeus (en Walde-H.), sería quizá posible

(sobre todo teniendo en cuenta las variantes *galage, galaie, gulage*) si debajo de este espectro verbal pudiéramos llegar a concretar una realidad lingüística cualquiera, pero la semejanza con el grecolatino *chelys, chelone*, es demasiado vaga para darle valor. El parecido de la variante ampurdanesa *escalàpot* con el gr. ἀσκαλαβώτης o ἀσκάλαβος 'lagarto moteado' (hoy también χαλαβώτης íd.), alb. *askuvazę*, gr. mod. ἀσκουβάζα 'sapo' (G. Meyer, *Wiener Sitzungsber.* CXXX, 97, y para la caída de *s-* líquida, ibid. CXXXII, iii, 25) es curiosa, pero no pasa de ahí, puesto que lo antiguo es CALAPPĂCU. En conclusión, el resultado que todos estos tanteos arrojan es igual a cero.

Tampoco pueden aprobarse las tentativas para hallar una explicación separada para el port. *cágado*. La de Schuchardt (*Roman. Etym.* II, 17; *BhZRPh.* VI, 14n.) para derivar de un lat. vg. *COCŬLA* (en vez de COCHLEA) 'caracol', sólo puede mencionarse por respeto al nombre de su autor, pues a pesar del vago apoyo que podrían darle aparentemente formas como oc. *cagaraulo* o *cagadaulo* 'caracol', vasco lab. *kaukel*, gasc. *cancarignol, coucourougnou* 'renacuajo', los obstáculos fonéticos son invencibles. Cornu (*GGr.* I, 957) imagina que *cágado* salga de un *CACĬTUS*, derivado de CACARE 'excretar', fundándose en el pasaje de S. Isidoro donde los llama *lutariae, id est coeno et paludibus viventes*, y Gonçalves Viana (*Apostilas* I, 199), aun dudando, se esfuerza en tranquilizarse con una serie evolutiva *cac'du* > *cáguedo* > *cágado*, pero esta fonética es inaceptable (el primer paso habría sido *cazdo*, y de ahí *cazo*, comp. PLAZO), y además *cágado* es inseparable de *galápago*, y toda relación con CACARE queda descartada por la forma antigua *caágado*.

Desde luego *CACĬTUS* es una voz fantasma y no está en San Isidoro, aunque *GdDD* 1319 se lo quiera achacar con el habitual desenfado.

La idea menos descabellada es la apuntada brevemente por Segl (*ZRPh.* XLII, 98) *CAPPARĂCU* 'animal provisto de capa, o sea concha', a condición de que no se mire como derivado romance de CAPPA —lo cual no sería posible por los sufijos ni probable por el significado— sino como formación prerromana: entonces nos quedaría la escapatoria de admitir que CAPPA en el idioma prerromano de donde procede tuvo otro significado, tal como 'cubierta' o 'caparazón'. Claro está que esto es muy hipotético, y por otra parte todo indica que CAPPA sería céltico, por lo menos en el sentido geográfico, mientras que el área de *galápago*, con su presencia en la zona tartesia (mozárabe *qalápaq*) y en la zona ibérica propia (catalán *calàpet*) apunta hacia otro origen étnico.

Lo único que puede haber de bueno en esta sugestión es el relacionar *galápago* con *carapacho* y *CAPARAZÓN:* no está fuera de razón suponer que *CALAPPĂCU, el animal cascarudo por excelencia (comp. gall. *sapo concho,* lat. *testudo*), sea en el fondo lo mismo que *CARAPPACĔU 'carapacho' y *CALAPACCĔA ⁓ CARAPACCĔA (> *CALABAZA,* cat. *carabassa*), comp. col. atlántico *garapacho* 'tortuga, galápago' (Sundheim). Para terminar: ¿hay relación etimológica entre *galápago* y el radical del fr. *crapaud,* oc. *grapaut,* cat. *gripau (gra-)* 'sapo'? Acaso. Pero el problema de *crapaud* es bien oscuro por su parte. Si el radical es germánico como cree M-L. (*REW*[1], 4760; nota muy reducida en *REW*[3], como si el autor la hubiese querido borrar), habría que separar del todo los dos vocablos, pues la caída de la -L- en portugués indica que no procede de -R- ni la -A- precedente pudo crearse por una anaptixis reciente. Si *crapaud* es prerromano, la relación sería más fácil; pero el sufijo tardío -*aud* no es favorable a esta opinión. Una idea que debería explorarse, a pesar de esta dificultad de principio, es la de que *crapaud* y *calàpet* (que entonces debiera significar primitivamente 'sapo') procedan del vocablo prerromano *CRAPPA ⁓ CLAPPA 'piedra, roca' (V. aquí *CHAPA,* y *FEW* II, 735ss.) por alusión a la piedra de sapo, que según la superstición popular se halla en la cabeza de este animal (fr. *crapaudine*); pero nótese que el tipo *CRAPPA es propio de Retia y de la Alta Italia y ajeno a Francia.

No todos los demás significados de *galápago* serán aplicaciones figuradas del mismo vocablo. Lo será la de 'enfermedad del casco de las caballerías' (que ha pasado al port. *galápago,* Moraes, Fig.). Pero en la ac. 5.ª 'molde en que se hace la teja', en *Aut.* 'pieza de madera de superficie convexa para fabricar las bovedillas de yeso', derivará de *galapo,* que en Tras os Montes es 'molde de adobes' (*galapa* en el Alentejo), y en castellano 'núcleo de madera con estrías para torcer cuerdas' [*Aut.*] (M. P., *Festgabe Mussafia,* 391; Krüger, *WS* X, 126; otras acs. en Fig.), el cual debe de proceder del gr. χαλάπους, -οδος (también χαλόπους) 'horma de madera para hacer zapatos'[10].

DERIV. *Calapatillo* (V. arriba). *Galapagar. Galapaguero.*

[1] «Avia dos anades e un *galapago,* et eran amigos por la vezindat que era entre ellos», ed. Allen, 49.969. Hay varios ejs. más en la misma obra, a continuación (además ed Gayangos, p. 55). Para otros del S. XIII, vid. Neuvonen, p. 265.— [2] Lo mismo ocurriría con el ast. *galápago,* noticia de Simonet que no puedo comprobar.— [3] Se cita ej. de San Pedro Pascual, valenciano del S. XIII, pero sabido es que hay dudas acerca de la autenticidad de sus obras, por lo menos en la mala edición que de ellas poseemos. Pero además se pueden agregar: Eiximenis (1385), *N. Cl.* VI, 137; Antoni Canals,

Scipió, N. Cl., p. 82, y los varios del S. XV o de fecha indeterminada citados por Alcover, Aguiló y Balari. La buena grafía es *calàpet* y no *calàpat,* como se ve por el valenciano Canals, y como no podía ser de otro modo dada la fonética histórica catalana; claro está que esta *e* procede de una A etimológica.— [4] Un río *Calapatar* o *de les Tortugues* pasa por el término de Verger: M. Gadea, *Tèrra del Gè* I, 146.— [5] Oído en Esterri de Cardós, y Alcover lo anota en Tremp, Senterada y Sort; es verdad que Z. Rocafort dice haber recogido *galàpat* en la Pobla de Segur (*Butll. del C. Excurs. de Cat.* IX, 70), pero si fuese ésta la acentuación, este dialecto occidental pronunciaría indudablemente *e* en la última sílaba.— [6] Vall., Leite de V., *DAcGall.,* Lugrís, y también en el Limia (Schneider, *VKR* XI, s. v.). En una de las localidades de esta zona pronuncian *kaḥátiu,* donde *ḥ* < -g- es normal, pero la terminación -*atiu* (< -*átegu*?) interesa quizá para la génesis de la terminación gall.-port. ⸗*ado;* tamb. *cagácho* según *DAcGall.*— [7] En la ed. de 1562, p. CCXII, r°, *Auto das Fadas,* se dice «quem tever este animal / nam he muyto que o leyxe / pois nam he carne nem peyxe», y como título de esta copla figura la forma *caagado.*— [8] También cabría admitir cruce de una forma **caápado,* correspondiente al cast. *calàpet* (cast. *calapatillo*) con *ιcáġapo < *calágapo* < *calápago.*— [9] Sainéan, *l. c.,* habla de un *calappe* «calappe granuleux o crabe honteux». Pero no conozco tal palabra en francés ni en los dialectos occitanos.— [10] Comp. *GAVERA.* Es dudoso. que tenga relación con *galápago* el santanderino *galamperro* 'renacuajo', en vista de la variante *camperro* (G. Lomas). El amer. *calapé* 'tortuga asada en su concha' (Acad. después de 1884) es palabra dudosa (falta en Alcedo, y Malaret la declara desconocida). Que el cub. *gapalear* 'hacer movimientos precipitados ansiosamente con brazos y piernas para salvarse' (Pichardo) salga de *galapaguear* es muy dudoso, en vista de *chapalear.* Quizá venga de éste contaminado por *galápago.*

Galapato, galapatillo, V. *galápago*   *Galapero,* V. *guadapero*   *Galapo,* V. *galápago*   *Galapero,* V. *galápago*

GALARDÓN, del antiguo *gualardón,* de origen germánico, probablemente del gót. *WĬTHRALAUN (comp. neerl. ant. *witherlôn,* ags. *witherleân* 'pago que se da a cambio de algo'), compuesto de WĬTHRA 'contra', 'frente a', y LAUN 'pago', 'agradecimiento'; en el romance antiguo, *gwedarlaun se cambió por metátesis en *gwelardaun, de donde se toma la forma castellana. 1.ª doc.: *Cid.*

Aunque la forma moderna ya aparece aisladamente en el *Cid,* puede ser grafía imperfecta (D. Agustín del Campo me proporciona también un ejemplo de *galardón* en la *Cor.* de Mena; aunque no me atrevo a dar esta forma como segura, dada la falta de una edición crítica de esta obra del poeta cordobés), pues en lo antiguo *gualardón* es casi general: Berceo, *Mil.*, 56d, 73b y c, 74d, 794d, etc.; *Calila* (ed. Rivad.), p. 68; *Partidas* II, xxviii, 10; *Conde Luc.*, ed. Hz. Ureña, p. 62; Refranes aragoneses del S. XIV (*RFE* XIII, 365); *Rim. de Palacio*, 871; *Vida de San Ildefonso*, v. 416; *Corbacho*, ed. Pz. Pastor, 10.15; Gaspar de Texeda, *Memorial de Crianza*, a. 1548 (*RH* XXIII, 487); *Farsa de Alonso de Salaya* (ed. Gillet, p. 57); hoy se pronuncia todavía así en judeoespañol de Marruecos (*BRAE* XIII, 230) y de Oriente (Subak, *ZRPh.* XXX, 159), y *gualardonar* se lee no sólo en el *Conde Luc.* (p. 175) y en Juan Ruiz, 717, sino todavía en la 2.ª parte anónima del *Lazarillo de Tormes* (pp. 95 y 96).

Existe también *galardão* en portugués, que ya se halla en Don Denís (*galardom*, v. 969), en las Ordenações Afonsinas (1446) y en el *Leal Conselheiro* (h. 1430), pero *gualhardom* está en los Inéditos de Alcobaça (SS. XIV-XV). La reducción de *gua-* a *ga-* será de razón fonética, puesto que tal reducción suele producirse en posición átona, pero cuando predominó esta forma (a fines del S. XV: APal. 19b, 48d, 121d, 277b, 291d; Nebr.) lo haría favorecida por el influjo de *GALA, galán* y su familia. La trasposición de la R (*gwedralaun > gwedarlaun*) es fenómeno frecuentísimo en estas condiciones en castellano antiguo (vid. *ALREDEDOR*, el port. *apertar, perguntar*, etc.); en cuanto a la metátesis *gwedarlaun > gwelardoun > gualardón*, claro está que fué favorecida por la etimología popular *egualar + don*, según muestra el texto de las *Partidas*: «gualardones, que quiere tanto dezir com *don egual* de su merecimiento», fenómeno en virtud del cual este vocablo germánico quedó incorporado al sistema lingüístico romance; en las demás lenguas neolatinas, el fráncico *WIDARLÔN se cambió en *gwedardon* debido a la misma influencia de *don*, y de ahí salieron el fr. ant. *guerredon* (después *guerdon*), oc. *gazardon*, cat. antiguo *guaardó*[1], y el cultismo italiano *guiderdone* (que está tomado del bajo latín galicano).

Hasta el presente los filólogos romanistas que han estudiado nuestro vocablo se han empeñado extrañamente en creer que la forma hispanoportuguesa es también galicismo (Diez, *Wb.*, 180; Gamillscheg, *R. G.* I, p. 166), para lo cual no hay razón alguna, pues WITHRA formaba también derivados en gótico (*withrawáirths* 'el que está enfrente', p. ej.), y la *-l-* demuestra que debe partirse del germánico directamente y no del francés o de la lengua de Oc, conclusión confirmada irrefutablemente por la constante forma antigua en *gua-*. Cabría también admitir que del germánico occidental común *WĬDARLÔN hubiese pasado al latín vulgar y de ahí al castellano y portugués. En este idioma no hay tampoco dificultad fonética: la metátesis se produciría cuando do ya la *-L-* intervocálica era diferente de la postconsonántica, y por lo tanto en su nueva posición se fonema no cayó, y la terminación *-oun* era demasiado parecida a *-ÔNEM* para que pudiera conservar huellas de su diptongo.

DERIV. *Galardonar* [*Cid*; para detalles de forma, vid. arriba]; *galardonador*, ant. *galardoneador*.

[1] No hay tal forma como el cat. *gallardó* que cita M-L., a no ser en algún diccionario moderno sin valor filológico.

GALAVARDO, antic., 'el hombre grande, desvaído, que hace más de costa que tiene de provecho', origen incierto. *1.ª doc.*: Covarr., cuya definición he reproducido.

Aut. recogió el vocablo sin otro ej., rectificando ligeramente la definición («desvaído y dexado, inútil para el trabajo»); Acad. ya en 1817 advierte que está anticuado. No conozco otra fuente. No es verosímil la etimología de Covarr. it. *galavrone* (más bien *calabrone, scalabrone*) 'zángano' < lat. CRABRO, -ONIS, íd.; pues ni en Italia o Francia existen variantes en *-ardo* de este vocablo ni en España en *-ón* o con el significado 'zángano', vid. *REW* 2293; *FEW* II, 1265. Tampoco es probable que venga de *desgarbado >* *esgalarbado > galabardo*, pues la metátesis sería violenta, los demás cambios inverosímiles, y *garbo* era italianismo todavía reciente en tiempo de Covarr. Es lícito sospechar que se trate de un derivado regresivo de *galabardina*, variante de *GABARDINA*, conocido como traje rústico; entonces el *galabardo* sería el hombre mal arreglado, trajeado con *gabardina*, como un gañán. También Paul Barbier, *ZFSL* LV, 388, puso en relación con *ga(la)bardina* e indicó alguna parentela de interés (prov. y langued. *galavart* «truand, fainéant; vorace, goinfre», argot *galvauder un travail*), pero coincidió con Spitzer en que ha de abandonarse su etimología alem. *wallfahr(t)er*. La forma *galavardina* está documentada en catalán (Ag.) y dió el fr. e ingl. *galvardine*. En valenciano *galavardèu* es «galavardo; zangarullón; hombre alto y desgarbado» (Escrig); en cat. central es usual *galifardeu*, que significa 'hombre capaz de toda clase de acciones' y familiarmente 'muchacho crecido' (según Fabra, además, 'esbirro, alguacil'; y Ag. cita la variante *galifardàs*); en este último debe de haber cruce con *califa*, que en Almería significa 'muchacho travieso', 'persona poco recomendable'.

Galaxia, V. *leche*

GALAYO, 'prominencia de roca pelada que se eleva en un monte', origen incierto, quizá prerromano. *1.ª doc.*: Acad. 1899.

En ediciones posteriores se ha agregado que es propio de las serranías de Murcia y Cazorla. Por otra parte, *los Galayos* son unos picachos rocosos enormes en la Sierra de Gredos (Ávila, Toledo), unos montes ásperos de la provincia de Ciudad Real, y el nombre existe también en Cádiz. En el portugués del Alentejo *galaio* «oiteirinho, espinhaço de monte». El vocablo aparece en poesía de Juan de Gusmán, en el *Canc.* de Baena (n.º 406, v. 8), pero no se entiende su significado, y es dudoso que tenga que ver con este vocablo. No son verosímiles los étimos arábigos *qálaᶜa* 'conjunto de peñas de acceso difícil' y *qulâᶜa* 'peñasco aislado en una llanura' propuestos sucesivamente por la Acad., pues no explican el detalle fonético; además ignoramos si estos vocablos han pertenecido jamás al lenguaje hablado o si son únicamente términos poéticos y artificiales del árabe clásico: éste lo recoge Freytag en el ᵀauharí y en el *Qamûs*, aquél sólo en este último, pero ambos faltan en el *Suppl.* de Dozy. Tuvo razón, por lo tanto, el Sr. Américo Castro (*RFE* XX, 62, 390) al negarse a aceptarlos. Él mismo, por otra parte, rechaza su idea de relacionar con el lat. GLADIUS 'espada', porque no explicaría el arag. GALACHO, pero éste no tiene nada que ver con *galayo* (véase).

I. de las Cagigas (*RFE* XXII, 286-7) sugiere tenga el mismo origen que *Guelaya*, confederación cabileña fronteriza de Melilla, y agrega que *Guelaya* viene del ár. *qilaᶜîya*, que es «sencillamente un diminutivo de la voz *qálᶜa* 'fortaleza'... de cuyos plurales, *qilâᶜ* y *qulûᶜ*, nos es más familiar el segundo por haberse conservado en los numerosos *Alcolea* de la Península». El Sr. Cagigas vocalizó y entendió mal el artículo *Alcolea* del diccionario marroquí de Lerchundi, quien después de escribir las consonantes arábigas vocaliza *al-colaiâa*. Pero en el sistema de transcripción de este vocabulario esto significa *qulái̯ᶜa*, y de este diminutivo de *qálᶜa* 'castillo' viene efectivamente el nombre de lugar *Alcolea* (no de ningún plural). Parece que éste se también el origen del *Guelaya* rifeño, en vista de la forma *Gueléah* que cita un francés y de la grafía inglesa *Klie* (es decir, *kláḭ*), recogidas por Dozy, *Suppl.* II, 397a, entre las variantes de *qulái̯ᶜa;* de hecho, este vocablo, según la misma fuente, se aplica a una pequeña cordillera de lomas y a otras cumbres montañosas. Quizá sea cierto que de ahí venga *galayo*, en vista de la localización meridional de sus testimonios; pero como *qulái̯ᶜa* no nos explica la *a* de la primera sílaba¹ ni la *-o* final, ni es fácil comprender por qué el diptongo no se redujo como en *Alcolea* (o en su hermano el cat. *Alcoletge*), es conveniente declararnos escépticos. En un término topográfico hay siempre grandes probabilidades de origen prerromano. Michelena (*BSVAP* XI, 291) sugiere que el vasco *garai* 'alto' (al parecer derivado de GARA-,

frecuente en la toponimia), puede ser continuación de un antiguo GALAI-, de donde saldría *galayo*.

¹ Los modernos dialectos marroquíes alteran fuertemente el vocalismo árabe, lo cual explica *Guelaya*. Pero nada de semejante suele presentar el hispanoárabe.

GALBANA, ant. 'especie de guisante', mod. 'desidia, pereza', origen incierto; aunque no es imposible que la segunda ac. proceda de la primera figuradamente, es más probable que se trate de dos voces distintas; la primera está relacionada con el ár. *ǧulubbana* íd. (también *ǧullubâna*, o *ǧilbâna*, o *ǧalbâna*), pero es dudoso si el vocablo español viene del arábigo o al revés; la segunda quizá provenga del ár. *ǧalbân* 'preocupado, indeciso', 'abatido, desgraciado', derivado de *ǧálab* 'vencer, dominar'. *1.ª doc.:* 1.ª ac., «*galgana, legumbre:* cicera», Nebr. g6r°; *galbana*, 1611, Covarr.; 2.ª ac., *Aut.*

Covarr. se limita a imprimir las palabras «*galbana, legumbre:* cicera; Ant. Nebr.», atribuyéndolo por lo tanto a su predecesor, pero cambiando tácitamente la forma *galgana* en *galbana;* *Aut.* define *galbana* como «cierta especie de legumbre, que es el guisante pequeño» y vuelve a citar a Nebr., mientras que la Acad. [1817, no 1783] da el vocablo como anticuado; Terr. imprime *gálgana* «especie de garbanzos» y cita a Oudin, quien define por su parte «cicerolles, certain legume, espece de pois chiches, garrobe»; en efecto, el lat. *cicera* es 'algarroba'. Hoy *gálbana* es 'guisante' en la Ribera del Duero¹ (Lamano), and. *galgana* 'almorta' (AV). Como 'vaina seca de legumbre, español de garbanzo' tiene bastante extensión, según afirma Lz. Piñeiro (*RDTP* II, 643) —dada la vocal tónica difícilmente podría ser VOLVULU, como éste quiere—: *gárgola* en dos pueblos de Segovia, *gárbula* en dos de Madrid y dos de Salamanca, *gauba* en tres de León, *golba* en tres de Albacete, *górgola* en dos de Cáceres, *gargorría* en uno de Vizcaya. Las formas en ó habrán sufrido el influjo de otro vocablo, acaso ALHOLVA y sus descendientes, o el cat. *volva* 'vilano, copo de nieve, broza, etc.'. Del esp. pasaría el vocablo al ár. granadino, donde PAlc. cita *gálgana* como equivalente de la voz castellana registrada por Nebr. En vista del testimonio coincidente e independiente de PAlc., Terr. y Lamano, parece por lo tanto que el vocablo era y es esdrújulo; Nebr., Covarr. y Oudin no suelen acentuar los esdrújulos, y la Acad., que sí lo hace, sólo conoce el vocablo a través de Covarr. y quizá Nebr. Indicó Eguílaz (405) la etimología arábiga, Steiger (*Contr.*, 186) la acepta con cierta duda y Baist reconoce que ha de haber relación con el vocablo árabe, pero es incierto cuál de los dos idiomas ha proporcionado el vocablo al otro. En efecto, es raro que el ǧ árabe dé una g oclusiva española, y esto sólo ocurre en palabras de uso poco vivo,

sospechosas de haberse trasmitido por una fuente escrita (vid. Steiger, *l. c.*, donde se reúnen
algunas etimologías del caso, varias de las cuales
son, por lo demás, muy problemáticas)[2]; en cambio es normal, por lo menos en los préstamos
más antiguos, que el árabe al tomar una voz latina o romance cambie una G en ǧ. Por otra
parte, la forma del vocablo árabe es vacilante:
ǧ*ullubâna* en los diccionarios clásicos de Lane y
de Freytag, traducido *pisa* 'guisante', ǧ*ulbân* con
la misma traducción en R. Martí, ǧ*ilbín* «fasola»
(pronunciación dialectal de ǧ*ilbân*) en PAlc., ǧ*albân* 'almorta', 'guisante' en Argelia (Beaussier),
ǧ*elbân* 'guisante' (que correspondería a un antiguo ǧ*albân*) en el vocabulario marroquí de Lerchundi y en el palestinense de los Padres Franciscanos; el egipcio Bocthor traduce el fr. *pois*
por ǧ*-lbân* y el fr. *gesse* ('almorta') por *nau[c]
ǧ-lbân* (es decir, 'especie de ǧ*-lbân*'); hoy en
Egipto es una especie de almorta (lathyrus sativus) y en el Irac significa 'espelta', según datos
reproducidos por Dozy, *Suppl.* I, 204; todas las
formas citadas son colectivos, junto a los cuales
existe el nombre de unidad ǧ*ulbâna*, ǧ*ilbína*, etc.

Como se ve, la extensión geográfica en árabe es
considerable, y como la analogía semántica con
otras palabras de la raíz semítica ǧ-l-b, bastante
vivaz pero de significados diversos, es vaga (ǧálab 'extranjero, importado' en Egipto, p. ej.), quedamos en duda sobre si el vocablo es o no autóctono en árabe; aunque la forma ǧ*ulubbâna*, que es
la que traen Lane, Dozy y otras fuentes, acaba de
confirmar el carácter extranjero del vocablo en árabe.

Tampoco en el supuesto de un origen romance hay etimología evidente, aunque sería posible que viniera de GALBĬNUS 'verde claro' (de
donde el francés *jaune* y el rumano *galbăn* o
galben 'amarillo'). También puede sospecharse que
todo sea lo mismo que el salm. *gárbula* 'vaina seca
de los garbanzos, que se aprovecha para lumbre'
(Lamano), alav. *gárgola* 'vaina de legumbre que
contiene uno o dos granos', que en Nebr. (g6v°)
figura en el sentido de 'simiente de lino'[3] y que
Martín Sarmiento conocía de la zona de Reinosa
en la ac. «cabeza del lino o la bagaña». Esto es
incluso probable. Pero es el caso que *gárgola*
parece ser el lat. VALVŬLA 'vaina de legumbre (haba, etc.)': entonces se podría pasar de *válgola*
por una parte a *gárbula* (por metátesis y disimilación), y por otra a *válgana* (disim., y el cambio de *o* en *a*, tan frecuente en los sufijos átonos)
y luego *gálbana*, forma que pudo ser lo bastante
antigua para ser adaptada en *gálbana* por los árabes de España. En cuanto a la discrepancia de
acento entre el ár. ǧ*elbâna* y el cast. *gálbana*, en
la hipótesis de que éste venga de aquél, ofrecería cierta dificultad, aunque en rigor sería posible explicarla, pero exactamente lo mismo ocurriría en la hipótesis contraria. Efectivamente, el
árabe vulgar de España presenta tendencia a ha

cer retroceder el acento en las palabras terminadas en *-ân* u otra terminación con vocal larga
cuando ésta va precedida de un grupo de consonantes (*Sulaimân* > *Çuléymen*, [c]*Abd-er-Raḥmân* > [c]*Abd-er-Ráḥmen*, *būzaidân* > *buzáyden*,
[c]*Abd-Allâh* > [c]*Abdállah*, y más ejs. en Steiger,
74-77, pero el fenómeno no es constante, y en
nuestro vocablo PAlc. conserva la acentuación
clásica, aunque siempre queda la posibilidad de
una variante dialectal o cronológica; por otra parte, suponiendo que del castellano pasara el vocablo al árabe, tampoco sería normal el cambio
de acentuación, pero sería posible explicarlo por
influjo del sufijo árabe frecuente *-ân(a)* y el deseo
de reducir este extranjerismo a la estructura trilítera de la gran mayoría de las voces semíticas. En
definitiva, por lo tanto, el dilema entre la etimología semítica y la romance queda indeciso.

En cuanto a *galbana* 'pereza', se presenta en
primer lugar el problema de si puede ser aplicación figurada de *galbana* 'guisante'. Quien se acuerde de que *garbanzo* ha tomado ocasionalmente
acs. no menos abstractas (*echar garbanzos* 'enfadar' en Acad., *coger garbanzo* 'enamorar' en el
Centro de Cuba según Martínez Moles, *meter
garbanzo* 'meter miedo' en un cronista de Indias,
vid. F. Ortiz, *Catauro*), se guardará de asegurar
que tal ac. figurada sea imposible en el caso de
galbana. Pero la diferencia de acentuación entre
los dos significados me inclina a creer que son dos
voces distintas y sin relación entre sí. Efectivamente, *galbana*, voz bien conocida, va acentuado siempre como paroxítona. Dice *Aut.* que
así se llama en estilo familiar «la pereza, floxedad
u desgana que uno tiene de hacer una cosa». Hoy
es palabra viva en el castellano común y en los dialectos («pereza, molicie, cansancio y fatiga» en el
dicc. asturiano de Rato; *galbanar* 'bostezar', en
Echo y Ansó, *BDC* XXIV, 171), así como en gallego («pereza, poca gana de hacer algo», Vall.)
y en catalán (Fabra y Ag. escriben *galvana* «mandra»; en Baleares, Castellón y Alicante se pronuncia con *v*, Alcover; lo emplean escritores muy
castizos, como Ruyra, y un corresponsal mío de
la capital valenciana define «perea, poca ànsia de
treball»; en Fraga *galbané* «malfeiner», *BDC* IV,
40). Como en el catalán de Benavarre (Huesca)
galbán es 'holgazán' (*BDC* VII, 74) (comp. *galvana* 'perezoso' en Ag.), se me ocurre derivar del
ár. ǧ*albân*, que en Egipto significa «intrigué, embarrassé» (Bocthor), «gedrückt, elend» (Probst; es
decir, 'abatido, deprimido' y 'miserable, desdichado, infeliz, enfermizo'), y figura ya en las *Mil y
una noches* con el significado «unabie to prevail»
(vid. Dozy, *Suppl.* II, 221*a);* de ninguna manera
es palabra aislada, pues deriva del conocido verbo
ǧ*álab* 'vencer', 'dominar' (así ya en R. Martí y
en el Corán), cuya 2.ª forma significa en Egipto
«désappointer, couper bras et jambes, faire grand
tort, donner de la tablature, donner des embarras

à quelqu'un», «tailler des croupières, de la besogne à quelqu'un, lui causer des embarras» [1](Bocthor), y el sustantivo correspondiente *gálba* vale en Argelia «défaite, échec», «accablement», «embarras» (Beaussier) y existe en ciertos textos vulgares en el sentido de 'tumulto' y empleado adverbialmente 'a la fuerza, involuntariamente' (Fagnan). De este significado general 'apurado, embarazado, indeciso, deprimido' era fácil pasar a 'indolente, sin ansia de trabajo'. En vista de la aparición tardía [pero es objeción de poco peso tratándose de voces afectivas], duda Spitzer (*MLN* LXXI, 380) de la etimología arábiga y (recordando el caso de *bernardina* junto a *Bernardo*, que de todos modos no es el del Carpio, V. mi artículo) piensa en derivar del nombre de *Galván*, el héroe arturiano, que en *El condenado por desconfiado* de Tirso se ha vuelto nombre de un cobarde bandido (V, ii, 15; iii, 19, 20). Pero personaje tan secundario como este último era insuficiente para crear vocablo tan popular, y aunque deben tenerse en cuenta los aspectos del carácter del héroe arturiano ahí señalados, se trata de todos modos de un paladín heroico y paciente.

No está a mi alcance el artículo etimológico acerca de *galbana* publicado por Asín en *Al-Andalus* VII, 477-8. En otro del mismo autor y revista (IV, 459), resumido en el dicc. Alcover, se parte de un ár. *ğabâna*, cuya existencia no me consta con este sentido, y sólo en diccionarios clásicos figura con el de 'bobería, necedad'; pertenece a una raíz bien conocida y documentada (en R. Martí, etc.) con la ac. 'tristeza, desengaño', y según Belot *ğâbin* llega a significar 'perezoso' (dato no confirmado en otra fuente alguna). Pero esta etimología, sin ser preferible en el aspecto semántico, presenta mayor dificultad fonética y parte de una base mal documentada.

Desde luego no hay indicio alguno de que pueda venir de GALLICANUS 'francés', como dice *GdDD* 3022, que además no explicaría la *-b-* del árabe y el castellano. Más bien, tomando como primitiva la ac. de 'vaina seca', podría relacionarse con *gálgara* y otras variantes del nombre de la 'fárfara o álara', sugestión que hago con la mayor reserva y que hace falta estudiar con calma.

DERIV. *Galbanero* [1734, *Aut.*]. *Galbanoso;* en ast. *galbaniegu*, que V define «galbaniento». *Galbanar* arag. 'bostezar'.

[1] En vasco existe *gilbin* como nombre de la *gálbana*, usado en Narbarte (a la salida del Baztán, nav.); Bera-Mend. dan una variante *gilbil*, que no figura en Azkue y que, si es auténtica, será debida a influjo de *bir(i)bil* 'redondo', del cual debe ser variante el bazt. *gilgil* 'gordísimo', en un pueblo de Vizcaya «bondé, très rempli». Que una palabra vasca viniese del árabe no sería imposible (sobre todo, no habiendo sido registrada más que en un solo pueblo, y éste navarro), pero tampoco es probable.— [2] Sabido es que la consonante arábiga *ğîm* tuvo el valor de la oclusiva velar *g* en una época muy antigua, pero es improbable que fuese jamás así en el árabe vulgar de España, aunque no se puede negar del todo, puesto que hoy todavía ocurre normalmente en el de Egipto; aún parece haber algún caso esporádico de esta pronunciación en Marruecos: Lerchundi cita *ᶜagéz* 'pereza', equivalente del *ᶜáğaz* del árabe normal (y de PAlc.).— [3] De ahí *desgargolar* 'sacudir el cáñamo después de arrancado y seco, para que despida el cañamón' [*Aut.*]; aparece también en el Supl. a Azkue, s. v. *azkortu*, aunque más bien parece referirse al lino. Gall. *desgargolado* 'uno que está despechugado o descubierto el pecho y la garganta' (*CaG.* 214v) y gall. *agargolar* 'ahogar, matar': *fulano me quiere agargolar con pesadumbres*, ibid. 205r. Para el gall. *varfa*, vid. *FÁRFARA*.

GÁLBANO, 'gomorresina amarillenta y aromática, sacada de una umbelífera espontánea en Siria, empleada en medicina, y como perfume litúrgico por los judíos', tomado del lat. *galbănum* íd., de origen semítico. 1.ª doc.: APal. 174d; Nebr. Para testimonios del uso en judeo-romance, vid. Blondheim, *Rom.* XLIX, 344-5.

DERIV. *Galbanado* [Nebr.].

Galbanoso, V. *galbana*

GÁLBULA, 'fruto cónico del ciprés y árboles semejantes', tomado del lat. *galbŭlus* íd., diminutivo de *galbus* 'verde pálido'. 1.ª doc.: *gálbulo*, Acad. ya 1817.

La misma forma masculina dan las ediciones de 1843-1899, y Pagés cita ej. de la misma en P. A. de Alarcón. La forma actual es evidente adaptación errónea de la forma francesa *galbule* [1801], m., uno de tantos galicismos puestos en circulación por los botánicos.

DERIV. De *galbus* deriva su sinónimo latino GALBĬNUS, de donde el fr. *jaune* 'amarillo', fr. ant. *jalne*, que pasó al castellano en la forma *jalde* [1288, *Acedrex*, 336.33; princ. S. XV, *Canc.* de Baena, W. Schmid; 1432, J. de Mena; «lo mismo que oropimente, color», Nebr.; como término heráldico todavía en el *Quijote;* *jaldo, jaldre* y *jaldado* como términos de Cetrería en Vallés, 1565, y el último también en Baena], gall. ant. *jalne* 'amarillo áureo' («hũa branqu'escudela chẽa d'un manjar mui *jalne*») (*Ctgs.*, Mettmann, p. 164); *jaldeta* ant., quizá 'franja de color diferente en una armadura' [J. Ruiz, 1254b *S* y *T*; *Canc.* de Baena, n.º 436, v. 18], después 'cada una de las vertientes de una armadura de tejado desde el almizate al estribo' y 'la distancia que hay entre las alfardas que las forman' (1633, Lz. de Arenas, 16, 178, etc.; no parece que pueda ser diminutivo de *halda* como sugiere Mariátegui en su glosario, pues en este tiempo no hay todavía casos de *j* por *h*).

Galce, V. *engarzar* y *alefriz*   *Galdido*, V. *gan-*
dido   *Galdifa*, V. *califa*

GALDRUFA, 'peonza', arag., hermano o descendiente del cat. y oc. *baldufa* íd., de origen 5
incierto; como la forma más extendida, aun en
aragonés, es *galdufa*, no puede haber relación con
el ár. *ḥudrúfa* 'circulito de piel al que los niños
hacen dar vueltas para producir un silbido'. *1.ª*
doc.: Aut.   10
Figura también en Peralta y en Borao, pero en
Segorbe, Caspe y la Puebla de Híjar dicen *gal-*
dufa (Torres Fornés; *BDC* XXIV, 171). La forma
galdrufa se ha extendido al Valle de Arán y al
catalán de Tamarite de Litera (*ZRPh.* XLV, 222); 15
galdufa se dice en Tortosa (Moreira, *Folkl. Tor-*
tosí, 149), *gaudufo*, *gauduflo* y formas análogas en
varios dialectos de los Altos Pirineos, Alto Garona,
Ariège, Tarn y Hérault, pero la forma *baldufa* es
casi general en catalán y predominante en lengua 20
de Oc, donde se extiende o se ha extendido por
todo el territorio lingüístico, hasta los Alpes y el
Forez (Haute-Loire); el oc. ant. *baldufa* se halla
ya en la Edad Media (Levy), *baudiffa* en Limoges
en la 2.ª mitad del S. XVI (*Rom.* XXXV, 479) 25
y era también conocido de Rabelais, quien fantasea
un libro titulado *La Bauduffe des Thesauriers*
en la biblioteca de Saint Victor (*Pantagruel*,
cap. 7, p. 37); y aunque apenas tengo ejemplos
del cat. *baldufa* anteriores a princ. S. XIX (de 30
todos modos hay *balduffa* en el diccionario sin
definiciones de Jacme Marc, de 1371), no cabe
dudar de la antigüedad de esta palabra en catalán,
pues de allí pasó al sardo *bardúffula* (*RLiR* IV,
44, y mapa 17), algnerés *baldúfura* (*BDC* X, 135). 35
Basta con estos antecedentes para demostrar que
baldufa es la forma más antigua, que pasó a *gal-*
dufa y de ahí a *galdrufa* con *r* adventicia, debida
a la repercusión de la *l*. Por lo tanto ha de rechazarse inapelablemente la etimología ár. *ḥudrúfa* 40
propuesta por Asín (*BRAE* VII, 356-7), que no
conviene fonéticamente, y tampoco satisface al sentido, puesto que según su autor significa «circulito
de piel al cual van sujetos dos cordeles o hilos
juntos, y que, al ser lanzado por un niño con sus 45
manos, da vueltas en redondo, produciendo un
sonido», según Freytag «orbiculus, quem traiecto
funiculo pueri manibus gyrant, ut sibilus audia-
tur»: luego no es una peonza, sino un juguete para
producir un silbido[1]. Aplazo el estudio completo 50
de la etimología de *baldufa* hasta mi *DECat.*;
desde luego hay muchas posibilidades más convincentes, como derivar de oc. ant. *baud* 'alegre' (de
donde cat. ant. *baldament* 'ojalá'), de conocido
origen germánico, o relacionar con el cat. *balda* 55
'aldaba' (del árabe), puesto que la *balda* da vueltas alrededor de un eje fijo, o con *balder* 'holgado,
que se mueve libremente y cabe ampliamente en
un lugar'; *-ufa* no es sufijo raro. Poco convincente
lo que propone Spitzer, *ZRPh.* XLIV, 102.   60

[1] Freytag no indica su fuente, y no sólo el vocablo falta en el *Suppl.* de Dozy, en R. Martí,
PAlc. y otras fuentes vulgares, sino que el verbo
ḥádraf 'apresurarse', del cual deriva este sustantivo, es también ajeno al árabe vulgar; mientras
que los nombres vulgares de la peonza en árabe
nos son conocidos: *dawíma* (PAlc.), el romanismo *trómpa* (PAlc.), *burbíṭl* (R. Martí).

Galdudo, V. *gandido*   *Galdufa*, V. *galdrufa*
Galea, *galeaza*, V. *galera*   *Galega*, V. *leche*

GALENA, tomado del lat. *galēna* íd. *1.ª doc.:*
Acad. 1843, no 1817.
El vocablo latino parece ser de origen ibérico,
vid. Bertoldi, *NRFH* I, 145; *La Glott. come*
storia della cultura, Nápoles, 1946, señala *galena*
en lingotes de plomo de Iluro, *CIL* II, 284 (cit.
Tovar, *DEVco.* s. v. *berun*).

Gáleo, V. *galera*

GALERA, del antiguo *galea*, y éste del gr. biz.
γαλέα íd., propiamente 'mustela, pez selacio', gr.
γαλῆ 'comadreja'; la galera se comparó con una
mustela por los movimientos rápidos y ágiles de
este pez. *1.ª doc.: galeya*, comienzo del S. XIII,
Sta. M. Egipc., 268; *galea*, Berceo, *Mil.*, 593, etc.;
galera, 2.º cuarto del S. XV (*Crón. de Pero Niño*,
p. 65); 1505, PAlc. (también *galea*)[1].
El cast. ant. *galea* aparece también en el Poema de Alfonso XI, 397; el *Canc.* de Baena (W.
Schmid); en APal. 146b; Nebr.; y más ejs. en
Cej., *Voc.* y glosarios de Castro; *galera*, 1433
(Woodbr.). En griego aparece con el significado
náutico desde la 1.ª mitad del S. VIII. Indudablemente el vocablo se propagó desde el griego
a los varios romances mediterráneos (*FEW* IV,
28); al castellano llegaría por conducto del catalán.
Por lo demás V. los estudios de Vidos, *ZFSL*
LVIII, 462-76, y LIX, 341-2, que anulan las investigaciones anteriores. Es defectuoso el artículo
de Terlingen, 246-8. En portugués se conservó la
forma *galea* en la Edad Media, reducida a *galé* en
la lengua clásica; lo propio ocurriría en Galicia,
donde el vocablo pasó luego a designar ciertas
conchas, si bien volviéndose singular el antiguo
plural *galés*, que Sarm. anotó en la ría de Arousa
para la tapa llana de las veneras o *conchas vieiras*,
que son bivalvas, también *galesiño* (*CaG.* 189v
y p. 215); cf. el cast. y cat. *galera* 'crustáceo,
Squilla mantis' (seguro que no hay relación con el
fr. *galet* 'peladilla de río', sentido inaplicable y
que habría dado **galete*).
DERIV. Derivados de *galea*[2]. *Galeón* [1528,
Woodbr.; Covarr.][3]; *galeoncillo* [h. 1600, Inca Gar-
cilaso]; *galeoncete*. *Galeaza* [2.º cuarto del S. XV,
Crón. de Pero Niño, p. 65; también en P. Tafur,
h. 1440; más ejs. Cuervo, *Obr. Inéd.*, 397; *galeaça*,
Nebr.: la *ç* sorda prueba que se tomó del cat.

galiassa]. *Galeota* [h. 1260, *Partidas;* Nebr.]. *Galeote* [*Luc.* Alf. X, Almazán; APal. 227d; Nebr.]. *Galerada* [Terr.; Acad. ya 1817]; en Colombia (Cuervo, *Ap.*[7], p. 408), la Arg., etc., se dice *galera* con el mismo significado[4]. *Galerero. Galerín. Galero. Galerón.* Quizá haya que incluir aquí el port. y gall. *garela* 'la perdiz cuando está en celo' (Moraes, Fig., Vall.), gall. *garelo, garela,* 'muchacho o moza de Betanzos, especialmente la que trae a la Coruña el pan y otras cosas' (Sarm. *CaG.* 151r; Vall.): tal vez expresión algo jergal que calificaría de galeota a la persona joven y movida, con alusión al mismo tiempo al tráfico de víveres en pequeñas naves por la ría (< *galeela* disimilado).

Cpt. *Galizabra,* compuesto de *galea* y *zabra.*

[1] Se cita también *galera* en un documento en bajo latín de San Juan de la Peña, escrito en la era 1168, o sea en 1130, y citado por Du C. Pero es documento apócrifo o por lo menos fechado falsamente, pues en esta época Aragón no tenía salida al mar, y por lo tanto mal podía su rey Alfonso el Batallador fabricar galeras para tomar la ciudad de Bayona. Se tratará de un Alfonso posterior, que haría galeras, en un puerto catalán, naturalmente, pero es extraño que según el texto reproducido por Du C. se tratase de galeras fabricadas en Bayona para tomar esta ciudad, lo cual es absurdo. En catalán *galera* aparece desde fin S. XIII (Desclot, *N. Cl.* II, 88; Eiximenis, a. 1381-6, *N. Cl.* VI, 72; Antoni Canals, *Scipió,* p. 58; Vidos cita ej. de 1390). Desde el catalán se propagó a los demás idiomas esta forma, debida a una adaptación de la terminación *-ea* al sufijo frecuente *-era,* comp. *trinchera, romero,* cat. *corxera* 'corchea', y más arriba FE-RRERUELO; el cat. ant. *galea,* desde 1120 (Alcover). Los Kahane, *Fs. Wartburg* 1958, 428-39, con mucha documentación, confirman el origen catalán de esta variante; creen que hay que partir del griego γαλεός 'tiburón'; falta analizar si se trata de una palabra realmente distinta de γαλέα 'mustela, pez selacio'.— [2] En su significado etimológico, como nombre de pez, *galeo* (< gr. γαλεός), se tomó por vía culta [1624, Huerta].— [3] También fr. *galion* y cat. *galió* [1583, Balari], que el dicc. Alcover supone de origen castellano, lo cual es muy incierto: también es inseguro que el sufijo tuviera valor aumentativo, pues el dicc. de Fz. de Navarrete nos informa de que los antiguos podían ser de remos y de poco porte; en todo caso, el vocablo francés ya se halla a fin S. XIII (Joinville), y es desde allí de donde se propagaría a los demás romances.— [4] Es lo más antiguo: esta acepción de *galera* se documenta en catalán desde 1505, en cast. desde 1615 (Suárez de Figueroa) y parece muy posible que Cervantes juegue del vocablo en este sentido al decir que el autor de Tirant lo Blanc merece que le *echen a galeras para toda la vida* (cf. Riquer, *RFE* XVII, 1943, 82-86).

GALERÍA, tomado del b. lat. *galilaea* 'atrio o claustro de una iglesia', que a su vez procede del nombre de Galilea, región de Palestina. *1.ª doc.*: 1566 ('espacio para presenciar un espectáculo') en el navarro culterano Arbolanche, 122r26; h. 1580, doc. de Simancas.

En este documento se habla de los estuques de una *galería,* tasados en muy poco; se trata también de galerías de arte en los otros dos documentos que cita Terlingen, p. 132, ambos de h. 1600 o primer tercio del S. XVII; *Aut.* dice que es «la pieza larga y espaciosa, adornada de muchas ventanas, o sostenida de colunas o pilares, que hai en los palacios o casas magníficas, para tomar el sol u otras diversiones» y cita, en efecto, un pasaje de Cervantes y otro de Pellicer (1626) donde se habla de galerías de palacios reales; y si Covarr. limita la definición al «v e n t a n a j e de lo alto de las casas principales» lo hace sugestionado por su imposible derivación etimológica de *galera* «por la semejança del ventanaje a la empavesada de la galera». Por lo demás es también antigua la ac. militar 'camino subterráneo, o en la superficie del terreno, pero protegido por maderos, para facilitar el ataquè de una fortaleza', que ya se halla en Saavedra Fajardo (1640) y en Varén de Soto (1643).

Al parecer, por lo tanto, el vocablo no aparece en español hasta fines del S. XVI, y, en efecto, falta todavía en Nebr., C. de las Casas (1570), APal. y en varias fuentes medievales consultadas. Pero de ninguna manera puede asegurarse que no se empleara antes de esta época, aunque quizá no se había vulgarizado, pues en el Concilio Compostelano de 1031 ya figura el b. lat. *galeria*[1]. Entre las lenguas vulgares interesa especialmente la antigüedad del vocablo en francés y en italiano.

En aquel idioma, además de *guerrerie* en 1328 (que parece alterado por influjo de *guerre,* y aunque ignoro en qué sentido aparece, puede sospecharse que sea el militar, por esta razón)[2], tenemos *galerie de la court* y *galeries du temple* en Bersuire (S. XIV, vid. Littré), *les galeries du moustier* en 1374, y Christine de Pisan (S. XV) habla de la galería de una casa particular, encima de «une place fleurie» (God. IX, 680c); los testimonios del b. lat. *galeria* en Francia en los SS. XIV y XV son muy abundantes (Du C.).

En italiano, no trae Tommaseo ejs. de *galleria* anteriores a la *Vita* de B. Cellini († 1571), quien emplea el vocablo hablando del lugar donde había una colección real de pinturas, y se apresura a explicar su sentido: «questo si era, come n o i d i r e m m o i n T o s c a n a, una loggia, o sì veramente un androne: più presto androne si potria chiamare perchè loggia noi chiamamo quelle stanze che sono aperte da una parte». Parece, pues, que fuese entonces palabra nueva en Toscana, y lo confirman varios testimonios citados por Tommaseo, donde se califica a *galleria* de voz francesa:

«una loggia... che in Francia si chiamano *galerie*» en el arquitecto Serlio (1619), «così in voce straniera chiamiamo alcune stanze piene e adornate di galanterie» (Minuccio, a. 1788), «così con voce francese si chiamano oggi certe terrazzi...» en otro autor que no puedo identificar; es verdad que en esto puede influir la idea de que deriva del galicismo *gala*, idea ya insinuada por Minuccio y expresada claramente por otro autor de abreviatura también indescifrable. Pero de todos modos son muchos testimonios concordes en el sentido del origen francés, apoyado también por la documentación francesa medieval. Sea de ello lo que se quiera, tampoco podemos estar seguros de que en Italia el vocablo apareciera por primera vez en el S. XVI; por el contrario, nos consta que allí se empleaba ya en bajo latín desde los SS. IX y XI.

Diez, *Wb.*, 153, cita un ej. del bibliotecario papal romano Anastasio (comp. Du C.), que vivía en 876, donde *galeria* aparece varias veces, al parecer en el sentido de 'construcción graciosa, elegante', y otros dos testimonios italianos del S. XI, donde se trata del patio interior de un castillo o del solar donde se edifica una iglesia. Se nota en todos los ejs. antiguos la aplicación repetida, en España, en Francia y en Italia, a lugares de iglesias o conventos. Es probable, por lo tanto, que el vocablo se empleara primero en el bajo latín monacal, y sólo después se secularizara en su aplicación, pasando al mismo tiempo a los idiomas vulgares; esto último al parecer ocurriría primero en Francia, de ahí pasaría esta ac. del vocablo a Italia, y de ahí quizá a España, según parece indicarlo su aplicación primeriza a lugares de colecciones artísticas; pero también es posible que pasara a España desde Francia directamente.

Pasemos a la etimología. Descartada la relación con *galera*, como hace M-L. (*REW*, 3643), por falta de apoyo semántico, se puede también rechazar sumariamente la derivación propuesta por Diez, de un gr. γάλη 'especie de pórtico' (sólo documentado en glosa de Hesiquio), porque este vocablo no ha dejado descendencia romance ni latina, lo cual sería indispensable para admitir un derivado romance en *-ería*. Más infundado es todavía partir del hápax bajo-latino *calaria* 'nave que transporta madera', sólo documentado en el glosador italiano Juan de Janua (S. XIII), derivado artificial del gr. χᾶλον 'madera de construcción' (vocablo, asimismo, carente de descendencia romance), etimología propuesta por Canello en los albores de la filología romance (*AGI* III, 301), y extrañamente resucitada por Götze en la última edición del diccionario de Kluge.

La única etimología razonable es la de Littré (aceptada por Kluge según consejo de Baist, por Gamillscheg, *EWFS*, y por Bloch, si bien con una inmotivada reserva semántica): *galeria* parece ser lo mismo que el b. lat. *galilaea* 'atrio de la iglesia' entre los Cluniacenses, más raramente 'claustro

de la iglesia', como entre los Cartujos (V. el Diccionario Litúrgico de Braun, trad. de Griera). El vocablo aparece con frecuencia en el bajo latín de todas partes, según puede verse en el ej. francés alegado por Littré, en el port. *galilé* (Fig., Moraes), en los numerosos textos reunidos por Du C., y agregaré finalmente que lo he hallado también en textos latinos medievales de Cataluña, publicados por Miret i Sans en el *Bol. de la Acad. de Buenas Letras de Barc.*, vol. VI³. Que este vocablo se vulgarizó en muchos lugares está fuera de duda, gracias a la forma portuguesa, a la inglesa *galilee* y a otras francesas que podrían multiplicarse: Tarn-et-Garonne *galaio* (haplología de *galileio*) «granero descubierto encima del *balet* (= *hangard*)» (*VKR* VI, 78), Anjou *galenée* «porche d'une église, auvent placé en avant de la grande porte» (Verrier-Onillon). Era muy fácil pasar de 'claustro' a 'corredor' o a 'galería de pinturas', de suerte que esta etimología no puede ofrecer dudas en el aspecto semántico. El cambio fonético de *galilaea* en *galería* es fácil también en un vocablo que oscilaba entre el uso culto de los conventos y el más vulgar de los palacios y castillos de señores feudales: la disimilación a que se prestaba naturalmente el vocablo dió lugar al cambio en *n* de la forma angevina, a la haplología del Tarn-et-Garonne y a la sustitución por *r* en la forma general; sin duda la disimilación regular, según las leyes de Grammont, habría sido *garelía*, pero ahí intervino el influjo del sufijo *-ería*. Por lo demás es muy posible que ayudara el influjo del fr. ant. *galerie* 'diversión, jolgorio' (deriv. de *GALA*); sobre todo si, como hemos anotado arriba, el vocablo se vulgarizó primero en Francia. Pero como *galeria* aparece ya en Italia en el S. IX, este influjo, si existió, hubo de ser secundario y confirmatorio, más que creador de una iniciativa.

En cuanto a la explicación semántica de *galilaea*, como aplicación del nombre de la región palestinense, será preferible dejarla en manos de los especialistas en liturgia y en historia eclesiástica. El *NED* (seguido por el *FEW* IV, 31, donde no se estudia la voz *galerie*) sugiere que se llamara así el atrio o parte profana y exterior de la iglesia, por alusión al pasaje de San Mateo donde se habla de Galilea como región de los gentiles. Pero hay otras posibilidades, como la equivalencia de *galileos* y *cristianos* a fines del paganismo (Julián el Apóstata); además en portugués *galilé* es el cementerio, y en los pasajes de Guido (*Disc. Farfensis*) y de Hugo Flaviniacense citados por Du C. se dice que los laicos son enterrados en la galilea; ahora bien, sabido es que Galilea es el lugar donde Jesucristo resucitado se apareció a sus discípulos (V. las citas en Du C.): ¿habrá ahí una alusión a la resurrección de la carne? La equivalencia de *galilaea* y *galerie* está también documentada por Hemereo Parisiense.

La identidad etimológica de *galería* y *galilea*

está comprobada por dos documentos catalanes de
1403 y 1404, referentes ambos a la galería con
ventanas del palacio real de Valldaura, llamada en
éste *galilia* y en aquél *galeria* (*An. de l'Inst. d'Est.
Cat.* V, 529, 558)⁴.   5
    ¹ «Ita aequum est, ut omnibus intra *galeriam*
stantibus pacis osculum sibi invicem tribuere»,
cita de Du C. Se trata, pues, de una ac. eclesiástica.— ² Aparte de este caso los ejs. más antiguos de esta ac. son en el francés d'Aubigné 10
(S. XVI), en italiano en Floriani, 1654, en alemán desde 1616 y 1617, y en castellano desde
1640.— ³ Y otros: «abbas monasterii... promis-
sit... Barchinonensi episcopo... apud Sanctum
Cucuphatum, subtus *galileam*, ante ianuas ipsius 15
ecclesie», doc. de 1211, *Cartul. de St. Cugat* III,
399-400. Más en el dicc. Alcover.— ⁴ Mgr. P.
Gardette, *RLiR* XVIII, 1954, 112-5, explica semánticamente la aplicación de *Galilaea* por la
identificación bíblica de esta región con la genti- 20
lidad: de ahí que se comparara con ella el pór-
tico-galería donde permanecía el pueblo por convertir, mientras que el coro de la iglesia donde
cantaban los monjes se comparaba con Judea.
Este trabajo de Mgr. Gardette supera su trabajo 25
anterior de *VRom.* II, 186-7, donde queda algún
dato acerca de las formas francoprovenzales. De
Galilaea vienen también muchas formas dialectales del francoprovenzal: Rhône *galinéya, gale-
nière*, etc., Berry *guenillière* «porche à l'entrée 30
d'une église».

Galerín, V. *galera*

GALERNA, del fr. *galerne* 'viento Noroeste', 35
probablemente del bret. *gwalern* 'Noroeste', de
origen incierto, al parecer derivado del ags. WALAS
'país de Gales', desde cuya dirección sopla el
gwalern. 1.ª doc.: h. 1573, Eugenio de Salazar,
Cartas, p. 53: *viento galerno*, con la explicación 40
«es ni mucho ni poco viento»; igual definición
en G. de Palacio (1587), 144 vº.
    Terr. cita además el comentario de Herrera a la
3.ª Égloga de Garcilaso (1580). *Aut.* recoge solamente el sustantivo *galerno* definiendo 'viento 45
nordeste' sin citar autores; Terr. observa que
otros dicen es viento noroeste; Acad. 1843 da *galerno* adj. como aplicado al viento «que sopla suave
y apaciblemente»; posteriormente (ya en 1884)
introdujo *galerna* «ráfaga súbita y borrascosa que 50
en la costa septentrional de España suele soplar
entre el oeste y el noroeste». Ésta es en efecto la
forma generalmente conocida, siempre en el sentido de un viento tempestuoso propio del Cantábrico. En portugués se halla ya *vento Nornoroeste* 55
gallerno y *vento leste galerno* en el Roteiro de Juan
de Castro (1541), vid. Jal, 1072*b* y 1081*b*. La falta
de diptongación de la *e* tónica indica desde luego
que en castellano es voz de procedencia extranjera. Dadas las condiciones geográficas, no sor- 60

prendería ver que dentro de la Península el vocablo
arraigara más en el Oeste y Noroeste, donde por
lo demás, evolucionó su sentido en una dirección
favorable, a semejanza de lo ocurrido con *brisa*,
pues el marino de la época renacentista tendía a
mirar con optimismo la situación del mar cuando
soplaba bastante viento: port. *galerno* «(vento)
brando e fresco» (Moraes), «assopra-lhe *galerno* o
vento e brando» (Camões, *Lus.* II, 67); llegando
en Galicia a aplicarse a la bonanza: «hace *galerna*
cuando el mar está en leche», oído por Sarm.,
CaG. 224r.
    En francés es donde aparece primero el vo-
cablo: hállase *galerne* con frecuencia desde el
S. XII, y aunque normalmente es viento Noroeste
su significado puede oscilar en ambos sentidos,
según los autores y las localidades, hasta el NE. y
hasta el SO; también vocablo rabelesiano (IV,
cap. 9, p. 57; cap. 43; Sainéan, *La L. de Rab.*
I, 303). Por lo común es femenino, pero se ha
empleado también como masculino; el área del
vocablo se extiende a lo largo de la costa oceá-
nica, y aunque hay algún testimonio occitánico,
es raro allí y ajeno al Mediterráneo; el cat. *galerna* es importación reciente; también es de
procedencia forastera el vasco *kalerna*, que unos
definen 'galerna' (Azkue) y otros 'trueno'. Todo
lo demás es incierto, aun la relación posible con
el ingl. *gale* 'viento de fuerza considerable, correspondiente en el uso náutico a lo que en tierra
se llamaría una tormenta', en el uso popular y literario 'viento no tempestuoso, pero más fuerte que
una brisa' o 'brisa, céfiro', vocablo que no se documenta antes de 1547. Skeat deriva el vocablo
inglés del dan. *gal*, noruego *galen* (cuya *n* es
terminación gramatical) 'furioso', aplicado particularmente a vientos, y Brüch (*ZRPh.* XXXVIII,
689-90) hace extensiva esta etimología al fr. *galerne*, admitiendo que la terminación *-erna* procede de un grupo de palabras romances así terminadas, que designan fenómenos meteorológicos,
donde partiría en definitiva del lat. LUCĔRNA en el
sentido de 'relámpago', otros parten de la terminación de HIBERNUM. Pero no habiendo testimonios
de un *gale* en francés, esto es muy dudoso; por
otra parte, el sentido actual de las voces escandinavas parece ser moderno (Gamillscheg, *EWFS*, s. v.).
    Finalmente el bret. *gwalarn, -lern, -lorn*, 'Nor-
oeste', aunque pase por ser de origen francés (según insinúa Thurneysen, *Keltorom.*, 61¹, y afirma Henry), parece indicar que la voz francesa
tuvo en época preliteraria la inicial *gua-* (como
supone el *REW* 3651), lo cual descartaría no sólo
el origen escandinavo, sino también las diferentes
etimologías célticas a base de una raíz GAL-, de
significados diversos, que han propuesto sucesivamente Gamillscheg, Sainéan (*Sources Indig.* II,
313: referencia al artículo *galloud* 'poder' del diccionario bretón de Henry) y Wartburg (*FEW* IV,
29). Sainéan sugiere también una derivación del

fr. ant. *galer* 'divertirse, hacer jolgorio', fr. ant.
galant 'vigoroso' (de donde 'viento fuerte'), lo cual
explicaría la inicial bretona *gw-* (V. aquí *GALA*),
y bien podría ser cierto, pero hay también objeciones fáciles, y por lo demás tampoco es bien
seguro que ésta fuese la inicial etimológica, pues
el vocablo puede haber partido de la costa normanda (donde GA- se conserva) y haber sufrido
en bretón el influjo seudo-etimológico del autóctono *gwall* 'malo'.

Para la historia del vocablo, particularmente en
bretón, es importante el artículo de E. Ernault,
RCelt. XXVII (1906), 223-30. La más razonable
en definitiva parece la etimología de Ménage, que
lo deriva del nombre de Gales, por encontrarse
este Principado al N.-NO. de la costa septentrional francesa: Ernault la declara «tan plausible
como otras», y Pokorny (*Wiss. Fber., Keltologie*,
1952, p. 137) la acepta sin vacilar. En efecto, un
bret. ant. **WALERN*, derivado del nombre ags. WA-
LAS 'Gales' con el sufijo -ERN (-ARN, -ORN), tan
vivaz en las lenguas célticas (Pedersen, *Vgl.
Gramm.* II, 53), satisfaría como base de la forma francesa y de la bretona; la variante -ERN
es viva en bretón (*lugern* 'brillo' = irl. *locharn*
'luz, lumbrera') como las demás, y ya que Pokorny no halla, por lo visto, inconveniente en un tal
derivado céltico de una raíz anglosajona (ajena al
céltico en esta forma), bien podemos aceptarlo.
Quedan por explicar varios puntos, y en particular
la circunstancia de que en bretón medio coexista
con *goalarn* una forma *galern*, al parecer tomada
del francés, que es lo que había sugerido la creencia de que en bretón el vocablo viniera del francés en todas sus formas. Alleyne, *RLiR* XXV,
119-22, pretende rechazar el étimo de Pokorny, Ménage y Ernault porque el País de Gales «no está al
NO.» de la costa francesa, y a causa del bret. med.
galern, y quiere volver al célt. GAL- 'fuerte'; esta
nota no aporta nada nuevo, ni documentación, ni
argumentos, ni ideas. En realidad, como se puede
ver en cualquier mapa de Europa, Gales se encuentra exactamente al NO. de la costa normanda;
por otro lado WALAS es no sólo el nombre de Gales,
sino también de Cornualles (*Korn-Walas* 'el Walas
córnico') y Cornualles se encuentra recto al O. de
Normandía (*galerne* puede significar 'oeste') y al
NO. de Bretaña; los navegantes bretones que van
hasta el País de Gales han de poner rumbo al
NO. durante la parte más importante de la navegación (hasta que encuentran la punta de Cornualles). Del bret. med. *galern* Alleyne no tiene
documentación directa y se limita a citar el *FEW*
IV, 29, el cual da las mismas fuentes que yo (y
otras dos más antiguas y posiblemente anticuadas
MSL VII, 223 y *RCelt.* XII, 416): todo hace
creer que *galern* es préstamo del francés como reconoce el *FEW*; puesto que *gwa-* y *ga-* no pueden ser legítimos los dos en bretón, y aquél no
se puede explicar como un préstamo, es evidente

que la forma prestada ha de ser ésta.

DERIV. *Galerno*, vid. arriba.

[1] V. éste para la imposibilidad de relacionar con
el bret. *gwall* 'malo', como han hecho varios.

Galero, galerón, V. *galera   Galfarro,* V. *garra   Galfón,* V. *gozne   Galga,* V. *galgo
Gálgana,* V. *galbana   Gálgara,* V. *fárfara*

GALGO, del lat. vg. GALLĬCUS íd., abreviación
de CANIS GALLICUS 'perro de Galia', así llamado
por el gran desarrollo que alcanzó en este país la
cría de perros de caza en tiempo de los Romanos.
1.ª doc.: *gáligo*, doc. leonés de 1047 (M. P., *Oríg.*,
180); *galgo*, íd., de 1064 (ibid., 320).

Véanse más ejs. de esta forma en el S. XI allí
mismo; el significado está asegurado por la explicación *galgo leporario* en escritura de 1073 (Simonet, s. v. *lebrel*). Está también en Nebr., etc.
Canis gallicus para el que persigue a la liebre figura ya en Ovidio (*Metam.* I) y Marcial (III,
xlvii), V. las citas en Cabrera, s. v. Entre los romances sólo dejó descendencia en portugués[1] y en
español, por lo cual es muy dudoso que esté en
lo cierto Wartburg (*FEW* IV, 37, I, 2) al derivar
de ahí Toulouse *galgue* 'blando', *terro galgo* «terre
non tassée» (también cat. *terra galga* 'tierra empleada para lavar, a falta de jabón, especie de
greda', vivo en Gerona). El galgo es el animal
corredor por excelencia, de donde la comparación
correr como un galgo, y por esta característica
y otras se explican los varios significados de *galga*
y demás derivados.

DERIV. *Galga* 'piedra grande que arrojada desde
lo alto baja rodando rápidamente; se emplea en
la guerra como defensa contra el enemigo' [*Alex.*,
204, 206, 1435; Mariana; etc.][2]; 'la piedra del
molino de aceite, que empinada y arrimada a una
viga, muele la aceituna, llevada de la misma viga,
que da vueltas' [*Aut.*], explicable también por el
movimiento rápido de esta muela, llamada en alemán *läufer*, o sea 'corredora' (Krüger, *VKR* I,
254)[3]; 'especie de sarna que ataca, a la gente desaseada, en el pescuezo' [Covarr.], como explica este
autor porque a menudo la tienen los galgos a
causa de ludirles allí el collar cuando están ata-
dos[4]. Menos claro es el origen de *galga* en las
demás acs., de las cuales parece ser fundamental
la de 'palo grueso y largo atado por los extremos
fuertemente a la caja del carro, que sirve de freno,
al oprimir el cubo de una de las ruedas' (aunque
no aparece hasta después de Acad. 1843, ya 1884);
de ahí, aplicada a otros maderos: 'andas en que
se lleva a enterrar a los pobres' [Acad. ya 1843],
'dos maderos inclinados y apoyados en el hastial
de una excavación, que sirven para sostener un
torno de mano, en las minas' (ya Acad. 1899);
o a dispositivos comparables a un freno: 'amarre
auxiliar con que una ancla se asegura a unas estacas clavadas en tierra, para evitar que el buque la

arrastre a la deriva' [1696, *Vocab. Mar. de Sevilla*, en *Aut.*].; 'cada una de las cintas cosidas al calzado de las mujeres para sujetarlo a la canilla de la pierna' [Acad. ya 1843], en el Limia gallego *hálha* o *hálho* 'parte del calzado que queda entre la suela y el tacón' (*VKR* XI, 107)[5]. Partiendo de la idea de 'palo, madero' se podría suponer que proceda del gót. GALGA, voz común a todas las lenguas germánicas (alem. *galgen*, ingl. *gallows*, etc.), que por lo común significa 'horca de ahorcar' y en gótico 'cruz (para crucificar)', y que a juzgar por su parentela indoeuropea significó primitivamente 'viga, percha', ac. conservada solamente por el escand. ant. *gelgja*; pero además de que es arriesgado suponer que la ac. primitiva se conservara también en gótico, aunque no figure en los textos de Úlfilas, la fecha moderna de estas acs. de *galga*, así en castellano como en catalán, desaconseja ir a buscar una fuente tan remota, y es más verosímil que se trate de otra ac. figurada de *galga* 'hembra del galgo'. Teniendo en cuenta el cat. *galga* 'línea paralela a otra', *galgar* 'trazar (dos líneas) paralelamente', *galgat* 'paralelo', port. *galgar uma régoa* «lavrá-la de sorte que fique bem direita, para regular bem as linhas», *galgar a parede* «acabar algum lanço por igual e sem altibaixos, pelo alto dela, arrematá-la por igual» (Moraes), quizá haya que partir de la idea del galgo que corre paralelamente al cazador, de donde la galga o madero que corre paralelo a las ruedas del carro[6].

Galgueño. Galguero. Galguesco. Galguear, arg., 'ansiar, perseguir con poco éxito el logro de algo[7]. *Desgalgarse* 'arrojarse o despeñarse desde lo alto' [1653, B. Gracián; *desgalgarse* «huir por partes ásperas, las quales llaman *desgalgaderos*», 1611, Covarr.; *desgalgado* «el cenceño y recogido de cintura» ibid.; comp., en Oudin 1616 —no 1607—, «qui ne peut aller, aggravé, engrevé, esclouché»]; para el literato granadino de 1601 *desgalgar* era propio de Castilla frente a *saltar* de Andalucía, *BRAE* XXXIV, 370. *Engalgar* (falta aún *Aut.*) 'hacer que la caza sea perseguida por el galgo', 'apretar la galga contra el cubo de la rueda', 'asegurar el ancla con galga'.

¹ Ya en una cantiga gallega de Alfonso el Sabio el diminutivo *galguilinho*, R. Lapa, *CEsc.* 27.8.—
² Carecen de fundamento los reparos semánticos contra la derivación de *galgo* que conducen a Cabrera a partir del lat. CALX, CALCIS, 'guijarro', etimología imposible por evidentes razones fonéticas, y a Balari (*Poesía Fósil*, Barcelona, 1890) a suponer una etimología prerromana hipotética y vaga. *Galga* existió en portugués clásico (cita de L. de Castanheda, h. 1550, en Fig.) y hoy sobrevive en Tras os Montes (*RL* V, 91), en varias hablas miñotas (Leite de V., *Opúsc.* II, 388, 492), en el Cadaval, N. de Lisboa (Leite, *RL* IV, 223-4), etc. Por la misma idea fundamental se explican el segoviano *galgos* 'alud' (Vergara) y el trasm. *gal-*

gueira, adjetivo aplicado al agua cuando corre por un surco en declive (*RL* V, 91). De ahí el leon. *galguear* 'mondar, limpiar las regueras' (para que el agua corra de prisa).— ³ Igual sentido en portugués (Fig.). Característico de la galga es la posición empinada, de ahí en el Alentejo *pôr de galga* (*RL* IV, 65, 223-4) 'poner en posición vertical'. Paralelos semánticos para este y otros derivados de *galgo* en Sainéan, *BhZRPh.* X, 41-43. No convence la explicación semántica de Wartburg: por la posición inferior de la galga respecto de la viga, como la de la galga en el coito (pero entonces esperaríamos *perra* y no precisamente *galga*).— ⁴ Desde luego no hay relación con el fr. *gale* 'sarna', primitivamente 'ampolla', 'dureza, callosidad', vocablo de origen normando-picardo, procedente al parecer del lat. GALLA 'agalla de roble', por comparación de ésta con una ampolla (*FEW* IV, 33a).— ⁵ No hay verosimilitud alguna en derivar esta ac. moderna del lat. CALĬGA 'calzado especial de los soldados, especie de sandalia' (según hace la Acad) pues no ha dejado descendencia romance.— ⁶ A esta explicación puede objetarse que *galgo* no es palabra catalana y *galga* sí, pero acaso sea castellanismo, pues no conozco ejs. antiguos. No parece haber relación entre *galgo* y oc. ant. *calga* 'turunda', «stoppaccio, impacco medico», *calgar* «stoppare, introdurre un impacco» (así en dos pasajes, *galgar* en un tercero), en la Cirugía del languedociano Raimon d'Avinhon (h. 1200), *ARom.* XXV, 74.— ⁷ «*Andar galgueando* en el vocabulario campesino: estar privado, tanto de comida como de otras cosas materiales que se desean mucho, y cuyo logro se persigue, aunque con poco éxito», Inchauspe, *Voces y Costumbres*, en *La Prensa*, 22-IV-1945; «me levantaba con noche / *galguiando* por el desvelo...», F. Silva Valdés, en *La Prensa*, 4-V-1941. Comparación con el galgo que persigue anhelosamente la caza.

Galguear, V. *galgo*

GÁLGULO, 'rabilargo', tomado del lat. *galbŭlus* íd. (*galgulus* en Plinio), diminutivo de *galbus* 'verde claro'. 1.ª *doc.*: 1621, D. de Funes.

GALIANA, 'cañada, en el lenguaje de los pastores', de *senda Galiana*, conservado en varios puntos de España para designar varios restos de vía antigua, descendiente semiculto del b. lat. *via Galliana*, derivado de *Gallia* 'Francia', porque estas sendas cruzan la Península de Norte a Sur. 1.ª *doc.*: *senda Galiana*, fin del S. XV, Mosén Diego de Valera; *galiana* 'cañada', Acad. después de 1899.

Véase la documentación y explicación detallada en M. P., «*Galiene la Belle* y los Palacios de Galiana en Toledo», en *Poesía Árabe y Poesía Europea*, pp. 73 y ss. Los Palacios de Galiana, que probablemente tomaron nombre del camino que junto a ellos entraba en la ciudad, se mencionan desde 1210, y de ahí se originó la figura fabulosa de *Galiene la Belle* en la epopeya francesa, de donde el nombre de mujer *Galiana*, que en España ya era usual en 5 el S. XII. Hoy *Galiana* es apellido muy extendido por España (aun en Valencia y Baleares), y también *Galiano*. Como nombre de la cañada pastoril estuvo igualmente en uso en el occidente catalán: *La Galiana* o *Sardera Baixa* es nombre de la par-10 tida de Saidí (junto a Fraga) por donde pasa la *cabanera*, y un origen parecido supongo tendrá el nombre de *Galiana*, el risco culminante de la Sierra de Montalegre (Llorenç de Montgai, al N. de Balaguer), y el *Camí* y *Pla de Galiana* que pasa desde 15 el alto término de Carcaixent al de Valldigna; creo recordar más en tierras valencianas.

DERIV. *Galianos* 'comida que hacen los pastores con torta cocida a las brasas y guisada después con aceite y caldo' [Acad. 1884, no 1843], así 20 llamada porque la harán los pastores al ir de camino con sus ganados por sus antiguas y tradicionales sendas.

Galibar, gálibo, V. *calibre, garbo* y *desgalicha-* 25
do Galicinio, V. *gallo*

GÁLICO, 'sífilis', abreviación de *mal* o *morbo gálico,* es decir, *mal francés,* como se ha llamado también esta enfermedad, que se creyó introducida de Italia en Francia por los soldados de Car-30 los VIII (1493, 1495), y luego propagada desde allí a los demás países. *1.ª doc.:* 1615, *Quijote* II, xxii, 83; *Aut.,* s. v. *buba.*

Quevedo alude también al *mal francés* con su 35 frase «la nariz entre Roma y *Francia»* (*Buscón, Cl. C.,* 35).

DERIV. Otros derivados de los lat. *gallus, gallicus* y *Gallia: Galo. Galicado* [Terr.]. *Galicano. Galicismo* [Terr.]; *galicista. Galicoso* [Moratín, 40 † 1828]. *Galio,* metal raro, descubierto en Francia. CPT. *Galiparla; galiparlante; galiparlista* [Baralt, 1855].

Galilea, V. *galería Galillo,* V. *agalla* I 45

GALIMA, antic., 'hurto frecuente y pequeño', del ár. *ḡanīma* 'presa, botín', derivado de *ḡánam* 'despojar, apoderarse (de algo)'. *1.ª doc.:* 1613, Cervantes, *Novelas Ejemplares.* 50

En *Rinconete y Cortadillo* es 'hurto': «él los guió donde lo vendían, y ellos, del dinero de la *galima* del francés, lo compraron todo» (*Cl. C.,* 148); en *La Española Inglesa* es 'despojo que los moros toman de los cristianos': «dejáronlas em-55 bestir en tierra sin echallas a fondo, diciendo que aquéllas les servirían otra vez de traer otra *galima,* que con este nombre llaman ellos a los despojos que de los cristianos toman» (ed. Hz. Ureña, p. 233). Falta en Nebr., APal., C. de las Casas, 60

Covarr., Oudin, *Aut.,* Hill (*Voces Germ.*), pero está en Terr. y en la Acad. [1843, como anticuado]. Pueden compararse las notas de Schevill-Bonilla a su ed. de las *Novelas ej.,* y de Rz. Marín a la suya de *Rinconete.* Indicaron la etimología 5 Engelmann y Eguílaz. La *-l-* se explica por disimilación. En árabe es palabra tan clásica como vulgar («botín, despojo, robo de armados, robo de enemigos, despojo de enemigos», PAlc.). Pasó también al cat. [1561], donde figura en las Trovas del 10 valenciano Mn. J. Febrer (2.ª mitad del S. XVII), en Sanelo (*galima* 'ganancia', *fer galima* 'hacer correría', con referencia a la trova 158 de este autor), hoy en Joaquín Ruyra[1], etc.; debe de ser usual en Énguera, pues Gulsoy (p. 1) recoge *La* 15 *Cruz de Galima* (mapa: galimo): dicen que era el nombre de un bandido descuartizado allí (?).

DERIV. *Galimar* 'arrebatar o robar' [como anticuado, Acad. ya 1843], val. *galimar* «garramar, hurtar y agarrar quanto se encuentra con engaños 20 y disimulación» (Sanelo; ya en las *Trobes* de Febrer).

[1] «Aquell gata seuma, que es lleva la gorra i es senya davant els sants de les cantonades, no creu en Déu i viu de les *galimes* d'una administra-25 ció i d'una caixeta d'ànimes del Purgatori», *La Parada,* p. 146. Secundariamente *galim* o *galimot* «zangarullón» ('muchacho alto, desvaído y que anda ocioso, teniendo ya edad de trabajar'), en el diccionario valenciano de Lamarca; *tindre* 30 *més fam que Galima* 'estar muy hambriento', *galim* y *galima* 'hambre', en Martí Gadea, *Tèrra del Gè* I, 82, 94.

GALIMATÍAS, tomado del fr. *galimatias* íd., de origen incierto; quizá de *Barimatía* o *Gali-35 matía,* empleado popularmente como nombre de un país exótico, de donde procedería el personaje evangélico José de Arimatea (en latín *Joseph ab Arimathia*), y luego aplicado a lenguajes incomprensibles, que se creen hablados en países 40 lejanos. *1.ª doc.:* Terr. (Acad. 1843 dice todavía que es «voz recientemente admitida»); Jovellanos en 1787 acentuaba *galimátias,* pero su corrector Meléndez Valdés *-tías,* BHisp. LXI, 381, v. 208. 45 Ello comprueba lo reciente y forastero del vocablo.

En francés *jargon de galimatias* aparece desde 1580, en Montaigne, y frecuentemente desde entonces en muchos autores de fines del S. XVI, del XVII, etc. Se trata comúnmente de un 'len-50 guaje ininteligible', y es frecuente que se aplique a la jerga escolástica, pero es dudoso que este detalle tenga verdadera importancia, pues el atacar la erudición y la ciencia formalística no acompañadas de la razón natural era lugar común de la 55 literatura francesa de esta época[1], y por lo tanto era casi forzoso que con este fin se hiciese gran uso del vocablo en escritos como los de Montaigne o la Sátira Menipea. Esto resta fuerza a la argumentación de Axel Nelson (*Festskrift Per* 60

Persson, Upsala 1922, 289-308), que propuso una
de las etimologías más aceptadas: *gallimathia* sería
un compuesto escolar formado con la terminación
-μαθία 'ciencia', de tantos helenismos, y el lat.
gallus 'gallo de pelea', aplicado a los sostenedores 5
de tesis, que peleaban entre sí en las Universida-
des de la época sirviéndose del lenguaje escolástico, al cual aplicaron sus contrarios este nombre
en sentido denigrante. Sin embargo, como reconoce Gamillscheg (*ZRPh.* XLIII, 732), al aceptar 10
la teoría de Nelson, **gallimathia* es palabra supuesta por Nelson, y no veo que dé siquiera
testimonios concretos del empleo de *gallus* en el
sentido expresado (pp. 301 y 302 de su trabajo en
lengua sueca).   15
   Por lo demás otros autores coetáneos aplican *galimatias* a otros tipos de lenguaje incomprensible,
como el novelista I. C. Sorel, que hace hablar a
Jasón en *galimathias* al desembarcar entre los habitantes exóticos de la Cólquide, o Molière, que 20
al decir «l'on n'a qu'à parler avec une robe et un
bonnet, tout *galimatias* d e v i e n t savant, et toute
sottise devient raison» presupone que el galimatías
son las chocheces de la gente ignorante y necia.
   Por otra parte Sainéan (*Sources Indig.* I, 287-9), 25
formulando más clara y convincentemente una idea
apuntada ya en trabajo anterior (*ZRPh.* XXXI,
265), supone que *jargon de galimatias* sería el lenguaje de un desconocido país lejano, incomprensible por lo tanto, y este vocablo sería deforma- 30
ción del étnico del personaje evangélico José de
Arimatea, en latín *Joseph ab Arimathia*, entendido
como si fuese *Barimatia*, y luego alterado[2]. Que
tales alteraciones se han producido en el Sur de
Francia nos lo documenta Mistral en su artículo 35
Galimatié que él define «Pays d'Asie, pays ima-
ginaire que le peuple a tiré du mot *Arimathie*»;
agrega cita de una canción popular provenzal donde se dice que *Jòusè* vino de *Galimatié* para ayudar a Jesús en la marcha al Calvario, y la de un 40
poema bearnés «deu tems deu rèi Grippus, de la
Galimachìe, / acò qu'es un recouenh pèr darrè la
Turquìe». Esta etimología se recomienda por su
sencillez y naturalidad (claro está que *galimatia*
recibió luego una -*s* por su semejanza con el nom- 45
bre de persona *Mathias*), lo que le ha valido la
adhesión de Spitzer (*Litbl.* XLVIII, 33); y el
propio Schuchardt, al mismo tiempo que defendía
una idea propia[3], no se decidió a rechazarla totalmente (*ZRPh.* XXXI, 658-9). De todos modos 50
haría falta documentarla mejor en el folklore occitano y francés, y a poder ser en textos del S. XVI.
   Las demás etimologías pueden considerarse ente-
rradas en la actualidad; para ellas véase la bibliografía y la argumentación reunidas en el *FEW* I, 55
222; Gamillscheg, *EWFS;* y en los trabajos ya
citados. Quizá nunca se averigüe con entera seguridad el origen de esta palabra, que en su significado actual parece ser una creación personal de
Montaigne.   60

[1] Decía Montaigne, traduciendo el lema griego
'Ὡς οὐδὲν ἡ μάθησις, ἢν μὴ νοῦς παρῇ, «a quoy
faire la science, si l'entendement n'y est?».—
[2] Más bien por influjo del familiar *Gallia* o bien
de *Galilea*, que por un proceso fonético, como
supone Sainéan.— [3] Schuchardt, *BhZRPh.* VI, 37,
partía del vasco *kalamatika* 'griterío confuso', alteración del lat. *grammatica* (como el fr. *grimoire*
'lenguaje incomprensible'). Pero es inverosímil
que Montaigne fuese a tomar una palabra vasca,
que por lo demás tiene forma bastante diferente;
aunque Schuchardt no dice (claramente al menos)
que el francés viniese del vasco. Que en francés
ant. un **galimatie* viniese de *grammatico* por vía
semiculta, carácter después acentuado con el cambio en *galimatias*, ya sería más aceptable y convendría estudiarlo.

Galináceo, V. *gallo*

   GALINDO, 'juanetudo', ant., aplicado a los pies;
del antiguo nombre de pila *Galindo*, aragonés sobre todo, probablemente por ser característicos de
los serranos este nombre y esta clase de pie. *1.ª
doc.:* *Cuento del Emperador Carlos Maines* (*NBAE*
VI, 503*a*), cuyo lenguaje corresponde a la primera
mitad del S. XIV.
   De un enano de fealdad monstruosa se dice ahí
que tiene «los pies *galindos*». En Carvajal (*Canc.
de Stúñiga*, med. S. XV) y en el *Corbacho* («las
piernas tuertas, las manos e pies *galindos*», a. 1438),
figura también como característica de una persona deforme, en estos casos una serrana; vid. las
citas en Sz. Sevilla, *RFE* XV, 264. Oudin (ed.
1607) registra «*galindo pie*, qui a l'oignon du pied
gros», y de ahí pasó a Franciosini y otros. Falta
en Covarr. y *Aut.*, y la Acad. no lo recogió hasta
después de 1899, definiéndolo «torcido, engarabi-
tado», como adjetivo anticuado. Hoy no tengo noticia de que se conserve en castellano. El catalán
de Mallorca emplea *galindó* 'juanete' y 'pómulo
prominente' (Amengual, Ag.), voz prohijada en la
actualidad por el catalán literario. Según observó
Sánchez Sevilla, *Galindo* como nombre de persona
es abundantísimo en los documentos medievales
aragoneses, y mucho menos en Castilla y León;
sin embargo, *Galinda* existe como apodo en Cespedosa de Tormes, en la región montañosa entre
Ávila y Salamanca; en catalán, *Galí* es apellido
frecuente en la actualidad, pero *galindó* revela su
procedencia aragonesa por la conservación de -ND-;
es probable, por lo tanto, que se tomara este
nombre como típico de los montañeses de Aragón
y quizá también de los de la Cordillera central
castellana, de cuyas serranas se consideraron típicos los pies galindos; los sinónimos *adrián* y *juanete* tienen un origen semejante. Más, acerca de la
familia catalana de *galindó* y *galindaina* 'friolera,
perendengue, baratija'[1], en Spitzer, *Misc. Schuchardt* (1922), 156, y *ZRPh.* LVI, 74.

¹ Con éste se relaciona el arag. *guilindujes* 'adornos superfluos e impropios en el traje de la mujer' (Borao), en Honduras 'arreos con adornos colgantes' (Membreño).

Galingal, V. *galanga*   *Galio* (hierba), V. *leche*   *Galio* (metal), *galiparla*, *galiparlante*, *galiparlista*, V. *gálico*   *Galipe*, V. *galope*

GALIPOTE, 'especie de brea empleada para calafatear', del fr. *galipot* 'resina de pino', 'galipote', de origen desconocido. 1.ª *doc.*: *galipot*, Terr.; *galipote*, Acad. después de 1899.

En francés *garipot* [S. XVI], hoy *galipot* [1701], oc. *garapot* ya una vez en la Edad Media. Ast. *galipodio* (V). Más datos y una conjetura etimológica poco verosímil, en Gamillscheg, *EWFS*, s. v.

Gálipu, V. *calibre*   *Galizabra*, V. *galera*
Galmiar, V. *resbalar*   *Galo*, V. *gálico*

GALOCHA, parece tomado de oc. ant. *galocha* 'calzado con suela de madera y empeine de cuero, para preservar de la humedad', o quizá del fr. *galoche* íd., de origen incierto, probablemente de un lat. vg. *CALOPEA, alteración de CALOPĔDA íd., y éste del gr. χαλόπους, -όποδος, 'horma de madera para zapatos', propiamente 'pie de madera', compuesto de χᾶλον 'madera' y πούς 'pie'. 1.ª *doc.*: invent. arag. de 1331¹.

Aparece también en inventario de 1397 de la misma procedencia («dos pares de *galochas; VI trancadores de porgadores*», ibid. IV, 218), y en otros de 1365 y 1403 (*VRom.* X, 158). También en el glosario aragonés del Escorial, de h. 1400. En textos de Castilla no puedo señalarlo hasta más tarde: en el *Arte Cisoria* del catalanizante Enrique de Villena (1423; glos. de la ed. Navarro), en el también catalanizante Arcipreste de Talavera (1438: ed. Pérez Pastor, 215.16), en el *Libro de Cetrería* de Evangelista (S. XV: *ZRPh.* I, 238), en APal. («*clavati socci* son *galochas* que tienen las suelas refirmadas con clavos», 79*d*), en Nebr. («*galocha*: calopodium, soccus») y *Aut.* cita ejs. desde el S. XVI. Hoy vive en Asturias en el sentido de «madreñas gastadas sin talones ni clavos» (Rato)². Del castellano pasaría al port. *galocha* (ya Moraes). Sarm. lo anota, como desusado para él, en Maragatería para '(al)madreñas' (*CaG.* 149v).

En catalán el vocablo es más antiguo, pues hallamos *galotxa* (*dotzena de galotxes, una mealla*), ya en varios textos del S. XIII (Crón. de Jaime I, Raimundo Lulio, Costumbres de Tortosa)³, en doc. de h. 1400 (*Misc. Fabra*, p. 165, s. v. *polaina*), y Ag. cita ej. del S. XIV y uno del XIV o XV, que por cierto es aragonés y no catalán. Del fr. *galoche* tenemos tres ejs. medievales, el más antiguo de 1369 (God. IX, 681*b*), y el derivado *galochier* 'fabricante de galochas' nos atestigua la existencia del vocablo desde 1292. El it. *calòscia*

(menos común *galòscia*) tiene significado algo diferente, «controscarpa, spesso di guttaperca, per riparare la scarpa dall'acqua, dal fango»; falta todavía en la edición de la Crusca de 1763, pero Tommaseo (s. v. *galoscia*) observa «non è parola venuta di fresco da Francia» alegando en prueba de ello el venec. *gallozza*. Efectivamente tenemos ya *galozza* 'zueco' («holzschuh») en los glosarios venecianos A y C del S. XV (Mussafia, *Denkschriften d. Wiener Akad.* XXII, 161), y hoy friul. *galoce*. Sin embargo, la correspondencia fonética it. *sci*, venec. *zz*, fr.-oc. *ch*, difícilmente puede explicarse de otro modo que por un préstamo galorrománico al italiano, que en el caso de la forma literaria con -*sci*- ha de ser precisamente préstamo al francés y posterior al S. XIV, quizá muy posterior. También la *ch* castellana y portuguesa y *tx* catalana, correspondiendo a *ch* galorromance, indica préstamo de España a Francia o viceversa.

Ahora bien, en Francia es donde el vocablo se documenta primero, pues el oc. *galocha* ya aparece en un texto narbonense del S. XIII, y el derivado *galochier* (-*cheir*) está ya en un documento de Limoges correspondiente a la primera mitad de este siglo⁴. Esto prueba que en todos los romances el vocablo ha de ser de origen galorrománico, y la circunstancia de que en España aparezca mucho antes en Cataluña y en Aragón es indicio claro de lo mismo.

Hasta ahora se han propuesto principalmente dos etimologías: el lat. GALLĬCŬLA, que en textos de la baja época designa un calzado análogo a la galocha, diminutivo de GALLĬCA, con el mismo significado en Cicerón, y al parecer derivado del étnico *gallicus* 'francés', aunque no se puede alejar la sospecha de que haya por lo menos un cruce con CALĬGA 'sandalia, calzado de soldado con suela de madera', etimología defendida, entre otros, por Gamillscheg (*EWFS*, s. v.) y Brüch (*ZRPh.* LI, 482-3); la dificultad es fonética, pero me parece dirimente, pues las audaces combinaciones de estos dos filólogos para probar un cambio de -ICLA en -OCCA son inaceptables.

G. Paris (*Rom.* III, 113), enmendando una idea de Scheler, Mussafia y otros, sugiere una base *CALOPIA en lugar del lat. tardío CALOPODIA O CALOPODION (en S. Isidoro y en escolios) 'horma de madera para hacer zapatos', derivado del gr. χαλόπους íd. Desde el punto de vista semántico esta idea se apoya sólidamente en la gran frecuencia de formas como *calopodes, calopodium, calopedia* en textos medievales, justamente en el sentido de 'galochas', muchos de ellos de procedencia alemana u oriundos de zonas próximas a Alemania (quizá francesas), difíciles de fechar casi todos (uno es de 1290, vid. Du C.); el glosario aragonés del Escorial traduce *galocha* por *calopedium* y Nebr. emplea una forma semejante. Pero aquí también hay dificultades fonéticas. Una contracción *calopdja*, como la imaginó Mussafia, es imposible porque supondría una injustificable acentuación sobreesdrújula. M-L. (*REW* 1525) al aceptar esta etimología dice que *galoche* está respecto de CALÓPODE en la misma relación que el fr. *sage* respecto de SAPĬDUS; pero en primer lugar no es así, pues aquí tenemos *ch* y no *g*, y después esto es explicar lo desconocido por lo enigmático, pues a pesar de todos los esfuerzos de M-L. y de Schuchardt la explicación del fr. *sage* por SAPĬDUS no convence, sobre todo teniendo en cuenta que el cat. *savi* postula inequívocamente una base *SABĬUS, cuya explicación es por cierto oscura, pero que es también la única que da cuenta satisfactoriamente de la forma tomada en francés por el vocablo. Por otra parte objeta Bloch con razón al étimo CALÓPODE la dificultad de explicar la falta de palatalización de la inicial en francés, pues no hay razón ni verosimilitud en creer que el vocablo se propagara desde Picardía o Normandía al resto de Francia[5].

Ahora bien, la circunstancia de que el vocablo aparezca en lengua de Oc primero que en ningún otro romance, y la muy temprana propagación del mismo a Aragón y Cataluña, llevan a suponer que *galocha* debe de proceder de la lengua de Oc y no del Norte de Francia, lo cual explica al mismo tiempo la no palatalización de la inicial. Por otra parte, si atendemos a que en la Edad Media son frecuentes las variantes del tipo *calopeda, calopeta, calopes, calopides*, etc. (5 ejs. en Du C.), estamos autorizados a suponer que el compuesto καλόπους fué latinizado en su segundo elemento convirtiéndole en *calopes, -ĕdis*. De todos modos falta explicar cómo CALOPĔDA se redujo a *CALOPEA ya en fecha latina; contra lo que ocurre en SAPĬDA > fr. *(maus)sade*, TEPĬDA > oc. *tebeza*, fr. *tiède*, etc.; quizá hubo una reducción excepcional por la debilidad de la consonante en fin de esdrújulo (como en SARCOPHĂGUM > fr. ant. *sarcou*, ROTOMĂGUM > *Riom*, etc., o CUBITUM > cat. *colze*, MALE HABĬTUM > oc. *malave*, oc. y mall. *malavejar*). O bien deberá suponerse que partiendo del nominativo CALŎPUS, se formó un derivado adjetivo *CALOPĬA. Con una de estas dos soluciones resulta aceptable fonéticamente esta etimología, pues es normal el cambio de CALOPĔA (-OPĬA) en oc. *galopcha* > *galocha*, siendo así que formas como *ache* < APIUM, *sacha* < SAPIAT ya se hallan en la Edad Media, aun en lengua de Oc[6].

En apoyo de la etimología con C- inicial podrían citarse la forma francesa *caloche* citada por Cotgrave, el trasm. *chaloca* «calçado de pau aberto por cima do tacão» (*RL* I, 208), que bien parece ser metátesis de un *calocha*, y el it. *caloscia*; hay que reconocer que son apoyo débil, siendo así que apenas se conocen formas galorromances en *ca-*, lo cual lleva a sospechar que *chaloca* sea *chaloga* influído por el sinónimo *soco*, y que la c- de *caloscia* tenga también alguna explicación local secundaria.

Otras tentativas etimológicas que se han hecho no son convincentes; contra la de Spitzer (*ZRPh.* XLIII, 333), que relaciona con fr. *galet* 'guijarro', vid. lo dicho por M-L. y Gamillscheg[7]; contra la de Sainéan (*Sources Indig.* I, 127), que parte de oc. *calosso* 'troncho', 'tronco', palabra de origen desconocido y de aparición moderna, V. lo que dice Bloch. Buscar un origen prerromano mediterráneo, según hace Alessio (*ARom.* XXV, 175-6) no es prudente tratándose de un término de civilización propagado en fecha relativamente moderna desde Francia[8]. Más complicación e inverosimilitud fonéticas se presentan partiendo de un hipotético gr. *χαλόπτιον supuesto por H. y R. Kahane, *RPhil-Cal.* XXI, 1968, 503-4. Para *galocha* 'papalina', V. *GALOTA*[9].

DERIV. *Galocho* 'el que es de mala vida', salm. (Lamano) < 'dejado, desmazalado' (Acad.), propiamente 'el que va siempre en zuecos'. *Galochero*.

[1] «Una axadiella. Unas *galochas*. Una tavla para tallyar las bolsas...», *BRAE* II, 552.— [2] Según Covarr. «en las aldeas llaman a los çancos *galochas*». Según *Aut.* es también un «género de calzado, como zanco o chapín, formado de una tabla o una rejilla de hierro, con unas puntas o pies de lo mismo, para andar por el lodo, que se usan mucho en algunos lugares, especialmente del territorio de Madrid». Covarr. atribuye el uso de las *galochas*, calzado de madera, a los gascones o gabachos, pero conviene no perder de vista que este autor piensa en su etimología *a gallis* «porque las usan los franceses».— [3] Benvenido Oliver en su glosario vacila entre entender 'galocha' y «flecha, banderilla», pensando en el val. *galotxa* 'garrocha, banderilla' (ya Sanelo)—*galochear* 'picar con la garrocha' en el valenciano de lengua aragonesa B. de Villalba, a. 1577, vid. Fcha.—, que será alteración de *garrocha*; pero esta última posibilidad no me parece probable.— [4] Vid. Levy, *PSW*. Las fechas que da Wartburg son erróneas, según he comprobado en los textos.— [5] En rigor cabría suponer que hubo en *galoche* disimilación de palatales, como la hubo en *cage* y en algún otro caso semejante. Pero esto es siempre un fenómeno excepcional.— [6] Es verdad que esto limita algo la zona de origen, pues -PĬA parece conservarse hasta hoy en gascón y en languedociano occidental, dando -*pio*, y por otra parte el Lemosín y la Auvernia quedarían descartados a causa de la no palatalización inicial. Así y todo quedan todavía la Provenza, gran parte del Languedoc, el Rouergue, Quercy y otras zonas centrales; comp. Ronjat, *Gramm. Istor.*, § 361. Hoy *galocho* es palabra popular en tierras de Oc, vid. Mistral, *galocho*, con el derivado *engalouchà*, Vayssier *golouocho*, Palay *galocho, -otcho*, etc.— [7] Últimamente propone lo mismo Wartburg, *FEW* IV, 45b, suponiendo que se comparó la suela gruesa y plana de las *galochas* con un guijarro, idea que convencerá a pocos.

El sufijo sería el raro -OCCA, lo cual obligaría a suponer que en lengua de Oc *galocha* es galicismo, contra lo que indica la cronología.— ⁸ La etimología CALAUTICA atribuída por M-L. (*Litbl.* IX, 305-6) a Lagarde se basa solamente en una confusión de M-L., pues ahí no se trata del fr. *galoche*, sino de *calotte*.— ⁹ La Acad. [ya 1817] registra *haloza* como sinónimo de *galocha*. No tengo otras noticias de tal palabra, cuya existencia permanece incierta.

Galocho, V. *galacho*

GALÓN I, 'especie de cinta', del fr. *galon* íd., derivado del fr. ant. *galonner* 'adornar la cabeza con cintas', de origen desconocido. *1.ª doc.*: 1650, Rebolledo; como voz náutica ya h. 1620 (Jal, s. v.).

Entró en español como término militar y de modas. Son también de origen francés el port. *galão*, cat. *galó* e it. *gallone* íd. Contra lo que sugieren las apariencias no es *galonner* el derivado de *galon*, sino viceversa, pues éste no aparece antes de 1584, y aquél es muy frecuente en todas las épocas desde el S. XII. Difícilmente puede ser variante de *garlander* 'adornar con guirnaldas', como cree Gamillscheg (*EWFS*, s. v.), pues sería extraña la falta constante de la *-r-* (tanto más cuanto que el vocablo aparece siempre escrito con *-l-* sencilla y no con *-ll-*), y además la supuesta base común *WERULARE (derivado de un fráncico *WERON 'guarnecer, ribetear') es una formación inverosímil. Últimamente Brüch (*ZRPh.* LI, 484-6) propuso partir de un verbo fráncico *WÔLÔN en el sentido de 'envolver con un cordón', deducido del b. alem. med. *wôlen* 'atar dos objetos uno al otro mediante cables', neerl. *woelen* «premere, constringere, torquere», de donde el ingl. *woold* 'atar (un mástil roto, etc.) con cabos para reforzarlo', y M-L. (*REW³*, 9567a) aceptó la idea, pero además de que se presta a objeciones semánticas, resulta excesivamente hipotética, pues nos obliga a postular 1.º un sustantivo fráncico *WÔLÔ, -ONS, derivado de dicho verbo, y desconocido en los dialectos germánicos documentados, y 2.º un sustantivo fr. ant. *galon*, del cual derivaría el verbo *galonner* (del cual a su vez sería derivado el moderno *galon*).

En cuanto a derivar *galon* de *gala*, como suele hacerse vulgarmente, es imposible, porque en francés *gale* no significó nunca lo que el cast. *gala* y sí solamente 'diversión, jolgorio'.

Gallon «greca decorativa» y *gallonado* en doc. arag. de 1492 sería variante de este vocablo (*BHisp.* LVIII, 91). Pero aun suponiendo que esté bien definido, esto es muy dudoso: ¿no estará por *gajón* derivado de *gajo*? Con *ll* aragonesa = *j*. Es muy verosímil.

DERIV. *Galonear. Galoneador. Galoneadura. Galonista.* Comp. *REGALA.*

GALÓN II, 'medida inglesa de capacidad', tomado del ingl. *gallon* íd. *1.ª doc.*: Terr., como medida empleada en Inglaterra; Acad. ya 1884, no 1843.

La voz inglesa viene del fr. ant. *galon* o *jalon* 'medida de capacidad', de origen incierto. Es posible que Gamillscheg (*EWFS*, s. v.), Wartburg (*FEW* IV, 35) y Brüch (*ZRPh.* LI, 479-82) estén en lo cierto al relacionarlo con el fr. ant. *jalaie* 'medida de líquidos', 'gamella', emparentado con *GALLETA*, pero la etimología que el último propone se basa en combinaciones inaceptables.

Galoneador, galoneadura, galonear, galonista, V. *galón* I *Galopar,* V. *galope*

GALOPE, tomado del fr. *galop* íd., postverbal de *galoper* 'galopar', y éste probablemente del fráncico *WELA HLAUPAN 'saltar bien', porque el galope consiste esencialmente en una serie de brincos. *1.ª doc.*: *galopo*, *Alex., O*, 1247a¹; *galope*, en el ms. *P* (S. XV).

No vuelvo a hallar otros testimonios hasta el S. XVI (C. de las Casas, 1570; *Quijote*; etc.), en que es general la forma *galope*. Como indicio de empleo del vocablo a fines del S. XIV puede citarse el hecho de que el ms. *T* de J. Ruiz (1230b) sustituye *galipe* de los otros dos manuscritos por *galope*².

En francés *galop* es antiquísimo, frecuente desde el *Roland*, y de ahí pasó a los demás romances y a otros idiomas; sólo oc. ant. *galaupar* es autóctono, y aun esta forma es sólo hapax del *Fierabrás* occitano, predominando el galicismo *galopar* ya en el occitano medieval. Que la *g-* francesa proviene de una *w-* germánica está probado no sólo por la forma *waloper* de la *Geste as Loherains*, sino también por el neerl. med. *waloppen* o *walopperen*, que, aunque sean galicismos, fueron tomados, en fecha antigua, de los dialectos franceses orientales, que conservaban intacta la *w-* germánica.

Este pormenor obliga a descartar la antigua etimología *GAHLAUPAN (derivado de HLAUPAN 'correr'), sostenida por Diez y otros. Ya Grammont, *Bull. de la Soc. de Ling. de Paris,* XII, n.º 53 (1903), p. CV, propuso por lo tanto WALA HLAUPAN³; Herzog, *Bausteine Mussafia*, 485, propuso más tarde por su cuenta la misma etimología, y en general ha obtenido el asentimiento de sus sucesores. Sperber, *Uppsala Universitets Årsskrift*, 1910, 152, formuló la objeción de que WALA HLAUPAN significaría 'correr bien', y no hay noticia de que esta combinación existiera en lengua germánica alguna con aplicación al galope ni siquiera como una locución fija de significado especial (hay, p. ej., un caso en a. alem. medio, pero los dos elementos conservan su sentido independiente); de ahí que Sperber quisiera partir de la locución WALA UPP, equivalente fráncico del alem.

wohlauf, aproximadamente '¡ea, vamos!' en castellano, interjección voceada por el jefe de la caballería, la cual se convertiría a la larga en el nombre mismo del galope, pero son muy poco verosímiles semejante cambio de categoría gramatical y la formación de un derivado verbal a base de una interjección; por lo demás, la etimología de Sperber adolece del mismo defecto que reprocha a la otra, de no estar documentada con referencia precisa al galope.

Frings, *ZRPh.* LVI, 189-90, apoya la etimología WALA HLAUPAN con su conocimiento de germanista especializado[4], sugiriendo qué se trate en realidad del sentido 'saltar' que tendría el fráncico *HLAUPAN, como sus congéneres el neerl. ant. (y medio) *loupon,* ags. *hlêapan,* ingl. *leap,* y no del de 'correr' que tiene el mismo vocablo en alemán (*laufen,* a. alem. ant. *hlauffan*). Efectivamente, el galope se «ejecuta como a brincos» (*Aut.*), «consiste en una serie de saltos sobre el cuarto trasero» (Acad.). Ahora bien, el rey franco Carlos Martel fué el creador de la caballería como arma militar en su forma medieval típica. El empleo de WELA 'bien' parece aludir a la correcta ejecución del salto, que parece ser lo esencial de un buen galope, circunstancia a la cual parece aludir asimismo la denominación del galope como *cursus rotundus* 'carrera redonda, rotunda', tal como se halla en glosarios neerlandeses-latinos de la Edad Media. La reducción de las dos sílabas consecutivas análogas WELA HLAUPAN a WALAUPARE es un fenómeno de haplología. El vocablo se romanizó cuando ya estaba consumada la alteración romance de las sordas intervocálicas, en palabras como SAPERE > fr. *savoir* o PAUPERUM >. fr. ant. *povre,* y por lo tanto la -P- en nuestro germanismo ya no sufrió modificación.

DERIV. *Galopear* [1570, C. de las Casas; Covarr.; Oudin; como forma básica en *Aut.*][5] o *galopar* [1651, Esquilache], dada la aparición tardía y la vacilación entre las dos formas, no se tomaría directamente del fr. *galoper,* más bien debió de formarse en español como derivado de *galope.* *Galopeado; galopeo* ant. *Galopante; galopada. Galopín* [Quevedo, vid. Fcha.; h. 1665, Fernández de Navarrete], 'pinche de cocina'[6], 'paje de escoba en los navíos', 'muchacho sucio y desharrapado', del fr. *galopin* [h. 1400, y como apodo con valor de nombre propio ya S. XIII] 'muchacho a quien se manda a llevar recados', 'por lo mucho que ha de correr de una parte a otra, después 'golfillo'; de ahí el derivado regresivo *galopo* [1734], que según *Aut.* era nombre dado en Alcalá a los mozuelos que andan haciendo recados para sustentarse (de ahí val. *guilopo* 'pícaro, ruin, taimado'[7],| *galopillo; galopinada. Galop* [Mesonero Romanos, † 1882; Acad. ya 1884], del fr. *galop* íd. (comp. arriba); se dijo también *la galopa,* V. ejs. españoles y americanos en Toro G., *BRAE* VIII, 495.

[1] «Ya exie de *galopo,* querie con él juñir», hablando de un caballero que se lanza al ataque.— [2] Cej. prefiere *galope* en su edición y supone que sea el nombre de una danza, pensando en el uso del fr. *galop* en este sentido. Pero atribuir esta ac. al S. XIV es anacronismo manifiesto, si no me engaño: a juzgar por Littré (s. v. *galope*) era todavía uso reciente en Francia en 1830. Algunos han creído que *galipe* sea instrumento musical, de lo que tampoco hay pruebas. Me inclino a creer se trata del oc. ant. *garip,* nombre de una composición musical. De todos modos, ha de ser *galipe,* «lectio difficilior», la correcta, según la conocida norma de la filología clásica. El escriba de *T* sustituyó la palabra rara *galipe* por la conocida y usual *galope,* sin preocuparse del sentido.— [3] Este artículo no está a mi alcance. Es lástima, porque ninguno de los etimologistas posteriores parece conocer directamente la opinión del genial fonetista.— [4] La forma del adverbio en fráncico pudo ser WALA, según prueba Frings, más bien que WOLA, como había supuesto Gamillscheg, *R. G.* I, p. 243. De todos modos, aunque fuese WOLA, o más bien WËLA (como dejan suponer la mayor parte de las lenguas germánicas), la haplología en *WAHLAUPAN sería posible, pues no hace falta identidad de las vocales para que se produzca este fenómeno.— [5] Esta forma es hoy menos usual en España que la otra; no así en el Río de la Plata: *galopiado* 'experimentado', 'gato viejo', F. Silva Valdés, *La Prensa,* 23-VIII-1942.— [6] De ahí (quizá reducción de *galopiar*) gall. santiagués *galopar* 'hurtar' (Sarm. *CaG.* 121v). Cf. el fenómeno semántico estudiado en *ACOQUINAR.—* [7] Desdevizes du Désert, *RH* XXII, 421, cita la forma *quelopo* 'canalla' como empleada en Cataluña en 1808. La *i* de *guilopo* se deberá a influjo del cat. *guilla* 'zorra', oc. ant. *guila* 'astucia', cuyo origen estudiaré en mi *DECat.* No parece estar en lo cierto Schuchardt, *ZRPh.* XXIX, 327n., al atribuir a *galopo* el mismo origen que *gallofo* 'mendigo', Guienne *galopo* 'agalla de roble', oc. *escalopo* 'cáscara externa de la nuez'. Ni M-L., *Hist. Gramm. d. frz. Spr.,* *Wortbildung,* p. 30, al creer que el fr. *galopin* provino del italiano; en sentido contrario, vid. Wartburg, *ZRPh.* XLII, 506. Más sobre *galopin* en Sainéan, *Sources Indig.* I, 297. De *galopo* quizá proceda el cespedosano *engalopitar* 'incitar, seducir' (*RFE* XV, 170), a no ser que venga más bien de *galpito,* con anaptixis.

Galopear, galopín, galopo, V. *galope*

GALOTA, del fr. *calotte* 'solideo', de origen incierto; como en la documentación más antigua designa el bonete distintivo de los judíos, es verosímil que venga del ár. *kallâuta* 'bonete de hombre', palabra muy antigua en el próximo Oriente, pero esta etimología presenta algunas dificultades. *1.ª doc.: galocha*, 1615, designando el bonete que lleva Don Quijote herido y guardando cama, II, xlviii, 179rº; *galota*, como ant., Acad. ya 1817.

Aut. sólo trae el artículo *galocha*, que define «birrete, solideo o becoquín con que se cubre la cabeza». No conozco más documentación castellana del vocablo. El port. *calota* es aún más moderno, pues sólo tiene acs. científicas de carácter traslaticio; del cat. *calota* no conozco documentación antigua, aunque por lo menos sus acs. figuradas, en Mallorca, tienen carácter popular ('capilla del pulpo', 'estuche que envuelve la espiga'). El it. *callotta* [Algarotti, † 1764, en Tommaseo] procede también del francés. En este idioma se halla ya en 1394, y presenta allí más arraigo que en parte alguna, pues de él se extrajo el derivado regresivo *cale* [S. XV], y hay muchas variaciones dialectales, seguramente todas secundarias, que pueden verse en Spitzer, *ZRPh.* XLIII, 340, y de las cuales la más antigua es *calette* [1379, en Du C., s. v. *calestre*]. Pero en el Sur de Francia el uso del vocablo parece ser más antiguo, pues si bien de oc. ant. *calota* sólo se cita ej. del *Floretus*, vocabulario conservado en mss. del S. XV, en bajo latín hallamos *calota* en los Estatutos de Aix, año 1259 (prohibición a los canónigos de llevar una *calota* de hilo), y en los de Marsella, que creo anteriores, se manda que todos los judíos, de siete años en adelante, lleven *calotam croceam*, es decir, 'amarilla'.

No creo posible separar *calota* del ár. *kallắuṭa* «capellus» en R. Martí (S. XIII), que también figura en el egipcio Makrizí (princ. S. XV) y en las *Mil y una Noches*, como prenda para cubrirse los hombres; en otros autores orientales figura *kalắfta*, variante que hace pensar en una pronunciación bizantina del mismo vocablo[1]; por otra parte, existe *klaụt* en copto, como nombre de un capuz de fraile, el vocablo tiene parentela en siríaco y quizá en otros idiomas del próximo Oriente, y de él debe proceder el lat. *calautica* 'especie de mitra atada con trencillas, que llevaban las mujeres distinguidas'; vid. Lagarde, *Göttinger Nachrichten*, 1886, 124-131 (que niega haya relación lingüística con el persa *kulâh*); Dozy, *Suppl.* II, 482a. Puesto que sabemos por R. Martí que *kallắuṭa* era usual en el árabe del Oriente hispánico en el S. XIII, es difícil negar la relación de este vocablo con la *calota* que llevaban los judíos marselleses por el mismo tiempo, y dado el antiguo arraigo en Oriente, se impone suponer que la palabra francesa venga del árabe. Sin embargo, es extraño que la forma occitana sea *calota* y no *calauta*, lo cual sugeriría el paso a través del catalán, idioma donde apenas lo hallamos. Convendría corroborar la etimología con una investigación histórica de los objetos en cuestión y buscar más documentación occitana y catalana.

Las demás etimologías son desde luego inferiores. Derivar del gr. χαλύπτρα 'especie de galota' (etimología sugerida dubitativamente por Schuchardt, *ZRPh.* XXV, 491, que más bien parece inclinarse por el ár. *kallắuṭa;* y aceptada por el *REW*, 1536, y Gamillscheg, *EWFS*, s. v.) no es posible, porque no se explicaría la pérdida de la *r*. Los puntos de apoyo que indica Spitzer, *ZRPh.* XLIII, 340, son meras posibilidades, las variantes que cita son todas modernas e indudablemente secundarias, y partir en definitiva de los términos náuticos *cale* 'abrigo' o *caler* 'calar (redes)', 'calarse la gorra' es inverosímil por razones semánticas y otras; todavía lo es más partir de variantes recientes del fr. *écale* 'cáscara de nuez', como proponen el mismo Spitzer y Sainéan, *Sources Indig.* II, 239; I, 146.

[1] Hoy se halla *kalúṭa* en el árabe magrebí, pero es forma sospechosa de origen francés o europeo. Vid. Simonet, s. v. *callauta*.

Galpito, V. *gallo*

GALPÓN, 'cobertizo', 'barracón de construcción ligera, por lo general sin paredes', sudamer., probablemente del náhuatl *kalpúlli* 'casa o sala grande'. *1.ª doc.:* h. 1550, Fernández de Oviedo.

Lenz, *Dicc.*, 343-4; Friederici, *Am. Wb.*, 256-7. No figura en los diccionarios de aztequismos de Robelo ni Mendoza, ni en el de seudo-aztequismos del primero. Darío Rubio niega el origen náhuatl, fundándose en que no es palabra conocida en Méjico y en que el idioma azteca no posee la letra *g*; en 1944 Ángel Rosenblat me comunicó su autorizada opinión, también contraria a este origen. Tiene fuerza en este sentido el hecho de que el vocablo sea hoy desconocido en Méjico y América Central, y sólo se emplee desde Colombia (allí 'tejar, adobería, alfarería') hacia el Sur; sin embargo, es muy concebible que el vocablo se olvidara después en estas tierras, como admite Lenz. La documentación allegada por este autor y Friederici en favor de *kalpúlli* tiene verdadero peso: pocas dudas puede dejarnos. Oviedo emplea *galpón* con referencia a las grandes salas del palacio de Moctezuma, es decir, precisamente en el sentido en que Molina (1570) recoge el náh. *calpulli;* el peruano Garcilaso de la Vega, en 1602, emplea la forma *galpol*[1] 'casa grande donde habitan varias familias' (también *galpón* en la ed. de la *Bibl. de Cult. Per.*, p. 56); sin embargo, en tiempo de Oviedo todavía no se había extendido el vocablo hasta el Perú, pues este autor nos advierte que allí al galpón llaman *guaçin* (es decir, quich. *wasi* 'casa'). Luego parece ser palabra viajera, extendida por los conquistadores españoles. El argumento de la *g*- carece de valor, pues no es raro que una *c*- inicial se cambie en esta letra, como ocurrió en toda América con *GARÚA*, y en Méjico mismo con *gachupín;* también parece ser de origen centro o norteamericano *cutara* 'sandalia', que justamente Oviedo altera en *gutara.* En cuanto al cambio de -*úlli* (pronúnciese con *l* dental doble) en -*ol,* es normal, recuérdese *guacamol ∼ guacamole, atole* y tantos aztequismos; en *galpol > galpón* hubo cambio de sufijo provocado por la disimilación. Más datos pueden verse en Toro G., *BRAE* X, 562. En Guatemala y Honduras se ha conservado una variante *calpul,* de origen evidente, allí en el sentido 'reunión, conciliábulo', aquí en el de 'montículo que señala los antiguos pueblos aborígenes'. Nótese también que en lugar de las acs. rioplatenses 'tinglado', 'barracón', de aspecto realmente moderno y muy alejadas del *kalpúlli* azteca, en otros países más conservadores tenemos sentidos más rústicos y no tan remotos: en Colombia, en general, es un tejar o cobertizo para la fabricación de adobes, pero me informa el Prof. Fdo. Ant. Martínez de que en el Valle del Cauca designaba hasta hace poco una sala interior de un edificio en la cual se almacenaban los productos de otra vieja industria local.

¹ Citada por Friederici de la ed. de Madrid, 1723, *Comentarios Reales,* 245-6.

Galucia, galusa, V. *gallofa*   *Galupa,* V. *chalupa*

GALVANISMO, derivado culto del nombre de Galvani, físico italiano del S. XIX, que describió por primera vez este fenómeno. *1.ª doc.:* Acad. ya 1843 (escrito *galbanismo*), no 1817.

DERIV. *Galvánico* [Acad. íd.]. *Galvanizar; galvanización.*

CPT. *Galvanómetro. Galvanoplastia,* o abreviadamente *galvano; galvanoplástico, -plástica.*

Galla, V. *agalla* I·   *Galla, galladura, gallar,* V. *gallo*   *Gállara,* V. *agalla* I   *Gallarda, gallardete,* V. *gallardo*

GALLARDO, del fr. *gaillard* u oc. ant. *galhart* 'vigoroso, valiente', de origen incierto, quizá palabra popular y afectiva, quizá tomada, por el francés preliterario, del británico antiguo *gualart* 'dominador' de donde 'arrogante, gallardo'; si bien queda alguna duda entre esta etimología o mirarla como derivado del vocablo *galh, gaha, galhon,* que se halla hoy en hablas occitanas con los sentidos 'brote, retoño', 'agalla de roble', 'glándula', y procede del lat. vg. **GALLĔUS* 'semejante a la agalla' (de donde viene también el cast. *GAJO*), entonces con un sentido primitivo de 'retoñante, lozano, vivaz'. *1.ª doc.:* Nebr., «*loçano, gallardo:* lascivus, elegans» (olvidado en el orden alfabético).

Falta en APal., en los glosarios de h. 1400 y en muchos autores medievales de los que existe glosario (*Canc.* de Baena, etc.). Es posible que haya ejs. anteriores a Nebrija, pero el vocablo desde luego es poco antiguo en castellano, pues en la Edad Media es general el uso de *LOZANO.* En el S. XVI es ya frecuente (F. de Herrera, *RFE* XL, 133; C. de las Casas, y muchos autores clásicos en *Aut.*). En portugués se halla ya en la Edad Media, pues C. Michaëlis, en su glosario del *Cancionero de Ajuda,* cita ejs. de *galhardia* en esta colección poética y en el *Cancionero de la Vaticana;* nada tiene ello de sorprendente en vista del gran influjo occitano en la poesía gallegoportuguesa. En catalán se halla *gallard* por lo menos desde el S. XIV (p. ej. Eiximenis, *Terç del Crestià,* h. 1385, *N. Cl.* VI, 115)¹. El it. *gagliardo* sale ya en Boccaccio.

Sin embargo, en todos estos idiomas es menos antiguo que en Francia, donde ya aparece en el Norte desde el *Roland,* y en el Sur por lo menos desde la 2.ª mitad del S. XII (Peire d'Alvernhe, Bertran de Born, Guiraut de Bornelh, Raimbaut de Vaqueiras), y aun en la 1.ª mitad, puesto que un *Ramón Gualgard* (entiéndase *gwalárd*), seguramente occitano, figura ya en doc. arag. fronterizo (Somport) del a. 1147 (M. P., *Oríg.,* 58). Por otra parte, el sufijo -*ard* sólo es antiguo en francés y en lengua de Oc; de suerte que puede asegurarse que el vocablo es en todas partes préstamo galorrománico.

Del origen poco se puede asegurar. Interesa la aparición coincidente de formas en *gwa-* en muchas partes: piam. ant. *goagliardo,* abr. *guajarde* (Salvioni, *Rom.* XXVIII, 97), sic. *guagghiardu* 'robusto, fuerte' y *gwalárdu* «presto»² (Rohlfs, *ARom.* IX, 165), bearn. *goalhard,* Gers *gouaillard* (Cénac-Moncaut), Landas íd. «fort, vigoureux» (Métivier, *Agric. des Landes,* p. 728), gasc. ant. *goalhard* ya en Pei de Garròs, a. 1567 (*Mélanges Chabaneau,* p. 293), la citada grafía *gualgard* de 1147³. Dudo mucho que todas estas formas se deban a una ultracorrección coincidente por casualidad en territorios tan diferentes, como sugiere Wartburg; de todos modos no se puede asegurar tampoco que éste sea indicio seguro de una etimología en *w-,* pues es muy fácil que en el francés y occitano preliterarios el vocablo sufriera el influjo de *galer* (fr. orient. ant. *waler*) 'divertirse, hacer jolgorio', con el cual estaba semánticamente emparentado; al pasar el vocablo a Italia y a Gascuña lo haría con esta pronunciación primitiva. Bloch se inclina a creer que *gaillard* viene del mismo radical de *galant,* es decir, precisamente de *galer,* pero esto es sumamente difícil por razones morfológicas, pues claro está que de este verbo sólo podía salir **galard,* y es imposible suponer que *gaillard* sea contracción romance de **galiard* (en el cual tampoco se explicaría la *i,* de todos modos)⁴.

Lo menos arriesgado es admitir que *gaillard* es derivado del tipo galorrománico **GALLĔUS* (*FEW* IV, 35-36), como certeramente sugirió M-L. (*REW* 3657), al cual pertenecen según Wartburg: a)

La Teste *gaill* «plein de sève, vivace», Agén *re-gaillero* «forte envie, ragaillardissement»[5], b) gasc. *galhoun* 'germen, retoño', muy extendido en la zona pirenaica, c) prov. *galho* 'glándula, amígdalas, etc.' (comp., sin embargo, aquí AGALLA), y demás formas que pueden verse en buen número en el citado diccionario; carece por lo tanto de fundamento la objeción que Wartburg opone a esta etimología por la ausencia del vocablo en galorrománico, y semánticamente es muy fácil llegar a 'vigoroso', lo mismo desde 'brote, retoño' (de donde 'fronda', 'vitalidad') que desde 'agalla' (por 'agalludo, que tiene arrestos'); comp. RETOZAR. La conservación de la G³- en francés podría explicarse —teniendo en cuenta que el tipo *GALLĔUS está hoy casi del todo restringido al Sur de Francia— por un préstamo occitano en francés, contra lo cual el argumento estilístico de Wartburg (presencia del vocablo en la épica, pero no en el *roman courtois*, y por lo tanto popularidad del vocablo) me parece discutible mientras no se haya procedido a un estudio monográfico del uso de *gaillard* en francés arcaico; en un vocablo de sentido frecuentemente amoroso y erótico, un provenzalismo temprano sería posible en francés (comp. GAYO, y *fade*, s. v. ENFADAR); por lo demás, el occitanismo no es indispensable pues podría mirarse la conservación de la G³- como debida a disimilación (según admite el propio Wartburg para su etimología céltica), y hoy el tipo *GALLĔUS se extiende hasta Saboya y Borgoña, lo que podría ser resto de una antigua área septentrional más extendida.

El étimo propuesto por Diez (*Wb.* 151) y admitido por Gamillscheg (*EWFS*), Brüch (*ZRPh.* LI, 468-71) y Wartburg (*FEW* IV, 30-31), céltico *GALIA 'fuerza'—deducido del irl. *gal* 'valentía', bret. ant. *gal* 'potencia' (con el cual no tendría que ver el galés, córn. y bret. med. *gallaf* 'yo puedo'; Thurneysen, *Keltorom.* 61), voz antigua, procedente de los Urnenfelder: Pokorny, *ZCPh.* XX, 514—, me parece rechazable desde un punto de vista metódico. No se puede, en efecto, admitir un derivado puramente romance (y tan poco antiguo, relativamente, como lo son las formaciones en -*ard*) de un sustantivo céltico no documentado en romance.

Hay en cambio otra etimología céltica que es imposible rechazar sólidamente, por más que reconozcamos que es idea audaz y arriesgada. Lo más extraño quizás es que hasta ahora no se le haya, por lo visto, ocurrido a nadie. No se trataría, en verdad, de una palabra heredada del galo por las lenguas galorrománicas, sino trasmitida al francés por el britónico antiguo, en su período arcaico, en la época merovingia o carlovingia, quizá cuando los invasores bretones se trasladaron a Francia escapando a la presión anglosajona en Gran Bretaña: el período comprendido desde el S. V hasta el X. Empleaban ellos entonces la palabra *gu̯alart* o

walart en el sentido de 'dominador, dominante', 'gobernante', 'soberano', forma que resulta de una trasposición en el grupo consonántico final de la forma *gwaladr* también conservada en el ky. medieval, pero justamente lo documentado en fecha más antigua es la forma de consonantismo traspuesto —y ello lo mismo en Gales que en Bretaña—, en el nombre de persona compuesto ky. ant. *Cat-gualart*, bret. ant. *Cat-uualart*, propiamente 'dominante en el combate'.

Ahora bien, en las inscripciones galas aparece un compuesto análogo, aunque sin el sufijo: KATO-VALOS en una de Nimes (*CIL* XII, 383: Horst Schmidt, 168; Holder I, 848, III 1166); de ahí un topónimo renano-céltico *Catualium* (o mutilado *Catual-* en inscripciones renanas (vid. Schmidt) y sus correspondencias irl. ant. *Cathal*, ky. *Catwal*. *Gwaladr*, -*art*, es un derivado normal de la vasta familia céltica U̯AL- 'dominar', 'ser fuerte', hermana del lat. *ualere*, balto-esl. U̯ALD- (lit. *valdẽti*, paleosl. y esl. com. *vlasti*), gót. *waldan* (alem. *walten*) 'ser fuerte', toc. *walo* 'rey'; en céltico: irl. ant. *fal-n-* 'dominar', *flaith* 'dominio'[6], ky. y córn. ant. *gwlad* (*gulat*) íd.[7], bret. med. y mod. *gl(o)at* 'poder', 'tierra', ky. med. *gwledyd* 'tierras', *gwletic* y galo *Vlatos* 'dominador', celto-sorotáptico *vlate* (imperativo) 'gobernad, dirigid'[8].

Suponiendo que este vocablo fuera trasmitido por los antiguos britónicos al francés preliterario, comprendemos bien que al pasar, desde la boca de jefes y guerreros tan pujantes como fueron los invasores bretones de Armórica y los defensores celtas de Gran Bretaña, contra los anglosajones, el vocablo tomase en romance la ac. 'gallardo, arrogante, etc.'; sabemos perfectamente que ya antes de los desembarcos bretones en Bretaña desde el año 460, hubo además relaciones activísimas y continuas entre las dos costas del Canal, vid. Jullian, *Histoire de la Gaule* II, 1908, 227-228; y luego J. Loth, *L'émigration bretonne en Armorique du Ve. au VIIe siècle de notra ère*, 1883. Siguieron luego guerras prolongadas en el Noroeste de Francia entre los hombres del duque bretón y los francogalorromanos, hasta que se llegó a una paz más o menos duradera, cediéndoles un amplio territorio: el curso de estas guerras ofrecía ya bastante ocasión para que se trasmitieran terminachos militares, etc.

De admitir esta etimología desaparecería la extrañeza que causaba, y que he puesto de relieve en un párrafo anterior, la aparición de formas romances en *gu-* casi en todas partes y desde fecha muy antigua: éstas serían entonces la supervivencia de la única forma básica en lo fonético. Y quedaría una sola objeción fonética, la *l* palatal. Es un pormenor único, aunque reconozco que es grave. ¿Se trataría del resultado de una contaminación? Nada más fácil que admitir que si la etimología puramente romance *GALLEUS, que provisionalmente he admitido más arriba, no es el étimo último y verdadero, sea sin embargo el agente de esta contaminación. Y también tenemos base para sospechar que la -L- britónica tenía en aquella época un matiz en general menos velar y más agudo que la L galorrománica: puesto que en todos los dialectos galorrománicos, en grado mayor o menor, a veces radical, a veces parcial, las L implosivas se han cambiado en u̯ o tienen un matiz alveolo-velar (en Auvernia y otras partes participa de este cambio incluso la -L- intervocálica), mientras que las lenguas britónicas no han alterado su L en esta forma; como suele ocurrir en los préstamos entre lenguas heterogéneas y de fonética bien diferente, ese tipo de divergencias se exagera en los préstamos, y al tratar de imitar la pronunciación que oían, los galorromanos pudieron extremar la diferencia cambiando esta -L- en u̯.

Me siento casi decidido a admitir ésta como la etimología verdadera. Si no lo hago todavía sin vacilación, es por este escrúpulo fonético, combinado con la rareza del caso de un préstamo desde el britónico (y ya no el galo) al romance del Norte de Francia (V. sin embargo palabras tan importantes como *GALERNA*, *SÁBALO*, etc., que desde esta procedencia, y por conducto del francés del Norte han pasado a la lengua de Oc y a las demás romances). Convendrá pensar el pro y el contra de la idea, al menos, por un tiempo más largo.

Deriv. *Gallarda* 'especie de danza airosa' [h. 1570, E. de Salazar; otros ejs. en Fcha.], existente también en italiano (*ballare alla gagliarda* está ya en el Boiardo, a fines del S. XV), vid. Terlingen, 155-6, pero no está averiguado en qué idioma se produjo la sustantivación, quizá ya en francés [S. XV: *FEW*]. *Gallardear* [1615, *Quijote*]. *Gallardía* [1570, C. de las Casas]. *Gallardete* [1570, C. de las Casas], de oc. ant. *galhardet* 'banderola de adorno'[9]; *gallardetón*.

[1] En Mallorca se pronuncia *gaiard* (p. ej. Moll, *Amoroses*, 74, 103), como corresponde a la representación mallorquina del nexo -L̯J-, lo cual confirma la gran antigüedad del vocablo en la isla.— [2] Ac. que no es ajena al catalán antiguo; *tot gallart* 'en seguida': «de mantinent va-los degollar, he a una concha reullí tota la sanch; he cant assò ach fet, va·ls cobrir *tot gallart* al llit ab la roba matexa, axí com si fossen vius», *Amic e Melis* (h. 1400, o poco anterior), N. Cl. XLVIII, 140. Se comprende con facilidad el paso de 'vigorosamente' a 'rápidamente'.— [3] La grafía *gualard* es también frecuente en catalán antiguo (p. ej. *Senescal d'Egipte*, N. Cl. XLVIII, 149), pero su valor es dudoso, en vista de grafías como *guat*, *reguar*, que se hallan tantas veces en textos medievales catalanes.— [4] El único recurso sería suponer que *gaillard* nació a manera de nombre propio o apodo, aunque de significado conocido (de donde después el apelativo) y que se formara ya en boca de germano-

parlantes, en fecha muy antigua, un *WALLIHARD* 'el que bulle o se agita fuertemente', con -I- de unión entre los dos radicales WALL- y HARD. Pero es hipótesis bastante audaz, que sólo podría apoyarse en un estudio a fondo de la más antigua onomástica germánica de Francia; y se debería empezar por la prueba de que en semejantes casos los dos elementos se unían con vocal -I-, de lo cual no es testigo suficiente el caso de WILLIHELM (> fr. *Guillaume*, oc. *Guilhem*), pues aquí se trata de un antiguo WILJA (a. alem. ant. *willio*, gót. *wilja* 'voluntad'). En principio no me siento opuesto a semejantes generalizaciones de antiguas formaciones onomásticas, como dejé sentado s. v. *BARRAGÁN*; en rigor, el caso del fr. ant. *estandart* < fránc. STANDHARD podría ser del mismo tipo, y téngase bien presente que todos los adjetivos franceses en -*ard* debieron hallarse inicialmente en la misma zona fronteriza entre el apodo y el apelativo.— [5] En cuanto a *gouaillè*, -*ero* «plaisant, discoureur, agréable, moqueur, rieur», que aparece en el poeta gascón Dastròs (S. XVII), según Cénac-Moncaut, sería tentador derivarlo de ahí, con el mismo *gw-* secundario que en *gouaillart*, pero claro está que no puede separarse del fr. jergal *gouailler* 'burlarse groseramente', de suerte que la idea podría sólo defenderse si este último vocablo fuese gasconismo del argot.— [6] Thurneysen, *Handbuch d. Altirischen*, §§ 30, 89, 214.— [7] *Gulát* glosa el lat. *regia* (*caeli*), en las glosas a Juvenco, que J. Loth *Vocab. Vieux-Breton*, p. 141, traduce «royauté, principauté, pays», y considera escritas en el País de Gales, hacia fines del siglo IX; otros han creído que son córnicas.— [8] Corominas, *Les Plombs sorothaptiques d'Arles*, ZRPh. 1975, cuad. 1, §11. En cuanto a *gwalart* ∼ *gwaladr* en particular parece que hay una leve divergencia en la interpretación morfológico-semántica entre los especialistas; aunque todos coinciden en partir de la base U̯ALA-TRO-, Pedersen, *Vgl. Gr. d. Kelt. Spr.* § 390.2b, cree que el vocablo significó primeramente 'dominio', pasando luego desde este sentido abstracto al personal 'hombre dominante' (cf. irl. ant. *flaith*, que reúne también los dos significados), mientras que de Pokorny, *IEW* 1112.10, al ver que postula como base protocéltica *VALATROS, masculino, sacamos la impresión de que piensa más bien en una formación personal desde el comienzo. Para nosotros lo mismo da.— [9] Esta etimología no está probada concluyentemente. En occitano medieval no hay más que un ej. (hoy *gaiardet*, Mistral), en catalán *gallaret* ha sido empleado (por Verdaguer y otros) con el mismo valor, val. *gargallets* 'banderitas que cuelgan en las fiestas de las calles' (Sanelo). Cabría pensar en un derivado del cat. *gall* 'señal de una nasa sumergida, consistente en un corcho flotante provisto de una banderola', que a su vez puede ir con el it. *gallare* 'flotar' (de GALLA 'agalla de roble') o con el cat. ant. *gaiatell* (lo mismo que *gall*), it. *gavitello*. Más tarde *gallaret* habría sufrido el influjo de *gallardo*, de donde cat. *gallardet* [1510]. Aplazo el problema hasta mi DECat. G. Colón, *Occitanismos en Enc. Ling. Hisp.* II, cree que hay transmisión u origen catalán.

Gallareta, gallarín, V. gallo   Gallarofa, V. farfolla   Gallarón, V. gallo

GALLARUZA, 'vestido de gente montañesa, con capucha para defender la cabeza del frío y de las aguas', origen incierto. *1.ª doc:* 1605, *La Pícara Justina,* ed. Puyol I, 77.

«Yo mostraré como soy pícara desde labinicio [o labinición], como dicen los de las *gallaruças*», se lee en esta novela, y *Aut.* explica que *gente de gallaruza* vale lo mismo que 'gente rústica', idea aplicable aquí a causa del barbarismo *labinicio* < *el abinicio* (= lat. *ab initio* 'desde el principio'); Puyol cita del Maestro Correas: «a los de las *gallarruzas*: esto es a los rústicos; no crean con eso que lo entiendo» (¿léase *que no lo entiendo?*). Análogamente en el *Entremés del Vizcaíno Fingido* de Cervantes: «al perro viejo nunca tus tus, estas tretas con los de las *galleruzas*, y con este perro a otro huesso» (ed. Schevill-Bonilla, p. 99). En Rojas Zorrilla, *Del Rey abajo ninguno* (*Cl. C.*, p. 90), un rústico, Bras, a quien ofrecen una recompensa, pregunta si tendrá *polainas y galleruza.* Oudin define la misma forma con e, *galleruça* «la coquille ou couvrechef des villageoises, qui est plat sur la teste». Quizá se apoya en esta definición, no confirmada por los textos, la etimología de la Acad., lat. *galērus* (no *galēra*) 'bonete de piel con su pelaje', 'gorra'; pero es idea inverosímil, pues no explica la -*ll*- y no sabemos que el simple *galero* haya existido en castellano; por lo demás, este vocablo latino no ha dejado descendencia romance. El vocablo existe también en catalán: Ag. cita un ej. del S. XIX[1], Griera define *gallerussa* como 'capote con capucho' y 'especie de pasamontañas'; Joaquín Ruyra lo empleó en el sentido de traje o gorra de peregrino: «una figura plàcida de pelegrí... vestida amb un hàbit burell, duia conculles a la valona i a la *gallarussa*» (*La Parada,* p. 142). ¿Será derivado de GALLUS en el sentido de 'francés que iba en romería a Compostela' > 'romero'? Comp. GALLOFA. Habría que suponer un primer derivado *gallera*, y de ahí *galleruza* > *gallaruza.* Semánticamente se podría comparar el fr. *pélerine* 'esclavina'.

¹ Pero ya está en el dicc. de Lacavalleria, fin del S. XVII.

Gallear, galleo, gallera, gallería, V. gallo   Galleruza, V. gallaruza

GALLETA I, 'bizcocho de barco', 'bizcocho de postre', del fr. *galette* íd., derivado de *galet* 'guijarro, canto rodado', por la forma plana de la galleta; *galet* es diminutivo del fr. ant. *gal* íd., forma normando-picarda que parece ser de origen céltico. *1.ª doc.:* 1.ª ac., Terr. (gall., 1755, Sarm. *CaG.* 206r); 2.ª ac., Pardo Bazán, ej. en Pagés (1901), Acad. 1925 o 1936.

En francés, la 2.ª ac. aparece desde el S. XIII y la 1.ª desde 1636. *FEW* IV, 43. Pasó también al it. *galetta,* cat. *galeta.* Al entrar en castellano el vocablo tomó una -*ll*-, por influjo de GALLETA II, y según el modelo de los muchos casos en que -*ll*- castellana corresponde a una -*l*- francesa. Es probable que el fr. *gal,* sin correspondencia en otros romances, proceda de un céltico *GALLOS, aunque el apoyo que puede hallarse para esta etimología en el céltico insular es débil (irl. ant. *gall* 'pilar de piedra, pedestal', sólo en glosas). Fonéticamente no hay objeción contra sacar el fr. *galet* de *GALLOS: es forma oriunda de la región normando-picarda, junto a la cual existió antes la genuinamente «franciense» *jalet* («la teste as bue dure qu'un *jalet»*, *Débat du Cuer et du Corps* de Villon, v. 25). Gamillscheg, *EWFS,* s. v., propone una etimología escandinava *valr* 'redondo', que presenta más dificultades (la *v*- escandinava suele dar *v*- en francés). Para la ac. figurada 'bofetón', en América y en España, vid. Toro G., *BRAE* VII, 458.

DERIV. Galletero. Galletería.

GALLETA II, 'vasija pequeña con un caño torcido para verter el líquido que contiene', palabra hermana del cat. *galleda* 'cubo', fr. ant. y dial. *jalaie* 'medida para líquidos', 'cubo', engad. *gialaida,* lomb. *galeda,* it. merid. *gaḍḍetta,* rum. *gãleatã* 'cubo, especialmente para leche', antigua voz romance que pasó también a las lenguas germánicas y eslavas, de origen desconocido. *1.ª doc.:* doc. de 1062-63, zona de Boltaña, Alto Aragón, *Homen. a M. P.* II, 101 (*galleta de bino*).

Aut. define en la forma arriba transcrita, notando que se emplea en algunas órdenes religiosas para echar el vino en el refectorio. Hoy es vivo principalmente en Aragón, en el sentido de 'cubo', sobre todo el empleado para la limpieza doméstica, p. ej. en Caspe (*BDC* XXIV, 171) y en Fonz (*ZRPh.* XLV, 236). La mayor parte de los testimonios medievales se refieren a esta misma zona: docs. de San Juan de la Peña de 1065 y 1081 (Oelschl.), doc. de la Rioja Baja de 1289 (M. P., D. L. 130.36), Fueros aragoneses de h. 1300 (*galleta de vino,* Tilander, § 137.4), inventarios de 1373, 1380 y 1402 (*BRAE* IV, 345; 350; «una *galleta* de fust, viella», ibid. III, 360). Además vco. *gaileta* «acetre, seau» (guip., vizc.), «herrada pequeña» (guip. y vizc. E.), «cubo de molino» (en Oñate, entre Vizcaya y Guipúzcoa).

'Jarra de cobre para repartir vino' en la Alberca

(Salamanca), *RDTP* VIII, 158. Hay algún ej. de Castilla[1], adonde parece haber pasado, como vocablo conventual, en el sentido indicado por *Aut.*: en J. Ruiz se lee que los conventos de frailes «tienen grand la *galleta* e chica la campana», es decir, beben mucho y descuidan la oración (1251*d*, comp. el proverbio «el fraile cucarro, deja la misa y vase al jarro»); está una vez en el *Canc.* de Baena (W. Schmid); APal., 174*d*, 232*d*, 515*d*; en la 2.ª parte, anónima, del *Lazarillo* se habla de una persona que, para hacerse bien ver, anda siempre acompañada «de una buena *galleta* de unos buenos frutos» (Rivad. III, 91); más tarde es el «jarro de palo en que sirven el vino a la mesa de la nao», G. de Palacio, 1587, 144v°; pasó a la Arg. en el sentido de 'calabaza chata, redonda y sin asa, para tomar el mate amargo' (Tiscornia, *M. Fierro coment.*, p. 439; A. Ghiraldo, *La Prensa*, 29-XI-1942). El port. *galheta* parece ser palabra reciente (ya Moraes), de origen castellano, a juzgar por su *lh*.

El cat. *galleda* 'cubo de uso doméstico, etc.' es palabra de uso general en el Principado; hoy tiene bastante extensión la variante *galleta*, muy generalizada en el dialecto occidental (Pallars, Andorra, Fraga, Borjas Blancas) y en Tarragona[2], pero en el Alto Pallars es palabra tenida por forastera, introducida en lugar del antiguo *farrat* (anotado así en Farrera, Àreu y Estaon), luego es posible que sea forma de procedencia aragonesa[3]; no puede sospecharse lo mismo del cat. orient. *galleda*, arraigado desde antiguo en el idioma y documentado ya en el S. XII (Ag.). En Francia, *jalaie* y sus sucesores modernos son exclusivos de la lengua de Oïl, hoy extendidos sobre todo en los dialectos del NE., S. y SO (*FEW* IV, 35). El vocablo reaparece en Engadina y la Sobreselva, en Istria, la Lombardía, y en todo el Sur de la península italiana, desde los Abruzos hasta Pulla y Calabria; para detalles acerca de las formas italianas, vid. Rohlfs, *EWUG*, n.° 418; Jud, *BDR* III, 77n. Desde Istria el vocablo pasaría al croato costeño *gòlida* 'recipiente de madera para ordeñar o para dar de beber a las ovejas' (Skok, *ZRPh*. LIV, 204), y desde el rum *gǎleatǎ* 'cubo' al magiar y al polaco (Candrea, *Rom.* XXXI, 311-2). Más antiguo es en germánico, donde el alem. *gelte* (hoy vivo en el Sur y en Renania), a. alem. ant. *gellita*, supone una base *GALLĒTA, mientras que el ags. *gellet* responde a GALLĒTTA, diferencia explicable porque el alto alemán se mantuvo en contacto íntimo con el romance hasta más tarde que el anglosajón, cuando la pronunciación neolatina ya había sonorizado las sordas intervocálicas (Gamillscheg, *R. G.* I, p. 23).

En cuanto a las diversas formas romances, todas suponen una base fonética GALLĒTA, documentada ya en una glosa trasmitida por un manuscrito casinense del S. X («cratera, vas vi-narium», *CGL* V, 564.48); sólo la española y las del Sur de Italia (*galletta*, *gaḍḍetta*) parecen responder más bien a *GALLETTA, pero sólo en apariencia, pues en España la conservación de la -T- se explicará por aragonesismo y en el Sur de Italia por influjo secundario del sufijo diminutivo.

De donde venga este GALLĒTA se ignora del todo. Es inaceptable partir del lat. GALĒA 'casco', aunque éste aparezca alguna vez en el sentido de recipiente, pues las audaces combinaciones de Brüch (*ZRPh*. XXXVIII, 690; LI, 479-82; LV, 502-3) de ninguna manera logran explicar la terminación. Menos alejado formalmente quedaría el gr. γαυλίς, acusativo γαυλίδα, 'cubo de ordeñar' (Rohlfs; y ya Settegast, *RF* I, 246-7), y en rigor podría admitirse que el influjo de γάλα 'leche' lo convirtiera en *γαλίδα, cuya λ pudo duplicarse por un fenómeno de correspondencia fonética registrado en otros helenismos (V. *CALLAR*), pero todavía faltaría explicar la -T-, postulada claramente por la mayoría de los romances, y esto lleva a dudar de todo lo demás. El origen germánico defendido por Th. Braune (*ZRPh*. XLII, 147) es inverosímil y no lo aceptan los germanistas (Kluge, s. v. *gelte*). V. además *GALÓN* II.

[1] Oelschl. cita un masculino *4 galletos de vino*, en doc. de Cardeña de 1014.— [2] Krüger, *Hochpyr.* A, II, 327; *BDC* IV, 28; VI, 45; *BDLC* VI, 72.— [3] En el País Valenciano se emplea más bien *poal* PUTEALE.

Galletería, galletero, V. *galleta* I   *Gallillo*, V. *agalla* I   *Gallina, gallináceo, gallinaza, gallinazo, gallinejas, gallinería, gallinero*, V. *gallo*   *Gallineta*, V. *chocha* y *gallo*   *Gallino, gallinoso, gallipato, gallipava, gallipavo*, V. *gallo*   *Gallipuente*, V. *gajo*   *Gallizo*, V. *calle*

GALLO, del lat. GALLUS íd. *1.ª doc.*: Cid.

Documentación literaria de carácter paremiológico, en Lang, *MLN* II, 241-50. Para acs. secundarias, vid. *Aut.* y Acad.; añado algún dato suelto: significa 'flechilla, especie de pasto fuerte', en Lope, en Terr. y hoy en Colombia, vid. Toro G., *BRAE* VII, 623; 'manojo pequeño de espigas' en Cespedosa de Tormes (*RFE* XV, 259); 'muchacho' en Chile.

DERIV. *Gallístico. Gallito. Gallote. Galla* 'remolino en el pelo del caballo' [Acad. después de 1899] (¿por estar revuelto como una cresta?). *Galladura* [1734]. *Gallear* [1599, *G. de Alfarache*], algunas veces *gallar*; *galleo. Gallareta* [2.° cuarto del S. XVI, S. de Badajoz, Cej., *Voc.*; 1590, A. de Acosta; hoy muy vivo en la Arg.: Payró, *Pago Chico*, p. 98; Sabella, *Geogr. de Mendoza*, 141]; *gallarón* 'sisón' [*Alex.*, 2014]; comp. port. *galiões* en poesía portuguesa del 3.ʳ cuarto del S. XIII, *galeirões* en texto legal de la misma

época; C. Michaëlis, *ZRPh.* XX, 208]. *Gallarín*
'cuenta que se hace doblando un número en pro-
gresión geométrica', *salir algo al gallarín* 'con pérdida exorbitante' [princ. S. XV, *Crónica rimada
del Cid;* V. ejs. en el *Quijote* de Rz. Marín, ed. 5
1917, VI, 319]; según la Acad., de *gallo* 'cierto
paso en el juego del monte', entonces el sufijo
sería paralelo al de *gallareta, gallarón,* pero no
puede descartarse la posibilidad de que derive de
gállara (V. *AGALLA*), como supuso M. P., *Fest-* 10
gabe Mussafia, 399, aunque falta la explicación
semántica. *Gallero; gallera; gallería. Engallarse;
engallado* [*Aut.*]; *engallador, engalladura. Gallina*
[doc. de 1050, Oelschl.], del lat. GALLĪNA íd.;
gallináceo; gallinaza [Nebr.]; *gallinazo; gallinejas;* 15
gallinero [Nebr.], *gallinería; gallineta; gallino,* en
Andalucía y Murcia significa no sólo 'gallo al
que le faltan las cobijas de la cola', sino que
gallinos, empleado colectivamente, designa un conjunto de gallos, gallinas, pollos y polluelos; *ga-* 20
llinoso; gall. *galiñola* 'arcea, gallina de ríos' (Sarm.
CaG. 207r). Gall. septr. *galatos* «los bollos de una
masa con que en Deza ceban los capones» (Sarm.
CaG. 223r): sea porque se hubiera dado este nombre, dimin., al capón mismo, sea porque se emplea- 25
ran también para cebar gallos cuando no había
tantos capones, en épocas más pobres.
CPT. *Gallipato. Gallipavo* [1565, Illescas; *Quijote*]; *gallipava. Gallocresta* [APal.: «*duratio*, yerva que dizen *gallocresta*»; Nebr.], del lat. GALLI- 30
CRĪSTA, con influjo fonético de *gallo. Galpito* 'pollo débil y enfermizo' [Acad. ya 1843], síncopa
antigua de *gallopito, compuesto con *pito,* que
en Asturias significa 'pollo de gallina' y significaría primitivamente 'pequeño, desmedrado'. *Ga-* 35
licinio, tomado del lat. *gallĭcĭnĭum* 'acto de cantar
el gallo' (compuesto con *cănĕre* 'cantar').

GALLOFA, 'mendrugo o pan que se da como limosna', probablemente contiene el lat. *gallus* 'francés', por alusión a los peregrinos de Com- 40
postela, que en su mayoría eran de esta nacionalidad; es verosímil que se trate de una expresión
galli offa 'bocado del francés' creada en el latín
de los conventos medievales. *1.ª doc.*: J. Ruiz, 45
1206c.
Doña Cuaresma, al tomar el hábito de romero,
se provee de un zurrón para sus costados, «*gallofas* e bodigos lieva í condesados». En la *Danza
de la Muerte,* v. 616, la protagonista le dice al 50
santero o ermitaño: «çurron nin talegua non
podrés traer, / nin pedir *gallofas* como de primero». Según Fcha., la misma ac. 'mendrugo'
tiene en *Enrique fi de Oliva* (a. 1498), y en Sebastián de Horozco es 'alimento que distribuían 55
en las porterías de los conventos'; Cej., *Voc.,*
agrega el pasaje de Sánchez de Badajoz (2.º cuarto del S. XVI) «sí, voto a Dios, que coláis /
cuantas *gallofas* juntáis / por aquesos bodegones».
Hay además la ac. secundaria 'hortaliza que sirve 60

para ensaladas, menestras y otros usos', documentada por *Aut.* en Fernández de Navarrete
(h. 1665), pero el ej. «no hallando *gallofa* en las
huertas, recurrían a los campos y a las hierbas
sylvestres» muestra que se puede tratar al fin y 5
al cabo de la ac. corriente 'comida del pordiosero', y en todo caso estamos ante un sentido secundario y poco frecuente. Covarr se expresa en
los términos siguientes: «*gallofo,* el pobreton,
que sin tener enfermedad se anda holgaçan y 10
ocioso, acudiendo a las horas de comer a las
porterías de los conventos, adonde ordinariamente se hace caridad, y en especial a los peregrinos,
y porque por la mayor parte son franceses, que
pasan a Santiago de Galizia, y por otro nombre 15
se llaman *Gallos,* los dixeron *gallofos,* y *gallofa*
el pedaço de pan que les dan; también las llaman *galloferas,* y todo tiene una significación;
gallofear, andarse *a la gallofa:* y pudose dezir
gallofa, quasi *Galli offa,* mendrugo de pobre fran- 20
cés».
Esta etimología, aceptada aunque con cierta
cautela por Diez (*Wb.,* 150), fué rechazada por
Schuchardt (*ZRPh.* XXIX, 327n.), M-L. (*REW,*
4689) llegó hasta afirmar que no se podía tomar 25
en serio, y varios filólogos han seguido luego su
ejemplo. Sin embargo, si tenemos en cuenta que
la relación con los romeros está documentada
firmemente por el ej. más antiguo, y los que
siguen son lógicos desarrollos de la misma, y si 30
agregamos que la aplicación a los conventos es
entonces natural, y la corroboran algunos de los
testimonios citados, no hay gran dificultad en
admitir que los frailes medievales de España crearan la expresión *Galli offa*[1], que luego se hiciera 35
popular. En sus objeciones, algo mitigadas, contra
el étimo *galli offa,* otra vez adopta Spitzer (*MLN*
LXXI, 380-1) su actitud, a mi entender, demasiado
optimista frente a lo medieval y conventual: es
mostrarse exigente de veras tildar de poco caritativa 40
una denominación como 'el bocado del francés'. Es
perder de vista los momentos de cansancio y mal
humor que pasa inevitablemente quien se considera
destinado a un sacrificio constante unilateral, es olvidar los frailes legos y las almas vulgares, que no 45
podían escasear en los monasterios. Ramon Llull,
que era fraile y heroico, apasionadamente religioso
y hondamente medieval, nos pinta admirablemente
estas almas timoratas y de sentimientos pedestres,
aunque sinceramente caritativas y religiosas, en 50
las compañeras y superioras de la Sor Natana de
su Blanquerna, bello caso de humana pasión su-
blimada. Berceo nos habla de las almas mezqui-
nas que rodeaban al patrón de Silos y formaban
la mayoría en su convento. Sin duda eran los 55
Domingos y las Natanas los que iban a la cabeza
y daban la señal guiadora, pero los que forjaban
el lenguaje aceptado por el pueblo, si no eran el
lego glotón ni la tornera rezongona, eran por lo
menos otros miembros de la comunidad, inteligen- 60

tes pero más realistas, como el padre repostero de Blanquerna, que sólo piensa en adquirir para su convento nuevos prioratos siempre y nuevas granjas. A éstos se les puede disculpar si dieron inocente expansión a su cansancio latente hablando de la *galli offa*. Y ¿a quién sorprenderá en España una expresión nacionalista y módicamente antifrancesa? Insiste Spitzer de nuevo y sin eficacia, en *MLN* LXXIV, 145, contra mi etimología: «contrived *ad hoc*» serían mis explicaciones semánticas; lo serán desde luego, como las de Spitzer, y las de todo etimólogo lo son *por definición*. No sé por qué ha de ser un pecado seguir alguna vez a Covarrubias, cuando atinara.

Para otro vocablo bajo-latino del mismo significado, también castellanizado y de historia similar, V. *BODRIO*; para otro posible deriv. de *Gallus* en el sentido de 'romero', V. *GALLARUZA*; también podría tratarse de un mero deriv. de GALLUS con el sufijo popular *-ofa*, aunque éste tiene más vitalidad en catalán y lengua de oc que en castellano.

Las demás etimologías que se han propuesto hasta ahora no ofrecen base adecuada. Schuchardt quiere partir de *gallofa* 'hortaliza', sentido raro y secundario, según dejo escrito, y lo deriva de oc. *galhofo* 'vaina de legumbre', que a su vez resultaría de un cruce del gr. χέλυφος íd. con el adjetivo lat. vg. *GALLEUS* 'parecido a una agalla' (después 'retoño' en romance, V. *GAJO*), pero esta palabra occitana es moderna, defectuosamente documentada[2], y esta etimología nos obligaría a suponer que la palabra castellana es occitanismo, contra toda verosimilitud histórica y filológica, y a admitir que el sentido en que aparece desde el S. XIV es muy secundario; todo esto es increíble: a no ser por la autoridad de su autor, nadie hubiera hecho caso de esta etimología, y el propio M-L., después de darle entrada en su 1.ª ed., trató de reemplazarla por otra en su edición última. Pero ésta, propuesta por Lokotsch en su superficial diccionario de orientalismos, es aún peor: hebr. *ganab* 'robar' (*REW*, 9665), que no explica en absoluto la forma de la voz castellana, y la existencia del alem. jergal *gannef* 'robar' no puede mirarse como apoyo útil.

Es indudable que el cast. *gallofa*, o más precisamente su derivado *gallofo*, ha obtenido una extraordinaria difusión internacional. No creo que quepa dudar entre si el primitivo es *gallofa* o el adjetivo *gallofo*. Aquél expresa la realidad concreta y cotidiana, lo tangible e inmediato; éste es el comentario, tantas veces metafórico y malicioso, pues muchos de los motejados de *gallofos* o *galloferos* no habrían nunca comido una verdadera gallofa, pero merecerían su dictado por una propensión reincidente a pedir sinecuras: recuérdese el pasaje del *Lazarillo*, «después que estuve sano todos me decían: —tú, bellaco y *gallofero* eres; busca, busca un amo a quien sirvas» (M. P., *Antol. de Prosistas*, p. 86). Por lo demás, la

mayor frecuencia y antigüedad de *gallofa* indica lo mismo: *gallofo* aparece primeramente en el glosario de Toledo (h. 1400), traduciendo el lat. *(h)istrio* en su ac. medieval de 'desharrapado' (vid. la ed. de Castro), después figura en Covarr. (vid. arriba), Percivale define «a begger» y Oudin le hace equivalente de *gallofero* «gueux, belistre, poltron, coquin, mendiant, escornifleur».

Ahora bien, si *gallofa* es el primitivo, pero éste casi sólo se encuentra en castellano, y *gallofo* se ha extendido por todos los romances y aun más allá, ¿qué deducir sino que España es la patria del vocablo, como lo es de su sinónimo *BRIBÓN* (léase este artículo)? Tal deducción es ciertamente forzosa. El mendrugo o *gallofa* era el detalle humilde y pasajero, que sólo interesaba en Castilla, pero el *gallofo* volvía después a su tierra, convertido en una calamidad europea: de ahí el préstamo lingüístico temprano, que afecta sólo al derivado y no al vocablo matriz. Del castellano pasó al cat. *gallòfol* o *gallof* o *gallofo* (éste desde el S. XV) y al oc. *galhofo*, ya citado: la forma de ambos (cat. *-ol*, oc. *-o* m.) basta para revelar su origen castellano; existe también *gaiofre* en lengua de Oc, forma algo más alterada, y que cuenta un antecedente muy antiguo en el adjetivo *gaillofre*, que aplicado a los caballos malos o rocines ya figura en el orleanés Guillaume Guiart (1307), vid. Du C., s. v. *gallofero*. En Italia hallamos *gaglioffo* 'mendigo de mala vida' ya en antiguos autores toscanos, Domenico Cavalca († 1342) y Giovanni Sercambi († 1424, vid. M. L. Wagner, *VKR* IV, 184), es palabra frecuente en el S. XV y princ. S. XVI (Tommaseo); después tiende a convertirse en término histórico o a tomar el significado secundario de «uomo goffo e buono a nulla»; pero el vocablo vive en los dialectos: *gajufar* está ya en el sentido de 'vagabundear' en un antiguo glosario alto-italiano del S. XV (Mussafia, *Denkschr. d. Wiener Akad.* XXII, 161), triestino ant. *galufà* 'robar', emil. ant. y lomb. *gajofa* 'bolsillo' (< 'zurrón de peregrino'), genov. *garoffo* 'intrigante', sardo *gagliòffu* 'maligno, astuto', jerga palermitana *(g)allòffu* 'forastero', esloveno *goljúf* 'engañador', neogr. γαλοῦφος 'adulador' (G. Meyer, *Roman. Lehnworte im Neugriech.*, 21)[3], finalmente tenemos por otra parte el port. *galhofa* 'gallofa' (el derivado *galhofaria* ya a med. S. XVI: Albuquerque), y acaso tengamos un cambio de sufijo en el santand. *galusa* 'estafadora'[4], y otros vocablos más alejados semánticamente, que Rohlfs (*ZRPh.* XLI, 457) quisiera relacionar con el nuestro. Esta gran difusión internacional de *gallofo* no puede parecernos extraña, dado el extraordinario aflujo de romeros de toda Europa a la España medieval, camino de Galicia: y no falta en el uso léxico de esta tierra algún detalle de forma y sentido que denota especial arraigo[5]; compárese aquí el artículo *ESCUETO*. Ac. especial aragonesa (y también catalana [1672]) es la de *gallofa* 'añalejo, librito para regir el oficio divino', expresión metafórica de la humildad clerical.

DERIV. *Gallofo* (V. arriba). *Gallofero* [Sánchez de Badajoz, 2.º cuarto del S. XVI, vid. Fcha. y Cej.; 1555, *Lazarillo;* etc.]; *gallofería. Gallofear* [Covarr.] o *gallofar* [Oudin].

¹ Para descendientes romances de OFFA, vid. *REW*, 6041*a* y 6042; además OFFULA, *REW*, 6047. Como todo esto, salvo el vco. *opil*, se encuentra en dialectos italianos, réticos y balcánicos, es oportuno y será bueno no olvidar un indicio de la presencia del vocablo en ibero-romance: *oflares* aparece como glosa del lat. *obolus* (traducido por el ár. *qīrāt*) en R. Martí. Confirma Griffin, p. 248, que así se lee en el ms. y no **oblares* como imprimió Dozy. Se trata de un derivado **offularis* con un sentido como 'limosna' o 'perteneciente a la comida del pobre' enlazándolo el glosador con 'óbolo' en el sentido de 'pequeña dádiva, socorro modesto'. Para la importancia numérica enorme de la afluencia de peregrinos europeos a Santiago, véanse los datos citados por Cej. en nota a su edición de Juan Ruiz—² Sabido es que Mistral suele mezclar palabras diferentes. En su artículo *gaiofo* (*galhofo*) da ejs. de las acs. «vaurien, belître», «sale, vilain», «goulu, goinfre, ivrogne», «enfant joufflu», en las cuales el vocablo es hispanismo evidente, tomado en fecha moderna de nuestro *gallofo;* y no da ejs. de la otra ac. 'vaina de legumbre', antes se limita a remitir a sus artículos *cofo* y *caiofo.* Hay derecho a sospechar, por lo tanto, que esta última ac. sólo se apoya en una identificación etimológica de Mistral entre tres voces diferentes.— ³ Nótese que es muy natural la mayor difusión de *gallofo* en Italia y tierras adyacentes que en Francia, pues los romeros iban tanto a Roma como a Santiago, y muchos pasarían después allá, alentados por el feliz éxito de su primer viaje a Galicia.— ⁴ Comp. Canarias *galucias* 'picardías', 'garatusas', 'monerías', 'habladurías' (Pérez Vidal).— ⁵ *A galoufa* 'rancho que se come a bordo de un barco', Castelao 235.5f.

Gallón, V. *gajo* y *agalla*   *Gallonada*, V. *gajo*
Gallote, V. *gallo*   *Galludo, gallundero*, V. *agalla* II   *Gama*, V. *gamo, gamuza*

GAMA, 'escala con que se enseña la entonación de las notas musicales', del nombre de la letra griega Γ, *gamma*, con que el inventor de la moderna escala musical, Guido d'Arezzo (S. XI), designó la nota más baja de la misma. 1.ª doc.: Acad. ya 1783.

Debe de ser mucho más antiguo. Por lo menos lo es en otros idiomas: fr. *gamme* [S. XII], ingl. med. *gamme* [1390: Gower], etc.

GAMARRA, 'correa que, partiendo de la cincha, pasa por entre los brazos del caballo y llega hasta la muserola, sirviendo para impedir que el animal levante y baje nerviosamente la cabeza', derivado del lat. CAMUS 'cabezada para atar los animales' (de donde el it. ant. *camo* 'freno', cat. pirenaico *gams* 'cuerdas para atar la carga de las caballerías', cast. CAMAL 'cabestro'), o debido a un cruce de este vocablo con *amarra. 1.ª doc.: Aut.*

No hallo datos en fuentes castellanas anteriores: no se habla de gamarras ni correas semejantes en el breve *Tratado de la Jineta* de Fdo. Chacón (1546). También port. *gamarra* íd. (ya Moraes). En catalán se emplea también, aunque ignoro su antigüedad: sólo hallo *gamarra* en el vocabulario especial de J. Amades (*BDC* XXII, 145), como voz usada en Barcelona en el mismo sentido que en castellano, y en Griera como empleada en Berga y la Pobla de Lillet (falta en Fabra, y Bulbena da *camarra*). El it. *camarra* íd. está documentado desde los *Ordini di Cavalleria* de F. Grisone, obra escrita en 1550 y publicada en 1590. Luego es natural sospechar, con Schuchardt (*ZRPh.* XXIII, 188-91) y M-L. (*REW*³, 397), que en la Península Ibérica sea italianismo, pero esta deducción no es segura, pues bien podría ser nuestro *gamarra* tan antiguo o más que en Italia, dada la pobreza de los diccionarios antiguos en términos de equitación (nótese la ausencia de *camarra* en el dicc. it.-cast. de C. de las Casas, 1570).

En cuanto a la etimología, la de Schuchardt, cruce de *camo* con *amarra,* es perfectamente posible, puesto que este último vocablo se emplea en Italia desde el S. XVI por lo menos, y aunque sea término náutico y no hípico, sabido es que en todas partes ha tomado más o menos el sentido genérico de 'atadura'. Pero también sería posible suponer que el vocablo naciera en España y fuese llevado de aquí a Italia por las expediciones militares del S. XVI (sufriendo allí el influjo fonético de *camo* o conservando una forma arcaica con c-, perdida luego en la Península Ibérica): la escuela napolitana de equitación, cuyas reglas formuló Grisone, fué adaptación de la jineta española; entonces podríamos creer que es un mero derivado de CAMUS¹, como lo es CAMAL. El cat. *gams*, empleado en el Pallars y en el Valle de Arán (no sé si el vocablo tiene curso en los valles franceses y por lo tanto no me atrevo a calificarlo de gascón), cotejando los varios datos que tengo de este valle con los de aquella comarca (*BDC* XXII, 146; XXIII, 292), resulta designar fundamentalmente varias cuerdas empleadas para asegurar la carga de las caballerías, aunque puede también significar 'ronzal', cuerda que muchas veces se emplea con el mismo oficio.

Larramendi afirmó que *gamarra* es voz vascongada, y en él se funda la Acad. para afirmar que el cast. *gamarra* proceda de una voz vasca homónima, pero en realidad Azkue no recoge tal palabra vasca, y Larramendi no parece haber tenido otro fundamento para su afirmación que la existencia del apellido vasco *Gamarra* (ya citado por Góngora, vid. Alemany) y la terminación -*arra* de fisonomía vagamente euskérica. Claro está que éstas no son razones pertinentes[2]. Sin duda el apellido vasco es antiguo, y como nombre de un pueblo alavés ya se documenta en 1025 (Michelena, *BSVAP* XI, 291) mas poco prueba esto en cuanto al apelativo ítalo-español, y nada más fácil, en un vocablo de raíz tan breve y simple, que una coincidencia casual.

[1] Quizá venga de éste, aunque es incierto, el ast. *gamu* 'palo con un gancho de hierro en una de sus extremidades, que se utiliza para la pesca de pulpos' (V). Camus significa también 'collar de hierro que se pone a los esclavos para castigarlos'.— [2] *Amarra* no pudo pasar espontáneamente a *gamarra*, como supuso Cornu, *GGr.* I, § 252, pues no se produce tal prótesis fonética. Tampoco es pertinente la idea de Baist, *KJRPh.* VI, i, 390, de explicar *camarra* por una combinación del cat.-oc. *cap* 'cabeza' con *amarrar*, lo cual ofrecería dificultades morfológicas y geográficas.

Gamarza, V. *alharma*   *Gamayo*, V. *gamuza*

GAMBA, 'pierna', voz jergal o semi-jergal, tomada del it. *gamba* íd., que a su vez procede del lat. vg. CAMBA 'pierna, especialmente las de las caballerías', de origen incierto. 1.ª *doc.*: 1609, *Vocab. de Germanía* de Juan Hidalgo.

Lo emplean también Góngora y Quevedo (V. *Aut.* y Alemany), en locuciones de tipo pintoresco o figurado, y Covarr. explica «es vocablo italiano, y poco usado entre los que no han salido de España; con todo esso dizen ya todos: *guarda la gamba*, y es tanto como *guárdate*: y está tomado de los que por los caminos anchos y llanos suelen jugar al tiro de la bola, y avisan al que viene o va que se guarde». *Aut.* advierte ya que es «de poco uso» y hoy puede considerarse francamente anticuado.

Otro descendiente quizá autóctono y popular del mismo vocablo latino existió en el castellano arcaico *cama*: *Cid*, v. 3085, *Alex. P*, 134*d*, *Gr. Conq. de Ultr.*, p. 266 (íd. ed. Cooper II, 187*ra*31); la presencia de *campas* (ultracorrección de *cambas*) en el sentido de 'muslos' en las Glosas de Silos (n.º 139) es prueba de que en fecha muy antigua el vocablo fué de uso popular por lo menos en la zona oriental de Castilla, y lo mismo puede indicar el verso del *Cid* (*pierna* no pertenece al léxico de este poema), pero es de notar que así en éste como en el *Alex.* y en la *Conq. de Ultr.* se trata siempre de las piernas de un caballero, en descripciones de batallas o de armaduras, y como la forma no castellana *camba* se

halla no sólo en el manuscrito leonés del *Alex.* (O136*d*), sino aun en el aragonés (P644), cabe sospechar un provenzalismo caballeresco, siquiera por lo menos un influjo occitano en la conservación de un arcaísmo dialectal ya medio olvidado gracias a la homonimia con *cama* 'lecho'; lo que desde luego podemos afirmar es que *pierna* es el vocablo usual desde mediados del S. XII por lo menos.

El latino vg. CAMBA 'pierna' aparece primero con aplicación a las de los caballos, luego a las humanas, ya en textos de la baja época (*FEW* II, 118*b*); suele mirarse como tomado del gr. καμπή 'curvatura', 'articulación de un miembro', origen que debe revisarse (acaso en favor del céltico, V. *CAMA* II) atendiendo a la fecha tardía del cambio griego de μπ en *mb* (estudiaré el problema en mi *DECat.*). Si el sentido etimológico fuese 'miembro curvo' 'curvatura' y el vocablo fuese idéntico a la cama del arado (*CAMA*) el céltico ofrecería una buena base con CAMBA 'curvatura', que es más o menos lo supuesto por Thurneysen (*Keltrom.* 61) y otros. Que una palabra de carácter reciamente popular y de tan suma importancia en las seis o siete lenguas romances centrales venga del griego, es increíble, aun si prescindiésemos de la objeción fonética, a lo cual se agrega la gravísima discrepancia semántica.

Las demás objeciones desaparecen con la citada hipótesis céltica, pero no cerremos los ojos al hecho de que subsiste la última. Ello me ha inducido siempre a pensar que el origen quizá sea otro, aunque también prerromano y aun acaso céltico, desde luego indoeuropeo: el isl. ant. *họm* 'muslo o pierna de un animal', a. alem. ant. *hamma* 'pierna trasera' 'corva', ags. *hamm* 'corva', por otra parte el irl. ant. *cnäim* 'pierna', 'hueso', en fin el griego κνήμη f. 'pierna', κνημίς, eolio κνᾶμις 'espinilla, armadura para la pierna' (cf. Pok., *IEW* 613.38ss.) aseguran la existencia de una palabra de este significado en los tres extremos del dominio indoeuropeo: ahora bien, la alternancia radical vocálica que presenta el vocablo en las tres familias lingüísticas es típicamente de fecha indoeuropea arcaica: en céltico y griego KNĀMĀ ~ KNĀMĪ-, en germánico KANƏMĀ o KONƏMĀ asimilado en KAMMĀ. Sería muy concebible que el vocablo (en una variante más parecida a la germánica que a la irlandesa) existiera en el céltico continental, y aun mejor en la lengua de los sorotaptos, y que antes de sufrir la asimilación de las dos nasales (NƏM > NM...) se produjera entre ellas una diferenciación *KANBĀ.

De CAMBA provienen no sólo el it. *gamba*, sino también el fr. *jambe*, oc. *camba* y cat. *cama*. Del fr. antic. *jambe* en el sentido de 'jamba de puerta' (todavía empleado en el S. XVII: *FEW* II, 114*b*) procede el cast. *jamba* [1526, Sagredo; arag. ant. *jambia*, 1331, *VRom.* X, 166][1].

Entre otras huellas del castellano arcaico *cama*

(o bien préstamos catalano-occitanos) hay las siguientes. *Cama del freno* [S. XIII, *Libro de los Cavallos*, 9.8; h. 1460, *Crón. de Juan II: DHist.*, 2.º art., ac. 1], también llamada *camba* (1588, *Passo Honroso*) y hoy en Bogotá *pierna* (Cuervo, *Ap.*, § 520), así designada por la posición vertical y lateral de estas dos barritas. Santand. *camba* 'hilada de hierba segada que va dejando el guadañero', 'la faja de prado cuya hierba queda segada', comp. cat. *camada* 'espacio entre tira y tira de vides' (Poboleda: *Butll. del Club Pirinenc de Terrassa* II, 155), 'trozo de tierra limitado por una baranda' (en Menorca: Moll, *Misc. Alcover*), 'surco para sembrar las plantas en hilera' (Mallorca: Ag.), propiamente 'anchura entre las piernas extendidas', comp. el cat. *andes* AMBĬTUS en el mismo sentido que el santand. *camba*, expresiones alusivas al paso ancho o trancazo con que el guadañero marca la anchura de la camba.

DERIV. *Camal* arag., nav., murc., 'pernera del pantalón', 'rama gruesa', 'palo grueso de que se suspende por las patas traseras el cerdo muerto', 'cada uno de los elementos que juntos y torcidos forman una cuerda'; *cambalada* and. 'vaivén del hombre ebrio' (mozarabismo); *cambalud* salm. 'tropezón violento pero sin caída' (< *cambaluz -UCIUM). *Cambada* santand. 'lo que siega el dalle en cada movimiento' (comp. arriba *camba*). Cat. *gambada* 'tranco, paso largo' debe de ser italianismo, aunque muy antiguo; pero no habría indicio fonético forastero en una forma correspondiente en el Oeste, de la cual parece deriva el port. y gall. *cambadela* 'zancadilla' («botarlle a *cambadela*» Castelao 229.8). *Cambajonear* salm. 'andar de visiteo llevando y trayendo chismes'. *Gambalúa* 'el hombre alto y desvaído que no tiene vigor ni viveza en las acciones' [*Aut.*, como voz familiar; cub. *bambalúa*, Pichardo, p. 35]: sufijo singular, comp. *cambalud* (arriba), o más bien deberá pensarse en un vasquismo (aunque de origen romance en vasco), de un vasco *ganbalu* 'pierna larga', equivalente del arag. *camal* citado arriba, bearn. *camau* íd., *camalh* 'corvejón del cerdo', de donde con el artículo vasco *ganbalua*, comp. vasco *ganbelua* 'el camello'[2], *ganburua* 'la voltereta'. *Gambito* [Acad. 1899], adaptación del it. *gambetto* 'zancadilla', pero ha de ser de fecha muy anterior a 1899, si como se admite, y parece lógico, el fr. *gambit* 'gambito' [1743: *FEW* II, 118b y 119b] está tomado del castellano (así Brüch, *ZRPh.* LI, 492-3); nótese, sin embargo, que en italiano ya se documenta en 1830 (Colombo en Tommaseo): ¿será forma dialectal siciliana o del Sur de Italia (donde *-ittu* corresponde al it. *-etto*)? Sólo los historiadores del ajedrez podrán averiguarlo[3]. *Gambotas* 'los maderos curvos calados a espiga por su pie, que son como otras tantas columnas de la fachada de popa' [*gambote*, 1696, Vocab. Marít. de Sevilla; *-ota*, Acad. 1884][4]. *Gambeta* 'movimiento afectado' [Quevedo], 'especie de

danza' [h. 1500, *HispR.* XXVI, 281], 'movimiento especial que se hace con las piernas en la danza, cruzándolas en el aire', 'corveta del caballo' [*Aut.*]; *esgambete* en la 2.ª de estas acs. en PAlc. (1505), derivados del it. *gambettare* o *sgambettare* 'mover ligeramente las piernas'; *gambetear* 'hacer gambetas'. *Gambeto* [Acad. 1817, no 1783] 'especie de capote que llega a media pierna, empleado en Cataluña y adoptado para algunas tropas ligeras', del cat. *gambeto* íd. [1700, Ag., con definición errónea, comp. Fabra, Balari, Griera; también en el Alto Aragón: *RLiR* XI, 180], probablemente creado en catalán a base del langued. *gambeto* (o del it. *gambetta*), diminutivo de *gambo* 'pierna' (vid. Mistral, *gambeto*), a causa de la longitud de esta prenda[5]. *Garambaina* 'ademán afectado y ridículo' [Quevedo], 'adorno superfluo en los vestidos u otra cosa' [Calderón], 'rasgo o letra mal formada' [*Aut.*], también *carambaina* (Tirso: *DHist.*), metátesis de *gambaraina*, *camb-*. *Jamón* [J. Ruiz, 1084c; está también en C. de las Casas, 1570, en Mateo Alemán y en Cervantes; *jambón* en Juan de Pineda, 1589, vide Cabrera; pero falta todavía en los glos. de Castro, APal., Nebr. y PAlc., y que no era vocablo general a fines del S. XV se ve por la *j* española con que lo pronuncian los judíos de Marruecos (*BRAE* XIII, 222), también en el leonés de Sanabria, donde convive con el autóctono *pernil* (Homen. M. P. II, 127); las viejas expresiones castellanas fueron *lunada* y *pernil*], tomado del fr. *jambon* íd., diminutivo de *jambe* 'pierna'; *jamona*. *Jambaje*, derivado de *jamba*, V. arriba. *Chambilla* 'cerco de piedra en que se afirma una reja de hierro' [Acad. después de 1884], quizá derivado castellano de *chamba* (por *jamba*), para el cual y para otros castellanos castellanos de la voz francesa V. *CHAMARILERO*.

CPT. *Camarroya. Camaliga* [Borao] arag. 'liga para asegurar las medias o calcetines', compuesto con *ligar* 'atar', comp. cat. *lligacama*, cat. dial. *camalliga*; *camilera* arag., íd. [Borao], no sé si es errata por *camilega* (formado con *legar* < LĬGARE), o cambio de sufijo de *camilea*, alteración fonética del mismo.

[1] Y no del it. *gamba*, naturalmente, a pesar de la opinión indefendible de Terlingen, 133.— [2] Quizá se trate precisamente de éste, que viene del lat. CAMĒLUS, pero contaminado por CAMBA; no es raro motejar de *camello* al hombre brutal y aun al desgarbado.— [3] Comp. el alentejano *gambita* que según Fig. sería 'estevado' o 'patizambo', pero según el lexicógrafo local Gomes Fradinho (*RL* XXX, 302) significaría 'cambio'.— [4] No se halla en italiano, vid. Jal y *Diz. de Marina*; pero sí *gamba* en acs. semejantes: «ciascuno dei grossi e lunghi pezzi di legno, messi attraverso la stiva, a sostegno dei bagli», en Venecia «ciascuno dei bastoni di ferro posti ai lati delle coffe per fissare le sartie di gabbia...».— [5] A no ser que se trate de un nombre propio de persona. No es ad-

misible derivar de *gambax*, según quiere Simonet, término exclusivamente medieval, y que además no explicaría satisfactoriamente el sentido ni la terminación. Tampoco puede partirse de *gambo*, forma regresiva de *gambuj*, *CAMBUJ*, 'capillo de niño', pues éste fué casi siempre prenda infantil, y un capillo o capucho es algo muy diferente del *gambeto*. Además nótese que la terminación *-eto* revela un vocablo de procedencia forastera así en catalán como en castellano. *Gambeto* 'cambuj', dado como murciano por la Acad. en 1884 y 1899, y sin localización después, pero no confirmado por el Vocab. Murciano de Soriano, si realmente existe no puede ser más que una contaminación local. Dudo que haya relación con el hápax cat. arcaico *bambeth* (vid. *GAMBAJ*); sin embargo deberá examinarse mejor.

Gamba 'camarón', V. *camarón*
camelote   *Gambalúa*, V. *gamba*
camarón

Gámbalo, V.
Gámbaro, V.

GAMBAX (grafía antigua), *GAMBAJ* (grafía actual), ant., 'jubón acolchado que se ponía debajo de la armadura para amortiguar los golpes', del fr. ant., oc. ant. *gambais* íd., en los dialectos orientales franceses *wambais*, de origen incierto; probablemente de un derivado del fránc. WAMBA 'barriga', alterado por influjo del gr. biz. βάμβαξ 'algodón'. 1.ª doc.: *Alex.*, 430b[1].

Aparece después en la *Crón. Gral.* (Cej., *Voc.*), en la *Gr. Conq. de Ultr.* («vistióse el Obispo un *gambax* de xamete, e sobre él la loriga», p. 255; también 195), en Juan Manuel (Rivad. LI, 316b, lín. 57), en las Cortes de Castilla de 1338, y en otros textos medievales, citados por Dozy (*Suppl.* II, 228b) y *Aut.*; también port. ant. *canbás* (Viterbo *canbases*). Del español debió de pasar ya en fecha antigua al árabe, pues se halla *gunbâz* «perpunctum» en R. Martí (S. XIII), en el marroquí Almacarí (1631) y en una escritura árabe de Granada, así como en PAlc. (pronunciado *gonbíç* según es regular), *qenbâz* 'camiseta' en el vulgar africano, y de ahí ha pasado al árabe de Oriente (*ğunbâz, qunbâz, ğinbâz* 'coleto', 'camiseta', 'bata'), donde sólo se halla en fecha moderna, vid. Simonet s. v., y Dozy, *l. c.*

Más antiguo el fr. *gambais*, variantes *gambeis, -ois,* y *wambais, -eis;* se halla con el mismo sentido que en castellano en muchos textos franceses desde el S. XII (*Roman de Rou, Foulque de Candie*, etc.), y *gambais* es también frecuente en lengua de Oc desde fines del mismo siglo (Peire de Bussinhac). La variante *wambais, -eis,* es antigua, pues del francés pasó h. el año 1200 al a. alem. med. *wambeis,* de donde el alem. *wams* 'jubón', 'almilla', y también el neerl. med. *wambaes* (neerl. *wambuis*), b. alem. med. *wambois*. De esta variante es preciso partir para la etimología.

Es posible, sin embargo, que tuviera razón Dozy, en opinión referida por Simonet[2], al tomar como base el b. lat. *bambax* 'algodón'[3], documentado en el glosario Vaticano 1260, manuscrito del S. X, lleno de antiguas glosas hispánicas (V. *GALÁPAGO*), y en otro glosario Vaticano del S. X u XI; el cual, según estos autores, vendría a su vez de un gr. bizant. βάμβαξ, variante inexplicada del gr. βόμβυξ 'gusano de seda', 'seda'; de todos modos sería preciso admitir que en boca de los guerreros francos el fr. preliterario *bambaiz* se convirtiera en *wambais* por influjo del fráncico *WAMBA* 'barriga' (gót., a. alem. ant. y neerl. ant. *wamba*, ags. *wamb*, escand. ant. *vǫmb* íd., ingl. *womb* 'útero'). Esto es posible, aunque debiera demostrarse mejor que el gambaj solía ser de algodón, pues según el *Alex.*, la *Crón. Gral.* y la *Conq. de Ultr.* se hacía de cendal, ranzal o xamete, es decir, tejidos análogos a la seda, y también en el *Perceval* francés se habla de un *ganbes de soie et de cotón porpoint;* sin embargo, en apoyo de esta opinión puede aducirse el hecho de que en los varios pasajes occitanos citados por Levy *gambais* designe precisamente un tejido, y no el jubón que con él se hace. Además, para demostrar esta etimología haría falta documentar mejor y explicar la variante griega βάμβαξ; otra dificultad fonética estriba en que el acusativo BAMBACEM habría dado oc. *bambatz,* y el nominativo BAMBAX no conviene por el acento. Que debe de haber alguna relación con esta voz griega lo prueban las formas más antiguas que conozco de nuestro vocablo en parte alguna, que empiezan con *b-:* en Cataluña «banbacios III de seda» doc. de 1078, y «bambeth I et gonnella I» doc. de 1083 (*Cartulario de St. Cugat* II, 356, 376).

Por otra parte no se puede rechazar de plano la opinión de Kluge en sus primeras ediciones (1899), aceptada por M-L. (*REW* 9497), de que *gambais* es simplemente un derivado del fráncico *WAMBA*. Estos autores no precisan de qué clase de derivado se trataría, y desde luego debe descartarse fonéticamente un derivado romance en *-ACEUM,* como propone Mackel, *Franz. Studien* VI, 70. Como un fr. ánt. *gambe* en el sentido de 'barriga' no está documentado, sería preferible pensar en un derivado ya germánico, formado en fráncico; ahora bien, este derivado sólo podría ser un adjetivo *WAMBISK* 'relativo a la barriga', 'destinado a protegerla', y semejante adjetivo fácilmente pudo existir, dada la gran frecuencia de estos derivados; el caso es que WAMBISK habría dado normalmente fr. ant. *wambeis, gambeis* (más tarde *wambois*), y esta forma de hecho existe y también desde el S. XII (glosario citado por God., etc.). Las dos formas en *-eis* y en *-ais* son aproximadamente de una misma frecuencia y antigüedad, según God. (los mss. de *Rou* vacilan entre *gambais* y *hembeiz,* hay *ganbais* en *Foulque de Candie,* etc.); tampoco la documentación muy abundante citada por Du C. (s. v. *gambeso*) decide la cuestión[4]; y aunque el derivado *gambison*, *gambeison*, *gamboison*, parece más favorable a la forma en *-eis*, su valor en realidad es escaso, pues en posición pretónica, y más siendo tras labial, suele haber cambio de *ai* en *oi* (*Amboise*, *apprivoiser*, etc.).

Sólo un especialista del francés antiguo, que pueda valorar en detalle las tendencias de los varios manuscritos, podrá resolver la cuestión. Presunción fuerte en favor de la antigüedad de la forma en *-ais* la da el testimonio de oc. ant. *gambais* y de las formas hispánicas, probablemente tomadas de este idioma. Claro está que siempre se podría admitir que el *gambeis* originario se cambió en *gambais* por influjo de *bambais* 'algodón'. Así, pues, en definitiva nos vemos conducidos, de todas maneras, a un cruce de los dos parónimos WAMBA y BAMBAX, de cuya convivencia en francés no es posible dudar, pues hoy en los Vosgos existe *vouamme* «fanón», procedente de WAMBA (Horning, *ZRPh.* XVIII, 230).

DERIV. *Gambesón* (falta aún *Aut.*), del fr. ant. *gambeison*, vid. arriba; *gambesina*.

¹ «Armós el buen cuerpo, ardido e muy leal, / vestió a carona un *gambax* de cendal; / dessuso, la loriga...».— ² De ahí, por recomendación de Baist, pasó esta etimología a Kluge [ed. 1923], s. v. *wams*, y de éste a Gamillscheg (*R. G.* I).— ³ De ahí el it. *bambàgia* 'algodón de calidad inferior', y el. hápax fr. ant. *bambais* (*FEW* I, 229a).— ⁴ Tenemos *wanbais* o *wanbasium* en un texto de 1181, pero *gambeso*, *-onis*, en Guillermo de Bretaña (h. 1225), *wambitius* en una bula de Inocencio IV (1242-54), *wanbizius* en los Estatutos de los Premonstratenses, que están relacionados con esta bula y quizá sean anteriores; otras formas, como el *wambasius* de Alberto Argentiniense, son muy posteriores (fin S. XIV), etc.

GAMBERRO, 'libertino, disoluto', origen incierto. 1.ª *doc.*: asegura Giner i March que «*gamberro*: solterón» se halla también en el glosario de las *Memorias Hist. de la ciudad de Zamora* de Fernández Duro, 1883, p. 472; *gamberra*, Acad. 1899, como voz andaluza en el sentido de 'mujer pública'.

En ediciones posteriores se ha agregado, sin nota de localismo, la ac. transcrita arriba, que me es bien conocida en el habla popular de Almería, en calidad de dicterio. La recoge también el Vocabulario del Bierzo de García Rey, y Lamano como vivo en Ciudad Rodrigo. Por otra parte el Vocab. Andaluz de A. Venceslada define «persona de mala condición; vago, flojo: *No te fíes de esa mujer, que es muy gamberra; es un gamberro que no da golpe en el trabajo*»; hasta h. 1936 había sido voz de uso limitado, y aun ajena al cast. común. Hoy en cambio forma parte del léxico periodístico y callejero, que abusa de ella dándole los más varios sentidos peyorativos. En Galicia se emplea

gambernia «gandaya, tuna; vida libre, holgazana, de vagabundo» según Vall., y Cotarelo registra en el castellano local *gambernia* «broma; disipación; juerga», *ir de gambernia* «irse de juerga, de broma o pasatiempo» (*BRAE* XIV, 120, 100). El port. *gambérria*, que ya figura en Moraes como voz popular, es «pancada com o pé nas pernas de outro indivíduo para o fazer cair; cambapé; *pop.* trampolina, tranquibérnia [= fraude, trapaça]; guerreia, motim, desordem» (Fig., Vieira, H. Michaëlis, Lima-B.), en el Alentejo 'travesura' (*RL* XXX, 302). Dudo que la ac. 'zancadilla' sea primaria, siendo sólo portuguesa, más bien me inclinaría a partir de la usual en el Alentejo, influída luego por el port. *gámbia* 'pierna'. Si esta última fuese la idea básica costaría llegar a la ac. más generalizada de 'libertinaje', 'juerga'. Por otra parte el sufijo es singular. La forma gallega quizá se deba al influjo de *tranquibérnia*, cuyo origen falta averiguar, sin embargo. ¿Se tratará de una disimilación de *gran verro* 'gran verraco'? El cat. *verro* es muy corriente para motejar a un hombre sucio, en todos los sentidos. Téngase en cuenta que *gamberro* es también usual en Valencia, donde lo tengo anotado en un texto popular (falta en Alcover, M. Gadea, Escrig). ¿Será valencianismo en castellano? No parece que se pueda aceptar la idea de Giner i March (*BSCC*, 1960, 135-136) de una alteración del val. *gamber* 'pescador de gambas', ante las razones que aduce Colón, *Enc. Ling. Hisp.* II, 215.

Gambesina, *gambesón*, V. *gambaj*   *Gambeta*, *gambetear*, *gambeto*, *gambito*, V. *gamba*

GAMBOA, 'variedad de membrillo injerto, más blanco, jugoso y suave que los comunes', del nombre propio vasco *Ganboa*. 1.ª *doc.*: Acad. ya 1884, no 1843.

En portugués ya lo registra Moraes (fin del S. XVIII). No es posible fonéticamente derivar del arabismo *AZAMBOA*[1]. Hay dos pueblos llamados *Gamboa* en la provincia de Álava, y una localidad del mismo nombre en Vizcaya (Madoz). Puede tratarse de una variedad que prosperó en estas poblaciones, pero también puede venir del nombre de un agricultor que llevara este apellido vasco. Se trata de una alteración vasca del romance *campo*, provista del artículo vascuence *-a*. Indicios acerca del sentido primitivo del nombre propio vasco *Gamboa* da Michelena *BSVAP* XI, 291. La etimología latina quizá no sea segura.

¹ Por razones semánticas tampoco puede haber relación con *gamboa* o *camboa* 'remanso para coger peces', ya documentado en el S. XVI.

Gambocho, V. *cama* II   *Gambón*, *gamboncillo*, V. *gamón*   *Gambota*, V. *gamba*   *Gambox*, V. *cambuj*   *Gambre*, V. *grama*   *Gambuj(o)*, *gambux*, V. *cambuj*   *Gambusina*, V. *camuesa*

GAMELLA, 'artesa para dar de comer o beber a los animales, para fregar, lavar y otros usos', 'arco que se forma en cada extremo del yugo', del lat. CAMĒLLA 'escudilla, gamella', derivado de CAMĒLUS (también CAMĒLLUS) 'camello', por comparación de forma de la artesa invertida, o del arco del yugo, con la joroba de un camello. *1.ª doc.:* Ya en 1081, «4 *kamellas* de vino», en doc. latino de San Millán. vid. s. v *TOCINO. Gamêla,* 1286, escritura árabe de Toledo (G Palencia, vol. preliminar. p. 345), *gamella* S XIII, *Libro de los Cavallos,* 61.11; J. Ruiz, 1221c («para las triperas, *gamellas* e artesas»).

En la 1.ª ac. está también en la *Cetrería* de López de Ayala (1386), en Juan del Encina (*gamelleja,* Cej., *Voc.*), en Covarr., y ha sido de uso popular y frecuente en todas las épocas[1]. La 2.ª ac. aparece por lo menos desde el *Quijote.* Ambas forman parte del vocabulario rústico, de antiguas raíces. Lo mismo en cuanto al gallegoportugués *gamela,* que ya se halla en el S. XIII, *Cantigas de Santa María* (351.15), figura en Gil Vicente, a. 1519 (rimando con *amarella,* en las *Cortes de Júpiter,* ed. Hamburgo II, 409), etc.[2]

Es voz ajena al catalán y occitano; y en francés e italiano es palabra empleada sólo en ciertos lenguajes especiales, y de fecha moderna, importada indudablemente del castellano. En francés, *gamelle* no aparece hasta 1611, y es voz de soldados y marineros, que la emplean para poner el rancho; por lo demás basta su *g-* conservada para denunciar el origen forastero[3]; el it. *camella* sólo aparece desde Alberti o Costa (1819), como término de marineros, otros diccionarios lo dan como vocablo de soldados, y todos están acordes en que es voz forastera, de procedencia francesa o directamente española (así Zaccaria). En España conserva la *c-* etimológica el ast. *camellu* 'cada una de las extremidades del yugo por donde se pasa y sujeta la *cornal',* *camelleru* 'dícese del bovino que trabaja uncido igualmente a la mano derecha que a la izquierda', *acamellar* 'emparejar los bovinos', *descamellar* 'desparejar', 'descabalar' (V); la *c-* etimológica se conserva también en Andalucía: *cameya* en Cabra, Rdz. Castellano, *RDTP* IV, 598.

Basta la documentación para probar el error de M-L. (*REW* 1543), al suponer que sea italianismo en los demás romances; M-L. se desorientó por la no diptongación de la E tónica, mas puede asegurarse que el lat. CAMELLA tenía Ē, como QUERĒLLA > *querella.* CAMELLA aparece en latín desde Laberio (princ. S. I a. C.), y es frecuente en el léxico popular del *Satiricón*[4]; hay variante GAMELLA en Terencio Scauro (princ. S. II d. C.), *ALLG* XI, 313. Es ciertamente falsa la etimología que dan los diccionarios latinos: diminutivo de *camera* 'bóveda'; este helenismo, que no aparece hasta el S. I a. C., es demasiado tardío para que en él pudiera producirse el proceso fonético arcaico *camer(u)la > camella,* y la Ē atestiguada

inequívocamente por el español demuestra que CAMELLA ha de venir de CAMĒLUS 'camello', del cual existe variante CAMĒLLUS (> cast. *camello, gamello*[5]), documentada ya a principios del S. I a. C. en las *Atelanas* de Pomponio. Otra zona romance donde el vocablo se conservó con carácter popular es el Sur de Italia: Basilicata *camella* «secchio da latte» (*ARom.* VII, 460), también en Sicilia, Abruzos y Campobasso. En cuanto al vasco *ganbela* 'pesebre'[6] (nótese que la *-l-* del vasco *ganbela, -elu,* postula precisamente *-LL-* latina) no puede hacernos dudar de la etimología CAMĒLLA, pues también 'camello' se dice allí *ganbelu* (Azkue): ambos vocablos sufrieron el influjo del céltico CAMBA 'curvatura', que justamente desempeña importante papel en las denominaciones romances del yugo y collares de animales, vid. Nigra, *ZRPh.* XXVII, 129-36[7].

DERIV. *Gamellada. Gamelleja. Gamellón* [h. 1400, Glos. de Toledo] (o *gamillón*).

[1] Una variante *gamiella* aparece en el *Libro de la Caza* (1325-6) de D. Juan Manuel («si se quisiere vañar en casa en *gamiella* o en librielo», ed. Baist, p. 35.15): será cambio de sufijo debido a la mayor frecuencia de *-iella,* a no ser simplemente errata de la edición o del copista, causada por el *librielo* siguiente.— [2] Popular en las zonas rurales, p. ej. en Santa Margarida (Beira) «espécie de bacia feita de madeira, usada nos lagares de azeite», *RL* II, 249.— [3] Así lo reconoce Wartburg, *FEW* II, 128, pero ignorando la antigüedad y popularidad del vocablo iberorromance, declara que es de procedencia desconocida.— [4] «Trimalchio *camellam* grandem iussit misceri potionesque dividi omnibus servis»; «*camellam* etiam vetustate ruptam pice temperata refecit»; «infra manus meas *camellam* vini posuit»; LXIV, 13; CXXXV, 3; CXXXVII, 10.— [5] Forma ya documentada en el S. XIII: Oroz, *Bol. del Inst. de Filol. de Chile* IV, 300; *Mod. Philol.* XXVIII, 86.— [6] Asi en guipuzcoano, vizcaíno, Baztán y Elcano (nav.), pero «gamelle» guip. y vizc. y 'gamella del yugo' vizc.— [7] Del portugués del Brasil procederá *gamela* en Chile (Román) y la Argentina (aplicado a la de vendimiar, por el sanjuanino Borcosque, *Puque,* p. 58). Indiqué ya lo sustancial de este artículo en *Symposium,* 1948, 111-2, rectificando los errores de Terlingen, 293-4.

Gamo ast. 'gancho para pulpos', V. *gamarra*

GAMO, del lat. vg. GAMMUS íd., resultante probablemente de un cruce del lat. DAMMA íd. con el lat. alpino CAMOX 'gamuza'. *1.ª doc.:* 1251, *Calila,* ed. Allen, 91.148.

También se halla en doc. de Toledo de 1274 (M. P., *D. L.,* 286.39), en J. Ruiz (1088a, 1116c), en Nebr., en Martínez de Espinar (1644), etc. Es palabra exclusiva del castellano y el portugués[1];

en documentos portugueses puede ya fecharse en el año de 1186 (Viterbo) y en el de 1253 (*RFE* X, 113). DAMA o DAMMA era en latín clásico masculino y femenino a un tiempo, y en el propio castellano se halla a veces *gama* como nombre genérico del animal («*dama...* son las *gamas*, linaje de animales temeroso y sin baraja, que fuye mucho de los canes... parece semejar a corço», APal., y Nebr. pone también *gama* antes que *gamo*); pero ya en glosas latinas aparece el masculino *dammus* (*CGL* III, 431.30), *dammulus* (III, 513.51) y el fr. *daim* (de donde el cast. antic. *daine*, *Canc.* de Baena, cat. *daina*) corresponde a DAMUS (Notas Tironianas). Por otra parte aparece una forma alterada correspondiente a la hispano-portuguesa, GAMMUS, glosado πλατύκερως, es decir, 'especie de ciervo, de cuernos anchos', en el glosario muy antiguo atribuído falsamente a Cirilo, trasmitido en ms. del S. VII, y que contiene otros vulgarismos de cuño hispánico (*denostatio, strigare);* también en unos Hermeneumata Vaticana trasmitidos en ms. del S. X (*CGL* II, 409.2; III, 431.37); es posible que el gramático galorromano Virgilio (S. VII) se refiera a la misma palabra al poner *gammus* como ej. de *ă* ante *mm* (Heraeus, *ALLG* XIV, 477). La G- no puede explicarse como alteración fonética, contra lo que supuso Diez (*Wb.*, 453), pero se explica al tener en cuenta que DAM(M)A era extranjerismo en latín, probablemente del líbico *adamu* (bereb. *admu*), con el sentido originario de 'gacela' (que tiene en Plinio)[2], y por lo tanto es natural que al pasar al latín sufriera el influjo de un nombre europeo como el de la gamuza, CAMOX [S. V], de origen alpino; así Schuchardt, *Roman. Lehnworte im Berberischen*, 77-79. Menos verosímil es que se trate de un gót. *GAMA 'cabra' (como suponen Falk-Torp, s. v. *gemse*) o de un galolatino *GAM(S)MOS (Loewenthal, *WS* X, 185; XI, 73), de origen indoeuropeo y procedentes de una raíz verbal que significa 'andar', 'correr', 'saltar'; ni tampoco de un cruce de dicha palabra gótica hipotética con el lat. DAMMUS (Brüch, *ZRPh.* XXXVIII, 678); en efecto, no hay palabras documentadas en germánico con esta forma y significado (el alem. *gemse* viene de CAMOX), y el gaél. *gàmag* 'paso largo' es apoyo demasiado flojo para atribuir GAMMUS al céltico. *Dama* se ha empleado como cultismo en castellano.

DERIV. *Gama*, V. arriba. *Gamito* 'cría del gamo' [Nebr.]; *gamitar* 'dar balidos el gamo', *gamitido*, *gamitadera*. *Gamezno* [1644, M. de Espinar].

¹ Michelena, *BSVAP* XI, 292, confirma mi sospecha de que el vocablo no es vco.: *gama* 'gamuza' en el sul. *Chaho* es probablemente término hispánico. Para documentación e identificación del étimo, consúltese Hubschmid, *ZRPh.* LXVI, 10-11, pero sus conclusiones etimológicas no pueden aceptarse, en vista de lo que dejo sentado en mi artículo y en *gamuza*. M. L. Wagner *RF* LXIX, 60

248, se adhiere a mi desaprobación y remite a su nota *ZRPh.* LXXIII, 340.— ² La parentela indoeuropea que le buscan Walde-H. y Ernout-M. está más alejada semánticamente.

GAMÓN, 'asfódelo', vocablo común a los tres romances hispánicos (port. *gamão*, cat. *gamó*, cat. ant. *camó*), de origen incierto. *1.ª doc.:* h. 1490, *Celestina* (Fcha.); Nebr.: «*gamón, ierva conocida:* asphodelus»; el colectivo *gamonal* ya aparece en *Calila*, a. 1251, ed. Allen, 44.819 («siembra su simiente en los *gamonales*», como pasto grato a los cerdos).

Figura también en la *Cirugía* de Fragoso (1581: *Aut.*), en Rodríguez de Tudela (1515), Laguna (1555) y otros muchos (Colmeiro, V, 115-7). Hubschmid, *ZRPh.* LXVI, 11-12, documenta el colectivo *Gamonedo*, *-eda*, *-ar*, desde 887 (contra su etimol. V. lo que digo de *gamuza*); Pottier (*BHisp.* LVIII, 91) cita *el gamon del enzina* en doc. de 1379. El port. *gamão* figura ya en Amato Lusitano (1553), en Bento Pereira (1647) y en varios autores de los SS. XVIII y XIX. El cat. *gamó* se halla en el rosellonés Miquel Agustí (1617) y lo cita también Laguna (1555); por otra parte en la Farmacología catalana de Klagenfurt (S. XIV, o tal vez XV) hallamos una vez *camó* («aies dels suchs dels afudils, qui son rayls de *camons*», *AORBB* III, 253) y otra *gamó* (p. 262)¹. No parece haber relación con Val-Anzasca *kamunúy* (= it. *-ononi*) 'anemone alpina' (*ARom.* XIII, 172), planta muy diferente. También se trata de una planta demasiado diferente para que pueda haber relación con el cat. *gaons*, langued., prov. y lemosín *aga(v)ous* (*aja(v)ous*), 'Ononis spinosa', AGAO, -ONIS, en glosas latinas (*CGL*, VII, s. v. *vermicularis, vermicaria*). Pero quizá la haya con *gamoû* empleado en todo el alto valle del Ariège como nombre del gordolobo o · verbasco (Rohlfs, *RLiR* VII, 164), que aunque también es planta diferente, tiene en común con el gamón el caracterizarse por un largo tallo vertical de cerca de un metro de largo. Es probable que éste venga del oc. *cam(b)a* 'pierna', que además significa 'tallo de una planta', como sugiere Rohlfs (ibid. VII, 135), pero ya es más dudoso que la voz hispánica pueda tener el mismo origen, cuestión planteada por el mismo filólogo (*ZRPh.* LII, 75), aunque podría apoyarlo la antigua forma catalana *camó*, y el romance CAMBA 'pierna' no es voz ajena al iberorromance (V. *GAMBA*). La dificultad está en que entonces debiéramos esperar *cambão* en portugués; de suerte que esta etimología sólo podría mantenerse si la palabra portuguesa fuese castellanismo². En sentido contrario, no podemos fiarnos mucho del nav. *gambón* «asphodelus cerasiferus», *gamboncillo* «asphodelus gistulosus», voces que Iribarren sólo recoge en Caparroso, pueblo de la Ribera: tratándose de una zona donde se vaciló mucho en el tratamiento de MB, es fácil, siendo variante meramente local, que haya ahí una ultracorrección.

Açaso palabra prerromana, aunque no me es conocido el célt. *cammon* a que se refiere Fig.

Interesan los datos gallegos del P. Sarmiento: en el Bierzo se le llama *gamota*; en la cordillera central gallega (O Seixo) los *gamóns* no es la planta (llamada abrótega) sino sólo sus varas, que secas «sirven de luces» (Sarm. *CaG.* 206r). El sentido básico, en efecto, debe de ser el de vara o retoño de planta y se tratará de una raíz prerromana, que aparece con varios sufijos: *gamotas* 'parte del gamón' (211r, 205v), pontev. *gamallos* 'renuevos y espesos de los carvallos' (216v) y *gameitos* 'aquellos pezones de madera que salen de las ramas de los cerezos, de los cuales salen a la vez las hojas y las cerezas, con sus pezoncillos, y todo forma un ramillete' (205v); en fin, está *gamocho* 'tala', que ya no es tan seguro que marche con todo esto, pues podría ser variante fonética de *ESCAMOCHO*.

Lo que está más claro es que *-eito* postula -AKTO- y que esto es una terminación prerromana indoeuropea, por lo general céltica. Recogió *gameito* 'gasgalho': renuevo o vástago' también Vall. y otros *gamallo* 'ramo, rama con follaje' (Eladio Rdz.); pero ni uno ni otro existen en portugués ni en cast., donde sólo hay *gamão*, *gamón* 'asfódelo'. El tipo GAMAKTO- reaparece quizá más allá del Pirineo: it. ant. *camato* 'tronco, vara', mod. *scamato* 'bastón de cardar lana', genov. ant. *gamaitare* 'golpear', a. it. ant. *gamaito* y un oc. ant. *gamach* 'golpe' (no muy extendido): en una palabra, un vocablo transapenínico de base KAMAKTO- que se desborda un poco hasta más acá de los Alpes.

M.-Lübke y otros aceptaron que la base es de origen griego, lo cual no parece probable, pues lo único documentado en griego es χάμαξ, -κος 'percha, asta, palo' y ahí no se justifica una derivación en -κτο-, puesto que en griego esto no es raíz verbal sino sustantivo aislado. Cierto que los indoeuropeístas le hallan algunos parientes en indoiranio, armenio y escandinavo, de forma algo alejada, y admitiendo una raíz indoeuropea KEM-, algo dudosa (Pok., *IEW*, 556). Si acaso, me inclinaría, pues, a creer que estamos ante un representante de lo mismo en céltico o sorotáptico. Claro que queda esto hipotético y dudoso; mas para partir de la raíz GEMBH-, de donde salen el lat. *gemma*, el gr. χόμφος 'taruго, diente' y los nombres germánico y báltico del germen o brote (*keim*, etc., *IEW* 369), habría grave dificultad fonética (-MB- no pasa a -m- en gall.-port.).

DERIV. *Gamonal* (V. arriba). *Gamonito*; *gamonita* [2.° cuarto del S. XVI, Sánchez de Badajoz en Fcha.]; *gamonital* [Nebr.]. *Gamonoso* (para las *Dehessas Gamenosas*, junto a Córdoba, vid. la nota de Montesinos a su ed. del *Pedro Carbonerо* de Lope, p. 237).

¹ Creo que así el cast. *gamón* como el cat. *gamó* son hoy generalmente usados. Cita el primero Sánchez Sevilla en Cespedosa de Tormes (*RFE* XV, 278); el segundo lo he oído en el Alto Pallars, etc.— ² En este sentido podría invocarse la -*n*- conservada de las formas portuguesas *gamoneira*, *gamonito*, citadas por Avellar Brotero (1738), *gammonito* en Bento Pereira (1647). Que este último es castellanismo, es claro también por el sufijo.

Gamopétalo, *gamosépalo*, V. *engendrar*   *Gamu 'palo de hierro'* ast., V. *gamarra*   *Gamudo*, V. *gamo*

GAMUZA, 'cabra montés', aplicado casi siempre a la piel de este animal y a la de otros de cualidades semejantes, empleada con finalidades comerciales: procede en último término del lat. tardío CAMOX, -ŌCIS, íd., de origen alpino prerromano, pero no es palabra hereditaria en la Península Ibérica, y aunque no está bien identificado el lugar de origen de la forma española, debió de llegar de los Alpes occidentales por Génova (o quizá Marsella). 1.ª doc.: *camós*, h. 1300, *Gr. Conq. de Ultr.*, 171, 174; *gamuço*, invent. arag. de 1354; *camuza*, C. de Castillejo (1490-1550); *gamuça*, Oudin.

En todos estos textos y en los demás que pueden citarse se trata del cuero de la gamuza (o del de otro animal de apariencia semejante) como artículo comercial o de vestir: «una spada guarnida de *gamuço* con el arciaz del ffalo de argent» en el citado inventario (*BRAE* II, 707), «otra spada guarnida d'argent con vayna de *gamiço* morena», en otro de la misma procedencia, del año 1374, donde deberá leerse indudablemente *gamuço*, errata que reaparece en contexto semejante en otro pasaje del mismo inventario, «la spada... con la vayna de *gamiça* (l. *gamuça*) cardena con la sintta guarnida en tela de savastre» (ibid. II, 350, mismo año; otras variantes, *VRom.* X, 159); en las *Novelas Ejemplares* habla Cervantes de *unos follados de camuza*; y en el *Quijote*, de un jubón o de todo un vestido de *camuça*; Quevedo menciona calzas y bigoteras de *camuza* o *gamuza* (V. *DHist.* y *Aut.* en los artículos respectivos); más testimonios de la forma en *c-* en Fcha., y de *gamuza* en Cuervo, *Obr. Inéd.*, p. 391; como éste observa, es imposible averiguar por estos testimonios si el vocablo tenía -*ç*- sorda o -*z*- sonora en la Edad Media, y la grafía de los inventarios citados, si bien es favorable a la *ç*, no es decisiva, pues en Aragón es donde aparece primero la confusión entre los dos sonidos. Sea como quiera, está fuera de dudas que en España sólo se menciona este animal por su cuero, y aunque los diccionarios, como Oudin, Covarr. y *Aut.*, se refieren también con este nombre a la cabra montés viva, claro está que esto no prueba que recibiera este nombre en las montañas hispánicas, sino sólo que los comerciantes conocían, según era natural, la procedencia animal del artículo que expendían: estos mismos diccionarios se apresuran a referirse a los productos hechos de gamuza, y aunque Terr. en su traducción de la obra francesa *Espectáculo de la Naturaleza* llama *camuza* a la cabra montés que salta de una peña a otra, tampoco esta mención 5 de un enciclopedista prueba nada acerca del uso popular.

El hecho es que las únicas denominaciones populares de la gamuza y sus variedades son *sarrio* (con su variante *chizardo*) en los Pirineos 10 aragoneses, *rebeco* (*robeço*) y quizá *bicerra* (V. BECERRO) en la cordillera Cantábrica, y *cabra montés* en los Montes Ibéricos; el antiguo nombre ibérico o celtibero parece haber sido IBEX y el vasco-pirenaico (I)ZARR-. Lo mismo cabe decir de 15 las zonas de lengua gallegoportuguesa (recuérdese el antiguo *iviçom*) y catalana (*isard* en la parte occidental, *cabirol* en los Pirineos orientales, *salvatge* m. en los Puertos de Beceite). Del port. *camurça* no conozco ningún testimonio antiguo, 20 pero Moraes, tras definirlo vagamente «espécie de cabra brava», se apresura a especificar «o coiro dellas preparado para vestidos, arreyos, etc.», mostrando lo único que conoce *de visu* o por referencia directa. El cat. *camussa* se refiere también al 25 artículo elaborado, V. ejs. en Alcover, y aunque este diccionario cita un texto de 1380 («la *camusa* que·ns havets enviada es assats bella») como si se aplicara al animal mismo, sabido es que el rebeco difícilmente puede capturarse vivo y desde luego 30 no vive en cautividad, de suerte que se tratará también de una piel de gamuza. Por otra parte el hecho es que nunca se ha dicho en castellano *arisco* o *ligero como una gamuza*, y lo mismo puedo atestiguar en Cataluña, donde son tan vivas 35 frases del tipo *esquerp com un isard*, *'lleuger com un cabirol*. En conclusión, no podemos mirar estas formas como autóctonas en ningún punto de la Península Ibérica[1]. No hay duda de que fueron traídas por el comercio, seguramente por vía ma- 40 rítima, y a juzgar por la aparición más temprana en Aragón y Cataluña que en ninguna parte, entrarían por el territorio de lengua catalana.

No creo se tomara el vocablo del a. alem. ant. *gamuz* (hoy *gemse*), puesto que no había relacio- 45 nes comerciales directas entre España y la Alta Alemania, por lo menos en la Edad Media. La piel de la gamuza alpina se exportaría sea por Marsella (marsell. y Alpes Marítimos *camous*), o sea más bien por el puerto de Génova, con la forma que 50 reviste el vocablo en el Piamonte y Lombardía Oriental: piam. *camùs*, Val Sesia y Val Anzasca *camussa* (M-L. menciona un genov. *kamüša*, no confirmado por Casaccia, que sólo trae *camoscio* y *camozza*, pero pudo ser forma antigua). Acerca 55 de los problemas relativos al étimo lejano CAMOX (documentado en el S. V), voz prerromana ajena probablemente al céltico, V. el resumen de la cuestión en el *FEW* II, 148-9, y demás bibliografía citada allí y en mi artículo; Bertoldi (*ZRPh*. LVI, 60

181) cree que existe parentesco lejano con el caucásico *kamüš* o *gamš* 'búfalo'. Hubschmid, *ZRPh*. LXVI, 9-14, trata de este otro problema, con valiosos materiales, pero conclusiones muy dudosas, en particular la de que la raíz del vocablo haya significado 'pértiga' o 'cuerno', pues es más probable que la familia (dialectal, local y reciente) del santand. *gamas* 'cuernos', ast. *gamu* 'palo con gancho para pescar', *gamayo* 'rama', sea derivada de *gamo* (por los cuernos típicos del gamo) que al revés; y es más probable que el cast. *gamo* resulte de un cruce de los dos sinónimos DAMUS (fr. *dain*) y CAMOX, que suponerle representar directo de la raíz de éste; luego en realidad no consta que la raíz de CAMOX no sea KAMOK- más bien que CAM-, y por lo tanto el vago parecido fonético con *gamón*, y su todavía más vaga analogía semántica, es verosímil que no signifiquen nada (los demás enlaces, con el sardo *gama* 'rebaño', etc., son todavía más aventurados).

DERIV. *Gamuzado* [1644, Martínez de Espinar]. *Gamuzón*.

[1] Es verdad que la *r* del port. *camurça* recuerda notablemente la de las formas centro-réticas (Belluno *camorz*, Livinallongo *chamourĉ*, Gardena *chamorĉ*, Comelico *chamorΘa*), del saboyano *famúr*, del nombre de lugar *Chamours* en los Alpes del Delfinado y del calabr. *camorcia* 'cuero de gamuza', como observaron M-L. (*ZRPh*. XXXI, 503), Jud (*BDR* III, 8), Spitzer (*ARom*. XI, 247) y Wartburg (*FEW* 149, n. 1), y como esta *r* no es explicable por condiciones de fonética local ni de otra manera, es tentador suponer que procede de una variante en el tipo prerromano, conservada solamente en Portugal y en ciertos valles alpinos. Pero a pesar de todo deberá rechazarse la idea y considerar debida esta coincidencia a una mera casualidad, o a importación de alguna de estas formas alpinas. La *r* del port. *camurça* puede deberse a una ultracorrección fonética como las que menciona J. de Silveira, en su observación a mi artículo sobre *combleza* (en la *Rev. Port. de Filol.*, comp. mi réplica), o bien a una contaminación, sea de CORZO, o más bien de *murça* 'muceta'. Creo que nada tiene que ver con la *mula camurzia* o *camuçia* de J. Ruiz (395c) puesto que se trata de otro animal.

GANA, palabra propia del castellano y el catalán, propagada desde España a Portugal e Italia, y a algunos dialectos magrebíes y occitanos; de origen incierto, probablemente de un gót. *GANÔ, f., 'gana, avidez', emparentado con el escand. ant. *gana* 'abrirse la boca', 'desear con avidez', noruego *gana* 'quedarse boquiabierto', 'mirar con ansia', frisón orient. *gannen* 'solicitar algo con miradas ávidas'; comp. GANAR. 1.ª doc.: Berceo.

Tiene desde la Edad Media el mismo valor que hoy y usos parecidos: «era muy cobdicioso, querié mucho prender, / falsava los judicios por *gana* de aver» (Berceo, *Mil.*, 239*b*), «tomóle al judezno de comúlgar grant *gana*» (ibid., 356*c*), «Teófilo con *gana* de en precio sobir, / al plazer del diablo ovo a consentir» (ibid., 741*a*), «prísole *gana* del marido nuevo que le prometiera» (*Calila*, ed. Allen, 196.311), «el cuitado del home come et bebe no lo habiendo *gana*» (*Castigos de D. Sancho*, p. 88)[1], «levantóse el vellaco con fantasia vana, / mostró puño cerrado: de porfia avia *gana*» (J. Ruiz, 57*d*), «*oscitans*: el que abre la boca con *gana* de dormir» (APal., 318*d*)[2], «*gana o antojo*: libido, libentia» (Nebr.), etc. Es frecuente con este sentido en todas las épocas y regiones del idioma[3].

En catalán, *gana* es también bastante antiguo, pues ya se halla en la traducción del *Corbaccio*, que según Moll es del S. XIV: «no de mi tenia manor grat que yo *ganes* de servirla» (*BDLC* XVII, 27); figura también en el 2.º tomo del *Tirante* (h. 1465): «les mans no li volien ajudar a ligar lo capell: tant stava de *bona gana*» (vid. Ag.); son los únicos ejs. antiguos que puedo citar, no muy numerosos, y aunque figuran en autores de lenguaje puro, no están absolutamente libres de castellanismos tempranos, aunque son muy raros en ellos; es posible que haya bastantes más ejemplos medievales y que no falten algunos más antiguos, pero de todos modos no es palabra muy frecuente en los escritores catalanes de la Edad Media, y como presenta menos derivados que en castellano[4] no puede descartarse del todo que sea vocablo importado de este idioma en fecha temprana, aunque no es verosímil en vista de su fuerte arraigo actual[5].

En lengua de Oc sólo conozco su empleo en el Hérault, donde Mâzuc (dialecto de Pézénas) recoge *de bouno gano* «de bon gré», y en dialectos gascones de los Pirineos (Arán *gana*, Bearne *gane* «envie, désir, élan; volunté», con la misma fraseología que en español)[6], pero tratándose de una *n* intervocálica castellana deberíamos esperar una forma gascona con caída de esta consonante, de suerte que en gascón será hispanismo, y lo mismo puede sospecharse del Hérault, dado el aislamiento del vocablo en esta zona. Es verdad que existe un vocablo parecido con gran extensión en tierras occitanas: Rouergue *ogoní* «souffrir de la faim», *ogonit* «affamé» (Vayssier; sabido es que en este dialecto toda *a* átona se cambia en *o*), *ogoní* «mourir» (*de set miech ogonit* «à demi mort de soif», Peyrot), y *aganit* 'flaco', 'mal alimentado', 'hambriento' se halla en hablas del Gard, Hérault, Tarn, Lot, Gers, Altos y Bajos Pirineos[7]; el área del vocablo se prolonga hasta ciertas hablas catalanas del Rosellón, Tortosa y Maestrazgo: *aganit* 'flaco, muy débil y de poca salud' (Alcover), pero como en otras partes es *aganyit*, como en los llanos del Rosellón («amagrit», «déprimé», *Misc. Fabra*, 180), en el

Vallespir (*BDLC* III), en Ribes y de nuevo en la provincia de Castellón y en la zona catalana de Teruel (Alcover), debemos creer que el vocablo tenía -NN- originaria y por lo tanto se ha de separar etimológicamente del cast. *gana* y relacionarlo con el cat. *escanyolit* 'raquítico', derivado de CANNA en el sentido de 'flaco como una caña'. Sajambre *agaño* 'deseo vehemente, ganas, hambre' (Fz. Gonzz., *Oseja*, 183) puede venir de *la gana* con influjo del grupo formado por Sajambre *esgañar* 'abrir desmesuradamente' 'partir, esgazar' (ibid. pp. 263-4), Cabranes *esgañao* 'de cuello largo' (que al menos en parte va con el cat. *escanyar* y lat. CANNA) y por *gañir, desgañitar*. No creo, en cambio, que haya relación con cat. *ganya* 'agalla' (GLANDULA), como sugiere Fz. Gonzz.

El mismo tipo léxico reaparece en Portugal y Galicia en las formas *enganido* y *aganado* y significados muy análogos[8], y como aquí la -*n*- intervocálica corresponde forzosamente a -NN-, no cabe dudar de que es prolongación de CANNA, con la misma sonorización inicial que observamos en descendientes de este vocablo como *GAÑOTE* (comp. *GAZNATE*). Por lo demás, *gana* «grande apetito ou vontade; desejo de fazer mal; fome» existe hoy en día en el portugués normal (Fig.), aunque Moraes y Vieira lo califican de «voz popular», y en ninguna parte se citan ejs. antiguos; pero, como observan Gonçalves Viana (*Apost.* I, 408) y Nobiling (*ASNSL*, CXXVI, 425), el carácter reciente del vocablo indica que ha de ser préstamo castellano, y así lo confirma el detalle de que la -N- intervocálica no haya caído en esta voz portuguesa; efectivamente, en tiempo de Bluteau (1712), *gana* era ajeno al portugués común y sólo se empleaba en el dialecto miñoto (Leite de V., *Opúsc.* II, 108)[9]. En italiano el vocablo se emplea solamente en la locución *di gana* «con gran voglia e piacere», que Petrocchi califica de vulgar e incorrecta (la relega bajo la línea), y no se halla antes del S. XVII (Lippi, Salvini, etc.): está fuera de dudas, como reconocieron Zaccaria, Pagliaro (*ARom.* XVIII, 365) y muchos más, que así en el idioma como en el dialecto de Sicilia (*gana, jana*) es préstamo español. Para completar el cuadro de esta expansión lingüística, citaré el árabe marroquí *gâna* 'apetito, deseo, voluntad', y argelino *gâna* 'apetito, deseo, voluntad', 'afición, inclinación, placer' (Lerchundi, Beaussier, Marcel), cuya *g* oclusiva basta para denunciarlo como préstamo castellano[10], y el vascofrancés y roncalés *ganu, gano*, 'afición, inclinación, tendencia', 'capacidad de trabajo' (como reconoce Schuchardt, *BhZRPh.* VI, 53).

Gana es, pues, vocablo antiguo en castellano, parece serlo también en catalán y es extraño originariamente a los demás romances. Como etimología, la más razonable me parece ser la del germanista Th. Braune, que relaciona con las palabras escandinavas arriba citadas[11]; existiendo el vocablo, además, en frisón, hay base suficiente para sospechar que perteneciera támbién a la lengua gótica, y que si falta en los textos de Úlfilas es sólo por el carácter incompleto del vocabulario de los mismos, deducción tanto más razonable cuanto que esta raíz, que básicamente significaba 'bostezar, abrir la boca' es común, con ligeras variantes vocálicas, a todos los idiomas germánicos, y reaparece en latín, griego, balto-eslavo y sánscrito; como no se conoce palabra gótica para 'bostezar', bien podemos suponer que fué este verbo *GANAN; por otra parte, en Es-candinavia y Frisia el vocablo aparece con la ac. secundaria 'desear ardientemente', que bien po-demos atribuir al gótico cuando esta evolución semántica es frecuente, según notó Diez, en los verbos que significan básicamente 'abrir la boca': BATARE íd. > fr. ant. *beer* «désirer ardemment, aspirer», oc. *badà* «aspirer après quelque chose» (*FEW* I, 286), ingl. *abeyance* 'expectativa', por otra parte, lat. *hiare* 'henderse', 'estar boquiabier-to', 'mostrarse codicioso', gr. χαίνειν íd. El tipo radical *gan-* procede de un vocalismo indoeuro-peo *ghan-*, mientras que en otros idiomas ger-mánicos el vocablo tiene el vocalismo indoeuro-peo *ghin-*, *ghoin-* o *ghī-*: de ahí a. alem. ant. *ginên* (> a. alem. med. *gënen* > alem. *gähnen*) y *geinôn*, ags. *ginian*, *gânian* (< *gainjan*), *geo-nian* (> ingl. *yawn*). Brüch, Gamillscheg (*R. G.* I, 382) y M-L. (*REW*³, 3637*a*), siguiendo el ejemplo de Diez, prefieren partir de una forma gótica correspondiente al a. alem. *geinôn* y ags. *gânian*, a saber gót. *GAINON, pero además de que entonces deberíamos admitir una reducción romance de AI a A (lo cual es posible aunque excepcional), esta variante radical sólo se halla en germánico occidental, y aun allí en minoría, y por lo demás estas formas no presentan las acs. figuradas del escandinavo, que tanto se acer-can a la española. Luego es preferible atenerse a la propuesta de Braune.

Por lo demás, no sé que se haya propuesto otra etimología que la que insinúa vagamente Schuchardt (*l. c.*) al decir que el proceso se-mántico del cast. *gana* es paralelo al del vasco *gura* 'deseo', 'gana de comer', 'voluntad', proce-dente del lat. GULA 'garganta': la idea de Schu-chardt sería, pues, que *gana* procediera del lat. CAN-NA en su ac. de 'gaznate', tan extendida entre los romances, pero esto choca con una grave di-ficultad fonética, pues la -NN- habría dado en castellano y catalán una *ñ* (*ny*)¹².

DERIV. *Aganar*, ant. 'dar ganas (de hacer algo)' [2 veces en P. M. de Urrea, h. 1513, DHist.]. *Desganado* 'sin gana' [h. 1580, Fr. L. de Gra-nada: Cuervo, Dicc. II, 1075*a*], de donde pos-teriormente *desganar* [1604, Sandoval]¹³; *desgana* [1570, C. de las Casas, «disgusto, svoglimento», escrito *desgaña* por errata]; *desgano*, principal-mente americano¹⁴, aunque se ha dicho también

en España (Cuervo, *Ap.*⁷, p. LXI). *Ganoso* [APal., 44*d*, «franco y *ganoso* de dar limosnas»; 529*d*, «*virose*... las mugeres *ganosas* de varones y lu-xuriosas»; también 147*b*; para un ej. aragonés en el S. XIV, vid. GANAR].

¹ Construcción que se halla también en el *La-zarillo*, «comienza a comer como aquel que lo había *gana*», debida a un cruce de *haber gana de* con *haberlo en gana*, y ya anticuada en el S. XVII, como nota M. P., *Antología de Pros.*, p. 101.— ² Se halla varias veces en este autor la locución *de gana* 'con deseo': «*flagiciosus*: ...el que mucho *de gana* tiene appetito de se corromper en pecados» (163*b*), «*obstrictus*: que sirve *de gana*» (318*d*).— ³ La ac. 'disposición de salud' es propia «del dialecto de Aragón y Va-lencia», según *Aut.*: «fingir que había estado *de mala gana* aquella noche», 'que me había sen-tido mal', en el valenciano Martí, *Guzmán de Alfarache*, ed. Rivad., p. 376. Es dialectal en catalán (Pirineos, etc.).— ⁴ *Ganoso*, tan vivo y castizo en castellano, apenas existe en catalán (aunque Ag. lo cita en el mallorquín de Sóller, como equivalente de 'deseoso'), y desde luego es ajeno al lenguaje común; *ganut* 'hambriento' es creación moderna y no generalizada; y so-bre todo no existe un verbo equivalente del cast. *ganar* (aunque el de éste es un caso especial, por su carácter de cruce). *Desganat* es común.— ⁵ Hoy en el Principado tiene mayor amplitud semántica y frecuencia de empleo que en cas-tellano mismo, pues además de las acs. comu-nes con este idioma, es el vocablo corriente para 'apetito, hambre, gana de comer': *tinc gana* es 'tengo hambre, tengo apetito'. Pero esto es aje-no a Mallorca, donde se dice *talent*, y a Valen-cia, donde se emplea *fam* con el matiz del cast. *hambre*. Las acs. comunes con el castellano son generales a todo el territorio de lengua catalana, aunque se tiende a decir entonces *ganes* en plu-ral, para evitar los equívocos, preferencia que ya se muestra en los autores medievales cita-dos.— ⁶ Quizá se extienda más al Norte, pues Mistral cita la locución *fa gano* en el poeta de Agen (Tarn-et-Garonne) G. Delprat, la cual de-fine algo extrañamente «croupir, dormir». El texto del ej. citado admitiría entender 'apetito', como en catalán.— ⁷ Sauvages *agani* «retrait, mal nourri», *soui agani de se* «je meurs de soif»; Mâzuc *aganit* «frêle, délicat, amaigri»; Pastre «exténué, amaigri, épuisé»; Couzinié «retrait, mal nourri; mûri avant le temps; maigre, sec, exténué, décharné» (también *reganit*); en Bé-taille (Lot) se dice de la nuez cuyo núcleo no se ha desarrollado (*Mél. Chabaneau*, 909); «la panso plato coum uo merlusso... dits: —Soi *aganit!* I podi pas mès tengue» en Cuélas (Gers), *Armanac dera Mountagno* 1935, 84; Cordier *aganit* «affamé, exténué de faim»; Lespy «avide, affamé, glouton». Será también el mismo voca-

blo el forézien *accani* «fatigué, épuisé de lassitude, de maladie» (Gras), aunque se podría pensar en un derivado de *can*, con sentido vecino al cast. *aperreado*. La voz *fangano* 'hambre canina' usual en Castres (Tarn), según Couzinié, debe ser contracción de *fam* y *gano*, hermano del *gano* de Pézénas. Véase también *aganat* «épuisé» y *aganit* «maigre» en el índice del *ALF*.— [8] Trasm. *enganido* «engelhado, fraco, raquítico e com aspecto friorento (creanças, vegetaes)», *ganirra* «mulher muito reles, coisa que não preste mesmo para nada» (*RL* V, 46, 91), Évora *andar enganido* «encolhido com frio» (*RL* XXXI, 99), Limia *enganido* 'parálisis' (Schneider, *VKR* XI, s. v.), Minho *aganado* 'raquítico' (Leite de V., *Opúsc.* II, 381), trasm. *aganado* «offegante com o calor», *aganar* «cansar com o calor» (*RL* XIII, 110), «andar com a língua fora da boca» (*RL* XIV, 85), port. *esgana* «doença contagiosa dos cães novos, conhecida tambem pelos nomes de *monquilho* e *funga*» (*RL* XXVI, 84), Viana-do-Castelo *ganilho* «comilão pequeno» (*RL* XXVIII, 271).— [9] De ahí el derivado *enganação* 'deseo vehemente' en el habla de Évora (*RL* XXXI, 102).— [10] Como *gâna* correspondería a una raíz arábiga (por lo demás inexistente) *ġ-w-n*, es posible que el hispanoárabe *ġáŭn* 'deleite en sí mismo, disposición por intención, gana o antojo, talante' (PAlc.) sea derivado del hispanismo *gâna*, como admite Dozy, *Suppl.* II, 232a. Desde luego carece de fundamento la aventurada etimología céltica que indica Simonet.— [11] Braune traduce el noruego *gana* por «gaffend, gespannt blicken», y el frisón orient. *gannen* «mit begehrlichen Blicken lüstern, gierig nach etwas verlangen, besonders n a c h S p e i s e», *gannîg* «lüstern, hungrig». Según Ross, nor. *gana* es 'estirar el cuello'. Para Falk-Torp (s. v. *gane*) el escand. ant. *gana* significaba «sich öffnen, b e g e h r e n, g l o t z e n». El diccionario del nórdico antiguo de Fritzner dice que el sentido fundamental de *gana* es 'abrirse dos partes de un objeto separándose mutuamente', de donde 'codiciar con avidez la posesión de algo', 'estirar el cuello hacia algo' y popularmente 'mostrarse orgulloso', de todo lo cual da ejs. abundantes. Es verdad que el diccionario islandés antiguo de Cleasby y Vigfusson sólo recoge las acs. 'precipitarse, correr frenéticamente', 'mirar de hito en hito', que de todos modos proceden del mismo orden de ideas.— [12] Para la expresión *sgagnosa* 'hambre' de la jerga de los prisioneros de guerra italianos, que difícilmente puede tener que ver con *gana*, V. algunas conjeturas etimológicas en Spitzer, *BhZRPh.* LXVIII, 341.— [13] Este verbo vino a coincidir con otro de fecha anterior y de significado y sin duda de origen diferente: *desganar* traduciendo el lat. *affligere* en una traducción bíblica del S. XIII (Cuervo), *desganar*

'matar' en la *Demanda del Santo Grial* (*RFE* XIII, 298), *desgañarse* (*de alguien*) al parecer 'disgustarse (de él)' en Villasandino (*Canc.* de Baena, n.º 103, v. 34), *desgañar* en Rodrigo de Reynosa, *Coplas de unos Tres Pastores* (fin del S. XV), ed. J. E. Gillet (*Philol. Q.* XXI). Según Baist (*KJRPh.* IV, i, 311) sería equivalente o (mejor dicho) vendría del verbo *deganare* de las glosas de Reichenau en el sentido de «deludere, inludere», que ha dejado varios descendientes galorromances, fr. ant. *deganer* 'engañar', 'seducir' («débaucher»), en Normandía 'remedar escarneciendo', Vosgos *déjòna* 'incitar al mal', para los cuales vid. Horning, *Rom.* XLVIII, 175-6. La coincidencia con el cast. *gana* es puramente fonética; se tratará más bien de una palabra de la familia de ENGAÑAR, como lo confirma la ñ de las grafías castellanas.— [14] Ya h. 1780, en doc. argentino, Draghi, *Fuente Americana*, p. 171. Hoy muy frecuente en este país (p. ej. Payró, *Pago Chico*, ed. Losada, p. 220).

GANAR, esta palabra y el port. ant. *gãar* proceden probablemente de un verbo gót. *GANAN 'codiciar', hermano del escand. ant. *gana* 'abrirse la boca', 'desear con avidez', noruego *gana* 'estar boquiabierto', 'mirar con ansia', frisón orient. *gannen* 'solicitar algo con miradas ávidas'; de la misma palabra gótica procede indirectamente el cast. GANA, pero el significado de nuestro verbo evolucionó bajo el influjo de otro verbo romance (it. *guadagnare*, fr. *gagner*, oc. *gazanhar*, cat. *guanyar*), procedente del germ. WAIDANJAN 'cosechar', 'ganar', de donde resultó por cruce el port. mod. *ganhar*. 1.ª *doc.*: doc. de Sahagún, a. 987[1].

Descartando un ej. de 747 que parece ser apócrifo (vid. Diez), abundan sin embargo en la documentación latina los ejs. arcaicos de *ganar*: a. 990 («*ganavimus* et emimus villas», en Du C.), doc. de S. Juan de la Peña a. 1055 (M. P., *Oríg.*, 189), doc. de León a. 1073 (*Festschrift Jud*, pp. 642-3), etc.; en textos literarios frecuente desde Berceo y desde *Elena y María* (*RFE* I). *Ganare hereditates* ya en doc. portugués de 874, K. S. Roberts, *Anthol. of O. Port.*, n.º 1, p. 30; en gallego-portugués, *gãar* es frecuente en la poesía arcaica del Cancionero de la Vaticana y de las Cantigas de Santa María (Nobiling, *ASNSL* CXXVI, 425), y aunque luego se tendió a arrinconar esta forma por las dificultades flexivas que causaba su hiato, persistió en los derivados port. *gado*, gall. *gando* 'ganado', port. ant. *gaança* 'ganancia', de donde a su vez el derivado *gançar* 'ganar, adquirir' en el Fabulario del S. XIV (publ. por Leite de V., *RL* IX, 25), y en otros textos de este siglo y del siguiente (con variantes *gaançar*, *guançar*, ibid.), gall. ant. *gaanza d'avoengo* (en una escritura monástica de 1299, Sarm. *CaG.* 88v).

El matiz semántico en la Edad Media puede ser ya casi el moderno en los textos arcaicos, pero con gran frecuencia se registra entonces un significado más vago 'obtener, lograr', que persiste hasta fecha bastante adelantada (*Danza de la Muerte*, v. 165): «*ganavi* de matre Regis nostri Domna Sancia ad decorem hujus Ecclesiae unum taregum argenteum... *ganavi* de filia ejus... unum frontalem» (en el citado doc. de 1073), «esto vos *gané*», «grant prez vos he *gañado*», «buen casamiento *ganar*» en el Poema del Cid, «tu me *gana*, Señora, perdón de mis pecados» (Berceo, *Mil.*, 829c), y con este valor, equivalente del lat. eclesiástico *impetrare*, es sumamente frecuente en la Edad Media[2]; una frase como *ganar amigos*, tan clásica en español y ya encontrada en el S. XIV (Sem Tob, copla 307), no sería imposible en otros romances con su *gagner* o *guanyar*, pero desde luego allí es mucho menos frecuente; en textos arcaicos tenemos el matiz de 'recabar', que nos acerca todavía más al del gót. *GANAN[3]: «renunciamos a toda letra del Papa que sea *ganada* o por *ganar*, por que se este fecho podiesse desfazer e... a toda letra del Rey que sea *ganada* o por *ganar*, etc.» (doc. de Sahagún, a. 1267, Staaff, 60.75). La idea de deseo o concupiscencia parece propia del étimo germánico parece conservarse todavía en la frase *ganar fijos*, que significaba precisamente 'tener hijos en mujeres ilegítimas': «El rey Priamus avya treynta e tres fijos bastardos... e todos los *ganara* en duennas e en donzellas de alto linage» (versión del Roman de Troie por Alfonso XI, *RFE* III, 136), de donde *hijos de ganancia* 'hijos naturales, bastardos' en la *Historia Troyana* de h. 1270 (86.3). De todo esto resulta claro que *ganar* presenta originariamente un contenido semántico distinto del de *guadagnare* y congéneres, como presenta también un tipo fonético inconciliable con la forma de este otro vocablo romance.

Los esfuerzos que han hecho varios romanistas[4] por derivar *ganar* de WAIDANJAN fracasaron sin remedio, y ya Diez (*Wb.*, 175) adivinó correctamente que *ganar* procedía de un vocablo germánico diferente, perteneciente a la familia léxica que primitivamente significaba 'abrir la boca, bostezar', pero cruzado luego con WAIDANJAN, que también existió en España. Este último punto fué demostrado por M. P. (*Mod. Philol.* XXVII, 413-4) en forma concluyente. El significado primitivo de la raíz germánica WAID- era 'buscar comida', en Escandinavia también 'cazar (algo)', de donde 'cosechar', 'segar': de ahí, por una parte, el cast. *GUADAÑA*, y por otra el ast. *guañar* 'germinar la semilla' (comp. Berry *gaigner* 'labrar, practicar la agricultura'), ast. *guañu* 'brote de una semilla', *guañín* 'segador' (R)[5]; de este contenido agrícola se pasó luego a 'hacer ganancias (con el trabajo agrícola, etc.)', comp. la

evolución paralela de *granjear* 'cultivar la tierra' > 'adquirir', y hoy *cultivar amistades*, etc.; mientras que *ganar* 'codiciar' pasaba a 'obtener', de la misma manera que *alcanzar* y *conseguir* (< 'perseguir'), de suerte que este verbo y *guaañar* venían a codearse semántica y fonéticamente, resultando pronto formas intermedias, como el *gañar* que aparece junto a *ganar* en el Cid, la vecindad entre *ganar* y *guadañar* con repetición sinonímica en el doc. de 1055[6], la de *gaanno* y *ganastes* en doc. asturiano de 1273[7], y ya la forma mixta *gaanavimus* en el testimonio más antiguo de todos, el doc. portugués de 959 (M. P.).

Debe abandonarse el intento de explicación etimológica formulado por Cornu, *GGr.* I, § 249[8].

Termino señalando la evolución semántica curiosa que ha conducido en la Arg. a que *ganarse*[9] y luego *ganar*[10] tomaran el sentido secundario de 'meterse', 'penetrar (en un lugar)'[11].

DERIV. *Ganable. Ganada. Ganado* [*ganato*, h. 950, Glosas Emilianenses, 84[12]; *ganado*, 1074, vid. Oelschl.], significó primitivamente 'ganancia' y 'bienes' (en las glosas de S. Millán traduce *pecunia* 'dinero'; *kanato mobivile vel inmobivile* doc. leonés de 1030; sinónimo de *bienes muebles* en doc. de 1105, vid. M. P., *Oríg.*, 266), y de ahí se especializó en el sentido de 'riqueza pecuaria', 'ganado' (ya en el Cid, junto al significado originario, que M. P. ejemplifica copiosamente en este y otros textos, en el vocabulario de su edición)[13], por el mismo proceso semántico en virtud del cual *hacienda* ha tomado el sentido de 'ganado' en gran parte de América (comp. vasco *abere* 'ganado' < HABĒRE 'bienes'; *azienda* 'ganado' es también vasco, Michelena, *BSVAP* XI, 292; cat. *avería* 'cabeza de ganado mayor'; también fr. ant. *che(p)tel* (norm. *ketel*) significó primitivamente 'bienes' 'caudal' (< CAPITALE), pero ya en 1114 aparece con el sentido de 'ganado', único conservado en el ingl. *cattle*); es evolución semántica fácil de comprender en economías rudimentarias como la de los primeros siglos de la Reconquista o de la Colonia americana, en que el ganado era casi la única forma de riqueza existente, mientras que en sentido contrario[14], al crearse la moneda por primera vez, en la Italia prehistórica, un derivado de *pecus* 'ganado', a saber, *pecunia*, tomó el sentido de 'dinero'; del mismo origen y significado son el port. *gado* y su variante fonética gall. *gando* (ya *gaando* en el fragmento gallego de las *Partidas*, publ. por Martínez Salazar, vid. *RL* XIV, 67-69)[15]; *ganado* es de uso tan universal en el catalán de Valencia (desde el Norte al extremo Sur) que no es frívolo sospechar mozarabismo y no castellanismo, sin embargo hay que contar también con la posibilidad de que sea aragonesismo de los pastores, o que por lo menos los dos factores colaboraran: en el *Thes. Puerilis*, p. 40, de On. Pou (1575), que aunque sea gerundense, refleja más bien el uso valenciano, se habla del *bestiar menut, lo bestiar pastura lo prat, bestiar que se ha de partir ab lo senyor*, pero ya también «*lo mostí del ganado*: canis *pecuarius*» (lo cual parece reflejar un uso especialmente pastoril). *Ganadero* [S. XV, Biblia med. rom., Gén. 29.3; 1605, *Quijote*], *ganadería. Ganador. Ganancia* [doc. de 1131, Oelschl.; *Cid*; Berceo, *Mil.* 877*d; Alex.*, 1340; tiene el sentido arcaico de 'despojo, botín, saqueo' en la *Gr. Conq. de Ultr.*, p. 560]; *ganancial* (falta *Aut.*, Covarr.); *gananciero; ganancioso* [*Apol.*, 422*d*; APal., 254*b*; Nebr.]. *Gano*, ant. 'ganancia'. *Ganoso*, aunque derivado de *gana*, presenta una evolución semántica paralela a la de *ganar* en los refranes aragoneses del S. XIV: «más vale estonda *ganosa*, que día perezoso», es decir, 'laboriosa, provechosa' (*RFE* XIII, 368).

CPT. *Ganapán* [1454, en Antón de Montoro; para documentación abundante, vid. J. E. Gillet, *Mod. Philol.* XXVII, 495-8, *Hisp. R.* VI, 163; Nykl, *RH* LXXVII, 172n.; y la bibliografía anterior allí citada] se explica semánticamente, como ya apuntó Covarr., por alusión a la maldición bíblica «*ganarás el pan* con el sudor de tu frente», pues el vocablo designa fundamentalmente a los que hacen pesados trabajos corporales, y ha sido tradicional presentar al ganapán lleno de sudor («veréis debaxo un *ganapán* sudando», cita de Esquilache en *Aut.*); debe contestarse negativamente la cuestión planteada (dubitativamente, por lo demás) por Gillet, de si *ganapán* podía ser alteración del fr. *galopin* 'galopín, golfo, mozo de recados', pues si era fácil pasar de *galapán* a *ganapán* por etimología popular, no se explicaría el cambio espontáneo de las dos vocales necesario para llegar hasta aquella forma (la variante *galapán*, que aparece en texto de 1535, se explica muy naturalmente por una disimilación de tipo frecuentísimo); las formas jergales francesas *galapian, -apiau, -opiau*, se explican por cruce del hispanismo *ganapán* con el auctóctono *galopin* (*galopeau, -piau* = cast. *galopillo*); y la catalana *ganàpia* (M. L. Wagner, *Notes Ling. sur l'Argot Barc.*, 60) es debida a intrusión del sufijo caló *-àpia, -ípia* (*narípia*, etc.), comp. gíria port. *ganapa* 'muchacha desvergonzada', 'meretriz' (Fig.). Yerra M. L. Wagner, *ZRPh.* LXIII, 343, al insinuar que *ganapán* viene del fr. *chenapan*, voz mucho más moderna, con la cual no hay relación alguna.

¹ «Quantum ibi *ganare* et amplifigare potuerimus», M. P., *Oríg.*, 249.— ² «Porque Santa María / vos *gane* de su fijo, que es madre complida, / que nos guíe a todos en esta vida», *Vida de S. Ildefonso*, v. 749. Comp. la imprecación «assí los diablos te *ganen*», todavía en la *Celestina*, Cl. C. I, 35.1.— ³ En apoyo de esta forma y contra el sinónimo germánico *GAINÔN, defendido como étimo por M-L. (*REW*, 3637a) y Gamillscheg (*R. G.* I, pp. 195 y 392), V. lo dicho en el artículo *GANA*.— ⁴ Por ej. Nunes,

RL XIV, 67-69, o De Forest, *Old French Borrowed Words in Old Spanish* (comp. *RFE* VI, 330). Éste cree que se trata de un galicismo, con el objeto de explicar la inicial *ga-*; aquél llega a admitir que *ga-* es lo regular, y los casos de *gua-* (*guarnir, guardar*, etc.) se deben, por el contrario, a falsas lecturas, luego generalizadas, de grafías sin valor fónico. Ideas descabelladas, que por lo demás no explican en absoluto la *n* en lugar de *ñ*, y ni siquiera lo intentan. Últimamente Pottier insiste de nuevo, y en vano, en la idea, *Rom.* LXXV, 533; nada o muy poco se gana con partir de un *WAIDANÔN (a base de la variante alto-alemana *weidenôn* 'apacentar'); la comparación con *GUADAÑA* muestra cuál hubiera sido en castellano el tratamiento fonético de la w- y de la dental. Por otra parte, tal forma germánica no habría podido existir en España, pues el gótico responde con -TH- a esta -d- alto-alemana.— ⁵ Vigón: *guñar* y *guañar* 'echar brotes las semillas, esp. de las patatas y cebollas', 'impacientar, inquietar', *guñu* y *guañu* 'brote de una semilla'.— ⁶ «Quantum ibi abeo *ganatu* et adhuc potuero *guatanigare*».— ⁷ «Perdiemos pel vuestro *gaanno* que *ganastes* el portazgo del pescado de alta mar», cita en Fz. Guerra, *Fuero de Avilés*, p. 80.— ⁸ Partía este erudito de una forma GANAVARE sólo documentada en dos glosas (*CGL* IV, 346.20 y V, 502.20: «*ganabat*: fortiter exsequitur»), como variante del arcaico GNAVARE, clásico NAVARE 'trabajar activamente'; el presente *ganava* se habría tomado falsamente por un imperfecto, y de ahí se dedujo un nuevo infinitivo *ganar*. Pero GNAVARE es forma olvidada desde antes de la época ciceroniana y sólo resucitada artificialmente por lexicógrafos y glosadores curiosos; la forma accidental GANAVARE resulta de un esfuerzo individual imperfecto por articular el grupo inicial desusado GN-: claro está que tal forma no pudo pertenecer jamás al lenguaje hablado, además de que NAVARE no ha dejado descendencia romance en ninguna parte.— ⁹ «Entre aullidos del perro que quisiera *ganarse* en la pieza», H. Carpena, *La Nación*, 29-IX-1940. También en B. Lynch, *La Nación*, 1-I-1940; etc.— ¹⁰ «Pero el diablo que miró / el sable aquel y el escudo / lo mesmito que un peludo / bajo la tierra *ganó*», A. del Campo, *Fausto*, v. 1256. También en el *Martín Fierro*, vid. el vocabulario de Tiscornia a su 1.ª ed.— ¹¹ Es difícil que el hispanoárabe *gáudan* 'robar', en R. Martí, tenga algo que ver con nuestro verbo, según quisiera Simonet (s. v.). Si acaso deberíamos admitir que un *guadañar*, después de arabizado en *gádan, fué contaminado por *gáun*, para el cual V. el artículo *GANA*.— ¹² Íd. en doc. de 1044 de la Rioja Alta, M. P., *D. L.*, 71.21, y ya en 952 (Neuvonen, p. 266).— ¹³ Secundariamente puede llegar a perder el sentido colectivo y designar animales individuales: *ga-*

nados fieros, Cid, 2789; «unos guantes de *ga-nato*», invent. arag. de 1406, *BRAE* III, 361. En la Arg., Ecuador, Colombia, Méjico y Canarias se tiende hoy a especializarlo para el ganado vacuno: *BRAE* VII, 626.— [14] No en sentido contrario, sino en el mismo sentido que en castellano, fué la evolución semántica del *ieur. peku* en el lat. *pecu,* pues aquél, según ha demostrado Benveniste, *Voc. Inst. Ie.* I, 60, significó primitivamente 'dinero, fortuna' (cf. gót. *faíhu* 'dinero', ingl. *fee* 'paga, honorario' 'posesión', fris. ant. *fio* 'dinero', y el fránc. *fihu* —de donde fr. *fief,* oc.-cat. *feu* 'feudo'— debió significar primero 'bienes muebles' > 'bienes feudales').— [15] Inadmisible y superflua la etimología ár. *gánama* 'ganado menor' propuesta por Steiger, *Contr.,* 87.

GANCHO, palabra antigua en castellano (y portugués), que de aquí se extendió al árabe hispánico y magrebí, al turco y a los varios idiomas balcánicos, por otra parte al catalán, al galorrománico y al italiano; origen incierto, probablemente prerromano: como el significado primitivo parece haber sido 'rama punzante o ganchuda', 'palito', puede venir del céltico *GANSKIO- 'rama' (de donde procede el irl. ant. *gésca* y, como forma emparentada, el galés *cainc* 'rama' y otras palabras indoeuropeas). *1.ª doc.: qangŭllu* 'abrojo' figura ya en el glosario botánico mozárabe de h. 1100, como propio de la Frontera Superior (Aragón y Cataluña), n.º 115; *gancho,* a. 1331.

Aquí, como en el caso de *gaita,* tenemos un vocablo, antiquísimo en la Península Ibérica, que se ha creído de origen turco. Otra vez se ha tomado por su lugar de origen lo que no era más que la última escala en la expansión mediterránea de una palabra hispánica, y se ha atribuído al último llegado de los pueblos europeos la paternidad de una palabra que ya había echado raíces en nuestro suelo antes de la conquista romana. Tan fuerte fué entre algunos romanistas la tendencia a buscar fuera de sus límites el origen del vocabulario español. ¡Nada menos que M-L. y Rohlfs afirmaron que viene del turco una palabra como *maguer,* que ya se lee en textos castellanos del S. X!

En España es donde aparece por primera vez el vocablo que encabeza estas lineas. Hay, por lo pronto, varios ejs. claros en el S. XIV. En un invent. arag. de 1331 leemos «dos passaderas de fierro; un *gancho* de fierro con mango de fust» (*BRAE* II, 552), y se mencionan «unos *ganchos* viellos» en otro de la misma procedencia fechado en 1369 (ibid., p. 709); en poesía de Juan Alfonso de Baena figura la locución *remirar de gancho* 'mirar de reojo' (en rima con *garrancho; Canc.* de Baena, n.º 452, v. 48); Nebr. registró «*gancho de pastor: pedum*» (es decir, 'cayado') desde la primera edición de su dicc.

(1495, f.º g6r.º), y sería fácil reunir muchos ejs. desde el S. XVI.

Pero si tenemos en cuenta la proximidad de las ideas de 'espina' y 'gancho', no vacilaremos en reconocer el testimonio más antiguo que hasta ahora se ha hallado en el nombre de planta *qângŭllu* (= *kančúḷo*) 'abrojo', que trae el botánico anónimo de h. 1100 como término propio de la «Frontera Superior», es decir, Aragón y Cataluña. Así lo vió correctamente Asín en su edición (n.º 115). La seguridad se hace completa al advertir, como veremos abajo, que la acepción 'garrancho', 'ramito agudo o ganchudo', parece haber sido el significado primitivo de la palabra *gancho.*

Aunque del port. *gancho* no tengo documentación temprana, y sólo puedo indicar que sus derivados ya figuran en textos del S. XVI (*Naufragio de Sepúlveda;* Diogo do Couto; vid. Moraes), no tenemos por qué dudar que sea tan antiguo como en español. En cambio, el cat. *ganxo* ha de ser castellanismo por su *-o,* pero su antigüedad refuerza indirectamente la de la palabra castellana: se documenta no sólo en un invent. de 1467 y en otro texto medieval sin fecha, ya citado por Ag. y Balari, sino además en la *Història del Cavaller Tuglat,* publicada según un ms. de fines del S. XIV[1], en la Farmacología de Klagenfurt, que es del mismo siglo o quizá del XV[2], en el *Viatge d'Owein al Purgatori*[3] y en varios invent. desde 1336[4]. Fijémonos desde ahora en la temprana aplicación a cosas de mar, que nos explicará la expansión oriental del vocablo. Actualmente es palabra muy popular, enteramente arraigada e irreemplazable, después de la muerte del único sinónimo que conozco, *croc,* olvidado desde hace muchos siglos; el derivado *enganxar* se ha hecho también palabra esencial, más que en castellano, pues es la única expresión de la idea de 'pegar, adherir'.

El fr. *ganche,* sólo aplicado a cosas de mar, se documenta desde el S. XVI, y el occitano *gànchou,* aunque tiene aplicación más amplia, muestra también su procedencia forastera, sin duda española, con su *-ou* átona final (vid. *FEW* IV, 50*b*).

El paso al árabe occidental, además del testimonio mozárabe de h. 1100, puede documentarse gracias a PAlc., donde *gancho* traduce el cast. *cayado de pastor,* y su plural árabe *agnách* revela asimilación ya antigua en el idioma. Hoy tenemos *gânžo* o *gânčo* «gaffe, harpon pour le poisson», «crochet», en Marruecos, Argel y Túnez (Steiger, *Contr.,* p. 238).

En cuanto al it. *gancio,* tiene antigüedad considerable, pues ya aparece en la segunda mitad del S. XV, en Luca Pulci († 1470), en B. Giambullari († 1525), etc. Sin embargo, mis esfuerzos por documentarlo anteriormente han sido vanos[5]. Los diccionarios italianos tratan del vocablo brevemente, y Zaccaria no vacila en calificarlo de hispanismo. Aplazando esta cuestión, me limito a observar que de Italia debió pasar el vocablo a la otra orilla del Adriático, de donde el serbiocroato *gánač*, magiar *gants* y griego moderno γάντσος[6].

El turco *kandža* podría venir también de Italia, por el griego, o directamente de Venecia; pero su sonora *dž*, tan comprensible con un intermedio arábigo, me hace pensar más bien que se tomaría del árabe *tunecí* o *argelino*. De Turquía pasó luego *kandža* al búlgaro y al serbio, así como al magiar *káncsa* y al rum. *cange*.

Pero ciertos diccionarios etimológicos resuelven que el turco es, por el contrario, la fuente del vocablo en todos los demás idiomas. Es idea extraña e indefendible, puesto que se trata de una palabra ya documentada en el extremo Oeste de Europa en el S. XIV y aun en el XI, cuando los turcos no eran todavía pueblo mediterráneo. Por lo demás, la idea parte de un orientalista tan poco experto como M-L.[7], aunque la prohijaron Lokotsch y Wartburg (*FEW* IV, 51). Éste protesta porque Sainéan, buen conocedor del turco, afirma el origen romance sin aducir pruebas, pero él las alega en contra de su propia afirmación, al reconocer que en Occidente ya corre *gancho* en el S. XIV. Se trata del caso viejo del etimologista que antes de reconocer que se ignora el origen prefiere achacárselo a una lengua remota y poco estudiada[8].

En definitiva, quedan como posibles patrias del vocablo Italia y España. Si Zaccaria se inclinaba por ésta, no era sólo por razones cronológicas, sino porque en España tiene más derivados (*gancha, ganchudo, enganchar, enganche*, sin equivalencia italiana) y aplicación más amplia, pues en italiano es casi sólo de aplicación marítima: en una palabra, allí tiene menor vitalidad. Además, observemos que en este idioma hay bastantes sinónimos: *crocco, graffio, raffio, uncino*, por lo menos el último mucho más antiguo y usado que *gancio*[9]; en español apenas hay sinónimo alguno. Y el vocablo pertenece aquí a una esfera más rústica y elemental: *gancho* era el cayado del pastor en Nebr. y PAlc., y esto sigue siendo en el catalán arcaico del Pallars. Permanecemos en el mismo terreno agrícola o campesino con el *gancho* 'guadaña de hierro' del trasmontano de Mogadouro (*RL* V, 91), y con las acs. 'gancho para sacar paja del henil' y 'bichero para gobernar los troncos que se transportan río abajo', que anoté en el Alto Pallars. Atendiendo a estas consideraciones, no debemos dudar más en mirar el. *gancio* como un hispanismo temprano recibido por conducto del catalán y por vía marítima. En cuanto al español, creo que la acepción más antigua es la que se centra en torno a la idea de 'rama'. 'Rama de árbol' significa *gancho* en Lope, en el P. Ribadeneira (citas de *Aut.*) y en el *Quijote*[10]. *Gancha* es 'gajo' en Al-

bacete y León (Acad.), 'racimo pequeño de uva' en Astorga (A. Garrote) y en Mérida (A. Zamora, *RFE*, XXVII, 248). Y hay otra variante en este sentido, de forma arcaica e independiente: *ganzo* 'palito seco de urce para alumbrarse', en el Bierzo (Fernández Morales) y en Galicia; *ganzu* íd., en el Oeste de Asturias; *ganciu* en Sanabria y en La Cabrera (vid. Krüger, *Gegenstandsk.*, 101); ast. *ganciu* 'zarzaparrilla' (V).

Que este sentido de ramo o garrancho más o menos punzante o ganchudo puede ser el primitivo, nos lo indica no sólo su mismo carácter rústico y el testimonio antiquísimo de los años 1100, sino también el caso paralelo de *garabato* 'gancho' junto al port. miñoto *grabato* 'palito', «mòlhinho de lenha» (Leite de V., *Opúsc.*, II, 166, 492); Bierzo *garabullo* 'palito' (Fernández Morales), y los primitivos santand. *garabas* 'leña de monte' (Alcalde del Río), astur. occid. *gárabu* 'trozo de leña delgado para atizar el fuego'[11], que a su vez enlazan con la familia prerromana del ast. *garbu* 'leña menuda', santand. *garabita*, salm. *carbizo* 'roble basto', *carba* 'matorral' (ya documentado en 1243), port.-leon. *carvalho* 'roble', sardo *carva* 'rama'; vid. *CARBA*.

Y que la variante *ganzo*, con -z-, es antigua y muy digna de mención, nos lo prueba *ganzúa* 'llave falsa de gancho', que según vió Schuchardt con su autoridad de vascólogo[12], ha de ser variante vasca de *gancho*, con adición del artículo -a propio de este idioma; vasquismo que se generalizó en fecha temprana en la jerga de los ladrones españoles, pues ya lo hallamos en la *Gaya* de Segovia (1475), en APal.[13], en Nebr. («clavis adulterina»), en el *G. de Alfarache*, etc.[14]

Todo eso demuestra la posibilidad de partir de una vieja palabra céltica. Al irl. ant. *gésca* 'ramo pequeño', 'rama o gajo de árbol', corresponde como base primitiva *GANSKI̯O, vid. Pedersen, *Vgl. Kelt. Grammatik*, I, 151, 494. Se trata de un derivado de la raíz KAN- o GAN-, cuyo otro derivado KAN-K- tiene gran extensión con este significado en céltico y en muchos idiomas indoeuropeos: irl. med. *géc*, irl. mod. *géag* 'rama', galés *cainc* íd., eslavón *sǫkŭ* 'ramito' («surculus»), sánscr. *çankúḥ* 'clavo de madera, taco', 'palo', 'estaca', etc. (Pedersen, I, 126; Walde-Pokorny, *Vergl. Wörterbuch*, I, 235). De un derivado galo *GANSKARIA derivan Hubschmied (*VRom.* III, 124n.) y Wartburg (*FEW* IV, 53-54) el fr. *jachère*, b. lat. *gascaria* 'barbecho'. Claro que por falta de paralelos fonéticos es difícil asegurar cuál sería el tratamiento normal del grupo -NSKI̯- en español, pero me parece legítimo admitir que así *gancho* como *ganz(i)o*, por lo menos dialectalmente, pueden mirarse como resultados posibles. Piénsese en SANCTIUS > cast. *Sancho*, cat. *Sanç*; téngase en cuenta que -SCI̯- cuando está entre vocales da *ç* en Castilla y *x* en los demás romances hispánicos, que la N oclusiva precedente debía modificar el resultado, y que si lo hizo cambiando la fricativa *x* en la africada *ch* nada tiene ello de sorprendente. Por lo demás, *gancho* podría también mirarse como forma del mozárabe, dialecto que tiene normalmente *ch* frente a la *ç* castellana[15].

Antes de cerrar el artículo recojamos otras etimologías poco verosímiles e indiquemos otras posibilidades más complicadas. La menos arriesgada sería la idea de Diez, gr. χαμπύλος 'curvo, encorvado', χαμπύλη 'cayado'. Suponiendo una latinización *CAMPŬLUS, ninguna dificultad fonética habría (contra la opinión de M-L.) en llegar a *gancho*. No vacilo en reconocer que esta etimología sería, a priori, perfectamente aceptable. Pero, por muy frecuente y popular que fuese el vocablo en griego, el caso es que no tenemos en textos ni en glosarios el menor indicio de que pasara a usarse en latín. El gr. γαμψός 'curvo', por más que satisfaga a Schuchardt (*ZRPh.* XXVIII, 42) y a Wartburg (*l. c.*), no explica la *ch*, y tampoco se sabe que pasara jamás al latín. Y tampoco el vasco *kako* 'gancho' o el hipotético *ANCŬLUS, derivado de ἄγχος 'curvo, retorcido' supuesto por Cornu (*GGr.* I, 252), ofrecen base fonética adecuada, pues el paso de *o* o *ancho* a *o gancho*, tras el artículo portugués, no podría hacerse extensivo al castellano. En rigor se podría imaginar que junto al leon. y gall. *angazo*, *engazo* 'rastrillo', 'instrumento para pescar mariscos', port. *engaço* 'rastrillo', en Castro Laboreiro 'gancho' (Leite de V., *Opusc.*, II, 347), en la Beira 'racimo de uvas' (*RL* II, 248-9), existiese una variante *enganço (*inganço* se dice en Paços de Ferreira, Leite, p. 494), y de ahí *engancho* y *gancho*, lo cual nos proporcionaría un étimo germánico, puesto que *angazo* sale de *anga*, gót. *ANGÔ (comp. alem. *angel* 'anzuelo, gancho'), pero hay que reconocer que es una combinación muy compleja y arriesgada para que diera en todas partes la forma *gancho*, con *n* constante y *ch* predominante. La etimología céltica es más sencilla[16]. Imposible fonéticamente partir de un *CAMBEUS relacionado con el célt. CAMBOS 'curvo', como quiere *GdDD* 1307a (por lo demás, aunque algún derivado de éste, como *cambeiro*, designe localmente algún objeto ganchudo, no hay testimonio de la existencia de tal *CAMBIOS o -EUS en céltico ni en romance). De un cruce de *gancho* con *pincho* resulta *guincho* 'pincho de palo' [Acad. ya 1843], 'gancho puntiagudo', 'ave de rapiña de grandes uñas' [1606, Argensola].

DERIV. *Gancha* 'gajo', 'racimo', V. arriba. *Ganchero. Ganchete. Ganchillo. Ganchoso. Ganchudo. Ganchuelo. Enganchar* [Palomino, h. 1708]; *enganchador; enganche* o *enganchamiento. Reenganchar; reenganche, reenganchamiento. Esganchar* o *eschangar* 'abrir, hender', 'descomponer' en Cespedosa, *escanchar* en Zamora (*RFE* XV, 155, 170). *Guinchar* 'picar con la punta de un palo', gnía.

'perseguir' [1609, Hidalgo]; *guinchón.* Deriv. de *ganzo*: gall. *esgazar* 'despedazar' («cayó y *esgazou* a cara», Sarm. *CaG.* 205v), por cruce de *esganzar* con *despedazar, destrozar*; por cruce con *gadoupa* y *gadaña* (vid. GUADAÑA): gall. *gadancho* 'rueda o círculo de madera con muchos garfios para colgar carnes o tocinos', Sarm. ib. 205v. Del célt. GANSK- 'rama', el gall. *gasgallo* 'ramo o vástago de leña baja del monte', *gasgalleira* 'matorral, campo inculto lleno de maleza' (Vall.; pero no figura en Lugrís ni Carré ni en el Apéndice a Eladio Rdz., ni Fig., ni lo encuentro en *Irm. Fal.*).

[1] «*Ganxos* enforcats axí com a ham de pescar», *Col. de Docs. Inéd. del Arch. de la Cor. de Aragón*, XIII, 98.— [2] «Un *ganxet* de ferre», *AORBB* III, 258.— [3] «*Guanxos* de ferre», *Misc. Fabra*, 156. Desde luego es medieval.— [4] Alcover. «Ab ses poliges e dos perns de tres ulls e un *ganxo* de ferro», en uno barcelonés del año 1489 en Moliné, *Consolat de Mar*, pág. 370.— [5] Datos que he tomado de la Crusca, Tommaseo y Zaccaria. No hallo nada en el glosario de Monaci, en los altoitalianos de Mussafia, en Edler, Jal ni el *Diz. di Mar.* de la Academia de Italia.— [6] Que éste sea continuación del gr. clás. γαμψός 'curvo', como quiere Schuchardt en vista de la coincidencia de γαντώνυχος 'de uñas ganchudas' con el antiguo γαμψώνυχος, es inverosímil por la diferencia de acentuación y de sentido. El especialista Gustav Meyer (*Rom. Lehnworte im Neugriech.*, 22) afirma, por el contrario, que es italianismo.— [7] *REW*, 4673. Cita a Miklosich, *Denkschriften der Wiener Akad.* XXXIV, 325, pero este eslavista sólo trata de los turquismos de las lenguas balcánicas, y, aunque menciona el italiano entre los idiomas que pudieron tomarlo del turco, lo dice accidentalmente y como una vaga posibilidad. Gustav Meyer, el mejor especialista, aun reconociendo que se ignora la procedencia de la voz romance, afirma, por el contrario y sin vacilación, que en turco es italianismo (*Neutürkische Studien*, en *Sitzungsberichte d. Wiener Akad.* CXXVIII, 48).— [8] Que un pirata argelino de h. 1600 llevara el nombre de *Mami Gancho* (*RFE* XIII, 182) de ninguna manera interesa para el problema, entre otras razones porque se trataba de un renegado veneciano, y el vocablo existía en Argel y en Venecia mucho antes de esta fecha. Más importante es que un personaje apodado *Alí Gancho* figure en escrituras árabes de Almería pertenecientes a la Edad Media, vid. Simonet, s. v. *Claro* que es imposible fonéticamente la etimología UNCUS, admitida por este autor.— [9] Es verdad que *gancio* no es ajeno a los dialectos italianos, pero se trata solamente del Sur del país (vid. I. Iordan, *ZRPh.* XLII, 642), la zona de influjo español.— [10] Hoy en Chile (G. Maturana, *D. P. Garuya*, 143), en el portugués de Tras os Montes (*RL* XIII, 108),

etc.— [11] M. P., en *Festgabe Mussafia*, 400.—
[12] *RIEV* VI, 268 y ss.— [13] «*Laverna* es una ferramienta de los ladrones que dezimos *ganzua*».
273*b*.— [14] De ahí *gançuar* 'abrir con ganzúa', en
La Pícara Justina, I, 127. El port. *gazua* (variante secundaria *gazula*: C. Michaëlis, *RL* III,
158) y los varios testimonios del S. XV concuerdan en presentar *z* sonora, pero esta irregularidad es comprensible tratándose de la adaptación de un fonema forastero, como la *tz* vasca.
Según indicó Schuchardt, es imposible la etimología de Larramendi *gako-itsu-a* 'llave ciega'
(trató también de la cuestión Baist, *ZRPh*. VII,
115ss.). Hoy en vasco conozco solamente *kantxo*
'gancho para trenzar el cáñamo' en Baja Navarra, según Azkue. Aunque realmente *gantzu(a)*
falta en Azkue y otros diccs. vascos (que lo rechazan por ser romanismo), «*gantzu*, fausse clef, rossignol» figura en Lhande, quien lo saca del dicc.
ms. del labortano Harriet (fin S. XIX). La forma
con -*z*- se halla también en el it. de Venecia, Trieste e Istria (Deanović, *ARom*. XXI, 278), donde se
explica como dialectalización del it. *gancio*, por
el sentimiento de la correspondencia fonética
entre el toscano y el dialecto local.— [15] También
cabría en rigor postular un *KANKIO- correspondiente a la forma galesa, eslava, etc. Pero no
es necesario.— [16] Podría tener gran interés la
forma *gansia* aplicada a la luna en cuarto creciente, quizá por su forma curvada, que H. A.
Strong (*ALLG* XV, 508) quiere relacionar con
gancho. Se halla dicha forma en los *Hisperica
Famina*, el extraño texto latino que algunos fechan ya en el S. VI o VII d. C. (los mss. más
antiguos son del IX), y que los eruditos están de acuerdo en localizar sea en Irlanda o
en España; de todos modos, la notable mención que en él se hace del «scottigenus sermo»,
'lengua irlandesa', permitiría relacionar con nuestro *GANSKIO-. Pero como apoyo de esta etimología tiene escaso valor, pues es sabido que el
vocabulario de ese texto es una mezcla extravagante de palabras de procedencia desconocida,
probablemente sacadas de léxicos y glosarios
después perdidos, pero también podrían ser inventadas. La variante *guaincho* empleada en
Marco de Canaveses (Minho), Leite de V., o. c.,
430, se deberá a alguna contaminación. No creo
que haya relación entre *gancho* y el oc. *gansolo*, *ganso* (fr. *ganse*) 'lazo' (según quiere el
FEW IV, 50), cat. *gassa* 'lazo en el extremo de
un cabo de cuerda', Val Anzasca *gaša* «gancio,
occhiello» (*ARom*. XIII, 170). Tampoco creo
que se pueda partir para *gancho* de un étimo
*CAMBULUS, diminutivo del céltico CAMBO- 'curvo' (V. *CAMBA*), comp. *canbito* 'gancho de madera' en el portugués de los *Padres de Mérida*
(h. 1400: *RL* XXVII, 18), pues a pesar de la
similaridad de tratamiento entre CINGULA > *cincha* y (P)LANCULA > *lancha*, los casos de *amblar*

AMBULARE y *temblar* TREMULARE demuestran que
no había tal similaridad en el caso de las labiales.

GÁNDARA, 'tierra baja, inculta y llena de maleza', ast. y gall., probablemente del mismo vocablo prerromano que el tipo GANDA 'pendiente
rocallosa', propio de los Alpes centrales y orientales; el origen último es incierto. *1.ª doc.*: «enna *Gandara*» (es decir, 'en la gándara'), en doc.
santanderino de 1147 (M. P., *Oríg.*, 354).

También es portugués *gândara* «no Mondego
são as prayas que deixa descobertas, quando vai
mui sangrado, ou em geral terra areyenta e estéril que mal da tojaes, etc.» (Moraes, con cita
de doc. de 1470-80 relativo a Aveiro), «terreno
areoso, pouco produtivo e estéril; terreno despovoado, mas coberto de plantas agrestes» (Fig.).
En Portugal hay ej. de *gándera* en doc. de 957,
y de *gandarella* en 1038 (vid. Cortesão); de todos
modos, la toponimia muestra que es sólo al Norte
del Bajo Duero donde el vocablo es frecuente: hay
cuatro feligresías de *Gandra* en la zona interamnense (más un lugarejo de *Gândara* o *Gandra* cerca de
Arcos de Valdevez, a 20 k. del linde gallego), la
más meridional unos 20 k. derechamente al Este
de Oporto[1]. V. ahora el importante artículo de M.
P., *NRFH* VII, 40-41 (aunque ahí hubiera debido
separarse nuestro vocablo del tipo *CÁNDANO* y
sus variantes); además Hubschmid, *Boletim de
Filol.* XII, 130-7; *Alpenwörter roman. u. vorroman. Urspr.* (Berna, 1951), 17, 53. En Galicia es «terreno de formación diluvial, formado
por arcillas, guijarros sueltos aglomerados, arenas
y cantos, que forma grandes valles y es de poca
fertilidad», según Schulz, *Descr. de Galicia* (cita
en *BRAE* XXII, 495). En España la toponimia
atestigua la mayor vitalidad del vocablo en Galicia, donde *gándara* y sus variantes *gandra* ('landa')[2] y *granda* (toponimia) son palabras bien vivas
en la actualidad; de los nombres de lugar dedujo
Bertoldi (*BSL* XXXII, 93-184) que se extendió
también por Asturias, Santander, País Vasco, Gascuña y Norte de Cataluña[3]. Como apelativo, en
zona de lengua castellana, sólo conozco el ast. *granda* «rasa abierta, más alta que la vega y de mayor
extensión, y de terreno pedregoso, como de aluvión» (Rato), «tierra llana e inculta, del común,
llena de maleza» (Acevedo-F.)[4]; la Acad. recoge
el vocablo, sin localización, desde 1884. Jud (*BDR*
III, 9-10) fué el primero en relacionar el hispánico *gándara* con el tipo alpino *GANDA 'pendiente peñascosa', 'amontonamiento de detritus'
(en algunos valles *GANA)[5], que se extiende desde el Friúl hasta el Tesino, y desde el centro
y Oeste de la Suiza alemana hasta el borde Sur
de la zona alpina; acerca de los tipos GANA y GAN
DA en la Suiza alemana, Jud, *VRom*. VIII, 75-77.
En la Península tenemos indudablemente uno de
los casos de adición secundaria del sufijo átono
-*ara*; Scheuermeier, *BhZRPh*. LXIX, 119, subraya

que es palabra propia de las zonas réticas[6], más que de las de substrato gálico, pero la presencia en el Noroeste hispánico lo mismo podría tomarse como prueba de un origen céltico que de la procedencia de un idioma de pueblos anteriores[7]. Es sugestiva la idea de Bertoldi[8] de relacionar con el vasco-francés *andar* «lieu en pente et glissant», y con el antiguo término ibérico *gangadia* 'terreno arcilloso de gran tenacidad', citado por Plinio (XXXIII, 72), que podría venir de un precedente *gandadia*, con el sufijo colectivo vasco -*di* (*arantzadi* 'espinar', etc.)[9]. También es sugestiva la de J. U. Hubschmied[10] de partir de un célt. *GANIMA (irl. *ganem*, f., 'arena'), de donde una asimilación *ganma* > *ganna*, y luego diferenciación *ganda*, pero se trata de una construcción audaz que sólo podríamos admitir con muy buena voluntad[11]. Con razón la rechaza Pokorny (*VRom*. X, 241-2), y quizá también atine al atribuir el vocablo a una población hispánica no indoeuropea que h. 2000 a. C. se extendió hasta el Elba.

Un argumento, aunque débil, en que apoyar la idea de que el vocablo fué indoeuropeo, sería que en el topónimo fluvial lígur *Gando-bera* que se ha interpretado razonablemente como 'acarreador de pedregal'[12], siendo -*bera* el indoeur. BHERŌ 'yo llevo', cabe sostener que GANDA- 'masa de cantos rodados' fuera vocablo vivo en esta forma indoeuropea del lígur (otros estudiosos del lígur discreparon de esta etimología de *Gando-* y *Porcobera*: citas en Weisgerber, *SprFK*[2] 33, 82-83, §§ 209-211); y se me ocurre que acaso se tratase de la raíz GEN/GNET- 'aglomerar', 'formar bultos' (*IEW* 370-372) tan desarrollada, y con muchas variantes, por el germánico, pero que no es ajena al griego ni menos aún al baltoeslavo.

[1] El importante *Grândola* del Alentejo no tiene relación con esto (ni es importación de un oscuro topónimo de los Alpes como pretendía Silveira) sino equivalente mozárabe, aunque algo aportuguesado, del manchego *Granátula*. *Grandaços* más al Sur, junto a Ourique, será también algo parecido.— [2] «*Gandra* esquiva de Moureda / quén poidera / antre as tuas irtas uces / falar a soas con ela!» Pondal, quien otras veces emplea la forma plena; «por *gándaras* ermas e lombos areosos» Castelao 236.5f. V. la descripción y fotos del paisaje de *gándara* que da Otero Pedrayo en *Terra de Melide* (1933), p. 27 y 30 ss.: escribe en el texto *gandra*, pero *gándara* traen el índice y los grabados.— [3] Siento que este artículo no se halle a mi alcance directo, pues personalmente no conozco tales nombres de lugar catalanes. Que se extendiera más al Sur, según indica M. P., *ZRPh*. LIX, 190-1, es posible desde luego, pero inseguro. En realidad, no podemos estar seguros del origen del cat. merid. *Gandesa* y val. *Gandía* (otros han relacionado con el *Candía* griego, recordando que ésta es la zona donde dominaron los bizantinos, y ello es muy posible, aunque tampoco se puede confirmar ni rechazar por ahora). Ya Rohlfs, *ASNSL* CLXXVI, 137, hizo notar que el gasc. *Gandalou* (OPPIDUM WANDALORUM) debe borrarse de esta lista. Y los demás nombres occitanos citados y el *Gandullas* madrileño son también dudosos. Desde luego nada tiene que ver con esto el *Gandul* de Sevilla, puesto que en Andalucía este vocablo designa un árbol de ramaje caído (anotado en Almería) y es por lo tanto lo mismo que el común *gandul* 'perezoso', de origen arábigo. Ya sería hora de que los investigadores del léxico prerromano abandonaran la pésima costumbre de citar nombres de lugar modernos sin preocuparse de sus formas antiguas ni de su explicación según la fonética y el léxico locales.— [4] La inclusión de la idea de 'maleza, matorral' puede ser secundaria, como anoté en *Festschrift Jud*, 581: el propio *maleza* reúne las acs. 'matorral' y 'risco'. Pero el trasm. *gándaras* (*RL* V, 91), port. dial. *gandra*, *gândaro* (junto a *cândaro*, etc.) 'tea', 'palito seco', es otro vocablo, vid. CÁNDANO.— [5] Como observa ahí y en la p. 69 la variante *GANA podría ser la primitiva, de la cual proceda la otra por adición de un sufijo -ĬTA o -DA, comp. el doble tipo prerromano alpino *bova* y *bouda* «rovina, frana».— [6] Para la repartición y antigüedad de las variantes alpinas, vid. además Pult, *VRom*. V, 246.— [7] Si el origen es indoeuropeo, se podría pensar en relacionar con el sánscr. *kandaram* (también *kandaraḥ* y los femeninos *kandarā*, *kandarī*) 'vallecito fragoso, quebrada' (con este sentido p. ej., en Kalidasa, Vikramorvaçí IV, 47.4, 51.7, y en nombres propios de frescos valles del bajo Himalaya como el de *Surabhikándara*, donde buscan a Úrvaçi encantada), también 'caverna'; aunque el sentido está algo alejado (sólo en Galicia, y según la definición de Schultz, parece que el vocablo romance se relaciona con la idea de 'valle'), claro que así y todo se podría imaginar algún enlace ('lugar pedregoso' > 'quebrada' o viceversa). Hay razón sobrada para desconfiar de un origen ario, mientras no se halle el vocablo en otras lenguas de la familia que allá y en España; aunque una procedencia indoeuropea tampoco se puede descartar pues una variante de esto, leve pero idéntica a la hispana, aparece allí arraigada ya en una fecha sumamente antigua, y en zona intermedia entre lo índico y lo iranio, o sea en lugares y épocas en que la penetración de elemento índico preindoeuropeo era todavía escasa: Hecateo (fragmento 178 y 17M) y Heródoto (III, 91) hablan del país de Γάνδαρα (y de sus habitantes γανδάριοι y la πόλις Γανδαρική = *Kaçyapura*) situándolos entre el alto Pendjab y el valle del río *Kabul* (Afganistán, en el νόμος VII del imperio de Darío el Grande (V. las notas de Ph. E. Legrand en su ed. de Heródoto III pp. 140, 146 fundadas en trabajos de A. Foucher).— [8] Además del artículo citado, vid. *ZRPh*.

LVII, 142, y *Festschrift Jud*, 231-2.— [9] Algunos de los fundamentos son atacables. El *andyelo* 'tierra arcillosa' de los Hautes-Pyrénées (¿no será *ardyelo?*) no puede ser otra cosa que el gascón general *arguielo* o *arguilo*, es decir, ARGILLA (la *g* velar no debe causar escrúpulo: para otros casos análogos V. *BDC* XXIII, 2,5). El vasco *gangul*, junto a *andur* «mou, sans énergie», es dilación muy reciente del modernísimo *GANDUL* para poder utilizarse útilmente en la explicación de un vocablo de Plinio. Otras objeciones, particularmente sobre el vasco *andar*, en *FEW* V, 134a, n.— [10] *Über Ortsnamen des Amtes Frutigen*, Zurich 1940, p. 7, y comp. J. Hubschmid, *Festschrift Jud*, 249, 271.— [11] Ni siquiera se nos dan otros testimonios de la asimilación decisiva *nm > nn*. En cuanto al nombre de lugar suizo-alemán *Gamchi*, de un colectivo *ganimako (> *gammech*), claro está que su fuerza probatoria es muy escasa. A la bibliografía acerca de *gándara* agréguese Hubschmid, *RF* LXV, 282; y sobre *gana*, *AGI* XVIII, 220.— [12] Bertoldi, *Norsk Tidsskrift for Sprogvidenskab* IV, 1930, 179ss.; Pok., *IEW* 129.36. Paralelo a *Porco-bera* 'portador de peces', a veces latinizado en *Porcifera* (Plinio) > río *Polcevera*, cerca de Génova.

Gandaral, gándaro, V. *cándano*

GANDAYA, 'especie de redecilla para el cabello', 'tuna, vida holgazana', del cat. *gandalla* íd., probablemente porque los bandoleros catalanes de los SS. XVI y XVII llevaban el cabello recogido con *gandalla*; el origen último es incierto, aunque podría tratarse en último término de un derivado de oc. ant. *gandir* 'huir', 'refugiarse' (del gót. WANDJAN 'dar vuelta'). 1.ª *doc.*: 1646, *Estebanillo*, en el sentido de «ociosidad y bribonería» (*Aut.*).

No figura en diccionarios anteriores, ni conozco otros ejs. castellanos, fuera de alguno reciente. El port. *gandaia* es «vida ociosa de birbantes» (Moraes) y «acto de procurar no lixo quaesquer objectos de algum valor» (M. L. Wagner, *VKR* X, 15) con los derivados *gandaieiro* 'trapero', y *andar á gandaia* o *gandaiar* 'holgazanear', éste ya en Filinto (1734-1819); ast. *garandaya* «gentualla» (V). La ac. 'redecilla para recoger el cabello', 'especie de cofia', en castellano no aparece hasta Acad. (1817, no 1783). En catalán *gandalla* es frecuente en este sentido desde el S. XV (ejs. en Ag., Alcover[1]) y ya en 1356; Fabra define «prenda para la cabeza, hecha de malla de seda, con una borla en la punta»[2]; de la otra ac. apenas conozco testimonios en catalán, pero en los Pirineos *gandalla* tiene el sentido de 'atolondrado, alborotado' (Setcases, en Ag.), y en Mallorca es vivo *córrer la gandaina* (modificado según *galindaina, garambaina* y otras palabras afectivas) en el sentido de 'vivir sin hacer nada' (Ag., ej. en Griera), 'correr de aquí para allá' (frecuente en el estilo de Alcover, aun sin mal sentido: *BDLC*

VI, 114, 253), a lo cual agrega Amengual *passetjar sa gandaina* 'corretear, callejear', 'madrugar mucho para ir a pasear', 'hacer una vida holgazana y vagabunda' (y aun *gandaina* 'especie de cofia'): no creo, pues, que esta ac. haya sido ajena al cat. *gandalla*. El gall. *gandaina* combina la terminación del uno con el sentido del otro: «os vellos andan de gandaina, en busca do seu divertimento» (Castelao 145.28). En el teatro catalán suele representarse al antiguo bandolero del país, cubierto con *gandalla*, precaución útil en quien tiene que andar expedito por la maleza; no hay inconveniente en derivar la ac. 'vida airada, vida holgazana', del S. XVII, de la *gandalla* o red del S. XV, si ésta era característica de los bandoleros catalanes, que tanto afectaron la imaginación de los clásicos de Castilla: recuérdense las comedias de Tirso y de Lope sobre el *Catalán Serrallonga*, el Roque Guinart del *Quijote*, etc., y no se olvide que la palabra *bandolero* es catalanismo de esta época. No habría dificultad en el cambio de *-alla* en *-aya*, pues esta pronunciación, propia de los grupos -CL- y -LI-, aunque vulgar, fué siempre corriente en el NE. de Cataluña, donde tuvo mayor intensidad el bandolerismo, y por lo tanto es natural que se propagara, en el nombre de la red, aun al habla de Tortosa, Maestrazgo y zona catalana de Teruel (*BDC* IX, 71), y de ahí al castellano y luego al portugués.

Pero nuestra imaginación no se contentará con este origen inmediato y querrá saber de dónde procede *gandalla* 'red', con lo cual entramos en terreno menos seguro. Schuchardt, *ZRPh.* XXVIII, 136n., por lo demás sin conocer la antigüedad y significado primitivo del vocablo catalán, supuso que *gandaya* tenía el mismo origen que *GANDUL*, a saber ár. *gandûr* 'petimetre', 'parásito, hombre de mala vida' (aceptado en el *REW* 3671); me apresuro a reconocer que éste puede ser el origen del val. *córrer la gandola* 'correr la tuna, hacer vida holgazana' (M. Gadea, *Vocab.*), comp. el cast. *andola* y ANDORRA; pero desde luego *gandalla* no puede ser «un vocablo arábigo de la misma raíz», como se ha dicho, puesto que la -*r*- es parte integrante e indispensable de esta raíz arábiga, y no una terminación amovible. ¿Podremos hablar de un cambio romance de «sufijo», quizá en el sentido de que la terminación -*ul* u -*ola* fué cambiada por -*aya* en romance? Pero so pena de separar *gandaya* 'vida airada' de *gandalla* 'red', esto no es posible, pues justamente *gandul* es palabra muy reciente en catalán. Como *gandalhà* (Mistral *gandaia*) «errer çà et là, vagabonder», *gandalho* y *gandalhàs* «coureuse, dévergondée, fille folâtre», lemos. *gandalhos* «faces, cheveux sur les tempes» son palabras bien conocidas en lengua de Oc[3], es natural pensar en un derivado de oc. ant. *gandir* «protéger, garantir; soustraire», «échapper, éviter, fuir», *se gandir* «se sauver, se réfugier», *ganda* «détour, subterfuge», *gandilh* «détour», etc., procedentes del gót. WANDJAN 'dar vuelta' (= alem. *wenden;* comp. los derivados gót. *uswandjan* «sich wegwenden», *atwandjan* «zuwenden», «zurückkehren», *biwandjan* «vermeiden», *gawandjan* «zurückkehren, hinlenken», etc.), voces que no fueron ajenas al catalán antiguo[4]; de ahí fácilmente pudo formarse un derivado *gandalla* para indicar la vida del proscrito, refugiado en las montañas o los bosques, de donde pasaría luego a 'vagabundería' y por otra parte a la prenda característica de los proscritos o bandoleros; pues aunque el bandolerismo clásico catalán llegó al apogeo después del S. XV en que aparece *gandalla* 'cofia', ya debió echar sus raíces en las guerras civiles de Jaime de Urgel, de Juan II y de los Remences, que se suceden sin descanso desde principios de esta centuria[5].

DERIV. *Gandinga* [Acad. 1899, en la ac. 'mineral menudo y lavado']: como esta ac. recuerda la definición de Moraes *«gandaya: lavagem do lixo, que se deita fora, para se achar o que talvez vai perdido nelle»,* y como *buscar la gandinga* es equivalente de *buscar la gandaya* 'ganarse la vida', parece resultar de *gandaya* por cambio de sufijo (después 'despojos de reses' en Sevilla, 'chanfaina con salsa espesa' en Cuba y P. Rico y 'pasa de inferior calidad' en Málaga)[6]. Vid. *GANDUJAR.*

[1] Puede agregarse, de un doc. de 1480: «qualsevol coses fetes de teleria, canamaçeria ho de cotó, fora lo dit Principat... com son camises, cossets, *gandalles* d'or, de seda, panyos, capells de dona e altres qualsevol arreus de dones, e altres de quines vulla specia sien», Moliné, *Consolat de Mar,* p. 232.— [2] Griera: «barretina de punt clar, de seda; la usaven els homes; la deixaven baldar ('oscilar') pel darrera... i acabava amb un plomall» (Alcàrras), «tipus antic de còfia; n'hi havia de llargues i penjants, i de curtes» (Reus), etc. Tortosa *gandaia* «espècie de còfia, feta de xarxa espessa de seda, de colors, cast. *albanega»* (BDC III, 98). Maestr. íd. «red de seda para contener la cabellera» (G. Girona, p. 379).— [3] Sainéan, *BhZRPh.* X, 108-10, 89, 114, y *Sources Indig.* I, 66, relaciona con un vocablo *ganda, ouanda,* 'hembra del cerdo', y su familia, de origen oscuro, pero no convence. La coincidencia será tan casual como en el caso de *gandul.*— [4] «No porà *gandir* als turments perdurables» = lat. *vitare supplicia,* en la traducción de Andrés el Capellán, S. XIV (ed. A. Pagés, p. LXXIX). Es verdad que el grupo *-nd-* y la inicial *ga-* pueden sugerir préstamo occitano.— [5] Cabría también derivar *gandalla* de la idea de 'proteger o defender', que tiene asimismo *gandir,* con referencia entonces al cabello.— [6] La variante *candinga* 'cansera, majadería, machaqueo' en Chile, 'chanfaina, enredo, baturrillo' en Honduras, 'el diablo' en Méjico (en otros países *mandinga*), indica que por lo menos hay cruce con otro vocablo, quizá el del artículo siguiente.

GANDIDO, 'hambriento, necesitado', 'tragón, comilón', amer., probablemente de *candido* 'consumido (por una larga enfermedad, etc.)', empleado hoy en Aragón, cat. *candit* o *decandit* íd., y éste tomado del lat. *candēre* 'ser blanco', 'arder'. 1.ª doc.: S. XVI *gandido* 'consumido de hambre', en el *Auto del Finamiento de Jacob;* «si una vez está caída / dáimela vos por *gandida»,* en Sánchez de Badajoz, 2.º cuarto del S. XVI; y en el refrán «morcilla que el gato lleva, *gandida* va», ya en los refranes de Hernán Núñez, 1549.

Cuervo, *BHisp.* XI, 25-30. Este refrán, que también figura en el Mtro. Correas (1626) y en otros, en la misma forma (o *sardina que...*), está en los *Refranes que dizen las Viejas tras el fuego* (med. S. XV) y en Juan de Valdés en la forma «sardina que gato lleva, *galduda* va», y Valdés explica es vocablo plebeyo por 'perdida'; F. Arce de Benavente (1533) cita el mismo refrán sustituyendo las dos últimas palabras por *galdua da,* lo cual parece ser la frase vasca *galdu da* (vid. Gavel, *RIEV* II, 479ss.) 'está perdida' (de la vieja palabra vascuence *galdu* 'perder'). Luego parece tratarse de un antiguo proverbio vasco, que Arce cita traduciéndolo sólo en su primera parte, y que luego, en boca de hispanohablantes, se alteró en *galduda va,* para darle una apariencia romance, y finalmente el vocablo desusado *galduda* fué sustituido por *gandida,* que era usual, aunque no viniese muy a cuento. Así que el refrán en cuestión[1] no tiene en realidad mucho que ver con nuestra palabra, y sólo puede tomarse en consideración como prueba de la existencia de *gandido* 'hambriento, extenuado' en los SS. XVI-XVII, voz de origen diferente. El caso es que en uno de los romances de germanía publicados por Juan Hidalgo (1609) figura *gandido* en el sentido de 'necesitado', y que hoy se emplea el vocablo en Méjico, Cuba, Costa Rica, Colombia, Venezuela y Perú en el sentido de 'hambriento, extenuado', 'goloso, comilón'[2], y según la Acad. en Zamora en el de 'cansado, fatigado'. No me parece razonable la opinión de Cuervo de relacionar con oc. ant. *(se) gandir* 'defender, guardar', 'escapar, eludir', 'librarse' (para cuyo origen V. en *GANDAYA),* puesto que es menester guardarse de tomar como base el citado refrán, producto de un cruce lingüístico. Y en cuanto a que la ac. hispanoamericana y clásica 'hambriento' venga del germ. WANDJAN (étimo de oc. *gandir*) en el sentido de 'acabado', decididamente hay que abandonar esta idea, pues este sentido sólo existe en algún dialecto germánico y ni siquiera se documenta en lengua de Oc. Mucho más cerca semántica y geográficamente nos quedamos con el aragonés de Litera *candirse* 'consumirse, aniquilarse poco a poco a consecuencia de una enfermedad larga' (Coll A.), cat. *candir-se* y más generalmente *decandir-se* íd., como ya sugirió Tallgren, *Glanures* IV, 67; agréguese que entre los judíos de Marruecos ha tomado *kandir* el sentido de 'ser

castigado, recibir palos o azotes' (*BRAE* XV, 212).
Como es sabido hace tiempo, se trata del lat. *candēre*, sea pasando por 'arder', de donde 'consumirse' (según propone M. P., *RFE* VII, 29), sea pasando por 'volverse pálido'[3]. Un mozár. *cáned* 5
'arde' procedente de CANDĒRE parece hallarse en
una ḫárǧa últimamente estudiada en *Al-And.*, pero
la interpretación de la misma no es segura, y
sería preferible leer *cande* (o **cánded*), pues no es
de creer que ND se pudiera reducir a -*n*- en mo- 10
zárabe, y la toponimia del Sur de España (aun en
las zonas de lengua catalana) prueba lo contrario,
así en cuanto a ND como en cuanto a MB.

¹ A los testimonios allegados por Cuervo puede
agregarse el de S. de Horozco (med. S. XVI), 15
que lo citará dando la forma *gandida*, según
puede deducirse de la glosa de Fcha. «*gandir*:
comer». Sabido es que los lexicógrafos se esforzaron por interpretar este refrán, suponiendo
(p. ej. Oudin) que *gandida* quería decir 'comida'. 20
Ya Cuervo mostró como esto no se compagina
con la ac. hispanoamericana. Deberá borrarse por
lo tanto el artículo *candir* 'comer' de la Acad.
En realidad el contexto de S. de Horozco muestra que realmente emplea el verbo *gandir* en el 25
sentido de 'comer': un abogado sin trabajo, hambriento, al descubrir un posible cliente, dice «y
quizá entrará en la lista / para darnos de *gandir*»
(v. 201, pág. 160*b* del *Canc.*). Ahora bien, hay
en Horozco muchos elementos más o menos jer- 30
gales, y el carácter jergal (y quizás excepcional)
de esta expresión resulta también evidente por
el contexto. No es, pues, que un *gandir* 'comer'
no haya existido en términos absolutos, pero sí
que como casi todo lo jergal resulta de una crea- 35
ción más o menos ocasional y secundaria a base
de todo lo ya existente en la lengua: son expresiones retorcidas y sentidas como impropias, mas
aprovechadas por algunos —con finalidades eu-
femísticas o criptológicas— para apartarse del 40
lenguaje normal. Desde luego en nada altera este
detalle mis conclusiones etimológicas: de *gandido* 'consumido de hambre' pasó un chusco
conceptista a *gandir* o *gandirse* 'hartarse como
un hambriento' y luego 'comer', y halló imita- 45
dores en ambientes más o menos apicarados.—
² Quizá también en Galicia, pues Vall. da *gandido* 'indigente', pero como la otra ac. 'engañado'
es sospechosa de ser deducida del famoso refrán,
que el propio Vall. cita interpretando en él *gandir* 50
por 'comer', es muy posible que no sean todo
esto más que interpretaciones de dicho proverbio
tradicional, y no precisamente gallego. Sin embargo, tenemos «dempois todo-los da casa /
redor do fol ou cesto / non se afartan de *gan-* 55
dire / os berberichos frescos», Pintos, *Os birbi-
richos* (cit. *DAcG.*, p. 216*b*), cf. *galdrir* (Sarm.
CaG. 185*v*), cit. más abajo.— ³ En vista de que
no hay un *gandir* 'comer' (vid. nota 1) debe re-
nunciarse a relacionar con el val. *galdir* o *engaldir* 60

'engullir', *galduf*, *galdirot* 'glotón', que parecen
ser ultracorrecciones del cultismo *gaudir* 'gozar'.
El *galdido* 'gandido' de la Acad. (después de
1899) parece resultar de una combinación de
gandido y *galdudo*, bajo el influjo de esta etimología valenciana que sostiene erróneamente dicha
corporación. El parecido con el cat. *galdós* 'bueno (en sentido muy irónico)' (con variante *gandós*
en un menorquín, vid. Alcover, s. v. *bujot*), de
origen incierto, será también accidental. Verdad
es que Vigón registra como ast. un verbo *gandir*
«comer, desgastar, roer», pero falta saber si no
lo abstrae arbitrariamente del refrán *sardina que'l
gatu lleva, gandía va*, que cita a continuación;
aunque verdaderamente existiera tal verbo, su extensión meramente local y moderna revelaría que
se formó secundariamente sacándolo de *gandido*.
De todos modos, en relación con el val. *galdir*
y el cast. *gandido*, parecen estar los gall. *galdrumeiro* para 'voraz, comilón, tragaldabas' (Sarm.,
CaG. 62*r*, 109*v*), pues el propio Sarm. anotó
también años más tarde en Galicia *galdrir* para
'comer con ansia y mucho' y *galdrido* como vituperio (185*v*). Pueden haber contribuído vocablos
como *goliardo*, *golismero*, *goloso* y acaso por otra
parte un **caldro* por *caldo* (como sugiere Sarm.).
En cuanto a *galdrupeiro* no queda bien claro el
significado, pues en su trabajo etimológico *Voces
castellanas*... se pregunta si viene de *gualdrapero*
'vestido de andrajos' (*CaG.*, p. 170, n. 1) explicación razonable y, aunque en 62*r* y 109*v* lo iguala
a *galdrumeiro*, y en 185*v* a *galdrido*, no queda
bien claro si es porque tienen el mismo significado preciso o por la preocupación etimológica.

Gandinga, V. *gandaya* y *mandinga*   *Gandir*,
V. *gandido*

GANDUJAR, 'fruncir, plegar, encoger', también
engandujar, origen incierto, acaso de un cruce del
sinónimo ENCARRUJAR con *engandayar* (derivado de *GANDAYA*), que en hablas catalanas significa 'emperifollar', propiamente 'adornar con gandaya o cofia de seda'. 1.ª doc.: *engandujar*, según
Terr., figuraría en Fr. L. de Granada (h. 1580);
gandujar, Quevedo (*Aut.*).

«Aquí fué ella, que desapareciéndose de estatura, y *gandujando* sus cuerpos en forma de cinco
de guarismo, le sitiaron de adoración en cuclillas»
escribe este autor (el pasaje citado por Fcha. parece ser el mismo); dado el barroquismo del pasaje no es forzoso entender 'encoger' como hace
Aut., sino que puede tratarse de 'fruncir, arrugar'
en expresión exagerada: *gandujado* significa 'guarnición que formaba una especie de fuelles o arru-
gas' según la Acad. (ya 1843). Según Oudin *en-
gandujado* era «meslé de plusieurs couleurs» (1616,
no 1607, ni Covarr.)¹, lo cual quizá sea una interpretación infundada de un texto que tuviera en
realidad el sentido que la Acad. da a *gandujado*;

el caso es que *engandujo* según la Acad. (desde la misma edición) es «hilo retorcido que cuelga de cierta franja que tiene el mismo nombre», y en el Sur de Colombia se conoce *engandujar* 'acicalar, emperejilar' (Tascón). Quizá tenga el mismo origen el apellido catalán *Ganduixer*[2], como nombre del fabricante de *gandujados;* desde luego *enganduxat* como nombre de una especie de guarnición de seda está documentado en unas ordenanzas militares barcelonesas de 1605 (Ag.). Teniendo especialmente en cuenta la ac. colombiana es posible mirar *engandujar* como un cruce de *ENCARRUJAR* 'rizar, encrespar, retorcer, ensortijar' con un verbo igual al cat. *engandaiar* «endiumenjar-se, empolainar-se» (Ag.), es decir, adornarse con gandaya, que era precisamente una cofia de seda, de labor a veces primorosa (V. este artículo)[3]. La *-x-* sorda catalana no sería objeción de peso, aun manteniendo la etimología, por lo demás insegura, de *encarrujar* como CORROTULARE, pues es sabido que la antigua *j* sonora del castellano se pronunció š en el S. XVI, y entonces pudo pasar el vocablo del castellano al catalán.

[1] De ahí pasaría a Franciosini, donde hay *engrandujar* por errata. De Oudin tomó también su definición Terr.— [2] Imposible fonéticamente es la etimología que sugiere Alcover. Este nombre germánico es el que ha dado *Gonter.*— [3] Según Ag. es mallorquín, pero Alcover lo da sólo como usual en el Ampurdán, Vallés y Costa de Levante, con el mismo sentido y con el de 'arreglar, preparar ingeniosamente'.

Gandul 'sauce llorón', V. *abedul*

GANDUL, antiguamente 'moro o indio joven y belicoso', hoy 'vagabundo, holgazán', del ár. *gandûr* 'joven de clase modesta, que afecta elegancia, procura agradar a las mujeres y vive sin trabajar, tomando fácilmente las armas'. *1.ª doc.:* 2.ª mitad del S. XV, Comendador Román[1]; Andrés Bernáldez, † 1513, *Crónica de los Reyes Católicos.*

V. los dos pasajes de este autor en Cej., *Voc.,* y varios del S. XVI (desde 1530) y principios del XVII, referentes a América, en Friederici; se aplicó allí a los guerreros indios fuertes y jóvenes. Pero el vocablo venía ya de España y parece haberse popularizado con ocasión de la toma de Granada o de las revueltas de los moriscos granadinos, V. las citas de Mármol, donde se aplica a los moriscos rebeldes. El vocablo falta en los lexicógrafos del Siglo de Oro y en *Aut.*, y la Acad. no lo recoge hasta 1869, ya con la ac. moderna 'tunante, vagabundo, holgazán'. Ésta se explica muy bien dado el sentido del étimo árabe, que Dozy, *Gloss.*, 272-4, describe detenidamente: «jeune homme de basse condition, qui, dans sa mise et ses manières, affecte une certaine élégance allant jusqu'à la recherche; ceux qui ne l'aiment

pas l'appellent un fat, un muscadin. Il s'évertue pour plaire aux jeunes filles; il est gai et, pourvu qu'il ait de l'argent, il est généreux et libéral. Il est brave ou du moins il veut le paraître; quand l'étranger opprime sa patrie, il s'arme et se joint aux mécontents. Dans sa vieillesse, quand il ne peut plus goûter lui-même les plaisirs, il procure des jeunes beautés à ceux qui en cherchent. Ce qu'il est parmi les jeunes hommes, la *gandoura, motagandira* ou *gandulera* l'est parmi les jeunes filles. Comme lui, elle aime passionnément la parure... ce qu'elle hait le plus, c'est le travail, et quand elle est sur le retour, elle se fait entremetteuse»[2] El vocablo es corriente desde el Heǧaz, pasando por Egipto y Malta, hasta Marruecos, figura ya en las *Mil y una Noches,* y en España lo registran R. Martí («trutanus», es decir, más o menos 'truhán') y PAlc. («garçon que se quiere casar, barragán valiente, allegado en vando, rofián»), y está acompañado del verbo *gándar* y *tagándar* 'hacer el *gandûr*' y del sustantivo *gándara* («garçonía, allegamiento, rofianería», PAlc.); R. Martí da una variante *gándaf*, usual hoy en Argelia y otras partes (Dozy, *Suppl.* II, 228).

El port. dial. *gandulo* «garoto, vadio» y el cat. *gandul* 'holgazán, perezoso' [S. XIX] están tomados del castellano. Para otros descendientes más antiguos de la misma raíz, en castellano, V. *ANDORRA;* comp. además *GÁNDARA* y *GANDAYA.* Para detalles semánticos y propagaciones al galorrománico, vid. Schuchardt, *ZRPh.* XXVIII, 136-7; para voces vascas de esta procedencia, Rohlfs, *ZRPh.* XLVII, 398, y Schuchardt, *BhZRPh.* VI, 17.

DERIV. *Gandulear. Ganduleria. Gandumbas* 'haragán, dejado, apático', 'tonto, idiota', empleado en Costa Rica, Murcia, y en escritores españoles, vid, Toro G., *BRAE* VII, 310, quizá ampliación de la forma port. antic. *gandum* 'gandul' (Fig.).

[1] «Ni judío ni *gandul*, / bien sabrán que sois marrano», cita de Farinelli, en su librito *Marrano*, p. 33.— [2] De ahí el val. *gandula* 'prostituta'.

Gandumbas, V. *gandul*   *Ganeta*, V. *jineta*
Ganforro, V. *garra*

GANGA I, 'gallinácea semejante a la perdiz, *Tetrao* (o *Pterocles) Alchata*', voz imitativa del grito del ave; figuradamente se aplicó *ganga* a las cosas sin provecho, por ser la ganga difícil de cazar y dura de pelar y de comer, pero empleándose muchas veces irónicamente ha acabado por significar más bien las cosas apreciables que se adquieren a poca costa. *1.ª doc.:* S. XIII, en traducción de la Biblia (Solalinde, *Mod. Philol.* XXXVII, 90-91); ac. figurada, *Aut.*

Figura también en Juan Manuel, *L. del Cab. et el Escud.* (Rivad. LI, 250b), en Covarr. y en *Aut.* (que cita ej. de Martínez de Espinar, 1644), y estos dos diccionarios indican ya el carácter imitativo del

nombre; el masc. *gango* Huesca 1276 *BABL* IX
71n. Según dijo Blondheim (*RFE* XIX, 70) las
indicaciones de la obra básica de Brehm (*Tier-
leben*) confirman en parte esta explicación, pues
este autor describe detenidamente las costumbres
de las gangas y su charloteo triste y característico,
con una voz que los árabes imitan con las sílabas
khadda (es decir, *jadda* en grafía castellana). Conocidas son las discrepancias con que los distintos
pueblos y aun los varios individuos perciben e
imitan lingüísticamente el grito de las aves: la
imitación transcrita tiene en común con el cast.
ganga, por lo menos las dos vocales y la calidad
velar de la consonante inicial. Pero a gente de
lengua romance esta voz les produce un efecto
aún más parecido, pues en Béziers (Hérault) la
ganga se llama *jànglo*, en la Crau (Bouches-du-
Rhône) es *grangoulo* o *grangroulo*, o *grandoulo* o
francoulo, y en otra localidad provenzal, Orange,
taragoule, f. (Rolland, *Faune Populaire* X, 223)[1],
y las variaciones consonánticas de este tipo, uniforme en líneas generales, no dejan duda de que
se trata de una denominación imitativa[2]. *Ganga*
se emplea también en portugués (ya Moraes) y en
catalán, donde Ag. cita ya, aunque sin precisar,
un ej. valenciano de 1369.

La ganga ha llamado la atención a la imaginación popular, dando lugar a varias frases y derivados de sentido figurado. La más antigua parece
ser *andar a caza de gangas*, que *Aut.* define «andar empeñado inútilmente en conseguir alguna
cosa», figura ya en Quevedo («*andaba a caza de
gangas, / y gryllos vine a cazar*»), y Covarr. explica así: «perder tiempo, pensando alcançar alguna cosa, que quando nos parece tenerla ya, entre
las manos se nos desbarata, como acontece al caçador, que yendo a tirar la *ganga* la espera, hasta
que la tiene a tiro, y antes que dispare el arcabuz
se le levanta, alexándose tan poco trecho que obliga a seguirla, y burlándose al segundo, y al tercero
tiro, y a los demás, le trae perdido todo el día».
Que la caza de la ganga es conocida popularmente por tales percances lo comprueba el derivado port. *(ir) de gangão* «de escantilhão; de
corrida» (Fig.), «de enfiada, de corrida, sem parar»
(Lima-B.), alent. *ganguear* (pres. *gangueia*) «ir de
gangão» (*RL* XXX, 302). Por otra parte la ganga
es conocida por tener la carne dura y ser difícil
de pelar; de ahí la frase de Góngora: «no debe
conocer V. quién es Armuña, su Deán, *ganga* tan
dura de pelar como de comer» (Alemany), confirmada por un pasaje de Quiñones de B.[3] Castillo
Solórzano (1637) pinta así a un tacaño: «el que
admite en su bufete / (si tal vez suele muquir) / a
la *ganga* por ser dura / y aborrece al francolín»
(*Avent. del Bach. Trapaza*, p. 213, ed. de D. Ag.
del Campo, 1949). Quizá aluda ya a lo mismo
Tirso, *La Santa Juana*, ed. 1948, p. 284, pasaje
que me comunica el mismo editor.

De ambas frases a un tiempo vino llamar *ganga*
a lo inútil; como dice *Aut.*: «maula, o cosa sin provecho o útil» (es decir, 'cosa sin provecho ni
utilidad'), pero esta frase se empleaba a menudo
irónicamente, dándole sentido contrario al que en
apariencia tenía, de donde la frase *buena ganga
es essa* «con que se significa no es cosa de provecho lo que se logra o se pretende», y de la frecuencia de tales expresiones vino el acabar por
tomarlas literalmente, pasando *ganga* al sentido
que tiene actualmente de 'cosa apreciable que se
adquiere a poca costa', como ya reconocía *Aut.* que
ocurría alguna vez en su tiempo[4]. Gall. pontev.
deixar una viña a ganga 'a vara larga, no podán-
dola, para que dé más vino', Sarm. *CaG.* 222r (¿o
es de *canga*?).

DERIV. *Ganguero* 'amigo de procurarse ventajas'.
Gangarilla 'compañía antigua de cómicos compuesta de tres o cuatro hombres, y un muchacho que
hacía de dama' [1603, Agustín de Rojas], derivado
de *ganga* en el sentido de 'cosa sin valor' (sea
directo, sea por medio de *ganguero, *ganguerilla*).

[1] Otros nombres de la ganga, que no parecen
onomatopéyicos, en la misma obra II, 333.—
[2] *Francoulo* será debido al influjo de *FRANCO-
LÍN*.— [3] Uno a quien le proponen algo que no
quiere hacer, replica «no se me entre de manga, / que es dura la *ganga*, / pueblos en Francia querella [= quererla] pelar», *NBAE* XVIII,
587. *Entrarse de manga*, como *entrar por la manga*, 'tratar de abusar de alguien'; *pueblos en
Francia* (como *châteaux en Espagne*) 'cosas alejadas, que no interesan', luego ahí 'algo excusado,
que no se quiere hacer'.— [4] Cree Terr. que el
sentido moderno se explica porque la ganga es
ave «sabrosa, lerda y fácil de coger», pero ya hemos visto que otros afirman lo contrario, y es
más prudente partir de la ac. antigua de la frase.
Puede consultarse este dicc. para una descripción
detallada de los colores y apariencia de esta ave.
Hoy la Acad. quiere mirar *ganga* en su ac. figurada como si viniera de *GANGA* II, lo cual
es poco verosímil semánticamente siendo éste
un término ajeno al lenguaje popular, y choca
con la fecha modernísima de esta otra palabra.

GANGA II, 'materia que acompaña los minerales y se la separa de ellos como inútil', del fr.
gangue íd., y éste del alem. *gang* 'filón metálico',
propiamente 'marcha, andadura' y luego 'camino'.
1.ª doc.: Acad. 1884, no 1843.

En francés, desde 1701. Vid. D. Behrens, *Über
deutsches Sprachgut im Französischen*, 1924, p. 82.
El parecido con el ibérico *gangadia* 'terreno arcilloso de gran tenacidad' (Plinio XXXIII, 72) es
casual. *Piedra canga* 'mineral de hierro con arcilla',
empleado en Bolivia (Ciro Bayo), más que tomado
directamente del alemán, será pronunciación aindiada de *ganga*, aunque también podría ser derivado regresivo de *CANGALLA*, de otro origen,
o cruce de las dos palabras.

Gangarilla, V. *ganga* I

GANGLIO, tomado del lat. tardío *ganglĭon* y éste del gr. γάγγλιον íd. *1.ª doc.: ganglion,* Terr.; *ganglio,* Acad. 1884 (no 1843).

DERIV. De la antigua forma afrancesada *ganglión* es derivado *ganglionar.*

GANGOSO, 'que habla con resonancia nasal', onomatopeya. *1.ª doc.:* J. Ruiz, 1017c («boz gorda e *gangosa*», hablando de la serrana monstruosa, pasaje que figura sólo en el ms. *S*).

Está también en APal., donde parece aplicarse a otros defectos del habla (traduce *balbus* 'tartamudo', 41d, y *blaesus,* «que quiebra las palabras», 47b, es decir, 'tartamudo' o 'farfullero'). Pero Cervantes, Covarr., Polo de Medina, *Aut.* le dan el significado moderno. No hay por qué buscar otra etimología, pues ésta es evidente (aunque Gamillscheg, *RFE* XIX, 231, y *R. G.* I, 378, quisiera derivar de un gót. *WANGA* 'mejilla', que por lo demás hubiera dado *guanga,* y la otra voz romance a que atribuye este origen tampoco lo tiene, vid. *AGALLA*). En Puerto Rico, Cuba, Méjico y Venezuela dicen *fañoso,* también onomatopéyico, como el port. *fanhoso.*

DERIV. *Ganguear* [APal.[1]; *Aut.*]; *gangueo.* De una onomatopeya paralela, pero de sentido diferente, viene *gong* 'batintín'.

[1] «*Scaurus* es quien poquito *ganguea*». Ahora bien, *scaurus* es 'pie de piña, pateta' (fr. *pied-bot*), pero esto no quiere decir que *ganguear* significara 'cojear', antes se trata de una traducción defectuosa, comp. las traducciones aproximadas que da el propio APal. s. v. *gangoso.*

GANGRENA, tomado del lat. *gangraena* y éste del gr. γάγγραινα íd. *1.ª doc.: cancrena,* h. 1500, Cauliaco; 1537, Vigo (vid. *DHist.*); *gangrena,* 1581, Fragoso.

Sigüenza (1600) emplea la forma *cangrena,* cuyo uso reconoce *Aut.* como vulgar, y hoy sigue estando muy arraigado en el vulgo (en ast., V, y en todas partes): se debe a influjo del anticuado *cangro* 'cáncer', y variantes semejantes existen en los demás romances, cat. *cangrena,* fr. *cangrène* (*cancrene,* 1503: *RF* XXXII, 70), it. *cancrena.*

DERIV. *Gangrenarse* [1581, Fragoso]. *Gangrénico. Gangrenoso* [*cancrenoso,* 1537, Vigo; *gangr-,* 1581].

Ganguear, gangueo, V. *gangoso   Ganguero,* V. *ganga   Gánguil,* V. *cáncamo   Ganifete, ganivete,* V. *cañivete   Gano,* V. *ganar   Ganoso,* V. *gana*

GANSO, del gót. *GANS* íd. (a. alem. ant., alem., neerl. med. *gans,* b. alem. med., fris. ant., ags. *gôs,* ingl. *goose,* escand. ant. *gâs*). *1.ª doc.:* Nebr. («*ganso o ansar: anser masculus*»).

Figura también en C. de las Casas (1570), en Covarr., y *Aut.* da varios ejs. en autores del S. XVII; no tengo a mano ejs. medievales, pero indudablemente ha de ser voz muy antigua. No existe en otro romance que el castellano y el port. *ganso* (ya Moraes, pero no dispongo de autoridades). Los demás romances prefieren AUCA (cat., it. *oca,* oc. *auca,* fr. *oie*). La rareza en fuentes medievales se explicará por ser *ÁNSAR* voz más noble; debido a su uso cotidiano y humilde *ganso* sabía a labriego y *ánsar* se hallaba, en cambio, apoyado en el latín, aunque en el lenguaje vivo pronto se especializaría para el ave silvestre; en cuanto a *oca,* apenas fué jamás palabra castellana; comp. el artículo *ÁNSAR.* Gamillscheg (*RFE* XIX, 235; y *R. G.* I, 382) postula como forma gótica un *GANSUS,* que no encuentra apoyo en las demás formas germánicas[1]; como *GANS* era femenino pudo romanizarse primero en *gansa* (comp. *GAITA*), de donde se sacaría posteriormente el masculino *ganso* para designar el macho.

DERIV. *Gansada. Gansear. Gansarón* [*Aut.*], debido a un cruce con *ansarón.*

[1] En todas partes *gans, gâs,* etc., son palabras femeninas de tema en consonante, del mismo tipo que *nacht* (gót. *nahts*) o *burg* (gót. *baúrgs*). Luego no tiene que ver con el caso de *hand* (gót. *handus*), que era tema en *u* (escand. ant. *hǫnd*), y el a. alem. ant. en esta palabra todavía conserva huellas de la -*u* (vid. Kluge, s. v.). Gamillscheg parece haber tomado sin crítica la forma *gansus* de las ediciones recientes del diccionario de Kluge; en las ediciones antiguas (todavía en 1899) se daba como forma gótica, primero *gansus* y más abajo *gans,* contradicción que después se eliminó dejando sólo la primera forma. M-L. (*REW* 3677) postula correctamente *GANS.*

GANTE, 'especie de lienzo crudo', del nombre de la ciudad de Gante, en Bélgica, de donde se importaba. *1.ª doc.:* Cortes de Valladolid, de 1351.

En el siglo precedente se habla ya de *paños de Gante,* pero es todavía nombre propio. A. Castro, *RFE* VIII, 10; IX, 268; B. E. Vidos, *Nieuwe onderzoekingen over nederlandsche woorden in romaansche talen, Rede aan de Univ. te Nijmegen 1947,* p. 7. *Gant* y *gan* en invent. aragoneses desde 1362 (*VRom.* X, 159). El vocablo fué de uso escaso y falta en *Aut.*; lo recogió Terr. en unas Ordenanzas, y de ahí pasó a la Acad. (ya 1843).

Ganzalla, V. *gaza   Ganzo, ganzúa, ganzuar,* V. *gancho   Gaña,* V. *agalla* II

GAÑÁN, 'mozo de labranza', probablemente del fr. ant. *gaaignant* 'labrador', participio activo de *gaaignier* 'ganar', particularmente 'hacer de jornalero rural', 'cultivar (la tierra)', y éste del germ. WAIDANJAN 'buscar comida', 'cazar' (a. alem. ant.

weidanôn, derivado de *weida*, neerl. ant. *weitha* 'comida', 'lugar de pastos', 'acto de cazar', ags. *wâth*, escand. ant. *veiðr* 'acto de cazar o pescar'). *1.ª doc.*: «*gañán: que ara*; arator», Nebr.; Góngora (Alemany); etc.

Aunque Covarr. dice que *gañán* es «el pastor rústico y grossero...», lo hace, como de costumbre, guiándose por sus falsas etimologías (lat. *ganeo* 'libertino, frecuentador de tabernas', que él define «vil cocinero») y especialmente por la supuesta relación con *ganado*; *Aut.*, como siempre, no se atreve a romper con la opinión de Covarr. y reproduce su definición, pero sólo da ejs. de la otra «el jornalero que por su salario cultiva los campos», que es efectivamente la más usual en el Siglo de Oro y en la actualidad. Por esta razón se niega M. P. a creer en la etimología de Engelmann-Dozy, ár. *ġannâm* 'pastor', aceptada por M-L. (*REW¹*, 3675; borrada en la 3.ª ed.) y Steiger (*Contr.*, 176), y propuso el fr. ant. *gaaignant*, que aunque sólo figure con un ej. en God., es participio del frecuentísimo *gaaignier* 'cultivar la tierra', corriente desde el S. XII hasta el XIV y aun el XV. Todo da la razón a M. P., en efecto. La ac. 'labrador, jornalero del campo' se halla con frecuencia en todas las épocas, p. ej. en Quevedo[1]. El vocablo árabe es raro: aunque es derivado regular de *ġánam* 'carneros', sólo puede documentarse en el libro de Marcel sobre el árabe magrebí del siglo pasado (según Dozy, *Suppl.* II, 229b, también en el *Mohit*, diccionario moderno del árabe de Siria), y parece confirmado por el port. ant. *alganame* 'pastor principal', del cual no hay más que un ej., en documento de Évora, de fecha 1264 (Viterbo). Pero nótese que el resultado normal de *ġannâm* habría sido en español *algañeme* o más bien *algañime* (comp. ALFAJEME, ALBAÑIL), pues la *a* larga ha de sufrir imela entre consonantes no enfáticas, y sería extraña la falta de aglutinación del artículo. Por otra parte, de ser cierta esta etimología, el port. *ganhão* tendría que ser castellanismo, cuando en realidad es tan antiguo o más que la palabra castellana (Moraes cita ej. en la Crónica de Pedro I, † 1367, que creo de fines del S. XIV o del XV), y tiene el derivado regular *ganharia* (< *ganhãaria*) 'casa donde se reúnen y duermen los gañanes'; ejs. populares de éste y de *ganhão*, en Gonç. Viana, *Apostilas* I, 498, que acepta también la relación con *ganhar*[2]. En realidad en portugués no se ha perdido nunca la relación entre este verbo y su derivado, pues aquél todavía significa 'ganar dinero alquilándose para faenas rurales en otras comarcas': «é dessa gente de *ganhar* que nas comarcas do Sul do reino chamam *ratinhos*» (Garrett, *Arco de Sant'Anna*); L. Chaves, que cita esta frase, explica que los *ratinhos* son jornaleros de la Beira que se trasladan a bandadas al Alentejo para las vendimias y las *ceifas*, y explica que a los *ganhões* o jornaleros de hoy se les llamaba *homens de ganhar* en el S. XVII (*RL*

XXVIII, 44, 61n.2), «Porque ando polo mondo *ganeando* por Deus e facendo miñas romerias, por que non sei hu a de ser meu finamento» en doc. de Pontevedra a. 1366 leído por Sarm. (*CaG.* 87r). Así como *ganha(n)aria* (arriba) pasó a *ganharia*, y casi como el *ganhar* presente, esto parece ser *gañ(an)ear* 'alquilarse de jornalero (para poder peregrinar)'. También se empleaba *ganhar* en el idioma vecino, construído absolutamente, en el sentido de 'ganar trabajando': «aquele *ganhou*-o em bom tempo», «*ganhou*-o com os dentes para o comer com as gengivas» (hablando de un viejo que vive de sus ahorros), frases proverbiales en Turquel (J. D. Ribeiro, *RL* XXVIII, 165). Nada tiene de extraño, pues, que esta derivación se produjera varias veces en Portugal, donde *gaãçom* (derivado del arcaico *gaançar* 'ganar') significó «ganhão, o que ganha o seu jornal, jornaleiro» (Leite de V., *RL* XXVII, 247). Derivado del sentido etimológico de *gañán* es el and. *gañania* empleado en el sentido de 'temporada de siembra' en Alosno (Huelva), L. R. Castellanos, *RFE* XXIV, 227[3]. Comp. GANAR.

DERIV. *Gañania* 'casa de los gañanes' [h. 1600, Sigüenza].

¹ Burlándose de la frase consagrada «no me la harán entender cuantos aran y cavan», comenta: «considera V. M. qué letrados o teólogos buscó, sino *gañanes*» (*Cuento de Cuentos*, Cl. C. IV, 171), es decir, 'no buscó otras autoridades que labradores, que aran y cavan'.— ² Leite de V., con referencia a Alandroal (Este del Alentejo) define *gànharia* como «conjunto dos ganhões (trabalhadores)», *RL* IV, 65.— ³ Como Oudin, en su ed. de 1607, y por lo tanto con independencia de Covarr., ya traduce *gañán* por «maistre berger», además de «*gañán que ara*: laboureur», y Percivale (1591) también da «a herdsman» además de «a ploughman», parece que el sentido especial 'pastor' existió realmente. Mas pudo ser secundario (aparte de que se puede sospechar ahí la intervención de alguno de los etimologistas arabizantes del S. XVI, como el Padre Guadix). No sé lo que significa el it. *gualano* con que C. de las Casas (1570) traduce el cast. *gañán*. Cej. (*Voc.*) y Fcha. dan un ej. de *gañar* en Quevedo por 'ganar'.

Gañido, V. *gañir*   *Gañiles*, V. *agalla* II
Gañin, V. *gañir*

GAÑIR, del lat. GANNIRE 'gañir, ladrar con ladridos agudos y plañideros', 'aullar (el zorro)'. *1.ª doc.*: Berceo, *S. Dom.*, 586d (una enferma «yazié *ganiendo* como gato sarnoso», donde hay olvido de la tilde).

«*Mutire*... propriamente es *gañir* o passito murmurar», APal. 294d (comp. 176b, 194d); «*gañir el perro o raposo: gannio*», «*gannir el perro tras el rastro*», Nebr., g6rº. Ej. de Cervantes en *Aut.*

Palabra popular en todas las épocas. Comp. *DES-GAÑITARSE*. El lat. GANNIRE se ha conservado solamente en castellano y portugués, aunque viven algunos derivados en catalán y galorrománico (*FEW* IV, 53). El extremeño *guañir* 'gruñir los cochinillos' [*Aut*., como voz de Extremadura] es alteración de *gañir*, con influjo de *güe*, *güi*, onomatopeya de la voz del cerdo (comp. cat. *esgüellar* íd., y las palabras citadas s. v. *GRITAR*)[1].

DERIV. *Gañido* [«*nictit*: con manso *gañido* rastrea el can oliendo el rastro de otros perros», APal. 302*b*; Nebr.]. Ast. *gañín*, *-ina*, adj. 'solapado, hipócrita' (V).

[1] Completamente inaceptable, y no sólo por razones fonéticas y morfológicas, es la idea de Gamillscheg de derivar del gót. WAINÔN 'llorar' (*R. G.* I, 393; *RFE* XIX, 243) semejante localismo expresivo. En cuanto al lomb. *sguarnì* 'aullar el perro', en vista del venec. *sgagnolir* íd., me parece simplemente derivado del it. *cagnolo* 'perrito' con influjo onomatopéyico. Coinciden con la idea del origen onomatopéyico Sainéan, *Sources Indig.*, I, 28 (*BhZRPh.* X, 12) y Rohlfs (*ASNSL* CLXVI, 273).

Gañivete, V. *canivete*   *Gañola*, *gañón*, V. *gañote*

GAÑOTE, del anticuado *gañón*, que a su vez es ya alteración del antiguo *cañón* íd., derivado de *caña* 'caña del pulmón, tráquea'; ambas alteraciones se deben al influjo de *GAZNATE*, al cual pudieron ayudar *GARGUERO*, *GARGANTA* y *GAÑIR*. 1.ª doc.: *gañón*, 1516, G. A. de Herrera (*Aut.*); *gañote*, *Aut.*

Caña como equivalente de *gaznate* figura en la traducción de Cauliaco (h. 1500: *DHist*. II, 640*a*, n.º 9). En la misma obra se lee *cañón de la trachea arteria*, para expresar el conducto interno que constituye esta parte del cuerpo, vid. *DHist.*, 649*b*, n.º 8; Torres Villarroel lo aplica a otros conductos, como los de la nariz y de los intestinos; cat. *canyó* 'garguero', 'esófago'. Empleado absolutamente *gañón* tiene ya el valor actual de 'gañote' en Herrera, Percivale («the throate, the gullet, the cud of a beast, the throate boll, the gargill, the craw, the crop or gorge; sometimes ravening or gluttony») y Oudin («le gosier»). Hoy es palabra poco común, aunque la Acad. no la da como anticuada, y vive indudablemente en algunas partes; de ahí traslaticiamente se aplica a una ranura de madera que recibe un espigón de hierro, en las norias, en Daimiel (Mancha) («das hölzerne 'Lager' für den Eisenstift»: Giese, *ZRPh.* LIV, 520). El vocablo parece haber sufrido una contaminación progresiva por parte de *GAZNATE*, la cual primero afectó sólo la consonante inicial (de donde *gañón*) y después se extendió a la terminación, de ahí *gañote*. Es demasiado sumario, y poco satisfactorio, decir que *gañote* es un cruce de CANNA con GULA [impopular en castellano] o con GANNITUS, según escribe G. de Diego, *RFE* IX, 146. Hoy *gañote* es término popular, o mejor vulgar, más o menos en todas partes (se emplea, p. ej., en León: Puyol, *RH* XV, 5), y del castellano parece haber pasado al cat. *ganyot*[1], donde encontró apoyo en el autóctono *ganya* 'agalla', y al portugués del Alentejo (*ganhote* en Évora: *RL* XXXI, 9). En otras partes ha habido diferentes cambios de terminación: salm. *gañola* 'garganta' (que inicialmente pudo deberse a una disimilación), *gañuelo* 'gaznate' (Lamano; como voz charra en Araujo, *Est. de Fon. Kast.*, p. 15).

[1] Lo admite Fabra, y en efecto es popular, pero de sabor menos castizo que *canyó*. Pertenece al tono más pintoresco y desgarrado de lenguaje. No hay ejs. en Ag., falta en Amengual, etc. Se dice, p. ej., *tallar* o *torçar el ganyot a algú* (hablando del verdugo, sobre todo), pero nadie dirá *em fa mal el ganyot*, sino *el canyó*. Claro que no puede derivar de *ganya* 'agalla de pez', por razones geográficas y semánticas, pese al dicc. Alcover.

GARABATO, 'gancho retorcido', dialectalmente *garabito*, port. *garavato* 'palo con un gancho en la punta, para coger fruta', *garavêto* 'pedazo de leña menuda'; parecen ser derivados del ast. y santand. *gárabu*, *gáraba*, 'palito', de la misma familia prerromana que *CARBA* 'rama', 'matorral', 'rebollo'. 1.ª doc.: J. Ruiz; pero existía ya en el S. XIII (V. el texto); lo encuentro ahora, además, en *Luc.* Alf. X, Almazán.

Es ya frecuente en este poeta en el sentido moderno (925*a*, 1109*b*, 1472*c*, 1475*c*). Lo restituye plausiblemente Wagner en su ed. del *Caballero Zifar* (h. 1300)[1]. Y que existía ya en el S. XIII podemos asegurarlo gracias al derivado *garavata* 'enredo para ganar dinero', empleado por el autor del *Alex.*, 1657 (en rima y en ambos mss.). El masculino figura en varios fueros del S. XIII (de Usagre, de Sepúlveda y de Madrid —éste de 1219—, V. la ed. de Ureña del primero, p. 286), y en el sentido de 'bozal: aparato de correas y alambres que se pone a la boca de los perros para que no muerdan', ac. secundaria y explicable por los numerosos garabatos de alambre que lo forman. Posteriormente APal. 153*b*; Nebr. («*garavato*: uncus, harpago», «*g. para sacar carne*: creagra», g6r°). Ast. *garabatu* 'especie de rastro de hierro con tres o cuatro dientes, que sirve para amontonar el estiércol' (V). En todos los textos medievales citados lleva constantemente *v*, como todavía en portugués. En este idioma tiene todo el aspecto de voz castiza, ya documentada en

Antônio Vieira (*Arte de Furtar*, 3.ʳ cuarto del S. XVII), e indudablemente muy anterior. Importante para la etimología (nada estudiada hasta aquí) me parece ser *garabito*, empleado en Andalucía («gancho o garabato», AV)², en el Bierzo («gancho para colgar objetos», «palo largo, encorvado en uno de sus extremos, que sirve para prender o agarrar las ramas de los árboles a fin de coger fruta», «también para mesar la hierba del pajar», G. Rey), en Sanabria («ganchos de los llares», Krüger, *Gegenstandsk.*, 91), etc.³, en el port. de Valpaços 'aldaba, cerrojo' (*RL* III, 327)⁴, gall. *garabeta* 'especie de pingallón con anzuelo, para coger gaviotas' (Sarm. *CaG.* 190*v* y p. 184); también Bierzo *garabullo* 'palito' (Fz. Morales), ast. occ. *garabuyo* (Acevedo) y gall. *garabullo* 'garrancho', Bédar (Almería) *garabuyo* o *garabazo* 'pan de forma romboidal alargada'. También interesa por su significado el port. minhoto *grabato* 'palito', «mòlhinho de lenha» (Leite de V., *Opúsc.* II, 166, 492). Me parece claro que éste es el significado etimológico, del cual fácilmente se pasó al de 'palo encorvado en su extremo para coger fruta' (Bierzo), de ahí 'palo rematado con un gancho' (portugués) y finalmente 'gancho'. Comp. el artículo *GANCHO*. Según he indicado allá hay que partir de la familia prerromana de *CARBA* (antiguamente *carva* 'rama' (así en Cerdeña), 'matorral' (salm.), de donde procede el port. y leon. *carvalho* (-*ayo*), 'mata de roble joven', 'roble', y por otra parte el ast. occid. *gárabu* 'trozo de leña delgada para atizar el fuego' (M. P., *Festgabe Mussafia*, 400), santand. *garabas* 'leña de monte', 'árgoma' (Alcalde del Río y G. Lomas no acentúan, pero la Acad. imprime *gáraba*), *garabitas*, *garabitos* 'árgoma', ast. *garabu* 'rama delgada separada del árbol', 'trozo rollizo de leña destinado al fuego' (V)⁵.

Creo que no hay relación con el ast. *gabitu* 'gancho' y su familia (para el cual V. *GAVILÁN*). Tampoco con el ruso *koróbit* 'encorvar' y demás miembros de la familia indoeuropea *KERB- estudiada por Meringer (*Idg. Forsch.* XVI, 128ss.). Y menos con el greco-latino *harpaga*, *harpago* 'gancho': un étimo *HARPAGATUS como el que propone Simonet (p. CLXXIX), sólo podría tomarse en consideración a base de un mozár. *arbagato* que habría podido pasar a *rabagato* (comp. al revés mozár. *ercalix* 'regaliz' y *ermolaitha* = *remolacha*) y luego sufrir metátesis, pero claro está que ésta es una combinación complicada e inverosímil en grado sumo, que además haría esperar como resultado *garrabato*. Más razonable parece la sugestión de Sainéan (*ZRPh.* XXXI, 281) de que *garabato* derive de *cárabo* 'cangrejo', por las patas ganchudas de este animal, comp. it. *granchio* 'cangrejo' y 'gancho'; pero a ella puede objetarse que *cárabo* no existió nunca como voz popular en castellano (V. mi artículo)⁶.

Deriv. *Garabatada. Garabatear; garabateo. Ga-* *rabatoso. Engarabatar.* Y V. arriba para *garabo, garabero* y *garabito*. De *gárabu*: ast. *garabaya* 'porción de gárabos', port. dial. (Ponte do Lima) *garavalha* (V). Alteración de *garabanche (resultado de un cruce de *garabato* con el mozár. *ganch* por *gancho*) será el almer. *garamanche* 'lado de la taba que tiene una figura en forma de S o garabato' y luego 'taba'.

¹ «Fueronlos redrando de la villa los vallesteros; ca tenian muchos *garavatos* e muchas vallestas de torno biriculas para se defender», 50.19. El ms. más antiguo (S. XIV) trae *garatos*, que parece ser forma debida a un olvido del copista; el ms. del S. XV y la ed. 1512 sustituyen esta palabra, que no entenderían, por *arcos*.— ² La otra ac. 'perro cruzado de pachón y podenco' quizá derive del medieval *CÁRABO*, V. este artículo.— ³ Para la ac. secundaria 'asiento en alto que usan las vendedoras de fruta en la plaza', *Aut.*, V. nota en el artículo *ENCARAMAR*. Ya figura *garavito* junto con *garavato* en Torres Naharro (1517), *Serafina* IV, 15.4, pero en un pasaje en «caldeo» (!). *Garavato* está además en otros pasajes de Naharro (ed. Gillet, III, 148).— ⁴ Trasm. *engaravitado* «crispado, hirto, por effeito do frio» (*RL* V, 46) se explica por los dedos en forma de gancho que tiene el que se siente entumecido.— ⁵ Derivado regresivo de *garabato* será gnía. *garavo* 'garabato' (J. Hidalgo), *garavero* 'ladrón que hurta con garabato', *garbear* 'robar, andar al pillaje' [1613, Cervantes], 'trampear, buscarse la vida'. El simbolizar el hurto con el garabato es ya antiguo. Creo que de aquí viene el marroquí *qarabâta* 'saqueo de corsarios' (Dozy, *Suppl.* II, 323*b*) que no tiene raíz en árabe.— ⁶ El fr. *graviteau* «crochet» (1681), citado por el mismo autor, *Sources Indig.* II, 192, será castellanismo. En cuanto al fr. ant. *gravet* y *grau* del mismo significado, no me son conocidos, y debería examinarse su historia. Posible es que sean otros derivados de la misma raíz que *garabato*, el port. de Valpaços *garabano* «instrumento agrícola para regar, consistente num vaso de lata com um longo cabo de pau» (*RL* III, 327), port. minhoto *carampanho* 'rastrillo' (Leite de V., *Opúsc.* II, 101), pero comp. *carapanho* y *capanho* 'cesto' (aquí I 652*b*33) en otras partes, y el artículo *CAPARAZÓN*.

Garabaya, garabazo, V. *garabato*   *Garabita*, V. *carba* y *agavanzo*   *Garabito, garabullo*, etc., V. *garabato*   *Garama*, V. *derramar*   *Garamanche*, V. *garabato*   *Garambaina*, V. *gamba*   *Garandaya*, V. *gandaya*   *Garandón*, V. *granzas*

GARANTE, tomado del fr. *garant*, de origen germánico, probablemente del fráncico *WERÊND (a. alem. ant. *wërênt* íd., participio activo de *wërên*, fris. ant. *wera* 'garantir', comp. alem. *gewähren* 'otorgar', *gewähr* 'garantía'). 1.ª doc.: *Aut.*

En este diccionario sólo como vocablo diplomático: «el príncipe que se constituye fiador de lo que se promete en los tratados de paces»; explica que es palabra francesa de introducción reciente y que por extensión se aplica ya vulgarmente a cualquier fiador. Nadie duda acerca del origen germánico de esta palabra francesa, que es tan antigua como el idioma (*Roland*), pero en cuanto al étimo exacto ha discrepado M-L. de la opinión común, reproducida arriba y admitida por Diez, Gamillscheg (*EWFS*, 457; *R. G.* I, p. 163) y otros. Frente al fr. *garant* tiene la lengua de Oc *guiren(t)* (*garent* es menos extendido, y se halla sobre todo en algunos textos en prosa, más tardíos, que pudieron sufrir el influjo francés). De esta oposición vocálica deduce M-L. que no se trata de la vocal germánica ë (gót. ĭ; y ante *r*, gót. *aí*, pron. ę̌), sino de la vocal â del germánico occidental, que corresponde a ê del gótico de Úlfilas, y a î del visigótico: de éste vendría la forma occitana, mientras que la francesa correspondería a la â del fráncico, dialecto germánico occidental; vid. *ZFSL* XLIV, 105, y *REW*³, 9523a (rectificando la opinión común, admitida en la primera edición de esta obra, n.º 9505). Para ello parte M-L. de un verbo visigótico *WĬRJAN, fráncico *WÂRJAN, que correspondería al fris. ant. *wêrja* 'afirmar, demostrar', a. alem. ant. *piwârran, piwaren*, 'afirmar como efectivo o verdadero, demostrar, probar', alem. *bewähren* 'probar, acrisolar'. Pero esto no satisface desde el punto de vista semántico; hay además una dificultad morfológica, porque del participio fráncico *WÂRJAND esperaríamos fr. *garjant* o *gairant*, y tampoco el visigótico *WĬRJANDS explicaría la terminación occitana: de ahí que en el *REW* quiera suponer M-L. un fránc. *WÂRAND, pero esta forma es arbitraria desde el punto de vista de las demás lenguas germánicas. Creo que tiene razón Gamillscheg al rechazar esta sugestión de M-L. y atenerse a la raíz germánica indicada, la única documentada en el sentido de 'garantir': en gótico este verbo debería ser *WAÍRAN, y según he indicado en *ESQUILAR*, este verbo junto con *TIRAR* y quizá *ESPÍA*, palabras procedentes todas de étimos góticos con AÍ, presentan la misma irregularidad de una *i* romance en lugar de esta vocal, irregularidad que aquí se repite; deberemos, pues, suponer que el visigótico alteraba en *i* el vocalismo AÍ del lenguaje de Úlfilas. En cuanto al cambio vocálico de la primera sílaba de WERÊND en la *a* del fr. *garant* puede ser puramente fonético, debido al influjo de la consonante y la vocal siguientes, pero también pudo ayudar un factor de tipo asociativo. El participio *garant* (*guirent*) estaba aislado en romance, y era natural por lo tanto que se le buscara una relación con el verbo fr. ant. y oc. *garir* 'proteger, defender' (WARJAN), fr. mod. *guérir* 'curar', del cual *garant* parecía un participio: esto nos explica a un tiempo: 1.º la *a* primera de *garant*, 2.º la *e* del moderno *guérir*, y 3.º la *e* tónica de oc. *guiren(t)*, que no corresponde a la terminación del participio gótico *WAÍRANDS. Los préstamos lingüísticos, sobre todo los que se producen en poblaciones más o menos bilingües, están muy expuestos a contaminaciones y etimologías populares, porque el pueblo prestatario trata de explicarse lingüísticamente las formas del idioma prestador, pero no posee el sentimiento tradicional del lenguaje que suele preservar los vocablos de influjos contaminadores, ni tiene tampoco un conocimiento suficiente del vocabulario del otro idioma para no incurrir en frecuentes confusiones en la interpretación del mismo; de ahí las numerosas alteraciones asociativas que observamos en germanismos románicos, como *GALARDÓN, GALLARDO, GUIRNALDA*, etc., y en nuestro caso[1].

DERIV. *Garantía* [*Aut.*; el cat. ant. g(u)*arentia* (hoy *garantia*) ya se halla en el S. XIII: *Costumbres de Tortosa*, ed. Oliver, pp. 203, 204, 347], del fr. *garantie* íd. *Garantir* [Moratín, 1760-1828; Acad. 1843, no 1817], del fr. *garantir* íd.; con su concurrente *garantizar* [Acad. 1884, no 1843] se estableció en España y en muchos escritores americanos un sistema supletivo, en virtud del cual se emplean las formas del primero cuya desinencia empieza por *i* (*garantir, garantimos, garantirá*, etc.), pero en los demás casos se emplea *garantizar*; en realidad este sistema, aunque muy propugnado por los gramáticos y puristas de todas partes, apenas es observado en parte alguna por el habla espontánea, pues en España se emplea *garantir* muy poco, y se oye y lee preferentemente *garantizamos, garantizar, garantizado*, etc., y en la Arg. es casi general en la práctica (a pesar de los esfuerzos de muchos gramáticos) el uso de *garanto, garantes, garanta*, etc.: así ya en la Constitución de 1853, en D. F. Sarmiento († 1888), etc.: V. ejs. en Garzón; lo mismo ocurre en Chile (a juzgar por la condenación de Román) y en otras partes de América[2]; *garantizador. Guarentigio, -icio* [Acad. ya 1843], tomado del b. lat. *guarentigium* y éste del it. *guarentigia* 'garantía' (tomado del francés).

[1] Se ha hablado alguna vez de una disimilación occitana *e-é > i-é*, la cual explicaría en apariencia el caso de *guirent*. Pero las disimilaciones vocálicas suelen producirse en el sentido de abrir una vocal y no de cerrarla, y de hecho la única disimilación bien asegurada es *e-é > a-é*, que, en efecto, es frecuente en catalán y lengua de Oc. Los ejs. del supuesto proceso inverso son participios activos que se explican por metafonía: SERVIENTEM > *sirvent*, VENIENTEM > *vinent*, EXIENTEM > *issent* (cat. *ixent*), aunque hay algún caso suelto de extensión analógica: *mal mirent* (del verbo *merir*) MERENTEM, junto a *mal merent*; pero un *guerent* no existe, y por lo demás el caso de esta alternancia no es lo bastante frecuente para que se extendiera a un germanismo como el nues-

tro. En cuanto al cat. *finestra*, Toulouse *finèstro* (pero oc. *fenestra* en general), creo que se debe a un influjo especial, seguramente el de FĪNIS, pues *finestra* se aplicaba a collados y puestos de observación en las montañas, que a menudo coincidían con límites administrativos o políticos (vid. Balari, *Orígenes Hist. de Cataluña,* para este uso topográfico de *finestra,* muy frecuente en la toponimia).— ² Bello, *Gram. Cast.,* § 591. Cuervo no se detiene en el caso y se limita a observar la existencia de este supletivismo en *Ap.,* § 318. Claro está que la terminación de *garantizar,* como la de *aterrizar,* etc., sale de la desinencia de formas francesas como *garantissons, garantisse, garantissant,* etc.

GARAÑÓN, 'asno grande destinado para cubrir las yeguas y las burras', del germ. WRANJO, -ONS, 'caballo padre, semental' (b. alem. ant. *wrênjo,* neerl. med. *wrêne,* a. alem. ant. *reinn(e)o* íd., comp. b. alem. med. y mod. *wrenschen* 'relinchar'). *1.ª doc.:* *guaranyón,* h. 1300, *Fueros de Aragón,* ed. Tilander, § 213.1 («si cavallo o yegua... o asno *guaranyón* d'algún fiador fore pendrado»).

Garanon (léase *garañón*) aplicado a un asno retozón y desvergonzado se lee también en J. Ruiz (1405*b*); emplea *asno garañón* una ley de la *N. Recopil.* dictada por Enrique III (1390-1406, vid. *Aut.*); en APal., 194*d,* quizá designe más bien el caballo padre («un ponçoñoso sudor que distila de las yngres de las yeguas quando cobdician al *garañon*»), también en Nebr. («*garañon:* admissarius; *g. echar:* admitto»), y en varios dicc. del S. de Oro, mientras que Covarr. dice que lo mismo designa el uno que el otro, y además el macho de cada una de las dos especies que se ayunta con la hembra de la otra; en el sentido de caballo semental corre hoy en la América Central, Méjico y Chile, mientras que la Acad.) (desde *Aut.*) da como normal la aplicación al asno, y en Canarias se extiende al macho cabrío (S. de Lugo); para documentación vid. Cuervo, *Disq.* 1950, 574; W. Schmid, *Canc. de Baena;* Gillet, índice a su ed. de la *Propaladia.* La variante *grañón,* usual en Albacete (A. Zamora, *RFE* XXVII, 235), es fácil de comprender.

El port. *garanhão* es el 'caballo padre', y aplicado a un hombre mujeriego (ac. también usual en castellano) se registra ya en Ferreira de Vasconcellos (1547). Oc. *garanhon* 'caballo padre', 'hombre disoluto', es antiguo y moderno¹; del fr. ant. *garegnon* 'caballo no capado' no hay más que un ej. (y otro en el sentido secundario 'verga del caballo'²), lo cual se explica por la temprana concurrencia de *étalon.* Finalmente hay el it. ant. *guaragno* y el cat. *guarà*³ 'garañón, asno padre'; el port. *garrano, -ana,* 'caballo o yegua de pequeña estatura' (ya Moraes) no es seguro

que tenga el mismo origen. La inicial hispano-portuguesa *ga-,* en lugar del *gua-* que se esperaría, la circunstancia de que *WRANJO parece ser forma fráncica, a la cual correspondería en gótico una forma en -A, -ANS, y la divergencia con el cat. *guarà* (de origen gótico), todo lleva a sospechar que *garañón* sea préstamo galorrománico, tomado seguramente de la lengua de Oc, dada la poca vitalidad de la forma francesa. Pero esta conclusión es en realidad dudosa: el préstamo de un vocablo tan popular, rústico y antiguo, está lejos de ser convincente a primera vista, la forma con *gua-* existió en Aragón (más testimonios en Du C., aunque figuran en textos legales que pueden venir de una fuente común con la forma aragonesa arriba citada), la reducción de *gua-* a *ga-* podría en rigor explicarse por la posición átona, y sobre todo el anónimo botánico de h. 1100 nos da ya el adjetivo mozárabe *garannûnî* aplicado a una clase de mijo «porque sus espigas son largas y colgantes, al modo de las colas de los c a b a l l o s»: un préstamo occitano en la España musulmana, en noción de tal carácter y en fecha tan temprana, es difícil de admitir.

Por otra parte, la exacta forma germánica de donde proceden las romances no es fácil de determinar. Que el vocablo es germánico está fuera de dudas, pues *waranio, -onis,* ya aparece en la Ley Sálica y en el *Capitulare de Villis,* lo cual basta para refutar la opinión de Griera (*BDC* V, 46-47) de que se trata de un derivado de EQUA 'yegua', debido a un cruce con SUPER-ANNUM que ha dado el cat. dial. *sobran* 'potro de más de un año'⁴. Pero ya es dudoso el vocalismo de la sílaba radical: el a. alem. ant. *reinn(e)o* haría suponer un diptongo AI, de donde el tipo *WRAINJO que admitieron Brüch, M-L. (*REW,* 9573) y Gamillscheg (*R. G.* I, p. 198); no habría dificultad, por lo demás, en la reducción romance de AI a A; por otra parte, el diptongo no es general en alto alemán antiguo, y las formas antiguas del bajo alemán y el neerlandés no nos enseñan nada seguro en este punto; por ello, y teniendo en cuenta que el b. alem. med. *wrenschen* 'relinchar', hoy conservado en el Meclemburgo, indica un étimo *WRANISKON (WRAIN- habría dado *wrenschen*), Mackel (*ASNSL* CLXIV, 256) se inclina a admitir *WRANJO creyendo que el a. alem. ant. *reinneo* se explica por la metafonía incipiente.

Por otra parte, es difícil de explicar la forma cat. *guarà,* que ya se halla varias veces en la Edad Media (*guaran* en las Costumbres de Tortosa, S. XIII, ed. Oliver, p. 124; *guarà* en el *Spill,* a. 1460, v. 8594; etc., desde 1063 (*kavallo guaran: Cartul. St. Cugat* II 300)⁵. Al fráncico *WRANJO correspondería quizá *WRANJA, -AN, en gótico; pero de ahí sólo podría salir *guaranyà;* tampoco es satisfactorio partir del nominativo *WRANJA, de donde un *guaranya cambiado quizá en *guarany para evitar su apariencia femenina, pero de aquí es difícil pasar; quizá hubo en esta etapa influjo de *sobran*, de donde el *guaran* de las Costumbres de Tortosa, y de ahí ya no costaría llegar a *guarà* (como *bla* o *rodó*, de los regulares *blan*, *rodon*, aunque éstos son adjetivos, más accesibles a la analogía).

Pero ante todo conviene tener en cuenta el pasaje de San Isidoro donde trata de las capas, pelos o colores del caballo: «Cervinus est quem vulgo *guaranem* dicunt; *aeranem* idem vulgus vocant, quod in modum aerei sit coloris» (*Etym.* XXII, i, 53). Hay variantes manuscritas *warranem* y *guaranen*. A pesar de la forma *aeranem*, donde debemos ver una de las acostumbradas etimologías falsas del santo (de *aereus* 'broncíneo'), es difícil no reconocer ahí el prototipo gótico del cat. *guarà*, tanto más cuanto que glosarios posteriores (probablemente basados, empero, en el texto isidoriano) dan la misma frase con la forma correcta *waranem*. Así lo reconoce Sofer, pp. 21-24[6]. Luego tenemos derecho a postular, a base de este testimonio, un gót. *WRANS, del cual el fráncico *WRANJO y demás formas posteriores serían derivaciones provistas de sufijo; de ahí vendría regularmente el cat. *guarà*[7] y quizá el port. *garrano*. ¿Existiría además otra forma gótica *WRANJIS (como supuso Bruckner), de la cual provendría el it. ant. *guaragno*? Entonces podríamos creer que el *garañón* hispanoportugués es un aumentativo de un *guaraño* preliterario[8], procedente de esta forma gótica. Pero esto es muy dudoso, pues el *guaragno* italiano, por su poca vitalidad, es sospechoso de ser préstamo galorrománico. Quizá, a pesar de todo, *garañón* sea un occitanismo temprano explicable inicialmente como voz erótica de los trovadores o por alguna corriente comercial o algún hecho en la historia de la remonta que no me es posible precisar.

[1] Hay ya 3 ejs. en trovadores, desde el S. XII, vid. Levy. En el último, que este autor no entiende, deberá quizá enmendarse *Li orfanel van garanhos* en *li orfanels ven garanhos* 'el huérfanito se hace hombre'.— [2] En *Canc. de Baena* 7 v° *b* debe de ser la del hombre: «Segund la mala vida que en uno vivían / por celos e vegez e flaco garañón» (Schmid, p. 90).— [3] Vco. *garaiño* 'caballo padre' guip., sul. y Ainhoa (lab.), que Oihenhart da como *garano*; vizc. *graiñoe* «asno para cubrir yeguas» «caballo o gallo mal castrado», también *granjoe*.— [4] Abreviación de NATUS SUPER ANNUM 'nacido hace más de un año', paralela a NATUS TRES ANNOS, DUOS ANNOS, etc. ('de tres, de dos años de edad'), con SUPER en el sentido de 'más de', 'por encima de'. M-L., *Das Katalanische*, § 136, rechaza con razón la opinión de Griera, pero lo hace en forma oscura y con muchos errores. Claro está que el cat. dial. *eguarà* es forma debida a un cruce con *egua*.— [5] M-L. y Spitzer (*ARom.* IX, 151-2) se esfuerzan en explicar un cat. *goró*, que según

el primero saldría de *guaranyon* por pérdida disimilatoria de la *ny* intervocálica. Disimilación sin ejemplos y ciertamente imposible. Por lo demás, mientras tengo numerosos testimonios de *guarà* en la Edad Media, y hoy en todas las regiones del idioma, no conozco un testimonio fidedigno de ₁*goró*, variante sólo recogida por Labernia (ya en la ed. de 1839), aunque junto a *guarà*, *gorà*, y reproducida por algún diccionario posterior, de segunda mano. Creo que no existe tal forma, mera errata de copia.— [6] No convence la contaminación que este autor quisiera ver ahí con el germ. WRATJA, fr. *garance*, 'granza, rubia'. Y falta averiguar si tiene algún fundamento en los colores reales la identificación que hace San Isidoro entre el color del garañón y el cervino o cebruno. De todos modos, estos puntos no pueden afectar el hecho básico de que San Isidoro conocía un goto-latino *waranem*. Es muy posible que la única identificación con fundamento en los hechos fuese la de 'cervinus' y 'aeraneus', es decir, 'de color cobrizo': el cervuno o cebruno es, en efecto, intermedio entre oscuro y zaino; y que luego la identificación entre *aeraneum* y *waranem* sea debida sencillamente al sonsonete fonético y a la manía etimológica del hispalense.— [7] Y el a. arag. *guarán* 'burro padre', 'cerdo macho' (Kuhn, *ZRPh.* LV, 609-10; Casacuberta, *BDC* XXIV, s. v.; Peralta; Borao), que la Acad. en 1843 y 1884 daba como castellano; pero después ha rectificado y lo da como aragonés. Es dudoso si es forma autóctona o catalanismo, en vista de que el arag. ant. decía *guaranyón*, y hoy todavía se emplearía *arañón* [por deglutinación del artículo *o (u)arañón*] en este sentido en Panticosa, según Kuhn.— [8] Ésta es la forma que hoy se emplea en Murcia (G. Soriano) y que penetra algo por Alicante (Alcover).

Garapacho, V. *caparazón*   *Garapiña*, V. *garapiñar*

GARAPIÑAR, 'solidificar un líquido, congelándolo o en otra forma, de manera que forme grumos', hermano del port. *carapinhar* íd., del it. ant. y dial. *carapignare* 'rascar', fr. dial. *charpigner* 'arañar', 'desmenuzar', procedentes de un lat. vg. *CARPINIARE 'arrancar, arañar, desgarrar', derivado de CARPĔRE íd. 1.ª doc.: *garapiña*, Quiñones de Benavente († 1651)[1]; *garapiñar*, *Aut.*

Garapiña figura también en Calderón y en *Aut.*, como nombre de una bebida helada; *Aut.* registra también *bizcochos de garapiña*, y *garapiña* como nombre de un tejido especial en galones y encajes, cuya forma recuerda dicha bebida[2]. Por lo demás, que el significado del vocablo no hace esencialmente referencia a algo congelado, sino a todo líquido que forme grumos, lo indica el moderno *almendras* o *piñones garapiñados*, golosinas bañadas en almíbar agrumado. El port. *ca-rapinhada* es «bebida congelada q u e f o r m a f r o c o s», *carapinho* 'crespo, encrespado' (con referencia al cabello), y la antigüedad del vocablo en este idioma la prueba el nombre de lugar *Illa Carapinia*, que figura en el foral de Seia de 1136 *(PMH, Leges,* I, 372), y se aplicaría a un peñasco de conglomerados. Que la forma en *c-* existiría antiguamente en castellano lo indica el campid. *carapigna* 'helado', tomado evidentemente del castellano (M. L. Wagner, *RFE* IX, 234), y el it. *carapignare* (término de Lucca, según Petrocchi, también siciliano y sardo) 'hacer un helado', que también será hispanismo. Inadmisible la idea de N. Caix *(Giorn. di Filol. Rom.* II, 1879, p. 66) de derivar de *JARABE,* pues no se explicaría el cambio de la consonante inicial: el port. *garapa* 'helado', que cita este autor, ha de ser por el contrario derivado regresivo del cast. *garapiña,* falsamente percibido como un diminutivo portugués. Son en cambio autóctonos el it. ant. *carapignarsi* «grattarsi l'un l'altro dalla contentezza» (en el *Decamerón*), manceau *charpeigner, chairpigner* «déchirer, égratigner», fr. centr. *charpigner* «mettre en menus morceaux, tourmenter», Chevagnes *charpigner* «effiler de la laine», Perigord *charpignà* «prendre aux cheveux», Pézénas *charpignà* «chercher querelle» *(FEW* II, 402*b*), que según indicaron ya Spitzer y Singleton *(MLN* LIX, 88-92), aunque sin relacionarlos con *garapiñar,* proceden de **CARPINIARE,* derivado de CARPERE; de otros derivados del mismo verbo proceden rum. *scarpinà* 'rascar', engad. s-*charpiner* 'deshilachar', milan. *scarpinà* 'desgreñado', *carpiáss* «rapprendersi, c a g l i a r e, g e l a-r e»; V. además mi artículo *ESCARAPELAR.* De 'rascar', 'desgarrar', se pasó a 'formar burujones en la piel', y de ahí 'formar grumos'. El gall.-port. ant. *carpinha (Demanda do Graal,* ed. Migne II, 303; *Cantigas S. M.ª,* ed. Mettmann II, n.º 105/98), *dar -as, dar ŭa -a* 'dar gritos' tiene origen análogo, como indica Piel, *Pg. Fgn. Görresges.* VIII, 1908, 155-7; de ahí luego el mod. *ca-rapinha* 'pelo rizado' 'pelo crespo a modo de estropajo' («Wuschelhaar»).

DERIV. *Garapiña,* V. arriba. *Garapiñera [Aut.].*

[1] «Quien quisiere gozar del verano / fresco, apacible y humano, / en vida más regalada, / busque a Madrid con su limonada; / y si se aliña, / con limonada y con *garapiña*», NBAE XVIII, 788.— [2] De la bebida congelada viene luego el cub. y mej. *garapiña* «bebida refrigerante hecha de la cáscara de la piña cuando se corta con alguna parte de la pulpa, en agua con azúcar, y guardada algunos días para que tome acidez» (Pichardo). Más datos en Toro G., *BRAE* X, 557. Acs. secundarias asturianas en Rato, s. v. *garapiñera, garapiñeros;* ej. asturiano de *garapiña,* ibid. s. v. *pretina;* ast. *garapiña* 'tabaquera de figura de botella con agujeros en la parte superior, para sorber por las narices el tabaco en polvo' (V).

Garapita, garapito, V. *garrapata Garatura,* V. *gratar Garatusa,* V. *engatusar*

GARBA, 'gavilla de mieses', arag., murc., del cat. *garba* íd., y éste del fráncico *GARBA (a. al. ant. *garba,* al. *garbe,* neerl. med. *garve,* b. al. ant. *garƀa* íd.). *1.ª doc.: Aut.,* como voz aragonesa.

Documentado en bajo latín desde 685, vid. Kluge, *ARom.* VI, 305; comp. Gamillscheg, *R. G.* I, 194; *REW,* n.º 3682.

DERIV. *Garbar* o *garbear* 'formar las gavillas', arag. [*Aut.*]; *garbera, engarberar; garbón* 'haz pequeño de leña menuda', que la Acad. da como «valenciano».

Garbancera, V. *agavanzo*

GARBANZO, vocablo común con el gallego-portugués (*gravanço, gar(a)vanço*), que parece fué antiguamente *arvanço* o *ervanço* en ambos idiomas, forma que luego pudo alterarse por influjo de *garroba* 'algarroba' y *gálbana* 'especie de guisante'; origen incierto, quizá del gót. **ARWAITS* íd. (a. al. ant. *ar(a)wiez,* al. *erbse,* etc.), romanizado en **ARWATIUS,* o de un prerromano, posiblemente sorotapto **ERVANTIOS*; es más difícil que sea un deriv. del lat. ERVUM 'yeros'; hay dificultades insuperables para que venga del gr. ἐρέβινθος 'garbanzo'. *1.ª doc.: 'arbânsuš,* plural, en el botánico mozárabe anónimo de h. 1100 (Asín, 20); *garvanço,* 1219, F. de Guadalajara (Oelschl.).

'Arbânsuš o *'arbânšuš* se halla también en Abenbeclarix (h. 1106). *Garvanço* es frecuente desde antiguo: en J. Ruiz (1163*b*), en el glosario de Toledo, en el *Libro de Juan de San Fagún* (h. 1450: *RFE* VIII, 346), en la *Gaya* de Segovia (1475: p. 81), en APal. (74*b,* 139*d,* 170*b,* 506*b*), en Nebr. («*garvanços, legumbre:* cicer», g6vº), etc.[1] La grafía medieval es *garvanço* constantemente; sólo el glosario del Escorial escribe *gar-banço;* la *ç* sorda queda comprobada por la pronunciación actual de Malpartida de Plasencia y de Eljas (S.ª de Gata), Espinosa, *Arc. Dial.,* 50.

En gallegoportugués tenemos *garvança* en las *Cantigas de Santa María* (IX, 14)[2], pero *ervanço* en Mestre Giraldo (a. 1318) *(RL* XIII, 293); hoy se dice *garabanzo* en gallego (Sarm., *CaG.* 91*v;* Vall.), donde quizá haya existido también *herbanzo*[3]; en portugués la denominación corriente en la actualidad es *grão de bico,* pero también registran *gravanço* los diccionarios[4], que parece ser la forma corriente en Tras os Montes y en todo el Norte, y aun el Centro[5].

Del español pasó el vocablo al bearn. *garbàch, garbà(y)tch, garbèch* (en las montañas), también *garbàtchou* «pois chiche, pois sec», *garbàyts* pl. «pois et haricots secs» (en Ossau; Palay). El vas-

co *garbantzu* (también *barbantzu*), según el autorizado dictamen de Schuchardt (*Litbl.* XIV, 336),
es castellanismo, y Azkue ni siquiera registra el
vocablo; es verdad que Larramendi opinó lo
contrario, haciendo notar que un *garabantzu* po- 5
día explicarse como compuesto vasco de *garau*
'grano' y *antzu* 'seco', con el cambio normal de
u̯ intervocálica en *b* (así *garaba* 'ninguno' es *garau* + el artículo *a*), pero en primer lugar *antzu*
no es 'seco', sino 'estéril' (aplicado principalmente 10
a las mujeres; 'seco', en cambio, se dice *legor*),
y por otra parte *garau* es palabra de origen latino, procedente de GRANUM, con pérdida de la -N-
intervocálica, seguramente coetánea de la pérdida
de la misma consonante en gascón, y por lo tan- 15
to no parece posible que *gra(n)u* + *antzu* pudiera ya haber dado *g(a)rabantzu* en vasco antes
del S. XI, en que el vocablo ya aparece como
romance. Para terminar el cuadro de la expansión del vocablo, menciono el castellanismo ingl. 20
garavance o *calavance*, ya documentado en 1620,
y que por lo demás es de uso poco extendido.

Desde López de Velasco, Aldrete y Covarr. se
viene repitiendo que *garbanzo* proviene del gr.
ἐρέβινθος íd., y aunque Diez (*Wb.*, 454) descartó 25
prudentemente esta etimología, M-L. (*REW*, 2889)
le volvió a dar entrada casi sin restricciones, sólo
notando que falta explicar la terminación[6]. En
realidad, este obstáculo es punto menos que insuperable, pues aunque consintiéramos en admi- 30
tir que la introducción del vocablo fué lo bastante tardía para que la θ ya se pronunciara como
z castellana y pudiera transcribirse aproximadamente por el antepasado de la *ç* romance, siempre faltaría explicar cómo pudo cambiarse en *a* 35
la *i* del griego; ni siquiera nos quedaría el recurso de suponer una variante dialectal griega o
perteneciente a alguna lengua prerromana, pues
ἐρέβινθος es una especie de híbrido formado con
el sufijo egeo -ινθος injertado sobre una raíz co- 40
mún a muchos idiomas indoeuropeos (desde el
céltico al índico): se trata, pues, de una creación sólo posible en el suelo de Grecia, que difícilmente pudo tener variantes análogas en España, a no ser que aun el radical fuese de origen 45
«mediterráneo», como admiten algunos, y aun
entonces sería difícil de concebir un *EREBANTIO-,
emparentado con la voz griega. Siempre quedaría
la escapatoria de decir que un *ervento* o *er-
venço* de procedencia griega se hubiese alterado 50
en *ervanço* por «cambio de sufijo», pero tal expediente sería muy poco verosímil, no pudiéndo
documentar aquellas formas en romance ni *ere-
binthus* en latín.

Lo menos hipotético parece admitir un derivado 55
romance del lat. ERVUM 'yeros', legumbre por cierto
diferente del garbanzo, pero su derivado ERVILIA
designó en latín el garbanzo según Festo, y ha
pasado en España (*arveja*) y en Italia a ser el
nombre del guisante, que en tantos idiomas se 60

designa con el mismo nombre que el garbanzo.
Peor es la dificultad que nos causa el sufijo, que
es muy raro, aunque realmente se halla en algunos nombres de plantas, por lo demás no bien
trasparentes desde el punto de vista etimológico:
(a)gavanzo es sinónimo y parece tener la misma
raíz que el vasco-pirenaico *gaparr*, *gavarra* 'zarza',
'agavanzo', el ast. *garabanzos* 'hierbas leñosas'
(Rato, s. v. *marbiezu*), *garbanzu* 'especie de cen-
táurea ramosa y de flor encarnada' (V), derivado
de *garbu* 'leña menuda' (V. CARBA, GARABA-
TO), el ast. occid. *arbolanzos* 'hierbas altas y duras' (Acevedo-F.), que puede venir de *árbol* o
de HERBŬLA; para *corpanzo*, V. CUERPO.

Estas dos dificultades no son tan fuertes que
nos induzcan a rechazar de plano la idea, ni tan
leves que nos permitan admitirla como demostrada. Quizá sea *garbanzo* un germanismo, puesto que al nombre alemán del garbanzo y el guisante, *erbse* f., corresponde *arweiz* en la fase
media y *araweiz* en la fase antigua del alto alemán, *eriwit* en b. alem. ant., *erwete* en neerlandés medio, lo cual permite postular un femenino
*ARWAITS como nombre de la misma legumbre
en gótico[7]: comp. alem. *arbeit* f., a. alem. ant.
arabeit f., gót. *arbaiths* f. 'trabajo'. Que un vocablo como éste se hiciera masculino en romance
es normal en nombres de semejante estructura
(*banco* BANKS f., *ganso* GANS f., oc. *alberc* HARI-
BERGO f., fr. ant. *heut* HILT f.). El diptongo AI,
ajeno al romance primitivo, suele eliminarse de
varias maneras, una de las cuales es hacer pasar
la *i* a la terminación: it. ant. *ladio*, *bradia*, *astio*
(o *aschio*) < LAID, BRAIDA, HAIFSTS[8], comp. cast.
br(u)ezo < VRŎCIU < célt. VROICOS, *legua* < LE-
CUA < LEUCA. De ahí *ARWAITS > romance *AR-
WATIU[9]. El cambio de éste en el primitivo *arvanço* sería ya más fácil de explicar por el influjo
de las palabras terminadas en -*anzo*, pues no sólo
intervendrían entonces los vocablos arriba citados
como ejs. de este sufijo, y otros de procedencia
oscura (p. ej. port. dial. *gravanço* 'rastrillo'), sino
algunos donde esta terminación es secundaria y debida a fuentes diversas[10]: *ojaranzo* < *OLEARAN-
D(R)IUM (comp. *oleandrum* y *lorandrum*, alteraciones conocidas de RHODODENDRON), *mastranzo*
< *mastranto* < MENTASTRUM, y aun pudo ayudar
la tendencia a cambiar *cansacio*, *generacio*, *anda-
cio* en *cansancio* y análogos; sobre todo puede
tratarse de una alteración ya consumada en el
ambiente bilingüe romano-germánico, de donde
procedía el vocablo, pues allí la alteración de
*WRATJA (a. alem. ant. *rezza*) en WARANTIA > fr.
garance, cast. *granza*, como la de los latinos PA-
LATIA en a. alem. *phalanza*, FOCACEA en *fochanza*,
PISCATIO en *vischenze* (port. *pescanço*), MUTATIO
en *Muttenz*, CIRCATIO en *Kirchenzen*, se eleva casi
a la categoría de ley (vid. Niedermann, *ARom.*
V, 436-40; J. U. Hubschmied, *VRom.* III, 77)[11].
Las diferencias fonéticas que separan la voz góti-

ca de la castellano-portuguesa son, por lo tanto, superables, pero ocurre la objeción de principio de que no se ve la razón de haber tomado el nombre de esta legumbre precisamente de una lengua germánica, el gótico, aunque se tratara de la tribu germana que había vivido en latitudes más meridionales, estableciéndose por largo tiempo en los Balcanes, en Italia y en la Septimania, antes de pasar a España. Tampoco es muy evidente por qué el gallegoportugués tomó *laverca* 'alondra' de este idioma, pero se aclara al tener en cuenta el conflicto homonímico que habían sufrido las denominaciones hispánicas de este pájaro, según lo he descrito en el artículo *ALONDRA*: en el apuro por emplear un término que no se prestara a equívocos, los hispanorromanos echaron mano del vocablo que oían a sus dominadores germanos. Y algo por el estilo parece haber ocurrido con la confusión de nombres entre el garbanzo y el guisante (y aun la algarroba, etc.), que estudié en *RPhCal.* I, 87, 92-93 (comp. aquí *GUISANTE*): nótese que la confusión persistió aun después en algunas partes, pues en Galicia *garbanzo* designa hoy la judía o habichuela (según otros, el guisante), mientras al garbanzo se le distingue allí como *garbanzo castellano* (A. Cotarelo, *BRAE* XIV, 120).

El cambio del arcaico *arvanço* en *garvanço* es muy comprensible, pues es común mencionar juntamente a *garrobas* y *garbanzos* (según hace, p. ej., Sánchez Sevilla, como legumbres principales cultivadas en Cespedosa: *RFE* XV, 269)[12], y en el mismo sentido actuaría el influjo de *GÁLBANA* 'especie de guisante'[13] (sin contar con otras legumbres: *guija, guisante*, etc.).

El artículo de Hubschmid sobre la cuestión, *ZRPh.* LXXI, 238-45, debe juzgarse muy audaz y harto poco trabajado.

Pisani, *Paideia* X, 512, sugiere que es más fácil partir del gr. ἐρέβινθος, con terminación alterada por influjo de los nombres de plantas castellanos en *-anzo*, que del lat. *ervum* o del gót. *arwaits* modificados por este mismo influjo. Sin embargo una importación de los «comerciantes griegos del Bajo Imperio» me parece poco verosímil tratándose de una voz sólo castellana y parcialmente portuguesa.

Revisando mi artículo, tras unos años de reflexión, creo que deben considerarse ya descartadas la procedencia griega y la latina, y sigo en duda entre el origen germánico indicado y una base prerromana, con tendencia ahora a inclinarme por esta última, en atención a la terminación -ANTIU. Pero desechando una procedencia «mediterránea» o «hispanoegea» (como la insinuada más arriba), sospecho que estamos ante un vocablo de los «Urnenfelder», *ERVANTIOS, con la raíz común al lat. *ervum*, germ. *arwaits* y gr. ὄροβος (ἐρέβινθος), más el sufijo ilirio-véneto-lígur de *Numantia, Pallantia, Palentia, Segontia, Alisontia, Termantio, Olivenza* y aun acaso *Valentia*, y por otra par-

te *Livenza, Truentium, Brigantium, Taliavintum, Isonzo*; hoy en España *Betanzos, Daganzo, Iranzo, Caravanzo* (que según observa Mz. Pidal coincide con el nombre del príncipe ilirio *Caravantius*), *Vimianzo* (p. ej. Corcubión, La Coruña) quizá de *VEMENANTIO, del NP o etnos hispánico (ieur.) VEMENUS, VEMENICUS (doc. en inscrs. romanas de Burgos) (citas en Albertos F., *Hom. Tovar*, 48. 145, 49.392), etc. Quizá presenten también este sufijo *agavanzo* (¿vasco-lígur?), *ojaranzo* (cuya etimología grecolatina es bastante satisfactoria, pero no del todo concluyente) y otros de los que cito más arriba. Para desbrozar el terreno con seguridad importaría mucho hallar mejor y más documentación de la variante sin *g-*. No parece haber datos fidedignos de esta forma en gallego. De modo que quedamos reducidos a su aparición en dos fuentes mozárabes (donde el álif hamzado podría mirarse, sin audacia excesiva, como una errata de copia por *g-*: ʾ| = غ y algunos datos portugueses, el más directo en Mestre Giraldo según datos de Carolina Michaëlis, aunque también Moraes y algún diccionario más registran *ervanço* y *hervanço* «grão (de bico)» [= *garbanzo*]; *arbanço* e *irbanço* están registrados para algunas localidades del extremo Norte, en el libro de M. J. Moura Santos, *Os Falares Fronteiriços de Tras os Montes*. Coímbra 1967, p. 311, junto a *garbanço, grab-* de otras, y de *grão de bico* del resto del país. En el caso, todavía poco probable, de que aun éstos se desvanecieran, quizá habría que proceder a una nueva revisión del problema etimológico, que entonces valdría la pena, aun si fuese sólo en sus pormenores.

DERIV. *Garbancero. Garbanzal. Garbanzón. Garbanzuelo* [1546, Reina], enfermedad así llamada por el tumor del tamaño de un garbanzo. *Agarbanzar* 'brotar en los árboles las yemas y botones' [Acad. 1780, Supl. como murc.] murc. antic. (G. Soriano).

[1] C. Michaëlis, *RL* XIII, 308-9, dice que se halla también en el *Libro de la Caza* de López de Ayala y en el de la *Montería*, de Alfonso XI, lo cual no puedo comprobar.— [2] «Tanto lhe valrria / com' hūa *garvança*», Mettmann 9.151.— [3] Forma mal atestiguada, dada por Cuveiro, de quien siempre hay que desconfiar. No sólo lo callan los diccionarios más fidedignos, sino que Sarm. no lo da en ninguna parte que yo sepa (desde luego, no en el *CaG*), lo cual es extraño en un rastreador tan sagaz y con tanta preocupación etimológica.— [4] También en castellano se dice *grabanzo* en alguna parte, p. ej. en Méjico (Ramos Duarte).— [5] *Gravanços*, como «termo depreciativo» en Serra de Santo Antônio, Estremadura (al NE. de Lisboa), *RL* XXXVI, 131.— [6] En la 3.ª ed., aun esta restricción ha desaparecido, al cambiar *Auslaut* por *Anlaut* 'inicial', lo cual, por lo demás, parece ser mera errata.— [7] En escandinavo, el vocablo parece ser préstamo

del bajo alemán, y en anglosajón no existe, pero se comprende que así sea, pues nuestra legumbre no prospera en latitudes nórdicas.— [8] Gamillscheg, *R. G.* I, 258; II, 135; *RFE* XIX, 251.— [9] También podría admitirse que el vocablo se romanizó agregándole la terminación latina -IU, comp. it. *guercio* < DUERCIU < gót. *thwaírhs*; cat. *boig* (langued. *bautch*) < BAUDIU < gót. *bauths, -dis* (y otros casos citados en mi monografía sobre este vocablo que aparece en *Mélanges M. Roques*, IV, 37-44), y que el diptongo AI se redujera a A, como sucede en tantos ejemplos conocidos (*guadañar*, etc.).— [10] Desde luego es muy incierto suponer que el gasc. *garba(t)ch* refleje un cast. arcaico (*g*)*arvazo* todavía sin la *n*, aunque tampoco puede decirse que la desaparición de esta consonante sea claramente explicable.— [11] Debido a causas varias, el caso es que la sustitución de -*azo* por -*anzo* es hecho muy frecuente: port. *hervançal* junto a *hervaçal* 'verduras', 'especie de pastura' (Moraes), *ervançum* «sítio onde crece herva» (en el Alentejo, *RL* IV, 63)—ejemplos que bien podrían deberse a la vacilación entre **ervaço* y *ervanço* 'garbanzo'—, salm. *garrobanza* 'garrobaza, paja de garroba' (vid. ALGARROBA), alto-arag. *banzo* 'bazo' (*BDC* XXIV, 161), etc.— [12] Para otros casos de invasión de la *g*- de *garroba*, que en muchas partes se ha mirado como sinónimo de 'vaina de fruto' por excelencia, V. Schuchardt, *Rom. Lehnwörter im Berberischen*, 22. Éste cita el nombre bereber *garaschwa* (= *garašva?*) 'guisante' o *elaqarsciuà* 'haba' (= *el-aqaršwá?*) como emparentado «de alguna manera» con *garbanzo*, lo cual desde luego es muy oscuro.— [13] Suponer que el étimo de *GÁLBANA*, a saber, VALVŬLA 'vaina de legumbre' pudiera dar *garbanzo*, a base de **bárg(o)la* > **garb(l)a*, y de ahí un derivado *garb-anzo*, sería complicadísimo e inverosímil en grado sumo. En cuanto a la *e*- inicial gallegoportuguesa, desde luego no puede causar escrúpulo en la etimología ARWAITS, comp. ARBŬTUM > port. *êrvodo*, gall. *érbedo* 'madroño', que parecen debidos al influjo de HERBA, y que ya figuran en San Isidoro (*Etym.* XVII, vii, 55). Otro vocablo que contribuiría, y en Portugal decisivamente, pudo ser GRANUM, pues los portugueses dieron especialmente este nombre a los garbanzos: ya Laguna (1555) en su traducción de Dioscórides II, cap. 95 (ed. 1733, I, p. 102), nos informa de que los llamaban *graons* (= *grãos*).

Garbanzón, V. *agavanzo*   *Garbar*, V. *garba*
Garbear, V. *garba*, *garabato* y *garbo*   *Garbera*,
V. *garba*

GARBÍAS, pl., 'guisado compuesto de borrajas, bledos, queso fresco, especias finas, etc.', origen desconocido. *1.ª doc.:* 1525, Rob. de Nola, p. 139.

La definición de *Aut.* se ha mantenido sin alteración hasta la última ed. de la Acad., que ni siquiera ha retocado el género masculino [?] que le atribuye aquel diccionario. No conozco otra fuente para este vocablo, ni sé que exista en catalán. Sin embargo, la traducción de Mestre Robert de Nola dice que son unas «frutas [de sartén] llamadas *garbias* a la catalana». Quizá haya parentesco con el fr. *garbure* [1782] 'sopa de pan de centeno, con grasa y coles', procedente del gasc. *garburo*. Comp. el it. ant. *garbo* 'agrio'. Dudo que se trate del cat. dial. *garvilles, gravilles*, 'parrilla', propio del Rosellón y el Conflent, pues justamente en la palabra *graelles* (de la cual *gravilles* es variante) la -*ll*- no se pronuncia -*y*- en ninguna parte.

GARBILLO, 'especie de zaranda de esparto', palabra de extensión puramente regional en castellano (Almería, Murcia, Valencia), tomada del cat. *garbell* 'criba', el cual parece tomado a su vez del ár. *girbâl* íd. (aunque no es imposible que éste por su parte se tomara del lat. CRĪBELLUM 'criba pequeña', en Oriente). *1.ª doc.: Aut.*

Aut. no da localización regional ni cita ningún ej. Antes de este diccionario sólo hallo *garbillar* y su derivado *garbillador* en Covarr., pero éste dice categóricamente que son palabras empleadas en Valencia: en él se trata, pues, de una castellanización del cat. *garbell;* el aragonés Alejandro Oliván, en el S. XIX (según cita de Pagés), también habla solamente de los garbilladores valencianos. El vocablo tiene sin embargo cierta validez regional en tierras de lengua castellana, quizá en partes de Aragón o de la zona castellana de Valencia, aunque no lo registran los glosarios dialectales de estas zonas, pero sí, en Murcia, el *Vocabulario Panocho* de Lemus; lo he oído también en Bédar (Almería), donde se distingue entre *garbillo* 'criba para grano' y *zaranda* 'íd. para el arroz'. Además, según la Acad. (ya 1899), es una especie de criba empleada en minería, y en ediciones recientes se ha agregado que así se llaman las ahechaduras en las fábricas de harina, y una especie de esparto largo y escogido en Murcia y Andalucía (falta G. Soriano, A. Venceslada)[1]. Nav. *guerbillo* (en el Norte y el Centro-Oeste de la región), Iribarren. Falta en Carré y Vall. el gall. *guerbelo* de que nos habla *GdDD* 1976.

En catalán, *garbell* es palabra de uso casi general en todo el territorio lingüístico, y es ya muy antigua, pues la emplean Bernat Metge (fin del S. XIV: *Sermó*, 50.5; J. Roig, v. 14767, h. 1460; etc.), y el derivado *garbelador* (entiéndase *garbellador*) ya figura como glosa catalana en el Vocabulista de R. Martí (S. XIII). Pasó al fr. med. y dialectal, sin duda desde el catalán. Rabelais emplea *grabeau* «criblage» y *grabeler* «passer au crible» «examiner minutieusement» (ed. G. Budé, glos.; *Garg.*, cap. 20; *Pantagr.*, cap. 10;

III, cap. 40), de donde el postverbal *grabeau*:
«remettons à vostre retour le *grabeau* et b e l u -
t e m e n t de ces matières» (III, cap. 16, p. 78).
Aunque Sainéan (*La L. de Rab.* II, 279) dice que
viene de un it. *garbellare*, que cita en 1438, tam- 5
bién lo cita Du C. en los Estatutos de Marsella,
de 1269 (junto con *garbellum* 'criba'), y en un
pasaje donde se habla de *Cathalonia* y se emplea
la frase catalana inequívoca *grana assaonada*. Luego
está claro el paso desde Cataluña a la costa medi- 10
terránea francesa y de ahí al Centro de Francia.
En efecto, de Rabelais lo imitaron Du Fail, Aubigné y el autor de la *Satyre Ménippée*; en cuanto a
Rousseau, supone Sainéan que empleara *grabeau*
'discusión' en calidad de provincialismo suizo (?). 15
Hay también it., o más precisamente toscano ant.,
garbello y *gherbello* 'zaranda', 'ahechaduras' (el
segundo en un texto de fines del S. XV: Tommaseo; Petrocchi, bajo el renglón). El cambio fonético
de CRĪBĔLLUM en *garbell* (*-ello*) no sería posible 20
en romance, por lo menos no se explicaría la alteración de la vocal. Como desde luego consta que
ǧirbâl se empleaba en el árabe de España (Gl. de
Leyden, R. Martí) —vulgarmente sonaría *ǧerbél*—,
sería fácil explicar esta palabra como mozarabismo 25
procedente de CRĪBĔLLUM, que desde el mozárabe
pasaría luego al catalán. El origen arábigo o mozárabe está confirmado, en efecto, por la extensión
geográfica del vocablo, que aparece por primera vez
en un texto probablemente valenciano o balear, 30
como ha de serlo R. Martí, y que hoy todavía
es palabra bien arraigada en el País Valenciano,
y aunque también general en Barcelona y regiones meridionales y centrales del Principado, es
ajeno en cambio a la Cataluña francesa (donde 35
se dice *crivell*, *Misc. Fabra*, 185) y a otras hablas del Pirineo, donde se emplea el descendiente
puramente romance de CRĪBĔLLUM. Parece haberse propagado, por lo tanto, de Sur a Norte. En
italiano penetraría también desde Sicilia. Pues no 40
se trata de una palabra exclusiva del árabe peninsular, sino que se emplea aun en Oriente, como observa Simonet (s. v. *crib*); Lane (2245) y
Freytag citan *ǧirbâl* como palabra de uso general en árabe, ya documentada en los dicc. clásicos 45
del Ɂauharí (fin S. X), el Saganí, etc., y además
le da éste el significado «genus coitus, a femina
Medinensi nominatum» citándolo del Maidaní (†
1124). Es verdad que una raíz cuadrilítera es
siempre sospechosa en árabe, de suerte que bien 50
puede ser de origen latino en árabe, aunque ya
se tomara en Oriente, pero convendría averiguarlo mejor; de todos modos, no es posible que se
trate de un mozarabismo propagado hasta Oriente. Colin, *Hespéris* VI, 66, anota *kerbállo*[2] en el 55
árabe de la cabila de los Anɣra, al Oeste de
Ceuta, que debe de ser resto de la latinidad nor-
te-africana, y admite que el vocablo se tomó en
Oriente con independencia de este préstamo be-
réber. No hay necesidad de admitir un cruce de 60

CRIBELLUM con la voz arábiga para explicar la
palabra catalana (> cast.), como quieren M-L.
(*REW* 2321) y G. de Diego (*RFE* IX, 147);
Engelmann y Baist (*RF* IV, 386) se inclinan con
razón por el origen arábigo[3].

DERIV. *Garbillar. Garbillador.*

[1] El gall. *agergilar, -illar, agirgilar*, que G. de
Diego, *Contr.*, n.º 153, cita del Dicc. de la R.
Acad. Gallega, no puede tener nada que ver
con *garbellar*, pues se pronunciará *axerxil(l)ar*.—
[2] De ahí *gerbállo* (con *l* doble) en el español de
los sefardíes de Marruecos (*BRAE* XIII, 534;
XV, 194).— [3] El hispanoárabe *ǧarbâl* 'cernícalo'
no es más que aplicación figurada del nombre
de oficio idéntico que, con el sentido de 'zaran-
deador', se formó en árabe, y figura ya en R.
Martí.

GARBINO, 'viento del sudoeste aproximadamente', del ár. *garbî* 'occidental', 'viento oeste',
derivado de *garb* 'lugar remoto', 'occidente', de
la raíz *gárab* 'marcharse, ausentarse'; tomóse probablemente por conducto del cat. *garbí*. 1.ª *doc.*:
1615, Villaviciosa, en *Aut.*

Define este diccionario «nombre de un viento
e n e l M e d i t e r r á n e o, que también llaman
Levéche, y corresponde al Sudovest en el Océano». Efectivamente, es vocablo raro en castellano,
nunca empleado en la literatura de Indias ni en
las narraciones de la época de los Descubrimientos. Villaviciosa era de Cardenete (Cuenca), y en
Cuenca publicó, en su juventud, el poema donde
figura el vocablo[1]: su conocimiento del mar era
un conocimiento reflejo, a través de la próxima
costa valenciana. Sin negar que pueda emplearse
en algún lugar de la costa andaluza, no hay duda
de que donde el vocablo tiene verdadera vitalidad
es sólo en las zonas de lengua catalana[2], donde
es muy antiguo (S. XIII: Crón. de Jaime I), y
de uso muy popular y vivaz en todo el territorio
lingüístico. No es propiamente el viento sudoeste,
lo cual se expresa con la voz *llebeig*: ésta es la
única que expresa un punto cardinal preciso; en
cuanto a *garbí*, se opone vagamente a *llevant*, en
el sentido de viento, o dirección paralela a la
costa; mirando desde mar a tierra, está a *garbí*
todo lo que viene de la izquierda; por lo tanto,
su dirección precisa depende de la que tiene el
litoral, que oscila en Cataluña entre la dirección
OSO. y SSO. El catalán hubo de tomar este
préstamo árabe cuando la Reconquista se hallaba
en sus primeras etapas, durante el lento avance
por el Campo de Tarragona (S. X), cuando todavía no se hablaba catalán en el País Valenciano, cuya costa corre en dirección general de
Norte a Sur. Así se explica de un modo natural
la desviación semántica que el vocablo experimentó al pasar del árabe al romance, y que es general en todas las lenguas neolatinas. Esta desviación sería mucho más difícil de explicar si par-

tiéramos de otros romances. El it. *garbino,* que también se documenta desde el S. XIII, fué propagado desde Pisa, según Vidos (*Parole Marin.,* 422-3, 93); creo que esto es cierto, pero en lugar de admitir un préstamo arábigo directo como éste hace, opino que los pisanos aprendieron el vocablo de los catalanes en la expedición conjunta que con éstos llevaron a cabo a principios del S. XII contra los moros de las Baleares, o quizá ya anteriormente en otras operaciones que combinaron con las fuerzas del Conde de Ampurias. Pellegrini (*Rendic. Accad. dei Lincei* 1956, 157-8) cita ejs. de *Garbo* S. XIII y de *Garbì* 1397 y 1608, en fuentes pisanas, en el sentido de 'tierras del Occidente musulmán', y en vista de ellos duda de la trasmisión catalana; pero de nada sirve documentar esta raíz arábiga en docs. de italianos más o menos antiguos: se trata del cambio de *-î* en *-ino,* que difícilmente se habría producido sin un intermediario catalán, indicio con el cual coincide el cambio semántico en la dirección del viento. Nótese además que en italiano es término literario y no popular (Petrocchi). Y finalmente comprueba la procedencia catalana la variante antigua *gherbino,* con su *e* debida a la pronunciación del catalán oriental³. En cuanto al fr. *garbin,* asimismo voz mediterránea exclusivamente, hay que distinguir las primeras apariciones esporádicas del vocablo en los italianos B. Latini y M. Polo, y aun en Joinville, en los cuales es naturalmente italianismo crudo e individual, no asimilado por el idioma, del uso común, iniciado por Rabelais en el S. XVI, en el cual será de procedencia catalano-occitana. El punto fundamental en mi razonamiento es que el cambio fonético de la terminación del ár. *ġarbî* en *garbino* no se explicaría en el caso de un préstamo árabe directo, pues los numerosísimos adjetivos arábigos en *-î* dan constantemente cast. *-i* (*jabalí, alborni,* etc.), o a lo sumo, y sólo en casos rarísimos, *-in;* pero la adaptación de un vocablo catalán en *-i* cambiándolo en *-ino* es natural, dada la correspondencia fonética de los dos idiomas, y de hecho se produce normalmente en gentilicios catalanes de origen arábigo ·(*alacantí, tortosí, pegolí, mallorquí* > cast. *alicantino, tortosino, pegolino, mallorquín*).

Ha insistido últimamente en el estudio del origen del cat. *garbí* y congéneres M. Metzeltin, *Est. Rom.* del IEC XIII, 1968, 43-54.

En árabe, *ġarbî,* como adjetivo, en el sentido de 'occidental', pertenece ya a la lengua clásica, y sustantivado como nombre de viento figura en PAlc. y tiene curso en Egipto (Bocthor). El paso de la idea de alejamiento a la de lugar occidental se explica históricamente por la desmesurada extensión del Imperio árabe hasta el Magreb y el Andalús.

¹ Escribe «allí el hijo del África, *garbino,* / está encerrado con su aliento tierno», por lo

tanto se referirá a asuntos marinos.— ² El diccionario de Victor (1609) da el fr. *garbin,* it. *garbino,* como correspondencia del cast. *algarbe,* pero no sé que registre *garbino* como en castellano. Desde luego no lo hacen Covarr., Oudin, Percivale, C. de las Casas ni Minsheu.— ³ Forma inexplicable, sea por el italiano, que no altera las *aa* en sílaba cerrada, o por el árabe, pues la *a* de este idioma se pronuncia muy abierta en tafḫîm: para que se dé esta posición basta el contacto con un *r* o un *ġ,* mucho más cuando están ambos. En cuanto a la forma *agherbino,* que Vidos se empeña en explicar por aglutinación del artículo árabe, como ya lo ha hecho, contra mi advertencia, en casos análogos, claro está que ha de salir de una aglutinación de las frecuentísimas expresiones adverbiales *a gherbino, a levante,* indicadoras de la dirección; ante una *gh-,* el artículo árabe tiene la forma *al-* y no *a-,* como en el caso de otras letras, que él confunde al parecer.

GARBO, 'gracia, gentileza natural', del it. *garbo* 'plantilla, modelo', 'forma', 'gracia', de origen incierto, probablemente del ár. *qâlib* 'molde, modelo'. *1.ª doc.:* 1575, Argote de Molina.

En castellano es palabra muy tardía. Todavía C. de las Casas (1570) y aun Minsheu (1617) no la admiten como tal: el primero traduce el it. *garbo* por «forma o talle» y por «gracia», el segundo por «elegancia, postura», y se abstienen de recogerlo en la parte castellana de sus dicc.; es ajeno a Covarr. y a Oudin, y no forma parte del léxico del *Quijote* ni de Góngora¹. Aparece luego en Pantaleón de Ribera, h. 1625, con el sentido de 'gracia natural', que tiene también en Argote, y desde entonces se hace ya más corriente, vid. *Aut.* No sólo por razones cronológicas—en italiano es frecuente por lo menos desde el S.XV—, sino también por la mayor amplitud semántica y la mayor vitalidad que demuestra el vocablo italiano, más rico en derivados (*garbare* 'gustar', *garbeggiare, un uomo garbato, garbatezza,* etc.), salta a la vista que *garbo* es uno de tantos italianismos introducidos a fines del S. XVI, y que durante mucho tiempo fueron todavía rechazados por los mejores escritores de la época. Llegan a la misma conclusión M-L. y Terlingen, 352-3². Lo mismo cabe decir del port. *garbo* [1547: Moraes] y del cat. *garbo.*

Entrar a fondo en el problema del origen del it. *garbo* saldría del marco de este diccionario. Sin embargo, señalaré algunos aspectos importantes. Desde Diez se le viene relacionando con el alem. *gerben* y su familia, que significa 'aderezar, preparar' y luego 'curtir'; la comparación con el a. alem. ant. *garawen* (< *garwjan*), b. alem. ant. *garuwian,* ags. *gearwian* 'preparar', escand. ant. *gǫr(v)a* 'hacer', permitiría en rigor suponer un gót. *GARWJAN,* de donde se ha derivado el verbo it. *garbare* (el longobardo conviene menos, pues entonces esperaríamos por lo menos variantes dialectales con *c*-): así lo hace M-L. (*REW* 3695), pero esto no puede aceptarse por el sentido ni por la terminación (se esperaría **garbire*). De ahí que Gamillscheg prefiera postular un gót. **GARWS* 'adorno', **GARWIS* 'adornado'[3], emparentados con el a. alem. ant. *garawi* (o *garawi*, n.) 'preparación', 'adorno', 'hábito eclesiástico' (comp. *wibgarawi* «mundum muliebre»), b. alem. ant. *garewi* 'preparación', ags. *gearve* 'vestido, adorno'[4]. No quiero negar la posibilidad de que de 'adorno en el vestido' se pasara a 'gracia natural', aunque no me parece ello muy conforme al sentido romance de la gracia. Pero ¿qué hacemos entonces de las otras acs. del it. *garbo*?: 'forma', muy frecuente desde comienzos del S. XVI por lo menos (Vasari, Soderini, Caro), y 'plantilla o modelo' especialmente aquel a que debe ajustarse la construcción de una nave o sus partes, de un arco, etc., que ya figura en los más antiguos técnicos en construcción naval y en arquitectura. Con mucha razón ha visto la Crusca en sus ediciones recientes que estas acs. más concretas debían ser las primitivas. Una vez más, en el mundo mediterráneo, el buen gusto se ha visto en la adaptación a una forma, oponiéndola a lo informe o deforme: recuérdese la historia del lat. *forma* 'hermosura' y de los gr. μορφήεις 'hermoso' y ἄμορφος 'feo'. ¿Es posible separar el it. *garbo* del prov. y langued. *gàubi, gàlbi, -be*, «aisance naturelle, dextérité, adresse, gentillesse, grâce, maintien, t o u r n u r e, f a ç o n, f o r m e, r h y t h m e»? Claro está que no, y hay que aplaudir a Gamillscheg por no haberlo hecho[5]. Pero ¿cómo se explica entonces, con el étimo germánico, la *l* (> *ṳ*) y la *-i*?[6] Bastaría con estas formas para rechazar la etimología gótica.

Pero ¿no salta a la vista, también, que el it. *garbo* es inseparable del calabr. *gálapu, gálipu*, «garbo, destrezza, maestria», y del and. *desgavilado* 'desvaído, desairado' (< *desgalibado*), *desgavilo* 'falta de gracia'? Ahora bien, junto al it. *garbo* 'plantilla para naves' se emplearon en el mismo sentido *galibo* y *garibo* en el genovés medieval (hoy *gaibo*), *gallipo* en el napol? ano antiguo (*Diz. Mar.*), y todavía se emplean el cast. *gálibo* y el cat. *gàlip*; junto al calabr. *gálapu* está en bajo latín el *calapus navis*, siempre en el mismo sentido náutico; los cuales nadie se atreverá a mantener aparte del gr. χαλάπους 'horma de zapato' y de su descendiente el ár. *qâlib* 'molde, modelo'. Con este étimo se explica perfectamente el paso de *gàlip* a langued. *gàlbi*, prov. *gàubi*, trasposición debida a la eliminación en occitano moderno de los esdrújulos y paroxítonos en consonante con *i* postónica interna. Y si *garbo* ha tomado en Italia un sentido abstracto, lo mismo ha ocurrido con este otro vocablo técnico: testigos el port. alent. *calibre* 'predisposición' y el vasco *kalipu*

'energía, valor'. Véase para todo esto mi artículo *CALIBRE*. No sé si esta sugestión etimológica es enteramente nueva, y quiero reconocer, por el contrario, que a ella me ha ayudado Tommaseo al poner en relación *garbo* con el *caribo* dantesco.

Verdad es que el sentido de este vocablo es discutidísimo. Recuérdese el pasaje del *Purgatorio* (XXXI, 132), en que las tres virtudes interceden en favor de Dante cerca de su amada: «sè di mostrando di più alto tribo / nelli atti, / l'altre tre si fero avanti, / danzando al loro angelico *caribo*: / —Volgi, Beatrice, volgi li occhi santi...» Desde luego predomina entre ciertos comentadores modernos la idea de que se trata de una 'canción de danza', pero el más antiguo de los escoliastas que trataron del vocablo, Francesco da Buti, nacido tres años después de la muerte del poeta, nos da la lección *garibo*, dice que es variante de *garbo* y explica «cioè, al loro angelico modo»; es decir, toma ahí *gar(i)bo* en el sentido antiguo de 'manera, forma'. Ahora bien, suele olvidarse que otro testigo auténtico e irrefutable del pensamiento de Dante, su gran discípulo Boccaccio, nos dió prácticamente el mejor comentario empleando él mismo el vocablo en este sentido, cuando habla de la Eucaristía en el *Ameto*: «così nel sagrificio [= 'la misa'] è da tenere / in Cerere e in Bacco[7] il divin cibo ['el cuerpo de Cristo'] / s'asconda a noi per debole vedere: / sol ch'operato sia degno *caribo* / a così alti effetti e che colui / ch'opera questo sia di degno tribo» (ed. de Bari 1940, p. 139, en la poesía «O voi ch'avete chíari gl'intelletti»): aun las tres rimas *cibo, tribo, caribo*, idénticas a las del pasaje dantesco, nos muestran clara la alusión o la reminiscencia.

El sentido es 'con tal de que se haga en forma digna de tan altos efectos, y que el que lo hace pertenezca al estado eclesiástico'. En realidad, no creo que haya contradicción de fondo entre esta interpretación y la que predomina hoy entre los dantistas. Es indudable que poetas anteriores a Dante[8] emplean *caribo* con referencia al canto, en el sentido de 'ritmo determinado a que se conformaba el canto o la danza', y es casi imposible separar el it. *caribo* del oc. ant. *garip* 'género musical' y del cast. ant. *galipe* (J. Ruiz, 1230*b*): el mismo sentido puede admitirse en el *Purgatorio*, pero no hay duda que esta ac. 'ritmo determinado' no es más que una aplicación especial del sentido general de 'forma, manera', 'modelo'[9]. Ahora bien, entre los descendientes romances bien conocidos del ár. *qâlib* hay otros con *-r-* intervocálica, como ya debía esperarse cuando de arabismo se trata[10] (port. *carimbo* 'sello para marcar papeles', hispano-americano *carimbo* 'hierro para marcar esclavos o animales', comp. it. *garbo* «bollo», «marca del lanaiuolo», Tommaseo, n.º 17), y hay muchísimos que tienen el acento en la *i* de la sílaba penúltima (ast.

galípu, etc.), como *caribo*, por influjo del verbo *galíba* (presente *galíba*). Por lo demás, en Italia lo más probable es que la forma *garibo* o *garbo* sea de procedencia genovesa, lo cual por sí solo ya explica la *r*[11].

No sé si se podría relacionar con el it. *garbo* 'modelo, forma' (suponiéndole la ac. 'molde') el tipo GARB- 'molde de quesos', que del francoprovenzal pasó al alemán de Suiza y que Jud supone prerromano (*VRom.* VIII, 58-60).

DERIV. *Garboso* [1702, Cienfuegos]. *Garbear* 'afectar garbo' [*Aut.*]. *Agarbado* sería 'garboso' en Rey de Artieda [1604], según el *DHist.*, pero el contexto no es claro, quizá *armadura bien agarbada* sea más bien ahí 'bien formada'[12]. *Desgarbado* [Acad. 1884, no 1817], y por cruce con el *desgabilado* citado arriba: and. *desgarbilado* (Acad.).

[1] Percivale recoge las acs. «the bulke of anything, the forme, the fashion, the countenance, or behaviour», es decir, le da las acs. del vocablo italiano, que por lo demás no se usan en castellano. El autor de la *Pícara Justina* (1605) lo emplea dos veces en el sentido de 'adorno mujeril a modo de collar', que parece ser la misma palabra que *gargo* en la *Silva* de Álvarez (V. el glosario de Puyol), quizá palabra diferente de la nuestra, o a lo sumo sentido secundario.— [2] Gamillscheg, *R. G.* I, 370, vacila, y en *RFE* XIX, 149, parece admitir que el cast. *garbo* es autóctono, quizá sencillamente porque esto apoyaría su tesis de un origen gótico. O quizá, más bien, impresionado por el «cast. ant. *garbar* 'sich zieren'».͏Pero esta palabra no existe. Él la saca de Diez (*Wb.*, 156), que por lo demás no califica de antiguo este supuesto vocablo, que falta en los diccionarios, y resulta de una confusión de Diez entre *garbear* «afectar garbo o bizarría en lo que se hace o se dice» y el otro *garbear* aragonés «formar las garbas», junto al cual (pero no junto al otro) existe una variante *garbar*.— [3] Nótese la vaguedad de esta doble base, que parece destinada a rehuir objeciones de forma. En el *EWFS*, s. v. *galbe*, suponía un gót. *GARWI, que no satisfaría a la -*o* del italiano.— [4] Lo cual ya es algo más arriesgado si falta el apoyo del escandinavo. Pero no doy importancia a esta objeción.— [5] No tanto por haber citado en primer lugar una forma oc. *gàrbi* o *gàrbe*, que Mistral da como marsellesa y que es evidentemente minoritaria: no se citan ejs. de ella en el *Tresor dóu Felibrige*. En primer lugar, nótese que el cambio de *l* implosiva en *r*, que es general en las hablas alpinas, presenta ejs. generales a toda Provenza, como *armanà*, *carculà*, etc., es decir, en palabras tardías como debió serlo *gàlbi*, puesto que es ajeno a la lengua de Oc medieval.— [6] Claro que un oc. mod. *gàlbi* no puede explicarse por la -*I* de un gót. *GARWIS. ¡Oc. -*i* representa lat. -IUM

y no -IS!— [7] Es decir, en las divinas especies del pan y el vino.— [8] El siciliano Giacomo Pugliese (V. el comentario de Vandelli) y Jacopone da Todi (cita en W. W. Vernon, *Readings on the Purgatorio* II, 561).— [9] No hay necesidad de refutar detenidamente la etimología ár. *qáṣab* 'flauta' de Ascoli (*AGI* XIV, 348-51), que según ya reconoce el autor tropieza, entre otros muchos, con el hecho de que el rotacismo occitano, fenómeno excepcional, sólo se produce con la *s* sonora.— [10] Véanse los numerosos ejemplos de este fenómeno, propio de los arabismos, que reuní en *BDC* XXIV, 76.— [11] Spitzer (*Lingua Nostra*, XV, 1954, 65-66) trata últimamente de explicarse la relación semántica entre el it. ant. *caribo* y el oc. ant. *garip* (sobre los cuales ha escrito también Jeanroy, *Studies Pope* 1939, 209 ss., y comp. M. P., *Poes. Jugl.* 72), y además recordando el cat. *esgarip*, se adhiere a la etimología arábiga que para éste propuso J. M. Solà i Solé (*Estudis Romànics* II, 109-11) y sugiere considerar el vocablo arábigo en cuestión como fuente de la palabra dantesca y trovadoresca. No me parece fundado aquello ni probable esto. El ár. * garîb* es s ó l o adjetivo, con el sentido de 'extranjero, extraño, extraordinario, bárbaro' (derivado del muy conocido *garb* 'lugar remoto'), vid. Dozy, *Suppl.* II, 205, y Lane, y se aplica a cualquier cosa (al lenguaje entre otras muchas; Solà no reproduce las definiciones bien exactamente). El cat. *esgarip* es ante todo 'chillido de mujer' (así en todos los ejs. citados por Alcover), aunque también puede extenderse al grito estridente de las aves de presa nocturnas, pero nunca al canto de los pájaros (no hay, pues, la relación que Spitzer sospecha, por una parte con *les oiseaux chantaient en leur jargon*, y por la otra con el supuesto significado 'canción' del oc. ant. e it.). El cat. ant. *garip* no consta exactamente lo que significa, pero una lectura atenta de los textos muestra desde luego que no son concebibles ni el sentido de 'caricia' propuesto en Ag. ni menos aún los de 'ave que sirve de señuelo' y 'silbido, chillido' que sospecha Solà. Así el ej. de Eiximenis citado por Ag. (desfigurado en Alcover por las erratas), como los de Jaume Roig y Eiximenis que Alcover cita para *garip* y *garipós*, muestran que se trata de algo propio de mujeres galantes, de malas costumbres o sencillamente extravagantes (esto último es lo que demuestra todo el pasaje de Roig; el acoplamiento sinonímico que hace Eiximenis con *cimbells*, es naturalmente en el sentido, frecuentísimo en el uso medieval de esta palabra, 'atractivo femenil, coqueteo', vid. Alcover, s. v.); parece significar aproximadamente lo mismo que *cimbell*, algo como 'coquetería, maneras o melindres incitantes'; por otra parte hoy en Ibiza y en otro texto vulgar citado por Ag. *fer garips* significa 'hacer juegos que atraen a los niños'.

Ambas acs. cuadran perfectamente con el sentido fundamental que he admitido 'manera, forma', de donde 'maneras artificiosas para atraer (a hombres o a niños)'; de *garip* 'melindre mujeril' deriva naturalmente *esgaripar* y de ahí *esgarip* 'lanzar chillidos una mujer', 'chillido femenino'. No quiero descartar del todo la posibilidad de que el *garip* de Jaume Roig, si valiera por 'extravagancia de mujer caprichosa', pueda venir del ár. *garîb* 'extraño', en cuyo caso deberíamos separar del todo el cat. *(es)garip* del it. *caribo* y oc. *garip*, lo cual al fin y al cabo es perfectamente concebible, pero me parece más probable admitir que la voz catalana va con sus análogas romances y sólo por casualidad coincide algo con el ár. *garîb*, que es sólo adjetivo. En todo caso debo objetar a Spitzer que nada en los textos que él cita (ni en los que yo agrego) prueba que *caribo* ni el oc. *garip* signifiquen 'descort' o 'composición inarmónica'; por el contrario, el ejemplo boccaccesco es incompatible con esta interpretación y demuestra perentoriamente que la aparición aislada del vocablo en un *discordo* es una mera coincidencia.— [12] *Agarbarse* en la *Pícara Justina* 'esconderse y ocultarse de repente (una liebre)', no tiene que ver con *garbo,* y aun menos puede venir de AGGRAVARE (como quiere *GdDD,* 270); es cruce de *agacharse* con *encorvarse.* Quizá tenga que ver el trasm. *engarbonar-se* «assear-se, vertir-se com a melhor farpella, ainda que depois se fique sem garbo nenhum» (*RL* V, 46), pero creo más bien en un derivado de *garba* 'gavilla' como los que cita el *REW,* 3682. El mismo origen buscaría yo al cat. *agarbonar,* cat. ribagorzano *garbar-se* «abraonar-se, lluitar cos a cos»¡ (*Congr. de la Ll. Cat.,* 229), Venasque *garví* 'reñir', por la idea de agarrotar como se ata una gavilla.

Garbón 'haz de leña', V. *garba*   *Garboso,* V. *garbo*   *Garbu, garbucu,* V. *carba*   *Gárbula,* V. *gálbana, galgana*

GARBULLO, 'confusión revuelta', 'rebatiña', del it. *garbuglio* 'enredo, embrollo', *ingarbugliare* 'enredar', de origen incierto, probablemente debidos a un cruce de *groviglia* 'embrollo, enredo de hilos', *aggrovigliare* 'enredar hilos', con el antiguo *bugliare* 'enredar' (hoy *buglione* 'confusión'); *groviglia* procede de un derivado de GLOBUS 'ovillo', lat. vg. *GLOBILIA,* y *bugliare* viene del mismo origen que los cast. *BULLA, BURBUJA,* a saber, del lat. BULLIRE 'bullir'. *1.ª doc.:* Covarr. Dice este lexicógrafo: «este vocablo tomamos del Toscano: vale concurso de muchas personas que están rebueltas unas con otras, como los niños cuando les echan algo a la rebatiña», explicación que reproduce *Aut.* al pie de la letra, sin citar ejs. Nunca ha sido palabra muy vivaz en castellano. Algo más lo fué el verbo *engarbullar* 'enredar, confundir, alborotar', que ya figura en

una carta escrita por Hugo de Montcada desde Italia en 1525 (Terlingen, 305-6), y también en Quevedo; el silencio de los lexicógrafos coetáneos, y aun su declaración explícita de que no son palabras españolas, comprueban la procedencia italiana. En este idioma ya se lee en Berni († 1535), Firenzuola y otros autores de princ. S. XVI, así como en unas cartas de Gheri referentes a 1515 (vid. Tommaseo). Del italiano, a pesar de las dudas de Bloch, viene indudablemente el fr. *grabuge,* antes *garbuge, garbouil, -ouille* y *grabouil,* todos los cuales aparecen sólo a med. S. XVI[1] (vid. Godefroy IV, 220), comp. la reveladora vacilación vocálica entre *grabuge* y *garbouge* en God. IX, 713; la forma del francés normal (> cat. *garbuix*) parece tomada del dialecto veneciano, donde *-gio* suele corresponder al it. *-glio*[2]. Schuchardt, *Roman. Etym.* II, 209, propuso explicar el it. *garbuglio* por un cruce de *groviglio* *GLOBICULUS con el it. antic. *borbogliare* 'murmurar' (oc. *barbouià,* fr. *barbouiller,* port. *borbulhar* 'burbujear'). Certera en su conjunto, esta explicación puede retocarse en algún punto de cierta importancia, además de los pormenores que ya dejo rectificados arriba: me parece sobre todo que el cruce sería más bien con el antiguo *bugliarsi* 'embrollarse, confundirse' (ya en el florentino Pucci, S. XIV: Petr.), *buglia* 'concurso de gente' (S. XVII, aunque éste quizá sea hispanismo), it. mod. *buglione* 'confusión de cosas', 'lugar de confusión'[3]. Claro que en España el vocablo ha llevado después su vida y tomado arraigo, p. ej., en gallego: «aquela letra era traballosa de ler i estaba feita con *garabullo*» (Castelao, 173.16).

DERIV. *Engarbullar* (V. arriba).
[1] S. XV es errata en Bloch.— [2] Estudio más detenido del vocablo francés en Barbier, *Proceedings of the Leeds Philos. Soc.* II, i, 12ss.; y en el *FEW* I, 616b.— [3] Tommaseo cita también un it. *battibuglio,* que falta en Petrocchi, comp. cat. *batibull* 'enredo, confusión', que en catalán se explica más fácilmente por contracción de *bat i bull,* imperativos de los verbos *batre* y *bullir.*

Garcero, V. *garza*   *Garcés,* V. *calcés*   *Garceta,* V. *garza*

GARCÍA, 'zorro, raposo', and., ast., rioj., del antiguo nombre de pila, hoy apellido, *García,* de origen prerromano. *1.ª doc.:* 1897, Vigón; 1903, Baráibar; falta aún Acad. 1899.
Se trata de uno de tantos nombres propios aplicados al zorro, en calidad de eufemismos para no mentar su nombre real, de mal agüero entre los campesinos, como sucedió con el fr. *Renard,* cat. *Guilla, Guineu,* etc. En Andalucía dicen *mariagarcía* por 'zorra' (AV). La investigación del origen del nombre de persona *García* no es de este lugar. Me limito a recordar el trabajo de

M-L., *Roman. Namenstudien* II, 63-67, que partía de un proto-vasco *kartze-a* 'el oso'[1], y las autorizadas y fuertes objeciones de Schuchardt, *Litbl.* XXXIX, 195-7[2]. Consta desde luego que el vocablo es muy antiguo (*Garsea* en 912: Cuervo, *Obr. Inéd.; ya* se hallaría en León h. 870: M. P., *Oríg.,* 474; y en mozárabe en el S. X: Simonet, s. v. *garsón*)[3], y desde fecha muy remota se halla a ambos lados del País Vasco (cuatro ejs. de *Garsias* o *Garsiae* en documento gascón de 1096, junto a Tarbes: *Rom.* LIV, 379-80; *Gassie de Zacase* en la 2.ª mitad del S. IX, Luchaire, *Recueil d'Anciens Textes Gascons,* p. 99). Por otra parte hay variante sin G-, especialmente en el patronímico *Garcés* (< *Garceiz*), junto al cual hallamos *Arcez, Arçeiz* (M. P., *Oríg.,* 328; Tilander, *Fueros de Aragón,* p. 627; Gili, *Homen. a M. P.* II, 110), que no puede explicarse por un hecho castellano de fonética sintáctica, según quisiera Gili, sino por una alternancia de procedencia aborigen. Menos seguro es que hubiera variante con K-, pero coincide el *Karzia* de 1083 citado por Menéndez Pidal, *Orígenes,* 330, con el *Carci Bonet* de 1202 mencionado por Leite, y con las formas antiguas del nombre del pueblo de *García,* en la ribera catalana del Ebro, llamado *Carcía* muchas veces en la Edad Media y todavía pronunciado así por los aldeanos de todos los pueblos de la comarca, según anoté muchas veces sobre el terreno en 1935.

[1] Anterior a este trabajo es el libro de Baráibar, que ya habla de un vascuence *kartzea* 'el oso'. Como esta forma vasca es hipotética, habrá una fuente común a M-L. y a Baráibar, o aquél la tomaría de éste. Por lo demás, el artículo de Baráibar carece de todo valor científico, y la supuesta etimología que propone no merece discusión.— [2] El vocablo vasco real es *artz,* en Francia *hartz,* cuya *h* supone M-L. procedente de una oclusiva velar. Schuchardt cree que *artz* viene del céltico *artos* íd., el nombre del oso, común a los varios idiomas indoeuropeos. En cuanto a *hartze* contiene ya el artículo aglutinado, en una forma arcaica, de suerte que el *hartzea* o *kartzea* supuesto por M-L., con aglutinación del artículo, sería imposible. Para D. Luis Michelena *BSVAP* XI, 292 (*h*)*artz* 'oso' es palabra de origen indoeuropeo, pero no céltico; señala además ahí el prof. Michelena otros casos vascos para 'zorro' como vco. *aze*(*a*)*ri* y probablemente el vizc. *luki,* que vendrán asimismo de nombres de persona (ASINARIUS, LUCIUS).— [3] Más datos arcaicos en Leite de V., *Antroponímia,* 29, 103-4. *Garchiam* en un doc. valenciano de 1178 (*Bol. de la Soc. Castellon. de Cult.* XVI, 386).

Garchofado, V. *alcachofa Gardacho,* V. *fardacho Gardama, garduña,* V. *carcoma*

GARDENIA, del lat. moderno botánico *garde-*

nia, creado por Linneo en honor del naturalista escocés Alexander Garden († 1791). *1.ª doc.:* Acad. 1899; Pagés cita ejs. contemporáneos, de Pardo Bazán, A. de Valbuena, y J. O. Picón.

Garduña, garduño, V. *ardilla Garengal,* V. *galanga*

GARETE, *irse al* ~, 'ir, una embarcación, sin gobierno, y llevada del viento o la marea', origen incierto, quizá adaptación popular del fr. *être égaré* 'ir sin dirección'. *1.ª doc.:* 1831, dicc. de Fz. de Navarrete; 1836, Pichardo (1875); Acad. 1899.

El cubano Pichardo describe lo que se entiende en términos náuticos por *irse* o *estar al garete,* y agrega que también se toma en sentido metafórico por «perderse, trastornarse, desordenarse o extraviarse alguna cosa... De aquí... *desgaritar* o *desgaritarse...* mismo significado». Este último está en uso, efectivamente, en Colombia[1] y en la Arg.[2]: el vocablo ha sufrido el influjo de *garita,* que también tiene uso náutico, y así es natural que en el Brasil, en Río Grande do Sul, digan *desguaritado, desguaritar-se* (L. C. de Moraes, Lima-B.) en el mismo sentido, puesto que se dice *guarita* en portugués. Sin embargo, como la identidad semántica de *irse al garete* y *desgaritarse* puede en la realidad no ser tan perfecta como pretende Pichardo, hay que atender a que los sentidos documentados de *desg-* recuerdan mucho los del ast. *esgaritar* (o *escar-*) 'romper o romperse fácilmente en pedazos el pan de maíz' (Mnz. García, *Homen. a Krüger* II, 401), derivado de *garitu* (*c-*) 'zoquete de pan', para cuya familia (sin duda independiente de la de *garete*), V. ahora Krüger, *Bibl. RDTP* IX, 24.

Garete es palabra ajena al uso mediterráneo, usual en Asturias (Rato) y que yo he oído en la Arg.[3]; nada parecido conozco en portugués, catalán ni otros idiomas. Para el origen podría pensarse en el fr. *guéret* 'barbecho', porque el barco que va al garete está abandonado como el campo en este estado, pero no sé que *guéret* haya jamás tenido uso semejante. Más probable es que *être égaré* 'ir sin dirección, andar a la ventura' fuese adaptado por los marinos del Cantábrico en la forma *estar *a garete* (y después *al garete*), porque las palabras pronunciadas con *-é* en francés (escrito *-et*) suelen corresponder a voces españolas en *-ete;* el caso es, sin embargo, que no tengo noticia de un especial empleo náutico del fr. *égaré* (no mencionado en Jal). Comp. *garete* 'pez pequeño y vivo clavado al anzuelo para que sirva de cebo' en las Azores (Fig).

DERIV. *Garetear,* venez., 'navegar río abajo por la sola fuerza de la corriente' (L. Alvarado). *Desgaritarse, -tado,* V. arriba.

[1] «Varias tambochas *desgaritadas* le royeron las manos», es decir, 'desperdigadas, separadas del grupo', Rivera, *Vorágine,* p. 189.— [2] Después del malón un «pión *desgaritado* que se salvó del de-

güello» relata la desgracia, en un romance popular recogido en la provincia de Buenos Aires, I. Moya, *Romancero* II, 369.— ³ Define Navarrete: «*ir o irse al garete*, ir el buque arrollado del viento, mar y corriente, o bien sólo de esta última. Muchos hacen equivalentes con dicha frase las de *irse al través* o *a la ronza;* también dicen *ir desgaritado y desgaritarse*».

Garfa, garfada, garfear, garfella, garfiada, garfiña, garfiñar, garfio, V. garra

GARGAJO, de la raíz onomatopéyica GARG-, que imita el ruido del gargajeo y otros que se hacen con la garganta. *1.ª doc.:* h. 1400, Glos. del Escorial (*«excreo: escopir gargajo»*). También Nebr. (*«gargajo:* excreatum») y *Aut.* cita ejs. clásicos. Del mismo significado port. *gargalho,* cat. *gargall,* bearn. *gargalh.* Comp. *CARRASPEAR.* En otras partes el mismo vocablo, o derivados suyos, aparecen con otros significados, p. ej. ast. *gargallu* 'laringe' (Rato), 'garganta del tonel y otras vasijas' (V), port. *gargalhar* 'reír a carcajadas' (comp. *CARCAJADA*), Landas *esgargaillà* «imiter le bruit de la gorge» (Métivier, 725), it. ant. *gargagliare* «cantar con strèpito sì che non si distinguano le parole», «gorgogliare, fare il leggero rumore dell'acqua che bolle ecc.»; V. otros en *REW*, 3685, y *FEW* IV, 56*b*.

DERIV. *Gargajear* [APal. 145*d*, 483*d;* Nebr.]; ast. *gargaxar* (V), del castellanismo *gargaxu* (V); *gargajeada; gargajeo. Gargajiento. Gargajoso.* Otros derivados de la misma raíz onomatopéyica. *Gargamillón* [1609, J. Hidalgo], 'cuerpo humano', del cat. *gargamelló* 'campanilla, úvula', *gargamella* 'garganta' (vocablo también occitano y alto-italiano, vid. *FEW* IV, 55*b*, 61*b*), que con el influjo del lat. GŬRGES 'garganta' dió el port. *gorgomilo,* ant. *gorgomila, -leira,* trasm. *gorgomil,* gall. *gorgomil* 'garguero' (Sarm. *CaG.* 109r), gall. ant. *gorgomelo, Ctgs.* 322.26 («aquel osso ll'avia o *gorgomel*' atapado»), cast. ant. *gorgomillera* 'garguero' [princ. S. XVI: J. de la Encina, p. 76; como ant. ya Acad. 1843; una variante *gargomillera* existió también: comedia de la Batalla de Pavía, v. 309, comp. el comentario de Gillet, p. 531; Gallardo, *Ensayo* III, c. 768; *gargamello* se emplearía en Burgos, según G. de Diego, *Contr.,* 93; el murc. *gargamel,* G. Soriano, procede del val. *gargamell,* y el alto-arag. *gargamela, BDC* XXIV, s. v., sale por disimilación del gasc. *gargamèra;* más datos en C. Michaëlis, *RL* XIII, 321-2, y Zauner, *RF* XIV, 430; trataré más detenidamente del vocablo en mi *DECat.,* s. v. *gargamella*]¹.

Garganta [Berceo, *Mil.,* 280; como nombre propio ya en 1152, vid. Oelschl.], también port. *garganta,* langued. y bearn. *garganto,* Saintonge *gargante,* Perugia *gargante* (Zauner, *RF* XIV, 430; *FEW* IV, 56*a*)²; la terminación es singular, quizá se tratara primitivamente de un *gargante* (como en

Perugia), participio activo de un verbo *GARGARE 'hacer ruido con la garganta', que por influjo del sinónimo GULA o GURGES tomara el género femenino y la terminación en -*a*, a no ser que deba suponerse un verbo *gargantar* (con sufijo -ANTARE), luego sustituído por *gargantear*³ [1609, J. Hidalgo; S. XVII, Solís]; *garganteo; gargantadu* ast. 'el que tiene bocio' (V); *gargantada; gargantero* [J. Ruiz, ed. Rivad., 289; *Libro de los Gatos,* 546], *gargantería; gargantez* 'glotonería' ant. [Nebr.], -*teza; gargantil; gargantilla; gargantón* [Nebr.]; *engargantar, engargante, engargantadura. Garganchón* [Acad. ya 1817, sin nota de regionalismo, pero no es palabra de uso común, que sólo localizo en el Norte y E. de Aragón: *ZRPh.* XLV, 237; *BDC* XXIV, 171; *RLiR* XI, 238], junto con el pallarés *gargansó* (*BDC* XXIII, 293), tort. y maestr. *gargantxó* [G. Girona; Moreira, *Folkl. Tort.,* 170], quizá represente un *GARGANTIONEM, derivado de *garganta,* del cual saldría también el oc. ant. y mod. *gargasson* (*FEW* IV, 58*b*), pero en vista del valón *guarguechon* y Garfagnana *gargazzo* (ibid.), es más probable que se trate aquí de derivados en -ACEUM + -ONEM, que en iberorromance sufrirían el influjo de *garganta. Gargarizar* [1555, Laguna], tomado del lat. *gargarizare* y éste del gr. γαργαρίζειν íd., de formación onomatopéyica; *gargarismo* [*guargarismo,* 1513, G. A. de Herrera, fº 126; *gargalismo,* h. 1514, Lucas Fernández, p. 205; *gargarismo,* 1555, Laguna], tomado de γαργαρισμός íd.; *gárgara* [1581, Fragoso], derivado regresivo de los anteriores; *gárgara* (pl. *ǵarâǵir*) 'gárgaras' en el español Abenwáfid (Dozy II, 207) y en el argelino Beaussier, *gárgala* en R. Martí. *Gárgol* [1621, en el murciano Diego de Funes], murc., arag. (aunque Borao imprime *gargol*), hermano del cat. *gargot* íd., y del hispanoár. *gárgal* (PAlc.), voz imitativa del sonido del huevo huero al sacudirlo (*BDC* XXIV, 25)⁴. *Gárgola* [1504, *BHisp.* LVIII, 91; Covarr.; 1658, González Dávila], también cat. *gàrgola,* de formación paralela al fr. ant. y med. *gargoule,* hoy *gargouille,* oc. ant. *gargola,* íd.: todos ellos partirán de un verbo como el fr. *gargouiller* 'producir un ruido semejante al de un líquido en un tubo' [S. XIV], comp. cat. ant. *gargolejar* 'charlar (las mujeres)' (S. XIV: *Corbatxo,* BDLC XVII, 101), cat. (Ebro) *gargòla* 'botijo para tener agua'⁵; *gárgol* 'ranura para encajar una pieza' [*Aut.*], junto con oc. *gargal,* frprov. *džerdži,* valón ant. *gergaul,* Córcega *gargale,* calabr. *gárganu,* alem. *gergel,* vasco *gargaro,* ast. *gargüelu* (Rato), salm. *gargollo,* sanabr. *gargueira,* procede, paralelamente a *gárgola,* de la idea de 'canal'; vid. Jud, *ZRPh.* XXXVIII, 52n.; Schuchardt, *ZRPh.* XXVI, 418; *FEW* IV, 58*a*, 62*a*⁶; *engargolar. Gargozada* [como ant. ya Acad. 1817] o *gorgozada* [íd. 1899], 'bocanada de líquido'. *Garguero* [h. 1400, *Canc.* de Baena, p. 474; Enrique de Villena, *RFE* VI, 169; APal. 21*b*, 48*d*, 170*d*, 186*d;* Nebr.]; es probable que en las más de estas formas se trate de *gargüero*, que es la pronunciación que *Aut.* atribuye a López de Ayala, Fr. L. de Granada y J. Fragoso[7], de donde sale *gargüelo* en el *Lucidario* leonés del S. XIV (*RFE* XXIII, 31) y en la *Pícara Justina*, hoy pronunciado así en Asturias[8] y en Méjico, y de donde procede el alto-arag. *gargüello* (*RLiR* XI, 94), mejic. *güergüellu;* por otra parte la *w* pudo trasladarse, de ahí *guarguero* en la *Danza de la Muerte* (612), en la traducción del *Libro de Falcoaria* del P. Menino (*RFE* XXIII, 267.17), en Juan Sánchez Valdés de la Plata y como forma vulgar en *Aut.;* hoy *guargüero* y variantes parecidas en la Arg., Chile, Bolivia, Colombia, Honduras, Méjico, Cuba y Sto. Domingo, vid. mi noτʀ *RFH* VI, 210; como allí indicaba, *garguero* se comprendería como derivado de GARG- sin dificultad, y las demás variantes se deben a metátesis o propagación de la *w* de *gargüero;* en cuanto a éste, sugería que se deba a una base **gargo(v)ero*, por una alteración[9] del conocido *gargavero*, empleado por Nebr. en su gramática y en el diccionario, y hoy vivo en Cespedosa y Salamanca; el ast. *gorgoberu* 'gaznate' es como se dice en Colunga (V); *gargavero* a su vez se debe a un cruce de *garguero* con los derivados del prerromano **GABA* 'buche' (estudiado aquí s. v. *GABACHO*). Pero, en vista del gall. ant. *gorgoiro*[10] y del arcaico *gorgüero* (Berceo, *Mil.* 155), me parece ahora más plausible suponer un lat. vg. **GŬRGŬRIUM*, perteneciente a la raíz onomatopéyica paralela GURG- (vid. *GORGA*), y variante ligera del clásico GURGULIO : *gorgoiro*, disimilado en **gargoiro*, regularmente pasaba en castellano a *gargüero*, que en forma ocasional pudo reducirse a *garguero* por vía fonética. Con las voces *garguero* y *gorgoiro*, comp. el leonés de La Lomba *gorgüelo*, *gargüelo*, íd. (*clavóuse una espina nel gargüelo y afugóuse*), *BRAE* XXX, 325. Otro representante del mismo tipo latino parece ser el sardo *grugurzu*, *urgudzu* 'garganta', 'garganta de un jarro' (Wagner, *St. z. sd. Wortschatz* 94), comp. vasco *gorgoil* íd. Almer. *garguería* 'golosina' (con *u* muda). Comp. *GAJORRO.*

[1] Comp. el ár. marroquí y argelino *gargŭma* «gorge, l'intérieur de la gorge» (Dozy, *Suppl.* II, 325*a*), cuya *g-* oclusiva ya revela origen forastero.— [2] En el sentido topográfico tiene mayor extensión: cat. *garganta*, aunque sólo petrificado en la toponimia.— [3] *Gargantejar* 'charlar' existía en catalán antiguo (*Corbatxo*, *BDLC* XVII, 73, 101), donde *garganta* no existe. No es aceptable la etimología de Brüch, *ZRPh.* LI, 506-11, por un triple cruce de CANNA 'conducto' con GARG- y el galo BRĀGANT 'garganta'.— [4] El ár. *gárqal* 'estar echado a perder, un huevo, un melón', que Freytag cita del Qamûs y del Ɏauharí, procede de la misma onomatopeya, pero su estructura impide considerarlo como raíz propiamente semítica.— [5] No es convincente la explicación de Wartburg, *FEW* IV, 61*b*, como cruce de GARG-

y GULA. Las diferencias acentuales y la diferente calidad de la *l ↝ l̮* indican claramente un origen verbal.— [6] No hay motivo para creer, con el *REW* 3685, que en castellano sea préstamo del bearnés.— [7] Azkue, que en su diccionario vasco emplea muchísimas veces esta palabra para definir términos vascos, lo escribe en algún caso sin diéresis, pero *gargüero* con mucha mayor frecuencia (p. ej. s. vv. *lotu* § 3, *gorgoil*, etc.). Así debe de emplearse en el cast. vascongado. Vco. vizc. *gorgoil* 'gargüero' 'hioides, nuez de la garganta' (Azkue, §§ 1 y 4), bazt. íd. 'buche de las gallinas' vizc. *gorgoilo* 'papada'; *gorgoī* parece que se emplea también en el País Vasco francés en la ac. 'nuez de la garganta', pues lo recogió Harriet, según Lhande, y Azkue en el Supl. da *gorgoillo* 'tráquea'.— [8] Rato registra o emplea además las formas *gorgueru*, *gorberu* y *gorgüeru* (s. v. *empapizar* y *gorberu*).— [9] Podría explicarse esta alteración por vía meramente fonética o por influjo del tipo *gorgomil*, *gorgomillera* estudiado más arriba.— [10] Así en la *Crónica Troyana* del S. XIV: «deulle por la garganta et pasoulle a loriga et talloulle os *gorgoyros*» (II, 40.29), traduciendo *veine orguenal* del original francés (18838).

Gargamel(la), *gargamello*, *garganchón*, *garganta*, *gargantear*, *gargantero*, *gárgara*, *gargarismo*, *gargavero*, *gárgol*, V. *gargajo*   *Gárgara*, V. *fárfara*   *Gárgol*, V. *argallera*   *Gárgola*, *gargorría*, V. *galbana*   *Gárgola* 'vaina de legumbre', V. *gálbana*   *Gárgola* 'caño', *gargollo₂*, V. *gargajo*   *Gargomillera*, *gargozada*, *gargüelo*, *gargueira*, *garguero*, V. *gargajo*   *Gargúa*, V. *garúa*   *Garia*, *gario*, V. *garra*

GARIBALDINA, del nombre del patriota y general italiano Garibaldi († 1882), por ser prenda empleada por sus voluntarios. *1.ª doc.:* Acad. 1925 o 1936.

Garibola, V. *jaula*   *Garifo*, V. *jarifo*   *Garigola*, V. *jaula*   *Garingal*, V. *galanga*   *Gario*, V. *garra*   *Gariofilea*, *gariofilo*, V. *cario*   *Garipola*, V. *angaripola*   *Garipundio*, V. *floripondio*

GARITA, del fr. ant. *garite* 'refugio', 'garita de centinela' (hoy *guérite*), quizá contracción de *garite* 'refúgiate', imper. sustantivado de *se garir*, o más probablemente de un participio sustantivado (irregular) de *garir*; del mismo origen germánico que nuestro *GUARECER*. *1.ª doc.:* APal. (390*d* «son *propugnacula garitas* en los muros desde las quales defienden...», 261*b* «*maleoli...* manojos que en parte están tocados de pez y encendidos los echan en alto contra las *garitas*», otro ej. 292*d*).

Es frecuente en autores de h. 1600 (Rey de Artieda, ej. en *DHist.*, s. v. *centinela*), Argensola, etc. *Guarida* 'garita' en la *Gr. Conq. de Ultr.*, (h. 1300), p. 388, lo mismo puede ser una especie de adaptación de la voz francesa al castellano que una creación autóctona. También en occitano antiguo se halla «*garida* «abri placé sur les remparts ou construit par l'assiégeant pour protéger ses approches», además del sentido básico de «secours, salut». Pero donde el vocablo es más antiguo, y tiene siempre la forma en *-ite*, es en francés, pues ya se halla *garite* 'refugio, lugar para guarecerse' dos veces en Gautier de Coincy (a. 1223), God. IX, 733*a*; IV, 232*a* (en un ej. de *gariter*), y el verbo derivado *gariter* (más tarde *guériter*) es muy frecuente en textos de los SS. XIII, XIV y XV; hay también ejs. de la aplicación a las garitas de fortificaciones y para centinelas, desde el S. XIV por lo menos. Como vieron Spitzer, *ARom.* XI, 97, Gamillscheg, *EWFS*, s. v., Bloch y otros, *garite* ha de ser derivado de *garir*, equivalente occitano y francés de nuestro *guarecer*, que allí en la Edad Media tenía precisamente el mismo significado y tiene el mismo origen que nuestro verbo; posteriormente se cambió *garite* en *guérite*, siguiendo el cambio paralelo del verbo *guérir*.

Pero la dificultad estribaba en explicar en francés un derivado en *-ite*, sufijo ajeno a este idioma, pues no sirve de nada decir con Spitzer que tenemos ahí el sufijo de *réussite* 'éxito', derivado de *réussir*: este sustantivo no es derivado francés de este verbo, sino préstamo italiano; *riuscita*, y de fecha reciente; de ahí que M-L. (*REW* 9504) llegue a renunciar a toda la etimología y declarar que es palabra inexplicada. Gamillscheg supone préstamo a un it. ant. **guarita*, pero como reconoce él mismo tal vocablo es desconocido en italiano; Bloch insinúa una adaptación irregular de oc. *garida*, pero además de que tal alteración fonética sería sin otros ejemplos, el caso es que el vocablo es mucho más vivaz y frecuente en francés que en lengua de Oc.

Ahora bien, la explicación de este enigma es como el huevo de Colón· nos la da uno de los pasajes de Gautier de Coincy: «*A la garite, a la garite! / Fui tost, fui tost, et guari te*», donde vemos el sustantivo rimando con el imperativo del verbo correspondiente: sabemos que en francés antiguo los pronombres sufijados se pronunciaban enclíticamente, como en otros romances[1], de ahí que esta rima fuese posible, y que la frase *guaris te!* (cuya *s* ya empezaba a enmudecer en el S. XIII), dirigida a sí mismo o a sus camaradas por el soldado durante el ataque, acabara por sustantivarse, como término del lenguaje popular y pintoresco del ejército. Para otro caso de sustantivación de una frase imperativa, en el lenguaje militar, vid. *ESTANDARTE*. Del francés se propagó pronto el vocablo al castellano y otros romances, pero el it. *garetta* (antes también *garitta*), todavía inusitado a princ. S. XVII, no se tomó directamente del francés, sino por conducto del cas-

tellano, según vió Zaccaria: de ahí el cambio de «sufijo» *garetta;* otras adaptaciones dialectales son el sardo *carita* «casotto», napol. *galitte* «casotto da sentinella», *garidde* 'tablas que forman la garita del centinela en la popa de una nave' (Buonarroti, S. XVII)[2]; Barèges *garìto* 'agujero', 'grieta' (Palay), comp. *Garites* y *G(a)ritella* en la toponimia catalana.

Insiste Spitzer (*MLN LXXI*, 381) en su afirmación de que ahí la terminación *-ite* puede explicarse por una derivación estrictamente francesa y no por un influjo extranjero, como suele decirse, ni por composición con pronombre, como admitía yo. Podría regateársele el caso[3], pero al fin y al cabo habrá que darle la razón: los materiales reunidos por Risop son plenamente convincentes. No se trata de *mute, fuite* y *assite*, que son participios fuertes, con -T- apoyada (MOVĬTA, ADSEDĬTA, etc.), luego sin aplicación al caso de *guérite*, sino de *emplite*, repetidamente como participio en Gautier de Coincy y asegurado por la rima, de *laidite* (= *laidengée*) en *Berte*, de *harditement* en el trovero belga J. de Baisieux, de *remplicte* todavía rimando con *dicte* en Eust. Deschamps, y los ejs. modernos del Berry *fini, -ite*, y *enroui, -ite*, aunque sean sólo dos casos sueltos, indican que estas formaciones analógicas no quedaron sin descendencia moderna. El infinitivo *emplire* junto a *emplite* en el propio Coincy, y también asegurado por la rima, nos muestra que lo ocurrido (como en la extensión de *-echo* en cast. y la de *-esto* en it.) fué la propagación del tipo fuerte de *desconfite, despite, dite, mute, cheoite, suite, élite, fuite*, etc. Por lo demás es bastante seguro que el influjo latino e italiano desempeñaron su parte: nótese el *harditement* de Baisieux, y si Coincy se atreve a emplear esas formas, sin duda sentidas como incorrectas y desaprobadas por la mayoría, cuando le conviene para la rima, es también porque con *prophétie emplite* está traduciendo el «tunc *impletum* est quod dictum est per Abacuc» de su modelo evangélico. Me atrevería a sugerir, con todo, que si en el caso de *guerite* llegó a cuajar definitivamente una de esas formas minoritarias y en definitiva desechadas por el idioma, fué porque en este caso se apoyaba en el imperativo *guéri-te* con que tantas veces había que avisar a los soldados a la descubierta, y que por lo tanto hay algo de cierto en mi explicación. No sólo estos imperativos eran usuales en el S. XIII, sino todavía en el XV («que t'en chaut-il? —J'en ai la desplaisance. / —Laisse-m' en paix! —Pour quoy? —J'y penseray», *Débat du Cuer et du Corps* de Villon, v. 8).

DERIV. *Garito* 'paraje donde concurren a jugar los tahures' [S. XVII, Aut.], en gnía. 'casa' [1609, Hidalgo][4], explicable semánticamente por comparación de la guarida de los tahures con el escondite del soldado, y comp. el sentido del cast. *guarida*, de igual etimología, aplicado al refugio de los delincuentes; *garitero* [Cervantes, *Entremés del Juez de los Divorcios*, NBAE XVII, 3; *Novelas Ejemplares*]; *garitón; engaritar; para desgaritar*, vid. *GARETE*.

[1] Por ej. «laissié-*me* aler car je sui rois», «tais-*te:* il n'i a fors que raison», versos de 9 sílabas en Adam de la Halle (*Jeu de la Feuillée*, vv. 395, 586), etc.— [2] No es conocido el ár. *qarîta* 'casita' del cual quisiera partir Gregorio; si existe ha de ser romanismo.— [3] Si ahí rechaza Spitzer la supuesta prueba (no decía yo tanto) de una *rime équivoquée* de Gautier, tiene mucha razón, pero me concederá que no la hay menos para rechazar las *rimes équivoquées* o *figurae etymologicae* en el caso de *enceinte : acheinte*, etc.— [4] Otro origen tendrá el ast. *garitu* 'pedacito de pan', *esgaritar* 'desmenuzar el pan' (V, R), a no ser que se relacione con *garito* 'ganancia que se saca de la casa de juego' (V. abajo); vid. *GARETE*.

Garito 'zoquete', V. *garete*

Garlancha, V. *garra*

GARLAR, del lat. tardío GARRULARE 'parlotear', derivado de GARRŬLUS 'parlanchín' y éste de GARRIRE 'gorjear (las aves)', 'parlotear'; probablemente por conducto del cat. *garlar* 'charlar'. *1.ª doc.:* princ. S. XVI, en romance germanesco de R. de Reinosa (Hill); 1609 (J. Hidalgo); Lope.

Aut. cita otro ej. de Céspedes (1626). En ambos parece tratarse, por el tono, de lenguaje rufianesco o asocarrado, y efectivamente Hidalgo cataloga como voz de germanía, agregando *garlo*[1] 'habla o plática' y *garlón, -ona* 'hablador, -a'. Faltan en C. de las Casas, Oudin, Covarr. Por lo demás hoy son vocablos ajenos al uso común castellano[2]. La única lengua romance que ha conservado en forma popular el lat. GARRULARE es el cat. *garlar,* que nada tiene de jergal, pero es palabra muy vivaz. No hay un port. *garlar* que cita Wartburg[3], ni figura el vocablo como gallego en Vall.; otra comprobación de que en castellano debe de ser catalanismo. Se trata de uno de tantos préstamos tomados del catalán por la germanía, particularmente del de Valencia.

DERIV. *Garla* [1609, romance de J. Hidalgo] o *garlo* [princ. S. XVI, R. de Reinosa, Hill]. *Garlador. Garlante. Garlido* 'chirrido', gnía. *Garlera* 'carreta' (por los chirridos que produce); *garlear* gnía. 'triunfar' [1609]; *garlón* gnía. 'hablador' [1609]. *Gárrulo* [h. 1600, Sigüenza], es cultismo tomado del citado *garrŭlus; garrulidad, garrulería; garrulador.*

[1] *Garla,* que *Aut.* atribuye falsamente a Hidalgo, pudo también existir, comp. cat. *garla.*— [2] Ej. germanesco de *garlar* en uno de los romances publicados por J. Hidalgo, RH XIII, 43. «¡Aquí me han tréido a *garlar* con vos!», en el colombiano Rivera, *Vorágine,* p. 236.— [3] Existe *galrar* o *galrejar* [S. XVI, Cardoso]. Falta investigar si son autóctonos.

GARLITO, 'nasa pequeña para pescar en los ríos', origen incierto, probablemente emparentado con el leon. *carriego* 'cesta grande', 'garlito', con el cambio de *-rr-* en *-rl-*, que no es raro en voces de origen prerromano o extranjero. *1.ª doc.:* h. 1400, *Canc.* de Baena (W. Schmid); APal. («*gurgustium...* cosa angostilla en que se lançan los pexes, que es *garlito*», 186*d;* otro ej. s. v. *nassa,* 154*d*).

También en Nebr. («*garlito para pescar:* nassa, fiscina») y *Aut.* cita ejs. clásicos; 'calabozo' en dos romances germanescos del S. XVII (Hill). Percivale (1591) agrega que es también cierta ave. El port. *galrito* (que Moraes cita de la *Ordenação Filipina,* según creo de fines del S. XVI o primeros del XVII) ha de ser castellanismo en vista del sufijo *-ito;* se emplea hoy en el Alentejo «rêde de vime para apanhar peixe miudo» (*RL* XXIX, 220). En la Extremadura española se dice *galro* y en Cespedosa *galrito* (*RFE* XV, 155); probablemente esta trasposición del grupo *rl* es secundaria, como en *bulrar, Calros,* etc., y no originaria como en *calrear* (de *calor*) por *carlear*. Nadie, que yo sepa, ha estudiado el origen de *garlito. Carriego* 'buitron de pesca' se halla ya en un texto leonés de 1669, y hoy el mismo vocablo tiene además el sentido de 'cesta grande para echar en colada las madejas de lino cuando se cura y blanquea' (Acad., *DHist.*). Para ejs. del cambio RR > *rl*, vid. mi nota en *VRom.* II, 455. Comp., además, *GARNIEL.* Como los *garlitos* suelen colocarse en los saltos de agua, es posible que haya relación con el santand. *garlu* 'chorro' (G. Lomas) (¿onomatopeya?). Es imposible la etimología híbrida propuesta por el P. Guadix ár. *ġár* 'cueva' + lat. *litus* 'costa'. Hay variantes port. *galricho, galripo* (en parte con sentidos secundarios); no existe fundamento semántico para partir de un GALLŬLA diminutivo de GALLA 'agalla', por más que diga *GdDD* 3062.

GARLOPA, 'cepillo grande para desbastar la madera antes de acepillarla esmeradamente', de oc. *garlopo,* f., y éste del fr. orient. *warlope* íd., que a su vez resulta de un cruce de las dos denominaciones que este instrumento tiene en dialectos flamencos: *voorlooper,* propiamente 'precursor' (de donde el fr. *varlope*), y *weerlucht,* propiamente 'relámpago', explicables ambas porque la garlopa precede a la labor del cepillo, como el relámpago al trueno. *1.ª doc.:* 1604, Jiménez Patón.

También en Covarr. y *Aut.* También cat. y port. *garlopa,* langued. *garlopo.* Para el origen de las formas francesas, vid. Behrens, *Beiträge zur franz. Wortgeschichte u. Gramm.* (1910), 271-2, cuyos resultados resumen muy imperfectamente M-L. (*REW* 9453a) y Gamillscheg (*EWFS,* s. v.). Junto al fr. *varlope,* muy extendido en los dialectos del Este y del Oeste de Francia (también rodan. *verlopo,* marsell. *varlopo*), existe *warlope* en Mons-Valenciennes (pron. con *u̯*) y *worlope* en los Vosgos, y esta forma se halla ya en el S. XV (*vuarlope*) y en 1564 (*uuarloppe*): de ella proceden las citadas formas meridionales e hispánicas con g-. *Voorlooper* (que equivale literalmente al alem. *vorlä er*) y *weerlicht* o *weerlucht* (correspondencia fonética del alem. *wetterleuchten* 'relámpago') son las denominaciones de la garlopa en el neerlandés de Bélgica, y es de notar que el cepillo de carpintero se llama allí mismo *donder*, es decir, 'trueno': esta denominación es lógica secuela de la otra, que a su vez se explica por el carácter rápido y somero de las faenas realizadas con la garlopa. Es probable que primero pasara al francés *voorloper*, con eliminación del final átono -*er*, que no se adapta al sistema fonético del nuevo idioma, de donde el fr. común *varlope*, y que luego éste se cambiara en *warlope*, en ciertas hablas valonas, bajo el influjo de la otra denominación (que también dió el fr. del NE. *ferluche, -oche*, 'virutas, cepilladuras', fr. *freloche* 'borla de seda', 'minucias', fr. *frelucher* 'acepillar', *REW* 9516a, con *f*- quizá debida al influjo recíproco de *voorloper*). Es innecesario postular un neerl. *weerlop, como hizo Diez, en el que insiste todavía P. Barbier, *RLiR* VI, 277-9, que además de inexistente sería de difícil explicación semántica.

Garlu, V. *garlito*

GARMA, 'risco, despeñadero', ast., santand., antigua voz local, probablemente prerromana. *1.ª doc.*: 1210, doc. santanderino, «una tierra a la *Garma*», *Bol. Acad. Hist.* LXXV, 341.

La Acad. señala *garma* «pendiente muy agria y vertical donde es fácil despeñarse» como asturiano y santanderino ya en su ed. de 1884. Rato en 1899 confirma: «pendiente muy escarpada y de difícil acceso en la ladera de un monte; vid. peña», y *engarmáse* como término de Llanes «meterse en una garma»; también Vergara en el suplemento de su vocabulario de Segovia señala *engarmado* como recogido en Santander o Burgos. García Lomas, aunque reconoce que existe esta ac., citándola en varias localidades occidentales de la provincia, dice que en la parte central es «enredo, maleza, césped y lodo que se forman en algunos cauces y que sirven de guarida a las truchas, siendo allí difícil de pescarlas», *persona con garma* 'la que es recelosa', *haber garmá* o *garmona* cuando hay dificultades o inconvenientes en algún asunto, *engarmar* 'enredar a alguno', *desengarmar* 'aclarar algún asunto', alto-santand. *garma* «morena formada por piedras movedizas, efecto de los glaciares», *BRAE* XXV, 388. No es imposible conciliar los dos matices semánticos de 'despeñadero' y 'maleza, matorral', pues coexisten en otros muchos vocablos, vid. lo que digo en *GÁNDARA* y en *BREÑA*. El vocablo debe de existir también en el Alto Aragón puesto que en Sallent de Gállego existe un paraje conocido por *Garmo de los Muxa-*

les (*RLiR* XI, 190)[2]; *engarmarse* 'quedarse colgado en un risco' en Bergua, Valle de Broto; vco. *harbe*, *kharbe* 'cueva en una peña', Tovar *DEVco*. Desde luego la geografía y la semántica se oponen a que busquemos relación con el ár. *karm* 'viña' y el granadino *carmen* 'huerto'. En cambio, aunque más lejano en el mapa, no es imposible la relación con el croato de Dalmacia *gârma* «ravin naturel entre deux rochers», «grottes, cavernes du littoral» (Skok, *ZRPh.* L, 201). De la idea de 'garganta' se puede pasar fácilmente a la de 'paraje enriscado' y por otra parte a 'gruta', y para coincidencias ilirio-hispánicas, V. el artículo de M. P., *ZRPh.* LIX, 190. Ahora bien, J. U. Hubschmied (*VRom.* III, 121, n. 2), sin conocer el vocablo español, propone explicar esta voz croata, ajena al servio y croato general y a las demás lenguas eslavas, por un ilir. *GARMĀ o *GALMĀ 'garganta, quebrada', hermano del galo *BALMĀ 'caverna' (hoy extendido desde el Tirol hasta Valencia), admitiendo que ambos proceden del indoeur. G^W EL- 'tragar', con la representación céltica de G^W por B. Como así no queda claro el cambio de L en R, hay otras explicaciones seguramente preferibles. Barič parte del alb. *karmę* 'cueva'; Pokorny, *ZCPh.* XX, 489, también encuentra en ello dificultades fonéticas y prefiere suponer sea una voz iliria de origen indoeuropeo, con el sentido primitivo de 'horno' (> 'cueva'), indoeur. g^w *hormā* (= gr. *thermós*, lat. *formus* 'caliente'). Sería pues palabra indoeuropea común al sorotáptico (> dialectos cántabro-pirenaicos del ibero NO.) y al ilirio, familias lingüísticas extremamente afines en su léxico indoeuropeo.

Pero hay un vco. guipuzcoano *armoka* «picacho» y *armo* íd. registrado por Azkue en Mañaria (centro-Sur de Vizcaya), del cual parece otro derivado *armol* «pedregal en medio de un terreno» en Arratia, poco al SE. de Bilbao. Ahora bien, esto parece derivado de *arri* 'piedra' que tuvo antiguamente en vasco primitivo y céltico la forma KAR(R)I-. De ahí me inclino ahora a derivar toda la familia aquí estudiada.

Claro que *garma* no tiene que ver con el lat. GRAMEN 'grama', pese a *GdDD*: no es cierto que signifique «hierbajos» en Santander (sólo 'maleza', ac. secundaria, que ya he explicado).

DERIV. *Engarmarse*, V. arriba.

[1] Aludió también a estas acs. Toro G., *BRAE* X, 542.— [2] Realmente hay el *Garmo del Gallinero*, pequeño prado donde pastan las cabras, a media altura de las paredes escarpadas del pico de este nombre, Victoriano Rivera, *Guía del Valle de Ordesa*, M., Espasa, 1929, p. 39, y conozco una docena de representantes más en la oronimia de los altos valles de Broto y de Tena.

Garmalleira, V. *cremallera*   *Garmejón*, V. *agramar*

GARNACHA I, 'vestidura talar que usan los

togados', voz común a todos los romances de Occidente, tomada del oc. ant. *ga(r)nacha* 'manto de piel', y éste probablemente del lat. GAUNACA 'especie de manto velloso', voz de origen iránico. *1.ª doc.*: doc. de 1222 (cita de Vignau, en *RABM*, 1871, 270-1), *garnacha de stanforte*.

Aparece luego en el *Apol.*, 349, las Cortes de Jerez de 1268 («mantón e *garnacha*»), el Fuero de Usagre (S. XIII), la *Gr. Conq. de Ultr.* (h. 1300), p. 40, J. Ruiz[1], doc. de 1342 de Sahagún («una *garnacha* de burneta prieta en que havía siete varas», *RFE* VIII, 29), el glosario del Escorial (1400: «lacerna»), escritura mudéjar zaragozana de 1432 (Simonet: 'vestidura de escarlata'), y *Aut.* da ejs. clásicos. Se trata, como explican Covarr. y *Aut.*, de una vestidura de respeto, sólo empleada por personajes graves, y Felipe II en 1579 mandó que la llevaran los consejeros reales, oidores de chancillería y fiscales. De ahí que en León se haya aplicado al «cabello largo, en forma de melena que caía sobre el cogote y llegaba hasta los hombros», tal como lo llevan los viejos y venerables varones del país (*BRAE* III, 44; Puyol, *RH* XV, 5).

Pero en lo antiguo tenía un uso más general, pues se hacía de tela gruesa y fuerte (*bruneta* o *estanforte*, es decir, estameña gruesa) y servía como prenda de abrigo, según prueba su uso por las Serranas del Guadarrama. Hubo variante masculina *garnacho*, que J. Ruiz menciona repetidamente como prenda de uso cotidiano llevada por una serrana (1003c, 1019a), todavía viva en el portugués de Tras os Montes[2], y también conocida, según veremos, en lengua de Oc[3]. *Garnacha* es también antiguo en gallegoportugués, donde ya aparece dos veces en las Cantigas de Santa María[4] y en las *CEsc.* (35.6); y en catalán, pues ya figura en la Crónica de Jaime I (S. XIII; Balari), y aunque Ag. cita ejs. tardíos de *garnatxa*, uno de los citados (colección de Alart) pertenece según creo al S. XIV, y Du C. halló el vocablo en escritura de una reina de Aragón, de fecha 1213, que por lo demás lo escribe, tres veces seguidas, en la variante *guasnacia*, que podría tener gran interés si no es mero error de lectura. Los ejs. del fr. ant. *garnache* en God. IV, 233, no son fáciles de fechar, pero creo que el más antiguo es el del picardo Jacques Bretel, de 1285. En italiano tenemos *guarnacca* y *guarnaccia*, aquella forma es ya frecuente en Boccaccio, y ésta lo es en el S. XVI (hoy está en desuso), pero también figura en la Vida de Cola di Rienzo, S. XIV; además *guarnaza* figura en una poesía en dialecto de Pavía, que según P. Meyer sería del S. XIV, pero Monaci la atribuye al XIII[5].

Aunque mi información es imperfecta, no parece que el vocablo sea más antiguo en Italia y el Norte de Francia que en España: más bien parece lo contrario. En lengua de Oc parece serlo algo más, pues ya se halla *ganacha* o *gannacha* en dos trovadores de la segunda mitad del S. XII (Bertran de Born y Peire Vidal), *garnacha* aparece en un doc. narbonense del mismo siglo (*Arch. de Narbonne*, p. 4b), hay tres ejs. más de la misma procedencia correspondientes al siguiente y todavía otros ejs. medievales de la forma con *r* y sin ella; además aquí tenemos muchos ejs. de un masculino *ganach* (la variante *ganac* parece ser grafía incompleta), todos en el XIV; la documentación reunida por Du C. al parecer es toda del S. XIII o posterior, pero es de notar que la mayor parte de los testimonios localizables son del Sur de Francia; italianos sólo hay uno de 1261-4 y otro de 1400, y los del Norte de Francia pertenecen a los SS. XIV y XV. En total, nada decisivo se puede deducir de la fecha y procedencia de la documentación, pero parece desprenderse que el vocablo sea más antiguo que en ninguna parte en el territorio occitano, y lo mismo indican la existencia de variantes en esta zona, la vacilación italiana entre *guarnacca* y *guarnaccia* y la pronta difusión del vocablo en España. Desde luego un vocablo en *-acha* difícilmente puede ser oriundo del castellano, lo cual resulta aún más claro al tener en cuenta que termina igual en catalán y en gallegoportugués, a pesar de no ser ahí menos antiguo que en Castilla: estos hechos sólo pueden compaginarse admitiendo que viene de más allá de los Pirineos; el b. gr. γραυάτζα y el alto alem. med. *garnaesch* deben de ser de origen romance.

Por lo demás, la etimología no se ha estudiado seriamente. Desde el punto de vista del radical y del significado, nada se opondría a derivar de oc. *garnir* 'guarnecer', aunque las formas italianas nada prueban en este sentido si vienen de Francia; pero no hay sufijo galorrománico ni romance que pueda explicar la terminación, y además queda la variante occitana *ganacha*, *ganach*, que no es ajena al francés del Norte[6]. ¿Es ésta o *garnacha* la primitiva? En principio sería más fácil explicar ésta como secundaria, debida a contaminación de *garnir*. Los datos filológicos no son claros, pues si varios ejs. de *gan-* pertenecen al S. XIV y uno del XII, también hay dos casos de *ganacha* en este siglo, si bien es verdad que en Bertran de Born otros manuscritos dan la variante con *-r-*[7]. Falta también investigar la posible relación con el sinónimo cat. *gramalla* (de donde el cruce cat. *gramatxa*). Baist, *KJRPh.* VIII, 213, opinó que se trataba de un orientalismo traído en tiempo de la 3.ª y 4.ª Cruzadas, pero ni allí ni en otras partes parece haber fundamentado esta opinión. Nada hallo en árabe (bajo *ġ-n-ǧ*, *q-n-ǧ*, *k-n-ǧ* ni *w-n-ǧ*)[8].

[1] Dice el poeta, en su encuentro con la Serrana de Malangosto: «con miedo e arrezido, / prometíl una *garnacha*, / e mandél para el vestido una broncha e una prancha», 966a.— [2] «*Gar-*

nacho, casacão quasi como o gabinardo», *esgar-nachado* «muito roto, com o peito da camisa desabragalado» (*RL* V, 93, 49).—[3] En doc. toledano de 1273 hay *garnachón* y *garnanchón* en el glosario del Escorial, V. las citas en la ed. de Castro, p. 195.— [4] Es un traje para rezar, *garnacha de orações,* «que ademais era bela et de mui rico lavor / se non que era mui curta, come d'algũa pastor / pequena», Cantiga 274. Cej., *Voc.,* que además cita la cantiga 79, dice que en esta obra significa 'guirnalda' (relacionando con la ac. leonesa), lo cual carece de fundamento. Más ejs. portugueses del S. XIII cita C. Michaëlis, *ZRPh.* XXVIII, 429-31.— [5] *Crestomazia,* n.° 144, v. 177. Monaci identifica con nuestro vocablo un *guaracia* de un doc. de Siena de 1233-43, que podría ser errata de lectura por *guarnacia,* pero el contexto no permite deducir claramente el significado. Ignoro la fecha de un *guarnacia* genovés que Rossi cita en el apéndice a su *Glossario Medievale Ligure.*— [6] Dos ejs. en God., uno de 1340, procedente del Bourbonnais; otro de *canache.*— [7] Si el *guasnacia* de 1213 fuese auténtico, *-sn-* pudo evolucionar en *-rn-* y en *-n-.*— [8] Pese a todas estas incógnitas e inseguridades, puedo dar una etimología que, aunque nueva, me parece segura. Estamos ante un representante del lat. vg. *GALNACA,* lat. GAUNACA, GAUNACUM, gr. χαυνάκη, χαυνάκης (ya en Aristófanes), nombre de un vestido persa, especie de manto velloso por fuera, comp. prov. *ganacho d'agnèu* «robe fourrée de peau d'agneau» (Mistral), y nótese que en los ejs. narbonenses citados por Levy se describe la *garnacha* como artículo de peletería (*garnacha d'anhels,* g. *de lirons*), en fr. ant. se habla de *garnache fourrée d'ermine, garnache d'escarlate,* cat. ant. *garnatxa feta de v e l l u t vermell* (God., Alcover), etc. Era palabra de origen iránico (comp. E. Schwyzer, *Zs. f. Indologie u. Iranistik* VI, 1928, 238; H. Lüders, *Abhdlgn. Preuss. Akad.* 1936, iii, 8-12; P. de Lagarde, *Gött. Nachrichten* 1886, 121-4; y las palabras iránicas afines que cito s. v. *GUALDRAPA* y *VÁNOVA,* con su descendencia romance); que llegó a ser prenda de uso popular en el Bajo Imperio nos consta por la cita de *gaunacarii* o fabricantes de garnachas en varias inscripciones latinas. Otra forma del mismo vocablo, *gaunape,* nos aparece con variantes *galnape* o *gannape* en los mss. de San Isidoro (*Etym.* XIX, xxvi, 3) y en textos medievales (citas en *VÁNOVA*). Luego podemos dar por seguro que en lugar de GAUNACA se dijo *GALNACA,* y que el raro grupo -LN- fué sustituído, parte por -NN-, parte por -RN-. El vocablo hubo de propagarse desde la zona Lemosín-Auvernia o desde el Centro de Francia, de donde el cambio de -CA en *-cha,* y siendo palabra de origen extranjero y tardía no sorprende que no se sonorizara la -C- ni se pa-

latalizara la G-; confirmación de esta procedencia geográfica es la aparición por primera vez en el lemosín Bertran de Born y en muchos textos de los SS. XIII-XIV del Quercy y Montauban. La -C- originaria y el masculino lat. clásico GAUNA-CUM se conservan en la variante oc. ant. *ganac,* documentada repetidamente en las Cuentas de los Hermanos Bonis, procedentes de esta región, y quizá en la variante *guarnacca* del italiano antiguo (si bien ésta parece ser de origen francés, a juzgar por la ultracorrección *gua-* < *ga-*). Agrego en nota esta etimología sobre las pruebas.

GARNACHA II, 'especie de uva, y el vino dulce que con ella se hace', del it. *vernaccia* íd., probablemente del nombre del pueblo de Vernazza, situado en una comarca de Liguria famosa por sus vinos. 1.ª doc.: *guarnacha,* 1613, Cervantes, *El Licenciado Vidriera,* Cl. C., p. 23 (con referencia a un vino italiano); *garnacha* «llaman en Aragón una especie de uva roxa, tirando a morada, de la qual hacen un vino especial, a quien le dan el mismo nombre», *Aut.*

Agrega este diccionario que también se llama así cierto género de bebida, a modo de carraspada. *Garnatxa* (vulgarmente también *granatxa*) es sobre todo vivo en Cataluña; designa siempre un vino dulce, de graduación bastante elevada, y la uva con que se hace, que en unas partes es blanca, en otras negra: el vocablo está especialmente arraigado en la zona costeña del Principado, desde el Norte del País Valenciano hasta la Cataluña francesa (vid. Griera, s. v.); especialmente famosas son las *garnatxes* del Ampurdán y de la zona francesa. Hoy el fr. *grenache* es conocido también como un vino de los Pirineos Orientales. La forma *vernatxa* (hoy viva en Gandesa: Griera) es la que se halla en el catalán medieval, en el *Corbatxo* (S. XIV: *BDLC* XVII, 73[1]), *vernaixa* en Eiximenis (a. 1381-6: *N. Cl.* VI, 52) y en Bernat Metge (a. 1398: *Somni, N. Cl.,* 123.20). La vacilación entre *-tx-* e *-ix-* confirma la procedencia italiana de estas formas. Efectivamente, *vernaccia* está ya en Dante, y es frecuente desde el S. XIV (Boccaccio, Sacchetti). En Francia se halla también *garnache* desde el S. XIII, cayó allí en desuso en el S. XVI y se volvió a tomar del catalán en el S. XIX. Véase A. Thomas, *Mélanges,* 2.ª ed., 50-51; Sainéan, *Sources Indig.* II, 316; *FEW* IV, 421b[2].

Parece claro que el lugar de origen en definitiva es Italia, aunque el catalán sirvió de intermediario para el francés moderno y el aragonés. Mas para dar como seguro que el it. *vernaccia* viene de *verno,* variante de *inverno* 'invierno' (tal como admiten estos autores), haría falta la explicación semántica. Dos de las autoridades italianas citadas por Tommaseo hacen notar que esta clase de uva rinde muy poco, aunque da un vino muy bueno. ¿Será porque la uva garnacha se vendimie en fecha tardía, ya cerca de la entrada del invierno? Nadie se ha ocupado de averiguarlo[3]. Ante esta falta de documentación, es mucho más convincente la opinión de Migliorini (perito en etimologías de esta clase), según el cual procede del nombre de Vernazza, uno de los cinco pueblos de la famosísima comarca vinícola de las Cinque Terre, cerca de la Spezia (G. Dalmasso, en la *Encicl. It.*, s. v. *vernaccia*, duda de esta etimología, pero sin dar razones). Esto parece harto seguro, teniendo en cuenta que ya Boccaccio habla de la *vernaccia* de Corniglia, que es justamente una aldea agregada al municipio de Vernazza. Coincido en ello con Prati, cuyo dicc. ha salido después de redactar este artículo.

Sin fundamento alguno supone *GdDD* 3253 que los dos homónimos *GARNACHA I* y *II* procedan de HIBERNACEUS.

[1] «Bons vins de cuyt, e de *vernatxe* e de cornelia e del grech». Como es traducción del italiano, el citado *cornelia* no será el *Cornellà* rosellonés, aunque éste se halle en la región típica de la *garnatxa*, sino el *Corniglia* que se menciona también en los ejs. italianos citados por Tommaseo.— [2] Ahí hay que rectificar la afirmación de que la forma *bernâche* 'vino dulce y algo turbio', empleada en la zona del Loire (y estudiada por el autor del *FEW* en I, 515a), no tiene que ver con *garnacha;* como ya observó Horning (*ZRPh.* XXVII, 143), se trata de una alteración de *vernaccia* por influjo del fr. *bran* 'porquería' y su familia.— [3] No están a mi alcance las observaciones de Schuchardt publicadas por Kuno Meyer, *Berliner Sitzungsber.*, 1912, 1150-1 (¿léase I, 150-1?). Las citas de Salvioni, en *REW* 4126, están erradas.

GARNIEL, 'bolsa de cuero que se lleva pendiente del cinto', de oc. ant. *carnier* 'morral de cazador', derivado de *carn* 'carne', porque en él se llevan los animales cazados. *1.ª doc.: carniel,* doc. de 1471; *garniel,* 1599, *G. de Alfarache, Cl. C.* II, 94.19[1].

Cuervo, *RH* IX, 12-13n.; *Ap.*, § 789. *Carniel* se halla también en una de las cartas de Hernán Cortés y en Fernández de Oviedo. Falta el vocablo en *Aut*. En Colombia, Ecuador, Venezuela y Costa Rica se dice *carriel* (*DHist.*), cuya *rr* se deberá a influjo del antiguo *correo* 'bolsa para dinero' (V. este artículo)[2]. En el Alto Aragón se ha convertido *carniel* en *carnillo* 'cesta de paja de 20 cm. de alto' (*RLiR* XI, 198), por falsa castellanización de la forma aragonesa *-iello, -iell,* del sufijo diminutivo. Se ha dicho también *guarniel,* por influjo de *guarnecer.* Para el vocablo occitano, que pasó también al it. *carniere* y recientemente al fr. *carnier* [1762], V. *FEW* II, 382b. Muy semejante a *garniel* es GARLITO,

palabra de origen oscuro, pero la divergencia fonética es insuperable.

[1] «Fué destilando del bolsico de un *garniel* cuarto a cuarto y poniéndomelos en la mano».— [2] No hay que pensar en un proceso fonético, como quiere Cuervo: los demás casos parecidos se deben a disimilación consonántica, que aquí no pudo intervenir.

Garnina, V. *carlina*

GARO, 'especie de salmuera que hacían los antiguos con ciertos pescados', tomado del lat. *garum* íd., y éste del gr. γάρον íd. *1.ª doc.:* 1555, Laguna (*Aut.*).

Parece ser cierto que el nombre le vino de cierto pez llamado γάρος, hoy desconocido (vid. Walde-H.).

Garoa, garoe, V. *garúa*   *Garojo,* V. *carozo* y *garulla*   *Garpa,* V. *carpir*

GARRA, 'mano de las fieras y aves de rapiña, armada de uñas corvas, fuertes y agudas', en la Edad Media *garfa,* que significaba lo mismo y además 'puñado, cantidad de algo que se puede agarrar con una mano', probablemente del ár. *gárfa* 'puñado', derivado de la raíz *gáraf* 'sacar agua', 'arrebatar, empuñar'; en el cambio del significado romance influyó el parónimo *garfio* 'gancho fuerte', procedente del lat. *graphium* (gr. γραφεῖον) 'punzón para escribir', influído a su vez en su forma y significado por *garfa; garra* en el sentido de 'pantorrilla', vivo sobre todo en Aragón y en América, es palabra independiente de *garra* 'zarpa' y procede del célt. *GARRA* íd. *1.ª doc.: garpha, Alex.; garra,* 1570, C. de las Casas («*garras:* artigli; zampe»).

Reproduzco aquí esencialmente mi artículo de *RPhCal.* I, 81-87, con adiciones de interés y modificaciones en puntos que ahora se ven más claros. Desde el trabajo de M-L., *ZRPh.* XL, 210-2, quedó bien sentado que en la Romania hay dos grupos léxicos muy distintos por su significado y por su origen: el del fr. *jarret* 'corva, jarrete', oc. *garra* 'jarrete, pierna', de origen céltico (galés *garr* 'corva, jamón', córn. y bret. *gar* 'pierna')[1], y por otra parte el del cast. *garra,* sinónimo de *zarpa,* del cual se diferencia nada más en que aquél se aplica no sólo a la mano de las fieras, sino también a la de las aves de rapiña.

A los resultados de M-L. hay que hacer primeramente una rectificación geográfica. El significado que él llama iberorromance sólo es en realidad castellano, en el más estricto sentido de la palabra, o por lo menos sólo es autóctono en Castilla. Desde luego *garra* 'zarpa' es desconocido en catalán, que en este sentido emplea *grapa, arpa,* germanismos, o un cruce de este último con UNGULA, a saber, *urpa. Garra* y sus derivados tienen allí el significado que M-L. creía sólo galorromance: el primitivo significa 'pierna (de rodilla para abajo)', ac. hoy poco empleada, aunque viva todavía, si bien algo jergal, pero bien documentada en lo antiguo[2], *garró* 'tobillo del hombre', 'rodilla del cerdo' [1460, *Spill*, v. 8152, y en un ms. de Eiximenis], *garrell* 'zambo', 'estevado', cat. ant. *garrotera* 'liga'[3], mall. *garrut* 'adolescente ya crecido' (es decir: de piernas largas), cat. orient. y literario *esguerrar* 'lisiar, estropear', 'echar a perder' (< cat. ant. y occid. *esgarrar*, comp. BDC XXIII, 269), todos ellos vocablos muy corrientes y de uso general. En el sentido de 'zarpa', *garra* no se ha empleado nunca en Cataluña, Rosellón ni Baleares, aunque lo registre Labernia, que era de la provincia de Castellón. En el Sur del dominio ha penetrado, pero en fecha reciente: Martí Gadea (1891), aunque documentando también el autóctono en la frase *ser u de la garra curta* 'ser enano' y empleándolo en el lenguaje popular de sus obras literarias[4], y Escrig (1851) registran los dos como igualmente usados; Ag. da val. *garrejar* 'patalear, tambalearse', y documenta *garró* 'tobillo' en el valenciano Auziàs Marc, mientras que no se citan autoridades de *garra* 'zarpa' antes del S. XIX; en los derivados verbales el castellanismo ha tomado pie firme en *agarrar*, que es sólo valenciano, y *esgarrar* 'desgarrar', que ha llegado hasta Tortosa (Ag.).

Aun en aragonés y murciano el significado genuino es el «galorromance»: *garrilargo* 'piernilargo' (Coll A.), *garras* 'piernas delgadas', *estirar la garra* 'morir', *garrear* 'patalear', *garrón* 'calcañar', *garroso* 'patituerto' (Borao, Torres Fornés); nav. *garra* 'pierna', documentado en el *Fuero General de Navarra* (Cuervo, *Ap.*, § 754), *garrón* 'jamón' (A. Alonso, *RFE* XIII, 31); Echo *garrón* 'patizambo', *garrada* 'paso largo (como medida)' (*RLiR* XI, 210, 175); *garra* 'pierna' en el habla aragonesa de Argelita (prov. Castellón)[5], en este sentido o en el de 'pantorrilla' en el dicho proverbial *tripas llevan garras* que se oye en muchas partes de Aragón, p. ej. en la sierra de Guara; murc. *garrón* 'extremo posterior de las patas de cualquier animal, calcañar' (Rodríguez Xarrià); claro está que hoy el castellano de Aragón y Murcia ha aceptado, además de ésta, la ac. castellana. En St. Esteve de Llitera, localidad fronteriza catalano-aragonesa, he anotado *garra* como bien vivo y de uso general, designando juntamente el muslo y la pierna, ésta en particular.

En el territorio gallegoportugués, por notable simetría con el catalán, el cast. *garra* se ha introducido también por el Sur. La expansión castellana se produce en forma de cuña, lo mismo en fonética que en el léxico, y aquí muchas veces es más amplia. El hecho es que en Galicia no parece conocido el uso de *garra* 'zarpa', y en este sentido se emplean *pouta*, hermano del cat.

pota, oc. *pauta*, 'pata', que pasa por ser de procedencia germánica, y *gadoupa*, voz sin parentela bien conocida. En Portugal *garra* ha echado raíces firmes. ¿Desde qué fecha? Moraes no recogió ejs. antiguos, y Cortesão lo declara de origen castellano; Vieira cita ej. de Rodrigues Soropita, de princ. S. XVII, y otro que no puedo fechar, quizá de la misma época. *Pouta* existió también ahí en una época anterior, pues actualmente, desbancado por *garra*, subsiste en una ac. figurada: 'piedra u otro objeto pesado para fondear una barca'[6]. Además *gadanho*, *gafa* y *unha* se emplean hasta hoy con el sentido de 'zarpa': éstos son los vocablos portugueses castizos. La penetración del cast. *garra* en portugués, mayor que en catalán, se explica por la escasa vitalidad en aquél de su concurrente *garra* 'pierna'.

Escasa vitalidad, pero no ausencia total: el trasm. *engarrar* 'trepar por una pared, roca, árbol' creo procede de *garra* 'jarrete'. Y aun en Castilla debieron existir en una fase primitiva algunas avanzadas de esta familia, más arraigada en Francia y en el Este Peninsular, pero desterradas hoy a las tierras arcaizantes de América por la invasión posterior del homónimo *garra* 'zarpa', V. los derivados, apartado B.

Tampoco en leonés occidental es autóctona la forma *garra* 'zarpa': en el Occidente de Asturias se emplea en su lugar *garfa* 'garra, zarpa, mano', según Acevedo, y más al Norte, en la zona litoral estudiada por M. Fernández y Fernández, la forma *garfia* (*botar as garfias a úa cosa* 'hurtarla'), con la *i* típica del leonés. ¿De dónde vienen estas palabras? M-L., en la 3.ª ed. del *REW*, 3684a, postuló una base *GARFA 'garra', de la cual deriva el cast. *garfa[7] y derivados: el origen de *GARFA, por cierto no ibérico ni vasco, puesto que tiene -F-, sería desconocido.

Para explicar el cast. *garra*, sinónimo del anterior, formó M-L. otro artículo, encabezado por un «ibérico» *GARRA (3690a), cuyo único apoyo no romance es el vasco *garro* 'tentáculo (del pulpo, del calamar)'. Ya Schuchardt, con su gran autoridad, levantó la voz contra este supuesto iberismo, haciendo notar la incertidumbre que, en vista de sus variantes, envuelve la antigüedad de esta palabra vasca (*RFE* VIII, 402). A mí me basta observar que, por su significado, está tanto o más cerca del galo *GARRA 'pierna', de modo que el fundamento de este iberismo es endeble o nulo. Por otra parte, su área geográfica, ancha en el Sur de España y angosta en el Norte, ajena a Gascuña y a todo el Pirineo, aun el País Vasco, no es ciertamente la típica de los iberismos. Y todavía hay otro grave motivo de duda: la falta total de testimonios medievales de *garra* 'zarpa'. *Garra* está en Casas, Percivale (1591), Oudin y Covarr., pero todavía no aparece en APal., Nebr. ni PAlc. (1505); tampoco están *agarrar* ni *desgarrar*. Los testimonios más tempranos que trae *Aut.* son de la primera parte del *Quijote* y de Góngora. Agregando los de *agarrar* reunidos en el dicc. de Cuervo y otras fuentes, sólo llegamos hasta 1569, con *La Araucana.* Con *desgarrar* llegaríamos hasta mediados del S. XV⁸.

¿Qué se decía en la Edad Media, en lugar de *garra*? Se decía *garfa,* y *garfar* o *agarfiar* por 'agarrar': «En medio de la tavla estava un león, / tenía so la *garpha* a toda Babilón, / catava contra Dario a guisa de fellón» (*Alex.,* 97b); «quien levanta testimonio / levarlo ha el demonio / bien *garfado,* en el puño, / a su casa» (Pedro de Berague, S. XIV, *Tratado de la Doctrina,* ed. Rivad. LVII, 374, copla 33); también *la garffa del falcón* en el *Tratado de las Enfermedades de las Aves de Caza* (2.ª mitad S. XIII) p. p. B. Maler (*Filologiskt Arkiv* IV), p. 48, etc.; *agarfiar* está en el Pentateuco del S. XIV estudiado por Hauptmann, *Hisp. R.* X, 38. El mozárabe oriental tuvo también *garfa,* que R. Martí traduce aproximadamente por «manus», y el catalán opone su *garfir* al *agarrar* castellano. Como veremos, existió y existe *garfa* en portugués.

A todo esto, surge naturalmente la idea de que *garra* no es más que la forma castellana y moderna de *garfa.* Al consumarse el cambio de toda *f* en aspiración más o menos caduca, *garfa* debía dar *garra,* así como el ár. *márfaqa* dió *márraga* o *márrega* (Álava, Rioja, Bajo Aragón), frente al arag. y cat. *màrfega* 'jergón'. Atiéndase a que la *r* implosiva puede y suele tener mayor duración que la intervocálica⁹; al añadírsele la duración de la *h* < F, que seguía a la *r,* claro es que ésta debía convertirse en *rr*¹⁰.

Una prueba de que la alternancia *garfa ~ garra* es de razón fonética, y de que se halla en conexión con el cambio F > *h,* se puede hallar en la distribución de las formas leonesas. La isoglosa de la aspiración de la F corre en Asturias al Oeste de Rivadesella, entre este pueblo y Colunga (M. P., *El Dial. Leon.,* § 8.1). Ahora bien, el ast. occid. *garfia* 'garra' (Fernández), *garfella, garfieţsa* 'garfio cuya punta termina en un cazo pequeño' (Munthe), cast. de Galicia *garfilla* íd (*BRAE* XIV, 120), ast. *garfiella, garciella,* 'cucharón de hierro o de madera, para repartir el cocido' (V), corresponden al santand. *garia, gario,* 'apero de labranza, especie de horca' (G. Lomas), Rato, que era de Villaviciosa, no lejos de Colunga, da *garfiella* junto a *garies* 'piernas largas y flacas', y en Burgos o Santander se dice *gariador* del que echa la paja, después de la cosecha, desde el carro al bocarón del pajar, indudablemente por medio de un *gario* o *garfio* (Vergara). Rioj. *garrio* 'arpón, gancho' (*GdDD* 3048) = cast. *garfio.*

En castellano común la forma *garfa* sólo se ha conservado como término más o menos jergal o perteneciente a lenguajes especiales y técnicos: véanse abajo los derivados, y nótese que *Aut.,*

como testimonio de *garfa* «las uñas de las manos de los animales que las tienen corvas», sólo trae la frase *echar la garfa* 'asir algo con las uñas', calificándola de vulgar.

En cuanto al origen de *garfa,* nótese en primer lugar que este vocablo tuvo antiguamente otros significados: en el S. XIII y en Portugal *garfa* es la cantidad de algo que se puede coger con una mano, y así se hallan muchos ejs. de *garfa de senebe* 'de mostaza' en docs. de 1220 y 1258, y en la Edad Media en general acabó por concretarse en una medida de capacidad equivalente a 1/32 de *alqueire* (Silveira, *RL* XXXV, 58); por lo demás, esta ac. sigue viviendo dialectalmente: en el Minho «quantidade que se pode apanhar com uma mão, p. ex. grãos de milho» (Leite de V., *Opúsc.* II, 492), port. dial. *garfa* «pequeno enxame de abelhas», *garfado* 'brazado, pequeña porción, puñado' (Fig.); y en Castilla también se conoció, pues *garfato* 'medida de un puño' se halla ahí en un texto del S. XI (Neuvonen, p. 134), y todavía una ley de 1548 denuncia a los recaudadores que arrebataban un puñado de capullos a los hiladores moriscos, erigiendo este abuso en una especie de derecho que ellos llamaban *la garfa* (*N. Recop.* IX, xxx, 9). No se trata en este otro significado de algo extraño o sorprendente, pues en muchas partes las ideas de 'puñado' y 'zarpa, garra' se expresan con una sola palabra: la imagen del animal aferrando su presa impresiona mucho más la imaginación que las acciones del hombre; de ahí que 'puñado' se diga *grapat* en catalán (de *grapa* 'zarpa'), *sarpat* en gascón (derivado del cast. *zarpa*). Claro está que estamos ante el hispano-árabe *gárfa,* que figura precisamente en el sentido de 'puñado' en el Idrisí (a. 1154), evolución natural de la ac. clásica del ár. *gárfa* o *gúrfa* 'lo que se coge con la mano', 'cucharada', y derivado del ár. *gáraf,* que si en el idioma común puede ser 'cortar, recortar', también significa 'coger algo por entero' y 'sacar agua con la mano o con cuchara' (Freytag, Beaussier, etc.), y en el habla vulgar tomó además el significado de 'arrebatar', 'empuñar' (en PAlc. y en la Historia de Básim el Herrero: Dozy, *Suppl.* II, 207b): es natural, por tanto, que el sustantivo correspondiente *gárfa* designara además el órgano empleado para arrebatar, es decir, la garra. El sentido clásico del ár. *gárfa* 'cucharada' se conserva con escasa modificación en Asturias, según queda dicho¹¹. Pero el caso es que esta raíz es genuina en árabe y de abolengo indudablemente semítico (comp. *GARRAFA*).

Ésta es, pues, la etimología real del castellano *garra.* En la especialización semántica que se produjo en castellano influyó indudablemente una raíz parónima de origen europeo, la del grecolatino GRAPHIUM 'punzón para escribir', de donde proceden el it. *graffiare* 'arañar', oc. ant. *(es)gra-*

finar, mod. *grafignà*; fr. dial. *grafigner* 'egrati-
gner' (Diez, *Wb.*, 603, 171; comp. M-L., *Zu den
latein. Glossen*, 1903). Junto a éstos está el cat.
garfinyar 'arañar', donde la trasposición de la R
puede ser meramente fonética, debida a la posición pretónica, pero inmediatamente se produciría la interferencia entre esta raíz y la de *garfa*,
cat. *garfir* 'agarrar fuertemente clavando las uñas',
y así GRAPHIUM tendió a trasponer su R, aun en
sílaba tónica, y ambas familias léxicas confundieron íntimamente sus significados. Si en el *Apol.*
(282*c*) *grafio de azero* es todavía lo que sirve
para escribir en un plomo, y Abenalauam toma
grafión en el sentido de 'puntero o punzón' (Simonet), en los *Milagros* de Berceo, 676*b*, la palabra *grafio* (ms. *I*) ya designa un 'garfio', pues va
acompañada del sinónimo *g(u)izquio* 'guizque' hablando de una herramienta empleada para agarrar
objetos flotantes, y si el ms. *A* da la variante *garfio*
en este pasaje, hay *grafio* en el mismo sentido en
el *Libro de la Casa de Sancho IV* (*RFE* VIII,
15). Junto al cast. *garfio* (así también en el *Purgatorio de San Patricio*, texto leonés del S. XIII,
Homen. a M. P. II, 229, y en el ms. bíblico de
la misma fecha estudiado por Oroz, *Bol. Inst.
Filol. Chil.* IV, p. 340) está el arag. *grafia* 'fleje
o tenaza para asegurar las paredes' (Borao); junto a oc. ant. *grafi* 'punzón', *grafió* «croc, crochet,
g r i f f e», cat. ant. *grafi* 'instrumento de tortura' (SS. XIV y XVI, Ag.), está Berga *gàrfia*
'apero agrícola'; junto al fr. *greffe* 'injerto', tenemos el port. *garfo* «enxerto, renovo vegetal», el
ast. *garfio* 'retoño' (R), *garciu* 'injerto' (V), y el
sic. *garfa* 'rama'. Finalmente, en lugar del *garfa*
citado ·del *Alex.*, forma del ms. *O*, el códice aragonés del mismo texto trae la variante *grafa*, que
coincide con el it. ant. y dial. *graffa* 'uña del gato'
[Francesco da Barberino, princ. S. XIV], *granfa*
'zarpa del león' (en unos versos dialectales italianos citados por Brantôme: *RFE* XIII, 57);
granfia «artiglio», etc.

DERIV. Separo en tres grupos los derivados:
A) los del cast. *garra* 'zarpa'; *B*) los del célt.
*GARRA 'pantorrilla'; *C*) los del grecolatino GRA-
PHIUM. Recuérdese, empero, que los tres grupos
se han influído y mezclado, a veces inextricable-
mente.

A) *a*)[12] *Garrar* 'cejar un buque, arrastrando el
ancla' [2.º cuarto del S. XV: Díaz de Gámez,
en Cej., *Voc.*; 1590: Herrera], también *garrear*
(V. arriba la observación relativa a *zarpar* y al
port. *pouta*). *Garro* 'mano', gnía. *Garrón* 'espolón de ave' [1644, M. de Espinar]. *Garrudo*. *Agarrar* [1569, Ercilla, y Cuervo, *Dicc.*, s. v.; comp.
arriba]: sabido es que hoy sigue siendo verbo
de significado muy enérgico, de sabor vulgar y
de matiz pintoresco y afectivo, en España, mientras que en la Arg. y en otras partes de América invade la esfera de COGER, víctima éste de
una prohibición lingüística, por su uso sexual;

ast. *garrar* 'agarrar' (V); *agarrada*; *agarradero*;
agarrado; *agarrador*; *agarrante*; *agarro*; *agarrón*.
Desgarrar [med. S. XV: Gómez Manrique; vid.·
Cuervo, *Dicc.*, s. v.]: aparece también en la
Crónica de Alfonso XI (h. 1350), pero ahí significa 'desjarretar', y por lo tanto corresponde al
garra céltico (*B*); muy dudosa es la procedencia
de la variante *desgarrar* 'arrancar un árbol', que
sólo figura en una parte de los mss. del *Conde
Luc.*: es probable que *garra* 'pierna' (*B*) tomara
en España la ac. 'rama', como ocurrió con el fr.
branche y su familia (primitivamente 'pata'), arag.
pernallo 'rama, gajo', y V. abajo *garrancho*, de
suerte que *desgarrar* en J. Manuel sería propiamente 'desgajar' y procedería en definitiva de *B*;
en el sentido 'arrancar flema, escupir', *desgarrar*
(con variante *esgarrar*) corresponde al ast. *esca-
rriar*[13], port. *escarrar* 'escupir', y tendrá como éste
origen onomatopéyico, si bien confundido con el
derivado de *garra*; *desgarrado*, *desgarrador*, *des-
garradura*, *desgarramiento*, *desgarro*, *desgarrón*[14];
derivado regresivo de *desgarrar* parece ser el
hisp-am. *garra* 'trozo, pedazo, tira' (en Méjico,
según Malaret), 'pedazo de cuero seco y arrugado' (urug., chil., per., col., venez., costarriq.,
arg.; en la Arg. llega a significar 'parte del cuero de una res correspondiente a una pata'[15], acer-
cándose mucho a *B*), y de ahí quizá el alto arag.
garra 'nada', que pasó también al Bearne (*BDC*
XXIV, 171; *BhZRPh.* LXXXV, § 434); arg.
garrear 'desollar las patas de una res', en Catamarca *garrero* y *garreador* 'el que vive a costa
de otros'. *Engarrar*; ast. 'luchar dos o más personas a brazo partido', *engarra* 'lucha en esta forma' (V); *engarro*; para *engarrio* o *angarrio* 'persona o animal sumamente flaco', 'sujeto inútil',
V. *ENGARNIO*.

b) *Garfiñar* 'hurtar', palabra de germanía [1609,
J. Hidalgo], también *garrafiñar*; *garfiña* 'hurto'
[J. Hidalgo]. *Galfarro* 'corchete, alguacil' (con *l*
por disimilación) [Covarr.], 'ladrón, el que hurta'[16]
[1605, *Pícara Justina*], 'gavilán' en el Bierzo (Fz.
Morales) y en León (Acad.), se habrá usado también en Navarra, pues existe *kalpar(ra)* «galfarro,
gavilán» en el vasco de Etxarri-Aranaz (punta SE.
del guipuzcoano); para el literato granadino de
1601 *galfarro* era propio de Castilla frente a *corchete* de Andalucía, *BRAE* XXXIV, 370; *galfa-
rrón* [Lope]; hay variante *ganforro* 'bribón' (con
disimilación y sufijo diferentes) [*Aut.*], con derivado
enganforrarse 'amancebarse con una mujer de vida
airada' en Extremadura (*BRAE* IV, 85). *Garfada*
'la acción de agarrar con las uñas'; *garfeo*, *vivir
de ~*, 'vivir del hurto' [med. S. XVI, en el toledano S. de Horozco, *BRAE* III, 417]; and.
garfañada o *garfañón* 'garfada' (AV); *agarrafar*
(con anaptixis de *a* entre *r* y *f*) [h. 1600, M. Alemán, vid. *DHist.*], o *engarrafar* [S. XV, vid. Gillet, *Propaladia* III, 705, 645; 1521, Juan de Padilla, *Doze Triunfos de los Doze Apóstoles*, tr.

4, cap. 3, p. 45a] 'agarrar fuertemente'; en Aragón con -z- secundaria, *acarrazar*. *Garray* es nombre de una especie de gaviota de tamaño regular y pico amarillo, fr. *goéland*, en el castellano vascongado, según Azkue s. v. *mariko*; quizá de *garrahe* en relación con *agarrafar* (cf. evolución igual en el nombre del pueblo de *Garray* —la antigua Numancia— que era *Garrahe*, -*afe* en la Edad Media, y parece ser nombre de persona arábigo, con el cual no es verosímil tenga relación el de la gaviota); otras posibilidades son que venga de una forma vasca *garrari* = gc. de Bayona *garrè* 'querelleur, de caractère difficile', que probablemente está por *guerrè* deriv. de *guerre* (cast. *guerra*), o que tenga que ver con el lab. *garraio* 'gorrión' (lo cual es muy improbable por el sentido y porque *garraio* es alteración metatética de *gurrioa* [*gurrigoi*, etc.], equivalencia vasca del cast. *gorrión*); lo más probable es que se trate sencillamente de una onomatopeya en relación con el vasco *garraisi* (vizc.), *karraisi* (guip. y a. nav.) 'chillido'.

B) Procedentes del célt. *GARRA* 'pantorrilla' (V. además *JARRETE*). *Garrón* arag., murc., portorr. col., venez., arg., 'la parte del tendón que media entre el talón y el músculo de la pantorrilla', en América aplicado por lo común al caballo (así brasil. *garrão*), pero también al hombre, como en Aragón y Murcia, algunas veces en la Arg. (*garronudo* aplicado a hombres en Catamarca; *garra* en *Martín Fierro* II, 498); *garronear* 'pisar los talones (a alguno)', arg. *Engarriar(se)* 'trepar, encaramar' [Acad. después de 1899], debe de ser regional, comp. el trasm. *engarrar* íd., citado arriba. Para otros derivados aragoneses, V. arriba. En algunos puntos *garra* tomó el sentido de 'rama de árbol', de donde *desgarrar* 'desgajar' en J. Manuel, y *garrón* en la ac. 'gancho que queda de las ramas laterales de otra principal que se corta de un árbol' [Acad. ya 1843]. De ahí: *garrocha* 'vara con un arponcillo en su extremo', 'banderilla para hostigar al toro' [*escarrocha*, 1219, Fuero de Madrid[17]; *garrocha*, h. 1400, Glos. de Toledo; *garocha*, íd. de Palacio; *esgarocha*, íd. del Escorial; «*garrocha*: fustis, sudes, hasta», «g., sacaliña: aclis, -idis», Nebr.; en la ac. 'mecha de tocino', en *G. de Alfarache*, Cl. C. II, 72.11], también portugués (*agarrochado* ya fin S. XVI, en Luis Pereira, vid. Moraes) y catalán (*garrochar* 'clavar garrocha' en el *Spill* valenciano de 1460, v. 3182); hay variante castellana *garlocha* [*Aut.*], con la alternancia -*rr*- ~ -*rl*- a que aludí s. v. *GARLITO*; *garrochear*, *garrochón*; *agarroch(e)ar*, -*ador*[18]. Un deriv. gallego *garrocheiro* se convirtió pronto en *arrocheiro* (Vall., etc.) por cruce con su sinónimo *arriero*; Sarm. encontró la grafía *arocheiro* como nombre de oficio en un foro pontevedrés de 1466 (*CaG.* 86v), y él mismo empleó *arr-* en sus coplas de 1746 (*DAcG.*), denominación que se explica por el *arrocho* que definía él en el comento a esa obra suya «aquel palo que sirve para apretar más las cargas, arrollada a él la soga y dando con él unas tres o cuatro vueltas»; pero además explicó el orensano Sobreira que es «cada uno de los palos del molino», en cuya ac. se emplearía también *garrucho*. De un cruce de *garra* 'rama' con su sinónimo *gancho* (V. este artículo) resultó *garrancho* 'parte saliente de una rama o tronco', 'ramo quebrado' [h. 1400, *Canc.* de Baena, p. 493; *Quijote*, etc.], también portugués, especialmente en la Beira, «espécie de ancinho com grandes dentes de ferro para arrastrar estrume e para outros serviços agrícolas» (Fig.) y Sierra de la Estrella íd. (*VKR* IV, 162), en español es especialmente berciano (G. Rey), y *garrancha*, que *Aut.* señala como familiar en el sentido de 'espada', es alto-aragonés: 'gancho de madera en forma de estrella para colgar cestas o provisiones en la bodega', 'rascador del horno', 'pico de navatero', 'garfio' (Kuhn, *RLiR* XI, 237, 238; Wilmes, *VKR* X, 218, 227; Ferraz, *Alta Ribagorza*, p. 65); con la mencionada alternancia *rr* ~ *rl*, el bogotano *garlancha* 'laya, especie de pala' (Cuervo, *Ap.*, § 789); también cat. *garranxa* (en Tortosa: «perxa rústega feta d'una branca penjada al sostre», «rama d'esbarzer», Griera; *La Garranxa*, aldea agregada a Porrera, partido de Falset), val. *garranxos* 'zarzas, aulagas' (Griera); más datos en Krüger, *Die Hochpyr.* A II, 196, 198, 205; and. *garranchera* (AV), cast. *garranchada*, *garranchazo* [h. 1590, Barahona de Soto, en R. Marín, *2500 Voces*] 'rasgón que se hace con garrancho', cat. *esgarrinxar* (dial. -*anxar*) 'rasguñar'; *garranchuelo*; por cruce con *garrocha*: Cespedosa *garroncha* (*RFE* XV, 154), port. miñoto *garroncho* o *garruncho* «pontas de lenha não acamadas» (*RL* XXIX, 257), trasm. *garruncho* «ramo sêco preso na árvore» (*RL* I, 212).

C) *Garfio* [S. XIII], V. arriba para este vocablo y sus variantes y derivados, resultados de un cruce del lat. GRAPHIUM (gr. γραφεῖον) 'punzón para escribir, estilete', con *garfa*; existe también este vocablo en el gall.-port. *garfo* 'instrumento de tortura' y 'tenedor', que con esta ac. ha pasado al árabe de Argel (*gárfu*, con *g* oclusiva; también *garfûya*, Beaussier) y Egipto (*kárfu*); gall. orensano *gapio* 'pedúnculo de un melón o de un racimo'. Gall. *garafete* 'hierro en forma de siete (7) con el cual se mete la paja en las rendijas de los fondos del tonel, dando en él con un mazo', operación llamada *garafetear* (Sarm. *CaG.* 98r); donde hay cruce de *garfio* o *garfete* con *calafatear*: en efecto, varios diccionarios gallegos, y el propio Sarm. con otras aplicaciones, registran *garafatear* y *calafatear*, vid. o. c. pp. 121-2.

[1] Vid. Thurneysen, *Keltorom.* 62.— [2] Desde fines del S. XIV por lo menos, Eiximenis, *Doctrina Compendiosa*, N. Cl., 76; V. la cita en Ag.— [3] De ahí el port. *garrote(i)a*, documentado por G. Viana, *Apost.*, s. v., ya en la Edad Media. Como vocablo extranjero, y aplicándose a

la orden francesa de la jarretera, se le dió la terminación afrancesada *-ea*.— [4] «La gent menuda del pòble... seguia a ramats darrere d'elles, sense deixar-les ni pòch ni gens de la *garra*», *Tèrra del Gè* II, 30, frase basada en el perro que se coge a las pantorrillas del viandante. M. Gadea era de la zona de Alcoy.— [5] Bernardo Mundina Milallave, *Historia, Geografía y Estadística de la Prov. de Castellón*, capítulo dedicado al lenguaje.— [6] Comp. cast. *zarpar* 'levar anclas', junto a *zarpa*, por la forma del ancla.— [7] Es dudosa la existencia de un cat. *garfa*, palabra registrada por un lexicógrafo de escasa autoridad (Bulbena), pero no Ag., Alcover ni Fabra; no la he encontrado en mis lecturas ni oído nunca.— [8] V. en los derivados.— [9] Véanse las estadísticas de Gili y Gaya, *RFE* VIII, 274-6. Navarro Tomás, *Manual*, § 115, dice que la *r* pronunciada con varias vibraciones en fin de sílaba se oye especialmente a salmantinos, zamoranos y leoneses. En vasco, según el mismo autor (*Homen. a M. P.* III, 631, 648), la *r* implosiva puede tener hasta cinco vibraciones, y como lo más común es que tenga dos o tres, la trascribe sistemáticamente por $\bar{r}$. Fabra, *Grammaire Catalane*, dice que la *r* en esta posición es intermedia entre la *r* y la *rr*, y lo mismo atestiguan Gonçalves Viana para su idioma (en la obra *Portugais*, p. 19), Schneider para el gallego (*VKR* XI, 129) y otros para el judeoespañol y el nuevomejicano. La misma impresión me produce mi pronunciación personal catalana.— [10] En otros sistemas lingüísticos se registran fenómenos análogos. Así en céltico al caer la *p* indoeuropea, si iba precedida de *r*, esta *r* se duplicaba (Pedersen, *Vgl. Gramm. d. kelt. Spr.* I, 94); y en francés antiguo el grupo germánico *-LH-* se cambió primero en *-LL-*, que vocalizó la primera L en *u* o bien impidió el cambio de una *A* precedente en *e* (Gamillscheg, *R. G.* I, 248): SALHA > fr. *saule*, WALHA > *Gaule*, MALHA > *malle*. En vasco *el oc.* *marfoundut* dió *marhanta* o *marranta* 'resfriado, ronquera', *marrantatu* 'enronquecer' (Schuchardt, *Litbl.* XL, 403); de suerte que aun si M-L. tuviera razón al creer que el vasco *garro* es hermano del cast. *garra* 'zarpa', esto tampoco nos autorizaría a postular un ibérico *GARRA, pues se podría tratar de GARFA.— [11] Comp. en Argelia *tagárraf* «se contracter (main)», *mugárraf* «(main) contractée», *garráf* y *mígraf* «grande cuiller en bois» (Beaussier).— [12] En el apartado *a*) las voces en *garr-*, en el *b*) las que han conservado la *f* (*garf-*, *galf-*, etc.).— [13] De donde *escarrapiu* 'pequeño residuo que queda de alguna cosa' (V).— [14] En el Alto Aragón *esgarrón* 'desgarrón', 'trapo, arambel', pero en una localidad *esgardón* (*RLiR* XI, 108, 159).— [15] Precisamente en esta ac. se halla ya en Covarr. y en el Maestro Correas (1626), vid. *DHist.*, s. v. *cerrada*. De suerte que ahí

parece haber realmente confluencia con *B*).— [16] Alteración de una forma parecida será el gasc. *garroflard* «rapace» empleado por Dastròs en el S. XVII (*Poés. Gc.* p. p. Durrieux, II, 84-85).— [17] V. la ed. de los Glosarios de Castro, y comp. el comentario de Moll, *RFE* XXVI, 498-500.— [18] Como el fr. dial. *garocher*, *garoquier* (variante de *garroter*) significa entre otras cosas 'lanzar', y es posible que esta forma y significados sean antiguos dada la probable etimología del vocablo, no ha de perderse de vista la posibilidad de que *(a)garrochar* esté en realidad tomado de esta voz francesa, y *garrocha* sea su postverbal. Entonces nada tendría que ver con *garra*; V. GARROTE.

Garrabera, V. *agavanzo*

GARRAFA, origen incierto; si viene del árabepersa *qarâba* 'utensilio para transportar agua' es dudoso que se tomara en España, pues el it. *caraffa* parece ser más antiguo. 1.ª doc.: 1570, C. de las Casas («*garrafa*: enghiastara, engistara»).

También figura en Covarr. («vaso conocido de vidrio, ventricoso y de cuello largo y angosto»), en Oudin y en Percivale (1591); *Aut.* dice que se deriva del it. *caraffa* y no cita más que un ej. de 1680; es ajeno al léxico del *Quijote* y de Góngora, y falta en Nebr., APal. y en las varias fuentes medievales a mi alcance. Del cat. *garrafa* sólo tengo testimonios del S. XVII; en portugués, sólo desde Moraes. De tratarse de un arabismo autóctono en la Península Ibérica, sería extraña esta fecha tardía. El it. *caraffa*[1] parece ser más antiguo, pues se halla en muchas fuentes de med. S. XVI (Benvenuto Cellini, Annibale Caro, Mattio Franzesi, *Ricettario Fiorentino*, etc.)[1], aunque la diferencia cronológica no es grande, no debe olvidarse que Tommaseo y la Crusca apenas suelen dar ejs. anteriores a esta época, y son escasas las fuentes medievales italianas de que dispongo (Monaci, Mussafia, Edler); por otra parte, un apellido *Caraffa* se halla en el Sur de Italia desde el S. XIII; el vocablo tiene en italiano un significado más amplio, y es de uso algo más corriente; si fuese arabismo arraigado en España esperaríamos la aglutinación del artículo *al-*; el hecho de que en América se prefiera *damajuana* a *garrafa* sería otra razón para creer que es palabra poco antigua en castellano. Es verdad que la raíz arábiga *ġ-r-f* con su significado 'sacar (agua, un líquido)' se prestaría por su significado a darnos una explicación, pero el caso es que no hay palabra semejante a *garrafa* ni en el árabe clásico ni en el de España, según lo conocemos por nuestras fuentes; a pesar de ello se inclina Dozy (*Gloss.*, 274) a creer que pudo existir[2], y menciona la existencia de *ġarráf* y *ġarráfa* en el sentido de 'noria', en hablas modernas africanas; algo más parecido tenemos en Marruecos, pues

Brunot nos informa de que en Rabat *gorrâf* es un «vase cylindrique en terre cuite, généralement vernissé, muni d'une oreille, parfois de deux» (cita de Steiger, *Contr.*, 240, que en vista de ello se inclina por este origen), y según Lerchundi *garrâf* es 'jarra de barro con un asa'. Pero ni esto es una garrafa, ni podemos estar seguros de que este vocablo tan local y moderno no sea una adaptación del cast. *garrafa*; sobre todo es difícil entonces explicar la *c-* italiana, pues el *g* arábigo suele transcribirse por *g* en los arabismos sicilianos (Steiger, *Contr.*, 239, 242; como excepciones sólo veo un apellido calabrés *Córapi*, p. 239, y el napol. y abr. *macra* 'almagra')³. Sin asegurar nada, me siento, pues, de acuerdo con el escepticismo de Baist (*RF* XIX, 635-7) y Sainéan (*Sources Indig.* II, 415) respecto de esta etimología.

Es verosímil que no anduviera desencaminado Baist al pensar en el persa *qarâba*: no sólo este vocablo se ha empleado en árabe en el sentido de «sorte de boîte dans laquelle on transporte des pommes», sino también de un utensilio para transportar agua, un odre al parecer, según el glosario del Ṯaᶜalibî citado por Dozy (*Suppl.* II, 323a), y además *garrâb* (con *g* oclusiva) significa «porteur d'eau» en el Norte de África (*qarrâb* 'peatón', 'soldado de infantería' en Egipto)⁴; ahora bien, es sabido que la *-b* se ha convertido vulgarmente en *-f* en los arabismos hispánicos (Steiger, *Contr.*, p. 109; Corominas, *BDC* XXIV, 69); Baist cita la frase *cheraba d'aygua rosa* en un documento catalán escrito en la isla griega de Leros en el S. XIV. Sin duda todo esto debiera clarificarse y asegurarse mejor. Mucho más difícil me parece la otra posibilidad por que se inclinaba Baist, ár. *qarâᶜa* 'calabaza', que también puede significar 'retorta' y aun algo parecido a una garrafa, pues el cambio de *ᶜ* en *f* desde luego no se explicaría. Del todo imposible fonéticamente es el étimo ár. *zarâfa* 'especie de cubo', propuesto por Eguílaz (409).

DERIV. *Garrafón*.

¹ Del italiano se tomó el fr. *caraffe* [1642].— ² Nótese, sin embargo, que no insiste en el artículo correspondiente del *Supplément*, contra lo que suele hacer.— ³ Nótese que en un representante real de nuestra raíz arábiga el siciliano ha conservado la sonora *g-*: *garraffu* «apertura per cui a volontà si dà o si toglie l'accesso dell'acqua destinata a volger la ruota del mulino» (A. Pagliaro, *ARom.* XVIII, 361). Precisiones acerca de este vocablo y otros que se han confundido con él en M. L. Wagner, *RFE* XXI, 234-7.— ⁴ Nótese que la garrafa o damajuana se emplea normalmente para el transporte de agua o vino.

Garrafal, V. *algarroba*   *Garrafiñar*, V. *garra*
Garrafón, V. *garrafa*   *Garrama*, *garramar*, V.

derramar   *Garramancho*, *garramicha*, V. *camarón*   *Garrambo*, *garrampa*, V. *calambre*   *Garrampéu*, V. *torrontés*   *Garrampillo*, V. *calambre*   *Garrancha*, *garranchada*, *garranchazo*, *garrancho*, *garranchuelo*, V. *garra*

GARRAPATA, 'arácnido que vive parásito sobre ciertos animales chupándoles la sangre', parece ser metátesis de *gaparrata*, derivado con el sufijo *-ata*, que designa animales pequeños, de *caparra*, que es el nombre de la garrapata en vasco, mozárabe, aragonés y catalán occidental, y debe de ser vieja voz prerromana, idéntica al vasco *gapar(ra)* o *kapar(ra)* 'zarza, cambrón', porque la garrapata y la zarza se agarran fuertemente a la piel. 1.ª doc.: *garropata*, APal.¹; *garrapata* («ricinus, redivus»), Nebr.

Hállase también en Laguna (1555) y en autores posteriores (*Aut.*); en Torres Naharro (1517) como apodo (*Diál. Introito*, 117)². En portugués conserva una inicial más antigua: *carrapato* y *carrapata* 'garrapata' (menos usuales que *carraça*), en el barrosão se dice *carraço* o *carrapato* (*RL* XX, 149), y en Évora *escarrapatar* viene a ser como 'espulgar', es decir, 'catar, despiolhar com todo o cuidado» (*RL* XXXI, 114). Estas formas con *c-* ya prueban que no se trata de un compuesto de *agarrar* y *pata* (como dijo Mayans, *Oríg. de la L. Esp.* I, 119), por más que este arácnido pueda agarrarse a esta parte del cuerpo de los animales. Es evidente, por el contrario, la relación con el vasco *kapar* (con artículo *kaparra*) 'garrapata muy pequeña' (en todos los dialectos menos labortano y suletino, según Azkue) y con el alto-arag.³, cat. occid. y val. *caparra* 'garrapata', que ya figura como voz mozárabe en R. Martí, S. XIII (escrito *qabârra* y traducido aproximadamente «cimex», 'chinche') y en PAlc. (*capárra* 'garrapata' y 'ladilla'), ast. y Sajambre *cabarra* íd. (V). Además de arag., mozár. y catalana, la forma *caparra* es también usual en ciertos lugares de Castilla la Vieja, como Cuéllar (*BRAE* XXXI, 148). Como observó Gerhard Rohlfs (*BhZRPh.* LXXXV, § 29), de ahí viene también el gascón de Barèges *gabàr* 'piojo de los carneros', y ha de tratarse de un vocablo originario del vasco, donde además *kapar(ra)* (en Vizcaya y Sule) y *gapar(ra)* (en Baja Navarra) significan 'zarza, cambrón'⁴; igual duplicidad semántica hallamos en otras denominaciones vascas de aspecto parecido: *lapar(ra)* y *sapar* (ibid. §§ 34 y 36); luego está claro que en español *garrapata* viene de *gaparrata*, y la forma portuguesa paralelamente de *caparrata*, derivados de *caparra* con el sufijo *-ato*, *-ata*, propio de los animales pequeños (*lobato*, *ballenato*, etc.). Más oscuro es el problema que presentan el ast. *carracho*⁵, gall. *carracha* y port. *carraço*, *carraça* íd., donde quizá haya cruce con otro vocablo. Comp. *CARACHA* y *CHAPARRO*.

En cuanto al cast. *garapito* «gusanillo pequeño

que anda en el agua» [*Aut*.], más que variante de *garrapata* con otro sufijo, será fruto de un cruce de éste con *gusarapo, gusarapito;* de ahí el derivado *garapita* 'red espesa y pequeña para coger pececillos' [*Aut*.].

Para otra conjetura acerca del origen de *garrapata*, V. GABARRO.

DERIV. Gall. *carrapato* 'ladilla' (F. J. Rodríguez, Cuv., Vall.). *Garrapato* 'rasgo caprichoso e irregular' (cruce con *garabato*); *garrapatear*; *garrapatoso. Garrapatero. Garrapatón* (cruce con *gazapatón*). Ast. *gabarrón* 'variedad de pruno pequeño, duro y muy agrio' (V).

CPTO. Interpretando *garra-pata*, propiamente en calidad de tal, como si fuese nombre de un bicho que es todo garras y patas o que se agarra con las patas, se llamó en gall. *piollo-pato* un piojo distinto de los demás y que nace entre las pestañas (tal como las ladillas entre otra clase de pelo), Sarm. *CaG.* 114r y p. 227.

¹ «Ricinus es gusano pegado en las orejas de los perros; *cinos* en griego, perro; *garropata*», 420*b*. Esta forma, que no se halla en otra parte, debe de ser alteración, quizá por influjo de otra palabra, comp. cat. *garropassa* 'erupción cutánea producida por el calor en verano' (Griera), empleado en Tortosa (*BDC* III, s. v.) y que he oído allí cerca, en Rasquera.— ² Secundariamente 'caballo inútil, en los regimientos de caballería' y 'tropa que cuida y conduce las garrapatas' (Acad.). De ahí que en Valencia se emplee en el sentido de 'pandilla' (Martí Gadea, *Tèrra del Gè* I, 285). Otras acs. dialectales secundarias cita Gillet, *Propaladia* III, 162.— ³ Lo emplearon los aragoneses Gil (1621) y Vidos (1672); el salmantino Torres Villarroel le da el sentido de 'ladilla', V. *DHist*.— ⁴ En la *Pícara Justina* (1605) *garrapato* es «garrapata vegetal que se agarra a los vestidos», según Fcha.— ⁵ El ast. *caparina* 'mariposa' (Llanes, según Rato) será voz independiente.

GARRAPO, salm., 'cerdo que no ha cumplido un año', junto con el port. *farroupo* 'cerdo que no tiene más de un año', 'carnero viejo castrado', 'cordero', procede probablemente del ár. *ḥarûf* 'borrego, cordero'. 1.ª doc.: 1915, Lamano.

Según Sánchez Sevilla, *garrapato* es también 'cerdo pequeño' en Cespedosa de Tormes (*RFE* XV, 168). No es probable que tenga que ver con *garrapata*, sino con la voz portuguesa citada arriba, cuya etimología arábiga fué ya indicada por Steiger (*Contr.*, 120). El vocablo árabe se halla ya en PAlc. y otros autores vulgares (Dozy, *Suppl.* I, 364*a*). Es corriente que el *ḥ* arábigo se transcriba ora por *f*, ora por *g*.

Garrar, garray, garrear, V. *garra*
V. *carraspear*   *Garrete,* V. *jarrete*
alcarria

Garraspera,
Garria, V.

GARRIDO, 'gallardo', 'hermoso', antic., anteriormente significó 'travieso, ligero de cascos', 'juguetón, lascivo, deshonesto', probablemente participio del verbo *garrir*, lat. GARRIRE, 'charlar, parlotear', 'gorjear'. 1.ª doc.: h. 1295, 1.ª *Crón. Gral.*

En el Romancero es vocablo frecuente en el sentido de 'hermoso', 'gallardo', 'elegante', y en este sentido lo han empleado autores modernos que desean dar un matiz popular y al mismo tiempo arcaico a su lenguaje; así es ya como Cervantes lo pone en boca de Sancho Panza: «como Sancho vió venir a la novia, dixo: —A buena fe que no viene vestida de labradora sino de *garrida* palaciega». Del castellano pasó después de la Edad Media al catalán, donde por lo demás sólo parece haberse hecho popular en las Baleares, el País Valenciano y la zona de Tortosa, con el sentido preciso de 'hermoso'¹, pero creo que no es allí palabra genuina, sino tomada del romancero castellano por conducto de la canción popular.

El sentido viene a ser ya el mismo que ahora en los lexicógrafos del S. XV, aunque insistiendo más en el aspecto de elegancia que en el de hermosura natural, como por lo demás ya se nota en la frase sanchopancesca: «*garrido:* elegans, lautus; *garrideza:* elegantia, lauticia» (Nebr., g6v°); «*ambrosius* es olor celestial o favor divino y *garrido* o bello» (APal., 16*d*); permanecemos en el mismo orden de ideas en Juan Ruiz: «fiz llamar Trotaconventos, la mi vieja sabida; / presta e plazentera, de grado fué venida, / roguél que me catase alguna tal *garrida*, / ca solo, sin compaña, era penada vida» (1317*c*)², en el *Canc.* de Baena «con beldat e *garrideza*» (p. 229; otros en W. Schmid) y en el de Stúñiga (poesías de Macías, p. 189, del aragonés Juan de Tapia, pp. 214, 223).

Lo mismo ocurre en lengua gallega, no sólo hoy, en que Vall. define «galán, airoso, gracioso», *color garrido* «color blanco-rojo o blanco-bermejo, común en el ganado vacuno, al que por lo regular se aplica esta palabra», y cita el proverbio *boa roupa e boa vida fan a vella garrida*³, sino ya en poetas de la tardía Edad Media, en coplas gallegas de Villasandino, y aun en una vieja cantiga paralelística sacada del Cancionero de los SS. XV y XVI de Asenjo y Barbieri, pero indudablemente bastante anterior: «Minno amor tan *garrido*, / ferí-vos verno a ver como vos vai. / Minno amor tan *louçno*, / ferí-vos verno velado. / Venno a ver como vos vai»⁴. Nos inclinamos más hacia la belleza física, pero masculina y por lo tanto fuerte, en textos y hablas que dan a *garrido* este otro matiz de *gallardo* y *lozano*: «*garrido* por *gallardo* está desechado, aunque tiene... refrán que dice: *pan y vino anda camino, que no moço garrido*» (Valdés, *Diál. de la L.*, 107.17), y en el Oeste de Asturias es «robusto, fuerte: *a bua vida fai a mosa garrida*» (Acevedo-F.).

Hasta aquí las acs. son laudatorias, pero a medida que remontamos la corriente de los siglos y nos internamos en las tierras arcaizantes del Oeste peninsular, hallamos interpretaciones más severas: según Lang, en otra linda canción paralelística de Don Denís († 1325), sería simplemente 'enamorada': «Do que eu bem queria, / chamar-mh am *garrida*, / do amor. / Do que eu bem queria, / chamar-mh am *jurada*, / do amor» (*Canc. de D. Denís*, v. 2364), pero como *jurada*, que según las leyes del género ha de ser sinónimo, significa 'enamorada ciegamente, que se ha entregado del todo', lo mismo ha de valer *garrida* (hoy *garrit* es 'novio, enamorado' en Mallorca, de donde, en Ibiza, 'muchacho').

Y, en efecto, las acs. francamente peyorativas son mayoría en Portugal y en los más antiguos textos castellanos. Moraes define «deshonesto, lascivo» dando ej. en Nunes de Leão († 1608): «Leonor Nunes sete annos antes de nascer já era *garrida*», en un enérgico encarecimiento *ad absurdum,* muy a la portuguesa. Si nos acordamos de que *lascivus* en latín no significaba propiamente 'deshonesto', sino 'juguetón, retozón', 'petulante', 'bromeador', no extrañaremos que *garrido* tuviera sentidos semejantes, de matiz vario, pero centrados alrededor de la idea de 'travesura', que está bien clara en el pasaje siguiente de la *Crónica General:* «Este Rey D. Bermudo, aunque era pequeño de edad, non quiso semejar a otros niños pequeños, *garridos* e traviesos*» (cita de *Aut.); en las *Cantigas* de Santa María *garrido* es el antónimo de 'cuerdo', ni más ni menos: «Como Santa Maria tornou a menina que era *garrida*, corda, e levó-a sigo a Paraíso», en el epígrafe de la pieza 79, en cuyo texto leemos: «un miragre... ´ foi feito por hũa menynna / que chamavan Musa, que mui fremosinna / era e aposta, mas g a r r i d e l i n n a / e d e p o u c o s e n»; *garrideçe* 'retozo, frivolidad poco honesta': «paresçeolle Rrebeca entre todas mays limpa et mays aposta et onesta en seu gesto et sem toda *guarrideçe*» (*Gral. Est.* gall. 234.30). El sentido peyorativo se acentúa y generaliza en otro pasaje de la *1.ª Crón. Gral.:* «envió Ysca Amiramomellin por rey de Espanna un omne que avié nombre Abdelmelic... Et él, que deviera seer tal como mayordomo de sennor, fue loco e *garrido* et astragador de las yentes, ca non catava poco nin mucho por el pro de la tierra... e falagava las yentes enfintosamientre... et demostrávales la cosa que era derecho et faziales después el tuerto... et en logar de mantenerlos en justicia, confondíalos et echávalos en mal logar...» (p. 333*b*36); en el *Alex.* (1842*c*) *garrideza* o *garridencia* tiene sentido difícil de precisar, pero desde luego peyorativo, y al parecer equivalente de 'frivolidad, ligereza'[5]. Más o menos en ese sentido lo hallamos ya en el S. XIII.

Si, con todo esto, queremos dar con una razonable interpretación etimológica de nuestro vocablo, nos bastará abrir el dicc. portugués de Fig., donde no sólo hallamos *garrido* «elegante; vistoso; muito enfeitado, casquilho [= 'petimetre']; alegre», sino también *garrir* 'resonar', «badalar» ['revelar indiscretamente'], «falar muito, chilrear»[6], «foliar» ['ir de juerga'], «ostentar galas; trajar luxuosamente; brilhar», *garrir-se* «trajar con garridice». Es decir, se trata del lat. GARRIRE 'gorjear', 'charlar, parlotear', de donde proceden también el macedorrum. *gărì* 'gorjear, trinar', el it. *garrire* 'pelearse bullangueramente', 'cantar la cigarra, chillar la golondrina', etc. (*REW* 3691). De qué manera un vocablo que significaba primitivamente 'parlanchín' pudo hacerse el antónimo de 'cuerdo', y aplicarse a niños traviesos y jovencitas imprudentes o propensas a deslices, nos lo muestra la ya citada Cantiga de Alfonso el Sabio, cuando la Virgen se aparece a la «menina *garrida*» que luego se volvió *corda*, diciéndole «eu te rogo / que se mig'ir queres / l e i x e s r i s ' e j o g o, orgull'e desden»: lo que se echa en cara en la severa y encerrada vida familiar del Oeste hispánico a las jóvenes imprudentes es el hablar demasiado, el jugueteo excesivo, que pronto las conduce a alternar mucho con los hombres, y con el temperamento ardiente de aquellas tierras las lleva derechamente a dar un traspié; recuérdese el sentido peyorativo y aun indecente que han tomado *retouçar* y *trebelhar* (propiamente 'jugar, juguetonear'), en gallegoportugués sobre todo, pero también en castellano mismo. Que luego estas acs. peyorativas se mejoraran paulatinamente, al aplicarse a mujeres enamoradas, demasiado enamoradas quizá, no nos puede parecer muy extraño dada la mentalidad meridional: recordemos la historia semántica del it. *vago* y *vagheggiare*: 'inquieto, vagabundo', después 'deseoso, nostálgico', 'enamorado' y finalmente 'gracioso' y aun 'hermoso'. Paralelismo notable con nuestro caso: así se llegaba fácilmente hasta 'gallardo' y 'bello'. Y había caminos laterales y auxiliares que llevaban a la misma meta: J. de Barros habla ya con matiz favorable de las «*garridices* de Ovídio», donde, como dice Moraes, *garridice* es «lascívia do engenho empregado em pensamentos amorosos, jocosos», Ferreira de Vasconcelos da al vocablo un sentido todavía más indulgente al decir que «grandes Príncipes usárão o verso, não por *garridice*, mas para coisas de tanto tomo», y para Severim de Faria puede ser ya palabra objetivamente elogiosa «a *garridice* dos versos pequenos». Se trata siempre de la idea de lo 'travieso, juguetón, lascivo' aplicado a la gracia de las pequeñas creaciones literarias, o a la de las mujeres en sus primeros años, y que luego puede pasar a una hermosura más esplendorosa que trate de compensar los encantos efímeros de la primera juventud.

No sé que ningún lingüista haya formulado hasta ahora esta etimología tan natural, que sólo podría atacarse a base de la escasa documentación que los diccionarios hispánicos nos proporcionan sobre el verbo *garrir*: en castellano sólo la Acad. (ya en 1817) nos dice que se empleaba antiguamente por 'charlar'; en portugués tampoco puedo, citar ejs. de autóres, puesto que este artículo falta del todo en Moraes. De todos modos lo confirman fuentes lexicográficas independientes de Fig.: Vieira *garrir* «brilhar, pavonear-se; galrejar», H. Michaëlis «brüsten, stolz werden» ('jactarse, enorgullecerse'), «sich kokett kleiden»; y como Fig. señala el uso dialectal de *garrida* en el sentido de «peça, geralmente de ferro, encaixada no cocão, e sobre a qual gira o eixo do carro; o mesmo que *c a n t a d o i r a*», como término de la Bairrada, y lo mismo él que Moraes registran además la ac. de 'campaña pequeña', no cabe duda de que el verbo *garrir* ha sido de uso popular, ni de que su participio *garrido* se empleó deponentemente en el sentido de 'el que ha charlado, el que acostumbra charlar', de donde las evoluciones semánticas estudiadas. Realmente tenemos pruebas seguras de que *garrir* fué de uso muy popular y general en una fase arcaica de las lenguas iberorromances, pues *garir* llegó a ser la expresión general de la idea de 'decir' en mozárabe, según prueban muchas ḫarǧas trasmitidas por poetas árabes desde el S. XI (*Al-And.* XVII, 74, 77, 105).

Los pocos lingüistas que hasta ahora prestaron atención a nuestro vocablo le atribuyeron un origen mucho más lejano e inverosímil: Diez (*Wb.*, 454) vacila entre el ár. *ġarīr* 'índole noble y grata'[7] y *ġarī* 'hermoso', inclinándose por este último, en lo cual no le ha seguido ningún romanista ni arabista (nada dicen de *garrido* Engelmann, Dozy, Eguílaz, Steiger o Neuvonen), a no ser la Acad. y M-L.[8] Pero ni la *rr*, ni el sufijo -*ido*, ni la falta de aglutinación del artículo *al*- serían fáciles de explicar entonces, y sobre todo esto es apoyar la pirámide por la punta, tomando como punto de partida la ac. más moderna del vocablo, sin posibilidad de explicar las antiguas[9].

DERIV. *Garrideza* [princ. S. XV, *Canc.* de Baena, W. Schmid; Nebr.], *garridencia* [en el *Lucano* de Alf. X, Almazán; vid. más arriba].

[1] «Les vàries y *garrides* llomes que la embellixen», Martí Gadea, *Tèrra del Gè* I, 240; «lo llagardaix es *garrit*», 'el lagarto es de colores vistosos', frase oída en la Fatarella (junto al Ebro); hay ejs. de *garrit* y el acariciativo *garridoi*, en textos de los SS. XVII y XVIII, mallorquines según creo.— [2] Va con el sustantivo en 64*d*, donde reproduce una sarta de refranes (*la pastraña de la vieja ardida*): «non ha mala palabra si no es a mal tenida; / verás qué bien es dicha si bien fuese entendida; / entiende bien mi dicho e avrás dueña *garrida*».— [3] La frase popular «non chòres, meu filliño, non, qu'hei-che de dar un *garrido*», 'una cosa linda', presenta el mismo tipo de sustantivación que pudimos observar en Juan Ruiz: muestras del antiguo arraigo popular de la

palabra; «Unha muller avellentada, unha moza *garrida*, duas rapaciñas-bonitas» Castelao 163.2.— [4] Lang, *Cancioneiro Gallego-Castelhano*, v. 2129. El ej. de Villasandino, ibid., v. 917, es una canción de encargo para un rey enamorado: «Algũas das que andavan / en a orta trebellando, / entendí que posfaçavan / de mi que estava mirando / a mui linda criatura / [...] / non quis d'elas aver cura / por fogir de fealdade, / e fui ver con omildade / mui *garrida* catadura».— [5] Se habla de la acción heroica de los dos caballeros griegos Symachus y Nicanor, que se lanzan a cruzar a nado el río que les separa de las fuerzas enemigas, para ir a atacar el ejército de Poro, y sigue: «Quando esto vioron cavalleros de Grecia / que fazién estos ambos, tomavan estrevencia, / entravan depos ellos [en las aguas del río] todos a grant femencia / non andava en medio nenguna *garredencia*». Así en *O*; mientras *P* lee *garrideza*. Julia Keller interpreta mal, desorientada por una mala grafía *garrido* por *guarido* en un pasaje muy diferente de *P*; en vista de los dos pasajes de la *Gral. Est.* II, 2, 30*a*16 y 55*b*35-38, donde *garridencia* significa más bien 'atrevimiento' (como entiende Mtz. López, *Bol. Fil. Chile* XI, 17) el sentido de este pasaje parece que sea 'temeridad' u 'osadía imprudente'. *Garridença* 'travesura (de muchacha frívola)' en una miniatura de las *Ctgs.* [6] Las sillas de los caballos les rechinan «oiu-lhes él garrir» a unos asaltantes que ponen una celada y lo oye el açechado: en el trovador lucense Lopo Lias (R. Lapa, *CEsc.* 256.15). Claro que es uso trasladado directamente desde el de 'parlotear'.— [7] Este es vocablo muy dudoso, que F. Diez saca del anticuado diccionario de Golio; según Freytag se trata en realidad de una palabra de la raíz '*ágar* que deberá tener una forma distinta. Es verdad que según el propio Freytag *ġarîr* es 'inexperto y fácil de engañar', hablando de un joven, y que R. Martí registra *ġarîr, -îra*, 'muchacho', 'doncella' («juvenis», «juvencula»), lo cual nos deja vagamente dentro de la esfera semántica de *garrido*.— [8] *REW* 3687: arab. *gari* 'hermoso', que por una extraña errata se ha convertido en *gar'id* en la última edición.— [9] Por lo demás, *ġarî* debía ser palabra ajena al árabe de España, quizá poética, ausente no sólo de los glosarios hispanoárabes, sino del árabe vulgar en general, a juzgar por el Suplemento de Dozy. De esta raíz sólo recogió este lexicógrafo *ġarâya* «badinage amoureux» en un glosario, y *miġrāwî* «adonné aux femmes» en R. Martí.

GARROTE, origen incierto: parece procedente de Francia, y la ac. más antigua parece ser 'proyectil de madera que se lanzaba con una especie de ballesta', pero es oscura la etimología y se tropieza con ciertas dificultades para derivarlo del célt. *GARRA 'pierna' en el sentido de 'rama' (V. *GARRA*); como hay variantes dialectales francesas en *w-*, es probable sea de origen germánico. *1.ª doc.*: h. 1300, *Gr. Conq. de Ultr.*, Rivad. XLIV, 330.

Ahí designa una máquina de guerra que tira piedras, sentido que puede ser secundario: «los de dentro de la villa... tenían... muchas piedras para tirar, más que habían menester sus engeños, e manganillas, e *garrotes*, e otros a que decian honda-fustes». También se trata de una máquina e de su proyectil en Sem Tob (h. 1360): «y astroso *garrote* / fase muy çiertos trechos ['tiros, blancos']: / algund rroto pellote / descubre blancos pechos» (copla 45). Falta en las demás fuentes medievales a mi alcance, y en APal. y Nebr. En el S. XVI aparecen otras acs. «*garrote de carga*: arrandella, massacaballo»[1], «*garrote*, *dar* ~: impiccare» (C. de las Casas, 1570), con la primera y la última de estas tres ac. registra el vocablo Percivale (1591); Covarr. agrega la más corriente en la actualidad «pedaço de leño rollizo que se puede empujar con la mano; suelen dezir: guárdate de Juan Garrote, conviene a saber del palo; en comparación dezimos estar tiesso como un *garrote*... Dar *garrote* a uno, ahogarle, y los Médicos dan *garrotes* a los braços y a las piernas de los que están traspuestos y padecen apoplexía... *Plantar de garrote los árboles*: término usado»; *garrote* en el sentido de 'bastón rollizo, porra' figura en la *Pícara Justina* (1605), el *Quijote*, etc., *dar garrote a un condenado* en Espinel, en el *Alcalde de Zalamea* calderoniano y así sucesivamente. Ast. *garrote* 'mayal para desgranar el trigo' (V). *Agarrotar* para 'atar fuertemente con cables' está ya en Díaz de Gámez (2.º cuarto del S. XV) y presupone la existencia de *garrote* en el sentido de 'bastoncillo empleado para estrechar esta clase de atadura'.

En port., *garrote* es sólo el empleado para dar esta clase de suplicio, y el vocablo ya aparece (Vieira) en la *Monarchia Lusitana* (S. XVII) y en Fr. Manuel Bernardes († 1710). El cat. *garrot* tiene las mismas acs. que en castellano, y Ag. sólo trae ejs. no anteriores al S. XVI, aunque esto puede ser casual, y desde luego se halla en el *Spill* (a. 1460) de J. Roig, v. 13172, para el garrote de apretar la carga de las caballerías'[2]. *Garrotar* 'agarrotar' ya está en Bernat Metge, fin S. XIV (Alcover).

También son análogas las acs. de *garrot* en lengua de Oc (p. ej. «bûçhé» en el Alto Ariège, *RLiR* VII, 159); en la Edad Media lo hallamos en los Estatutos de Magalona, de 1331 (*ARom.* III, 368), y con la ac. 'especie de ballesta' aparece ya muchas veces en el poema de la *Guerra de Navarra*, de fines del S. XIII, y en otros dos textos del XIV; quizá sea casual el que estas cuatro fuentes pertenezcan todas al Languedoc meridional o central. Pues *garrot* es también francés con las mismas acs. que en castellano, aunque la de 'bastón rollizo' está actualmente algo anticuada, pero ya se documenta en dos escrituras de 1461 y 1473; lo corriente en la Edad Media es la ac. 'proyectil de ballesta' (no el arma misma), ya documentada en 1307, y de considerable frecuencia (God. IV, 237c; IX, 687c); de ahí que el verbo *gar(r)oter* tenga el sentido de 'lanzar, tirar' en patois del Oeste (Jaberg, *ASNSL* CXX, 96-98)[3], y según el *Dict. Général*, *guerotier* aparecería con complemento directo de persona (en el sentido de 'dar garrote' quizá) ya en una gesta del S. XIII[4]. Luego no parece haber diferencia cronológica entre la aparición del vocablo en el Norte y en el Sur de Francia, y hay poca respecto del castellano, aunque la menor frecuencia del vocablo en fuentes medievales hispánicas y la poca extensión semántica en portugués hacen muy probable la procedencia occitana o francesa. Si el lugar de origen fuese el Sur de Francia no habría dificultad en mirar *garrot* como derivado de *garra* 'pantorrilla, pierna' (V. este artículo), partiendo de la ac. 'rama', que tiene bastante extensión en este vocablo (V. lo relativo a *garrancho*, *garrocha*, etc.), pero, como observa M-L. (*REW*, 3690), esta procedencia occitana está lejos de poderse probar (Wartburg se ha abstenido de incluirlo en su artículo *GARRA*).

Como frente al fr. occid. *garroter* 'lanzar' está *garocher* en Vendée y Poitou, como *garoquier* (en el anglonormando Wace, S. XII) y *waroquier* (en otro anglonormando) aparecen con el sentido de 'agarrotar, apretar con cuerdas' (God. IV, 236c), y como hay también formas con *w-* (valón *warò*, Namur *warè*) en la ac. 'parte saliente que tienen el caballo y el buey encima de las espaldas' (que fácilmente puede explicarse como ac. secundaria, en el sentido de 'bulto en forma de garrote')[5], me inclino a creer que tiene razón Gamillscheg, *R. G.* I, p. 273, al considerar primarias las formas norm. *varoque*, Eure *varot*, Haut-Maine *varoquet* 'garrote para apretar una carga de hierba', valón *waroquer* 'golpear', norm. *varoquer* 'agarrotar', y partir de un fráncico *WROK, hermano de un neerl. *wruk* 'pedazo de madera nudoso cortado de un tronco'. El paso fonético de *WROK a *garoc sería normal, y nada sorprendente el que *-oc* fuese cambiado por el sufijo parónimo y mucho más frecuente *-ot*: entonces el vocablo habría tomado *-rr-* secundaria por influjo de *garra* al pasar a la lengua de Oc, y de ahí al español. No habría dificultad en nada de esto. Por desgracia, no está a mi alcance el artículo de Barbier (*Proceedings of the Leeds Soc.*

II, 273ss.) en que se funda Gamillscheg, y el neerl. *wruk*, clave de bóveda de esta construcción, no se halla en los diccionarios neerlandeses más conocidos, modernos, antiguos (Verwijs-Verdam, Oudemans) ni dialectales (De Bo, Cornelissen y otros). Wartburg, en la nueva ed. de Bloch, propone otra etimología germánica: el fr. ant. *garokier* «garrotter» vendría de un fránc. *WROK-KAN, de donde el flamenco *wrooken* 'torcer', holandés *wroken* 'pelearse'. Es preferible por ahora reservar el juicio definitivo, aunque parece claro desde luego que debemos partir del germánico.

DERIV. *Garrota. Garrotal. Garrotazo. Garrotear*; ast. *garrotiar* 'desgranar el trigo con mayal'; *garrotiador* 'el que lo hace'; *garrotiada* 'acción de hacerlo', 'reunión de personas que lo hacen' (V). *Garrotera. Garrotillo* [Covarr.; Quevedo]. *Garrotín. Agarrotar* [2.º cuarto del S. XV; vid. arriba]; *agarrotear. Engarrotar.*

¹ *Arrandellare* es 'estrechar la atadura de una carga por medio de un garrote', de suerte que *arrandella* designaría un garrote de esta especie. *Mazzacavallo* estará quizá más bien en el sentido anticuado de 'látigo' que en el de 'cigoñal para sacar agua'.— ² Ac. especial: 'la parte leñosa del cáñamo que cae al agramar', oído en Tavascan, alto Pallars.— ³ La forma dialectal francesa *ragot* debe de ser secundaria. De todos modos, es inverosímil en grado sumo el supuesto de Sainéan (*Sources Indig.* I, 66; *BhZRPh.* X, 103, comp. 140) de que signifique propiamente 'hocico de cerdo' y tenga origen onomatopéyico.— ⁴ Es verdad que como fuente se cita el Complemento de God., donde no se halla tal palabra. Más ejs. galorromances en Du C., S. XIV.— ⁵ Comp. cat. *quin garrot de braç que té aquest home* 'qué brazo grueso...'. En el *FEW* IV, 68a, se ha colocado esta ac. en el artículo *GARRA, aunque reconociendo que las formas valonas indican un origen germánico, pero remitiendo para ellas al futuro artículo VARA [?]. *Garrot* en este sentido se halla también en un texto occitano medieval, del Rouergue, y *gerrot* (no *jerrot* como imprime Wartburg) en un texto francés del S. XV. El étimo WRIST admitido por Gamillscheg, *EWFS*, sólo sería posible a base de un inverosímil «cambio de sufijo».

Garrubia, V. *algarroba*

GARRUCHA, 'polea', del antiguo y dialectal *carrucha*, derivado de *CARRO*, porque sirve para acarrear el agua desde el fondo del pozo y para llevar otros pesos. 1.ª doc.: *carrucha*, invent. arag. de 1375¹; *garrucha* («throclea»), Nebr.

Carrucha aparece también en inventarios arag. de 1469, 1497 (*BRAE* IX, II) y de fines del S. XVI (*RABM* 1875, 307); figura también en el *Estebanillo González* (1646) y en un Arancel de Aduanas de 1782 (*DHist.*, s. v.)², mientras *ga-*

rrucha figura en Oudin, *Aut.*, etc. Hoy la forma con *c-* sigue viva en el Alto Aragón (*BDC* XXIV, 164), incluso en su zona de lengua catalana (Dicc. Alcover), y desde allí se comunicó al gascón de Barèges *carrùtcho*, bearn. *carruche, carrusse* (Palay). En la misma imagen se basan el cast. *carrillo* [APal.]³, oc. ant. *carrel*, prov., langued. *carrelo* (*FEW* II, 434b), rosell. *carriola* (del cual puede ser alteración el cat. *corriola*), Sillano *cariola*, it. *carrucola*.

DERIV. *Garrucho. Garruchuela.*

¹ «Ballestas guarnidas con... cuerdas, entre de *carrucha* e d'estribera», *BRAE* IV, 214.— ² También en el *Recontamiento de Alexandre*, texto aljamiado del S. XVI, pero Nykl (*RH* LXXVII, 601) traduce «carriage» ('transporte', 'carruaje') [?].— ³ «Girgilus... atada en la herrada o cubo se saca mas presto el agua: llamámosle *carrillo* o *polea*». También Nebr., C. de las Casas, etc.; *Aut.*, s. v. *garrucha*.

Garrudo, V. *garra*   *Garrulador, garrulería, garrulidad, gárrulo*, V. *garlar*

GARÚA, amer., mar., 'llovizna', y antiguamente 'niebla', en Canarias se pronuncia *garuja*; tomado del port. dial. *caruja* 'niebla', procedente del lat. vg. *CALŪGO, -ŪGINIS, variante del lat. CALĪGO, -ĪGINIS, íd.: de *CALUGINEM salió *caúgem, y luego, por contaminación de un sinónimo, *carugem y *caruja. 1.ª doc.: h. 1570, Matienzo, *Gobierno del Perú.*

V. mi artículo en *RFH* VI, 1-15. Matienzo y J. de Acosta (1590) emplean *garúa* para la 'niebla húmeda y espesa, típica del Perú en ciertas épocas del año'. Desde Baltasar Ramírez (1597) se aplica ya a la llovizna que suele acompañar a esta niebla, y en este sentido emplean el vocablo muchos autores de los SS. XVII y siguientes, en su mayoría relativos al Perú, pero también a otras zonas hispanoamericanas, como el Tucumán y Costa Rica. Hoy el vocablo se extiende a todos los países de América con la excepción de Méjico y Santo Domingo, aunque en las demás Antillas se ha anticuado también en fecha más reciente; además tiene uso general como término náutico referente a las neblinas espesas del Océano, y, aunque en fecha reciente, parece haberse extendido desde el uso náutico al gallego y al vasco de Vizcaya (pero no a los demás dialectos de este idioma). *Garúa* no puede venir del quichua por muchas razones, entre otras porque no existe la consonante *g* en este idioma, y porque no es admisible que un vocablo incaico se extendiera hasta Guatemala, las Antillas y aun la Península Ibérica; aunque B. Ramírez diga que la llaman así los indios, se trata de una de tantas afirmaciones erróneas de este tipo que hallamos en las memorias de los conquistadores, cuya gran mayoría desconocía los idiomas indígenas; carece de todo fundamento la hipótesis de Friederici (*Am. Wb.*, 258) de que proceda del lenguaje de alguna tribu de los Llanos del Perú.

Es enteramente imposible, en efecto, desconocer la identidad de nuestro vocablo con el canario[1] *garuja* 'llovizna' y con el port. *caruja, carujo, carujar, carujeiro, -eira*. Este último no es ajeno al idioma literario, en el sentido de 'neblina espesa', y en los dialectos corren los demás: *caruja* íd. en Vila Real (Tras os Montes) (*RL* XI, 302), 'rocío' en otras partes, *carujo* 'neblina espesa', 'llovizna' en el Duero y entre Duero y Miño (*RL* I, 207; XI, 191), *carujar* 'lloviznar', 'caer rocío' en el Alentejo y en otras partes (*RL* IX, 167), *carujeiro* en Lamego y en Tras os Montes (*RL* XI, 302; Fig.). Como resultado de *CALŪGĬNEM, f., esperaríamos *caúgem o **caúja;* de hecho tenemos *calugeiro*, con conservación de la -L- intervocálica en un dialecto fronterizo, en Moncorvo (Tras os Montes: *RL* XIII, 113), aunque en el sentido secundario de 'mucho calor' (pues el bochorno suele acompañar el tiempo brumoso), y como formas procedentes del clásico CALĪGĬNEM existen *caligeiro* allí mismo y *caigeira* 'neblina' en el Minho (*RL* IV, 275). Junto a *caigeira* y *calugeiro* sería de esperar una forma como *caúja. Pero es frecuente que los hiatos resultantes de la caída de las consonantes intervocálicas se rellenen en portugués con ciertas consonantes tomadas de otras palabras de sentido análogo u otras formas flexivas del mismo vocablo; en nuestro caso, el vocablo inductor sería probablemente *meruja*, pues *merujar* significa 'lloviznar' en Mogadouro y Valpaços (*RL* V, 97; III, 328), y *merujinha* 'llovizna'[2]; también pudo ser *carôpa* 'llovizna', empleado en el Minho (Fig.) y en el Alentejo (*RL* XXXI, 100), mera variante del port. común *carepa* 'caspa', y en el Alentejo 'llovizna'[3]. Es fácil de comprender que un vocablo que significaba propiamente 'niebla' pasara a designar la llovizna, que muchas veces es producto de la niebla. Más datos acerca de los port. dial. *carepa, caropa, caruma*, 'llovizna', en Krüger, *Bibl. RDTP* IX, 117-123; pero note el Sr. Krüger que mientras *caruja* significa 'niebla, llovizna' y nada más, esas otras palabras, aunque llegan a ser sinónimas de *caruja* (*garúa*), propiamente significan 'caspa', ac. totalmente ajena a *caruja* y *garúa*. Luego la etimología de éste puede y debe ser diferente de la de aquéllos; por lo demás, Krüger no llega a dar etimología alguna en concreto, limitándose a insinuar vagamente para los cuatro vocablos una común raíz CAR- prerromana. Contra el étimo CALIGĬNEM (-UGINEM) de *caruja* y *garúa* se limita a esgrimir el argumento fonético de la -*r*-, y por ello niega que el vocablo tenga variantes sin esta consonante o con -*l*-; pero el hecho es que en mi artículo he documentado perfectamente las variantes *calugeiro, caigeira* y *caligeiro*, y a ellas hay que agregar *caugeira, pues de ahí sale, en forma evidente, por una fácil trasposición, la otra variante *cajueira* que él mismo documenta en su nota 214. La conclusión se impone: lo primitivo es *ca(l)ugem, -uja* (*caigem*), de donde salen estos derivados en -ARIUM, y el cambio de *caúja* en *caruja* es debido al influjo de estos sinónimos *carepa, caropa, caruma*, de etimología y de sentido inicial diferentes. Más datos da el propio Krüger acerca de las denominaciones portuguesas de la llovizna en *Boletim de Fil.* XIII, 339-41.

Para más detalles, V. mi artículo citado. Después del mismo ha tratado del vocablo Luis J. Cisneros (en *Orbis*, Lovaina, III, 1954, 211-227) aportando útiles autoridades peruanas de 1586 y otras de fines del S. XVI y del XVII, que confirman rotundamente mi tesis del origen marinero y de que el sentido primitivo es 'neblina', ambas cosas atestiguadas categóricamente por Reginaldo de Lizárraga (1605), cita en la p. 219. El artículo de Harri Meier (*NRFH* IV, 270-2) no aporta nada de interés, pues es arbitrario postular un lat. vg. *CARŪGO, y tampoco es lícito explicar el cambio de -L- en -*r*- por un intermediario vasco, cuando *caruja* está documentado en portugués. Precisando más, veo ahora que H. Meier supone que el cast. *garúa* venga del vasco *garo* 'rocío', que a su vez saldría del lat. CALŪGO 'niebla'; pero esto último es sumamente inverosímil en lo fonético (-*o* vasco no puede salir de -UGO ni de -UGINEM). Por otra parte el port. *caruja* (y canario *garuja*) sería independiente del hisp.-amer. *garúa* (en lo cual no querrá creer nadie) y supondría un lat. vg. *CARUGINEM, alteración de CALUGINEM por influjo de AERUGINEM. La existencia de vasquismos en América es algo tan insólito como es frecuente y trivial el influjo portugués en el castellano del Nuevo Mundo, y el influjo de varios sinónimos portugueses entre sí es algo infinitamente más verosímil que el suponer una contaminación en latín vulgar para un hecho estrictamente portugués, contaminación que además vendría a coincidir por una extrañísima casualidad con este supuesto vasquismo americano. La buena explicación de la caída de la -*j*- es por el sentimiento de la correspondencia entre -*jar* portugués y -*ar* castellano (*mijar = mear, branquejar = blanquear*, V. la pág. 13 de mi artículo), de ahí *carujar > garuar*. Una forma *garuyar* debió existir también, de donde *garwyar convertido en *garviar* en Bolivia (Bayo escribe *garbear*, de ahí *garva* 'garúa' en Jujuy y Salta) y en *graviar* en algunas partes de Méjico (*Vocab. Agrícola Nac.*).

DERIV. *Garuar*, amer. 'lloviznar'.

[1] La forma *garuja* no es general en Canarias: en La Palma, con el sentido de «llovizna muy fina con niebla», se emplean, además de *jaruguito* (metátesis de *garujito) y de *juriega*, otras formas más semejantes a la hispanoamericana: *garuga, garubiña, gargón* y el verbo *garubar* (con todo lo cual es posible, aunque nada seguro, que

tenga relación el herreño *garoa* o *garoe* 'árbol santo que condensaba las nieblas alrededor de su copa, dando a los habitantes de la isla del Hierro el agua necesaria para el sustento'): Pz. Vidal, *RDTP* V, 192-5.— ² *Merujas* es una planta borragínea, *Myosotis intermedia*, en otras partes *murugem*, derivado de *mur* 'ratón'; vid. *MURAJE*. Dudo que sea éste el significado etimológico por tratarse de una planta que se caracteriza por conservar bien el rocío. Más bien será derivado del gall. *mèra, merada* 'niebla húmeda, especie de llovizna que daña a los vinos y al centeno' (Vall., Cuveiro), que tendrá que ver con *MIERA* o con *AMERAR*, y para el cual comp. Hubschmid, *Sard. Studien* 114 n. 2; gall. *amerarse* 'pasarse, estropearse la fruta' 'dañarse las mieses o frutos por efecto de la *miera* (niebla)' (Carré), que Mtz.-López, *Bol. Fil. Chile* XI, 8, quisiera relacionar erróneamente con *AMERAR* EMERARE.— ³ Otro representante hispánico de CALIGINEM, además del cast. *CALINA*, es el vasco y ast. *caín* 'neblina' (Schuchardt, *BhZRPh.* VI, 28), con caída irregular de la -L- en asturiano, quizá debida a un préstamo del vasco; *kain* 'niebla', 'vaho que recubre los cristales', 'nubarrones', es efectivamente vasco (vizc.), ya del S. XVI, y supone una base bisílaba, pero en ella la caída de la -L- de CALĪGINEM es también sorprendente: Michelena, *BSVAP* XI, 292.

Garubar, garubiña, V. *garúa*   *Garuja*, V. *garúa*

GARULLA, 'uva desgranada', en Asturias 'conjunto de nueces, castañas y avellanas', voz de procedencia dialectal, quizá leonesa, probablemente del lat. vg. *CARULĬA, y éste de un diminutivo griego de χάρυον 'nuez', 'almendra', 'avellana'. *1.ª doc.:* 1609, «*garullas:* uvas», J. Hidalgo.

Aut. cita ej. de la frase *campar de garulla* «phrase con que se significa la osadía de alguno, fiado en la gente soez y baxa que tiene de su parte», con ej. del *Estebanillo* (1646), donde el vocablo tiene la ac. secundaria «gente baxa, quando se junta» [*Aut.*]. No hay otros testimonios antiguos. En Asturias es 'mezcla de nueces, castañas o avellanas, y hasta otra clase de comida con que se obsequia a los que deshojan el maíz', «gazofia», «reunión de rapazucos» (R, V); de ahí *garuchero*, en Valdés, 'aficionado a la fruta' (M. P., *Dial. Leon.*, § 9), con la representación de -LJ- por -ch- propia de este dialecto asturiano. En Extremadura *garuyo* es 'peruétano, especie de pera silvestre pequeña y acerba' (*BRAE* IV, 91). Según Cillero, *garulla* se emplea también en Aragón y en la Rioja (*BRAE* III, 311); más documentación, Saralegui, *BRAE* XII, 279-82. Fig. (no otros dicc.) recoge un *garulha* 'cantidad de uva cosechada en un año' como término provincial portugués. En catalán sólo conozco *garulla* 'uva' (y *garulla de gent* «balumba») en Valencia

(Sanelo), y *garullada* 'multitud' en Mallorca (Ag.), 'gavilla de pícaros', 'cáfila, turbamulta', 'cualquier reunión de gente, especialmente la que se forma para divertirse en el campo' (Amengual), cuya procedencia castellana resulta clara al no pronunciarse con -y-; cast. *garullada* 'cuadrilla de gente', *gurullada* íd. [Quevedo], *grullada* íd. [Covarr.], *gurullada* 'junta de corchetes' [1609, J. Hidalgo].

Según vió Schuchardt, *ZRPh.* XXIII, 192-5, se trata de un *CARULIA, plural de *CARULIUM, derivado del gr. χάρυον 'nuez', 'avellana', 'castaña', 'almendra'; G. de Diego, *RFE* XII, 8-9, 11, cuyo artículo puede verse para detalles acerca de las formas hispánicas, abundó en la misma opinión, pero sin precisar bien la naturaleza de este derivado; según indiqué en *RFH* VI, 149n.1 (para acs. secundarias, V. ibid., p. 5, n. 3), se trata de una variante de CARŬDĬUM, documentado en glosarios latinos y procedente del diminutivo gr. χαρύδιον, que ha dado por otra parte el port. *caroço*, hisp.-am. *CAROZO* 'hueso de fruta'; esta variante puede deberse a una pronunciación vulgar latina *CARULIUM, con -L- en lugar de -D- (como en los ejs. reunidos por O. Keller, *ALLG* XIV, 284: *Gilius* por *Aegidius; impelimentum*, *praesilium*, etc.), o bien de otro diminutivo griego *χαρύλλιον, formado como εἰδύλλιον, ἐπύλλιον, etc. Del mismo *CARULIUM procede también el santand. *garojo* o *garrojo* 'hueso de fruta', y el antillano *corojo* 'palma de cuesco'; para representantes galo e ítalorromances, como tosc. *(s)garuglio* 'nuez temprana', fr. del NO. *garouil* 'maíz', oc. *garoui, -ouiàs, -ouio*, «lavage, sauce...», vid. *REW* 1726; *FEW* II, 445b; Spitzer, *WS* IV, 128, 129. La *-ll-* española demuestra la procedencia dialectal del vocablo, quizá aragonesa o mozárabe, más probablemente leonesa.

La vaga raíz GAR- a que atribuye Krüger este vocablo es un fantasma sin apoyo, tanto si la calificamos de prerromana (lo da a entender en *Bibl. RDTP* IX, 23-27) como si la miramos como onomatopéyica (a lo que parece inclinarse en *AILC* V, 275). Ambos artículos por lo demás, pueden verse para útiles precisiones geográficas, semánticas y dialectales. Pero en cuanto a su oposición a la etimología CARYON (más exactamente el deriv. *CARULUM) puede decirse, con leves cambios, lo dicho ya a propósito de *carozo;* aquí hay que tener en cuenta además que hay un encuentro meramente secundario de ciertas acs. figuradas de *garulla* con el gall. *garular* 'charlar' (lat. *garrulare);* con *garulla* 'reunión de gente ordinaria', ac. traslaticia de *garulla* 'conjunto de granos', comp. la misma evolución semántica en el caso de *granuja.* Al étimo CARYON se atienen esencialmente D. Catalán Mz. P., *RDTP* V, 415-9, y *GdDD* 1497-1500, si bien entreverando con las variantes de *garulla*, en heterogénea mezclanza, otras palabras sin relación con esto.

Jarrua, nombre que dan en Santurce al pececillo

que en el vasco de San Sebastián llaman *albano*
(Azkue, s. v. *albano*). ¿Quizá de *garulla* 'cantidad
de cosas menudas'? Pero aunque *g- > j-* podría
explicarse por el mismo antecedente gallego y la
-ll- aparece como *-y-* en leonés, la diferencia fonética no queda bien aclarada. ¿Será una forma
articulada *jarro-a*, palabra que Azkue registra como
equivalente del cast. *jarro* en el vasco vizc. de
Arratia?

DERIV. *Garullada*. *Garullo*, y su forma propiamente castellana *garujo* 'hormigón' [Acad. 1884,
no 1843]. *Garullón* 'alcaide de la cárcel' [1609,
Hidalgo); *grullo* 'corchete, alguacil' [íd.][1]. Gall.
garuleiro 'algarero de grosera jactancia': «un andaluz *garuleiro*, tan patriota coma min» (Castelao
197.13).

[1] De ahí quizá el arg. *grullo* 'peso duro', para
el cual no satisface la explicación semántica de
Tiscornia (M. *Fierro coment.*, s. v.) como derivado de *grulla*.

Garva, garvear, V. *garúa*

GARVÍN, 'cofia de red que usaron las mujeres
como adorno', origen desconocido. *1.ª doc.*: h.
1490, *Celestina*: «aquí llevo un poco de hilado
en esta mi faltriquera, con otros aparejos, que
comigo siempre traygo, para tener causa de entrar, donde mucho no soy conocida, la primera
vez: assí como gorgueras, *garvines*, franjas...»
(III; *Cl. C.* I, 139.17).

Hay también esp. en Fz. de Oviedo, E. de Salazar (Fcha.), Fr. L. de León (V. en *Aut.*, s. v.
garbín), Cervantes («pendíanle de las orejas dos
calabacillas de vidrio, que parecían perlas; los
mismos cabellos le servían de *garbín* y de tocas»,
La Ilustre Fregona, *Cl. C.*, p. 250); más detalles
Toro G., *BRAE* X, 549. No le conozco otro pariente que el port. ant. *garavim*, que ya aparece
un par de veces en Ferreira de Vasconcelos (1547)
y también en Antônio Tenreiro (S. XVI), vid.
Moraes y Cortesão. No parece que nunca se haya
investigado el origen. Que venga del alem. *haar-
binde* 'cinta para el cabello' (Cortesão) es muy
poco verosímil fonética y geográficamente. Pero
tampoco conozco nada parecido en árabe, ni entre los descendientes galorrománicos del germ.
GARBA 'gavilla'. Para *garbo* 'prenda que las mujeres se ponían al cuello', V. *GARBO*. Hay dificultad cronológica (aparte de la relación semántica) en derivar *garvín* de esta palabra de origen
italiano.

Garvir, V. *garbo*

GARZA, vocablo propio del castellano y el
portugués, origen incierto, probablemente de una
base prerromana *KARKIA, céltica o precéltica, comp.
el bret. *kerc'heiz* íd. *1.ª doc.*: *garça*, 1251, *Calila*,
ed. Allen, 31.469 (y un masculino *garço*, 195.257).

Figura también en Juan Manuel, Juan Ruiz,
los tres glosarios de h. 1400 publicados por Castro, la *Gaya* de Segovia (p. 98), Nebr., Juan del
Encina ed. 1496, f° 95 v°b, etc.[1] En todos ellos
está escrito con *ç sorda*. El hispanoárabe *gárça*
(PAlc.) y el vasco *koartza*, ya en 1607 (Schuchardt,
BhZRPh. VI, 44), están tomados del castellano
(aunque esto último lo pone en duda Michelena, *BSVAP* XI, 292-3); probablemente también
el catalán antiguo *garça* del que hay algún ejemplo
(Roís de Corella, fin S. XV). El cat. mod. *garsa*,
aunque designa la urraca, ha de considerarse del
mismo origen que la voz castellana. En gallegoportugués es vocablo tan antiguo como en castellano: figura ya *garça* en las *Santigas* de Alfonso el
Sabio (366) y en docs. de 1253 (latinizado en *gar-
tia*, *PMH, Leges* I, 195) y 1258 (Cortesão)[2].

Se deberá cancelar sin más vacilación la etimología latina ARDĔA 'garza', en que se han empeñado desde antiguo los eruditos[3], pues es imposible entonces explicar la *g-*. No es posible que
se desarrollara por vía fonética (como todavía supone Cornu, *GGr.* I, § 252), ni tienen probabilidad
las contaminaciones que han supuesto algunos autores recientes: célt. *KORK- o *KORG- (Gamillscheg,
EWFS, s. v. *garcette*) o vasco *ugaria* (Brüch,
ZRPh. LI, 500-3), nombres de la garza en estos
idiomas; para poderlas tomar en consideración
debería probarse previamente *a*) que existió en
romance un *arza* procedente de ARDEA, y *b*) que
existieron formas romances procedentes de estas
voces céltica o vasca. De otra manera no es admisible suponer el cruce, en romance, de un vocablo latino que no ha dejado descendencia alguna, con un vocablo de otros idiomas, de cuya
vida en romance tampoco tenemos noticias[4]. Es
preferible declarar desconocido el origen del vocablo.

Las demás tentativas etimológicas que se han
hecho tienen tan poca base como ésta. Diez
(*Wb.*, 157) supone se trate de una aplicación
traslaticia del fr. *garce* 'moza, mujerzuela', antiguamente 'muchacha'; se comprendía esta suposición en su tiempo, en que aún no se sabía que
garçon y su familia constituyen un elemento léxico estrictamente francés y ajeno por su origen
a los demás romances, pero hoy sólo podríamos
mantenerla a base de suponer que *garza* fuese
un galicismo, idea tanto más inverosímil cuanto
que el femenino *garza* 'muchacha' no parece haber existido nunca en castellano, y aun en francés es una creación analógica de fines del S.
XIII, cuando ya el nombre de ave *garza* era
general en la Península. Körting (*Lat.-Rom. Wb.*
n.° 1930) quiere relacionar con el lomb. *garzo*
'corazón de col', it. *garzuolo* íd., milan. *garzoeu*
'retoño de la vid', venec. *garzòlo* 'copo de lino',
lomb. *garzon* 'especie de col', 'especie de cardo',
que Diez explicaba por un derivado *CARDĔUS de
CARD(U)US 'cardo' (por comparación con la cabe-

zuela de este vegetal; comp. it. *garzare* 'cardar') y que M-L. prefiere derivar del gr. χαρδία 'corazón'; opina Körting que de ahí pudo venir el nombre de la garza por comparación del moño de plumas característico de esta ave con dichos objetos vegetales⁵, a lo cual no se opone del todo M-L. (*Litbl.* XXII, 298), pero como la citada familia léxica es estrictamente italiana, la etimología sólo podría defenderse si *garza* fuese palabra oriunda de Italia; de hecho, *garża* como nombre del ave existe en Italia, mas no aparece hasta fines del S. XVII (Redi, Magalotti), y aunque un derivado *garzetto* ya sale en el *Morgante* (fines del XV), el hecho es que se trata de palabra poco vivaz, hoy anticuada comúnmente, y sólo *garzetta* se emplea todavía como nombre de una especie peculiar de garza (el nombre común es *airone*): todo indica por lo tanto que se trata de un hispanismo en italiano. Los artículos de Baist (*ZRPh.* VI, 426) y Sainéan (*ZRPh.* XXX, 569 y 566-7) parten de una confusión entre el cat. *garsa* 'urraca' y el cast. *garza*: el primero supone parentesco con el fr. *jars* 'ganso macho', a base del proverbio catalán *xerrar més que una garsa*, lo cual sólo podría aplicarse al parloteo de la urraca; el segundo cree que el nombre pasó de la urraca a la garza, y por lo demás insiste en identificar el vocablo con el fr. *garce* 'muchacha', todo lo cual resulta inadmisible.

Asín, *Al-And.* IV, 400, propone partir de un ár. *gársa* 'cuervo'; pero es palabra rara y mal documentada en árabe, que Asín sólo encuentra en el *Tâǵ al-ᶜArûs* (léxico recopilado en Oriente, fin S. XVIII), aunque un *ǵirs* 'cuervo', evidentemente emparentado, aparece en diccionarios clásicos, pero no tiene relación semántica con la raíz *ǵáras*. Como nada tiene que ver la garza con el cuervo, nuestra conclusión ha de ser que el parecido entre nuestro *garza* y esta palabra impopular en árabe no es orientadora sino mera coincidencia; desde luego la palabra *garsa*, de PAlc., sinónima de la nuestra, es préstamo romance sin relación con dicho vocablo árabe.

Para terminar queda la cuestión de si hay parentesco entre *garza* y el adjetivo *garzo* 'azulado', problema que si pudiera resolverse afirmativamente nos daría una etimología, pues GARZO es palabra explicable, aunque no de origen seguro. Diez (*Wb.*, 454) cita en una canción la frase *lindos ojos a la garza*, y Moraes y otros lexicógrafos portugueses registran la locución *olhos de garça* 'verdes tirando a azules'. Pero la cuestión está en si estas frases se fundan en un hecho observado o proceden meramente de un floreo verbal, es decir, si es el parecido de los dos vocablos el que la ha sugerido exclusivamente, y *olhos de garça* es una mera referencia indirecta al adjetivo. También *Aut.* al definir la garza real dice que su «plumaje es de color azul claro, aunque también las hay de color ceniciento; los ojos son muy graciosos y tiran al color azul de las plumas», y todavía Acad. insiste en que esta variedad tiene el dorso de color azulado, pero es sabido que las descripciones zoológicas de la Acad. no son de fiar, y los naturalistas nos informan unánimemente de que son otros los colores de la garza: gris o ceniciento en el *Ardea cinerea*, blanquísimo puro en la *Herodias* y rojizo o purpúreo en otras especies. ¿Deberemos sospechar que hubo ciertas variedades hispánicas de color diferente que justificaran la descripción de *Aut.*? Lo más probable es que esta descripción no se basara en ningún hecho real, sino en la pretendida relación etimológica entre los dos vocablos⁶. En conclusión, el origen de *garza* era hasta ahora desconocido⁷.

Creo que se trata de una voz prerromana, correspondiente a una base *KARKIA. Hay, en efecto, buen número de nombres de aves parecidos en varias lenguas indoeuropeas, de la familia céltica y otras. En primer lugar, la garza se llama en bretón *kerc'heiz* f., córnico *cherhit* (*kerghyth*) f., que pueden corresponder a un tipo *KARKIJĀ, o bien *KORKIJĀ; el bret. ant. *corcid* «ardea» supone *KORKIJĀ, el galés *crychydd* m. íd. *KORKIJOS o *KR̥KIJOS. Por otra parte, hay el irl. ant. *corr* 'grulla' < *KORKSĀ, y además tenemos el gr. χέρχνη (*KERK-SNA) 'cernícalo', χερχιθαλίς 'garza' en Hesiquio y χόρχορας 'cierta ave' en el mismo, irl. ant. *cerc* 'gallina', *gerg* 'Tetrao scoticus'⁸, prus. ant. *kerko* 'somorgujo', persa ant. y mod. *kahrka* 'gallo, gallina', ruso *krečet* 'azor', búlg. *krókon* 'cuervo', y el tipo germ. común *KRAIKR- 'garza' (de donde alem. *reiher*, a. alem. ant. *heigaro*, etc.). No tengo duda de que el hispano prerromano *KARKIA 'garza' pertenece a esta amplia familia indoeuropea (de formación probablemente imitativa en última instancia), sólo es difícil afirmar si se trata de una palabra céltica o, como es más probable, perteneciente a la lengua de los Urnenfelder (vid. mi artículo en *ZCPh.* 1955).

Pensaba al escribir el *DCEC* que el catalán *garsa* 'urraca' habría que separarlo radicalmente del castellano *garza* y me fijaba para explorar el vocablo catalán en la notable semejanza que éste tiene con el galorrománico *agace* 'urraca' y con el it. *gażża* íd., lat. GAIA; la conexión secundaria entre la palabra catalana y la hispano-portuguesa podía explicar la inserción de la *r* en la forma catalana. Actualmente soy de la opinión de que lo más probable es que también el cat. *garsa* 'urraca' sea de origen prerromano indoeuropeo tal vez sorotáptico: 'urraca' se decía *sarke* en prusiano antiguo (Elbing n.° 725, traducido por el b. al. *alster*), *šarka* en lituano, que se suele considerar pariente del scr. *çârih̥*, lat. *cornix*, gr. χόραξ (según los diccs. etimológicos de Bender, Uhlenbeck, Walde, Boisacq y Pokorny).

Dada la *s-* del prusiano antiguo y la *š-* lituana, cabe suponer, como hacen unánimemente estos autores, que la palabra tenía una etimología indoeuropea en *k̃-*, y aunque *cornix* y χόραξ designan pájaros diferentes de la 'urraca', el rs. *soróka* coincide en su significado con la palabra catalana, y del esl. com. *sraka* resultan además el sbcr. *sr̃aka* y el checo *straka* que también designan la 'urraca'. [5] Ahora bien, la ecuación fonética prus. *sarke* ∽ *šarka* ∽ *soróka* es perfecta y postula una base *k̃arkʷe* o *k̃arqa*. No sabemos con seguridad qué pájaro designaba exactamente el scr. *çãriḥ*, pero su derivado *sãrikā* (= *çãrikā*, ¿errata de *s* por *ś* en [10] Pokorny, 569?) lleva la definición «die indische Elster ('urraca')».

No hay, pues, obstáculo ni hemos de tener escrúpulo, sobre todo si tenemos en cuenta que el lenguaje de los sorotaptos estaba muy estrechamente [15] emparentado con el vocabulario del balto-eslavo, en postular un sorotáptico *k̃arkʷịa* que daría normalmente el cat. *garsa*.

Deriv. *Garceta* [Juan Manuel]. *Garcero. Garzota. Garzón* venez. 'especie de garza'. [20]

[1] Documentación antigua y transcripción de opiniones etimológicas en Ford, *The Old Sp. Sibilants*, 44-45.— [2] Secundariamente como nombre de embarcación en el S. XVI: *RL* XXVIII, 262-6.— [3] Todavía M-L. (*REW* 619).— [4] Spitzer, [25] *MLN* LIII, 129, a base de la glosa «*carduelus: alcaravan*» en los glosarios de Castro, parece insinuar que hubo cruce con CARDUELIS 'jilguero'. Si ésta es su idea, es ciertamente inadmisible el influjo del nombre de otra ave tan diferente, y [30] en cuanto a la glosa en cuestión, quizá no tiene otra base que el parecido material con «*cardelus: alcaravea*» (en los mismos glosarios), cuya explicación, por lo demás, no puedo indicar.— [5] *Garzota* 'cabello rizo' en Villegas, citado por Fcha., [35] parece comprobar la posibilidad semántica de relacionar 'garza' con 'moño de plumas'. Pero claro que esto no prueba la etimología de Körting.— [6] Los ojos de la garza en realidad no son azules, sino amarillos o anaranjados. Sin embargo, C. Mi- [40] chaëlis, *RFE* V, 349n., opina que al decir *ojos garzos* se piensa realmente en los de la garza, aunque no por el color, sino por su viveza y alegría (porque son «graciosos», como dice *Aut.*), pues los ojos negros son tristes y los de color claro son [45] por lo general alegres. No es extraño que una alemana tuviera esta opinión, pero sobre esto existen indudablemente otras discrepantes. Y para poder construir sobre este detalle sea la etimología de *garza*, derivándola de *garzo*, o viceversa [50] la de este adjetivo (que ésta parece ser la idea de D.ª Carolina), haría falta reunir testimonios literarios o folklóricos que probaran la existencia de esta opinión popular, y mejor en idiomas donde no haya parecido fónico entre las dos pala- [55] bras.— [7] Fig. registra un port. *gazear* «cantar (a garça, a andorinha, etc.); chilrear, gorgear», onomatopeya emparentada con el fr. *gazouiller*. No creo que sea *garza* simplemente derivado de esta onomatopeya, ni puramente, ni con *r* debida a [60]

contaminación de otro vocablo.— [8] De donde derivaría el nombre de ciudad galo *Gèrgovia*, según Pokorny, *Beitr. zur Namenfg.* II, 1951, 247.

GARZO, 'de color azulado, aplicado especialmente a los ojos', origen incierto, no es seguro que sea variante fonética de ZARCO. 1.ª doc.: S. XIII, *Libro de los Caballos*; «*garço de ojos*», «*garços ojos*», Nebr., g6rº.

También aparece en una canción popular de Juan del Encina, a princ. S. XVI («ojos *garços* ha la niña / quien gelos namoraría» ed. 1496, fº 95vºa; *RFE* V, 349n.), y *Aut.* cita varios ejs. desde mediados del siglo. La etimología más simple sería considerar *garzo* metátesis de ZARCO, de origen arábigo (hisp.-ár. *zárqa* 'azul', f.'), según hicieron Schuchardt (*Berliner Sitzungsber.* 1917, 161n.) y Cornu (*GGr.* I, § 244), precedidos ya por Nunes de Leão (a. 1606) y por Nebr. («*zarco* o *garço* de ojos: glaucus», n7vº), que dan los dos vocablos como meras variantes el uno del otro. Claro que hay cierta dificultad fonética, pues si la *ç* de *garço* está comprobada por Nebr. y Juan de la Encina, la *z-* sonora de *zarco* lo está por el propio Nebr., y además G. de Segovia (p. 86), los *Refranes* atribuídos a Santillana (*RH* XXV, 148) y el *Recontamiento de Alexandre* (*RH* LXXVII, 611)[1]. Hay, pues, diferencia de sonoridad entre las dos consonantes de los dos vocablos, *g* y *c*, *z* y *ç*. Esto dificulta la explicación, aunque no la hace imposible del todo. Cabría en primer lugar admitir un trueque de sonoridad al mismo tiempo que las dos consonantes invertían su posición, tipo de metátesis extraordinario, pero no inaudito. Por otra parte cabría admitir que la metátesis *zárqa* > *qárza* ya se hubiera producido en árabe (en cuyos dialectos occidentales las metátesis no son raras), y a la imitación de las consonantes por el romance podríamos atribuir entonces el doble cambio de sonoridad, pues no es raro que el *q* dé *g* en romance y hay también ejs. de *z* árabe convertido en *ç* (V. *BDC* XXIV, 72, y aquí s. v. *AZAFRÁN*); entre otros casos, tras consonante.

De todos modos no debemos desconocer que ésta es una dificultad, y ello nos obliga a tomar otras etimologías en consideración. Es dudoso, según he dicho en el artículo correspondiente (véase), que tenga algún fundamento real la afirmación de que la garza tiene algo de azulado, sea en sus ojos o en su plumaje; por lo tanto debemos dejar en cuarentena la posibilidad de derivar *garzo* de este vocablo, cuyo origen es indudablemente prerromano. Pero nada se opondría a que supusiéramos un *CARDEŬS 'semejante al cardo' (lat. CARD(U)US) como punto de partida de *garzo*, puesto que la flor de este vegetal tiene un color azulado característico: en lo fonético comp. *ALMUERZO* < ADMORDIUM, y para la *g-* el it. *garzare* 'cardar' *CARDIARE; recuérdese que *CÁRDENO* procede efectivamente de CARDĬNUS.

En cuanto a otros romances, hallamos el port. *garço*, bien documentado desde Camoens («os olhos bellos tem da còr do Ceo: *garços os tem*») por lo menos; por otra parte hay una forma popular *gázeo* o *gázio* 'garzo' (Fig.), que en el Alentejo significa 'tuerto, falto de un ojo' (*RL* II, 34), significado explicable por la idea popular de la mala visión de la gente de ojos muy claros. El cat. ant. *ulls gassos* (ya Eiximenis, fin del S. XIV) quizá sea de origen castellano[2]; lo mismo puede sospecharse de un italiano *gazzo* citado por el lexicógrafo moderno Ferrari (1863); de todos modos, lo mismo en italiano que en catalán puede sospecharse que se trate de una palabra independiente (sobre todo en vista del it. ant. *gazzino*, S. XV, de igual significado), derivado de *gazza* 'urraca' (cat. *garsa*), en vista de que la urraca tiene efectivamente los ojos de este color. Esto, en cambio, no es posible en español, que no ha poseído jamás este nombre de ave. Es verdad que no puede descartarse del todo una contaminación. Finalmente deberán tenerse muy en cuenta las formas en que aparece el vocablo en los mss. del *Libro de los Cavallos* publ. p. Georg Sachs; en el mejor, *E*, del S. XIV, se lee que el caballo *cervúno* debe tener «los ojos ambos *darços* e non sorteados nin pintos» (20.21), mientras que los demás códices, también del S. XIV y en parte del XV, traen *garços*, y uno de ellos *gaços*. Quizá tenga razón el editor al sugerir que aquélla sea la forma etimológica, aunque no veo que señale ninguna pista; de todos modos hay que rechazar su cómoda explicación por una «equivalencia acústica», concepto desacreditado, y que sólo sirve para disimular etimologías falsas (*gamo*) o alteraciones por una causa particular concreta (*gragea*), no aplicable en nuestro caso.

En cuanto a *garzo* [*Aut.*], en el sentido de 'agárico, raíz como hongo', según indica Schuchardt (*Rom. Lehnwörter im Berber.*, 25), ha de ser derivado regresivo de un *garzillo*, *AGARICELLUM (diminutivo del lat. AGARICUM), del cual procede también el bereb. *arsel, agursal, džursel, iuršel* 'hongo'.

¹ En el *Canc.* de Baena, Fr. Lope del Monte escribe «ca la vido mucho bella / qual donçella / nunca vió ojo çarcado» (n.º 328, v. 138). Pero dudo que sea un derivado de *zarco*; como se trata de la Virgen quizá esté por *cercado* y se trate del famoso *hortus clausus* de la Letanía (*ojo* sería sujeto y *çarcado* complemento).— ² Quizá sólo valenciano, pues aunque Eiximenis y Onofre Pou eran de Gerona, vivieron en Valencia y se adaptaron algo, y éste mucho, al uso valenciano. En su Thesaurus Puerilis de 1575 pone *ulls gaços* como ej. del color del «charops» (p. 318) y como matiz vecino al verde (p. 285) y al castaño: «entre gaço y castany: rauus» (p. 318).

GARZÓN, 'joven, mancebo', 'joven disoluto', antic., tomado del fr. *garçon* 'muchacho', antiguamente 'mozo de bagajes en el ejército', 'hombre vil', de origen incierto, quizá del fráncico *WRAKJO, -UNS, íd. (a. alem. ant. *wreckeo* 'desterrado', alem. lit. y dial. *recke* 'héroe', 'gigante', 'vagabundo', b. alem. ant. *wrekkio*, ags. *wrecca* 'fugitivo', 'desgraciado', ingl. *wretch* 'miserable, bribón', de la misma raíz que el alem. *rächen* 'vengar'). *1.ª doc.*: Berceo.

Tenía constantemente ç sorda en los textos que distinguen las dos sibilantes africadas. Para ejs. de este vocablo, que sale en el *Alex.* (1982), J. Ruiz, *Canc.* de Baena, etc., vid. Cej., *Voc.*, y W. Schmid; lo más común es que tenga sentido peyorativo, y en *Elena y María* (S. XIII) y otros textos es precisamente 'mozo disoluto'¹; en el *Quijote* (I, xl, 207) y en Haedo designa un sodomita mantenido por un señor árabe. Sin embargo hallamos también «*garçon que se quiere casar*: procus», es decir, pretendiente, en Nebr., y J. de Valdés comenta «casi avemos dado de mano a *garçon*, por mancebo, no embargante... el refrán que dize: Prendas de *garçón* dineros son» (*Diál. de la l.*, 107.21); en Lope (*El Mejor Alcalde, el Rey*) es ya palabra anticuada, puesta en boca de un rústico, como típica de su lenguaje aldeano. Poco se empleó ya desde entonces. Aun en la Edad Media una auréola de extranjerismo envuelve constantemente el vocablo, mucho menos frecuente que en francés. Que procede de este idioma, no cabe duda.

Se han propuesto casi tantas etimologías del fr. *garçon* como de *andar*. Gamillscheg, *EWFS*, hizo certera justicia de casi todas ellas (comp. Vising-G. Paris, *Rom.* XVIII, 639). La que más en serio se puede tomar es la de Kluge (*ZRPh.* XLI, 684-5), fránc. *WRAKJO, basado en las formas emparentadas de las demás lenguas germánicas, citadas arriba, especialmente el su. alem. *reck* 'vagabundo' (S. XVI) y el b. lat. *Waracio*, como nombre de persona en dos fuentes del S. IX. Hay algunas objeciones fonéticas, aunque no decisivas. Nota Spitzer (*Litbl.* XXXVIII, 302) que en casos semejantes el grupo WR- se resuelve en *war-*, fr. *gar-*, pero manteniéndose la A que sigue a la R, de suerte que esperaríamos en francés antiguo *gareçon; sin embargo, el caso es complejo y puede de tener razón Gamillscheg al replicar que ni WRATJA > fr. *garance* ni WRANJO > fr. *gareignon* son rigurosamente comparables, pues en el primero la A era tónica y difícilmente podía eliminarse, y en el segundo lo desusado del grupo *-rgn-* pudo ayudar a mantenerla; además, como nota Gamillscheg en *R. G.* I, p. 172, pudo ya haber una metátesis dialectal en germánico, y los nombres de lugar *Guerchy, Garchy* (*Warchiacus* en el S. V, *Warchy* en el XI), parecen comprobar la metátesis en cuestión.

Por otra parte objeta Josef Brüch (*ZRPh.* LI, 496-500), logrando la adhesión de M-L. (*REW*³, 9578a), que en el *Roland* y en alguna otra fuente que suele escribir *gua*- las palabras procedentes de una germánica en WA-, hallamos *garçun*, y hoy te-

nemos *garchon* (y no **warchon*) en el dialecto de
Picardía; pero antes de poder utilizar este argumento debería procederse a un estudio serio y
total de los textos en cuestión, que procediendo
de una amalgama de dialectos diversos (el del au-, 5
tor y el del copista en el caso del *Roland*) no son
consecuentes en este punto (*galop* y no *walop*, p.
ej.), y el picardo actual es también un dialecto
mezclado, además de que no falta algún testimonio de la forma *warçon*; en cuanto a la etimología 10
*WURKJO (o **WORKJO*), que propone Brüch, como
equivalencia del a. alem. ant. *wurcho* 'obrero', se
presta también a objeciones fonéticas (puesto que
una forma **gorçon* no se encuentra nunca, y este
tipo de disimilación no es común), además de que 15
la existencia de tal vocablo en fráncico es ya menos segura[2].

Desde el punto de vista de la semántica, es
conocido el hecho de que *garçon* suele tener en la
Edad Media francesa un sentido peyorativo, aun- 20
que ya se hallan pronto testimonios de la ac. neutra moderna 'muchacho': es corriente, en efecto,
que palabras de sentido peyorativo se conviertan
luego en denominación del muchacho u hombre
joven, y viceversa, comp. el cast. *mancebo < MAN-* 25
CIPIUM 'esclavo', cat. *bordegàs* propiamente 'bastardo', cat. *vailet* = fr. *valet*, cat. *marrec* 'chaval'
~ *marreca* 'ramera', etc.

DERIV. *Garzonear. Garzonía* [Berceo, *S. Mill.*,
265; J. Ruiz, 319; ej. del S. XVI en Fcha.] o 30
garzonería (S. XVII, Castillo Solórzano, ibid.).

[1] «Más val seso y mesura / que sienpre andar
en locura, / commo el tu cavallero / que ha vidas
de *garçón*», *RFE* I, 56, con comentario de M. P.,
p. 88.— [2] Alguna tentativa posterior no merece- 35
ría en realidad el honor de una mención, si no
conviniera aprovechar la oportunidad para for-
mular una queja. Los directores de revistas ro-
manísticas debieran ser más parcos en su hospitalidad para con estudiosos como el Sr. Nicholson 40
(*Rom.* L, 94-98), que se empeñan en abultar los
legajos etimológicos, en cuestiones tratadas por
maestros desde todos los aspectos, sin utilidad
para nadie, para confusión del público no especializado, y sin otro resultado que mostrar su 45
falta completa de criterio o una ignorancia elemental. El Sr. Nicholson, y sólo él, ignora por
lo visto que el fráncico no tomó parte en la segunda mutación consonántica y por lo tanto no
pudo tener una forma **WARTJO* (equivalente del 50
alem. *wärter*). Este diccionario no se hace nunca
eco de las ideas irresponsables que disemina pro-
fusamente este escritor en libros y revistas. Baste
esta excepción única para justificar tal actitud,
que no se ha tomado a la ligera. Al mismo nivel 55
que la de Nicholson hay que poner la etimología
de *GdDD* 7312: a. alem. ant. *warza*, que significa 'verruga' y no 'pezón', y que en fráncico
habría sido **warta*.

60

Garzota, V. *garza*

GAS, palabra inventada por el químico flamenco J. B. van Helmont († 1644), inspirándose en el
lat. *chaos*, que sus predecesores alquimistas empleaban en el mismo sentido. *1.ª doc.*: Acad. 1817,
no 1783.

Vid. *FEW* II, 623a; Kluge y Skeat, s. v. La
modificación de la consonante inicial se debe en
primer lugar a que así la *g-* como la *ch-* suenan
en neerlandés aproximadamente como la *j* castellana, y asimismo al influjo del neerl. *geest* 'espíritu', pues Helmont calificaba también el gas de
spiritus silvestris. El cambio de la terminación parece debido al influjo de *blas*, otro término inventado con el mismo sentido por Helmont y después
olvidado, derivado de *blasen* 'soplar'.

DERIV. *Gaseoso* [Acad. ya 1843]; *gaseosa. Gasista.*

CPT. *Gaseiforme. Gasificar; gasificación. Gasógeno. Gasolina* o *gasoleno* (compuestos con el lat.
oleum 'aceite'); *gasolinera. Gasómetro.*

GASA, 'tela de seda o hilo muy clara y sutil',
probablemente del ár. *qazz* 'seda', 'borra de seda',
'gasa', de origen persa; no es palabra heredada
del árabe de España, sino recibida por vía comercial, en forma no precisada hasta ahora. *1.ª
doc.*: Covarr.

Aut. cita una pragmática de tasas de 1680, y
escribe *gassa*, pero ni ésta ni la grafía *gasa* de
Covarr., por su fecha, tienen valor para determinar la antigua cualidad de la *-s-* en este vocablo;
la de *Aut.* se basa en la falsa etimología de Covarr.
(lat. *cassis* 'red'). En francés aparece *gaze* desde
1554; el ingl. *gauze* desde 1688 (*gaise* ya en 1561,
y *gadza* en 1612; además *guzzie* en la India, en
1784, vid. Dalgado); el neerl. *gaas* y el alem. *gaze*
[1693] parecen tomados del francés, y lo mismo
puede decirse del port. *gaze* o *gaza*, aunque la forma *gazea*, que aparece en 1601 en un texto portugués de Oriente, debe de ser orientalismo directo.
Es posible que *gazzatum*, que aparece en bajo latín en 1279, designe ya la gasa (Du C.), pero no
hay pruebas.

Siguiendo una sugestión de Du Cange, varios
etimologistas, desde Diez (*Wb.*, 595), han venido afirmando que el nombre procede de la ciudad
de Gaza en Palestina, de donde se traería el producto, pero aunque no puedo consultar el Diccionario Etimológico de Pihan (1866) citado por
Diez, no parece que se haya probado la menor prueba
de este hecho, vid. *NED* s. v. Como *qazz*, que
en árabe es nombre común de la seda, en el árabe
de Egipto designa precisamente la gasa, y además
el capullo o la seda no preparada (Bocthor; Dozy,
Suppl. II, 342a), «filoselle, grosse soie» en Argelia
(Beaussier), es muy probable la sugestión de Kluge de que de ahí proceda nuestra palabra occidental; tanto más cuanto que *caza*, según *DHist.*,

aparece como nombre de un tela semejante a la
gasa en los Aranceles de la Aduana de Zaragoza
y en una cédula real de 1642 y *caça* se lee en
Ruiz de Alarcón, *Examen de Maridos* II, xiii, 35
(Denis). Aunque *qazz* es palabra muy generalizada
en árabe (de ahí un verbo *qazz* 'tejer' en R. Martí), no es semítica, sino tomada del persa *kazz*,
que por otra parte dió también la variante ár. *ḥazz*
'seda' (*ḥázzaz* en R. Martí)[1]; del mismo origen
puede ser el hindustani *gazī* del que quiere partir
Dalgado.

La -*s*- (no -*z*-) de la forma del castellano
prueba que el vocablo no se tomó directamente
del árabe de España. En francés y en inglés entraría directamente por el comercio ultramarino,
y quizá también en español, comp. el cat. *gassó*
nombre del género de que está hecha una capa,
en un inventario de Valencia (Ag.).

[1] Nada tendrá que ver con esto el árabe de
Egipto *šašš* 'muselina' citado por Bocthor, y que
Eguílaz confunde con nuestro vocablo deformándolo en *ḥaṣṣ*.— [2] En catalán no parece que sea
castizo el vocablo, pues en general se pronuncia
castellanamente, con *ss* sorda. Debería comprobarse mejor si significa 'gasa' el ej. aislado de
guasa en un doc. de 1516 citado por Alcover.

Gasajado, gasajar, gasajo, gasajoso, gasayar, V.
agasajar Gaseiforme, gaseosa, gaseoso, gasificación, gasificar, gasista, gasógeno, gasolina, gasolinera, gasómetro, V. *gas*

GASÓN, 'césped', arag., 'terrón que deja entero
el arado', provinc., 'yesón, pedazo de yeso', del
fr. *gazon* 'césped', 'gleba de césped', y éste del
fráncico *WASO, -UNS (a. alem. ant. *waso* 'césped'
alem. antic. y dial. *wasen* 'superficie de césped'
'suelo húmedo', b. alem. ant. *waso* 'césped', ags.
wôs 'humedad'). 1.ª doc.: Acad. ya 1817.

En francés se halla desde 1213 (*Rom.* LXV,
493). Palabra del mismo origen, aunque de fecha
diferente, es el fr. *vase* 'lodo'. El val. *garsó* 'raíz
con la tierra que la envuelve', 'gleba', es palabra
de origen diferente (*BDC* XXIV, 19), ár. *gars*
'estaca para plantar', 'esqueje'. En cuanto al val.
gassó 'terrón', murc. y albac. *gasón* íd. (G. Soriano; *RFE* XXVII, 248) quizá resulten de una
mezcla de los dos vocablos, aunque debería comprobarse bien si es exacta la definición del arag.
gasón como 'césped' (Acad., Borao), y no sugerida
por el parecido con el francés, pues entonces cabría revisar esta etimología francesa (nótese que
gazon no ha penetrado en Cataluña).

GASTAR, del lat. VASTARE 'devastar, arruinar',
pronunciado *WASTARE en la baja época por influjo del germ. occid. WÔSTAN (a. alem. ant. *wuostan*) o WÔSTJAN (alem. *wüsten*) íd. 1.ª doc.: mozár.
waštāṭo 'desperdiciado', mal gastado' en el cordobés Abencuzmán, 1.ª mitad del S. XII (ed. Nykl,

X, p. 24); *gastar* 'devastar', primeros años del
S. XIII, *Lib. Reg.* aragonés (*BRAE* VI, 207).
Se halla también en *Elena y María* (S. XIII:
RFE I), en *Calila* (17.11), etc. Tienen ya el sentido moderno *gasto* y *gastador* en Berceo (*Mil.*,
630; *S. Mill.*, 102), y *gastar* en los glosarios de
Toledo y del Escorial (h. 1400, s. v. *consumo* y
erogo). Luego lo hallamos en APal. («*exhaurire*:
gastar, vaziar, dissipar, adelgazar», 144*d*; además
11*d*, 85*d*, 115*b*; *gastador*, 105*d*), en Nebr. («*gastar*: consumo, contero; *gastar usando*: tero; *gastar
espendiendo*: impendo») y en fin es palabra de
todas las épocas. Pero a menudo aparece con sentidos más generales, tales como los ejemplificados
arriba en Abencuzmán y en el *Liber Regum*: «*absumere aliquid: gastar* e destruir; *absumptio*: aquel
gasto perdido» (Nebr., *Lex. Hisp.-Lat.*), y en muchos pasajes del *Quijote* vale por 'malgastar, echar
a perder' («me parece que ha de ser tiempo *gastado* el que ocupare en darte a entender tu simplicidad», I, xxiii; «*gasta* mucho la faz de las mugeres, andar siempre al campo, al sol y al aire», I,
xxv, 112; «pero para qué *gasto* tiempo en esto?»,
I, 1, 265; «esperando que el tiempo *gaste* alguna
parte de la mala opinión en que su hija se puso»,
I, li, 269; «si la mucha gana de pelear no os
gasta la cortesía, por ella os pido...», II, xiv, 50;
etc.), de suerte que es, más que dudoso, improbable, que en Juan de Valdés esta ac. sea italianismo
(«si ya no queréis dezir que hombres embidiosos,
por afrentar al autor, an *gastado* el libro»), según
afirman Montesinos (*Diál. de la L.*, 10.1) y Cotarelo (*BRAE* VII, 286).

Ernst Gamillscheg, *Romania Germanica* I, 158,
parece dar a entender que el cast. *gastar* sea galicismo, quizá fijándose en la inicial *ga*- (y no
gua-), y en que el germ. WÔSTAN (o el adj. WÔSTI),
que hubieron de influir en la inicial del vocablo,
sólo están documentados en germánico occidental
(incluso el ags. *wêst*), pero no en escandinavo, y
por lo tanto no es nada seguro que el vocablo
pudiera existir en gótico, de donde podría deducirse que la influencia partiría del fráncico. Pero
como el italiano tiene también *guastare*, es probable que el influjo se ejerciera ya por el germánico
occidental común sobre el latín vulgar; por otra
parte la reducción anómala de *gua*- a *ga*- se halla
también en el cat. *gastar* (hoy 'gastar'), pero antiguamente 'echar a perder'), que en la Edad Media
tiene con gran frecuencia la forma indiscutiblemente autóctona *guastar* (eventualmente reducida
a *gostar*, p. ej. en R. Lulio, *Meravelles* II, 131,
y passim); y, sobre todo, Abencuzmán, que difícilmente pudo emplear un galicismo, con su forma
en *wa*- nos prueba que el vocablo era autóctono
en el Sur de España. Se tratará, pues, de una reducción de *gua*- a *ga*- en posición átona, que en
castellano no es fenómeno inaudito, y que en este
vocablo se generalizaría antes que en catalán;
comp. *GALARDÓN*, de claro autoctonismo.

Deriv. *Gastable*. *Gastadero*. *Gastado*. *Gastador* [Berceo]. Rabelais emplea *vastadour* en el sentido militar de 'gastador' («*vastadours, pionniers et rempareurs*» III, prólogo, p. 9); por más que Sainéan (*La L. de Rab.* II, 195), empeñado siempre en demostrar que Rabelais no sabía nada de España ni había recibido influjo de sus lenguas, afirme que es gasconismo, está claro que tal vocablo militar hubo de tomarlo del castellano el gran humanista (si bien asimilándolo a su lat. *vastare*), y no de un «gascón» *gastadour*, como ya prueba la -*r*; después dijeron *gastadou* B. des Périers y A. d'Aubigné, también hispanismo, aunque éste sí trasmitido por occitanos. *Gastamiento. Gastizu* ast. 'el que gasta mucho' (V). *Gasto* [Berceo]; *gastoso*; y quizá gall. *gasto* 'bosta o estiércol de buey, etc.' («vete a recoger el *gasto*»), Sarm. *CaG.* 122r, cuyo origen no está bien claro (acaso haya alguna relación con *BOSTA* y con el grupo germánico del cat. *guaixar*, V. mi nota en *BDC* XXIII). *Desgastar* [h. 1400, Glos. de Castro; APal., 3*d*; y ya en las *Partidas*, según *Aut.*], también *degastar* ['malgastar' Vidal Mayor 3.43.90]; *desgastador*, *desgastamiento* [*degastamiento* 'devastación' Vidal Mayor 3.35.8, 4.39.22], *desgaste*.

Devastar [med. S. XVII, *Aut.*; falta aún Oudin y Covarr.], tomado de *devastare* íd., derivado de *vastare*; *devastación*; *devastador*; ant. y raro *vastar* y *vastación*; *vasto* [Mena, Santillana (C. C. Smith *BHisp.* LXI); 1721, Silvestre, *Aut.*], de *vastus* 'devastado', 'vacío, desierto', 'inmenso'; *vastedad* [*Aut.*].

Junto a *vasto* y *devastar* tenemos en portugués (apenas hay noticia de que persista en gallego)[1] una palabra interesante e importantísima cuya etimología no sé que se haya estudiado nunca. Ya aparece en tres textos de med. del S. XIII, uno de ellos las *Ctgs.*: «a torre u eles eran tan passo / se leixou oĩr a terra sobre un gran chão devasso» 'yermo, desierto, despoblado' 205.63; «habet eciam ibi dominus Rex alios campos multos *devassos*» *Inquisitiones* p. 18, y un fuero de 1255 impone agravación de la pena al que mata en despoblado «homicidium de terra *devassa* est in centum marabitinos» PMH *Leges*, p. 662.

Está claro que el sentido se roza de cerca con el del lat. *vastus* y *devastatus*, pero un cambio fonético, en romance, de -ST- en *ss* es imposible; no hay que pensar en el cambio mozárabe esporádico de ST en *ç*, primero porque los tres textos tempranos pertenecen a Galiciá o al Norte de Portugal, después porque entonces habría la africada *ç*, que por este tiempo y menos en estas regiones norteñas, nunca se confunde con *ss*. No hay duda de que estamos frente a un celtismo, pues es bien sabido que las lenguas célticas cambiaron desde el principio el grupo -ST-, primero en -TS- o en -θθ- (en parte escrito δδ, todavía muy frecuente en las inscripciones galas), y más tarde, pronto en -SS-, que es lo que aparece ya en

la mayor parte de los textos gálicos y británicos y lo único que vemos en las lenguas gálicas; V. el estudio de Horst Schmitt *ZCPh.* XXVI, 101-103 con la bibliografía (de Pedersen, Pokorny, Weisgerber y demás), que cita, y los datos que reúno en *MAYUETA* y otros artículos de este diccionario.

Ahora bien, es cosa averiguada que el latino *uāstus* 'devastado, desolado' era palabra indoeuropea que permaneció bien representada en todas las lenguas indoeuropeas del Oeste, no sólo el germánico —a. al. ant. *wuosti* 'vacío, desierto', *wüst*, sajón ant. *wōsti* ags. *wēste* (que en ingl. *waste* parece haberse cruzado con el latín)— sino también el irl. ant. *fás* 'vacío', *fāsach* 'un desierto', 'una tierra yerma' (Pok. *IEW* 346.2 ss.; Ernout-M. s. v.), en los que vemos efectivamente cumplido el paso de VĀSTO- a U̯ASSO-. Entre los numerosísimos testimonios de VASSO- en céltico continental reunidos por Holder III, 119-123, y Horst Schmitt, o. c. 285, hay sin duda muchos que contienen el homónimo *uasso* 'servidor, vasallo' (que por cierto presenta un caso elocuente de la misma evolución fonética por cuanto equivale al scr. *upo-sthā(na)*- 'servicio, acto de atender a un superior' teniendo por base ieur. U(P)O-STO- 'estar debajo') y aun es posible que sean la mayoría, pero no creo que falten entre ellos casos de U̯ASSO- = irl. *fās* 'yermo', especialmente aquellos que se refieren a nombres de lugar.

Por otra parte no cabe duda que el prefijo DĒ- del latín es también indoeuropeo y siguió muy productivo en céltico, donde evolucionó normalmente en *di*- tan frecuente en irlandés antiguo, y demás lenguas hermanas, como preposición y también como partícula privativa (ky. ant. *di-auc* 'negligente') o intensiva (irl. ant. *dī-mōr*- 'grandísimo') o como proverbio: irl. ant. *di-fichim* 'yo castigo, me vengo' equivalente de los numerosos *Di-vicatus*, *Di-vixtus*, *Touto-di-vicis*, *Diablentes*[2], etc., del céltico continental; por lo demás hay también casos del vocalismo *de* en céltico, que deben de representar una variante ieur. DĔ con vocal breve, y no sólo en irl. ant. *de* y en córnico *the*, sino también en galo, donde funciona en parte como posposición (βρατου-δε en inscripciones, etc.) pero también como prefijo: la variante DE-VICI-ACUS está p. ej. documentada en César; vid. H. Schmitt 194; Pok. *IEW* 182.30ss., Dottin, *La langue gauloise*, 251. Luego nada más legítimo que admitir que junto al lat. *de-uastatus* existió un sinónimo *DEUASSO- o *DĪUASSO- en hispanocéltico.

Aun quedando hipotético, halla esto alguna confirmación más o menos segura en nuestros escasos materiales del céltico de época imperial. El topónimo flamenco *Diest*, que fué antes *Diosta*, me parece suponer un DIVĀSTĀ (más que *Diuo-uasto- como supone Holder). Aunque Schmitt busca otro sentido y etimología, me parece que el gálata Γαιξατο-διαστος debe de contener una leve reducción

fonética de DIꞶASTO- pues significará 'devastado
(o devastador) con lanzas y venablos' (galo-lat.
gaesum, irl. ant. *gae*, gálata γαιξατο-) y asimismo
el nórico *Diastulum* (*CIL* III, 5250): esta misma
forma aparece con la alternancia -SS- = -ST- que 5
necesitamos, pues hay en Dacia varios ejs. de
Diassu-marum, que interpreto 'desierto grande',
junto a un *Diastu-marum* del Nóricum (*CIL* III,
5144a), y, frente al *Diastulum* de allí, encontramos
Diasulos en monedas de los Eduos.   10
   Subraya con razón Schmitt (a quien se debe la
agrupación de esos datos) que la alternancia -SS- ~
-ST-, no menos que la procedencia galática y demás, es prueba clara de un origen céltico. Ahora
bien que la caída de una -Ꞷ- intervocálica es posi- 15
ble también en hablas célticas nos lo prueban *bio*-
de *guiꞶo*- 'vivo' (*Biokno, Dago-bius* y demás en
-*bius*), *Ioinco*- junto a *Iouinco, Noio-bito* por
Novio-bito-, *Niort* de ANDE-UORETO- (BNfg. VIII,
281) y de NOVIORITUM, 'Ανηρόεστος en Polibio 20
(II, 22.2, etc.) junto a la variante *Ariovisto*, y los
numerosos *Deo*- y *Dio*- por *Deuo-, Diuo*-, reunidos por el propio Schmitt (pp. 100, 191).
   Nuestro *devasso* dejó copiosa prole con vario
desarrollo semántico en el portugués clásico y mo- 25
derno, como puede verse por los diccionarios de
Moraes y Fig. *Devasso* adjetivo, pasando por 'echado a perder', se convirtió en '(hombre) libertino, licencioso', *devassa* en 'prostituta', *devassar* 'echar a
perder terrenos los rebaños', de donde 'invadir terre- 30
no vedado' (*os pastores devassaram a serra*), 'anular
un privilegio' (ya en muchos docs.[1], ordenanzas y
crónicas medievales, vid. Moraes), 'inquirir, tomar
informes sobre un hecho incriminado', de donde
a su vez *tirar devassa* 'practicar una inquisición', 35
etc., *devassidão, devassidade* (Camoens[2], etc.), *de-
vassamento*, como abstractos en el sentido de 'libertinaje'. Por lo demás véase Moraes, aunque apenas
hay que advertir que la etimología no es el fr.
débauche como quisiera éste, pues es inconciliable 40
el vocalismo y consonantismo de ambas palabras.
   En fin, otra suposición probable es que sea
derivado de la misma raíz céltica otro topónimo portugués: *Travasso(s)* es nombre de 4 feligresías o lugares mayores en las zonas interam- 45
nense, trasmontana y de la Beira Alta, y el diminutivo *Travassô, -ssó, -ssós* lo es de 4 ó 5 más,
asimismo en el Norte de Portugal (Inquér. de Boleo 194, 435, 1116, 1298, 1319, etc.); en efecto
los prefijos, preverbios, y preposiciones irl. ant. 50
tar (< TARES-) 'más allá de', britón. común *tre*-,
irl. ant. *tre-, tri*- 'a través de' (< TREI-), son hermanos del lat. *trans*- y todavía más vivos y productivos que éste (Pok. *IEW* 1075.4f, 1076.6). Acerca
de *Travasso* convendría estudiar una nota de J. 55
da Silveira en su trabajo sobre la top. del concejo
de Nelas (*O Istituto* XCVII, 1940, Coimbra, p. 414,
que no ha estado a mi alcance), donde ortografía
Travaço(s), Travaçô y *Travacinho* con ç (como
en la página siguiente habla de *Taboaço* y *Taboaça*, 60

quizá quiera partir del lat. TABULACEUM, idea rechazable, pues presentaría un tratamiento -BUL- >
-*vr*- chocante en portugués; de todos modos, convendría leer sus razones).
   [1] Por más que *Debasa* aldea agregada a Pas-
toriza, cerca de Mondoñedo, nos enseña que allí
también existió. Y M. Sarmiento anotó que en
su tiempo se decía en Pontevedra, hablando de
una heredad inculta: «esta tierra ha quedado
en debazo» (*Catálogo de Voces y Frases*, ed.
Pensado 1973, p. 451), lo cual es evidentemente
un caso de grafía errónea con -*z*- en zona de
seseo.— [2] Siendo *De-aplentes* en sorotáptico o en
otras variedades célticas, como admiten Pokorny
ZCPh. XXI, 146, y H. Schmitt ib. XXVI, 192,
parece que se trata de N originaria, luego podemos admitir una variante no intensiva —sin el
prefijo—, y con el tratamiento británico de N,
*ABLANTES o *APLANTES, de donde port. *Abrantes*.

Gastón, V. *engastar*

   GÁSTRICO, derivado culto del gr. γαστήρ,
-τρός, 'vientre', 'estómago'. *1.ª doc.*: *gástrica*, como
adjetivo aplicado a venas que salen de un ven-
trículo del corazón, Terr.; *gástrico*, ac. actual,
Acad. 1843, no 1817.
   DERIV. *Gastricismo*. Otros derivados y compuestos cultos de γαστήρ son: *Gastritis. Epigastrio*;
epigástrico. Hipogastrio; *hipogástrico*.
   CPT. *Gastralgia; gastrálgico. Gastroenteritis. Gas-
trointestinal. Gastronomía* [Monlau, † 1871; Acad.
1884, no 1843], de γαστρονομία 'tratado de la
glotonería'; *gastronómico* [Bretón de los Herreros,
† 1873], *gastrónomo* [Acad. 1884].

Gatamusa, V. *mojigato*

   GATO, del lat. tardío CATTUS íd., de origen
incierto. *1.ª doc.*: orígenes del idioma (*gatu* en
doc. de 967: Oelschl.).
   Para documentación primitiva y acerca del origen, vid. Sittl, *ALLG* V, 133-5; Thurneysen,
Keltorom., 62; Sainéan, *BhZRPh.* I, 5-8; Sofer,
62-64; Walde-H.; Ernout-M.; *FEW* II, 520. La
Antigüedad no conoció el gato doméstico, y sí
sólo el montés, llamado en latín *fēlēs*, en griego
αἴλουρος, y a la misma especie se refieren todavía
las primeras menciones de nuestra palabra, en el
S. IV, a saber *cattus* en Paladio y *catta*[1] en la
Vulgata y en Vegecio (*catta* como nombre de ave,
en Marcial y otros, quizá sea voz independiente);
h. el año 600, sin embargo, *cattus* se refiere ya
claramente al gato doméstico, y el español San Isidoro, algunos años más tarde (*Etym.* XII, ii, 38),
le busca imposibles etimologías, relacionándolo con
la captura de ratones o con el verbo español *catar*
(por la aguda visión nocturna del gato). Todos
los romances presentan formas correspondientes a
CATTUS (en la mayor parte de Francia)[2] o a GAT-

TUS (en el extremo Sur del mismo país, en la Península Ibérica y en Italia); de ahí procede también el ár. magrebí *quṭṭûs* o *qaṭṭûs*, hoy usual en Argelia y Túnez, y documentado en España (Abencuzmán, R. Martí, PAlc.; vid. Simonet, s. v. *gátho*). El mismo vocablo, o variantes muy cercanas, se hallan también en bajo griego [κάττα, S. VI; γάττος, S. VIII], eslavo, semítico, finoturco, germánico y céltico, pero es muy dudoso que sea más antiguo en ninguna de estas familias que en latín, aunque en las dos últimas por lo menos parece serlo mucho; en céltico sus características fonéticas indican que ha de ser anterior al S. V, y un testimonio permitiría fecharlo en el S. I d. C., pero es testimonio inseguro; Thurneysen y Ernout-M. se inclinan con muchas reservas a partir del céltico, pero especialistas no menos autorizados (Pedersen) y el propio discípulo de Thurneysen, Weisgerber (*Die Spr. d. Festlandkelten*, p. 197), lo consideran latinismo en céltico; sin embargo parece que algunos años más tarde (1935) este último había rectificado esta opinión, a juzgar por el hecho de que analiza nombres de persona renanos como *Cattonius* (*CIL* XIII, 3990) en el sentido de 'gato' (*Rhen.G.C.* 192, 122) (acaso con razón, pues dada la fecundidad de CATU-'combatir' en la onomástica céltica, era fácil que ahí se formara un derivado hipocorístico con -TT-reduplicada en el sentido de 'animal agresivo, peleante'). Otros lingüistas (Sofer, Walde-H.), de acuerdo con los zoólogos, sospechan origen africano del animal y de su nombre, del que se hallan formas análogas en nubio y en bereber. No parece haberse prestado mucha atención a la posibilidad de que CATT- y KITT- (variante existente en germánico) sean primitivamente voces de creación espontánea para llamar o expulsar al animal, a pesar de que *kutz!* se emplea en alemán para alejarlo, y denominaciones de creación semejante existen en muchos idiomas (cast. *micho*, *miz*, cat. *mixa*, *marruixa*, ingl. *puss*, rum. *pisică*, etc.).

En cuanto a acs. secundarias me limito a remitir a Sainéan, *op. cit.*, agregando algún dato suelto: 'hipócrita' en el *Conde Luc.* (ed. Hz. Ureña, p. 184), 'ladrón' en Tirso y en Quevedo (vid. nota a *El Vergonzoso en Palacio*, ed. Castro, I, 478), 'cerrojo' en el Fuero de Navarra (Tilander, *Fueros de Aragón*, p. 526); V. además Vigón.

DERIV. *Gata* [J. Ruiz; como nombre de una máquina de guerra h. 1300, *Gr. Conq. de Ultr.*, y ya en el latín de Vegecio]; 'oruga de la mariposa de la col' ast., *gata de fueu* 'luciérnaga' ast. (V); de ahí la locución *a gatas* 'a cuatro patas' [h. 1550, Lope de Rueda: *BDHA* III, 204], y luego, quizá partiendo de la locución *salir a gatas de algún sitio*: 'con dificultad', 'apenas' [«tollido que anda *agatas*» en A. de Molina, *Vocab. en l. cast. y mexicana*, a. 1571, fº 113, vº, *b*, y «no subió *a gatas* ni despacio» en Quevedo, *El Buscón*, ed. Castro, p. 92, ya parecen contener esta ac., hoy muy

viva en la Arg. y otras partes de América]. *Gatada* [Quevedo], comp. en otros romances BhZRPh. I, 38. *Gatallón. Gatazo. Gatear* [«ir sobre los pechos», Nebr.]; *gateado* (como nombre de un color de caballo, en la Arg., Granada, *BRAE* VIII, 192; A. Alonso, *El Probl. de la l. en Am.*, 171; de una clase de piedra en Córdoba, 1737, *BRAE* I, 69); *gateamiento. Gatera* [Berceo]; *gatero; gatería. Gatesco.* Ast. *gatilera* 'gatera', 'paso a modo de gatera abierto en un seto para pasarlo a hurtadillas' (V). *Gatillo* 'parte alta del pescuezo' [*G. de Alfarache*], 'percusor en las armas de fuego' (denominaciones semejantes en dialectos franceses, BhZRPh. I, 35; *FEW* II, 520a y b)³; *engatillar, -ado. Gatuno. Gatuñar* ast. 'rasguñar', *gatuñu* 'rasguño' (V). *Gatuperio* [h. 1640, Polo de Medina], formado con la terminación de *vituperio, improperio*; para *gatuperio*, V. TIBERIO. *Engatar* [Covarr.], *engatado.*

CPT. *Gatatumba* 'simulación' [*Aut.*], compuesto con *tumbar*, propiamente 'voltereta', 'cortesía exagerada', comp. sic. *catatummulu, catambota*, alem. *katzenbuckel* (BhZRPh. I, 44). *Gatuña*, también llamada *uñagata* y secundariamente *gatuna*, por influjo del adj. *gatuno*, comp. '*ûnyaĝâto* íd. en Abenŷólŷol (a. 982).

¹ En sardo se emplea CATTUS aun para la hembra (*ASNSL* CLXXV, 286). En otros romances ocurre lo opuesto (*REW*). Comp. J. Phelps, *Language* VII (1931), cuad. 4, y Walde-H., s. v.— ² También el derivado rumano dialectal *cătuşă*, lo que podría interpretarse en el sentido de que el vocablo ya se conocía en el latín del S. I d. C., pero quizá sea préstamo posterior de un idioma vecino.— ³ Cf. vco. *katuerdiko* íd. (*Supl.* Azk.²), propiamente 'gatita perdida'.

Gauba, V. *galbana*

GAUCHO, 'criollo rural del Río de la Plata', origen incierto, quizá sea lo mismo que *guacho* 'huérfano', en Colombia *guaucho* íd., que proceden del quich. *wáhča* (antes *wákča*) 'pobre, indigente', 'huérfano', de donde primero *guaucho* y después *gaucho*. 1.ª doc.: 1782, Aguirre, *Diario*, en *Anales de la Biblioteca Nacional*, B. Aires, IV, 145.

Aparece también en Félix de Azara († 1811) y en Bartolomé Hidalgo († 1823). Son numerosos los estudios dedicados al origen de *gaucho*; V. principalmente Lenz, *Dicc.*, 344-8, 361; Tiscornia, *M. Fierro coment.*, 418-9; A. Costa Álvarez, *Las etimologías de «gaucho»*, en *Nosotros* XX (1926), 183-209; Lehmann-Nitsche, *Journal de la Soc. des Américanistes de Paris* XX (1928), 103-5 (artículo reproducido en otras partes); para documentación, V. además Garzón, *Dicc. Arg.*, s. v.; Friederici, *Am. Wb.*, 258; Emilio E. Coni, *La Nación de B. A.*, 26-X-1941. La mayoría de estas etimologías no merece discusión¹. Una de las más sencillas en el aspecto fonético sería partir del fr. *gauche* 'torpe, inhábil', 'izquierdo' (derivado de *gauchir* 'desviarse', de origen germánico), pero ha sido demasiado escasa la difusión de este vocablo en español para que tal derivación sea verosímil: sólo me consta que el técnico español Baíls (1772) empleó *gaucho* en el sentido de 'alabeado' (*DHist.*, s. v. *alabeo*; de ahí pasó el vocablo a la Acad., 1843), y el uso de la locución *á gáucha* 'con las dos manos' en un dialecto portugués del Minho (Leite de V., *Opúsc.* II, 349) podría interpretarse en el sentido de que *gaucho* se empleó en la Península con el sentido de 'zurdo'. Pero son datos esporádicos y ni siquiera bien seguros.

Groussac (*Anales de la Bibl.* I, 405-8), partiendo de que *gaucho* se empleó por algunos, en la época primitiva, en el mismo sentido que *gauderio* 'bandido rural, ladrón de caminos', vocablo propio del Uruguay, documentado en esta zona desde 1773 a 1805, y hoy vivo todavía en el Brasil y en Portugal[2], quiere partir de un hipotético *gauducho, cambiado en *gaúcho* y luego *gaucho*: la forma acentuada en la *u* se emplea, en efecto, en el Sur del Brasil (donde se ha convertido en un gentilicio de los habitantes de Río Grande), es viva en el Uruguay (junto a *gáucho*), alterna con la otra en Ascasubi (1854)[3], y de ahí sale la pronunciación *gavucho* que en la Argentina suele mirarse como propia del *cocoliche* o jerga chapurreada de los italianos del país; *gáucho* podría salir de *gaúcho* con arreglo a la conocida tendencia de la acentuación vulgar americana, pero el cambio contrario también es posible por ultracorrección, y el tono pintoresco y a veces semiculto de *gaúcho* me parece confirmar su carácter secundario[4]; por lo demás, la pérdida de la *d* intervocálica, que es usual en el habla gauchesca en la terminación *-ado*, tiene poca extensión en el caso de *-ido* y en unos pocos más (*BDHA* III, 50-51), es hoy inaudita en la Arg. en la mayor parte de las posiciones, y dudo que se produzca en parte alguna tras el diptongo *au* (no existe una forma como *caual por 'caudal'); por lo tanto debe desecharse resueltamente la idea de Groussac.

La de Lehmann-Nitsche de identificar con el gitano *gachó* 'extranjero, no gitano', en Andalucía 'hombre', 'amante de una mujer', se funda en la existencia de una forma *gaudshó* (es decir, *gauǧó*) o *gaúdsho*, pero esta forma del vocablo, en sus dos variantes, parece ser propia del dialecto gitano de Escocia, y mientras no se dé algún indicio de su existencia en España es inútil insistir en esta etimología, que algunos han dado últimamente como probada.

Lenz, en el artículo que dedicó al vocablo, proponía un cruce del araucano *kači* 'amigo, camarada' con *káuču* 'hombre fino y astuto', palabra poco usual en este idioma; desde el punto de vista semántico ambos vocablos son poco convincentes, y si las etimologías por cruce son siempre sospe-

chosas, cuando la existencia del supuesto cruce no se comprueba por la identidad semántica u otros hechos externos, Lenz agrava todavía la duda al reconocer que, para asegurar el cambio poco frecuente de *c-* en *g-*, sería bueno admitir la fusión con *guacho* 'huérfano'; esta etimología resulta, pues, complicada en exceso en cuanto a la forma e inverosímil por el sentido[5]. Lo que sí me parece bastante seguro es que sea el arauc. *kaučw* el que se tomó del cast. *gaucho* en la ac. 'hábil', para la cual V. abajo. Con lo cual se derrumba esta etimología.

Por lo demás parece como si Lenz hubiese cambiado de pensamiento al redactar posteriormente su artículo *guacho*, pues admite allí que *gaucho* pudo tener simplemente el mismo origen que este otro vocablo, procedente del quich. *wáhča* 'pobre, indigente', 'huérfano' (Lira). En *wáhča*, la *h* se pronuncia como una *j* española y procede de una antigua *k*; ahora bien, esta *j* o *k* en fin de sílaba suele convertirse en *u* al pasar al español (*cheuto* 'labihendido' < quich. *čʼehta* < *čʼekta*), y de hecho *guacho* 'huérfano' tiene en Colombia la variante *guaucho*, que Uribe define «huérfano, orejano, becerro o potro sin madre»; *gaucho* 'expósito, huérfano' se emplea más en el Valle del Cauca y departamentos colombianos del Sur, según Tobón Bethancourt, *Colombianismos*. Gaucho se emplea hoy en la Arg. como nombre de un pájaro cuyo excremento emplean como panacea los curanderos populares, pero según el jesuíta cuyano que describió su provincia a fines del S. XVIII, este pájaro se llamaba entonces *guauchu*.[6] Esta forma fácilmente pudo reducirse a *gaucho* por disimilación, mientras en otras partes se preferiría *guacho* que, permaneciendo más semejante a la palabra indígena, conservó mejor su sentido propio. El caso es que esta ac. 'indigente', 'abandonado', 'vagabundo' pudo muy bien ser la primitiva de *gaucho*, según indicios diversos: ya hemos visto que los autores primitivos miran a los gauchos como a una especie de bandidos, y sabido es que el ennoblecimiento que después ha experimentado la palabra es debido a la intervención destacada de la caballería gaucha del norteño Güemes en las guerras de la independencia, y a la identificación de que luego se ha hecho objeto al gaucho con el tipo étnico puro de la zona pampeana, pero en las tierras interiores de Catamarca todavía conserva su primitivo matiz peyorativo[7]; por otra parte, Azara († 1811) nos informa de que en su tiempo se llamaba *gaucho* a un tipo de perro vagabundo, sin dueño (V. la cita en Granada y en Garzón), y todavía Ascasubi emplea el verbo *gauchar* como sinónimo de 'vagabundear'[8].

Sea de ello lo que se quiera, me parece evidente que de las etimologías publicadas hasta ahora sólo la primera y la última aquí analizadas merecen futura consideración.

Como resultado del fuerte contenido afectivo

que hoy tiene para los argentinos la voz *gaucho*, no es raro que haya tomado secundariamente toda clase de acs. laudatorias, desde 'hábil, ágil' (*Martín Fierro* I, 2225) hasta 'valiente', V. mi artículo semántico en *AILC* I, 14 y 25, y comp. los derivados.

DERIV. *Gauchada* 'favor, servicio prestado a alguno' (general en la Arg.), 'cuento popular narrado a propósito de algo' (en Ascasubi, vid. Tiscornia, *Poetas Gauchescos*, p. 133), 'treta' (en el mismo, *S. Vega*, 58), 'conjunto de gauchos' (B. Hidalgo, José Hernández, vid. Tiscornia, *M. Fierro coment.*, p. 417). *Gauchar*, V. arriba. *Gauchaje* 'conjunto de gauchos' (término general en gauchesco, *o. c.*, p. 418). *Gauchesco* 'propio de los gauchos' (R. Rojas, *Literatura Argentina*, título del 2.º tomo, etc.).

[1] La serie continúa y continuará, como es natural. El Sr. B. Caviglia h. publicó un folleto de 92 pp. titulado «*Gaucho*» *de* «*garrucho*», en Montevideo en 1933. Agréguese W. Giese, *Eusko-Jakintza* VI (1952), 76-77, que supongo escrito para rechazar y no para apoyar la insostenible etimología vasca que han propuesto algunos.— [2] En el Brasil es 'parásito, el que vive a costa ajena'; en Portugal hallo *galdério*, en Tras os Montes «*vadio*, esbanjador, intrujão» (*RL* XIII, 117), *galdéria* en el NE. de Estremadura «*mulher vadia, delambida, de comportamento duvidoso*» (*RL* XXXVI, 129); todo lo cual ha de relacionarse con gnía. *goderia* «convite de gorra», «borrachera» [1609, J. Hidalgo], que la Acad. acentúa *godería*, quizá sin razón. Parece derivado de *regodearse* con el sufijo de *dicterio, gatuperio, cautiverio*, etc., y la forma en *gaud-* será debida a contaminación de *gaudeamus*.— [3] *Gáuchos* rima con *matuchos* en *Aniceto el Gallo*, 267, pero en *Santos Vega* (19) hay el octosílabo «el *gaucho* más desgraciado». Los demás ejs. gauchescos, en verso, del S. XIX, que cita Tiscornia, revelan la pronunciación *gáucho*, única empleada por José Hernández.— [4] El uruguayo Fernán Silva Valdés pone *gaúcho* en los labios de una maestra de escuela (*La Prensa*, 11-II-1940).— [5] El detalle de que los indios dicen *cauchu* por 'gaucho' carece de todo valor para la etimología. En araucano no existe el fonema *g*: de ahí esta alteración.— [6] Draghi, *Fuente Americana de la Historia Argentina*, pp. LXI y 94. Convendría comprobar esta lectura en el manuscrito. Es dudoso que pueda darse valor a la forma *huacho* con que Walter Scott llama a los gauchos argentinos, en su *Life of Napoleon* II, i, según Sarmiento, *Facundo*, ed. Losada, p. 35.— [7] Como nota A. Alonso, *El Problema de la L. en América*, p. 84.— [8] «De manera que otra vez / si por suerte nos topamos / o la fortuna me arroja / algún día por su pago, / lo que no será difícil / porque yo vivo *gauchando*...», *Santos Vega*, v. 172. No será impertinente reproducir la opinión de un entendido como Guiraldes, que por lo demás no piensa en etimologías en su hermosa novela: «*guacho* y *gaucho* me parecía lo mismo, porque entendía que ambas cosas significaban ser hijo de Dios, del campo y de uno mismo», *Don Segundo Sombra*, ed. Espasa, p. 307.

Gaudeamus, V. *gozo*   *Gauderio*, V. *regodearse*   *Gaudio*, V. *gozo*   *Gaudón*, V. *gaucho* (nota 2) y *alcaucil*   *Gavanza, gavanzo*, V. *aganvanzo*

GAVERA 'molde en que se hacen adobes, ladrillos o tejas', and., mej., col., venez., per., parece ser cruce de *adobera* 'molde de adobes' con *galápago* 'molde de tejas'. 1.ª *doc.*: *Ordenanzas de Sevilla* (1527).

Sale también en las de Málaga y Granada, Cuervo, *Ap.*, § 957.

GAVETA 'cajón corredizo que hay en los escritorios', 'gamella', alteración del lat. *gabăta* 'escudilla', 'gamella', común al castellano con el catalán, el italiano y la lengua de Oc, y probablemente propagada desde esta última, donde se explica por el traslado del acento que es nomal en la fonética de este idioma. 1.ª *doc.*: 1570, C. de las Casas («*gaveta: gavetta*»).

Dice Covarr.: «el *caxoncito* del escritorio... en el hueco y espacio della ponemos los papeles, y las demás joyas que se guardan en los escritorios», y ésta es la única ac. que registra *Aut.*, con dos ejs. de fines del S. XVII y principios del XVIII [1]; lo mismo en Quiñones de B. († 1651): «vuestro hijo entró aquí y con una daga / abrió vuestro escritorio, y la *gabeta* / donde estaba el dinero hizo pedazos». Pero ha existido otra ac., según ha indicado Max Steffen[2]: Mateo Alemán en el *Guzmán de Alfarache* emplea *gabeta* en el sentido de 'gamella para la comida del galeote', y aunque *Aut.* sustituye por *gábata*, las varias ediciones antiguas imprimen con *e*, y la acentuación *gábeta* de algunos editores modernos es arbitraria; esta ac. se conserva en varias de las Islas Canarias, donde *gaveta* es un dornajo, artesa o plato hondo de madera fabricado en el país, empleado para ordeñar, para amasar el gofio y para otros usos rurales; y el dicc. de Fz. de Navarrete registra como término marino *gabeta* 'balde de madera empleado para dar el rancho o el vino a los marineros y a la tropa'. Ahora bien, ya Oudin (1616), además de definir «*gaveta*: layette ou tirant d'un cabinet ou d'un buffet et comptoir», advierte que es «selon aucuns une jatte ou escuelle de bois»; en la Arg. *gaveta* para los gauchos antiguos era «yerbera», 'la caja pequeña donde se echa la yerba para cebar mate' (A. Villador, *Mundo Argentino*, 5-IV-1939).

Esta acepción halla eco en otros romances: port. *gaveto* «peça de madeira, convexa ou côncava, em diversos trabalhos de carpintaria»; cat.

gaveta es 'artesa de albañil', ac. en la que se halla ya en un inventario de Igualada, del a. 1564³, en *Tirante el Blanco* (h. 1470) es un recipiente de madera para poner aceite y alquitrán, y en un bando barcelonés de 1349-56 es un lebrillo para recoger la sangre en el matadero (Dicc. Balari)⁴. El it. *gavetta* 'gamella para soldados y marineros' no sólo figura en Aless. Falconi (1612) y en P. Pantera (1614), sino en Balducci Pegolotti (1.ª mitad del S. XIV), según el *Diz. di Mar.*, y en un texto piamontés medieval (*FEW* IV, 14, n. 2). Finalmente en documento inglés de 1295 sale la frase *cum duobus gabettis*, aplicada a una naveta de incienso (Du C.), que parece corresponder a un masculino *gabettus*, pero quizá sea *gabetta*, con mala concordancia. No cabe duda que todo esto procede del lat. GABĂTA 'escudilla', 'gamella', que ha dejado por otra parte descendencia popular y normal en varios romances: gall. *gábado* 'pipa, tonel', 'vasija para vino', *gabédo, gabado* 'especie de jarro para agua, vino, etc.' (*trae agua en algún gavedo*), Sarm. *CaG.* 67*v*, 153*v* y cf. la documentación y detalles aportados por Pensado ib. 128-129⁵, port. miñoto *gávedo* 'cualquier recipiente' (Fig.), cat. *gavadal* 'artesa', oc. ant. *gauda*, fr. *jatte*, it. merid. *gávito*, etc. (*FEW* IV, 13*b*). En cuanto a *gaveta*, no sirve de mucho decir con Brüch (*ZRPh.* XXXVIII, 688; comp. ibid. LI, 686) que se explica simplemente por un «cambio de sufijo», pues no es verosímil que sufriera tal sustitución la terminación átona -ĂTA, que no podía percibirse como un elemento significativo ni independiente; tampoco es de creer que venga del germánico (como quiere Braune, *ZRPh.* XLII, 145), pues su área geográfica queda muy alejada del b. alem. ant. *geƀita*, que por lo demás procede de GABATA (junto con el a. alem. ant. *gabiza*, oberdeutsch *gebse*) y no nos podemos apoyar mucho en la grafía *gavessa* o *gavella* 'escudilla' que aparece en una inscripción cristiana de España (Carnoy, 260), pues se trata de una lectura incierta (¿léase *gavetta* o *gáveta*?).

La explicación más natural es admitir que el vocablo nació en lengua de Oc, donde es regular el avance del acento en todos los esdrújulos: *teƀẹza* TEPĬDA, *codẹna* CUTĬNA, *lagrẹma* LACRĬMA, *padẹna* PATĬNA, aran. *labáda* LAPĬDEM, etc., y es también normal que una A postónica se cierre previamente en *e*: *lampẹza* (Mistral *lampeso*) LAMPĂDA. Es verdad que *gaveto*, f., «gamelle de bois dans laquelle on sert la soupe, jatte, sébile», «auge de bois pour la cuisine», «tronc creusé pour servir d'abreuvoir» (Mistral, con variante septentrional *javeto*), no parece hallarse allí en la Edad Media, aunque la emplea ya el provenzal Reynier de Briançon, en el S. XVII, y hoy vive en Marsella y otras partes, de suerte que el vocablo está documentado mucho antes en Inglaterra e Italia, pero la lexicografía medieval de la lengua de Oc no está lo bastante adelantada para que sea lícito deducir conclusio-

nes *ex silentio*, y la aparición temprana en Cataluña y en el Piamonte puede tomarse como indicio de la existencia previa en el Sur de Francia. El detalle de la forma puede justificarse suponiendo un semiculto *gáveta* > *gavéta*, o si preferimos atenernos a las formas documentadas, podemos partir de *gaveda* «auge», «gabata», que se halla en dos textos provenzales de fines del S. XV (Pansier III, 92; V, 106), representante popular de GABĂTA, que pudo cambiar su terminación -*éda* por la diminutiva -*éta*, debido a la pequeñez relativa de la gaveta, comp. lo ocurrido con *galleta* (< *galleda*).

¹ Advierte que algunos «por corrupción» dicen *naveta*, forma empleada por Lope en *La Dorotea*, debida a confusión con la naveta o vaso en forma de navecilla usado para el incienso en la Iglesia.— ² *Lexicografía Canaria*, pp. 11-16, tirada aparte de *Revista de Historia* de la Univ. de La Laguna, 1945, n.º 70.— ³ «Una *gavata* de obrar», *BDLC* XVI, 104. Este texto presenta otros ejs. de *a* en lugar de *e* tónica, cuando ésta tiene hoy en Mallorca el matiz turbio de *ê* (= *ę̈*), que antiguamente debió hallarse también en el catalán oriental.— ⁴ Además Alcover trae documentación desde 1331.— ⁵ En cuanto a la acentuación, son bastantes más las palabras gallegas que han dejado de ser esdrújulas: *paxáro, guména, trafégo* y otras, en las cuales a menudo no vemos claro hasta qué punto no hay olvido meramente gráfico del acento. No es asunto que se haya estudiado con bastante atención y crítica.

Gavia, V. *jaula, gaviota*

GAVIAL, 'cocodrilo de la India', tomado del francés, donde es corrupción del hindustani *gharial*. 1.ª *doc.*: Acad. 1899.

En francés desde 1789. Vid. *NED*, Skeat, s. v.

Gaviero, gavieta, gaviete, V. *jaula*

GAVILÁN, nombre de una ave de presa y de varios objetos de forma ganchuda o saliente, del mismo origen incierto que el port. *gavião* íd., mall. *gavilans* 'especie de escardillo', probablemente de un gót. *GABILA, -ANS, de la misma raíz que el a. alem. ant. *gabala* o *gabila*, b. alem. ant. *gafala*, ags. *geaflas*, alem. *gabel*, 'horca', escand. ant. *gafl* 'hastial, pináculo de la fachada', nombre aplicado al gavilán por comparación de sus garras con una horca de campesino. 1.ª *doc.*: Berceo. Un derivado *gavilanzera* en doc. que sería de 1076, *BHisp.* LVIII, 360.

Como nombre del ave de rapiña se halla también en las Cortes de Sevilla de 1252 y en las de Valladolid de 1258 (*RFE* VIII, 7), en el *Espéculo* de Alfonso el Sabio (*RFE* VIII, 350), *Elena y María* (S. XIII: *RFE* I), los Aranceles santanderinos del S. XIII, el *Libro de la Caza* de D. Juan Manuel (ed. Baist, 80.10), la obra semejante de López de Ayala, los Glosarios de Toledo y del Escorial, los Fueros de Soria y de Navarra, etc. (vid. Castro, *RFE* IX, 269), y es palabra muy frecuente en todas las épocas y regiones del idioma. En la Edad Media se halla escrita constantemente con -*v*-. Más tarde se empleó una forma *gabilocho* (1606, Valdivia) o *gavilucho* (ya Lope de Rueda, h. 1550), hoy conservada ésta en Astorga, León (*RH* XV, 5), el Bierzo (o quizá gallego miñoto, 'ave de presa mayor que el gavilán', Sarm. *CaG.* 145*r*) y Bogotá (Cuervo, *Ap.*, § 886) y debida a un cruce con *aguilucho, -ocho*. El port. *gavião* no es menos antiguo, pues la forma latinizada *gaviano* ya figura dos veces en ley de 1253, *gaviam* en doc. de h. 1300 (*RL* XI, 91), en Fernão Lopes (h. 1450) (vid. Cortesão), etc., *niño dos gabians* 'nido de los azores' en doc. gall. S. XIII-XV, Sarm. *CaG.* 88*v*. Como nombre de herramienta o parte de ella encuentro ya los *gavilanes de la espada* 'hierros que salen de su guarnición formando la cruz y defendiendo la mano' en Quevedo (*Buscón*, ed. Castro, p. 103), 'pieza ganchuda en el facón gauchesco' (Tiscornia, *M. Fierro coment.*, p. 72n.), 'punta de la hoja de la podadera, en forma de pico' en el Este de Lugo (*VKR* V, 122), port. *gavião* íd. en Bairrada (*RL* XX, 248), y otros que se pueden ver en Krüger, *Die Hochpyr.* A, II, 206; gall. *gavilán* 'flagelo con que las vides se van agarrando' (Sarm. *CaG.* 95*v*) o la rama de la *norza* o *vitis alba* (ib. 134*v*). Aunque el vocablo como nombre de ave es ajeno a la lengua catalana[1], *gavilans* se emplea en mall. (y localmente or., castellon.) para una variedad de escardillo o almocafre, conocida por *àrpies* o *arpelles* en Cataluña (*ALC*, mapa 156; *BDLC* XIII, 24; Dicc. Alcover, s. v. *arpellot*), y *Gavilà* existe como apellido en el País Valenciano (*BDLC* XII, 320).

Nuestro vocablo tiene, efectivamente, todo el aspecto de un nombre propio gótico de hombre, del tipo de AGĬLA, ATTĬLA, WULFĬLA, SWINTĬLA, KINTĬLA, FAWĬLA, etc., cuyo genitivo era en -LANS, y por lo tanto solían declinarse en latín AGĬLA, AGĬLĀNIS; de hecho *Gavilanes* se halla como nombre de lugar castellano y *Gavián* en Galicia (Sachs, *Die Germ. Ortsnamen in Sp. u. Port.*, 54), y en Italia hallamos formas derivadas como *Casale Gavilaria, Gavinana, Gavirate*, que presuponen todas un nombre de persona gótico *GABĬLA (Gamillscheg, *R. G.* II, p. 12). El vasco guipuzcoano *gabirai* 'gavilán' (Michelena, *BSVAP* XI, 291) ha de ser préstamo antiguo del romance y se explica bien con una base -ANE. Estamos, pues, ante el caso, ya estudiado en el artículo *BARRAGÁN*, de un nombre de persona germánico, empleado primero como apodo de una persona o de un animal y convertido luego en apelativo, con significado alusivo al de la raíz germánica con que se formó: el empleo del gavilán como ave de caza

le hacía adecuado para recibir apodos, que a la larga se convertirían en nombre común del animal. *GABĬLA (dejando aparte la terminación masculina en -A, que correspondería a una -*o* alto-alemana) equivale, en efecto, al a. alem. ant. *gabila* (o *gabala*) 'horca agrícola', y demás formás citadas arriba, escand. ant. *gafl* 'hastial, remate de la fachada triangular de un edificio, en forma de cruz de San Esteban', vieja palabra común a los varios idiomas germánicos y a otros indoeuropeos (galo-latino *gabalus* 'horca de ahorcar', etc.). Su significado en los dialectos alemanes es, por lo demás, multiforme: 'rama en forma de horca, horcón', 'pértiga bifurcada para redes de caza o para el remo', 'timón bifurcado de carro', 'armazón de ganchos para llevar una carga a cuestas', vid. Braune, *ZRPh.* XLIII, 148, quien ya sugiere esta etimología[2]. De suerte que esta raíz pudo en gótico tener asimismo el significado de 'rama ganchuda o curva', desde el cual llegaríamos también a 'gancho' (según hemos visto en *GANCHO* y *GARABATO*): ésta u 'horca' es, en todo caso, la base semántica de *gavilán*, ave que en catalán se llama *arpella*, derivado del germ. HARPA 'gancho', del cual parten también *arpelles, àrpies, arpiots*, etc., nombres catalanes del escardillo ganchudo, que según hemos visto se llama en Mallorca *gavilans*.

Es probable que el gótico poseyera la raíz GAB- con el mismo significado y con otros sufijos[3], pues tenemos el ast. *gabitu*[4] 'gancho de palo o de hierro' (R, V, Sarm.), *gabita* 'cadena de hierro que une por medio de un gancho el yugo de dos parejas de bueyes', 'yunta de bueyes que se agrega a los que tiran de un carro para cruzar un mal paso', *engabitar* 'colgar de un gabitu una cosa, engancharla con él', *agabitar* 'alcanzar alguna cosa con el gabitu' (R, V); gall. *gavizo* 'palo seco del monte, chamizo, de *urce*, abrótea, etc., que sirve de tea para alumbrar' (Sarm. *CaG.* 192*r*); ast. occid. y gall. *gabiñón* 'garfio para coger la carne del puchero', Lugo *gabuñón* 'punta de la hoja de la podadera, en forma de pico' (*VKR* V, 122), trasm. *gavejo* 'gancho', Douro *gavina* 'podadera' (Krüger, *Gegenstandsk.*, 233), port. *gavinhas* 'zarcillos de sarmiento'; gall. *gabear* 'trepar aferrándose', 'trepar'[5]. Para los ast. *gabita, -itu*, 'gancho', etc., V. ahora D. Alonso, *RFE* XXXIV, 242-3. Por otra parte, en Italia el ave gavilán se llama *gavinel* en Lombardía, Emilia y Verona, *ganivel* en Bregaglia, M-L. cita un napol. *ganavielḷẹ*, y *ganivelo* figura ya con este sentido en el lombardo Uguccione da Lodi, a mediados del S. XIII (*ZRPh.* IX, 326), y en un glosario veronés del S. XV (Mussafia, *Beiträge*, s. v.): puede dudarse entre una haplología del diminutivo *gavilanello*, y un derivado de la raíz GAB- con sufijo -INUS, como los que hemos visto en el Noroeste de España, pero desde luego estas formas italianas confirman plenamente que estamos ante una palabra gótica. M-L. (*REW*[1] y [3], 3628) tuvo ya la primera intuición de esta etimología, pero no se atrevió a sentarla resueltamente por la falta de nombres parecidos del gavilán en los idiomas germánicos; sin embargo, Braune llama atinadamente la atención hacia compuestos como *gabelweihe* 'Falco milvus', suizo *gäbeli*- ⁵ *vogel, gabelgeier* 'especie de buitre', a. alem. med. *gabilûn* 'especie de dragón fabuloso', aunque no creo que la idea sea la de una cola bifurcada, como supone él, sino la de las garras que aferran, como una horca saca la mies del pajar. ¹⁰

No es posible derivar de CAPĔRE 'coger' ni de su derivado CAPUS 'halcón' (S. Isidoro y glosas), como propuso Diez (*Wb.*, 454), pues la -*v*- de las formas medievales y portuguesas se opone inequívocamente a un étimo con -P-; tampoco tiene ¹⁵ fundamento la sospecha de Simonet (p. 244) de que *gavilán* viene de *garvilán, en relación con el mozárabe *garbel* (compruébese en el artículo *GARBILLO*).

El hápax oc. ant. *gavanh*, que parece designar ²⁰ una ave de rapiña en el trovador Peire de Corbiac (vid. Raynouard), es palabra dudosa.

DERIV. *Gavilana. Gavilancillo.*

¹ Salvo en Valencia y Menorca, donde será castellanismo.— ² Antes lo había hecho ya C. Mi ²⁵ chaëlis al traducir de paso *gavilán* por «G a b e l sperber» (*ZRPh.* XX, 208).— ³ En efecto, los indoeuropeístas admiten que ésta es la raíz, a la cual se agregó la -L- como elemento sufijado, vid. Walde-H., s. v. *gabalus.*— ⁴ La variante *ca ³⁰ bido* 'palo terminado en gancho para mesar la hierba o colgar algo' de Sajambre (Fz. Gonzz., Oseja, 217) y otras formas que he citado s. v. *GANCHO*, quizá se deban a influjo de un sinónimo (como el étimo céltico de *gancho*).— ⁵ «Ga ³⁵ bea pola parede», «gabeou polas escaleiras dun trasatlántico», «gabea por outeiros», Castelao 186. 6f., 165.14, 236.3f.; -*ear* aquí podría ser secundario por -*iar* < -*ilar* (y aun -*i(l)āar*?) o acaso sufijo propio. ⁴⁰

Gavilocho, -lucho, V. *gavilán*

GAVILLA, 'haz de sarmientos, mieses, ramas, etc.', palabra común a todos los idiomas ibero y ⁴⁵ galorromances, de origen incierto, que comúnmente se cree procedente del céltico, pero como en esta familia lingüística no está documentada una palabra de forma equivalente, parece ser más bien derivada del lat. CAVUS 'hueco entre las ma ⁵⁰ nos', 'gavilla', como lo es el it. *covone* 'gavilla'. *1.ª doc.*: *gaviella*, Berceo.

Es palabra común a todas las épocas y regiones del idioma, está también en J. Ruiz, en APal. («*mergites* son horquillas... de que usan los la ⁵⁵ bradores para alçar las *gavillas* de las miesses»), *Aut.* cita ejs. clásicos, etc. El ast. *gabiella* es especialmente la de cañas de maíz (V). También port. *gavela* 'gavilla', cat. *gavella* 'haz pequeño de mieses o ramas', 'gavilla cuando todavía no está ⁶⁰

atada' (comp. *garba* 'gavilla atada'), oc. *gavela*, fr. *javelle* «chacune des poignées de blé scié qu'on couche sur la terre pour laisser le grain jaunir», en todas partes palabra antigua y de uso general; además el masculino fr. dial. *javeau, gaveau*, oc. *gavel*, cat. *gavell* 'haz de cualquier cosa', 'paquete, manojo', en Tortosa y Maestrazgo 'manchón de sembrado' (*BDLC* IX, 296).

En cuanto a la etimología, Diez (*Wb.*, 158) había pensado en un *CAPELLUS, -ELLA, derivado del lat. CAPULUS 'mango', lo cual sería inverosímil por el sentido y es imposible por la forma, puesto que la -*v*- de la lengua de Oc y de los romances hispánicos prueba que el étimo ha de tener -B- o -V-. Thurneysen, *Keltorom.*, 62, replicó que no habiendo formas romances en *c*- sería preferible la idea de Skeat de pensar en la raíz céltica *gab*- 'coger' (infinitivo irl. *gabāl, -ail*, galés *gafael*, córn. *gavel*), pero reconociendo que no hay formas célticas que correspondan al tipo *GAVELLUS, -ELLA (o *GAB-), postulado por las lenguas romances, pues los infinitivos arriba citados vienen de un tipo fonético diferente. A pesar de esta prudente reserva, los etimologistas posteriores se han limitado a dar por más o menos segura esta etimología, remitiendo al libro de Thurneysen: así proceden M-L. (*REW* 3627), Wartburg (*FEW* IV, 14-16), Bloch, etc.; Gamillscheg (*EWFS*) reconoce que en céltico sólo se podría reconstruir una bàse *GABAGLĀ, de la cual debería salir *GABELLA por cambio de sufijo.

Antes me parecería razonable atender a una sugestión de Gaston Paris, con referencia a la nota de Rönsch, *RF* II, 474-5; tratando del it. *covone* 'gavilla', Pavía *cova* 'manojo de espigas', piam. *coeuva* 'yacija de paja', Gardena *kueva* 'atado de paja', piam., lomb. *coeuf*, boloñés *cof* 'gavilla', que suelen derivarse del lat. vg. CŎVUS, variante fonética de CAVUS 'hueco', en el sentido de 'hueco de las manos, lo que cabe en él', observó este erudito que CAVUS se halla realmente sustantivado en el sentido de 'gavilla' en un escoliasta de Virgilio, el latino Philargyrius, del S. V: «*mergites*: fásces culmorum spicas habentium, quas metentes bracchiis sinistris complectuntur; quidam *cavos* dicunt» (*Ad Georg.* II, 517)¹. Ahora bien, tal como el italiano formó el derivado *covone*, los romances de España y Francia pudieron formar *CAVELLUS, *CAVELLA, cuya inicial se sonorizaría como la de tantas palabras de la misma raíz: CAVEA > *gavia*, CAVEOLA > fr. *geôle*, cast. *jaula*, CAVONE > rum. *găun*, cat. *gaó* 'hueco en la barca', *CAVULA > rum. *gaură*, y otros derivados, como Siena *gavina*, Istria *gavusa* (*REW* 1796), etc. Lo cual es tanto más razonable cuanto que, según ya nota Nigra (*AGI* XIV, 353ss.), el piam. *ciavela* 'gavilla' y Valsesia *cuvalli* íd., se oponen al étimo céltico, o a otro cualquiera con G-, y postulan una base con C-.

No es verosímil, en cambio, suponer que *javelle* y su familia procedan del verbo *javeler*, de escasa extensión en romance y sólo documentado desde el S. XVI, verbo que vendría de un fráncico *GA-BILÓN, derivado del a. alem. ant. *gabila* 'horca', con el sentido de 'coger con la horca'; entre otras cosas, esto no explica la *-ll-*, y no es base adecuada una voz fráncica para una palabra muy antigua en castellano y portugués.

DERIV. *Gavillar* 'juntar', gnía. [1609, J. Hidalgo; derivado de *gavilla* 'chusma de gente' documentado desde la misma fecha]; *gavillada*; *gavillador*. *Gavillar* m. *Gavillero*. *Engavillar* (ast. *engaviellar*, V). *Gabejo* [Acad. después de 1899] 'haz pequeño', en Álava y Palencia *gabijón*: serán ultracorrecciones aragonesas o leonesas con *-j-* abusiva por *-ll-*; ast. *gabellón* 'conjunto de gavillas puestas en forma de cono' (V).

¹ Por desgracia no puedo comprobar esta cita, pues esta parte del comentario de Philargyrius falta en la ed. de Hagen. Nada de eso en el *ThLL*, cuyos redactores sólo utilizaron el comentario de dicho escoliasta a las Bucólicas.

Gavina, *gavinote*, V. *gaviota*   *Gavión*, V. *jaula* y *avión*

GAVIOTA, derivado del lat. GAVĬA íd. *1.ª doc.*: APal. («*larus*... se toma por *gaviota*, ave que anda sobre el agua», 235b).

Figura también en Nebr. y es corriente desde los lexicógrafos y autores del Siglo de Oro. De la misma formación es el port. *gaivota*; gall. *gaivota* (Vall. y ya Sarm., *CaG*. 189r, A20v, aunque en su paso por la ría de Arousa anota *gavota*). Los demás romances presentan derivados diferentes: cat. *gavina*¹ (que se extiende hasta el castellano de Murcia y la Mancha, según Acad. 1843; murc. *gavinote*, G. Soriano), it. *gabbiano*, oc. *gabian*, port. *gaivão*; vco. *kaiar* 'gaviota grande' en San Sebastián y Fuenterrabía, aumentativo de *kaio* 'gaviota de las más grandes' en Fuenterrabía, Zumaya y Lequeitio². El primitivo se conservó en el mozár. *gâbiya*, documentado en Rabí ben Zaíd (a. 961) y PAlc., y hoy usual en Marruecos (según la Acad., ya 1843, existiría también *gavia* en castellano), así como en algunas formas del Sur de Italia y Provenza. En lat. GAVIA no es palabra clásica (era *larus*), sino creación, quizá onomatopéyica, del lenguaje de la decadencia: aparece ya en Plinio, con significado incierto, y más claramente en autores posteriores, p. ej. el galorromano Eucherius (h. 440 d. C.), *KJRPh*. V, i, 86. Por cruce con *pavo* se dijo *paviota*, que en el sentido de 'gaviota' ya se halla en López de Gómara [1544], pero es muy anterior, pues el tetrasílabo *paviota* figura sin definición en Guillén de Segovia, a. 1475 (Tallgren), y en el sentido traslaticio de 'persona parlanchina', 'loca, traviesa', ya está en J. Ruiz (439a; el masc. *paviote* 1477c) y en el *Corbacho* (*BRAE* X, 42-44); esta ac. figurada se explica por el chillerío continuo de las gaviotas, y es precisa-

mente esta ac. la que dió lugar al cruce con *pavo*, por el carácter jactancioso del pavo real.

¹ También *gavià* es nombre de una especie de gaviota (del género Larus) en lugares del dominio catalán según cita de Vayreda en el *DAlcM*. Creo que en la Albufera de Valencia, pues en el término de Sueca encuentro *gavià* como nombre de un puesto de tiro de cazadores. Es verdad que también se halla *gavilà* en este sentido según otros datos del *DAlcM*, y realmente el NL *Gavilà* está también en Sueca, al parecer con referencia al mismo sitio, así que debe de haber vacilación entre dos variantes; pero, desde luego, creo que *gavilà* será secundario, debido a confusiones locales con el *gavilán* castellano que, al menos como nombre de ave, es básicamente ajeno al catalán (donde *esparver* no sólo es lo genuino, sino lo único usado en el Principado.— ² Del lat. GAVIA 'gaviota' o de un romance *gavi(n)o* (= cat. *gavina*), más bien que de GAIUS 'arrendajo' (cf. Michelena, *BSVAP* XI, 291), vendrá el vasco *kaio* 'especie de gaviota', a.-nav., guip., vizcaíno.

Gayama, V. *gajo*   *Gayán*, *gayasperu*, *gayatu*, V. *gayo*   *Gayera*, *gayo*, ast., V. *gajo*

GAYO, 'alegre, vistoso', voz galorromance, de procedencia probablemente occitana (*gai*, *jai*, 'alegre'), que desde ahí se extendió al francés, al castellano y a otros idiomas; origen incierto: son improbables las etimologías germánicas que suelen indicarse; como *gai* se empleaba también en el sentido de 'gozo', es probable que se trate de una reducción de *gauy*, lat. GAUDIUM. *1.ª doc.*: h. 1400, *Canc. de Baena*, p. 77 (*gaya ciencia*).

La locución *gaya ciencia* aparece también en E. de Villena, el Marqués de Santillana y otros autores medievales; también *arte gayoso* o *gayosa* en el mismo sentido, *Canc. de Baena*, 398, 476. En cuanto al uso independiente del adjetivo *gayo*, no tengo testimonios anteriores a Covarr.¹: «*gayo* o *gayete*, en francés *hilaritas*, vale alegre, apacible, deleytable, galán»; Oudin (1616, no 1607): «*gayo*: gay, joyeux, bigarré, de diverses couleurs», y otros lexicógrafos posteriores que copian a éstos. De ahí el derivado *gayado*, que es ya frecuente en esta época. *Aut.*, seguramente por purismo, no admite el vocablo, que tampoco forma parte del vocabulario del *Quijote*, Góngora ni Moratín. Pero *gayo*, sobre todo en el sentido de 'vistoso, que alegra la vista' es frecuente ya a princ. S. XIX (*gayas flores*, *gayos colores*: Meléndez Valdés, Bretón de los Herreros, Pardo Bazán, en Pagés). En portugués, y aun más en catalán, el vocablo es ya frecuente en la Edad Media, y también halló amplia entrada en italiano, pero en todos estos idiomas, como en castellano, una atmósfera extranjera lo ha rodeado siempre, atmósfera tan perceptible para todos que ni siquiera es preciso dar pruebas de su existencia².

Por otra parte, en las lenguas romances de Francia, *gai* es desde antiguo la expresión normal y cotidiana de la idea de alegría; en ambas es palabra muy antigua : en lengua de Oc se halla ya en el primer trovador, Guillermo de Poitiers, h. 1100, y en todos los trovadores primitivos y clásicos; en francés aparece pronto también, pero algo más tarde : no se citan ejs. antes de *Raoul de Cambrai*, ya en la segunda mitad del S. XII, y el abstracto *gaieté* en Benoit de Ste. More, h. 1160; es de notar, en cambio, la ausencia en la *Chanson de Rolland*, coetánea del conde de Poitiers, en la cual figuran *joyus* y otros sinónimos, y en toda la literatura del francés primitivo, de los SS. IX a XII. Los trovadores oriundos de la zona norteña, por lo general emplean, según era de esperar, la variante fonética *jai* (Guiraut de Bornelh, Arnaut de Maruelh, Pistoleta), que también se halla en el catalán Ramón Vidal de Besalú, conocido imitador del lenguaje lemosín. Ésta debiera ser la forma francesa, pero allí encontramos solamente *gai*. Es un hecho tan extraño, que junto con la aparición más tardía en el Norte de Francia nos lleva necesariamente a la conclusión de que en francés *gai* es occitanismo. Esto ya podríamos sospecharlo con sólo el estudio estilístico e ideológico del vocablo : son notorias las teorías trovadorescas que hacen de la alegría una de las cualidades esenciales del amor cortés, los lugares comunes acerca de las *gaias domnas*, del *gai temps de pascor*, dels *gais auzels*; la primera condición del *so* o melodía es que sea *gai* (*Leys d'Amors* I, 340), y el poeta ha de escribir *gaias razós* y *gaias chansós*, hasta el punto de que su arte es la *Gaia Ciensa* o el *Gai Saber*, y el consistorio de los Juegos Florales se titula a sí mismo *La Sobregaia Companhia*. Este vocablo, tan enriquecido en su contenido ideológico, ¿qué de extraño tiene que se trasmitiera a los franceses del Norte, como tantos términos líricos y amorosos? Sabido es que *ballade, pastourelle, rossignol, jaloux, amadou*, el propio *amour*, se encuentran, con otros muchos, en este caso.

En cuanto a la etimología, dudo que sea germánica. Probablemente se le ha buscado este origen pensando ante todo en el francés, y teniendo en cuenta que empezaba por *ga-*, que en este idioma suele venir de WA-, pero el oc. *jai* nos muestra que no es éste el camino : la base, sea la que quiera, ha de empezar por GA-, y por lo tanto podríamos ya desechar a priori la etimología de Gamillscheg (*EWFS*, s. v.), fránc. *WÂHI, fundada en el a. alem. ant. *wâhi* 'adornado, sutil', a. alem. med. *wœhe* 'brillante', 'hermoso', que además no conviene por el sentido[3].

Josef Brüch (en *ZRPh.* LI, 468-71) trató de defender otro étimo germánico, ya propuesto por Muratori y Diez, y obtuvo la aprobación algo vacilante de M-L. (*REW*[3], 9477a) y por lo visto de Wartburg (según anuncio del *FEW* IV, 82[4], n. 4). Sería un fránc. *GÂHI, basado en el a. alem.

ant. *gâhi* 'rápido', 'temerario', 'vehemente', 'precipitado, repentino', hoy alem. *jäh* 'abrupto, despeñado'. A esta explicación pueden hacerse muchas y graves objeciones. 1.º El significado no conviene, por más que, aplicado a un caballo, *gai* pueda significar en francés 'vivo, petulante', pero todo hace creer que esto es secundario. Sea como quiera, el sentido fundamental y el más antiguo es 'alegre', y hay que partir de él o de otro cercano. 2.º En tiempo de sus primeros defensores se tenían ideas nebulosas acerca de la procedencia de los germanismos galorrománicos, y se creía natural derivar un vocablo occitano o francés del alto-alemán, pero hoy, que sabemos que los germanismos antiguos de estos idiomas vienen del fráncico (o del gótico, que aquí no serviría), ¿podemos estar algo seguros de que una palabra *GÂHI perteneció al lenguaje de los francos? De ninguna manera. Se trata de un término casi exclusivo del dialecto alto-alemán, pariente lejano del fráncico, y ajeno a los demás dialectos germánicos; haría falta hallarlo en bajo alemán o neerlandés, y es verdad que se cita también un b. alem. med. y neerl. med. *gâ*, pero es forma ambigua[5], y lo normal en bajo-alemán y neerlandés es *gau, gauw, gouwe*, dualidad fonética que suele explicarse como la de *nahe* y *genau* (frente al gót. *nêhwa* 'cerca'), a base de un primitivo *gâhwi, reducido diversamente : ésta sería probablemente la forma fráncica, si tal vocablo existió en aquel idioma, lo cual es incierto[6], pero está claro que de esta forma no podía salir un romance *gai*. 3.º Aun si admitiéramos un fránc. *GÂHI, la comparación con JEHJAN > fr. ant. *jehir*, oc. ant. *gequir*, nos haría esperar más bien un resultado como *gac (fr. ant. *je(h)). 4.º En general, si se trata de una palabra fráncica, esperaríamos hallarla más vivaz en francés que en lengua de Oc, y allí deberíamos tener *jai u otra forma con *j-:* claro está que la contaminación de *gaillard*, admitida por Brüch, no es más que una escapatoria que a pocos contentará. En resumen, vale más descartar ya esta etimología.

La explicación de Sainéan (*ZRPh.* XXXI, 263-4; *Sources Indig.* I, 88) por el lat. y romance GAJUS 'arrendajo' es posible que sea la buena, pues no habría la menor dificultad fonética, y este pájaro no sólo puede realmente mirarse como uno de los más activos y movedizos, sino que su frecuente parloteo en los bosques soleados evoca fácilmente una sensación alegre : el cast. ant. *gayo* figura en J. Ruiz junto al ruiseñor entre las aves que «dan cantos plazenteros e de dulces sabores», y entre las que «más alegría fazen» (1226a), en *Alex.* está también entre las aves «que dizen cantos dolces» (1973c), el autor de *Elena y María* escribe «el *gayo* e la *gaya*, / que son jograles de alfaya» (*RFE* I, 66), etc.[7].

Sin embargo, como esta adjetivación del nombre de un pájaro que no es de los más conocidos, para expresar una idea fundamental del idioma, es algo sorprendente, y los testimonios citados de J. Ruiz y sus cofrades no tienen la menor fuerza probatoria[8], terminaré llamando la atención sobre otra posibilidad. Es bien sabido que oc. *gai* y *jai* pueden ser también sustantivos, con el sentido de 'gozo'. No cabe duda que ahí tenemos representantes fonéticos de GAUDIUM íd.: en una gran parte, la mayor parte, del territorio occitano la J en fin de palabra daba -*i̯*, mientras que en el resto paraba en -*g* (= -*č*), luego junto a un *gaug* deberíamos esperar, en el Centro, Sudoeste y Norte del territorio lingüístico, formas como *gau̯i̯*, *jau̯i̯*, que resultaban materialmente impronunciables, de donde podía venir una reducción *jau* o *gau*: de hecho estas formas son frecuentes (Levy, *PSW* IV, 85-6); pero también cabía la reducción de -*u̯i̯* a -*i̯*, y aun era esto lo más natural puesto que *aunta* 'vergüenza' solía simplificarse en *anta*, **faurga* (de FABRICA) en *farga*, y el futuro *cantaraun* se reducía ora a *cantarau* (forma dialectal), ora a *cantaran* (que es lo común); y en efecto, no sólo se dice *gay* por 'gozo' en el Bearne, sino que ésta es la forma empleada por Matfré Ermengaut, Arnaut Vidal y otros (Levy, IV, 13-14), y *jai* como equivalente del fr. *joie* está en Guiraut de Bornelh (Appel, *Chrest.*, 63.34, 83.5), Gaucelm Faidit (ibid. 28.25), Raimbaut d'Aurenga, Bernart de Ventadorn, etc. (Raynouard III, 445). En un idioma donde es tan común que una misma palabra exprese el adjetivo y el sustantivo abstracto correspondiente, donde *azaut* significa 'gracioso' y 'gracia', y algo parecido ocurre con *seren*, *avinent*, *parvent*, *comun*, *comunal*, *lonc*, *ver*, *suau*, *aizin*, *pleŋ*, *mal*, *continu*, *alegre* y otros tantos, no me parece forzado suponer que *gai* 'gozo' se pudiera convertir en 'gozoso'. También se ha sospechado que *gent* 'gentil' no es otra cosa que *gent* 'raza', de suerte que *ome gent* fuese, bien mirado, 'hombre (de) raza', 'hombre noble', y no hay explicación más razonable que ésta; como en francés y occitano *aise* no es sólo 'alrededores, proximidad', sino también 'próximo, cómodo'. Nótese que un sustantivo como el fr. *gaieté* no existió nunca en lengua de Oc (donde *gaieza* es raro), de suerte que el sustantivo *gaug* o *gai* o *jai* GAUDIUM, funcionó siempre normalmente como el abstracto que correspondía a *gai* (*jai*) 'alegre'. Éste, en fecha primitiva, se emplearía como adjetivo masculino y femenino de una sola terminación: *ome* o *femna gai* sería como si dijéramos 'una persona todo gozo' (*quelqu'un qui est tout joie*), 'que es el gozo mismo'; y sólo secundariamente se crearía un femenino *gaia*[9], así como *genta* junto a *gent*, *douça* en vez de *doutz*, *granda* por *grant*, etc., pues ya es sabido que el lenguaje de los trovadores suprimió totalmente los adjetivos de una sola terminación. ¿Por qué la forma reducida *gai* fué sobre todo adjetivo, mientras *gaug* es sólo sustantivo? La explicación puede estar en que las formas en -*g* son propias del Sur languedociano, mientras

los primeros trovadores fueron del Norte y Centro del territorio (donde se decía *mai*, *miei*, *rai*, y por lo tanto *gai* 'gozo'), y a estos trovadores se debió la fundación de la mística del amor cortés, que exigía que el amador y la amada fuesen todo gozo[10]; más adelante el idioma tendió a aprovechar la doble forma *gai* y *gaug* para distinguir entre adjetivo y sustantivo. Raynouard (III, 442) cita un *gau* (en nominativo, *gaus*) en el sentido de 'alegre' en el saintongeois Rigaut de Berbezilh, que aporta una notable confirmación a esta teoría: «Bel(s) cors, plasent(z) e *gaus*, / de totas beltatz claus»[11].

Valiéndose de toda clase de razones y razoncitas se empeña Spitzer (*MLN* LXXI, 381-2) en la etimología de Sainéan a base del nombre del arrendajo (aun el *jay-walking* americano sale en escena). Ni *grivois* o *étourdi* son conceptos básicos como el de 'alegre', ni el tordo o el zorzal son tan poco conocidos como el arrendajo, ni la voz algo estrambótica de este pájaro es típica del concepto de 'alegre' como lo es del aturdimiento la actitud del tordo. ¿A tan buen conocedor de la vida de la lengua habría que recordarle que *gayo* en castellano no ha llegado nunca a ser palabra viva?; es más: ¿palabra realmente española? Decidido a negar, cueste lo que cueste, cierra los ojos ante los hechos más reveladores, que por suerte no me costó acumular, como el *gau* 'alegre' de Rigaut de Berbezilh; parece no darse cuenta de que son nada menos que 15 los ejs. occitanos que reuní de comunidad de vocablos entre el adjetivo y el sustantivo abstracto, para no hablar más que de uno, que a él se le antoja dudoso[12], como si fuese el único; tacha de forzada mi explicación fonética de *jai* 'gozo', como si no fuese forzosa en los dialectos que representan DI por -*i̯* la reducción de *jau̯i̯* a *jai* o a *jau*, y nos propone una, rebuscada de veras; y mientras le parece mal que yo admita la identidad etimológica de adjetivo y sustantivo quiere él que la tomemos como buena moneda cuando lo necesita para deshacerse de mis pruebas.

Contra la etimología GAJUS hay todavía un obstáculo fonético que estimo insuperable. GAJUS, GAJA (femenino ya documentado en latín como nombre de pájaro), hubiera dado *gai*, **gaja*, en la mayoría del territorio occitano, y **gag*, **gaja*, en casi todo el resto; el resultado *gai*, *gaia*, sólo sería posible en la parte occidental de Gascuña, pues en las pocas hablas limítrofes del francés que conservan la -J- sin cambiarla en -*j*- el resultado de GAJA sería *jaia* y no *gaia*. Desde luego es imposible admitir la generalización de una forma estrictamente propia de las Landas y los Bajos Pirineos. Partiendo de GAUDIUM no hay ese obstáculo fonético, puesto que es forzoso admitir que *gai* se empleó primero con una sola terminación como adjetivo femenino y masculino, y luego *gaia* se modeló según *gai* (algo parecido sería poco me-

nos que inconcebible si partiéramos del nombre
de pájaro, sobre todo existiendo ya GAJA en latín).

Permítaseme agregar dos comprobaciones más
del gran predicamento de que gozaron *jai* y *gai* en
el sentido sustantivo de 'gozo'. Aquél pasó sin duda al vasco *jai, jei*, 'fiesta' (del que nos habla Michelena, *BSVAP* XI, 293). Y el frecuente nombre
de lugar catalán *Montgai* ha de mirarse sin duda,
lo mismo que *Montgoi*[13] y los innumerables *Mont-
joie*, como representante del famosísimo MONS
GAUDII; no sería natural llamar 'monte contento'
una montaña enriscada, como las que dominan así
el Montgai del Montsec de Aragón, como el de
Llorenç de Montgai (Balaguer) o el Montgai de
Urgel, ni en general se presta la idea de contento
o alegría, por lo menos desde el punto de vista
campesino, para calificar a cerros, como se presta
en el caso de valles, campiñas o poblaciones[14].

DERIV. *Gaya* 'lista de diferente color en una
ropa' [«un pellot de muller a *gayas*», Fuero aragonés de 1350, *RFE* XXII, 21; *Aut.*], así llamada
por lo vistoso de los vestidos abigarrados; de este
sentido se pasó al de 'franja agregada a un vestido', 'nesga de una camisa', y 'franja, sector de
un lugar', que son las acs. del cat. *gaia* (> campid.
gaia)[15]; *gayar* 'abigarrar' [*Quijote*; Villaviciosa;
Covarr.; Oudin]; *gayadura* [1604, M. Alemán].
Cat. *esgaiat* 'oblicuo', 'sesgado', *esgaiadament* 'al
sesgo'. Afín al derivado catalán (seguramente mediante un **esga(i)elhar*): port. *esguelhar* 'torcer,
poner oblicuamente', *esguelhadamente, esguelha*
'través', 'oblicuidad', 'soslayo', gall. *esguello* 'soslayo', *d'esguello* 'de reojo, con prevención' (Lugrís):
«no filo da noite entraría d'esguello no apousento»
(Castelao 198.8). ¿*Gayán*[16] ast. 'pez de unos 25
cms. de largo, de color azulado por el lomo y
rojizo por el vientre' (V)?. *Gayatu* ast. 'pedazo de
tela separado del vestido o de otra ropa al desgarrarse' (V). *Gayola* ast. 'alegría, diversión' (V).

CPT. ¿*Gayasperu* adj. 'alegre y afectuoso' ast.
(V)?.

[1] Es muy extraño que *wellos gayos* ya aparezca
en una cantiga (la 18) mozárabe que según algunos sería anterior a 1042, aunque de ello no se
ha dado la prueba anunciada, y otros cálculos
más conservadores sólo la suponen anterior a
1077 (Borello, pp. 33, 46). Pero es hapax en
mozárabe, y como es sabido que todavía se com-
ponían *ḫarǧas* a fines del S. XIII, quizá aquella
fecha es falsa pues el occitanismo *gayo* no tendría ya nada de sorprendente en el S. XIII, ni
siquiera en Andalucía.— [2] Schuchardt, *Prim. Ling.
Vasc.* § 97, dice que el vasco *gai* es préstamo del
francés, cosa que me cuesta muchísimo creer
pues la palabra vasca significa 'apto, digno, capaz,
apropiado' y parece ser el mismo vocablo que
el sufijo *-gaix* = rom. *-able* y el sust. *gai* «esencia,
asunto, material, objeto».— [3] Su autor ya no debe
de creer en ella, ni por lo visto en ningún étimo
germánico, puesto que no ha incluído el vocablo

'en su *R. G.*— [4] Efectivamente, véase ahora el
vol. XVI dedicado a los germanismos, s. v. *gâheis*.
Pero Wartburg, guiado por Frings, parte del
gótico. Es posible que la idea haya encontrado
oposición por parte de los germanistas, vid. Hen-
zen *Z. f. dt. Alt.* LXXXIII, 40, citado en el vol.
XVI, 748.— [5] Hay variante *gây*, pero no es más
que un hapax, del que no nos podemos fiar.
Grimm, *Dt. Wb.* IV, i, 1144, menciona *gai* 'rápido' en el dialecto de Brema, pero como anticuado y por lo tanto también incierto.— [6] No hay
parentela en los demás idiomas germánicos, ni
etimología medianamente cierta. Walde-Pokorny
(I, 172) cita un ags. *gêhᵭa* 'impetuosidad', pero
advirtiendo que otros no reconocen más que la
existencia de *gêhᵭu* 'cuidado', palabra dudosa y
que no se sabe si tiene que ver con esto.— [7] El
lat. GAJUS y GAJA como nombres de pájaro se
hallan desde los SS. V y VI, y parece tratarse
simplemente del nombre propio de persona GAJUS
(CAJUS), aplicado a este pájaro por ser charlatán
como la urraca, a quien por esta cualidad casi
humana se han aplicado tantos nombres de mujer.
Para más ejs., vid. Cej., *Voc.* Es corriente hasta
el S. XV (APal. 360*d*), y aun en Juan de Arfe,
leonés, que escribía en 1585. Hoy vive todavía
en Álava, Aragón y Navarra; ast. *glayu* 'ave parecida al grajo y matizada de diversos colores'
(V; con *l* < *r* por cruce con *grajo*); pero sin
cruce *gau* en Ribadesella, *gabu* en Caravia). Para
el castellano vid. G. de Diego, *RFE* XII, 4;
para lo románico, *FEW* IV, 22. El *DHist.* cita
una variante *cayo* en Alonso de la Favre, ed.
1485, que me parece dudosa.— [8] Es verosímil
que en ellos sea precisamente *el nombre* el que
sugiere la idea.— [9] No veo ejs. del femenino
gaia anteriores a Beatriz de Dia (fin del S. XII),
aunque quizá existan.— [10] Desde que Bernart de
Ventadorn llamó a su adorada «francx cors
humils *gais* e cortés» (Appel, 16.54) y «bona
domna *jauzionda*» (18a53) ello se hizo lugar común: Gaucelm Faidit habla de «sos cors *gais*»
(28.33) y de que «mais val hom quant es *gais*
e chantaire» (28.11), el Comte de Proensa de que
tiene «dompna *gaia*» (94.17) y las Vidas alaban
a la amada de R. de Berbezilh por ser «si bella
e si *gaia*» (122*d*29) y a la Vizcondesa de Ventadorn por «bella e *gaia* e joven e gentil» (122*b*6).
Tales frases se repiten hasta el infinito.— [11] No
convence la enmienda de Levy, «plazentz, *egaus*»,
pues como reconoce él mismo, sería difícil de entender este *egaus* 'igual'. Además dudo que sea
posible la vocalización de la *-l* final en fecha tan
temprana (fin del S. XII). La rima en este caso
ha obligado a los filólogos a respetar esta forma
arcaica. En otros lugares la habrán eliminado de
sus ediciones «críticas».— [12] En realidad la dificultad de la conservación de la sorda tras N en
una combinación como *genta* bastaría para descartar la etimología GENITA.— [13] Ermita en las

montañas de Prades, al Norte de Reus.— [14] No se
me objeten los dos casos de *Montalegre* que conozco: todo hace sospechar que ahí se sustituyó
-gai por *-alegre*, por ser aquélla palabra impopular. Dominando a pique a Llorenç de Montgai
está la árida y formidable peñolería de la Sierra
de Montalegre, y ahí es claro que el nombre primitivo hubo de ser *Montgai*, pues de otro modo
no se explicaría el calificativo de Llorenç «de
Montgai» aplicado al pueblo. Sabido es que en
el caso del famoso MONS GAUDII la aplicación del
concepto de 'gozo' tiene una explicación única,
tradicional e histórica.— [15] Es casual el parecido
con el alto-it. *gaida*, de origen longobardo, del
cual sacaron el campid. *gaia* Guarnerio, M-L.
(*REW* 3637) y Gamillscheg (*R. G.* II, p. 141);
según ya indicó M. L. Wagner, *Litbl.* XXXVII,
379n. Claro que una voz cast. no puede venir
del longobardo. No creo que nuestro *gaya* venga
de *gayo* 'arrendajo' (a no ser indirectamente, si
ésta es la etimología del adjetivo *gayo*), como proponía Sainéan, *Sources Indig.* I, 88; pues entonces debería ser castellanismo en catalán, donde es
palabra castiza y ya antigua [1561, Alcover]. Más
bien tendrá razón él mismo al comparar con el it.
verde gaio, fr. *vert gai*, de donde ya viene la
noción de abigarradura.— [16] Cf. «*kaiamu*: *gayano*,
un pez» Azkue, en Lequeitio (vizc.); *gaian* en
Fuenterrabía, *kaixero* vizc. y guip.

Gayo 'grajo', V. *gayo* adj. y *gaceta*   *Gayola*,
V. *jaula*, *gayo*   *Gayomba*, V. *gayuba*

GAYUBA, 'uva de oso, *Arctostaphyllos uva-
ursi*' en el Norte y Centro de España, *GAYOM-
BA* 'retama de olor' en Andalucía y Murcia, *bayúnb* 'brusco' en hispanoárabe; palabra de origen
incierto, seguramente prerromana y emparentada
con el gasc. *jaugue*, f., y fr. occid. *jôghe*, *jeyon*,
ajou, fr. *ajonc*, 'aulaga': las formas galorrománicas
suponen una base *AJAUGA (o *AJAUGONE), y las
españolas *AGAJÚA. 1.ª doc.: *bayúnb*, en el malagueño Abenalbéitar, † 1248 (Dozy, *Suppl.* I, 138);
gayuva, h. 1400, Glos. del Escorial; *gayunba*, 1423,
E. de Villena, *Arte Cisoria* (glosario de Navarro);
gayomba, 1606, en el andaluz Bernardo Aldrete
(*Origen de la Lengua Española*, 40v°1).

El estudio de este nombre de planta está oscu-
recido por el carácter meramente aproximado de
las equivalencias botánicas que nos dan las fuentes,
y también por el frecuente traslado de un nombre
de planta a otras especies semejantes o relacionadas. Abenalbéitar, vocalizando cuidadosamente, en
el manuscrito consultado por Dozy, dice que *bayúnb* es la *daphne alexandreia* (lauréola, adelfilla),
planta timeleácea muy diferente de la retama, y
también la *chamaedaphne* de Dioscórides, que según algunos es el brusco, planta esmilácea más
semejante a ciertas especies de retama. Como
PAlc. dice que *gayovero* es el brusco[1], y el brusco

se llama *bayoba* en Galicia (Sobreira, a. 1794, cita
de Colmeiro V, 100), me parece claro que Abenalbéitar, con su doble equivalencia *daphne alexandreia* y *chamaedaphne*, sólo iba en busca de la
traducción griega (lengua que él conocía imperfectamente) de una planta española única, que le
era bien conocida, y que efectivamente sería el
brusco. Por otra parte, Freytag, sin citar fuente,
nos da un nombre de la *chamaedaphne* especifi-
cando que es el que le daban en el árabe de España, y al hacerlo vocaliza *báynab*; Bocthor, que
suele atenerse al árabe de Egipto, da este nombre
como equivalente de la lauréola, y vocaliza también *báynab* (s. v. *lauréole*) u omite las vocales
(s. v. *thymélée*), pero estas equivalencias indican
que lo mismo Freytag que Bocthor copian una
edición o manuscrito de Abenalbéitar o una fuente
derivada del mismo, que carecería de vocales, y
ellos las suplieron en la forma más natural según
la morfología arábiga; pero el vocablo ciertamente
no tiene aspecto semítico. La palabra *gayomba*, o
variantes muy parecidas, designan hoy una especie
de retama, la retama de olor (*Spartium junceum*),
en el Sur de España, y el mismo valor parece
tener en autores antiguos de la misma procedencia: *gayunba* en Enrique de Villena, *gayomba* en
el cordobés Aldrete[2] y en el murciano Polo de
Medina (h. 1640, cita de *Aut.*). También son andaluzas las fuentes localizables citadas por Colmeiro,
en su artículo *Spartium junceum* (II, 37): Rojas
Clemente, que da *gayomba* y *gayombo*, García de
la Leña (1789: *gayumba*), Prolongo (*gallomba*);
recogen *gayomba*, además, Cienfuegos (1627) y
Fernández de Navarrete (1742), y *gayumba* el valenciano Cavanilles (1785), pero como palabra castellana. Estas formas contienen una nasal que creo
secundaria.

En cuanto a la forma sin nasal, *gayuba* y variantes, designa hoy el *Arctostaphyllos uva-ursi*, planta
ericácea diferente del brusco, pero que tiene en
común con éste el ser planta montañesa (suele
crecer entre 1.500 y 2.000 metros de altura) y el
producir como fruto una pequeña baya o drupa
de color rojo. Hallamos ya *gayuva* en el glosario
del Escorial, con la traducción *augerulus* (que según indicó Moll, *RFE* XXVI, 500-1, será latinización del arabismo *acerolo*, planta que también
produce una baya comestible); *gayuva*, *gayuvo* y
el colectivo *gayovar* en la *Gaya* de Segovia (1475;
p. 48); el derivado mozárabe *Gayubel* (que en
castellano sería *Gayubillo*)—así en el S. XIII,
Repartimiento de Valencia—ha dado hoy *Gaibiel*
en el partido de Segorbe (Simonet, s. v.), y una
forma que Simonet lee *gâbba*, pero que más bien
deberá vocalizarse *ga'úbba*, figura en Abenalbéitar
como traducción del ár. *'inab ad-dúbb*, traducción literal del cast. *uva de oso*, es decir, el
Arctostaphyllos[3]. El vocablo existe hoy como nombre de esta planta en el Norte y Centro de España,
según los datos recopilados por Colmeiro (III,

525): *gayuba* en la Alcarria y Vizcaya, *agauja*[4] en León, *gaulla* en la Bureba, *abugués* en la Rioja[5], *aguavilla* [< **agauvilla*] en Albalate de Zorita (Guadalajara), *gayubera* o *gayubilla* en lugares de la Alcarria, *galluva* en Utiel (todo esto según autores de la 2.ª mitad del S. XVIII), *agaiuva* o *agauva* en Toledo (según Sarmiento, misma fecha), *gallúa* en Sierra Nevada (Boissier, 1838), *galluvera* en Guadalajara (M. Laguna, 1864), *gayubasa* en Titaguas (zona aragonesa de Castellón: Rojas Clemente), *agallúa* en Galicia (Lange, 1860), en valenciano *gallufa* (F. Gil, 1794) o *gallufera* (Cavanilles), en el Maestrazgo el fruto *galluba* y la planta *gallubera* o *gallumera* (G. Girona, S. Benedito).

Hay que desechar la idea de Moll de partir de un GALLI UVA 'uva de gallo', que hubiera dado **gajuva* o **galluva* en Castilla, cuando las formas del glosario del Escorial, de Segovia y del Repartimiento valenciano nos prueban que estamos ante una -*y*-originaria, pues no hay yeísmo en la Edad Media. Por otra parte, como la *gayomba* es retama, y *gayovero* y otras formas citadas arriba designan el brusco, *Ruscus aculeatus*, me parece necesario relacionar con el tipo **AJAUGA*, que en el Oeste de Francia designa la aulaga, planta muy análoga a la retama, pero espinosa como el brusco. Para este tipo prerromano puede verse Gamillscheg (*EWFS*, 540-1) y M-L. (*REW*, 4579)[6]. Recordaré que el tipo *jaugue, yaugue, ayáugo*, se extiende hoy por toda la Gironda y Norte de las Landas (*ALF*, s. v. *ajonc*; Millardet; *Atlas*, n.º 8), y el colectivo *jaugà* aparece en escritura landesa de 1515 (Millardet, *Textes*, gloss.), *jaugrà* en una girondina de 1584 (*Rom.* LXVIII, 154-7)[7]; y que en francés, además del literario *ajonc* (< **ajaon* < **AJAUGONE*), hay *ajou* en el S. XIII (latinizado en *ajothum* en el S. XII); y, en los dialectos, *jôghe* en la Charente-Inférieure, *ajaillon* en el Poitou, *jeyon, jeyan, jian* en el Bas-Maine, *jeyon* en el Orne, *jion* en el Haut-Maine, Sarthe, Mayenne, *jô* en Bretaña y Normandía.

Todas estas formas suponen un derivado **AJAU-GONE* y las gasconas el primitivo correspondiente **AJAUGA*, mientras que las formas españolas se explican por una base **(A)GAJÚA*, de donde *gayúa* > *gayuva*. Una de las dos variantes principales puede ser metátesis de la otra. El **AJAUGA* gascón recuerda vagamente el tipo **AJELAGA* que ha dado el nombre de la aulaga en castellano, catalán, languedociano y provenzal (V. *AULAGA*): si hay relación o no, es muy difícil de decir[8]. Desde luego la forma **AGAJÚA* tiene fisonomía vasca (la -*A* puede ser el artículo), y dado el carácter flotante del acento en vasco, la metátesis AGAJUA > AJAUGA (o viceversa) era muy fácil. Junto al tipo **AJAUGONE* (fr. *ajonc*) existió **AGA(J)UONE*, de donde el oc. ant. *agavon* y el cat. *ga(v)ons, augons* 'Ononis campestris', sinónimos de *ajonc* (vid. Alcover).

Hubschmid, *FEW* V, 51, dice que para el fr. *ajonc* no es necesario partir de (A)JAUGA; fijándose en sus variantes Saintonge *agiaons, agion,* Pléchâtel *jáõ*, fr. ant. *jaonnois*, cree que hay que identificarlo con el oc. *agavoun* 'Ononis spinosa' y cat. *gaons* (además Creuse *ajaou* íd., Lallé *ajavous* «touffes de l'astragale épineuse», langued. *agabous* íd.); a su vez éste tendría la misma raíz que *AGAVANZO* (otra planta espinosa, pero diferente), cat. *gavarra* íd., vasco *gaparra, k-,* bereber *tapfart, taqfart* «églantier», y Bas-Gâtinais *gavachon* «ajonc épineux». Adhiriéndose al punto de vista de su colaborador, Wartburg (en Bloch, 2.ª ed.) ha cambiado, como étimo de *ajonc*, la base **AJAUGONE* en **GABO*; pero últimamente Hubschmid, *VRom.* XI, 291, prefiere suponer que la base sea **GAP*-, preindoeuropea. Ahora bien, las formas catalanas *gaons* y *gavarra*, oc. *agavoun* y cast. *agavanzo* exigen como base fonética precisamente (A)GAB- (o GAV-) y no GAP-; el fr. ant. *ajou* postula AJAUGU en forma muy clara; y en general no veo lo que se gana separando *ajonc* de su sinónimo **JAUGA* (gascón *jaugue*, etc.) y uniéndolo con *gaons* y con *agavanzo*, que designan plantas muy diferentes. Hay que desechar resueltamente esta innovación de Hubschmid y Wartburg.

[1] «*Gayovero:* ḳayçará», ed. facsímil, folio s2v°, col. *b*; ed. Lagarde, 259.22. Está fuera del orden alfabético, tras *Galipoli*, en calidad de palabra que él agrega a la nomenclatura de Nebr., en cuyo diccionario no figura *gayovero*. En otra parte de su diccionario PAlc. traduce ḳayçarán por *juzbarba*, es decir, 'brusco'. El mismo valor tiene esta palabra arábiga en Abenalauam y en Abenalbéitar («houx-frêlon» y «myrte sauvage», en Dozy I, 367*b*, que quieren decir lo mismo), y de ahí viene *gaserans*, nombre catalán del 'brusco', según detallé en *BDC* XXIV, 15.— [2] «Dioscórides pone dos suertes de esparto, el uno es la retama y el otro la genista o *gayomba*... Plinio dice que de la *gayomba* usavan los griegos para hazer cuerdas».— [3] No hay que pensar en derivar *gayuba* de [c]*inab ad-dúbb*, ni aun suponiendo una aféresis **baddubb*: de ninguna manera se habría perdido el *dd* geminada. Pero es verosímil que la geminada de *ga.úbba* se deba al influjo del nombre árabe.— [4] Esta forma será castellanización de **agaúya* (según el modelo de *paya, oveya*, correspondencias leonesas de *paja, oveja*). *Gaúlla* y (a)*gallúa* son también ultracorrecciones de *gaúya* y *agajúa*.— [5] Esta forma recuerda el arag. *abugo* (ABUBO) 'cermeña', pero ha de ser parecido casual.— [6] Por desgracia un artículo AJAUGA o JAUGA ha sido olvidado en el *FEW*.— [7] De **jauguerar*, derivado de un **jauguere*, derivado en -ELLA (¿o en -ARIA?).— [8] También podría conjeturarse que el gascón meridional *touyague* venga de otra variante **UJAGA*, con aglutinación del artículo ibero-bereber T-. Pero claro que con esto entramos ya en el terreno de las hipótesis inverificables. *Touyague* es inseparable del cast.-port.

tojo, y es más natural mirar éste como el primitivo que como un derivado regresivo.

GAZA, 'lazo que se forma en el extremo de un cabo doblándolo y uniéndolo con costura o ligada, y que sirve para enganchar o ceñir una cosa o suspenderla de alguna parte', término náutico común con el cat. *gassa*, it. *gassa* o *gazza*, gr. mod. γάσα, de origen incierto, quizá de la misma procedencia que oc. mod. *ganso*, fr. *ganse*, 'lacito', 'ojal', pero es dudoso cuál de las dos formas sea la primitiva. *1.ª doc.*: *gassa*, ms. náutico castellano del S. XVII (Jal, s. v. *passarino*); *gaza* o *gasa*, Terr.; *gaza* Acad. 1843, no 1817.

Hoy *gasa* es de empleo general, no solamente náutico, en Murcia (G. Soriano), Puerto Rico, Cuba y Méjico, lo cual deberá entenderse como extensión de significado, pues en catalán, italiano y griego es palabra estrictamente náutica. En catalán el vocablo me es bien conocido en el lenguaje de los pescadores de Valencia (L. R. Flores, *Misc. Fabra*, 332), de la Costa de Levante, del Ampurdán, etc.; no tengo documentación antigua. En Italia el dato más antiguo es el del venec. *gassa* en 1715 (Jal, 402a); además genov. y Monferrato *gassa* «cappio», *gassetta* «occhiello» (Casaccia), piam. *gassa* «nodo, nastro annodato» (que A. Levi, *ZRPh.* XXXVII, 353, quisiera derivar de *legassa*, y éste de LIGARE, lo cual es inadmisible), piam. y Canavese *angassa* «cappio» (Nigra, *AGI* XIV, 281), y *gazza* en diccionarios náuticos del S. XIX (*Diz. di Mar.*, s. v. *gassa*). Neogriego γασέτα «bottoniera» (Somavera, a. 1709), γάσα «oeil de cordage» (Ramondo, *AGI* XIX, 166). Del griego o del italiano viene el turco *kasa* (Kahane, *Journ. of the Amer. Orient. Soc.* LXII, 258). El parentesco con oc. mod. *ganso* «cordonnet en forme d'anneau», «boucle d'une corde servant à recevoir un noeud», «raban: petit cordage de vergue, de filet» (Mistral), de donde procede el fr. *ganse* «lacet, cordonnet de soie, d'or, d'argent qui sert à faire des attaches, des boutonnières», «premier enroulement d'un cordage qu'on noue», documentado desde 1611 (*FEW* IV, 50), es posible y aun probable, aunque en el Norte de Francia haya tomado una ac. algo diferente, pero es difícil decir cuál de las dos formas sea alteración de la otra.

En lengua de Oc *gansa* pudo reducirse fonéticamente a *gassa* (como *pensar* a *pessar*, etc.), y entonces las demás formas romances deberían ser occitanismos; pero como un oc. *gasso* (o *gassa*) no está documentado que yo sepa, quizá sea más bien la forma *ganso* la que salga de *gassa* por contaminación local con GANCHO. El étimo gr. γαμψός 'curvo', admitido por Wartburg, es poco probable semánticamente y en vista de la ausencia del vocablo en el idioma medieval. Nigra propone derivar *gassa* de un verbo *CAPITIARE (derivado de CAPUT 'cabeza'), lo cual no sería imposible, pues *capçar* existe en catalán en el sentido de 'rematar, poner un remate o punta a algún objeto' (*bastó capçat* 'bastón provisto de virola'), y de hecho la *gaza* es el remate de un cabo de cuerda; entonces el punto de partida del vocablo debería ser Génova, donde -P'TI > -zz- > -ss- es posible, y desde Génova se habría propagado a los demás idiomas mediterráneos. De todos modos, no hay necesidad de decir que esto es muy incierto[1]. En definitiva, lo más probable me parece que *gaza* sea derivado regresivo de *engazar* 'trabar', 'trabar varias cosas formando cadena', 'engastar', variante de ENGARZAR, para cuyo origen V. este artículo. Entonces *gaza* habría debido surgir en castellano y propagarse desde ahí a los demás idiomas mediterráneos, con lo cual estaría conforme la fecha tardía de la documentación italiana y catalana. No habría otra dificultad que la *ss* del documento del S. XVII, en el cual no sabemos si puede tratarse de un caso de seseo americano o andaluz, pues ignoramos la procedencia del mismo; Torrevieja, la localidad murciana donde se cita *gasa*, está en zona de *seseo*. Entonces el galorromance *ganso* (*ganse*) sería alteración bajo el influjo de GANCHO (que en Provenza es término náutico).

Sin embargo, parece se opone a esto el cat. *gansalla* 'bramante', 'anillo de cordel por donde pasa una cinta', que ya sale en 1430 y otros inventarios de la época con el sentido de 'aduja, cada una de las vueltas que da una cuerda recogida' (Alcover; Ag., s. v. *gançala, gansalla*)[2]; de ahí el arag. ant. *gancalla* (léase *gançalla*) en invent. de 1406 (*VRom.* X, 159, con enmienda arbitraria) y que se conserva, levemente alterado por la etimología popular *ansa* 'asa', en el nav. *anzalla, -aja, ansaja* «gancho de madera puesto al extremo de una soga, para sujetar la carga de una caballería» (Iribarren); claro que no es un *ANSACULA, como dice *GdDD* 547a. Esta palabra a su vez debe enlazarse con el oc. ant. *guinsalh* [S. XII] 'soga', «hart, lien, corde de bourreau ou de pendu», prov. *guinsau*, bearn. *guinsai* 'amarra' (Krüger, *BDC* XXIII, 160; *VKR* VIII, 297), it. *guinzaglio* 'traílla de atar los perros', cuyo origen germánico (probablemente fráncico *WINTSAIL) es más seguro de lo que indicó M-L. (*REW* 9549), pues el compuesto a. alem. med. *wintseil*, más que una cuerda de tienda es una soga para llevar amarrado el perro (a. alem. ant. y med. *wint* 'galgo' y *seil* 'cuerda'). Ahora bien, desde esta palabra fráncica fácilmenté podríamos llegar al cat. *gansalla* (siendo abierta y semejante a *e* la 1.ª I de WINTSAIL), y siendo esto así, ¿podríamos mirar a *ganse* como derivado retrógrado de *gansalla*? ¿O más bien creer que los dos vocablos sólo se parecen casualmente, y que la *a* de *gansalla* se debe a influjo de *ganse*, cast. *gaza*? Quizá más bien esto último, teniendo en cuenta que en Francia *guinsalh* tiene *i* y no *a*, y en Cataluña no se dice *gansa*, sino *gassa*.

[1] Como he tenido ocasión de ver en la costa

catalana, la *gassa* se emplea comúnmente para sujetar el cabo rematado por ella, colgándolo de la punta de otro cabo que lleva un pequeño travesaño de madera, llamado *cassanell*. Claro está que éste es lo mismo que *cassanella* 'agalla de roble', y por lo tanto viene del galo CAS-SĂNUS 'roble', fr. *chêne*. ¿Podría *gassa* ser forma catalana de CASSĂNUS? La dificultad no sería fonética, pues el resultado normal de CASSANUS en catalán sería **casse* o **gasse*, cuya *-e* se pronuncia igual que una *-a* en el dialecto oriental, desde el cual se habría propagado a los demás romances. Pero desde el punto de vista semántico la idea me parece azarosa.— [2] Además: 6 *ganseralles de fil* en invent. náutico barcelonés de 1416 (Moliné, *Consolat*, p. 356).

GAZAFATÓN o GAZAPATÓN, 'disparate o yerro en el hablar', 'expresión malsonante', del cat. *gasafetó* o *cacefató*, y éste de oc. ant. *cacemphaton* íd., tomado a su vez del lat. *cacemphăton*, y éste del gr. κακέμφατον 'cosa malsonante, indecente o vulgar', compuesto de κακός 'malo' y ἐμφαίνειν 'mostrar, declarar'. 1.ª *doc.*: *caçafatón*, h. 1400, *Canc.* de Baena, 139, 196, 223, 573; *gaçafatón*, ibid., 124.

Véase H. R. Lang, *RH* XVI, 12-25; W. Schmid, *W. d. C. d. Baena*, pp. xiii-xiv. Se trata siempre de una incorrección poética, o de una palabra fea o malsonante en literatura. Juan de Valdés cita también *gaçafatón* 'cosa mal dicha' entre las palabras de origen griego; y Cervantes escribe «ya sabeys vos que tengo buen entendimiento, y que sé rezar en Latín las quatro oraciones. —Mejor haríades de rezallas en romance, que ya os dixo vuestro tío el Clérigo, que dezíades mil *gazafatones*, quando rezávades en Latín, y que no rezávades nada» (*La Ilustre Fregona*, ed. príncipe, 1613, 176r°); igual en varias ediciones consultadas, sin embargo, *Aut.* lee *gazapatones* en el pasaje, y declara que es variante de *gazafatón* 'disparate, bobería sin pies ni cabeza', del cual cita ej. en A. de Guevara[1]. Más ejs. del *Canc.* de Baena en Cuervo, *Obr. Inéd.* 390n., y V. los textos en *DHist.*, s. v. *cazafatón*, y en Cej., *Voc.* El port. *caçafeton* se halla ya en el·*Cancionero Colocci-Brancuti*, *caçafetam* en Bluteau; el cat. *gasafetó* apaⁱⁱcería ya en Lulio (según Baist, *RF* I, 115), y el plural *caçefatons* está en el *Spill* (a. 1460) de J. Roig, v. 8050. Oc. *cacemphaton* es vocablo de la terminología poética trovadoresca (*Leys d'Amors*, a. 1356, III 18 y 26). La reducción fonética de *mf* a *f* es fenómeno corriente en lengua de Oc, y ·la pronunciación de la *e* átona como *a* (y viceversa) es normal en lengua catalana: de ahí la forma española. Se trata por lo tanto de un vocablo tomado de los teorizadores catalanes de la Gaya Ciencia. Por etimología popular se cambió *gazafatón* en *gazapatón* y luego *gazapo* o *gazapa*: el pueblo enten-

dió como un aumentativo de *gazapo*, y vió en el vocablo una comparación del disparate más o menos disimulado, con el gazapo que corre a ocultarse en su madriguera; de ahí secundariamente *gazapa* 'mentira', que ya figura en Lope (*Aut.*). Brasil. jergal *gazopa* 'embuste', *engazupar* 'encarcelar', en Portugal 'engañar' (Fig.).

[1] Fcha, cita *gazatón* en Bartolomé de Villalba, que será errata de imprenta.

GAZAPO, 'cría del conejo', del mismo origen incierto que el port. *caçapo* y el cat. merid. y occid. *catxap*; el sufijo es indudablemente prerromano, y lo será también el radical, si no es derivado de CAZA, por ser los gazapos fáciles de cazar; aunque no se puede descartar tampoco una procedencia persa a través del árabe, e incluso la adopción del portugués *cachopo*. 1.ª *doc.*: *gazapo* a. 1188-1230, en los Fueros de Alfayates, escritos en dialecto leonés[1].

Cazapo aparece en el Fuero de Sepúlveda (S. XIII o XIV), V. *DHist.* s. v. y en una fuente aragonesa como el *Epílogo en Medicina* publ. en Burgos 1495. Estos textos arcaicos no tienen autoridad para el valor sonoro o sordo de la interdental; G. de Segovia (p. 89) escribe en 1475 *gaçapo* y *agaçapar*, Nebr. «*gaçapo de conejo: laurex*», y hoy se pronuncia con sorda en Cáceres, Sierra de Gata y Oeste de Salamanca (Espinosa, *Arc. Dial.*, p. 50); sin embargo, *gazapo* en Villasandino (W. Schmid, *W. d. C. d. Baena*). *Aut.* cita ejs. clásicos, y ha sido siempre palabra de uso popular (ej. de Laguna, a. 1555, en *Aut.*, s. v. *conejuelo*). Ac. secundaria *gazapu* ast. 'ave de rapiña de color rojo oscuro' (V).

También port. *caçapo*, que ya figura en Gil Vicente (princ. S. XVI), vid. Cortesão; en el Alentejo *cachapo* (*RL* IX, 167). El cat. *catxap* es palabra empleada en todo el País Valenciano[2], en todo el dialecto catalán occidental, con la excepción de los altos valles pirenaicos[3], y además en el Campo de Tarragona[4]; no conozco ejs. antiguos, pero ya debió usarse en los SS. XIV-XVI, pues del catalán pasó entonces al sardo *cacciappu* 'insulto dirigido a un niño enfermizo' (M. L. Wagner, *VKR* V, 31), campid. *gaciapu* 'conejillo' (Spano). Así, pues, las formas con *-ch-* (*tx*) son propias del Sur, lo mismo en catalán que en portugués, y existirán también en el Sur castellano, cuando el andaluz Alcalá Venceslada registra *acachaparse* por 'agazaparse' y *(a)gachapazo* 'caída con todo el cuerpo', 'caída violenta' (comp. *agachaparse* en la Acad.). Luego se trata de una forma mozárabe, donde *ch* corresponde regularmente a *ç* del Norte. Una *ç* sorda intervocálica del castellano antiguo sólo puede corresponder a -CCĬ-, -TTĬ-, -CTĬ- o -PTĬ-; esto daría a entender que es palabra emparentada con *cazar* CAPTIARE, y, efectivamente, el gazapo, incauto por su juventud, es más fácil de cazar que el

conejo adulto, de suerte que *gazapo* podría ser
una especie de diminutivo de *caza* en el sentido
de 'pieza cazada': los sufijos *-apo*, *-opo*, de origen prerromano, tienen a menudo el valor de diminutivos. Comp. el homónimo *cazapo* 'pequeño 5
recipiente donde el guadañero lleva un poco de
agua con la piedra de afilar la guadaña' en Cespedosa (*RFE* XV, 270), derivado de *cazo*; y *cachapo*, con el mismo valor en el Bierzo (G. Rey),
derivado de CACHO, *cacharro*.   10
   Por lo demás, estando probado que *farnaca* 'cría
de liebre' procede del persa por conducto del ár.
ḥarnaq, nos cuesta rechazar la idea de relacionar
nuestro vocablo con el nombre indoiranio común
del galápago o tortuga: scr. *kaçyápaḥ*, también 15
kacchapaḥ (y aun *káçça-*), ave. *kasyapa-*, persa
kašaf, afg. *kašap* 'tortuga', en osetino *xaefs* 'sapo,
rana' y el antiguo saki khotanés reunía en *khusya*
los dos significados (Bailey, *Trans. of the Phil.
Soc.* L, 1945, 30; *BSOAS* XII, 330, § 5; Mayrho- 20
fer, *K. Etym. Wb. Aind.* I, 190). Siendo voz de
origen desconocido y no indoeuropeo, pero de fecha
antiquísima, se le puede sospechar procedencia del
substrato sumerio o elamítico, y ante un parecido
fonético tan grande no sería inconcebible que el 25
vocablo pasara como término vulgar de caza (acaso
directamente desde aquel substrato) a variedades
orientales del árabe, como nombre despectivo de un
pequeño conejo; y que desde ahí viajara, igual
que *farnaca*, a España. Esperemos más investiga- 30
ciones por parte de los orientalistas.
   Puede sospecharse además que una variante del
port. *cachapo* pasara a nuestra península con el
supuesto sentido etimológico de 'galápago', pues
el port. *cachopo* designa una roca sumergida o 35
un banco de arena: «o *cachopo* Sul da barra do
Tejo», p. ej., que lleva el nombre árabe de *Alpeidão*
(*al-baiḍân* 'las blancas' porque al romper allí las
olas lo cubren de inmensa blancura) según D.
Lopes, *RL* XXIX, 263. Formas análogas, aunque 40
no se apliquen a este *cachopo*: *Cachopo*, freguesía cerca de Alportel, distrito de Faro, *Cachopi*
apellido latinizado en 1258, *Cachapã(n)es* casal
en documentos de 1220 y 1258 (Cortesão, *Onomástico*).   45
   Desde luego es imposible, por razones fonéticas, derivar del gr. δασύπους 'especie de conejo
de pelo espeso' (como propusieron Covarr. y
Diez. Increíble de todos modos sería el supuesto
de *GdDD* 2119a de un cruce del gr. *dasypus* con 50
el étimo ibérico LAPP- del port. *láparo, lapouço*,
fr. *lapin*; además, ni siquiera admitiendo otro cruce
con *caçar*, para el port. *caçapo*, explicaríamos la
-tx- del cat. *catxap* ni la *g-* del cast. *gazapo*. Pero
tampoco se puede partir de GAZUZA 'hambre' 55
y *gazofia* (variante de BAZOFIA), según quiere
Spitzer, *Neuphil. Mitt.* XXIV, 152, palabras de
etimología diferente entre sí y que tampoco ofrecen base adecuada. Ni mirarlo como un derivado
de *cacho, cachorro*, 'cría del perro', según propuso 60

Sainéan (*BhZRPh.* X, 25), seguido por J. Hubschmid (*Festschrift Jud*, p. 268, 278n., 279), pues
viniendo *cacho(rro)* de CATTULUS, no podría explicarse la *ç* de *gaçapo ∽ caçapo*[5]. Tampoco es posible derivar de AGACHAR (*acachar*), aunque el
agacharse o estar agazapado sea realmente característico del gazapo, a no ser que queramos postular una base *COACTIARE (no documentada en
iberorromance), paralela al COACTARE de donde
quizá procede AGACHAR.
   DERIV. *Agazapar* [1475, G. de Segovia; Ercilla, *La Araucana, DHist.*; port. *acaçapar*, pero
acachapar en Filinto, S. XVIII]: *agazaparse* es
propiamente 'ocultarse en los intersticios del terreno, como hace el gazapo' (comp. *agaçapado*
'flaco como un gazapo', en los Autos publicados
por Rouanet, S. XVI, Fcha.). *Gazapera*; ast. *es-
gazaperar* «tirar por el vestido descomponiéndo-
lo» (V). *Gazapina. Gazapón*.
   [1] *PMH, Leges*, 809. Pero es texto más leonés
que portugués, lleno de formas como *paloma*
(p. 847).— [2] Tengo datos de Albaida, la Ribera
del Júcar, el Maestrazgo, El Boixar (junto al
límite catalán) y Bellmunt de Mesquí, en la zona
catalana de Teruel.— [3] No se emplea en Cardós y Vall Ferrera (Alto Pallars), ni en Andorra
y localidades próximas (quizá en todo el Alto
Urgel y alto valle del Noguera Pallaresa); pero
el diminutivo *catxapó* es ya conocido en el Fla-
misell (Sudoeste del Alto Pallars), *Butll. del C.
Excurs. de Cat.* XLV, 242, y en Sopeira (Ribagorza), *Congr. de la Ll. Cat.*, p. 424. Parece ser
general desde la línea Balaguer-Segarra. En verdad he anotado recientemente *catxapó* hasta Tragó
de Noguera, Corçà (ahí *catxap*), Peralba, Mont-
magastre, Colldelrat y Tudela de Segre; y Riba-
gorzana arriba lo oí más tarde hasta Senet,
límite del Valle de Arán. En una palabra, es vivo
en todo el catalán occidental. En el extremo
occidental del valenciano, la Font de la Figuera,
me dicen que ya no es vivo *catxap*, pero sí se
emplea *gatxapera* (ya con *g-*) para la 'madriguera' o 'lugar donde pare la coneja'.— [4] El catalán
central sólo conoce *llodrigó* o *llorigó*, procedente
de otro iberismo, el LAUREX, -ICIS, de Plinio.—
[5] El alent. *gazopo* 'perrito' (Fig.) parece estar por
canzopo, diminutivo de *cão* 'perro', pero sólo
por casualidad se parece vagamente a nuestro
vocablo, que en el Alentejo es *cachapo*.

Gazgaz, V. *gozque*   *Gazmiar, gazmio, gazmoles*, V. *gazmoño*

GAZMOÑO, 'que afecta devoción, escrúpulos
y virtudes que no tiene', parece derivado de *gazmiar* 'quitar y andar comiendo golosinas', 'quejarse y resentirse', que, junto con *gazmio* 'rufián',
'amante', procede de CADMĬA 'residuos de óxido
de cinc que quedan pegados a las paredes de los
altos hornos': de ahí 'el que se fija en minucias',

139

'escrupuloso', y por otra parte 'el que hace escrúpulo de las comidas', de donde 'goloso' y luego 'mujeriego, amante'. *1.ª doc.*: 1691, en el mejicano Mz. de la Parra.

Aut. cita *gazmoño* y *gazmoñero*, con el derivado abstracto *gazmoñería* o *gazmoñada.* Para el matiz preciso de *gazmoño*, aplicado sobre todo a las mujeres que afectan pudor excesivo o a las que fingen devoción, equivalente muchas veces de *mojigata*, y casi siempre del fr. *prude*, pueden verse los ejs. de Moratín citados en el diccionario de Ruiz Morcuende, y otros del S. XIX en Pagés. La idea básica es 'la que afecta escrúpulos'. Ahora bien, *gazmiar* es «quitar y andar comiendo golosinas», según *Aut.*, y también «quejarse y resentirse», como voz burlesca, con ej. de Góngora; lo de «quitar» debe entenderse en el sentido de 'mostrar escrúpulo con la comida, quitando lo que no parece limpio o bueno'. De un cruce de *gazmiar* con *golosear* viene *gulusmear*, que tiene precisamente este sentido. Por otra parte documenta Montesinos (en su ed. del *Rey en su Imaginación*, de Vélez de Guevara, *T. A. E.* III, p. 143) *gazmio* en el sentido de 'chulo y amante de una mujer de mala vida' en *Servir a Señor Discreto*, de Lope (Rivad. LII, 78c), y en *El Laberinto de Amor*, de Cervantes (donde la príncipe trae *gozmio*, probablemente por errata, vid. ed. Schevill-Bonilla VI, 248, que no está a mi alcance); también está *gazmio* «personaje burlesco» en *El Brasil restituído*, de Lope, según Fcha., y en *El Rey en su Imaginación* designa una ave de cetrería junto con *alfaneque*, *tagarote*, *neblí*, *esmerjón* y *gerifalte;* como este último significa también 'ladrón' o 'rufián', tendremos en *gazmio* 'ave de cetrería' una evolución secundaria de 'rufián', 'amante de una mujer pública', y éste a su vez, como sugiere Montesinos, puede venir de la idea de 'goloso' pasando por 'mujeriego, disoluto'. El port. jergal *gasmar* 'apoderarse (de algo)' (ya princ. S. XVIII), quizá venga de *gazmio* 'chulo' o de *gazmiar* 'comer golosinas'.

Me inclino a creer que todo esto junto viene de CADMEA o CADMIA, documentados en San Isidoro y otros, en el sentido de 'residuos metálicos que quedan en los hornos'[1], con la evolución semántica indicada arriba. De esta evolución se podrían citar muchos paralelos: p. ej. el cat. *llamec* o *llamenc* 'que muestra escrúpulo ante todos los manjares', 'desganado', de LAMBĔRE 'lamer', junto al cual está *llaminer* 'goloso'. Al sugerir Spitzer (*MLN* LXXI, 382) que para *gazmoño* yo pueda partir de un concepto como 'inspector de altos hornos para examinar si hay residuos de óxido de zinc en las paredes' ¡me achaca lindo concepto, por cierto, de la semántica popular! Ya ve él mismo que no podía pensar en otra cosa que 'plagado de escrúpulos', 'hombre de minucias', y que para ello basta saber que CADMIA significó 'residuos', de cualquier clase

que sean. No creo útil defender más mi idea. La suya no la niego del todo, pero dejará muchos escépticos mientras no se halle algún puente o enlace natural entre la vocal tónica de *gazmio* y la de *gorma* (*gormar*). Por lo demás no sería inconcebible que en alguno de los componentes de este grupo, aun partiendo de la raíz CADM-, la base semántica fuese diferente. Lope emplea dos veces *gazmios* en *La Arcadia* como nombre de un ser mítico, sátiro o semidiós («todos son dioses y diosas, / faunos, drías, semideos, / sátiros, medio cabritos, / Circes, *gazmios*, Polifemos», y otra vez *sátiros y gazmios: BRAE* XXVIII, 140). Quizá δαίμονες Καδμεῖοι 'númenes o semidioses tebanos'. Desde 'especie de sátiro' no era difícil pasar a 'amante de una mujer pública'.

Aunque Diez y M-L. (*REW* 3711) la acepten, no creo en la etimol. vasca de *gazmoño* propuesta por Larramendi, que M-L. resume infielmente así: «vasco *gazmuña* 'él besa'», y Larramendi explica «*gazmoñería*... se dixo de *gauzmuñaria*, que quiere dezir el que anda besando cosas como lo hacen los gazmoños hipócritas, besando santos o reliquias, por afectar virtud y devoción». Casi no hay que decir que no existe tal palabra vasca, pues Larramendi la forjó con *gauza* 'cosa' (de origen romance) y *muñ* 'beso', *muñ egin* 'besar'; Azkue observa que *gauza* no pierde la -*a*, que no constituye artículo, sino parte integrante de la palabra; luego como máximo podríamos postular un vasco **gauzamuñari* 'el que da besos a las cosas', pero ni es probable la formación de tal palabra, ni lo es que pudiera dar *gazmoñ(er)o* fonéticamente.

En cuanto a la increíble explicación vasca dada por N. Larramendi a *gazmiar*, a base de *gatz miatu*[2] 'lamer la sal', es mejor no tomarla en consideración, a causa de la gran cantidad de dificultades que encierra.

No aseguraré que *gazmoles* 'especie de cáncer que padecen las aves de rapiña, consistente en unos granillos que les salen en la lengua', ya en López de Ayala (según *Aut.*), tenga que ver con nuestra familia de palabras romances, pero es probable, sea partiendo de la idea de 'goloso, escrupuloso' (cualidad atribuída a las aves que padecen de gazmoles), sea a base de la idea de 'residuos' > 'granitos', o suponiendo que derive de *gazmio* como nombre de un ave de cetrería; es inverosímil la etimología vasca de Larramendi *gaitzemolea*, en otro dialecto *gaitzemalea* 'lo que da, lo que hace mal y causa enfermedad': se trata de compuestos de *gaitz* 'enfermedad', pero no los hallo en Azkue, e indudablemente los inventó Larramendi de un modo arbitrario.

[1] «Origo aeris *cadmea* et chalcitis. Purgamenta aeris, *cadmea... Cadmia* gignitur in metallorum aeris atque argenti fornacibus insidente nidore», *Etym.* XVI, xx, 11. Para el cambio de -DM- en -*zm*-, comp. «*casmia*: scoria» en el Glos. de

Palacio (ed. Castro, p. 365).— [2] *Miatu* 'probar', 'examinar, tantear', también *miratu*, es romanismo, procedente de nuestro *MIRAR*. No tiene nada que ver con el verbo que significa 'lamer': *miazkatu* (*mi* 'lengua' + *a* artículo + *-z-* desinencia instrumental + *-ka-* sufijo adverbial + *-tu*), *mizkatu, miaztu, miztu* (V. L. Michelena *BSVAP* XI, 293 y *FHV*, 122).

GAZNÁPIRO, 'bobalicón, simple', palabra familiar y reciente, de origen incierto, quizá de un *gesnapper* debido a una mezcla de las voces neerlandesas *gesnap* 'parloteo, charla' y *snapper* 'charlatán', 'el que quiere coger algo al vuelo', confundidas por los soldados españoles de Flandes en los SS. XVI y XVII. *1.ª doc.*: Acad. 1843, no 1832; Pagés cita ejs. de Ricardo Palma (nacido 1833) y Pérez Galdos; uno de h. 1840 de Eugenio de Tapia († 1860), vid. Hurtado y Glz. Palencia, *Hist. Liter.* § 692.

No se ha estudiado el origen de este vocablo. Claro que no puede ser derivado de *gaznar* 'graznar', como sugería la Acad. en 1884: no se explicaría el sentido ni la terminación. Pagés sugiere el «flamenco» *gesnapper* 'parlador'. Quizá sea buena idea, aunque no existe precisamente tal palabra (falta en el gran dicc. de De Vries-Te Winkel, en el del idioma antiguo de Verwijs-Verdam, en los dialectales de Cornelissen y otros, en el flamenco de De Bo, etc.). Pero existe *snappen* 'charlar', 'atrapar, tratar de coger algo al vuelo', y ambas ideas ofrecen una buena base semántica: el que charla sin sustancia demuestra escasa inteligencia, y para la segunda comp. fr. *gobemouches*, literalmente 'atrapamoscas', de donde 'bobo'. De *snappen* viene el abstracto *gesnap* 'parloteo, charla' y el nombre de agente *snapper* 'parlador, charlatán'. Un *gesnapper* quizá no cuadre con las normas formativas del idioma, pero pudieron crearlo los españoles confundiendo estas dos palabras, que oirían aplicadas alternativamente a los charlatanes y a su modo de ser, y no poseyendo el sentido lingüístico del idioma extranjero las confundirían; tanto más fácilmente cuanto que existía también *gesnatter*, sinónimo de *gesnap*. El alem. *geschnäpper* 'friolera, menudencia', 'golosina para niños' y también 'curioso, indiscreto', 'impertinente', dialectal en aquel sentido y empleado en Suiza, y anticuado en este último, sería adecuado por el sentido, y pudo llegar a España como palabra jergal, pero no conviene por su *á*.

Gaznápiro se parece al cat. *ganàpia* 'grandullón', 'muchacho crecido, pero aniñado', y al port. *ganapa* 'mujer de mala vida', que parecen ser deformaciones del cast. *ganapán*, pero es difícil que haya relación directa, aunque sí pudo haber alguna contaminación en uno u otro sentido[1].

[1] Cf. vco. bnav. (y lab.?) *gainazpi agin* «tourner, renverser, retourner», *gainazpika* «pirouettant,

faisant des tours de haut en bas», *gainazpikatu* «renverser», ronc. *gaiñazpeka(tu)* 'lucha(r) de hombres a derribarse' (?), serían quizá el cat. *ganàpía* y el cast. *gaznápiro*, alteraciones semiargóticas, partiendo por ej. de una forma articulada *gainazpi-a* que hubiese pasado en parte —con la *-r-* antihiática típica del vasco— a *gainazpi(r)a* y metatizado *gaiznapi(r)a*. Todo esto, sin embargo, es aventurado y habrá que pensar más detenidamente en ello.

Gaznar, V. *gaznate*

GAZNATE, palabra emparentada con *caña* en el sentido de 'conducto interior del cuerpo humano', y con la familia de palabras portuguesas *gasganete* 'garganta', *engasgar-se* 'atragantarse' (de origen onomatopéyico), y probablemente resultante de un cruce entre estos dos elementos léxicos, pero el sufijo *-ate* es de origen oscuro; quizá se formara el vocablo en el dialecto mozárabe, resultando allí de una forma arábiga *qannât* (plural de *qánna* 'conducto'), o del ár. *qanâ(t)* 'canal' en estado constructo (*qanât al-ḥalq* 'canal de la garganta'). *1.ª doc.*: APal.: «*bronchium* es la parte más alta de la garganta, que dizimos *gaznate*», 49b; «*gurgulio*... es *gaznate*, tomó nombre de garguero... que es *gurgulio*, aquella parte del *gaznate* así llamada», 186d; 423d.

No tengo otros ejs. medievales, y el vocablo no figura en Nebr. ni PAlc., pero sí en otros textos de fecha próxima: en la traducción de Cauliaco (a. 1500), «en los lacertos intrínsecos de la mesma c a ñ a, epigloto o *gaznate*» (*Cirugía*, ed. 1555, fº 115vº), en las epístolas de A. de Guevara (*Epist.* II, a D. A. Espinel, ed. 1545, fº 98vº), en C. de las Casas (a. 1570, traducido «gosso, gozzo»), en Covarr.[1], y *Aut.* da ejs. clásicos, del *Quijote*, de la *Pícara Justina* y de la *Mosquea*. Desde entonces es palabra muy usual y de uso frecuente en todas partes[2].

En portugués existe también *gasnate* «a parte do bofe dita c a n a do bofe, áspera artéria» (Moraes, sin autoridades; Vieira; Fig., con ej. del lisboeta Castilho, † 1877; el brasileño Lima-B. remite a *gasganete*), y junto a éste se emplea *gasganête* «garganta, pescoço», con la forma intermedia *gasnete*[3]; de una variante *gasneto* da ej. Cortesão en Ferreira de Vasconcellos, a. 1547 («molharemos os *gasnetos*»). En Barbacena (Alentejo), en lugar de *gasganête*, se emplea *os ganêtes*[4]. Ahora bien, junto a *engasgar-se* 'atragantarse' se emplea el sinónimo *esganar-se*, no sólo en el portugués del Miño (Leite de V., *Opúsc.* II, 402), sino aun en el uso general (Gonç. Viana, *Apostilas* I, 408), donde significa más bien 'estrangular' (traducción que ya se le da en el S. XIV, *RPhCal.* VI, 94, § 2565), *esganado com fome* 'muerto de hambre', *esganado* 'avariento'; leon. ant. *esgañar* 'hacer ahogar', hablando de un pan duro, en *Otas de Roma*, princ. S. XIV, fᵒ 97rᵒ (ed. Baird, 160.26). Es evidente que esto no es más que el equivalente del cat. *escanyar* 'estrangular', derivado de *canya* 'caña', *canyó* 'gaznate', es decir, EX-CANN-ARE, derivado de CANNA, y que lo mismo ha de ser el citado alent. *ganete*, tanto más cuanto que en León 'gaznate' se dice *gañate* o *gañote* (*RH* XV, 5), éste de uso general, y en Sajambre y Cabranes *gañoto* (*-tu*) id. (Fz. Gzz., *Oseja*, 274). En *gaznate* se da, pues, un cruce de CANNA con la familia onomatopéyica GASG-, de donde proceden port. *gasganete*, *engasgar-se* y *gasguito* 'el que habla con dificultad', 'de voz aguda', 'presuntuoso' (comp. *gago* 'tartamudo'), Beira *gasguete* «gasganete», variante paralela de GARG- (*garganta*, *garguero*, etc.); *engasgar* no es sólo portugués, pues también lo empleó el Arcipreste de Talavera (*Corbacho*, 159; dudo mucho que pueda significar 'agarrar', como dice E. v. Richthofen, *ZRPh.* LXXII, 109).

Pero todavía hace falta explicar la terminación *-ate* de *gaznate*, lo cual es tanto más necesario cuanto que la de *GAÑOTE* parece ser debida al influjo de *gaznate* sobre *gañón* (*cañón*), y desde luego no podemos contentarnos con decir que la terminación de *gaznate* es la misma de *orate*, *flechate*, *piñonate* (*codoñate* y otros nombres de compotas o confecciones), pues estos vocablos son catalanismos o voces de influencia galorrománica, y *gaznate* es palabra totalmente ajena a estos otros romances. Este sufijo de procedencia forastera no se ha hecho nunca productivo en castellano, y fuera de estos vocablos sólo hallamos tal terminación en americanismos, en algún postverbal donde *-at-* pertenece al radical del verbo, y en palabras de origen arábigo o mozárabe (*arriate*, *quilate*, *azafate*, *alfayate*, *calafate*, etc.). Hacia este lado tendremos que volvernos para una explicación. Es verdad que no tenemos noticias directas de que *gaznate* se empleara en mozárabe, pero nuestro conocimiento de este dialecto es completamente fragmentario. Podría tratarse del sufijo latino -ATUM, en su forma mozárabe, pero no se vería muy clara entonces la función del sufijo. No son raros los casos de plurales árabes femeninos en *-ât* que han dado singulares castellanos en *-ate*, como *acicate*, o el vocablo mozárabe, de procedencia romance, *alpargate*. Si CANNA 'conducto' existió en mozárabe, su plural arabizado sería ciertamente *qannât*, y esto al mismo tiempo nos explicaría la falta de palatalización de la NN y el cambio de la C- en *g-*, dada la frecuencia con que el *q* arábigo se representa por esta consonante romance. Ahora bien, del gran empleo de CANNA en España, con aplicación a la garganta, nos dan fe los varios ejemplos que he citado espaciados arriba (Covarr., Cauliaco, Moraes), así como los otros derivados *gañón*, *gañote*, *ganete*, cat. *canyó*, etc. La *â* arábiga, no estando entre consonantes enfáticas, pu-

do transcribirse por *a* en pronunciación arcaica (más o menos favorecida por el sufijo romance -ATUM), como en *acicate*, o bien pudo pasar a *e*, de acuerdo con la pronunciación del árabe vulgar, y esto no explica las formas portuguesas *gasneto*, *gasnete*, *gasganete*, etc. En cuanto a la generalización del plural, nada podemos extrañarla en palabra de esta naturaleza, que a menudo se aplica conjuntamente a la faringe y la laringe (nótense las frases portuguesas *molhar os gasnetos*, *torcer os ganêtes*, arriba citadas).

Por lo demás también podría tratarse de la palabra arábiga, de abolengo semítico, *qánà* 'canal', en estado constructo *qánāt*, empleada en una frase como *qánāt al-ḥalq* o *qánāt al-ḥánǧara* 'canal de la garganta', puesto que *qánà* era voz usual en el hispano-árabe: *qánā* «canalis» en R. Martí, *caná* 'canal de madera' en PAlc. Como éste nos da *canát ar-rihá* 'canal de molino', acentuado en esta forma, no hay duda que de *qanát al-halq*, cuyo segundo elemento era fácil de identificar y de separar, pudieron sacar los españoles un *qanát > ganate*, y luego *gaznate* por contaminación con *gasguete* y análogos. En rigor, las dos explicaciones, mozárabe y arábiga, no se contradicen, pues parece que en hispanoárabe el romance CANNA y el semítico *qánà*, de significado y forma tan semejantes, se confundieron del todo, ya que PAlc. nos da también *qanná* con dos *nn*, traduciendo 'canal de tejado', *qanná quibíra* íd. y 'canal maestra', *qanná* 'cañal de pescado', y sólo nos damos cuenta del origen semítico del vocablo gracias a los plurales respectivos *canaguát* y *cunní*.

Hasta ahora no se había estudiado el origen de *gaznate*, si prescindimos de tres vagas e inconducentes sugestiones de Zauner[5], Spitzer[6] y Cortesão[7].

DERIV. *Gaznatada*. *Gaznatazo*. *Gaznatón*.

[1] Con sus habituales construcciones etimológicas, dice Covarr. que *gaznate* viene de **gachnate*, derivado de una sílaba *gach* gutural, onomatopeya del aliento, donde parece dar a la *ch* el valor que tiene en hebreo y en alemán, equivalente a la *j* castellana. Sin dar valor a esta idea gratuita, quizá se puede retener algo de la definición de Covarr.: «la c a ñ a del cuello que está asida al pulmón, por la qual respiramos y echamos la voz...».— [2] P. ej. en Cespedosa, pronunciado *gasnate* (*RFE* XV, 278), con la confusión habitual de *s* y *z* implosivas. Es muy vivo en Andalucía, en Madrid, etc. El derivado *gaznatazo* 'bofetón, gaznatada' da fe de su empleo en Aragón (Borao), *gasnatón* y *gasnatazo* en el mismo sentido y *gaznata* 'garganta', 'sendero estrecho y costanero entre dos tesos' en Salamanca (Lamano). En Santander el vocablo corre deformado en *guandate*, donde hay trasposición *-zn-* > *-nz-*, paso de la *z* sonora a *d* (normal en Extremadura y nada raro en

otras hablas de tipo leonés), y *gu-* por contaminación de *guarguero* 'garguero'.— [3] Vieira considera que *gasganete* es provincial, pero Lima-B. prefiere esta forma, y los alentejanos que cito abajo la dan como vocablo del portugués normal.— [4] «A madrinha tem um trabalhão a enxotar ['expulsar'] os garotos ['muchachos'] da frente ['fachada de una casa'], e já disse a um que se o apanha lhe torce os *ganêtes*», Rodr. de Carvalho, *RL* XXV, 263. Gomes Fradinho, de Évora, da como equivalentes en el uso local *pescoço, ganhote, cogote, gargalo, gasnete* y *gasganete* (*RL* XXXI, 99).— [5] Relaciona con los sinónimos pic. *gasiot*, Lille *gaziau*, rouchi *gasio*, Lucca *gogia*, fr. *gosier* (*RF* XIV, 433), procedentes del lat. GEUSIAE, que ciertamente no podría explicar *gaznate*.— [6] Con el cast. *gaznar*, variante de *graznar*, con *gaznápiro* y con el barcelonés jergal *gasna* 'calor' (*Litbl.* XLIII, 128). Los dos últimos nada tienen que ver por el sentido. Y *gaznar* y *gasnar* aplicado a la gallina por P. Vega, cita de Cejador, nota a J. Ruiz 1440*c*, aplicado a cisnes o gansos en J. Encina, egl. 9, ed. 1496, f° 46*b* (más común en portugués) tampoco sirve, pues este verbo se aplica a los ánades y no al hombre. Esta forma *gaznar*, que es también gallega («*gasnar* dar graznidos como los cuervos» Vall.) será una alteración de *graznar* por influjo de *gaznate*. Claro está que es agarradero muy flaco para suponer que *gaznate* sea derivado de *graznar*, como hace *GdDD* 3119*b*.— [7] Deriva del gr. γνάθος 'quijada', demasiado alejado por el sentido y que no explica fácilmente la *-e* ni la conservación de la *-t-*.

Gazofia, V. *bazofia*   *Gazofilacio*, V. *filacteria*   *Gazpachero, gazpacho, gazpachuelo*, V. *caspa*   *Gazul*, V. *algazul*

GAZUZA, 'hambre', voz familiar, del mismo origen incierto que el cat. *cassussa* íd.; como en América Central tiene varios significados que se agrupan alrededor de la idea de 'persecución', es probable que se trate de un adjetivo *gazuzo*, todavía empleado en la Arg. y Chile, en el sentido de 'el que va a la caza de comida', derivado de *cazar*. 1.ª *doc.:* 1646, *Estebanillo*, en *Aut.*

Falta todavía en los lexicógrafos del Siglo de Oro. Hoy es voz bastante usada, pero marcadamente familiar, casi jergal, en el sentido de 'mucha gana de comer', 'vivo apetito', 'hambre'. Indica en tono pintoresco un gran apetito, más que hambre pasada por necesidad. Es ponderativo, no peyorativo. El mismo valor tiene el cat. *cassussa*, también vocablo familiar (ejs. de los SS. XIX y XX en Alcover y Ag.). La Acad., ya en 1817, registra gnía. *gaza* 'gazuza', que es derivación regresiva. En Chile es corriente *gazuzo* 'hambriento, el que tiene mucha gazuza' (Román), que también se emplea en la Arg., por lo menos

en Tucumán: «Mi tío es un *gazuzo:* ha comido solo hasta que se le hinchó la barriga» (Fausto Burgos, *La Prensa de B. A.*, 4-IV-1943). Reveladoras son las acs. centroamericanas de *gazuza:* 'manchita, juego infantil consistente en que los jugadores persiguen a otro muchacho que tiene un objeto, hasta quitárselo', en el Salvador 'el aficionado a arrebatar lo ajeno' (que Malaret citará de Salomón Salazar, *Dicc. de Barbarismos Centro-Americanos*), en Honduras secundariamente 'el que no se deja engañar fácilmente', en Costa Rica 'bulla, baraúnda, algazara' (Gagini), procedente de la que se hace en el juego de la *gazuza*. El significado de éste y la forma del cat. *cassussa* y del arg. *gazuzo*, nos revelan que éste significó 'el que trata de cazar o apoderarse de algo', y luego 'el que quiere satisfacer su hambre', de donde finalmente el sustantivado *gazuza*.

Un prisionero italiano procedente de Bergamo empleaba la palabra *gasusa* para decir disimuladamente 'hambre' (Spitzer, *BhZRPh.* LXVIII, 244)[1], y en Sicilia *gazzusa* es «cella di rigore ove si mettono i carcerati che vanno in punizione» (y en la cual seguramente pasarán mucha «gazuza»), lo cual prueba que el vocablo español pasó a Italia con el carácter de palabra jergal, empleada en *gerghi* del Norte y del Sur del país. La etimología vasca de Larramendi, *gose utsa* 'el hambre pura' (*uts* 'vacío', 'mero', 'puro'), no hallaría dificultades fonéticas insuperables en castellano, pero no explica la *c-* catalana, que es indudablemente la inicial antigua, pues *c-* se cambia fácilmente en *g-*, pero no lo contrario; por lo demás, esta clase de vocablos no suele venir del vasco.

[1] Sugiere relación con el cast. *gazmiar*, lo cual tropieza con dificultades de forma.

Gazuzo, V. *gazuza*   *Gea*, V. *geo-*

GECÓNIDOS, 'familia de reptiles saurios', derivado culto del ingl. *gecko* 'especie de salamanquesa', tomado del malayo *gēkoq*, de carácter onomatopéyico. 1.ª *doc.:* Acad. después de 1899.

Gelatina, gelatinoso, gélido, V. *hielo*   *Gelosía*, V. *celo*   *Gema* 'piedra preciosa', 'sal gema', 'botón vegetal', *gemación*, V. *yema*   *Gema* 'parte de un madero escuadrado...', V. *jeme*   *Gemebundo*, V. *gemir*   *Gemecar*, V. *gemir*   *Gemela*, V. *diamela*   *Gemelo*, V. *mellizo*   *Gemequear*, V. *gemir*   *Gemido, gemidor*, V. *gemir*   *Gemifao*, V. *aljemifao*   *Geminación, geminado, geminar, géminis, gémino*, V. *mellizo*   *Gemíparo*, V. *yema*   *Gemiquear*, V. *gemir*

GEMIR, tomado del lat. *gĕmĕre* íd. 1.ª *doc.:* *gemer*, fin del S. XIV, *Rim. de Palacio*, 239; *gemir*, h. 1400, glos. del Escorial.

Antiguamente existió una forma popular *emer*, para la cual vid. M. P., *Rom.* XXIX, 378n.; el mismo autor restituye *emía* en la *Historia Troyana* de 1270, 136.20, donde el ms. trae un incomprensible *fazía*. GĒMĔRE se conservó asimismo con carácter popular en rum. *geme*, it. *gèmere*, fr. ant. *giendre*, oc. ant. *gẹmer*, port. *gemer*, pero la forma castellana *emer* resultaba equívoca, lo cual dió pie a· la generalización del latinismo *gemir*, que ya debía emplearse en las oraciones, y en el S. XV es ya de uso exclusivo (APal., 180*b*, 213*d;* Nebr.). El catalán generalizó el derivado *gemegar*, en Valencia *gemecar* (por influjo de *gemec* 'gemido'), que se extiende también al aragonés: *gemecar* en Fernández de Heredia (*RH* XVI, 275, línea 927)[1], S. XIV, hoy *chemecar* (Borao), *chomecar* en Echo (*RLiR* XI, 242); y al murciano *gemecar*, *gemequear* (G. Soriano), desde donde pasó a América: *gemiquear* en Chile y Andalucía (Acad.), *jimiquiar* 'lloriquear' en Santo Domingo (Brito), luego cambiado en *jeremiquear* o *jerimiquear* (*jir-*) en Canarias, Cuba, Puerto Rico, Méjico y Guatemala (M. L. Wagner, *RFE* XII, 85; *Litbl.* XLVIII, 278), por influjo de *Jeremías* y *jeremiada*.

DERIV. *Gemebundo*. *Gemido:* antiguamente existió una forma popular *yemdo*, procedente de GĒMĬTUS, para la cual vid. M. P., *l. c.*, y es la que debe restituirse en Berceo, *S. Or.*, 131*c*, según el verso («dava *yemdos* extraños», los mss. traen *gemidos*, que estropea el verso), y cabría hacer lo mismo en *Mil.*, 394*b*, y *Sacrif.*, 229*c;* mientras que en *Mil.*, 784*c*, y *Duelo*, 145*b*, caben *gémito* o *gemido*, ambas documentadas en los mss.; *gemido* es la forma que aparece en J. Ruiz, 1138*c* (rimando en *-ído*), APal., 177*b*, Nebr., etc. *Gemidor* [Nebr.]. *Gimotear* [Terr.]; *gimoteador; gimoteo*.

[1] *Gemeçar* es erróneo. El arag. «*chemezar*» es errata, independiente, de M-L. (*REW*, 3722), pues la fuente de éste, G. de Diego, *Contr.* § 280, sólo trae *chemecar*.

Gemoso, V. *jeme*

GENCIANA, tomado del lat. *gentiana* íd. *1.ª doc.: ginciana*, 1488, arag. ant. (*VRom.* X, 160); *ge-*, APal., 43*b* («*basisca* es yerva *g.*, que tiene virtud caliente y gusto amargoso, aprovecha a la sanidad del cuerpo de quien la usa»), 178*d;* Nebr. El catalán y la lengua de Oc tienen forma popular *gençana*, en los demás romances es cultismo.

DERIV. *Gencianáceo*. *Gencianeo*.

Gendarme, gendarmería, genealogía, genealógico, genealogista, genearca, geneático, V. *gente* *Generable, generación, generador*, V. *engendrar* *General, generala, generalato, generalero, generalidad, generalísimo, generalizable, generalización, generalizador, generalizar*, V. *género* *Generante, generar, generativo, generatriz*, V. *engendrar*

GÉNERO, tomado del lat. *gĕnus, -ĕris,* 'linaje', 'especie, género', derivado de *gignere* (V. *ENGENDRAR*). *1.ª doc.:* h. 1440, A. Torre (C. C. Smith, *BHisp.* LXI), APal., 177*b*, 179*b*; Nebr. («*género por linage noble:* genus», «*género de cualquier cosa:* genus», *g8r*°).

Para la forma castellana quizá se partió del plural latino *gĕnĕra*, tan empleado.

DERIV. Son también cultismos todos los derivados. *General* [Berceo, *Mil.* 88*a;* APal., 177*d;* Nebr.], de *generalis* íd.; *generala; generalato; generalero; generalidad* [Nebr.]; *generalísimo* [1600, Mármol, ya sustantivo, en el sentido militar; también XVI, pasa por ser italianismo]; *generalizar, generalizable, generalización, generalizador*. *Genérico* [h. 1600: *Aut.*]. *Generoso* [APal., 69*d*, 177*d;* Nebr.; Herrera, *RFE* XL, 133; 'linajudo' ya en 1444, J. de Mena, *Lab.* 43*a*], de *generōsus* 'linajudo', 'noble'; *generosidad, generosía*. *Congénere*. *Degenerar* [1570, C. de las Casas; ejs. desde 1600, Sigüenza, Mariana, etc., en Cuervo, *Dicc.* II, 846-8], de *degenerare* 'desdecir del linaje'; *degeneración; degenerante; degenerativo*.

Genesíaco, genésico, génesis, genética, genético, genetlíaca, genetlíaco, genetlítico, V. *engendrar* *Genial, genialidad, geniazo*, V. *genio*   *Géniba*, V. *jenabe*   *Genilla*, V. *pupila*

GENIO, tomado del lat. *gĕnĭus* 'deidad que según los antiguos velaba por cada persona y se identificaba con su suerte', 'la persona misma, su personalidad', derivado de *gignere* 'engendrar'. *1.ª doc.:* APal., 178*b*, hablando de la divinidad de los antiguos; 1580, F. de Herrera, «virtud específica o propriedad particular de cada uno que vive».

En la ac. 'grande ingenio, fuerza intelectual extraordinaria' es innovación francesa extendida a otros idiomas en el S. XVIII, admitida por la Acad. ya en 1884, pero empleada en España por lo menos desde princ. S. XIX (Quintana, en Pagés), aunque Baralt (pp. 259-63) todavía la rechaza. Para la historia semántica del vocablo en Europa, vid. H. Sommer y P. Zumthor, *ZRPh.* LXVI, 170-201.

DERIV. Son también cultismos los derivados. *Genial* ['referente al genio divinidad', APal., 178*b;* 'que corresponde al genio o inclinación de cada uno', 1657, Valverde; Moratín, etc.; 'innato o característico (de un idioma)' es ac. frecuente en gramáticos americanos, desde Bello, *Gram.*, § 959, etc.; en la Arg. se emplea también en el sentido de 'jovial, que congenia con la gente', evolución del de 'placentero' admitido por la Acad. y ya en Nicolás F. de Moratín, cita de Pagés]; *genialidad*. *Geniazo*. *Congeniar*. *Congenial*. *Ingenio* [*engeño* 1251, *Calila* 36.606; *1.ª Crón. Gral.* 650*a*12; *engenio*, h. 1330, *Conde*

Luc., 290.23; *engeño*, J. Ruiz, 1518, y en el sentido de 'máquina de guerra' en el *Conde Luc.*, 2.8; *Alex.* 17, 19, 702, 1187; *Alf. XI* 352; Nebr.; *ingenio*: «es fuerça interior del ánimo con que muchas vezes inventamos lo que de otri no aprendimos», APal., 214*b; ingenio* «fuerza natural», *engeño* «naturaleza», Nebr.; J. de Valdés, 106.11, rechaza *engeño* por grosero], de *ĭngĕnium* 'cualidades innatas de alguien'; *ingenioso* [APal., 214*b;* Nebr.; *engeñoso* h. 1280, *Gral. Est.* 290*a*42], *ingeniosidad; ingeniar* [*engeñar*, Nebr.; *ingeniar* como neologismo en J. de Valdés]; *ingeniatura; ingeniero* [*engeñero*, Nebr., derivado de *engeño* 'máquina de guerra'; *engeniero* en doc. guadalajareño de 1496, *BHisp.* LVIII, 91; *ingeniero* 1585, Fr. L. de León; Lz. de Arenas, cap. 27], *ingenierius* 'ingeniero' ya está en el italiano fra Salimbene († 1290), Migliorini, *Cos'è un Vocab.*, p. 92; *ingeniería;* de *ingenio*, por cambio de prefijo, sale *pergenio* («no lleva *pergenio* de volver por él jamás», 'no lleva trazas', *Quijote* I, xxi, *Cl. C.* II, 172), hoy *pergeño*, primitivamente 'ingenio', talento' («Dios mi *pergeño* en este juicio adiestre», entremés anónimo del S. XVII, *NBAE* XVII, 60, y otro ej. igual de Valdivielso en *Aut.*), también 'aspecto, atavío' (ejs. del S. XIX en. Pagés), «disposición, habilidad u destreza en executar las cosas» *(Aut.); dado el estilo popular o pastoril a que corresponden los ejs. clásicos (nótese el de Valdivielso), hemos de ver ahí una aplicación del prefijo (sayagués o leonés) *per-* aplicado a *ingenio* con carácter denominal (como en *pericueto*, etc.); hoy en América (hond., colomb., chil., urug., arg.) especializado en el sentido de 'persona de mal aspecto'; de *pergeño* es derivado *pergeñar*, que· aisladamente aparece en la *Píc. Justina* (1605) con el sentido de 'adivinar el carácter de una persona según su apariencia' (ed. Puyol I, 176), y desde *Aut.* presenta el de 'ejecutar o realizar (algo)' (propiamente 'darle pergeño o forma'); dada la fecha más tardía del verbo, no es verosímil (a pesar de las apariencias) que sea éste el que derive del verbo *ingeniar;* tampoco hay relación directa con el lat. *progenies.*

GENIPA, 'yagua, planta de la América tropical' tomado del fr. *genipa*, y éste del tupí. *1.ª doc.*: Acad. 1936 o 1925.

Friederici, *Am. Wb.*, s. v. *genipapo*. Es palabra empleada en el Brasil y en las Antillas francesas principalmente, documentada con referencia a aquel país desde 1556.

Genista, V. *retama   Genital, genitivo, genitor, genitorio, genitura*, V. *engendrar   Genobrada*, V. *ginebrada   Genojo, genol*, V. *hinojo*

GENOLÍ, antic., 'pasta de color amarillo que se usaba en pintura', origen incierto, quizá variante de *AJONJOLÍ. 1.ª doc.*: 1588, Lope, *La Hermosura de Angélica* XIII, v. 149 («robándole

al clavel la color roja / ... / hurtó la de la Mora, de congoja, / a la retama el *genolí* pajizo»).

Terr. cita también un *Arancel de Rentas*, y agrega que algunos escriben *genioli.* Es palabra rara, que la Acad. no registró hasta 1914; pero figura en *Aut.*, que cita *génoli* en pragmática de 1680 y *génuli* en Palomino, acentuaciones arbitrarias. Según Terr., llaman así «los Pintores a una goma blanca y que tira· algo a amarilla, aunque otros dicen que es amarilla del todo; lo cual proviene de que se saca, ya del Enebro grande, y ya del Oxicedro; fr. *sandaraque*». Quizá venga del árabe, aunque nada hallo en este idioma ni en otros romances. Lo más probable es que *genioli* deba leerse *genjoli*, y que así éste como *genolí* sean variantes de *AJONJOLÍ* (V. éste).

Genollo, V. *hinojo, armuelle   Gentar*, V. *yantar*

GENTE, es latinización del antiguo *yente*, procedente del lat. GĔNS, GĔNTIS, 'raza', 'familia', 'tribu', 'el pueblo de un país, comarca o ciudad'. *1.ª doc.: yente* y *gente, Cid.*

La forma hereditaria *yente* es la predominante en el *Cid*, se halla también en Berceo, en el *Cronicón Villarense* (h. 1210)[1], en *Alex.* (730), etc. (en textos arcaicos como los *Reyes Magos*, la grafía *gente* puede representar la pronunciación *yente*); la forma latinizante *gente* es ya la de ambos mss. en Berceo, *Mil.* 710*c* (pero *gente A* junto a *yent I*, en *Mil.*, 888*d*), se generaliza en el S. XIV (J. Ruiz, 188*a;* Conde Luc.) y XV (APal., 178*d;* Nebr.). En el período arcaico predomina el uso plural (*las yentes*), al fin de la Edad Media el singular gana terreno y el plural va quedando relegado después al estilo eclesiástico (*el apóstol de las gentes*), hasta el punto de que en el S. XIX y hoy en día sólo lo emplean los escritores afrancesados, como observa Baralt. En la Edad Media y en el Siglo de Oro era todavía corriente emplear *gente* concertando con un verbo plural: «viciosos hay de mil modos / que no aborrecen *la gente*, / y sólo del maldiciente / huyen con cuidado todos», Ruiz de Alarcón (*Las Paredes Oyen*, ed. Reyes, 213), uso que se anticuó entre los educados, mientras sigue vigente en otros romances. Empleado como predicado, en el sentido de 'gente decente', o 'persona, por oposición a animal', es muy vivo en América, y concretamente en Colombia («no sabe manejarse como *gente*», Cuervo, *Ap.*[7], p. 458) y en la Arg. («fulano es *muy gente*» 'persona muy correcta'; «me es imposible encontrar / una chola que sea *gente*», copla de Santiago del Estero, en el Cancionero de Lullo, p. 380; Payró, *Pago Chico*, ed. Losada, p. 160),· pero era general en el Siglo de Oro: «los zurdos... es gente hecha al revés y que se duda si son *gente*», Quevedo, *Las Zahurdas de Plutón.*

DERIV. *Gentecilla. Gentil* [en la ac. 'pagano' ya se halla en las Glosas Silenses, 2.ª mitad del S. X; 'noble', *Cid*], tomado de *gentīlis* 'propio de una familia' (de ahí 'linajudo, noble'), 'perteneciente a una nación, especialmente si es extranjera', 'no judío: pagano'; *gentileza* [*Canc.* de Baena, W. Schmid]; *gentilicio; gentílico; gentilidad; gentilismo; gentilizar*. De *gente* o de GENITUS se derivará el gall. oriental *xentil* 'hierba de las *nacidas* (diviesos), do *corvo* o de *los erizos*' (Sarm. *CaG.* 139 v). *Gentío* [Berceo, *Mil.*, 85c; APal., 499b; Nebr.]. *Gento, -ta* [princ. S. XIII: *Sta. M. Egipc.*, 90; *Apol.*, 4; Berceo, *Mil.*, 357; J. Ruiz, 1622][2], ant. 'gentil, gallardo', tomado de oc. ant. *gent, -ta*, íd., que puede ser mera adjetivación de *gent* 'gente', con el mismo sentido primitivo que el clásico e hispanoamericano *gente* estudiado arriba (comp. *REW*, 3735; *FEW* IV, 103-5, se inclina, por razones que no convencen, por la etimología GENĬTUS 'nacido', más complicada e hipotética; V. lo dicho en *GAYO*); adverbialmente *gent. Gentuza* [Terr.] o *gentualla* [*Aut.*], antes *gentalla* [Cervantes, *Viaje del Parnaso*, ed. Schevill, p. 91], todavía empleado en Andalucía (AV) y el Perú (E. D. Tovar, *Bol. de Filol.*, Montevideo, IV, 84); éste pudo tomarse del cat. (val.) *gentalla* o del it. *gentaglia* íd., y *gentualla* es el mismo vocablo forastero amoldado a *vitualla*, popularizado con anterioridad (difícilmente cruce con *gentuza*, como supone A. Castro, *RFE* XII, 406, que hubiera dado *gentuzalla*).

CPT. *Gentilhombre*: el lexicógrafo anónimo de med. S. XV le da ya esta forma castellana, lo mismo que Juan de Valdés, si bien aquél lo considera vocablo propio «de Alemania y Francia» y éste de Italia (*RFE* XXXV, 333); también se sirve de él J. del Encina, *RFE* XL, 165; Covarr. lo da ya como palabra propiamente castellana, y *Aut.* cita ejs. del S. XVII. *Gendarme* [reciente; falta aún Acad. 1832], del fr. *gendarme*, sacado del pl. *gens d'armes* 'gente de armas'. *Genealogía* [Mena, Santillana (C. C. Smith, *BHisp.* LXI); APal. 177d, pero quizá sólo en calidad de voz grecolatina; falta en Covarr.], lat. *genealogĭa*, tomado del gr. γενεαλογία, formado con γενεά 'generación' y λόγος 'tratado', voz de la misma raíz que el latín *gens*; *genealógico*. Otros compuestos y derivados de dicha voz griega, más raros: *genearca, geneático*.

[1] «Non se acordoron las *hientes* de la tierra por aver rei», *BRAE* VI, 207.— [2] El comparativo oc. *gençor* fué también usual, *Sta. M. Egipc.*, 251; todavía en Vélez de Guevara, nota de M. P. a *La Serrana de la Vera*, p. 151; comp. *RFE* IV, 413.

Genteveo, V. *biènteveo*

Genuflexión, V. *hinojo*

GENUINO, tomado del lat. *genŭĭnus* 'autén-

tico', 'natural, innato'. *1.ª doc.*: h. 1640, Colmenares, Ovalle[1].

Falta todavía en Covarr., Oudin y otros lexicógrafos del Siglo de Oro, pero está en *Aut.* Acerca de la etimología del lat. *genuinus* no están de acuerdo los latinistas, vid. Ernout-M. y en sentido contrario Walde-H.

[1] Lo hispaniza ya en la forma *genuino* APal., 178d, pero hablando en pasado («dixeron *genuino* por natural»), luego para él sería palabra puramente latina.

GEO-, primer elemento de palabras compuestas, tomado del gr. γῆ 'tierra'. *Geocéntrico. Geoda*, del gr. γεώδης 'terroso, semejante a la tierra', compuesto con εἶδος 'figura'; *geótico* por *geódico* dijo Lope (*Aut.*). *Geodesia* [*Aut.*], de γεωδαισία íd., compuesto con δαίειν 'partir'; *geodésico; geodesta. Geófago. Geofísica. Geogenia; geogénico. Geognosia*, con γνῶσις 'conocimiento'; *geognosta; geognóstico. Geogonía*, según el modelo de *cosmogonía; geogónico. Geografía* [1615, Suárez de Figueroa; falta todavía en Nebr. y Covarr.], de γεωγραφία íd.; *geográfico; geógrafo* [1573, Mármol]. *Geoide. Geología* [ya en el it. Aldrovandi, en 1603, Migliorini, *Cos'è un Vocab.*, p. 92; Acad. ya 1843]; *geológico; geólogo. Geomancia* [APal., 544b, comp. 179b; Nebr.], formado con μαντεία 'adivinación'; *geomántico* (Acad. cita un antiguo *geomético*, explicable por cruce con *geométrico*). *Geometría* [h. 1250, *Setenario*, fº 9vº; *Buenos Prov.* 13.6; APal., 120d, 138b, 179b, 267b; Nebr.; 1633, Lz. de Arenas, cap. 8], de γεωμετρία 'agrimensura', 'geometría'; *geométrico* [Nebr.], antes *geometral* [APal., 409d]; *geómetra* [APal., 96b, 179b; Nebr.], de γεωμέτρης. *Geomorfía*, con μορφή 'forma'. *Geonomía*, según el modelo de *agronomía; geonómico. Geoponia* de γεωπονία 'agricultura', compuesto con πένεσθαι 'trabajar, afanarse'; *geopónica, geopónico. Georama*, según el modelo de *panorama. Geórgica*, del lat. *georgĭca*, derivado de γεωργός 'agricultor', compuesto con ἔργον 'obra'.

Gea viene del nombre de la diosa Γαῖα, tal como *flora* de la diosa *Flora*.

Apogeo [1709, Tosca], tomado de *apogēus*, y éste de ἀπόγειος 'que viene de la tierra', formado con el prefijo ἀπο- que indica alejamiento; de ahí *perigeo*, con περι-, que expresa proximidad. *Hipogeo*.

Gnomo [Acad. ya 1884, no 1843], tomado del lat. mod. de los alquimistas *gnomus*, deformación de un gr. *γηνόμος, compuesto con νέμεσθαι 'habitar', en el sentido de 'el que vive dentro de la tierra'.

GERANIO, tomado del gr. γεράνιον íd. *1.ª doc.: geranión*, Terr. (forma afrancesada); *geranio*, Acad. ya 1817.

Es denominación poco antigua en castellano. Ediciones tardías del diccionario de Oudin (cita de Terr.) traducen el fr. *géranium* [1545] por *pampilla*, *alcaravea* [?] y *aguja;* también se le ha llamado *pico de grulla* (lo mismo que quiere decir el nombre griego) o *pico de cigüeña*, y en la Arg. se le conoce únicamente por *malvón.*

DERIV. *Geraniáceo.*

Gerenancio, V. *engendrar*　　*Gerencia, gerente,* V. *gesto*

GERIFALTE, tomado del fr. ant. *girfalt* (hoy *gerfaut*), y éste del escand. ant. *geirfalki* íd., compuesto de *falki* 'halcón' y *geiri* 'estría, objeto en forma de dardo', a causa de las listas semejantes a flechas que cruzan el plumaje de esta ave de presa. *1.ª doc.: girifalte*, J. Manuel († 1348), *Libro del Caballero e el Escudero*, Rivad. LI, 250*b; gerifalte*, 1640, Mz. de Espinar (*Aut.*).

Girifalte se halla también en el glosario de Palacio (h. 1400), en el *Canc.* de Baena (W. Schmid, también, pero menos frecuentes, *girifarte, -fante*) y en Nebr. De ahí procede el hispanoárabe *jaráfan* (PAlc.). Para el origen de la palabra francesa, vid. Kluge, s. v. *gerfalke; REW*, 3713. Menos probable parece partir de un fráncico *gêrfalk (Gamillscheg, *R. G.* I, p. 183; *EWFS*, s. v.), pues es sabido que las aves de presa solían importarse de Escandinavia, y según Kluge el vocablo no aparece en Alemania hasta el S. XIV, de suerte que no es de creer que existiera en fráncico; en Escandinavia se documenta desde el S. XII, que es la época en que aparece en francés. Desde este idioma se extendió a los demás romances. La Acad. cita una variante ant. *garifalte*, que pudo venir de oc. ant. *guirfaut*, cat. ant. *grifalt* (Lulio, *Meravelles*, N. Çl. III, 122), o ser debida al influjo del vulgar *garifo* 'jarifo', influjo que de todos modos hubo de intervenir en esta forma; de ahí también *grifalto* 'culebrina de muy pequeño calibre' (Acad.).

Germán, germana, germanesco, germanía, germanidad, V. *hermano*

GERMANIO, derivado culto del lat. *Germania* 'Alemania', país donde se descubrió este metal. *1.ª doc.:* Acad. después de 1899.

Germano, V. *hermano*

GERMEN, tomado del lat. *germen, -ĭnis*, 'yema de planta', 'germen'. *1.ª doc.:* 1762-4, Quer, citado por Terr. (que lo da solamente como vocablo de botánicos); Acad. 1817, no 1783.

Con carácter popular se ha conservado port. *germe* 'germen, simiente', gall. *xerme*, y, con disimilación (*GÉRMELU, extraído del plural GERMĬNA) port. ant. *xermo* (Filinto), gall. *xérmolo* (Lugrís, *Gram.*, 120, 183).

DERIV. *Germinar* [Acad. íd.], tomado de *ger-* *mĭnare* 'brotar', 'germinar'; para representantes populares de esta palabra latina en España, V. nota s. v. ARMUELLE; *germinación* [Terr.]; *germinador; germinante; germinativo. Germinal.*

Gerova, gerovero, V. *ajobar*　　*Gesmir*, V. *jazmín*

GESTO, tomado del lat. *gĕstus, -ūs*, 'actitud o movimiento del cuerpo', derivado de *gĕrĕre* 'llevar', 'conducir, llevar a cabo (gestiones)', 'mostrar (actitudes)'. *1.ª doc.:* Berceo.

En Berceo tiene el sentido de 'actitud moral', 'disposición o comportamiento general de una persona' (*S. Dom.*, 90*c*; 205*d*); pero en *S. Dom.*, 670, aparece ya *fazer gestos* en la espccialización moderna 'hacer visajes'; en J. Ruiz, 169*a*, es 'porte, aspecto', mientras que en 549 parece ser 'hecho, obra'. En este caso puede tratarse del singular correspondiente al plural latino del participio de *gerere*, es decir, *gesta*, tan empleado en bajo latín para 'hechos realizados por alguien', y luego 'historia de estos hechos', que pasó también al castellano: Berceo, *Sacrif.*, 245; *Alex.*, 9, 309. De ahí 'cantar de gesta' [*Cid*]. APal. 127*d*, 151*d*, 222*b*, y Nebr. definen ya enteramente con el matiz moderno («*gesto: la cara que se muda;* vultus», «*gesto con visage:* gesticulatio»). Autores aragoneses como Manero (1644, *Aut.*) emplean en el sentido específico de 'ademán con las manos', matiz propio del fr. *geste*, cat. *gest*, que no es ajeno del todo al castellano moderno. La ac. especial 'rasgo, acto', que Leite de V. (*RL* XXXIII, 211) critica como galicismo en portugués [1863], es también usual en castellano, y lo es en francés, aunque falta en los diccionarios de los tres idiomas (*un noble gesto, se ganó muchas simpatías con su gesto*).

DERIV. Los derivados son también cultismos. *Gestadura* ant. *Gestear. Gestero. Gesticular* v. [Acad. ya 1817], de *gesticulari* íd.; *gesticular* adj. [Lope]; *gesticulación* [1609, Argensola]; *gesticuloso. Gestudo. Agestado* [h. 1565, Aguado]. *Engestado.*

Gesta, V. arriba. *Gestación* [Terr.; Acad. 1884, no 1843], de *gestatio* 'acción de llevar', derivado de *gestare* 'llevar encima', 'llevar de acá para allá', frecuentativo de *gerere; gestatorio. Gestión* [Acad. 1884, no 1843], de *gestio, -onis*, 'acción de llevar a cabo (algo)'; *gestionar* [íd.]; *gestor*, [íd.], de *gestor, -ōris*, 'el que lleva (algo)', 'administrador'.

Gerente [Acad. 1884, no 1843], de *gerens, -tis*, 'el que gestiona o lleva a cabo', participio activo de *gerere; gerencia.*

Gerundio [APal. 180*d*], de *gerundium* íd., derivado de *gerundus*, 'lo que se debe llevar a cabo', antiguo participio pasivo de obligación de *gerere.*

Congerie, de *congeries* íd., derivado de *congĕrĕre* 'amontonar, acumular'. *Congestión* [S. XVI?, F. Infante], de *congestio* 'acumulación'; *congestionar; congestivo. Conchesta*, arag., 'ventisquero', va-

riantes: Bergua, Roncal y Romanzado *cuniestra*
(Iribarren), Venasque *conchestra* (Ferraz), Aran
küṇéstra; cat. *congesta* íd., de NIX CONGĒSTA 'nieve
acumulada'.

Digerir [h. 1440, A. Torre (C. C. Smith, *BHisp.*
LXI); 1585, Fr. L. de Granada], de *dĭgĕrĕre* 'distribuir, repartir', y de ahí ('repartir por el cuerpo') 'digerir'; se dijo también *digerecer* y *digestir*
o *degestir* [Acad. 1843], éste del antiguo participio
digesto; *digerible* o *digestible* [-*gis*- Corbacho (C.
C. Smith)]; *digestibilidad*. *Digestión* [1555, Lagu-
na], de *digestio*, -*onis*, íd.; *digestivo* [h. 1440,
A. Torre (C. C. Smith)]; *digestor*; *indigesto* [1515,
Fz. Villegas (C. C. Smith)]; *indigestión* [*Corbacho* (C. C. Smith)]; *indigestarse*; *indigestible*. *Digesto*, propiamente 'recopilación de leyes convenien-
temente repartidas'.

Egestión, de *egestio*, -*onis*, 'acción de echar afuera', y éste de *egĕrĕre* 'expulsar'.

Injerirse 'entremeterse, introducirse en algún
asunto' (que debiera escribirse *ingerirse*, diferenciándolo de *injerir* 'incluir, introducir una cosa en
otra', de otro origen) [*Aut.*], de *ingĕrĕre* 'llevar
(algo a alguna parte)', 'introducir'; *injerencia*. *Ingestión*, de *ingestio*, -*onis*, íd.

Registro [J. Ruiz; «r. como memorial de las
cosas acaescidas» APal. 414*b*; Cej. V, § 88], del
lat. tardío *regĕsta*, -*ōrum*, íd., deriv. de *regerere*
'transcribir'; es cultismo de forma común a todos
los romances de Occidente (cat. *registre*, ant. *le-
gistre*, desde los SS. XIII y XIV; fr. *registre*;
it. *registro*, etc.), quizá procedente del b. lat.
carolingio, y debida al influjo del frecuente sufijo
culto -*ista;* la segunda *r*, debida a repercusión,
falta todavía en el ast. *rexistar* (Vigón), y parcialmente port. *registo¹*; *registrar* [med. S. XV, Crón.
de Juan II]; *registrador*.

Sugerir [1685, Alcázar], de *sŭggĕrĕre* 'llevar por
debajo'; *sugerente*; *sugeridor*. *Sugestión* [h. 1440,
A. Torre (C. C. Smith); 1596, Torres], de *sugges-
tio*, -*onis*, íd. (en lugar de *sugestión* en las acs.
'acción de sugerir (algo)' y 'cosa sugerida' se dice
sugerencia en la Arg. y otras partes de América)²;
sugestionar; *sugestionador*; *sugestionable*; *sugestivo*; *sugesto* [h. 1600, Paravicino] 'púlpito', culteranismo, de *suggestum*, propiamente 'lugar levantado'.

¹ El judesp. *regist(r)o* 'vergüenza, turbación'
parece debido a influjo del hebr. *ragaz* 'ser con-
turbado', *BRAE* III, 505.— ² Ha ganado mucho
terreno desde 1940 en que todavía era inédito
en España y gran parte de los demás países.
Todavía la Acad. no lo había aceptado en 1950
(sí en el *Dicc. Manual*), pero hoy se dice en
todas partes y parece indispensable. Si decimos
que «su apellido se le aparecía lleno de sugestiones» puede entenderse en un mal sentido (pre-
destinación, obsesión, etc.). En todo caso no
hubo ahí extranjerismo, pues el vocablo es ajeno
al francés y al inglés, y aun al italiano, portugués

y catalán, aunque se está propagando en éstos
por las mismas buenas razones.

GIBA, tomado del lat. *gĭbba* íd. *1.ª doc.*: APal.
122*d* («*dromedarius*... rumia como camello y...
tiene diferencia en la *giba*»), 180*d* («*gibbus* es
corcoba o *gibba* [sic] levantada en el espinazo»).

De uso frecuente ya en el Siglo de Oro (Covarr.,
Quevedo), y J. Hidalgo (1609) le da el valor jergal
de 'alforjas'. Quizá no sea casual el hecho de que
aparezca antes *giboso*, más necesitado como eufemismo, del cual acaso se extrajo *giba* por derivación retrógrada, según el modelo de *corcova* y
joroba; en latín *gibbus* es más frecuente que *gibba*. La introducción de estos latinismos se debió
al deseo de evitar expresiones humillantes para el
afectado, si bien con el tiempo *giba* se ha hecho
tan cruel como sus sinónimos populares. Hoy en
muchas partes (p. ej. Almería) es más popular que
JOROBA. En portugués, *geba* 'giba' y *gebo* 'giboso', y en catalán *gep* 'giba' y *gepa* 'giba grande'
(y 'giba', en Valencia, etc.) son formas populares;
del catalán, y quizá del arag. *chepa* 'jorobado'
(Borao), pasó *chepa* 'joroba' al murciano (Ramírez
Xarriá) y, como expresión familiar y pintoresca,
al asturiano (Rato) y más o menos al uso general
español, Acad. 1899, no 1822. También se empleó
cheba: RH XVIII, 56, gall. ferrolano *chepa* 'panchoz, pescado de forma abultada' (Sarm. *CaG.*
220*v* y p. 220). Para otros representantes españoles
y romances, V. *AJOBAR*; *FEW* IV, 132-3.

DERIV. *Giboso* [S. XIII, ms. bíblico, *Bol. Inst.
Filol. Ch.* IV, 427; Glos. de Toledo], de *gibbōsus*
íd.; también *gibado*; *gibosidad*. *Engibar*. Partiendo de la ac. 'molestia, incomodidad' que tiene a
veces *giba*, se formó el verbo *gibar* 'fastidiar, molestar' (comp. *jorobar*), que por influjo de *chepa*
y de la etimología popular *chivo*, se pronuncia
chibar en León, Cuba, Méjico, Honduras, y en el
caló general (*BRAE* II, 641; VII, 469; Pichardo).
Agibarse o *agiebarse* [?], santand., 'agacharse'.

GIBAO, PIE de ~, 'cierta danza antigua', tomado del gasc. *pe de chibau*, literalmente 'pie de
caballo', por las corvetas que se figuraban con
esta danza. *1.ª doc.*: 1560, HispR. XXVI, 281;
h. 1570, Eugenio de Salazar (Fcha.).

Lo emplea también Lope. La forma *pie gibado*,
que daba *Aut.* s. v. *pie*, es errónea, como lo prueba
la rima de *pie de gibao* con *sarao* en El *Maestro
de Danzar* de Lope, y con *Macacao* en el *Laberinto Amoroso*, vid. Cuervo, *Obr. Inéd.*, p. 80n.
Franciosini atestigua que era baile de origen francés, y Covarr., s. v. *corcoba*, explica «la dança de
pie de gibao, que vale tanto como dança de cor-
betas, que haze con los cavallos Napolitanos, amaes-
trados para esto, haziendo reverencias y doblando
las corbas». El gasc. *chibau* es préstamo del fr.
cheval 'caballo', préstamo completamente generalizado.

Gibar, gibosidad, giboso, V. *giba*

GIGA, ant., 'cierto instrumento de cuerda', del fr. ant. *gigue* íd., y éste probablemente del a. alem. ant. *gîga* 'violín' (alem. *geige*), emparentado con un verbo germánico y francés que significa 'bambolearse, oscilar'. *1.ª doc.:* Berceo.

También *Apol.,* 184; *Alex.,* 1383; V. además M. P., *Poes. Jugl.,* 68. Más tarde significó 'especie de danza', como en francés moderno, ingl. *jig,* etc. Para el origen de la voz francesa, vid. Fryklund, *Etymol. Studien über geige;* Meringer, *Idg. F.* XVI, 333; Schiaffini, *It. Dial.* IV, 224; Braune, *ZRPh.* XLII, 139; y últimamente Kluge-Götze, s. v.; Gamillscheg, *R. G.* I, p. 255. Bloch duda de si es romanismo en germánico o germanismo en francés; en este idioma y en alemán aparece coetáneamente, en el S. XII, y *giguer* 'saltar' tiene gran extensión en los dialectos franceses, de lo cual podría deducirse que sea creación expresiva paralela en las dos familias lingüísticas; de todos modos la música de violín ha tenido siempre gran popularidad en los países germanos, *geiga* 'oscilar' se halla ya en escandinavo ant., y Kluge lo relaciona con ags. *gǣgan* 'extraviarse', todo lo cual necesita todavía estudio detenido.

DERIV. *Gigote* 'guisado de carne picada' [Covarr., Quevedo; Cej. VIII, § 16], 'picadillo de cualquier comida' [Góngora], 'harapo, pellingo' [Vélez de Guevara, 1629: *BRAE* IV, 155], tomado del fr. *gigot* 'muslo del carnero', antes 'muslo de persona', derivado de *gigoter* 'agitar las piernas', 'danzar', y éste derivado de *giguer,* arriba citado.

GIGANTE, tomado del lat. *gĭgas, -antis,* y éste del gr. γίγας, -αντος, íd. *1.ª doc.:* Berceo.

También en J. Ruiz, APal. (132*b,* 180*d*), Nebr., y frecuente en todas las épocas. Duplicado de *gigante* es *jayán* 'gigante' (*Quijote* I, v, 15, y en libros de caballerías, S. XVI), 'hombre común, pero de estatura y fuerzas notables' [1596, J. de Torres], 'rufián' [1609, J. Hidalgo], tomado del fr. ant. *jayant* (hoy *géant*), que procede de un lat. vg. o romance ant. *GAGANTE, forma asimilada (comp. pic. *gaiant*; esta asimilación se ha repetido en fecha más moderna en muchas partes: Toulouse *jagan,* genov. ant. *zagante,* val. *jagant*). De todos modos, si es latino, debió de ser tardío y no hay que pensar en nada primitivo: el lat. *gigas* es helenismo tardío y literario, pues el griego γίγας mismo no es palabra heredada del indoeuropeo, donde no tiene etimología (ni parentesco con el lat. *ingens,* contra la opinión de algunos); las últimas investigaciones indican desde todas partes que es préstamo de una lengua oriental, donde son de esperar las gigantomaquias (y no en los combates de la epopeya griega), igual que los centauros, dragones y titanes (vid. F. Vian, *La guerre des géants:* le mythe avant l'époque hellénistique, París, 1952; H. Güterbock, *The Hittite version*

of the Hurrian Kumarbi myths, Amer-Journ. Arch. 1948, 123 ss., W. den Boer, *Museum,* Leiden, 1954, pp. 4-5)[1].

DERIV. *Giganta. Gigantea; giganteo,* también *gigántico, gigantino,* y más recientemente *gigantesco* [Terr.; L. F. de Moratín], tomado del fr. *gigantesque* [1598] y éste del it. *gigantesco. Gigantez. Gigantismo. Gigantón. Agigantarse; agigantado.*

CPT. *Gigantomaquia,* formado ya en griego (γιγαντομαχία) con μάχεσθαι 'pelear'.

[1] Pongo ahí esta nota sobre todo porque J. B. Hofmann, *Etym. Wb. d. Griech,* llamó la atención en 1949 en su artículo γίγας hacia una palabra letona *gāgans* que significaría 'soga larga' y 'gigante', lo cual se parece a dicho lat. vg. *GAGANTE. Pero no pasará esto de una coincidencia curiosa, puesto que no existe tal cosa en las demás lenguas baltoeslavas y el propio Hofmann se expresa con grandes reservas («si es que [γίγας] es voz hereditaria»). Además en el propio letón debe de ser vocablo poco corriente: no lo citan Endzelin, la gran autoridad letona, en su *Comparative Phon. and Morphology of the Baltic Languages,* ni el diccionario letón de Turkina, ni el etim. ruso de Vasmer, ni Pok. ni el Manual lituano de Senn: supongo se trate de una adaptación del cultismo griego γίγα(ν)- a un nombre indígena de la soga (cf. letón *gāfat* 'graznar como un ganso' = ruso *kokotatí* 'cacarear' onomatopeyas inconexas con γίγας y sus variantes).

Gigote, V. *giga*   *Gilbarbera,* V. *jueves*

GILÍ, gnía., 'tonto, memo', del gitano español *jili* 'inocente, cándido', derivado de *jil* 'fresco', *jilar* 'enfriar', *šil* 'frío' en el gitano de otros países. *1.ª doc.:* 1882-3, Rodríguez Marín, *Cantos Pop. Andaluces* (RH XLIX, 482).

Está también en la novela madrileña *Misericordia* (1897) de Pérez Galdós, en Valle Inclán, Salillas, etc.; Cej. VIII, § 38. La Acad. no le dió entrada hasta después de 1899; y en efecto es voz más jergal que familiar, aunque en ciertos ambientes andaluces y madrileños pueda llegar a penetrar en este último tipo de lenguaje. En otras partes se pronuncia *gíli,* de donde el cat. familiar, algo jergal, *quili* (a veces *quílic*) 'chabacano', 'memo'. La etimología fué sentada firmemente por M. L. Wagner, *Notes Ling. sur l'Argot Barc.,* 63; *VKR* VI, 294; *RFE* XXV, 167-8; Clavería, *Est. Git.,* 250-3; contra la insatisfactoria etimología arábiga de Eguílaz (p. 113), ár. *ǧâhil,* ár. granad. *gihíl,* 'bobo', 'modorro'. El paso semántico de 'frío' a 'necio' pudo producirse a través de 'fresco' > *'nuevo' > *'no iniciado' > 'necio', como sugiere Wagner, guiándose por su alem. *frisch,* pero preferiría yo ver en ello un paralelo del tránsito hispánico 'frío' > 'sin gracia' (V. *FRÍO*).

GILVO, 'de color melado', tomado del lat. *gilvus* 'amarillo pálido'. *1.ª doc.*: APal.: «*aurosum* dizen al *gilbo*, que es color entre roxo y blanco, el qual color tiene la miel», 39*d;* «entre ruvio y blanco», 80*b;* 180*d;* Acad. 1884, no 1843.

Palabra muy rara; en APal. será probablemente mero latinismo de lexicógrafo, sin uso real, y es dudoso en realidad que jamás haya sido vivo en castellano.

GIMNÁSIO, tomado del lat. *gymnasĭum* 'lugar donde se hacen eiercicios corporales', 'escuela de otro carácter', y éste del gr. γυμνάσιον íd., derivado de γυμνάζειν 'hacer ejercicios físicos' y éste de γυμνός 'desnudo'. *1.ª doc.*: APal. 181*b*, pero en parte emplea la forma latina y es muy dudoso que la castellana tuviera uso entonces; Covarr. dice que no es voz recibida comúnmente, pero sí en Escuelas.

Lo emplea ya Cervantes (*Quijote* II, xviii) aplicándolo a una escuela, y aunque Covarr. y Terr. se refieren ya a ejercicios gimnásticos, todavía la Acad. en 1843 lo aplica solamente a la Antigüedad.

Deriv. *Gimnasia* [Acad. 1884, no 1843], tomado de γυμνασία íd. *Gimnasta* [Terr.; Acad. íd.], de γυμνάστης íd. *Gimnástico* [*arte gimnástica*, Covarr.]; *gimnástica* [Terr.; Acad. ya 1817]. *Gímnico*, de γυμνικός, derivado de γυμνός. *Gimnoto. Progimnasma.*

Cpt. *Gimnosofista*, así llamados porque iban desnudos.

Gimoteador, gimotear, gimoteo, V. *gemir   Ginandra,* V. *gineceo   Ginastra,* V. *retama*

GINEA, ant., 'linaje', 'especie', tomado del cat. ant. *ginea*, y éste probablemente del más antiguo *llinea* íd., tomado a su vez del fr. ant. *lignée* íd., derivado de *ligne* 'línea'. *1.ª doc.*: h. 1400, Fr. Diego de Valencia.

En castellano sólo conozco este ej., que dice: «De puta non niego que yo non lo sea, / pues traygo devisa de aquesta librea, / pero muchas somos de aquesta *ginea*» (*Canc.* de Baena, n.º 500, v. 21); figura en la Acad. ya en 1817 como antiguo, con la injustificada definición 'genealogía'. El vocablo tuvo cierto uso en el S. XV en el catalán de Valencia, aunque falte en los diccionarios, testigo Jaume Roig: «Eva... per llur errada / lexà lavor / de frau, error / e gran malea / a sa *ginea*, / e quantes són / ara en lo món / són dablesses» (v. 364), «en Troya, / Pantasilea / ab sa *ginea*, / qui pot dir quanta!, / millês quaranta, / mortes tallaren» (v. 15960). Pero anteriormente corrió la forma *llinea*, que en vista de las rimas de Roig no debemos vacilar en acentuar en la *e*: «no ha vassalls lo senyor rey d'Aragó, hauts ne ha encara, que mes pusquen amar los dexandents del dit senyor rey En Jacme, com fan los bons hòmens naturals de Muntpesller. Mas d'aquell temps en sà hi han venguts... hòmens de... altres llochs molts qui no son naturals de Muntpesller drets, a qui ha plagut que la casa de França s'i sia mesa. Mas siats certs que no... plaurà jamés a'quells qui son de dita [*léase* dreta] *llinea* naturals de Muntpesller»: así se lee en la ed. valenciana de Muntaner (cap. 15, S. XVI), y aunque el ms. del S. XIV trae *linya*, es dudoso cuál de las dos formas sea la auténtica, y en todo caso esto prueba que *llinéa* era conocido todavía en Valencia en el S. XVI; creo que tenemos todavía el mismo vocablo en las Costumbres de Tortosa (S. XIII): «no deven appeylar en juhii lo dit padró ne padrona, ne lurs fills, ne neguns de la *linea* ascendent o descendent ne lurs hereus» (ed. Oliver, p. 63), y en *Tirante* (cap. 338), pues en cat. ant. se halla siempre *línia* o *linya* para 'línea'. No hay duda de que ahí tenemos un galicismo tomado de *lignée* 'conjunto de los descendientes de alguien' [S. XII, y todavía algo usado], que después de catalanizar en *ll-* su *l-* inicial eliminó por disimilación de palatales su *-gn-* interna, como ocurrió a su sinónimo, derivado de LINEA: *llinyatge* > *llinatge* (el cast. *linaje* es catalanismo). En cuanto a *llinyea* > *ginyea* (> *ginea*), se trata del mismo fenómeno fonético que registramos en el mall. *ginya* 'sedal de pescar' (LĪNĔA): creo se trata de una especie de dilación parcial, pues el modo de articulación de la *g* (ž) es mucho más parecido al de la *ny* (ñ) que el de la *ll*, que es lateral[1]; claro que pudo ayudar el influjo de los cuasi-sinónimos *gent, generació, gènera,* etc.[2], aunque no es necesario. Desde luego es improbable derivar del gr. γενεά, aunque sea sinónimo de *ginea,* pues este vocablo no existe en latín clásico ni medieval. Sin embargo no puede descartarse la posibilidad de un cruce con este vocablo, teniendo en cuenta el it. *genìa* 'raza, descendencia', que ya era usual en el S. XIV (F. Villani). En cuanto a suponer que se extrajera de *genealogía* por derivación retrógrada, tampoco es posible, pues éste es término demasiado culto y moderno.

[1] Podría objetarse que *ginya* puede deber su *g* a *llinyol* 'sedal', 'cabo de zapatero', también cambiado por los mallorquines en *ginyol*, donde puede tratarse de una disimilación de laterales, pero no lo creo porque *ginya* significa además 'carril', sentido en el cual el vocablo estaba lejos del alcance semántico de *ginyol*. Según A. Alonso (*RFE* XIII, 238) el mall. *ginyar* «odiar» vendría también de LINEA (comp. cast. vulg. *tener, tomar fila*), aunque deberá estudiarse mejor la cuestión teniendo en cuenta que el sentido fundamental no es éste, sino 'convencer (de hacer algo)', 'engañar', 'seducir', lo cual vendrá más bien de *enginyar* 'ingeniar'.— [2] El ampurdanés *generè* 'generación', m., de formación algo extraña, quizá sea un cruce de *ginea* (cambiado en *ginè,* según es normal) con *gènera.*

GINEBRA, 'ruido confuso', 'desorden, desarreglo', 'instrumento grosero compuesto de una serie de palos, tablas y huesos que producen ruido al ser rascados por otro palo, para servir de rudo acompañamiento de un canto popular'; del nombre propio *Ginebra*, quizá del de la reina de este nombre, cuyos famosos y desenvueltos amores con el héroe, en la historia caballeresca de Lanzarote, causaron rumor y escándalo. *1.ª doc.*: 1628, G. del Corral, como nombre del instrumento.

Por la misma época figura en Vélez de Guevara (Fcha.) y algo más tarde en Colmenares, citado por *Aut.*, donde se registra también la ac. 'ruido confuso de voces humanas'; las demás fueron admitidas posteriormente por la Acad. Dice Terr. que es también una máquina para levantar agua o para juegos de niños. De los amores de Lanzarote y Ginebra hablan el *Rimado de Palacio*, el *Corbacho*, el *Amadís*, el *Quijote*, etc. Su nombre procede del fr. *Guenièvre*, a su vez de origen céltico, pero al pasar por el Sur de Francia y Cataluña el vocablo fué contaminado por el autóctono *ginebre* 'enebro' (pron. igual que *ginebra* en catalán), del lat. JUNIPERUS. Sin embargo hay otra posibilidad. Ruiz de Alarcón (*La Cueva de Salamanca* II, i, 31ss.), hablando de las libertades de que disfrutan los espectadores de comedias, dice «tal fiesta allí se celebra / que halla cualquier convidado / platos de carne y pescado, / como en viernes de Ginebra», aludiendo, como nota Denis, a la promiscuación practicada por los protestantes ginebrinos. De ahí se pudo pasar a 'desorden vergonzoso' y luego 'ruido confuso'. Tal vez hubo confluencia de las dos ideas en la conciencia popular.

Ginebra 'licor', V. *enebro*

GINEBRADA, 'torta pequeña, hecha con masa de hojaldre y con los bordes levantados formando picos, que se rellena con un batido de la misma masa con leche cuajada', origen incierto. *1.ª doc.*: *genobrada*, 1605, *La Pícara Justina*, ed. Puyol I, 159.

Covarr. da ya la forma *ginebrada*, definiendo «cierto género de oxaldres o tortadas, hechas de manteca de vacas, açúcar y otras cosas. Tomó nombre de la inventora, si fue alguna Ginebra, o del lugar, ora sea Geneva, ora Génova: allá lo verán los Nomenclatores». Claro que no podemos dar como ciertos estos supuestos etimológicos de Covarr., sin prueba alguna, como lo hicieron con posterioridad algunos eruditos; no niego, empero, que sean posibles. Pero faltaría conocer la lista completa de los ingredientes. ¿Entrarían bayas de enebro, como en el licor ginebra? Entonces podría venir del cat. y oc. *ginebre* 'enebro'. ¿O entraría, como es más verosímil, el jengibre? *Jengibrada pudo cambiarse en *ginebrada* por etimología popular, comp. el cat. ant. *gingebrada*, nombre de una bebida refrescante, en Eiximenis, etc. Pero el texto de la *Pícara* sugiere todavía otra cosa: «comenzamos a hacer penitencia con un jamón, y con ciertas *genobradas* bien obradas, con nuestras piernas fiambres...». Parece como si el autor, conocedor de una etimología, quisiera hacer una «figura etymologica»: podría ser, efectivamente, el oc. ant. *gen obrada* 'bien trabajada, bien amasada', que aunque no sé se aplicara a una torta, constituye desde luego una frase de cajón en occitano y catalán antiguos, comp. en las coplas de A. Turmeda (fin S. XIV): «[los menestrals] la lur obra fan leyal, / soptilment e *gint obrada*» (copla 38), y muchos más casos que podríamos citar. Claro que *genobrada* se cambiaría después por influjo del cat. *ginebre*, cast. *ginebra*, etc. Recordemos la importancia de los libros de cocina catalanes en Castilla (Mestre Robert de Nola)[1] y los numerosos catalanismos en expresiones de esta clase. Desde luego hacen falta más pruebas.

[1] En cuyo texto no figura este plato, por lo menos con tal nombre. La llamada *ginestada* (pp. 68, 198)—así llamada por su color amarillo de retama, *Libre de St. Soví, Bol. Acad. B. Letras*, Barcelona, XXIV, 24, 56—parece ser diferente.

GINECEO, tomado del lat. *gynaecēum*, y éste del gr. γυναικεῖον íd., derivado de γυνή, γυναικός, 'mujer'. *1.ª doc.*: Terr.; Acad. 1884, no 1843.

CPT. (de γυνή): *ginandra*, compuesto con ἀνήρ, ἀνδρός 'varón'. *Ginecocracia. Ginecología; ginecólogo; ginecológico. Poliginia.*

Ginestada, V. *ginebrada*

GINGIDIO, tomado del lat. *gingidion*, y éste del gr. γιγγίδιον 'zanahoria silvestre'. *1.ª doc.*: Covarr.[1]; Terr., quien cita a Laguna (1555); Acad. ya 1843.

[1] «Algunos han pensado que el *gingidio*, que llamamos en castellano *vellosa*, es la viznaga», s. v. *embelesado*.

Giniestra, V. *retama*   *Giñebra*, V. *enebro*
Gira 'banquete campestre', V. *jira*   *Giralda*, V. *giro I*

GIRALDETE, 'roquete sin mangas', parece derivar del nombre de Giraldo, fundador del Hospital de la Orden de los Caballeros de San Juan, de la cual era característico este roquete. *1.ª doc.*: Covarr.; *Aut.*

Vid. Covarr., que cita al Padre Pineda.

Giranda, girandilla, girándula, girar, etc., *girasol, girino*, V. *giro I*   *Giribia*, V. *chilaba*

GIRO I, 'movimiento circular', tomado del lat. *gȳrus* y éste del gr. γῦρος 'círculo, circunferencia'.

1.ª doc.: APal.: «*Cyclus* es redondés o *giro* o
círculo» 74*b*, «son *spire* los *giros* de las serpientes
quando se contuercen» 467*d*; ya med. S. XV,
Diego de Burgos (C. C. Smith, *BHisp.* LXI, quien
confirma la rareza de este vocablo en el S. XVI,
donde sólo lo emplea Herrera).

La ac. etimológica 'círculo' se halla no sólo en
APal., sino también en Barén de Soto (1643) y
en Suárez de Figueroa (1615): «aquel punto del
ojo que es centro de todo su *giro* o cerco»; el
otro ej. que cita *Aut.* (Pantaleón de Ribera, † 1629)
no es claro; no obstante, este dicc. da como fundamental la ac. «movimiento rápido circular», y
hoy la Acad. ya no admite el significado 'círculo'.
Es palabra rara y muy erudita en el Siglo de Oro,
propia del estilo gongorino (V. ejs. en el dicc. de
Alemany, ya en la ac. moderna), mientras falta en
Nebr., Percivale, Oudin, Covarr. y el léxico del
Quijote; hoy sigue siendo cultismo. La ac. 'estructura especial de frase' [1868, R. de Miguel, *Curso
de Latinidad*; Acad. 1884, no 1843] parece haberse calcado del fr. *tour*, vid. Baralt, que todavía
desaprueba el empleo en casos en que puede decirse *índole, corte, traza, sesgo*. Para las acs. 'chirlo' y 'bravata', V. *GIRO* II; para 'traslación de
caudales', V. abajo entre los derivados.

DERIV. *Girar* [med. S. XV, *girar la faz*, en el
aragonés Juan de Tapia, *Canc.* de Stúñiga, p. 213;
APal.: «*circumlitus*: do el río va *girando*», 77*d*;
«*rotare*: traer en derredor *girando* y bolviendo en
contorno», 423*b*; 365*b*; 1499, Hernán Núñez;
C. C. Smith da ejemplos de Mena y de otros escritores del S. XVI; fuera de estos autores, latinizantes a ultranza o dialectales, no vuelve a aparecer
hasta Góngora y hasta Silveira, † 1636; Covarr.
declara «no es término usado en Castilla; úsase
en la lengua Catalana, vale bolver a la redonda,
y *girao* (= *girau*), bolved acá»; hoy sigue siendo
vocablo apenas medianamente usado y de tono
francamente culto], del lat. *gȳrare* íd., derivado de
gȳrus. *Girada*. *A la gira*, aplicado al buque fon-
deado de manera que gire presentando siempre la
proa al viento o a la corriente [Acad. después de
1899]. *Giralda* 'veleta de torre cuando tiene figura
humana o de animal', aplicado por antonomasia
a la giralda de la famosa torre de Sevilla, que a
su vez ha tomado nombre de ella [1615, *Quijote*
II, xiv, 47; Cej. en su vocabulario de esta obra
dice que fué colocada en 1568; según Puigblanch,
Opúsc. Gram.-Satíricos, viene de un antiguo *giranda*], quizá contracción del it. *giràndola* 'rueda de
cohetes que gira despidiéndolos', 'juguete para
niños, que da vueltas al viento' (V. abajo *girándula*), posiblemente por conducto del fr. *girande*
íd. [1694], tomado a su vez de esta palabra italiana; pero también puede ser alteración del it.
girella [Ariosto], que designa varios aparatos que
dan vueltas rápidamente, y se aplica, como el cast.
veleta, a personas volubles: de *girella* saldría *gi-
relda*, alterado luego en *giralda* por influjo del

nombre de persona homónimo; sea como quiera,
tratándose de un objeto introducido en la segunda
mitad del S. XVI, es muy probable que venga
del italiano, y lo mismo indica la terminación -*anda*
(-*alda*), que no es sufijo vivo en español; el detalle
sólo podrá averiguarse con el estudio de los documentos coetáneos a la introducción; *giraldilla*;
girandilla ast. 'baile en corro, al son de cantos
populares, en que giran las personas cogidas de las
manos, y bailan por parejas durante el estribillo'
(V) (pero vid. *GIROLA*). *Girándula* 'rueda llena
de cohetes que gira despidiéndolos' [Covarr.], del
it. *giràndola* íd. *Giramiento*, ant. *Girante*. *Giratorio*.
Girino 'renacuajo' antic., 'cierto coleóptero', tomado del lat. *gyrīnus* y éste del griego γυρῖνος 'renacuajo', derivado de γυρός 'redondo', por la figura
del cuerpo del renacuajo. *Giro* 'traslación de caudales' [*Aut.*], postverbal de *girar* en su sentido
secundario de 'expedir libranzas'.

CPT. *Girómetro*. *Giróscopo*, compuesto con σκοπεῖν 'mirar', también *giroscopio*; *giroscópico*. *Giróvago*, del lat. *gyrovăgus*, compuesto con *vagus*
'vagabundo'. *Girasol* [Góngora], así llamado porque su flor va volviéndose hacia la dirección del
sol; anteriormente se dijo *catasol* [Oudin] o *mira-
sol* [Oudin; *Aut.*].

GIRO II, 'chirlo', 'bravata', origen incierto; es
posible, aunque inseguro, que de aquí venga el
adjetivo semi-jergal *giro* 'hermoso', 'excelente', que
en América y en el Sur de España se ha convertido en denominación de los gallos de un color
especial. *1.ª doc.*: 1.ª ac., Castillo Solórzano,
† 1647.

Aut. (s. v. *gyro*) cita dos ejs. de la ac. 'chirlo,
herida en la cara': uno de Castillo Solórzano
[† h. 1647], de sentido claro, y otro de Lope; agrega, sin dar ejs., que significa también «amenaza,
bravata y fanfarronería», citando la frase *no hai
que echar gyros*. Además da el adjetivo *giro, -ra*
«hermoso, perfecto, cabal y con todo esmero y
perfección; y assí se dice comúnmente que una
cosa está muy *gira*». Terr. da el ej. *venía tan giro
que era maravilla*; la Acad. (ya en 1817) da este
adjetivo como anticuado, pero todavía lo emplea,
aplicado a un hombre, el sevillano J. Mas, en fecha reciente; además en el lenguaje coloquial de
Lisboa *giro* es 'bonito', 'elegante', y en el *bron* (jerga asturiana) *xiro* es 'bueno, agradable, bello', y
adverbializado 'muy' (M. L. Wagner, *VKR* X, 10).

En toda América *giro* designa un gallo de un
tipo especial, empleado en peleas, y opuesto, p. ej.,
a *bataraz*[1]; se caracteriza este gallo por el color de
su plumaje, que en Cuba, Méjico, Guatemala y
Venezuela se nos describe como amarillo en la golilla y las alas y negro en los troncos y pechuga
(Pichardo, Icazbalceta, Batres, Rivodó), como pajizo en Honduras (Membreño), blanco matizado de
colorado y amarillo en el Ecuador y en Chile
(Lemos, *Supl.* II, p. 18; Z. Rodríguez), morado

rojizo en el Perú (Arona), de pintas negras y blancas en la Arg. (Garzón), dorado por la capa en Murcia (Sevilla); consta también el empleo del vocablo en Costa Rica (Gagini), Colombia (Cuervo, *Ap.*, § 744) y Andalucía (*RH* XLIX, 482-3). Que se trata meramente de una aplicación especial del sentido 'hermoso, galán', se ve por el pasaje del andaluz Cristóbal de Castro «donjuanesco y gentil, el gallo *giro*». Pero esto sugiere además que el adjetivo *giro* no es más que *giro* 'bravata' adjetivado, que cuadra tan bien a la actitud del gallo de pelea. Comp. por una parte el español *guapo* 'hermoso' < 'bravucón', y por otra el doble valor de *fiero* y *bravo*, que además de adjetivos de sentido laudatorio se emplean como sustantivos sinónimos de 'bravata'. La ac. más antigua es probable que sea 'chirlo', la documentada primero, de donde se pasaría a 'amenaza de hacer un chirlo', 'bravata'.

Pero ignoro cuál sea el origen de *giro* 'chirlo'. Quizá simplemente venga de *giro* 'vuelta', por la forma curva de muchas heridas, aunque de ninguna manera puede tomarse como prueba el pasaje de Lope, donde puede tratarse de un mero juego de palabras; o podrá partirse del mismo vocablo en el sentido de 'torcedura', y sólo después, por exageración, 'herida', como podría sugerirlo el pasaje de Castillo Solórzano «dar a mi fiero ribaldo / un *gyro* de oreja que / atribule a un cirujano». El pasaje de Lope citado por *Aut.* es todavía más dudoso que tenga que ver con esto: mientras el galán Alexandro da serenata a su dama se presenta un rival, Felisardo, y aquél «determinando saber quién era, ...le dió dos *giros*, pienso que en español se llama *vueltas* (perdone V. M. la voz, que passa esta novela en Italia). Felisardo... declaróse a manera de enfadarse...»; riñen los galanes y «en lo demás no salió Felisardo herido, y lo quedó Alexandro» (*La desdicha por la honra*, en la *Circe*, ed. Madrid 1777, pp. 77-81); está claro, pues, que ahí no significa 'chirlo', y a lo sumo podría conjeturarse que Lope juegue del vocablo en una ac. 'torcedura, esguince' o algo análogo Pero todo esto es incierto. Tal vez procede de un uso figurado en alguna jerga o dialecto italiano, pues en esta lengua se ha dicho *girare una bastonata* o *una mazzata* por 'dar un palo, etc.' (ya en Gelli, med. S. XVI) y Petrocchi cita *dare un bel giro* por 'dar un castigo' en Marcucci (S. XIX). Puede admitirse esto provisionalmente y bajo reserva, sobre todo si, como parece, juega Lope con este vocablo italiano en el sentido de 'golpe' o análogo, sentido que el español modificaría más tarde.

Acaso sea voz de creación expresiva, aunque no puede citarse en su apoyo el sinónimo *CHIRLO*, que parece ser derivado del verbo *chirlar* 'chillar'.

En algunas partes el adjetivo *giro* se ha cruzado con el germanesco *guido* 'bueno' [1609, J. Hidalgo; Hill], gitano *guidó* íd. (Borrow), de origen incierto (desde luego no puede tratarse del alem. *gut;* quizá sea el nombre propio italiano *Guido*), resultando de este cruce el port. de la Beira *gido* «geitoso», gíria *gidio* 'bello', 'bueno' (Bessa), caló mejicano *xido*, ast. jergal (*xíriga*) *xidu* «hermoso, bello, querido, agradable, bueno». Desde luego no es posible buscar un origen común a *guido* y a *giro*, como parece inclinarse a hacerlo M. L. Wagner[2]. Parece haber también contacto entre nuestro *giro* y el port. *gíria* 'jerga', 'astucia', en casos como Beira *gírio* 'activo, experto' (en el portugués general 'astuto' o 'que habla en jerga'), brasil. *giro* 'el que fácilmente consigue negocios lucrativos'; pero es probable que se trate asimismo de un contacto secundario[3].

[1] Guiraldes, D. *Segundo Sombra*, ed. Espasa, p. 139; A. Alonso, *El Problema de la Lengua en América*, p. 164. Ambos autores argentinos emplean la forma *giro*, como en todas partes, y no *jirio*, como imprime Garzón.— [2] Aunque no lo dice claro, este autor parece dar a entender en *ZRPh.* XXXIX, 550, que *guido* sea voz de origen gitano. Pero no hay todavía gitanismos en la germanía clásica y creo que *guidó* sólo corre entre los gitanos de España (nada de esto en Miklosich). Viejas palabras gitanas para 'bueno' son *lachó* y *mistó*.— [3] Acerca de *gíria*, que como adjetivo (*palavra gíria*) ya se halla en Melo († 1666), vid. Spitzer, *RFE* IX, 178-9; comp. p. 326. A la verdad la fecha del fr. *girie* «tour de bateleur», «mensonge, tromperie», «plainte hypocrite», «manière affectée» [1790] ofrece cierta dificultad para derivar de ahí la voz portuguesa, dificultad a la que se agrega la causada por el ast. *xériga*, *xíriga*, 'jerga' (aunque éste podría ser fruto de un cruce con *jerigonza*, sin que por ello el vocablo portugués tuviera que proceder de esta voz castellana). En cuanto al fr. *girie*, que Spitzer deriva del nombre del personaje de farsa *Gilles*, *Giri*, AEGYDIUS, según Wartburg (*FEW* IV, 359a, n.) vendría de **girerie*, derivado de *girar*. «Non liquet».

Giroflé, V. *cario-*

GIROLA, 'nave que rodea el ábside en la arquitectura románica y gótica', del fr. ant. *charole*, variante de *carole* 'danza popular ejecutada por un grupo de gente que se da la mano', 'procesión religiosa', 'la girola, donde se realizaban estas procesiones', para cuyo origen vid. *CAROLA*. 1.ª *doc.*: 1884, Clairac, *Dicc. de Arquitectura*; Acad. 1925 o 1936.

V. el estudio de Margit Sahlin, *Étude sur la Carole Médiévale*, Uppsala 1940, pp. 37, 65, 93, 135, 206, y comp. Lapesa, *RFE* XXV, 122-3. *Charole* en el sentido de parte de una iglesia se halla en francés ya h. 1248, y *carole* es frecuente y conocido en este sentido desde el S. XIV (*FEW* II, 644a); la forma *charole* en las demás acs. del vocablo es también bastante frecuente (Sahlin, 91-92, más ejs. pp. 6, 61; Artois *chirolée* 'serie de niños'). De ahí salió el port. *charola* 'girola' [Bluteau, 1712; Moraes cita ej. de Rodr. da Cunha, que no puedo fechar; comp. Gonç. Viana, *Apost.* I, 288], que también significa 'andas de procesión' y dialectalmente 'procesión'; en español *charole* pasaría a *xarola* y *xirola* (de donde la forma moderna), quizá ayudando el influjo de *girar*. La forma francesa con *ch-* ha de ser algo más que una mera grafía (como supone Sahlin), en vista de las formas iberorromances; puede ser una ultracorrección del dialecto picardo y normando, o bien el resultado de la grafía culta con *ch-*, debida al influjo del lat. *chorus*, grafía que luego trascendería a la pronunciación. Es posible que sea otra deformación de *charole* el ast. occid. *giraldilla* 'danza en corro, cogidos de la mano y cantando' (Acevedo) (pero vid. GIRO I).

Girómetro, giroscópico, giroscopio, giróscopo, giróvago, V. *giro*   *Gis*, V. *yeso*   *Gismero*, V. *chisme*

GISTE, 'espuma de la cerveza', del alem. *gischt* 'espuma', 'giste', de la misma raíz germánica que *gären* 'hervir, fermentar'. *1.ª doc.: Aut.*

Gitar, V. *echar*

GLABRO, tomado del lat. *glaber, -bra, -brum*, 'lampiño', 'depilado'. *1.ª doc.:* Acad. después de 1899.
Cultismo raro.

GLACIAL, tomado del lat. *glacialis* íd., derivado de *glacies* 'hielo'. *1.ª doc.:* h. 1525, Alvar Gómez (C. C. Smith, *BHisp.* LXI); 1616, *Persiles* (*Aut.*).
Cultismo tardío: falta en APal., Nebr., Oudin, Covarr. GLACIES dejó descendencia popular en casi todos los romances (aun el cat. *glaç*), excepto el castellano y el gallegoportugués, y aun ahí no falta algún representante dialectal: gall. *lazar* 'helarse', *lazo* 'hielo', leon. *yaz* 'acumulación de hielo' (Spitzer, *AILC* II, 41-43; C. Michaelis, *RL* III, 170). Leon. (La Lomba) *llaz* f. 'témpano de hielo sobre el cual se puede patinar', *BRAE* XXX, 329.
DERIV. Otros cultismos o extranjerismos derivados de *glacies*. *Glaciación. Glaciar* [Acad. después de 1899], adaptación del fr. *glacier* [1572; procedente de un dialecto suizo: *RF* XXVII, 762-4], en los Andes se da este sentido al cast. *ventisquero*, que en España indica una pequeña acumulación de nieve; *glaciarismo*. *Glacis* [Terr.; Acad. ya 1817], tomado del fr. *glacis* 'terreno pendiente', 'glacis de una fortificación', derivado de *glacer* 'helar', de donde 'resbalar'. *Glasé* 'tafetán de mucho brillo' [*Aut.*], del fr. *glacé* o *taffetas glacé*, participio del verbo *glacer* 'dar un barniz parecido

a una superficie de hielo'; *glasear*; *glaseado*.
En su art. GLACIES *GdDD* 3092 pone muchas palabras que no derivan de ahí: nav. y rioj. *algarada* «temporal de borrascas fuertes y continuadas» (Iribarren) es ac. figurada del conocido arabismo; de aquí, por cruce con *sarracear* (vid. ZARAZAS): Guadalajara *algaracear* 'neviscar', arag. *algarazo* 'nevisca, llovizna'; el manchego *grajear* 'caer agua y granizo' naturalmente viene de GRAJEA.

GLADIO, 'espadaña', tomado del lat. *gladius* 'espada'. *1.ª doc.:* Acad. ya 1884, no 1843.
Como latinismo en el sentido de 'espada' aparece en algún texto antiguo: Berceo, *Duelo*, 44; *Alex.*, 2055; *Apol.*, 40. En aragonés se empleó la variante *glavi* (invent. de 1397, *BRAE* IV, 217), tomada del cat. u oc. *glavi* (fr. *glaive*), que se suele mirar como variante céltica (o galorrománica) del lat. *gladium*, con explicaciones bastante discutibles y acompañadas de incógnitas. Aplazo hasta mi *DECat.* el estudio de la posibilidad de que se trate de un vocablo sorotáptico, pariente del prus. *kalabian*, lit. *kalavìjas* 'espada' y otros vocablos baltoeslavos e ieur., y acaso no sin relación con el grupo eslavo (rs. *sabla*, pol. *szabla*) que ha dado el internacional *sable*, cuya admitida etimología húngara es en realidad problemática.
DERIV. Son cultismos también los derivados. *Gladíolo* [APal. 546b; 1555, Laguna], de *gladiŏlus* 'espada pequeña', 'espadaña'. *Gladiador* [*gladiator*, med. S. XVI, P. Mejía; *gladiador*, Terr.]; *gladiatorio. Digladiar*. El ast. *glayar* 'llorar, gemir, quejarse' (V), quizá esté en relación con el oc. ant. *glai* 'pavor', cat. *esglaiar* 'asustar, despavorir', derivados semipopulares de *gladius* (acaso con influjo de *guay*); *glayíu* 'quejido' (V); también *grayar* y *grayíu* (V); ¿o deriv. de *grajo* con el sentido primitivo de 'graznar' (comp. cat. *grallar* 'graznar', ast. *glayu* 'grajo')?

Glande, glandífero, glandígero, glándula, glandular, glanduloso, V. *landre*   *Glárima,* V. *lágrima*   *Glasé, glaseado, glasear*, V. *glacial*

GLASTO, tomado del lat. *glastum* íd. *1.ª doc.:* 1555, Laguna.
Para un representante mozárabe muy dudoso, vid. Simonet, s. v. *gachto* (y adiciones).

GLAUCO, 'verde claro', tomado del lat. *glaucus* y éste del gr. γλαυχός 'brillante', 'glauco'. *1.ª doc.:* Terr., sólo como nombre del molusco; Acad. 1843, íd.; Acad. 1884, como adjetivo de color empleado por los botánicos; Pagés cita ej. de Pardo Bazán aplicado a las olas.
Cultismo reciente y puramente literario.
DERIV. *Glaucio* [1581, Fragoso], tomado del lat. *glaucion* y éste de γλαύχιον íd. *Glaucoma* [falta aún Acad. 1939].

Glayar, glayido, V. *gladio*   *Glayo*, V. *grajo* y
gayo

GLEBA, 'terrón', tomado del lat. *glēba* íd. *1.ª*
doc.: Mena (C. C. Smith, *BHisp.* LXI); 1499, 5
Hernán Núñez.
Empleólo también J. del Encina, pero en ambos
autores es cultismo sin arraigo. Oudin traduce
gleba o *gleva* por 'espiga de trigo', lo que prueba
lo poco conocida que era todavía la palabra por 10
entonces. *Aut.* dice que «es voz puramente latina».
Más tarde trataron algunos de introducir una distinción sinonímica entre *gleba* y *terrón*, vid. Terr.,
que cita la *Agricultura* de Valcárcel (1765). Siempre ha sido cultismo, a diferencia del port. *leiva* 15
'caballón entre dos surcos', y el cat. *gleva* 'terrón',
que son populares. Acaso a la muerte del vocablo
en español contribuyera la homonimia con *leva*,
con el cual hubiera coincidido fonéticamente, de
ser voz hereditaria. En Aragón, donde significa 20
'terreno cubierto de césped' (ac. también catalana),
parece ser vocablo popular.

GLERA, 'cascajar, arenal', ant. y dial., del lat.
GLARĔA íd. *1.ª doc.:* Cid.   25
También en Berceo (*Mil.*, 442, 674), *Apol.*, 222c,
Sta. M. Egipc., 291 (*eglera* ahí parece ser errata);
gleria en el Fuero de Navarra (G. de Diego, *Contr.*,
§ 286). No figura ya Nebr., APal., Covarr., *Aut.*;
Acad. 1843 lo da como antiguo, nota que después 30
fué suprimida. Realmente hoy se emplea en Santander la forma *lera* 'islotes o riberas pedregosas que
se forman en los ríos de gran estiaje', 'orilla del
río cubierta de sauces' (G. Lomas), igualmente en
Caspe, mientras en Echo, Plan (*BDC* XXIV, 171) 35
y la Litera es vivo *glera* 'cauce de un río' (Coll A.).
Hoy es palabra de la zona fronteriza catalano-aragonesa; en hablas catalanas la he oído en el Ebro
(Flix) y en el Bajo Segre (Granja d'Escarp), en
Fraga *glγérẹ* 'orillas pedregosas del río rodeadas 40
de agua' (*BDC* IV, 40), en Sopeira *lleral, llerera,
llereta*, 'extensión de tierra no cultivada que ha
ocupado el río en sus avenidas dejándola llena de
cantos rodados' (*Congr. de la Ll. Cat.*, 426). Aparece en textos catalanes arcaicos *glera* (*gleira*) de 45
982, 983, 994, relativos a las inmediaciones de
Barcelona (Nicolau d'Olwer, *Bull. Du C.*, 1927),
aunque luego salió del uso en catalán central. Es
probable que tenga razón Spitzer, *Lexik. a. d.
Kat.*, al citar ahí el port. *algarbío laredo* 'conjunto 50
de arrecifes cascajosos' (*RL* VII, 245), que junto
con el nombre de población santanderina *Laredo*
y Lucca *ghiareto* (*REW* 3779) parece representar
un derivado colectivo *GLARĒTUM[1]. Se pregunta
también, no sé si con razón, si viene de ahí el 55
vasco *larre* (con artículo *larrea*, en Vizcaya *larra*)
'pastizal, dehesal', 'desierto', 'brezo', *larratz* 'terreno baldío', 'rastrojo', trigo que se obtiene en
un campo después de otra cosecha'[2]; pero Michelena (*BSVAP* XI, 293), no deja de expresar 60

sus fuertes reservas a la supuesta etimología latina
del vasco *larre*.
En cuanto al port. *leira* y sus afines, debe de
ser otra palabra, pues significa 'porción de tierra
labrantía', 'caballón' y 'surco para echar la simiente', con los derivados *leirar* 'dividir en leiras' y
Beira *leirão* 'espacio de terreno cultivado'. Gall.
leira 'heredad labrantía, ora aislada o cerrada o
contigua a otras' (Vall.), 'heredad labrantía' (Lugrís), «sachan o millo nas *leiras*» (Castelao, 156.
20); y ast. occid. *leira* o *lleira* 'heredad labrantía
de pequeña extensión', 'porción de tierra por labrar'.
En documentos gallegos medievales es recurrente la aplicación a un pedazo de viña, p. ej.: «*leira*
de viña» en 1418 y 1456, «tres *leiras* de viñas que
jazen ena veiga Táboas» en 1420, «le apotecó una
leira de heredad» en 1520, documentos de Pontevedra leídos por Sarm., *CaG.* 71v, 173v, 167v,
172r. Aparece en arcaicos documentos portugueses
de los siglos IX-XI en una forma bajo-latina *larea*
que puede ser ya vieja y tradicional, y el dato más
antiguo habla también de viña: «concedo ibidem
larea qui iacet in cima de ipso viniale» a. 870, y
otros de 955 y 1043, así como un diminutivo *lario-
lina* en 985 (Cortesão, *Subs.*): el contexto de todos
comprueba que se trata de extensiones de tierra
labrada.
Aunque lo afirmara M-Lübke en su *Rom.
Grammatik* (I, p. 369 de la trad. fr.) y no llegara
a desmentirlo en el *REW*, hay que descartar la
idea de explicar este grupo por GLAREA, pues se
opone netamente el significado: apenas se concebiría que desde 'arenal' se pasara a 'límite entre
heredades' y de ahí a 'surco', pero además del
acuerdo semántico entre las acepciones gallega,
asturiana y la básica en portugués, junto con el
texto de los documentos antiguos, muestra que lo
de 'surco' es sólo local, secundario y moderno. El
propio M-L. parece haber tenido la intención de
rectificar, pues en el *REW*[3], s. v. *glarea* (n.º 3779),
aun conservando allí el port. *leira*, al pie del artículo remite para éste a un artículo 4913 que se
olvidó de redactar, pero que según el orden alfabético correspondería a una palabra en LARI-.
Por mi parte, rechazo ahora del todo la idea
de que tengamos ahí el lat. AREA, con aglutinación
del artículo, idea sólo concebible si fuese leonesismo en Portugal y Galicia, donde el artículo es *a*
y no *la*. Y doy por seguro que se trata de un
celtismo de la raíz indoeuropea PLĀ/PELƏ- afín
al lat. *plā-nus* (bált. común *pla-nas* [-*nis*] 'era'),
al esl. común *polje*, al griego πλα-κός (πλάξ) 'llanura' y al tipo PLA-TU-S 'llano' que es común a
casi todas las familias indoeuropeas (Pok., *IEW*
805-6, 831, 833). Pero en lugar de esas amplifica-
ciones radicales en -N-, -I̯-, -K-, -T-, en céltico y
germánico preponderó la amplificación en -R-:
escand., ags., b. alem. *flōr* 'losa', 'suelo', 'prado',
y por otra parte el irl. ant. y británico común *lār*

(ky. *llawr*, etc.), que, con la pérdida normal de la P- en céltico, corresponden a un tipo *ieur*. (pregermánico y pre-céltico) PLĀROS: las glosas irlandesas más antiguas le dan ya la definición «solum», «pavimentum». Sin duda el céltico hispano debió de emplear lo primero como adjetivo, a juzgar por el nombre de la cumbre más alta del Guadarrama, *Peñalara*, que desciende, sin duda, de un célt. PENNA LĀRA 'cabezas planas' (el *Peñalara* no es una peña ni es puntiagudo[3]) y por el nombre, luego sustantivado, de la comarca castellana de *Lara*.

En el céltico lusitano y galaico debió de derivarse de ahí LĀR-IA 'extensión de tierra llana o poco montuosa' y por lo tanto cultivable, de donde normalmente *leira*.

¹ *Laredo*, según el opúsculo de Tovar *Cantabria Prerromana*, M. 1955, 13-14, vendría del nombre de un árbol, vco. *l(eh)er* 'pino', que reaparecería en el nombre de las islas de *Lerius* (*Lero, Lerina* en Plinio; Hubschmid, *Alpenwörter* 21.55), probablemente en el lat. *larix* 'especie de pino' y en una inscripción romana de Aquitania (*Marti Leherenno, CIL* XIII, 111), pero sería muy extraño que *Laredo* hubiese tomado su nombre de un árbol de las alturas, como el *larix* y aun el vco. *l(eh)er*, y sobre todo sería extrañísimo que el colectivo de esta palabra prerromana sin descendencia románica tuviese, no un sufijo prerromano, sino el sufijo latino -ETUM. *Laredo* se puede localizar principalmente en tres lugares: en la costa de Santander, en la costa de la ría de Vigo (*Laredo*, pueblo agr. a Chapela, p. j. Redondela) y en la costa del Algarve ('conjunto de arrecifes cascajosos'), triple localización que corrobora rotundamente la etimología que yo admito. Hay todavía un *Lareo*, aldea agregada a S. Pedro de Salgueiros (p. j. Lalín, Pontevedra) que quizá tenga el mismo origen: no está ya a la orilla del mar, pero sí cerca de un río muy importante, el Ulla, por tanto en lugares de GLAREA. *GLARĒTUM se debió formar como VINE-TUM de VINEA (cf. por otro lado, SAXETUM, SA-BULETUM, FIMETUM y los románicos *penedo, ma-cereto, fontaneto, pantaneto*). El it. *greto* [S. XIII] y *ghiareto* [S. XVIII] 'terreno cascajoso' parecen venir ambos de *GLARETUM (así Prati), aquél a través de *Gh(i)ereto*, cf. el NL. it. *Ghiereto* (entre Florencia y Bolonia), llamado *Glerito* en 1072.— ² Pero con estos comp. el fr. ant. *larriz*, langued. y gasc. *lairis, lei*-, 'terreno inculto' (Meillon; Sauvages; Tilander, *Rem. sur le Roman de Renard*; etc.), que ha de ser otra cosa.— ³ Tiene una gran laguna junto a la cumbre y está cubierto de nieve hasta después del invierno. Frente a Peñalara está, casi con la misma altura, Cabeza de Hierro. Los dos nombres tienen en su origen sentido tan paralelo como la posición de los dos picos. En Portugal, entre Oporto y Braga hay un pueblo de *Pedra-Lara* (cerca de Póvoa

de Varzim), que será un homónimo de *Peñalara* alterado por etimología popular.

GLICERINA, derivado culto del gr. γλυχερός 'de sabor dulce', derivado de γλυχύς 'dulce', 'agradable'. *1.ª doc.*: Acad. 1884, no 1843.

Otros derivados cultos de γλυχύς. *Glicina* [Acad. después de 1899], del fr. *glycine* [1786]. *Gliconio*, derivado de Γλύχων, nombre del poeta que lo inventó. *Glucina* [Acad. 1884, no 1843], del fr. *glucine* [1798]; *glucinio*. *Glucosa* [Letamendi, † 1897; Acad. 1899], del fr. *glucose* [1853]: la forma correcta en castellano hubiera sido *glicosa*, que han empleado algunos; *glucósido*.

CPT. *Glucómetro. Glucosuria*.

GLÍPTICA, derivado culto del gr. γλυπτιχός 'propio para grabar', y éste de γλύφειν 'esculpir', 'grabar'. *1.ª doc.*: Acad. 1936, no 1899.

DERIV. *Anáglifo. Anaglífico*.

GLOBO, tomado del lat. *glŏbus* 'bola, esfera', 'montón', 'grupo de gente'. *1.ª doc.*: h. 1440, A. Torre, Santillana (C. C. Smith, *BHisp.* LXI); lo castellaniza ya APal. 182*b* al definir la palabra latina, pero no parece tuviera uso en castellano por entonces; 1607, Oudin; 1615, *Quijote* II, xxix, 112.

Falta en Nebr., C. de las Casas, Percivale, Covarr. F. de Herrera lo emplea en el sentido de 'tierra (elemento)' *RFE* XL, 165 y *Aut.* cita ejs. en Roa († 1637), Saavedra Fajardo (1640) y Pellicer (1626). Es frecuente en Lz. de Arenas (1633), cap. 20, etc. Con razón observa Capmany a fines del S. XVIII (Viñaza, 899) que es afrancesado decir *el globo* por el globo terráqueo, como hacían y hacen algunos.

DERIV. *Global. Globoso* [1596, Oña (C. C. Smith)]. *Glóbulo* [Terr.], tomado de *glŏbŭlus*, diminutivo de *globus*; *globular*; *globulariáceo*; *glo-buloso. Conglobar; conglobación. Englobar* [Acad. después de 1884].

GLORIA, tomado del lat. *glōrĭa* íd. *1.ª doc.*: Berceo.

Cultismo antiguo y arraigado, de empleo general ya en la Edad Media (*Apol.*, J. Manuel, J. Ruiz, APal., Nebr., etc.), aunque al principio predomina el uso eclesiástico. Para la historia del vocablo en romance, en general, vid. Rheinfelder, *Festschrift Vossler*, 1932, 46-58. Para acs. figuradas, L. B. Bucklin, *NRFH* VIII, 71-77.

DERIV. *Gloriar*, comúnmente *gloriarse* [Berceo, *S. D.*, 721; APal. 150*b*, 199*d*; Nebr.; como transitivo, 1490, *Celestina*, pero todavía no lo admite *Aut.*], tomado de *gloriari* íd.; *gloriado. Glorieta* [Oudin; Calderón: *Aut.*], del fr. *gloriette* íd., documentado desde el S. XII como nombre de un palacio, después se aplica a varios tipos de estancia pequeña, y en particular a glorietas o a pabellones de jardín, donde se está «como en la gloria» (*FEW* IV, 164*b*). *Glorioso* [1107, *BHisp.* LVIII, 360; *Cid*; frecuente en Berceo y en todas las épocas]. *Congloriar.*

CPT. *Glorificar* [*Cid*; frecuente en Berceo; APal. 199*d*; etc.], del lat. tardío *glorificare*.

GLOSA, tomado del lat. *glōssa* 'palabra rara y de sentido oscuro', 'explicación de la misma', y éste del gr. γλῶσσα 'lengua del hombre o de un animal', 'lenguaje, idioma', 'lenguaje arcaico o provincial'. *1.ª doc.:* J. Ruiz, 927*b*, entre los sobrenombres aplicados a una alcahueta, seguramente en el sentido de 'comentario malévolo'; *glosa = comento* en el Marqués de Santillana (*Aut.*); «en griego dizen *scolia*, en que sumariamente se notan por vía de *glosa* las cosas que parecen difíciles», APal. 145*b*, comp. 182*b*; «*glosa de obra*: expositio, commentum, glossema», Nebr., g6v°.

Frecuente desde el Renacimiento. Tiene siempre -*s*- sonora en la Edad Media, como se comprueba por la rima de J. Ruiz y la grafía de APal. y Nebr.: ello se explica por la variante latina *glōsa*, frecuente en glosas latinas y textos vulgarizantes (vid. *CGL* VI, 497) y explicable por la fonética histórica de este idioma; por lo demás es también lo común en los demás romances: it. *chiosa*, fr. *glose*, port., oc. y cat. *glosa* (el cat. reciente *glossa*, y la misma grafía en *Aut.*, son cultismos modernos y artificiales).

DERIV. *Glosar* [Nebr.; ya en *Calila* según R. M. Pérez], tomado del b. lat. *glossare; glosador; glose. Glosario* [APal. 182*b*], tomado del lat. *glossarium. Glosilla. Desglosar* [*Aut.*], propiamente 'quitar la nota o apéndice puesto a una escritura, etc.', comp. la aclaración semántica de Spitzer, *ZRPh.* LIV, 246n.; *desglose* [1722, en *Aut.*]. *Glotis* [Terr.], de γλωττίς 'úvula', derivado de γλῶττα, forma dialectal ática y clásica del gr. común γλῶσσα; *glótico; epiglotis* (raramente *epiglosis*).

CPT. *Glosopeda* [Acad. 1899], híbrido compuesto con el lat. *pes, pedis*, por las vesículas que causa la glosopeda en la lengua y en las pezuñas. *Glotología* (denominación usual en italiano, pero muy rara en español). *Hipogloso. Poligloto* [*Aut.*], de πολύγλωττος íd. (la acentuación común, aunque rechazada por la Acad., es *polígloto*, conforme al griego, pero contraria al latín; también es corriente el masculino *políglota*, de terminación afrancesada); *poliglotismo* (falta todavía en Acad.).

GLOTÓN, del lat. GLŪTTO, -ŌNIS, íd. *1.ª doc.:* 1251, *Calila*, ed. Allen, 191.148.

Aparece después en APal. 16*d*, 29*d*, 182*d*, Nebr. g6v°, etc. Frecuente y popular en todas las épocas. La forma *gluttus* documentada en algunas glosas parece ser debida sólo a un error de copia, causado por el contiguo *gulosus* (Niedermann, *VRom.* V, 178), y, en efecto, los romances no atestiguan formalmente su existencia, pues fr.

ant. y dial. *glot* es forma tardía, sacada del nominativo *gloz* GLUTTO (*FEW* IV, 173), el it. *ghiotto* es seudoprimitivo deducido de *ghiottone* como si éste fuese aumentativo, y en forma semejante se explica el cat. ant. *glot* (comp. *lladre*, it. *ladro*, LATRO), de suerte que debe borrarse el artículo GLUTTUS del *REW*.

DERIV. *Glotonía* [*Alex.*, 2214; Glos. de Palacio; *Canc.* de Baena, W. Schmid; Nebr.], todavía empleado por autores de fines del S. XVI, después reemplazado por *glotonería* [1623, Pellicer]. *Glotonear* [APal. 65*d*, 371*d*; Nebr.]. Son cultismos los siguientes. *Deglutir* [como ant. en Acad. 1843, nota borrada ya en 1884, con razón, pues es término médico y técnico usual], de *deglūttire* íd.; *deglución* [Terr., como término médico]. *Englutir*, galicismo raro, de *engloutir* íd.

Glucina, glucinio, glucómetro, glucosa, glucósido, glucosuria, V. *glicerina*

GLUMA, tomado del lat. *glūma, -ae*, 'cascabillo, película que cubre el grano'. *1.ª doc.:* Acad. 1884, no 1843.

Término de botánicos.

GLUTEN, tomado del lat. *glūten, -ĭnis*, 'cola, engrudo'. *1.ª doc.:* 1658, en el veterinario Arredondo, según cita de Terr.; Acad. ya 1817.

Sólo empleado como término de médicos, biólogos y dietéticos. Comp. *ENGRUDO.*

DERIV. *Aglutinar* [1555, Laguna], tomado de *agglūtinare* 'pegar, adherir'; *aglutinación; aglutinante. Conglutinar, Englutativo* ant., derivado culto del lat. tardío *glūs, -tis*, sinónimo de *gluten. Glutinoso; glutinosidad.*

GLÚTEO, derivado culto del gr. γλουτός 'trasero', 'nalgas'. *1.ª doc.:* Acad. 1899.

Glutinoso, glutinosidad, V. *gluten*

GNEIS, tomado del alem. *gneis* íd. *1.ª doc.:* Acad. 1884, no 1843.

DERIV. *Gnéisico.*

GNETÁCEO, del lat. mod. botánico *gnetum*, nombre de una planta oriunda de Java. *1.ª doc.:* Acad. 1899.

Gnómico, V. *conocer* *Gnomo*, V. *geo-* *Gnomon, gnomónica, gnomónico, gnosticismo, gnóstico*, V. *conocer* *Goa*, V. *ragua* *Gobén*, V. *gobernar*

GOBERNAR, del lat. GŬBĔRNARE 'gobernar una nave', 'conducir, gobernar (cualquier cosa)', y éste del gr. χυβερνᾶν íd. *1.ª doc.:* 2.ª mitad del S. X, Glosas de Silos.

Es ya frecuente en Berceo y en toda la Edad

Media. Entonces se escribe con *-v-*: *Apol.*, 244*a*,
J. Ruiz 775*d*, APal. 135*b*, 169*b*, 297*b* y *d*, Nebr.
(«*governar*: guberno, moderor», g7rº), y aun en
Berceo, *S. Dom.*, 452*a*; *Mil.*, 579*b* (*-b-*, 142*b*, *S.
Dom.*, 519*a* en uno de los mss.). El sentido en
la Edad Media es todavía el marino, con particular frecuencia (*Apol.*, APal.), aunque el ampliado se
halla también desde Berceo, y ya en latín se decía
gubernare rempublicam; acerca de la historia semántica en romance y particularmente en francés,
vid. G. Dupont-Ferrier, *Journal des Savants* 1938,
49-60. En el Siglo de Oro era palabra noble, favorecida por los culteranos, V. los vocabularios de
Góngora y de Ruiz de Alarcón. Hay una ac. de
governar en el sentido de 'sustentar', 'alimentar,
nutrir' que tiene y ha tenido gran popularidad:
cito abajo *govierno* 'alimentos' en cast. medieval,
y se halla en J. Ruiz y muchas fuentes de época
renacentista; también tiene vieja raigambre en oc.
y cat., donde hoy es sobre todo vocablo pastoril
y pirenaico, y es ya muy frecuente en el gallego
de las *Ctgs.* («bēeyta a ta leite onde foi *governada*
a carne de teu Fillo», 420.33 y frecuente allí).
DERIV. *Gobernable. Gobernación* [Nebr.]. *Go-*
bernador [Berceo, *Himnos*, 19; significa 'gobernalle' en *Gr. Conq. Ultr.*, 25], *gobernadora, go-*
bernadorcillo. Gobernalle [*gov-*, fin del S. XIV,
Rim. de Palacio, 795*d*, 796*b;* h. 1440, A. de la
Torre, Rivad. XXXVI, 376; Boscán, *Cortesano*,
428; Rojas Villandrando, *Viaje* (1603), en *Oríg. de
la Novela* II, 482*b;* la forma parcialmente castellanizada *governaje* en la *1.ª Crón. Gral.* (h. 1280),
172, y en la *Gr. Conq. de Ultr.*, 519; *governallo*,
en Nebr.; también se empleó el culto *gobernácu-*
lo], tomado del cat. *governall*, lat. GŬBERNACŬLUM
íd. *Gobernante. Desgobernar* [«*desgovernar algun
miembro:* luxo», Nebr.]; *desgobierno. Gobierno*
[h. 1330, *Conde Lucanor*, ed. Knust, 280.17, en el
sentido de 'alimentos'; APal. 7*b*; hay ya un lat.
tardío *gubernus* o *gubernius*, Gundermann, *ALLG*
VII, 587-8], se dijo también *gobernanza* (*Canc.* de
Baena, *Rim. de Palacio*, 875) y *gobernamiento*
[*1.ª Crón. Gral.*, 179*b*16]; del cat. *govern* viene
el murc. *gobén* 'palo que sujeta los adrales'. *Go-*
bierna 'veleta' [Acad. 1884, no 1843]. Derivados
cultos: *gubernativo* [Terr.]; *gubernamental*, tomado del fr. *gouvernemental*, derivado de *gouver-*
nement 'gobierno'.

Gobeto, V. *agobiar*   *Gobiérnago*, V. *aladierna*

GOBIO, del lat. GŌBIUS, y éste del gr. κωβιός
íd. *1.ª doc.*: 1555, Laguna; APal., 183*b*, sólo lo
da con carácter de voz latina.
Es popular en los demás romances (*FEW* IV,
183-4), y quizá también en castellano, aunque
Laguna dice que es propio del Adriático y Covarr.
cita una forma acatalanada *gobi* (remitiendo a
Nebr., en cuya ed. príncipe no figura); *gobio*
vuelve a aparecer en Oudin, etc.

DERIV. *Gobitu* ast. «sarrianu» (V, que define
este último como «serrano escrito»; R dice que
serrianu es «pez de costa»; comp. cat. *serrà* 'Ser-
ranus cabrilla' y *escrita* 'Raia punctata').

Goce, V. *gozar*

GOCETE, 'sobaquera de malla sujeta a la cue-
ra de armar, para proteger las axilas', 'rodete de
cuero o hierro que se clavaba en la manija de
la lanza', del fr. *gousset*, 1.ª ac., 'bolsillo', derivado de *gousse* 'vaina de legumbre', de origen
incierto. *1.ª doc.*: 1.ª ac., inventario arag. de 1426[1];
2.ª ac., 1588, Juan de Pineda, *Passo Honroso*.
Terr. dice que se halla ya en la *Crónica de
Alfonso VI*, con referencia al año de 1076, y en
el sentido de 'corchete o garfio' [?]; pero se han
sufrido muchas confusiones en cuanto al sentido
de este vocablo (que falta en Nebr., APal., Covarr.,
Oudin, *Aut.*), la Acad. (1843, 1884) decía que era
una pieza de la armadura destinada a proteger
la cabeza, y en 1899 afirmaba que era para proteger el cuello. Leguina aclaró, con documentación abundante, las dos acs. reales, de las cuales
documenta la primera desde la *Crón. de Álvaro
de Luna* (h. 1460) y en otros textos del S. XVI,
y la 2.ª en el mismo siglo y en el XVII. Más
ejs. del S. XV en Cej., *Voc.*, s. v. No hay duda
de que el vocablo procede del fr. *gousset* (ant.
gocet), documentado desde el S. XIII. El origen
del fr. *gousse* 'vaina' es incierto[2]; está emparentado con el it. *guscio*[3] íd., venec. *sgusso*. No
es inverosímil que se trate de un cruce del sinónimo oc. *dolsa* con otra palabra del mismo sentido, según sugiere Gamillscheg (*EWFS*), pero en
lugar de partir de una raíz hipotética GUSCĮ-, yo
formularía entonces el cruce en esta forma: el
étimo *DŎLSIA* o *DŎLCIA* (comp. *dolsa* en el S.
VIII), que postulan las formas francoprovenzales
(*REW* 2726; *FEW* III, 120), se cruzó con el
tipo francés-italiano *cosse* 'vaina de legumbre', it.
coccia 'corteza', 'vaina de haba' (que suele explicarse por un *COCIA 'cáscara', variante oscura
de COCHLEA 'caracol'), dando fr. ant. *cousse* (así
en el *Herbier* de Camus, God.), y luego fr. *gousse*,
it. *guscio;* no hay dificultad geográfica, pues el
tipo *dolsa* se halla también en dialectos franceses
en formas como *dousse* (ant. *dausse*), pero el it.
guscio [h. 1300] debería entonces haberse tomado
de una habla galorrománica o altoitaliana; la principal dificultad está en la fecha tardía [1520] en
que se ha documentado el fr. *gousse*, pero será
casual si es cierto que de ahí deriva *gousset;* partir
del gr. κύστιον 'vejiga pequeña' (Rohlfs, *EWUG*,
1197) obligaría a suponer migración de Italia a
Francia y tropezaría también con inconvenientes
fonéticos.

[1] «Hunas cuyraças con sus *gocetes* de bandas,
guarnidas con cuero blanquo», *BRAE* VI, 738.—
[2] Comp. Sainéan, *Sources Indig.* I, 46, 140. La

sugestión adoptada por Bloch de que venga del fr. ant. *gousse* 'perro' (de creación onomatopéyica, V. *GOZQUE*), pasando por 'brote, retoño', comp. rum. *căţel de usturoĭu* 'diente de ajo', está en desacuerdo no sólo con Quercy, gasc. *golso* 'diente de ajo' (Lescale), cuyas *-o-* y *-l-* (concordes con el su. fr. *gorfa*) no se explicarían entonces, sino también con el hecho de que el sentido de 'diente de ajo' ha de ser secundario respecto `del de 'vaina', teniendo en cuenta la ac. de *gousset* en el S. XIII.—[3] Para el origen del it. *guscio*, habrá que tener en cuenta el artículo de Hubschmid «It. *guscio*, galiz. *cosca* 'guscio', voci del sostrato eurafricano» *AGI* XXXIX (1954), 65-77; no es hora de entrar a fondo en el asunto, que no es de verdadera incumbencia de mi libro; una ojeada rápida revela que, junto con útil y rica documentación, no faltan ahí homónimos enlazados con la supuesta raíz (de cuerpo breve y significado laxo) por una semejanza harto vaga.

Gochigos, V. *puches*   *Gocho*, V. *cochino*
Godayo, V. *igüedo*   *Godeño*, V. *godo*   *Godeo*, V. *regodearse*   *Godería*, V. *gaucho* y *regodearse*   *Godesco, godible*, V. *gozo*

GODO, 'rico', 'ilustre', del nombre del pueblo germánico de los godos que fundó la monarquía medieval española, y constituyó el punto de partida de su nobleza. *1.ª doc.*: «*geta* o *getes* es *godo*, y *geta* se toma por chirlero, y diziendo *gete garrit* se intiende fablistanear como *godo*», APal. 180d.

Como nombre propio de nación, *godo* es tan antiguo como el idioma, y se halla desde las Crónicas más antiguas del S. XIII (p. ej. las de Alfonso X); Nebr. no le reconoce otra ac., pero del pasaje transcrito de APal. se deduce que ya entonces *godo* era usual como apelativo en el sentido de 'personaje de la nobleza'. En textos posteriores son muy corrientes las locuciones *hacerse de los godos* o *ser godo* para 'blasonar de nobleza' y aun 'darse importancia': «si pasamos veinte caballeros a Italia, vienen cien infames cual éste a quererse igualar, haciéndose de los *godos*», G. de *Alfarache*, Cl. C. III, 16.10, y ej. análogo en II, 168.26; «era bellaquería que un preso tuviese tanta soberbia, y se quisiese hacer de los *godos* y tener jurisdicción y mando aun dentro de la cárcel», en el *Alfarache* de Martí (Rivad. III, 380), «conociendo el peligro la cortaron, y con ella las esperanzas a Lázaro de hacerse de los *godos*» en el *Lazarillo* de Luna (h. 1630) (Rivad. III, 114); en forma más explícita se decía también *descender de los godos*: «nacimos todos y vivimos todos / hasta la muerte el tiempo permitido; / pero por varios y diversos modos / aquél busca el sustento y el vestido, / y éste, porque deciende de los *godos*, / es adorado y por señor tenido», Lope, *El Caballero del Mi*-

lagro (ed. Acad. IV, 166b), análogamente en el *Lazarillo* de Luna (p. 116), y Covarr. (s. v.) explica «para encarecer la presunción de algún vano le preguntamos si desciende de la casta de los *godos*» (vid. también el vocab. de refranes de Correas). Por otra parte, *godo* toma ocasionalmente el valor de 'hombre orgulloso' o análogo: «ISABEL: ¿Por qué así nos deshonras, / bayeta por frisar, tumba de honras? / DOCTOR: Yo sufro estos apodos / con una condición, señores *godos*» (Quiñones de B., *NBAE* XVIII, 504). De ahí que en germanía *godo*, *godizo* y *godeño* significaran «rico o principal», según el vocabulario de Juan Hidalgo (1609), y puedo documentar los dos primeros en dos romances de germanía publicados por el mismo autor (*RH* XIII, 50 y 70), y el último en Cervantes y Quevedo (Fcha.). Por lo tanto, aunque *godiz* se halle en francés unos 150 años antes, en el léxico de los Coquillards borgoñones, esto se debe tan sólo a la escasez de fuentes jergales españolas anteriores a Juan Hidalgo, y es increíble que la palabra sea galicismo en castellano, como supone Dauzat (*Rom.* XLIV, 244-6): por el contrario, ha de ser en francés préstamo temprano de la germanía española (comp. los casos de *BRIBÓN*, *GALLOFO* y otros). En Chile y la Arg.[1] acabó *godo* por hacerse sinónimo peyorativo` de 'español', como recuerdo de la época colonial temprana, en que los españoles recién llegados solían blasonar de nobleza en el Nuevo Mundo. Comp. *REGODEARSE*.

DERIV. *Higo godón* 'breva madura' (*Canc.* de Baena), vid. W. Schmid.

[1] P. ej. Draghi, *Novenario Cuyano*, glos., s. v.

Gofio, V. *gofo*

GOFO, 'necio, ignorante, grosero', tomado del it. *gòffo* 'grosero', 'torpe', de origen incierto, probablemente de creación expresiva. *1.ª doc.*: 1517, Torres Naharro; Juan de la Cueva, † h. 1610; Góngora.

Gillet, *Propaladia* III, 741. Juan de la Cueva lo aplica a cosas (*gofas chanzonetas*), Góngora lo emplea un par de veces con referencia a personas. Covarr. dice «vale tanto como grossero, villano en el talle y trage, en las razones y conversación»; y aunque añade, comparándolo con el italiano, «a mi parecer mucho más usado es en la lengua castellana», no hay duda de que no era así. En italiano el vocablo goza de mayor popularidad y savia, y es usual por lo menos desde el S. XV (Lorenzo de' Medici; Berni y Lasca, a primeros del XVI, etc.; uno de los glosarios alto-italianos del S. XV publicados por Mussafia trae ya *zogare ai goffi*). Parece haber entrado o por lo menos haberse consolidado como voz técnica de pintura, en *figura gofa* (Carducho, a. 1633, vid. Terlingen, 102, 114). Hoy vive en hablas americanas: Costa Rica *bofo* y *bofe* 'pesado, antipático', mej. *boje* 'simple, tonto', venez. *gofio*, debido a influjo de *necio, sandio, zafio*, y aplicado también a cosas, vid. Cuervo, *BDHA* IV, 251, n. 2. No veo razones decisivas para afirmar que en canario *gofio* 'harina g r u e s a de maíz, trigo o cebada tostada', alimento típico del pueblo canario, sea otra cosa que esta variante del adjetivo, con el sentido primitivo de 'comida grosera' o 'molida gruesa', aunque Max Steffen (*Rev. de Hist.* de la Univ. de La Laguna, n.° 62, 1943, p. 135) afirme que es de indudable origen guanche; desde luego será indígena la comida, ya descrita por Virgilio como propia de Libia, pero esto no prueba que lo sea su denominación canaria. Pérez Vidal cita ejs. de *gofio* en cronistas antiguos, pero sin fecharlos[1]. Hoy se ha extendido el *gofio* a gran parte de América, desde la Arg. a Puerto Rico, y Pichardo ya lo recoge como usual en Cuba, pero siempre con alusión a Canarias[2].

En cuanto a la voz italiana, son improbables las etimologías germánicas (*ZRPh.* XLII, 156) y griegas (Diez) que se han propuesto, como observa M-L. (*REW* 3907), y tampoco es de creer que venga del it. *gufo* 'buho' y sus variantes, como sugiere Sainéan (*BhZRPh.* I, 113); la misma raíz expresiva reaparece en francés, donde un derivado ya se documenta h. 1340, de suerte que Wartburg (*FEW* IV, 305) la cree creación paralela y no tomada del italiano.

[1] Sin embargo, vid. ahora Régulo Pérez, *Rev. de Hist. de La Lag.* n.° 78, p. 250, que cita abundante documentación de *gofio* en los SS. XVI-XVII, con ej. en A. Bernáldez, de hacia el año 1500 o 1510. Ante fecha tan temprana se hace imposible admitir el origen italiano y muy difícil el románico: será, pues, voz indígena, o habría que deducir que el adjetivo *gofo* era onomatopeya española paralela y no descendiente de la italiana. Más ejs. de *gofio* en cronistas y poetas canarios de los SS. XVI-XVII cita M.ª Rosa Alonso, *El Poema de Viana*, 1952, p. 397. Véase también el estudio monográfico de J. Álvarez Delgado, *Actas de la Soc. Esp. de Antrop., Etnol. y Prehist.* XXI, 20-58. En realidad no parece, aunque Cuervo dé a entender lo contrario, que la forma con *i* sea adjetivo en parte alguna, pues el venez. *gofio* sólo me es conocido en el sentido de 'especie de alfajor hecho con harina de maíz agregándole dulce' (Rivodó, *Voces Nuevas*, 86). Luego parece asegurado el origen guanche.— [2] El menorquín *gòfies* 'buen bocado', 'manjar bueno', queda muy alejado, y Moll se inclina a creerlo de origen dialectal italiano, de OFFULA, quizá con razón (*AORBB* III, 33).

Gogote, V. *cogote*   *Goja* 'alegría', V. *gorga*

GOJA, 'cuévano o cesta en que se recogen las espigas', ant. y ast., origen desconocido. *1.ª doc.*:

Nebr.

En realidad, apenas se halla más que en este lexicógrafo: «*goja en que cogen las espigas*: corbis» (g6v°); de ahí pasó a otros léxicos que le copian: PAlc. lo traduce con el ár. *cóffa*, al que da como otro equivalente «espuerta propria de esparto»; Oudin reproduce el artículo de Nebr., y Covarr. dice que *goxe* es «cuévano en que se cogen las espigas», pero citando también a Nebr. y poniendo el vocablo en el orden alfabético correspondiente a *goja*, de suerte que aquella forma puede ser mera errata. No conozco otros testimonios. Una -*j*- de Nebr. es *ž* y no la *j* moderna, por lo tanto el vocablo no puede de ninguna manera proceder del ár. *qúffa* (*cóffa* en PAlc.) 'espuerta' (que en rigor hubiera podido dar *goha, y hoy dialectalmente *goja, pero esto es imposible en tiempo de Nebr.). Hoy se conserva en el ast. *goxa*, que V (s. v. *cesta*) da como propio de Oviedo, y R define «cesta que llevan las mujeres en la cabeza con la carga del mercado». Ebeling y Krüger, *AILC* V, 324, citan además una forma ast. *güexa*; agréguense ast. occid. *goxu* (Acevedo-F.) y gall. *goxo* (Vall., escrito *gojo*). No es muy verosímil desde el punto de vista semántico que se trate, como sugiere *GdDD* 1549, del hápax lat. *cistella caudea* (Plauto, *Rud.*, 1109), que parece designar un cesto hecho con la planta llamada cola de caballo (*cauda equina* o *equisetum*), vid. Walde-H.; además el citado *güexa* se opone decididamente a un étimo con ō o AU. Si el étimo tenía -LJ- o -CL- tiene que ser castellanismo en ast.; si tenía -(D)I- o -GJ-, ha de ser mozarabismo o leonesismo en Nebr. No sé que el vocablo tenga parentela en otros romances, ni que nadie haya estudiado su origen.

GOL, 'en el juego de futbol, acto de entrar el balón en una puerta', del ingl. *goal* 'meta, objetivo' (pron. *góᴜl*). *1.ª doc.*: Acad. 1936 o 1925.

GOLA, del lat. GŬLA 'garganta': es palabra de origen forastero, y de procedencias diversas, en castellano. *1.ª doc.*: *Alex.*, 2214a, 2215a, en el sentido de 'gula'[1].

El mismo valor parece tener en el habla rústica de un pescador badajoceño en Sánchez de Badajoz (2.° cuarto del S. XVI: *Recopil.* I, 60). En esta ac. se especializó el latinismo *gula*, ya en h. 1251 (*Calila* 44.809) y frecuente en J. Ruiz (219c, 294a, 1168a, etc.); APal., 64b, 86b, 107b; y en todas las épocas[2]. En cuanto a *gola*, en el sentido de 'garganta, parte del cuerpo humano', es voz rara: la emplea el autor de la *Pícara Justina* (1605), leonés que gusta de emplear vocablos raros y dialectales, y figura una vez en el *Quijote*, pero formando parte de la fantástica jerga caballeresca de la Trifaldi (junto con los italianismos *finta* y *segar* 'cortar'), luego ahí será italianismo con humos de arcaísmo; será también italianismo en Villegas (Fcha.); invent. arag. de 1400, *VRom.* X, 161. Autóctonos son varios derivados que pueden verse abajo. Por lo demás, *gola* sólo aparece en sentidos secundarios, en los cuales será catalanismo o voz de origen galorromance o italiano. 'Pieza de la armadura que cubría la garganta' [1591, Percivale; *Quijote* I, ii, 6; Covarr.]; 'insignia de infantería que se pone cerca del cuello' [*Aut.*]; 'armadura del cuello postiza que usan algunos eclesiásticos' [íd.]; 'entrada desde la plaza a un baluarte fortificado' [1705, Casani]; 'cimacio, en Arquitectura' [*Aut.*], etc. Genuino puede ser el ast. *gola* 'defecto de la madera conocido con el nombre de entrecorteza', 'la porción de una finca en que abunda más la tierra vegetal' (V). Otro duplicado es *gules* [1603, Salazar de Mendoza], tomado del fr. *gueules* 'color rojo', plural de *gueule* 'garganta', que tomó aquel valor por la costumbre de emplear trozos de piel de la garganta de la marta, teñidos de rojo, para adornar el cuello de los mantos (*FEW* IV, 321, n. 2); carece de fundamento histórico la explicación tradicional por el persa *ghul* 'rosa'; la transcripción de la vocal mixta francesa *eu* por *u* (pron. *ü*) es normal en el Sur de Francia, donde es ésta la única vocal mixta existente, y por lo tanto el fonema más parecido al francés: del Sur de Francia se tomó el vocablo castellano (también se dijo *goles*: Acad.).

DERIV. *Golerón* o *golarón* 'gorguera de la armadura', arag. ant. [1369, *VRom.* X, 161], cat. *goleró. Golilla. Golilla* 'cuello, garganta' [Berceo, *Mil.*, 155, *golliella*, forma que quizá se relacione con *degollar, engullir, gollizo, gollete*, etc.; *goliella, Alex.* 907], 'adorno que circunda el cuello' [1680, *Aut.*][3], m. 'ministro togado que la usa' [1605, *Pícara Justina*]; *golillero; engolillado. Goloso* [Berceo, *Mil.* 681; J. Ruiz; Glos. de h. 1400; APal., 56b, etc.; Nebr.; y frecuente y popular en todas las épocas][4]; *golosa; golosear* [Nebr.]; *golosía*, ant., 'gula' [1251, *Calila*, ed. Rivad., 44; *Danza de la Muerte*]; *golosina* [J. Ruiz, 291a; Glosarios de h. 1400; APal., 193d; Nebr.; etc.]; *golosinar, engolosinar* o *golosinear*, en lugar de lo cual se ha dicho también *golosmear*[5], por cruce con *GAZMIAR*[6], también *golismar* (así hoy en Murcia: *RFE* VII, 389, y ya en autos del S. XVI: Fcha.), y hoy *gulusmear* [Moratín], donde hay nuevo cruce con *husmear;* en lugar de *goloso* se emplea dialectalmente *golimbro* (Badajoz), *golimbrón* (Santander, Andalucía). *Goliardo* 'clérigo que llevaba vida irregular' [fin del S. XIV, Crón. de Eugui, 107; Acad. después de 1899; comp. M. P., *Poes. Jugl.*, 38n.2], tomado del fr. ant. *gouliard* íd. [S. XIII], debido a un cruce del b. lat. *Golias* 'el gigante Goliat', 'el demonio', con GÚLA: los goliardos se llaman *gens Goliae, familia Goliae*, en escritores del S. IX (Jarcho, *Speculum* III, 523-79) y XIII (*FEW* IV, 320b), V. además Crescini, *Atti dell'Ist. Veneto* LXXIX (1919)

1079-1131, LXXXV (1925) 1065-88; Sainéan, *Sources Indig.* II, 362-3; *goliardesco. Engolado.* Ast. *esgoláse* 'bajar por un lugar escarpado o dejarse caer de un sitio elevado' (propiamente romperse la garganta), *esgoladeru* 'lugar alto y escarpado del cual sólo se puede bajar con peligro de derrumbarse', y de ahí luego *engoláse* 'encaramarse', *desengolar* 'bajar del lugar en que se está encaramado' (V). *Semigola.* De *gula* proceden los raros *guloso* y *gulosidad.*

CPT. *Regolaje* 'buen humor' [*regolax*, L. Fernández, Gillet *HispR.* XXVI, 290; Acad. 1914, no 1884], voz rara, que sólo en apariencia y secundariamente es derivado de *gola;* en realidad se trata de un préstamo del fr. ant. *rigolage* (God. VII, 196b) 'broma, buen humor' (comp. cat. ant. *rigolatge* sólo en Jaume Roig, «fiu convidar / tots a sopar / e *rigolatge* / los de paratge / qui junt havíem», v. 1655), derivado de *rigoler* 'bromear' [S. XIII], que aunque figura en los dicc. etimológicos como voz de origen desconocido (el cruce que propone Gamillscheg no basta fonéticamente; comp. Sainéan, *Sources Indig.* I, 222), me parece claramente ser un compuesto parasintético de *rire* y *goler*, derivado de *gole* 'garganta', comp. fr. ant. *goulee* «cris, paroles grossières», hoy *gueulée, geuler*[7] «crier fort, dire des sottises» (dial. *goler, gouler*), *bagouler* «railler grossièrement», *FEW* IV, 312-3 (para la e cast., comp. oc. mod. *regoulado* «rigolade», con influjo secundario de RE-).

[1] Junto a *glotonía;* el contexto parece indicar que *gola* es la pasión por lo dulce y los buenos bocados, y *glotonía* el vicio de comer en exceso o tragonería.— [2] En el sentido de 'garganta' emplean *gula Calila* (68.265) y el murciano Diego de Funes (1623); en el secundario de 'bodegón', en calidad de voz andaluza, Suárez de Figueroa (1617).— [3] Datos sobre la historia de esta prenda de vestir en Morel-Fatio, *BHisp.* VI, 114.— [4] *Cocinero goloso* 'que sabe excitar el apetito', en Cervantes, *Casamiento Engañoso, Cl. C.* II, 183; 'cicatero' en Canarias (*BRAE* VII, 336).— [5] *Aut.* atribuye esta forma al *Lazarillo*, pero Foulché-Delbosc (p. 19) y Butler, en sus reproducciones de la ed. príncipe (1554) imprimen *golosinar*, y así hacen en general las ediciones modernas. También según *Aut.* figura *golosmear* en J. de Torres (1596).— [6] El mismo cruce ha dado los riojanos *golmajo* 'goloso', *golmajear* 'golosinear', *golmajería* 'golosina'.— [7] Cf. lo que dice ahora Wartburg, *RLiR* XXIV, 288, que por lo demás no es muy claro ni muy nuevo.

Golayo, V. *colayo*   *Golba*, V. *galbana*   *Golde*, V. *cutral*   *Goldrar*, V. *goldre*

GOLDRE, 'carcaj', del mismo origen incierto que el port. *coldre* íd.; ninguna de las dos etimologías que se han propuesto es imposible, pero

ambas presentan dificultades: el lat. CORYTUS íd.
encuentra algunas dificultades fonéticas, mientras
que derivar del cast. ant. *goldrar* 'teñir el cuero',
lat. COLORARE, tiene el inconveniente de que no
se ha demostrado que los goldres se hicieran de
cuero teñido. *1.ª doc.*: 1433, Marqués de Santillana, *A la Muerte de D. Enrique de Villena.*

No abundan los testimonios del vocablo en castellano, donde en todo caso ha de haber sido menos vivo que en portugués. Sólo se citan dos
ejs. en el Marqués de Santillana[1], y *Aut.* agrega
dos de la *Coronación* de Juan de Mena (1438),
que pertenecen al comentario escrito por el poeta,
c. 34, v. 10 (Anvers, 1552, 303 v°); Covarr. y *Aut.*
le dedican un artículo, pero falta a la mayor parte
de los lexicógrafos antiguos (glos. de Castro, APal.,
Nebr., C. de las Casas, Percivale, etc.). En gallegoportugués, *coldre* fué palabra más viva, que ya aparece en las *Cantigas de Santa María*[2], y en Moraes
y Cortesão pueden verse cinco ejs. del S. XVI;
además de 'aljaba' significa allí «peça de sola, em
que se levão as pistolas pendentes do arção da
sella» (Moraes, Fig.). Covarr., Diez, C. Michaëlis
(*Ebert's Jahrbuch* XIII,. 213-7), Cornu, M. P.
(*Man. de Gram. Hist.*, § 6.4, 54.2, 69.3; *Oríg.*,
p. 533), M-L. (*REW*, 2273), Brüch (*ZRPh.* LV,
309-13), G. de Diego (*Contr.*, § 143), están de
acuerdo en derivar del lat. CORYTUS, procedente
de la palabra griega γωρυτός íd., que aunque es
rara en este idioma, se halla desde Homero hasta Hesiquio, y en latín es clásica y conocida.

Es verdad que el último de dichos filólogos manifiesta ciertos escrúpulos fonéticos. En efecto, CO-
RYTUS tenía la Y larga según los poetas clásicos
(así en los hexámetros de Virgilio y de Ovidio),
y ni la *-e* final, ni la *l* ni la *r* adventicia corresponden al desarrollo fonético normal. Es verdad
también que ninguno de estos obstáculos es decisivo. Sidonio Apolinar mide CORYTUS con Y
breve, y hay otros casos de oxítonos griegos que
pasan a proparoxítonos en latín vulgar (p. ej.
δαμασκηνός > DAMÁSCENA > leon. *méixena*, vid.
DAMASCO). En los artículos *COBRE* y *DOBLE*
he reunido algunos ejs. de voces castellanas que
han cambiado *-o* en *-e* tras una *o* tónica, al parecer por disimilación. En cuanto al paso de
*gorde a *gordre, por repercusión de la líquida,
y el de éste a *goldre* por disimilación, son fenómenos fonéticos muy frecuentes, aunque no se
produzcan regularmente. A pesar de todo, no puede negarse que, al producirse juntas, estas cuatro
singularidades restan mucha verosimilitud a la etimología, sobre todo mientras no aparezcan variantes como *gorde o *corde; en una palabra,
es extraña la unanimidad de la forma *coldre* o
goldre, ya desde el S. XIII (la sonorización de
la *c-* inicial sí que es bien conocida, y en nuestro caso tenemos varios testimonios latinos de la
forma *gorutus* en glosas [*CGL* VI, 499] y en San
Isidoro, *Etym.* XVIII, ix, 2).

Luego no se puede regatear a Spitzer el derecho
que le asiste (*ZRPh.* LIII, 296; *RFE* X, 378n.)
al buscar una etimología diferente: observando
este filólogo que el *coldre* portugués es de cuero
endurecido («sola»), se inclina a relacionarlo con
el *cordován goldrado* que menciona Villasandino
(«ya todo grant capitán / viste cordovan *goldrado*», *Canc.* de Baena, n.° 156, v. 8), y a derivarlo por lo tanto de un verbo *coldrar o *goldrar*
'teñir el cuero', en francés *coudrer*, lat. COLORA-
RE[3]; en el dialecto de la Beira (Fig.), y también
en el de Tras os Montes (*RL* XIII, 118), *coldre*
significa precisamente 'ramera', es decir, lo mismo que en portugués se dice *coiro* 'cuero', en
castellano *pelleja*, en catalán *pell*, etc.[4] Desde luego esta etimología es sólidamente concebible,
pero para sentarla sólidamente debería probarse
que era corriente emplear cueros teñidos para
hacer goldres o carcajes; el texto citado de Santillana puede entenderse en este sentido: hablando del duelo general por la muerte de Enrique
de Villena, escribe «Quebravan los arcos de huesso, encorvados / con la humana cuerda, d'aquella
manera / que hazen la seña o noble bandera /
del magno defunto los buenos criados; / rom-
pían las flechas y *g o l d r e s   m a n c h a d o s* /
d e l   p e l o s o   c u e r o con tanta fiereza, / que
dubdo si Ecuba sintió más graveza / en sus in-
fortunios que Homero ha contados» (*Canc.* de
Castillo I, 85)[5]; luego parece que los goldres eran
realmente de cuero, y *manchado* podría entenderse como 'teñido'. Pero claro está que hará falta
más documentación. Por otra parte, hay una importante dificultad fonética: en portugués esperaríamos *còrar* y no *coldrar como resultado de
COLORARE: la síncopa de la vocal y la epéntesis
de la *d* me parecen ser ajenas a la fonética portuguesa en este caso; al cast. *moldrá, doldrá,
soldrá, saldrá*, responde el portugués con formas
como *moerá, doerá, soerá, sairá*[6]. Tendríamos que
suponer, por lo tanto, que *coldre* deriva de un port.
ant. *coldrar tomado del fr. ant. *coldrer* (hoy
coudrer).

Rohlfs (*ASNSL* CLXXV, 272), aunque en apariencia se adhiere a la etimología de Spitzer, en
realidad propone algo distinto, el fráncico *GOR-
DIL 'cinturón' (alem. *gürtel*), de donde procede
el fr. ant. *gorle, guerle, gueille*, 'bolsa .que cuelga
del cinto' (Gamillscheg, *R. G.* I, p. 257), pero
esto debe rechazarse de plano, pues una palabra
fráncica no pudo llegar al castellano directamente, y en francés no hay forma que pueda dar
fonéticamente la castellana y portuguesa[7]. Documentación del pic. ant. *gourle* «saccum de corio»
en doc. de 1344 (*Rom.* LXVIII, 199) y en God. IV,
313b. Contra la etimología χόλυθρος de Alessio
(*RFE* XXXVIII, 230) valen igual aquí las razones
dadas s. v. *COLODRA*.

[1] «Los pajes muy arreados / vestían de ase-
tunín / cotas bastardas bien fechas / ... / las

medias partes derechas / de vivos fuegos bros-
ladas, / et las siniestras sembradas / de *goldres*
llenos de flechas». El ms. del *Canc.* de Stúñiga
(p. 231) atribuye esta composición a Juan de
Mena, pero según los editores se trata del *Triun-
fete de Amor* de Santillana. Para el otro ej., V.
abajo.— [2] «Foi travar mui correndo / log'en hũa
baesta / que andava y vendendo / un corredor,
con seu cinto / et con *coldre*, com'aprendo, /
todo chẽo de saetas», *Cantiga* 154, estrofa 3.—
[3] De ahí luego el gall. *gòldra* 'suciedad, porquería', *goldrear* 'verter suciedad por todas partes',
goldracha 'persona sucia' (Vall.), *goldrento* 'mugriento de humedad' («as casas ~ dos subur-
bios de París» Castelao, 222.18). En el apéndice
a Eladio Rdz. tenemos *goldreiro* 'obrero en curtido', *goldros* de cueros (Allariz), y todo el grupo
de *goldrallo, goldrar, goldría, goldrán, -ón.*—
[4] La explicación semántica de Brüch, a base de
'vagina', es quizá menos verosímil. De cualquier
manera, no tenemos ahí una comprobación inequívoca: sabemos que en portugués se pasó de
'aljaba' a 'estuche de pistolas', por una comparación muy natural, y como nos consta que
este estuche se hacía de cuero, de ahí pudo
venir el llamar *coldre* a la ramera.— [5] No puede
utilizarse en este sentido la glosa que han puesto los editores del *Canc.* de Stúñiga al pasaje
citado arriba «*goldres*: se decía del cuero preparado de cierta manera». Nada de ello se desprende del texto, que ya he transcrito, y más
parece tratarse de ignorancia del significado de
goldre por parte de los anotadores que de reminiscencia del pasaje que estudio aquí o de
otros análogos.— [6] Es verdad que el gallego vacila entre *saldrá* y *sairá*.— [7] Aun si postulára-
mos la existencia del vocablo en gótico, fun-
dándonos en que existe en escandinavo, siempre tropezaríamos con la imposibilidad de explicar la *c-* portuguesa.

Goler, V. *oler*

GOLETA, del fr. *goélette* íd., propiamente 'golondrina de mar', diminutivo de *goéland* 'gaviota
de gran tamaño', y éste del bretón *gwelan* íd.
1.ª doc.: Terr.

En francés desde 1752. Nada que ver con el
nombre del fuerte tunecí de *La Goleta* (*Quijote*
I, xxxix, 204), que parece derivar del nombre
arábigo del mismo (*hal)q al-wêd* 'boca del río',
pero con influjo del langued. *goleta* 'entrada de
un puerto' (a. 1258, Jal, 787*b*), cat. *goleta* (Ag.)[1],
derivado de *gola* 'garganta'.

[1] Empleado como nombre propio, es conocido
en Valencia como nombre del manicomio local.
De ahí que haya dado origen al adjetivo *goleta*
'loco', 'bobo' (M. Gadea, *Tèrra del Gè* I, 50, 102,
249, 380).

Golfán, golfarada, V. *golfo* I   *Golfear, golfería, golfín*, V. *golfo* II

GOLFO I, 'ensenada grande', 'la anchura del
mar, alta mar', del lat. vg. COLPHUS 'ensenada
grande', y éste del gr. κόλπος 'seno de una persona', 'ensenada grande'; la forma española debió de tomarse de otro romance, probablemente
el catalán. *1.ª doc.:* 1492, Woodbr.; «*golfo de
mar:* sinus», Nebr.

Por el mismo tiempo aparece con abundancia,
desde las primeras narraciones de viajes transo-
ceánicos. Quizá podría hallarse algún ej. anterior.
Del port. *gôlfo* (antic. *gólfão*) no traen los diccionarios testimonios anteriores al S. XVI (J. de
Barros, *gólfão* en Mendes Pinto y Camões), pero
la variante con sufijo átono hace sospechar antiguo arraigo en el idioma. En castellano no existe
esta variante, la ausencia de variantes con *-h-*
lo hace sospechoso de extranjerismo, y la calidad de
idioma interior que tuvo el castellano hasta el
S. XIII da gran verosimilitud a la idea de que
en Castilla (acaso no en leonés) sea vocablo importado, tal vez de Italia, más probablemente de
Cataluña, donde ya se documenta *golf* en el S.
XIII (citas del *Consulado de Mar* y del Atlas
de 1375, en Jal): el Golfo del León, frente a
las costas catalanas, ha tenido antiguo renombre
entre los navegantes, y los golfos de Rosas, de
San Jorge y de Valencia llevan este nombre desde antiguo. El fr. *golfe* está tomado del italiano;
indudablemente antiguos son el cat. *golf*, oc.
gou(lf) e it. *golfo*, los tres con *o* cerrada, según
corresponde a la pronunciación de la ómicron
griega, a pesar de su cantidad breve. La forma
colfus (o *colphus*, o *culfus*) se halla en el Itinerario de Antonino Placentino (h. 570), en el Geógrafo de Ravena y en glosas latinas (*CGL* III,
363.67, quizá tardía) y bajo-alemanas (Gallée, 336);
por primera vez aparece en una inscripción griega de Siracusa (*KJRPh.* VI, 68): es forma debida a una ultracorrección de la pronunciación
vulgar de PH como P.[1] M-L. supone que el vasco-
fr. *golko*, ronc. *golgo*, 'seno de una persona', venga de la variante primitiva κόλπος, lo cual es
posible.

La ac. secundaria 'alta mar' se halla también
desde el S. XVI por lo menos: la frase proverbial *pedir cotufas en el golfo* está documentada desde la primera parte del *Quijote* (V. CO-
TUFA)[2].

DERIV. *Engolfarse* [«insinuo, in altum navigo»,
Nebr.; secundariamente el transitivo *engolfar*].
Golfán 'nenúfar' (así acentúa la Acad., probablemente sin razón) o *golfano* [1607, Oudin, que
deberá acentuarse en la *o*], tomado del port. *gólfão* íd. (ej. del S. XVIII en Cortesão), propiamente 'abismo', porque los nenúfares se hacen
en piélagos o charcas. La idea de 'alga del golfo,
de la alta mar atlántica' explicaría el que el gall.

163

GOLFO

golfe sea el más alto de los argazones [grandes algas]: «tanto como los cinchos de los arrieros» (Sarm. *CaG.* 83r, 100r, A17r). *Golfarada* ast. 'cantidad de líquido que se arroja con ímpetu por la boca', *a golfaraes* 'a borbotones' (V), comp. cat. *glop* 'sorbo' (sin relación etimológica con *golfo*), ingl. *gulp* íd. Para otro derivado, V. *güérfago* 'remanso', s. v. *HUÉLFAGO*.

Regolfar [Covarr.]; *regolfo* [1555, Greg. Hernández, *Aut.*].

¹ Los Kahane agregan algunos datos sobre la historia de esta variante en *RPhilCal.* XXVII, 46-49. Resulta de ella que, como es de esperar, esta alteración se propagó primero desde el griego helenístico de Egipto, donde consta desde 296 d. C. Contra la explicación perfectamente demostrada por Kretschmer (*Byz. Zeitschr.* X, 581-583), M-L., etc., reproducida aquí, opinan ellos que se trata de un hecho de pronunciación copta, pero es inverosímil en sí el influjo copto en un término náutico, y ello separaría inadmisiblemente este caso del formado en latín vulgar o tardío con *sulpur* > *sulphur*, etc., y ultracorrección de *nympha* > *limp(h)a*, *colapus*, *Giuseppe*, *filosop* y demás.— ² En cuanto al fr. *goufre* 'abismo', ya documentado a princ. S. XIII, no me parecen acertados los esfuerzos de Gröber (*ALLG* VII, 522), M-L. (*REW*, 2059) y Vidos (*Parole Marin.*, 428-30) por darlo como tomado del italiano, donde no se conoce tal ac. El plural latino vulgar COLFŎRA (*ALLG* VII, 443-4), documentado en el Geógrafo de Ravena (S. IX), aunque sólo figure en manuscritos del S. XIV, viene seguramente del latín vulgar y explica bien la palabra francesa. No importa que los plurales neutros en -ORA no sean productivos en francés, pues casos sueltos formados según CORPORA, TEMPORA, se pudieron heredar del latín vulgar. Cierto que *goufre* es masculino desde el principio, pero los plurales neutros llevan en francés arcaico el artículo *li* (*li brace*, plural de *li braz*) igual que los singulares masculinos, y pronto se convierten en singulares, femeninos por lo general, sin duda, pero en nuestro caso la estructura del vocablo permitía interpretar *li goufre* como un masculino (como *li cofre*), según indicaba el artículo. También es verdad que *golfe* en el sentido de 'golfo' tiene antiguamente muchas veces la variante *goufre*, y una distinción entre las dos acs. no se estableció definitivamente hasta el S. XVI o XVII; pero es comprensible que al entrar el italianismo *golfo* se le identificara con el autóctono *goufre* y se le diera ocasionalmente la forma de éste; lo que no se comprendería es que ya en el S. XIII se produjera en un extranjerismo la evolución semántica 'golfo' > 'sima', que no ocurre en italiano ni en otro romance, pero que ya se halla en griego. Acerca de *golfo* y el fr. *gouffre*, V. ahora además Vidos, *Rev. Port. de Filol.* VII, 1-15.

GOLFO II, 'pilluelo, vagabundo', probablemente derivación retrógrada del antiguo *golfín* 'salteador', 'facineroso', 'bribón', y éste seguramente aplicación figurada de *golfín* 'delfín, pez carnívoro', por las cualidades que el vulgo atribuye a este cetáceo, quizá por la aparición brusca del salteador, comparable a la del delfín que salta fuera del agua; el nombre de pez procede del lat. DELPHIN, -ĪNIS, alterado por influjo de GOLFO 'alta mar'. 1.ª doc.: h. 1888, en Madrid, según M. P., *Rom.* XXIX (1900), 353; Acad. 1914.

Esta derivación regresiva es particularmente frecuente en voces jergales (*rufo* por *rufián*; *garabo* por *garabato*; *fazo* por *fazoleto*; *coime* por *coimero*), y era más fácil en nuestro caso, en que podía tomarse *-ín* como sufijo diminutivo. Aunque no puedo documentar *golfín* 'bribón' después del S. XV, creo sin embargo que el vocablo se conservaría localmente en el habla popular, como tantos arcaísmos, y que de ahí deriva realmente el *golfo* madrileño, como propuso M. P., y a pesar de las dudas de Baist, *KJRPh.* VI, 390-1; por lo demás, no se ve otra etimología posible.

En textos medievales *golfín* figura como palabra muy vivaz y popular. Por primera vez se mencionan los *golfíns* h. 1290 en la Crónica catalana de Desclot, pero con referencia a Castilla, y más precisamente a Sierra Morena: «aquelles gents que hom apella *Golfíns* son Castellans e Salagons, e gents de profunda Spanya, e son la major partida de paratge. E perçò com no han rendes... fugen de llur terra ab llurs armes. E axí com a homens que no saben aire fer, venen-se'n en la frontera... e aquens passa lo camí de Castella a Cordova e a Sivília, e axí aquelles gents prenen crestians e Serrayns; e estan-se en aquells boscatges; e aquí viven; e son molt grans gents e bones d'armes, tant que·l rey de Castella no·n pot venir a fi» (148)¹. Aparece luego en docs. castellanos de 1292 y 1293 (J. Klein, *BHisp.*, 1915, 109n.) y en otros de los años 1302-12, publicados por Bonilla, *RH* XII, 602-3, con el mismo sentido; en las Leyes de Moros castellanas del S. XIV se lee con el mismo sentido la forma arabizada *algolhín*: «De los que roban en la villa e fuera de la villa... sy algun ome saliere al camino a matar a los omes, sy [le] matare algun omen, muera *axahud* ['muera mártir, muera en la demanda']; et sy matare el *algolhín* [= 'al golfín'], muera como malo, y el que lo matare non aya pena nin pecado por su muerte» (*Memorial Hist. Español* V, 145). Aparece luego tres veces en J. Ruiz, y en uno es bien claro el sentido de 'salteador', pues se le dice «atalayas de lueñe e caças la primera, / a la que matar quieres, ssácasla de carrera, / de logar encobyerto sacas çelada fuera» (393a), en otro se le equipara *cum his qui oderunt pacem* (374a), luego se tratará de lo mismo, y en el tercero se llama *golhínes* a los judíos que prendieron a Jesucristo guiados por Judas (1051c), por lo tanto el vocablo iba debilitando su sentido hasta convertirse en término vagamente denigratorio; el mismo valor parece tener en el *Conde Lucanor*, pues se da este nombre a un estafador que, convenciendo a un rey cándido de que sabe hacer alquimia, desaparece con una suma que el rey le confió para obtener los ingredientes necesarios, aunque podría referirse también a la vida previa del personaje, quizá ladrón o salteador, pues se nos informa de que lo hizo para «enrequescer et salir de a q u e- l l a m a l a v i d a que pasaba» (ed. Knust, 77. 10); finalmente lo ' tenemos en dos poesías de Fray Diego de Valencia, en una de las cuales se les equipara con *taúres*, entre aquellos a quienes el Rey debe castigar, en la otra hay juego de palabras con *golfín* 'delfín': «e ssea la cruz anzuelo que pesca / los m a l o s *golfines* en el mar escuro». Además una forma gall. *golfiño* 'salteador' aparece en las miniaturas de dos *Ctgs.* (57, 52, Mettmann).

Menéndez Pidal cita todavía otros ejs. en textos de la época. Como etimología parte de la forma *folguín*, que trae sólo el ms. más tardío de J. Ruiz (S) en los dos primeros pasajes[2], y cree es derivado de *folgar* 'holgar', como formación paralela a *holgazán* y a su sinónimo *holgón* (así en Salamanca). Pero contra esta idea hay graves objeciones: 1.º un salteador no es precisamente uno que descansa, y el sentido posterior de 'truhán' es debilitación evidente del de 'ladrón en cuadrilla', 2.º la forma *folguín* es rara y tardía: sólo en J. Ruiz, y nada más que en el ms. más moderno, 3.º el sufijo -*ín* no forma derivados postverbales (como los forma -*ón*): no existen palabras como *saltín, *corrín, *juguín. En conclusión, creo que por el contrario *folguín* es alteración de *golfín* por etimología popular.

No veo inconveniente en identificar a éste con el nombre de pez *golfín*, variante de *delfín* que ya aparece en Nebr., en las Ordenanzas de Sevilla (a. 1527, Cej., *Voc.*), que según *Aut.* es propia de Galicia y otras partes (p. ej. Asturias: Acevedo-F.), y que halla eco en portugués (*golfinho* o *golfim*), en catalán (*golfí* en Pollença, *galfí* en Valencia) y en dialectos italianos (Córcega *golfinu*, Tarento *garfino*). Fonéticamente puede explicarse a base de la forma *DULFINUS adaptada a la fonética histórica latina, que suponen el it. *dolfino*, friul. *dulfin*, serviocroato *dupin*, venec. *dolfin*, cat. *dofí*, ingl. *dolphin*, cuya consonante inicial fué alterada por influjo de *golfo* 'alta mar', gracias a una comprensible etimología popular. En lo semántico, sabido es que el delfín es pez que impresiona vivamente la imaginación popular por su aparición súbita sobre las aguas y por la circunstancia conocida de que aparece en mayores cantidades en días tempestuosos, antes de estallar la tormenta: a ambas circunstancias se debe el que en lengua de Oc *dalfí* haya tomado el sentido de 'relámpago', meteoro súbito como su aparición, y señal de tempestad. Y a la segunda alude en todas partes el folklore, según hace constar ya *Aut.*, y recuérdese el pintoresco pasaje de *G. de Alfarache:* «mi mujer andaba temerosa y muy cansada de tanta suegra... Si la una hablaba, la otra rezongaba. De cada pulga fabricaban un pueblo. Levantábase t a l t o r m e n t a, que por no volverme a ninguna de las partes tomaba la capa *en viendo los delfines encima del agua;* salíame huyendo a la calle y dejábalas asidas de las tocas» (*Cl. C.* V, 96). Es decir, se había convertido esto ya en frase metafórica que expresaba jaranas y alborotos. Nada más fácil, pues, que la aplicación del nombre al malhechor mismo que las causaba, cuya aparición brusca fuera de los bosques era exactamente comparable al salto del delfín sobre el agua; y este nombre convenía tanto más al salteador (nótese que este nombre deriva también de *dar salto*) cuanto que los pescadores miran a este cetáceo como animal maléfico, por su conocida costumbre de romperles las redes, en busca de los peces pequeños con que se alimenta: de ahí que en portugués se le llame también *arroaz*, derivado de *roaz* 'destructor, rapaz'[3].

DERIV. *Golfear*. *Golfería*. *Golfín*, V. arriba.

[1] Ag. cita un pasaje bastante parecido de la Crónica de Jaime I, algo anterior, pero no lo hallo en el lugar citado, y creo que hubo confusión con Desclot.— [2] *G* trae *golhin*, y *T*, *golfín*. El propio *S* lee *gallines* en el último pasaje, corrupción evidente de *golhines*. M. P., *Fs. Wartburg*, 1958, 528, se adhiere ahora a mi etimología, observando que *dalfín* parece tener el sentido de 'salteador' en el *Canc. de Baena* n.º 209 (p. 185b).— [3] El fr. *goulfarin* «goinfre» (Sainéan, *Sources Indig.* I, 297) procederá del castellano o estará influído por él. En cuanto al cast. *galfarro*, no tiene que ver con *golfo*, V. GARRA.

Golfo 'pernio', *golfón*, V. *gozne*   *Goliardesco*, *goliardo*, V. *gola*   *Goliato*, V. *oler*   *Golilla*, *golillero*, *golimbro*, *golimbrón*, *golismar*, *golmajear*, *golmajería*, *golmajo*, V. *gola*   *Golondra*, V. *alondra*   *Golondrera*, -*ero*, V. *golondrina*

GOLONDRINA, diminutivo de un antiguo *golondre, procedente del lat. HĬRŬNDO, -ĬNIS, íd.: la terminación sufrió un tratamiento análogo al de *sangre* < SANGUĬNEM, *almendra* < AMYGDŬLA, *ingle* < INGUĬNEM, y en la inicial se cambió *erondre en *olondre por asimilación vocálica y disimilación consonántica, tomando g- como sonido de relleno entre la o- del vocablo y la -a final del artículo; estos cambios fonéticos y la terminación diminutiva se generalizaron porque permitían evitar la confusión inminente entre *olondre 'golondrina' y *ALONDRA*. 1.ª doc.: h. 1300, *Gr. Conq. Ultr.*, I 50rᵒb37 de la ed. de Cooper.

Aparece también en las versiones bíblicas manuscritas I·j·3 e I·j·7 (S. XIV por lo menos) y en la Biblia de Arragel (h. 1430)[1], en el *Conde Luc.* (ed. Hz. Ureña, pp. 45, 171), muchas veces en J. Ruiz, en el Glos. de Toledo y en varios textos del S. XV: *Canc.* de Baena, n.º 391, v. 5; Marqués de Santillana, *Requesta*, h. 1453 (*RH* IX, 256); *Refranes que dizen las Viejas*, n.º 704 (*RH* XXV, 175: «una golondrina no faze verano»); *Profecía de Evangelista* (*ZRPh.* I, 245); APal., *9d, 69b, 195b, 225b;* Nebr., etc. Frecuente y popular en todas las épocas. Ya el aragonés Abenbeclarix emplea h. 1106 la forma mozárabe ǧundurína, que debe interpretarse como grafía aproximada de *gondorína* (Simonet[2]; comp. la opinión análoga de D. Lopes, *RH* IX, 42). El lat. HĬRUNDO, -ĬNIS, tenía breve la primera ĭ, de donde la pronunciación *erundo*, que nos documenta San Isidoro para el lenguaje de sus contemporáneos (*Etym.* XII, vii, 70: parte de ella para derivar arbitrariamente de *aer* 'aire')[3]. El paso de *ERÓNDENE a *elondre es regular fonéticamente, y de ahí se pasó a *olondre u *olondra[4] por asimilación de la vocal inicial a la tónica; comp. *alondre, holonde, oloune*, en hablas francesas de Lorena y Vosgos, la primera forma ya documentada h. 1250 (*FEW* IV, 434b, primer párrafo, y 435a). Estas formas eran demasiado próximas a *alod(r)a* ALAUDA para que no surgiera una confusión entre los dos vocablos, tal como la he descrito en el artículo *ALONDRA;* hubo un período de vacilación, en que se empleó cada uno de los dos nombres para designar a ambos pájaros: véanse pruebas de este hecho en mi trabajo; en el nombre de la golondrina, tras el artículo—*la olondre, una olondre*—había nacido una variante *golondre con g de relleno en el hiato, que tenía la ventaja de ser más diferente de *ALONDRA* y prestarse a evitar la confusión; en definitiva, el idioma se inclinó por esta forma más clara, y, para consolidar la diferencia, se prefirió el diminutivo *golondrina* en el caso del pájaro más pequeño[5]; comp. mi artículo en *AILC* I, 166-70[6]. Malkiel (*Bol. Inst. Fil. de la Univ. de Chile* IV, 1946, 79-82) supone que la g- de *golondr(in)a* naciera por influjo de la vacilación entre *AVIÓN* y *gavión*, nombre de un pájaro afín; lo cual también es posible y aun lo es que coincidieran los dos factores.

DERIV. *Golondrino* 'golondrina' [*Cast. de D. Sancho*, 156a; Glos. del Escorial], 'pollo de la golondrina' [Nebr.], 'cierto pez acantopterigio' [APal., 280b], 'tumor debajo del sobaco' (colgado ahí como el nido de la golondrina bajo el alero: Wagner, *Fs. Jud*, 1943, 555n.), 'vagabundo, soldado desertor' [1609, J. Hidalgo; *Aut.:* por comparación con las migraciones de la golondrina];

golondrón ast. 'tumor': cruce de *golondrino* con *tolondrón*. De *golondrino*, por derivación regresiva, se sacó *golondro* 'vanidad, esperanza vana' [Covarr.; Góngora], propiamente 'vagabundeo de la imaginación'; también 'holgazanería' [*campar de golondro: Aut.*]; *golondrero* 'ladrón que se hace soldado para hurtar sin riesgo' [en un romance de germanía, S. XVI: *RH* XIII, 39; J. Hidalgo], *golondrera* 'compañía de soldados' [Hidalgo]. Cultismo: *hirundinaria.*

¹ Solalinde, *Mod. Philol.* XXVIII, 91.— ² El aragonés de Litera *engolondrina* (Coll A.) puede resultar de un cruce de *golondrina* con una forma dialectal *endorina* en relación con la de Abenbeclarix.— ³ Esta etimología popular pudo obrar en efecto: así me explicaría yo oc. *ironda, la ironda*, sentido como si fuese *l'aironda*. En el Renacimiento esta forma, favorecida por su apariencia latina, pasó al francés (*hirondelle*), que hasta entonces había empleado *aronde, arondelle*, con a- < e- por influjo de la R siguiente; cf. cat. *oronella*, oc. a. *arendola, aronda, ironda*, etc., aran. *aruŋgla*, bearn. *arounde, auroungle, rounglete*, Luchon *huroungla* (Rohlfs, *Le Gasc.*, 67), vco. alavés *arandela* (*Supl. a Azkue*[2]). Fr. *aronde* < *arondne* por disimilación; oc. *ironda* < *ironde(n)* por influjo del femenino. Me aparto algo de la opinión de Wartburg (*FEW* IV, 437). Para más detalles, vid. *ALONDRA.*— ⁴ Esta forma con -a puede ser antigua, puesto que *erundina* es ya frecuente en glosas latinas (III, 355.34, 556.34, 588.68, 590.3, etc.), o bien puede deberse a un influjo tardío del género femenino. En cuanto a la r, se podría explicar por repercusión (como en *alguandre*, etc.), según quiere Cornu, *Rom.* XIII, 302-3, puesto que *harundro* ya se halla en Notas Tironianas, pero conviene desconfiar de esta grafía aislada, pues el gall.-port. *andoriña* [ya en las *Ctgs.*, -ria 54.63, 321.43] < *arondinha, diminutivo de *aróndēe, nos muestra por exclusión que la r viene probablemente de la -N- latina; gall. *anduriño 'especie de salmonete' (*Irmand. da Fala*, Voc. Cast.-Gall.). El área de esta forma gallega se extiende al ast. *andarina* 'golondrina' (R, V), *andarica* íd. (R), *andarón* 'vencejo' (V).— ⁵ La explicación de M-L. (*REW* 4146), todavía repetida por Wartburg, de que la g- española se debe a una contaminación de GULA 'voracidad', está contradicha por el mozárabe *gondorina* (que no pudo sufrir tal contaminación) y carece de base semántica; procede de la mala traducción que dió Diez a *golondro* (*Wb.*, p. 275) «begierde, verlangen», pero en realidad *golondro* (que por lo demás es muy secundario) es «deseo, antojo», como dice *Aut.*, sólo en el sentido de 'esperanza vana', como aclara el mismo diccionario, luego no tiene que ver con la idea de 'gula'. Si se quiere contaminación sería preferible suponer *volondrina,

influído por *volar* (con *v-* luego cambiada fonéticamente en *g-*), comp. el arag. *volandrina* 'mariposa' (*VKR* I, 318), Boí y Venasque 'golondrina' (Ferraz, p. 107), Marcas *golandrella* o *velandra* 'libélula' (*BhZRPh*. XI, 81). No creo que haya relación directa entre la terminación castellana *-ina* y el adjetivo *hirundininus* empleado por Plauto («ad *hirundininum* nidum admolirier», *Rud.*, 598).— [6] Como formas dialectales del nombre de la golondrina tenemos *andorina* (afín al gall.-port. *andorinha*, de donde Canarias *andoriña*, S. de Lugo), que ya está en Argensola (primeros del S. XVII), vid. *Aut.*, s. v. *pato; andolina*, en *Aut.;* ast. occid. *andolía*, salm. *andolina*, sanabr. *andrulina*, ast. *andarina, -ica, alandrina* (Rato, Acevedo), caló *andorí*.

Golondro, golondrón, V. golondrina   Golorito, V. gollería   Golosa, golosear, golosía, golosinar, golosinear, golosmear, goloso, V. gola

GOLPE, del lat. vg. *COLŬPUS, lat. COLĂPHUS 'puñetazo', y éste del gr. χόλαφος 'bofetón'. *1.ª doc.: colpe, Cid; golpe,* 1251, *Calila*, ed. Allen, 89.327.

Colpe es también la forma empleada por Berceo (*Mil.*, 784*d*, 911*c; S. Or.*, 81*c*, ed. Marden; *Sacrif.*, 227; más ejs. en Lanchetas), *Alex.* (60)[1], *Roncesvalles* (v. 45), *Gr. Conq. de Ultr.* (p. 453), *Yúçuf* (*A* 55*c*), y en Aragón se empleó esta forma por lo menos hasta 1400 (inventario de este año, *BRAE* IV, 221)[2]. Por otra parte, *golpe* es ya la forma empleada en *Calila*, en J. Ruiz (187*a*, 200*c*), y se generaliza en el S. XIV, por lo menos en Castilla. La forma gallegoportuguesa es también la variante *golpe*, por lo menos en el idioma moderno.

Presenta esta palabra varios problemas fonéticos en las lenguas iberorromances, que han inducido a algunos romanistas a considerarla galicismo en hispano-portugués: así M-L. (*REW*, 2034), seguido por Wartburg (*FEW* II, 876*a*). Solución simple, pero increíble. Desde el S. XII presenta *colpe* la misma amplitud semántica y frecuencia de empleo en español y portugués que en todos los romances; como no existen sinónimos que pudieran reemplazarle, y el préstamo en palabras tan esenciales es siempre inverosímil, se impone desechar esta idea y explicar las dificultades fonéticas dentro del castellano. En *AILC* II, 140-1, indiqué ya que la firmeza de la A postónica en todos los romances se opone a que partamos del lat. clásico COLĂP(H)US; en el habla vulgar este helenismo sufrió el efecto de las leyes de degradación vocálica características de la fonética latina en el tratamiento de las vocales breves en sílaba abierta: de ahí un lat. vg. *COLŬPUS (como en *oc-cŭp-are*, derivado de la raíz de *căpere*), forma que en realidad puede considerarse documentada, pues leemos *colophus* en

CGL III, 351.23, *colofus* en *CGL* IV, 181.15 (códice del S. VII), y el verbo derivado *percolopare* 'zurrar' se halla ya en Petronio (*Cena Trimalchionis* XLIV, 5)[3]; la síncopa de *COLŬPUS en *COLPU ocurrió casi en todas partes (it. *colpo*, fr. *coup, couper*, oc. *colp*, cat. *co(l)p, colpir*) ya en el romance arcaico, lo mismo que, en condiciones parecidas, notamos en *FALLĬTA > *falta;* pero *COLPU no es forma del latín vulgar, como suele decirse, pues la variante *colbe* con la P sonorizada existe en algunas partes (lengua de Oc, gallegoportugués antiguo)[4], y así como así es preciso suponer COLŬPUS como fase previa, pues la síncopa directa de una A sería sin ejemplo; la forma COLPUS que se halla en algunos textos tardíos (Ley Sálica, Glosas de Reichenau)[5] no pertenece al latín vulgar, sino al francés primitivo, que se anticipó a los demás romances en cuanto a la síncopa: sólo la hallamos en textos merovingios y carolingios (*FEW* II, 876*a*)[6].

Otro detalle dificultoso lo ofrece la falta de diptongación de la *o* castellana, frente a la *o* abierta del catalán y de la lengua de Oc y frente a la cantidad breve del latín; mas por otra parte hay *o* cerrada en el it. *cólpo*, y el engad. *cuolp*, sobreselv. *culp* postulan, si no me engaño, la misma base: nada tiene ello de extraño en un helenismo, pues, aun siendo vocal breve la ómicron griega, su timbre era cerrado (comp. *TORNO, GOLDRE*).

Queda finalmente la explicación de la *-e*, cuando en principio esperaríamos más bien *golpo[7]. Ya M. P. (*Manual*, § 29*d*) sugirió que *golpe* podía ser postverbal del antiguo verbo *golpar* 'herir', procedente de *COLAPHARE, cuyo derivado *culpatores* se halla en una glosa latina (V. nota 5), y de ahí viene el fr. *couper* [S. XI]. De hecho este verbo es muy frecuente en el castellano antiguo: «fablar non se podían, tant eran mal *golpados*, / eran de fuertes golpes amos a dos llagados» (*Fn. Gonz.*, 490*d*), «contava quáles fueran llagados o quáles los llagaran; et quáles fueron *golpados* e *golparan*, e quién o cómo, et en quál batalla», versión de Alfonso XI del *Roman de Troie* (*RFE* III, 144); análogamente *colpar* en *S. Dom.* 761, *Alex.* 2011, *Yúçuf A* 16*a, golpar* en *Alex.* 70, 127, 162, 478, 1020, J. Ruiz 1588*c*[8], y todavía en Juan Alfonso de Baena, ya en el S. XV[9]. Hay testimonios de *golpar* en gallegoportugués antiguo (todavía tiene algún uso en Portugal) y allí recuerdo varios de *golbar* y *golbe* (o *colbe*)[10], con sonorización, natural en un vocablo latino de esta forma[11]. De suerte que esta explicación ofrece base firme, y puede descartarse definitivamente la explicación por un galicismo. Es verdad que esto, bien mirado, no es más que alejar o aplazar el problema fonético, pues los postverbales en *-e* están todavía por explicar; por otra parte, sería extraño que habiéndose conservado el sustantivo COLAPHUS en todos los romances, sólo en castellano y portugués apareciera sustituído por un postverbal, secundario: luego a lo sumo podría admitirse que el regular *golpo* fuese modificado gracias a su convivencia con *golpar*, tomando la forma de un postverbal de éste. En realidad, es muy posible que el cambio de *golpo* en *golpe* sea de naturaleza estrictamente fonética y castizamente hispánica, pues hay un grupo numeroso de palabras de esta estructura, donde -u latina sigue a una ó tónica, que presentan la misma -e final irregular: *doble, cobre, molde, rolde, don(e), goldre*, el sufijo *-ote* (que es antiguo en español, V. *ESTRIBOTE*), quizá *boj(e)*[12].

Gran golpe por 'gran cantidad' (comparable al fr. *grand coup, beaucoup*) fué corriente en el Siglo de Oro (2.ª parte anónima del *Lazarillo*, ed. Rivad., p. 93)[13].

DERIV. *Golpazo*. Para *golpar* y *golpada*, V. arriba. *Golpear* [APal. 98*d*, 100*b*, 145*d*, 148*d*; Nebr. «*golpear o herir*: ico, percutio»]; *golpeadero, golpeado, golpeadura, golpeo. Golpete; golpetear, golpeteo; golpetillo. Agolparse* 'aglomerarse atropelladamente en un lugar' [1601, A. Cabrera; raro en el Siglo de Oro: no se cita otro ej., y falta en Oudin, Covarr., *Aut.*, el vocab. de Moratín, etc., pero frecuente desde princ. S. XIX: *DHist.*], semánticamente puede explicarse por *golpe* (*de gente*) 'gran cantidad' (V. arriba y *Aut.*, ac. 3.ª) más bien que por la locución adverbial *de golpe*, aunque es verdad que algunas veces indica la aglomeración brusca.

[1] O trae *golpada*, pero P *colpada*, en 357 y 992; en 162 en ambos mss. se lee *golpar*.— [2] Hoy vive en vascuence, en cuyos dialectos orientales tiene además la ac. 'trago': *kolpeño bat* = fr. *petit coup*, según nota Azkue, *Homen. a M. P.* II, 90.— [3] Schuchardt y Wartburg parten de COLĔPUS, que no está de acuerdo con las normas históricas latinas; si es forma documentada será grafía imperfecta de la u evanescente.— [4] *Cantigas de S. María*, 51.2, 15.125, 28.74, 114.19, 136.5, 142.17; también figura en una *CEsc.* de Alfonso X (R. Lapa 25.8) y en otra de Joan Baveca (íd. 186.6), que parece ser de época alfonsí (frente al verbo *copar* que sólo sale una vez en las *Ctgs.*, 198.29); h. 1400, *Padres de Mérida, RL* XXVII, 21. Oc. ant. *colbe, colbejar* «coup, frapper»; también está en francés dialectal, *REW* 2034.1.— [5] *Culpatores* = lat. *colaphatores*, como nombre de una variedad de gladiadores, se halla en una glosa (*CGL* III, 173.24; *ALLG* XIII, 432), pero aunque la glosa puede ser anterior, el único seguro es que este manuscrito se escribió en el S. XII, y si estoy bien informado, en el monasterio de Provins.— [6] Me sugirió A. Alonso la posibilidad de que *golpe* resulte de *colbe* (V. nota anterior) por una especie de metátesis de la sonoridad. De hecho, así explica Cornu el hispano-port. *grito* por *crido*, *grieta* por *criebda*, y aun (lo cual es improbable) port. *resgatar* 'rescatar' por *rescabdar* = cast. *recaudar*

(*GGr.* I, § 163). Quizá sea así, pero no lo creo: nótese que el cast. ant. *colpe*, cat. y oc. *colp* (junto a *colpir*), nos obliga de todos modos a admitir una síncopa temprana, como la de *FALTA, SUELTO, RASCAR*, etc., y de esa manera la metátesis se hace superflua, pues nada hay más corriente que la sonorización de la *c*- inicial.— [7] Dice M. P. que esta forma se halla en *Alex.*, lo cual no puedo comprobar. Desde luego no figura en ninguno de los dos mss. en los pasajes citados por J. Keller.— [8] Pero *culpado* en J. Ruiz 1387*c* (*S*) es otra cosa, pues no sería natural ahí un «zafiro golpeado». Puntúese «Falló çafir —¡culpado!—, mejor nunca non vido» = 'halló un zafiro —¡el desventurado! ¡el necio!'. A no ser que se trate de *colgado* (*T*) en el sentido catalán de 'enterrado', pero yo no conozco esta ác. en castellano, aunque enlace directamente con la de 'acostar', general y antigua en romance.— [9] De ahí el vasco *kolpatu* (Azkue, *l. c.*), y el derivado castellano *colpada* (Berceo, *Duelo*, 42) o *golpada* (*Alex.*, 357, 992).— [10] Para este último vid. nota 4.— [11] De ahí deriva el gall. *golbado* '(fruta) que ya está pasada o medio podrida': *esta pera ya está golbada*, Sarm. *CaG.* 67*r*, 186*r*. Está muy próximo al gall. *golbado* el angevino *fruit cobi* 'fruta que se está echando a perder', Antoine Thomas, *Mél.* 112, *Rom.* XLI, 72.— [12] Véanse más detalles en el artículo dedicado a la primera de estas palabras. Es extraño leer que la *-e* de *golpe* se explica admitiendo que es postverbal de *golpear* (Fouché, *RH* LXXVII, 141), postverbal que no puede ser otra cosa que *golpeo* o a lo sumo *golpée*; ¿habrá errata del tipógrafo: *golpear* por *golpar*?— [13] El empleo de *golpe*, en combinación con un sustantivo, para indicar el acto de herir con el objeto que éste designa, procedimiento común en los demás romances, suele sustituirse en español por sustantivos en *-azo* derivados de aquel sustantivo: *puñetazo, cañonazo, latigazo, sablazo*, etc., frente al fr. *coup de poing, coup de canon*, cat. *cop de tralla*, it. *colpo di sciabola*, etc. Aunque característica, esta oposición no es constante en todas partes, ni lo sería en todas las épocas, como no lo es con todas las palabras. Pues aun *golpe de puño* corre en América, ya que no en España, y no es raro en la Arg., donde he oído muchas veces *le dió un golpe de puño*; González Carbalho imprime «*a golpe de puño* le escribió la respuesta» (*La Prensa*, 7-VII-1940).

Golpe f., V. *vulpeja*   *Goluba*, V. *lúa*

GOLLERÍA 'manjar exquisito', vocablo hermano del port. *iguaría* 'plato de comida, servicio', 'comida, alimento', 'manjar delicado', de origen incierto: lo más probable es que la *i*- portuguesa sea una adición debida al influjo de otro vocablo y que ambas formas hispánicas sean derivados de gola 'garganta', con influjo fonético de *engullir* y su familia en la forma española; *gulloría* 'cogujada' parece ser la misma palabra, que tomó este sentido por la rareza de la carne de este pájaro como manjar. 1.ª doc.: *golloría*, J. Ruiz, 781*b*, aunque es posible que sea interpolación del códice, escrito h. 1400.

Así lo hace sospechar la rima: «Algunos en sus cassas passan con dos sardinas, / en agenas posadas demandan *gollorías*, / desechan el carnero, piden las adefinas / … gallinas»; parece, pues, que deba corregirse *golosinas* (que figura en J. Ruiz, 291*a*; no disponemos más que del ms. *S* en ambos pasajes). De todos modos la existencia del vocablo está asegurada para los años de 1400 en que se escribió nuestro manuscrito, pues por otra parte aparece en el glosario del Escorial, y en una poesía de Villasandino en el *Canc.* de Baena (n.º 134, v. 3).

La forma *golloría* que aparece en estos autores es la más común en lo antiguo, pues reaparece en Sánchez de Badajoz (*Recopil.* II, 135) y en otros textos del S. XVI: el *Auto del Destierro de Agar* (ed. Rouanet, I, 28), el del *Hijo Pródigo* (íd. II, 306), la *Comedia Florisea*, así como en Gregorio Silvestre (vid. R. Marín, en su ed. del *Quijote*, 1916, III, p. 396), y todavía en Vélez de Guevara (*El Rey en su Imaginación*, v. 17). Pero la forma que registra *Aut.* es *gulloría*, dando ej. de Juan de Torres (a. 1596), C. de las Casas (ed. 1587, nada 1570) trae *gullonías* (err. por *-orías*, la cual de ahí pasaría a Oudin), y Covarr. las admite ambas; por otra parte tenemos *golluría* en Sebastián de Horozco (med. S. XVI: *BRAE* III, 598), y finalmente existe también *gulluría*, en la *Égloga Real* del Bachiller de la Pradilla (a. 1517) (Kohler, *Sieben Sp. Dramat. Eklogen*, p. 211), que es la grafía con que figura el vocablo en el Maestro Correas (601*b*, 602*a*) y en la edición príncipe del *Quijote* (I, xlviii, 255vº). A pesar de la antigüedad de estas formas, creo que la originaria es la moderna y muy usual *gollería*, aunque no puedo documentarla antes de fines del S. XVIII, en Ramón de la Cruz y Moratín (en el dicc. de este autor por R. Morcuende), preferida por la Acad. en sus ediciones del siglo pasado y del presente, pues es la única que admite una explicación etimológica; el paso a *golloría* se debe a una dilación de la primera vocal, y el influjo de *engullir*, junto con la acción metafónica de la *i*, explican fácilmente las demás.

En cuanto al sentido, vacila en general entre las dos acs. modernas 'manjar exquisito y delicado' y 'cosa extraordinaria y superflua', 'filigrana, refinamiento imposible': tenemos el primer matiz en el *Libro de Buen Amor*, en S. de Badajoz («y an nacen si paras mientes, / para nuestras *gollorías*, / en el verano las frías / y en invierno las calientes», hablando de frutas), S. de Horozco («cierto es cosa de doler / ver tanta glotonería /

y que el comer y el beber / echan al hombre a perder / buscando mil *gollurías*»), el *Destierro de Agar*, C. de las Casas («cibi ghiotti»), Oudin, etc.; el segundo o tercero en Torres Naharro (*Jacinta*, *Intr.* 21), en el *Hijo Pródigo* («están ya los menistriles / haziendo mill *gollorías*, / hechan coplas a porfías...») y en Covarr.: «pedir *gollorías* en golfo, se dize quando uno de regalado o impertinente pide lo que no se le puede dar, atento el lugar donde se halla», frase que se repite en Silvestre y en Vélez de Guevara, y con variante en el verbo la emplea Cervantes (hablando de los anacronismos de la comedia al uso: «y es lo malo que hay ignorantes que digan que esto es lo perfecto, y que lo demás es buscar *gullurías*»); entrando cada vez más en lo abstracto vemos que Moratín escribió «la escasez del erario no ha permitido muchas *gollerías* en cuanto al número de ejemplares», y Pradilla le daba el valor de 'exceso, abuso' («los Perlados que presiden / también en chancillerías / quitando mil *gullurías* / con la justicia que miden»); luego no debemos sorprendernos de que en la germanía de J. Hidalgo llegara *golloría*[1] a significar lo mismo que *gorra*, es decir, 'estafa' y que de ahí se sacara *gollero* «el que hurta en aprieto de gente» (abusando de la situación).

Hasta aquí el encadenamiento semántico es evidente. Pero hay otra ac. ya antigua: en el Glosario del Escorial nuestro vocablo traduce el b. lat. *cirra*, que según dejó sentado Castro es el nombre de un ave, en griego un pájaro fabuloso; en efecto, el propio glosario traduce el mismo *cirra* en otro pasaje por 'cogujada', y un apéndice de dicho glosario cita el proverbio «de mane debet surgere qui *ciram* vult occidere», que podemos aclarar con su equivalencia castellana en la colección de Hernán Núñez «el que la *cugujada* ha de matar, bien de mañana se ha de levantar»: la cogujada, como su afín la alondra, es pájaro que canta al nacer el alba. También Villasandino hablará del pájaro, cuando anda por el suelo al escribir «nunca çeso noche e día / de andar e nunca ando / un passo de *golloría*, / por siempre estó afanando», y lo mismo haría Suero de Ribera («faysanes y *gollorías*» *Canc. del S. XV*, II, 195). *Aut.* explica «*gulloría*, ave pequeña, especie de cugujada y de su mismo color; pero no tiene penacho en la cabeza... Son mui sabrosas, pero mui difíciles de cazar, por lo qual se les huvo de dar este nombre»[2]. Creo que tuvieron razón los autores de este artículo y que el nombre le vino al pájaro de la rareza de su carne como manjar. No puedo asegurar que la cogujada sea efectivamente muy sabrosa, pero sí que se la buscaba a veces y era difícil de obtener: el historiador catalán Tomic (fin del S. XV) nos cuenta de un príncipe que tenía muchos esmerejones con el solo objeto de cazar cogujadas (Dicc. Alcover, s. v. *cogullada*). La razón de esta búsqueda puede hallarse simplemente en el capricho

de las cortes principescas medievales (Tomic habla
de «pendre plaer devant dones»), pero quizá el
secreto se halle en el padre de la Historia Natural,
Plinio el Viejo. Sabida es la astucia de los curanderos, que suelen recomendar remedios casi impo- 5
sibles a sus pacientes, con el objeto de, si sanan
casualmente con algo aproximado, cobrar prestigio,
y si fracasa el intento disculparse con lo imperfecto del tratamiento: si la *Comedia Florisea* nos
habla del que pide *sesos de gollorías*, es proba- 10
blemente porque Plinio recomendó este pájaro asa-
do como medicina del cólico: «coli vitium effi-
cacissime sanatur *ave galerita* assa in cibo sumpto»
(*Nat. Hist.* XXX, vii, 20), junto con otros mil remedios extravagantes, tales como la sangre de 15
murciélago o determinado intestino del quebrantahuesos (!); y de esta fuente universalmente consultada pasaría el detalle a la tradición medieval, pues
Serio Sammónico recomienda el mismo remedio
en el S. III y Marcelo Empírico le hace eco en el 20
IV (*ThLL*). Por lo demás, hubiera bastado con el
hecho de que la cogujada es pequeña y difícil de
cazar para que su carne se apeteciera como manjar
raro y exquisito en las fastuosas cortes de los reyes y grandes señores. Luego podemos considerar 25
a *golloría* 'cogujada' como un retoño semántico de
la ac. fundamental 'golosina, cosa extraordinaria'.

Casi nadie ha estudiado la etimología de *gollería*,
que Castro declara de origen desconocido. Últimamente M. L. Wagner (*Festschrift Jud*, 1943, 30
p. 559) llamó la atención sobre la igualdad de
nuestro vocablo con el port. *iguaría* 'manjar delicado', que aparece exactamente con los mismos
matices: «dos manjares e *yguarias* que trazem aa
mesa nom compre fallar, porque cada huũ pode 35
pensar que em tam magnifica corte larguamente...
sejam aparelhados» (*Marco Polo*), «hua especie
de cangrejo... tem... o ventre recheado de granos
de ovas de que fazem *iguaryas*» (M. G. de Eré-
dia, a. 1613, en Dalgado I, 84), etc. Wagner expli- 40
caba la forma portuguesa partiendo de una variante
inguaria que figura una vez en un ms. de Sá de
Miranda (ed. C. Michaëlis, p. 240), como derivado
de GŬLA, o más precisamente de un verbo *INGŬ-
LARE* 'engullir', de donde *engolaría* y, de acuerdo 45
con la fonética portuguesa, *inguaria*. El que recuerde que nuestro *engullir* tiene el mismo origen,
y que al port. *goela* 'garganta' responde Berceo
con *golliella*, cuya *-ll-* se explica por el influjo de
degollar, *cuello* y palabras conexas (V. *ENGU-* 50
LLIR), no podrá negarse a reconocer la similaridad de estos casos con el de *iguaria ∽ gollería* y
deberá otorgar a Wagner un asentimiento de principio.

Lástima que Malkiel, en su eruditísimo es- 55
tudio posterior dedicado al port. *iguaria* y publicado en *Language* XX (1944), 108-130, no conoci-
era el artículo de Wagner, pues no dudo que le
habría apartado de la imposible etimología que ahí
defiende, uno de cuyos defectos es no tener 60

en cuenta la existencia del cast. *gollería*. Malkiel
parte de un hapax latino *iequaria* 'hígados de ave',
que sólo se halla en una glosa aislada del S. VII;
es palabra sospechosa, seguramente inexistente, que
Du Cange reputó corrupción de *gigeria* 'buche de
ave' y, si fuese verdad que viniera de *iecur* 'hígado', de ninguna manera podría mirarse como disimilación de un inverosímil *iecuraria*, puesto que
la *-r-* no desaparece nunca por disimilación cuando
es intervocálica (a pesar de los rebuscados y raros
ejs. que reúne Malkiel en la p. 116, voces sospechosas o explicables por causas individuales); mejor
podría ser un mero olvido del escriba. Por lo demás, aun si tal derivado existiera, de ninguna manera podría admitirse como base de la forma
portuguesa (y no hablemos de la castellana), puesto
que el sufijo *-ARIA* es *-eira* y no *-aría*, y hablar
de un traslado de acento en un caso así es jugar
con las letras al estilo de Covarr. y prescindir
de los sonidos. El trabajo de Malkiel tiene, sin
embargo, el gran mérito de proveernos de completos materiales para la historia de la voz portuguesa.

Y en vista de ellos ocurre preguntar: ¿es seguro que el sentido propio de *iguaria* sea 'manjar escogido, golosina'? Por el contrario, sus materiales sugieren dudas en este sentido. Y tomar la
variante *inguaria*, según hace Wagner, como forma
primitiva, cuando sólo aparece en uno de los manuscritos de Sá de Miranda y no se halla en otro
autor ni en dialecto o diccionario alguno, frente
a las muchas docenas de ejemplos que reunió
Malkiel de *iguaria*—que es, por lo demás, la forma
viva en la actualidad—, es cosa decididamente imposible. Por otra parte, la adición de una *n* es
tan natural en este caso (comp. oc. *engal* 'igual',
etc.) como impracticable sería explicar la caída espontánea de este fonema. Y si *iguaría* se halla en
multitud de textos portugueses desde el S. XIV,
y aun aparece una vez en una versión española
de la Biblia conservada en un ms. de principios
del mismo siglo, ¿no nos vemos conducidos a
mirar la *i-* como originaria y la forma española
en *g-* como resultado de una aféresis? Entonces
iguaria podría estar emparentada con *igual* y su
derivado port. *iguar* 'igualar'. El caso es que en el
citado manuscrito bíblico nuestro vocablo significa
'parte que toca a cada comensal': «Et fizo levar
yguarias delante él a ellos, e cresció la *yegueria* de
Benjamín mas que la *yegueria* de todos, al cinco
tanto» (Malkiel, *Language* XXI, 1945, p. 264).
Ahora bien, no sólo no es evidente que la ac. moderna 'manjar exquisito' sea la única antigua en
portugués, como Malkiel supone, sino que el sentido de 'comida, alimento cualquiera' es antiguo
y frecuente, y también lo es el de 'servicio, cada
uno de los platos que se sirve en un yantar': «inda
que a cea não era mui abastada de *iguarias*» (J. de
Barros), «acções que servem de *iguaria* aos mur-
muradores» (*Guia de Casados*, en Moraes), «*iguaria*

ordinária destes paisanos hé leyte coalhado» (Fco.
de Sousa, a. 1697), ya en *Marco Polo* (S. XV)
«dam comûmente certas *yguarias* a proves por
amor de Deos», y aun en otros se puede entender
de la misma manera; p. ej., en el *Livro da Mon-*
taria de Juan I «que o comer seia pouco, posto
que as *iguarias* seiam muytas, como compre de
averem os rreys» (S. XV), podemos entender 'el
número de platos'. Pues bien, la parte que se sirve
a cada uno de los invitados debe ser igual, de ahí
que pudiera llamarse **igualería*, de donde port.
*iguaaria > *iguaria*, y en castellano *egualería* > *gua-*
lería > *golería*, con la misma *o* que vemos en *con-*
tía por 'cuantía' (así en López de Ayala), reducción
del diptongo átono *ua* que tan frecuentemente se
produce sobre todo en catalán y en portugués:
recuérdese la forma *igoria* señalada por Malkiel en
Lopes de Castanheda (1552). En lo semántico obsérvese que de 'parte' se pasaría fácilmente a 'plato',
manjar' y de ahí a 'comida exquisita', y que el cast.
manjar (< fr. *manger*) y el fr. *mets* presentan una
evolución semántica en igual dirección.

Coherente y todo, esta explicación no me satisface mucho, sin embargo, pues *ua* > *o* es fenómeno
raro en castellano, y un derivado **igualería*, muy
apropiado como abstracto que designara una cualidad personal (*glotonería, bellaquería*, etc.), lo es
mucho menos para expresar un objeto concreto,
aunque de raíces abstractas, como es la parte igual
asignada a cada uno[3]. Finalmente la ac. 'manjar
exquisito', la única de que proceden todas las acs.
castellanas, es también frecuente en portugués de
todas las épocas, y ya se halla a mediados del
S. XIV (Malkiel, p. 115). En definitiva, pues, me
inclino por un derivado de GULA, según la propuesta de Wagner, pero prescindiendo de su prefijo IN-. Falta explicar la *i-* del port. *iguaria*, y
aquí es donde nos será útil el rodeo que acabamos
de dar: *gol-aría* pasó regularmente a port. **guaria*,
y éste se cambió en *iguaria* por un cruce con *igual,*
iguar, causado por la frecuente y antigua ac. 'porción de cada invitado'. En castellano *golería* se
cambió en *gollería* bajo el mismo influjo que *en-*
gullir, golliella, gollizo, etc.[4] La versión bíblica
castellana del S. XIV, arriba citada, con su forma
yguaría nos da un ej. temprano de portuguesismo,
que nada podemos extrañar en un texto judeo-espa-
ñol, que por lo demás está lleno de leonesismos (según observó Malkiel); y la variante *yegüería* que
aparece dos veces en este mismo texto nos confirma
la explicación que he dado para la *i-*, pues ahí
tenemos el influjo del cast. ant. *eguar, yeguar* (presente *yegua*), 'igualar', de AEQUARE[5].

Spitzer, que en *Lg.* XXI, 98, vió lo absurdo de
la etimología de Malkiel, y se inclinaba por derivar
el port. *iguaria* de AEQUARE 'igualar', quiere, aun
después de leer mi artículo, mantener su interpretación, admitiendo que *gollería* nada tenga en común con su sinónimo portugués, y venga de GULA
(con influjo de *engullir* y análogos). En cuanto

a derivar del arcaico verbo AEQUARE un vocablo
formado con el modernísimo sufijo *-aría*, y formar (en portugués, no en francés) de un radical
verbal un derivado con este sufijo, más bien debemos calificarlo de imposible; a esta fecha moderna del sufijo *-ería* ⁓ *-aría* no puede Spitzer
(*MLN* LXXIV, 146) oponer *cavallería*, 1218, que
no contiene *-ería* sino sólo *-ía*. Y puesto que de
todos modos él también admite que *gollería* viene
de GULA con la *ll* de *engullir*, ¿por qué califica
mi explicación de «intrincada»? Ya que *gollería*
fué primero *golería* y que su equivalencia portuguesa sería *guaria*, a la vista está que no puede
separarse *guaria* de *iguaria*.

DERIV. *Gollero*, V. arriba.

[1] Según *Aut.* sería *goloría*, forma notable, pero
no es esto lo que se lee en el Vocab. ni en los
romances de Hidalgo, vid. Hill.— [2] Según el P.
Sarmiento (*BRAE* XV, 34) a med. S. XVIII *go-*
lloría 'cogujada' era propio de Aragón. Por cruce
con el latinismo *galerita*, nombre del mismo pájaro, en el portugués de Tras os Montes *gulherite*
es la forma que ha tomado el cast. *golloría* en
el sentido de 'golosina', «acepipe» (*RL* V, 93).
No sé si el alavés y riojano *golorito* (Baráibar)
tiene que ver con este latinismo, pues significa
'jilguero', y podría ser variante de *colorín;* quizá
tengamos ahí otro cruce con esta última palabra.— [3] Teniendo en cuenta que el vocablo debía
de ser de creación anterior al S. XIV, pues que
en esta fecha lo encontramos ya tan diversificado
fonética y semánticamente, cabría también preguntar si esto es compatible con el hecho de que
los derivados en *-ería* son tardíos, y no toman
incremento sobre los en *-ía* hasta después de esta
época. Y realmente es incompatible si se trata
de un radical adjetivo, pues el tipo *glotonería* es
muy moderno. En cambio, esta objeción no se
opone a un derivado de sustantivo como GULA,
pues voces tales como *herrería, carnicería* o *joye-*
ría son antiquísimas.— [4] También se puede deber
al influjo de un sinónimo el lat. *bellaria, -iorum,*
'golosinas, pasteles, postres', ya empleado por
Aulo Gelio y muy conocido en latín medieval
(p. ej. O. Pou, *Thes. Pue.* 194 lo emplea para
traducir el cat. *darreries* 'postres'). No sólo es
esto posible en este aspecto sino aun probable
que actuara este influjo en la evolución semántica de la palabra.— [5] No hay que pensar en
derivar *gollería* del nombre latino de la cogujada,
GALERITA (comp. arriba n. 2), pues sería imposible explicar la pérdida de la *-T-* en cualquier
lengua romance, salvo el francés, donde no hay
huellas de tal palabra latina.

Golletazo, gollete, gollizno, gollizo, V. *engullir*

GOMA, del lat. vg. GŬMMA, clásico CUMMI o
GUMMI íd., que procede de Egipto, quizá por conducto del griego. 1.ª doc.: J. Ruiz.

También APal. (33d, 174d, 177b), Nebr., etc.
Gumma aparece ya en la traducción de Dioscórides
(S. VI) y es la forma de donde proceden todas
las romances.
Deriv. *Engomar* [1515, BHisp. LVIII, 360;
principio del S. XVII: Góngora, P. de Ribera],
también se dijo *gomar* [*gomado*, invent. arag. de
1488, VRom. X, 161]; *engomado, engomadura. Gomero. Gomoso; gomosidad, gomosería. Gomista.*
Cpt. *Gomorresina.*

Gomecillo, V. *lazarillo*   *Gomero*, V. *goma*

GOMIA, 'comilón', 'tarasca, monstruo popular',
descendiente semiculto del lat. arcaico y tardío
gŭmĭa 'comilón'. *1.ª doc.*: 2.º cuarto del S. XV,
Díaz de Gámez (Cej., *Voc.*).
También en el Comendador Román, *Canc.* de
Castillo (h. 1500), cuyos versos confirman la acentuación *gómia* (y no *gomía*, según imprime Cej.),
en la *Pícara Justina*, y en el *Quijote*: en los primeros es 'tarasca' (ac. provincial según *Aut.*), en el
último 'comilón, devorador'; Covarr. registra ambas acs. Para el vocablo latino y su relación con
el castellano, vid. Bücheler, *Rheinisches Museum*
XXXVII, 517ss. La forma castellana es el único
descendiente romance, pero su *ó* sin metafonía
prueba que no tuvo carácter rigurosamente popular: será vocablo introducido por la Iglesia con
sus procesiones. De ahí el val. *gomiós* 'codicioso,
ambicioso' (Martí Gadea, *Tèrra del Gè* I, 104; II,
114, 119); no tengo información directa del val.
gómia «codicia en el comer y beber, deseo in-
moderado de una cosa» registrado por el dicc. de
M. Gadea, y que Alcover localiza en Elche (acentuando *gòmia*), significado que se agrava en el
murc. cartagenero *gomia* 'tacañería', *gomioso* 'tacaño' (*RDTP* II, 471).
Hay en gallego un vocablo parecido, *engoumado*,
que recogió ya Sarm. (junto con *encutubiado*, vid.
TOTOVÍA) definiéndolo «como enfadado, de mala
gana»; los diccionarios gallegos lo recogen en una
ac. más material, pero que bien puede ser concreción figurada de ésta: *engoumarse* 'encogerse,
encorvarse', 'entumecerse', *engoumado* 'encogido,
corcovado' (Vall.) y *engoumeado* que ya registró
el primer dicc. gallego, el de F. J. Rodríguez, con
la definición 'encogido, corcovado', y Carré *engou-
mearse* 'agazaparse, agacharse'[1]. Es concebible, aunque nada evidente ni mucho menos, que desde
'codicioso' y 'tacaño' se llegara a 'enfadado' pasando por 'enfurruñado' o algo análogo, pero no es
proceso evidente ni aun claro, y por otra parte la
extensión y popularidad limitada de *gomia* en iberorromance no anima mucho a aceptar esta etimología, y fonéticamente nos encontramos que una
ou gallega es evolución normal de AU y no de O.
Luego, sin desechar del todo ésta, me inclino más
por una etimología germánica, fuente muy productiva en Galicia, y allí a menudo con carácter

original (vid. *brétema, lobio, zopo, laverca*, etc.).
El gót. GAUMJAN forma el centro de una familia
extendida por todas las lenguas germánicas, desde
el alto-alemán al anglosajón y al escandinavo antiguo, desde el cual, o desde el gótico, se propagó a
las lenguas bálticas: el gót. *gaumjan* se documenta
en Úlfilas sólo en el sentido de 'observar', 'prestar atención' y aun 'ver', pero es fácil que tuviera
la de 'preocuparse por, preservarse de', 'atender',
que es la del escandinavo antiguo (*geyma*), del
anglosajón y del bajo y alto-alemán antiguos (*gie-
man, gômian, goumen*, cf. el germanismo letón
gaũmêt 'notar, observar, catar'; además suizo-alem.
gaume 'guardar niños', isl. ant. *gaum(r)* y a. alem.
ant. *gouma* 'atención', 'acto de estar atento'; otras
variantes formativas de la misma raíz germánica
insisten en el matiz agravado: b. al. ant. *fargu-
mōn*, ags. *ofergumian* 'descuidar', isl. *guma* 'atender' e isl. ant. *gā* 'apurarse, sentir agobio'. Parece
ser vocablo de base indoeuropea, pues hay equivalencias (regulares en lo fonético) bastante claras
en todos los sentidos, en todas las lenguas eslavas
e itálicas (Pok., *IEW* 453; Walde-H. I, 465², y
cf. en parte Ernout-M. s. v. *fauere*). En conclusión, el gót. (y aun el suevo) GAUMJAN es probable
que partiendo de un sentido 'estar preocupado,
sentir agobio' pasara a *engoum(e)arse* 'sentirse fas-
tidiado o con mala gana'.

[1] Es claramente 'encogido' en castellano, hablando de un niño que, a fuerza de ser extrema-
damente estevado, tiene que arrastrarse casi en
cuclillas: «un rapaz eivadiño das pernas, que
andaba en crequenas, por ter os remos *engou-
mados*» (los miembros inferiores), Castelao 213.20,
y V. la efigie del protagonista, pp. 213, 215, 223,
trazada con la genial pluma del autor. Crespo
Pozo (s. v. *encoger*) recogió *engoumar* y *-mear*
por 'encoger los hombros con el frío' en el alto
valle del Aria (medio camino de Orense a Pontevedra). El supuesto *engueimarse* 'encogerse' del
Apéndice a Eladio Rdz., viene de ese Iglesia que
da a cada paso datos inverosímiles e imposibles.—
[2] Por lo demás, esta raíz indoeuropea quizá tiene
mayor amplitud todavía: Walde y Pokorny separan esta raíz de una idéntica (a la cual atribuyen *ĝh* palatal sin razón obligatoria, *IEW* 449)
que significa 'abrir la boca, rajarse' y que habría
dado el nombre germánico y báltico del paladar
y las encías: a. alem. ant. *goumo*, ags. *gôma*
(alem. *gaumen*, ingl. *gums*), esc. ant. *gōmr*, junto
con voces como griego χάϜος, χαῦνος, 'espacio,
hueco, abismo': en cuya separación dudo que
acierten, cf. it. *badare* 'prestar atención' junto al
fr. *béer* 'estar muy abierto', cat. *badar la boca,
la porta*, etc. 'abrir de par en par', *badar* 'andar
mirando, andar distraído'.

Gomista, V. *goma*   *Gomitar*, V. *vomitar*
Gomorresina, gomosería, gomosidad, gomoso, V.
goma   *Gonce, goncio*, V. *gozne*

GÓNDOLA, 'embarcación pequeña de recreo usada principalmente en Venecia', del it. *góndola* íd., probablemente tomado del b. gr. χοντούρα 'pequeña embarcación de transporte', femenino de χόντουρος 'corto, rabón' (compuesto de χοντός 5 'pequeño' y οὐρά 'cola'). *1.ª doc.:* Covarr.; 1634, Lope, *Gatomaquia*.

Terlingen, 248-9. Además figura en Calderón, donde no parece referirse a Venecia; tampoco en *Aut.*, mientras Covarr. y Lope se refieren exclu- 10 sivamente a la ciudad del Adriático. En el bajo latín de Italia se halla el vocablo desde 1098, en Venecia, y aparece en Génova y otras partes en el S. XIII, vid. Vidos, *Parole Marin.*, 430-4. Aunque en la Edad Media designa una embarcación de 15 transporte, y como nombre de la góndola vene- ciana no se documenta hasta el S. XVI, esto no prueba que tal ac. no fuese ya usual antes de esta época, en que empieza a ser verdaderamente abun- dante la literatura de viajes y de imaginación, en 20 contraste con las escrituras de tipo utilitario que nos proporcionan nuestra documentación medie- val; el hecho de que un extranjero como Commi- nes, en el S. XV, al describir la góndola veneciana, no nos dé su nombre, no prueba naturalmente 25 que éste no circulara ya, y por el contrario es probable que así fuera, cuando el vocablo aparece en aquella ciudad doscientos años antes que en Génova y Pisa. Por lo demás, aunque la aplica- ción a la embarcación de recreo sea secundaria 30 esto no prueba nada en favor de la tesis de Vidos, pues también las embarcaciones de trans- porte se balancean. Luego no convence la argu- mentación de este filólogo para desechar la eti- mología expresiva admitida por Vidossich, M-L. 35 (*REW* 2748), Gamillscheg, Bloch, etc., y volver al gr. χόνδυ 'vaso de beber', propuesto por Diez (*Wb.*, 376); claro está que la aislada forma *gonda* empleada por Pulci en el S. XV tiene muy poco valor frente a la abundante documentación de *gón-* 40 *dola*, y tampoco sería decisiva en favor de χόνδυ, pues hay formas expresivas como *dondar* o *dundá* en Trevigio y en Val-Vestino, *dundagiar* en En- gadina, etc.; *gondolar* es forma veneciana y friu- lana equivalente del it. *dondolare* (comp. *gongolare* 45 'demostrar contento'). Por otra parte el vocablo griego en cuestión, aunque Hesiquio (según Tom- maseo) le dé el significado de 'embarcación', es palabra rara en todas sus acs., que se cree de ori- gen persa y no ha dejado descendencia latina ni 50 romance.

En una palabra, la etimología de Diez y de B. E. Vidos no puede sostenerse, mientras que la expli- cación por una creación expresiva es aceptable y no habría necesidad de buscar otra. Sin embargo, los 55 esposos Kahane en un artículo reciente (*RPhCal.* V, 174-7 y en *Hom. a Tovar*, 1972, 22) prueban en forma convincente que la realidad fué diferente. El b. gr. χόντουρος 'rabón, corto' (compuesto del griego χοντός 'pequeño' y οὐρά 'cola'), sustantivado 60

en su forma femenina χοντούρα, aparece a med. S. X como nombre de una embarcación más pe- queña que la galera, capaz de llevar solamente la mitad o la cuarta parte de las tropas que lleva ésta. La forma arromanzada *condura* aparece, tam- bién en el Adriático, en numerosas fuentes de los SS. XIII-XIV, designando una embarcación pare- cida, y por el mismo tiempo aparecen también las variantes *gondora* y *gondola*. La demostración es 10 punto menos que concluyente.

Único detalle que no resulta bien claro es el traslado del acento, para lo cual no basta el influ- jo del sufijo *-ola*, pues este sufijo es tanto o más frecuente con el acento en la *o*. Sin embargo, tra- tándose de un extranjerismo pudo haber influjo 15 de alguna palabra autóctona que explicara este cambio; sea nombres de partes de esta embarca- ción, como *còrbolo* «tavola della gondola» o *nóm-* *bolo* «fasciame della gondola» (*Diz. di Mar.*), sea del lat. CONDȲLUS 'anillo, argolla', que tanto se pa- 20 recía, y que por lo menos en Cataluña designa la argolla del timón de las barcas (hoy *góndol*, y *gondo* ya documentado en 1489, vid. *Homen. a* *Rubió i Lluch* III, 295). Lo más probable, sin embargo, me parece que el traslado acentual se 25 deba al influjo secundario de *dondolare ∼ gongo-* *lare*, que aunque no constituyan el étimo histórico, actuaron, sin embargo, de etimología popular.

De Italia emigró esta voz a todos los idiomas mo- dernos que la emplean; y aun el cat. ant. *gón-* 30 *dola*, documentado con frecuencia desde el S. XIII (Terlingen), procederá también del italiano. En español el vocablo tomó además el sentido de 'ca- rruaje en que viajan juntas muchas personas' (*Acad.* ya 1843), hoy especialmente chileno, con 35 aplicación a los ómnibus automóviles de las ciu- dades de aquel país.

DERIV. *Gondolero*.

GONELA, ant., 'túnica de piel o de seda sin mangas, usada por hombres y mujeres', de oc. ant. 40 *gonela*, diminutivo de *gona* íd., y éste del lat. tardío GŬNNA 'chaqueta de piel', de origen desco- nocido. *1.ª doc.:* h. 1513, Rodrigo de Reinosa (Cej., *Voc.*).

No conozco otra documentación castellana de 45 esta palabra, admitida por la Acad., ya en 1843, como propia del Aragón medieval; la rima con *fajuela* asegura la terminación del vocablo. Junto a *gonela* existió la variante *gonella*, tomada de la forma catalana idéntica, y documentada en inven- 50 tario arag. de 1444 («una *gonella* de grana con cortapisa de vayres, forada de trapo negro», *BRAE* II, 558), en otros invent. posteriores (*VRom.* X, 161), y en el libro de los Gremios de Huesca (Cejador), donde figura también un masculino 55 *gonello* (< cat. ant. *gonell*). Un ej. de *gona* en el *Canc. de Baena* (W. Schmid)[1]. El lat. GŬNNA está documentado desde el S. VI y se ignora su ori- gen; la forma *vôno-* que permitirían reconstruir 60

el irl. *fúan* y el galés *gwn* no satisface fonéticamente a las formas romances; entre éstas son
antiguas el it. *gonna*, fr. ant. *gonne*, oc. *gona*, cat.
gonella (con *n* < NN, posible ante LL). El vocablo
parece tener arraigo antiguo en lenguas no roman- 5
ces de los Balcanes; vid. Walde-H., s. v., y *FEW*
IV, 325-7.

DERIV. *Gonete* 'vestido de mujer a modo de
zagalejo' [como ant., ya Acad. 1817], quizá de un
gasc. *gonet = cat. *gonell*, oc. *gonel*. *Sobregonel* 10
(*Cid*).

¹ Vco. *gona* «saya» vizc., guip., a. nav., «refajo»
lab.

Gong, V. *gangoso*   *Goniómetro*, V. *diagonal*
Gonococo, V. *coco* III   *Gonorrea*, V. *engendrar* 15
Gorar, V. *huero*   *Gorbiza, -beza, -bieza*, V. *brezo*

GORDO, del lat. GŬRDUS 'boto, obtuso', 'necio',
quizá de origen hispánico: de 'embotado' se pasó
a 'grueso' y de ahí a 'gordo'. 1.ª doc.: docs. de 20
1124, 1129 y 1148, como apodo (Oelschl.); como
adjetivo aparece ya en J. Ruiz (298a) y en el *Conde Luc.* (ed. Knust, 66.23).

Palabra común con el port. *gordo*; en castellano,
popular y frecuente en todas las épocas. Un *Alí* 25
Gurdu aparece ya en la España musulmana en el
S. XI (Simonet), un sujeto llamado *Gordonzello*
en doc. de 1042 (*Glos. de los Docs. de Sahagún*).
En latín GURDUS parece haber sido ya empleado
por el comediógrafo Laberio de la primera mitad 30
del S. I a. C., pero es vocablo ajeno a los escritores clásicos y Quintiliano dice que era palabra
vulgar procedente de España («*gurdos*, quos pro
stolidis accipit vulgos, ex Hispania duxisse origi-
nem audivi», I, cap. 5)¹. Aunque Schöll, *Idg.* 35
Forsch. XXXI, 309-20, puso en duda esta afirmación, no .hay razones suficientes para rechazarla,
y bien puede ser cierta, pues aunque podría ser
pariente indoeuropeo del gr. βραδύς 'lento', esta 40
etimología presenta serias dificultades (Walde-H.,
Ernout-M.); quizá sea voz ibérica, si bien el vasco
gurdo 'blando, muelle, rollizo', palabra local de la
Navarra francesa, parece ser préstamo romance; o
más bien hispano-céltica, como admite Dottin y 45
podrían confirmarlo el galés *gwrdd* 'fuerte' y el
nombre galo *Gurdonicus*, y aun acaso podría entonces mantenerse la supuesta hermandad con βραδύς, dado el carácter *sui generis* de la combinación *gʷṛ* (comp. Pedersen, Vgl. Gramm. I 43, 50
párrafos 2.º y 3.º, y 108).

En latín la ac. documentada primero es 'necio', y
'embotado' no aparece hasta el S. IV: es fácil
pasar de ésta a aquélla y viceversa, y atendiendo
a que el romance sólo conoce la última pudiera 55
ser ésta la primitiva². Fr. *gourd* y oc. *gort* significan principalmente 'aterido' o 'embotado', y
de ahí vendrá la idea expresada por el cat. pirenaico *gord* 'duro' (pan, piedra, madera: en Cerdaña, Urgellet y ·Pallars), 'áspero, grosero' (Tremp). 60

Por otra parte, la ac. 'gordo' se halla en hablas
occitanas occidentales (*FEW* IV, 328*b*), es rara
en catalán antiguo³ y aparece en dialectos italianos: Val Vedasca (junto al Lago Mayor) *gort*
'abundante' (*Festschrift Jud*, 729), calabr. merid.
gurdu 'harto', Matera, Molise *ngurdę* 'glotón'
(Rohlfs, *ARom.* IX, 167), milan. ant. *gordo* 'ávido', Como *gordo* íd. y 'abundante' (vid. *FEW*
IV, 329*b*), it. *ingordo* 'comilón, ávido' (ya en
Dante).

DERIV. *Gordal* [1513, G. de Herrera; *G. de
Alfarache*, ej. citado en *Aut.*; además ed. *Cl. C.*
I, 146.26, *aceitunas gordales*; etc.]. *Gordana. Gordillo. Gordura* [h. 1250, *Setenario* fº 10rº; *1.ª
Crón. Gral.* 408*b*36; APal. 26*d*; Nebr.]; antes
también *gordor* (hoy 'grosor' en ast.), *gor-
deza. Engordar* [1251, *Calila* 19.53; APal. 15*b*,
126*b*, etc.; Nebr.], antes también *engordecer; engorda; engorde; engordador; engordadera. Regordete; regordido.

CPT. *Gordinflón* [Acad. ya 1884, no 1843] o
gordiflón [Covarr.; hoy venez.: Picón Febres],
compuesto con *inflar. Gordomán*, mozár., 'hombre recio, fuerte y tosco', en escritura granadina
del S. XVI y hoy en Marruecos: Simonet lo toma como híbrido formado con el gót. *manns*
'hombre', pero quizá contenga más bien el lat.
MAGNUS 'grande', comp. *Portomán* (Simonet, s. v.
porto; = mall. *Portmany*), *Valemán* (íd., s. v.
val), *Carlamán* (ibid., p. LIX).

¹ Aunque A. de Morales se refiere a esta frase
de Quintiliano, ello no es razón suficiente para
catalogar *gurdo* como palabra española romance,
según hacen *Aut.* y Acad.— ² La forma *guridus*
(entre *fatuus, morio* y *stolidus*) de las Notas Tironianas (ALLG XII, 59) y *goridus* «rigidus»
de CGL V, 298.57 (enmendado innecesariamente por los editores) serán ultracorrecciones, según el modelo de *virdis* por *viridis, caldus* por
calidus.— ³ Sólo conozco dos ejs.: «Diners, ma-
gres fan tornar *gords*, / e tornen lledesmes los
bords», Turmeda, *Bons Amonestaments*, 154;
«en hivern meng gallines grosses e polles prenys
e capons *gords*», Eiximenis, *Terç del Crestià*
(1381-6), *N. Cl.* VI, 51. Hoy se emplea en Tortosa (Ag., Griera), en alguna localidad de la
provincia de Castellón y otras valencianas, y en
la turolense de Pena-roja (*BDC* IX, 71), de suerte
que en esta ac. puede ser aragonesismo local.
Cap gort 'cabeza gruesa' en el valenciano M. Gadea (*Tèrra del Gè* I, 243). La frecuencia del vocablo en la toponimia valenciana me induce a
creer que en esta ac. es mozarabismo. P. ej. *el
Tormogord* (pronunciado corrientemente *tomo-
gord*, con disimilación que revela poca conciencia
de la palabra *tormo*, pero no de *gord*) gran peñasco en la Sierra de Albaida; el *Cabeço Gordo*,
cumbre de la Sierra de Ontinyent, etc. O sea,
que coexisten la forma mozárabe pura *gordo* y la
catalanizada *gord*.

GORDOLOBO, 'Verbascum Thapsus', del lat. vg. CŌDA LŬPī íd., propiamente 'cola de lobo', así llamado por su tallo erguido de seis a ocho decímetros de altura; dió primero *godalobo*, alterado luego por etimología popular. *1.ª doc.:* *qūḍlúpa*, h. 1100, Anónimo mozárabe (Asín, 77-78); *gordolobo*, 1423, E. de Villena, *Arte Cisoria* (glos. de Navarro).

En el Anónimo de Asín aparece la grafía *qūḍlúbba* (entiéndase *qūḍlúpa*) cuatro veces (una, completamente vocalizada), *qurḍaluba* una vez; en otro pasaje (pp. 312-3) trae *ṭurbalúbba* dos veces, con la misma equivalencia, explicando que en romance significa «terror de la leona»: el botánico musulmán entendió, pues, que contenía el verbo. *turbar*, y confundió el romance *loba* con *leona*; sea como quiera, esto indica que ya entonces corrían formas romances con la *r* añadida por influjo de la etimología popular *gordo*, explicable (según indicó Sánchez Sevilla, *RFE* XV, 277) por lo grasiento de sus hojas y flores, y el vocablo sufría ocasionalmente otras contaminaciones vulgares. Todavía a principios del S. XIII el malagueño Abenalbéitar da la forma *quḍalúpo* (Simonet). Nebr. registra «gordolobo, ierva o nenúfar: nymphea» (g6vº), figura en Laguna (1555), etc. En glosas latinas se halla *lupicuda* (en vez de *lupi cauda*), en un fragmento de papiro muy antiguo (*CGL* II, 580) y en el conocido glosario Vaticano de la Reina Cristina (ms. del S. X, *CGL* III, 582), que contiene muchas glosas en latín vulgar de España; esta denominación (Bertoldi, *WS* XI, 13n.) se ha conservado asimismo en el fr. ant. *coue de loup* (*queue de leu*), oc. *couo de lou* (Alpes), rum. *coada lupului*, y en árabe se dice análogamente *ḍánab as-sábᶜ* 'cola de la fiera'. Se explica por el tallo erguido del Verbascum Thapsus, y no es, como supone Navarro, alteración de *guardalobos* porque los pastores la empleen para encender fuego en los rediles y ahuyentar a estas fieras; comp. el nombre andaluz *jopo de zorra* y el cat. *cua de moltó*. Puede sospecharse que la forma castellana sea de origen mozárabe, lo cual explicaría mejor la sonorización de la consonante inicial (por la pronunciación del *q* árabe) y la sílaba *-do-*, sea por conservación de la *-D-* intervocálica latina, sea suponiendo contracción del romance *coa do lobo*, con la dilación vocálica *de > do*, según es frecuente en este dialecto; de todos modos, esto no es seguro, puesto que de todos modos ha habido etimología popular, y ésta por sí sola bastaría en rigor para explicar toda la alteración.

Gordomán, gordor, gordura, V. *gordo Gorfe,* V. *huélfago*

GORGA, 'comida para las aves de cetrería' ant., 'remolino en un río' arag., del cat. *gorga* 'cadozo o lugar profundo en un río', 'garganta humana', y éste del lat. vg. GŬRGA, lat. GURGES, -ĬTIS, íd. *1.ª doc.:* 1386, López de Ayala, 1.ª ac. (*Aut.*).

Gorga 'garganta' aparece en el ms. aragonés del *Alex.* (S. XV) 76c, pero el manuscrito más antiguo trae en su lugar el galicismo *gorja.* El lat. GURGES, m., es 'remolino', 'cadozo', 'abismo', pero desde el S. V aparece también en la ac. 'garganta humana'; el vg. GŬRGA, f., se halla desde el S. VI. Es el único que se ha conservado en romance, por lo general en el sentido clásico: it. ant. y dial., oc. y cat. *gorga;* también en el de 'garganta como parte del cuerpo': fr. *gorge,* oc. ant., cat. ant. y mall. *gorga*[1]; y en el sentido secundario 'garganta de montaña', que además de Francia se halla en Galicia, *golga* 'garganta de tierra o estrechura de monte' (Vall.). El fr. *gorge* pasó al cast. *gorja*, en su sentido corporal (*Alex.*, ms. *O;* Covarr.; según Fcha., también en Lope de Rueda y Cervantes) y en el de comida para las aves de caza (también en López de Ayala; Cej., *Voc.*), más tarde en el de 'alegría ruidosa' (Sánchez de Badajoz, Cubillo de Aragón; y en el catalán de Valencia); ast. *estar de goxa* 'estar de gorja' (V); pero este viejo galicismo echó más fuertes raíces en el Este y en el Oeste: cat. y port. *gorja* 'garganta', gall. *gorxa* 'garguero' (Sarm. *CaG.* 110r, y *gorxón* 'comilón' 111r), que en Castelao aparece con el sentido secundario de 'comer' y con el primario: «¿cómo queredes falar castelán se non tendes *gorxa*?» (los difuntos) 179.24, 179.14.

DERIV. Aunque tal vez de origen indoeuropeo, el lat. GURGES era voz expresiva, imitativa de los sonidos que produce la garganta (comp. *GARGANTA*). Los derivados siguientes son en parte creaciones según esta raíz onomatopéyica[2] y en parte verdaderos derivados de *gorga* o *gorja. Gorgor* 'gorgoteo' [Acad. S. XX]; *górgoro* salm. 'trago, sorbo', mej. 'burbuja'; *gorgorito* 'quiebro con la voz' [*gorguerito*, 1577, B. de Villalba; *gorgorito*, 1605, *Pícara Justina*, 'burbuja', salm.; *gorgorita* 'burbuja' [1603, Oña], 'quiebro con la voz' [1646, *Estebanillo*]; *gorgoritear, engorgoritar,* en And. y Chile *gorgorear;* ast. *gorgolitu* 'burbuja', 'gorgorito', *gorgolitar* 'burbujear, gorgoritear' (V); Sarm. (*CaG.* 219r) emplea *gorgullón* en el sentido de sitio de emergencia de un manantial, al parecer expresión del cast. local de Galicia[3]; *gorgorotada; gorgoreta* filip. 'alcarraza'. *Gorgoteo. Gorgotero* 'buhonero, vendedor de menudencias' [1646, *Estebanillo*], probablemente tomado del fr. *gargotier* 'figonero', 'criado que sigue a una tropa como lavandero y cocinero' [1642], derivado de *gargote* 'figón, tabernucho', y éste de *gargoter* 'hacer el ruido de algo que hierve', derivado de la raíz onomatopéyica paralela GARG- (*FEW* IV, 55b), vid. *GARGAJO. Gorgutar* ast. 'chistar' (V).

Gorguera 'collar de vestido', 'íd. de la armadura' [1362 y otros invent. arag., *VRom.* X, 162; h. 1400, Glos. de Toledo; 1438, Corbacho, *BRAE*

175

X, 36; también en la *Celestina*, en Castillejo, Fcha. y clásico; mozár. *gorgáyra* 'collar de vestido', PAlc.], derivado autóctono de GURGA, como el port. antic. *gorgueira* (S. XVI); *gregorillo* 'lienzo con que las mujeres se cubrían cuello, pechos y espaldas' [*Aut.*], alteración fonética de **gorguerillo*; para *gargüero* y su variante antigua *gorgüero*, vid. *GARGAJO*.

Gorgo 'olla o remolino en el agua' murc. y arag., 'recodo en el río, meandro' murc. (R. Xarriá), quizá tomado del cat. *gorg* 'cadozo', 'remolino', que junto con oc. *gorc*, fr. ant. *gourt* o el cat. *gorgo*, procede del lat. tardío GŬRGUS [S. VI]; para descendientes toponímicos en Málaga (y Alicante), vid. Simonet, s. v.

Derivados de *gorja* son: *gorjal* 'gorguera', 'orla que rodea el cuello' [1478, invent. arag., *VRom.* X, 162; 1555, Hernández de Velasco; Fr. L. de León, E. de Salazar: Fcha.]; *gorjear* [J. Ruiz, 924b; Nebr.; *-rse* 'hablar haciendo ostentación', Quevedo, Fcha.; 'proferir sonidos trémulos los nigromantes', en la Biblia judía de Ferrara, a. 1553, *BRAE* IV, 641], *gorjeador*, *gorjeo*, también *gorjería* o *gorjeamiento*; *gorjaz* ant. 'desfiladero' (*Canc.* de Baena, p. 217)[4]; *jorgera* 'garganta', santand. (G. Lomas), con dilación consonántica. *Regorjarse* ant. *Ingurgitar*, derivado culto de *gurges*, *-ĭtis*; *ingurgitación*. *Regurgitar*, *-ación*.

De una forma abreviada de la onomatopeya *gorg-* procede por reduplicación *gorigori* 'remedo del canto de los sacristanes' [*Aut.*]. Otra onomatopeya semejante es *guirigay* 'gritería', 'lenguaje confuso' [1632, Lope].

[1] Hoy perdido casi del todo en lengua de Oc. En catalán antiguo es poco frecuente: «les mamelles no d'altra guissa penyant que al bou fa aquella pell buyda que li penya de *guourgua* pels pits», *Corbatxo*, S. XIV, *BDLC* XVII, 105; hoy es sólo mallorquín. La razón de esta decadencia es, en parte, la expansión de la forma afrancesada *gorja*, que ha alcanzado amplia difusión en catalán, lengua de Oc, portugués e italiano.— [2] Creaciones paralelas, scr. *ghurghuraḥ* 'son de la garganta', *ghurghurī* 'grillo', *ghurghurāyate* 'gemir (el viento)', 'susurrar' (Pok., *IEW* 439.12; Kuiper, *Leidener Museum* I, 1954, Ga.). [3] «*Picho*: Pocito de agua que está alrededor del gorgullón de agua'.— [4] No sé si se refiere a esto Araujo, *Est. de Fon. Kast.*, p. 15, al citar *gorjas* como vocablo propio de los charros alrededor de Salamanca; falta en Lamano y en portugués y gallego.

Gorgobero, V. *gargajo*

GORGOJO, del lat. vg. GŬRGŬLIO, lat. CURCULIO[1], -ŌNIS, íd. *1.ª doc.*: h. 1400, Glos. del Escorial; APal., 101d, 186d («*curculio* es el gusano del trigo que dizen *gorgojo*»); Nebr.

Clásico[2], y popular en todas las épocas. GUR-

GULIO se documenta desde el S. I d. C., en Persio, en Paladio (vid. Georges, *Lat. Wortformen*) y en San Isidoro («*Gurgulio* dicitur, quia paene nihil est aliud nisi guttur», *Etym.* XII, viii, 16). Del mismo origen port. y gall. *gorgulho*[3], langued. *gourgoul* (*FEW* II, 1563), cat. dial. *gorgoll* (raro), it. ant. *gorgoglio*, que lo mismo que la forma castellana parten aparentemente del nominativo latino; quizá se tomara GURGULIONE por un aumentativo (o diminutivo) y se extrajera en romance arcaico un seudo-primitivo **GURGULIU*; de GURGULIONE viene el it. dial. *gorgoglione*, fr. dial. *gourgouillon*.

DERIV. *Gorgojearse* o *agorgojarse* [1513, G. de Herrera]. *Gorgojoso*.

[1] Para el vco. *barakurkillo*, que es otra cosa, vid. *CARACOL.*— [2] «Toda esta gente es vagabunda, inútil y sin provecho; esponjas del vino y *gorgojos* del pan», *Coloquio de los Perros*, Cl. C., p. 282.— [3] Gall. *gurgullos*: *MirSgo.* 112.10; Sarm. *CaG.* 217v, 91r.

Górgola, V. *galbana* *Gorgolito*, V. *gorga* *Gorgolocha*, V. *galacho* *Gorgomillera*, V. *gargajo* y *garganta* *Gorgor*, V. *gorga* *Gorgorán*, V. *grano* *Gorgorear*, *gorgoreta*, *gorgorita*, *gorgoritear*, *gorgorito*, *górgoro*, *gorgorotada*, *gorgoteo*, *gorgotero*, V. *gorga* *Gorgozada*, V. *garganta* *Gorgüelo*, V. *gargajo* *Gorguera*, V. *gorga* *Gorgüero*, V. *gargajo* *Gorgutar*, V. *gorga*

GORGUZ, 'dardo o lanza corta empleada por los moros', de una variante del bereber *gergît* íd. *1.ª doc.*: h. 1400, *Canc.* de Baena, p. 126.

Gorzuz en la crónica de Pulgar parece ser errata. *Gorguz* aparece también en varios autores del S. XVI: Ocampo, Mármol, H. de Mendoza, Juan de Castellanos; el primero declara explícitamente que es propia de los moros, y el segundo se emplea hablando de bereberes, y el tercero se refiere a los granadinos. Ejs. americanos en Friederici, *Am. Wb.*, 289. En el S. XX la Acad. ha recogido además las acs. 'vara larga para coger piñas de los pinos' y la mejicana 'puya'. Para la etimología vid. el Glosario de Dozy, 279. Aunque sólo se hallan en los diccionarios corrientes las formas *gergît*, *agergît* y *agor*, debe de existir en bereber otra más parecida a la española[1]; en portugués han existido *gorguez*, *gurguez* (Moraes) y *gurguz*.

[1] A los datos de Dozy agréguese que *gergît* (con *qaf* de tres puntos) significa en Argelia «bâton garni d'une longue pointe de fer, que portent les marabouts», «aiguille, pointe de rocher isolé» (Beaussier).

Gorigori, V. *gorga*

GORILA, tomado por los naturalistas modernos del gr. Γορίλλα, empleado por el cartaginés Hannón (S. V a. C.) para denominar a los miembros de una tribu africana cuyos cuerpos estaban cubiertos de vello. *1.ª doc.*: Acad. 1884, no 1843.

Gorita, V. *huero*   *Gorja, gcrjal, gorjeador, gorjeamiento, gorjear, gorjeo, gorjería*, V. *gorga*

GORMAR, 'vomitar', 'devolver a la fuerza lo usurpado', ant., del mismo origen incierto que el port. *gosmar* 'escupir, gargajear', antiguamente 'vomitar' y 'echar postema (las aves)', anteriormente *boomsar* 'vomitar', inseparables del cast. ant. *güérmezes* 'postema en las aves de caza', port. ant. *gozmes* íd.; este sustantivo parece descendiente del lat. vg. VŎMEX, -ĬCIS (clásico VŎMĬCA) 'absceso purulento', derivado de VOMERE 'vomitar'; de VOMEX, a su vez, derivaría un verbo *VOMICIARE, que pasando por *gomzar y gozmar explicaría los citados verbos portugués y castellano. *1.ª doc.*: h. 1375, López de Ayala, *Crónica de Pedro el Cruel*[1].

Este pasaje está copiado, conservando el vocablo, en la *Historia* de Mariana (*Aut.*), que gustaba de tales arcaísmos. Cej. (*Voc.*) recoge, aunque definiéndolos mal, varios ejs. de los SS. XV y XVI que tienen evidentemente el mismo sentido: «luego lo querrán *gormar*» en las *Coplas de Mingo Revulgo*, «y quien tal bocado traga / *górmalo* tarde o temprano» en el *Canc.* de Castillo (I, 101), «*gormaréis* lo que comistes» en Sánchez de Badajoz (*Recopil.* II, 27); ejs. de Torres Naharro y de Timoneda en Gillet, *Propaladia* III, 158. Aunque en tiempo de Mariana no se había olvidado esta ac., iba predominando ya la figurada 'devolver a la fuerza lo usurpado'; en el *Alfarache* de Martí todavía predomina el matiz primitivo[2], pero ya los editores del *Canc.* de Stúñiga (med. S. XV) definen «pagar, satisfacer por fuerza la deuda contraída, devolver con despecho lo que se ha usurpado», Oudin (1607) *gormar la comida* «payer l'escot plus qu'il ne faut, couster cher, mal profiter; et selon aucuns c'est rendre la gorge, vomir, regorger», Covarr. «*gormar*: bolver con despecho y disgusto lo que se ha comido y engullido... *Yo os lo haré gormar*, vale yo haré que os entre en mal provecho lo que avéis comido y aquello en que havéis tomado gusto», *Aut.* «volver uno por fuerza lo que retenía sin justo título»; en esta forma lo emplean Vélez de Guevara (Fcha.) y Cervantes: «tómame el paje, por Dios, que le han hecho *gormar* a la señora Cornelia; escondidita la tenía; a buen seguro que no quisiera él que hubieran venido los señores, para alargar el gaudeamus tres o cuatro días más» (*La Señora Cornelia*, ed. Hz. Ureña, p. 187); de todos modos, todavía Quevedo emplea *gormador* en el sentido de «el que vomita de puro lleno» (*Aut.*). Nunca parece haber sido este verbo de uso general, pues falta en

los glosarios de h. 1400, APal., Nebr., etc., y hoy puede considerarse anticuado, aunque sobreviva en algunas partes: «*goimar*, devolver, arrojar» en el Cibao dominicano (Brito). Del estudio histórico de la palabra española, pues, se desprende claramente un significado fundamental y casi único: 'vomitar'.

Si pasamos a tomar en consideración las formas portuguesas, el cuadro semántico se hace algo más complejo. Algunos diccionarios traen en este idioma *gormar* como variante (sin localización ni documentación) de *gosmar*. Esto es, en efecto, lo usual en el idioma vecino, y hoy significa sobre todo 'gargajear', 'escupir': «escarrar; proferir, tossindo ou escarrando», intr. «expelir escarros»; pero *gosma* f., además de «escarro», significa «doença da língua das aves, esp. das galináceas», «inflamação nas vias respiratórias dos poldros» (Figueiredo), según Moraes «humor glutinoso que os potros lançam das ventas, as gallinhas pelo bico», «nos falcões, são bostellas que lhes nascem na boca, cabeça, ouvidos e ourelhas», con cita del *Arte da Caça* de Fernandes Ferreira (h. 1612); Nunes de Leão (1606) trae *gozma*, y su derivado *gozmento* (aplicado al animal atacado de *gozma*), como voces típicamente portuguesas; y Moraes no reconoce a *gosmar* otras acs. que la de 'echar postema' y 'vomitar', documentando esta última en Ferreira de Vasconcellos (h. 1537)[3]. No se citan para el verbo formas más antiguas que ésta; para su vida en dialectos actuales, vid. C. Michaëlis, *RL* XI, 54-56.

En cuanto al sustantivo, Fernandes Ferreira emplea siempre *gosmas* en plural, pero este autor no hace más que modernizar el tratado de *Enfermidades das Aves Caçadoras* de Mestre Giraldo, escrito en 1318, y en esta fecha tan anterior tenemos una forma más primitiva *gozmes*, también siempre en plural, repetido once veces, casi siempre como femenino (sólo una vez masculino). Ahora bien, el tratado de Mestre Giraldo fué también adaptado al castellano por López de Ayala, en su *Libro de la Caza de las Aves* (1386), y lo mismo el canciller que su antecesor castellano D. Juan Manuel (independiente de Mestre Giraldo) emplean muchas veces la forma *güérmezes*, masculina (cap. 15 de aquella obra; pp. 55 y 57 de la ed. de Juan Manuel por Baist). De *güérmeces* proviene *gormercie* o *gomerzia* que figura en un tratado latino de enfermedades de los azores, por Valerinus, conservado en un ms. escurialense del S. XIII o princ. S. XIV, y definido «aegritudo capitis glandulae, id est grana quae sub lingua sunt e a latere» (p. p. Bertil Maler, *Filologiskt Arkiv* IV, Estocolmo 1957, pp. 29-30, 106). Que se trata de pústulas purulentas, o simplemente pus, resulta bien claro de la definición de Fernandes Ferreira y de los pasajes medievales: «son en figura blancos et de granos tan grandes como mijo, et mayores... párales mientes en la boca, et en... el gallillo... et si vieres que lo tienen finchado, toma una lançeta bien aguda, et rónpele a lo luengo bien sin duelo, et si el falcon tiene dentro *güérmezes*, tíragelos et métele dentro del algodón enbuelto con miel» (L. de Ayala), «desque los *güérmezes* parescieren en la lengua... dévengelos sacar con una péñola tajada... et... dévenlo alimpiar la laga con un trapo de lino mojado en vinagre bien fuerte... contesçió que un su girifalte avia tantos *güérmezes* que por muchos quel sacaban sienpre tenía las llagas llenas...» (J. Manuel), etc. Adaptación del cast. *güérmezes* es la forma *górmiz* que aparece varias veces (con variante *güérmez*) en un ms. catalán de cetrería de la primera mitad del S. XVI (Alcover)[4]. Como en portugués *gosmar* es todavía 'supurar' y 'expectorar mucosidades', además de 'vomitar', no cabe duda de que *güérmezes* es inseparable del verbo castellano y portugués; obsérvese por lo demás que L. de Ayala, nuestra más antigua autoridad para *gormar*, lo emplea hablando en el ave.

Ahora bien, la estructura morfológica de *güérmezes* es muy peculiar y nos ha de resultar forzosamente orientadora: haremos bien en dar gran importancia a esta palabra. Sin embargo, los romanistas se han empeñado en desconocerla o en mirarla como una alteración secundaria. C. Michaëlis es quien más atención le dedicó, en su artículo de *RL* XIII, 322-8. Pero como en dos artículos anteriores había tratado de *gormar* y su familia (*RL* I, 299; *RL* XI, 54-56), tenía ya prejuicios formados, y se empeñó en derivar *güérmezes* de un étimo germánico que no explicaba su terminación, suponiendo que era un plural de signo repetido como *pieses*, *cafeses*, *maravedises*, a pesar de la fecha reciente de tales plurales y de la significativa -*z*- castellana.

La primera idea partió de Diez (*Wb.*, 601), quien para explicar el fr. *gourme* 'flemas de la mucosa nasal en los caballos', port. *gosma* y *gosmar* y cast. *gormar*, suponía un escand. ant. *gormr* 'fango'; si no me engaño no está documentado este vocablo, y Diez lo deduciría del noruego *gurm*, *gyrma*, 'pósito', 'lodo', 'contenido del estómago', sueco *gorm* 'restos de fruta exprimida', dialectalmente 'lodo' y 'contenido del estómago'; este étimo no conviene semántica ni geográficamente, y deducir de él una palabra gótica o fráncica sería demasiado audaz (aunque esta raíz, según Falk-Torp, sea ampliación de la del alem. *gären* 'fermentar'), pues el ingl. dial. *gorm* 'ensuciar' tiene todo el aspecto de un préstamo escandinavo, y el alem. dial. *gärm* 'levadura' (sólo citado por Falk-Torp, no por Kluge, s. v. *gären*) se aparta ya por el sentido y será derivado de *gären* con el sufijo nominal -(*a*)*m*[5]. Razón tuvo, pues, Baist (*ZRPh.* XXVIII, 111) en reprochar a M-L. el que adoptara la propuesta de Diez en la primera edición de su diccionario (3819a). Pe-

ro menos sentido crítico demostró todavía el maestro de Bonn al sustituirla en su tercera edición (9570) por la idea de Baist; éste se limita a comparar con el ags. *worms* (*wurms*, *wyrms*) 'pus', palabra muy viva, en efecto. Pero esto no bastaba para postular un fráncico WORM del mismo significado, según hace M-L., seguido ciegamente por Gamillscheg (*EWFS*, 480a; *R. G.* I, 234): se hubiera debido examinar por lo menos la formación de este ags. *worms*, neutro cuyo genitivo es *wormses*, es decir, la -*s* pertenece al radical; pero hay algo más grave: forma tan común como ésta, por lo menos, es *worsm* (*wursm*, etc.), que es la que aparece en uno de los más antiguos monumentos del idioma, las Glosas de Epinal (hay también verbo *wyrsman* 'supurar'), y la única que sobrevive hoy en día, en el Yorkshire y otros dialectos del Norte, escrito *worsum*, *wirsum* (Wright). Está claro que una debe ser trasposición de la otra, y como no hay un sufijo nominal -*s*, y sí hay sufijo -*m* (el de *blossom*, *bosom*, *fathom*, *bottom*, alem. *brosam*, *deisem*, *atem*, etc.), la forma primitiva debe ser *worsm*, tanto más cuanto que así podemos relacionar con el radical germ. *wers*- que aparece (con asimilación) en el ags. *wearr* 'tumor', 'verruga', fris. ant. *wersene* 'arruga', a. alem. ant. *werra*, alem. *werre* 'orzuelo', lat. *verruca*, y con otros elementos sufijales tenemos el dan. *vor* 'pus', isl. *var* 'legaña', a. alem. ant. *warah*, ags. *wearh* 'tumor', etc. (Walde-Pokorny I, 267; Falk-Torp, s. v. *vor*; Holthausen, s. v.). Luego si *worsm* tuviera correspondencia en fráncico, cosa muy incierta en palabra tan local, sería algo como *WORSAM*[6]. Por lo demás, *güérmeces* tampoco podría venir del fráncico o del escandinavo, siendo palabra puramente hispánica, y en gótico no hay nada de esto.

La estructura del vocablo debiera bastar para desalentar toda búsqueda por el lado germánico y orientarnos hacia una lengua prerromana o hacia el latín. Ahora bien, 'postema', 'pus', 'absceso apostemado' se decía en latín VŌMĬCA, palabra derivada de VŎMĔRE 'vomitar'. VOMICA es frecuente en escritores clásicos (Cicerón, etc.), postclásicos, arcaicos y de todos los ambientes lingüísticos[7]. Forcellini define «tumor in aliqua parte corporis, abscessus maturus et pure manans... ἀπόστημα, ἐμπύημα». A un esclavo que lleva una bolsa escondida le preguntan en la *Persa* de Plauto «quid hoc hic in collo tibi tumet?», y responde «vomica est: pressare parce»; el médico Celso escribe «vomica erumpit [se revienta]: quae quo cruentior eo melior est», etc. ¿Será casual el paralelismo *vomica* 'pus' ∾ *vomere* 'vomitar' junto al port. *gosma* ∾ *gosmar*, cast. *güérmeces* ∾ *gormar*? No lo creo. Pues en lugar de *vomica* existió una forma vulgar VŌMEX, -ĬCIS, que se superpone notablemente a la terminación de *güérmeces*; verdad es que esta forma es rara y de sentido

impreciso, pero pertenece a un tipo formativo
corriente, que Prisciano con razón equipara a
vertex junto a *vertere* y al vulgar *latex* 'escondrijo' junto a *latere;* y el duplicado *vomex ~ vo-
mĭca* encuentra un lugar lógico junto a los du- 5
plicados vulgares *pantex ~ pantĭca, rumex ~
rumĭca, pulex ~ pulĭca, senex ~ manus senĭca*
(oc. *senego), junix ~ junĭca, vitex ~ vitĭca, ulex
~ ulĭca,* etc.⁸ No es extraño que este VOMEX se
conservara en la arcaizante y original variedad 10
de latín vulgar que se hablaba en Iberia. Me parece, pues, muy razonable derivar de VŎMĬCES el
cast. *güérmezes,* y el port. ant. *gozmes,* con
una vacilación en el género gramatical que nada
sorprende en un sustantivo de la tercera decli- 15
nación; la reducción portuguesa de **gozmez* a
gozmes (singular *gosme)* es tan natural como la
de *ourívez* (AURIFĬCEM) a *ourive* (cast. *oribe)* o
la de *símplez* (SIMPLĬCEM) a *simple;* y de *gosme*
salió luego *gosma* por influjo del género femeni- 20
no, facilitado además por la vecindad del verbo
gosmar.
   Y el verbo *gosmar* ¿cómo se explica? Ya C.
Michaëlis señaló la forma *boomsar* 'vomitar' (en
traducción bíblica de los SS. XIV o XV, publi- 25
cada entre los Inéditos de Alcobaça, III, 147) o
bonssar (S. XIV, *RPhCal.* VI 83, § 1208; 96,
§ 2887) como antecedente de *gosmar,* y le señalaba un étimo **VOMITIARE;* como de VOMICA salió **VOMICARE* 'vomitar' (it. ant. y dial. *vomicare,* 30
gasc. *boumegà,* arag. *bomegar,* etc., *REW* 9451),
más bien creo yo que de VOMEX, -ICIS, se derivaría **VOMICIARE,* el cual nos explica el arcaico
*boomsar*⁹, y trasponiéndose la sibilante, *gosmar*¹⁰.
Compárese el cast. ant. *chisme* o *cisme* < CĪMĬ- 35
CEM (V. CHISME y CHINCHE), el port. *lesma,*
gall. *lesme* < **LIMĬCEM* 'limaza', y con otra nasal *gozne* < *gonce, brizna,* < *brinza, roznar* <
ronzar, etc. (*AILC* I, 178). En cuanto al paso
de *gosmar* a *gormar,* es fenómeno conocidísimo: 40
churma, cirne, fantarma, luberno, etc. A su vez,
gormar reaccionaría sobre VŎMĬCES, que primero
había dado **güémezes,* convirtiéndolo en *güérmezes;* y en portugués, paralelamente, *gosmar*
convirtió **gómez* en *gósmez*¹¹. 45
   Se preguntará qué hacemos, con esto, de la
numerosa familia romance fr. *gourme,* oc. ant.
vorm (A. Thomas, *Rom.* XXXVIII, 583ss.), prov.
gor, aran. *morp,* cat. *vorm* [S. XIV o XV, Farmacología de Klagenfurt, *AORBB* III, 254; pero 50
morb, S. XIII, Cost. de Tortosa, p. 205], port.
mormo [1316, Mtre. Giraldo, *RL* XIII, 327-8],
cast. *muermo* [S. XIII]¹², a. arag. *muerbo* (en
Echo, *RLiR* XI, 99); aunque el fr. *morve* designa
una enfermedad de los caballos diferente de la 55
gourme, ambas consisten en catarros con secreción mucosa, y tanto *morve* y *gourme* como sus
hermanos romances han de relacionarse forzosamente con *güérmezes, gosmas* y el verbo *gormar,*
comp. el verbo fr. *gourmer* en la frase «il faut 60

laisser la chair de tortue se *gourmer* et purger
de ses humidités excrémentitielles» que A. Thomas cita de Ambroise Paré. Dicho ya que los
étimos germánicos *gormr* y *worsm* carecen de
valor, me guardaré de decir lo mismo en cuanto 5
a la otra etimología propuesta (si no me equivoco, por Behrens, *REW* 9570), el lat. MŎRBUS
'enfermedad', que en el veterinario Vegecio (h.
400 d. C.) designa por antonomasia el 'muermo'
(*morbus veterinae,* según Nebr.), que es la en- 10
fermedad más conocida entre las que atacan a las
caballerías. De MŎRBUS proceden simplemente el
a. arag. *muerbo,* aran. *morp* y, con dilación consonántica, cast. *muermo,* port. *mormo,* gall. *mormo* (Sarm. *CaG.* 183r). Otras formas romances 15
han sufrido una contaminación o cruce parcial con
VOMEX, cast. *güérmezes,* que era su sinónimo aproximado: de ahí las metátesis o las ligeras irregularidades fonéticas del fr. *gourme, morve,* oc. y cat.
vorm, prov. *gor.* De ahí vienen también las formas 20
vascas y occitanas citadas por Schuchardt, *ZRPh.*
XI, 494-5, y además el port. *vurmo* ['urmo,'*
1318, Mtre. Giraldo, *RL* XIII, 431-2], minhoto
burmeiro 'tumor inflamatorio antes de hacerse
purulento' (Leite de V., *Opúsc.* II, 62), Beira *is-* 25
grumir 'extraer el pus de una úlcera' (*RL* II, 249)
y el gall. *brume* 'pus', 'materia purulenta de las
heridas o llagas' (*DAcGall.;* Lugrís, *Gram.,* 150),
Narbona *bourmel,* Pézenas *gourmel* «morve, mu-
cosité nasale» (Anglade, *Litbl.* XXI, 184), etc. 30
   DERIV. *Gormador. Güérmeces* (V. arriba). Para
muermo, V. también arriba; *muermoso; amormado* [1613, *Albeitería* de F. Calvo, en *DHist.;* en
las *CEsc.* de R. Lapa 384.7, *amormado* «doente de
mormo» responde en el mejor ms. a *amorviado* 35
del Canc. Vatic.].
   ¹ «En las partidas de occidente... nascerá una
ave negra, comedora e robadora, e tal que todos
los panares del mundo querría acoger en sí e
todo el oro del mundo querrá poner en su es- 40
tómago; e después *gormarlo ha* e tornará atrás,
e non perescerá luego por esta dolencia», Rivad.
LXVI, 586a; «el ome glotón, que pone en su
estómago más vianda de aquella que la natura
pide e puede sofrir, e por aquello tal acaéscele 45
así que el estómago, non la pudiendo levar, *gorma* lo ordenado e lo desordenado», 587b.—
   ² «Tienen otro engaño estas arpías, que, como
más quieren al don que al que lo da, y más
a los presentes que a los amadores, tráenlos 50
suspensos mucho tiempo, hácenles *gormar* la
comida antes que la prueben; después, por un
rato de gusto con que los emboban, pagan el
escote en moneda de mucho pesar», ed. Rivad.
p. 405.— ³ Además de *gosmar* se halla en este 55
autor *grosmar,* dos veces (C. Michaëlis), forma
rara por lo demás, que deberá explicarse como
un compromiso entre *gosmar* y un **gromar* (<
gormar), resultante de una de las habituales
trasposiciones portuguesas.— ⁴ De López de Aya- 60

la pasó el. vocablo a *Aut.*, y de éste a la Acad., que no lo da como anticuado. Sin embargo, no parece haber otras fuentes castellanas que estas dos. La Academia estuvo singularmente desafortunada con sus etimologías. Primero partía del ingl. *warmth* 'calor'; ahora del «lat. *formĭca* [sic], hormiga; en fr. *formi*» (sic!). ¿Qué tiene que ver?— [5] Quizá no haría falta indicar que C. Michaëlis prueba también a explicar la -*z*- de *güermezes* como disimilación de la -*r* flexiva del supuesto escand. ant. *gormr*. No sólo es increíble que esta desinencia de nominativo pasara al radical romance, sino que tal disimilación sería imposible entre vocales.— [6] Baist se dió cuenta de su error más tarde y lo reconoció en términos lacónicos en *KJRPh.* VIII, 213. Pero nadie advirtió esta rectificación.— [7] Cf. cat. occ. *esvomegada* 'desprendimiento' (Boí, etc.): el sentido etimológico 'reventada' es verosímil.— [8] Prisciano IV, 39 (Keil II, 140), da como ejemplos de sustantivos en -*ex*, -*icis* (con vocal breve, «correpta»), derivados de verbos, *latex* de *lateo*, *lates*; *vertex* de *verto*, *vertis*; y *vomex* de *vomo*, *vomis*. No indica el significado ni se cita otro testimonio del vocablo, pero Putsche (*Grammaticae Latinae auctores antiqui*, Hanover, 1605) ya afirmó que *vomex* era lo mismo que *vomica*, y Forcellini-De Vit acepta esta opinión. Verdad es que Gaffiot sugiere identidad con *vomax* 'el que vomita', pero esto es increíble, pues los sustantivos en -*ex* no tienen el valor personal propio de los adjetivos en -*ax*, y Prisciano coloca *vomex* taxativamente entre los sustantivos.— [9] La duplicación de la *o* podría apuntar aquí a la ligera diptongación que experimentan, en mayor o menor grado, todas las vocales nasales en portugués (grafías como *huũ* 'uno' son frecuentes). Por lo demás, comp. lo que digo de tales vocales dobles s. v. *COMBLEZA*.— [10] No hay que pensar en VOMITARE como étimo de *gormar* ~ *gosmar*, mediante una metátesis *VOTIMARE, como sugiere Gillet, *l. c.* Hacerlo en castellano ya sería forzado (aunque pueda haber casos de *dm* > *zm*), pero en portugués sería imposible explicar la *s*; comp. port. *julgar* = *juzgar*, -*ádego* = -*azgo*, *rédeas* = fr. *rênes* (RETĬNAS), *lídimo* LEGITIMUS, etc. Para la voz portuguesa, V. además *Language* XV, 50.— [11] Cabría una ligera variante. Pudo haber doble tratamiento de VŎMĬCES: por una parte *güemzes* > *güezmes* > *güermes*, por otra parte *güémezes* sin síncopa, y por compromiso entre las dos últimas variantes, *güérmezes*. Comp. la forma *lézmezes* 'limazas' en Mestre Giraldo (*RL* XIII, 336), rigurosamente paralela: es combinación de *lémezes* con el sincopado *lemzes* > *lezmes* *LĒMĬCES.— [12] En el *Libro de los Cavallos* (28.8) y en López de Ayala, según cita de C. Michaëlis, *RL* XIII, 431-2. Nebr.: «*muermo de bestia*: morbus veterinae», «*mormoso*: lleno de

muermo». También en la Albeitería de Reina (*Aut.*); aplicado humorísticamente a un hombre por Quiñones de B.: «¿dónde me sacas, amor, / viendo que para mi *muermo* / es el frío una almarada / y un pistolete el sereno?» (*NBAE* XVIII, 542). Hoy en Asturias *muermo* es 'mucosidad': «*esmormiáse*: limpiarse las narices, limpiar el pecho echando fuera el *muermo*» (Rato); *esmormar* «assoar» como voz dialectal del Norte portugués en Bluteau (Leite de V., *Opúsc.* II, 107); gall. *mormo* 'aristas' en el Limia (*VKR* XI, s. v.). Con el ast. *muermo* 'mucosidad' se relacionan, por una parte, el gall. *marmúlo* en Juvia 'aquel bocho [= muco, moho 83*v*] del mar sobre las piedras', que le recuerda a Sarm. el *arneirón* (cf. s. v. *PERLA*) de la ría de Pontevedra (*CaG.* 220*v*); en Picato (Lugo) son 'castañas cocidas con cáscara' (Apéndice a Eladio Rdz.); por otra parte, conozco en la costa de Levante catalana *bǫrm* como nombre de un animalito o sustancia flotante (la medusa?) que parece mucosa, pero que es muy urente o urticante. Para *marmulo* también es posible pensar en una formación indoeuropea prerromana *ME-MUS-RO- (o algo por el estilo) tal como la que ha dado el arm. *mamur* «fucus, alga» (y también 'musgo' y 'moho'), *IEW* 742.28.

Gorobeto, V. *joroba*   *Gorollo*, V. *orujo*

GORRA, 'prenda que sirve para cubrir la cabeza, sin copa ni alas', voz común a los tres romances hispánicos, de origen incierto; como en el Siglo de Oro era prenda de gala, se tomó quizá, con la moda, del fr. med. *gorre* 'elegancia, pompa, vanidad, lujo', gasc. y langued. *gorro* 'adorno, perifollo', a su vez de origen incierto, pero teniendo en cuenta que *gorrier* 'presumido', 'elegante', parece inseparable del anticuado *gorrasse* 'coqueta', fr. dial. *gore*, oc. *gor(r)o*, *gourrino*, 'mujer libertina, prostituta'—que a su vez enlaza con el fr. *gore* 'hembra del cerdo', oc. *gorrin* 'lechón', cast. *GUARRO* (y *gorrino*)—, acaso pueda derivarse indirectamente de esta denominación, de origen onomatopéyico. 1.ª *doc.*: 2.º cuarto S. XVI, Fz. de Oviedo (Zaccaria).

Aut. define «cierto género de cobertura de la cabeza, hecha de seda o paño, llena de pliegues de arriba abaxo, para ajustarla a la cabeza; hacíanse en lo antiguo de diferentes figuras, y oy solo permanece su uso en los garnachas, abogados y escribanos de Cámara»; cita ej. en el cap. 15, ley 1, tít. 12, libro VII, de la *Nueva Recopilación*. Esta ley fué dictada por primera vez en 1534, y sufrió varias confirmaciones o ampliaciones en lo sucesivo hasta 1623; no me consta a cuál de estas fechas corresponde el pasaje siguiente, aunque más bien parece de med. S. XVI, por ciertos arcaísmos de lenguaje: «mandamos que los oficiales menestrales de manos, sastres, zapateros, carpinteros... y de otros qualesquier oficios semejantes a estos mas baxos, y obreros y labradores y jornaleros, no puedan traer ni trayan seda alguna, excepto *gorras*, caperuzas o bonetes de seda; y sus mugeres solamente puedan traer sayuelos o *gorretes* de seda». Por lo demás, el vocablo aparece ya en C. de las Casas (1570, traducido *berretta*), Percivale[1], Oudin, así como en el *Quijote*, en Ruiz de Alarcón y en otros muchos autores clásicos; falta, en cambio, en PAlc., Nebr., APal., glosarios de h. 1400 y en los autores medievales cuyo léxico ha sido inventariado. Covarr. nos dice «es ornamento de la cabeça, con que andamos en la Ciudad o Villa, y quando se ha de hazer visita, y estar en alguna congregación pública con trage y hábito decente; y quando se va por la calle, si llueve o haze Sol o viento o mucha frialdad, tomamos sombreros; aunque ya este buen término se va estragando; y no tan solamente seglares, pero aun Clérigos traen de ordinario sombreros. La forma de la *gorra* es redonda, y en tiempos atrás se traía llana sobre la cabeça, y era u de aguja u de paño, y las finas traían de Milán. Éstas sustentavan con unos cartones, y las de Milán con un cerquillo de hierro que la tenía tiessa. Llamaron medias gorras aquellas cuya faldilla caía derecha la mitad, y cubría el pestorejo y las orejas, y con una toquilla que formava una rosa enmedio de la coronilla; y ésta era cobertura de letrados y consejeros de los Reyes. Esto está ya mudado, porque empeçaron a levantar un pedaço de la copa de la gorra, por lo que cae encima de la frente: y ésta llamaron gorra de mogicón; luego la empinaron toda, de suerte que della al sombrero ay poca diferencia: no hay ya gorras de aguja ni de paño, todas son de terciopelo, y las más de terciopelo rizo». Esto nos coloca en el estado de cosas del S. XVI, tan alejado de la boina vasca como de la proletaria gorra moderna; la oposición con el sombrero era entonces de signo opuesto a la moderna, pues, según correspondía lógicamente a la forma respectiva, el sombrero, con sus alas protectoras, era la prenda modesta y utilitaria, destinada a proteger de los rigores del tiempo, y la gorra redonda, muchas veces de seda y adornada con plumas, era atributo del vestido lujoso.

Si bien menos general que en castellano, a causa de la concurrencia del preferido *berrete*, la palabra *gorra* existe también en portugués, aunque en el S. XVIII (como, por lo demás, en España, a juzgar por *Aut.*) era sobre todo cosa del pasado, pues Moraes define «espécie de barrete tão usado até o tempo del Rei D. João III [† 1557], como oje o chapeo», y él y Vieira citan ejs. de los *Lusíadas* (1572); pronúnciase *gôrra* con o cerrada, y hay variante *gôrna* en uso en la zona de Entre Duero y Miño (Leite de V., *Opúsc.* II, 297), cuya evolución consonántica revela por

lo menos cierta antigüedad y autoctonismo del vocablo. En catalán se pronuncia también generalmente con esta vocal[2], y está ya documentada varias veces en el S. XVI, desde 1515 por Alcover, y también en Boades (que en realidad corresponde al XVII) por Balari (y en otro texto que creo del S. XV o XVI)[3]. En resumen, el vocablo es antiguo y genuino en los tres romances peninsulares, y en catalán aparece quizás algo antes que en los otros dos, aunque ni esto es bien seguro ni puede asegurarse que esta diferencia sea realmente significativa. En cuanto al it. *gòrra*, recogido por Fanfani como nombre de una gorra de campesinos, es palabra muy poco extendida, que Tommaseo sólo documenta en Panciatichi (a. 1665), y difícilmente podrá dudarse de su origen español, admitido por Zaccaria, Prati, etc.

Mahn, *Etym. Unters.* (1854), 15-16, afirmó que *gorra* procedía del vasco *gorri* 'rojo', por el color de la boina vasca, etimología que M-L. (*REW*, 3822) sólo admite provisionalmente y con mucha reserva; Baist (*ZRPh.* VI, 116) modifica esta idea en el sentido de que *gorri* vendría de un lat. *BŬRRĔUS, derivado del lat. BŬRRUS 'rojizo', y éste mismo habría dado directamente el romance *gorra*; Schuchardt, primero (*ZRPh.* XXX, 213) se abstuvo de pronunciarse mientras no se demostrase que el color rojo era el más antiguo de la boina vasca, pues los vascos franceses la llevan azul, pero más tarde parece haberse decidido en pro de esta etimología (*RIEV* XIII, 1919, 201-2); M. P., *RFE* V, 226, observa que este origen, si *gorra* es palabra antiguamente introducida en español, pugnaría con el tratamiento de los representantes toponímicos romances del vasco *gorri*. Este argumento es fuerte, ya que todos ellos presentan diptongación de la *o*, y por lo tanto debiéramos esperar *güerra en castellano y formas con o abierta en portugués y en catalán, pues los representantes toponímicos tienen la forma *Ligüerre*, *Laguarres*, *Lascuarre*, *Escuer*; y aunque supusiéramos que *gorra* se introdujo del vasco en fecha tardía, siempre quedaría la extrañeza de la desaparición de la -*i* final vasca, que según es natural ha dado -*e* y no -*a* en esos topónimos romances. Por otra parte, el nombre de una prenda de moda y de lujo, que aparece de pronto en el S. XVI, no es probable que venga del vasco. Creo, pues, que debe desecharse esta idea, y tampoco la modificación que le hizo Baist me parece viable, pues BURRUS apenas ha dejado descendientes romances (los citados por el *REW* en este artículo son falsos o inciertos; V. sólo BORRACHO), el vasco *gorri* no puede venir de étimo latino en ŭ (que habría dado *u* vasca), y en cuanto a *gorra*, deberían hallarse variantes con *b*- si procediera de BURRUS[4].

Otra pista la indicó Diez muy vagamente, y hoy parece olvidada; opinaba el padre de la filología romance (*Wb.*, 170) que el sentido básico de *gorra* debía ser 'lazo' o 'cinta', pues este vocablo significa 'rama de sauce' en Italia y 'cordel de esparto' en Portugal, y en francés *gorre* habría significado antiguamente 'cinta'; en realidad, el it. *gorra* 'sauce' es palabra de origen desconocido, quizá prerromano, que por razones geográficas habrá de separarse de nuestro vocablo; la palabra portuguesa en cuestión es sólo del dialecto alentejano, variante del port. *corra* 'correa' y 'cuerda de esparto', quizá derivado retrógrado de CORRIGIA 'correa', y tampoco es de creer que tenga que ver con nuestro *gorra*.

En cuanto al fr. *gorre*, significó en realidad 'elegancia de la moda, pompa, fausto, lujo', y sólo ocasionalmente (y aun no es seguro) pudo llegar a designar una cinta al tomar el sentido concreto de 'adorno, perifollo': pero *gorre* 'elegancia, etc.' es palabra frecuente desde fines del S. XV a principios del XVII (God. IV, 314; *FEW* IV, 198), hoy todavía empleada en esta ac. concreta en varios dialectos del Poitou, Gascuña y Languedoc, y en estas hablas occitanas se halla también en poetas del S. XVI y XVII (Astròs, Guitard, en Mistral); a juzgar por los derivados *gorrée* «vêtement, parure» y *s'engorrer* «se parer d'un vêtement», debía ser palabra muy antigua, pues estos vocablos ya se hallan en el S. XIII, en Gautier de Coincy. Para documentación del fr. med. *gorre* 'pompa, fausto', V. además Sainéan, *La Langue de Rabelais* II, 259-60. Como parece haberse aplicado especialmente a adornos de la cabeza (el tolosano Guitard habla de los *gorros del cap*), no dudo que de aquí procede el iberorromance *gorra* como palabra de moda introducida de Francia con una concreción de significado, que no es nada sorprendente en este caso; el testimonio del seudo-Boades concuerda con el del *Aut.* en que las gorras eran propias de los señores, y el de Covarr. corrobora el de la *Nueva Recopilación* de que eran prendas de mucho vestir, hechas de seda y de otros géneros caros.

Admitido este extremo, ¿cuál es el origen de esta voz francesa? Este otro problema ya es más difícil. Th. Braune, *ZRPh.* XVIII, 523-4, quiso derivarla del b. alem. *gorre* 'faja, ceñidor', especialmente 'cincha', *gorren* 'ceñir' (Berghaus, *Plattdeutsches Wörterbuch*); es muy dudoso que esta palabra dialectal sea antigua, pues no se halla en bajo alemán medio (Schiller), frisón oriental, neerlandés ni otros idiomas germánicos[5]; Braune cree se trata de una palabra de la misma raíz que el alem. *gurt*, ingl. *gird*, etc., sin la ampliación consonántica constituída por la -d-, pero el caso es que no puede señalarle otra parentela que la de un ags. *on-gyran* 'desceñir', forma muy dudosa[6]; más bien, por el contrario, es probable que el b. alem. *gorre* venga del francés. Más razonable me parece la idea de Wartburg de identificar con el fr. dial. del Centro, francoprovenzal, delfinés, auvernés y rouergat *gore*,

gorra, etc., 'libertina, prostituta', cuyo aumentativo *gorrasse* aparece ya una vez h. 1500 en el sentido de 'coqueta', teniendo en cuenta que éste a su vez se enlaza semánticamente con *gorrier* 'elegante, bien arreglado, presumido' (SS. XV-XVI), derivado evidente de *gorre* 'elegancia'; ahora bien, *gore* 'libertina' es inseparable del fr. antic. *gore* 'hembra del cerdo' (SS. XIV-XVII), hoy extendido más o menos por los dialectos de toda Francia, cuyo diminutivo *gorrin* se documenta en lengua de Oc desde el S. XII y enlaza a su vez con el cast. GUARRO y *gorrino*, todos los cuales proceden probablemente de una imitación del gruñido del cerdo (*FEW* IV, 195-9); un punto débil de esta etimología está en la falta o escasez de documentación antigua del importante escalón semántico intermedio 'libertino".

La locución *meterse de gorra* [1604, *G. de Alfarache*, Cl. C. V, 41, y nota], *entrarse de gorra* [*Aut.*] 'tomar parte en una comida sin ser invitado', en otros *comer* o *vivir de gorra* 'como parásito', pueden venir de la *gorra* como símbolo de la cortesía, como *comer de bonete* significa lo mismo en el *Estebanillo González* (1646, vid. *DHist.*), propiamente 'comer por cortesía, gracias a los muchos saludos que prodiga el parásito'; para la gorra como símbolo de la cortesía, comp. el refrán *buena gorra y buena boca hacen más que buena bolsa*, y las frases *duro de gorra* (*Aut.*) o *tieso de gorra* (Vélez de Guevara, *La Serrana de la Vera*, v. 1321) 'el que aguarda que otro le salude primero' y *hablarse de gorra* 'saludarse sin hablarse', ya registradas por Covarr.; la explicación podría ser también que *andar de gorra* o *ser gorrón* se aplicaba a los estudiantes que hacían de criados pero asistían gratuitamente a los cursos con sus amos, distinguiéndose por su capa y gorra (*capigorristas* o *gorrones*); también se les llamó *gorras* a ellos mismos (Quevedo, *Cartas del Caballero de la Tenaza*, Cl. C. IV, 71; *Pícara Justina*, en *Aut.*), además de *gorrones* (Nieremberg en *Aut.*; Calderón, *El Mágico Prodigioso*, I, escena 1.ª; «hay *gorrones* de libros como de almuerzos», Quevedo, *Buscón*, Cl. C., p. 10), aunque éste se roza a su vez con *gorrona* 'prostituta' [Moreto] y *gorrón* 'hombre vicioso' [Góngora, en *Aut.*], que proceden directamente de GUARRO y su familia; además comp. ENGORRAR.

DERIV. *Gorrada. Gorrero; gorrería. Gorreta; gorretada. Gorrilla. Gorrista. Gorro* 'bonete redondo' [*Aut.*], también port. *gorro* (pero no en catalán). *Gorrón* 'parásito, el que vive a costa ajena' (V. arriba), 'gusano de seda que no trabaja en el capullo' [como andaluz en Covarr.]; para otras acs., V. GUARRO y comp. ENGORRAR; *engorronarse. Gorruendo* ant. 'harto o satisfecho de comer': que la Acad. deriva de *gorrón*, pero en realidad no parece existir tal palabra, pues *Aut.* dà *goruendo* citando la *Montería de Alfonso XI*, y en este pasaje (p. 6) la edición de Gutiérrez de la Vega trae *gobernado* (en el sentido antiguo de 'alimentado'): hay, pues, errata *goruendo* por *gouernado*.

¹ «A cap, a bonnet, a velvet cappe made high, somewhat of the fashion of the courtiers wearing of velvet caps in England, or like a womans velvet cap, with somewhat broader brimmes».— ² Así por lo menos en el dialecto central, en Valencia y en el Sur del catalán occidental. En cambio, *gòrra* es general en el Pallars, pero quizá no se pueda dar importancia a esta última pronunciación en un idioma como el catalán, que tiende generalmente a abrir las *oo* cerradas en sílaba inicial.— ³ Otro indicio de la antigüedad del vocablo en catalán es que en cat. occid. (Cardós, Vall Ferrera, La Pobla de Cérvoles) y S. del oriental *gorra* es el nombre de la barretina o «gorro catalán», especie de gorro frigio largo y doblado que constituía la cobertura tradicional de los payeses catalanes antes de extenderse el uso de la actual gorra proletaria internacional, llamada allí *catxutxa*: la mayor parte de las barretinas o *gorres* eran rojas, sobre todo en el Este de Cataluña, pero también las había moradas (*gorra mosca* en la Pobla de Cérvoles), que justamente eran las más usadas en la Cataluña occidental; no se invoque, pues, este detalle en apoyo de la etimología vasca, pues en cat. or. la barretina no se llama así. Téngase en cuenta, además, que no nos consta que la barretina sea de uso antiquísimo en Cataluña, aunque de todos modos ha de ser antigua; gorros iguales a la barretina se han empleado en Grecia, Calabria, Cerdeña y otras zonas mediterráneas, y también en Portugal, y han estado en uso entre los marineros de muchos países; como se trata siempre de tierras costeñas, puede sospecharse un origen marino, y así parece confirmarlo la denominación *gorra de mariner* que recogí en Estaon (Alto Pallars).— ⁴ Con independencia de estos autores, el italiano Nigra, *AGI* XV, 113, parte también del color rojo para explicar *gorra*, pero desconociendo el vocablo vasco, cita solamente Romagna *gor* 'rojizo', Istria *guoro* íd., Treviso *goro* 'castaño'. Ya hemos visto que en Italia *gorra* debía ser voz advenediza, y por lo tanto hemos de mirar este parecido fónico como meramente casual.— ⁵ Ni siquiera en bajo alemán parece tener gran extensión, pues Berghaus registra *gorre* y *gorren* como meras variantes de *gord* y *gordeln*; falta en los modernos y ricos diccionarios dialectales de Schleswig - Holstein, Prusia, etc.— ⁶ Bosworth - Toller sólo registran *ongyrdan*; en cuanto a *ongyran*, lo consideran evolución fonética de *ongirwan*.— ⁷ No me parece feliz la idea de pasar directamente de 'cerdo' a 'elegante' por un juego de palabras con el doble sentido del fr. *soie* 'cerda' y 'seda' (Wartburg, 199b). Complica el problema el verbo fr. ant. *gorrer* 'engañar', hoy *gourer* 'falsificar

drogas', que a su vez podría enlazar con *gore* 'libertina' por conducto del fr. med. *gorre* 'sífilis' (1496; Rabelais; etc.), y del cat. ant. *gorrar* 'corromper, engañar, infectar' (en J. Roig, *Spill*, v. 4547). Quizá no sea disparatada la idea de Littré de derivar del ár. *ġarr* 'engañar' (*ġurûr*), puesto que el imperativo de este verbo es *ġurr*, el futuro *yaġúrr*, etc., y es palabra conocida del árabe vulgar e hispánico (Dozy, *Suppl.*); derivar este vocablo del nombre del cerdo, a base del desprecio con que se trata a este animal, según quiere Wartburg, es muy forzado.

Gorriato, V. *gorrión*   *Gorrilla*, V. *gorra*
Gorrinera, gorrinería, gorrino, V. *guarro*

GORRIÓN, origen incierto; debe tenerse en cuenta que aunque es voz ya antigua en castellano, no se generalizó en Castilla sino a expensas de la antigua denominación panhispánica *pardal*, y en fecha relativamente tardía, quizá a causa del mismo significado obsceno que ha tomado este último en catalán y gallegoportugués, y que ha sido el motivo de la introducción más reciente del cast. *gorrión* en estos otros romances: esto hace dudar de un origen prerromano, aunque el mismo vocablo parece existir en vasco en formas levemente alteradas. 1.ª doc.: *Alex.*, 624d¹.

Pardal es todavía el vocablo empleado por J. Ruiz (747a, 1208d) y por Juan Manuel, pero *gorrión* se halla h. 1400 en el Glosario del Escorial y en el de Toledo², figura a mediados del S. XV en los *Refranes que dizen las Viejas* («cada *gorrión* con su espigón», *RH* XXV, 151), en Nebr. (g7r°), en Cieza de León (1555); y C. de las Casas, Oudin, Covarr., Huerta y *Aut.*, aunque todavía conocen *pardal*, dan a *gorrión* la preferencia³. *Gurión*, al parecer con el sentido de 'gorrión', en un texto del S. XV (¿o XIV?), *RFE* XXXI, 320 (V. HUÉLFAGO). *Pardal* sobrevive en Asturias, junto a *gurrión* (Rato), habrá vivido en Salamanca (a juzgar por el significado secundario 'baile consistente en dar tres saltitos a un lado y tres al lado opuesto'), etc. En portugués *pardal* es todavía la expresión común, pero *gorrião*, que Moraes sólo registraba como voz propia de las «Índias de Castela», ya está admitido por Fig. sin calificación regional, y según Vall en Galicia se distinguiría entre *pardal* 'fringilla linaria o cannabina' y *gorrión* 'fringilla domestica', si bien reconoce que también se da este significado a aquel vocablo en algunas partes. En Cataluña, *pardal* es la única denominación conocida, pero en Mallorca e Ibiza predomina *gorrió* (sin documentación antigua), y así se dice también según creo en algunos puntos del País Valenciano; en éste, sin embargo, sigue siendo *pardal* la expresión más conocida, si bien fuertemente perjudicada por la otra ac. 'miembro viril', que ha sido causa de la invención de numerosos sustitutos recientes para denominar el pájaro (*teuladí, xarau, vilero*). No hay duda de que esta ac. obscena es la única causa de la introducción del castellanismo *gorrió* en las Baleares, y que algo parecido ocurriría en gallegoportugués, donde nos consta que *pardal* significa en ciertas partes 'vulva'.

Lo mismo puede sospecharse, aunque en fecha anterior, por lo que hace a Castilla. De la gran antigüedad de *pardal* en el Sur de España son testimonios Rabí ben Zaid (S. XI), Abencuzmán y Abenbuclárix (S. XII), y PAlc. con su forma mozárabe *parṭâl*, así como los numerosos moros de España que llevaron este sobrenombre (Simonet); de ahí pasó *parṭâl* al árabe de Marruecos y Argelia (para el origen, V. *PARDO*).

Teniendo en cuenta este carácter sustitutivo que es probable tenga *gorrión*, conviene acoger con reserva la sugestión de un origen prerromano. No hay duda de que existe un parecido notable con la denominación vasca: alto nav. *gurrigoi* (la segunda -*g*- puede ser antihiática y -*oi* es la forma que suele tomar en vasco el romance -ONE), guip. *burrigoi*, vizc. *kurriĺoe*[4], *kurloe*, lab. *karrajo*, lab. *garraio;* el labortano Pouvreau y el español Larramendi citan *kurroe* como nombre vasco del gorrión. Es muy verosímil que haya parentesco entre esta denominación vasca y la castellana, pero ¿parentesco de qué antigüedad y en qué sentido? Ni siquiera podemos asegurar que la denominación vca. no sea de origen castellano, y eso parece realmente lo más probable (Michelena *BSVAP* XI, 293). Acogió Schuchardt (*ZRPh.* XXX, 213) con suma reserva la idea de derivar *gorrión* del vco. *gorri* 'rojo', y no hay para menos (aunque M-L., *REW* 3822, la reproduzca sin protesta), pues el gorrión no es rojo, sino pardo; Ürtel insiste (*Berliner Sitzungsber.* 1917, 545n.) pretendiendo que *gorri* fué primitivamente 'rojizo oscuro o parduzco' pero en apoyo de esta afirmación sólo aduce el alto nav. y guip. *gorri* 'roya de las plantas, polvo amarillento que se cría en ciertos cereales' y el vizc. *gorringo* 'yema de la castaña asada', y claro está que estos significados se pueden interpretar de muy diversas maneras: habría que dar pruebas más sólidas de que *gorri* pudo significar 'pardo' para que podamos tomar en consideración esta etimología.

Las etimologías romances no son menos inciertas. Covarr. piensa en una onomatopeya «*girri* o *gurri*» del piar del gorrión; pero sin prejuicios no es posible reconocer en *gurri* una imitación realista de este sonido. Aldrete (*Origen y Principio de la Lengua Castellana*, a. 1606, ed. 1674, f° 47v°a) supuso más sugestivamente que *gorriones* estuviera por *GARRIONES* 'vocingleros', derivado de GARRIRE 'charlar', verbo que fué indudablemente de uso popular en España (V. *GARRIDO*); la dilación vocálica que esto supondría no es inconcebible, pero no es tampoco ordinaria, y en algunas partes deberíamos hallar formas con la *a* conser-

vada. Luego tampoco esto satisface bien, y el apoyo que le presta el guip. *garraio* (lab. *karrajo*) es muy incierto[5].

Deriv. *Gorriona. Gorrionera. Gᴄrriato* 'gorrión', en Andalucía, Ávila, Cáceres y Salamanca; 'cogujada' en Cespedosa (*RFE* XV, 274); *gurriato* 'pollo del gorrión', según la Acad.

[1] «Quando los vió Achilles, enfestó el pendón, / Ector quand esto vió, quebról el coraçón, / pero metió en medio luego otra razón, / dixo que nol preçiava quanto un *gurrión*». Así O, pero *gorrión* en P.— [2] Verdad es que se ignora el significado de *brigulus* que traduce a *gorrión* en el primero de estos glosarios (también *gorión*, traducido por *fulfur*, quizá en relación con *furfurio*, nombre de cierta ave en bajo latín), y en el segundo *goryon* está traducido por un *gurio* que no es conocido y quizá sea latinización de la voz castellana.— [3] Hoy se pronuncia *gurrión* en muchas partes: León y Castilla la Vieja (G. de Diego, *RFE* III, 303), Aragón, Méjico, Guatemala, Nicaragua, Costa Rica y Ecuador (Cuervo, *Obr. Inéd.*, p. 194).— [4] Aquí hay contacto con el vizc. *kurrilo* 'grulla', que será de otro origen.— [5] Aldrete partía de una glosa «*gorriones: cum errore sonantes*» trasmitida en el glosario que se atribuyó falsamente a San Isidoro, dado a conocer por Escalígero (*CGL* V, 614.33). Pero esta glosa no se entiende, y la enmienda que se ha propuesto «*horrisonos: cum horrore sonantes*» no carece de verosimilitud.

Gorrista, gorro, V. *gorra*   *Gorrón*, V. *gorra* y *guarro*   *Gorrona, gorronal*, V. *guarro*   *Gorronería, gorruendo*, V. *gorra*   *Gorullo, gorullón*, V. *orujo*   *Gorvieza*, V. *brezo*

GOSIPINO, tomado de *gossypĭnum* 'árbol del algodón', voz latina de origen extranjero, pero incierto. 1.ª doc.: Acad. 1899, no 1884.

Gostar, V. *gusto*

GOTA, del lat. GŬTTA íd. 1.ª doc.: orígenes del idioma (*Apol.*, 150d, etc.).

La aplicación a la denominación de enfermedades es ya muy antigua. Como equivalente de *rheuma* (que en griego significaba propiamente 'fluencia, flujo') figura *gutta* en Notas Tironianas (SS. I-VIII), *ALLG* X, 269, y en castellano desde Berceo (*S. Dom.*, 398); se halla también en mozárabe (Simonet, s. v. *gótha*); *gota coral* 'epilepsia', APal. 136b, Nebr., etc.

Deriv. *Gotear* [APal. 186d; Nebr., etc.]; *goteado; goteo*. *Gotera* [doc. de Osma, de 1212, en Oelschl.; J. Ruiz, 464c; etc.], de la ac. 'sitio en que cae el agua de los tejados' vino la costumbre de mencionar las *exidas y goteras* entre las pertenencias de una propiedad (como en el citado doc. de Osma, también en los Fueros de la Novenera y en Vidal Mayor, V. los respectivos glosarios), de ahí el vocablo pasó a significar, en plural, los alrededores de una casa (Santander) y, de ahí, las afueras de una ciudad, en América (hablando de Buenos Aires, D. F. Sarmiento, *Facundo*, ed. Losada, pp. 170, 262); 'gota de líquido' ast.; *gote-* *rada* 'aguacero' ast.; *goteru* 'pequeña cantidad de agua o de otra bebida' ast. (V); *gotero*; *goterón*. *Gotoso* [Nebr.: 'el que padece de podagra' y 'el que sufre de gota coral'].

CPT. *Gotadura* 'vejiga llena de líquido que se forma en el pie' ast. (V).

Govelete, V. *cubilete* *Goyo*, V. *gozo* *Go-* *zamiento*, *gozante*, *gozar*, V. *gozo*

GOZNE, del antiguo *gonce*, en portugués *gonzo* o *engonço*, probablemente tomados del fr. ant. *gonz*, plural de *gont* 'gozne' (hoy *gond*), y éste del lat. tardío GOMPHUS 'clavija', 'clavo', tomado del gr. γόμφος 'clavija', 'clavo', 'articulación'. *1.ª* *doc.*: *gonze* (pero rimando con sorda), 1438, J. de Mena, *Coronación*, II; *gozne*, 1588, Fr. L. de Granada.

Gonzes rima con *entonces* (cuya *c* era sorda) en J. de Mena, en el *Canc.* de Antón de Montoro († 1480) y todavía en Lope[1]; hallamos también el antiguo *gonce* en otros pasajes de Fr. Luis de Granada[2], en doc. sevillano de 1596 (*BRAE* V, 452), escrito *gonze* en otro murciano de 1614 (*BRAE* XIII, 496), todavía en Vélez de Guevara (1579-1644)[3], y *Aut.* cita ej. en Cancer († 1664); Oudin y Victor registran las dos formas, pero Covarr. ya sólo da *gozues* y *Aut.* le otorga la preferencia; hoy la forma anticuada sigue viviendo como vulgarismo en Cuba (Pichardo, p. 134; *des-* *gonzar*, p. 94) y en el interior ecuatoriano (Lemos, *Barbar. Fon.*, p. 64), *gonciu* en Asturias (R, V). Para las formas vascas[4] tomadas del castellano *gon-* *ce*, vid. Michelena, *BSVAP* XI, 293; comp. *AL-* *GUAZA*. En port. aparece *gonço* en Cardoso († 1569)[5], luego predomina *gonzo*, mas parece estar más extendida la forma prefijada *engonço*, cuya variante *engonce* ya se lee en Ferreira de Vasconcellos (1547); análogamente *esgonce* o *esconce* 'articulación' en Santander (G. Lomas) (comp. *ESCON-* *CE*) y *esgonzar* 'distender violentamente una coyuntura'. A pesar del escepticismo de Spitzer (*RFE* XIV, 255) creo acertada la etimología de M-L. (*REW*, 3819) y C. Michaëlis (*A Águia*, Oporto, 1915, n.° 45), que parten, con algunas reservas, del fr. ant. *gonz*, plural de *gond* 'gozne', que ya aparece escrito *gont* en 1100 (*FEW* IV, 192), y procede del lat. tardío GOMPHUS[6]; nótese que la mayor parte de los ejs. castellanos arriba citados están en plural, que es como suelen mencionarse los gozues; en apoyo de la misma opinión cita A. Castro, *RFE* III, 331-2, documentación que prueba la abundante importación de ferretería francesa en España durante la Edad Media.

La etimología que en lugar de ésta propone

Spitzer no es posible: sería postverbal del verbo BUCĪNARE 'tocar la bocina', que en ciertos romances significa 'gruñir, murmurar' (cat. *botzinar*), y en castellano mismo habrá dado *voznar* 'graznar'[7]; aunque BUCINA tenía U en latín, el romance la sustituyó por Ŭ con arreglo a BŬCCA; podríamos aceptar en rigor la explicación semántica de que los gozues reciben el nombre de su chirrido (aunque la etimología de *QUICIO* que Spitzer aduce como prueba es seguramente falsa, V. este artículo), podríamos cerrar los ojos ante la mayor antigüedad y extensión de la forma *gonce*, pero ya sería muy difícil aceptar que no quedaran testimonios del consonantismo originario con *b-*, y es imposible aceptar *nc* (o *zn*) como resultado portugués de *-CĬN-*: BUCINARE habría dado ciertamente *buziar* en este idioma (V. *búzio*, s. v. *BUZO*).

Menos aceptable es todavía la antigua idea de Baist (*RF* I, 117) de que *gozne* proceda del it. *gonzo* 'necio' (por lo demás de origen desconocido), tal como en alemán *pflock* 'clavija' se emplea figuradamente en el sentido de 'zoquete, gaznápiro' (el otro paralelo oc. *gofon* = it. *goffo* 'torpe' es falso, pues aquél viene de GOMPHUS). Aunque hay parecido fónico considerable, el alto-arag. *al-* *guazas* 'gozues' no tiene que ver con nuestro vocablo (V. artículo especial).

Un derivado diminutivo del mismo GOMPHUS se conservó con carácter autóctono en ambas vertientes de los Pirineos Orientales: de ahí oc. ant. *gofon* 'gozne', oc. mod. *gafon*, cat. ant. **gonfons* disimilado en **golfons*, singular **golfó*, hoy *galfó* (en Alguer, Pallars, Ribagorza, etc.); de **golfó* por derivación regresiva se sacó el cat. mod. *golfo* 'gozne' [*golfos*, pl., 1373: *Homen. a Rubió i Lluch* II, 516], que pasó de ahí al arag., murc. *golfo* 'gozne', port. *golfo* 'gozne de las portezuelas de un navío', murc. *golfón* 'gozne' (G. Soriano), mientras que el gall. *golfón* 'gancho de hierro debajo de la punta del timón de un carro, al cual se sujetan los animales', leon. *galfón* 'gancho de hierro en las cremalleras' (*VKR* V, 58), procederán de GOMPHUS directamente.

DERIV. *Engoznar*. *Desgoznar* 'arrancar (del corazón)' [1490, *Celestina*, ed. Foulché, 37.19]; ast. *desgonciar* 'desgoznar' (V); *ejonzao* 'desvencijado' almer.

[1] Así en *El Ingrato* (palabras de Pasquín): *nombres de gonces* 'apellidos compuestos, de la nobleza'.— [2] Para éste y algunos de los autores citados, vid. Cuervo, *Obr. Inéd.*, p. 410.— [3] «DIANA. Muy libres, ojos, andáys; / ruego a Dios que por bien sea. / RABEL. No e visto reyna que trayga / tan de gonzes la cabeza», *El Rey en su Imaginación*, v. 510.— [4] «Gozne de puerta» es *kontza* en lab. a. nav. e in Ainhoa (lab. merid.), y en este pueblo también *kuntza* (Azkue). Schuchardt, *Museum* X. 40, señala variantes vascas *guntz*, *kuntz*, *huntz*.— [5] También gallego: en el central *facer gonzos* y *zarrallar* «hablando de un

borracho que anda alrededor y parece que tiene *goznes*», Sarm. *CaG.* 192v (cf. cat. *giragonsa* 'rodeo brusco, zigzag').— [6] Como variante se podría partir también, según sugiere la forma portuguesa con prefijo, del derivado fr. *engoncer* 'articular como gozne', pues si bien este verbo no se ha documentado en francés antes de 1611, el derivado *rengonser* 'volver a poner en los goznes' ya aparece en 1335 (*FEW*); en francés se explica esta derivación con carácter analógico, como *coincer* de *coin*, etc.— [7] La etimología de *regunçar* 'contar' (en Berceo) a base de BUCINARE, en la cual se apoya Spitzer, es sumamente dudosa.

GOZO, del lat. GAUDĬUM 'placer, gozo, contento', derivado de GAUDĒRE 'gozar'; el grupo DĬ dió -z-, según es regular, tras el elemento consonántico en que termina el diptongo AU. *1.ª doc.*: orígenes del idioma (*Cid*; Berceo; etc.).

Palabra popular y frecuente en todas las épocas. El tratamiento del grupo -DĬ- causó escrúpulos entre los primeros romanistas: unos pensaron que *gozo* procedía de GUSTUS 'gusto' (Baist, *ZRPh.* IX, 148), otros trataron de facilitar esta explicación suponiendo *GUSTIU (Tallgren, *Est. sobre la Gaya de Segovia*, 80, 81), otros llegaron a proponer NEGŌTIUM 'quehacer' como punto de partida (Ford, *Rom.* XXVII, 288)[1]. Todo esto es arbitrario y sin razón alguna. El único escrúpulo fundado era el de Diez (*Wb.*, 456), que extrañaba la *o* del port. *gozo*; pero no se citan ejs. portugueses de *gozo* ni de *gozar* anteriores a los *Lusíadas* (1572) y a Héitor Pinto († 1584), vid. Vieira, Moraes, y antes se había dicho en el mismo sentido *goivo* (S. XIV: Cortesão, Viterbo) y el verbo *gouvir* (SS. XIV-XVI) o *gouvecer* (princ. S. XV), que son los representantes normales de GAUDIUM y GAUDERE en portugués[2]; en cuanto a *gozo* y su derivado *gozar* son tan castellanismos como el otro derivado *regozijar* y *regozijo*, cuya *j* es otro flagrante indicio. Desde M-L. (*Rom. Gramm.* I, 1890, § 510) y M. P. (*Cid*, p. 186.30) se vió que en realidad el tratamiento de GAUDIUM > *gozo* no ofrecía dificultad alguna (en el mismo sentido Hanssen, *Gram. Hist.*, § 143, etc.), pues la evolución del grupo -DĬ- tras un elemento consonántico era rigurosamente igual a la de *ADMORDIUM > *almuerzo*; como esta palabra, *gozo* tiene *z* sonora en castellano antiguo (Nebr., etc.)[3]; el diptongo AU produce efectos consonánticos ante dentales y velares (CAUTUM > *coto*, PAUCUM > *poco* no sonorizan su consonante); un caso paralelo *ozo* AUDIO, primera persona del presente dè *oír*, se halla en leonés antiguo (Hanssen).

En aragonés existió una forma *goyo* (*Yúçuf B*, 236a; *Leyenda de José*, 58.3, 86.10; Tilander, *Fueros de Aragón*, § 1.2; *Rom.* XXIX, 363; Hanssen, *l. c.*), hoy viva todavía en el Alto Aragón.

La frase *hacer gozo* 'gustar' en el *Alfarache* de

Martí (Rivad. III, 405) parece ser catalanismo (*fer goig*).

DERIV. *Gozar* [Berceo; también *Apol.*, J. Ruiz, APal., Nebr.; popular y frecuente en todas las épocas, pero es derivado exclusivamente español[4]; en arag. ant. *goyar*: Fuero de Teruel, en Tilander, p. 431; en las Glosas de Munich, *RF* XXIII, 250: es texto de la zona fronteriza con el catalán, lo cual explica la extraña traducción *audere*, que correspondería al cat. *gosar*[5]; antiguamente existió en Aragón *godir*, como continuación popular del lat. GAUDĒRE: «qui no ha qué temer, no ha qué *godir*», «Qui priesta non *gode*, qui non priesta mal ode» (refranes aragoneses del S. XIV: *RFE* XIII, 369); *gozada* 'chasco, burla', popular en la Arg.; *gozamiento*; *gozante*; *gozoso* [Berceo, *Duelo*, 65; popular y muy usado en todas las épocas], derivado propio del castellano, aunque GAUDIŌSUS se halla como nombre propio de persona en el S. IV, y como apelativo no es raro en el bajo latín español (p. ej. en las glosas del S. X: M. P., *Oríg.*); *goce* [*Aut.*; falta Nebr., Oudin, Covarr., etc.]. *Regocijar* [1542, Diego Gracián; *regocijador*; *regocijo* [1570, C. de las Casas]; *Gaudeamus* [1613, Cervantes, *Novelas Ejs.*], tomado de la 1.ª persona del plural del presente de subjuntivo de *gaudēre*: latinismo litúrgico empleado irónicamente en el lenguaje general (también se empleó análogamente el imperativo plural *gaudete*, vid. *Aut.*). *Gaudio* es antiguo duplicado culto y raro de *gozo*.

[1] Schuchardt propuso un cruce con AUSARE 'osar', idea ya insinuada por Diez, e inspirada en el cat. *gosar*, langued. y gasc. *gausà*, 'atreverse'. Pero este vocablo catalán-occitano nada absolutamente tiene que ver con el cast. *gozar*, y su *g*-protética, agregada al étimo AUSARE por condiciones de fonética sintáctica perfectamente definidas (Corominas, *VRom.* II, 161), sólo por casualidad ha sido causa de esta coincidencia; si algún mal escritor catalán del S. XIX empleó *gosar* con el sentido de 'gozar' fué por desconocimiento de su idioma.— [2] *Goir*, con variante fonética normal en gallego, está ya en 3 *Ctgs.* (21. 18, 76.39, 143.49), y allí mismo se lee con igual frecuencia *goyo* y *goyoso* por *gozo*, *gozoso*.— [3] *Goço* junto a *gozo* aparece en G. de Segovia (1475). Es forma dialectal leonesa o aportuguesada, conforme con el tratamiento de DĬ en este idioma (*almoço*, *terçol*, *ouço* 'oigo'). Por lo demás, el castellano antiguo vacila entre *z* y *ç* como resultado de DĬ tras consonante: *verguença*, VERECUNDIA, *orçuelo* HORDEOLUM, *berça* VIRDIA; *granza* y *granza* GRANDIA.— [4] En catalán *gojar* por *gaudir* es exclusivamente valenciano y sólo moderno. Los buenos escritores de la región evitan este calco del castellano, que por lo demás tampoco es popular.— [5] Abundan las confusiones semánticas en este glosario del S. XIV o XV: *teges*: *pua*, *acer*: *vet*, *vibex*: *vertola*,

paveo: *rebujar*, etc. Conocido es el empleo transitivo de *gozar* en el Siglo de Oro en el sentido de 'yacer carnalmente con (una mujer)' (ejs. característicos en Denis, *Le Lexique de J. R. de Alarcón*, s. v.). Hoy está olvidado en el lenguaje popular, hasta el extremo de que en Canarias, donde el mismo verbo tiene el valor de 'presenciar, entretenerse con, estar en compañía de', se emplea sin inconveniente hablando de mujeres, y una frase como *hoy he gozado de fulana* puede pronunciarse frente al marido o el padre de la interesada (S. de Lugo, *BRAE*, VII, 337); no ocurriría así en otras partes, aunque ya no se emplee en el sentido clásico. Para la fórmula de cortesía *que goces*, intercalada como inciso que expresa un buen deseo, vid. J. E. Gillet, *Tres Pasos de la Pasión* (a. 1520), p. 956.

GOZQUE, 'perro pequeño y muy ladrador', lo mismo que el sinónimo *cuzco*, y las formas antiguas o dialectales *cuzo*, *cucho*, etc., así como el port. *goso* 'perrito', el cat. *gos* 'perro en general' y otras formas romances, proceden de la sílaba *kus(k)*, *gus(k)*, empleada popularmente para acuciar el perro o para llamarlo. 1.ª *doc.*: Nebr., «*gozque*: catulus, catellus».

Aut. trae ejs. de Fr. L. de Granada y de Espinel, empléalo Cervantes en el *Quijote*, etc. Palabra popular. La malhadada etimología de Covarr., CANIS GŌTHĬCUS, carece de todo fundamento histórico y es imposible desde el punto de vista fonético[1]; su mismo autor ya observa que no quedan pruebas de que los gozques se importaran de Gocia o los trajeran los godos, y que no hay memoria del tiempo en que *gozque* designó una raza de perros especial. Desde luego tal significado no existió nunca y el gozque ha sido siempre el perrito insignificante, que no pertenece a raza alguna conocida, y sólo sirve para estorbar ladrando a galanes y niños, y molestar a viandantes: «no era lejos de la ciudad ni en parte tan sola que dejasen de oírlo muchachos: juntáronse tantos y con ellos tantos *gozques*, que parecían enjambres» (*G. de Alfarache*, Cl. C. IV, 35; ejs. análogos en II, 187.15, y III, 167). En Sánchez de Badajoz (2.º cuarto del S. XVI) sale una variante *perro gozco* (Cej., *Voc.*); éste es el único ej. del empleo adjetivo, que la Acad., sugestionada por la falsa etimología, quisiera dar como normal; en los ejs. citados arriba es siempre sustantivo.

Como indican Diez (*Wb.*, 114), M-L. (*REW*, 4789), Spitzer (*RFE* XIV, 245n.), Sainéan (*RF* XXIII, 253-6; *Sources Indig.* II, 29) y otros muchos, *gozque* no es más que una de tantas variantes de una conocida y amplia familia onomatopéyica: port. *goso*, cat. *gos* (éste es el nombre del perro en general), oc. ant. y fr. ant. *gos*, it. *cuccio*, *cùcciolo*, sic. *guzzo*, alb. *kuč*, svcr. *kuče*, eslavón *kuth*, *kutha*, estonio *kuč*, etc.; más representantes de este tipo onomatopéyico, en Hubschmid, *VRom.*

XIV, 198-9. Por lo general designan el perro pequeño y molesto. Se trata de la sílaba *quis*, *cus*, *gzzz*, empleada para ahuyentar, azuzar o llamar el perrito; en forma amplificada *cusc*, *guizg*, de donde la forma castellana *gozque*, el verbo *guizgar* o *enguizcar*, etc. Las otras formas castellanas son casi innumerables. *Guzque* y *guzquejo* están en B. del Alcázar; *guzco* en Fr. J. de Pineda y en Gonzalo Correas (citas de Rz. Marín en su ed. de Alcázar, p. 282); *cucho* 'perro pequeño' sale en Berceo, *Duelo*, 197d; *cuzco* 'gozque' (Acad.), vivo sobre todo en América (mucho en la Arg. y Chile); *cuzo* íd. en Asturias y León; *cucita* 'perrita faldera' ya en A. de Guevara (1540, cita en *Aut.*); *chucho*, *chucha*, 'perro, perra', términos familiares según la Acad.; gña. *chusquel* 'perro' (¿de origen gitano?); arag. *cocho* (p. ej. en Fonz: *AORBB* II, 258), *kóčo* anotado también en el pueblo catalán fronterizo St. Esteve de Llitera, *cos* o *caus* (en Caspe, *BDC* XXIV, 167; formas que se aproximan ya al cat. *gos*); más datos en Toro G., *Chucherías Lexicogr.*, *BRAE* X, 190, y en la monografía de Monner Sans, *Perrología*. Además, se conservan la citada sílaba y sus variantes, con el valor de verdaderas interjecciones: «*cuz cuz*, nombre con que vulgarmente se llama a los perros para darles de comer, que oy se suele decir *tus tus*», en *Aut.*, que cita el refrán *a perro viejo nunca cuz cuz*, ya registrado por Blasco de Garay (1541). Más pormenores daré en el artículo *gos* de mi *DECat*.

Otra variante, con sentido secundario, es el anticuado *gazgaz* dicho en son de burla de la persona que se dejó engañar [Fcha.; Acad. 1899].

DERIV. *Agozcado* [h. 1586, Barahona de Soto, *DHist.*]. *Gozquejo* (V. arriba). *Achuchar* 'azuzar'; *achuchón*. Comp. *AZUZAR*.

[1] M. P., en las últimas ediciones de su *Manual* (§ 60.3, n.1) ya observa que si fuese palabra popular habría dado **gozgo*, pero parece da a entender que pudiera ser semicultismo. Entonces sería **gódigo* o **gótigo*. Ya es hora de enterrar esta idea.

Grabán, V. *brabante*

GRABAR, 'labrar en hueco o en relieve, o por otro procedimiento, una inscripción o figura', del fr. *graver* íd., y éste probablemente del fráncico **GRABAN* (gót. *graban* 'cavar', a. alem. ant. *graban* 'cavar', 'grabar', neerl. *graven*, ags. *grafan* 'cavar', 'grabar', isl. *grafa*). 1.ª *doc.*: 1588, Góngora, ed. Foulché I, 108.

Aparece un par de veces en Góngora, y es frecuente en el *Quijote*. Palabra noble en aquella época, carácter que conserva hasta hoy en muchas frases entonces acuñadas (*grabar en bronce, grabar en la memoria*, etc.). Regístranlo Covarr. y Oudin, pero todavía falta en APal., Nebr., C. de las Casas y Percivale (1591). Del francés pasó también a la lengua de Oc (modernamente), al catalán[1] y al portugués [Luis Pereira, fin del S. XVI]; mientras que el italiano se mantuvo reacio a esta palabra, y fiel a sus antiguos vocablos *intagliare, incidere, sculpere*. El problema del origen del fr. *graver* no se ha investigado a fondo. Desde Diez se cree comúnmente que es de origen germánico; así lo admitieron M-L. (en la primera ed. de su *REW*) y Bloch[2]; pero Gamillscheg (*EWFS*, s. v.; no rectificado en *R. G.*), fijándose en que *graver* 'grabar' no está documentado por God. hasta el S. XV, mientras que en la ac. 'partir el cabello, hacerse la raya' ya figura en el XII, opta por separar los dos vocablos. Este último significaría básicamente 'trazar surcos' (de ahí *graveüre* 'ranura', también S. XII) y procedería del germánico. El otro *graver* 'grabar' aparece ya una vez en 1475, y God. (IX, 720c), fuera de este ej., sólo cita dos de *graffer* (*grapher*) en 1489 y en el S. XVI (C. Marot); hay también *grapher* y *grapheur* (IV, 328; IX, 720) por la misma época en Fossetier. De ello deduce Gamillscheg que *graver* en este sentido es alteración tardía de *grafer*; en cuanto a éste no es posible derivarlo directamente del gr. γράφειν 'grabar', 'escribir', puesto que no existe un lat. *graphare* que sirviera de intermediario, pero sí se puede derivar del fr. antic. *grafe*, variante de *greffe* en su ac. primitiva de 'punzón para escribir o grabar', que a su vez procede del lat. GRAPHĬUM, gr. γραφεῖον íd.; en efecto, *grafe*, aunque variante menos frecuente que *graife* (> *greffe*), está documentada muchas veces por God. (IV, 328a, b) en textos de los SS. XIV-XVI. El cambio de *grafer* en *graver* no se debería al influjo de *graver* 'abrir surcos', sino al de *grave* 'pesado'.

Dejando aparte este último punto, que apenas se puede sostener, este razonamiento me parece coherente y aun acaso aceptable; M-L. pensó lo mismo y aceptó esta idea en su tercera edición (*REW* 3847). Sin embargo me inclino a creerlo falaz: aunque nada puede asegurarse mientras no se haya estudiado a fondo la historia del vocablo en francés y en germánico, es difícil creer que la identidad semántica del fr. *graver* con el alem. clásico *graben*, ingl. *grave, engrave*, sea debida a una pura casualidad. ¿Será por el contrario el francés el que prestara su significado 'grabar' a las lenguas germánicas? De hecho el alem. moderno ha tomado *gravieren* del francés. Que en inglés *grave* y *engrave* sean préstamos franceses disfrazados, aunque nuestro significado ya existe en anglosajón, podría ser, pues hay otros casos en que una voz francesa importada por los normandos, aunque de lejano origen teutónico, se superpuso a una vieja palabra hereditaria anglosajona y borró su recuerdo; de todos modos es difícil, teniendo en cuenta que *engrave* tiene conjugación de tipo germánico. Pero el hecho es que la ac. 'grabar' del alem. *graben*, aunque hoy algo olvidada a causa de *gravieren*, no sólo pertenece al alemán clásico (Lutero, Goethe, Schiller), sino que ya se halla en alto alemán antiguo, en varios textos (Graff IV, 302), y se transmite en poesías de los SS. XI y XII sin interrupción hasta Lutero; véanse los diccionarios históricos de Trübner y de Heyne.

No hay dificultad semántica en pasar de 'cavar', 'trazar surcos' hasta 'grabar por incisión', que era el procedimiento común en lo antiguo. Ahora bien, debe tenerse en cuenta que los lexicógrafos franceses, y en particular God., al estudiar el idioma medieval y anticuado estaban más atentos a las formas y acs. olvidadas que a las que pertenecían al francés moderno y de todas las épocas; de ahí que prestaran atención preferente a *graver* 'partir la raya, peinar' y a la forma *grafer;* mientras que si God. en su Suplemento sólo registra *graver* 'grabar' en el S. XV, esto no es prueba concluyente de que no existiera con anterioridad. De hecho *graveresse* 'grabadora' figura en Guillaume de Digulleville, a med. S. XIV (God. IV, 341b), de suerte que el verbo correspondiente debió hallarse por lo menos en esta fecha. Las formas como *grapher* (-*ffer*), y aun el sustantivo *graffe*, figuran en humanistas como Clément Marot y Amyot, y por lo tanto son sospechosas: es probable que sean éstas las alteraciones de *graver* y no viceversa, en la época en que se insistía tanto en el abolengo clásico de la lengua francesa, cuando se escribía *sçapvoir, Estiephne* y aun otras barbaridades más gruesas. Lo que no cabe duda es que en español *grabar* es galicismo, dada la fecha respectiva de los dos vocablos y la pobreza de acs. de la voz española.

A la familia germánica de *graban* pertenece el sustantivo germánico-común gót. *grôba* 'hoya, cueva', escand. ant. *grôf* íd., a. alem. ant. *gruoba* 'hondonada, garganta, cueva', alem. *grube* íd., etc. (todo esto heredado del indoeuropeo, raíz igual, y no menos productiva, en eslavo, no ajena del todo al báltico y quizá, si bien con variantes semánticas considerables, también indoirania, báltica, etc. (Pok. *IEW* 456 y 455). Desde el gótico, o acaso el suevo, se mantuvo localmente en Galicia. *Groba* es 'hoya, cueva' en el Norte de Lugo (Libro de Villaamil, cit. por Eladio Rdz.), 'hondonada, depresión en el terreno' en Láncara (part. judicial Sarria), según Ramón Piñeiro, «cárcava» en Vilaguinte (part. judicial Becerreá) según An. Otero; además hay *grouvia* recogido por el propio Otero en Mercurín del Caurel, aplicado a un agujero como el que hacen los topos, variante quizá debida a influjo de FOVEA: todas estas localidades y también Barcia y Vilarín pertenecen a la provincia de Lugo en sus partes E. y Centro. Pero el vocablo no sería ajeno a otras zonas de Galicia, pues el propio Otero recogió *engrova* en el mismo sentido en Marín (ría de Pontevedra) y el aglutinado *sangrova* en Vilarín, en fin *engroba* 'paso hondo y estrecho' en

Barcia. Un derivado de *grova* ha de ser *grueiro*, ya anotado en Tuy por Sarmiento (*CaG*. 213*v*) en el sentido de 'conducto subterráneo por donde entra o sale el agua para el riego'. Es pues palabra germánica, pero germanismo que ha echado raíces toponímicas en Galicia: cuento cinco aldeas o lugares *Groba* y un *Grobas* en las partes Centro-Norte y SO. del país (partidos de Carballo, la Coruña, Arzúa, Carballino, Ribadavia y Ponteareas), un *Grubenla* en Ponteareas, y un *Grueiro* y un *Grueira*, los dos poco al NO. de Lugo; en territorio portugués sólo hay *Grovela* sobre el Limia, a unos 15 km. de donde entra este río en Portugal. En cambio, nada que ver tiene el nombre de la península del Grove, pues éste viene de un antiguo y céltico *Ogobre* (-BRIX = -BRIGA).

DERIV. *Grabado*. *Grabador*. *Grabadura*. *Grabazón* [?, el ej. único, de Calderón, no tiene sentido claro]. *Grabación* 'disco fonográfico', 'acto de impresionar un disco', neologismo con razón rechazado por la Acad., pues lo castizo no es *grabar un disco* (ingl. *to record*), sino *impresionarlo*.

[1] No tengo documentación antigua. El adjetivo *gravat* 'marcado de viruelas, cacarañado' es indicio de arraigo autóctono.— [2] Probablemente con la aprobación de Wartburg, que no ha incluído el vocablo en los artículos *graphein* y *graphium* de su *FEW;* lo reservará para el artículo *graban* de su diccionario especial de germanismos.

Gracejada, gracejar, gracejo, gracia, graciable, graciado, V. grado II

GRÁCIL, tomado del lat. *gracĭlis* 'delgado, flaco'. *1.ª doc.*: Terr.

Observa Terr. que se emplea hablando de la voz de las actrices; probablemente se tomaría del italiano, donde el vocablo tiene empleo mucho más amplio. Por la misma fecha lo usa Nicolás F. de Moratín (1737-1780), dándole el valor correcto de 'delgado'. Todavía en 1843 la Academia lo consignaba sólo como voz anticuada; en 1884 ya como de uso normal. De entonces acá los semicultos han hecho estragos en este vocablo, puramente erudito en español, haciéndolo pertinazmente sinónimo de 'gracioso', con el cual nada tiene que ver en latín ni en castellano.

Graciola, graciosidad, gracioso, gracir, V. grado II   *Grada* 'peldaño', 'gradería', V. *grado* I

GRADA, 'instrumento en forma de parrilla para allanar la tierra', 'reja, en los monasterios de monjas', en Asturias, Galicia y Portugal *grade:* del lat. CRATIS, f., 'zarzo', 'enrejado', 'rastrillo'. *1.ª doc.*: APal. 16d: «*ambo*[1]... es *grada* que aparta ambas partes, conviene a saber los ombres de las mugeres, do está el prelado mientra razona al pueblo».

Dice Covarr.: «significa la reja de el Moneste-

rio por donde libran las Religiosas, quando han de hablar padres o madres, hermanos, deudos, o personas que la Prelada juzgue no aver inconveniente en darles la licencia para comunicar». *Aut.*, además de reproducir esta ac., agrega «se llama en Galicia un instrumento de madera, de figura casi quadrada, a manera de unas parrillas grandes, con unas puas de palo clavadas en los maderos de que se compone; ésta se llama *grada* grande de dientes y sirve para limpiar y allanar la tierra después de limpiada, y para sembrarla; hai otra que llaman *grada* de cota, la qual no tiene dientes y en su lugar ponen ramos: y sirve para perficionar y dar la última mano a la tierra, con que la dexan lisa y casi cernida». Hoy esto se dice *grada* en Aineto, Alto Aragón (*ZRPh*. LV, 569); pero en Galicia (Vall.)[2], Oeste de Asturias (Acevedo-F.) y Portugal dicen todavía *grade*, f., de acuerdo con la etimología, y algo de esto puede designar el arag. ant. *grades* en invent. de 1406 (*VRom*. X, 162); en el bable de Cabranes se ha introducido la forma *gradia* (Canellada).

DERIV. *Gradar* 'allanar la tierra con la grada' [como gallego en *Aut.*]; *gradeo; gradiar* ast. 'pasar el rastro al sembrado de trigo, para ralearlo, después de nacida la planta' (V). *Gradilla* 'parrilla para asar' ant. (Villena, 1423, Cej., *Voc.*), 'marco para fabricar ladrillos'; en Huelva *graíya* es 'umbral' (*RFE* XXIV, 227) (< 'enrejado'); quizá tenga un sentido análogo a éste o al de 'reja en la iglesia' el ej. de Colmenares (1640) que cita *Aut. Gradecilla*; gall. *gradicelas* 'celosías' (Sarm. *CaG*. 219r). *Grilleta* 'rejilla de la calada' [Acad., S. XX; falta en Leguina], de un diminutivo del fr. *grille* 'parrilla' y éste del lat. CRATICULA íd., diminutivo de CRATIS.

[1] Palabra grecolatina que designa una especie de galería que en las iglesias separa la nave del coro, desde la cual cantan o predican los sacerdotes. No puedo comprobar si corresponde a una ac. semejante el lugar de Tirso que cita Fcha.— [2] 'Pieza formada por cuatro chanzos o maderos largos que, junto con los soliños, hacen de timón que une el arado al yugo', Sarm. *CaG*. 95v.

Gradación, gradado, V. grado I   *Gradar, gradecilla, gradeo, V. grada   Gradería, gradiente, V. grado* I   *Gradilla, V. grada y grado* I y II   *Gradir, V. grado* II

GRADO I, 'escalón' ant., 'rango, dignidad', 'graduación, división escalonada' del lat. GRADUS, -ŪS, 'paso, marcha', 'peldaño', 'graduación' derivado de GRĂDĪ 'andar'. *1.ª doc.*: Cid.

En el poema *grados* tiene todavía el sentido de 'escalones, grada': «echós donna Ximena en los *grados*, delant el altar» (v. 327); igualmente en *Sta. M. Egipc.*, v. 438. En Berceo ya sólo hallamos la ac. 'rango, dignidad' (*Mil.*, 740d; *S. Dom.*, 257a; etc.); ésta y las demás acs. figuradas son lo corriente en la Edad Media y en lo sucesivo, sin que se olvide del todo la primitiva, sobre todo por parte de los cultos («*scala... de griego scaleno*, que es *grado* o escalón, ca por *grados* subimos por las escaleras arriba de un passo en otro», APal. 436*d*; pero Nebr.: «*grado* para subir en onra: *gradus*»). Para el detalle vid. *Aut.*, demás diccionarios y glosarios de autores. En español es palabra fuertemente sometida al influjo latino, pero que arranca de una antigua tradición popular; lo mismo en los demás romances: port. y cat. *grau*, oc. *gra*, engad. *gro*, it. *grado*. La ac. 'puerto en la desembocadura de un río' se desarrolló en catalán y en lengua de Oc, partiendo del escalón que forma la barra; del cat. *grau* se tomó el cast. *grao*.

Deriv. *Grada* 'peldaño' [Berceo, *Mil.*, 470, 473; *grada a grada* loc. adv., Nebr.], por lo común 'conjunto de escalones'. *Gradación* [*Aut.*, con cita de Pedro de Ulloa]. *Gradado*. *Gradería* [*Aut.*]. *Gradilla* 'escalerilla'. *Gradero* ant. 'el que está ordenado de grados' (Berceo, *S. Dom.*, 44). *Graduar* [Nebr. «proveho ad dignitatem»], derivado culto de *gradus*; *graduable*; *graduación*; *graduado*; *graduador*; *gradual* [1565, Illescas]; *graduando*. *Degradar* [1260, *Partidas*; vid. Cuervo, *Dicc.* II, 848-9], tomado del lat. tardío *degradare* íd.; *degradación*; *degradado*; *degradante*. *Gradiente*, tomado del lat. *gradiens, -tis*, 'el que anda', participio activo de *gradi* (trata de si es mejor *gradiente* o *graduante* barométrico M. de Saralegui, *BRAE* IX, 209-14; en la ac. 'declive en una línea de ferrocarril' es anglicismo sudamericano). *Retrogradar* [1438, J. de Mena; latinismo raro hasta fecha reciente], tomado del lat. tardío *retrogradare* íd.; *retrogradación* [1737, *Aut.*]; *retrógrado* [íd.], tomado de *retrogrădus* íd. Para otros derivados de *gradi*, V. AGREDIR.

GRADO II, 'voluntad, gusto', del lat. tardío GRATUM 'agradecimiento', y éste del lat. GRATUS, -A, -UM, 'agradable', 'agradecido'. *1.ª doc.*: doc. de 1129 (Oelschl.); *Cid*; etc.

Frecuente desde los orígenes del idioma (*Apol.*, Berceo, etc.; *gradiello* 'grado, voluntad', *Alex.*, 589), aunque pronto su uso tiende a quedar limitado a ciertas frases: *grado al Criador, hacer algo de grado* o *de buen grado, mal de su grado*, etc. Para el detalle, vid. *Aut.* y los diccionarios y glosarios de autores. Algunos ejs. sueltos: *tener en grado* 'agradecer', *Rim. de Palacio*, 1109; *a todo mi grado* 'de acuerdo con mi voluntad', Berceo, *Mil.*, 716*d*; etc.

Deriv. *Gradoso* ant. 'grato, que obra de grado' (Berceo, *Mil.*, 831; *S. Or.*, 142; *Vida de S. Ildefonso*, 89). *Agradar* [*gradar*, *Cid*, Berceo, J. Ruiz (940), *Canc. de Baena* (p. 100); *agradar*, h. 1300, *Gr. Conq. de Ultr.*, *Canc. de Baena*, etc.; vid. DHist. y Cuervo, *Dicc.* I, 256-8][1]; *agradable* [1241, *Fuero Juzgo*, *Apol.*, etc.; vid. Cuervo, *Dicc.* I, 255-6]; *agrado* [h. 1490, *Celestina*], antes tam-

bién *agradamiento* (*Buenos Prov.*, 5.9); *desagradar* [h. 1530, Garcilaso; vid. Cuervo, *Dicc.* II, 950]; *desagradable* [Lope, vid. Cuervo II, 949-50]; *desagrado*. *Agradecer* [*gradir*, *Cid*, Berceo y otros textos del S. XIII; *gradecer*, *Cid*, Berceo, *Alex.* (37), *Alf. XI* (9), y en muchos textos de los SS. XIII-XV (todavía *gradezir* en el Glos. del Escorial, *gradecer* en Santillana y en Pérez de Guzmán); *agradecer*, Nebr., y ya en algún autor anterior, vid. DHist. y Cuervo, *Dicc.* I, 258-60, cuya lección convendría verificar en buenas ediciones[2]]; *agradecido* [APal.]; *agradecimiento*; *desagradecer* [casi siempre *desagradecido*, S. XIII: *Apol.*; vid. Cuervo, *Dicc.* II, 950-1]; *desagradecimiento* [med. S. XV, *Crón. de Álvaro de Luna*; vid. Cuervo II, 951-2]; *regradecer, -cimiento*. *Desgrado* [1100, *BHisp.* LVIII, 360; *Cid*; Berceo; etc.; frecuente y popular en todas las épocas], representante semiculto del lat. *gratia* íd., derivado de *gratus*; *gracejo* [h. 1640, Polo de Medina], *gracejar*[3], *gracejada*; *graciable*, *graciado*; *graciosa* [Terr.]; *gracioso* [Berceo; equivalente de *sabroso* y *donoso*, como neologismo que ya empieza a circular en Castilla, en el vocabulario de med. S. XV, *RFE* XXXV, 329], *graciosidad*; *agraciar* [Berceo; vid. Cuervo, *Dicc.* I, 254-5], *agraciado*; *congraciar* [med. S. XV; los dos ejs. del XIII que trae Cuervo, *Dicc.* II, 382, son inseguros], *congraciador*, *congraciamiento*; *desgraciado* [h. 1400, Glos. del Escorial, *Celestina*, ed. 1902, 111.27; Nebr.; *desgraciar* es secundario y no aparece hasta h. 1580, Fr. L. de León y Fr. L. de Granada, vid. Cuervo, *Dicc.* II, 1076-8]; *desgracia* [Nebr.: «*desgracia en hablar*», «*desgracia como quiera*: indecentia, insulsitas»]; *engraciar*; *regraciar* [< cat., S. XV *HispR.* XXVI, 290]. *Congratular* [1596, Fonseca; *Quijote*, etc.; vid. Cuervo, *Dicc.* II, 382-3], tomado de *congratŭlari* 'felicitar'; *congratulación*; *congratulatorio*; también se han empleado, aunque raramente, *gratular*, *gratulación*, *gratulatorio*. *Grato* [Santillana (C. C. Smith, *BHisp.* LXI); APal. 184*d*], tomado del lat. *gratus, -a, -um*, íd.; *gratitud* [Aldana, † 1578 (C. C. Smith); Covarr.; por los mismos años en Góngora, ed. Foulché II, 140, 141]; *gratis* [Oudin; pero en el *Quijote* sólo se halla en la frase latina *gratis data*[4], y falta en Covarr. y en el léxico de Góngora, y de R. de Alarcón; *Aut.* cita ej. de 1722], tomado del lat. *gratis* íd., contracción de *gratiis* 'por las gracias, gratuitamente'; *gratuito* [1515, Fz. Villegas (C. C. Smith); h. 1600, Ribadeneira], tomado de *gratūitus* íd.; *gratuidad*. *Ingrato* [Santillana (C. C. Smith); APal. 99*b*]; *ingratitud* [J. de Mena, *NBAE* XIX, 121*b*].

Cpt. *Gratificar* [APal. 93*d*, «*gratificar* el bien recibido»], tomado de *gratificari* 'mostrarse agradable, generoso'; *gratificación*; *gratificador*.

[1] Algo literario o arcaico actualmente en el lenguaje vivo de España, mucho menos en América, aunque en todas partes *gustar* tiende a restringir su empleo.— [2] *Agradecer* en los *Libros del Sa-*

ber de Astronomía y en *Buenos Prov.* 5.9 podría
ser modernización; también en J. Ruiz, 717*d*,
donde *G* trae *gradesçido;* quizá no los varios
ejs. de López de Ayala, pero comp. *gradesçedor*
y *gradesçedero* en el *Rim. de Palacio,* 677, 882.
La forma *graçir* que aparece en *Alex.* 1014, y
Berceo, *S. Lor.* 19 y como gallego en las *Ctgs.*
[«por loar a ssa mercee e os seus bées *gracir*»
334.32, y passim], está en relación con oc. *gra-
zir,* cat. ant. *grair,* hoy *agrair:* se explica por
influjo de GRATIA sobre el derivado romance
*GRATIRE. Wartburg, *FEW* IV, 254*a*, n. 17, dice
que se explica como oc. *grazilha* 'parrilla' CRA-
TICULA; pero éste en II, 1291*b*, lo explica por
préstamo del francés en una fase prehistórica
en que el francés pronunciaba todavía *gradille.*
Ambas explicaciones son inadmisibles, y la del
primer vocablo además es absurda, pues no hay
un verbo *gra(d)ir* en francés. *Grazilha,* cat.
graella, arag. ant. *graella* [y *gra(d)illa,* 1362,
VRom. X, 162], port. *grelhas,* gall. *grellas* [no
es general —en otras partes se dice *trenlles—*
pero Sarmiento lo anotó en el extremo Norte
del país (*CaG.* 61*v*); falta en Vall., pero es el
vocablo que dan las *Irm. Fa.*], siciliano *gradigghia,*
engad. *griglia,* portugués *grelha,* irlandés *greideal,*
se explican por un *GRADICLA debido a la influencia de GRADA 'escalones', del cual se creyó
diminutivo el vocablo, al quedar desconectado de
CRATIS por la sonorización de la consonante inicial, y la pérdida de este vocablo en el latín
vulgar local.— ³ Verbo que raramente se ha empleado en castellano, donde por lo demás la formación de este vocablo y de *gracejo* difícilmente
se explican. No así en portugués, donde *gracejar*
'bromear, ser ocurrente' (ya en Moraes), y sus
derivados *gracejador* (princ. S. XVI, Gil Vicente) y *gracejo* han sido siempre vivacísimos y derivan normalmente de *graça* 'gracia' (en gall. ya
S. XIV, *MirSgo.* 22.5, 22.12, 52.34 y en los
cancioneros de Colocci y de la Ajuda). El cast.
gracejo es pues portuguesísimo seguro, por más
que en Andalucía, Madrid, etc. haya tomado raíces y matiz propio (cf. Pedro Corominas, *Obr.
Compl. en Castellano,* p. 61*a*).— ⁴ De ahí el compuesto cast. *gratisdato,* poco usual en la actualidad.

GRÁFICO, tomado del lat. *graphĭcus* 'dibujado magistralmente', y éste del gr. γραφικός
'referente a la escritura o al dibujo', 'hábil en
lo uno o en lo otro', derivado de γράφειν 'dibujar', 'escribir'. *1.ª doc.:* Acad. 1884, no 1843;
se empleó ya poco o mucho anteriormente: Terr.
cita ej. en el sentido de 'perfecto, magistral'.
    DERIV. de γράφειν, todos ellos cultos. *Grafía*
[Acad. S. XX]. *Grafila* 'orlita que tienen las monedas en su anverso o reverso' [Acad. ya 1817;
en eds. del S. XIX, ya 1843, escribe *gráfila,* quizá sin razón; también cat. (Ag. y Alcover *gràfila*),

pero falta en el vocabulario medieval de la mo-
nedería catalana, *BDC* XXIV, 107], palabra de
historia oscura¹; *grafilado* aparece en 1500, cit.
por Pottier, *Fs. Wartburg,* 1958, 585, pero sin
indicar el sentido. *Grafio* (V. ejs. a propósito de
garfio en el artículo *GARRA*), tomado del lat.
graphium 'punzón de escribir', y éste del gr.
γραφεῖον. *Grafioles* 'especie de melindres que se
hacen en figura de *s,* de masa de bizcocho y
manteca de vacas' [1680, en *Aut.*], tomado del
it. merid. *graffioli* «piccoli pezzetti di pasta ri-
pieni di frutta sciroppate» (así en Calabria: Rohlfs),
probablemente derivado del lat. GRAPHIUM 'punzón, gancho' (V. s. v. *GARRA*) por la figura de
los grafioles; *graffioli* no es más que la variante
primitiva del it. *ravioli,* palabra bien conocida,
dialectalmente *raffioli,* que perdió la *g-* por vía
fonética en el Sur de Italia (comp. napol. *raffię*
GRAPHIUM) y sufrió además el influjo del it. *ra-
viggiuolo* 'especie de queso fresco' (*raviola* en
Calabria), de origen desconocido². *Grafito* [Acad.
1843, no 1817] 'lápiz de plomo', derivado culto
de γράφειν [comp. fr. *graphite* íd., 1801]. *Gre-
fier* [h. 1700, Palomino; *grafier,* Covarr.], tomado del fr. *greffier* 'encargado del archivo judicial',
deriv. de *greffe* 'punzón de escribir' GRAPHIUM. *Es-
grafiar,* tomado del it. *sgraffiare* íd.; *esgrafiado.
Agrafia. Apógrafo,* tomado de ἀπόγραφος 'transcrito, copiado', y éste de ἀπογράφειν 'copiar'. *Diágra-
fo,* derivado de διαγράφειν 'describir', 'redactar'.
Epígrafe [1682, Núñez Cepeda], de ἐπιγραφή 'inscripción, título'; *epigrafía; epigráfico; anepigráfico.
Gramo* [Acad. 1884, no 1843], del fr. *gramme*
íd., y éste del gr. γράμμα 'peso equivalente a
1/24 de onza'. *Gramático* [gramatgo 'erudito', fin
S. XII, *Auto de los R. Magos*], del lat. *gramma-
tĭcus* 'gramático', 'crítico literario, escritor', y éste
del gr. γραμματικός íd., derivado de γράμμα
'escrito', 'letra', y éste de γράφειν; *gramática*
[*Apol.*, 350*c*; *Setenario,* f° 9r°; *Buenos Prov.* 13.6];
gramatical, gramatiquear; gramatiquería.
    Gramil [Covarr.³; *Aut.; bramil,* 1780, Acad., su-
primido desde 1884, en que se ha dejado únicamente *gramil,* comp. Cuervo, *Obr. Inéd.,* p. 239]⁴
en port. *graminho* (Fig. cita ejs. en Corte Real
—que no sé si es el del S. XVI—y en Fernandes
Oliveira) íd., en el Minho *gramilo* 'especie de
cerrojo', en Caminha *gramilho* íd. (Gonç. Viana,
Apost. I, 517), en Galicia *gramil* o *gramillo* sería
'instrumento para espadar el lino', según Cuveiro,
pero al parecer Krüger, *Gegenstandsk.,* 248-50,
n. 5, niega este significado, que no se halla en
Vall.; palabra de historia y origen oscuros: si el
último dato fuese cierto, quizá se debería partir de *AGRAMAR;* no siendo así, es bastante
verosímil la opinión de Covarr., según la cual
vendría del gr. γραμμή 'línea' (pronunciado *gram-
mí* en la Edad Media y Moderna, comp. *ESME-
RIL*), pero como no se conocen intermediarios (el
vocablo parece ausente del galorrománico e ita-

liano; Alcover registra *gramill* íd. en Barcelona y Valencia[5], la etimología es dudosa; *agramilado* [1788, Rejón de Silva], *agramilar* 'cortar y raspar los ladrillos para igualarlos'.

Anagrama [Lope], derivado culto de ἀναγράφειν, derivado de γράφειν 'escribir' y ἀνα- 'hacia atrás' (ἀναγραμματισμός existía ya en griego antiguo en el sentido de 'anagrama'); *anagramatismo, anagramatista, anagramista, anagramático*.

Diagrama, de διάγραμμα 'dibujo, trazado, tabla', derivado de διαγράφειν 'trazar (líneas)'.

Epigrama [1570, C. de las Casas; Oudin; Covarr.; empleado ya por Lope y en el *Quijote*], de *epigramma* 'inscripción', 'pequeña composición en verso', y éste de ἐπίγραμμα, derivado de ἐπιγράφειν 'inscribir'; *epigramático, epigramatario, epigramatista, epigramista*.

Párrafo [1433, Villena (C. C. Smith, *BHisp.* LXI); APal. 340b, «señal que se pone para apartar unas cosas de otras»; Nebr. «*párrafo de escritura*: paragraphum»; Covarr.; Oudin; Quevedo, etc.], alteración del lat. *paragrăphus* 'señal para distinguir las varias partes de un tratado', tomado de παράγραφος íd., derivado de παραγράφειν 'escribir al margen'[6]; *parrafada; parrafear, parrafeo; parrafar* [Nebr.].

Programa [*Aut.*, pero sólo en el sentido de 'nombre cuyas letras deben combinarse para hacer un anagrama'; sentido moderno ya Acad. 1843], de πρόγραμμα, derivado de προγράφειν 'anunciar por escrito'; un derivado *programar*, tr., 'trazar el programa (de un acto)', 'anunciar en programa' está muy arraigado en la Arg. y otros países americanos, aunque es dudosa la utilidad de tal palabra.

CPT. *Autógrafo* [Acad. ya 1843; Mesonero Romanos, *Esc. Matrit.*, 1838-42]; *autografía, autografiar; autográfico. Pantógrafo* [Acad. 1884, no 1843], con πᾶς, παντός, 'todo'. *Polígrafo; poligráfico; poligrafía.*
Grafología. Grafomanía; grafómano. Grafómetro [*Aut.*]. *Gramófono* [Acad. S. XX].

[1] Comp. *grazil* 'buril', rimando con *marfil*, en *Alex.*, 812, que parece ser alteración de **grafil* en relación con *grafio*, cat. ant. *grafi*, oc. *grafi*, neerl. med. *griffel*, b. alem. ant. *grifil*, alem. *griffel* 'pizarrín', 'buril'. Según Griera, el cat. *grafila* es 'instrumento de lampista, que sirve para pulir el metal al torno': de él vendrá el vocablo castellano.— [2] El mall. y men. *robiol* [S. XV] 'especie de empanada llena de carne, requesón, confitura o verduras' puede ser préstamo del it. *raviolo*. Falta en Prati. No veo ninguna razón para escribirlo *rubiol* como hace el DAlcM. confundiéndolo con maestr. *rubiol*, especie de *rovelló* ('níscalo'), que será variante de esta otra voz.— [3] «Un cierto instrumentillo de que usan los carpinteros para señalar las escopleaduras, rayando con una puntilla que tiene el madero en ciertas líneas».— [4] En un invent.

arg. de 1768: «un cepillo, una tenaza, un compás, dos *gramiles*...» (Chaca, *Hist. de Tupungato*, p. 169).— [5] Nada parecido en el italiano literario ni en el *EWUG* o el Dicc. Calabrés de Rohlfs.— [6] No está bien estudiado el modo de esta alteración, que es común al cast. con el port. antic. *párrafo* [1535, Jorge Ferreira, en Fig.] y con el fr. *paraphe* [1390], antes 'señal de párrafo', hoy 'rúbrica que se pone al margen como señal' (b. lat. *paraffus*, documentado en Francia en 1399 y 1507). Teniendo en cuenta el port. ant. *parafro* que figura en la 2.ª mitad S. XIV en el 3.º *Livro de Linhagens* (*PMH, Script.* I, 185, lín. 6, 13, 15, 19), parece posible que *parágrafo* se cambiara primero en **paráfra(g)o > paráfro*, de donde *paráfo* por disimilación y *párrafo* (cf. también el cat. ant. *parraf*, que leemos en Eiximenis, *Dones*, cap. 104. Incun. 74vºa —también en el ms.— y en Lluís d'Aversó, c. 1395, *Torcimany*, varias veces en su texto, p. ej. en § 186, y en el dicc. de rimas § 1377.7 y 11, donde atestigua que se acentuaba en *-áf*); entonces la acentuación moderna, cuya fecha ignoro (ya *Aut.*), sería alteración secundaria como *fárrago* por *farrágo*, etc. Cabrían otras explicaciones, y en particular es verosímil admitir que se produjo en francés y que de éste lo tomaron el port. y el cast.

Grafio, V. *garra* y *gráfico*

GRAGEA, 'confites menudos', antiguamente *adragea*, tomado del fr. *dragée* íd., de origen incierto; probablemente es el mismo vocablo que *dragée* 'grana de varias plantas leguminosas mezcladas', y éste procede de un galolatino *DRAVOCATA, derivado de DRÁVOCA 'cizaña', vocablo prerromano de donde viene el fr. dial. *droue* íd.; la g- castellana y la del port. *grangeia* se deben al influjo de *grano*. 1.ª doc.: *adragea*, J. Ruiz, v. 1336a[1]; *gragea*, 1570, C. de las Casas.

La forma antigua aparece también en Fr. Diego de Valencia: «que soy muy indigno para maestro ser; / mas non he escusa por non ofreçer / de mi *adragea* siquiera un bocado / a la tu pregunta en son de ditado / que tu me feçiste sin lo meresçer» (*Canc. de Baena*, n.º 486, p. 519). *Gragea* aparece desde C. de las Casas («pinocchiata», es decir, 'pasta dulce con piñones'), también en Oudin («*dragée*»), Lope, Saavedra Fajardo y *Aut.*; es corriente en el español clásico y no olvidado en la actualidad. *Ragea* se lee en Lope de Rueda (*Cl. C.* 243 = Acad. II, 202). Port. *grangeia* (o *grageia*) íd. (Fig.); cat. ant. *dragea* (S. XIV, Ag.) o *adragea* (2 veces en el *Terç del Crestià*, a. 1382-6, de Eiximenis, *N. Cl.* VI, 51); oc. ant. *drageya, drige(i)a*, en textos de los SS. XIV y XV; it. *treggèa*, que ya sale un par de veces en la primera mitad del S. XV (Morelli, Burchiello) y es frecuente desde el XVI.

Finalmente el fr. *dragée*, muy frecuente en la
Edad Media (Tobler), y ya documentado en este
sentido varias veces en la 2.ª mitad del S. XIII
(*Roman du Chastelain de Couci, Le Tournoi de
Chauvenci*). La terminación *-ea* denuncia en to- 5
das partes, de un modo inequívoco, el origen
francés, y la cronología indica lo mismo.

Los etimologistas (excepto el *REW*, 2768, 8834,
que no se decide) siguen todavía aferrados a la
vieja etimología de Diez (*Wb.*, 326), gr. τράγημα, 10
-ατος, 'golosina, postre', que de ninguna manera podía dar fonéticamente *dragée*; claro está que
tampoco puede explicar la forma italiana *treggèa*,
que por lo demás es más moderna y local, y por lo
tanto ha de ser secundaria[2]. En realidad no hay 15
razón alguna para considerar que los dos significados del fr. *dragée* 'gragea' y 'grana mezclada de
varias leguminosas', que los diccionarios franceses
suelen juntar, constituyen dos palabras distintas;
en esta última ac. el vocablo es conocido asimismo 20
desde el S. XIII (*DGén.*), y de ahí se pudo fácilmente pasar a 'gragea', que es también un conjunto
de confites diversos, mezclados y pequeños como
granos. Así lo indicó atinadamente Spitzer (*ZRPh.*
XLII, 20), y si la objeción semántica de M-L. ca- 25
rece de valor, apenas tiene más el escrúpulo fonético de Wartburg (*FEW* III, 158, n. 3), fundado
en la *t-* italiana; ésta puede ser debida al influjo
del sinónimo *tragèmati*, cultismo tomado de la
citada palabra griega, empleado por Buonarroti y 30
Salvini, o más bien se explica simplemente por lo
raro de la inicial DR- en latín y romance (a lo cual
se debe la misma alteración en *TRAPO, TRA-
GAR*, etc.).

En cuanto al origen etimológico del fr. *dragée* 35
'mezcla de granos', todo el mundo está de acuerdo en relacionarlo con las formas antiguas y dialectales *drave, dravée, droue, droge*, que en parte
significan lo mismo y en parte designan individualmente la cizaña, el centeno, la avena y va- 40
rias plantas forrajeras; éstas proceden de DRÁVOCA
'cizaña', documentado en glosas antiguas, y no
hay obstáculo en sacar *dragée* de un derivado
*DRAVOCATA, con síncopa temprana de la o. No
me propongo entrar en la discusión acerca del 45
origen remoto de DRAVOCA, que tiene parientes
en el céltico insular, pero existen dificultades fonéticas que impiden asegurar que sea palabra
originariamente céltica; vid. *FEW, l. c.* y Pok.,
IEW 209, 14-15, de los cuales discrepa un tanto 50
J. U. Hubschmied, *Z. f. dt. Ma.* XIX, 1924, 171.

[1] Citado entre una serie de ingredientes que
componen los *letuarios* y golosinas que comen
las monjas; así en los mss. *G* y *T*, mientras
que *S* trae *adraguea*, lectura errónea (¿o debida 55
a influjo de *adraganto* 'tragacanto'?).— [2] En lengua de Oc antigua la variante *tragieya* no aparece más que una sola vez, en unas cuentas de
Albi del S. XIV; el mismo texto trae dos veces
la forma con *d-*, de la cual hay en conjunto 60

una docena de ejs. medievales. Hoy *tregèio* es
languedociano según Mistral, pero la forma corriente en el occitano moderno es *dragèio*, como en todas partes.

Graílla, V. *grado* II n.   *Grajear*, V. *glacial*

GRAJO, del lat. GRAGŬLUS (o GRACŬLUS) 'corneja'. *1.ª doc.*: Nebr.: «*grajo* o *graja*: gracculus;
monedula».

También en la Biblia de Ferrara (a. 1553), en
Fonseca (a. 1596), Quevedo, etc. Frecuente y popular en todas partes. El femenino *graja* aparece
ya en J. Ruiz (284*d*, 547), en los glosarios del
Escorial y de Palacio, en la Biblia de Arragel
(h. 1430), en el ms. bíblico escurialense J-ij-19
(S. XV, original anterior: Solalinde, *Mod. Philol.*
XXVIII, 91), en Martínez de Espinar (h. 1640),
en Covarr.; creo está hoy menos extendido que
grajo, en España. Los demás romances prefieren
en general la forma femenina, que en latín es
tardía: port. *gralha*, cat. *gralla* o *graula*, oc. *gralha*
o *graula*, fr. *graille* o *grole*, it. *gracchia*, pero hay
también it. *gracchio* y rum. *graur*. En latín, GRA-
GŬLUS aparece en nuestra fuente más antigua,
Varrón, en glosas, en mss. de San Isidoro (*Etym.*
XII, vii, 45), y la forma con -G- es la postulada
por cat. y oc. *graula*, fr. *grole*, rum. *graur*, y varias formas del Norte de Italia, mientras que a
la base con -C- sólo corresponde el it. *gracchia,
-chio;* las demás pueden venir de cualquiera de
las dos[1]; ambas se explican por tratarse de una
palabra onomatopéyica en latín. El significado romance es generalmente 'grajo', 'corneja', pero en
Salamanca y en algún dialecto occitano (Mau-
riac) y francés (Meuse) significa 'urraca'. En Asturias *glayu* (con la confusión leonesa de *gr-* y
gl-) es 'tordo' (Rato; la Acad. traduce 'arrendajo').

DERIV. *Graja* (V. arriba). *Grajear* [*grajar* en
J. Ruiz; ast. *glayar* 'grajear']. *Grajero. Grajuelo.
Grajuno.* Comp. *GLADIO.*

[1] El epígrafe GRAULUS del *REW*, 3850, aunque
está documentado en alguna glosa, es ya forma
romance, con pérdida de la -G- interna ante la
U; el cat. *graula* sólo puede venir de GRAGŬLA,
pues GRAULA habría dado *grola*. Igual inexac-
titud en el *FEW* IV, 204.

GRAMA, del lat. GRAMĬNA, plural de GRAMEN
'hierba', 'césped', 'grama'. *1.ª doc.*: *G(a)râma*, en
el glosario mozárabe de h. 1100 (Asín, p. 137);
grama, h. 1400, glosario del Escorial.

En éste, en APal. (184*b*), en Nebr., etc., está
traduciendo el lat. *gramen*. La evolución fonética
es comprensible si tenemos en cuenta que GRA-
MĬNA había de dar *gramna*, cuyo grupo *-mn-*,
prevenido por la acción disimilatoria de la *-r-* inicial, no pudo diferenciarse en *mr*, y por tanto se
asimiló en *-m-*, según era también posible en castellano antiguo (*ome* 'hombre'); comp. *AGRA-*

MAR, probablemente de CARMINARE. Evolución
«normal» del singular GRAMEN es el riojano *gam-*
bre 'grama' (Cabrera, p. 247), procedente de
*grambre, que vive no sólo en la Rioja (*RDTP*
IV, 285), sino además, creo, en Soria (*GdDD*)
y en Navarra (Iribarren); del mismo singular procede la forma mozárabe *grâmen*, vco. *gramena*
(b. nav. y sul.); Abenbeclarix (h. 1106) dice propia del Este peninsular (Simonet, s. v.), hoy arag.
agramen, cat. *agram*, logud. *ramen*.

DERIV. *Gramal* [a. 1250, doc. leonés, Staaff,
35.7]. *Gramalote. Gramilla* arg. *Gramoso* [Nebr.].
Desgramar [*Aut.*]. *Gramíneo* [h. 1800, Jovellanos],
tomado de *gramĭnĕus*, derivado de *gramen*.

Grama 'agramadera', V. *agramar*

GRAMALLA, 'vestidura larga hasta los pies
que empleaban los magistrados, especialmente en
la Corona de Aragón', del cat. *gramalla*, de origen incierto. *1.ª doc.*: invent. arag. de 1397 y
1406 (*BRAE* IV, 219; III, 361); *gramaya*, invent.
arag. de 1403[1] y en J. de Mena, en rima con *aya,
caya* y *çumaya* (Obras del M. de Santillana, p. 265);
gramalla, Covarr.

Dice éste «es una ropa rozagante, de grana o
terciopelo carmesí, con ciertas insignias de oro,
la qual en la Corona de Aragón traen los Jurados,
que son las Justicias y Cabezas de las Repúblicas...». Figura también en Oudin y en *Aut.*, que
dice ser «a manera de bata, con mangas en punta, como la de los Religiosos Agustinos, de que
se usó mucho en lo Antiguo, y aun hoy se conserva en algunas partes, especialmente en el Reino
de Aragón»; cita ej. en la *Historia de Segovia*
de Colmenares (1640). También Du C. la refiere a los «Barcinonenses et Castellani» (¿léase
Catalani?); Franciosini no le da equivalente italiano y traduce la descripción de Covarr. Son
célebres las de los Concelleres de Barcelona.

En catalán hay documentación muy abundante
de los SS. XIII-XVI en Ag. y Alcover, desde
R. Lulio[2]. No sé que este vocablo ni algo parecido exista en lengua de Oc ni en francés.
En cambio, *gramaglia* es palabra frecuente en
el italiano de los SS. XVI-XVIII como nombre de un vestido de luto; la documentación
más antigua correspondería, según Zaccaria, a
Casa, h. 1540, donde designa un traje solemne
y pomposo, con referencia al Embajador de Ur-
bino cerca de la Signoria. Esto parece indicar
que el significado 'traje de luto' sea secundario
y debido al influjo del it. *gramo* 'afligido'; sin
embargo, debe tenerse en cuenta que en 1570
C. de las Casas ya traduce el it. *gramaglia* por
«luto», *gramagliarse* «enlutarse» y *gramagliato* «en-
lutado», sin registrar la existencia de la palabra en
español. Pero Prati documenta desde 1486, como
nombre de una vestidura pomposa, y admite el
origen hispánico.

Por una parte, si el vocablo fuese oriundo
de Italia, tendríamos una etimología en el citado adjetivo *gramo*, de origen germánico (*REW*,
3834; Gamillscheg, *R. G.* I, p. 226), vocablo
ajeno al catalán; por otra parte, en este idioma
tenemos documentación bastante más antigua que
en el idioma de Dante. Luego permanecemos en
duda acerca de si es italianismo en catalán o catalanismo en italiano. No hay otras etimologías
convincentes. Desde luego debe rechazarse la idea
de Diez (y *REW*, 1668) de considerarlo variante
del cat. y oc. *capmall, -lh*, 'parte de la cota de
malla que cubre la cabeza' (que bien parece ser
compuesto de *cap* 'cabeza' y *malla*, a pesar de
las dudas del *REW*, vid. Dicc. Alcover, s. v.)[3],
lo cual se funda solamente en la ac. 'cota de
malla' que la Acad. (ya en 1843) atribuye a *gramalla*, al parecer sin fundamento, pues no existe
tal ac. en catalán, y parece debido a una mala
inteligencia del dato de Terr. de que las gra-
mallas eran propias de los maceros y reyes de
armas. Y difícilmente puede haber relación con
GARNACHA, atendiendo a la etimología de éste.

De las varias ideas descabelladas que sugiere Covarr. sólo merece recuerdo la de derivar de GRAM-
MATICUS; el vocablo vendría entonces de VESTIS
GRAMMATĬCA en el sentido de 'traje propio de
los notarios y escribanos', comp. oc. ant. *gramadi,
-avi, -azi*, 'abogado', 'escribano latino', b. lat. arag.
grammaticus «notarius, secretarius» (Du C.). Fonéticamente lo más fácil sería entonces partir del
Norte de Italia, donde hallamos *gramaja* en el
sentido de 'gramática, idioma latino' en una carta de fines del S. XIII (Monaci, *Crestomazia,*
n.º 135, IV, 2) y en otros documentos medievales (*FEW* IV, 216*bn.* 2), cat. ant. *gramatge*[4]. Claro
está que esto permanece incierto.

Parece que de *gramalla* haya que derivar el
portugués ant. *g(u)arvaia* 'capa escarlata llevada
por los nobles' (K. S. Roberts, *Anthol. of O. Port.*,
glos.), del cual se ha escrito bastante; la *-v-* puede ser debida a influjo de otro vocablo, tal vez
GARVÍN (*garavim* en portugués). En algunos textos aparece *garavaia*, en otros *garvaia* (en Paay
Soares de Taveiroos, *Canc. da Ajuda*, n.º 38, v. 13,
figura como voz trisilábica en rima con *alfaya*).
Acerca del vocablo han escrito Spitzer, *Rom.*
LXXIV, 512; Piel, *Rev. Port. de Fil.* II, 188ss.,
quien quisiera derivarlo del nombre de Galway;
y Giese (*ZRPh.* LXVIII, 170-1; y *AILC* V, 289-
93), que partiría del ár. *ǧalabîya* 'chilaba, especie
de capote', del cual Abenaljatib (S. XIV), con referencia a Túnez, cita una variante fonética *ǧar-
bîya*; pero aun si admitiéramos que esta variante
local pudo haberse empleado en España, seguiría-
mos tropezando con la insuperable dificultad de
la *g-* y de la *á*; la identificación etimológica que
propongo tiene la ventaja de la coincidencia semántica completa y la casi completa igualdad fonética con la variante arag. y alto-it. *gramaya* (que

he documentado por la misma época que el vocablo portugués), cuya *r* en sílaba pretónica tiene fuerte tendencia en todas las lenguas romances a pasar al fin de la sílaba.

¹ «Una piel de hombre... Una *gramaya* de panyo negro. Dos mantones», *BRAE* IV, 523.— ² En el *Poema de la Vida Marinera*, del S. XIV, publicado por Massó Torrents (*RH* IX, 244), se mencionan también «tabards e *gramayles*» rimando con *payles* 'pajas'. Más documentación, pero sólo catalana, da Gillet, *Propaladia* III, 274.— ³ En *cap mall, sac pall* y *vent pluig* 'viento que anuncia lluvia', la segunda parte funciona como una especie de adjetivo derivado de los sustantivos *malla, palla* 'paja' y *pluja* 'lluvia', respectivamente. En alguno de ellos, quizá el último, y posiblemente también el primero, se trataría de un origen de un genitivo VENTUM PLUVIAE (CAPUT MACULAE), que evolucionó fonéticamente de una manera regular dando *vent pluig* (*cap mall*); de ahí nació un tipo formativo propagado luego a otros casos, como *sac pall* 'saco de paja'.— ⁴ No se puede asegurar que *grameu* o *grimeu*, que sale como nombre de vestidura en varios inventarios aragoneses, sea algo parecido a la gramalla, aunque puede ser: «Hn *grameu* morado de Londres, forrado de taffatan vermello con savastre en la devantera o en las mangas», a. 1402; «Hun cot verde de Ipre...; hun *grameu* del dito trapo, forrado de vayres», íd.; «Un *grimeu* de panyo cardeno, de muller; una tavardina de panyo cardeno claro», a. 1400; «una cota vermella; un *grimeu*; una manteta...; una cota manteta e *grimeu* de panyo morado», a. 1397 (con otro ej. de la misma forma en el mismo año): *BRAE* II, 220, 220; IV, 222, 220. *Grimeu* figura además en inventario catalán de 1416, y *gramà(s)sia* (comp. oc. ant. *gramazi* GRAMMATICUS) con sentido análogo en otros de 1308, 1327 y 1388 (Ag. y Alcover). La forma *grameu* podría estar en relación con el adjetivo *gramego* 'lindo, hermoso', descendiente de GRAMMATICUS, que se halla en antiguos documentos de Treviso y Padua (*REW*, 3838; *FEW* IV, 217a, n. 2); *grimeu* recuerda el fr. *grimoire* 'libro de magia' GRAMMATICA. Todo esto confiere bastante verosimilitud a esta etimología, sin asegurarla del todo.

Gramallera, V. *cremallera*   *Gramante*, V. *bramante*   *Gramar*, V. *agramar*   *Gramática, gramatical, gramático, gramatiquear, gramatiquería, gramil*, V. *gráfico*   *Gramilla*, V. *agramar* y *grama*   *Gramíneo*, V. *grama*   *Gramo, gramófono*, V. *gráfico*   *Gramoso*, V. *grama*   *Gramutiar*, V. *bramar*   *Gran*, V. *grande*   *Grana, granada, granadal, granadera, granadero, granadilla, granadillo, granadina, granadino, granado, granalla, granar, granate, granatín, granazón*, V. *grano*   *Grancé*, V. *granza* I   *Grancero*, V. *granzas*   *Granda*, V. *gándara*

GRANDE, del lat. GRANDIS 'grandioso', 'de edad avanzada'. *1.ª doc.:* orígenes del idioma (doc. de 1048; *Cid*, etc.; vid. Oelschl.).

General en todas las épocas, lugares y tonos del idioma. Como siempre en casos semejantes, *grant* es la forma común en el S. XIII y aun más tarde (p. ej. *Alex.*, 61; *Rim. de Palacio*, 142). No es raro que se emplee donde hoy recurriríamos a *mucho: Alex.* 437, 474 (*grandes pueblos* 'mucha gente'); Berceo, *S. Mill.* 244, 256, *Mil.* 734a (*grandes gentes*). Para más detalles vid. *Aut.* y glosarios de autores. Para la distribución entre *grande* y *gran*, V. las gramáticas, particularmente la de Hanssen y la de Bello (§§ 153-158); *grande* ante consonante, y hoy aun ante sustantivos de inicial vocálica, es enfático: «dando gracias a Dios, que de tan *grande* sobresalto le había librado», *La Ilustre Fregona, Cl. C.*, p. 309; «si me da lugar la *grande* tentación que tengo de hablar», *Coloquio de los Perros, Cl. C.*, p. 219.

DERIV. *Grandeza* [h. 1250, *Setenario* fº 5vº; APal. 267b, 286b; Nebr.]; también se dijo *grandez* (*Calila* 31.450); en sentido material *grandor* [1481, *BHisp.* LVIII, 91; 1542, D. Gracián], más raramente *grandura*, hoy anticuado, pero no en la Arg.¹; el gall. ant. *granduen* 'tamaño, grandor' (*MirSgo.* 132.2) supone GRANDITUDO, -INIS. El antiguo *grandía*² tenía sentido moral 'grandeza' [*Alex.* 452d, 1118, 2157d; *Canc.* de Baena, p. 185, y vid. W. Schmid; todavía en autores del S. XVI: *Égloga Real* del Bachiller de la Pradilla, a. 1517, v. 139, en Kohler, *Sieben Sp. Dram. Ekl.*, p. 214; *Recontamiento de Alixandre, RH* LXXVII, 599; tiene tendencia a significar 'exceso, bravata, fanfarronada': J. Ruiz, 1223c; *Profecía Aragonesa* de fines del S.XVI³]; de ahí el derivado *grandioso* [1599-1601, Ribadeneira; 1605, *Quijote* I, xlix, 260; 1606, Aldrete; Oudin; Covarr.: «lo que en su manera es animoso, liberal y tiene condición de grande»], de donde se tomó el it. *grandioso* íd. [2.ª mitad del S. XVII: Redi, Segneri, Bellini]⁴, que de ahí pasó al fr. *grandiose* [1798]; alem. *grandios* [1781], ingl. *grandiose* [1840]; se trata, pues, de una creación verbal castellana, según notó M. P. (*El español en el S. XVI*, pp. 155-6); *grandiosidad* [1615, *Quijote*]. *Grandezuelo. Grandote. Grandullón* [Acad. 1884, no 1843] o *grandillón* [*Aut.*, hoy menos común]⁵. *Agrandar* [1604, Lope]. *Engrandecer* [1251, *Calila* 24. 235; Biblia med. rom., Gén. 12.2; Nebr.]; *engrandecimiento*; también se ha dicho *grandecer* (intr. 'crecer', Juan Manuel, ed. Rivad. LI, 237; no conozco el *grander* que cita Acad.) o *engrandar*.

CPT. *Grandánime. Grandevo*, compuesto con el lat. *aevum* 'edad'. *Grandifacer*, ant.; *grandifecho; grandificencia. Grandilocuente* [Acad. 1884, no 1843], antes *grandílocuo* [1499, Hernán Núñez; Cervantes; Lope -*íloco*], compuestos con el *lŏqui* 'hablar'; *grandilocuencia* [Acad. ya 1843]. *Gran-*

dísono; *grandisonar. Granguardia.* Gall. *meirande*
(< *mai*[s] *grande*) 'mayor', 'muy grande': «un dos
meirandes misterios da antigüedade», «enxemplos
de *meirande* artificio» (Castelao 257.23, 70.15,
192.13).

[1] «Miré para arriba... ¡Qué cantidad de estrellas! ¡Qué *grandura*! Hasta la pampa resultaba
chiquita», Guiraldes, *D. S. Sombra*, p. 165.—
[2] Alguna vez *grandecía*, donde se combinan *grandía* y *grandeza.*— [3] «Guay de ti, España..., los
tus rejidores son lobos rrobadores sin bondad.
Su ofiçio es soberbia i *grandía* y sodomía i lu-
suria i blasfemia y rrenegança», *PMLA* LII,
640. Como digo, estas palabras se escribieron
en el S. XVI. Más rara es la ac. 'gran talla corporal', *Castigos de D. Sancho* 38.3f. No se conoce la existencia de este abstracto en otros
romances, como subrayó atinadamente M. P.;
aisladamente lionés ant. *grandia* «magnitudo»
(Mussafia, *Wiener Sitzungsber.* CXXIX, 65);
junto a *moutia* «multitudo» (ibid., p. 66); pero
éstos quizá contengan más bien -ITATEM. Comp.
cast. ant. *grandeado, Canc.* de Baena; *grandea-
damente* «magnifice», *Estoria del Rey Anemur,
RF* VII, 396, línea 24.— [4] Nótese que apenas
existe un it. *grandia*: Tommaseo cita un ej. único en una traducción del Génesis cuya fecha
se ignora. Faltan *grandia* y *grandioso* en los
glosarios del S. XV publicados por Mussafia, en
el de la *Crestomazia* de Monaci, etc. Cuando
Franciosini en 1620 trata de traducir al italiano
el cast. *grandioso* todavía no emplea *grandioso*,
sino «maraviglioso di stupore»; luego el vocablo
no era todavía italiano para su sentido lingüístico. El primer ej. español en realidad es de fines del S. XVI y conserva el valor peyorativo
que tuvo también *grandía*: «serán tiranos sober-
biosos, *grandiosos*, banagloriosos, luçiferales, de
fechos abominables», en la citada profecía aragonesa, *PMLA* LII, 640.— [5] Comp. el port. *gran-
dalhão* 'muy grande': las formaciones en *-alhão*
son muy vivas en el portugués popular, vid. M.
L. Wagner, *VKR* X, 33. Nótese la forma chilena *grandulón*: «Don Pancho era para mí el amigo protector... y yo debo de haber sido para
él un *grandulón* inesperto y desvalido, que era
necesario mimar y defender», G. Maturana, *D.
P. Garuya*, p. 151; és también la de la Arg.,
Ecuador, Colombia, Venezuela, Méjico y Cuba,
vid. Malaret. Quizá se trata en realidad de una
alteración fonética de *gandulón* por repercusión
de la líquida, con influjo posterior de *grande*.
Pero comp. ast. *grandoxón*, aumentativo de
grande (V).

Graneado, graneador, granear, granel, granero,
V. *grano   Grandonizo, -nizar,* V. *granzas*

GRANÉVANO, 'tragacanto, alquitira', origen
incierto, quizá derivado de *GRANO.* 1.ª *doc.:*

1762-64, Quer; Acad. 1843, no 1817.

Recogido también por Palau (1784-88) y por
Asso en sus libros sobre las plantas de Aragón.
Por lo demás, el granévano, *Astragalus granaten-
sis o Clusii*, es particularmente frecuente en Sierra Nevada (Colmeiro, II, 215). Quizá sea derivado de *grano*, comp. cat. *granívol* 'abundante en
grano', *granívola* 'granizo'[1] (Ag.), *granible* 'que
produce grano' (en Urgellet: Griera), y por otra
parte el nombre árabe del tragacanto, *katîra*, propiamente 'numerosa'; ¿*GRAN-ĬBĬLIS > *granéva-
le* > *granévano*? Según una comunicación del
Dr. Dwight Ripley, vendría de *gran ébano*: como
esta planta tiene pocos granos, *gran* se habría usado en el sentido de 'especial' 'importante'; pero
el propio Ripley reconoce que es una planta baja
y más pequeña que el *ébano* y me parece además
que el *granévano* no tiene ninguna semejanza con
el *ébano.*

[1] Para el cual vid. Spitzer, *Lexik. a. d. Kat.*, 80.

Granguardia, V. *grande   Granido, granilla,
granillero, granillo, granilloso, granítico, granito,
granívoro, granizada, granizar, granizo,* V. *grano*

GRANJA, tomado del fr. *grange* 'granero', 'casa de campo, granja', que procede del lat. vg.
*GRANĬCA, propiamente adjetivo derivado de GRA-
NUM 'grano'. 1.ª *doc.: grangia*, en bajo latín de
Castilla, doc. de 1190; *grancha*, doc. de Valladolid, a. 1223 (M. P., *D. L.*, n.º 224, línea 10);
comp. *granjero*, abajo, ya en el S. X.

En el documento de 1223, la *ch* puede ser grafía imperfecta del sonido *ǧ* o *ž*, o corresponder
a una pronunciación *gránča*, pues *granche* no es
raro en francés antiguo. *Granja* aparece también
en Berceo, *S. Dom.*, 436. No es palabra frecuente en la lengua literaria de la Edad Media (*Aut.*
señala un par de ejs. en el S. XVII), pero sí en
los documentos, y de su viejo arraigo en Castilla son testimonio los derivados que abajo se
citan y los varios nombres de lugar *La Granja*[1].
A España fué importado por los cistercienses, vid.
el estudio de Aebischer, *Rev. Port. de Filol.* II,
201-19. Que la base latina del fr. *grange* fué
*GRANĬCA está hoy fuera de duda en vista de
formas como fr. ant. *granche*, oc. ant. *granega*,
vid. *FEW* IV, 225-7.

DERIV. *Granjear* 'cultivar (plantas, etc)', ant.
[1534, Boscán], 'ganar, lograr, captar' [1570, C.
de las Casas: «acquistare, auanzare, ciuanzare, is-
parmiare, procacciare, racquistare, risparmiare, spa-
ragnare»; h. 1600, Mariana; quizá se refiera ya
a esta ac. J. de Valdés, a. 1535, al poner en su
Diál. de la L. la voz *grangear* entre las españolas
que no tienen equivalencia precisa en latín; para
la evolución semántica, comp. en el artículo *GA-
NAR* el cast. ant. *guañar* y la familia romance
del it. *guadagnare* 'ganar', que en germánico significaba 'cultivar']; del castellano se tomó el napol.

granceare «profittare» (Zaccaria); hoy en Asturias *granxar* es «fazer meyor la cosa [léase *casa*?], arrimay arrodeos, árbores, muries, tapar boleres, cuchar; aumentar el útil, fazer ganancies» (Rato); *granjeable*; *granjeo*. *Granjero* [*Granjeras* como nombre propio en. doc. de Sahagún de 971, Oelschl.; *granjera, Canc.* de Bacna; *-ero* 1550, Azpilcueta]; *granjería* 'beneficio de las haciendas de campo', 'ganancia que se obtiene con algún tráfico o negocio' [1554, Fr. L. de Granada; el port. *grangeria* «lavoura, granjeio, cultura» se halla ya en Pantaleão d'Aveiro, 2.ª mitad del S. XVI, *RL* XVI, 96].

¹ Zaccaria tomó en consideración la posibilidad de que llegara por conducto del español al italiano (*grangia, grancia, granzia*), donde se halla desde h. 1550. No le creo acertado en este caso.

GRANO, del lat. GRANUM íd. *1.ª doc.*: orígenes del idioma (Berceo, etc.).

Para acs. del vocablo, me remito a las fuentes generales. APal.: «*farrago* es alcacer verde que aun no tiene *grano* pesado» 154b, «*ciccum* es el *grano* del membrillo o el unbligo del atramús», 74b; Nebr.: «*grano como de sal*: mica, grumus», «*grano de algun razimo*», «*granillo de uva*: vinaceus, *-um*» (g7vº).

DERIV. *Granillo; granillero; granilloso. Grana* [h. 1250, *Setenario* fº 5vº], del lat. GRANA, plural de GRANUM: significa en castellano 'semilla de los vegetales' [«*grana de las iervas*: semen», Nebr. g7rº], 'cochinilla, quermes, grana de coscojo para teñir de bermejo' [S. XIII, *Aranceles Santanderinos, RFE* IX, 270; J. Ruiz, 1499c; invent. arag., *VRom.* X, 163; «*rubrum*: enbermegido, color de *grana*», APal., 423d, 422d; «*grana, color*: coccum», Nebr.]: esta 2.ª ac. deriva de la primera, y aunque puede haber calco del ár. *ḥabb* 'cochinilla', colectivo de *ḥábba* 'baya, frutito', según dice Steiger (*Festschrift Jud*, 689-90), es inseguro en qué sentido se produciría el calco, pues dada la suma antigüedad del cultivo del quermes en España, pudo también ser el árabe el que calcara al romance (en el árabe de España ya se documenta indirectamente en 989, vid. Steiger, *l. c.*); *granilla*. Gall. *graizas* 'todo género de granos, legumbres (excluyendo en general el trigo)' en Chantada (entre Lugo y Orense) (Sarm. *CaG.* 196v), 'el conjunto de las leguminosas' en Láncara, *gráinza* en Lugo, *grariza* en Lemos (Apéndice a Eladio Rdz.). *Granalla* 'porciones menudas a que se reducen los metales en la fundición' [Terr.], probablemente del fr. *grenaille* íd. [1542: *FEW* IV, 235a; comp. cat. *granalla* íd.]. *Granear* [Terr.]; *graneado; graneador. Granero* [APal. 184b], del lat. GRANARIUM íd.; con el cat. *graner* 'granero' se formó en el lenguaje náutico la locución adverbial cast. y port. *a granel* [cast. 1691, Mz. de la Parra, en *Aut.*; port. h. 1550, J. de Barros, que escribió, según Moraes, «trazem o cravo *a*

granel» 'suelto en los pañoles, no enfardado ni ensacado'] : aplicado al principio al transporte marítimo de especias y granos a montón, en el cual castellanos y portugueses fueron precedidos por el tráfico mediterráneo de los catalanes en la Edad Media, la locución se ha extendido luego a la venta de mercancías sin empaquetar, y a cualquier cosa que se realiza sin orden ni medida; comp. cat. *a orri* 'a granel' < lat. HORRĔUM 'granero'; *engranerar. Granito* [Terr.], del it. *granito* íd., participio de *granire* 'granar' (del italiano proceden también el fr. *granit* [S. XVII] y las formas de los demás idiomas europeos, que acudieron al italiano para el nombre de esta roca tan frecuente en los Alpes); *granítico*; otra adaptación de la voz italiana es *gnía. granido* 'rico', 'paga de contado'. *Granizo* [*Luc.* de Alf. X, Almazán; J. Ruiz, 951c; 1475, G. de Segovia, 84; en todos ellos con *-z-* sonora; APal. 52d, 184d; Nebr., etc.], del castellano proceden el port. *granizo*, como se ve por la *-n-* y la *-z-* sonora, y maestr. *granissol*¹; *granizar* [J. Ruiz, 134c, 964a²; Nebr.]; *granizada. Granoso. Granoto. Granujo* [Acad. ya 1843]; *granuja* 'uva desgranada' [Quevedo], 'conjunto de personas sin importancia' [Quiñones de B., † 1651]³, 'pilluelo, vagabundo', 'bribón, pícaro' [Acad. 1884, no 1843; ej. de Pardo Bazán, en Pagés]⁴; *granujado* 'que tiene o forma granos sin regularidad' [princ. S. XVI, J. del Encina, Cej., *Voc.*]; *granujada*; *granujería; granujiento; granujoso; engranujar. Gránulo* [Acad. 1884, no 1843], diminutivo culto; *granular, granulado; granulación* [*Aut.*]; *granuloso. Granar* [Berceo], derivado común a todos los romances de Francia y de la Península Ibérica, sin duda muy antiguo; *granado* 'que tiene granos' [1513, G. de Herrera], 'grande, impor-. tante' [*Cid*; Berceo, *S. Or.*, 183; *Mil.*, 318d; *Alex.*, 2003; *Alf. XI*, 1388; Sem Tob, copla 8; *Vida de S. Ildefonso*, 987; *Canc.* de Baena; todavía *aljófar granado* en Nebr.]⁵; *granada* [h. 1400, Glos. del Escorial; APal.; Nebr., etc.] 'fruto del granado'⁶, de ahí *granado* 'árbol que lo produce' [íd.]; *granadal; granadera, granadero; granadilla; granadillo; granadina, granadino. Granate* 'piedra preciosa de color rojo vinoso' [*garnate*, *Alex.* 1308; *granat*, invent. arag. de 1381 y 1478, *BRAE* VI, 742, y *VRom.* X, 163; *granate*, 1543, Ocampo], quizá tomado de oc. ant. *granat* [h. 1200, Peire Cardenal] o del cat. *granat* [med. S. XIII: Cerverí de Girona]⁷. *Granatín. Granazón. Grañón* [mozár. *garaiñún* «frumentum», S. XIII, R. Martí; marroq. *garainón* 'manjar compuesto de trigo, arroz, garbanzos, lentejas, arrope'; cast. *grañón* 'especie de sémola', 1525, Rob. de Nola, 202; *Aut.*]⁸, de un hispano-lat. *GRANIO, -ONIS, derivado de GRANUM⁹. *Grinalde* 'proyectil de guerra a modo de granada, que se usó antiguamente' [Acad. ya 1843; falta Legüina], probablemente deformación del fr. *grenade* 'granada'. *Desgranar* (ast. *esgranar*, V); *desgranado, desgranador, des-*

granamiento, desgrane. Engranar [Acad. 1884, no
1843; lo castizo era *endentar*], del fr. *engrener*
íd. [1660], debido a una confusión de *engrener*
'poner trigo en la tolva' con *encrener* 'hacer una
muesca' [S. XI], derivado de *crene* 'muesca', que
se cree de origen céltico [*FEW* II, 1341*b*; IV,
233*a*]; *engranaje.*

CPT. *Gorgorán* [1599, *G. de Alfarache*] o *gor-
guerán*, ant. (Acad.), tomado del ingl. *grogoram* [S.
XVI], y éste del fr. ant. *grosgrain* íd., propiamente 'grano grueso' [*FEW* IV, 240*b*]. *Granívoro,*
tomado del lat. *granívŏrus* íd., compuesto con
vorare 'comer, devorar'.

¹ Las denominaciones castizas en portugués son
saraiva y el trasm. *graello*, *RL* V, 92, que con
su caída de la -N- intervocálica comprueba estamos ante un derivado de GRANUM, y no del
lat. GRANDO, -ĬNIS, 'granizo', según pretendió G.
de Diego, *Contr.*, n.º 288, contra la opinión de
M-L., *REW* 3846, y Spitzer, *BDC* XI, 138,
comp. el cat. *granivola* 'granizada' (Spitzer, *Lexik. a. d. Kat.*, 80; Ag.; y aquí, s. v. *granévano*). No hay que pensar, por lo tanto, en un
*GRAND(I)NICEUM, que tampoco explicaría las
formas portuguesas (habría dado *grandiço o
*grandinço en portugués). La coincidencia con
el engad. *granezza*, rum. *grĭneaţă* 'trigo', rum.
ant. *grĭneaţă* 'galleta o harina de trigo' (Jud,
Rom. XLIX, 408), puede ser antigua o secundaria. En cuanto al *grandonizar* 'granizar' recogido por García Lomas, que tanto impresionó
a G. de Diego, es sólo forma de Castro Urdiales, sacada de una novela local, donde se
lee «como una fogata de vientu o una mano de
agua y *grandonizos*»; luego se trata de una expresión ponderativa de los campesinos, alteración
de *granizo* por influjo de *grande, grandón;* es
como si se dijera: lo que ha caído hoy no era
pequeño como granos, sino *grandón,* enorme.
Claro está que el filólogo local recogió esta formación, más o menos ocasional, porque le recordaba el lat. *grando;* nótese que de GRANDĬNEM
nunca pudo salir un radical *grandon*-. En manera
alguna me convencen los argumentos con que
don José Luis Pensado (*Acta Salmant.*, n.º 51,
47-50) apoya la etimología GRANDO, -ĬNIS, 'granizo'; no es admisible (y menos en un nombre de
cosa, no de persona) la conservación de un nominativo, en el gall. ant. *grando* 'granizo' (a. 1264,
1309), *graande* (1483) (seguramente lectura errónea por *graando*, en ese documento publicado
por un arqueólogo). No me cabe duda que se
trata del románico corriente GRANATUM con el
tratamiento gallego típico de -ANA- (*gando* =
ganado, *lan* = lana, port. *vindo, gimbro, finda*
FINITA, etc.; cf. los ejemplos reunidos por Pensado, p. 57), como demuestra evidentemente la
aa doble todavía conservada en la forma de 1483.
Es extraño que Pensado dé por no conocido el
tratamiento leonés *nz* > *nd*: lea un libro clásico

'como el de Espinosa, *La Conservación de s y z
sonoras en Cáceres y Salamanca*, y encontrará
allí cuantos ejemplos desee, sobre todo en la zona
de Plasencia, o lea a Gabriel y Galán (*idir = dezir*, etc.); aquí mismo, cf. otros, en particular
el ast. *sardu* o *zardu* 'zarzo' (vid. *ZARZA*). En
fin, claro está que *grandonizo* es producto del
cruce de los dos sinónimos *grando* (< *granado*)
× *granizo*, y recuérdese además el cast. ant.
granado por 'grande', pues es muy común hablar
de que caen *grandes* granos de granizo; aun la
-*e* de la grafía antigua *graande* podría ser entonces genuina y debida al uso de *grande* en frases
de éstas. Otras denominaciones del granizo derivadas de GRANUM: oc. *granissa* (*FEW* IV, 235*a*-
b); sanabr. *granuzu*; Umbría *granuschia* y demás
formas italianas citadas en el *FEW* IV 241,
n. 44.— ² De los dos pasajes de J. Ruiz, en el
primero llevan *granizar* los mss. *S* y *G*, en el
segundo *granzar S* y *granizar G*; en ambos pasajes se podría argumentar métrica y sintáctica-
mente en favor de las dos formas; en el 951*c*
hay *granizo* en los tres manuscritos. En ningún
sitio están estas palabras en rima.— ³ «Carísimos
mosqueteros, / *granuja* del auditorio, / defensa,
ayuda, silencio, / y brindis a todo el mundo»,
NBAE XVIII, 501.— ⁴ Comp. maestr. *granull*
«sostrall o remostró de grans solts al fons d'un
banasto u altre recipient, en què hi havia raïms
u altra fruita de grans», «grans menuts i nom-
brosos de certes plantes, com la edrera, el lledoner, etc.: *los tords se tiren al granull*», «granuja». La idea de G. de Diego, *RFE* XX, 358,
de que *granuja* resulte de *GARULLA*, en una
forma castellana *garuja, alterado por influjo de
grano, es posible, pero como el sufijo -*ujo* no
es raro, no puede considerarse necesaria, sobre
todo siendo hipotética la forma *garuja.— ⁵ Claro está que la espontánea evolución semántica
fué apoyada por la semejanza con *gran* 'grande'.
Después del S. XV queda especializado en la ac.
'noble, ilustre, escogido': «natural es de Sevilla, / de la gente más *granada*», 1595, Pérez de
Hita, ed. Blanchard I, 312; *Aut.* da ejs. de h.
1640, en Ovalle y en Colmenares. El cat. *granat*
conserva el sentido de 'grande', por lo menos
dialectalmente: *cargolins granats* opuesto a *menuts*, oído en el Prat de Llobregat; adverbialmente *granat* 'fuertemente, mucho' en Llucmajor, Mallorca (*BDLC* XIV, 212). Gall. ant.
graädo (en el fragmento de la trad. de las Partidas publ. p. Mz. Salazar), de donde los verbos *grádar* y *(en)grádecer* y el sustantivo *gra-
deza* (Nunes, *RL* XIV, 70-71).— ⁶ Es posible que
granado y *granada* resulten de una especie de
enmienda de *malgranado, malgranada* [S. XIII:
Berceo, *Mil.* 39*a*; Beitr. Förster, 127], procedentes de MALUM GRANATUM (*malogranatum*, S. Isidoro, *Liber Different.*, n.º 337), propiamente
'manzana de granos' o 'fruto de granos'; inter-

pretado popularmente como *mal granado* 'que ha granado defectuosamente'; el campesino rechazaría la primera parte de esta denominación, mal acogida en el mercado. De combinaciones varias de MALUM GRANATUM con MILLE GRANA 'mil granos' resultan las formas cat. *magrana, mangrana;* en el glosario de Palacio *melgrano,* en inventario arag. de 1365 *melgrana* (*BRAE* IV, 344), también en APal. 452, y hoy en Villavieja (Salamanca), *milgrano* en Berceo, *Mil.* 4b, *mingrano* en Álava, *manglana* y en el glosario de Toledo, *minglana* y *mingranera* en las Vascongadas y en Aragón, *milgrana* (Sarm. *CaG.* 93r) y *miligranda* en Galicia. Trataré más detenidamente de estas formas en mi *DECat.* Por ahora, vid. *FEW* IV, 239b-240a; Castro, *Glosarios Latino-Españoles;* y Simonet, s. v. *granátha.*— ⁷ Ott cree que viene de *grana* 'cochinilla'; Wartburg, *FEW* IV, 240a, replica que entonces no pudo nacer en francés, donde no existe este vocablo, sino en lengua de Oc, y prefiere partir del fr. *grenade* 'granada, fruto'. Ahora bien, el caso es que, en francés, *grenat* como nombre de piedra preciosa no aparece hasta el S. XIV. Es verdad que el adjetivo *grenat* 'rojo como una granada' ya aparece en francés en la 2.ª mitad del XII. Wartburg cree que el nombre de la piedra procede del adjetivo de color, y por lo tanto deduce que el vocablo nació en francés; pero claro está que también podría ser lo contrario. En castellano no aparece *granate* como adjetivo hasta las ediciones de la Acad. en el S. XX. Si partimos del francés, resulta extraño que el extranjerismo *grenade,* tomado del Norte de Italia a fines del S. XII y poco conocido en el Norte de Francia, donde no crece el árbol, diera nacimiento a un adjetivo de color al mismo tiempo o antes que la aparición del primitivo. Deberá volver a estudiarse la cuestión detenidamente, con más materiales, y situándola dentro del conjunto de los nombres de piedras preciosas. Una probabilidad que deberá tenerse en cuenta entonces, en vista de la forma *garnate* del *Alex.* (*garnato* en Acad.), es que el vocablo se formara en mozárabe, donde también existía *granata, garnata,* en el sentido de 'granada' (Simonet) y donde el adjetivo *garnāti* debía pronunciarse vulgarmente *gárnâti,* con arreglo a la acentuación del árabe vulgar hispano, y según se hace hoy todavía en Marruecos (Lerchundi, *Rudimentos,* p. 425).— ⁸ También en el catalán de Jaume Roig (a. 1460), hablando de las contradicciones femeninas: «Si d'alegria / donen torrons, / speren capons; / si *granyons,* fava» (v. 5421). Oí *granyó* en el sentido de 'conjunto de granos, erupción cutánea, sarpullido' en Rasquera (Ribera de Ebro). En rigor, *grañón* podría ser también un duplicado fonético de *granzón* (V. *GRANZAS*).— ⁹ En *Alex.* P 2332a «como de mala cepa nacen malos *grañones*» (alterado en *bromones* en O) parece significar 'granos de uva'.

GRANZA I, 'rubia tintórea', del fr. *garance,* y éste del fráncico *WRANTJA (comp. el a. alem. ant. *rezza* íd.), que a su vez es alteración del lat. tardío BRATTEA íd., resultante de una confusión entre dos palabras latinas: BRATTEA 'chapa de oro' y BLATTA 'púrpura'; en germánico el vocablo cambió la B- en W- por influjo de dos voces de significado análogo: WAIZD 'pastel tintóreo' y WALDA 'gualda'. *1.ª doc.:* Gaceta de Madrid del 17-VII-1764, Terr.; Acad. 1843, no 1817.

En francés, *garance* se documenta desde el S. XII. El alto alem. ant. *rezza* corresponde a una antigua forma germánica *WRATJA, cuya variante *WRANTJA (de donde el fr. *garance*) se explica por un fenómeno de confusión de sufijos romances que se produce con gran frecuencia en los latinismos de los viejos idiomas germánicos: a. alem. ant. *phalanza < PALATIUM, *fochanza < FOCACEA, a. alem. med. *vischenze < PISCATIO, etc. (comp. aquí s. v. *GARBANZO*). La forma medio romanizada WARANTIA (con intercalación de vocal en el grupo WR-, como en WRANJO > *GARAÑÓN*) está documentada en glosas y también en el *Capitulare de Villis,* texto carolingio de h. 800.

Pero la palabra *WRATJA no parece ser originariamente germánica, sino tomada del latín: otras glosas traen las formas *barathea, brantia, barentia,* medio germánicas y medio latino-romances. Todo esto resulta de una mezcla de dos palabras latinas distintas: *blatta, blattea,* 'púrpura' (con su adjetivo *blatteus* 'teñido de púrpura') y *brattea* 'lámina o chapa de oro'. Véase Kluge, *ARom.* VI, 311-2; Niedermann, *ARom.* V, 436-40. Walde-H., s. v. *blatta,* M-L., *REW,* 9501a, y Gamillscheg, *EWFS,* 457b, extractan las conclusiones de aquellos eruditos. El paso del vocablo a través del germánico se explica por el importante desarrollo de la industria textil casera en los pueblos de este idioma, que fué causa de la entrada en romance de tantos nombres de enseres de hilado (*rueca, aspa,* etc.), de tejidos y de colores de tal procedencia (comp. Gamillscheg, *R. G.* I, pp. 200-202).

Sólo faltaba explicar la W- germánica, que no suele invadir el terreno de la B- en voces de origen latino. Hay una explicación evidente: este extranjerismo sufrió en germánico el influjo de dos voces indígenas de significado casi idéntico: WAIZD (> fr. *guède*) 'pastel, hierba de tintoreros' y WALDA, de donde procede el cast. *GUALDA. Granza* en castellano es galicismo reciente y mucho menos arraigado que su concurrente *rubia;* al entrar el vocablo en castellano se le adaptó a la forma de la voz castiza *GRANZAS.*

GRANZAS, 'residuos de paja y grano que quedan en los cereales cuando se avientan o criban', del lat. tardío GRANDĬA 'harina gruesa', abreviación de FARRA GRANDIA, plural de FAR 'trigo' y GRANDIS 'grande, grueso'. *1.ª doc.*: h. 1400, glos. del Escorial (*granzas*) y de Toledo (*granças*), traduciendo el lat. *acus* ('cascabillo de trigo').

Granzones aparece en las *Coplas del Provincial* (h. 1470)[1], *granča* y *grančón* en la *Gaya* de Segovia (a. 1475: p. 89), «*granças de trigo*: *granчones, aquello mesmo*» en Nebr. (g7r°), y la misma grafía en J. de Valdés, *Diál. de la L.* Hay, pues, cierta vacilación en la calidad sonora o sorda de la interdental; comp. la oposición entre *berça* VIRDIA y *almuerzo* *ADMORDIUM, entre *vergüença* VERECUNDIA y *gozo* GAUDIUM. Hoy se pronuncia *gránθja* y *granθjónes* con sorda en Extremadura (Espinosa, *Arc. Dial.*, 34), *granča* en portugués (ya Moraes, sin autoridades). La forma con -*i*- epentética leonesa se emplea también en Salamanca (Lamano) y la Sierra de Gata (*VKR* II, 56), y se extiende hasta el leonés oriental de toda la zona de Cespedosa (*RFE* XV, 139, 271): *grancias* «partes nudosas o mal trilladas que se balean o barren al aventar». El vocablo es vivo y popular dondequiera que se habla castellano; algunas ligeras variantes fonéticas y semánticas: a. arag. *branžáus* (< -*ados*) o *branzones* 'restos de paja en la criba' (*RLiR* XI, 176), Chiloé *granja* 'residuos del trigo después de cribado' (Cavada), *granzas* 'residuos que quedan en los cajones de hierba mate' en la Arg. (*BRAE* IX, 544)[2]. De *granzón* viene el asturiano *garandón* (G. Oliveros) 'granizo', con sentido figurado y con el tratamiento *nz* > *nd* que es normal en muchas hablas leonesas (comp., p. ej., Alto Aller *lenda*, Rdz. Cast., 298, < *lenza < *alezna*); de ahí por cruce con *granizo*, -*izar*: santand. *grandonizo*, -*onizar*. Morfológica y fonéticamente sería incomprensible si partiéramos del lat. GRANDO, -ĬNIS, como quisiera GdDD 3126a, 3128 (los demás vocablos gallegos y cast. ahí citados tampoco tienen relación con GRANDO). Del cast. pasó *granzas* al cat. del Maestrazgo *granses* «sostrall de palla mal batuda i grossa, gra sense caure-li el capell, etc., que queda del blat, ordi o altres llavors batudes en l'era» (G. Girona), y de otras partes de Valencia[3]. Según indicó Jud[4], con la adhesión de M. L. Wagner[5], Spitzer[6], M-L.[7], y Rohlfs[8], *granza* es palabra representada no sólo en castellano y portugués, sino además en sardo (*granǵa* 'salvado de trigo o de cebada' en el Campidano, *isgranžare* «separare la farina dalla crusca» e *ingranžare* «cernire, dar la prima mano alla farina» en el Logudoro, *ingragnà* en la Gallura), en el Sur de Italia (sic. y calabr. *granza*, Girgenti *rántsa* «cruschello», griego otrantino *gránza* 'pan de cebada'), en Venecia (*granziol* «cruschello»), en el rumano de Macedonia (*grândze*), y quizá en Albania (*grunde*, *krunde*, comp. la variante calabresa *cranzi* «crusca»); procede de GRANDIA, documentado en dos glosas latinas (mss. SS. XII y XVI) con la traducción μεγάλευρα (es decir,

μεγάλα ἄλευρα) 'harina gruesa'; se trata del plural neutro del adjetivo GRANDIS 'grueso'[9], según se comprueba por esta traducción griega y por otras denominaciones análogas, como sardo *russarža* 'salvado' GROSSARIA.

DERIV. *Granzón* [h. 1470, V. arriba]. *Granzoso*. Comp. *grañón* en el artículo GRANO.

[1] «Que don Sancho de Quiñones / a picado en su razimo, / y don Álvaro, su primo, / le rebusca los *granzones*», RH V, 264.— [2] Pero también viven *granzas* y *granzones* en este país con su sentido ordinario: Chaca, *Historia de Tupungato*, 291, 289.— [3] «*Granza* o *granulla*: puñado o montón de passas arrancadas cada una del rampojo», «*grances*: granzas, los residuos y desechos del trigo, cebada y demás semillas quando se acriban y limpian; los del trigo se dicen *porgueres*», «*grançons*: granzones, el desecho de la paja de los pesebres», Sanelo. Es inexacta la grafía *granza* de Griera (*Tresor*). En catalán este vocablo castellano se cruzó con el sinónimo céltico CRIENTIA (*CGL* IV, 559.55, perteneciente a la familia del irl. ant. *criathar* 'criba', *IEW* 946.11 ss.), estudiado por Jud, *BDR* III, 67-69; *ZRPh*. XXXVIII, 72; *Rom*. XLIX, 403; *ARom*. VI, 207; de donde procede el fr. dial. *creince* «mauvais grain, grossières et mauvaises criblures» (Suiza Francesa, Morvan, Centro, Champaña, Anjou, Poitou), fr. ant. *escreances*, piam. *grinse* «spiche o bacelli smallati, vagliatura del crivello». De este cruce resultó el cat. *griances* [S. XVI] empleado en mall. («grans mínvols o mal granats que passen per l'erer») y en la Plana de Castellón («busquetes i altres porgueres que queden dins el garbell»): «palla trida d'ordi i *griances*» en el castellonense J. Porcar (*Bol. de la Soc. Castellon. de Cult.* XIV, 497); Moll, *AORBB* II, 13, lo da como valenciano, pero G. Girona precisa que es de la Plana. No sería posible derivar de ahí el cast. *granzas* a causa de la *a* tónica, y aunque el cat. *griances* tendrá este origen céltico, según indicó Moll, su *a* será debida a un cruce con el tipo castellano procedente de GRANDIA.— [4] *Rom*. XLIII, 454; L, 607.— [5] *Das Ländliche Leben Sardiniens*, p. 48; *Arch. Stor. Sardo* 1915, 182.— [6] *Lexik. a. d. Kat.*, p. 81.— [7] *REW* 3840b.— [8] *ARom*. IX, 167; comp. *Romanica Helvetica* IV, 68.— [9] Y no de un derivado de GRANDO 'granizo' como había sospechado Spitzer.

Grañón, V. *grano*   *Grao*, V. *grado* I

GRAPA, probablemente tomado del cat. *grapa* 'garra', 'grapa, abrazadera', y éste del germánico: al parecer de un fráncico *KRĀPPA 'gancho', 'garra'. *1.ª doc.*: 1680, Pragmática de Tasas: «un passador para puerta de calle, con sus *grapas*... y su botón» (*Aut.*).

Palabra tardía en castellano, sólo empleada como término especial de ferretería. Falta en APal.,

Nebr., Percivale, Oudin, Covarr., y en los glosarios de autores medievales y clásicos. En portugués no existe más que como término de albeitería. Una variante *grampa* se emplea como término de marina en portugués, en el habla de los marinos españoles, y tiene aplicación general, con el mismo valor que *grapa*, en casi toda América[1]; de esta forma no parece haber documentación anterior al S. XIX. No hay duda de que ambas variantes han de ser extranjerismos en español y en portugués. *Grapa* procederá del catalán, donde es vocablo muy antiguo (*grapada* en el S. XIV, etc.), y tiene mucha mayor amplitud semántica: es la voz que significa 'garra', se emplea como nombre de aperos de labranza, etc., y también como término de ferretería. En cuanto a *grampa*, acaso salga también del catalán, dada la gran cantidad de términos náuticos de esta procedencia, pero como en este idioma la variante con nasal tiene escaso arraigo[2], creo más bien que procederá del italiano, donde tenemos it. ant. y corso *grampa* 'garra, zarpa', it. y venec. *gràmpia* 'grapa de barco', istr. *grampa* «attrezzo formato di spranghe di ferro impiegato per pescar granchi» (*Diz. di Mar.*).

Grapa es palabra común al catalán con la lengua de Oc y el italiano (*grappa*), que no fué del todo ajena al francés antiguo, aunque allí pronto desapareció gracias a la concurrencia de *grappe de raisin* 'racimo'; vid. Wartburg, *Mod. Philol.* XXXVIII, 254 y ss. No es posible atribuir su origen al gótico, según quiere Gamillscheg (*RFE* XIX, 145; *R. G.* I, 367), 1.º porque dentro de los idiomas germánicos apenas está documentado el vocablo más que en alemán: a. alem. ant. *krâpfo*, a. alem. med. *krâp(f)e*, alem. *krapfen*, m., 'gancho', 'zarpa, garra', mitteldeutsch *krâpe* 'especie de pastel', aunque se cita también un inglés (anticuado o dialectal) *craple* 'garra, zarpa'; desde luego no sale de los límites del germánico occidental; 2.º porque de existir en gótico debería tener la forma **krêpp-* (según nota el propio Gamillscheg, *EWFS*, 483a), y de hecho Wartburg (*l. c.*, y *Festschrift Jud*, 334) ha demostrado que esta forma del gótico o de su hermano dialectal el burgundio es la que ha dado el franc-comtois, francoprovenzal y prov. *grepa* (*greppe*) 'gancho', y el oc. (y cat.) *grep* 'aterido o entumecido de frío', adjetivo aplicado a los dedos (por la forma encorvada que toman entonces)[3]; 3.º porque Gamillscheg y demás romanistas que parten del gótico lo hacen tomando como base la existencia del vocablo en español, indicio que no tiene valor, según hemos visto. En consecuencia será preferible partir de una palabra fráncica, o a lo sumo de un término del germánico occidental común, que apenas llegaría a entrar en España. En cuanto a *grampa*, procede de otra forma germánica KRAMPA-, documentada sobre todo como adjetivo, pero también como sustantivo, de donde el b. alem. ant. *krampo* 'gancho', 'abrazadera', ingl. *cramp* 'abra-

zadera', 'grapa', a. alem. ant. *kramph* 'encorvado', escand. ant. *krappr* (< **krampr*) 'estrecho' (comp. *CALAMBRE*). Fijar la relación etimológica entre este vocablo y **KRAPP-*, y entre los dos y el otro sinónimo germánico **HRAMP-* (de donde el oc. e it. *rampa* 'garra') ha de ser asunto de los germanistas; desde luego hubo roce e influjo entre ellos por lo menos en romance, y seguramente ya en germánico. Las formas documentadas del primero harían suponer un masculino **KRÂPPÔ, -ÔNS*, en fráncico, cuando en realidad los romances postulan un femenino **KRÂPPA*: la formación de éste pudo ser espontánea o debida al influjo del sinónimo **KRAMPA*.

DERIV. *Grapón* ['grapa grande', 1680, *Pragm. de Tasas*]. *Engrapar*.

[1] Cuervo, *Ap.*, § 958; Malaret. Faltan datos solamente del Perú, Venezuela, Méjico y Santo Domingo. Probablemente es general. Es uno de tantos casos de palabras náuticas que en América se han generalizado.— [2] Los pescadores de la Costa de Levante emplean *gràmpola* para la grapa o abrazadera que mantiene la espiga del timón arrimada a la popa de la nave. Pero quizá sea italianismo.— [3] Es verdad que Wartburg supone que además del germ. occid. KRÂPP-, al cual sólo podía corresponder **KRÊPP-* en gótico, existió una variante **KRÂPP-*, con apofonía antigua. Así lo sugieren los autores del *Schweizerisches Idiotikon* (III, 844b). Pero no creo que se pueda dar esta conclusión como segura. La existencia de la forma con vocal larga sí está asegurada plenamente por las rimas (Grimm, V, 2062b, donde se califica a *krâpe* de «die echte form») y las formas dialectales del tipo *krop*. Pero las formas modernas con vocal breve, ¿no pueden salir de una abreviación de la *a* ante *pf, pp*?, y en las antiguas siempre cabe el olvido de un acento. Tengamos en cuenta que los germanistas están impresionados por la existencia del supuesto gótico KRAPP-, que sólo tiene el falso apoyo del extranjerismo castellano *grapa*.

GRASO, del lat. CRASSUS 'gordo'. 1.ª doc.: APal. 8b («*adepinus*... lo que se da a cosas *grassas*»), 315d («dizimus *obesum* al que muestra la grossura fuera, como es *grasso* el que la tiene de dentro»).

Palabra rara y poco popular en castellano: falta en Nebr., Oudin, Covarr. y en los varios léxicos de autores medievales y clásicos; sólo «*grassuelo: gordillo*» en Oudin. *Aut.* cita «el azeite y todas las cosas *grassas*» en Laguna (1555), y *grasso* sustantivado en el sentido de 'gordura' en Lope («el *grasso* de la vulpeja quita el dolor de los oídos»). Hoy apenas se emplea más que en el lenguaje químico y biológico (*materias grasas, alimentos grasos*), y cabe sospechar que no sea voz hereditaria en castellano, sino deducida tardíamente del sustantivo *grasa*, y aun de éste podría sospecharse procedencia forastera, si bien antigua. El port. sólo tiene *graxo*, adjetivo poco usado que se ha deducido de *graxa* 'gordura' *CRASSIA. Es, en cambio, la palabra corriente para 'gordo' en los demás romances: cat., oc. y fr. *gras*, it. *grasso*, rum. *gras*, etc. Procede de una forma vulgar GRASSUS, que ya se halla en autores latinos de la baja época (Pelagonio, S. IV: *KJRPh.* II, 71); se explica por evolución fonética de CRASSUS, ayudada por el influjo del cuasi-sinónimo GROSSUS 'grueso'. Duplicado culto es *craso* [1550, Azpilcueta], casi sólo empleado figuradamente.

DERIV. *Grasa* [1.ª mitad del S. XIV, *Montería de Alfonso XI*, p. 151; «*adipata* son comeres adobados con *grassa*, manjares *grassos*», APal. 8*b*; «*grassa* por *grossura*: pinguitudo, pingue», Nebr.; C. de las Casas; Oudin; Covarr.; frecuente en todas las épocas es la ac. 'porquería pegada a la ropa por el contacto con la carne', ya 1605, *Pícara Justina*, etc.], mucho más frecuente y popular que *graso*. *Grasera*. *Grasero*; *grasería*. *Graseza* [raro: APal. «*abdomen* es *grasseza* de carne», 2*d*; también 51*d*, 104*b*]. *Grasiento* [Nebr.; princ. S. XVI: J. del Encina; *Quijote* I, xxxv, 183]; en la Arg. suele reemplazarse por *grasoso*, no admitido por la Acad. hasta el S. XX, pero sin calificativo de regional. *Grasilla*. *Grasones*. *Grasor* o *grasura*. *Engrasar*; *engrasido*; *engrasador*; *engrase*. Del culto *craso*: *crasedad*, *crasitud*, *encrasar*. Del abstracto lat. vg. CRASSIA: fr. *graisse*, oc. *graissa*, cat. ant. *graixa*, cat. *greix*, port. (y gall.) *graxa* 'la grasa, gordura'; gall. *graxento* 'enjundioso' («as culleradas mas -*tas*» Castelao 235.2f.), *graxumada* 'grasa y porquería', *graxumento* (Sarm. *CaG*. 204*v*), *esgraxear* 'trasudar grasa' («a xente, en coiro, *esgraxea* ó sol, derretendo as suas manteigas», Castelao 60.4).

GRASPO, 'especie de brezo', origen desconocido. *1.ª doc.*: Acad. 1936 o 1925.

No tengo dato alguno acerca de este vocablo, que no figura entre los nombres del brezo y sus variedades recogidos por Colmeiro, III, 526ss., y es ajeno a los principales vocabularios dialectales, así como a los romances vecinos. ¿Comp. it. *graspo* 'racimo de uva' [S. XIV]?

Grataboja, V. *gratar*

GRATAR, 'limpiar o bruñir con una escobilla de metal los objetos de platería o las armas de fuego portátiles', del fr. *gratter* 'rascar' y éste del germánico, probablemente de un fráncico *KRATTÖN (a. alem. ant. *krazzôn*, alem. *kratzen*, danés *kratte*, sueco *kratta* íd., noruego *krat* 'raspaduras, residuos'). *1.ª doc.*: Acad. ya 1817.

El vocablo es autóctono en it. *grattare*, fr. *gratter*, oc. y cat. *gratar* 'rascar', 'rayar (pan, etc.)'. En estos idiomas, también podría ser, préstamo del germánico occidental primitivo. En castellano es

galicismo reciente y sin arraigo, o tecnicismo.

DERIV. *Grata* [Terr.]. *Garatura* 'instrumento que usan los pelambreros para separar la lana de las pieles' [*garatusa*, Terr.; *garatura*, Acad. ya 1817], quizá mera errata académica por *garatusa* (para cuya formación V. *ENGATUSAR*) o en todo caso alteración de esta palabra (¿por una contaminación?).

CPT. *Grataboja*, arag. ant.[1], de oc. ant. *grataboissa* 'especie de pincel de que se sirve el dorador para extender la amalgama de oro y mercurio, limpiar una pieza, etc.', compuesto con oc. *bouissà* 'secar, enjugar, sacar el polvo', propiamente 'barrer' (derivado de *bouis* 'boj', empleado para hacer escobas).

[1] «Una mola d'oli; gançallas de fil de ferre. Tres *grataboxas*», inventario de 1406, *BRAE* III, 361.

Gratificación, gratificador, gratificar, V. *grado* II

GRÁTIL, 'orilla que protege la vela del roce contra las vergas, relinga', voz náutica, principalmente mediterránea, de origen incierto (cat. *gràtil*, prov. *gratieu*, it. *gratile* o *gratillo*). *1.ª doc.*: h. 1573, E. de Salazar (Fcha.); 1587, G. de Palacio, 103rº; 1611, Th. Cano, *Arte para fabricar naves* (cita de Jal, s. v.).

También en Fernández, *Práctica de Maniobras* (a. 1732) y en el *Vocabulario Marítimo de Sevilla* (1696), cita de *Aut*. No hay indicaciones acerca de la acentuación del vocablo, en estas fuentes. Terr. acentúa *gratíl*, y la Acad. en sus ediciones del S. XIX no le pone acento gráfico (lo cual significa *gratíl*), pero no sabemos si esta acentuación descansa en un fundamento real[1]; hoy la Acad. acentúa *grátil*, y como variante *gratil*. En catalán Amades-Roig (*BDC* XII, 40) imprimen sin acento, lo cual tampoco prueba nada; pero el valenciano L. P. Flores da *gràtil* (*Misc. Fabra*, 333), y ésta es la única acentuación que he notado en la costa las muchas veces que ha llegado a mis oídos en la Costa de Levante catalana (no tengo documentación antigua). Por otra parte, en los demás romances el acento parece caer siempre en la *i*: port. *gurutil* [1841, Amorim, con vocalismo debido a influjo de *gurupés* 'bauprés'; Schröder, *VKR* X, 199], oc. *gratiéu*, it. *gratile*. *Gratil* figura en un tratado veneciano de los SS. XIV o XV, *gratillo* o *cratillo* en Bartolomeo Crescenzio (1607), *gratillus* en un documento marsellés del S. XIII en bajo latín (Jal); sólo *gratula* en uno napolitano de 1275 (*Diz. di Mar.*) se acentuará en la *a*, como en castellano y catalán. En dialectos italianos: genov. *gratì*, venec. *gratìo*, Trieste *gradivo*. Estas últimas tres formas parecen tomadas del provenzal. De ellas, según R. Kahane (*ARom*. XXII, 524), procede del gr. mod. γραντι̃, en Cefalonia γραδὶ. Según observa el *Diz. di Mar.*, es muy difícil que haya relación etimológica con el napol. *gradillo* 'escalón', 'mojón de puerta', Ancona *gradile* 'umbral', b. lat. lígur *gradilis* 'cañizo para secar fruta', b. lat. *gratula* 'parrilla' (Du C.); debería estudiarse mejor, sin embargo, la historia del objeto llamado *grátil*. En cuanto a la etimología de Jal, gr. χρατύνειν 'reforzar', que sería buena desde el punto de vista semántico, impide aceptarla la falta en que por ahora nos hallamos de un sustantivo griego que pudiera dar *grátil* o *gratil* (gr. mod. χράτυσμα 'refuerzo', gr. ant. [raro] χρατυσμός íd., no explicarían la terminación romance.

Si es antigua la variante *drátil* citada por Fz. de Navarrete tendríamos una etimología convincente : el neerl. *draad*, alem. *draht* 'hilo grueso o revestido, cordón, alambre'; de ahí habría salido *drate*, el cual se habría cambiado en *drátil* según el modelo de *maste* cambiado en *mástil;* el cambio de *dr-* en *gr-,* por un vulgarismo que no es raro en el lenguaje náutico—*gramante* por *bramante,* *grivar* por *drivar* o *derivar* en Fz. de Navarrete—, y explicable por la rareza de la inicial *dr-* frente a la frecuente combinación *gr-* (*grampa, grímpola, groera, grúa, grada, grumete,* etc.); la variante en *-íl, -illo,* podría también explicarse por la frecuencia mucho menor de las palabras paroxítonas en *-il.* Todo esto es harto natural y convincente, pero sorprende entonces la antigua fecha en que se documenta el vocablo en Italia y el área principalmente mediterránea del mismo. Nada se podrá resolver hasta que demos con documentación antigua más abundante y encontremos testimonios de la forma en *dr-* en Francia y España.
¹ Fz. de Navarrete, en su dicc., imprime sin acento *gratil* y *dratil,* pero los acentos son raros en este diccionario (donde se lee *ganguil, grímpola, gumena, guindola,* sin acento, si bien *mástil*).

Gratis, gratisdato, gratitud, grato, V. *grado* II

GRATONADA, 'cierto guisado que se compone de pollos medio asados, tocino gordo, almendras, caldo de gallina, huevos frescos, especias finas y verduras', quizá derivado del fr. *creton* 'pedazo de tocino', 'chicharrón'. *1.ª doc.:* 1525, Robert de Nola, p. 61.

Aut. cita la autoridad de Mestre Robert, resumiendo la definición que detalla este libro en el pasaje citado. De *creton* hay variante *craton* en francés antiguo. Para el origen de *creton,* vid. Gamillscheg, *EWFS,* s. v.: teniendo en cuenta el pic. *croton* 'olor de grasa', *crotin* 'chicharrón', supone que derive del fr. *crotte* 'cazcarria', 'cagarruta', a su vez de origen germánico; parece más acertada la idea de derivar del neerl. med. *kerfe* 'muesca' o de un b. alem. *krete* 'arruga, fruncido' (a causa del aspecto arrugado del chicharrón), aceptada por Bloch-W.

Se podría también pensar si *gratonada* procede de un derivado del fr. *gratter* 'rascar', 'rayar (pan, etc.)' (V. aquí *GRATAR*), tal como *gratin* 'plato hecho con pan rayado', *gratiner* 'freír en esta forma'; pero no se conoce tal derivado francés. Comp. it. ant. *grattonata* «sbriciolamento di cose fregate alla grattugia» en Magalotti (S. XVII), según Petrocchi.

Gratuidad, gratuito, gratulación, gratular, gratulatorio, V. *grado* II

GRAVA, 'arena gruesa, guijo', 'piedra machacada con que se afirma el piso de los caminos', tomado del cat. *grava* íd., palabra del mismo origen prerromano que oc., retorrom. e it. sept. *grava,* fr. *grève* íd. *1.ª doc.:* Terr.

Dice este autor «*grava* llaman en Valencia, Cuenca, etc., a la arena gruesa... en castellano se llama también *glarea, greba, arena gruesa,* y Covarr. le da el nombre de casquijo». Acad. ya 1884, no 1843; Pagés cita ej. de Echegaray (1833-1916). En castellano casi únicamente es vocablo de camineros; desconocido del portugués. El catalán de Barcelona lo emplea sobre todo en el mismo sentido que el castellano, y el vocablo cuenta allí con escasos documentos antiguos¹ y con muy pocos derivados, de suerte que podría dudarse de su autoctonismo. Pero al menos en catalán occidental parece tener raíces más populares, pues lo he anotado en Castelldans (Bajo Urgel) y en Tavascan (Alto Pallars) en el sentido de 'arena', *gravassada* significa 'chaparrón' en esta última localidad, y *gravera* 'cantera de arena o de grava' en Castelldans y en la Granadella; *pedra gravolosa* 'piedra granulosa' en Urtx (Cerdaña). Es vocablo bien arraigado en el Norte y Sur de Francia; en retorrománico llega hasta el Friul, y en el Norte de Italia, hasta más allá de Venecia; es posible, aunque muy dudoso, que el toscano *rava* 'barranco', Lacio *rava* 'peñasco' tengan el mismo origen; vid. Merlo, *It. Dial.* XI. 86; Jud, *VRom.* II, 306; Battisti, *Arch. dell'Alto Adige* XXXI, 569; *FEW* IV, 259. Sea como quiera, el vocablo excede de los límites habituales de las palabras célticas, de suerte que el galés *gro* y otras palabras del céltico insular (Thurneysen, 102) quizá sean antiguos romanismos o tengan un origen precéltico común con el de las voces romances. Sin embargo, según J. Hubschmid, *ZRPh.* LXVI, 58, sería galo.
¹ Sin embargo Alcover trae un ej. del S. XIII (Costumbres de Tortosa).

GRAVE, del lat. GRAVIS 'pesado', 'grave'. *1.ª doc.:* orígenes del idioma, Berceo (*gravemientre* 'gravemente' ya se halla en las glosas de Silos, 2.ª mitad del S. X).

Palabra muy frecuente y de uso general desde los más antiguos monumentos (*Apol.; Alex.,* 1744, 1975; Juan Manuel; J. Ruiz; APal.; Nebr., etc.). Vocablo noble, muy favorecido en la época clásica. En las hablas del Norte de Portugal designa el portugués correcto en cuanto se opone a los dialectos locales. General a todos los romances, aunque en rumano, alto-italiano, retorrománico, francés, lengua de Oc y catalán se generalizó una forma *GRĔVIS debida a la imitación del contrapuesto LĔVIS 'ligero', variante que no fué completamente ajena al castellano antiguo, pues *grieve* figura en el *Setenario* (fº 1vº), en los *Libros del Saber de Astronomía* de Alfonso el Sabio (M. P., *RFE* XXIX, 354) y en la *1.ª Crón. Gral.* (20a46).

DERIV. *Gravedad* [Mena (C. C. Smith, *BHisp.* LXI); APal., 185b; Nebr.; etc.]; se dijo también *graveza* 'molestia, pesadez' (J. Manuel, Rivad. LI, 335) y *gravedumbre*; *gravedoso*. *Gravecer* 'desagradar, ofender' ant. (*Alex.*, 49, 215); también *engravecer*. *Grávido* [Acad. 1884, no 1843], tomado de *gravĭdus* íd.; *gravidez*. *Gravitar* [med. S. XVII: G. de Tejada], derivado culto; aunque no fué creado por Newton, como suele decirse, su difusión se debe realmente a este gran físico; también se dijo *gravear*; *gravitación*. *Gravoso* [Oudin; falta Covarr.; *Aut.* cita ejs. de la 2.ª mitad del S. XVII]. *Gravar* [Covarr.; Oudin; 1626, Fz. de Navarrete], tomado de *gravare* íd.; *gravamen*; *gravante*; *gravativo*. *Agravar* [en la ac. 'gravar con tributos', 1241, *F. Juzgo*, y Oelschl. cita ej. en doc. de 1206; en las acs. modernas, 1438, *Corbacho*]; *agravación*; *agravador*; *agravamiento*; *agravante*; *agravatorio*. *Agraviar* [doc. de 1242, y otras obras de med. S. XIII: Cuervo, *Dicc.* I, 260-2; nótese que en este siglo tiene muchas veces el sentido de 'agravar (un mal)']: junto con el port. *agravar* 'agraviar', cat. *agreujar* (ant. también *greujar*), oc. ant. *greujar*, fr. ant. *gregier* íd., supone un lat. vg. *GRAVIARE O *AGGRAVIARE*; *agraviado*; *agraviador*; *agraviante*; *agravio* [doc. de 1295-1317, *Mem. de Fernando IV*; S. XV, Biblia med. rom., *Gén.* 6.11][1], antes también *agraviamiento*; *agravioso*.

[1] De la forma catalana correspondiente *greuge* está tomado el arag. *greuge*.

Graviar, V. *garúa*

GRAZNAR, de un hispano-latino *GRACĬNARE, hermano de las palabras del lat. tardío GRACITARE y GRACILLARE, del mismo origen onomatopéyico que GRACULUS 'grajo'. *1.ª doc.*: APal. 181b: «*gingrire* es *graznar* : a saber la propria boz de los ánsares»; Nebr.: «*graznar el ánsar*: clango; *graznar algunas aves*; vide *cantar*».

Aut. cita testimonios de Fr. L. de Granada, Villaviciosa y Covarr. Voz frecuente desde el período clásico por lo menos. También port. *graznar* [h. 1600, Mousinho de Quevedo]; según M-L. (*REW* 3829a) existe asimismo un rum. *grăcină* 'crujir, chirriar' (aunque es ajeno al lenguaje común). El pallarés *carnar*, *carnyar*, 'graznar (el cuervo, el grajo)', 'chillar (el conejo, el niño)', gasc. *carnà* «crier (en parlant des corbeaux)» (Gers, Neste, en Palay, s. v., y II, 653), bearn. *carragnà*

«grogner», pueden proceder de *crasnar* > *c(r)arnar* (*BDC* XXIII, 282), con la inicial del lat. CROCITARE 'graznar (el cuervo)'. GRACCITARE se halla en una poesía, quizá medieval, de la Antología latina; a juzgar por el it. *gracidare* debe leerse GRACITARE (comp. la grafía tardía *gracculus* por *graculus)*; GRACILLARE es algo más frecuente. Es posible, según indica G. de Diego (*RFE* IX, 117), que *GRACINARE se deba a una contaminación de GRACITARE por el sinónimo BUCINARE 'tocar el cuerno de caza', que dió el cast. *voznar* [en el valenciano Pérez de Montoro, † 1696] 'graznar (el cisne)', oc. ant. *bozenar* 'gruñir', cat. *botzinar* 'gruñir, refunfuñar'[1]; la variante port. *gasnar* (2 ejs. de los SS. XVI y XVII en Moraes) puede deberse, sea a influjo renovado de *voznar*, sea al de *ganso*; también se ha dicho en castellano *gaznar* (ej. del andaluz Sbarbi en Pagés), *crascitar* (Huerta, a. 1624) y el latinismo *crocitar* (mal escrito *croscitar* en Acad.).

DERIV. *Graznido* [APal., 99b «*crotatio* es el *graznido* de la boz de los cuervos»; también 79b], o *gaznido*. *Graznador*.

[1] No sé a qué se refiere G. de Diego al decir que GRACCITARE sale de un cruce de GLACITARE con GRACULUS. No es conocida tal palabra latina *GLACITARE. ¿Será errata por CROCITARE?

GREBA, 'pieza de la armadura antigua, que cubría la pierna desde la rodilla hasta la garganta del pie', del fr. ant. *greve* 'saliente que forma la tibia en la parte anterior de la pierna', 'greba', derivado de *graver* 'trazar un surco', y éste del fráncico *GRABAN 'cavar' (vid. GRABAR). *1.ª doc.*: *greva*, invent. aragonés de 1426 y 1497 (*BRAE* VI, 738; IX, 266).

También APal.: «son *ocree* fechas de fierro como *grevas*, o de cuero como *balvas*, las que cubren las piernas desdel pie fasta encima de las pantorillas»; Nebr.: «*gleba*: armadura de piernas: *tibiale*». Leguina cita ejs. de D. de Valera (1482) y de varios autores de los SS. XVI y XVII. Del mismo origen, port., oc. ant. *greva*, ingl. *greave*. En francés la ac. 'greba' aparece desde princ. S. XIV (G. Guiart), mientras que la ac. más cercana a la etimología, 'canilla, saliente que forma la tibia', no aparece hasta el S. XV (Villon), por una casualidad; hoy se conserva ésta en varios dialectos franceses. Vid. Antoine Thomas, *Rom.* XLII, 406-8.

DERIV. *Grebón*.

Greca, grecismo, grecizante, grecizar, V. *griego*

GREDA, 'arcilla arenosa de color blanco azulado', del lat. CRĒTA íd. *1.ª doc.*: h. 1400, Glos. de Toledo y del Escorial.

También en APal. («*creta*: linaje de tierra blanca, *greda*, dicha de la ysla porque ende es mejor»; también 30b, 182b, 431d), Nebr. («*greda para*

adobar paños: creta cimolia; *greda, tierra blanca»*
g7vº); *Aut.* da un ej. de una ley de 1511, y es
voz frecuente y popular. Hoy en Cáceres (Espinosa, *Arc. Dial.,* 79), Almería y otras provincias del
Sur de España, reemplaza en el uso popular a 5
arcilla, palabra desusada en estas zonas: allí suele
pronunciarse *grea. Greta* (Acad.) es variante culta.
    DERIV. *Gredal. Gredera* 'masa de terreno arci-
lloso' (usual en Bornos, prov. de Cádiz: *BRAE*
XXII, 487). *Gredón* 'arenas y arcillas finas' (en 10
las prov. de Valladolid y Madrid: *BRAE* XXII,
487). *Gredoso* [Nebr.]. *Engredar.* Cultismo: *cre-
táceo.*

    Grefier, V. *gráfico   Gregal,* V. *griego, grey* 15
Gregario, V. *grey   Gregorillo,* V. *gorga   Gre-
güería, gregüescos, greguisco, greguizar,* V. *griego*
Grelo, V. *grillo*

    GREMIO, tomado del lat. *grĕmĭum* 'regazo', 20
'seno', 'lo interior de cualquier lugar'. *1.ª doc.:*
En la ac. 'regazo' ya en 1499, D. Guillén de Ávila
(Lida, *J. de Mena,* 426); 1565, Illescas: *el gremio*
de la Iglesia Cathólica; 1615, Suárez de Figueroa,
'corporación de los trabajadores de un mismo 25
oficio'.
    La ac. originaria 'regazo' es latinismo crudo
y rarísimo: Núñez de Cepeda (1686) lo aplica individualmente a una persona, prelado en este caso,
pero aun ahí tiene ya sentido figurado; también 30
Covarr. y Cervantes le dan el sentido eclesiástico,
y éste le hace además sinónimo de grupo de personas reunido ocasionalmente (*Quijote* II, xxxviii,
145).
    DERIV. *Gremial. Agremiar* [Acad 1884, no 1843]. 35

    Grenchudo, V. *crencha   Greno,* V. *negro*
Grenza, V. *orenza   Greña* 'agalla', V. *agalla* II

    GREÑA, palabra emparentada con el radical 40
céltico GRĔNN- 'pelo en la cara' que permiten suponer las lenguas célticas insulares, pero como hay
dificultades fonéticas y el cast. *greña* y el port.
grenha no se documentan antes del S. XVI, es probable que deban considerarse estas formas romances 45
como derivados retrógrados del cast. ant. *greñón,*
griñón, port. ant. *grenhon, granhon, grinhon,* 'cabello', 'barba', los cuales representan un celto-latino
GRENNIO, -ŌNIS, derivado del citado radical céltico. *1.ª doc.: griñón,* Berceo; *greñón, Alex.; greña,* 50
J. del Encina, *RFE* XL, 166; 1586, Góngora, ed.
Foulché I, 93.
    Greña 'cabellera revuelta y mal compuesta' debe
de ser voz tardía a juzgar por la documentación
de que disponemos. Está también una vez en una 55
comedia de Torres Naharro (1517), pero sólo en
una variante de texto que no sé si pertenece al
autor (vid. Gillet, *Propaladia* III). Falta en los
glosarios de h. 1400, APal., Nebr., C. de las Casas,
Percivale (1591), y en muchos autores medievales 60

y clásicos cuyo léxico se ha inventariado. Góngora
lo emplea varias veces, sea con aplicación propia,
sea metafóricamente ('espesura de ramaje o de árboles', etc.); también lo empleó Lope en la *Gato-*
maquia (1632), y figura en los dicc. de Covarr.,
Oudin y *Aut.;* Juan Hidalgo (1609) registró *greña*
'cabellos remesados' entre las voces de germanía;
desde el S. XVII es voz muy popular, sobre todo
en plural (*le caían las greñas por la cara,* etc.),
mientras que el singular *la greña,* con valor colectivo, apenas se emplea más que en la frase *andar*
a la greña 'reñir agarrándose de los cabellos' [*Aut.*].
En portugués *grenha* no parece tener menor grado
de vitalidad que en castellano (nótense las acs.
varias y derivados que cita Fig.), y ya se documenta en varios clásicos, desde Mendes Pinto
(1541). El cat. *grenya* parece ser de fecha muy reciente (sin documentación en Ag. ni Balari), está
completamente aislado en el idioma y es por lo
menos sospechoso de castellanismo[1].
    Frente a la fecha tardía de *greña* en cast. y port.
resalta la antigüedad de *greñón* o *griñón.* Esta última era la forma más común en castellano, pero
la otra aparece por lo menos una vez, en *Alex.,*
1504c (*grenonnes,* errata evidente por *grennones,*
O; grinonnes, P), y *grañón* figura en el *Cuento de*
Otas (princ. S. XIV): «por estos mis *grañones*
blancos, que le pesará conmigo» (fº 52vº). Es vocablo de bastante frecuencia en el S. XIII: en
Berceo (*S. Mill.,* 216c²; *Duelo,* 202d), en *Sta. M.*
Egipc. (v. 734) y en varios pasajes de *Alex.* (994c,
1504c, ¿2050d?) parece designar el cabello de la
cabeza, con frecuencia el cabello de un guerrero
(*Alex.*); en otros pasajes del *Alex.* se trata más
bien de las barbas de un caballero: «juraron todos sobre los sus *grinones*» (1052c), «corrien las
vivas lágrimas por medio los *grinnones*» (2036c).
En gallegoportugués es frecuente en el S. XIII
sobre todo *granhon* (*Cantigas* 293, estr. 5; *Canc.*
de la Vaticana 62.1, 63.16, 305, y varios ejs. en la
canción 74), pero también se halla *grin(h)on* (*Can-*
tigas 85, estr. 9; *MirSgo.* 81.6) y, según C. Michaëlis (*ZRPh.* XXV, 280) también *grenhon* (sin
cita): se trata a veces de la barba, otras veces de
la cabellera, y en particular de la de un guerrero
(*Vat.* 62.1, 63.16)³.
    ¿Es casual esta diferencia cronológica entre
greña y el tipo *greñón?* Como no he procedido
a una averiguación exprofeso, no habiendo prestado gran atención a este problema en la fase pre-
paratoria de este dicc., no puedo hacer afirmaciones absolutas. Pero los datos recogidos son elo-
cuentes y me parece difícil que contraste tan acentuado sea casual. Como indicio de la existencia de
greña antes del S. XVI sólo podríamos citar el
adjetivo *greñudo,* del cual hay un solo ej. en el
Canc. de Baena («verás cómo pelo los hombres
greñudos», W. Schmid), pero aun así sólo llegamos a comienzos del S. XV. Los lingüistas no han
tenido en cuenta hasta ahora la fecha tardía de

greña, y por el contrario han tomado esta palabra como el testimonio más seguro de la palabra céltica en su forma primitiva (así Whitley Stokes, en *Beitr. z. Kunde d. idg. Spr.* XIX, 85). Ahora bien, no es éste el único problema que oscurece esta etimología céltica, sugerida por Thurneysen (*Keltorom.*, 64) y admitida como evidente por M-L. (*REW*, 3862), Dottin (*La Langue Gaul.*, p. 261) y Wartburg (*FEW* IV, 267). Como GRENN- no podría dar el port. *grenha*, suele admitirse que éste es castellanismo, pero no hay razón alguna para ello, fuera de la dificultad fonética; por otra parte, como la ṇ vocálica indoeuropea da ĕn con e breve en céltico (*an* en otros dialectos), y las palabras del céltico insular correspondientes a la nuestra (irl. ant. *grend* 'patillas', 'bigote', gaél. *greann* f. 'cabello enmarañado o erizado', bret. antic. *grann* f. 'ceja', 'pestaña', galés antic. *grann* íd.) presentan el vocalismo correspondiente a ṇ⁴, M-L. y Wartburg parecen hallarse en terreno firme al suponer un étimo *GRĔNNOS con ĕ breve; pero esta base quizás hubiera dado *grieña o *griña en castellano, comp. *Íñigo*, ant. *Yéñego*, ĔNNĒCUS; *-illo*, ant. *-iello*, -ĔLLUS; si bien parece ser cierto que la ĕ hispanocéltica tenía timbre cerrado (para lo cual vid. *BERRO*). Sea de ello lo que quiera hay motivo para extrañar que el céltico continental no tuviera en este caso AN, como las lenguas británicas, y como acostumbra suceder en palabras gálicas de este tipo: CAMBIARE, *BANNOM 'cuerno', y el propio GRANNO- documentado en nombres propios (Dottin, *l. c.*), palabras todas que remontan al mismo vocalismo indoeuropeo (Pedersen I, 45 y 46). Jud hizo notar ya esta extrañeza (*ARom.* VI, 208) y es de lamentar que celtistas y romanistas hayan hecho tan poco caso de su toque de atención; a la verdad, esta dificultad fonética no basta para poner en duda la etimología céltica, pues tenemos BENNA en galo, y pudo haber en este idioma un doble tratamiento por razones diversas⁵. Sea como quiera, esto más bien indica que el timbre de este ĔN debió ser abierto, como lo esperaríamos a priori, y no cerrado. Luego no es posible pasar de *GRĔNNOS a *greña* directamente: se oponen a ello la *e* castellana, la *nh* portuguesa y la cronología. Partiendo de *greñón* todas las dificultades desaparecen: un derivado celto-latino *GRENNIO, -ONIS, nada tiene de sorprendente (comp. *AGRANIONE, *REW* 294, frente al tipo *AGRINIA que suponen las formas del céltico insular: Pedersen I, 103; II, 59), y tomándose *greñón* como un aumentativo se extrajo de ahí el seudoprimitivo *greña*. Nótese que en galorromance ocurrió algo semejante. El francés sólo conoce *grenon* o *guernon*, y *grenon* o *grinon* es también la forma corriente en lengua de Oc; del supuesto primitivo *gren* no tenemos más que tres ejs. en lengua de Oc medieval: aun prescindiendo de lo que nos enseña el iberorromance ya podríamos sospechar que el raro *gren* se sacó de *grenon*, en calidad de caso sujeto, ni más ni me-

nos que *glot* procede de *gloton* (sin que exista un lat. *GLUTTUS). En conclusión, los romances sólo permiten postular una base *GRENNO, -ONIS (galorrománica), o *GRENNIO, -ONIS (iberorrománica). La ligera alteración de *greñón* en *griñón* tiene explicación fonética (ante -NḶ-), sin que haya necesidad de hacer intervenir el influjo de CRĪNIS; en cuanto al port. ant. *granhon* y leon. ant. *grañón*, en idiomas de vocalismo átono tan inestable, quizá no conviene darle importancia: a lo sumo se podría explicar por contaminación del gót. GRANUS 'bigote'⁶. Para terminar, nótese que el sic. *gregna* 'crin', y el tunecí *grénya* 'guedejas' (Simonet), son castellanismos.

Queda la cuestión planteada por Rohlfs (*ZRPh.* XLVI, 163; *ASNSL* CLX, 315) acerca del origen del and. y mej. *greña* 'porción de mies que se pone en la era para formar la parva y trillarla' [Acad. ya 1817]⁷: sugiere el lingüista alemán que tenga el mismo origen que el sic., calabr., pullés, napol. *gregna*, calabr. *gremma* 'gavilla', sardo sept. *remiarzu* 'montón de gavillas', es decir, del lat. GREMIA, plural de GREMIUM 'regazo', 'manojo, haz, lo que cabe entre los brazos'. Quizá sea así, pues aunque -MḶ- no da la ñ en español, como lo da en el Sur de Italia, siempre podría creerse en un especial tratamiento mozárabe, o eventualmente en un italianismo (por lo demás poco probable en palabra de esta naturaleza). Pero debe tenerse en cuenta que en Andalucía *greña* es también 'primer follaje que produce el sarmiento después de plantado' y 'el mismo plantío de viñas en el segundo año' [Acad. ya 1817], y en Méjico se dice *algodón en greña* por 'algodón en rama', en los cuales no podemos dejar de reconocer aplicaciones figuradas de *greña* 'cabello'; ahora bien, de 'follaje de una planta' era fácil pasar a 'porción de mies por trillar'; en conclusión, la idea de Rohlfs es poco probable.

DERIV. *Greñudo* [princ. S. XV, vid. arriba]. *Greñuela*. *Desgreñado* [1615, Cervantes], *desgreñar* [1615, Villaviciosa]. *Engreñado*. *Griñón* 'toca que se ponen en la cabeza las beatas y las monjas, para rodearse el rostro' [princ. S. XVII: Góngora y *Pícara Justina*, Fcha.], ac. especial del antiguo *griñón* 'cabellera' (para el cual V. arriba).

¹ Lo admite Fabra, pero muchos lo rechazan. No hay duda de que tiene sabor menos catalán que el sinónimo *blens*.— ² Cuando los demonios tratan de pegar fuego al lecho del santo, sucede un prodigio: «tornáronse las flamas atrás como punzones, / quemábanlis las barbas, a bueltas los *grinones*».— ³ Si el vocablo se hallara sólo en obras de Alfonso X, como las *Ctgs.*, cabría la sospecha de un castellanismo y por consiguiente la de que se tratara de un aumentativo romance de *greña* con NN > ñ. Pero apareciendo con frecuencia en otros poetas gallegos y portugueses es imperioso admitir una fase con NḶ.— ⁴ Pedersen, *Kelt. Gramm.* I, 46. La forma céltica inicial debió

ser GREND-, pero la asimilación -ND- se produce, más tarde o más temprano, en todos los idiomas célticos (Pedersen I, 114), y hay ejs. seguros en galo (*BANNOM 'cuerno', etc.).— ⁵ Desde este punto de vista deberá examinarse la antigua variante *bane, bagnole, banastre*; y también la vacilación entre *bran* y *bren* (así en céltico como en romance), aunque no ignoro que no son casos iguales y que aun el origen céltico del último vocablo es muy dudoso.— ⁶ Sabido es que esta palabra, documentada en San Isidoro, junto con la familia del alem. *granne*, es hermana del vocablo céltico que hemos estudiado. Como nota Sofer (p. 136) no anduvo acertado G. de Diego (*RFE* XII, 3) al suponer que fuese «falsa latinización» del celta. Por otra parte, plantear la hipótesis de que el hispano-port. *greñón (gra-, gri-)* y el galorrománico *grenon* provengan de un germ. *GRANIO, -ONIS, o *GRANO*, sería seguramente exagerar en sentido contrario, pues los romances postulan una base con E.— ⁷ Como andaluz; la calidad de mejicano se agregó en el S. XX; Darío Rubio la puso en duda, pero la confirma el *Vocab. Agrícola Nacional*, publicado como suplemento a la revista mejicana *Investigaciones Lingüísticas*.

GRES, 'pasta refractaria de alfarero', del fr. *grès* 'roca formada con granos de arena cuarzosos', 'tierra arenosa de alfarero', y éste de una forma germánica emparentada con el alem. *griess* 'grava, arena gorda', a. alem. ant. *grioz* íd. *1.ª doc.*: Acad. 1936 o 1925.

Son también galicismos el port. *gres* y demás formas romances análogas. El cat. *gresa* 'arenisca' tiene arraigo local y ha de ser antiguo, pero quizá tenga otro origen.

GRESCA, 'riña, pendencia', 'bulla, algazara', del mismo origen que el cat. ant. *gr(e)esca* 'juego de azar prohibido', hoy *gresca* 'bulla, alboroto', fr. ant. *griesche* 'juego de azar'; proceden del adjetivo GRAECĬSCUS 'griego', por la fama de libertinos y pendencieros que tuvieron los griegos desde la República romana y desde las Cruzadas; la evolución fonética del vocablo indica que es de origen forastero en castellano, probablemente tomado del catalán, aunque ya en fecha antigua. *1.ª doc.*: *gresgar* 'reñir, pelear', *Alex.*; *gresgo*, h. 1290, *Crón. Gral.*, cap. 807; *gresca*, 1605, Rey de Artieda¹.

El verbo *gresgar* figura en el *Alex.* (1767a) empleado como «infinitivo personal» leonés²; con valor parecido figura la misma palabra en las *Cantigas* (259, estrofa 2). Un masculino *gresgo* 'disputa, pelea' está en la *1.ª Crón. Gral.* («aviendo *gresgo* este papa Gregorio con los otros dos sobre razón del apostoligado»), en la *Gr. Conq. de Ultr.* (p. 494), en la Crónica de 1344 (cita en la ed. de Guillén de Castro, *Cl. C.*, p. 13) y en el *Canc.* de Baena (W. Schmid); una variante *griesgo* se halla en las *Leyes de Moros* de Castilla la Vieja, del

S. XIV (*Mem. Histórico Esp.* V, 60: «o por otras cosas, que se levantan *griesgos* entre el omen et la muger»), y en una farsa de Fernando Díaz de h. 1520 (Kohler, *Sieben Sp. Dram. Eklogen*, p. 319, v. 76: se trata de una reyerta verbal acompañada de algunos golpes). De *griesgo* es reducción normal (como *prisa* o *prisco* de *priessa, priesco*) la forma *grysgo* que leemos en poesía de Villasandino: «pues de cada día nasçen / *grysgos* entre trobadores, / descendet, que non profasen, / Alto Rey, los burladores» (*Canc. de Baena*, p. 96); la Acad. (ya 1843) registra además *griesco* como anticuado.

Hoy estas formas están olvidadas, pero desde principio del S. XVII aparece la forma moderna *gresca*: así en Rey de Artieda, en Oudin («trouble, querelle, noyse, picque»), en Suárez de Figueroa (1615), en Quiñones de B.ᵃ, etc.; *Aut.* recoge además la ac. 'ruido, confusión, alboroto', con ej. de Manuel de León (h. 1690). Algo anticuado en el uso común español, sigue muy vivo *gresca* en América, en su ac. de 'riña tumultuosa': así por lo menos en la Arg.⁴, en Colombia⁵, etc. El vocablo no es propiamente portugués, aunque *gresgar* figure en las *Cantigas*⁶, y hoy se conoce *grêsca* «barulho sério entre indivíduos, em que elles se peguem, em que haja pancada» en Tras os Montes (*RL* V, 92). En cambio es y ha sido muy vivo en catalán (*gresca* con *e* abierta). Hoy predomina allí el significado 'algazara, alboroto', y en el dialecto central con el matiz de 'alboroto alegre', a veces 'entusiasmo' (*engrescar* 'entusiasmar'); lo mismo en Tortosa y Maestrazgo, pero G. Girona lo recoge en manuscritos locales de esta comarca con el significado de 'pelea, riña' («joch de moure *gresca*»), que es el que le da el alcoyano Martí Gadea⁷. Esta ac. debe de ser tan antigua como en castellano, aunque no tengo documentación, pero los diccionarios la dan muy abundante de otro sentido, probablemente porque hoy ya no está en uso: Ag. y Balari dan 8 ejs. de *gresca* como nombre de cierto juego de dados practicado por tahures y rigurosamente prohibido, desde R. Lulio (fin del S. XIII) hasta fines del XV («que alguna persona... no gos jugar... a *grescha* ne a riffa ne a qualsevol altre joch de daus, exceptat de taules», bando barcelonés de 1445)⁸; se trataba de un juego ruidoso, en que abundarían las peleas («al joch de la *gresca* no cessen rebatre», *Canç. Satir. Val.*, 78), lo cual explica el significado moderno. Ahora bien, es elocuente la variante *graesca* documentada en 1303 (Balari), grafía oriental en lugar de *greesca*, que coincide con el étnico *greesc* 'griego', resultando normal del lat. GRAECĬSCUS según la fonética histórica catalana. Esta identidad nos la confirma el fr. ant. *griesche* 'juego de azar', p. ej. en las famosas poesías de Rutebeuf *La Griesche d'Yver* y *La Griesche d'Esté* (para las cuales vid. Julia Bastin, *Rom.* LXVI, 405), que coincide también con el fr. ant. *griois*, fem. *griesche*, 'griego, a'.

También en castellano *gresca* se superpone con el antiguo *greesco, -a*, documentado, que yo sepa, una sola vez, en el· *Alex.* («obra era *greesca*», 814*b*); pero la. forma normal castellana del adjetivo étnico es *grecisco* (así en el ms. *P* del *Alex.*, en la *Gr. Conq. de Ultr.*, p. 200; en doc. de Sahagún de 1025—V. el glosario del Indice de Vignau—; etc.), y, en efecto, la fonética castellana no permitiría la evolución de GRAECISCUS en *greesco*. Es inevitable admitir un préstamo, sea del catalán (donde cae entre vocales la C¹), sea del francés (donde *griesche* no es continuación fonética de GRAECISCUS, sino derivado de *griu, grie*, GRAECUS, -A, con adición romance del sufijo procedente de -ISCUS). Claro está que la duda no es posible, pues la forma castellana es muy diferente del fr. *griesche*, y coincide con el catalán: de éste debió, pues, tomarse el vocablo; es natural, puesto que los catalanes eran un pueblo mediterráneo con intereses comerciales, y más tarde políticos y militares, en tierras griegas.

Señalada someramente por Montoliu (*BDC* I, 43), acogida con reserva por Jud (*Rom.* XLIV, 290), esta etimología fué documentada en parte por Tiscornia (*M. Fierro coment.*, p. 419) y confirmada por Wartburg (*FEW* IV, 213*a*). Spitzer se esforzó por justificarla semánticamente (*Litbl.* XXXV, 205): fr. ant. *griesche* 'juego de azar' > 'desgracia' > comtois *griesse* 'tristeza'. Creo con él que hay que arrancar desde el concepto que se tenía de los griegos en tiempo de la República romana, de donde los verbos *graecari* 'ir de juerga' («bien faire carous», Étienne) y *pergraecari* («vivite, *pergraecamini!*», ya en Plauto). La idea de libertinos y viciosos (el «amor griego») que se tenía entonces de este pueblo, se mantuvo o empeoró en los tiempos del Imperio y de Bizancio, y fácilmente pudo derivar hacia la de 'tahures' y 'peleantes', reforzada por la hostilidad con que acogieron más tarde a los Cruzados y los múltiples lazos en que trataron de envolverlos, y mantenida y alimentada por hechos posteriores⁹. Comp. *griego* 'tahur, fullero' en la *Pícara Justina* (ed. Puyol III, 184), argot fr. *grive* 'guerra', fr. *grivois* 'libertino', prov. *grè* «vagabond, filou», langued. (> fr.) *grigou* 'avaro, sórdido', fr. *grec* «tricheur» (*FEW* IV, 211*b*), fr. *pie grièche* 'lanius excubitor' (pájaro famoso por su carácter pendenciero), «femme criarde et querelleuse» (Oudin), etc. Pero ¿qué es lo primero: 'juego de tahures' o 'reyerta'? Los dos pudieron aparecer simultáneamente, como son igualmente antiguos en el caso de *rifa* y *rifar;* si fuese segura la etimología griega de Baist ῥιφή 'acción de echar', aquí habría que partir del 'juego'. El detalle fonético es evidente: *greesc* se castellanizaría durante la Edad Media en **greesgo* (tal como *risc* correspondía a *riesgo*), de donde *gresgo* o *griesgo*, y el femenino *gr(e)esca* se tomaría con posterioridad. La conciencia de que *griesgo* significaba propiamente 'griego' fué causa de que el vocablo

se cruzara en Castilla con la forma autóctona *greguesco*, resultando *guirguiesca* 'juego de dados' en los *Libros del Acedrex* de 1288 (302.6).

DERIV. *Engrescar*.

¹ «Angosto de collar, largo de busto, / te vi la vez que entrávamos en *gresca*, / y un zapato calzártele muy justo», *Disc. de Artemidoro*, ed. 1605, fº 84vº.— ² «Rey esto avonda, quiéralo el senado, / assaz ovist contienda en Jo que has ganado, / se tu en ál contiendes serás mal cosejado, / ca afogarte puedes con tan grueso bocado. / En *gresgares* connosco tu non ganas y nada, / non ayas çontra nós achaque ni entrada». Es decir, 'no ganas nada en (tú) pelear con nosotros'. El ms. *P* sustituye por el incoloro *en g(u)errear*. Así entiende ya M.-Fatio, *Rom.* IV, 46, y comp. la reseña de M. P. a la ed. de Morel-Fatio.— ³ «ALCALDE: ¿De qué vivís?... HOMBRE: De pelear. / ALCALDE: ¿Con quién peleáis? HOMBRE: Mire usted, / cuando alguna *gresca* hay / llego yo hecho un Lucifer, / y en tono de meter paz / la revuelvo, echado el ojo, / a quien lo puede pagar», *NBAE* XVIII, 825*b*.— ⁴ «Mi madrina... y mi protectora. Niño pequeño, acompañándola en las calles, me contaba las *grescas* que tenía con una perra tía mía que me malquería», Sarmiento, *Obras*, t. XLIX; p. 327 de la selección del Comité Nacional de 1938. Frases como «una mujer alcoholizada promovió una· *gresca*» son hoy muy corrientes en la prensa de âquel país.— ⁵ Rivera, *Vorágine*, ed. Losada, p. 60.— ⁶ No creo atine R. Lapa en el glosario de sus *CEsc.* al sugerir que en una portuguesa de h. 1250, en la frase «Alhur, Conde, peede u vos digan: *Crescas!*», *Crescas* signifique 'bulla, conflicto' y más precisamente en este ejemplo 'vamos a la lucha'; esta palabra sería según él una variante de *gresca*, pero la *c-* se opone a la idea. Acusa el poeta al conde de traidor y cobarde (*peede*) y le compara con un judas llamándole *Crescas*, nombre judío por excelencia.— ⁷ «Ròbo o tròbo, diu la gent / al vore un rich de la vespra; / però no convé dir res, / ni ficarse en cap de *gresca*», *Tèrra del Gè* III, 116.— ⁸ Agréguese «los ribalts stan a les plasses jugant a la *grescha*», en el valenciano A. Canals, fines del S. XIV, *Providència*, 112. Juego prohibido en docs. de Bagá de 1361 y 1393 (*Homen. a Rubió i Lluch* II, 422).— ⁹ Montoliu piensa en las traiciones y ataques contra la Compañía Catalana del S. XIV, y rechaza la idea por ser esta época posterior a la de la alteración de la C palatal entre vocales. No es ésta buena razón porque el étnico *greesc* preexistente pudo entonces tomar su significado actual a raíz de aquellos hechos; pero nuestra documentación prueba que el vocablo ya existía con este sentido antes de aquella fecha, aunque entonces recibiría un fuerte aumento de popularidad.

Greuge, V. *grave*

GREY, del lat. GREX, GRĔGIS, 'rebaño'. *1.ª doc.:*
Fuero de Guadalajara, 1219; Berceo.

Palabra nada rara en la Edad Media (J. Ruiz, 5
928d; *Gr. Conq. de Ultr.*, 486; etc.), y todavía
empleada en su sentido material por algún autor
arcaizante del Siglo de Oro («ciertos pastores
velando sus *greyes*», Valverde, a. 1657) y aun más
tarde. Pero la ac. 'congregación de los fieles cris- 10
tianos bajo las autoridades eclesiásticas', que ya se
halla en Berceo, tiende pronto a generalizarse, y
sólo por influjo latino se vuelve ocasionalmente
a la primitiva. Port. *grei* f., que también fué gallego,
Gral. Est. gall. (11.15), pero en plural junto a 15
greis (15.30) aparece *grees* en ese y otros textos,
alternancia y género anómalos que se normalizaron
en *grea(s)*, hoy usual, sobre todo aplicado a grupos
gregarios de gente[1].

DERIV. Son cultismos. *Gregal* 'que anda en re- 20
baño', de *gregalis* íd.; *gregario*, de *gregarius*. *Agregar* [1423, Villena; aunque empleado por Góngora, no se hace frecuente hasta fines del S. XVIII:
Cuervo, *Dicc.* I, 263; hoy en el uso culto arg.
y de otros países de América tiende a eliminar el 25
uso de *añadir*], de *aggregare* 'reunir, juntar, aso-
ciar'; *agregación* [h. 1600, Sigüenza: Cuervo, *Dicc.*
I, 262-3]; *agregado*; *agregativo*. *Congregar* [1402,
BHisp. LVIII, 91; 1565, Illescas], de *congregare*
íd.; *congregación*; *congregante*. *Disgregar* [1540, 30
Venegas], del lat. tardío *disgregare* íd.; *disgrega-
ción*; *disgregador*; *disgregante*; *disgregativo*. *Egre-
gio* [1438, J. de Mena; Lope], de *egrĕgius* 'el que
se destaca del rebaño'; en forma semiculta se hizo
en gallego primero *esgreio* y por influjo de *grave* 35
y el antiguo *greve*, ayudado por ultracorrección
desde casos como *rubio* ∾ *ruyo* ∾ *royo* ∾ *uviar*
∾ *uyar*, *Cobián* ∾ *Coyanca*, surgió *esgrevio* 'noble,
digno, elevado' (Lugrís), 'insigne': «poetas tan *es-
grevios* como Rosalía, Curros e Pondal» (Castelao, 40
243.16). *Segregar* [princ. S. XVII, Paravicino], de
segregare íd.; *segregación*; *segregativo*.

¹ «As *greas* de mariñeiros», «*greas* de probes e
xitanos», Castelao 53.8, 150.15, 88.3, 104.18,
289.16.

GRIAL, 'escudilla', ant., del mismo origen incierto que el cat. *greala* (cat. arcaico *gradal*, f.),
oc. ant. *grazala*, fr. ant. *graal* íd.; aunque la leyenda del Santo Grial se propagó desde el Norte 50
de Francia, el vocablo procede del Sur de este
país y Cataluña, donde designa utensilios de uso
doméstico. *1.ª doc.: greal*, aranceles santanderinos
del S. XIII (*RFE* IX, 271); también J. Ruiz,
1175d («espetos e *griales*, ollas e coberteras» *S*, 55
greales G).

El vocablo fué de uso popular en España desde
fecha temprana. Pietsch cita ej. de *greales* en un
documento de Silos del año 1338. Era vocablo
arraigado sobre todo en Aragón; A. Castro, *l. c.*, 60

cita media docena de ejs. de *greal*, *gradal* o *gradalete* en textos de esta procedencia desde 1356 a
1444[1]. Sabido es que *greal* o *grial* es la forma corriente en los libros de caballería para el San
Grial: véase la documentación reunida por Pietsch, 5
Spanish Grail Fragments II, pp. 3-4. Pero en las
fuentes anteriores citadas no hay resabio literario, pues se trata de un utensilio de uso popular.

El dato más antiguo que se tiene del voca- 10
blo en parte alguna está en una escritura catalana, y por más señas urgelense, escrita en
latín en el año 1010 (Du C.): «ad Sancta Fide
coenobio *gradales* duas de argento, ad Sancto Vin-
centio de Castres anapos duos de argento». No 15
es caso aislado, pues en el testamento ya medio
romance de Ermengarda, hija del conde Borrell de
Barcelona, en 1030, volvemos a hallar «vexela de
auro et de argento, id sunt enapos V, et *gradals*
II, copes II et cuylares V» (*Rev. de Bibliogr. Cat.* 20
VII, 7, n. 1). Como puede observarse, este cat.
arcaico *gradal* era femenino; de ahí que aunque
posteriormente se halla alguna vez *gresal*[2], lo común es la forma con terminación femenina que,
con arreglo a la fonética local, ha tomado formas 25
varias en los dialectos catalanes: *grasala* en el
Rosellón, Alto Ampurdán y montañas de Vic;
griala en el Alto Pallars y en la Espluga de Francolí; *greala* en la Segarra; *grala* junto a Montserrat; *grela* en Tortosa y el Maestrazgo. Me 30
limito a citar los datos que conozco directamente
y que se pueden ampliar con facilidad por medio
de los diccionarios. Se trata de una cazuela en el
Ampurdán, de una escudilla para picar cebolla
en el Pallars, de un lebrillo de lavar platos en la 35
Espluga, un lavamanos en inventario de 1440 de
Vallfogona de Riucorb (*Butlletí del C. Excurs.
de Cat.* VI, 99), una jofaina en Tortosa y Maestrazgo.

No es menor el arraigo y popularidad en el Sur 40
de Francia, especialmente en Gascuña y Languedoc: bearn. ant. *gradau* «saloir», *gradalou* «grand
plat», en las Montañas de Bearne *gradale* f. «plat
(pour faire la quête a l'église)» (Lespy, Palay), Valle
de Aure *gradalo* f. «terrine» (antic., Marsan), Lu- 45
chon *gardalo* «grand plat creux», Arán *gardala* 'artesa de los albañiles para la argamasa', 'vasija para
la leche', Toulouse *grazal* «baquet» (Goudelin),
grazalo «jatte» (Visner), Tarn *grezal* «terrine» (Gary), langued. *grazaou* «auge de bois, tel que l'auge 50
des maçons» (Sauvages), etc.[3]

En el territorio francés propiamente dicho sólo
se halla hoy en día en el extremo Sudeste: Berry,
Morvan, Haute-Loire, Franco Condado, Doubs y
Jura; su empleo en los libros franceses del Grial 55
lo introdujeron casi a un tiempo, en el S. XII,
Chrétien de Troyes y Robert de Boron; según
una conjetura de Foerster (*Wörterbuch zu Kristian
von Troyes*, pp. 174-180) esta introducción sería
obra del primero, natural de Champagne (hasta 60

donde supone Foerster que pudo llegar el vocablo en aquella época), imitada por el segundo, que emplea el vocablo casi sólo como nombre propio. Hay sobre esta voz un artículo de Spitzer en *Amer. Journal of Philol.* LXV, 354, todavía valedero, por lo menos, en su parte negativa, y los de Mario Roques (*Rom.* LXXVI, 1-6 y *RPhCal.*, 1955), que en lo lingüístico interesan sobre todo para precisiones acerca del uso en los textos franceses más antiguos y para el área medieval del vocablo en los dialectos franceses.

El área geográfica puede completarse citando el port. *gral* 'mortero' (Moraes, sin documentación; falta Cortesão; pero éste podría ser GRAN-ALE), y el milan. ant. *graelin* 'escudilla' (probablemente préstamo francés, dado su aislamiento).

El estudio de esta documentación nos enseña: a) los documentos más antiguos proceden de Cataluña, en los albores del S. XI', b) en la Edad Media el vocablo es especialmente popular allí y en tierras occitanas (vid. Raynouard y Levy) y aragonesas, c) la comparación de las varias formas, si todas fuesen autóctonas, conduciría a un prototipo *GREDALE o *GRADALE, más bien el primero, puesto que la asimilación de una E pretónica a la Á siguiente es fenómeno tan corriente, como rara una disimilación en sentido opuesto, y la forma francesa *graal* es del mismo tipo que *maaille* por *MEDALIA 'meaja, moneda'; en cuanto a las antiguas formas catalanas recuérdese bien que en este idioma la e pretónica ya se pronunciaba como a en la Edad Media. En todo caso la -z- languedociana, la -d- gascona y el hiato catalán, castellano y francés coinciden en oponerse rotundamente a una -T- y en postular una -D- intervocálica (a no ser que se trate de un grupo -TĮ-).

¿Cuál es el origen? No se conoce, pues casi todas las etimologías propuestas son arbitrarias, casi infantiles (V. una lista en Nascentes). Repetidamente se ha sugerido una alteración del greco-latino CRATER, -ĒRIS, 'copa grande'; algunos precisan: un derivado en -ALE del b lat. *cratus*, alteración (por lo demás, rara) de aquella voz latina; otros parten de una forma dórica *χρατᾶρ, -ᾶρος (Claussen, *RF* XV), cuya segunda r se habría disimilado en -l-: hay que apresurarse a observar que tal forma no pudo ser verdaderamente dórica, pues este sufijo tenía ē y no ā indoeuropea (según observa Prellwitz, *KJRPh.* IX, 41), y en cuanto a admitir una especie de hiper-dorismo propio de zonas de substrato dórico, como la Magna Grecia, pero fuertemente impregnadas de χοινή, es idea igualmente gratuita. Sobre todo chocamos con el obstáculo de que sólo en francés se justificaría el tratamiento de la -T- intervocálica. H. y R. Kahane, *Zs. f. dt. Altertum* LXXXIX; 191-7, insisten, sin razones válidas, en χρατήρ; no se trata de dudas o de objeciones, como ellos dicen, sino de total imposibilidad fonética. Su nota no hace, pues, adelantar el problema. En cuanto al vocablo catalán

grasser, -era (expresión rara), nada tiene que ver con esto: como muestra la -ss- se trata de un derivado en -ARIUM, -ARIA, de CRASSA, designando una vasija donde se pone grasa o se guisa con grasa. No pensemos tampoco en un préstamo del francés a los demás romances en el momento (¿SS. X y XI?) en que en este idioma la -T- había llegado a la frase fricativa -đ- (cuando en el Sur todavía la -T- estaba en la etapa oclusiva sonora, y la fricativa era allí el representante de la -D- latina), pues se trataba simplemente de una vasija de uso cotidiano, y sólo nos lo explicaríamos si ya existiera por entonces una fuerte corriente literaria basada en la leyenda del Santo Grial. Pero ¿no es eso un anacronismo literario en los SS. X y XI? Y aun si no lo fuese, ya veremos que la palabra *grial* no podía aplicarse entonces a tal leyenda, por lo menos en el Norte de Francia, donde parece ser importada. Finalmente —y aun dejando aparte la cronología de nuestra documentación— hay un argumento, de nadie advertido, que invalida totalmente esta posibilidad: si el tipo *CRATALE fuese oriundo del Norte de Francia, habría dado necesariamente *graël*.

Luego será preciso volver a la hipótesis de un origen meridional, ya apuntada por varios, por más que la rechacen perentoriamente Foerster y Nitze (*Mod. Philol.* XIII, 185-8). El argumento fonético que se le opone no tiene valor alguno: la -z- occitana es un desarrollo relativamente tardío (fin del S. XII); poemas del XI como *Santa Fe* y *Boeci* conservan todavía la -d- fricativa originaria, y nada se opone a que en este momento pasara el vocablo del Sur al Norte de Francia o a que, pasando en el S. XII, se afrancesara *grazal* en *graal* por el sentimiento de las correspondencias fonéticas (*fizar = fier, gazal = jaël, cruzel = cruel*, etc.); o a que, finalmente, proceda de la zona de dialecto francoprovenzal, de donde es hoy propio el vocablo; en cuanto a admitir con Foerster que antes pudo emplearse en Champagne es inaceptable, pues allí habría dado forzosamente *graël*. Lo que sí es cierto es que la literatura del Grial es creación del Norte francés y no de Occitania; pero nótese que sus autores se esfuerzan por dar un tinte exótico a los acontecimientos que narran, precaución prudente en narraciones maravillosas: un vocablo como *graal*, conocido como occitano y forastero, era apropiado para contribuir a dar un «color local» a esta literatura, y tratándose de vaso tan santo, era a todas luces preferible a un término local y cotidiano como *terrine* o *vaissel*, que evocarían asociaciones domésticas y serviles; para ello no es preciso que tuviera alguna antigüedad la relación que poetas posteriores buscaron entre el San Grial y el Montserrat o Montsalvat catalán, relación que obedecía al mismo prurito de exotismo. ¿Lo tomaría Chretien del occitano o sería uno de sus antecesores? ¿Se tomaría directamente del Midi o del francoprovenzal (donde -al < -ALE es regular, y el vocablo es hoy bien vivo), o bien de uno de los dialectos franceses vecinos del Midi, donde hoy existe el vocablo, probablemente en calidad de préstamo antiguo?[5] Todos estos puntos son ya secundarios.

Pero, con todo esto, todavía falta averiguar la etimología. M-L. aceptó últimamente (en la 3.ª ed. del *REW*) ·la opinión de Vising (*Nordisk Tidskrift for Filologi*, 4.ª Serie, VI, 71-72), según el cual se trataría de un plato grande en que se servían manjares a la gente rica, gradualmente, un bocado tras otro («scutella lata et aliquantulum profunda in qua pretiosae dapes cum suo jure divitibus solent apponi *gradatim*, unum morsellum post alium, in diversis ordinibus», según las palabras de Helinando). ¿Luego sería algo como los platos de compartimientos, usuales en la cafetería norteamericana? De ahí el nombre GRADALIS. Tratemos de resistir a la primera impresión de enorme anacronismo que esto nos causa. Y aun puede observarse que los documentos catalanes del S. XI y algunos de los aragoneses citados confirman que ocasionalmente podía ser vajilla de oro o plata, o por lo menos en loza fina de Málaga o de Manises: es decir, confirma hasta cierto punto la descripción de Helinando; pero falta la corroboración del extremo esencial: el servicio gradual. Es innegable que de por sí el testimonio de este escritor latino tiene muy escaso valor, por lo tardío y por estar evidentemente inspirado en la etimología que se trata de demostrar; el argumento de Vising de que Helinando es de fiar porque él acepta la otra etimología GRATUS 'agradable', es muy débil, pues aunque la etimología perteneciera a una de las fuentes de este autor, y no al autor mismo que ha llegado a nuestras manos, no por esto sería menos tendenciosa[6].

Mucho más natural es otra hipótesis que puede formularse. Puesto que el tipo *gre(z)al(a)* ~ *grazal(a)* es oriundo del Sur de Francia y de Cataluña, es en catalán y en lengua de Oc donde debe buscársele una raíz, y si quitamos el frecuentísimo sufijo *-al* no queda una palabra bien conocida allí y de sentido muy apropiado: oc. ant. *greza*, mod. *greso*, «grève, gravier, terre caillouteuse», cat. dial. *gresa* 'greda, especie de arcilla'. Es sabido que el sufijo *-al* es a menudo femenino en lengua de Oc y catalán (*la semal, la canal*, etc.). Y puesto que el tipo *greza*, según ha visto Wartburg (*FEW* II, 1331*b*), no es otra cosa que una formación adjetiva *CRĔTĔA derivada de CRETA, la idea es perfecta desde el punto de vista semántico, siendo así que CRETA era 'tierra de alfareros' para Plinio, y lo mismo CRETACEUS que CRETARIUS se aplicaban precisamente a la loza (Samónico, Inscripciones). Se tratará, pues, de un derivado comparable al fr. *terrine* o a los cast. *tarreña, tarro* o *barreño*. Como se ha podido ver arriba, el cacharro llamado *griala* o *grasalo* es hoy una fuente, escudilla, lebrillo o vasija parecida, pero hecha siempre de tierra o ar-

cilla, y hemos de creer que esto sería ya lo predominante en la Edad Media, aunque ocasionalmente pudiera extenderse a utensilios de metal o de madera; de hecho los *grazaletz* de la *Cansó de la Crozada*, «vases où les habitants portaient des matériaux de construction ou des munitions» no podían ser de metal, sino de tierra o madera, y el Dicc. Alcover cita *dos grals de terra* en doc. del S. XIV, *dos greals de terra* en otro de 1380, *dues grasales de terra pintada* en 1422, *una scudela grasalenqua de terra* en 1434, y en nota he mencionado *gredales* aragoneses en obra de Málaga en 1362 y 1402.

Por lo que hace a la palabra *gresa* que nos interesa, es bien conocida, aunque varios diccionarios la confundan con otras: la emplea ya Bertran de Born, como demostró Antoine Thomas, varios *péages* occitanos medievales ponen precio a la *carga de greza*, como otros catalanes lo ponen a la *carga* o al *quintal de greda* (*gleda*), vid. Alcover, Levy (*P. S. W.* IV, 194, 138), Costumbres de Tortosa; Pansier en sus documentos de Aviñón documenta *gresa* «gravière, terre caillouteuse» desde 1160, hay muchos lugares llamados *La Grèze* en el Cantal, el Lot, etc. (Amé, *Dict. Topogr.*; *Bull. Soc. d'Ét. du Lot* VII, 209); hoy el cat. *gresa* es, sobre todo, vocablo del Ampurdán, Gironés[7] y Maresme, donde lo he oído como riguroso equivalente de *greda*; Cahors *grèso* «terre aride, inculte», St.-Pierre-de-Chignac íd. «friche pierreuse», Gers íd. «partie stérile d'un champ, friche», y el masculino correspondiente *cres* «terrain crayeux ou pierreux» en el Cantal y en el Alto Delfinado. Si *greza* tomó parcialmente el sentido 'tártaro de cuba' en Marsella, Aix, Aviñón y ya en la Edad Media, esto es evolución secundaria, que registramos igualmente en los representantes de CRETA, frprov. *gràye*, Niza *grea*, etc. (*FEW* II, 1330*b*), y de CRETA derivan nombres de vasijas, lo mismo que nuestro *grezal(a)* deriva de *greza*: Vaux *gríari* «pétrin», Vers. *grẅï δ* «grande auge allongée qui sert au triage des poissons».

En una palabra, para partir de *CRETEA + -ALE sólo hace falta eliminar una dificultad: es preciso suponer que el fr. ant. *graal* y el cast. *grial* sean préstamos, directos o indirectos, de la lengua de Oc o del catalán, puesto que -TJ- da regularmente *z* en aquella lengua y cero en ésta, pero no en castellano ni en francés[8]. Es un postulado que por lo demás está de acuerdo con el grado de popularidad, incomparablemente menor en estos idiomas. Quien no quiera admitirlo tendrá que contentarse con una base *GREDALE de origen desconocido, pues las demás etimologías propuestas tropiezan con obstáculos mucho mayores[9].

[1] Agréguese «seys *gradales* de Malega, grandes», invent. arag. de 1362; *gradalete*, íd. 1369; «dos platetes d'argent, dos *gradaletes*, tres scudiellos d'argent», íd. 1374; «una dotzena de *gredales*

de malica grandes», íd. 1402 (*BRAE* III, 90;
II; II, 344; III, 350). Otros, desde 1331, en
VRom. X, 162.— ² Así en el *Libre de Cuina* del
S. XIV (*Bol. de la Soc. Castellon. de Cult.* XVI,
169).— ³ E. Lyon, *Mél. Ant. Thomas* 283ss. cita 5
documentación de *grazal* en escrituras latinas del
S. XIII procedentes del Rouergue, Oeste del
Languedoc y Este de Gascuña. Vco. *gredale*
«poêle» en los proverbios del suletino Oihenart
(S. XVII).— ⁴ M-L., *REW*³ 3830*a*, dice que GRA- 10
DALIS ya se halla en el S. VIII. Es una de las
distracciones habituales de este erudito. Dice Helinando, que escribía en los primeros años del
S. XIII, que el Grial apareció en el año 718 a un
ermitaño de Gran Bretaña. Pero nadie ha sugerido 15
que el vocablo se empleara entonces entre las poblaciones célticas o germánicas de aquel país, ni
menos que exista documentación latina coetánea.
⁵ La procedencia norteña sólo podría salvarse de
haber existido una vieja literatura latina del Graal, 20
de la cual tomara el francés el vocablo asimilándolo sólo parcialmente. Pienso en el *granz livres
latins* citado en el *Perlesvaus*. Pero la existencia
real de este libro sigue incierta, y un semicultismo que respetara la Á, pero alterara la -T- 25
hasta eliminarla del todo, es enteramente inverosímil.— ⁶ Además téngase en cuenta la frecuencia con que los medievales daban no una, sino
dos o tres etimologías, con objeto de mostrar
su erudición.— ⁷ «La petja de l'home, que mata 30
l'herbei, brunyeix les penyes, afetgega l'argila i
mol la *gresa*», Bertrana, *Proses Bàrbares*, 101.—
⁸ Es sabido que en catalán da -s- sonora tras
el acento, pero se pierde en posición pretónica sin dejar huellas (-*esa* -ITIA, pero *prear* 35
PRETIARE, *tió* TITIONEM, etc.), a no ser en palabras dialectales o aprovenzaladas (como la variante *grasal* o *gresala*, que también se halla
localmente en este idioma).— ⁹ No creo que se
pueda partir de GRADUS ni aun con otra expli- 40
cación semántica que la dada por Vising; y no
lo creo, entre otras razones, porque el cat. *grial(a)*,
l(*a*), *greal(a)*, y el cast. *grial* difícilmente pueden explicarse de otra manera que admitiendo
una E etimológica en la sílaba pretónica. En 45
cambio, la asimilación *greal* > *graal* está en regla en francés, y aun en lengua de Oc es normal (por lo demás, *grezal* es la forma del Tarn).
Ni siquiera por un préstamo francés podría justificarse la *e* o *i* hispánica, pues aunque se halla 50
alguna vez *greal* en francés antiguo, y aun quizás allí podría explicarse esta *e* fonéticamente
(por más que lo normal sería la conservación
de la *a*, comp. *gaaignier*, *jael*, *chaeine*, etc.), la
forma corriente en francés antiguo es *graal*; e 55
insisto en que en Cataluña y Aragón el vocablo
pertenece a una esfera popular, incompatible con
el supuesto de una procedencia literaria y extranjera.

Grida, gridar, grido, V. *gritar*

GRIEGO, 'lenguaje incomprensible', valor que
en España se dió por antonomasia al nombre de
la lengua de Grecia, como resultado indirecto de
la costumbre de mencionarla junto con el latín, y
de la doctrina observada por la Iglesia de que el
griego no era necesario para la erudición católica. *1.ª doc.*: «esto para los labradores era ha-
blarles en *Griego* o en gerigonça», 1615, *Quijote* II, xix, 70rº.

Comp. «Apruebo el latín y el griego, / aunque
el griego más que sabios / engendrar suele so-
berbios», Rz. de Alarcón, *Examen de Maridos*
(II, xiv, 131), los versos de Góngora «Aunque
entiendo poco *griego*...», y el dicho del Maestro
Correas «somos *griegos* y no nos entendemos».
En el S. XVIII y XIX el vocablo aparece deformado en *gringo*, desde Terr.: «*gringos* llaman en Málaga a los estranjeros, que tienen
cierta especie de acento, que los priva de una
locución fácil y natural Castellana, y en Madrid
dan el mismo nombre con particularidad a los
irlandeses»; aplicado a personas aparece también
en el andaluz Estébanez Calderón («no pocos
gringos y extranjeros») y en la gallega Pardo
Bazán («más vale una chula que treinta *gringas*»:
RH XLIX, 464). Lo común en España, sin embargo, fué aplicarlo sólo al lenguaje: «cantar en
gringo» en Bretón de los Herreros, «¿hablo yo
latín o *gringo*?» en Antonio Flores (citas de Pagés); mientras que en toda América se generalizó la aplicación a las personas que hablaban
un lenguaje incomprensible, aunque fuese romance (con la excepción del catalán y el gallegoportugués), en algunas partes hay especialización
a ciertas naciones especialmente conocidas allí: en
la Arg. es frecuente aplicarlo a los italianos¹, en
Méjico sólo designa a los norteamericanos, etc.

Acerca de la etimología escribieron Katharine W.
Parmelee (*Rom. Review* IX, 108-110), Tiscornia
(*M. Fierro coment.*, pp. 420-2) y Hz. Ureña
(*BDHA* IV, 55n.), coincidiendo esencialmente en
la que aquí se indica. La alteración fonética cons-
tó de dos tiempos: 1.º *griego* > *grigo*, reducción
normal y corriente en castellano (*prisa*, *prisco*),
aunque no parezca estar documentada en este
caso²; 2.º *grigo* > *gringo*, tránsito que no puede
admitirse como fonético, según cree Tiscornia,
pero tiene carácter imitativo del sonido de *ñ* velar, imposible en muchos casos para el español,
pero frecuente y característico de ciertos idiomas
extranjeros como el inglés (la terminación -*ing*
y voces muy repetidas como *drink* pudieron desempeñar un papel en este caso); no carece de
razón Spitzer (*Litbl.* XLVIII, 435; XLIX, 86)
al recordar a este propósito la alteración francesa de *Gregorio* en *Gringoire*, probablemente de
tipo expresivo³ (aunque en francés pudo haber
60 influjo de las varias palabras en *gring-*: *gringalet*,

dégringoler, gringuenaude), y sobre todo el fr.
gringotter 'canturrear', «cantar como un pajarillo»
(Oudin, 1616), donde la onomatopeya es evidente; otras palabras castellanas del mismo tipo, como *ringo-rango* 'extravagancia', pudieron ayudar.

DERIV. *Greguería* 'algarabía' [*Aut.*; L. F. de
Moratín]. *Gregal* 'viento NE., en el Mediterráneo'
[1708, Tosca], también llamado *griego* [*Aut.*]; denominación común con el . cat. (*grec, gregal*), oc.
(íd.) e it. (*greco, grecale*), de ahí extendida al
griego, albanés, serviocroato y ruso; parece tener razón Vidos (*Parole Marin.*, 445) al decir
que esta denominación se originó en Sicilia o
en la Magna Grecia, único país romance donde
se justificaba geográficamente. *Gregüescos* 'calzones muy anchos que se usaron antiguamente'
[*guerguesquillo*, arag., S. XIV, Fernández de Heredia, *RFE* XXII, 76-77; «*greguéscos*: great wide
breeches, called *galligaskoines*»⁴, 1591, Percivale;
también en Covarr., s. v. *calças*, y sale varias veces en Cervantes, Góngora y Lope, V. los diccionarios respectivos y *Aut.*]⁵; se explica por la
forma ancha de calzones que caracteriza el vestido nacional de los griegos modernos; comp.
aran. *garguesques*, cat. ant. *calces a la greguesca*
o *a la gargaresca* (Dicc. Alcover, s. v. *calces*),
mall. *calçons a la grega*, oc. *grègas* (> fr. *grègues*,
SS. XVI y XVII) «haut-de-chausses plus ample
que la culotte» (*FEW* IV, 210*b*); en cuanto al
fr. medio *chausses a la gregesque* (o *guarguesque*),
SS. XVI-XVII [1578], hoy vivo en Normandía,
Lorena, Franco-Condado y Borgoña (*FEW* IV,
211*b*), sería hispanismo según Wartburg⁶; desde
luego nada tiene que ver *gregüescos* con el galés
gwregys 'cinturón', como se ha venido repitiendo
desde Diez (rechazado ya por M-L., *REW* 3832).
Fuego greguisco, así llamado a causa de su invención por los bizantinos (para formas romances, vid. *FEW* IV, 210*b*, 212*b*); del correspondiente fr. *feu grégeois* viene el valón *feu grisou*
'metano inflamable desprendido en las minas de
hulla', de donde el fr. *grisou*, y de ahí el cast.
grisú. Para la historia del *fuego griego*, vid. M.
Mercier, *Le feu grégeois*, París, Geuthner, 1952,
164 pp. (comp. *Rom.* LXXIV, 142-3).

Los siguientes son cultismos. *Greca* [Acad. ya
1843]; *grecano, greciano, grecisco, grecismo; grecizar, grecizante.*

Derivados de *gringo: gringada* (Tiscornia, *l. c.*);
engringar.

¹ De la torpeza del extranjero para las faenas
pamperas viene el que el vocablo llegue a tomar
el sentido de 'falto de habilidad': «soy muy
gringo pa boliar», en el mendocino Ludovico
Ceriotto, *En el Guadal de San Carlos*.— ² En
los pasajes del ms. *P* del *Alex.*, que cita Tiscornia, figura *griego* según la ed. Willis. También se puede partir del documentado *grisgo*
(< *griesgo* < cat. *greesc* GRAECISCUS; V. *GRES-
CA*), pronunciado *grihgo* por andaluces e his-

panoamericanos.— ³ De ahí a admitir, según quiere Spitzer, que *gringo* viene de *Gregorio* hay
distancia, y creo con Hz. Ureña que Spitzer se
equivoca.— ⁴ Esta forma inglesa es indirectamente alteración de la castellana (por conducto del
francés).— ⁵ Una cuestión importante y mal averiguada es la de cómo nació la pronunciación
con diptongo *üe*. Se esperaría *greguescos*, como
derivado de *griego*. ¿Hubo mala pronunciación,
como en el caso de *maguer*, que muchos escribieron *magüer*? Una grafía como *greguescos*
de Covarr. y Oudin no nos enseña nada, pues
estos autores escriben *guevo, guero*, etc., y *Aut.*
ya grafía *gregüescos*. La alteración por pronunciación errónea, sin embargo, es muy posible
si es exacto el dato de la Acad. de que los
gregüescos no se llevaron después del S. XVII;
Terr. habla ya de ellos en pasado, y los ejs.
de Moratín y Jovellanos citados por Ruiz Morcuende son también de tipo histórico. Krüger,
VKR VIII, 307, sólo cita el vocablo como
vivo en el gascón del Valle de Arán, donde se
pronuncia *gargéskes*. La forma *griguesco*, con su
i metafónica, empleada por Lope en una de sus
comedias (Rivad. XXIV, 436*b*), indicaría diptongo *ue*, pero es muy dudosa. Lo que hallamos
en otras obras de Lope, mejor publicadas, es
griguiescos (*RH* LXXVII, 367; *La Dama Boba*,
cita de Fcha.), donde la *i* se explica por el
diptongo *ie*, y en este caso es imposible que la
u se pronunciara. *Griguiescos* será cruce de *griego* con el antiguo *griesgo*. V. *GRESCA*. En un
autógrafo de Lope hallamos la forma *gregesca*
del mismo significado, atribuída a un morisco
(*Pedro Carbonero*, v. 1697), y Covarr. escribe
gregescos s. v. *balón*. Luego se pronunciaba sin
u. Rdz. Marín en su ed. del *Viaje del Parnaso*,
pp. 241-2, da más documentación de *greguesco*
y se declara asimismo por la pronunciación sin
u; lo mismo prueban los cinco ejs. de *grig(u)ies-
cos* que se hallan en obras de Lope (junto a
cuatro de *griguescos*), *BRAE* XXVIII, 142-3.—
⁶ Si la pronunciación *gregüescos* hubiera sido
real, deberíamos admitir que por el contrario
el vocablo español se tomó del francés, donde existe *gregois* 'griego' con otros significados
(*FEW* IV, 210*b*, último párrafo; 211*a*, párrafo
penúltimo), y en el S. XVI se pronunciaba
gregwès. Pero justamente esta forma no existe
en la denominación de los calzones. Del francés procede *gargéza* en la jerga del valle lombardo de Antrona (*WS* IX, 168).

GRIETA, del antiguo *crieta*, y éste del lat.
vg. *CRĔPTA, síncopa temprana de CRĔPĬTA, participio de CRĔPARE 'crepitar', 'reventar'. *1.ª doc.*:
crieta, h. 1300, *Gr. Conq. de Ultr.*, 260; *grieta*,
1564, Alonso Suárez, *Albeitería* (*Aut.*).

Crieta se halla también en la Montería de Alfonso XI, según *Aut.*; en el *Cantar de Rodrigo*

(2.ª mitad del S. XIV): «por las *crietas* de los pies córreme sangre clara» (Cej., *Voc.*); y en el *Tratado de la Jineta* (1551) del andaluz Fdo. Chacón, cap. 14. No es palabra muy frecuente: ambas variantes faltan en los Glos. de h. 1400, APal., Nebr., C. de las Casas y los autores medievales más estudiados. La forma moderna *grieta* se halla ya en varios clásicos (*Aut.*), en Percivale (sólo las de la piel de hombres y caballos), en Covarr., etc.[1]

También port. *greta* (Moraes), junto al cual existe el verbo *gretar*, como verbo transitivo 'agrietar' [Camoens], como reflexivo, y como intransitivo 'rajarse, agrietarse'. En otros romances los vocablos de esta familia tienen uso más limitado y menos importante, aunque el it. *crettare* 'rajarse (una pared)', 'agrietarse (manos y labios)', y *cretto* 'raja, grieta grande en una pared', no es ajeno al idioma común; además cat. orient. dial. *crétua* 'grieta (entre rocas, etc.)'[2], gasc. pirenaico *grèta* «fente» (*BhZRPh.* LXXXV, § 178), prov. *creto* 'cicatriz', *cretà* 'cicatrizar' (empleado por Mistral), fr. ant. *creter* 'practicar un corte' o 'desgarrar' (raro), *cretel* 'aspillera', it. dial. *cretta* 'grieta'.

Los principales romanistas (M-L., *REW* 2316; Spitzer; M. P., *RFE* VII, 24; etc.) están de acuerdo en que *grieta* viene de CREPITA, participio de CREPARE, o de su frecuentativo CREPITARE. Pero ha llamado la atención el tratamiento de las consonantes. Cornu, *GGr.* I, §§ 163, 165, opina que CREPITARE sólo podía dar *cre(b)dar* y no *gretar*, y comparándolo con los casos de *gritar* (en vez de *cridar* QUIRITARE), *golpe* (en lugar de *colbe* COLAPHUS) y el port. dial. *golpelha, gorpelha*, «alcofa grande» (CORBICULA), opina que hubo una «metátesis de la sonoridad», en virtud de la cual *credar* se cambió en *gretar*. En realidad esta opinión no llega al fondo del problema, pues de haber habido síncopa tardía y haberse sonorizado la -T-, deberíamos tener como resultado cast. ant. *crebdar* y mod. *creudar*. El tratamiento de PT como -t- es el mismo de SEPTEM > *siete*, RAPTUM > *rato*, por lo tanto debemos admitir que *CREPTA y *CREPTARE existieron ya en latín vulgar; y de ello podemos estar muy seguros, puesto que el derivado CREPTURA está bien documentado en el Itinerario de Antonino (h. 570), en los escolios de Juvenal (III, 196) y en una glosa de los *Hermeneumata Montepessulana* (ms. del S. IX: *CGL* III, 313.15), donde figura traducido por el gr. ῥαγάς ('hendedura'); vid. *ALLG* XV, 559; para la explicación de los demás casos citados por Cornu, V. los artículos respectivos; en el nuestro, *CRĔPTA dió regularmente *crieta*, cuyo grupo cr- se sonorizó luego según ocurría con mucha frecuencia. Comp. QUICIO.

El gall. *grecha* 'rendija' (Sarm. *CaG.* 110r) es palabra de formación algo oscura, pues aunque en apariencia teórica se pueda pensar en un *CREPTŬLA, partiendo de la idea de que *grieta* sea CREPTA,

hay que permanecer escépticos ante una idea tan audaz: ni es probable que -PTUL- diese *ch* (menos en gallego, donde seguramente habría -ua y no síncopa) ni que de una forma tan tardía como la síncopa de CREPITA se pudiese formar un diminutivo tan arcaico como los en -ULA (el cat. dial. *escretlla* 'rendija' con su *es-* muestra origen verbal y en un EX-CREPIT-ULARE habría menor dificultad en todos los sentidos). No hay que desechar en principio que sea préstamo náutico (siendo tan importantes las grietas y las rendijas en carpintería náutica) del cat. *escletxa* (dial. *esquetja*) 'rendija', pero no confiemos en una afinidad más honda, pues la etimología de *escletxa* es ardua y compleja; más bien imagino que hay relación con la familia de *escrieço* > *resquicio*, tal vez por cruce con *grieta*.

DERIV. *Agrietar* [med. S. XIX: Campoamor; Acad. 1884, no 1843], también *grietarse* o *grietearse*; *grietado*; *grietoso*.

[1] Es dudosa la explicación de la variante nuevomejicana *greta*, que Espinosa (*BDHA* I, § 72) considera forma occidental o aportuguesada.— [2] El sufijo *-ua* no es raro en catalán y romances afines: *pèrdua* 'pérdida' (ampliación de *perda* íd.), oc. ant. *pèrdoa, rèndoa, sègoa* (*BhZRPh.* LXI, 139), it. *quèstua*, etc. Comp. formaciones relacionadas en Spitzer, *Lexik. a. d. Kat.*, 41, y 159 (§ 1); el mall. *menjua* que cita Spitzer se acentúa en la *u*, y debe mantenerse aparte. Pero hay otros ejs. en catalán.

Grieve, V. *grave*   *Grifado*, V. *grifo*   *Grifalto*, V. *gerifalte*

GRIFO, 'animal fabuloso', 'llave de cañería', adj. 'erizado, enmarañado, crespo'; tomado del lat. tardío *grȳphus* (lat. *gryps*) 'grifo, animal fabuloso', y éste del gr. γρύψ, γρυπός, íd.; la segunda ac. se explica por la costumbre de adornar con cabezas de personas o animales las bocas de agua de las fuentes; la tercera, por el aspecto erizado de la fiera mitológica del mismo nombre. 1.ª doc.: *grifo*, como nombre de una especie de águila, S. XIII, ms. bíblico escurialense I·j·8 (*Bol. Inst. Filol. Ch.* IV, 310-1); 1.ª ac., APal., 185d, 31d, 467b, Nebr.; 2.ª ac., Acad. 1884, no 1843 (ej. de Pérez Galdós, en Pagés); 3.ª ac., Quiñones de B., † 1651 (*NBAE*, XVIII, 596).

Las aplicaciones ornamentales del grifo son numerosas en la Edad Media; era frecuente, en particular, hallarlo en Aragón como adorno de paños y vestidos diversos: «panyo de oro viello, con *grifios* y sierpes; otro panyo de seda verde, con leones y papaguayos», invent. de 1411 (*BRAE* IV, 530; igual forma en 1390); «otra casulla de panyo d'oro, el campo morado e los *grifies* e fullages d'oro... Otra casulla... los *grifies* d'oro», íd. 1368 (IV, 212); «un enfforro de ffaldillas de *griffes*», íd. 1497 (II, 93).

Es conocida la costumbre de hacer salir el agua de las fuentes y pilas por la boca de un monstruo o figura bestial o humana; de ahí una serie de denominaciones de los grifos o llaves: fr. *robinet* (del fr. dial. *robin* 'carnero), cat. *aixeta*, arag. *jeta* (propiamente 'jeta o boca bestial', V. *SETA*), alem. *hahn* (prop. 'gallo'), ingl. *cock* (íd.), Vendée, Vienne, D.-Sèvres *ja, jo* (íd.), Jura, Bearne *poule*, valón *cran* (prop. 'grulla'), H.-Marne *chèvre*, etc. (Rohlfs, *ASNSL* CLV, 260-1). En Francia se empleó de la misma manera *griffon* [S. XIV], hoy vivo en casi toda la Provenza y en la Lozère (*FEW* IV, 297b; W. Hering, *ZRPh.* LVII, 388, 409-10), y el oc. *grifol* 'fuente pública' [S. XV], hoy conocido en el Languedoc, Rouergue, Cantal y Pirineos gascones. En España aparece con este sentido *crifó* en el *Cartoxà* de Roís de Corella (Valencia, S. XV), y hoy se emplea *grifó* en este sentido en toda Mallorca (Amengual; *ALC*, mapa 46). En castellano aparece primero *grifón* (Acad. ya 1817), y después *grifo*; aunque *grifón* como nombre del animal fabuloso no es del todo inaudito en España (así en *Alex.*, 2333), cabe plantearse el problema, en vista de estos datos, de si *grifo* 'canilla, llave' es derivado regresivo de *grifón* y éste es importación francesa o galorrománica.

El adjetivo *grifo* 'de cabellos enmarañados', que aparece ya en Quiñones de B., era bien conocido de los académicos que redactaron *Aut*. En América se aplicó a una especie de mulatos y con este sentido pasó el vocablo al francés (Trévoux) y al inglés (*Hist. Dict. of American English*). De la idea de 'erizado' proceden también el pallarés *grifos* o *grifes* o *grius de fred* 'escalofríos' (*BDC* XXIII, 294), mall. *grifar-se*, menorq. *grifar* 'impacientarse en exceso' (*AORBB* II, 54; *BDLC* VI, 133; XIII, 213), cat. *esgarrifar-se* 'horrorizarse', 'sentir escalofríos'.

Letra grifa 'especie de cursiva' [*Aut.*; cita que no puedo fechar], parece derivado de nuestro vocablo sólo en forma indirecta, a través del nombre del impresor lionés Sebastián Grif o Grifio, que la inventó, según Terr. En Lope (*Dorotea* II, ii), *grifo* aparece en el sentido de 'rapaz, arrebatador' (Terr.)

DERIV. *Engrifarse* 'ponerse encrespado y erizado' [Fr. L. de Granada, Quevedo; *-ar* tr., Rodrigo de Cota, *HispR*. XXVI, 276], también *grifarse*; *engrifado*.

Grigallo, V. *gallo*   *Grillarse*, V. *grillo*

GRILLO, 'insecto ortóptero que produce un sonido agudo y monótono, al anochecer', 'prisión de hierro que sujeta los pies de un preso', del lat. GRILLUS 'grillo (insecto)'; la 2.ª ac. se explica por el ruido metálico que producen los grillos al andar o moverse el preso; en el sentido de 'germen, brote' es dudoso que se trate del

mismo vocablo, aunque en muchos romances coincide formalmente con el nombre del insecto, pero no se ve de un modo claro en qué consistiría la comparación. *1.ª doc.*: 1.ª ac., S. XIII, ms. bíblico escurialense I·j·8 (*Bol. Inst. Filol. Ch.* IV, 314); 2.ª ac., J. Ruiz, 497b[1]; 3.ª ac., Terr.

GRILLUS es palabra común en latín por lo menos desde Plinio; algunas veces se escribe con Y. Pero aunque los diccionarios etimológicos latinos se abstienen de indicar el origen del vocablo o dicen explícitamente que viene del griego (Walde-H., Ernout-M.), esta afirmación es desde luego un error seguro; pues el gr. γρῦλος (posteriormente γρύλλος) en la Antigüedad sólo se halla con el significado de 'cerdo', 'lechón' o 'congrio' (así todavía en Suidas)[2], y hay que llegar hasta los diccionarios del griego moderno (Somavera, Hepites) para documentarlo en el sentido de 'grillo', que por lo tanto debe de ser de origen latino o romance. Es mucho más probable que el lat. GRILLUS sea onomatopeya sin relación con el gr. γρῦλος, derivado de γρῦ 'gruñido' y γρύζειν 'gruñir'. Esto impide sacar deducción alguna de la acentuación griega acerca de la cantidad de la I latina, que a juzgar por la mayoría de los romances debió ser larga[3]; V. mi reseña del dicc. de Ernout-M. en *VRom.* XI.

Para documentación antigua del cast. *grillo* como nombre de insecto, vid. Solalinde, *Mod. Philol.* XXVIII, 91; glosarios del Escorial y de Toledo; APal., 185d; Nebr.; etc. Es de notar que hoy en muchos puntos del Sur de España se emplea *grillo* como única denominación del saltamontes o langosta; así, p. ej., en la provincia de Almería. Como nombre del ortóptero es voz heredada por todas las lenguas romances: cat. *grill*, port. y gall. *grilo* (Sarm. *CaG.* A21r, Castelao 149.20); además el gall. *grilos* es nombre de una pieza del rodezno del molino (Sarm. *CaG.* 71r, cf. p. 105)[4].

La ac. 'prisión de hierro que sujeta los pies de un preso' se halla, además de J. Ruiz, en invent. arag. de 1397 (*VRom.* X, 163), en los glos. del Escorial y de Toledo, en APal. 147d («*desatar*: quasi quitar los *grillos*»), Nebr. («*grillos*: prisión de pies», g7v°), y *Aut.* da varios ejs. del S. XVII. Del castellano debió pasar al port. *grilho* (poco usado; un ej. del S. XVII o anterior en Moraes), comúnmente *grilhão* [S. XVI, ibid.]; el it. *grilli* en este sentido sólo aparece en un informe diplomático escrito desde Madrid en 1568, por lo tanto es castellanismo ocasional (Zaccaria); el cat. *grilló* es frecuente desde princ. S. XIV[5] y ha de ser autóctono; oc. ant. *grilhon*, *grelhon* [fin S. XII: Peire Vidal, Gavaldan, etc.], probablemente 'grillos' (más que 'esposas', como dicen los dicc.)[6], fr. ant. y med. *gresillons* 'esposas' [S. XIII][7]; también se dijo fr. *grillons* en el S. XV, además de *gresillons*: «Ou temps qu'Alixandre regna, / ung homs nommé Diomedès / devant luy on luy amena, / engrillonné poulces et dés ['dedos'] / comme ung larron» Villon, *Test.*, 132, que Thuasne explica «qui a les poucettes ou *grillons*, petites cordes [?] dont on serrait les pouces des gens arrêtés : pour les tenir en respect, on employait les *gresillons*, qui correspondaient à nos menottes» (de lo cual cita ej. en ms. de la época). Parece claro que· proceden de una comparación del ruido que produce el preso, al avanzar penosamente cargado de grillos, con el sonido agudo, penetrante y como metálico del insecto, según indica ya *Aut.*[8]

En la ac. 'lleta, tallo recién nacido de una semilla cuando se siembra o cuando se humedece guardada', *grillo*' es palabra reciente y de uso poco general en castellano; regístrala brevemente Terr., y la Acad. la había admitido ya en 1817: no conozco autoridades ni puedo precisar el área geográfica de su empleo[10]. Desde luego el cat. *grill* es palabra de uso más general: no sólo significa lo que en castellano, sino además 'pierna de nuez', 'gajo de naranja', y debe de ser palabra antigua, pues de ahí pasó al campid. *grillu*[11] (M. L. Wagner, *ARom.* XIX, 21); además es 'borbollón de agua' en el Alto Pallars; en las Baleares tiene la variante *grell* (pronunciada con *ll* y no *į*: luego la consonante procede de -LL-), que además de las acs. continentales tiene la de 'galladura o meaja de huevo' (Amengual; *BDLC* VI, 302)[12]. Por otra parte, gall. *grelo* 'gérmenes que echan las patatas cuando se conservan mucho tiempo amontonadas', 'retoño de las verduras', 'flor de la espiga del nabo' (Schneider, *VKR* XI, s. v.; G. de Diego, *RFE* XII, 11; Milà i F., *Rom.* VI, 74), port. *grelo* «o olho que rebenta da semente», «renovo das árbores» [S. XVI], «talo com semente que deixão as couves e alfaces já velhas», oc. ant. *grel* 'retoño de col' (Magalona, 1331: *ARom.* II, 64), prov. *greu* «germe, bouton», langued. *grel*, *grelh* íd., Provenza, Gard, Lozère *grelhà* (-ià) «bourgeonner», bretón (< rom.) *griou* «racine des végétaux», Tarento *griḍḍi* 'vainas de semilla'. Existe desacuerdo entre los romanistas acerca del origen de esta familia léxica. Schuchardt (*ZRPh.* XXIII, 192, 334) y Jud (*Rom.* XLIII, 603-4; *VRom.* II, 298) parten del romance *CARILIUM (de *χαρύλλιον, diminutivo de χάρυον 'nuez, almendra, avellana', 'hueso de fruta': comp. *CAROZO* y *GARULLA*), comp. el it. antic. *gheriglio*, bergam. *garìl* 'nuez sin su cáscara', logud. *carizu*, *corizone* «grossa cioca di fior de lino, lucignolo»; G. de Diego (*l. c.*) se opone a la idea sin sugerir otra; M. L. Wagner (*Studi Sardi* II, 1935, 5-52) y M-L. (*REW* 3900) creen que es la misma palabra que GRILLUS; y Wartburg, después de haber adoptado la primera opinión hace unos doce años, protestando contra la segunda (*FEW* II, 446b), ahora adopta ésta y declara que la otra no tiene fundamento (*FEW*

IV, ·269b). En favor· de CARILIUM está la semántica, pero se le opone ·el tratamiento fonético, no sólo a causa de la A, que no hubiera debido perderse, sino también porque la *l* gallego-portuguesa y la *ll* balear postulan claramente una base con -LL- (la forma castellana debiera ser entonces aragonesismo o catalanismo, lo cual no sería inverosímil); por otra parte, es difícil ver cómo se explicaría semánticamente el étimo GRILLUS : la explicación de Wartburg, por comparación del germen oculto con el grillo escondido entre la hierba, está lejos de ser evidente; comp. Irpino *griddo* «fresco, verde, vegeto» (Rohlfs, *ARom.* IX, 167), que indudablemente procede del nombre del insecto, por la vivacidad y pertinacia de su canto; de esta idea .de frescura o vivacidad se podría llegar por otra parte a la del germen recién nacido, pero reconozcamos que haría falta mejor documentación de esta curiosa evolución semántica[13]. La explicación de Spitzer (*MLN* LXXI, 382) es ingeniosa y creo que da en el clavo: el salto súbito del verde insecto' que sin embargo parece parte integrante de la planta verde donde se oculta, fué comparado con el nuevo retoño de una planta que surge de pronto, comp. alem. *entspringen*, ingl. *offspring*. Desde luego es seguro ya que en esta ac. el vocablo es una aplicación especial del nombre del insecto. Apenas hace falta decir que *grillo* no puede venir, como quiere GdDD 3018, del lat. GALLA 'agalla', por razones de todas clases, no sólo fonéticas (claro que en un diminutivo en -ELLUS no hubiera podido perderse la A, que no se explicaría la *i* del cat. *grill*, etc.).

DERIV. *Grilla*. *Grillar* 'cantar los grillos' [Nebr.]; *grillarse* 'entallecer' o *grillar* [*Aut.*]. *Grillera*. *Grillero*. *Grillete* [*Aut.*]. *Grillón* 'grillete' [Acad. ya 1817], de ahí *engrillonar* 'sujetar con grillos (a un preso)' (= cat. *engrillonar*) [S. XVI, *Leyenda de José*: *RABM* 1902, 301]; gall. *agrilloar* («o meu corazón agrilloado» Castelao 290.1).

CPT. *Grillotalpa*, tomado del nombre científico *grillotalpa*, combinación con el lat. *talpa* 'topo' de cuyos hábitos participa el cortón.

[1] «El dinero quebranta las cadenas dañosas, / tira çepos e *grillos*, presiones peligrosas».— [2] Por lo demás, aun en esta ac. es palabra poco frecuente y tardía, de la época imperial. No parecen hallarse denominaciones griegas del grillo, pues τέττιξ era 'cigarra' y ἀχρίς 'saltamontes', aunque según Forcellini éste se empleó en sentido de 'grillo'; comp. la misma confusión en dialectos españoles.— [3] Exceptuando sólo el rum. *grel* (también *gréer* o *grier*) y una forma *grel* empleada en el Languedoc occidental, desde el Ariege hasta el Cantal y la Dordogne. Siendo larga la I, sorprende la -*ll* del *grill* catalán, pues este idioma simplifica la -LL- latina tras vocal larga; sin embargo, como en Mallorca pronuncian *gri*, la -*ll* catalana ha de proceder de LI;

de hecho, también proceden de una variante con
ʟɪ el fr. *gril*, oc. ant. *grilh*, *grelh*, alto-engad.
grigl y varias formas dialectales italianas (Piamonte, Belluno, Arezzo, Lacio). Esta variante se
explicará por la extraordinaria frecuencia del uso
del plural GRILLI (comp. oc. ant. *aquilh*, *cabelh*,
mall. *cabei* CAPILLI, etc.). En cambio, el it. y
cast. *grillo* y port. *grilo* corresponden regularmente a GRĪLLUS.— ⁴ No habrá relación con *guija*,
-arro sino alusión al ruido rechinante de esa caja
de bolas, cf. gall. *ran*, *rela* y *sapo*, otras piezas
del molino gallego.— ⁵ Muchos ejs. en Ag.; añádase J. Roig, *Spill*, v. 8493.— ⁶ En *Vicis e Vertutz* se cita junto con *ceps*, y Gavaldan habla
de romper los *grilhons* con una lima, lo cual no
podría hacer el preso si estuviese enmanillado.—
⁷ Junto al fr. ant. *gresillon* 'grillo (insecto)': son
formas de origen occitano con una ultracorrección, según reconoce Wartburg, *FEW* II, 1292
n. 9, y IV 269a y *b*. La explicación de God. y
Raynouard de que los *gresillons* o *grilhons* tenían forma de parrilla, no apoyada en los textos, se basa exclusivamente en una etimología
falsa, y es difícil de concebir en la realidad. Ni
siquiera la definición «fortes cordelettes à serrer
les doigts» es de fiar, puesto que al darla los
lexicógrafos Monet y Duez ya estaba anticuado
el vocablo. La forma occitana *grilhon* o *grelhon*
sería imposible si el vocablo viniera de CRATICULA, aun si admitiéramos, contra la cronología,
que es préstamo francés, pues a fines del S. XII
deberíamos hallar **graillons* o **greïllons* aun en
francés. Por lo tanto, hay que sacar estas palabras del artículo CRATICULA del *FEW*.— ⁸ Los
grillos se llaman *fusschellen* o *schellen*, y las esposas *handschellen*, en alemán, nombre que coincide con *schelle* 'cencerro'. Podría tratarse, por
lo tanto, de la misma comparación. Verdad es
que los germanistas no están de acuerdo en este
punto: Heyne y Paul lo aceptan así, Kluge
guarda silencio, y los autores del dicc. de Grimm
vacilan, y Trübner y Weigand creen que el a.
alem. ant. *fuozskal* «pessulum» ('cerrojo', o más
bien 'cepo' o 'grillo') prueba que es palabra de
otro origen.— ⁹ *Grillimón*, *greñimón* 'mal francés' [1528, SS. XVI-XVII] sería derivado de
esta raíz, Gillet, *HispR*. XXVI, 281-2, lo cual
ofrece obvias dificultades morfológicas, etc.—
¹⁰ Sé que corre en Aragón, o por lo menos tiene
allí muchos derivados: *grillarse* 'salir hijuelos
en el fruto ya cogido', 'empezar a perderse algunos frutos vegetales' (Borao), Panticosa *el trigo
grilla* 'se pudre por la mucha lluvia' (*ZRPh*.
LV, 575), arag. *grillón* 'el hijuelo que brota de
una simiente' (Borao, Coll A.), también murciano (G. Soriano).— ¹¹ «Su pilloni chi bogant
algunus seminis e fruttas coment'est s'allu, cibudda». Es decir, 'diente de ajo o de cebolla'.
Esto significa el cat. *grill*, por lo menos en el
Alto Pallars.— ¹² General en Mallorca en esas

varias acs. También *grell* en Ibiza, hablando de
hortalizas (*BDLC* XIII, 32). *Grellar* 'germinar'
(Torres, *Costa i Llobera*, p. 172). El menorquín
Ruiz i Pablo emplea *griu*, por lo menos en la
frase *tenir grius al cap* 'ser casquivano' (*Novelletes Menorquines*, p. 10, y glosario), que en la
forma *grills* es usual en el Continente. Comp.
el alem. *grille* 'capricho, extravagancia', propiamente 'grillo'.— ¹³ Recuérdese que la variante vocálica *grillo* ⁓ *grelo* 'germen' se repite en el caso
del insecto. Pero se nota que en aquella ac. la
e tiene mayor extensión y la forma de la consonante, por lo general, corresponde a -ʟʟ- y no
a -ʟɪ-: así el mall. *grell* 'germen' se opone a
gri(i) 'grillo (insecto)'. Ambas discrepancias fonéticas se explican conjuntamente por la -ī del
plural, que además de palatalizar la ʟ, cerraba
la ɪ tónica por metafonía, comp. oc. ant. *aquilh*
'aquellos' y formas pronominales semejantes. En
el sentido de 'germen', el vocablo ya no se empleaba tanto en plural como hablando de los
grillos y su canto, que generalmente se percibe
como el de una pluralidad: de ahí que en aquel
caso no hubiera palatalización ni metafonía, aunque la conciencia de la relación entre los dos
vocablos pudiera hacer que en algunos puntos
hubiese quien generalizara en un sentido o en otro.

GRIMA, 'desazón, horror que causa una cosa',
probablemente del gót. *GRIMMS 'horrible' (a. alem.
ant. *grim* o *grimmi* 'hostil', 'espantoso', b. alem.
ant., ags., fris. ant. *grim(m)*, escand. ant. *grimmr*
'rabioso, impetuoso'). *1.ª doc.*: APal. 346d: «pavere: aver grima o miedo».

El vocablo vuelve a aparecer en J. del Encina,
Egl. de Carnal («cuido, grima y cordojo»), ed.
1496, fº 109, *RFE* XL, 166, en la traducción
del *Cartujano* (a. 1502, *RFE* XXII, 194), en Pérez de Hita («era tanta la gritería de la gente,
que ponía *grima*; y era la causa que el toro había dado vuelta por toda la plaza, habiendo volteado y derribado mucha gente», «causaba *grima*
ver las centellas que saltaban de los escudos»¹),
y *Aut.* cita ej. de F. de Arteaga (a. 1641); además Quevedo injiere la locución *dar grima* entre
los idiotismos de que se burla en el *Cuento de
Cuentos*²; la tradición lexicográfica no tardó mucho en recoger el vocablo: «*grima*: a fright, the
standing up of the hair on the head» (Percivale,
1591), «*grima*: peur, frayeur qui fait dresser les
cheveux en la teste», «*grimoso*: paoureux, affreux»
(Oudin), «*grima*: el horror y espanto que se recibe de ver alguna cosa horrenda de que un
hombre queda pasmado» (Covarr.). Acertadamente agregó Gamillscheg (*R. G*. I, 391; en términos poco satisfactorios en *RFE* XIX, 235) otras
palabras de la misma familia: *grimir* 'estremecerse (de frío)'³, *grimiente* 'horrible, repugnante'⁴
y *grimoso*⁵.

En la actualidad *grima*, y especialmente *dar gri-*

ma, pertenece al lenguaje coloquial más que al idioma literario, pero es bastante vivo y lo he oído a gente ciudadana de varios puntos de España (también *grima* «miedo» en el Cibao, según Brito). Además port. *grima* 'antipatía, odio, rabia' (*ter grima com alguém*, Moraes), trasm. *grima* 'miedo, pavor' (*RL* I, 212). En cambio deben borrarse del artículo de Gamillscheg los cat. *grim*, *grima*, totalmente desconocidos, y el cast. *grimazo*, sólo conocido a través de Covarr. que, derivándolo de *grima*, nos informa «los pintores llaman *grimazos* unas posturas extraordinarias de escorçados»: debió ser palabra poco conocida y pronto olvidada, pues no figura en otra fuente, y si bien *Aut.* reproduce el dato subrayando que es sólo de Covarr., la Acad. pronto canceló este artículo. Es erróneo a todas luces derivar de ahí el fr. *grimace* 'mueca' (según quisieran Schmidt, *BhZRPh.* LIV, 185-6, y Gamillscheg), palabra vivaz, popular y arraigada desde el S. XV, por lo menos: por el contrario, es el cast. *grimazo*, término de pintores, el que vino del francés[6]. En lengua de Oc algo de esta familia ha de haber existido, comp. alpino *grimous* «avide, passionné» (Mistral), pero los vocablos medievales que se le atribuyen presentan intrincados y oscuros problemas de sentido y trasmisión de texto (vid. Levy). Concluyamos con el it. antic. *grimo* '(viejo) arrugado', 'miserable, mezquino', 'difícil, incómodo'.

La extensión geográfica de la voz *grima* y su familia es favorable a un origen gótico, y la ausencia en catalán y rareza en lengua de Oc, parecen indicar un germanismo tardío, posterior a la época en que los godos tenían la capital en Tolosa o en Barcelona; luego no es de extrañar el tratamiento de la I breve de *GRIMMS como *i* romance; me parece preferible esta segunda explicación de Gamillscheg a la que habían dado primero el mismo autor (*RFE* XIX, 235), M-L. (*REW*, 3867) y Th. Braune (*ZRPh.* XXXIX, 366-70) a base de gót. *GREIMA o *GREIMI 'máscara' (pron. *grīma*, *grīmi*), que no satisface desde el punto de vista semántico, y se resiente del carácter demasiado problemático de la relación con el fr. *grimace*.

DERIV. Para derivados V. arriba. Además, probablemente, *agrimar*, estudiado s. v. *ARRIMAR*.

[1] Ed. Rivad., 526*a* y 572*a*, basada en la de Sevilla, 1613. Faltan en la ed. príncipe (reprod. Blanchard, I, 57.39, 237.35).— [2] «La viuda... viendo que el mozo se moría por sus pedazos, estuvo hecha de sal y muy donosa, diciendo de aquella boca, que *daba grima*», *Cl. C.*, 187.— [3] Hapax documentado h. 1500 en el *Canc.* de Castillo «entre aquel triste gentío / donde calecen y *grimen* / todo en una» (I, 20).— [4] Una vez en el *Canc.* de Baena: «el villano, nesçio, *grimiente*, cochino» (p. 429). Lectura confirmada por W. Schmid. No hay que pensar en un

error de lectura por *gruniente* = *gruñente*, pues *grimente* es hoy andaluz para 'cerdo de corta edad' (A. Venceslada).— [5] «Debéis dejar esa *grimosa* querella», Lucas Fernández, h. 1515 (p. 56); confirmado por Oudin y recogido por la Acad. (S. XX). Hoy «*grimoso*: sombrío, que infunde miedo» en el Cibao dominicano (Brito).— [6] Dejo a un lado el problema del origen del vocablo francés, que es también occitano desde el S. XVI (Levy). Th. Braune (*ZRPh.* XXXVIII, 191-2), Gamillscheg y Kluge (s. v. *grimasse*) lo traen del germánico; Schuchardt (*ZRPh.* XXXI, 9-10) pensaba en *grimoire*, GRAMMATICA, con cambio de sufijo. Comp., además, Spitzer, *RFH*, 155-9, y mi nota en *RFH* VI, 139. Según Kluge, de un a. alem. ant. *grimmizon* 'rabiar' (derivado de *grimmi*), de donde también fr. *grincer* 'rechinar', it. *grinza* 'arruga'.

GRÍMPOLA, 'enseña caballeresca de paño triangular alargado y partido por el medio', 'gallardete de la misma forma que se pone en los topes de los navíos en señal de fiesta o como cataviento', del fr. ant. *guimple* 'velo de mujer', 'gallardete de lanza', y éste del fráncico *WIMPIL (b. alem. med. *wimpal* 'velo', b. alem. mod. [> alem.] *wimpel* 'grímpola de navío', ags. *wimpel* 'toca de mujer', ingl. *wimple* 'toca de monja'). 1.ª doc.: Diego de Valera († 1486), 1.ª ac. (cita de Leguina); 1696, Vocab. marítimo de Sevilla, 2.ª ac. (*Aut.*).

Comp. Diez, *Wb.*, 609; *REW*, 9543; Gamillscheg, *R. G.* I, p. 208; Kluge, s. v. Port. *grimpa* 'grímpola de navío' (Jal) procede del fr. *guimple*[1] pasando por *glimpa*; la forma española es alteración de *guimpola* < fr. *guimple*, sea por repercusión de la líquida, sea por cruce con la forma portuguesa *grimpa*. El cast. ant. *impla* 'velo o toca de mujer', 'velo de imagen religiosa' (Berceo, *Mil.* 189, 320*b*, 880*b*, 881*c*; Corbacho, ed. Pz. Pastor, 75.10, 129.7[2]; invent. de Guadalcanal, a. 1494[3]; y ya en el glosario árabe-latino del S. XI, traduciendo al ár. *muṣálla*, y en el Misal mozárabe, vid. Du C.; *inple* en el *Canc.* de Baena, W. Schmid), cat. ant. *impla* 'clase de paño para velos, tocas o camisas finas'[4], son debidos a un cruce de *infla*, procedente del lat. *infŭla* íd.[5], y documentado en Serverí de Girona y otros textos catalanes medievales (*Misc. Fabra*, 156), con nuestro *guimple*.

DERIV. *Grimpolón* [1820, en Leguina].

[1] Para documentación de éste, además de Du C. y God., vid. Schultz-Gora, *ASNSL* CLV, 108.— [2] «E quando comiençan las arcas a desbolver... allá tienen porseras, muchas *ymplas* bolantes».— [3] «Otro altar de Santa Catalina en el qual estava su vulto... tocado un velo de *ynpla*», *BRAE* XIII, 47. Véase también *BRAE* X, 186.— [4] «La Güelfa... despullà s tota nua, e pres l'alcandora d'*impla* que vestia e donà-la a

la abadessa», ed. Rubió i Lluch, p. 520 (*N. Cl.* I, 167), y nota. Igual sentido en el citado inventario castellano de Guadalcanal.— ⁵ También se tomó *ínfula* por vía culta [S. XVI].

Grinalde, V. *grano*   *Gringo,* V. *griego*
Griñolera, V. *bruno I*   *Griñón* 'toca de monja', V. *greña*   *Griñón* 'variedad de melocotón', V. *bruno I*

GRIPE, del fr. *grippe* íd., y éste del su. alem. *grüpi* íd., derivado de *grüpe(n)* 'agacharse, acurrucarse', 'temblar de frío', 'estar enfermizo, encontrarse mal'. *1.ª doc.*: 1897, Vigón; Acad. 1899 (con ejs. de L. Taboada y J. Vera, poco anteriores, en Pagés).

Ast. *gripe* 'epizootia' (V). Se encuentra en francés desde 1762, pero el su. alem. *das grüppi,* aplicado a la misma enfermedad, ya se halla en 1510. Hoy *grüpi* o *grüpi* se emplea en Lucerna y lugares vecinos con la ac. «vorübergehendes, zeitweilig auch epidemisches unwohlsein, unpässlichkeit (wie husten, schnupfen)» (*Schweizerisches Idiotikon* II, 790-1). El artículo de Kurrelmeyer, en *Journal of English and Germanic Philology,* Urbana, XIX, 513-4, ha puesto en claro la etimología de este vocablo, que anteriormente solía derivarse del ruso *ḫrip* 'ronquera', 'estertor' (fundándose en una epidemia de gripe que se extendió desde Rusia, pero en fecha tan reciente como 1782: así Kluge y M-L., *REW,* 1886) o del fr. *gripper* 'agarrar' (de origen germánico): así Sainéan, *Sources Indig.* II, 360-2.

GRIPO, 'especie de bajel pequeño que se empleaba para el comercio y para la guerra', del it. *grippo* íd., y éste del b. gr. γρῖπος 'cierto barco pesquero', del gr. ant. tardío γρῖπος 'red para pescar', 'captura de pescado'. *1.ª doc.*: h. 1440, Tafur, 123 («fallé presto un *gripo* que el Rey me avía mandado aparejar para que me levase a Rodas»).

Aparece también en la Crónica de Girón (S. XVI), que los cita entre las embarcaciones que defienden a Corfú y define «son navíos pequeños de vela». En Italia hallamos el veneciano *gripo* desde 1499, y su derivado *griparia* ya en 1420, mientras que el fr. *griparie* (tomado del italiano) ya aparece en 1369; de Italia procede también el cat. *grip* (S. XV). Vid. Vidos, *Parole Marin.,* 448-51, que quería derivar el vocablo del gr. γρύψ, γρυπός 'grifo, animal fabuloso'. Pero H. Kahane, *Byz.-Neugriech. Jahrbücher* XV (1939), 98, llamó la atención hacia el b. gr. γρῖπος 'barco de pesca', documentado en 1108, 1110 (γρίπον) y 1120 (íd.), en la Magna Grecia, y hacia la variante γρίππος «caique», documentada en Chipre en la Edad Media, e indicó que debían proceder del gr. tardío γρῖπος 'red de pescar', 'captura de pescado' (seguramente variante de γρῖφος 'red').

GRIS, de origen germánico, probablemente tomado de oc. ant. *gris* íd., y éste del fráncico **grīs* íd. (b. alem. ant. *gris* 'anciano', 'cano', neerl. *grijs* 'gris'). *1.ª doc.*: *peña grisa* 'piel gris', invent. de Toledo, a. 1273 (*RFE* IX, 271-2).

El nombre del *gris,* variedad de ardilla empleada para forrar con pieles, es sustantivación del adjetivo de color, aunque en lo antiguo el adjetivo suele hallarse solamente en el grupo de vocablos *peña gris* o *grisa,* piel que se hacía precisamente con la de esta ardilla. El sustantivo *grisa,* como nombre de la misma, figura en los Aranceles santanderinos del S. XIII y en las *Aves de Caça* de López de Ayala (a. 1386), mientras que desde Covarr. aparece en este sentido la forma masculina *gris.* Como adjetivo tenemos *girifaltes grises* en la misma obra; *grisas et vermellas* como adjetivos en *Marco Polo* (arag., S. XIV); *peña grisa* en el Marqués de Santillana[1]; más datos, aragoneses, en *VRom.* X, 164. Como puede verse, la variante adjetiva *grisa* no es aragonesismo, sino la forma primitiva (comp. oc. y cat. *grisa,* fr. *grise*). Pero en la Edad Media *gris* como nombre de color era poco empleado en castellano (falta glos. de 1400, APal., Nebr. y los principales autores medievales): solía decirse, más vagamente, *pardo;* el principal empleo del vocablo era con referencia a las pieles de ardilla y a su matiz más estricto. De aquí que se percibiera *gris* como sustantivo en aposición (como hoy decimos *falda marrón*), y que al dominar el masculino como nombre de este animal se empleara *gris* junto a femeninos, y acabara por considerarse adjetivo de una sola terminación: así ya en el *Canc.* de Baena («enforrada en peña *gris*», p. 236). Desde el S. XVI tiende *gris* a hacerse de uso general: Illescas (1565) habla de *hábitos de color gris,* Góngora cita el *ámbar gris,* y Oudin registra como adjetivo de color sin limitaciones.

Todo este cuadro histórico resulta, sin embargo, elocuente: *gris* en español (como en portugués), es palabra importada de Francia con el comercio de pieles. Aunque el cat. *gris* ya se halla en 1435, es más probable que se tomara de la lengua de Oc, donde ya lo emplea el primer trovador, Guillermo de Poitiers, en el S. XI; también pudo llegar por el comercio marítimo desde el Norte de Francia. En realidad, no hay razones para admitir que *gris* sea palabra tomada por el latín vulgar del germánico común, como se ha dicho varias veces; el it. *grigio* puede ser galicismo o voz tomada directamente del fráncico. El caso es que en germánico sólo se documenta el vocablo en fecha antigua en bajo alemán y en neerlandés, pues consta que en alto alemán medio es palabra importada (vid. Kluge): luego el galorromance hubo de tomarlo del neerlandés ant. o del fráncico.

«*Gris* se llama en Andalucía el aire y tiempo

muy frío», según *Aut.*, y hoy sigue diciéndose familiarmente en castellano que *hace gris*, así con referencia al viento como al frío en calma. Lo mismo se dice en el catalán de Valencia (G. Girona, P. Meneu), mientras que en Cataluña se dice 'viento Norte', y en el fr. dialectal del Centro *gris* es 'viento Norte', comp. lemos. *ven negre* 'viento Norte' (Wartburg, *ARom.* IV, 265); con parisiense *gris* 'viento frío' (Ch. Nisard, citado por Sainéan. *Sources Indig.* II, 294), gall. *griseiro* 'glacial' («na estación queda moita xente de pé arrufiándose c'o bafo ∼ da mañán», Castelao 222.7); comp. turco *kara yel* propiamente 'viento negro' y fr. *bise*, derivado de *bis* 'pardo'. Hay, probablemente, alusión a los días nublados y grises del invierno. En Marruecos *geriza* o *'igriza* significa 'escarcha' (Lerchundi, Meneu), de ahí judesp. marroq. *agrís* íd., *caer agrís* 'hacer tiempo muy frío', *frío como l'agrís*, *frío agrís* (*BRAE* XIII, 525-6; XIV, 568); pero estas palabras son hispanismos, según lo muestra ya su *g* oclusiva, y nada tienen que ver con la raíz arábiga *k-r-z*, de significado absolutamente distinto (contra lo que supone Pascual Meneu, *Rev. de Aragón* VI, i, 467).

DERIV. *Grisa* (V. arriba). *Grisáceo* o *griseo. Griseta* [Terr.], del fr. *grisette; agrisetado* [1782, *DHist.*].

CPT. *Grisgrís* 'especie de nómina supersticiosa de los moriscos' [Acad. ya 1817]: quizá sale más bien del ár. *ḥirz* 'amuleto' (documentado en R. Martí y otros muchos: Dozy, *Suppl.* I, 269a), pero conviene tener esta etimología en cuarentena mientras no se logre documentar el vocablo castellano.

[1] «Ropas trahen a sus guisas, / todas fendidas por rrayas, / do les paresçen sus sayas / forradas en peñas grisas», *Serranilla de las Hijas*, M. P., *Poesía ár. y poes. eur.*, p. 92.

Grisú, V. *griego*

GRITAR, voz común a todos los romances de Occidente, de origen incierto, probablemente del lat. QUIRĪTARE 'dar gritos de socorro', 'lanzar grandes gritos', que ya en latín vulgar se reduciría a *CRĪTARE; la forma española y portuguesa presenta además otra irregularidad fonética, que quizá se explique por el carácter expresivo del vocablo. *I.ª doc.*: J. Ruiz, 1439b; pero el sustantivo *grito* ya se halla en Berceo y otros textos del S. XIII.

La forma aragonesa *cridar* aparece en el ms. *P* del *Alex.*, pero es interpolación de este ms. del S. XV[1]. Es rara y quizá sea italianismo la variante *gridar* (y sustantivo *grida*), propia de Juan de Mena (Lida). Mas aunque todas estas variantes son ajenas al léxico de muchos textos arcaicos (*Cid*, Berceo, *F. Juzgo*, *Calila*, *Apol.*, ms. escurialense I·j·8, *Conde Luc.*), y aun más tardíos (APal.; perc «gritar: quiritor, vociferor» en Nebr.), es de creer que el verbo existió desde los orígenes del idioma, en vista de la antigüedad del postverbal *grito*, que

ya figura varias veces en Berceo (*Mil.* 888c, 247, *Sacr.* 241) y está en *Calila* (ed. Allen, 199.25), en *Fn. Gonz.* (469b), etc.; en realidad la diferencia cronológica se explica porque el castellano, a diferencia de otros romances, muestra poca predilección fraseológica por el uso de nuestro verbo, prefiriendo las perífrasis *dar voces* o *dar gritos* (ya documentadas en *Calila*, *Fn. Gonz.*, etc.). La variante *cridar* es aragonesa, según queda indicado: *crido* 'grito' figura en el aragonés Juan de Tapia (med. S. XV, asegurado por la rima con *gemido*, *Canc.* de Stúñiga, 217), y en textos moriscos de la misma procedencia correspondientes al S. XVI (profecía publ. por Lincoln, *PMLA* LII, 636; *Recontamiento de Alixandre*, RH LXXVII, 456); si *cridar* figura también en poesías del gallego Rodríguez de la Cámara es seguramente porque el copista aragonés del *Canc.* de Stúñiga (139, 143) la introdujo en su texto[2]. El juicio que nos merezca la doble forma *gritar* y *cridar* depende de la etimología del vocablo. *Gritar* pertenece a una familia romance integrada por el port. *gritar*, cat. y oc. *cridar*[3], fr. *crier*, engad. *crider* e it. *gridare*[4]. Desde Diez han estado de acuerdo la mayoría de los romanistas en que procede del lat. QUIRITARE 'dar gritos de socorro', 'dar grandes voces', palabra menos frecuente en latín que el común CLAMARE, pero no rara y de significado más enérgico[5]. La principal dificultad está en la desaparición de la vocal de la primera sílaba, que no es normal, pues el romance conserva siempre esta vocal; pero hay una excepción ocasional, que justamente se da en las condiciones que presenta nuestro vocablo: cuando esta vocal va seguida de R y es la misma que la de la sílaba siguiente, se elimina a veces, por una especie de disimilación; así DRECTUS sustituye a DERECTUS (DIR-) en casi toda la Romania (vid. *DERECHO*), y el rum. *créer* procede de CRÉBERU y no de CEREBRUM (M-L., *GGr.* I, 470, § 23). Luego QUIRITARE pudo reducirse a *CRĪTARE desde el latín vulgar, y el logud. *isbirridare* 'dar gritos de alegría' quedaría como testigo aislado del vocalismo primitivo. Otra dificultad la presenta la -*t*- conservada de la forma castellana y portuguesa. Algunos han querido ver una relación entre esta -*t*- y la *g*- inicial: habría habido una especie de metátesis de la sonoridad *cridar* > *gritar* (así Cornu, *GGr.* I, § 163; y Elcock, *l. c.*); en efecto, la *g*- va aparejada a la -*t*- y la *c*- a la -*d*- en todas las formas hispánicas (port., cast. y mozár. *gritar* frente a arag. y cat. *cridar*; gall. *gridar*, pero en los *F. Munic. de Santiago*, publ. por López Ferreiro, 1875, I, p. 303, hay *cridar*, GdD, GrHcaGall.), pero no ocurre así en Italia, donde tenemos *cridar* al Norte y *gridare* al Sur de los Apeninos, y es sabido que el cambio de CR- en *gr*- es un hecho frecuentísimo, del cual se pueden ver docenas de ejs. en las palabras de este diccionario que empiezan con este grupo. Lo probable es que no haya relación de simultaneidad entre los dos hechos, y que la -*t*- se conservara por una duplicación popular de la -T- en el latín vulgar hispánico, encaminada a reforzar la articulación en este vocablo de efecto expresivo: comp. el lat. *quirritare* 'gruñir el puerco' y el logud. *isbirridare*, con geminación de otra consonante; a lo sumo podría suponerse que el hecho de seguir una sorda ayudó por disimilación al cambio espontáneo de *cr*- en *gr*-.

Por lo demás, estos detalles fonéticos litigiosos dan cierto grado de verosimilitud a otra etimología: del a. alem. med. *krîzen*, neerl. med. y mod. *krijten*, b. alem. med. *krîten* 'chillar, gemir', alem. *kreissen* 'estar de parto', podría deducirse una antigua forma germánica **krîtan*, que además de no inspirar escrúpulo en el tratamiento del grupo inicial, podría explicar más fácilmente la -*t*- hispano-portuguesa, a base de un préstamo tardío en parte del territorio romance: sugirió esta etimología Grammont (*RLR* XLIV, 1901, 138; XLVI, 598; *Trentenaire de la Soc. des L. Rom.*, 302) y le siguieron Holthausen (*Idg. Forsch.* XIV, 340) y Baist (*GGr.* I, § 39). A lo cual replicó M-L. (*Prager Deutsche Studien* VIII, 1908, 77-79) que la fecha moderna en la aparición de las voces germánicas, y su restricción a los dialectos alto y bajo-alemanes, es indicio claro de una voz tardía y además sospechosa de estar tomada del romance[6]; se adhirió a este punto de vista Jud, *ZRPh.* XXXVIII, 40[7]. Lo más probable es que así el germ. dial. **KRÎTAN* como el romance común **CRĪ(T)TARE*, cuyo efecto onomatopéyico ya subrayó Grammont (comp. gr. ἔκριχον 'grité', esl. *krikŭ* 'grito', etc.), sean también de o r i g e n onomatopéyico, en definitiva, sin excluir, como observa Wartburg, a el propio lat. QUIRITARE; comp. cast. *cuy* 'conejillo de Indias', mej. *cuino* 'cerdo', lat. *quirritare* 'gruñir (el cerdo)', Maine *couisseter* íd. (y demás formas análogas reunidas por Wartburg en su artículo KWI-)[8].

DERIV. *Grito* [Berceo, y V. arriba][9]; *grita* 'gritería' [APal. 42*b*, 297*d*; Nebr., s. v. *favor*; G. de Alfarache, Cl. C. II, 78.17; *La Ilustre Fregona*, ed. íd., p. 258; *Coloquio de los Perros*, p. 267; muy corriente entre los clásicos y preclásicos], parece haber sido una especie de plural neutro del anterior formado en el romance primitivo. Mozár. *griṭâira* 'dragontea' (así llamada, según explica el botánico anónimo de h. 1100—vid. Asín, pp. 318-9—, porque su corteza produce un sonido estridente al salir los tallos)[10]. *Gritador. Gritadera* [J. Ruiz, 751], hoy venez. *Gritería; griterío. Gritón.*

[1] El metro indica que la lección de *O* «por u nunca passava mandava *pregonar*» (2272*c*) es preferible al *mandava cridar* de P.— [2] Hoy *gritar* es bastante general en el Alto Aragón, como dice Elcock, *Affinités Phonétiques*, p. 63, pues en este caso han coincidido la influencia castellana y la tendencia autóctona a conservar la -T- intervocálica. Que la forma *grito* ya se introducía en el aragonés del S. XV lo prueban las rimas de otras poesías del mismo cancionero (*gritos: escritos*, Juan de Tapia, p. 197; *grito: Agipto: aflicto: remito*, J. de Andújar, p. 74).— [3] Del deriv. oc. a. *escridar* el vco. *ixkiritu* «cri, exclamation» en la trad. bíblica (lab.) de Haraneder (S. XVIII), donde *kri* > *kiri* es cambio normal vasco.— [4] De ahí gnía. *gridar* 'gritar' y *gridador* 'pregonero'.— [5] No creo que la cantidad *quắrītare* que suelen dar los diccionarios esté asegurada de un modo objetivo, pues el vocablo sale por lo común en prosa. En Forcellini veo un solo verso, de Lucilio, que al parecer contiene esta escansión, pero este hexámetro, trasmitido por un gramático tardío, cojea en otro pie. Cabe sospechar que los lexicógrafos se fundan, al indicar esta cantidad, en la supuesta etimología *Quắrītes*. Ahora bien, la variante *quiritare* (o *quirri*-) 'gruñir (el cerdo)' tiene las dos primeras sílabas largas.— [6] Desde luego esta sospecha no puede hacerse extensiva, como observa Behaghel, *Litbl.* XXIX, 180, a la familia del alem. *schreien* 'gritar', que no puede salir del fr. ant. *escrier*, pues el a. alem. ant. *scrian* ya se documenta hacia el año 800. Prueba clara de la posibilidad de encuentros fortuitos.— [7] La cuestión del origen de las formas germánicas no ha quedado solventada. Kluge admitió la posibilidad del origen romance, pero ediciones posteriores de su diccionario dejan la cuestión totalmente en suspenso. También M-L., en la 3.ª ed. de su *REW*, vuelve a admitir la posibilidad de la etimología germánica de la voz romance. El argumento de Brüch (*Einfluss d. germ. Spr.*, p. 11) en favor del carácter genuinamente germánico de *kreissen*, a base del alem. *kreischen* 'chirriar', ya lo rechazó con éxito M-L.; tampoco me parece de mucha fuerza la existencia de la forma apofónica neerlandesa *kreet* 'grito' invocada por Holthausen. La del a. alem. med. *krîsten* ya tiene más: como nota Wartburg (*FEW* II, 1488*b*) no se le ve otra explicación que el carácter onomatopéyico del vocablo.— [8] Como observan Ernout-M. la etimología tradicional de QUIRITARE en el sentido de 'pedir socorro a los ciudadanos o Quirites' no es absurda, y está muy de acuerdo con la fraseología de la Antigüedad latina, y por lo demás con la de todos los tiempos (comp. it. *accorruomo* 'grito de socorro'). Y sin embargo Walde me parece sustentar con éxito la formación onomatopéyica, apoyado en la variante QUIR(R)ITARE aplicada al cerdo. Otra formación sugestiva en este sentido la presenta el sardo: logud. *ticchirriare*, septentr. *zicchirrià*, campid. *zerriài*, son la expresión normal de la idea de 'gritar' en este idioma.— [9] Nótese la locución argentina gauchesca *al grito* 'en seguida': B. Hidalgo (Tiscornia, *Poetas Gauchescos* I, v. 124), *M. Fierro* I, v. 1975 (y nota en la ed. Tiscornia).— [10] No hay por qué enmendar en *gritadaira* según propone Asín (en todo caso debiera ser *gritataira* en mozárabe), comp. cat. *cridaire* 'gritón, chillón' y formaciones mozárabes

como *balairiella* 'cardo corredor' (en el propio anónimo de Asín), diminutivo de *balaira* 'bailadora'; que estas formaciones procedan de -ATOR, como en lengua de Oc, o de -ARIUS, según parece más fácil en mozárabe, el caso es que tal sufijo existe con carácter deverbal en mozárabe; y quizá debería revisarse la doctrina del origen provenzal del sufijo catalán correspondiente, por lo menos en el sentido de que el mozárabe valenciano ayudó. El punto de partida pudo estar en un derivado denominal de *grito* o de *baile*, que luego se relacionaría con el verbo correspondiente.

Gro, V. *grueso*

GROERA, 'cada uno de ciertos agujeros practicados en las varengas de una embarcación, no lejos de la quilla, para dar paso a un cabo o a las aguas que se acumulan en el casco', del mismo origen incierto que el gall. *broeira*, íd.; probablemente derivado de BROA en el sentido de 'entrada o embocadura del mar en la costa'. *1.ª doc.*: *grueras*, 1696, *Vocab. Marít. de Sevilla* (*Aut.*); *groeras* o *grueras de las varengas*, Jal (1848); *groeras*, Acad. 1899.

Define este diccionario «agujero hecho en un tablón o plancha, para dar paso a un cabo, un pinzote, etc.», pero la definición dada arriba se desprende de la descripción que hace Jal (s. v. *anguiller*). Lo mismo (alem. *nüstergatten*) se dice en el gallego de Finisterre *broeiras* (Schroeder, *VKR* X, 190), que el mismo autor define más explícitamente 'agujero en el fondo de la nave para dejar salir el agua («sodwasser»)'; y en Porto do Son (Portugal) *boroeira*. En portugués *bueira* «buraco, na parte inferior de uma embarcação, para a esgotar quando içada»; y *bueiro*, que puede ser además el agujero practicado en una pared con el mismo objeto (así en la Beira: *RL* II, 246; otros escriben *boeiro, boeira*: así Moraes). *Bueira* significa en Tras os Montes 'abertura en el techo de una casa pobre, para que salga el humo de la cocina' (Fig.), *bueiro* en Barroso es 'ano' (*RL* XX, 145); en Galicia *bueira* o *boeiro* es un bastoncito que se mete en una abertura del timón para mantener levantada la carga del carro (*VKR* V, 90; Krüger, *Gegenstandsk.*, 203); finalmente en Sanabria se llama *buyeiro* una claraboya o tragaluz (Krüger, *Gegenst.*, 78). Como en otro pueblo de Sanabria lo mismo se dice *aguyal*, está claro que *buyeiro* puede ser la forma leonesa correspondiente al cast. vg. *bujero*, cast. *agujero* (leon. *y* = cast. *j*). Pero esto no nos explica las demás formas: entre las dificultades la de menos sería la primera -*r*- de *gruera*, que se pudo intercalar por repercusión de la segunda, o de la -*ll*- de la antigua forma *agullera* > *gruyera*. Pero la -*lh*- no puede desaparecer entre vocales en portugués. Para ello sería preciso que lo mismo en gallegoportugués que en castellano el vocablo fuese un asturianismo, con -*y*-

leonesa (= -*j*- castellana), que posteriormente pudo desaparecer; pero es algo extraño un asturianismo náutico tan difundido, y un leonesismo en el vocabulario rural, no sólo de Tras os Montes y Galicia, sino de la Beira y de Barroso. Conviene reservar la opinión mientras no aparezca documentación más antigua. No creo que se trate de una voz de creación expresiva, como admite Krüger. Tampoco se ve posible relación semántica con el gallegoportugués *b(o)roa* 'pan de mijo', 'migaja' (V. BORONA).

Según el dicc. de Fz. de Navarrete (1831) se llama *groeras de los cables* a las *gateras* en el arsenal de Cartagena, otros lo emplean en el sentido de 'imbornal', y en ambos se dice también *gruera*, y antiguamente *broera* y *bruera*; además la *groera del timón* la llaman otros *ojo* o *boca de la caña*, y en los arsenales de Cádiz y Ferrol *cajera* y *bocabarra*. Estos sinónimos, junto con la forma antigua *broera*, sugieren la verdadera etimología: será derivado de *broa*, término de topografía náutica aplicado a una entrada del mar, que Veitia hace sinónimo de *boca*, *barra* y *embocadura* (V. adiciones a mi artículo BROA, en el vol. 4.º). El cambio de *br*- en *gr*-, por un vulgarismo náutico como el de *gramante* por BRAMANTE (otros, s. v. GRÁTIL). El parecido con el port. *bueiro* será casual, a no ser que éste salga de *brueiro* por disimilación y resulte de la ampliación semántica de una antigua voz náutica. De todos modos es de creer que por lo menos hubo confusión fonética (si no derivación primitiva) con el germanismo gallego *grueiro*, *groba* (para el cual, vid. GRABAR).

Gromo, V. *grumo*   *Gropos*, V. *grupo*
Gros, *grosedad*, V. *grueso*

GROSELLA, del fr. *groseille* íd., de origen incierto; en germánico es palabra meramente local, fronteriza y de aparición tardía (quizá galicismo). *1.ª doc.*: *Aut.*

En francés aparece ya en el S. XII. La procedencia del vocablo francés es oscura. Así la etimología de Diez y M-L. (*REW* 4765), alem. *kräuselbeere*, como la de Gamillscheg (*EWFS*, 493*b*), lat. vg. *ACRICELLA, diminutivo de ACER 'agrio' presentan dificultades fonéticas, y en favor de las dos pueden hacerse oír varios argumentos que no resuelven la cuestión en forma terminante. Los argumentos contrarios al origen germánico dados por Gamillscheg, y más detenidamente por Budahn, *ZFSL* LXIII, 137, son fuertes; Wartburg, *FEW* XVI, 422-424, como era de esperar, dados sus conocidos prejuicios, se empeña en el germanismo (Bloch[1] se expresaba con muchas dudas y reserva que Wartburg ha borrado). Los mejores germanistas (como Kluge o el neerlandés Van Haeringen) se abstuvieron de recoger el vocablo. El supuesto fráncico *KRUSIL es mera hipótesis harto endeble. La lectura del art. del diccionario etimológico ho-

landés de Franck y un estudio crítico del *FEW*
producen la impresión de que este supuesto germanismo es una hipótesis muy audaz y poco fundada: en neerlandés la palabra parece ser reciente, ajena incluso al diccionario de Kilian (S. XVI) [5]
(la fuente más copiosa de lengua algo antigua, la
que se cita constantemente, y que es ya de fecha
bastante tardía); lo único que da Kilian es *kroes-
besie* (pron. *krus + besie* 'baya, frutita'); existe
también un *kroeselbesie* (que además no sabemos [10]
si es la misma planta o alguna análoga) y hállase
alguna otra forma, *kruisbes*, pero en buena parte se
trata del nombre de plantas diferentes (algunas con
poca o ninguna relación botánica, como la menta
crispa) y lo único común a todo esto es el supuesto [15]
(que Franck mismo da como incierto) de que se
trate de un derivado de *krüs* 'crespo, rizado' (alem.
kraus, hol. *kroes*). Lo que de todos modos nos
consta bien es que, en todas las lenguas germánicas, el nombre de la grosella es diferente, y lo es [20]
incluso en neerlandés (*aalbes*) y en alemán (*Johan-
nisbeere*).

No tiene, pues, fundamento serio la afirmación de
Wartburg de que los datos de Franck den ninguna
base firme para suponer un fráncico *KRUSIL (al [25]
que, con igual desenfado, ha quitado en el Bloch-W⁷
el asterisco con que lo daba Bloch). En el dominio
alemán el vocablo es dialectal, sólo documentado
recientemente, y por lo demás en Alsacia y Suiza
alemana, o sea en dialectos fronterizos, al parecer [30]
sólo allí; y aun allí parece ser palabra poco conocida[1]; la forma es siempre la compuesta en -*beere*
o -*besie*, salvo en alguna habla suiza (donde *chrusel* debe de ser abreviación reciente). Que la *groseille* fuese (como dice Bloch) una planta «rizada» [35]
es explicación *ad hoc* y algo extravagante (lo único
rizado o encrespado es la *menta crispa*, variedad
de la hierbabuena sin relación alguna con la grosella: nombre calcado en neerl. como *kruize-munt*).
En fin, también en el orden fonético, una etimo- [40]
logía *kruselbesi (y aun *krusel) ofrece dificultades de mayor cuantía.

Que una voz local y reciente, sólo alem. y flamenca, sea la fuente de una denominación que en
francés se documenta en gran masa desde el S. [45]
XIII y en todos los dialectos de Francia (Norte,
Oeste, Este y aun Sur) es sin duda invertir los
términos naturales de la probabilidad. Mucho más
natural y probable que este germanismo supuesto,
sería la hipótesis de una etimología prerromana [50]
(cf. lo dicho del gall. *careixós* en *CEREZA*) o bien
románica.

En cuanto a que el étimo sea realmente el *ACRI-
CELLA de Gamillscheg, tampoco es esto seguro. De
todos modos en el aspecto semántico esta etimo- [55]
logía es perfecta, no hay dudas ambientales ni
morfológicas como en la otra, y los hechos fonéticos, aunque dada su complicación se prestan a
dudas, presentan aquí dificultades también menos
graves que en la etimología germánica. La forma [60]

etimológica sería, en el desarrollo normal, *agroisele*
(cf. ACREM > *aigre* con diferencia normal en el
vocalismo, debida al acento); y éste es en efecto
uno de los tipos básicos en que se reparten las
variantes francesas ya desde la Edad Media: *groisele* (*FEW*, 422a2a) y *groseille*, aunque por lo
común la *a-* se confundió con la del artículo, eli-
minándose[2].

Es preciso reconocer que la explicación de la
segunda presenta un problema: que un traslado
del elemento palatal y la palatalización de -*elier* en
-*eiller* en el nombre del arbusto, no bastan para
explicarlo a plena satisfacción, es algo que debe
concederse, aunque en *groiselier*, -*eillier*, la disimilación ayudaría mucho a la eliminación de la
primera *i*. Sin embargo, creo que el factor decisivo
sería la creación del b. lat. *grosellarius* por latinización artificial de la palabra francesa, creación que
ya se documenta nada menos que en el S. XI
(*ALMA*, 1930, 133), que es adaptación artificial
del nombre popular, pero que todo el mundo está
de acuerdo en mirar como procedente del francés
y no de ninguna forma germánica; este *grosellarius*, y la otra latinización más tardía *grossularius*,
han sido seguramente los responsables de que en
el propio francés haya acabado por predominar
groseille. Pero la documentación medieval de *groisele* no es menos antigua, puesto que es ya la
forma empleada por Rutebeuf, Marot, etc. (*FEW*,
423a25)[3].

En conclusión, es mucho más natural creer
que son las formas alemanas y neerlandesas (recientes y ajenas a todo el resto del germánico) las
que son adaptaciones del vocablo francés (más o
menos apoyadas en el germ. *krüs* = alem. *kraus*)
que lo contrario. La penetración se produciría por
conducto del francés flamand *grousielle*, ya documentado en Tournai desde 1456, como reconoce
honestamente el propio Wartburg.

DERIV. *Grosellero. Grosularia; grosularieo*, derivados del lat. mod. botánico *grossularia*, latinización del fr. *groseille*.

[1] Es típico, como prueba de lo que afirmo, el
hecho de no figurar, ni siquiera en un libro como
el *Sprach-Brockhaus* (ed. 1938) donde (junto con
muchos vocablos familiares, incorrectos, extranjeros, técnicos, etc.) figuran millares de palabras
dialectales de todo el dominio alemán, las unas
mucho, otras medianamente conocidas, y entre
ellas muchísimos nombres (bastantes centenares)
de plantas regionales, de curso más bien local,
como *holle* 'saúco' (= alem. normal *holunder*),
bilse 'endrina' en unas partes, 'tora' en otras,
etc., está incluso *krausbeere* 'gayuba' o 'uva
espina' 'Arctostaphyllus uva ursi' planta algo ana-
loga a la grosella, aunque bien diferente; pero
no están en absoluto *kräuselbeere* o *kräusel*
(*chrusel*), los supuestos padres de la grosella.—
[2] No deja de haber, sin embargo, muchas formas
en *agr-*, *aigr-* en los dialectos franceses (aunque

esto se vea poco en el *FEW* por la disposición
dispersa que se les ha dado, y aun acaso sin
intención de disimularlas): Centre *égruselle,
agrouelle,* Provins *égrousèle* (ya antiguo según
Wartburg), Berry *agrousellier,* Gévrier *égorsalie,* 5
Vaud *angrezala,* Grenoble *egruizèle* y *angruzèle,*
Barcelonette *agrousela, angrousèla, angounsèla,*
Haute-Ubaye *engrounsèla.* Las formas en *gr-* son,
claro, bastantes más: por algo cuentan con
documentación literaria y muy anterior.— [3] En 10
cambio, es evidentemente forzada la explicación
de Wartburg de que *groisele* sea debido al influjo del fr. ant. *groisse* 'grueso, gordura'. ¿Qué
relación semántica lo justificaría? ¿Y por qué
sería precisamente este derivado y no el primitivo 15
mucho más frecuente *gros* el que actuara?

*Grosería, grosero, groseza, grosicie, grosidad,
grosiento, groso, grosor,* V. *grueso   Grosularia,
grosulario,* V. *grosella   Grosura,* V. *grueso* 20
Grotesco, V. *gruta   Grúa, gruador, gruazo,* V.
grulla   Gruenza, V. *orenza   Gruero,* V. *grulla*

GRUESO, del lat. GRŎSSUS 'grueso', 'abultado,
de mucho espesor'. *1.ª doc.:* orígenes del idioma 25
(*Cid,* etc.).

Corriente en todas las épocas, tonos y regiones
del idioma. En lo antiguo tenía *ss* sorda. El significado podía oscilar desde la noción central[1] hacia
las afines: es 'tosco, rudo' en el *Rim. de Palacio,* 30
829, *gruesso de ingenio* en Nebr.; en el aragonés
Pedro de Luna (princ. S. XV) se hace sinónimo de
'grande' como en catalán y galorrománico (Rivad.
LI, 566); hoy se dice *un hombre grueso,* pero
raramente *un animal grueso:* sin embargo esto es 35
corriente en el leonés de Miranda y en portugués
antiguo, vid. C. Michaëlis, *RL* XIII, 328-30. *Groso,* aplicado al tabaco [Acad. ya 1843], se tomó
seguramente del portugués; *gros* [Terr.], como
nombre de moneda, viene del francés, así llamada 40
por su grosor (el alem. *groschen* viene del francés
a través del checo); *gro* 'tela de seda de más
cuerpo que el tafetán' [Acad. 1884, no 1843], del
mismo idioma, en fecha posterior [cuando ya la *-s*
era muda]: también se dijo *grodetur* [Terr.; Acad. ya 45
1817], pues el más conocido se fabricaba en Tours.

DERIV. *Gruesa* 'doce docenas' [1680, *Aut.*], 'renta principal de una prebenda' [1597, Castillo Bo-
badilla]. *Grosura* 'grasa, gordura' [1251, *Calila,* ed.
Rivad., p. 48; López de Ayala, *Aves de Caça,* 50
pp. 194, 270; más documentación en C. Michaëlis,
l. c.; «pinguitudo, pingue», «*grossura en hondo:*
profunditas», Nebr.]. *Grosor* [1609, Garcilaso];
también se dijo *grosedad* [Nebr.] o *grosidad, gro-
sez, groseza* [APal. 66*d,* 95*d*], *grosicie. Grosero* 55
[APal. 41*d,* 474*d*], *grosería* [APal. 426*b;* S. XVII:
Aut.]. *Grosiento* 'grasiento' ant. [«*fecula;* uva cozi-
da y *grosienta*», APal. 156*d*]. *Engrosar* [1545, P.
Mejía], recientemente *engruesar;* también *engro-
secer; engrosamiento.*   60

[1] «*Bussus:* gruesso, corporiento», 50*d;* «*crassus*
es *gruesso,* que cría muchas carnes», 97*b;* «*obe-
sus...* gruesso, corporiento, lleno y ancho por
grossura», APal. 315*d.*

Gruir, V. *grulla*

GRUJIDOR, 'barreta de la cual usan los vi-
drieros para igualar los bordes de los vidrios', del
fr. *grugeoir* íd., derivado de *gruger* 'practicar esta
operación: grujir', y éste del neerl. *gruizen* 'aplastar', 'triturar', derivado de *grůis* 'grano'. *1.ª doc.:*
Terr.; Acad. ya 1817.

DERIV. *Grujir* [Acad. 1884], derivado regresivo
de *grujidor.* En francés se halla *gruger* desde el
S. XIV. El neerl. *gruis* pertenece a la familia del
alem. *grütze* 'sémola', 'avena mondada', con elementos sufijales distintos. Se ha dicho también
brujidor y *brujir* [1877, Clairac].

GRULLA, probablemente alteración del antiguo
gruya o *grúa,* procedente del lat. GRŬS, GRŬIS, f.,
íd.; la explicación de la *-ll-* es incierta: no puede
ser debida a la confusión moderna de la *ll* y la *y,*
pues este fenómeno tiene escasa antigüedad, y *grulla* ya es forma medieval; mas parece ser forma
procedente de León o de Aragón, donde existieron
focos antiguos de confusión de las dos consonantes. *1.ª doc.: grůya,* h. 1106, Abenbuclárix (Simonet, s. v.); *grúa,* SS. XIII-XV; *grulla,* J. Ruiz,
253*b,* 254*a.*

Se lee *grúa* en *Calila* (ed. Allen, 156.418; ed.
Rivad., p. 40), *Buenos Prov.* 2.12, varias veces en
Juan Manuel (*Caça,* ed. Baist, 65, 73.20, etc.;
Conde Luc., ed. Knust, 107.2; ed. Hz. Ureña,
p. 113), en invent. arag. de 1362 (*VRom.* X, 164),
y todavía en Garcilaso († 1536)[1]. Pero *grulla* figura
ya en J. Ruiz (tres veces seguidas en el ms. *S*),
en el glosario de Toledo (h. 1400), en el ms. bíblico escurialense I·j·7 (S. XV, original anterior),
en la Biblia de Arragel (a. 1429) (Solalinde, *Mod.
Philol.* XXVIII, 91), en APal. (31*d,* 46*b,* 186*b*), en
Nebr., etc. (ejs. clásicos en *Aut.*). *Grulla* es forma
aislada entre los descendientes romances de GRUS:
port. *grou* (de un masculino *GRŬUM,* comp. *dous
DŬOS*) [h. 1250, en una *CEsc.* de Alf. el Sabio:
«que semelhen *grous* / os corvos e as águias ba-
bous», R. Lapa 23.12), cat., oc., it. dial. *grua,* fr.
grue, it. *grù,* campid. *arrui,* rum. *gruie.* Tomados
del castellano son el bayonés *groulhe* íd., el port.
grulha 'hombre o mujer parlanchines, bullangue-
ros', y probablemente el vasco *kurlo* 'grulla' (sul.,
vizc.) o *kurrilo* (vizc., guip.)[2]. Según Riegler, *WS*
VI, 199, el it. *grullo* 'aturdido', 'necio', 'lento en
sus movimientos' (comp. *LERDO*), procedería también del nombre de la grulla, comp. fr. med. y
antic. *grue* 'necio' [1466: *FEW* IV, 296*a*], calabr.
groi «uomo brutto», «brontolone», y cast. *Pero
Grullo* (*verdades de Pero Grullo* o *perogrulladas*
'las que de puro evidentes es necedad enunciarlas')[3],

todo lo cual se explica por la inmovilidad y los movimientos tardos de la grulla, parada en una pata. El caso es, sin embargo, que una forma *grulla* como nombre del ave no parece existir en Italia (aunque Tommaseo hable vagamente de un dialectal *grulla* en este sentido)⁴, de suerte que esta etimología de *grullo* no es segura (comp. el it. merid. *gullu, guḍḍu, grullu, -ḍḍu* 'descornado', en algunos lugares 'estúpido')⁵; según Prati deriva de *grullare* variante de *crollare* 'sacudir, quebrantar, atolondrar'; sea como quiera, *grullo* no parece estar documentado antes de princ. S. XVII (Buonarroti el joven, etc.), de suerte que aun si tuviese que ver con *grulla*, sería por un préstamo del español, y no como forma italiana independiente.

En conclusión, el origen del cast. *grulla* es un problema estrictamente castellano y no interromance. El cast. ant. *grúa* se explica, como el cat., oc. e it. dial. *grua*, fr. *grue* (y quizá rum. *gruie*), por el lat. GRŬEM, cuya terminación se modificó a causa del género femenino, sea en latín vulgar o más tarde; la forma *gruya* de Abenbuclárix es evolución natural de *grúa*, lo mismo que *suya* de *súa* o *tuya* de *túa*. En cuanto a la forma con -*ll*-, M. P., *Rom.* XXIX, 354-5, llamó la atención hacia el paralelismo perfecto que existe entre esta forma y *pulla*, variante de *PÚA*, y de su forma secundaria *puya*, documentada con frecuencia; por lo tanto admitía el maestro que el cambio de *gruya* en *grulla* era meramente una ultracorrección del yeísmo, o confusión de *ll* con *y*⁶. Este punto de vista, mantenido por M. P. hasta ediciones recientes de su *Manual* (§ 75; borrado en su edición última), no ha sido todavía refutado eficazmente, a pesar de la opinión opuesta de M-L. (*REW* 3882) y del escepticismo de Wartburg (*FEW* IV, 297n.5).

Creen estos autores que debe partirse de un diminutivo lat. *GRUILLA*⁷. Y la fecha bastante antigua de *grulla* les presta buen apoyo. Cuervo (*BDHA* IV, 248n.), A. Alonso (*Est. M. Pidal* II, 41-89) y otros especialistas en fonética histórica o dialectología (Hz. Ureña, *BDHA* IV, 334) están de acuerdo en que el yeísmo es fenómeno reciente, que en el castellano de España, en el de América y en el de los judíos debió producirse independientemente y después de la separación de estos tres dialectos, por una tendencia universal a alterar el fonema complejo *ļ*: en España no se hallan testimonios seguros, y en cantidad importante, hasta casi el año de 1800, de suerte que estos filólogos creen que no es allí anterior al S. XVIII; en América, la *ll* se conserva todavía en varios países, y en los yeístas no hay testimonios frecuentes hasta este siglo o fines del anterior, ninguno de ellos seguro antes de 1680; las investigaciones de A. M. Espinosa sobre las formas indias del nombre de *Castilla* (*RFE* XIX, 261-77) confirman la tesis de Alonso de que los aborígenes americanos oían *ļ* a todos los españoles en la época de la Conquista,

y si en algún caso la trascribían por *y* es porque éste era el fonema, en su sistema lingüístico, más próximo a la *ļ* española. Ésta es hoy la opinión común entre los hispanistas.

Podría parecer que ella nos obligue a aceptar el étimo *GRUILLA, y sin embargo no es así, y creo que esta etimología no es posible. En primer lugar es inverosímil esta forma latina hipotética, formada con un sufijo raro en latín, y fundada exclusivamente en la forma de un solo romance, y aun en este romance forma minoritaria y tardía dentro de su época medieval. Pero además *GRŬĬLLA no hubiera podido dar otra cosa que *gruella o *gruyella*, comp. MAMĬLLA > *ma(r)mella*, ARMĬLLA > *armella*, ANCĬLLA > oc. *ancela*⁸. Finalmente el diminutivo no tendría sentido en el nombre de un ave que precisamente se caracteriza por su gran tamaño, como la grulla. Luego hay que abandonar la idea, como ya advirtió Schuchardt (*l. c.*), y volver en una forma u otra a la tesis de M. P.

¿Nos sentiremos con derecho, en vista de *grulla* y *PULLA* (que también se halla desde el S. XV), a revisar la fecha del yeísmo? Casos sueltos como el *llago* 'yazco, estoy echado' del manuscrito aragonés del *Alex.* (315a = *iago*, O), que es del S. XV, y los *llema* y *llelo* del glos. del Escorial (de las mismas época y región), nos podrían invitar a ello⁹. Creo, sin embargo, que por lo menos en Castilla, Andalucía y América la tesis de Cuervo y Alonso es justa en conjunto, lo cual no descarta la posibilidad de algún foco regional de yeísmo desde fecha bastante antigua. Y sobre todo sabemos desde hace tiempo que León se dividía desde el S. XIII en dos zonas, una que tenía -*y*- en lugar de la -*j*- castellana procedente de LI o CL, y otra zona más occidental que tenía en este caso -*ll*-. Los límites de las dos zonas oscilaron y vacilaron fuertemente, y cuando existía una terminación -*uya* en leonés oriental, frente a -*ulla* del occidental (cast. -*uja*), terminación que no era nada rara en diminutivos y voces procedentes de diminutivos (*garulla, pedregullo*, etc., también *barullo* y otros), no es sorprendente que voces como *gruya* y *puya*, de terminación rara y aislada, se pudieran ver arrastradas por este movimiento de vaivén en el territorio leonés, aunque en ellas la -*y*- fuese de otro origen. No conozco la etimología de *Tafalla* (*Tafaia* en doc. de 1228, M. P., *D. L.* 87.9), aunque la -*f*- y el prefijo *Ta*- hacen pensar en el árabe, donde no existe la consonante -*ll*-, pero sí -*y*-; paréceme ahora mejor un germ. *THIUFADIA. La villa de *Mollerussa* en Cataluña era antiguamente *Moyeruça* (¿ < MAJORUCIA o MAJORISA?, frente a MINORISA > *Manresa*, otra ciudad de la línea Barcelona-Lérida), aunque no ha estado nunca en territorio yeísta, mas pudo ser arrastrado por la familia de MOLLIS; y aunque *Mallorca/Mayorca* MAJORICA sí está en zona yeísta, la alteración de su nombre es demasiado antigua y general para poder explicarse por un hecho de dialectología moderna[10]. Lo único que hará falta explicar es la generalización de una forma leonesa o aragonesa. Pero en el nombre de una ave de caza y de paso no creo que las dificultades sean insuperables[11].

La palabra *grúa* 'máquina para levantar pesos' [1600, Sigüenza] procede del cat. *grua* 'grulla', 'grúa' (sentido documentado en lengua de Oc desde el S. XIV, en francés y en catalán desde el XV), por comparación de este aparato con la figura de la grulla al levantar el pico del agua: desde los puertos orientales de España se extendió el vocablo al castellano y al portugués.

DERIV. *Gruazo* 'macho de la grulla' [Lope de Rueda, h. 1550: Fcha.]. *Grullero. Grullo* 'caballo de color ceniciento' mej. (de ahí 'caballo semental' en la Arg.), 'grulla' (*M. Fierro* II, 3089); para la ac. 'alguacil' y 'peso duro', V. GARULLA; *grullillo* 'plantilla empleada para formar racimos de mocárabes, más ancha y larga que una conza' (1633, Lz. de Arenas, cap. 17). *Gruir* 'gritar (las grullas)' [APal. 186*b*], comp. cat. dial. *grullir* (presente *grull*) 'gritar (el mochuelo)'[12].

CPT. *Perogrullada*, V. arriba; para *grullada* en la ac. 'gurullada' o 'junta de corchetes', V. GARULLA.

[1] Fcha., que da también datos clásicos de la forma *grulla*. Además, según *Aut.*, figura *grúa* en la *Cetrería* de Mosén Juan Vallés, que sería aragonés o catalán (a. 1556).— [2] Comp. ronc. *kurri* y b. nav. *kurru*, que pueden estar tomados sea del cast. ant. *grúa*, sea del lat. GRUS, aunque también cabe que todas las formas vascas sean onomatopeyas independientes, pues según observa Schuchardt (*Roman. Lehnw. Berb.*, 76), apoyándose en el zoólogo Brehms, la voz de la grulla es realmente *gru, kurr* o *kürr*. De *grúa* el vasco ant. *gurrugurrua* 'grulla', vid. Michelena, *BSVAP* XI, 293. El vasco *kuŕïlo* (vizc.; guip.; > nav. *currillo*, Iribarren), *kuŕi* (ronc.), *kuŕu* (b. nav.), *kurlo* (sul.), *kuŕuïlo* (vasco ant.) 'grulla', no puede invocarse en apoyo de la hipótesis *GRUICULA, pues es alteración vasca del romance *gru(y)a*, como ya lo indica el b. nav. *kuŕu-a*; para la evolución fonética, comp. vasco *kuŕïloe* < GORRIÓN, y lo que de éste cito allí de Michelena.— [3] Ya se habla de Pero Grullo en un refrán de Hernán Núñez (1549), y aparece transformado en *Pero Grillo*, seguramente por deformación intencionada, en la *Profecía* de Evangelista (S. XV); Cej., *La Lengua de Cervantes*, s. v.— [4] No hay un mapa *grù* en el *AIS*, pero véanse las formas dialectales bastante numerosas citadas en el *REW* y el *FEW*. Añádase calabr. *groi, grua* o *gruja*.— [5] Según Rohlfs, *EWUG* 410, de origen griego, y la ac. 'estúpido' sería debida a cruce con el it. *grullo*, cuyo origen, que él no indica, sería diferente. Quizá tenga razón, pero caben otras interpretaciones.— [6] Se trataría de una forma de origen andaluz, porque en Asturias y en otros puntos

yeístas se pronuncia una *y* clara que no puede confundirse con *ll*, mientras que la *y* andaluza es intermedia entre *y* y *ll*. Claro que esto es trasladar al S. XIV o antes un tipo de pronunciación andaluza actual, que es improbable ya existiera entonces. Pero además toda la frase adolece de una vaguedad perfectamente comprensible en el año 1900, cuando se escribió el artículo, pero que el maestro evitaría evidentemente en la actualidad, después de los trabajos de Navarro Tomás y otros fonetistas modernos. No es que la *y* andaluza tenga más de lateral que la de otras regiones, aunque sí es más fricativa, y por lo tanto más cerrada: sólo en este sentido se puede decir que se acerca un poco más, aunque muy poco, a una *ll*. La diferencia esencial entre Andalucía y Asturias es que, al menos en parte de esta región, hay una *ll* junto al sonido de *y* (y opuesta a él), mientras que esto no ocurre en la Andalucía yeísta.— [7] La primera idea fué de Diez, aunque éste partía de *GRUICULA, lo cual era desde luego imposible en castellano.— [8] Nótese que voces como ARGILLA, ANGUILLA o FAVILLA no son diminutivos, por lo menos no serían diminutivos de voces latinas, como lo son MAMILLA, ARMILLA, ANCILLA y como lo sería *GRUILLA. Qué clase de I tenía SUILLUS no nos consta, pero sería ĭ; las dos etimologías en que basa M-L. su cantidad SUILLUS (*SOLLO* y *CHULLA*) son indudablemente falsas, como demuestro en los artículos respectivos; M-L. ya reconoce lo mismo en el caso de *ZOLLE* (que no tiene que ver con SUILE). No se arguya que aun GRUILLA pudo trasladar su acento dando *grulla*, pues si esto hubiera ocurrido en fecha latina (lo cual es inverosímil en grado sumo) un románico GRUIL(L)A habría dado cast. *gruja* y no *grulla*, y más tarde la ĭ ya se pronunciaba *e* y por lo tanto no se podía trasladar el acento de la vocal más abierta a la más cerrada. Tampoco hay que pensar en una reducción de *gruyella* a *gruilla* (como *Castiella > Castilla*). v luego *grúilla > grulla*, pues el paso de *-iello* a *-illo* es demasiado tardío para que la que se supone su consecuencia indirecta ya estuviera consumada en el S. XIV. Realmente el lleísmo, aunque no el yeísmo, parece haber sido un fenómeno muy extendido en Aragón desde fines del S. XIV, a juzgar por otros muchos ejs. que se encuentran en los glosarios publicados por Castro y en el ms. *P* del *Alex.*; vid. *NRFH* VII, 81-87, y LLANTA.— [9] Desde luego pueden descartarse los supuestos casos mozárabes de *yengua* y *yuca*, V. mi artículo LOCO.— [10] Lo de *Mollerussa* es dudoso; que *Mallorca* venga de *Mayorca*, seguramente falso (V. ahora mi *EntreDLle.*).— [11] Mal Lara (*Philos. Vg.*, ed. 1568, IX, 90), cita el proverbio «encinta es la *grulla* y no lo sabe el puerco» (que también figura en los *Refranes que dizen las Viejas* [ed. Sbarbi I, 89], aunque no he comprobado en qué forma da el vocablo) y alude a una ac. figurada 'persona golosa'.— [12] Sólo conozco este vocablo por mi padre, que me dijo haberlo oído en Sant Pol de Mar y lo empleó en su novela *L'Avi dels Mussols*. Sant Pol es fuertemente yeísta, y aunque una forma **gruia* o *grulla* es desconocida en catalán, en el caso del verbo y ante *i* estamos en situación especial.

Grullillo, *grullo*, V. *grulla*   *Grumar*, V. *abrumar*

GRUMETE, 'muchacho marinero', palabra común con el port. *grumete*, gasc. ant. *gormet*, ingl. med., antic. y dial. *grummet* íd., fr. ant. y med. *gromet* 'muchacho sirviente': el lugar de origen de todas estas formas parece ser el Norte de Francia, pero su origen último es incierto, pues no está averiguado si el ingl. med. *grom*, ingl. *groom*, 'muchacho', 'sirviente', 'paje', neerl. jergal *grom* 'muchacho', son viejas palabras germánicas o por el contrario proceden del francés. *1.ª doc.*: 1484, Woodbr.; Colón (en Fz. de Navarrete, IV, 122, cita de Zaccaria).

Colón escribió unas veces *moço* y otras *grumete* (25-XII-1492). Hallamos también *grumete* en el *Vocabulario en lengua mexicana y. castellana* de A. de Molina (a. 1571)[1], pocos años después en Mal Lara[2], en 1588 en Argote de Molina[3], en G. de Palacio (145r°), en Covarr., y *Aut.* cita ej. en el Padre Ribadeneira; hay además una variante *brumete* que se lee en la *Hermosura de Angélica* de Lope y en el *Quijote* (I, xl, 207), y se explica por influjo de la *u* a través de la *r*, tendencia de cuya ultracorrección ha resultado el cambio de *broma* en *groma* y de *broera* en *GROERA*[4]. En lengua de Oc hallamos *gormet* 'grumete' en varios pasajes de los *Establimentz de Bayona*, texto. gascón del S. XV (Levy); en inglés *grummet* existe con el mismo sentido dialectalmente y antes fué de uso común: está documentado (en la forma *gromet*) ya en 1229[5], y después en 1570, 1591 y 1717, mientras que en 1763 y en el S. XIX ya consta como desusado (*NED*, s. v.). El fr. ant. y med. *gromet* tiene significado más amplio, pues es 'muchacho sirviente' en general, y particularmente 'criado de un vendedor de vinos', de donde ha venido modernamente *gourmet* en el sentido de 'goloso', 'gastrónomo'[6]; se halla documentado desde 1352, con bastante frecuencia hasta el S. XV; aunque no hay testimonios franceses de la ac. 'grumete' (a no ser alguno reciente y sospechoso de influjo español)[7], la existencia de esta ac. en lengua de Oc y en inglés hace muy probable que se hallara también en el Norte de Francia por especialización del significado general, y que de allí o del Sur de Francia la tomaran el castellano y el portugués. La etimología de la voz francesa es oscura, según reconocen M-L. (*REW*[3], 3879) y Bloch, véase. especialmente Gamillscheg (*EWFS*, s. v. *gourmet*)[8]. El origen del ingl. *groom* ha

preocupado insistentemente a los filólogos ingleses, que se inclinan por creerlo de origen francés (*NED*, s. v.; Skeat, *Notes on English Etym.*, p. 125; *Etym. Dict.*, s. v.). El problema no es claro, y últimamente ha intentado Brüch (*ZRPh.* LII, 349-50) demostrar el origen germánico de la voz francesa (de la cual, o directamente del neerlandés, procedería la inglesa), partiendo del neerl. *grom* 'niño', 'muchacho', como ya apuntaban con dudas los autores del *NED*. Lo cierto es que esta ac. neerlandesa no se documenta antes del lexicógrafo Kilian (fines del S. XVI), y hoy es especialmente jergal (véase el suplemento al diccionario de Franck); cree Brüch que se trata de una aplicación figurada de la ac. 'huevos de pez', 'peces recién nacidos', que a su vez procede de la más antigua, ya documentada en neerlandés medio, 'intestinos', especialmente 'intestinos de pescado': esto permitiría suponer que el vocablo ɛxistió ya en fráncico y que de ahí salió un fr. ant. **grom*[9] 'muchacho', del cual *gromet* sería diminutivo. En realidad todo esto es muy incierto: es imprudente deducir una ac. fráncica de una palabra jergal moderna, no documentada antes de fines del S. XVI, que por lo tanto es mucho más probable que sea anglicismo; y aunque es posible el paso semántico de 'huevos de pez' a 'muchachos' (comp.·el ingl. *small fry*) disponemos de documentación demasiado escasa y moderna para que tengamos derecho a atribuirla al fráncico; por otra parte `no consta que el neerl. med. *grom* sea vieja palabra germánica, pues no tiene parentela clara en los idiomas de esta familia (Franck). Más prudente sería creer que el ingl. *groom* es vieja palabra anglosajona, puesto que ya se halla en 1225, por lo tanto antes en inglés; y no sería imposible considerarlo derivado de la raíz de *grow* 'crecer' con sufijo germánico -*mo*-, posibilidad ya tenida en cuenta en el *NED*. De todos modos el vocablo no está documentado en anglosajón, y quedaría siempre el problema del origen inmediato de la voz francesa; postular un fráncico **GROM* exclusivamente a base del inglés medio es muy arriesgado[10]; admitir que el vocablo francés sea préstamo del anglosajón sólo sería posible a base de suponer que originariamente significó 'grumete' y se trató por lo tanto de un préstamo náutico, con lo cual deberíamos mirar la ac. 'criado de mercader' como secundaria[11], cuando es la única documentada hasta ahora en francés. En definitiva, acaso deba volverse a la idèa de Diez y de Skeat de partir del lat. GRŬMUS 'grumo', o mejor de GRŪMA 'vaina de legumbre', sea pasando por la ac. 'yema de árbol', 'retoño' (documentada en castellano) o por 'grano', de donde 'huevo de pescado', aunque es verdad que los representantes galorrománicos de este vocablo con radical *grom*-, diseminados un poco por todo el territorio francés (una veintena de formas sueltas en *FEW* IV, 284a-287a), no se documentan antes de 1597 (*engrommelé* «grumelé»), pero se explican naturalmente por cruce con GLOMUS, GLOMELLUS 'ovillo' (oc. *gromel, grumel*); la peor dificultad está en que la ac. 'yema, retoño' no parece existir en Francia y la ac. 'huevo de pescado' (Delfinado, Limagne, Hérault, Périgord: FEW IV, 284*a*) no se halla en el Norte. También se deberá revisar la posibilidad de insistir en la idea de Scheler de derivar del fr. *gourme* 'muermo', 'erupción', 'porquería' [S. XIII; comp. Hainaut *gourmer* «humer», «siroter»; V. aquí GORMAR], de donde podría venir quizá el neerl. *grom*, que hoy significa también 'residuos de pescado'. En conclusión, el origen último permanece oscuro, pero difícilmente puede dudarse que el cast. *grumete* procede de Francia[12].

[1] «*Acallanelo*: remador o *grumete*», f° 1, v°, 1.—
[2] «*Zetes y Calais, hijos de Borcas y Oristia, eran grumetes porque tenían alas; eran cómitres Peleo y Thelamón*», *Galera Real*, p. 312.— [3] «*Un navío de 200 toneladas... quarenta marineros, diez grumetes, pólvora y munición para todos ellos*», *RFE* VI, 60.— [4] Por anaptixis la variante *gurumete*, empleada, p. ej., en Cuba (Pichardo, p. 134).— [5] «*In qualibet nave XXI homines cum uno gartione qui dicitur gromet*», documento escrito en Inglaterra en esta fecha.— [6] Quizá con influjo de *gourmand* 'comilón', que probablemente es palabra independiente (comp. cat. *gormand* 'glotón').— [7] No es cierta la afirmación de Brüch de que *gerromez* (< *gromez*) en doc. de 1415 (God. IV, 365*c*) signifique 'grumete'. Se habla de barcos, pero *gerromez* es ahí sinónimo de *vallez de marchands*, 'criados de mercaderes', según resulta inequívocamente del contexto, aunque estos mercaderes anduvieran embarcados.— [8] La etimología de Brüch, publicada por este erudito en su reseña de esta obra, no ha convencido a Gamillscheg, pues éste no la incluye en su *R. G.*— [9] No creo lícita la afirmación de Brüch de que este *grom* está documentado, pues *gromes* en un texto medieval de Inglaterra está sin duda por *gromez* (como indicó el *NED*), plural de *gromet*; si antes pone *valettis* con terminación latina y no se atrevió el autor a hacer lo mismo con *gromes*, es porque *valettus* era de uso corriente en el bajo latín, pero *gromet* era demasiado vulgar y francés para latinizarlo.— [10] Sabido es que en *bridegroom* [S. XVI] se trata de una alteración de *bridegoom*, hermano del alem. *bräutigam*, y que ambos contienen el mismo vocablo que el gót. *guma* 'hombre' (= lat. *homo*), que nada tiene que ver con todo esto.— [11] En apoyo de esta idea no podríamos utilizar el ingl. *grummet*, puesto que su terminación -*et* la denuncia inequívocamente como galicismo y no descendiente del anglosajón.— [12] Podrá explorarse además la posibilidad de que, a pesar de las apariencias cronológicas, *groom* se extrajera secundariamente de *bridegroom*, y en éste naciera la *r* por repercusión de la otra. Ya he señalado la

dificultad que nos crea el fr. ant. *gromet* para suponer que el vocablo se importara de Inglaterra. Luego la idea es poco verosímil, aunque no imposible quizá.

GRUMO, 'pequeño cuajarón', 'racimillo', 'yema de árbol', del lat. GRŪMUS 'montoncito de tierra', de donde se pasó a 'conjunto de cosas apiñadas entre sí'. 1.ª doc.: *grumo de ciprés*, S. XIII, *Cantar de los Cantares* (*Festschrift Förster*, 1901, p. 122).

En esta obra traduce el lat. *botrus cypri*, es decir, 'racimo de ciprés', aludiendo al fruto de forma apiñada que produce este árbol; está también en la *1.ª Crón. Gral.*, p. 52*b*: «[las langostas] volaron suso a los arvoles et comieronles otrosí todas las fojas fasta que llegaron a los grumos, et desi royeron essos et quanto fallaron tierno en los arvoles». No conozco otros datos en fuentes medievales, ni figura en la ed. príncipe de Nebr.; pero sí en PAlc. (1505): «*grumo de uvas*: rixmíl», «*grumito de uvas*: ruméychel» (estas palabras arábigas son descendientes de RACEMELLUS); *grumo de la vid* 'grumo de uvas' figura también en Balbuena (1624) y *grumo de sangre* en Fonseca (1596). Especialmente esta ac. ha sido popular en todas las épocas. Más secundarias son la ac. 'yema o cogollo de los árboles' (Acad. ya 1817)[1], aunque se deducía fácilmente de casos como el señalado en el *Cantar de los Cantares*; y 'extremidad del alón de las aves' [1556, Juan Vallés], que puede nacer de la idea de 'yema, retoño'. Covarr. registra además *grumo de sal*, *grumo de cera*, y las acs. 'pedacillo de masa no desleído en las puches' y 'repolluelo pequeño y apretado'. De ahí procede maestr. *gruno* 'repollo de la col' (G. Girona), empleado asimismo en el Alto Aragón, pues de ahí pasó al Valle de Arán, donde se oye algunas veces. Todas estas acs. vegetales proceden de la idea de 'conjunto apiñado' evocada por el montón o terroncito. La ac. 'racimillo de uva'[2] figura ya, a mi entender, en el texto de San Ambrosio (S. IV), así en el diminutivo *grumŭlus* como en el positivo *grumus*: «vitis agrestis *grumulis* mensas onerabat», «o stultum Elisaeum, qui silvestribus *grumis* et amaris pascebat prophetas»: es innecesario postular un *grumula, disimilación de *glumula* (*gluma* 'vaina de legumbre'), con un derivado regresivo *gruma, o suponer una alteración de *glomulus*, diminutivo de *glomus* 'ovillo', como han hecho los filólogos clásicos (vid. *ThLL*, s. v.). Basta para todo *grumus* 'terrón' > 'racimo'. Deben por lo tanto reducirse a uno solo los dos artículos *grumus* del REW (3889, 3890), y el artículo *gruma* del FEW debe refundirse con *grumus*[3].

DERIV. *Grumoso*. *Engrumecerse*. Gall. *engrumado* 'manchado de grasa': *esta mujer está toda engrumada de saín*, Sarm. CaG. 112r.

[1] En este sentido también *gromo*, según la misma edición, donde habrá cruce con el sinónimo portugués *goma, gomo*. En Asturias *gromo* 'rama

da árgoma', que por lo demás es sólo aplicación especial del gall. *gromo*. Éste (Vall.) es variante del port. y gall. *gomo* 'cogollo tierno de la planta que brota' (Añón en Vall.), con derivado *agromar* 'echar yemas las plantas' (Carré), *agromada* 'brotada' 'florecimiento' («anos de espléndida *agromada* literaria na lingua» en el lucense R. Piñeiro, *Grial*, 1973, 396). Quizá tengamos ahí cruce o suma de dos parasinónimos, GRŪM(ŬL)US y GLOMUS, GLOMĔRIS 'ovillo', facilitado por el hecho de que GL- pasaba a *gr*- en portugués con lo que entraba en juego la disimilación en la variante por cruce *gromro*. No descarto lo dicho en el artículo *ESQUILMAR*, pero tampoco debemos dejar de contemplar la posibilidad de que tengamos ahí un vocablo prerromano (con variantes fonéticas, o bien con *r* debida al cruce con GRUMUS): desde luego ésta es una posibilidad incierta y que exigiría mayor estudio. Provisionalmente y como idea nada improbable pienso en un sorotáptico *GOMMO- que, partiendo de 'objeto saliente', 'racimo', 'diente', hubiese tomado el significado de 'brote, retoño', cf. por una parte lit. *žémbėti*, paleosl. *prozębati* 'brotar, retoñar', a. al. ant. *champ* 'racimo' y por la otra el scr. *jambhah*, gr. γόμφος, esl. *zǫbŭ*, let. *zuòbs* 'diente', lit. *žam̃bas* 'canto cortante' (Pok., *IEW*, 369), todos los cuales suponen una base ieur. GOMBHO- / GEMBH- / GṂBH-; tal vez el sorotáptico asimilaba MB en MM, o quizá más bien se trataría de un derivado en nasal, como el lat. GEMMA 'brote, retoño': paralelamente a éste se habría pasado de GOMBH-MO- a *GOMMO-.— [2] Es viva actualmente en tierras andaluzas. La he oído en las montañas de Almería.— [3] Hay además un *gruma* 'pezón de la teta' en *CGL* II, 223.60, que podría relacionarse con la ac. castellana 'yema de árbol' o 'punta del alón'; pero es dudoso, pues en realidad el manuscrito trae *ruma*.

GRUÑIR, del lat. GRŬNNĪRE íd. *1.ª doc.*: h. 1400, Glos. del Escorial.

También en APal. («*grumnitus* es *gruñido* de los puercos, por el son, y así en vulgar *gruñen* los puercos», 186*b*), Nebr. («*gruñir* el puerco»); clásico (ejs. en *Aut.*), popular y frecuente en todas las épocas. En latín existían GRUNDIRE y GRUNNIRE, aquél conservado solamente en lengua de Oc y francés (ant. *grondir*, hoy *gronder*)[1], éste en los demás romances (cat. *grunyir*, oc. *gronir*), aunque en algunas partes ha habido un cambio de terminación, en el tipo *GRUNNIARE (fr. *grogner*, it. desusado *grugnare*, etc.), o una combinación de éste con aquél (it. *grugnire*, port. *grunhir*, etc.). La forma genuina en latín parece haber sido GRUNDIRE, y la otra una variante osco-umbra comparable a las formas *tennere*, *distennere* y *dispennere* que se hallan en Plauto y Terencio (V. nota al v. 330 del *Phormio* en la ed. de Dziatzko-Hauler).

DERIV. *Gruñente*, gnía. *Gruñido* [APal. 186*b*;

Nebr.]. *Gruñidor* [Nebr.]. *Gruñimiento. Gruñón.*
[1] No existe el cat. *grondar* citado en el *FEW*.

GRUPO, 'pluralidad de seres o cosas que forman un conjunto', tomado del it. *gruppo* íd., especialmente 'grupo escultórico', antiguamente 'nudo', 'bulto', y éste probablemente del gót. *KRŬPPS 'objeto abultado' (a. alem. ant. y alem. *kropf* 'buche', 'bocio', neerl. med. y mod. *crop* íd., 'seno', 'extremo de la quilla', ags. *cropp* 'buche', 'punta', 'espiga', 'racimo', ingl. *crop* íd. y 'cosecha', escand. ant. *kroppr* 'animal despedazado', 'cuerpo'). *1.ª doc.*: *grupo* 'grupada, borrasca', APal. («nimbo es súbita algarada, lloviendo mayormente, en el estío dízenle *grupo*», 204*d*); *un grupo de peña*, Villamediana (1582-1622); «el conjunto de cosas de una especie en que unas sobresalen a otras», *Aut.*

No sólo *grupo* es ajeno al léxico de la Edad Media, y falta en obras lexicográficas como los glosarios de h. 1400 y en Nebr., pero también en C. de las Casas, Percivale, Oudin, Covarr. y Franciosini, y es ajeno al vocabulario de Cervantes, Góngora, Ruiz de Alarcón y en general a los clásicos; los ejs. de APal. y de Villamediana parecen ser italianismos individuales. *Aut.* da ya el vocablo como usual, y efectivamente se halla en Moratín y muchos escritores de los SS. XVIII y XIX. Entraría como término de las bellas artes, hablando de grupos pictóricos y escultóricos, y después se generalizó. En italiano, en cambio, es palabra muy antigua, ya documentada en su ac. general en el Poliziano (S. XV) y en muchos escritores del S. XVI (Ariosto, Cellini) y siguientes; desde allí se propagó a los varios romances en esta ac. En la ac. especial 'nubarrón tempestuoso, acompañado de ráfagas y chubascos', *grupo*, ya documentado en APal., es también italiano y allí se halla desde el S. XV (Luigi Pulci, Boiardo); esta ac. es común al italiano con el cat. *grop* [S. XIV]. También se halla en italiano *gróppo* con *o*, sea en la ac. 'nudo' o en *groppo di vento* [Boccaccio], *groppo d'aria* [S. XVI, A. Caro]; y en catalán y en oc. tenemos *grop* 'nudo en la madera' desde la Edad Media[1]; hay además el cat. *gropada*, oc. *groupado*, 'nubarrón tempestuoso', que de ahí pasó al fr. med. *gr(o)upade* [1519; Rabelais] y al cast. *grupada* [1532, F. de Silva; h. 1570, Ercilla, en Fcha.; 1596, P. de Oña][2]. Más pormenores acerca de esta familia romance, especialmente en su significado meteorológico, en Vidos, *Zeitschrift für frz. Spr. u. Lit.* LVIII, 476-80. En conclusión, el vocablo es autóctono en italiano, lengua de Oc y catalán, y desde estos idiomas se extendió por una parte al francés y por la otra al portugués y castellano. Que procede del germánico se sabe ya hace tiempo, desde el diccionario de Diez (p. 174), pero no se ha precisado bien desde qué dialectos germánicos se extendió ni qué lenguas romances lo recibieron. Baist, *ZRPh.* XXXII, 37-38, cree que pasó al italiano desde el longobardo, lo cual no es

posible, puesto que este idioma cambia la -pp-
germánica en -pf- (Gamillscheg, R. G. II, p. 218);
M-L. (REW 4787 y 2344) no precisa; Gamillscheg
(EWFS, 494) propone una complicada e impo
sible etimología a base del fránc. *RÊP 'cuerda'³³. 5
En realidad no cabe duda acerca de la etimología
tradicional, y la repartición geográfica muestra que
el vocablo ha de venir del gótico; es corriente
que los términos góticos con ŭ vacilen entre u y o
en romance (Gamillscheg, R. G. II, p. 37)⁴. 10
   DERIV. Agrupar [princ. S. XIX: Quintana];
agrupable; agrupación; agrupador; agrupamiento.
Grupada (V. arriba). Grupa [1623, Minsheu; Quevedo, Fcha.; 1691, Mz. de la Parra; Aut. recoge
también la variante gurupa], tomado del fr. croupe 15
íd., y éste del fráncico *KRUPPA, hermano del vocablo gótico citado arriba, que en el Norte de
Francia se aplicó a esta parte abultada del cuerpo
del caballo: a pesar de las dudas de Richter
(ZRPh. XXXII, 37) es claro que la voz castellana, 20
tan tardía, está tomada del francés, y no debemos
extrañar la sonorización de la inicial, fenómeno tan
corriente en el grupo cr-; el vocablo popular fué
siempre ancas en español (así todavía en América),
y el germanismo croupe, oc. cropa, es sólo autóc- 25
tono en Francia (el cat. gropa es poco popular, el
it. groppa y el port. garupa son galicismos); grupera [h. 1495, BHisp. LVIII, 360; gurupera, h.
1550, Lope de Rueda, Fcha.; Percivale; Oudin;
Covarr.; grupera, 1570, C. de las Casas], del fr. 30
croupière íd., derivado de croupe: este derivado
fué el que se tomó primero y el que sirvió de
punto de partida para el préstamo posterior de su
primitivo. Crepón 'rabadilla', Litera (Coll A.), hermano del cat. carpó, oc. y fr. ant. crepon (hoy fr. 35
croupion), derivado del anterior. *Cropa 'rabadilla'
es verosímil que fuese también antiguo en Galicia,
pues creo que de ahí sale croca 'lo que está sobre
la rabadilla del buey, carnero, etc.' (Sarm. CaG.
195v) y 'abolladura de un jarro, plato, etc.' (ib. 40
116v) por cruce con nuca en el sentido antiguo de
'médula espinal' y su variante en el port. minhoto
noca, noco 'nudo de los dedos', Limia íd. 'apodo
del cura' (vid. el fin del art. NUCA); acrocado
'(fruto) que ya está muy maceado'. Del fr. s'accrou- 45
pir 'agacharse' (deriv. de croupe) y concretamente
de un fière accroupie 'fiera encogida a punto de
saltar', empleada por bateleros franceses, se adaptaría quizá el cast. pop. fiera corrupia [aún no Acad.
1950], nombre folclórico y humorístico de un ser 50
monstruoso que da miedo a inocentes, figura en
procesiones, etc., voz conocida, por lo menos, en
todo el Norte de la Península (cf. J. M. Iribarren,
El Porqué de los dichos, 1962, 327). No parece
que tenga mucho que ver con esto el port. [1813] 55
y gall. corrupio (acentuado en la i, al menos en
portugués) 'jueguecito que se componen los niños
con un pequeño recipiente agujereado al que se
hace dar vueltas con un cordel' (Sarm. CaG.,
pp. 160-1), quizá sacado de arripiar, orri- 'erizar' 60

(vid. HORROR), por cruce o contaminación de
un parónimo (¿justamente la de esa f. corrupia?).
   ¹ De ahí el cast. gropos 'los algodones que se
ponen en el tintero' [S. XVII, Cancer].— ² Del
catalán procederá también el campid. groppada
di aqua (o corpada, colpada) 'chubasco, aguacero'. La vocal radical muestra que no viene del
castellano, como dice M. L. Wagner (ARom. XV,
244). El sic. gruppu d'acqua puede ser antiguo
en la isla, puesto que gruppu 'nudo' se halla ya
en la Quaedam Prophetia del S. XIV (ARom.
XX, 43).— ³ Cruppa 'cable grueso' (variante cru-
pes), que figura en un glosario antiguo (el seudo-
Filóxeno), pero trasmitido en códice del S. IX,
es ya testimonio temprano de nuestro germanismo, y deberá entenderse en el sentido de 'nudo
de cuerda'.— ⁴ No está clara la procedencia semántica de grupo en el sentido de 'mentira', usual
en Jujuy, Arg. (Carrizo, Canc. Pop. de Jujuy,
glosario, s. v.).

   GRUTA, tomado del napol. ant. o sic. grutta
íd., y éste del lat. vg. CRŬPTA (lat. CRYPTA) íd.,
que a su vez procede del gr. χρύπτη 'bóveda
subterránea, cripta', derivado de χρύπτειν 'ocultar'. 1.ª doc.: 1433, Santillana¹.
   Aparece también, con la grafía latinizante grup-
ta, en Nebr. (s. v. cueva), y alguna vez en Cervantes; es palabra muy frecuente en el léxico
«noble» de Góngora y demás escritores de vena
culta, como Ruiz de Alarcón, y figura en Oudin
y Covarr., pero es característico ver que éste hace
inmediata referencia a Italia, y que C. de las Casas (1570) no traduce el it. grotta más que por
cueva; en APal. figura la forma italiana grota
[«cripta: cueva o grota», 98d; «pepulum: cueva o
grota», 354b], también registrada por Oudin. Nuestro vocablo no ha sido nunca de uso vulgar en
España, y aun hoy se emplea de preferencia hablando de grutas de jardines o de cavernas artificiales. Se nota, en contraste con Italia y Francia,
la total ausencia de gruta en la toponimia hispánica. Que gruta se emplee en judeoespañol (ZRPh.
XXX, 141; en Monastir con el significado 'almacén', RH LXXIX, 533) no quiere decir que fuese
verdaderamente popular en España antes de la
expulsión de los judíos, sino que por su contacto
con gente de lengua italiana y francesa los sefardíes se han acostumbrado a emplear un vocablo
que sólo llevaron como término culto al emigrar.
Según mostró Scheuermeier, BhZRPh. LXIX, 34,
el descendiente de CRYPTA tiene el máximo de popularidad en Italia, y de allí grotta pasó al fr. grotte
[1555]; antes había existido en Francia una forma
autóctona croute, hoy todavía groutte en dialectos
del Este. Tuvo gran importancia en esta expansión
italiana la arquitectura de jardines del Renacimiento, y la costumbre de construir cavernas artificiales en los parques públicos o particulares,
que se extendió desde Italia; pero no hay que

restringir este influjo al S. XVI, según hace M-L.
(*REW* 2349), pues ya había empezado antes. Ante
la dificultad de explicar el cast. *gruta*, sea por el
it. *grotta* o por el fr. *grotte*, a causa de su vocal
tónica, se inclina Scheuermeier a creerlo helenismo
autóctono. Pero dado el tono impopular del vocablo es preciso desechar totalmente esta idea y admitir que el vocablo procede de una forma dialectal del Sur de Italia, tal como el sic. *grutta* o el
napol. ant. *grutta* (S. XV); el préstamo se produciría por conducto del catalán, donde también
hallamos *gruta* en el S. XV (Roís de Corella, Ag.),
aunque no es allí palabra más popular que en
castellano. Papel decisivo desempeñarían en este
préstamo las famosas grutas de Posilippo (especialmente mencionada por Covarr. y ya célebre
en tiempo de Séneca), de Salerno y de Capri.
Duplicado culto es *cripta* [1575, J. Román], tomado por vía eclesiástica, con la ac. griega.

DERIV. *Grotesco* [*grutesco*, h. 1550, Lope de
Rueda, forma también empleada por Lope, Covarr., Palomino y *Aut.*; *brutesco*, en *Quijote*,
Suárez de Figueroa, Cascales y Quevedo, forma
explicable por etimología popular inspirada en los
animales que solían representarse en estos adornos;
vid. Cej., *La Lengua de Cerv.*, s. v.; *grotesco*, fin
del S. XVIII, L. F. de Moratín], del it. *grottesco*,
dicho propiamente de un adorno caprichoso que
remeda lo tosco de las grutas, con menudas conchas (como dice Cervantes) y varios animales que
en ellas se crían, más tarde con figuras de qui-
meras y follajes, de donde luego la ac. 'extravagante', 'ridículo' (más documentación en Terlingen,
114-6).

Derivados cultos del gr. κρύπτειν: *críptico* 'que
necesita descifrarse' (falta todavía Acad. 1939);
criptón. Apócrifo [med. S. XV: G. Manrique],
tomado de ἀπόκρυφος 'secreto', 'que no se lee
públicamente en la sinagoga' (de donde 'no auténtico', aplicado a los libros de la Escritura), derivado de ἀποκρύπτειν 'ocultar'.

CPT. *Criptógamo. Criptográfico, criptografía,
criptograma.*

[1] «Vi fieras disformes e animalias brutas / sallir
de cuevas, cavernas e *grutas*», *Canc.* de Castillo
I, 83.

¡Gua!, V. *guardar*

GUACA, 'sepulcro de indios, en que a menudo se encuentran objetos de valor', 'tesoro escondido' sudamer., 'ídolo', 'templo' ant., del quich.
wáka 'dios familiar, penates'. *1.ª doc.*: 1551, Betanzos.

Lenz, *Dicc.*, 356-7; Friederici, *Am. Wb.*, 266.
Define Lira el vocablo quichua: «dios familiar
o doméstico e idolillo que lo representa, penates;
fam. osario donde suelen hallarse tesoros con penates y utensilios». Según Tschudi y Middendorf
significa también 'templo' y 'todo lo que es sa-

grado o sobrenatural', o simplemente 'extraordinario'. Sin embargo, conviene atender a la fácil
confusión con parónimos. Así la definición de
Lope de Atienza (a. 1570) «lugar de lloro, donde
manifiestan con sollozos sus necesidades» (Fried.)
corresponde más bien al quich. *wákka* 'lloro, llanto, acción de llorar, lágrimas', y el ecuat. *huaco*
'labihendido' (Lenz) es el quich. *wáka* 'hendidura,
grieta', 'leporino, labihendido'; en cuanto al mej.
huaco 'mellizo, gemelo', probablemente nada tiene
que ver con el quichua. Gracias a la fama de
los ricos entierros incaicos entre los conquistadores, el vocablo se extendió hasta más allá de
los límites del influjo quichua, empleándose en
su sentido propio hasta Honduras, en Costa Rica
y Cuba tiene el sentido de 'hoyo subterráneo
donde se depositan plátanos u otros frutos para
que se maduren más prontamente' (Pichardo, Gagini)[1], y en Puerto Rico, Cuba, Bolivia y Chile
la frase *hacer uno su guaca* significa 'hacer su
agosto' (Malaret, *Vocab. de P. R.*; Bayo)[2].

DERIV. *Guaco* 'objeto que se encuentra en una
guaca, especialmente objeto de alfarería', chil.

[1] La ac. 'escondrijo donde se oculta alguna
cosa, especialmente dinero' es también usual en
el Centro de Cuba (Mz. Moles).— [2] El sentido
de 'hucha, alcancía' que la Acad. atribuye a Bol.,
C. Rica, Cuba y Méj., sólo se comprueba en el
primero de estos países.

Guacabina, V. *coca* I

GUACAL, 'armazón o enrejado en forma de
cajón, que sirve para transportar cristales, loza,
frutos, etc.', mej., antill., col., venez., canar.: del
náhuatl *wakálli* 'angarillas para llevar carga en
las espaldas'; es posible, pero inseguro, que sea
el mismo vocablo que el centroamer. *guacal* 'güiro, árbol que produce una especie de calabaza
empleada como vasija', 'esta vasija'. *1.ª doc.*: 1571,
Molina, *Vocab. en L. Castellana y Mexic.*, 79vº:
«llevar algo en *uacal*: nitla uacalhuia».

En la parte mejicano-castellana (154rº) traduce
el náhuatl *uacalli* en la forma transcrita arriba.
La raíz de esta palabra azteca es desconocida, según Robelo, p. 575. Para documentación y extensión del vocablo, vid. Friederici, *Am. Wb.*,
267; Cuervo, *Ap.*, § 974; Gagini, s. v. Como
nombre del güiro o higüero, y de la vasija que
se hace con su fruto, *guacal* figura ya en Fz. de
Oviedo (a. 1535), I, 296, en calidad de vocablo
empleado en Nicaragua; hoy *guacal* en Centroamérica toma el significado de «cualquier vasija
de metal, madera, etc., de forma hemisférica»[1].
Membreño y Gagini creen que en esta ac. el
vocablo es también de origen náhuatl, y la Acad.
lo identifica con el anterior. Es muy posible que
sea así, pues el diccionario azteca de Rémy Si-
méon define el *wakálli* náhuatl como 'cesta, canasta', con lo cual ya nos hallamos equidistantes

de la ac. mejicana y de la centroamericana². Pero
hay también otras posibilidades. Gagini sugiere
que *guacal* 'güiro' venga del náhuatl *kwáwitl* 'árbol' y *kálli* 'casa' (que a veces toma el sentido
de 'recipiente')³ : en efecto, los dos vocablos en ⁵
composición deberían dar *kwaųkálli* 'recipiente de
árbol o de madera', y de hecho Molina (86r°)
registra *quauhcalli* «jaula grande de palo adonde
estaban los presos por sus delictos»; fonéticamente, *kwaųkálli* pudo dar con facilidad *guacal*. Más ¹⁰
forzada semánticamente me parece la etimología
de Marcos E. Becerra (*Investig. Ling.* III, 316),
que deriva *guacal* 'güiro' de *kwáitl* 'cabeza', por
la forma del fruto, y el citado *kálli*.

¹ También en el Salvador es nombre de una ¹⁵
vasija, vid. Salazar Arrué, *La Nación de B. A.*,
1-I-1940.— ² En Centroamérica, Cuba, Perú y
Chile, el guacal mejicano se llama *jaba*. Ahora
bien, la *jaba*, según la descripción de Oviedo
(vid. Lenz, s. v.), se hacía también con mate- ²⁰
riales vegetales: la corteza del bijao.— ³ Comp.
akálli 'canoa', compuesto con *a(tl)* 'agua'.

GUACAMAYO, 'especie de papagayo americano de gran tamaño', del arauaco de las Pequeñas ²⁵
Antillas. *1.ª doc.*: h. 1560, B. de las Casas, con
referencia al 2.° viaje de Colón (1493); 1535, Fz.
de Oviedo.

En algunas partes de América se dice *guaca-
maya* (así en Colombia, p. ej.), como escribieron ³⁰
Herrera, Acosta y Garcilaso. El Padre Las Casas
hace constar que los españoles hallaron los primeros guacamayos en la Guadalupe, donde las
mujeres hablaban arauaco y los hombres caribe,
pero los viajeros no podían entenderse con éstos. ³⁵
El vocablo, acarreado por los españoles, ha arraigado por toda América, y existe, p. ej., como
nombre propio de lugar en la Arg. (pueblo en
el departamento de Jáchal, prov. San Juan). Para
documentación, vid. Cuervo, *Ap.*, § 219; Hz. ⁴⁰
Ureña, *Indig.*, 118; Friederici, *Am. Wb.*, 267-8.

Guacamole, V. *aguacate*   *Guacancho*, V. *guaco*   *Guacia*, V. *acacia*

⁴⁵
GUÁCIMA, 'especie de moral de las Indias',
del arauaco de Haití. *1.ª doc.*: *guaçuma*, 1535,
Fz. de Oviedo; *guácima*, h. 1560, B. de las Casas.
Este autor hace constar que es palabra esdrújula. La forma más común en lo antiguo es ⁵⁰
guázuma (Oviedo, Aguado, Castellanos), aunque
también se halla *guácima* (Casas, Herrera). Friederici, *Am. Wb.*, 288. Aguado, Castellanos y Herrera lo emplean como nombre del fruto, de donde se dedujo *guácimo* como nombre del árbol, ⁵⁵
según dicen en Venezuela, Colombia y Honduras.

Guaco 'objeto de alfarería', V. *guaca*

GUACO, 'especie de bejuco de la América ⁶⁰

tropical, empleado como contraveneno', parece ser
voz indígena americana, quizá procedente de una
lengua de Nicaragua; como nombre de ave parece ser onomatopéyico. *1.ª doc.*: 1.ª ac., 1535,
Fz. de Oviedo.

Friederici, *Am. Wb.*, 269-70. Oviedo describe
el guaco en la región habitada por los Chonta-
les, de donde puede sospecharse que los españoles aprendieran el vocablo en esta zona, que
después ha pertenecido a Nicaragua; sin embargo, es inseguro, pues el propio autor hace constar que también se halla en otras partes de Tierra
Firme. El vocablo está extendido actualmente por
toda América (Malaret). Lo mismo parece ocurrir con el ave llamada *guaco*, de la cual no conozco documentación antigua. Gagini afirma que
su grito parece decir claramente ¡*guaco*!, y de
hecho la forma *guacó*, empleada en Colombia
(Uribe), confirma esta procedencia onomatopéyica. En cuanto a la relación que quiere establecer
O. de Thoron en su diccionario quichua (cita
de Gagini) entre el nombre del ave y el del contraveneno, porque aquélla ataca a la serpiente y
se sirve de esta planta cuando ha sido mordida,
no pasará de ser una etimología popular.

DERIV. *Guacancho* 'ave zancuda de presa, de
pico largo, también llamada *guaco*, en Santiago
del Estero, Arg. (O. di Lullo, *Canc. Pop.*, p. 407).

Guachafa, guachafita, guachafo, V. *agua*
Guachaje, V. *guacho*   *Guachapa, guachapear,*
guachapita, V. *agua*   *Guáchara, guácharo,* V.
guacho   *Guacharpazo, guacharrada,* V. *agua*
Guache, V. *bache* II

GUACHO, 'huérfano, sin madre', 'borde, ilegítimo, expósito', 'cría de un animal, y especialmente pollo de pájaro', sudamer.; 'chiquillo', albac.,
conq.; del quich. *wáhča* 'pobre, indigente', 'huérfano', diminutivo de *wah* 'extraño, extranjero'. *1.ª
doc.*: *guácharo* 'llorón', Covarr.; *guacho*, doc. de
1668 escrito en Córdoba del Tucumán (Tiscornia, *M. Fierro coment.*, p. 423).

Lenz, *Dicc.*, 359-62; Friederici, *Am. Wb.*, 269.
Guacho es vocablo usual actualmente en el Plata,
Chile, Perú, Ecuador y Sur de Colombia (más
al Norte, en esta República, *guaucho*). Además
de las acs. indicadas arriba, tiene otras derivadas: 'silvestre, que nace espontáneamente en medio de plantas cultivadas'; *guacha* 'jugada perdida o falsa, falta en el juego de la bola' (en Chile),
de ahí *darle las guachas a uno* 'darle calabazas,
despachar a uno' (en Chile o Cuyo). La *h* aspirada, que precede en quichua a la *ch*, y procede
de una *k* antigua, ha dejado huellas en la pronunciación del Interior argentino y ecuatoriano:
guascho en Catamarca (Lafone), Tucumán¹ y Jujuy (Carrizo, *Canc. Pop. de J.*, glos.), *huaccha* en
Catamarca, *guaccha* en el Ecuador («huérfano, pobre, infeliz», Lemos, *Supl.* II, p. 32); de ahí

también el colomb. *guaucho* (comp. *GAUCHO*).
Según indica Lenz, es probable que los españoles confundieran con el quich. *wáȟča* otra palabra del mismo idioma, *wáč'okk* 'adúltero', 'fornicario', que ayudaría a la formación del significado 'borde, ilegítimo'; de una imitación imperfecta de la consonante final quichua saldría *guáchar*, y de ahí la variante castellana *guácharo*[2], viva en Guayaquil (Lemos, *l. c.*) y otro tiempo en Chile, según se ve por el derivado chil. *guacharaje* 'conjunto de terneros separados de las vacas'[3], 'conjunto de hijos ilegítimos'. En ambas variantes el vocablo se propagó a España, lo cual se explica por la gran cantidad de hijos ilegítimos engendrados por los conquistadores en las mujeres del país: pronto constituyó esto una característica tan importante de la sociedad americana que los españoles repatriados y los indianos que viajaban a la metrópoli no tuvieron dificultad en popularizar allí el vocablo. El hecho es que ya Covarr. registra *guácharo* «el que continuamente está llorando y lamentándose», y así lo emplea Fr. Ant. Álvarez (h. 1600: Cej. IV, p. 544), *Aut.* le da el significado 'hidrópico', y Ponce de León (1605) lo sustantiva en el sentido de 'hidropesía' (*unos guácharos*); acs. en las cuales se refleja el primitivo sentido quichua 'pobre, miserable', pero en las últimas hubo además cruce semántico con *AGUA* y su derivado *(en)aguachar*. Nunca fué *guácharo* vocablo muy popular en España, y hoy parece hallarse olvidado. *Guacho* arraigaría también en tierras andaluzas, y se ha conservado allí y algo más al Norte: 'chiquillo, niño pequeño', 'boquirrubio, inexperto', en Albacete, Cuenca y Norte de Murcia (Navarro Tomás, *RFE* III, 412; A. Zamora, *RFE* XXVII, 249; G. Soriano), 'polluelo de gorrión' en Andalucía (AV).

Deriv. *Guáchara* 'mentira, embuste' cub., portorr. (Pichardo). *Guacharro* o *guacho* o *boca de guacho* 'planta que infiesta los sembrados, pamplina' (Acad.); and. *guacharrón* 'sumamente gorrón', *guacharrear* 'vivir de lo ajeno', *guacharreo* 'acción de guacharrear' (AV).

[1] «No le tengas miedo, se crió en casa. Era *huascho*... ¡Qué *huascho*! Como si le hubieran dado de mamar dos vacas», Fausto Burgos, en *La Prensa de B. A.*, 21-IV-1940.— [2] Quizá nació por adición del sufijo átono castellano *-aro*, de lo cual hay algún otro ej. en voces indígenas sudamericanas, aunque no bien seguro; V. mi nota en *Anales del Inst. de Etnogr. Amer., Univ. de Cuyo* V, 101, n. 10.— [3] «Potrero... destinado exclusivamente a la crianza del *guacharaje*», G. Maturana, *D. P. Garuya*, p. 125.

GUADAFIONES, 'maniotas, trabas con que se atan las caballerías', 'ataduras de las manos', 'cuerdecitas con que se atan las velas a la verga correspondiente', del mismo origen incierto que el cat. *badafions* (*botafions*), it. *matafioni* 'estas cuer-

decitas', quizá de un gót. *WAITHAFÂHJÔ, -ÔNS, 'maniota', compuesto de *WAITHO 'pasto, pastizal' y FÂHAN 'coger'. *1.ª doc.*: Nebr.: «*guadafiones*: manicae lineae» (es decir 'manillas de cuerda').

Covarr. agrega «sive ferreae», indicando que también pueden ser de hierro, y *Aut.* dice que son «las maneotas o trabas con que se ligan y asseguran las cabalierías»[1]. Empleó el vocablo Mateo Alemán, en el sentido que define Nebr.: «Soto se indignó contra mí de manera que fué necesario volvernos a dividir; porque aun divididos, le pusieron *guadafiones* a los pulgares, en cuanto iba caminando, porque cuando hallaba guijarros me los tiraba» (*G. de Alfarache*, Cl. C. V, 138.8). Por otra parte, leemos *matasiones* (que puede ser errata de lectura por *matafiones*) como nombre de un objeto náutico, que debe de ser el indicado arriba, en la *Relación de Galeras* que escribió Pedro Palomino en el S. XVI o el XVII (*RH* XL, 70); hoy esto se dice en castellano *batafiol* o *matafiol* (*Vocab. Marít.* de 1831), en Murcia *mataciones* (G. Soriano). Ahora bien, en este sentido el vocablo tiene amplia difusión mediterránea. El cat. *badafions* aparece ya en el Consulado de Mar (S. XIII o poco posterior): «Clavaris... deven donar cordes a ligar los presoners e a *badafions*, a ops de la nau, si non havien»[2] (cap. 331), también en un doc. de 1331 («*badafions* de boneta»), mientras que hoy se dice *botafions*; el it. *matafione* aparece desde Pantera (a. 1614) (hay variantes *mattafione* y *mataffione*, vid. *Diz. di Mar.*), salentino *matafunu*, Ragusa *matafuni*; langued. *matafioú* (Agda), prov. *matafioun* (Mistral), con variantes *matafieu* y *batafieu*[3]. Dozy, *Gloss.*, 279-80, y *Suppl.* II, 820, llamó la atención hacia el mozár. *guadáfa* (plur. *guadáf*) con que PAlc. traduce el cast. *guadafiones*, y sugirió enlazarlo con la raíz ár. *wázaf*, teniendo en cuenta que *wazîf* es en árabe clásico 'la parte delgada de las piernas de las caballerías' (así en la obra antigua *Fâkihat al-hol*), por donde se atan los animales, y se halla un verbo *wázaf* en diccionarios clásicos en el sentido de 'acortar las trabas de un camello'; por lo demás, nada tiene que ver el significado de esta raíz ('dar un empleo o una dignidad a alguno', 'asignarle una tarea', etc.), de suerte que en el sentido mencionado hemos de mirarlo como denominativo del sustantivo *wazîf* 'tobillo de un animal'. Supone Dozy (en anotación marginal manuscrita) que el P. P. de la Torre, que transcribió el vocabulario de PAlc. al alfabeto árabe fundándose en el actual uso marroquí, erró al transliterar la grafía de PAlc. por *wadâfa*, que no corresponde a ninguna raíz arábiga, y no sería imposible que estuviese Dozy en lo cierto, pues PAlc. representa por *d* no sólo la *ḍ* árabe, sino también la *z*, y no parece que hoy se haya conservado el vocablo en Marruecos ni en otras hablas del Norte de África (nada en Lerchundi, Beaussier, Fagnan).

Pero hay más: el propio PAlc. traduce *guadafiones* por dos palabras arábigas, *boraybaría* y *guadáfa*, de las cuales la primera es de procedencia africana y revela la antigüedad en el idioma por su misma estructura; opino que, como en casos semejantes, uno de los dos vocablos es el castizo y el otro, en nuestro caso *guadáfa*, es castellanismo adoptado por los moriscos granadinos, mutilando la terminación del vocablo para adaptarlo a la estructura triconsonántica del árabe. Creo, pues, que *guadáfa*, sólo documentado en el tardío PAlc., lejos de ser la fuente del vocablo romance, no es más que retoño local del mismo; pues si *guadafiones* fuese arabismo, no nos explicaríamos el agregado de la terminación *-ión*, que en ningún otro caso se añade a una palabra de origen arábigo; el mozarabismo *guadafa* o una forma análoga *badafa* pudo sin embargo pasar al castellano de Andalucía, pues hallamos *badazas* en el sentido de 'matafioles náuticos' en E. de Salazar (1573: *DHist.*) y en el *Vocabulario Marítimo* de 1722 («las cuerdas con que se juntan las bonetas con las velas»: Gili), y en otros lexicógrafos aparece la forma seseante *badasa* (1587, 1600, 1614, 1673), con el seseo propio de estos marinos andaluces (comp. la grafía ceceante *atezar* repetida varias veces en la definición del último).

Otra etimología, que me parece más digna de crédito, fué publicada por G. Alessio (*ZRPh.* LIX, 242-4): gót. *WAIDAFÂHJÔ, propiamente 'la que coge para apacentar, para dejar pacer', comp. el it. *pastoie* 'maniotas de caballería', derivado de PASTUM; la citada palabra gótica sería compuesta de FÂHAN 'coger' y *WAIDA (o más bien *WAIDÔ) 'pasto', 'pastura', deducible del a. alem. ant. *weida* íd., raíz común a todos los idiomas germánicos. No hay mucho que objetar a esta etimología. La verdad es que no puedo indicar compuestos góticos formados con esta terminación, pero el vocabulario gótico nos es conocido muy imperfectamente, y es tipo formativo muy extendido en los idiomas germánicos; se esperaría más bien un masculino *WAIDAFÂHJA, -ANS, pero además de que el femenino correspondiente no es inconcebible (como hay *arbjô* 'heredera' junto a *arbja* 'heredero'), también es posible que un masculino gót. *WAIDAFÂHJAN- se latinizara en -ION para darle una terminación más común en latín. Por otra parte, el cat. *badafió*, que es tan antiguo, difícilmente puede venir de una -D- originaria, que entre vocales cae siempre en este idioma; pero nada puede asegurarse en un germanismo, de fecha más reciente que los vocablos de origen latino, y además debemos sospechar que la base gótica fuese en realidad *WAITHAFÂHJO, cuya -TH- pudo pasar a -T- romance y después sonorizarse: creo que esto es muy probable en vista de la variante *botafió*, *matafione*, *matafiol*, tan extendida, donde la -T- originaria pudo conservarse;

y, en efecto, al a. alem. ant. *weida*, neerl. ant. *weitha*, ags. *wâth*, correspondería más bien -TH- que -D- en gótico. En cuanto a la reducción de -AI- a -A- es de rigor en los germanismos (comp. aquí *GANAR*), y la de -AHJO a -*ión* no podemos tampoco extrañarla; las formas con *m*- inicial se explican fácilmente por dilación consonántica, y el tránsito semántico de 'maniota de caballería' a 'cabo de cuerda para atar la vela' no presenta dificultad. El único escrúpulo grave lo suscita la *b*- inicial de muchas de las formas catalanas, occitanas, italianas y parte de las españolas; pero esta dificultad existirá en cualquier etimología que se proponga, y desde luego sería más grave si el vocablo procediera del árabe, pues en un germanismo es más fácil admitir que entrara en fecha lo bastante temprana para que su w- sufriera el mismo tratamiento que la v- latina. En conclusión, la etimología de Alessio, sin estar exenta de ciertas dificultades, debe considerarse posible, y una vez hechas las rectificaciones que he sugerido, puede adoptarse sin escrúpulo.

[1] Oudin: «gantelets selon aucuns, et selon d'autres des manottes».— [2] Es decir: cuerdas para atar los presos y para hacer guadafiones. Los editores no entienden el vocablo e imprimen *abadafions* o traducen 'esteras', sin fundamento alguno (claro está que nada tiene que ver con el prov. *badafo* 'espliego', como supone Moliné).— [3] Una forma como ésta pasaría a Cataluña dando la variante *botafil*, que me señalan en L'Escala (Ampurdán). La palabra *mactafelon* de los *Péages de Tarascon*, que con Ant. Thomas quería identificar con nuestro vocablo (Levy, s. v.), es improbable que tenga algo que ver con él: la *carga de mactafelon* figura allí con *carga de vernice* 'barniz' y otros artículos comerciales importados de Ultramar. Será el cat. *matafaluga*, cast. *matalahuva* 'comino'.

Guadal, V. *agua*

GUADAMECÍ, 'cuero adobado y adornado con dibujos de pintura o relieve', antiguamente *cuero guadamecí*, como adjetivo, del ár. *ǧild ǧadāmasî* 'cuero de Gadámes', ciudad de Tripolitania donde se preparaba este famoso artículo. *1.ª doc.*: *Cid*, v. 88.

Dozy, *Gloss.*, 280-1; M. P., *Cid*, 711; Neuvonen, p. 133. Más documentación en *Aut.*, Cej. (*Voc.*), Oelschl., W. Schmid y Fcha.[1] Además de la ac. corriente, significó 'tapiz de cuero dorado' (*Quijote* II, lxxi, 270; Oudin, Victor, Moraes). El cambio de *gad*- en *guad*- se explica por influjo del gran número de nombres de lugar arábigo-españoles que empiezan en *Guadal*-; a la misma razón se debe la variante *guadalmecí* [*Cid*, v. 87]; hay además las formas *guadamací* [Espinel], *guadamacil* [Pragmática de 1627; *Aut.*], *gua-*

damecil [ms. bíblico I·j·3, ¿S. XIV?, en Neuvonen] y otras menos frecuentes. *Cueros guadameçiles*, con valor de adjetivo, figura en un pasaje de este último texto. Para un literato granadino de 1601 *guadameçir* era la forma de Castilla frente a *guadamecil* de Andalucía, *BRAE* XXXIV, 370; más variantes antiguas en Alvar, *Fuero de Sepúlveda*, 738. No hay razón alguna (contra lo que apunta Neuvonen) para creer que el portugués *guadamecim* y el cat. *guadamassil, -messí*[2], se tomaran del castellano, pues la alteración en *gua-* era muy natural que se produjera espontáneamente en todas partes; por el contrario, los datos que tenemos de la fabricación del *guadamecí* en España se refieren a Barcelona y Valencia, y a fecha tan antigua como 1316.

Ya en 1817 incluía la Acad. un artículo «*guadameco*: cierto adorno que usaban las mujeres»; no conozco dato alguno de tal vocablo, y cabe sospechar una errata de lectura en vez de *guadamecí*.

DERIV. *Guadamacilero. Guadamacilería.*

¹ Agréguese *guadamací*, invent. arag. de 1381 (*BRAE* IV, 351); *guadamezir*, en el testamento de Fernando de Rojas, a. 1541 (*RFE* XVI, 378). Se trató también en *RABM*, 1871, 288.— ² «Un *guadamací* en lo bust de Sen Tomàs de Vilanòva», hablando de una sacristía, en el valenciano M. Gadea, *Tèrra del Gè* I, 351.

GUADAÑA, procede de la raíz germ. WAITH-, probablemente como derivado (romance o germánico) del gót. *WAITHÔ 'prado, pastizal' (a. alem. ant. *weida*, b. alem. ant. *weide*, neerl. ant. *weitha* íd., ags. *wâth*, escand. ant. *veiđr* 'caza'); el verbo *guadañar* podría venir del gót. *WAITHAN-JAN, derivado de la misma raíz, y cuya equivalencia se halla en otros idiomas germánicos y romances (fr. ant. *gaaignier* 'cultivar la tierra'), siendo entonces *guadaña* derivado de *guadañar*; pero como el verbo es mucho más reciente y menos usado que *guadaña*, es más probable que sea derivado castellano del sustantivo. 1.ª *doc.*: princ. S. XV, J. Alfonso de Baena[1].

Figura también en APal. («*falcastrum* se dize a semejança de *guadaña* y es una ferramienta encorvada con luenga manija para cortar por baxo los çarçales espessos», «usavan los antiguos carros con *guadañas* pegadas en las ruedas», 152*d*), en Nebr. («*guadaña*: falx lumaria; falx faenaria», g7v°), Covarr., Cervantes («la *guadaña* de la muerte», *Quij.* II, xix, 71), Góngora, Quevedo (*Aut.*), etc.; *aguadaña*, con aglutinación parcial del artículo, figura en Alonso de Cartagena († 1456), *DHist*. Es palabra popular en todas las épocas; ast. *gadaña* (R, V). La acción de cortar la hierba con guadaña solía y suele decirse *segar con guadaña* (así todavía *Aut.*), y un verbo *guadañar* es menos usado y de fecha más moderna: lo registra aisladamente Oudin en 1607 (no APal.,

Nebr., PAlc., C. de las Casas, Percivale, Covarr., etc.), pero todavía falta en *Aut.* (1734) y aun en las ediciones antiguas de la Acad. en el S. XIX (figura ya en la de 1884; también en Terr.; Pagés cita ej. de A. Oliván, a. 1849); su derivado *guadañador* es todavía más reciente [Acad., S. XX], antes se halla *guadañero* [*Aut.*], *guadañil*[2] o el antiguo *guadañeador*. Análogamente, el port. *gadanhar* no aparece antes de fines del S. XVIII (Filinto, en Fig.; falta todavía en Moraes), mientras que *gadanha* ya está en Ruy de Pina (fin del S. XV) y es común en los clásicos, y *gadanho* aparece desde h. 1537 (*Eufrosina*); ambos, además de 'guadaña', significan 'garra'[3]; gall. *gadañas* 'las uñas de las garras de la garduña, gato, etc.' (Sarm. *CaG.* 198v)[4]. Es palabra estrictamente iberorrománica, apenas representada en catalán[5]. Ya Diez y M-L. (*REW* 9483) afirmaron que *guadañar* tiene el mismo origen que el francés anterior. *gaaignier* 'cultivar la tierra' y sus hermanos it. *guadagnare*, cat. *guanyar* 'ganar', etc. (V. GANAR y GAÑAN), procedentes del germ. occid. *WAIDANJAN 'cultivar la tierra'[6]. Bruckner (*ZRPh.* XXIV, 70, n. 2) y Brüch (*Der Einfluss der germ. Spr.*, 37, 31), fieles a la etimología de Diez, admitieron que el cast. *guadañar* era préstamo de un fr. preliterario *guadagnier* 'cultivar la tierra', fundándose en que la ac. española no se explica directamente por el significado germánico, a lo cual agrega Brüch que debiendo *WAIDANJAN pertenecer a la lengua fráncica no pudo llegar directamente al español; Gamillscheg, *R. G.* I, p. 195, sin dar razones sigue admitiendo que *guadañar* es un galicismo muy antiguo.

Ahora bien, un galicismo en vocablo de tal significado es siempre inverosímil, y más si debe partirse de una forma tan remota, del francés preliterario. En realidad, los argumentos de Brüch no tienen la menor fuerza: que *WAIDANJAN fuese nada más que fráncico se basa en razones fonéticas endebles y está contradicho por la existencia del vocablo en italiano; no hay dificultad semántica en relacionar *guadaña* directamente con el germánico, donde *weida*, *weitha*, significa 'prado, pastizal' en neerlandés y en alto y bajo alemán antiguos. Pero es más. De ninguna manera la -*d*- fricativa y evanescente del francés preliterario, en vocablo tomado hacia los siglos VII-X, hubiera podido conservarse en portugués ni en catalán, idiomas que eliminan todas las D intervocálicas, y no, es de creer tampoco que se hubiese conservado en castellano, que suele eliminar la -D- pretónica; la -*d*- conservada y firme de los tres romances ibéricos indica inequívocamente un étimo con -T-[7], y efectivamente el gótico debía responder con una forma tal como *WAITHÔ al *weida* del alto alemán antiguo, neerl. ant. *weitha*, ags. *wâth*; no hay inconveniente en atribuir esta raíz al gótico, puesto que se halla en todos los demás idiomas germánicos, y la existencia del vocablo en los tres romances ibéricos, con significado diferente de los demás romances, con carácter indiscutiblemente popular y con antigüedad considerable, obliga casi forzosamente a admitir una raíz gótica. Ahora bien, en este idioma no están documentadas las formaciones verbales en -ANJAN (en lugar de ellas aparece un sufijo frecuente -INÔN); quizá a pesar de todo existieron, y Gamillscheg (*R. G.* I, p. 392) así lo supone al postular un gót. *TÂHANJAN (que, por lo demás, es etimología falsa, vid. *TACAÑO*).

Por otra parte pudo ocurrir que todo el latín vulgar tomara en préstamo el verbo germánico occidental *WAITHANJAN, cuando todavía la TH, en este dialecto germánico, no se había cambiado en -D- (¿S. IV?); y que *WAITHANJAN 'cultivar la tierra' se conservara en esta forma en España, restringiendo su significado al de 'segar con guadaña', mientras los demás romances, más en contacto con la evolución posterior del germánico occidental, cambiaran esta forma en *WAIDANJAN.

Sin embargo todas estas hipótesis me parecen improbables e innecesarias teniendo en cuenta la fecha tardía del verbo cast. *guadañar*, port. *gadanhar*. Creo que es menester separar resueltamente este verbo del it. *guadagnare* y su familia romance y considerarlo un denominativo tardío del sustantivo *guadaña*. Es un parecido meramente falaz, que Diez y sus sucesores no pudieron advertir por la falta de un diccionario histórico castellano. En cuanto a *guadaña*, sería primitivamente un adjetivo FALX *WAITHANIA 'hoz para prados', derivado del gót. *WAITHÔ. Que se formara semejante derivado con el sufijo romance -ANEA no sería más de extrañar que la formación del híbrido *WAIDIMEN, de donde proceden el fr. ant. *gaïn* (fr. *regain*), oc. *gaïm*, it. *guaime* 'segunda cosecha de hierba que producen los prados'. Por lo demás, aún me parece más probable que este adjetivo no sea más que latinización de un gót. *WAITHANEIS (plur. *waithanjôs, dat. sing. *waithanja, etc.), formado con el tema nasal WAITHAN- de la declinación débil (a la cual pertenecía *WAITHÔ o un masculino *WAITHA) más el sufijo de adjetivo -JA-; luego no es preciso dar ejs. de adjetivos góticos en -ANEIS[8], además se podrían citar muchas formas correspondientes en otros idiomas germánicos, y todo junto está apoyado por la formación del verbo denominativo WAIDAN-JAN. En cuanto a la romanización de *WAITHANEIS o *WAITHANIA en *WATANIA (con eliminación del diptongo no latino AI), no presenta dificultad.

Deriv. *Guadañeta*. Ast. *gadañu* 'guadaña' (R). Para otros derivados, V. arriba.

[1] «Amos tienen de mí ssaña: / con mi lengua de *guadaña*, / ... / juro a Dios que yo los vista / del paño de tyrytaña», *Canc. de Baena*, n.º 357, v. 11.— [2] Ya Acad. 1817. El sufijo es -*in* disimilado, comp. salm. *guadañino* (Lamano),

ast. *guañín*.— [3] Para este significado, vid. Leite de V., *RL* X, 69, n. 5.— [4] Ajenos al portugués son *gadanchos* 'círculo de madera con muchos garfios para colgar carnes' (Sarm. *CaG.* 205v) y *gadoupa* 'garra de un animal', 'zarpa de un hombre bruto' (Vall.; Castelao 217.12). Más que en «cambio de sufijo» hay que pensar en cruce con parasinónimos: en aquel caso, claro que es con *gancho* (cf. cat. dial. *garranxa* 'pértiga, varal'); en éste es menos claro, aunque ha habido, desde luego, estrecho contacto con el sinónimo *pouta*, que es también sólo gallego y no portugués. Como junto al étimo de éste, PAUTA (vid. *PATA*) hay también b. alem. *tappe* y variantes del esquema *TAUPA, quizá *gadoupa* es éste cruzado con *gadaña*, probabilidad que aumentaría si fuese antiguo un gall. *goupas* que sólo veo en Vall.— [5] El lexicógrafo catalán Onofre Pou (a. 1575) registra *godalla*, forma dialectal, hoy rara: «dalla o *godalla*: secula», «dallar o *godallar*: seco, -care» (*Thes. Pue.* 86). Pou era de Gerona, pero escribía e imprimió en Valencia; suele dar sistemáticamente el vocablo usual en su tierra y el empleado en Valencia, que en este caso debe de ser *godallar*. En la Sierra de Rocacorba, unos 20 km. al NO. de Gerona, un alto y gran collado (en tierra de grandes bosques y claros empradizados) está el que la *Guía del Pir.* de C. A. Torras (tomo *Garrotxa*) llamó *Coll de Godall* y yo oí *Coll de Gulany*: acaso coexistió ahí con *godall* una variante en -*ny* como la castellana. *AlcM.* registra *godalla* 'podón' en Gandía, falta en el mapa *dalla* del *ALC*, en los mapas *faux* y *faucher* del *ALF*, etc. La -*ll*- se debe a un cruce con *dalla* 'guadaña', y al influjo de *dallar* 'segar con guadaña' se deberá el hecho de que el cat. *godallar* aparezca al mismo tiempo que el sustantivo (O. Pou). Men. *guitzoll* 'herramienta cortante para podar los olivos' (Ag.), mall., men. *gatzoll* (Alc.). Dudo que el rosell. *degallar* o *desgallar* 'derrochar, malbaratar', que puede aplicarse a la paja y los cereales (hay adagio: *entre blat i palla, més n'hi ha, més se'n degalla*: *Misc. Fabra*, p. 186), pero también al pan (Saisset, *Perpinyanenques*, p. 53) y a otras cosas, sea metátesis de *gadallar*; en el mismo sentido se dice prov. *degaià*, langued., lemos. *degalhà*; y *degalhier* 'pródigo' se documenta ya en la Edad Media; comp. Mayenne *dégailler* «déchirer les habits» (Sainéan, *BhZRPh.* X, 113).— [6] Esta etimología no logró convencer a C. Michaëlis (*Ebert's Jahrbuch* XIII, 202-6), que prefería relacionar con el gót. *hwassei* 'agudeza', 'severidad', lo cual es imposible (aunque este vocablo gótico proceda de *hwatt-*).— [7] No se alegue en contra el ast. *guañín* 'segador' (= cast. *guadañil*) y *guañu* 'brote de una semilla', pues sabido es que el asturiano pierde hoy con gran extensión la -*d*- intervocálica procedente de -T- (-*au*, *furtaes*, *partiu*, *parea*, *alredor*, s. v. *freru*, Rato). Por lo demás, en el sentido de 'ganar' existieron en castellano arcaico y en portugués algunas formas del tipo *guaañar*, que proviene de una expansión del vocablo germánico occidental, tomado seguramente ya por el latín vulgar (V. *GANAR*). Hoy persiste esto en el port. y gall. *ganhar*, todavía bien corriente en ambos, y no menos popular en Galicia: «*gañar* diñeiro», Castelao 229. 9, 237.5, 142.4, «punando por *gañar* aires de trunfador» 221.4.— ⁸ Pero comp. *ESPARAVÁN*.

GUADAPERO, 'peral silvestre' probablemente del gót. *WALTHAPAÍRS* íd., compuesto de *WALTHS (o *WALTHUS) 'bosque', 'desierto', y *PAÍRS 'peral'. *1.ª doc.:* Nebr.: «*guadapero:* pyraster, pyrastrum; acras»[1].

Juan de Padilla (1521): «que nos parecía mayor que el encina / un *guadapero*, que mucho no dista / del árbol que tiene renombre de espina» (*NBAE* XIX, 398a). Lo registran también Percivale (1591), Covarr., Oudin y *Aut.*; Oudin da además *guadapera* 'fruto del guadapero'. Hoy se conserva *gadapero* o *guapero* en Cespedosa de Tormes, en el sentido de 'espino que produce una fruta comestible' (*RFE* XV, 276); *galapero* 'guadapero' en Ciudad Rodrigo (Lamano) y en Extremadura (*BRAE* IV, 91), que en esta última región se altera también, por etimología popular, dando *galapaguero*. Sarmiento, a mediados del S. XVIII da *garupero* 'peral silvestre en que se injieren los perales' como forma del Bierzo (*CaG.* 142v), *carupero*; Máximo Laguna (h. 1865) *galapero* o *guapero*; en vista de la forma del Bierzo, es posible que tenga el mismo origen el port. *carapeto* [Fernandes Ferreira, a. 1612; Monteiro, fines del S. XVIII; Moraes] o *carapeteiro* [Abellar Brotero, fines del S. XVIII] íd.[2] Supone la Academia que *guadapero* venga del flamenco *waldpeer* íd., lo cual no es posible, porque en el S. XV, cuando escribía Nebrija, no había habido contactos directos entre España y Flandes.

Sin embargo podemos partir de la forma gótica correspondiente, pues la formación de compuestos en *wald-* 'bosque' para designar los árboles silvestres es común a todos los idiomas germánicos. A la verdad no nos consta cómo se llamaban la pera o el peral en gótico, pero es de suponer que este idioma tomara la palabra latina *pĭrus*, como hicieron las demás lenguas germánicas: ags. *peru* (ingl. *pear*), neerl. *peer*, fris. orient. *pêre*, a. alem. ant. *bira*, a. alem. med. *bir* (de cuyo plural *birn* procede el alem. *birne*). Este latinismo gótico pudo tener la forma *PAÍRS (pron. *pĕrs*) (o quizá *PĔRS). En cuanto al vocablo para 'bosque', tampoco está documentado en los textos de Úlfilas; la comparación del a. alem. ant., b. alem. ant., fris. ant. *wald*, neerl. *woud*, ags. *weald*, escand. ant. *vǫllr* (que en parte significan 'bosque' y en parte 'landa', 'yermo', 'desierto'), conducirían a suponer un gót. *WAL-

THUS, que combinándose con *PAÍRS daría *WALTHUPAÍRS; pero como los nombres de tema en -A (tema cero en gótico) son mucho más frecuentes que los en -U, aquéllos invaden el terreno de éstos en muchas lenguas germánicas, de suerte que un gót. *WALTHS no es inverosímil, y más fácil es todavía esta intromisión en el compuesto (comp. gót. *aírthakunds*, compuesto de *aírthô*), de suerte que la forma *WALTHAPAÍRS que sugiere el castellano es muy verosímil en gótico.

Es sabido que la TH gótica se sonorizaba muchas veces en D en la Península Ibérica, y que esto ocurría con especial frecuencia tras consonante (vid. M-L., *Roman. Namenstudien; Misc. Fabra*, p. 131, comp. 112 y 114); esto nos lleva a una base romance *WALDAPÉRUS, que con la asimilación de LD en -(*l*)*l*-, estudiada por M. P. (*Oríg.*, 305-6), explica directamente la variante *galapero > galapero*[3]. En cuanto a la desaparición de la L en la forma de Nebr. *guadapero*, su explicación es menos clara; pero tengamos en cuenta que un compuesto en *gualda-* estaba absolutamente aislado en castellano, junto a los numerosísimos en *guarda-*: de ahí *guardapero*, y la disimilación hizo el resto (comp. *guardarnés > guadarnés*, *guarda-apero > guadapero* 'mozo de segador, que le guarda los aperos').

¹ Ésta es forma del bajo latín, conservada en el nombre botánico del peral silvestre: *pyrus achras*; comp. haut-manceau *égrassiau* «poirier sauvage», Dienne *agrinle* íd., y el tipo ibero y galorrománico *agraz, agràs*, 'uva agria' (*FEW* I, 18a).— ² Colmeiro II, 369.— ³ Sin esta asimilación el vocablo parece haberse conservado en Guadalix (Madrid), aunque allí *gualdaperra* ha pasado a ser el nombre del digital; lo mismo significa *gualdraperra* en Cespedosa de Tormes (*RFE* XV, 277).

Guadapero 'mozo de segador', *guadarnés*, V. *guardar   Guadarniz*, V. *codorniz   Guado*, V. *gualda   Guadramaña*, V. *guardar*

GUADUA, 'bambú americano', venez., col., ecuat., parece ser palabra aborigen, quizá procedente de un idioma indígena del Ecuador. *1.ª doc.:* h. 1565, Aguado.

Friederici, *Am. Wb.*, 270-1. Según testimonio de Cobo (a. 1653) y de Arona, se le llama en el Perú *caña de Guayaquil*, por traerse del Ecuador. También Alcedo (a. 1789) hace constar que es muy abundante en Guayaquil. Sin embargo, también pudo tomarse de algún idioma de la costa venezolana, a la cual se refiere Aguado y adonde los españoles llegaron antes que a la del Ecuador. Hay antiguas variantes *guáduba*, *guadgua* y *guasgua*; la acentuación *guadúa* (en ediciones de la Acad. del S. XIX) es arbitraria. No es de creer que haya relación alguna con el cat.

gódua 'planta silvestre parecida al brezo y a la retama', cuyo nombre ya aparece en la forma *guduba* y análogas en glosas latinas (*CGL* III, 564.34, y otras citadas en el *CGL* VI, s. v. *pes leonis*): es planta muy diferente, y la *ó* cerrada catalana no se pudo diptongar. Comp. *guadal*, s. v. *AGUA*.

Deriv. *Guadual*.

GUAGUA, 'niño de teta', chil., arg., bol., per., ecuat., colomb.; del quich. *wáwa* íd., probablemente voz de origen onomatopéyico; en la locución cubana *de guagua* 'de balde' será voz de creación expresiva; el cub. *guagua* 'ómnibus' quizá sea adaptación del ingl. *waggon* 'coche, vagón'. *1.ª doc.*: Ya h. 1770, definido «niño o niña hasta siete años» por Fr. J. de Sta. Gertrudis, *Maravillas del Perú*, *BRAE* XXXIII, 134; 1875, en el chileno Zorobabel Rodríguez.

Como palabra quichua, *huahua* ya figura en González de Holguín (a. 1608). En este idioma es vocablo empleado exclusivamente por las mujeres; el mestizaje de conquistadores con mujeres indígenas explica que pronto se introdujera en el uso general. Es palabra muy viva en Chile, Perú y Bolivia, sólo empleada en el Sur de Colombia y en varias provincias del Oeste argentino: Tucumán (Lizondo), Catamarca (Lafone), el Sur de Mendoza[1], el Neuquén[2] y probablemente Salta (comp. *guagualón*). Más datos en Lenz, *Dicc.*, 362-3; Friederici, *Am. Wb.*, 271.

Cartagena *guagua* 'ventaja manifiesta' (*RDTP* II, 471), murc. *guagüero* 'que vive sin trabajar, gorrón' (Sevilla). La locución *de guagua* 'de balde' fué registrada primero por el cubano Pichardo (1836; ed. 1862), y entró en la Acad. como cubanismo en la ed. de 1914; según Baráibar (1903) se emplea en Álava y en otras provincias españolas, como importada de Cuba; Toro G. (*BRAE* VII, 470) afirma que también se emplea en Méjico y Arg., y duda del origen cubano. No son probables las etimologías africanas que sugiere F. Ortiz, *Glos. de Afronegrismos*. En cuanto a *guagua* 'ómnibus', es cubano desde luego, y puede ser adaptación del ingl. *waggon* 'carruaje', aunque en los Estados Unidos sólo parece haber designado las grandes carretas con que se viajaba hacia el Oeste de este país, los carruajes de transporte militar y un automóvil mediano empleado para el transporte gratuito de un corto número de personas (*Dict. of American English*); el cambio de sentido hubiera debido producirse, por lo tanto, en Cuba. F. Ortiz sugiere que pudiera dársele este nombre por la baratura relativa del viaje en ómnibus, como extensión del adverbio *de guagua*. Para otros homónimos, vid. Lenz. En el sentido de ómnibus se emplea asimismo en Canarias y en la Guinea española, *RFE* XXXV, 112.

Deriv. *Guagual* 'hombrote, término despreciativo para adultos', chil.; *guagualón* íd.[3]; *guagua-tera* 'niñera'.

[1] *Huahua* en Montagne, *Cuentos Cuyanos*, 93, 145. Nótese el género masculino *el huahua*, desusado en Chile.— [2] *Guagüita*, Camino, *Nuevas Chacayaleras*, p. 118.— [3] «Mi amigo íntimo, el Ronda, un danés manso y *guagualón*, me acompañó», en el argentino salteño J. C. Dávalos, *Idilio Bárbaro*, en *La Nación de B. A.*, 1941. También en Chile.

GUAICÁN, 'rémora, pez que se adhiere a los objetos flotantes', del arauaco de las Antillas. *1.ª doc.*: *guaicanus*, forma latinizada, a. 1510, Pedro Mártir de Angleria; *guaicán*, Gómara, 1552.

Ambos autores atestiguan que era palabra empleada por los indígenas de las grandes Antillas. Nieremberg (1635) emplea una forma latina de ablativo *gaicano*, recogida por la Acad. desde 1884, como si fuese castellana. Friederici, *Am. Wb.*, 271.

GUAIRA, 'hornillo de barro en que los indios del Perú funden los minerales de plata, encendido con carbón y estiércol de llamas, que obraba por la fuerza del aire, sin otro instrumento alguno', abreviación del quich. *waįračína* 'lugar o aparato para aventar', derivado de *waįráčiį* 'someter algo a la acción del viento', y éste de *wáįra* 'viento'. *1.ª doc.*: 1554, Cieza de León.

Friederici, *Am. Wb.*, 271-2. A la documentación citada puede agregarse el testimonio del licenciado Cepeda, del a. 1590[1]. Explica el P. Cobo (a. 1653) que las guairas se ponen solamente en los collados y laderas donde con más fuerza soplan los vientos, y Baltasar Ramírez (a. 1597) declara que los indios peruanos «formaron este vocablo *guaira china*, que quiere decir obra del viento; éstos son hornos portátiles de forma de una caxuela, hecha de barro crudo, de un dedo de grueso». Friederici explica que *guaira china* es 'servidora del viento', tomando *china* por palabra independiente, que en efecto significa 'mujer' o 'criada' en quichua. Lenz, *Dicc.*, 365-6, se limita a derivar del quich. *wayra* 'viento'. Ambos se acercan a una interpretación exacta, sin llegar a ella. En realidad, *waįračína* es palabra derivada y no compuesta, sustantivo formado con el verbo *waįráčiį* «airear, ventilar; aventar, dar viento (a algo)» (Lira) y el sufijo instrumental -*na*: «*wayrachina*: aventador, lugar o aparato para aventar; *kkóri wayrachina*: lugar donde se avienta oro» (íd.). Los conquistadores, interpretando quizá como Friederici, prescindieron de -*china* abreviando el vocablo en la forma actual. El centroamer. *guaira* 'especie de flauta de varios tubos que usan los indios' (Acad., Malaret, que lo sacarán de Salazar García; falta Gagini) es difícil, por razones geográficas, que tenga que ver con el quich. *wáįra* 'viento'.

Deriv. *Guairar* 'beneficiar los metales en una guaira' [1653, P. Cobo].

[1] «Aquel hermosísimo y fértil valle de Salta, en el qual ay rastros, demostrasión de averse labrado minas de plata, por la mucha cantidad de *guayras* que por las laderas y cumbres dél se ven en el día de oy», cita de A. Serrano, en *La Prensa de B. A.*, 21-VI-1942.

Guaira 'vela', V. *guairo* y *boira*

GUAIRO, 'embarcación chica y con dos guairas o velas triangulares, que se usa en América para el tráfico costero', probablemente del nombre del puerto de La Guaira, el principal de Venezuela, por ser típicas de aquella costa estas embarcaciones. *1.ª doc.*: 1831, dicc. de Fz. de Navarrete; Acad. 1884, no 1843.

Localizan el vocablo en Cuba Malaret, y en Venezuela Calcaño (1897) y Alvarado. La definición de la Acad. reproduce la de Navarrete. La pequeña ciudad de La Guaira, salida natural de Caracas, es el puerto más frecuentado en la costa sudamericana del Caribe; es población antigua, fundada en 1588, y hecha famosa poco después y en el S. XVII por los ataques de corsarios ingleses y franceses. Por razones geográficas, es difícil que su nombre tenga que ver con el quich. *wájra* 'viento', pero el de todos modos será de raíz indígena; falta averiguar si en é\ la sílaba *La* es realmente el artículo romance o forma parte integrante del nombre aborigen. A Hz. Ureña (*Indig.*, 120) le parece *guairo* palabra taína por su estructura. Debe rechazarse la opinión de la Acad. (1884) de que *guairo* procede del ingl. *wherry* 'embarcación pequeña movida a remo, empleada principalmente en los ríos, para el transporte de pasajeros y mercancías', pues ni coincide el significado ni se explicaría el diptongo *ai* de la voz castellana.

DERIV. *Guaira* 'vela triangular, típica de los guairos, que se enverga al palo, o a éste y a un mastelero' [1831, Navarrete; Acad. 1884, no 1843]; del castellano proceden el it. y cat. *guaira* íd.

Guaita, guaitar, V. *aguaitar, guaito*

GUAJA, 'tunante, granuja', palabra de procedencia jergal, origen incierto, probablemente mejicano. *1.ª doc.*: 1896, Salillas («pícaro»); Acad. 1925 o 1936.

Según Besses significa 'listo', 'granuja' y 'tambor de regimiento'. Griera da ejs. en el catalán de Valencia de *guaja* y *guajeta*, con valor de adjetivo el primero, y dice que es americanismo; desde luego se pronuncia con *j* castellana. Dice Salillas que viene del caló *guaja* 'tambor, el que lo toca'. Pero no parece ser voz fundamentalmente gitana, pues si no me engaño no hay palabras gitanas que empiecen por *gu-* o *w-*; falta en Borrow, Coelho y el glosario comparado de Miklosich. Verdad es que F. de S. Mayo (1869) y Dávila recogen como voces gitanas *guaja* 'tambor (milicia), el que lo toca' y *guajanó* 'pito (milicia)', pero serán más bien préstamos de la germanía al gitano que al revés, y se pasaría de 'tunante' a 'tambor', personaje a quien los soldados miran con envidia por disfrutar de ciertos privilegios.

Creo que procede del mej. y hond. *guaje* 'tonto, bobo, necio' (R. Duarte, Membreño), que según el primero de estos autores es abreviación de GUA-*JOLOTE* 'pavo común' y 'bobo, tonto' (también podría pensarse en el mej. *guaje* 'calabazo', ya documentado en 1780, Beaumont, y seguramente de origen indígena); G. Icazbalceta da muchos ejs. de *guaje* 'pillo' en el S. XIX; el paso de 'bobo' a 'tunante' se comprende a base de la frase *hacerse el guaje* 'hacerse el bobo, el desentendido' y de *guajear* 'fingirse guaje o bobo para engañar' (así en Luis Inclán, a. 1908).

Guajalote, V. *guajolote*

GUÁJAR o GUÁJARAS, vocablo al que se atribuye el significado de 'fragosidad, lo más áspero de una sierra', es nombre de una pequeña comarca de la Sierra de Motril y de varios pueblos en ella comprendidos; no consta que sea realmente nombre común; origen incierto. *1.ª doc.*: Acad. 1869, no 1843.

La Acad. es la única fuente que puede indicarse para este vocablo, que no figura en glosarios dialectales. En dicha ed. se lee: «*guájar* com., y más generalmente *guájaras* pl. f.: fragosidad, lo más áspero de una sierra; es voz árabe y geográfica». En realidad, lo único que consta es que hay un pueblo en el partido de Motril llamado *Fondón de las Guájaras* (o *Guájar-Fondón*)[1], por cuyo término pasa un río llamado del *Fuerte de las Guájaras*, y contiguos a él hay otros dos pueblos llamados *Guájar Alto* y *Guájar Faragüit*. Todos ellos se encuentran en la parte más fragosa de la Sierra de Motril; pero claro está que este hecho no prueba por sí solo que el vocablo signifique fragosidad. La etimología ár. *wázar* 'monte inaccesible que sirve de refugio', propuesta por la Acad. en 1884 y borrada en ediciones posteriores, es también problemática. La alteración de la *z* en *j* castellana no es normal, y es difícil de concebir no habiendo vocales palatales en el vocablo; sería preciso suponer algún influjo externo o alguna anomalía en la trasmisión, que no sabríamos cómo apoyar; por otra parte, *wázar*, aunque documentado en este sentido en diccionarios clásicos del árabe (Freytag cita el *Qamûs* y al Ɛauharí) y procedente de una raíz conocida ('llevar', de donde 'ocultar', pasando quizá por 'soportar'; de ahí *wazîr* 'encargado' > 'ministro'), parece ser ajeno, en el sentido que nos interesa, al árabe vulgar (Dozy, Beaussier, Fagnan). Lo probable es que *Guájar* y *Guájara* sean de por sí nombres propios de lugar, y que el primero se

aplicara conjuntamente a tres pueblos vecinos, según sucede en tantas partes, distinguidos después
por medio de determinativos; un académico andaluz o un erudito local les atribuiría valor apelativo.

En cuanto al origen del nombre propio, lo
único que puede afirmarse es que pertenece al
grupo de topónimos provistos de la terminación
átona -ar, tan numeroso en el Oriente andaluz;
gran parte de ellos son de origen prerromano,
mientras en otros la terminación -ar se agregó
a un radical latino, arábigo o de otra procedencia (p. ej. *Mojácar* viene de un arabismo *Mo-
xaca*, comp. el gentilicio *mojaquero*); en nuestro caso la inicial *gu-* sugiere procedencia arábiga,
pero no faltan otras posibilidades.

Asín, *Contrib. a la Toponimia Ár. de Esp.*, propone partir del ár. *wağâr* «talud, tajo». Belot registra, en efecto, *wiğâr* y *wağâr* en el sentido de
«berge élevée d'un torrent», pero no hallo confirmación en otras fuentes (Dozy, Kazimirski,
Fagnan, Lerchundi, Boissier); más conocida es
otra ac. de la misma palabra «repaire, retraite des
animaux malfaisants, des voleurs, des brigands»
(Bocthor), *wiğâr* «antrum» (R. Martí), junto al
cual los dicc. clásicos dan *wağr* «grotte, caverne
dans une montagne». De este último (no de *wağâr*) podría salir fonéticamente *Guájar*.

Nada tendrá que ver con nuestro vocablo el
arg. *guájara*, que en la Rioja significa 'la especie
más grande de cóndores'[2], y será de procedencia
aborigen americana (no quichua, por la acentuación, a no ser que la -a sea agregada; falta en
Lizondo); hay población llamada *Guaja* en la
misma provincia de la Argentina.

[1] Ya llamado *Guájara el Fondón* en doc. de
1492 (Simonet, p. 221). *Las Guájaras Altas y Las
Guájaras Baxas* ya se nombran en Pérez de Hita,
ed. Blanchard I, 22.— [2] A. Franco, en *La Nación de B. A.*, 14-XII-1941.

Guájara, V. *guájar*   *Guaje*, V. *acacia y guaja*
Guajerro, V. *gajorro*

GUÁJETE POR GUÁJETE, 'tanto por tanto',
'una cosa por otra', del ár. *wâhid bi wâhid* 'uno
por uno'. *1.ª doc.*: 1869, Simonet, en Dozy, *Gloss.*,
p. 281; Acad. 1884.

Se emplea según este autor en Andalucía, y
hay variante *guájate por guájate*. *Bi* es preposición arábiga que vale 'por'.

GUAJOLOTE, 'pavo, gallinácea oriunda de
América del Norte', mej., del náhuatl *wešólotl* íd.
1.ª doc.: *huexolote*, 1598, Tezozómoc; *guajolote*,
1653, P. Cobo.

Friederici, *Am. Wb.*, 272-3; G. Icazbalceta,
237. La forma *guajalote*, que daba la Acad. en
sus ed. de 1884 y 1899, aunque negada por Icazbalceta, existe con carácter vulgar, y en Nuevo

Méjico significa 'perro de aguas' (*BDHA* IV, 55).
Aunque hoy *guajolote* es palabra propia del Centro y Sur de la República Mejicana, tuvo empleo más extenso en la época colonial. Para otras
denominaciones americanas del pavo, vid. *BDHA*
IV, 48, n. 5. Comp. *GUAJA*.

Gualá, V. *ole*   *Gualatina*, V. *hielo*

GUALDA, del germ. *WALDA íd. (neerl. med.
woude, hoy *wouw* [> alem. *wau*], ingl. med.
wolde, hoy *weld*); pero no es seguro si se tomó
directamente, del gótico, o bien del fráncico, por
conducto del francés arcaico. *1.ª doc.*: 1555, Laguna, que lo da erróneamente como nombre de
la hierba pastel, de color azul; h. 1580, Fragoso,
con traducción correcta.

Falta en la primera ed. de Nebr., aunque figura en eds. de este diccionario, ya en el S. XVI;
falta también en PAlc. y en las varias fuentes medievales, pero figura en Covarr., en Lope, etc. Entre las lenguas romances el vocablo está documentado desde antiguo en francés [*gaude*, S.
XIII], lengua de Oc *gauda* [1308, ms. consular de
Limoux, Aude, p. p. Sabarthès, p. 213], y catalán
antiguo [*gauda*, fines del S. XIV, Eiximenis, *Regiment de la Cosa Pública*, 27.1, 30.13]; del it. *gualda* hay sólo testimonios recientes (Tommaseo) y
es palabra poco usada. Datos detallados acerca
del vocablo en castellano da Max Steffen, *El falso 'guato' del Torriani*, en *Rev. de Historia* de
la Univ. de La Laguna, n.° 78, 1947. Como hay
goldra o *gualdra* en Lugo, junto a *gualda* del gallego común (Sarm. *CaG.* A41r, A42v) podríamos
pensar en una derivación leonesa del cast. ant.
goldrar COLORARE (vid. *GOLDRE*), pero rechazo
la idea, en vista de la existencia de *gaude* y *gauda*
en el francés, oc. y cat. medievales, por ser increíble que un leonesismo se hubiese propagado
tan lejos en tal fecha. Varios autores han derivado
gualda del gótico (M-L., *REW*, 9490; Kluge,
s. v. *wau*); Gamillscheg, *R. G.* I, 202, lo admite
como posible, pero prefiere el fráncico. Por ahora
no es posible decidirse, pues si bien lo tardío del
vocablo italiano resta fuerza al primer supuesto,
por otra parte *gualda* es palabra bastante arraigada
en castellano, que ha dado el derivado *gualdo*, sin
equivalencia en otros romances[1]; la falta de testimonios anteriores al S. XVI no es argumento de
fuerza cuando se trata de un nombre de planta
de esta naturaleza. *Gualda* ha sido persistentemente
confundido, en castellano y en italiano, con *guado*,
nombre italiano de la hierba pastel, procedente del
longob. WAID (fr. *guède* < fránc. *waizd*; Gamillscheg, *R. G.* I, 202; II, 169); V. el trabajo de
M. Steffen.

DERIV. *Gualdo* [princ. S. XVII: Roa]. *Gualdado*.
[1] No figura en los diccionarios portugueses *gualda*, pero sí el adjetivo *gualdo* o *gualde*, ambos ya
en Rodrigues Lobo (1619).

GUALDERA, 'cada uno de los dos tablones laterales que son parte principal de algunas armazones, como cureñas y otras', quizá de *guardera, derivado de guarda. 1.ª doc.: 1633, Lz. de Arenas, cap. 13; 1696, Vocab. Marít. de Sevilla.

Aut., fundándose en esta obra, dice que son los lados de las cureñas de la artillería. En ediciones posteriores de la Acad. (ya 1843) «el pedazo grueso de tablón de roble que se coloca verticalmente en cada lado de la cureña, para que sobre él se apoyen los muñones del cañón»; en ediciones del S. XX la definición se ha generalizado y hecho más detallada. El dicc. náutico de Fz. de Navarrete (1831) recoge el vocablo con definición parecida. Además de esta ac. náutica y artillera se ha empleado en arquitectura. Lz. de Arenas lo aplica a las paredes de una pieza que unen los testeros, pero Mariátegui en el glos. de este autor dice que más estrictamente son los costados de una caja que tiene testero y delantera. La etimología COLLATERALIS de la Academia es imposible fonéticamente, pero siendo andaluzas las fuentes en que aparece el vocablo, es fácil que esté por guardera; comp. guarda 'las dos varillas grandes a los lados del abanico', 'guarnición de la espada', 'vaina de la podadera', etc. GdDD 233a piensa nada menos que en un *AEQUALITARIUS, latín vulgar... del S. XVIII.

GUALDRAPA, 'cobertura larga, de seda o lana, que cubre y adorna las ancas de la mula o caballo', origen incierto; como en la Edad Media designó una prenda de vestir para hombres, es probable venga de *WASDRAPPA, variante del lat. VASTRAPES 'especie de pantalón': se trata de una palabra tardía de origen oriental y por lo tanto son justificables las irregularidades fonéticas en la evolución del vocablo, que debió de sufrir el influjo de DRAPPUM 'trapo'. 1.ª doc.: g(u)aldrapa, princ. S. XV, en cuatro poesías de Villasandino[1], en la ac. medieval; gualdrapa, 1599, Guzmán de Alfarache, en la ac. moderna[2]; en gallegoportugués lo emplea ya h. 1250 Alfonso el Sabio.

Ahí escrito galdrapa, en una cantiga de escarnio: «d'outra guisa me foi el vendê' la galdrapa», y quizás antes, unos pocos años, el trovador gallego Martín Anes Mariño, donde no se sabe si designa un paño especial de este nombre, o más bien habla de aprovechar una gualdrapa usada para hacer una vestidura de persona: «ũa bõa capa / ca non destas maas feitas de luito, / mais outra bõa, feita de gualdrapa / cintada» (R. Lapa, CEsc. 33.4, 274.4, 10).

Gualdrapa en la ac. moderna figura también en Oudin[3], Covarr., Góngora, etc. Palabra clásica y moderna, bien conocida. Por analogía de las gualdrapas colgantes se ha aplicado familiarmente el vocablo a un harapo colgante. También port. gualdrapa [Moraes], cat. íd. [1565, Alc.], it. gualdrappa [med. S. XVII: D. Bartoli, B. Menzini], bávaro waltrappen. Según la cronología es posible

que todas estas formas se tomaran del castellano, y en cuanto al italiano esto es bastante verosímil; del italiano pudo pasar al alemán meridional.

Ferrari (1863), y tras él Diez (Wb., 176), recuerdan el lat. tardío vastrapes, que figura en el antiguo glosario latino-griego del seudo-Filóxeno (ms. del S. IX) traducido por φιμινάλια, es decir, el lat. feminalia 'fajas de paño con que se envolvían los muslos', y Rufino (fin del S. IV) empleó el mismo vocablo para traducir en el texto de Josefo el gr. ἀναξυρίδες, nombre de una especie de pantalones que empleaban los persas. Observa Paul de Lagarde, maestro en toda filología orientalista, que vastrapes tiene aspecto iránico[4], lo mismo que satrapa, gausapa y astrapa (griego ἀστράβη)[5] (Göttinger Nachrichten 1886, 121-4), y deriva de él el fr. guêtre 'polaina', etimología quizá preferible al fráncico *WRIST 'muñeca', tan poco satisfactorio semánticamente, a pesar de la aprobación que ha merecido de M-L. (REW 9577) y Gamillscheg (EWFS y R. G.).

Volviendo a nuestro gualdrapa, Meyer-Lübke (REW 9169) rechaza resueltamente la etimología de Diez como inaceptable en los aspectos fonético y semántico, y G. de Diego (RFE IX, 135) se adhiere a su opinión, con la reserva de que para salvar esta etimología debería admitirse un cruce al mismo tiempo con FALDA y con TRAPO (DRAPPUM), lo cual tampoco gusta a M-L. (REW[3]). Para otros nombres iránicos de tejidos y vestidos, de terminación parecida y conservados en romance, vid. GARNACHA y VANOVA.

En realidad M.-Lübke padeció una confusión, por haber entendido que feminalia designaba un traje femenino, cuando este vocablo no es derivado de femina 'mujer', sino de femur, feminis, 'muslo'. Luego no hay dificultades semánticas, sobre todo teniendo en cuenta los pasajes de Villasandino; fácilmente una prenda que protegiera las piernas o muslos del hombre pudo aplicarse luego a la que cubría las extremidades inferiores del animal, y servía, como nota Covarr., para defender al jinete de las salpicaduras de lodo que aquél levantara al pisar[6]. En lo fonético no puede sorprendernos, en un orientalismo tardío, una pronunciación con w- inicial en lugar de v-, ni tampoco sería inconcebible una variante -DRAPPA en la terminación del vocablo, tanto más cuanto que el influjo de DRAPPUM 'trapo' sería perfectamente natural[7]; ahora bien, *WASDRAPPA tenía que dar gualdrapa poco menos que forzosamente, puesto que la s sonora en final de sílaba suele pasar a r, y ésta debía disimilarse en l (comp. PRAEPOSITUS > cat. prebosde > peborde > cast. PAVORDE). Sería conveniente poder documentar las formas intermedias, pero ya podemos mirar la etimología de Ferrari y Diez como verosímil[8].

DERIV. Gualdrapazo 'golpe que dan las velas de un buque contra los árboles en tiempos calmosos y de alguna marejada' (comparación con la oscila-

ción de las gualdrapas al andar la caballería). *Gual-
drapear* 'andar el caballo con movimiento suave,
paso corto e igual', cub. (Pichardo), por la marcha
pausada del paseante ataviado con gualdrapas;
'dar gualdrapazos'; 'poner de vuelta encontrada 5
una cosa sobre otra, como los alfileres cuando se
ponen punta con cabeza'; *gualdrapeo*. *Gualdrapero* 'que anda vestido de andrajos', de ahí el gall.
galdrupeiro 'tunante, galopín, asqueroso' (según
nota Sarmiento, *BRAE* XV, 38). *Engualdrapar*.   10

¹ «El mi vystuario deve ser doble / segunt mi
estado, quier saya, quier capa, / sy quier balandrán, si quiera *galdrapa*, / segunt ya costunbran
los grandes e chicos», *Canc. de Baena*, n.º 155,
v. 129; «Non sse pierda mi aguilando; / Señor, 15
lo que vos demando / es alguna gentil ropa, /
balandrán, *galdrapa*, opa, / con que me vaya preciando», íd., n.º 59, v. 7; «maguera me vedes
con pobre *galdrapa*» íd. n.º 87, v. 18; «éste como
noble onrrado / me mandó una *gualdrapa*» íd. 20
n.º 112, v. 46.— ² «¿Quién vió los machuelos un
tiempo, que tanto terciopelo arrastraron en *gualdrapas*, y ser incapaces hoy de toda cortesía, que
ni cosa de seda ni dorada se les pueda poner?»,
Cl. C. II, 243.1. En nota se citan dos leyes de 25
Felipe II († 1598), prohibitivas del uso de caballos y machos con *gualdrapas*.— ³ «Une housse
de cheval; une garse, une putain».— ⁴ En efecto,
es evidente que se trata de un derivado del anc.
y scr. *vastra-* n. 'vestido' (Pok. *IEW* 1172.27). 30
Para el sufijo *-pā* debe verse, entre otros, Benveniste, *Titres et NPP en ir. anc.*, 103.— ⁵ Supongo se refiere a ἀστράβη 'silla de montar, con
respaldo', palabra inexplicable según el léxico
griego y documentada desde el S. V a. C., ya 35
en Lisias, y sus derivados figuran en Esquilo y
en Platón el Cómico. No conozco los datos de
un lat. *astrapa*, pero no creo que se trate de
una confusión con ἀστράπη 'relámpago', palabra
griega bien conocida.— ⁶ Cabría sospechar que
este detalle se lo inspiró a Covarrubias su etimología *guarda-pie*, tanto más cuanto que las gualdrapas eran paramento de lujo para pasear en
las grandes avenidas ciudadanas (*rúas*, como él
dice) y no para el campo. Pero que ésta era la 45
utilidad que se buscaba primariamente con las
gualdrapas nos lo prueba el verso de Góngora
«pasear sin *gualdrapa* haciendo lodos» (ed. Foulché III, 26). No se olvide la asombrosa cantidad de fango que había en aquel tiempo en las 50
calles, y no caigamos en anacronismo atribuyendo al S. XVI el estado actual de las ciudades.—
⁷ El empleo más o menos corriente como paño
de confección, que nos muestra Mariño, coincide
del todo con el sentido del fr., oc. y cat. *drap* 55
'paño' (no 'trapo').— ⁸ Covarr. deriva de *guarda-
pie*, porque la gualdrapa protege las piernas del
jinete contra el barro (V. arriba); entonces *gualdrapa* debería ser derivado retrógado de **gual-
drapié*, modo de formación muy extraño cuando 60

no existe un sufijo *-ié*, y sería sorprendente que
guarda-, elemento tan frecuente, se hubiera alterado en *gualdra-*. La idea de Caix CABALLI DRAPPA
'trapos de caballo', obligaría a admitir una alteración demasiado anómala de **cavaldrapa* en *gualdrapa*, y es inverosímil en otros aspectos.

Guald(r)aperra, V. *guadapero*   *Guambre* arag.,
V. *vómer*

GUANÁBANA, del taíno de Santo Domingo.
1.ª doc.: *guanaba*, 1510, Pedro Mártir de Anglería; *guanábana*, 1535, Fz. de Oviedo.
    Este autor da también *guanábano* como nombre
del árbol, que seguramente sería derivado formado
por los españoles. B. de las Casas atestigua formalmente la pronunciación esdrújula y da fe de
que es propio de Santo Domingo. Del mismo parecer son, en términos generales, Cuervo, *Ap.*,
§ 971; Hz. Ureña, *Indig.*, 112-3; Friederici, *Am.
Wb.*, 274.
    DERIV. *Guanábano* (V. arriba). *Guanabanada*.

GUANACO, del quich. *wanáku* íd. *1.ª doc.*:
1554, Cieza de León; el derivado *cuanaquero* (por
gua-) 'cazador de guanacos' se documenta ya en
1547.
    Lenz, *Dicc.*, 371-2; Friederici, *Am. Wb.*, 274-5;
Loewe, *Z. f. vgl. Sprachforschung* LX, 145ss.
Wanáko es también aimará; ignoramos de cuál de
los dos idiomas es originario el vocablo en último
término. En la ac. 'bobo, simplón' es la misma
palabra en la Arg. y Chile, pues el guanaco es
realmente animal de escasa inteligencia; pero la
misma ac. en la América Central no es de creer
que proceda del nombre de este animal andino,
sino de una palabra nahua, vid. *GUANAJO*.

GUANAJO, antill., colomb., 'pavo, gallinácea
americana', voz americana de origen incierto, probablemente del arauaco de las Antillas mayores.
1.ª doc.: *guanaxa*, 1540, Fz. de Oviedo, I, 556.
    Dice Rodrigo Ranjel, secretario de Hernando
de Soto, en la historia de la conquista de la Florida, transcrita por Oviedo: «almorçaron de unas
gallinas de la tierra que llaman *guanaxas*» (*Hist.*
I, 556a). Opina Friederici, *Am. Wb.*, 275¹, que
guanajo viene del náhuatl *kwanáka* (*quanaca* en
Molina) 'gallo o gallina europeos'; esta opinión
parece apoyarse en el origen norteamericano (o
sea mejicano) del pavo, pero tropieza con tres
graves dificultades, semántica, fonética y geográfica: es extraño que una denominación ajena actualmente a Méjico proceda del náhuatl, pero más
extraordinario es aún que los conquistadores aplicaran al pavo el nombre que se daba a la gallina
en el idioma de los aztecas (no en el suyo propio),
y es injustificable la transcripción de la *k* azteca
por la antigua *š* castellana (> *j*). Más natural es,
por lo tanto, la opinión de Hz. Ureña (*Indig.*, 120;

BDHA V, 216n., 184) de que *guanajo* sea de origen taíno¡· Bachiller y Morales (p. 370) parece ser de la misma opinión. El hecho de que *guanaxa* salga por primera vez con relación a la Florida no quiere decir que proceda de un idioma de la Tierra Firme septentrional, cuyos belicosos habitantes habían tenido poco trato verbal con los españoles hasta entonces; más bien apunta a Cuba, de donde había partido la expedición de Soto.

En efecto, *guanajos*, ya en la primera mitad del S. XVI, según testimonio de Díaz del Castillo, era en Cuba la denominación de los indios caribes que todavía quedaban en libertad y fueron declarados esclavizables; y *Guanajas* es el nombre que dió Colón en su último viaje a unas islas frente a la costa de Honduras, quizá por estar habitadas de indios iguales o semejantes a los guanajos de Cuba (Bachiller y Morales, pp. 280-1)². No se puede descartar del todo la idea de que el antillano *guanaxa*, aun siendo autóctono en las Antillas, tenga alguna relación precolombina con el náhuatl *kwanaka*, pero lo más probable es que no tengan nada en común y no es inverosímil que aquél proceda del nombre de los indios guanajos, tomados como tipo representativo de los aborígenes cubanos: *gallina guanaxa* sería, pues, como decir 'gallina de la tierra', tal como llamaron en Méjico al pavo los seguidores de Cortés. La ac. 'necio', usual en Cuba³ y Sto. Domingo, se explica como la que tiene *pavo* en España y *guajolote* en Méjico. En cuanto al centroamer. *guanaco* 'necio, bobo' procede, según indica Gagini, del mej. *cuanaca* 'gallina, cobarde', que a su vez desciende de la mencionada palabra azteca; para otra ac. de *guanaca* en Méjico, vid. G. Icazbalceta.

DERIV. *Guanajada* o *guanajería* 'sandez', cub. (Ortiz, *l. c.*).

¹ La noticia de Friederici de que *guanajo* se emplea en la América Central es de segunda mano y poco fidedigna; no hallo confirmación en Gagini, Membreño, Malaret ni en la lista de denominaciones del pavo en *BDHA* IV, 48n. En cambio se emplea en P. Rico (Malaret), Colombia (Uribe), y, por lo menos en el sentido de 'tonto', en Santo Domingo (Hz. Ureña).— ² Otros nombres propios indígenas como *Guanahaní* y *Guanahatebeyes* pueden no tener relación con *guanaxa*, que tenía š mientras estos nombres se pronunciarían con *h* aspirada.— ³ F. Ortiz, *Catauro*, p. 212, s. v. *guanajería*.

GUANDO, chil., per., ecuat., colomb., 'andas, parihuelas', del quich. *wántu* íd. *1.ª doc.*: Cuervo, *Ap.*, § 959, a. 1867 (ed. 1907); Cevallos (ecuatoriano), a. 1880.

Lenz, *Dicc.*, 373. *Wantu* es palabra con muchos derivados en lengua quichua (Lira).

Guanera, guanero, V. *guano*   *Guaniado,* V. *guanín*

GUANÍN, 'oro de baja ley fabricado por los indios', 'joya que elaboraban con este metal', del taíno. *1.ª doc.*: isla de *Goanín*, Colón, 13-I-1493.

Frecuente desde fines del S. XV. Colón mandó muestras de este metal a los Reyes Católicos, y hecho analizar, resultó componerse de 18 partes de oro, 6 de plata y 8 de cobre. Bachiller y Morales, 271, 282; Friederici, *Am. Wb.*, 275; Cuervo, *Ap.*, § 971¹.

DERIV. *Guania(d)o* 'abundante en dinero' en el Oriente de Cuba (F. Ortiz, *Glos. de Afronegrismos*, s. v).

¹ A los pasajes citados de viajeros agréguese Fernández de Navarrete II, 407 (a. 1501), importante para la fecha y definición.

GUANO, 'estiércol en general' chil., arg., 'estiércol de aves marinas que se encuentra acumulado en grandes cantidades en las costas y en varias islas del Perú y del Norte de Chile, y se utiliza como abono agrícola', del quich. *wánu* 'estiércol', 'abono', 'basura'. *1.ª doc.*: h. 1590, J. de Acosta.

Lenz, *Dicc.*, 373-4; Friederici, *Am. Wb.*, 276; íd. *Z. f. frz. Spr. u. Lit.* LVIII, 135ss.; Loewe, *Z. f. vgl. Sprachforschung* LX, 145ss. Para el homónimo cubano que designa una especie de palmera, vid. *MIRAGUANO*.

DERIV. *Guanero. Guanera.*

GUANTE, del germánico, probablemente por conducto del cat. *guant*, tomado del fráncico *WANT íd. (escand. ant. *vǫttr*, dan. *vat*, sueco *vatte*, b. alem. *wante*, neerl. *want*). *1.ª doc.*: 1331, invent. arag.; h. 1400, Glos. del Escorial.

También APal. («*ciroteca* es la que cubre la mano: dezimos *guante*», 78b, 264d), Nebr. («*guante*: manica»), y frecuente desde los clásicos (*Aut.*). No es de creer que proceda directamente del gótico, donde el vocablo habría tenido probablemente la forma *WANTUS, a juzgar por el germanismo finés *vanttu* o *vantus*, por la forma del antiguo escandinavo y por el b. lat. galicano *wantos* (acus. pl.), documentado varias veces en los SS. VII-X; luego la -*e* castellana es indicio de procedencia forastera. Por lo demás, se cree que el it. *guanto* es también galicismo y la vieja denominación castellana era *LÚA*; la antigua variante aragonesa *guent(e)* procede indudablemente del fr. *gant*, adaptado con arreglo al modelo de los innumerables casos en que *an* francés corresponde a *en* en castellano¹. La procedencia catalana de la forma normal *guante* se confirma por el hecho de que esta variante es ya muy frecuente en inventarios aragoneses de los SS. XIV y XV (*VRom.* X, 164), y la misma procedencia geográfica tiene el glos. del Escorial. Para la justificación de la forma germánica, vid. Kluge, s. v. *want(e)*; Gamillscheg, *EWFS*, 457; Behrens, *ZRPh.* XIII, 414-5; la variante fráncica *WANTH supuesta por Gamillscheg en *R. G.* I, p. 165-6, se basa en una falsa relación etimológica con el alem. *gewand*, a. alem. ant. *untarwant* 'prenda de vestir', alem. *winden* 'envolver', ya rechazada documentadamente por Kluge; la etimología del germ. WANTUS es desconocida.

DERIV. *Guantada* o *guantazo* ('bofetón' en Canarias: S. de Lugo, *BRAE* VII, 336). *Guantelete*, tomado del fr. *gantelet*. *Guantero; guantería. Enguantar.* Comp. *AGUANTAR.*

¹ «Cuxotes e cameras de cuero. Hun par de *guentes* de fierro», invent. arag. de 1369 (*BRAE* II, 708); «un *guent* de ffierro al tiempo viello», íd. 1374 (ibid., p. 343); «tres siellas del tiempo antigo; unos *guentes* de fierro viellos», íd. 1397 (*BRAE* IV, 219). *Guente* figura ya en 1368 (ibid., p. 345).

Guanza, V. *alguaza* y *orenza*   *Guañar*, V. *boñiga*   *Guañin*, V. *guadaña*   *Guañir*, V. *gañir*   *Guañu*, V. *boñiga*

GUAPO, 'chulo, rufián', más tarde y hoy en América 'valiente', en España 'bien parecido', procede en último término del lat. VAPPA 'vino insípido', 'bribón, granuja', probablemente por conducto del fr. ant., dial. y jergal *wape, gape, gouape,* 'soso', 'bribón', 'holgazán'; el vocablo sufrió en su inicial el influjo del germ. HWAPJAN 'echarse a perder, volverse agrio'. *1.ª doc.:* Quiñones de B. († 1651).

Tiene el sentido de 'chulo, rufián' en este autor, donde hablando del Verano o primavera y del Invierno, leemos «juntos caminan los dos, / y mirándose a lo zaino, / en la Venta de Viveros / con sus marcas encontraron: / Mari-Flores, la de Andújar; / Mari-Nieves, la de Campos; / hembras que arden y tiritan / por la virtud de sus *guapos*» (ed. Cotarelo, p. 787); análogamente en Bartolomé de Góngora (a. 1656) «camarada de los *guapos* que estaban echando tragos y valentías» (Rz. Marín, *Un Millar de Voces Castizas,* s. v. *guapería*). Es sabido que hoy *guapo* es en España la expresión más popular de la idea de 'hermoso' [fin del S. XVIII: L. Fz. de Moratín]¹ (así también el castellanismo cat. *guapo,* muy arraigado ya, aunque reciente)², quizá pasando por la noción vecina 'ostentoso, galán y lucido en el modo de vestir y presentarse' [*Aut.*], que es también portuguesa; el paso de 'chulo' a 'galán, bien vestido' y luego 'bien parecido' es fácil de comprender, comp. una evolución paralela en *MAJO* (> arag. *majo* y cat. *maco* 'bonito, hermoso') y jergal *pinxo* 'elegante' (< 'rufián' < cast. *pincho* 'el que pincha, espadachín')³. Por otra parte, de 'rufián' se pasó a 'valiente', que es la idea que *Aut.* considera fundamental («animoso, valeroso y resuelto, que desprecia los peligros y acomete con bizarría las empressas arduas y dificultosas»), y es la que ha predominado en América, y particularmente en la Arg.⁴, Chile⁵, Colombia⁶, Cuba, etc.; también se documenta en portugués desde 1664 (Franco Ba-

rreto, en Moraes). De España proceden el logud. y campid. *guappu* o *quappu* 'fanfarrón' (M. L. Wagner, *RFE* IX, 263; Spano), y según Zaccaria tienen la misma procedencia el napol. *guappo* 'bravucón' [1674] y mil. *guapo* 'ufano'. Otras formas dialectales italianas procederán del francés o directamente del latín: Manfredonia *vuappo* 'fanfarrón' (*ZRPh.* XLI, 455) y sobre todo Livorno *vappo* 'mal sujeto' y Como *vap* 'vanidoso'⁷.

No puede asegurarse si la voz castellana viene del latín por vía directa o por el francés, pero la temprana aparición en este idioma forma contraste con la fecha tardía de la primera documentación hispánica: el vocablo falta no sólo en los léxicos y autores medievales, sino también en los diccionarios del S. XVII, y todavía está ausente del vocabulario de germanía de Juan Hidalgo (1609)⁸ y de las poesías germanescas de los SS. XVI y XVII esquilmadas por Hill; por otra parte el cruce del étimo latino con una palabra germánica era más fácil en Francia, y aunque no es imposible que esta raíz existiera en gótico, es inverosímil que este mismo cruce se produjera con carácter independiente en España y en Francia; finalmente en este país es donde hallamos las acs. más cercanas a la etimología. Todo esto indica, pues, que el cast. *guapo* es un galicismo de la rufianesca.

En el Norte de Francia hallamos *wape* y *gape* 'soso, insípido' (hablando del pan o de medicamentos) en los picardos Gautier de Coincy (a. 1223) y Reclus de Moliens (1226-30), *wape* 'débil, sin fuerzas' (hablando del estómago) en su paisano Froissart: «quant il ont tant mangiét de char mal cuitte que leur estomach leur semble estre *wape* et afoiblis» (en Jeanroy, *Extraits des Chron. Fr.*, p. 205; God. IV, 218a), cerca de doscientos años más tarde, y hoy *wapp* se emplea en Valonia en el sentido de 'dulzón, de un dulce soso', 'aguado, acuoso'; como se ve por esta coincidencia geográfica el vocablo procede del Nordeste de Francia, y de ahí debió extenderse al resto del país, en vista de la conservación de la inicial *gw-:* parisiense *gouape* f. y adj. «loustic», «blagueur», «voyou», fr. popular *gouaper* 'vagabundear', «faire le voyou», Anjou *gouape* «propre à rien», Bresse íd. «fainéant, ivrogne», Bas Maine *gouèpe* y *gouèpeux* «mauvais sujet», Saboya *gouape* «ivrogne» (Sainéan, *Sources Indig.* I, 342-3), norm. *gouaper* 'bromear', Rouergue *gouapo* «gourmand, gourmet», prov. *gouapo* m. «gros bonnet, homme riche, homme grave qui en impose, qui a de l'influence, matador, commandant, chef», «petit maître», «viveur, libertin»; por otra parte: argot du milieu y argot taxi *vappe* «misère noire» (Spitzer, *VRom.* III, 191).

Los españoles tomarían el vocablo directamente del dialecto valón durante las guerras de Flandes, pero en el argot francés será préstamo directo de los dialectos del NE. y no hispanismo, como se cree generalmente (Bloch, Gamillscheg)⁹. En cuanto al origen remoto, como el parentesco con el ags. *vapul* 'burbuja', *vapolian* 'brotar a borbotones', neerl. *wapperen* 'revolotear, mariposear', sospechado por Diez (*Wb.*, 177), es muy improbable, por las graves diferencias fonéticas y semánticas, no vacilo en dar la razón por una vez a Körting (9996), que prefería el lat. VAPPA[10]. Este vocablo fué primitivamente sustantivo femenino con el sentido de 'vino insípido, disgustado' (Plinio) y el secundario de 'bribón, mal sujeto' (Catulo, Horacio)[11]. La coincidencia semántica con las acs. francesas es completa y verdaderamente llamativa. Se trata de una forma abreviada, con reduplicación hipocorística, del lat. VAPIDUS 'soso' (Ernout-M., Walde).

Este vocablo latino tenía parentela germánica: a. alem. med. *verwepfen* 'acedarse, enmohecerse (una bebida)', isl. ant. *huap* 'carne hidrópica', gót. *afhwapjan* 'ahogar', 'apagar', *afhwapnan* 'apagarse', neerl. *weepsch* 'aguado', 'dulzón'; puede descartarse la idea de que el fr. ant. *wape* proceda de esta familia germánica, pues no se explicaría su terminación en *-e*, que en esta posición fonética postula inequívocamente un étimo en -A, inexplicable por el germánico. Pero sí podemos creer que la conservación de VAPPA, precisamente en el Nordeste de Francia, es debida al influjo del fráncico *HWAPJAN 'agriarse, echarse a perder (una bebida)', cuya existencia nos permiten suponer las citadas formas germánicas; este influjo fué causa al mismo tiempo de que la v- latina se cambiara en w-.

En conclusión, podemos admitir que *wape* pasó de 'bebida insípida' a 'sujeto inútil' y de ahí a 'bribón' (comp. el fr. *vaurien* 'inútil', 'granuja') y finalmente 'rufián', de donde las demás acs. españolas.

DERIV. *Guapamente. Guapear* [*Aut.*]. *Guapería* [1656, B. de Góngora]. *Guapetón* [*Aut.*][12]. *Guapeza* [*Aut.*] o *guapura* (ast., V). *Guapote*.

[1] Así quizá ya en Sánchez de Tórtoles (a. 1673), pero con cierto sabor jergal: «Era Doña Galatea de las *guapazas* de rumbo», cita de *Aut.*— [2] Hoy ya no empleado en la acepción más antigua 'valiente' y en ésta no es reciente ni nada peyorativa: «los catalans *guapos* / los primers seran / que a Carlos III / per rey lograran / y lo mantindran / ab poderós bras» en un romance patriótico impreso en 1707, Milà, *Romancerillo*, ed. 1853, p. 86.— [3] Me aparto de la explicación semántica que busca Francisco Ayala (*Histrionismo y Representación*, pp. 108-9; *La Nación de B. A.*, 1-IX-1940) a 'valiente' > 'hermoso', como indicación púdica e indirecta de la idea de hermosura por parte de un pueblo que quiere subordinar a toda costa los valores estéticos a los morales. La vida semántica de este vocablo popular y moderno se ha desarrollado en ambientes más bajos y por móviles menos idealistas.— [4] Ejs. en José Hernández, *M. Fierro* I, v. 591; y en la *Instrucción del Estanciero*; cita de Tiscornia, en su ed. de

aquella obra, p. 31. Más ejs. argentinos y españoles en las varias acs. del vocablo, en esta obra, p. 424.— [5] De todos modos nótese que la ac. más peyorativa 'fanfarrón' no es ajena a América, pues *guapear* en Chile es 'echar baladronadas' (Román).— [6] «¡Soy Aquiles Vácares, veterano de Venezuela, *guapo* pal plomo y pa cualquier hombre!», Rivera, *Vorágine*, ed. Losada, p. 194.— [7] Es poco atractiva la idea de Prati y Vidossi (*AGI* XXV, 72) de que *guapo* sea palabra procedente del italiano, en vista de la documentación puramente dialectal, jergal y moderna en este país.— [8] El adjetivo *uapo* pertenece al léxico de los sefardíes de Marruecos (*BRAE* XIII, 524), pero esto no significa que lo llevaran de España al ser expulsados, pues los judíos de este país han permanecido más en contacto con la madre patria que los de Oriente.— [9] Del francés, más que directamente del latín, vendrá el vco. *bapo*, que es 'fanfarrón' en b. nav., 'elegante, guapo' en guip. y vizc. y se emplea también adverbialmente «muy bien, excelentemente».— [10] A pesar de la desaprobación de Schuchardt (*ZRPh.* XXVIII, 135). Pero Schuchardt se fundaba en una supuesta tendencia general en las palabras de esta índole a cambiar en peyorativos significados primitivamente favorables, tendencia contradicha por centenares de ejemplos opuestos; y se funda en las premisas de que el vocablo era procedente de España y aquí tuvo primitivamente significado laudatorio 'valiente', 'hermoso', premisas ambas que hoy sabemos son falsas. El hecho de que en el argot francés entraran vocablos militares traídos de Oriente por los cruzados, obliga a no desechar demasiado deprisa la idea de que el fr. jergal y dial. *gouape* 'fanfarrón, libertino' 'borracho', etc., tenga algo que ver con ciertas palabras del Oriente indoeuropeo. Se puede pensar en las siguientes: A) el hitita *wappija-* 'ladrar' (para cuya parentela onomatopéyica o indoeuropea, vid. Benveniste, *Hittite et Ieur.* 1962, p. 125 y cf. hit. *wappu-* 'margen de un río, rambla seca', Pokorny, *IEW* 1149.27); B) ave. gático (*vī-)vāpaiti* 'destruir, devastar', ave. tardío *vī-vāpa-* 'destrucción, devastación' 'resultante de una destrucción' (Bartholomae, *Air. Wb.* 1346, 1452), scr. *vápati* 'strew' 'esparce (semillas)', véd. *ni-vapate* «lay low» (*RV* II, 33.11), de donde el deriv. scr. *vá'ra* 'montón (de tierra)', persa med. *vafr*, persa mod. *barf* 'nieve', y ya *vafra-* m. en el Avesta ('nieve' según Bartholomae 1347, 'masa de agua' según Reichelt, *Air. Handbuch*, § 703), Pok., *IEW* 1149.31; C) scr. *vapús* n. «beautiful appearance» 'hermosura, forma, maravilla' y adj. 'hermoso, admirable', cuyo derivado *vapuṣyā* 'hermosa (mujer)' ya está en el Rig Veda I, 160.2 (comparación del mundo creado por Dios con una mujer *vapuṣyā*); D) ruso ant. *vapí* f. 'hermosura' (el deriv. *vapno* es además pol., checo), prus. ant. *woapis* 'hermosura', lit. *vãpe* 'barniz'.

Todos estos enlaces han de quedar por ahora muy inciertos, los unos por falta de eslabones intermedios y por la poca extensión en indoeuropeo (el origen y parentela de *d* son enteramente inciertos según Vasmer), los otros por la vaguedad de la coincidencia semántica. Ésta sólo llama la atención en el caso de c y D, pero justamente los datos romances parecen indicar que la ac. 'hermoso' es secundaria; por otra parte ni siquiera hay indicios bastantes de que el scr. *vapús* tenga que ver con *d* (Pok., *IEW* no recoge el uno ni el otro, y Vasmer no se refiere para nada al sánscrito) ni con *b* (Walde enlaza *vapús* con otro verbo sánscrito *vapáti* 'esquilar, cortar la hierba' y con el lat. *uepres* 'mata espinosa', suponiendo 'corte' > 'belleza', idea aventurada que Ernout-M. rechaza, y además este otro verbo sánscrito es mucho más raro).— [11] Además el vocablo figura en muchas glosas: traducido ὀξίνας 'agrio' en el *CGL* II, 204.36; III, 315.48; traducido ὑδαρής 'aguado' en II, 461.59, y en un gramático (Keil VII, 174.14); glosado «nugator, nihil», es decir, 'un inútil', 'pataratero', en *CGL* V, 488.27.— [12] Ejs. argentinos en el sentido de 'valiente': A. del Campo, *Fausto*, v. 492; Ascasubi, *S. Vega*, v. 4309.

Guar, V. *lugar*

GUARACA, 'honda', 'soga, zurriago', chil, arg., per., ecuat., colomb., del quich. *waráka* 'honda, instrumento para arrojar piedras' *1.ª doc.*: doc. peruano de h. 1560.
Lenz, *Dicc.*, 378-9; Friederici, *Am. Wb.*, 277-8.
DERIV. *Guaracazo* 'golpe con la guaraca' chil., arg. (Tucumán)[1], *Guaraquear* 'golpear con guaraca', 'pegar'. *Enguaracar* 'envolver con una soga'.
[1] Carrizo, *Canc. Pop.* II, 299, y glosario

Guarán, V. *garañón* y *guarango*

GUARANGO, arg., urug., chil., 'torpe, grosero, incivil', parece sacado del per., ecuat. y venez. *guarango* 'Acacia Cavenia, árbol semejante al aromo y al algarrobo, pero más rústico y de madera fuerte', a causa de esta dureza y rusticidad; en cuanto al nombre de árbol, procede del quichua, pero ha habido una confusión entre el nombre de este árbol y el del tamarisco, *waránwaj* y *waránku*, confusión que ignoramos si ocurrió realmente en el idioma o debe atribuirse sólo a los lexicógrafos. *1.ª doc.*: *guarango* 'algarrobo de las Indias', 1653, Padre Cobo; 'torpe, grosero, inculto', 1854, Ascasubi, *Aniceto el Gallo*, 82, 235.
Lafone Quevedo, *Tesoro de Catamarqueñismos*, s. v.; Lenz, *Dicc.*, 379-80; Friederici, *Am. Wb.*, 279; Lizondo, 187-8; para el uso en el Ecuador, Lemos, *Rev. Rocafuerte*, marzo 1922, 41. Lafone y Lenz comparan oportunamente el cast. *alcornoque* 'necio', al cual pueden agregarse *zoquete* 'hombre rudo' y otros muchos paralelos. Observa el primero que, en su calidad de adjetivo, *guarango* era palabra importada de Buenos Aires y ajena primitivamente a Catamarca; sin embargo, ya en 1875 la recoge como chilena Zorobabel Rodríguez, y es natural que en algo referente a la buena educación la iniciativa lingüística se propagara desde la capital a las provincias, y de ahí a Chile.

En cuanto a la etimología, para el nombre de árbol citan Lenz y Friederici el quichua *huarancu*; pero se observa que como palabra quichua sólo citan esta forma fuentes modernas, como Grimm (1896), Lobato (1901) y el Vocabulario Políglota (1905); ahora bien, según Lira, *waránku* es nombre del tamarisco o taray, mientras que el algarrobo se llama *waránwaj* y la acacia (planta leguminosa de flores rojas) es *wáran*[1]. Ahora bien, el algarrobo americano y la *Acacia Cavenia* son árboles análogos, pero el tamarisco no es más que un arbusto; luego es de creer que *waránway* sea derivado de *wáran*, mientras que *waranku* puede ser algo completamente distinto. Es perfectamente posible que *waránway* se castellanizara en *guarangua, de donde *guarangua* > *guarango*, por terminar en *-o* la mayor parte de nombres de árbol en castellano, y que las formas como *huarancu* 'algarrobo' que varios autores modernos atribuyen al quichua sean en realidad la forma castellana más o menos aindiada en su terminación. De hecho González de Holguín (1608) parece dar la razón a Lira cuando éste dice que el quich. *waránku* es el 'tamarisco', pues aquel autor lo define «cardón grande que echa cápsulas», y, en efecto, el tamarisco es arbusto espinoso como el cardón y tiene un fruto capsular[2]. Por otra parte Lafone recogió *guaranguay* 'arbusto de flor amarilla' en Jujuy[3] y *huaranhuay* «garrocha, una Bignonia», de suerte que cabe pensar si el que padeció confusión fué más bien Lira, o si realmente la confusión existe en el lenguaje vivo; nótese, en este sentido, la observación de Cobo de que en el Perú se conocen por *guarango* cinco o seis especies de árboles muy parecidos entre sí, que casi todos echan unas vainas como algarrobas; luego pudo aplicarse un mismo nombre al algarrobo y al tamarisco por la forma capsular o de vaina que tiene el fruto de ambos, y entonces tanto *waránku* como *waránway* serían derivados de *wáran*, y el nombre castellano procedería realmente del primero. *Aut.* escribe *quarango* (V. aquí s. v. QUINA), quizá por errata.
[1] De éste procede el tucumano *guarán*: «laureles, ceibos, *guaranes* y talas a los dos lados del camino», Fausto Burgos, *La Prensa de B. A.*, 9-XI-1941; «salieron juntos a pie, por el camino de ceibos, *guaranes* y laureles», íd., ibid., 25-I-1942.— [2] La edición de que me sirvo (1901) trae *huarako*, y la de 1608 *huaracco* (según Lizondo), pero será errata por *huaranko*, puesto que va entre *huaranca* y *huararani*. Falta todavía en Fr. D. de Sto. Tomás.— [3] Esta forma figura también en

el *Canc. Popular de Jujuy* por Carrizo (V. glosario del mismo).

Guarañón, V. *garañón*

GUARAPO, 'jugo de la caña de azúcar antes de terminar la fabricación del azúcar o del aguardiente', palabra de origen incierto, probablemente forma africana propagada desde las Antillas. *1.ª doc.*: 1620, Tirso de Molina, *La Villana de Vallecas* II, viii («*guarapo*, ¿qué es entre esclavos?»)[1].

Friederici, *Am. Wb.*, 279-80, atribuye al vocablo origen quichua, fundándose en que aparece en los diccionarios quichuas de los Padres Franciscanos y de Grimm, pero reconoce que el de Tschudi, más autorizado, no lo incluye entre las palabras quichuas; falta también en el antiguo de González de Holguín (1608); Lenz, *Dicc.*, 380, hace constar que, aunque de procedencia americana, su origen exacto es desconocido; y Hz. Ureña se inclina a admitir procedencia antillana en vista de que el vocablo aparece en Tirso de Molina, que había vivido en Santo Domingo durante dos años, hasta dos años antes de escribir su comedia. De hecho *guarapo* es hoy palabra empleada en todos los países iberoamericanos, lo cual es normal en los términos aprendidos por los castellanos en las Antillas antes de extenderse por el Continente, y sería extraordinario en un quichuísmo. Después del pasaje de Tirso se halla *garapa* en el Brasil en 1643, 1662 y 1711, *guarapo* en el Ecuador h. 1740, etcétera.

El Sr. Fernando Ortiz (*Glos. de Afronegrismos*, s. v.) documenta satisfactoriamente el hecho de que *garapa* designa una bebida de gusto dulzón y alcohólica, derivada del maíz y de la yuca, en Angola, Benguela y el Congo. Como esto coincide con la temprana aparición en el Brasil, justamente en la forma *garapa*, y con la atribución del vocablo a los esclavos por parte de Tirso, parece probado en este caso el origen africano de la palabra. A su vez es posible, como él dice, que el vocablo negro sea deformación del cast. *jarabe*, aunque esta deformación no hubiera podido producirse con el port. *xarope*, sino probablemente ya en las Antillas o en la costa africana, al oírlo los indígenas de boca de los negreros; de todos modos este punto es incierto, aunque el paralelismo de la pronunciación *zambaigo* < *zambo hijo*, en otra palabra pronunciada por negros e indios, presta apoyo a esta opinión. El cambio de *garapa* en *guarapo* se explica fácilmente por el gran número de palabras antillanas en *gua-*.

DERIV. Quizá derive de ahí el arg. *guarapa* 'cierto juego de niños' (en el sanjuanino Borcosque, *Puque*, p. 91), pero el arg., chil. y per. *guarapón* 'sombrero de alas anchas' parece ser algo distinto (Lenz, *Dicc.*, 381).

¹ Pagés atribuye lo mismo a Moreto, probablemente por error.

GUARDAR, del germ. WARDÔN (a. alem. ant. *wartên* 'aguardar', 'buscar con la vista' b. alem. ant. *wardôn* 'guardar', 'montar guardia', 'cuidar', neerl. med. *waerden*, fris. ant. *wardia* 'cuidar', ags. *weardian*, escand. ant. *varða* 'montar guardia'), derivado de WARDA 'acto de buscar con la vista', 'guardia, guarda', 'atalaya', 'garita' (a. alem. ant. *warta*, b. alem. ant. *warda*, ags. *wearde*, escand. ant. *varða*), y éste de WARÔN 'atender, prestar atención' (b. alem. ant. *warôn*, a. alem. ant. *biwarôn*, a. alem. med. *warn*). *1.ª doc.*: orígenes del idioma (*Cid*, etc.).

Frecuente en todas las épocas; Cej. IV, § 68. Común a todos los romances de Occidente, y tomado ya por el latín vulgar al germánico occidental común. Para construcciones y acs. especiales vid. *Aut.* y demás diccionarios[1]; además la tesis de H. Styff, *Études sur l'Évolution Sémantique du Radical WARD- dans les Langues Romanes*, Lund 1923 (160 pp.). La ac. 'mirar', común en italiano, gascón, y occitano y catalán antiguos, y conservada en derivados en todo el galorrománico, no ha sido del todo ajena al aragonés[2]. En el imperativo *guárdate* se contrajo en *guarte* en los SS. XIV-XVI[3]. El imperativo ¡*guarda*! se emplea, sobre todo en América, como interjección en el sentido de '¡cuidado, ojo!'; de ahí la forma abreviada ¡*gua*! empleada en Venez., Col., Per. y Bol. para expresar temor o admiración.

DERIV. *Guardable*. *Guardada*. *Guardador*; *guardadero* en J. Ruiz, 644. *Guarda* [doc. de 1129, en Oelschl.; Berceo; etc.], hermano del port., cat. e it. ant. *guarda*, fr. *garde*; puede venir directamente del germ. WARDA (V. arriba), pero la escasísima vitalidad del sustantivo en italiano y el uso incomparablemente más desarrollado de *guardar* en todos los romances, sugieren la posibilidad de que primero se tomara *WARDÔN, y sólo después apareciera *guarda*, sea por un préstamo posterior y menos general, o por formación postverbal dentro del romance; *guardera*, V. GUALDERA; *guardilla* 'cierta labor de costureras' [*Aut.*]; *guardín* 'cabo con que se suspenden las portas o con que se maneja el timón' [1587, G. de Palacios; 1605, 'cuerda para atar las manos', G. de Alfarache[4]; ac. náutica, 1696, *Vocab. Marít. de Sevilla*, en *Aut.*], comp. BURDA; *guardoso* 'cuidadoso', 'mezquino' [Nebr.: «*g. de lo suio*: parcus»]; *guardesa*; *guardería*.

Guardia [1570, dicc. de Cristóbal de las Casas; 1578, Ercilla; *Quijote*; Góngora; Oudin; Covarr., etc.], del gót. WARDJA (acus. WARDJAN), 'el que monta guardia, centinela, vigía' (así en las *Leges Wisigothorum*), influído en su significado por el lat. *custodia* 'acción de guardar', 'retén de soldados'; notable es la fecha sumamente tardía de este vocablo en castellano[5], y el hecho de que en la Edad Media y aun más tarde[6] suele emplearse *guarda* en los casos en que hoy decimos *guardia*[7], como toda la documentación del Siglo de

Oro y aun *Aut.* sólo presentan *guardia* en acs. militares (*guardia* en el sentido de 'defensa, custodia en general' es reciente), hay fuertes motivos para sospechar que en castellano sea italianismo militar del S. XVI; en italiano se ha conjeturado que *guardia* sea debido a un cruce romance de *guarda* con *custodia* (Salvioni, *Litbl.* XXI, 384; *Rendic. dell'Ist. Lomb.* XLIX, 1042), en vista de que WARDJA debía dar al parecer *guargia o *guarza; pero este argumento no es forzoso tratándose de un germanismo, más tardío que las voces latinas, y la opinión de Salvioni debe rechazarse en vista de que *guàrdia* es también antiguo en catalán [fin del S. XIV, Eiximenis; muy frecuente en la toponimia] y en lengua de Oc [S. XIV y otros dos ejs. medievales; hoy prov., langued. *la gàrdi*], de suerte que no cabe dudar de que es palabra heredada del gótico, y como también existe en la toponimia castellana[8], no puede descartarse del todo que también existiera como apelativo en la Edad Media y sea germanismo autóctono en Castilla (comp., abajo, *vanguardia* y *retaguardia*). Desde luego lo es el duplicado *guardián* [*Conde Luc.*, ed. Knust, 173.3][9], procedente de *WARDIANEM, romanización del acusativo gótico WARDJAN[10]; *guardiana; guardianía. Aguardar* [*Cid*; frecuente en todas las épocas: Cuervo, *Dicc.* I, 267-9; *DHist.*], derivado propio del castellano y el portugués, que conserva una de las acs. germánicas de WARDÔN (V. arriba)[11]. *Esguardar* ant. 'mirar', tomado del cat. *esguardar* íd.; *esguarde. Reguardar; reguarda; reguardo* (vid. J. A. Pascual, *La Trad. de la D. Com. atr. a E. de Aragón*, Salamanca 1974, p. 131).

Resguardar [*Aut.*]; *resguardo* [Covarr.; ejs. de fin S. XVII, en *Aut.*].

CPT. *Guardabanderas. Guardabarrera. Guardabarros. Guardabosque. Guardabrazo* [*guardabraz* (< cat.), 1393, invent. arag., *VRom.* X, 164]. *Guardabrisa. Guardacabras.* Para *guardacalada*, V. BUHARDA. *Guardacantón. Guardacartuchos. Guardacoimas. Guardacostas. Guardadamas. Guardafrenos. Guardafuego. Guardaguas. Guardagujas. Guardahumo. Guardainfante* [Quevedo]. *Guardaízas. Guardajoyas. Guardalado. Guardalmacén. Guardalobo* [Acad. 1899; esta santalácea no tiene que ver con la escrofulariácea *gordolobo*; su nombre se explica porque los pastores la emplean para hacer fuego de noche, comp. el nombre catalán *jasmí de llop*, Colmeiro IV, 598]. *Guardamalleta. Guardamangier* [h. 1600, Paravicino] y *guardamangel*, son adaptaciones del fr. *garde-manger*, compuesto con *manger* 'comer', 'manjar'. *Guardamano. Guardamateriales. Guardamelena* (*Canc.* de Baena, W. Schmid). *Guardamigo. Guardamonte. Guardamuebles. Guardamujer. Guardapapo. Guardapelo. Guardapesca. Guardapiés. Guardapolvo* [APal. 490d]. *Guardapuntas. Guardarraya* (ast. 'terreno inmediato a la línea divisoria de dos parroquias', V). *Guardarrío. Guardarropa* [h. 1700, Palomino]; *guarda-*

rropía [Acad. 1884, no 1843]. *Guardarruedas. Guardasilla. Guardasol*[12]. *Guardatimón. Guardavela. Guardavía. Guadapero* 'mozo que lleva la comida a los segadores' [*Aut.*], de *guardapero* por disimilación, dicho así porque guarda los aperos del segador.

Guadarnés [Calderón], viene de *guardarnés* por disimilación[13]. *Guadramaña* 'treta', 'embuste', antic. [1464, *Mingo Revulgo*; 1496, J. del Encina; 2.° cuarto del S. XVI, Sánchez de Badajoz; 1548, Pedro de Medina; vid. Cej., *Voc.*, Fcha., *Aut.*; anticuado en Sevilla a fines del S. XVI, B. del Alcázar, ed. Rz. Marín, 113; Oudin da además la variante *guadrimaña* «dol, fraude, finesse, tricherie, fredaine», debida a influjo de *artimaña*][14], parece compuesto de *guardar* y *maña*, en el sentido de 'acto para hacer frente a las mañas o astucias del adversario', con repercusión *guardramaña y luego disimilación, pero es extraño que éste sea el único compuesto de *guardar* que presenta esta alteración fonética (quizá haya contaminación de otra palabra, posiblemente el germanesco *guadra* 'espada' [Acad. S. XX], de origen desconocido).

Vanguardia [*avanguardia*, h. 1375, forma usual hasta la 1.ª mitad S. XVII][15], alternando con *avanguarda*, usual en los SS. XV y XVI; Covarr. ya prefiere *vanguardia*[16] y *retaguardia* [*reguarda*, h. 1300, *Gr. Conq. de Ultr.*, p. 140; también en una crónica que por el lenguaje parece del S. XIV, en *Col. de Docs. Inéd. para la Hist. de Esp.* XCIX, 200; *retroguardia*, 1590, Juan de Castellanos, *Hist. N. Granada* II, 307; *retaguarda*, Covarr.; íd. o *retaguardia*, Oudin y *Aut.*, que cita ejs. de este último en Saavedra F., 1640, y en A. de Solís, 1684; Cej. V, § 98] parecen haberse tomado inicialmente del cat. *avantguarda*[17] y *reraguarda*[18] (formados con *avant* 'ante' y *rera* 'tras', del lat. RETRO), y modificados luego bajo el influjo de it. *vanguardia* y *retroguardia*.

[1] Nótese *guardarse a alguien* 'de alguien', en Berceo, *Mil.*, 839*d*, y otros medievales; *guardar algo* 'guardarse de algo', *Rim. de Palacio*, 1287*d*.— [2] «A caval donat, nol *guardet* [léase *guardets*?] al pelo», «a caval donat, nol *guarden* [léase *guardeu*] al pelo», refranes aragoneses del S. XIV, n.° 66 y 105 (*RFE* XIII, 369-70). Sin embargo, nótese que el lenguaje de estos dos refranes es casi catalán.— [3] «Gana el tesoro verdadero, / *guarte* del fallecedero», *Conde Luc.*, cap. 15; más ejs. en Cuervo, nota 91 a la Gramática de Bello ; W. Schmid, *W. d. Canc. de Baena*; y Pietsch, *MLN* XXVI, 101. No se trata de una síncopa, como suele decirse (pues la *a* no se sincopa), sino de una haplología de dos sílabas análogas, en una fórmula muy repetida y pronunciada descuidadamente. No hay por qué pensar en el verbo arcaico *guarir* 'curar', 'defender', como quisiera M. A. Zeitlin, *Hisp. R.* VII, 242-6, pues este verbo no aparece nunca en las formas acentuadas en el radical (se emplea entonces *guarecer*), y el arag. *aguarte* 'aguárdate'

comprueba la posibilidad de esta haplología.—
⁴ «Luego nos entregaron a los esclavos moros,
que con sus lanzones vinieron a llevarnos, y atán-
donos las manos con los *guardines* que para ello
traían, fuimos con ellos», *Cl. C.* V, 139.8.— ⁵ En
relación con ello nótese que *guárdia* no existe
en portugués; sólo se cita un ej. aislado en el
judío expulsado Samuel Usque (princ. S. XVI),
que será castellanismo. Sin embargo, nótese que
guárdia daba fonéticamente *guarda* en portugués,
como *estúdio > estudo*.— ⁶ Todavía *estar de guarda* 'montar guardia' en *G. de Alfarache, Cl. C.*
I, 176.25 y otros pasajes. De ahí *guarda* en el
sentido de 'guardia, el que guarda algo', empleado
como femenino: *La Guarda Cuidadosa*, título de
uno de los entremeses de Cervantes; más ejs. en
Quijote (*Cl. C.* II, 197); Lope, *El Cuerdo Loco*,
vv. 2401, 2408.— ⁷ En Berceo se lee un ej. aislado
de *los guarduas* (*Loores* 114), que será errata por
los guardas (con repetición mecánica de la *u* por
el copista distraído), no por *los guardias*. *Guardia*
aplicado a un individuo es todavía calificado de
«familiar» por *Aut.*, y se trata de una innovación reciente al modo de *el centinela, el vigía*,
etc.— ⁸ Un *La Guardia* en Huesca, Vizcaya, Toledo, Valladolid, Jaén y Almería. Muchos en
Galicia.— ⁹ *Guardiano* en J. Ruiz, 769*c*.— ¹⁰ De
ahí también port. *guardião*, cat. *guardià*, oc. *gar-
dian*, fr. *gardien*, it. *guardiano*.— ¹¹ Algo ha habido también en cat.-oc. Hay tres o cuatro casos
de *agardar* «attendre» en oc. ant. (hacia Provenza y S. XIII, *PSW* § 4) y en todo caso allí y en
cat. medieval (Muntaner) aparece varias veces
la ac. 'mirar de fijo o con atención hacia alguno'
(*Flamenca, Revelación a St. Paul* c. 1300), que
es la base semántica de la evolución castellana;
en *Flamenca*, v. 2411 es ya casi 'esperar la aparición de alguno con impaciencia'. En el catalán
de Valencia se había extendido ya un empleo
igual al castellano en el S. XVI; ajeno al resto
del catalán ya entonces (O. Pou pone su *esperar*
como traducción de *expectare*, tras el *aguardar*
de sus patronos valencianos, p. 298), es muy
dudoso que fuese ahí evolución castiza. El vasco
zain egin 'aguardar' «attendre», propiamente 'ser
guardián de', aparece en muchas localidades y
autores castizos (Moguel, D. Aguirre, *Auñ.* I,
44.26) pero limitado al vizcaíno (o a la zona
oriental de este dialecto, Azkue §§ 6, 7), así que
tal vez sea calco del castellano, pese a su arraigo
y extensión (otras veces, lo mismo es 'cuidar
de', *Auñ.* I, 148.17).— ¹² De un objeto que cuesta
sostener con las manos, en una frase vasca de
Guernica, *Supl. a Azk.²*, s. v. *arlo*.— ¹³ De éste sería variante *guarnés* según Acad., pero con arreglo
a *Aut.* (que cita el *Vocab. Marít. de Sevilla* de
1696) serían las vueltas que se dan con los cabos
de izar en los motones, estrelleras, cuadernales y
guindastes. De esta ac. ha hecho la Acad. un sustantivo *guarne* [?]. En Méjico *guarnés* es 'guarni-

ción de un animal de tiro' (G. Icazbalceta).— ¹⁴ En
Salamanca, progresando esta contaminación, se ha
hecho *guatimaña*.— ¹⁵ A los ejs. del *DHist.* agréguese el de Aldrete (1606) citado por Cuervo, *Obr.
Inéd.*, 209, n. 32. Figura todavía en Quevedo.—
¹⁶ Terr. y la Acad. citan una variante antigua *manguardia* con dilación de la nasalidad. Además, ya
en 1843, se registra la ac. 'cada uno de los mura-
llones que refuerzan por los lados los estribos de
un puente'. Esta variante sugiere la posibilidad de
que algunos de los compuestos con *man-* se deban
a alteración de *avan-*. Tal nasalización está, en
efecto, bien comprobada en nuestro prefijo: en lugar de *avantpiés*, que traduce a *pedulus* en un
glos. de 1352 (Du C.), el glos. del Escorial da
amampié(s) como equivalente de *pedulus* y *pedi-
na; amanbraços* por el cat. *avantbraços* se lee en
una carta de desafío al autor de *Tirant lo Blanc*
(V. la ed. Riquer, p. *29). Así se explicaría muy
naturalmente la alternancia entre *mamparar* y
amparar (ANTE-PARARE), *mantuvión* y *antuvión*
(de ANTE-OBVIARE), alternancia que luego se extendería a otros casos (V. ejs. s. v. *JAULA*, a propósito de *manjolar*). Claro que otros vocablos en
man- nada tienen que ver con AB-ANTE.— ¹⁷ Así
ya a fines del S. XV, *Tirante* y Turell.— ¹⁸ *Re-
reguarda*, ya a fines del S. XIII, *Crón. de Jaime I*; disimilado en *reeguarda* en Eiximenis (fin
del S. XIV, Ag.), *reguarda* (Desclot, p. 38), de
donde el cast. ant. *reguarda*. Es notable la afirmación de Eiximenis de que *davantguarda* y
reeguarda son denominaciones extranjeras en lugar de las castizas *davantera* y *reesaga*, que efectivamente son frecuentes en el catalán medieval.
Quizá sean aquéllas copiadas del francés. Aunque así sea, el cast. ant. *reguarda* no puede venir
directamente del fr. *arrière-garde* ni de oc. ant.
reiregarda, sino por conducto del catalán; y lo
mismo indica la *-a-* del cast. *retaguardia*, aunque
ya influido por la *-t-* del italiano. También en el
catalán del S. XVI se empleó *retraguarda* (Ag.).
Más documentación de los dos vocablos en castellano la da Robles Dégano, *Ortología*, p. 42.

GUARECER, derivado del antiguo *guarir* 'proteger, resguardar', 'curar, sanar', y éste del germ.
WARJAN (gót. *warjan* 'apartar, prohibir', a. alem.
ant., b. alem. ant. *werian* 'prohibir', 'proteger',
ags. *werian* 'proteger, defender', escand. ant. *verja*
'prohibir', 'proteger'). 1.ᵃ doc.: *guarir, Cid; guarecer*, Berceo.

En la Edad Media *guarir* significaba 'proteger,
salvar, resguardar' («el escudo nol pudo *guarir*»,
Cid, 3681; «ningun aver del mundo non los deve
guarir [a los traidores]», *Alex.*, 165*b*); de ahí por
una parte 'curar, sanar (a alguno)' (Berceo, *S. Mill.*,
155*a, b; S. Or.*, 155; *S. D.*, 295; *Apol.*, 442*b*;
Gr. Conq. de Ultr., 418, 444), y por otra las construcciones intransitivas 'curarse, recobrar la salud'
(Berceo, *S. D.*, 643; J. Ruiz, 592*c*), 'resguardarse'

(«non fallo lugar do pueda *guarir*», a. 1382, *Revelación de un Ermitaño*, 4*f*), 'mantenerse, ganarse la vida' (*Cid*, 834)[1]. Es de notar que no hay un solo ej. de *guarir* en formas del presente acentuadas en el radical; en este caso se emplea siempre *guarecer* (*S. Dom.*, 670; *Sacr.*, 130; *S. Lor.*, 97), que por lo demás se halla también, desde Berceo, en formas acentuadas en la desinencia. Los sentidos son al principio los mismos de *guarir*: 'salvar, proteger' (*Apol.*, 92*b*; ej. de Santillana en M. P., *Cid*, 712[2]), 'curar' (*Calila*, ed. Allen, 5.52; *Conde Luc.*, ed. Knust, 136.10; y hasta el S. XVI, Gillet, *Propaladia*, índices); pero pronto predomina el uso intransitivo o reflexivo: *guarecer* 'salvarse'[3], 'mantenerse, ganarse la vida' (ejs. del *Cuento del Emperador Otas* en M. P., *l. c.*), 'recobrar la salud, sanar' (Juan Manuel, ed. Rivad., 240; Berceo, *S. D.*, 634*d*; todavía en la *Celestina*[4]; en portugués: Don Denís, v. 638)[5], 'refugiarse, ponerse al abrigo' (*Conde Luc.*, 137.1; versión del *Roman de Troie*[6]; todavía en el 2.° cuarto del S. XVI, Sánchez de Badajoz, ej. s. v. *HACINO*). Desde el Siglo de Oro apenas queda otra construcción que la reflexiva ni otra ac. que esta última. Cej. IV, § 68.

Durante toda la Edad Media *guarir* y su sucedáneo *guarecer* muestran en castellano una vitalidad y una generalidad de uso que difícilmente pueden corresponder a un extranjerismo, de suerte que aunque en lo sucesivo se conservara mejor el vocablo en los demás romances (it. *guarire*, fr. *guérir*, oc. *garir*, cat. *guarir*, sobre todo 'curar, tr.'), creo que debe considerarse como viejo germanismo autóctono en toda la Península Ibérica y tomado ya por el latín vulgar[7].

DERIV. *Guarecimiento*; ant. *guarimiento*. *Guarida* [Berceo][8], derivado del antiguo *guarir* en sus sentidos medievales (V. arriba); ast. 'camino de servicio común para todos los predios de una ería' (V); *guaridero*. Vid. *GARITA*.

[1] De ahí puede llegar *guarir* a significar 'residir' en portugués antiguo: «e por esto morade, / amigo, u mi possades / falar, e me vejades / ... / e por esto *guaride*, / amigo, u mi possades / falar, e me vejades. / *Guarrei*, bem o creades, / senhor, u me mandardes», en Don Denís, vv. 2092 y 2095. Sentido que interesa para el del cast. *guarida*.— [2] *Aut.* cita todavía un ej. en José de Acosta, h. 1590.— [3] «Don Anchiles, sería muy buena andança sy por nós anbos *guaresçiese* tanta gente que se non perdiese como vedes que se pierde cada día», versión del S. XIV del *Roman de Troie*, RFE III, 146.— [4] «Si possible es sanar sin arte ni aparejo, más ligero es *guarescer* por arte e por cura», Cl. C. I, 39.10.— [5] Gall. ant. *goreçer* 'curar, sanar' (S. XIV, *Mir. de Santiago*, 68.25, 79.23, 74.24), y *guarecer* ~ *guarir* todavía tienen cierto uso en esta acepción (*Irmand. da Fala*, Voc. Cast.-Gall.; Carré). De ahí probablemente el gall. *gorentar* que Carré define

«agradar, deleitar», pero que en esta acepción no figura en *Irmand. da Fala*, Voc., que sólo registra la locución estereotipada *saber que gorenta* 'chuparse los dedos' (p. 318) y creo es en realidad lo único usado, siendo propiamente 'sabe tan bien que reconforta, retorna'; cf. port. *guarente* 'paño sobrante al acortar una capa por debajo', trasm. *gorente* 'agujero de la aceña por donde se escapa el agua (sobrante)' (*RL* XII, 102).— [6] «Dexaron los troyanos la villa e yrán a *guaresçer* a otra tierra estrannia», RFE III, 145.— [7] No convence la opinión de Gamillscheg, *R. G.* I, p. 384; II, p. 176, que lo supone vocablo tomado por el galorrománico al fráncico y extendido desde Francia a Italia y la Península Ibérica, con la excepción de *guarir* 'proteger', que sería autóctono en España. En Italia es también general, excepto en el extremo Sur.— [8] Ya con el sentido moderno. En *Alex.*, 2085, es 'cura, curación'. En Don Denís, vv. 1365, 1145, 2600, es 'salvación'. Más en W. Schmid, *W. d. Canc. de Baena*.

Guarenticio, guarentigio, V. *garante*   *Guarguero,* V. *gargajo*   *Guarida, guaridero, guarimiento,* V. *guarecer*   *Guarín,* V. *guarro*   *Guarina,* V. *anguarina*   *Guarir,* V. *guarecer*   *Guarisapo,* V. *gusarapo*

GUARISMO, 'cifra que expresa una cantidad', del antiguo *alguarismo* 'arte de contar, aritmética', y éste de *Al-ḫuwārizmī*, sobrenombre del matemático árabe Abu Ŷafar Mohámmed Abenmusa, cuyas traducciones introdujeron la aritmética en la Europa medieval. 1.ª *doc.*: *alguarismo*, 1256-76, *Libros del Saber de Astronomía* III, 36; *guarismo*, 1570, C. de las Casas.

Figura también *alguarismo* en el *Canc.* de Baena, n.° 276 (p. 279), en Nebr. («*alguarismo*: arte de contar, *abacus*»), Hurtado de Mendoza (a. 1550), Laguna (a. 1555), y la misma forma se halla junto a la moderna en Percivale y otros lexicógrafos del Siglo de Oro hasta Franciosini (1620); hay además *algurismo* en el *Canc.* de Baena, n.° 374 (p. 433), *arguarysmo* en la misma colección (p. 97), y *algarismo* en la *Comedia Doleria* (a. 1572), vid. *DHist.*; en todas estas formas es general la ac. 'arte de contar' («non sé poetría nin sé *algurismo*»). La forma moderna *guarismo* conserva en el Siglo de Oro la misma ac., en Mateo Alemán, Cervantes y Góngora, y ésta es la única registrada todavía por C. de las Casas, Oudin, Covarrubias y aun *Aut.*; de todos modos, se nota la tendencia en esta época a aplicarlo al sistema de cifras de que se sirve la aritmética («en el *guarismo* el cero es una O», M. Alemán, *Aut.*; «se podrán contar los premiados vivos con tres letras de *guarismo*», *Quijote* I, xxxviii, 199; *en guarismo*, figuradamente 'en lenguaje cifrado, en otro lenguaje', en Góngora: «es lo mismo /

condenarse en castellano / que irse al infierno en *guarismo*»), de donde se pasó fácilmente a la ac. individual 'cifra aritmética', que ya parece hallarse en Pantaleón de Ribera (1600-1629, *Aut.*), y es la única registrada por Terr. y por la Acad. en el S. XIX. En castellano moderno el vocablo se ha desdoblado, dando por una parte *guarismo*, y por la otra *algoritmo* (con influjo del gr. ἀριθμός 'número' y del cast. *logaritmo*), en el sentido de 'notación peculiar a un tipo de cálculo'. Según indicó Dozy, *Gloss.*, 131, *guarismo* procede de *Alchorismi* o *Alchuarismi*, nombre que daban los traductores medievales al matemático árabe *Al-ḫuwārizmî* (pron. vulgarmente *al-ḫwārizmi*, ya en árabe). El empleo adjetivo que la Academia registra como anticuado, es muy raro: *Aut.* cita sólo un ej. en Hernando del Castillo (a. 1584).

DERIV. *Algoritmia. Algorítmico.*

Guarne, V. *guardar*

GUARNECER, del antiguo *guarnir* íd., y éste del germ. occid. WARNJAN 'amonestar, advertir (contra un peligro o amenaza)', 'proveer, guarnecer, armar' (neerl. med. *waernen* 'proveer, armar', 'amonestar', a. alem. ant. *warnôn* 'precaverse, guardarse', ags. *wearnian* 'prestar atención', alem. *warnen*, ingl. *warn* 'amonestar'). *1.ª doc.:* *guarnir*, Cid; *guarnecer*, h. 1400, Glos. de Toledo.

Guarnir es frecuente y popular desde los orígenes del idioma, V. ejs. en M. P., *Cid*, 712, Oelschl. y Cej. IV, § 68 (agréguese *Alex.*, 105; J. Ruiz, 1583d; etc.). Es de notar que no hay ejs. de las formas del presente acentuadas en el radical, que desde el principio estarían suplidas por el derivado *guarnecer*. Éste se generaliza en el S. XV: APal., 6b, 242b, 515b; Nebr.; aunque el primero de estos autores todavía emplea alguna vez la forma arcaica (150d, 22d), que hoy subsiste en el asturiano de Colunga (V), en gall., en cambio *guarnecir* 'guarnecer, componer armada' (Sarm. CaG. 79r). Aunque es verdad que la ac. 'proveer, armar' es propia del neerl. y bajo alemán, y por tanto lo sería del fráncico, es probable que ya tuviera cierta extensión en el germánico occidental común (comp. 'guardarse' en alto alemán ant.), y si ésta fué la única que trasmitieron los soldados germanos del ejército romano al latín vulgar, no debemos sacar de ello ninguna conclusión de orden geográfico, sino mirarlo como consecuencia natural del oficio militar que desempeñaban los germanos en el Bajo Imperio. Luego no hay por qué creer que *guarnecer* y su familia vengan del fráncico y se propagaran a los varios romances desde Francia (según cree Gamillscheg, R. G. I, p. 224).

DERIV. *Guarnecedor. Guarnecido. Guarnición* [*guarnizón*, Cid, Alex., 2084; *guarnición*, Berceo];

guarnicionar; guarnicionero, guarnicionería; antes se dijo *guarnimiento* [Cid; *guarniment* 1402, invent. arag., VRom. X, 164; *-mente*, Sta. M. Egipc., 234]. Duplicado de *guarnición* parece ser *urnición* 'barraganete, cada una de las tablas, puestas a continuación de las cuadernas, con las que se levantan las bordas de una embarcación' [como vizc. en Th. Cano, a. 1611, Jal, 255a, y en *Aut.*]: debe de ser forma tomada del gascón, donde está bastante extendida la reducción de *gwa-* a *wa-* (p. ej. en las Landas: *oardà* 'guardar', *oalhar* 'gallardo'), y donde otras veces *gwa* se reduce a *gu* y aun a *u* (*gourpì* por *goarpì* en el Bearne, *awità* por *agoaità* en muchas partes); comp. *garnicioû* «ce qui garnit» y *goarnì* junto a *garnì* en Palay. *Desguarnecer*, antes *desguarnir*, hoy ast. para 'desbaratar, descuadernar, estropear' (V). V. además GUIRNALDA.

Guarnés, V. *guardar*   *Guarnición, guarnicionar, guarnicionería, guarnicionero,* V. *guarnecer*   *Guarniel,* V. *garniel*   *Guarnigón,* V. *codorniz*   *Guarnimiento, guarnir,* V. *guarnecer*   *Guarra,* V. *bofe*   *Guarrapo,* V. *guarro*   *Guarrear, guarrilla,* V. *buho*   *Guarro* 'gavilán', V. *buho*

GUARRO, GORRINO y GUARÍN, nombres populares del cerdo o del lechón, proceden de la onomatopeya GUARR-, GORR-, imitativa del gruñido del animal. *1.ª doc.:* *gorrín*, Quevedo; *gorrino*, *Aut.*; *guarro*, Terr.; *guarín*, íd.

Según *Aut.* es «el puerco pequeño que aún no llega a los quatro meses», pero también se emplea para 'cerdo' en general (así *gorrino* en la Mancha, RABM 1875, 106). Cat. merid. *gorrí* 'lechón' (prov. de Tarragona y de Castellón), bearn. *gourrî* (Palay), Toulouse *gourrî, gourroû* íd. (Doujat-Visner). *Guarro* es también «cochinillo» según Terr., pero agrega que significa 'cerdo' en algunas partes; esto es lo más común (Acad. ya 1843), no sólo en Castilla la Nueva (RABM, *l. c.*), sino en otras partes, p. ej. en Salamanca (Lamano). En cuanto a *guarín*, es el 'lechoncillo últimamente nacido' (Terr., Acad. ya 1843); se emplea en Cespedosa (RFE XV, 165), lo he oído en Almería, etc.; en Albacete se aplica familiarmente al hijo más pequeño de una familia (RFE XXVII, 249). Hay todavía otras variantes: *gurriato* en Zamora (partido de Alcañices: RABM, *l. c.*), León y Salamanca, *garrapo* en Salamanca, *guarrapo* en las Sierras de Francia y de Béjar (Lamano), lo mismo y *guarrapin(o)* en Cespedosa (RFE XV, 280)[1], cat. central *garrí* 'lechón', fr. *goret* íd., etc. Para más datos, vid. Krüger, VKR I, 270; Sainéan, *Sources Indig.* II, 32. Como suele suceder en nombres de esta clase, la onomatopeya se emplea también para llamar el animal en cuestión: p. ej. *gurí-gurí* en el Minho portugués (Leite de V., *Opúsc.* II, 220), *gurri* y *curri* en Galicia (Sarm. CaG. 127v).

Hay además, figuradamente: Toulouse *gourrí* «vagabond», *s'engourrinî* «avoir de mauvaises fréquentations», *engourrinit* «acoquiné», Tarn *gourrî* «vaurien», *s'agourrinà* «s'acoquiner, s'attacher trop, s'adonner trop» (Gary), cat. *engorronir-se* íd., bearn. *gourrinà* «gueuser, fainéanter», *gourrinè* «coureur, ribaud», *engourrinà* «rendre vicieux», prueban cuán amplia parte ha tenido nuestra onomatopeya en la formación de la familia castellana de *gorrón* (vid. *GORRA*); val. *dit gorrinet* 'dedo meñique' (M. Gadea, *Tèrra del Gè* III, 28); maragato *en guarrapas* 'en cueros (pajarillo recién nacido)' (*BRAE* III, 44); cast. *gorrón* «espiga recia de metal, que encaxada en un agujero u hoyo, sirve para facilitar el movimiento de una máquina: como las que se ponen en las ruedas de molino y en las puertas de calle» (*Aut.*, con cita de 1680)[2], fr. med. *gorron* íd. (1645), comp. denominaciones del mismo objeto como Berry *cochons*, Lyon y Provenza *cayons* ('lechones'), citadas por Sainéan (*Sources Indig.* I, 165) y fundadas según Rohlfs (*ASNSL* CXLVI, 128) en una comparación con el órgano sexual del cerdo[3]; otras acs. castellanas del mismo origen son *gorrón* 'hombre vicioso' [Góngora] (*gorrona* 'ramera', Moreto), 'guijarro' [*Aut.*], 'chicharrón'.

En materia fonética la oposición entre *guarro* en el radical tónico y *gorrino* en el átono sugiere que aquél proceda de la diptongación histórica del radical onomatopéyico GŎRR-, y algo puede haber de esto, en efecto; pero como *guarro* es de Castilla y no de Aragón, para explicar la *a* (en lugar de la *e* que esperaríamos) deberemos acudir de todos modos al factor onomatopéyico, y como *guarín* nos muestra que el diptongo no está vinculado en nuestro caso a la posición tónica, y otras denominaciones romances como el cat. *esgüellar* 'gruñir (el cerdo)', manceau *couisseter* íd. (*FEW* II, 1600a), presentan también una inicial GW- o KW-, será preferible explicar *guarro* como mera variante en la base onomatopéyica. Para representantes de la misma familia en Francia, vid. *GORRA*.

DERIV. *Guarrero*; *guarrería*. *Gorronal*. Para *guarro* como nombre de ave, y para sus derivados, V. *BUHO*.

[1] *Gurripato*, dim. en -ATTUS «el último cerdo de una camada», palabra del castellano de Vizcaya que Azkue usa s. v. *kaden* § 2, *kaien* § 1, *kain* § 1, y quizá salga en otros pasajes suyos y otras fuentes vizcaínas o del Norte. También habla Schuchardt de ello en *BhZRPh.* VI.— [2] Comp. la definición de M. Velasco de Pando «espiga en que termina el extremo inferior de un árbol... para servirle de apoyo y facilitar su rotación», *BRAE* XI, 224-5.— [3] Cabría tomar otros puntos de partida semánticos. Comp., por otra parte, el cat. *corró* 'rodillo, cilindro', procedente del lat. CURRUS 'carro'; y el aran. *gŭřúɲ, gařúɲ,* 'cadera', y su familia. En cuanto a *couaro, coua-*

re, etc., que en Rouergue, Bearne y otras regiones occitanas significa «truand, gueux», etc., según Sainéan (*Sources Indig.* I, 357) vendría del argot ant. *coësre* 'rey de los vagabundos'.

Guarzón, V. *barzón*

GUASA, 'sosería, pesadez, falta de gracia', 'chanza, burla', del mismo origen incierto que *guaso*, que en Cuba y otras repúblicas americanas significa 'rústico, agreste, sandio', y en Chile es 'campesino'; el área de la palabra indica una raíz antillana o romance, pero aun en este caso es probable que el vocablo se creara en América; el indigenismo antillano *guazábara* 'alboroto guerrero', cruzándose con *bullanga*, parece haber dado *guasanga* 'algazara, baraúnda', y de éste pudo extraerse *guasa*, que en Cuba significa 'jolgorio, alegría ruidosa'. 1.ª doc.: *guaso* 'campesino', h. 1740, en el Perú; «rústico, agreste, sandio», Cuba, 1836 (Pichardo, ed. 1862); *guasa*, como sustantivo, Acad. 1869.

Juan y Ulloa (h. 1740), en la relación de su viaje al Perú y Ecuador, hablan de «aquella gente pobre, o de la Campaña, a quienes llaman *guasos*» y explican que son «sumamente diestros en el manejo del lazo y de la lanza, y es muy raro que yerren tiro con aquél a toda la carrera del cavallo». Friederici, *Am. Wb.*, 282, reúne más documentación del S. XIX, referente a Chile y el Perú. Con la descripción de Juan y Ulloa coincide el dicho popular chileno «los atributos del *guaso*: caballo, puñal y lazo». Indudablemente el *guaso* es hombre de a caballo, y hoy suele mirarse a este personaje como típico de Chile, y aun como personificación de la nacionalidad chilena, en la misma medida en que el gaucho representa a la Argentina, es decir, en su elemento rural. Pero esto no prueba que el chilenismo o las cualidades ecuestres sean originarias y fundamentales del tipo de este nombre[1]. Ya hemos visto que la primera mención se refiere al Perú. Y el caso es que en Chile mismo y en los países vecinos se emplea *guaso* como mero adjetivo con sentido francamente desfavorable: 'inculto, rudo, rústico, grosero' en el chileno Z. Rodríguez y, como insulto, ya en Andrés Bello (2.º cuarto del S. XIX), 'ordinario, grosero, inculto, patán' en el Ecuador (Cevallos), 'rústico, agreste, sandio' en Cuba (Pichardo) y en el Perú (Ugarte), 'ordinario y sin educación', 'de mala clase (aplicado a los animales)', 'huraño, corto de genio, encogido y no acostumbrado a la vida social', 'charro, de mal gusto' en la Arg. (Garzón)[2], y probablemente en otras partes de América. En España no se conoce este adjetivo, pero sí es muy popular *guasa* en el sentido de 'chanza, burla', registrado por la Acad., con tendencia a especializarse en el sentido de broma grosera y con caracteres de habitualidad, pues se dice *estar de guasa, amigo de la guasa,* pero serían imposibles, p. ej., *dijo una guasa* o *le hicieron una guasa pesada;* es palabra oída en todas partes, pero con cierto resabio andaluzado[3] o madrileño, y desde luego no es palabra de buen tono, sin llegar a ser decididamente jergal; la otra ac. recogida por la Acad. 'sosería, pesadez, falta de gracia' no es generalmente conocida, aunque bien pudiera ser más antigua que la otra; el adjetivo, o sustantivo personal, correspondiente, es en España *guasón. Guasa* 'chanza' tendrá también gran extensión en América, pues Malaret lo califica de «americano» en general, el cubano F. Ortiz da *guasero* como equivalente de *guasón* (*Ca.* 181), y en Río Hacha (NE. de Colombia) tiene *guasa* el sentido de 'mentira' (Sundheim).

Lenz (*Dicc.,* 385) derivó *guaso* del quich. *wásu* «hombre rústico, tosco, grosero», y su opinión fué aceptada sin reservas por Friederici y por Spitzer (*Litbl.* XLII, 309, donde *huasoc* es errata). Pero es muy sospechosa una etimología quichua en palabra de significado moral, y la extensión geográfica a las Antillas y a España es poco menos que del todo incompatible con un origen quichua; ahora bien, en este idioma aborigen parece ser palabra de introducción moderna, a juzgar por su ausencia en el rico dicc. de Gz. de Holguín (1608) y en Fr. D. de Sto. Tomás; la forma vacilante que le dan los léxicos modernos (*wasu* en Middendorf, pero *waso* o *wanso* 'rudo, torpe', 'brusco', en Lira) es indicio elocuente de que es el quichua el que lo ha tomado del castellano. Ahora bien, en las Antillas tenemos otras palabras en *guas-;* aparte de que *guasa* es nombre de un pez en Cuba, de un árbol en Puerto Rico y nombre propio de ríos en Cuba y en Santo Domingo, vocablo al que todo el mundo está de acuerdo en atribuir origen antillano, hay varias palabras del radical mencionado que significan 'bulla, alboroto': *guasanga* es 'algazara, bulla, baraúnda, vocerío' en Cuba, Colombia, Honduras, Guatemala, Méjico y Andalucía[4], *guasábalo* es 'rana pequeña muy chillona' en Cuba (Pichardo) y *guazábara* es vieja palabra de los cronistas de Indias, documentada desde Pedro Mártir de Anglería (a. 1515), con muchos ejs. en el S. XVI, por lo general en el sentido de 'ataque de los indios', 'refriega, pelea', pero el bogotano Rodríguez Fresle (citado por Bachiller y Morales, *Cuba Prim.,* 288), dice en 1636 que en realidad no designa la refriega, sino el grito de guerra; de conformidad con ello, Bachiller define 'alboroto, somatén', y Friederici agrega sin precisar que algunos conquistadores hablan de *gritería de guazábara* en el sentido de 'algazara guerrera'; a algo de ello parece referirse en su estilo algo confuso Pedro Mártir en la frase «*guazzavara* in pugna tesseram[5] inclamitant, et una vibrant missilia»; sea de ello lo que quiera, y aunque la identificación etimológica de *guazábara* con *algazara,* propuesta por M. L. Wagner (*RFE* XV, 296-7)[6] y acep-

tada por Friederici, no puede sostenerse por evidentes razones fonéticas e históricas[7], el hecho de que el vocablo designaba primitivamente el alboroto guerrero parece claro, y lo confirma la identidad palmaria con *guasábalo* 'rana chillona'[8].

¿Hay que deducir de ahí una raíz antillana *guas-*'bulla, griterío'? No parece ser buena idea, pues es cosa averiguada que la sílaba *gua-,* tan frecuente en las Antillas, era un elemento prefijado, fuese artículo o más bien demostrativo, según el testimonio de Anglería[9], y es aceptable la idea de Cuervo (*Ap.,* § 940) de que el moderno *guasanga* resulte de un cruce de los sinónimos *guazábara* y *bullanga.* De todos modos, aunque una raíz *guas-* 'bulla' no tenga carácter primitivo[10], la coexistencia de estos varios sinónimos con tal elemento común podía darle realidad en la mente popular, y con tal base pudo crearse el nuevo vocablo *guasa;* sobre todo *guasanga* terminaba en un sufijo frecuente, y eliminándolo resultaba lo mismo. De ahí, pues, *guasa* 'chanza ruidosa', que por serlo era grosera y ordinaria; y de esto a crear *guaso* 'patán, rústico' no había más que un paso. La propagación desde las Antillas hacia Chile es el camino ordinario que siguieron centenares de indianismos, y que en España *guasa* procede de América por Andalucía parecen indicarlo varios indicios ya señalados, y ante todo la cronología.

Desde luego esto no es más que una hipótesis por confirmar. Pero el hecho de que *guasa* sea en Cuba precisamente 'alboroto, jolgorio, alegría ruidosa' (según testimonio de F. Ortiz, *Glos. de Afronegrismos,* s. v.) le confiere mucha probabilidad. Lo seguro hasta ahora es la interdependencia de *guasa* y *guaso,* y es sumamente probable que el origen deba hallarse en las Antillas, a no estar en la propia España. En nota me refiero a otras pistas, improbables[11].

DERIV. *Guasábara. Guasanga. Guasearse. Guasería. Guaso. Guasón.* Para estas palabras, derivadas de *guasa* o relacionadas, V. arriba.

[1] Vicuña Mackenna (V. el diccionario de Zor. Rodríguez), partiendo de las últimas, derivaba del quich. *wása* 'espalda', porque los indios, al verle siempre en el lomo del caballo, le habrían dado este nombre. Pero aunque *wása* se aplique también al lomo de los animales (Lira), ni este derivado es verosímil en general, ni la cualidad era característica del guaso frente al indio, sino de aquél frente al ciudadano o al europeo, de suerte que no es verosímil que una denominación de este tipo la hubieran inventado los indios, que cuando empezaron a existir guasos en Chile ya eran tan de a caballo como estos mismos.— [2] Como Lenz da a entender que en la Arg. es chilenismo, interesa este ej. de *guasada* en Guiraldes, nada sospechoso de chilenismo: «me hice familiar de la peluquería, donde se oyen las noticias de más actualidad... no

había requiebro ni *guasada* que no hallara un lugar én mi cabeża, de modo que fuí una especie de archivo que los mayores se entretenían en revolver con algún puyazo, para oírme largar el brulote» (*D. S. Sombra*, ed. Espasa, p. 14). Personalmente he oído aplicar *guaso* a los hombres de las Lagunas de Rosario, región apartada y arcaica en la provincia argentina de Mendoza. Como sustantivo en el sentido chileno parece ser expresión vieja en el mismo país, pues son conocidos en la historia argentina, hacia el año 1850, los «Guasos de Guevara», soldados rurales que actuáron en la provincia de Córdoba (A. Herrera, *La Nación de B. A.*, 9-VI-1940). Pero el empleo actual como adjetivo puede confirmarse copiosamente: así en B. Lynch (*La Nación*, 1-I-1940) y en E. Wernicke (*La Prensa*, 28-I-1940), ambos con referencia a la provincia de Buenos Aires; J. H. Figueroa Aráoz (*La Nación*, 10-VIII-1941) pone en boca de mujeres estrujadas por la muchedumbre la frase «¡*Guaso!* ¡No rempuje!».— ³ Nótese *guasearse* 'burlarse, chancearse' en un texto folklórico andaluz de h. 1880 en *RH* XLIX, 465.— ⁴ Pichardo dice que es algazara con relación a pleito o contienda, Batres define 'riña, pelotera', Sundheim 'bulla, pleito', pero los ejs. citados por G. Icazbalceta incluyen solamente la idea de 'griterío'; Toro Gisbert, *BRAE* VIII, 491, señaló ej. andaluz.— ⁵ *Tessera* en el sentido de 'señal u orden de guerra'. El sentido parece ser 'en el combate lanzan la guazábara como señal de guerra, y al mismo tiempo disparan los dardos', aunque los casos flexivos de *tessera* y *guazzavara* están intercambiados. Es verdad que más allá define dos veces el mismo vocablo con los sinónimos *certamen inimicum* y *pugna*.— ⁶ La forma *alguazávara* que Wagner toma por base está citada por Friederici sin documentación (pudo existir por cruce con *algazara*); lo único que éste documenta es la *aguazávara*, aglutinación minoritaria y sin importancia.— ⁷ El propio Friederici reconoce que *guazábara* no se aplica jamás a las luchas entre españoles y negros o a las intestinas entre españoles, sino únicamente a los indios.— ⁸ Parece emparentado con *guazábara* el venez. *garizapa* «vocerío de chiquillos... comadres» (Picón Febres). Habla también de *guasavara* Carrizo, en el *Canc. Pop. de Jujuy* (V. índice alfabético).— ⁹ Vid. Bachiller y Morales, *Cuba Prim.*, pp. 139, 271, y la bibliografía reunida por Friederici, p. 264.— ¹⁰ Martínez Moles cita además *guasamayeteo* «zambra, alboroto, bullanga», en el Centro de Cuba.— ¹¹ *Desguazar* 'desbaratar un buque' se ha hecho vocablo de uso general, como tantos términos náuticos, en Asturias (*esguazar* 'despedazar'), Cuba (*desguazar* 'despedazar con violencia') y Santo Domingo (*deguasao* 'maltrecho'); son palabras de fecha moderna, por lo que sabemos (V. *ESGUAZAR*). ¿Se sacaría de ahí *gua-*

so 'desbaratado' > 'mal vestido, rústico' o 'de mala calidad, ordinario'? No me parece convincente desde el punto de vista semántico; por lo demás, el guaso chileno justamente va trajeado con cuidado, y muchas veces con riqueza y primor. La Academia relaciona *guasa* con el fr. *se gausser* 'burlarse', de origen totalmente desconocido (*gausseté* «moquerie» ya se halla en el S. XIV: Godefroy, s. v., y *FEW* IV, 82*b*), pero debería ser préstamo moderno, con lo cual se hace imposible relacionar el *ua* castellano con la *o* francesa, y aun ni si fuese antiguo podría justificarse el cambio de *au* en *ua*. Otros vocablos americanos de inicial común pueden ser meros homónimos: *huaza* 'amuleto' en Santiago del Estero (Argentina), O. di Lullo, *La Prensa de B. A.*, 23-XI-1941; *guasancho* 'de espinazo cóncavo (animal)' en Salta (Arg.), según Dávalos, vid. además Carrizo en sus *Cancioneros* de Tucumán y de Jujuy; Inchauspe, *Voces y Costumbres del Campo Arg.*, en *La Prensa*, 14-XI-1943; «cuando ya no sirva para nada; cuando ya esté *guasancho* y viejo», en el tucumano Fausto Burgos, *La Prensa*, 13-IX-1942; creo es derivado quichua de *wásan* 'espaldar'.

Guasábalo, guasábara, guasamayeteo, guasanga, guasearse, guaso, guasón, V. *guasa*

GUASCA, arg., chil., per., colomb., 'tira o lonja de cuero', 'soga', 'látigo', del quich. *wáskha* 'soga, lazo, cable, cuerda utilizada para liar'. *1.ª doc.*: 1599, en el peruano Vargas Machuca.

Lenz, *Dicc.*, 383-4; Friederici, *Am. Wb.*, 281-2; Tiscornia, *M. Fierro coment.*, Vocab., s. v. También en el indio peruano Guaman P. de Ayala (1613). El área del vocablo es la típica de los quichuísmos, pues en Colombia es propio del Sur (Uribe) y apenas se oye en Bogotá (Cuervo). Es dudoso que la frase cubana *dar guaca* o *dar una guaca* 'ocupar mucho tiempo a otro mortificándole' sea, según quiere Lenz, alteración de la frase chilena y argentina *darle guasca* 'continuar'¹, 'insistir con empeño', propiamente 'azotar el caballo', pues *dar guasca* sólo lo «dicen algunos», según Pichardo, y se trata de la conocida ultracorrección cubana llamada «hablar fisno» (vid. *GUACA*, del cual será alguna aplicación figurada)².

DERIV. *Guascazo* 'latigazo', chil., arg. *Sachaguasca* 'especie de enredadera', formado con un prefijo quichua que indica parecido, comp. en Tucumán *sachasoga* 'sachaguasca' (Fausto Burgos, *La Prensa*, 21-IV-1940), *sachacabra* 'especie de corzo' (íd. íd. 7-III-1943), y otros casos reunidos por Malaret, *Semánt. Amer.*, p. 7.

¹ Así ya en el uruguayo Bartolomé Hidalgo, h. 1815 (Tiscornia, *Poetas Gauchescos*, I, v. 61).— ² La noticia de la Acad. de que *guasca* se emplea en las Antillas creo que procede de Lenz.

Es verdad que Malaret recoge el vocablo en su Vocabulario de Puerto Rico, pero como reproduce la definición de la Academia al pie de la letra y la cita explícitamente, creo que no se funda más que en la Academia; cf. Alvz. Nazario, *Elem. Afronegr. en P. Rico*, 304-5.

Guasearse, guasería, V. *guasa Guasgua,* V. *guadua Guaso, guasón,* V. *guasa Guastar,* V. *gastar Guata,* V. *bata*

GUATEQUE, 'baile bullanguero, jolgorio', cub., portorr., mej., ecuat., and., voz reciente de origen incierto, parece ser de procedencia antillana. *1.ª doc.:* en el cubano J. I. de Armas, 1882; Acad., S. XX.

Como voz cubana lo recogen también Suárez, Zayas, F. Ortiz[1], y como portorriqueña Malaret. Posteriormente se ha señalado su empleo en Méjico, y el ecuatoriano Chaves Franco dice que en su país es «baile de negros» (pero el dato es posterior al libro de Ortiz, que puede haberlo inspirado); A. Venceslada dice que en Andalucía es «comilona, convite», y Malaret cita algún ej. en escritores españoles. Por razones geográficas es difícil sea voz ecuatoriana procedente de quich. *wátekk* 'instigador, seductor', *wat'ékkai* 'instigar, seducir', *wat'ékka* 'diablo'. Las opiniones de Armas, que lo deriva del ár. *huad* 'mano' (querrá decir *yad*), y de Zayas, que afirma el origen caribe, no conducen a ninguna parte. En vocablo de esta naturaleza, un origen africano no es inverosímil; en este caso me inclinaría en principio a dar la razón a Fernando Ortiz, aunque no satisfaga ninguna de las numerosas posibilidades que indica concretamente; la más aceptable parece *wa-tek* 'con tambor', en un lenguaje de la Guinea española, pero es etimología en parte construída y que no puedo verificar. Quizá haya relación con el cub. *guataca* 'azada', *guataquear* 'limpiar hierbas con guataca', 'adular', *guataco* 'persona ruda, sin cultura' (Mz. Moles), para los cuales V. varias conjeturas en el Glosario de F. Ortiz.
[1] *Glosario de Afronegrismos,* s. v.; *Ca.,* p. 53.

¡GUAY!, interjección de lamento, del gót. WÁI íd. *1.ª doc.:* S. XIII (varios ejs. en Neuvonen, p. 224); S. XIV, *Castigos de D. Sancho,* 169; princ. S. XV, *Canc.* de Baena, p. 56 («¡guay del triste que se moja!»).

Guai se emplea de la misma manera en portugués [1.ª mitad del S. XVI: Moraes] y en italiano, y en este idioma figura ya en Dante, fecha que excluye una etimología arábiga. En efecto, *wai* es también árabe como interjección de admiración y de lamento, pero la identidad de empleo del gót. *wái* con la interjección romance es aún más completa, pues sólo tiene el último de estos valores; es palabra con amplia parentela en los varios idiomas germánicos (escand. ant. *vei,* alem. *weh,* etc.). La antigüedad v carácter castizo en italiano están confirmados por los derivados abundantes: *guaiare* 'lamentarse', *guaio* 'desgracia'. La ausencia en otros romances comprueba que es préstamo germánico y no creación onomatopéyica autóctona[1]. En castellano el uso de *guay* tendió pronto a anticuarse, convirtiéndose en vocablo poético[2].

DERIV. *Guaya, hacer la ~* 'lamentarse' [*Canc.* de Baena, p. 295; 1646, *Estebanillo; guaias* 'canto de dolor' Nebr.]. *Guayar* íd. [*Canc.* de Baena, p. 41; Nebr.; Covarr.[3]]; *guayado; guayadero.*

[1] El parentesco con el fr. *ouais* es muy dudoso a causa de la diferencia de valor. Por la misma razón hay que separar el tort. *guai,* exclamación de extrañeza, que más bien procederá del árabe. Sin embargo, es posible que oc. ant. *gaimentar,* cat. ant. *guaimentar* 'lamentarse' resulten de un cruce de *guay* con *lamentar.—* [2] Se pronuncian por el árabe, sin dar razones de peso, Asín, *BRAE* VII, 360; Steiger, *BRAE* X, 159; y Neuvonen. Que PAlc. traduzca el *guaias* de Nebr. por un hispanoárabe *guáya* no prueba que esta forma sea propiamente árabe, puede ser hispanismo en árabe; y tampoco hay base para aprobar a Dozy, *Suppl.* II, 847b, cuando transcribe por *wáiha* la voz de PAlc., fundándose en la existencia de una variante *waih* de la interjección árabe; pero el caso es que PAlc. no omite la h de las palabras arábigas, por lo tanto su *guáya* no es *wáiha.* Dan la buena etimología Diez (*Wb.,* 176), M-L. (*REW,* 8480) y Castro (*RFE* IV, 395).— [3] Parece conservarse en Santiago de Cuba con el sentido de 'trabajar' (F. Ortiz, *Cataudo,* p. 239).

GUAYABA, 'fruto del árbol *Psidium Guayava*', palabra aborigen de la América tropical, pero es dudoso si procede del arauaco o del caribe; al parecer, del primero. *1.ª doc.:* h. 1550, Fz. de Oviedo.

Friederici, *Am. Wb.,* 283-4; Cuervo, *Ap.,* § 971; Hz. Ureña, *Indig,* p. 113. El testimonio concorde de Oviedo, el P. Las Casas y J. de Acosta prueba que el guayabo en tiempo del Descubrimiento era ante todo árbol de Tierra Firme; Oviedo asegura que los mejores se hacían en el Darién; más tarde los españoles los llevaron a las Antillas mayores, donde prosperaban asombrosamente ya en tiempo de Acosta (h. 1590). Este hecho y la vitalidad del vocablo en los actuales dialectos caribes, con diversas variantes, apoyan la opinión de un origen caribe aceptada por la Acad.; por otra parte, Hz. Ureña (p. 103) se inclina por el arauaco, y su opinión puede apoyarse en la inicial *gua-,* que era un demostrativo en lengua taína, aglutinado en multitud de indigenismos de esta procedencia; ahora bien, el taíno y el caribe eran idiomas sin parentesco, y es perfectamente posible que los caribes aprendieran el vocablo de los españoles. Lo que importa más, en efecto, no es dónde prosperaba más el árbol, sino dónde lo vieron los españoles por primera vez y dónde aprendieron el nombre de la fruta; y es el caso que el P. Las Casas atestigua, corroborado por Oviedo, que ya había guayabos en Haití desde el principio, aunque producían fruta pequeña. Siendo así, es probable que de los haitianos aprendieran los españoles el nombre, pues en los primeros tiempos poco contacto tuvieron con pueblos de lengua caribe[1].

DERIV. *Guayabo* [h. 1550, Oviedo; pero *guayaba* se empleó también para el árbol según Bachiller, y esto sería lo conforme al uso indígena]. *Guayabal*. *Guayabera*.

[1] Para derivados modernos, vid. F. Ortiz, *Catauro*, pp. 43 y 167. *Guayaba* en el sentido de 'mentira' es popular en muchas partes, p. ej. en la Arg. (E. del Campo, *Fausto*, v. 93, y nota en la ed. Tiscornia).

GUAYACÁN, 'palo santo, *Guaiacum officinale*, árbol de la América tropical', del taíno. *1.ª doc.*: 1524, texto alemán referente a América; 1526, Fz. de Oviedo.

Friederici, *Am. Wb.*, 284-5; Lenz, *Dicc.*, 288-9; Hz. Ureña, *Indig.*, 117, 119. Los cronistas de Indias emplean unánimemente la forma *guayacán*, y Oviedo en 1526 atestigua formalmente que es la palabra empleada por los indios. En francés se halla ya en Rabelais la forma mutilada *guayac*, de donde pasó el vocablo al latín de los farmacéuticos en la forma *guaiacum*, y de ahí se tomó el cast. *guayaco* [Castillejo, 2.º cuarto S. XVI, Fcha.; Laguna, 1555], preferido desde entonces por la Acad. Sin embargo, en toda América la forma *guayacán* es la popular (Malaret da sólo referencias vagas de *guayaco*). En Chile y la Arg. el nombre pasó a aplicarse a un árbol diferente, la *Caesalpinia melanocarpa*. En Cuba se ha aplicado al duro, peso o moneda de cinco pesetas (*Ca.* 227), por la dureza de la madera del árbol. DERIV. *Guayaco* (V. arriba). *Guayacol*.

Guayadero, guayado, guayar, guayas, V. *guay* *Guazábara*, V. *guasa*   *Gubernamental, gubernativo*, V. *gobernar*

GUBIA, del lat. tardío GŬLBĬA íd., de origen céltico, del cual existe ya en la Antigüedad una variante GŬBĬA. *1.ª doc.*: *gubia*, 1475, G. de Segovia (p. 48).

La *-b-* (y no *-v-*) está asegurada por las rimas en este autor. Más tarde hallamos *guvia* («sgovietta») en C. de las Casas (1570) y Oudin (1607); Minsheu (1623) recoge las dos variantes *guvia* y *gurbia*; *Aut.* trae *gubia*, citando ej. de Ovalle (1642). La forma con *r* figura en doc. de 1519 (Woodbr.), en el peruano Vargas Machuca (1599), y hoy es la popular en Cuba (Pichardo, p. 134),

Puerto Rico, Méjico (R. Duarte), Colombia (Cuervo, *Ap.*, § 966), Ecuador (Lemos, *Barb. Fon.*), Chile[1], y lo es o lo ha sido en la Arg.[2]; el diccionario guaraní-castellano de Ruiz de Montoya (1639) trae *esgurbia*. Para variantes portorriqueñas y para el exacto significado en América, vid. Navarro Tomás, *El Esp. en P. R.*, 154. En latín *gubia* y *gulbia* se hallan desde el S. IV en los varios mss. de Vegecio, San Isidoro[3] y glosas. Esta última será la forma originaria, pues el vocablo parece ser de origen céltico, relacionado con el irl. med. *gulba* 'pico (de ave)'[4]. La reducción de *gulbia* a *gubia* puede ser fonética, debida a la acción confluente de la *u* y del grupo *bj*; si existió otro vocablo céltico *gubia* 'podadera', de etimología diferente, como admiten Hubschmied y Wartburg, a base de formas dialectales del Centro de Francia (pero ello no es seguro), pudo ayudar a esta reducción fonética[5]. El paso de GULBIA a *gurbia* (como en el it. *sgorbia*) se debe también a la posición sui generis de la L tras U y ante BI, comp. *URCE, SURCO* y lo dicho s. v. *DULCE*. La Acad., en sus ediciones del S. XX, registra un adjetivo *gurbio* 'que tiene alguna curvatura (aplicado a instrumentos de metal)', fundado en el artículo *gurvio* íd. del diccionario de Cabrera († 1833), pero puede sospecharse que este vocablo no tenga otro fundamento que una mala inteligencia del sustantivo *gurbia*.

DERIV. *Gurbión* 'tela de seda de torcidillo o cordoncillo' [1640, Colmenares], 'cierta especie de torzal grueso usado por los bordadores en guarniciones y bordados' [Covarr.], *gorbión* [«taffetas rayé et façonné», Oudin, también en las Ordenaciones de los Gremios de Madrid, según Terr.; Acad. ya 1843], parece derivado de *gurbia*, quizá por comparación de la forma torcida del gurbión y la de este instrumento.

[1] *Gurbia* en el Centro, *urbia* en Chiloé (Cavada).— [2] «Dos formones, una *gurbia*, dos escoplos», invent. de 1768, en Chaca, *Hist. de Tupungato*, p. 169.— [3] *Guvia* en *Etym.* XIX, xix, 15, según la ed. Lindsay.— [4] Vid. Jud, *ARom.* VI, 196-8; Niedermann, *ARom.* V, 440-1; Hubschmied, *VRom.* III, 137-9; Schuchardt, *ZRPh.* IV, 125; Baist, *ZRPh.* VI, 116ss.; Walde-H., s. v.; *FEW* IV, 322-3, 302-4.— [5] Según Pokorny (*VRom.* X, 263-4), las formas originarias serían GULBIA 'pico de ave' y VOBIA (> GOBIA) 'podadera', de donde GUBIA por confusión de estas dos palabras célticas. Comp. Bolelli, *It. Dial.* XVIII, 43.

Gubileta, gubilete, V. *cubilete*   *Güecho*, V. *bocio*   *Güedayo*, V. *igüedo*

GUEDEJA, junto con el antiguo *vedeja* íd., y *vedija* 'mechón de lana', 'pelo enredado', procede del lat. VĬTĬCŬLA 'vid pequeña', que pasó a significar 'zarcillo de vid', luego 'tirabuzón, rizo espiral' y finalmente 'melena'; la *gu*- moderna parece debida a un cruce con el gót. *WATHILS 'mechón, penacho'. *1.ª doc.*: Nebr.

Define este autor *guedeja* como «cincinnus; cirrus» ('tirabuzón', 'rizo de cabello'), y agrega *guedeja enhetrada*, es decir, 'enmarañada'. En el sentido de 'mechón' figura ya en el *Quijote* (*coger la ocasión por sus guedejas*, I, xxv, 108; *una guedeja de los cabellos de Medusa*, I, xliii, 232), y en el mismo sentido lo emplea Saavedra Fajardo (1640), aunque Baltasar Gracián se refiere todavía a *guedejas rizadas;* C. de las Casas registra *guedeja* «cincinno, ciocca», Oudin define «tresse de cheveux, une touffe de cheveux, chevelure, passefilon», Covarr. «mechón de cabellos», y *Aut.* precisa más «el cabello que cae de la cabeza a las sienes, de la parte de adelante». Como sinónimo de *guedeja* empleó Jorge de Montemayor (1559) la forma *vedeja*: «endos *vedejas* de cabellos, que los lados de la cristalina frente adornaban, le fueron puestos dos joyeles» (*Diana*, libro 4), y para Oudin *vedeja* y *vedija* son sinónimos, no sólo en el sentido de «morceau de laine», sino también en el de «tortillon et crespeüre de cheveux», *vedijado* y *vedijoso* «velu, frisé, crespu»; en Lope de Rueda (h. 1550) *vedijudo* es 'peludo' (Fcha.); viceversa, se halla *vedeja* en el sentido de 'vedija', pues el Glos. del Escorial traduce *andromes* por *çama(r)ra vedejuda*. El vocablo es vivo en forma dialectal en Asturias: *guedeyes* «melenas despeinadas, mechones de pelo; madejas de hilo mal hechas» (Rato), *guedeya* 'mechón de cabello', *tener mala guedeya* 'tener mal genio' en Colunga (Vigón); y en otras partes. Cej. IV, § 103. Formas hermanas son el port. *guedelha*[1] (a veces *gadelha*) «cabelo longo, crecido», «madeixa», ya bien documentado en la primera mitad del S. XVI, y *vestidos de guedelhas de seda* 'ropa felpuda de seda' está ya en Rui de Pina (h. 1500); gall. *guedella* 'cabello que cae a mechones', 'melena del león' (Vall.): «un velliño de *guedellas* brancas» (Castelao, 224.24), *gadella*, «mechón de pelo, melena», *guedello* «vellón de lana» (G. de Diego, *Contr.*, § 647), *hedeléjras* 'flecos colgantes que bajan por delante de los ojos de los bueyes' (Krüger, *WS* X, 48). Del castellano pasó *gedêga* al hispanoárabe (PAlc.) y al árabe marroquí (P. Torre y Lerchundi). Hay formas romances emparentadas, pero de sonido y sentido ya más lejanos, en lengua de Oc, francés, retorromance e italiano (*REW*, 9392). Aunque M-L. no trata de las formas hispano-portuguesas en *g-*, ya Diez, *Wb.*, 496, las igualó a *vedija* y su familia romance, seguido por G. de Diego.

Falta, empero, explicar la *g-*; no puede contentarnos la fórmula poco concreta de la «equivalencia acústica», ni es admisible una sustitución ocasional por defecto de audición para explicar

un cambio que tiene caracteres de constancia casi completa en dos romances. Podría tratarse de un cruce con otra palabra, pero a primera vista no se ve cuál[2]. Según indicaba Diez, el étimo de *guedeja* no puede ser una forma germánica congénere del a. alem. ant. *wedil* 'mechón de cabellos', 'penacho, abanico', alem. *wedel* 'plumero', 'palma', 'aventador', fris. ant. *wedel,* *widel,* 'hisopo, asperges', escand. ant. *vêl(i)* (< *vathil*) 'cola de ave', pues en gótico sería *WATHILS, que no explicaría la terminación romance, y aunque supusiéramos un derivado germánico en -ILJÔ (a lo cual no dan derecho las formas documentadas), el resultado podría ser *guadeja a lo sumo, pero no *guedeja*. Es forzoso, pues, partir de VĪTĪCŬLA (fr. ant. *veille*, it. *viticchio*), que dió primero *vedija* por disimilación vocálica, y después el sufijo más frecuente -*eja* sustituyó a -*ija*, de donde *vedeja*. En cuanto a *guedeja*, pudo ser debido a un cruce de *vedeja* con el gót. *WATHILS 'mechón', cuya existencia tenemos derecho a postular, puesto que se halla en ramas del germánico tan diferentes entre sí como el escandinavo, el frisón y el alto alemán. Es verdad que este tipo de cruces, en cuya virtud una v- latina se cambió en w- (> rom. *gu*-), son muy frecuentes en galorrománico y aun en italiano, pero raros en Iberia, como es natural dada la intensidad escasa de la colonización germánica en este país (hay sin embargo el caso de *GASTAR*), pero en nuestro vocablo había una razón especial para que tal cruce se produjera: las guedejas, mechones o rizos sobre la frente, y en general todo el pelo crecido en la cara, formaban parte del atavío nacional y típico de los godos: a ello se refiere San Isidoro al hablarnos del *granus* visigótico (V. s. v. *GREÑA*), y todavía Saavedra Fajardo, en el pasaje citado, nos cuenta que el famoso Paulo, general godo rebelde, fué asido por las guedejas de sus cabellos. Es natural, por lo tanto, que los godos al emplear el romance VITICULA se acordaran de su *WATHILS nacional, mezclando un poco las dos palabras, y que este *WITICULA medio bárbaro fuera aceptado aun por los hispanorromanos, por tratarse de una cosa característica de los godos[3].

Covarr. recoge un *guardaja* como variante de *guedeja*, que ya *Aut.* declara desusado, y que no me es conocido por otras fuentes; es forma de existencia muy dudosa.

DERIV. *Guedejado* o *enguedejado*. *Guedejón*. *Guedejoso* o *guedejudo* [Nebr.]. Ast. *enguedeyar* 'enguedejar, enmarañar', *desenguedeyar* 'desenmarañar' (V); gall. *esguedellar* 'tirar a uno por las guedejas y pelarle o raparle' (Sarm. *CaG.* 183v); *enguedellar o fio* 'enredarlo', *engadellado* (Castelao 184.15, 39.18).

[1] La forma aportuguesada *guedella* figura también en Malón de Chaide (Fcha.).— [2] De un cruce con *greña* o *griñón* habría resultado *grede-

ja.— [3] Es imposible el *VELLICULA, diminutivo de
VELLUS 'vellón', en que pensaron Cabrera, Diez
y otros, pues la disimilación no habría podido
afectar a una LL geminada.

Güed(r)o, V. *igüedo*   Güega, V. *buega*
Güegüecho, V. *bocio*   Güeja, V. *angosto, goja*

GUELDO, 'cebo que- emplean los pescadores,
hecho con camarones y otros crustáceos pequeños', del mismo origen incierto que el vasco *gel-*
du y el fr. *guelde* o *gueldre* íd.; quizá de etimología vasca. *1.ª doc.:* Acad. 1899.

Imprime la Academia *güeldo*, lo cual parece
ser error en vista de la forma francesa, del ast.
occid. *gueldo* (de Luarca al Eo, *ieldu* en otros
concejos: Acevedo-F.) y del ast. colungués *gal-*
diar, que V traduce «gueldear», como voz marina. En francés el vocablo es poco conocido: lo
trae el *Nouveau Larousse Illustré*, definiendo «appât fait avec de petites crevettes ou du poisson
cuit, que l'on pile au mortier», y señala además
las variantes *guildre, guildive, guildille* et *guili-*
dive.

M. L. Wagner, ZRPh. LXIX, 377-8, sin proponer etimología concreta ni conocer la parentela
vasca, relaciona con esto el ast. occid. *enguadar,*
enguado, y el port. *engodar, engodo* 'cebo', lo que
obligará a revisar el problema, pero sin eliminar
todavía la posibilidad del origen vasco o ibérico-
vascoide. No tengo noticia de otros estudios etimol.
acerca del vocablo, ni lo hallo en diccionarios dialectales del Oeste de Francia; tampoco en bretón. Pero hay el vasco vizc. y alto-nav. *geldu*
«gueldo, pececillo diminuto como una pequeña
quisquilla, de tres colas, su forma es como la de
una tortuga» (Azkue), que parece emparentado
con *geldo* «pavesa; flammèche, étincelle». «persona de poca energía, inútil, incapaz» y con *geldi*
'quieto', 'lento', *gelditu* 'detenerse'. Será, pues, de
origen vasco, a reserva de lo que pueda enseñar-
nos un estudio más detenido de las formas francesas. A pesar de la citada forma asturiana *ieldu,*
no parece posible que venga del ast. *dieldu* 'fermentado' (V. LEUDO). Tampoco habrá relación
con Cabranes *yeldo* «jaramago» (variante de *YEZ-*
GO), ni con el ast. occid. *yérgula* 'corteza de
abedul' (Munthe). También será casual el parecido con *güeldo* 'arcilla ferruginosa rojiza', empleado en Linares (Jaén), según Gálvez Cañero,
BRAE XXII, 487-8.

DERIV. *Gueldear* o *galdiar*, parece ser 'cebar
con gueldo' (V. arriba).

GUELTE o GUELTRE, 'dinero', gnía., toma-
do del neerl. *geld* íd. *1.ª doc.:* *guelte*, 1615, *Qui-*
jote II, liv, 205; Cervantes, *La Casa de los Ce-*
los, jornada III.

Gueltre aparece en *El Soldado Píndaro* de
Céspedes (1626), en boca de un bravo, y *Aut.*

explica que «es voz usada de los rufianes y xá-
caros». Carece de fundamento la grafía *güeltre*
adoptada por *Aut.* y Clemencín. Véase además
la nota de Schevill y Bonilla en su edición de
los *Entremeses* de Cervantes (I, 226). Lo aprenderían los soldados españoles en Flandes; luego
vendrá del neerlandés antes que del alemán. La
r es repercusión de la otra líquida.

Guenilla, V. *pupilo*   Güenza, V. *orenza*
Güeña, V. *bofe*   Güeña, güeño, V. *boñiga*
Gueño, V. *muñeca*   Guerbillo, V. *garbillo*

GUERCHO, 'bizco', antic. y arag., en parte
tomado del it. *guercio* y en parte del cat. *guerxo*
íd., de origen incierto, quizá procedentes del gót.
thwaírhs 'transversal, diagonal', 'colérico'. *1.ª doc.:*
APal., 360b; 1555, Fz. de Oviedo, casi como palabra italiana.

En este autor (cita en Terlingen, p. 353) aparece como sobrenombre de un rey de Nápoles,
luego debe considerarse palabra en realidad italiana. No conozco otros datos antiguos en español, aunque Acad. (ya 1843) recoge *güercho* como
anticuado; si existió realmente sería italianismo
pasajero del Siglo de Oro, sin arraigo real. En
Aragón sólo sé que se emplee en el habla ya
medio catalana de Venasque (Ferraz, p. 67). Sin
embargo, es posible que antiguamente se extendiera más por Aragón y aun penetrara en la zona
de Soria, pues APal. era de Osma. Desde luego
era dialectalismo, de origen catalán, según todas
las apariencias[1]. El cat. *guerxo* es palabra popular
y de gran arraigo; a pesar de ello, podría parecer sospechoso de italianismo, y apenas puedo
aducir ejs. antiguos, a no ser el femenino *guerxa,*
sin definición, en el diccionario de rimas de J.
March (1371), y *guerxer* en Jaume Roig (1460)[2].
Sin embargo, debe de ser castizo en vista del
verbo *guerxar-se* 'alabearse'[3] y de que *guers, guer-*
sa, es palabra antigua y arraigada en lengua de
Oc (Schultz-Gora, ASNSL CXLIV, 259-60), hoy
guèche en el Aveyron y el Tarn (Vayssier, Gary),
comp. *gartxo* 'bizco' en el catalán del Maestrazgo (G. Girona), debido a *garxar < *guerxar.* Es
más fácil explicar fonéticamente el detalle de la
forma italiana, a base de una romanización de
la palabra gótica en *DWERKJU > *GWERKJU, tal
como la explica Gamillscheg (R. G. I, p. 374-5,
y II, 44), o simplemente por el plural *guerci* de
un singular *guerco* (< *DWERKU), conservado en
los dialectos. La *x* catalana presenta mayores dificultades, pues no satisface, estando tras consonante, la explicación de M-L. (*Das Katal.*), a base
de HS tratado como la x romance. Además esta
etimología está lejos de ser segura, en vista del
cast. dial. *guirlio, guirrio* (RFE XI, 350) y oc.
guerle (comp. *arreguilar* aquí, s. v. REGALAR
II). Me detendré más en el problema en mi DECat.

[1] Obsérvese que APal. sólo da *vizco* en 247d.

Lo mismo hace en 360*d*, pero agregando: «vulgarmente se suele llamar *guercho*». No hay razón para escribirlo con *ü*, según hace la Acad.— [2] Así en una de las ediciones incunables, *guerçer* en el manuscrito. Chabás imprime *guercher* [?].— [3] *Garsar-se* en el Maestrazgo, *garsejar-se* en Valencia (Lamarca) y creo que en Mallorca (de ahí murc. *garcear*: G. Soriano), *garsesa* 'alabeo' en Mallorca, Menorca y Valencia.

Guerillón, V. *arándano*   *Güérmeces*, V. *gormar*   *Güero*, V. *huero*

GUERRA, del germ. occid. WERRA 'discordia', 'pelea'. *1.ª doc.*: orígenes del idioma (1037, epitafio de Bermudo III: Simonet; doc. de 1115: Oelschl.; *Cid*, etc.).

Palabra popular y de uso general desde la época preliteraria; Cej. V, § 138. Es común a todos los romances de Occidente, y pudo ser general ya en latín vulgar, pues el rum. *răsboĭŭ* es un eslavismo posterior; el hecho es que en ninguna parte quedan huellas del lat. BĔLLUM. En España no hay memoria directa o indirecta de la existencia de otro vocablo para esta idea esencial. Luego es inadmisible la tesis de M-L. (*REW³* 9524*a*) y Gamillscheg (*R. G.* I, p. 25) de que el cast. *guerra* y demás formas hispánicas, y aun la occitana, sean galicismos más o menos antiguos[1]. Se fundan para ello en la falta de diptongación de la *e*. Pero en casos semejantes es la filología romance la que ha de guiar a la fonética germánica y no al contrario. Es verdad que el it. *guèrra*, oc. *guęrra*, val., balear y cat. occid. *guèrra*[2], coinciden en postular una *e* abierta para el romance arcaico, y así el fráncico como el longobardo pronunciaban *e* abierta en estos casos, según todos los indicios germanísticos, confirmados por el timbre de la gran mayoría de voces romances que contienen esta vocal germánica[3]. Pero no faltan algunas excepciones, y la opinión más aceptada entre los lingüistas es que la *ĕ* indoeuropea (germ. occid. *ë*) tenía timbre cerrado, aunque breve, en el primitivo germánico occidental (Kluge, *Urgermanisch*, § 129*b*; Brüch, *l. c.*), y no se convirtió en *e* abierta hasta una época posterior. En aquella forma penetraría en el latín vulgar, pero mientras los romances que estuvieron en contacto con los pueblos de lengua franca o longobarda abrieron posteriormente el timbre de la vocal, al compás de la evolución germánica, el castellano permaneció fiel al vocalismo primitivo, y en consecuencia no diptongó la *e*.

En germánico, nuestro vocablo es privativo de los idiomas occidentales: a. alem. ant. *wërra* 'pelea, confusión, tumulto', a. alem. med. *werre* 'discordia', 'combate', alem. *wirren* (pl.) 'desórdenes, disturbios', 'perturbaciones', neerl. med. *warre*, neerl. mod. *war* íd.; el ingl. *war* 'guerra', que no aparece con seguridad antes de 1119 (*wyrre*, *werre*),

parece haberse tomado del francés norm. *werre*. Nótese además que el vocablo no parece haber tenido nunca el significado de 'guerra' en los idiomas germánicos (a no ser por influjo romance), de suerte que el cambio semántico debió de producirse al pasar el vocablo de boca de los auxiliares germanos del Imperio, donde tendría valor de eufemismo, a la población de lengua romance: como hoy los soldados prefieren decir *habrá jaleo, if there is any trouble*, o expresiones parecidas, antes de pronunciar el siniestro vocablo *guerra, war*; ahora bien, no es verosímil que este cambio se produjera en fecha tardía y con carácter independiente en Francia y en Italia, sino que la fuente debe ser antigua y única: el latín vulgar del bajo Imperio. Desde luego el cast. *guerra* no puede venir del gótico, donde no tenemos razón alguna para suponer que existiera algo parecido, pero de haber existido no podía tener otra forma que **wairzô* (el gót. **wirrô* supuesto primero por M-L. es imposible, pues está en desacuerdo con la fonética de este idioma). Del romance pasó el vocablo al ár. hispánico y africano *gérra* (R. Martí, Abenbatuta).

DERIV. *Guerrear* [*Cid*]; *guerreador*; *guerreante*. *Guerrero* [doc. de 1076, Oelschl.][4]; *guerrera*; *guerrería*, ant. *Guerrilla* [1535, Fz. de Oviedo, *Hist. Ind.* V, 8]; *guerrillero* [h. 1808, L. F. de Moratín]; *guerrillear. Aguerrido* [h. 1800, Moratín, Quintana; Cuervo, *Dicc.* I, 272-3], probablemente tomado del francés, donde *aguerrir* ya aparece en el S. XVI; *aguerrir* [1880, *Gram.* de la Acad.].

[1] La lengua de Oc y aun el catalán recibieron voces germánicas directamente del fráncico: recuérdese que el Norte de Cataluña fué reconquistado por los francos en el S. VIII, cuando éstos todavía hablaban su idioma nacional, y hay voces fráncicas sólo existentes en catalán (V. mi artículo sobre *òliba*, en los *Mélanges M. Roques*, tomo IV). Luego según el punto de vista de M-L., habría bastado suponer que el vocablo era préstamo en castellano y en portugués. Pero aun así la idea sería inadmisible.— [2] El cat. orient. *guèrra* puede corresponder a una *ę* o a una *ẹ* primitivas, y lo mismo el francés moderno y el portugués.— [3] Véanse las listas en Brüch, *Der Einfluss der germ. Sprachen*, pp. 124, 129.— [4] Nótese la ac. 'enemigo' que tiene en Berceo (*Mil.* 96*c*, etc.), donde suele aplicarse al demonio. Y comp. la ac. 'rival (amoroso)' que tiene el cat. *guerrer* en Mallorca.

Güesco, V. *cuesco*   *Güétabo*, V. *buétago*
Güeyón, V. *ojo*

GUIAR, palabra común a todos los romances de Occidente; la consonante inicial indica procedencia germánica, pero no existe etimología clara en el vocabulario germánico conocido; teniendo en cuenta que en el derecho feudal y consuetudinario *guiar* significaba 'escoltar a alguno garantizando su seguridad', quizá procede del gót. *WIDAN 'juntarse' (gót. GAWIDAN, a. alem. med. *weten* 'juntar'). *1.ª doc.*: orígenes del idioma (*Cid*, Berceo, etc.).

Guiar es palabra castiza y frecuente en todas las épocas del idioma. Lo mismo cabe decir de los idiomas hermanos: port. y cat. *guiar*, oc. *guidar* o *guizar*, fr. ant. *guier* (hoy *guider*), it. *guidare*, son palabras tan antiguas como las lenguas respectivas, y de uso popular y general. Si varios romanistas han supuesto que en alguno de estos idiomas el vocablo esté tomado de otro romance, no ha sido a base de observaciones internas ni de hechos que consten por la historia del vocablo, sino exclusivamente con el objeto de justificar fonéticamente una de las etimologías propuestas. En efecto, si partiendo de oc. *guidar* suponemos una base con -T-, las formas iberorromances e italiana habrían de ser galicismos, a causa del tratamiento de esta consonante; y si fijándonos en la mayoría de los romances postulamos una base con -D-, entonces cuesta explicar el *guidar* occitano.

Ahora bien, aun dejando el detalle fonético, ninguna de estas etimologías es satisfactoria en sí. El gót. WĪTAN, propuesto por Diez (*Wb.*, 180), significa 'observar, atender, prestar atención'; que de aquí pueda desarrollarse la idea de 'guiar' pasando por 'observar los movimientos de alguien' no puede negarse del todo, pero es una posibilidad muy vaga[1], y aun admitiéndola nos cerrará el paso la fonética, que por la razón indicada no obligaría a suponer que el vocablo se propagó desde el Norte de Francia al resto de la Romania, supuesto imposible en un vocablo de origen gótico[2].

La etimología que hasta aquí halló más aplauso es la de Mackel (*Franz. Studien* VI, i, 109), adoptada por Gamillscheg (*EWFS*, s. v. *guider*; *R. G.* I, 251) y Bloch (con reservas); pero es seguramente la que menos lo merece. Se trataría de un fráncico *WITAN que significaría 'mostrar una dirección', 'señalar (algo)'; pero en realidad nunca existió tal vocablo con ese sentido, y la forma como se llegó a imaginar este significado es típica del burdo proceder de ciertos germanistas del siglo pasado en materias semánticas, en quienes todavía confían muchos romanistas cuando se trata de germanismos romances: Mackel copió en parte las definiciones del anticuado diccionario germánico de Schade (1880), formadas con una aventurada síntesis de varios idiomas y mezcladas con definiciones hipotéticas de sentidos preliterarios o etimológicos; y además agregó, sin distinguirlos, otros sentidos supuestos por él para explicar el significado romance[3].

Finalmente Bruckner (*ZRPh.* XXXVII, 205-10), uno de los germanistas más distinguidos que se han ocupado de germanismos romances, suponía un gót. *WĪDAN a base del GAWIDAN del mismo idioma en el sentido de 'juntar', a. alem. ant.

giwëtan íd., a. alem. med. *weten* 'uncir (bueyes)', 'sujetar al yugo', 'juntar', 'envolver, enredar (en males, penas, etc.)', y observando los ejs. de este último matiz y comparándolos con otros en que el vocablo, en combinación con *ûz* (alem. *aus*, cast. *de, fuera de*), toma la ac. 'soltar, libertar', suponía que *weten* pudo tomar el significado de 'conducir, llevar por el cabestro (a un animal)', significado que él atribuía al gótico *WĪDAN. Aun reconociendo que esta etimología es más satisfactoria que las anteriores para la fonética romance (pues la conservación de la ĭ no sería obstáculo insuperable, comp. los casos reunidos por Gamillscheg, *R. G.* II, 36-7, y el propio Bruckner, pp. 207-7), no podemos cerrar los ojos ante la fragilidad de su base semántica.

Valía más seguir resueltamente el camino ya indicado someramente por Bruckner al recordar el empleo de *guiar* en la terminología del derecho medieval en el sentido de 'acompañar, garantizando su seguridad, a alguno', p. ej. a un acusado, o a un perseguido: de *WIDAN 'juntarse' se pudo pasar a 'escoltar, acompañar', de donde 'guiar'; de hecho en textos medievales del derecho catalán consuetudinario *guiar* e 'ir con alguien' aparecen como sinónimos: así en los *Usatges* de Barcelona «si negú va ab altre, ni és en via... son senyor en nula gissa no·l ne puxa reptar... si d'abans, de son senyor... no era amonestat que no·l *gidàs* ni *anàs* ab el» (ed. *N. Cl.*, p. 125)[4]. De 'ir con alguno' se pasó en romance a 'guiarle'. Esta historia semántica se ha repetido en otras épocas y con otras costumbres, pues el cast., cat. *EXEA*, hispano-ár. *ši^ca* 'guía', deriva del ár. *šâ^c* 'acompañar', en alemán *leiten* 'guiar' y *begleiten* 'acompañar' tienen origen común, y hoy en el Valle de Arán el verbo *guiar* es desusado y en su lugar se emplea *acompanyà* (*acompanya et senyó at camín d'Arres, acompanya-lo a ço det Rectó*), evolución que desarrollada o en germen hallamos en muchas hablas hispano y galorrománicas[5]. Quizá ya M-L. (*REW* 9528) pensaba en esta modificación semántica[6], al sustituir el verbo *WIDAN de Bruckner por un sustantivo gót. *WĪDA 'guía que escolta a un forastero'[7]. Creo que con esto nos hemos acercado en el máximo posible a una etimología germánica verosímil, pero reconozcamos que son demasiado importantes los escalones que permanecen hipotéticos para que podamos mirarla como enteramente segura[8].

Ya que no podemos llegar a una conclusión definitiva, ¿podemos al menos facilitar investigaciones futuras sentando cuál es la base fonética que postulan los idiomas romances? ¿Es admisible que *guiar* pueda venir de una base con -T-? Creo que todo el mundo estará de acuerdo en que, sin prejuicios etimológicos, debemos suponer una con -D- originaria. Todos los romances estarían de acuerdo con ella, aun el oc. *guizar*. Es verdad que hay en este idioma variantes *guidar*[9] y aun

guiar. Esta última en rigor no se aparta de la base
*WIDARE, pues ante el acento hay varios dialectos
occitanos que dejan caer la -D- intervocálica: una
forma como *raïtz* RADĪCEM está tanto o más extendida que *razitz*[10] En cuanto a *guizar* y *guidar* dice
Brüch que no es posible fijar sus áreas geográficas, porque *guidar* se encuentra en todas partes,
aunque la otra forma sí es claro que pertenece a
Gascuña y Languedoc occidental; agreguemos que
los testimonios occidentales de *guidar* pertenecen
todos a textos gascones, es decir, a un dialecto que
conserva en gran parte de su extensión la -D-
intervocálica latina sin cambiarla en -z-: luego hay
que eliminar estos ejs.; y nos quedan dos áreas
generales, *guizar* en el Sudoeste y *guidar* en el
Nordeste, que corresponden más o menos a las dos
formas que hoy registra grosso modo Mistral:
prov. *guidà* y langued. *guizà.* Además parece haber una diferencia cronológica y, por lo menos
parcialmente, una distinción en el tipo de textos:
guizar figura ya en Bertran de Born (S. XII),
mientras que de *guidar* no veo ejs. anteriores a
Flamenca (med. S. XIII); aunque ambos se hallan
en poetas, *guidar* es casi general en las obras con-
suetudinarias y administrativas (Costumbres de
Albi, de Fumel, de Gourdon). La distribución
geográfica y la precesión cronológica nos obligan
a relacionar el *guidar* occitano con el *guider* del
francés antiguo tardío (S. XIV, frente a *guier* en
los SS. XII y XIII); vanamente se ha querido
explicar el fr. *guider* por un préstamo italiano (influjo que no actuaba en el S. XIV) u occitano
(cuando en este idioma *guizar* tiene tanta extensión como *guidar*), o por un influjo de la alternancia *aidier ~ äie*, caso aislado y además diferente. La buena explicación es otra: lo mismo en
lengua de Oïl que en lengua de Oc la forma con
-*d*- es un latinismo, debido al influjo del bajo
latín curial y jurídico, donde la institución del
guiaje desempeñaba un papel tan grande, véanse
los copiosos y antiguos ejs. de *guidare* en Du C.;
y nótese que el único ej. catalán de *guidar* (arriba
citado) pertenece a un texto jurídico, traducido del
latín[11]. En conclusión, pues, las formas romances
representan unánimemente una base *WIDARE[12].
Es inverosímil en grado sumo admitir que palabra
tan importante y general como *guiar* venga del
francés en todos los demás romances[13].

DERIV. *Guía* [Berceo; para la fecha de la ac. 'el
que guía', V. abajo, nota 7]. *Guiadera. Guiado.
Guiador* [Nebr.]. *Guiaje,* ant. (< cat. *guiatge*), o
guiamiento. Guión ['guía, guiador', Berceo, *Mil.,*
870d; S. Mill., 324, 330; *guiona* 'guiadora', *Mil.,*
32b; *guión* 'estandarte o cruz que se lleva delante',
1552, Calvete; 'en Música, señal que se pone al
fin de la escala', *Aut.,* con cita de Pedro de Ulloa],
probablemente tomado del fr. ant. *guion* (caso sujeto *guis*) 'el que guía', para cuya formación V.
arriba[14]; *guionaje* [Berceo, *Loores,* 197].

[1] El caso del it. *scorgere* 'divisar' y 'acompañar'

es diferente, pues aquí la idea central es la de
'rectificar o enderezar el camino de alguien' (EX-
CORRIGERE, V. *ESCURRIR*), de donde por una
parte 'guiarle' y por otra parte 'mirar por dónde
va'. Pero como WITAN era primitivamente 'ver'
(corresponde al lat. *videre*), sería forzoso pasar de
'observar' a 'guiar', lo cual es mucho más difícil
de concebir.— [2] No hay correspondencias claras en
otros idiomas germánicos; cítase a. alem. ant.
gi-wizzên, ir-wizzên (Schade), mas si existen son
rarísimos, pues ni siquiera figuran en Graff.—
[3] «Zusehen, eine Richtung einschlagen, auf jemand
sehen, ihn tadeln, strafen». Hasta aquí Schade;
luego agrega Mackel «für jemand sehen, ihn
weisen, f ü h r e n». No sólo esto es hipotético,
sino que lo eran ya en parte las definiciones de
Schade, aunque no basadas en una etimología
romance, pero sí en la comparación de los idiomas germánicos con otros indoeuropeos. Concretamente el a. alem. ant. *wîzan* significa 'imputar
(una culpa)', 'echar en cara, reprochar', el b.
alem. ant. *wîtan* 'hacer un reproche' (hoy 'reprender, dar la culpa'), neerl. *wijten* «incursare,
imputare, adscribere, causam in aliquem rejicere,
objurgare»; todo lo cual se ha supuesto que
pueda venir de la idea de 'mirar (a alguno) con
ojos críticos' (de ahí el «zusehen» de Schade,
basado en el supuesto étimo indoeuropeo *uid-); el
único fundamento filológico de esta idea dentro
del germánico está en el ags. *wîtan*, que además
de 'inculpar, imputar' tiene la ac. más rara de
'atender (a algo), guardarlo'. Pero con todo esto
quedamos a cien leguas de 'guiar'. Por su parte
Gamillscheg remite al ags. *gewîtan*, al cual atribuye la ac. «eine Richtung sehend verfolgen»,
traducción de «to turn one's eyes in any direction
with the intention of taking that direction» (Bosworth); pero otra vez esto no es más que una
ac. etimológica, supuesta: en realidad el vocablo
significa siempre 'partir', 'marcharse (de un lugar)', véase el suplemento de Toller y el propio
diccionario de Bosworth. También dice Gamillscheg que la ac. 'señalar (algo)' está documentada
en el escand. ant. *vita,* para lo cual se funda en
el artículo de Bugge (*Rom.* III, 150), que proponía esta voz escandinava como étimo del romance *guiar,* definiéndola «signifier, présager, indiquer»; pero este último significado era enteramente supuesto; en realidad *vita* significa 'ser
inteligente' y 'conocer, saber (algo)', también a
veces 'tener (una cosa) cierto significado', y como
hápax 'presagiar', con lo cual ¡quedamos muy lejos de 'señalar el camino'! Por lo demás *vita*
tiene *i* breve y por lo tanto no corresponde a un
fráncico *WĪTAN, sino al gót. WĬTAN. Aun con-
cediendo los significados hipotéticos supuestos por
Schade y Bosworth, no habría bastante para atribuir al fránc. *WĪTAN la ac. 'señalar'.— [4] Cito
otro párrafo de las Costumbres de Tortosa,
S. XIII (los *Usatges* son del S. XI), que mues-

tra con mayor desarrollo la institución del *guiatge:*
«Si algun hom ha feyta alguna mala feyta... e...
lexarà la Ciutat, et depuyx volrà entrar en la
Ciutat ab cor e ab volentat que·s pos ['reconci-
lie'] ab la part a qui aurà forfeyt, un ciutadà de
la Ciutat lo pot a s e g u r a r tres dies en la
Ciutat o en sos termes, una vegada l'an... E pus
un ciutadà l'aurà *guiat* una vegada l'an, no pot
ésser *guiat* dins aquel an per negun altre» (ed.
Oliver, p. 56). Ahí, pues, *guiar* es escoltar al prófugo en su entrada en Tortosa, garantizando su
seguridad.— ⁵ «El ángel Rafael se ofrece a *acompañar* al joven Tobías a Ragés», cita de Scío en
Cuervo, *Dicc.* I, 130b. Más claro en catalán: «lo
Batle Real de dita vila sia tingut *acompanyar* y
lliurar aquells al patró del vaxell», a. 1576; «al
primer raig de l'alba, te vull *acompanyar* a la
que't salva», en Verdaguer; oc. *acoumpagnaire*
«suivant, compagnon, g u i d e» (Mistral).— ⁶ Así
prescindiríamos de la etimología que Bruckner
atribuía al germ. WIDAN, mirándolo como denominativo del alem. dial. *wied* 'hierba', de donde
'atadura vegetal' y de ahí 'atar, uncir', etimología
que le lleva a la idea de 'conducir por el cabestro (la atadura)'. Pero los germanistas e indoeuropeístas suelen derivar estas voces germánicas de una raíz indoeuropea *u̯edh-* representada en céltico e índico (Walde-P. I, 256).—
⁷ Entonces *guiar* sería derivado de *guía,* y éste
vendría del gót. *WIDA (acus. *WIDAN); es decir,
en este caso no se habría partido del acusativo
gótico (como sucede normalmente, en *guardián,
escanciano,* cat. *gasallà,* etc.), sino del nominativo.
Pero esto es poco verosímil: en todas partes *guía*
parece ser inicialmente un abstracto 'acción de
guiar', convertido secundariamente en nombre
personal, como en *centinela, vigía,* etc. La prueba
es que *guía* es femenino: en Berceo (*S. Dom.,*
633c) *ca avrás buena guía* puede entenderse como
abstracto o como personal, pero todavía en el
Siglo de Oro *la guía* significa 'el hombre que
guía'; «le diesse *una guía* que le encaminasse a
la cueva de Montesinos», *Quijote* II, xxii, 82;
«verdad es—dijo *la guía*», en *Rinconete y Cortadillo,* ed. Rz. Marín, p. 414. Lo que sugeriría
a M-L. su idea de partir del sustantivo *guía*
pudo ser la existencia del fr. ant. *guis,* caso
compl. *guion,* 'el guía', que, en efecto, parece
continuar un fráncico *WIDÔ, -ÔNS, correspondiente al gót. WIDA. Comp. abajo *guión.* Pero aunque admitamos este étimo para el fráncico, no
existen pruebas firmes de semejante sustantivo en
gótico.— ⁸ Cabría simplemente postular un gót.
*WIDAN 'guiar' a base del irl. ant. *fedid* 'él guía',
eslavón *vedǫ* 'yo guío', lit. *vedù* 'guiar', raíz indoeuropea (Walde-P. I, 255) que no carece del
todo de representantes germánicos, puesto que
de ahí viene el sustantivo ags. *weotuma,* fris. ant.
wetma 'precio de la novia', a. alem. ant. *widomo*
'dote' (es decir, lo que paga el novio para poder

guiarla o llevársela a su domicilio). Pero es mera
hipótesis. Claro que ignoramos gran parte del
vocabulario gótico real. Otras etimologías propuestas, como el lat. VĪTARE 'evitar', no merecen
discusión; y el célt. *VĪDA 'indicación', supuesto
por Thurneysen (*Keltorom.,* 65), no es posible
por el tratamiento de la inicial, que si hay algún
ej. dialectal de *gu-* romance en celtismos, es tratamiento que de ninguna manera podríamos admitir en un caso donde hay *gu-* unánime.— ⁹ En
castellano existe *guidar* solamente en algunos pasajes del manuscrito aragonés del *Alex.* (177c,
235c y 358c), junto a una mayoría de *guiar* en el
propio manuscrito, y ésta es la única forma que
se halla en el manuscrito leonés. Es forma dialectal correspondiente a un dialecto como el aragonés, que así como conserva sin cambio la -T-
latina, también respeta la -D-, como en *coda*
'cola', *aloda* ALAUDA.— ¹⁰ Ya Brüch, *Philol. Studien Voretzsch dargebracht,* 1927, 229-34, observó que la mayor parte de los ejs. de *guiar* pertenecen a zonas vecinas al francés. Queda de
todos modos un ej. medieval de Alès, y hoy *aguià*
es la forma marsellesa según Mistral.— ¹¹ Hay,
en cambio, *guisar* en las Vidas de Santos rosellonesas (*AILC* III, 148), texto que representa la
-D- por -s- sonora, como la lengua de Oc.— ¹² En
la polémica entre Brüch y Rohlfs (*ZRPh.* L,
732ss.; LI, 301 y 751), acerca de los casos en
que oc. ant. -z- parece representar una -T-, los
dos filólogos toman posiciones extremas, que en
su totalidad son indefendibles. Si los cruces sis-
temáticos de Brüch no se pueden aceptar (y menos que ninguno el de *WĪTAN con un gót.
*WĪDOS 'más lejos' que él tomaba como base de
guiar), tampoco es buena la posición de Rohlfs
al recurrir a un préstamo del francés para explicar todos los casos, lo cual le lleva, entre otros, al
absurdo de que el cast. *mismo* y oc. *mezesme*
debieran ser galicismos.— ¹³ En una inscripción
de la urbe romana escrita bajo Antoníno Pío se
lee «Germanos Maurosque domas sub Marte
guitanos, / Antonine, tua diceris arte Pius» (*CIL*
VI, 1208). Es tentador entender 'dominas por la
guerra a los jefes germanos y mauritanos', e
identificar *guitanos* con *guías,* suponiendo un
acusativo plural germ. *witans,* semejante a lo
ideado por M-L. Pero hay que abandonar la idea,
pues sería un anacronismo muy grande admitir la
transcripción de la w- germánica por GU- a med.
S. II, cuando todavía la v- latina se pronunciaría
aproximadamente igual que la w- germánica, y
de acuerdo con ello se latiniza en v- en los préstamos más antiguos: los casos de GU- más antiguos se fechan en el S. V (Gamillscheg, *R. G.* I,
p. 269). El vocablo permanece enigmático y sólo
nos consta, pues se trata de un dístico perfectamente medido, que tenía la cantidad *guĭtānos;*
habrá error del lapicida, pero es muy difícil que
sea *gutanos* = gót. *guthans* 'godos', tanto por la

sintaxis como porque la lucha de este pueblo con el Imperio no empezó hasta el año 237.— [14] A. Pal., B. A. E. 116, 132 emplea *guitón*: «los nonbres de las enseñas son siete, conviene saber: vandera, pendón, palón, grínpola, *guitón*, estandarte, confalón», cf. it. *guidone*.

Guido, V. *giro*   *Guifa*, V. *jifa*

GUIJA I, 'piedra pelada y chica', del antiguo *aguija* íd., de origen incierto, probablemente del lat. vg. PETRA AQUĪLĔA 'piedra aguda', derivado de AQUILEUS 'aguijón', que a su vez es variante del clásico ACULEUS (V. *AGUIJADA*); se dió este nombre a los guijarros porque herían los pies en los empedrados antiguos. *1.ª doc.: piedras guijas*, 3.ʳ cuarto del S. XIII, Alfonso X, *Lapidario*[1]; *guija* h. 1300 (*Gr. Conq. de Ultr.*, 337b), Juan Manuel, † 1348 (*Cavallero e Escudero, RF* VII, 513.8); *aguija*, Nebr. («*aguija, piedra*: glarea; calculus fluviatilis»).

La forma *aguija* figura además en Gordonio (h. 1500), Monardes (1569), Valderrama (1606) y Zabaleta (h. 1650)—vid. *DHist.*—, y la recoge de Nebr. la tradición lexicográfica de C. de las Casas, Percivale, Oudin, Covarr. y Franciosini. No se había indicado hasta ahora una etimología medianamente satisfactoria del cast. *guija*. La resumida arriba presupone necesariamente que el vocablo tenía una antigua *j* sonora. Pero esta exigencia está ampliamente asegurada, no sólo por las varias grafías arriba citadas y por *aguija* en PAlc. (1505), sino por *guija* en G. de Segovia (1475) (p. 50), *guija marina* en la *Celestina* (ed. 1902, p. 22), el derivado *guijarro* en el glosario del Escorial, APal. (191d, 360b), etc.; hoy pronuncian *grija* con sonora los judíos de Marruecos (*BRAE* XV, 192) y *gižářu* en San Martín y Navasfrías (Sierra de Gata: *VKR* II, 36); mientras que la pronunciación *gíša* en el pueblo alto-aragonés de Embún (*RLiR* XI, 63), y *xiga* (con metátesis) en Asturias[2], debe tomarse como prueba de castellanismo[3]. Otros testimonios son ya demasiado tardíos para tener autoridad en este punto; cito algunos, sin embargo, como ilustración literaria: «tu, fuente, que murmurando / vas entre *guijas* corriendo», Tirso (*Condenado por Desc.*, ed. Losada, III, xvi, p. 169); «el viento suave / ... / mil cláusulas lisonjeras / hace al compás desta fuente, / cítara de plata y perlas, / porque son en trastes de oro / las *guijas* templadas cuerdas», Calderón (*El Alcalde de Zalamea* II, v, ed. íd., p. 126); «en las cortes de las sierras, / solos arroyos murmuran / en blancas *guixas* i arenas», Vélez de Guevara (*El Rey en su Imag.*, v. 404). Las guijas y guijarros se empleaban, como hoy todavía en pueblos montañeses, para empedrar las calles y entradas de las casas, y aunque se trata de piedrecitas de cantos algo suavizados por el rodar en los arroyos, sobresalían en estos rústicos empedrados hiriendo el pie, como

ha podido experimentar cualquier visitante curioso, y comprueba este pasaje de Ruiz de Alarcón: «ya los cavallos están, / viendo que salir procuras, / provando las herraduras / en las *guijas* del çaguán» (*La Verdad Sospechosa, Cl. C.*, 52); esto explica semánticamente nuestra etimología. En latín sólo se encuentran ACULEUS y su variante AQUILEUS (para la cual vid. *AGUIJAR*) como sustantivos, junto a los cuales en la baja época aparece también un femenino ACULEA (AQUI-). Podemos mirar PETRA AQUILEA, sea como una creación adjetiva del latín vulgar hispánico, o como una yuxtaposición de sustantivos ('piedra aguijón, que hiere como un aguijón'); y aun existe la posibilidad de que lo primitivo fuese el sustantivo *aguija* 'piedra aguda' < AQUILEA 'aguijón', comparación directa; entonces la combinación *piedra (a)guija* sería una aclaración secundaria, aunque es probable que a la misma se deba la pérdida de la *a-* inicial. A la misma razón semántica obedece al parecer el salm. *piedra herreña* 'guijarro' (*RFE* XXIII, 231).

Otras etimologías propuestas pueden desecharse brevemente: la igualdad de *guija* 'piedra' con el homónimo que significa 'almorta', sospechada por Schuchardt (*ZRPh.* XXIII, 195-6), pero rechazada por Baist (*KJRPh.* VI, 391) y ya puesta en duda por el propio Schuchardt (ibid. XXV, 248; XXIX) en vista de las grafías antiguas, aunque pudiera apoyarse en el berciano *pedrolo* «tito» (Fz. Morales), debe considerarse descartada por la constancia de la *j* sonora en nuestro caso y de la *x* en el del vocablo para 'almorta'. Fonéticamente es imposible partir del vasco *egi* 'canto, esquina', con artículo *egia* o *egiya*, o de un compuesto *egi(y)arri* 'piedra de canto' (según querían Larramendi y Diez, *Wb.*, 456), pues una -J- tras vocal palatal no da -*j*- castellana, sino -*y*-, y tras *i* desaparece; rechazaron ya esta etimología Schuchardt (*l. c.*), Ford (*Old Sp. Sibilants*, 138, 143) y Unamuno (*RFE* VII, 354). El primero indicaba que la inicial *gui-* se oponía a un origen ibérico, pero al no poder ser germánico, la etimología arriba indicada se presenta con carácter casi forzoso[4].

Hay un cat. dial. *guill* que parece ser hermano o afín de la voz castellana, pero significa 'filón de mineral' (especialmente el mineral ferruginoso o metálico de los explotados en minas, a diferencia de los pétreos que se llaman *veta*, el de mármol, p. ej.). Lo he oído en pueblos de varias comarcas del Nordeste, en particular tengo a la vista notas de Colera, Llançà, Cadaqués y Palau-Saverdera, pueblos del Alto Empordán; pero lo recuerdo de alguna comarca vecina (Rosellón, ¿Mallorca?). No figura en ningún diccionario, pero no sólo es frecuente e inequívoco topónimo menor, sino que lo tengo con definición de los montañeses, y oí frases como *s'ha d'anar seguint el guill de la pedra* (más al O. y NO. corre un sinónimo *llitze*, Berguedà, Cat. francesa, etc., que no parece explicable por la misma base).

Deriv. *Guijo* [en rima en J. del Encina, *RFE*
XL, 166; Acad. ya 1817]; para el uso en los
dialectos, V. arriba, nota; la ac. 'gorrón, espiga
en que termina el extremo inferior de un árbol
para facilitar su rotación', «eje de las mazas o
cilindros en los trapiches de ingenio» (según el
cubano Suárez), se halla también en el port. *guilho*
(Fig.), y procede de la de 'espigón del quicial de
una puerta', que ya aparece en el *Canc.* de Baena
(pp. 120 y 547) y en Fr. Juan de Pineda (1589;
cita de F. Ortiz, *Catauro*, p. 227); en definitiva,
esta ac. sale directamente del sentido etimológico
'aguijón'; *guijoso*[5]. *Guijeño*[6] [*aguijeño* «glareosus»,
Nebr.]. *Guijarro* [h. 1400, Glos. del Escorial; más
ejs. arriba][7]; *guijarral; guijarrazo; guijarreño; gui-*
jarroso [APal., 429b]; *enguijarrar.*

[1] «Si la meten [habla del talco] en panno de
lana gruessa e ponen con ella *piedras guijas* e la
traen muy derrezio, muele's toda», *RFE* XVI,
167; *agrija* en Villasandino (Canc. Cast. S. XV,
II, p. 369) como nombre de un mal o enfermedad
podría ser *rija* (V. s. v. *REJA* n. 12) cruzado con
este *grija* o *agrija*; no tendrá que ver con *graílla*
'parrilla' (vid. *GRADA*) como parece dar a entender Macrí, *RFE* XL, 135.— [2] «Piedra chiquita
y redondeada, de materia cuarzosa», Rato; *engri-*
xar 'cubrir los caminos con una capa de guijo',
allí mismo.— [3] La variante con *r* que vemos en
parte de estas formas reaparece en *grijo* «conjunto de guijas» ast. (V), «el conjunto de piedras pe-
ladas y chicas que se encuentra en las orillas...»,
Bilbao (Arriaga, *Lexicón*, s. v.); «grava; morrillo;
piedra dura muy picada que se emplea en la conservación de caminos; toda piedra menuda, como
la que hay en el lecho de los arroyos», en el castellano de Galicia (*BRAE* XIV, 121). Quizá se
deba a repercusión de la líquida cuando todavía se
pronunciaba **aguilla*; o se deberá al cruce con
otra palabra (¿*greda, grava*?).— [4] Trató también de
guija J. Balari Jovany, en *Poesía Fósil, Estudios*
Etimológicos, Barcelona 1890, obra que no está a
mi alcance. Atendiendo al *xixo* 'guijarro' de la Biblia de Constantinopla (*BRAE* V, 364) se hubiera
podido pensar en una derivación retrógrada de
*xixarro < **seixarro*, derivado de *seixo*, que es
'guijarro' en portugués, procedente del lat. SAXUM
'peñasco, roca'; en castellano **xixarro* > **jijarro*
quizá habría podido pasar a *guijarro* por disimilación (comp. el vulgar *guierro* < *hierro*). Pero
la forma medieval *guija* deshace esta posibilidad.
Por el contrario, *xixo* será dilación de *guixo*. Esta
forma judeoespañola con su *-x-* parece indicar
que hubo en algunas partes confusión de *guija* con
guixa 'almorta'.— [5] Análogamente *guixiu* «palo
espinoso» en Colunga (Vigón, *Supl.*).— [6] Vivo en
Tucumán: «la casucha de piedras *guijeñas* estaba
sola», Fausto Burgos, *La Prensa de B. A.*, 25-
VIII-1940.— [7] Pase que se diga que *-arro* es sufijo prerromano; aunque, dejando aparte sus oscuros orígenes remotos, lo único que consta es

que es sufijo romance. Pero deducir de ahí, como se ha hecho alguna vez, que la raíz de *gui-*
jarro es prerromana, es manifiestamente abusivo.
Entre otras cosas, porque *gui-* en voces antiguas
sólo puede venir de GUI-, y no hay tal inicial en
las lenguas prerromanas hispánicas.

GUIJA II, 'almorta', tomado del cat. *guixa* íd.,
que junto con oc. ant. *geissa*, fr. *gesse*, proceden
de una base **GĚSSIA o *GĚXA* de origen desconocido. *1.ª doc.*: 1627, Cienfuegos (en Colmeiro
II, 276).

Aut. lo da como propio de Aragón y de la Mancha; también se emplea en Murcia (G. Soriano);
en el Alto Aragón se pronuncia *gíša*, que es 'guisante', y además 'armuelle'[1] en Ansó y Echo, y
«lenteja gorda» en Panticosa y Embún, además
gišón o *gihón* en Embún y Lanuza (*RLiR* XI, 63).
El cat. *guixa* es general en todo el territorio lingüístico y debe ser muy antiguo [S. XIII, Lleuda
de Cotlliure, DAlc.]; el oc. *geissa* es ya frecuente
en la Edad Media, desde el S. XIII (Rayn., Levy),
hoy *jèisso* en Toulouse (Visner), *xèisso* en el Tarn
(Gary), *g(i)èysso* en el Aveyron (Vayssier), *diẹisso*
en el Lemosín (Béronie; forma disimilada), *gèice*
en la Gironda (Moureau), *déche* en las Landas
(Métivier, *Agric.*, p. 721), *décho* en el Bearne (Palay). De la comparación de estas varias formas
parece deducirse una base con E abierta, que también satisfaría al catalán, aunque las formas occitanas no son inequívocas; y el paralelismo con cat.
guix ∼ oc. *gẹis* 'yeso' (*géjš* con g- oclusiva en el
SE. del Aude, en el mapa «plâtre» del *ALF*), procedente de GĬPSUM, aunque no es paralelismo perfecto, se prestaría a admitir también una base con
E cerrada. Sea como quiera, la *g* velar del cat.
guixa ha de explicarse por disimilación, como en
guix, y la forma castellano-aragonesa ha de ser
catalanismo, mientras que el fr. *gesse* [1364] debió
tomarse de la lengua de Oc. Fonéticamente es imposible el étimo CAPSA 'cajita' de Schuchardt
(*ZRPh.* XXIII, 195-6; XXIX, 560), como ya vieron Baist (*KJRPh.* VI, 391), M-L. (*REW* 1685)
y Gamillscheg (*EWFS*, s. v.), y no menos el CĬCĔ-
RA 'almorta' de Horning (*ZRPh.* XIX, 70ss.), como
ya dijo G. Paris (*Rom.* XXIV, 310). Quizá prerromano. Volveré a tratar de la cuestión en mi
DECat.

[1] Ac. que también tiene el oc. *geissa.*

Guijón, V. *negro* y *guija*   *Guilindujes*, V. *ga-*
lindo   *Guilrio*, V. *agalla* II

GUILLA ant. 'abundancia en las cosechas', del
hispanoárabe *gílla* 'cosecha', 'abundancia en los
productos de la tierra'. *1.ª doc.*: 1583, Juan de
la Cueva.

En la ac. 'abundancia de víveres': «siempre veo
en casa *guilla* / y abondo me harto yo», cita de
Rz. Marín en su ed. del *Quijote*. En esta obra un

astrónomo popular predice «este año... que viene
será de *guilla* de aceite», I, xiii, 363. Y en el
Coloquio de los Perros: «alegróse mi amo viendo
que la cosecha iba de *guilla,* y mostróse aquel día
chocarrero en demasía» (*Cl. C.,* 284-85). De Luis
Rufo cita Pagés «no hay oliva, cargada en año de
guilla, que tanta aceituna produzca... como granos
de uva una pequeña y humilde vid». Pronto parece
haberse olvidado el vocablo, que creo anticuado
en la actualidad[1]. Según se ve por los ejs., las
definiciones de Covarr. («cosecha o fruto») y *Aut.*
(«cosecha copiosa y abundante») pecan de etimológicas, atribuyendo al castellano la ac. de 'cosecha', que sólo era del árabe[2]. En este idioma *gálla*
'cosecha' es palabra clásica y vulgar, cuyo gran
arraigo se puede observar por los numerosos derivados nominales y verbales (vid. Freytag y Dozy); en España se pronunciaba *gílla,* según testimonio repetido de R. Martí y PAlc.; el primero define 'cosecha de trigo', el segundo «cosecha», «cosecha de pan e legumbres, de vino, de azeite, de
higos, de miel». Pero vulgarmente existían además
otras acs. que ya anuncian la castellana: 'grano',
'abastecimientos' (vid. Dozy, *Gloss.* 282; *Suppl.*
II, 219b), y la que hoy corre en Egipto es igual
a la nuestra: «abondance des productions de la
terre» (Bocthor).

La familia del cat. *guilla* 'zorra' (en Cerdaña
'beato, santurrón'), port. *guilha* 'engaño' (Wagner,
VKR X, 19), oc. ant. *guila* 'engaño, mentira', *guilar*
'engañar', langued. *ghilià* íd. (Sauvages), gasc. *guilho*
'deseo instintivo' (Mistral), debe de ser independiente, a pesar del roce semántico con el derivado
guillote, que cito abajo; comp. *GUILLARSE.*

Deriv. *Guillote* 'holgazán' [1596, Rufo; Góngora;
1625, P. Espinosa, *Obras,* p. 196], según Covarr.
sería propiamente 'cosechero, usufructuario', pero
será más bien el aficionado a la *guilla* o abundancia, que permite no trabajar; de esta idea procede el dominicano *guilloso* 'avaro, egoísta', y quizá *inguillonai* (< *enguillonar*) 'fastidiar' (ambos en
Brito); *enguillotarse* 'enfrascarse, tener absorbida la atención en algo' (?) [Acad. después de
1884].

[1] Sanelo recoge «*guilla:* cosecha, usufructo» como
valenciano en el S. XVIII. Igual definición da
Mayans en sus *Orígenes* II, 248. Covarr. (s. v.
guillote) dice que *año de guilla* es 'año de muchos frutos' «en castellano antiguo».— [2] Más exacto es Oudin: «usufruict, revenu de quelque terre,
récolte, rapport, foison, abondance».

Guilladura, V. *guillarse*

GUILLAME, 'especie de cepillo estrecho de
que usan los carpinteros', del fr. *guillaume* íd., del
nombre propio de persona *Guillaume. 1.ª doc.:*
Terr.

Documentado en francés desde 1605.

GUILLARSE, 'marcharse, huir', de donde 'chiflarse', voz jergal debida a un cruce de gnía. *guiñarse* 'irse, huirse' con la familia del cat. *esquitllar-se,* cast. *escullarse, ESCULLIRSE,* 'escabullirse'; *guiñarse* se explica por las señas que se hacen
los malhechores para escapar cuando corren peligro. *1.ª doc.: guiñarse,* 1609, Juan Hidalgo; *guillar* «ir aprisa o de repente, echar a andar» 1870,
Quindalé; *guiyárselas* 'escaparse', 1882-3, Rodr.
Marín, *Cantos Pop. esp.;* 'chiflarse', Acad. 1914,
Besses (h. 1905).

Toro G., *RH* XLIX, 466, y M. L. Wagner,
Notes Ling. sur l'Argot Barc. 64-65, citan sólo
ejs. de *guillárselas,* y éste es, en efecto, el uso corriente en castellano en lo relativo a la ac. 'marcharse, huir'; se emplea en Madrid, Andalucía,
Murcia y otras partes (G. de Diego, *RFE* VII,
386); en este sentido el catalán dice *guillar* intr.;
en la ac. 'chiflarse' se emplea el reflexivo en ambos idiomas. Igual cambio de sentido en *CHALADO* y en *ido* 'loco'. Que *guillarse* es alteración
del antiguo *guiñarse* 'huir' [J. Hidalgo y frecuente
en sus romances de gnía.: Hill], ya lo vió Wagner, pero no es admisible su idea de un cambio
espontáneo de ñ en *ll.* Para el contacto semántico
con la familia de *ESCULLIRSE,* comp. especialmente Lión *s'esquiller* «s'enfuir», Berry *déquiller*
«déguerpir», Grand-Combe *degiyí,* Neuchatel *déguiller* «se sauver à toutes jambes», Haut Dauphiné *eiquilhé* «esquiver», *eiquilhà* «fuite» (citados
fuera de lugar en el *FEW* II, 567b y 568b). El
contacto entre esta familia y *guiñarse* era tanto
más fácil cuanto que la variante *esguitllar-se* existe
en catalán, y hay formas análogas en italiano y
galorrománico. En cuanto al prov. *gilà,* langued.
gilhà 'huir', queda completamente aparte, según
vió Wagner.

Deriv. *Guilladura* 'chifladura'.

Guillote, V. *guilla*

GUILLOTINA, 'máquina para decapitar', del
fr. *guillotine,* derivado de *Guillotin,* nombre del
que ideó esta máquina. *1.ª doc.:* h. 1793, L. F. de
Moratín; Acad. ya 1843.

Deriv. *Guillotinar* [íd.].

GUIMBALETE, 'palanca con que se da juego
al émbolo de la bomba aspirante', antes *bimbalete,*
debido a un cruce de dos vocablos franceses:
brimbale íd., derivado de *brimbaler* 'oscilar' (que
parece ser compuesto de *baller* 'danzar', V. *BAILAR,* con un primer elemento de formación incierta), y fr. ant. y dial. *guimbelet* 'taladro' (hoy
gibelet), de origen germánico (comp. ingl. *wimble*
íd., neerl. med. *wemelen* 'taladrar'). *1.ª doc.:*
guimbalete, h. 1573, E. de Salazar (ed. *Bibl. Esp.,*
p. 41); *bimbalete*[1], 1745, Larramendi, *Dicc. trilingüe.*

En castellano es vocablo náutico. *Guimbalete*

figura en G. de Palacio («es el palo con que se da
a la bomba» 145rº), en un manuscrito de h. 1620
(Jal, s. v. *bomba*), en Oudin (1616, no 1607)[2], en
el *Vocab. Maritimo* de Sevilla (1696), en *Aut.*, etc.
Bimbalete sigue empleándose en Méjico, donde
tiene la ac. secundaria «palo redondo, largo y rollizo, que sirve para sostener tejados y otros usos»,
ya documentado en 1736 (G. Icazbalceta). La alteración del fr. *brimbale* en *bimbalete* o *guimbalete* se produjo durante el paso por el País Vasco, donde existe *binbalet* (en Sule), *ginbalet* (en
Guip. y Alta y Baja Navarra), *bingalet* (en la
última región), en el sentido de 'taladro'; procede
del fr. ant. y dial. *guimbelet*, oc. íd. (Schuchardt,
BhZRPh. VI, 34)[3]; para la etimología germánica
de éste, ya documentado en francés en 1412, V. el
artículo de Skeat sobre el ingl. *wimble* [h. 1420],
y su numerosa familia germánica. El origen del
fr. *brimbale* o *bringuebale* (como términos de marina ambos en 1634, Jal, 344b; en otra ac. el
primero ya aparece en el S. XVI) presenta un
problema complicado; lo único claro me parece
ser que *brimbale* viene del verbo *brimbaler* 'oscilar' [Rabelais], y que éste tiene que ver con
baller 'danzar'. La idea del *DGén.* de explicarlo
a base de *bringueballer* (comp. además *brinquebale*
'guimbalete' en 1694), y ver en éste un compuesto
del lemos. *bringà* 'saltar de alegría' con *baller*, es
ciertamente sugestiva, pero *bringà* parece ser un
castellanismo en Francia, y sólo podemos documentarlo allí en fecha moderna (V. *BRINCAR*).
Luego no carece de justificación la actitud de
Wartburg (*FEW* I, 221a) y Gamillscheg (*EWFS*,
s. v.) al considerarlo alteración de *trimbaler* 'llevar
de acá para allá' [*triballer* en Rabelais], alteración
que se explicaría más bien por una reduplicación
expresiva (Gam.) que por un cruce con la alejada
familia de *BRIBÓN* (Wartburg). Por desgracia el
origen de *trimbaler* (junto al cual Rabelais emplea *trinqueballer*, y hay el sustantivo *triqueballe*
[S. XV], formas comparables a *bringueballer*), es
a su vez complicado y oscuro, de suerte que el
problema espera todavía una solución definitiva;
de todos modos no parece plausible la idea de
Gamillscheg de partir de oc. *trebalh* 'trabajo', en
el sentido etimológico de 'instrumento de tortura',
entre otras razones porque habiendo formas con
-*l*- interna no palatal, documentadas ya en el
S. XV, no sería posible explicarlas por la despalatalización occitana de la -*lh* final, fenómeno local
y muy moderno.

[1] Port de *Bimbalette*, collado entre Ste. Engrace
y el Valle de Roncal (P. Raym., *Dict. Top.*).—
[2] «La pièce de bois avec laquelle on fait mou-
voir le piston de la pompe du vaisseau».— [3] Con
metátesis el gall. *vinguelete* 'el barreno común
del tonelero' (Sarm. *CaG.* 98r). Por lo demás,
una ac. análoga a la del cast. *guimbalete* existe
ya en las Landas, donde Métivier define *gim-
bellé* como «pièces de bois creuses, placées ver-

ticalement et enchassées dans les feuillures en
pierre des échampoirs et vannes; c'est dans ces
creux ou coulisses que montent et descendent les
pelles des coursiers et des échampoirs pour ouvrir
ou arrêter l'eau» (*Agric. des Landes*, p. 727).
Trataré de la familia del fr. y aran. *guimbelet*
en mi libro ampliado sobre el dialecto del Valle
de Arán.

GUIMBARDA, 'cepillo de carpintero de cuchilla muy saliente, que sirve para labrar el fondo
de las cajas y ranuras', del fr. *guimbarde* íd., antiguamente nombre de una danza en francés y
lengua de Oc, y éste probablemente de oc. *guimbà*,
oc. ant. *guimar* 'saltar, retozar', el cual a su vez
parece procedente del fráncico *WIMAN (a. alem.
med. *wimmen* 'menearse', comp. a. alem. ant.
wiuman íd., alem. *wimmeln* 'pulular') con influjo
del sinónimo *gambadà* (derivado de *cambo* 'pierna', V. *GAMBA*). 1.ª doc.: Acad. 1899.

El fr. *guimbarde* significa 'especie de danza'
desde 1625, se aplica como nombre o sobrenombre de mujer, a veces injurioso, desde 1620, y
posteriormente designa varios enseres y objetos;
el oc. *guimbardo* figura como nombre de danza
ya en el tolosano Goudoulì (1579-1649), y hoy
designa una herramienta empleada por los calafates para desclavar clavos, y otros instrumentos;
existe además en francés *guimpée* o *doucine guim-
bée* (d. *guimpée*) como nombre de una especie de
cepillo. Creo acertada la idea de Bloch de relacionar *guimbarda* con oc. *guimbà*, y también la
de Gade (patrocinada por M-L., *REW* 9542) de
relacionar con el alem. *wimmeln*. Las dos ideas
se complementan mutuamente, pues oc. *guimbà*
'saltar, retozar', cat. *guimbar* íd. (Vallespir, Ampurdán, Vic, *gimbar* en el valle de Cardós), aparece una vez en la forma *guimar* en Raimbaut d'Aurenga (3.r cuarto del S. XII)[1], y no me parece
dudoso que éste deba relacionarse con las formas
germánicas arriba citadas y los derivados *wimidôn*,
wimizzen, que tienen el mismo significado en alto
alemán antiguo (vid. Kluge, s. v. *wimmeln*). La
idea de 'menearse', 'retozar', puede explicar el
significado de la guimbarda de los carpinteros por
el movimiento de ésta, sea directamente, sea por el
intermedio de la danza *guimbarde*; comp. barcelonés *guimbardejar* «moure's molt, anar d'ací d'allà»
(S. XVIII) y los varios significados del cat. *guimbarda* en Ag.

[1] Así en la mayor parte de los manuscritos,
grimar en otro, forma que reaparece en otro pasaje del mismo trovador y en uno de un anónimo,
al parecer siempre con el sentido del moderno
guimbar. Quizá en todas partes deba enmendarse
en *guimar*. *Guimbà* figura ya en Goudoulì, y es
hoy forma tolosana y bearnesa, mientras que en
los Alpes se emplea *gimbà* (Mistral, Palay, Dou-
jat-V.).

Güincha, V. *vincha* *Guinchado*, *guinchar*, *guincho*, *guinchón*, V. *gancho*

GUINDA, 'especie de cereza, de forma más redonda, y comúnmente ácida', del mismo origen incierto que el cat. ant. *guíndola*, oc. ant. *guilha*, *guina*, *guindol*, fr. *guigne* (ant. *guisne*, *guine*), it. *visciola* íd., palabra extendida también al rum. *vîş(i)n*, *vişină*, *visnă*, esl. *višnja*, gr. mod. βίσινον, βισινιά, a. alem. ant. *wîhsila* (alem. *weichsel*); quizá procedentes todos ellos de una forma germánica hermana de este último y romanizada parcialmente en **WĪKSĬNA*, pero falta indagar la antigüedad de las formas eslavas y orientales, que entonces debieran ser de procedencia romance; en cuanto a la española, puede resultar de **guinla* (bearn. *guinle*), que a su vez sería combinación de *gui(s)na* con *gui(s)la*. *1.ª doc.*: h. 1400, Glos. del Escorial; Nebr.: «*guinda, fruta*: *cerasus acer*». Hállase también en un doc. de Salamanca de 1499 («una banasta de *guindas*», *BRAE* X, 574), en Rob. de Nola (1525), p. 108, en Laguna (1555), en Sorapán (1616) y en muchos textos y diccionarios del Siglo de Oro; del castellano pasó *gínda* al árabe granadino (PAlc.). Palabra antigua y de uso general.

El portugués *ginja* 'guinda' [ej. del S. XVIII en Moraes][1] parece ser alteración de un antiguo *guinda* (conservado en el nombre propio *Os Guindais* cerca de Oporto: G. Viana, *Apostillas* I, 511) por confusión con el catalanismo cast. *jínjol* 'azufaifa', de origen independiente (V. una mezcla semejante de las dos palabras en castellano en el artículo *AZUFAIFA*)[2]. En catalán *guíndola* es vocablo poco extendido, pero se emplea en la Conca de Tremp y Pallars, y hay ya ej. a fines del S. XIV, en Eiximenis[3]. Se acentúa en la *o* según Alcover y me lo confirma un hijo de Rialb, detalle de interés, revelador de procedencia galorrománica. En lengua de Oc encontramos ya media docena de ejs. de *guina* y de *guindol* o su derivado *guindolier* en la Edad Media[4], y a este período se remonta asimismo el gasc. *guilha* (Levy); hoy tenemos *guino* «cerise acide et tardive» en el Rouergue, *guindoul* «griotte» en Gascuña, «pruneau» en la Marche, «grosse cerise» en el Quercy (Mistral), *guinle*, *guil·le* o *guilhe* «cerise rouge foncé, grosse et à queue courte» en el Bearne (Palay); parcialmente del castellano y parcialmente de la lengua de Oc vendrán las formas vascas vizc., guip., lab., a. nav. *ginda*, vizc., guip. *kinda*, guip. *ginga*, ronc. *ingla*, b. nav. *gindoil* (Schuchardt, *BhZRPh*, VI, 17-18), ya en el suletino Oihenart (c. 1640). El francés *guigne* «cerise de la forme du bigarreau, d'un rouge foncé», se halla ya en el S. XIV en la variante *guine* (así todavía en el S. XVI), y hay también *guisgne* en un texto del S. XV; Du C. cita además *guina* en un texto medieval de Carcasona, y *guindola* en uno de 1466 relativo al Gers y en otro de 1330 que hace referencia a la Vendée[5]; hoy Anjou *guindole*, Charente *guindou*, Borgoña *guindon*. El it. *visciola* se documenta desde la 2.ª mitad del S. XVI; hay variante dialectal *vissola* y el vocablo se extiende por todo el Norte de Italia.

El eslavo *višnja* (así en ruso) y sus variantes se extiende, como denominación normal de la cereza, por todos los idiomas eslavos, de los cuales ha pasado al lituano, y el derivado *višnjavŭ* «colorem cerasi aproniani habens» pertenece ya al eslavón eclesiástico (Cihac), pero esto no nos informa exactamente acerca de la fecha del vocablo en eslavo, puesto que bajo la denominación de «vieux slave», y semejantes, suelen comprenderse, además de los textos cirílicos, escritos tardíos que corresponden en realidad a los idiomas eslavos modernos, aunque en forma artificialmente arcaizante; con el eslavo van el rum. *vişin* y sus variantes, el gr. mod. βίσινον y βισινιά, y formas del turco, el húngaro y el albanés.

En cuanto a la etimología y al origen último, discrepan M-L. (*REW*, 1433) por una parte, y Kluge (s. v. *weichsel*), Gamillscheg (*EWFS*, y *R. G.* I, p. 193; II, p. 171) y Bloch por la otra[6]. Aquél quiere partir de un gr. BYSSĬNUS **'rojo'*, palabra que no me es conocida en esta ac., pues en latín y en griego sólo se conoce con la de 'algodón' o 'lino'; fúndase en que el punto de partida del árbol está en Grecia y los Balcanes[7], dato que deberá tenerse en cuenta pero que de ninguna manera es decisivo en cuanto a la etimología del nombre. Sus oponentes parten del a. alem. ant. *wîhsila* 'guinda' (hoy alem. *weichsel*): la forma fráncica correspondiente pudo ser romanizada parcialmente en **WĪKSĬNA*, tal como **TRUGILA* se cambió en **TRUGĬNA* (fr. *troène*) o MARGILA en MARGĬNA (fr. *marne*), a causa de la rareza de la terminación -ĬLA en romance, y la frecuencia de -ĬNUS en nombres de árbol (*frêne*, *chêne*, etc.); de ahí pudo resultar **guiǐsne > gui(s)gne*, oc. *guina*, junto al cual persistiría el originario **WĪKSĬLA*, de donde oc. **guiǐsla > guilha* (comp. *ilha* INSULA); de un compromiso entre los dos tipos occitanos vendría *guinla* (hoy en el Bearne), que al pasar al castellano se convertiría en *guinda*, tal como SINGULOS > *senlos* > *sendos* (más ejs. del fenómeno en *COYUNDA*, *ESPUNDIA*, *ESCANDA*); en cuanto a *guíndola* podría explicarse por una combinación de *guinda* y *guinla*. Es difícil, de todos modos, que el cast. *guinda* sea forma autóctona procedente del gótico, puesto que no conocemos el vocablo germánico más que en alto alemán, y partiendo de un gót. **WĪHSILA no explicaríamos la *n* castellana (a no ser por el cruce con *jínjol*, que es forma demasiado reciente para ello); la alteración grave sufrida por el vocablo portugués y la acentuación en catalán confirman que era voz extranjera en la Península Ibérica, y por lo tanto ajena al gótico. El it. *visciola* procedería del longobardo, donde hay otros ejs. del tratamiento de w- como v- (Gamillscheg, *R. G. II*, pp. 216-7).

La teoría del origen germánico de nuestro vocablo se funda en que su documentación más antigua es la del a. alem. *wihsila*, que ya aparece en el S. XI; según Kluge y Walde-P. (I, 313), el significado originario de la voz alemana sería 'Prunus avium', especie de ciruelo silvestre designado todavía por *wisselbere* en la Baja Alemania, y de cuya resina se saca muérdago; se trataría de una raíz indoeur. ᵫiks-, de la cual vendrían asimismo el lat. *viscum*, gr. ἰξός 'muérdago' y quizá también el esl. *višnja*. Pero como la terminación de este último no queda así claramente explicada, surge el escrúpulo de si puede derivarse de una antigua forma romance, pues si es tan antigua que esto sea imposible, podría devolver el crédito a la etimología griega de M-L.[8]

Deriv. *Guindo* [1513, G. A. de Herrera], antes *guindal* [Nebr.], todavía empleado en Asturias (Vigón); *guindalera. Guindado. Guindilla* 'pimiento pequeño y encarnado que pica mucho' (nombre español del ají), 'guardia municipal' (así llamado, según Arriaga, *Lexicon Bilbaíno*, por el apéndice rojo que remataba su quepis de gala)[9]; *guindillo*.

Cpt. *Donguindo* o *Enguindo, pera de* ∽, arag., *longuindo* arag., vizc. y arg. [Cuervo, *Obr. Inéd.*, 233; *pera longuinda*, Chaca, *Hist. de Tupungato*, 86; *donguindo*, ya en Terr. y Acad. 1843][10]: es dudoso si procede de *guindo* con el título de respeto *don* (arag. *En*), o es alteración de *Don Guido*, o de un *donguito*, diminutivo de *dongo* por *dóñigo* (comp. *higo doñigal*, V. s. v. DUEÑO).

[1] Hoy se emplea en el Alentejo, en San Martín de Trevejo, en el Limia, etc. (*RL* I, 286; XXXI, 170; *VKR* XI, 102).— [2] Simonet, s. v., cree erróneamente que *guinda* procede del nombre latino de la azufaifa, ZIZYPHUM.— [3] «Llimons, llimes, adzebrons, aranges, cireres de diverses sorts, *guíndoles*, albercocs...», *Regiment de la Cosa Pública*, 25.13; también se empleó «guindes cerasum acidum vel austerum», seguramente valenciano, 1575, On. Pou, *Thes. Pue.*, 62.— [4] *Guindolier* y *guinier* se hallan ya en las *Leys d'Amors*, S. XIV. No conozco la fecha exacta de los demás ejs.— [5] God. IV, 386; IX, 737. Ocasionalmente *ghignette* ha pasado a ser el nombre de la endrina (Cronenberger, *Die Bezeichn. des Schlehdorns im Galloroman.*, p. 74).— [6] Diez, *Wb.* 343, no se pronuncia. Salvioni, *RIL* XLIX, 1066, tampoco aduce material de interés. Más bibliografía en el *REW* y en Cihac.— [7] El sanabr. *méixena* en que se fija M-L. nada tiene que ver con todo esto, V. *AMACENA*. Tampoco, según creo, el leon. *nisa* 'ciruela' (*REW*, 5936a).— [8] Siento que no estuvieran a mi alcance los *Neugriechische Studien* de Gustav Meyer, al redactar este artículo. El autor trata de nuestro problema en la p. 374.— [9] Es muy dudoso que sea aplicación

metafórica de *guinda* el gall. *guinilla* 'pupila, niña del ojo', según quería C. Michaëlis, *Misc. Caix*, 134. Vid. *PUPILO*.— [10] En gallego *peras de Don Guindo*, Sarm. *CaG.* 92v, pero en otro pasaje (67r) figura, por lo menos en la copia, *peras de longuindo*.

Guinda 'pupila', V. *pupilo*

GUINDAR, 'izar, subir (algo) a lo alto', náut., del fr. *guinder* íd., y éste del escand. ant. *vinda* 'envolver', 'devanar', 'izar por medio de un guindaste'. *1.ª doc.*: Díaz de Gámez, 1430-50; Pero Tafur, h. 1440 (Cej., *Voc.*, y Jal, p. 809); 1519, Woodbr.

En francés aparece ya en el S. XII. Se trata de una raíz común a todos los idiomas germánicos (a. alem. ant., ags. y gót. *windan*, alem. *winden*, ingl. *wind*, etc.), que propiamente significa 'torcer', 'envolver', pero que se aplica también, sobre todo en el lenguaje de los marinos, a la acción de levantar por medio de poleas o guindastes (alem. *in die höhe winden*; escand. *akker vinda* 'levantar el ancla', etc.). Es vocablo advenedizo en italiano, como lo muestra su forma *ghindare*, seguramente tomado del español, o quizá directamente del francés (aunque *agghindare* ya se halla en Luca Pulci, h. 1480, vid. Zaccaria); es raro en catalán y desusado en lengua de Oc; en los demás romances su significado inicial es exclusivamente náutico. Todo ello prueba que es ajeno al latín vulgar y que no pudo tomarse del gótico; la representación de la ĭ germánica por *i* concurre también en indicar un germanismo tardío. Luego es preciso derivar la forma francesa del escandinavo de los invasores normandos, y mirar la forma española y portuguesa como tomada del francés, según indicó Baist, *Z. f. dt. Wortforschung* IV, 257-8. Del significado fundamental salieron fácilmente otros: *guindarse* 'descolgarse de alguna parte con cuerda' [h. 1460, *Crón. de Juan II*, en *Aut.*]; es natural que estas acs. secundarias se hallen sobre todo en América y en Asturias, donde tanto influjo ha tenido el vocabulario náutico: ast. *guindar* «colgar, poner pendiente algo de un clavo, de una rama de árbol» (Rato), allí mismo *guindarse* «ahorcarse» [Quevedo], «fastidiarse» [1609, J. Hidalgo]; *guindar* 'colgar (una hamaca)', 'ahorcar', en el colombiano Rivera (glos. de *Vorágine*). Gall. *guindar con* 'arrojar' (*con un acordeón, con un título, con el gancho*, Castelao 180.9, 201.8, 239.7).

Deriv. *Guinda* 'altura total de la arboladura de un buque' [1696, *Vocab. Marit. de Sevilla*], en Cuba 'la pendiente en el techo de una casa rústica' (Pichardo). *Guindaleza*[1] 'cabo de 12 a 25 centímetros de grueso, empleado para varias faenas a bordo y en tierra' [-*leja* 1504, Woodbr.; -*eza* 1696, *Voc. de Sevilla, Aut.*; -*esa* ya está en el cap. 3 de Bernal Díaz del Castillo (aunque sería mejor citar de una ed. más cuidada que la Espasa de 1942, en cuyo cap. 1 aparece la evidente errata *guirdalesos*); 1732, Jal; *-areza* y *-alesa*, G. de Palacio], del fr. *guinderesse* íd. [1525], derivado de *guinder* con el sufijo deverbal de adjetivos *-erez*, *-eresse*[2]. *Guindola* [1696, *Voc. de Sevilla*]. *Desguindar*. Gall. *guindamazo* 'tirón, arranque' (Castelao, 181.6).

CPT. *Guindaste* [1587, G. de Palacio, 100r°; 1614-21, ms. citado por Jal; Mtz. López, *Bol. Fil. Chile* XI, 17, cita *guindaste* [sic?] 'hierro del que se suspende el pote' en Cabal, *Costumbres Asts.*, p. 18 y un *guindaje* náutico en el Fuero de Layrón, de fin. S. XIV, p. 10 (ast. o gall.)] 'especie de cabria empleada para guindar', tomado del fr. ant. *guindas* íd. (más tarde *guindal*, hoy *guindeau*, por influjo de un sufijo más frecuente), por conducto de oc. *guindatz,* con imitación imperfecta de la final *-atz*, ajena al castellano (comp. *FLECHASTE*)[3]; el fr. *guindas* procede del escand. ant. *vindâss* íd., compuesto con *âss* 'madero' (del francés, el vocablo pasó también al inglés y al neerlandés)[4]; es increíble que el cast. *guindaste* salga de un gót. *WINDÁSTS, compuesto con ASTS 'rama' (según quiere Gamillscheg, *R. G.* I, p. 384), palabra de sentido difícilmente aplicable al caso, pues sería ej. único de un término náutico procedente del gótico; de la variante francesa anticuada *guindal* derivará el cast. *guindaleta* 'cuerda de cáñamo o de cuero de un dedo de grueso' [1555, continuación del *Lazarillo*[5]]. *Guindamaina*, compuesto con *amainar*.

[1] *Guindalesa* en el vasco de Lequeitio.— [2] Como sugiere Gamillscheg, *EWFS*; no es probable que sea deformación del neerl. *windreep*, según propuso con reservas Baist, opinión adoptada por M-L. (*REW*, 9546), lo cual presentaría dificultades fonéticas.— [3] Vco. *gindax* «traquenard» «orte de machine qui soulève les boeufs pour qu'on puisse les ferrer» en los vco.-franceses Oihenart y Pouvreau, *indax* 'palo del carro en que se ata la cuerda que sujeta la carga' en Ainhoa (lab.).— [4] Según indicaron Baist, *l. c.*, y Hj. Falk, *WS.* IV, 81.— [5] «Metí mi espada entre el cuello, y cortéle un cabo de *guindaleta* con que estaba atado. Como fué suelto, tomó una espada a uno de nuestra compañía», p. 100. *Aut.* trae dos ejs. de h. 1600. También en Quiñones de B. *correr a alguien con guindaleta* 'perseguir amenazando con una cuerda', *NBAE*, XVIII, 528.

Guindilla, guindillo, guindo, V. *guinda*
Guindola, V. *guindar*

GUINGA, 'cierta tela de algodón', del port. *guingão* íd. *1.ª doc.*: 1485; *guingao, guingans* y *guingas*, Terr.; Acad. ya 1884, no 1817.

Con la definición transcrita está en el glosario regional que puso Fernández Duro a sus *Memorias Hist. de Zamora* (IV, 468ss.), a. 1883.

Claro está que no figura entre los nombres de paños importados que se anotan en los Aranceles santanderinos del S. XIII. El port. *guingão* (pl. *guingões*) es frecuente desde 1552, y se refiere siempre a las Indias Orientales; vid. Dalgado, s. v.; quien hace partir la voz portuguesa del malayo *gingong* 'cotonía listada o ajedrezada'. Del portugués proceden también el fr. *guingan* y el ingl. *gingham*; claro es que tanto la forma castellana como la francesa son de origen portugués, pues de haber llegado directamente del francés al castellano éste hubiera tomado el vocablo en la forma **guingán*. La etimología de Littré, que derivaba del nombre de *Guingamp*, ciudad de Bretaña, prohijada por la Acad., parece carecer de fundamento, según ya indicó el *DGén*. Sin embargo, por otra parte, como señala Pottier (*Fs. Wartburg* 1958, 585) se encuentra *guingao* en castellano en el S. XV: en las Cuentas de Gonzalo de Baeza aparece la palabra en 1485, 1486, 1487, 1489, 1491 y 1492; se trataba de un tejido tan corriente como módico de precio: «28 varas de *guingao* para un almofrex, que costa 33 mrs. la vara, 924 mrs.»; el *lienzo* valía de 20 a 30 maravedís y el terciopelo de 1.000 a 3.000 en el mismo documento. Esto obliga a suponer que la palabra portuguesa —y la cosa— existían antes de 1485 en portugués. Queda abierto por lo tanto el problema del origen de la palabra portuguesa; aunque convendría investigar si las referidas Cuentas de Gonzalo de Baeza son coetáneas.

Guinilla, V. *pupilo*   *Guinja, guinjo, guinjol*, *guinjolero*, V. *azufaifa* y *guinda*   *Guiñada, guiñadura, guiñapo*, V. *guiñar*

GUIÑAR, 'cerrar un ojo momentáneamente quedando el otro abierto', del mismo origen incierto que el port. *guinar* 'desviarse un poco un navío del rumbo que lleva', vasco *keinu* o *keiñu* 'guiño', 'mueca', 'seña', 'amago', cat. *guenyo* 'bizco', *ganya, ganyota* 'mueca', oc. ant. *guinhar* 'mirar furtivamente', 'hacer una seña', fr. *guigner* 'mirar furtivamente', it. *ghignare* 'reírse sarcásticamente', *sghignazzare* 'reírse con estrépito'; probablemente procedentes de un radical *gin-* de creación expresiva, con ligeras variantes fonéticas, como el que sirvió para formar el lat. tardío CINNUS 'guiño', 'seña', y empleado para indicar el movimiento instantáneo del párpado. *1.ª doc.*: Gral. Est. II, 1, p. 170a[1]; Juan Ruiz[2].

Figura también en el glosario de Toledo: «conniveo: *guinnar de ojos*»; en APal.: «connivere es *guiñar* cerrando los ojos» (90d); en Nebr. («*guiñar del ojo*: nuo»); y en muchos autores y lexicógrafos clásicos (*Pícara Justina*, P. de Oña, Covarr., etc.); es voz frecuente en todas partes y en todas las épocas (comp. *GUILLARSE*); la ac. náutica 'mover la proa a una u otra parte del rumbo que se lleva' figura ya en G. de Palacio,

144v° (1587), y en el *Vocab. Marít. de Sevilla* (1696)[3]. Ésta es la ac. principal que tiene *guinar* en portugués, donde ya figura en Mendes Pinto (1541), y es la única que existe con carácter castizo en el cat. *guinyar;* por lo demás, en portugués existen otras acs., que se rozan con las de los demás romances: 'mover rápidamente el cuerpo', 'volver rápidamente los ojos de una parte para otra', *guinar-se* 'escabullirse', *guinada* 'carcajada'. Para el vasco *keinu* (lab., b. nav.), *kheiñu* (a. nav., sul.), V. lo dicho aquí s. v. *CEÑO*. En catalán, además de los vocablos citados arriba, que son bien conocidos y de uso general (excepto el tarragonés *ganya*, frente al general *ganyota*), pueden citarse el barc. vulgar *guinyar-se* 'defecarse', *guinyat* 'estropeado, desatinado, fracasado' (Griera), val. *guinyós* 'coceador, zaino'[4]. El fr. *guigner* 'mirar furtivamente, disimuladamente', es palabra poco vivaz, de uso familiar y más bien raro; se halla ya, con este sentido, en un texto del S. XII, pero también tuvo antiguamente acs. próximas a la castellana: 'hacer señas' y 'guiñar los ojos', ambas frecuentes en textos de los SS. XIV y XV (God. IV, 383; IX, 737); además, en dialectos del Este y el Sudeste, y en hablas occitanas, significa 'mirar de reojo, bizquear', y en algunas partes del Norte y Sur de Francia vale 'menear (la cola, p. ej.)', también oc. mod. *guignà* 'amagar' y 'hacer señas, designar'; por lo demás, junto al cat. *guenyo* 'bizco' existe tort. *guinyo*, friburg. *guignou, guegne* en Vaud, con el mismo sentido, y en otras partes de Suiza *guegno* 'corto de vista' (Wartburg, *RDR* III, 438, 465-6), pic. *gogner* 'mirar bizco'. El it. *ghignare* 'reírse entre dientes, sarcásticamente' es ya frecuente desde med. S. XIV (Boccaccio, Sacchetti), *ghignare in bocca ad alcuno* 'fingirle aprobación', *sogghignare* 'reírse burlonamente', *sghignazzare* 'reírse a carcajadas'.

El cuadro que presenta el conjunto de estas numerosas formas romances es menos desconcertante por su variedad semántica que por las discrepancias fonéticas. En el primer aspecto es fácil partir de la idea única de 'hacer señas con los ojos', de donde por una parte 'hacer muecas' (cat., vasco) y 'reírse en forma burlona, hipócrita o provocativa' (italiano); por otra parte, desde la ac. primaria se pasa fácilmente a 'mirar bizco', 'mirar de soslayo o furtivamente', y de ahí 'soslayar, oblicuar' (ac. náutica); de 'hacer señas' también se pasa a 'menear (la cola)', etc., y así se pueden ir explicando todas las acs. Pero en lo fonético hay mayor dificultad. Si es verdad que la falta de correspondencia entre la inicial *gui-* galo e iberorrománica y la inicial *ghi-* (y no *gui-*) del italiano, todavía podría explicarse admitiendo que en este idioma es voz advenediza (aunque sea tan antigua y de significado tan divergente), las discrepancias que presentan la *k-* vasca, la *-n-* portuguesa y la *é* o *á* del catalán y del francés

de Suiza, la *o* del picardo, difícilmente o de ninguna manera podrían explicarse con la hipótesis de un préstamo. Sin embargo, así se ha hecho repetidamente; la única razón parece haber sido que la inicial *gui-* creaba el prejuicio de un origen germánico, y como dentro de esta familia lingüística sólo se hallaba algo parecido en la rama occidental, ha habido tendencia a partir del fráncico y a considerar por lo tanto que las formas hispánicas e italianas debían ser galicismos.

Ya he observado la inverosimilitud de un galicismo en nuestro caso, por las varias razones apuntadas, y además porque el vocablo ha tenido siempre mucha más vitalidad en los idiomas meridionales que en francés. Sin embargo, varios romanistas se han empeñado en relacionar con el alem. *winken*, ingl. *wink*, 'guiñar, parpadear': Gamillscheg parte de un fránc. *WINKAN*, conforme al a. alem. ant. *winkan*, y trata de evitar el obstáculo que le opone el extraño cambio de *NK* en *ñ*, refiriéndose a su etimología del fr. *cligner* como procedente del fránc. *HLUNKÔN*, lo cual es huir del fuego para caer en las brasas, pues nadie cree en esta etimología, que él mismo propuso con vacilación. Brüch, *ZRPh.* XXXIX, 496, aferrándose a la misma idea, construye un fránc. *WINGJAN*, que está desmentido unánimemente por las formas germánicas conocidas: a. alem. ant. *winkan*, neerl. med. *winken*, ags. *wincian*; sin embargo, arguye que pudo haber una variante en el radical, como ocurre alguna vez en las lenguas germánicas, gracias a elementos sufijales distintos (él cita el caso del alem. *schwenken* junto a *schwingen*). Pero salta a la vista que es un método detestable razonar una etimología que ya presenta tantos puntos dudosos[5] a base de casos extraordinarios como éste; por lo demás, puede negarse decididamente la posibilidad de que aun el tan hipotético *WINGJAN* diera *guignier*: en un idioma que tan pronto generaliza el tratamiento *nj* a expensas del antiguo *ñ*, como es el francés, diciendo *étrange, linge, lange, frange, songe* (y no *extraño*, etc.), es seguro que en una voz tardía, como lo son las de origen fráncico, hubiera cambiado *NGJ* en *nj*, como efectivamente lo hizo en *donjon* DUNGJO. Un germanista como Holthausen (*ZRPh.* XXXIX, 496) rechazó la etimología de Brüch como imposible desde el punto de vista germánico; tampoco la admitió Gamillscheg, que suele ser tan indulgente en materia de germanismos; Bloch, aun permaneciendo apegado al prejuicio germánico, reconoce que no se ha encontrado base satisfactoria; y sólo M-L. (*REW*, 9548) admitió con excesiva indulgencia la opinión de su ex-discípulo. Por lo demás, nada se ha propuesto que satisfaga, pues peor era aún el germ. *HWÎNAN* o *HWÎNJAN* de Cipriani (basado en el ingl. *whinny*, ags. *hwinan*), que sólo podía significar 'relinchar' o 'zumbar'.

Extraño que nadie hiciera caso de la prudente

indicación de Diez (*Wb.*, 162) al llamar la atención sobre el picardo *guinier*, que con su *gui-* y no *wi-*, nos muestra que no hay w- en el étimo, y que por lo tanto no hay por qué pensar especialmente en el germánico. En cambio, es 5 elocuente el parecido de *guiño*, del vasco *keiñu* y de toda su familia descrita arriba, con el lat. tardío CINNUS 'seña', 'guiño' (hoy arag. *ceño* 'guiño', V. mi artículo CEÑO), voz latina que tampoco tiene etimología aceptable. El origen de to- 10 das estas variantes, tan parecidas y sin embargo algo discrepantes, es uno: se trata de creaciones expresivas. Comp. *GUIPAR*. La sílaba *kin-* o *gin-* era admirablemente apta, por la brevísima duración de sus dos sonidos oclusivos, y el tim- 15 bre agudo de su vocal, para sugerir la idea de un movimiento instantáneo y casi invisible, como el de los párpados; en unas partes parece haberse conservado la *nn* doble del tipo latino (de ahí port. *guinar*, cast. *guiñar*), en otras pudo ha- 20 ber influjo de la palatal del fr. *cligner*, o más bien esta variante, como las variantes vocálicas observadas, y la de la sonoridad de la consonante inicial, se explicarán por ligeras discrepancias en la base onomatopéyica, como las que suele haber 25 en semejantes casos[6].

DERIV. *Guiñada* [*Aut.*] o *guiñadura* [Quevedo]. *Guiñador. Guiño* [1605, *Pícara Justina*]. *Guiñarol* 'aquel a quien hacen seña con los ojos' [1609, J. Hidalgo]. *Guiñón* 'guiño' [íd.]. *Guiñote* 'variante 30 del tute' (por los guiños empleados en los juegos de cartas).

[1] «Fago algunas señales, como es daquello que dizen *guiñar*».— [2] «El dinero... / por todo el mundo anda su sarna e su tyña, / do el dinero 35 juega ally el ojo *guiña*», 499d; «luego quieres pecar con qual quier que tu veas, / por conplyr la loxuria *guinando* las oteas», 257d (el ms. único trae *enguinando*, que no cabe en el verso).— [3] Otras acs. y variantes castellanas son secundarias. 40 *Jiño* 'guiño, seña con los ojos' en Chile (G. Maturana, *D. P. Garuya*, p. 100) se explica fonéticamente por el plural frecuente *los guiños > loh jiños*. Ya en tiempo de Juan Hidalgo (1609) muchos consideraban *guiñar* como voz de germanía, 45 y a finales del siglo figura como voz gitana en el sentido de 'rogar' (*RH* LIII, 615).— [4] «Cara de mula *guinyosa* y orelles de majo vell», M. Gadea, *Tèrra del Gè* II, 43. Griera recoge el vocablo en Altea. Para el significado, comp. el cast. 50 *zaino* 'traidor', 'coceador', y *mirar a lo zaino* 'mirar de soslayo'. M-L. cita un cast. ant. *guiñón* en el mismo sentido, cuya fuente desconozco; Oudin da *guiñoso*. Todavía pertenecerá a la misma familia el cat. ant. *guinyó* 'hipócrita' 55 (un ej. en la *Suma de Col·lacions*, del S. XV, en Ag.), *guinyonia* 'carácter rencoroso' («en quant... la persona és major e pus noble, en tant li està pus leig *guinyonia* e li pertany més benignitat, justícia e liberalitat», Eiximenis, *Doc-* 60

trina Compendiosa, p. 128), *ganyonia* 'codicia' (un ej. en Ag.), cat. mod. *ganyó* 'avaro', 'hipócrita'.— [5] Todavía tiene que recurrir a una contaminación con el fr. ant. *grignier* 'rechinar los dientes' para explicar la *i* de *guignier*, a pesar de la ǐ del germánico.— [6] Es dudoso que tenga alguna realidad la variante de *guiznar* y *guizne* 'guiño', señalados por Covarr. y recogidos como desusados por la Acad. Si la tuviera se explicaría bien como variante en la raíz expresiva. Pero quizá es inventada para apoyar la etimología de Covarr. (ár. *ǧizme*, signo ortográfico).

GUIÑAPO 'andrajo' parece resultar de una metátesis de *gañipo* (como se dice todavía en Asturias y en caló), bajo el influjo de *HARAPO*; *gañipo* se tomó del fr. dial. *ganipe*, *guenipe*, íd., que en el S. XVI pasó en la lengua literaria en el sentido secundario de 'mujerzuela'; *guenipe*, lo mismo que sus sinónimos fr. *nippe* y *guenille*, procede del neerl. med. *cnippe* 'recorte', 'desecho de lana', derivado de *cnippen* 'recortar'. 1.ª doc.: Quevedo, como adjetivo aplicado al andrajoso; *Aut.* en el sentido corriente.

Vocablo de uso bastante general, de matiz aun más peyorativo que el de *harapo*; en la lengua común presenta cierta tendencia al uso figurado (*aquel hombre estaba hecho un guiñapo*), pero localmente se le ha dado también el valor de 'trapo': en las montañas de Almería se dice *guiñapero* en lugar de 'trapero'. No tengo noticia de estudios etimológicos[1], pero el origen me parece claro. En asturiano se dice todavía *gañipu* «andrajo roto, inservible», *gañipos* «añicos; el traje hecho guiñapos» (R) y de la difusión de esta variante en otras partes de España son testimonio indirecto el argot catalán *ganyips* 'comida, alimentos', *ganyipea* 'acción de comer', y caló cast. *gañipeo*, *gañipén* 'rancho'[2], aunque tengan significado secundario. Ésta será la forma primitiva, cambiada en *guiñapo* por una metátesis apoyada en el influjo de *harapo* y *trapo* y aun tal vez en el de la familia de *guiñar* (comp. cat. *guinyat* 'estropeado, fracasado'). Pero *gañipo* viene del fr. *ganipe* «guenille, torchon», hoy vivo en el Poitou (Favre), pero antes más generalizado, pues con el sentido figurado de 'mujerzuela' pasó *guenipe* en el S. XVI al francés común, y cruzándose con el sinónimo *haillon* formó el saintongeois *guenillon*, de donde se extrajo luego el fr. *guenille* 'harapo' [1611]. El origen de *guenipe* y *guenille* ha parecido difícil a algunos (Bloch lo declara desconocido); aunque puede concederse a M-L. (*REW*[3] 4724) que no ha existido el escand. ant. *gnípa* (o *knípa*) 'recortar', del cual quiere partir Gamillscheg (*EWFS*), creo que no andaba descaminado este filólogo al fijarse en esta familia germánica, pues no hay inconveniente en tomar como punto de partida el neerl. med. *cnip(pe)* 'recorte', cuyo diminutivo *cnippel(e)s* vale 'desecho de lana', derivados ambos del neerl.

med. y mod. *knippen* 'recortar', 'poner en aprieto' (alem. *kneipen, kneifen*, ingl. *nip* 'pellizcar'). Esta voz neerlandesa, al penetrar en los dialectos franceses, se adaptó, parte en *guenipe* (*gan-*), parte en *nippe* 'trapo' [1605], para evitar el grupo extranjero *kn-*. De ahí resultaron también, con varios cambios de sufijo, Anjou *gani(c)elles* «loques, nippes» (Verrier), Haut-Maine y Bourbon *guenas* 'andrajo', *guener* 'convertir un traje en harapos'. En el ast. *hacerse gañitos* 'hacerse pedazos lo que se rompe' habrá actuado el influjo de *AÑICOS*.

Deriv. *Guiñaposo. Guiñapiento. Guiñapero* (V. arriba).

[1] Salvo el de M. L. Wagner, *ZRPh*. LXIII, 333, quien sugirió, brevemente y con duda, la relación de *guiñapo* con el francés *guenipe* y desde luego con el asturiano *gañipu*.— [2] M. L. Wagner, *Notes linguistiques sur l'argot barcelonais*, p. 60, quiere partir del git. *jallipí* 'apetito, hambre', *jallipén* 'comida', que presentan dificultad fonética. Que el sufijo sea gitano no prueba que lo sea el radical. Puede haber influjo de estas palabras gitanas, pero no será esto lo primario.

Guión, guionaje, V. *guiar*

GUIPAR, vulg., 'ver, mirar, atisbar', voz jergal de origen desconocido. *1.ª doc.*: 1858, Borao (ed. 1908); Acad. ya 1884, no 1843.

Define Borao «atisbar; brujulear; descubrir; apercibirse de algo»; igualmente Torres Fornés para el aragonés de Segorbe. Pagés cita ej. en Pardo Bazán. En catalán es voz jergal, pero muy viva en Barcelona y otras partes, y aunque sólo en el tono más bajo de lenguaje, no pertenece sólo al habla de los malhechores. Dice M. L. Wagner, *Notes Ling. sur l'Argot Barc.*, p. 65, «pourrait correspondre a une dérivation du germanique *wip-* désignant un mouvement rapide et vibratoire». Se trata del alem. *wippe* 'báscula', neerl. *wippen* 'lanzar', 'columpiarse', a. alem. ant. y med. *wipf* 'movimiento rápido', 'impulso', a alem. med. *wipfen* 'brincar'. Es lingüista demasiado sabio el Prof. Wagner para que admitamos la posibilidad de que pensara en un paso directo de uno de estos vocablos a las jergas hispánicas; la idea de esta relación se la sugeriría el fr. *guipon* 'pincel de calafate', fr. ant. *guipillon* (hoy *goupillon*) 'hisopo', fr. antic. *guiper* 'cubrir de seda, hacer blonda o guipur' (de ahí *guipure*), que se creen procedentes de esta familia germánica, e imaginaría Wagner que otro vocablo francés de esta familia que conservara un sentido más parecido al germánico de 'mover rápidamente' pudo pasar de Francia a España. Pero el caso es que no parece existir tal palabra intermedia, y sin ella es fuerza renunciar a tal etimología germánica, muy difícil siempre en voz jergal y reciente. Nada parece haber de emparentado en gitano, a juzgar por Borrow, F. de S. Mayo y

el glosario comparado de Miklosich. Quizá voz de creación expresiva, paralela a *GUIÑAR*.

GÜIRA, 'fruto semejante a la calabaza, producido por el árbol tropical *Crescentia Cujete*', del antiguo *hibuera*, y éste del arauaco de las Antillas. *1.ª doc.*: *higüera*, 1526, Fz. de Oviedo; *güira*, Pichardo, 1836 (ed. 1862).

Pedro Mártir de Angleria (1515) trae ya *hibuero* como nombre del árbol, y la misma forma e *hibuera* como nombre de la calabaza, figuran repetidamente en el P. Las Casas. Friederici, *Am. Wb.*, 296-7. Aunque no hay prueba categórica de que el femenino *hibuera* se empleara como nombre del árbol (sin embargo, H. Cortés habla del *Golfo de las Hibueras*, y Torquemada en 1609 de la *Tierra de Hibueras*, donde es más natural que se trate del árbol), la analogía de los casos de *guayaba* y *guanábana* permite imaginar que la forma en -*a* fuese la indígena, como nombre del fruto y de la planta, y que la en -*o* fuese derivado formado por los españoles. De todos modos, consta por el testimonio de Angleria, Oviedo y Casas que era palabra indígena de las grandes Antillas, y los que escriben *higüera* cuidan de especificar que la *ü* debe pronunciarse, y que nada tiene que ver con la higuera europea. Hoy todavía se pronuncia con *h* aspirada en las Antillas, según testimonio de Hz. Ureña (*Indig.*, 116). La forma *güira* es posible que proceda del dialecto o lengua indígena diferente; hoy *huira* es forma propia de la lengua de las mujeres indígenas en las Islas Caribes, en las cuales las mujeres conservaron por mucho tiempo un idioma de tipo arauaco. Comp. el portorriq. *tigüero* 'fuerte vaina del racimo de la palma, que se suele utilizar como cesto o vasija' (Navarro Tomás, *Esp. en P. R.*, 143, 187). La frase *coger güiro* 'rastrear, descubrir lo oculto', empleada en Colombia (Cuervo, *Ap.*, § 973), no procede del nombre de un bejuco cubano según F. Ortiz (*Ca.* 159), sino de la costumbre de enterrar tesoros en las güiras o calabazas; de ahí el cub. *güiro* 'cosa oculta, enredo', 'amor ilícito'. En Chile designa *güiro* una alga muy abundante en aquella costa, en el Perú 'espiga del maíz verde', chil. *güira* 'tira de corteza flexible, soga'; Lenz, *Dicc.*, 407-8, supone que vengan del arauc. *huyrun* 'desollar', y de una voz quichua relacionada, pero por lo menos en la primera ac. es probable que salga de la voz antillana.

Deriv. *Güiro* (V. arriba).

GUIRI, 'liberal, adversario de los carlistas', 'soldado', 'guardia civil', abreviación del vasco *giristino*, que a su vez es alteración del cast. *cristino*, partidario de la Reina Cristina. *1.ª doc.*: 1896, Arriaga, *Lexicón Bilbaíno*; Acad. S. XX.

Guirigay, V. *gorga*

GUIRLACHE, 'crocante, pasta comestible de almendras tostadas y caramelo', probablemente del fr. antic. *grillage* 'manjar tostado', derivado de *griller* 'asar a la parrilla', 'tostar', que a su vez lo es de *grille* 'parrilla' (lat. CRATICULA). *1.ª doc.:* Bretón de los Herreros (obras 1817-67); Acad. 1884, no 1843.

Sugiere esta etimología la Acad.; al parecer con razón, pues el guirlache se hace al horno y *grillage* tuvo el sentido «fruits ou autre mets qu'on a fait griller» (1757-1864, en el *FEW* II, 1288b); análogamente el bearn. *grilhatge.* Dificultad fonética no hay ninguna, sobre todo si el vocablo pasó a través del vasco.

Guirlio, V. *guercho, regalar* II y *agalla* II

GUIRNALDA, del mismo origen incierto que el port. *grinalda,* cat. y oc. *garlanda,* fr. ant. *garlande,* it. *ghirlanda;* quizá se tomó del fr. ant. *garlande,* donde debe proceder de un fráncico WARNJANDA, quizá ya reducido a WARNANDA: *garlanda* se cambiaría en *guirlanda* en lengua de Oc por influjo de varias palabras autóctonas, y de ahí se pasó a *guirnalda* por metátesis. *1.ª doc.: guirlanda,* 1288, *Libros del Acedrex,* 378.12; *la guirlanda, su aguirlanda,* h. 1300, *Gr. Conq. de Ultr.,* I, 78vºb19, 77rºb4; Cooper; *guirnalda,* h. 1400, glos. del Escorial y de Toledo; 1438, *Corbacho,* ed. Pz. Pastor, 286.2 (ed. Simpson, 308)[1].

Más documentación antigua: *guyrlanda, Canc. de Baena,* p. 293; *guirlanda,* Carvajales en el *Canc.* de Stúñiga, 379; íd. en el Marqués de Santillana (*RH* LV, 44; Viñaza, col. 787); *guirlanda,* APal., 237b, 413b, 449b[2] (pero *guirnalda,* 154d); íd. en el *Canc.* de Castillo I, 97; «*alguirnalda de flores:* serta», Nebr. Además una forma parecida a la catalana y galorrománica: *garlanda,* invent. arag. de 1330 (*BRAE* II, 548), en otro de 1403 (*BRAE* IV, 524) y en el *Canc.* de Castillo I, 21. El port. *grinalda* ya se halla en Álvares do Oriente († h. 1595), pero hay *grillanda* en un texto del S. XVI (Nascentes) y *guirlanda* subsiste hasta hoy en el Alto Alentejo (G. Viana, *Apost.* I, 525). El cat. *garlanda* es frecuente en todas las épocas, desde fines del S. XIII (R. Lulio, *Meravelles, N. Cl.* II, 110). En lengua de Oc predomina en lo antiguo la misma forma, de la que se citan 8 ó 9 ejs., desde princ. S. XIII (*Crozada dels Albigés, Flamenca,* etc.), hay uno de *guirlanda* como variante manuscrita, y uno del verbo *guirlandar* 'adornar con guirnalda', en Blacatz, de la misma fecha; hoy es *garlando* la forma predominante, pero hay también *guirlando* en Languedoc y Bearne, *guerlando* en el Delfinado, *guierlando* en el Ródano, según Mistral. El it. *ghirlanda* es ya frecuente en Dante, Petrarca, Boccaccio y los Villani, figura tam-

bién en un anónimo del S. XIII (Monaci, *Crest.* 100, i, 65)[3], pero *garlanda* en un texto pavense de la misma centuria (íd. 144.187). En cuanto al fr. ant. *garlande,* los ejs. que se citan son relativamente tardíos (*gallande* en el *Roman de la Rose* y en 1367, *garlande* 1409, y muchos en el S. XV)[4], pero será olvido casual de los lexicógrafos, pues el derivado sinónimo *garlendesche* ya figura en el S. XII (Chrétien de Troyes) y otros textos bastante antiguos, el verbo *garlandechier* 'adornar con guirnaldas' desde 1285, y el sinónimo *garlander* es frecuente desde el S. XIV; en el S. XVI [1540] la forma italiana se superpuso a la francesa dando el fr. mod. *guirlande* (*RF* XXVII, 74; Vidos, *ARom.* XIV, 138-9).

En conclusión, la documentación permitiría suponer que pasara esta voz desde Francia a los demás romances, pero no es consecuencia forzosa desde el punto de vista filológico. En cuanto a la etimología, no se ha encontrado nada serio hasta ahora. Ya Diez, *Wb.,* 163, insinuó una etimología germánica, pero haciendo constar que era muy insegura: se trataría de un a. alem. med. **wierelen,* derivado de *wieren* 'guarnecer', 'trenzar', 'adornar' (a. alem. ant. *wiara* 'corona'); pero no conociéndose un verbo romance **guerlar,* tal etimología, doblemente hipotética, resulta increíble. No la mejoró, por cierto, Brüch (*Einfluss d. germ. Spr.,* 64) al suponer un lat. vg. **GUĪRULANDA,* derivado de **GUĪRULARE,* que a su vez se debería a un cruce del germ. occid. **WÊRÔN,* antepasado del a. alem. med. *wieren,* con el lat. ORULARE 'orlar', e influjo parcial del romance VĪRARE 'volver, torcer'; todo el mundo ha estado de acuerdo en que esta construcción arbitraria no es aceptable (M-L., *REW,* 9524; Gamillscheg, *EWFS,* s. v.; A. Castro, *RFE* III, 195); el celta **VEGROLENDA* 'manto de hierba', sugerido por Thurneysen (*Keltorom.,* 63), es hipótesis muy atrevida y está en desacuerdo con el tratamiento fonético de la inicial y del grupo intermedio; tampoco sirve de nada relacionar, según hace Gamillscheg, con el fr. ant. *galonner* 'adornar la cabeza con cintas', fijándose en las formas como *gallande,* que no son raras en francés antiguo; pero ignoramos el origen de esta otra voz (V. *GALÓN*), y no se explica así la *r* que aparece en la gran mayoría de las formas francesas y en todas las de los demás romances. M-L. sugiere que la oposición entre la *a* del francés antiguo y la *i* de la lengua de Oc puede explicarse por una doble forma, fráncica allá, y visigótica acá, con el tratamiento normal en estos dos idiomas de la Ē del germánico primitivo; sin embargo, nótese que la forma con *a* es también predominante en lengua de Oc antigua, y es la única conocida en catalán, donde esperaríamos hallar la forma gótica.

Puesto que varias de estas hipótesis parten del sufijo romance -ANDA y de un verbo que significa 'guarnecer', se me permitirá observar que hay otra etimología más sencilla, que, cualesquiera que sean sus méritos, es en todo caso preferible a las difíciles combinaciones que se han ideado hasta ahora: pudo sencillamente formarse en francés un derivado *garnande de garnir 'adornar', 'guarnecer', 'proteger', en el cual la disimilación de las dos nn en l-n era forzosa y por lo tanto debió generalizarse pronto; nótese que entonces se explicaría muy fácilmente el significado del fr. ant. garlander que Godefroy define «g a r - n i r d'une cloison de briques, créneler», teniendo en cuenta que garnir en el sentido de 'fortificar' es muy frecuente en esta época (God. IV, 234).

Del fr. habría debido pasar el vocablo a la lengua de Oc, y de ésta a los demás romances (que de un verbo así habrían ciertamente formado un derivado en -enda y no en -anda); este extranjerismo sufrió, fuera de su territorio primitivo, alguna contaminación o influjo que cambiara garlanda en guirlanda, quizá debería partirse de guernir, wernir, que tan frecuente es en textos del Este de Francia, o bien hubo influjo de oc. guinsalh «hart, corde, laisse» o de guimpla «ornement de tête pour les femmes»; pero lo más probable me parece que al entrar garlanda en lengua de Oc, como voz advenediza, fuese en cierto modo nacionalizada según el modelo de guirent frente al fr. garant, de guizardon frente a gazardon, guizarma frente a gazarma. No se objete que de garnir esperaríamos más bien *garnissande, pues no debemos olvidar que se trata de un derivado muy antiguo, formado en fecha arcaica, por el mismo tiempo en que se formó garnement (posteriormente garnissement y hoy garnissage); sabido es que éste sufrió la misma disimilación en lengua de Oc, donde hallamos garliment (comp. Arlempdes ARENEMETIS, y el cast. Ferlandina < Fernandina), pero en nuestro caso la tendencia disimilatoria era forzosamente más robusta porque la nasal siguiente era inmediata y se hallaba en posición más fuerte (no intervocálica), y además el lazo semántico con garnir era más laxo.

Si esta etimología tiene punto débil está en la poca frecuencia de los derivados en -ande en francés; de todos modos hay buvande, lavande y viande, a los que se agrega miranda en lengua de Oc, y no se olvide que en francés las formaciones en -ande se refuerzan con el femenino de -ant (-ANTEM): marchand, marchande, marchandise, manandie, buanderie, lavandière (M-L., Hist. Gramm. d. frz. Spr. II, § 23); desde el punto de vista semántico, la formación puede explicarse teniendo en cuenta que la guirnalda no era más que un trenzado que luego h a b í a d e adornarse con flores o fortificarse con almenas: de ahí *garnande 'lo que debe guarnecerse', como buvande 'lo que está por ser bebido'; por lo demás, miranda nos muestra ya que este tipo morfológico pronto amplió el área de su significado.

Me siento ahora mucho más seguro de que mi etimología era fundamentalmente acertada. Sólo que ateniendo a la rareza de estas formaciones en francés, creo que se tratará de un vocablo ya formado en germánico con el femenino del participio activo, que en fráncico había de ser WARNJANDA, quizá ya reducido a WARNANDA (comp. el a. alem. ant. warnenta). El sentido 'guarneciente, guarnecedora' es perfectamente adecuado para guirnalda, y desde el francés, garlande se trasmitió a los demás romances en la forma ya explicada. Otra formación germánica paralela debió de existir en occitano antiguo: garanda, que es vocablo frecuente, derivado del verbo gót. *WAÍRAN 'garantir', y aunque su significado no está al abrigo de todas las dudas, comúnmente se le atribuye el de 'garantía', 'promesa', 'seguridad', 'cualidad de lo que es de fiar', y a garandar el de 'garantir', vid. Levy y Raynouard III, 424. He aquí otro ej., que falta en ambos diccionarios: «La sospeita / de mort, furt, pecat es desdeita. / Depta, no ren. Salva comanda. / Mejana vida a garanda / d'aventura ni bo ni mal» en el Poème sur les signes géomantiques publ. por Theodor Ebneter (Istituto Svizzero di Roma, 1955, v. 2708). El publicador traduce «garantie». Es texto languedociano de princ. S. XIV. En este caso podemos partir del femenino gótico del participio activo, *WAÍRANDEI, o quizá del masculino *WAÍRANDA.

En cuanto al paso de guirlanda a guirnalda en castellano y portugués, es metátesis del mismo tipo que la sufrida por AGUINALDO < aguilando.

DERIV. Guirnaldeta. Quizá sea alteración de *guirlandola el moderno guirindola 'chorrera de la camisola' [Acad. ya 1817], en Asturias 'guarnición que se pone en los vestidos' (Vigón, que cita un cast. ant. guirindola).

¹ Sin embargo, las ed. A y B traen guyrlanda.— ² Otro ej. del mismo autor en Cej., Voc.— ³ También en texto milanés de 1389, Du C., s. v. girlanda; gerlanda en uno siciliano del S. XIV o XV.— ⁴ God. IV, 232; IX, 738; Du C., s. v. gallanda, gerlandą, gerlenda.

Güiro, V. güira y huebio

GUIROPA, palabra andaluza de origen incierto. 1.ª doc.: 1847, Estébanez Calderón.

Escribió este autor «la capa es la medicina del menesteroso, el sánalo-todo del enfermo, la guiropa del hambriento» (Escenas Andaluzas, p. 191, cita de RH XLIX, 466). En ediciones del S. XX la Acad. dió entrada al vocablo, sin nota de regionalismo, definiéndolo «guisado de carne con patatas u otro semejante». Pero L. R. Castellano recogió en Alcalá de los Gazules (Cádiz) la misma voz en el sentido de «hojas de la mazorca» (RFE XXIV, 227). ¿Coexisten ambas acs. o hay algún error? No tengo medios de comprobarlo ni conozco otras fuentes. ¿Habrá relación con *GUA-RAPO*? Acaso sea variante de *jarope*, tal como aquél parece serlo de *jarabe* (V. aquel artículo). También se podría pensar en una variante mozárabe de *GALLOFA*: **guelofa* > **guerofa* y *guiropa* con *p* por ultracorrección de la opuesta tendencia árabe. Claro que todo esto son suposiciones inseguras.

Guirrio, V. *guercho*

GUISA, 'modo, manera', del germánico, probablemente tomado por el latín vulgar del germánico occidental WISA íd., *1.ª doc.*: Orígenes del idioma (*Cid*, etc.).

Guisa es palabra de uso general, popular e idiomático, en todos los romances de Occidente, desde sus más antiguos documentos. Como ya se observó en la *RFE* VI, 330, no hay fundamento alguno para la opinión de Forest[1] de que en castellano sea galicismo antiguo; Jud (*ASNSL* CXXIV, 394) observó que las varias acs. originales del cast. *guisar* revelan una raíz autóctona[2]. En germánico el vocablo está documentado en todas las lenguas de la rama occidental desde sus fases más antiguas (hoy alem. *weise*, ingl. *wise*, etc.); no es tan seguro que sea antiguo en escandinavo, y no figura en el vocabulario gótico que nos es conocido, donde no faltan vocablos para expresar lo mismo; siempre queda la posibilidad de que falte casualmente en los textos trasmitidos, o más bien de que perteneciera al léxico especial del dialecto visigótico (como **STUNDA*, comprobado por el cat. *estona* y arag. ant. *estona*, junto al documentado HWEILA 'rato, hora'), pero estas posibilidades son poco probables en vocablo de sentido tan esencial[3]. Por lo demás, la perfecta coincidencia de forma y sentido entre los representantes de **WÎSA* en todos los romances aconseja admitir que en todos ellos procede de una fuente única, el latín vulgar, que lo tomaría del germánico occidental hablado por los soldados auxiliares del Imperio; es verdad que entre los préstamos de esta fecha no hay otro de significado moral que esté asegurado, pues los demás que cita Brüch (p. 110), p. ej. SINN, sólo son galorrománicos o se extienden a lo sumo hasta el italiano o el catalán, pero de nuevo hay que decir que un vocablo que signifique 'manera' es de un uso fraseológico tan copioso que no es legítimo hacerle pasar por el rasero común, y un préstamo excepcional resulta verosímil en este caso.

En castellano el vocablo pertenecía al léxico de todos en la Edad Media (se halla en Berceo, *Apol.*, *Alex.*, J. Manuel, J. Ruiz, etc.). Además, en el S. XIII aparece convertido en un verdadero sufijo adverbial, con el mismo valor que *-mente*; este uso no es de aplicación general: se halla *fieraguisa*, *feaguisa* (*Cid* 1677, *Apol.* 445c), so-

bejaguisa[4], y sobre todo *otraguisa*[5], lo cual puede ser heredado del germánico, donde no sólo se halla con aplicación más o menos general en alto alemán, sino también, en este caso particular, en inglés (*otherwise*), islandés (*öðruvîs*), etc. El fuerte arraigo y popularidad del vocablo se revela asimismo por su empleo apocopado *a guis de* («fablas, diz la Gloriosa, *a guis de* cosa necia», *Mil.* 92a; íd. *S. Mill.* 414)[6]. Terminada la Edad Media, pronto tendió *guisa* a hacerse desusado, y no sólo Don Quijote lo emplea como término característico del estilo de los Libros de Caballerías, sino que Juan de Valdés (*Diál. de la L.*, 107.26) ya advierte: «*Guisa* s o l í a tener dos significaciones... hombre de alta *guisa*', por de alto linage, la otra... cavalgar a la *guisa*... agora dezimos a la brida'; en este último sentido se trata de una evolución especial de *guisa* 'moda, boga en la manera de vestir', del cual se pueden citar muchos ejemplos[8]. Con lo cual, desde luego, no queda agotada la materia de los usos especiales de nuestro vocablo.

DERIV. *Guisar* 'preparar, disponer (algo)' [*Cid*; Berceo[9]; *Alex.*, 822, 1289; *P. de Alf.* XI 20, 54, 29, 201, 1343; *San Ildefonso*, 104; etc.], 'ordenar, arreglar' (Fr. L. de Granada, Cervantes, etc.), 'aderezar la comida' [*APal.* 94b, 208d; Nebr. «*guisar manjares*: condio»; Cervantes, etc.]; *guisado* 'justo, razonable, apropiado' (p. ej. *Alex.* 456; *Yúçuf*, ed. Rivad., 73; *Danza de la Muerte*, 233; *Canc. de Baena*, W. Schmid); *guisado* m. 'arreglo, preparativo', ant. (*Sem Tob*, 230), 'guiso, manjar aderezado' [S. XVI: *Aut.*]; más tarde *guiso* ['condimento, salsa', *Aut.*; 'guisado', Iriarte en Pagés]; *guisote*; *guisador*; *guisamiento* ant. ('armas y arreos de un caballero', *Gr. Conq. de Ultr.*, 467); *guisandero*. En lugar de *guisar* se dijo también *aguisar* (Berceo, López de Ayala y otros autores de los SS. XIII-XIV: *DHist.*), *aguisado*, *aguisamiento*; de donde el derivado *desaguisado* [S. XIII, *Fuero Real*, y por arcaísmo todavía en Mariana y Cervantes].

[1] *Old French Borrowed Words in Old Spanish.*— [2] Tampoco tiene razón M-L. (*REW*, 9555) al suponer que el cat. *guisa* sea castellanismo. Hay multitud de ejs. desde los documentos más antiguos. Claro que hoy, como en todas partes, está allí anticuado, y alguien al emplearlo ha podido tener la impresión de servirse de un vocablo castellano, gracias a la supervivencia artificial que en este idioma le ha dado la lengua clásica.— [3] Para lo improbable de que hubiera un gót. WEISA, V. las razones y bibliografía aducidas por Brüch, *Einfluss d. germ. Spr.*, p. 27.— [4] «Ca so *sobejaguisa* del mercado repiso», Berceo, *Mil.* 774d.— [5] «Seetme a juyzio de la Virgo Maria, / yo a ella me clamo en este pleytesia, / *otraguisa* de vos yo non me quitaria, / ca veo que traedes muy grant alevosia», *Mil.* 205c. También en *Alex.* 913.— [6] Frecuente en el *Canc.* de

Baena (W. Schmid). También cat. ant. *en guis de* («tota via que usen *en guis de* fornicació», A. Capellà, *De Amore*, p. LXIII).— [7] Comp. *de grran guisa* 'de importancia, de nobleza', *Fernán González*, ed. Rivad., 164, 168.— [8] «El dito pellot, con penya de *guisa* viella», invent. arag. de 1390; «un jupon a la *guysa* viella», íd. 1393; o simplemente *a la guisa* 'a la moda del día': «una bacineta *a la guysa* con su bisera e camall» [mal entendido por el editor], «unos cuxares e cameras *a la guysa*», íd. 1474; «unas cuyraças guarnidas *a la guisa*, en cuero blanco» (*BRAE* IV, 354, 520; II, 346, 351; IV, 355).— [9] *Estar mal guisado de* 'no estar bien arreglado para (algo)', *Mil.* 887c.

Guisalto, V. *guisante*   *Guisamiento, guisandero*, V. *guisa*

GUISANTE, en aragonés *bisalto, bisalte* o *guisalto*, en Santander *bisán*, en Abenbeclarix *bišŝáu̯t*, es palabra de origen mozárabe, alteración de esta última forma, que procede del lat. PĬSUM íd.; probablemente viene de una denominación compuesta PĬSUM SAPĬDUM 'guisante sabroso', empleada para diferenciar esta legumbre de otras análogas. 1.ª doc.: *bišŝáu̯t*, h. 1106, Abenbeclarix; *bisalto*, S. XVI, en el Tratado del *Regimiento del Azaque*; *disante*, 1627, Cienfuegos; *guisante*, *Aut.* (s. v. *guija*).

Guisante es palabra que no se generalizó en castellano hasta fecha tardía. En la Edad Media y en el S. XVI el guisante se llamaba *arveja* casi en todas partes: así nos lo atestiguan desde Berceo hasta Covarr., y *alverja* es el nombre empleado actualmente en toda la América del Sur y del Centro (V. *ARVEJA*), mientras que *guisante* no es palabra popular en parte alguna del Nuevo Mundo[1]. Esta ausencia total es indicio indirecto de que hasta el S. XVI *guisante* y sus variantes estaban confinadas totalmente o poco menos a la zona navarro-aragonesa, que no participó en la colonización de América. Sin embargo, *arveja* tenía el inconveniente de ser voz equívoca, pues en ciertas partes designaba la algarroba o veza, y en otras la almorta. De ahí que el portugués castellanizado Cristóbal de Acosta, cuando en 1578 quiere precisar bien su pensamiento en su obra de naturalista, escriba «*bisalto* o *arveja*», pidiendo al aragonés una expresión inequívoca, a pesar de que ésta no sería popular en las hablas de León y de Castilla, que en su calidad de portugués conocería mejor. Esta misma necesidad la experimentarían otros, y pronto *guisante* fué ganando terreno en España hasta convertirse hoy en día en el término del lenguaje común, pero todavía *Aut.* omite esta palabra regional y reciente en el orden alfabético, aunque se sirve de ella al definir la *guija*. Los testimonios antiguos de nuestro vocablo son aragoneses,

desde Abenbuclárix hasta la Tarifa de la Aduana de Zaragoza en 1675, y la *Agricultura* de Oliván en 1866.

Estimo probable que fuera de Aragón existieran ya desde antes algunas variantes del vocablo pero con vigencia meramente local, como hoy se emplea *sisantes* en parte de Jaén, y *bisanes* en algunos puntos de Santander[2]; según Colmeiro (II, 266), en 1627 Cienfuegos recogió *disante mayor* como nombre del guisante «en Castilla»[3]. Que *bišŝáu̯t* y *bisalto* contienen el nombre latino PĬSUM, y *guisante* es una alteración del mismo vocablo, no puede caber duda, pues *grísol* se emplea en el mismo sentido en La Puerta (Jaén), y *gríjol* en Albacete: comparando estas formas con *brisuelo*, empleado en Moratalla, y con *présol* o *présul*, empleados en Murcia, Almería y Granada junto a *pésul* y junto al cat. *pèsol*, procedente del diminutivo PĬSŬLUM, es fácil advertir que aquéllos tienen una *r* adventicia (por repercusión de la otra líquida), y que *grísol* ha de salir de un mozárabe **bísol* (= *pèsol*), tal como *guisante* y *guisalto* salen de las formas *bisalto* o *bisán* empleadas en Aragón[4]; es sabido que el romance arabizado cambiaba la *p-* en *b-*, y en el mismo hay muchísimos ejs. de ĭ latina representada por *i* romance (*sicco* 'seco', *concich* 'concejo', *chip* 'cepo', *ríchino* 'rezno', *xintilla* 'centella', etc.).

Siendo indudable que *guisante* y *bisalto* contienen el lat. PISUM, queda por averiguar la procedencia de la terminación *-aut*, *-alto* o *-an(te)*. Ahora bien, el paralelismo con *rouda*, *rolda* y RONDA, representantes del ár. *robṭ*, con *alcaucil*, *alcarcil* (< **alcalcil*) y *alcancil* de CAPICELLUM, con *Caudiel* y *Qarṭil* de CAPITELLUM, con *(Al)caudete*, *Alcardete*, *Alcandete* y *Alqibdaq* de CAPUT AQUAE, con *mielga* y *amenka*[5] de MEDICA, con *arrecláu* y *alacrán* de *al-ᶜaqrab*, demuestra que la terminación vacilante *-aut* ~ *-alto* ~ *an(te)* puede venir de -ABĬDU, y tal como el arag. *jauto*, rioj. y murc. *jaudo*, port. *enxábido* 'insípido', proceden de INSAPĬDUS, resulta convincente derivar *bišŝáu̯t* (*bisalto*, *bisán*, etc.) de PĬSUM SAPĬDUM 'guisante sabroso'. La razón semántica de este adjetivo agregado se halla en las sustituciones que han experimentado las variedades de guisantes desde la Antigüedad hasta nuestros días, pues los romanos designaban comúnmente por PISUM el 'Pisum elatius', especie de tirabeque[6] hoy africana que sólo prosperaba en laderas muy soleadas, y con el mismo nombre entiende Plinio una especie de garbanzo; posteriormente, garbanzo y guisante se han confundido en un solo nombre en el Norte y el Sur de Francia, en Cerdeña, en Galicia y probablemente en otras partes de España, y no han faltado confusiones con otras legumbres (habichuelas, algarroba, etc.). Todo ello explica que se llamara específicamente PISUM SAPIDUM al guisante, que en comparación de varias de ellas, y particularmente frente al garbanzo, era legumbre más sabrosa y aun dulce (comp. sardo *pisurci* PISUM DULCE, alem. *zuckererbse,* como denominaciones del guisante). El cambio castellano de la inicial de *bisan(te)* en *guisante* se debe al influjo del arag. *guija* 'almorta'[7] y a la etimología popular que lo relacionó con el verbo *guisar.* He resumido la argumentación y los datos aducidos en mi estudio sobre el origen de *guisante* publicado en *RPhCal.* I, 87-94, donde doy más pormenores y cito fuentes[8].

Como *áu* se convierte normalmente en *éu* en el hispanoárabe tardío, tras consonante no enfática, el *bišaṃt* de Abenbeclarix debió tener una variante *biséṃt,* que debe de ser el étimo del port. dial. *griseu,* nombre del guisante en el Algarve y Alentejo, cf. la forma *grísol* de Jaén y Albacete, *présul* o *brisuelo* de la Andalucía oriental. La *r* y aun la *g-* de estas formas parece ser debida a influjo de otros nombres de legumbres, que en parte serán el cast. *frijol* y en parte el port. *gravanço*: éste fué el que más influyó en este caso (y aun es probable que la *g-* de *guisante* se deba tanto o más al influjo de *garbanzo* que al de *guija*). Desde luego la etim. fr. *gris* que propone L. Magno (en su libro *Areas Lexicais em Portugal e na Itália,* sep. de la *RPF* XI, 1961, mapa n.º 2 y p. 33), es inaceptable, pues ni *gris*[9] es muy usual en portugués (donde más bien se dice *cinzento, pardo* o *ruço*), ni mucho menos lo es un sufijo *-eu*; y por encima de todo los guisantes son verdes y no grises.

CPT. *Pisiforme,* compuesto culto del lat. *pisum.*

[1] A no ser con un sentido especial, en algún lugar: en Bogotá designa el 'tirabeque', *Pisum Macrocarpum* (Cuervo, *Ap.,* § 524).— [2] Como término de comparación para algo sin valor, como Berceo empleaba su *arveja,* en diálogos de las obras de Pereda: «eso si es que a la fecha se ha hecho, porque de lo que dicen los papeles [= la prensa] y no veo por mis ojos, no fío dos *bisanes*», *Don G. González de la Gonzalera,* cap. 1, ed. de Obras Completas por Aguilar, p. 792a. García Lomas confirma que es 'guisante', y dice que se emplea en la zona Central, mientras en otros puntos dicen *fisanes* (que no sé por qué define 'alubias' la Acad.). Agréguese *fisián* en Segovia y Burgos (ahí parcialmente alterado en *faisán*) según GdDD 4996 (será necesario comprobar la definición «alubia»: no creo que tenga esto que ver realmente con PHASEOLUS, a no tratarse de un cruce local de los vocablos). La *f-* es ensordecimiento producido por la *-s* del artículo plural. Sin embargo, en la propia provincia se emplea *arveja* en el mismo sentido. Cabe sospechar que *guisante* haya tenido arraigo local en Cáceres, en vista de que se pronuncia con *s* sonora en los pocos pueblos de esta provincia que conservan este fonema (pero no en otros muchos, que sólo lo conservan parcialmente), y en vista de que *guisantes* se emplea como denomina-

ción especial de una clase de *ervilhas* (es decir, 'guisantes') en el portugués del Alentejo (A. T. Pires, *RL* IX, 178); pero es deducción muy incierta, puesto que ambos pormenores son perfectamente compatibles con una invasión reciente del vocablo, y como la pronunciación sonora de la *s* está en contradicción con los demás datos que tenemos con referencia a este punto, parece debida al influjo del verbo autóctono *guisar* sobre una palabra de introducción forastera.— [3] Y *arbeja* como nombre aragonés de la misma legumbre, lo cual lleva a sospechar que haya una confusión, pues las demás fuentes que tenemos localizan en sentido opuesto. *Disante menor* sería el *Pisum arvense* en la propia Castilla. En 1742, Fz. de Navarrete cita *disante flamenco,* y además menciona *guisante* como forma propia de Extremadura, Castilla y Andalucía. Quizá ya refleje esto el avance que de todos modos debemos suponer en esta época. Como confirmación de que *bisalto* y *guisante* eran ajenos en la Edad Media no sólo a los cristianos, sino también a los moriscos de Castilla, anotaré el detalle de que el vocablo falta en las *Leyes de Moros* castellanas del S. XIV y en los *Mandamientos de la Ley y Çuna,* escritos en Segovia en 1462, a pesar de que ambas recopilaciones tienen sendos pasajes paralelos al del *Regimiento del Açaque* donde figura el arag. *bisalto* (*Memorial Hist. Esp.* V, pp. 80 y 312): el primero de estos textos emplea, en cambio, *arvejas.*— [4] *Bisalto* es la forma general no sólo en todo el Alto Aragón, desde Echo hasta Venasque, sino en muchas partes de la región, p. ej. en Teruel, pues en el habla catalana de Bellmunt de Mesquí (en el Nordeste de esta provincia) se emplea también *bissalto,* según me informa el Sr. J. Giner March. En Caspe se dice *guisalto* y en la Puebla de Híjar *bisalte.* Precisa el mismo don Josep Giner i March que *bisalto* se emplea hasta el Sur de Teruel, en Monreal del Campo y Caminreal, desde donde sigue usual hacia el Norte por la cuenca del Jiloca; en cambio ya no es usual en la parte castellana de la provincia de Valencia, por lo menos en el Villar del Arzobispo sólo se conoce *pésol*; pero luego reaparece *bisalto* en la provincia de Guadalajara (Vergara Martín, *RDTP* II, 146).— [5] Así no sólo en Abentarif y Abenloyón (Simonet), sino también en el Anónimo de h. 1100 (Asín, p. 16), con descripción explícita.— [6] Mis informantes de Açanui y pueblos vecinos en la zona catalana de Huesca me advierten espontáneamente que allí *bissalto* es sólo el 'tirabeque', mientras que el guisante común se llama *pésul.* También en Bellmunt de Mesquí (Teruel), me dice J. Giner que se diferencia el *pésol* del *bissalto,* variedad de guisante con vaina, que se come cocida con vaina y todo. Recuerda él haber leído en un Libro de Agricultura que en otras partes se les llama *golosos,* y cree recordar

que se trata precisamente de éstos (lo cual constituiría un buen paralelo de la denominación PISUM
SAPIDUM).— [7] No sólo éste sino también *gálbana*
'guisante pequeño' y el vasco-navarro *gilbin*, así
como *garbanzo*, debieron influir en el cambio;
la influencia de *gálbana* (*guilbin*) pudo ser la
predominante, pues las otras dos legumbres ya
no son guisantes (aunque no se diferencian mucho
de él) y en *garbanzo* la g- es tan secundaria como
en *guisante*.— [8] Agrego aquí datos obtenidos posteriormente. Para otra hipótesis, menos probable,
acerca del origen de la terminación, según la
cual *guisante* saldría de un despectivo *PISOTTU
con una ultracorrección mozárabe de la vocal
tónica, véase mi artículo. Me escribe el Sr. M.
P., después de leer mi artículo, «es muy probable que *guisante* venga de PISUM SAPIDUM».—
[9] ¿Es realmente usual un adj. *griseu* que registran algunos diccionarios portugueses, o se trata
de una confusión del cultismo *gríseo* 'grisáceo'
(también empleado en castellano) con el provincialismo *griséu* 'guisante'?

Guisar, V. *guisa* *Guíscano*, V. *mízcalo*
Guiso, guisote, V. *guisa* *Guisón*, V. *guisante*
Guispio, V. *guizque*

GUITA, 'cuerda delgada de cáñamo', origen
incierto, probablemente viene en forma indirecta
del lat. VĬTTA 'venda sagrada', 'cinta con que las
mujeres se ceñían la cabeza', por conducto de una
forma germánica WITTA tomada del latín. 1.ª *doc.*:
1527, Ordenanzas de Sevilla.

Cej., *Voc.*, cita de estas Ordenanzas, s. v. *guitar*: «que la *ginta* [léase *guita*] de *guitar* dichos
alpargates... las capelladas sean *quitadas* [léase
guitadas] conforme al tamaño de las suelas», «que
el filo tollar e galludero e *guite* [sic?] no se faga
de otro cáñamo sino de canal o chorro», y de las
Ordenanzas de Málaga «once *guitas* en el talón,
o sean cosidas las dichas suelas con su *guita* de
cerro». Es vocablo ajeno a la mayoría de los
clásicos y medievales, y falta en los lexicógrafos
del S. XV y del Siglo de Oro, pero lo recogió
Aut. citando ej. de la Pragmática de Tasas de
1680 y definiendo «cierto género de cuerda delgada de cáñamo, que sirve para liar o atar alguna cosa»[1]; G. Soriano agrega el murc. *guitilla* 'cuerda fina de cáñamo' (con cita de las Ordenanzas de Murcia, de 1695: «que la *guitilla*
de las cabeçadas ha de ser de cáñamo»); de Murcia pasó *guita* al catalán de Elche, donde se define «cordellet que serveix per a fer puntera a
les espardenyes» (*BDC* XVII, 54). Con significado figurado se emplea hoy *guita* 'dinero' en el
castellano jergal y popular de todas partes: M.
L. Wagner (*Notes Ling. sur l'Arg. Barc.*, 65;
RFE XX, 177-9) cita ejs. en autores andaluces,
madrileños y valencianos, es corriente en la jerga argentina y en la chilena, y también en el

caló catalán; que la base semántica es también
'bramante' en este caso lo prueban las expresiones de que se sirven para decir 'dinero' el alemán
jergal y el portugués popular, a saber, *zwirn* 'cordel retorcido', *draht* y *arame* 'alambre': la idea
fundamental es la de algo que da de sí casi in-
definidamente. De todos modos, dada la importancia de lo andaluz en la formación de las jergas
hispánicas, con esto y con los datos anteriores
apenas salimos del Sur de España, de suerte que
un origen arábigo o americano no sería inverosímil
a priori. Pero el caso es que el verbo derivado
guitar, en el sentido de 'guarnecer el calzado con
un ribete de guita', se halla ya bien claramente en
Juan Ruiz: «bien sé *gitar* las abarcas e tañer el
caramillo», dice alabándose un rústico en el verso
1000e del *Libro de Buen Amor*. Luego el origen
americano es imposible, y como el dato más antiguo no se refiere al Sur, sino al Centro de España, nada nos asegura que en lugar de un arabismo no tengamos que habérnoslas con uno de
tantos arcaísmos relegados posteriormente al habla
andaluza[2].

El primero en preocuparse por encontrar una etimología fué Simonet, quien habiendo hallado *gáiṭ
ʿankabût* 'hilo de araña' en una poesía de Abencuzmán (Córdoba, med. S. XII), se negó a identificar el vocablo con el árabe *ḥáiṭ*, y enmendando
el texto del manuscrito en *gíṭ* quiso ver ahí el
prototipo del hispano-portugués *guita;* pero lejos
de derivar esta forma del árabe afirmó que en
hispano-árabe como en los romances hispánicos
procedía del lat. VĬTTA 'venda sagrada', 'cinta para
ceñirse los cabellos', y estaba bien claramente emparentada con el b. lat. *vita* 'hilo' y el a. alem. ant.
witta. Sin hacer caso de la etimología de Simonet
quiso Eguílaz (p. 415) identificar la forma de
Abencuzmán con el árabe clásico y vulgar *ḥáiṭ*,
'hilo', 'cordón', 'cuerdecilla', 'sartal', palabra fundamentalmente árabe, emparentada con el verbo *ḥâṭ*
'coser', pero bien popular en España, siempre con la
forma *ḥáiṭ*, como lo atestiguan no sólo R. Martí,
PAlc. y otros autores (Dozy, *Suppl.* I, 417), sino
también el arabismo antiguo del castellano *alhaite*
'sarta de joyas', bien documentado en los SS. XIV y
XV (Dozy, *Gloss.*, 132-3); el punto de vista del origen arábigo fué aceptado por Steiger (*Contr.*,
p. 229)[3], quien parece desentenderse de la enmienda
preconizada por Simonet. En efecto, esta enmienda en contra del códice vocalizado es arbitraria,
y difícilmente podrá dudarse que en Abencuzmán
tenemos otra cosa que la palabra arábiga *ḥáiṭ;*
tanto más cuanto que en muchos tipos de letra
manuscrita el *ḥ* y *g* árabes son muy parecidos y
cabe dudar si *gáiṭ* es algo más que una errata de
copia del escriba en lugar del conocido *ḥáiṭ*. Aun
admitiendo que *gáiṭ* haya existido (y no sería extraordinario dada la frecuencia del cambio de *ḥ*
en *g* en los arabismos romances), de todos modos
guita no puede proceder de ahí, pues el diptongo

arábigo *ai* no se cambia jamás en *i* romance; no confundamos el caso con el cierre de este diptongo en *i* por parte de los actuales dialectos africanos, pues atribuir este cambio al hispanoárabe sería sin duda un anacronismo sin fundamento documental; además el cierre, aun allí, se produce precisamente cuando no hay letras enfáticas, y en nuestro caso lo son nada menos que las dos consonantes que rodean el diptongo (comp. el arabismo real *alhaite*). Es más, aun si admitiéramos la gratuita enmienda de Simonet *gît*, tampoco esto hubiera podido dar *guita* en romance; a lo más *guete* o más bien *alguete:* la î está en tafẖîm entre dos consonantes enfáticas, posición en que siempre se convierte en *e*. En conclusión, es preciso abandonar la etimología arábiga por imposible fonéticamente. En definitiva, y como no se ve otra etimología posible, quizá deba volverse a la etimología de Simonet, aunque abandonando su pretensión de documentar el vocablo en Abencuzmán.

Efectivamente, WITTA se halla muchas veces en alto alemán antiguo con las definiciones «infula», «crinalis», «vitta», «fasciolum» (Graff, *Ahd. Sprachschatz* I, 745), es decir, en sustancia, 'venda o trencilla para el cabello'; los germanistas están de acuerdo en que esta antigua voz germana procede del lat. VĬTTA. No era difícil pasar de ahí a 'trencilla con que se guarnece el calzado', la ac. antigua, y después, generalizando, 'cordel, bramante'. Mas ¿por qué camino pudo llegar al castellano este vocablo? Desde luego no vino directamente del latín ni del «bajo latín» de Simonet, como lo prueba ya la *gu-* inicial, que se explica por una w- germánica, pero no por una v- latina; tampoco, por razones geográficas, es posible pasar directamente del alto alemán al castellano; sí sería posible admitir que el gótico tomó en préstamo el vocablo latino, exactamente como el alemán, y que del gótico pasó al castellano; verdad es que no lo hallamos en el léxico gótico conocido, y la representación de la ĭ germánica por una *i* romance, aunque por cierto no imposible, sería más fácil en un vocablo que hubiera llegado del fráncico por conducto del francés. Y ¿hay algo más corriente que los galicismos castellanos en materias de vestir?

Ahora bien, consta que el germanismo *guite* (*wite* en otros textos) existió en francés antiguo, y aun fué allí frecuente: véanse las notas de Schultz-Gora en *ASNSL* CLV, 107-8, y de A. Jenkins en los *Mélanges Jeanroy*, p. 144. La única dificultad que nos queda es que hasta ahora se han dado del fr. *guite* definiciones muy diferentes de la que nos haría falta. Pero estas definiciones son contradictorias: God. tradujo primero (IV, 388) por «chapeau», luego rectificó (VIII, 335, 360) «long voile dont les femmes se couvrent le visage», Jenkins sugiere 'cofia', Schultz-Gora asegura que es una prenda de vestir larga, probablemente un mantón. Dejo a un especialista del fran-

cés antiguo el análisis detenido de los numerosos pasajes, pero este mismo desacuerdo de los lexicógrafos invita a proponer otra traducción que esté más de acuerdo con el sentido coincidente del antepasado (alem. ant. *witta*) y del presunto descendiente (cast. *guita*); no niego que alguna de las traducciones transcritas esté fundada en ciertos casos, especialmente la de Jenkins, que se apoya en razones más objetivas que la de Schultz-Gora, pero desde luego tanto la traducción 'sombrero' como 'cofia' se refieren a la cabeza, y lo mismo esto que el detalle de, que es algo largo que puede llegar hasta los pies (*une wite traïnant dusqu'as piés* en *Raoul de Cambrai*) sugieren que por lo menos en algunas partes se conservó el sentido etimológico 'ínfula de sacerdote o de religiosa', propio del latín y del alemán antiguo; ahora bien, las ínfulas eran trencillas, que bien pudieron en España emplearse con otro destino[4].

DERIV. *Guitar*[5]; *guite* (V. arriba; *guit* en invent. arag. de 1406 no tiene relación con esto, a pesar de Pottier, *Vox Romanica* X, 165, vid. *GUITÓN*); *guitero*.

¹ Malaret, *Semántica Americana*, p. 98, dice que Fz. de Oviedo trae «*daguita*, cordel, bramante, en lengua de Haití», de donde, según una nota de la Academia de la Historia, en su edición, «se ha derivado sin duda la voz *guita*, usual en algunas provincias de España»; advierte Malaret que en América no se conoce este significado de *daguita*—ni significado alguno, que yo sepa—. Por desgracia no cita Malaret el pasaje de Oviedo, ni figura tal palabra en Friederici. ¿Habrá error por de *guita*?— ² *Guita* 'cordel, bramante' existe también en portugués [Moraes], donde no poseo documentación antigua.— ³ Íd. Asín, *Al-And.* IX, 31.— ⁴ Vagamente nos recuerda *guita* el griego mod. γαειτάνι 'cordón', que ya aparece en la forma *gaitanus* en el médico bordelés merovingio Marcelo Empírico: Helmreich, *Philologus* LXIX, 568s., sugiere se trate de una palabra céltica. Pero no creo que el vocablo francés tenga que ver con ella, además de que esas identificaciones y la historia del vocablo no quedan claras.— ⁵ De ahí *avarcas gritadas* en Fr. D. de Valencia, *Canc. de Baena*, n.º 502, v. 5.

GUITARRA, del ár. *kîtâra* íd., y éste del gr. χιθάρα 'cítara'. 1.ª doc.: J. Ruiz.

Este autor distingue entre la *guitarra morisca* y la *guitarra latina*; para detalles véase M. P., *Poes. Jugl.*, pp. 67 y 58 (donde se citan además las formas *quitara* y *quiterna*). Para historia del instrumento, Ad. Salazar, *NRFH* VII, 118-26. Además, acerca del origen y transformaciones de este instrumento, vid. St. Harrison, *RH* XLI, 219-23, y A. Bernier, *RH* XLI, 674-8. Más documentación antigua, en inventario aragonés de 1373[1]; *guitarra serranista* (léase *serranisca* 'tocada por serranos'), P. de Alfonso XI, 408; «celes es guitarra con que tañen», APal. 69*b* (otros ejs. 160*d*, 249*b*), y es vocablo muy frecuente y popular desde los clásicos (Cervantes, etc.). Directamente del árabe se tomarían también el port. y el cat. *guitarra*[2], de donde oc. ant. *guitara* (un ej. del S. XIV en Raynouard). Quizá proceda directamente del árabe, en vista de su consonantismo discrepante, el it. *chitarra*, que según la Crusca ya se halla en Fazio degli Uberti (S. XIV)[3]. Desde luego la puerta principal de entrada en Europa para este arabismo no fué Italia, como creyeron algunos, sino España, según ya reconoce W. F. Schmidt (*BhZRPh*. LIV, 70), y como es natural por el influjo de la lírica hispanoárabe en Francia (V. ESTRIBOTE): el fr. *guitare* aparece no sólo desde 1547, en que se hace frecuente, sino que *guitere* o *guiterne* se halla ya en un texto anglonormando de med. S. XIII (P. Meyer, *Rom.* XXXVII, 225), *guiterne* en el *Roman de la Rose*, *kitaire* en el S. XIII (*Adenet*, etc.), *guinterne* en Rabelais («Quaresmeprenant a... les pieds comme une *guinterne*» IV, cap. 31, p. 124); por lo menos las formas en *é* serán de procedencia catalana (vid. la nota). En árabe hallamos *káita̤ra* ya en fuente hispánica del S. XI, *kai̤târa* en otra del S. XIII, *kittâra* en el Xaleŷí, *qitâr* en Almacarí, hoy *qītâra* en todo el Norte de África y *qītâr* o *qītâra* en Oriente, vid. Simonet, s. v.; Dozy, *Suppl.* II, 308. Pero dado el mantenimiento del acento griego (opuesto al del lat. CITHĂRA) y la conservación de la velar inicial oclusiva, es seguro que el vocablo no pasó de Europa a los árabes por España, como a de entender Simonet, sino desde el griego al árabe en Oriente, y el árabe lo trasmitió al romance, probablemente después de cambiar el tipo del instrumento musical.

DERIV. *Guitarrazo*. *Guitarreo*. *Guitarrero*; *guitarrería*. *Guitarresco*. *Guitarrillo*. *Guitarrista*. *Guitarro*. *Guitarrón* 'hombre sagaz y picarón' [Acad. ya 1843].

[1] «Una *guitarra* encordada, en diez sueldos», y otro ej., *BRAE* IV, 347.— [2] El ej. que cita Ag. es lo mismo que el siguiente, del S. XV: «les cordes de la *guitarre* deven esser proporcionades per sonar, e més les val amollar e fluxar que rompre per masa ̇tibar», *Breviloqui* de J. de Gal·les, p. 141.— [3] Hay *quintara* en los glosarios alto-italianos del S. XV publicados por Mussafia; *chitéra* en bergamasco antiguo (Mussafia, *Litbl.* XV, 57); *chiterra* en Ótranto y en el Logudoro. Desde luego no hay que pensar en una pronunciación culta del lat. CITHARA, según quiere Niedermann (*Litbl.* XLV, 309); y para las últimas formas tampoco convence un cruce del vocablo árabe con el lat. vg. CÍTHERA del *Appendix Probi*, como sugiere M. L. Wagner (*ASNSL* CXXXV, 104, n. 1). Más bien podría haber cruce con el cat. vg. *guiterra*, vivo en Mallorca y en el Alguer (*BDLC* XIV, 207; XI, 49; *AORBB* VII, 44; V, 158); desde luego tiene este origen el sasarés *ghinterra*. El paso de -*arra* a -*erra* se halla en otros arabismos catalanes: *gerra* 'jarra', *magerra* (*BDC* XXIV, 44).

Guito, V. *guitón*

GUITÓN, 'pordiosero', 'holgazán', 'pícaro', y el arag. *guito* 'falso, zaino, coceador', del mismo origen incierto que el it. *guitto* 'sucio', 'abyecto, vil', probablemente tomados del fr. ant. *guiton* (caso sujeto *guit*) 'paje, criado', que a su vez procederá del fráncico *WIHT 'ser, criatura', 'niño' (neerl. med. y mod. *wicht* íd., a. alem. ant. *wiht* 'ser', 'cosa', alem. *wicht* 'sujeto, [pobre] diablo', 'duende', b. alem. ant. y ags. *wiht* 'ser', 'cosa', 'demonio', ingl. *wight* 'ser, persona', escand. ant. *vêttr* 'ser sobrenatural'); de la idea de 'sirviente, lacayo' se pasó en España e Italia a 'pícaro', 'vil'. 1.ª *doc.*: *guitón*, 1573, HispR. XXVI, 282, Covarr.; *guito*, 1652, en el aragonés Juan F. Ustaroz[1].

Dice Covarr. «el pordiosero, que con sombra de Romero que va a visitar las casas de devoción y Santuarios, se anda por todo el mundo vago y holgaçán, mal vestido y despilfarrado»; a continuación propone una imposible etimología, del gr. *chiton* 'túnica', 'camisón', porque con tal prenda irían vestidos los guitones[2]; *Aut.* dice que es el «pordiosero, que con capa de necessidad, anda vagando de lugar en lugar, sin querer trabajar ni sujetarse a cosa alguna»; no aduce ejs.; pero sí cita uno de *guitonería* «picardía mezclada con el ocio y holgazanería» en el *Estebanillo González* (1646): «con esta *guitonería* provechosa anduvimos doce días, haciendo lamentaciones y enajenando muebles». No tengo más documentación antigua del vocablo, que un buen conocedor como J. E. Gillet sólo califica de «word of the *pícaro*-family» y llama la atención sobre su supervivencia en las Asturias occidentales, donde significa «curioso, atisbador» (Acevedo-F.); *giton* 'canalla' ha pasado al vasco del valle de Erro (Navarra), Azkue, *Supl.*[2] s. v. En cuanto a *guito* es palabra muy viva en Aragón, aplicado a bestias falsas y coceadoras: figura ya en *Aut.* y en Borao, y hoy se emplea en Plan, Gistaín y Bielsa (*BDC* XXIV, 172), así como en la Sierra de Guara (*ZRPh.* LV, 600) y en otras partes de la región; por el Norte se extiende *guit* al gascón de Barèges (Palay) y el cat. *guit* es palabra de uso general, exactamente en el mismo sentido que en Aragón, pero el derivado *guiteria* 'picardía, truhanería', documentado por Ag. en Lérida en 1669, nos prueba que el vocablo en su origen tenía significado análogo al del *guitón* castellano[3]. Ya Diez (*Wb.*, p. 457) llamó la atención sobre el origen del arag. *guito* declarándolo desconocido; le siguió Caix (*Studi di Etim. Rom.*) relacionándolo con *guitón* y con el it. *guitto*, mientras que C. Michaëlis (*Ebert's Jahrbuch* XIII, 210) prefería hacer venir a *guito* del vasco *gaitz* 'difícil', 'malo, defectuoso', 'enfermedad', *gaiztu* 'irritarse', 'volverse malo', idea que no ofrece la menor verosimilitud fonética, pues tanto la z como la a son fundamentales en esta palabra vasca; con justicia, pues, reaccionó Mussafia (*Rom.* II, 479) contra esta opinión de la ilustre hispanista, recordando que podía haber una relación con el it. *guitto*, al que él agregaba un lorenés *ouètène* «vilenie, ordure», de origen hasta ahora desconocido; en sentido análogo se pronunció Gaston Paris (*Rom.* VIII, 619-20). Desde luego es preciso tener muy en cuenta esta palabra italiana, que en el sentido de 'sórdido, avaro' se halla ya desde med. S. XVI (Varchi)[4] y tiene también las acs. 'sucio' [S. XVII] y 'abyecto, vil'; muchas tentativas etimológicas se han hecho con *guitto*, todas evidentemente desencaminadas con arreglo a la fonética, como igualarlo con el sinónimo *gretto* (Tobler), o derivarlo de VĬĔTUS 'marchito' (Caix), o de VĪLIS (G. Serra), o de VICTUS 'vencido' (Gregorio, *Rom.* XLI, 374-5). Lo más serio que queda de la investigación acerca de esta palabra italiana es la nota de Migliorini (*Dal Nome Proprio al Nome Comune*, p. 232, comp. 272, 344, 29): empieza éste citando Campania y Roma *guitto* «lavoratore stagionale», *guittone* «fannullone», gergo teatrale *guitto* «comico da strapazzo», y fijándose especialmente en el it. antic. *guidone* «furfante, uomo d'infima plebe», frecuente en el S. XVII, sugiere que este apelativo en sus diversas variantes proceda del nombre propio de persona *Guido, Guidone, Guittone*, de origen germánico[5], comp. aquí *guido* s. v. GIRO II, pero después de la nota de Migliorini siguen dudando de esta etimología Angelico Prati (*ARom.* XX, 203) y el propio Migliorini (p. 272)[6]; la explicación semántica de Biscioni, porque *Guido* o *Guittone* era nombre de personajes nobles en Italia y aplicado a gente humilde resultaba, por lo tanto, irrisorio y denigrante, es bastante rebuscada. Nótese que de ser cierta esta etimología deberían ser tomadas del italiano todas las demás formas romances, pues la forma WITO es longobarda, y su -T- es ajena al fráncico y al gótico; por lo tanto el nombre de persona tiene la forma WIDO fuera de Italia, lo cual no explicaría la -t- del vocablo; este préstamo sería posible en rigor para las formas hispánicas, pero resulta inadmisible para el fr. ant. *guiton* 'paje, criado', hacia el cual llamó la atención Gaston Paris. Ésta es palabra frecuente desde el S. XII (*Li Loherain, Partonopeus*) hasta la segunda mitad del XV (P. Choque), God., IV, 389; a veces significa 'muchacho, hombre joven' según G. Paris, quien supone origen germánico en vista de la variante *witon*, pero duda de que pueda venir de la familia del alem. *wicht*. Sin embargo no veo que haya obstáculo serio para aceptar esta idea, de la que nadie ha hecho caso; efectivamente, el vocablo francés vendría del fráncico, dialecto especialmente emparentado con el neerlandés, y en este idioma *wicht*, además del significado germánico general 'ser, criatura', tiene hoy comúnmente el de 'niño', que ya se halla en la etapa antigua del idioma (véase el diccionario del neerlandés antiguo y medio por Verwijs y Verdam): de ahí era fácil pasar a 'paje' o 'muchacho', y al mismo resultado se hubiera podido llegar en francés partiendo de la ac. germánica general 'ser viviente', comp. el cast. *criatura* 'niño'. Lo demás de la etimología queda ya claro: ¿hará falta recordar los innúmeros casos de palabras para 'criado' que han tomado el sentido de 'hombre abyecto, vil'? Nada más fácil que esto en el mundo feudal, y en cuanto a más tarde, piénsese en nuestro *lacayo*; es posible que ya en francés antiguo se iniciara esta evolución, en vista de la frecuencia con que *guiton* se combina con palabras de mala reputación como *serjant*. El azar ha sido causa de que en los ejs. reunidos por God. sólo figure *guiton* en caso complemento o en plural, o bien en textos tardíos que ya no observaban la declinación del francés arcaico, pero está fuera de duda que en textos más antiguos existiría un caso sujeto singular **guit* (**guiz* sólo más tarde, agregándose la -s de las demás declinaciones); de ahí el cat. *guit*, arag. *guito*, it. *guitto;* la u del italiano no puede extrañarnos, puesto que *witon* se halla en francés antiguo; por lo demás el it. *guitto* podría ser germanismo autóctono procedente del longobardo. En italiano la aparente identidad con el nombre propio *Guittone* condujo a emplear en el mismo sentido, por un juego de palabras, la variante de éste, *Guidone*. Como contraprueba de que *guiton* pasó también los Pirineos en su sentido propio de 'criado', puedo citar el cat. dial. *guitó* 'ayudante del pastor yegüerizo que llama a la dula con el cuerno y lleva las yeguas al prado, en ausencia del yegüerizo', que leo en una nota recogida por mi padre en 1898, en el pueblo ampurdanés de Torroella de Fluvià; y la misma forma en -on, pero en su ac. secundaria, aparece en el val. y ribag. *guitó* 'mal intencionado, tuno, zaino' (Alcover) y, en el Bearne, en el verbo *enguitouní's* «devenir fainéant, fripon; pour une femme, tomber dans le vice» (Palay)[7].

DERIV. *Guitonear* [1734, *Aut.*]. *Guitonería* (V. arriba).

[1] «Bueyecito mío, tened la risa / porque no se alborote la mula *guita*», en el *Auto del Nacimiento de Christo, RH* LXXVI, 359.— [2] De Covarr. pasó *guitón* a Oudin (ed. 1616, no 1607) «un faineant, un vault rien». Falta en los diccionarios de C. de las Casas (1570) y Percivale (1599).— [3] Otros vocablos semejantes no son más que homónimos. El navarro *gito* 'gitano', citado por Cabrera, será mutilación de *Egipto*, de donde se creía procedente esta raza; que el nav. *gito* 'gitano' es reducción de *Egipto* lo comprueban el vasco salacenco y roncalés *zito xito*, y el guip. *ijito* íd., Michelena, *BSVAP* XI, 293. El oc. ant. y gasc. *guit* 'pato', alto-arag. *guite* íd. (*BhZRPh.* LXXXV, § 114), procede de la llamada *guit!*, empleada popularmente para hacer acudir a estos animales o

a las cabras (ejs. en Rohlfs, *ZRPh.* XLV, 674).
No sé qué es *guit* en el siguiente trozo de un
inventario aragonés de 1406: «un cedacet limalla; una tanada de boxar; un *guit* de boxar,
poco más o menos» (*BRAE* III, 361). En cuanto
al cat. ant. *guit*, documentado en los *Usatges* de
Barcelona (S. XIII), «qui son senyor menysprea
e per *guit* apensadament lo desfiará, perdre
deu endurablement tot quant per el té» (*N. Cl.*,
p. 73), es 'acción de dar guiaje, de acompañar
y denfender a un enemigo del señor', derivado de
la forma *guidar* que el cat. *GUIAR* (véase este
artículo) tiene en este texto legal, comp. oc. ant.
guit íd.; el editor traduce al azar 'arrogancia,
orgullo'. En cuanto al cat. *reguitnar* 'cocear', ya
documentado en el *Facet*, v. 1240 (S. XIV), que
Spitzer (*Lexik. a. d. Kat.*, 104) relacionó con
guitza 'coz', y Brüch (*Misc. Schuchardt*, 1922,
p. 55) combinó con *guit*, creo que no tiene que
ver con éste, y apruebo la explicación de Spitzer
como cruce de *repetnar* 'cocear' (RE-PED-INARE),
con el sinónimo *reguitzar*, derivado de *guitza;* éste
y el verbo correspondiente me parecen a mí emparentados con el it. *guizzare* 'colear', 'estremecerse', que en ambos idiomas serán voces de
creación expresiva. La única relación de *guitza*
con *guit* es secundaria, pues aquél pudo contribuir a orientar el sentido de éste desde 'vil' hacia
'falso, coceador'.— [4] Una obra clásica para el estudio de las jergas italianas es «Il dilettevole
essamine de' *guidoni*, furfanti o calchi, altramente
detti *guitti* nelle carceri di Ponte Sisto di Roma
nel 1598; con la cognitione della lingua furbesca
ò zerga, comune a tutti loro»; publicada por M.
Löpelmann, *RF* XXXIV, 663, quien define *guitto*
como 'pordiosero leproso'.— [5] De una poesía coetánea dirigida a Fra Guittone d'Arezzo (S. XIII),
parecería desprenderse que ya en su tiempo se
jugaba con el significado de su nombre de pila.
Pero el texto es oscuro, y de la breve cita de
Migliorini no se desprende a qué sentido podría
aludir el rimador.— [6] La relación que sugiere el
mismo autor con el neerl. *guit* 'travieso' 'mal
sujeto, bribón' (del cual derivan algunos el fr.
gueux, pero cf. aquí *ACOQUINARSE*) me parece
muy difícil ya por razones fonéticas. Esta palabra neerlandesa hoy se pronuncia *göit*, por lo
tanto sería inadecuada por sus sonidos; peor en
lo antiguo si, como admiten algunos, procede de un
primitivo *GŪTJAN, de donde vendría también el
alem. dial. *gäuzen* 'ladrar' 'reprender'. Por lo
demás es palabra de origen mal averiguado en
germánico, y no descarto la posibilidad de que
investigaciones más a fondo condujeran a admitir para el fráncico antiguo una forma como
*GUĮTI o algo parecido, en cuyo caso estaría quizá
dentro de lo posible que hubiese entrado esto en
catalán en tiempo de Ludovico Pío y sus sucesores inmediatos, cuando los francos reconquis-
taron Barcelona y todavía hablaban su idioma na-

cional. Pero lo poco que dice el *Etym. Woordenboek* de Franck sobre esta palabra (no revisada
por su sucesor Van Haeringen) es poco animador
en esta dirección: «Sólo documentado desde el
bajo neerlandés medio (*guyte*) = frisón *gút*, fris.
or. *güte* 'sujeto audaz' 'engañador'. Probablemente palabra reciente. Quizá de un neerl. más. más
reciente *guyten* 'burlarse, insultar', que en rigor
podría juntarse con el esc. ant. *gautan* 'charlar,
jactarse' con una -*t*- formativa (ie. *d*) en la base
GITU- 'llamar'...; o bien todas estas palabras son
recientes y onomatopéyicas».— [7] La etimología
propuesta por Brüch, *l. c.*, se basa, según su costumbre, en una combinación audaz e inverosímil,
según ya reconoce Gamillscheg, *RFE* XIX, 235:
de un visigótico *HWÎTS, derivado de un verbo
*HWÎTJAN (de donde vendría el cat. *guitza, re-
guitzar*, arriba citado, ¡pero -*tz*- no puede salir
de -TJ-!), que en el gótico bíblico habría sido
*HWÊTAN 'cocear', deducido únicamente del es-
cand. ant. HUÂTA 'empujar'. Es superfluo formu-
lar las objeciones que se les ocurrirán a todos.

Guitón 'ficha', V. *echar*   *Guixión, guiz, guiz-*
gue, V. *guizque*

GUIZQUE, 'aguijón' dial., 'palo con un gancho
en una extremidad', y el verbo ENGUIZCAR
'incitar', proceden de un radical GIZK- de creación
expresiva, con el sentido primitivo 'aguijonear',
'azuzar'. *1.ª doc.: guizquio*, Berceo.

En *Mil.*, 676b, se lee «vidieron esti estui nadar
sobre la glera. / ... / Vinieron al roýdo christianos
sabidores / con grafios e con *guizquios*, galeas
valedores: / todo non valió nada...»; así en el
ms. *I*, del S. XVIII, pero copia fiel y arcaizante
de uno del S. XIII (el ms. *A*, del S. XIV, pero
muy modernizador, sustituye por una palabra desconocida: «con garfios, con *ezquinos*»). En Berceo significa, pues, 'bichero'. Posteriormente no
vuelvo a tener testimonios de este vocablo, más
bien raro, hasta Pedro Espinosa (1625), que emplea *guizque* 'doble gancho de hierro, fijo en la
punta de un palo, que usan los tenderos» (ed. Rz.
Marín, p. 423), y un doc. de Huelva de 1640
emplea *guisque* 'chuzo empleado para herir a una
persona' (Leguina); Terr. registró *guizque* 'garabato del candil' como propio de la Mancha, y la
misma variante en el sentido de 'aguijón de la
avispa', como propia de Aragón. La Academia no
le ha dado entrada hasta sus ediciones del S. XX,
tomando como básica la ac. de P. Espinosa y
agregando la ac. 'aguijón' como propia de Teruel,
Albacete y Murcia, y la de 'palo, con regatón en
un extremo y en el otro una horquilla de hierro,
que sirve para descansar las andas en las procesiones', como propia de Andalucía; vid. el área
hispánica de *guizque* que traza D. Catalán con
los datos del *ALPI* en *St. Hisp. in Hon. R. Lapesa*, III, 1975, pp. 97 y siguientes. G. de Diego

(*RFE* III, 308) nos informa de que *guizque* 'la lengua de las culebras', 'el agrio del vino', es general en la provincia de Soria, la variante *guizgue* en el Burgo de Osma y *vizque* en Medinaceli¹. En la ac. 'lengua de culebra o aguijón' es *guisque* o *guizque* en la prov. de Cuenca, *guiz* en Zaragoza y Soria, *guispio* o *guixión* en Asturias, *disque* o *dizque* en Teruel, *bizque* en Navarra y Guadalajara, *cispe* en Álava, *RDTP* IV, 115-6.

El verbo correspondiente es de uso más general. Ya hallamos *empizcar* en APal. («*irritare* es provocar: es sacado por lo que fazen los perros, que si los *empizcan*, arremeten», 225*b); enguizgar*² 'incitar, estimular, aguijonear' se halla ya en Quevedo «el viejo tenía barruntos de que un hermano de la mozuela... *enguizgaba* el negocio» (*Cuento de Cuentos*, ed. *Cl. C.*, 178) y en Cancer (*Aut.*), *guizgar* h. 1620 en Pantaleón de Ribera (*Aut.*), y Quiñones de B. († 1651) empleó tanto *guizgar* como *izgar*: «ahora pida vusted / todo cuanto allá en su idea / le *izgue* la golosina, / que tanto hailará en la venta», «si la envidia es quien te *izga*, / el alma, hembrilla mortal, / ... miente tu alma», «¿qué le *guizga* y le escarba?» (*NBAE* XVIII, 592, 594, 799*b*); en el madrileño José de Cañizares (1676-1750) hallamos *aguizgar* (cita en *DHist.*). Modernamente encontramos *enguizgar* «inducir, incitar, provocar, sugerir ideas o deseos ilícitos» en el judeoespañol de Marruecos (*BRAE* XV, 60), aunque no en el de Oriente (según Wagner, *VKR* IV, 241), *enguiscar* y *guiscar* en Murcia (G. Soriano; donde se emplean también *guisque* 'aguijón' y *guisca* 'instigación engañosa', 'provocación'), *hiscar* en Andalucía (A. Venceslada), *embizcar* en el Bierzo (G. Rey), *envizcar*³ en ast. (V), *inguisar* en Santander (Alcalde del Río), *ahiscà, enguissà, aguissà* y *agusicà* en el Bearne (Palay), *enguiscar* en el catalán de Valencia ('incitar, estimular': Sanelo, Ros, Lamarca, hoy vivo en la capital), *enguiscar* o *entxiscar* en el del Maestrazgo «punxar, estimular» (G. Girona), *anyiscar* en el de Menorca (Moll, en *Misc. Alcover*); finalmente es conocido el port. *enguiçar*, que no sólo significa 'dar mal de ojo', sino 'influir en otro el que tiene un defecto' (Moraes), 'hacer volver raquítico' (Fig.), y en el Minho 'saltar por encima de alguien' (que es una de las ceremonias para dar mal de ojo: Leite de V., *Opúsc.* II, 440; *RL* III, 155), y el derivado *desenguiçar* es 'desenredar el cabello' (< 'desembrujar') en un dialecto del país vecino (*RL*, p. 43). La ac. fundamental portuguesa 'dar mal de ojo' puede venir de 'incitar (un mal)' o bien partir del significado que ha tomado en portugués el vocablo correspondiente al *guizque* castellano, a saber *guiço* «pedaço pequeno de pau sêco», «lenha miúda» (Leite de V., *Opúsc.* II, 64, 350), de donde 'hacer volver seco como un palito'; en todo caso no cabe dudar de que el port. *enguiçar* es lo mismo que el *enguizcar* castellano, puesto que *inguisar* se emplea en el sentido español en Santander (V. arriba)⁴.

Es vano buscar una etimología aparte a la voz portuguesa, partiendo de *INIQUITIARE (de INIQUITAS 'maldad'), según propuso C. Michaëlis (*RL* III, 155); tampoco es lícito, en vista de las formas castellanas, partir de un gót. *INWEITJAN 'adorar' (en lugar del documentado INWEITAN), según quería Brüch (*Misc. Schuchardt*, 55), idea admitida por Gamillscheg (*RFE* XIX, 235; y *R. G.* I). Desde luego *enguizgar* no viene de un *INVITICARE de INVITARE (*GdDD* 3555). Según ya indicó Spitzer (*ZRPh.* XLIII, 599n.), lo mismo *enguizcar* que *enguiçar*, lo mismo el citado *empizcar* que el astorgano *envizcar* 'azuzar' (Garrote) y el arag. *endizcar* 'inducir a la pendencia' (Puyoles-La Rosa), proceden todos de una onomatopeya, o mejor de una formación expresiva, con la idea fundamental de 'azuzar', 'aguijonear', expresada por el radical GIZK- y análogos (comp. la abundante familia del tipo *aquissar* 'azuzar el perro' en *FEW* II, 711*a*; y aquí mismo GOZQUE y ENDILGAR).

DERIV. *Guizquero.*

¹ Comp. *resque* en Medinaceli, *respe* en todo Burgos, *rezpe* en la capital de esta provincia y en Villarcayo y Villadiego, para los cuales vid. *HÍSPIDO.*— ² Ésta era la forma que registraba *Aut.*, y la Acad. en sus ediciones del S. XIX, más tarde cambiada en *enguizcar.*— ³ Y astorg. *envizcar* 'azuzar' (Garrote), Medinaceli *vizque* (supra). Luego estas formas presentan una raíz paralela *bizk-*, que he ejemplificado con significados diferentes en BIZCO. Otra raíz expresiva comparable es *bisb-* o *bsb-* que tenemos en *bisbisar* 'musitar' [S. XVI, *DHist.*] y *bisbís* 'cierto juego de azar' [S. XIX, íd.], que expresa un movimiento de incesante vaivén; de ahí seguramente también el gall. *besbello* 'tejedor: insecto zanquilargo de las balsas que mueve constantemente las piernecitas en zigzag', con ellos se arma a las truchas (Sarm., copla 1084, *CaG.* 91*r*, 109*v*) (aluden al movimiento de los zancos las denominaciones *zapateiros*, gall., Sarm. en su infancia, *alfaiate* port., *sastre* o *sabater* cat., *tejedor* cast.), con la frase obscena *béixame no besbello*: se aplicaría al trasero del niño movedizo, inquieto, bullidor; no creo pues que pueda relacionarse con el cast. *obispillo*, cat. *bisbe* 'embutido cular', cat. y oc. ant. *bisbe* 'obispo', pues la variante con *-b-* ha sido siempre ajena al gallegoportugués y al castellano.— ⁴ Bastante superficial la nota que dedica Piel a *enguiçar* en *Mél. Delbouille*, 1964, 463-7; insiste en separarlo de *enguizcar*, sugiriendo que la semejanza es casual, y en la etimología de C. Michaëlis *INIQUITIARE (tan artificiosa como creación latina o romance) y pretendiendo que el port. *engar* podría salir de un *INIQUARE, lo cual no es posible fonéticamente (habría dado *inguar*, cf. *minguar*) y en lo semántico es punto menos que absurdo para una palabra que significa 'aficionarse a algo'.

GUJA, 'cuchilla de hierro enastada en la punta de una lanza, de que usaron los archeros', antiguamente *buja* o *vulge*, tomado del fr. *vouge* 'podadera de mango largo, empleada antiguamente como arma de guerra', y éste del lat. tardío VĬDŬ- BĬUM 'podadera', 'azadón', de origen céltico. *1.ª doc.*: *buja*, 1503; *vulge* m., 2.ª mitad del S. XVI (Leguina, s. v. *buja* y *archa*); *guja*, Acad. ya 1817.

Para el vocablo francés y su origen, vid. *REW* 9320; Dottin, *La Langue Gauloise*, p. 298; mi *Vocabulario Aranés* (s. v. *bedúl*); y la bibliografía allí citada.

Gujano, V. *gusano*   *Gula*, *gules*, V. *gola*
Gulhara, V. *vulpeja*   *Gulilla*, V. *engullir*   *Guloso*, V. *gola*   *Gulpeja*, V. *vulpeja*   *Gulusmear*, *gulusmero*, V. *gola*   *Gullería*, V. *gullería*
Gullestro, V. *calostro*   *Gulloría*, V. *gollería*
Guma, V. *husmear*   *Gumarra*, *gumarracho*, V. *mamarracho*

GÚMENA, 'maroma gruesa de uso náutico', tomado del cat. *gúmena*, del mismo origen que oc. ant. *gumena* e it. *gómena*, *gùmena*; la etimología es incierta, pudiéndose asegurar solamente que es de procedencia europea; teniendo en cuenta que la forma más antigua es *egùmena* o *agùmena*, y que este cable se emplea entre otras cosas para remolcar embarcaciones, es posible que venga del gr. σειρὰ ἡγουμένη 'cuerda que conduce', del participio de ἡγεῖσθαι 'conducir'. *1.ª doc.*: *gúmina*, 1444, Juan de Mena; *gúmena*, APal.

Dice este lexicógrafo «*spira*... es cuerda o *gumena* que tienen los navegantes buelta en giro» (467*d*). Aparece también en *G. de Alfarache* (1605), *Cl. C.* V, 172.4, y Terlingen, 257, cita cuatro ejs. más desde 1499 a princ. S. XVII, siempre con la forma *gúmena* (una vez *grúmena* [?]). En catalán es palabra más antigua [S. XIII] y muy frecuente; igualmente en Italia, donde *agùmena* aparece en muchos ejs. desde 1237 hasta el S. XVI, *gùmena* desde 1435, *gómena* o *gómona* desde el Ariosto, gracias a cuya influencia se ha generalizado esta forma en la lengua literaria: se trata de una forma dialectal de la Emilia (de donde era el Ariosto), Romagna y otras comarcas ribereñas del Adriático, en las cuales toda *u* se cambia en *o* ante nasal[1]; en lengua de Oc hay algún ej. de *gumena* en el S. XIV y posteriormente *gumo*, con la reducción fonética propia de los esdrújulos en occitano moderno[2]. Del italiano y en parte de la lengua de Oc procede el fr. *gumène*, *gume*, etc.; el port. y cast. *gúmena* son también de procedencia forastera, pues de ser autóctonos se habría perdido la -*n*- en portugués[3], y en castellano habría resultado *gumbra*; en catalán y en lengua de Oc la conservación de la postónica ante *n* es normal (*llémena*, *Gémena*, *hòmens*, *fréixens*, *nomenar*, etc.) y ningún indicio existe de que el vocablo sea allí menos antiguo o autóctono que en Italia: se trata, en efecto, de un viejo término mediterráneo, común a los idiomas ribereños de este mar, y extendido posteriormente a aquellos cuya costa corresponde al Atlántico.

Han escrito hasta ahora acerca de este vocablo B. E. Vidos (*Parole Marin.*, 438-445) y algo antes yo mismo en *Homen. a Rubió i Lluch* III (1936), 295-7 (= *Est. Universit. Catalans* XXII); con posterioridad agregaron datos el *Diz. di Mar.*, Kahane (*ARom.* XXII, 523-4) y Terlingen (*l. c.*). En mi trabajo demostré ya en forma concluyente que *gúmena* no puede venir del árabe ni del turco, según había admitido Vidos (*ARom.* XIX, 325) ateniéndose a la opinión del mediocre diccionario de Lokotsch, y de otros eruditos de muy escasa preparación orientalista; por desgracia en su trabajo posterior se aferra Vidos a esta falsa etimología sin aducir argumentos positivos. Resumo mis razones: a) según ya reconoció el especialista Dozy (y aun Eguílaz), y ahora lo admite el propio Vidos, las formas *gúmena* (con g oclusiva), *kúmena*, *ǧumna*, *gámena*, del árabe africano, el bereber y el turco, son de origen europeo, como prueba ya la forma de la consonante inicial; b) el árabe *ǧuml* (o *ǧúmal*) 'cable', palabra de raíz semítica, empleada en el árabe arcaico y literal, es totalmente ajena a los dialectos vulgares actuales, y no sólo lo era al hispano-árabe en su sentido de 'cable', sino que en el Andalús había tomado la ac. 'tascos de lino' (por lo demás, la forma que allí se empleaba era *ǧémel*); c) una *ǧ* árabe no puede dar *g* romance; d) la -*l* de aquel idioma tampoco explicaría la -*n*- de *gúmena*. Vidos se inclina ante las dos primeras razones y promete (p. 441) refutar la última, pero después se abstiene de hacerlo, sea por olvido o más bien por imposibilidad; en cuanto a la tercera, pretende anularla con el hecho conocido de que el *ǧ* arábigo procede de una antigua *g* oclusiva; pero esta razón no es pertinente, pues lo que importa es que el romance representa el *ǧ* arábigo por *j* (*gi*) en forma c o n s - t a n t e, y aquella pronunciación arcaica no ha dejado huellas en el influjo del árabe sobre el romance[4]. Como argumento positivo en favor de un origen arábigo sólo se alega la *a*- de la forma *agúmena*, que Vidos toma como resto del artículo árabe, pero esto es inadmisible, pues ante *g* (o *ǧ*) la *l* del artículo árabe no puede desaparecer por asimilación, según es bien sabido; y el propio Vidos reconoce (*ARom.* XIX, 325) que el artículo árabe no suele aglutinarse a los arabismos italianos, a no ser los tomados del castellano[5]. La explicación real de la forma con *a*- la veremos luego, y el origen semítico de *gúmena* puede darse, pues, por descartado.

Por otra parte, en mi trabajo, aun reconociendo como ahora que la procedencia de *gúmena* está envuelta en la oscuridad, hacía observar que la forma más antigua del vocablo es *agúmena*, de manifiesta fisonomía griega. Estoy de acuerdo en que esta fisonomía no basta como prueba, y que la etimología que propuse es hipotética, pero es la única sostenible entre las que se han propuesto. Puesto que ἡγουμένη es el participio conocido del verbo frecuentísimo ἡγεῖσθαι 'conducir', está 5 fuera de dudas que σειρὰ ἡγουμένη debió emplearse alguna vez en el sentido de 'cuerda que conduce o remolca'; si este empleo fué corriente, y si σειρὰ ἡγουμένη se abrevió y sustantivó en ἡγουμένη[6], es lo único que falta documentar, y el 10 propio Vidos admite (p. 442) que esto p u d o ocurrir y que él ha propuesto muchas etimologías con el mismo tipo de sustantivación, para otros nombres de cables, etimologías que merecen aprobación general. En favor de mi idea puedo ahora 15 agregar que existe una variante *egumena*, con *e*-inicial, documentada en Italia, en los Estatutos Genoveses del S. XIV[7]; y esta forma es demasiado idéntica al supuesto étimo griego para que resulte verosímil mirarla como fruto de coincidencia ca- 20 sual.

En definitiva, mi contradictor se hace fuerte en que la gúmena no es un cable para remolcar; aunque así fuese, esto no mostraría en lo más mínimo la falsedad del étimo ἡγουμένη, pues to- 25 dos estaremos de acuerdo en que el vocablo pudo y debió cambiar de sentido en los mil años que separan el griego antiguo de las primeras apariciones del romance *gúmena*, y siendo un hecho incontrovertible que la gúmena es el más grueso 30 de los cables náuticos («il cavo di maggior grandezza usato in marina», *Diz. di Marina*)[8], claro está que una maroma tan gruesa era la más apropiada para el remolque de embarcaciones y pudo luego emplearse para otros usos que requirieran 35 un cable reforzado; pero además la afirmación de Vidos de que no puedo dar pruebas antiguas de que las gúmenas se emplearan con tal destino, es ciertamente infundada: no sólo aduje ya el testimonio de Bartolomeo Crescenzio, uno de los es- 40 critores italianos más antiguos entre los que tratan exprofeso de materias náuticas, sino que lo mismo dice el otro compatriota suyo que puede aspirar a este título, Pantero Pantera (1614), según cita del propio Vidos[9], y lo repite hoy otro excelente 45 especialista, Imperato[10]; los testimonios podrían fácilmente multiplicarse: en el *Tirant lo Blanc* (h. 1460) (ed. Aguiló, I, 322-4) se pinta una escena bélica en que un brulote o embarcación incendiaria es atraída hacia una nave enemiga por 50 medio de una gúmena, Crescenzio al describirnos la botadura de una galera nos explica que se hace arrastrándola desde el mar por medio de una gúmena atada a otra embarcación (Jal, p. 1113*b*), y ya Muntaner (h. 1330), en el relato de una batalla, 55 nos presenta una serie de naves atadas mutuamente por medio de gúmenas (cap. 285, vid. Jal, p. 72*b*)[11].

Nada de interés agrega al estudio de *gúmena* la nota de Bambeck, *BhZRPh.* CXV, 46-48, que 60

quiere partir de un cable impregnado de goma (!). La documentación que aportan Tietze y los Kahane (*The Lingua Franca in the Levant*, pp. 252-3) se refiere sólo al turco y alguna otra lengua que ha recibido el vocablo en fecha reciente. Más interés tiene poner de relieve que el dato de *agumena* en 1265, que se había venido dando como italiano, en realidad es catalán, pues se trata del documento transcrito por Jal, s. v. *pamphilius* con lista de las jarcias de una nave fabricada por Bonaver de Portvendres.

DERIV. *Gumenilla*.

[1] El mismo fenómeno fonético se produce en catalán ante *m*, según indiqué en mi trabajo, con mucha frecuencia. Luego no hay por qué tomar la variante *gómena*, que aparece en algunos textos catalanes de los SS. XIII y XIV, como indicio de procedencia italiana, según hace Vidos.— [2] No es un «derivado retrógrado», como dice extrañamente Vidos, pues es fenómeno mecánico y no morfológico.— [3] Gall. pontevedrés *gumena* 'cable o maroma gruesa de navío' (*este fío es más gordo que una gumena*), Sarm. *CaG.* 119r.— [4] Steiger, *Contr.*, 185, no atreviéndose a romper del todo con el trabajo anticuado de Baist, toma en consideración la posibilidad de que exista algún caso de *g* oclusiva romance equivalente a un *ǧim* arábigo, pero escribe «los ejemplos son casi todos raros, dudosos en parte, y representan términos poco vulgares, en los que grafías eruditas o simplemente erróneas son muy de tener en cuenta». En realidad, varias de las etimologías que cita son erróneas (*GALBANA, segrel*, etc.), y las demás se explican, como él dice, por grafías eruditas e inexactas (*GALINGAL*); el caso de *MEZQUITA* es fundado, pero ahí tenemos *k*, y se trata de un viejo término tradicional y de carácter excepcional, anterior en algunos siglos a los demás arabismos. El caso de *CALAFATE*, en que se apoya Vidos es, por el contrario, de origen latino en árabe.— [5] En cuanto a la variante *augumena*, ya ha visto ahora el Sr. Vidos que su *u* no puede venir de una *l*, y que se explica como alteración de *agumena*, por un fenómeno fonético.— [6] En lugar de σειρὰ ἡγουμένη puede partirse igualmente de σχοινία ἡγούμενα 'cuerdas que conducen'.— [7] «Intelligatur positum ad colam ['acto de levar anclas', comp. *collare* 'zarpar' en Du C.] quando amoverit *egumenas* a mole ['muelle'] seu terra et recesserit e loco», cita de Du C. s. v. *cola* VII.— [8] Esto daría apoyo a la otra posibilidad que sometí a los eruditos en mi artículo, a saber que se partiera de ἡγούμενος en el sentido de 'jefe', de donde 'cable principal o mayor'; lo cual es algo más difícil, puesto que 'jefe' no es exactamente lo mismo que 'principal', aunque esta idea pueda desarrollarse fácilmente desde la otra.— [9] «*Gomenetta*... serve per le ancore minori... per r i m o r c h i a r e ecc.».— [10] «Oggi le navi che sono dotate di gu·mene le usano per

ormeggio poppiero e talvolta per rimorchio», en *Diz. di Mar.*— [11] Actualmente en el Ebro las gúmenas son los cables, tendidos de una orilla a otra del río, que dirigen por medio de una polea la barca de paso, lo cual no dista mucho de un cable que remolca o conduce. Así lo he comprobado personalmente en Tortosa, Benifallet, Miravet, Flix, etc.

GUMÍA, 'especie de puñal curvo que usan los moros', del ár. marroquí *kummîya* íd., probablemente derivado de *kumm* 'manga', porque se llevaba oculta dentro de la manga. *1.ª doc.:* Acad. ya 1817; ej. de Juan Valera (Pagés).

El viajero italiano Cadamosto (a. 1460), que había vivido en tierras portuguesas, habla de la *gomía* con referencia al Senegal (Zaccaria, s. v.); los portugueses Juan de Barros y Mendes Pinto, a med. S. XVI, emplean la forma *agomia* (Moraes). Viajeros europeos, desde el S. XVI, citan *kummîya* o *gomía* como palabra arábiga empleada en Marruecos. Según indicó Dozy (*Gloss.* 282; *Suppl.* II, 487a), con la aprobación de Baist (*RF IV*, 392) y Steiger (*Contr.* 205, 382), es palabra realmente arábiga, aunque falte en los diccionarios, y deriva probablemente de *kumm* 'manga' porque en esta parte del traje se llevaba escondida la gumía, comp. el sirio *ridnîya* 'pistola', así llamada porque se lleva en el costado izquierdo, cubierta por la manga de la camisa (el origen latino que sugiere Eguílaz, 416, es infundado).

Guño, V. *boñiga*

GURA, gnía., 'la justicia', y su derivado *guro* 'alguacil', son probablemente abreviaciones jergales de *gurapas* que en la propia germanía designaban las galeras a que se condenaba a los delincuentes, palabra procedente del ár. *ǵurâb* 'navío', 'galera'; ayudó a que se formara esta abreviación la existencia de *gurullada* 'corchetes', 'la justicia', que por su parte deriva de GARULLA. *1.ª doc.:* 3.ʳ cuarto S. XVI, en los romances de germanía (Hill, s. v.); 1609, Juan Hidalgo.

Recoge éste en su Vocabulario de Germanía *gurapa* «galera», *guro* «alguazil», *guron* «alcayde de carcel», *gura* «justicia», *gurullada* «corchetes y justicia», *grullo* «alguazil» y *gorullon* «alcayde de la carcel». En cuanto a *gurapas*, es sabido que lo empleaban los malhechores españoles para designar las galeras, y la pena de remar en ellas, a que se les condenaba: recuérdense los conocidos pasajes del *Quijote* (I, xxii, 89) y del entremés cervantino del *Rufián Viudo*, donde aparece también *la gura* por 'la justicia'[1]. *Gurapas* es palabra procedente del habla de los cristianos cautivos de los musulmanes, a quienes también se obligaba a remar en ellas: *guarapus* 'barco' aparece ya en un documento medieval catalán escrito en latín (cita de Baist, *RF IV*, 385); del habla de los cautivos

pasó el vocablo al lenguaje de los malhechores[2]. Ya M. L. Wagner (*Notes Ling. sur l'Argot Barc.*, pp. 34n., y 66) indicó su sospecha de que *gura* no es más que una abreviación de *gurapas;* sabido es que tales abreviaciones son muy frecuentes en el caló y el español popular moderno, y por otra parte se comprende que, siendo condenados normalmente a galeras los malhechores, una frase como *si me coge la gura* 'si voy a parar a una galera' fuese lo mismo que 'si me coge la justicia'; esta sospecha se convierte en razonable certeza al tener en cuenta que *guras* se emplea en el sentido de 'galeras' en *Rinconete y Cortadillo:* «son también bienhechoras nuestras las socorridas que de su sudor nos socorren, ansí en la trena ['cárcel'] como en las *guras*» (*Cl. C.*, p. 169), y no hay por qué atender a la idea de Rz. Marín de enmendar *guras* en *gurapas.* Asiento, pues, a la sugestión de Wagner, pero agregaré por otra parte que la existencia de *gurullada* 'conjunto de corchetes' (*Rinconete*, p. 175; J. Hidalgo) (derivado de GARULLA 'conjunto de gentezuela'), con sus corolarios *gorullón* 'alcaide de cárcel' y *grullo* 'alguacil' (seguramente errata por *gurullo*), daba a la terminación de *gurapas* el aire de una especie de «sufijo», lo que permitía tanto más fácilmente la formación del seudo-primitivo *gura.* De ahí salieron también *guro* [1572, romance de gnía.; *Rinconete*, p. 168; J. Hidalgo] y *gurón*, así como el caló cat. *guri* o *gura* (m.) 'guardia municipal'. Como ya observa Wagner, la existencia de estos vocablos en Juan Hidalgo, en una época en que no hay todavía gitanismos, obliga a descartar toda procedencia gitana, a pesar de la posible parentela gitana y furbesca que cita Tagliavini (*ARom.* XXII, 271-2); por la misma razón habrá que renunciar a la idea de Carlos Clavería (*MLN* 1949, 39-43; *Est. Git.*, 241ss.) de derivar el vocablo *guripa*, m., empleado durante la última guerra civil para designar al soldado raso (parece que ya Rıcardo de la Vega, h. 1890, emplea *guripa* 'soldado', cita de Pagés, s. v. *enamorar*) del gitano *kuripén* 'lucha', 'batalla'; difícilmente se podrá dudar de que *guripa* es derivado de *guro*, cat. *guri* 'guardia', puesto que para el bajo pueblo y el proletariado apenas hay diferencia entre los guardias y los soldados, que también actúan como agentes de la autoridad en huelgas generales y otras ocasiones; *-ipa* es sufijo jergal conocido (caló cat. *ganyips* 'comida', cat. popular *narípia* 'nariz'), y en nuestro caso pudo ayudar la terminación de *gurapa;* en cuanto a *guripa* en la ac. 'golfo, miserable' quizá venga de la ac. 'soldado raso', como afirma Clavería, o bien directamente de la de 'corchete', por lo desharrapado del traje de éstos y su proverbial falta de aseo (comp. el cat. popular *la pudor* 'la policía secreta'). Con *guripa* comp. además el ast. occid. *coiripo* 'niño desnudo', que M. L. Wagner, *ZRPh.* LXIII, 336-7, deriva de *coiro* 'cuero', con razón (por lo menos en parte).

[1] «Ya salió de las *gurapas* / el valiente Escarramán, / para asombro de la *gura* / y para bien de su mal».— [2] Para variantes árabes y bereberes del ár. *gurâb*, vid. Wagner, *RFE* XXV, 181, n. Para documentación en árabe vulgar, Dozy, *Suppl.* II, 204-5.

Gurapas, V. *gura*   *Gurbia, gurbio, gurbión* 'torzal', V. *gubia*   *Gurbión* 'euforbio', V. *euforbio*   *Gurdo*, V. *gordo*   *Gurión*, V. *gorrión* y *huélfago*   *Guripa, guro, gurón*, V. *gura*   *Gurriapo*, V. *gurrufero*   *Gurriato* V. *gorrión* y *guarro*   *Gurripato*, V. *guarro*   *Gurrubita*, V. *engurria*   *Gurrufada, gurrufalla*, V. *gurrufero*

GURRUFERO, fam., 'rocín feo y de malas mañas', junto con *gurrufalla* 'conjunto de cosas viles, despreciables y de poca monta', *gurrufada* 'racha de lluvia muy menuda' y *garufa* 'diversión', 'juerga', de origen incierto; quizá deriven de una alteración del it. *baruffa* 'reyerta, pendencia', *abbaruffarsi* 'reñir, venir a las manos', que a su vez proceden del germánico, probablemente del longob. BIROUFAN 'reñir, andar a la greña'. *1.ª doc.*: *gurrufero*, Acad., ya 1817; *gurrufalla*, Terr.

El femenino vulgar *gurrufá* «racha o ráfaga de lluvia muy menuda» se emplea en Cespedosa de Tormes (*RFE* XV, 167), en Salamanca *gurrufada* 'ventisca', 'bufada', y *gurrufo* 'tufo', 'rizo' (Lamano); *garufa* es 'diversión' en el Bierzo (G. Rey) e *irse de garufa* 'ir de juerga' en el Río de la Plata (Malaret). Más dudoso es que haya relación entre *gurrufero* y el ast. *gurriapu*, en la frase *ser com'un gurriapu*, que se aplica a la persona o animal enteco (Vigón), pues quizá éste sea más bien variante de *gurrapo* 'cerdito' (V. *GUARRO*). Más clara parece la relación entre el cespedosano *gurrufá* y el cat. pirenaico *borrufa, borrufada* o *brufada* 'tormenta de nieve, tempestad violenta', empleados en Andorra, Pallars y Valle de Arán[1] (y quizá con el cat. popular y mall. *barrufet* 'chico travieso', 'demonio', para los cuales vid. Spitzer, *Lexik. a. d. Kat.*, p. 23). Éstos a su vez se enlazan con el it. *baruffa* 'riña, reyerta' [S. XIV: F. Sacchetti], *baruffo* íd., *abbaruffarsi* o *baruffare* 'reñir viniendo a las manos', que suele derivarse del longob. *BIROUFAN* íd. (documentado en alto alem. antiguo, y derivado de *roufan*, forma antigua del actual *raufen* íd.)[2]. Sería fácil que el it. *baruffa* hubiera pasado al español popular o jergal en el Siglo de Oro y que de ahí saliesen las varias formas españolas arriba citadas, pasando por *burruf-* y después *gurruf-*: efectivamente, *burrufero* es como se dice en Galicia (Alvz. Giménez, 42); los cambios de significado son también fáciles de comprender; nótese que *baruffa* pasó también a Francia, de donde Delfinado, Isère *barufa* «mine renfrognée», parisiense *barouf(l)e* «grand bruit, scandale», etc. (*FEW* I, 376).

[1] Por lo demás estas formas catalanas tienen

otra etimología posible, para la cual vid. *BDC* XXIII, 279.— [2] Así Diez, *Wb.*, 277-8; M-L., *REW* 1116; *FEW* I, 376. Gamillscheg (*R. G.* II, p. 132) prefiere partir de un longob. *BIHRÔFFAN*, equivalente del a. alem. ant. *biruofan* 'acusar', 'reprender' (emparentado con el alem. *rufen* 'llamar'), lo cual no parece preferible en lo fonético, y es menos aceptable desde el punto de vista semántico.

Gurrumba, gurrumbiella, gurrumbín, gurrumina, V. *gurrumino*

GURRUMINO, 'ruin, desmedrado, mezquino', 'pusilánime', 'el que tiene contemplación excesiva a la mujer propia', en Asturias 'arrugado, decrépito' y *gurrumbín* 'corcovado', palabra familiar de origen incierto, quizá es alteración de *gorobino, derivado de *goroba* por *JOROBA*. *1.ª doc.*: Aut.

Este diccionario sólo recogió *gurrumino* 'el marido que obedece indebidamente, y contempla con exceso, a su mujer', y *gurrumina* 'obediencia indebida, contemplación excesiva a la mujer propia', observando que ambas eran «voces modernas». Pagés recoge ej. de *gurrumino* en Juan Valera con este sentido; pero en sus ed. del S. XX la Acad. sin borrar la ac. de *Aut.* ha puesto como básica de *gurrumino*, y creo con razón, la de 'ruin, desmedrado, mezquino', agregando que en el Perú y Bolivia es 'pusilánime, cobarde', que forma el enlace natural entre estos dos significados[1], y en Méjico y el Salvador es 'chiquillo, niño, muchacho'; de hecho las acs. relativas a la debilidad corporal están muy extendidas: *gurrumina*, como adjetivo femenino, es 'arrugada, decrépita' en Asturias[2], el gall. *engrumiñado* es 'encogido' en el Limia (*VKR* XI, s. v.)[3], en la Arg. *gurrumino* es 'persona pequeña y flaca' (Garzón), ecuat. 'raquítico, chiquitín' (Lemos), en Álava y en Salamanca 'enclenque', 'chiquitín' (Baráibar, Lamano); de ahí pasamos a acs. figuradas, como lo es la de *Aut.*: val. *gorromino* 'avaro, mezquino' (M. Gadea, *Tèrra del Gè* I, 63, 374), hond. *gurrumino* 'listo, astuto' (Membreño), *gurrumina* 'cosa insignificante, fruslería' en Cuba (*Ca.*, p. 122), Arg., Guatemala, Méjico, Perú y Extremadura, 'cansera, molestia causada por la importunación' en el Ecuador (Lemos, *Semánt. Ecuat.*), Colombia, Guatemala, Méjico y Puerto Rico[4].

Larramendi, partiendo del significado de *Aut.*, propuso derivar del vasco, suponiendo un compuesto vasco *gurmina*, que en realidad no existe, pero que se habría formado con *gur* 'deseo, voluntad' y *min* 'dolor', 'hiel', 'momento crítico'; luego el significado que él supone, 'mal o enfermedad que causa la inclinación', es bastante arbitrario. Schuchardt, *RIEV* VI, 6, reconociéndolo así rechazó esta etimología vasca, pero ateniéndose siempre a la definición de *Aut.* propuso otra, también vasca: *urruma* 'lamento de hombre', 'quejido del ganado vacuno', 'arrullo de la paloma', tomando como punto de partida esta última ac. Su idea, a pesar de que la haya aceptado M-L. (*REW* 9088a), no me parece más verosímil que la de Larramendi: no sólo carecemos del menor [5] indicio de que la *g-* sea agregada, sino que es arbitrario partir del significado figurado y especializado 'contemplación excesiva para la mujer propia', cuando hay otras acs. más materiales y generales, que lógicamente han de tomarse como [10] punto de partida. La clave del problema puede dárnosla el *Vocabulario del Concejo de Colunga* recopilado por B. Vigón: allí *gurrumbín, gurrumbina*, es la persona corcovada, llamada *gurrumbiella* en la parroquia de Gobiendes, y *gurrumba* [15] es la corcova. Esto nos recuerda en seguida que *JOROBA* debió tener una variante *goroba* a juzgar por el colombiano *gorobeto* 'torcido, combado', que según ya vió Cuervo (*Ap.*, § 754) es variante del común *jorobeta*, y esta *g-* se explica perfecta- [20] mente como representación de la *h-* etimológico (V. *JOROBA*). Nada más fácil que el cambio de **gorobino* en *gurrumino* con nasalización de la labial por la *n* siguiente, y también se explica en la misma forma la variante *gurrumbín;* para la du- [25] plicación de la *r*, tan frecuente en palabras de valor expresivo, comp. los casos reunidos en el artículo *GURRUFERO*, y por lo demás el gall. *engrumiñado* nos prueba que la *-r-* sencilla se conservó en algunas partes; también era facilísi- [30] mo el paso de 'jorobado' a 'encogido' (Galicia), 'raquítico, desmedrado', y de ahí a 'pusilánime', etc. No aseguraré que ésta sea la única etimología posible, pero desde luego es mejor que las dos vascas, y resulta aceptable y del todo coherente. [35]

[1] Para Bolivia se basa en C. Bayo, que define *gurrumina* «persona pusilánime, timorata; zangolotino; sociedad de gente cursi».— [2] «*Gurrumina:* arruga [léase *arrugá*], vieja», según Rato, que da como ej. la adivinanza «una vieya *gurrumina*, [40] tien atrás una tranquina».— [3] Pero en cuanto a éste, V. también los deriv. de *ENGURRIA*.— [4] Comp. los datos de Toro G., *BRAE* VII, 448.

Gurullada, V. *garulla*   *Gurullo*, V. *orujo* [45]

GURUMELO, Huelva, 'seta comestible de color pardo', tomado del port. *cogumelo* 'seta, hongo', del mismo origen incierto que el cat. y arag. *cogoma* 'especie de hongo muy ancho', cat. *cogomella*, oc. *coucoumèu, couamêl*, etc., quizá proce- [50] dentes del lat. CŪCŬMA 'olla', 'caldero', por la forma ancha de este hongo. *1.ª doc.:* 1933, Alcalá Venceslada.

De ahí lo tomó la Acad., copiando la definición [55] al pie de la letra y calificándolo de «andaluz» en general, pero según Venceslada es sólo de Huelva. En portugués *cogumelo* es el nombre genérico del hongo o seta; claro está que el vocablo de Huelva es portuguesismo local. No quiero entrar a fondo [60]

en la discusión acerca del origen de esta palabra portuguesa, acerca de la cual pueden verse los artículos respectivos de Nascentes y del *REW* (2361). Me limito a citar las formas hispánicas y pirenaicas, que no se suelen tomar en cuenta. *Cogoma* es una especie de hongo en Venasque (Ferraz). El cat. *cogoma* (o cerrada) lo he recogido en el mismo sentido en Ger (Cerdaña), en Sarroca de Bellera (Pallars) y en el Campo de Tarragona («bolet cendrós fosc, sense mucositat», *BDC* VI, 42); en Biure (Ampurdán) dicen *cogomella*, en Pena-roja (Teruel) *cogomassa* (cita de Puyoles-La Rosa). Véanse además los datos del Dicc. Alcover. Según la descripción del sujeto de Sarroca se trata de una especie de seta muy ancha que se extiende sobre el suelo, y de ahí procede el derivado *acogomar-se* 'acuclillarse'. En el Valle de Arán se conocen las *cogómes, codórles* y *codórnes* como variedades de seta. Además Pézénas (Hérault) *couamêl* «variété de champignon comestible». A los cuales pueden agregarse: logud. *cugumeddu*, logud. sept. *cuccumeddu* «fungo», genov. *cucumella* «spugnino», oc. mod. *coucoumeu, -ello*, vasco *kokoma, kukumu* 'un hongo comestible', citados por M. L. Wagner, *RLiR* IV, 27-28. Me detendré de nuevo en el estudio del problema en mi *DECat.* o en mi libro extenso sobre el habla del Valle de Arán.

Guruyo, V. *orujo*

GUSANO, origen incierto: es muy dudoso que venga del lat. COSSUS 'carcoma de la madera', 'larva de ciertas mariposas', 'lombriz intestinal'; más bien parece ser palabra de origen prerromano. *1.ª doc.:* *gusano*, S. XIII, *Calila*, ed. Allen, 156. 419; ms. bíblico escurialense I·j·8[1].

También aparece en el *Conde Luc.* (ed. Knust, 59.15), en J. Ruiz (1524a); en el glos. del Escorial *gusano que come las coles*, en el de Toledo *gusano* traduciendo *vermis, gusanillo = vermiculus*, y *gusano de seda = bombyx*; este último tiene el vocablo para APal. (47d, 50b) y además «*gusano* es animal que se engendra en la carne o en la madera o en qualquier otra cosa tierna sin algund coito» (521b; además 152b y 132b); «*gusano de madera:* teredo; *g.* de la seda; *g.* rebolltón: involvulus, convolus», Nebr. En todos estos testimonios medievales tiene, pues, *s* sencilla (así en los tres mss. de J. Ruiz), como también en PAlc.; hoy sigue pronunciándose con sonora en judeoespañol de Oriente (Subak, *ZRPh.* XXX, 150) y de Marruecos[2], en portugués y en los pueblos de Cáceres y Sierra de Gata que distinguen los dos matices de *s* (Espinosa, *Arc. Dial.*, 174). Contra la sonoridad de la *-s-* del cast. ant. *gusano* no se puede invocar la grafía *gussaniello* que se lee (una vez) en el *Tratado de las Enfermedades de las Aves de Caza* (2.ª mitad S. XIII) p. p. B. Maler (*Filologiskt Arkiv* IV), p. 96, pues la *ss* es a menudo sonora en este ms. (*guissa* XXXV, 2; *montessino*; *conpussicion* I, 4; por otra parte *demostrasen* I, 1; etc.). Se comprende, pues, que este tipo de *s* pudiera convertirse ocasionalmente en *j* sonora (como en *fígico, vigitar, quijo, tijeras*, etc.), de ahí *gujano* en el *Libro de los Gatos* y en un manuscrito del de los *Enxemplos*; de ahí el santand. *gujano* o *ujano* (Mujica) *ujana* 'lombriz de tierra', documentado en los altos valles santanderinos (*BRAE* XXXIII, 304), *ujano* empleado también en Palencia (*RDTP* I, 674), y con regular modificación moderna *guxanu* en el asturiano de Colunga³. Del castellano pasó *gusano* al portugués, donde ya aparece con frecuencia a med. S. XVI (Moraes), gall. *busano*⁴, aunque no puede ser autóctono en vista de la conservación de la *-n-*: por lo demás en portugués designa principalmente la 'carcoma' (también el gusano de la carne), y especialmente la carcoma o broma que ataca la madera de los navíos; seguramente entraría en la época de las grandes navegaciones, como término de marinos: el vocablo propiamente portugués es *verme* para 'gusano' y *teredém* para 'carcoma'. Por lo demás no hay en otro romance forma alguna que se parezca al cast. *gusano*.

Es ya vieja la cuestión de si *gusano* procede del lat. COSSUS. Así lo sugirió Aldrete en su *Origen de la L. Cast.* (f° 47r°b), citando la misma opinión sustentada por Escalígero, quien en la edición de Festo escribió «*cussi idem quod cossi*»⁵. Fundábase Escalígero en el muy antiguo glosario del seudo-Filóxeno (ms. del S. IX, pero texto bastante anterior), donde figura *cusus*, glosado por ξύλου σκώληξ, es decir, 'carcoma de la madera' (*CGL* II, 119.32). Por desgracia esta glosa está aislada (Du C. la repite de la misma fuente), y a base de un manuscrito tan tardío, en fecha en que abundan las confusiones gráficas de *u* y *o*, y de *s* y *ss*, no podemos estar seguros de que existiera una variante CŪSUS en latín vulgar. Según el testimonio de varios dialectos romances parecería, empero, que algo de esto hubo, por lo menos en cuanto a la Ū. Efectivamente, junto al fr. *cosson* 'especie de gorgojo que ataca la corteza de ciertos árboles', oc. dial. *coussoun* 'gorgojo de los cereales', que vienen de un derivado de COSSUS, tenemos en la mayor parte del territorio occitano la variante *cussou(n)* (con *u* francesa)⁶; hay algún caso suelto de *cusson* en francés, que no puedo localizar⁷, y Horning (*Rom.* XLVIII, 187) llamó la atención hacia el hecho de que la palabra *keusse* f., que significa en el Sur de los Vosgos 'picadura de un insecto en la piel', 'grano que da comezón, pero no supura', ha de proceder de una base *CŪSSA⁸. Pero nótese que todas estas formas tienen SS doble, como en latín, y no -S- como en castellano. Verdad es que hay también *cüsa* con *s* sonora en Lombardía⁹, y que además el bereber *akuz*, *takuzt* o *takušt* 'gorgojo de cereales', con su sonora parcial, parece remontar a la misma base romance según

observó Schuchardt (*Roman. Lehnwörter im Berb.*, p. 40)¹⁰. Pero la citada forma lombarda está aislada en Italia (frente a la extensión general del tipo *cosso* o *coss*), y la fonética histórica del bereber no nos es lo bastante conocida para que podamos sentirnos seguros de su interpretación. Ciertamente podría imaginarse que existiendo en latín, desde fecha antigua, una variante CŪSSUS junto a COSSUS, la vocal larga hubiese determinado, según acostumbra en latín arcaico, la simplificación de la -SS-geminada; por desgracia ignoramos la etimología del lat. COSSUS: Ernout-M. guarda silencio, las conjeturas de Walde-H. son inciertas, y por lo demás no prestan asidero a la existencia de una variante antigua *CŪSSUS, que así no tiene otro apoyo seguro que el oc. *cussoun*. Pero éste, no hallándose documentado hasta fecha moderna, podría explicarse por un cruce, p. ej. con el tipo *cuc* 'gusano', tan ampliamente difundido en lengua de Oc¹¹, no ajeno al castellano (vid. COCO, *cuco*), y general en catalán¹². Ahora bien, este cruce sería demasiado tardío para explicar la simplificación de SS en -S-, como consecuencia de la U precedente. Finalmente observemos bien que entre los derivados romances de COSSUS el cast. *gusano* sería el único que tuviera *g*- y el sufijo -ANUS. En definitiva, la existencia de una relación entre *gusano* y el lat. COSSUS es sumamente dudosa, y el escepticismo de Subak y de M-L. (*REW* 2278) está de sobra justificado¹³.

El probable origen prerromano de *GUSARAPO*, con el cual puede tener relación *gusano*, deberá tenerse muy en cuenta¹⁴. Comp. el vasco *usan* (*uzan*) 'sanguijuela' (y junto a él el citado santand. y palent. *ujano*), aunque el hecho de que esta palabra vasca esté limitada al dialecto de Vizcaya no nos alienta mucho a asegurar que sea antigua; el caso de *usalapa* = *gusarapo* (V. infra, s. v. *GUSARAPO*, nota 7) comprueba lo justo de esta ecuación fonética.

Parece claro, no obstante, que deberíamos separar el vco. vizcaíno *usan* 'sanguijuela' de *gusano*, teniendo en cuenta las variantes más extendidas (*i*)*zain*, *zizain*, *chichán* (quizá procedentes de un románico SUGESANGUEM 'chupa-sangre'), Michelena, *BSVAP* XI, 293.

Observemos, sin embargo, 1.º el tipo (*z*)*izain* no corresponde a *SUGE-SANGUEM en la terminación. 2.º Es extraño partir (y para el vasco!) de una palabra latina indocumentada. 3.º La variante (en definitiva más extendida) en *i*- no sólo no presta apoyo a la etimología *SUGESANGUEM sino que más bien le es contraria, si es que no supone una evolución a través de *SUES- > *zuiz- ziz-, tanto más atrevida cuanto que el resultado normal de GE- es vco. *ge* y no *ie* o *i* (es verdad que esta evolución se encuentra en algunos romanismos vascos tardíos como *iente*, palabra tardía y semiculta si prestamos atención a la conservación de -NT-). 4.º La eliminación disimilatoria de una. *s*- inicial es contraria a las leyes generales de la disimilación, y es un fenómeno inaudito en todo el ámbito de las lenguas indoeuropeas, semíticas, etc.; es verdad que en vasco se han citado por parte de muchos, casos de eliminación esporádica de la s- (a veces en condiciones evidentemente no disimilatorias, p. ej. en *apo* ∽ *sapo*): de todas formas es un fenómeno bastante problemático.

5.º Incluso si en este caso admitiéramos esta eliminación, hay otras etimologías posibles, puramente eusqueras, para esta palabra vasca, que nada nos fuerza a derivar del latín: a) puesto que Michelena cree que *us-* ∽ *iz-* puede venir de SUGE-, por qué no admitir que viene de *suge-zain* 'vena de serpiente': que un gusanillo o sanguijuela pueda ser comparado con un filamento tenue como son las venas de un reptil me parece idea razonable, y cf. la etimología vasca de *sabandija*, SEUANDILIA > *seguandilia* > *suge-andile-a*, puesto que *sabandiia* ha designado entre otros animalejos la sanguijuela y éste es precisamente el sentido del vco. *sagun-dilea* (documentado en Vitoria en 1576); b) Quizá el vco. *usan* y el cast. *(g)usano* sean casualmente idénticos al vco. *usano* 'palomita' (dimin. de *uso* 'paloma'), cf. *palometa* 'mariposita' tan extendido en catalán y gascón pirenaico, sobre todo si pensamos que las larvas de la mariposa tienen forma de gusano. En cuanto a la discrepancia *u-* ∽ *i-* en las formas vascas no es una alternancia rara, ni que siempre se produzca en el sentido *i-* > *u-*, sino a menudo en el opuesto, cf. vco. *zulo* junto a *zilo* 'agujero', *gutxi* > *gitxi* 'poco', *unude* ∽ *unide* ∽ *iñude* 'nodriza', *urruti* ∽ *urriti* 'lejano', vizc. *ule* ∽ guip. *ille* 'cabello', *uri* ∽ *iri* 'ciudad', etc.; cf. aún los artículos SAMERUGO, SABAÑÓN (< **USANABIONE?); c) quizá haya parentesco con *usandu* 'heder, corromperse (de donde saldría la idea de 'agusanarse') que viene de *usai(n)* 'olor' (pariente de *usna* 'olfato'; sin embargo, éste debe de ser alteración de *usma* 'olfato' ὀσμή *REW*); por lo demás, cf. bazt. *zizari -ats* 'fetidez del aliento de quien tiene lombrices', y por otro lado parece que se impone relacionar *zizain* con *zizari* 'lombriz'.

Otro derivado o cpto. del étimo que ha dado el cast. *gusano* —sea éste COSSUS u otro— debe de ser el gall. del NE. *gosendros*, ya recogido en Viveiro por Sarm., *CaG.* 91*v* y A21*r*, y que Vall. define «insecto como chinche o piojo», y Eladio Rdz. da como nombre genérico que abarca éstos y alguno más, como la pulga; Sarm. no aclara bien su significado, aunque lo empareja ambas veces con la chinche. El segundo elemento acaso sea un **lendre* o **lendro* = cast. *liendre*, aunque la forma gall. conocida no tiene *r* (*léndia*), o un *cinde* CIMICEM (que además del mismo inconveniente añadiría el de tener que ser, por la *d*, tomado del leonés).

Por éstas y otras razones, a un cpto., prefiero suponer un derivado de *gusano*; quizá en -ETUM, sufijo colectivo, o su diminutivo -ETULUM: recordemos formaciones portuguesas como *passaredo*, *-rinhedo* 'conjunto de pájaros'; y, en vista de que ANETHULUM da port. *endro* (< *ăedlo*), está claro que el resultado fonético sería aquí *gusăedo* > **gusendo*: el influjo del cast. *liendre* podría entonces hacer lo demás, y si partiésemos del dim. -ETULUM todo estaría resuelto. Pero quizá lo mejor de todo es admitir un derivado comparable al cast. *gusanera* 'sitio donde se crían gusanos' (¡qué *gusanera*!): un gall. arcaico *gossăeiro* tenía que dar **gossěiro* > *gossenro* > *gosendro*.

DERIV. *Gusana* 'lombriz de tierra' en Bilbao (Arriaga, *Lex.*), *ujana* en Santander (Mujica). *Gusanear* [Nebr.]. *Gusanera*; *gusanería*. *Gusaniento* [Nebr.]. *Gusanillo* [APal. 153*b*]. *Gusanoso*.

[1] Figura en dos pasajes traduciendo el lat. *vermis*, en uno de ellos con el significado de 'oruga', *Bol. del Inst. de Filol. de Ch.* IV, 293, 312.— [2] *Guzanitos* 'especie de masa, en forma de gusanos, fabricada a la mano' (*BRAE* XV, 194).— [3] *Regolver a un el guxanu* 'recordar a una persona alguna cosa que le produce pena o disgusto', 'despertar algún deseo', *aguxanáse* 'dañarse las frutas, legumbres, etc., criando gusanos' (V).— [4] El gall. *buxán* adj. f. 'hueca, inútil, sin tuétano' aplicado a las avellanas (Sarm. *CaG.* 111*r*, 229*r*), 'avellana (o nuez) que no tiene médula' (194*r*) está por *buxăa* o *buxăa(n)a* en el sentido de 'agusanada', y por lo tanto en él se combinan las características del ast. *guxano*, el santand. y palent. *ujano, -na*, y el gall. *busano*, pero con tratamiento muy gallego de la -N- intervocálica. Es pues forma importante por su autoctonía integral; hay el pueblo de *Buxán* o *Buján* entre Negreira y Órdenes, al Oeste de Santiago.— [5] Aunque por el texto de Aldrete podría entenderse que esta glosa es de Festo, no figura tal cosa en el artículo que este lexicógrafo latino dedica a *cossus*, según las varias ediciones a mi alcance.— [6] Hoy ocupa un área compacta que abarca los B. Pirineos, Gers, Lot, Corrèze, Aurillac, Tarn, Oeste del Aveyron y del Aude, y departamentos intermedios, además las Landas y Sur de la Gironda, mientras que *coussou(n)* se halla en el Centro de la Gironda y en algún punto suelto de las Landas, B. Pirineos, Puy-de-Dôme, Lozère y Gard; *quessoù*, en puntos del Aude, Lozère y Aveyron, saldrá de *cossoù*; vid. *ALF* 1492. Por lo demás, el área de la forma que nos interesa es o ha sido más amplia, pues la hallamos también en dicc. de la Dordogne (Guillaumie), Haute-Vienne (Béronie) y Este y Oeste del Hérault (Mâzuc, Pastre). En una palabra, agregando los datos del *FEW*, puede decirse que es general en Gascuña, Languedoc y Lemosín, en el sentido más amplio de estos términos geográficos. En el catalán de Cardós y Vall Ferrera (Alto Pallars) es también general *cussó*, pero ahí el testimonio es menos seguro, pues hay casos

sueltos de -oʌ > u.— ⁷ En el *FEW* II, 1244*b*, se cita uno de *cussonné* 'carcomido' en 1396 [?] y en el *DGén.* otro [?] de 1596.— ⁸ Sainéan, *Sources Indig.* I, 66, a base de la forma con *u* niega la etimología COSSUS de *cosson*, y quiere derivarlo de Bas-Maine *cusser* 'gruñir', onomatopéyico. Pero su opinión no ha encontrado eco.— ⁹ *Cùsa, cusètta* o *ciùs* significa «tonchio, punteruolo del grano; insetto grosso quanto una pulce il quale fora nel punto di stacco il granello del frumento e lo vota della parte farinacea: *curculio granarius*» en Milán (Cherubini). *Cüs* en otros dialectos lombardos.— ¹⁰ La grafía *coson* 'gorgojo' en el *Tournoiement d'Enfer*, escrito a fines del S. XIII en la región de Blois (*Rom.* XLIV, 555), está demasiado aislada para que le podamos hacer caso. Puede ser grafía imperfecta.— ¹¹ Por ej. en Toulouse: *cuco* «sorte de vermisseau» (Doujat), *cuquet* «appât de pêche» (Visner), etc.— ¹² También pudo ayudar el oc. ant. *cusson* 'chalán', 'persona vil'.— ¹³ El Glosario del Escorial, que conoce, según he dicho, la voz *gusano*, emplea *el buxo de la seda* para traducir *bombyx* 'gusano de seda'. Ignoro el origen de este vocablo, que difícilmente tendrá algo que ver con BOJA 'abrótano en que se emboja el gusano de la seda' (V. este artículo), e ignoro si pudo tener algo en común con la voz *gusano*. ¿Tiene que ver con esto el arag. ant. *gus*: «una ropa de dona, de mostreviller burell, forada de *guses*» (invent. de 1444, *BRAE* II, 558)? ¿Será 'agujereada de polillas'?— ¹⁴ Hay un gallego ferrolano *couza* 'polilla de la ropa' («ya entró en esta capa la *couza*»). Mucho dudo que tenga nada que ver con COSSUS, del cual lo deriva Sarm., *CaG.* 157v, y me inclino a negarlo del todo. Que no haya alguna relación lejana con *gusano*, con *gusarapo* o con los dos, ya no es tan claro; pero de todos modos no sirve para establecer un enlace entre estas palabras y COSSUS. Recuerda, pero algo vágamente, otras palabras (con las cuales por lo menos puede haber enlaces secundarios): el mozár. *poula* y cast. *polilla*; el gall. *co(u)za* 'tronco y raíz de los brezos o urces' (*CaG.* 137r), *coucelos* y *conchelos* 'ombligo de Venus', *conchelos* 'lapas', gall. orient. *couso* 'hoyo' CAPSUM. Tenemos ahí un nudo entre parónimos u homónimos, sinónimos o cuasi, que no es fácilmente extricable, pero que quizá, precisamente por esto, puede legitimar las muchas oscuridades que quedan ahí pendientes.

GUSARAPA o GUSARAPO, 'animal muy pequeño que se cría en los líquidos', origen incierto, es probable que proceda de la misma raíz que GUSANO, pero la etimología de éste es a su vez oscura, y la terminación de *gusarapa* sugiere origen prerromano. 1.ª *doc.*: *gusarapo*, princ. S. XV, Villasandino; *gusarapa*, Sebastián de Horozco (h. 1510-1580).

Se lee en los *Refranes Glosados* de este autor

(que ya publicaba obras en 1548): «cuando el pobre se compara / con el rey o con el Papa, / la diferencia es tan clara / al que mirar sólo pára, / que es el pobre *gusarapa*» (*BRAE* III, 710). En rima, en Juan de Padilla (1521) «por ricos collares diez mil *gusarapos*», *1.ʳ Triunfo* vi, 14*g*. Se lee en las Actas de las Cortes de Castilla de 1570: «el rigor con que al presente se guarda la pesca de truchas destos reynos no es igual al que se debe tener... y parece que sería remedio mandar que no se pescase con moruca ['especie de caracol'] ni *gusarapa*, ni con redes cuya marca pudiese tomar trucha menor de media libra» (*BRAE* XVI, 467-8); García Lomas, con referencia a Cabuérniga, Torrelavega y SE. de Santander, precisa esta ac. 'cierto insecto usado por los pescadores para cebo de anguilas y truchas especialmente', y con ello debe relacionarse el pasaje de Quiñones de B. († 1651): «en ese mar de la Corte... / en ese charco soberbio, / adonde infinitas damas / hoy pasan plaza de t r u c h a s / y ayer eran *gusarapas*, / se engolfó cierta mocita / coimera...» (*NBAE* XVIII, 574)¹. En el *Guzmán de Alfarache* (1605): «el que a los gusanillos, a las más desventuradas y tristes *gusarapas* y sabandijuelas no falta, también os acudirá con todo aquello de que os viere necesitado» (*Cl. C.* V, 103). El masculino ya aparece en Villasandino: «las tus suzias opiniones / son de torpe *gusarapo*» (en rima con *arrapo* y *gazapo*, *Canc.* de Baena, n.º 106, v. 34). Finalmente hay los pasajes citados por *Aut.*: «en las hojas de algunas hierbas vemos andar algunos *gusarapillos*» (Fr. Luis de Granada), «donde había de ser manjar, aun no de peces, sino de *gusarapos*» (Espinel) y «susténtanse de semillas, de *gusarapas* y lombrices» (Martínez de Espinar). Oudin define «*gusarapa* o *gusarapo*: vermisseau, insecte d'eau», «*gusarapillo*: petit ver, vermisseau, comme ceux qui courent en l'eau, petit insecte d'eau»; *Aut.*: «cierta especie de insecto o gusano blanco, que tiene seis pies, y se cría en el agua o en lugares húmedos y encharcados»; y la Acad. «cualquiera de los diferentes animalejos de forma de gusanos que se crían en los líquidos» (en 1899 agregaba «y principalmente en el vinagre»). En la actualidad es vocablo vivo en muchas partes, con significados algo diferentes. En Plan (Alto Aragón) *gusarapa* es sencillamente 'gusano' (*BDC* XXIV, 172). En Asturias Rato define el *gusarapu* «los pequeños animales que se crían en el agua; diatomeas ['especie de algas']; guardafuentes [= ?]»². Pero la ac. vulgar de *gusarapo* más difundida en la actualidad parece ser 'renacuajo, cría de la rana': así en la Huerta de Murcia³, en Andalucía y en varios puntos de América, particularmente en Mendoza (Arg.)⁴ y en Chile⁵. Sin embargo este significado será secundario. En catalán *gusarapa* significa propiamente «espectro con que se da miedo a los niños» (según el glosario que el gerundense J. Ruyra puso a su libro *La Parada*), «quimera, ser fantás-

tico» (Griera), creo que además, según reminis-
cencias que no logro precisar, tiene en alguna
parte el sentido vago y genérico de 'animal silvestre que se esconde'; de ahí vendrá la ac. bien
viva 'persona excesivamente tímida'[6]. ·En catalán no
tengo testimonios antiguos y no puedo asegurar
que no sea castellanismo, aunque es palabra popular y rústica, de arraigo local (el último significado pudo verse favorecido por la contaminación
de *gosar* 'atreverse', *agosarat* 'atrevido', cuya *o* se
pronuncia *u*); por lo demás no hay parentela conocida en otros romances. Es verosímil suponer
que haya parentesco entre *gusarapa* y *gusano*, y
que ambos salgan de una raíz común *gus-* con
diferentes sufijos; en efecto, aquél parece haber
tenido antigua *-s-* sonora como la tuvo éste, si
hemos de juzgar por la pronunciación catalana y
la del judeoespañol de Marruecos («*guzarapa*: gu-
zarapo», *BRAE* XV, 194); el sufijo *-apo* es hoy
bastante vivo en los conservadores dialectos del
Noroeste, y ha de ser de origen prerromano, puesto
que lo hallamos en palabras de esta filiación, tales como *GAZAPO* y el grupo *GALÁPAGO-CALA-
BAZA-CARAPACHO* (procedente de un tema común CALAP(P)AC(O)-, CARAPACC-); ahora bien, como
el origen de *gusano* es oscuro y su presunta etimología latina es más que dudosa, cabe pensar, puesto que el sufijo de *gusarapa* es prerromano, que
el radical también lo sea. Pero no veo palabras
semejantes en vasco, donde 'gusano' se dice *har*
(*arra*) ('oruga', *lüpe*). Lo más semejante es *usan*
(o *uzan*), que se emplea en Vizcaya en el sentido
de 'sanguijuela'. De todos modos permanecemos
con esto bastante distantes: de *gusano*, por el
sentido, y de *gusarapa*, por el sonido. O ¿habrá
que desechar el análisis *gus-ar-apo* y el parentesco con *gusano*, y partir de un compuesto vasco
buru-sapo 'sapo de cabeza, sapo cabezudo'? Es
idea sugestiva y no imposible, ni en lo fonético, ni
en lo morfológico, puesto que hoy *sapo* es palabra
muy usual en vasco (vid. Azkue) y todo hace creer
que sea prerromana en español. Realmente 'renacuajo' se dice *sapaburu* en Bilbao (Arriaga; propiamente 'cabeza de sapo'), aunque tal compuesto
no parece ser hoy conocido en vasco (falta Azkue).
Michelena, *l. c.*, 294, cree que *sapaburu* o *zapa-
buru* 'renacuajo' existen en vasco, aunque no recuerda dónde; y cita las variantes *usalapa*, *uxalapa*, 'gusarapo', de Araquistáin[7]. Pero esto nos llevaría a suponer que el sentido primitivo de *gusarapo*
fuese 'renacuajo', sentido bien atestiguado, como
hemos visto; de todos modos esto no es seguro.
Por otra parte la forma *gusarapa* es más frecuente
en lo antiguo que la masculina.
    Claro que *gusarapo* no sale de un **gusanapo* «por
disimilación» (!), como sospecha M. L. Wagner,
ZRPh. LXIII, 341. Creo que así las ideas de
Wagner acerca del origen del sufijo *-apo* (imitación moderna de fuentes heterogéneas, en las cuales *-apo* quizá no fuese verdadero sufijo) como

las de Hubschmied (sufijo prerromano), contienen una parte, pero sólo una parte, de verdad.
    DERIV. *Gusarapiento*. *Gusarapear* significa en Ca-
ñaveral (Centro de Cáceres) 'entrometerse, curio-
sear, andar oliendo lo que se guisa' (lo cual en
otros pueblos se dice *guisopear*, derivado de *HI-
SOPO*; Espinosa, *Arc. Dial.*, 196).
    [1] En el *Entremés de la Cepeadora* del mismo au-
tor un personaje llamado *Don Arrumaco* dialoga
con *Doña Gusarapa* (ibid. p. 548).— [2] El portorriqueño *gusarabajo*, sinónimo de *escarabajo* (Navarro
Tomás, *Esp. en P. R.*, 150), resulta evidentemente
de un cruce de este vocablo con *gusarapo*.— [3] Griera, *Butlletí del C. Excurs. de la Comarca de Ba-
ges*, 15-XI-1930.— [4] Me indica este significado mi
alumno José S. Arango, y lo prueba esta copla
popular: «al pie de la laguna / 'taban bailando
los sapos / y se morían de risa / toditos los *gusarapos*» (Draghi, *Canc. Pop. Cuyano*, p. 295). Yo
mismo he oído el vocablo allí. Casi igual es la
copla andaluza citada por F. Caballero: «Cuando
cantan las ranas / bailan los ranos / y tocan los
palillos / los *gusarapos*» (*Dicha y Suerte*, cap. 4).
En Córdoba y Sevilla *gusarapo* sería 'sapo' según
RDTP IV, 483 (V. *zarrapo* íd. en Rioja y Álava).—
[5] Allí pronuncian *guarisapo* (Román, s. v.; Lenz,
Dicc. Etim., p. 382). En Méjico dicen *guarasapo*
en el Estado de Campeche y *gurusapo* en el de
Tabasco, según R. Duarte, que define «gusarapo»; hay en estas formas metátesis de *r* y *s*,
en la chilena parece haber además contaminación
del indigenismo *huari* 'cuello, pescuezo', y en la
de Campeche, quizá influjo de *guarapo* (como
sugiere Hz. Ureña, *BDHA* IV, 320). Nada tendrá
que ver con *gusarapa* el venez. *garizapa* «vocerío
de chiquillos... comadres» (Picón Febres), quizá
emparentado con *guazábara*.— [6] La oí muchas veces a mi padre, que era de familia ampurdanesa,
y en el mismo sentido la encuentro en el ampurdanés J. Pous i Pagès, *Quan se fa nosa* I, 120.
A gente de Gerona he oído, como adjetivo, *gu-
sarap*, y ésta es la forma que cita Griera de un
escritor de esta ciudad (escribiendo *gosarap);* en
el Ampurdán dicen *gusarapa* como sustantivo o
adjetivo masculino y femenino.— [7] El P. Araquistáin recogió en 1740 en el vasco de Navarra *usalapa*, *uxalapa* «gusarapo» que Azkue entiende «in-
fusoires ou vibrions», cuya hermandad con *gusarapo* es evidente, y por otra parte comprueba
que el vco. *usan*, pese a las dudas, corresponde
fonéticamente a *gusano*.

Gusmar, gusmia, V. *husmear*

GUSTO, tomado del lat. *gŭstus, -ūs,* 'acción de
catar', 'sabor de una cosa'. 1.ª doc.: *gosto*, h. 1400,
Páez de Ribera, *Canc. de Baena*, n.º 251, v. 56;
Fr. Lope del Monte, ibid., n.º 348, v. 34; *gusto*
APal.[1]
    También en Nebr. («*gusto, como de salva:* de-

gustatio»), y frecuente en sus varias acepciones
desde el Siglo de Oro por lo menos; en la de
'deleite, placer', que es innovación hispánica ajena a los demás romances, es ya frecuente en el
Quijote; distinción sinonímica entre *gusto* y *con-*
tento en Santa Teresa, *Moradas Cuartas*, II, ed.
1958, pp. 565-8. Tiene forma popular en portugués (*gosto*)[2] y galorrománico (fr. *goût*, oc. ant.
gost), pero forma culta en castellano, italiano (*gusto*)
y catalán (*gust*). Desde el punto de vista etimológico no tiene fundamento (vid. Ernout-M., Walde-H.) la opinión sustentada por M-L. de que
GUSTUS tenía ū larga latina en su primera sílaba,
y no sólo la contradice la forma portuguesa y el
cast. ant. *gostar*, sino también las formas galorrománicas, pues no parece tener fundamento la teoría sustentada por M-L. (*Hist. Gramm. d. frz.*
Spr.) de que la ū en sílaba cerrada diera *ou* en
francés. El cultismo *gusto* se explica por la índole
abstracta del significado. La expresión *buen gusto*
'sentido estético justo' parece haber nacido en España, donde ya lo empleaba Isabel la Católica, y
haberse propagado desde ahí a las demás lenguas
europeas (vid. M. P., *El español en el Siglo XVI*;
M. A. Buchanan *HR* IV, 286-7. Comp. B. Cro-
ce, *Estetica*, 3.ª ed., p. 216, y los datos del *FEW*
IV, 342*b* y 343*b*: fr. *bon goût* [1643]). Nótese el
arg. *de gusto* 'adrede', *BDHA* III, 199.

DERIV. *Gustillo. Gustazo. Gustoso* [Aldana, †
1578 (C. C. Smith, *BHisp*. LXI); *Quijote*]. *Gus-*
tar [*gostar* 'probar, catar', Berceo, *Duelo*, 92³;
Calila, ed. Rivad., p. 19, ed. Allen 44.805; *Bue-*
nos Prov., 19.25; *Partidas* V, *BRAE* IX, 269; J.
Ruiz, 154*c*; *Danza de la Muerte*, 35, 166; *Canc.*
de Baena, W. Schmid; *Corbacho*, ed. P. Pastor,
61.23, 117.26, 270.19; *gustar*, aparece ya junto a
la otra forma en uno de estos pasajes del *Corba-*
cho, y es la forma general desde fines del S. XV:
APal.⁴, Nebr. «*gustar*: gustare, degustare»], del lat.
GŪSTARE 'catar, probar'; en castellano se empleaba
en la Edad Media como transitivo con sujeto de la
persona que cataba; en el Siglo de Oro es ya
frecuente la construcción intransitiva *gustar de*
algo, así en el sentido de 'catar' como en el de
'tomar placer' [1599, Percivale; 1605, *Quijote*]; en
cuanto al moderno *gustar* intransitivo con sujeto
de la cosa que agrada, no lo hallo documentado
hasta *Aut*. (sin ejs.), y es ajeno al *Quijote*, Góngora, R. de Alarcón, Covarr., Oudin. *Gustable*
[APal. 99*b*]. *Gustación, Gustadura. Gustativo. De-*
gustar [Nebr.: «*hazer salva*: praegusto»], *degusta-*
dor [íd.], no admitidos hoy por la Acad., aunque
no son desusados; *aegustación* [ant., según Acad.
1843, pero hoy es usual]. *Disgustar* [h. 1580:
Sta. Teresa, Fr. L. de León, Fr. L. de Granada;
Cuervo, *Dicc*. II, 1257-8; falta *Celestina*, Nebr.,
APal., C. de las Casas, etc.]; *disgustado; disgusto*
[1605, *Quijote*]; *disgustoso. Regostarse* [h. 1600,
Ribadeneira] o *arregostarse* [1554, *Lazarillo*]⁵; *arre-*
gosto o *regosto* [1596, Fr. H. de Santiago].

¹ «*Gusto* se dice del garguero, como el olor se
dize de las narizes», «*libamen*... el primer *gusto*
de lo que sacrificavan», «*nuta* es *gusto* de la
boca», 186*d*, 242*d*, 313*d*, además 78*d*.— ² El gall.
vacila entre *gustar* (Castelao 52.16) y *gostar*
(228.6), entre *gusto* y *gosto* (285.8).— ³ *Gostar*
sustantivado 'el sentido del gusto', en *Mil.*, 121.—
⁴ «*Degunere*... es *gustar* con apetito», 107*b*, también 54*b*, 260*d*. *Gostar* se emplea todavía en el
Ecuador (Lemos, *Revista Rocafuerte* V, n.º 15,
p. 46), pero como es forma propia de los indios
y no se halla en otras partes de América ni de
España, que yo sepa, no será forma arcaica, sino
pronunciación quichua, idioma que no distingue
fonológicamente entre *o* y *u*.— ⁵ En Cuba *regus-*
tarse: salió regustado del baile, se regustaba con
el dulce (*Ca.*, 69).

GUTAPERCHA, tomado del ingl. *gutta-percha*,
y éste del malayo *gata perča* íd., compuesto de
gata 'goma' y *perča* nombre del árbol de donde
se extrae la gutapercha. *1.ª doc.*: Acad. 1884, no
1843; en este último año se dió a conocer la gutapercha en Inglaterra (Skeat).
Algunos han supuesto que el nombre de *percha*
le viniera al árbol de la isla de donde procedía,
Sumatra, lo cual es por lo menos dudoso; vid.
Dalgado, s. v.; Skeat.
CPT. *Gutagamba* y *gutiámbar*, equivalentes según Terr., como denominación de cierta gomorresina empleada por los pintores, parecen compuestos del propio malayo *gata* 'goma', quizá con el
nombre de país Cambodja (comp. *Garcinia Cam-*
bogia, nombre científico de una gutífera), con modificación en *gutiámbar* por etimología popular;
comp. *catagauna* (1865) y *catagama* (1901), nombres que se han dado también a la gutagamba,
según el *DHist*.
Gutífero, formado con el primer elemento de
gutapercha y *gutagamba*, y el lat. *ferre* 'producir'.

Gutara, V. *cotiza*   *Gutifarra*, V. *butifarra*
Gutiperio, V. *tiberio*

GUTURAL, derivado culto del lat. *gŭttur, -ŭris*,
'garganta'. *1.ª doc*.: Aut.

Guzco, V. *gozque*

GUZLA, del fr. *guzla* y éste del serviocroato *gus-*
lati 'tocar un instrumento de cuerdas'. *1.ª doc.*: M.
Fernández y González (1821-88); Acad. ya 1899.

GUZMÁN, ant., 'cadete', 'noble que servía en
el ejército o en la armada con plaza de soldado,
pero con distinción', del nombre de Alonso Pérez
de Guzmán el Bueno († 1309), como personificación de todas las virtudes caballerescas. *1.ª doc*.:
Tirso de Molina († 1648).
En memoria del heroico defensor de Tarifa se

empleó *guzmán* como apelativo en el sentido de 'valiente': «a do los elegidos Capitanes, / las conductas firmadas, concedidas, / según reales sellos imprimidas / y dadas a los que eran más *guzmanes?*», Pérez de Hita, ed. Blanchard II, 31 (otra en II, 192). Ruiz de Alarcón lo emplea como mero adjetivo «que olvida al *guzmán* Narciso» (*Las Paredes oyen* III, ix, 6). También Bartolomé de Villalba, y en E. de Salazar y otros se aplica al caballo berberisco de la mejor raza (Fcha.).

Guzque, V. *gozque*

H

HABA, del lat. FABA íd. *1.ª doc.: fava*, J. Ruiz; *hava*, APal. 239d.

General a todos los romances. En Asturias *faba* es la habichuela o judía (comp. lo dicho s. v. *FRIJOL*); lo mismo ocurre en Francia en las Landas, Aveyron, Ardèche y Auvernia, y en dialectos franceses del Oeste y del Nordeste (*FEW* III, 340b), e igual comunidad de denominación entre las dos legumbres existe en los idiomas germánicos; ast. *faba de mayu* o *fabona* 'haba común' (V). La ac. veterinaria (Acad. 12) está ya en Nebr. («*hava de bestias*: rana»). En sentido figurado *faba* 'glande del pene' como con el cat. *fava*, en el *Epílogo en Medicina*, aragonés, publ. Burgos 1495.

DERIV. *Habado* 'de varios colores alternados a manera de mosaico', and., murc., cub., venez. [invent. arag. de 1492: *BRAE* III, 364; *Celestina*; Toro G., *BRAE* VII, 608, pron. por lo común *jabado*], derivado de *haba* en el sentido de 'roncha' [Covarr., comp. val. *fava* íd.]. *Habar* [-var, Nebr.].

Habichuela [1733, Suárez de Ribera; *Aut.*; *habichuelo* en Extremadura según el propio Ribera: Colmeiro II, 284], no siendo -*ichuela* sufijo corriente y empleándose el vocablo en el Sur de España, cabe sospechar que sea alteración de un mozárabe **favichela < *FABICELLA*, pues el anónimo mozárabe de h. 1100 cita una legumbre llamada *fajčyéla* o *fajčíla*, que en unas partes describe como del género de los yeros y en otras como semejante al altramuz (no es posible fonéticamente identificarla con *frijol < PHASEOLUM*, según quiere Asín, p. 119): el sufijo dialectal -*chela*, desusado en castellano, sería reemplazado por -*chuela*[1].

Habón. Fabada ast. *Fabal* ast. 'habar'; *jabaraca* 'vaina seca y sin grano de la habichuela'; *fabayones* 'especie de pólipo de la familia de las gorgonias' (V). *Fabear*, arag.; *fabeador; fabeación. Fabago*, and., 'haba' (A. Venceslada), parece mala interpretación del lat. científico *fabago* 'especie de alcaparra'. Además V. *ABACERO.*

CPT. *Habachiqui*, alav., nav., compuesto con el vasco *txiki* 'pequeño' (V. *CHICO*).

[1] Para otro probable ej. del sufijo diminutivo mozárabe -*chela*, V. *FRANCACHELA* (< **franquechela*); y deberá tenerse en cuenta la posibilidad de que *covachuela, riachuelo* y análogos tengan el mismo origen (**COVICELLA*, etc.). En cuanto a la forma *fajčyéla* del Anónimo resultaría de **favichiela* por disimilación de las labiales, como en VIVANDA > *vianda*, VIVACIUS > oc. *viatz*, VIVARIUM > a. alem. ant. *wîâri* > alem. *weiher*, FAVILLA > gall. *faíla*, sic. *faiḍḍa* 'chispa' (G. de Diego, *Contrib.*, § 245; *REW* 3226).

Habachiqui, habado, V. *haba*　　　*Habarraz,* V. *albarraz*

HABER, del lat. HABĒRE 'tener, poseer'. *1.ª doc.: aver*, orígenes del idioma (*Cid*, docs. del S. XII, etc.).

La historia de los significados, construcciones, formas y usos gramaticales de *haber* pertenece a la Gramática. El hecho capital en la historia medieval de nuestro vocablo es el progresivo retroceso de su empleo como verbo principal, reemplazado cada vez más por *tener*: éste empieza ya a invadir el terreno de aquél en el S. XII («lanças que todas *tienen* pendones», *Cid*, 419, 723), aunque sólo con carácter esporádico en esta fecha, de suerte que en el S. XIV todavía es usual *aver* con este valor («Dixo: —Señor, ¿qué *avedes?*» P. de *Alfonso XI*, 105a; «el rey en su regno *ha* poder», J. Ruiz, 142a; «desto *ove* grand pesar», íd. 61c; «todos los omes *an* estas mismas cosas en la cara», *Conde Luc.*, 3.3), pero ya en el XV se halla en suma decadencia, hecho que Nebr. reconoce dando el cast. *tener* como equivalente de los latinos *habeo* y *teneo* (*m* 8rº), en el XVI apenas sobrevive el uso de *aver* como verbo principal en el lenguaje arcaico del Romancero («mala la *huvistes*, France-

ses, en essa de Roncesvalles»), y en tiempo de
Cervantes sólo quedan algunas supervivencias en
casos especiales: *haverlo de* 'estar enfermo de
(una parte del cuerpo)' («esso fuera si mi amo *lo
huviera* de las muelas, pero no *lo ha* sino de los
cascos», *Quijote* II, vii, 23), *haverlas con* («viendo
a la dueña tan alborotada le preguntó con quién
las avia. —Aquí *las he* con este buen hombre,
que...», II, xxxi, 117: hoy *habérselas con*), o *haber*
'coger, apoderarse de' («viendo que no podía *aver* a
Lotario» I, xxxiv, 181; todavía catalán, en la forma
heure o *haver*)¹. En esta evolución los romances
hispánicos se han apartado resueltamente de los
demás, que conservan hasta hoy el empleo principal de HABERE; la evolución catalana ha sido
paralela a la del castellano, mientras que el portugués la ha llevado más lejos, sustituyendo a
haver por *ter* aun como verbo auxiliar². Como
verbo impersonal, expresivo de la mera existencia,
haber se emplea desde el principio en combinación con el adverbio *y* 'allí', en todos los tiempos,
a no ser que el lugar esté expresamente determinado, que entonces se omite este adverbio en el
presente: «bien la cerca Mio Cid, que non *y avia*
art» (*Cid*, 1204), pero «en essas sanctas aguas *á*
otra mejor costumbre» (*Alex.*, 1306a)³; andando
el tiempo se tendió a generalizar el uso de *y* en
el presente, aglutinándolo al verbo, y a prescindir
de él en los demás tiempos⁴. Pero aun de estas
cuestiones un estudio detenido saldría de los límites de esta obra.

DERIV. *Habedero* o *habidero* ant. *Habiente*. *Há-*
bil [*ábile*, h. 1440, A. de la Torre (C. C. Smith,
BHisp. LXI); APal. 89b: «*á.* para capitanear»; íd.
Nebr.; *hábil*, *Quijote*], tomado del lat. *habĭlis*
'manejable, que se puede tener fácilmente', 'bien
adaptado', 'apto'; *habilidad⁵*, *habilidoso*; *habilitar⁶*,
del lat. tardío *habilitare* íd.; *habilitación*, *habili-*
tado, *habilitador*; *inhábil* [Nebr. *inable, cosa no
ábile*], *inhabilidad*, *inhabilitar* [Nebr.], *inhabilitación*; *rehabilitar* [*Aut.*], *-ación* [íd.]. *Hábito* ['vestido', Berceo, *Mil.*, 468, etc.; *ábito* «vestidura;
disposición, costumbres», Nebr.; 'insignia de una
orden militar', *La Gitanilla*, ed. *Cl. C.*, 20, 36;
'traje seglar': «empecé a sentir en mí nuevos ape-
titos que no había tenido en mi mendiguez y pobreza, y nuevas esperanzas, nacidas de verme en
buen *hábito* y con dinero en mano», en el *Alfarache* de Martí, ed. Rivad., p. 373], tomado del
lat. *habĭtus, -ūs* 'manera de ser, aspecto externo',
'vestido', 'disposición física o moral de alguien';
habituar [Nebr.]; *habitual; habituación; habitud,
habitudinal. Habitar* [Berceo]⁷, tomado de *habĭ-*
tare 'ocupar un lugar', 'vivir en él'; *habitable,
habitabilidad; habitación; habitáculo* (comp. *BITÁ-
CORA*); *habitador; habitamiento; habitante, habitanza; inhabitable; cohabitar, cohabitación*. Formas flexivas del verbo *haber* sustantivadas: *haber* 'hacienda, bienes' [Berceo, *Mil.*, 876b; *Alex.*,
220; *P. de Alf.* XI, 14, 94, etc.]; *haberado; habe-*

roso; haberío ['mula' en Aragón, 'asno' en Soria,
en otras partes cualquier bestia de carga o de labor; primitivamente es colectivo 'conjunto de animales domésticos', por ser éstos los bienes del
rústico por excelencia; en el mismo sentido en
Galicia *haber* es 'res vacuna', y *abere* en vasco
'ovejas': G. de Diego, *RFE* VIII, 411; *avería* en
Cataluña].

Haya 'cierto donativo'. *Evás* 'he aquí' [prime-
ra mitad del S. XIII, *Disputa entre un cristiano
y un judío*⁸; *Vidal Mayor*, glos.] y *evad* [*Cid*;
Vidal Mayor, glos.; *Conde Luc.*, ed. Hz. Ureña, p. 115; *avad, Corbacho*, ed. P. Pastor, 166.
20] o *evades* [*avades, S. María Egipc.*], dirigi-
dos a persona plural: no puede caber duda, a
pesar de las varias hipótesis propuestas⁹, de que
proceden de los lat. HABEAS 'tengas' y HABEATIS
'tengáis' (> *evades*)¹⁰, respectivamente; en cuanto
a la forma *evad* es naturalmente analógica, sacada
de *evades* (asimilado a *tengades*), según el modelo
de *andad* junto a *andades*, por influjo del sentido
evidentemente imperativo del vocablo; *evas* como
palabra gramaticalizada se hizo proclítica (*evas
aquí*) y acabaría por fijar el acento en la última
sílaba con arreglo a *evades* y *evad*; esta explicación está confirmada en forma indudable por el
cat. ant., hoy mall. *jas* y *jau* (procedentes de HA-
BEAS y HABEATIS, con aféresis de la primera sílaba),
que tienen exactamente el mismo empleo¹¹. El *jas*
mallorquín se emplea también en valenciano: en
Játiva y valle de Albaida; en la Ribera del Júcar
y en el Sur de la provincia de Castellón existe
una pronunciación más arcaica *jas*, y en Sueca y
Cullera *vas* (Giner i March). El último se explicará por influjo de *va < n'hi ha* 'hay'.

¹ Curiosa la supervivencia de *haber* 'tener' en el
lenguaje mixto hispano-náhuatl de Centroamérica (*BDHA* IV, 326).— ² Algún conato de la misma tendencia se manifiesta en el castellano coloquial del Siglo de Oro, aunque luego fracasó:
«menos daño ha sucedido / del que *tube* ymagi-
nado...», Lope, *El Cuerdo Loco*, v. 126.— ³ Pero
el ms. aragonés *P*, que es del S. XV, ya da muestras de desaprobar este uso arcaico al reemplazar
por la construcción personal «an esas santas aguas
otra mejor costumbre».— ⁴ En el Siglo de Oro
alguna vez invade *hay* el terreno del temporal
ha: «si es el Duque, como vos decís, no *hay* una
hora que le dejé bueno, sano y salvo», *La Señora
Cornelia*, ed. Hz. Ureña, p. 166.— ⁵ *Habilencia*
en boca de rústicos, en Tirso, *La Prudencia en
la Mujer* III, ix, ed. Losada, p. 255.— ⁶ Para acs.
nuevas en Cuba y Centroamérica, vid. F. Ortiz,
Catauro, p. 112.— ⁷ Sentidos especiales cubanos,
en F. Ortiz, *Catauro*, 192, 179.— ⁸ «Ninguno de
mi mano non podrá foyr. Ond *evás* sana prueba
que él dixo que avía mano», *RFE* I, 177. «Ell
estonces cogiós affuyr, et yo travél del manto por
le tener... mas dexó me el manto, et *evás* le
aquí», *Gral. Estoria*, cita de M. P., *Yúçuf*, lí-

nea 217; más ejs. *Gr. Conq. de Ultr.*, 591; y en
M. P., *Cid*, pp. 675-7. El mismo vocablo se ha
conservado en estado fósil en el proverbio portugués *avache a ti, avache a ti, não ficará nada para
mi*, estudiado por Adrião, *RL* XXXII, 37, que
contiene aglutinado el antiguo pronombre personal *che* 'a ti'; en efecto, en la *Gral. Est. gall.*
leemos: «diso entonçes Caym a noso Señor Deus:
—*Ava* que tu me deytas da façe da terra» allí
donde el otro ms. trae *evás* (12.34).— [9] Véase el
análisis en M. P., *l. c.* Particularmente erróneo
es partir del ár. afric. *cácuwa* 'hele aquí', como
sugiere Baist, *GGr.* I, §§ 5 y 84.— [10] El empleo
de un presente de subjuntivo con valor de imperativo es muy frecuente en castellano arcaico:
dedes 'dad', *firades* 'atacad' en el *Cid*, 1129 y
1130, p. ej.— [11] *Jas* «toma; interjección con que
se llama al perro, y regularmente se duplica o
repite», «*jas, vet-ho aquí*», «*jas*, pren aqueixa y
per la resta ja tornaràs» (Amengual). *Jau* se
emplea en la misma forma, hablando a varias
personas, o a una sola a quien se trata de *vós*.
La forma *jas* prueba que la acentuación HABEÁS,
procedente de la proclisis, era ya antigua, anterior al cambio catalán de *-AS* en *-es* (comp. *hages*
'que tú hayas'). Ahora bien, la forma fonética
evás (o *jas*) aislaba esta palabra de todos los
subjuntivos, puesto que no existía ningún subjuntivo en *-as* acentuado; la pareja *evás* ∽ *evades* quedaba asimilada a los indicativos *das* ∽
dades, estás ∽ *estades*, y así como junto a éstos
se hallaba *dad* y *estad*, junto a *evás* ∽ *evades*
se creó el nuevo imperativo *evad*. Nótese que
algunos también crearon un nuevo imperativo
singular (santand. *évate*, port. *avache*).

Habichuela, V. *haba*   *Habidero, habiente, hábil, habilidad, habilidoso, habilitación, habilitado,
habilitador, habilitar*, V. *haber*

HABILLADO, 'vestido, adornado', ant., tomado
del fr. *habillé*, participio de *habiller* 'vestir', antiguamente *abiller* 'preparar, arrear', propiamente
'preparar un tronco el leñador', derivado de *bille*
'cada una de las piezas, en forma de sección cilíndrica, en que se parten los troncos de árbol antes
de convertirlos en tablas', de origen probablemente céltico. *1.ª doc.*: Acad. ya 1817.
Palabra muy rara en castellano, aun en la Edad
Media. Quizá tomada más bien del cat. ant. *abi-
llat* 'ataviado'. Para el origen, vid. Spitzer, *ZFSL*
XLV, 366-74; *REW* 1104; *FEW* I, 367b; la
opinión de Gamillscheg, *EWFS*, de que viene del
fr. *habile* 'hábil', y la de otros, de que es derivado de *habit* 'traje', ya no puede sostenerse, en
vista de la historia semántica y de la mera existencia de oc. ant. *abilhar*, cat. *abillar* [*abillament*
ya a fines del S. XIV]; es verdad, sin embargo,
que desde el S. XV el vocablo sufrió el influjo
de *habit*, tomando el sentido moderno.

DERIV. *Habillamiento.*

*Habitabilidad, habitable, habitación, habitáculo,
habitador, habitamiento, habitante, habitanza, habitar, hábito, habituación, habitual, habituar, habitud, habitudinal*, V. *haber*

HABIZ, 'donación a una institución religiosa
musulmana', de una variante del ár. *ḥubs* 'manda
piadosa'; probablemente es el granadino *'aḥbîs*
(ár. clás. *'aḥbâs*), pronunciación vulgar del plural
de *ḥubs*. *1.ª doc.*: 1492, Capitulación de Granada.
Dozy, *Gloss.*, 282; Eguílaz, 416. En Marruecos el singular se pronuncia hoy *ḥabús*, de conformidad con las normas fonéticas del actual dialecto marroquí, y esta forma se ha empleado alguna
vez en castellano. Ambas variantes han sido formas raras y sin arraigo en romance.

HABLAR, del lat. familiar FABŬLARI 'conversar',
'hablar', derivado de FABŬLA 'conversación', 'relato sin garantía histórica', 'cuento, fábula', y éste
de FARI 'hablar'. *1.ª doc.*: *fabulado*, doc. de 1115,
en Oelschl.; *fablar, Cid; hablar*, Nebr.
La variante leonesa *falar* (hoy gall.-port. y ast.
falar, V, R) se halla ya en *Alex.*, 1537, 2310
(pero *favlar*, ibid. 761). FABULARI 'hablar' en latín
aparece en los cómicos del S. II a. C. («qui Os-
ce et Volsce *fabulantur*; nam Latine nesciunt», Titinio, 104); lo evitan los clásicos, pero siguió
viviendo en una parte del latín vulgar. En romance es palabra típica del castellano y el gallegoportugués (una variante *FABELLARE ha dejado
descendientes sobre todo en Italia); los romances
de Francia e Italia y el catalán han preferido
PARABOLARE (vid. *PARLAR*). Para construcciones
y acs. especiales, vid. *Aut.* y demás diccionarios.
Nótese especialmente la construcción de *hablar*
empleado absolutamente con acusativo de persona, en el sentido de 'dirigir la palabra (a alguno)',
que existía en la lengua medieval y clásica, y hoy
se ha hecho general en gran parte de América,
mientras en España sólo se emplea *hablarle* (*a él*
o *a ella*): «fuyme para la dueña, *fablóme* e *fablé-
la*» (J. Ruiz, 1502c, rimando con *candela*; 1495b),
«extendió façia quien *lo fablaua* el cuello, que tenía
escondido entre las piernas» Alonso de Palencia,
Batalla Campal de los Perros y los Lobos, 15 (51),
«aquellas mismas labradoras que venían con ella,
que hablamos a la salida del Toboso», «en qué
conoció a la señora nuestra ama, y si *la habló*,
qué dixo» (*Quijote* II, xxiii, 89vº, 90rº), y muy
común en Lope (Cuervo, *Rom.* XXIV, 112n.),
hoy parece ser normal en toda la América del
Sur[1] y del Centro[2]. Por otra parte, nótese la
antigua construcción *hablar en algo* 'hablar de
tal o cual tema', que ya se halla en Berceo (*Mil.*,
814a) y es tan corriente en el Siglo de Oro («sólo
la *hablaré en* mi amor», Calderón, *El Mágico
Prodigioso* II, i, ed. Losada, p. 200; «en qué

le pudo *hablar*», «yerra mucho quien *habla en* la guerra no habiendo sido soldado», «¿de qué sirbe *hablar en* esso?», «no quisiera *hablarte en* estas cosas», Lope, *El Cuerdo loco*, vv. 893, 953, 2282; *Pedro Carbonero*, v. 1529). Del castellano pasó *hablar* al fr. *hâbler* 'parlar, charlar' [*hâbleur*, 1555: *RF* XXXII, 75].

DERIV. *Afalar* 'aguijar' ast. (V), primitivamente quizá 'animar el animal con palabras'. *Habla* [*fabla*, *Cid*, etc.], del lat. FABŬLA, vid. arriba; hoy funciona como un típico postverbal de *hablar*, pero en lo antiguo existían acs. más cercanas a las varias del latín: 'sentencia, refrán, consejo', J. Ruiz, 994, 1200, 'fábula', ibid. 310³; de ahí el diminutivo *fabliella* 'proverbio, refrán' (*Alex.*, 493; J. Ruiz, 179), 'novela corta' (J. Manuel), modernamente *hablilla* 'rumor, habladuría'; *hablista* [1737, G. Mayans, *Origen de la l. esp.* I, 196], y su antiguo duplicado *hablistán*, que tomó el sentido de 'parlanchín' [*hablestana*, en el *Canc. del S. XV*, cita de Cej., *Voc.*; «*poliloquus*: *fablistán*, parlero, que fabla cosas vanas», APal. 369d; «*flabri* se dizen ventosos y *fablistanes*», ibid. 162d⁴; con un derivado *fablistanear* en el mismo, 180d]: su terminación se explica por una declinación bajo-latina *FABULISTA, -ANIS, imitada, como la de *sacristán* (lat. SACRISTA), de la de las palabras góticas como *guardián*. *Hablado*. *Hablador*; *habladorzuelo*; *habladuría*. *Hablante*; *hablantín* 'hablador, hablistán' [Acad. ya 1817], hoy poco empleado en España, pero muy usual en la Argentina⁵ y en otras partes de América⁶, sustituído por la pronunciación afectiva *hablanchín* [Acad. íd.]⁷, muy viva en Andalucía, aunque en la mayor parte de España tiende a superarlo *parlanchín*.

Cultismos. *Fábula* [h. 1440, A. Torre (C. C. Smith, *BHisp*. LXI); APal. 151b], duplicado culto de *habla*; *fabulista* [1596, Torres], de donde parece haberse tomado el fr. *fabuliste* [1588: *BhZRPh*. LIV, 187]; *fabuloso* [*fabulosamente*, 1413, E. de Villena], *fabulosidad*; *fabular*, *fabulador*, *fabulación*; *fabulario*; *fabulesco*; *fabulizar*. *Confabular* [1463, Lucena; raro hasta el S. XVIII: Cuervo, *Dicc*. II, 348b], tomado de *confabulari* 'conversar'; *confabulación*, *confabulador*. *Facundo* [Mena (C. C. Smith); 1499, H. Núñez de Toledo], tomado de *facúndus* 'hablador', derivado de *fari*; *facundia* [med. S. XV, Diego de Burgos (C. C. Smith)]. *Eufemismo*, tomado del griego εὐφημισμός íd., derivado de εὔφημος 'que habla bien', que evita las palabras de mal agüero', y éste de φήμη 'modo de hablar', que a su vez lo es de φάναι 'hablar', hermano del lat. *fari*; *eufemístico*.

CPT. *Malhablado*.

¹ «Paula, quisiera *hablarla*», Guiraldes, *Don S. Sombra*, ed. Espasa, p. 224; *«lo quieren hablar* unos señores», etc. No se confunda esta construcción verbal con el laísmo o loísmo, que son ajenos a América, como tampoco hay leísmo en

le quieren hablar, que se aplica igualmente al femenino.— ² Kany, *Sp.-American Syntax*, 105-6.— ³ La forma arcaica *fabla* sigue hoy empleándose en sentido peyorativo 'jerga imaginaria que pretende ser castellano antiguo o dialectal'.— ⁴ «Mosén Diego de Valera... es gran *hablistán*... porque por ser amigo de hablar, en lo que scrive pone algunas cosas fuera de propósito...», J. de Valdés, *Diál. de la L.*, 174.25 (que Mayans quiso enmendar en *hablista*, la forma que él emplea personalmente); también lo emplean Venegas (1533): *BRAE* VI, 503; y otro coetáneo de Valdés, el talaverano Frías de Albornoz (vid. Baralt, *Dicc. de Galic.*, que por su parte no gusta del vocablo); según nota A. Castro (*Lengua, Enseñanza y Lit.*, p. 78), sigue empleándose en Jibraltar, en el judeoespañol de Marruecos (*BRAE* XIII, 523, 529), *fæblistán* o *ablistón* en el Oriente (*RFE* XXXIV, 22); y en alguna otra parte. Otros lo han empleado como arcaísmo artificial.— ⁵ J. M. de Rosas, en 1819, califica de «logistas y *hablantines*» a los doctores (E. Morales, *La Prensa de B. A.*, 27-VIII-1944); oído en el campo de Mendoza.— ⁶ Para esta y otras formaciones paralelas, vid. Cuervo, *Ap.*, § 871. Agréguese el gall. *la(m)pantín* 'lamedor' (G. de Diego, *RFE* IX, 152).— ⁷ Para una explicación fonética más detenida de la *ch*, vid. *RFH* VI, 32.

Habón, V. *haba*   *Habús*, V. *habiz*   *Haca*, *hacanea*, V. *jaca*   *Hacecillo*, V. *haz* I

HACER, del lat. FĂCĔRE íd. *1.ª doc.*: orígenes del idioma (*fere*, h. 950, Glosas Emilianenses; *facer*, doc. de 1030, M. P., *Oríg.*, 188; *fazer*, *Cid*, etc.).

Tienen gran extensión en castellano arcaico las formas de infinitivo *fer* y *far*. Ésta se halla, p. ej., en el *Cid*, en Berceo (*Sacrif.*, 39), *Alex.* (207, 1580), J. Ruiz (146, 1326), etc., y se explica por una abreviación *FARE del latín coloquial tardío, que es responsable asimismo del it. *fare*, y que ha dejado huella permanente en el futuro y condicional iberorromance (cast. *haré*, port. *farei*, cat. *faré*, oc. *farai*). En cuanto a *fer*, es todavía más vivaz en la Edad Media, pues se halla desde las Glosas de San Millán hasta el *Rimado de Palacio* (278), pasando por los *Reyes de Oriente* (133), Berceo (*Sacrif.* 1, *S. Or.* 13), *Alex.* (48), etc.: véanse más ejs. en M. P., *Oríg.*, 372 (muy frecuente en aragonés medieval: *BRAE* IV, 524; G. de Diego, *Caracteres del Dial. Arag.*, 16, 14); más tarde siguió viviendo en el lenguaje de los rústicos (Sánchez de Badajoz, *Recopil.* I, 258; Lope, *Peribáñez* III, ii, ed. Losada, p. 157; Tirso, *La Prudencia en la Mujer* III, ix, ed. íd., p. 256; y muy frecuente con este carácter en el teatro clásico)¹; en Marruecos los judíos viejos todavía decían *her* y *hendo* (Wagner, *VKR* IV, 229), y no sólo es usual en el

Alto Aragón y en Asturias (V, junto a *facer*), sino que *er* se emplea todavía en el habla valenciano-aragonesa de Énguera (*end a d'er* 'ha de hacer de eso', M. P., *Yúçuf*, § 20). *Fer* ha sido siempre y es la forma que tiene esta palabra en catalán [doc. de 1030, *Rev. de Bibliogr. Cat.* VII, 7, n. 1] y *hè* en gascón; varios eruditos han tratado de explicar la génesis de esta forma y la dependencia mutua en que pueda estar su aparición en los dos idiomas iberorrománicos². Cree Kuen que *fer* se explica como contracción de **faer*, procedente de *fazér*, con la pérdida de la *-z-* intervocálica que es regular en catalán, lo cual obligaría a creer que el cast. *fer* y el gasc. *hè* son catalanismos, pero además esta explicación es imposible, ya desde el punto de vista catalán, por razones fonéticas³; tampoco es aceptable el tipo lat. vg. **FERE* que postula Bourciez, pues no se explicaría esta contracción con desaparición de la vocal tónica y no de la átona; probablemente tiene razón M-L. al suponer para las formas iberorromances y para el fr. y oc. *faire* una base vulgar **FAGĔRE* (analógica de AGĔRE, LEGĔRE, FRIGĔRE, etc., junto a sus participios ACTUS, LECTUS, FRICTUS, paralelos a FACTUS), que pronto se contraería en *fáy(e)re* > *faire*, y de ahí regularmente *fer* en la Península Ibérica, comp. cast. *mego* < MAGĪCUM, *-én* -AGĪNEM*; en todo caso hay que partir, en todas las lenguas ibero y galorrománicas, de una base común **fájre*, creación nacida de FACERE en una forma u otra, y seguramente relacionada con el participio *fajtu* (< FACTUM): el fr. y oc. *faire* tampoco pueden resultar fonéticamente de FACERE. Entre otras formas singulares de la conjugación, deben de ser antiguos los tipos **FACO (*hago*) y **FACAM (*haga*), pues *fago* se halla en Istria y el Trentino, *fagu* en Liguria, *fak* en Poschiavo, el Tesino, Norte del Piamonte y Romagna, *faco* era romanesco antiguo y hoy sigue usual en muchas hablas meridionales de Italia, y el plural **FACUNT ha dado el parmesano *faghn* y el pullés merid. *fàcunu*, *-une* (Rohlfs, *It. Gr.* II, 327, etc.).

Para construcciones y acs. especiales de *hacer*, vid. *Aut.*, Cej. (IX, § 80) y demás diccionarios⁵. Trato brevemente de unos pocos casos. *Hacerse* 'parecer' es hoy muy vivo en el habla popular argentina⁶, y ya tiene antecedentes españoles: «con esto ya no *se le hacía* la cama mal mullida, aunque era de campo... ya no *se le hace* mal sazonado el pan, aunque era de borona», en el *Alfarache* de Martí (p. 374)⁷.

Hacer el amor 'cortejar', aunque poco frecuente en autores castizos, y muy raro o desconocido en el Siglo de Oro, no parece haber sido siempre imitación del francés, pues aparece una vez en el mejicano Ruiz de Alarcón (de quien no es ésta la única singularidad lingüística, vid. *FASTIDIAR*): «un gran señor / *hace* a su hija el *amor* / y un secretario a Lucía» (*La Prueba de las Promesas* II, iv, 79).

La construcción *hacer a saber* 'participar, comunicar', común con el catalán y con muchas analogías en portugués, es típica del aragonés antiguo: «*faziendo* vos lo *a saber*», doc. de Jaime I, a. 1262 (M. P., *D. L.* 365.27), «*fazerte* kiero *a saber* komo se açerka el eskandalizamiento de los muçlimes de España», profecía de fines del S. XVI (*PMLA* LII, 635), y muchos ejs. en el *Yúçuf*, *Leyenda de José* y *de Alexandro*, y Fuero de Navarra, en M. P., *Yúçuf*, § 31, y Diez, *Gramm.* III, pp. 219, 208.

La construcción *hacerse de rogar* es ya bien usual en el S. XVI: «no os *hagáis* tanto *de rogar* en una cosa que tan fácilmente podéis cumplir», J. de Valdés (*Diál. de la L.*, 9.5), y ej. de Malón de Chaide en Cuervo, *Ap.*, § 369 (*hacerse del rogar* en Bogotá).

En España se construye hoy *qué se hizo de mis años juveniles*, mientras que América conserva la construcción *qué se hicieron mis a. j.*, según decía Jorge Manrique («¿qué *se hizieron* las damas, / sus tocados, sus vestidos?»).

DERIV. *Hacedero* [*façedero* 'hacedor', *Alex.*, 581]. *Hacedor* [*faz-*, h. 1250, *Setenario* f°1r°; *Conde Luc.*, 268.19]. *Haciente* [*faz-*, J. Ruiz, 237a⁸]. *Hacimiento* [Nebr.]. *Hacienda* [*f-*, doc. de 1115, Oelschl.; *facinda* en el *Auto de los Reyes Magos*; 'asuntos, ocupación', Berceo, *Mil.* 813a, *S. Or.* 15; *Alex.* 57, 1223; 'estado (de una persona)', *Mil.* 733d; 'importancia, prestigio', *Mil.* 705a; 'batalla' (< 'asunto'), J. Ruiz, 1097c; 'faena, trabajo por hacer', ac. etimológica, común con el cat. *faena*, en *G. de Alfarache*⁹; Cej. IX, § 180; port. (y gallego) *fazenda* 'trabajo, faena', 'hacienda'; *fazendeiro* 'laborioso, etc.', 'bien hecho'], del lat. FACIĔNDA 'cosas por hacer', plural neutro del participio de futuro pasivo de FACERE; de la ac. 'asuntos' se pasó a 'bienes, riquezas', y de ahí por una parte a 'administración de los mismos, en particular los pertenecientes al Estado'¹⁰, y por la otra a 'ganado, bienes pecuarios' (comp. la historia semántica de *GANADO*), que además de ser rioplatense¹¹, chilena, venezolana y panameña, es usual en Salamanca, Palencia y Sanabria (*Homen. a M. P.* II, 138), y común con el portugués !del Minho¹²; vco. *azienda* 'ganado vacuno' en todos !los dialectos, y en los de Francia aplicado también !al lanar, caballar y de cerda; *hacendar*; *hacendado* [(*a)fazendado* 'hacendoso', *Alex.* 229, 1746; Berceo, *Mil.* 662]; *hacendeja*; *hacendar* [*faz-*, 'trabajo, obra': Berceo, *Mil.* 710b; *Alex.*, 1706]; *hacendero*; *hacendería*; *hacendilla*; *hacendista*; *hacendoso* [1605, *Pícara Justina*]; *hacenduela*.

Hecho (Cej. IX, § 181). *Hecha. Hechor* ['el que hace', Tirso, en Pagés; 'garañón', arg.¹³, venez.]. *Hechura* [*fech-*, Berceo, *Loores*, 205; *Alex.* 135, 136, 2309]. Gall. *feitiño* 'lindo, bien hecho' («xeitosa de corpo, *feitiña* de cara» Castelao 204. 22). Del part. gall. *feito*, Tuy *feitío* 'excremento de conejo, perdiz, liebre, etc.' («aquí hay *feitío* de coenllo» Sarm. *CaG.* 194r). *Hechizo* 'artificioso', 'postizo' [«*hechiza*: *cosa hecha*, facticius», Nebr.; *escaleras hechizas*, J. de Acosta, h. 1590; *pasteles hechizos*, Quevedo; *fechizu* ast. 'artificial, (labor) que imita plantas y flores' V; «una mala imitación, un paquete *hechizo*», D. F. Sarmiento, *El Progreso*, 14-XI-1842][14], de ahí sustantivado 'artificio supersticioso de que se valen los hechiceros' [«*hechizos*: veneficium», Nebr.]; la misma evolución ha sufrido el port. *feitiço*, correspondiente a la palabra castellana[15]; *hechicero* [*fechizera* 1251, *Calila* 29.404; *hechizero*, h. 1400, glos. de Palacio], *hechicería, hechiceresco; hechizar* [*enhechizar*, Nebr.; *Licenciado Vidriera*, ed. *Cl. C.*, 12; *hechizar*, también Nebr., Martínez de la Parra, etc.][16], *deshechizar.*

Fecha 'data' no es más que la forma antigua del participio del verbo *hacer*, se empleaba en combinación expresa o tácita con *carta*, para fechar los docs., según nos muestra la escrita por D. Quijote a Dulcinea («*fecha* en las entrañas de Sierra Morena a 27 de agosto», I, xxv): luego se sustantivó *fecha* con el valor de 'data' [Covarr.]; *fechar* [Acad. ya 1817][17]; *fechador.*

Fechoría [1605, *Quijote*], que en Cervantes vale 'hazaña' sin el mal matiz que toma más tarde por abreviación de *mala fechoría* (así *Quij.*); es derivado de *hechor* (ya citado), con *f*- conservada gracias a los Libros de Caballerías; la variante *fechuría* (*Quij.*), se conserva en la Arg. (Montagne, *Cuentos Cuyanos*, 93) y Chile, en parte alterada en *fachuría* (Draghi, *Canc. Cuyano*, p. xxxvii; G. Maturana, *AUCh.* XCII, ii, 79), por influjo de *mala facha. Afazerse* ant. 'acostumbrarse' [h. 1250, *Setenario* 23.22]; port. y gall. *afazer-se*[18], gall. *estar afeito (a algo)*[19].

Deshacer [*desfer*, Berceo], vid. Cuervo, *Diccionario de Constr.* II, 1079-85; *deshacedor; deshacimiento; deshecha; desfecha* ast. 'nube que se forma dentro del ojo, impida o no la vista' (V).

Contrahacer [-*faz*-, h. 1250, *Setenario*, f° 10v°; Nebr.]; *contrahacedor, contrahacimiento, contrahechura* (para *CONTRAHECHO*, vid. artículo especial); *contrafacción.*

Rehacer [-*faz*-, 1227, M. P., D. L. 86.29]; -*haz*-, Nebr.]; *rehacimiento; rehecho. Refacción, refección* [-*ación*, 1494, *BHisp.* LVIII, 360].

Port. ant. *ergo* ᔈ *erga*: por razones semánticas es imposible relacionar estas formas con el lat. *ergo, erga*; aunque lo mejor será lo prerromano, V. mi nota en los *Col. de Epigr. y Leng. Prerr.* de Salamanca, 1974, no deja de existir otra posibilidad razonable —si nos resignáramos a separar las partículas portuguesas del gall. *agás de* y del cast. *hascas*—, y es que sean postverbales del verbo *erguer* (ᔈ *erzer*) 'levantar', comparables a sus sinónimos cast. *salvo* del verbo *salvar*, el cat. *llevat* o *tret* de *llevar* y *treure* 'quitar'. Es verdad, empero, que no es lo mismo 'levantar' que 'quitar' o 'exceptuar' (o 'salvar'). Y sin embargo puede haber,

por lo menos en usos particulares, alguna acepción que se prestara a este empleo, cf. p. ej. gall. *erguer (a chuvia)* 'escampar, dejar de llover' (Sarm., *CaG.* 209v).

Son derivados cultos los siguientes. *Facción* [*fación* 'hechura', h. 1300, *Gr. Conq. de Ultr.*, 217; J. Manuel, ed. Rivad., p. 398[20]; 'acción, obra', *Vida de S. Ildefonso*, 2], tomado del lat. *factio, -ōnis*, 'manera de hacer', 'corporación, partido, facción, liga' (ac. derivada del grupo fraseológico *facere cum aliquo* 'agruparse con él, ser de su partido', para el cual vid. Juret, *Syst. de la Synt. Latine*, 250); *faición* ast. 'facción del rostro', 'figura por la cual se distinguen las cosas entre sí' (V); *faccionar* [bien o *mal facionado* 'que tiene buenas o malas facciones', *Gr. Conq. de Ultr.*, p. 95]; *faccionario; faccioso*, tomado de *factiosus* íd., derivado de *factio. Fácil* [*fácile*, Corbacho (C. C. Smith, *BHisp.* LXI); APal. 385d; Nebr.; *fácil*, S. XVI][21], del lat. *facilis* 'que puede hacerse', 'fácil'; *facilidad* [h. 1440, A. Torre (C. C. Smith)]; *facilillo; facílimo; facilitar* [1535, J. de Valdés, como neologismo, vid. ejs. *BRAE* VI, 507; 'presentar como fácil': «levantámonos a hablar en la ida a la casa de la dicha, y se lo *facilité* mucho», Quevedo, *Buscón*, ed. *Cl. C.*, p. 184; 'dar facilidades, aflojar en una lucha', ac. muy viva en la Argentina (Ascasubi, *S. Vega*, v. 833), para la cual vid. Tiscornia, *M. Fierro coment.*, s. v.], *facilitación, facilitón. Facultad* [1555, Laguna], del lat. *facultas, -atis*, 'facilidad', 'facultad'; *facultativo, facultar; facultoso. Difícil* [*difícile*, Corbacho (C. C. Smith); *difficile*, Nebr.], del lat. *difficilis* íd., derivado de *facilis; dificultad* [Nebr.], de *difficultas, -atis*, íd.; *dificultar* [Nebr.][22]; *dificultoso* [h. 1440, A. Torre (C. C. Smith); Nebr.]. *Factible. Facticio. Factitivo. Factor* [1413, E. de Villena]; *factoraje; factoría; factorial; factura* [1554, N. Recopil. I, x, 10], *facturar, facturación. Facineroso* [*facinoroso*, APal., usual hasta fines del S. XVII, en A. de Solís, vid. ejs. en Cuervo, *Obr. Inéd.*, 187, n. 1; Cej. IX, § 180; después convertido en *facineroso* según el modelo de *generoso, oneroso, temeroso, etc.], del lat. *facinorōsus* íd., derivado de *facinus, -inōris*, 'hazaña', 'crimen'. *Fiat*, de la 3.ª persona sing. del pres. de subj. de la voz pasiva del lat. *facere*, 'sea hecho'.

CPT. *Oficio* [Berceo][23], está tomado del lat. *officium* 'servicio, función', derivado de *opifex, -ficis*, 'artesano' (compuesto de *opus* 'obra' y *facere*); *oficial* [Corbacho (C. C. Smith); Nebr.], de *officialis; oficiala; oficialía, oficialidad; oficiar* [J. Ruiz], *oficiante; oficiero* [ya 1206, *BHisp.* LVIII, 360; Berceo]; *oficioso* [Mena (C. C. Smith); S. XVII, *Aut.*], *oficiosidad* [S. XVII, *Aut.*]; *oficionario* [Acad.], formado según *confesionario*; *oficina* [h. 1600, Inca Garcilaso, *Aut.*], de *officīna* 'taller', 'fábrica'; *oficinal; oficinesco; oficinista.*

Afer ant. [*Alex.*, P, 1897; usual hasta el S. XV, y todavía empleado en el XVI en el estilo rús-

tico de Juan del Encina, y en el arcaizante de
Castillejo: *DHist.*], del antiguo *a fer* 'por hacer'.
Dafechu o *dafechamente* ast. 'de una vez, totalmente, sin intermisión' (V). *Bienhechor* [*bienfe-
chor*, 1251, *Calila* 24.220; J. Ruiz, 1727*c*], comp.
BEHETRÍA. *Malhecho; malhechor* [*malf-*, Berceo; 1219, F. *de Guadalajara*]; *malfetría* [Berceo],
ant. 'acción perversa, maldad, crimen', derivado
sincopado del preliterario *malfe(i)tor* (> *malhechor*)²⁴. *Haz·nerreír. Facsímil* [*facsímile*, Acad. ya
1843], tomado de la frase latina *fac simile* 'haz
una cosa semejante'. *Factótum* [Acad. ya 1884],
de la frase latina *fac totum* 'haz todo, haz todas
las cosas'. *Quehacer* [Acad. ya 1817].

¹ Valdés, *Diál. de la L.*, 121.23, todavía dice
«*desher* por *deshazer*, hallaréis algunas vezes en
metro, pero guardaos no lo digáis hablando ni
escriviendo en prosa, porque no se usa». *Herse*
no estaba del todo olvidado del pueblo sevillano
a fines del S. XVI: B. del Alcázar, ed. Rz.
Marín, p. 113.— ² M-L., *KJRPh.* II, 86-87;
Pietsch, *MLN* XXVII, 167-72; Kuen, *AORBB*
VII, 61; Bourciez, *Éléments de Ling. Rom.*—
³ La acentuación *fazér* supondría *FACĔRE, que
daría *fer* con *e* abierta en catalán oriental y con
e neutra en balear, cuando estos dos dialectos
tienen *e* cerrada. Ahora bien, esta vocal en dichos dialectos supone Ĕ o bien AI; el pallarés
suele distinguir entre el resultado de estos dos
sonidos, pronunciando *e* cerrada (comúnmente)
el primero y abierta (siempre) el segundo, luego
el pallarés *fè(r)* parece indicar una base con AI.
En cuanto al argumento de Kuen de que la *e*
no puede venir de AI porque FACTUM da *feyt*
en el catalán arcaico, mientras que nunca se halla
*feyr o *feym, es puramente falaz, porque tam-
poco se halla nunca *primeyr, por ej., y es que
ante *r* el cierre de AI (*ei*) en *e* fué más temprano que delante de *t*, como ya es bien sabido.— ⁴ En vista de la dificultad fonética y de
formas como el imperativo arcaico *fes*, se inclina Pietsch a creer que *fer* fué catalanismo.
Dejando aparte la oscura cuestión de *fes*, que no
pertenece al diccionario, ya nota él que *fer* no
es sólo aragonés, sino también frecuente en León,
y no del todo ajeno a Castilla. En estas condiciones, y en verbo de carácter esencial como
fer, un préstamo lingüístico es imposible.— ⁵ Para *hacer menos* 'robar, quitar', aquí mismo, s.
v. ECHAR.— ⁶ «*Se* me *hace* que usté es él»,
Quiroga, *Raza Sufrida*, p. 7; «*se* me *hace* que
se está reservando para mí», Alberto Córdoba,
La Prensa de B. A., 28-IV-1940; «*se* me *hace*
sale tu madre», Draghi, *Canc. Pop. Cuyano*, 142,
154.— ⁷ Más ejs. argentinos en Tiscornia, *BDHA*
III, 261-2. De los ejs. que Tiscornia cita del
Quijote, los unos no tienen nada que ver, y los
demás son ejs. del común *hacerse* 'volverse, convertirse en'. Claro está que el último muestra
por qué camino se llegó a esta ac. argentina

partiendo de la general: «una loma, desde la
qual se vieran bien las dos manadas que a don
Quijote *se le hizieron* ejércitos». En cambio, no
carece de relación la construcción siguiente:
«aunque me sigue fortuna / no tengo pena ninguna / ni *se* me *haze* de mal», 'ni lo tengo por
mal', Pérez de Hita, ed. Blanchard I, 8.— ⁸ El
salm. *hacientes* 'adrede' nada tiene que ver con
hacer; es AD + SCIENTE 'a sabiendas' (Spitzer, *NM*
XXII, 48).— ⁹ «Muchas veces, acabada la *hacienda*, me echaba a dormir a la suavidad de la
lumbre que sobraba de mediodía o de parte de
noche», ed. *Cl. C.* II, 69.1.— ¹⁰ Del español se
tomó el it. *azienda* 'conjunto de una administración económica compleja, pública o privada', que
con este último matiz se documenta desde fines del S. XVI (Zaccaria).— ¹¹ Vid. Tiscornia,
M. Fierro coment., vocab., s. v.; Toro G., *BRAE*
VII, 449.— ¹² *Fazendinha* 'conjunto de cabras,
ovejas, etc.', Leite de V., *Opúsc.* II, 24.— ¹³ «Cien
hechores, novecientos chivitos, doscientas cabras...»,
Elena Hosmann, *La Prensa de B. A.*, 13-IV-
1941.— ¹⁴ Más datos Cej. IX, § 181. *Ruido hechizo* 'celada' está ya en *Guzmán de Alfarache*,
Cl. C. II, 63.20.— ¹⁵ De una alteración de *feitiço*,
en la pronunciación de un dialecto portugués
criollo de la costa africana, dialectos que confunden *s* con *š*, pudo tomarse el fr. *fétiche* 'fetiche'
[*fetissos* 1605, *fetiche* 1669: *BhZRPh.* XCI 92-
3], que despues pasó al cast. *fetiche* [Terr.]. Ésta
es la explicación fonética que sugiere Nobiling,
ASNSL LXXVI, 179. Sin embargo, el hecho de
que el it. *feticcio* aparezca ya en traducciones del
portugués, publicadas en 1562 y 1586 (Zaccaria,
p. 470), sugiere otra explicación preferible: del
portugués pasó al italiano, con adaptación a la
forma del sufijo en este idioma; del italiano, al
francés; y de éste al castellano y demás lenguas
europeas. De ahí los derivados *fetichista, feti-
chismo.*— ¹⁶ Tomados del cast. el cat. *encisar* íd.
(antic. *enxisar, etxisar*) y el sardo *accisa(re)* (etimología falsa en *REW* 67).— ¹⁷ Sin relación con
el port. y gall. *fechar* 'cerrar', sea éste variante
mozárabe del gall. y leon. *pechar* íd., u otra cosa
(V. PESTILLO).— ¹⁸ «Eu non me *afago* con esta
xente» Castelao 165.22, 165.23, 177.23.— ¹⁹ 'Estar
a ello avezado': «está *afeito* a beber antes de
comer, non *estou afeito* a iso» (Sarm. *CaG.* 117*r*),
«os nosos ollos *están afeitos* a contempla-lo» (Castelao 111.24, 206.9).— ²⁰ De ahí la ac. moderna 'líneas del rostro'. Como castellanismo tiene el it.
fazioni este significado en los relatos de Americo
Vespucci, vid. Zaccaria.— ²¹ Documentación en
Cej. IX, § 181. Muy frecuente en el Siglo de Oro
hallarlo como adverbio: «El firme pensamiento
desvelado, / si le aflige el temor *fácil* se altera»,
Lope, *Fuenteovejuna* III, xix, ed. Losada, p. 78;
«pero no *fácil* se olvida / amor que costumbre ha
hecho», Ruiz de Alarcón, *Las Paredes oyen*, ed.
Cl. C., p. 184; otros ejs. p. 176 y en *La Verdad*

Sospechosa, p. 63; pero no es de creer que esta frecuencia tenga que ver con el origen americano del autor, a pesar de la gran extensión de este uso en Argentina y otros países americanos, pues también lo hallamos en Lope, en Rojas Zorrilla («¿cómo cierra tan *fácil?*», *Cada qual lo que le toca*, v. 3216), en el *Guzmán de Alfarache*, etc.— [22] En el Plata ha tomado la ac. 'considerar difícil, poner en duda': «arroyo bravo como ése *dificulto* que haya otro», Enrique Amorim, *La Prensa de B. A.*, 27-IV-1941.— [23] Fraseología en Cej. IX, pp. 344-6.— [24] Comp. BEHETRÍA, de bienhechor.

Hacero, V. *acerico*   *Haceruelo*, V. *acerico* y *almohada*

HACIA, contracción del castellano arcaico *faze a* 'de cara a', donde *faze* es la forma primitiva de *faz* 'rostro', procedente del lat. FACIES íd. *1.ª doc.*: *faza*, Cid; *fazia*, h. 1300, *Caballero del Cisne*; J. Ruiz, 412*b*, 833*b*; *hazia*, Nebr. («versus»).

Documentación en Cej. IX, § 181. La formación de esta preposición castellana se explica por la petrificación de frases como «est super Musanda de facie ad Olmos», que cita Cuervo de un doc. de 1208; el fenómeno se reprodujo más tarde con *cara a* (hoy *vivir cara al mar*, etc.), contraído en *cara* con el mismo valor de 'hacia' en el habla rústica del S. XVI: «vámonos *cara* ell aldea» Torres Naharro, «*cara* acá», «*cara* el ganado» Juan del Encina, etc. (vulgarmente *carra*, y por cruce con *hacia*: *carria*). Ha causado cierta dificultad entre los lingüistas la explicación de la conservación de la I de FACIES, y en efecto parece extraño se conservara la I latina en *hacia* cuando se pierde en *haz* (< *faze* < FACIEM). Cuervo, *Obr. Inéd.*, 394-5; M. P., *Cid*, 296.21, 389.33; *Man. de Gram. Hist.*, § 129 y n.; dan explicaciones vagas o insostenibles, pero ya M-L., *R. Gramm.* III, § 126, sugirió que debía partirse de *faze* por *faz*, contraído con la *a* de la preposición, en la misma forma que más tarde *pese a* se contrajo en *pesia*. Conviene precisar esta explicación, indudablemente justa. No se trata ahí de una conservación excepcional de la -*e* final de *faz(e)* hasta la época literaria del castellano, explicación que, según observa M. P., no podría justificarse. Pero está fuera de dudas que todas las E finales del latín se conservaban todavía en el S. X (*fere*, *face*, etc., en las Glosas Emilianenses y Silenses); entonces, o bien en fecha algo anterior, es cuando se formó la preposición *faze* + *a*, contraída inmediatamente en *fazia;* pero en esta época ya no se absorbía la I en una C o T precedente, como había ocurrido en el latín vulgar o en los primeros siglos de la época visigoda. Junto a esta forma *fazia*, inanalizable, los escritores romancistas de los SS. XII y XIII rehicieron la preposición con sus elementos *faz a*, resultando la forma *faza*, que aunque no llegó a cuajar, figura en el *Cid*, Berceo,

Calila (ed. Rivad., p. 33), la traducción leonesa del *Purgatorio de San Patricio* («tornaron se *faza* ábrego», *Homen. a M. P.* II, 228) y otros textos de la época (todavía en el ms. *G* de J. Ruiz 833*b*, y en APal. 58*d*, 78*d* y passim)[1]. No existe preposición comparable a *hacia* en los demás romances: el portugués no tiene ninguna preposición con el mismo oficio (emplea en este sentido *para* o *a*), y tampoco en leonés ha sido siempre tan popular como en Castilla, lo cual explica posiblemente la desaparición total de *hacia* en el uso popular argentino (que emplea *pa* o *derecho a*: BDHA III, 208) y de otros países de América y regiones españolas.

[1] Más ejs. arcaicos de *fazia*, *faza*, etc., en Malkiel, *RPhCal.* III, 55.

Hacienda, haciente, hacimiento, V. *hacer   Hacina, hacinación, hacinador, hacinamiento, hacinar*, V. *haz* I

HACINO ant., 'triste, afligido', 'pobre, miserable', 'mezquino, avaro', del ár. *ḥazīn* 'triste'. *1.ª doc.*: *hasino*, h. 1400, *Canc. de Baena;* *hazino*, 1475, G. de Segovia (p. 86).

Dozy, *Gloss.*, 282-3. Está *hazino* también en Torres Naharro (V. índice de Gillet). El sentido etimológico 'triste' figura en PAlc., y de ahí procede la ac. 'desgraciado, miserable', que notamos en el adagio «en cas del *hazino* más manda la muger que el marido» (citado por J. de Valdés, *Diál. de la L.*, 121.17), en Sánchez de Badajoz[1], etc. («*hazino* o mezquino: misellus», Nebr. g8vº). De 'miserable' se pasó fácilmente a 'mezquino, avaro', como traduce PAlc., y a esta ac. corresponderán los ejs. del *Canc.* de Baena que citan Dozy y Cej., *Voc.;* comp. Oudin «pauvret, pauvre, petit malheureux, qui amasse, qui entasse, chiche, taquin, misérable»; para el uso de *ḥazīn* en mozárabe V. ATOLONDRADO n. 5. El judeoespañol todavía conserva *hazino* (pron. *ḥazíno*) con una ac. más próxima a la etimológica, a saber 'enfermo' (Yahuda, *RFE* II, 348; *hacinura* 'enfermedad, dolor' en la Biblia de Constantinopla: *BRAE* IV, 639). Como el propio Dozy documenta el ár. *ḥazīn* en el sentido de 'desdichado' en las *Mil y una Noches*, además del de 'triste' que le es propio etimológicamente (raíz *ḥāzan* 'afligir'), la evolución semántica no ofrece dificultad alguna y es superfluo admitir, según hace Dozy, que *hazino* en el sentido de 'avaro' viene del ár. *ḥasîs* 'vil, innoble, perezoso, avaro'.

[1] «Si bien miráis arredor / y notáis aquella cuenta, / todo animal se contenta / con su pielle y su color. / Sólo el hombre, más *hazino* / que todos los animales, / sayales sobre sayales / y aon no guaresce el mezquino», *Recopil. en metro* II, 54.

HACHA I, 'antorcha', junto con el gall.-port. *facha* o *facho*, procede de una alteración del lat.

FACŬLA 'antorcha pequeña', diminutivo de FAX, -CIS, 'antorcha'; dicha alteración sería probablemente *FASCŬLA, debida a un cruce con FASCIS 'haz, hacina', sugerido por la formación de las antorchas con varias velas juntas o con un hacinamiento de teas y otras materias inflamables. *1.ª doc.*: h. 1400, *facha*, Glos. del Escorial; «*hacha: antorcha de cera; cereus; funale*», Nebr.

Más castizo antiguamente que el occitanismo ANTORCHA, *hacha* se halla en fuerte retroceso desde el Siglo de Oro, y hoy sólo se emplea ya regionalmente o como nombre de antorchas de tipo especial, en particular el *hacha de viento*; mucho debió contribuir a ello la homonimia con el galicismo *hacha* 'segur'; el cat. *atxa* 'antorcha', que por lo demás es castellanismo, aunque arraigado, ha conservado toda su vitalidad, y en este idioma sigue siendo la expresión normal de la idea de 'antorcha'. Testimonios clásicos: «*hacha* llamamos a lo que por otro nombre dezimos *antorcha*, y... también a la *segur*», J. de Valdés (*Diál. de la L.*, 131.5); «ESCUDERO: Señora, el *acha* está aquí... ¿Es para que al rey alunbre quando suba?», Lope (*La Corona Merecida*, v. 2685). En gallego *facha* está también anticuado, según Vall.[1], y lo mismo en portugués (donde ya se documenta a med. S. XVI, en Ferreira de Vasconcelos), aunque todavía se emplea entre los pescadores del Tamega (G. Viana, *Apost.* I, 429); le sustituye allí *tocha* o *candeio*, y la causa del envejecimiento puede ser la misma que en castellano, pues también se empleó *facha* 'hacha de armas'; más vivaz permanece, en cambio, el masculino *facho*, hoy «archote; luzeiro; farol; matéria inflamada que se acende de noite para qualquer fim», aunque el antiguo diccionario de Moraes sólo lo documenta en el sentido del cast. *hacho* 'atalaya nocturna' (ej. h. 1500, Resende).

Está claro que *hacha* ha de venir en alguna forma del lat. FACŬLA, que si en Catón y en Plauto sólo es diminutivo de FAX, -CIS, 'hacha, antorcha', en el latín vulgar había ya perdido toda noción diminutiva, pues en el *Appendix Probi* se desaprueba los que dicen *facla* en lugar de *fax* (*ALLG* XI, 320); de FACULA proceden el rum. *fache*, fr. ant. y dial. *faille*, oc. *falha* y cat. *falla*. Un representante regular de FACULA existió en castellano medieval: *faja* 'antorcha' en Berceo (*S. Mill.* 212, 214, 215) y en el *Alex.* (en la variante leonesa *faya*, 1735a, 2015a); el arag. ant. *faylla* se halla en el Fuero de Navarra[2]. Pero la *-ch-* de la forma normal *hacha* (*facha*) presenta una perturbación, pues no puede corresponder al grupo -CL- latino intervocálico. Baist (*GGr.* I, § 30), para explicarla, pensaba en una variante *FACCULA o *FALCULA, apoyada en el it. *fiaccola* 'antorcha', rum. *flacără* 'llama', los cuales deriva M-L. (*REW* 3137.2) de una variante latina *FLACCULA; pero la existencia .de tales variantes está muy mal apoyada, pues la forma italiana se explica fácilmente por FACULA a

base de una metátesis *facchia > *fiacca, sea agregando luego el sufijo diminutivo -ŬLA, sea por compromiso con una variante culta *fàcola; y la forma rumana puede explicarse análogamente. Más probable es, como explicación de las formas iberorromances, el tipo *FASCŬLA supuesto por M-L. (*l. c.*), basándose en el vasco *maskla* 'haz de helechos', tipo debido a un cruce con FASCIS 'haz, atadijo'. El cruce puede explicarse simplemente por la formación de las antorchas con varias velas atadas entre sí; además debe tenerse en cuenta que FACULA ha tomado en varios rómances, y en España misma, la ac. de 'hoguera, pira', formada con montones o hacinamiento de leña: así ocurre con el cat. *falla* (especialmente en Valencia), y así se explica que el mozár. *fálya* tomara la ac. 'montón', 'hacina', según atestigua R. Martí[3], ac. conservada en el árabe rifeño y argelino («javelle», «gerbe de blé», Colin, *Hespéris* VI, 76)[4].

El término astronómico *fácula* es duplicado culto.

DERIV. *Hacho* 'antorcha' [APal. 151b, 156b «*fax*... el *hacho* que faze fuegos»; Cej. VIII, p. 674][5], especialmente conocido en la ac. 'sitio elevado cerca de la costa, desde el cual solían hacerse señales con fuego', muy viva en la costa andaluza, y ya documentada en escrituras árabes de Granada (Simonet); secundariamente 'especie de pulpitillo' en Murcia (Wagner, *RFE* XI, 279); de ahí el mirandés *fachuco* y *Cabeço del Facho* (Leite, *Philol. Mirand.* I, 285). *Hachero. Hacheta. Hachón* [«*hachón de la frontera*: pharus», Nebr.].

Fallero, derivado del val. *falla*, citado arriba.

[1] El Vocabulario anónimo de h. 1850 explica, en pasado, «era menos que la antorcha» (*RL* VII, 212).— [2] M. P., *RFE* VII, 9. Más inseguro es que el port. *falha* 'hendedura', 'astilla, fragmento', tenga el mismo origen.— [3] Traduce *acervus* y da como sinónimo *fášqar* 'hacina'. Simonet llama la atención hacia un vasco *falla* «fascal, muchos haces juntos» citado por Larramendi.— [4] Más oscuros son el astorgano *facha* «un trozo de tela blanca», y el oc. *fasquié, fastié*, cat. *fester*, 'antorcha empleada para la pesca', 'montón de teas para alumbrar', que Spitzer aduce en apoyo de la idea de M-L. (*Lexik. a. d. Kat.*, 67-68). No me parece aceptable la de Cornu (*GGr.* I, § 136) de explicar *FASCULA a base de una pronunciación vulgar latina *FAS en lugar de FAX, pronunciación que habría influido sobre FACULA; pues no conozco casos de reducción de -x tras vocal tónica en latín vulgar, y en FAX no cabía interpretar la -s como perteneciente al radical. Tampoco lo es la idea de Nunes de considerar *FASCŬLUS (> *facho*) como un mero diminutivo de FASCIS, pues no es verosímil separar totalmente de FACULA, y además el masculino *facho* o *hacho* es más raro y parece ser secundario.— [5] Ac. conservada en Santo Domingo: *jacho* 'haz de leña para alumbrar' (Brito); gall. *facho* «sos-

tén en outo un *facho* de palla acesa» (Castelao 299.19).

HACHA II, ˉ'segur', tomado del fr. *hache* íd., y éste del fráncico *HAPPJA (a. alem. ant. *hâppa*, *habba*, a. alem. med. *heppe*, alem. dial. > alem. *hippe* 'podadera'). 1.ª doc.: *facha*, S. XIII, *Fn. González*[1], Aranceles Santanderinos.

La misma forma figura también en la *Gr. Conq. de Ultr.* (*RFE* VIII, 354); *acha* en las *Ctgs.* 6.44; *hacha* está en APal. («*bipennis* es *hacha* de armas» 46b, «*dolabra* es *hacha* o escoda de canteros y segur» 120d, 19d, 34b), en Nebr. («*hacha de armas*: securis amazonia», «*hacha para cortar leña*: securis»), etc., pero la pronunciación colombiana, actual *jacha* (Cuervo, *Obr. Inéd.*, p. 86) corresponde todavía a una pronunciación medieval aspirada, que es la que representa la antigua grafía *facha*. El vocablo entró primero como denominación de las hachas de armas o de lucha, que es el valor que tiene en los textos medievales citados, y sólo en el S. XV se halla extendido a la herramienta para cortar leña, ac. asumida exclusivamente hasta entonces por el castizo *segur*, que desde este momento entra en decadencia. No es germanismo directo, pues se habría entonces perdido la H- sin dejar huellas, y -PPJ- habría dado -*pi*-; tomados directamente del fráncico son el fr. *hache*, oc. ant. *apcha*, piam. *apya*, mientras que el it. *accia*, cat. ant. *atxa*, port. ant. *facha* son galicismos, y mucho menos arraigados que en castellano; Gamillscheg, *R. G.* I, 174; detalles en Frings, *ZRPh.* LXIII, 174-8.

Para la locución americana *dar* o *herir de punta y hacha*, vid. *Martín Fierro* (ed. Tiscornia) I, v. 1229.

DERIV. *Hachear* [1642, Ovalle] o *hachar*[2] (de donde *hachador* 'hachero', empleado en Cuba en el S. XIX, F. Ortiz, *Catauro*, p. 269). *Hachazo. Hachero. Hacheta. Hachote. Hachuela* (chil. *chuela*). *Hacho* ant.[3]

[1] «Destrales e *fachas*, segures e *fachones*», v. 64c.— [2] De uso frecuente en la Argentina para 'cortar leña o madera': *hachar jarilla*, L. Barletta (*La Prensa*, 1-VI-1941), *hachar el gajo de un tala*, J. C. Dávalos (*La Nación*, 20-VII-1941), etc. De ahí *hachada* 'lugar del bosque que se está talando' (A. M. Vargas, *La Prensa*, 29-XII-1940).— [3] «Harían gran carpintería en sus enemigos, así como los buenos carpinteros que labran con *hacho* la madera», *Gr. Conq. de Ultr.*, 257b, línea 35. *Hachu* 'hacha de cortar leña' en Colunga (Vigón).

HACHE, 'nombre de la letra *h*', tomado del fr. *hache*, y éste del b. lat. *hacca*, modificación de *ach*, pronunciación vulgar en lugar de *ah* (con *h* aspirada). 1.ª doc.: *ache*, 1433, E. de Villena[1].

Los nombres latinos de las consonantes se formaban agregando una *e*, pospuesta a los fonemas oclusivos (*pe, te, de*, etc.) y antepuesta a los fricativos y continuos (*es, el, em*, etc.); con el nombre de la aspiración se hacía esto mismo, pero con una *a*, de donde *ah* (comp. alem. *ha*). En la baja época, perdido en la lengua viva el fonema *h*, al tratar de imitarlo artificialmente, se pronunciaba *k*, de donde el b. lat. *nichil* = *nihil*, y la pronunciación *ach* (= *ak*) de nuestra letra, nombre que se ha conservado en catalán[2]. Esta explicación dada por Spitzer (*ZRPh.* XL, 218-20) es convincente (a pesar de la duda de M-L., *REW* 3965a). El carácter excepcional de la forma de esta denominación, entre los nombres de letras, haría que en algunas partes se cambiara *ach* en (*h*)*acca*, seguramente apoyándose en el nombre de la *ka* y quizá en el de *ha* (pronunciado con aspiración), y en algunas partes se daba a la *hache*. Del b. lat. *hacca* salen el it. *acca* y el fr. *hache* (> ingl. *ache*); el port. *agá* se formó por otra imitación aproximada de la pronunciación aspirada de la *h*. El préstamo de esta denominación francesa en castellano pudo tener lugar al introducirse la letra carolingia por los monjes cluniacenses, y se relaciona con el préstamo del símbolo francés *ch* tomado a fines del S. XII para representar la consonante africada palatal sorda.

[1] Asegura este autor que los godos acorralados a Asturias por la invasión musulmana, habiendo olvidado la instrucción literaria, trajeron maestros de Inglaterra, que «decían a la *h*, *aque*; pero los deste Reino no podían pronunciar sino *ache*» (Viñaza, col. 722). Lo único cierto en ello es el origen extranjero del nombre de la *h*. También Covarr. da el nombre de *ache*.— [2] Ya en el S. XV: «si·l pols té flach / hanlo per *hach*, / no l'han per res», Jaume Roig, v. 518.

Hachear, hachero, hacheta, hacho, hachón, hachote, hachuela, V. *hacha* I y II   *Hadena*, V. *alacena*   *Hadijar*, V. *alijar* m.

HADO, del lat. FATUM 'predicción, oráculo', 'destino, fatalidad', derivado de FARI 'decir'. 1.ª doc.: *fado*, Berceo (*Mil.*, 590; *S. Mill.*, 405).

También figura en el *Alex.* (74), *Apol.* (327b, 409a), J. Ruiz (1625), etc.; la grafía *hado* ya en Nebr. («*hado, lo que se hada*: fatum»). Es popular *fau* en ast., en la frase *traélo de fau* aplicada a los sucesos que se repiten en una casa, y a las virtudes o vicios que se suceden en una familia (V)[1]. Antes de ser reforzado el masculino en el Renacimiento gracias al estudio de la Antigüedad y la imitación del latín, era más frecuente en castellano medieval el empleo de *hada*, con el mismo sentido que *hado*: «tanta de buena yente era muy allegada / que sy non porque era cuentra ellos la *fada* / ovieran los griegos a Troya amparada», *Alex.* 435b (también 1260b), y así en *Apol.* 137c, J. Ruiz 739c, 824d, Alf. XI 879[2], *Rim. de Palacio* 383; gall. *fada* 'suerte, destino': «por boa ou por mala *fada*» Castelao 68.42. *Hada* procede del lat. FATA, plural de FATUM; pero ya en la Edad Media se aplicaba FATA y su descendiente romance a las Parcas, personificación femenina del Hado, y se formaba un plural secundario *fatae*; así ya en 5 una inscripción lusitana: «cui *Fate* concesserunt vivere anis XLV» (Leite de V., *RL* XXV, 16); APal. dice «*Parce* son las *hadas* que dixeron los paganos Cloto, Lachesis y Atropos» (341*b*), y Nebr. «*hada, diosa del hado*: parca» (ej. del S. XVI 10 en *Aut.*). En los Libros de Caballerías se aplicó *hada* a un ser femenino sobrenatural que intervenía de varias maneras en la vida de los hombres, y en este sentido permaneció el vocablo en la literatura maravillosa e infantil de hoy en día. Para más 15 ejs. del sentido etimológico, vid. el derivado *EN-FADAR*. En Portugal *fado* se ha aplicado a un tipo de canción popular, que comentaba líricamente el destino de las personas.

DERIV. *Hadar* 'determinar o pronosticar el hado' 20 [*fadar*, *Alex.*, 1260, 96, 706; J. Ruiz, 135*c*, 739; «*hadar lo venidero*: fata cano», Nebr.]; *hadado*; *hadador* [Nebr. «*fatidicus*»]. *Hadario*, ant. (no conozco ejs.), aunque la Acad. define 'desdichado', más probablemente sería sustantivo, con el mismo 25 sentido del port. *fadário* 'destino desdichado'. Cultismos: *fatal* [h. 1440, A. Torre (C. C. Smith, *BHisp.* LXI); APal. 155*b*; era voz culterana según Tirso, Rivad. V, 375]; *fatalidad*; *fatalismo*; *fatalista*. 30

CPT. *Malhadado* [*mal fadado* es todavía 'predestinado a un mal' en el *Rim. de Palacio*[3], pero *Aut.* registra ya *malhadado* como sinónimo de 'desdichado']; gall. *malfadado* 'desgraciado, torpe': «son -*os* cando imitan o que...» Castelao 129.21; 35 *bienhadado* [1602, Velázquez de Velasco; frecuente en el S. XIX]. *Fadamaliento* 'desventurado' (Berceo, *S. D.*, 374), derivado de *fada mala*. *Fadeduro* 'desdichado' (Berceo, *S. D.* 480, *S. Or.* 46; J. Ruiz, 405, 967; *hadeduro*, ibid. 959 [*G*, para la variante 40 *fademaja* de *S*, vid. *MAJO*], 967, 969, 1232), disimilación de *fadoduro* (o bien de un hispanolatino *FATĬDŪRUS), compuesto con DURUS, en el sentido 'de destino cruel', 'desgraciado'. *Fatídico* [h. 1440, J. de Mena (Lida)], tomado del lat. *fatĭdĭcus* 'el 45 que o lo que anuncia el destino', compuesto con *dicere* 'decir'.

¹ Vco. vizc. *adu* «suerte; hasard», guip. *adur* íd. que nació en la combinación *adur on-ekua* (-*r*- antihiática, de donde se extendería a *adur* 50 *gaiztekoa* 'bienhadado' 'malhadado'), guip. y vizc. *patu* 'hado, destino'; también 'hechizo, habilidad inexplicable, allí mismo; si viene de FATUM o contribuyó PACTUM depende de si es fundada la definición «testament, pacte» que Azk. aduce vagamente de Sule.— ² «E echavan las espadas, / e desian: 55 ¿qué faremos?, / a nós fadó malas *fadas* / en tiempo que naciemos». Quizá deba enmendarse *la espada* y *mala fada*, en vista del singular *fadó*. Desde luego el plural *fadas* era frecuente en el 60

mismo sentido (*Alex.*, 1260*b*, etc.), lo que pudo ser causa de la infidelidad del copista.— ³ «Con aqueste pecado Adam fue *mal fadado*, / que lo que nol complía quiso aver provado», 165*c*.

Hadrolla, V. *trola*   *Hadruba*, V. *joroba*
Haedo, V. *haya*

HAFIZ, del ár. *ḥāfiẓ* 'guardián, conservador', 'inspector', participio activo de *ḥáfaẓ* 'guardar, conservar'. 1.ª *doc.*: *háfez* o *háfiz*, en las Leyes de Moros del S. XIV o XV, en el sentido de 'el que sabe de memoria el Corán o gran parte de él' (*Memorial Hist. Esp.* V, 427ss.).

Dozy, *Gloss.*, 283. Palabra rara. *Haiz* se llamaba en Granada el guarda de la renta de la seda, según *Aut.*; en el mismo sentido parece empleado el plural *afices* en ley de 1552 (*N. Recopil.*, V, xii, 19, en *DHist.*) y acaso *hafiz* en otra de Felipe II (citada por Eguílaz); Oudin traduce *afice* (que será deducido incorrectamente del plural *afices*) por «maistre revisiteur de quelque mestier que ce soit, le juré»; la Acad. ha dado también la ac. «veedor de las maestranzas». En hispanoárabe R. Martí traduce *ḥāfiẓ*, por 'guardián', y PAlc. por 'conservador'. Probablemente hay que acentuar *háfiz* en castellano, y no hay motivo para partir de la variante *ḥáfiẓ*, peor documentada, según pretende Eguílaz.

DERIV. *Hafezar* 'saber, retener de memoria', en las citadas Leyes de Moros.

HAGIÓGRAFO, tomado del lat. tardío *hagiográphus* íd., compuesto con el gr. ἅγιος 'santo, sagrado' y γράφειν 'escribir'. 1.ª *doc.*: Terr.

DERIV. *Hagiografía. Hagiográfico.*

¡HALA!, interj., probablemente voz de creación expresiva. 1.ª *doc.*: *ala*, Cid.

En este texto figura como interjección para llamar a alguno: «*¡ala!*, Pero Vermúez, el myo sobrino caro» (v. 2351). Diego Gracián (1552) emplea «*ala*, moço; *ola*, moço!... *ala* hao», Casiodoro de Reina (1569) traduce *euge* por *hala*, y Covarr. dice que *hala* se emplea por *hola*, y éste y *hao* son corrupciones de *heus*, partícula latina para llamar (M. P., *Cid*, 437). También *Aut.* recoge únicamente *hala* como interjección que se emplea para llamar a alguno, uso que se conserva en Bogotá (Cuervo, *Ap.*, § 474); aunque más que para llamar, se emplea en Bogotá como expresión familiar y sin ceremonia para 'hola, buenos días, qué tal'; ajena ya, por lo demás, al habla del Valle del Cauca y de otras partes de Colombia. Buena confirmación de la identidad básica con *HOLA* y análogos. En Aragón, Asturias (Vigón), Galicia, y en general en el uso español, es actualmente exclamación para animar o dar prisa; Cej. VII, § 101; lo mismo el cat. *hala* y el port. *ala*. La grafía con *h*-, contradicha por la del *Cid* y de D. Gra-

cián, quizá no tenga mucho más fundamento que
la falsa relación que la Acad. quiso establecer en
ediciones del S. XIX con el verbo *halar;* pudo
existir, sin embargo, una variante con aspiración
inicial (comp. *ARRE* y *harre*), de donde vendría
el and. *jalear.*

M. Asín Palacios (*BRAE* VII, 350) quiso derivar
el cast. *hala* del ár. *halā,* que en efecto se emplea para invitar a las personas a que se acer-
quen y para excitar a las caballerías a la marcha;
además el vocablo en parte procedería, según el
mismo, del ár. *yállah* (contracción de *ya llâh* 'oh
Dios'), empleado en dialectos modernos en el sentido de 'vamos, ea'. Esto último es del todo inverosímil (entre otras razones, porque la *y-* arábiga no se pierde al pasar al castellano); en cuanto al étimo ár. *hálā,* no es objetable en principio,
puesto que otras interjecciones proceden del árabe (el antiguo *ya* del *Cid*, p. ej.), y sin embargo
es improbable, atendiendo a la falta de aspiración
en el texto del *Cid*, y sobre todo a la existencia
de interjecciones muy parecidas en muchos idiomas: fr. *holà,* para llamar la atención [S. XV],
fr. ant. *hare*[1] o *hale,* interjección exhortativa, ingl.
halló o *helló,* también *halloo* (con el verbo *halloo* para excitar a los perros, ya en el S. XVI),
hóllo, hólla, alem. *hallo* o *holla* (que no tendrán
que ver con el verbo *holen,* contra lo que supone Kluge), etc. La forma con *-o* final y el empleo cinegético se hallan también en castellano:
«El caçador al galgo firiólo con un palo, / el
galgo querellándose dixo '¡qué mundo malo! /
quando era mançebo dizian me ¡halo, halo! / agora que so viejo dizen que poco valo'» (J. Ruiz,
1360). Es probable que en todas partes, en estas
lenguas, en árabe y en iberorromance, se trate
de creaciones expresivas sin parentesco genético,
pero de formación paralela, y no fundamentalmente distintas de *HOLA.*

DERIV. *Jalear* 'llamar a los perros para que
sigan o ataquen a la caza', 'animar a los que
cantan, con palmadas, etc.', and. 'ojear' [Terr.;
Acad. ya 1817]; *jaleador; jaleo* [Acad. 1843, no
1817]; indicó este origen de *jalear* M. P. (*Rom.*
XXIX, 355-6; comp. Baist, *KJRPh.* VI, 392;
Tallgren, *Glanures* III, 170)[2].

[1] Comp. *¡haro!,* interjección empleada en Chile
y la Argentina para interrumpir a los que bailan la cueca, invitándolos a beber. También sustantivo, *un haro,* para una de estas interrupcio-
nes.— [2] No habrá relación con el cat. *xalar* 'recrearse', *aixalejar* 'perturbar, azorar' (Jud, *Rom.*
XLIV, 292; Spitzer, *Litbl.* XLII, 401).

Halacabuyas, halacuerdas, V. *halar*

HALAGAR, junto con el port. *afagar* y el cat.
afalagar íd., procede del ár. *hálaq* 'alisar, aplastar,
pulir', 'tratar bondadosamente'; aunque no debe
ponerse en duda la etimología, algunos pormeno-

res permanecen oscuros, por nuestro conocimiento
incompleto del árabe vulgar de España. *1.ª doc.:*
falagar, Berceo.

Para ejs. antiguos vid. Neuvonen, 183-6. Es palabra de gran frecuencia desde principios del S. XIII
por lo menos, con los varios matices conservados
hasta hoy. Por lo demás, la fecha de los primeros
ejs. es anterior a la indicada por Neuvonen, puesto
que ya se halla una vez en Berceo: «quando ovo
est pobre dest mundo a passar / la Madre gloriosa vino lo convidar: / fablóli muy sabroso, que-
riélo *falagar»* (*Mil.,* 134c). Ast. *falagar* o *afalagar*
(V)[1]. Las formas port. *afagar* y cat. *afalagar* son
también castizas, frecuentes y tan antiguas como
los respectivos idiomas literarios; esta última es
también la forma asturiana (Rato, Vigón), y como
esta variante no es rara en el castellano propio,
pues se halla en *Alex.*[2], López de Ayala, Enrique
de Villena, etc., hasta mediados del S. XV (*DHist.*),
y el port. *afagar* sale también de *afa(l)agar,* ésta
debió de ser la forma primitiva en todas partes,
contrayéndose en Castilla las dos primeras *aa* de
ahalagar por la pronunciación débil e intermitente
que ya en lo antiguo tenía la *h* aspirada (representada gráficamente por *f*), sobre todo entre vocales.

La etimología de *halagar* causó mucha vacilación entre los romanistas del siglo pasado, y los
principales investigadores de los arabismos hispánicos, Engelmann, Dozy y Eguílaz se abstuvieron
todavía de apuntar siquiera la sospecha de un
origen arábigo. Hoy podemos olvidar las etimologías que entonces se indicaron, pues todas son
claramente imposibles[3]. Todavía es reciente una
tentativa de Sainéan para relacionar con oc. *flacà*
y *flagougnà,* fr. *flagorner* (*Sources Indig.* II, 421;
I, 231), mas podemos rechazarla con igual decisión, pues *flagorner* es palabra de origen desconocido y por lo demás tardía, y en cuanto a *flacà,*
no presenta afinidad semántica, puesto que es 'debilitar, enflaquecer'. La etimología arábiga fué indicada por Baist (*RF* IV, 357-8), aclarada por
Spitzer (*Lexik. a. d. Kat.,* 6-9) y aceptada por M-L.
(*REW* 3997b), Steiger (*Contrib.,* 231) y Neuvonen[4].

El ár. *hálaq* es palabra bien conocida, de uso
clásico y vulgar, que además del sentido fundamental 'crear', de donde 'componer', 'forjar (una
mentira, etc.)', tiene ya el de 'alisar, aplanar' («he
made it smooth, equable or even» en Lane), 'pu-
limentar (un objeto)'; por lo demás, la 3.ª forma, *hâlaq,* es 'tratar (a alguno) bondadosamente',
y es innecesario e imposible decir de cuál de estas
u otras variantes de la raíz procede precisamente
la palabra romance, pues para los hispanos todas
ellas constituían una unidad y aparecían como
variaciones semánticas de una misma idea central.
Por lo demás era fácil pasar directamente de la
idea de 'alisar, aplanar' a la de 'acariciar, halagar',
según prueba el fr. *flatter* 'adular', 'acariciar', deri-

vado del fráncico FLAT 'plano, achatado', y el significado originario y material 'alisar' ha existidᵒ
en el propio romance, según prueba el port. *afagar*
'sacar asperezas, alisar', 'poner al mismo nivel las
piezas de madera ensambladas' (G. Viana, *Apost.* 5
I, 27-29). Sin embargo puede darse por seguro
que la evolución hacia el sentido figurado 'acariciar,
adular' se produjo ya en el árabe vulgar de España, aunque no tengamos de ello testimonios directos; pues la forma intensiva *ḥállaq* está documen- 10
tada por PAlc. en el sentido de 'sonsacar', es decir,
'apartar a alguno de otra persona mediante halagos', lo cual supone necesariamente que el primitivo *ḥálaq* tuvo ya el sentido de 'halagar'⁵. Es, por
lo tanto, superflua la hipótesis de Neuvonen de 15
que el vocablo pasara de uno de los romances hispánicos, quizá el portugués, a los demás, tipo de
hipótesis a que es siempre demasiado propenso
el romanista finlandés, y que en nuestro caso es
netamente inadmisible en vista de la antigüedad 20
y popularidad del vocablo en los tres idiomas ibe-
rorromances⁶. Del cast. ant. *falagar* procede el vasco *balakatu* (*pal*-) íd. (M-L., *ASNSL* CLXVI, 50).

DERIV. *Halagador. Halago* [*falago*, ya frecuente
en Berceo], comp. nota 5. *Ḥalagüeño* [APal. 46*d*; 25
Juan de Valdés, *Diál. de la L.*, 109.13], en lo
antiguo también *falaguero* [frecuente ya en Alfonso el Sabio⁷; pero Nebr. distingue entre *halaguero*
'blandiloquus' y *halagüeño* 'blandus'], forma común con el catalán *falaguer* y el portugués *afa-* 30
gueiro.

¹ Vco. *ferekatu* 'acariciar' (lab.) 'restregar' (lab.,
bazt.).— ² «A los unos castiga, a los otros apaga, /
que de dar, que de promesas, a todos *afalaga*»,
68*b*.— ³ Diez pensaba en el gót. *thlaihan* 'acariciar, 35
consolar', suponiendo que pasara a **flaihan*, pero
de todos modos sería imposible fonéticamente.
Cornu y Gonçalves Viana sugirieron *faz + *lagar*
(procedente del gót. *laigôn*), con el sentido de
'lamer la cara', pero la *l-* inicial y tras *-z* no se 40
hubiera perdido en portugués. Cornu rectificó más
tarde proponiendo un derivado del lat. FALLAX
'engañoso', que hubiera dado *-l-* en portugués y
-ll- en castellano y catalán. El a. alem. ant.
hlahhan propuesto por Baist (*ZRPh.* VII, 115ss.) 45
no se comprende cómo habría llegado a España,
y los tratamientos supuestos para la *h-* y la *-hh-*
interna son imposibles en un germanismo hispánico. Y hay más, que pueden verse en Körting,
de imposibilidad no menos evidente.— ⁴ Carlton 50
Rice, *PMLA* LII, 892, no aporta novedades de
interés.— ⁵ R. Martí traduce las formas derivadas
taḥállaq y *ḥállaq* por «conformare», pero ahí se
trata de la ac. 'adaptar al carácter o costumbres',
según confirma la comparación con el diccionario 55
de Beaussier. De todos modos esto comprueba la
gran frecuencia y variedad de los usos morales y
figurados de la raíz *ḥálaq* en el árabe de España,
de lo cual no nos da clara idea en este caso el
Suplemento de Dozy.— ⁶ Más atinado podría estar 60

cuando sugiere que *halagar* podría derivar de *ha-*
lago de modo que el sustantivo fuese el único
arabismo directo. Es verdad que los dos indicios
en que se fija para ello no son aceptables, pues
el verbo se documenta en realidad en la misma
fecha que el sustantivo, y no es cierto que falten
los verbos entre los arabismos romances (vgr.
ACHACAR, EMBELECAR, DESTARTALAR,
etc.). Sí es cierto, en cambio, que entonces se
explicaría muy bien la *a-* de la forma básica *afa-*
lagar. Quizá, en efecto, venga *halago* del ár. vg.
ḥálaq 'liso, sin asperezas' (Dozy, *Suppl.*), suponiendo que se sustantivara posteriormente con el
valor de 'alisamiento'; pero como esto es hipotético, y el cat. *afalac*, port. *afago*, tienen la misma *a-* que el verbo (también *afalago* en *Alex.*),
y por lo tanto parecen ser postverbales, es más
verosímil seguir ateniéndose a la derivación verbal directa de *halagar*. La adición de una *a-* es
siempre fácil en verbos romances, y volvemos a
hallarla en el caso del arabismo *ACHACAR.*—
⁷ También Juan Manuel (Rivad. LI, 389), J. Ruiz
(975), *Alf. XI* (396), *Revelación de un Hermitaño*
(copla 10), etc. Una forma mozárabe aparece en
el nombre del judío español *Sem Tob ben Fa-*
laquera, para el cual vid. Millás Vallicrosa, en
Sefarad, 1942, II, 219-20.

HALAR, tomado del fr. *haler* 'tirar de algo por
medio de un cabo', y éste del germ. **HALÔN* 'tirar
de algo', 'atraer'; concretamente es probable que
en francés se tomara del neerlandés antiguo o se
heredara de su próximo pariente el fráncico. *1.ᵃ*
doc.: h. 1573, Eugenio de Salazar (*Cartas*, ed.
Biblióf. Esp., 41).

En francés se documenta desde el S. XII. En
castellano lo documenta también Oudin («haller.
tirer à force, desraciner»), el Vocabulario Marítimo de Sevilla (1696), *Aut.*, etc.; Cej. VII, § 101.
Del francés se tomó igualmente el port. *alar*, ya
documentado a med. S. XVI, mientras que el it.
alare, que aparece primeramente en una traducción
del portugués publicada en 1578, se tomaría quizá
por conducto de las lenguas hispánicas (Zaccaria).
Que en castellano no es germanismo directo puede
probarse por el carácter aspirado de la *h-*, pues el
vocablo se pronuncia *jalar* en Andalucía (Cuervo,
Ap., § 530), en Cuba (Pichardo), en California,
etc.; en efecto, los germanismos directos del castellano pierden totalmente la H- germánica¹. Es palabra de uso exclusivamente náutico en general, pero
en las tres zonas citadas se ha generalizado secundariamente su empleo: «los chiquillos le tiran, le
jalan y lo estropean (a un romero)», Fernán Caballero; «tira que tira, *jala que jala* / con los cordelitos
de esta campana» (A. M. Espinosa, *Romances de
California*, en *Homen. a M. P.* I, 313); «tirar de
cualquier cosa, hacer fuerza para tirarla hacia sí»,
según la definición de Pichardo.

Diez (*Wb.*, 181), tras él M-L. (*REW* 3997) y Ga-

millscheg (*EWFS*, s. v.), derivaban el fr. *haler* de
un escand. ant. *hala*, pero en realidad tal palabra
es ajena a este idioma germánico: falta en Cleas-
by-Vigfusson, y el sueco *hala* y danés *hale* están
tomados del b. alem. *halen* 'tirar de algo', 'halar'
(Bloch·rectifica ya); es vocablo propio del germánico occidental: a. alem. ant. *halôn* o *holôn* 'hacer
venir, llamar, enviar a buscar', alem. *holen* 'enviar
a buscar', b. alem. ant. *halôn* 'traer, enviar a buscar', neerl. *halen* íd. y 'tirar de algo', fris. ant.
halia 'enviar a buscar', ags. *geholian* 'adquirir, pro-
porcionarse' (el ingl. *hale* o *haul* 'halar' es galicismo). Las formas frisona y anglosajona habrían
dado en romance un resultado diferente (en *-ir*),
y como el significado romance se halla mejor refle-
jado en bajo alemán y neerlandés, debemos admitir que los franceses aprenderían nuestro verbo
por el contacto costeño con los neerlandeses, o bien
lo heredarían de los francos, que hablaban un
dialecto sumamente afín al de aquéllos; aunque
son raros los términos marinos de origen fráncico,
Gamillscheg señala algunos, y teniendo en cuenta
que en Normandía *haler* tiene significado no náutico, también cabe que sea voz fráncica de uso
primeramente general y luego especializado en el
lenguaje marítimo. Para *jalar* 'emborrachar' y 'comer', V. *JAMAR*.

Cpt. *Halacabuyas. Halacuerdas.* Y comp. *ALO-
TAR*.

¹ Por lo que respecta a Alto Aller *afalar* 'arrear
el ganado para que camine' (Rdz. Castellano, 279),
quizá no venga de esto, sino de *falar* = *hablar*.

HALCÓN, del lat. tardío FALCO, -ŌNIS, íd., de
origen incierto, probablemente idéntico al adjetivo
FALCO, -ŌNIS, dicho de personas de dedos o pies
torcidos, que es derivado de FALX 'hoz'; la aplicación al ave de rapiña se deberá a las uñas retorcidas del halcón. *1.ª doc.:* orígenes del idioma
(*falcón* está ya en el *Cid*, y como nombre de persona se halla en documento de 924).

Frecuente desde los primeros siglos del idioma:
figura también en *Calila*, y para más ejs. vid. Castro, *RFE* VIII, 354. Nebr. distingue el *halcón* en
términos generales («accipiter sublimita») del *halcón tagarote, borní, neblí, sacre, girifalte, alfaneque* y *baharí*. Para la discusión, ya antigua, sobre
si FALCO es germanismo en latín o latinismo en
germánico, vid. Kluge, s. v. *falke*; Brüch, *Einfl.
d. germ. auf d. vglat.*, 8; *REW*, 3158; *FEW* III,
381; Walde-H., s. v.; y la bibliografía allí citada.
Hoy los mejores autores se inclinan por la segunda alternativa, y sólo Ernout-M. permanece
todavía indeciso. Los hechos son: en latín es frecuente como nombre de ave desde el S. V, y ya
se halla en la Ítala (cuya mayor parte corresponde
al S. III o fines del II)¹, y difícilmente puede
dudarse de su identidad con el apodo o adjetivo
personal *falco*, ya documentado en el año 193 y
explicado en la forma citada en las glosas antiquí-

simas de Festo; en germánico no tiene etimología
evidente y sólo se documenta en fecha temprana
en el alto alemán antiguo y en el neerlandés medio, es decir, en los dialectos más influídos por el
romance; finalmente se cree que la caza de alta-
nería fué enseñada a los germanos por los pueblos
romances, y aunque es verdad que muchas aves
de cetrería se traían de Escandinavia, allí nuestro
vocablo no aparece hasta muy tarde. Para denominaciones de aves rapaces a base de la forma curva
de sus uñas, vid *GAVILAN*, y otros casos allí citados, a los que puede agregarse el gr. ἅρπη 'hoz'
y 'halcón'.

Deriv. *Halconero* [Nebr.]; *halconera; halconería. Halconado. Halconear.* Y comp. *AZCONA*.

¹ Los pasajes que suelen citarse de Fírmico
Materno (año 334) parecen ser interpolaciones
(*ThLL*, s. v.; A. Thomas, *Rom.* XLI, 456).

Halda, haldada, haldear, haldero, haldeta, V. *falda   Haldraposo,* V. *andrajo   Halduddo,* V.
falda   Haleche, V. *alache   Halgado,* V. *helgado   Halieto,* V. *halo-   Halifa,* V. *califa*

HÁLITO, tomado del lat. *halĭtus, -ūs,* 'vapor',
'aliento, respiración', derivado de *halare* 'exhalar'.
1.ª doc.: 1587, Sabuco.

Falta todavía en APal., Nebr., C. de las Casas
(que traduce el it. *alito* por *ressuello, huelgo*),
Oudin, Covarr., etc.; *Aut.* cita ej. de Villamediana. En la Edad de Oro es culteranismo y hoy
sigue siendo voz culta.

Deriv. *Alitar* 'revivir' ast. (V); *alitordu* '(individuo) que revive y cobra vigor' ast. (V), ¿o éste
es contracción de *ala de tordu*? *Exhalar* [Aldana,
† 1578 (C. C. Smith, *BHisp.* LXI); F. de Herrera,
RFE, XL, 166; 1590, J. de Acosta: «los humos...
que *exhala* la tierra»; falta APal., Nebr., C. de las
Casas, Covarr., etc.]; empleado reflexivamente *ex-
halarse* tomó la ac. 'fatigarse demasiado con el
ejercicio corporal' [*Aut.*] y luego 'apetecer, desear
con ansia' [h. 1700, Palomino], de donde la pronunciación vulgar *desalarse* 'arrojarse con ansia sobre
algo' [1611, Covarr.], *desalado* 'ansioso, anhelante'
[1604, G. de Alfarache; *Novelas Ejemplares*]; *exhalación* [F. de Herrera, *RFE* XL, 166]; *exhala-
dor. Inhalar; inhalación; inhalador.*

HALO, tomado del lat. *halos,* y éste del gr.
ἅλως 'era de trillar', 'disco', 'halo'. *1.ª doc.: Aut.*
da solamente la forma *halón; halo* aparece ya en
Acad. 1817.

La primera de estas formas, junto con el it.
alone, procede de la variante gr. ἅλων, -ωνος.

HALO-, primer elemento de compuestos cultos,
procedente· del gr. ἅλς, ἁλός, 'sal', 'mar'. *Halófi-
lo,* compuesto con φίλος 'amigo'. *Halógeno,* con
γεννᾶν 'engendrar'. *Haloideo,* con εἶδος 'forma'.
Halotecnia. Halieto [*aleto,* principio del S. XVII:

Lope, Huerta; *halieto*, según *Aut.*, ya figura en Funes, a. 1621], del lat. *haliaeëtus*, y éste del gr. ἀλιαίετος 'águila marina', compuesto con αἰετός 'águila'.

Haloque, V. *faluca* y *aloque*   *Hallada*, V. *aulaga*

HALLAR, voz común al castellano con el port. *achar*, rum. *aflà*, y varias hablas romances de la periferia itálica, procedente del lat. AFFLARE 'soplar hacia algo', 'rozar algo con el aliento', que de ahí pasaría a significar 'oler la pista de algo' y finalmente 'dar con algo, hallarlo'. *1.ª doc.: aflare* traduciendo el lat. *invenire* en las Glosas Emilianenses, n.º 29, h. el año 950; *fallar*, desde los orígenes del castellano escrito (*Cid*, etc.).

Aflare con el mismo sentido se halla también repetidamente en las Glosas de Silos, y *fallar* es general en todo el castellano antiguo (*falar* en el *Auto de los Reyes Magos* es mera variante gráfica); *hallar* aparece ya alguna vez en Berceo (*Mil.*, 64*d*), y *allar* se lee en *Yúçuf* (15*b*, pero *fallar* 25*b*) y en antiguos textos leoneses (M. P., *Yúçuf*, § 11), pero la grafía con *f-* es la normal no sólo en Berceo, sino en toda la Edad Media, aun en APal. (83*d*, 221*d*, 135*b*). Puede asegurarse que *fallar*, fuera de algún caso de pronunciación exageradamente cuidadosa, se pronunciaría comúnmente *hallar* con *h* aspirada. Esta *h* procede indudablemente de una metátesis de la -F- interna de AFFLARE, cambiada primero en *h*, y luego trasladada cuando ya la L siguiente se había palatalizado: el mismo proceso se observa en INFLARE > cast. ant. *finchar* = *hinchar* (mientras que *fenchir* = *henchir* IMPLERE debe su *h-* al influjo de *hinchar*, con el cual se confundió parcialmente), y en otros idiomas que poseen el sonido aspirado de la *h* se nota también la facilidad con que este fonema sufre metátesis, p. ej. en griego[1]. Inadmisible la explicación que de la *h* da Malkiel (*RLiR* XVIII, 176-85), por influjo de *hinchar* (que en romance no tiene relación semántica alguna con *hallar*); y en *hinchar*, por influjo de *hartar*.

Port. *achar* 'hallar', y rum. *aflà* 'hallar', 'descubrir', 'inventar', 'enterarse', se igualan rigurosamente a *hallar*, y con su consonantismo confirman que *hallar* viene de AFFLARE; además tenemos el sobreselv. *anflar*, la forma *asciare* con sus variantes (*-ari*, *-à*) expresa la idea de 'hallar' en Sicilia, Calabria, Campania e Irpino[2], y los documentos del extinto romance de Dalmacia presentan un derivado *afflatura* (Bartoli, *Das Dalm.* II, 265) que presupone claramente la existencia de un verbo *afflar* en este idioma. Quizá venga también de ahí, por trasposición de un *apratu* el vco. bazt. *arpatu* 'hallar', que no es fácil salga del vasco (guip., nav. y vco.-fr.), *arrapatu* (de otro origen), pues éste sólo significa 'arrebatar'.

Hay varios caminos posibles para explicar el proceso semántico que condujo de AFFLARE 'soplar hacia' a significar 'hallar'. Ascoli y Diez partían de 'soplar encima de algo', de donde 'alcanzarlo con el aliento' y de ahí 'tocar' y finalmente 'hallar', y con ello alcanzaron la adhesión de Settegast (*ZRPh.* XXXIX, 703), y de M-L. (*ZRPh.* XXXI, 579-82), quien se fijaba especialmente en el tosc. *arfiare* 'arrebatar' (< *ARFLARE, variante dialectal de AFFLARE); pero la etimología de esta voz toscana es incierta, como observa Schuchardt (y reconoce el propio M-L., *REW* 261). Schuchardt había pensado (*ZRPh.* XX, 536) en una evolución de la locución latina *mihi afflatur* 'se me insufla, se me sugiere', 'me hacen saber algo discretamente', que se habría cambiado en *a me afflatur*, y de ahí *afflo* 'averiguo'; pero en definitiva el mismo lingüista se inclinó (*ZRPh.* XXXI, 719-21; XXXII, 230-8) por considerar este empleo de *afflare* como procedente del lenguaje de la caza, donde el perro *afflat* o huele la pista de los animales perseguidos, y de ahí pasa el vocablo a 'descubrir', 'hallar', comp. el fr. *avoir vent de quelque chose* 'averiguarlo, enterarse', y frases familiares castellanas como *se lo olió* 'adivinó lo que sucedía'. Esto último me parece lo más convincente, aunque no debe descartarse por ello la posibilidad de que colaboraran en el mismo resultado los otros usos indicados[3].

Para la locución *hallar menos* o *achar* (*echar*) *menos*, vid. s. v. ECHAR.

Mera variante fonética de *hallar* es *fallar* en la ac. 'dar sentencia', que primitivamente entrañaba la idea de 'encontrar la ley aplicable' y la de 'encontrar o averiguar los hechos'. El lenguaje jurídico, siempre arcaizante, conservó ahí la forma medieval con *f-*. (V. HINCHAR n. 2).

DERIV. *Afayarse* ast. 'hallarse bien en algún sitio'; *afayadizu* 'en que uno se halla bien' (V). *Hallazgo* [*fa-*, APal. 185*d*], antes también *hallamiento* o *hallada*. *Hallador. Hallante. Fallo* 'sentencia' [1646, *Estebanillo, Aut.*]. Del gall. *achar: boa achacia* 'buena *alhaja*' (irónico): «Pedro es mi *boa achacia*», murmurando de alguno (Sarm. *CaG.* 205*r*).

[1] Herzog, *Litbl.* XXX, 329, observa a propósito de las formas españolas que también en ciertos dialectos franceses FL y PL dan *hļ*; sin embargo no creo que IMPLERE > *henchir* se explique así en castellano.— [2] En cuanto al *acchiare* de Tarento y Pulla, según Merlo (*ZRPh.* XXXVIII, 479-81), corresponde más bien al it. *occhiare* 'mirar', pues según observa este autor en algunos puntos coexiste este vocablo con *asciare* 'hallar' (comp. Salvioni, *St. Rom.* VI; Bertoni, *Rom.* XLIV, 307; Rohlfs, *ZRPh.* XLVI, 163).— [3] En la Engadina 'hallar' se dice *chatter*, procedente del lat. CAPTARE 'tratar de coger', lo cual no está lejos de la explicación de Ascoli. De todos modos este *chatter* puede ser también término de caza. La variante semántica que para AFFLARE sugiere

M-L. en el *REW* es menos convincente. Para documentación del b. lat. *afflare* en acs. semejantes a la romance, vid. Diez, *Wb.*, 414.

HALLULLA o HALLULLO, nombre de varias especies de panes o pasteles, origen incierto: cabe relacionar con el hispanoárabe *ḥallûn* 'bollo de pan' y también con el lat. FOLIŎLA 'hojuela'; pero es incierto que aquél sea de origen arábigo, y en cuanto al cast. *hallulla, -llo*, ambas conexiones tropiezan con graves dificultades, que disminuirían admitiendo una trasmisión de FOLIOLA por el mozárabe. *1.ª doc.*: «hullulla, o torta, crescenta, fugaccia, fugazza, schiacciata», 1570, C. de las Casas.

La misma forma se lee en la parte italiano-española de este diccionario, como traducción de los it. *crescenta, fugaccia* y *schiacciata* (ed. príncipe; es errata *hallula* en la ed. de 1587). Oudin (1607) trae «hallula o torta: une galette ou gasteau, torteau ou foüace» (también como traducción del fr. *gasteau*), y además «hallula: une paste à engraisser chapons», ac. que reaparece en Percivale (1591): «hallulla: pellets to cram pullen with» (píldoras o bolitas para engordar làs aves de corral). *Aut.* dice «hallulo m. el pan que no está cocido en el horno, sino sobre la ceniza caliente, en qualquier hogar: es voz de poco uso, y la trahe Nebrixa en su Vocabulario»[1]; quizá se refiera con ello la Acad. a la ed. de Nebr. de 1516 (única que cita Cotarelo en su *Plan para la redacción del Diccionario Histórico*), pero desde luego el vocablo no figura en el Nebr. originario de 1495; Terr. agrega la ac. de Oudin y Percivale y las formas *hallulla* y *hallula*, citando como fuente el diccionario de Sobrino, que a su vez copió de Oudin, y la Acad. (ya 1843) sólo recoge la definición de *Aut.* con leves modificaciones, pero dando como básica la forma femenina *hallulla*. El vocablo es vivo actualmente en América: he oído *ayuya* en Chile, y con referencia a esta República define *hallulla* la Acad. «pan hecho de masa más fina y de forma más delgada que el común»; Ciro Bayo recogió en Bolivia «allulla: masa de harina de maíz y manteca»; y Lemos da el vocablo, con la misma grafía, como propio de la región andina del Ecuador, explicándolo «especie de galleta que la preparan con harina de trigo, manteca o mantequilla y sal, y luego la ahornan hasta dejarla bien tostada» (*Rev. Rocafuerte* V, p. 26). La forma masculina reaparece en la *Puerta de las Lenguas* (ed. 1661): «El ganso, la ganga y el pato (que suelen cevar con sopas o *hallulos*), gingran o charlan...» (*RH* XXXV, 115).

Simonet (s. v. *halón*) llamó la atención hacia el probable parentesco del «cast. *hallulla* y *hallullo*, muy usado en Andalucía [falta en A. Venceslada y Toro G.] y en esta ciudad de Granada para designar una especie de torta (*placenta rotunda*), que se parece mucho a la diadema de un santo» con el hispanoárabe *ḥallûn*, empleado

por Abencuzmán (med. S. XII) como nombre de una torta que se amasaba en Córdoba por Año Nuevo, a la que compara con una recién casada (*ᶜarûs*) adornada con su corona o diadema (*tâǧ*); también PAlc. registra *halón* «bollo de pan», pero el plural *halálin*, que indica el mismo autor, permite enmendar *halón* en *hallón*. La semejanza de *ḥallûn*, palabra no recogida por ningún diccionario árabe, con nuestro *hallullo* es considerable, pero no tan grande que no quepa la posibilidad de una semejanza casual, tanto más cuanto que es difícil explicar la divergencia entre las terminaciones *-ûn* y *-ullo, -ulla*: un «cambio de sufijo» no es explicación que contente en este caso, puesto que lo lógico sería entonces que la forma más antigua fuese la primitiva, y es inverosímil que el sufijo frecuente *-ón* se sustituyera por el raro *-ullo;* lo más fácil sería admitir que un primitivo **hallul* se cambiara en *hallûn* por disimilación o cambio de sufijo, y por otra parte pasara en castellano a *hallulo* y con dilación a *hallullo*, pero el apoyo que a este supuesto prestaría la grafía *hallula, -ulo,* de Oudin y *Aut.* es insuficiente aunque sea forma real, pues aunque parece probable que en estos léxicos sea errata copiada de eds. de C. de las Casas, la grafía de la *Puerta de las Lenguas* podría al parecer confirmar la existencia de *hallulo*.

Sea lo que quiera, no puede tomarse en serio la etimología de Simonet, gr. ἅλων, -ωνος, 'era', 'círculo', 'halo, auréola', pues no explica la *ḥ*-aspirada del árabe ni la *-ll-* primera ni la terminación *-u(l)lo*. Más probable parece en principio que *ḥallûn* sea voz de origen arábigo, pero los puntos de apoyo que ofrece el árabe son vagos: puede pensarse en un derivado de *ḥulw* 'dulce' (en España *ḥulú*) —aunque esto no explica la terminación *-u(l)lo—*, o en *ḥulûl* 'personificación de la divinidad en un ser humano', 'Pentecostés' (Dozy, *Suppl.* I, 313a) —aunque no sabemos que el *hallullo* se haya relacionado con esta fiesta—, o en *ǧibn ḫālûm* o *ḥallûm*, empleado hoy en Egipto y Siria (Dozy I, 318a) en el sentido de 'queso salado' (que en el vulgar de España se habría pronunciado *ḥallûn*), aunque no sabemos que el *hallullo* se hiciera de queso o fuera salado, y así no explicamos la terminación moderna.

Por otra parte, un vocablo muy análogo se halla en una zona romance bastante alejada, pero la semejanza es tan notable que uno duda de que sea casual: en los dialectos de Ginebra y Saboya *alouilles* (pronunciado con *ll* palatal) son «bonbons, dragées, caramels, etc., que les enfants vont demander le dimanche des Brandons aux jeunes époux qui n'ont pas encore d'enfant et que ceux-ci s'empressent de leur jeter», y también las fogatas que encienden los jóvenes en esta fecha (*Gloss. des Patois de la Su. R.*, s. v. *aloulya*); *alúļe* existe también en el departamento del Ain como equivalente de *bugne* (Duraffour,

Rom. LXI, 110), es decir, fr. *beignet,* cast. *bu-ñuelo,* y en Saboya el *dimanche des Brandons* se llama *dmejhe des bugnes* (Constantin-Désormeaux), de suerte que 'buñuelo' parecería ser el sentido propio de *alouille;* aunque Wartburg deriva de ALLOCARE, fr. *allouer* 'conceder', Gauchat lo pone en duda. ¿Tendremos ahí un hispanismo, acaso procedente de la ocupación española del Franco-Condado? No es fácil. ¿Habrá, a pesar de todo, una semejanza casual? Quizá sí, pero también cuesta admitirlo. El único medio de escapar de este dilema sería admitir que la palabra española y la francoprovenzal proceden independientemente del lat. eclesiástico HALLELUIA, exclamación de alegría empleada como nombre de pasteles de significado más o menos remotamente religioso. De hecho, *aleluya* según la Acad. es «dulce de leche en forma de tortita redonda, con la palabra *aleluya* realzada encima, que acostumbran regalar las monjas a los devotos en la Pascua de la Resurrección» (ac. 7), y en Cuba es un dulce de leche, almendras y azúcar que ha perdido su carácter religioso o monacal (*Ca.* 241)[2]. Habría entonces haplología de las sílabas *le-lu,* y la primera *-ll-* castellana se explicaría: bien por estas dos *l* consecutivas, bien por la -LL- doble de la forma etimológica[3]; en cuanto a la segunda *-ll-,* que hoy en América podría ser simplemente ultracorrección gráfica del yeísmo popular, en el Siglo de Oro y en francoprovenzal debería explicarse por dilación de la lateral anterior. Esto nos obligaría a negar todo parentesco con la forma hispanoárabe, y como por otra parte así no explicamos la *h-* constante de las grafías de los SS. XVI y XVII, ni la variante en *-ula, -ulo* (si es que es real)[4] debe reconocerse que esta etimología no es segura.

Según *GdDD* 2854 se diría *jayuya* en Almería y Granada, *jayuyo* ahí y en Murcia (no G. Soriano ni Sevilla), *hallulla* en Granada, Sevilla y Jaén, y documenta esta forma en Mal-Lara y *hallullo* en Zárate; la Acad. da *jallullo* como andaluz. Parece, pues, que la *h-* era realmente aspirada y así habrá que abandonar definitivamente la etimología HALLELUIA, para adoptar quizá la de *GdDD,* FOLIOLA (de donde el castellano *hojuela,* etc., de sentido análogo), a condición de admitir que fuese forma mozárabe, con *-ll-* (< -Ḷ-) y *ú* (< ŏ), normales en este dialecto, y que luego pasara de *f-* a *h-* por castellanización; la forma en *-ula* sería entonces la primitiva, y la en *-ulla* se debería a una dilación. Acaso también tenga este origen Alquézar *belulo* «masa que se cuece en el horno, en poco rato, en forma cilíndrica y gruesa» (Arnal C.).

[1] En la X, el propio diccionario trae como andaluz *xallullo* «pan o masa que sobre las asquas se pone para que se tueste o asse».— [2] Está muy extendida la secularización del vocablo con valores diversos: en M. *Fierro, aleluyas* parece significar 'frioleras, bagatelas' (II, 2642), en el

Perú, Ecuador, Colombia y Sto. Domingo 'excusas frívolas, marrullerías, mañas' (Malaret).— [3] Comp. «La mocedad no es razón / que llegue a resencia tuya. / —Si es hoy la edad *alleluya,* / mañana es kirie eleison», Quiñones de B., ed. Cotarelo, 507.— [4] En rigor el autor de la *Puerta de las Lenguas* pudo emplear una forma aprendida en los diccionarios citados.

HAMACA, del taíno de Santo Domingo. *1.ª doc.:* 1519, Fernández de Enciso.

Cuervo, *Ap.,* § 971; Lenz, *Dicc.,* 351-2; Loewe, *Z. f. vgl. Sprachf.* LX, 145ss.; Friederici, *Am. Wb.* 290-2. Fernández de Oviedo, el P. Las Casas, la crónica latina de Pedro M. de Angleria (1515), y en general todos los autores antiguos, están de acuerdo en que es palabra indígena de Haití. Para una descripción detallada, V. el texto de Oviedo citado en extenso por F. Ortiz, *Catauro,* 136[1]. Del español pasó el vocablo a todos los idiomas europeos: en italiano ya es frecuente en el S. XVI (Zaccaria), en francés se halla desde 1519 y 1555 (*hamaca;* el moderno *amac* desde 1658: *BhZRPh.* LIV, 52); en holandés se alteró por etimología popular (del verbo *hängen* 'colgar'), de donde el alem. *hängematte,* que aparece primeramente en 1627 (*hengmatten*), pero todavía un escritor holandés vacila en 1671 entre (*h)amakke, hangmakke* y *hangmatte.* En la pronunciación actual de Cuba, Costa Rica, Honduras, Colombia y otros países tropicales, suena todavía *jamaca,* lo cual prueba que la *h-* era originariamente aspirada. Comp. *MACONA.*

DERIV. *Hamaquear* 'mecer' (así en Chile; en Cuba y en Honduras *jamaquear* 'sacudir, zarandear a uno', F. Ortiz, *Catauro,* 163); en la Argentina *hamacarse* 'columpiarse' (muy usado), a veces 'vacilar' («*se hamaca...* entre el fuego y el veneno», E. del Campo, *Fausto,* v. 1159). *Hamaquero.*

[1] Más citas antiguas: Fernández de Navarrete, *Colección de los Viajes* I, 47 (*hamac); amahaca* en la *Recopilación de Indias* (DHist.); *hamaca* (2 veces) y *hamaco* (una vez) en la relación alemana de N. Federmann, años 1529-31, relativa a Venezuela (Kurrelmeyer *MLN* LIX, 374-8); *amache* en la francesa del italiano Pigafetta, año 1519, con referencia a Río de Janeiro (*BhZRPh.* XCI, 105-6). Pronto extendieron los españoles nuestro vocablo por todo el continente americano.

Hamadríade, V. *dríade*

HÁMAGO, 'sustancia correosa y amarilla, de sabor amargo, que labran las abejas y se halla en algunas celdillas de los panales', 'entrañas de una persona', del mismo origen incierto que el cat. *àmec* íd. y el port. *âmago* o *âmego* 'médula de las plantas', 'la sustancia íntima de algo'; probablemente de un lat. vg. *AMĬDUM* 'almidón' (lat.

AMȲLUM, romance *ámido* o *amidón*), por la consistencia correosa o lechosa que es común al hámago con el almidón y con la médula de muchas plantas. *1.ª doc.*: hamago, 1591, Percivale; 1615, *Quijote*.

Traduce dicho diccionario *hamágo* por «bees meate», es decir, 'alimento de abejas'; Oudin trae «*hamaga* o *hamago*, certain miel qui est de mauvais goust: selon aucuns la mangeaille des abeilles» y *hamagoso* «qui a le goust et saveur de ce miel». El vocablo falta en Covarr., *Aut.*, Nebr. y demás fuentes lexicográficas antiguas, pero ya lo cataloga Terr. (*ámago, hám-*), y la Acad. (ya en 1843) registra *ámago* con la primera definición transcrita arriba, grafía que en las ediciones del S. XX ha sido cambiada, sin fundamento sólido, en *hámago*. Además tráe la Acad. la ac. 'fastidio o náusea', que se explica por el mal gusto de la miel que tiene ámago, y que ya se halla en la segunda parte del *Quijote*, en la dedicatoria al Conde de Lemos: «la priessa que de infinitas partes me dan a que le embíe, para quitar el *hámago* y la náusea que ha causado otro don Quixote, que con nombre de segunda parte se ha disfraçado».

En su ac. propia figura en la *Declaración de las Colmenas* (a. 1621) del aragonés Jaime Gil: «algunas veces mueren algunos enxambres de tiña, quando... la obra que las abejas pusieron fué muy mala y cargada de *ámagos* y calcañuelo» (*DHist.*). Hoy es palabra viva en muchas partes, entre otras en el Sur de España, donde el andaluz A. Venceslada registra «*sacar el hámago a otro*: hacerle trabajar con exceso», y los vocabularios murcianos de Lemus y de Ramírez Xarriá dan *ámago* «entrañas o hígado», *vas a echar el ámago* 'vas a echar el quilo', mientras que su paisano G. Soriano trae la forma alterada *hágamo*, ejemplificándola con la misma frase, a la que traduce «vomitar mucho». El empleo frecuente en plural, *los ámagos*, dió lugar a una variante aglutinada *sámago*, que la Acad. (ya 1884, no 1843) define «albura o parte más blanda de las maderas, que no es conveniente para la construcción», y F. Ortiz lo confirma en Cuba: «*sámago*: la parte más blanda de un leño, entre la *cáscara* y el *corazón*» (*Catauro*, p. 88); gall. *sámago* 'tuétano del saúco (y de otras cosas)' (Sarm. *CaG.* 59r), 'albura o madera falsa de los árboles' (Vall.).

Salta a la vista que es el mismo vocablo el cat. *àmec* «polen, materia azoada que las abejas extraen de las flores, que se encuentra en las colmenas en forma de pasta amarilla y que sirve de alimento a las abejas obreras», recogido en el Dicc. Alcover como de Castellón de la Plana, Maestrazgo, Tortosa, Bajo Ampurdán, Menorca, Ibiza y algún punto de Mallorca, mientras que en la mayor parte de esta isla se emplea *ame* (Amengual *ama*), y se registra *àmet* en un pueblo de esta isla y en otro al Norte de Tarragona;

un vocabulario del Priorato indica también «*àmit*: pol·len que les abelles dipositen dins el brescam per menjar del poll» (*Butll. del Club Pirinenc de Terrassa* II, 154), y yo anoté *ànic* con esta misma definición en L'Albagés (Sur de Lérida)[1].

Por otra parte, *âmago* es voz muy conocida y antigua en portugués, que Fig. define «a medula das plantas; a parte mais íntima de uma coisa ou pessoa; a alma; a essência: *o âmago da questão*», y Moraes da acs. semejantes, con la salvedad de que define la primera «o coração, cerne ou centro da árvore». Son importantes los materiales reunidos acerca del vocablo por C. Michaëlis (*RL* XIII, 244-50): *âmago de cidra* 'pulpa jugosa de esta fruta' ya se halla dos veces en Mestre Giraldo (a. 1318), y en el S. XVI Garcia da Orta lo aplica a la de la naranja y el mangostán, y al corazón y albura de los árboles y arbustos, ac. que reaparece en Lopes de Castanheda (h. 1550) y otros autores renacentistas; por otra parte, se hallan pronto acs. figuradas: 'interior de un continente' en Mendes Pinto (1541), 'parte mejor y esencia de algo abstracto' en Héctor Pinto y en Amador Arraes (S. XVI), mientras que en la *Eufrosina* de Ferreira de Vasconcelos (h. 1537) se llama al tipo del portugués enamorado «*âmego* e timbre dos Espanhoes, e grimpa de todas as nações»[2].

Spitzer, *AILC* II, 9, suponiendo que lo antiguo fuese *amágo*, cree que viene de *amago* postverbal de *amagar*, en el sentido de 'ocultar' (de donde 'lo interior'): la acentuación moderna se debería a una deformación arbitraria y seudo-latinizante de los autores del Renacimiento, opinión que resulta indefendible al tener en cuenta la unanimidad de la acentuación inicial en los tres idiomas iberorromances[3]; sería extraño partir de *amagar* en el sentido de 'ocultar', ac. que es casi del todo ajena al cast. y al port.; pero además la autoridad en que se funda Spitzer para atribuir carácter secundario a la acentuación *âmago* es Gonçalves Viana (*Apostilas* I, 127), quien a su vez sólo se apoya en la afirmación de que *âmago* sería palabra libresca, ajena al lenguaje vivo (detalle contradicho por la existencia de las variantes vulgares *ágamo* y *águemo*, que C. Michaëlis cita también en portugués), y en la etimología de Cornu, cuya falsedad, ya indicada por D.ª Carolina, es evidente y ya está reconocida por el propio Spitzer. Desde luego la acentuación esdrújula es indiscutible desde el S. XVI por lo menos, en vista de la variante *âmego* de F. de Vasconcelos y Amador Arraes, y puesta fuera de dudas por el castellano y el catalán.

Amágo es, pues, forma secundaria y debida a la etimología popular, que Spitzer toma por verdadera. Cornu (*GGr.* I, p. 776) afirmaba que *âmago* era variante del portugués arcaico *meiógoo*, *meógo* 'el medio, el centro de algo', procedentes de *meioogo* MEDIUM LOCUM (fr. *milieu*), y se fundaba en una variante *meiagoo*, pero esta variante sólo figura una vez, según cita indirecta (Viterbo), en un documento de 1358, y como el mismo documento trae *meyo goou*, *mejo gouu*, y otras variantes más deturpadas, es evidente que se trata de una mera errata de copia, pues la *o* tónica de *meiógoo* no podía cambiarse en *á*.

Descartadas estas etimologías, no creo que se halle dificultad en identificar el cat. *àmet*, *àmec*, port. *âmego*, *âmago*, con la base *AMĬDUM 'almidón' que postulan como propia del latín vulgar las varias formas romances: it. *àmido*, port. *âmido*, retorrom. *ámad* o *ámet* (*Dicz. Rum.-Grischun*), fr. *amidon*, cat. *midó*, sardo *madone*, cast. *almidón*. Se tratará de una alteración del clásico AMȲLUM, del mismo tipo que la que afectó a otro helenismo como ADEPS (vg. ALEPS) < ἄλειφα, y relacionada con la alternancia *dingua* ∼ *lingua*, *dacrima* ∼ *lacrima*, *carudium* ∼ *carulium*, etc. Es evidente que *AMĬDUM podía cambiarse en *ámeo > *ámego*, y la *a* postónica castellana no puede causarnos el menor escrúpulo en vista de CUÉBANO < COPHINUS, AMIÉSGADO < DOMESTĬCUS y docenas de casos análogos. En cuanto al aspecto semántico, recuérdese que hámago y almidón son sustancias vegetales. y téngase en cuenta que las médulas de muchas plantas son lechosas y de aspecto amiláceo, y que el polen elaborado por las abejas hasta dar el hámago es correoso como el almidón. Las variantes catalanas *ame*, *àmec* y *àmet* serán representantes semicultos de *AMĬDUM.

[1] Insistió el sujeto en que era *ànic* y no *àmic*. En cuanto a la *i*, téngase en cuenta que en la zona Sur del Principado es frecuente pronunciar como *i* la *e* postónica interna.— [2] No veo claro el significado. ¿Será peyorativo, relacionado con *timbre* 'capricho', 'tema', y *grimpa* 'veleta' (¿de ahí 'juguete'?), o laudatorio, comp. *timbre* 'insignia', 'honra', 'orgullo legítimo' y *grimpa* 'veleta' > *'guía'? ¿Hay relación con el *hámago* 'náusea' de Cervantes?— [3] La otra acentuación no es desconocida, pero tiene mucha menor extensión: Moura (Orense) *amágo* «primera capa de madera blanca en los árboles nuevos» (*Cuad. de Est. Gall*. III, 426). No puede hacerse mucho caso de la grafía *hamágo* de Percivale, léxico que está lleno de errores de este tipo. Es verdad, en cambio, que existe una forma *mac* en catalán, como nombre del ámago de las abejas. Es la forma que registra Fabra, pero es muy reciente en la tradición lexicográfica de este idioma: Labernia sólo da *ámach* como traducción del cast. *ámago*, y Bulbena y Vogel no registran ninguna forma. Fabra la sacó de Aguiló, que sólo la fundamenta en un texto de Vic, a. 1821. Se tratará de una alteración como *galapát* de *galàpet*, alteración debida a confusión con *mac* 'pedrusco', o más bien al influjo seudo-etimológico de *amarg* 'amargo'. En todo caso es forma minoritaria y poco importante, si bien es la que se oye cerca de Barcelona (la anoté en Vilassar, y Alcover la localiza en Sta. Coloma de Queralt y Rupit). Cabría conjeturar que venga de la pronunciación aragonesa *amágo*, propagada gracias a la antigua importancia de la apicultura en Aragón. El alavés *macón* 'betún de color pardo oscuro con que las abejas untan las colmenas antes de empezar a trabajar' (Baráibar, 1903) quizá sea alteración vasquizante o semi-aragonesa de *ámago*; la Acad. recoge el mismo vocablo desde 1899; pero la definición académica de *macón* «panal sin miel...» [1899] es sospechosa de estar influída por la seudo-etimología VACUUS, que efectivamente sería después la del bibliotecario y etimólogo de la Acad. (*GdDD* 7006), pero es insostenible fonéticamente, y sin otro fundamento semántico que éste.

Hamaquear, hamaquero, V. hamaca

HAMBRE, junto con el port. *fome*, gasc. *hame* y sardo *fámine*, procede del lat. vg. FAMIS, *FAMĬNIS íd. (lat. FAMES, -IS). *1.ª doc.*: orígenes del idioma (*famne*, Glosas Silenses, Berceo; *fanbre*, *Cid*).

Palabra general y básica del idioma en todos sus aspectos y épocas; ast. *fame* (V). Las formas occitanas con *-e* < -ĬNEM se extienden hasta el Perigord y el Quercy. El vocablo sardo aparece ya en la forma *famen*, f., en el Condaghe de Trullas (S. XII o primera mitad del XIII: M. L. Wagner, *VRom*. IV, 239, 247; cf. también Wagner, *RF* LXIX, 258-9, que explica los detalles de la existencia de un neutro FAMEN). En latín el nominativo FAMIS aparece ya en el S. IV, y de ahí se sacó en algunas partes un acusativo FAMĬNEM, según el modelo flexivo de SANGUIS, SANGUĬNIS; o bien un neutro FAMEN, según *lumen*, *nomen*, *examen*, etc. La mayor parte de los romances tienen, empero, formas procedentes del acusativo clásico FAMEM (incluso *fam*, forma propia del catalán y de la mayor parte de los dialectos occitanos)[1]. En cuanto al gallego portugués, en vista de *faminto* (< *famiento*) y otros derivados, parece que parte también de una forma con nasal final[2], pero sería más bien FAMEN que un acusativo FAMINEM, pues voces como *homem*, *sangũa* (*sangui* en las *Ctgs*.), por lo menos en la lengua antigua, conservan huellas de esta nasal, mientras que *fame* desde el principio corre parejas con *lume*, *nome*, *eixame*, etc.

Por lo demás en la lengua vecina nos encontramos una forma doble *fame* y *fome* duplicado difícil de explicar. Hoy ha quedado *fame* como casi general en Galicia, aunque *fôme* se oye en la costa sur del país[3], mientras que en Portugal se ha impuesto este último, no sin larga lucha. *Fame* es la forma antigua más general, y no sólo en viejos textos gallegos como las *Ctgs*. (15, 55 y otros muchos) o los *MirSgo.* (69.11, 71.1) sino también en una cantiga de escarnio de Roí Paez de Ribera, segunda mitad del siglo XIII, y quizá portugués (cf. 414.9), y dos veces en los Inéditos de Alcobaça, portugueses (Cortesão). Como en Don Dinís [5] y en su cortesano Estêvan da Guarda, princ. S. XIV, figura (95.11, 117.8) *fame* en los manuscritos pero la rima exige *fome*, los filólogos publicadores, Lang y Lapa están de acuerdo en entender que, aun empleándose ya éste en la lengua hablada, los [10] notarios se atenían a la forma latina como más culta; realmente, todavía a fines del S. XVI el gramático João de Barros, se refiere a la lucha entre las dos formas en la lengua literaria, y sólo Moraes afirma resueltamente que *fome* es «como [15] hoje dizemos».

Por otra parte vemos que en Portugal mismo los derivados han conservado el vocalismo *a*: *faminto, famaco, esfaimar* o *afaimar* 'matar de hambre' que son las únicas formas recogidas por Moraes, aquélla documentada en autores de los SS. [20] XV-XVII; *esfomeado* es reciente. Esa historia podría inducir a creer que *fome* es una forma creada en el curso de la historia de la lengua portuguesa.

Pero este tratamiento fonético es, pese a la vecindad de las dos consonantes labiales, un caso anómalo y absolutamente excepcional. Se trata de un [25] problema difícil: sólo la explicación que dió M-Lübke (*REW* 3178) se sostiene bastante bien. En latín coloquial aparecería una variante *FOMES, quizás al principio con carácter jocoso, por la semejanza [30] con otro vocablo *fomes, fomitis,* 'estimulante, aguijoneo' (propiamente leña pequeña para avivar el fuego) y había además *fomentum* a veces empleado también en sentido muy semejante. Se comprende [35] que la frecuencia de frases como *fames optima fomes (edendi)* o *nulla fames sine fomite* diera lugar a un empleo más o menos irónico o festivo de *fomes* con el sentido de *fames.* En verdad sorprende que una forma así, habiendo debido crearse [40] ya en la época clásica (pues el propio *fomes* no tiene descendencia romance), sólo haya dejado huellas, dentro de los romances de Occidente en Portugal[4].

Pero da buen apoyo a la idea el que pidan la [45] base FOMES, al otro cabo de la Romania, las formas rumanas: rum. *foame,* que además en las variantes *foámete* (o *foámetu*) en textos antiguos y en el rumano de Macedonia, con una terminación -*te* que revela a las claras el cruce con *fomi-* [50] *tem* 'leña', 'estimulante'.

En cuanto al cast., modernamente, en muchas hablas populares, *hambre* se ha hecho masculino, por influjo del artículo *el hambre:* así en la Argentina (*hambre sombrío,* M. A. Torres F., *La* [55] *Nación,* 16-VII-1944), en Nuevo Méjico (*munchu hambre,* BDHA I, 298), etc.

DERIV. *Hambrear* [«aver hambre, *esurio*», Nebr.]; ast. *afamiau* 'hambriento', *esfamiar* 'hambrear', *famión* 'hambrón' (V). *Hambriento* [*famniento,* Ber- [60]

ceo], existiría ya *FAMĬNĔNTUS en latín vulgar, de donde procederán no sólo el port. *faminto,* gall. *famento*[5], ast. *famientu* (V), sino también los disimilados cat. *famolenc* (una variante *famalenc* < *famenent,* existe en la toponimia catalana: *La Font Famalenca* en Falset junto al linde con Pradell, fuente que abre el apetito), oc. ant. *famolent,* y la antigua forma *famolento* del Norte de Italia (el tipo *FAMULENTUS supuesto en el *REW* no es verosímil morfológicamente, aunque no puede descartarse del todo una forma analógica de SOMNOLENTUS); también se han empleado en castellano el ant. *hambrío,* arg. *hambrioso* (Fausto Burgos, *La Prensa,* 4-IV-1943), el aumentativo *hambrón,* y en el Ecuador y en ciertos autores españoles *hambreado* (*BRAE* VIII, 497). *Hambrina* 'hambre extrema' and.[6], *hambruna* en la América del Sur, *jambrusia* en Cuba (F. Ortiz, *Catauro,* p. 161). *Deshambrido* [1543, Crónica de Ocampo, *Aut.; G. de Alfarache,* etc.]. *Famélico* [1528, A. de Guevara], tomado del lat. *famēlĭcus* íd.; duplicado semi-popular del anterior (M. P., *Rom.* XXIX, 356) es el cast. *jamelgo* 'caballo de mala estampa' [Acad. 1884, no 1869; Juan Valera en Pagés], en gallego *famèlgo* 'hambriento', port. pop. *famelga* 'persona con cara de hambre' (Fig.), en la Bairrada *famelgo* 'sujeto astuto'.

[1] En el *REW* se cita un *foamine* como antigua forma rumana, junto al rum. *foame,* y el rum. *foamite* 'hambre extrema' (macedorrum. *foamită*). Pero Puşcariu no conoce aquella forma.— [2] Aunque *esfaimar* podría indicar lo contrario.— [3] IrmFa. En la lengua literaria el empleo de *fame* es general, aun en autores que a menudo prefieren formas del SO., como Castelao («mirada de frío e chuchada de *fame*» 279.24, 260.19).— [4] Hay cambios anómalos de vocal algo comparables en NIVE > *NĔVE (a causa de NĔBULA) o NŬCE > *NŎCE por influjo del sinónimo céltico KNŎVA. Éste sugiere que *FOMES se debiera al influjo de la forma del mismo vocablo en una lengua del substrato. Es idea que podemos desechar pues *fames* no tiene parentela en las demás lenguas indoeuropeas, y aun si fuese cierta la insegura etimología que le dan Walde, Walde P. I, 548, 829, y Pok. (*IEW* 239.6), sus parientes, raros, inciertos y de sentido harto diferente, no dan apoyo sólido a la idea de que un vocablo paralelo a FĀMES pudiera existir en sorotáptico o en algún dialecto céltico (lenguas donde ambas tendría *d-,* no *f-,* si hubiese existido). En cambio pisamos terreno más firme suponiendo que el roce constante con el verbo romance *come* de *comer* pudo ayudar en Portugal a la consolidación de la variante *fome.* Nótese que, en la citada cantiga, el rey Don Dinís juega repetidamente con las palabras *come* y *fome,* que va repitiendo en rima. Se comprende que en la corte de este y otros reyes portugueses, las tendencias conceptistas o jocosas favorecieran por esto la variante *fome* y que ésta

se generalizara allí desde entonces, a diferencia de Galicia.— [5] Castelao 71.12, 212.27.— [6] De ahí *jambrinas* 'hambriento' en la prov. de Salamanca (*RFE* XXIII, 227).

HAMEZ, 'especie de cortadura que se les hace en las plumas a las aves de rapiña por no cuidarlas bien en punto a alimentos', origen incierto, quizá arábigo. *1.ª doc.*: 1611, Covarr.

Se lee en este léxico *«hameces*, las cortaduras de las plumas de las aves de rapiña, género de enfermedad en ellas por mal governadas de comida: el nombre es arábigo, aunque no sé su raíz». De ahí pasó a *Aut.*, que lo cataloga como femenino. No conozco otras fuentes (falta en los glosarios de los libros de cetrería de Juan Manuel y López de Ayala). Según Dozy, *Gloss.* 285, trataríase de una metátesis de *maḥîḍ* 'roto', participio pasivo de *ḥâḍ* 'romper, quebrar', que es el verbo que se aplica a la quebradura de las alas; el sabio orientalista cita, en efecto, testimonios de este uso y del participio *ǧanâḥ maḥîḍ* 'ala rota', y en el *Suppl.* II, 774*b*, agrega *maḥîḍ* en el sentido de 'aquel cuyas alas se han roto'. No habría dificultad fonética, pues es normal que *î* pase a *e* ante una enfática, y el cambio de *-ḍ* en *-z* está en regla; faltaría probar que la metátesis se produjo en efecto. La Acad. (1884) propuso *ḥamîṣ* 'extenuado de hambre', palabra clásica que bien pudo ser de uso vulgar, puesto que R. Martí recoge su raíz *ḥ-m-ṣ* en el sentido de «attenuare». También es posible, y no hay razón clara para preferir una u otra de estas etimologías. La idea de Eguílaz (p. 420) de que sea derivado del lat. FAMES 'hambre' no es aceptable, pues no explicaría la terminación.

Hamo, V. *anzuelo*

HAMPA, 'vida maleante', origen incierto; puede sospecharse que *gente de hampa*, aplicado a los bravos o rufianes, significase primitivamente 'gente de armas tomar' y procediese del fr. *hampe* 'fuste de lanza y de otras armas', palabra a su vez de origen incierto. *1.ª doc.*: *hampa*, 1605, *Pícara Justina*.

Léese allí: «como el bellacón oyó que yo le hablaba de lo de venta y monte, y que yo había tomado el adobo de la *hampa* que él practicaba, le pesó de vello» (*Aut.*); como *venta y monte* es una de las perífrasis que designan la vida picaresca en esta novela (ed. Puyol I, 24; III, 251), *hampa* tendrá ya el sentido moderno en este pasaje. Explica *Aut.*. «*hampa*: brabata, baladronada: lo que es mui usado entre los hombres que hacen profesión de guapos, y también de las mugeres de mal vivir, a que llaman Gente de la *hampa*». El vocablo falta todavía en el vocabulario de Juan Hidalgo, en Covarr. y en otros léxicos de la época, pero lo recoge ya Oudin:

«hanpa: querelle ou noise pour des putains, pacification de querelles entre putains et rufiens». Por lo demás, se halla en varios autores contemporáneos. Cervantes escribe que el sombrero de Monipodio «era de los de la *hampa*, campanudo de copa y tendido de falda» (*Rinconete*, ed. crít. de R. Marín, p. 276); Quevedo habla de «los galanes de la *ampa*» (*DHist.*); Quiñones de Benavente: «ENAMORADIZO. Detén el paso, mira que me matas, / ... / pues tus ojos, preciándose de *hampa*, / nos cogen como perros en la trampa» (*NBAE* XVIII, 629), donde deberemos entender 'preciándose de ser del hampa', es decir, 'ladrones, robadores'.

Finalmente, en un texto llamado Relación de cosas notables sucedidas en Córdoba en 1618, tenemos al parecer un sentido diferente, todavía no peyorativo, pues se trata de un funcionario de justicia: «a todo esto estuvo dispierto el alguacil, y con ser un hombre valiente y de la *hampa*[1], estuvo hincado de rodillas pidiéndole a Dios perdón de sus pecados y esfuerzo para salir de aquel lugar» (M. P., *Floresta de Leyendas Épicas* II, 223.20). Hay variante gráfica *ampa*, que es la que figura en la 2.ª ed. de las *Novelas Ejemplares*, en la edición Rivadeneira de Quevedo y en otras modernas, pero creo seguro que la *h* fuese aspirada en vista de la forma *la* del artículo que precede a *hampa* constantemente en los textos clásicos, y en efecto hoy se pronuncia *jampa* en Chiloé, donde ha tomado el valor de «persona mala, mal engendro; generalmente se aplica a los muchachos pícaros, traviesos» (Cavada, p. 67). En el documento de 1618 me parece significar hombre de pelo en pecho o de armas tomar, y es muy posible que *hombres* o *gente de hampa*[2] se aplicara primitivamente sólo a los rufianes y bravucones, como dan a entender las definiciones de Oudin y de *Aut.* y el sentido de *hampón* 'valentón, bravo', y que de ahí se extendiera después a las mujeres de mal vivir, a los ladrones y gente maleante en general.

Más datos, Cej. VI, § 22. Si esto es así, el vocablo pudo salir del fr. *hampe* 'fuste de lanza y otras armas', cuya variante antigua *hanste* se aplica a menudo a toda la lanza, y se ha tomado como símbolo y cifra de las armas en general: «bons rois conquerere doit adès porter *ainte*» en el *Rouman d'Alixandre* (God. IV, 414*c*); recuérdese también que en la casa de Monipodio estaban en lugar muy visible dos espadas de esgrima y dos broqueles de corcho (p. 273).

En cuanto al fr. *hampe*, que ya sale en la primera mitad del S. XVI, es alteración del antiguo *hanste*, que a su vez lo es del lat. HASTA, aunque no está bien explicada la *-p-* moderna, pues no satisfacen ni la explicación de A. Thomas y Bloch (cruce con *empe*, variante lorenesa de *ente* 'injerto', pero véanse las objeciones de Gamillscheg,

EWFS, y del *FEW* IV, 393) ni la de Gamillscheg y M-L. (*REW*³ 429: lat. AMPLA 'asa', 'empuñadura', con pérdida de la *l* en la pronunciación tardía y *h-* por cruce con *hanste*); en cuanto a la *h* aspirada y la *n* de *hanste*, se explican por influjo de un equivalente fráncico del ingl. *handle* 'mango' o del alem. *handgriff, handhabe*, íd.

Para asegurar el origen del cast. *hampa* haría falta poder señalar en francés la frase *gens de hampe* o algún empleo jergal de este vocablo en el idioma de origen (nada veo en God., Littré, Sainéan ni diccionarios de argot). Mientras tanto, la etimología permanece insegura. Pero desde luego es preferible a la de M-L. (*REW* 9147), que relaciona con el it. *vampa* 'ardor' (el cual a su vez es muy dudoso que proceda de VAPOR), de donde se habría pasado a 'baladronada', pero ni esto satisface semánticamente ni se explica así la *h* castellana.

DERIV. *Hampesco. Hampo* 'perteneciente al hampa' [*mancebitos hampos*, en Cervantes, *El Rufián Dichoso*, Jorn. I]. *Hampón*³.

CPT. Es dudoso, según observa Puyol (III, 134), si el *caçahampo* de la *Pícara Justina* viene de ahí o de *ampo* 'blancura, inocencia'.

¹ Hay variante *champa*, que el editor sospecha ser resultado de un cruce con *charpa* 'tahalí'.— ² Así sin artículo lo registra Terr. La forma con artículo se deberá a influjo del secundario *hampa* en el sentido de 'gente de mal vivir'.— ³ *Aut.* le da la ac. 'hueco, ancho, pomposo', citando el pasaje de Ant. de Solís: «aquél sí que era galán, / airoso, *hampón* y alentado, / donde en efecto lucía / la persona su trabajo». Haría falta ver el contexto, pues sin él puede entenderse 'valiente' (comp. *galán* y *alentado*). Así parece hacerlo la Acad. al entender (ya 1843) *hampón* como «valentón, bravo», ac. a la cual en el S. XX se ha agregado la de «bribón, haragán». Por otra parte el *DHist.* cita un ej. del adjetivo *ampón*, aplicado a fuentes en Moreto, con sentido que me parece oscuro, a pesar de la definición que le da dicho diccionario «amplio, repolludo, ahuecado».

Hamugas, V. *jamugas*   *Handrajo*, V. *andrajo*
Hanega, V. *fanega*   *Hanzo*, V. *bonanza*

¡HAO!, interj. ant. usada para llamar a uno que estuviese distante, voz de creación expresiva. *1.ª doc.*: *ahao*, 1464, *Mingo Revulgo.*

Aut. registra las variantes *ahao* y *hao*, con ej. de Moreto en esta última; el *DHist.* cita la grafía *ao* en la *Comedia Doleria.* Los ejs. abundan en los clásicos y preclásicos (Juan del Encina, *Repelón*, 332), siempre como interjección típica de rústicos. El mismo carácter rústico conserva todavía en las Canarias, donde se pronuncia *jao* 'hola' (Pérez Vidal). Interjecciones de formación paralela existen en otros idiomas, aunque con matiz algo diferente: lat. *au* o *hau*, como interjección empleada por mujeres, es grito de dolor, de repulsa o de súplica enérgica, y a veces se emplea casi con el valor de '¡ea!', unido a la fórmula de apremio *te obsecro* (Hofmann, *Lat. Umgangssprache*, § 15); el cat. *au* es 'ea, vamos'; hay también fr. ant. *hau*. No sé dónde se halla la ac. sustantiva antigua 'renombre, fama', registrada por la Acad. en sus ediciones del S. XX.

HAPLOLOGÍA, compuesto culto del gr. ἁπλοῦς 'sencillo' y λόγος 'habla'. *1.ª doc.*: Acad. 1925 o 1936.

HARAGÁN, 'holgazán', origen incierto; como reemplaza cronológicamente al cast. ant. *harón* íd., procedente del ár. *harûn* '(animal) repropio, que no quiere andar', es probable que resulte de una alteración de esta palabra por cambio de sufijo. *1.ª doc.*: «*haragan*: ignauus, iners», Nebr.

Falta todavía en los Glosarios de h. 1400, APal. y demás fuentes medievales. *Aut.* cita ejs. de Hernando de Santiago (1596), Antonio de Herrera (1601), y los da de sus derivados en varios escritores contemporáneos de éstos; también figura en Covarr. y en Góngora, Pedro Espinosa (1625) lo cita entre las «voces vulgares y mal sonantes» (*Obras*, p. 197), y terminaré remitiendo a Cej. V, § 15, y señalando un ej. temprano en F. López de Yanguas (h. 1520)¹. En todas partes está escrito con *h-*, excepto en Góngora, aunque ya López de Yanguas se permite una sinalefa nada sorprendente en posición átona; hoy se pronuncia con *h* aspirada en Guatemala (Batres, 343), y en judeoespañol, de Constantinopla (M. L. Wagner, *Beiträge*, § 27), de Monastir (Luria), de Bosnia (Baruch, *RFE* XVII, 132) y de todas partes (Kurt Levy, *ZRPh.* LI, 704; Wagner, *RFE* XXXIV, 100). Se nota actualmente que es palabra mucho más empleada en el castellano de América (p. ej. en la Arg.) que en el de España, donde apenas se oye en el uso común.

En vista de la aspiración unánime es forzoso rechazar inapelablemente la etimología de Diez (*Wb.*, 424), a. alem. ant. *arag* o *arg* 'avaro', 'indigno', 'perezoso', cuya forma longobarda está citada con este último significado por Paulo el Diácono, y hoy sobrevive en el italiano de Como *árgan* y Bergamo *arghen* 'holgazán'; por otra parte habría también graves dificultades geográficas. Más razonable parece la etimología de Brüch (*WS* VII, 171) y de la Acad., ár. *fârig* 'ocioso', 'desocupado', palabra clásica no ajena al lenguaje vulgar (Almacarí, Bocthor*)*, aunque en España sólo se registra en el sentido de 'vano' (PAlc., R. Martí): es el participio de *fárag* 'estar vacío, desocupado'; pero como no existe un cast. *hárago, el derivado en *-án* debería ya existir en árabe, y aunque en este idioma no son raros los derivados de este tipo (p. ej. *kaslân* 'holgazán'), el hecho es que un ár.

*farġán no está documentado; la objeción decisiva está, sin embargo, en el hecho de que no se hallen en castellano formas con f- conservada, como sucede en la mayoría de los arabismos de esta inicial, y sobre todo el judeoespañol tiene siempre f- conservada o cero en las palabras con F- etimológica, mientras que una h- aspirada en judeoespañol indica siempre un étimo semítico con h-, ḥ- o ḫ-: p. ej. alhuzema, alheña, hazino. Por esta razón Kurt Levy se declara en favor de la raíz arábiga ḫ-r-q 'desgarrar', 'perforar', 'violar', pero no hay palabra que corresponda a la castellana, fonética ni semánticamente, pues 'áḫraq 'torpe', 'necio', está muy lejos en ambos sentidos, y en la locución ráġul ḫárga «propre à rien» (Beaussier) se trata, además, de un sustantivo de significado incierto aisladamente.

En definitiva, lo más razonable me parece la idea de Eguílaz (p. 270) de que haragán² es alteración de harón. Este vocablo aparece por primera vez, escrito farón, en el L. de los Cavallos del S. XIII (p. 71.9, faronear, 66.10), y en J. Ruiz («ssi nol dan de las espuelas al cavallo farón, / nunca pierde faronía nin vale un pepión», 641a), y se halla también en Nebr. («harona bestia: ignavus»), en C. de Castillejo (cavallo harón: Fcha.), en S. de Horozco³, en Fr. L. de Granada (Aut.), en Cervantes⁴, y Pedro Espinosa lo cita asimismo entre las voces mal sonantes y vulgares. Aunque primitivamente se aplicaba al caballo o bestia que se niega a andar, pronto se hizo sinónimo de haragán, única ac. que recogen Aut. y la Acad., y es la que se halla en Fr. L. de Granada, y en Juan de Pineda (citas en Cej. V, § 70, y Voc.), y la que supone el haronear 'ser perezoso' del Canc. de Baena, del Canc. del S. XV (Cej.) y de Mateo Alemán (Fcha.). Existió también en gall.-port.: CEsc., aunque parece que los mss. traen una variante foron (en vez de faron, sea por asimilación vocálica o por confusión con furon 'hurón'); lo emplean el magnate portugués Lopez de Baião (poco después de 1250) y el leonés Soarez de Quiñones (por las mismas fechas o poco después), siempre hablando de un caballo: «caval'agudo, que semelha foron», «un cavalo que traj'un infançon /.../ quando lhi deitan as armaduras / logu'el faz continente de foron» (CEsc. 57.6, 143.16). R. Lapa lo confunde con foron del 402.5 (ctga. de Pero Viviaes), donde es realmente 'hurón' (un enamorado macilento «rostr'agudo come foron»). Esencialmente es en castellano palabra de la Edad Media y Siglo XVI, anticuada después del Siglo de Oro⁵, como hace constar categóricamente Aut. en cuanto a los derivados haronear y haronía.

Bien puede decirse, pues, que haragán sucede y reemplaza cronológicamente a harón, al menos en la ac. 'holgazán'. El cambio de terminación serviría a intensificar el matiz semántico, como sucedió en zarzagán (< *cerzagán), derivado de CIERZO; se trata de un sufijo en formación, aplicado a nom-

bres personales, cuyo punto de partida puede hallarse en el germánico BARRAGÁN⁶. Podría pensarse en un cruce entre harón y una metátesis vulgar *holzagán. Pero es innecesario. El imán que atrajera harón hasta convertirlo en haragán pudo ser simplemente un nombre personal como barragán. Y el caso de zarzagán [1464] nos certifica de que existía la conciencia de un sufijo -agán⁷. Desde luego no hay que recurrir con Wagner a un cruce de harón con el germ. arg, de cuya presencia en España no tenemos indicio alguno. En cuanto a harón, su origen es bien conocido desde Dozy (Gloss., 285-6): ár. ḥarûn 'animal repropio, que se niega a avanzar', bien documentado en árabe vulgar e hispánico, perteneciente a la raíz ḥáran 'repropiarse'.

DERIV. Haraganear. Haraganía [Nebr., M. Alemán] ant., hoy haraganería [1612, J. Márquez]. Haraganoso. Faranga 'haraganería', salm., derivado regresivo de una forma local *farangán, con propagación de la nasal.

Derivados de harón: haronia [faronia, J. Ruiz, vid. arriba]; haronear [far-, Canc. de Baena; íd. G. de Segovia, en Tallgren, p. 70; enfaronear 'ponerse perezoso', J. Ruiz, 633b].

¹ «Ninguno no come si bien no lo gana / ... / yo hallo que tiene Natura razón, / pues no le contenta la gente haragana» (RFE IV, 24).— ² Sólo por curiosidad puede citarse la del P. Guadix (aceptada por Covarr.) de que haragán es propiamente el que en vez de trabajar canta, y procede de una voz arábiga de este significado (piensa seguramente en gánnà 'cantar').— ³ Glosando el proverbio «A bocado harón espolada de lino», con los versos «Si la bestia haronea / y no quiere caminar, / por muy harona que sea, / si se aguija y espolea, / por fuerza tiene que andar», BRAE II, 702.— ⁴ «Date, date en esas carnazas, bestión indómito, y saca de harón ese brío, que a sólo comer y más comer te inclina», palabras dirigidas a Sancho Panza, Quijote II, xxxv, ed. Cl. C. VI, 332. Mula harona en el Entremés del Juez de los divorcios.— ⁵ Ya antes de anticuarse hubo de pasar al vasco, y con evolución fonética antigua: aroi es 'haragán' en Ataun (guip.), Azkue, Morf. 146.11.— ⁶ Parece haber realmente un sufijo -án sacado de los NPP germ. en -A, -ANS, y representado (además de barragán, haragán y holgazán) por zarzagán, mostagán y bausán. Lo que parece confirmar este origen es la frecuencia del sufijo en Galicia, tierra donde tanto abunda el legado germánico. Ahí podría creerse que -án viene del lat. -ÁNUS, lo cual es regular fonéticamente en varios lugares de Galicia, pero los demás, junto con el castellano, nos muestran que no es así, pues en éstos (p. ej. en el Limia) -ANE da -áɳ y no -áu, que es el resultado de -ÁNU: ahora bien el sufijo personal en cuestión tiene allí la forma -áɳ; p. ej. en el Limia priguizaɳ y lacazaɳ 'holgazán', cagarán

(kaḫarán) 'pedorro', *fungáɲ* 'persona de habla gangosa', *forragadáɲ* 'tacaño' (quizá de *forra-guadaña*, pero en todo caso asimilado a nuestro sufijo), vid. Schneider *VKR* XI, glos. Es una proliferación parecida a la de las terminaciones onomásticas germánicas *-ard*, *-aud* en francés, etc. (*badaud, vantard*, etc.). Es más, la consonante precedente vendrá ya a veces de los modelos hipocorísticos germánicos: si *haragán, barragán, zarzagán, mostagán* nos recuerdan la terminación de EGIKA, BERHTIKA, por otra parte *holgazán, lacazán, priguizán* y aun *bausán* parecen calcados sobre WITIZA, BERIZA y análogos.— [7] La idea del *barragán*, hombre decidido y valiente, está bastante cerca del polo opuesto a la del haragán; luego la formación de éste pudo tomar como modelo aquella palabra. Si tuviera fundamento la opinión de Steiger de que *holgazán* viene del ár. ʿ*aǧzán*, podríamos fijarnos en la variante ʿ*agzán* (Dombay, Lerchundi), y suponiendo que éste se hispanizara en **al-aǧzán* admitir que un cruce de éste con *harón* fué el que dió *haragán*. Mas para explicar la desaparición injustificable de la *-z-* todavía tendríamos que echar mano del influjo de *barragán*. Yo dudo mucho que dicha voz arábiga tenga algo que ver con *holgazán* ni con *haragán*.

Haraldo, V. *heraldo*   *Harambel*, V. *alhamar*

HARAPO, en portugués *farrapo*, es derivado del antiguo verbo *farpar* o *harpar* 'desgarrar' (de donde **harapar* o *desharapar*, hoy comúnmente *desharrapar*); *farpar* es palabra de origen incierto, común a muchos romances —it. antic. *frappare* 'desmenuzar', 'cortar franjas a un vestido', fr. ant. *frape, frepe, ferpe*, 'harapo, franja', fr. *friper* 'ajar (la ropa)', *fripier* 'ropavejero', oc. mod. *frapilhà, frepilhà*, 'ajar, desharrapar', etc.—, cuyas caprichosas variantes fonéticas parecen indicar una creación expresiva. 1.ª doc.: *farapo*, h. 1300, *Gr. Conq. de Ultr.*, 573b, cap. 169[1].

Posteriormente no conozco ejs. hasta Fr. L. de Granada, que emplea el vocablo en la forma y sentido modernos; falta en C. de las Casas, Nebr., APal., Glos. de h. 1400 y en los glosarios de autores medievales de que disponemos[2]. En el Siglo de Oro ya es palabra conocida, aunque menos frecuente que ANDRAJO, pues *Aut.* cita un ej. de Cervantes, y lo recogen Oudin («*harapos*: haillons, guenilles, vieux drapeaux et fripons») y Covarr. («el ruedo que haze un vestido o ropa cumplida, que honrosamente cubre a un hombre; y de aquí se dixo *desharapado* el roto y descosido, handrajoso...», ac. anticuada según *Aut.*). En la *Carpintería* de Lz. de Arenas (1633) es «la parte inferior de los lazos que se apoya sobre el estribo o en la regla baja» (pp. 56 y 178). Del port. y gall. *farrapo* no se citan ejs. anteriores a Moraes, pero un personaje llamado *Michael Farrapo* ya figura en las *Inquisitiones*

norteñas de 1258 (Cortesão), y la variante *ferrapo* fué empleada por Antonio Feio en 1609[3]. La variante con *-rr-* no es ajena al castellano, pues la empleó Mateo Alemán[4]; el salmantino Torres Villarroel emplea *arrapo* y *farrapo* (*DHist.*, Fcha.), y de ahí proceden los derivados *arrapiezo* y *desharrapar;* ast. *esfarrapar* 'desbaratar una cosa', 'desgarrar la ropa convirtiéndola en andrajos' (V). Pudieron influir los numerosos verbos en *desarr-*, pero la *rr* de la forma portuguesa indica más bien que esta variante será debida al carácter de la *r* implosiva de la forma originaria *farpar*, que es una vibrante intermedia entre ere y erre[5]. Para variantes, *GdDD* 2670.

Como insinuó Diez (*Wb.*, 27), seguido por Horning (*ZRPh.* XXX, 77-78n.) y Baist (*KJRPh.* V, 408), *harapo* es inseparable del cast. ant. *harpar*, port. *farpar* «recortar em farpas ou fázendo ângulos intrantes e salientes», «fazer em tiras», ya documentado en las Ordenações Afonsinas (1446), *farpa* «tira de coisa rota e esfarrapada», «tira pendente do pendão», «as barbas do anzol e das setas». En castellano *farpar* o (*h*)*arpar* es frecuente desde la *Gr. Conq. de Ultr.* (h. 1300) hasta princ. S. XVII, vgr. «ya los alfanjes estavan tan mellados que parecían sierras, y los albornozes hechos todos pedaços y *harpados* por mil partes», Pérez de Hita (ed. Blanchard, II, 224), «voto a Dios si me dexara / no se fuera qual se fue / que con ésta le *harpara* / las narizes i la cara», Alonso de Salaya (3.ʳ cuarto del S. XVI, *Farsa*, ed. Gillet, p. 49): el sentido es comúnmente 'desgarrar (ropa)', algunas veces 'arañar' o 'rasguñar'[6]. En castellano y portugués *farpar* pasaría por anaptixis a **fa(r)rapar*, y luego *desharrapar* (con *des-* intensivo) y de *harapar* se sacaría *harapo*. No hay motivo para suponer que esta familia de vocablos sea préstamo del italiano, como admite Horning, ni del portugués, según preferiría Baist. Pero no hay duda de que el mismo vocablo es también autóctono, y con gran número de variantes, en Francia e Italia.

El it *frappare* 'desmenuzar', 'cortar franjas', es bien conocido en los SS. XV y XVI, y *frappa* 'franja' desde el XVI al XVIII (hoy 'fronda', como término pictórico); dialectalmente se halla sic. *frappa* «trincio di vestimenti, alcuna volta soprapposto come ornato», *frappari, frappuliari* «tagliare», familia ya antigua en este dialecto, pues *affrappati* «ornati de frange» y *frapperii* «tagliatore di panne» ya se hallan en textos del S. XIV (*ARom.* XX, 18, 41); el fr. ant. *frepe* «frange, effilé, vieux habits», «guenilles», aparece en rima en el *Roman de Renart*, y tiene variantes *frape* (en L. de Beauvau, h. 1450) y *ferpe* (G. Guiart, a. 1309), fr. ant. *frapaille* «gens de rien», hoy es vulgar *frapouille* «haillon» (Sainéan, *Sources Indig.* II, 225), junto al cual existen *fripouille* y *fripon* 'canalla', *friper* 'ajar (la ropa)' y *fripier* 'ropavejero'. La vacilación vocálica del francés y de la lengua de Oc (langued. *frepilhà* en Mistral, «friper, chiffonner») no es aje-

na a la Península Ibérica, pues *ferpa* aparece en las
Cortes de Castilla de 1258 («que ningún omme
non ponga cuerdas luengas nin oro... nin trayan
ferpas en pannos nin en siellas, e que non trayan
freno con anfaz», vol. I, p. 57), y el verbo *ferpar* [5]
en documento gallego de 1252[7], comp. la citada
variante portuguesa *ferrapo*; no es imposible que
el port. *farripas* (o *falripas*) 'cabellera rala, greñas',
que ya figura como nombre propio de persona en
un doc. toledano de 1210 (M. P., D. L., 269.4), [10]
pertenezca a la misma familia; en cuanto al port.
farroupa o *farroupilha(s)* «indivíduo mal trajado,
esfarrapado, miserável» quizá deba su *ou* simplemente a un cruce con *roupa* 'ropa'. Así y todo
quedan en nuestra familia un buen número de [15]
variantes vocálicas, y aun consonánticas, si incluí-
mos en ella a *ZARPA* y al cast. *FELPA* (*pelfa*)
con su amplia familia romance, que en parte significa también 'harapo', y su derivado *DESPIL-*
FARRADO 'desharrapado' (con *filfa* 'objeto des- [20]
preciable', etc.): una forma hispánica con -*l*- es,
en todo caso, el leon. *falapio* 'trapo', citado por
Rato, ast. *felpeyu* 'andrajo', *desfelpeyar* 'desgarrar
la ropa convirtiéndola en andrajos' (V). Esta vacilación vocálica y consonántica es típica de las raí- [25]
ces de creación expresiva u onomatopéyica, y no
me parece mala en este sentido la raíz *f-r-p*, cuya
-*r*- expresa el ruido de la ropa al desgarrarse, y la
combinación de la fricativa *f* con la oclusiva *p*
sugiere las alternativas de aflojamiento y resisten- [30]
cia del tejido.

Sea como quiera, de todos modos los esfuerzos de
varios romanistas por hallar un étimo de otra índole han fracasado. Horning (*ZRPh.* XXI, 196n.),
seguido con vacilaciones por muchos (M-L., *REW* [35]
3173; Wartburg, *FEW* III, 395ss.), quería redu-
cirlo todo a un tipo FALUPPA 'pajita', documentado
en glosarios del S. X y hoy en hablas del Norte
de Italia, pero aunque demos amplia entrada a una
gran variedad de contaminaciones y cruces, desti- [40]
nados a explicar las violentas alteraciones fonéticas
y semánticas[8], no convenceremos a muchos, pues
al final tendremos que reconocer que el origen de
ese tardío y mal documentado FALUPPA es a su vez
desconocido. En cuanto a partir del germ. HARPAN [45]
'agarrar', como quería Diez, sería en rigor posible
para las formas castellana y portuguesa, suponiendo que fuesen tomadas del francés, pues en los
germanismos de esta procedencia suele cambiar el
castellano antiguo la *h* aspirada francesa en *f*, pero [50]
como esa *f* en nuestro caso se halla también en
Francia y en Italia, donde nunca ocurre tal cambio
a la H germánica, es absolutamente preciso abandonar la idea[9]. V. además *HARPILLERA*.

M. L. Wagner, *ZRPh.* LXIII, 330-2, aduce [55]
valiosos detalles, pero no llega a resultados etimológicos claros y concretos; el ast. occid. *falopo*
'copo de nieve' probablemente no tiene mucha relación con *harapo*: resultará de un cruce de *falisca*
'chispa', 'copo' (germ. FALAWISKA) con *copo*, vid. [60]

DECH II, 378*b*8ss., 379*a*60ss.

DERIV. *Harapiento* o *haraposo* [Acad. 1843, no
1817]. *Desharrapado* [1599, *G. de Alfarache; des-*
arrapado «deschiré, desloqueté, defreloqué, vestu
comme sont les belistres, deslabré», Oudín, 1607;
ast. *desfarrapar* o *esfarrapar* «estrapar, estrujar,
aplastar», Rato; extrem. *esfarrajar* «rasgar una tela
produciendo el ruido consiguiente», *BRAE* IV, 88;
desharapar con -*r*- sencilla es como se dice en
Colombia, y aparece en obras del Duque de Rivas
y otros autores españoles: Cuervo, *Ap.*, § 753;
Obr. Inéd., p. 59]; *desharrapamiento*; gall. *es-*
farrapallado (Sarm. *CaG.* 164*v*). *Arrapiezo* 'harapo,
jirón' [*harr-* 1604, *G. de Alfarache*, en *Aut.*, también en Quevedo y en Torres Villarroel, *DHist.*,
s. v. *arr-*], 'hombre despreciable por su persona y
figura' [*Aut.*], 'persona de corta edad, tratada des-
pectivamente' [S. XIX: *DHist.*], forma debida quizás a un cruce de *harrapo* con *pieza* 'pedazo de paño', o procedente más bien de un verbo *arrapezar
'remendar' (con influjo de *harapo*), hermano del fr.
rapiécer íd., cf. cat. ant. *arrapaçar* íd. en St. Vicent
Ferrer (h. 1400), donde hay además influjo del sinónimo *apedaçar*; ast. *farrapiezu* 'prenda de vestir
desechada' (V). *Harapa* (pron. con *h* aspirada)
'manta de tiras de trapos' en Jaén (*RFE* XXIII,
248) 'lienzos que se ponen debajo de los olivos al
recoger la aceituna' en Granada (ibid., 251), íd. en
Bédar (Almería); Cej. IX, § 209; *jarapa* 'colcha'
en sendas localidades de Badajoz, Ciudad Real y
Jaén, y en dos de Almería, *RDTP* VII, 519-20.
Jarapal 'faldón de la camisa' en Cespedosa (*RFE*
XV, 143)[10].

[1] «Atendiendo... que le habrían piedad, porque
era pobre e porque aducía so fijo a cuestas, que
era pequenno e que non podía andar, e quel da-
rían alguna lemosna para comer, que non quel
tolliesen los *farapos* con quel cobría...». Deberá
verificarse este pasaje cuando exista una buena
edición, en vista del hiato cronológico que lo separa del ejemplo siguiente.— [2] También en Per-
civale-Minsheu, los léxicos de Góngora, R. de
Alarcón, en el *Quijote*.— [3] Los gall. *farricallos* y *fa-*
rricates 'pedazos de trapos', 'trapajos, arrapiezos'
(Sarm. *CaG.* 185*r*, 187*r*, 204*v*) deben de ser
cruce de *farrapo* con un sinónimo: por lo visto
el tipo alto-arag. *perrecallo* (*ZRPh.* LV, 610),
cat. *parrac*, gascón (y oc. moderno en general)
perrec, tan general en estos idiomas, aunque hoy
no parezca extenderse más al Oeste, llegaría en
otro tiempo hasta más cerca de Galicia, y el
cruce con él explicaría esta variante gallega.—
[4] «Con todos mis *harrapos* y remiendo, hecho un
espantajo de higuera, quise hacerme de los godos,
emparentando con la nobleza», *G. de Alfarache*,
ed. *Cl. C.* II, 168.26.— [5] La contaminación de
zarria admitida por G. de Diego no es convincente en vista de la diferencia en la consonante
inicial. Por lo demás, este vocablo no existe en
portugués.— [6] A. de Molina, *Vocabulario en len-*

gua *mexicana*, a. 1571, traduce el náhuatl *tiluna tetequi* por «*harpar* o cortar ropa en muchas partes» (fº 113r.º2); «allí veríades tantos paños *arpados* e rotos», *Gr. Conq. de Ultr.*, 260b (*farpado* en la p. 313); igual sentido en la *Historia de Morgante*, en una comedia de Cervantes, etc. De ahí secundariamente *farpado* «guarnecido, lo que tiene guarnición o remate de alguna cosa» (dos ejs. en el *Canc.* de Baena); *andar harpado* «reduzido a magreza extrema pelo ruim passadio», en el portugués de Évora (castellanismo), según Gomes Fradinho, *RL XXX*, 303. Por otra parte *harpado* es 'con cicatrices o costurones' en la *Pícara Justina*, y *harpar* 'rasguñar, rajar' en la *Celestina* y el *Lazarillo*. Para estos ejs. y otros muchos (hasta Lope y Hojeda), vid. *Aut.*, *Fcha.*, *Cej.*, *DHist.* y Mir, *Rebusco de Voces Castizas*. Derivado de ahí es *farpas* «las puntas cortadas al canto de ciertas banderas o estandartes», *Aut.*, con ej. de Fernán Mexía (1492).— [7] «Mando que nengún ome non bastone pannos nin los entalle, nin los *ferpe*, nin ponga orfrés nin cintas», López Ferreiro, *Fueros Municipales de Santiago* I, 356, § 29.— [8] Demasiado generoso se muestra con estos recursos el Sr. García de Diego, que en este caso admite la combinación de FALUPPA con DRAPPUM, el germ. HARPA, el vasco *zarr* 'viejo' y no sé qué más (*RFE IX*, 133-5; *Contrib.*, n.º 264).— [9] Por lo demás obsérvese que el tipo *arpa* 'garra' no tiene nunca *h-* ni *f-* en España; el que sí lo tiene es el galicismo *arpa* 'instrumento músico' (antiguo y port. *farpa*), pero éste ya está completamente separado en el aspecto semántico.— [10] Es dudoso que de *harapo* venga el mozár. *harabúl* 'dobladillo' (con su derivado *harbél* 'repulgar'), citado por PAlc. (s. v. *borde* y *repulgo*), según quiere Simonet, s. v.

Haraute, V. *heraldo*   *Haravillo*, V. *harbar*

HARBAR, 'hacer algo de prisa y atropelladamente', del ár. *ḥárab* 'devastar', 'destruir, echar a perder'; la forma española vendrá del nombre de acción del mismo verbo, *ḥarb*. 1.ª doc.: h. 1500, Juan del Encina.

En este autor figura en el sentido de 'comer de prisa'; Cervantes lo emplea con el matiz de 'trabajar precipitada y malamente': «¿Al dinero y al interés mira el autor? Maravilla será que acierte; porque no hará sino *harbar*, *harbar*, como sastre en vísperas de pascuas, y las obras que se hacen apriesa nunca se acaban con la perfección que requieren» (*Quijote* II, iv, ed. *Cl. C.* V, 90)[1]. Covarr. (seguido por *Aut.* y Acad.) explica «hazer la cosa muy de priessa, como *harbar* la plana el muchacho quando escrive de priessa y mal». En Quevedo significaría 'arrebatar' (Fcha.). La misma idea de precipitación se halla en el portugués de Tras os Montes: «*afarvarse*: apressar-se, meter os pés pelas mãos; *afarvada*: mulher muito apressada,

que quer tudo feito a correr» (Moreno, *RL* V, 23)[2]; de ahí secundariamente ha tomado el verbo *harbar* (*h* aspirada) o *helbá(r)*, en el Noroeste y Oeste de Cáceres, el sentido de 'acezar', mientras que en la Sierra de Gata se emplea la forma portuguesa *aferbál* (Espinosa, *Arc. Dial.*, 95, n. 1).

El judeoesp. conserva acs. más arcaicas: *jarbear* (con *j* velar) es «estragar; horadar; buscar, revolver, desarreglar, registrar» en Marruecos (Benoliel, *BRAE* XV, 207), «pegar, castigar» en Oriente, y de ahí en Estambul *estó harbado* «je suis abattu, défait» (Crews, *Recherches sur le Jud.-Esp.*)[3].

Nadie se ha ocupado hasta ahora de la etimología, si exceptuamos alguna idea descabellada de Covarr.[4], Benoliel dice sin precisar que es palabra arábiga, para lo cual se funda en la inicial aspirada, pues es sabido que el judeoespañol conserva la F- latina o romance sin cambiarla en aspiración, o bien la pierde totalmente, mientras que sólo tiene aspiración en palabras de origen semítico, con aspiración originaria (comp. *HARAGÁN*).

Y, en efecto, el verbo *ḥárab* es conocido en árabe. El sentido primitivo parece ser 'devastar', pues en el Corán se halla ya el intransitivo *ḥáriba* 'estar desierto', y los causativos *ḥárraba* y *áḥraba* 'dejar desierto, devastar' (Dieterici); *ḥárab* pertenece a la lengua clásica con el sentido de 'arruinar, devastar (p. ej. una casa)' y también 'agujerear, perforar', y el vocablo sigue vivo en los dialectos modernos: 'destruir', 'arruinar', en Marruecos (Lerchundi), «détruire; bouleverser, mettre en désordre, en confusion; démolir, détruire, renverser, ruiner; dévaster, désoler, ravager, ruiner» en Argelia (Beaussier), «faire des dégâts; faire rage, commettre des désordres extrêmes; remuer ciel et terre; dérégler, mettre dans le désordre; désajuster, pervertir; mettre tout en confusion; couler une personne, la ruiner» en Egipto (Bocthor); en España mismo el vocablo estuvo en uso, aunque PAlc. y R. Martí sólo registran la primera forma en el sentido de 'engañar', pero el último trae de todos modos la 7.ª forma en la ac. 'destruirse'.

No hay duda de que los sentidos castellanos se explican perfectamente partiendo de la idea de 'echar a perder', 'arruinar', y que el matiz de 'hacerlo así por la prisa' se desarrolló secundariamente. Formalmente *harbar* procederá del nombre de acción o infinitivo *ḥarb*; la variante *jarbear* se explica como *fidear* de *fíd*, V. *FIDEO* y demás casos análogos allí citados.

DERIV. *Harbullar* 'farfullar' [Acad. 1925 o 1936], cruce con *FARFULLAR*; *harbullista* [1625, como voz vulgar o mal sonante, en Pedro Espinosa, *Obras*, p. 196]. Del verbo ár. *ḥárab* directamente quizá derive *haravillo* «batidor, meneador» (1525, Rob. de Nola, pp. 74, 222).

[1] De este ejemplo parece haberse sacado la definición de *harbar* «coudre à grands points; faire une chose à la hâte», que según Farhi y Steiger (*VRom.* III, 305) se hallaría en Oudin, aunque no

en la 1.ª ni la 2.ª edición de este diccionario.—
[2] Confirmado por Figueiredo con definiciones semejantes, como vocablo trasmontano, y en el sentido de «apanhar muito calor» como voz provincial. Además las ediciones póstumas traen un
«*afervar*: tornar fervente; aferventar; afervorar»,
que me parece algo sospechoso.— [3] Cynthia Crews,
VRom. XIV, 307, aunque por lo visto acepta mi
etimología, afirma que me equivoco al admitir
que estas acs. judeoespañolas son arcaísmos castellanos, y asegura que se deben al influjo de la
raíz hebrea ḥ-r-ᵬ 'echado a perder, seco' (por lo
demás, hermana del étimo arábigo *ḥárab*), en lo
cual no se puede asegurar si tiene o no tiene
razón, pues aunque parece seguro el origen hebreo del judesp. *ḥarboná* 'paliza', y es posible
que éste influyera, también pudo hacerlo solamente en el sentido de ayudar a conservar una
ac. arcaica castellana, perdida por lo demás en España, pero procedente del árabe.— [4] Hebr. *harbagh*
'cuatro', porque el muchacho que escribe mal
encadena cuatro letras a un tiempo. Ár. *harab*
'escritura en cifra empleada en tiempo de guerra'
(no sé en qué palabra arábiga piensa ahí Covarr.,
pero no vale la pena buscarlo, pues no satisface
semánticamente).

HARCA, del ár. marroquí *ḥárka* 'expedición militar', ár. *ḥáraka*. *1.ª doc.*: Acad. 1925 o 1936.
Lerchundi *ḥarka*, s. v. *expedición militar*; Dozy,
Suppl. I, 276a, *ḥáraka*: «marche; expédition mili-
taire; mouvements de troupes; manœuvre, etc.».
De aquí, según el dicc. Alcover, vendrá el val. *fer
(h)arca* 'hacer una pedrea (los chicos)': de la idea
de 'expedición militar'.

Harda, V. *ardilla*   *Hardalear*, V. *ardalear*

HARÉN, tomado del fr. *harem* íd., y éste del
ár. *ḥáram* 'cosa prohibida o sagrada'. *1.ª doc.*: M.
J. de Larra (en Pagés), † 1837.
Así según Dozy, *Gloss.*, 284. En francés se halla
por primera vez, en la forma *haram*, en 1697. Es
probable, sin embargo, que los occidentales mezclaran dos palabras de la misma raíz, de significado
casi idéntico: la citada y *ḥarîm* (pron. vulgarmente *ḥarêm*), que aparece con el significado de 'harén'
en las Mil y Una Noches, y R. Martí la traduce
por 'familia' (Dozy, *Suppl.* I, 278). De la idea de
'cosa prohibida' se pasó a 'mujeres a quienes un
hombre ajeno a la familia no puede ver'.

Harija, V. *farro*

HARINA, del lat. FARĪNA íd. *1.ª doc.*: *farina*,
Berceo.
Palabra de todas las épocas y ambientes del
idioma y conservada asimismo en todos los romances. El gall. *fariña* se ha propagado a parte del
ast.: *fariña* en Oviedo y Villaviciosa, *jariña* en
Llanes y Ribadesella, pero *farina* en Colunga y en

el Occidente de la región (V), 'harina de maíz
cocida con agua'; *fariña* 'harina de mandioca', arg.,
tomado del port. *farinha* 'harina'. En Cuba *harina*
designa la del maíz, mientras que la del trigo se
llama *harina de Castilla*, según observa F. Ortiz,
Ca., 124.
DERIV. *Harinado*; comp. ALFARNATE. *Harinero* (en la ac. 'cajón donde cae la harina' en Lagartera, prov. Toledo, Espinosa-Castellanos, *RFE*
XXIII; acaso tenga la misma ac. *arinal* en invent.
arag. de 1331, *BRAE* II, 554, en otras partes *har-
nal* según *RFE* XXIII). *Harinoso*. *Harnero* 'cribo'
[*farnero*, J. Ruiz, 718, 723; *harnero*, Nebr.; 1542,
D. Gracián], síncopa de *harinero*[1]; *harnerero*; *harneruelo* [1633, Lz. de Arenas, p. 5]. *Enharinar*.
Fariño salm. '(tierra) de ínfima calidad', derivado
del portuguesismo *fariña*. *Farinato*, salm. *Farinetas*,
arag. Cultismo: *farináceo*.
[1] Comp. el gall. *farnar* 'fecundarse los cereales
y uvas por medio del polvillo de sus estambres',
otro derivado sincopado de FARINA, para el cual
vid. G. de Diego, *RFE* VII, 143. *Farnar* figura
en los diccionarios gallegos desde el de F. J. Rodríguez; el deriv. *farna* «época o acto de fecundarse ciertas plantas» (Vall.) y de ahí concretando
farna o *farnas* 'los pendones o garzotas de la
caña del maíz' (Sarm. *CaG.* 61v, todavía usual
en Pontevedra y Orense, vid. Crespo Pozo, s. v.
maíz). De ahí luego *fármentos*, planta gall. muy
conocida que Sarm. (ib. 158v, A99r) identifica
con el *cenizo* o *ceñilgo*, justificando tan atinada
etimología «por la ceniza o harina que tiene la
hoja en el respaldo».

Hariscarse, V. *arisco*   *Hármaga*, V. *alharma*
Harnerero, harnero, harneruelo, V. *harina*   *Haro*,
V. *hala*   *Harón, haronear, haronia*, V. *haragán*
Harpado, harpar, V. *harapo*   *harpillar*, V. *har-
pillera*

HARPILLERA, 'tejido basto para empacar mercancías o cubrirlas del polvo', del mismo origen
incierto que el arag. ant. *sarpillera*, port. *serapilheira*, cat. *serpellera*, *xarpellera*, oc. *serpelheira*,
fr. *serpillère* íd., cat. *(en)serpellar*, oc. ant. *serpelar*
'empacar con harpillera', fr. ant. *sarpe(il)lage* 'em-
paque con esta tela', quizá emparentado también
con oc. mod. *serpilho* 'harapo', fr. ant. *de(s)ser-
pillié* 'desharrapado', *desserpillier* 'desvalijar, robar,
despojar'; en castellano el vocablo parece ser catalanismo o galicismo antiguo. *1.ª doc.*: *sarpillera*,
invent. zaragozano de 1497[1]; *harpillera*, doc. salmantino de 1505[2].
Posteriormente hallamos *harpillera* en la ac. conocida en C. de Fonseca (1596), en el *Quijote*
(*Aut.*) y *arpillera* en varios autores del S. XVIII
(*DHist.*). Covarr. define «*harpillera*: la funda con
que se embuelve la pieça de paño o seda, por ser
como desecho y pedaço de otro paño basto»[3];
Oudin registra el vocablo con definiciones análo-

gas, y escribiéndolo sin *h* y con ella. Hoy es palabra conocida generalmente (España, Argentina,
etc.). Junto al sustantivo está el verbo *arpillar* 'cubrir con harpillera', que en castellano se registra
como mejicanismo y ya a med. S. XIX, pero ade- 5
más hallamos *boca arpillada* 'cerrada', 'la del que
no quiere hablar' en Pedro Laínez, escritor alca-
laíno de h. 1580 (*DHist.*), que parece ser un empleo figurado del mismo vocablo. En cuanto al
cast. *herpil* 'saco de red de tomiza, con mallas an- 10
chas, destinado a portear paja, melones, etc.' [Acad.
1884, no 1843], ya no es seguro que pertenezca
a la misma familia; según A. Castro se pronuncia
con *h* aspirada en Andalucía, y, efectivamente, Espinosa y R. Castellano registran *jarpil* en dos 15
pueblos de Granada, *jarpí* en dos de Jaén y *jelpil*
en otro de la misma provincia (*RFE* XXIII, 247,
251): es probable que sea derivado de *jarpa* 'tira
de lienzo', y de su primitivo el verbo *harpar* 'desgarrar' (V. *HARAPO*, y nótese allí la variante 20
ferpa), o si se quiere de *FELPA*, que al fin y al
cabo parece tener el mismo origen; y aunque lo
anterior me parece más verosímil, también podría
tener que ver con *harpillera*, pero entonces deberíamos mirarlo, en vista de su fecha tardía, co- 25
mo un mero postverbal del verbo *(h)arpillar*, sin
mucho interés para la etimología del vocablo[4].
Véanse además las palabras dialectales hispánicas citadas por García de Diego, *RFE* IX, 134,
y *REW*[3], 9601*a*, ciertamente pertenecientes a la 30
misma familia; en cuanto al vasco guip. y a. nav.
zarpail, *zarpil*, 'andrajo', son tomados del romance, si bien cruzados en vasco con la familia a que
me refiero en la nota 11. Luego debe suprimirse
este artículo del *REW*. 35
Salta a la vista que *harpillera* es lo mismo que
el port. *serapilheira* [Moraes], cat. *serpellera*, oc.
serpelhieira, fr. *serpillère*, que designan la misma
clase de tejido; así lo confirma el citado arág.
sarpillera. En Cataluña y en Francia, por lo me- 40
nos, el vocablo es muy antiguo. Leemos el vocablo catalán en doc. de 1284[5], y escrito *sarpellera*
o *sarpallera* aparece varias veces en las Costumbres de Tortosa, también del S. XIII[6]; para más
ejs. de los SS. XIV a XVII, V. Ag., y nótese 45
allí especialmente *serpellera* 'especie de manta que
se fabricaba en Valencia en el S. XIV'; hoy la
forma más conocida en Barcelona es *arpillera*
(también Igualada, *BDC* XIX, 45), pero también
tiene mucha extensión *xarpellera* (Feliu i Codina, 50
Lo Bruch, en *La Renaixensa*, folletín de 1900, p.
50; *xarpayera*, Mallorca, 1790, en Ag.), que es
la forma preferida por Fabra, aunque *arpillera*
figura también en el suplemento de este diccionario. En lengua de Oc hallamos *sarpelheira* en 55
Peire de la Mula, que parece haber florecido h.
1200, *sarpeilleria* en los Estatutos latinos de Marsella, fin del S. XIII (Du C.); por lo demás,
predomina la forma en *serp-* (ya *serpelhieyra* en
un glosario escrito en Sarlat en 1297; *serpel(li)ei-* 60

ra en otros textos). Para el francés hay que completar los datos de God. (X, 667*b*; VII, 319) con
los de Du C.: así tenemos *sarpilliere* desde el
S. XII al XV, pero la forma moderna en *se-*
también se halla desde 1317[7]; hoy es frecuente
en dialectos del extremo Norte, pero también en
Champagne, Saintonge y Poitou (Gamillscheg,
EWFS). En todas partes el vocablo puede tomar
otras acs.: 'especie de manto de paño bueno'
(así en el *Roman d'Alexandre*, S. XII), 'especie
de delantal', «pellis sive vestis vetus et praecisa
et detrita» (glos. de 1297), pero la ac. moderna
es ya frecuente desde el principio en los tres
idiomas, V. los citados ejs. catalanes y el documento francés de 1233 aducido por Du C.: «pro
sarpilleriis ad pannos involvendos». Hay además
el verbo cat. *serpellar* 'empacar con harpillera',
a. 1467, *desensarpellar* 'sacar de la harpillera' en
las Costumbres de Tortosa (ed. Oliver, p. 412),
oc. ant. *serpelar* (S. XIV), *-ilhar*, y la existencia
del mismo en francés se deduce de la de *sar-*
pe(il)lage «emballage avec de la serpillière» (SS.
XIV-XV).
Como etimología admite Meyer-Lübke[8] un derivado de SĬRPĬCŬLUS 'relativo al junco', sustantivado en el sentido de 'cesta, canasta': esta etimología la aceptó M-L. en la primera edición
de su diccionario, y de ahí pasó a Gamillscheg;
aseguraba éste que *sarpillière* aparecía en el S. XII
y la variante en *se-* sólo desde el XVI, compa-
rándola con el caso de *sarge > serge;* fijándose
en este detalle fonético y en el significado, M-L.,
en la 3.ª ed. de su diccionario, presenta este origen como muy dudoso. En realidad, según hemos visto, la forma con *e* es aproximadamente
igual antigua que la otra. Tomando el punto de
vista semántico, Bloch duda porque no sabemos
la antigüedad de la ac. moderna (pero ya hemos
visto que ésta es tan antigua como las demás),
y Sainéan (*Sources Indig.* I, 372), al inclinarse
por otra etimología, parece partir también de un
sentido primitivo 'manto'[9]. En conclusión, si bien
es verdad que no hay dificultades fonéticas, es
cierto que esta etimología está lejos de ser clara
en lo semántico; de todos modos, es concebible
que de 'tejido de juncos' se pasara a 'tejido de
esparto', y por el doc. catalán de 1284 hemos
visto cómo la *serpelera* se menciona junto con
envolturas de esparto, palma, cáñamo, etc.
Veamos otros posibles enlaces etimológicos. Es
muy concebible que tenga razón Sainéan al relacionar con el prov. mod. y langued. *serpilho*[10]
'harapo, andrajo' (Mistral), tanto más cuanto que
deserpillé 'desharrapado' se halla en Joinville (V.
las citas en Du C., Ménage y Tobler; la *-s-* deberá entenderse como igual a *-ss-*), y un verbo
desserpillier «dépouiller, dérober, spolier» es frecuente en francés antiguo desde 1271 (God.; Du
C., s. v. *serpeilleria*), *desserpilleur* «voleur de grand
chemin» todavía en Cotgrave, todo lo cual pare-

ce comprobar la existencia de un fr. *serpille* 'ropa
modesta, harapo'. ¿Se tratará de un derivado de
oc. ant. *serp* 'serpiente', con el sentido de 'muda
de la culebra', como quiere Mistral? Quizá, pero
la existencia de derivados de *serpille* en francés 5
(donde no se documenta el tema abreviado *serp-*
para 'serpiente') es una dificultad, y por otra parte *serpille* 'vestido modesto, harapo' es compatible
con la etimología SIRPICULUS, puesto que existen
camisas tejidas de esparto o materiales análogos, 10
como el cilicio. En cuanto a la idea de Littré,
de relacionar con el b. lat. *serapellina vestis* 'vestido harapiento' (variante del gr. ξηραμπέλινος
'de color de pámpano seco'), ya expresada por
el glosador occitano de 1297[11], sería posible a 15
base de admitir que *serapellina* se contrajera en
serapelna > *serapella*, aunque así y todo habría
ligeras dificultades fonéticas. El apoyo que prestaría a la idea el port. *serapilheira* 'harpillera' sería débil, pues su fecha tardía invita a interpre- 20
tarlo como forma anaptíctica; el cast. *jerapellina*
'harapo' [1739, *xer-, Aut.*] muestra el acento en
la *í*. De todos modos, no deberá perderse de vista
esta idea, que no es imposible[12].

Primeramente convendría poder determinar la 25
antigüedad y la procedencia inmediata de la
forma castellana *harpillera*. Una *-ll-* castellana que
corresponda a *-lh-* occitana y *-ll-* palatal francesa
indica palabra no autóctona, luego es probable
que se tomara del catalán o del galorrománico. 30
Falta explicar la desaparición de la *s-*. Si la variante catalana *arpillera* fuese antigua y castiza,
podría explicarse por falsa separación del artículo antiguo y dialectal de este idioma, *sa*, procedente del lat. IPSA; entonces quedaría asegurado 35
el origen catalán. Pero el cat. *arpillera* parece ser
reciente y quizá sea castellanismo. Entonces deberíamos explicar el paso de *las sarpilleras* a *las
arpilleras* por confusión de las dos *ss* en el plural
castellano. La idea insinuada por Castro de que 40
sarpillera pasara a *xarpillera, jarpillera*, y después
se tomara esta *j-* por una *h-* aspirada, no es posible, teniendo en cuenta que la forma con *h-*
ya aparece en 1505, cuando la *x-* todavía no se
confundía con *j-*. 45

[1] «Una talegua de una *sarpillera* de tela ver-
mexa», *BRAE* II, 88.— [2] «Costaron más dos *har-
pilleras* amarillas que faltó para los dichos mo-
mos çinquenta e çinco maravedís», *BRAE* X,
578.— [3] Da a entender por lo tanto que es de- 50
rivado de *harpar* 'desgarrar', lo cual no es posible en vista de la *s-* de las demás formas romances.— [4] A. Castro relaciona con la glosa «amilla: *arpilla*» del Glosario del Escorial, suponiendo
que éste es el primitivo de donde deriva *arpi-* 55
llera, y admitiendo que *amilla* sea alteración de
camilla por falsa separación de la *c-* tras el
pronombre *haec* que designa el género femenino
del vocablo. Pero esto es muy arriesgado no habiendo otros testimonios de *arpilla* ni de *ami-* 60

lla; en cuanto a *camilla,* es un oscuro hápax
recogido por Du C., al parecer en el sentido de
'capuz', lo cual está muy distante, y *camilla*
puede ser errata por *capilla*, como sospecha Du
C. Spitzer (*MLN* LIII, 126) prefiere interpretar *amilla* como variante de *amylum* 'almidón',
por ser la harpillera una tela rígida. Pero es muy
dudoso que *arpilla* tenga que ver con *harpillera:* puede tratarse simplemente de *arpella* 'ave
de rapiña', y entonces *amilla* estaría relacionado
con el cast. *milano,* cat. *miloca,* lat. MILVUS. G.
de Diego, *Contrib.* § 550, en vista de *herpil*
y de *arpillar,* duda de la etimología de M-L.,
y sugiere relación con el famoso FALUPPA 'pajita' (V. *HARAPO*), pero es temerario separar
a *harpillera* de *serpillière* y su familia.— [5] «Totes
serpeleres grosses e cordes grosses d'aver de pes,
axi com son d'espart e de palma e de datilers...
serpelera ni sac de lin, ni de canem, ni de lana,
ni cabàs doble de Terragona», *Reva de Perpiñán, RLR* IV, 376.— [6] Se trata también de una
tarifa de aduanas, y el vocablo parece designar
una medida de las mercancías para evaluar lo
que les corresponde pagar; lo cual se explica,
según los datos de Du C. (s. v. *sarplare* y otros),
por aplicarse el vocablo a la funda o saco de
harpillera, de tamaño fijado legalmente: se decía, pues, que una mercancía pagaba tanto por
harpillera, como hoy podríamos decir tanto por
cada bala.— [7] Agréguese *cerpiliere* en texto de
Soissons, 2.ª mitad del S. XIV, *Rom.* LXI, 348.
Y *serpillière* en el *Catholicon Parvum,* otro glosario muy antiguo.— [8] *REW*[1] 7953, citándola de
RF I, 164, pero esta cita es equivocada.— [9] Como etimología prefiere *charpir* 'carmenar' y *charpie* 'hilas', fijándose en Saintonge *charpiller* (variante *sarpiller*), que sería «déchirer la laine».
Pero el sentido único que dan los diccionarios
de este dialecto a dicho verbo es «réduire en
charpie»: luego es un mero derivado de *charpie*
sin relación con *serpillière*. La idea de Sainéan
es imposible, porque *charpir* tiene CA- originaria, que no puede explicar el oc. ant. y cat. ant.
serpellera.— [10] Con el langued. y prov. *serpilho*
'harapo' van sus sinónimos vasco *zarp(a)il* y gall.
zarapello (Vall., quizá relacionado a su vez con el
gall. *cerello* íd.).— [11] «Hec *xerapellina*: est pellis
sive vestis vetus et precisa et detrita, *serpelhieyra*».
Antoine Thomas, *Rom.* XXXIV, 204, se decla-
ra escéptico ante la idea.— [12] Krüger, *VKR* VIII,
12n., relaciona con *serpelhieira* Bigorra *sarpoú,
sarpo, charpo,* 'zurrón de pastor, hecho de piel'
(vasco *zarpa* 'faltriquera'). Me parece improbable.
Más bien parece haber relación con el fr. *écharpe,*
o con gasc. *sarpàt* 'puñado', relacionado con
ZARPA.

HARRADO, 'el rincón o ángulo entrante que
forma la bóveda esquilfada', 'enjuta', origen desconocido. *1.ª doc.:* Acad. 1925 o 1936.

Harriero, V. *arre*   *Harruquero,* V. *arre*

HARTO, del lat. FARTUS 'relleno', participio pasivo de FARCIRE 'rellenar, atiborrar'. *1.ª doc.: farto, Cid.*

Frecuente en todas las épocas. Sólo conservado en los tres romances ibéricos; el verbo *farcir* se ha conservado en catalán y galorrománico. El empleo adverbial se documenta por lo menos desde el S. XVI (ej. de Ambrosio de Morales en *Aut.*), y aunque hoy se ha hecho arcaico en muchas partes, sigue siendo popular en Chile y otros países de América. Es notable el empleo en femenino en el segundo *Lazarillo* (a. 1555) «entramos dentro con *harta* poca resistencia», del cual se podrían hallar ejs. en el actual uso americano. Sustantivado en el sentido de 'hartura': «tal vez suele agradar una villana / como tosco manjar, que por antojos / da el *arto* del faysán al apetito», Vélez de Guevara, *Serrana de la Vera,* v. 3135.

DERIV. *Hartón* 'pan' gnía. (V. *ARTALETE*). *Hartura* [Nebr.], *hartazga* [Nebr.] o *hartazgo.* Port. y gall. *fartura* 'fertilidad, superfluidad'; gall. *farturento* 'fértil' (Castelao 143.25). *Hartío, Hartar* [*f-, Cid*], también port. *fartar,* cat. *afartar*; *hartada. Fartucu* o *fartu* 'harto' ast.; *fartar* o *fartucar* 'hartar' ast. (V). *Farte* o *fartal,* ant. *Infarto,* tomado del lat. *ínfartus* 'lleno, atiborrado', participio de *infarcire* 'rellenar'; *infartar.*

CPT. *Hartabellacos* 'tortilla de pan guisada' zamor. (F. Duro).

HASTA, del ár. *ḥáttà* íd., de donde también procede el port.[1] *até*; la *s* del castellano moderno resulta de una diferenciación de las dos *tt* del original arábigo, pasando por la antigua forma *(h)adta. 1.ª doc.: adta,* doc. de Cardeña, a. 945; *fasta* y *hasta,* S. XIII.

M. P., *Oríg.,* 392-3; *Cid,* 682-3; Oelschl. *Adta* se halla en docs. de 945 y 1069, *adte* en 1050 y 1092. *Ata* es corriente en la época primitiva, desde las Glosas Emilianenses (*ata quando,* n.º 110) hasta el Fuero de Avilés, *Auto de los Reyes Magos* («por vertad no lo creo / ata que yo lo veo», v. 116), el *Alex.* (579, 2116), y hoy sobrevive en ciertas hablas mirandesas (Leite, *Philol. Mir.* II, 38) y asturianas (junto a *fasta:* Rato)[2]; también se halla *hata* (doc. de 1098; *Auto de los R. M.*), que era probablemente la forma pronunciada por el autor del *Cid,* en cuyo manuscrito predomina con la grafía *fata,* corriente en otros antiguos textos literarios (*Gr. Conq. de Ultr.,* 573); en cuanto a *fasta,* se documenta en escritura de 1074, pero es copia del S. XIII, y es posible que algo parecido ocurra con otros testimonios de 1124 y 1200, con algún ej. que figura en el ms. del *Cid* y con uno de *asta* en 1186; los mss. antiguos de Berceo vacilan entre *fata* y *fasta*[3]; ésta es la forma que se generaliza

desde el siglo siguiente, y *hasta* desde Nebr.[4] La evolución fonética se explica por la doble *tt* del árabe, combinación ajena al romance, que los castellanos se esforzaron por imitar; para evitar la simplificación se produjo una diferenciación *(h)adta* con *d* fricativa, que evolucionó hacia una fricativa completa, pero ésta no pudo ser una *z* como en *juzgar, -azgo* (< *judgar, -adgo*), pues el idioma rechazaba la combinación *-zt-* (cambiada normalmente en *-z-,* vid. *AZOR, ZAGUÁN,* etc.), y así en nuestro caso se acabó por estabilizar el grupo en la forma *-st-.*

Con valor de conjunción ya se emplea en lo antiguo la combinación *ha(s)ta que,* pero también se halla el simple *fa(s)ta: fata sea leída,* Berceo, *Sacr.* 40c; *fasta vea la carta,* Mil. 816c.

En gallego, ya en la infancia de Sarm., había penetrado el cast. *asta* y, en 1745, muchos lo cambiaban en *astra* (*CaG.* 119r). Pero sigue empleándose la forma castiza *atá* (Castelao 19.20, 21.1f., «*atá* os mortos a teñen» 35.2, aunque también emplea *até*: «*até* confundir a nosa terra co ceo» 271.26, 272.9, etc.). Antiguamente predomina *ata* en gallego-portugués (*MirSgo.*; R. Lapa cita diez casos en las *CEsc.*; también en antiguos poetas de Portugal, como Don Denís, v. 2432; y cf. *Boletim de Fil.* XII, 320), pero aun en las *Ctgs.* se halla a veces la forma *ate*: Mettmann cita nueve ejs., frente a 26 de *ata.* Además este glosario cita tres del compuesto *ate en* (*ateẽ,* etc.) y cuatro de *ate es* (*atẽ es*), y hay un par de ambos en R. Lapa; también port. ant. *atem* (Viterbo), contracción de los *até em, ata em, ata hem,* que documenta Cortesão (ahí también las variantes en *-es*).

[1] S. da Silva Neto, *Fs. Wartburg* 1958, 751-761, quiere volver por la etimología AD TENUS del port. *até,* o mejor dicho, atendiendo a lo que expresa en la pág. 758, parece creer que *até* viene del árabe, pero las variantes medievales *atées, atẽe,* saldrían de AD TENUS. Ambas cosas son, claro está, inadmisibles, puesto que TENUS sólo podría haber dado **tẽos,* forma inexistente. Él sugiere que el influjo de FINE(S) (> it. *fino,* cat. *fins*) pudo cambiar TENUS en un **TENES* hipotético: es combinación sumamente inverosímil, tanto más cuanto que *tenus* no ha dejado huellas en ninguna lengua romance, y como su empleo desaparece ya en latín desde la época antonina (en que sólo lo emplea algún escritor arcaizante, como Apuleyo, vid. Ernout-M.), estamos seguros de que nunca perteneció al latín vulgar. Lo existente en romance es el arabismo *ḥattä,* y de él, por lo tanto, habrá que partir, puesto que es general en iberorrománico en todas las épocas, y en todos los dialectos y lenguas salvo el catalán. A lo sumo se le podría conceder que la forma *atẽe(s)* se deba a una alteración del arabismo *até* por influjo de FINES. Pero esto es innecesario: todo se explica por la combinación *até em* (< IN) a la cual se agregó ocasionalmen-

te -*s*: sea -*s* adverbial como la del cat. *fins* o
del fr. *jusques*, o IPSUM (V. nota 2). *Atēē no
bragueiro* en una ctga. de Pero d'Ambroa (h.
1270) coincide con IN; *atēēs acá* en otra de Pero
da Ponte (gallego, med. S. XIII) ejemplifica el segundo caso (R. Lapa, *CEsc.* 329.14, 365.12).—
² La forma *atanes*, que algunos han citado en apoyo de la etimología AD TENUS que antes se atribuyó al port. *até*, no existe en realidad: debe leerse,
en el *Fuero Juzgo* VI, viii. 16, *ata (e)n es-aquí*
'hasta aquí mismo' (A. Castro, *RFE* V, 25) con la
combinación *hasta en*, que no es rara (cf. los
varios casos gallegoportugueses de las *Cantigas*,
ya citados: *atēes* y *atães*) y con la cual quisiera
M-L. (*REW* 4077) explicar la *e* del portugués
até. Pero la grafía castellana *adte* de 1050 y 1092
prueba que no es ésta la explicación, pues en
Castilla no es posible la caída de la -N de IN ante
inicial vocálica, como lo sería en portugués; luego
ha de tratarse de una pronunciación cerrada de
la -*à* arábiga; el acento se trasladó en portugués
a causa de la posición proclítica, por un fenómeno paralelo al observado en *redor* (vid. *ALRE-
DEDOR*). La grafía *haté*, en efecto, se halla documentada en hispano-árabe, vid. Steiger, *Contrib.* 218 n. 1. Sanelo (88 r°) registra *hatti* 'hasta'
como adverbio valenciano, aunque no hay datos
de otras fuentes que lo confirmen: ¿sería forma
morisca? ¿O tomada del P. Guadix?— ³ Sin
proponerme un recuento completo hallo 5 ejs. de
fasta y 4 de *fata*; *hasta* sólo veo en el ms. moderno *I*.— ⁴ Modernamente, *hasta* ha pasado al
catalán ciudadano, aunque no sólo lo rechazan
el lenguaje rústico y la lengua literaria, sino que
fins sigue en vigor en sectores más amplios de Barcelona y demás ciudades. En Valencia han alcanzado bastante extensión las variantes *dasta, hasda,
handa* y *danda*, en las cuales se observa un influjo creciente de la preposición opuesta *des de*
(*dende*).

HASTIAL, 'parte superior triangular de la fachada de un edificio en la cual descansan las
dos vertientes del tejado o cubierta', derivado de
un preliterario **hastío*, que procede del lat. FAS-
TĪGĬUM 'pendiente, inclinación', 'tejado de dos vertientes', 'cumbre de un edificio construído en
esta forma, o de una montaña'. *1.ª doc.: fastial,
Alex.*, 2390.

Para la evolución semántica del vocablo en latín, vid. Ernout-M. Sólo conservado en castellano. En *Alex.* puede ya tener la ac. moderna, aunque aplicada a una tienda (o bien aplicarse a
toda la fachada de la misma). Aparece también
en el *Canc.* de Baena, p. 289, y *hastial* ya en APal.
(336*d*, 107*d*). Modernamente, en algunas partes
se pronuncia *jastial*, en otras, después de la pérdida de la aspiración ha habido influjo del prefijo *es-*, de donde *hestial* en Cespedosa (*RFE* XV,
137). Como cultismo se ha empleado *fastigio*

'cumbre' [1547, A. de Fuentes]. Comp. *MOJI-
NETE*.

HASTÍO, del lat. FASTIDĬUM 'asco, repugnancia', 'gusto excesivamente delicado'. *1.ª doc.: «has-
tio: fastidium»*, Nebr.

Cej. VIII, § 114. Conservado en port. *jastio*,
cat. ant. *fastig*, oc. ant. y prov. mod. *fasti(g)* (en
Sicilia y Cerdeña quizá sea hispanismo; el cat.
y langued. *fàstic* 'asco', oc. ant. *fastic*, no están
bien explicados). En castellano tenemos también
fastío en P. M. de Urrea (1514) y en otro autor
del S. XVI¹; *hastío* es frecuente desde mediados
de la misma centuria (*Aut.*). Como duplicado
culto ya aparece *fastidio* en *Calila* 39.695 y APal.
22*b*, 41*b*, 119*b*, 155*b*². Para un literato granadino
de 1601 *fastidio*, como forma propia de Castilla, se
oponía a *hastío* de Andalucía, *BRAE* XXXIV, 370.

DERIV. *Hastioso* [Nebr.], hoy anticuado por su
duplicado culto *fastidioso* [APal. 101*b*, 286*b*, 99*b*].
Hastiar [h. 1600, *Aut.*], antes *enhastiar* [Nebr.
«satio, fastidium affero», con su derivado *enhas-
tio; enfastiar*, Covarr.; en Cespedosa analógicamente se ha pronunciado en el presente *enfástio,
enfástias*, etc., y de ahí el sustantivo *enfástio*,
que no hay razón para suponer previo, como hace S. Sevilla, *RFE* XV, 159]³; duplicado culto
fastidiar [1463, J. de Lucena]; con el matiz moderno de 'importunar, molestar' es rarísimo todavía
en el Siglo de Oro, donde sólo lo puedo señalar en
el mejicano Rz. de Alarcón («¿Será razón que su
pecho / *fastidien* y sus orejas, / en el tálamo con
quejas, / y con celos en el lecho?», *La Amistad
castigada* III, ii, 147).

¹ Sánchez Sevilla, *RFE* XV, 144, quien supone una acentuación *fástio*, quizá sin razón.—
² En Canarias 'inapetencia', *BRAE* VII, 335.—
³ De ahí pudo venir en mi opinión el port. *afastar*,
port. ant. *fastar* 'desviar', 'apartar', 'alejar', que
ya es frecuente en ambas formas, y con el sentido moderno, en el S. XIV (V. el glosario de
Magne a la *Demanda do Sto. Graal*); *fastar*
está también en la *Eufrosina*, S. XVI, puesto
en imperativo para hacer desviar animales (cita
de Fig.), y de la misma manera se emplea hoy
en Galicia (Schneider, *VKR* XI, s. v.); gall. ant.
fastarse 'apartarse' (*MirSgo.* 113.28), *afastarse*
(*Ctgs.* 233.43), hoy es también gallego («afastoume
d'aquela xuntanza» Castelao, 180.1 y *passim*).
El paso de *fastiar* a *fastar* es normal, comp.
cristão 'cristiano', *bêsta* 'bestia', *lidar* 'lidiar', *termo, estudo, chuva, furna*, etc. El tránsito semántico no deja de ser comprensible: pensemos en el
amante que se hastía y aparta de una mujer, en el
glotón que acaba por alejar de sí los manjares.
Moraes cita de las *Ordenações Afonsinas* las frases
afastar-se da demanda «não prosseguir nos seus termos», *afastar-se do contrato* «não o cumprir»,
que apenas distan un paso del *enfastiar-se da
leitura das novelas* «cansar-se, desgostar-se» que

el mismo lexicógrafo anota en *Menina e Moça*. Nótese también el sentido del gallego del Limia *fastar* 'andar hacia atrás, retroceder', J. Lorenzo Fernández, *RDTP* IV, 87. Es notable también la frecuencia con que el idioma antiguo emplea nuestro vocablo en sentidos morales y figurados, como *fastar da conversação* en el *Leal Conselheiro*, S. XV, cap. 46, ed. París, 1842, p. 261; en el cap. 98, p. 476, el mismo Don Duarte recomienda al que traduce del latín emplear palabras «respondentes ao latym, nom mudando hũas por outras, assy que onde el desser per latym scorregar, nom ponha *afastar*». No creo que haya aquí ninguna indicación de que *afastar* tenga otro sentido que el ordinario, ni de que sea palabra incorrecta o de origen extranjero, sino que el rey recomienda sencillamente que si el modelo latino dice *labi* 'deslizarse' (*escorregar-se* en port.) no se traduzca aproximadamente por 'desviarse'. Creer que derive de *fasta* 'hasta' (forma que además apenas existe en portugués antiguo, donde ya es general el moderno *até* o *atá*), me parece una idea tan descabellada desde el punto de vista semántico y formativo que es extraño la aceptaran Coelho, M-L. (*REW* 4077) y otros. De una manera general, nada se conoce en árabe ni en germánico que se parezca a *afastar*, y como ha sido creencia común la de que sólo aquellas lenguas, en suelo portugués, habían dado palabras no latinas con *f*, es natural empeñarse en buscar y rebuscar una etimología latina para *afastar*. Sin embargo se ha visto en nuestros días que hay también allá un filón prerromano con efes. Lo cual invita a poner en grave duda los fuertes equilibrios y combinaciones semánticas a que obliga la derivación de FASTIDIUM y tomar muy en serio la hipotética etimología sorotáptica que propuse y publiqué en los Coloquios Prerromanos de Salamanca de 1974 (V. allí).

Hata, V. *hasta*

HATACA, 'cuchara grande de palo con que se revuelven los guisados' ant., origen incierto, quizá arábigo. *1.ª doc.*: Nebr.: «Hataca para mecer: rudicula».

Esta palabra latina significa 'espátula', y *mecer* debe entenderse en el sentido de 'agitar, revolver'. Covarr. y *Aut.* se fundan explícitamente en Nebr.; el primero se define «una cuchar de palo grande con que se rebuelve y se saca la carne u otro guisado de la olla»; *Aut.*, entendiendo mal a Nebr., dice además que es «el rodillo para tender la massa», ac. imaginaria que conserva todavía la Acad.; los autores de este diccionario no parecen conocer el vocablo más que de segunda mano. C. de las Casas (1570), además de «hataca de hierro: ramaiuolo» ('cucharón'), registra «hataca: mescola, mestola», es decir, 'paleta de albañil'; Percivale (1591) y Oudin repiten la

definición de Nebr. y Covarr.[1] No tengo noticias de que el vocablo se emplee actualmente en parte alguna, salvo en portugués, donde *fataca* es palabra dialectal del Alentejo con el sentido de «instrumento de madeira, para a divisão da coalhada, no fabrico do queijo» (Fig.); de ahí acaso el familiar *fatacaz* (en la Beira *fatracaz*), definido con las palabras «porção grande» y sus equivalentes «naco; tracanaz», y ya registrado por Moraes (*fatacaz de pão*). Las únicas etimologías propuestas son las imposibles de Covarr., que vacila entre derivar de unas raíces hebreas o hacerlo venir del fr. *attaquer* 'apretar', pero la *h-* de Nebr. es siempre aspirada, según confirma en este caso la forma alentejana, y nos obliga a eliminar la idea, que de todos modos no satisfaría. El aspecto del vocablo invita a buscar un origen árabe, pero no veo vocablos semejantes en los diccionarios, y PAlc. da palabras muy diferentes como traducción de *hataca*.

He aquí, sin embargo, una posibilidad, que señalaré: este lexicógrafo registra un vocablo *mahtéq* «estregadero para estregar las bestias» (plural *mahítiq*), «rebolcadero, rebolvedero» (plural *mahtequít*), que en R. Martí es *mahtákk* «asini bolcacio», es decir, 'revolcadero del asno'; se trata, por lo tanto (según observa Dozy, *Suppl.* I, 247b), del nombre locativo correspondiente a *'ihtákk* «se frotter contre quelque chose», «démanger (tête)», «fricuit, scabit (caput)», «commotus fuit eius animus», «confricuit se (ad palum)», «movit me (res)» (Freytag I, 409b), en Egipto «se frotter, s'attaquer à, se jouer à quelqu'un, l'attaquer inconsidérément» (Bocthor), en España 'revolcarse (el asno, etc.)' (R. Martí, PAlc.); *'ihtákk* es la 8.ª forma de la raíz *hákk* 'frotar', 'rascar', 'pulir', pero el plural *mahítiq* recogido por PAlc. (con pronunciación clásica sería *mahâtik*) revela que en el vulgar hispánico, reducidas las dos *kk* a una sola, se tomó el vocablo como derivado de una raíz *hátak*. Ahora bien, es sabido que los nombres de instrumento y de lugar en árabe se forman comúnmente con el prefijo *ma-* (*mi-*), pero pueden también ser de la forma *faᶜᶜâla* (Wright, *A Grammar of the Arabic Language* I, § 288), y a menudo estos dos tipos formativos coexisten y son equivalentes, p. ej. *tarrâha* y *mátrah*, ambos 'colchón' (de ahí ALMADRAQUE, y con otro sentido, ATARRAYA), *tarrâqa* y *mitraqa* (de donde ATARRAGA y MATRACA); es, pues, muy posible que de esta supuesta raíz **hátak* se formara un nombre instrumental **hattâka* en hispanoárabe con el significado de 'instrumento para revolver o estregar' (comp. la ac. 'paleta de albañil' en C. de las Casas), de donde pudo salir la palabra española; la única dificultad es que esperaríamos como resultado fonético **hateca*, pero el cambio de *â* en *é* entre consonantes no enfáticas, si bien es de regla, admite excepciones, que no siempre es posible explicar. Es, pues, etimología posible, aunque no segura.

[1] «A ladle, a great spoone, a potsticke»; «*hataca para mecer:* une grande cueillere ou louche, une spatule».

HATO, 'ropa, vestidos', 'porción de ganado, conjunto de personas o cosas', del mismo origen incierto que su sinónimo port. *fato*, y probablemente del mismo origen que el langued. y auvern. *fato* f. 'trapo, andrajo' y frprov. *fata* 'bolsillo', que parecen procedentes de un gót. *FAT 'vestidos', 'equipaje, bagaje' (escand. ant. *fǫt*, plur. de *fat*, íd., a. alem. ant. *fazzôn* 'vestirse', a. alem. med. *vetze* 'vestido', alem. *fetzen* 'harapo'); pero es probable que en castellano se mezclara con esta palabra germánica el ár. *hazz* 'porción que toca a cada cual', 'pago a un criado por su alimentación o como sueldo', de donde la ac. castellana 'provisión que se llevan los pastores o gañanes', y acaso otras. *1.ª doc.:* hato, J. Ruiz.

En este poeta aparecen ya varias de las acs. modernas. En 971*b* es 'vestido': la Serrana invitando al poeta a la lucha amorosa le dice «desbuélvete de aqués *hato*»; en 1471*b* es plural colectivo, en sentido análogo: «beo un monte grande de muchos biejos çapatos, / suelas rrotas e paños rrotos e viejos *hatos*»; en 1011*c* es 'conjunto de personas', pues dice que la Serrana forzuda «a grand *hato* daría lucha e grand conquista». De la ac. 'vestido' hay ejs. sobre todo en el lenguaje pastoril, de las Coplas de Mingo Revulgo (*Aut.*), la *Tragedia Policiana* y Sánchez de Badajoz[1]; hoy sigue empleándose *jato* 'traje' en Cespedosa (*RFE* XV, 143) y otras hablas leonesas. En este significado el singular tiene a menudo matiz colectivo, con lo cual se relaciona la ac. 'equipaje', documentada en Quevedo[2], hoy asturiana (*fatu* «equipo de persona que viaja y que lo lleva metido en un saco» R, «ropa y pequeño ajuar» V) y pasada al catalán, *fato* «fardell, equipatge de roba», «tota càrrega», que en estos sentidos se emplea no sólo en el Maestrazgo (García Girona, p. 324), sino más o menos en todo el Principado, con carácter popular; de ahí procede también *mozo de hato* 'el que se encarga de la impedimenta común a toda una compañía de farsantes' (Salas Barbadillo, Moreto); en las Sierras de Almería el *hato* es el lugar donde los labradores dejan su impedimenta y adonde acuden después a la hora de comer. Por otra parte, el significado 'rebaño' no es menos antiguo y arraigado, pues además del antecedente de J. Ruiz, la *Cabeza de los Hatos*, que se cita en el *Libro de la Montería* (S. XIV, vol. II, p. 303), procederá de esta ac., que está clara y repetidamente documentada en el S. XV, en *Mingo Revulgo*, la Crónica de Juan II, APal. (32*b*, 49*d*, 256*b*, 348*d*), Nebr. (*hato de ganado, de cabras, de oveias, de vacas, de ieguas, de puercos*); de

ahí las acs. 'corro o junta de personas' (popular y rústica), 'muchedumbre de cosas' (*hato de disparates, de cuentos,* etc.); de ahí procedería también la ac. indiana 'hacienda de campo destinada a la cría de toda clase de ganado, y principalmente el mayor' (Venezuela, Cuba, vid. Pichardo), ya antigua en estas regiones (V. el testimonio del portugués Gaspar Afonso en Gonçalves Viana); por este camino se llegaría a *hato de gitanos* 'rancho, campamento' («Dala a Pilatos, que es más mudable que *hato de gitanos*», Tirso, *Vergonzoso* I, 489). Del castellano viene el vasco-francés y roncalés (*h*)*atu* 'bagaje, muebles, mobiliario' y también 'rebaño', Michelena, *BSVAP* XI, 294. El portugués *fato* es hoy sobre todo, por lo menos en Lisboa, 'traje de hombre, terno' (M. L. Wagner, *VKR* X, 10-11), y la ac. 'vestido' se documenta allí por lo menos desde 1619 (Luis de Sousa, en Moraes); en el sentido de 'rebaño' está anticuado en el lenguaje común (pero no en el Minho, donde *fato* es 'rebaño pequeño', Leite de V., *Opúsc.* II, 166), pero es muy común en los SS. XV y XVI (*Ordenações Afonsinas, Inéditos de Alcobaça, Crónica de João III,* Eanes de Azurara); y aún el gallego moderno mantiene esta acepción[3]. Gonçalves Viana (*Apost.* I, 441) quisiera partir de ella, pasando por 'bagaje', 'bienes, mercancías'[4] (que documenta antiguamente en el jesuíta Antonio F. Cardim), para llegar a 'vestidos', lo cual sería posible, pero la evolución 'equipaje, conjunto de objetos domésticos' > 'conjunto de animales o personas' es preferible, en vista de las acs. que tiene el vocablo **fuera de la Península Ibérica**[5]. **Efectivamente, sólo** con referencia a ropa se halla nuestro vocablo en Francia: el femenino *fato* se extiende a casi todo el Languedoc y Auvernia con las acs. 'trapo, harapo', 'lienzo para tapar una herida', y el derivado *fatoun* (*hatoun*) se emplea también en Provenza y Gascuña: aunque no se documentan en la Edad Media, la gran extensión dialectal y la rica derivación aseguran su carácter autóctono (*FEW* III, 434-5); el frprov. *fáta* 'bolsillo' se extiende por Saboya, el Ain y casi toda Suiza (Duraffour *Festschrift Jud* 382-3; *ALF* 1042).

Como etimología ya Diez indicó su procedencia germánica, señalando una amplia familia formada por el escand. ant. *fat*, neutro (plural *fǫt*), 'vestidos', 'equipaje, bagaje', de donde los compuestos *fatabúr* 'guardarropía', 'Tesoro, tesorería', danés *fadeklud* (noruego *fataklut*) 'trapo de limpiar' (el primitivo *fad* significa hoy en danés 'fuente, escudilla') (vid. Falk-Torp, s. v.), el a. alem. ant. *fazzôn* 'vestirse', a. alem. med. *vetze* 'vestido', alem. *fetzen* 'harapo': el significado etimológico de esta familia, a la cual pertenecen el alem. *fass* 'tonel', 'recipiente' y *fassen* 'abarcar', parece haber sido 'abarcar, comprender', de donde las ideas de 'recipiente' y su contenido el 'equipaje', y por otra parte 'vestidura' (vid. Kluge, s. v. *fetzen,* *fassen*; Falk-Torp, s. v. *fatte*). Es familia común a todas las ramas del germánico, pues aun en gótico hallamos, con un vocalismo diferente, *fêtjan* 'adornar'. Es, pues, lícito postular un gót. *FAT que correspondiera por la forma a la voz escandinava y por el significado a ésta y a las palabras alemanas. Sin embargo, M-L. (*REW* 3218) rechazó esta etimología porque la -T- simple del gótico daría siempre -*d*- en romance; sin embargo, este fundamento es erróneo, pues no son raras las palabras de este origen donde, por haberse romanizado algo más tarde, la T ya no se sonorizó (p. ej. *BROTAR*, *brote*). Luego tiene razón Gamillscheg (*RFE* XIX, 230; *R. G.* I, 376-7) al mantener esta etimología sin modificaciones. Brüch, *ZRPh.* XXXVIII, 684, con el objeto de orillar la objeción de M-L., supuso un gótico *FATT-, que estaría justificado por el a. alem. med. *vetze*; éste suele entenderse como *vętze* con *ę* metafónica, que supondría un germ. *FATJAN, pero Brüch afirma que en realidad era *vëtze*, para lo cual alega ciertas pronunciaciones dialectales modernas, y en este caso la *tz* debería proceder de una -TT- geminada germánica, constituyendo una variante de explicación desconocida; en realidad, la opinión de Brüch, innecesaria desde el punto de vista romance, no parece contar con la aprobación de los germanistas, y de todos modos complicaría enormemente el problema dentro del germánico[6].

Por otra parte, Eguílaz (p. 421), seguido por Baist (*RF* IV, 365; *ZRPh.* XIV, 224) y Steiger (*Contrib.*, 173), propuso como étimo de la voz hispano-portuguesa el ár. *ḥazz* 'porción que toca a cada cual', 'suerte', bien documentado en estos sentidos en la lengua clásica y en el vulgar de África y de España[7], pero M-L. rechaza este étimo como difícil fonética y semánticamente: lo primero no es cierto, pues el *z* arábigo suele transcribirse por *d* en romance, y ya PAlc. escribe *had* en el caso de nuestro vocablo, seguramente porque el vulgar de España lo confundiría con una *d*; por otra parte, no escasean los casos de ensordecimiento de oclusivas y fricativas finales de palabra en los arabismos romances; y aunque es verdad que el vocablo arábigo está más distante que el germánico del significado español, no dejaría de ser posible el paso de 'porción de cosas' a 'conjunto de vestidos' y a 'rebaño'. Por otra parte, repugnaría separar la palabra hispánica de la galorrománica, que sólo puede venir del germánico.

En conclusión, la etimología germánica es más probable, pero como en el árabe de España se documenta la ac. 'lo que se paga a un criado por su alimentación o como sueldo' («asignación, ración de palacio», PAlc., definiciones completadas gracias a los sinónimos arábigos por Dozy, *Suppl.* I, 302*a*), es probable que el ár. *ḥazz* se mezclara en España con el germ. FAT, dando lugar por lo

menos a la ac. rústica «provisión de comida que los pastores o gañanes llevan para algunos días al lugar o cabaña que tienen destinado» [*Aut.*]; Eguílaz cita una variante *hate*, referente a pastores, que comprobaría este origen arábigo[8].

DERIV. *Hatada*. *Hatear*. *Hatero*; *hatería* [Lope]. *Hatijo*; *enhatijar*. *Hatillo*; gall. *fatelo* («c'un ~ ao lombo» Castelao 260.23), (*cirolas*) *fatons* (o *fartabellacos*) en Pontevedra, y así o *fatôs* unas muy panzudas, hacia Orense (Sarm. *CaG.* 93r, 161r, A14r), probablemente porque «hacen mucho *fato* (hato)». *Afatar* 'aparejar', 'preparar la maleta o el viaje', 'hacer los preparativos de una mudanza', 'llevarse de un sitio lo propio y lo ajeno sin dejar nada' (R), 'ataviar, poner un vestido ast. (V), 'aparejar, arrear una caballería' gallego (Sarm. *CaG.* 101*v*: «¿oyes, fulano?, *afata*»; Cotarelo, *BRAE* XIV, 103). No parece ser legítima la grafía *hatajo* de la Acad., pues el vocablo aparece escrito *atajo* en sus primeras apariciones [S. XIV o XV, ed. de la *Gr. Conq. de Ultr.* 160v°a11[9]; 1513, G. A. de Herrera], y significa casi siempre 'hato pequeño de ganado'[10], de suerte que parece segura la opinión de García de Diego (*RFE* XV, 240) de que no es derivado de *hato*, sino del verbo *atajar*, que Nebr. registra precisamente en la ac. 'separar una parte del rebaño'; comp. *ATAGALLAR*[11].

[1] Además de los ejs. citados por Cej., véase este otro del último autor: «Ora ¿no huera mejor / andar los hombres en cueros, / con sus *hatos* verdaderos, / cual los dió nuestro Señor?» (*RFE* IV, 21).— [2] «Pusimos el *hato* en el carro de un Diego Monje; era una media camita y otra de cordeles... cinco colchones, ocho sábanas y ocho almohadas... y las demás zarandajas de casa», *Buscón*, ed. *Cl. C.*, p. 52.— [3] Así: «Collen un *fato* de roupa e vanse», junto a: «Pra engaiolar un *fato* de galegos papans» Castelao 144.16, 180.20, 179.2.— [4] Con aplicación especial: 'municiones, artillería' en Diogo do Couto, fines del S. XVI, Cortesão.— [5] Quizá de la idea de 'trabajar en un hato o hacienda de campo' vendrá el cespedosano *jatear* 'trabajar continuada y presurosamente' (*RFE* XV, 143). No sé con qué ac. se relaciona el minhoto *fatôco* 'copo de nieve', *fatucar* 'nevar' (Leite de V., *Opúsc.* II, 50).— [6] Kluge, que podía juzgar mejor que nosotros los problemas de dialectología alemana, se atiene a *vętze*. El *vëtze* de Brüch equivaldría a germ. FËTTAN, al cual correspondería *fittô* en gótico; luego habría que suponer que en este idioma existía, junto a éste, *fatt- con la misma geminada enigmática y con apofonía en la vocal. No parece tener en cuenta estas dificultades Wartburg al aprobar la rectificación de Brüch.— [7] «Suerte por parte», «parte» en PAlc.; «Part, portion, lot, portion afférente; apport, écot, contingent, cote part, cote», Beaussier; etc.— [8] Pero no resulta claro si se trata de la ac. citada o más bien de 'rebaño'. Figura en una relación manuscrita de

moriscos granadinos, cuya lección debería comprobarse, tratándose de Eguílaz.— [9] «Havía un atajo que dezian Atom, do havrían agua de buenas fuentes», donde la edición sustituye *cortijo* del ms. J-1.— [10] Sin embargo, es equivalente de 'rebaño' en Nuevo Méjico (*BDHA* IV, 44), pero claro que esto es secundario.— [11] Es muy dudoso que tenga que ver con esto el mirandés y trasmontano *tagalho* 'rebaño' (Leite, *Philol. Mirand.* II, 31, 49), que no estará por lo tanto por *gatalho* = *hatajo*.

Haute, V. *alto*   *Havalloro*, V *abalorio*
Havo, V. *favo*   *Haxix*, V. *asesino*

HAYA, 'árbol de la familia de las cupulíferas', designaría primitivamente la madera de este árbol, y procederá por lo tanto del lat. (MATERIA) FAGĔA '(madera) de haya', derivado de FAGUS 'haya'. *1.ª doc.: faya*, J. Ruiz, 270a.

También está *faya* en el Glos. del Escorial, y *haya* en APal. (125b), en Nebr. y en muchos autores clásicos; ast. *faya* (V). Del mismo origen: port. *faia*, oc. ant. *faja*, venec. y romañol *faša*, Emilia y Lunigiana *fáǧa*, Versilia *fáǧǧa* (Rohlfs, *It. Gr.* II, 77), mientras que el cat. *faig*, oc. *fag* (*fai*) y a. arag. *fayo*, corresponden a un neutro (LIGNUM) FAGEUM. Otros romances conservan el clásico FAGUS, entre ellos el fr. ant. *fou*, lemosín y quercinol *fau*, que se prolonga en el Alto Aragón con la forma *fabo* o *fau* (*RLiR* XI, 28), y con el derivado *fagarro* 'haya joven'. La forma contracta FAU se halla ya en glosas latinas (*CGL* V, 294.22), de donde el cast. ant. *ho*, documentado en el Fuero de Soria y en López de Ayala (A. Castro, *RFE* V, 37); hoy en Santander, Palencia, Burgos y Logroño existe *hobe* (G. de Diego, *RFE* III, 312), que se explicará por un compromiso entre el singular *ho* y el plural *habos* procedente de FAGOS: de ahí primero un plural *hobes*, debido a que los monosílabos forman siempre el plural en *-es*, y posteriormente se sacó de ahí el singular *hobe*.

DERIV. Vid. *FAYANCA. Hayal* [Nebr.]. *Hayedo*, en Asturias y Salamanca *haedo*, de acuerdo con la fonética histórica; ast. *fayedal* (V). *Hayeño* ant. [Nebr.; la Acad. imprime *hayeno* por errata]. *Hayuco*, con variante *fabuco*[1], ast. *fabucu* (V); *hayucal. Fuina* [Covarr.], ast. *foina* (V), tomados del fr. *fouine*, derivado del fr. ant. *fou* 'haya' (< FAGUS), por criarse este animal entre dichos árboles; *foín, -ina*, ast. 'huraño' (V). Derivado culto *fagáceo*.

[1] Debe de ser especialmente usual en Navarra, pues Azkue lo emplea junto con «bellota de las hayas» para traducir el vasco *pagaxi* o *pagatxa* usual en Basaburúa y otros valles de la alta Navarra (*Dicc. y Supl.*).

Haya 'donativo', V. *haber*

HAYACA, 'especie de tamal o empanada criolla' amer. (venez.), probablemente del tupí-guaraní *ayaca* 'bulto, lío, envoltorio'. *1.ª doc.: ayaca*, en Maracaibo, 1538.

En Venezuela está más extendida la arbitraria grafía *hallaca*. Para la etim., vid. Morínigo, *Dicc. de americanismos*. Para documentación y demás información, A. Rosenblat, en el libro *Buenas y Malas Palabras*; nota ampliada en su folleto *Temas Navideños*, Caracas 1973, 45-52.

HAZ I, 'porción atada de leña u otros vegetales' m., del lat. FASCIS íd. *1.ª doc.: faz*, J. Ruiz, 1622c.

También en Sánchez de Vercial († h. 1426, Rivad. LI, 494). A causa del grupo SC la africada era sorda (*ç*) y la *-e* se mantuvo dialectalmente hasta fecha tardía: «*hace de cosas menudas atado:* fascis», Nebr., *hace* C. de las Casas (1570) y en el Inca Garcilaso, pero ya *haz* en el *Quijote*, Calderón y Covarr.; el plural *hazes* en los Argensolas es grafía tardía (Cuervo, *Obr. Inéd.*, p. 406). En los romances y dialectos colaterales el grupo palatal SC evoluciona en *i̯s* como en el resto de la Romania, y de ahí *feix(e)*, conservado en portugués, gallego[1] y catalán, y castellanizado en *feje* en León; en Aragón no se palatalizó la A, de donde *faxe*, alterado luego en *fajo* por haberse percibido como postverbal de *fajar: Aut.* dice que en el sentido de 'haz' aquél es propio de Aragón, pero de ahí pasó al cast. en otro sentido, y hoy sigue siendo provincial de Guipúzcoa y Navarra en acs. derivadas. Del romance, el vasco ronc., sul. y b. nav. (*h*)*axe* «fardeau, transporté à dos d'homme», Luis Michelena, *BSVAP* XI, 294. Cultismo es *fasces.*

DERIV. Vid. *ACEGUERO. Hacedillo* [Nebr.], *hacezuelo. Hacina* [«amontonamiento de hazes; archonium», «h. de leña: strues lignorum», Nebr.]; *facina* ast. 'hacina cónica de hierba alrededor de un palo fijo en tierra, que le sirve de sostén' (V); *enfacinar* 'poner la hierba en *facines*' (V); *hacinar* [S. XVII, Moret] o *enhacinar; hacinación, hacinador, hacinamiento; faxina* ast. 'trabajo corporal hecho por mujeres para mover tierra, piedra, etc., en cestos que cargan en la cabeza'; *faxinar* 'trabajar en la *faxina*'; *faxín* o *faxineru* 'dicho cesto'; *faxinera* 'la que *faxina*' (V); gall. *faxiña* 'actividad sin descanso' (voz poco propagada) («xa dou comezo a ~ *dun novo día*» Castelao 149.26), port. *fachina* 'manojo de palos en fortificación', *fazer fachina* 'estrago, destrozo'. *Haza* 'porción de tierra labrantía' [*faza*, a. 800, y frecuente en escrituras de los SS. X-XII, con las variantes gráficas *fa*(s)*ca, fassa*, y la variante dialectal aragonesa *faxa*: Cuervo, *Obr. Inéd.* 388, 423; M. P., *Oríg.*, 312-3; Oelschl., s. v. *faza* y *fasca*; Cej. IX, § 181; ast. *faza* (V)] no procede del ár. *fáḥṣ* 'campo', R. Martí, PAlc., según quieren Aldrete y Cuervo, sino del lat. FASCIA 'faja' (derivado de

FASCIS), conservado con el mismo sentido en el cat. *feixa* (más parentela pirenaica en Krüger, *VKR* VIII, 349); en la ac. anticuada 'montón o rimero' es derivado romance de *haz* y se halla en Cervantes[2]; *hazuela*; *faciar* ast. 'dividir en eras una finca' (V). *Fajares*, derivado del arag. *fajo*. *Fajina* [1569, Ercilla], tomado del it. *fascina* íd. (derivado de *fascio* 'haz'), en calidad de término militar; *fajinada*. *Fascista* [1922], *fascismo*, tomados del italiano. *Sifué* [Acad. 1899 o 1914], alteración del fr. *surfaix* íd. Cultismo: *fascículo*, de *fascĭcŭlus* 'hacecillo'.

¹ «Un *feixe* de foguetes» Castelao 198.1f. El gall. *feixe* designa además la 'viga del lagar' (como anotó ya Sarm. en 1745 y 1755, *CaG.* 62v, 206v), ac. que se extiende hasta el portugués trasmontano (Leite, *Dial. Trasm.* 21): detalle importante, porque aquí la *x* no puede venir ya de *j* como en gallego. No se indica si en esta ac. es masculino o femenino: parece pues que sea masc. como *feixe* 'haz'. Sin embargo en la locución *á feixe* 'todo de una vez', 'todo junto' (*capar el gato á feixe, agarrar á feixe,* Vall.) parece que sea fem. Pero en estas locuciones está claro que se trata de *feixe* 'haz'. En cuanto a la viga del lagar es más difícil de comprender la evolución semántica; según Sarm. «porque en lo antiguo apretarían con un *feixe* de madera o de tablas» o «porque *fascis* significa carga en general», explicaciones que me convencen poco. ¿Habría ahí un homónimo de otro origen? Una *f-* inicial en gallego-portugués no excluye la posibilidad de un vocablo prerromano (sorotáptico quizá). Sin embargo, la idea queda vaga; p. ej. es muy difícil que saliera de la raíz ieur. BHEU-/BHṶ- amplificada (*IEW*, 146-149), por más que ésta haya designado en germ., célt., etc. construcciones (con vigas u otra cosa, ingl. *beam*, p. ej.).— ² «Mondaron luego la *haza* los ladrones, y de allí a dos días, después de haber trastejado mi amo las guarniciones y otras faltas del caballo, pareció sobre él en la plaza de San Francisco, más hueco y pomposo que aldeano vestido de fiesta», *Coloquio de los Perros,* ed. *Cl. C.* II, 276. Pero quizá no exista tal ac., pues es convincente la explicación de *mondar la haza* por 'limpiar el campo', 'dejar desembarazado el sitio', sugerida por ciertos comentadores (Fcha.).

HAZ II, 'tropa ordenada', f., del lat. ACĬES f. 'agudeza, punta, filo', 'línea de batalla'. *1.ª doc.:* *az, Cid.*

Frecuente en este poema y en todos los autores de los SS. XIII y XIV (M. P., *Cid,* 491-2; *DHist.,* s. v. *az; S. Mill.* 223); casi siempre es femenino, pero a consecuencia de la forma elidida del artículo aparece ocasionalmente como masculino (así una vez en el *Cid,* 711); plural *azes* con *-z-* sonora, *S. Mill.* 436, *Alex.* 474, 905, *Alf. XI* 30. En esta época es casi general la gra-

fía etimológica sin *h-* ni *f-* inicial, pero la semejanza con los otros dos vocablos *HAZ* fué causa de que pronto apareciera alguna excepción: *faz* en un manuscrito de *Fn. Gonz.,* 485c, *hazes* en el ms. *P* del *Alex.,* y esta grafía fué consagrada por Nebr. («*haz por batalla:* acies») y respetada por sus sucesores; figura alguna vez en el Siglo de Oro (en el arcaizante Mariana, en el poeta M. de Silveira, † 1631), pero *Aut.* ya hace constar que es voz poco usada, y en la actualidad debe considerarse anticuada del todo.

HAZ III, 'cara o rostro', f., del lat. FACĬES 'forma general, aspecto', 'rostro, fisonomía'. *1.ª doc.: face,* h. 950, Glosas Emilianenses y Silenses; *faz,* de. de 1030, *Cid,* etc.; *fáče* o *fáč* en *ḫarǧas* mozárabes de princ. y med. S. XII (*Al-And.* XVII, 109, 113).

Faz es frecuente en toda la Edad Media en su sentido propio y material: J. Ruiz 435b, *Rim. de Palacio* 719, *Danza de la Muerte* 451, etc., y todavía Nebr. da esta ac. a *haz* («por la cara: *facies*»). Mas por esta época ya el progreso de *CARA* había dado matiz arcaizante al uso de su rival, y por ello se fijó en la ac. propia la variante *faz,* única que emplean APal. (72d, 151d), Cervantes (*Quijote* I, xxv, 112; II, xxxv, 138; lii, 198), etc., y única que recoge *Aut.* En sentidos especiales y figurados siguió empleándose *haz:* «tiar la *haz* o persona: *vador*» Nebr.; 'cara de un paño o tapiz opuesta al envés' [1511, *N. Recopil.* VII, xiii, 61; *Quijote* II, lxii, 242]; 'superficie de la tierra y de otras cosas' [Nebr.; Ambr. de Morales; *Quijote* I, xx, 82, pero *faz* I, ii, 4; viii, 23]; en la frase en *haz* y *en paz* de 'con gusto y aprobación de (alguien)' [*en faz e en paz,* frecuente en fueros del S. XIII, como los de Briviesca y de Soria, vid. ejs. en Tilander, pp. 501-2, combinación de las dos locuciones sinónimas *en faz de* y *en paz de*[1]; este último es continuación del lat. *pace tua, pace Ciceronis,* etc., donde propiamente significa 'quedando Cicerón en paz', 'sin que Cicerón proteste']. *Faz* en el sentido de 'mejilla' es especialización semántica que se produce en muchos idiomas (aran. *cara* íd.), hoy conservada en hablas leonesas; en la combinación *la faz de* (la cara, etc.) se cambió fonéticamente en *far,* y de ahí el cordobés *las fares* 'las mejillas' (AV); en lo antiguo se halla también en textos de otras regiones, p. ej. *face* en las Glosas Silenses, 261[2]. *Facha* [Calderón; Cej. IX, § 181] es italianismo náutico y militar del Siglo de Oro, del it. *faccia* 'cara'.

DERIV. Gall. *faciana* 'rostro, cara' como palabra de labradores: *a faciana está boa,* dicho a uno que está con salud, Sarm. *CaG.* 107r; no sé si casualmente parece emplearlo siempre como término algo enfático y aplicado a rostros heridos o tétricos («duas *facianas* arrepiantes que ventaban a morte», la de los grandes gallegos evocados del pasado «coa *faciana* en sombras», de unos judíos de color arbitrario en un cuadro antiguo o la de una mendiga herida en el rostro, Castelao 203.7, 297.9, 51.17, 217. 13). El port. *façoila* o *façula* 'mejilla grande y grosera' es ajeno a la lengua clásica (no en Moraes, Cortesão) y hoy familiar, aunque ya generalmente conocido (Fig., H. Mich.); procederá de un dim. FACIOLA, pero tanto el matiz familiar y la fecha moderna, en literatura, como el tratamiento con conservación de la -L- y o > *ou* (> *oi*, *u*), revelan procedencia mozárabe; sin embargo, hoy se ha corrido hasta el extremo Norte y se presenta bastante vital en el gall. *fazulas* 'las mejillas, especialmente las del gordinflón o de buen color' («ten boas *fazulas*», Sarm. *CaG.* 108*v*; Castelao 204.27, 209.2f.; F. J. Rodríguez, Vall., Lugrís, etc.); además Valle Inclán, que a veces injiere en su castellano términos gallegos del Salnés (SO.) empleó *fazolas* (más en Crespo Pozo, s. v. *carrillo*); «os nenos eran *fazuleiros* e bonitos» (Castelao 211.7).

Hazaleja 'toalla' [*facalelia*[3], 922; grafías *fazalelia*, *fazalelga* y análogas en muchos textos del S. XI, M. P., *Oríg.* 282, 284; Oelschl.; *façaleja* dos veces en invent. salmantino de 1275, *BRAE* II, 343n.; *faz-*, *Gr. Conq. de Ultr.*, *Estoria de los Quatro Dotores*, grafía *-z-* que predomina en los textos que distinguen la sonora de la sorda; *hazaleja*, Nebr., PAlc., *hazeleja*, J. Ruiz *G*, 723*c*, pero *façaleja*, G. de Segovia, p. 80], como indicó G. de Diego, *BRAE* VII, 258, ha de venir de FACIALE 'lienzo para enjugar la cara' (ya en el Edicto de Diocleciano), derivado de FACIES, y no de FASCIA 'faja', que habría dado una *-x-* en Aragón, donde se hallan las formas *fazalilla*, a. 1369 y 1374[4], *fazaleta*, a. 1362[5]. *Fázero* 'que va o está delante' (Berceo, *Sacr.* 227, *Mil.* 314*c*; *Alex.* 968, 1558, 2025); de otra ac. 'perteneciente a la cara' proceden los diminutivos siguientes: *aceruelo* 'almohadilla' [*fazeruelo*, *Alex.* 2481; invent. arag. de 1330[6]; Alfonso XI, *Libro de la Montería*, p. 226; *azeruelo*, 1541, testamento de Fernando de Rojas, *RFE* XVI, 378; *Albeitería* de Reina, a. 1582, en *DHist.*; en la ac. 'acerico' hay *adirwélo* en Malpartida de Plasencia, Espinosa, *Arc. Dial.* 82; en la ac. 'especie de albardilla para cabalgar', S. XV, Díaz de Gámez; también port. *faceiró* 'pequeña almohada en que se reclina la cara'], *acerillo* [Tirso, Lope], *acerito*[8] y *ACERICO* [1628, G. del Corral], según ya indicó Antonio Puigblanch (Viñaza, p. 830)[9]; de *facero* viene *ACERA*, y en la ac. antigua 'fronterizo' (Terr.) viene de ahí el nav. *facería* 'terrenos de pasto que hay en los linderos de dos o más pueblos', lo emplea Azkue en su *Supl.*, definiendo el vco. *elkarkiko* (deriv. de *elkar* 'mutuamente') empleado en Ulzama, NO. de Navarra. *Desfazado* ant. 'descarado' [S. XIII, *Bocados de Oro*, en *Aut.*]. *Faceta* [1732, *Aut.*], tomado como término de plateros del fr. *facette* íd., diminutivo de *face* 'cara'. *Antifaz* [S. XV, *Amadís*]. *Sobrehaz* o *sobrefaz*. *Facial* [1596, Fonseca], tomado del lat.

facialis íd. *Superficie* [h. 1440, A. Torre (C. C. Smith, *BHisp.* LXI); 1499, Hernán Núñez, *Aut.*], tomado de *superficies* íd., *superficial* [APal. 310*d*]; *superficialidad*; *superficiario*.

Derivados del italianismo *facha*: *fachada* [h. 1600, Sigüenza, en Terlingen, 130], adaptación del it. *facciata* íd.; *bien o mal fachado*; *fachear*; *fachoso* o *fachudo*. *Desfachatado* [1836, Pichardo (1862); Acad. 1869, no 1817], del it. *sfacciato* íd., provisto de la terminación del sinónimo castellano *descarado*; *desfachatez* [íd., íd.], it. *sfacciatezza*.

Profazar 'hablar mal de alguien, injuriar, murmurar', ant. [*porfazar*, frecuente desde Berceo hasta princ. S. XV; *posfaçar*, *Alex.* e *Hist. Troyana* de h. 1270; *prof-* aparece primeramente en mss. del S. XIV, entra en decadencia a fines del XV, pero sigue en uso literario hasta el XVI; Cej. IX, § 181]: la forma originaria parece ser *posf-*, de uso general en portugués y gallego, por lo menos hasta el S. XV[10], y es muy probable la etimología propuesta por Malkiel en su fundamental estudio de *RPhCal.* III, 27-72, POST FACIEM 'tras la cara'; si bien deberá rectificarse la explicación del modo de formación del verbo, pues no es verosímil que se pasara, como él supone, de POST FACIEM DĪCĔRE 'decir, hablar tras la cara (de alguien)' a *dezir posfaz*, donde este último vocablo tomaría el valor de complemento directo con el significado de 'maledicencia, calumnia'[11]; se trata más bien de un verbo derivado parasintéticamente: de POST FACIEM MALEDICERE 'murmurar de alguien fuera de su presencia' > *POSTFACIARE 'injuriar, calumniar, hablar mal' (comp. canar. *hablar por detrás* 'decir mal de alguien', Millares), con cambio del grupo raro *-sf-* en el más frecuente y fácil *-rf-*[12], comp. la formación de los cuasi-sinónimos *sorrostrar* y *enrostrar*, y otros parasintéticos como *hilvanar*, etc.; el único punto oscuro en esta etimología, y que deja alguna duda sobre el conjunto de la cuestión, es la vacilación entre *ç* y *z* sonora, que en castellano no puede explicarse fonéticamente en un derivado de FACIES, pero que quizá se deba a un influjo portugués-leonés, o a la contaminación de otro vocablo[13]; *profazo* [*porfazo*, Berceo]; *profazamiento*; *profazador*.

CPT. Vid. *HACIA*.

¹ «Si algunos siervos andaren por libres por treynta annos *en faz d*'aquelos que los demandan por siervos, non los puedan demandar», *Fuero de Briviesca*; *tener algo en paz* 'poseer pacíficamente' en los Fueros de Aragón. Ejs. de la locución posterior: «del malo más pertinaz / lastima la desventura; / solamente al que murmura / lleva el diablo *en haz y en paz*», Ruiz de Alarcón, *Las Paredes Oyen*, ed. Cl. C., p. 214; «y dizen que *en haz y en paz* / de toda esta serranía / te an de colgar algún día / como razimo en agraz», Vélez de Guevara, *Serrana de la Vera*, v. 2714; *Quijote* II, xlvii, 177; ej.

de la *Pícara Justina* en *Aut.*— [2] No creo que la decadencia de *HAZ* III se deba a la homonimia con *HAZ* II, según opina Malkiel, *RPhCal.* III, 54-60 (con abundante documentación en la nota 134); *HAZ* II era palabra mucho menos importante y frecuente; más peligroso era *HAZ* I, pero como la decadencia de FACIES apenas ha sido menos grave en portugués y lo ha sido tanto o más en catalán y lengua de Oc, idiomas donde estas homonimias no eran posibles, resulta claro que el factor decisivo fué la concurrencia de *cara.* Acs. modernas americanas. *Al jaz de* 'al lado de' en El Salvador: Salazar Arrué, *La Nación de B. A.*, 1-I-1940. En la Argentina se ha producido literariamente una confusión de *faz* y *fase* en el sentido de 'aspecto, característica': en la prensa de este país son frecuentes frases como «la existencia de los pasos a nivel se presenta con *fases* de graves problemas». Más datos acerca de *haz* y *faz*, Cej. IX, § 181.— [3] «Sex parellios de manteles, illos duos letratos, et tres parellios de *facalelias* et duos vasos argenteos», doc. de Aguilar de Campó, citado en *Festschrift Jud*, 631-2.— [4] «Hun linzuello de lino; huna cara de travesero obrado con unas *fazalillas*», «Un troç de stopa texida; unas *fazalillas* de lino obradas de seda», *BRAE* II, 708, 343.— [5] «Unas *fazaletas* obradas de seda», *BRAE* III, 225.— [6] «Un *fazeruelo* obrado con seda y otro baldaquí», *BRAE* II, 548.— [7] Ejs. antiguos en Viterbo. Etimología indicada correctamente por C. Michaëlis, *RL* XIII, 233 (Spitzer, *MLN* LIII, 125, y G. de Diego, *BRAE* VII, 258, quisieran partir, sin necesidad, de un diminutivo de FACIALIS). La variante *fazenróó*, que entre otras muchas indica Viterbo, es una de tantas faltas de lectura que hormiguean en este libro. No hay motivo para relacionarla con *fazroen*, que aparece, como nombre de un paño de seda para adornar altares, en un documento leonés arcaico, y deducir de ello, como sospecha Steiger (*Festschrift Jud*, 699n.), que el tipo *aceruelo* procede del ár.-persa *ḫusrawân* 'real, magnífico', 'perteneciente a Chosroes'.— [8] «Dos *azeritos* viejos, labrados de grana, sin lana», Testamento de F. de Rojas, a. 1541, *RFE* XVI, 378.— [9] No de *ACIARIUM, derivado de ACUS 'aguja', como sospechaba Cabrera; comp. *aceruelo* 'acerico' en Acad, y en el habla de Malpartida.— [10] A los ejs. de Malkiel pueden agregarse: «De Martin Moxa *posfaçam* as gentes / e dízenlhe mal por que he casado», *Canç. da Vaticana*, n.° 504, v. 1 (*pos ffatam* en el manuscrito, que Braga corrige sin razón en *porfaçam*); «*posfaçavan* d'encolheyto / e de vil e de spantoso / e en sa terra lixoso: / e dix'eu enton dereyto: / —Cada casa favas lavan», García de Guilhade, med. S. XIII (ed. Nobiling, v. 898; también vv. 890 y 895); «non duvido que os homẽs maaoş *posfaçarã* de mĩ e aporrã-mi de pois se en ela poser a maão...

Entõ responderon... —Nẽ huũ de nos nũca *posfaçará* de ti por obra de tã gram piedade», «non *posfaças* nem ouças de boa mente o *posfaçador*», «outri non possa *posfaçar* de ti», «o maao sprito faz homem *posfaçar* o *posfaço* do enmiigo», *Vidas dos Padres de Mérida*, h. 1400 (*RL* XXV, 235; XXVII, 60). *Posfaço* 'mala fama, mal concepto' se halla en las *Cantigas* de Alfonso el Sabio, 64.8.— [11] La explicación de Malkiel gira sobre la base del hápax *posfaz* 'maledicencia, deshonra', documentado solamente en las *Cantigas*, donde también se halla *posfaço*. Pero ambos son postverbales: no es exacta la afirmación de Malkiel de que no haya en iberorromance otros postverbales en consonante o en -*e* que los galicismos, catalanismos o creaciones de fecha reciente: *don* se halla desde el *Cid*, *son* desde Berceo, y abundan muchísimo otros que no serán posteriores al final de la Edad Media, como *hilván*, *desván*, *desmán*, *desliz*, *disfraz*, etc.— [12] Caso comparable presenta el nombre de lugar catalán *Arfa* < *Asfa* < *Assva* < ASSŪA (*BDC* XI, 6).— [13] De todos modos, nótese que lo antiguo en castellano es la -*z*- sonora, asegurada por las rimas de Berceo, las grafías de la *1.ª Crón. Gral.*, etc. Las grafías con -*ç*- en autores arcaicos quedan limitadas a manuscritos tardíos, y por otra parte a dos textos leoneses, el *Alex.* y la *Historia Troyana*, que por su procedencia dialectal es lógico que se inclinen a la fonética gallego-portuguesa, donde la *ç* como resultado de -CĬ- es normal. Pero en el S. XV la *ç* sorda impera, aun en castellano, como lo prueban las rimas del *Canc.* de Baena y de Pedro de Berague, así como la grafía de G. de Segovia y Nebr. Vid. Cuervo, *Obr. Inéd.*, 396-7n. Malkiel no presta atención a la distinción fundamental entre la *ç* portuguesa y la *z* castellana (*laço*, -*aço*, *liço*, frente a nuestros medievales *lazo*, -*azo*, *lizo*, etc.), e intenta explicar la *ç* irregular del castellano medieval tardío por influjo del simple *faz*, donde la consonante final se habría ensordecido a causa de su posición; pero si se ensordecía o se sonorizaba en esta posición es punto litigioso, y los únicos ejemplos que se han registrado de influjo de un primitivo en -*z* sobre derivados con consonante interna son precisamente en el sentido de sonorizar y no de ensordecer (*fozino* 'hoz pequeña', *Apol.* 513b FALCĬNU, a causa de *hoz*; *arcabuzero*, a causa de *arcabuz*, a pesar de la sorda del étimo francés; otros ejs. en Cuervo, *Obr. Inéd.* 411; y aquí mismo vid. *hozes* s. v. HOZ). Hay que pensar, pues, en un influjo portugués, o bien en una contaminación, que no se ve claro cuál pudiese ser (¿acaso *malfaçar* 'maltratar, acometer' en *Fn. Gonz.* 558a? Pero no conocemos el origen de esta palabra, ¿quizá un derivado culto de MALEFATIUS o un *MALEFACTIARE?).

Haza, V. *haz* I   *Hazaleja*, V. *haz* III

HAZAÑA, 'hecho extraordinario', 'proeza', voz hermana del port. *façanha* íd., de origen incierto: hay dificultades fonéticas y morfológicas para de- [5] rivarla de *hacer*, port. *fazer*, o del lat. FACERE; como en la Edad Media es corriente la ac. 'ejemplo', 'modelo', y existe variante *hazana*, es probable que proceda del ár. *ḥásana* (vulgar *ḥasána*) 'buena obra', 'acción meritoria', influído en ro- [10] mance por el verbo FACERE. *1.ª doc.: fazaña*, h. 1150[1]; Berceo.

Desde Covarr. suele decirse que esta voz es derivada de *fazer*, y ésta parece ser la opinión común, a pesar de la marcada reserva de M-L.[2] [15] El autor del *REW*, aunque no cita el vocablo más que en su artículo FACERE, observa sin embargo que el sufijo es «oscuro». Claro que esto no indica un olvido del sufijo cast. *-aña*, lat. *-ANĔA*, sino la extrañeza del venerable romanista ante el [20] empleo que el sufijo recibiría en este vocablo. En efecto, *-año*, *-aña*, es sufijo denominal y no deverbal, así en latín como en romance: véase en la *Rom. Grammatik* del mismo autor (II, § 460), la copiosa lista de ejs., que por lo demás [25] son más bien adjetivos que sustantivos, al menos en su origen; sólo hay dos casos donde el radical pueda ser verbal, pero es mera apariencia, pues oc. ant. *mesclanha* 'mescolanza' es derivado de *mescla* y no de *mesclar*, y el fr. ant. [30] *ovraigne* 'trabajo' lo es de *uevre* y no de *ovrer*.

Hay además el pormenor fonético que ya llamó la atención a Nascentes, la *ç* portuguesa frente a la *z* de *fazer*. Es verdad que en castellano antiguo había comúnmente *-z-* sonora. Hay, como [35] veremos, algunas excepciones, pero lo general es *fazaña* en castellano antiguo: no sólo escriben así autores cuidadosos como Guillén de Segovia (p. 84), APal. (52*d*, 58*b*), Nebr. y PAlc., sino que ésta es ya la grafía común en Berceo (*Mil.* [40] 352*b*, 839*a*; *S. Dom.* 383*c*, ms. V), *Apol.* (31*c*, 180*c*, 487*d*), *Fn. Gonz.* (120*a*), J. Manuel, J. Ruiz, etc. En conjunto, pues, se opone el cast. ant. *fazaña* al port. *façanha*, pero éste basta para estorbar una derivación romance de *fazer*, pues [45] siendo inevitable el que el pueblo estableciera un nexo entre el verbo y el sustantivo, de ninguna manera podemos mirar la forma portuguesa como alteración de una forma originaria con *-z-*, y por el contrario las probabilidades son de que sean [50] más primitivos los escasos testimonios de un cast. *façaña* que la mayoría favorable a la *-z-*. Obviaríamos la dificultad si pudiéramos partir de un latino antiguo *FACIANEA, pues como es sabido el grupo *-CĬ-* tras vocal da *-z-* en castellano y *-ç-* [55] en portugués (cast. ant. *lazo* frente al port. *laço* LAQ(U)EUM, *lizo* frente a *liço*, etc.). Pero huyendo de la Escila fonética caeríamos entonces en una inexorable Caribdis, pues del radical FAC- de FACERE sólo podía salir en latín antiguo un deri- [60] vado *FACANEA, aun suponiendo que tal derivación en *-ANEA fuese posible en latín con un radical verbal[3]. A pesar de estas dificultades podríamos, aunque recelosos, seguir fieles a la etimología tradicional, admitiendo algún rebuscado expediente de cruce o imitación de otro vocablo, que explicara esta anómala derivación en *-aña* y la chocante *ç* portuguesa, si no se hallara otra etimología mejor, que no se había encontrado hasta ahora.

Pero es el caso que el ár. *hasána* 'obra buena', 'acción meritoria', se parece a *hazaña*, por el sentido y por la forma, como un huevo a otro huevo. Para casualidad, es mucha. Examinemos, pues, cuidadosamente, los dos vocablos. El vocablo árabe se acentuaba *ḥásana* en la lengua clásica; era el abstracto correspondiente al conocido adjetivo *ḥásan* 'hermoso', que aunque expresaba idea de belleza, era una belleza moral y no física, como la significada por *ǧamíl* o *malíh*. El hecho es que *ḥásana* significa 'buena obra' o 'cosa buena' en el Corán[4], y los diccionarios del árabe común traducen «bonne œuvre», «bienfait». Es vocablo que pertenece al árabe de todos los tiempos y regiones: el diccionario argelino de Beaussier traduce «bienfait; bonne œuvre, bonne action; bien, bienfaisance», y los hispanoárabes de R. Martí y PAlc. por 'beneficio'; que se trata de un vocablo de la esfera moral y religiosa nos lo muestra la frase consagrada, dicha por cumplimiento a los enfermos, según Beaussier, *fī mīzân al-ḥasanât* «(votre maladie sera mise) dans le plateau des bonnes œuvres»; de ahí que en árabe vulgar pasara a significar 'limosna', como en Egipto (Bocthor) y otras partes (Belot), o 'préstamo gratuito' (Bocthor), o se empleara para calificar a un príncipe u otro notable como 'el ornato de su siglo' o 'la honra de su familia' (Almaccarí, en Dozy, *Suppl.* I, 287*b*)[5]. Lo que más nos importa es el uso español del árabe, que no se apartaba mucho de los demás dialectos vulgares, a juzgar por los lexicógrafos citados, y que podemos sorprender, en toda su naturalidad y rodeado de su ambiente vivo, en un pasaje del Tratado del Regimiento del Azaque, escrito para uso de los moriscos aragoneses en el S. XVI; se trata del pago de los diezmos religiosos (*açaques*), hecho con arreglo a una tasación previa (*alfarraç*) del importe probable de las cosechas en cada localidad: «si le acontecerá a la fruta alguna tempestad después que habrá sido alfarraçada, pues no hay pagarla sobre sus dueños della[6]... y quando abrá más fruta que no habrán alfarraçado los alfarraçadores, pues no es sobre ellos en ('no tienen obligación de') que paguen el *açaque* dello y será *alhasana* para ellos (el pagar más de lo tasado)»[7]. Resulta bien claro el sentido 'acción meritoria'[8]

Conocidos tales antecedentes, contrastemos con ello los varios sentidos romances. Desde luego la ac.

moderna 'acción heroica', 'proeza', es ya antigua, quizá tanto como el idioma literario[9], aunque llama más la atención en los primeros siglos del idioma el matiz de ⁀ 'hecho extraordinario o extraño', sea heroico o no[10], pero aun ahí la raíz semántica puede estar en la idea de 'acción notable o admirable'; p. ej. cuando Santo Domingo no sólo perdona a los ladrones de su huerto, sino que fingiendo tomarlos por obreros cavadores les da de comer, y el hagiógrafo explica «tenienlo por *fazaña* quantos que lo oyeron» (383*b*), ¿no tenemos ahí al fin y al cabo la idea coránica de la acción meritoria? Y cuando exhortan a Tarsiana a distraer a su padre, con su arte maravilloso, de las desdichas que le afligen, «por Dios quel acorrades con algunas *fazanyas*», se trata siempre de una realización notable, digna de renombre.

Hasta aquí nada hay que desdiga de lo que podría esperarse en un derivado de FACERE, análogo al FACINUS de los clásicos. Pero ya nos apartamos mucho con la ac. 'moraleja, narración ejemplar', tan común en J. Ruiz, J. Manuel y otros: «íbanse con él de ninnos una grand companna; / si había en sí alguno alguna mala manna / castigábale Alfonso con alguna *fasanna*», 'le enseñaba con alguna historia moral', *Vida de San Ildefonso*, v. 79 (donde la extrañeza del copista posterior se manifiesta con la interpolación antimétrica *alguna buena fasanna*), «sedié el omne bono con ellas en compana, / fablando e diciéndolis mucha buena *hazanna*», Berceo (*S. Mill.* 262*b*), «dezir-t'e la *fazaña* de los dos perezosos», «del que olvyda la muger te diré la *fazaña*, «*fazaña* es usada, proverbio non mintroso», J. Ruiz (457, 474, 580)[11], *dar de sí fazaña* irónicamente 'dar que hablar' *Corbacho* (ed. Simpson, p. 21), «a esto respondo como por *fazaña*», *Canc.* de Baena (p. 89), etc.; *fillar façanna* 'tomar ejemplo', *Ctgs.* 119.6, 191.18; y así en Juan Manuel (ed. Knust, 109.5, 109.15, 178.1) y en otros muchos.

Cuando Sem Tob lo emplea en el sentido de 'esplendidez, generosidad' («ca los de mi conpanna / pasarían con quesquiera: / por mostrarles *fasanna* / doles yantar entera») nos recuerda extrañamente el *alhasana* del Tratado del Azaque, el 'préstamo gratuito' de Bocthor y el precepto coránico '*áqraḍ* *Al-lâh* *qarḍ* *hásan* *an*' 'hizo a Dios un préstamo generoso' (Dozy, *Suppl.*). Pero hay casos en que la identidad con el sentido ético-religioso del vocablo árabe se conserva intacto, como cuando la Crónica portuguesa de Alfonso V le da el valor de 'modelo de bondad': «porque sejaes exemplo, memória e façanha dos nobres naturaes d'Espanha» (Moraes); en Guillén de Castro significaba 'nobleza' según Fcha. La idea de 'modelo', 'ejemplo', cristalizó en la jurisprudencia castellana y portuguesa en la famosa ac. jurídica del vocablo, bien conocida de los tratadistas. Como explica Viterbo, basándose en la autoridad del an-

tiguo comentador Gregorio Lopes, «por *façanhas* entende a nossa Ordenação... os Arestos, Exemplos, Sentenças ou Casos julgados; sendo certo que se deve julgar pelas leis, e não pelos exemplos; excepto se as taes sentenças fossem dadas por El-Rei, porque então deviam regular os outros semelhantes casos, por terem força de lei»[12]; así puede comprobarse por la legislación castellana del S. XIII: «es a saber que las *façañas* de Castilla por que deven judgar son aquellas por quel Rey judgó... diciendo o mostrando el que alega la *façaña* el derecho sobre quel Rey judgó», *Fuero Viejo de Castilla* (Apéndice I), que pone como ej. «ésta es *façaña* de Castiella que se judgó en casa del Rey D. Alfonso, el que venció en la batalla de Tarifa...»; asimismo disponen las *Partidas:* «non deve valer ningún juyzio que fuesse dado por *fazañas* de otro; fueras ende, si tomassen aquella *fazaña* de juyzio quel Rey oviesse dado» (III, xxii, 14), doctrina todavía repetida con semejantes palabras en la Ley 198 del Estilo, en el Fuero de Sepúlveda, etc. Ésta es probablemente la ac. con que el vocablo figura en su testimonio más antiguo, las *Fazañas de Palenzuela*.

Pero si el lenguaje jurídico, siempre conservador, se mantiene fiel a esta idea primitiva, difícilmente conciliable con una renovación de FACINUS o un derivado romance de *hazer*, el habla del vulgo había de relacionar forzosamente con este verbo un sustantivo de forma tan parecida, y dar la preferencia de buen principio a la idea de 'hecho hazañoso, proeza', que no otro sentido puede tener cuando lo vemos empleado como apodo de un portero, en el fuero portugués de Eljas, de 1229, «Suerius *Fazania* portarius» (*PMH, Leges*, p. 620), citado hacia el final en una larga lista de testigos. Este personaje humilde, evidentemente un hombre del pueblo, había recibido su remoquete de las valentías que gustaba de narrar. Era imposible, siendo así, que el influjo de *fazer* no se hiciera sentir cambiando en -*z*- la -*ç*- que debiéramos esperar en todas partes como resultado del sîn arábigo[13].

Y si estas hazañas extraordinarias, y a menudo mentirosas, habían de ser calificadas tantas veces de *patrañas* o *pastrañas* (PASTORANEAS 'consejas de pastores') por los oyentes incrédulos, y *hazaña* significa 'patraña' en Torres Naharro (V. el índice de Gillet), ¿qué tiene de extraño que el *haçana* originario se cambiara en *haçaña*, con igual terminación? El caso era tanto más fácil cuanto que en romance alternaban como equivalentes ambos sufijos: FORANUS y FORANEUS, MONTANA y MONTANEA, CAPITANUS y CAPITANEUS, it. *strano* frente al cast. *extraño*, *seccagna* frente a *secano*, abruzo *sulagna* frente a *solana*, *travesano* y *travesaño*, *aledano* y *aledaño*, *ermitano* y *ermitaño*, *oscurana* y *oscuraña*, cast. ant. *putana* y *putaña* (Berceo, *Mil.* 222*c*), *barragana* y *barragaña* (*Fuero de Castiella*, § 175); precisamente en otro arabismo tenemos el antiguo *vataña* (doc. de 1050) en vez de *badana*, y el

hebraísmo *taqanah* se cambió en *TACAÑA*. Y
a *patraña* se agregaban en nuestra esfera semántica las *buenas* y *malas mañas* (las «mocedades»
del héroe hazañoso), las *marañas* y las *cosas estra-*
ñas, tamañas y *calañas* de los *picaños* y *picañas*[14].

DERIV. *Hazañar. Hazañero, hazañería. Hazañoso*
(Nebr.).

¹ *Fazañas de Palenzuela*, p. p. García Gallo,
Anuario de Hist. del Derecho Esp. 1934.— ² Concuerdan con Covarr.: Körting (n.º 3570), la Acad.,
Hanssen, Richardson, etc. Pero quizá sea significativo el silencio que guardan Diez y M. P.
en sus obras.— ³ No se objete FACIO (con sus
corolarios FACIUNT, FACIENS, FACIENDUS), pues
ahí la yod forma parte de la desinencia personal (o temporal). Y aun ahí no se olvide que
el latín vulgar español cambió FACIO en FACO
(> *hago*), FACIAM en *haga*, y que en portugués
el **facenda* que esperaríamos a priori se cambió en *fazenda* por obra de *fazer*.— ⁴ «Gutthat»,
«Gutes», según Dieterici.— ⁵ Habría también alguna extensión física, aunque no hallo más que
«marque, grain de beauté», recogida por Kremer (¿Oriente?).— ⁶ Sintaxis arábiga: 'sus dueños
no tienen obligación de pagarla'.— ⁷ *Memorial*
Hist. Español V, 315n.— ⁸ Según el glosario «acción meritoria, obra buena». En otros pasajes
de las obras jurídicas mudéjares publicadas en
el mismo tomo tiene *hasana* el sentido de 'bondad, belleza', según el mismo glosario.— ⁹ Pero
la que contiene el Fuero de Castrojeriz (cita de
Cej.) no es ésta, sino la legal a que me refiero
luego.— ¹⁰ «Oyt, dixo, varones, una fiera *fazan-*
na, / nunca en este mundo la oyestes tamanna; /
veredes el diablo que trae mala manna», *Mil.*
839b; *tener a fazaña* o *por fazaña* 'pasmarse, ma-
ravillarse' en *Apol.* 180c, 469d. Así también en
el gallego de las *Ctgs.* («a mui gran *façanna* que
alí mostrou a Virgen» 222.41).— ¹¹ De ahí *fasaña*
'refrán' en la *Confissión del Amante* (a. 1399),
37.3. En la *Gral. Est.* gallega «hua palavra de
proverbio ou *façaya*», «hũa palavra en *façana*
que diserð» 229.13, 61.31.— ¹² De ahí que se
coleccionaran estas *façanhas* Reales: «Sem embargo de quaesquer Leis, Glossas, Ordenações,
Foros, Façanhas, Opiniões de Doutores e Capí-
tulos de Cortes», diploma del Rey D. Manuel,
de 1496. Todavía permanecía en vigor esta usan-
za y su nombre en el S. XVI, según el propio
Viterbo.— ¹³ Sin embargo, aun en castellano, hallamos *façaña*, además de algún texto mal editado,
en el ms. *H* de Berceo, *S. Dom.* 383c; en *Apol.*
469d; y en los ejs. de *Alex.* que se citarán a continuación.— ¹⁴ Sin embargo se conservó esporádicamente la forma originaria: *fazana* en J. Ruiz
1369d (*S* y *G*), *faciana*, muchas veces en el manuscrito *O* del *Alex.* (con *i* epentética leonesa),
201c, 260d, 714a, 767a, 823c, 1183b, forma asegurada en el último pasaje por la rima con *gana* y
llana. En el S. XVI, como señala Malkiel (p. 155),

aparece *hazana* en Juan de Pineda. Hoy vive
esta forma en el sentido de 'fechoría, estropicio'
en Cespedosa (*RFE* XV, 260), 'oficio doméstico', y la Acad. [S. XX] ha registrado *hazana*
'faena casera de la mujer' en el castellano familiar, donde el influjo de *hacer* se deja sentir
fuertemente. Quedan dos detalles fonéticos. Que
la pronunciación vulgar era *ḥasána* con acento
en la penúltima es indudable, pues lo atestigua
categóricamente PAlc., y los casos semejantes
abundan mucho en los arabismos castellanos:
ALCAZABA, ALBAHACA, ALMAZARA, AL-
MALAFA, ALMANACA, ALMARAZA, AL-
HAMAR, etc. Por otra parte, el vocalismo en
tiempo de PAlc. era *hacéne*, pero no quizá en
la época arcaica en que debió romanizarse el
vocablo. Por otra parte, es sabido que el idioma
culto y oficial conservó siempre la pronunciación coránica con *a*, de donde *ALǰAMA, AL-*
MOCADÁN, ALCABALA y otros. Y en el Tratado del Azaque tenemos la prueba de que así
ocurría en un término eminentemente moral, religioso y jurídico como *al-ḥasána*. Ya redactado
este artículo sale el estudio de Malkiel, *Hisp. R.*
XVIII, 135-157, donde puede hallarse valiosa
documentación. El profesor de California se da
cuenta de que el sentido primitivo no es 'hecho
heroico', y reconoce las dificultades fonéticas que
presentan la *ç* portuguesa y la *-n-* de la variante
hazana, pero no logra dar con una explicación
satisfactoria de estos puntos. No es posible explicar la *ç* del port. *façanha* por influjo del subjuntivo *faça* y la primera persona del indicativo *faço* (el radical del verbo era inequívocamente *faz-* aun en portugués), ni es aceptable
suponer que nuestro vocablo sea una creación
secundaria según el modelo de *patraña*, voz más
tardía y mucho menos generalizada.

Hazmerreír, V. *hacer*   *Hazuela*, V. *haz I*

HE, adverbio que unido con *aquí* (y a veces con
allí o *ahí*) sirve para mostrar una persona o cosa,
tomado del ár. *hâ* (pron. vulgar *hê*), que tiene
el mismo valor. *1.ª doc.: fe* y *afé, Cid; he*, fin
S. XII, *Auto de los Reyes Magos* («Rei, ¿qué te
plaze? *He* nos venidos»).

Es muy frecuente en el *Cid*, por lo general
seguido de un pronombre o de un sustantivo.
La forma aspirada se halla también en Berceo
(«*he* aquí la reÿna, desto seÿ segura: / sy te
ffalla en tierra abrá de ti rencura», *S. Or.* 128c).
Es la grafía más corriente, ya en la Edad Media:
de *fe* sólo conozco ej. (por lo demás inseguro)
en el *Purgatorio de S. Patricio*, texto leonés del
S. XIII¹, uno en J. Ruiz (*feme* 'heme aquí', 1458),
y uno de *afélo* en el *Libre dels Tres Reys*. En
cambio, *evos un cavallero* (P: *fevos*), *Alex.* 961b;
hevollos, Alex. 1090; *hela*, J. Ruiz, 1502b; *ahey*,
es decir, *ahé hi* 'he ahí', en las Glosas de Mu-

nich, aragonesas, S. XV (*RF* XXIII, 249); *ahéos*
'heos aquí' *Libro de los Gatos*, Rivad. LI, 557;
y los varios ejemplos de *ahé* en el S. XV que cita
el *DHist.* Esta última forma estaba ya anticuada
en tiempo de Juan de Valdés (1535): «*ahé*, que 5
quiere dezir *ecce*, ya no se usa, no sé por qué
lo avemos dexado, especialmente no teniendo otro
que sinifique lo que él» (*Diál. de la L.*, 102.8).
La combinación *he aquí*, que ya se encuentra alguna vez (*fe aquí*) en el *Cid* y en Berceo, tiende 10
a generalizarse desde el S. XV (Nebr.: «*he aquí*,
adv., en, *ecce*, *eccum*; *helos allí*; *helos aquí*; *helo aquí*, *hela aquí*», pero todavía «*he*, adv. para
demostrar: *en*, *ecce*»), de suerte que más tarde
se pierde el empleo aislado de *he* (a no ser en 15
la lengua arcaica del romancero: *helo*, *helo por
dó viene*), y *Aut.* sólo registra la combinación
con *aquí* (con ejs. de Sta. Teresa y de Francisco
de la Torre Sevil, a. 1674), que no contentaba
a Valdés («muchos dizen *he aquí* por *veis aquí*, 20
yo no lo digo», *Diál. de la L.*, 109.2). En el
período renacentista se percibió *he* como un verbo en imperativo, y de ahí que se le diese un
plural *heis*, empleado por Timoneda[2] y Lope, o
hes (plural vulgar del tipo *creés* por *creéis*), em- 25
pleado por J. del Encina y por Salazar; del mismo origen será, en mi opinión, el port. *eis* 'he
aquí'[3].
Más documentación acerca de *he* y variantes
en Pietsch, *Mod. Philol.* II, 197-224; *MLN* 30
XXVII, 174; Cuervo, n. 80 a la *Gram.* de Bello, adición, p. 134. Como etimología se propusieron sucesivamente VIDE 've', AD FIDEM 'a fe',
HABE O HABĒTE, imperativos de HABĒRE, y lat. EN
'he aquí' (*REW*[1], 2866; ya rectificado en *REW*[3], 35
4089*a*), pero M. P. (*l. c.*) demostró el origen
arábigo, llamando la atención sobre la abundancia de formas medievales en *h-*, en textos que
conservan siempre la F- latina; por otra parte,
las formas con *f-* prueban que la *h* era aspirada, 40
y que por lo tanto el vocablo no puede venir
de HABERE. El estudio de Cuervo en *Disq.* 1950,
80-88, aunque ya superado en sus conclusiones
etimológicas, conserva valor por su ejemplificación y algunos de sus razonamientos. 45

[1] «Nos as servido fiel miente fasta agora, et
fe te hemos atanto amor que tu creyendo nuestro conseyo... levar te hemos hasta la puerta...»,
Homen. a M. P. II, 227.— [2] «Dijo el caminante: —*heis aquí* dónde cagué—. Respondió la guar- 50
da...», *Sobremesa*, Rivad. III, 174.— [3] Ya frecuente en el S. XVI, Moraes. Se emplea también
en gallego, donde ya lo admite Lugrís, pero no
Vall. ni creo que lo registre nunca Sarm.; «*eis*
o arte!» Castelao 89.19, «*eis*, logo o Castelao 55
pintor» M. Dónega en su *Escolma* de este escritor,
1964, p. 12.9, etc. Pero al menos al principio,
lo que se empleó fué sólo *ei*, como correspondía
a un imperativo (HAB)Ē(T)E, del cual luego se
extraería *eis* con la *-s* de *veis* y la de tantos ad- 60

verbios. Es la única forma que aparece en textos
arcaicos, como las *Ctgs.*: «*ei*-vo-lo acabado»,
«*ei*-me acá, *ei*-m'acá» (267.103, 147.5, etc., V.
el glos. de Mettmann); el ms. T cambia este
ei-m'acá en *aquei m'acá*, lo cual, por cierto, nos
ilustra sobre el origen de las formas como *eiquí* =
aquí del gall. moderno. También Vall. recogió
formas conexas: «*ei* istá Jan; que diga se n'é
certo» (cf. *velai está* de que doy noticia s. v.
VER), «*ei*-d'apuxa!*» y en su Suplemento *ei!*
«hele» (y aun en parte «*ei* da casa!» para hacerse atender o pedir entrada). Suele derivarse erróneamente de ECCE, lo cual es imposible desde
el punto de vista fonético, como ya observa
Nunes, pues habría dado *ece*; o bien de HA-
BETIS o de VIDETIS, lo cual no está probado
filológicamente y es poco verosímil. Las citadas
formas castellanas resuelven la cuestión.

He, V. *fe*   *Hebdómada, hebdomadario*, V.
siete

HEBÉN, adj. aplicado a una variedad de uva
insípida, blanca, gorda y vellosa, parecida a la
moscatel en el sabor, la cual forma el racimo
largo y ralo, y extendido figuradamente a todo
lo que es de poca sustancia o fútil; origen incierto, quizá del ár. *hában* 'hidropesía'. 1.ª doc.:
1513, Gabriel A. de Herrera, aplicado al viduño
que la produce.
Explica *Aut.* que es «algo dulce». En el sentido figurado es palabra favorita de Quevedo:
«—Por Dios que entendí que hablaba conmigo, y es
sólo contra los poetas *hebenes*. —Cayóme muy en
gracia oírle decir esto, como si él fuera muy al-
billo o moscatel» (*Buscón*, ed. Cl. C., p. 120),
«entre nosotros nos diferenciamos con diferentes
nombres: unos nos llamamos caballeros *hebenes*;
otros, hueros...» (ibid., p. 157); en las *Premáticas* vuelve a condenar a los *poetas chirles y
hebenes* (Cl. C. LVI, 49). No conozco otras fuentes lexicográficas que *Aut.* que den datos propios
acerca de este vocablo. Tampoco existen estudios
etimológicos.
Sólo Eguílaz y Yanguas, p. 422, afirma que
viene del lat. *ĕbĕnum* 'ébano', lo cual es imposible fonéticamente (por el acento y la falta de
-o) y parece infundado en el aspecto semántico,
pues si bien el autor afirma que la uva hebén
es negra, esto sólo es cierto en cuanto a una variedad, la *uva hebén prieta* o *palomina*, mientras
que la hebén típica, única que menciona *Aut.*,
es precisamente de color blanco. La vaga semejanza con lat. HEBES, -ĒTIS, 'boto, obtuso' es puro
sonsonete, naturalmente, aunque no estemos enteramente seguros de que la *h-* de *hebén* era aspirada.
Más razonable es la etimología propuesta por
la Acad. en 1884, ár. *hában* 'hinchazón con
agua', dado el gusto aguanoso de la uva hebén.

Ḥában significa, en efecto, 'hidropesía', 'acto de ser hidrópico', según Freytag, «hydropisie, enflure causée par l'épanchement des eaux», según el egipcio Bocthor, junto al cual existe *ḥabin* 'hidrópico' (Freytag, Bocthor), *maḥbûn* 'hidrópico' (Bocthor); como la *î* de *ḥabin*, lejos de consonantes enfáticas, no explicaría la *é* de *hebén*, habría que partir del sustantivo *ḥában* 'hidropesía', adjetivado, lo cual no sería demasiado difícil de comprender. Más escrúpulo causa lo aislado de este vocablo arábigo, no confirmado por la mayoría de las fuentes vulgares[1]. El traslado de acento en estas condiciones sería normal en el habla vulgar de España, y lo mismo cabe decir del cambio de *a* en *e*. La comparación semántica con *poeta chirle* y *aguachirle* presta cierto apoyo a esta etimología.

[1] Hay verbo *ḥabin* 'ser hidrópico', pero es derivado del sustantivo; fuera de esto no hay raíz arábiga correspondiente. Freytag no cita fuentes. Y el vocablo falta en Dozy (*Suppl.*), Beaussier, Belkassem, Fagnan, Lerchundi, R. Martí y PAlc. (que da *manfóḥ*, propiamente 'hinchado', como traducción de *idrópico*).

HEBETAR, 'embotar', tomado del lat. *hebetare* íd. *1.ª doc.*: Acad. S. XX.

Voz desusada.

HEBILLA, del lat. vg. *FĪBĔLLA*, diminutivo del lat. FĪBULA íd. *1.ª doc.*: *fiviella*, doc. de 1258; *hevilla*, J. Ruiz, 1004a, Nebr.

Muchos ejs. de *fiviella* en el S. XIII citados por A. Castro, *RFE* VIII, 355; *feviella* en los Aranceles del mismo siglo, *fevilla* en APal. (79*b*, 97*d*, 160*b*, 467*b*), *fibella* en las Glosas catalano-aragonesas de Munich (*RF* XXIII, 250), etc.; Cej. VIII, § 19.

Forma de interés muy especial es el ast. *cibiella* 'vara ablandada en agua para darle flexibilidad, a fin de que sirva como ligadura en varias faenas agrícolas' (M. P., *Rom.* XXIX, 342), 'vara retorcida que, entre otros usos, tiene el de atar al pesebre la collera de las vacas', *cibiella* y *cibiellu* 'vara retorcida que emplean los labradores en diferentes usos' (V), santand. *cebi(ll)a* íd. (G. Lomas, Mugica), sanabr. *θebíḷa* (o *febéḷa*) 'hebilla' (Krüger, *VKR* VIII; 41n.), gall. *cibela* 'collar de vara flexible que sujeta el cuello del buey...' (M. P.), 'barbilla, suelta de correa con que se ata el yugo al pescuezo de los bueyes por medio de dos palitos que tienen unas muescas para graduar apretando o alargando' (Vall., junto a *fibèla* 'lazada corrediza')[1]; por otra parte, cat. *sivella* 'hebilla', documentado desde 1403[2], Ariège *sibela* 'prendedor de madera para sujetar un haz de heno' (Fahrholz, *Wohnen u. Wirtschaft*, 96), Baja Auvernia *šęvéḷá* «petit anneau dans lequel rentre l'agrafe» (Dauzat, *Vinzelles*), norm. (?) *civelle* «lanière de cuir pour attacher un manteau à la selle d'un che-

val»[3]. Es posible que esta variante ya se halle en el castellano del S. XIII, si es verdad que *siviella* 'hebilla (en los arreos de un caballo)' figura en *Alex.* 105*c*[4].

Bien mirado, está fuera de dudas que todas estas palabras son modificaciones de *FIBELLA, pues el lat. *fibula* aparece con igual sentido que el ast. *cibiella* en Catón. Desde Parodi (*Rom.* XVII, 58) y M. P. (*Rom.* XXIX, 342) se ha venido discutiendo la explicación de esta *c-* sorprendente. Con razón adujo Jud el logud. *tibia* 'hebilla', FIBULA; *RLiR* II, 230); como junto a esta forma existen *θibbia*, *tsibbia* y otras variantes análogas en otros dialectos sardos, estamos ante el fonema representado por *th-* en los antiguos documentos sardos, que corresponde históricamente a la *ç* castellana, pero no puede corresponder a una *cⁱ* latina, que en el Logudoro se conserva como velar. Por lo tanto, esta *th-* y la *c-* hispánica obligan a descartar la idea de un cruce, no sólo con SUBULA 'lezna', sino también con CINGERE 'ceñir', con CIPPUM 'cepo'[5] o con el cast. *cerrar*, que no existe en sardo. A no ser que las formas sardas sean extranjerismos alterados, no se ve otra alternativa que admitir una disimilación de las dos fricativas labiales consecutivas *f-v* en *θ-v*, donde la *θ* sería sustituída instantáneamente por la africada vecina *ᵗs* en los lugares donde el fonema *θ* no existía (idea ya sugerida por Salvioni, Baist, *KJRPh.* VI, 386-7, y Krüger, *Litbl.* XLVIII, 202; *ZRPh.* XLVI, 463). Es verdad que M. L. Wagner (*Hist. Lautlehre des Sardischen*, p. 211) se inclina a considerar que las formas sardas son alteraciones de un italianismo, cuya consonante inicial fué mal oída; se trataría, pues, de un caso de «equivalencia acústica», fenómeno del que se ha abusado tanto, pero en el caso de un extranjerismo la idea no es inaceptable; de hecho *fibbia* y *čibbia* aparecen con *-bi-* en hablas campidanesas donde los grupos de consonante más L no palatalizan esta consonante[6]; esto debilita el interés de estas formas sardas para la resolución del problema hispánico, aunque es verdad que otras variantes como *tilibba* < *θlibba* < *θibbla* (citada por Jud y no explicada por Wagner), y la ignorancia en que quedamos respecto de si *thibla* aparece ya en sardo antiguo, impiden dar por conclusa la investigación en este punto. M. P., *l. c.*, se inclinaba también a explicar el hispánico *cibiella, sivella*, por una alteración espontánea de la F- (de la cual cita ejs. bien conocidos, como *celpa* por 'felpa', *Celipe*, etc.; véase además *RFE* I, 182), pero la verdad es que casi todos estos ejs. tienen explicaciones individuales (cruces en algunos, disimilación de labiales en otros) y que la teoría del error de audición o «equivalencia acústica» no puede satisfacer por sí sola. Cierto es que en Asturias el cambio de *f-* en *θ-* está muy extendido, y aun parece espontáneo, pero nada de eso hubo nunca en Cataluña, y ahí es donde *civella* aparece desde más antiguo. En todo caso, no cabe en España la explicación por errores en préstamos o extranjerismos (como en el caso del arag. *cerrocarril*, palabra culta, imitada bárbaramente), dada la antigüedad y carácter general del cat. *sivella* y el carácter rural de las demás formas.

En conclusión, se puede admitir que los fonemas *f* y *θ* presentan una semejanza grande que facilita los cambios recíprocos, pero en el caso de *cibiella* el impulso determinante hubo de proporcionarlo la disimilación[7]; aun en las formas sardas ayudaría la disimilación, pues los errores auditivos tienen escaso influjo en el desarrollo del lenguaje, y para prosperar necesitan que por cualquier razón, mecánica o psicológica, sean más fáciles de pronunciar o de recordar que la forma correcta[8].

DERIV. *Hebillaje. Hebillar. Hebillero. Hebilleta* [*fivilleta*, fin del S. XIII, *RFE* VIII, 355; arag. *figuilleta*, invent. de 1400, *BRAE* IV, 222; *hevilleta*, Nebr.]. *Hebillón* o, cruzado con *aguijón: hebijón. Hebilluela.* Ast. *cibiellada* 'latigazo dado con una cibiella' (R), 'garrotazo' (V).

[1] Por otra parte, la forma *θebiḷa*, que se halla en el gallego del Limia junto a *fibiḷa, feb-, fab-, fibéḷa*, en el sentido de 'hebilla' (Schneider, *VKR* XI, 120), ha de ser leonesismo por su terminación -*iḷa*. H. R. Lang, *ZRPh*. XVI, 428, cita en las Azores la copla popular «a tua língua tem ponta / que pica como *cevella*», y dice que es alteración local del port. *sovela* 'lezna' SUBELLA, pues habría otros casos de sustitución de *o* átona por otra vocal. ¿Será realmente así? El contexto no descarta una ac. 'hebilla', pero 'lezna' sería más natural.— [2] Invent. de Vic, *Misc. Fabra*, 158, escrito *civella*, grafía que reaparece en inventarios de 1410 y 1430, en el *Spill* de Jaume Roig, v. 13171, en *Tirante el Blanco*, etc. Hoy en el mapa *boucle* del *ALF* (153) el área de *sivella* no excede de los límites del catalán de Francia.— [3] *FEW* III, 489*a*, citado por Du Bois-Travers, diccionario de fuentes poco fidedignas en sus artículos no localizados. Las formas del Sur de Italia citadas por Wartburg presentan el desarrollo normal de FL-, y por lo tanto nada tienen que ver aquí.— [4] T. A. Sánchez imprimió *fruiela*; Janer, que dice haber cotejado su edición constantemente con el códice O, rectifica *siviella*; Morel-Fatio (*Rom.* IV, 50), que no parecía conocer las formas modernas y catalanas con *c*-, da como evidente la enmienda *fiviella*; Willis lee *fiviella* en *O* y *fevilla* en *P*, por desgracia sin hacer observación alguna. Como la *s* larga y la *f* son muy semejantes, quedamos en duda. ¿Pecan M-Fatio y Willis por ignorancia, o es Janer el que se deja llevar por una reminiscencia de su cat. *sivella*? La verdad es que no parecen hallarse formas con *s*-, sino con *c*-, en las hablas y textos que distinguen los dos fonemas, pues es dudoso el mirand. *sibella* que cita M-L. (*REW* 3276) y no figura en el glosario de Leite de V. *Sobiella* 'lezna' se halla en *Alex.* O 2009d.— [5] M-L. (*REW* 1934) quiere suponer un *CIPELLUS como base de la forma asturiana, con disimilación de geminadas como en MAMILLA de MAMMA. Esto sería siempre arriesgado, y hay que rechazarlo porque prescinde del conjunto del problema.— [6] Comp. SUBULA > *surva, sula*, SUBILARE > *sulvare, sulai*, TURBULA > *drula*, etc., en la p. 168; para el tratamiento general de los grupos con L, vid. p. 154 y ss.— [7] No hay duda de que el paso de *f*- a *θ*- es frecuente, sobre todo en las condiciones favorables a la disimilación que se dan en este vocablo y en el cat. *sivella*: en la provincia de Almería se oye muchísimo *cebrero* por *febrero*.— [8] Por lo que hace al asturiano *cibiella*, a diferencia del cat. *sivella*, etc., el significado de aquél lo pone algo aparte. Quizá ahí esta familia se roza con la del gasc. y aran. *sibieu* 'varita flexible', que nada puede tener en común con FIBELLA, y que será de origen prerromano. V. mi futuro libro sobre el habla del Valle de Arán.

HEBRA, 'fibra o filamento de las plantas', 'porción de hilo u otro filamento textil que suele meterse por el ojo de una aguja', del lat. FĬBRA 'filamento de las plantas'. 1.ª *doc*.: «*festuca*, que llamamos sotil *febra* del feno», APal. 157*d*; «*hebra, raíz delgada*: fibra», Nebr.

Documentado con frecuencia desde el S. XVI. Ast. *febra* o *freba* (V). FĬBRA no ha dejado otra descendencia popular en romance que ésta y el port. *fêvera* (o *febra, fêvara*), que tiene las mismas acs. que la palabra española [*fêvera de lino*, 1262, Cortesão], y además 'carne sin hueso ni gordura' (ya Bluteau, Moraes); en esta última ac. el vocablo procede del ár. *hábra*, de significado idéntico, derivado de *hábar* 'cortar (carne)', y difundido desde Siria hasta Marruecos, según demostró Gonçalves Viana[1]; de ahí procede el santand. *hebroso* (*j*-) 'magro' (G. Lomas). El cultismo *fibra* se documenta desde Quevedo[2].

DERIV. *Hebroso* (V. arriba). *Hebrudo. Enhebrar* [Quevedo]. *Fibroso* [1621, D. de Funes].

[1] *RL* II, 317-21; *Apost.* I, 442-9; aprueba C. Michaëlis, *KJRPh*. IV, 346. Propuso G. Viana diferenciar los dos vocablos, reservando la forma *febra* para el arabismo y *fêvera* para la voz puramente romance, lo cual ha tenido éxito entre los lexicógrafos. En confirmación de los datos aducidos por el autor de esta etimología, observaré que Humbert registra *hábra* «le maigre de la viande» en el Norte de África, Bocthor *habr* con el mismo sentido y con el de «poulpe, ce qu'il y a de plus solide dans les parties charnues» en Egipto, y Lerchundi *lehám hábra* «car-

ne magra» (lehám 'carne') en Marruecos. En gallego, donde se dice *freba* (Sarm., *CaG.* 62r) se hallan también ambas acepciones: «o peixe trai nas *frebas* da carne as mellores esencias do Océano», Castelao 256.17; pero 'carne del cuerpo de un hombre': «os vermes manxaron a pouca *freba* que trouxen» (dice un difunto) 177.5.— ² De APal. 160b no resulta claro que se empleara en castellano.

Hebrero, V. *febrero*   *Hecatombe*, V. *ciento*
Heciento, V. *hez*   *Hectárea*, V. *ciento*   *Héctico, hectiquez*, V. *entecar*   *Hectógrafo, hectogramo, hectolitro, hectómetro*, V. *ciento*   *Hecha, hechiceresco, hechicería, hechicero, hechizar, hechizo, hecho, hechor, hechura*, V. *hacer*

HEDER, del lat. FOETĒRE íd. *1.ª doc.*: *feder*, Berceo.

«Yo mezquino, fediondo, que *fiedo* más que can», *Mil.* 762a. Se halla también en el *Poema de Alf.* XI (1964), en APal. («*putet*: *fiede*, mal huele»), y *heder* es corriente desde Nebr. y muy empleado en la lengua literaria clásica, bastante menos en la contemporánea y menos aún en el lenguaje coloquial urbano, que recurren cada vez más al eufemismo *oler mal* u *oler*; pero el empleo de *heder* sigue lozano en las hablas rurales (ast. *feder*, V), notándose gran extensión de la pronunciación aspirada *jeder*, aun en zonas donde la *h-* suele perderse sin dejar huellas, como en la Argentina, en Almería, etc.¹, de lo cual será responsable el carácter algo brutal de esta expresión. El vocalismo *hiede*, ya documentado en los SS. XIII y XV, parece ser analógico². La mayor parte de los romances prefirieron PŪTĒRE, más común ya en latín; FOETĒRE sólo se ha conservado además en port. *feder*, bearn. *héde* o *hedì* (propio solamente de los valles pirenaicos de Aspa y Baretóns: *BhZRPh.* LXXXV, § 182) en dalmático y en los dialectos del Sur de Italia. DERIV. *Hediente* ant. [*fediente*, Berceo, *Signos* 74; *Danza de la Muerte*, 78] o *hediondo* [*fed-*, Berceo, *Mil.* 762a, 802c; *fidiondo*, *Gr. Conq. de Ultr.*, 621; *hidiondo*, Nebr., y hoy en Santander]³, el cual podría reflejar un *FOETĪBŪNDUS del latín vulgar; *fediondu* 'hierba de 30 a 40 cms. de alto, hojas caulinarias alternas, un tanto rugosas, que despiden un olor desagradable' (V). Mej. *fodongo* m. 'pedo', adj. 'sucio', M. L. Wagner, *ZRPh.* LXIV, 332. *Hediondez*; de *hediente* procede *hedentina* [1601, Ant. de Herrera] y *hedentino* ant., con su derivado *hedentinoso* [*f-*, APal. 160b]. *Hedor* [*fedor*, Berceo], del lat. FOETOR, -ŌRIS, íd. (variante culta *fetor*); *fedor* ast., adj. '(niño) que está impertinente y molesto' (V). Port. *fedelho* 'hediondo', 'niño pequeño', que todavía *fede a cueiros* (Moraes), gall. *fedello* término despectivo de sentido vago, junto con *fedellento* 'enredón' y *fedellar* (Sarm. *CaG.* 164v, 62v, 124r, A48v). *Fétido* [h.

1515, Padilla, Fz. Villegas (C. C. Smith, *BHisp.* LXI); h. 1640, Castillo Solórzano], tomado del lat. *foetĭdus* íd.; *fetidez*.

¹ Entre los empleos figurados nótense los que se centran alrededor de la idea de 'alterarse', 'inquietarse': «cada uno mire por el virote (dijo el licenciado), pues ha de ir a todo moler; y no echen de vicio, que podía *heder* el negocio más aína que piensan», Quevedo, *Cuento de Cuentos*, ed. *Cl. C.* IV, 186; *feder, aheder, ahedecer, ahedentar*, 'malquistar' en la Biblia judía de Constantinopla (*BRAE* III, 188); «estamos toítos prontos / y en Buenos Aires, *gediendo* / están con esta noticia / federales y gobierno», en el argentino Juan G. Godoy, a. 1830, Draghi, *Canc. Cuyano*, p. XCII. La explicación es de tipo fisiológico, y mucho habrá contribuído esta fraseología maloliente a la decadencia literaria de *heder*. Cej. VIII, § 131.— ² Nótese sin embargo la grafía *fetere*, también antigua según el *ThLL*; la etimología del vocablo latino se ignora, y pudo haber influjo de *foedus*. De todos modos la *e* sería larga, aunque por lo común el vocablo se halla en prosa.— ³ De ahí el port. *hediondo*. Lo castizo allí es *fedonho* o *fedorento*; éste existió también en castellano, *fedoriento* en uno de los mss. de *Calila* (Rivad. LI, 35), mientras que otro trae *fedroso* < *fedoroso*, derivados ambos de *fedor*. En judeoespañol corre *pediundo*, que resulta de un cruce con el cat. *pudent*, arag. ant. *pudiente* íd., rioj. ant. *pudio* PŪTĪDUS; *pudir* y *pudor* se hallan también en Berceo, y el último aparece una vez en el ms. O (pero no en P) del *Alex.*, vid. G. de Diego, *Contrib.*, §§ 475-8. Ignoro de qué dialecto procede *pino pudio* 'pino negral' (Acad.; no *Aut.*).

Hedrera, V. *hiedra*

HEGEMONÍA, tomado del gr. ἡγεμονία 'preeminencia en un estado sobre los demás', derivado de ἡγεμών, -όνος, 'el que marcha a la cabeza', y éste de ἡγεῖσθαι 'guiar, conducir, ir al frente'. *1.ª doc.*: Acad. ya 1884, no 1843.

La variante *heguemonía*, preferida por la Acad. en la última ed. y en otras del S. XX, parece debida a una imitación de la pronunciación griega, contraria a las reglas de adaptación de los helenismos (¿o a influjo inglés?), pero es forma poco corriente. DERIV. *Hegemónico* (falta todavía Acad.). *Exegético* [1732, *Aut.*, con ej. que no puedo fechar], tomado de ἐξηγητικός 'propio para la exposición o interpretación', derivado de ἐξήγησις 'interpretación', y éste de ἐξηγεῖσθαι 'exponer', 'interpretar'; *exégesis; exegeta*.

Helable, helada, heladería, heladero, heladizo, helado, helador, heladura, helamiento, helante, helar, V. *hielo*   *Helear*, V. *hiel*

HELECHO, del lat. FĬLĬCTUM 'matorral de helechos', derivado de FĬLIX, -ĬCIS, 'helecho'. *1.ª doc.*: *felecho*, APal. 153*b*, 161*d*; *helecho*, Nebr.; el derivado *Felectosa* ya aparece en doc. de 1142, y el colectivo *felechar* en otro de 1177 (Oelschl.).

En todos estos testimonios se ha perdido ya el valor colectivo etimológico. El colectivo latino FILICTUM se halla en Paladio y en el español Columela. De ahí también el port. *fêto* (dial. *feito*), gall. *fènto* (también *fiento*, *fieito*)[1], sanabr. *afeto*, *fainto*, *faleito* (Krüger, *Homen. a M. P.* II, 125), retorrom. *f(a)letga* (Grisones), *felet* (Friul), lomb. *feleč*, *folecc*, etc. (Jud, *ASNSL* CXXI, 85; *AIS* III, 618), Córcega y Gallura *filettu* (M. L. Wagner, *Litbl.* XLVI, 167), que en su mayoría designan también el helecho, pero en algunos valles lombardos y trentinos se conserva todavía el valor colectivo (vid. *FEW* III, 515*b*; comp. *VRom.* IV, 140). La misma generalización de un antiguo colectivo se produjo en Francia y en partes de la Península Ibérica, de donde fr. *fougère*, oc. *feuguiera*, cat. *falguera* 'helecho', que representan *FILICARIA, también gall. *filgueira* 'lugar abundante en helechos' (Vall.), mientras que el ast. *felguera* (Rato), *fulguera* («Pteris Aquilina», Munthe), ya documentado en las formas *felguera* y *felguero* en docs. del Norte de Castilla, SS. XI-XIII (Oelschl.), arag. *felequera* [Acad. S. XX], Bielsa *felquera* (*BDC* XXIV, 170), designan la planta sola[2]. El gall. *fèlgo* 'helecho', *fèlga* 'raíces secas de hierbas y esp. de la grama' (Vall.), Bierzo occid. *felgo* 'helecho', *felguina* 'helecho macho', junto con el bereb. *ifilcu* y varias formas galorrománicas (*FEW* III, 514*b*), parecen representar una variante FĬLĬCA, que se halla en textos vulgares tardíos (G. de Diego, *Contrib.*, § 250), mientras que el vasco *hiretze*[3], el mozár. *félča* (documentado en el S. XIII, *félčo* SS. X-XII: Simonet, 210), y el alto arag. *felce*, empleado en Argüés (Gnz. Guzmán, 140), continúan todavía junto con oc. ant. *feuze*, it. *felce*, el clásico FĬLĬCEM. V. además *HELGADO*.

DERIV. *Helechal*; ast. *felenchal* (V). Gall. *fenta*, Bierzo *felechina* 'helecho hembra' (Sarm. *CaG.* 144*v*).

[1] Para la -*n*-, comp. salm. *fenecho*. Hubo, pues, primeramente cambio de la -L- en -N- (quizá por disimilación ante la L del artículo), de donde *fêeito* > *fêito* > *fento*; sin embargo, hay también ast. *felenchu* 'helecho hembra', *felencha* 'helecho macho', en Coaña *foleto* (V). *Fiéito* en el Bierzo occidental, Fernández Morales.— [2] FILICTUM aparece también en parte de Asturias: Rato da *felechu*, y Vigón *felenchu*. Para detalles y para la extensión de los varios tipos según la toponimia, vid. Munthe, s. v.— [3] En cuanto al supuesto vasco *hiretze*, la forma real es *iratze* (vasco-francés), y en vizcaíno *ira*: ello dificulta mucho, sin imposibilitarlo, su origen latino (Michelena, *BSVAP* XI, 294).

HELENA, 'fuego de San Telmo', por alusión a la esposa de Menelao. *1.ª doc.*: 1709, Tosca.

Cuando en las entenas de los navíos aparecen dos fuegos juntos o mellizos, les llaman los navegantes *Cástor y Pólux* (*Aut.*), en memoria de los gemelos mitológicos; de ahí que cuando aparece una llama sola se le aplique el nombre de la hermana de ambos, Helena.

HELENIO, tomado del lat. *helĕnĭum* y éste del gr. ἐλένιον *íd.* *1.ª doc.*: Lope, según Terr.; Acad. 1884, no 1843.

HELERA, 'tumorcillo que nace encima de la rabadilla a los canarios y jilgueros', origen incierto. *1.ª doc.*: *helera*, *elera* o *lera*, Terr.; Acad. *helera*, ya 1817, *lera* ya 1884.

Según Terr. es mal mortal, y en Andalucía se aplica a la disentería de los niños (A. Venceslada). Luego quizá viene del antiguo *felera* (un guerrero que hace gran matanza *vertié mala felera*, Alex. 981), hoy *jelera* 'cólera, odio' en Cespedosa (*RFE* XV, 143), derivado de *HIEL*. ¿O será *lera*, variante de *GLERA* 'pedregal' (véase), que tomaría el valor de 'piedra' (> 'chinita' > 'granito')?

Helero, V. *hielo*

HELGA, 'argolla, armella', ant., del ár. *ḥílqa* *íd.* *1.ª doc.*: 1585, López Tamarid, citado por Covarr. Acad. 1817 da la forma *alhelga* como anticuada, y *helga* con la misma definición; en las últimas ediciones del mismo diccionario sigue haciéndose lo mismo en este último artículo, pero se ha suprimido el primero. Ni Covarr. ni *Aut.* dan muestras de conocer el vocablo por otra fuente que por Tamarid. Parece haber sido siempre palabra rara. En cambio, debió de arraigar en portugués[1]; de ahí debió de pasar al gall. *alferga* 'dedal' (Sarm. coplas de 1746), como voz especial de sastres y costureras (*CaG.* 58*v*); lo común, aun en gallego, es *dedal*, aunque el dedal sin tapa es sólo *alferga* (V. más citas en *DAcG.* y Crespo Pozo, p. 424); *alfergueta* 'tira de cuero que emplean los marineros como protección de la mano para coser' (*DAcG.*). Alfonso el Sabio citó *alhelca*, pero sólo como palabra árabe (Eguílaz, 190). En árabe clásico es *ḥálqa*, pero las fuentes hispánicas (R. Martí, PAlc.) traen *ḥílqa* (comp. Dozy, *Suppl.* I, 317*a*); Steiger, *Contr.* 257.

[1] Aunque modernamente *alferga* sólo se ha registrado ahí como voz provincial y en el sentido secundario de «medida de simiente de *sirgo* [gusano de seda]». Las acs. que da a *felga* Fig. indican que ésta es palabra de otro origen, quizás el que él indica (véase).

HELGADO, 'que tiene los dientes ralos', ant., probablemente del lat. FĬLĬCATUS 'semejante al helecho', por comparación con los dientes o cortaduras de las hojas de esta planta. *1.ª doc.: afelgado*, 1438, Martínez de Toledo; *helgado*, Nebr.

Escribe aquel autor «ombres crespos e bermejos... que tienen... la boca grande, ceceoso, tartamudo, los dientes *afelgados* e dentudos», *Corbacho* (ed. P. Pastor), p. 200. Nebr. define «discrimina dentium habens». Según J. de Valdés «Librixa pone *helgado* por hombre de raros dientes, yo nunca lo he visto usado, y... no teniendo otro que sinifique lo que él, sería bien usarlo» (*Diál. de la L.*, 108.5). *Aut.* interpreta «que tiene los dientes desiguales», pero se basa en Nebr., y advierte que es voz anticuada (falta en Covarr.)[1]. Correas (1626) cita el proverbio «Bermejo, cordobés y diente *ahelgado*, llévelo el diablo»; otros refranes traen la variante *enfergado* (Pagés). Hoy es palabra olvidada fuera de Asturias, donde todavía se dice «*felgado*, persona de dientes ralos» (Rato). No se ha propuesto otra etimología que la indicada arriba, de la Acad. (eds. del S. XX), que es plausible, sobre todo en vista de la existencia de *felgo* y *felga* 'helecho' en el Bierzo, Galicia y Portugal (V. *HELECHO*). Prueba de que esta característica del helecho llama popularmente la atención son las port. *dentebrum* y *dentebrura*, nombres de variedades de esta planta. FILICATUS, en cuanto calificativo de un adorno, figura en Cicerón.

DERIV. *Helgadura* [«discrimina dentium», Nebr.]
[1] Oudin se basará en Nebr.: «*helgado*: qui a les dents loin l'une de l'autre». Sobrino (1705) trae *ahelgado* con definición análoga. Terr. advierte que otros dicen *halgado*, pero reconoce que ambos están anticuados.

Helíaco, V. *sol*

HÉLICE, tomado del lat. tardío *hĕlix, -ĭcis*, 'voluta de capitel', y éste del gr. ἕλιξ, -ικος, 'espiral', 'varios objetos de esta forma'. *1.ª doc.:* 1734, *Aut.* (como término de geometría, arquitectura y astronomía).

DERIV. *Hélico* ant. *Helicón*, tomado de Ἑλικῶν, -ῶνος, monte cuyo nombre significa 'montaña tortuosa'; *helicónides; heliconio*.
CPT. *Helicoide; helicoidal*.

Helio y sus compuestos, V. *sol*

HELMINTO, tomado del gr. ἕλμινς, -ινθος, 'gusano', 'lombriz', por conducto del fr. *helminthe*. *1.ª doc.:* Acad. 1899.
La forma correcta en castellano habría sido *helminte*.
DERIV. *Helmíntico* [Terr.]; *antihelmíntico. Helmintiasis.*
CPT. *Helmintología; helmintológico.*

Helor, V. *hielo*   *Hemacrimo, hematemesis, hematermo, hematíe, hematites, hematófago, he-*

matoma, hematosis, hematoxilina, hematozoario, hematuria, V. *hemo-*

HEMBRA, del lat. FĒMĬNA íd. *1.ª doc.:* orígenes del idioma (*Auto de los Reyes Magos*, Berceo[1], etc.).
Conservado en todos los romances, aunque en Francia, Cataluña y Noroeste de Italia tomó el significado de 'mujer', siendo sustituído en su sentido etimológico por el diminutivo FEMELLA; en castellano la ac. 'mujer' tiene carácter festivo y es propia de los lenguajes aflamencado, gauchesco y análogos.

DERIV. *Hembraje* sudamer. 'conjunto de hembras o mujeres' (vid. Tiscornia, *M. Fierro coment.*, s. v.); en Cuba *hembrerío* o *hembrería* (F. Ortiz, *Ca.*, p. 119). *Hembrear. Hembrilla* (comparación sexual; en el mismo sentido cat. *femella*, fr. dial. *femelle*); *cimbriella* ast. 'pieza de madera a modo de tuerca, que se coloca sobre la viga del lagar, y en cuya pieza entra y juega el husillo' (V). *Hembruno* (que no es ant., como dice la Acad.).
Femenino [*femíneo, Corbacho* (C. C. Smith, *BHisp.* LXI); APal., 177d, como término gramatical; *femen-*, h. 1600, Mariana; ajeno al vocabulario del *Quijote*, C. de las Casas no registra más que *mujeril*, y Góngora y Ruiz de Alarcón sólo emplean éste y *femenil*] —tomado del latín *femininus*— o *femenil* [en rima con *viril* ya en Santillana, p. 363; *feminil, el sexo* ∽, APal., vid. *femenino*] —lat. tardío *feminīlis*—, original ant. [h. 1530, Guevara], o *femíneo* [SS. XV-XVII, cultismo] —lat. *feminĕus*—; *femineidad* (comúnmente *feminidad*, que es haplología de **femininidad*). *Feminismo; feminista. Afeminar* [S. XV, *Crón. de Álvaro de Luna*], tomado del lat. *effeminare* íd.; *afeminado* [íd., Gómez Manrique]; algunos dijeron latinamente *efeminar, -ado* (otros *defeminado, enfeminado*); *afeminación, afeminamiento*.
[1] Los manuscritos de este poeta vacilan entre *femna* y *fembra*. Cat. ant. *fembra* 'mujer' (queda anticuado desde el S. XV, sustituido por *dona*, hasta entonces 'dama'); port. y gall. *femia* 'hembra' (Castelao 39.9). La variante agallegada *femia* se emplea en parte de León, y particularmente en la Maragatería (*BRAE* III, 41).

Hemencia, hemenciar, hemencioso, V. *mente* y *ansia   Hemeroteca*, V. *efímero   Hemiciclo*, V. *semi-   Hemicránea*, V. *cráneo   Hemina, hemiplejía, hemipléjico, hemíptero, hemisférico, hemisferio*, V. *semi-   Hemistiquio*, V. *dístico*

HEMO-, primer elemento de compuestos cultos, tomado del gr. αἷμα, -ατος, 'sangre': *hemofilia* [Acad. S. XX], con φίλος 'amigo'; *hemoglobina* [princ. S. XX, Pagés], con el radical de *glóbulo; hemopatía; hemoptisis* [*hemoptise*, Terr.; *-isis*, Letamendi, † 1897], con πτῦσις 'acción de escupir' (derivado de πτύειν 'escupir'): la acentuación correcta habría sido *hemóptisis; hemoptísico*. *Hemorragia* [Terr.], del lat. *haemorrhagia*, y éste de αἱμόῤῥαγία, compuesto con ῥηγνύναι 'brotar'. *Hemorroide* [*-oida, Aut*.], V. *ALMORRANA; hemorroidal. Hemorroisa*, tomado del lat. *haemorroissa. Hemorroo* [1555, Laguna], de αἱμόῤῥοος íd., así llamada porque se suponía causaba un flujo general de sangre (de ῥεῖν 'manar'). *Hemostasis*, con ἱστάναι 'detener'; *hemostático*.

Hemacrimo, con χρυμός 'frío'. *Hematemesis*, con ἔμεσις 'vómito'. *Hematermo*, con θερμός 'caliente'. *Hematófago*, con φαγεῖν 'comer'. *Hematoxilina*, con ξύλον 'madera'. *Hematozoario*, con ζῶον 'animal'. *Hematuria*, con οὐρεῖν 'orinar'.

Deriv. Derivados de αἷμα: *hematie. Hematites* [1629, Huerta], de αἱματίτης 'sanguíneo'. *Hematoma* [Acad. S. XX]. *Hematosis. Anemia* [Acad. 1884, no 1843], de ἀναιμία 'falta de sangre'; *anémico* [íd.]. *Enema* 'medicamento que se aplicaba sobre las heridas sangrientas'; pero para *ENEMA* 'lavativa', vid. este artículo. *Hiperemia*.

Henal, henar, henasco, henazo, V. *heno*

HENCHIR, del lat. ĬMPLĒRE 'llenar', derivado de PLERE íd. *1.ª doc.: enchir* (subj. *ynchamos*), Cid. La *1.ª Crón. Gral*. da *enchir* en el pasaje correspondiente. Berceo vacila entre *enchir* («*inchié* toda la plaza de sabrosa olor», *Mil.* 111c, pasaje sólo trasmitido por *I*) y *fenchir* («*finchién* de vivas brasas el nobre encensario», *Sacrif.*, 86b, Solal.)[1]; *fenchir* (o *finchir*) es también la forma normal en *Apol.*, J. Ruiz y J. Manuel, aunque en el *Libro de la Caza* se halla una vez *enchir* (ed. Baist, 58.19) junto a varios ejs. de la forma en *f-*; desde APal. (87d «complere: *henchir* hasta en suso») y Nebr. es general la grafía con *h*[2]; Cej. VI, § 28. Las numerosas formas que este verbo tiene en común con *hinchar* fueron causa de que se creara *llenar* como neologismo inequívoco y de que *henchir* entrara en decadencia, como ya nota Juan de Valdés: «*henchir* parece feo y grossero vocablo, y algunas vezes forzosamente lo uso... porque *llenar* no quadra bien en todas partes...; lo usa el refrán que dize: De servidores leales se *henchen* los ospitales» (*Diál. de la L.*, 108.9; V. en nota de la ed. Montesinos ejs. de *henchir* en el propio Valdés). Por la confusión parcial con *hinchar* se explica la pronunciación de *henchir* con *h-* aspirada, documentada por la grafía medieval con *f-*[3]. La decadencia de *henchir* en el período clásico y en el idioma literario actual se refleja por la tendencia a emplearlo sólo con matices figurados, de tradición literaria[4]; pero el etimológico es todavía corriente en los clásicos: «llevábamos un jarrillo pàra beber, de algo menos de media azumbre, y siempre nos lo *henchían*», G. *de Alfarache* (ed. Sopena I, 248),

«en el pergamino estaban escritas, una debajo de otra, en el espacio que había de *hinchir* el vacío de la otra mitad, estas letras...», *Ilustre Fregona* (ed. *Cl. C.*, p. 308). Hoy es palabra muerta en el lenguaje hablado; sin embargo, *renchir* 'llenar lo que se ha vaciado o mermado de una vasija' en Bilbao (Arriaga); en el alto aragonés de Echo y Ansó *emplir* o *impler* (presente *yemple: RLiR* XI, 33).

Deriv. *Henchidor. Henchidura. Henchimiento* [*fenchimiento*, J. Manuel, Rivad. LI, 328; he-o *hi-*, Nebr.]. *Rehenchir, -chimiento. Inchi* adj. 'lleno', m. 'costal', en las provincias argentinas de Santiago y Catamarca (O. di Lullo, *Canc. de Santiago del Estero*, p. 420).

[1] *Inxir* en *Alex.* 1895 es variante de *exir*, como se ve por la equivalencia *salir* introducida por P.— [2] El último prefiere *hinchir*, variante que da en su lugar alfabético y en el artículo *henchir*.— [3] No hay por qué pensar en un cruce con *farto*, como quisieran Yakov Malkiel, *RLiR* XVIII, 164-176, y García de Diego (*RFE* IX, 143). Éste cita un gall. *fenchir* [?], que no figura en Vall., pero la forma real así en gallego como en portugués es *encher* (escrito con *h-* por dicho lexicógrafo). Para la *h-* de *HINCHAR*, V. este artículo.— [4] Es frecuente entre otros el de 'desempeñar un cargo', 'ocupar un puesto': «yo estaba en duda qué oficio te daría en mi casa, y agora me resuelvo que *hinchas* esta plaza que agora ha vacado... quiero que seas mi mayordomo», en el *Alfarache* de Martí, Rivad. III, p. 371. También Covarr. Véanse otras acs. en *Aut.*

HENDER, del lat. FĬNDĔRE 'hender, rajar'. *1.ª doc.: fender* (part. *fendido*), Berceo, *Loores* 75.

También *Apol.* (*fendió*, 139a), *Alex.* (256d), Gr. *Conq. de Ultr.* (131), APal. (63d, 162b, 171d, 213b); *hender* desde Nebr. La variante *hendir* que *BKKR* atribuye erróneamente a los dos primeros textos es tardía, hoy americana[1]. En el presente se dijo, de acuerdo con la etimología, primero *fende* (así en *Alex. O*), después analógicamente *fiende*, que ya figura en el ms. aragonés del *Alex.* (S. XV). *Hender* era frecuente y popular en la Edad Media, pero más tarde la concurrencia de *RAJAR* lo ha convertido en palabra meramente literaria; sin embargo ast. *fender* 'hacer una hendedura', 'hacer astillas un madero' (V).

Deriv. *Hendedor. Hendible. Hendidura* [*fendedura*, APal., 409d; *hendedura*, Nebr., Covarr., *Aut.*, que cita ejs. de Laguna y Ambr. de Morales; Pagés los cita de los SS. XVI-XVIII; *hendi*- aparece como variante secundaria en Terr. y en Acad. 1817-99, pero hoy es la forma más usada, la empleada por escritores como Jovellanos y Juan Valera y la preferida por la Acad.]. *Hendiente* [*f-, Quijote*]. *Hendimiento* [Nebr.]. *Fenda*, voz dialectal [Acad. 1884, no 1843], contracción de

héndida (*h* aspiraɑɑ) 'grieta' empleada en la prov.
de Salamanca (Espinosa-Castellano, *RFE* XXIII,
227), de formación analógica a la de *véndida* y
análogos; port. y gall. *fenda* (Castelao 117.22).
Rendija [*Aut.* sólo tiene un artículo *rehendija*,
pero reconoce que *rendija* es común; así ya Balmes]; procede de *rehendija* (1721, Silvestre; Bretón de los Herreros; gall. *rendixa* castellanismo,
Castelao 28.16), derivado de *hendija*, hoy forma
común en Canarias, en toda América del Sur,
Costa Rica, Veracruz, Puerto Rico, y ya empleada
por Guevara[2], que a su vez es contracción de
*hendidija[3] —derivado del citado *héndida*—, de
donde por disimilación *hendrija*, en la traducción
castellana del *De las Ilustres Mujeres* de Boccaccio,
hecha por un humanista aragonés, Zaragoza, 1494,
fol. 18*va* (*fendrija*), y empleado varias veces por
el aragonés B. L. de Argensola, a. 1609, y hoy en
el aragonés de Fonz (*ZRPh.* XLV, 236), Bielsa,
Echo, Caspe y Puebla de Híjar, *f(r)endilla* en Plan,
fenderilla en Gistaín y Bielsa, *BDC* XXIV, 170.
Para el judesp. (*f)endrís* 'rendija', resultante de
un cruce de *hendrija* con el arabismo *ALEFRIZ*,
vid. M. L. Wagner, *ZRPh.* LXX, 269-70; *hendrez* f. en la Biblia judía de Constantinopla (*BRAE*
IV, 639; para la terminación comp. *HAMEZ*).
Dehender («*dehender* lo espesso: diffindo», Nebr.;
desusado según *Aut.*); *dehendimiento* (íd.).
  Sinónimo gall. es *fírgoa*, recogido sólo en léxicos
recientes (Carré[3]; Eladio Rdz. *Cast.-Gall.*, no en
el *Gall.-Cast.* ni en el apéndice) y empleado por
el joven poeta Manuel L. Acuña con el sentido de
'resquicio, rendija' en su libro *Fírgoas*, Santiago
1931; acaso de un derivado del lat. *fissum* 'rendija' (Plauto, Cicerón), *FISSULA (dim. del neutro
plural *fissa* o alteración romance de *fissĭlis*) y mejor
de *FISSICULARE* (documentado en la ac. 'hender
las entrañas') de donde *fesgŭar > *firguar y de
ahí este postverbal.
  Derivados cultos: *Fisura* [Terr.; Acad. 1869, no
1843], tomado de *fissūra* íd., derivado de *fissus*,
participio de *findere*; *físil* [h. 1600, Nieremberg
en *Aut.*, suprimido hoy Acad.], de *fissĭlis* 'susceptible de ser hendido', hoy vuelve a emplearse en
Física atómica, junto con el abstracto *fisión*.
  Del part. *FISSUS* conservado en varios romances (y en su fem. sustantivado como *FISSA*
'trasero' ya en el S. II, fr. *fesse* 'nalga') procede,
como indica J. L. Pensado, un gall. *feso* 'trasero'
algo raro (Olea), *Acta Salmant.* n.º 51, 34 y 35.
  CPT. *Fisípedo. Fisirrostro. Trífido*, de *trĭfĭdus*
'hendido en tres'.

  [1] Figura en *Aut.*, pero sólo en la definición de
estallar. La empleó Clemencín y algún otro español. Hoy dicen muchos así en Colombia (Cuervo, *Ap.*, § 284).— [2] «Va cosiendo las hojas como
si juesen remiendos de género, las ȷunta sin dejar
ninguna *endija*», C. A. Leumann, *La Prensa de
B. A.*, 25-I-1942; «tratando de ver el rostro de
la muerta por las *hendijas* que dejaban las tablas

del rústico cajón», L. Barletta, ibid., 24-III-1940;
frecuente en autores argentinos y oído varias veces en Mendoza. V. además Pérez Vidal, s. v.,
Cuervo, *Ap.* § 814, M. L. Wagner, *RFE* X, 81.—
[3] Acad. cita una forma *redendija* que puede salir por metátesis de *r(eh)endidija*. El vulgarismo
relandrija (Almería, etc.) será disimilación de *redendrija, a su vez cruce de *redendija* con *hendrija*.

Hendrez, hendrija, V. *hender*

HENEQUÉN, 'hilo fino de pita', palabra aborigen americana, quizá oriunda del maya, pero
es posible que los españoles la aprendieran en
las Grandes Antillas. *1.ª doc.*: 1526, Fz. de Oviedo.
  Friederici, *Am. Wb.*, 295; Cuervo, *Ap.*, § 758;
Robelo, *Dicc. de Azteq.*, 619, y *Dicc. de Seudoazteq.*, s. v.; H. Ureña, *Indig.* 113; *BDHA* IV,
p. XIIIn.; V, 124. El P. Las Casas dice que es
palabra de la Española; Oviedo no dice nada;
el historiador mejicano Orozco y Berra afirma
que es palabra indígena de Méjico, y otros han
dicho que viene del maya. El hecho es que el
henequén es hoy, y ya desde antiguo, una producción yucateca por excelencia, y la fecha en
que la emplea Oviedo no es incompatible con
una palabra aprendida por los españoles en el
Yucatán. En efecto, ya Díaz del Castillo la refiere
a cosas de Méjico, y Molina en 1570 da *nequentiloni* como náhuatl en el sentido de «vestidura
o ropa para cubrirse» (comp. *tilmatli* 'manta' o
'vestidura'). Sin embargo, este vocablo puede ser
un préstamo; Robelo opina que *henequén* no es
palabra azteca[1], y Hz. Ureña cree probable que
sea de origen maya, pero aprendida por los españoles en las Antillas. Nótense las variantes *nequén* (P. Las Casas, Díaz del Castillo) y *jenequén* (Orozco, *jeniquén* como cubano en Acad.
desde 1899), que parece indicar que la *h-* antigua fué aspirada.

  [1] La idea de Ignacio de Armas, admitida por
Robelo, de que sea derivado del cast. *heno*, por
el color y apariencia de las hebras de la pita,
es imposible a causa del sufijo.

HENO, del lat. *FĒNUM* 'hierba segada y seca
para alimento del ganado'. *1.ª doc.*: *feno*, Berceo
(*Loores*, 25).
  Frecuente desde la Edad Media (*feno*, J. Ruiz
255*d*, APal. 157*d*; también Nebr. —acaso por un
mozarabismo andaluz— emplea la forma con *f-*
en sus artículos *hoz* y *segar*, h2r°, m3r°, aunque
en todo su vocabulario prefiere las formas con
h-). La opinión general de los latinistas (Walde-H., Ernout-M.) se inclina hoy a considerar *FĒNUM* como la forma antigua y correcta, aunque
Varrón ya vacila entre éste y *FAENUM* (*foenum* es
tardío); los romances postulan el primero de estos vocalismos, con excepción acaso del it. *fieno*[1].
  DERIV. *Henar* [*fenar*, doc. de 1074, Oelschl.].

Henasco, salm. *Henazo* salm., *fenazo* 'lastón' arag.
Hénide [G. de la Vega, en Fcha.]. *Henil* [Covarr.],
también *henal*, en Aragón *fenal* 'prado'. *Enhenar*.
CPT. *Fenogreco* [1555, Laguna], tomado del lat.
fenum graecum íd. *Henificar*. *Findoz* arag. 'regaliz' FENUM DŬLCE 'hierba dulce' [1836, Peralta;
Borao], comp. el otro nombre arag. *fustdolz* y
el cast. *palo duz* o *palo dulce*.
¹ Según la explicación de Merlo (*RDR* II, 250),
aceptada por Jud (*ASNSL* CXXIV, 398), esta
forma se debería a un cruce con FLORES. M-L.,
que en *ASNSL* CXXIV, 381, admitía una base
itálica *ghainom*, de donde *fēnum* en umbro y
faenum en osco, y de ahí las formas romances,
en *REW* se adhirió a la opinión de Merlo, que
no podemos dejar de calificar de dudosa.

Henojil, *henojo*, V. *hinojo*   *Heñir*, V. *fingir*

HEPÁTICO, tomado del lat. *hepatĭcus*, y éste
del gr. ἡπατικός íd., derivado de ἧπαρ, ἧπατος,
'hígado'. 1.ª doc.: Terr.
DERIV. *Hepática* [1555, Laguna]. *Hepatitis*.

Heptacordo, *heptagonal*, *heptágono*, V. *siete*
Heptarquía, V. *anarquía*   *Heptasilábico*, *hepta-*
sílabo, *heptateuco*, V. *siete*

HERALDO, tomado del fr. *héraut* íd., y éste
del fráncico *HERIALD* 'funcionario del ejército',
compuesto de HERI 'ejército' y WALDAN 'ser poderoso'. 1.ª doc.: «*Faraute de lenguas*: interpres»,
Nebr.; *heraldo*, 1605, Sandoval.
En francés hallamos *hiraut* desde el S. XII
(Chrestien; *Guillaume le Maréchal*), forma que
sigue siendo corriente en el XIII, pero *heraut*,
que ya aparece h. 1200 (R. de Houdenc), se
generaliza en el XIV. Como nombre propio aparece el germánico *Chariovalda* ya en Tácito, y las
formas *Haraldr* y *Heriold* en textos muy antiguos
de Escandinavia y Baja Alemania; como se ve
por estas últimas variantes, y por las análogas de
muchos nombres propios en -WALD, la -w- de
esta terminación se eliminaba tras vocal desde
fecha antigua: de ahí la forma fráncica *HERIALD*,
que se romanizaría demasiado tarde para trasponer su I ante la R (como hubiera ocurrido en
una palabra latina en condiciones semejantes); el
alem. *herold*, el ingl. *herald* y demás formas de
las lenguas germánicas modernas, son galicismos;
lo mismo cabe decir de todas las formas romances.
Comp. M-L., *REW* 4115b; Gamillscheg, *EWFS*
s. v., R. G. I, 171; Kluge, s. v. El castellano
tomó el vocablo primero del francés medieval,
cambiándolo en *faraute*, con la sustitución usual
de la *h* aspirada francesa; posteriormente se modificó el vocablo bajo el influjo del b. lat. *he-*
raldus y del it. *araldo* (ambos de origen francés)¹;
heraldo figura ya en Covarr., pero C. de las Casas (1570) traduce *araldo* sólo por *faraute*, em-

baxador y *corredor*, y Percivale (1591) traduce
heraud por *mensajero* y *rey de armas*, y *faraute*
por *interpretor*. *Rey de armas* era la antigua equivalencia castellana del vocablo francés. En cuanto al antiguo *faraute*, significaba sobre todo 'mensajero de guerra' e 'intérprete'², como se ve por
los artículos *embaxador* e *intérprete* de Nebr.;
con la primera de estas acs. figura en Antonio
de Guevara (1539: Fcha.), en Antonio Agustín
(1587), en el Diario de Fr. Juan de Lerma (S.
XVI)³, etc., con la segunda todavía en el *Este-*
banillo González (1646), pero ya *Aut.* lo declara
anticuado; además era 'el que al principio de la
comedia hace el prólogo o introducción' (Covarr.),
y pronto tomó acs. peyorativas, pues partiendo
de la idea de 'mensajero' se pasó a 'alcahuete'
(Covarr.) y 'criado de mujer pública o de rufián'
(J. Hidalgo); por otra parte, de 'heraldo' se pasó
a «el entremetido y bullicioso que quiere dar a
entender lo dispone todo» (*Aut.*, con ej. de Quevedo). En esta nueva ac. el vocablo tuvo fortuna,
pues del castellano pasó al valenciano⁴ y al fr.
faraud «fat de mauvais ton» [1628 *pharo* en texto jergal; *faraud*, 1743, según Bloch; según Wartburg, se hallaría en la jerga desde el S. XVI]⁵,
no parece ser éste el origen del it. *farabutto* 'bribón' (en Nápoles *frabutto* «cattivo» desde 1689;
en la lengua literaria desde princ. S. XIX, pero
en Florencia era todavía neologismo h. 1830: Zaccaria); vid. contra la opinión de Schuchardt, *ZRPh.*
XXVIII, 130 ss., lo dicho aquí s. v. *FILIBUS-*
*TERO*⁶.
DERIV. *Heráldico* [S. XVII, Moret); *heráldica*.—
¹ *Aut.* advierte que es incorrecto decir *haraldo*.—
² También alguna vez 'heraldo', como en el arcaizante Mariana. F. de Oviedo emplea en este
sentido *haraute* (Fcha.).— ³ «*Farautes* y mensa-
jeros no deven ser prisioneros: debent legati
turpia nulla pati», *BRAE* XVII, 238.— ⁴ «Els...
farautes de Manises: s'aplica el sobrenòm... per
ser tan xarradors», Martí Gadea, *Tèrra del Gè*
I, 156.— ⁵ Muy extendido en los dialectos: en
el Canadá «cavalier» (*MLN* XL, 116), en el
Mouzonnais «qui s'habille avec recherche; fat,
orgueilleux, poseur, joli coeur» (*Revue de Cham-*
pagne et de Brie 1897, 553), Forez *faraou* «riche
et se faisant valoir» (Gardette, *Pouèmes dou Paï-*
san, 117), etc.— ⁶ Los diccionarios etimológicos
franceses, y el *REW* de M-L., todavía vacilan
acerca de la procedencia del fr. *faraud*, y se inclinan por creerlo tomado del occitano antiguo,
pero *faraud* en este idioma sólo se halla en antiguos textos gascones, donde no es más que la
representación gráfica de la pronunciación *haraut*
con *h* aspirada; un oc. *faraut* no ha existido
hasta fecha reciente, con la ac. francesa y tomado del francés. La transcripción de la *h* aspirada por *f-* se produce, en cambio, en la Península Ibérica. El origen español del fr. *faraud*
está hoy fuera de dudas.

Herbáceo, herbada, herbadgo, herbajar, herbaje, herbajear, herbajero, herbal, herbar, herbario, V. **hierba** *Herbato, herbatú(n),* V. *servato* y *hierba* *Herbaza, herbazal, herbecer, herbecica, herbera, herbero, herbívoro, herbolar, herbolaria, herbolario, herbolecer, herborización, herborizar, herboso,* V. **hierba**

HEREDAD, del lat. HEREDĬTAS, -TATIS, 'acción de heredar', 'herencia', derivado de HERES, -ĒDIS, 'heredero'. *1.ª doc.: heredat,* doc. de 1107 (Oelschl.); *heredad, Cid;* -*ades* 1100, BHisp. LVIII, 360; etc.

Palabra corriente en literatura desde esta fecha, y perteneciente a todos los ambientes idiomáticos. Para ejs. y matices, vid. M. P., *Cid,* p. 647. En escrituras arcaicas se conserva la forma no sincopada *eredidade* (1027), *ereditate* (933), *hereditat* (1186), *hereditad* (1186: Oelschl.; 1222, en Staaff 8.6 y 39); de ahí con síncopa diferente el berciano *erdidad,* en *persona de erdidad,* documentado en antiguas Ordenanzas, que García Rey traduce 'persona de veracidad', pero sería propiamente 'persona de posición, propietario'. Port. y gall. *herdade* (Castelao 78.7).

DERIV. Para *HERENCIA,* V. artículo aparte. *Heredaje,* ant. *Heredar* [*eretet,* subjuntivo latinizado, doc. de 1097, Oelschl.; *heredar, Cid,* Berceo y general[1]], del lat. tardío HEREDITARE, conservado en todos los romances de Hispania, Galia, Retia y Cerdeña; port. y gall. *herdar* [*Ctgs.* 1.8, etc.; *MirSgo.* 21.11]; con postverbal gall. *herdo* 'herencia' (Lugrís; *Irm.Fal.*; R. Piñeiro, *Grial* 1973, 391; que llega hasta el N. de Portugal, Fig.); *desheredar* [*Cid:* Cuervo, *Dicc.* II, 1085-6], también se ha dicho latinamente *exheredar;* y gall. ant. *enxerdar* íd. (*MirSgo.* 50.20, 97.28) de EX-HEREDARE; *desheredación, desheredamiento; heredamiento* [1176, Oelschl.]. *Heredero* [*eretero,* doc. de 1092, M. P., *Oríg.* 79; *heredero,* 1173, Oelschl., y frecuente desde Berceo], del lat. HEREDITARIUS 'referente a una herencia', que en castellano, gall.-port. (*herdeiro*) [*Ctgs.* 224.26, 411.87; *MirSgo.* 78.3; *Canc. Vat.*] y francés moderno (*héritier*) ha sustituido al lat. HERES, -ĒDIS (conservado hasta hoy por el cat. *hereu*[2], oc. ant. *ere,* fr. ant. *oir*). Cultismos: *hereditario* (h. 1600: *Aut.*), *hereditable.*

CPT. *Heredípeta,* compuesto con *petere* 'pedir'. [1] Conocida es la ac. antigua *heredar a alguien* en el sentido de 'instituirle heredero', que hallamos, p. ej., en la *Gr. Conq. de Ultr.* 96, en el *Cid,* etc. Antiguamente se decía *heredar en algo,* después *heredar algo.* Para todo lo cual V. el glosario de Tilander.— [2] De ahí se tomó el port. ant. *hereo* (S. XV y principio del XVI, en Moraes; *ereos* rimando con *deos* y *ceos,* Gil Vicente, Inés Pereira, ed. princ. f° CCXV, v°a; docs. de 1211, 1318 y 1342, en Viterbo y Cortesão) o *herel* (S. XV). Préstamo notable que revela la

expansión de la elaborada legislación catalana medieval y su rica literatura jurídica. Por lo demás el vocablo latino habría persistido allí también en forma autóctona: Sarm. *CaG.* 70r, señalaba *yrées* y *herees* 'herederos' en escrituras medievales de Pontevedra. Además femenino: «por miña *heree* universal... a dita miña filla Sancha...» (ibid. testamento de 1420, *o. c.* 167v), «mey *yrel* universario» 1388 (168v). De todos modos sería increíble que el port. *ereo, -eu,* viniera de un *HEREDULUS diminutivo (como quiere Silveira *RLu* XVII, 127), y las variantes *erees* y *erel* se oponen a ello también (de tal sufijo -EDULUS habría salido a lo sumo *-elo,* no *-el).*

HEREJE, tomado de oc. ant. *erętge,* y éste del lat. tardío HAERĔTĬCUS íd., tomado a su vez del gr. αἱρετικός 'partidista', 'sectario', derivado de αἱρεῖσθαι 'coger', 'escoger', 'abrazar un partido'. *1.ª doc.:* Berceo.

Frecuente en todas las épocas. La gran extensión de las herejías de Cátaros y Albigenses en tierras occitanas durante el S. XII explica el préstamo castellano. De ahí que sólo en dicho idioma y en catalán haya tenido HAERETICUS un desarrollo popular. *Herege* se halla algunas veces en francés antiguo, pero como el semiculto *herite* es mucho más frecuente, no cabe duda de que aquél es también provenzalismo. Para acs. secundarias, V. mi nota en *AILC* II, 147. El duplicado culto *herético* se documenta en Nebr. y desde 1565 (Illescas).

DERIV. *Hereja. Herejía* [Berceo; *Fn. Gonz.* 23]. *Herejote. Hereticar* [Nebr.]. *Heretical.*

CPT. *Heresiarca* [1565, Illescas], tomado de *haeresiarcha,* y éste de αἱρεσιάρχης íd., compuesto de αἵρεσις 'secta', 'herejía', y ἄρχειν 'comenzar'.

Herén, V. **herrén**

HERENCIA, tomado del lat. *haerĕntĭa* 'cosas vinculadas', 'pertenencias', neutro plural de *haerens,* participio activo de *haerēre* 'estar adherido'; en castellano sufrió el influjo semántico de *heredad, heredero* y su familia, tomando el significado de 'bienes y derechos que se heredan'. *1.ª doc.:* 914, doc. de Burgos; 1210, doc. de Toledo, M. P., *D. L.,* 268.15, 21, 30[1].

Tiene ya el sentido moderno en este documento: «dieronle a dona Maria Pedrez... quanto avian e devian aver de *erentia* de so padre... e otrosí dieron... a dona Maria Pedrez... el diezmo de todos los otros ganados que heredaron de so padre... quanto ad ela pertenecía de partes de *herentia* de so padre...». También en el Fuero de Guadalajara de 1219 (ed. Keniston, § 21): «tod ome que *erença* [ms. *E: erençia*] quisiere demandar, demande fata a diez annos, e dende asuso non responda, si no fuere preso o en romería»; y en J. Ruiz: «Non pueden dar los parientes al pariente [léase *fijo*] por *herençia* / el mester e el ofiçio, el arte e la sabiença» (622*a*, análogamente 1537*c*). Lo mismo en APal. (45*d*, 190*d*). Como puede verse, lo común hasta entonces es que *herencia* sólo designe el conjunto de bienes heredados, mientras que la ac. abstracta 'derecho de heredar, sucesión en los derechos del difunto' no aparece claramente hasta el *Quijote* («muchos Príncipes que por *herencia* lo son» II, vi, 21) y ya seguramente en Nebr. («*erencia* por testamento», «*erencia* de la meitad»). *Herencia* es palabra ajena a los romances no hispánicos; sólo el catalán tiene una forma idéntica *herència*, pero es dudoso que sea castiza[2], y el portugués dice con el mismo sentido *herança*, ya documentado en los SS. XV y XVI (Vieira), con variante anticuada *herdança* (doc. de 1258 en Viterbo); conviene advertir, empero, que la forma *herencia* se halla también en antiguos documentos portugueses, aunque por lo menos en parte se trata de textos fronterizos, medio leoneses[3].

No ha sido hasta ahora bien explicada la formación de la palabra *herencia*, que ha solido considerarse mero derivado del lat. HERES, -ĒDIS, 'heredero': así lo hace M-L. (*REW* 4115), sin dar ninguna explicación, y Todd (*MLN* I, 285) se limita a agregar que se formó según el modelo de *creencia* y *temencia* [?]. Pero la terminación latina *-entia* se aplica a raíces verbales y no a sustantivos, y además es embarazosa la desaparición de la -D- sin la menor huella desde los documentos más antiguos. En el artículo *herencia* del diccionario de Du C. se halla implícita una pista etimológica que nadie ha advertido; ahí se citan varios textos arcaicos navarro-aragoneses de este tenor: «Duas villas Leudam et Anivessem, cum suis *herenciis*, i d e s t, t e r m i n i s a me et filio meo determinatis», doc. del Rey García de Sobrarbe (fin del S. IX), «Dedimus vobis sancti Michael de Buenco, cum tota sua *herencia* et omni integritate», «cum omnibus omnino domos, ortos, vineis vel omni *herencia*, molinos, pratos, etc.» (y otro documento navarro). Carpentier observa en nota que el sentido es evidentemente «adhaerentia, appendix, gallice *appartenances*, *dépendances*» a pesar de que el dicc. de la Acad. Española no registra para *herencia* otra ac. que la del lat. *hereditas*.

Por lo demás hay confirmación de otras procedencias, pues en un documento narbonense de 1337, citado en el propio diccionario, el adjetivo *herencinus* tiene sin duda la ac. «qui alteri adjacet, ab alio dependet» (*terrae herencinae*), y en catalán existe la frase estereotipada «sense béns ni *herents*» (cita de Ag.), en la cual Fabra interpreta esta palabra, procedente del lat. *haerens, -entis*, por 'heredero', y por lo menos es seguro que significaría 'allegado' o 'deudo'. Tenemos sin duda el sentido primitivo de 'bienes pertenecientes a alguno por cualquier concepto' en el doc.

burgalés de 914, donde aparece el vocablo por vez primera; es claramente un plural neutro: «mihi complacuit ut venderem... omnia mea *erentia* quae abeo in Burgos, id est terras, cassas, ecclesia... quantumque potueris invenire, quod in mea potestate abui» (Berlanga, *Antigüedades de España* II, 374). Está claro lo que sucedió. Tomado del bajo latín notarial el vocablo *haerentia* 'pertenencias, terrenos vinculados', al penetrar en el uso romance, por las escrituras jurídicas y comerciales escritas en vulgar, quedó aislado de su raíz latina *haerere*, que no existía en castellano, y fué inmediatamente relacionado con *heredad*, *heredar* y *heredero*, aplicándose a las tierras que se heredaban, y finalmente al propio derecho de heredar. Una vez afirmada esta afiliación secundaria, hubo intentos de amoldar el vocablo al tipo de formación normal, que no lo era el de *herencia*, pues a un verbo en *-ar* correspondía un sustantivo en *-anza*, que además respetara el radical íntegro del verbo, esto es *hered-*; de ahí la forma *heredanza*, restituída por M. P., con arreglo a las asonancias, en un pasaje del *Cid* (p. 647), y todavía empleada por Juan del Encina; de ahí también las formas portuguesas *herança* y *herdança*, que representan un compromiso entre esta forma normalizada y la primitiva[4].

[1] En el documento mozárabe de 1135 que cita Oelschl. la leyenda «*Erencia* Domna Cecilia» no pertenece al texto de esta escritura arábiga, sino a una indicación escrita al dorso, seguramente muy posterior.— [2] Desconozco testimonios antiguos, y lo que se halla en la Edad Media es *heretatge* (Ag.).— [3] «Depoys que morreu o padre qu a madre, tornasse a *herença* a herança [¿repetición debida a una glosa posterior interpolada?], e quanto gaanou fique a seus parentes», *Foro da Guarda*; «*herentia* de parentesco non se pare tras anno», *Foro de Castello-Bom*, aa. 1188-1230; «nullus orphanus qui *herencia* habuerit ad hereditate», *Foro de Alfaiates*, de la misma fecha; íd. en el de Castel Rodrigo, del año 1209. Citas de Cortesão. Por lo menos los dos últimos fueros están escritos en una mezcla de leonés y portugués, con predominio del primero, según he podido observar en los textos. El primero, que no está a mi alcance, parece puramente portugués, por el fragmento citado.— [4] Otras explicaciones serían mucho menos satisfactorias. Podría imaginarse un cruce de antónimos (a la manera de *sombra*, cruce de *sol* y *ombra*) entre *heredad* y *tenencia*, empleado como concepto opuesto al de *herencia* en el Romance de Bernaldo del Carpio citado por M. P., *l. c.*; pero los cruces de antónimos son incomparablemente más raros que los de sinónimos y ahí la alteración sería harto considerable. Por lo demás, la objeción decisiva es que esto no nos explicaría los ejs. citados por Du C., objeción que se aplica igualmente a la explicación siguiente. La forma aragonesa *herencio* 'herencia'

(Borao) es seguramente secundaria; si fuese muy antigua (pero no figura en Tilander) podría imaginarse que saliera del sinónimo latino HERĒDIUM (bastante frecuente en los clásicos y en la Edad Media), con tratamiento semipopular del grupo -DI- (como en *hozar* < FODIARE), y con influjo posterior de *-encia* (tal cómo *cansacio* < *cansacio* y análogos); entonces *herencia* sería el resultado último de este influjo progresivo. Pero esto es muy complicado y totalmente hipotético. En cuanto al apellido aragonés *Heredia* (procedente, según Michelena, de Álava: *Emerita* XXIV, 184 y *BSVAP* XI, 294), que es lícito sospechar significara 'heredad, finca', puede ser cultismo procedente del plural de este *heredium*. De todos modos esto no es seguro: HEREDITAS aparece a veces sustituído por un semivulgar HEREDĪTA («toto quantum abuimus de *ereditas* medietate tibi concedo... posuisti istas *ereditas* in cartula que a tive... ipsas *ereditas* dupladas», doc. de León, a. 1060, M. P., *Oríg.*, 30), lo propio que ocurrió a POSTERITAS (*omnes posteridas vestras* en docs. de 1021 y 1049, *posterida* en 1009, M. P., *Oríg.* 249, 250, 371); ahora bien, *Heredia* podría salir de una metátesis *HEREDĪ(D)A, con la ventaja de ahorrarnos el tener que postular esa derivación en -IUM, harto anómala y con tratamiento fonético bastante extraordinario.

Heresiarca, heretical, hereticar, herético, V. *hereje   Heria,* V. *feria   Herida, herido, heridor,* V. *herir*

HERIL, tomado del lat. *erīlis* íd., derivado de *erus* 'dueño'. *1.ª doc.:* Acad. 1925 o 1936.

Latinismo muy raro.

HERIR, del lat. FĔRĪRE 'golpear, dar (con algo)'. *1.ª doc.: ferir,* docs. de 1090 y 1129, *Cid,* etc.

En la Edad Media por lo común se mantiene fiel al significado latino: *ferir colmelladas* 'dar colmillazos' Berceo *(Mil.,* 470), *ferir tavlados, ferir palmas* 'palmotear, aplaudir', *ferir pregones* 'echar pregones, pregonar', *ferir el mal viento en alguno* 'llegarle alguna mala nueva, sospecha o temor', *ferir* 'dar, caer, llegar a algún sitio' *Alex.* (252, 665; 409; 622; 911, 958, 959), *herir en la iunque* «cudo» Nebr., y empleado absolutamente *ferir* 'acometer, atacar' *(Alex.,* 1401, y en todas partes); todavía en ciertos casos en el Siglo de Oro: «*hiriendo* de pies y de manos como si tuviera alferecía» Cervantes, «con su aguijada *hiriendo...* una piedra como otro Moisés» Ribadeneira *(Aut.).* La ac. moderna, que pudo partir del participio, y del sustantivo correspondiente *ferida* (ya «mostrarnos ha don Christo todas las sus *feridas*» Berceo, *Loores,* 172a; junto a *ferida* 'golpe, bastonazo' en *Mil.,* 889d, 823b), es ya bien clara en APal. («*vulnerare:* llagar, *ferir,* matar» 540d, «*carptare,* que es llagar o *ferir*» 63b).

DERIV. *Herida* [*f-, Cid*], V. arriba. *Herido. Heridor. Herimiento* ['sinalefa' en Herrera, 1580, vid. O. Macrí, *F. de Herrera*]. *Hiriente. Aherir* o *aferir* ant. 'contrastar las medidas o pesos' (ejs. en *DHist);* aferidor.

CPT. *Zaherir* [*façerir,* Berceo; *çaherir,* 1475, G. de Segovia, p. 81], compuesto de *faz (haz)* 'cara' y *(h)erir* en el sentido de 'dar (con algo) en la cara (a alguno)', 'echar en cara, reprochar', con metátesis *haçerir* > *çaherir; façerir* aparece en los *Loores* de Berceo (98, 148, 172), en *Fn. Gonz.* (692), en la *1.ª Crón. Gral.* («díxoles todo lo que les *fazerira* so tío», M. P., *Infantes de Lara,* 231.22), en la *General Estoria* («vos sodes ensennado et sabio... onde vos ruego que non me lo retrayades más nin me lo *facirades,* ca non lo tengo por bien nin por ensennamiento», M. P., *Yúçuf,* línea 391), en los mss. bíblicos medievales publicados por Scío, *fazfirir* en el *Fuero Juzgo (Aut.,* s. v.); pronto se produjo la metátesis, de suerte que ya el escriba del ms. *T* de la *Crón. Gral.,* que es del S. XIV, no entendía la forma antigua, y Segovia, Nebr. («exprobo, imputo») y Valdés *(Diál. de la L.,* 138.1) son unánimes en dar la forma moderna, escrita con ç[1]; esta etimología está confirmada por la forma del gallego antiguo *fazfeiro* 'represión, castigo, vergüenza, denuesto', equivalente del *çaherio* castellano *(Cantigas* 15.6, 45.5, 61.7, 85.13, 303.1: «et fêo comerás por *fazfeiro,* ou te farei de fame fiir»); indicó ya este origen Puigblanch en 1828 (Viñaza, p. 830), y lo confirmó C. Michaëlis *(Rom.* II, 86-88; *RL* III, 166)[2]; el sentido de nuestro verbo es siempre 'echar en cara'[3]; en cuanto a la ac. 'molestar, herir indirecta o encubiertamente', tan común en la lengua literaria contemporánea, es innovación reciente, todavía no reconocida por la Acad.; *zaheridor; zaherimiento* [*çah-,* med. S. XIII, *Buenos Prov.,* 31.29]; *zaherio* ant. 'zaherimiento'[4] [*fazerio* Berceo, *S. Mill.,* 178; *haçerio,* J. Ruiz 769; también en *Sta. M. Egipc.,* v. 109; *Gr. Conq. de Ultr.* IV, cap. 126; *çaherio,* 1438, *Corbacho,* y véanse otros ejs. en Cej., *Voc.*], forma paralela al gall. ant. *fazfeiro* arriba citada; se tratará de una metátesis del postverbal *çahiero*[5], bajo el influjo de los casi-sinónimos *vituperio, lazerio.*

[1] También tenía ç sorda la forma antigua *haçerir (f-),* a pesar de la sonora de *faz,* lo cual se comprende por el influjo del fonema sordo siguiente, la *h* aspirada de *herir.*— [2] Como observa Cuervo, *Obr. Inéd.,* 381, es curioso que el árabe de España empleara precisamente en el mismo sentido *adráb al guech* (= *'ádrab al-wágh*), citado por APal., que significa literalmente 'golpear la cara'. Dada la gran cantidad de frases figuradas y abstractas en que entra el ár. *wágh* (Dozy, *Suppl.* II, 785-6) es muy posible que haya calco semántico del árabe por parte del castellano, aunque no pueda asegurarse, dado lo natural de esta metáfora. Nótese la sugestiva idea de Cuer-

vo de que la alteración de SUB- en ça- en çahon-
dar, çapuzar, çabullir, etc., puede ser debida al
influjo de çaherir, percibido como derivado prefijado de herir.— ³ P. ej. en Covarr. o en el Guzmán de Alfarache: «siendo tan generosa y franca,
que ni cesa ni se cansa, nunca repite lo que da,
ni lo zahiere dando con ello en los ojos como lo
hacen los hombres» (Cl. C. III, 227.20). Obsérvese la figura etimológica.— ⁴ Acentuado bárbaramente zaherío por la Acad., pero la rima de
çaherío con lazerío y vituperio en los pasajes de
Sánchez de Badajoz y del Canc. del S. XV citados por Cej., Voc., pone fuera de dudas la acentuación verdadera.— ⁵ Que leemos en APal. «se
dize largo, dadivoso, franco, quando da de grado
y sin çahiero», 244d. La forma gallega se explica
por el presente de indicativo feiro < FERIO.

Herma, hermafrodita, hermafroditismo, V. hermético.

HERMANO, del lat. GERMĀNUS íd., abreviación
de FRATER GERMANUS 'hermano de padre y madre',
donde GERMANUS tiene su sentido propio y habitual
de 'verdadero, auténtico'. 1.ª doc.: iermano, doc.
de 938, Glosas de Silos; ermano, doc. de 1127,
Cid, etc. (Oelschl.).

De uso general en todos los tiempos. GERMANUS
significaba en latín 'verdadero, natural, auténtico'
y se refería lo mismo a cosas y animales que a
personas (germana ironia, germanus asinus 'un
verdadero asno'). Pero pronto empezó a aplicarse de
preferencia a las relaciones de parentesco, sea para
distinguir el parentesco en primer grado o el parentesco carnal; este empleo adjetivo se conserva
hasta hoy en primo hermano. Ya en la Edad de
Oro latina se halla frater germanus para indicar
el hermano que lo era de padre y madre, por
oposición al medio hermano o al hermanastro, y ya
entonces empiezan a hallarse también los primeros ejemplos de germanus, solo y sustantivado,
como equivalente de frater, y aun extendido al
hermano paterno o uterino: así ya alguna vez en
Virgilio y en Cornelio Nepote. En el bajo latín
este uso ganó terreno no sólo en la Península
Ibérica, sino también en Italia, donde en los documentos de los SS. VIII a XII germanus y germana predominan ampliamente sobre frater y so-
ror¹; en Italia se produjo más tarde una reacción
que condujo al predominio completo de fratello y
sorella en el idioma literario y en la gran mayoría
de los dialectos, aunque hoy todavía se conserva
el uso de GERMANUS en ciertas hablas lombardas,
y existen huellas de tal uso en los antiguos dialectos
de Génova y de Módena²; en Francia, en cambio, la permanencia de FRATER y SOROR fué firme
casi en todas partes, y sólo se halla algún caso
esporádico de GERMANUS en textos antiguos o en
algún dialecto occitano aislado (FEW IV, 120).

Sólo en la Península Ibérica fué completo el

triunfo de este vocablo, cuyo descendiente es de
uso general, no sólo en el Centro, sino en el Oeste
(port. irmão, gall. irmán) y en el Este (cat. germà),
ya desde los más antiguos documentos literarios³.
La hipótesis de que la sustitución de FRATER por
GERMANUS se deba al deseo de evitar el equívoco
que creaba la ac. 'monje' tomada por aquél, no es
segura ni fácil de demostrar, como ya dice M-L.;
frères y soeurs llaman también los franceses a los
religiosos, aunque casi siempre han restringido
este valor al empleo ante el nombre propio o
junto a un determinativo (Frère Jean, les Soeurs
de la Charité), y si observamos que el uso sustantivo, un fraile, un frate, está limitado a los
idiomas que han generalizado un sustituto para
los nombres de parentesco (GERMANUS en iberorromance, FRATELLUS en Italia), no podremos negar que haya algún núcleo de verdad en la idea;
la creación del gr. ἀδελφός en sustitución de
φράτωρ 'miembro de una cofradía religiosa' es
paralelo sugestivo, como notan Ernout-M.⁴

DERIV. Hermana [iermana, 1019; ermana, 1095;
Oelschl.]. Hermanal. Hermanar [1547, D. Gracián]⁵;
hermanado; hermanable; hermanamiento. Hermanastro. Hermanazgo. Hermandad [doc. mozár. de
1185; Berceo]⁶; también se dijo hermania, hoy
conservado en el Sur de Cuba (F. Ortiz, Ca., 24);
hermandino. Hermanear. Hermanecer. Hermanuco
'donado' [1620, en el tercer Lazarillo, Rivad.,
p. 125]. Cormano, -a [coniermana, doc. de 1065;
cormano, doc. de 1125; Cid, etc.; cormanas nombre de dos collazos hembras de nombre Domeca
ambas, a. 1193, Col. Irache I, 220; primo coerma-
no 1239, M. P., D. L., 279.62; muy usual en toda
la Edad Media, y todavía en el Quijote II, xxxix,
149, pero Covarr. dice primo ermano, y Aut. nota
que aquél ya sólo se usaba en Galicia (donde, en
efecto, aparece en la E. Media: «como achou Jacob
a Rachel, sua curmãa» Gral. Est. gall. 285.19, y
todavía curmán se usa en la actualidad con el
sentido de 'primo', Castelao 239.15, 239.4); por lo
general significa 'primo hermano' y suele emplearse como adjetivo de primo o bien sustantivado,
pero a veces es 'medio hermano, hermanastro',
única ac. que admite Aut., citando ejs. de la Crón.
Gral., Crón. de Fernando IV y Colmenares; V.
ejs. en Cej., Oelschl. y en el Cid de M. P.], de
CO(N)-GERMANUS (no tengo ejs. de cohermano, citado por la Acad.). Germanía 'hermandad formada
por los gremios de Valencia y Mallorca a princ.
S. XVI en la guerra que promovieron contra los
nobles', del cat. germania 'hermandad', derivado
de germà 'hermano'; 'rufianesca, hampa' [1609,
J. Hidalgo], parece ser empleo traslaticio del anterior originado en la ciudad de Valencia, famosa
en el S. XVI por el desarrollo que allí tomó la
gente de mala vida, en gran parte como rezago
de estas luchas civiles (comp. GARLAR, FULLE-
RO, BOCHÍN, CADIRA); 'jerga del hampa' [ya
a principios S. XVI, F. de Silva y R. de Reinosa⁷,

Mz. Pel., *Orig. de la Nov.* V, 20, 74; Quevedo]; de ahí los regresivos *germano* 'rufián' y *germana* 'mujer pública' [ambos J. Hidalgo]; *agermanarse.*
[1] Es importante para toda la Romania el estudio de Aebischer sobre GERMANUS en Italia, *ZRPh.* LVII, 211-239.— [2] *Çermanne* en poesía de Guido degli Scovadori, manuscrito de Módena, a. 1377, *BhZRPh.* XX, 94. Pero conviene no olvidar que hoy *germano* es el vocablo para 'primo' en el Véneto y Lombardía oriental.— [3] Completamente infundado, además de imposible fonéticamente, es el supuesto de Aebischer (*l. c.*, p. 233) de que el cat. *germà* sea castellanismo. Por lo demás está documentado en toda la Edad Media, desde el S. XIII (Alc., Balari), y aunque *frare* se halla en el sentido de 'hermano', en varios textos de esta centuria (Jaime I, R. Lulio, y aun en algunos textos del XIV, como Muntaner, pero ahí, puesto en boca de un rey, puede ser expresión afrancesada o arcaísmo aristocrático), también en castellano hallamos *fradre* 'hermano' en *Apol.* 591d. A lo sumo puede admitirse que en catalán la evolución anduvo algo retrasada, por afinidad occitana. Cuando el autor del *Tirante* escribe *germans* o *frares d'armes,* lo hace ya con valor figurado, perteneciente a la terminología caballeresca, y al agregar el equivalente *germans* revela el deseo de evitar una mala inteligencia de esta expresión obsoleta. Entre esta área ibérica y la galorrománica de FRATER parece haber habido una solución de continuidad en Gascuña, rellenada actualmente por dos préstamos forasteros, *fray* en la mayoría del territorio gascón, cuya *f*-le denuncia como instruso languedociano, y *germà* (fem. *germana*) en el Valle de Arán, cuya terminación revela un catalanismo; lo mismo debe decirse del bearn. ant. *germane,* documentado h. 1600 en el *FEW;* pero el bearn. *yirmà* citado por M-L., aunque hoy desusado, puede ser la antigua forma autóctona.— [4] Que en castellano se haya generalizado la forma galicista *fraile* para 'religioso' no importa para el caso, pues éste no hizo más que reemplazar el castizo *fradre,* también empleado con este sentido (V. *FRAILE*), cuando los cluniacenses pusieron de moda su habla afrancesada.— [5] O *hermandar,* por influjo de *hermandad.*— [6] Comp. H. H. Post, *L'Origine Germanique du Mot et de l'Institution de* Hermandad *en Espagne,* en *Neophilologus* XXVI, cuad. 1.º; pero el étimo germ. HERIMANNI 'hombres del ejército' propuesto en este artículo de Post (pp. 1-13) es, desde luego, inaceptable, como indica también Hasselrot, *ZRPh.* LXIII, 450.— [7] Pero no es razón suficiente, ni mucho menos, para creer que esta acepción sea el punto de partida de la de 'hampa, rufianesca' como pretende G. Colón, *ZRPh.* LXXVIII, 76. Es extraña la fe que pone el Sr. Colón en deducciones sin otra base que la siempre provisional, de los textos hasta entonces encontrados o no encontrados.

HERMENÉUTICO, tomado del gr. ἑρμηνευτικός 'relativo a la interpretación', derivado de ἑρμηνεύς 'intérprete', 'explicador', 'traductor'. *1.ª doc.:* Acad. 1884, no 1843.

DERIV. *Hermenéutica.*

HERMÉTICO, del b. lat. *hermetĭcus,* aplicado a las doctrinas y procedimientos de la Alquimia, por el nombre de Hermes Trismegistos, personaje egipcio fabuloso a quien suponían autor de estas doctrinas; de ahí *sello* o *cerramiento hermético,* el impenetrable al aire, obtenido por fusión de la materia de que está formado el vaso, y así llamado por efectuarse mediante un procedimiento químico. *1.ª doc.:* Terr.; Acad. ya 1817.

Herma 'busto sin brazos', porque así solía representarse a Hermes o Mercurio. DERIV. *Hermetismo,* no admitido por la Acad.; *hermeticidad.*

CPT. Compuestos de *Hermes,* gr. Ἑρμῆς 'Mercurio'. *Hermafrodita* [*hermafrodito,* ya en J. de Mena (Lida, p. 128); APal. 20b, 139d, 191b; Nebr.; C. de Castillejo, *RFE* XII, 189; *-ita, Aut.* con citas de autores de los SS. XVI y XVII], tomado del lat. *Hermaphrodītus,* gr. Ἑρμαφρόδιτος, personaje mitológico hijo de Hermes y Afrodita, que participaba de los dos sexos; nótese la pintoresca alteración por etimología popular *manflorita* (o *-ito, manflor(a), manflórico*), empleada popularmente en toda América (*BRAE* VII, 462; Malaret), en Murcia, Salamanca, Cespedosa (*RFE* XV, 156), etc.; *hermafroditismo. Hermodátil,* tomado del gr. ἑρμοδάκτυλος, compuesto con δάκτυλος 'dedo'.

Hermollecer, hermollo, V. *armuelle*

HERMOSO, del lat. FORMŌSUS íd., derivado de FORMA 'hermosura'. *1.ª doc.: fermoso,* doc. de 1102, *Cid,* etc.

Cej. IX, § 166. Popular y de uso general en todas las épocas. Coexistían en latín clásico PULCHER y FORMŌSUS; más frecuente el primero, y de sentido más general y a veces algo abstracto (significa muchas veces 'fuerte'), el segundo era también antiguo (Plauto) y muy clásico (Virgilio, etc.); aquél desapareció sin huellas en romance, mientras éste, gracias a su relación con FORMA, permanecía en rumano (*frumos*), portugués (*formoso,* ant. *fermoso*) y castellano[1], y los demás romances preferían el popular y afectivo BELLUS. La variante *formoso* se halla en el ms. *H* (2.ª mitad del S. XIV) del *S. Dom.* de Berceo (234a); *fremoso* no es raro en la Edad Media (p. ej. *Alex.,* 319, 2315).

DERIV. *Hermosear* [Nebr.; alguna vez *enfermosear*]; *hermoseador; hermoseamiento; hermoseo. Hermosura* [*f-,* Berceo; *fremosura, Alex.,* 332].
[1] El cat. ant. y oc. ant. *formós,* raros e impopulares, deben mirarse como latinismos; con el mismo carácter se ha empleado *formoso* en Italia.

En catalán moderno el castellanismo *hermós* [Vallfogona, h. 1615] está bastante arraigado, aunque ni es popular ni lo admite el idioma literario.

HERNIA, tomado del lat. *hernia* íd. *1.ª doc.:* 1581, J. Fragoso.

Este tratadista se apresura a añadir «acerca de nosotros se dice *potra*», reconociendo así que era palabra poco usual. Falta en C. de las Casas, Oudin, Covarr., Franciosini; Oudin traduce el fr. *hergne* por *rotura, quebradura, potra; Aut.*, fundándose en la identificación que Fragoso hace con *potra*, dice que es sólo la hernia escrotal, restricción rectificada en parte por Terr. y totalmente por la Acad. (ya 1843).

DERIV. *Herniado. Herniario. Hernioso. Hernista.*

HÉROE, tomado del lat. *hēros, hērōis,* y éste del gr. ἥρως, ἥρωος, 'semidiós', 'jefe militar épico'. *1.ª doc.:* APal.

El texto de este lexicógrafo, que en parte sólo define el vocablo como latino, revela el uso escaso o nulo que tenía en esta época: «*Heroes*, fijos de la tierra della engendrados... dizese heroico porque en tal metro mayormente se cantan los fechos de los *heroes* es a saber de los fuertes varones» (191*d*), o con otra variante: «Adramin fue nombre proprio de uno de los *heroas*» (9*b*), «*Emitheos...* medio dios segund que tenian opinion de los *heroas*» (132*b*, otra vez 103*b*). El Comendador Griego (1499) sólo lo emplea explicándolo a continuación «*Heroes* se llaman los excelentes e claros varones». De todos modos, además de emplearlo Gonzalo Pérez en su traducción de la Odisea (1553), se hace frecuente desde fines del S. XVI (Herrera, Góngora, Balbuena, Lope, Villamediana, etc.), aunque todavía falta en Covarr., y Oudin da la forma *heros*. Cej. IV, § 69. La acentuación castellana es contraria no sólo a la latina, sino a la italiana (*eròe*), portuguesa (*herói*) y catalana (íd.); Cascales (1617) considera que *héroe* es pronunciación bárbara, todavía *Aut.* acentúa gráficamente *heróe* (en el texto de este artículo y en el de *heroico*), y así acentúan en sus versos Gonzalo Pérez, Cosme de Aldana (1589), Villamediana († 1622), Valentín de Céspedes (1640) y Álvarez de Toledo († 1714); nótese, sin embargo, que estos últimos autores son más conocidos por sus preocupaciones ortológicas que por su estro poético, y según Cuervo (*Ap.,* § 112), la otra acentuación, que para Robles Dégano (p. 204) representa «el uso general», fué la seguida por Herrera, Balbuena, Góngora y el autor de la *Epístola Moral a Fabio* (h. 1630)[1]; la acentuación está clara también en un verso de Lope: «que a tantos *héroes* la cerviz opresa» (*La Hermosura de Angélica* IV, v. 307, ed. Sancha, p. 59).

DERIV. *Heroico* [Mena, A. de la Torre (C. C. Smith, *BHisp.* LXI); APal., 191*d*; Comendador

Griego; su uso se generalizó antes que el de *héroe*, a juzgar por el hecho de que es más frecuente que éste en F. de Herrera y Góngora, y figura en el texto del *Quijote* y de las comedias de R. de Alarcón, donde no está *héroe*], tomado de *herŏicus* y éste del griego ἡρωϊκός íd.; *heroicidad; heroida; heroína* [Lope]; *heroísmo* [Terr.; Acad. ya 1817]; *heroista.*

[1] El único ej. gongorino que cita Alemany y el de Lope aducido por *Aut.* suenan mejor con la acentuación moderna, pero nótese que la clásica sería también posible en estos versos. Terr. y la Acad. (ya 1843) acentúan gráficamente en la *e*.

HERPE, tomado del lat. *herpes, -ētis,* m., y éste del gr. ἕρπης, -ητος, m., íd., derivado de ἕρπειν 'arrastrarse', por ser enfermedad que se extiende a flor de piel. *1.ª doc.:* herpes, pl., 1581, J. Fragoso.

Falta en C. de las Casas, Covarr. y Oudin, que como equivalente del fr. *dartre* sólo trae *empeine. Aut.* da *herpes* como singular; Terr. encabeza su artículo con la misma forma, pero advirtiendo que comúnmente se emplea en plural, y la Acad. en 1843 da *herpes* como sustantivo masculino sólo empleado en plural; Terr. emplea el vocablo como femenino; y la Acad. desde 1884, por lo menos, registra el vocablo como *herpe*, de género ambiguo. Sin embargo, todavía en la actualidad emplean muchos el singular *herpes*. Se ha dicho también *herpete.*

DERIV. *Herpético. Herpetismo.*

CPT. *Herpetología*, 'tratado de los reptiles', compuesto de λόγος 'tratado' con ἑρπετόν 'reptil', otro derivado de ἕρπειν.

Herpil, V. *harpillera*   *Herrada, herradero, herrado, herrador, -dora, herradura, herraje,* V. *hierro*   *Herraj(e)* 'cisco de aceituna', V. *erraj*   *Herramental, herramienta, herrar,* V. *hierro*

HERRÉN, del lat. vg. FERRĀGO, -AGĬNIS, lat. FARRĀGO, -AGINIS, íd. *1.ª doc.:* *ferraine,* doc. de 865 (copia del S. XI), doc. de 997, etc.; *ferrén,* 1096.

Para antiguas formas documentales vid. M. P., *Oríg.,* 87-88 (añádase *feren,* doc. de 1232; *ferren,* 1245, Staaff, 11.6, 27.5). *Herrén* se halla ya en J. Ruiz, 1092*b*, Nebr., etc. Vid. variantes locales en *GdDD* 2692. En latín la forma con E aparece en la *Mulomedicina Chironis* y en glosas: se debe a la etimología popular FERRUM y es general en los descendientes romances (port. *ferrã,* oc. *ferratge,* it. *ferrana,* etc.). Todas estas formas, como la latina, son femeninas, y lo era *herrén* en el castellano medieval (*otra ferrein, alia ferrein,* S. XII o primera mitad del XIII, *nuestra ferrein, la ferrein,* 1284, en M. P., también en el doc. de 1245 publicado por Staaff, y todavía en APal. «que *impescere* sea lançar dentro de *las herrenes crecidas* el ganado para que se apasture», 216*d*). De ahí que hoy en Cespedosa se diga *ren* (< *l'arrén*) la finca que queda entre las casas del pueblo (*RFE* XV, 269). Formas divergentes, *herrán* en doc. riojano de 1242 (M. P., *Oríg.*, p. 226), *ferrán* doc. leonés de 1250 (Staaff, p. 321), *ferraina* 'forraje' en el Valle de Tena y otros lugares del Alto Aragón (M. P., *Oríg.*, p. 88, n. 1). El género masculino moderno, ya registrado por *Aut.*, obedece a una tendencia general del castellano en las palabras en -*én* (*llantén*, *andén*, y en América *sartén*). *Herén* que la Acad. registra ya en 1843 como sinónimo de 'yeros' se debe seguramente a la mala interpretación de un documento antiguo.

DERIV. *Herrenal* [*ferreinale*, 1056, Oelschl.; otros testimonios arcaicos, en M. P., *Oríg.*, p. 88] o *herreñal*. *Herrenar*.

Herreña, V. *hierro*   *Herrera*, *herrería*, *herrerillo*, *herrero*, *herrerón*, *herreruelo* ('pájaro', 'soldado'), V. *hierro*   *Herreruelo* ('traje'), V. *ferreruelo*   *Herrete*, *herretear*, *herrezuelo*, *herrial*, *herrín*, *herrojo*, *herrón*, *herronada*, *herropea*, *herropeado*, *herrug(i)ento*, *herrumb(r)ar*, V. *hierro*   *Herrumbre*, V. *hierro* y *calumbre*   *Herrumbroso*, *herrusca*, V. *hierro*, *charrasca*

HERVIR, del lat. FERVĒRE íd. *1.ª doc.*: *fervir*, Berceo.

General en todas las épocas. Conservado solamente en rumano (*fierbe*), dialectos del Sur de Italia y portugués (*ferver*). Los demás romances prefirieron BULLIRE. El latín vacilaba entre FERVĒRE y el más común FERVĒRE. La forma etimológica en -*er* existió también en castellano: es la preferida por Nebr., y sigue siendo usual en leonés[1], en Cuba (Ortiz, *Ca.*, p. 197) y en Méjico (*BDHA* IV, 285). Nótese que en castellano *hervir* es sólo intransitivo, de suerte que la frase transitiva francesa *bouillir le lait*, y sus formas paralelas en italiano, catalán y portugués se traducen por *hacer hervir la leche*.

DERIV. *Hervencia*; en portugués *fervença* es lo mismo que *fervura*, *fervor*, pero en Galicia *fervenza* es 'el espumarajo que hace el agua cuando se precipita o estrella contra una peña' (Sarm. *CaG.* 64v; Lugrís, *Gram.* 118, 162; *DAcG.*, s. v. *abanqueiro*; Carré; etc.), o sea un salto de agua, lo cual no es más que un curioso e importante calco romanizado del célt. ESTUS 'cascada' (irl. *ess* íd., propiamente 'ebullición', Pok. *IEW*), de donde proceden los topónimos ESTULA > *Esla*, *Ezla*, *Estledunum* y otros que estudié en *Top. Hesp.* I, 101. Debemos calificar de seductora, por lo menos, la idea de que sea celtismo relacionado con ESTUS y con el lomb. alpino *fruda*, *froa* 'arroyo saltante', bret. ant. *frot* (*REW*, 3545), de SRUTA (SRU- 'fluir'), un gall. *freixa* 'catarata' (*freixas del Río Caldelas* al Este de Pontevedra) que llamaba ya la atención de Sarm. (*CaG.* 65r): parece célt.

*SRU-ESTIĀ > *FRUESTIA. *Herventar* [Acad. ya 1843], pero más bien se dijo *aferventar* (*Libro de la Montería*, López de Ayala, Juan de Pineda) o *aherventar* (López de Ayala, vid. *DHist.*); *aferventáu* 'cocimiento que se hace para beber' ast. (V). *Fervollar* o *afervollar* 'hervir con mucha fuerza' ast. *Ferviella* 'disnea acompañada de hervidero' ast. (V). *Hervido* (en la Arg. se emplea vulgarmente en el sentido de 'hirviente', Carrizo, *Canc. de Tucumán* II, 431). *Hervidero*. *Hervite*, vid. COCER. *Hervor* [*fervor*, Berceo][2], de FERVOR, -ŌRIS, íd.; el duplicado culto *fervor* ya en Mena (C. C. Smith, *BHisp.* LXI) y en el S. XVI (Sta. Teresa), de donde *enfervorecer*, *enfervorizar*[3], *enfervorizador*, *fervorín*; *hervoroso*, o más común *fervoroso* [h. 1600, Nieremberg], también *ferviente* [ya en J. de Mena] y *férvido* [fin S. XV, Juan de Padilla (Lida, *Mena*, p. 450)]. *Ahervorar*. *Efervescente*, tomado del lat. *effervescens*, participio activo de *effervescĕre* 'empezar a hervir'; *efervescencia*. *Fermento* [*Aut.*], tomado del lat. *fermĕntum* íd., de *fervmentum (en castellano hay duplicado popular en Asturias y León *formientu*, V, *furmiento*, berc. *hurmiento* (Cej. V, § 132) 'levadura del pan', *RH* XV, 5; semipopular es *hormento*, que *Aut.* cita en un refrán); *fermentar* [1555, Laguna], *fermentable*, *fermentación*, *fermentado*, *fermentador*, *fermentante*, *fermentativo*. *Formentar* 'introducir la levadura en la masa' ast. (V).

[1] P. ej. *ferber* en Cerezal de Peñahorcada (Salamanca), *RFE* XXIII, 228; *ferver* 'hervir', 'hablar mucho' ast. (V).— [2] Toma el sentido de 'acedías' en el Oriente cubano, Ortiz, *Ca.* p. 239.— [3] Son raros *hervorizarse*, *fervorizar* y *fervorar*.

Hesitación, *hesitar*, V. *adherir*   *Hespir*, V. *híspido*

HETERA, tomado del lat. *hetaera* y éste del gr. ἑταίρα 'compañera, amiga', 'cortesana', femenino de ἑταῖρος 'compañero'. *1.ª doc.*: 1897, Juan Valera, *Genio y Figura*, cap. 4; Acad. 1925 o 1936.

Muy poco usado en castellano. Algunos han escrito *hetaira*.

HETERO-, primer elemento de compuestos cultos, tomado del gr. ἕτερος 'otro'. *Heteróclito* (Acad. 1899, no 1843), del lat. *heteroclĭtus* y éste del gr. ἑτερόκλιτος, compuesto con κλίνειν 'declinar'. *Heterodoxo* [1734, *Aut.*], de ἑτερόδοξος 'que piensa de otro modo', compuesto con δόξα 'opinión'; *heterodoxia*. *Heterogéneo* [*Aut.*], tomado del b. lat. *heterogeneus* y éste del gr. ἑτερογενής, con γένος 'género'; *heterogeneidad*. *Heteromancia* (Acad. ya 1899), con μαντεία 'adivinación'. *Heterónomo*, con νόμος 'ley', formado por oposición a *autónomo*. *Heterópsido*, con ὄψις 'vista, aspecto'. *Heteroscio*, con σκία 'sombra'.

Hético, hetiquez, V. *entecar*

HETRÍA, ant., 'enredo, mezcla, confusión', del arcaico *feitoría*, derivado de *feitor* (hoy *hechor*), procedente del lat. FACTOR, -ŌRIS, 'el que hace', que tomó el sentido peyorativo de 'el que enreda o hace males': hoy en Andalucía y en Chile *hechor* es sinónimo de *malhechor*. *1.ª doc.*: Covarr.

Dice éste, en su artículo *behetría* «De *hetría*, que vale en lengua antigua Castellana enredo, mezcla, confusión, se dixo *enhetrar*, que es rebolver un cabello con otro, o un hilo con otro, y *desenhetrar* es dividido y apartado [léase *dividirlo y apartarlo*]; y de allí se pudo dezir *behetría*, mezcla y confusión de gente». Aunque esta explicación semántica de *behetría* es engañosa, de hecho la etimología está fundada, pues *BEHETRÍA* viene de *benfeitoría* (V. el artículo), y por lo tanto es formación paralela a la que ahora nos interesa. En cuanto a *hetría*, es lástima que no tengamos otros testimonios del vocablo, que de Covarr. pasó a la Acad. (ya 1843). De todos modos, *enhetrar* y demás derivados confirman la etimología, y *feitria* se emplea en el portugués del Algarbe en el sentido neutro y etimológico de «feitio», es decir, 'forma, configuración, carácter' (Leite de V., *RL* IV, 335). Nadie hasta ahora ha indicado, que yo sepa, la etimología de *hetría* y su familia.

La historia y variantes de esta familia muestran que no puede venir de un arbitrario *JACTURARE, fantasiado por *GdDD* 3582.

DERIV. *Enhetrar* [«enhetrar como cabellos: intrico», Nebr.; aparece con el mismo sentido en los proverbios de Hernán Núñez (1555) y de Gonzalo Correas (1626)[1], en Covarr. (V. arriba) y en textos de Fr. L. de León, de Lope de Vega y de Bartolomé Argensola (Cej. y *Aut.*), y *Aut.* advierte que es palabra antigua y pastoril], claro está que la etimología no puede ser INTRĪCARE, como dijeron Rosal y Cabrera, sino *enfeit(o)rar*, derivado del arcaico *feitor*, como *hetría*[2]; dijeron en el mismo sentido *ahetrar* J. Hurtado de Mendoza (1550) y Huerta en su traducción de Plinio de 1624 («las cabelleras del mijo que contienen el grano se encorvan con *ahetrado* cabello», DHist.), y de ahí procede el moderno *ajetrearse* 'fatigarse corporalmente con algún trabajo u ocupación, o yendo y viniendo de una parte a otra' [Acad. 1884, no 1843], de donde *ajetreo* 'acción y efecto de ajetrearse', cuya *j* se explica lógicamente si atendemos a que el *DHist.* lo registra solamente en los andaluces P. A. de Alarcón y Juan Valera, y en Pérez Galdós, oriundo de Canarias[3]; comp. el extrem. *jotril* 'movimiento repetido de los niños, que cansa a la persona que los lleva en brazos' (*BRAE* IV, 93); *enhetramiento* [Nebr.]; *desenhetrar* 'desenmarañar el cabello', empleado según Cabrera en algunos pueblos de Castilla.

[1] «A peine encordado, cabello *enhetrado*».—

[2] Cej. dice que viene de *hietro* por *fieltro*, pero sólo documenta el supuesto *hietro* en un pasaje de Juan del Encina citado por Gallardo. Probablemente es errata.— [3] Para el sentido del cast. *ajetrear* comp. fr. *s'affairer*, it. *affaccendarsi*, derivados como él de FACERE.

HEURÍSTICO, 'relativo a la invención', derivado culto del gr. εὑρίσκειν 'hallar, descubrir'. *1.ª doc.*: Acad. 1925 o 1936.

DERIV. *Heurística*.

Hexacordo, hexaedro, hexagonal, hexágono, hexámetro, hexángulo, hexápeda, hexasílabo, V. *seis*

HEZ, del lat. FĔX, FĔCIS, variante de FAEX 'poso, heces, impurezas'. *1.ª doc.*: *fez*, Berceo (*S. D.*, 77).

También en J. Ruiz, 946d, APal. («*amurca*, que es la *fez* del olio propriamente: pero alguna vez se toma por *fez* de otro liquor», 16b; 106b; 160b; 242d), Nebr. («*hez* o borras de vino: floces; *hez* o borras de azeite: fraces; *hez* de unguento: magma; *hez* como quiera: fex», h1v°). En latín la grafía más divulgada es FAEX, pero FEX, que es la forma postulada por el castellano, se halla en manuscritos de Columela y otros textos, *ThLL* VI, 169.26ss. Sólo conservado en castellano, port.[1] (*fez*), bearnés (*hets* o *ahèts* «sédiment, lie», Palay; *BhZRPh*. LXXXV, § 185), sardo (*fege*) y algún dialecto italiano; el italiano en general dice *feccia* (con *è* abierta), de un adjetivo FAECĔA. Existió un cat. ant. *feu* («lo vi que hom no muda de vexell en vexell fa la *feu*, la qual *feu* lo corromp si molt hi està», en Eiximenis, *Terç del Crestià*, 199), raro, pero registrado desde 1575 por el diccionario valenciano de O. Pou y luego en el S. XVIII por el de Sanelo («lo pòsit, solatge o *feu* del vi: faex, *heces* del vino»); un oc. ant. *fetz* en Arnaut Daniel y en el *Elucidari* languedociano. Baist, *GGr*. I, § 21, dice que existió un cast. ant. *fiez*, que correspondería al vocalismo clásico FAEX, pero no me es conocido; sí, en cambio, *f(i)ezes* en judeoespañol (biblias de Ferrara y de Constantinopla, en aquélla junto con *fezes*; *feyezes* en texto de Salónica de 1898: *BRAE* IV, 635; II, 295), pero puede ser forma ultracorregida, debida a los muchos judíos portugueses y catalanes que se castellanizaron en el momento de la expulsión; también Babia *fieces* 'residuos que quedan en la manteca al cocerla', Sajambre *bollos de jieces* 'hechos con grasa de chichas y azúcar' (Fz. Gonzz., *Oseja*, 285). Comp. *SOHEZ*.

DERIV. *Heciento* [*heziento*, Nebr.]. *Fecal* [*Aut.*], derivado culto de *faex* en el sentido de 'impureza'; *defecar, defecación*. *Fécula* [Acad. ya 1817, no 1783], tomado de *faecŭla* 'tártaro del vino', diminutivo de *faex*; *feculento* [1709, Tosca, en *Aut.*].

[1] En el gallego seguiría empleándose como voz popular en el S. XVIII: «*feces*: los mendrugui-

tos que se echan en lo q u e q u e d a después de cocida la mantequilla», Sarm. *CaG.* 116r.

Hi, V. *hijo* y *ahí*

HIALINO, tomado del gr. ὑάλῐνος íd., derivado de ὕαλος 'cristal'. *1.ª doc:* Acad. 1884, no 1843.

HIATO, tomado del lat. *hĭātus, -ūs,* íd., derivado de *hiare* 'rajarse', 'separarse'. *1.ª doc.:* h. 1800, Jovellanos (en Pagés); Acad. ya 1817. DERIV. *Hiante,* del participio activo de dicho verbo. *Dehiscente,* tomado de *dehiscens, -tis,* participio activo de *dehiscere* 'entreabrirse', derivado del mismo radical que *hiare; dehiscencia, indehiscente.*

Hibernal, hibernizo, hibiernar, hibierno, V. *invierno*

HÍBRIDO, tomado del fr. *hybride,* y éste del lat. *hybrĭda* 'producto del cruce de dos animales diferentes'. *1.ª doc.: Híbrida* m., Acad. ya 1817; *-do,* Acad. ya 1843. En francés se halla desde 1596. El vocablo latino, que también se escribe *ibrida,* no parece estar relacionado etimológicamente con el gr. ὑβρίς 'injuria'. DERIV. *Hibridación. Hibridismo.*

Hibuero, V. *güira Hidalgo, hidalgote, hidalgüelo, hidalguez, hidalguía,* V. *hijo Hidátide, hidatídico, hidra, hidria,* V. *hidro-*

HIDRO-, primer elemento de compuestos cultos, tomado del gr. ὕδωρ, ὕδατος 'agua'. *Hidroavión. Hidrobiología. Hidrocarburo. Hidrocéfalo* [1581, Fragoso]; *hidrocefalia. Hidrocele,* compuesto con χήλη 'tumor'. *Hidroclórico; hidroclorato. Hidrodinámico; hidrodinámica. Hidroeléctrico. Hidrófana,* compuesto con φαίνεσθαι 'mostrarse, ser visible'. *Hidrofilacio* [1709, Tosca], con φυλάκειον 'lugar donde se guarda algo'. *Hidrófilo* [Acad. S. XX]. *Hidrófobo* [1555, Laguna; este autor y *Aut.* sustantivan este adjetivo como nombre de la enfermedad]; *hidrofobia* [Terr., acentuado en la í]. *Hidrógeno* [Acad. ya 1843]; derivados del radical de *hidrógeno: hidrato, hidratar, hidratación. Hidrognosia,* con γνῶσις 'conocimiento'. *Hidrogogía* [1709, Tosca], mal formado con ἀγωγός 'el que conduce o guía'. *Hidrografía* [*Aut.*]; *hidrográfico* [íd.]; *hidrógrafo. Hidrólisis,* con λύσις 'disolución'. *Hidrología; hidrológico. Hidromancia* [*Aut.*], con μαντεία 'adivinación'; *hidromántico* [1640, Saavedra F.]. *Hidromel* [1513, Gordonio, en Pagés], tomado del lat. *hydromēli,* y éste del gr. ὑδρόμελι íd., compuesto con μέλι 'miel'. *Hidrometeoro. Hidrometría* [*Aut.*]; *hidrómetra; hidrómetro; hidrométrico. Hidropatía,* con πάθος 'enfermedad';

hidropático; hidrópata. Hidrópico [*Alex.*, 1311, *piedra del idrópico* 'cierta piedra preciosa que se creía curaba la hidropesía'; *ydrópico* APal. 544d, o *ydrópigo* 192b; *idrópico,* en el sentido moderno, Nebr. h4rº; ibíd. n3vº *trópico,* como denominación de la enfermedad y del enfermo, variante que en forma menos alterada, *drópico,* aparece en la *Gr. Conq. de Ultr.* 210; de ahí proceden también el cat. *dropo* 'haragán'[1] y el port. *trôpego* 'renco, que anda con dificultad', con la misma alteración de *dr-* en *tr-* que notamos en *TRAPO,* debida a la rareza de la inicial *dr-* en latín y en romance; comp. *TROMPICAR*], tomado del lat. *hўdrōpĭcus,* y éste del gr. ὑδρωπικός íd., derivado de ὕδρωψ 'hidropesía', compuesto con ὤψ 'aspecto'. *Otropigo,* en la trad. cast. de Abenbasal, h. 1300, *Al-And.* XIII, 392, parece ser variante del mismo vocablo que el nombre de enfermedad citado más arriba: *drópico, trópico. Hidropesía* [*ydr-,* APal. 500d, 544d; *idr-,* Nebr.], tomado del b. lat. *hydropisia,* lat. *hydropisis* íd., que a su vez era alteración del gr. ὕδρωψ íd., según *phthisis* y otros nombres de enfermedad; estropeado popularmente en *hodripio* o *hudripio* en el gall. de Santiago (Sarm. *CaG.* 182v) por metátesis vocálica y contaminación con *horripiar, arripiar* HORRIPILARE. *Hidroplano,* formado con la terminación de *aeroplano. Hidroscopia,* con σκοπεῖν 'examinar'. *Hidrosfera,* V. *atmósfera. Hidrostática* [1709, Tosca]; *hidrostático. Hidrotecnia* [1709, Tosca]. *Hidroterapia; hidroterápico. Hidrotórax. Hidrácido. Hidrargiro* [Acad. 1899] o *hidrargirio* [Acad. ya 1884], con ἄργυρος 'plata'. *Hidráulico* [*Aut.*], del lat. *hydraulĭcus* íd., y éste del gr. ὑδραυλικός, derivado de ὑδραυλίς 'órgano musical movido por el agua', compuesto con αὐλεῖν 'tocar la flauta e instrumentos análogos', que a su vez derivaba de αὐλός 'flauta'; *hidráulica.* DERIV. del gr. ὕδωρ, ὕδατος: *hidátide,* tomado de ὑδατίς, -ίδος, 'especie de ampolla llena de agua'; *hidatídico. Hidra* [1413, E. de Villena], del lat. *hydra,* y éste del gr. ὕδρα íd.; comp. *ENDRIAGO. Hidria* [A. Agustín, † 1586], del lat. *hydria,* y éste del gr. ὑδρία, íd.

[1] Alteración análoga es el cast. *drope* 'desharrapado, galopín, hombre despreciable' [Terr.; Bretón de los Herreros, en Pagés].

HIEDRA, del lat. HĔDĔRA íd. *1.ª doc.: yedra,* h. 1295, *1.ª Crón. Gral.* 393b5; h. 1400, Glos. del Escorial.

También Nebr. (*iedra*). Ast. *edra* (V). Conservado en los principales romances: cat. *heura,* port. (y parte del gall.) *hera,* trasm. y gall. *hedra,* que es también la forma valenciana (seguramente de origen mozárabe), cf. rosell. *helra,* probablemente consonantización del cat. normal *heura.* DERIV. *Edrera* ast. 'correhuela de los campos' (V). Silveira, *RL* XXIV, 224-6, reúne deriv. toponímicos *Arosa, Arada(s)* en varios puntos de

Portugal, documentados en la forma *E(e)rosa, Erada,* desde los SS. XI y XIII; *Erosa* en Galicia; *Edrada, -adas,* en tierras leonesas, *Adrada* en Castilla, *Adrado(s)* en Asturias, León y Segovia, ast. *Adrales* y port. *Edral.*

HIEL, del lat. FĔL, FELLIS, n., íd. *1.ª doc.: fiel,* Berceo.

También en J. Ruiz, 1065*b*, 1436*b*, 1548*d*. El género femenino, que parece haber sido general en castellano [Berceo, *Duelo,* 40*b*; APal. 46*b*, 83*d*], es también el del rum. *fiere,* friul. *fel* y el de la mayor parte de los dialectos del Norte de Italia[1]; en los demás romances es masculino, incluyendo el portugués y el catalán (contra lo que afirma M-L.). Siendo neutro en latín, el acusativo FEL es idéntico al nominativo, por lo tanto, es natural que el romance parta del radical FEL y no de FELL- de los casos oblicuos. Nótese la locución adjetiva *sin hiel,* que toma modernamente varias acs. figuradas.

DERIV. *Ahelear* [1589, J. de Pineda; *ajelear* en Salamanca, *alear* en Segovia y Burgos, G. de Diego, *Contrib.* § 246; *ahielar,* Fr. J. de los Ángeles; otros han dicho *enhelar* o *helear*]. *Rehelear; reheleo.* V. *HELERA.*

[1] M-L., *Rom. Gramm.* II, § 377. Excede levemente de los límites del italiano, penetrando en los dialectos francoprovenzales de Aosta y del Bessans (*FEW* III, 445*a*).— [2] P. ej. 'excelente' en el argentino J. B. Lagomarsino, *La Nación de B. A.,* 21-VI-1942.

HIELO, del lat. GĔLŬ íd. *1.ª doc.: yelo,* Berceo, *Mil.* 778.

También *Alex.* (1965*d*, *gielo* O, *jelo* P), *Conde Luc.,* etc. De uso general en todas las épocas. Casi sólo se ha conservado como forma popular en castellano; el it. *gelo* es cultismo, el port. *gelo* se revela como tal por la conservación de la -*l*- (comp. *gear* 'helar' y gall. *lazo* < GLACIU), y si bien *gel* es popular y antiguo en catalán y en lengua de Oc, en ambos idiomas tiene menos arraigo y popularidad que su concurrente *glaç;* para descendientes populares de GLACIES en hablas españolas, vid. s. v. *GLACIAL;* mejor se ha conservado GELARE, que ha dejado descendencia en todos los romances de Occidente.

La misma raíz que el itálico GELU y GELARE aparece muy desarrollada en las lenguas germánicas, donde es común a todas ellas y en las más variadas formas; es posible, aunque muy incierto, que desde el gótico o el suevo quedaran huellas en Galicia de la forma verbal primitiva KAL- (de donde ya derivó la participial KALD- común a todos los dialectos) atestiguada por algunos de los dialectos germánicos más arcaicos: escand. ant. *kala* y ags. *calan* 'tener frío, helar', ags. *ciele* (< *kali*) 'frío', ingl. *chill;* se podría suponer un gót. o suevo *KALIST-* o *KALISK-* que explicaría el gall.

orient. *calistro:* 'el frío cuando es intenso' («fay un *calistro* que mata», como voz de tierra adentro en Sarm. *CaG.* 217*r*), 'aire fino y frío, cierzo' hoy en Lemos (recogido, creo, por Cesáreo Saco para el Apéndice a Eladio Rdz.) y por otra parte *caliscar* 'tener mucho frío', *calisqueiro* 'friolento' (Eladio Rdz.); sería palabra de romanización tardía; trasmitida quizá por los nobles godos de los SS. VIII-IX cuando se agolparon refugiados en Galicia o cuando dominaron allí a los suevos (y por ello se habría conservado la -L-): es pues etimología bastante insegura, pero no hay otra. *Calistro* recuerda curiosamente el mall. *celistre* 'viento muy frío y penetrante', pero es casual, pues éste se explicará como variante del cat. *celistia* 'la noche estrellada' < CAELESTIA (SIGNA), con repercusión de líquida y paso de 'influjo de los astros' a 'frío, tiempo malo', cf. la historia semántica paralela del gall.-port. *sieiro* SIDERUM; el que puede ser hermano de *celistre* es el gall. *xistra* 'viento helado' (Eladio Rdz.). La -*r*- de *calistro* estará en conexión con la de *xistra.*

DERIV. *Helar* [*elar,* Berceo, *Signos* 6; etc.], del lat. GĔLARE íd.[1]; *helable; helada* [Berceo; *gelada, Alex.* 612*a*, O y P]; *heladero,* 'el que hace o vende helados', cub. (F. Ortiz, *Ca.,* 83), chil., arg.; *heladera* 'nevera' arg., cub.; *heladería* arg., chil., colomb., etc. *Heladizo. Helado.* Ast. *axeláu* 'helado' (V). *Helador; heladura. Helamiento. Helante. Helero. Helor* [< cat. *geló(r)* GELATIONE], murc., almer. *Deshelar* [Nebr.], *deshelamiento* [íd.], *deshielo. Congelar* [Corbacho, A. de la Torre (C. C. Smith, *BHisp.* LXI]; 1499, Comendador Griego; 1525, Rob. de Nola, p. 135], tomado de *congelare* íd.; *congelable; congelación* [h. 1440, A. de la Torre (C. C. Smith)]; *congelador; congelamiento; congelante; congelativo. Jalea* [*xelea,* 1555, Laguna, en *Aut.* s. v. *cola de pescado; jalea,* Covarr., s. v. *jalea, xalea* y *cidra*], del fr. *gelée* [1393] 'gelatina', y de ahí 'jalea' (*FEW* IV, 88*b*). *Gelatina* [1525, Rob. de Nola, p. 71, donde también se le da los nombres de *hiladea* y *gelabea; Aut.; jaletina,* Acad. ya 1817 y 1843, con influjo de *jalea*], tomado del it. *gelatina;* del dalmático *galatina,* 'gelatina para la conservación de pescado', variante fonética del anterior, procede el fr. ant. *galatine* 'jalea comestible', fr. *galantine* 'plato de carne que se sirve frío con jalea', y también el cast. *gualatina* [Rob. de Nola, p. 148, a. 1525], que designa un plato algo diferente[2]. *Gélido,* tomado del lat. *gelidus* íd.

[1] La alternancia vocálica entre el radical átono (*h)el-* y el tónico *hiel-* se ha conservado bien, por lo general. Sin embargo, Nebr. admite *ielada* como sinónimo de *ielo* (h4*r*°), y en la Arg. es vulgar la conjugación *hela.* También *ielada* en los mss. I, S, O y R de Berceo, *S. Mill.* 66*b* (contra *elada* en A).— [2] *FEW* IV, 89*b.* Probablemente la *u* fué al principio puramente gráfica. Desde luego no puede venir del gr. γάλα, γάλακτος 'leche', según quisiera la Acad.

Hiemal, V. *invierno*

HIENA, tomado del lat. *hyaena*, y éste del gr.
ὕαινα íd. *1.ª doc.*: APal. 193*b* la describe detenidamente.

En griego es derivado de ὗς 'cerdo', lo cual
encontraría una explicación en el hecho de que,
según APal., «la bestia *hiena* sigue los logares do
hay pocilgas de puercos»; sin embargo la explicación semántica de APal. es infundada: se trata
de una alteración del gr. ὗς 'hiena' (propiamente
'cerdo') bajo el influjo de λέαινα 'leona'.

Hienda, V. *fiemo*   *Hiera*, V. *jera*   *Hieráti-*
co, V. *jerarquía*

HIERBA, del lat. HĔRBA íd. *1.ª doc.*: *ierba*, h.
950, Glosas Emilianenses y Silenses; *Cid*, etc.
Muy frecuente y de uso general en todas las
épocas; ast. *erba* (V; véase para nombres compuestos de especies). Entre las acs. secundarias
es notable sobre todo la ac. 'veneno', que suele
aparecer con la forma plural *hierbas*: *Alex.* 2327;
Apol. 40*c*; Berceo, *Mil.* 340*c*[1]; nótese el juego
de palabras que refiere Juan de Valdés: «*Yervas*
llamamos en Castilla a lo que acá [= en Italia]
llamáis tóssigo, y también a los pastos adonde se
apacientan los ganados... Un escudero muy honrado, aviendo arrendado ciertas *yervas* o pastos
en su tierra y no teniendo con qué pagarlas, se
ausentó de la tierra, y... encargó... publicasse que
era muerto, «y si os preguntaren —dixo él— de
qué morí, dezid que de *yervas*» (*Diál. de la L.*,
127.22); esta ac. se conserva en partes de Méjico, y en Tabasco ha pasado a 'tarántula, araña
venenosa'. La grafía *yerva* es la que se halla en
Berceo, *Conde Luc.* (ed. Knust 87.7), J. Ruiz
(104*d*, 302*b*), APal. (8*d*, 12*b*, 16*d*, 20*b*, 190*b*,
190*d*, 431*b*), Nebr., J. de Valdés, etc.; *yerba* en
el *Cid* y glosas; aquélla coincide con el port.
erva, ésta con los demás romances. Sabido es que
la Acad. prefirió la grafía *yerba* sin *h* en sus ediciones de la primera mitad del S. XIX, pero en
1884 ya volvía a recomendar *hierba*, como en
Aut.; a pesar del prejuicio de algunos, ambas son
buenas desde el punto de vista fonético, pero
aquélla goza de cierta preferencia en algunos países
de América. En la Arg., Chile, Perú y Ecuador,
las hierbas silvestres que no come el ganado se
llaman YUYO, palabra de origen quichua, y las
forrajeras se conocen exclusivamente por *pasto*,
de suerte que en la Arg. *yerba*[2] designa sólo la
hierba mate (para el detalle, vid. A. Alonso, *El*
Probl. de la L. en Amér., 148-9); quizá ello se
explique por el grande y antiguo desarrollo que
alcanzó en América *hierba* 'veneno'. No es posible atender en este diccionario a los nombres de
hierbas formados con la palabra *hierba* y un calificativo; me limito a transcribir los que indica
Nebr.: «*ierva de ballestero*: veratrum; *ierva de*

sancta María: athanasia; *i. de san Juan*: hipericon; *i. xabonera*: borit saponaria; *i. puntera*: se-
dum; *i. de golondrina*: chelidonia; *i. buena*: men-
tha; *i. mora*: solatrum»[3].

DERIV. *Hierbajo. Erbatu* ast. 'cualquiera hierba
rara o de nombre desconocido' (V) (comp. *SER-*
VATO); en el mismo sentido he oído *hierbato*
a cubanos. *Hierbezuela* [*herbizuela*, J. Manuel, Rivad. LI, 390]. *Hierbal* chil. *Hierbatero* arg., chil.;
yerbero 'vendedor de hierbas medicinales', cub.
(F. Ortiz, *Ca.* 104), arg. (Carrizo, *Canc. de Tu-*
cumán, glos.); *yerbatear* 'tomar mate amargo' arg.
[Ascasubi, vid. *BDHA* III, 149]. *Herbáceo*, tomado del lat. *herbacĕus* íd. *Herbada. Herbaje* [1427,
BHisp. LVIII, 91; «*ervage*: pabulum», Nebr. s. v.,
y s. v. *alfalfa*; *herbax*, como nombre de un tejido
áspero con mezcla de hierba, 1680, *Aut.*], antes
herbadgo; *herbajar* o *herbajear*; *herbajero. Herbal.*
Herbar; *ervado* 'prado', en Juan de Andújar, primera mitad del S. XV, *Canc.* de Stúñiga, 71. *Her-*
bario. Herbaza. Herbazal [*ervaçal*, Nebr.]; cub. *hier-*
bazal (1526, Woodbr.; F. Ortiz, *Ca.* 212). *Herbecer*,
antes *herbolecer* [«*erb-, crecer en ierva*: herbesco»,
Nebr.]. *Herbecica. Herbero* [«*ervero*: que va por
ervage», Nebr.]; en la ac. 'esófago de los rumiantes'
es derivado común con el fr. antic. *herbier*, gasc.
erbè, y en este sentido se ha dicho también
hebrero en castellano [Acad. ya 1843], o *herbera.*
Herboso o *yerboso. Herbolar* 'envenenar' [Berceo,
Mil. 340; *Alex.* 2451] o *enherbolar* [1542, D. Gra-
cián], derivados del lat. HĔRBŬLA 'hierbezuela', de
donde también el port. *arvoado* 'aturdido, atontado' (C. Michaëlis, *RL* I, 298), it. antic. *erbolare*
'herborizar', y las formas galorrománicas estudiadas en *FEW* IV, 407-8; de ahí también *herbo-*
lecer (citado arriba) y *herbolario* 'conocedor de
hierbas' [*erb-*, Nebr.; *harbolario*, Fz. de Oviedo,
J. Timoneda, † 1583], y partiendo de la idea de
'embriagado o medio envenenado por una planta
maléfica', la ac. 'botarate, alocado' [*Aut.*; *arb-*,
2.ª mitad del S. XVIII, Torres Villarroel y R.
de la Cruz, *DHist.*, s. v.]. *Herborizar* [Acad. ya
1817; Terr., h. 1764, cita del botánico coetáneo
Quer, *herborización*], con su variante anticuada
herbolizar, tomado del fr. *herboriser* íd. [1534],
derivado de *herboriste* 'herbolario' [1545], alteración de **arboriste*, que por su parte resulta de
arboliste íd. [1499] por influjo del lat. *arbor* 'árbol'; *arboliste* resulta a su vez de un cambio de
sufijo del oc. ant. *erbolari*, hermano del cast.
herbolario; herborización; herborizador. Deshier-
bar. Enhierbar.

CPT. *Contrahierba* [1590, J. de Acosta]; V.
arriba para *hierba* 'veneno'. *Hierbabuena* [Nebr.;
Rob. de Nola, p. 117; en Canarias dicen *hierba*
de huerta, BRAE VII, 341].

[1] En Berceo, *Mil.* 507*c*, «pisó por su ventura
yerva fuert enconada», parece tratarse de una
hierba como la ortiga (*pisó*).— [2] Por lo demás,
yerba como nombre del mate parece ser a pri-

mera vista inexplicable, porque el *ilex paraguayensis* es un árbol o arbusto y no un vegetal herbáceo: pero es que debe de ser traducción servil del guaraní *caá* (= hierba), abrev. de *caá guazú* (literalmente 'hierba grande'), el nombre de la hierba mate en guaraní.— [3] Para «*ervatu o rabo de puerco, ierva*: peucedanum», V. *SERVATO*.

Hieródula, hierofante, hieroscopia, V. *jerarquía*

HIERRO, del lat. FĔRRUM íd. 1.ª doc.: *fierro*, doc. de Cardeña de 1065 (Oelschl.), *Cid*, etc.; *hierro*, Nebr. («*hierro, el metal*: ferrum; *hierro, instrumento de cirurgiano; hierro para herrar*»). De uso general en todas las épocas. La forma *fierro*, que naturalmente era general en los autores que conservaban la F- inicial[1], ha permanecido hasta hoy en una buena parte del territorio de lengua castellana. En América parece haber sido forma general, salvo en Venezuela, las Antillas y algunos puntos de Méjico y Guatemala, donde lo popular parece haber sido siempre *jierro*[2]; en el resto del Nuevo Mundo, aunque la forma con *f-* debió de ser general primitivamente, hoy se halla más o menos en retroceso frente a la forma literaria, salvo quizá en Chile, donde *fierro* pertenece todavía a todas las clases sociales y a todos los ambientes del idioma; de todos modos, en el Plata, en el Perú y en la mayor parte de Méjico[3], hoy todavía es *fierro* la forma más arraigada, por lo menos en el campo y entre el elemento popular; la tendencia a preferir la forma literaria es quizás aún más fuerte en los demás países, pero en todas partes quedan fuertes huellas del empleo de *fierro* en acs. particulares: 'herramienta', 'marca del ganado' (en todas partes; *BDHA* IV, 54), 'cuchillo' (Guatemala, Arg.), 'quebracho' (Costa Rica), 'centavo' (Nicaragua). En *RFH* VI, 243-4, emití la hipótesis de que el predominio de esta variante en la mayor parte de América fuese debido al fuerte influjo lingüístico leonés; la idea me sigue pareciendo posible, por lo menos en el sentido de que si no fué éste el único, fuese por lo menos el predominante. En España sabemos que a med. S. XVI *hierro*, con *h* muda o aspirada, era ya la forma predominante en Vizcaya, Castilla la Vieja y Toledo (V. los testimonios citados por M. P., *Oríg.*, 238), y los dos adversarios en la dirección del idioma literario, el castellano-nuevo Juan de Valdés (*Diál. de la L.*, 77.6) y el andaluz Nebrija, la prefieren igualmente; estos datos dejan poco espacio libre en la España de la época colonizadora, fuera de la zona leonesa y aragonesa que conserva hasta hoy toda F-, para la subsistencia de la forma *fierro*; como Aragón estuvo excluído de la colonización americana y en tierras leonesas el lenguaje culto conserva, o más bien restituye, la *f-* aun en la zona oriental, donde el habla vulgar la cambia en *j-*, es lógico admitir que de allí proce-

diera la variante americana; no lo desmiente el uso que de *fierro* hicieron en el siglo pasado el asturiano Jovellanos y el santanderino occidental Pereda; otros testimonios no leoneses pueden descartarse por varias razones[4]; sin embargo, es probable que en nuestro caso la *f-* tuviera alguna mayor extensión, sobre todo en comarcas del Norte y del Sur, pues en Bilbao se llama *rompefierros* al pico verde o pájaro carpintero (Arriaga)[5].

La idea de los semicultos de que a *hierro* debe darse pronunciación diferente de la de *yerro*, bien que sostenida por el fonetista Araujo, es un prejuicio sin fundamento, como ya reconocieron Josselyn y Gonçalves Viana (*RH* XV, 855). El duplicado *ferro* 'ancla' es catalanismo náutico, según lo muestra ya la variante *leva* sin diptongación con que se conjuga el verbo *levar* cuando acompaña a este sustantivo: *leva ferros*, en Lope (*El Cuerdo Loco*, v. 1317; *El Arenal de Sevilla*, Rivad. XLI, 531*b*), *levar ferro* en Cervantes (*Quijote* II, xxix; *Cl. C.* VI, 208)[6].

DERIV. *Herrar* [*ferrar*, h. 1300, *Gr. Conq. de Ultr.* 616; J. Ruiz, 300*a*, 614*c*; etc.], derivado común a todos los romances de Occidente. *Hierra* amer. [ejs. argentinos en Sarmiento, *Facundo*, ed. Losada, 43; Tiscornia, *M. Fierro coment.*, vocab.]; *hierre*. *Herrada* [*ferrada* 'medida de vino', doc. de 1135, y su diminutivo *ferratella* en 1019 y 1025, Oelschl.; *ferreda* 'cubo de pozo', h. 1300, *Yúçuf A*, 36*a*; «*herrada para sacar agua*: situla; *h. o tarro para ordeñar*, Nebr.]; *Herradero*. *Herrado*; gall. *ferrado*. *Herrador* [Nebr.]; *-ora*. *Herradura* [*f-*, *Cid*, 1573]. *Herraje*; ast. *ferraxe* 'herraje de carro', 'juego de clavos para un par de madreñas' (V). *Herramienta* [*f-*, 1251, *Calila* 29. 411, APal. 52*b*, 69*b*; *h-* «*ferramentum*», Nebr.]; *ferramienta* 'herramienta', 'dentadura' ast. (V); *herramental* [Nebr.]. *Piedra herreña* (*j-*) 'guijarro', salm. (*RFE* XXIII, 231), comp. cat. *pedra ferral*; *nuez ferreña*; occ. *ferrenh* 'de hierro', cat. *ferreny* 'recio, robusto'; port. *ferrenho* 'de color de hierro', 'recio', 'duro', 'cruel'; gall. *ferreño* 'recio, duro' (*esta nuez está muy ferreña, no la puedo partir*, Sarm. CaG. 76*v*, 194*r*). *Herrero* [*f-*, doc. de 937, Oelschl.; *Apol.* 287*b*; J. Ruiz; J. Manuel; etc.], del lat. FERRARIUS íd., conservado en todos los romances de Occidente[8]; *herrera*; *herrería* [*-aría*, Nebr.; en la ac. 'lugar donde se beneficia el mineral de hierro', *ferrería*, en Vizcaya y Navarra, *Aut.*][9]; *herrerillo*; *herreruelo* 'pájaro', 'soldado de caballería alemán' (comp. *FERRERUELO*); *herrerón*. *Herrezuelo*. *Uva herrial* 'variedad gruesa y tinta, cuyos racimos son muy gruesos' [Acad. ya 1843; en Salamanca *ferreal*]: ¿viene realmente de *hierro*?[10]. *Herrojo*, V. *CERROJO*. *Herrón* [1539, Guevara]; gall. *ferón* 'la aguijada o el aguijón de un insecto', 'punta aguda de la peonza o del aguijón' (Eladio Rdz.); por alteración de un *aferrón* o por cruce con *arpón*, gall. *arpeu*, resultó *alferrón* (Castelao 43.3, 66.5, 209.2f.), *aferroar* 'aguijonear' (*DAcG.*), también *ferrete* y *aferretar* (en Tebra, cerca de Tuy, Apéndice a Eladio Rdz.); *ferrón* ast. 'púa de hierro que se pone al peón', *ferronazu* 'golpe dado con el ferrón' (V); *herronada*. *Herrumbre* 'orín, oxidación' [APal. 159*d*: «*f-*: es la suziedad y mancha del fierro»; «*h.*: rubigo; ferrugo»], del lat. vg. FERRŪMEN 'soldadura' que tomó el sentido de FE-RRŪGO, -ĬNIS, 'herrumbre'; *herrumbroso*; *herrumbrar* (hoy usual en la Arg., oído en Mendoza y San Juan, a veces en la variante disimilada *herrumbar*, que por su homonimia con *derrumbar* pudo ser causa de la decadencia de este verbo, y aun de *herrumbre*, en otras partes), *desherrumbrar*; el citado FERRŪGO se conservó en el ast. *ferruñar* 'herrumbrar', *aferruñada* '(agua) en que se introduce y apaga un hierro enrojecido al fuego', *ferruñentu* 'herrumbroso' (V), port. *ferrugem*[11] 'herrumbre', de donde *ferruja* en Canarias (*BRAE* VII, 336) y en la biblia judía de Constantinopla (junto a *ferrucha*): *BRAE* IV, 635; de ahí el derivado *herrug(i)ento*, *f-*, Acad., y *enferrucharse* 'embotarse' en la biblia citada (*BRAE* IV, 332); cultismos: *ferrugíneo*, *ferruginoso*. *Herrín* 'limaduras de hierro', pero no existe en lat. ni tengo noticias de otros romances. *Herrusca* ant. [Acad. S. XX]. *Desherrar* [Nebr. «*d. bestia*»]; *desherradura*.

Férreo [Mena (C. C. Smith, *BHisp.* LXI), Guevara, † 1545], tomado de *fĕrrĕus* íd. *Ferrete*, en la ac. 'sulfato de cobre que se emplea en tintorería', es tomado del mozár. *farrât* (pron. *ferrêt*) o *firrât*, documentado en los SS. XI y XVI (Simonet, s. v. *ferráth*; del castellano viene el it. *ferretto di Spagna*); como nombre de varios objetos de hierro [aranceles santanderinos del S. XIII, vid. *RFE* IX, 266], procede del fr. *ferret* (*FEW*, III, 471*a*), castellanizado parcialmente en la forma *herrete*[12]; *ferretear* [1511, *N. Recopil.* VII, xiii, 8] o *herretear*. *Ferretero* [Acad. S. XX][13], probablemente tomado del cat. *ferreter* íd., derivado de *ferro* 'hierro' con el sufijo *-eter*; *ferretería* [Acad. 1869, no 1817]. *Férrico*. Un literato granadino de 1601 cita un *ferrionero* (tal vez de **fierronero*) empleado en Castilla como equivalente de *espadachín*, propio de Andalucía, *BRAE* XXXIV, 371. *Ferrizo* [Acad. 1899], del cat. *ferrís*. *Ferrón*; *ferronas*. *Ferroso*. Arag. ant. *ferruça*[14]; *aferruzado* 'ceñudo, furioso' [1600, Sigüenza; Cervantes, vid. *DHist.*], comp. cat. *aferrissar-se* 'embestirse porfiadamente, encarnizarse', íd., y *aferrussar-se* 'entregarse golosamente a la comida' (¿derivados de *ferro* o de *farro*?). *Aferrar* [*Alex.* 1364*c* O; *P aforadas*, que no da sentido; frecuente desde el S. XIV, casi siempre con significado náutico[15], vid. Cuervo, *Dicc.* I, 229-31; *DHist.*; 1526, Woodbr.], tomado del cat. *aferrar*, voz de origen náutico aplicada primitivamente a las naves que se abordan; *aferrador*; *aferramiento*; *aferrante*; y el compuesto *aferravelas*. *Desferrar*. *Desferra*, ant. (sólo en Mena; *Aut.* entiende 'discordia', pero el signif. debe ser 'despojo, botín', como el del cat. *desferra*, del cual se tomó).

CPT. *Herropea* 'grillete' [(*h*)*erropea* o *f-*, Berceo, *S. D.* 664*b*; *farropea*, *S. D.* 735*c*; *arropea* en varios textos del S. XVII, *DHist.*; ast. *farrapera*; arag. ant. *ferrapía*[16]], del lat. vg. **FERROPĔDĔA*, compuesto con PES 'pie', del cual procede también el port. *ferropeia* y *ferrapeiro*[17]; *herropear* 'sujetar con grilletes' [o *harr-*, Berceo, *S. D.* 433*b*]. *Ferrificarse*.

[1] Entre ellos puede contarse aun APal., que emplea *fierro* media docena de veces, aunque admite en su lenguaje muchísimas formas con *h-* < F-, pero sin embargo tiene *fevilla*, *fervir*, *ferir*, *fermoso* y muchos más casos de conservación. Es verdad que en 158*d* opone *fierro* a *herrado*, pero también imprime *ferrada* en 133*b*, *ferramienta* 52*b*, 69*b*, *ferrero* 52*b*, 100*b*, 150*d*, 165*b*, *ferrumbre* 159*d*. Los ejs. de *fierro* que citan *Aut.* y Pagés pertenecen todos a textos que conservan en general la F- latina, sin excluir la ley 1, tít. xiii, libro V, de la *Nueva Recopilación*, que se dictó en 1347.— [2] Sin embargo, *fierro* se dijo también en Cuba (Pichardo, 110).— [3] Según Enrique D. Tovar y R. (*BAAL* XIII, 601), en el Perú, 99 de çada 100 personas dicen *fierro*. En Méjico, en tiempo de García Icazbalceta, *fierro* «de uso mucho más general que *hierro*, sobre todo en la industria y en el comercio», y una visita reciente me ha convencido de lo mismo. En Mendoza, Arg., la forma con *f-* es general en el ambiente rústico, pero mucho menos en la ciudad y en el resto del país; sin embargo, en el propio puerto de Buenos Aires no se oye otra cosa que *cortafierro* como nombre de una herramienta empleada en operaciones de aduana.— [4] En *Aut.* se emplea *fierro* en la definición de *ceguiñuela*, pero es probable que la forma se sacase de la fuente de este artículo, que es el *Vocabulario Marítimo* de Sevilla, año 1696, en el cual puede ser forma de influjo náutico catalán-portugués o americano. El sevillano Gayangos emplea la misma forma en su glosario de la *Gr. Conq. de Ultr.*, s. v. *adobe*, pero como en el artículo *bisarma* imprime *hierro*, tal vez lo haga en aquél como eco del texto de la *Conquista*, cuyo correspondiente pasaje (p. 292*b*, línea 21) habla de *adobes de fierro*. Sin embargo, es cierto que otro sevillano, Lz. de Arenas, también emplea *fierro* en 1633 (p. 94). Luego parece haber habido coincidencia leonesa-andaluza. Finalmente, Timoneda emplea *fierro* frente a *herrero* (*BRAE* III, 564), pero recordemos que este autor era valenciano, y escribió parte de su obra literaria en lengua catalana.— [5] No parece tenga que ver con la cuestión la forma *jerro* que Quevedo cita como morisca, *Libro de todas las cosas*, *Cl. C.* IV, 143.— [6] Otras veces se dice *zarpar el ferro*, *Quijote* II, xliii, *Cl. C.* VIII, 166. *Ferro* está asimismo en el *G. de Alfarache*, *Cl. C.* I, 78.24; V, 172.4.— [7] De ahí el compuesto vasco *erradacatillu* (formado con *gatĩlu* 'escudilla';

lat. CATILLUM) 'bacineta', 'vaso de hojalata o cobre que servía para sacar agua de las calderas y herradas', usual en el castellano de Bilbao (Arriaga, p. 149), cf. vco. *erratiĭu, erretiĭu,* 'plato', Michelena, *BSVAP* XI, 294.— [8] *Águila ferrera,* al parecer 'de color de hierro', en la Crónica de 1344 y en el *Canc.* de Baena, port. ant. *ferreira,* gall. *ferreiro,* vid. M. P., *Infantes de Lara,* glos., s. v. y p. 487 (2.ª ed.); pero dudo de que tenga que ver con el ast. *ferre,* para el cual V. *ALFERRAZ.*— [9] La ac. 'ruido como el que se hace cuando algunos riñen o se acuchillan' en Cervantes: «la *herrería* era a la sorda; y a la luz de las centellas que las piedras heridas de las espadas levantaban, casi pudo ver que eran muchos los que a uno solo acometían», *La Señora Cornelia,* ed. Losada, p. 160.— [10] *Aut.,* s. v. *tortozón,* cita de G. A. de Herrera (1513): «tortozón y *heriales* hacen los racimos mui grandes».— [11] Gall. *ferruxe* 'orín del hierro', *furruxento* 'herrumbroso', 'picante, que muerde (lengua)', Sarm. *CaG.* 197v, 224v; parece que en algún lugar gallego habrá cruce con *fuluxe* 'hollín' (FULLUGĬNE = FULLIGINE) si es exacto que *furruxo* también significa el 'hollín de la chimenea' como asegura él mismo en 111r (¿o hay confusión momentánea?). Recuerdo aquí que yo mismo he sugerido que el vasco (vizc., nav. y vco.-fr.) *burdin(a),* guip. *burni* 'hierro' (y aun acaso *gurdi* ∼ *burdi* 'carro, carreta') sean antiquísimos romanismos **burrin < FERRUGINE, -IGINE* (cat. *ferritá* 'herrumbre' **FERRIGINEM*). Me apresuro a añadir que la idea es sumamente discutible y audaz, y por más que no presente dificultades fonéticas nada firmes, hay que dejarla en cuarentena. Creo que Michelena la rechaza, por razones que son: desde luego plausibles, no sé si definitivas.— [12] El arag. ant. *ferret* («huna otra manteta de *ferret* forrada de saya de roldán», invent. de 1402), parece designar una clase de paño, no un manto o ferreruelo, como supone el editor (*BRAE* II, 220).— [13] Todavía reclama su inclusión F. Ortiz en 1923 (*Ca.,* 173).— [14] «...Baynas. Dezesied *ferruças* por acabar. Un tavach», invent. de 1365, *BRAE* IV, 342.— [15] Hoy se conjuga *aferra,* pero en el S. XV aparece alguna vez *afierra* (*Canc.* de Castillo I, 11 y 27), y en los SS. XVII y sobre todo XVI se halla esta forma tanto o más que la moderna, que sin embargo no es menos antigua que la forma castellanizante que ha acabado por desaparecer.— [16] «Tres frenos viellos e unas *ferrapías;* hunas cuyraças viellas esguarnidas», invent. de 1369, *BRAE* II, 708. En aragonés -ĔDĔA da regularmente *-ieya,* de donde *-ía* (comp. el resultado catalán; y el arag. *cía* en Borao, que corresponde al cat. *sitja, cija,* 'silo, sima, mazmorra', langued. *siejo*).— [17] Ya Diez sugirió esta etimología. Baist, *RF* XXXII, 622-3, la rechaza fundándose en la premisa falsa de que no es posi-

ble una *h-* de F- en el S. XIII, y esta argumentación hizo mella en M-L. (*REW* 3262). Hanssen, *Espicilegio Gramatical,* p. 8 (*AUCh,* 1911), insiste en derivar de FERRUM + PES, pero cree que esto no es posible según las reglas de la lexicografía latina, y por lo tanto supone que se trató de un calco del gr. σιδηροπέδη. Pero M. P. (*Oríg.,* 225-6) elimina ambos escrúpulos, el primero con material fonético documental, y el segundo partiendo de un derivado adjetivo en -PEDIA, confirmado sin lugar a duda por la falta de diptongación de la Ĕ (en sentido análogo, G. de Diego, *Contrib.,* § 248).

Higa, V. *higo*

HÍGADO, del lat. vg. FĪCĀTUM, alteración del lat. JECUR FĪCĀTUM 'hígado de animal alimentado con higos', por influjo de la denominación griega correspondiente συκωτόν (derivado del gr. σῦκον 'higo'), imitado en latín vulgar con una pronunciación SÝCOTUM; esta denominación se explica por la costumbre de los antiguos de alimentar con higos a los animales cuyo hígado se comía. *1.ª doc.: fégado, Alex.* O, 2402b (P *fígado*); *fígado,* J. Ruiz, 545c, *Conde Luc.* (ed. Knust) 4.12; Cej. VIII, § 87.

El vocablo que nos interesa es general en castellano, sin otra variante que la antigua *fígado,* y la dialectal *fégado,* que corresponde al asturiano (*fégadu,* R, V) y otras hablas leonesas (Cabrera Baja: *RFE* XI, 196), ya documentada en el ms. leonés del *Alex.,* y continuada hacia el Noroeste por la forma del gallego normal (*fégado*), mientras en el resto de Galicia y en Portugal reaparece un tipo más semejante al castellano (*fígado*). Para la justificación de la etimología y la discusión de sus detalles, V. además del trabajo fundamental de Gaston Paris (*Miscellanea Ascoli,* 40-64; *Rom.* XXX, 568), M-L. (*REW* 8494) y Wartburg (*FEW* III, 491-3), con la bibliografía allí citada. Lo seguro es que hubo un cruce entre el gr. συκωτόν y su traducción latina FĪCĀTUM; Wartburg opina que primero se dijo en latín FĪCĀTUM y después se ejerció sobre esta forma una influencia progresiva de la denominación puramente griega y sin traducir (Wartburg, *Litbl.* LI, 453-4), mientras que M-L. y otros partían de una modificación paulatina del gr. *sycotum* hasta convertirse en la forma puramente latina FĪCĀTUM. En favor de la opinión de Wartburg milita la distribución geográfica de las variantes romances, que muestra las puramente latinas en los lenguajes más arcaizantes de la periferia y las más parecidas al griego hacia el centro de la Romania. Así el tipo FĪCĀTUM ha dominado en rumano (*ficat*), dalmático, retorománico, veneciano y sardo meridional; FĬCATUM en portugués, castellano, picardo (*fie*), logudorés (*ficatu, figadu*)[1], y en Sicilia, Apulia y Calabria (*ficatu*); una forma FĔCATUM, documentada en glosas², con influjo de la ῦ del griego, pronunciada æ en la baja época³, es la que ha dado la forma gallego-leonesa *fégado*, la fr. *foie* y la it. *fégato*, y de ésta salió finalmente una variante FÉTICUM, con metátesis y latinización de la vocal postónica, que dió el oc. y cat. *fetge*; el gasc. *hitge* (BhZRPh. LXXXV, § 186) combina las características de este tipo y el castellano⁴. El traslado del acento FĪCĀTUM > FÍCATUM se debe a una pronunciación *sýcotum*, explicable por ser la acentuación aguda συχωτόν imposible en latín (para un caso semejante, vid. *DAMASCENA*). De interés para la etimología de *hígado* es la denominación cast. *higaja* 'hígado', especialmente el de las aves y animales pequeños' ['hígado del hombre', Lucas Fernández, 64], que la Acad. recoge como desusado en sus ediciones del S. XX, y que siendo derivado castellano de *higo* nos muestra la supervivencia de la costumbre culinaria de engordar con higos a los animales cuyo hígado se utiliza para la alimentación. V. la discusión entre Wagner y Wartburg sobre la cronología de las variantes romances, en *RF* LXV, 405-8; *ZRPh*. LXX, 65-72, LXXII, 295-7.

DERIV. *Higadilla; higadillo. Ahigadado.*

¹ Para el detalle de las formas sardas, M. L. Wagner, *ASNSL* CXXXV, 120; *RLiR* IV, 15.— ² «Timpanus ille qui *fecatum* ἐt pulmonem sustinet», en el glosario Vaticano de la Reina Cristina (*CGL* III, 608.48), trasmitido en un códice del S. X, y lleno de vocablos de latín vulgar, entre ellos varios hispanismos; en el mismo glosario (III, 602.10) se halla también la forma *figidus*, más semejante al tipo occitano-catalán.— ³ Este influjo, sugerido por M-L., *Die Betonung im Gallischen*, p. 49, es más verosímil que el cruce con el gr. ἧπαρ 'hígado', admitido por Schuchardt (*ZRPh*. XXVIII, 435-9), voz que dejó muy poca descendencia romance y complica innecesariamente la explicación.— ⁴ Parece atendible la objeción fonético-dialectológica que opone M-L. al tipo FÉTOCUM que Wartburg suponía como última etapa del influjo griego sobre la forma latina; aunque la forma *fètoco* se halle también en Fermo (Marcas), además de Servigliano y Sicilia, vid. *BhZRPh*. XI, 65.

Higate, V. *higo*

HIGIENE, tomado del fr. *hygiène* y éste del gr. ὑγιεινόν 'salud, salubridad', neutro del adjetivo ὑγιεινός 'sano'. *1.ª doc.*: Acad. ya 1843, no 1817; ej. coetáneo, de B. de los Herreros, en Pagés.

En francés se halla desde 1550, y desde ahí parece haber pasado a todos los idiomas modernos.

DERIV. *Higiénico. Higienista. Higienizar.*

HIGO, del lat. FĪCUS 'higo', 'higuera'. *1.ª doc.*: *figo*, Cid.

General en todas las épocas. Cej. VIII, § 87. Conservado con el mismo sentido en portugués,

italiano y sardo, y en el sentido de 'higuera' en algunos dialectos vascos (*biku*, Azkue lo da como a. nav. y lo documenta en Lizarraga, que era de Elcano), italiano y macedorrumano. En la baja época, confusa ya la distinción latina entre masculinos y neutros, se formó un plural *FĪCA 'higos' (conservado todavía con este carácter en el italiano del S. XVI: *delle fica*), que ha permanecido con valor de singular en algunos romances¹: dalm. *faika*, it. merid. *fica* (también en el Norte), alem. *feige*, fr. ant. *fie*, oc. y cat. *figa*; de este tipo, en su sentido propio, sólo hay alguna huella suelta cast. en antiguos textos de la zona oriental: *figa* en Berceo (*Duelo*, 176, como término de comparación para objeto de poco valor, pero *figo* predomina en este mismo poeta) y en algún texto aragonés antiguo (*BRAE* IV, 344), pero hoy parece haber desaparecido aun en Aragón; la existencia de *BREVA*, procedente del adjetivo BĪFĔRA, no prueba de ninguna manera la existencia de un antiguo *FĪCA en castellano y portugués (contra lo afirmado por A. Alonso, *RFE* XIII, 234-5), puesto que FĪCUS era femenino en latín. Con carácter aumentativo *FĪCA se conservó como nombre del órgano genital femenino en la mayor parte de la Romania (it. *fica*, cat. *figa* y seguramente en muchas otras partes); de ahí pasó el vocablo a aplicarse a la acción que se ejecuta con la mano para escarnio de otra persona, y se empleaba también contra el aojo: éste es el sentido del cast. *higa* [*Celestina*, Fcha.; 1565, Sta. Teresa]; comp. Rohlfs, en *Donum Jaberg*. El sentido originario se conserva en Asturias: Colunga *figa* «higo enorme» (Vigón). Con carácter traslaticio se empleó *higo* como término de comparación para objetos sin valor (p. ej. *Vida de S. Ildefonso*, 11), y como nombre de un tumor, especialmente el hemorróidico [*Calila*, ed. Rivad. 59; APal., 266d], pero también otros²: hoy *jigo* significa 'lobanillo' en Hinojosa de Duero (Salamanca), *RFE* XXIII, 228.

DERIV. *Higa*, V. arriba. *Figar* f. 'higuera' ast. (V). *Higate. Higuera* [*fikera*, doc. de 1070, Oelschl.; *figuera*, Berceo, *Mil.*, 4], derivado común con el port. *figueira*, cat. *figuera*, oc. *figuiera*, it. dial. *ficara*; en castellano se dijo también *figar* f. [doc. de 1210, Oelschl.; Berceo, *Signos*, 19; hoy en Colunga]; *higueral* [Nebr.]; *higuereta; higuerilla; higuerón; higuerote; higueruela*. Gall. *figal* f. 'higuera': *figal alvariña* en doc. de Pontevedra a. 1272 (o 1302) (Sarm. *CaG.* 88r): de ARBOR *FICALIS con el género femenino de *arbor* en lat. clásico. Derivado culto: *ficoideo*. Además V. *HÍGADO* y *FIGÓN. Sicofanta, -ante*, ᷈e συκοφάντης 'delator', 'calumniador', 'chantajista', compuesto del gr. σῦκον, hermano y sinónimo del lat. *ficum*, y de φαίνειν 'descubrir'; expresión en la que se discute el papel de la voz σῦκον, que tal vez —pese a anécdotas no comprobadas— esté en el sentido de vulva.

¹ Contra esta explicación del tipo FĪCA sugiere

Rohlfs que puede ser debido al género femenino que tenía FICUS en latín y ha conservado hasta hoy en Cerdeña (Wagner, *ARom.* XIX, 29) y Sur de Italia (Rohlfs, *ASNSL* CLXX, 146; *Donum Jaberg*).— ² «*Higo, dolencia del rabo:* ficus; *h., dolencia de la cabeça:* sycosis; *h. que nace a los putos:* marisca», Nebr. Para éste y otros significados figurados, V. además C. J. Cela, *Diccionario Secreto*, M. 1968-1971, y cf. G. Leira, *Papeles de Son Armadans*, n.º 208 (1973), 83-70, y n.º 213, 247-251. Es probable que en el origen del castellano *dar la higa*, prov. *faire la figa*, y demás expresiones romances análogas, haya al mismo tiempo alusión al órgano femenino y al órgano... afeminado; lo improbable es que la haya al órgano viril, pues las expresiones de este otro origen semántico suelen tomar sentido más laudatorio que peyorativo. Que en algunas zonas de lengua castellana se haya perdido hoy la acepción 'vulva' apenas interesa para el caso, desde el momento que se trata de una expresión internacional y de todos los tiempos, desde Aristófanes (σῦκον 'vulva' en Εἰρήνη, v. 1349, 1346), Dante, etc.

HIGRO-, primer elemento de compuestos cultos, del gr. ὑγρός 'húmedo'. *1.ª doc.:* higrómetro [*Aut.*]; *higrometría; higrométrico. Higroscopio,* compuesto con σκοπεῖν 'mirar, observar'; *higroscopia; higroscópico; higroscopicidad.*

Higuera, higueral, higuereta, higuerilla, V. *higo Higüero,* V. *güira Higuerón, higuerote, higueruela,* V. *higo*

HIJO, del lat. FĪLĬUS íd. *1.ª doc.:* orígenes del idioma (*filio*, 2.ª mitad del S. X, Glosas Silenses, 80; *filgo*, doc. arag. de 1062; *fijo*, 1100, *BHisp.* LVIII, 360; *Cid*, etc.).

General en todas las épocas y común a todos los romances; ast. *fiu, fia* (o *fiyu, -a*), V. Muy antigua es la abreviación de *fijo* en *fi*, posteriormente *hi*, en ciertas expresiones compuestas donde va seguido de un complemento unido mediante la preposición *de:* Oelschl. registra ejs. desde 1185; «*non era fi de nemiga* qui tal cosa façia», *Apol.*, 92d, «cosiólo con la tierra aquel *fi de nemiga*», *Alex.*, 485d; ante nombre propio todavía era de uso común a fines del S. XV (*Historia de Enrique Fi de Oliva*, publicada en 1498: Cej., *Hist. de la L. y Lit. Cast.* I, p. 424), y en injurias siguió empleándose hasta más tarde: *hi de puta* en todas partes, *hi de perro* (*Quijote* II, iii, 12), *hi da ruin* (*Pícara Justina* en Fcha.; *Aut.*, s. v.), *hi de malicias* (Cervantes, Fcha.).

Un importante calco semántico. En árabe era muy corriente emplear '*ibn* 'hijo' (o su femenino *bint*), seguido de un sustantivo, como mero elemento gramatical para expresar persona caracterizada por la idea que este sustantivo expresa, y aun para adjetivar esta idea: '*ibn as-sabîl* ('hijo del camino') 'viajero', '*ibn al-halâk* ('h. de perdición') 'condenado', '*ibn as-sâᶜatih* 'instantáneo, que sólo dura un instante' (propiamente 'hijo de su momento'), '*ibn ᶜišra* 'hombre amable en sociedad' (*ᶜišra* 'compañía'), '*ibn fákih* 'galante, vivo, robusto' (= 'hijo de jovialidad'), '*ibn yáṳmih* 'efímero' (= 'h. de su día'), *bint al-kitâb* 'estudianta' (= 'hija del libro') (Dozy, *Suppl.* I, 120), etc. Esta curiosa peculiaridad sintáctica, que no era ajena a otras lenguas semíticas, aunque en ninguna parte tan desarrollada como en árabe, pasó del hebreo al lenguaje bíblico y religioso de otros romances¹; pero la frecuencia de expresiones de este tipo en textos medievales, sobre todo moriscos, y aun en el vocabulario y fraseología del español general, denota que en la Península Ibérica hubo más bien calco del árabe². El caso es indudable cuando Raimundo Lulio escribe «en aquella ciutat havia un hom just e de santa vida, *fill de caritat*, e era hom pobre dels béns temporals» (*Meravelles* III, 121)³; la imitación también me parece clara en los citados *hi de malicias* y *fi de nemiga* (donde no hay que tomar *enemiga* como designación de la madre, sino en el sentido de *la enemiga = la enemistad*). Otras expresiones corrientes, aunque no es posible asegurarlo de todas, pueden ser, al menos en parte, de imitación arábiga: *fillo de justicia* 'justo', *fillo de proditión* 'alevoso' en Vidal Mayor 1.70.50, 9.12.6, *hijo del naipe* 'el que siempre gana', *hijo de la fortuna* 'hombre afortunado' (*Aut.*), *hijo de la piedra* 'expósito' [Cervantes, Fcha.]; F. Semeleder en un trabajo acerca del español mejicano cita *hijo de la gran suerte* 'hombre afortunado', *hijo de la tierra* 'hombre de pequeña estatura' (*BDHA* IV, 85)⁴. En cuanto al uso de *hijo* con un nombre propio de lugar para indicar la oriundez de una persona (*fulano es hijo de Málaga, hijo de Brunete*), siendo propio y exclusivo de los tres romances hispánicos, y ajeno aun a la lengua de Oc, deberá estudiarse si es también de imitación semítica (comp. '*ibn al-madîna* 'ciudadano, hijo de ciudad' en el árabe de Egipto)⁵.

Uno de los casos más claros me parece el de *hidalgo* [*fijo dalgo*, *Cid*; *fidalgus*, h. 1197, Fuero de Castroverde], que yo no interpretaría etimológicamente como 'hijo de persona de valer', según hace M. P. en su fundamental artículo (*Cid*, pp. 689-93), sino como 'persona con bienes de fortuna', paralelamente a *rico hombre*, que sería primitivamente su sinónimo, aunque acabara por oponerse a *hidalgo* en el sentido estricto de los dos términos, seguramente por ser éste más antiguo y ya petrificado cuando el otro se creó⁶; *algo* en este compuesto aparece, pues, en el sentido de 'riquezas, bienes', que hallamos ya en el *Cid*⁷. Como se ve, acepto la sugestión de A. Castro⁸ de ver un influjo arábigo en el fondo de nuestro vocablo, pero no creo posible su idea de que en él sea *algo* alteración, por etimología popular, del ár. *al-ḫums* 'quinta parte de las tierras de los países conquistados' que se reservaba al Estado y éste la confiaba en forma permanente a ciertas familias, que por lo tanto gozaban de cierto bienestar[9]: no hay variante fonética que nos oriente en este sentido y la existencia de *algo* en la ac. 'riquezas, bienes' hace superflua esta hipótesis (no hay que pensar en que este *algo* sea arabismo, pues expresiones atenuadas del tipo de *he's got something* o *il a quelque chose* 'es rico' pertenecen al caudal común de todos los idiomas); el tratamiento fonético *al-ḥums* > *algo* sería inverosímil en cuanto al grupo final, e imposible en cuanto al traslado de acento. Por lo demás, no es ésta la única ac. en que *algo* se sustantivó, comp. *fazetle mucho algo* 'hacedle mucho honor, tratadle muy bien' en *Apol.* 177c. La misma expresión en el *Otas de Roma*, principio S. XIV: «sy me bien serviedes a mi guisa, yo vos faré mucho *algo* 'mucho bien', f° 91r° (ed. Baird, 138. 24). Sánchez Albornoz, *Cuadernos de Historia de España*, Buenos Aires, XVI (1951), 130-45, aporta datos y argumentos de valor en prueba de que *hidalgo* contiene ALIQUOD. Los nuevos argumentos y datos de Américo Castro en *Papeles de Son Armadans*, n.° 68, enero 1961, 9-21, acaban de corroborar el influjo semítico en la creación de *hijodalgo*, aunque ahora sólo en el sentido de la forma interna de lenguaje, exactamente en la misma forma en que lo tomaba yo (y retirando tácitamente su interpretación de *algo* como < *al-ḥums*); por otra parte llama la atención hacia la posibilidad de que influyera un modelo hebreo, sin precisar si sería lo árabe o lo hebreo el factor decisivo en este caso concreto: se nota que todos los casos que cita de *ben tovim* (literalmente 'hijo de bienes' > 'hombre noble') figuran en textos rabínicos cuya fecha y procedencia geográfica no precisa; luego por ahora ignoramos si salimos con esto del ambiente hispanoárabe.

Es indefendible la idea de F. Lázaro (*RFE* XXXI, 161-170) de hacer partir *hidalgo* de *FIDATICUM, a través del leonés.

Para el uso de *hijo* o *hija* en exclamaciones populares, vid. Krüger, *RFE* VIII, 322; tales expresiones llegan a fosilizarse resultando de ahí la exclamación americana *mi hijo*, contraída en *mijo* (*mija*), *mijito*, etc., en toda América del Sur, del Centro (Kany, *Sp.-Amer. Syntax*, p. 42), Cuba (Ortiz, *Ca.*, 126), etc.; en España se emplea el orden opuesto *hijo mío*, y así se ha formado en Huesca el diminutivo cariñoso *jamieta* (Navarro Tomás, *RFE* XII, 354n.).

DERIV. *Fi(y)ascu* 'entenado' ast. (V). *Hijastro* [Nebr.]. *Hijato* 'retoño'. *Hijezno* 'pollo de un pájaro', rioj. (*Aut.*). *Hijuco. Hijuelo. Hijuela* 'reguero pequeño' [Covarr.], 'fundo rústico que se forma por subdivisión de otro mayor', hoy usual en Chile y Oeste argentino[10] [*fijuela*, en doc. de Córdoba de 1251, M. P., *D. L.*, 340.9]; *hijuelar, hijuelación; hijuelero. Ahijar* [*afilgar*, doc. arag. de 1062,

Oelschl.; etc.]; *ahijado* [*afi-*, doc. de 1196]; ast. *fi(y)áu* (V); *ahijadero. Deshijar*, cub. (Ortiz, *Ca.*, 192). *Prohijar* [*porf-*, Berceo; *porfillar*, *Alex.* 1622c; *porhijar*, Nebr.; la forma *prohijar*, que es ya la de Oudin y Covarr., se debe al influjo de los cultismos en *pro-*], comp. port. *perfilhar; prohijación, prohijador, prohijamiento.* Cultismos: *afiliar* [S. XIX, *DHist.*], *afiliación; filiar* [*Aut.*], *filiación* [1455, BHisp. LVIII, 91; 1596, Fonseca]; *filial* [Santillana (C. C. Smith, BHisp. LXI; h. 1600, *Aut.*].

CPT. *Hidalgo* (V. arriba; de ahí fr. *hidalgo, indalgo*, desde Rabelais, etc.). *Ahijuna*[11], abreviación de *ah, hijo de una... Hideputa. Filicida*, formado con la terminación de *fratricida, parricida*, etc.; *filicidio.*

[1] Petrocchi cita como usuales en italiano *figlio dell'ubbidienza* «addetto a una disciplina», *figlio della fortuna, della luce, delle tenebre;* el diccionario portugués de Vieira da *filho da rebelião* 'rebelde', como frase de estilo bíblico.— [2] Para otros calcos del árabe, vid. AMANECER, CASAR, FRÍO, SALIR, SEÑOR, especialmente el último, que presenta gran analogía con nuestro caso. «Apodero en ella a vos los compradores como en *aver de nuestros averes* e *poder de nuestros poderes*», doc. de Córdoba de 1249 (M. P., *D. L.*, 339.13-14), «apodérol e métol en ello, que sea *aver de sus averes*», doc. de Cogolludo (Guadalajara), a. 1221 (M. P., *D. L.*, 274.33), arabismos sintácticos palmarios que muestran este influjo aun en el formulario notarial. Más, acerca del asunto, en Seifert, *VRom.* IV, 193-8, y en la nota citada de Semeleder.— [3] Otro temprano testimonio catalán en Cerverí de Girona (1272): *Lo bon rey d'Aragó / pare de prets, fill de do*, literalmente 'padre de Mérito, hijo de Dote', pero en realidad es casi lo mismo que 'personificación del Mérito y del Don Natural' (*Maldit Bendit*, v. 526), muy interesante porque podría tomarse como indicio de que *pare* se empleaba también, como el árabe *aba*, a modo de exponente personificador. Es verdad que al mismo tiempo juega con el vocablo, tomándolo como variante de *par* (en *los Doce Pares* y análogos) según muestra el cuento de sílabas.— [4] El port. jergal *filhos da noite* «gatunos, que de noite fazem roubos», dada su procedencia social preferiría considerarlo creación moderna de la jerigonza.— [5] Según Moraes, Juan de Barros emplea *filho da Índia* para el extranjero con bienes en este país.— [6] *Hidalgo* se empleaba también como término genérico que abarcaba a todos los que no eran villanos, sino libres de nacimiento, desde la familia real para abajo. Cuando se crearon los términos más estrictos de *infanzones* y *ricoshombres*, se tendió a reservar el vocablo antiguo en sentido estricto para los que no eran *más* que hidalgos. Pero D. Juan Manuel todavía admitía el uso antiguo, y como adjetivo, *hidalgo*, y su deri-

vado *hidalguía,* conservaron siempre el sentido de
'noble en general'. Según M. P. *hidalgos,* en su
sentido amplio, aparece ya, si bien disfrazado a
la latina, en doc. de 985 bajo la forma *filii bene
natorum.—* [7] Si esta interpretación le parece a M.
P. «menos expresiva», es porque toma *hijo* en su
sentido ordinario.— [8] *Word* I, 214. Y más desarrollado en su libro reciente *España en su Historia.—* [9] Por lo demás, según Dozy (*Suppl.* I,
404) el *'ibn al-ḥums* era «le paysan qui cultivait
les terres de l'État et qui donnait au trésor la
troisième partie des productions», es decir, más
bien el villano.— [10] Chaca, *Hist. de Tupungato,*
188, doc. de 1860.— [11] Muy vivo, como es sabido,
en América. En la Argentina se dice también
juepucha, etc. Ya en el Quijote *hideputa* aparece
como mera frase exclamativa sin intención in-
juriosa.

*Hila, hilacha, hilacho, hilachoso, hilada, hiladillo,
hiladizo, hilado, hilador, hilandería, hilandero, hilanderuelo, hilanza, hilar, hilaracha,* V. *hilo*

HILARIDAD, tomado del lat. *hĭlarĭtas, -atis,*
'alegría, buen humor', derivado de *hĭlăris* 'alegre';
por conducto del francés. *1.ª doc.:* Baralt, 1855
(ed. 1874), desaprueba como galicismo, recomen-
dando en su lugar *regocijo* o *risa;* admitido por
la Acad. en 1884.
En francés aparece desde h. 1400, y allí se desarrolló la ac. 'risa que excita en una reunión lo
que allí se ve o se oye', única usual en realidad.
Deriv. *Hilarante* [Acad. S. XX].

Hilarza, V. *alforza*

HILO, del lat. FĪLUM íd. *1.ª doc.:* S. XIII, ms.
bíblico escurialense I·j·8 (Oroz, n.º 469)[1].
A pesar de que no tengo otros datos de *hilo*
hasta Nebr. (y *filo* en APal., 12*b,* 81*d,* 142*d,* etc.),
fué indudablemente palabra de uso general desde
los orígenes del idioma, y se ha conservado en todos los romances. Por una causa difícil de precisar las formas con *f-* se mantuvieron más generales en la ac. traslaticia 'borde agudo de un instrumento cortante' [APal. 159*d*] (ajena al latín,
pero común a todos los romances de Occidente),
y el idioma aprovechó la circunstancia para distinguir por la forma entre *hilo* y *filo*[2]. Éste ha
recibido otras acs. secundarias, 'fiel de la balanza',
'instante preciso' (para las cuales V. *FIEL),* etc.[3]
También las tiene *hilo,* particularmente 'chorro
muy delgado'; de ahí *correr hilo a hilo las lágrimas* en *El Amante Liberal,* ed. Losada, p. 110;
gall. *a fío* 'de hilo en hilo' («choran *a fío* i enxoitan
os ollos» Castelao 163.3), pero *no filo en que* 'en
seguida que' («*no filo en que* os nosos ollos se
avistaban, desbalsábanse en bágoas», íd. 193.20).
Vco. vizc. *firu* 'hilo', b. nav. 'hebra', salac. *biro,
biru* en otras partes de Vizc., 'hilar' guip., de donde

quizá el verbo *irun:* vco. común para 'hilar'.
Deriv. *Hila,* procedente del antiguo plural FĪLA,
'hilera' ant. (Ercilla, Inca Garcilaso, Mariana; hoy
jila en Cuba, Ortiz, *Ca.,* 32); 'hebra de lienzo
usada para curar heridas', comúnmente en plural
[*Quijote* I, iii]; en uno de estos sentidos en *Repelón,* atribuído a J. del Encina, *RFE* XL, 168,
y en la última ac. aparece *filas* en inventarios arag.
de 1487 y 1497 (*VRom.* X, 154), pero es más antiguo *esfilas,* que aparece en 1403, 1498, y *effilas*
(quizá mal leído) en 1497 (*VRom.* X, 147): esta
forma se corresponde con el cat. *desfiles* íd. y se
explica mejor etimológicamente, pues las hilas son
pedazos de lienzo deshilachados; luego es probable que en cast. **eshilas* se convirtiese fonéticamente en **silas,* de donde *hilas* por deglutinación
tras el artículo plural. *Hilaza* [*filaça,* Aranceles
del S. XIII, *RFE* IX, 266; «*infule* eran *filazas* de
lana», APal. 213*d*], con su duplicado mozárabe
hilacha [en este sentido tiene razón L. Tamarid,
1585, al atribuirle procedencia árabe; *filách* 'hila-
zas para herida', PAlc., es el plural de un nombre
de unidad *filácha*]; *hilacho; hilachoso; deshilachar,*
ast. *esfilachar* (V); *hilaracha* [Quevedo]. *Hilada.
Filandrada* ast. (V) «jarta» [?, 'sarta'?]. *Hilera*
[1552, Calvete]; *hilero. Gall. fieira de cera* 'rollo
de cerilla' (Sarm. *CaG.* 220*r*). *Hileña,* ant. *Hi-
lete. Hilar* [*filar, Conde Luc.,* 267.13; no es claro
el sentido en Berceo, *Duelo,* 621*d,* y acaso se trate
de otra palabra], del lat. tardío FĪLARE íd., derivado común a todos los romances de Occidente;
fila ast. 'reunión de mujeres por la noche, para
hilar' (V; en el Oeste asturiano *filazón); hilado*
[*filato,* doc. de 1050, Oelschl.; *filado, Alex.,* 2334],
hiladillo, rehiladillo; hiladizo, con su duplicado
arag. *feladiz* 'trencilla', y *filadiz* [*Aut.*], *desfiladiz,*
quizá catalanismos murcianos; *hilador; hilandero,
-a* [*filandera,* APal. 155*d*]; *hilanderuelo; hilandería; hilanza. Hilatura* [*filatura,* Acad. 1884, no 1843;
castellanizado recientemente en *hil-*], del cat. *filatura* [ya Labernia ed. 1888, no 1839], que puede
ser formación autóctona, derivada de *filat* 'hilado',
'red' [S. XIII], o más bien tomado del it. *filatura*
[ya en unos estatutos de los SS. XIV-XVI].
Ahilar 'ir uno tras otro formando hilera', *ahilar-
se* 'irse' cubano (*ajilarse* y *ajila* 'afuera, que se
vaya', Fernando Ortiz, *Cauauro,* 240; quizá *filar*
en este sentido en el pasaje citado de Berceo);
ahilado; ahilamiento. Deshilar [«*d. lo texido*»,
Nebr.]; *deshilachar* [Nebr.]. *Enhilar* [«ad filum
dirigo», Nebr.]. *Sobrehilar; sobrehilado; sobrehila.
Afilar* 'sacar filo', *afilarse* 'adelgazarse' [med.
S. XIII, *Alex.* 606*d;* Cuervo, *Dicc.* I, 236-7]; *afi-
ladera; afilado; afilador; afiladura; afilamiento;
afilón.*
Filoso 'afilado, que tiene filo, que corta mucho',
rioplat.[4], centroamericano; *filosa* 'espada', gnía.
[1609, J. Hidalgo]. *Fila* 'hilera' [1428, traducción
de la *Commedia* atrib. a Villena[5]; 1702, Cienfue-
gos], tomado probablemente, como término militar,

del fr. *file* [S. XV], vid. *FEW* III, 536a, 539b; dada la fecha de aparición es menos probable que sea italianismo; comp. más arriba *hila*⁶. *Filamento* [*Aut.*], tomado del lat. *filamentum*; *filamentoso*. *Filandón*, ast., leon. *Filandria* [Covarr.], tomado del fr. *filandre* íd., antiguamente (SS. XV-XVI) 'cordel', alteración del dialectal *filande*, derivado de *filer* 'hilar'. *Filar* gnía. 'cortar sutilmente' [1609], náut. 'arriar progresivamente un cable'. *Filástica* [*filáciga*, Oudin, Lope; *filástica*, 1696, *Vocab. Marít. de Sevilla*], probablemente debido a un cruce del mozár. *filacha* (vid. arriba *hilacha*) con *ALMÁCIGA* (variante *almástica*), pues la filástica se emplea para reparar y aforrar cabos, tal como la almáciga para reparar y proteger cristales; el cruce se produciría en la costa Sur de España o de Portugal (port. *filástica*, Moraes), de donde el vocablo pasaría al cat. mod. *filàstica* (*BDC* IV, 104; XII, 36; el *Diz. di Mar.* niega que el vocablo sea usual en italiano). *Filera* (comp. *FILARETE*). *Filete* 'lista fina que sirve de adorno o forma parte de una moldura' [1580, *BHisp.* LVIII, 360; 1633, Lz. de Arenas, p. 36; 1640, Colmenares; pero *filetón* ya en Sigüenza, 1600], probablemente tomado del it. *filetto*, de donde procederá también el fr. *filet* [1690], contra la opinión de *FEW* III, 527b; 'solomillo' [Monlau, † 1871; falta Acad. 1843], del fr. *filet*, que según Schuchardt (*BhZRPh.* VI, 52) significó antes 'espaldar del animal' y primitivamente 'médula'; 'asador delgado' [1560, M. Montiño]; *filetear*; *filetón*. *Filiera*, del fr. *filière*. *Filón* [h. 1800, Jovellanos; Acad. 1869, no 1817], del fr. *filon* íd. *Filopos* [1582, Argote], término de montería, probablemente de origen leonés.

Desfilar [1684, Solís], del fr. *défiler*; *desfiladero* [Acad. 1817]; *desfile* [Acad. 1843, no 1817]. *Enfilar* 'ensartar' [1605, *P. Justina*], 'poner en fila' [*Aut.*], del fr. *enfiler* [S. XIII: *FEW* III, 528b]; ast. 'enhebrar', 'fruncir' (V); *enfilado*; *desenfilar*; gall. *enfiar* («con tal de non *enfiaren* camiños descoñecidos» Castelao 260.19). *Perfil* [«liniamentum», Nebr.; 1633, Lz. de Arenas, p. 3], tomado de oc. ant. *perfil* 'dobladillo', de donde 'contorno de un objeto', derivado de oc. *perfilar* 'dobladillar' (*FEW* III, 530b); *perfilar* [«linio», Nebr.], *perfiladura*; *perfila* arag. ant. [1469, *BRAE* IX]. *De refilón* 'de soslayo' [Acad. ya 1843, no 1817]⁷, derivado de *filo*.

CPT. *Hilvanar* [Oudin: «pourfiler, entrelasser, fauxfiler»], derivado parasintético de *hilo vano*, en el sentido de 'ralo, distanciado'; *hilván* [Oudin]; la forma dialectal *filván*, con el sentido de 'rebaba sutil que queda en el corte de una herramienta recién afilada'. *Filderretor* [1680], del cat. *fil de rector* 'hilo de cura' (= para los curas)'. *Filiforme*. *Filigrana* [1488, *N. Recopil.* V, xxiv, 2], tomado del it. *filigrana* (o *filag-*, *filog-*), compuesto con *grano*, que en italiano se emplea como término de orfebrería para pequeñas partículas de metales; *afiligranar*; *afiligranado*. *Filipéndula* [1555], comp.

culto con el lat. *pendulus* 'colgante'. *Filoseda*.

Retahila [*Aut.*; Cej. V, § 98]; el primer componente es dudoso: quizá se trate de un cultismo sacado del plural *recta fila* 'hileras rectas'; o bien de una variante del prefijo popular *rete-* (*retebién*, etc.), con igualación de la vocal final de los dos componentes (comp. el ant. *hila* 'hilera'). Asturiano *retafilar* «perorar, hablar mucho» (G. Oliveros, 54) es derivado de *retafila* (Rato, Canellada) = *retahila*, y no a la inversa (el étimo RECTE FILARE de *GdDD* 2777 es completamente improbable).

¹ *Hilos* traduciendo el lat. *funiculi* 'cordoncillos'.— ² Ya Nebr. «hilo: filum», «filo de cuchillo: acies ferri, acumen». Ejs. de Rojas Zorrilla, en la ed. de *Cada qual lo que le toca* por A. Castro, nota al v. 342. Pero todavía Rob. de Nola (1525) escribe *hilo de la navaja* (p. 20).— ³ En la Argentina significa, por comparación de forma, 'línea de cumbre o cresta de una montaña': José F. Finó, *La Prensa*, 25-II-1940; ibid. 6-IV-1941; Justo P. Sáenz, ibid., 6-VII-1941; comp. *fil* en los Alpes en el mismo sentido (vid. Planta-Schorta, *Rät. Namenbuch*, en los valles de Mesocco y Calanca; también un *Sum Fil* en Disentis). En aquel país es 'novio' y 'novia' antes de ser prometidos, ac. en que debe considerarse postverbal de *afilar* 'pelar la pava, cortejar', donde se trata de una comparación con la paciente labor del que da corte a un instrumento; comp. el mejic. *filo* 'hambre' (Spitzer, *BhZRPh.* LXVIII, 319), cuya raíz semántica se hallará en la comparación *delgado como un hilo*, *ahilado*.— ⁴ *Filosa cortadera*, en Ascasubi, *S. Vega*, v. 321; llega a significar 'peligroso' (*en el lance más filoso*, O. di Lullo, *Canc. de Santiago*, p. 265).— ⁵ Inf. 5.16, traduciendo a *riga* it. Hay ya un ejemplo de *fila* en *Castigos e documentos del Rey D. Sancho*, BAE, t. 51, p. 100b59, pero el contexto en que aparece y la calidad de esta edición, hacen que haya que tomar esta documentación con bastantes reservas.— ⁶ En las acs. aragonesas 'unidad de medida para apreciar la cantidad de agua que llevan las acequias', y 'pieza de madera', es forma autóctona; para la última, comp. langued. *fila*, *FEW* III, 538a. No está averiguada la explicación semántica de la ac. familiar 'tirria'; para la jergal 'aspecto', 'cara, rostro', perteneciente a la jerga mejicana, española, al catalán familiar y al gitano español, comp. port. jergal *felha* (Wagner, *ZRPh.* XXXIX, 534); parece derivado de *filar* 'observar con cuidado', antes 'cortar sutilmente' [J. Hidalgo, 1609], vid. Wagner, *Misc. Coelho*, 306.— ⁷ Hoy de uso frecuente en la Argentina; ya en Ascasubi, *S. Vega*, v. 3584. *Refilar* se emplea allí mismo para una operación de acabado que se practica con los libros.

HILOMORFISMO, compuesto culto del gr. ὕλη 'materia' y μορφή 'forma'. 1.ª doc.: Acad. 1925 o 1936.

Hilván, hilvanar, V. *hilo*

HIMENEO, tomado del lat. *hymenaeus* 'epitalamio, canto nupcial', 'bodas', y éste del gr. ὑμέναιος íd. y 'dios del himeneo', derivado de Ὑμήν íd. *1.ª doc.*: 1610, Góngora (ed. Foulché I, 438); 1627, Pellicer.

Los especialistas no están de acuerdo acerca de si *Hymen* en este sentido es la misma palabra que ὑμήν, -ένος 'membrana' (de donde lat. *hymen, -ĕnis*, y de ahí el cast. *himen* 'repliegue membranoso que reduce el orificio de la vagina virginal'), o es palabra independiente relacionada con el sentido de ὑμνος 'himno'.

CPT. *Himenóptero*, compuesto culto de ὑμήν 'membrana' y πτερόν 'ala'.

HIMNO, tomado del lat. *hymnus* y éste del gr. ὑμνος íd. *1.ª doc.*: (*h*)*imno*, Berceo.

También APal. 545*b*; frecuente desde el Siglo de Oro.

DERIV. *Himnario*.

Himplar, V. *hipar*   *Hin*, V. *relinchar*

HINCAR, del lat. vg. *FĪGĬCARE, derivado del lat. FĪGĔRE 'clavar, hincar', 'fijar, sujetar'. *1.ª doc.*: *ficar*, 2.ª mitad del S. X, Glosas Silenses, 66¹; *fincar*, Cid.

Ya en la época imperial debió de cambiarse el latino vulgar *FĪGĬCARE en *FĪCCARE, con síncopa muy temprana, gracias al parecido de las dos consonantes G y C. La variante castellana *ficar*, que aparece también en doc. riojano de 1044 (M. P., *D. L.*, 71), y en otros de la época arcaica (Oelschl.), no es ajena al *Cid* ni a Berceo (*S. Lor.*, 16*a*; *ficança, Mil.*, 18*b*), pero aparece sobre todo en textos leoneses² y aragoneses³. Lo cual está de acuerdo con el hecho de que ésta es también la forma más usada en portugués, y de que el catalán y la lengua de Oc⁴ no conocen otra forma que *ficar*, de acuerdo con los demás romances (fr. *ficher*, engad. *ficher*, it. *ficcare*). Es de notar que el portugués y el gallego, aunque hay algún ej. contradictorio en la Edad Media, distinguen entre *ficar* 'permanecer' («F. *fica* sentada» Castelao 283.13) y *fincar* 'clavar, hincar', pero el asturiano emplea *fincar* con ambas acs. (V). Aunque el castellano mostró propensión desde antiguo a generalizar la variante con *n*, es posible que la tendencia a una distinción semejante a la portuguesa existiera en germen en el habla de Castilla; por lo menos es notable que la gran mayoría de los ejs. de *ficar* corresponden a la ac. intransitiva 'permanecer': el manuscrito leonés del *Alex.* distingue entre *ficar* 'permanecer' (461, 1388, *ficança* 'estancia' 885) y *fincar ojo* 'clavar la vista' (1008, 1223), Berceo también opone *ficar* 'quedarse' (*S. Lor.*, 16*a*; *Mil.*, 18*b*) a *fincar los ynojos* (*Mil.*, 77*a*, 489*b*, 814*b*), *fincar tu rodiella* (*Mil.*, 166*a*), aunque no falta en ambos textos algún ej. de *fincar* 'quedarse', pero ni en ellos ni en otros posteriores⁵ los conozco de un cast. *ficar* 'clavar', y los dos casos aragoneses citados tienen también la ac. 'permanecer'. Esto parece sugerir que existe un nexo entre la *n* y el sentido del vocablo, lo cual sería importante, pues la génesis de esta consonante está todavía inexplicada⁶; ahora bien, este nexo sólo podría consistir en la contaminación de otro vocablo semejante que significase algo análogo a la idea de 'clavar'. Este vocablo existe hoy en Asturias: *finsar* 'amojonar', *finsu* 'hito, mojón'⁷, procedentes por vía semiculta de FIXUS 'clavado', FIXARE 'clavar', con tratamiento del grupo CS como *ns* (o *ls* en el vizcaíno *jilso*), igual al de *epilensia* y *epiléntico* (más ejs. análogos en GUISANTE); ahora bien, este vocablo hubo de existir, según indiqué s. v. FIJAR, ya en los SS. X-XIII, y entonces actuaría sobre *ficar* convirtiendo *ficar un finso* en *fincar un finso*: como es lógico, el influjo afectó sobre todo la ac. 'clavar' y se extendió poco a *ficar* en el sentido de 'permanecer', que ya quedaba distanciado ideológicamente.

Leo Spitzer, *MLN* LXXI, 383, aun cuando le parece ciertamente importante, en relación con la explicación de la *n*, mi observación sobre la vieja distinción semántica entre *ficar* y *fincar*, duda de que sea el influjo del ast. *finsar* el responsable de esta alteración: sería extraña la influencia de un vocablo de área tan limitada, y la *n* de *finsar* (= lat. *fixare*) estaría también necesitada de explicación, por no haber paralelos verdaderos de la evolución fonética que he admitido. En realidad, mi explicación fonética de *finsar* es indiscutible y no se trata de nada peculiar al asturiano, pues se pueden citar muchos más ejs. de evoluciones de este tipo en adaptaciones vulgares de cultismos, en todas las regiones y países de lengua castellana, aunque no acuden ahora a mi memoria, aparte de los que ya reproduce Spitzer, más que *Lepanto*, del gr. mod. *Nafpakto*, and. linda LEVĬTA (vid. *LEVE*), ast. *pindal*, de *pibdal* (vid. *PEPITA*); hay también, desde luego, casos de *x* > *ns* como los hay de *ps* > *ns* (*epilensia, ansoluto*), y en general se trata de algo muy frecuente en el habla vulgar de todas las épocas⁸. En cuanto a la limitación geográfica de *finsar*, tampoco es esto exacto, puesto que según ya he indicado en mi artículo el vocablo se extiende hoy (y primitivamente pudo extenderse mucho más) desde Asturias hasta Vizcaya, pasando por Santander, aunque en estas regiones se halle asimismo (si bien no únicamente creo) la variante (*h*)*ilso*. Michelena, *BSVAP* XI, 294, comunica que el vizcaíno *ylso* 'mojón' ya se documenta en 1507; y llama la atención hacia el vasco *bel*(*h*)*aurikatu* 'hincar las rodillas', que contiene *ikatu* = románico *ficado*, por el cual se ve que la forma sin *n* sería también la propia de la ac. 'doblar (las rodillas)' (naturalmente exenta, también, del influjo de *finsar*). En cuanto a la sugestión de Spitzer de explicar la *n* de *hincar* por influjo de *plantar* o *fundar*, es por cierto muy poco atrayente, dado el aspecto radicalmente distinto de esos vocablos y su significado más alejado que el de *finsar* (*en eso funda el punto*... ni es «español standard» ni se emplea «en ansoluto», expresión que sí podrá Leo Spitzer oír a cualquier madrileño de cepa).

En toda América o en gran parte de ella[9] se ha abreviado la locución *hincarse de rodillas* en *hincarse*, y algo parecido ha ocurrido en el habla popular de ciertas regiones de España, por lo menos en el Oeste y el Sur[10]. Un último resto del arcaico *fincar* 'permanecer', debido al lenguaje curial, debemos ver en la locución *aquí finca el punto* 'en esto consiste' citada por *Aut.*, que ha dejado huellas en varios países americanos[11]. Cej. VIII, § 30.

DERIV. *Hincada* 'acto de lastimarse con un objeto punzante', 'permanencia de rodillas', cub. (*Ca.*, 228). *Hincadura*. *Hinco*. *Hincón*. *Hinque*. *Ahincar* [*af*-: Berceo, *Mil.*, RFE XL, 168; 1251, *Calila*, 22.154; «*ahincar a otro*: insto; insisto», Nebr.]; *ahincado*; *ahinco* [*afinco*, 1438, Juan de Mena; vid. Cuervo, *Dicc.* I, 279].

De *fincar*, sentido antiguo 'permanecer, quedar', deriva, en calidad de arcaísmo jurídico, *finca*: a la ac. moderna 'propiedad inmueble, rústica o urbana' [Acad. ya 1817, no 1783; 1822, L. Fz. de Moratín, *O. Póst.* II, 437] parece haberse llegado desde la idea de 'saldo que queda por pagar de una deuda o lo que queda después de pagarla' [Covarr.; Oudin], de donde 'suma de dinero', luego 'capital del que se saca una renta', 'heredad que produce rentas' y finalmente 'propiedad inmueble'[12]; *fincar* o *fincarse* o *afincarse* 'adquirir fincas'; gall. *afincarse* 'arrimarse' («non te *afinques* a esa pared», Sarm. *CaG.* 228v); *fincabilidad* 'caudal inmueble'; *finquero*.

Ficha [Acad. ya 1817; Cej. VIII, § 19], del fr. *fiche* 'estaca, taco', 'ficha', derivado de *ficher* 'clavar'[13]; *fichar*; *fichador*; *fichero*.

CPT. *Hincapié* [1615, *Quijote*].

[1] En las Emilianenses, 132, *ficatore* traduce a *testimonium*. ¿Errata por *fidatore*? O ¿tuvo *ficar* el sentido de 'dar fianza', partiendo del de 'sujetar', tal como FIRMARE (comp. *ferme* 'fiador' en docs. antiguos, cat. *fermança* 'fianza')? Esto último parece probable en vista del port. *ficar* «afiançar» (Moraes).— [2] Docs. de 1236, 1246, 1252, 1260 y 1291: Staaff, 15.27, 29.20, 39.16, 54.19, 72.38, y p. 252. *Alex.*, 461, 1388.— [3] Fueros publ. por Tilander, § 240.6; RF XXIII, 251.— [4] Contra lo que supone Wartburg, FEW III, 511, pero se apoya exclusivamente en dos formas sin valor. El lemos. *s'afincar*, como no lleva abreviatura, debe haberlo sacado de Laborde, cuyo diccionario se basa en las obras del poeta Roux, que escribía una especie de lengua literaria artificial, de su invención; en cuanto al langued. (Hérault)

s'afincha 's'appliquer à', su *ch* es inconciliable con FĪGICARE: debe de ser FIXARE.— [5] *Fincar* 'quedarse' se halla en *Fn. Gonz.* 138, 171; *Yúçuf* A 16d; J. Ruiz, 39e, etc.; *Conde Luc.*, 6.27; *Alf. XI*, 47, 1854; Sem Tob, 74; *S. Ildefonso*, 50; *Danza de la Muerte*, 463; pero ya estaba anticuado en el S. XV, pues el escriba que copió la *Crón. Gral.* para el Marqués de Santillana cambió *por traydor fincasse* en *traidor fuesse* (M. P., *Infantes de Lara*, 232.11). Lo mismo que en portugués, llega ocasionalmente a la ac. transitiva 'dejar' (Sem Tob, 3).— [6] A causa de ella proponía M. P. (*Cid*, p. 694) un étimo *FICTICARE, al cual renunció posteriormente (*Manual*, § 69.2). En efecto, poco adelantamos así en la explicación de la *n*, y por otra parte esta base sólo podría explicar en rigor la forma castellana, portuguesa y francesa, pero de ninguna manera se amoldaría a la fonética del italiano, la lengua de Oc ni el catalán. En *AILC* I, 171-2, propuse admitir que en el momento de la síncopa, en latín vulgar, se produjese una diferenciación *FIGCARE > *FINCARE, diferenciación determinada por el deseo de conservar la G, a causa del influjo del lat. FIGERE. Pero la explicación que doy arriba es más simple y convincente.— [7] «*Ería*: terreno *finsado* en el interior, dividido en parcelas», «*Leira*: heredad labrantía de pequeña extensión, cerrada o *finsada*», «*Acotar*: ye poner *finsos*, marques pa distinguir lo propio de lo ayeno», Rato (más ejs. s. v. *acutase* y *fitu*). *Finsu* 'mojón' en Colunga (B. Vigón).— [8] A los casos que cito s. vv. GUISANTE y FIJO, agréguese Alquézar *canso* 'ojo de aguja de coser' (Arnal C.) = oc. *caus*, cat. *cos* íd., CAPSUS.— [9] Por lo menos en la Arg., Chile, Colombia y Cuba (Ortiz, *Ca.*, 228). En Mendoza se emplea también transitivamente: *el maestro lo hincó, tuvo hincado al niño media hora*.— [10] *Fincarse* 'arrodillarse' en el Bierzo (Fz. Morales). Cuervo, *Ap.*, § 564, cita un ej. andaluz y otro en Pérez Galdós, que era de Canarias. V. también Amunátegui, *BRAE* VIII, 393, que además alude vagamente a ejs. clásicos. Por otra parte *hincar* toma en la Arg. el sentido de 'fornicar' (*BDHA* III, 87).— [11] Es común en Mendoza en la lengua escrita en la ac. 'residir, estribar, consistir': «en ello *fincaba* su orgullo de hombre guapo», «su inteligencia... sólo *finca* en el instinto» (Montagne, *Cuentos Cuyanos*, 55, 76); a veces transitivamente 'hacer consistir' o 'fundar': «en esa realidad *fincan* sus elementos de lucha los defensores...» (editorial de *Los Andes*, 20-XI-1940). En Colombia 'estribar, consistir' (Malaret, Tascón). En el Ecuador «poner, colocar; hacer consistir» (Mateus).— [12] He aquí la documentación: a) «*fincar* por quedar alguna cosa de alcance [= 'saldo de una deuda'], y *finca* el mismo alcance», Covarr. (s. v. *fin*); *finca* «debito», *fincar* «rimaner debitore doppo haver fatto i conti», Franciosini; b) «*finca*: fonds d'argent, une grosse somme de de-

niers», Oudin; c) «*finca de renta:* fonds et assig-
natio**n** de rente, portion», Oudin; «le fonds où
on a placé son capital» en Ruiz de Alarcón:
«Tres mil ducados de renta / en juros de buena
finca, / si no me dan altas pompas / me dan des-
cansada vida»; «el efecto o situación en que uno
tiene derecho de cobrar su renta, o alguna cantidad determinada: *más segura es la situación del
socorro del mendigo, más constante su* finca:
*tiene el pobre su hacienda en los tesoros de la
Providencia de Dios, su finca es graduada por la
Contaduría de la Charidad,* Quevedo; *la exhor-
taba a que, entregada a la culpa por un vil sustento, hiciesse de su cuerpo la más infame finca
de su deshonra,* Martínez de la Parra», *Aut.;*
«*finca de renta: assegnazione* d'entrata», Franciosini; «*finca:* el fondo para alguna renta, V. *fondo, hipoteca: ésta es la* finca *de toda su renta*»,
Terr.; d) «*finca:* heredad o posesión en que alguno tiene derecho de cobrar su renta o alguna
cantidad determinada», Acad. 1843. La ac. moderna 'inmueble en general' no aparece hasta ediciones posteriores de la Acad. (ya 1884), y aunque en Moratín se trata ya de un inmueble rústico, puede tratarse de esta ac. o de la ac. *d* (vid.
el dicc. de Ruiz Morcuende). De la ac. *c* procede
el logud. y campid. *finca* 'impuesto, hipoteca',
fincare 'imponer contribuciones' (Wagner, *RFE*
IX, 228), comp. la frase irónica *¡buena finca!*
'buena hipoteca', ya citada por *Aut.* También es
castellanismo el cat. mod. *finca* 'propiedad rústica'. En San Juan (Arg.) significa «predio donde
hay potreros de pastoreo y de siembra, tierra de
chacras, quintas de frutales y viñedos» (Borcosque, *Puque*, p. 100).— [13] Nótese la frase irónica
¡buena ficha!, p. ej.: «Usted se olvida de los perros cimarrones y de las yeguas alzadas: *¡buenas
fichas!*», en el arg. E. Wernicke, *La Prensa de
B. A.*, 13-VIII-1941.

HINCHAR, del lat. ĬNFLARE 'soplar dentro de
algo', 'hinchar', derivado de FLARE 'soplar'. *1.ª
doc.:* inchado, Berceo, en *Milagros*, 428; *S. Millán*, 126; *finchado*, Juan Ruiz, 97*d*, 98*b*, 242*b*,
1233*a*[1].

El moderno *hinchar*, con *h*, aparece también en
APal. 512*b* (junto a *finchazón*, 20*d*, 23*b*, 48*b*), y
en Nebr., autor que sólo admitía la *h* cuando se
pronunciaba aspirada. Es palabra de uso frecuente
en todas las épocas. La aspiración inicial se explica por una metátesis de la *h* procedente de F,
en la fecha preliteraria en que el vocablo se pronunciaba *inh̬láre* (con *l̬* sorda), de donde *hin-
láre* > *hinchar*; el mismo fenómeno observamos
en el aran. *holá* 'hinchar', metátesis de *on(h)lá*
(= oc. ant. *inflar*, *unflar* INFLARE), y comp. lo ocurrido con *HALLAR* (y el influjo ejercido por
hinchar sobre *henchir* IMPLERE)[2]; V. el artículo
citado para la explicación inadmisible de Malkiel.
ĬNFLARE se ha conservado en todos los romances.

El duplicado culto *inflar* se documenta desde Mena
(C. C. Smith, *BHisp.* LXI), 1499 (Comendador
Griego) y en *Aut.* Cej. VI, § 28.

DERIV. *Hincha* fam. 'odio, encono, enemistad'[3],
comp. port. *encha* 'enemistad' (Cortesão). *Hinchado. Hinchamiento. Hinchazón* [*f-*, APal., vid. arri-
ba]; en Asturias *hinchor* (Vigón). *Deshinchar*
[Nebr.]; secundariamente *esfinchar* 'desahogar el
coraje o la ira' en Cespedosa (*RFE* XV, 114).
Inflación [*Corbacho* (C. C. Smith)]. *Inflamiento.
Inflativo. Conflación*, derivado del lat. *conflare*
'hinchar, henchir', otro derivado de *flare*; *conflátil*.
Sabido es el gran desarrollo y popularidad de
CONFLARE en francés y occitano antiguos y modernos (*gonfler*, etc.), incluyendo un adj. postverbal
gonfle, ant. y dialectalmente *confles* (con *-s* como
sujeto): de ahí el préstamo gall. NE. *confres* «mustio, solo, triste, quieto» (*Pedro está confres*, Viveiro, Sarm. *CaG.* 121*r*); la ac. figurada 'triste' en
confle o *gonfle* se registra hoy en Marsella, Grenoble y bastantes lugares más, *FEW* II, 1041*a*.

[1] En este último pasaje el ms. *G* (que no trae
los otros versos) trae *inchado*.— [2] Los port. *y*
gall. *inchar, achar*, comprueban' que en castellano
se trata de la fácil metátesis de la *h* aspirada,
y no del cruce con una palabra con F-. En gallegoportugués, en efecto, no ha habido formas
con *f-* ni, claro está, con aspiración. Naturalmente que en castellano anticuado los que preferían las pronunciaciones artificiales del tipo
fazer, fava, foja, también pronunciaban con *f*
labiodental *fallar* y *finchado*, formas que se han
salvado hasta hoy en alguna acepción especial.
Finchado, quizá propagado desde la novela de
caballerías, sigue empleándose familiarmente en
el sentido de 'ridículamente engreído'.— [3] «El alguacil gritaba como un descosido, viendo que la
mozuela le había dado entre ceja y ceja con la del
martes; y tomó la *hincha* con ella…», *Cuento de
Cuentos*, Quevedo, ed. *Cl. C.* IV, 183; otro ej.
análogo de Quevedo en *Aut.* En la Arg., *hincha*
m. ha tomado la ac. 'partidario de un club de-
portivo, que hace manifestaciones entusiastas durante un acto de este tipo' (ingl. *fan*). La raíz
en ambos casos puede ser común: 'idea fija'.
Del castellano vienen el mall. *dur-se inxes* 'tenerse rabia' (*BDLC* XI, 301), rosell. *inxe* 'astuto, uno que la sabe larga' (Saisset, *Perpinyanenques*, p. 76 y Glosario).

Hinchi, V. *hinchar*   *Hiniesta*, V. *retama*
Hiniestra, V. *ventana*   *Hinnible*, V. *relinchar*

HINOJO I, 'planta umbelífera', del lat. tardío
FENŬCŬLUM (lat. FENICULUM) íd., diminutivo de FE-
NUM 'heno'. *1.ª doc.: finojo*, h. 1400, Glos. de
Palacio (p. 245); el derivado *Finojosa* aparece ya
en doc. de 1148, y *Fenojosa* en Berceo (Oelschl.).
FENUCULUM se halla en textos latinos desde el
S. III, y es la forma que ha sobrevivido en ro-

mance; se registran descendientes en todos los romances de Occidente. En castellano el representante regular habría sido *henojo*, variante conservada solamente en el derivado que figura en Berceo, y que hoy se oye en Méjico, según Ramos Duarte en el Estado de Guerrero. Por lo demás hallamos *finojo* en APal. (104*b*, 295*d*), hoy *finóžo* entre los judíos de Marruecos (*BRAE* XV, 190), *hinojo* en Nebr., G. A. de Herrera, Laguna, etc.[1] Con cambio de *f-* en θ-, tenemos *cinojo* en varias localidades del Oeste de Cáceres (Espinosa, *Arc. Dial.*, 20), *cenoyu* en Asturias (R, V), pero *jenoyu* en Ribadesella (V), gall. *fiuncho* (Sarm., *CaG.* 94*v*), *cenollet* en la Litera (Coll). La *i* anómala se explica por un fenómeno de atracción paronímica («télescopage»), ejercida por el antiguo *(h)inojo* 'rodilla', en el cual la *i* era normal, debida al influjo de la palatal precedente G- (comp. cat. dial. *ginoll*, oc. dial. *ginolh*, *dinolh*, y el caso paralelo del port. *irmão* GERMANUS): los resultados fonéticos normales de FENUCULUM y GENUCULUM, respectivamente *(h)enojo* e *inojo* ∽ *enojo*, eran muy parecidos y hubo tendencia a confundirlos del todo; apareció la variante con *i* en el nombre de planta, y la variante con *h* aspirada en el sinónimo de *rodilla* (V. el artículo siguiente): el resultado de esta confusión y de los equívocos resultantes fué la decadencia y al fin el olvido completo del segundo vocablo, pronto reemplazado por *rodilla*[2]. Este accidente puede citarse como una buena confirmación del carácter aspirado y evanescente que, conforme a los estudios de M. P., hubo de tener la F- latina en castellano desde los orígenes del idioma: dos vocablos sólo distinguidos por consonante tan débil y vacilante no podían coexistir en castellano, mientras vivieron juntamente en todos los demás romances. Ignoro la explicación semántica del arag. ant. *fenollo*, nombre de una medida, en inventario de 1365 (*BRAE* IV, 344); más bien corresponderá al artículo siguiente.

DERIV. *Hinojal. Hinojosa.*

[1] Vco. *meilu*, de donde *mehula*, *miilu*, *mieloi*, *mierlu*.— [2] Reuní ejs. parecidos de atracción paronímica en *AILC* I, 169. Testimonio elocuente de la confusión entre los dos vocablos es la glosa «*poples*: maratrum» del Glosario de Palacio (p. 268), donde *poples* 'jarrete' o 'rodilla' está traducido por un vocablo latino equivalente de *fenuculum*.

HINOJO II, 'rodilla', ant., del lat. vg. GENŪCŬ̆LUM, diminutivo de GENU íd. *1.ª doc.*: *inojo*, Cid.

Es vocablo de uso frecuente en toda la Edad Media, y todavía Juan de Valdés en el segundo cuarto del S. XVI no lo considera totalmente anticuado: «por lo que algunos dizen *inojos* o *hinojos*, yo digo *rodillas*, no embargante que se puede dezir el uno y el otro» (*Diál. de la L.*, 111.12); *finojos* e *hinojos* figuran en la jerga ca-

balleresca del *Quijote*, y autores arcaizantes de la época (Mariana, Inca Garcilaso) emplean como propia la última forma; claro está que *Aut.* advierte «ya no tiene mucho uso», pero en realidad el vocablo había entrado en franca decadencia desde mucho antes, y ya Nebr. aclara «*inojos* o *rodillas:* genu». Por lo demás, lo hallamos con frecuencia en toda la Edad Media, en Berceo, *Alex.*, J. Ruiz, J. Manuel, *Rim. de Palacio* (24), etc. Algo más sobrevivió la locución adverbial *de hinojos*, pero ya Pedro Espinosa (1625) la coloca entre las frases «vulgares y mal sonantes» (*Obras*, p. 196, línea 18); en Aragón, gracias a la evolución fonética dialectal, ha podido persistir el vocablo hasta la actualidad: *chinollo* o *chinullo*, en Ansó, Echo y Sierra de Guara (*RLiR* XI, 22-23). Cat. *genoll*, propiamente *jonoll*, gall.-port. ant. *geolho*, hoy port. *joelho*, gall. *xionllo* (Castelao 131.10, 219.23), pero el verbo es *ajoelhar-se*, gall. *axoenllarse* (íd. 53.28). Más documentación y consideraciones fonéticas en Malkiel, *RLiR* XVIII, 185-191.

La evolución fonética normal del lat. GENUCULUM conducía a *enojo*, variante que se halla en Berceo, *Mil.* 77*b*, 655, 814*b* (ms. *I*); en forma más dialectal *jenojo*, *Alex.* 103, *genollo* en los Fueros de Aragón (Tilander, p. 430)[1]. Pero junto a esta forma con *e*, el influjo de la palatal precedente dió lugar a la variante *inojo*, que es la dominante de buen principio; y por otra parte la atracción paronímica descrita en el artículo precedente fué causa de que el vocablo tomase una *h*- aspirada (o eventualmente *f*-) que no le correspondía etimológicamente a él, sino a su homónimo, nombre de planta: así *finojo* en las *Partidas*, *Fn. Gonz.*, *Canc.* de Baena (ejs. en Castro, *Glos. Lat.-Esp.*, p. 268), en Juan Ruiz (410; *finojar* 'arrodillar', 242*b*), etc., *hinojo* con *h* aspirada admitido como posible por Juan de Valdés.

En los *Fueros de Aragón* (Tilander, p. 430; § 71. 1) y en otros textos legales aragoneses (Du C., s. v. *genullum*), *genollo* aparece con el sentido de 'linaje', 'raza', 'familia', que no debe mirarse como derivado del lat. GENUS íd., o del gr. γένος, según hacen Du C. y Tilander; *genouil* existió con el sentido de 'generación', 'grado de generación', en francés antiguo, vid. Du C. s. v. *genuculum* II, y el vocablo latino correspondiente (-*uculum*, -*iculum*) aparece con el mismo sentido, no sólo en textos de Francia, Inglaterra y Alemania, sino también de Italia («parentela usque in septimum *geniculum* numeretur», en un texto de hacia el año 800, *Bull.* Du C. X, 237). Creo que se trata de un sentido figurado de la palabra 'rodilla', fundado en «la antigua costumbre de poner los niños luego que nacían sobre las rodillas o el seno del padre, del abuelo o de otros parientes muy cercanos», según explica Scío en sus anotaciones a la Biblia (*Génesis* XXX, 3); así leemos en la Vulgata: «at illa: habeo, inquit

[Raquel, dirigiéndose a su marido Jacob, que le reprocha su esterilidad], famulam Balam: ingredere ad illam, ut pariat super *genua* mea, et habeam ex illa filios» (*l. c.*), «filii quoque Machir, filii Manasse, nati sunt in *genibus* Joseph» (Joseph vió con gran placer nacer a sus nietos y biznietos, los acarició y puso sobre sus rodillas, *Gen.* L, 22; análogamente *Reyes IV*, IV, xx)². Se comprende, pues, que se dijera que el biznieto, p. ej., era descendiente *in tertio genuculo*, puesto que su padre había ya pasado por las rodillas del abuelo y éste por las del bisabuelo³.

DERIV. *Hinojar*, o *ahinojar*, *afinojar* [*fin-* en J. Ruiz], 'arrodillar'. *Cenojil* 'liga' [«*Inogil*: atadura por la rodilla, genuale», Nebr.; *cenojil*, desde Escalante, 1583, y frecuente en el Siglo de Oro, *DHist.*], alteración fonética de **fenojil*, para cuya *f-* véase arriba y en *HINOJO* I; se hallan también las variantes *henojil* y *senojil* (Acad.): *senojil* en Pedroñeras (Cuenca), en donde su fabricación constituye industria popular típica, para la cual, vid. *RDTP* IV, 323-6; según la carta de la expedición de Legazpi (1565), impresa en Barcelona 1565, p. 2, los indígenas filipinos iban «con calças de lienço de algodón con *senogiles* de seda». No hay otros casos de *s* por *ç*, pero es sabido que ya abundan en Méjico (de donde partió la expedición) por esas fechas.

CPT. *Genuflexión* [1612, Márquez], tomado del lat. *genu flexio* 'flexión de rodilla' (imitado ya en *Alex.* 1094, con la forma *ginojo flecçion*).

¹ De la forma catalana correspondiente *genoll* viene el término náutico *genol*, 'cada una de las piezas que se amadrinan de costado a las varengas para la formación de las cuadernas de un buque'.— Quizá no falten ejs. semejantes en latín clásico. Forcellini cita de Cicerón «tu affinem tuam, filiam meam, superbissimis verbis a *genibus* tuis repulisti».— ³ Menos probable me parece se trate de *geniculum* en el sentido de 'nudo de una planta', comparando los nudos sucesivos con las varias generaciones.

Hinque, V. *hincar*   *Hintero*, V. *fingir*

HIOIDES, tomado del gr. ὑοειδής íd., es decir, ὑοειδὴς ὀστοῦν 'hueso en forma de letra Υ (ypsilon)'. 1.ª doc.: h. 1730, Martín Martínez, citado por Terr.

DERIV. *Hioideo*. CPT. *Hiogloso*, compuesto con γλῶσσα 'lengua'.

HIPAR, onomatopeya emparentada con el port. *impar* íd., y con el lat. vg. *hippitare*. 1.ª doc.: «*hippacare* es apressurar el resollo, *hippar*», APal. 194b; «*hipar el estomago*: stomachus redundat», Nebr.

Tenía *h* aspirada, según demuestra la grafía de Nebr. y la pronunciación actual de varios dialectos: *hípọ* en Valdefuentes (Salamanca, *RFE*

XXIII, 233), *gipar* 'toser con tos ferina' en la costa ecuatoriana (Cornejo, *Fuera del Diccionario*, p. 93), *jipido* en Venezuela y otras partes (V. abajo). Esta aspiración demuestra que la voz romance no es continuación tradicional de un *HIP-PARE latino, sino nueva creación onomatopéyica a base del ruido del hipo; lo mismo indica la variante representada por el port. *impar* [S. XVI, en Moraes]¹. Por lo demás, es posible que un *hippare existiera ya en latín realmente, pues *hippitare* está documentado en varias glosas latinas (*CGL* VI, 522) con su derivado *exippitare* (*CGL* VI, 414; *ALLG* III, 132; Du C.), traducidos por «oscitare, bataclare, hiare», es decir, 'bostezar', pero puede tratarse de traducciones meramente aproximadas; Festo cita *hippacare* «animam ducere», y según Gaffiot hay *hippicare* en las glosas isidorianas; pero deberemos mirar estas formas latinas como creaciones onomatopéyicas paralelas a la romance, más que como el origen de la misma, y no es de creer que el lat. *hippitare* sea heredado de una forma indoeuropea con *gh-* y pariente de las del eslavo, germánico y algún otro idioma, según quiere Walde-H., a no ser que estas otras formas indoeuropeas sean también a su vez creaciones onomatopéyicas. Por lo demás, la trasmisión hereditaria debió coexistir y combinarse con la nueva creación, en vista del trasm. *ímpado* 'hipo fuerte que padecen las criaturas después de un lloro fuerte' (en el Algarbe *impo*; *RL* V, 93), que bien parece representar un lat. *HIPPĬTUS; pero en el mismo Portugal hay todavía otras variantes que revelan una creación repetida con tanteos discrepantes: *oupar* «impar» en Arcos de Valdevez (*RL* XXXI, 297)².

Otra variante tenemos en el cast. *himplar* 'emitir la onza o la pantera su voz natural' [Acad. ya 1843; falta en la enumeración de voces de animales que da APal. 537b]; en Mérida *jimplar* es 'sollozar' (Zamora V.), en el gallego del Limia *implar* es 'eructar'; Araujo cita *implar* como barbarismo propio de los charros salmantinos (*Est. de Fon. Kast.*, p. 15). El verbo familiar *pimplar* 'beber' [Acad. 1914 o 1899] es probable que resulte de un cruce de este *implar* con *piar* 'emitir su voz las aves' y 'beber': en ambos casos hay alusión festiva al ruido que hace el bebedor al tragar.

DERIV. *Hipo*³ [Nebr.]; *impo* 'sollozo' en judeoespañol (*RFE* II, 359), con la misma evolución semántica que conduce del lat. SINGULTUS, cat. *singlot*, port. *soluço*, 'hipo', al fr. *sanglot* y cast. *sollozo*⁴; *hiposo*. *Hipido* 'acción y efecto de gimotear' (Acad.), *jipido* 'exhalación de aire que se lanza del pecho por la boca', en Venezuela y en autores españoles (*BRAE* VIII, 509).

¹ En la Beira Baja significa 'gemir' (*RL* XI, 158). La explicación de la *m* portuguesa, dada por Cornu (*GGr.* I, § 161), como paralela a *inverno* HIBERNUM, no es admisible, pues en este

vocablo la nasal resulta de la propagación de la otra *n* de la palabra, reforzada por la de la preposición, en la locución *en invierno*; gall. (*h*)*impar* 'sollozar', 'gemir, suspirar' (Carré), *impo* 'sollozo'; *impado*: GdD, *GrHcaGall.*, 74, supone innecesario un cruce con *ímpetu*.— [2] Como sentidos secundarios cita *Aut.* 'fatigarse angustiosamente' (Cervantes), 'resollar el perro cuando persigue a los conejos' (Mateos, a. 1634). Análogamente: «un avestruz... *hipando* por el pico, en el modo con que suelen estas aves ahuyentar a los caballos», en el argentino E. Wernicke, *La Prensa de B. A.*, 20-X-1940.— [3] Vco. *ipotz* «hoquet» en Orozco (vizc. SO.), ¿quizá de un pl. cast. *hipos*?, *zipho* 'gemido, sollozo' sul., y cf. *upatz* 'eructo'. Solamente la consonante final es diferente en el neerl. *hik*, ingl. *hiccup, hiccough* «hipo, hoquet». Para variantes, en ese tipo de creación expresiva, vid. Schuchardt, *Museum* X, 396, especialmente fr. *hoquet*, vco. *hopin, hokin, zopin, xotin*, etc.— [4] La Academia registra también *hipar*, pronunciado con aspiración, en el sentido de 'gimotear'.

Hiperbático, hipérbaton, V. *venir   Hipérbola, hipérbole, hiperbólico, hiperbolizar, hiperboloide*, V. *bólido   Hiperbóreo*, V. *bóreas   Hiperclorhidria, hiperclorhídrico*, V. *cloro   Hipercrisis, hipercrítica, hipercrítico*, V. *crisis   Hiperdulia*, V. *dulía   Hiperemia*, V. *hemo-   Hiperestesia, hiperestesiar*, V. *estético*

HIPÉRICO, tomado del lat. *hypericon*, y éste del gr. ὑπέρεικον íd. *1.ª doc.*: 1555, Laguna.

Para nombres vulgares del hipérico, vid. Max Steffen, *Rev. de Hist. de la Univ. de La Laguna*, 1948-9, 137ss. Los nombres verdaderamente usuales en castellano son *corazoncillo, maljurada*, etc. De una forma más culta *hipericon*, acentuada en la *o*, viene el popular y abreviado *pericón*, que se oye en Méjico (*BDHA* IV, 309), etc.

Hipermetamorfosis, V. *amorfo   Hipermetría*, V. *metro   Hipermetropía*, V. *miope   Hipertrofia, hipertrofiarse, hipertrófico*, V. *trófico   Hípico*, V. *yegua   Hípido*, V. *hipar   Hipismo*, V. *yegua   Hipnal, hipnosis, hipnótico, hipnotismo, hipnotización, hipnotizador, hipnotizar*, V. *sueño   Hipo*, V. *hipar   Hipocampo*, V. *yegua   Hipocastáneo*, V. *castaña   Hipocausto*, V. *cáustico   Hipocentauro*, V. *yegua   Hipocicloide*, V. *ciclo   Hipocondría, hipocondríaco, hipocóndrico, hipocondrio*, V. *condro-*

HIPOCORÍSTICO, 'dicho de la forma familiar que toman ciertos nombres de pila, esp. en boca de los niños o de los adultos que imitan su lenguaje (como *Quico* por *Francisco*, etc.)', tomado del gr. ὑποχοριστικός 'acariciativo', 'diminutivo', derivado de ὑποχορίζεσθαι 'hablar a la manera de los niños', 'llamar con diminutivos o expresiones cariñosas', y éste de κόρη 'niña'. *1.ª doc.*: 1867?, Cuervo, *Ap.*, § 673 (ed. 1907); 1938, Henríquez Ureña *BDHA* IV, 305, 309, 314; etc.

No admitido todavía por la Acad., pero es vocablo necesario y muy empleado por lingüistas.

Hipocrás, V. *cráter   Hipocresía, hipócrita*, V. *crisis   Hipodérmico*, V. *dérmico   Hipódromo*, V. *yegua   Hipófisis*, V. *físico   Hipogástrico, hipogastrio*, V. *gástrico   Hipogénico*, V. *engendrar   Hipogeo*, V. *geo-   Hipogloso*, V. *glosa   Hipogrifo, hipólogo, hipómanes*, V. *yegua*

HIPOMOCLIO, tomado del lat. tardío *hypomŏchlĭon* íd., y éste del gr. ὑπομόχλιον 'el brazo más corto de la palanca', derivado de μοχλός 'palanca'. *1.ª doc.*: 1709, Tosca.

Cultismo muy raro.

Hipopótamo, V. *yegua   Hiposo*, V. *hipar   Hipóstasis, hipostático*, V. *estar   Hiposulfato, hiposulfito, hiposulfuroso*, V. *azufre   Hipoteca, hipotecable, hipotecar, hipotecario*, V. *tesis   Hipotecnia*, V. *yegua   Hipotenusa*, V. *tender   Hipótesis, hipotético*, V. *tesis   Hipotiposis*, V. *tipo*

HIPSÓMETRO, compuesto culto de ὕψος 'altura' y μέτρον 'medida'. *1.ª doc.*: Acad. ya 1884, no 1843.

DERIV. *Hipsometría. Hipsométrico.*

HIRCO, tomado del lat. *hĭrcus* 'macho cabrío'. *1.ª doc.*: Acad. ya 1817.

Este diccionario lo describe como una especie de cabra montés propia de los Pirineos españoles. En forma popular, *erc*, el vocablo es todavía vivo y conocido en el catalán del Valle de Boí y en el gascón del Valle de Arán, donde este animal (fr. *bouquetin*) está ya extinguido, si bien en fecha reciente (V. mi *Vocab. Aran.*, s. v.).

CPT. *Hircocervo* [*hicocervo*, S. XV, Juan de Mena en *Aut.*], compuesto con el lat. *cervus* 'ciervo'.

Hiriente, V. *herir   Hirma, hirmar*, V. *firme*

HIRSUTO, tomado del lat. *hirsūtus* íd. *1.ª doc.*: Lope, en verso.

Es raro todavía en el Siglo de Oro (no Covarr., Oudin, Góngora, *Quijote*); *Aut.* califica de poético. Hoy es sobre todo científico, pero también empleado en prosa literaria.

Hirundinaria, V. *golondrina   Hirviente*, V. *hervir   Hisca*, V. *yesca*

HISCAL, 'cuerda de esparto de tres ramales', palabra rara de origen incierto. *1.ª doc.*: *hyscal*, princ. S. XV, Fernán Manuel de Lando (*Canc. de Baena*, n.° 286, v. 164).

Escribe este poeta: «Delgado como varal, / traya Juan de Perea / un alhelme por librea / ceñido con un *hyscal*». *Alhelme* es una especie de túnica o camisa. Oudin explica «une corde faite de genest, une corde à trois bouts ou cordons», y *Aut.* dice que es «cierto género de soga de esparto de tres ramales», invocando la autoridad de Nebr. En realidad el vocablo no figura en la primera edición del diccionario latino-castellano (s. v. *fiscus*) ni en la del castellano-latino de este autor (tampoco C. de las Casas ni Covarr.). En cambio Percivale (1591) traduce «a bason, a coard, a rope platted in three», lo cual concuerda con Oudin y *Aut.*, excepto en la primera definición, que significa 'gamella' y otros recipientes; por lo demás *Aut.* traduce al latín con la palabra *fiscus* 'cesto de junco o de mimbre'. Pero ¿debe entenderse esto como otra ac. o meramente como una sugestión etimológica? En este último sentido habría serias dificultades. Tratándose de algo empleado como ceñidor, sólo podemos aceptar como asegurada de momento la definición de Oudin y *Aut.*; sin embargo, semánticamente se podría pasar en rigor de 'bozal' (sentido que tiene el diminutivo *fiscella* en latín) a 'cuerda colgante, cinturón flojo'. Pero esto es muy dudoso, y peor es el aspecto fonético, pues la *h*- indicaría palabra del fondo popular del idioma, y entonces la ĭ de *fiscus* (asegurada por fr. ant. *feisselle*, cast. *encella*, napol. *féscene*, REW 3323, 3324) no estaría de acuerdo con la *i* castellana. Antes de hacer más averiguaciones habrá que asegurar mejor la existencia y el significado exacto de este vocablo, que no ha sido estudiado por los etimologistas ni existe en otros romances.

Hiso, V. *fijo*

HISOPO, 'mata olorosa de la familia de las labiadas', 'aspersorio', tomado del lat. *hyssōpum* 'hisopo (planta)', y éste del gr. ὕσσωπος íd., que a su vez es de origen semítico; la segunda ac. se explica por la costumbre de emplear hacecillos de hisopo para hacer el aspersorio. *1.ª doc.*: *ysopo*, Berceo, *S. Dom.* 348a.

Figura también, en el S. XIII, en la *Gral. Estoria* (M. P., *Yúçuf*, línea 117), en Nebr. («*ìsopo o culantrillo de pozo*: hyšopus; *isopo umido, afeite de mugeres*: esopum; *isopo para rociar*: hysopum») y en Rob. de Nola (p. 12). Ejs. de ambas acs., desde el S. XVI, en *Aut.*[1] La segunda, que es ya la de Berceo, se halla en port. *hissope* (frente a *hissopo* 'planta'), y no es ajena a la lengua de Oc (oc. ant. *isop*)[2] ni al catalán (*hisop*, recogido en esta ac. en Tor, Alto Pallars, aunque lo normal en este idioma es *salpasser*), se explica por la costumbre de purificarse con sangre de cordero rociándose con hacecillos de hisopo, de

la cual da cuenta San Isidoro: «in Veteri Testamento per *hyssopi* [*isopi* en varios mss.] fasciculos aspergebantur agni sanguine qui mundari volebant» (*Etym.* XVII, ix, 39); hasta hoy sigue empleándose un manojo de ramitas en ciertas bendiciones solemnes (Acad.), y Berceo nos dice que el sacerdote «con *ysopo* de yerva todo lo ruciava» (*Sacrif.* 87d); acerca de esta cuestión V. además Amunátegui, *BRAE* XIV, 659; y para la extensión geográfica de este término eclesiástico, Jud, *Geschichte der Bündnerromanischen Kirchensprache*, p. 44. Para el semítico *êzôb*, vid. Lagarde, *Armen. Studien* (*Abh. d. Gesell. d. Wiss. zu Göttingen* XXII), § 794. De acuerdo con las citadas variantes latinas, el vocablo tiene *s* sonora en lengua de Oc, catalán y en castellano antiguo, según se aprecia por las grafías de Berceo y Nebr. y por la pronunciación actual de los pueblos extremeños que distinguen (Espinosa, *Arcaísmos Dial.*, 196). Existe una variante vulgar *guisopo*, ya documentada en el *Quijote* (I, xxiv, ed. *Cl. C.* II, 282), y hoy viva no sólo en Cespedosa (*RFE* XV, 146), Extremadura y Murcia, sino general en castellano vulgar, según G. de Diego, *RFE* VII, 386; *guisope* ya en Torres Naharro (V. el índice de Gillet). Se explica por una tendencia a consonantizar la *i*- inicial, que ha dado lugar a variantes como *Guisabel* y *guierro* en Andalucía y en muchas partes. En cuanto a *hisopo húmedo* (ya documentado en Nebr.) 'mugre de la lana de oveja, que después de evaporada se emplea como ungüento', viene del lat. *oesȳpum*, gr. οἴσυπος íd., confundido popularmente con *hisopo*.

DERIV. *Hisopillo*. *Hisopear*, o *hisopar*. *Hisopada*, *hisopadura* o *hisopazo* (vid. Amunátegui, *BRAE* XIV, 661).

[1] Además: «duermo / con el padre sacristán / entre duçientos calderos / de agua bendita y de *ysopos*», Lope, *Marqués de las Navas*, v. 1990.— [2] Así ya en la segunda mitad del S. XII, en Peire d'Alvernhe (*RF* XII, 897).

HÍSPIDO, tomado del lat. *hispĭdus* 'erizado', 'áspero'. *1.ª doc.*: Terr. (que cita a Castillo, *Estromas Políticos*); Acad. ya 1817.

Cultismo poco arraigado. Pero más lo está la variante *ríspido* 'áspero', ya registrada por la Acad. en 1817, empleada por J. de Pineda (1588; Cej. V, p. 231) y de uso frecuente en la Arg., no sólo en el lenguaje literario[1] sino también en el habla popular: en Lavalle (prov. de Mendoza) he oído *ríspero* 'áspero, mandón' en boca de campesinos criollos. La coincidencia del merideño *rúspero* 'áspero' con el it. sept. *ruspido* se debe a una casualidad y no da derecho a postular un lat. vg. *RUS-PIDUS* (con Lausberg, *ZRPh.* LXX, 129): es cruce local de *ríspero* con *rude*.

Claro está que en el hispánico *ríspido, ríspero*, hubo cruce de *híspido* con *rígido*, y luego con la terminación de *áspero*, análogamente oc. mod. *ispre* (FEW s. v. ASPERUS § 2); en portugués *ríspido* es de arraigo más general, y se documenta desde med. S. XVI (Moraes), pero también en el Bajo Aragón hallamos *rispo* 'hombre de mal genio' (Puyoles-Val., comp. *ARISCO*), y la misma forma aparece con el sentido de 'animal indómito' en Alonso de Carranza (1606, Cej. V, p. 231; G. de Diego, *RFE* III, 308). En Santander existe un descendiente semipopular de *hispidus*, en la forma *hispio*, registrada por el vocabulario de Alcalde del Río; de ahí deriva el verbo *hispirse* o *hispir* 'esponjarse', que la Acad. registraba en sus ed. del S. XIX [1843] como provincialismo asturiano en la ac. de 'esponjarse', hablando de colchones, huevos batidos, etc. G. Lomas cita *hespirse* 'engreírse' en Pereda, y *hespir* transitivo, aplicado a vestiduras en el mismo y en Alcalde del Río[2]. No parece, dado el sentido, que haya relación de este (*h*)*espir, ispir*, con el port. y gall. *despir* 'desnudar' (EXPEDIRE), como quiere GdDD, 2569, aunque podrá estudiarse más detenidamente (comp. el n.º 2570, EX-PELLERE). De un cruce del citado *rispo* con *GUIZQUE* o *vizque* 'agrio del vino', 'lengua de culebra', resultan los sinónimos *respe* (prov. de Burgos), *rezpe* (Villarcayo, Villadiego, ibíd.) y *resque* (Medinaceli) en este último sentido, mencionadas por GdD, *RFE* III, 308; *respe* figura ya en Acad. 1925 (no 1884), como de Burgos, Soria y Rioja, y hay además variante montañesa *réspidi, rézpede*, debida al influjo de *císpid*, de igual sentido, para cuyo origen vid. Spitzer, *AILC* III, 8; en la forma asturiana *respiyón* 'aguijón de las abejas', 'padrastro', cast. *respigón* 'padrastro' [Oudin], santand. *rispión* 'rastrojo', reaparece la terminación etimológica *-io* (a no ser que haya cruce con el leon. *aguiyón* = *aguijón*). Comp. *respingar* s. v. PIE. Es probable que además haya habido encuentro con *réspice* 'reprensión áspera' [Acad. ya 1817], tomado del imperativo latino de *respicĕre* 'mirar, atender', pues *respe* en Bilbao vale 'reprensión' (*echar un respe*), *chacolín de respe* 'que tiene fuerza' (Arriaga).

[1] «Interrumpió la bulla la entrada del patrón, hombre de aspecto *ríspido*», Guiraldes, *Don Segundo Sombra*, ed. Espasa, p. 47; «la severidad *ríspida* de Groussac», J. M.ª Monner Sans, *La Prensa de B. A.*, 13-X-1940; «tierras de berrocales / de aguas rugientes y de cumbres *ríspidas*», Bufano, *La Prensa*, 22-IX-1940.— [2] El argentino norteño Leopoldo Lugones escribe *el terror le hespia la crin* (*BRAE* IX, 713).

Hispir, V. *híspido*

HISTÉRICO, tomado del lat. *hystĕricus* íd., y éste del gr. ὑστερικός 'relativo a la matriz y a sus enfermedades', derivado de ὑστέρα 'matriz', por atribuirse a este órgano la causa del histerismo. *1.ª doc.*: Terr.; Acad. ya 1817.

El vulgarismo *estérico* tiene gran extensión, no

sólo en Aragón, Méjico y Chile (Cuervo, *Obr. Inéd.*, 46), sino seguramente en todas partes (para el cat. *esteri*, Spitzer, *Lexik. a. d. Kat.*, 62).

DERIV. *Histérico* m. [Acad. 1817, y ya se deduce del texto de Terr.]. *Histerismo* [Acad. ya 1884]; algunos dicen *histeria* por galicismo.

HISTEROLOGÍA, tomado del gr. ὑστερολογία íd., compuesto de ὕστερος 'posterior' y λέγειν 'decir'. *1.ª doc.*: Terr.; Acad. 1884, no 1843.

Término raro de retórica. Más común entre los humanistas modernos es emplear la locución griega *hysteron proton*.

Histología, histológico, histólogo, V. *estar*

HISTORIA, tomado en fecha antigua del lat. *histŏria* íd., y éste del gr. ἱστορία 'búsqueda, averiguación', 'historia', derivado de ἵστωρ 'sabio, conocedor', y éste del mismo radical que οἶδα '(yo) sé'. *1.ª doc.*: *estoria* o *historia*, Berceo.

Sabido es que la forma semi-vulgarizada *estoria* es frecuentísima y aun normal en la Edad Media, p. ej. en las obras de Alfonso el Sabio; *Alex.* 311; J. Ruiz, 1642*f*, etc.; a fines de este período tendió a generalizarse la forma moderna, única que registran Nebr. y APal. 19*b*, 82*d*, 86*b*, etc., pero *estoria* 'cuento' es todavía asturiano (V). A menudo tiene el sentido de 'cuento, narración imaginativa'. Para la evolución semántica del vocablo en la Antigüedad y en romance, V. la monografía de K. Keuck, *Historia, Geschichte des Wortes in der Antike und in den romanischen Sprachen;* y para el castellano en especial, algo trae la reseña de G. Sachs, *RFE* XXII, 303-5.

DERIV. *Historial* [adj., Nebr.; y V. abajo]. *Histórico* [vid. en *historiador*], tomado del lat. *historicus*, y éste del gr. ἱστορικός; *historicidad. Historieta* [Terr.; Acad. ya 1817; ej. de Agustín Durán, h. 1828], del fr. *historiette. Historiar* [h. 1400, en la *Caída de Príncipes* empezada por López de Ayala; falta en Nebr., pero hay ejs. en el S. XVI); *historiado; historiador* [*est*- h. 1295, *1.ª Crón. Gral.* 650*a*49; *ist*-, Nebr., y ya frecuente en el S. XVI], antes se dijo en este sentido *histórico* (APal. 355*b*, 195*d*) o *historial* (Juan de Mena). *Prehistoria; prehistórico; prehistoriador* (usual, aunque falta en Acad.).

CPT. *Protohistoria, protohistórico. Historiógrafo; historiografía; historiográfico.*

HISTRIÓN, tomado del latín *histrio, -ōnis*, 'comediante, actor', 'mimo'. *1.ª doc.*: a. 1613, Cervantes.

Hay ya ej. de Mariana (Pagés), pero referido a la Antigüedad, y el mismo carácter tiene al parecer en APal. (195*d*, 281*b*, 152*b*); falta en C. de las Casas, Percivale, Oudin, Covarr., y es ajeno al léxico de Góngora, pero hay otros ejs. desde med. S. XVII.

Deriv. *Histriónico. Histrionisa. Histrionismo* [Acad. ya 1884].

HITO, adj. ant. 'clavado, hincado', m. 'mojón', 'blanco', del lat. arcaico y vulgar FĪCTUS, participio pasivo de FĪGĔRE 'clavar'. *1.ª doc.: fito*, doc. de 1074, Oelschl.

Ahí es ya sustantivo, en el sentido de 'mojón', pero en otra escritura del año 1100 aparece adjetivamente *mojone fito*. Frecuente como adjetivo en los SS. XII-XIV; a menudo conserva el valor de un verdadero participio: *dexa una tienda fita* 'plantada' *Cid, hinojos fitos* en el *Cid*, Berceo (*S. Mill.* 187), y en versiones bíblicas del S. XIII, *a espuela fita* '(cabalgar) a espuela clavada = al galope' *Gr. Conq. de Ultr.* 328a11; con acs. secundarias o especiales: 'fijo, persistente', «un passariello que echava un grant grito / andava cutiano redor la tienda *fito*» *Alex.* 1484d; J. Ruiz, 300b; 'espeso': «fue a ojo del pueblo de claridat cercado / un resplendor tan *fito* que non serié asmado», Berceo, *Mil.* 850d, acs. *red fita* 'la que tiene la malla pequeña' (V)[1]; 'ahito' en el *Cancionero de Urrea* (1513; Cejador); 'importuno, pesado' en el refrán *romero hito saca çatico*, citado por J. Ruiz (869b), el *Cancionero* del S. XV, Juan de Valdés (*Diál. de la L.*, 108.22), etc.[2] Como adjetivo (fuera del refrán) pronto tendió a anticuarse, pues falta en Nebr., Valdés lo declara anticuado y APal. sólo lo registra en la locución (*mirar*) *en hito* 'fijamente' («*inhians* es quien mira cobdiciosamente y *en hito* y con pasmo», 214b, 221d)[3] y *a pie hito* 'sin moverse' («son inquilinos los que van de un logar a otro sin permanecer *a pie hito* perpetuamente», 216d). El sustantivo *hito* 'mojón' resulta de una abreviación de la locución *mojón fito* (que ya vemos en 1100), y se explica por la costumbre de clavar los mojones en el suelo; ejs. en *Alex.* 915, y de éste y del secundario 'blanco de tiro' V. otros en Cej., *Voc.*; hoy *jito* es 'piedra con que tropieza el arado o el caballo' en las Navas del Marqués (Ávila), *RFE* XXIII, 236, y ya en Sánchez de Badajoz. En portugués *fito* se emplea todavía como adj. en ciertas acepciones y usos, pero allí y en Galicia es el sustantivo *fito* lo más conocido ('blanco' Castelao 129.20, etc.).

En latín clásico era FĪXUS el participio de FĪGERE, pero FĪCTUS se halla en autores preclásicos y tardíos, y es el único que ha pasado con carácter popular al romance, donde se conserva en todas partes salvo Rumanía y Cerdeña, aunque en Francia es raro en el Sur y casi únicamente gascón, y en el Norte sólo dejó huellas toponímicas.

Deriv. *Hita* 'especie de clavo pequeño' [*Aut.*; *a fita* 'del todo', Berceo, *S. Mill.* 378d: «perdió el sol la lumbre, estido embargado, / de todo so oficio *a fita* despojado»]; comp. n. 2, el nombre de lugar *Hita*, y el cat. *fita*, gasc. *hite* 'mojón'. Hi-

tón[4]. *Fitoria* 'cada uno de los palos que sostienen el tejido de los lladrales' ast. (V). *Cohita* 'conjunto de edificios contiguos, manzana de casas' [«relunbró la *confita* de relumbror doblado», Berceo, *S. Oria* 122c; también en la *Partida* VII, ley vii; *cohita* en doc. de S. Millán de la Cogolla, a. 1265], del lat. CONFĪCTA, participio de CONFĪGĔRE 'clavar una cosa con otra' (Lapesa, *RFE* XVIII, 113-4). *Ahito* [m. 'hartazgo', h. 1490, *Celestina*; adj., princ. S. XVI, Antonio de Guevara; vid. *DHist.* y Cuervo, *Dicc.* I, 280], en vista del cat. *enfit* 'indigestión, empacho' (ya medieval), y a pesar del port. ant. *afito*, palabra poco frecuente (*afitar* en Prestes, S. XVI), creo que procede del lat. INFĪCTUS, participio de INFĪGĔRE 'clavar o hundir en algo' (comp. el *infito* 'fijo, firme' citado más arriba y el engad. *infichar* 'apretar, poner en apuro', *REW* 4401, *iffick* 'asco', 'sufrimiento'), con reducción fonética de enh- > ēh- > ah-, como en *ahorcar* < *enforcar*, *ahogar* < *enfogar*; *ahitar* [princ. S. XVI, Juan del Encina; *DHist.*; Cuervo, *Dicc.* I, 279-80], comp. cat. *enfitar* íd. [ya Jaume Roig, h. 1460], port. ant. *afitar*. *Citora* murc. 'fisga', tomado del cat. *fitora* íd., del lat. *FICTORIA, derivado de FIGERE. *Fizar* arag. 'clavar el aguijón, picar' (en todo el Alto Aragón: Peralta; *BhZRPh.* LXXXV, § 273; *RLiR* XI, 102), también cat. *fiçar*, langued. *fissar* (ya h. 1300, *VRom.* III, 270), gasc. *hissà* íd., vco. ronc. *fizatu* 'picar, morder', *fizadura* 'mordedura', proceden de *FĪCTIARE, derivado de FICTUS (FIXARE habría dado *fixar, -jar*); *fizón* 'aguijón', murc. *binzón*, cat. *fiçó*. *Sofito* [Acad. 1817, no 1783], del it. *soffitto* 'techo de una estancia', de SUFFĪCTUS, part. de SUFFĪGĔRE 'clavar por debajo'.

¹ De ahí la ac. 'negro' aplicada al caballo (*Aut.*), que semánticamente se explica como *prieto*, propiamente 'apretado' > 'espeso'.— ² Pronto dejó de entenderse, de ahí que Santillana y Covarr. deformen en *romero ahito* (*afito*). *Hita* parece haber significado 'mosquito': «Es abundante toda la provincia [de Mendoza] de víboras y demás animales ponzoñosos, y de las *hitas*, importunísimas, grandes y pequeñas; las mismas calidades tiene San Joan de la Frontera», Fr. Reginaldo de Lizárraga, *Descripción Colonial* (fines del S. XVI), cap. 71 (Draghi, *Canc. Cuyano*, p. 450).— ³ Comp. *infito* en Berceo: «Fita es un castiello fuert e apoderado, / *infito* e agudo, en fondón bien poblado», *S. D.* 733. De la locución *en hito* viene la posterior más desarrollada *de hito en hito* [Sta. Teresa], que Cervantes altera levemente convirtiéndola en *de en hito en hito: Quijote* II, xxviii, vid. nota en *Cl. C.* VI, 202. Comp. cat. *de fit a fit* íd., con el derivado cat. y port. *fitar* 'mirar fijamente'; gall. mirar *fite a fite* (Castelao 239.9, 207.18), *fir' a fite* 'de hito en hito' y *ollos fiteiros* «ojos flechadores» (Vall.); y gall. *fitar*, que ha dejado de ser 'mirar fijamente' para volverse 'mirar, contemplar' («puden *fitar* a escea

mais arrepiante» Castelao 187.8) y aun sencillamente 'ver' («na paisaxe hai mais cousas que
fitar» íd. 155.7, 44.7, 203.13, 48.24, 30.8).—
⁴ Acerca de hitar 'amojonar' [Acad. S. XX], del
cual no conozco ejs., y de su supuesto derivado
hitación, V. lo que dice B. Sánchez Alonso: «el
obispo ovetense Don Pelayo [S. XII]... incluyó
la División [de Wamba], manipulada a su gusto,
primero en el Liber Itacii y luego... en su Liber
Chronicorum... El primero, cuyo título ha originado tantas conjeturas y que condujo a forjar
el vocablo hitación, es una seudohistoria tejida
con datos fantásticos para deslizar en ella los
hechos que le convenía acreditar», RFE XXVIII,
92.

Ho, V. haya y hombre

HOBACHO, aplicado al que por tener muchas
carnes es flojo y capaz de poco trabajo, origen
incierto. 1.ª doc.: «hobacho: en griego, cacohy-
los», Nebr.

Deberá leerse cacochylos, gr. κακόχυλος, sinónimo de κακόχυμος, 'indispuesto por el exceso
de malos humores o jugos fisiológicos'; es de las
pocas palabras del diccionario de Nebr. que suprimió PAlc. en su diccionario, por no conocer
el vocablo castellano e ignorar el sentido de la
equivalencia griega. C. de las Casas (1570) traduce «stal(l)ero, impoltronito», es decir, 'empere-
zado, perezoso'; stallero no es palabra conocida,
pero deriva evidentemente de stalla 'cuadra, establo', y quizá signifique 'flojo por excesiva permanencia en el establo'. Para Percivale (1591) sería palabra de origen arábigo y significaría «a
greasie, foggie jade, unable to doe service; by me-
taphor a heavie, idle and lubberly fellow», 'rocín
gordo e inflado, inapto para prestar servicio; figuradamente, sujeto pesado, holgazán y torpe';
para Oudin hobacho y hobachón (1607) son equivalentes de haragán. Covarr. (1611) define hobachón «el que teniendo muchas carnes es floxo, y
para poco trabajo, como la bestia sustentada con
harina de las habas que engorda, y cobra muchas
carnes, pero son floxas y con poco trabajo suda
y se cansa» (es innecesario discutir esta arbitraria
derivación etimológica de haba). Aut. registra los
dos adjetivos, primitivo y derivado, con la definición «dexado y floxo por falta de exercicio u
trabajo, y que se mueve con dificultad y fatiga;
lassus, laxus, deses, ignavus, cacochilos» y da un
ej. de cada uno: «sus gentes mucho había torpes
y ociosas, / hobachas y de guerra desusadas», en
la traducción de la Eneida por Hernández de Velasco (1555), y «los que se andan hobachones no
tienen experiencia de cosas, y assí nunca estiman
el bien» en Espinel (1618), pasaje donde Gili y
Gaya traduce 'dejado y flojo' (ed. Cl. C., 263). La
Acad. (ya 1843) ha preferido la definición de
Covarr. y califica de anticuado el primitivo hoba-

cho. Pero no lo está en las Antillas: en Cuba, Pichardo registra la pronunciación vulgar jobacho
(p. 155), y Martínez Moles la confirma diciendo
que «se aplica a los animales de servicio, cuya gordura y mucho tiempo sin trabajo los hacen impropios para duras faenas»; Henríquez Ureña
(BDHA V, 63, 139, 143) dice que hobachón y
hobacho se pronuncian con h aspirada en Santo
Domingo y equivalen a 'pesado de cuerpo'.

No parece haber nada parecido en otros romances, pues es dudoso que el brasileño foba, especialmente usado en Bahía (Fig., Lima-B.), 'medroso'
'perezoso', 'necio', tenga el mismo origen. Nadie
ha estudiado la etimología, a no ser la Acad., que
propone (ya en 1884) derivar del ár. habáyyağ
'joven obeso y delicado'. Este vocablo es ajeno a
casi todos los diccionarios árabes (Belot, Dozy, R.
Martí, Beaussier, Probst, Fagnan; tampoco lo hallo
en PAlc., Bocthor, Lerchundi, etc.), pero Freytag
dice que según el Qamûs es lo mismo que ha-
báyyaḥ, vocablo que a base de la misma fuente
define él «iuvenis delicatus, mollis, pinguis; stolidus, languidus; is in quo nil boni est, nequam»,
y el femenino habáyyaḥa significaría «lactans mulier; mollis, pinguis, delicata femina» según el
Qamûs y el Ŷauharí. Por muy notablemente que
coincidan estas definiciones con el sentido de
hobacho, claro está que es imposible fonéticamente
derivar el uno del otro vocablo. Como no existe
una raíz h-b-ḥ, pero sí h-b-ğ, y el significado de
ésta ('hinchar un miembro', 'tumor', 'malhumorado, insoportable') concuerda con el del vocablo
arábigo que nos interesa, es probable que la única
forma correcta sea habáyyağ (la lectura de ḥ por ğ
es muy fácil, puesto que las dos letras sólo se
diferencian por la posición del punto diacrítico),
y sería posible que hubiera existido un adjetivo
*hubâğ o *hubbâğ con el mismo significado que
habáyyağ, pues aquellos tipos de adjetivos son bastante frecuentes para indicar cualidades personales
(Wright, Arabic Grammar I, § 232, n.º 10, y
§ 233, Rem. b), el segundo con carácter intensivo.
Es más, la forma habáyyağ es algo extraña morfológicamente: el único tipo formativo algo análogo que conozco, es el de ciertos diminutivos,
pero entonces deberíamos admitir que el vocablo
está mal vocalizado y que debe leerse hubáyyiğ;
ahora bien, éste sería precisamente el diminutivo
que corresponde a un adjetivo *hubâğ, como p. ej.
guláyyim es diminutivo de gulâm 'muchacho, esclavo' (Wright, I, § 278). Luego hay vagos indicios de la existencia de un *hubâğ 'obeso y delicado, lánguido e inútil', que explicaría perfectamente el cast. hobacho, pues el ğ en final de vocablo se pronunciaba como la ch castellana. Aunque la raíz h-b-ğ no es ajena al árabe vulgar (Dozy,
Suppl. II, 744a) el caso es, de todos modos, que
el vocablo arábigo que nos interesaría como étimo
no está documentado, y mientras no pueda apoyarse mejor su existencia, esta etimología debe

mirarse como sumamente incierta. Tanto más cuanto que no sería imposible hallar alguna explicación romance.

Se ha supuesto que como derivado del adjetivo germano-latino FALVUS (REW 3174) se formara en España *FALVARIUS, de donde el cast. (h)overo y el port. fouveiro '(caballo) remendado o amarillento'. Por desgracia esta etimología es incierta, entre otras razones porque no se ve la causa de la formación de este derivado en -ARIUS. Más fácil sería que se formara en el romance bético pre-islámico un *FALVACEUS, con carácter peyorativo, que habría dado regularmente *faubacho en mozárabe y de ahí hobacho en español: la etimología podría apoyarse en la aplicación a caballos documentada por Casas, Percivale y Martínez Moles, y se habría aplicado primero al animal de color amarillento sucio por demasiada permanencia en el establo, para pasar después al hombre entrado en carnes e inútil por falta de ejercicio[1]. Claro está que también esta etimología es excesivamente hipotética para reconocerle alguna seguridad.

DERIV. Hobachón (V. arriba). Hobachonería. Ahobachonado [Aut.].

[1] Fonéticamente la -b- de hobacho correspondería bien a la de la grafía hobero de Nebr. Comp. el rouergat faubet «infirme, raide des membres» (FEW III, 403a), otro derivado de FALVUS.

Hobe, V. haya   Hobo, V. jobo   Hocete, V. hoz I   Hocicada, hocicar, V. hozar   Hocico, V. hozar y fusique › Hocicón, hocicudo, V. hozar   Hocil, V. fusil   Hocino, V. hoz I y II   Hoder, V. joder   Hogañazo, hogaño, V. año   Hogar, hogareño, hogaril, hogaza, hoguera, V. fuego

HOJA, del lat. FŎLĬA, plural de FŎLĬUM íd. 1.ª doc.: foja, orígenes del idioma (doc. mozárabe de 1191, Oelschl.); Berceo.

De uso general en todas las épocas (ejs. antiguos: foja, Alex. 1963; Alf. XI, 101). Las formas dialectales arag. fuella, leon. y ast. fueya (V, etc.), difieren ampliamente. El antiguo plural colectivo FOLIA se ha generalizado en casi todos los puntos: en el sentido propio sólo se ha conservado el singular FŎLĬUM en francés y occitano antiguos, y también en mozárabe fólio (Asín, Glos., 242, y Simonet s. v.; pero junto a fúlya, Asín, 252); por lo demás esta forma sólo ha permanecido en significados secundarios: port. folho 'excrecencia del casco de los animales', 'guarnición de los paños', el catalán opone full 'hoja de papel' a fulla 'hoja vegetal' y en sentido paralelo distinguen el italiano (foglio, foglia) y varios dialectos retorrománicos y occitanos. El castellano generalizó temprano el antiguo plural y actual femenino. En cuanto a las varias acs. secundarias, cito las que aparecen en

Nebr. (además de hoja de arbol y de ierva): «hoja de libro: pagina, charta; hoja de pergamino; hoja de metal; hoja de Milán: bratea mediolanensis; hoja de coraças o espada». En la Arg., etc., se ha conservado hasta hoy la forma arcaica foja en el lenguaje administrativo («a foja tal de tal expediente o libro», muchas veces «a fojas 15», etc.; ej. Payró, Pago Chico, ed. Losada, p. 248). En todas partes se emplea el cultismo folio.

DERIV. Hojarasca [Quevedo]. Como este sufijo es excepcional es probable que en realidad se trate de un cruce con el sinónimo frasca (vid. ENFRASCAR). Es verdad que hay muchos nombres dialectales (para los cuales vid. RDTP XII, 176-185) y el cat. fullaraca, de terminación algo diferente, pero en varios de ellos hubo también cruce con formas de sufijación más clara, como el cat. dial. fullac 'hojas de pino' 'hojarasca'.

Hojear [h. 1600, Inca Garcilaso]; también trashojar, trasfojar. Hojecer ant. 'echar hoja los árboles' [Nebr.]. Hojoso [íd.], u hojudo [f-, h. 1295, 1.ª Crón. Gral., 661b29]. Hojuela [«h. de massa tendida: laganum», Nebr.]; fayuela 'frito de pasta fermentada, compuesto de harina, leche y azúcar, que se come por Carnaval' ast. (V); cf. HALLULLA. Ahojar arag. 'ramonear'.

Deshojar [h. 1495, Nebrija]; deshojador; deshojadura; deshoje; deshoja. Hojaldre [APal. 123b, 365d], del antiguo hojalde [Nebr.: «placenta»], por repercusión de la líquida, y éste del lat. tardío FOLIATĬLIS 'de hojas, hojoso', según indicó M. P. (Rom. XXIX, 355)[1]; antiguamente era siempre femenino[2] (vendría de MASSA FOLIATILIS), y aunque este género vacile hoy en España, con tendencia al masculino, persiste en América (Bello, Gram., § 171), con tendencia a generalizar vulgarmente una forma de terminación en -a, hojaldra en Chile, Colombia, Cuba y Méjico (también en Murcia y Salamanca; Toro, BRAE VII, 603), mientras que en los tres primeros países, en Guatemala y en Maracaibo se conserva todavía una forma sin epéntesis de r, hojalda (Malaret, Sundheim, Schuchardt); evolución fonética paralela presenta el lat. VERSATĬLIS que ha dado el port. ant. vessade (-ádele), vessadre o avessada 'correa del halcón' (C. Michaëlis, RL XIII, 425-8); hojaldrar; hojaldrado o ahojaldrado [1555] 'semejante a la hojaldre', lo hojaldrado 'el techo, la tapa' (en Vélez de Guevara, El Diablo Cojuelo, lo hojaldrado de los sesos, en El Rey en su Imaginación del mismo autor, v. 1444 y nota de la ed. Teatro Antiguo Esp.), sentido explicable por la costumbre de hacer de hojaldre la tapa de los pasteles (V. nota 2); hojaldrero, hojaldrista.

Gallego follato (-ATTUS diminutivo-despectivo) 'hojarasca', -llatos 'papeles sin importancia' 'libros viejos' (Valladares) y título de un libro de poesías de la orensana Filomena Dato (1893). Gall. pontev. entrefollos 'intestino con muchos dobleces, como un libro' («ten mais entrefollos que una baca», Sarm. *CaG.* 224v). *Fuellar* 'talco de colores con que se adornan las velas rizadas en el día de la Purificación' [*Aut.*, que acentúa *fuéllar*, seguramente con razón, de ahí lo reproducen los diccionarios posteriores], parece ser mozarabismo formado con el sufijo átono *-ar*, para el cual V. *GUÁJAR*. *Esfoyaza*, ast. *Follaje* [h. 1600, Argensola, Góngora], probablemente tomado del cat. *fullatge* (o de oc. mod. *fouiage*, o fr. *feuillage*); *follajería*. *Follar* [*Aut.*], préstamo de procedencia análoga. *Folleto* [*Aut.*], del it. *foglietto*; *folletista*; *folletín*, *folletinesco*. Derivados del cultismo *folio*: *foliar*, *foliación*, *foliatura*. Otras formas cultas: *foliáceo*, *foliolo*; *exfoliar*, *exfoliador*, *exfoliación*; *defoliación*. *Interfoliar*. *Perfoliado, -ada, -ata*.

CPT. *Hojalata* [Acad. 1884, no 1843; *hoja de lata*, 1680, *Aut.*]; *hojalatero* [Terr.; Acad. ya 1817], *hojalatería*. *Infolio*. *Trébol* [invent. arag. de 1390, *BRAE* IV, 355, «platones feytos a forma de fuella de *trevol*»; *trebol*, APal. 598d, Nebr.; *trébole*, Lope, *Peribáñez*, ed. Hz. Ureña, II, iii, p. 134, y hoy en ast.: Vigón; *tréboles*, Lope, *Jerus.* XVII, v. 302], tomado del cat. *trèvol* íd. en calidad de término heráldico y suntuario. Dudo mucho que *trevol*, en la *Disputa del Cuerpo e del Anima* (2.ª mitad S. XIV), p. p. Erik v. Kraemer (*Mém. Soc. Néophil.* de Helsinki, XVIII, iii. 52, copla 18, v. 138), sea el nombre de la planta o de su hoja, como supone el editor, pues no se vería claro el sentido del contexto; acaso se trate del cat. occid. *trebòl* 'piso alto', 'techo', que correspondería mejor al contexto y a la acentuación del verso (aunque este último criterio desde luego no es seguro tratándose de versos de arte mayor). En cambio, el nombre de planta catalán *trèvol*, junto con el francés *trèfle* y el mozár. *tribulu, -bilu* —Simonet, Asín 313-5—, port. y gall. *trevo* (Sarm., *CaG.* A168r) proceden del gr. τρίφυλλον íd., propiamente 'de tres hojas', compuesto de τρι- y φύλλον hermano y sinónimo del lat. *folium*; *trebolar* arg. (Tiscornia, *M. Fierro coment.*, s. v.); en forma culta y latina *trifolio*; *trifoliado*; *al tresbolillo* 'en triángulo', forma de plantación que se opone a la plantación en cuadro [Acad. ya 1817; ej. del S. XIX en Pagès; otro cuya fecha ignoro, en Fcha.], sale de *trebolillo* por influjo de *tres*, como indica A. Castro (*RFE* I, 102).

¹ Schuchardt, *Litbl.* VI, 423, había propuesto *FOLIATULA en vista de la forma americana, pero ésta es secundaria.— ² Así en *Aut.*, que cita ej. femenino de Martínez Montiño (S. XVI). Quevedo emplea *las hojaldres* para 'la tapa de un pastel' (que solía hacerse de hojaldre), *Buscón*, ed. *Cl. C.*, p. 145.— ³ De ahí arg. *trebo*, Ascasubi, *S. Vega*, v. 373; E. del Campo, *Fausto*, v. 190.

¡HOLA!, interj., voz de creación expresiva, común a varios idiomas europeos, con variantes análogas. *1.ª doc.*: *ola*, 1552, Diego Gracián, vid. s. v. *HALA*.

Covarr. dice que es lo mismo que *hala*; Cej. VII, § 124; *Aut.* sólo lo recoge como expresión para llamar a un inferior (con ej. de Suárez de Figueroa, 1617), y para denotar extrañeza; hoy es muy común para saludar familiarmente. Comp. el fr. *holà* [S. XV; además en el *Amadis*, 1540, *RF* XXXII, 77], ingl. *halló* (*helló, halloo, hólló, hólla*), alem. *hallo* o *holla*, etc. Para más datos y consideraciones V. el artículo *HALA*, interjección castellana íntimamente relacionada con *hola*. No es admisible la etimología arábiga *wâ lak* '¡oh, a ti!', que propone la Acad.

DERIV. *Holear* 'emplear la interjección *hola*'.

Holambre, V. *alambre* y *horadar*

HOLANDA, 'lienzo fino', del nombre de Holanda, de donde se traía. *1.ª doc.*: «*olanda, lienço*: lintheum menapium», Nebr.; *holanda*, 1526, Woodbr.; 1605, *Quijote*; Oudin.

En el mismo sentido, fr. *hollande*, etc., ingl. *holland*, ya documentado en la Edad Media. De este último, por el comercio marítimo, procederá la variante *holán* 'cambray' (h. 1625, P. Espinosa, *Obras*, 424; como andaluz en *Aut.*, como gallego en Terr.), cuya falta de vocal final difícilmente podría explicarse por el francés en esta época¹.

DERIV. *Holandeta*. *Holandilla* [1636] > fr. *hollandille* (1726), Vidos, *l. c.*, pp. 29-32. *Holandar* 'usar cuellos y puños de holanda' [1618, Villegas, *Cl. C.*, 336].

¹ No es imposible la sugestión de Valkhoff (*Étude sur les mots fr. d'origine néerl.*, 171), de que *holán* se explique por el neerl. *hollands* 'holandés', aunque no puede aceptarse su idea de que el francés sirviera de intermediario, pues en fr. es palabra rara (1726) y tomada del cast., como indicó Vidos, *R. Fil. Port.* IV, ii, 27-29. Pero la explicación que éste da de *holán* como pronunciación andaluza de *holanda* es inadmisible, pues las vocales finales son muy firmes en andaluz. Quizá sufriera *holán* el influjo de *mitán* 'holandilla', que según *Aut.* se decía en la Rioja (la Acad. lo da como anticuado en 1817). Este *mitán* es probable que sea lo mismo que el cat. *mitant* 'medio', voz especialmente tortosina y valenciana (*a mitant camí, a mitant vestir, a mitant cama, a mitant faena, a mitants de setembre*, documentado por lo menos desde 1602), que reaparece en lengua de Oc y en dialectos franceses, y aun en asturiano (*metanes, metanes*, «nel mismu mediu»; *metaniques* diminutivo de *metá*; *metanos* adv. «al pie, cerquita, junto, pared por medio»), y sobre el cual han escrito tanto los romanistas, y con tanta ligereza, sin preocuparse más que de los dialectos franceses ni averiguar si existía el vocablo más acá de los Pirineos, V. últimamente Spitzer, *MLN* LVII, 356-8. Las formas hispánicas eliminan automáticamente el étimo MEDIUM TEMPUS, así como el MEDIETATEM + -INCUM de

Gauchat (*VRom.* II, 43). Me detendré en el asunto en mi *DECat.* El *mitán* riojano sería, pues, una 'media holanda', comp. *holandilla*. De *holán*, puesto que se trata de un lienzo fino, quizá sea alteración *islán* 'especie de velo guarnecido de encajes, con que se cubrían la cabeza las mujeres cuando no llevaban manto', ya documentado en Calderón (*Aut.*). Pero no es alteración fácil de explicar, pues no bastaría admitir un cruce con *irlanda* 'cierta tela fina de lino' [1511, *N. Recopil.* VII, xiii, 14], que se creería importada de Irlanda, ya que así no explicamos la *s*; habría que suponer que otros dijeron *islanda* o *islán*, por confusión de Irlanda con Islandia, islas septentrionales y lejanas ambas.

HOLCO, tomado del lat. *hŏlcus* 'cebada silvestre', de origen griego. *1.ª doc.*: Acad. 1925 o 1936. Cultismo raro.

Holear, V. *¡hola!*

HOLGAR, 'descansar, estar ocioso', 'divertirse, disfrutar, alegrarse', antiguo *folgar*, palabra propia de los tres romances hispánicos, del lat. tardío FŎLLĬCARE 'resollar, jadear', 'ser holgado (el calzado, etc.)', derivado de FŎLLIS 'fuelle'; las dos acs. latinas coincidieron en la primera ac. romance, por la imagen del caminante que se detiene para tomar aliento en una cuesta, y por comparación del ocio con la holgura de las prendas de vestir. *1.ª doc.*: *folgar*, *Cid*. Cej. VII, § 126.

Existe asimismo en el portugués *folgar*, de igual sentido que en castellano[1]; lo mismo cabe decir del cat. *folgar*, hoy anticuado en casi todas partes, pues si la frecuencia de la ac. 'descansar' en el S. XV se deduce de la de *folgança*, por lo menos en la ac. 'alegrarse, divertirse' es vivo hoy en Mallorca (*riure i fẹlga(r)*, *AORBB* VII, 26) y que lo fué en el Principado se demuestra por *folga* 'chanza', dicho chistoso' (Ag.; Ruyra, *La Parada*, glos.). El vocablo es ajeno, en cambio, a los demás romances, pues el rum. *înfulecà* 'devorar, tragar ávidamente', no me parece descendiente de FOLLICARE 'jadear', según admiten Puşcariu y M-L., sino derivado puramente rumano de *foale* (< FOLLIS) en el sentido de 'vientre', bien vivo en aquel idioma; así lo comprueba a mi entender la variante *înfulescà* (Puşcariu)[2]. En castellano lo común en fecha antigua es la ac. 'descansar, estar ocioso', que hallamos no sólo en el *Cid*, sino muchas veces en Berceo, *Alex.* (1602), *Apol.* (684*d*), *Conde Luc.*, J. Ruiz, *Vida de S. Ildefonso* (v. 710), y es la única que registran APal. (10*d*, 158*d*, 311*b*) y Nebr. («*requiesco*»). Verdad es, sin embargo, que ya se acercan a la 2.ª ac. 'divertirse, alegrarse' ciertos pasajes de Berceo («so esti panno [el de la Virgen] *fuelgan*[3] alegres e pagadas / las virgines gloriosas de don Christo amadas», *Mil.*, 612*a*; «enfermó o murió, fue con Dios a *folgar*: / déli Dios

paraíso sy se quiere rogar», *Mil.*, 711*d*), y la vemos en forma inequívoca en el S. XIV: en el *Poema de Alfonso XI*, al recibir la aprobación del Papa para sus proyectos bélicos «el infante *folgava*». Conocida es la gran frecuencia de *holgar* y *holgarse* en este sentido en el *Quijote*, a veces con el matiz secundario de 'yacer carnalmente' (comp. GOZAR), a veces con la variante caballeresca *folgar*, que revela cierto resabio arcaico en el vocablo. Es fácil comprender el paso de 'descansar' a 'distraerse, divertirse' y de ahí a 'disfrutar, alegrarse'[4]. En cuanto al sentido etimológico, no queda suficientemente aclarado con la explicación de M-L. (*REW* 3417) 'moverse como un fuelle'; claro está que en definitiva hay que partir de la idea de 'fuelle', pero pasando por la de 'resollar', que ya tiene FOLLICARE en Vegecio (< 'respirar como un fuelle') y por la de 'ser muy ancho', con la cual aparece nuestro verbo en *caligae follicantes*, *vestes follicantes*, 'zapatos, vestidos holgados' (< 'huecos como un fuelle'), en San Jerónimo, San Isidoro y en glosas (*CGL* VI, 460); de ahí se pasaba fácilmente a 'descansar' (< 'resollar') y al mismo tiempo a 'estar libre, desocupado' (comp. la *compañuela baldera* 'desocupada, ociosa' de Berceo, *Mil.*, 674*b*, con el cat. *balder* 'holgado, muy ancho'); las dos corrientes semánticas debieron confundirse inextricablemente desde el primitivo romance hispánico, según comprueban *holgado* y *holgura*, que ya se aplican a vestidos por lo menos desde princ. S. XVI (*Aut.*) y seguramente desde los orígenes del idioma.

DERIV. *Holgachón* [med. S. XIX, Pagés]. *Holgadero*. *Holgado* [*f-*, Berceo, *Mil.*, 610*c*, etc.; vasco vizc. *olgeta* 'diversión, chanza', con el participio *olgau*, Michelena, *BSVAP* XI, 294; *folgau* 'descansado, ocioso', en el ast. de Colunga (V); *holgao* 'sin sembrar' en Cespedosa (*RFE* XV, 259)]. *Holganza* [-*anç(i)a*, Berceo, *Mil.*, 702; *Alex.*, 268, 1470]; ast. *folgancia* (V). *Holgazar* ant. 'pasarlo bien', 'no querer trabajar' (1464, *Mingo Revulgo*, copla 3, Gallardo I, 826*b*: «en fuerte ora... / a Candaulo cobramos / por pastor de nuestro hato: / ándase tras los zagales / por estos andurriales, / todo el día enbeveçido, / *holgazando* sin sentido, / que non mira nuestros males»), formado como *aguazar*, *enaguazar*, *deslavazar*, *despicarazar* (el dicc. de Peñalver cita *apuñazar*, etc.); de ahí, con la terminación de *haragán*: *holgazán* [1464, en dichas coplas, ibid. 833*b*: «apaçienta el *holgazan* / las ovejas por do quieren: / comen yerva con que mueren / mas cuydado non le dan»; APal. 333*b*; del cast. debió de tomarse, en vista de la *z*, el port. *folgazão* «que gosta de folgar; alegre, brincalhão, galhofeiro», que Moraes registra sin autoridades, y el cat. antic. *folgasà*, de igual sentido que en port. y sólo documentado en dos textos del S. XVI; la forma de Colunga *folganzán* no revela derivación de *holganza*, sino propagación de la nasal][5]; *holgazanear* [1513, Herrera, *Aut.*] (*folgacianear*, en Colunga,

V); *holgazanería* [S. XVII, *Aut.*]. *Holgón* (S. XVII, *Aut.*, en el sentido 'el que trata de holgarse'; 'holgazán' Acad.; *folgón* íd. en el ast. de Colunga). *Holgorio* [*Aut.*, como voz familiar y jocosa; suele pronunciarse *jolgorio*, pronunciación afectiva y aflamencada]. *Holgueta* (*folgueta* en Colunga: 'espacio de tiempo en que se deja el trabajo', *estar de folgueta* 'ocioso'). *Holgura* [*f-*, Berceo, *Mil.*, 613*b*]. *Huelga* [1513, G. A. de Herrera][6]; la variante andaluza *juerga* está admitida por la Acad. desde 1899 y Pagés trae ej. de Pardo Bazán; *juerguista; huelguista, huelguístico*[7]. *Huelgo* [*fuelgo* 'aliento, respiración', J. Ruiz 545*a*; *h-* 1513, G. A. de Herrera]; ast. *fuelga* 'aliento', 'reposo' (V) y port. *fólego* 'resuello' conservan el sentido etimológico de FOLLICARE. Gall. *folgo* 'respiración' («paran os *folgos*», «ter *folgos*» Castelao 285.27, 191.4f.). *Folgo* 'bolsa forrada de pieles para abrigar los pies y piernas cuando uno está sentado' [Acad. ya 1843], parece ser galleguismo, con el significado etimológico 'fuelle', o partiendo de la idea de 'objeto holgado'. Y vid. *HUÉLFAGO*.

¹ En la ac. 'descansar' es frecuente en la Edad Media, p. ej. en el *Livro IV de Linhagens*, S. XIV, Nunes, *Florilégio da Lit. Port. Arcaica*, p. 45. En el sentido de 'alegrarse, divertirse' por lo menos desde el S. XVI (Moraes).— ² Todavía es más insegura, como ya observa M-L., la etimología SUB-FOLLICARE que Puşcariu atribuye a *suflecà* 'arremangar', pero que desde el punto de vista semántico no sería más difícil derivar del rum. *suflà* 'soplar', *suflŏŭ* 'fuelle'.— ³ Así en *A; I* trae *folgan*. Aquél es el vocalismo moderno y el etimológico; el otró se debería a analogía de verbos análogos como *resollar* u *hollar*, que a su vez más tarde tomaron el vocalismo propio de *holgar*.— ⁴ De donde 'bromear' en Bilbao: *¡si lo he dicho holgando!* (Arriaga).— ⁵ Tal como la fórmula Steiger, no es posible su opinión (*VRom.* X, 22-24) de que *holgazán* sea un compuesto híbrido de la raíz de *holgar* con el ár. *ᶜaǧzân* 'perezoso', documentado en Marruecos y Argelia (Dombay, Cohen, Beaussier, Marcel, Lerchundi; no Bocthor, Probst ni Tedjini), no en el árabe de España, pero es posible que no le fuese desconocido, puesto que su raíz *ᶜ-ǧ-z* 'pereza' es de uso común en árabe y en hispanoárabe. No existen compuestos de vocablos con «raíces» ni son verosímiles verdaderos «compuestos híbridos». Sin embargo podría pensarse en un cruce entre *ᶜaǧzân* y algún sinónimo derivado de *holgar*, aunque el hecho es que *holgón* y *holgachón* son mucho más módernos y menos generales que *holgazán*. Si se insistiera en relacionar con el árabe, lo más natural sería suponer que *ᶜaǧzân* fuese hispanizado en *al-gazán*, luego levemente alterado por el influjo de *holgar*. De todos modos el hecho es que la trascripción del *ᶜ* por *g* es fenómeno sumamente raro (*algarrada, algarabía, almártaga* y no hay otros casos, *BDC* XXIV, 79), y sobre

todo la hipótesis de Steiger es innecesaria, dada la fácil derivación de *holgazar* según el modelo de *haragán*. Mientras no aparezcan hechos claros en su apoyo, debe dejarse en fuerte duda.— ⁶ *Folga*, forma dialectal leonesa empleada en la *Pícara Justina* (*Aut.*).— ⁷ *Huelga* 'huerta a la orilla del río' [*olga* 857, *huelga* 1043, que hoy se localiza en bastantes lugares del Norte de España, p. ej. Cuéllar *huelgas* «huertas a la orilla del río», *BRAE* XXXI, 158] no tiene que ver con *holgar*, pero supone un celtibérico *ŏLGA, variante del galo ŏLCA «campus fecundus» (Gregorio de Tours) (*REW* 6050), procedente de un indoeur. *POLKĀ (> ags. *fealh* f., ingl. *fallow* 'campo roturado'), para el cual vid. Spitzer, *ZFSL* XLIV, 251. Hubschmid, *Boletim de Fil.* XIV, 18-19, cita útil documentación, y explica el cambio de *c* en *g* como un fenómeno de fonética vasca, lo cual, aunque no debe descartarse, no es desde luego seguro; así, él mismo observa que el suletino, que no sonoriza tras *l*, dice precisamente *elge* (también b.-nav.) «champ, plaine cultivée», dato que podría utilizarse para negar que se deba atribuir la -*g*- al vasco; aunque podría pensarse también en reducción vasca del cast. *huelga*; por otra parte el origen de dicho vocablo vasco es incierto, V. la nota citada. Dado que OLCA es la única forma documentada en la Antigüedad, aun en la Península Ibérica (en nombres cántabros y tartesios), y que se trata de un tipo apenas representado en portugués, debe admitirse como tanto o más verosímil una etimología popular, harto natural, que relacionara el nombre de este campo fértil con el verbo *holgar* 'alegrarse', comp. el lat. *laetus* 'alegre' y 'fértil'. Finalmente cabría también explicar esta -*g*- partiendo de la variante OLICA, documentada tres veces en la época merovingia y en los SS. X-XI, Jud, *VRom.* IX, 240-1; comp. además Mosela *olke* 'viña'.

Holguín, V. *golfo*   *Holgura*, V. *holgar*   *Holingre*, V. *hollín*

HOLO-, primer elemento de compuestos cultos formado con el griego ὅλος 'entero'. *Holocausto* [Santillana (C. C. Smith, *BHisp.* LXI); Luis de la Puente, † 1625; Lope¹], del lat. tardío *holocaustum* íd., y éste del gr. ὁλόκαυστος, -ον 'en que se abrasa la víctima por entero', compuesto con καίειν 'quemar'. *Hológrafo* [Terr.], del lat. tardío *holográphus* íd., compuesto con γράφειν 'escribir', en el sentido de 'escrito totalmente por el testador'. *Holómetro. Holosérico*, compuesto con σηρικός 'de seda'. *Holostérico*, con στερεός 'sólido'. *Holoturia* [Acad. 1925 o 1936], del lat. *holothuria*, pl., y éste del gr. ὁλοθούρια, plural de ὁλοθούριον íd.

¹ «Si a Príncipes poderosos / hizieron ese *holocausto* / de sus vidas, por un casto / hallarás dos mil viziosos», *La Corona Merecida*, v. 2100.

La rima parece indicar una pronunciación *holo-casto*, con la misma reducción que *clastra* por *CLAUSTRO*.

Hollado, V. *suelo*

HOLLAR, del mismo origen que el fr. *fouler* íd., oc. *folar*, retorrom. *fular*, it. antic. *follare* 'abatanar', a saber del lat. vg. FŬLLARE, de este último significado, hermano del lat. FŬLLO, -ōNIS, 'batanero'. 1.ª *doc.: hollar*, Berceo, *Himnos*, 17b; *follar*, h. 1300, *Gr. Conq. de Ultr.*, 272.

En ambos textos tiene ya el sentido de 'pisotear' (figuradamente en Berceo); también en J. Manuel (Rivad. LI, 395; Knust, 111.25), Sem Tob[1]; *hollar* en APal. (378d, 392b; «*terere* es *hollar* con los pies la sobrehás de la tierra», 494d), Nebr. («calcare, exculcare, proculcare»), etc. El presente diptongado *huella* tiene ya cierta antigüedad («el umbral que *huellan* los pies», APal. 247b; «la razón... pone todo lo que es vil y bajo en su parte, y *huella* sobre ello», Fr. L. de León[2]; *Aut.* cita ej. de la Madre Ágreda), y se explica por el influjo de otros verbos allegados semántica y fónicamente, como *desollar*, *degollar* u *holgar*, pero es contraria a la etimología, de suerte que bien podría ser antigua la conjugación *holla* que denuncia Cuervo como incorrecta (*Ap.*, § 273), tanto más cuanto que *hollen* se lee en el *Quijote*[3]. En latín FULLARE no se lee más que en dos glosas de los *Hermeneumata Montepessulana*, trasmitidas en ms. del S. IX (*CGL* II, 322.35 y 36), donde significa 'abatanar (paño)', pero debe ser antiguo a juzgar por su gran extensión en romance y por el parentesco evidente con el lat. clásico FULLO 'batanero'. Exceptuando el rumano, el sardo y el portugués[4], hay representantes del verbo en cuestión en todos los romances; en catalán *follar* es raro: aparece dialectalmente, y sólo en el sentido de 'pisar la uva'[5]; oc. *folar*, que es ya medieval, significa casi únicamente esto mismo y 'batanar', y algo análogo puede decirse del italiano y el retorrománico. En francés, en cambio, se halla desde la misma época que en castellano, no sólo en el sentido de 'abatanar', sino también con el valor de 'pisotear'; por lo demás, acs. análogas no son del todo ajenas a la lengua de Oc, sobre todo en sus dialectos gascones: Bearne, Dax *hourà* 'pisotear' (*FEW* III, 846), y *pehourà*, compuesto con *pè* 'pie', es 'pisotear' y 'aplastar' en Montguilhem, depart. del Gers[6]. Cf. *AFOLLAR* y *FOLLÓN*.

DERIV. *Holladero. Holladura* [Nebr.]. *Huella* [APal. 53b; «vestigia... las señales de la *huella* de los pies», 524b; ejs. del S. XVII, en *Aut.*]; *huélliga* ant. y and. [Acad. 1925 o 1936], *fólliga* and. (AV) 'huella'[7]; *huello* [APal. 100b: «vestigio, señal de *huello*»; Ercilla, en *Aut*]. *Rehollar* [Sem Tob, 614; «proculco», Nebr.]. *Afollar*, V. artículo aparte. *Folla* 'lance del torneo en que batallan dos cuadrillas desordenadamente' [1552, Calvete][8], con *f-*

conservada por arcaísmo del lenguaje caballeresco; de ahí secundariamente 'desconcierto, desbarajuste'[9], 'mezcla'[10], 'diversión teatral compuesta de varios pasos de comedia inconexos'[11], hoy *mala folla* 'poca gracia, mala pata' en Almería y Albacete[12]; 'lodo' ast. (V); *folleru* ast. 'lodazal' (V), *follisca*, colomb., venez., 'pendencia, gresca', y *fullona* íd. [1646, *Estebanillo*] (con influjo fonético de *FULLERO*). *Fular* [Acad. S. XX], tomado del fr. *foulard* íd., quizá derivado de *fouler* (*FEW* III, 844b y n. 3).

[1] «Por la grand mansedunbre / al honbre *follarán*; / por su ruyn costunbre / todos lo aborresçerán», copla 112.— [2] M. P., *Antología de Prosistas*, p. 176. Nótese la construcción intransitiva, de la que no conozco otros ejemplos.— «Justo castigo es que a un caballero andante vencido le coman adivas, le piquen avispas y le *hollen* puercos» II, lxviii, ed. *Cl. C.* VIII, 240, y V. nota. Para la extensión del diptongo V. lo dicho a propósito de *AFOLLAR.*— [4] Comp. port. minhoto *folega* «sova, tareia, tunda».— [5] Hoy en el Bajo Ampurdán, *BDLC* IX, 94. Ag. cita un ej. medieval, al cual puede agregarse «vuyt càrregues de verema *follada*», en inventario de Igualada de 1564, *BDLC* XVI, 104. Lo común en catalán es *afollar*, para el cual V. aquí el artículo correspondiente.— [6] *Era Bouts dera Mountanho* IX, 179. En otras hablas de la misma demarcación se define *hourà* «piétiner, écraser les raisins avant de les jeter dans la cuve» (Cénac-Moncaut), lo cual, por lo demás, se halla también fuera de Gascuña.— [7] No conozco el «ast. *huélliga*» 'huella', 'olor', citado en el *REW* sin razón bajo el artículo FOLLICARE. Se trata ahí de un sufijo átono puramente nominal.— [8] Comp. el fr. *foule* y el it. *folla* 'tropel, multitud', que derivan asimismo de FULLARE (*FEW* III, 846a).— [9] «Se les calentaba la sangre a todos y andaba la conversación en *folla* tratando de varias cosas», G. de Alfarache, *Cl. C.* III, 129.3; *Aut.* cita otro ej. de la misma novela y uno de B. Gracián. Además «En esto, juntas en *folla*, / los cuatro coros comiençan, / desde conformes distancias, / a suspender las esferas», Ruiz de Alarcón, *La Verdad Sospechosa*, ed. *Cl. C.*, p. 31.— [10] «Folla de almendrucos y tostones, / maridaje de chufas y piñones», Quiñones de Benavente, *NBAE* XVIII, 540.— [11] Una *folla historiada* titulada *A lo que obliga la hermosura* se representó en Valencia entre 1716 y 1744, E. Julià, *RFE* XX, 119.— [12] A. Zamora, *RFE* XXVII, 247. No he oído nunca *buena folla*, que me parece meramente supuesto por este lexicógrafo.

Holleca, V. *fuelle* *Holleja, hollejo, hollejuelo*, V. *fuelle*

HOLLÍN, del lat. vg. FŬLLĪGO, -ĪGĬNIS, clásico FŪLĪGO, íd. 1.ª *doc.: follín*, S. XIII, *L. de los*

Cavallos, 67.2; APal. («*osticium*, color de *hollín* que crece de la continuación del fuego y fumo»), Nebr. («*hollín del huego:* fuligo; *hollín de hornaza de metal:* cadmia»).

Figura también en C. de las Casas, Oudin, Covarr., y hay ejs. de G. del Corral (1626) y Tirso de Molina. Palabra popular y de todas las épocas y regiones del idioma; Cej. VIII, § 126. FULLĪGO (o *foll-*) se halla en glosas latinas[1], frente a FŪLĪGO del latín clásico, dualidad que tiene muchos paralelos en latín, en particular CALLĪGO (de donde el sardo *baḍḍine, gaḍḍiginzu,* V. *REW* 1516, y la nota de Steiger)[2]. Entre las formas romances el it. *filìggine* (o *fulìggine*) procede de la forma clásica, y el rum. *funìngine* puede venir de cualquiera de las dos, pero las formas réticas e iberorromances han de proceder de la variante vulgar: engad. *fulin,* b. en.ᵤ͟d. *fulia,* port. *fuligem,* pullés *fuḍḍišene, fidd-, piḍḍišini* (Rohlfs, *It. Gr.* I, 368), y con cambio de sufijo gall. *feluxe, fuluxe* ('el hollín de la chimenea', Sarm. *CaG.* 224 *v* [< *FULLŪGĪNE]*) o *fluxe*[3]. Son secundarias las variantes castellanas que se citan, a no ser la mozárabe *fullíyin,* ligera alteración de *fulliyin* < FULLĪGĬNEM[4]. G. de Diego, *RFE* V, 135-7, quiere explicar las demás variantes castellanas por variantes del latín vulgar, idea inadmisible por la fecha reciente de estas variantes y la imposibilidad intrínseca de los tipos latinos supuestos; reacciona atinadamente Steiger, *Homen.* a *M. P.* II, 36-42. De estas variantes, la riojana *hollén* quizá sea un mero cambio de sufijo (según *llantén, herrén,* etc.), o cuando más habría diferenciación en la etapa *follíjn* > *folléjn; holingre,* señalada en Poza de la Sal (Burgos), y el chil. *fullingue* 'tabaco de mala calidad'[5] presentan otra alteración, probablemente debida a un cruce con *pringue* y su antecedente *pingre* (en frases como *una cocina llena de pingre y holingre*), aunque *olingre* ya se encuentre también en el *L. de los Cavallos* (75.8, 98.16); en cuanto a *jorguín,* dice G. de Diego que se emplea en Soria, y quizá no debamos poner en duda su afirmación, pero los diccionarios que han citado esta variante se fundan en mucho más que en el verbo *enjorguinarse,* que Covarr. dice se emplea en Salamanca para 'tiznarse de hollín' y que no es derivado de *hollín,* sino de *jorguina* 'bruja' (porque éstas se tiznan al salir por la chimenea, comp. *mascarar* 'tiznarse' junto a *masca* 'bruja'), palabra de origen vasco y sin ninguna relación etimológica con FULLĪGO, pues aquélla ya aparece h. 1400, en el glosario de Palacio, con *x-* inicial (*xorguina*)[6].

Figuradamente se emplea la forma andaluza *jollín* en el sentido de 'jolgorio' [fin S. XVIII, R. de la Cruz, en Pagès; Acad. S. XX].

DERIV. *Hollinar. Holliniento* [Nebr. imprime *hollimiento,* que acaso no sea errata, comp. la disimilación PIZMIENTO < *pizniento*]. *Deshollinar* [Nebr.]; *deshollinador.* Cultismos: *fuliginoso, fuliginosidad.*

[1] En el muy antiguo glosario del seudo-Filóxeno (trasmitido por un ms. del S. IX), y en el Códice Vaticano de la Reina Cristina (S. X), muy anterior sin duda a la fecha de su manuscrito y lleno de vulgarismos e hispanismos: *CGL* II, 74.11; III, 563.59.— [2] Puede haber relación además con casos como *mammilla* > *mamilla, offella* > *ofella, gallīna* > *galina* (fr. *geline,* mall. *galina*), y por otra parte con *cŭppa* ∼ *cūpa* y análogos.— [3] La forma judeoespañola de Bosnia *fuli* (*RFE* XVII, 136) parece representar un compromiso entre la castellana y la portuguesa, con pérdida de la *-n* por un fenómeno fonético específicamente judeoespañol.— [4] PAlc. trae *fullíin,* R. Martí *fullíyin* (pp. 156 y 401). Puede tratarse simplemente de notaciones imperfectas de una pronunciación *fullíyin;* o a lo sumo hubo traslado del acento en hispanoárabe. Hay dos casos relacionados. *Laḥtīyin* 'leche del higo' en R. Martí, *laḥtín* 'zumo blanco de la higuera' en Abenloyón, que no tienen que ver con el ár. *tin* 'higo', como supone Simonet (p. 291), pues entonces no se explicaría la terminación de R. Martí: se trata de un romance *LACTĪGINEM.* Y por otra parte *rábyana* 'sarna', *rábyan* 'estar sarnoso' y *murábyan* 'perro sarnoso', que deben mirarse como arabizaciones de un romance *robíyen* ROBĪGĬNEM 'orín, oxidación'.— [5] Para otros casos de conservación de la F- ante vocal posterior en Chile, vid. *RFH* VI, 244; creo que es palabra diferente de *fuñingue* 'persona endeble' (Cuba), que viene del expresivo *fuñir* 'encoger' (Malaret).— [6] Emplea *xorguinos* 'brujos' M. de Castañega en 1529 (*RFE* XII, 406); cita *jorguín* (y *jorguina* 'bruja') Oudin y con mala grafía, *jorgín,* Franciosini (1626), de los cuales lo saca Terr. La fuente de aquéllos no es Covarr. (1611), pues el vocablo aparece ya en la edición que publicó Oudin en 1607. De Covarr. pasó a la Acad. *jorguín* 'hollín' (1843, 1884, no 1817 ni 1899) y *enjorguinarse* (todavía en 1899). **Holguín* citado por Diez no es más que una forma intermedia supuesta. Que Covarr. sólo postula un *jorguín* para fines etimológicos, resulta claro de su propio texto: «Otros dizen haverse llamado *jorginas* [las brujas] del *jorgin* o *hollín* que se les pega saliendo (como dizen salir) por los cañones de las chimeneas, y en tierra de Salamanca *enjorginar* vale 'teñirse con el hollín de la chimenea'» (s. v. *bruxa*). Claro está que *jorgina* y análogos son grafías imperfectas por *jorguina; Aut.* escribe *jurgina* o *jorgina* a imitación de Covarr. y cita ej. en Sandoval (1605); Cej. IX, § 158. El *jorguín* de Soria y de Oudin se deberá al cruce de *hollín* con *enjorguinarse* 'ponerse como una bruja, hollinarse'. Se propuso para *xorguina* esta etimol. vca.: vco. *zori* 'suerte, fortuna' (quizá del lat. *sors*) + *gin* sufijo de agente: vid. Schuchardt, cit. por Spitzer (*Litbl.* XLIX, 365) y Steiger, *l. c.;* pero la etimología del vco. *sorgin* se presenta difícil, lo mismo partiendo

de *zori* 'agüero' (que por lo demás va con *txori* 'pájaro' y no con el lat. SORS) que del lat. SORTEM: Michelena, *BSVAP* XI, 294-5; a lo cual por mi parte agregaré que ya tenía yo esta impresión, y me inclinaba en consecuencia a creerlo voz proto-vasca independiente, de la cual sospecho derive el topónimo catalán del Pallars *Sórguen* (*BDC* XXIII, 330), de aspecto tan claramente precatalán y prerromano. Carece de fundamento el étimo *Georgina* admitido por M-L. (*ZRPh.* VIII, 225) y Migliorini; Baist (*ZRPh.* V, 244-5; *RF* III, 516) relaciona con los sinónimos vascos *chorogarria* y *choroa*; M. L. Wagner (*ARom.* XV, 235-6) con el sardo *súrvile* 'bruja' (para el cual vid. Salvioni, *Arch. Stor. Sardo* V, n.º 66, y Guarnerio, *KJRPh.* XII, 145).

Homarrache, V. *mamarracho*

HOMBRE, del lat. HŎMO, -ĬNIS, íd. *1.ª doc.*: *uemne* y *uamne*, h. 950, Glosas Emilianenses (130; 68; 128); *ombre*, doc. de Sigüenza, a. 1220 (M. P., *D. L.*, 250).

Las formas diptongadas son poco comunes ya en español antiguo, pero hay algún ej., además de los citados: *uemne* en la *Disputa del Alma y el Cuerpo* (v. 6) y en doc. de Osma de 1220 (*D. L.*, 212), *huembre* en doc. de Campó de 1186 (*D. L.*, 15); sin embargo, las formas con *o* predominan ampliamente desde los documentos más arcaicos. Hay casos análogos: *conde* (a veces *cuende*) CŎMĬTEM; *monte* MONTEM, que según la etimología de éste parece haber tenido ŏ; probablemente *compra, esconde, responde* y aun quizá *contra*. Algunos (Hanssen, *Gram. Hist.*; Fouché, *RH* LXXVII, 134; Rohlfs, *ASNSL* CLIX, 319)[1] han querido explicar estas formas por el carácter átono que la *o* de estas palabras tiene en alguna ocasión; pero esto es muy difícil en el caso de los tres sustantivos, que según observa Navarro Tomás (*RFE* XII, 353n.) no se emplean sin acento en castellano moderno, y en el caso de *hombre* puede calificarse de imposible dada la rareza de las situaciones en que puede concebirse un empleo proclítico. Debemos atenernos, por lo tanto, a la explicación de M-L. (*R. G.* I, § 184) y M. P. (*Manual*, § 13.4) por una pronunciación latina rústica o romance en que la nasal cerrara el timbre de la ŏ; es verdad que en otras palabras tal influjo no se hace sentir (*FRENTE, PUENTE, FUENTE*), pero la distinción entre los dos grupos de palabras en catalán y en los dialectos del Sur y Norte de Italia se hace aproximadamente de la misma manera que en castellano (cat. *cǫmte, mǫnt, cǫmpra* frente a *pǫnt, fǫnt*), aunque FRŎN-TEM aparece con ǫ en Calabria, Sicilia y Cataluña.

Por otra parte el idioma antiguo vacila entre *omne, ome* y *ombre*, cuestión que no es posible estudiar aquí detenidamente; vid. M. P., *Infantes de Lara*, Glos., s. v.[2] En Berceo predomina *omne*

(con algún ej. de *ombre* en el ms. *I*, y de *ome* en *A*)[3]. Antiguamente se empleó *hombre* o *el hombre* como pronombre indefinido, a semejanza del fr. *on*, cat. *hom*: este uso se registra ya en Berceo (*el omne, Mil.*, 91a) y en muchos textos medievales[4] hasta la *Celestina*[5], pero todavía persiste en varios autores de los siglos de Oro: *hombre* en Juan de Valdés (*Diál. de la L.*, 8.10), Jorge de Montemayor (a. 1558, *RFE* XII, 45) y en el *Alfarache* del valenciano Martí (Rivad. III, 429), mientras que *el hombre*, que es frecuente en el habla pastoril del S. XVI (*ell ombre*), perdura todavía en el lenguaje de los jácaros y rufianes en el XVII (*Rinconete y Cortadillo, Cl. C.*, p. 191; *Buscón, Cl. C.*, p. 130; *Quijote*, íd. II, 283n.; Tirso, *Vergonzoso* I, 514; Calderón, *El Mágico Prodigioso*); V. otros datos en Gillet, *Homen. a M. P.*, I, 448-53.

DERIV. *Hombracho. Hombrada. Hombradía. Hombrear* 'querer el joven parecer hombre hecho', *-rse* 'querer igualarse con otros'. *Hombrecillo* 'hombre pequeño' [1604, Sandoval; *ombrezillo*, APal. 196d][6]. *Hombredad* ant. *Hombretón. Hombrezuelo. Hombría. Hombruno* [1605, *Pícara Justina*]. *Superhombre*, imitado del alem. *übermensch*, ya empleado una vez en 1527, adoptado por Goethe (1775) y popularizado por Nietzsche (1883), vid. *ARom.* XXI, 216-9. *Homenaje* [*Cid*], tomado de oc. ant. *omenatge* íd. (más que del cat. *homenatge*), derivado de *ome* 'hombre' en el sentido de 'vasallo'[7]; *homenajear* [ejs. citados por Saralegui, *BRAE* XII, 1925, 127-8; la Acad., aconsejada por este autor, rechaza como neologismo innecesario, pero está perfectamente arraigado en la América del Sur, desde donde se comunicó a Cuba, según observa F. Ortiz, *Ca.*, 78]. Cultismos: *hominal; homúnculo*, tomado del lat. *homúncŭlus*, diminutivo de *homo*.

CPT. *Eccehomo*, tomado del lat. *ecce homo* 'he aquí el hombre', frase pronunciada por Pilatos al entregar a Jesucristo. *Homicida* [princ. S. XVII, Argensola, Céspedes; *omeçida*, aya 1444, J. de Mena, *Lab.* 277d; 1475, G. de Segovia, 89; Valdés, *Merc. y Carón*, p. 37], tomado del lat. *homĭcīda*, compuesto con *caedĕre* 'matar'; *homicidio* [ejs. de los SS. XI-XII en Oelschl., pero son sospechosos de latinismo; princ. del S. XVII: Nieremberg, Castillo Bobadilla], de *homĭcīdĭum*; duplicado semipopular fué el anticuado *omezillo* [*omecilio*, doc. de 1157, Oelschl.; *homezilio*, 1262, Staaff, 57.39; *omezillo*, desde 1219, Oelschl., y más ejs. en Tilander, p. 436; todavía «*omezillo*: homicidium» como forma normal en G. de Segovia y en Nebr.; pero después tiende a predominar la ac. 'enemistad', que ya hallamos en el *Amadís*, p. 43, y todavía en el habla popular de Sancho Panza, pero Juan de Valdés, *Diál. de la L.*, 114.5, advierte que ya se va anticuando][8], con los derivados *homiciano* (Mariana)[9], *homiciado* (*Gr. Conq. de Ultr.*, 27; *Rim. de Palacio*, 678; asturiano para

J. de Valdés), ambos 'homicida'; el verbo *omiziar-se* 'cometer homicidio' (*Calila*, ed. Allen, 39.690); y *homiciero* 'el que promueve enemistades', gall. ant. *omezieyro* (*Ctgs.*).

¹ Los dos últimos se refieren especialmente a *monte*, e invocan como prueba la forma catalana *munt*. Pero la explicación de esta *u* nada puede tener que ver con el fenómeno que nos interesa, pues no hay ejs. catalanes de *o* > *u* (a no ser ante *i*) antes del S. XVI, y *munt* es muy frecuente en todo el período medieval. Como prueba de que MONTEM tenía ŏ cita M-L. (*REW* 5664) un cast. ant. *muent*, del cual no hallo ejs. Quizá Saroïhandy en su trabajo de *RIEV* VII cite un alto-aragonés *muende* o *muande*, por el cual, según comunicación oral del Prof. Odón de Apraiz, pudiera acaso explicarse el vasco *mendi*; pero lo único que recogieron Rohlfs (*BhZRPh.* LXXXV, § 368) y Elcock (*Affinités Phonét.*, p. 135) en Aragón fué *monde* o *mon*, aunque el último sospecha que en un nombre de lugar *Co-mademán* pueda haber reducción de **muant*.— ² *Home* persiste hoy en Asturias (Vigón), y se oye en algún punto de Andalucía y de Méjico (R. Duarte lo registra en el Yucatán); pero en estas últimas zonas, de consonantismo débil, puede tratarse de una reducción moderna de *hombre* en la pronunciación rápida.— ³ Claro está que la reducción de *omne* a *ome* es fonética. Es inadmisible partir del nominativo HOMO, según quisiera Hanssen, *Sobre un Compendio de Gramática, AUCh.* 1908, p. 11 de la tirada aparte. La grafía *omen* que se halla en algunas ediciones publicadas en el siglo pasado es resolución errónea de la sigla o̅m̅e̅. A diferencia de los romances más orientales, el castellano y el portugués no poseen formas descendientes del nominativo de nuestra palabra. El *om* del Fuero de Avilés será uno de los casos de provenzalismo estudiados en ese texto por Lapesa, *Asturiano y Provenzal en el Fuero de Avilés*. En cuanto a *hom* u *ho*, que se halla con carácter de interpelación (*¿adónde vas, hom?*), que se oye en la Montaña, Asturias, León, Galicia y Norte de Portugal (Leite de V., *Opúsc.* II, 473), y en América es propia del Oeste argentino, Chile, Perú, Venezuela, Uruguay, Salvador y Guatemala (Kany, *Sp.-Amer. Syntax*, 419-20), es reducción reciente del leon. *home* (también gallego: «¿por qué non falades galego, *hom*?», Castelao 61.32), según prueba ya la conservación de la *-m* en muchas partes, consonante que se hubiera cambiado en *-n* en todos los dialectos españoles si se tratara de un antiguo representante de HOMO. La afirmación de Ch. E. Kany de que el *Lexicón Bilbaino* de Arriaga trae la misma forma debe ser debida a una confusión, pues no hallo tal dato en ese libro; sí en el de Braulio Vigón sobre Colunga. Por lo demás, V. mi nota en *RFH* VI, 236-7 (y comp. E. Vidal de Battini, *BDHA* VII, 84-85).

Más datos de *ho(m)* interjectivo en Rosenblat, *NRFH* IV, 67, quien lo cree debido a un cruce con ¡*oh*!— ⁴ «Como *hombre* entra a man ezquerra», invent. arag. de 1375 (*BRAE* IV, 213).— ⁵ «El comienço de la salud es conocer *hombre* la dolencia del enfermo», I, *Cl. C.* I, 42.5.— ⁶ En la ac. 'lúpulo' [1555, Laguna] se trata de una palabra diferente. Lo más probable es que *homlon* o *umblone*, antecedentes antiguos del fr. *houblon* 'lúpulo' en textos judeofranceses y latinos (Bloch, s. v.), dieran en cast. **hombrón*, y que pareciendo en desacuerdo este aumentativo con el tamaño reducido de la planta, se cambiara en *hombrecillo*. El fr. *houblon* procede de *homblon* por eliminación disimilatoria de la nasalidad, y éste del germ. **HUMILO*, para el cual vid. Kluge, s. v. *hopfen* y la bibliografía citada por Spitzer, *ZRPh.* XLV, 585-7; vid. también la bibiografía que cito acerca del fr. *houblon* y del cast. *hombrecillo* s. v. *LÚPULO*; Lausberg, *ZRPh.* LXVIII, 111, coincide conmigo en la interpretación fonética de *houblon*. En cuanto al parentesco con el fr. ant. *hober* 'menear' que propone Spitzer no convence no ya como etimología (en lo que piensa Spitzer), sino ni siquiera como contaminación (que es la idea de Bloch), pues en realidad no hay dificultad fonética importante en el origen germánico. Nótese, como observa Kluge, que el vocablo se presenta en casi todos los idiomas europeos con formas tomadas del germánico. Menos probable me parece, precisamente por esta razón, que *hombrecillo* salga de un **LUPICELLUS*, emparentado con el aran. *lobèt*, y con el cultismo *lúpulo*, it. *luppolo*; al fin y al cabo éstos mismos pueden ser adaptaciones de la misma palabra germánica, por etimología popular.— ⁷ Para la noción exacta del homenaje feudal, vid. M. P., *Infantes de Lara*, Glos., s. v.— ⁸ Comp. formas semipopulares análogas: port. *omicio*, *-izio* (Viterbo), hoy conservado en la forma *Mezio* como nombre de lugar (Leite de V., *RL* I, 52-3); cat. ant. *homei* (< *homezizi*). Véase además Brüch, *ZRPh.* LV, 139.— ⁹ Gall. ant. *omizian* 'homicida' (*MirSgo.* 41.23) parece ser acusativo analógico **homicidanem* del b. lat. *homicida*, y la forma de Mariana, adaptación tardía de lo mismo.

HOMBRO, del lat. ŬMĔRUS íd. *1.ª doc.*: *ombro*, Cid.

También en Berceo (*Mil.*, 897b), etc. De uso general en todas las épocas; Cej. VI, § 16. La grafía latina *humerus* es tardía e incorrecta. Se ha conservado con carácter popular en portugués, gascón (*ume*, *umi*, *umbe*, *BhZRPh.* LXXXV, § 226, con *u* extraña), rum. *umăr* y en hablas de Córcega y Cerdeña. Los demás romances lo sustituyeron por SPATŬLA¹. Duplicado culto es *húmero*, cuyo significado aparece también en autores médicos latinos.

DERIV. *Hombrear* 'hacer fuerza con los hom-

bros' (Acad.), 'llevar pesos al hombro (una persona)' (Guiraldes, *D. S. Sombra*, ed. Espasa 37, 203).
Hombrera. Hombrillo. Humeral [Berceo, *Sacr.*,
110], tomado del lat. tardío *umerale* 'capa'. Gall.
hombreiro 'hombro' (Carré, Eladio Rdz.; *engruñar*
os hombreiros, collerme polo hombreiro, Castelao
281.22, 173.4) ha sustituido a *hombro*, que se
conserva en portugués.
  CPT. *Hermano de ŭmĕrus* es el gr. ὠμός 'espalda', de donde el compuesto ὠμοπλάτη (con
πλάτη 'llano') y de ahí el cultismo *omóplato*
[princ. S. XVIII, *Aut.*].
  [1] En ciertas hablas catalanas, y con ellas el idioma literario, se distingue *muscle* 'lo alto del hombro' de *espatlla* 'parte posterior del mismo'; en
otras partes y aun en Barcelona se generaliza el
empleo de este último.

Hombruno, homecillo, homenaje, V. *hombre*
Homeópata, homeopático, V. *homo-   Homero*,
'aliso', V. *álamo   Homiciano, homiciarse, homi-*
cida, homicidio, homiciero, homicio, V. *hombre*
Homilía, homiliario, V. *homo-   Hominal*, V.
hombre   Hominicaco, V. *mono y monigote*

HOMO-, elemento prefijado de compuestos cultos, procedente del gr. ὁμός 'igual'. *Homófono;*
homofonía. Homogéneo [1709, Tosca], tomado del
lat. escolástico *homogeneus* y éste del gr. ὁμογενής
íd., compuesto con γένος 'linaje', 'género'[1]; *ho-*
mogeneidad [1734, *Aut.*]. *Homógrafo. Homólogo*
[1734, *Aut.*], tomado del gr. ὁμόλογος 'acorde',
'correspondiente', compuesto con λέγειν 'decir, hablar'; *homologar* [*amologar* 1441, *BHisp.* LVIII,
91], *homologación. Homónimo* [1757, Mayans, *Re-*
tórica, cita de Terr.], del lat. *homonȳmus* y éste
del griego ὁμώνυμος 'que lleva el mismo nombre',
compuesto con ὄνομα 'nombre'; *homonimia. Ho-*
mosexual (que la Acad. quisiera extrañamente derivar de *homo* 'hombre'); *homosexualidad. Homi-*
lía [1584, H. de Castillo], tomado del lat. tardío
homilía y éste del griego ὁμιλία 'reunión', 'conversación familiar', compuesto con ἴλη 'grupo', compañía'; *homiliario*. Con ὅμοιος 'semejante' y πάθος
'enfermedad' se formó *homeopatía* [Acad. ya 1884]
y de ahí *homeopático* y *homeópata*.
  [1] Comp. fr. *homogène*, antes *homogénée* [1503],
RF XXXII, 77.

Homúnculo, V. *Hombre   Honcejo*, V. *vence-*
jo II

HONDA, del lat. FŬNDA íd. *1.ª doc.: fonda*,
Berceo (*Mil.*, 34).
  También en J. Ruiz, 963*b; honda* en APal. (41*b*,
42*b*, 85*b*, 172*b*), Nebr., etc. Popular en todas las
épocas. *Fronda* 'vendaje de lienzo en forma de
honda' (Acad. 1899), tomado del fr. *fronde*
'honda'.
  DERIV. *Hondada* u *hondazo. Hondear* [APal.

456*d*]. *Hondero* [APal. 41*d;* Nebr.]. *Hondijo. Fun-*
díbulo, tomado del lat. *fundībŭlum* íd.[1], de donde
procede por vía popular el cat. *fonèvol*, que también pasó al castellano; *fundibulario*.
  CPT. *Fondafuste*, V. nota s. v. *BARAHUNDA*.
  [1] Los representantes vascos y el fr. ant. *fondèfle*
que les busca Schuchardt *BuR*, 28, son muy problemáticos.

HONDO, del antiguo *fondo*, y éste probablemente sacado de un preliterario *perfondo*[1], procedente del lat. PROFŬNDUS íd., en el cual el prefijo *per-* fué entendido como aumentativo (como
en *perdaño, perfeo, peripuesto*). *1.ª doc.: fondo*,
Berceo, *Mil.* 583*d* (*pozo fondo*), *S. D.* 230*b* (*rios*
fondos).
  General en todas las épocas del idioma (p. ej.
fondo, J. Ruiz, 242*d, S. M. Egip.* 384, *Yúçuf*, 21,
etc.; *hondo*, APal. 172*d*, 471*b*, Nebr.; Cej. VI,
§ 41). Uso parecido tienen el port. *fundo*, gall.
fondo («no *fondo* dunha gabeta», Castelao 201.20)
y el it. *fondo*[2]; los demás romances conservan intacta la primera sílaba de PROFUNDUS. Ya Diez
(*Wb.*, 143) se planteó el problema de si *hondo*
venía de PROFUNDUS o de un cambio de valor
gramatical del sustantivo FUNDUS 'fondo', y recordó
el caso del it. *tondo* 'redondo' sacado de *ritondo*
ROTUNDUS, donde *ri-* se tomó por una especie de
refuerzo semántico; comparación muy oportuna al
caso; sin embargo se decidió Diez por la segunda
alternativa ante el escrúpulo que le causaba la
poca frecuencia de este fenómeno regresivo; en el
mismo sentido se pronuncian M-L. (*REW* 3585) y
M. P. (*Manual*, § 81.1), mientras que Cornu (*GGr.*,
§ 108) advierte que ha de tratarse de *profundo*,
cuya primera sílaba fué tomada como prefijo intensivo. Hoy, que conocemos, mejor que en tiempo de
Diez, la importancia y frecuencia de la derivación
retrógrada en romance, debemos decidirnos por la
segunda explicación, sobre todo teniendo en cuenta que el caso se ha producido precisamente en
los tres romances que mejor conservaron el uso
latino del prefijo PER- aumentativo. Creo, en efecto, que PROFUNDUS sufrió en todas partes la disimilación normal en PREFUNDUS (de donde oc.
preon, cat. *pregon*, valón *prevon*) y luego pasó a
*perfondo por el efecto coincidente de la trasposición, tan frecuente en la Edad Media (V. *AL-*
REDEDOR), y de la mayor frecuencia del prefijo
PER-. En hispano-portugués y en italiano ocurrió,
pues, lo mismo que en el Norte de Francia, fr.
ant. y medio *parfont*. Pero el prefijo PER-, aumentativo, del latín (*pergrandis, perillustris*), seguía
siendo muy vivaz en castellano antiguo, especialmente en el lenguaje popular, como hoy todavía
lo es en los dialectos leoneses: recuérdense *per-*
chapado, perdañoso, perhecho y tantos más, en el
lenguaje pastoril de J. del Encina y sus émulos,
hoy *perbobu, perfeu, perllocu, perperdíu, perpisa-*
da, etc., en Asturias, y la variante *peri-* que vive

todavía en el lenguaje común (*peripuesto, perifollo, pericueto*); casi lo mismo se puede decir del portugués y del italiano, mientras que los demás romances perdieron más temprano este tipo formativo. Es lógico, pues, que *perfondo* se percibiera como exageración popular del mismo tipo que *peralto*, con tanto mayor motivo cuanto que a su lado estaba el sustantivo *fondo* FUNDUS, y así se creó el adjetivo *fondo* (*hondo*), que pronto se generalizó en el lenguaje de la gente educada, con tendencia desde antiguo a la eliminación del prefijo intensivo *per-*, mientras que el lenguaje del vulgo, más conservador, le permanecía fiel y conservaba huellas, al mismo tiempo, del antiguo *perfondo*: Juan del Encina pone *perhundo* en boca de sus pastores («¿Iba el río muy *perhundo?*», rimando con *mundo*, ed. Acad., p. 142; con el vocalismo leonés, correspondiente al del port. *fundo*); *porfundadamientre*, *Setenario* fº 13rº. El duplicado culto *profundo* aparece ya en J. Ruiz, 1552a (*infierno profundo*, en rima), APal. (15*b*, 206*b*), etc.[3]

DERIV. *Hondable* ant. 'hondo'. *Hondarras*, rioj. *Hondura* [Villena, *Trabajos de Hércules*, ed. Morreale, p. 48; Mena, *Coronación*, ed. Toulouse ¿1489?, fol. 44*v*; APal. 42*b*, 186*b*, 172*b*; Nebr.], antes también *fondeza*. *Ahondar* [*af-* Berceo, *Signos*, 7; Cuervo, *Dicc.* I, 283-5; ast. *afondar*, V]; *ahondamiento*; *ahonde*. *Zahondar* [S. XIII, *L. de los Cavallos*, 67.15; *Conde Lucanor*; y más ejs. Cuervo, *Obr. Inéd.*, 380, siempre con *ç-*; «Sodoma e Gomorra... destroio-as et *sufondó*-as todas ēno abysmo» (*Gral. Est. gall.* 208.17)], de SUB-FUND-ARE.

Fondo m. [Berceo, *Mil.*, 42; APal. 72*b*], del lat. FŬNDŬS íd., conservado en todos los romances, y del cual es derivado PROFUNDUS; junto a *fondo* existió en lo antiguo *hondo* como sustantivo (*Conde Luc.*, 168.14), pero aquí la aspiración no llegó a generalizarse porque el vocablo cayó en decadencia durante la Edad Media, de resultas de la concurrencia de su afortunado derivado y sinónimo *hondón* [*fondón*, 1084 y 1085, BHisp. LVIII, 360; *Cid*; Berceo, *Mil.*, 592; *Alex.*, 311; *Fn. Gonz.*, 591; *Libro de Enxemplos*, 520; Juan de Mena, *Coronación*; APal. 80*d*; *hondón* es la única forma registrada por Nebr. para el sustantivo][4], después por influjo del latín se restableció el uso de *fondo* y por lo tanto se hizo con su consonantismo anticuado *f-*, que además permitía distinguir entre el sustantivo y el adjetivo[5]; *hondear* 'reconocer el fondo con sonda', 'tantear', *hondeador*; *hondillos* o *fondillos* 'entrepiernas' [*Aut.*][6], comp. fr. *fond* íd. (*FEW* III, 873*a*); *hondonada* (ast. *fondigonada*, V), *hondonal, hondonero, defondonar* ant. [Acad. ya 1843]; *afondar, afondado, afondable*; *desfondar, desfonde*; *fondable*; *fondado*; *fondaje* 'poso o heces', canario y andaluz (*BRAE* VII, 336; *fundaje* en la Biblia judeoespañola de Ferrara, *BRAE* IV, 635), gallego *fondaxe* 'las piezas que

componen la boca de la pipa de vino', deriv. del sinónimo gall. *fondos* (Sarm., *CaG.*, p. 119); *fondear* [1520, Woodbr.; 1696, *Vocab. Marít. de Sevilla*][7], *fondeo, fondeadero* [1526, Woodbr.]; *fondillón*. *Fonas* 'cuchillos en las capas y otras ropas' [Terr.; Acad. ya 1817], tomado del cat. *fones*.

Fundo 'predio rústico' [S. XVII, Castillo Solórzano], tomado del lat. FŬNDUS, que tiene también este significado; tiene carácter hereditario, con tratamiento aportuguesado de la ŭ tónica en Asturias, Sto. Domingo, Cuba y Chile (*RFH* VI, 73, 108n.3); en Galicia vale 'solar (edificado o por edificar)' (Alvz. Giménez). *Fundar* [2.ª mitad del S. XIV, Sem Tob, 676; «*fundar: poner en fundamento*, fundo» Nebr.], tomado del lat. *fundare* 'poner los fundamentos' (a veces *fundar* o *fundarse* significa 'afirmar, declarar algo', como en Sem Tob y Vélez de Guevara, *Serrana de la Vera*, v. 2028); *fundación, fundacional; fundado, infundado, infundio; fundador; fundamento* [*Apol.*, 637*b*; *fondamiento*, Berceo], *fundamental, fundamentar*.

Derivados de *profundo*: *profundidad* [h. 1440, A. Torre (C. C. Smith, *BHisp.* LXI)]; *profundizar* o *profundar*.

[1] *Perfondo* 'hondo' en Vidal Mayor 1.56.29, y *profondo* 6.28.26.— [2] *Fondo* está hoy muy arraigado en catalán [princ. S. XV, Andreu Febrer] y con derivados propios (*fondal, fondalada*), pero será más que aragonesismo, mozarabismo, en vista de la *-o* y el grupo *-nd-*; lo único castizo es el medieval y toponímico *pregon*, todavía empleado literariamente. Éste viene de *preon* < *prevon* PROFUNDUS, y de ahí llegó como término náutico hasta el ast.: «*mar pregona* 'alta mar', *agua pregona*: el agua del mar cuando viene revuelta, en la costa, con algas, ovas y otras plantas marinas; con el nombre de *Canal de la Pregona* es conocida una depresión en el fondo del mar, cerca de la Costa Cantábrica, que llega hasta 5000 metros de profundidad» (Vigón, *Vocab. de Colunga*). Testimonio elocuente del vasto influjo cat. en este terreno semántico.— [3] En Berceo (*Mil.*, 701*c*; *S. Mill.*, 22*c*) y *Apol.* (22*a*) aparece el derivado *profundado*, siempre en sentido figurado, con referencia al saber.— [4] *Vocab. de Rom. en Latín*, h2vº; y en el *Lex. Hisp.-Lat.* «*abyssus*: abismo, agua sin *hondon*». Para el empleo en la toponimia mozárabe, vid. Simonet, s. v. *fondón*. Ast. *fondones* 'sedimento de la sidra en los toneles' (V). Para el uso de *hondo, fondo, fondón* etc. en el S. XV y en la Edad Media, vid. J. A. Pascual, *La Traducción de la Divina Comedia atribuída a Enrique de Aragón*, pp. 165-168.— [5] Para la locución clásica *fondo en* (*fondo en tonto, fondo en tía*, etc.), que a veces significa 'mezclado de, cruzado con' y en otros casos 'en realidad de verdad', vid. Morley, *MLN* XXXII, 501-3; Ch. Ph. Wagner, *MLN* XXXIV, 309-10; Gillet, *MLN* XL, 220-3; G. I. Dale, *MLN* XLII, 319-21.— [6] En Cuba *fondongo*, *Ca.*, 41.— [7] H. 1580 ya

Sassetti lo copia italianizándolo en *fondeggiare* (Zaccaria). Ha pasado también al cat. *fondejar*.

Honestad, honestar, honestidad, honesto, V. *honor*

HONGO, del lat. FŬNGUS íd. *1.ª doc.: fongo* «boletus», h. 1400, en los tres glosarios publ. por A. Castro; *fongo, hongo*, APal.¹ También en Nebr. («*hongo de prado*: fungus pratensis; *h. sospechoso; h. del arbol*: boletus; *h. sin raiz e pie; h. para iesca*»); frecuente en autores posteriores; popular, por lo menos en algunas partes; Cej. VIII, § 93. Desde antiguo le hace fuerte concurrencia *SETA;* en buena parte del territorio se emplean conjuntamente, con alguna distinción de sentido; en general puede decirse, como declara explícitamente Covarr., que el *hongo* es más apreciado que la seta, aunque también se han empleado como meros sinónimos²; en el uso del Este de España se emplea especialmente *hongo* como nombre del *Lactarius deliciosus* (= cat. *rovelló*), la variedad más estimada por los gastrónomos. FUNGUS se ha mantenido con carácter popular en italiano (*fungo*), retorrománico y gallegoportugués, si bien ahí la concurrencia de *cogumelo* (*cug-*) ha reducido modernamente *fungo* a nombre del bején u otras especies venenosas; además vasco *oindo, ondo* (M-L., *ASNSL* CLXVI, 53), Sara (lab.) *kondo* 'seta', mozár. *fungu* o *fungêl* (Asín, *Glos.*, 124-5); en Cataluña, Occitania, Nordeste de Francia, Rumanía y partes de las zonas italiana y rética ha predominado el lat. BOLĒTUS.

DERIV. *Hongoso* [*hungoso*, errata por *hongoso* según el orden alfabético: Nebr.; *jongoso* 'blando' en Zorita de la Frontera, prov. de Salamanca, *RFE* XV, 144]. Cultismos: *fungoso, fungosidad*. Para otro posible derivado, V. *FONJE*.

¹ «*Agaricum* es rayz o *fongo* de un arbol», 10*d;* «*tuber* es linaje de *hongo* que dizen que nasce del tronido del ayre», 511*d;* también 224*d*, 313*d.—* ² El Glosario de Toledo da *fongo* y *xeta* juntos como traducción de *uligo*, probablemente en el sentido de 'moho, verdín', pero el hecho es que como equivalencia de *boletus*, que designa una criptógama de más valor, sólo da *fongo*. APal. casi siempre emplea *hongo*, menos en 224*d*, donde define *ircose* como «*xetas* o *hongos* duros»: ahí *hongo duro* será la explicación de lo que es una *xeta*.

HONOR, del lat. HONOS, -ŌRIS, íd. *1.ª doc.: honore*, h. 950, Glosas Emilianenses, 89; *onor, Cid*, etc.
Es siempre femenino en los SS. XI-XIII (*Cid*, passim; Berceo, *Mil.*, 841*d;* y más ejs. en M. P., *Cid*, 776-9, y Oelschl.; Cej. VI, § 35). Posteriormente se generaliza el masculino (ya APal. 16*b*, 197*b*). Para las acs. feudales 'heredad, patrimonio'

y 'usufructo de las rentas de alguna villa o castillo realengos', V. el pasaje citado de la ed. del *Cid;* análogamente 'lote, suerte', Berceo, *Mil.*, 94*d*, 'alta posición' ibid. 841*d*.

DERIV. *Honrar* [*ondrar, Cid; onrar*, Berceo, junto a *ondrar;* Cej. VI, § 35], del lat. HONŌRARE íd.; la evolución fonética normal habría sido *ornar*, que se halla alguna rara vez en Berceo (*S. D.*, 473*a*, 599*c*, sólo en el valioso ms. *E*, del S. XIV), pero esta forma era demasiado diferente de *honor* para poder subsistir: el influjo del primitivo restableció la pronunciación *onrar* (con *ere*), que tendió a estabilizarse según la fonética castellana, sea en *ondrar*¹ o en *onrrar* (con *erre*), y ésta es la variante que ha predominado, ya general en J. Ruiz y demás escritores del S. XIV. *Honrado* [*ondr-, Cid*], son conocidas en la Edad Media las acs. 'ilustre' (Berceo, *Mil.*, 737*c;* etc.), 'rico' (ibid. 318*c*, 880*a; Libro de los Gatos*, 556); *honradez; honradote. Honrable. Honradero. Honrador. Honramiento. Honra* [*ondra, Cid, Apol.*, 220; *onrra*, doc. de 1074, Berceo; *orna*, doc. de 1209, Oelschl.], más popular que *honor* en todas las épocas²; *honrilla; honroso* [APal. 330*d*]. *Deshonrar* [*-ndr-, Cid*, etc.]; *deshonrador; deshonra* [h. 1275, *1.ª Crón. Gral.*, 29*b*23]; *deshonrible; deshonroso. Deshonor* [*Cid*]. Cultismos: *honorable* [1433, Villena (C. C. Smith, *BHisp.* LXI); Nebr.]; *honorabilidad; honoración; honorario. Honesto* [Berceo], tomado de *honĕstus* 'honorable, honesto', derivado del mismo radical que *honos; honestidad* [*Corbacho* (C. C. Smith); APal. 384*d*], ant. *honestad* [Berceo; doc. murciano de h. 1400, G. Soriano, p. 196]; *honestar* [APal. 469*d*]; *cohonestar*, tomado del lat. *cohonestare* 'realzar, embellecer'; *deshonesto* [Mena, *Lab.*, 201*d*, en la ac. 'vergonzoso'], *deshonestidad*.

CPT. *Honorífico*, tomado del lat. *honorĭficus; honorificar, honorificación; honorificencia* ant.
¹ Así también en *Apol.* (296*c*, 637*c*), *Alex.* (74, 170). La forma cultista *honorar* es rara (asegurada por el metro en Berceo, *S. D.*, 114).— ² Tan poco popular se hizo *honor* que J. de Valdés sólo lo admite en verso, reservando *honra* para la prosa (*Diál. de la L.*, 108.19). Para el plural *honras* en las acs. 'demostración de aprecio' y 'exequias', *BRAE* IX, 698-714; XIV, 522. De sentido análogo es el vasco *ohore* (HONOREM), de donde *ohortze, (eh)ortzi*, 'enterrado', Michelena, *BSVAP* XI, 295.

Honsario, V. *fosa*   *Hontana, hontanal, hontanar, hontanarejo*, V. *fuente.*

HOPA, 'vestidura talar a modo de túnica o sotana cerrada', palabra propia de los tres romances hispánicos, de origen incierto; parece haber relación con *hopalanda* y con *loba*, que designan vestiduras semejantes, y es probable que la primera y la última de estas tres palabras procedan del gr. λώπη 'manto de piel', y que *hopalanda* resulte de un cruce de *hopa* con una variante de *BALANDRÁN* (it. *palandra, pelanda, pellarda*), pero quedan varios puntos oscuros por dilucidar. *1.ª doc.: hopa,* doc. zaragozano de med. S. XIV[1].

Más documentación: «Un tavardo e *hopa* de hombre, de panyo de Londres vermellyo», invent. arag. de 1380, *BRAE* II, 556; «Don Juan, Infante leal, / ...con el alto Infante Enrrique, / ...den al novyo alguna ropa, / sea balandrán o *hopa* / o fruta pecunyal», memorial de 1420, *RFE* VI, 393; «otra *hopa* de brujas, enforrada en bocarán prieto», invent. toledano de 1434, *RFE* VIII, 28; «Señor, lo que vos demando / es alguna gentil ropa, / balandrán, galdrapa, *opa*, / con que me vaya preciando», petición de Villasandino al Rey Enrique III (1390-1406), *Canc.* de Baena, n.º 59, v. 7; «dos donsellas... la otra vestía una *hopa* larga / de un inple rryco, con su penna vera, / broslada de plata en alta manera», versos de Páez de Ribera, ibid., n.º 288, v. 9; «dar vos he una *hopa* que tengo enpennada», *Rim. de Palacio,* 433; «*opa*: toga», Glos. del Escorial (h. 1400); «*machil* es *hopa* o saya fasta los pies», APal. 258*b* (también 117*b*). Falta en Nebr., C. de las Casas, Percivale, Oudin, Covarr.; *Aut.* cita ej. de un documento no fechable referente a los caballeros de Santiago («el hábito que han de llevar de camino será una *hopa* negra, que llegue al tobillo») y define «especie de vestidura al modo de túnica o sotana cerrada», definición que la Acad. ha conservado hasta el día, agregándole una segunda ac. «loba o saco de los ajusticiados». El vocablo existe también en portugués, donde Moraes define «*opa*, manto real; capa de Irmandade» y cita ej. en Mendes Pinto (1541); y en catalán, donde ya hay un ej. del S. XIV y dos del XV, que pueden verse en Ag., y cuyos contextos indican una vestidura semejante a la que nos muestra la documentación transcrita. Se podría sospechar que el vocablo procediera de un étimo con F- (ya que una etimología arábiga con aspirada no es posible habiendo -*p*-), en vista de que la grafía *fopa* de un doc. medieval de Cartagena[2] indica una *h* aspirada, de acuerdo con la grafía de la mayor parte de los documentos; mas por otra parte hay ya dos ejs. muy antiguos de *opa,* y la *f*- falta en catalán y portugués. Luego sólo caben dos explicaciones: o que procede de una palabra francesa con *h* aspirada; o que esta aspiración vacilante de *opa* es secundaria y debida a la contaminación de *HOPO.*

Nadie ha opinado sobre el origen de *hopa,* a no ser A. Castro, que relaciona con *hopalanda,* lo cual parece imponerse. De este otro vocablo hallamos en castellano menos documentación medieval; sólo conozco un ej. en el *Canc.* de Baena: a una demanda de Villasandino, dirigida a Fernando I de Aragón, en que le pedía una *opa* (n.º 66, v. 4), en términos parecidos a los arriba transcritos, replica Ferrán Manuel de Lando desde Zaragoza, como si hablara en nombre del Rey, que se le dará la *opalanda* (n.º 67, v. 23): la poesía puede fecharse en 1412; aunque las dos palabras están en rima, y pudieron influir en su uso consideraciones puramente formales, parece de todos modos que popularmente las dos palabras se identificaban o poco menos. El vocablo figura (sin *h*) en Oudin, y *Aut.* lo define «la falda grande y pomposa, comúnmente la que traen los estudiantes arrastrando», y cita ej. de Quevedo, mientras que sus coetáneos Lope de Vega y Pantaleón de Ribera emplean la forma *sopalanda,* variante que se explica bien si tenemos en cuenta que los tres autores usan el vocablo en plural y tras artículo: hay, pues, aglutinación de la -*s* de esta partícula[3]. Conviene advertir que, según la definición unánime de los lexicógrafos de todos los idiomas, la *hopalanda* no era sólo «falda», según dice la Academia, sino: «long vêtement ouaté, sans taille, à manches et col plat, que les hommes mettaient par-dessus leurs habits et que les prêtres portent encore par-dessus leur soutane», es decir, aproximadamente lo mismo que la *hopa. Hopalanda* existe en portugués (frecuente ya en el S. XVI: Moraes), lengua de Oc (4 ejs. de *opelanda* desde h. 1300, 3 de *hupalanda* y 2 de *opalanda,* todos de los SS. XIV-XV) y francés, donde *houppelande* es frecuente desde 1281 (variante *huplande* en el S. XV), vid. God. IX, 771 (y Du C., s. v. *hopelanda, houppelanda, hopulanda, opelanda, opulenda,* con ejs. desde 1367, los más de ellos franceses y alguno inglés o italiano). En italiano tenemos *pelanda* en los dos glosarios vénetos del S. XV publicados por Mussafia («weit Rock», *Denkschriften d. Wiener Akad.* XXII, 186), y hoy en las hablas del Friul, Cremona, Brescia y Milán, *palandra* en Pavía y admitido como italiano, sin ejs., por Tommaseo y Petrocchi, formas que se enlazan evidentemente con el it. *palandrano* [S. XVI], *palandrana* [S. XVII], mientras que éste es evidentemente lo mismo que *BALANDRÁN,* palabra de conocida creación expresiva. Jud, *VRom.* XI, 341 n.2, relaciona brevemente el it. *palandrana* con oc. *palaudia* («de PALLA con sufijo oscuro»).

En fin téngase en cuenta el cast. *loba* «vestidura talar, que oy usan los Eclesiásticos y Estudiantes: la qual empieza por un alzacuello que ciñe el pescuezo, y ensanchándose después hasta lo último de los hombros, cae perpendicularmente hasta los pies; tiene una abertura por delante y dos a los lados para sacar los brazos» (*Aut.*); en términos parecidos la describe Covarr., y abundan los ejs. desde la primera mitad del S. XVI, en C. de Castillejo († 1550), Pedro de Medina (1548), Concilio Mejicano de 1585, Guillén de Castro, Mateo Alemán, Cervantes, Castillo Solórzano y Pragmática de 1680 (vid. *Aut.,* Fcha. y Du C.); es también portugués (con ej. de Mendes Pinto, en Vieira) y el cat. *lloba* ya aparece en 1472, abunda en inventarios del S. XVI, y todavía lo registra como vivo el valenciano Sanelo a fines del XVIII: de los ejs. citados por Ag. se deduce que era vestido de eclesiásticos y que también lo llevaban las mujeres cuando iban de luto; en una palabra, casi lo mismo que *hopa* y que *hopalanda*. 5

Puede rechazarse sin vacilar la explicación de Diez, que para explicar el cast. *loba* parte del fr. *aube* 'alba, túnica de lienzo blanco, ceñida en la cintura, que los sacerdotes se ponen sobre la sotana para celebrar misa', con aglutinación del artículo; 10 pues aparte de que el vocablo hubiera debido tomarse por lo menos en la primera mitad del S. XV, fecha muy temprana para que no hubiera huellas del antiguo diptongo *au*, salta a la vista la extrema disparidad semántica de los dos vocablos: 15 la *lloba* catalana era negra, como vestido de luto, según los docs. de Aguiló, y Cervantes habla de la *negríssima loba* (*Quij.* II, xxxvi, 142). Más razonable parece Sainéan, *BhZRPh.* X, 64, al relacionar con un fr. ant. *louvière* «robe» y un alem. 20 *wolf* «redingote de gros drap gris»[4] y derivarlos de LUPUS, pero ni convence él al decir que se comparó la loba por su forma con la piel del lobo, ni tampoco persuade del todo Covarr. al sugerir una comparación con este animal por la 25 muchísima tela que se consume o devora en la elaboración de esta ropa.

Por lo demás, el propio Sebastián de Covarr. prefiere la etimología que también propone Aldrete (*Origen*, 65r°b): del gr. λώπη, especie de vestido 30 o de manto de piel, empleado desde Homero hasta Teócrito. Es verdad que no tengo testimonios de la existencia de este vocablo en latín clásico o medieval, pero quizá no sean precisamente precisos en palabra que pudo ser peculiar al bajo 35 latín español, tan mal estudiado; por lo demás, si la λώπη era un manto de piel, Covarr. dice que la *loba* era vestido honorífico y Cervantes la iguala a un manto (*amantado no que vestido con una negríssima loba);* por otra parte dice que Moraes que 40 *opa* es «manto real», Páez de Ribera y el doc. de 1434 describen *hopas* forradas de pieles, y el Registro de St. Flour (h. 1400) anota una *opelanda* de *anisses,* es decir, de pieles de cordero. No habría, pues, dificultad semántica. Y es concebible 45 que el cultismo eclesiástico λώπη se cambiara en *opa,* por deglutinación, en unas partes, o que de conservar se le identificara con LŬPA y se le cambiara la -P- en -b-[5]. Falta explicar *hopalanda.* Éste, a juzgar por la documentación, 50 parece ser propio ante todo de Francia, pero bien pudo tener origen en el hispánico *hopa,* que pasara los Pirineos en el S. XIII entrando en concurrencia con *BALANDRÁN* y sus variantes, vocablo que parece ser oriundo de las tierras oc- 55 citanas: allí pudo haber un cruce entre las dos palabras, puesto que entre estas variantes hay *pelanda* y *palandra.* Pero aquí tropezamos con algunas dificultades. *Pelanda* podría ser simplemente abreviación italiana del fr. *houppelande,* y por el 60

encuentro de este vocablo con *balandrán* podríamos explicar la *p-* del it. *palandrano* y el acento radical del pavés e it. mod. *palandra;* entonces no nos servirían estas formas para explicar el aumento de dos sílabas que separa a *houppelande* de *hopa.* ¿Existiría *balanda junto a *balandran* en occitano antiguo, como variante en la base onomatopéyica ('vestido que se *balancea* o *bambolea*')? Quizá sí y esto lo explicaría todo[6]. Acaso hubo encuentro con un tercer vocablo, derivado de PELLIS, que veríamos en el alto-it. ant. *pellarda* 'hopalanda', documentado por Du C. en una crónica de Piacenza de 1388 y en otra de Bergamo[7] (nótese que es «cum pulchris *forraturis pellarum*»).

En resumen quedan varios puntos oscuros y dudosos, pero no faltan buenas razones en favor de esta etimología. Y la mejor sería que no se ha dado hasta ahora con otra aceptable. El *DGén.,* Gamillscheg y Bloch se limitan a declarar desconocido el origen. Los varios étimos propuestos, *Upland* provincia de Suecia (Huet), a. alem. ant. *wallandaere* 'peregrino' (Schmeller, *Roman, Mundarten im Südtyrol,* 110), lat. *OPPALLANDA (de PALLA 'palio': Bugge, *Rom.* III, 154), no merecen discusión.

[1] «Enbié vos una carta... que me enbiasedes la *hopa* de seda e la *hopa* cardena porque la he mucho mester para estas bodas del Conde», *BRAE* IV, 341.— [2] Escrito no se sabe en qué idioma, a med. S. XIV; el texto castellano es de h. 1430. Cita de García Soriano, p. 196.— [3] Trata de esta forma Sbarbi en *El Averiguador* II, 68.— [4] De *louvière* hay dos ejs., y en ambos se trata de un vestido de pastores, luego puede tener razón God. al suponer que era de piel de lobo (¿o para defender del lobo?); en todo caso el ambiente pastoril establece con el lobo una relación de hecho que no podríamos concebir en el caso de nuestro *loba*. En cuanto a *wolf,* palabra rara y local, parece ser propiamente el nombre del paño con que se hacía esta prenda, pues según Sanders tomó nombre del lobo que pintaba en su blasón el gremio de Basilea que fabricaba este paño.— [5] Una tercera variante parece ser *oba* 'traje de esclavo', que aparece en doc. portugués de 1010, citado por Viterbo. A éste se le ocurrió extrañamente indentificarlo con una voz *hoba, haba,* etc., del bajo latín de otras tierras, con el sentido de 'pequeña quinta', que parece estar en relación con el alem. *haben* 'tener'. No es posible aprobar a Steiger (*Festschrift Jud,* 685) cuando, dando por cierta esta identificación y basándose en *haba,* quiere partir del ár. *ʿabâʾa* o *ʿabâ* 'especie de manto' (Dozy, *Suppl.* II, 90).— [6] El hecho, de todos modos, es que el verbo *balandrà* 'bambolearse', del cual se deriva *balandran,* tiene una variante *balandà,* que es la preferida por Mistral (*balantà* en el Var), y hay *balander* «balancer, osciller, avoir les bras ballants» en la Hague y en el Bessin

(*FEW* I, 219*a*). Al fin y al cabo pudo haber un derivado *BALLANDA del verbo BALLARE 'bailar', de donde el verbo derivado *baland(r)à* y el sustantivo *balandran*. M-L. (*REW*[1], 892) cita un oc. *balandra* «Mantel», pero me parece dudosa tal forma, que no hallo en los diccionarios.— [7] Claro que también puede sospecharse ahí una alteración de *houppelande* por etimología popular.

HOPO, 'copete o mechón de pelo', tomado del fr. ant. *hope* (hoy *houppe*) 'copete', 'mechón o tupé', 'borla', y éste del fr. dial. *hoppe, houppe* (fr. *huppe*) 'abubilla', procedente del lat. ŬPŬPA íd. 1.ª doc.: 1605, *Quijote*.

Aut. sólo registra la ac. «rabo u cola que tiene mucho pelo o lana: como la de la zorra, oveja o hardilla», con las frases *seguir el hopo* 'ir dando alcance a alguno' y *volver el hopo* 'escapar o huir', que proceden de la imagen de la zorra u otras piezas de caza perseguidas; pero Oudin, además de «queue de renard», define «toupet de poil, et aussi la barbe, comme qui dirait une houpe», y ésta es la idea que debe formar la base de la locución *sudar el hopo* 'trabajar con afán y fatiga', que *Aut.* ejemplifica con el pasaje del *Quijote* (I, x, 31). Por otra parte, de la idea de 'copete' se pasó a la de 'remate o extremo superior' y de ahí que en germanía se tomara el vocablo por 'cabezón o cuello del sayo', ac. registrada por Juan Hidalgo (1609) y empleada por el propio Cervantes en sus comedias (ed. Schevill-B. II, 130). Cej. IX, § 137. No conozco más documentación antigua[1].

Pero el vocablo es muy vivo actualmente, aunque de tono harto popular, y suele pronunciarse con *h* aspirada (= *j*) (así en Villar de Corneja, Ávila: *RFE* XXIII, 234), como nota la Acad. para la ac. 'rabo peludo o lanudo'; hay varias acs. derivadas: *jopo* 'cabeza de la escoba' y 'cola de la zorra' en dos pueblos de Jaén, *opo* 'barredor del horno' y 'tirabrasas' en dos de Almería (*RFE* XXIII, 247, 253-4), pero a gente de esta misma provincia he oído la pronunciación *jopo,* y por cierto en localidades donde no suele conservarse la aspiración; lo mismo en la Arg., con el matiz de 'cabellera mal peinada, melena'[2]. Como el vocablo es ajeno a los romances vecinos[3], no me parece dudosa su procedencia del francés: *houppe* es allí «flocon de plumes que certains oiseaux portent sur la tête», «petite touffe de poils en quelque partie du corps d'un animal», «chez les hommes, touffe de cheveux sur le devant de la tête» (*Riquet à la houppe* en Perrault), «petite touffe de poils étalés à l'extrémité d'une graine», «assemblage de fils de laine, de soie, formant un bouquet, une touffe», y lo hallamos documentado abundantemente desde la primera mitad del s. XIV (Guillaume le Muisi; God. IX, 770*c*; IV, 509*c; hope* en varios textos de los SS. XV-XVI); ahora bien, *huppe* es también 'copete de ave' y

'borla' (Rabelais), y de que se aplicó a las personas es prueba el frecuente adjetivo *huppé* 'encopetado, de alto rango', de suerte que no vacilo en dar la razón a Spitzer (*ZRPh.* XLV, 587) cuando identifica las dos variantes del vocablo con *huppe* 'abubilla', pájaro caracterizado por su copete, procedente del lat. ŬPŬPA; y ni siquiera es preciso recurrir a un cruce con *toupet, toupe,* como hace Bloch, puesto que *houppe* existe en los dialectos como nombre de la abubilla: Roland (*Faune* II, 99-101) cita *houppe* en Normandía, *hoppe* o *houpp houpp* en el País de Metz, *oupotte* en el Franco Condado, *houppette* en Châtillon-sur-Seine. Claro está que ha de ser variante muy antigua, como que ha conservado el timbre vocálico correspondiente al del étimo ŬPŬPA, en tanto que la forma literaria *huppe* lo modificó por onomatopeya, y a la misma razón obedece la *h-* inicial. Porque el fr. *houppe* y *huppe* tenía *h* aspirada, lo cual nos explica la pronunciación española *jopo.* No hay, pues, dificultades, pues nadie tendrá escrúpulo, en este extranjerismo introducido por la moda femenina o el lenguaje técnico, en admitir el cambio de género *la houppe > el hopo* (quizá a causa de *el copete, el tufo, el mechón*)[4].

No son admisibles, semánticamente ni en otros aspectos, las varias etimologías hasta aquí propuestas: neerl. *hoppe* 'lúpulo', por las flores que rematan esta planta, Diez (*Wb.* 616); neerl. *hoop* 'montón', Brüch (*ZRPh.* XXXVIII, 693), M-L. (*REW* 4173) y Gamillscheg (*EWFS*); y menos que nada es admisible la afirmación de Brüch de que el cast. *hopo* pueda venir directamente de un gót. *HAUPS 'montón', pues como ya le observa M-L., la H- del germánico no se conserva nunca como *h* aspirada castellana, en los germanismos directos.

DERIV. *Hopear* [*Aut.*]. *Hopeo. Joparse* arag. y rioj. 'huir', propiamente 'volver el hopo'.

[1] Cej. en su diccionario del *Quijote* cita de Hernán Núñez (1555) un refrán aportuguesado, que sería importante no sólo como el ej. más antiguo, sino por la variante que contiene, más cercana al francés, pero por falta del libro de Núñez no puedo comprobar la exactitud de la cita: «A moller, por rica que seja, el *hope* den: muyto más deseja.» *Dar el hopo* sería lo mismo que *dar la cola* o *volver el hopo*, es decir, marcharse el pretendiente, afectar indiferencia. Hoy no sé que exista el vocablo en portugués. La Acad. registra la interjección ¡*hopo!* con el sentido de '¡largo de aquí!, ¡afuera!'.— [2] «La mujer, cuando quiere, / yo lo conozco, / se alarga la pollera, / se peina el *jopo*», copla popular en Mendoza (Draghi, *Canc. Cuyano,* p. 410). «El viejo impaciente... se rascó el *jopo* gris, se tiró de la oreja», L. Barletta, *La Prensa de B. A.* 25-VIII-1940. «Notamos a la yeguada observarnos con ojos de matreras, con las orejas enhiestas, con el *jopo* caído sobre la frente en aire de

extrañadas, bufando de miedo», Borcosque, *A través de la Cordillera*, 80.— ³ Pero el gall. *foupa* 'pachorra, cachaza' (*Irm. da Fala*, Voc.) parece ser esto mismo (con gall. *f = h* aspirada, y *ou = cast. o*), aunque también significa en algunas partes 'brezo' (Carré), y en port. minhoto es 'hoja de pino' (en Melgaço), lo cual nos acerca a la familia que trato en la nota 4 a CHISPA (Limia *fòpa* 'chispa'), pero como esta misma familia es de etimología compleja e incierta, esto no excluye la afinidad con *hopo*, cf. el fr. *toupet* 'desvergüenza, pachorra'; *foupeiro* 'cachazudo, pachorrudo, lento', Melgaço *foupeira* 'hojarasca de pino'.— ⁴ Pero en California dicen *sudar la hopa* según R. Duarte.

HOQUE, 'comisión, propina', del ár. *ḥaqq* 'derecho', 'retribución', 'regalo'. *1.ª doc.*: 1501, *N. Recopil*. V, xii, 11.

Se prohibe ahí que los mercaderes den *hoques ni maravedís* a los sastres, tundidores, jubeteros o calceteros para que acudan a sus tiendas con los que van a sacar de ellas paños u otras mercancías. Cita este pasaje Covarr., s. v. *alboroque* 'regalo que hace el comprador o el vendedor con motivo de una transacción comercial', diciendo que *hoque* es lo mismo; de ahí pasó el vocablo a *Aut.* y la Acad.; Oudin dice que es equivalente de 'cohecho', «subornement». Hoy sólo tengo noticia de que el vocablo sobreviva en la locución *de oque* 'de balde', recogida por la Acad. [1925 o 1936], que es viva en Zacatecas y Aguas Calientes, estados al Noroeste de la capital mejicana (R. Duarte; C. E. Quirarte, en Malaret), en la ligera deformación *de oquis* (por influjo de *gratis); más dudoso es que tenga relación con ello *de auquis* 'de su propia voluntad' empleado en la provincia argentina de Catamarca (Lafone Quevedo). Indicó la etimología Dozy, *Gloss.*, 286-7. *Ḥaqq* es propiamente 'derecho', pero Abenjaldún lo emplea en el sentido de 'retribución', en Egipto es «présent fait en reconnaissance de quelque service» (Bocthor) y en otros autores designa presentes de varia índole (Dozy, *Suppl.* I, 306). El cambio de *a* en *o* junto a consonantes labiales o enfáticas es frecuente; V., p. ej., *aladroque < 'azraq, Marruecos < Marrâkiš*, los valencianos *sicló* y *monot* (de *siqlab* y *miḥnab*), etc., y ténganse en cuenta los casos reunidos por Steiger, *Contrib.*, 311, y por el autor de este libro en la reseña del de Steiger (*BDC* XXIV).

HORA, del lat. HŌRA íd. y éste del gr. ὥρα 'espacio de tiempo', 'división del día', 'hora'. *1.ª doc.*: orígenes del idioma (*Cid*, etc.).

De uso general en todas las épocas, Cej. IV, § 15. Junto a la ac. estricta 'cada una de las 24 partes iguales en que se divide el día solar' se ha mantenido siempre la ac. general 'tiempo determinado para hacer algo' (*ha llegado la hora, es*

hora de trabajar), pero ésta y otras acs. generales eran más frecuentes en la Edad Media: *ora* era corriente entonces en la ac. 'rato', *una grant ora* (*Cid* 1889, etc.), *poca d'ora* (*Alex.; Apol.*, 137d; Berceo, *S. D.*, 744; J. Ruiz, 134d; etc.); 'tiempo libre para hacer algo' («Quiero vos brevemente la razón acabar / ca non tenemos *ora* de luengo sermón far», *Alex.*, 927b; *Apol.*, 379d). Citaré sólo unas pocas locuciones compuestas: *todas oras* 'siempre, a toda hora' *Alex.*, 650; Berceo, *S. Mill.*, 418; *a la hora* 'entonces', donde tenemos supervivencia de ILLĀ HŌRĀ (it. *allora*, fr. *alors*, cat. *llavors* o *aleshores*), figura en el *Cid*, 357, el *Cronicón Villarense* de princ. S. XIII («el día que Mahomat se movié de Meca... E Mahomath avia *a la ora* 40 años», *BRAE* VI, 207)¹ y todavía la hallamos en Juan de Valdés, en la 2.ª parte anónima del *Lazarillo*, en Timoneda («él *a la hora* con mucha presteza y gran diligencia saque su aparejo», *Patrañuelo*, Rivad. III, 137) y en otros textos del S. XVI; otras veces toma el sentido de 'inmediatamente' (V. ejs. de la misma época en *Aut.*). *Essa ora* 'al punto, en seguida' J. Ruiz, 799c, 'entonces' *Cid*, 1355; *a otra ora* 'cuando menos se piensa', J. Ruiz, 579d; *la hora de agora* 'a estas horas', *Quijote* II, i (*Cl. C.* V, 29); *a las horas que* 'cuando', Ruiz de Alarcón²; *en horas de* tiende a sustituir a *durante* en la Argentina (*andar con el estómago vacío en horas de la mañana, la fiesta se celebrará en horas de la noche*, quizá aún más frecuentes en el lenguaje escrito). Gramaticalizado, y escrito actualmente *ora*, se ha empleado como conjunción alternativa *ora... ora...* [ejs. desde 1576, *Aut.* s. v. *hora*]; en lo antiguo se empleaba así en plural: «*oras* davan de rostros, *oras* de los costados», Berceo, *Mil.*, 887c.

En las frases interrogativas para averiguar la hora del día se emplea vulgarmente en plural en la Arg. y gran parte de América, *¿qué horas son?* («¿a qué horas fué que salió / usté ayer de Chascomún?», Ascasubi, *S. Vega*, v. 3511); para cuestiones de este tipo, vid. K. Ringenson, *Quelques observations sur les formules indiquant l'heure du jour en français, en it. et en espagnol*, en *Studia Neophilologica* VIII, 15-35.

DERIV. *Horada, a la hora* ~. *Horario* [*Aut.*]. CPT. *Ahora* [*aora*, J. Ruiz, 290b]³; Cej. IV, § 15, del antiguo *agora* [1107, *BHisp*. LVIII, 360; *Cid*], general o poco menos hasta el fin de la Edad Media⁴, todavía usual literariamente hasta el S. XVII y en el habla rústica hasta hoy día, procedente del lat. HĀC HŌRĀ 'en esta hora', del cual (o a lo sumo de una variante HĀ HŌRĀ) proceden también el port. *agora*⁵, cat. y oc. *ara*, fr. *ore*⁶; para los empleos sintácticos, vid. Cuervo, *Dicc.* I, 285-90; entre las locuciones compuestas nótese *ahora bien*, hoy normalmente continuativa con el sentido de 'supuesto esto', pero según nota Cuervo (286b) los clásicos lo emplean en el lenguaje familiar, sea para pasar a un asunto o cortar la conversación (Ruiz de Alarcón,

Verdad Sospechosa, *Cl. C.*, p. 10; Lope, *El Cuèr-do Loco*, v. 1160; Calderón, *Alcalde de Zalamea* II, viii, ed. Losada, p. 130) o con carácter intro-ductivo (*Guzmán de Alfarache*); en este sentido es forma villanesca *ori bien* (Tirso, *La Prudencia en la Mujer*). En unión de una determinación de tiempo *ahora* es contracción de *ahora ha* (*BDHA* III, 221): *agora diez años* (Quevedo, *l. c.*), *ahora un año* (Quiñones de B., ed. Cotarelo, 834*b*), uso muy vivo en América (*ahora poco*, Sarmiento, *Páginas Selectas*, 1938, p. 321; *M. Fierro* II, 3677; *ahora cincuenta años*, Cuervo, *Ap.*, § 729). Para diminutivos populares americanos (*a*)*horita, horiti-ca*, etc., vid. Ortiz, *Ca.*, 174. De una repetición enfática *ahora-a-esta-hora* sale el gall. *arestora* (Castelao 101.9, 115.18).

A *deshora* [*a deshoras*, Berceo, *S. Dom.*, 291*c*, ms. *E*, 200, 653; *adesora*, J. Manuel *Libro de la Caza*, 27.25; con el mismo significado antiguo cas-tellano se encuentra *a desora* en el gall. de las *Ctgas.*: «logo perdeu a fala / ca Deus... ll'a tolleu a desora*, como se dissesse 'cala'» (163.14, 151.26, 322.18, etc.)], significaba siempre 'de repente, súbitamente' (así todavía, no sólo en Nebrija —«*a desoras*: subito, repente, de improviso»— y en Alonso de Salaya, 3.ʳ cuarto del S. XVI, *Farsa*, vv. 238 y 515, sino muchas veces en el *Qui-jote*, por ejemplo «oyeron muchas voces y un gran rumor de gente en el palacio, y *a deshora* entró Sancho en la sala, todo asustado...» II, xxxii, *Cl. C.* VI, 280), aunque en fecha reciente la coincidencia con el sustantivo *deshora* 'hora inoportuna' (ejs. del S. XVII en *Aut.*) hizo que el adverbio *a deshora* tomara el valor de 'intem-pestivamente' (así ya Acad. 1843); pero esta locu-ción no era derivada de *hora* con el prefijo *des-*, sino contracción de *a de so hora* (*adessoora* en la *1.ᵃ Crón. Gral.*, 232*a*19), refuerzo de *a so hora*, tal como aparece en *Calila y Dimna*[7] y en la propia *Crón. Gral.*[8], comp. el cat. ant. *sus ara* 'inmediata-mente' (hoy *suara* 'hace un momento'), de *sus* 'sobre'[9]; *deshorar* ast. 'impacientar' (V).

Encara arag. 'aún', tomado del cat. *encara* íd., para el cual vid. mi *DECat.*

Enhorabuena [ejs. de h. 1600, Mariana, etc., en *Aut.*; *norabuena*, *Pícara Justina*]; *enhoramala* [íd.; *noramala*, *Quijote*, *Pícara Justina*]. *Horóscopo* [Lo-pe], tomado del lat. *horoscŏpus* y éste del gr. ὡροσκόπος, compuesto con σκοπεῖν 'mirar, exa-minar'.

[1] Escrito *allora* en Berceo, *S. Mill.* 235.— [2] «Y el caso fué que, *a las horas* / *que* fué a ver Ja-cinta bella / a Lucrecia, ya con ella / estavan las matadoras», *La Verdad Sospechosa*, *Cl. C.*, 71.— [3] Como bisílabo en un miembro átono del verso: «con algo de lo ageno *aora* resplandeçer». Por lo demás en este pasaje sólo tenemos el ms. *S*, y en los demás pasajes J. Ruiz emplea *agora*, aun en 1678*d*, donde Janer imprimía *ahora*.— [4] Afir-maba Cornu (*Rom.* XIII, 303) que *ahora* era ya

corriente en esta época, pero lo hacía basándose en ediciones defectuosas. Contra lo que él afir-ma, en *Alex.*, 2485*a*, ambos manuscritos traen *agora*; en *S. Dom.*, 134*c*, sólo figura en el ms. *V* (S. XVIII); del *Duelo* de Berceo no tenemos edición aceptable, etc.; lo mismo ocurre con los ejs. medievales citados por Cuervo, el *DHist.*, *BKKR* y Oelschl. Los Glosarios de h. 1400, APal. (174*d*, 285*d*, 312*d*), la *Celestina*, Nebr. y aun Covarr. no conocen todavía otra forma que *ago-ra*, que es también la empleada por Juan de Val-dés en un pasaje en que hace hincapié en la forma del vocablo («*agora*: convertid la *g* en *c* y aspirad la *a* y la *o* y diréis *hac hora»*, *Diál. de la L.*, 183.8) todavía la prefieren Oudin y Ruiz de Alarcón a su variante y hay ejs. de Lope, etc.; por otra parte, si bien *agora* figura en Góngora y en Cervantes (*Coloquio de los Perros*, *Cl. C.*, p. 222; varios en el *Quijote*), *ahora* es ya más frecuente en estos autores, y tiene razón Serge Denis en su diccionario de Alarcón al decir que aquella forma iba quedando relegada al lenguaje de tono elevado, aunque también al habla más po-pular y rústica, pues ya Quevedo se burla de su empleo en su *Cuento de Cuentos*, hablando de las *vulgaridades rústicas* («son infinitas las veces que pudiendo escoger usamos lo peor», *Cl. C.*, p. 169) y sin embargo aun en su *Buscón* (p. 55) se lee *agora diez años*; *Aut.* reconoce que muchos es-criben *agora* o *aora*, pero «*ahora* es más propio»; sabido es que *agora* fué empleado todavía por poetas arcaizantes del S. XIX. Hoy *agora* sigue vivaz en el habla rústica de muchas partes de España, de la Arg. (sobre todo el Oeste y el Nor-te) y de otras partes de América: lo he oído yo mismo en el campo mendocino, lo cita O. di Lullo en Santiago del Estero (*La Prensa de B. A.*, 12-V-1940), Miguel A. Camino en el Neu-quén (*Nuevas Chacayaleras*, 34), etc., pero aun-que el gauchesco del Este argentino lo empleó en sus orígenes, *áura* es ya la forma general en el *Martín Fierro* y otras composiciones posteriores (Tiscornia, *BDHA* III, 7, 197).— [5] La variante *òra* en portugués tiene empleo más amplio que el disyuntivo, y no es simplemente HORA; también en gall. *òra*, partícula exhortativo-irónica: *vé òra* '¡vaya, hombre!', *òra estrévete, que verás!* 'atré-vete y...' (Vall.). Son contracción de *ahora*, va-riante de *agora*. Además un cpto. gall. *òrasme* 'además de esto', 'en cuanto a, tocante a' y em-pleado también como muletilla para continuar el discurso (Vall.): parece sea resultado de una re-ducción coloquial de *ora-mais*, *-meis* (cf. *emais* 'y también') tal vez con trasposición de la *-s-* o con *-s* adverbial ante la *m*.— [6] Cornu, *l. c.*, pre-fería AD HŌRAM suponiendo que la *-g-* hispa-no-portuguesa pudo ser antihiática, lo cual en principio no es imposible, pero está en desacuer-do con la historia del vocablo en español, V. aquí la nota. Por lo demás, los ejemplos latinos de

AD HORAM citados por Cornu (*Rom.* VII, 358-9)
me parecen significar más bien 'a la hora' o 'al
mismo tiempo', comp. una opinión análoga en
FEW IV, 480, n. 66. Para el uso de HĀ ante
consonante, vid. Lindsay, *Glotta* II, 300. La forma *ara* del catalán y occitano se produjo por una
contracción de *aǫra* en pronunciación proclítica:
esporádicamente se desarrolló *ara* también en castellano (cita de *arabién* en el *Soldado Píndaro* de
Céspedes, *DHist.*) y hoy es vulgar en Andalucía,
la Arg., etc. En francés preliterario *aǫra* pasó a
aụra, que es la forma supuesta por la *o* de *ore.*
El carácter gramatical y proclítico del vocablo
fué causa del precoz desgaste del mismo y de las
tempranas contracciones que registramos en catalán, francés, etc. Max Leop. Wagner, en su
Morfología sarda, ha explicado el oc.-cat. *ara*
por una acentuación ya latina HÁ HORA, lo cual,
como se ve por los hechos castellanos ahí citados,
desde luego no es forzoso.— [7] P. ej., ed. Rivad.,
p. 45: «la muerte non viene sino *a so hora* et sin
sospecha, que non ha plazo sabido».— [8] «Estava
un día cantando en el teatro, et tremió la tierra
assoora et estremecióse el teatro todo» traduciendo *repente* del original de Suetonio (M. P., *Antol. de Pros.*, 13).— [9] También existió *sus horas*
en castellano: es frecuente en el *Yúçuf*, y los
mss. *H* y *V* del *S. Dom.* ponen *a sos oras* en
lugar de *a deshoras* del ms. *E*, forma ultracorregida por la equivalencia del posesivo *sos* = *sus.*
Hanssen, *Notas a la Vida de S. Domingo*, en
AUCh., 1907, p. 29, propone contracción de
adiesso 'ahora' y *hora*, lo cual no está de acuerdo
con la forma *a so hora*. Véase además *Sobre un
Compendio de Gram. Cast. Anteclásica*, del mismo autor, *AUCh.*, 1908, pp. 18-19; Tallgren,
Neuph. Mitteil., 1912, 22, y *DHist.* s. v. *asohora.*
Primitivamente *a dessora* debió tener *ss* sorda,
pero ya en tiempo de Nebr. el influjo del sustantivo *deshora* había actuado, pues este autor
escribe *adesoras* con una sola *s.*

Horacar, horaco, V. *horadar*

HORADAR, derivado del antiguo *horado* 'agujero', procedente del lat. tardío FŎRĀTUS, -ŪS,
'perforación', que a su vez es derivado de FŎRĀRE
'agujerear, perforar'. *1.ª doc.*: *foradar*, Cid.
Frecuente en la Edad Media: abunda en Berceo, J. Ruiz, *Alf. XI* (1464), etc.; está también
en APal. (*f-*, 55*d*, 127*b*, «*confodere* es *foradar* de
un cabo a otro» 90*b*), Nebr. («*horadar*: foro»), y
hay todavía bastantes ejs. en el Siglo de Oro, pero
ya entonces cede terreno ante la mayor vitalidad
de su concurrente *agujer(e)ar*; hoy tiene todavía
cierto uso en el lenguaje literario. El primitivo *horado* está anticuado del todo en la lengua común,
aunque no lo advierta la Acad., pero fué muy vivo
en la Edad Media: *forado* aparece en doc. de
1156 (Oelschl.), se halla en Berceo, *Alex.* (1190),

Gr. Conq. de Ultr. ('agujero, brecha, portillo',
p. 245), *Conde Luc.*, J. Ruiz (337, 868, 1413, con
alusión al nombre de lugar *Belhorado*), pero pronto tiende a tomar la ac. 'escondrijo, cavidad subterránea, madriguera', como ya en J. Ruiz, *Rimado de Palacio* (1405, 1406), y *horado* en D. Gracián
(1542) y Garcilaso el Inca (1609), de donde 'calabozo' en Quevedo (*Buscón, Cl. C.*, 198): prueba de la pronta decadencia del sustantivo es el
hecho de que ya no lo registran APal. ni Nebr.
En latín hallamos FORATUS en Lactancio (S. IV)
y FORATUM en una glosa, pero el verbo FORARE es
clásico y de uso general. Éste dejó descendencia
en varios romances, aunque en parte es cultismo,
pero tiene carácter popular en el Norte de Italia,
Retia, Este de Francia, zona francoprovenzal y
Provenza (*FEW* III, 698-700), además port. y gall.
furar 'perforar, agujerear', documentado desde antiguo [*Ctgs.* 38.93, 308.56; *MirSgo.* 71.3]; *furado*
m. [*Ctgs.*, *MirSgo.* passim]; además es probable,
según vamos a ver, que no fuera ajeno al castellano
preliterario, pero hay que tener en cuenta la existencia de un vocablo sinónimo que quizá tenga
raíz distinta.
Buraco 'agujero' es port. (ya 1.ª mitad del S. XVI,
Sá de Miranda) y gallego (aunque ahí *burato* quizá tenga mayor difusión)[1], voz que tiene bastante
extensión popular en el castellano del Noroeste
de España y en algunos puntos de América, que
ya aparece en los salmantinos Correas (1627) y
Torres Villarroel, y Covarr. la daba como propia
de Sayago: hoy ha sido recogida en el Centro
y Oeste de Asturias, Astorga, Bierzo Alto, Sanabria y otros puntos de Zamora, así como en una
amplia zona de Salamanca, además se extiende
a las hablas no leonesas de Segovia y Ávila y la
variante *buriaco* se oye en las mismas provincias
y en Castro Urdiales; *buraco* pertenece además al
judeoespañol de Oriente y de Marruecos, y en
América se ha registrado en Santo Domingo y
varios autores lo señalan en la Argentina[2]. Como
formas intermedias entre *buraco* y *horado* tenemos:
a) *boracar* 'horadar' en la biblia judía de Constantinopla (*BRAE* IV, 110); b) *foracar*[3], S. XIII,
L. de los Cavallos, 105.11; *furaco, -u*, en Portugal (ya S. XIV o XV: Cortesão), Galicia, Asturias occidentales, Astorga, y Salamanca, *La Furaca*
como nombre de lugar en Cespedosa (*RFE* XV,
144), *huraco* en Cuba[4], Colombia (también *hureque*), en todo Chile y en el Oeste argentino; *fu-
racu* y *afuracar* ast. (V); c) *horaco* en Quiñones
de B. (*NBAE* XVIII, 750), *foraco* en la Crónica
de Álvaro de Luna, *horacar* en Quiñones (p. 587)
y la *Celestina* (VIII, con más citas en la ed. Cl.
C. II, 14.14), *foracar* en la *Historia Troyana* de
h. 1270 (115.22), en la *1.ª Crón. Gral.* (585*b*46),
en la Crónica de Alfonso XI y en versiones bíblicas medievales[5], *ahoracar* en un villancico castellano de Gil Vicente (*Mod. Philol.* XXIV, 405).
Lo más natural y sencillo sería explicar estas for-

mas como cruces entre *horado* y *buraco,* y buscar
a éste un origen diferente, tal vez prerromano,
tanto más cuanto que hay un gall. *bura* 'agujero
en los adrales del carro' (cita de Hubschmid) y
que existe un tipo BORA[6], nombre frecuente de cavernas en el Norte de Cataluña[7] y muy extendido
como apelativo en el sentido de 'agujero, cavidad'
en Valonia, Champaña, Lorena, zona francoprovenzal, Grisones, Véneto y Lombardía (*FEW* I,
435-6)[8]. Acaso se trate de una palabra céltica emparentada con el lat. FORARE, con lo cual estaría
muy de acuerdo la fonética, y a sospecharlo invita
el área geográfica, típicamente occidental, de *buraco;* sin embargo, esta familia indoeuropea está
escasamente representada en céltico, casi sólo por
una forma tan diferente como el irl. medio *bern,
berna* 'abertura', 'grieta, abismo'[9], luego el caso
es dudoso, aunque no puede descartarse un vocablo propio del celta hispánico; pero parece lo
mejor pensar en el sorotáptico de los *Urnenfelder.*
Comp. *BURIL*[10].

Por otra parte en rigor se podría pensar,
según hace Wartburg (*FEW* III, 700, n. 13), en
un cruce de FORARE con un gót. *BAÚRAN, de igual
significado, deducible del a. alem. ant. y b. alem.
ant. *borôn*, ags. *borian*, escand. ant. *bora* 'perforar', *bora* 'agujero', pero desde el punto de vista
geográfico y teniendo en cuenta la índole topográfica del significado, con la antigüedad y autoctonismo que ello sugiere, esta idea resulta mucho
menos convincente y además no explica la *u* del
radical; es verdad que esta *u*, que hallamos también en el gall.-port. *furar*[11] y en el alto-arag., *fu-
rato* 'agujero para el humo' (Wilmes, *VKR* X,
229), puede explicarse por una contaminación bastante natural de *forar* por *furgar* 'hurgar' (FURI-
CARE), como propuso convincentemente Schuchardt
(*Roman. Etym.* II, 135)[12]; a la misma familia
pueden pertenecer *hura* 'agujero pequeño, madriguera' [Acad. 1925 o 1936], ya registrado por
Nebr. en el sentido de 'grano maligno que sale
en la cabeza', y su derivado *hurera* 'agujero, huronera' (Acad. íd.; disimilado en *hulera* en Salamanca: Lamano; *fulera* en Cespedosa, *RFE* XV,
144), a no ser que vengan de *HURÓN* (lo que
no dejaría de chocar con dificultades morfológicas
y aun semánticas).

DERIV. Para *horado, horacar, horaco* (*hur-,
bur-*), *hura, hurera, furo,* V. arriba. *Horadable;
horadación; horadado; horadador. Horambre* 'agujero en el molino de aceite' [Acad. ya 1817], *jolambre* 'agujero del yugo donde se ata la mediana'
(en un pueblo de Almería), *ojalambre* íd. (forma
contaminada por *ojal,* en pueblos de Toledo y
Cáceres: *RFE* XXIII, 238, 240, 253), *hulambra*
íd. (en Cespedosa, *RFE* XV, 267-8), proceden del
lat. FORAMEN 'agujero'; de ahí el derivado *forambrera* en APal.[13], hoy *alambrera* 'agujero del yugo'
en un pueblo de Jaén (*RFE* XXIV, 227); el duplicado culto *foramen* es poco frecuente; ast. *alam-*

brar 'horadar el hocico del cerdo poniéndole un
arete para que no pueda hozar' (V). *Foraida* ant.
'hondonada u hoyada' [Acad. ya 1817], falta explicar la terminación[14]. *Perforar* [Acad. ya 1843,
no 1817], tomado de *perforare* íd.; *perforación;
perforador.*

[1] Vall. prefiere aquél, pero Carré coloca en primer término éste, que es el único recogido por
el anónimo de 1850 (*RL* VII, 205). Hallo *burato*
'agujero' en las poesías populares recogidas por
Milà (*Rom.* VI, 72, 74), y Schneider registra
buratu 'herida' en dos pueblos del Limia y *bu-
racu* en uno, *buraca* 'carbonera' en dos más. Sarmiento recogió *burata* 'cueva de los conejos o
el agujero por donde entran ellos' (*CaG.* 211v;
también se sirvió de esta palabra Rosalía en la
ac. de 'madriguera, refugio', el *DAcG.* le da
además los significados de 'gruta', 'sepultura' y
Lugrís, *Gram.*, 150, el de 'hoyo, foso'); *buraco*
aparece ya en rima en una ctga. obscena gall.-
port. del S. XIII: «foi beijar polo *buraco* / a
mia senhor» (R. Lapa, *CEsc.* 181.1), lo recogió
también Sarm. (*o. c.* 216v, y también *buraquiño*
61v) y lo emplearon Curros, Turnes y Castelao
(190.10); *burato* y *buratiño* están en Sarm. (*CaG.*
61v), gall. orensano *buratiño* 'vulva' (cit. de Pensado en *CaG.*, p. 174); muy conocida es la copla
obscena del cura y el *buratiño.* G. de Diego,
RFE III, 304, dice que *burato* se emplea también en el castellano de Arenas de San Pedro
(Ávila).— [2] Para la documentación, vid. Krüger, *Gegenstandsk.*, 77; A. Castro, *RFE* V,
38; G. de Diego, *RFE* III, 304; Benoliel, *BRAE*
XIV, 580; Corominas, *RFH* VI, 168-9, y otras
fuentes ahí citadas.— [3] Acaso tenga razón *GdDD*
2866 al conjeturar que el sufijo de *horacar* (de
donde *huraco,* etc.) resulte de un cruce de FORA-
RE (o más bien *horadar*) con *aocar* 'ahuecar'; de
ahí habría pasado luego a *buraco* (cuya raíz, desde
luego, no puede salir de FORARE). Claro que muy
dudoso, por aparecer *-aco* en otras voces prerromanas, y por hallarse para este sufijo seguros
antecedentes célticos.— [4] También *horaco, juraco*
y *furaco,* Pichardo, pp. 110, 141.— [5] Parte de estas
citas en Cuervo, *Ap.* § 794.— [6] Con *buraco* y gall.
bura comp. minhoto *burgar* 'cavar tierras' (Fig.),
cuyo participio aparece ya en un doc. de 983
(*petras concovas o burgatas*), citado por Piel, *Misc.
de Etim. Port. e Gal.*, 75; parece un derivado en
-ICARE, de la misma raíz; no creo atine Piel al
identificarlo sencillamente con *hurgar.*— [7] Por ej.
Bora Gran d'en Carreres junto a Serinyà (Gerona),
Bores d'en Masallera en· L'Esquirol (Osona).
Además *borar* 'hacer un hueco dentro de un vegetal', que Alcover localiza en el Bajo Ampurdán y comarca de Vic, y el cat. central *esvoranc*
'boquete'.— [8] Además *burella* 'cueva' en Dante
(*Inf.* XXIV, 98) y en docs. florentinos, *Studi
Danteschi* X, 81; *Litbl.* XLIX, 122; y quizá el
it. *burrone* 'barranco'. Más datos sobre esta fa-

milia en Hubschmid, *Festschrift Jud*, 254, y comp.
la opinión de Jud, *ASNSL* CXXVII, 432, y de
M-L. (*REW*³, 1233).— ⁹ Para esta familia indoeuropea, bien representada y con significados
próximos en latín y germánico, más escasamente
o con acs. alejadas en eslavo, báltico, armenio,
albanés, griego, etc., vid. Walde-P. II, 159-61.—
¹⁰ Creo habrá que atribuir a la misma raíz el
artículo BORNA del *REW* y el tipo *burnel* del artículo BRUNNA, para los cuales no convence un
origen germánico. De ahí quizá también el ast.
boleru (< ¿*boreru?*) 'portillo que se abre en la
muria de una heredad para dar paso al ganado'
(V).— ¹¹ Serán portuguesismos (o quizá leonesismos) el cub. *furo* 'hoyo', 'agujero', especialmente
el que remata la horma de azúcar' (Pichardo;
propio de Santiago de Cuba, según Ortiz, *Ca.*,
240), el canario *juro* íd., con sus derivados toponímicos *El Jorado* y *Cueva Jurada*, y el nombre de planta *jurada* o *maljurada* (< MILLE FO-
RATA) 'hypericum reflexum', para los cuales vid.
Steffen, *Rev. de Hist. de la Laguna*, n.º 82,
173n.61, y n.º 83-84, p. 436, y el judesp. *furo*
'vacío' (Bulgaria, frente a *forro* íd. en Salónica:
Crews, *VRom.* XII, 196).— ¹² Otras explicaciones
a base de cruce no parecen posibles. El propio
Schuchardt sugiere cruce con un cast. ant. *buso*
'agujero', que explicaría además la *b-* de *buraco*;
pero como he observado en el artículo correspondiente tal palabra no fué nunca castellana o port.
Lo mismo debe objetarse a Cornu, *GGr.*, § 164,
cuando habla de un cruce de *furaco* con *buco*:
en el sentido de 'agujero' éste es sólo italiano
y además de origen incierto; es verdad que el
germanismo cat. *buc* está algo más cerca, pero
su significado es 'colmena', aunque sea la que
se hace en el hueco de un árbol; de todos modos
permanecemos bastante lejos geográfica e ideológicamente, y el cast.-port. *buque* es catalanismo y tiene sentidos completamente distintos.—
¹³ «*Anus*... es la *forambrera* por do sale el estier-
col» 23d, «*forambreras* de fabros que fazen en sus
ferramientas los ferreros o carpenteros» 52b,
«*cunnus* es *forambrera* de la fembra» 101b, «*foramen, forambrera*, cosa foradada» 165d. Trataron
de este vocablo en sentido análogo A. Castro,
RFE V, 38, y D. Alonso, *RFE* XXVII, 31.—
¹⁴ ¿Acaso forma mozárabe de *FORARIA, con disimilación? ¿O contaminación por *ALGAIDA*
'soto, alameda'?

Horario, V. *hora*

HORCA, del lat. FŬRCA 'horca de labrador',
'palo hincado en el suelo y bifurcado en lo alto,
para ahorcar a los condenados, sujetando su pescuezo a la bifurcación por medio de un travesaño': la horca para ejecutar a los reos cambió de
forma con el tiempo, pero conservó su nombre.
1.ª doc.: forka, como término topográfico, en doc.

de 1070 (Oelschl.); *forca*, 'patíbulo', Berceo, *Mil.*,
146d, 147b.

De uso general en todas las épocas (J. Manuel,
J. Ruiz, etc.; «instrumento de labrança como *forca*» APal. 45d, *horca* 173b; «*horca para ahorcar*:
patibulum; *h. de dos gajos*: furca; *h. para rebolver las miesses*», Nebr.); Cej. VIII, § 133.
Para la ac. 'rueca', vid. *MAZORCA*.

DERIV. *Forcada* adj. '(planta o rama) ahorquilla-
da', '(espiga) doble' ast. (V). *Horcado* [*forcado*
'trompa del elefante', *Alex.*, 1906]; ast. *forcáu*
'palo rematado en dos puntas, para remover y hacinar la hierba'; *forcadada* 'porción de hierba al-
zada con el *forcáu*' (V). *Horcadura*; *forcadura*
'horcajadura' ast. (V). *Horcajo* [«palo de dos braços», Nebr.; 'confluencia de dos ríos o arroyos',
Acad. 1884, no 1843: en este mismo sentido aran.
horcall y comp. Schuchardt, *ZRPh.* XXXIII,
469ss.]; *a horcajadas* [Acad. ya 1817] o *a horca-
jadillas*; *horcajadura* [1552, L. de Gomara, *Aut.*];
ahorcajarse. *Horcate* [*Aut.*], adaptación del cat. u
oc. *forcat* íd.¹ *Horco* [Acad. ya 1817; la Acad.
escribe además *orco* 'ristra de cebollas', leon.], también cat. *forc* íd., pero en este sentido es más
común *horca* en castellano; ast. *forcu* 'jeme', V.
(= gall. *furco* [Sarm. *CaG.* 64v], cat. *forc*). *Horcón* 'horca grande' (así en Cespedosa, *RFE* XV,
270), 'palo en forma de horca para sostener las
ramas de los árboles' [Lope]: en este sentido ha
de ser muy antiguo en el latín hispánico², pues
de ahí vienen el vasco vizc. *orkoe* íd. (M-L.,
ASNSL CLXVI, 53), el ár. rifeño *fornôq* 'gajo de
horca' y el bereb. *aferkan* 'palo para revolver el
fuego' (que no hay por qué derivar de FŬRCŬLA,
según propone Colin, *Hespéris* VI, 73); el vasco
y cast. bilbaíno *urcullu* 'cada uno de los palos
terminados en una U de hierro, que llevan los con-
ductores de bultos' (Arriaga), quizá resulte de un
cruce del mismo vocablo con el vasco *urkila* 'sostén de ramas', procedente de FURCILLA, como lo
es el b. nav. *urkil*, gasc. *hourcère*, 'rueca bifurcada
en lo alto', aran. *ho(r)cèra* íd.³; *horconada*; *hor-
conadura*. *Horqueta* [*forqueta*, como ant., Acad.;
forqueta ast. 'horcón', V], arg. 'curso de agua que
forma ángulo agudo', cub. 'bifurcación de camino'
y 'horquilla para levantar las tendederas' (*Ca.*,
163); *enhorquetar* 'poner a horcajadas', arg., portorr., cub. (enjo-, *Ca.*, 190); *horquetero*. *Horquilla*
[Covarr.]; *horquillar* o *ahorquillar*; *horquillado*,
horquillador.

Ahorcar [*enforcar*, Fuero de Madrid de 1202;
la forma con *en-* es general en los SS. XIII, XIV
y primera mitad del XV⁴; *ahorcar* (af-), que no
aparece hasta 1469, en las Cortes de Castilla⁵, no
resulta de *enforcar* por cambio de prefijo como
suele decirse, sino por alteración fonética de *enh-*
> *ēh-*, como en *ahitar*, *ahogar* y *aforrar*]⁶; *ahor-
cado* y el compuesto *ahorcaperros*. *Forcina* ant.
[APal. 97b «*creacre* son *forcinas* de tres puas para
sacar la carne de los calderos»], alteración, por

contaminación de *forca*, de un **foçina* descendiente del lat. FŪSCĬNA 'tridente' (que ha dejado varios descendientes romances, vid. *REW* 3610, *FEW* III, 912-3); de una variante dialectal **foxina*, con la misma contaminación, saldrá *forchina* 'tenedor para comer', 'arma de hierro a modo de horquilla' [Covarr.], según ya indicó G. de Diego, *Homen. a M. P.* II, 11; vco. de Hazparren (b. nav.) *fusina* «fourche en fer pour remuer le fumier».

¹ En Aragón, Rioja y Álava *forcate* es especie de arado; de ahí *forcatear. Forcaz* [Acad. S. XX] 'carromato de dos varas' parece ser un antiguo plural aragonés.— ² En la toponimia argentina es muy frecuente el nombre *El Horcón, Los Horcones*, donde tendrá la ac. de 'horcajo', es decir, 'confluencia', o quizá 'bifurcación de caminos'.— ³ Deriv. del dimin. FURCILLA es el berc. *forcilleras* (o *horc-*) 'instrumento para coger pájaros', por la similitud del instrumento que dibuja Sarm. (*CaG.* 147r, véase), que dice llamado *hocigueras* hacia Toledo (disimilación de *horci-*).— ⁴ V. ejs. en Cuervo, *Dicc.* I, 290-2; G. de Diego, *Contrib.*, § 323; además *Alex.*, 146b; *Yúçuf*, 112; J. Ruiz, 1454, 1464, etc.— ⁵ También en la *Celestina*, ed. 1902, 40.16, etc., y Juan de Valdés, en un pasaje muy conocido, niega que exista *enhorcar* en Castilla. Pero todavía Nebr. vacila entre *enhorcar* y *ahorcar*. Hoy sobrevive *enforcar* en Asturias, y la misma forma es la única conocida en portugués, catalán (donde es palabra rara, pero ya figura en Jaume Roig, S. XV; lo común es *penjar*), lengua de Oc (íd.) e italiano antiguo (*inforcare*), y convive en gallego con *aforcar* (Castelao, 109.4).— ⁶ Alguna vez se dijo *horcar*, como en la *Gr. Conq. de Ultr.*, 114. Hoy los gitanos de Andalucía emplean *jorcao* para 'difunto, cadáver'. En Extremadura *jorcar* es 'ahechar' (Acad.).

HORCHATA, del lat. HORDEATA 'hecha con cebada', derivado de HORDEUM 'cebada', aunque no está bien averiguada la procedencia inmediata del vocablo, que podría ser tomado del italiano *orzata*, pero más bien parece ser un mozarabismo, quizá de origen valenciano. 1.ª doc.: *Aut.*

Léese en este diccionario «bebida que se hace de pepitas de melón y calabaza, con algunas almendras, todo machacado y exprimido con agua, y sazonado con azúcar; díxose así quasi *Hordeata*, porque las más veces se hace con agua de cebada», definición conservada por la Acad. sin más modificación que poner las almendras en primer lugar y agregar que también se hace sólo de almendras, de chufas o de otras sustancias análogas. Salvo los ejs. del S. XVIII que cita Ruiz Morcuende, no conozco documentación independiente de ésta, en castellano. La misma bebida se llama *orchata* en portugués y *orxata* en catalán, pero en ninguno de los dos idiomas tengo datos

anteriores al S. XIX. Me dice J. Giner que sus datos (ignoro de qué procedencia) indican también que en Valencia no se «generalizó» hasta el S. XVIII; mi documentación catalana concreta de fecha más antigua es de 1797, Maldà, *Col·legi de la Bona Vida*, p. 64. Por otra parte *orżata* es palabra bien arraigada en italiano, donde ya se halla en C. de las Casas (1570, sin equivalencia castellana), en un texto impreso en 1603, y a princ. S. XVII en la *Fiera* de Buonarroti y en el *Malmantile* de Lippi; la bebida ha sufrido la misma evolución que en España, según el diccionario de Tramater, y la explicación del *Spettacolo della Natura*: «è una bevanda composta di farina d'orzo stemperata nell'acqua e poi colata per panno; vero è che sotto il nome d'*orzata* passa più comunemente quella bevanda, che formasi con seme di popone con zucchero e con acqua, partecipante di qualche odore», es decir, lo que en la vecina Península se llama también *lattata*. Hay además el fr. *orgeat* «sirop fait autrefois avec une décoction d'orge, aujourd'hui avec une émulsion d'amandes»; aparece ya una vez en el S. XV, pero está escasamente documentado en los diccionarios (con la grafía italianizante *ordjeat* en autor posterior), y en el S. XVII aparece *orgeade*, otras veces la forma afrancesada *orgée*. Está claro que el vocablo no es autóctono en francés, sino tomado de la lengua de Oc, donde no lo tenemos documentado en la Edad Media, y hoy es comúnmente *ourdiat*, pero también *ourjat* y en Niza *ourjado*¹; de *ourdiat* o de un cat. *ordiat* viene el cast. *hordiate*, empleado por Espinel (1616, Fcha.) y registrado por Oudin con las variantes *ordeate* y *ordiata*. Si la forma castellana viniese de la lengua de Oc o del francés (como admite G. Viana, *Apost.* II, 198, al reconocer que en portugués es castellanismo), esperaríamos **horchate*; si viniese del italiano, esperaríamos **horzata*. En rigor se puede admitir que el sonido africado y sonoro de la *z* italiana fuese transcrito caprichosamente por *ch*, pues tales imitaciones inexactas, arbitrarias ocurren a veces con los sonidos extranjeros sin equivalencia castiza; también se podría admitir que hubiera en España cruce de un italianismo con un galicismo; pero ambas explicaciones resultan algo forzadas. Teniendo en cuenta el gran arraigo actual de la horchata en tierras valencianas, y aunque no tengamos documentación antigua en catalán, quizá no sea demasiado aventurado admitir una procedencia mozárabe, y en especial del mozárabe de Valencia; tanto más cuanto que en el árabe de Marruecos se emplea la forma *roĉâṭa* (Lerchundi), con una trasposición de la *r* que no se produce raramente en mozárabe, testigos *ruçál* < *orzuelo* (Simonet, s. v.), quizá REMOLACHA, y los vocablos reunidos en mi artículo ESCABECHE. La evolución fonética sería natural entonces, por lo que hace a la conservación de la *-t-*, y también sería fácil de explicar la *ch*, sea admitiendo que un *orǧata* pasara a *orčata* en Valencia en el S. XVI, cuando se produjo el fenómeno fonético del «apit-xament», sea suponiendo que a la ç sorda del castellano *orçuelo* (HORDEOLUM) correspondiera de buen principio *ch* en mozárabe (como suele ocurrir), aun cuando en este caso la ç procediera del grupo DJ. Claro está que este mozarabismo no será seguro mientras no podamos documentar el vocablo español o catalán en fecha más antigua, tánto más cuanto que la trasposición de consonantes se da incluso en fecha moderna en los dialectos magrebíes, lo cual resta fuerza al marroq. *ročáṭa* como prueba de la existencia del vocablo en mozárabe.

DERIV. *Horchatero*. *Horchatería*. *Hordiate* (V. arriba). *Hordio* 'cebada' se emplea en Aragón, como continuación del cat. y oc. *ordi*[2], pero en el S. XIII corrió en el Centro: así en docs. de Castilla del Norte de 1233 y 1240 (M. P., *D. L.*, 46.12, 51.15) y en la *1.ª Crón. Gral.* (393b32).

¹ Debe haber viajado en el interior del territorio occitano, pues *ourjat* se dice en Narbona y en el Ródano, zonas donde se emplea *òrdi* para 'cebada'; pero *orge* y variantes análogas parecen ser autóctonas en zonas periféricas, Burdeos, Lemosín, Delfinado, Alpes y algún punto de Gascuña.— ² En APal. *ordio* (52d, 119b, 182d) es latinismo, como puede apreciarse por la variante *órdeo* (329b) y la aclaración «ordio o cevada» (ibid.).

HORDA, viene del tártaro *urdu* 'campamento', propiamente '(tiendas) armadas, montadas', derivado del verbo *urmak* 'hincar, clavar'; en castellano se tomó del francés, pero no se puede determinar el resto del camino seguido por el vocablo. *1.ª doc.*: M. J. de Larra (1809-37), en Pagés; Acad. 1869, no 1817.

Fr. *horde* desde 1559, alem. *horde* desde 1534, ruso *ordá*, pero el vocablo pudo también entrar en Europa por el turco, lengua hermana de los idiomas tártaros, y desde ahí por los Balcanes. Vid. Muss-Arnolt, *MLN* V, 503; Kluge, s. v.; Bloch, s. v.

Hordiate, hordio, V. *horchata*

HORIZONTE, tomado del lat. *horizon, -õntis*, y éste del gr. ὁρίζων, -οντος, íd., participio activo de ὁρίζειν 'delimitar'. *1.ª doc.*: Santillana (C. C. Smith, *BHisp.* LXI); 1540, Venegas (*Aut.*); *or-*, Mena (C. C. Smith); 1633, Lz. de Arenas, p. 104.

En APal. 197d figura *(h)orizon* como voz puramente latina, variante que aparece en rima (con palabras en *-ón*) en Gz. Manrique (C. C. Smith). El fr. *horizon* ya se halla en el S. XIII (*orizonte*) y en 1338 (*orison*), *Rom.* LXV, 175.

DERIV. *Horizontal* [h. 1612, Pacheco de Narváez; 1633, Lz. de Arenas, p. 105]; *horizontali-*

dad. *Diorita* [Acad. después de 1884], derivado culto del gr. διορίζειν 'distinguir'.

CPT. *Horópter*, compuesto culto de ὄρος 'límite' (de donde deriva ὁρίζειν), con ὀπτήρ 'el que mira'; *horoptérico*.

Horma, hormaza, V. *forma* y *hormazo*

HORMAZO, ant., 'tapia o pared de tierra', del lat. FORMACĔUS, abreviación de PARIES FORMACEUS, íd., derivado de FŌRMA 'molde', 'horma', 'forma'. *1.ª doc.*: *ormaza*, como nombre propio de lugar en Burgos, doc. de 1092; *hormaza*, 1475, G. de Segovia, 84; *hormazo*, Acad. ya 1817.

Para más documentación primitiva, vid. M. P., *Oríg.*, 222¹. Hoy *hormazo* sigue vivo, en algunas partes, con sentidos derivados 'carmen, quinta con huerta o jardín' en Córdoba (así Acad. 1817) y Granada (cercada por una tapia), 'linde entre dehesas, constituído por una vara de tierra sin romper' (pronunciado *hormáďo*) en Malpartida de Plasencia (Espinosa, *Arc. Dial.*, 82-83), y de ahí 'montón de piedras sueltas' (empleado para separar heredades) (Acad. ya 1884). La dualidad *hormazo* y *hormaza* tiene explicación cronológica, por el cambio de género de PARIES, que en el latín hispánico tardío pasó al género femenino. PARIES FORMACEUS se halla en Plinio, y ya abreviado en *formacius* aparece en San Isidoro, como vocablo propio de España y África². Por lo demás es posible que el primitivo FŌRMA, aplicado propiamente al molde de la tapia, pasara también a designar la tapia misma, pues *horma* en esta acepción aparece ya en Mariana (*Aut.*), en vasco existe *borma* y *orma* con el sentido de 'pared'³, y el gascón *arroume* «muraille en pierres superposées sans mortier» (*arroumà* «former une telle muraille»), supone también *hroume < hourme* (Rohlfs, *ASNSL* CLXV, 37; *BhZRPh.* LXXXV, § 149)⁴; aunque es verdad que también podría suponerse que *horma* en este sentido fuese derivado regresivo de *hormaza*, por haberse entendido que *-aza* tenía valor de sufijo aumentativo, según hace notar M-L., *ASNSL* CLXVI, 51, 53 (en cuanto al vasco *borma*, en este idioma *-atxu* es sufijo diminutivo y *-atsu* equivale semánticamente al cast. *-oso*).

DERIV. *Hormaza* y *horma* 'tapia', V. arriba. Para *horma de zapato*, V. FORMA.

¹ En refuerzo de la argumentación del maestro contra los que pudieran suponer que *Ormaza* es derivado de *olmo*—en vista de que se codea en los mismos documentos con formas que parecen haber conservado la F-, como *Forniellos* y *Fenestrosa*, docs. de 1228 y 1234—, obsérvese que este *Fenestrosa* correspondería a un *Enestrosa* pronunciado, pues según el sentido no puede venir de FENESTRA 'ventana' y sí sólo de *hiniest(r)a* 'retama' (GENISTA), con el sentido de 'retamal', es decir, de un vocablo que nunca tuvo F- ni h- aspirada. Junto a una capa inferior de lenguaje

muy vulgar y rústico, que ya por entonces, en el Norte de Burgos, omitía completamente la F-, coexistían, pues, en el mismo territorio, estratos más altos de gente educada, o distinguida por su nacimiento, que se esforzaban por seguir pronunciando una f- o por lo menos una h- aspirada, siguiendo una tradición ininterrumpida de hábitos lingüísticos familiares, pero que al hacerlo incurrían en ciertas confusiones, tan groseras a veces como la de *iniesta* con *hiniestra* 'ventana', de *inojo* 'rodilla' con *henojo* 'planta', o la de *enchir* 'llenar' con *hinchar* INFLARE.— [2] «*Formatum* sive *formacium* in Africa et Hispania parietes e terra appellant, quoniam in forma circumdatis duabus utrimque tabulis inferciuntur verius quam instruuntur», *Etym.* XV, ix, 5.— [3] *Borma* 'pared, muro', y 'pared de piedra seca' en el Valle de Salazar y en el ms. de Oihenart; *alborma* 'tabique, pared secundaria que sirve de apoyo a otra' en el occidente de Vizcaya (Arratia y Txorierri), éste contaminado por *albarrada* 'pared de piedra seca'.— [4] PARIES FORMACEUS > bearn. *roumàs* 'muraille faite avec de grosses pierres sans mortier' (Palay), *Lac de Romassot* en el circo de Ayons (Gave de Bins, Ossau).

Hormento, V. *hervir*   *Hormero*, V. *forma*

HORMIGA, del lat. FORMĪCA íd. *1.ª doc.*: *formiga*, 1328-35, *Conde Luc.*, ed. Knust, 91.18.

General en todas las épocas y común a todos los romances. *A la formiga* ast. 'pasando materiales de mano en mano para reunirlos en un punto dado' (V).

DERIV. *Hormigante*. *Formigar* o *aformigar* ast. 'hormiguear'; *aformigáu* '(miembro) adormecido por el hormigueo' (V). *Hormigón* 'enfermedad de algunas plantas, causada por un insecto que roe las raíces y tallos' (quizá por comparación con los caminos que va abriendo la hormiga bajo tierra), 'enfermedad del ganado vacuno'[1]; *hormiguillo* 'enfermedad que da a las caballerías en los cascos y se los va gastando por dentro' [Covarr.], 'línea de gente que se hace para ir pasando de mano en mano los materiales para las obras'; *hormiguilla*; *hormiguillar*. *Hormigoso*. *Hormiguear* [Nebr.], *hormigueamiento* [íd.], *hormigueo*. *Hormigüela*. *Hormiguesco*. *Hormiguita*. V. *HORMIGOS*. Cultismos: *formicante*; *fórmico*, ácido que se halla en la secreción de las hormigas; de ahí *formiato* y el compt. *formaldehido*, de cuyo radical se sacó a su vez *formol*, solución acuosa del formaldehido.

Hormiguero [«fornicarium, cavus», Nebr.] 'montoncito de hierbas inútiles que se quema sobre el terreno para que sirva de abono' [Acad. 1899, no 1832; *form-*, Borao], cat. *formiguer* o *formigó* íd. [h. 1650], serían alteraciones de **hormiguero, formiguer, -gó*, derivados del lat. FURNUS 'horno', o más exactamente de FORNIX, -ĬCIS, según Germà Colon, *Bol. de la Soc. Castellon. de Cult.* XXXII

(1956), 97-102, opinión que había oído yo varias veces de boca de su maestro A. Griera, pero como es idea bastante natural —por más que la siga creyendo errónea— es fácil que se nos ocurriera a los tres separadamente; *formiguero* pasaría a *formiguero* por influjo de *hormiga* (con variante *forniga* en catalán)[2]. Esta opinión es posible, pero muy incierta, pese al arag. *fornillo*, ast. *forniellu* 'hormiguero', empord. *fornell* 'carbonera, montón de carbón' (*Costumari Català* I, 133): 1.° porque es muy posible semánticamente, y aun verosímil, que se comparara el montón de hierbas quemado con el hormiguero o montón de hormigas, al que precisamente imita en la forma y en estar cubierto de tierra; 2.° porque FORNĬCEM 'bóveda, arco, cuarto abovedado' no conviene semántica ni fonéticamente (nótese la i frente a Ī) como base de *hormiguero*, y partir de FURNUS presentaría la oscuridad morfológica del elemento *-ig-*, así que de todos modos nos veríamos obligados a echar mano del influjo de *hormiga* y *hormiguero*, ya en la etapa *forniguero*[3]. Luego la relación de *forniguero* con *horno* puede ser meramente secundaria, según ya indiqué en la *Misc. Fabra*, 123 n. 5.

[1] Como nombre de planta *hormigón*, junto al cual existen *hormigo* y *(h)ormino*, parece resultar de una alteración, por etimología popular, del grecolatino *hormīnum* 'especie de salvia', Gili Gaya, *RFE* VI, 183.— [2] *Hormiga* tiene una variante fonética *forniga, -ica* extendida por el Alto Aragón y Asturias, que reaparece en el cat. occid. y orient. (Sur) *forniga*, oc. *fournigo* y rum. *furnică*, que no puede explicarse por asimilación del punto de articulación de la *m* a la *r* (como dicen Ronjat y Colon), sino por disimilación de labiales (favorecida por el influjo de FURNUS), pues no hay otros casos de un cambio espontáneo de RM en *rn* (es extraño tener que advertir que la etimología TARMITEM de *arna* 'polilla' es de falsedad obvia), pero el caso se repite en el cat. *fornir*, cast. FORNIR, fr. *fournir*, FRUMJAN, y en los nombres de lugar cat. *Puiforniu* y *Fornigosa* (*Misc. Fabra*, 123).— [3] De *forn* sólo podríamos derivar **forneguer*, y de *horno*, **horneguero*, luego la forma *forniguer(o)* ya tendría que estar influída por *formiguer(o)*. Puesto que de todos modos es inevitable hacer intervenir FORMĪCA, y derivar directamente de éste no presenta dificultad, no ganamos nada suponiendo que el vocablo venga de FURNUS en última instancia.

Hormigón, V. *hormiga* y *hormigos*   *Hormigonera*, V. *hormigos*.

HORMIGOS, 'gachas, comida hecha con trigo o maíz quebrantados o pan desmenuzado, cocidos con agua o leche', 'partes más gruesas que quedan en el arnerillo al acribar la sémola o trigo quebrantado', 'plato de repostería hecho con almendras o avellanas tostadas y machacadas con miel', origen incierto, quizá derivado de *HORMIGA* por comparación de los granitos de trigo que quedan en el arnerillo o en las gachas con las hormiguillas que bullen en el hormiguero. *1.ª doc.: formigos*, J. Ruiz, 1165*b*[1].

En la *Estoria de Quatro Dotores* «id e cozed *formigos* a nuestros obreros», donde traduce *pulmentum;* la misma forma aparece h. 1400 en los Glosarios del Escorial y de Toledo; *hormigos* está en Nebr. («*hormigos de massa:* lagunum», que deberá leerse *laganum* 'especie de buñuelo o pastel hecho con miel'), en Fr. Juan de Dueñas (1543)[2], en Fernán Flores (1541)[3] y en Oudin («*hormigo:* pain esmié et broyé avec saffran»); Covarr. trae *hormiguillo* «cierta menestra hecha de pan desmenuçado en forma de cabeças de hormigas, y esto significa cerca de los Arabios la palabra *alcuzcuzu*»[4], mientras que Laguna (1555) escribe «las buenas viejas suelen hacer ciertos *hormiguillos* de avellanas tostadas para assentar el estómago», y basándose en este pasaje *Aut.* definió *hormigo* como «cierto guisado compuesto de avellanas machacadas, pan tostado y miel»; la ac. más común 'gachas' no figura en este diccionario, aunque la recogió la Acad. en ediciones posteriores, y es la que corresponde seguramente a todos los ejs. arriba citados. Hoy sigue empleándose *formigos* en Oseja de Sájambre (NE. de León) para 'gachas de maíz' (en Asturias *farrapes* o *fariñes*), según M. P., *Dial. Leonés,* § 8.1; y *hormigos* entre los judíos de Marruecos es «especie de alcuzcuz de granos gruesos, y que en vez de ser regado con caldo de carne, lo es con leche, a la cual se adiciona manteca, azúcar y canela» (*BRAE* XV, 199); haciéndose con leche es natural que *furmihus* (o *furmihéiru*) haya tomado la ac. 'primera leche que da la vaca después de parida' en el gallego del Limia (Schneider, *VKR* XI, s. v.), aunque también se conservan en tierras gallegoportuguesas acs. más cercanas a la primitiva: *formigos* «migas rebozadas y azucaradas» en el anónimo gallego de h. 1850 (*RL* VII, 212), 'comida especial de ayuno particular de las Navidades' en Peñafiel (Portugal), C. Michaëlis, *RL* I, 121, n. 3; en Portugal es palabra provincial del Miño y Tras-os-Montes, V. otras acs. en Fig. En cat. ant. *formigons* 'manjar de bledos o espinacas *con leche* de almendras' documentado en un texto de 1466 (donde, por lo demás, hay alguna muestra de influjo castellano), *BABL,* 323, 'manjar análogo hecho con leche de calabazas' ib. p. 325; ibíc. *furmigons* 'sopa de pasta de trigo, hormigos' (Pz. Cabrero).

Puede decirse que la etimología no se ha estudiado. A. Castro, en su edición de los glosarios, duda mucho de que pueda venir de *hormiga,* según había dicho Richardson; sugiere, con reservas, una relación sea con FRŪMĔNTUM (ast. *furmento,* cast. ant. *hormiento,* cat. *forment* 'trigo candeal'), sea con FORMATICUM 'queso' (cat. *formatge,* mozár. aragonés *furmâǧu*), pero ambas ideas son imposibles, la última por el sentido, sobre todo ambas por razones morfológicas, ya que la terminación de *hormigos* hubiera debido agregarse y no sustituir a las terminaciones -ENTUM o -ATICUM de estos dos vocablos, y además tampoco veríamos de dónde podía salir esta terminación *-igos.* Por otra parte es evidente que hay relación entre *hormigos* y *hormigón* 'mezcla compuesta de piedras menudas y mortero de cal y arena', palabra ya documentada en Covarr. y en Nebr. («crusta calcaria») (Cej. V, § 135), y que es también portuguesa, *formigão,* atestiguada allí, en una ac. secundaria, desde Lopes de Castanheda (h. 1550). En efecto, como nota la Acad., *hormigón* está respecto de *hormigos* 'postre de avellanas machacadas' en la misma relación que *nuégado* 'hormigón' respecto de *nuégado* 'postre de avellanas y almendras'; puede también compararse el cat. *pinyolenc* 'mineral de conglomerados', disimilación de **pinyonenc,* derivado de *pinyó* 'piñón'.

Ahora bien, para *hormigón* sería posible hallar otra etimología, ya sugerida por Covarr.: podría venir de FORMA 'tapial', 'molde de hormazo', de cuya vitalidad en España nos da pruebas el artículo HORMAZO; es verdad que sería anacrónico pensar en el procedimiento moderno para hacer el hormigón armado, pero pudo haber en otro tiempo hormigón hecho con tapiales, y de hecho Covarr. afirma que así podía hacerse en su tiempo, aunque su testimonio no está al abrigo de sospechas, en vista de sus preocupaciones etimológicas. En cuanto al aspecto morfológico, casi sería forzoso imaginar un verbo derivado FORMĪCARE 'construir con tapia', que por lo demás no es del todo hipotético puesto que lo empleó el francés Dudón a primeros del S. XI, si bien como mero sinónimo de FORMARE (Du C.); de todos modos, no habiendo otros testimonios ni descendencia romance, prácticamente deberemos mirar el vocablo como supuesto; de ahí pudo derivarse *hormegón y luego *hormigón* por contaminación de *hormiga* y su familia. Entonces *hormigos* 'postre de avellanas' tomaría el nombre de su semejanza con una pared de hormigón, y para llegar a *hormigos* 'gachas' y 'cribaduras' deberíamos suponer una comparación de los granitos con los pedazos de avellanas que sobresalen del postre, u otra extensión de sentido por el estilo. Todo lo cual es muy forzado semánticamente, claro está; y además la abundancia de la documentación y sus indicaciones acerca de la precesión cronológica, sugieren de un modo claro que *hormigos* 'gachas' es más antiguo que *hormigos* 'postre'—según es natural, por lo demás, dado lo esencial y primitivo de aquel alimento—, y que el postre a su vez es anterior a *hormigón.* En conclusión, la etimología FORMA es poco verosímil.

Y resulta preferible volver a la idea de Covarrubias de que se compararon los granos de trigo de los hormigos (a que se refiere, por ejemplo, la definición judeoespañola), o las migas de pan desmenuzado, con cabezas de hormigas; lo cual era tanto más fácil cuando se hacían con leche, con cuya blancura formaría contraste el color del pan o trigo cocido, hasta recordar el tono pardo de la hormiga⁵. Por lo demás, también podría haber nacido esta comparación en la ac. 'cribaduras' (ya *Aut.*), comp. fr. *gruau* 'gachas', del germ. GRUT 'grano de trigo'.

DERIV. *Hormigón* 'mezcla de mortero', V. arriba; *hormigonera*. *Hormiguillo* 'hormigos'.

¹ «Por tu gran avaricia mándote que el martes / que comas los *formigos* e mucho non te fartes», según el ms. *S; G* principia el verso «comás de los espárragos», lo cual es menos probable tratándose de un avaro, y es verosímil que el escriba de *G* sustituyera el vocablo por no entenderlo.— ² «Que en mi presencia haga unas harinas o *hormigos*».— ³ «Hacen también de la harina fideos, lasañas, macarrones y *hormigos*». Ambas citas en la edición de J. Ruiz por Cej.— ⁴ T. A. Sánchez en su glosario de Juan Ruiz dice «cierta especie de alcuzcuz, que se come en Sevilla, y de que usaban los moros con el nombre cuzcuzú».— ⁵ Du C. cita un ej. de *formicta*, que él traduce 'especie de pastel hecho de harina fina'. Como *-icta* es terminación tan rara y el vocablo sólo aparece una vez en un *Monasticum Anglicanum*, es probable que deba enmendarse *formicata*, y que se trate de unas gachas u hormigos, pues el texto prescribe el régimen alimenticio de una congregación monacal. La sugestión de Carpentier de que sea un pastel de queso (en relación con la familia del cat. *formatjada* íd.) no es posible por razones morfológicas; tampoco es posible la relación sugerida con un verbo *formiscare*, que en realidad no existe, pues la forma *formiscant* es subjuntivo romance de *formire* = fr. *fournir*.

Hormigoso, hormigüear, hormiguero, hormiguilla, hormiguillar, V. hormiga   Hormiguillo, V. hormiga y hormigos   Hormilla, V. forma

HORMÓN, tomado del gr. ὁρμῶν, participio activo de ὁρμᾶν 'mover', 'excitar'. 1.ª doc.: Acad. 1925 o 1936.

Corre bastante la variante incorrecta *hormona*.
DERIV. *Hormonal*.

Hornabeque, hornablenda, V. cuerno

HORNO, del lat. FŬRNUS íd. 1.ª doc.: *forno*, doc. de 1129 (Oelschl.); Berceo; *Fn. Gonz.* (383), etc.

General en todas las épocas del idioma y común a todos los romances. Junto con los derivados de *horno* o del lat. FŬRNUS (*A*) coloco los de FŎRNAX (*B*) y de FŎRNĬX (*C*), palabras latinas probablemente emparentadas entre sí y procedentes de una

misma raíz; ya en latín hubo confusiones entre los dos radicales, pues FURNAX aparece desde el S. II d. C., y FORNUS se halla en manuscritos clásicos, entre ellos los de Varrón, que escribía doscientos años antes; esta última forma subsistió esporádicamente en romance (campid. *forru*) y no es imposible que de ahí salga la forma *fuerno* que leemos en doc. de Sevilla de 1294 (M. P., *D. L.*, 355.15, junto a *fforno* línea 46), pero hay otras explicaciones posibles para esta forma (V. *FURNIA*).

Aunque no está bien averiguado si el ár. *furn* 'horno' (de cocer el pan, etc.) es palabra ya preislámica, es seguro en todo caso que es muy antigua y empleada en el Iraq y Siria ya a fines del S. IX y en el XI, por lo tanto no es mozarabismo y ni siquiera es posible que proceda de la latinidad africana. Como el iraquí Abendureid h. 900 opina que no es de origen arábigo y el español Abensida († 1066) lo da como palabra de Siria, es probable que sea latinismo arraigado ya en el SO. de Asia desde el Imperio, seguramente como término de los constructores de *stratae*: si no me engaño no aparece en las demás lenguas semíticas, y entre las europeas es formación explicable por raíz indoeuropea y con alguna equivalencia en las eslavas y aun otras, pero con *f-* sólo en latín, todo lo cual es indicio de préstamo del latín al árabe (donde existen sinónimos); en cambio el argel. *furnâq* que cito abajo pasaría al magrebí desde la latinidad africana¹ (quizá por vía camítica) y sólo el mozár. *furnáč* es de procedencia hispánica.

DERIV. *A) Forna* ast. 'horno' (V). *Hornada* [Nebr.]. *Hornaje* rioj. [*f-*, 1155]. *Hornazo* 'torta guarnecida de huevos, que se cuecen juntamente con ella en el horno' [«*focatus* se dice el pan cocho en la ceniza y rebuelto como *fornazo*», APal. 164d; «*hornazo de vuevos*: artooum», Nebr.; Covarr.]; para la formación actual del hornazo, tal como se hace en Cespedosa, *RFE* XV, 272. No creo que salga de FORFEX 'tijeras', como se dice en el *GdDD* 2875b, el ast. *furnazas, burnazas* 'tenazas', pero sí de (FORFICES) FURNACEAS, por su empleo para sacar objetos del horno y del fuego; *morgaces* f. 'pinzas de madera encorvadas para recoger erizos de castañas sin lastimarse' (R), puede ser alteración del mismo vocablo por influjo de *muergo* 'corteza de la nuez' (s. v. ÓRGANO). *Fornáu* o *fornada* 'hornada' ast. (V). *Hornear* 'ejercer el oficio de hornero' [Nebr.], 'hacer pan' (así en la Arg.). *Hornero* [Nebr.; *fornero*, doc. de 1170]; *hornera* [íd.]; *hornería* [íd.]. *Fornica* ast. 'hornilla que se abre en la pared, contigua al fogón, para recoger la ceniza de éste' (V). *Hornija* 'leña menuda para horno' [*fornia*, que deberá probablemente entenderse *forniia*, en doc. de Carrión de los Condes, a. 1243, Staaff, 22.32; «*hornija para horno*: furnaria ligna», Nebr.], quizá de LIGNA FURNĪLĬA, plural neutro de un adjetivo *FURNĪLIS; con sentido secundario *hornía* 'cenicero contiguo al fogón' en Santander; *hornijero*. *Hornillo* [1570, C. de las Casas]; *hornilla*; *forniellu* ast. 'hoguera que se hace con residuos vegetales en los terrenos que se roturan'; *forniella* o *fornelliza* 'ceniza del *forniellu*'; (a)*forniellar* 'hacer forniellos' (V). *Enhornar*. *Fornel* 'anafe', albac., alm., Jaén, tomado del cat. *fornell*, o acaso mozarabismo; *fornelo*, tomado del it. *fornello*. *Sahornarse* 'escocerse o excoriarse una parte del cuerpo' [«*sahornado de sudor*: subluuidus», Nebr.; «-*ar*, escorcher et blesser la peau par eschauffaison et long chemin, es pieds ou entre les cuisses, s'entretailler, se souiller du sueur», Oudin; ejs. del S. XVI en *Aut.*], parece seguro que es derivado de *horno*, con prefijo procedente de SUB- (comp. *sahumar*, *sacudir*, etc.) y la ac. fundamental 'escaldarse' > 'excoriarse'; *sahorno* [«*s. de sudor*: subluuies», Nebr.]. Cultismo: *fornáceo*.

B) *Hornaza* [*fornaz* f., comienzo del S. XIII, *Cron. Villarense*[2]; Berceo, *Mil.*, 366; *Alex.*, 2248; *fornazes* m. pl. 1444, J. de Mena, *Lab.* 144b; *fornace*, APal. 53d; a causa del género femenino se cambió en *hornaza*, con -*a* secundaria, que ya aparece en Nebr. «fornax; caminus»], del lat. FORNAX, -ĀCIS, f. 'horno de cal o de alfarero', 'hornaza'; del mismo origen el port. *fornaça*, cat. *fornal* f. (< *fornau*), oc. *fornatz*, fr. *fournaise*, it. *fornace*, y por otra parte el mozár. *furnáč* «fornax» en R. Martí (de ahí «*Fornacalia* eran sacrificios en que el farro o trigo se tostava en las *hornachas*», APal. 116d), *furnâğ* 'hornillo empleado en la fabricación de la seda' en escritura árabe granadina, marroq. *fornáči* 'hornilla para calentar el baño o hammam', argel. *furnâq* 'hornillo de estufa o baño, hornaza' (Simonet). *Hornaguero* adj., *tierra* -*a* 'carbón de piedra' [«carbunculus», Nebr.], hoy *hornaguera* f., del lat. FORNACARIUS 'perteneciente a la *fornax* u hornaza', comp. *FURNIA*; de ahí *hornaguear* 'minar la tierra para sacar hornaguera' [«*h. la tierra*: carbunculor», Nebr.], en Andalucía 'hurgonear' (Castro, *RFE* VI, 340), 'mover una cosa de un lado para otro a fin de hacerla entrar en lugar donde cabe a duras penas', y de éste *hornaguero* 'flojo, holgado'; *ahornagarse* 'abochornarse la tierra o sus frutos por el excesivo calor' [Nebr., s. v. *tierra*]. *Hornalla* 'horno grande' arg.[3], venez. [*fornalla*: Otas de Roma, texto leonés de princ. S. XIV: «Señor... que guardaste los tres niños en la *fornalla* ardiente» (f° 93v°, ed. Baird, 146.18); 1553, en la Biblia judía de Ferrara, *Lev.* XI, 35, en el sentido de 'chimenea'; no admitido por la Acad.], 'parte inferior de un horno por donde se extrae la ceniza' portorr., en este sentido *fornalla* en Cuba (que Pichardo define «la boca que está más abajo de la del fogón a manera de horno en las Casas de Calderas»; confirma el uso de esta forma Ortiz, *Ca.*, 228), palabra de origen leonés o gallegoportugués (ahí *fornalha* es de uso común), procedente del lat. FORNACŬLA 'hornaza pequeña'.

C) La palabra latina FŎRNIX, -ĬCIS, significaba 'bóveda (muchas veces subterránea)', 'túnel', 'roca agujereada', y parece derivar del mismo radical que FORNAX (porque los hornos de cal o de alfarero suelen construirse en forma de bóveda); los dos vocablos se confunden parcialmente en romance en cuanto a la forma, pero vienen semánticamente de FORNIX los siguientes. *Hornacho* 'concavidad que se hace en las montañas donde se cavan algunos minerales' [*fornacho*, J. Ruiz, 768b; «*hornachos en el Maestrado*: furnacis», Nebr.; *Aut.*], tomado del mozár. *furnáč*, arriba citado, pero en la ac. correspondiente a FORNIX: *Hornachos* como nombre propio de lugar es frecuente en el Mediodía de España, *Hornachuelos* en Córdoba (donde hay minas de plata y oro) ya llamado *furnağûluš* (o -*ğwéluš*) en el Idrisí y en Abenalabbar (Simonet, s. v. *fornacho* y *fornatila*); *hornachuela* 'covacha' [*Aut.*]. *Hornacina* 'hueco en forma de arco, que se suele dejar en el grueso de la pared maestra para colocar una estatua, un jarrón, etc.' [*Capillas hornacinas* 1504, *BHisp.* LVIII, 91; Terr.; Acad. ya 1817], de *FORNĬCĪNA, comp. el cat. *fornícula* 'hornacina', y el aran. *hornèra* 'hornacina en la pared de una choza de pastor' (derivado de FURNUS + -ELLA, como consecuencia de la confusión entre FORNIX y FORNAX). *Hornecino* 'bastardo, adulterino' [«*forneçino*, porque fué hecho en forniçio y no de legítimo matrimonio», vocabulario de med. S. XV, *RFE* XXXV, 335; «*hornezino, hijo de puta*: fornicarius», Nebr., de ahí el antiguo *costilla fornacina* 'costilla falsa', y el arag. *fornecino* 'vástago sin fruto'; *fornecino* en el *Alex.*, 1016, y en los *Castigos de D. Sancho*, p. 213, significa 'fornicador', 'fornicario'], derivado de FORNIX, -ĬCIS, en el sentido de 'lupanar', que tomó esté vocablo por la forma de los lugares donde estaban las prostitutas[4]. *Fornaguero* 'fornicario' (*Alex.*, 2210; *Gral. Est.* I, 290a47); *afornagar* 'fornicar' (ej. de la *N. Recopil.* en *DHist.*). Duplicado culto de este último, descendiente del lat. *forñicare* 'tener comercio carnal con prostituta', es *fornicar* [APal. 277b; Nebr.], con sus derivados *fornicación* [h. 950, Glosas Emilianenses], *fornicador* [Nebr.], *fornicario* [Berceo, *Mil.*, 78; Nebr.], *fornicio* [Berceo]. Cf. *ESFORROCINO*.

[1] Aunque de éste no hay datos hasta el S. XIX, no es imposible que se empleara en alguna parte del Andalús, si es que de ahí procede el topónimo cat. *La Fornaca* y apellido *Fornaca*. Incierto esto porque el apellido es poco corriente (NE. de Cataluña) y el topónimo aparece sólo en un pueblo empordanés y con significado hipotético.— [2] «*Daniel e Sidrac e Misac e Abdenago, los que miso en la fornaz*», *BRAE* VI, 200.— [3] Ej. en Payró, *Pago Chico*, ed. Losada, p. 200, y frecuente en los diarios y escritores argentinos.— [4] Éste parece haberse conservado, al menos esporádicamente, en gallego-portugués, pues lo emplean en una tenzón a med. S. XIII dos trova-

dores poco conocidos, Pero Martins y Don Vaasco (que parece ser el Vaasco Gil que tenzonó con Alfonso el Sabio en la ctga. 422, fechable en 1252-55): «dizede-mi quen é comendador / eno Espital, ora da escassidade, / ou na franqueza, ou quen no *forniz* / ou quen quanto mal si faz e *diz*», a lo cual replica Martins: «eno *forniz* éste Don Roi Gil / e Roí Martiiz ena falsidade» (*CEsc.* 423.5, 10). R. Lapa altera *franqueza* en *fraqueza*, lo cual no convence, pues hay evidente oposición con el *falsidade* del verso 11, aunque sea jugando algo con el vocablo: *franqueza* no será ya verdadero abstracto sino el concreto 'lugar sin sujeción a señor feudal' (cf. *Les Franqueses*, topónimo catalán frecuente). Me inclino a creer que *forniz* no está tampoco en el sentido abstracto 'fornicación' (indocumentado) sino en el etimológico 'lupanar': ¿quién es el más fuerte así en el Convento de los Hospitalarios, como en las tierras libres y en el lupanar?, éste es el sentido que han de tener esos versos.

Horoba, V. *joroba*

HORÓN, 'serón grande y redondo', del lat. AERO, -ŌNIS, 'especie de cesta o espuerta de mimbres, esparto, etc.'. *1.ª doc.*: «oron lleno de tierra: hero», Nebr.[1]

El lat. AERO (que algunos escriben ERO o HERO) se halla ya en Plinio y en autores tardíos, y se supone derivado del gr. αἴρειν 'levantar' (Ernout-M., Walde-H.); define Forcellini «cestone, corba o sacco; cophinus vel aliud quodpiam vas ex vimine, sparto vel ulva, storeae aut tegetis modo confectum, ac tollendo ferendoque aliquid idoneum», es decir, algo casi idéntico a un serón. En castellano parece ser principalmente vocablo del Sur (falta en Covarr. y *Aut.*): en Murcia significa «serón grande y redondo; ruedo de esparto, con rebordes, para depositar los cereales; sitio en que se guarda el trigo en las casas de la huerta» (G. Soriano), en Andalucía «espuerta de esparto de forma tubular y de grandes dimensiones, para guardar grano y para trasladar al molino la aceituna recolectada» (AV), y PAlc. lo registra como voz hispanoárabe, con las equivalencias «nassa para trigo, panera para guardar pan, orón lleno de tierra»; sin embargo, también se registra en el Bierzo *hurona* «receptáculo hecho de pajas de centeno tejidas con zarzas o mimbres, que se emplea para guardar harina», «cesta o canasta grande fabricada de paja y cosida con cáñamo o mimbres, de que se usa para recoger pan» (G. Rey), pero es posible que allí sea voz importada, pues la asimilación E-ó > o-ó es muy propia del dialecto mozárabe. Fuera del castellano sólo se ha conservado en el logud. *erone* 'cesto', y el cat. *oró*, vocablo ya documentado en el S. XIII (*orons plens de terra* en Jaime I, 248.20, 24) y en Jaume Roig (v. 14764, junto con *cistella, cedaç, garbell*); hoy

es palabra propia sobre todo de las Baleares (pron. *uró*: Moll, *Amoroses*, 120; *BDLC* XIII, 15; del *fons* o *del cul de l'uró* 'notable', *BDLC* XII, 165, 287), del País Valenciano («serón para riego, etc.», Sanelo, 110v°) y Sur del Principado («paneret de palma per a contenir el pa», en Gandesa, *Excursions* III, p. 157); por lo demás, en catalán la asimilación *e-ó > o-ó* es normal, aunque no tanto en el País Valenciano. Hay que borrarlo del artículo HORREUM del *REW*.

[1] No tengo otra documentación antigua que ésta y «dos *orones* llenos de trigo, el uno de seis hanegas», en inventario murciano, de 1614, *BRAE* XIII, 501.

Horópter, horoptérico, V. *horizonte* *Horóscopo*, V. *hora* *Horqueta, horquetero, horquilla, horquillado, horquillador, horquillar*, V. *horca* *Horra*, V. *horro* *Horrendo*, V. *horror*

HÓRREO, 'edificio rústico de madera para guardar grano y otros productos agrícolas', ast., del lat. HŎRRĔUM 'granero'. *1.ª doc.*: *orrio*, doc. de Santoña, a. 1092[1]; Berceo, *S. Mill.*, 225; Nebr.: «*orrio en las montañas*: horreum».

Según indica el texto de Nebr. no parece nunca haber sido de uso general; también *Aut.* lo da como propio «de los labradores de Galicia, Asturias y otras partes», y cita ej. de Ambrosio de Morales, que habla de «aquella tierra» (otro ej. de Yepes). Hoy en Asturias dicen *orru*, V. la descripción en Rato[2]. El vocablo parece ser hereditario —lo cual es posible según la fonética de esta región—, aunque la *e* de la forma *hórreo* se deberá a una reacción latinizante. Está ampliamente difundido en la toponimia portuguesa (Silveira, *RL* XXXIII, 246-8); el *hórreo* es vieja y arraigada construcción rústica en Galicia[3]. V. tipos muy primitivos de hórreos («canastos» y «porpiaños») en Vic. Risco, *Terra de Melide*, p. 357. En catalán *orri* es vivo sobre todo en los Pirineos, donde ha pasado por lo común a designar las chozas en que los pastores hacen queso y ordeñan (para este cambio semántico, vid. Krüger, *Hochpyr. A*, I, 66), pero la ac. originaria 'granero' parece subsistir todavía en los Privilegios del Valle de Áneu (a. 1408: *RFE* IV, 48), y de ella procede la locución común *a orri* 'a granel' (Valencia), *en orri(s)* 'de cualquier manera, malgastando': de ahí está tomado el murc. *anorre* o *en horri* «a granel» (que la Acad. escribe *en orre*, sin nota de regional; Cej. V, § 135)[4]; mientras que la forma *a horro* empleada en el castellano de Tous o de Énguera, prov. de Valencia (N. Primitiu, *El Bilingüisme Valencià*, p. 34), parece huella de una antigua forma local aragonesa; en cuanto al andaluz *a horro* «a cuestas, en cuestas» (*tuvo que subirlo a horro todo el cerro*), A. Venceslada, quizá viene más bien del cast. *HORRO* 'sin pagar (sin esfuerzo)'. Fuera de la Península Ibérica el vocablo sub-

siste solamente en ciertas hablas occitanas, sardas
y meridionales de Italia (*REW* 4186).
   DERIV. *Horrero.*
   [1] Más documentación primitiva en Oelschl., pero en el doc. de 1080 parece ser puramente latino.— [2] Comp. «*Horru:* edificio de madera cubierto de teja y sostenido en el aire sobre cuatro
pegollos, que sirve de granero y despensa; membrana parecida al capullo del gusano de seda, que
forma un insecto en alguna espiga de trigo» en
Colunga (Vigón).— [3] «Os *hórreos*... sentido galego
das fremosas proporcións» Castelao 251.6f.— [4] *En
horre* (contra GdDD 3288) no tiene relación con
horro 'libre' ni con su derivado santand. *andar a
jorra* 'paseándose a conversación'.

   Horribilidad, horrible, V. *horror*   *Horricar,* V.
hurgar   *Horridez, hórrido, horrífico, horripilación, horripilante, horripilar, horripilativo, horri-
sono,* V. *horror*

   HORRO, del ár. *ḥurr* 'libre, de condición libre'.
1.ª doc.: forro, doc. de San Salvador del Moral,
a. 1074 (*mancebo forro*).
   Aparece ya dos o tres veces en los SS. XI-XII
y con gran frecuencia en el XIII y más tarde
(Neuvonen, 98; Oelschl. s. v. *forro* y *horro;* Cej.
V, § 135). Lo más frecuente en esta época es la
ac. 'libre de nacimiento' (o 'liberto, esclavo a quien
se ha dado libertad'), también en Nebr. («*horro*
o *horra*, de esclavo: libertinus; *h.*, libre como
quiera: liber»); ambas acs. aparecen ya en el árabe hispánico. Del mismo origen y sentido, port.
forro [S. XII], cat. *forro* ['sin trabas ni obligacio-
nes', 'soltero', J. Roig, *Spill*, 3179, 10424] o *alfo-
rro* [S. XIV]. Acs. secundarias: *tripas horras* 'libres, que hacen lo que quieren, comer o ayunar'
(Quevedo, *Buscón, Cl. C.*, p. 181), *sacar horro*
'sacar (algo, de un asunto) sin pagar' (*saqué ropa
y comida horra*, ibid., p. 219), *ir horro* 'en el
juego, convenir dos de los jugadores en no tirar
en los envites la parte que el otro tenga puesta,
si perdiere', 'ir a la parte unos con otros' (ibid.,
p. 53, y vid. nota de Castro; Vélez de Guevara,
Serrana de la Vera, v. 2357; Correas, *Vocab.*, s.
v. *ahorrarse);* de ahí o de la ac. 'sin pagar' procede el cub. *forro* 'trampa, engaño (en el juego o
en las elecciones)' (*Ca.*, 162), *horro* o *jorro* 'tabaco de mala calidad' (Pichardo, s. v., y p. 155);
de 'libre' se pasó también a aplicar *horra* a las
ovejas y otras hembras que no están preñadas
[*Aut.*], y de ahí el cat. *forra* íd. (en Castellón y
en la Garrotxa), 'estéril' (en todo el Principado:
BDLC IX, 194).
   DERIV. *Horrarse* centroamer. 'perder la cría (un
animal)'. *Alhorría* 'condición de libre' (SS. XVI-
XVII: Castellano, Luque Fajardo), también *aho-
rría* o *ahorrío* [1601, A. Cabrera]. *Ahorrar* 'poner
en libertad (a un esclavo o cautivo)' [*aforrar*, 1219,
F. de Guadalajara; todavía empleado en este sen-

tido en el Siglo de Oro: Cervantes, M. Alemán[1],
etc., vid. Cuervo, *Dicc.* I, 292-4; Cej. V, § 135][2],
'desembarazar, aligerar, librar de carga e impedimenta' [h. 1300, *Gr. Conq. de Ultr.*, 620; *Crón.
de 1344*, en *Infantes de Lara*, 305.1; etc.][3] 'librar
o sacar de un trabajo, pena, pago, etc.' [aunque
aforrar el portadgo ya se halla una vez h. 1225,
Neuvonen, esta ac. no se hace frecuente hasta
principios del S. XVI, Guevara, y primero suele
construirse *ahorrar de trabajos*, etc., aunque *ahorrar* 'hacer economías', empleado absolutamente,
ya aparece en el *Lazarillo*]; ast. *aforrar,* V; gall.
aforrar (Castelao, 29.11); *ahorrado* 'liberto' [*af-*,
S. XIII, *Partidas, 1.ª Crón. Gral.*, 127b32, etc.],
'desembarazado' (también *aforrecho*, DHist., participio analógico de *cogecho*, V. *COSECHA);
ahorrador; ahorramiento; ahorrativo, -iva; ahorro*
[1543, D. Gracián].
   [1] «Buscaría manera como *ahorrarla* y me casa-
ría con ella», G. de *Alfarache, Cl. C.* V, 113.27;
III, 219. El verbo *hárrar* ya tiene este sentido en
árabe.— [2] De ahí *aforrarse* 'escaparse', hablando
de prisioneros, en J. Ruiz, 1125b.— [3] De ahí *ai-
jorrar* (< *alhorrar*) 'vomitar' en Santo Domingo
(Brito).

   A horro, V. *hórreo*

   HORROR, tomado del lat. *horror, -ōris*, 'eri-
zamiento', 'estremecimiento', 'pavor', derivado de
horrēre 'erizarse', 'temblar'. *1.ª doc.:* 1574, A. de
Morales.
   También en otros autores del Siglo de Oro, en
Covarr., *Aut.*, etc. Frecuente desde esta época, con
tendencia reciente a popularizarse. Antiguamente
se empleó una variante vulgar, con cambio de
sufijo, *horrura* [Berceo, *Mil.*, 283; *S. Mill.*, 183],
que más tarde se especializa en el sentido de 'suciedad, impureza, escoria' (APal. 81b, 249b, 415d,
todavía en D. Gracián, 1543, y empleado en verso por Quevedo, después queda anticuado, aunque
todavía corre en Salamanca y como término de
minería en otras partes; Cej. V, § 135); comp.
los descendientes de HORRIDUS: it. *ordo*, fr. ant.
ord, oc. ant. *orre*, cat. ant. *hòrreu* 'sucio', fr. ant.
ordure 'basura', cat. ant. *horresa*, oc. ant. *orrezeza*[1].
   DERIV. *Horroroso* [1702, Cienfuegos; Moratín,
h. 1800, se burla de su empleo por Meléndez Valdés, ed. Acad. IV, 167]. *Horrorizar* [ya Acad.
1817]. *Horrendo* [h. 1525, Alvar Gómez (C. C.
Smith, *BHisp.* LXI); princ. S. XVII, Lope, Ar-
gensola], tomado de *horrendus* 'que hace erizar los
cabellos'. *Horrible* [*Santa M. Egipciaca; Corbacho*,
p. 12; Santillana, *Obras*, p. 216; 1438, Juan de
Mena, *Coron.*, copla 20; APal. 516b; Garcilaso,
Égl. 2; pero Gregorio Hernández todavía lo considera neologismo en su traducción de la *Eneida*;
hoy popular], tomado de *horribĭlis* íd.; *horribilidad, horribilísimo. Hórrido* [1499, Comendador
Griego], de *horrĭdus* íd.; *horridez.*

Cpt. *Horrífico. Horripilar* [Acad. ya 1869; en 1817 y 1843 sólo admite los derivados *-ativo* y *-ación*][2], tomado del lat. tardío *horrĭpĭlare* 'hacer erizar los cabellos', compuesto con *pilus* 'pelo'; *horripilación, horripilante, horripilativo.* En gallegoportugués HORRĬPĬLARE ha dejado descendencia semipopular: port. *arripiar* 'encrespar el cabello', 'erguirse y caer muerta una ave'; gall. *arrepiar*[3] (Castelao 55.20, 171.17, 172.6), *arrepiante* (íd. 203. 8) y *arrepío* 'horror' (íd. 194.15); gall. *arrupiarse* 'ponerse la piel de gallina', *arrupiado* 'cabello o pelo erizado' (Sarm. *CaG.* 228v). El paso de *arrepiar* a *arrupiar* ha de deberse a la acostumbrada labialización *-ep-* > *-up-* del gallegoportugués. De las variantes *arripiar* ⁓ *arrupiar* vendrá el postverbal gall.-port. *corripio* ⁓ *corrupio*, nombre de varios juegos infantiles, y gall. *corrupio* 'juguetillo de chicos: pieza de talavera redonda que se le hacen dos agujeros, por los cuales entran encontrados dos hilos en uno y tirando por los hilos, reciprocando, se pone en movimiento la pieza redonda' (Sarm. *CaG.* 118r y p. 160): no aseguraré si este *co-* es prefijo o procede más bien de cruce con un derivado de *correr* o lo explicado aquí s. v. *GRUPA.*

Horrísono [h. 1580, Fdo. de Herrera, *Canción a don Juan de Austria vencedor de las Alpujarras*], tomado de *horrĭsŏnus*, compuesto con *sonare* 'sonar'; *horrisonante.*

[1] *Orredeça* 'vicio repugnante' en *Alex. P*, 2351d; la forma *orresca* de *O* quizá esté por *orresça* u *orreeça.* La misma palabra, con alusión al culto idolátrico, está también en el *Cronicón Villarense*, donde Serrano lee un imposible *ovederça* (V. la tesis de Louis Cooper, Universidad de Chicago).— [2] Con carácter popular debió de vivir en todo el lat. vg. de Occidente, pues es también sardo *urpilare, arpilare.* Y señalo otros representantes que han quedado hasta aquí inadvertidos: el gascón *piren. pilhà's* 'enredarse' (el pelo, una madeja, etc. V. de Arán, etc.) —que será derivado regresivo de **arrepillà's* (donde *arre-* fué tomado por un caso del iterativo RE-)— (cf. además *PILLAR*), y sin duda el vasco común *orapĭlotu* (vizc. *orapildu*) 'anudar', 'apelotonarse la comida en el estómago', cuya forma más antigua es *orapilatu*, ya documentado en 1666 en el suletino Juan de Tartás (ed. Urquijo, 146, 149); de ahí el sustantivo vasco común *oropilo, orapilo* 'nudo'. La *-r-* en lugar de *-RR-* quizá se explique, como sugiere la forma sarda, por una temprana síncopa **HORPILARE, dada la frecuencia de la anaptixis vocálica en vasco, que causaría luego la restitución de una vocal en todas partes; y la evolución semántica se explica en poblaciones de carácter pastoril, para quienes el pelo de las reses y las vedijas de lana ovejuna son primordiales.— [3] De ahí el extremeño *repiar* 'subir, elevarse la perdiz herida', 'sacudir las ramas de los olivos para que caigan aceitunas' (*BRAE* IV, 101).

Horruga, V. *hurgar   Hortal, hortaliza*, V. *huerto   Hortatorio*, V. *exhortar   Hortecillo, hortelano, hortense, hortensia*, V. *huerto*

HORTERA, 'escudilla o cazuela de palo', origen incierto, probablemente del b. lat. OFFERTŌRĬA 'especie de patena'. *1.ª doc.: fortera*, doc. navarro de 1022 (Du C.); Cej. V, § 126.

Léense en dicho documento estas palabras: «De meas *forteras*, de vasos, de argenteo quidquid habuero, commendo unam partem ad Senior Eximino... et vendant illos vasos vel *forteras* salomonaticas, in duplum pro platam, et illas alias illo valente...». Se trata de las últimas disposiciones de una reina de Navarra. *Salomonaticus* o *salomoniacus* u *opus Salomonis* se aplica en bajo latín a las vasijas de material precioso, en recuerdo de las vasijas del templo de Salomón; este adjetivo y el contexto del documento indica, pues, que se trataba de vasijas de metal precioso o ricamente labradas. Pero pronto bajó en aprecio social la *fortera.* Cuando el rey Apolonio desembarca en Tarso, reparte manjares y viandas a los habitantes que los quieren aceptar, y el autor del *Libro de Apolonio* escribe «non costavan dinero manteles ni *forteras*» (64d), luego parece ya tratarse de la escudilla con que se da de comer a los necesitados. Más tarde no volvemos a hallar el vocablo hasta 1541, en que se lee «tres *horteras* de palo» en el testamento de Fernando de Rojas (*RFE* XVI, 379), y en las Ordenanzas de la Briba del *Guzmán de Alfarache* se autoriza al pordiosero a «que pueda traher un paño sucio atado a la cabeza, ...hortera, calabaza, esportillo, zurrón y talega» (*Cl. C.* II, 186), fundándose en lo cual define *Aut.* «escudilla de palo, que ordinariamente usan los pobres, y la trahen colgada a la cintura, para recibir la comida que les dan: y en algunas provincias de España es el uso común de las casas pobres»; por lo demás definen concordemente C. de las Casas (1570) «scudella di legno» y Oudin (*hortera* y *ort-*) «une escuelle de bois» (el vocablo falta en APal., Nebr., Covarr., etc.)[1].

No sé que nadie hasta ahora se haya interesado por la etimología de este vocablo, a no ser la Acad., que después de citar el b. lat. *fortera* (sólo documentado en el pasaje citado arriba) lo deriva de FŎRTIS 'fuerte'. ¿Por qué? Quizá porque siendo de madera la hortera es irrompible; sin embargo el calificativo de 'fuerte' no parecería bien aplicado, y además de que ya hemos visto que las *horteras* más antiguas no eran de palo ni mucho menos, siempre quedaría por explicar el extraño uso del sufijo *-era.* Creo que debemos renunciar a esta etimología.

Por otra parte, en Aragón corre *tortera* 'vasija de barro en que se sirve la sopa, los asados y aun las verduras y otras viandas' (Borao), en Ansó, Echo y Bielsa 'fuente honda de barro' (*BDC* XXIV, 179), en Torla *tortereta* «tortera, puchero»

(*RLiR* XI, 179), mientras que en Castilla *tortera* es «vaso de cocina en que cuecen y forman las tortadas, que regularmente es de cobre y suelen servirse de ella para otros usos; dícese también *tartera*» (*Aut.*), y en Portugal *torteira* es lo mismo (Moraes) o bien una sartén para freír (Fig.). Parece claro que esto es un derivado de *torta²*; sin embargo, ante el artículo de Covarr. «*hortera*: es una rodaxuela que la hilandera pone en el huso para darle más peso, especialmente quando empieça la mazorca; díxose así quasi *tortera, a torquendo*»—es decir, lo que comúnmente se llama *tortera*—, nos asalta una duda: así como este *hortera* de Covarr. parece salir de *tortera*, ¿no podría *hortera* 'escudilla' ser alteración de *tortera*, tal como se conserva en Aragón? ¿Se trataría de una pérdida de la primera *t-* por disimilación? La antigua forma con *f-* no sería objeción de peso, puesto que Navarra y aun quizá el lugar donde se escribió el *Apol.* podían pertenecer a la zona de pérdida temprana de la F-, donde aparece *Oyuela* sin F- o H- ya en esta época, y así la grafía *fortera* sería mera ultracorrección de un *ortera* pronunciado; tampoco sería obstáculo firme el *furteru* o *jurteru* de Santander «cestillo para el pan, especie de tabahía», pues al fin y al cabo es posible que G. Lomas tenga razón al derivarlo de *fruto*. Pero esta eliminación disimilatoria de una T- inicial sería algo tan extraordinario y sin ejemplos que difícilmente podríamos admitirla; es más, me atrevo a afirmar que tal fenómeno no es concebible, pues si siempre las disimilaciones de oclusivas sordas constituyen un fenómeno muy raro (pocos casos pueden citarse además de BLASP(H)EMARE > *lastimar*), la disimilación eliminatoria no se produce nunca en posición inicial o intervocálica (sólo delante o detrás de consonante: DIE MERCURI > cat. *dimecres*, TREMULARE > *temblar*)³. En conclusión, creo que *hortera* y el arag. *tortera* son dos vocablos sin relación etimológica, aunque su sentido vecino y su forma semejante los pusiera popularmente en relación, hasta el punto de creerse en algunas partes que eran una misma palabra: de ahí que Covarr. atribuyera a *hortera* la ac. 'rodajuela del huso' que propiamente sólo pertenecía a *tortera*, error en el cual pudo verse acompañado por muchos.

Lo que sí creo perfectamente posible, en cambio, es que *fortera* viniese de OFFERTŌRIUM, muy frecuente en textos medievales (entre ellos, de los SS. XI y XII, procedentes de Alemania, Mediodía de Francia, etc.), como nombre de una vasija litúrgica, enumerada junto con patenas y cálices, probablemente una especie de patena (en el mismo sentido OFFERTA en un texto de Italia); *fortera* pudo venir, sea del plural OFFERTŌRIA, sea de esta misma forma en calidad de femenino, que está también documentada no sólo en el sentido de 'paño que cubre la patena', ac. que también tiene OFFERTORIUM (vid. Du C.), sino también

como nombre de una vasija de uso seglar, en doc. leonés de 996 (Vignau, Índice, n.º 767). Para ello bastaría suponer una dilación *OFFORTORIA, muy fácil tras F y entre dos OO (comp. el cat. y cast. antic. *reportori(o)* 'repertorio') o bien una metátesis *efortoria⁴: esto último me parece muy probable en vista de que *infertoria, -uria,* 'fuente o bandeja' figura alternando con *offerturia* en docs. leoneses de 927, 959, 978, etc. (Oelschl.; Du C.), donde tenemos el fácil cambio de prefijo *enf-* por *ef-*⁵; el cambio de -TŌRIA en *-tuera* > *-tera* es normal (ESTERA, RASERA, *-adero* y casos análogos) y la aféresis de la inicial a nadie podrá sorprender. Nótese que en el doc. de 1022 es muy posible que la *fortera* sea todavía un objeto litúrgico, en todo caso es una vasija de metal como una patena, y recuérdense otros casos de nombres de objetos del culto que pasaron a designar vasijas rústicas y aun pastoriles, como la ALIARA (< *al-fiala* < PHIALE).

¹ Hoy *hortera* sigue vivo en general, y del castellano pasaría al vasco, donde *ortera* designa una 'tinaja de barro' (Azkue). En el Valle de Vío (Alto Aragón) *ortera* es un cazo de hojalata para la sopa (Wilmes, *VKR* X, 239). En Madrid se ha aplicado como apodo a los factores o mancebos de las tiendas de mercader [Terr.], sea porque acarreen sus mercancías en una artesa de madera, sea como apodo despectivo para estos modestos dependientes, con el sentido primero de 'pordiosero'; hoy día es de uso general entre los jóvenes con referencia a las personas. de vestimenta o modales pretenciosos y sin elegancia.— ² En vista del catalán pallarés *tortera* 'rosca, hembrilla', procedente de TORTŌRIA (*BDC* XXIII, 313), derivado de TORQUĒRE 'torcer', también se podría pensar en este étimo para la tortera de barro, sea por comparación de un cazo estrecho con una rosca, sea por alusión al movimiento circular del torno de alfarero. Pero esto es mucho menos natural.— ³ Admitir una disimilación *tortera* > Θ*ortéra* > *fortéra* sería también muy forzado y sin ejs.— ⁴ Un proceso metatético rigurosamente paralelo tenemos en *offertionem* > *eforción,* INFURCIÓN, *furción.*— ⁵ No es verosímil que se trate de un *INFERTORIA originario en relación con un *infertor* 'el que sirve a la mesa', documentado en algunas glosas y escolios latinos.

Hortezuelo, horticultor, horticultura, V. *huerto*

HOSCO, del lat. FŬSCUS 'pardo oscuro', 'oscuro'. 1.ª doc.: *fosgo* («bove per golore *f.*», 'buey de color oscuro'), doc. leonés de 1008 (M. P., *Oríg.*, 309); *hosco,* como color de buey, J. Ruiz, 1215c (*S, G, fosco T*).

«*Hosco, baço en color:* fuscus», en Nebr., y aplicaciones semejantes en APal. 36d, 173b, 411b; Cej. VIII, § 133. Popular en la Edad Media, con tendencia después a anticuarse en algunas partes; sin embargo *vaca hosca*, aludiendo a su estampa, sigue siendo popular entre los gauchos argentinos (A. Alonso, *Probl. de la L. en Am.*, 164; Draghi, *Canc. Cuyano*, p. 430). El tránsito a la idea de 'ceñudo' [Covarr.], 'arisco', podría explicarse por una aplicación al tiempo atmosférico ('nublado' > 'amenazador'), pero más bien me parece tratarse de una metáfora aplicada directamente al fruncimiento del entrecejo, que se da también en otros idiomas, alem. *finster* 'oscuro', 'malhumorado', 'siniestro'; recuérdese el pasaje del *Quijote*: «llamado Pandafilando de la *fosca* vista: porque es cosa averiguada, que aunque tiene los ojos en su lugar y derechos, siempre mira al revés, como si fuese vizco: y esto lo haze él de maligno, y por poner miedo y espanto a los que mira» (I, xxx, 147rº); luego puede también haberse pasado de 'oscuro' a 'de vista imperfecta, bizco' (así ast. *foscu*, V, y oc. mod. *fousc*) y de ahí a 'ceñudo, intratable'. La forma *fosco* se conserva en Santo Domingo (*BDHA* V, 143); en Méjico se pronuncia *josco* (*BDHA* IV, 296), pero la circunstancia de que C. Castillo en el diccionario castellano-inglés de la Universidad de Chicago prefiera la forma *fosco*, me hace sospechar que es usual en Méjico y otras partes de América. Comp. ARISCO.

DERIV. *Hoscoso. Hosquedad. Fosca* 'calina', murc. 'selva enmarañada'; de esta ac. parece venir el salm. y extr. *fusca* 'maleza, hojarasca' (también 'suciedad' en Cespedosa, *RFE* XV, 144; G. de Diego, *RFE* IX, relaciona con *chispa*), que a pesar de su *u* me parece ser popular, en vista de las acs. traslaticias y populares que tiene el port. *fusco* (donde la *u* puede explicarse como en *fundo* 'hondo', etc.); el cast. *fusco* 'oscuro' empleado por Juan de Mena[1] y Huerta, será cultismo, y lo mismo *ánade fusca* 'pato negro' en el naturalista murciano Funes (1621). *Enfoscar; enfoscado* 'encarnizado, hablando de un guerrero' (P. de Hita, Rivad. III, 530a); *enfoscadero. Difuscar* 'oscurecer (un sonido)', ant. (Enrique de Villena, *RFE* VI, 177; *difustar* en la p. 174 es errata). *Infuscar. Ofuscar* [1574, A. de Morales], tomado del lat. *offuscare* íd.; *ofuscación; ofuscamiento; ofuscador*.

CPT. Gall. *o antre-lusco-e-fusco* 'fin del crepúsculo vespertino' («xa estamos no ∽» Castelao 215.4f.).

¹ *Foscando* 'oscureciendo' y *la luna fuscada* en el *Laberinto* de Mena, según me comunica D. Agustín del Campo.

Hospedable, hospedador, hospedaje, hospedar, hospedería, hospedero, hospiciano, hospicio, hospital, hospitalario, hospitalero, hospitalicio, hospitalidad, hospitalizar, V. *huésped*   *Hosquedad*, V. *hosco*   *Hostaje, hostal, hostalaje, hostalero*, V. *huésped*   *Hoste*, V. *hueste* y *huésped*   *Hostelaje, hostelero, hostería*, V. *huésped*

HOSTIA, 'oblea empleada para el sacrificio de la misa', tomado del lat. *hostia* 'víctima de un sacrificio religioso', por comparación con las costumbres del paganismo. *1.ª doc.*: Berceo, *Mil.* 360, *Sacr.* 122.

También Nebr. («*ostia, por sacrificio*: hostia»). Vulgarmente se emplea como exclamación sacrílega, muchas veces deformada por eufemismo (cat. *ostres!*, etc.), de donde se ha pensado proceda el vco. *ostera*, exclamación de sorpresa (Schuchardt, *Wien. Sitz.* CCII, iv, 22-23)[1], forma que según Michelena, *BSVAP* XI, 295, es de origen vasco.

DERIV. *Hostiario* [1455, *BHisp.* LVIII, 91; Nebr.]. *Hostiero*.

¹ Pero también hubiera podido relacionarse con el cat. ant. *osta!* '¡quita allá!', de OBSTARE.

HOSTIGAR, del lat. tardío FUSTĪGARE 'azotar con bastón', derivado de FUSTIS 'bastón, palo'. *1.ª doc.: fostigar*, Berceo, *Mil.*, 359d.

Se lee ahí «menazóli el padre por que avié tardado / que meresçiente era de seer *fostigado*». Análogamente en J. Ruiz, 1168c, «*fostigarás* tus carnes con santa disciplina»; en APal. «*elisus*: repelido, ferido, *hostigado* y afligido de golpe» (130d; comp. 58b); este significado latino es todavía el único a que alude Covarr., es el tomado como básico por *Aut.* «castigar a uno para que escarmiente y se enmiende», y los varios ejs. que cita este diccionario, de autores de los SS. XVI y XVII, pueden corresponder al mismo. Ast. *afustacar* o *fustacar* 'hurgar con fuerza en algún sitio', 'abrirse paso en alguna apretura' (V). Pero es posible que un sentido traslaticio asome ya en APal. («*Fatigare...* por *hostigar*», 155b) y Nebr. («*hustigar*[1]: fustigo, i n s t i g o»), y desde luego *Aut.* advierte «según oy le entendemos significa también oprimir, molestar y aburrir a alguno»[2]. Realmente ésta es la única ac. usada en la actualidad, como ya observa Terr. (s. v. *fustigar*), y aparece claramente en Moratín («la gente, que a la cuenta estaba ya *ostigada* de la tempestad, del consejo de guerra, del baile y del entierro, comenzó de nuevo a alborotarse», «determine ella libremente, sin que nadie la apure ni la *hostigue*», etc.) y en Jovellanos (Pagés); nótese especialmente la ac. militar 'hostilizar, molestar al enemigo' (fr. *harceler*). De ahí proviene la ac. andaluza y americana 'empalagar un manjar, hastiar', usual en toda América excepto la Arg. y las Antillas (*RH* XLIX, 474; Malaret)[3], *hostigoso* 'empalagoso' en Chile, Perú y Guatemala, 'fastidioso, molesto, cansado' en la Costa atlántica colombiana (Sundheim)[4]. Es notable la *o* de *hostigar* frente a la U del étimo; con razón compara Zauner (*Altsp. Elementarbuch*, § 41) el caso de *poridad*, derivado de *puro*[5]: ambos casos, al principio, fueron causados por ultracorrección de la tendencia a cerrar *podrir* en *pudrir*, *cobrir* en *cubrir* y análogos. Pero en el caso de *hostigar* esta ultracorrección logró imponerse a la larga, gracias a la evolución semántica hacia 'molestar, hostilizar', que establecía una relación entre *hostigar* y la familia de *hostil* y *hueste*. FÚSTĬGARE aparece por primera vez en el S. IV, quizá no como un mero derivado de FUSTIS a la manera de *litĭgare*, *fumĭgare*, de los cuales se diferencia por la longitud de su ĭ, sino más bien como vocablo modelado según *castīgare* y *fatīgare*. Se trata de una palabra del latín cristiano, que por lo general sólo ha ⸱erdurado como cultismo (así también cast. *fustigar*, Terr.; Acad. ya 1813; fr. *fustiger*, oc. mod. *fustigà*, cat. *fustigar*, etc.); con índole popular no hay otro descendiente ⸱que el castellano y el port. *fustigar* (*fostigar* 'azotar', h. 1200, Cortesão), cuyo carácter hereditario se revela semánticamente (*fustigar com guerra, com artelharia*, ya a med. S. XVI, en Lopes de Castanheda, etc.; *fustigada* en el Minho, «servício gratuito, prestado no último dia da sacha...»); gall. *fostrigar*, *fro[s]tegar* o *frustigar* 'golpear con fustriga' y *fustriga* o *fostrega* 'verdasca o vara para castigar' (Sarm. *CaG.* 59v, 62v, 226v), con *r* procedente del sinónimo *vergastra* que ahí mismo registra Sarm.; agréguese el boloñés, ferrarés y modenés *fustigar*, *-tgar*, *-tiger*, 'hurgar' (< 'agitar un palo'), y por otra parte oc. *bousti(g)à*, *-icà*, 'hurgar' e 'incitar, irritar, torturar', piam. *bustichè* 'irritar, torturar', Monferrato *bustichee*, genov. *busticà*, sardo *busticare* 'encolerizarse, meter ruido', que según Schuchardt (*Roman. Etym.* II, 136-7) se deberían a un cruce con el tipo del fr. *bouger* 'remover', o el del milan. y oc. *bur(di)gar* 'agitar'.

DERIV. *Hostigador. Hostigamiento*. *Hostigo* 'azote de las inclemencias atmosféricas', 'parte de una pared que da a la dirección del viento' (A. de Morales, Covarr.). De *fustigar*: *fustigación*, *fustigador*, *fustigante*.

[1] Esta forma con *u* quizá no es más que una errata, pues luego escribe *hostigamiento*, y estas dos palabras van en el orden alfabético entre *hossario* y *huego*.— [2] Comp. Oudin «*hostigar*: fustiger, fouetter, chastier, i n c i t e r, f a s c h e r», «*hostigado*... fasché, marry», «*hostigo*: hostilité, ravage que font les ennemis»; Percivale «to call earnestly on, to pricke or urge forward, to drive on, to scarre, to feare, to chastise».— [3] 'Empalagar, cansar, disgustar una bebida, un alimento' en el Ecuador (Lemos, *Semánt. Ecuat.*, s. v.).— [4] No creo que venga de ahí el mall. *estugós* 'que siente asco, esquilimoso' (¿*hustigós* > *istugós*?), para el cual la etimología propuesta por Spitzer, *Lexik. a. d. Kat.*, 64-65, está lejos de ser clara. Desde luego el cat. ant. *òstec(h)* 'asco, hastío' (ejs. de Eiximenis en Ag.) indica que es otro el origen de las dos voces catalanas (OBSTARE? AESTUOSUS?), y no puede descartarse la posibilidad de que este otro étimo influyera en la ac. cast. *hostigar* 'molestar, aburrir'. Aplazo este problema hasta mi *DECat*.— [5] La fórmula «disimilación de apertura» que sugiere Herzog, *Litbl.* XXX, 329, si es que tiene algún sentido diferente del que

voy a tratar, no es aceptable, pues no hay disimilaciones de este tipo en otras vocales castellanas.

HOTO, ant., sustantivo que se empleaba en la locución *en hoto de* 'confiando en (alguien), contando con su protección'; como en la Edad Media no se halla más que el verbo *enfotarse* 'ensoberbecerse, sentirse seguro', y el sustantivo *enfoto* 'confianza excesiva', parece que ésta ha de ser la forma primitiva, acortada por la confusión de las dos sílabas consecutivas *en*, y el vocablo vendrá probablemente del lat. INFATUARE 'infatuar, hacer volver necio'. 1.ª *doc.*: *enfoto*, y *en enfoto*, Alex.; *en hoto*, h. 1500, Juan del Encina.

Se lee en el *Alex.* «En *enfoto* de Dário las ciudades de Greçia / non querién a su rey fer nulla reverençia, / ond avié Alexandre con Tebas malquerençia» (195a *O* y *P*), «ellos collerán [= cogerán] *enfoto* de lo que han fecho, / ternán que lo fezioron por su esforçio derecho, / pesará a los dios, avrán les grant despecho / perderán ela aventura e avremos nos derecho» (1290a *O*; en *P*: «ellos *en enfloto* de lo que avién fecho, / ternán...»), «Sudrata era villa firme e bien poblada / ... / cogió un mal *enfoto*, fizo jura sagrada / que nunca de los griegos fuese sobjudgada» (2196c *P*; en *O*: «cogió un mal *esforcio*»). El sentido es evidentemente peyorativo: estamos más cerca de 'infatuación' que de 'confianza', por lo menos es 'confianza excesiva'. Juan Ruiz nos muestra una ac. derivada, algo como 'ambiente acogedor, comodidades', pero también ahí tenemos la forma con prefijo: «fazer te he fuego e brasa, darte he del pan e del vino / ... / Pusso me mucho ayna en una venta con su *enhoto*[1], / diome foguera de enzina, mucho gaçapo de soto, / buenas perdizes asadas, / fogaças mal amassadas, / de buena carne de choto» (968a). Junto a este sustantivo tenemos, con no menos antigüedad, el verbo *enfotarse* y su participio *enfotado*, que ya aparece en el *Alex.*, con la ligera deformación de la *l* adventicia, que le hace sufrir el manuscrito aragonés[2]: «Por que venció a Menona es así *enflotado*, / cuydase que yrá sienpre en tal estado, / si supiese el loco como es engañado / ser s'ié de su locura mucho maravillado» (828a; en *O*: «es assy escalentado»). En las *Coplas de Mingo Revulgo* (1464): «Mas si tu *enfotado* fuesses, / y ardiente tierra paciesses, / y verdura todo el año, / no podrías haver daño / en el ganado ni miesses», a lo cual observa H. del Pulgar († h. 1493) «los pastores a qualquier que tiene fe en sí mismo dicen que es *enfotado*»; también en el *Canc.* de Baena, en poesía de Fr. Lope del Monte «disputar a titulado / en la dotryna que *enfota* / mas que cota / al que sabe su tratado» (n.º 328, v. 16), y todavía en un Auto del S. XVI «porque te sea escarmiento y en tu locura no *enhotes*» (Colección Rouanet I, 399). Los refranes perfilan bien el sentido del vocablo: «ni te alborotes ni te *enfotes*», ya recogido por

Hernán Núñez (1555), significa evidentemente 'no te alarmes por los contratiempos ni te duermas en tus laureles'; y *Aut.* registra «más vale León cansado que gozque *enfotado*»³. Aunque en general nuestro vocablo y su familia están hoy anticuados, según noticia de Cej. (*Voc.;* VIII, § 105) se emplea todavía *enhotarse* en Córdoba por 'estar ciego de cariño, encelicarse' y *enhoto* 'encariñamiento' (*el niño tiene enhoto con la teta); ast. enfotáse* 'confiar más de lo debido en una persona o cosa', *al enfotu* 'prevaliéndose, confiando' (V).

En cuanto a las formas sin el prefijo *en-*, son mucho más tardías. El primer ej. lo hallamos en Juan del Encina: el pastor Pascual quiere regalar una cesta de paja a su amiga Beneita, se la juega con su compañero Gil y éste, que cree haberla ganado, exclama: «Beneita, estáte, no hiles / *en hoto de* la cestilla», es decir, contando con ella (ed. Acad., p. 309); Hernán Núñez cita también el proverbio «*en hoto del* conde no mates al hombre», o sea 'contando con su protección', y Sancho dice todavía «quando no me la diere, nacido soy, y no ha de vivir el hombre *en oto de* otro, sino de Dios». Salta a la vista que la forma *hoto*, tan tardía, debió nacer en esta locución prepositiva, como resultado de la haplología de *en en*, pues el refrán *en hoto del conde...* era conocidísimo y muy frecuentemente citado por todo el mundo (vid. Covarr. y *Aut.*, p. ej.). Esto no impide que posteriormente empezara a emplearse el sustantivo *hoto* como palabra independiente, aunque ya no hay muchos ejs., pues el vocablo se había anticuado (no figura en APal., Nebr., etc.): así Rodrigo de Reinosa, escritor pastoril, contemporáneo de Juan del Encina, escribe *a tu hoto* por 'a tu cuidado', y el Maestro Correas (1627) «aunque soy grande, no tengáis *hoto* en mí». De ahí deriva la locución *a hotas*, típica del habla pastoril del S. XVI con el sentido de 'por cierto' (ejs. de Encina, Reinosa, Torres Naharro, Sánchez de Badajoz, Lope de Rueda y Alonso de Salaya en Cej., *Voc.*, Fcha. y Gillet, *Philol. Q.* XXI, 29, 33, 35, 38, 42; *PMLA* LII, 31), y el adjetivo *ahotado* 'audaz, confiado' (ejs. de Encina y T. Naharro en Cej.; *Voc.;* V. además *DHist.*). Ésta es la variante que ha sobrevivido en más lugares, pues *ajotar* 'azuzar' o 'instigar' se oye en Nicaragua, Costa Rica, Guatemala, Puerto Rico y en toda la provincia de Cáceres (Espinosa, *Arc. Dial.* 49n.1), también en Sajambre (Fz. Gonzz. 185), 'afanar' en Santo Domingo, 'repulsar, despreciar' en el Oriente de Cuba (*Ca.*, 242), *ajotarse* 'volverse afeminado' en Méjico, *atojar* 'azuzar' en Cuba, Puerto Rico y toda la América Central, *ajoto* 'atrevido, osado' en Canarias, 'repulsa, desprecio' en el Este de Cuba, *joto* 'afeminado' en Méjico⁴.

Fuera del idioma castellano nuestra familia léxica no se conoce en otro romance que el portugués, donde sólo tenemos datos más tardíos, con

pocas huellas ya de la forma con prefijo *en:* en realidad sólo tenemos *estar em foto* 'estar a salvo, en lugar seguro', hablando de una nave que atraca en una costa profunda, en Eanes de Zurara (S. XV, vid. Vieira y Moraes); más común es el verbo *afoutar* 'inspirar osadía' y el correspondiente participio *afoutado* (varios ejs. del S. XVII en dichos diccionarios); quizá de una abreviación de *afoutado* resulta el adjetivo *afouto* (*-oito*), que es la forma común en portugués y gallego, en el sentido de 'atrevido, confiado en sí o en otro', del cual hallamos ejs. en la *Demanda do Santo Graal* (texto del S. XIII, pero modernizado en la primera mitad del XV; vid. el glosario de la ed. Magne), en Rui de Pina (S. XV) y en muchos autores de los SS. XVI y XVII (*afouteza* 'osadía' está también en Fernão Lopes, 2.º cuarto del S. XV, Nunes, *Florilégio da Lit. Port. Arc.*, 124).

En cuanto a la etimología, la antigüedad de *enfotado* y *enfoto* me parece resolver la cuestión en favor del lat. INFATUARE 'infatuar, entontecer': como ocurre en casos semejantes, la U se traspuso ante la T, *INFAUTARE y luego la T, apoyada en el diptongo, ya no pudo sonorizarse; se trata por lo tanto de un caso análogo a los muy conocidos SAPUI > *soupe* > *sope*, CAPUI > *cope*, y luego CAUTUM > *co(u)to*, AUCA > *oca*, PAUCA > *po(u)ca*. El cambio semántico de 'infatuación' a 'confianza', 'seguridad', 'osadía', etc., no necesita justificaciones, por su misma evidencia, y en los ejs. más antiguos es visible el matiz peyorativo, que difícilmente podría conciliarse con otro étimo. El único punto incierto radica en el port. *afouto:* dada la antigüedad considerable de este adjetivo, y como también existe *fouto* con el mismo valor (varios ejs. desde la primera mitad del S. XVI en Moraes), podría creerse que venga simplemente de FATUUS, que no perdió su primera U, gracias al femenino FATUA, y la traspuso en FAUTU > *fouto;* de ahí el derivado *afoutar, afoutado*, cuya *a-* pudo comunicarse al primitivo dando *afouto;* así se explicaría también el cast. *a hotas, ahotar*. Realmente esto es muy posible. Sin embargo cabe también admitir una reducción fonética como la que observamos en *enforcar > AHORCAR, enfitar > ahitar* (port. *afitar*), *enfogar > ahogar, enforrar > aforrar*, donde las fricativas *f* o *h* causaron la debilitación de la *n* precedente, convirtiéndose *enh-* en *ēh- > ah-* (o *enf- > af-*); entonces todo procedería de INFATUARE, derivado de FATUUS, y el cast. *a hotas* podría resultar de una contracción de *a ēhotas*. Al fin y al cabo hay poca diferencia entre las dos alternativas. Nadie había pensado hasta ahora en esta etimología, que me parece punto menos que evidente y desde luego mucho más plausible que las propuestas anteriormente.

Ya Moraes pensó en FAUTUS participio de FAVĒRE 'favorecer', seguramente acordándose de FAUTOR 'amigo, sostenedor de una causa', Baist

(*RF* I, 445) insistió brevemente en la misma idea y la adoptaron M. P. (*Manual*, § 47.3) y M-L. (*REW* 3224); pero esto tiene el inconveniente de obligarnos a postular la popularidad de una familia de vocablos clásica que no tenemos ninguna razón para creer perteneciente al latín vulgar, mientras que FATUUS dejó abundante descendencia romance (*REW* 3223); por otra parte la semántica es más forzada y no se comprende entonces la mayor antigüedad de las formas con prefijo *en-*. En cuanto a los étimos FŌTUS 'calentado, acariciado, animado' (Diez) y FULTUS 'apoyado' (Foerster) son imposibles por razones fonéticas.

DERIV. *Enhotar* (*enf-*), *ahotado, a hotas*, V. arriba.

¹ Quizá tenga razón Cej. al enmendar «en su venta con *enhoto*» y entender 'encariñamiento'. (?).— ² Evidentemente por influjo de *enflautar* 'inducir a cometer maldades y torpezas' (ya documentado en Quevedo).— ³ Cito ej. de S. de Horozco, s. v. HUERCO. Otro de *enfotado* 'infatuado, insolente' en el mismo autor (*BRAE* II, 703-4).— ⁴ Para estos datos y para el sudamer. (*j*)*ochar* 'azuzar', resultante de un cruce de *ajotar* con *huch(e)ar*, V. mi artículo en *RFH* VI, 29-35. Es imposible que (*j*)*ochar* esté tomado de una voz araucana hipotética, a su vez tomada del raro cast. ant. *ojar* 'ver', como quiere *GdDD* 4666, por muchas razones, entre otras porque así *ochar* como *jochar* se emplean en zonas americanas muy alejadas de todo influjo araucano.

Hove, V. *haya*

HOY, del lat. HŌDĬE íd. 1.ª doc.: Cid.

Cej. IV, § 66. General en todas las épocas y común a todos los romances. En fecha arcaica *oĭ* es bisílabo, como resultado del preliterario *oĭe* (> *oe*); así constantemente en Berceo (*Mil.* 349*b*, 454*d*, 477*b*, 479*d*, etc.). De acuerdo con la fonética dialectal, en aragonés y leonés el resultado fué *huey* o *hué* (así en *Alex. O*, 1014*b*; *vué* dos veces en 66*a*). Para huir de la gran brevedad del vocablo se creó una perífrasis enfática *hoy en este día* (comp. fr. *aujourd'hui*) que hallamos repetidamente en Berceo (*Mil.*, 62*d*, 475*b*) y en *Alex.* (1014*b*), que posteriormente puede reducirse a *hoy en día* [doc. toledano de 1206, M. P., *D. L.*, 266; Berceo, *Sacrif.*, 93, 152] o simplemente *hoy día* [docs. leoneses de 1239 y 1247, Staaff, 18.17, 31.11; doc. sevillano de 1295 y segoviano de 1358, en M. P., *D. L.*, 356.19, 243.52; *vué día*, *Alex.*, 58*b*, aunque *P* trae *oy en día*, preferible métricamente]. El idioma literario moderno se ha servido de estas dos últimas formas perifrásticas para introducir una distinción semántica, pues *hoy* (*en*) *día* se emplea con sentido lato, como sinónimo de 'en nuestros tiempos, en la actualidad'; así ya en *Alex.*, 58*b*, pero no en la mayoría de los ejs. medievales citados, y hoy en el uso vulgar argentino *hoy día*

tiene el sentido del *hoy* español, al que reemplaza completamente¹. El motivo de esta traslación semántica está en el empleo vulgar de *hoy* con el sentido de 'antes, hace un rato'², que a su vez quizá debe compararse con la frase ecuatoriana *desde todo hoy* 'hace mucho rato' (*se fué al trabajo desde todo hoy* 'desde temprano, hace mucho tiempo', Lemos, *Semánt. Ecuat.*, s. v. *todo*)³. Algún dato suelto acerca de otras construcciones: *oy más* 'ahora' en la *Vida de San Ildefonso*, v. 170; *d'oy mays* 'ya, sin tardanza', J. Ruiz, 53*d*; *hoy diez días* 'hace diez días' (analógico de *ahora diez días*), en el argentino R. Hogg, *La Prensa de B. A.*, 2-VI-1940.

¹ Una gacetilla periodística reza así: «para no cometer indiscreciones que podrían entorpecer la marcha de la justicia, nos limitaremos *hoy día* a decir...», Payró, *Pago Chico*, ed. Losada, p. 227. Se extiende aun a ciertos sectores cultos.— ² «—Aura déme la mano. —¡Cómo no! —concedió don Segundo, con la misma impasibilidad con que *hoy* aceptaba el reto», Guiraldes, *D. Segundo Sombra*, ed. Espasa, p. 31 (íd., p. 26). Sobre lo cual vid. A. Alonso, *Probl. de la L. en Amér.*, p. 83.— ³ Será bueno tener en cuenta, en relación con ello, que en Chile *ahora* se toma vulgarmente por 'algún tiempo después, dentro de poco rato', mientras que *luego* o *lueguito* es 'inmediatamente después del momento presente' (Lenz, *Rev. Folkl. Chil.* III, 89).

HOYA, probablemente del lat. FŎVĔA 'hoyo, excavación'. 1.ª doc.: *foya*, Berceo, *S. Or.*, 44; *Mil.*, 620; *Sacrif.*, 262.

También en J. Ruiz, 699*b*; Nebr. («*hoio* o *hoia*: scrobs, fossa; *hoiuelo: hoio pequeño*»). La diferencia entre *hoya* y *hoyo* suele hacerse en el sentido de que aquélla indica una concavidad mayor, por lo general con aplicación topográfica (*Hoya del Nido* en el Guadarrama, etc.), comp. en APal.: «*fodere*: fazer *foya* o cavar tierra» 165*b*, y análogamente 106*d*, 168*b*, con «*lentigo*... es *foyo* que queda manzilliento y afea la cara: queda de las veruelas» 240*d*, también 67*b*, 145*d*; ast. *foyu* 'concavidad en la tierra' (V). Como hay más ocasiones de hablar de *hoyos* que de *hoyas*, es fácil comprender que aquél, a pesar de ser innovación romance, aparezca algo más antiguamente en nuestra documentación; Cej. IV, § 97. Formas exactamente comparables al cast. *hoya* hay pocas en otros romances. *Foia* y *foio* se emplean en Tras os Montes, pero deben de ser leonesismos locales en vista de su restricción geográfica y de que su tratamiento fonético no corresponde al de *pojo, tojo, cujo, jugir*; *fòia* está ampliamente representado en la toponimia de todo el País Valenciano, se halla como apelativo en antiguos documentos del Maestrazgo y en el poema de Jaume Roig (vv. 3278, 15957), he oído vivos *fòia* y *foieta* 'hondonada' en Vallibona (partido de Morella), y en el sentido de 'campo en lo alto de una meseta' se registra en el cat. de Mequinenza, y lo oí en el Bajo Aragón; hasta hay un masculino *fòio* 'charco, hoyo' en Fraga (*BDC* IV, 40) y el nombre de pueblo *Fòios*, del partido de Valencia, se documenta desde princ. S. XIII[2], pero todo el desarrollo fonético de estas formas, es ajeno al catalán, de suerte que sólo documentan la existencia del tipo en el mozárabe de la zona de lengua catalana. En cuanto al cat. *fotja* 'bache fangoso en un camino', que Barnils, *BDC* III, 33, creía poder derivar de FŎVĔA, es imposible que venga de ahí[3]; y que sea éste el origen del it. *foggia* 'figura, estampa, forma' es muy dudoso por razones semánticas además de las fonéticas. En cambio sí son hermanos de *hoyo* el port. *fojo* 'cueva', 'sumidero', gall. *foxo* 'cuneta, zanja, foso', el mozár. *fuǧǧ* 'refugio subterráneo'[4], y por otra parte también corresponde a una base igual el logud. *poia, poiu*, 'charca, charco', si bien éste cruzado con PUTEUM (M. L. Wagner, *ARom.* XX, 354), mientras que en el compuesto *calafoiu* se ha conservado la consonante inicial (V. *CALABOZO* I).

En cuanto al origen del cast. *hoya* y congéneres, quizá no sea jamás posible decidir en forma concluyente la duda entre el lat. FŎVĔA y un lat. vg. *FŎDĬA derivado de FŎDĔRE 'cavar'; fundándose en el it. *foggia*, sardo *foiu* (*poiu*), y por otra parte en el tarentino *fòggia* «luogo sotterraneo dove si conserva il grano», Salvioni (*Rom.* XXXIX, 447; *RDR* I, 104) había afirmado la existencia de *FŎDĬA, obteniendo la aprobación de Jud (*Rom.* XLV, 469), y M-L. (*REW*[1] 3402) se la extendió hasta el punto de derivar de la misma base las formas hispánicas; insistentemente los romanistas españoles pusieron reparos a esta eliminación de FOVEA: G. de Diego, *Gram. Hist. Cast.*, p. 50; *RFE* III, 317; IX, 144; A. Castro, *RFE* I, 181; II, 180; V, 38; y resumiendo la cuestión, A. Alonso, *RFE* XIII, 240; hasta el punto de que el propio M-L. suprimió *FŎDĬA en su última edición pasando todo el material a FOVEA (3463). Ambas actitudes extremas eran exageradas, pues fonéticamente es muy difícil que el sardo *foiu* pueda salir de FOVEA, y por otra parte la hermandad evidente de *calafoiu* con el cast. *CALABOZO*, cuya -*z*- postula precisamente -DI-, comprueba en forma indiscutible la existencia de un FODIU; por otra parte, Rohlfs ha observado con razón (*ASNSL* CLXIV, 318; *ARom.* IX, 162) que lejos de fundamentar *FODIA, el tarentino y pullés *foggia*, Lagonegro íd. 'hoyo en el suelo', sólo pueden conciliarse fonéticamente con FOVEA (comp. *caggia* CAVEA, *leggiu* LEVIUS, pero *oši* o *joję* HODIE): en una palabra, las formas italianas continentales deben dejarse aparte en este problema.

En cuanto a España, si *CALABOZO* comprueba la existencia de FODIU, hay todavía mejores pruebas de la existencia de FOVEA en romance. De ahí vienen el cat. ant. *fòbia*, hoy metatizado

en *bòfia* 'cavidad o sima en una montaña', el alto-arag. *fóbia* 'agujero para plantar un árbol', 'hoyo para conservar patatas' (Echo), *Fueba, Fuebas, Fobetas*, nombres de lugar del Valle de Tena (*RLiR* XI, 31; *BhZRPh.* LXXXV, § 188), el vasco *obi*[5] 'cavidad', 'sepultura' (Rohlfs, *La Infl. lat. en la lengua vasca*, 12) y el bearn. *hòbi* «creux, trou». Desde otro punto de vista conviene advertir que esta existencia indiscutible de FOVEA no resuelve la cuestión en cuanto a *hoya*, y aun podría alegarse que aquellas formas hispánicas, con su labial conservada, hacen dudar de que *hoya* pueda tener el mismo origen, pues por mucho que se diga, siempre deberemos reconocer que el tratamiento normal de VI o BI es *bi* en España, por lo menos tras el acento: *he* y *haya* de HABERE son formas proclíticas y de pronunciación rápida; *Cayuela* CAVEOLA y *Segoyuela* presentan el resultado del grupo ultra-complejo *vyue*, que a la fuerza hubo de simplificarse, mientras que sus primitivos *gavia* y *Segovia* conservan el grupo intacto; el antiguo *uyar*, junto a *uviar*, es forma minoritaria y más de una vez habrá olvido puramente gráfico de una de las *uu* de *uuiar*; *royo*, frente al cast. *rubio*, es aragonés, y *ruyo* es propio de bables locales de Castilla, sin antigüedad[6]; el tratamiento normal es indudablemente el de *lluvia, labio, rubio, antuviar, asubiar, liviano, aliviar*, etc. Por otra parte se observa que los casos de simplificación, aunque ayudados por otras causas, ocurren tras vocal redondeada, que tendía a absorber el efecto acústico de la *b*, y se comprende que ayudando además el influjo disimilatorio de la labial F- y el del diminutivo frecuente *hoyuelo*, se pudiera llegar a *hoya* desde FOVEA[7]. Como por otra parte lo único de existencia demostrada es un masculino *FODIU, no *FODIA, me parece legítimo y verosímil preferir el étimo bien documentado FOVEA en el caso del cast. *hoya*, pero teniendo bien presente que nuestros fundamentos sólo tienen carácter indiciario y no probatorio[8]. La pérdida de la labial interna debió ocurrir en fecha temprana, a tiempo para que la palatal impidiera o eliminara la diptongación de la ŏ en Castilla; como debemos esperar, en León hubo diptongación a pesar de la palatal, según se ve por el citado leonés *Refueyo* y los asturianos *Fueyo* y *Los Fueyos* (M. P., *Oríg.*, 156); agréguese el leon. de La Lomba *fueyo* 'hoyo, hondonada', *BRAE* XXX, 323. Comp. *BOCHE*.

DERIV. *Hoyo* [*foyo*, doc. de 981 y otros varios arcaicos, en Oelschl.; *foyo*, *Revelación de un Ermitaño*, copla 9; etc.], sacado de *hoya* en calidad de forma diminutiva, por analogía de *pozo ~ poza*, *charco ~ charca*, cat. *pla ~ plana*, etc., y véase arriba; quizá sea alteración de *foio* un gall. *goio* 'hoyo, hueco en una superficie' y aun 'hoya' (Vall.), sumándose con *goyo* 'gozo', pues se emplea sobre todo con referencia a los hoyuelos de las mejillas femeninas: «a risa facíalle *goios* de amor nas fa-

zulas» (Castelao 240.27). *Hoyada* 'terreno bajo'
[*Aut.*], en la Argentina 'hondonada grande'⁹. *Ho-*
yanca. Hoyar arg.¹⁰ *Hoyito. Hoyita* 'foseta supra-
esternal' en Cuba (*Ca.*, 95). *Hoyoso* [*f-*, APal. 68*b*].
Hoyuela. Hoyuelo [Nebr.]. *Ahoyar.*

¹ *Butll. del C. Excurs. de Catalunya* II, 54.—
² *Foyos*, 1235 (Miret, *Itin. de Jaume I*, 118),
1237 y 1247 (Huici, *Col. Diplom.* I, 261, 438,
442); Crónica de Jaime I, p. 261.— ³ El resultado habría sido *fuja* o a lo sumo *futja*. Partiendo de *FŎDIA también llegaríamos a lo mismo, de suerte que no tiene más razón A. Alonso
al proponer esta base, aunque sí al relacionar con
el verbo *fotjar* 'cavar', ya existente en lengua de
Oc medieval, cuya base es evidentemente FODICA-
RE; de ahí *fotja*, cuyo carácter postverbal nos lo
revela la *o* cerrada. Acaso sea catalanismo el logud.
foža, campid. *fožina*, 'bache', 'atolladero'; M. L.
Wagner (*ARom.* XIX, 18) preferiría derivarlos de
FŎCEM (= FAUCES) 'garganta'; de todos modos
es seguro que no vienen de FOVEA.— ⁴ El Cazwi-
ní (S. XII) dice que en Fraga llamaban *fuǧûǧ*
a ciertos subterráneos con muchos callejones o
corredores, en donde los naturales se refugiaban
contra los asaltos o invasiones de sus enemigos
(Simonet, s. v. *fócho*). Ahora bien, *fuǧûǧ* ha de
ser el plural arábigo de un romance *fuǧǧ*. En
vista de lo cual el actual fragatino *foio* será más
bien aragonesismo que mozarabismo.— ⁵ Detalles
de interés acerca del vasco (*h*)*obi* en Luis Michelena, *BSVAP* XI, 295.— ⁶ No hay, pues,
por qué citar *tija* o *ligero*, extranjerismos evidentes.— ⁷ Otras razones que se han aducido en
contra de éste me parecen carentes de fuerza.
El nombre de lugar castellano *Rehoyo*, cast. *reho-*
ya, rehoyo [S. XV, *Aut.*], leon. *Refueyo* (*Refo-*
gios, Esp. Sagrada XVIII, 330), val. *refòia* 'hondonada, repliegue del terreno' (que oí en Ares
del Maestre), no tiene por qué demostrar una
base REFODĔRE, pues *re-* actúa como prefijo nominal en nombres topográficos, indicando un lugar escondido o algo más alejado, cast. *recodo*,
cat. *revolt* íd., cast. *repliegues del terreno*, fr.
recoin 'rincón oculto', oc. *recantoun*, port. *re-*
canto íd.— ⁸ La solución del cruce entre FOVEA y
FODIA, en que se refugia G. de Diego, siguiendo
una tendencia suya, es de utilidad problemática.
Y en cuanto a que tal cruce empezara ya en
latín, en cuanto al tratamiento de la inicial indoeuropea, no es idea plausible dada la comple-
jidad de la cuestión, o más bien es inverosímil
(V. el estado de este problema en Walde-H., s.
v. *fovea*).— ⁹ Muy vivo en toda la zona andina,
aunque algunos escriben *ollada* (así Borcosque,
A través de la Cordillera, p. 79).— ¹⁰ Parece 'hozar': «los vacunos... cuando empiezan a *hoyar*,
a oler para arriba o a bufar, no tardará en llover», O. di Lullo, *La Meteorología Popular en
Santiago del Estero* (*La Prensa de B. A.*, 11-
VIII-1940).

Hoyar, hoyo, hoyoso, hoyuela, hoyuelo, V. *hoya*

HOZ ·I, 'instrumento para segar', del lat. FALX,
-CIS, íd. *1.ᵃ doc.*: *foz*, Berceo, *Mil.*, 154*c*.
General en todas las épocas y común a todos
los romances (gall. *fouce*, cat. *falç*, fr. *faucille*, etc.);
foz, también J. Ruiz, 1146*c*, 1290*a*; *hoz*, APal.
80*b*; *hoce*, Nebr. («*h. podadera*: falx putatoria;
h. para segar: falx messoria; *h. para feno*»); se
conserva la *-e* en este vocablo, según suele hacer
Nebr., para evitar la confusión con la *-z* final, que
solía ser sonora¹. Es probable que también contenga *hoz* 'instrumento para segar' (y no *HOZ* II)
la locución *de hoz y de coz* (*entrar* o *meterse* ⌣)
'sin miramientos', 'enteramente', donde *coz* tiene
el sentido etimológico 'talón', y se refiere probablemente al segador que se mete en el trigal, no
sólo con la hoz, sino con todo el cuerpo, pisando
si conviene las espigas².

DERIV. *Hozada. Hocino* 'instrumento para cor-
tar leña' [*ozino*, Berceo, *S. D.*, 468*d*; *fozino*, *Apol.*,
513*b*; h. 1600, Inca Garcilaso; «*hocino para se-*
gar: falcula», Nebr.]; *focino* 'aguijada algo corva
con que se gobierna al elefante', adaptación del
port. *foicinho* íd. *Focete* ast. 'hoz pequeña' (V);
hocete, murc. 'hocino', *oncete* 'pequeña hoz o cuchilla para cortar la uva' albac. (*RFE* XXVII,
251), cruzado con UNCINUS 'gancho' o su pariente
oncejo. Fozayu ast. 'planta asteroidea, con hojas
recortadas en senos, que crece entre las hortalizas'
(V): ¿de *hoz*? *Falcado* 'manojo de mies que el
segador corta de un solo golpe' arag. (así también
falcat en el cat. del Maestrazgo, G. Girona, mientras que en Pamis, prov. de Valencia, significa 'el
manojo de hierba que se coge con la mano', según Sanelo), *falcada* íd., en la Litera, Barbastro,
Graus, Huesca y Jaca (Coll A., L. Puyoles-Valenzuela) (mall. íd., *BDLC* XIV, 207), derivados
del verbo romance *FALCARE, que ha dado el fr.
faucher 'segar con guadaña' (*REW* 3153); el supuesto *falcar* citado por Covarr., junto a *de(s)fal-*
car, no es más que una forma hipotética destinada a explicar este último, a pesar de lo cual ha
pasado a *Aut.* y Acad.; *carro falcado*, cultismo
imitado del lat. *falcatus* (hablando de las hoces de
este carro Saavedra Fajardo empleó el cultismo
falce, que también pasó a *Aut.*). *Falcario*, otro
cultismo. *Falcino*, arag. (comp. VENCEJO y
ARREJAQUE); *falcinelo*.

CPT. *Falciforme. Falcirrostro.* Gall. *fouce-legón*,
vid. *LEGÓN*.

¹ Hoy *joce* en Tarifa (*RFE* XXIV, 227). Nótese
el plural *hoces* en APal. 442*b*, con *c* sorda, frente a la *-z* del citado *hoz*, que así venía a confundirse con *HOZ* II. En el testamento de Fernando de Rojas (1541) parece tratarse de una
medida agraria: «mill e docientos y cincuenta
maravedís de censo al quitar, questan sobre una
viña de dos *hozes*, con cincuenta y nueve pies de
olivas, de A. Martínez» (*RFE* XVI, 373), lo cual

puede compararse con el rum. *falce* 'la cantidad de terreno que un hombre (= una hoz) puede segar en un día', extendido a cualquier terreno, aun a las viñas, que no se cosechan con hoz. Es más natural que partir de HOZ II, 'garganta', a pesar de la *z* sonora, que será analógica del singular.— [2] Más o menos como explica Covarr., s. v. *coz*: «*entrarse en una cosa de hoz y de coz*, es sin ninguna consideración: está tomado de los segadores, que echan la hoz a la mies y dan por lo más baxo una coz para quebrantarla y segarla mejor». Recuérdense los pasajes: «con unas cohochas que yo tuviese y rapada la barba, podría hombre *entrar de hoz y de coz* en grado de nigromántulo», Lope de Rueda, ed. Acad., II, 81; «en la mitad de este caos... se le representó en la memoria a don Quijote que se veía *metido de hoz y de coz* en la discordia del campo de Agramante», *Quijote* I, xlv, 242. V. otras explicaciones que se han dado, en la ed. de R. Marín, 1927, III, p. 345. Cej., *Voc.*, da a entender que se trata de HOZ II, comparando con *hocico*, y explicando «de pies a cabeza»; pero el sentido de HOZ II no es 'hocico' (voz que viene de HOZAR) ni 'boca' (nada que ver con el lat. OS), sino 'garganta', que mal podría aplicarse ahí.

HOZ II, 'angostura de un valle profundo', del lat. vg. FŎX, FŎCIS, en latín clásico FAUX, FAUCIS, 'garganta humana', 'desfiladero'. *1.ª doc.*: *foç*, doc. de 1011.

Foze en doc. de 1031, y el diminutivo *foçego* (= *hocejo*) en otro de 1063 (M. P., *Oríg.*, p. 106). Aparece también en el *Cid*, en *Alex.* (1947) y más ejs. en Oelschl.; APal. 155*d*; en Berceo, *S. Dom.*, 436*d*, designa la cueva donde se refugian unos moros fugitivos, y 'cueva' es también el sentido del cat. *fou* f. (o *feu*)[1]. El port. *foz*[2], con su *o*, y el cat. *fou* (*feu*) comprueban que la base latina tenía ŏ y no AU. Lo común en latín era FAUCES en plural; sin embargo se halla también FAUX alguna vez, y vulgarmente FOX, -ŎCIS, documentado por San Isidoro (*Etym.* XIV, viii, 26), que en *Diff.* ii, 60, trata de aprovechar este duplicado para una diferencia sinonímica; muchos derivados tienen ŏ, y aun parece ser ésta la pronunciación originaria, teniendo en cuenta la falta de alteración de la vocal en los derivados OFFŎCARE, SUFFŎCARE (contra lo cual tiene poca fuerza el *offucare* de Festo, quizá forma artificial de gramático). Como descendiente romance del clásico FAUX, sólo podría citarse *Falces* en Navarra (llamado *Falches* en texto arábigo del S. XIII) y *Villa Fauce,* nombre antiguo del actual *Villahoz* de Burgos; pero ésta puede ser ultracorrección meramente gráfica, y el otro *Falc(h)es* puede resultar de una reacción exageradamente mozárabe contra la tendencia romance a cambiar AU en *o*, reacción que arrastrara consigo algún caso de ŏ originario (V. mis notas en

RPhCal. I, pp. 91 y 94)[3]. Duplicado culto es *fauces* [1624, Huerta; Calderón].

DERIV. *Hocino* 'angostura' [Covarr.][4]; gall. *fociños*[5] y *afociñarse* 'caer'; *ahocinarse* [«*a. el río*: in fauces coartari», Nebr.; *DHist.*]. Cultismo: *faucal.*

[1] Por ej. *La Fou de Bor,* caverna en el término de este pueblo de Cerdaña; *La Fou* nombre de desfiladeros del Priorato. En otras partes *La Feu, Les Feus.* *Foç* como nombre de desfiladeros se halla en el Maestrazgo (en Benassal y en Vilafranca, según G. Girona): será aragonesismo, pues la forma mozárabe es *La Fotx,* nombre de una caverna en el término de García, y de una angostura en Tivissa (Ribera catalana del Ebro).— [2] A veces 'garganta, desfiladero', p. ej. en *Foz,* nombre propio de una casa de la freguesia de Baião (Minho), Leite de V., *Opúsc.* II, 27. Otras veces 'bocas de un río', *A Foz do Douro* (ac. que le es común con el it. *foce* y el cat. ant. *fou*) ya en las *Ctgas.*: «a nav' ...aportou na *foz* / de Roma» 5.145, «non poderon sayr / pela *foz* daquele rio» 271.22.— [3] «Entre os salgueiros sombrizos no fondo do val á *fouce* do río» Castelao 156.22, me parece que significa 'la curva, el semicírculo del río', comparación con la curva de una hoz de segar. En todo caso, nada de esto figura en los diccs. gallegos ni portugueses, que sólo registran *foz* para 'boca (o angostura) de río'.— [4] Se halla en la toponimia: *El Hocinillo, El Hocino'l Moro,* en Cespedosa (*RFE* XV, 265). *Focino* en el catalán fronterizo de La Ginebrosa (Teruel).— [5] 'Hocico' (Sarm. *CaG.* 108*r*), *caer de fociños* 'caer de bruces' (V. el ejemplo de una copla popular en Pensado, *CaG.*, p. 173); en cuanto a *fouzas* 'carrillos' (v. g. *encher las fouzas,* Sarm. ibid.), quizá resulte de un postverbal *foizas* de *fociar* 'hociquear, hozar'. Hay además un compuesto *larafouzas,* como llaman a uno que come mucho (108*v*) que quizá es debido a un cruce con un antiguo nombre del cerdo o lechón, *larengo* (ibid. 90*v*) o *lareiro*: éste aparece en Sarm. (*o. c.* 109*v*) como sinónimo de *lampartín, laverco, laranxo, manteigueiro,* nombres despectivos de hombres toscos, grandes, mal hechos (¿quizá, ambos, nombres prerromanos del cerdo?); o perteneciente a la familia expresiva de LELO, cat. *lero,* cast. *lirón,* o bien, y será lo más probable, derivados de *lar* en el sentido de 'cerdo doméstico', por oposición al jabalí. *Larafouzas* puede ser haplología de *lareirafouzas* < *lareiro de fouzas.* De ahí, además, por cruce con *páparo,* gall. *láparo* 'rústico', que Sarm. (*CaG.* 187*r*) etiquetó en 1755 como voz nueva.

HOZAR, 'mover y levantar la tierra con el hocico', del lat. vg. *FODIARE 'cavar', derivado del lat. FŎDĔRE íd. *1.ª doc.*: *hoçar,* 1475, G. de Segovia, 80.

También aparece en APal.: «*suilli* son puercos

marinos, assí dichos porque buscando qué coman, a manera de puercos, *hoçan* en el agua [e] en la tierra» (480*d*), «la puerca... trastorna el pasto y *hoçando* la tierra busca lo que come» (483*d*); y está, también escrito con *ç*, en la *Suma de las Cosas Maravillosas*, publicada en 1498, y en la *Agricultura* de G. A. Herrera (1513), vid. Cuervo, *Obr. Inéd.*, 406, n. 3; posteriormente, y ya en textos que no distinguen la *z* sonora de la *ç* sorda, se halla en el *G. de Alfarache*, Covarr., *Aut.*, etc. Ha sido sin duda popular en todas las épocas. Ast. *fozar* (V). El carácter sordo de la consonante interna está confirmado por la forma *hoθál*, pronunciada con sorda en los pueblos de Cáceres que distinguen los dos fonemas (Espinosa, *Arc. Dial.*, 25)[1]. No hay otra forma hermana que el port. *foçar*, que hoy suele escribirse con -*ss*- a causa de la falsa etimología FOSSARE, pero la grafía tradicional con *ç* es la observada todavía por Moraes, Vieira, Cortesão, etc., y está confirmada por la pronunciación *foθál* en el portugués fronterizo de Eljas (Espinosa, *l. c.*) y por el gall. *fozar* 'hozar', 'buscar una cosa revolviendo otras muchas' (Vall.), «para que os animaes non *focen* nas sepulturas» (Castelao 122.12)[2].

En catalán y lengua de Oc, lo mismo se dice *fotjar*, fr. antic. y dial. *fouger*, gasc. *houdegà*, que proceden claramente de *FODICARE, derivado vulgar del lat. FODERE 'cavar' (*FEW* III, 665). Junto a él debió existir *FODIARE, del cual ha de proceder el verbo hispanoportugués: es casi forzoso admitir una base con DI, pues la *ç* sorda castellana entre vocales sólo puede corresponder a esta base[3], de no tratarse de un grupo triconsonántico CTI, CCI, PTI, o análogo, lo cual en nuestro caso no nos conduciría a ninguna parte. En cuanto a CI intervocálico, da -*z*- sonora en castellano antiguo, de suerte que basta esta razón para rechazar el étimo *FAUCEARE, derivado de FAUCES 'garganta', del que quisiera partir Espinosa; por la misma razón es imposible mirarlo como un derivado romance de *hoz* (*FŌCEM, en vez de FAUCEM), como creían Diez (*Wb.*, 460), Tallgren (*Est. sobre la Gaya de Segovia*, p. 80) y otros[4]; por otra parte *hoz* sólo tiene en romance el sentido topográfico, nunca el de 'garganta de un animal' y menos 'hocico'. G. de Diego, *Contrib.*, § 582, ya llegó a la conclusión de que *hozar* es *FODIARE, al derivar el gall. *sufojar* o *sofejar* 'alzar la tierra, ponerla hecha una esponja los sapillos y topos' de *SUFFODIARE. Lo único que falta aclarar es el aspecto morfológico de esta derivación. Como -ICARE e -IARE alternan en muchos casos (PLUMBIARE y PLUMBICARE, QUASSIARE y QUASSICARE, TARDIARE y TARDICARE, vid. *REW*), es posible que *FODIARE se sacara de *FODICARE por paralelismo con estos y otros casos semejantes; o puede tratarse meramente de un metaplasmo de FODERE, fundado en formas como FODIO, FODIAM, etc., así como se sacó *RECAEDIARE (rum. *reţezà*, *REW*

7106) de RE-CAEDERE, u ORDINIARE (> *ORDEÑAR*) de ORDINARE; o, finalmente, cabría mirar *FODIARE como un derivado denominativo del sustantivo *FODIUM (derivado a su vez de FODERE), cuya existencia he dejado sólidamente sentada en mis artículos *CALABOZO* y *HOYA*: en un sentido análogo se llegó a *ADMORDIARE (> *almorçar*) desde ADMORDĒRE pasando por *ADMORDIUM (V. *ALMUERZO*)[5].

DERIV. *Hozadero*. *Hozador*. *Hozadura*. *Hocicar* [APal. 412*d*][6], derivado frecuentativo de *hozar*; *esfocicar* 'hozar' ast. (V); de *hocicar* procede a su vez *hocico* 'boca prominente del cerdo y otros animales' [APal. 129*d*, 388*b*, 420*b*; «*hocico como de puerco*: rostrum», Nebr.][7], tal como el port. *focinho* 'hocico' deriva del verbo *focinhar* (Vieira, Fig.) o *afocinhar* (frecuente desde el S. XVI: Moraes), derivado frecuentativo de *foçar*; esta etimología de *hocico* fué ya reconocida por Schuchardt (*l. c.*); es imposible derivarlo de FAUCEM 'garganta', que en romance sólo tiene sentido topográfico (vid. *HOZ* II), como hicieron Diez, Leite de V., Espinosa y otros; sería entonces inexplicable la *ç* sorda del castellano y del portugués, confirmada por la pronunciación *fuθíŋu* 'hocico', *foθiŋos* 'labios', de las localidades del Limia (*VKR* XI, s. v.) y Sanabria (Krüger, *Homen. a M. P.* II, 131) que distinguen las dos consonantes[8]; *hocicada*; *hocicudo*; *hocicón* 'que tiene mucha jeta', en Zamora 'goloso' (Fz. Duro); *focición* ast. 'enojadizo' (V); *enfocicáse* 'poner mal gesto, enfadarse' ast. (V).

[1] La *h* aspirada se conserva también en Salamanca (*RFE* XXIII, 226), en Cuba (*Ca.*, 18), etc. Del castellano pasó al val. *fosar* (Lamarca), que ignoro si tiene *s* sorda o sonora.— [2] Quizá de ahí deriva el gall. *enfouzar* 'ensuciar', empleado por Rosalía de Castro y en la zona del Padrón (Crespo Pozo, s. v. *ensuciar*), también con metátesis *enzoufar*, propio del Este de Lugo, *enzoufiar* en Padrón; fam. 'ensuciar, tiznar' (Lugrís): «cooreados... outras veces *enzoufados* arbitrariamente» (Castelao 137.16).— [3] Que DI intervocálico da *ç* sorda en un buen número de palabras, está hoy fuera de dudas. Además de *BAZO*, *RAZA*, anotadas por M. P. (*Man.*, § 53.3), hay el port. *ouço* AUDIO, cast. *CALABOZO* y otras varias.— [4] Ya Cornu (*GGr.*, § 224) reconoció esta dificultad insuperable. Hoy que sabemos que oc. *bousigà* 'roturar' y a veces 'hozar' deriva del céltico *BODĪCA 'rompido, artiga', ya nadie se atrevería a derivar de ahí *hocicar* y *hozar*, según hacía Schuchardt, *ZRPh.* XXI, 204, aunque también aparezca una variante oc. *fousigà* 'cavar' debida al cruce de *foutjà* con *bousigà*.— [5] La falta de diptongo en el presente *hoza*, a pesar de la *ŏ* de FODERE, no debe causarnos escrúpulo tratándose de un verbo, donde tan fácil es la analogía. Comp. cat. *fotja*, presente de FŌDICARE.— [6] «Demandan mamando y *hocicando* las te-

tas de la yegua los potros». El sentido 'hozar repetidamente', que es sin duda el originario, se halla en Laguna (1555) y M. de Espinar (1640), vid. *Aut*.— [7] En ambos y en PAlc. con *c* sorda. La grafía *hozico* que Cuervo señala en un impreso salmantino de 1552 es ya muy tardía y está aislada. En Cáceres predomina ampliamente la sorda, y los ejemplos sueltos de sonora que cita Espinosa carecen de valor en vista del carácter poco popular que tiene el vocablo en esta zona, donde se prefiere *jeta* y *hocico* se pronuncia en varios puntos sin *h* aspirada.— [8] El tipo gallego-portugués en -INU se extiende a otras zonas leonesas, como el Bierzo, donde se dice *focín* (M. P., *Dial. Leon.*, § 7.3).

Hu, V. *donde*

HUCIA, ant., 'confianza', del más antiguo *fiuza*, y éste del lat. FĪDŪCĬA íd. *1.ª doc.*: Berceo.

Léese ya *fiuza* en el *S. Dom.* de Berceo (mss. E y H, *feúza* en *V*, 610c); las formas *feúza* de *S. Mill.*, 323, y *feduza* de *Loores*, 2, están influídas por la *e* de *fe*; *fiuza* se halla también en el *Alex*. (1878), *Gr. Conq. de Ultr*. (10), *Conde 'Luc.* (ed. H. Ureña, p. 57), *Poema de Alf. XI* (1286), PAlc., y véanse ejs. numerosos de los SS. XIII-XV en Cuervo, *Obr. Inéd.*, 384; gall. ant. *fiuza*: *MirSgo*. 32.6, 49.14; *Ctgas*. 51.34, 362.40; y *passim* en los antiguos cancioneros portugueses; rara vez *feuza* (*Ctgas*. 362.40). Pronto aparece una variante influída por el latín: *fiuzia*, en *Calila* (ed. Allen, 81.90), *Sem Tob* (ms. del Escorial, copla 612), *Rim. de Palacio* (397), en la Biblia judía de Ferrara (a. 1553)[1] y hoy en el judeoespañol de Marruecos (*BRAE* XV, 190); la sucesión de las dos *ii* en posición análoga era molesta, de donde alteraciones ocasionales como *fuyzia* (versión de Alfonso XI del *Roman de Troie*, *RFE* III, 144), o con disimilación *fuzia* (*Zifar*, 15.13; *Sem Tob*, otro códice; Nebr.; PAlc.; todavía en Calderón, Cuervo, *Obr. Inéd.*, p. 295), y después *huzia* (como anticuado en J. de Valdés, *Diál. de la L.*, 107.9), de la cual quedan algunas huellas dialectales, vid. Espinosa, *Arc. Dial.*, 75; *a fucias* 'en confianza' se emplea todavía en la isla de Chiloé, en el Sur de Chile (Cavada, p. 54).

DERIV. *Ahuciar* 'dar confianza o crédito (a una persona)' [*afiuziar*, J. Ruiz y *Crón. Gral.*, ed. 1541; *afiuzar*, López de Ayala y *Canc.* de Castillo; *afeyuzar*, *Crón. Gral.*, ed. 1541; *afuziar*, h. 1340, *Crón. de Fernando IV*, López de Ayala y Ordenanzas de Granada; *ahuziar*, desde h. 1500, J. del Encina, L. Fernández, Torres Naharro y Correas, vid. *DHist*.]; también se dijo *fiuciar*, *enfuciar* o *enfiuzar* (Acad.), y *enfeuciar* entre los judíos de Oriente en el sentido de 'hacer tener esperanza' (*BRAE* II, 83); *fiuzante* 'confiado, esperanzado' (Berceo, *S. Dom.*, 574; *Alex.*, 1114). De *ahuciar* viene el negativo *desahuciar* 'quitar las esperan-

zas', 'despedir a un arrendatario' [*desafiuçar*, *Alex.*, 790 y 1154, pero la forma *desfeüzar* del ms. P puede ser más auténtica; ésta o *desfiuzar* es la forma corriente desde Berceo hasta Juan Manuel, pero *desafuziar* se hace frecuente desde el S. XIV; la acentuación *desahúcia* es todavía normal en el S. XVII, pero *desáhucia* se generaliza en el XIX; vid. Cuervo, *Dicc*. II, 955-7; *Obr. Inéd.*, 294-5]; *desahucio*. De la forma culta *fiducia* (Mariana) derivan *fiducial* 'confiado, encomendado' (*fiuçal*, Berceo, *Sacr.*, 47; *fiducialmente*, *Consolaciones del Antipapa Luna*, 591), y *fiduciario*.

[1] *BRAE* IV, 117. De ahí *figucia* en la de Constantinopla.

HUCHA, 'arca grande que tienen los labradores para conservar objetos', 'alcancía', tomado del fr. *huche* 'cofre para guardar harina', procedente de una forma HŪTĬCA del romance primitivo, de origen desconocido, quizá germánico. *1.ª doc.*: Covarr.

Escribe este lexicógrafo en su artículo *buche*: «de aquí quieren se haya dicho *bucha*[1] el alcancía donde se guarda el dinero, porque lo van echando en ella como la vianda en el buche; otros corrompen el vocablo y la llaman *hucha*». Desde luego la forma corrompida es por el contrario la otra, y la etimología de Covarr. es arbitraria. De Covarr. tomó el vocablo Oudin (1616) «tirelire ò serrer de l'argent, boiste». *Aut*. da la definición transcrita arriba y la equivalencia 'alcancía', con ej. de esta última en Suárez de Figueroa (1617). Sigue siendo palabra popular en varias partes de España. Es también port. *ucha* 'arca en que se guardan géneros alimenticios' (Moraes); para acs. secundarias y derivados más o menos idioma, vid. G. Viana, *Apost.* II, 515-6[2]; vasco *utxa* o *kutxa*[3], e ingl. *hutch* 'arca para guardar objetos'. Pero todas estas formas han de ser galicismos más o menos antiguos, tomados del fr. *huche* [h. 1200] 'arca para guardar harina', 'amasadera', cuya forma más arcaica es ḤUTICA, documentada (junto con *cofinis* y *scriniis*) en el *Capitulare de Villis* (h. 800)[4] y en dos textos posteriores en bajo latín francés, uno de los cuales parece ser del S. XI; ḤUTICA pudo cambiarse sea en *huche* o en *huge*, que es también forma medieval y hoy conservada en el Oeste de Francia. Diez, *Wb.*, 618, pensaba en un derivado del germ. y fr. *hutte* 'choza', lo cual presentaría graves dificultades morfológicas, pues la terminación -ICA difícilmente se explicaría en germánico, y fonéticas, pues en fráncico y en neerlandés correspondería a *hutte* una forma con -D-. Las mismas dificultades se oponen a la etimología sugerida por Skeat y el *DGén.*, que relacionan con el alem. *hüten* 'guardar', al cual correspondería en fráncico *HÔDJAN. Ahora bien, si la base tuviese -D-, esperaríamos como único resultado *huge. Y también hay toda clase de dificultades, fonéticas y otras[5], para partir del fris. orient. *huk(t)je* 'pocilga pequeña', derivado de *huk* 'vivienda miserable', según quería Braune (*ZRPh*. XVIII, 513).

De todos modos es probable que haya un origen germánico, en vista de que en francés *huche* tiene *h* aspirada, y sea como quiera es seguro que las formas hispánicas y la inglesa han de ser galicismos. Menos seguro es el carácter adventicio del oc. *ucha*, documentado muy abundantemente desde princ. S. XIV por lo menos: Jud y Spitzer, en vista de esta copiosa documentación, concluyen que es autóctono; Rohlfs, *ZRPh*. XLIX, 113, se inclina por creer que en gascón es galicismo, en vista de la síncopa; en realidad se podría considerar castizo si partiéramos de una base *HŪTTĬCA (no imposible por cierto), pues tras sorda apoyada la terminación -ĬCA da -*cha* aun en gascón y catalán (*percha* PERTICA, *mancha* MANTĬCA, *porche* PORTICUM, etc.). Hoy tenemos *uche* 'arca para harina' en bearnés, *üšo* «coffre pour le grain» en otras hablas occidentales del gascón pirenaico (Elcock, *AORBB* VIII, 129), *üntcha* y *hütcha* «huche» en dos localidades del valle de Luchon (*Bouts dera Mount*. XXI, 61, y 65), *io hütcho plenco de diamants* en Soueich (H.-Garonne; ibid. X, 126), *üča* 'arca de novia', 'arca para guardar la harina', en el Valle de Arán; si la *h* aspirada de alguna de estas variantes es auténtica, como parece, el galicismo debe mirarse como seguro, pues el gascón no conserva la *h* germánica más que en algunos préstamos franceses, y las formas con *š* fricativa parecen indicar lo mismo; sin embargo, en los pueblos araneses que conservan la aspiración, *üča* se pronuncia sin ella.

DERIV. *Ahuchar* 'guardar dinero en hucha' [frecuente desde 1539, Guevara: *DHist*.].

¹ ¿Sale de esta variante el cheso *bucha* 'tina de la colada' (*BDC* XXIV, 163)?— ² Del uso en Galicia da testimonio la copla «tenho-che un pano na *hucha*, / pano das catro colores», citada por C. Michaëlis, *ZRPh*. XIX, 206. *Ucha* «la arca», Sarm. *CaG*. 109*r*, y está ya en las *Ctgs*. 212.28; *ahuchar* «guardar en la arca» (Sarm. *l. c.* 126*v*).— ³ *K(h)utxa* 'arca' es común a los varios dialectos y (*h)utxa* (*hütxa*) 'arca, cofre' es casi común, según Azkue. En Guipúzcoa *kutxa* 'arca' (N. Tomás, *Homen. a M. P*. III, 648). Según Manterola guip. y lab. *kutx-a*, vizc. *kutxi-a* «arca (coffre)», y *utxa* es 'arca pequeña'. La variante *kutxa* nacería en combinaciones con *janzkutxa* «cofre» (Bera-Me., no en Azkue) donde es compuesto con *jantzi* 'vestido').— ⁴ Jud-Spitzer, *WS* VI, 132. *ZRPh*. XXXVII, 549.— ⁵ Como ya observó G. Paris, *Rom*. XXIV, 308.

Huchar, V. *huchear*

HUCHEAR, 'formar un griterío', 'lanzar los perros en la cacería dando voces', derivado del grito de caza ¡*hucho*!, y éste del verbo hoy dialectal *huchar* 'azuzar', tomado del fr. antic. y dial. *hucher* 'llamar a voces o con silbidos', 'llamar a juicio', a su vez hermano de oc. ant. *ucar*, cat. y arag. *ahucar* 'aullar', probablemente de origen onomatopéyico, aunque no se puede asegurar si esta onomatopeya nació en romance o en germánico. *1.ª* doc.: 1575, Argote de Molina.

Falta en Covarr. y *Aut*., pero Terr.¹ define «llamar, gritar, dar grita», definición que pasó al pie de la letra a la Acad. (1884, no 1843), agregando ésta la otra ac. «lanzar los perros en la cacería dando voces»; en esta última ac., y también aplicado a personas, se emplea *juchear* en Extremadura (*BRAE* IV, 93). En Andalucía (según noticia de M. P., *RFE* VII, 13-15) es vivo *ajuchear* 'dar voces de desaprobación o de desagrado', y en toda España se dice en este sentido *abuchear*, con -*b*- antihiática, palabra que parece ser de origen taurino. En gallego hay formas análogas: primero se diría *abuxar* (Cuveiro, *DAcG*.), de donde (por influjo del sinónimo *aboubar*, registrado por Sobreira y *DAcG*. deriv. de *boubo* = BOBO) *abouxar* 'aturdir a voces a otro' (*non me abouxes* Sarm., *CaG*. 58*v*²) 'vocear mucho' (*siempre está abouxando*, ib.), y con otras contaminaciones (*abrumar*, etc.) *abrouxar* (Vall., Curros y otros muchos en *DAcG*; según Sobreira y Crespo muy empleado en torno a Orense; y V. además Lugrís).

Como fuente inmediata del cast. *huchear* está la interjec. ¡*hucho*!, empleada por González de Eslava (fines del S. XVI) como llamamiento para las aves de caza; más común es la combinación de esta palabra con la interj. *oh*, de donde ¡*hucho-hó*!, muy común en los SS. XVI y XVII para llamar el toro a la corrida, y también alguna vez en la caza (Foulché-D., *RH* XXV, 5-12; M. P., *l. c.*; Covarr. y *HispR*. XXVI, 284). En cuanto a ¡*hucho*!, es derivado del verbo *huchar*, hoy conservado en la Litera y en Bogotá (Cuervo, *Ap*., §§ 988, 785), *juchar* en Santo Domingo, en el sentido de 'azuzar' y 'ahuyentar', más común en la forma derivada *ahuchar* 'llamar al halcón' (en J. de Tolosa, 1589, y A. Cabrera, † 1598; *DHist*.), en Aragón 'gritar' o 'burlarse de alguno silbando y gritando' (según Siesso, a. 1720, s. v. *auchar*) o 'azuzar' (Borao), *ajuchar* con este sentido en Santo Domingo, Honduras y Tabasco.

La cronología respectiva y la -*ch*- demuestran que *huchar* es de origen francés, y no onomatopeya creada en España (como supone Krüger, *AILC* IV, 355); en francés, *hucher* [S. XII] se ha empleado durante muchos siglos como término de montería, y todavía vive en numerosos dialectos; no hay duda de que *hucher* es lo mismo que oc. ant. *ucar* 'dar voces' (del bearnés seguramente el b. nav. *ahuki*, *ahuku* «convoi, cortège funèbre» que se referirá a las famosas endechas y lamentos fúnebres típicos del valle de Baretóns), cat. *ahucar* 'insultar a gritos, perseguir gritando', 'azuzar a gritos a los perros', en Valencia especialmente 'dar una ovación burlesca' (G. Girona), 'rechiflar a alguien

ahuecando la voz' (ya en Jaume Roig, v. 193, y
nota de la ed. Chabás, p. 282), bajo-arag. *aucar*
«gritar; aullar desaforadamente burlándose de alguien; abuchear» (L. Puyoles-Valenzuela), piam.
uchè, pic. *huquer*.

Sin duda tiene razón Spitzer (*Lexik. a. d.
Kat.*, 145-7) al subrayar el carácter onomatopéyico
del vocablo, que es inseparable de oc. mod. *ahuco*
«hulotte», cat. de Ribagorza *auca* 'lechuza' (Oliva,
Congr. Internac. de la Ll. Cat., 423); este carácter es tanto más claro cuanto que en francés hay
también *huer* 'abuchear', y Coelho citó un port.
jergal *ugar* 'gritar, alarmar'. Siendo así cabe dudar
de que la existencia del vocablo en otros idiomas
sea indicio sólido de una procedencia no romance: neerl. med. *huuc*, ruso *aúkat* 'llamar (a alguien)', svcr. *jaúkati* «urlare, gemere, gridare per
dolore», pol. *hukać* 'gritar chillona y toscamente';
cabe que sean onomatopeyas independientes. La
única razón sólida que se halla en la detenida nota
de Wiener (*ZRPh.* XXXV, 454-6, con cita de otras
formas germánicas) para sospechar una procedencia teutónica del vocablo francés, es su empleo
recurrente en fórmulas jurídicas para llamar a juicio; contra ello no sería argumento de peso la
aparición de (*h*)*uccus* 'exclamación' en notas tironianas cuya fecha no podemos precisar exactamente, pero sí hay que reconocer que otras posibles pistas germánicas que se han indicado carecen de valor[3]; sólo quedan, en este sentido, la
h- aspirada del francés (que no es indicio seguro
tratándose de una onomatopeya), y las razones que
dió Grammont en un estudio que no se ha tenido
en cuenta y que tampoco está a mi alcance en la
actualidad[4]. Por lo demás, una procedencia germánica en francés no sería incompatible con una
creación en último término onomatopéyica; para
todo esto y para el influjo de este vocablo en la
creación del sudamer. *ochar*, V. *HOTO* y mi
nota en *RFH* VI, 34-35.

Deriv. *Hucho, huchar, ahuchar*, V. arriba.
Cpt. *Huchohó* íd.

[1] Dice éste que Oudin da incorrectamente
uchoar, pero falta todavía tal vocablo en la ed.
de 1616.— [2] En catalán hay, sobre todo en el
Oeste, *aüixar* y *abuixar* (*BDC* XXIII 273), pero
con sentido diferente 'azuzar (el perro)', *uixar*
'esquivar (insectos)' (*BDC* VII 73), *aoixar* 'ahuyentar' (*BDC* XVII 53), y ahí es probable que
la génesis sea más o menos diversa.— [3] Brüch
(*ZRPh.* XXXVIII, 694) quería partir de un antepasado del alem. *hauchen*, que aparece escrito
hûchen desde el S. XIII, y parece ser primitivamente forma local del mitteldeutsch oriental, pero
el significado 'resollar, echar el aliento' disuade
de la idea, y el noruego *hauka* 'aullar' parece
ser creación onomatopéyica moderna.— [4] *Trentenaire de la Soc. des Langues Rom.*, Montpellier,
1900, p. 300.

HUEBIO, 'güiro, especie de alga marina', chil.,
origen desconocido, seguramente indígena.

Aprovecho este lugar para señalar este vocablo,
que falta en los diccionarios y oí en 1944 en la
costa Norte de la provincia de Aconcagua (Las
Ventanas). Lenz sólo cita *huívo* y *huío*, como variantes fonéticas [?] de *GÜIRO*, propias de Aconcagua. Nada semejante veo en Augusta (aunque
éste en su parte castellana-mapuche no tiene un
artículo *alga* ni *huiro*).

Huebos, huebra, huebrero, V. *obrar*

HUECA, 'muesca espiral que se hace al huso
en la punta delgada para que trabe en ella la
hebra que se va hilando y no se caiga el huso',
resulta probablemente de un compromiso entre
los dos tipos *ŏSCA 'muesca' y *COCCA íd., representados en muchos romances (ast., berc. y arag.
güesca, gall., trasm., cat. y oc. *osca*, vasco *ozka*,
fr. *hoche*; vasco *koka*, oc. mod. *coco*, fr. *coche*,
it. *cocca*), ambos de origen incierto, quizá prerromano; al cruce castellano pudo asimismo contribuir el adjetivo *HUECO*. 1.ª doc.: APal. («Cloto trae el fuso y Lachesis saca el filo; Atropos
lo coje y pone en la *hueca*», 81*d*[1]).

Figura también en Nebr. («*ueca del huso*: fusi
surculus»), en el Inca Garcilaso y en *Aut.*, con la
definición correcta; la de Oudin («*ueca del huso*:
le peson du fuseau, vertoil») parece ser infundada.
No hay otra forma hermana que el gall. *òca* íd.
(Vall.). Pero en el propio gallego existe la variante
òsca 'muesca espiral del huso' (Sarm. *CaG.* 96*v*,
150*v*; Vall.), en el Este de Lugo se pronuncia
óƟka y se aplica a la hueca y además a las muescas del mayal o instrumento para trillar (Ebeling,
VKR V, 139), trasm. *oscas* «as roscas dos fusos»
(*RL* XII, 112); se emplea *buezca* 'hueca', 'gargantas del manal, porro y manueca' en el Bierzo
(G. Rey), ast. occid. *güezca* 'hueca' (Munthe),
alto-arag. *huesca* o *güesca* 'muesca' (*RLiR* XI,
92), cat. *òsca* 'muesca (en general)', 'mella', vasco
ozka íd. (de uso general, además vasco-fr. y ronc.
ozke, oxke), oc. mod. *osco*, oc. ant. y mod., cat.
oscar 'mellar', fr. *hoche* [S. XIII *osche*].

Luego vco. *koka* 'hueca' (general a los varios dialectos), oc. mod. *coco* (-*cho*) 'muesca', 'hueca'
(Toulouse, Aurillac, Aveyron, Ardèche, Auvernia),
oc. ant. *encocar* 'empulgar la cuerda de un arco',
fr. *coche* 'muesca en un arco, etc.' [S. XII], it.
cócca íd., *scoccare* 'disparar'.

Teniendo en cuenta la muy considerable extensión de los dos tipos *ŏSCA y *COCCA, y la reducida área del tipo intermedio *hueca*, es lógico deducir que éste resulta de un cruce de los otros
dos, puesto que ambos están representados en iberorromance o por lo menos en vasco; otro cruce
comparable podemos ver en el vasco *koska* (vizc.,
guip., lab., b. y a. nav.). Sin embargo, como la
etimología de estos dos tipos romances es des-

conocida o dudosa, conviene examinar si hay otras posibilidades. Lo primero que llama la atención es la existencia de otros vocablos parecidos: el tipo MUESCA, junto al cual está el val. *mossa*, y por lo tanto parece claro que han de venir de MŎRSUS 'mordido' y de su derivado MORSICARE; y por otra parte *ROSCA*, de significado algo distinto, pero que puede extenderse hasta significar 'hueca', y del cual se ha sugerido que venga de un verbo ROSICARE. Luego: ¿no sería posible que sea *OSCA el que resulte de un cruce de uno de estos vocablos con *hueca*, y que éste sea simplemente el femenino de *HUECO*? A ello me parecen oponerse dos graves y decisivos reparos: por una parte el significado de *hueca* no se explica bien partiendo del de este adjetivo, pues la hueca tiene muy escasa profundidad; por otra parte el vocablo *hueco* es y ha sido siempre completamente ajeno al catalán, vasco y galorrománico, por lo tanto mal pudo cruzarse allí con otro vocablo para dar *osca*. Tampoco es aceptable admitir con Schuchardt (*Roman. Etym.* II, 43-44) que *hueca* resulte simplemente de una disimilación de *COCCA, pues una oclusiva inicial no puede perderse por disimilación.

En cuanto a la etimología de *COCCA, es oscura. No me parece aceptable partir del lat. COCCUM 'excrecencia en un árbol' y especialmente 'grano de coscoja', pues como observa Gamillscheg no tienen verosimilitud, ni la explicación semántica de M-L. (*REW*, 2010) 'botón que remata el huso' > 'muesca que está debajo de este botón' > 'muesca en general', ni la de Wartburg (*FEW* II, 825) 'excrecencia' > 'objeto saliente' > 'hueca' (¡que es entrante!). Para relacionar con COCHLEA 'caracol', según quiere Schuchardt (*l. c.*), hay insuperables dificultades fonéticas. Al fin y al cabo lo más razonable me parece el parentesco con el tipo céltico *COCCUS, supuesto por el galés *cwch* 'concavidad redondeada', 'barca', 'colmena' (con variante *CŌCUS en irlandés, gaélico y galés, con las ac. 'copa', 'cavidad de un nido'), pues tal como indica Thurneysen (*Keltorom.*, 55, *cocca* 2) se pudo pasar de 'cavidad' a 'muesca'; por desgracia esta sugestión no encontró eco y no se ha examinado a la luz de las últimas investigaciones celtológicas.

En cuanto a *ŌSCA no hay nada satisfactorio. Suponer que venga del vasco, y ahí derive del verbo *ortzekatu* 'mordiscar, dar dentelladas' (de donde *oskatu* 'hacer muesca' y *oska* 'hendedura'), que a su vez procedería de *ortz* 'diente', según quiere G. de Diego (*RFE* XI, 341n.), además de presentar cierta dificultad fonética, no es posible, pues el fr. *hoche*, el prov. alpino *ouissa* 'muesca' (Martin, *Le Patois de Lallé*), y aun Quercy *osco* «encoche» (Lescale), salen completamente de la esfera de influencia vasca. Con ello no quiero desconocer que la etimología vasca es verdaderamente tentadora. En primer lugar, en vasco es general y con muchas acepciones, todas las cuales presentan evidente enlace semántico con 'mella, muesca' (ésta común a todos los dialectos vascos, salvo el vizcaíno occidental): 'ranura' 'ondulación' 'grado' 'escalera de pelo mal cortado' 'bocado' 'mordedura, picadura'; y con muchas voces derivadas y afines (*ozkatu* 'hacer muescas' 'morder, atarazar', sul. y ronc. *ozke* 'muesca' 'estigma del ganado para reconocerlo', *ozkada* 'picadura, pellizco', etc.). Y la formación de *ozka* 'mordiendo' 'mordedura' a base de *ortz* 'diente' con el sufijo formativo -ka es normal, de un tipo común en el idioma[2] y sin la menor dificultad según la fonética vasca. ¿Llegaremos hasta pensar que el vocablo se formaría en un substrato iberoide, común a todo el territorio gálico e hispánico antes de la venida de los celtas? Es desde luego muy audaz el suponer tanto, y admitir que el proceso formativo *ortz-ka* ya se diese en tan arcaico lenguaje. No es, sin embargo, que sea idea del todo inconcebible.

No es menos imposible partir de CUSCULIUM 'coscoja' con Schuchardt (*Romanische Etymologien* II, 47-48; *BhZRPh.* VI, 13, 59), que además de estar muy alejado por el sentido y por la terminación, sólo sería compatible con la inicial vocálica del tipo *osca*, suponiendo que éste se hubiera propagado desde el vasco, idea prácticamente imposible, según hemos notado.

Y para relacionar con el bretón *ask* 'muesca', cuyo origen céltico o indoeuropeo a su vez tropieza con dificultades (Thurneysen, *Keltoroman.*, 109), hay el obstáculo de la diferencia vocálica[3]. Rohlfs, *La Infl. lat. en la L. Vasca*, p. 5, sugería que nuestro apelativo esté emparentado con el nombre de la ciudad de *Huesca*, lat. ŌSCA, probablemente ibérico y quizá ·inónimo de 'portillo de montañas', lo cual no se puede rechazar ni confirmar. Lo único prudente por ahora es limitarse con Jud (*VRom.* I, 183) a declararlo de origen prerromano.

Del *FEW* (VII, 432*b*) se deduce una impresión, completamente falsa, de que el supuesto origen galo del romance ŌSCA no presenta dificultad. Lejos de ser así, habría que afirmar más bien que no hay fundamentos serios para creer que sea palabra céltica. Pero Wartburg no entiende bien la breve nota de J. Loth, *RCelt.* XLI, 398, ahí citada, y reproduce sus datos en forma infiel. Por lo demás, esta nota no habla para nada de las palabras románicas, sólo alude pasajeramente al bret. *ask* 'muesca' (pues trata de las palabras célticas insulares para decir 'sobaco'), y la tesis que ahí sustenta Loth, además, es muy incierta.

Nadie ha hablado, que yo sepa, como hace Wartburg, de la existencia de un galés *osg* 'muesca': lo único que hace Loth es citar este vocablo, sin definición, junto al bretón *ask* (que sí significa 'muesca'), pero el galés *osg*, según Owen Pughe y demás diccionarios, significa sólo «that tends from or out», y ni esto ni el galés *osgo* «obliquity, slope, slant» constituyen base suficiente para suponer un galés *osg* *'muesca', claro está. Tampoco podemos deducir gran cosa del galés *asgell* 'vulva (de la vaca o la marrana)', ac. rara en galés, por lo demás, como reconoce Loth (y sólo atestiguada por el dicc. de S. Evans); ni del bret. *askre*, [5] galés *asgre*, que no es «sein» en el sentido de 'separación de las tetas' (como parecería dar a entender Loth), sino 'corazón', y de ahí figuradamente 'conciencia', 'seno', etc. (V. los varios dicc. galeses). [10]

W. von Wartburg completa la impresión falsa traduciendo el galés *asgen* por «laesio», pero la traducción auténtica es «n o x a, laesio», lo cual explica Owen Pughe como «harm, hurt, damage», es decir, que se trata de *laesio* en el sentido de [15] 'perjuicio', pero no en el de 'cortadura'; con todo lo cual quedamos absolutamente lejos de 'muesca'.

En una palabra, es sumamente improbable que ninguno de estos vocablos tenga relación con el tipo románico *OSCA, salvo el bret. *ask*, del cual he [20] tratado suficientemente en mi artículo, y que no corresponde a una base *OSCĀ, sino a *ASCO-.

Datos valiosos acerca de esta voz romance, en Jud, *VRom.* IX, 241-2.

D. Alonso ha tratado recientemente de *osca* [25] 'mella, brecha', sobre todo en gallegoasturiano, en su artículo sobre los *Oscos*. La ac. especial 'collado, portezuelo' reaparece en la toponimia catalana, donde hay varios ejs. que ahora no están a mi alcance, pero desde luego cito dos: *l'Osca de Cabrera*, [30] en el macizo rocoso de este nombre, cerca de Sta. Maria de Corcó (límite entre el partido de Vic y el de Olot), y la *Canal de l'Osca*, barranco empinado que remata en un portezuelo, sobre l'Ametlla, extremo oriental del Montsec de [35] Áger.

Para el derivado *oqueruela*, y para una opinión diferente acerca del origen del cast. *hueca*, V. el artículo siguiente.

¹ Para la interpretación de este pasaje, vid. G. [40] de Diego, *RFE* XI, 340.— ² Obsérvese el uso adverbial guip. *ozka* «a dentelladas» (Azkue § 5) con un uso morfosintáctico tan típico del vasco. Téngase en cuenta además el vasco *akats*, *akets* 'muesca' que quizá no pueda separarse de esta [45] cuestión.— ³ También es muy difícil derivar *ask* de un lat. *ABSECARE, conforme sugería Schuchardt, *Litbl.* XIV, 95.—La etimología que V. Henry da al bret. *ask*, lat. ASCIA, en un artículo lleno de errores, es manifiestamente imposible, [50] por el sentido y por la forma. En definitiva, y a pesar de todo, es verosímil que haya algún parentesco entre el bret. *ask* y el romance *OSCA, sobre todo si se trata de adaptaciones divergentes de una palabra precéltica, pues no se equivalen [55] ni en la vocal tónica (*a* bretona no viene de *o*) ni en el género, que en bretón es masculino.

HUECO, 'mullido y esponjoso (hablando de la tierra, lana, etc.)', 'ralo (hablando de un bosque)', [60] 'cóncavo, vacío de en medio', derivado del verbo *ocar* (o *aocar*) 'cavar', 'hozar', 'poner (una cosa) hueca y liviana', procedente del lat. ŎCCARE 'rastrillar la tierra para que quede mullida o hueca'. *1.ª doc.*: 1251, *Calila*.

Aparece ya un par de veces en ese texto: «busqué el más *hueco* árbol que pude fallar, e quiero que te vayas esta noche allá e que te metas dentro» (ed. Rivad., 33*a*), «un atanbor... la gulpeja... fendiólo e vió que era *hueco*» (ed. Allen, 26.280). Es probable que venga de este adjetivo, con el significado de 'cuevas' u 'hondonadas profundas' el nombre de pueblo *Huecas* (Cuenca) que ya está mencionado por Abenpascual en el S. XII con la grafía *wékkaš*, y de donde procedía el poeta musulmán del S. XI Al-Wakaší (M. P., *Orig.*, 148). En la Edad Media se hallan pocos ejemplos, aunque no hay motivo para creer que no fuese ya de uso general; de todos modos aparece en J. Ruiz («boz ronca e gangosa, a todo omne enteca, / tardía, como ronca, desdonada e *hueca*», 1017*d*, pasaje sólo trasmitido por *S*), APal. («*fribolum*: vazío, *hueco*» 169*d*, «*reducta* se dizen cosas *huecas* e deprimidas» 413*d*; 199*d*), Nebr. («*ueca, cosa no maciça*: cavus; *hueco del cuerpo del animal*: thorax»), etc.

No existen otras formas emparentadas que el port. *ôco*, gall. *òco* íd.: «polos *ocos* do lenzo», «encher os *ocos* con door» (Castelao 290.25, 271. 4f.); por contaminación con *fofo*: gall. pontev. *foco, -ca* 'hueco' (Sarm. *CaG.* 195r).

Puede considerarse definitivamente descartada la etimología de Cornu (*GGr.*, §§ 22, 176, 224), que partía del lat. vg. VŎCUUS igual al lat. VACŪUS 'vacío', pues hay absoluta imposibilidad fonética (se esperaría *buego*).

Ya Covarr., seguido por el P. Sarmiento (*BRAE* XVII, 579) y Diez (*Wb.*, 460), relacionaron *hueco* con el lat. OCCARE, pero sin dar explicaciones semánticas ni históricas satisfactorias. Algo más sugestiva era la relación establecida por *Aut.* y Cabrera entre *ahuecar* 'mullir, esponjar lo que está apelmazado o apretado' y el citado verbo latino, que estos diccionarios definen «mullir y esponjar la tierra», 'desmenuzar los terrones'. Por mi parte creo haber logrado una plena demostración de esta etimología en mi artículo de *AILC* I, 137-142. El lat. OCCARE, que por primera vez aparece en Catón, 33.2 (*ALLG* I, 584), está empleado por Varrón y Cicerón precisamente en estas acs.: el primero afirma que *occare* es 'desmenuzar o aplastar la tierra para que no forme terrón', como operación posterior al cavado o arado de las viñas nuevas; el segundo nos explica que la tierra, para recibir con éxito la simiente esparcida, debe haber sido mullida y revuelta en su seno, operación que se conoce por *occatio*. Ahora bien, *aocar* es 'poner una cosa hueca y liviana' según Covarr., y en el ej. más antiguo del vocablo, G. A. de Herrera (1513) da a este verbo (en el presente *ahuecan* que puede corresponder a *aocar* tanto como al moderno y analógico *ahuecar*) el sentido de 'volver esponjoso'. Sin embargo la forma primitiva no fué ésta, sino *ocar*, conservada hasta hoy en portugués [h. 1550, J. de Barros] con el sentido de 'volver hueco, excavar'; el mismo vocablo, por otra parte, ha conservado su sentido agrícola en el Norte de Burgos, donde es 'cavar', 'hozar los cerdos', 'escarbar los conejos para abrir sus madrigueras'[1]; Vergara cita *aocar* 'hocicar' como propio de Burgos o Santander (*Voc. de Segovia*, p. 88).

De *ocar* 'desmenuzar la tierra, mullir, esponjar' se derivó, pues, el adjetivo postverbal *hueco* 'mullido, esponjado', tal como de *colmar, pagar, cansar, orondar* vinieron *colmo, pago, canso, orondo*, etc., y tal como de CORDATUS se extrajo *CUERDO;* luego, de 'mullido, esponjado' se pasó a 'vacío en su interior', proceso semántico que se repite en el cat. *tou*, arag. *tobo*, gasc. *touut, touat*, 'hueco, mullido', procedente del lat. TŌFUM 'tierra porosa, toba'. Comp. *HUECA*.

DERIV. *Ahuecar, aocar* (así todavía en C. de las Casas, Percivale, Palet, Oudin y Covarr.), para la formación y sentido, V. arriba. *Enhuecar* o *enocar. Oquedad* 'concavidad' [Nebr.]. *Oquedal* 'monte ralo' [1644, M. de Espinar; *huecadal* en Moratín]. *Ocal* adj., dicho del capullo formado por dos o más gusanos de seda juntos [1599, *N. Recopil.* V, xii, 29; 1634, Cascales], así llamado porque los gusanos dejan huecos entre sí; de cierto género de nueces de gran tamaño, en Salamanca (Lamano); de ciertas frutas muy delicadas [Covarr.] y de la madera cuando es buena para labrar, en Álava (Baráibar); *ocalear. Ahocarse* 'encarrujarse, ensortijarse', 'enredarse (el cabestro)', en Bolivia y quizá Venezuela.

Oqueruela ('lazadilla que la hebra forma por sí sola al coser, cuando la hebra está muy retorcida') escribe M. L. Wagner (*ZRPh.* LXIX, 355-6), al parecer con razón, no es derivado de *hueco*, sino de *hueca* 'muesca del huso', porque el hilo se coge fácilmente en la *hueca* y tiene tendencia a formar ahí pequeños nudos, comp. it. *cocca* 'hueca' y 'oqueruela'. En cuanto a *hueca*, sería simplemente el femenino de *hueco* (lo cual no convence semánticamente) o bien alteración de *huesca* (*ŌSCA*) por obra de la etimología popular que lo relacionó con *hueco* (lo cual ya es más convincente, pero parece más natural el cruce de sinónimos que yo he admitido); en todo caso, *oqueruela* (ni *hueca*) nada tienen que ver con AUCA 'ganso', como han dicho M.-Lübke y Malkiel.

CPT. *Huecograbado.*

[1] Pereda emplea *jocar* para 'hozar', pero está a la vista que esta *j-* (< *h-*) se debe a la contaminación de *hozar*, y de ninguna manera postula un étimo latino con F- o un germ. HUCO 'azada', como creyó G. de Diego, *BRAE* VII, 260-1, que en un artículo anterior (*BHisp.* 1918, 296) había pensado en OCCARE.

Huecho, V. *ocho*   *Huega*, V. *buega*   *Huei-to*, V. *ocho*

HUÉLFAGO, 'enfermedad de las caballerías y de las aves de caza, que las hace respirar con dificultad y de prisa', origen incierto; teniendo en cuenta que *folgar* (hoy HOLGAR) es derivado de FŎLLIS 'fuelle' y significaba antiguamente 'resollar', es muy posible que un derivado **fuélgago*, formado con el sufijo átono -*ago*, se cambiara en *güélfago* por metátesis, en el cual se eliminaría la g- por ultracorrección culta. 1.ª *doc.*: h. 1325, Juan Manuel, *Libro de la Caza.*

Léese en ese texto «los falcones an muchas dolencias... son éstas: *huelfago*[1] e desecamiento e enfastío e lonbrizes e piedra. Et la señal del *huelfago* es que le mueven los pechos e el cuerpo e abre la voca quando se debate» (ed. Baist, 59.5 y 6). Vuelve a aparecer la misma forma, y aplicada también a las aves, en López de Ayala (vid. *Aut.* y *Cej.*), Rodr. Cota, fin. S. XV, *HispR.* XXVI, 284, *uélfago* y *gurión* en unas recetas de halconería del S. XV (¿o XIV?), *Studier i Modern Språkv.* XVI, 142-8, en el *Canc.* de Castillo (h. 1500), y aplicado a caballerías hallamos *güérfago* en García Conde (1685), y *huérfago* en la *Caballería de la Jineta* y en la Albeitería de García Cabero (1740, según la ed. de 1808)[2]. Define *Aut.* «enfermedad de las bestias y las aves, que las hace resollar con dificultad y prisa, de modo que parece que hinchan quando resuellan; lat. *anhelitus vehementía*». La variante and. y extrem. *huelfo* no es la forma primitiva (como apunta M. P., *NRFH* VII, 53), sino reducción fonética de *huélfa(g)o* en estas hablas de articulación relajada.

Quizá no sea inútil recordar que esta enfermedad se llama *pulmoeira* en portugués, *ofec del cavall* en catalán, *pousse* en francés, it. *bolsaggine*, ingl. *broken-wind*, alem. *herzschlächtigkeit*, y el animal atacado de la misma se dice en fr. *poussif*, it. *bolso*, ingl. *broken-winded* o *pursy*. Por lo demás *huélfago* y variantes faltan en los diccionarios españoles anteriores a *Aut.* (la variante *huérfago* está en Acad. ya en 1843), y no conozco palabras hermanas de ésta en los demás romances.

Para la etimología, podemos descartar la relación que Pagés quisiera establecer con el lat. *olfactare* 'oler repetidamente', que tropezaría con dificultades fonéticas y es inaceptable por el significado; esta misma razón se opondría a que relacionáramos con *olfacere* 'oler'[3]. Más razonablemente propone la Acad. derivar de FOLLICARE 'respirar como un fuelle, jadear', de donde *holgar* 'descansar' (< 'respirar'), lo cual es tanto más fácil y natural cuanto que el sustantivo *huelgo* ha conservado hasta el castellano clásico la ac. 'respiración, resuello': la relación semántica de éste con *huélfago* ha de ser la misma que la del fr. *poussif* con el fr. ant. *pous* 'aliento, respiración'. Pero lo que falta és averiguar la forma como *huélfago* pudo venir de *holgar* o de *huelgo*. Y para ello hay dos o tres caminos posibles. Podríamos imaginar que del port. *ARFAR* 'jadear', que también ha existido en castellano, por lo menos en un sentido secundario, derivara un sustantivo **árfago* con el sentido de 'huélfago', y que de un cruce de este vocablo con *huelgo* resultara la voz que estudiamos. Pero como este **árfago* es puramente hipotético, me parecen desde luego preferibles las dos explicaciones siguientes, que nos obligan a suponer v a r i a n t e s no documentadas, pero no una palabra entera cuya existencia no se comprueba en idioma alguno[4].

Es bastante sencillo suponer que de *folgar* o del sustantivo *fuelgo* se derivara **fuélgago*, con el mismo sufijo átono que *relámpago, ciénago, buétago, luciérnaga, bérrago* (= *BARRO* II), etc., y que una metátesis cambiara **fuélgago* en *güélfago*, cuya *g-* se tomaría por una adición vulgar, como la de *güevo, güeso, güerto, güelga*: de ahí el ultracorrecto *huélfago*. Sabemos que lo regular es la conservación de la F- ante el diptongo *ue*, sin embargo de lo cual en el presente del verbo *holgar* se cambiaría desde muy antiguo *él fuelga* en *él huelga*, por analogía de las demás formas del verbo; el sustantivo **fuélgago*, ya algo disociado del verbo por el mismo hecho de ser un sustantivo, resistiría más tiempo a esta analogía, pero a la larga el influjo de *huelgo* y el vulgar *güelgo* se dejaría sentir, favoreciendo la metátesis **fuélgago* > *güélfago*[5].

Finalmente la sinonimia entre dos formas tan parecidas como *huélfago* y el cat. *ofec* 'asma', 'huélfago', quizá no sea casual; *ofec* es derivado de *ofegar* 'ahogar', y como *ofegar* es también palabra portuguesa, es verosímil que este cambio de terminación del lat. ŎFFŌCARE sea bastante antiguo en muchos puntos de la Península Ibérica, lo cual se puede cifrar en el símbolo **OFFĬCARE*; un **OFFĬCU*, equivalente del cat. *ofec*, podía dar un cast. **huéfago*, que fácilmente se convertiría en *huélfago* gracias a la intervención de *huelgo* 'aliento'[6].

Así esta etimología como la anterior me parecen muy verosímiles, y es difícil decidir entre las dos; aquélla me parece algo más sencilla y natural porque puede llegarse a ella sin salir del castellano.

Termino recordando la existencia de un homónimo del vocablo que nos interesa, señalado por M. P. (*Festgabe Mussafia*, p. 392): *güérfago* 'remanso profundo del río en que hay olla y las aguas hacen remolino', recogido en el Diccionario de voces geográficas de la Academia de la Historia, junto al cual existe, sin el sufijo átono, el ast. *gorfe*, de igual significado, ambos procedentes del lat. vg. CŎLFUS 'golfo', 'mar profunda', de donde procede el fr. *goufre* 'poza', 'sima' (V. *GOLFO*).

[1] En realidad el ms. trae ahí *huel sugo*, que debe enmendarse; pero el vocablo vuelve a salir

dos veces, en las líneas 6 y 19, y allí está escrito correctamente.— [2] Consultada directamente; para las demás citas vid. Cej., *Voc.*, y VII, § 129. *Huérfago* también en la Albeitería de Arredondo (1615) según Terr.— [3] El vasco *baga* es, como dice Cej., 'sin, falto de', pero *ola* no es 'jadeo', sino 'pulso', según Azkue, y aunque 'sin pulso' no sería mala interpretación semántica de *huélfago*, hay que advertir que *ola* en este sentido es palabra muy rara, que Azkue sólo conoce de segunda mano, y habría dificultades fonéticas graves para tal etimología.— [4] Por otra parte **árfago* tendría la ventaja de explicarnos la *r* de la variante *huérfago*, que según hemos visto no es rara. Pero dada la frecuencia del paso de *l* a *r* tras vocal posterior (*urce* < ULICEM, *surco* < SULCUM, y el *güerfago* o *gorfe* 'remanso', que cito abajo, procedente de CŎLFUS), esta ventaja me parece insignificante.— [5] Si alguien se asombrara de una creación poco eufónica como **fuélgago*, bastaría observar que esta formación pudo muy bien no ser originaria. Al port. *fôlego* 'respiración' (= FOLLĬCU) correspondería en castellano **fuéllago* (para la *a* secundaria, comp. *HÁMAGO, AMIÉSGADO, PÁRPADO, CIÉNAGO*), y **fuéllago* pasaría a **fuélgago* por influjo de *folgar, fuelgo*. Por lo demás, no siempre el pueblo se preocupa de la eufonía, así que esta hipótesis no es indispensable.— [6] Hay postverbales que conservan la acentuación proparoxítona, perdida ya en fecha arcaica en el verbo: cat. *ròssec* 'cola, arrastre, rezago, déficit', junto a *rossega*, presente de *rossegar* 'arrastrar'; cat. *càstig* 'castigo', que presupone una acentuación analógica *càstiga* en el presente del verbo *castigar*; y vid. *RÁFAGA* y *TRÁFAGO*.

Huelga, V. *holgar* y *amelga*

Huelguista, huelguístico, V. *holgar*

huello, V. *hollar*

Huelgo, huelguista, huelguístico, V. *holgar*

Huella, huélliga, V. *holgar*

Huembre 'reja' arag., V. *vómer*

HUERCO, personaje mitológico que personifica la Muerte o el Infierno, del lat. ŎRCUS 'Plutón'. 1.ª *doc.*: J. Ruiz; Cej. V, § 154.

Increpando al Amor escribió el Arcipreste de Hita: «estruyes las personas, los averes estragas, / almas, cuerpos e algos como *huerco* las tragas» (400*b*); por otra parte «ya llevasse el *huerco* a la vieja riñosa / que por ella convusco fablar hombre non osa» (828*a*), y en 1546*c* dirigiéndose a la Muerte: «enmudeçes la fabla, fazes *huerco* del pecho»[1]; véase además 448*b*. La frase *llevar el huerco* 'perderse' se halla también en el *Corbacho* (2.ª parte, cap. 1), y el vocablo equivale a 'infierno' en Eugenio de Salazar (1568) según Fcha.; S. de Horozco por el mismo tiempo escribe «en el hombre necio y terco / nadie fíe ni se enhote: / huya dél como del *güerco*, / porque, de rabo de puerco / nunca sale buen virote»

(*BRAE* IV, 386). Estaba muy divulgado el refrán «la casa fecha, y el *huerco* a la puerta», que aludía a la superstición de que la muerte acecha al que termina del todo su casa: figura ya en la colección atribuída al Marqués de Santillana (*RH* XXV, 161, n.º 394), lo repite Correas, y Aldrete lo relaciona ya, en la variante *la casa acabada, el Huerco a la puerta*, con el ORCUS clásico (*Origen*, 47v°2); esta identificación es patente en los lexicógrafos humanistas APal. («Plutón... que otros llaman *huerco*», 368*d*; análogamente 262*d*, 329*b*) y Nebr. («*Uerco, dios del Infierno*: Orcus»). Covarr., tratando de explicar aquel refrán, afirma que *huerco* en castellano antiguo había significado las andas en que llevan a enterrar a los muertos, pero como no hay otra noticia de tal ac. (tomada de Covarr. por *Aut.*, aunque con nota de desusada) falta saber si no es más que una interpretación arbitraria del autor: en el refrán puede simplemente entenderse 'la Muerte'; finalmente nos advierte este lexicógrafo que así llaman al «que está siempre llorando y triste, escondido en las tinieblas y oscuridad, por ser un retrato de la muerte». Judesp. *huerco* 'demonio', 'astuto, marrullero' (*ZRPh.* XL, 689). Más datos en el índice de Gillet a Torres Naharro. Para su papel ·en las creencias asturianas, C. Cabal, *RDTP* II, 183-94. Comp. *CAHUERCO*.

En otros romances: gallego *o Urco* es una misteriosa deidad canina del Carnaval, vid. la revista *Galicia*, La Coruña, 1877, 2.º fascículo, especie de perrazo negro, con cuernos y orejas enormes, que habitaba a orillas del Lérez de Pontevedra en un paraje tenebroso (Eladio Rdz.), antes *orco*, empleado por Sarm. en sus coplas vulgares (n.º 363) como nombre de un ser mitológico (no está comprobada la ac. *estar no orco* 'estar muerto' que traen algunos diccionarios, desde el de F. J. Rodríguez, cf. Pensado, *CaG.*, p. 90). Sin agotar el tema, ni mucho menos, recordaré que en catalán *orc* se emplea como adjetivo, en el Ribagorza con el sentido de 'feo, escandaloso', en el Pallars 'lúgubre, siniestro'[2], en Cerdaña 'enfadoso, cargante', en el valle de Ribes 'malo, borrascoso (hablando del tiempo)', en el de Camprodon 'idiota, fatuo', en Tortosa 'necio' (vid. *BDC* XXIII, 229, y Ag.); acaso sea también adjetivo en el último pasaje transcrito de Juan Ruiz. Podría ser que *orc* figurara en el sentido de 'fantasma', 'coco' o 'monstruo' en el trovador Guiraut de Calansó (h. 1200), *faulas d'orc*, aunque el texto no es seguro, vid. W. Keller, *RF* XXII, 228; en Córcega el vocablo ha tomado el sentido de 'gigante' (*ARom.* V, 99). Para el vocalismo de las formas italianas, *órco* en la lengua literaria, pero *uorco* en Nápoles y en el Sur, vid. Savj-Lopez, *ZRPh.* XXIX, 480; el it. alpino *örc* también corresponde a ŏ (*ARom.* XIII, 102, 179, 135, 137-8). Citan otros representantes romances M-L. (*REW* 6088), Riegler (*ARom.* VIII, 341) y Wartburg (*ARom.* IV, 278-9).

Entre otros que se han atribuído a este origen figura el fr. *ogre* 'gigante devorador de niños' [1527]; de ahí el cast. *ogro* [Terr.]. Pero hay grave dificultad fonética, que más bien conduce a partir del nombre ant. de los Húngaros, *Ogur*, ya que el fr. *Ogre* aparece en el S. XII como nombre de un pueblo exótico. De ninguna manera debe citarse en apoyo de aquella etimología de *ogre* un cast. *huergo*, que todos repiten de Diez, quien a su vez lo citaba de J. Ruiz 400, sacándolo de la ed. anticuada de Janer, ya que según Ducamin no hay en los manuscritos de este poeta otra forma que *huerco*[3]. Tampoco constituyen base firme ciertas formas bereberes mencionadas por Wartburg, pues es dudosa la interpretación de esas formas, vid. Schuchardt, *Roman. Lehnwörter im Berberischen*, 72-73.

Dejando aparte este punto está clara la evolución de ORCUS hasta las formas romances: los escritores cristianos hablaban del *Orcus esuriens* 'infierno hambriento', lo cual se interpretó como un ser vivo; por lo demás, son varios los autores clásicos que equiparan *Orcus*, como divinidad, al Plutón griego, o a Caronte (así San Isidoro, VIII, xv)[4], Lucrecio lo equipara a la Muerte, y un texto vulgar como el *Satiricón*, al hablar de un soldado «fortis tanquam *Orcus*» parece ya emplear el vocablo en el sentido de 'gigante' más bien que 'ogro' (como traduce Ernout, LXII, 2). M. P. (*Mél. A. Thomas*, 295ss.; *Oríg.*, 338-9) y Leite de V. (*Mél. A. Thomas*, 273ss.) derivaron del lat. ORCA 'vasija' una serie de nombres de lugar españoles y portugueses, tales como *Huércal* o *Huércanos*; sin negar esta posibilidad, teniendo en cuenta que este vocablo latino no ha dejado descendencia segura en iberorromance, quizá fuese más prudente partir de ŏRCUS en el sentido de 'lugar subterráneo, caverna', puesto que Navarro (*Ier Congr. de la Ll. Cat.*, 230) da al ribagorzano *orc* el significado de 'cueva o abismo pavoroso'; sin embargo debo decir que dudo de la exactitud de esta definición y que durante mi visita a todos los pueblos de Ribagorza no he oído esta palabra empleada más que como adjetivo.   •

DERIV. *Huerca* 'la justicia' gnía. [*güerca*, 1609, vocab. y romance de J. Hidalgo, vid. Hill].

[1] ¿'Infierno'? ¿'Lugar cavernoso' y de ahí 'resonante al toser'? Así en *G*; *S* sustituye por *fazes enronquecer el pecho*, inaceptable métricamente.— [2] En este sentido parece emplearlo Verdaguer, *Canigó* VIII, 8.— [3] No está averiguado si tiene que ver con ORCUS el apellido asturiano *Huergo*.— [4] Aldrete cita también a San Agustín, *De Civ. Dei*, VII, iii.

HUÉRFANO, del lat. tardío ŏRPHĂNUS y éste del gr. ὀρφανός íd. *1.ª doc.*: doc. de 1170; Berceo.

Huérfana se halla también en *Apol.* y en J. Ruiz, y *uérfano* en APal. (66*d*, 329*d*), Nebr., etc. Palabra general en todas las épocas y común a todos los romances; el vocablo propiamente latino, ORBUS[1], se ha conservado con sentido diferente en otros romances, desde el catalán para el Este y Norte.

DERIV. Enorfanecer. Orfandad [Nebr.]. Orfanato (a menudo se ha empleado el galicismo orfelinato; otros, el compuesto orfanotrofio).

[1] El derivado orbedad es cultismo anticuado en castellano.

Huérgano, V. órgano   Huergo, V. huero

HUERO, '(huevo) que por no estar fecundado o por cualquier otra causa se pierde en la incubación', en portugués gôro, derivado del verbo port. y cast. dialectal gorar 'empollar, incubar', que procede de un verbo hispánico *GORARE íd., de origen céltico, hoy conservado en el celta insular: galés gori 'incubar', irl. ant. gorim 'calentar', irl. mod. gor 'incubación', bret. gor 'calor'. 1.ª doc.: güero 'estado de clueca', h. 1400, Glos. del Escorial.

Éste traduce incubo por «yacer en güero» y arnix (errata en vez de ornis 'gallina') por «gallina güera». En una traducción medieval del Opus Agriculturae de Paladio, citada por A. Castro (ibid.), el infinitivo engorar y el presente engüeran significan 'incubar los huevos' llevando como sujeto la gallina, y el mismo valor tiene agorar en los Castigos de D. Sancho, S. XIV (DHist.) y gorar (guera) en Gral. Est. II, 1, p. 424; además V. ENGORRAR. Hoy estas acepciones se conservan en varios dialectos. En Salamanca güerar o güerear es 'incubar' y güero es el estado de clueca en la gallina (meter en agua la gallina para que se le quite el güero), palabra que ya aparece en el Vocabulario de Correas (1627). En Santander gorar, güerar o agorar (según los valles) significa 'empollar' (G. Lomas, s. v. agorar), y gallina gorita es la 'clueca'; lo mismo gorar en el Oeste de Asturias (de ahí gorar una enfermedad), según Acevedo-F., guarar en el centro de esta región (R, V), gurar en Maragatería (BRAE III, 45). Ahora bien, es sabido que si la gallina se echa encima de los huevos sin lograr que nazca el polluelo, sea porque el huevo no hubiese sido fecundado o que se hubiese malogrado por otra causa (frío, etc.), este huevo se echa a perder sin que pueda utilizarse para la alimentación: es decir se hace huero, que propiamente quería decir 'empollado', pero acaba por designar precisamente el huevo echado a perder. De ahí que gora(d)o o gorito valga 'huevo malogrado' en Santander, y de ahí el sentido corriente de huero, que ya hallamos en Nebr. («güero, uevo: ovum urinum»). Como se ve por la grafía de Nebr., el vocablo tenía originariamente g-, y con esa grafía aparece en Lucas Fernández, Farsas y Églogas, ed. Acad., p. 106; G. A. de Herrera (1513); Venegas (1540); C. de las Casas (1570); el Quijote (I, xxv); Jiménez Patón,

Oudin; Covarr.; Franciosini; Correas, Refran.; Orozco, Refran.; Cañizares; Lope de Vega; Gracián; Pícara Justina; Luis Méndez de Torres, Cultivación de las colmenas, Madrid 1645, fol. 212; etc.; autores que escriben, en cambio, huevo y no güevo. No tengo noticia de que la grafía huero sea anterior a Aut., donde se adaptó el vocablo a las normas de ortografía que sus autores expusieron en el tomo I; pero güero siguió utilizándose después (p. ej. Fr. Fco. Alvarado, Cartas, Cádiz, 1813, p. 121). El vocablo toma pronto acs. figuradas como 'malogrado, fracasado', y también con éstas suele escribirse del mismo modo[1].

Aun en nuestros tiempos la forma güero con gsigue perteneciendo al uso de gente culta: Cuervo anota que tal era la pronunciación tradicional en su familia, donde sin embargo se decía huevo, etc. (Obr. Inéd., p. 74); y persiste en la actualidad en escritores que reflejan de alguna forma el habla popular, como García Pavón o J. Rulfo. En portugués el vocablo es gôro (plural góros), con el mismo significado, y el verbo gorar quiere decir 'no nacer polluelo (de un huevo)' (así Bluteau, con ej. que no puedo fechar), 'podrirse el huevo' (ya en Ferreira de Vasconcelos, h. 1537, Moraes), 'malograrse'; engrolar o engorlar 'cocer a medias', 'ejecutar mal', 'no completar', 'engañar' (Fig.).

Quizá una alteración fonética de goro (repercusión y disimilación) haya originado el gall. grolo (ya documentado en portugués por Montecarmelo, Cornu GGr., §§ 21, 117, 145), que Carré define 'huero', junto a gall. golo (también en ciertas regiones portuguesas, G. Viana) 'huevo huero no galleado', 'vacío, sin sustancia'; Vall. grolo y engrolado 'lo que está a medio cocer, como el caldo'[2], 'el estudiante con conocimientos superficiales'; grolo '(ojo) vizco o casi sin vista': «o ollo sandou pero quedoume grolo» [de una herida], «un galo… fitar aquel meu mal fadado ollo grolo… axeitoume un peteirazo que me deixou torto» (Castelao 174.9, 174.16). O bien quizá un célt. GÓRO-LO- > GORLO- > grolo. Hay un homónimo o parónimo grolo 'sorbo': «morreu sen saber qué era un… grolo de champán» (Castelao 183.17), que Lugrís y Carré escriben groulo 'sorbo, trago'; Vall. y Carré dan en este sentido groucho y goto. Este gro(u)lo quizás va con ENGULLIR y su grupo.

La preeminencia del adjetivo güero, conocido de todo el mundo, sobre el verbo gorar o engorar, sólo familiar a los campesinos, influyó pronto en el sentido de que el diptongo ue se extendiera aun al radical átono: de ahí las citadas formas dialectales guarar, güerar, y ya varios manuscritos del Fuero Juzgo traen engüerar o enhuerar en el sentido de 'maltratar', 'echar a perder', V. el diccionario de Fernández Llera.

Pero no cabe duda, en vista del conjunto de las formas arriba citadas, que es gorar el vocablo primitivo, con el sentido de 'incubar', de donde proceden güero 'estado de clueca' y por otra parte *güero* 'huevo malogrado', comp. el port. *ôvo chôco* 'huevo que ya tiene formado el polluelo' y *ôvo chôcho* 'huevo huero, podrido', así como Bierzo *huevo chueclo* 'huero' y el cat. *ou cloc* íd., todos derivados del mismo vocablo que en castellano es *CLUECA* (V. el artículo *CHOCHO*, con otros desarrollos semánticos, que recuerdan *huero* 'fracasado', 'enfermizo', etc.). Conviene, pues, partir de *gorar* 'incubar', según ya reconoció Spitzer (*Neuphil. Mitteil.* XXII, 120-2; *MLN* LIII, 135).

Este verbo tiene una etimología evidente, que ha pasado hasta ahora inadvertida a los romanistas. 'Incubar' se dice *gori* en galés, *gori* o *gwiri* en bretón (Le Gonnidec; Ernault, *Petite Gramm. Bretonne*, 34), y la incubación se llama *gor* en irlandés moderno: es indudablemente, como indica Pedersen (*Kelt. Gramm.* I, 108), la misma palabra que el irl. ant. *gorim* 'calentar', bret. *gori*, *gwiri* 'calentar' (V. Henry), irl. mod. y bret. *gor* 'calor' (que además ha tomado la ac. secundaria 'postema', 'tumor', galés *gori* 'supurar'), de la conocida raíz indoeuropea g^wher-, g^whor- (esl. *goRěti* 'arder', scr. *haras* 'ardor', gr. θερμός 'caliente', lat. *formus* y quizá el germ. *warm* íd.). No cabe duda que este verbo existió en celtibérico y de ahí pasó al romance hispánico en la forma *GŎRARE*[3]; la presencia del célt. GOR- 'calentar' en España está comprobada además por el celtismo vasco *gori* 'ardiente, hirviente, incandescente' (quizá un antiguo participio), Michelena, *BSVAP* XI, 295.

Ante etimología tan evidente deben abandonarse las anteriores explicaciones, que por lo demás chocaban ya con graves dificultades. La menos inaceptable era la de Brüch (*ZRPh.* XXXIX, 209), quien partía de un gót. *gaúr*, equivalente del a. alem. ant. *gor* 'estiércol', 'fango', ags. *gor* 'estiércol', 'suciedad' (ingl. *gore* 'sangre cuajada'), escand. ant. *gor* 'forraje medio podrido en los intestinos de los animales', sueco *gorr* 'suciedad, materia', neerl. *goor*, suizo alem. *gur* 'estiércol fresco' (que por lo demás parece procedente de la misma raíz indoeuropea aludida arriba, vid. Walde-H., s. v. *foria*); fonéticamente no habría dificultad, pero en lo semántico no explicamos así la ac. 'incubar' que, según indiqué arriba, ha de ser la fundamental, y de todos modos es evidente que el vocablo céltico queda mucho más cercano a las formas iberorromances. Spitzer (*l. c.*), fijándose en que la incubación es anuncio del nacimiento de algo, de donde frases como la fr. *couver de mauvais desseins*, pensaba que *güero* era aféresis de *agüero* 'augurio', y M-L. aceptó esta teoría en su *REW*[3], 785, llegando hasta dar como segura la existencia de un *agüero* 'huevo huero', absolutamente carente de base[4]; el peor defecto de esta explicación es que AUGŬRĬUM sólo podía dar *goiro* y no *goro* en portugués (claro está que el paralelismo con la voz culta *dotor* ~ *doutor* no es aceptable). Desde que se observó que la vocal originaria de *huero* era ŏ (port. *o*, cast. *ue*) se hacía imposible la eti-

mología gr. οὔριον 'estéril', aceptada por Diez (*Wb.*, 460) y otros, que por lo demás también chocaba con la antigua *g-* inicial; pero también era imposible por la misma razón el lat. ŎRBUS, sugerido por Cornu (*l. c.*) y aceptado por Wartburg (*RDR* III, 410), sea partiendo de la idea de 'privado, carente' como suponía el primero, o de la de 'ciego' (de donde se pasa a 'vacío' en ciertos dialectos) como prefería el segundo; por lo demás, tampoco era aceptable que una -B- latina pudiera desaparecer en esta posición, pues los casos análogos que cita Cornu afectan a una -v- (comp., aquí, *CARONCHO*)[5]. En cuanto a la etimología de M. L. Wagner (*RFE* XXXIV, 58), lat. FORARE 'agujerear', suponiendo que *huero* significara primero 'vacío', es evidentemente imposible en vista de la *g-* antigua, y del significado primitivo; pero al parecer Malkiel, *RLiR* XXIV, 213, no se ha dado cuenta de esta imposibilidad y sigue con la insostenible etimología de Wagner.

De la idea de 'malogrado' pasó *huero* a 'hombre enfermizo, que no sale de casa por temor del tiempo', de donde el mej. *huero* 'de tez blanca', 'rubio', y luego 'norteamericano, yanqui' (*BDHA* IV, 56, 192, 326; ej. en romance tradicional de esta República, en *Homen. a M. P.* II, 382).

DERIV. *Gorar*, *agorar*, *engorar*, *enhuerar*, V. arriba. *Huera* 'clueca' en la Ribera salmantina del Duero, Em. Lorenzo, *RDTP* V, 106. Quizá formación verbal causativa (del tipo corriente en *-entar*) y partiendo de la idea de 'hacer calentar o incubar' un alimento y 'disponer a comida' sería también el gall. *gorentar* 'tener sabor delicioso' («unos manjares, un vino saben que *gorentan* o *agorentan*», Vall., Lugrís, y P. Sobreira como de Ribadavia, *DAcG.*) (hay variante *glorentar*, según F. J. Rodríguez, como hay *grolo* junto a *goro*); hoy lo más común es el uso transitivo 'paladear': «*gorentá*-lo carneiro da festa», «*gorentei* as regalías do crime», «*gorentar* as suas verbas», Castelao 199.13, 198.3, 70.23.

[1] P. ej. en la *Premática del Desengaño contra los poetas güeros, chirles y hebenes*, incluída en el *Buscón*, ed. Cl. C., p. 119.— [2] Ya Sarm. *CaG.* 220r: pontev. *engrolado* 'cosa mal cocida, mal guisada'.— [3] Recientemente Hubschmid, con la aprobación de Wartburg, deriva el oc. *grouà*, fr. occid. *grouer* 'incubar'—a los cuales debería agregarse el cat. *gruar* 'consumirse en espera de algo'—de un galo *GRODARE*, evolución tardía de un sustantivo GRUTO-, que estaría en relación apofónica con GRITU- (irl. med. *grith* 'calor', bret. *gred*-), derivado de la citada raíz indoeuropea y céltica (*FEW* IV, 270-1). Fonéticamente esta etimología es arbitraria: esperaríamos *groudà* o a lo más *grouzà* en occitano, *grodar* en catalán. Verdad es que tampoco se ve cómo pudo producirse una metátesis GORARE > GROARE. Quizá hubo cruce con (IN)CU(B)ARE. Pero es que además hay toda clase de razones semánticas que

apartan enteramente este grupo occitano-catalán
de la esfera de *gorar* y del grupo céltico del irl.
grith. El artículo *gruar* del *AlcM*. trae documentación algo pobre de una palabra tan empleada, y en lo etimológico corta de un hachazo
el nudo gordiano. El problema es tan amplio y
complejo que es imposible tratar de él aquí, vid.
DECat.— ⁴ La variante semántica imaginada por
M-L. 'huevo nidal' > 'huevo huero', sólo halla
un paralelo muy vago en el port. *êndes* 'nidal' de
ÍNDEX 'indicador': 'agüero' es algo muy diferente
de 'indicador'.— ⁴ Desde luego puede concedér-
sele a Wartburg que ORBUS es palabra bien representada en lengua de Oc y catalán, y aun agregaré que no es ajena al aragonés, pues en Bielsa *huergo* significa 'trigo agusanado o carcomido',
lo cual en el Valle de Arán se dice *òrp*.

HUERTO, del lat. HŎRTUS 'jardín', 'huerto'. *1.ª
doc.: uerto*, doc. de 1107 (Oelschl.); Berceo.
General en todas las épocas y común a todos los
romances salvo el rumano y el francés. Hasta muy
tarde conserva la ac. latina 'jardín' (todavía Nebr.
«*uertos de plazer*: horti»).
DERIV. *Huerta* [*Cid*, etc.], aumentativo-colectivo
común a los tres romances hispánicos y a la lengua de Oc; *huertano. Huertezuelo, -uela. Hortal*
[(*h*)*ortal* 1107]; *hortaliza* [*ortaliza* 1290, *BHisp*.
LVIII, 360; Nebr.]¹. *Hortelano* [*uortolano*, doc. de
Sahagún a. 1232, M. P., *Oríg*., 127; *ortolana*, doc.
de Segovia 1417, M. P., *D. L.*, 245.58; *ortelano*,
Ávila 1269, ibid. 240.33; Nebr.], del lat. HORTŬ-
LANUS íd., documentado en autores de baja época
y en glosas (*CGL* VI, 52, 528), derivado del diminutivo HORTŬLUS 'huertecillo'²; la forma no disimilada se conserva en cat. *hortolà*, oc. ant. *orto-
lan*, alto-arag. *ortolano* (u *ortalano*: *RLiR* XI,
205), ast. *hortolanu* (Vigón), mientras que el cast.
hortelano ha pasado al portugués (*hortelão*); *horte-
lana* 'mujer del hortelano', en Asturias 'hierbabuena' (Vigón). *Hortense. Hortensia*, nombre dado
a esta planta en honor de la dama francesa Hortense Lepaute, en el S. XVIII, cuyo nombre de
pila procede del lat. *Hortensia*, a su vez relacionado con HORTUS.
CPT. *Horticultor; horticultura*.
¹ *Hortaleza*, que la Acad. da como variante antigua de *hortaliza*, creo es otra palabra, hoy conservada en la toponimia madrileña, y variante de
fortaleza.— ² Con disimilación vocálica invertida
por el influjo del primitivo *huerto*.

Huesa, V. *fosa*   *Huesca*, V. *hueca*   *Huesmo*, V. *husmear*

HUESO, del lat. vg. ŎSSUM, lat. cl. ŎS, OSSIS,
íd. *1.ª doc.: uesso*, Berceo.
General en todas las épocas y común a todos
los romances; éstos no han conservado más que
la forma vulgar ŎSSUM, frecuente en latín desde

el S. IV. La ac. 'hueso de fruta', peculiar al castellano (comp. port. *caroço*, cat. *pinyol*, fr. *noyau*,
etc.), se halla ya en Nebr.
DERIV. *Huesarrón. Huesezuelo, huesillo* u *oseci-
co. Huesoso* u *ososo. Huesudo*, antes *osudo. Des-
osar* [*-ssar*, Nebr.]; *desosada. Osamenta* [h. 1600,
Argensola], antes *osambre. Sobrehueso. Osario* [*fo-
sario* J. Ruiz, 1554b (*S; fons- G); «hossario*, en-
terramiento: fossarium», y «*ossero para echar
uessos*: ossarium», Nebr.; *huesario* 'osario de las
parroquias' en Zamora, Fz. Duro; *güesera* en Colunga, Vigón], todas estas formas proceden por
vía culta o popular del lat. tardío *ossarium* (u *os-
suarium*) íd.¹; también se dijo *osar*; comp. cub.
huesera 'vendedora de huesos y mondongos', 'mujer descarnada' (*Ca.*, 189). Otro cultismo: *óseo.
Osteoma*, derivado culto del gr. ὀστέον, hermano
y sinónimo del lat. *os; osteítis. Periostio; perios-
titis.*
CPT. *Sinhueso* 'lengua' [Acad. S. XIX; creo
está ya en Quevedo]. *Osificarse; osificación. Osí-
fraga* u *osífrago*, tomado del lat. *ossǐfrǎga, -frǎgus*,
compuesto con *frangere* 'romper': lo popular es
*quebrantahuesos. Osteolito; osteomalacia; osteomie-
litis; osteotomía*: compuestos cultos de la citada
palabra griega.
¹ La *f-* de J. Ruiz y la *h-* de Nebr. muestran
que el vocablo sufrió el influjo de *fosa ∼ huesa*,
pero no puede venir de un *fossarium*, por lo demás ajeno al latín, pues siendo culta la terminación también habría conservado la *f-*. Viceversa Nebr. escribe *uessa* sin *h-* por influjo de *hueso*
y *osario*.

HUÉSPED, del lat. HŎSPES, -ǏTIS, 'hospedador'
y 'hospedado'. *1.ª doc.: Cid*.
El lat. HOSPES significaba etimológicamente 'el
que hospeda, anfitrión': era compuesto de HOSTIS,
nombre indoeuropeo del huésped o alojado (después 'extranjero' y 'enemigo'), y PŎTIS 'dueño'
(más tarde 'poderoso'): 'el dueño de un huésped,
el que le recibe en su casa' (vid. Walde-H.); ulteriormente, y a consecuencia de la costumbre
antigua de la reciprocidad hospitalaria, el vocablo
tomó además el sentido de 'hospedado'. Ambos
pasaron a las lenguas romances, donde el vocablo
vive en todas hasta hoy. En la mayor parte, como
en cast., se conservaron ambas acs., aunque hoy
ha predominado casi exclusivamente la segunda,
en el uso cotidiano; la primera se conserva todavía en el refrán *hacer la cuenta sin la huéspeda*,
y es frecuente desde los autores más antiguos
(*Apol.*, 141a; J. Ruiz, 1077d, 1249a; APal. 119d)
hasta el Siglo de Oro: tan viva es la conciencia
que existe del doble sentido del vocablo, que Cervantes se permite emplearlo en los dos sentidos
en una misma línea: «Por Dios, respondió el
huésped [= el ventero], que es gentil relente el
que mi *huésped* [= Sancho] tiene, pues hele
dicho que ni tengo pollas ni gallinas y quiere que

tenga huevos» (II, lix, 226rº); véanse otros ejs. clásicos en Casares, *Crítica Efímera*, I, 215-24[1]. En cuanto al detalle de la evolución fonética, nuestro vocablo dió *huéspede* en leonés (*hospede* en el Fuero de Avilés; hoy *güéspede* en Colunga), paralelamente al port. *hóspede*, pero aquella forma, quizá por analogía del plural, muy empleado en este vocablo, se extiende al uso vulgar de gran parte de Castilla, sobre todo Castilla la Vieja, como por lo demás ocurre con *trébede* y *céspede* (G. de Diego, *RFE* III, 303).

DERIV. *Huéspeda* [doc. de 1057, vid. Oelschl.]. *Hospedar* [*Cid*, Berceo, etc.], de HOSPĬTARI 'hospedarse' (sólo conservado en castellano, portugués y rumano); *hospedado* 'huésped, alojado en casa de alguien' [*Cid*]; *hospedable; hospedador; hospedaje* [APal. 198*b*], el *Cid* y Berceo emplean en este sentido *hospedado* m., *Calila* (39.680) *ospedadgo* y Nebr., *ospedamiento; hospedante; hospedero* [*hospedera*, en un fuero de 1095, Oelschl.; -*ero*, h. 1600, Nieremberg]; *hospedería* [Nebr.]. *Hostal* [*Sta. M. Egipc.*, vv. 46, 150; Berceo, *S. Mill.*, 27; *Mil.*, 57*c*; doc. de Sahagún. a. 1232, Staaff 11.4, 6, 9 y passim; *Elena y María*, *RFE* I, 57; *Alex.*, 315, 376, 2244; J. Ruiz, 1553*c*; fuera de Aragón[2] se anticuó ya en la Edad Media: falta en APal., Nebr. y en los diccionarios del Siglo de Oro, excepto Covarr., que advierte, sin embargo, que «en castellano» se dice *mesón*], tomado de oc. ant. *ostal* 'posada', 'casa', procedente del lat. HOSPĬTALE 'habitación para huésped'; es probable que lo introdujeran los cluniacenses para los albergues de peregrinos y residencias monásticas (así en el citado doc. de Sahagún); podría venir también del cat. *hostal*, pero no es verosímil, pues éste significa solamente 'posada', y aunque esta ac. se halla en castellano (así o 'albergue' en *Sta. M. Egipc.*, J. Ruiz, etc.), es tanto o más frecuente que valga meramente 'casa', como en lengua de Oc (así, por ej., en *Mil.*, 57*c*; *Elena y M.*, *Alex.*); en todo caso no es palabra autóctona en cast., como lo muestra la síncopa de la vocal interna, conforme a la del cat.-oc. (*h*)*oste* y en desacuerdo con la conservación de la misma en *huésped*; *hostalero* [Berceo; vivió por más tiempo que *hostal*, pues se halla todavía en Oudin y en boca de Don Quijote, si bien quizá por afectación de arcaísmo caballeresco], más tarde *hostelero*, por influjo del fr. *hôtelier*; *hostalaje* [J. Ruiz, 1072]; a veces la variante afrancesada *hostelaje*; del mismo origen es el port. *estalagem* 'posada, hostería', *'cortijo'*, de donde el cub. *estalaje* 'establecimiento de agricultura, industria y granjería' (Pichardo). *Hostería* [1517, T. Naharro; C. de Castillejo; 1547, Pedro de Salazar, desaprobado como italianismo por D. Hurtado de Mendoza; Boscán, al traducir a Castiglione, C. de las Casas y Minsheu lo evitan todavía como palabra extranjera sustituyéndola por *mesón*: Terlingen, 320-1], introducido del it. *osterìa* por los soldados del ejército de

Italia; en italiano es derivado del antiguo galicismo it. *oste* 'posadero'. *Hotel* [1855, desaprobado por Baralt; Acad. 1899], del fr. *hôtel* íd., y éste del citado lat. HOSPITALE; *hotelero*. *Hospital* [*spital*, doc. arag. de 1154, Oelschl.; *ospital*, Berceo, J. Manuel; «*espital de pobres mendigos:* proseucha; *espital de enechados:* orphanotrophium», Nebr.; *espital* ast., V], duplicado culto del anterior; *hospitalario* [Acad. ya 1817, aplicado a los caballeros de los órdenes; ya 1869, ac. general]; *hospitalero* [ant., 'caballero de la Orden de S. Juan del Hospital', 1228, M. P., *D. L.*, 87.24; *Gr. Conq. de Ultr.*, 483]; *hospitalería; hospitalicio; hospitalidad* [h. 1640, Fr. L. Muñoz]; *hospitalizar*. *Hospicio* [*espiçio*, h. 1310, *Vida de S. Ildefonso*, 19; ast. *espiciu*, V], tomado del lat. *hospĭtĭum* 'alojamiento'; *hospiciano*. *Inhóspito; inhospitalario; inhospitalidad*.

[1] La ac. 'hospedado' puede atenuarse ocasionalmente hasta convertirse en 'invitado (a una fiesta)', p. ej.: «¿No preguntáis al marqués / por las *güéspedas* que tuvo? / FILIPO: Ya vi quán galán estuvo, / puesto que siempre lo es», Lope, *El Marqués de las Navas*, v. 902.— [2] Allí se conservó *maestre de hostal*, como nombre de un dignatario de la casa real aragonesa.

HUESTE, del lat. HŎSTIS 'enemigo, especialmente el que hace la guerra', que en latín vulgar tomó el sentido colectivo de 'ejército enemigo' y después 'ejército en general'. 1.ª doc.: *ueste*, *Cid*, y vid. Oelschl.

También Berceo, *Fn. Gonz.* (473), *Alex.* (1859, 2102, *oste* O 54), etc. General en toda la Edad Media («*ueste de gentes:* exercitus», Nebr.) y común a todos los romances, en el sentido vulgar. Éste es frecuente desde princ. S. VI (Eteria, San Avito, en éste en plural y aplicado al ejército amigo)[1]; el cambio nacería por un empleo semejante al actual, cuando hablamos colectivamente del «enemigo», refiriéndonos a su ejército. En la nueva ac. el vocablo se hizo femenino casi en todas partes, aunque en francés antiguo es todavía masculino muchas veces (*ASNSL* CXXXIV, 139-43). En castellano toma a veces la ac. 'campamento o real donde asienta un ejército' (*Gr. Conq. de Ultr.*, 505). En el S. XVI queda anticuado, como observa Juan de Valdés[2], aunque todavía lo emplean autores arcaizantes como Mariana y alguna vez Calderón; lo mismo que hoy, los académicos de *Aut.* anotan que sólo se emplea en plural, para designar las tropas.

DERIV. *Hostil* [Mena; APal. 198*b*, pero es dudoso que ya estuviera en uso, pues imita una frase latina, Fr. L. de León : C. C. Smith, *BHisp.* LXI); falta Covarr.; 1691, M. de la Parra], tomado del lat. *hostīlis* 'enemigo, hostil'; *hostilidad* [1631, Céspedes]; *hostilizar* [*Aut.*][3].

[1] La ac. romance se halla también en el *Capitulare de Villis* (h. 800), *ZRPh.* XXXVII, 538,

y en muchos textos tardíos (Souter, etc.).— ² «*Hueste* por *exército*... ya no lo usamos sino en aquel refrán...: Si supiesse la *hueste* lo que haze la *hueste*» (*Diál. de la L.*, 108.15).— ³ La Academia rechaza *hostilización*, que algunos han empleado, vid. *BRAE* XII, 125-7.

Huesudo, V. *hueso*

HUEVO, del lat. ŌVUM íd., pronunciado vulgarmente con o abierta. *1.ª doc.: uevo*, Berceo.

Cej. IV, § 141. General en todas las épocas y común a todos los romances; todos ellos suponen una base con o abierta, para cuya explicación, vid. M-L., *Introd.*, § 131¹. Duplicado culto: *ovo*.

DERIV. *Hueva* 'masa que forman los huevecillos de ciertos peces y crustáceos, encerrados en una bolsa oval' [h. 1560, B. de las Casas, *Apol.*, cap. 6; Oudin; Terr.; Acad. ya 1843; para el uso cubano, vid. *Ca.*, 53]², del lat. OVA, plural de OVUM; *güeba* es 'nidada, escondite' en el Plata (*BDHA* III, 54); en Asturias dicen *güévara* (Vigón), donde el sufijo tiene el mismo valor colectivo que en *cuétara* (V. *CUETO*): ¿quizá de un plural vulgar *OVĔRA? *Huevazo* 'golpe dado con un huevo', cub. (*Ca.*, 116). *Huevero* (*perro huevero* en Cuba, *Ca.*, 155) u *overo* (*ojo* ∾), *huevera* u *overa*; *huevería*. *Huevezuelo* u *ovezuelo*. *Aovar* u *ovar* [Nebr.]; *aovado* u *ovado*; de un *ovadado* parece ser alteración el murc. *ovedado*, arag. *vedado* 'laringe', antes *'úvula' (comp. rum. dial. *ouşor*, sardo *ovu de gula* íd., Wagner, *Festschrift Jud*, 561-2); *trasovado*. *Ovecico*. *Oval* [h. 1580, Fr. L. de Granada]. *Óvalo* [Covarr.; ej. de Fr. L. Muñoz, h. 1640, en *Aut.*], tomado del it. *òvolo* 'óvolo', como término de arquitectura, con influjo semántico y quizá fonético del adj. *oval*, comp. port. *óvalo* y *óvano*, el it. *ovàle* es 'oval' y 'óvalo', fr. *ovale* íd.; *ovalar*; *ovalado*; *óvolo*, tomado de la misma voz italiana [*Aut.*] en fecha posterior y sin alteración de sentido ni forma; duplicado culto: *óvulo*; *ovulación*. *Ovario*; *ovárico*; *ovaritis*; y el compuesto *ovariotomía*. *Ovoide* [Covarr., presente *desova*]; *desovado* [«*d. por parir mucho*: effoetus», Nebr.]; *desove*. *Oídio*, tomado del gr. ᾠδιον, diminutivo de ᾠόν 'huevo', hermano del vocablo latino.

CPT. *Oviducto*. *Ovíparo*. *Oviscapto*, compuesto culto formado con el lat. *scabĕre* 'rascar, escarbar'. *Ovoide*; *ovoideo*. *Ovovivíparo*. *Oolito*, formado con dicha voz griega y λίθος 'piedra'; *oolítico*.

¹ Una pronunciación vulgar *güeo* está muy extendida en Chile, en Asturias (*güeu*, Vigón) y otras partes.— ² En algunas partes *ovas*, según la Acad.

Huezca, V. *hueca*

HUGONOTE, tomado del fr. *huguenot*, pri-meramente nombre de los partidarios de la unión de Ginebra con Suiza, después designó a los partidarios del protestantismo ginebrino, propagado desde la Suiza alemana, y finalmente a todos los protestantes de lengua francesa; *huguenot* es alteración del alem. *eidgenosse* 'confederado' (compuesto de *eid* 'juramento, pacto' y *genosse* 'compañero'), por influjo del nombre de Hugues, jefe del partido suizo en Ginebra a princ. S. XVI. *1.ª doc.*: h. 1640, Saavedra Fajardo; Terr.; Acad. ya 1817.

Para la historia del vocablo en francés, vid. *FEW* III, 208-9, y los trabajos de Tappolet allí citados; además M-L., *Litbl.* XXXVIII, 116-7; Sainéan, *Sources Indig.* I, 246. A las formas occitanas citadas por Wartburg agréguese el aran. *eigoanau* 'bandido'.

Huída, huidero, huidizo, huidor, huilón, huimiento, V. *huir*   *Huincha*, V. *vincha*   *Huío*, V. *huebio*

HUIR, del lat. FŬGĔRE íd. *1.ª doc.: fuir*, doc. de 1054 (*fuxieron*, pret.), *Cid*, etc.

General en todas las épocas y común a todos los romances. Éstos suponen en todas partes una base vulgar FŬGĪRE, documentada desde el S. III¹. Ast. *fuxir* (V). La variante *foír* no es rara en la Edad Media (p. ej. *Alex.*, 63, 48, 1031; *Fn. Gonz.*, 86, 95; *Conq. de Ultr.*, 487; J. Ruiz, 280; *Alf. XI*, 66, 444). Conservan la *f*- en este vocablo varios escritores que por lo demás suelen emplear ya formas con *h*-: APal. 127b, 171b, 11b; y para autores de la primera mitad del S. XVI, vid. *BRAE* VI, 521; ahora bien, hoy se dice *fuir* en Chile. Por lo demás, también hay zonas que enmudecen por lo general las *hh* aspiradas y que sin embargo la conservan vulgarmente en este vocablo: así en todo Burgos y Soria (G. de Diego, *RFE* III, 305) y en el Plata (p. ej. *M. Fierro* I, 258 y passim; comp. *RFH* VI, 110n.1). *Huirse* se suele emplear, como ocurre en verbos de esta clase (*subirse*, *salirse*), pensando más en el resultado que en el proceso de la *huída*, con carácter parecido al del «aspecto determinado» de los idiomas eslavos (movimiento que tiende hacia un lugar preciso): *el jefe huyó* frente a *los supervivientes se huyeron al Perú*; pero el lenguaje vivo no siempre ha observado esta distinción². En verso suele practicarse el hiato en este verbo; Robles Dégano (*Ortol.*, p. 259) halla sólo un 6 por ciento de excepciones, casi todas pertenecientes a Calderón³ y algunas a Balbuena, pero haré notar que no faltan ejs. de Lope, y tales que suponen la pronunciación vocálica de la *u* y no de la *i*⁴.

DERIV. *Huída* [*f*-, APal. 11b, 127b, 171b; *h*-, Nebr.] y antes *huimiento*. *Huidero*. *Huidizo* [Nebr.]⁵. *Huidor* [Nebr.]. *Huyente*. *Ahuyentar* [*af*-, S. XV, Juan de Mena; *ah*-, Nebr.; vid. Cuervo, *Dicc.* I, s. v.]; *ahuyentador*. *Afufar* o *afufarlas* fam. 'huir, escaparse' [1517, Torres Naharro, V. el índice de Gillet; 1599, *G. de Alfarache*, vid. *DHist.*], forma reduplicada creada con carácter expresivo a base del antiguo *fuir* (V. arriba); *afufa* 'huída' [h. 1500, *Canc. de Castillo*][6]. *Defuir* o *defoir*, ant. [Acad. ya 1843]. *Rehuir* [*ref-*, APal.; 1543, D. Gracián]; *rehuída. Fuchina* 'escapatoria', arag.

Cultismos. *Fuga*[7] [S. XVI, P. Mejía] del lat. *fŭga*; ast. 'disnea que padecen los vacunos' (V); *fugar* [h. 1520, Padilla (C. C. Smith, *BHisp.* LXI); Acad. ya 1817, como ant.]; *fugada; fuguillas. Fugaz* [h. 1580, Fr. L. de León, *RFE* XL, 168; 1640, Saavedra], del lat. *fugax, -acis*, íd.; *fugacidad. Fugible. Fúgido. Fugitivo* [Mena, Santillana (C. C. Smith); F. de Herrera (*RFE* XL, 133); 1570, C. de las Casas], del lat. *fugitivus* íd. *Confugio; confuir. Difugio* [*Aut.*]. *Prófugo* [Calderón], de *profŭgus* íd. *Refugio* [Santillana (C. C. Smith); APal. 35*b*, 475*d*, 484*b*], de *refŭgĭum* íd.; *refugiar* [1683, Nato de B.]. *Subterfugio* [Acad. 1869, no 1817], tomado del lat. tardío *subterfugium* íd. *Tránsfuga* [Cervantes; *-ugo*, h. 1550, P. Mejía], del lat. *transfŭga. Desfogar* 'desahogar, expresar con pasión' [1578, Ercilla, vid. Cuervo, *Dicc.* II, 1073-4], tomado de it. *sfogare* íd. [Dante], observó Baist (*KJRPh.* IV, 311); la voz italiana es derivada de *fóga* 'ardor impetuoso', descendiente popular del lat. FŬGA; en castellano el vocablo sufrió el influjo semántico de *fuego* y de *desahogar*, como se ve por el pasaje de Cervantes citado por Cuervo; del italiano pasó también en fecha temprana al cat. *desfogar* [trad. del *Corbaccio*, S. XIV, *BDLC*, 16]; *desfogue*.

[1] Sin embargo no es seguro que FŬGĔRE no dejara descendencia alguna, como admiten M-L. y Wartburg: una variante *fuire* se halla en dialectos y textos franceses y occitanos desde el S. XIV, y *fúger*, hoy gerundense, ampurdanés y rosellonés, aparece en catalán desde h. 1400: la coherencia geográfica de su área parece indicar antigüedad de esta forma. Lo mismo indica el antiguo participio FUGĬTA conservado como sustantivo en el sentido de 'fuga, huída' en los mismos romances (*fuite, fujta*).— [2] No lo hace Lope algunas veces: «¿A trescientos soldados detendremos? / Pero escribirle quiero que *se huya*, / y no le hallando allí disculpa es llana», *Pedro Carbonero*, v. 2409; «¿Dónde *se huyó* Zerbín Abenzerrage?», ibid., v. 2317, en el autógrafo, donde las ediciones de 1620 y 1621 enmiendan «adónde huyó».— [3] El mismo Calderón observaba otras veces el hiato (p. ej. *huída* en *El Alcalde de Zalamea* III, x, ed. Losada, p. 159).— [4] «¿Si *huiré*? Mas no; por dicha me he engañado», «—Pues óyeme. —*Huiré* de ti», ambos en *El Cuerdo Loco*, vv. 522 y 2891. Luego quizá no tenga razón F. Morales de Setién, en *RFE* XI, 323, al oponerse a que se mida con sinéresis un verso de *Ya anda la de Mazagatos*.— [5] En Cuba vulgarmente se dice *huyón* (*Ca.*, 243) y en Méjico *huilón*.— [6] No creo que venga de *fufar* 'bufar (el gato)' (Acad.), onomatopeya, o de *fu* 'bufido'.— [7] Es errónea la corrección *fuga* en lugar de *fusa* que Gillet, *HispR.* XXVI, 280, quiere introducir en el Victorial; se trata de un catalanismo naútico procedente del part. de FUNDERE 'poner en fuga' (vid. *AlcM.* s. v. *fusa* y *afu(s)ar*).

Huiro, V. *güira*   *Huivo*, V. *huebio*   *Hulambra*, V. *horadar*

HULE, I, 'tela impermeabilizada con un barniz de óleo, que se emplea para cubrir mesas, embalar mercancías y otros usos', origen incierto, probablemente del fr. *toile huilée* 'tela barnizada con aceite'. 1.ª doc.: *Aut.*: «cierta tela de lienzo dada de barniz de diferentes colores, que sirve de encerado a los coches y otras cosas».

Esta definición fué mantenida por la Acad. hasta 1899, en que se introduce una ligera modificación conservada hasta hoy («tela pintada al óleo y barnizada, que por su impermeabilidad tiene muchos usos»). En ediciones de la primera mitad del siglo pasado (ya 1817 y 1843) se agrega como segunda ac. de la misma palabra el significado mejicano, de que trato aquí en *HULE* II, definiéndolo con las palabras «goma elástica que viene de las Indias, y sirve para encerar algunas telas» (esto último, por lo demás, se borró en las ediciones posteriores). La Academia ha vacilado repetidamente en cuanto a la etimología de esta palabra: en *Aut.* proponía el fr. *huile* 'aceite', en dichas eds. da a entender que es de origen azteca, en 1884 lo trae del alem. *hülle* 'cubierta' (procedencia infundada desde el punto de vista de la historia comercial), en 1899 vuelve a un derivado de *huile* (*huilée*), y hoy vuelve a atenerse al origen mejicano. Ésta parece ser la opinión común, pues participan de ella Henríquez Ureña (así lo da a entender en *BDHA* IV, p. xii) y otros autores hispanoamericanos. Por lo demás, el único que se ha ocupado del problema con alguna detención es Lenz (*Dicc.*, 352-3), quien asegura que *hule* tiene dos significados, al parecer en Chile: «tela u otro género cubierto de una capa de albayalde con aceite y barniz, blanco o adornado con colores, impermeable» y «género cubierto, en uno o en los dos lados, de una capa de caucho»; advierte, sin embargo, que el segundo es «raro»; pasando a la etimología asegura que la 2.ª ac. es la primitiva y que *hule* 'encerado' viene del mej. *hule* 'goma, caucho', de cuyo origen náhuatl nadie duda, y aprovecha la ocasión para reprender la absoluta falta de método que reina en tantas etimologías del diccionario oficial; lo cual también me guardaré de negar, pero desearía que Lenz nos hubiera dado ahí una mejor demostración de la firmeza del suyo.

En efecto se imponía demostrar documentadamente: 1.º la existencia de hules o encerados de caucho; 2.º que éstos eran los más antiguos; y 3.º que la palabra *hule* corrió con el sentido de 'caucho' en España o en la América del Sur, o bien que los hules o encerados se importaban ya hechos de Méjico. Desde luego *hule* en su sentido azteca no parece haberse empleado nunca en España ni en América del Sur, donde no se dice otra cosa que *goma* o *caucho;* y en cuanto a los demás puntos, Lenz guarda silencio. Que hayan existido hules o encerados de caucho no quiero negarlo. Sólo temo que el erudito alemán fuera víctima de la falta de método que con razón reprocha a la Acad., tomando el dato de las viejas ediciones de este diccionario, cuyos autores pudieron en este caso, como en tantos, confundir los hechos con las supuestas etimologías; otros autores repiten la afirmación de Lenz, pero sin dar mejores pruebas (Gagini, s. v. *hulado;* Santamaría, *Dicc. de Amer.*). Si nos informamos cerca de autores no interesados en etimologías, no averiguamos nada de esto. El hule o tela encerada es muy antiguo; según Brockhaus hay noticias del mismo desde el S. XIV. Se hace y se hacía con géneros groseros, como fustán, barnizándolos con cierta composición formada con cera o resina, mezclada con otros ingredientes, que la hacen impenetrable al agua; en otras especies de hule la composición que se usa para impermeabilizarlos se hace principalmente con aceite[1]. Ahora bien, no habría dificultad en que un fr. *toile huilée* 'tela barnizada con aceite', abreviado en *huilée,* hubiese entrado en España, y que oyendo los españoles *hulé* y creyéndolo pronunciación afrancesada (como cuando los franceses dicen hablando castellano *hombré, quieré, sieté*), reaccionaran pronunciando *húle,* y también sería natural que en Méjico y América Central se españolizara la terminación convirtiendo *hulé* en *hulado,* que así es como se llama la «toile cirée» en Querétaro (Méjico) y Costa Rica (en Guatemala *ahulado*)[2]; claro está que en estas zonas era inevitable que el vocablo se relacionara con el autóctono *hule* 'goma' y se percibiera como derivado del mismo, de donde nacería la explicación de que los encerados se habían hecho de goma.

Que el óleo se tomó como base para la denominación del hule es un hecho, puesto que el hule se llama *oleado* en portugués[3] y *oil-skin* u *oil-cloth* en inglés[4]: la última de estas denominaciones se documenta desde 1697, o sea bastante antes de la aparición del cast. *hule;* de todos modos debo advertir que no hallo noticias de este fr. *huilée* en el sentido de 'hule', aun cuando *huiler* 'untar, aceitar' sea voz bien conocida[5]. Por lo demás la acentuación usual en el judespañol de Marruecos *ulé* 'hule, encerado', *BRAE* XXXII, 278, es buen apoyo para la etimología francesa. Ahora bien, como el mejicano Padre Clavijero (1780) nos informa de que con caucho (*hule*) se hacen en Mé-

jico «sombreros, zapatos y otros objetos impenetrables al agua», como se hacen chanclos o zapatos de goma en todas partes, y se hacen también sombreros de encerado (*hule*), nos queda todavía alguna duda. Y esta duda sólo podrá eliminarse del todo mediante un cuidadoso estudio de historia comercial, que aquí no se puede emprender[6].

[1] Noticias de Savary des Bruslons, *Dict. Universel de Commerce* (1723-41); Jaime Boy, *Dicc. de Comercio,* 5 tomos, Barcelona 1840; Bott, *Enzykl. des Kaufmanns;* Brockhaus, *Konversationslexikon;* y otros, todos concordes. Sobre todo Savary y Boy describen el hule (fr. *toile cirée*) con muchos detalles reveladores de una información detallada y de primera mano; es verdad que Boy agrega otro breve artículo, en dos líneas, donde copia literalmente la definición que da la Acad. del hule o caucho mejicano, con el dato de que «sirve para encerar algunas telas», pero a nada de esto se refiere en su largo artículo dedicado al otro *hule.*— [2] También *sombreros aulados* en Lerdo, *Comercio de Méjico,* ed. 1853 (*DHist.*).— [3] Figueiredo. Leite de V., *RL* II, 348, advierte que lo que en el dialecto portugués de Olivenza (Cáceres) se llama *hule,* en Portugal se conoce por *oleado da mesa.*— [4] La denominación común en francés es *toile cirée,* alem. *wachstuch,* it. *tela incerata;* en catalán ha penetrado el cast. *hule,* pero también corre *encerat,* que es lo antiguo y castizo.— [5] Nada en Littré, Godefroy, Trevoux, Bescherelle, Mistral, etc.— [6] H. Ureña (*BDHA* V, 217) dice que en Santo Domingo *hule,* «palabra de origen mejicano», es 'charol' y cita *zapatos de hule.* ¿De charol o de caucho? Si verdaderamente son de charol, se trataría más bien del fr. *huilée,* pues el charol es un barniz que se hacía con aceite (chino *chat-liao* 'barniz de óleo'), y *charola* se llama en América la bandeja, por estar barnizada. ¿Será palabra del francés de Haití o hay error de hecho?

HULE, II, 'caucho, goma', mej., centroamericano, del náhuatl *úlli* íd. *1.ª doc.: úlli,* 1532, Sahagún.

Friederici, *Am. Wb.,* 640-1. Los datos históricos que trae este diccionario llevan todos las grafías *ulli, olli* y análogas, como si se tratara de voces indígenas y no castellanas; el primer dato que tengo de *ule,* tratado inequívocamente como voz castellana, es del diccionario cubano de Pichardo (1836), y el de la Acad. (ed. 1817, *hule*). Por lo demás sólo me consta que el vocablo se emplee en los Estados Unidos Mejicanos y en las varias repúblicas de la América Central, hasta Costa Rica inclusive[1]. El vocablo azteca se escribe ora *ulli,* ora *olli,* pero se trata en realidad de una pronunciación vacilante e intermedia, sin distinción fonológica, de dos matices de un mismo fonema[2]; estamos, según Robelo, ante un derivado del verbo *olinia* 'menearse, moverse', por la elasticidad del caucho, empleado por los aztecas para hacer pelotas.

DERIV. *Hulero.*

¹ Vid. Lenz, s. v. Para el Salvador, el artículo de Salazar Arrué, en *La Nación de B. A.*, 1-I-1940.— ² Comp. las observaciones de H. Ureña a este propósito, *BDHA* IV, 164n.

Hulera, V. *horadar*

HULLA, 'carbón de piedra', del fr. *houille* íd., de origen valón, que parece procedente de un fráncico *HŬKĬLA 'terrón', emparentado con el neerl. *heukel* 'montón de heno'. *1.ª doc.:* Terr.; Acad. 1869, no 1843.

Para este origen véanse las investigaciones recientes de Warland, *Bull. du Dict. Wallon*, XVIII, 117-28, y Haust, *Rom.* LXII, 532-3, que anulan los trabajos anteriores de este mismo autor; en éstos partía del a. alem. ant. *skolla* 'terrón' (alem. *scholle*), con un tratamiento fonético de la inicial, propio del valón moderno, pero las grafías liejenses *hulhes*, *hulles*, de 1278 y 1295, prueban que la *h-* inicial es antigua y anulan por lo tanto aquella posibilidad. En la actualidad *houyot*, *houyê*, sigue significando en aquella región 'copo de nieve' y otras ideas derivadas de la de 'terrón', y el valón *hotchèt* 'terrón', 'bloque de carbón fósil', supone también una base *HUKK-, que debe estar emparentada con el citado *HUKILA. No parece posible partir del lat. ŌLLA 'olla', como sugería Sainéan, *Sources Indig.* I, 306-7.

DERIV. *Hullero.*

Huma, V. *humita*

HUMAINA, 'tela muy basta', origen desconocido. *1.ª doc.:* Acad. 1925 (como voz desusada).

No logro comprobar el vocablo en otras fuentes.

HUMANO, tomado del lat. *hūmānus* 'relativo al hombre', 'humano'. *1.ª doc.:* h. 1200, *Auto de los Reyes Magos.*

También en Berceo, J. Ruiz, Nebr., etc. Frecuente en todas las épocas y empleado en todos los romances. Sin embargo el tipo de contextos en que suele aparecer el vocablo revela un ambiente erudito; por lo demás, en la Edad Media es más frecuente *humanal* (p. ej. en Berceo, J. Ruiz), que envejece después del S. XV. En latín *hūmānus* estaba emparentado con *hŏmo*, aunque no derivado directamente, y la forma en que ambos proceden de un antepasado de *hŭmus* 'tierra' es una de las cuestiones oscuras de la lingüística indoeuropea.

DERIV. *Humanal* [Berceo, todavía Nebr., comp. arriba]. *Humanar* [Covarr.; 1612, Valdivielso]. *Humanidad* [Berceo]; *humanitario* [1855, desaprobado por Baralt; Acad. ya 1869], tomado del fr. *humanitaire*, derivado de *humanité* 'humanidad';

humanitarismo. Humanista [1613, Cervantes], probablemente tomado del it. *umanista* [1490], de donde se propagó a todas las lenguas modernas (*RF* LXIII, 169.70); *humanismo*, falta todavía en Acad. 1939, creado en alemán [1808] > fr. [1877]. *Humanizar. Inhumano* [*inum-*, Mena (C. C. Smith, *BHisp.* LXI) «cosa sin caridad»; Nebr.], *inhumanidad* [h. 1440, A. Torre (C. C. Smith); Nebr.]. *Sobrehumano.*

Humante, humar, humareda, humazga, humazgo, humeante, humear, V. *humo*

HÚMEDO, tomado del lat. *ūmĭdus* íd., derivado de *ūmēre* 'estar o ser húmedo'. *1.ª doc.:* *humido*, 1288, *L. del Acedrex.*, 352.8; APal.¹

Umida cosa figura también en Nebr., en Fr. L. de Granada, Pantaleón de Ribera, en un autógrafo de Lope (*Marqués de las Navas*, v. 255), es general en Góngora² y figura en el *Quijote* junto con *húmedo;* por otra parte ésta es la forma preferida por *Aut.*, la registrada por Covarr., y según aquel diccionario figura ya en G. A. de Herrera (1513). En latín la grafía *umidus* es la correcta, aunque pronto se empezó a escribir con *h-* por una relación seudoetimológica con *humus* 'tierra'.

DERIV. *Humedad* [APal. 59b, 258d, 333b; *umidad*, SS. XIII, XIV y XV, Cuervo, *Disq.* 1950, 343n.; Nebr., Fr. L. de Granada], contracción haplológica del lat. *umĭdĭtas*, *-atis*; en Colunga *humidanza. Humedal. Humedecer* [APal. 40b; Nebr.; 1522, Woodbr.; Fr. L. de Granada, Góngora], que también se dijo *humedar, enhumedecer* o *humectar* (lat. *umectare); humectación, humectante, humectativo. Humor* [Berceo, *S. Mill.*, 127, *avié de los umores el vientre tan inchado;* 1288, *L. del Acedrex*, 352.11; «biliosus: quien siempre está triste por *humor* podrido», APal. 45d; «*humor* generalmente, *h.* de ojos», Nebr.], tomado del lat. *ūmor, -ōris*, 'líquido', 'humores del cuerpo humano', de donde se pasó en la Edad Media al genio o condición de alguien, que se suponía causado por los humores vitales (ya en Mariana); *humoracho; humorada; bien y mal humorado* [*Aut.*]; *humoral; humorista* [Acad. 1914]. *humorist*, deriv. de *humo(u)r* 'humorismo', propiamente 'humor'; *humorístico* (princ. S. XX, Pagés); *humorismo*³ [Acad. 1914]; *humoroso, humorosidad. Jamurar* 'sacar agua de una embarcación, achicar' [Acad. 1925], tomado del cat. *eixamorar* 'secar', procedente del lat. EXHŪMORARE, derivado de HUMOR 'humedad' (V. *DECat.*). *Uliginoso*, tomado de *uliginosus*, derivado de *uligo, -ĭnis*, 'humedad', pariente lejano de *umere*.

CPT. Lo es también *udus* 'húmedo' (*udor* 'lluvia'), del cual es compuesto *udómetro.*

¹ En 198d emplea el vocablo un par de veces y luego explica «*humido* dizen lo que tiene en sí abundancia de humor», lo cual puede entenderse a modo de etimología más que como indi-

cio de que el vocablo todavía era poco usual. En 40b también explica *auster* como «viento húmido y caliente». Además emplea *humedecer* y *humedad*.— [2] El verso asegura la acentuación esdrújula (a pesar del cat. *humit*, fr. *humide*). Hoy se dice *húmidu* en Asturias (Vigón).— [3] También it. *umorismo*, que ya se halla en A. F. Doni (¿S. XVI?), según Bartoli, *KJRPh.* XII, 132.

Humera, V. *humo*   *Humeral, húmero,* V. *hombro*   *Humero,* V. *humo, álamo*   *Humiento,* V. *humo*

HUMILDE, alteración del antiguo *humil*, tomado del lat. *hŭmĭlis* íd., que a su vez deriva de *hŭmus* 'suelo, tierra'; la alteración se debe al influjo del sinónimo antiguo *humildoso*, derivado de *humildad*, y al del duplicado *rebel* y *rebelde* (donde la *d* procede de la segunda L de REBELLIS). *1.ª doc.:* *humil*, Berceo, *S. Dom.*, 326b[1]; *humilde*, h. 1400, *Glos. de Toledo* (2 veces).

La acentuación antigua era *humíl*, como en catalán y en lengua de Oc antigua, y no *húmil* como acentúa infundadamente la Acad.: nos lo aseguran la rima de J. Ruiz (*omyl: abryl: vyl: gentyl*, 463b), y la forma *omílmente* que vuelve a hallarse en dicho poema en la copla 24; el traslado de acento se debe al influjo de otros adjetivos como *sutil, gentíl* u *hostíl*. J. de Mena emplea *humilde* en la *Cor.* y *Laber.*, pero en éste también hay *umill* (Ag. del Campo), Nebr. y APal. (46d, 198d, 284d) prefieren *humilde*, y Juan de Valdés advierte que «*humil* por *humilde*, se dice bien en verso, pero parecería muy mal en prosa» (*Diál. de la L.*, 108.18). La forma primitiva se conservó algo más en el superlativo (*humilíssima, Quijote* II, xxxviii, 146) y en el adverbio, pues *humilmente* escriben APal. (279d), Nebr., Ant. de Guevara (*Cl. C.*, 50) y Tirso (*Condenado por Desconfiado* I, i, ed. Losada, p. 102). *Humilde* es también la forma portuguesa. Trataron de la génesis de esta forma C. Michaëlis, Leite de Vasconcellos (*RH* V, 419), Baist (*ZRPh.* XXX, 334) y otros.

No hay duda de que fué factor decisivo el influjo del sinónimo *humildoso*, como indica el último, tanto más cuanto que existen *voluntarioso* junto a *voluntario, gravoso* junto a *grave*, y en algunas partes han corrido *soberbioso* y aun *serioso*; pero no influiría menos el hecho de que el idioma vacilaba, por razones puramente fonéticas, entre *rebel* y *rebelde*, que al fin y al cabo era antónimo de *humilde. Humildoso* (u *omi-*) se halla en muchos textos medievales: *Tres Reys d'Orient*; Berceo, *S. D.*, 84, 224; *S. M.*, 15; *Mil.*, 491; *Conde Luc.* (ed. H. Ureña, p. 230); en el portugués de D. Denís (v. 2534); y hay variante asimilada *umilloso* (variante en *S. D.*, 224; *Vida de S. Ildefonso*, 422; *omillosamientre, Conq. de Ultr.*, 469); está claro que es derivado de *humildad*, como *vani-*

doso de *vanidad*, port. *idoso* de *idade*, cat. *sanitós* de *sanitat, neguitós* de *(i)niquitat*, y otros muchos (más ejs. en C. Michaëlis, *RL* XI, 44)[2].

DERIV. *Humildad* [Berceo, *Loores*, 24; frente a *humilidat, Mil.*, 655; ambas formas todavía en APal.], tomado de *humilitas, -atis;* de ahí por cambio de sufijo *omildança, Cid*, 2024, *humilldança*, Sem Tob 131, *hòmilldança, Castigos de D. Sancho*, p. 89, forma que también pudo contribuir al nacimiento de *humilde. Humildoso*, V. arriba. *Humílimo*, cultismo tomado del superlativo lat. *hŭ--mĭllĭmus. Humillar* [*omillarse, Cid*, 2053; etc.[3]; *omillado, Conde Lucanor;* *umillar*, Nebr.; todavía APal. vacila entre *humillado*, 10b, 477b, y *humiliado*, 7d], tomado del lat. tardío *humiliare* íd.; *humillación* [*-iliación*, APal. 280b], antes *humillamiento; humillante; humillador; humilladero* (que tenía mala fama, seguramente por hallarse en lugar solitario, de ahí el carácter insultante de *llevar al h., Pícara Justina*, ed. Rivad. XXXIII, 122b); gall. *amilladoiro* (la típica edificación rústica estudiada y descrita por Castelao, 116.27, 120.5, 121.9, 121.27) y, disfrazado de castellano, *milladero*, en un doc. de 1616 (íd. 135.12).

[1] Escrito así en todos los mss., salvo el reciente te *V* (S. XVIII), donde *humild* es una grafía artificial modernizante.— [2] Muy forzada es la explicación que para *humilde* da Leite de V., a base de un **humildar* de **HUMILITARE*. Ni **humildar*, ni **rebeldar*, ni **igualdar* son palabras conocidas, y el port. ant. *igualdança* se explica por cambio de sufijo de *igualdad*, como el *humildança* que cito abajo. *Avecindar* sí deriva de *vecindad*, pero es caso diferente, pues *avecindarse* es precisamente tomar vecindad y no simplemente ser vecino (más o menos ocasional).— [3] Véase el glosario de M. P. para la ac. 'saludar', que reaparece en J. Ruiz y muchos más.

Humillo, V. *humo*

HUMITA, 'comida criolla consistente en maíz picado muy fino con tomate, manteca, leche, azúcar y otros ingredientes, y cocida envuelta en las hojas del maíz o *chalas*', arg., chil., per., del quich. *huminta*[1] íd. *1.ª doc.:* *uminta*, como palabra india, en el chileno Pineda y Bascuñán, a. 1673: Lenz, *Dicc.*, 354-5.

La forma etimológica *uminta* se emplea todavía en el Sur de Chile y en Catamarca; la otra (ya documentada en Z. Rodríguez, a. 1875) se debe a influjo del sufijo diminutivo castellano; de ahí han sacado algunos un seudoprimitivo *uma* [1877], menos usado. V. además Rogelio Díaz, *Toponimia de San Juan*, s. v. Es el manjar que en Méjico y otras partes llaman *tamal*.

DERIV. *Humitero.*

[1] Así Lira; Lenz cita de Middendorf *huminta*, pero debe de ser errata en la ed. de Lenz, pues Lira, que trae a menudo *t* y *p*, no tiene más que

un orden alfabético en la *h* y no presenta ejemplos de *ḥ*.

HUMO, del lat. FŪMUS íd. *1.ª doc.*: *fumo*, doc. de 1088 (Oelschl.); Berceo; *Alex.*, 2132, 2180, 2302, etc.

Cej. VIII, § 126. General en todas las épocas y común a todos los romances. DERIV. *Humareda* [1595, Fuenmayor]; vulgarmente *humadera* en la Argentina; ast. *fumarea* (V); es formación analógica de *polvareda*, donde la *-r-* se explica por el lat. vg. *PULVERĒTUM. *Humazga. Humazo; humaza. Humear* [*fumeyar*, *Apol.*, 625], seguramente procede del lat. FŪMĬGARE íd., con atracción del sufijo *-ear;* duplicado culto *fumigar* [Acad. ya 1817], y la forma intermedia *humigar* [«fumo, effumo, fumigo», Nebr.]; *fumigación, fumigador, fumigatorio; humeante;* gall. «palla acesa e *fumegante*» (Castelao, 299.10). *Humero* 'chimenea' [doc. leonés de 1171, Oelschl., *fumero*, como nombre propio; J. Ruiz, 327b; *«fumero* que es logar en la casa por donde sale el humo», APal. 172b; *«fumero*: fumarium; tubus fumarius», Nebr.], más tarde sustituído por *CHIMENEA*, galicismo. Formas semejantes han existido en occitano y catalán, y siguen siendo lo más empleado en port. y gall.: *fumeiro* 'chimenea' (en pontev.,. además, con la ac. 'sitio en que se ahumaba el pescado', ya en 1484, Sarm. CaG., p. 182). Además en Galicia debió de emplearse un *fumarreira que pasaría a *farrumeira* por metátesis, y éste se alteró en *parrumeira* por un cruce con parasinónimos derivados de *parar*, como *aparador* y *paramia*. En efecto, la ac. más antigua debió de ser la que registraba Sarm.: *«parromeira*: el *aparador* sobre donde se echa la ceniza debajo» (*CaG.* 243v) y Vall. explica que *parrumeira* es propiamente el *tornallama*, que define: «la piedra que suele haber tras del hogar para sentarse la gente de cocina»; por otra parte, Crespo Pozo (s. v. *chimenea*) anota en los Nogales *paramia* como «chimenea del horno». En efecto, ya para Vall. y Lugrís *parrumeira* es la «chimenea del horno», pero el vocablo acaba por emplearse como 'chimenea en general (o del hogar)': «as *parrumeiras* botan o primeiro fume», «arderían carballos enteiros para que a tua *parrumeira* botase fume» Castelao 222.10, 280.18. Quizá derivado retrógrado de *parrumeira* será *parruma* 'brétema = neblina' (Vall.), a no ser que se tratara de un desarrollo de *pó* 'polvo' (*po-orr-uma*). *Fumeru* ast. m. 'humareda', adj. 'que despide mucho humo' (V). *Fumiacu* ast. 'ventosidad sin ruido' (V). *Humera* 'borrachera', también *jumera* o *juma. Humiento. Humillo. Humoso* [*f-*, APal. 172b; *h-*, Nebr.]; también *fumoso, fumosidad. Ahumar* [h. 1530, Guevara]; *ahumada* o *humada. Sahumar* [«*s.*: suffio, suffumigo», Nebr.], formado con prefijo procedente de *so* (SUB-); *sahumado; sahumador* [Nebr.]; *sahumerio.* [*safomerio, Yúçuf*, v. 223; *sahu-*, Nebr.]', que también

se ha dicho *sahumadura* [Nebr.] o *sahumo*, y cultamente *sufumigación. Fumista* [Acad. 1925 o 1914], del fr. *fumiste* íd.; *fumistería. Fumar* [*Aut.;* falta Covarr., Oudin, Franciosini, etc.][2], probablemente tomado del fr. *fumer* 'humear', 'fumar', documentado en esta última ac. desde 1664 (*FEW* III, 856a)[3]; *fumable;* cub. *infumable* 'que no se puede fumar', 'detestable' (*Ca.*, 185); *fumada; fumadero; fumador; fumante* [1628, Gallegos] o *humante; fumarada* [*Aut.*]; cub. *fuma* 'cigarro rústico preparado por los campesinos' (*Ca.*, 127). *Fumaria*, tomado del lat. *fumaria. Fumarola* o *fumorola*, tomado del it. *fumaruola* íd. *Esfumar* [1633, Carducho], tomado del it. *sfummare* [princ. S. XV], como término de pintura (Terlingen, 111); *esfumación; esfumino*, tomado del it. *sfummino:* en España está muy extendido *difumino* (a pesar de haber sido fulminado en el *BRAE* VIII, 567-70), y en Cuba *fumín* (Pichardo, s. v.); *esfuminar* y muy extendido *difuminar*, aunque no lo admite la Acad. (debido a influjo de *difundir*). *Perfumar* [APal. 73d, 479d «*suffire*: untar, *perfumar*»; Nebr. «suffio, aromatizo»]; *perfumadero, perfumador; perfume* [Nebr.]; *perfumear; perfumero; perfumista.*

De la palabra griega θύειν 'quemar incienso', parienta del lat. *fumus*, derivaba τῦφος 'vapor', 'estupor', de donde *tifus* o *tifo; tífico; tifoideo; paratífico, paratifoideo; tifón*, de τυφῶν 'torbellino' (cf. Kahane, *Fs. Wartburg* 1958, 417-28). Otros derivados de θύειν son θυία 'planta odorífera africana', de donde el cast. *tuya* [Acad. 1884]; y θύος 'incienso', latinizado en *tus, turis*: de aquí *turíbulo* [h. 1520, Padilla (C. C. Smith, *BHisp.* LXI); S. XVII, *Aut.*], *turibular, turibulario; turífero, turiferario* [*Aut.*]; *turificar, turificación.*

[1] Según Espinosa y Castellanos *zajumerio* significa 'ahumador' en Serradilla del Arroyo (Salamanca), *RFE* XXIII, 231.— [2] Aunque ya hay datos de exportación de tabaco desde Cuba a Sevilla en 1614, y en las Indias la costumbre de fumar, muy anterior al Descubrimiento, se propagó pronto a los españoles, no se empleaba la palabra *fumar* en castellano: Bernardino de Sahagún (1575) dice *chupar humo* (*Zeitschr. f. Ethnol.* LXII, 58, 59), Díaz del Castillo (1580) *tomar humo* (ibid., p. 57), Rosas de Oquendo (h. 1610) *chupar el zigarro* (vid. *CIGARRO*), y B. de las Casas y L. de Gómara, que describen también la costumbre, emplean expresiones análogas. El mejicano Clavijero ya emplea *fumare* escribiendo en italiano, pero su libro es de 1780. Cuervo, *Obr. Inéd.*, 87, observa que popularmente existe la forma españolizada *humar*, en Andalucía, Colombia y Costa Rica, pero admite que *fumar* viene del francés. Es probable, pues los datos franceses del vocablo ya abundan a fines del S. XVII y primeros años del XVIII. Podría también venir del portugués, pero ahí falta *fumar* en esta ac. aun en Bluteau (1720) y

en Moraes (1789), y aunque en otras acs. se halla desde fines del S. XVI, *fumegar* parece ser forma más frecuente en este idioma en el sentido de 'humear'.— [3] No sé de dónde proviene el arg. *fumar* 'burlar, engañar (a alguien)' (*M. Fierro* II, 3111, y el vocab. de Tiscornia; Fausto Burgos, *La Prensa de B. A.*, 2-V-1943), comp. fr. ant. y medio *fumer* 'irritar' o 'irritarse' y sobre todo *se fumer* 'irritarse', muy frecuente en el S. XVI (Huguet, s. v.; *FEW* III, 857*a*).

Humor, humoracho, humorada, humorado, humoral, humorismo, humorista, humorístico, humorosidad, humoroso, V. *húmedo   Humoso*, V. *humo   Humus*, V. *exhumar*

HUNDIR, significó primeramente 'destruir, arruinar', del lat. FŬNDĚRE 'derramar', 'fundir', 'dispersar al enemigo, ponerle en fuga', 'derribarle y matarle'; modernamente en castellano se ha generalizado la ac. 'sumir, echar a fondo', por influjo de *HONDO*, pero *fundir* 'arruinar' se conserva en América. 1.ª doc.: *fundir*, Berceo; Cej. VI, § 41.

Escribe el arcaico poeta riojano, hablando del prendimiento de Jesucristo, «allí falsó justicia, *fundióse* la verdat» (*Loores*, 65*a*), donde el sentido 'echarse a perder, ser destruída' es patente. Lo mismo en J. Ruiz, donde la Muerte afirma «yo sola a todos *hundo*» (1552*d*, *T*, rimando con *mundo, segundo, profundo; el mudo* de *S* es errata evidente), «aunque el mundo se *funda*» (1623*b*, *S*, *hunda T); en el aragonés Fernández de Heredia (S. XIV) es 'arruinar (una ciudad)' (*RH* XVI, 264, línea 567), en el habla pastoril de Rodrigo de Reinosa (fin del S. XV) 'echar a perder (el ganado)'[1]; en López de Ayala *fundimiento* es 'ruina' (hablando a Job: «será apasiguada tu casa de *fundimiento*», *Rim. de Pal.*, 950). En Asturias *fundir el caudal en sin sustancia* 'consumir el dinero imprudentemente' (Rato), y hoy en casi toda América es bien vivo *fundir* (arg., chil., per., ecuat., guat., mej.) en el sentido de 'arruinar, echar a perder', aplicado principalmente a las personas[2]; ast. *fundise* 'hundirse' (V). También el port. *fundir* es 'disipar, consumir (dinero)', oc. ant. *fondut* «ruiné, démoli», fr. ant. y medio *fondre* «renverser, détruire» (SS. XII-XVI: *FEW* III, 865*b*). Esta ac. arranca ya del latín, pues si el sentido básico de FŬNDĚRE es 'derramar, desparramar', y uno de los más frecuentes es 'derretir', en el lenguaje militar toma la ac. de 'poner en fuga, dispersar (al enemigo)', y de ahí pasa Virgilio a emplearlo con el matiz de 'derribar (al contrario)' (*septem corpora humi fundere, Eneida* I, 192), y en la baja época aparece con el sentido de 'derribar y matar (al enemigo)', ya documentado en la traducción de Dictys (S. IV) y en el propio Tácito (*Hist.* IV, 33; vid. *ALLG* XV, 437). De ahí se pasó a 'destruir (en general)', 'echar a perder', y entre otros matices se especializó en el de 'echar a pique (una

nave u objeto flotante)' (que ya tiene el leonés *fonder* en *Alex.*, 2144; *fondir* en el *Canc.* de Baena, n.º 339.95; *hondir*, APal. 199*d*; *hundir*, Nebr.; 1493, Woodbr.[3]), 'derribar (una casa)', *hundirse la tierra* (Nebr.), etc. Claro está que la ac. 'echar a pique', hoy la más vulgarizada, ha sido favorecida por el influjo de *HONDO*, del cual parecía derivado *hundir*, pero el antiguo *fonder* prueba que no hay tal cosa; esta ac. se extiende a las hablas portuguesas de Tras-os-Montes (*RL* I, 211; *infundir* íd., *RL* IX, 313), *fondido* 'sumergido' se halla, en gallego, en los Milagros de San Antonio (S. XIV: *RL* XVI, 7) y *afundir* en este sentido no es ajeno al portugués literario. Hay también un cat. dial. *enfondre* 'echar a pique, sumergir', que he oído en el Campo de Tarragona, y aunque muy local, su participio irregular *enfús* prueba que es voz antigua. Comp. mis notas de *RFH* VI, 244, y *AILC* I, 156. Duplicado culto de *hundir* es *FUNDIR* 'derretir' (véase; también se dijo *hundir* en este sentido, Nebr. y ley de 1497 en *Aut.*).

DERIV. *Hundible. Hundimiento* o *hundición. Refundirse* colomb. 'extraviarse, traspapelarse' (Cuervo, *Ap.*, § 510); *rehundir* 'derrochar' [*G. de Alfarache, Cl. C.* II, 91.8, 284.1], 'cundir, manifestarse el aumento' [*Aut.*], 'redundar, resultar una cosa' en Cespedosa (*RFE* XV, 161), salm. *reundir, reonder*, Sajambre *arrejonder* 'rendir mucho una cosa, cundir', sant. (*ar)rejundir, rejundir* 'aumentar' en Ávila (*RFE* XV, 144); en ciertas hablas andaluzas (Almería, etc.) *rundir* tiende a reemplazar a *hundir*. Gall. *afundir* («ollamo-lo val *afundido* na chuva», Castelao 155.11).

[1] «Porque estás muy echado... / con esto ravian tus amos, / desaziado, / con tu muy poco cuydado / anda el hato desmandado, / *húndeslos* enorabuena, / con descuydo y no te enmiendas», *Philol. Q.* XXI, p. 30, v. 40.— [2] Menos frecuente es *hundir*, pero también tiene este sentido: «qué no he de hacer por su mercé... aunque me *hunda*... aquí tiene...», en el chileno G. Maturana, *D. P. Garuya*, p. 26.— [3] *Fundir* 'anegar, ahogar' en el *Recontamiento de Alixandre* (S. XVI), *RH* LXXVII, 599.

HUPE, f., tomado del fr. *huppe* 'foco de podredumbre que se produce en una pieza de madera, en los buques'[3], probablemente idéntico a *huppe* 'abubilla', por el mal olor de esta ave. 1.ª doc.: Acad. 1884.

En francés lo recoge Littré. No tengo otras noticias del vocablo en español ni en francés. Parece ser aplicación especial del fr. *huppe* 'abubilla' (del lat. UPUPA íd.), a causa del mal olor que despide esta ave (comp. las observaciones de Wartburg en la nueva ed. de Bloch).

Hura, V. *horadar*

HURACÁN, del taíno *hurakán* íd., sobre cuya procedencia ulterior no existe acuerdo entre los americanistas. *1.ª doc.: juracan*, 1510-15, P. Mártir de Angleria; *huracan*, 1526, Fz. de Oviedo.

Oviedo atestigua formalmente que era palabra [5] de los indios de Haití, y Angleria y el P. Las Casas aseguran también que es palabra india; el último indica explícitamente que se acentuaba en la sílaba final. La forma corriente del vocablo es, desde el S. XVI, *huracan*, y del carácter aspirado [10] de la *h* nos asegura la pronunciación *juracán* que Pichardo (s. v.) nos dice haber oído siempre a sus antepasados dominicanos; como reproducción aproximada de esta aspiración debemos mirar la forma *juracanes* de Angleria, la inglesa *juricanos* [15] de Hakluyt (1568) y el cat. dial. *juracà* (vivo en Vinaroz, *BDC* II, 80, y que debió tomarse del castellano ya en el S. XVI). Para documentación, bibliografía y conclusiones etimológicas, vid. Friederici, *Am. Wb.*, 304-6[1]. Acerca del origen del [20] taíno *hurakán* hay dos opiniones discrepantes.

Alfredo Chavero, *Memorias de la Acad. Mexicana* III (1886), 29-36, lo relacionó con el maya *Hunrakan*, «el más grande de los dioses»; detenidamente justificó esa tesis R. Lehmann-Nitsche, [25] *Rev. del Museo de La Plata* XXVIII (1924), 103-145[2], mostrando que *Hun-r-akan*, propiamente 'una su pierna', 'el dios de una sola pierna', designaba en maya una deidad representada en el firmamento por la constelación del Carro u Osa [30] Mayor, que en aquellas latitudes tiene el timón en posición vertical debajo de la cabeza, recordando la figura de un hombre cojo. Ahora bien, en el *Popol Vuh*, libro sagrado de los mayas, *Hun-r-akan* está asociado con dos figuras mitoló- [35] gicas que intervienen en la dirección del tiempo atmosférico. Por otra parte es un hecho que *Iroucan* designa al Diablo o a un Mal Espíritu entre los caribes, como ya nos atestigua Biet en 1664; y el propio Oviedo parece aludir a la misma re- [40] lación entre el huracán y un ser sobrenatural del mismo nombre en su frase «cuando el demonio los quiere espantar, promételes el *huracán*, que quiere decir tempestad». En estos hechos y en otros razonamientos mitológicos se funda Lehmann- [45] Nitsche para creer que el taíno *hurakan* era propiamente el nombre de este numen, que los indios de Haití habían tomado de un dialecto maya de Yucatán.

Por otra parte, Georg Friederici en su libro [50] más reciente, y teniendo en cuenta los varios estudios precedentes, llega a la conclusión de que este préstamo «no parece estar justificado, y en todo caso no ha sido demostrado». Parece fundarse el americanista alemán en el fundamental [55] trabajo de C. H. de Goeje (*Journal de la Soc. des Amér. de Paris*, N. S., XXXI, 1939, p. 12), lingüista especializado en el estudio de los dialectos caribes, y que ha publicado la síntesis más completa y moderna de las investigaciones comparati- [60] vas sobre el vocabulario taíno; afirma Goeje que el taíno *hurakán* está emparentado con las formas *ka-uri* y *iualu* 'huracán, tormenta' de dos dialectos caribes, procedentes de *uli*, *origa-hu* y *waru*, que en otros idiomas de esta familia significan 'negro', 'oscuro' o 'noche', y declara «je n'ai pas trouvé de justification pour l'opinion de quelques savants qu'il y aurait un rapport entre taíno *hurakan* et maya *Hurakan* un nom du dieu 'Coeur du Ciel'».

DERIV. *Huracanado.*

[1] Para completar agréguese B. de las Casas, *Apol.*, p. 95a; *huracan* sale ya en esta forma en texto alemán de 1594; después se ha generalizado allí la forma *orkan*, de origen holandés (Mulertt, *ASNSL* CXXXIX, 218-20).— [2] En alemán en *Iberica* (Hamburgo), III (1925), y resumido en *Atti del XXII. Congresso degli Americanisti*, 1928, II, 201-6. Con la aprobación de Schuller, *Archivos del Folkl. Cub.* IV, 113-8; D. Alonso, *RFE* XIII, 76-77; H. Ureña, *RFE* XXII, 182, e *Indig.*, 114; A. Alonso, *RFH* III, 218n.; König, *BhZRPh.* XCI, 153-4. Schuller sólo discrepa en el sentido de que no sería préstamo del maya al taíno, sino palabra de origen común por los muchos elementos afines que tendrían los dos idiomas [?].

Huraco, V. *horadar*

HURAÑO: su forma primitiva es probablemente la antigua *horaño* o *foraño*, que ya aparece con el sentido moderno y además con el de 'forastero, extraño', en el cual viene indudablemente del lat. FORANEUS íd., derivado de FORAS 'fuera'; de 'extranjero' se pasó a 'tímido, arisco', por la natural timidez del que vive fuera de su tierra, pero el vocablo sufrió el influjo de *HURÓN*, animal arisco si los hay, y de ahí resultó el cambio de *horaño* en el moderno *huraño*. *1.ª doc.: horaño*, J. Ruiz, 917c; *huraño*, Covarr.

Escribe J. Ruiz: «Señora, non querades tan *horaña* ser, / quered salir al mundo a que vos Dios fiżo nasçer». En el mismo sentido Nebr. «*foraña cosa: casi fiera o çahareña*»[1], y todavía emplea el vocablo en esta forma el Cartujano Juan de Padilla en 1521: «Tú, que la cara declinas / ... / no te demuestres atanto *horaño*; / habla pues tienes razón y loquela; / no temas, si algo tu mente recela», «del hábito traba, / así como suele hacer el compaño / a su compañero; que muestra *horaño* / su rostro, temiendo la cosa que grava / muchas vegadas la vida con daño» (*NBAE* XIX, 396b y 404b). En su ac. etimológica hallamos también el vocablo, así en la Edad Media como en dialectos actuales: «la parte de fuera... se dise lomo *foraño*», E. de Villena, *Arte Cisoria* (1423), 8(56); «*externa*: cosas extrañas... *externus*: de *foraña* gente», APal., 149d; en Salamanca *foraño* es la tabla que se saca de junto a la corteza del árbol, de donde viene que en Ciudad Rodrigo haya tomado la ac. 'endeble, flaco' (Lamano), seguramente por ser menos resistente esa tabla. En cuanto al moderno *huraño* no logro documentarlo antes de Covarr. («el esquivo que se recata de todos, y huye de la gente, estrañándose y rezelándose de ella»), desde el cual pasó a Oudin (1616, no 1607); y también aparece *uraño* 'montaraz, arisco', hablando de un asno escapado, en la 2.ª parte del *Quijote* (xxv, 95). Indicó la etimología FORANĔUS Baist (*ZRPh.* VI, 118), y García de Diego (*RFE* VII, 146-7) completó la demostración en forma satisfactoria, de suerte que M-L., que hasta entonces dudaba, admitió esa etimología en su *REW*[3], 3428. Conviene advertir que no sólo FORANEUS es frecuente en el latín medieval, sino que se halla ya en un texto tardío de la Antigüedad, como los Escolios de Acron al Horacio[2].

Hay, por otra parte, una etimología diferente, que está lejos de ser inaceptable: ya Covarr. relacionaba *huraño* con el lat. FŪR 'ladrón', y Diez (*Wb.*, 452), fijándose en el arag. *juro* 'fiero, huraño'[3], afirmaba que *huraño* y el vocablo aragonés provenían de esta palabra latina, que pasaría a 'furtivo, el que se esconde'; no habría dificultad semántica, y si alguien objetara la -*o* de *juro* frente a la -E del lat. FŪREM, se le podría replicar que el it. ant. y dial. *juro* y el rum. *jur* 'ladrón' suponen una base en -U; Spitzer salió repetidamente en defensa de esa etimología (*RFE* VIII, 178; *BDC* XXIV, 282) y a ella se atiene Wartburg (*FEW* III, 882a). A la verdad, las razones en que se fijan estos autores no son firmes: Spitzer dice que las formas antiguas *horaño*, *foraño*, son alteración de una base con *u*, del mismo modo que el cast. ant. *poridad* y el arag. y cat. *porgar*, como si diera a entender que ante R es posible un cambio espontáneo de ŭ en *o*; desde luego no hay tal, pues no habría otros ejs. que éstos, *porgar* es PŬRGARE (*purgar* es un cultismo)[4], y *poridad* se debe a una ultracorrección de la tendencia a cerrar la *o* ante una *i* de otra sílaba. Wartburg parece fijarse en la forma *hüraño* «musaraigne» empleada en el Gers y en el Lot-et-Garonne, pero ésta no es un derivado de *fura* 'hurón' (FŪR), sino el resultado de un cruce moderno y local entre éste y *musaranho* (MUS ARANEA), por lo tanto no interesa para el castellano.

Sea de todo ello lo que se quiera, según ya indiqué en el *BDC* XXIV, 284, *huraño* es inseparable del arag. *furo*, y mientras no se explique éste no será admisible dar por averiguada la etimología FORANEUS; desde luego no es verosímil atenerse a este étimo para *huraño* y partir de FUR para el arag. *furo* (según se hace en el *REW*, 3590), ni buscar para éste un étimo separado con el landés *hurre* «détermination, entrain», *hurrùch* «sauvage», como sugiere Rohlfs (*ASNSL* CLXX, 158). Es verdad que junto a *furo* hay formas con -*rr*-: pallarés y ribagorzano *furro* 'arisco, coceador' (> aran. *fúṛu* íd.), arag. *furro* íd. (Coll A.;

AORBB II, 260), aran. *esfuṛiá* 'esquivar (a un animal)', Balaguer *esfurriar* 'hacer entrar las gallinas en el corral', evidentemente idénticos al arag. *furo* arriba citado, Sallent de Gállego *vaca fura* 'que embiste' (*RLiR* X, 223), Maestrazgo *furo* «brau, fer, salvatge» (G. Girona), Falset *esfuriar* 'esquivar las gallinas' (para las citas, vid. *BDC* XXIII, 292); pero me parece claro que la -*rr*- de aquellas formas es secundaria, como lo es la del sanabrés *furricheira* 'diarrea' frente al trasm. *esfoura*, lat. FŌRIA íd. (*Homen. a M. P.* II, 165), o la del anticuado *furrieta* 'bravata, expresión de ira y enojo' FURIA (*Aut.*), en los tres casos debida seguramente a una contaminación[5], en cuanto a las citadas formas landesas, que Rohlfs (*BhZRPh.* LXXXV, § 118) declara de origen desconocido, se apartan marcadamente de *huraño* y *furo* por el sentido, y deberán relacionarse con el fr. ant. *fuire* o *fure* 'furor' (God.), cat. ant. *fura* 'ahinco' («a vostr'onor enteneu ab gran *fura*») que aparece sólo una vez en el afrancesado Fr. Oliver (h. 1460; *Rom.* LXII, 511), seguramente procedentes de FURIA; comp. alav. *furo* 'furioso' (Baráibar), ronc. *bulur* 'colérico', *bulurgo* 'ira, cólera', *bulurrandi* 'serrote' formas en que se transparenta el étimo FUROR de manera bastante clara (cf. Tovar *DEVco*.).

Pero creo decididamente que hay que apartar de todo esto el arag. *furo* (> cat. occid. íd.) y explicar a éste junto con *huraño*. Según indicó G. de Diego, el cambio de *horaño* en *huraño* se deberá a la contaminación de *hurón*, animal arisco por excelencia, cuyo nombre efectivamente ha tomado el sentido de 'arisco, huraño', aplicado a personas, en castellano moderno [fin S. XVIII, Moratín], hoy vivo en autores andaluces (*RH* XLIX, 145) y oído por mí en Almería y en otras partes. Al influjo de *hurón* se debe la *u* de *huraño*, y recíprocamente la relación con éste facilitó el que *hurón* se empleara como adjetivo; ahora bien, la coexistencia de las dos formas de igual radical ponía de relieve el sufijo de *hurón-furón*, y por lo tanto le daba carácter de aumentativo, de donde se sacaría en Aragón el seudoprimitivo *furo*; con tanta mayor facilidad cuanto que también se había sacado de FŪRO, -ŌNIS, como nombre del animal, un seudoprimitivo *fura*, usual en catalán y en lengua de Oc[6].

DERIV. *Huraña*.

[1] De Nebrija esta forma pasó a Percivale («*foraño*: fierce, wilde, savage, cruell», a. 1591) y a Oudin.— [2] «Argentarium dicimus eum qui habet summam olivarum, a quo accipiunt *foranei*; coactorem qui exigit nummos a circumforanis», *ALLG* III, 134-5.— [3] Así definía Peralta y además «animal coceador; mujer esquiva, cerrera; *hacer fura alguna cosa*: trasnocharla, hurtarla»; de ahí pasó a Borao. Kuhn registra *furo* 'coceador' en Ansó, Echo y Sallent (*ZRPh* LV, 600). El arag. y nav. *furo* no es propiamente 'furioso' (aunque Iribarren admita por sonsonete esta equi-

valencia), sino 'huraño, fiero, mordedor, coceador', y desde luego no sale de un *FURUS (sacado de FURIA), como pretende *GdDD* 2997a.— [4] Es secundario que la ŭ de PURGARE se explique por una etimología diferente de PŪRUS (según dan a entender Thurneysen y M-L.), o se deba a la abreviación tan frecuente de la ŭ ante sonante en sílaba cerrada (ŬNDECIM, VĬNDEMIA, etc.).— [5] Habrá relación con el arag., alav., mej. y venez. *furris* o *furrio* 'malo, despreciable' (Toro G., *BRAE* VII; Acad.), val. *furri* 'purria, cosa despreciable' (M. Gadea, *Tèrra del Gè* III, 17), que quizá vengan de *furriel*.— [6] M. P., *Festgabe Mussafia*, 388, parece mirar *huraño* como un derivado de FORARE 'agujerear', tal como *picaño* de *picar* o *escuchaño* de *escuchar*, pero quizá con contaminación de *hurón*, en vista del ast. *furar* (< FORARE) y de la definición «persona que se esconde como el hurón». Pero como el sufijo *-año* es poco vivo en español, justamente ese punto me parece oponerse tanto a una derivación de FORARE como de FUR, y apoyar la descendencia del documentado FORANEUS. En cuanto al mozár. *furāniqûn*, que podría significar 'bandidos' o 'concejales', en el glosario latino-árabe del S. XI, rabínico *alforánica* 'nobles' (Simonet, s. v. *foránico*), su sentido es demasiado dudoso para que podamos atrevernos a relacionarlo con *huraño*.

Hureque, hurera, V. *horadar*

HURGAR, palabra hermana del cat. y oc. *furgar*, it. *frugare*, fr. *fourgonner*, fr. ant. *furgier*, de origen incierto, probablemente de un lat. vg. *FŪRĬCARE* íd., derivado de FŪR 'ladrón', que como su otro derivado FŪRO, debió tomar el sentido de 'hurón', de donde 'escudriñar como un hurón'. 1.ª doc.: «*hurgar*: vello, vellifico»[1], Nebr.; Cej. V, § 154.

El Dicc. de Autoridades da ejs. de varios clásicos, en las acs. modernas, y lo mismo hacen C. de las Casas («*hurgàr*: buzzigare»), Covarr., etc. En efecto, es frecuente desde el Siglo de Oro. Indirectamente atestigua la existencia de *hurgar* h. 1400 el derivado *furgunero* «rotabulum», en el Glos. del Escorial; la falta de testimonios medievales no indica nada en vocablo de esta naturaleza. La etimología *FŪRĬCARE*, propuesta por M-L. (*REW*[1] y [3], 3597) y aceptada por Wartburg (*FEW* III, 896ss.) y otros, es convincente desde el punto de vista semántico, teniendo en cuenta que 'hurgar' se dice *afuroar* en portugués (derivado de *furão* 'hurón'), *fureter* en francés, *furà* en muchos dialectos occitanos (*FEW* III, 882b), y aun el cast. *huronear* puede tomar esta ac.; por otra parte, aunque FUR no está documentado en latín en el sentido de 'hurón', sino solamente en el de 'ladrón', su derivado FURO no aparece con este sentido hasta el S. VII (San Isidoro), y es pro-

bable que aquél tuviera el mismo significado desde más antiguo todavía, en vista del cat. y oc. *fura*, fr. *furet* 'hurón', derivados de aquél. Diez, *Wb.*, 149, quería derivar de FŬRCA 'horca' fijándose principalmente en el port. *furcar*, pero éste no es 'hurgar', sino 'revolver con horca' (Fig.), 'dar vuelta al trigo con la horca' (Moraes); claro está que era etimología inadmisible en el aspecto fonético, y por lo tanto Schuchardt (*Roman. Etym.* II, 133-4) tuvo que enmendarla admitiendo que por influjo de la vacilación entre CABALLICARE y *CABALCARE (it. *cavalcare*, etc.) y casos análogos, se crearía un *FŪRICARE por ultracorrección de FURCARE, y que más tarde en algunas partes hubo influjo de FŪR en la vocal inicial; solución sumamente forzada. Finalmente G. de Diego (siguiendo una idea ya sugerida por Ant. Thomas, *Essais*, 303) partía en su artículo de *RFE* XII, 12-13, de un *FORICARE 'agujerear', derivado de FORARE; lo cual es mucho menos convincente desde el punto de vista semántico; en lo fonético se fijaba en las mismas formas con *o* que sirvieron de base a la etimología de Diez y Schuchardt, a saber el fr. *fourgon* 'hurgón, instrumento para atizar', *fourgonner* 'atizar, hurgar', y formas occitanas análogas, campid. *forrogai, sforrogonai*, 'hozar', a las cuales agregaba el arag. *forigar* (que parece significar 'hurgar' y no 'agujerear', como pretende Borao, vid. Coll A.), burgalés *horricar* 'revolver', santand. *jorricar* íd. Efectivamente, formas como éstas existen, pero la vocal que ahí aparece entre la *r* y la *g* (o *c*) no está documentada más que en textos contemporáneos y me parece debida a una anaptixis: Pallars *furugar* 'hozar (los cerdos)' (Violant, *Butll. del C. Excurs. de Cat.*, XLV, 286), gasc. *hurucà, hourrugà, houricà* «fouiller, fureter» (*FEW* III, 896b), y de un verbo así me parece derivado el and. *horruga* 'excavación, mina'[2]: la *rr* de esta forma y de las citadas de Burgos, Santander, Cerdeña y Gascuña es reveladora del carácter secundario de la vocal (comp. lo dicho acerca de *GARRA*). En cuanto a la *o* del fr. ant. *forgon* (ya S. XI) y otras formas romances, ha de ser debida a una contaminación, que puede ser la de FŬRCA o más bien la de FŬRNUM (*fourgon* instrumento para el *four*); M. L. Wagner, *ARom.* XIX, 17, opina que el campid. *forrogai* viene de una onomatopeya del cerdo al hozar, y bien puede ser que no sólo tenga razón en cuanto a la forma sarda, sino que la *o* de otras formas romances se deba a una contaminación de FURICARE por este radical onomatopéyico.

DERIV. *Hurgador. Hurgamiento. Hurgón* [Covarr.]; *hurgonada; hurgonazo; hurgonear; hurgonero* [*furgunero*, h. 1400, V. arriba; arg. *horgonero*, Draghi, *Canc. Cuyano*, 283]. *Hurguete* chil.; cub. *(j)urguetear* 'hurgar' (*Ca.*, 239). *Hurguillas*. Arg. *jurguñar* 'hurgar' («algo que me anda *jurguñando* adentro 'e la cabeza», A. Ghiraldo, *La Prensa de B. A.*, 29-XI-1942).

CPT. *Hurgamandera.*

[1] Traducción algo extraña, pues *vellere* quiere decir 'arrancar', 'plumar', 'tirar de los pelos', 'desgarrar, tormentar', y *vellicare* (no conozco *vellificare*) es 'picotear, mordisquear'. PAlc., que sigue a Nebr. paso a paso, traduce *hurgar* con verbos arábigos que significan 'escarbar, hurgar, excavar'.— [2] Lo hallo solamente en la relación que da el *Dicc. Geográfico* de Madoz de las producciones mineras del término de Fiñana (Almería), donde dice que allí se encuentran «*horrugas* y minas antiguas»; s. v. *Jorairátar* (Granada): «hay en la jurisdicción horruras [sic] de minas de alcohol esplotadas en la antigüedad»; igual forma, errónea o alterada, s. v. *Belefique.*

HURÍ, tomado del fr. *houri* y éste del persa *ḫūrī* íd., derivado del ár. *ḫûr*, plural de *ḥáẏra* 'hurí'. *1.ª doc.:* 1869, Dozy, *Gloss.*, 287; Acad. 1884; Pagés cita ejs. de Zorrilla y de Fernández y González.

Vid. Skeat, s. v. *houri*, además del artículo citado de Dozy. Éste, en su ejemplar de mano, aclaró de su puño y letra, rectificando su explicación impresa, que la -*ī* agregada por el persa es elemento gramatical de este idioma que indica el individuo de una especie determinada.

Hurmiento, V. *hervir*   *Hurón*, V. *hurto*
Hurona, V. *horón* y *hurto*   *Huronear, huronera, huronero*, V. *hurto*

¡HURRA!, tomado del ingl. *hurrah* íd. *1.ª doc.:* Espronceda, † 1842 (en Pagés); Acad. 1884.

Nótese que el ingl. *hurrah* se acentúa en la *a*. Quizá se tomó por conducto del francés, donde ya aparece en 1830. Para el origen de la voz inglesa, quizá de procedencia alemana, vid. John A. Walz, *Journal of Engl. and German Philology* XXXIX, 33-75.

Hurraca, hurraco, V. *urraca*   *Hurriallá*, V. *arre*

HURTO, del lat. FŪRTUM 'robo', derivado de FŪR 'ladrón'. *1.ª doc.:* *furto*, doc. de 1076 (Oelschl.); Berceo.

Se halla también en *Yúçuf*[1], J. Ruiz, J. Manuel, etc. General en todas las épocas. Pertenece también al fondo hereditario del idioma el port. *furto*, pero en los demás romances es palabra impopular e indudablemente cultismo (para el rumano, V. el diccionario de Tiktin). En latín FŪRTUM podía designar el robo violento, como FŪR era un ladrón cualquiera, pero la oposición entre éste y LATRO 'ladrón en cuadrilla, bandido' logró a la larga que FŪR y FŪRTUM, aun aplicándose también al robo con fractura o con otras violencias individuales, tendieran a implicar precisamente la idea de secreto, frente a la acción cometida públicamente

por el LATRO: así, aunque Cicerón hable todavía de *furtum apertum*, el adverbio *furtim* significa siempre 'ocultamente', y Virgilio y otros emplean en el mismo sentido el ablativo *furto* 'a hurtadillas'. Esta tendencia, heredada del latín por el romance, se acentuó todavía al adquirir éste el germanismo *robar* y *robo*, y así el castellano pudo reservar *hurto* para el robo sin violencia en las personas ni en las cosas, como ya hace siempre APal. (171*d*, 173*b*, 17*d*, etc.), y como expresa inequívocamente Luis de Escobar en 1542: «*hurto* es tomar lo ajeno, / a *escuso de* su señor» (*Aut.*); sin embargo, en la época arcaica este matiz no está fijado definitivamente, pues de Tarsiana, arrebatada por unos piratas, se dice en *Apol.* (483*b*) que «*furtada* la ovieron». El sentido del lat. FŪRTO lo heredó el cast. *a hurto* 'en secreto', empleado en el *Alex.* (*a f-*, 308), por J. Ruiz (897) y todavía por Quevedo y Cervantes, aunque en éste el empleo de la forma arcaica *a furto*, al estilo de los Libros de Caballerías, puede indicar cierta tendencia de la expresión a anticuarse (*Quijote* I, xvi, 58; xxi, 86; pero *a hurto* en otros pasajes).

DERIV. *A hurtas. Hurtar* [*f-*, *Cid*, etc.], de uso general en todas las épocas, con frecuencia *hurtarse* 'escaparse' (*Cid; Alex.*, 278; Berceo, *Mil.*, 730*c*, 732*b*, etc.); derivado común con el port., gasc. ant. y cat. (poco popular) *furtar. Hurtada; a hurtadas; a hurtadillas* [Cáceres y Sotomayor, † 1615, según Pagés; falta aún *Aut.*; ha sustituído hoy *a hurto*]; *hurtado; hurtador. Hurtiblemente* 'furtivamente', ant. [*f-*, Sánchez de Vercial, † 1426, Rivad. LI, 536]. *Rehurtarse. Furtivo* [1684, Solís], tomado del lat. *furtīvus* íd.; se dijo también *hurtible* (*f-*, V. arriba) o *hurtable* («furtivus», Nebr.). *Fortacán*, leon., 'portillo que se hace a un río o acequia para robar el agua por aquel conducto'.

Hurón [*furón*, J. Manuel, Rivad. LI, 248; «*hurón para caçar conejos:* viverra», Nebr.], del lat. tardío FŪRO, -ŌNIS, íd.[2], derivado de FŪR 'ladrón', porque arrebata los conejos; *hurona; huronear*[3]; *huronero; huronera. Furúnculo* [Terr.], como voz médica, tomado del lat. *fūrŭncŭlus* 'tallo secundario de la vid que roba la savia a los tallos principales', 'bulto que forma la yema de la vid', y de ahí 'tumor'; en forma semipopular *floronco* [2.º cuarto del S. XVIII, Fz. y Ávila, *BhZRPh.* LXXII, 223], hoy aragonés, y vulgar en otras partes (*BhZRPh.* LXXXV, § 266), como lo es en catalán y en gascón; descendiente popular es el gall. *foroncho* 'especie de divieso' (Sarm. *CaG.* 67*r*), otra más pequeña (y quizá menos maligna) se llama *carafuncho* (66*v*), donde hay cruce con *carbunclo* o un descendiente popular de esta voz latina.

CPT. *Hurtadineros. Hurtagua.* Compuesto del gall. *furón* 'hurón' es el gall. NE. *furatoxos* 'especie de garduña', Sarm. *CaG.* 221*r* (literalmente 'hurón de aliaga').

[1] *Furtillo*, ed. Rivad., 259.— [2] Documentado so-

lamente en San Isidoro: «*Furo* a furvo dictus; unde et fur. Tenebrosos enim et occultos cuniculos effodit», *Etym.* XII, ii, 39. Conservado también en el port. *furão*, bearn. *hurou*, oc. ant. *furon*, y en algunos dialectos franceses. Los demás romances tienen formas que proceden directamente de FUR: cat., oc. *fura*, fr. *furet*.— [3] Con cambio de sufijo venez. *jorungar* 'huronear, hurgonear', y de ahí cub. *jorungo* 'persona mortificante, pesada', venez. íd. 'extranjero, gringo' (*Ca.*, 160).

Husada, V. *huso*

HÚSAR, tomado del húngaro *huszár* íd., por conducto del alemán y el francés. *1.ª doc.*: Terr.; Acad. ya 1817.

Húsar y *húsaro* aparecen también en Moratín, a fines del S. XVIII. En alemán se documenta desde 1532, en francés ya en 1630. En cuanto al húng. *huszár* (pron. *húsār*), suele traerse del it. *corsaro* 'corsario', por conducto del b. gr. χουρσάρος, y el svcr. *gu(r)sar* íd.[1], pero otros creen que es palabra húngara genuina derivada de *husz* 'veinte' (porque se elegía un jinete por cada veinte reclutas: Kluge), aunque esto puede no ser más que una etimología popular.

[1] Así Seger, *Bull. de la Soc. de Ling.* 1883-5, p. xcviii; Vidos, *Parole Marin.*, 335n.3 (y bibliografía allí citada); Bloch; *NED.*

Husera, *husero*, *husillero*, V. *huso*   *Husillo*, V. *huso* y *fosa*

HUSMEAR, primitivamente *usmar*, *osmar*, del mismo origen que el fr. *humer* 'husmear', 'sorber, aspirar un líquido', it. dial. *usmar* 'husmear', 'oler la pista de un animal', it. *ormare* 'seguir la pista, perseguir', rum. *urmă* 'seguir', a saber del gr. ὀσμᾶσθαι 'oler, husmear', derivado de ὀσμή 'olor'. *1.ª doc.*: *osmatu* en las Glosas Silenses (2.ª mitad del S. X), n.º 7, parece significar 'oliscado, contaminado por el aliento'; *husmear*, 1605, *Pícara Justina*.

En esta novela tiene ya el sentido corriente: «vuestro tío era de Urgandilla y amigo de *husmearlo* todo» ('meter las narices, curiosearlo todo', ed. Puyol III, 255; otro ej. en *Aut.*). Está también en Covarr. (de donde pasó a Oudin 1616, no 1607), *Aut.*, y es palabra bien conocida y de uso general. En el Penitencial de Silos, donde hablando de la hostia o *sacrificium* se lee «Omne sacrificium sordidatum vel vetustatum, proditum igni, comburatur», el glosador explicó la palabra *sordidatum* por el romance *nafregatu* y las dos voces latinas *vel vetustatum* con las glosas *o betereiscitu* y *osmatu*; como *betereiscitu* 'envejecido' traduce perfectamente *vetustatum*, es probable que *osmatu* se refiera en realidad a *sordidatum* 'ensuciado' y esté puesta fuera de lugar; sea así o por

mala inteligencia del texto por parte del glosador, parece seguro que *osmatu* significa 'oliscado, contaminado o impurificado por el aliento', a no ser que ya tenga ahí el vocablo el sentido intransitivo moderno de *husmear* 'empezar a oler mal (la carne)', que en tal caso *osmatu* debiera ser participio pasivo con valor activo[1]. Fuera de este ej. no volvemos a hallar el vocablo en la Edad Media, por lo menos en el sentido que le es propio.

Pero desde antiguo se produjo en la Península Ibérica una confusión entre nuestro verbo *OSMARE* y el lat. AESTIMARE, cast. *esmar*, *asmar*, 'evaluar', 'apreciar', 'deliberar', 'juzgar', 'idear', palabras de forma semejante y de sentidos también relacionables. En virtud de esta confusión aparece a menudo el descendiente de *OSMARE* con el sentido propio de *ASMAR*, sobre todo en textos leoneses y gallegoportugueses: «sedié en esta cuenta el buen emperador: / el morir le era malo, el foyr muy peor; / *osmava* de dos males quál serié el mejor, / mas qual quiere de ellos le farié mal sabor. / Mientre que él *osmava* qué farié o qué non...» *Alex.*, 1026-7, «pensaron fer cad'uno a Dios su oración / qual *osmó* cada uno entre su coraçon» ibid. 1134, «En coyta era Metades, non sabié dó tornar, / pero ovo un seso en cabo a *osmar*» ibid. 1426b (frase que se repite en 1950), «respuso cordamientre Poro, maguer culpado: / Rey, diz, yo bien entiendo que era engañado, / fasta que tu veniesses bien tenía *osmado* / que non serié mio par en el mundo trobado» ibid. 2048c (P trae siempre *asmar*). Los ejs. semejantes de *osmar* abundan mucho en gallegoportugués: «senhor fremosa, nom poss'eu *osmar* / que est'aquel'em que vos merecí / tam muito mal quam muito vós a mi / fazedes» Don Denís (v. 613; otro en el 1591), hay muchos casos de *osmar* 'calcular, pensar, imaginar, idear' en las *Ctgs.* (V. glos. de Mettmann), y para muchos ejs. análogos de las *Cantigas*, *Canc. da Ajuda*, *Inéditos de Alcobaça*, etc., vid. C. Michaëlis, *RL* XI, 59, y Cortesão, s. v.[2]; por otra parte aparece *usmar* con el sentido de 'calcular, prever' en el *Graal* portugués de h. 1300, y con el de 'evaluar' en Juan del Encina (vid. C. Michaëlis). Gall. *husmar* 'rastrear con el olfato' (Vall., Lugrís) y *andar á husma* (íd.), con variante *osmear*, *gusmear* y *gusmo* (*Irm. Fal.*)[3]. La misma vacilación fonética y semántica registramos en vasco, donde *asmatu*, *usmatu* y *usnatu*, significan 'percibir olores', además de 'inventar' y 'barruntar' (J. M. de Azkue, *Homen. a M. P.* II, 91; Schuchardt, *BhZRPh.* VI, 61, 53, y *Sitzungsber. d. Wiener Akad.* CCII, iv, 23).

En sentido propio, el antiguo y primitivo *osmar* o *usmar* aparece conservado en varios dialectos: *guzmar* 'husmear' en el judeoespañol de Bosnia (*RFE* XVII, 137), *guzmár* en el de Monastir (*RH* LXXIX, 538), *güezmar* 'oler' en las Biblias judeoespañolas de Ferrara (1553) y Constantinopla (*BRAE* IV, 638), cuyo diptongo se debe al del sustantivo *güezmo* 'olor' que figura allí mismo (ibid. y III, 188), *huesmo* en la Biblia med. rom. (*Gén.*, 8.21); en Tras os Montes *o gado usma chuva* 'el ganado presiente lluvia', y el mismo verbo tiene el sentido de «orçar, calcular, medir bem, distribuir... afim de que chegue para tudo» (*RL* V, 108)—en el cual procede de AESTIMARE—, en la Beira es 'no comer (un animal)' (*RL* XI, 163); en Galicia se dice *andar á usma de untos e touciños*, y en sentido análogo tenemos en Asturias «*gusmia:* el que anda a la *gusmia*, oliendo donde guisan», derivado del verbo *gusmiar* «atisbar, oler donde guisan» (Rato). Saliendo ya de la Península Ibérica, encontraremos el gascón *üsmà* «humer, flairer» (*BhZRPh.* LXXXV, § 227), fr. *humer* 'husmear', 'sorberse algo aspirándolo' (que en esta ac. secundaria está documentado desde el S. XIII, *Renart, Garçon et Aveugle*)[4], fr. ant. *osmer* 'husmear', *omer* en glosas judeofrancesas, lomb. *üsmà*, venec. *usmar*, friul. *usmà* 'oler, oler una pista', Belluno *usma* 'olor', 'olfato' (*ARom.* XX, 131), abr. *usemà* «fiutare, assitare, indovinare l'indole di uno» (Finamore), napol. *osemare;* finalmente hace tiempo que los romanistas están de acuerdo en que así el it. *ormare* 'seguir una pista', *órma* 'huella', como el rum. *urmà* 'seguir (en general)', *urmă* 'huella, rastro', proceden de *OSMARE 'oler la pista', con un cambio de sentido muy natural, y con el mismo paso de -SM- a -rm- que registramos en el it. *chiurma* 'chusma' CELEUSMA. El gr. ὀσμᾶσθαι 'oler, husmear' es palabra frecuente y bien conocida, derivada de ὀσμή[5] 'olor', ambos variantes fonéticas del dialecto ático en lugar de ὀδμάεσθαι, ὀδμή, de la lengua común. Reconocieron ya esta etimología C. di Lollis (*St. di Filol. Rom.* VIII, 1899, 371), y C. Michaëlis (*l. c.*), y desde entonces la admiten en general los romanistas (*REW* 6112). De que ὀσμᾶσθαι y su familia pasaron al latín vulgar tenemos, en efecto, algún testimonio directo, pues la traducción latina de Dioscórides, hecha en Italia en el S. VI, conserva la palabra *osmos* 'olor' de su original (*RF* XIV, i, 624); en un glosario conservado en un ms. del S. IX, el Amploniano Segundo, que contiene otros hispanismos (p. ej. *pecosus*), leemos «*infulfuit* [acaso errata por *inoluit*]: *osmum* dedit» (*CGL* V, 304.40); y en el glosario anglosajón de Erfurt hallamos un lat. *osma* 'olor' (Diez, *Wb.*, 229).

Por otra parte quedan algunos pormenores de forma. Está claro que *husmear* es forma secundaria en lugar de *usmar*, conservado en judeoespañol, gallego y trasmontano; *husmear* es formación de carácter iterativo o quizá sacada secundariamente de los postverbales *husmo* y *husma*. En cuanto a la *u* radical, tiene gran extensión, según hemos podido apreciar, en iberorromance, vasco, francés, rumano y dialectos de Italia, frente a *osmar*, conservado en las glosas de Silos, en judeoespañol, italiano y antiguos documentos franceses; aquella

variante no es fácil de explicar, pero lo más probable es que el vocablo se alterara por influjo de la onomatopeya ¡*hum!*, imitativa del ruido del que aspira o huele: así lo indica la aspiración inicial del fr. *humer*, así como el sentido de esta palabra. Junto a las formas citadas, existen todavía otras con mayor alteración: cat. *ensumar* 'husmear, oler', vasco *sumatü, somatu, susmatu* íd., vco. vizc. *sosmau* 'vislumbrar' 'sentir' en D. Agirre, *Auñ. Lorea* I, 8.10, 14.13, quizá se deban a un SUB-OSMARE; pero como el catalán suele conservar hasta hoy el grupo -*sm*- (*esma* 'tino, buen juicio', verdad es que ahí tenemos un grupo primitivo -ST'M-, pues viene de AESTIMARE, y que en *ensumar* pudo ayudar una disimilación), quizá se trate de una antigua alteración *OSUMARE, debida a la rareza del grupo -SM- en latín, comp. abr. *usemá*, napol. *osemare*, Subiaco *addusimà*, Cervara *annusemà*.

DERIV. *Husmeador. Husmeo. Husma* [2.º cuarto S. XIX, Bretón de los H.; Acad. 1869, no 1817; hoy gall., trasm., etc., V. arriba], quizá del gr. ὀσμή, aunque la fecha tardía indica más bien carácter postverbal. *Husmo* [Quevedo, *Aut.*; P. Espinosa, en 1625, desaprueba la locución vulgar *al husmo, Obras*, p. 197, línea 1; y V. arriba las citadas formas del port. ant. y del judeoespañol], quizá procedente del lat. vg. OSMUS, arriba citado.

[1] El glosador muchas veces explica sentidos del vocablo latino que no son los que pide el contexto, que por lo visto entendía muy imperfectamente.— [2] Y el derivado *osmo* 'cómputo, conjetura' en el *Leal Conselheiro*, h. 1430, y en los cancioneros citados.— [3] Hay otra variante *tusmo* y *atusmar*, dicha del gato que husmea el ratón, que el apéndice a Eladio Rdz. y Crespo Pozo localizan dialectalmente; Castelao empleó *tusmo* en su libro *Os dous de sempre* (publicado en 1934, refundido en *Escolma* 223.3) con el sentido de 'instinto, tino': «cachear, apañándose no aire, o *tusmo* dunha maneira de vivir sen amo»; y Carré es el primer lexicógrafo que lo recogió (ed. 1951, no en la de 1934), pero definiéndolo como 'acción y efecto de husmear'. Luego estas formas con *t* deben de ser debidas a cruce con *tino* o con *atizar*, o por influjo de los dos.— [4] La falta de *s* ante la *m* en estas grafías antiguas no puede sorprender, en palabra que sufrió un influjo onomatopéyico, según veremos.— [5] En vasco quizá quedara alguna huella del sustantivo ὀσμή: vasco *usma*, nav. *osma* 'olor' (Iribarren); pero el cast. *husmo* y el ast. *husma, guma*, gall. *urma*, más bien parecen postverbales, dado su matiz semántico.

HUSO, del lat. FŪSUS íd. *1.ª doc.: fuso*, Berceo.
General en todas las épocas y común a todos los romances. El duplicado culto o afrancesado

fuso se ha empleado en el sentido de 'losange'. Ast. *fusu* 'huso de hilar', 'husillo del lagar' (V).

DERIV. *Husillo* 'tornillo empleado para apretar las prensas y máquinas análogas' [APal. 82*b*; «*husillo de lagar:* torcular, torcularium», Nebr.; *apretar los husillos* 'hacer instancia', *G. de Alfarache, Cl. C.* I, 220.12], 'canilla' chil., en la Arg. parece ser nombre de una planta, no anotada en los diccionarios, de donde el nombre de población *El Husillal*, junto a San Rafael, prov. de Mendoza; *husillero.* Gall. **fusal* fem. > un *afusal* '[cierta cantidad de] lino después de espadelado' (un ～ *de liño tiene tantos zerros*), Sarm. *CaG.* 196*v. Husada* [Nebr.]. *Husera; husero. Ahusar; ahusado; *fusado,* término de blasón; del fr. *fuseau* 'huso', derivan *fuselado* 'fusado', y *fuselaje,* fr. *fuselage,* 'cuerpo del avión, de figura fusiforme'.

Deriv. de *fuso* 'huso' es sin duda el port. y gall. *parafuso,* también asturiano y alguna vez castellanizado como *parahuso* [Acad. 1843, no 1817]. El sentido más conocido es 'instrumento de cerrajero para taladrar' (Acad.) y en portugués 'tornillo de palo, marfil o metal, y labrado en espiral, que se introduce en una rosca' (Moraes, alguna vez allí también 'terraja', 'instrumento de los cerrajeros para labrar roscas'). Pero existió una ac. más antigua que Sarm. ya anotó en el extremo Norte de Galicia: «*parafusos:* llaman en Viveiro a los que en Pontevedra *trouzos* para torcer dos hilos en uno» (*CaG.*) y lo confirmó Vigón en el oriente de Asturias *parafusu* «c/u. de los dos husos grandes que se emplean para torcer el hilo». Sólo un estudio que ahonde mucho en el pasado de la cultura material del Noroeste hispánico podrá aclarar la génesis morfológica del vocablo, pero el punto más esencial de la etimología, que es palabra sacada de *fuso* 'huso', desde ahora está claro: si en los orígenes se empleaba una pieza única girando a modo de un huso, aunque de forma más o menos diferente de éste, entonces habría que admitir un derivado (como podría deducirse de la somera explicación de Sarm.), o si hubo dos husos, que es lo que parece observaría Vigón, dadas sus palabras, es lo que haría falta saber, pues entonces nos inclinaríamos hacia algo como PARES FUSOS (o PAR FUSI o FUSUM = 'fusorum'?).

Una guía tenemos que parece decisiva: el testimonio más antiguo del vocablo en una cantiga de escarnio de Alfonso X: «a chaga non vai contra juso, / mais vai en redor, come *perafuso*»: entiendo una herida que no se ahonda pero se va redondeando, en cierto modo como algo que da vueltas, como el *parafuso* gallego y colungués de Sarmiento y Vigón: no está bien claro el detalle del sentido pero, según el texto admitido por R. Lapa (*CEsc.* 25.27), trae el vocablo con la grafía *per-.* Como el cambio de *per-* en *par-* es en la dirección normal o más fácil, y como es fácil llegar a *perafuso,* con anaptixis y algún otro corriente fenómeno inductivo (disimi-

lación, trasposición), hemos de creer en la legitimidad y oriundez de la variante alfonsí, y entonces pensar que salga en definitiva de **perfuso* o **porfuso* con un prefijo antepuesto a *fuso,* su raíz.

Hay también un verbo *parafusar* 'taladrar' (Vall.) 'atornillar' en gall. (Lugrís) y portugués, y aquí lo tenemos con la ac. figurada 'cavilar, meditar' ya en el S. XVI en Mendes Pinto (< 'taladrar, penetrar'): Moraes lo califica de «termo chulo» explicable por un tal uso fantasioso de la metáfora; *xentes da parafusa* son 'vendedores ambulantes' (*RDTP* III, 558) en Galicia, sin duda porque andan (como aquella llaga), dando rodeo; y seguimos dentro de la misma idea con *parafusa* «'rueda que se utiliza para mazar la leche': en el gallego extremo-oriental» (Os Nogaes de Becerrea), ape. a Eladio; siendo probablemente postverbal esta forma en -*a,* quizá lo fué también la forma en -*o* y entonces comprenderíamos bien la forma *per-fus-ar* > *pera- parafusar,* en cierto modo 'componer con los husos'.

Desde un objeto cilíndrico como el huso se puede llegar a otro que también lo es, el tornillo. Llama Castelao *parafuseira* (voz ausente de todos los diccs.) a una mujer que hace visitas amorosas al joven vecino para... (Castelao, 222.3). La idea de taladrar o girar como el barreno y el tornillo está en todas partes.

Desde luego este vocablo no puede venir del lat. *perfodere,* participio *perfossus* (como dice *GdDD* 4922*a*), a lo cual se opone, entre otras cosas, la sonoridad de la s- portuguesa; algo más me acercaba yo a la pista en el *DCEC* (s. v. *par,* ya rectificado en el tomo IV, p. 1060) pero ahora los datos están más claros.

CPT. *Fusiforme.*

HUTA, tomado del fr. *hutte* 'choza', y éste del a. alem. medio *hütte* íd. 1.ª *doc.:* Acad. ya 1817; R. José de Crespo, h. 1830 (Pagés).

¡HUY!, interjección con que se denota dolor físico agudo, o melindre, o asombro pueril y ridículo, voz de creación expresiva, análoga al lat., cat. y port. *hui.* 1.ª *doc.: yuy!* en boca de Trotaconventos (*Lib. Buen Amor,* 872*d,* 1386*c*); según M. R. Lida, en su edición, emplean también estas variantes las comadres del *Corbacho;* h. 1840, Hartzenbusch (en Pagés); Acad. 1884.

Creo haberla leído en el *Quijote*[1]. Hay variante *yuy.* Con valor parecido existe *hui* en portugués; en catalán puede expresar alarma o dolor; el lat. *hui,* muy frecuente en Plauto, en Terencio y en las Cartas de Cicerón, tenía valor admirativo o irónico, vid. Hofmann, *Lat. Umgangsspr.,* § 20.

[1] Hoy se emplea más o menos en todas partes; p. ej. en la Argentina («¡Huy!... Mirá... ¿qué es aquello?», en un diálogo popular, Chaca, *Hist. de Tupungato,* 71).

Huyente, V. *huir*   *Huyón,* V. *huir*

I

Ibica, V. *cibica*

ÍBICE, tomado del lat. *ibex, -ĭcis*, 'cabra montés'. *1.ª doc.*: Terr.; Acad. ya 1817.

Latinismo crudo, casi nunca empleado. Para el origen de la voz latina y sus posibles descendientes hispánicos, V. *BECERRO*.

IBIS, tomado del lat. *ībis* y éste del gr. ἶβις íd. *1.ª doc.*: 1582-5, Fr. L. de Granada.

IBÓN, arag., 'laguna de alta montaña', en gascón *ioû, uoun* (y formas análogas), de un prerromano *ibone*, procedente de la misma raíz que el vasco *ibai* 'río'. *1.ª doc.*: *libón*, 1836, Peralta; *ibón*, 1859, Borao.

Define aquél «fuente donde borbolla el agua de abajo arriba; depósito de agua para una fuente», y éste «laguna formada de manantiales o arroyos, causados por las nieves derretidas»; el oscense Lucas Mallada (1841-1921) «estanque o depósito de agua entre las montañas; por regla general son muy profundos y se agrupan en las altas hondonadas» (Pagés); Acad. 1869, no 1843. Casacuberta recogió *ibón* en Plan, *libón* en Gistáin (*BDC* XXIV, 172), forma que reaparece en Venasque (Ferraz); Rohlfs señala *ibón* en Ansó, Echo y Fanlo. En la vertiente francesa el vocablo se halla en todos los altos valles desde Luchón hasta el Bearne: *boum* en Luchón y en Barousse, *uoung* en Cauterets, *uoû* en Gèdre y en Arrens, *ioû* en Ossau; además *Oó* en la toponimia de Luchón, *Eoû* en el Valle de Aura. Cordier (*Études sur le Dialecte du Lavedan*, p. 23) escribe «*Huou* (avec un son nasal), m.: voie d'eau qui sourd accidentellement dans un terrain marécageux ou dans un bas-fond, par un temps très pluvieux (vallée d'Azun); lac alimenté par des sources intérieures... *Heou* (avec une intonation nasale): *et heou de Gaube*: lac de Gaube, au-dessus de Cauterets. *Et gran, et petit hiou*, deux lacs ou marais près de Lourdes... *Lheou*, lac élevé d'où découle une source de l'Adour, au-dessus de Bagnères; baptisé *Lac Bleu* pour la comodité des touristes». Rouch y Camelat en su vocabulario manuscrito de Azun recogen *uoù* e *ilhèu* «lac».

Indicó Rohlfs (*BhZRPh*. LXXXV, § 59; *ZRPh*. XLVII, 39ss.) que todas estas formas suponen una base *ibone* del mismo radical que el vasco *ibai* 'río' (*hibai* en Laburdi y Baja Navarra), labortano *ibaso* íd., *ibar(ra)* 'vega', vizc. y b. nav. *(h)ibi* 'vado', prerromano (I)BAICA > *VEGA*[1].

DERIV. *Libonazo* 'alud de tierra', en Bielsa (*BDC* XXIV, 172), tal vez cruzado con *lit*, variante de *ALUD*.

[1] Supongo que el parecido de *Fontlibon*, casa de campo en el dep. del Aude (Sabarthès), será casual.

Icástico, V. *icono-*

ICNEUMÓN, tomado del lat. *ichneumon, -ŏnis*, y éste del gr. ἰχνεύμων, -ονος, 'especie de rata de Egipto que persigue al cocodrilo', derivado de ἰχνεύειν 'seguir la pista', y éste de ἴχνος 'huella', 'planta'. *1.ª doc.*: 1624, Huerta, Jáuregui.

CPT. *Icnografía* [*Aut.*], compuesto de ἴχνος 'planta' con γράφειν 'describir'; *icnográfico*.

ICONO-, primer elemento de compuestos cultos formados con el gr. εἰκών, -όνος, 'imagen'[1], derivado de ἔοικα 'asemejarse'. *Iconoclasta*, compuesto con κλάειν 'romper'; también *iconómaco*, con μάχεσθαι 'luchar'. *Iconografía*; *iconográfico*. *Iconología* [*Aut.*]. *Iconostasio*, con στάσις 'acción de poner'.

CPT. *Icástico*, tomado de εἰκαστικός 'referente a la representación de los objetos', derivado de εἰκάζειν 'representar' y éste de ἔοικα.

[1] Alguna vez, en traducciones del ruso por con-

ducto del francés, se ha empleado un sustantivo
icono 'imagen del culto ortodoxo', mala adaptación de este vocablo griego: debería decirse *icon,*
plural *ícones.*

ICOR, tomado del gr. ἰχώρ, -ῶρος, 'parte se-
rosa de la sangre'. *1.ª doc.:* 1581, Fragoso (como
palabra griega); *Aut.*
DERIV. *Icoroso.*

Icosaedro, V. *veinte*

ICTÉRICO, tomado del lat. *ictĕrĭcus* y éste del
gr. ἰκτερικός íd., derivado de ἴκτερος 'ictericia'.
1.ª doc.: iterico, «doliente de itericia», Nebr.
Ictérico se halla también en *Aut.,* pero no fué
usual hasta muy tarde, pues se decía *ictericiado,*
que sigue siendo vulgar; *ictérico* sólo se emplea
como tecnicismo médico.
DERIV. *Ictericia* [«itericia, enfermedad: aurigo»,
Nebr.], derivado culto de *ictérico;* C. de las Casas
y Oudin traen *itericia* y *tericia,* Covarr. *tiricia,*
que se lee en B. de Argensola († 1631); *atericia*
en J. Hurtado de Mendoza (1550) y en un Lucena
citado por el *DHist.;* más que vulgarismo hoy
tericia es forma casi general en España, *tiricia* en
Extremadura, Méjico, América Central, Colombia
y Ecuador, *itiricia* a veces en Cuba y en España
(Cuervo, *Obr. Inéd.,* 180, 182); *ictericiado* [*tiri-
ciado,* 1552, López de Gómara; *atericiado,* frecuente desde 1529, A. de Guevara, *DHist.*]; el
verbo *atericiar, atir-,* se ha empleado también alguna vez (*DHist.*).
CPT. *Icterodes.*

ICTIO-, primer elemento de compuestos cultos,
formados con el gr. ἰχθύς 'pez'. *Ictiófago* [Terr]*.
Ictiografía. Ictiología* [Terr.; Acad. 1914 o 1899];
ictiológico; ictiólogo. Ictiosauro, compuesto con
σαῦρος 'lagarto'.
DERIV. *Ictíneo* 'buque submarino', nombre dado
por el catalán Narcís Monturiol (1819-1885) a su
invento.

Ida, V. *ir   Idea, ideación, ideal, idealidad,
idealismo, idealista, idealización, idealizador, idea-
lizar, idear, ideario, ideático,* V. *ver*

ÍDEM, tomado del lat. *ĭdem* 'el mismo', *ĭdem*
'lo mismo'. *1.ª doc.:* mediados del S. XVII, Calderón; *Aut.*
DERIV. *Identidad* [1440, A. Torre (C. C. Smith,
BHisp. LXI); Lope], tomado del lat. tardío *iden-
titas,* derivado artificial de *idem,* formado según
el modelo de *ens* 'ser' y *entitas* 'entidad', para
traducir el gr. ταυτότης (M-L., *ALLG* VIII, 331;
Walde-H.); *idéntico* [1734, *Aut.*]; compuesto de
éste: *identificar* [Fr. A. Manrique, † 1649], *iden-
tificable, identificación.*

*Ideográfico, ideograma, ideología, ideológico, ideó-
logo, idílico, idilio,* V. *ver*

IDIOMA, tomado del lat. tardío *ĭdĭōma, -atis,*
'idiotismo', y éste del gr. ἰδίωμα 'carácter propio
de alguien', 'particularidad de estilo', derivado de
ἴδιος 'propio', 'peculiar'. *1.ª doc.:* 1605, *Quijote*[1].
De 'modo de hablar propio de un individuo' o
'locución de sentido peculiar' se pasó a 'lenguaje
propio de una nación', sentido que tiene ya en el
Quijote y otros clásicos (*Aut.*). Es probable que
el vocablo se vulgarizara con anterioridad; en
francés se documenta ya en 1548 (*RF* XXXII,
78).
DERIV. *Idiomático. Idiota* [Berceo, *Mil.,* 221;
después se halla varias veces en Juan de Valdés,
todavía como neologismo, *BRAE* VI, 508; C. de
las Casas, 1570; *Quijote,* etc.], tomado del lat.
idiōta 'profano, ignorante' y éste del gr. ἰδιώτης
'hombre privado o particular', 'profano, que no
es técnico en una profesión', 'ignorante', ac. ésta
que se conserva todavía en el Siglo de Oro; la
moderna figura en la Acad. ya en 1869, no 1843.
Idiotismo [1580, Herrera, *Anotaciones, RFE* XL,
169] —y en el sentido de 'idiotez' [1617, S. de
Figueroa], en el cual fué sustituído por *idiotez*
[1613, Cervantes][2]—, tomado del lat. *idiotismus*
'locución propia de una lengua', y éste del gr.
ἰδιωτισμός 'habla del vulgo'.
CPT. *Idiosincrasia* [Terr.; Acad. 1869, no 1817],
tomado de ἰδιοσυγκρασία íd., compuesto con
σύγκρασις 'temperamento', derivado de κεραννύναι
'mezclar'; *idiosincrásico.*

[1] APal. 201d define el vocablo al parecer sólo
como palabra grecolatina.— [2] En cuanto a *idio-
cia,* condenado en *BRAE* XII, 285-6, es galicismo que apenas se ha empleado nunca.

*Idólatra, idolatrante, idolatrar, idolatría, idolá-
trico, ídolo, idología, idolopeya,* V. *ver*

IDÓNEO, tomado del lat. *ĭdōnĕus* 'adecuado,
apropiado', *1.ª doc.:* 1449, *BHisp.* LVIII, 91;
APal. «armentum... linaje de ganado *ydóneo* para
exercitar las armas», 32b.
Tardó todavía en hacerse de uso común: *Aut.*
no cita ejs. hasta fines del S. XVII. Hoy sigue
siendo palabra ajena a la lengua hablada.
DERIV. *Idoneidad.*

IGLESIA, descendiente semiculto del lat. vg.
eclesĭa, lat. *ecclēsĭa* 'reunión del pueblo', 'asamblea de los primeros cristianos para celebrar el
culto', 'lugar donde éste se celebraba', tomado a
su vez del gr. ἐκκλησία 'reunión, asamblea con-
vocada', derivado de ἐκκαλεῖν 'convocar'. *1.ª doc.:*
eglesia, doc. de 921 (Oelschl.); *iglesia,* princ.
S. XIII.
Véase esta obra para testimonios tempranos. En
el *Cid eclegia;* en Berceo *eglesia* (*Mil.,* 706c), *igli-*

sia (*Sacr.*, 100) y otras formas; en la *Disputa del Alma y el Cuerpo*, *elgueja* (supuesto por la rima: *RABM* IV, 449ss., v. 19), *elguesia* en escritura de 1244; también se hallan muy extendidas en el S. XIII *egrija* (comp. hoy nombres de lugar como *Grijota* 'iglesia alta', *Grijalba*, etc., M. P., *Oríg.*, 114n.1), e *igleja* (*Fn. Gonz.*, 84; asegurado por la rima en J. Ruiz)[1]. Pero desde la segunda mitad del S. XIV *iglesia* tiende a imponerse en la lengua literaria, y es la única forma registrada por Nebr. Sin embargo, *igreja* subsistió con gran extensión en el habla vulgar o dialectal, y con este carácter aparece a menudo en los clásicos[2]; hoy *ilesia* tiene bastante extensión, p. ej. en Cespedosa (*RFE* XV, 149), valle de Béjar, Sierra de Gata, Centro, Nordeste, Noroeste, Sudeste y Oeste de Cáceres (Espinosa, *Arc. Dial.*, 184), prov. de Teruel, etc. Cat. *església*[3], popularmente *iglésia* (< *eigl-*), cat. ant. (*es*)*gleia*, *glésia*; port. *igreja*, gall. *eirexa* (< *eigr-*) (Castelao, 253.21).

Como nombre popular de la iglesia se extendió ECCLESIA a casi toda la Romania, salvo Rumanía, Dalmacia y los Grisones, donde predominó BASÍLICA; la Península Ibérica pertenece hoy por entero al área de aquel vocablo, aunque los textos medievales presentan abundantes huellas del otro (M. P., *Oríg.*, 252-4). En latín vulgar se generalizó una variante ECLĘSIA, con una simplificación de las dos CC que se registra abundantemente en textos e inscripciones del Bajo Imperio, y que constituye también el punto de partida de las formas hispánicas (comp. *FEW* III, 203-4). El cambio de E- en *i*- castellana deberá explicarse por la posición frecuente tras la *a* del artículo: *la eglesia* (*una eglesia*) > *la ęglesia* > *la iglesia*; como consecuencia de lo mismo aparece una forma *eyglesia* en el Fuero Juzgo y hoy *eigrexa* en gallego, idioma que junto con el leonés presenta otros ejemplos de esta evolución de una *e*- inicial (M. P., *Dial. Leon.*, § 4.2).

DERIV. *Iglesieta*. *Anteiglesia*. *Eclesiástico* [h. 1280, *1.ª Crón. Gral.*, 182*b*2], tomado de *ecclesiasticus* y éste del gr. ἐκκλησιαστικός íd.; *eclesiastizar*.

[1] Simonet cita *egléja* en inscripción andaluza de 1214, *ecléxia* en escritura mozárabe de Toledo.— [2] Lope, *La Corona Merecida*, p. 186; *El Mejor Alcalde, el Rey*; Vélez de Guevara, *La Serrana de la Vera*, vv. 2355, 2709. Más datos en Cuervo, *Obr. Inéd.*, p. 97.— [3] La forma cat. *església* se debe a un «cambio de prefijo». En cuanto a la variante *iglésia*, que también se encuentra modernamente y quizá no sea castellanismo, podría allí explicarse por vocalización de la *s* (*esgl-* > (*e*)*igl-*).

Ignaro, *ignavia*, *ignavo*, V. *conocer*

ÍGNEO, tomado del lat. *ignĕus* íd., derivado de *ignis* 'fuego'. *1.ª doc.*: 1444, Juan de Mena, *Lab.* 169*f*; Quevedo.

Voz poética o técnica.

DERIV. Derivados de *ignire* 'quemar, pegar fuego', derivado a su vez de *ignis*: *ignito*, *ignición*. CPT. *Ignífero*. *Ignipotente*. *Ignívomo*.

Ignominia, *ignominioso*, V. *nombre* *Ignorancia*, *ignorante*, *ignorar*, *ignoto*, V. *conocer* *Igreja*, V. *iglesia*

IGUAL, del antiguo *egual* y éste de AEQUALIS 'del mismo tamaño o edad', 'igual', derivado de AEQUUS 'plano, liso, uniforme, igual'. *1.ª doc.*: *equal*, doc. de 1100 (Oelschl.); *egual* e *igual*, Berceo.

Aunque *egual* es la forma típica de Berceo (*Mil.*, 902*d* y passim), la variante moderna se halla ya algunas veces en mss. antiguos de esta época (*S. Or.*, 126, 177); aparece también en la *Astronomía* de Alfonso el Sabio, mss. del S. XIII; a pesar de que *egual* sigue siendo forma de uso común en las dos centurias siguientes: J. Ruiz, 358*b*, 434*b*; *Rim. de Palacio*, 85, 822, 1504; G. de Segovia (p. 71); pero desde Nebr. se generalizó la forma con *i*-. Cej. IV, § 48. Vocablo general en todas las épocas y común a todos los romances de Occidente; toma también la forma *igual* en portugués y en catalán (no hay motivo para considerarla castellanismo, con M-L.).

DERIV. *Igualar* [*egualar*, h. 1280, *1.ª Crón. Gral.*, 182*b*34; J. Ruiz, 682*d*; *Conde Luc.*, ed. Knust, 75.12; *Rim. de Palacio*, 371; *igualar*, 1392, *BHisp.* LVIII, 91; APal. 471*b*, Nebr.]; *iguala* [*eguala*, 1219, F. de Guadalajara; *i-* S. XV, Crón. de Juan II]; *igualación*; *igualado*; *igualador*; *igualamiento*; *igualante*. Anteriormente se dijo *eguar* [*Cid*; Berceo; J. Ruiz; *Gr. Conq. de Ultr.*, 618; *Calila*, ed. Rivad. 78], de AEQUARE íd., derivado de AEQUUS (*iguar* en el *Setenario*, fº 10rº; *1.ª Crón. Gral.*, 650a21; *Alex.*, 2243, 2393; y hoy en el sentido de 'componer, concertar', 'reparar lo roto o descompuesto', en Asturias, V); ast. *desiguar* 'deshacer, descomponer' (V). Para *eguado* '(niño o carnero) adulto', V. IGÜEDO. *Igualdad* [Berceo, *S. Or.*, 126; *egualdat*, *Alex.*, 1430, etc.], que también se dijo *egualeza* (*Castigos de D. Sancho*, 130) o *egualança* (J. Ruiz, 1664*b*); *igualitario* [Acad. ya 1914], imitado del fr. *égalitaire*, derivado de *égalité* 'igualdad'. *Igualón*. *Desigual* [princ. S. XIV, *Zifar*, 66.14; Nebr.]; *desiguala* [íd.], *desigualar* [íd.], *desigualdad* [íd.]. Cultismos, derivados de *aequare* 'igualar': *ecuable*, de *aequabilis* íd. *Ecuación* [*Aut.*]. *Ecuador* [h. 1600, Paravicino, *Aut.*]; *ecuatorial*. *Ecuante*. *Ecuo*, tomado de *aequus* 'plano', 'equitativo'; *equidad*, tomado de *aequitas*, *-atis*, íd.; *equitativo*; *equísimo*. *Adecuar*, tomado del lat. *adaequare* 'igualar'; el participio *adecuado* es de uso frecuente desde Fr. L. de Granada (h. 1580) y se ha hecho popular, mientras las demás formas del verbo no se hallan en uso hasta med. S. XVIII y han permanecido estrictamente cultas (Cuervo, *Dicc.* I, 176-7); *inade-cuado*; *adecuación*. *Inicuo* [1444, *inico*, J. de Mena, *Lab.* 277g; 1449, *BHisp.* LVIII, 91 (V. lo dicho sobre *ÉTNICO*); 1499, H. Núñez], tomado de *ĭnīquus* 'injusto', derivado negativo de *aequus*; *iniquidad* [*Corbacho* (C. C. Smith, *BHisp.* LXI)]; *iniquísimo*.

CPT. *Equi-*, del lat. *aequus*, funciona casi como un prefijo. *Equiángulo*. *Equidiferencia*. *Equidistante* [1633, Lz. de Arenas, p. 18]; de donde *equidistancia* y *equidistar*. *Equilátero* [h. 1440, A. Torre (C. C. Smith); 1633, Lz. de Arenas, p. 94]. *Equilibrio* [Esquilache, † 1658, *Aut*], tomado de *aequilībrĭum* íd., compuesto con *libra* 'balanza', a través del italiano, en donde lo introdujo Pigafetta en el S. XVI (Migliorini, *Cos'è un Vocab.*, 86); *equilibrar* [Quevedo], *equilibrado*, *desequilibrar* y de ahí *desequilibrio*; *equilibre*; *equilibrista*. *Equinoccio* [1499, H. Núñez; Covarr.; Oudin], tomado de *aequinoctium* íd., compuesto con *nox* 'noche'; *equinoccial* [*-ocial*, J. de Mena (Lida); 1633, Lz. de Arenas, p. 101]. *Equiparar* [Lope], tomado de *aequiparare* íd., compuesto con *parare* 'disponer'; *equiparación*; *equiparable*. *Equipolente*, con *pollens, -tis*, 'potente'; *equipolencia*; *equipolado*. *Equiponderar*; *equiponderante*; *equiponderancia*. *Equivaler* [h. 1640, Nieremberg, Ovalle]; *equivalente*, [*equivalente a Venus* 'igualmente hermosa que Venus', Marqués de Santillana, *Obras*, p. 370; Covarr.]; *equivalencia* [1370, Leyes de Toro]. *Equívoco* adj. [1433, Villena (C. C. Smith); 1545, P. Mejía; C. de las Casas; Covarr.; Oudin], tomado del lat. tardío *aequĭvŏcus* íd., compuesto con *vocare* 'llamar'; m. [Paravicino, h. 1630]; *equivocar* [Oudin; Quevedo], empleado casi siempre como reflexivo, y entonces aunque al principio sólo significaba 'errar tomando una cosa por otra', tomó después en español el sentido de 'errar de cualquier manera', todavía no registrado por la Acad.; *equivocación*; ast. *enquivocar* íd. y *enquivocu* 'equivocación' (V); *equivoquista*; *inequívoco*.

IGUANA, del arauaco antillano *iwana* íd. *1.ª doc.*: *iguana* o *yu-ana*, a. 1526, Fernández de Oviedo.

Iua(n)na sale ya h. 1510 en el latín de P. Mártir de Anglería, y se atribuye una forma *yaguana* a Fernández de Enciso (1519) que convendría verificar. Más documentación en Friederici, *Am. Wb.*, 310-1; Cuervo, *Ap.* § 971; y Pichardo, s. v. *higuana*. Es posible que el vocablo indígena empezara por *h-* aspirada si es exacta la forma *higuana* que Pichardo atribuye a A. de Herrera, y si hay realmente parentesco con los nombres de lugar *Jiguaní* y análogos que menciona dicho lexicógrafo; pero si *jiguana* se encuentra realmente así en Fernando Colón, en esta época la *j-* no podría indicar nada de esto, y por otra parte hay que contar hoy con la posibilidad de la aglutinación de la *-h* del artículo plural *las* (*lah*).

CPT. *Iguanodonte*, compuesto con la terminación de *mastodonte*.

Iguaño, V. *año*   *Iguar*, V. *igual*   *Iguaria*, V. *gollería*

IGÜEDO, 'cabrón', 'chivo', probablemente del mismo origen incierto que el port. *bode* 'cabrón', quizá de una base prerromana *ECŌTO emparentada con el vasco *aketo* íd. *1.ª doc.*: *egüedo*, princ. S. XV, Juan García de Vinuesa.

Se lee en la poesía que este autor escribe contra Juan Alfonso de Baena, en el cancionero de su nombre (n.º 391, v. 31, p. 446): «Con vuestra casa cosina / vos ponen en Alissedo / estas de cabrón *eguedo*; / ya vos dan en costadía / mayoría, / sobre todos, en saltar». Quizá sea vano empeñarse en interpretar los pormenores de esta composición, donde la preocupación por la combinación métrica rebuscada predomina sobre el fondo e ingenio del concepto; de todos modos es claro que se trata del vocablo estudiado aquí y no de un derivado de *yegua* con sentido colectivo, tal como sugiere el editor. Nuestro Juan García sería de la región de Soria[1]. Hoy se emplea *egüedo* o *igüedo* para el chivo de dos años de edad en Cespedosa de Tormes (*RFE* XV, 280), *güedo*[1bis] se aplica al chivo destetado o de un año y *güeda* a la cabra de la misma edad en Salamanca (Lamano), *esgüeda* o *engüeda* a la cabra de dos años en Pas, Salaya y Riomiera, prov. de Santander (García Lomas; *Bol. Bibl. Mz. y Pelayo* II, 66), alto-sant. *igüeda* 'íd.' (*BRAE* XXV, 389), *godayo* o *güedayo* al chivo de uno a dos años en la Cabrera Alta (Casado Lobato), que a su vez enlaza con gall., trasm., barros. *godalho, -alha,* 'chivo o cabra joven'[2]. En cuanto a la Acad., se limita a informarnos (ya en su ed. de 1884) de que *igüedo* equivale a 'cabrón, macho de la cabra', sin precisar si es palabra de uso general entre la gente del campo—que creo no lo es—o si se emplea en una parte determinada de España. Completo estos datos con algunos que me señala D. Américo Castro. En Alcañices (Zamora) *güedro* es 'cabrito', y en otro pueblo vecino la misma forma vale 'cabrón capado' y *güedra* 'chiva de dos años'. En Villavieja (Salamanca) *igüeda* 'chiva menor de un año', en La Roda (Albacete) *igüedo* 'macho cabrío' («hueles peor que un *igüedo*»); según comunicación del Sr. Beceña, en Ponga y Cangas de Onís (Asturias) es el cabrito o el rebeco de dos años.

El Sr. Castro había pensado en considerar *igüedo* variante del antiguo *eguado* (AEQUATUS)[3] que parece significar 'mozo' en Berceo (*Signos,* 24), *Calila* (p. 482), Cortes de 1252 (*Anales de la Junta de A. de E.* III, 134), Juan Manuel (*Caza,* p. 49), J. Ruiz (480), con variante *iguado* en López de Ayala (*Caza,* p. 139): el cambio de *iguado* en *igüedo* se debería al influjo de las formas dialectales *güe* 'buey' y *güeya* 'oveja', en las combinaciones *güe iguado*, *güeya iguada*. Pero mi sabio maestro se apresura a añadir certeramente «el obstáculo del cambio de *a* en *e* es tal que me hace dudar de lo justo de mi hipótesis, siendo así que cada vez me siento más enemigo de la fantástica arbitrariedad que inunda el campo de las investigaciones etimológicas». Por mi parte diré que, en efecto, aun contra la ingeniosa pero sutil explicación que sugiere para el cambio de *gua* en *güe*, hay dos serios obstáculos: las formas *güe* y *güeya* son sólo leonesas, más precisamente asturianas, y de fecha muy moderna, mientras que la forma *igüedo* se extiende desde Albacete a Zamora y ya aparece en el S. XV. Por otra parte hay *godayo*, *-alho*, y otras formas que creo emparentadas, que orientan nuestra indagación en otro sentido.

Es muy probable que *igüedo* sea la forma castellana correspondiente al port. *bode* 'macho cabrío', gall. *bòde* íd. y 'pellejo inflado', 'obeso'[24]; la diptongación de *o* en *ue* está en regla, puesto que *bode* tiene *o* abierta, por lo menos en Galicia, y la vacilación de las formas españolas entre *e-*, *es-*, *en-* o cero, correspondería bien a una base EBŎTU O EGŎTU; para el cambio de *-o* en *-e* tras *o* tónica, seguramente por disimilación, V. lo dicho a propósito de *DOBLE* y *GOLDRE*.

Un vocablo de esa estructura y significado difícilmente puede ser otra cosa que prerromano, como parecen serlo el arag. *segallo* 'cabrito antes de llegar a primal' y el arag., nav. y alav. *irasco* 'macho cabrío' [Peralta, 1836][5]. Tal vez haya parentesco con el vasco *aketo*[6] 'cabrón pequeño', *aker*[7] 'macho cabrío' (comp. además vasco *ahuntz* 'cabra'), pues al fin y al cabo también podríamos partir de *ECOTŎ (para la terminación de *ECŎTO comp. *MAGÜETO*), con vocalismo algo diferente, admitiendo que en portugués *(e)gode* pasara secundariamente a *bode* con una *b* como la del vulgar *abuja* ACUCULA, *bujero* 'agujero'. Estas suposiciones nos obligarían a creer que en castellano *BODE* sea forma tomada del gallegoportugués o del mozárabe, lo cual es posible, pues no es vocablo de uso general (falta en *Aut.* y en el *Tesoro* de Gili)[8], y difícilmente serían compatibles con el origen onomatopéyico sugerido en el artículo *BODE*. Comp. *MOGOTE*.

[1] Su adversario dice que era de Vinuesa de Melgar. Supongo sea el actual pueblo de Vinuesa, del partido de Soria. Los títulos del Cancionero nos informan de que era oficial de Juan García de Soria, «despensero del Rey nostro señor».— [1bis] Claro que *(e)güedo* (y *güedro*) no viene de HAEDUS, como quisiera G. de Diego, *GdDD* 3190a.— [2] «Haedus, el cabrito que ya es grande para cabrito y aun no tiene edad para ser padre o castrón», que Sarm. recoge del gallego de tierra adentro y deriva de una forma burgalesa *guedo*; además «receptor o notario que sale a

diligencias» y en Pontevedra *hacer una godalla* 'huir, un niño, de la escuela', el cual se denomina *godalleiro* (*CaG.* 209v, 163r, 217r, A18r), *godalleiro* 'cochino, obsceno, hediondo' (Vall.), hablando de un asno retozante: «o seu orneo *godalleiro*» (Castelao, 142.26). *Igüedri* es una majada al Oeste de Camaleño, a unos 1.400 m. alt. en los Picos de Europa, alto valle de Potes, junto al trifinio de Santander con León y Asturias (José R. Lueje, *Los Picos de Europa*, León 1973, p. 83). Parece tratarse de un colectivo ECOTĔRI '(lugar de) muchos rebecos o igüedos'.— [3] Realmente en Juan Ruiz, 480a, *eguado* se aplica a un carnero en el sentido de 'crecido, adulto, que ya tiene cuernos'; en Berceo, *Signos* 24b, se refiere a personas, oponiéndose juntamente a *niños* y a *de gran vegedat*, luego significa 'adulto' y parece ser cierto, como sugiere Baist (J. Manual, *Caza*, p. 112), que la expresión partió de las aves que ya habían emparejado su plumaje (vid. *eguar* s. v. *IGUAL*). Pero el parecido del *eguado carnero* de J. Ruiz con el *cabrón egüedo* de J. A. de Baena ha de ser meramente casual, pues el *igüedo* es justamente el cabrón j o v e n y no el crecido. Alto Aller *iguá* 'cabra de un año' (Lorenzo Rodríguez-Castellano, 282) no tiene valor alguno en apoyo de la etimología AEQUATUS (que es la de *GdDD* 225), no sólo porque en esta habla abundan las contracciones del tipo del madrileño *señá* < *señora*, sino aún más teniendo en cuenta que ésa es la zona de la metafonía asturiana *-adu* > *-edu*, de donde oposiciones como *güepu* : *guapa*, *furecu* : *furaca*, *tenéu* : *tená(da)*, *mayéu* : *mayá* 'majada' (Rdz. Cast., p. 118 y passim) y las ultracorrecciones consiguientes. En la vecina habla de La Lomba (León) esta ultracorrección parece haberse generalizado en nuestro caso, de donde *iguau*, *iguado*, 'macho cabrío joven' (*BRAE XXX*, 326).— [4] El compt. *bòde-seijo* que a continuación da Vall., remitiendo *a cabra*, será la cabra montés, y resultará de una haplología de *bòde de seixo* 'cabrón de peña', traducción del nombre latino *rupicapra*.— [5] En el vasco del Roncal es 'choto castrado' (Azkue); luego debe de haber relación con el vco. guip. y vizc. *iren* 'castrado', *irendu* 'castrar'. Por lo demás hay que contar también con la posibilidad de que en los Pirineos sea de origen indoeuropeo, pues *er(i)-*, *eri̯-* 'chivo' 'morueco' está más o menos representado en muchas familias lingüísticas indoeuropeas, mucho sobre todo en la balto-eslava, pero también en casi todas las demás, pues no es seguro que el a. al. ant. *irah* 'chivo' sea un latinismo, como admite Pok. *IEW*, 326, y a éste hay que agregar todavía el scr. tardío *āreyaḥ* 'morueco' (Schmidt, *Nachträge zum kurz. Petersb. Wb.*, 99c). Quizá tenga razón Baráibar al identificarlo con el vasco *iratxo* 'duende' (Azkue; bilb. *irachus* 'seres fantásticos diminutos, como los gnomos', Arriaga), suponiendo que pasara de 'macho cabrío' a 'demonio',

representado por aquel animal, y de ahí a 'duende'. Sin embargo, como falta explicar la diferente terminación quizá debamos pensar en un
cruce entre el lat. *hĭrcus* 'macho cabrío' (conservado popularmente en los Pirineos, véase s. v.
HIRCO) y el alto aragonés *ternasco* 'cabrito'
(*BDC* XXIV, p. 181), cuando éste sonaba todavía
*tenerasco; aunque, como advierte el prof. Michelena (*BSVAP* XI, p. 296), *irasco* e *iratxo* podrían
unirse, suponiendo que contengan los sufijos vascos
-sko y *-txo*.— [6] Sin embargo, también es verosímil relacionarlo con *ikotu* «saltar, retozar», *ikotika* «brincando» (propio del vizcaíno de Durango según Azkue), ¿quizá emparentado con el
vizcaíno y guipuzcoano *ikutu* 'tocar' y éste
con *ikubil* = *ukabil* 'puño'? Es una imagen estereotipada, en lituano, la de los cabritos retozando, igual que en J. Ruiz, en el episodio del lobo
burlado por las cabras en la historia de D.ª Endrina; cf. vizc. *akitian* y *akitika* que Azkue define «saltando los cabritos». Quizá en definitiva
aketu esté también emparentado lejanamente con
ikotu 'retozar'. Por otra parte, aunque es problemática, hay la posibilidad de que exista relación
de *aketo* ∼ *ekoto*, por una parte con el bereber
ayad 'macho cabrío', *iyid, igedi* 'cabrito' [los cita
Tovar *DEVco.* creo que de Schuchardt *RIEV*
VII, 315], y por otra parte, entre éste y el tipo
(al parecer) preindoeuropeo GHAIDO- que es común
al latín (*haedus* 'macho cabrío') y al germánico
(*gaits* 'cabra'), pero ajeno a las demás lenguas
indoeuropeas.— [7] Vasco *aker* 'macho cabrío' ya se
documenta en 1076, y en un texto coetáneo aparece una traducción romance navarra *ueko* [difícil
de relacionar con nada de esto: parece que se
deba entender *veco* y relacionar con la voz italiana *becco* íd., de creación expresiva], Michelena,
BSVAP XI, 296; J. M. Lacarra, *Vasconia Medieval, Historia y Filología*, S. Sebastián, 1957,
24.— [8] Sólo se citan ejemplos del granadino
Fray Luis, y de Juan de Guzmán (1580), que
estudió en Salamanca, fué luego catedrático allí,
antes de pasar a Alcalá, y publicó un libro en
Lisboa.

IJADA, derivado romance del lat. ĪLIA, ĪLIUM,
'bajo vientre'. *1.ª doc.*: Berceo, *Mil.*, 537.

Se lee también en la traducción leonesa del
Purgatorio de San Patricio (S. XIII: *Homen. a
M. P.* II, 229), en J. Ruiz, J. Manuel, APal. (146d,
204b), Nebr.[1], etc. Palabra popular en todas las
épocas. Una forma equivalente se halla también en
el cat. *illada* [Jaume Roig, v. 9636]. La coexistencia de *ijada* con *ijar* en castellano, *ilhal* portugués,
y port. *ilharga* (1712, Bluteau), gall. *illarga* «los
lados, hacia los riñones» (Sarm. *CaG.* 155), berc.
illarga 'cadera' (Fz. Morales) (**ILIATĬCA*)[2], la supervivencia en catalán de *aixovallar* 'esquilar las ijadas' SUBILIARE y *aïllar* 'respirar fuerte con movimiento de ijadas' (Ribagorza: *Congr. Intern. de*

la Ll. Cat.), finalmente la presencia de representantes directos del primitivo ĪLIA en lengua de Oc,
francés antiguo, rético, rumano y dialectos italianos (*REW* 4260), dan a entender que *ijada* pudo
ser derivado puramente castellano e iberorromance
de un primitivo **ija*, pronto desaparecido en razón
de la homonimia. V. además *JADE* y *ENTRE-
SIJO*.

DERIV. *Ijar* [Berceo, *Mil.*, 585, *Signos*, 40;
también en J. Ruiz, APal. (194d, 204b, 545d); y
para Nebr., V. arriba][3], otro derivado de ILIA. *Trasijado*. Derivado de *ijada* es *ijadear* 'mover las ijadas al respirar aceleradamente, por cansancio' [1569,
Ercilla, *Aut.*]; después, con aféresis, *jadear* [ambas
formas en Cervantes, y la segunda por el mismo
tiempo en Yepes]; la forma con *i-* se conserva
hasta hoy en Guanajuato, Méjico (R. Duarte)[4]; *jadeante; jadeo. Ilion*, tomado del fr. *ilion*, descendiente culto del lat. *ilium*.

[1] Éste distingue entre «*ijada de pescado*: abdomen» e «*ijares*: hypocondria». En el léxico latino-español «abdomen: *ijada gruessa del pescado*».— [2] En el lenguaje de los médicos latinos se
introdujo cierta confusión entre el lat. ĪLIA 'ijadas' y el gr. εἰλεός 'enteritis, cólico violento'
(V. abajo *ÍLEO*). De ahí que un derivado de este
último, *ileatĭcus* 'restreñido', se convirtiera en
ILIATICUS 'relativo a las ijadas' (de donde el citado **ILIATICA*), y, por otra parte, de ILIA se formó con sufijo griego un derivado *ilĭăcus* 'relativo a las ijadas', con su descendiente culto «*ilíaco,
doliente de la ijada*: iliacus», registrado por
Nebr.— [3] En la Arg. se aplicó al cuero entero
de un vacuno, así en *Santos Vega* (v. 945, vid.
Tiscornia, *Poetas Gauchescos*).— [4] También en
Chile: «a pasos contados, los mancos [= caballos] subían *ijadeando*, baja la cabeza, bañados
de sudor», Guzmán Maturana, *D. P. Garuya*,
p. 74.

Ijadear, ijar, V. *ijada*   *Ijarzo*, V. *sarrio*

IJUJÚ, 'grito que se lanza como expresión de
júbilo, para animar la danza o para llamar de lejos en la montaña', voz onomatopéyica. *1.ª doc.*:
1517, Torres Naharro, V. el índice de Gillet;
ixuxú, 1891, Rato; Acad. 1936.

Rato: «grito que se da para llamar, para poner alerta, para alegrar; era grito de alerta» (V.
además s. v. *danza prima*); Vigón: «*ijujú*! belicoso grito que lanzan los mozos al terminar el estribillo de los cantos que entonan en las danzas
y en sus excursiones a fiestas y romerías». Es
propio de las provincias cantábricas, y empleado
especialmente por los montañeses para llamarse
unos a otros: el nombre es reproducción del grito mismo. Por lo demás, también se emplea esta
llamada en los Pirineos, aunque se le suelen dar
otros nombres (aran. *illets*, propiamente 'relinchos'). En Salamanca se emplea la variante *jijeo*

(Lamano), con el derivado *jijear* (Cej. VIII, § 4), en Extremadura *jujar* y en la Ribera del Duero *jujear* (Acad. S. XX atribuye *jujeo* a Santander). Para la extensión de esta palabra y de sus sinónimos, vid. M. P., *Poesía Jugl.*, 160 n. 1.

Ilación, V. *preferir*   *Ilaga, iliaga, illaga*, V. *aulaga*   *Ilapso*, V. *lapso*   *Ilativo*, V. *preferir*   *Ilce(ra)*, V. *encina*   *Ilécebra*, V. *delicia*   *Ilegal*   *ilegalidad*, V. *ley*   *Ilegible*, V. *leer*   *Ilegítimar, ilegitimidad, ilegítimo*, V. *ley*

ÍLEO, 'enfermedad que origina oclusión intestinal y cólico miserere', tomado del lat. *īlĕus* y éste del gr. εἰλεός íd., derivado de εἰλεῖν 'enrollar, retorcer', porque esta enfermedad se atribuye a un retorcimiento de los intestinos. *1.ª doc.*: *ilión* 'colon', 1556, J. de Valverde (*Aut.*); *íleo*, como nombre de enfermedad, Acad. 1884.

Íleon 'porción del intestino' e *íleo* son fundamentalmente una misma palabra, que en griego y en latín sólo es nombre de enfermedad; el uso, seguramente favorecido por una confusión parcial del vocablo con el lat. *ĪLIA* 'bajo vientre', extendió el vocablo hasta designar una parte del intestino afectada habitualmente por esta dolencia, parte que según *Aut.* era el colon y hoy designa la intermedia entre el yeyuno y el ciego. Para la confusión aludida V. nota en *IJADA*. Para la explicación semántica de la denominación griega comp. el cast. *TOROZÓN*, especie de íleo, procedente del lat. TORTIO 'torsión'.

DERIV. *Ilíaco* 'perteneciente al íleon' [«*iliaca, dolencia de tripas: ileon*», Nebr.].

CPT. *Ileocecal*.

Ilesia, V. *iglesia*   *Ileso*, V. *lesión*   *Iletrado*, V. *letra*   *Ilíaco*, V. *íleo e ijada*   *Iliberal*, V. *libre*   *Ilicíneo*, V. *encina*   *Ilícito, ilicitud*, V. *licencia*   *Ilimitable, ilimitado*, V. *límite*   *Ilion*, V. *ijada*   *Ilíquido*, V. *licor*   *Iliterario, iliterato*, V. *letra*   *Ilógico*, V. *lógico*   *Iludir*, V. *ludibrio*   *Ilumaria*, V. *alimara*   *Iluminación, iluminado, iluminador, iluminante, iluminar, iluminaria, iluminativo, iluminismo*, V. *lumbre*   *Ilusión, ilusionarse, ilusivo, iluso, ilusorio*, V. *ludibrio*   *Ilustración, ilustrado, ilustrador, ilustrante, ilustrar, ilustrativo, ilustre*, V. *lustre*   *Im-*, V. *in-*

IMAGEN, tomado del lat. *ĭmāgo, -ĭnis*, 'representación, retrato', 'imagen'. *1.ª doc.*: Berceo, *Mil.*, 318*d*, 515, 517.

También en J. Ruiz 1205*c*; frecuente en todas las épocas y pronto tendió a popularizarse como término religioso; en *Alex.*, 1904*c* aparece una forma semipopular *omagen* (*O*, pero *ymagen* en *P*), que existe también en portugués antiguo y vulgar.

DERIV. *Imaginar* [princ. S. XIV, *Zifar* 22.9; Nebr.; *maginar*, h. 1400, *Rim. de Palacio*, 1034; fin S. XV, Rodrigo de Reynosa, *Phil. Q.* XXI, 40; *amaginar, Canc.* de Baena, *DHist.; maginar* íd. y otras citas en Cej., *Voc.*, s. v., también en Mosé Arragel, S. XV, cita de Castro, *NRFH* III, 153], tomado de *imaginari* íd.; *imaginable; imaginación* [princ. S. XIV, *Zifar*, 22.8; *Conde Luc.*, ed. Knust, 289.2; Nebr.; *maginación*, Vélez de Guevara, *Serrana de la Vera*, v. 1823]; *imaginamiento; imaginante; imaginativo* [1569, Ercilla (C. C. Smith, *BHisp.* LXI)], *imaginativa; magín* [Acad. ya 1817], comp. cat. *magí* 'cerebro'. *Imaginero; imaginería* [Juan de Mena (Lida, 246)]. *Imaginario* [Nebr.], tomado de *imaginarius* íd.; *imaginaria*, abreviación de *centinela imaginaria*, que empezó siendo la que se ponía en los cuarteles de tropa para guardar por la noche un cuarto donde estaban las imágenes religiosas[1].

El lat. *imago* debió ser derivado de un verbo preliterario *imari*, cuyo frecuentativo *imitāri* 'reproducir, representar, imitar' persistió en el idioma literario: de ahí se tomó el cast. *imitar* [Mena (C. C. Smith); 1570, C. de las Casas; Fr. L. de Granada, etc.]; *imitable; imitación* [APal. 439*b*: «*scina* se interpreta *imitación*»]; *imitado; imitador; imitante; imitativo; imitatorio*. La forma popular *remedar* [h. 1250, *Setenario*, fº 10vº; APal. 281*b*, 442*d*, 448*b*, 455*b*; «*r.*: imitor», Nebr.; su existencia en el S. XIII se deduce de la de *remedador* 'especie de juglar', M. P., *Poes. Jugl.*, 31], procede, junto con el port. (*ar)remedar*, de *REĬMĬTĀRI; remedable; remedamiento* [Nebr.]; *remedo* [S. XVII, *Aut.*]; hubo una variante sincopada *arrendar* [1553, Almazán; Horozco; *DHist.*], hoy persistente en Cespedosa (*RFE* XV, 257), Albacete (*RFE* XXVII, 242n.); de donde el derivado *arrendajo* [«*rendajo, ave*: avis imitatrix», Nebr.; *arr-*, Covarr.; Cej. V, § 101; *arrandrajo* en Cespedosa, *RFE* XV, 275].

[1] En el S. XIX había tomado el sentido general de 'centinela que hacía la guardia de noche en un cuartel'. Cuando Pedro Corominas escribió (1897 cat., 1899 cast.) su libro *Las Prisiones Imaginarias* era ya vocablo viejo, al que se refiere en la obra, y que tal vez contribuyó a crear en su mente la idea de una obra de imaginación moral-filosófica y fantasiosa entretejida con los hechos reales de su cautiverio en un castillo.

Imán 'mineral que atrae el hierro', V. *diamante*

IMÁN II, 'el que dirige la oración entre los mahometanos', del ár. *'imâm* 'jefe', 'imán'. *1.ª doc.*: *imam* o *imán*, Terr.; *imán*, Acad. 1899[1].

Oelschl. cita *imam* en docs. mozárabes de 1164 y 1178, pero creo estará en un contexto arábigo, y el hecho de figurar en el resumen castellano del editor moderno no prueba el uso en el castellano vulgar del S. XII. Es probable, sin embargo, que el vocablo corriera poco o mucho en la Edad Media aun entre los cristianos del Centro y Sur de España. En las Leyes de Moros escritas en Castilla en los SS. XIV y XV figura aun el verbo *imanar* 'hacer de imán' (*Memorial Hist. Esp.* V, 427ss.).

¹ Pottier, *Boll. dell'Ist. di Ling. Estere* V, 15, cae en el lapso de tomar por este vocablo el adj. *inmane* (lat. *immanis*) doc. en 1480-1.

Imanación, imanar, imantar, V. *diamante*

IMBÉCIL, tomado del lat. *ĭmbecĭllis* 'débil en grado sumo'. 1.ª *doc.*: 1524, Palacios Rubios.

Aut. no le admite otra ac. que la latina, que es la que muestran todos los ejs. de *imbecil* e *imbecilidad* que este diccionario cita en los SS. XVI y XVII; reconoce que es palabra muy poco usada y acentúa *imbecíl*; lo mismo hace Terr. y tampoco Oudin recoge otra ac. que aquélla; falta en Covarr. La Acad. en 1843 y 1822, pero no 1780, reconoce ya el estado de cosas moderno, así en el sentido como en la acentuación, pero todavía Baralt en 1855 y 1874 tacha esta ac. de galicismo. En francés *imbécille* tiene ya la ac. moderna en Racine, aunque no se generaliza hasta el S. XVIII. Por lo demás hay que advertir que aun en latín se aplicó alguna vez a la debilidad de espíritu, pero sólo como extensión de la ac. física. En cuanto a la acentuación moderna *imbécil*, dudo que sea debida a una mala interpretación de la ortografía francesa, como sugiere Subak, *Litbl.* XXX, 112 n.1; se tratará de uno de tantos errores al modo de *hóstil* o *sútil*, error que en nuestro caso logró imponerse (comp. A. Alonso, *BDHA* I, 353, 359).

Deriv. *Imbecilidad* [h. 1440, A. Torre (C. C. Smith, *BHisp.* LXI); Oudin].

Imbele, V. *bélico*   *Imberbe,* V. *barba*   *Imbibición,* V. *beber*   *Imbifia,* V. *belfo*   *Imbo,* V. *limbo*

IMBORNAL, 'cada uno de los agujeros abiertos en la borda de una embarcación para dar salida al agua que se acumula sobre cubierta'; antiguamente *embornal*, tomado del cat. ant. *embrunal*, metátesis de **umbrenal*, y éste del gr. ὀμβρινὰ τρήματα 'agujeros para la lluvia', del adjetivo ὀμβρινός 'pluvial', derivado de ὄμβρος 'lluvia'; el cast. mod. *imbornal* procederá del it. dial. *imbrunale*, metátesis del it. *ombrinale*, del mismo origen. 1.ª *doc.*: *embornal*, 1573, E. de Salazar, *Cartas*, p. 41; *imbornal*, *Aut.*

Embornal aparece también en García de Palacio (1587), Th. Cano (1611), la *Recopilación de Leyes de Indias* (1681), y es la forma preferida por *Aut.* y por la Acad. hasta 1884 inclusive. En catalán aparece *embrunal* en las Costumbres de Tortosa (S. XIII, ed. Oliver, p. 454) y en el *Tirante el Blanco* (h. 1465), *ambrunal* en el Consulado de Mar (S. XIII, cap. 18); hoy se dice em-

bornals o bien *embons* (reducción de **emborns,* derivado retrógrado de *embornals*). En italiano sólo puedo documentar *imbrunale* en el S. XVI—en la traducción del Consulado de Mar¹—y *ombrinale* desde el XVIII (Stratico), pero debe de ser forma mucho más antigua. Dialectalmente hallamos *unbrinà* en Savona, *ombrinae* en Génova, *ombrinal* y *brunal* en Venecia, *burnale* en Sicilia, Tarento y Malta, *imbrunale* en Nápoles, *ambrunale* en Córcega; de Italia pasó *brumal* a Veglia, *brùnô* o *bùrnô* (genit. *-ála*) al croato de Dalmacia (*ARom.* VI, 241-2). En portugués *embornaes* (citado de Amaral por Moraes) o *burnaes*, en Porto do Son *imornales*, gall. *inmornales* (en Finisterre), *embornales* (en Pindo), vid. Schroeder, *VKR* X, 194².

En mi estudio del *Homenatge a Rubió i Lluch* III (1936), 291-2, propuse la etimología gr. ὀμβρινὰ τρήματα 'agujeros pluviales', atendiendo a que la misión de los imbornales es justamente dar salida a las aguas de lluvia y otras que podrían inundar la cubierta («orifizio... per lo scolo dell'acqua di lavaggio, d e l l a p i o v a n a e di quella eventualmente imbarcata sotto i colpi di mare», definición del *Diz. di Mar.*), y teniendo en cuenta que el adjetivo ὀμβρινός aparece en textos del griego tardío, como los escolios de Arato. Hoy esta etimología me parece asegurada por el campid. *ombrinali* 'canalón, canal de tejado'³, significado arcaico que nada puede extrañar en la conservadora isla de Cerdeña⁴. También la Acad. [S. XX] da como castellana la ac. 'agujero por donde se vacia el agua de lluvia de los terrados', que no sé dónde está en uso. No es verosímil la formación **IMBRONALIS* (de IMBER) según el modelo de *aquilonalis* y *septentrionalis*, como propone Alessio, *It. Dial.* XII, 1936, 192-3.

¹ Ignoro la fecha de Targa citado además por Jal.— ² El trasm. *bornal* 'bolsa de cuero', 'bolsillo' y 'estómago' (*RL* XI, 297) será otra cosa. C. Michaëlis había citado (*St. z. rom. Wortschöpfung,* 58) un port. *cimbornal,* cuya existencia pone en duda Baist (*ZRPh.* V, 235). Si existe será debido a aglutinación del cast. *los imbornales.*— ³ Salvioni, *Arch. Stor. Sardo* V, n.° 32; Guarnerio, *KJRPh.* XII, i, 143. La etimología lat. IMBER 'lluvia' que ahí se propone chocaría con graves obstáculos fonéticos y morfológicos. En realidad *ombrinali* no tiene tal sentido, sino el de 'imbornal', y es italianismo, M. L. Wagner, *RF* LXIX, 248-9, quien por lo demás aprueba con reservas mi etimología.— ⁴ La relación que Jal sugirió entre *imbornal* y un b. lat. *bornellus* 'tubo' citado por Du C., en doc. de 1501, no sirve de mucho. Este vocablo no es más que una latinización del oc. *bournel*, fr. med. y dial. *bournel* 'tubo', de origen incierto (*FEW* I, 566; *REW* 1220a); pero esta palabra es exclusivamente galorrománica, mientras que *embornal* parece ser oriundo de Cataluña y de Italia; por otra parte

-*al* no corresponde a -ELLUS, y la sílaba *em*- tampoco se explicaría.

IMBRICADO, tomado del lat. *ĭmbrĭcatus* 'dispuesto a manera de teja', derivado de *imbrex*, -*ĭcis*, 'teja'. *1.ª doc.*: Acad. ya 1817, no 1780.

IMBUIR, tomado del lat. *ĭmbŭĕre* 'abrevar, embeber', 'penetrar de (algo), inculcar'. *1.ª doc.*: *Aut.*

Imbursación, imbursar, V. *bolsa Imienda*, V. *enmendar Imitable, imitación, imitado, imitador, imitante, imitar, imitativo, imitatorio*, V. *imagen Imoscapo*, V. *infierno Impaciencia, impacientar, impaciente*, V. *padecer Impacto*, V. *empellón Impar*, V. *par Imparcial, imparcialidad*, V. *parte Imparisílabo*, V. *par Impartible, impartir*, V. *parte Impasibilidad, impasible*, V. *padecer Impavidez, impávido*, V. *pavor Impecabilidad, impecable*, V. *pecar*

IMPEDIR, tomado del lat. *ĭmpĕdire* 'trabar de los pies (a alguno)', 'entorpecer, estorbar', 'impedir'. *1.ª doc.*: APal.[1]

También en Nebr., C. de las Casas, Covarr., etc., y se halla también en Fr. L. de Granada, Mateo Alemán, Quevedo y otros clásicos; sin embargo este último lo considera todavía culteranismo (*RH* LXXVII, 341), y es notable la frecuencia y variedad de matices con que lo emplearon Góngora y Ruiz de Alarcón, pero tampoco es escaso en textos de lenguaje normal y puro, como el *Quijote*[2].

DERIV. *Impedido. Impedidor. Impediente. Impedimento* [-*miento, Celestina* (C. C. Smith, *BHisp.* LXI), Nebr.; -*mento*, A. Torre, Mena, Santillana (C. C. Smith), APal. 379*b*, 1499, Hernán Núñez, etc.]; *impedimenta* [Acad. 1899]. *Impeditivo* [h. 1440, A. de la Torre (C. C. Smith)].

Empecer [*empedecer*, Berceo, *Mil.*, 505[3]; otros ejs. de esta forma arcaica o de *empeecer*, en el glos. de los *Infantes de Lara* por M. P.; *empeecer*, J. Ruiz, 641; *empecer*, 1241, *Fuero Juzgo*: Cuervo, *Boletín C. y C.* IV, 148-50; *Gr. Conq. de Ultr.*, 282; *Libro de los Enxemplos*, 535; Sem Tob, 432*a*; *Rim. de Palacio*, 317; Nebr.; y todavía en el Siglo de Oro: *Quijote*; Ribadeneira; Tirso, *Vergonzoso en Palacio* I, 242; aunque ya pronto quedó anticuado][4], junto con el port. *empecer* 'impedir', 'perjudicar', es derivado popular romance de IMPEDIRE; *empecedero* [Juan Manuel, Rivad. LI, 311]; *empecedor; empecible; empeciente* [Nebr.]; *empecimiento* [med. S. XIII, *Buenos Prov.*, 23.14; Antipapa Luna, ed. Rivad. LI, 564; Nebr.], que también se dijo *empiezo* (S. XIV, *Castigos de D. Sancho*, 228); comp. port. ant. *empeçar*, s. v. *TROPEZAR*.

Expedir [A. de Cartagena, † 1456; «*espedir lo impedio*: expedio». Nebr.; frecuente en los SS. XV y XVI], tomado del lat. *expedire* 'desentorpecer, despachar'[5]; *expedición, expedicionario, expedicionero; expedidor; expediente* [*espidiente*, 1423, E. de Villena; es todavía forma vulgar: Cuervo, *Obr. Inéd.*, 195, n. 5], *expedienteo; expedito* [1613, Cervantes][6], antes *espedido* [h. 1530, Garcilaso]; *expeditivo; expedimiento* (sólo en Nebr., escrito *esp-*).

[1] «*Facinnat* el que lisonjeando *impide* y engaña encobiertamente», 152*b*; «*tricinium*, por tardío y *impedido*», 508*b*.— [2] Construcciones notables: *impedir no se hiciese* 'impedir que se hiciera', *Guzmán de Alfarache, Cl. C.* I, 176.14; *impedir de* 'privar de': «portentos tan admirables / no han de poder *impedir* / *de* que me bengue arrogante», Rojas Zorrilla, *La Viña de Nabot*, v. 1116.— [3] En *Loores*, 166*d*, el metro exige también *empedescan*, o por lo menos *empeescan*, en lugar de *empezcan* que trae la ed. Janer.— [4] El sentido comúnmente es 'dañar, perjudicar', pero en el de 'impedir, estorbar' se lee en la *Gr. Conq. de Ultr.* Para su relación con *NUCIR*, V. el dato de la *Crónica Sarracina* de Corral en ese artículo.— [5] Por vía popular port. *despir* 'desnudar', gall. *espir* íd. [*CEsc.* 225.42; *MirSgo.* 76.17], *ispir* o *despir* (*espir, despido*, Lugrís, etc.; Crespo Pozo, s. v.): «*dispe e descalza os mortos*» (Castelao 171.22, 287.14); de ahí seguramente *ispida* 'martín-pescador' (Sarm. *CaG.*, p. 232) quizá porque limpia de peces el río y por la creencia referida por Sarm. de que limpia de polillas la casa donde le dejan anidar o conservan colgado su cadáver.— [6] Forma probablemente tomada del italiano, como indica Terlingen, p. 362.

Impelente, impeler, V. *compeler Impender, impensa*, V. *dispendio*

IMPERAR, tomado del lat. *ĭmpĕrare* 'mandar, ordenar'. *1.ª doc.*: Mena (C. C. Smith, *BHisp.* LXI), 1545, Pero Mejía.

Aunque tomado del latín, se tomó principalmente con el objeto de crear un verbo que correspondiera al sustantivo *emperador*, en el sentido de 'ejercer la dignidad imperial'. No frecuente; para su documentación en el S. XV, vid. J. A. Pascual, *La Trad. de la D. Com. atr. a E. de Aragón*, p. 173.

DERIV. *Imperante* [Santillana (C. C. Smith); como sust. ya en Berceo (J. A. Pascual, *l. c.*)]. *Imperativo* [APal. 328*d*]. *Imperatorio; imperatoria. Imperio* [Berceo], tomado del lat. *ĭmpĕrium* 'orden', 'mando', 'soberanía', 'gobierno imperial'; *imperial* [h. 1295, *1.ª Crón. Gral.* 654*a*39; en el nombre del poeta Francisco Imperial, princ. S. XV; Nebr.[1]; *Historia Imperial* de P. Mejía, 1545]; *imperialismo* e *imperialista* [Acad. 1925], tomados del ingl. *imperialism*, -*list*, que aparecen h. 1879 (*VRom.* II, 267); *imperioso* [princ. S. XVII, A. de Herrera,

A. de Mendoza]. *Emperador* [1107, *BHisp.* LVIII,
360; *Cid*; 1288, *L. del Acedrex*, 378.8], representante semiculto del lat. *īmpĕrātor*, *-oris*, 'el que
manda', 'general', 'emperador'; *emperatriz* [doc.
de 1129, Oelschl.; *-driz*, Berceo], de *īmperātrix*, [5]
-īcis, íd.
   [1] Así en el lugar alfabético, pero *emperial* s. v.
emperador.

   Imperfección, *imperfecto*, V. *afecto*   *Imperial*, [10]
imperialismo, *imperialista*, *imperio*, *imperioso*, V.
imperar   *Impermeabilidad*, *impermeabilización*,
impermeabilizar, *impermeable*, V. *meato*   *Im-*
perscrutable, V. *escudriñar*   *Impertérrito*, V. *te-*
rror   *Impertinencia*, *impertinente*, V. *tener* [15]
Impertir, V. *parte*   *Impetra*, *impetración*, *im-*
petrador, *impetrante*, *impetrar*, *impetratorio*, V.
padre   *Ímpetu*, *impetuosidad*, *impetuoso*, V. *pe-*
dir   *Impiedad*, *impío*, V. *pío*   *Impla*, V. *grímpola*
Implacable, V. *aplacar*   *Implantador*, *implanta-* [20]
ción, *implantar*, *implantón*, V. *planta*   *Implar*,
V. *soplar*   *Imple*, V. *grímpola*   *Implemento*,
V. *cumplir*   *Impler*, V. *henchir*   *Implicación*,
implicante, *implicar*, *implicatorio*, *implícito*, V.
plegar   *Imploración*, *implorador*, *implorar*, V. [25]
llorar   *Implosión*, *implosivo*, V. *explosión*
Implume, V. *pluma*   *Impluvio*, V. *lluvia*   *Im-*
ponderable, V. *ponderar*   *Imponedor*, *imponen-*
te, *imponer*, *imponible*, V. *poner*   *Importa-*
ble, *importación*, *importador*, *importancia*, *impor-* [30]
tante, *importar*, *importe*, V. *portar*   *Importuna-*
ción, *importunar*, *importunidad*, *importuno*, V.
oportuno   *Imposibilidad*, *imposibilitado*, *impo-*
sibilitar, *imposible*, V. *poder*   *Imposición*, *im-*
posta, *impostor*, *impostura*, V. *poner*   *Impoten-* [35]
cia, *impotente*, V. *poder*   *Imprecación*, *impre-*
car, *imprecatorio*, V. *preces*   *Impregnable*, *im-*
pregnación, *impregnar*, V. *preñado*   *Imprenta*,
V. *exprimir*   *Imprescindible*, V. *escindir*   *Im-*
presión, *impresionable*, *impresionante*, *impresionar*, [40]
impresionismo, *impresionista*, *impreso*, *impresor*,
impresora, *imprimación*, *imprimadera*, *imprimador*,
imprimar, *imprímátur*, *imprimidor*, *imprimir*, V.
exprimir   *Improbar*, *improbidad*, *improbo*, V.
probar   *Impronta*, V. *exprimir*   *Improperar*, [45]
improperio, V. *vituperio*   *Improvisación*, *impro-*
visador, *improvisar*, *improviso*, *improvisto*, V. *ver*
Imprudencia, *imprudente*, V. *prudente*   *Impu-*
dencia, *impudente*, *impudicicia*, *impúdico*, *impu-*
dor, V. *pudor*   *Impuesto*, V. *poner*   *Impug-* [50]
nable, *impugnación*, *impugnador*, *impugnante*, *im-*
pugnar, *impugnativo*, V. *pugnar*   *Impulsar*, *im-*
pulsión, *impulsividad*, *impulsivo*, *impulso*, *impul-*
sor, V. *compeler*   *Impune*, *impunidad*, V. *pena*
Impureza, *impurificación*, *impurificar*, *impuro*, V. [55]
puro   *Imputabilidad*, *imputable*, *imputación*, *im-*
putador, *imputar*, V. *disputar*   *Imputrible*, V.
pudrir

IN-, IM-, IR-: se han omitido totalmente al- [60]

gunos de los menos usados entre los vocablos que
contienen esta inicial en calidad de prefijo negativo.

Ina, V. *ánade* y *relinchar*   *Inadmisible*, V.
meter   *Inalámbrico*, V. *alambre*   *Inánago*, *ina-*
no, V. *enano*

   INANE, tomado del lat. *ĭnānis* 'vacío'. *1.ª doc.:*
1463, Lucena.
   Falta en APal., Nebr., Covarr., y aunque *Aut.*
cita ej. de Quevedo, advierte que es voz poco usada. Hoy sigue siendo puramente literario.
   DERIV. *Inanidad*. *Inanición*. *Exinanido*; *exina-*
nición.

Inanimado, *inánime*, V. *alma* – *Inaudito*, V.
oír   *Inauguración*, *inaugurador*, *inaugural*, *inau-*
gurar, V. *agüero*   *Ircaler*, V. *caler*   *Incandes-*
cencia, *incandescente*, V. *cándido*   *Incantación*,
V. *cantar*   *Incapacidad*, *incapacitado*, *incapaci-*
tar, *incapaz*, V. *capaz*   *Incapel*, V. *capillo*
Incardinación, *incardinar*, V. *cardenal*   *Incau-*
tarse, *incautación*, V. *coto I*   *Incauto*, V. *cau-*
to   *Ince*, V. *encina*   *Incendaja*, *incendiar*, *in-*
cendiario, *incendio*, *incensación*, *incensada*, *incen-*
sar, *incensario*, *incensivo*, *incensor*, V. *encender*
Incentivo, V. *acento*   *Inceptor*, V. *concebir*
Incesable, *incesante*, V. *cesar*   *Incestar*, *incesto*,
incestuoso, V. *casto*   *Incidencia*, *incidental*, *in-*
cidente, *incidir*, V. *caer*   *Incienso*, V. *encen-*
der   *Inciente*, V. *ciencia*   *Inciesto*, V. *enhies-*
to   *Incinerable*, *incineración*, *incinerar*, V. *ce-*
niza   *Incipiente*, V. *concebir*   *Incisión*, *inci-*
sivo, *inciso*, *incisorio*, *incisura*, V. *decidir*   *In-*
citación, *incitador*, *incitamiento*, *incitante*, *incitar*,
incitativa, *incitativo*, V. *citar*   *Incivil*, *incivilidad*,
V. *ciudad*   *Incla*, V. *yunque*   *Inclaustración*,
V. *clausura*   *Inclemencia*, *inclemente*, V. *cle-*
mente

   INCLINAR, descendiente semiculto del lat.
inclīnāre 'apartar de la posición vertical', 'bajar',
hacer descender', derivado de *clinare* íd. *1.ª doc.:*
enclinar, *Cid*; íd. e *inclinar*, Berceo, etc.
   La forma con *i-* se halla ya en *Mil.*, 145b, 339b,
en ambos mss. (en 116c sólo disponemos del ms.
moderno), pero *enclinar* no es menos frecuente
en este poeta (*Sacrif.*, 205c, confirmado por *enclín*,
Sacrif., 213b; *S. Dom.*, 98b; *Mil.*, 76d, 77d), y
sigue siendo variante empleada en textos posteriores: *Alex.*, 2449d; *Apol.*, 381a; J. Ruiz (junto a *incl-*, ed. Ducamin, p. 5, 1.9), Glos. de Toledo
y Escorial (3 veces, *incl-* una vez). Más tarde la
lengua literaria tiende a generalizar la forma más
culta (APal. 6b, 328b, 385d; Nebr.; Covarr., etc.).
La ac. 'saludar, hacer reverencia', frecuente en lo
antiguo (*inclinarse*, *Mil.*, 145b, otras veces *enclinar*
los inojos o *la cabeça*) y otras secundarias que se
hallan ocasionalmente en la Edad Media ('arrodi-

llarse' en *Apol.*, *enclinó las manos a su barba ve-llida* en el *Cid*), denotan que el vocablo arraigó pronto en el uso popular, y aunque el tratamiento del grupo CL en castellano y la conservación de la -N- en portugués (*inclinar*, anticuado *incrinar*) prueban que no era vocablo hereditario en ibero-rrománico, tampoco puede calificarse de mero cultismo, como por lo demás ocurriría también en los demás romances, donde no denuncian su ca-rácter adventicio los criterios fonéticos. En todas partes era palabra fuertemente influída por el len-guaje eclesiástico.

DERIV. *Inclín* [*enclín*, Berceo, 'reverencia', V. arriba; hoy 'inclinación' en tierras leonesas]. *In-clinación* [h. 1440, A. Torre (C. C. Smith, *BHisp.* LXI); APal. 261*b*; Nebr.]. *Inclinado. Inclinador. Inclinante. Inclinativo. Inclino* adj. ant. 'doblado' (*Alex.*, 2449*d*).

Declinar [Berceo 'inclinar, doblar'; frecuente, con las acs. modernas, ya en la Edad Media: Cuervo, *Dicc.* II, 830-3], tomado del lat. *declī-nare* íd. (en la Edad Media es nada más que se-miculto); *declinación*, del lat. *declinatio, -ōnis*, en su ac. gramatical era calco del gr. χλίσις, pro-piamente 'desviación de la forma básica'; *declina-ble; declinante; declinatorio, declinatoria.*

Reclinar [med. S. XV, J. Tallante (C. C. Smith); 1640, Saavedra], de *reclinare* íd; *reclinación; re-clinatorio.*

CPT. *Triclinio. Eclímetro*, compuesto del gr. μέτρον 'medida' y el radical de ἐχχλίνειν 'des-viar, apartar', derivado de χλίνειν, hermano del lat. *clinare*.

ÍNCLITO, tomado del lat. *ĭnclĭtus* 'famoso, cé-lebre'. *1.ª doc.*: 1444, J. de Mena, *Lab.* 75*c* y otros poetas de los SS. XV y XVI, *RFE* XL, 169; APal. («*precluus...*: *ínclito* y mucho glorio-so», 377*d*).

Falta en Nebr., pero figura un par de veces en el *Quijote*, está en F. de Herrera, *RFE* XL, 133, Mariana, Covarr., etc. Ha tenido bastante uso desde el Siglo de Oro, pero pertenece exclusiva-mente al lenguaje elevado.

CPT. *Perínclito.*

Incluir, inclusa, inclusero, inclusión, inclusive, inclusivo, incluso, incluyente, V. *clausura*

INCOAR, tomado del lat. *ĭncŏhare* 'empezar, emprender'. *1.ª doc.*: Aut.

Falta todavía en los diccionarios del Siglo de Oro, y *Aut.*, que por lo demás sólo registra el participio *inchoado*, no cita ejemplos de autores. Término exclusivamente jurídico. En latín la gra-fía *inchoare* es tardía y se basa en una etimología falsa.

DERIV. *Incoación. Incoativo* [*Aut.*].

Incógnita, incógnito, incognoscible, V. *conocer*

Íncola, V. *culto*   *Incoloro*, V. *color*   *Incólu-me, incolumidad*, V. *calamidad*   *Incomodador, incomodar, incomodidad, incómodo*, V. *modo* *Inconcino*, V. *concino*   *Inconcuso*, V. *discutir* *Inconmensurabilidad, inconmensurable*, V. *medir Inconsciencia, inconsciente*, V. *ciencia*   *Incon-sulto*, V. *cónsul*   *Inconsútil*, V. *coser*   *Incon-tinencia, incontinente, incontinenti*, V. *tener*   *In-conveniencia, inconveniente*, V. *venir*

INCORDIO, antiguamente *encordio*, designaba un tumor desarrollado en el pecho de los caba-llos, como en b. lat. y cat. ant. *anticor*, oc. ant. *ancor*, port. *antecor* o *antecoração;* la forma espa-ñola supone un b. lat. **antecordium*, derivado de *cor* 'corazón', por hallarse ese tumor ante el cora-zón del caballo, de donde **ancordio* y *encordio;* extendiéndose a las bubas sifilíticas cuando se propagó esta nueva enfermedad. *1.ª doc.*: *encor-dio*, como término de albeitería, en el S. XIII; *incordio*, Timoneda, † 1583[1].

La etimología se hizo evidente con la observación de G. Sachs (*HispR.* VI, 301) de que en el Tra-tado de Albeitería por él estudiado, *encordio* co-rrespondía a la enfermedad llamada *ancor*[2] en un texto occitano del mismo siglo o princ. S. XIV (*Rom.* XL, 360), y a la designada por *anticor* en un texto en latín medieval. Y en efecto, otras fuentes confirman estos datos. La versión catalana de la Cirugía de los caballos, escrita en latín por el catalán Tederic a med. S. XIII, deja en su forma original latina la rúbrica «De *anticore*», y describe la enfermedad en los términos «glànola que a vegades es en los pitz es agreujada... Cor [= 'pues'] assats es veyna al cor [= 'corazón'] e anojosa; aquesta malautia es apellada universal-ment *antiquor*» (*BDC* XIX, 242). Así la *Menes-calia* catalana de Díeç (S. XV) como el citado tra-tado occitano dicen que el *anticor* se hace en el pecho del caballo, y el primero explica que se hace «contra lo cor» y el segundo que es «fort con-trariosa» a esta víscera; por lo demás, el vocablo catalán se aplicó también a los bueyes según otro tratado del S. XVI (Alcover, s. v.). En portugués *antecor* y *antecoração* se refieren asimismo a tu-mores del pecho de ambas especies animales (Mo-raes, Fig.), y lo mismo se dice en francés *ancoeur*, documentado desde fines del S. XVI, o bien *an-ticoeur* o *avant-coeur*, que aparecen desde 1688 (*FEW* II, 1176*a*). Se comprende que junto al ci-tado b. lat. *anticor* existiría en el mismo idioma una variante **antecordium* (comp. *precordial* 'lo que está ante el corazón'), y que éste se contra-jera en **ancordio*, como de hecho ocurrió en len-gua de Oc y francés, y como se produjo en el cast. *amparar* ANTE-PARARE, *alnado* (o *andado*) de *ant-nado* ANTE-NATUS, cat. *ampit* 'antepecho', *ancorda* ANTE-CHORDA, etc.; luego se pasó, por cambio de prefijo, a *encordio* (comp. cat. *emparar* ANTE-PA-RARE) y finalmente *incordio*, a causa del grupo *ñk* (como *rincón* < *rencón* < *rancón*). La forma *encordio* es la que corría aún en tiempo de C. de las Casas[3], Antonio de Molina (1571)[4], Covarr., Oudin y aun *Aut.*, si bien este léxico ya le prefiere la forma con *i-*, para la que cita ejemplos de Fragoso (1581) y Quevedo; en todos esos autores designa ya la buba venérea. El cambio semántico era fácil, pues el incordio del caballo, naciendo en el pecho tenía que estar cerca de las ingles del animal, y era tanto más comprensible cuanto que caballos y soldados eran inseparables, y estos últimos fueron al principio los más atacados de sífilis, en sus fáciles aventuras de Italia y de América. *Encórdio* e *incórdio* tienen el mismo sentido en portugués, y Bluteau cita ej. del último en una *Luz da Medicina* que no puedo fechar.

¹ «Creo soys potroso / yendo esparrancado, / o en vos muy inchado / *incordio* llevays», *BRAE* III, 565.— ² De este oc. *ancor* serán alteraciones por etimología popular santand. *malcor* 'tumor del ganado' y *malcorarse* 'contraer este mal'; no del lat. MARCOR 'languidez, marasmo', 'putrefacción' (como dice *GdDD* 4150*a*).— ³ No sé en cuál de los sentidos, pues traduce *pannocchia*, que no figura en los diccionarios modernos (sólo 'mazorca', 'cola del caballo' y 'bulbo de cebolla'), y aunque en Venecia y Como *panoccia* es 'tumor', ignoro de qué naturaleza.— ⁴ Quizá sea 'tumor en general': traduce el náhuatl *tocatlaxuiztli* por «cierto *encordio* o nacido», *tlaxuiztli* por «divieso, *encordio* o nacido», *vitomi* por «rebentar el nacido o *encordio*, deshazerse el divieso».

Incorporable, incorporación, incorporal, incorporar, incorporeidad, incorpóreo, incorporo, V. *cuerpo*   *Incra*, V. *yunque*   *Increado*, V. *criar*   *Incredulidad, incrédulo*, V. *creer*   *Incrementar, incremento*, V. *crecer*   *Increpación, increpador, increpante, increpar*, V. *quebrar*   *Incriminación, incriminar*, V. *crimen*   *Incrustación, incrustante, incrustar*, V. *costra*

INCUBAR, tomado del lat. *ĭncŭbare* 'estar echado sobre algo', 'empollar', derivado de *cŭbare* 'yacer, estar echado'. *1.ª doc.*: Acad. 1884; Bretón de los H., † 1873, en Pagés.

Una variante popular o semipopular *encobar* figura en Acad. ya en 1843, sin calificación alguna, pero no es de uso general ni mucho menos; quizá en parte haya confusión con *encobar* 'encerrar', 'agachar' (V. *CUEVA*). Para un posible derivado popular, V. *COBA*.

DERIV. *Incubación* [Acad. 1843, no 1817]; *incubadora. Encobador. Íncubo* ['pesadilla', APal. 127*b*, 135*d*; h. 1620, P. de Ribera], tomado de *incŭbus* 'el que se echa sobre alguien'. *Súcubo* [1734, *Aut.*], de *succŭbus* 'el que se echa debajo'

Incue, V. *yunque*   *Inculcación, inculcador, in-*

culcar, V. *calcar*   *Inculpabilidad, inculpable, inculpación, inculpado*, V. *culpa*   *Inculto, incultura*, V. *culto*

INCUMBIR, tomado del lat. *ĭncŭmbĕre* 'dejarse caer sobre algo', 'inclinarse a algo, dedicarse a ello', 'ser de la incumbencia', derivado del mismo radical que el anterior. *1.ª doc.*: 1585, Fr. L. de León.

Falta todavía en Covarr., pero hay otros ejs. en el S. XVII. Vocablo de tono erudito, pero de uso corriente en la actualidad.

DERIV. *Incumbencia*. Los demás vocablos de esta familia son también cultismos. *Decumbente*, de *decumbens, -tis*, participio activo de *decumbere* 'dejarse caer'. *Sucumbir* [h. 1800, ejs. de Moratín y de Quintana en Ruiz Morcuende; Acad. ya 1817], de *succŭmbĕre* 'desplomarse, sucumbir', seguramente tomado por conducto del francés, donde *succomber* ya se halla en el S. XIV y es frecuente en los clásicos del XVII; *sucumbiente*.

Incunable, V. *cuna*   *Incurable, incuria, incurioso*, V. *cura*   *Incurrimiento, incurrir, incursión, incurso*, V. *correr*   *Incusación, incusar*, V. *acusar*   *Incuso*, V. *yunque*   *Inda*, V. *ende*

INDAGAR, tomado del lat. *ĭndāgāre* 'seguir la pista de un animal', 'investigar (algo)'. *1.ª doc.*: 1607, Oudin; 1609, Argensola.

No es frecuente todavía en los clásicos (falta *Quijote*, Góngora, Covarr.), pero hay algún ej. más en el S. XVII. Hoy es palabra de tono culto, pero corriente[1].

DERIV. *Indagación. Indagador. Indagatorio; indagatoria*.

¹ En la Arg. es corriente con complemento directo de persona en el sentido de 'interrogar (a un acusado), tomarle indagatoria'. P. ej., en *La Prensa*, 25-VII-1940: «siguió *indagándose* a los criminales».

Indalgar, V. *endilgar*   *Indecible*, V. *decir*   *Indecisión, indeciso, indecisorio*, V. *decidir*   *Indefectibilidad, indefectible*, V. *afecto*   *Indehiscente*, V. *hiato*   *Indeleble*, V. *deleble*   *Indemne, indemnidad, indemnización, indemnizar*, V. *daño*   *Independencia, independiente, independizar*, V. *pender*   *Indicación, indicador, indicante, indicar, indicativo*, V. *índice*   *Indicción*, V. *decir*

ÍNDICE, tomado del lat. *ĭndex, -ĭcis*, 'indicador, revelador', 'tabla, lista'. *1.ª doc.*: 1548, P. de Medina, en la ac. 'gnomon de un cuadrante solar'; 1603, P. de Oña 'tabla de un libro'; 1615, *Quijote*, 'dedo índice'; también en Ruiz de Alarcón en este sentido.

No es de uso general todavía en el Siglo de Oro (falta C. de las Casas, Percivale, Oudin,

Covarr.). En la actualidad es palabra ya vulgarizada en varias acs. Ha dado descendientes hereditarios en portugués (*endes* 'huevo nidal') y catalán (*enze* 'señuelo').

DERIV. *Indicar* [h. 1520, Padilla (C. C. Smith, *BHisp.* LXI); 1693, Sartolo], frecuente desde princ. S. XVIII, mas parece ser ajeno a la lengua del Siglo de Oro (falta Oudin, Covarr., *Quijote*, Góngora, R. de Alarcón), hoy de uso general; tomado del lat. *ĭndĭcare* íd.; *indicación; indicador; indicante*; *indicativo*. *Indicio* [A. Torre, Mena (C. C. Smith); APal. 466b, 497d; 1499, H. Núñez; 1517, Torres Naharro, V. el ; índice de Gillet; *Quijote*; Covarr.; Quevedo, etc.], tomado del lat. *ĭndĭcĭum* 'indicación, revelación', 'signo, prueba'; *indiciar*; *indiciado*; *indiciario*; *indicioso*.

Indiferencia, indiferente, indiferentismo, V. *preferir* · *Indígena*, V. *engendrar* *Indigencia, indigente*, V. *egestad* *Indigestarse, indigestible, indigestión, indigesto*, V. *gesto* *Indignación, indignante, indignar, indignidad, indigno*, V. *digno*

ÍNDIGO, 'añil', tomado, probablemente por conducto del genovés o el veneciano, del lat. *indĭcus* 'de la India', porque de allí se traía esta sustancia. *1.ª doc.*: índico, 1555, Laguna.

La forma *índigo* no puedo documentarla en castellano hasta Terr., fecha muy tardía. Por lo demás, en español es más popular *añil*, así como en portugués lo es *anil*; en este idioma el vocablo falta todavía en Bluteau y Moraes, y Dalgado no señala ejs. anteriores a 1843 (es verdad que Rumphius afirma ya en 1695 que se llama *índigo* en portugués). Todo esto me hace dudar de la doctrina comúnmente admitida de que el fr., ingl. y neerl. *indigo* son hispanismos; tanto más cuanto que en francés se halla desde 1589 (Bluteau) y 1624 (Bloch), y en inglés aparecería desde 1499 (Bluteau) o 1555 (NED). Sí es muy antiguo el it. *indaco* [1586], antiguamente *éndego* (1298, 1444), así como el cat. *indi* [S. XIII, Costumbres de Tortosa, ed. Oliver, p. 389]. Es evidente, pues, que el vocablo se difundió por Europa, no por medio del comercio con la América española, según admite Bloch, sino por el comercio con el Oriente a través del Mediterráneo. Me inclinaría, pues, a creer que *índigo* se difundió desde Venecia o Génova (*indigo* documentado en italiano en 1786), y que la variante *índigo* hispano-portuguesa se tomó secundariamente del francés. Es básico para el estudio de la cuestión, y mientras no se reúnan más datos, el artículo del diccionario de Dalgado.

Indijado, V. *dije* *Indino*, V. *digno* *Indirgar*, V. *endilgar* *Indisponer, indisposición, indispuesto*, V. *poner* *Individuación, individual, individualidad, individualismo, individualista, individualizar, individuar, individuo, indivisibilidad, indivisible, indivisión, indiviso*, V. *dividir*

ÍNDOLE, tomado del lat. *ĭndŏles* 'disposición natural de un individuo', 'naturaleza, modo de ser de las personas, y a veces de las cosas', del mismo radical que *adolescĕre* 'crecer'. *1.ª doc.*: 1640, Saavedra Fajardo.

APal. 210d al definir la palabra latina *indoles* la castellaniza en *índole*, pero ello no es prueba suficiente de que el vocablo se empleara ya en castellano; falta Nebr., Covarr., Oudin, *Quijote*, Góngora. Pero hay otros ejs. a fines del S. XVII y *Aut.* lo da como usual; hoy es vocablo frecuente en el lenguaje literario.

Indolencia, indolente, V. *doler* *Indomabilidad, indomable, indomado, indómito*, V. *domar* *Indubitable, indubitado*, V. *dudar* *Inducción*, V. *aducir*

INDUCIA, tomado del lat. *ĭndūtĭae* 'armisticio, tregua'. *1.ª doc.*: 1537, Venegas del Busto.

Vocablo inusitado. Parece tratarse de un intento aislado de adaptación de un latinismo eclesiástico, aunque *Aut.* afirma, sin ejs., que se aplica al plazo concedido a un deudor. Falta Covarr., Oudin.

Inducido, inducidor, inducimiento, inducir, inductivo, inductor, V. *aducir* *Indudable*, V. *dudar*

INDULGENTE, tomado del lat. *ĭndŭlgens*, *-ĕntis*, íd., participio activo de *indulgēre* 'mostrarse benévolo, indulgente'. *1.ª doc.*: 1607, Oudin.

Falta APal., Nebr., C. de las Casas, Covarr., *Quijote*, Góngora, Ruiz de Alarcón. *Aut.* cita ej. de 1625; hoy es vocablo de uso general entre la gente educada.

DERIV. *Indulgencia* [J. Ruiz, 1205a; APal. 519b, pero con explicación del significado; Nebr.; *indulugencia*, 1604, Balbuena, en otros autores clásicos, hoy es vulgar en Colombia[1], Asturias, Céspedosa[2] y otras partes; para un duplicado más popular, vid. *ANDULENCIA*], tomado del lat. *ĭndŭlgĕntia* 'miramiento, complacencia, indulgencia', cuyo arromanzamiento se anticipó al de *indulgente*, a causa del carácter eclesiástico de aquél. *Indulto* [1607, Oudin; Góngora; *Aut.* cita ejs. en varios autores de med. S. XVII], tomado del lat. tardío *ĭndultus*, *-ūs*, 'concesión', 'perdón', derivado de *indultus*, *-a*, *-um*, participio de *indulgere*; *indultar* [med. S. XVII, Calderón; hoy *endurtao* se emplea vulgarmente en Almería en el sentido de 'seguro, al abrigo de todo peligro']; *indultario*.

[1] Cuervo, *Ap.*, § 812.— [2] *RFE* XV, 139.

INDUMENTO, tomado del lat. *ĭndŭmĕntum* 'vestido', derivado de *ĭndŭĕre* 'poner (un vestido), vestir, revestir'. *1.ª doc.*: 1708, Palomino.

Parece haber sido término eclesiástico, pero *Aut.* reconoce que es de poco uso, y Terr. y Acad. 1843 lo dan como anticuado.

Deriv. *Indumentaria* [Acad. 1884, en la ac. 'estudio de los trajes antiguos'; como sinónimo colectivo de 'vestido' le da entrada la Acad. en 1925]; *indumentario*. *Exutorio* 'úlcera que se deja abierta para que supure', derivado culto de *exŭĕre* 'desnudar, quitar el vestido', 'deshacerse (de algo)', del mismo radical que *ind-uere*. Del mismo, sin prefijo alguno, derivaba *ōmĕntum*, de donde el cultismo *omento* íd.; *omental*.

Induración, V. *duro*

INDUSTRIA, tomado del lat. *ĭndustrĭa* 'actividad, asiduidad', del adjetivo *industrius* 'laborioso, industrioso'. *1.ª doc.*: 1440, A. Torre (C. C. Smith, *BHisp.* LXI); APal.[1]; Nebr.; F. de Herrera, *RFE* XL, 132.

En la ac. 'destreza, habilidad, sutileza' es ya frecuente en el Siglo de Oro. En la ac. 'actividad encaminada a obtener, trasformar o trasportar productos naturales' se halla ya en Moratín, y en Acad. 1843 (no 1817). En la locución adverbial *de industria* 'de intento, de propósito' figura ya en Cervantes; de ahí el vulgar *andustria* 'propósito' (*con la andustria de jerrallo, de aorallo*) que aparece en el malagueño Fernández y Ávila (2.º cuarto del S. XVIII: *BhZRPh.* LXXII, 220).

Deriv. *Industrial* [S. XVII, *Aut.*]; *industrialismo*, *industrialista*; *industrializar*, *industrialización*. *Industriar*. *Industrioso* [h. 1400, López de Ayala; APal. 148*b*; Nebr.].

[1] «*Experientia* es proeva, *industria* la qual viene de las cosas ya provadas», 148*b*.

Inebriar, *inebriativo*, V. *ebrio*   *Inedia*, V. *comer*   *Inédito*, V. *editar*   *Inefabilidad*, *inefable*, V. *afable*   *Ineluctable*, V. *lucha*   *Inenarrable*, V. *narrar*   *Inepcia*, *ineptitud*, *inepto*, V. *apto*   *Inercia*, V. *arte*   *Inerme*, V. *arma*   *Inerte*, V. *arte*   *Inervación*, *inervador*, V. *nervio*   *Inestimabilidad*, *inestimable*, *inestimado*, V. *estimar*   *Inexhausto*, V. *exhausto*   *Inexorabilidad*, *inexorable*, V. *orar*   *Inexpugnable*, V. *pugna*   *Inextricable*, V. *intrincado*   *Infamación*, *infamador*, *infamante*, *infamar*, *infamativo*, *infamatorio*, *infame*, *infamia*, V. *fama*   *Infancia*, V. *infante*   *Infando*, V. *afable*

INFANTE, del lat. INFANS, -TIS, 'incapaz de hablar', 'niño de mantillas, niño pequeño', derivado de FARI 'hablar'. *1.ª doc.*: *ifant(e)*, Cid; *infante*, doc. de 1198, y como femenino ya en docs. de los SS. X y XI en Oelschl. (¿formas realmente romances?).

Según demostró M. P., *Cid*, 720-3; *Inf. de Lara*, gloss., s. v.; designaba al principio al mozo noble, aunque ya fuese caballero y aun casado, hasta que heredaba a su padre; esta ac., usual hasta el S. XII, y bien conocida por los Infantes de Lara o de Salas y por los de Carrión, siguió viva en boca

de juglares hasta los romances viejos, pero ya en el S. XIII se reservaba esta denominación para los hijos de los reyes[1]. En este sentido fué vocablo común a los tres romances hispánicos, y desde España (probablemente desde el catalán) se extendió a Italia ya en el S. XIII (*AGI* III, 395) y XIV (Villani, vid. Zaccaria). El sentido general de 'niño' se halla todavía en el *Cid*, en la *Disputa del Alma y el Cuerpo* y en Berceo; después pasa a ser en este sentido vocablo culto (no en catalán, donde ha sido siempre vocablo popular y lo es todavía). La conservación de la F ha de explicarse por pertenecer el vocablo al uso de las clases altas, y no indica verdadero cultismo; en cuanto a la conservación de la *i-*, que es también general o predominante en catalán (ya en Lulio, *Doctrina Pueril*, 57 y passim), debe mirarse como debida a la prolongación de la I a causa del carácter evanescente de la N ante F[2]. En la ac. 'soldado de infantería' [h. 1550, D. Gracián], se tomó del it. *fante*, que además de 'muchacho, mozo' significaba 'servidor, criado' y de ahí pasó al significado militar (de ahí también el fr. *infanterie*, *fantassin*, tomados en los SS. XV-XVI); es absolutamente inverosímil que en este sentido venga de un gót. *FANTHJA o de un longob. *FANTHJO 'peatón', hermano del a. alem. ant. *fendo* íd., pues esto no explicaría la terminación de la voz italiana (para lo cual debería recurrirse a un cruce con *infante*) y es hipótesis del todo innecesaria, puesto que en la Edad Media se miraba a los soldados de infantería como criados de los caballeros, comp. oc. ant. *sirvent* 'soldado a pie' (vid. Spitzer, *ZRPh.* LIII, 294-5, y el propio Gamillscheg, *EWFS*, s. v., contra la etimología germánica ideada por Brüch, *ZFSL* LII, 420, *ZRPh.* LV, 313-7, y admitida por M-L., *REW*[3] 3185*a*, y Gamillscheg, *R. G.* II, p. 139).

Deriv. *Infanta* [*i(n)fant(e)* como femenino es todavía general en los SS. X, XI y primera mitad del XII, aun en el *Cid*; *infanta*, doc. de 1157, Oelschl.], alguna vez *infantesa*; *infantado*, *infantazgo*. *Infantillo*; *infantino*, *infantina*. *Infanzón* 'individuo correspondiente a la segunda clase de la nobleza, superior a los hidalgos e inferior a los ricoshombres' [*infanzone*, doc. de 942, Oelschl.; *ifançon*, Cid, etc.; para el concepto exacto, vid. M. P., *Cid*, 718-20, y la bibliografía citada allí y en Oelschl.], del lat. vg. hispánico *INFANTIO, -ŌNIS, 'joven noble'; *infanzonado*, -*azgo*, *infanzonía*.

Cultismos. *Infancia* [*Apol.*, 583*d*; APal. 141*b*], del lat. *infantia* 'niñez'. *Infantil* [1515, F. de Villegas (C. C. Smith, *BHisp.* LXI); Aldana, † 1578, según Terr.; pero falta Oudin, Covarr., *Aut.*; Acad. ya 1817], de *infantīlis* íd.; *infantilismo*, falta todavía Acad. 1939. *Infantería* [1605, *Quijote*]. *Fantoche* [Acad. 1925 o 1914; F. Ortiz, *Ca.*, 1923, p. 113], tomado del fr. *fantoche*, y éste del it. *fantoccio* íd. Del lat. *fari* 'hablar' es derivado *nefandus,* de donde se tomó el cast. *nefando* [Mena (Lida, p. 449); 1499, H. Núñez]; *nefandario.* *Prefacio* [Mena (C. C. Smith); h. 1570, A. Agustín], tomado de *praefatio, -onis,* íd.; variante anticuada *prefación. Profeta* [Berceo], tomado del lat. *propheta* y éste de προφήτης íd., derivado de προφάναι 'predecir, pronosticar', y éste de φάναι 'decir', hermano del lat. *fari; profetizar* [h. 1280, *Gral. Est.,* 301b11; J. Ruiz; *plof-, P. de Alf. XI,* 366], antes *profetar* [Berceo]; *profetizante* o *profetante, profetizador; profetal; profético; profetisa* [Juan de Mena, *Laberinto* 270b]; *profetismo; profecía* [h. 1200, *Reyes Magos;* Berceo], de *prophetīa* y éste de προφητεία; *provicero* 'vaticinador' [Acad. 1884, no 1843], parece más bien alteración de un **profeciero* (que de *provisor* como supuso la Acad.), pero ante todo hace falta asegurar la existencia del vocablo.

CPT. *Infanticida; infanticidio.*

[1] Es notable en este sentido el paralelismo con el scr. *kumārah* (ya de fecha védica) 'niño' y 'príncipe', ac. ya clásica (Kalidasa, etc.), lo cual parece haberse propagado desde la India a las hablas iranias del Turquestán (saki *alysānaa-* 'joven' y 'príncipe'), Bailey, *Trans. Philol. Soc. L.* 1945, 21.— [2] Comp. el cat. *inflar* 'hinchar', oc. ant. *uflar* (labialización de **iflar*). Se trata, pues, del mismo fenómeno que convierte MĔNSA, TĔNSUS, MĔNSIS, etc., en MĒNSA, TĒNSUS, MĒNSIS. Los testimonios de una pronunciación breve de la *i* de *infra, inferum* y análogos son tardíos y secundarios en latín (*ALLG* XIV, 474). Claro está que a la larga actuó el influjo del prefijo ĬN-, restituyendo parcialmente la N en romance, pero sin llegar a modificar en todas partes el timbre de la I.

Infartar, infarto, V. *harto Infatuación, infatuar,* V. *fatuo Infección, infeccioso, infecir, infectar, infectivo, infecto,* V. *afecto Infelicidad, infeliz,* V. *feliz Inferencia,* V. *preferir Inferior, inferioridad,* V. *infierno Inferir,* V. *preferir Infernáculo, infernal, infernar, infernillo,* V. *infierno Infestación, infestar, infesto,* V. *enhiesto Inficiente, infición, inficionar,* V. *afecto Infidelidad, infidelísimo, infidencia, infidente, infido, infiel,* V. *fe*

INFIERNO, del lat. INFĔRNUM 'estancia de los dioses infernales', 'Infierno', derivado de INFĔRUS 'inferior, subterráneo'. *1.ª doc.: Cid.*

Frecuente y popular en todas las épocas (Berceo, J. Manuel, J. Ruiz, 293c, 294d, etc.), y común a todos los romances de Occidente. En latín clásico solía decirse *inferna* en plural; en escritores eclesiásticos se halla *infernus* o *infernum.* Para el tratamiento de la I- y de la -F- es aplicable lo dicho acerca de *INFANTE.*

DERIV. *Infernal* [Berceo], del lat. tardío *infernalis* íd.; *inferno* íd., poético. *Infernar. Infer-*

náculo [*Aut.*]. *Infernillo* [Acad. 1925], popularmente *infiernillo.*

Inferior [*Corbacho* (C. C. Smith, *BHisp.* LXI); APal. 15b, 80d, 99b; 1570, C. de las Casas; h. 1580, Fr. L. de Granada, y frecuente desde entonces], tomado del lat. *inferior, -ōris,* 'que se halla más abajo', comparativo de *inferus; inferioridad* [1594, Bern. de Mendoza].

Ínfimo [Mena (C. C. Smith); 1499, H. Núñez, y ejs. en el S. XVI], tomado del lat. *infimus* 'lo que está más abajo de todo, lo más humilde', superlativo del mismo.

CPT. *Imoscapo,* compuesto de *scapus* 'tronco, tallo' con *imus,* otro superlativo de *inferus.*

Infiesto, V. *enhiesto Infiltración, infiltrar,* V. *filtro Ínfimo,* V. *infierno Infingir,* V. *fingir Infinible, infinidad, infinitesimal, infinitivo, infinito, infinitud,* V. *fin Infinta, infintoso,* V. *fingir Infirmar,* V. *enfermo Infito,* V. *hito Inflación,* V. *hinchar Inflamable, inflamación, inflamador, inflamar, inflamatorio,* V. *llama Inflamiento, inflar, inflativo,* V. *hinchar Inflexibilidad, inflexible, inflexión,* V. *flexible Inflicto, infligir,* V. *afligir Inflorescencia,* V. *flor Influencia, influente, influir, influjo, influyente,* V. *fluir Infolio,* V. *hoja Información, informador, informal, informalidad, informar, informativo, informe, informidad,* V. *forma Infortuna, infortunado, infortunio,* V. *fortuna Infosura,* V. *fundir Infracción, infracto, infractor,* V. *fracción In fraganti,* V. *flagrar Infrangible,* V. *fracción Infraoctavo, -a,* V. *ocho Infrascrito,* V. *escribir Infringir,* V. *fracción Infróndigo,* V. *orondo Infrutescencia,* V. *frútice Ínfula,* V. *grímpola Infundia,* V. *enjundia Infundibuliforme, infundir,* V. *fundir*

INFURCIÓN, 'tributo en viandas, granos o dinero que pagaba el pechero al señor por razón del solar que éste le daba', del antiguo *eforción,* metátesis del b. lat. *offertio, -ōnis,* íd., derivado de *offerre* 'ofrecer, presentar'. *1.ª doc.: oforcione,* doc. de Sahagún, del año 1000, citado en M. P., *Oríg.* 292; *infurción,* 1222, Fuero Viejo de Castilla.

Es básico el artículo de M. P., *Cid,* 640-3; pero debe rechazarse su etimología *INFRŪCTIŌNEM, derivado de FRUCTUS 'fruto' por varias razones concluyentes: 1.º la inicial *in-(en-)* y la terminación *-ción* se oponen a un origen denominal e indican indudablemente un derivado deverbal, luego no podría ser derivado de FRUCTUS, sino del verbo FRUERE, que entonces significaría 'acto de disfrutar' o algo análogo y no 'tributo en frutos'; 2.º no existió nunca un verbo *INFRUERE, por lo tanto no se explicaría la primera sílaba; 3.º entre las numerosísimas variantes que citan M. P. y Oelschl. y las que yo agrego no hay ninguna en -*fru*-, sin la supuesta trasposición de la *r*, lo cual sería inexplicable; 4.º la infurción podía pagarse en dinero, según indicó el propio M. P. (ya en doc. de 1228), y era tan común que se pagaran tocino y otras viandas animales como frutos vegetales, de suerte que no existe relación semántica clara con FRUCTUS. Por otra parte, las formas en -*for*- son numerosas y antiguas (*oforcione*, a. 1000; F. Escalona 438, cita de *GdDD* 4675; *efforcionem*, a. 1074, F. *Palenzuela*; *sforcione* en este mismo fuero y *esforcio*[1] en otros; *esforcion* en el *Cid*, 2822; *enforcion*, *Alex.*, 22), de suerte que en lugar de poder explicarlas como debidas a una contaminación poco natural de *foro*, según propone M. P., debemos mirarlas como más originarias que las en -*u*-, que no aparecen bien documentadas hasta el Poema del Cid (donde se explican por la conocida ley castellana de metafonía) o en latinizaciones de la misma época.

Luego partiremos de *eforción*, metátesis de *offertiōnem*; aquél pudo cambiarse en *efurción* (así en el Fuero de Lara), o bien pudo por cambio de prefijo pasar, ora a *enfurción* (*Cid*; parcialmente latinizado en *infurción* en textos latinos o jurídicos), ora a *furción* (Berceo, *Mil.*, 132; *S. Mill.*, 397), ora al citado *esforción* o a *desfurción* (Fuero de Sepúlveda). En cuanto al lat. *offertio*, -*ōnis*, está abundantemente documentado en Du C., como nombre de un tributo, en docs. de los SS. VIII-XII, entre ellos uno de 755 y varios hispánicos; por lo demás no es más que el equivalente del clásico *oblatio*, -*ōnis* (cuando el vulgar *offertus* sustituyó al lat. *oblatus*); y *oblatio*, también frecuente en la alta Edad Media (Du C.; Baxter; ej. del a. 736 en Koestler, *Wb. zum Kodex Juris Canonici*), lo define Du C. precisamente en los mismos términos que M. P. emplea para determinar el significado de *infurción*: «munera quibus tenentes dominos suos in certis occasionibus prosequi tenebantur». Otra prueba del uso de *offertio* en el bajo latín de España nos la proporcionan las Glosas de Silos (S. X) al hablar «de *offercione* idolis», o sea, 'ofrenda o sacrificio idolátrico' (n.º 308). Cat. ant. *oferçó* 'dádiva, regalo, oferta' en las Vidas rosellonesas fº 60vºb, 61rºb.

En vista de las formas que he citado debe también rechazarse el étimo *functio*, -*ōnis*, 'acto de pagar un tributo', propuesto por Cornu (*Rom. X*, 80), que no explica la inicial en- (*in*-, *es*-, *e*-), y choca con la falta total de formas en -*fun*-. Para otras etimologías propuestas y aún menos aceptables, vid. M. P., *l. c.* Nótese que el cambio de *offertionem* en *eforción* ~ *infurción* ~ *furción* es rigurosamente paralelo al de .OFFERTORIA en *infertoria* ~ HORTERA, de suerte que las dos etimologías se corroboran mutuamente.

DERIV. *Infurcioniego*.

[1] La Acad. cita una análoga forma de nominativo *enfurcio*.

Infurtir, *infurto*, V. *fuerte*   *Infuscar*, V. *hosco*   *Infusibilidad*, *infusible*, *infusión*, *infuso*, *infusorio*. V. *fusión*   *Ingalido*, V. *arguello*   *Ingavera*, V. *aljaba*   *Ingazo*, V. *angazo*   *Ingeniar*, *ingeniatura*, *ingeniería*, *ingeniero*, *ingenio*, *ingeniosidad*, *ingenioso*, V. *genio*   *Ingénito*, V. *engendrar*

INGENTE, tomado del lat. *ingens*, -*ĕntis*, íd. *1.ª doc.*: 1438, Juan de Mena.

Se trata de uno de tantos intentos fracasados de adaptación de voces latinas por el poeta cordobés del S. XV, pues el vocablo falta en APal., Nebr., Oudin, Covarr., *Quijote*, Góngora, Ruiz de Alarcón, y aun *Aut.* reconoce que es «voz latina y de poco uso»; después ha alcanzado cierto uso en el lenguaje poético y en la prosa elevada.

Ingenuidad, *ingenuo*, V. *engendrar*   *Ingestión*, V. *gesto*

INGLE, del lat. *ĭnguen*, -*ĭnis*, n., íd. *1.ª doc.*: *ingle*, h. 1400, Glos. del Escorial.

De **ingne* se pasó a *ingle* o a *ingre*[1] [APal. 157*d*, 394*d*], por disimilación y por la imposibilidad de pronunciar -*ngn*-; *ingle* aparece también en J. Fragoso, Covarr., Oudin, etc.; Cej. VI, § 26. La *i* < *ĭ* se debe al grupo -*ngl*- (comp. *YUNQUE* < *incue* < *ĭncŭdem*).

Conservado en todos los romances de Occidente, excepto el gallegoportugués, que lo ha sustituído por *virilha*, gall. *brilla*, cast. *VERIJA*; sin embargo, en Galicia hay supervivencias: del plural *ĭnguĭna* (con *gŭĭ* > *go* como en cat.) *éngoas* (*Irm. Fal.*, *englas* según Vall.); el Apéndice a Eladio Rdz. confirma *éngoa*, p₂ro como propio de Lugo, y *engre* 'golondrino, bubón' al NO. de Orense.

Anguina 'vena de las ingles del caballo', doc. en el *Lucano* de Alf. X (Almazán) y en Suárez de Peralta (1564; *DHist.*), quizá sea regresión de un **anguinal*, equivalente del cat. *engonal* 'ingle' < *ĭnguĭnāle*; Vco. *ingila* (NO. de Vizcaya).

DERIV. Un **inguĭnĭnum*, paralelo al cat. *engonal*, daría **engoíño* en Galicia, cambiado en **engoviño*, y de ahí *angumiños* (ayudando el influjo de *engoumar* 'entumecer, encorvar'): en la frase *comé-los angumiños* 'chuparle a uno las entretelas, privarle de todos los medios con que contaba para vivir' (Vall.), que Castelao emplea en sentido más material 'aniquilar, hacer polvo a una persona' (hablando de un hércules resentido «xa no quería comerme os angumiños» 200.7).

Cultismos: *inguinal*; *inguinario*.

[1] Así hoy en Burgos (Acad.).

Inglete, *ingletear*, V. *ángulo*   *Ingratitud*, *ingrato*, V. *grado* II   *Ingrediente*, *ingresar*, *ingreso*, V. *agredir*

ÍNGRIMO, 'absolutamente solo' amer., del

port. *ingreme* 'escarpado, empinado', 'aislado', de origen incierto; en vista de las variantes portuguesas *ingréme, ingríme'* e *ingrimado*, quizá se tomó del fr. ant. *engremi*, 'enojado, irritado', 'afligido, triste', que es derivado de *graim*, y éste tomado del fránc. GRAM íd. *1.ª doc.*: 1892, Batres Jáuregui.

Figura también en las *Ap.* de Cuervo (§ 803, 1.ª ed. 1872), no sé desde qué ed.; en nota que el mismo autor publicó en el *BHisp.* de 1901 (ahora en *Disq.* 1939, II, 215); y en numerosos dicc. y tratados de americanismos, según los cuales se emplea en domin., mej., guat., hond., costarr., panam., colomb., venez. y ecuat. El port. *ingreme* se documenta desde med. S. XVI, en la *Peregrinação* de Mendes Pinto, donde aparece precisamente con la ac. americana, pero esto es excepcional en portugués, pues la lengua literaria sólo conoce (desde fines del mismo siglo, Diogo do Couto) el sentido de 'escarpado, empinado', verdad es que algo del sentido antiguo y americano parece conservarse hasta hoy en *alho ingreme* (o *ingrime*) 'ajo que tiene un solo diente', *castanha ingreme* 'la que está sola en el erizo'.

La acentuación general en América es la esdrújula, y en portugués es ésta la acentuación común, pero Leite de V. señala *ingréme* como pronunciación popular, Gonçalves Viana registra *ingríme;* aquel autor en *RL* IV, 730, anota *ingríme* como corriente en Estremadura y en Alentejo e *ingrimado* en esta región. Toro G. (*BRAE* VII, 618) y Spitzer (*RL* XXII, 218-9) relacionaron *íngreme* con el salm. *lígrimo* (que en Vitigudino tiene variante *lígrime*) que normalmente significa 'puro, castizo', pero que llega a significar 'sano, gallardo, fuerte', y se aplica también al ajo de una sola cabeza; ahora bien, Fig. atribuye también la ac. «gordo, forte» al port. *ingrime* (aplicándolo a un *rapaz*, lo mismo que el dicc. salmantino de Lamano). Desde luego *lígrimo*, como ya vieron Lamano y Spitzer, procede del lat. LEGITIMUS, pasando por el port., *lídimo* 'auténtico', de donde **lídrimo* por repercusión y luego *lígrimo* (como los vulgarismos *magre, piegra*). En principio sería posible que *lígrimo* pasara a **lingrimo* (propagándose la nasal) y de ahí a *íngrimo* por deglutinación, pero justamente esto es imposible en portugués, cuyo artículo no tiene *l*. Luego hay que abandonar la idea y separar *lígrimo* de *íngreme* en cuanto a la etimología: el contacto entre las dos palabras ha de ser secundario y a él se deberán las acs. comunes (sólo documentadas recientemente) y la forma *lígrime* de Vitigudino.

Más atendible es la idea de Gamillscheg (*RFE* XIX, 235, y *R. G.* I, 382): suponer como base un gót. **INGRIMJIS* 'terrible' relacionado con el a. alem. ant. *grim* 'terrible, hostil' (también b. alem. ant., neerl., ags. y escand. ant.) y con el a. alem. ant. *gram* 'colérico', 'indignado', 'afligido', común con dichos idiomas, y del cual tenemos documentado en gótico un derivado *ingramjan* 'irritar'. La

existencia de aquel adjetivo gótico es, en efecto, concebible, pero no muy verosímil, pues no se explicaría fácilmente el papel del prefijo IN- cuando se trata de una formación puramente adjetiva y no verbal.

El Prof. L. Spitzer en una nota posterior (*RFH* III, 155-9) prescindió de las etimologías anteriores, y propuso una nueva, fundada en ciertas palabras portuguesas locales y modernas: *engrimanço* «confusão no falar, extravagância de figuras oratórias; artimanha», *ingremancia* 'extravagancia, excentricidad' e *ingrimanço* 'lenguaje arrevesado', los tres documentados sólo en el dicc. moderno de Fig., y un *enguirimanço* 'tentación, artimaña', que aparece en el norteño Castelo Branco: estas palabras serían deformaciones de *nigromancia* 'hechicería', del cual fueron corrientes en fr. ant. las variantes *ingremance, ingromance* (ejs. en God., y otro de aquélla en un fabliau del S. XIII, *Rom.* XII, 228). Esto es realmente probable, pues la alteración fonética era natural, el paso de 'hechicería' a 'extrañeza' y 'artimaña' era fácil, y yo mismo (*RFH* VI, 139 n. 2) he citado un ej. castellano de *angrumancia* 'magia' en el S. XIV. Que de *ingrimanço, -ancia*, se extrajera secundariamente el adjetivo *íngreme*, aunque fenómeno posible, es ya extraordinario; nuestras dudas aumentan al tener en cuenta que dichos abstractos son formas recientes y poco conocidas en portugués, mientras que el adjetivo que, según Spitzer, se habría extraído de ellos es palabra literaria, bien conocida y documentada desde med. S. XVI, y se agravan todavía por la dificultad del salto semántico desde 'hechicero' pasando por 'extraño' hasta 'escarpado' o 'solitario'; mientras no esté bien documentada, pues, alguna ac. intermedia, como 'arisco', hemos de acoger la idea de Spitzer con escepticismo. Finalmente, no puede, desde luego, aceptarse el étimo b. gr. ἔγχρεμνος 'escarpado', documentado en la Magna Grecia, pues según dije en la nota citada hay una separación geográfica demasiado fuerte. Spitzer (*MLN* LXXI, 383) insiste en su etimología y busca razones contra la mía. Más que buscadas son rebuscadas. Ni es forzoso partir de la variante fr. *engremi* (más que de *engrami*, que sería más frecuente), pues tras el acento fácilmente se hubiera pasado de **íngrame* a *íngreme* (comp. *ciénega, árguenas*, etc.), ni extrañará nadie un préstamo francés en una lengua tan cuajada de galicismos como el portugués antiguo (por lo demás él también parte de un cultismo, y por lo tanto préstamo), ni puede él objetar a mi etimología el cambio semántico de 'solitario' en 'escarpado' cuando lo admite sin dificultad en la suya (V. más abajo los paralelos semánticos: 453*a*22-30). En cuanto a mis objeciones a la etimología de Spitzer, son firmes: concedámosle que *ingrimanço* pudo ser ya antiguo, pero siempre queda el hecho de que es palabra poco conocida, sólo registrada por Figueiredo, mientras que *ingreme* parece haber sido siempre vocablo muy extendido; y de todos modos la objeción máxima es otra: lo forzado y mal fundado del cambio semántico 'hechicero' > 'solitario'.

De todas las etimologías propuestas, la única seductora es la germánica, y sería aceptable a no ser por el prefijo *in-* y por la vacilación acentual, *ingreme-ingréme-ingríme-ingrimádo*. Ahora bien, esto sugiere una modificación capaz de eliminar nuestros escrúpulos: en lugar de partir del gótico admitir que *ingrime* es un préstamo del fr. ant. *engremi*, que con su variante *engrami* está abundantemente documentado en el sentido de «chagrin, triste, fâché, courroucé, colère», *s'engramir* «s'attrister, s'affliger». La conciencia popular de que el francés se opone al portugués en no admitir más que palabras oxítonas sería causa de que al aportuguesar esta palabra francesa se hiciese trasladando el acento, con lo cual se explican las vacilaciones acentuales y sufijales (*-e, -o, -ado*). El tránsito semántico de 'afligido' a 'abandonado, solitario' es fácil, y para llegar hasta 'escarpado, empinado' nos bastará pensar en casos como el cast. *enhiesto* 'empinado' < INFESTUS 'hostil', berc. *engrido* 'que hace cuesta o pendiente' (*viña engrida*, G. Rey) < *engreido* u homér. αἰπὺς ὄλεθρος 'muerte terrible, brusca, irreparable' (*Od.* V, 305, etc.) propiamente 'acantilada'. Así eliminamos al mismo tiempo la inverosimilitud de suponer una palabra gótica no documentada en Úlfilas y representada sólo en portugués, no en castellano (pues no hay que dudar que la forma hispanoamericana es portuguesismo, o a lo sumo procedente de hablas leonesas fronterizas del gallegoportugués).

Una modificación o adición quisiera ahora hacer a mi etimología. A mi entender si los portugueses alteraron *engremi* en *ingreme* fué en parte porque confundían aquél con otro vocablo muy frecuente en francés antiguo y de forma y sentido relacionados, aunque de otro origen: *encrieme, encrime, encrisme*[1], adjetivo con el sentido de 'malvado, perverso' (lo cual no está lejos de 'triste, desgraciado', comp. el doble sentido de *miserable*, etc.); hay docenas de ejs., desde el *Roland* hasta el S. XIII, de *felon encrime, traitour e., encrieme malfé*, etc.; la relación entre los dos vocablos franceses se percibía ya en Francia, puesto que en *Oger le Danois* se lee una variante intermedia: *engrieme felon* (vid. Tobler-L. III, 265-266). Era muy natural que este *engri(e)me-engremi* pasara en portugués a *ingreme*.

Spitzer, *MNL* LXXIV, 146-7, renuncia ahora a su etimología antigua, y propone partir de *encrisme* sólo, que vendría de *encresmer* 'ungir': *en crisme felon* 'an anointed fellon', parodia de *évêque*, *roi en crisme*. Aunque este *évêque en crisme* parece ser meramente supuesto, la idea es ingeniosa y tal vez buena. Pero ya me cuesta más prescindir

de *engremi*, que semánticamente parece necesario. La confusión de dos parónimos tan semejantes como *engremi* y *encrisme* por parte de extranjeros es realmente fácil.

Para terminar conviene que nos preguntemos si hay alguna relación entre *ingreme* y el cast. ant. *engramear*. Éste significaba 'sacudir, menear', como demostró M. P. (*Cid*, 643-4), documentándolo solamente en el *Cid*, v. 13, y en 4 pasajes de las Biblias medievales del Escorial[2]; Mtz. López, *Bol. Fil. Chile* XI, 19, cita dos ejs. de *engramear* 'sacudir' en *Gral. Est.* I, 486a7 y II/1, 442b11; hay además un *engrameavan* en el *Lucano* de Alf. X (Almazán). Existió también en el portugués medieval, pues en un glos. del S. XIV y de aquella procedencia leemos «vibro (vibramine gladior): *ĕgramear*» (*RPhCal.* VI, 96 § 2876). Es evidente que hay que leer «vibramine gladiorum» (con la conocida abreviación de la terminación *-orum*), y este 'blandir como una espada', lo mismo que el *engrameará la lança e el escudo* de la Biblia escurialense, nos recuerdan las *lanças enhiestas* y con ellas el port. *íngreme*. La posibilidad de un enlace semántico de todo esto acaba de hacerse clara con los versos del *Jourdain de Blaivies* (cita de God.) «ez voz les ondes maintenant *engramies* / froissent cil mast e cil voile descirrent», junto al cual cabe poner la frase «ondeat vos e *engrameat vos*» = *fluctuate et vacillate* de la Biblia del Escorial. Recordemos también las *piedras iradas* 'puntiagudas, erizadas' del *Yúçuf* y entenderemos cómo se pudo pasar de la idea de 'encolerizar, hacer hostil' a la de 'poner enhiesto, empinado' y, por otra parte, a 'blandir la espada' (> 'sacudir en general'). No sería menos concebible partir del uso náutico (*ondes engramies*), sobre todo siendo *ingreme* y *engramear* portugueses. La duda mayor quizá sea si *engramear* es también galicismo (muy posible dada la frecuencia de *gramoyer* en francés antiguo, sinónimo de *engramir*) o si puede verse en él una continuación directa del gót. INGRAMJAN. En este caso, tratándose de una palabra tan antigua en romance, y común al castellano y portugués, además bien documentada en Úlfilas, no podríamos oponer nada a esta posibilidad.

[1] El étimo de *encri(es)me* no creo que sea INTREMIDUS, como admiten Tobler-L. a imitación de G. Paris, sino un *INCRIMINIS sacado de INCRIMINATUS (como *inanimis* = *inanimatus, exsanguis, incolumis*, etc.), comp. la variante *encriemne* de *Auberi*. En francés el vocablo sufrió luego el influjo de *criembre* 'temer', de donde el *ie*; en cuanto a la *-s-*, que sólo se encuentra en pocos textos, es meramente gráfica: sabido es que ante *m* la *s* ya no se pronunciaba en el S. XII, y por lo demás pudo haber influjo de *chrisme, abisme*, etc.—
[2] El parecido con Forez *egrameyá* «remuer» (a que se refería M. P.) ha de ser debido a una casualidad. Como dije s. v. *AGRAMAR* es difícil

semánticamente que haya relación con esta voz castellana.

Ingüente, V. *ungüento*   *Inguinal, inguinario*, V. *ingle*   *Ingurgitación, ingurgitar*, V. *gorga*   *Inhábil, inhabilidad, inhabilitación, inhabilitar, inhabitable, inhabitado*, V. *haber*   *Inhalación, inhalador, inhalar*, V. *hálito*   *Inherencia, inherente, inhesión*, V. *adherir*   *Inhibición, inhibir, inhibitorio*, V. *prohibir*   *Inhospitalario, inhospitalidad, inhóspito*, V. *huésped*   *Inhumación*, V. *exhumar*   *Inhumanidad, inhumano*, V. *humano*   *Inhumar*, V. *exhumar*   *Iniciación, iniciador, inicial, iniciar, iniciativa, iniciativo*, V. *ir*   *Inicuo*, V. *igual*   *Iniesta*, V. *retama*   *Iniquidad, iniquísimo*, V. *igual*   *Injana* V. *xana*   *Injerencia, injerirse*, V. *gesto*

INJERIR, 'introducir o incluir una cosa en otra', del lat. ĬNSĚRĔRE 'introducir, insertar, intercalar', 'injertar', vocablo latino en el cual se confundieron un derivado de SERERE (participio SERTUM) 'tejer, trenzar' y otro de SERERE (part. SATUM) 'sembrar, plantar'. *1.ª doc.*: *enxerir*, h. 1295, *1.ª Crón. Gral.* 650a51; J. Ruiz[1].

Más antiguamente sólo se halla el derivado *ensierto* 'injerto' («tener-m'ía por nada más que un seco *ensierto*», *Apol.*, 39*d*), que no es más que una sustantivación del participio *ensierto* del verbo **enserir* 'injertar'; participio que hallamos en textos posteriores en la forma *enjerto: un sombrero enjerto en parasol*, en el *Buscón*, de Quevedo (ed. *Cl. C.*, p. 109); *castañita engerta cocida* en Quiñones de B., *NBAE* XVIII, 568; *pues no hay dueña que por sí / no esté engerta en un demonio*, Vélez de Guevara (cita en *El Rey en su Imaginación*, ed. *T. A. E.*, p. 145; más en *Aut.* s. v. *enxerto*; Cej. VIII, § 33). De *ensierto* se pasaría a *enx(i)erto* tal como de *lieva* a *lleva*, y desde allí se generalizaría la *x* a todo el verbo, pero hoy todavía se dice *ensiertu* (o *insiertu*) y *ensertar* 'injertar' en el asturiano de Colunga (Vigón); el influjo del grupo palatal *nx* y el del diptongo *ie* siguiente cambiaron el prefijo *en-* dándole la forma *in-*, aunque pudo contribuir la confusión con el cultismo *ingerir* del lat. *ingěrěre* 'lanzar, aplicàr, entrometer', que pronto se introdujo en castellano[2], y se ha mezclado con INSERERE (*inserir, enxerir*, éste ya en el S. XVI) en algunos puntos de Portugal, puesto que en el Minho *ingerido* significa 'enflaquecido, depauperado' (*RL* XXIX, 257), por alusión a la crisis que sufren las plantas injertadas; análogamente *injerirse* tiene el sentido de 'engurruñarse' en Colombia, Venezuela y Extremadura, con el cual aparece ya en el *Canc. de Baena* (Toro G., *BRAE* VII, 603); en Rodrigo Cota 'enflaquecer, turbar', *HispR.* XXVI, 276. En el español clásico es corriente el empleo de *enxerir* en el sentido de 'injertar' (Nebr. «*enxerir de escudete*: inoculo; *enxerir como quiere*:

insero»; ejs. de Fr. L. de Granada y de Mariana en *Aut.*, s. v. *enx-*, y de Quevedo, s. v. *inx-*); aunque pronto se deja sentir la tendencia a reservar para esta ac. el derivado *injertar* y a emplear el simple en acs. figuradas o traslaticias, únicas que sobreviven hoy en día; así ya en Juan Ruiz (junto a *enxerir* 'injertar', 1280), y p. ej. en el *Coloquio de los Perros*: «el gitano tenía un asno rabón, y en el pedazo de la cola que tenía sin cerdas le *ingirió* otra peluda, que parecía ser suya natural» (ed. *Cl. C.*, p. 314)[3].

De INSERERE y SERERE derivan probablemente el port. *serilhar*, gall. *sarillar* y *ensarillar*, que suponen un lat. vg. **(IN)SERICULARE* 'trenzar, enzarzar un hilo (alrededor de la madeja, alrededor de un palo)' y 'devanar': port. *serilhar* 'devanar en *sarilho* o aspa' [Moraes], gall. *sarillar* 'devanar las madejas' (Lugrís), *ensarillar* 'hacer madejas en el *sarillo*' (Vall.)[4], voz de amplio uso en la lengua general y literaria, relacionada con la idea de 'enredar', 'trabar'[5]. Del verbo **SERICULARE* o directamente desde SERERE, con carácter instrumental, se derivó SERICULUM como nombre del aspa de devanar: port. *serilho* [Moraes], *sarilho*, gall. *sarillo* «aspa para devanar mazorcas o formar madejas que han de ser cocidas...» (Vall.); en parte cambiado en *sarelo* (Vall., Leiras Pulpeiro) por influjo de los sinónimos *argadelo* o *arganello*; *sarillo* aparece ya en los Cancioneros medievales[6]. La etimología **SERĬCŬLA*, derivada del lat. SERA 'cerradura', 'tranca de cerrar la puerta' (aceptada por el *REW*, *GdDD* y propuesta por Schuchardt) no conviene por razones morfológicas (de ahí se derivaría **SERULA* o **SERELLA*, pero no con -ICULUM) además de la imposibilidad semántica y de que SERA es palabra casi sin descendencia (a no ser indirecta, de SE[R]RARE) en romance.

DERIV. *Injeridura; enxeridor* 'el que injerta' (Nebr.). *Injerto* [*ensierto, Apol.*, V. arriba; *exierto*[7], *Fuero de Usagre*]; ast. *ensiertu* 'tira de tela agregada a una ropa para hacerla más larga' (V), Sajambre *ensierto* y *ensiertar* (Fz. Gonzz., *Oseja*, 256). *Injertar* [*enxertar*, doc. de 1293, Staaff, 73.37; ast. *ensertar* 'injertar', 'agregar un *ensiertu*', V], comp. port. ant. *exertar* «consero» (S. XIV, *RPhCal.* VI, 79, § 711), oc. ant. *ensertar* 'injertar' (p. ej. en Peire Bremon Ricas-Novas, *ASNSL* CLX, 143); *injerta; injertador; injertera. Entregerir* antic. 'injerir, mezclar una cosa con otra', que debiera escribirse con -*j*- [1580, F. de Herrera; otro ej. de primeros del S. XVII, en *Aut.*].

Ínsito, tomado del lat. *insĭtus* participio de *inserere* 'plantar o sembrar (en algo)'[8].

[1] «E por que de buen seso non puede omne reír / abré algunas bulras aquí a *enxerir*», 45*b*.— [2] «*Incutere* es *ingerir* y echar y meter dentro» en APal. 209*b*, junto a «fixit: *inxerió*... metió dentro» ibid. 162*d* (lo mismo 151*b*, 210*b*), y «*inserere: enxerir*, como se dice *enxerir* en los árboles» ibid. 217*d* (y 214*d*).— [3] En la Arg. es hoy

palabra muy campera. Creo significa 'unir, pegar los pedazos de un lazo roto': «arreglamos nuestras prendas de trabajo, *injiriendo* un lazo aquel a quien se le había cortado, cosiendo éste un maneador», Guiraldes, *D. S. Sombra*, ed. Espasa, p. 293; «por lo demás es habilidoso en sacar parejo un tiento, remendar un pretal, *ingerir* un tiro que se ramaleó [comp. *ramales* 'bolas de gaucho'] o echarle una yapa a un lazo», A. Ghiraldo, *La Prensa de B. A.*, 29-XI-1942.— [4] Éste da además una variante rara *ensarabillar* (no aceptado en las demás fuentes gallegas) y que será debida a contaminación de *sarabelar* 'caer escarchilla', *sarabela* 'granizo menudo'.— [5] *Ensarillarse* 'liarse por el pelo o arañarse (dos mujeres pendencieras)': «*ensarillanse* cada vez más os aramios» (los hilos eléctricos, en la vida moderna), «as ruas *ensarilladas* da cidade», «*ensarillar* amistade», «mil ideas *ensarilladas* na chola» (Castelao 217.11, 222.12, 141.4, 54.30, 202.21).— [6] Crespo Pozo, s. v. *devanadera* dice que *sarelo* figura en las *Ctgs.* 273, pero quizás haya error o forma mal autorizada por los mss.; por lo menos no lo recoge Mettmann. En todo caso *sarilho, se-*, es la forma portuguesa y la corriente en gallego, donde el propio Crespo la localiza en las prov. de Pontevedra, Orense y Sanabria. Queda un representante aislado en it. dial.: Valvestino *serelo* 'vara de la rueca' y 'garrucha'.— [7] Esta forma, citada por Cej., *Voc.*, y acaso mal leída, no puede tomarse como indicio de una etimología EXSERERE, pues este verbo sólo significa 'sacar afuera' y 'ejercitar'.— [8] Deberá examinarse la posibilidad de que el portugués *inçado* 'plagado, lleno (de sabandijas)' sea un lat. *IN-SATUS, forma recompuesta en lugar de *insĭtus*; del portugués el vocablo ha pasado a Canarias (*insado de piojos, de pulgas*, BRAE VII, 337). No desconozco, sin embargo, los méritos de la etimología de C. Michaëlis, ZRPh. XXVIII, 607, lat. INDICIARE, derivado de INDICIUM 'huevo nidal' (port. *endés* OVUM INDICII), que éste no es el lugar de estudiar. Debería averiguarse si el vocablo está ya escrito con ç en los autores del S. XVII y fines del XVI que cita con esta ortografía Moraes (y ya Bluteau). En este sentido es importante el que la forma gallega tenga -z-: «una planta *inza* mucho» cuando cunde y gana terreno; usado por los niños en el juego: «Perico *va a inzar* o *va a la inza* con solos dos cuartos, esto es va a ganar en el deseo (?) mucho con poco» (Sarm. *CaG.* 207r y p. 164), 'llenar, infestar de (insectos, animalillos o cosas perjudiciales)' (Vall.), 'multiplicar, reproducir' (Lugrís, Vall., Castelao 295.6, 126.6, 295.6; para *inzón* 'arador de la sarna', que no puede fonéticamente ser INFECTIONE, como quiere GdD, *Gram. Gall.* 55, y que de *inzar* sólo ha recibido en parte la inicial, vid. *azón*, s. v. OÍR). Hay que contar además con la posibilidad de la etimología INITIARE (perpetuado

en los Alpes y Alta Italia), que sería tan sencilla fonéticamente —cf., p. ej., cat. *encetar* 'ulcerar levemente'— y hay que contar también con el hecho de que el cat. *enze* 'señuelo de pájaros' refuerza el argumento en favor de INDĬCEM > port. *endes* 'nidal'. Vid. en Nascentes otras propuestas etimológicas.

Injiesto, V. *enhiesto*   *Injuria, injuriador, injuriante, injuriar, injurioso*, V. *juro*   *Inmaculado, -a*, V. *mancha*   *Inmanencia, inmanente*, V. *permanecer*   *Inmarcesible, inmarchitable*, V. *marchito*   *Inmaturo*, V. *maduro*   *Inmediación, inmediato*, V. *medio*   *Inmemorial*, V. *memoria*   *Inmensidad, inmenso, inmensurable*, V. *medir*   *Inmérito, inmeritorio*, V. *merecer*   *Inmersión, inmerso*, V. *sumergir*   *Inmigración, inmigrante, inmigrar, inmigratorio*, V. *emigrar*   *Inminencia, inminente*, V. *eminente*   *Inmiscuir*, V. *mezclar*   *Inmisión*, V. *meter*   *Inmobiliario, inmoble*, V. *mover*   *Inmolación, inmolador, inmolar*, V. *muela*   *Inmortal, inmortalidad, inmortalizar*, V. *morir*   *Inmoto, inmóvil, inmovilidad, inmovilización, inmovilizar*, V. *mover*   *Inmundicia, inmundo*, V. *mondo*   *Inmune, inmunidad, inmunizador, inmunizar*, V. *municipio*   *Inmutabilidad, inmutable, inmutación, inmutar, inmutativo*, V. *mudar*   *Innatismo, innato*, V. *nacer*   *Innoble*, V. *noble*   *Innocuo*, V. *nucir*   *Innominable, innominado*, V. *nombre*   *Innovación, innovador, innovar*, V. *nuevo*   *Innumerabilidad, innumerable, innúmero*, V. *número*   *Inocencia, inocentada, inocente, inocentón, inocuidad*, V. *nucir*   *Inoculación, inoculador, inocular*, V. *ojo*   *Inodoro*, V. *oler*   *Inope, inopia*, V. *obrar*   *Inque*, V. *Yunque*   *Inquietación, inquietador, inquietante, inquietar, inquieto, inquietud*, V. *quedo*   *Inquilinato, inquilino*, V. *culto*

INQUINA, 'aversión, mala voluntad', palabra popular de origen incierto, probablemente relacionado con el lat. INQUINARE 'infectar'. *1.ª doc.*: 1605, *Pícara Justina*.

«Toda mi vida tuve *inquina* con escolares, como el perro de Alba contra los carpinteros de la Veracruz» es lo que se lee en esta novela; *Aut.* define «mala voluntad u aversión a algún sugeto» y advierte «suélese decir *enquina*». Por lo demás, apenas hay otras fuentes lexicográficas antiguas para esta palabra; Terr. toma como básica la forma en *e-* y define «tema, rencorcillo»; hoy es muy popular, seguramente en todas partes, y en frases semejantes a la citada de la *Pícara*, aunque más bien suele decirse «tener *inquina a* alguno»; Cuervo (*Obr. Inéd.*, p. 48) cita la variante vulgar *enquina* en Pereda. Dudo que esté bien informado Oudin al traducir *inquina* por «corruption»: parece que debió interpretarlo erróneamente en razón del verbo *inquinar*.

Fuera del cast. sólo hallamos formas emparentadas en port.[1]. Madureyra (1739) o Monte Carmelo (1767) mencionan como vulgarismos *inguinar-se* 'enojarse'[2], y Fig. registra como popular *enguina-ção* «gana; grande tentação: *dão-me enguina-ções do estrangular*»; ahora bien, un vocablo muy semejante por el sentido tiene forma con *q* en la Ribera Salmantina del Duero «*enquinola:* deseo, apetito» (Lamano).

Car. Michaëlis de Vasconcellos, *RL* III, 151-4, puso en relación el cast. *inquina*[3] con el portugués *engar*. Se trata de un vocablo algo anticuado en este idioma, por lo menos en ciertas acs., cuyo significado conviene averiguar detenidamente: Fig. sólo define, como verbo intransitivo, «habituar-se; insistir, teimar», como transitivo «habituar-se a; preferir (um pasto)», en el Alentejo *engar traballo* 'empezarlo'; pero Moraes, además de «afeiçoar-se com intimidade e apego; entre os caçadores: costumar-se a algum pasto a caça, v. g. *engou as favas, os grãos, os chícharos*», agrega, como verbo intransitivo, «apertar com alguém, pegar com elle, trazè-lo entre dentes», es decir 'tomarla con alguien, disponerse a hacerle mal'; Vieira confirma la ac. cinegética y agrega, en la intransitiva, «contrariar, impacientar, atormentar, apertar com alguém, pegar com elle, trazel-o entre dentes»; Lima-B. «altercar; recalcitrar»; y H. Michaëlis: 'atormentar, inquietar, molestar; tener ojeriza a alguno, buscarle pelea o camorra; llevar mala voluntad', con la ac. conocida 'preferir un alimento, acostumbrarse al mismo', y además 'tomar amistad con alguien' [?]. La propia D.ᵃ Carolina nos informa de que *engar* y a veces *engar-se* era 'acostumbrarse (a algo prohibido)' —*engou a velha os bredos; a caça enga o grão das searas*— y de que hoy sigue empleándose *engar alguém* 'irritar a alguno' o *engar com alguém* 'estar irritado con alguien'; cita un ej. de *enguear* en el Cancionero de la Vaticana, y otro de *engar* en Gil Vicente. El sentido de éste no es bien claro: se trata de una partida de demonios que, evocados por una hechicera, acuden de mala gana: «tomemos muy devagar / conselho muyto cuydado, / que se esta ladra ['ladrona' = 'la hechicera'] *engar* / nunca nos ha de deyxar / dormir sono assossegado» (Obras Completas, ed. 1562, f.º 90 r.º); puede ser 'acostumbrarse a llamarnos' (tal como la vieja se arregosta a los bledos y luego no quiere dejarlos) o puede ser 'irritarse' (si no cumplen bien sus mandatos, como parece entender Vieira), pero según Viterbo el glosario de la edición de Hamburgo entiende «embirrar, ateimar», es decir, 'emperrarse, ponerse terco'. Ahora bien, a esta ac. se podría llegar desde la de 'tomar un hábito (e insistir en él)', y que desde 'dar en una tema' se pasa fácilmente a 'tomar aversión' lo muestra el mismo castellano *tema* y el port. *embirrar com alguém* «ter aversião, antipatizar».

Desde luego, reconozcamos que esta evolución semántica parece mucho más comprensible que la desarrollada en sentido inverso (¿'encolerizarse' o 'tomar aversión' > 'acostumbrarse'?); sin embargo, si es verdad que en el Cancionero de la Vaticana *enguear* es ya 'enojarse' (lo cual no puedo comprobar), este ej. del S. XIII daría fuerza a la etimología de C. Michaëlis ĪNĪQUARE ALIQUEM 'hacerse de alguien un enemigo' (documentado una sola vez, en el S. I a. d. C.), o más bien a la de Cornu (*GGr.* I, p. 966n.) y G. Viana (*Apostilas* I, 387) que prefieren ENECARE 'asesinar', 'fatigar', haciendo observar que como resultado de INIQUARE se esperaría más bien una forma antigua *eĩgar*. Es verdad que al partir Cornu y M-L. (*REW*, 2873) de la ac. 'tormentar', toman como base una ac. que no me parece asegurada suficientemente por el diccionario de H. Michaëlis y que en todo caso ha de ser moderna; de todos modos, sería concebible que se partiera de 'asesinar', 'fatigar' para llegar a 'hacerse pesado por terquedad', 'obstinarse', luego 'acostumbrarse', y por otra parte 'enojar'. El étimo de Cornú, aunque preferible al de C. Michaëlis, no me convence del todo, sin embargo, porque sorprendería esta conservación aislada del sentido etimológico de NECARE o ENECARE 'matar', cuando en toda la Romania sólo aparecen estos verbos con la especialización semántica 'anegar', 'ahogar', y, por otra parte, también sorprende que la N no fuese tratada en este vocablo como inicial, sino como intervocálica, cuando en todas partes parece haber conciencia de que E- es prefijo: it. *annegare*, cast. *anegar*, y el propio portugués tiene *anegar* 'ahogar'; desdoblamiento bastante sospechoso.

Se me ocurre que el portugués *engar* podría ser simplemente derivado del cast. ant. *yengo* 'libre, no esclavo', *enguedad* 'libertad', lo cual tendría la ventaja metódica de proporcionarnos un étimo sin salir del romance. En cuanto a *yengo* debemos decidirnos por la etimología de C. Michaëlis (*Misc. Ascoli*, 1901, 521-37), Baist (*KJRPh.* VI, i, 398) y Salvioni (*AGI* XV, 456), a saber, el lat. ĪN-GĚNŬUS 'libre', rechazando la de M. P. (GĚNTĬCUS 'nacional', suponiendo que pasara a 'bien nacido', 'libre', *Rom.* XXIX, 377-9), y la otra de C. Michaëlis (*RL* III, 154-5: *enguedat* AEQUĬTATEM 'justicia', porque los presos consideran que lo es la libertad)[4]; la evolución fonética ĪNGĚNŬUS > *enyeng(u)o* > *(e)yengo* —comp. MINUA > *mengua* y GELARE > *yelar* > *(h)elar*— es perfectamente aceptable, y la forma *ingengos* que aparece en un privilegio soriano de 1143[5] la confirma sin lugar a dudas; otra prueba del uso de INGENUUS en España nos la proporciona el *engénobo* 'libre' de un documento de Sobrarbe de 1090 y *engenuo* en el mismo sentido en el propio documento y en otro de 1102 (Oelschl.); nótese además la *u* de *enguadat* en *S. Dom.* y la forma *enguar* 'libertar, manumitir' del Fuero de Sepúlveda. Éste continúa evidentemente el INGENUARE documentado en el mismo sentido en documentos hispánicos y franceses de los SS. IX-XI (Du C.); ahora bien, no me parecería demasiado difícil llegar desde *engar* 'poner en libertad' a las acs. del *engar* portugués: *engar-se* pudo pasar a 'tomarse libertades, adquirir franqueza con alguien o algo' y de ahí por una parte a 'acostumbrarse a él' y por otro lado a 'abusar de él, irritarle' («hacérsele el campo orégano»). Reconozco, empero, que esta evolución semántica necesitaría apoyarse en escalones intermedios documentados, y por otra parte veo en portugués importantes dificultades fonéticas, pues ahí debería conservarse la G de IN-GENUUS: de hecho tenemos *livres e engeos* en documento de Braganza, S. XIII (Viterbo, s. v., y s. v. *bemquerença*), *forro e engenho*[6] en los *Padres de Mérida* (h. 1400: *RL* XXVII, 33, y Viterbo). Luego casi sería forzoso admitir un influjo español en el port. *engar*, lo cual, por lo demás, no sería inverosímil en un término jurídico, dada la antigua vigencia del Fuero Juzgo leonés en tierras gallegoportuguesas.

Volviendo ahora al cast. *inquina*, parece que de *engar* 'tener aversión' pudo derivarse *enguina* y *enguinar* en la zona leonesa (de donde era el autor de la *Pícara*), con el sufijo -INU, favorecido en esta zona; el cambio de *eng-* en *enq-* sólo podría explicarse como contaminación de este dialectalismo por parte del verbo culto *inquinar* 'manchar, contagiar'[7]. Se presenta finalmente la cuestión de si *inquina* podría ser un mero derivado de *inquinar*, sin relación con el port. *engar*. Semánticamente me parece difícil. Es verdad que la traducción de Oudin nos recuerda el fr. *courroucer* 'encolerizar', pero éste parece procedente de COR RUPTUM 'corazón contrito' más que de ANIMUS CORRUPTUS 'ánimo enfermo', que de todos modos tampoco estaría muy cercano a la idea de *inquinar* 'ensuciar', y el arag. ant. *corroçar* 'maltratar', fr. ant. *corrocier* íd., parecen ser secundarios (V. *ESCORROZO*)[8].

Creo que a Spitzer, *MLN* LXXI, 384-5, no le falta razón al rechazar la etimología de C. Michaëlis, aceptada en el *DCEC*, según la cual *inquina* y port. *inguinar-se* 'irritarse', *inguina*, *inguinação* 'deseo de venganza', 'comportamiento furioso', *enguinação* 'gran tentación', serían derivados de *engar* 'acostumbrarse' y 'estar irritado contra alguno'. Será, como cree Spitzer, *inquina* con -k- la forma primitiva, alterada en -g- en portugués por un influjo secundario (quizá más bien el de *engar* que el de *gana*, que igual hubiera podido actuar en castellano). Y podemos partir del cultismo *inquinar* 'infectar', por una evolución semántica como la de *ENCONAR* 'exasperar el ánimo' < INQUINARE 'infectar' y la de los cast. *mala sangre* 'carácter vengativo', *pudrirle la sangre a uno*, fr. *se faire du mauvais sang*.

En cuanto a que el port. *engar* venga del lat.

ÍNDĬCARE en un sentido de 'empollar huevos' (que más bien que del lat. cl. INDICARE sería derivado supuesto del lat. INDEX 'indicador', en el sentido de 'huevo puesto para que incuben las gallinas'), esto ya es mucho más hipotético, y me parece muy incierto: empieza por ser muy dudoso que venga de ahí el fr. *enger*, antiguamente 'aumentar' y sólo mucho más tarde, desde el S. XVI, «pourvoir qn. d'une race d'animaux ou de plantes» (Bloch, rechazando la sugestión de Wartburg, lo declaró «de origen desconocido», y el propio Wartburg, *FEW* IV, 643, reconoce es etimología dudosa por no documentarse INDEX 'huevo empollador' ni en latín ni en parte alguna de Francia, sólo en Portugal). Y en portugués esperaríamos *ingar* como resultado de ÍNDĬCARE (comp. *vingar*, *pingar*, *língua*, etc.). Demos por ahora la etimología del port. *engar* como incierta, sin desechar mi sugestión de que se identifique con el cast. ant. *eng(u)ar* 'libertar', lo que por lo menos tiene la ventaja de no obligarnos a tomar puntos de partida extranjeros e hipotéticos.

DERIV. *Perinquina*; *perinquinoso* [h. 1600, Cej. VI, § 221].

[1] Si bien *inquina* se emplea alguna vez en catalán, es castellanismo sin interés.— [2] Cornu, que cita estos autores (*GGr.* I, § 237), da a entender que se trata de una alteración de *indinar-se* (por *indignar-se*). Pero no da otros ejs. de *di* > *gui*, y la idea me parece poco probable en vista de las demás formas portuguesas.— [3] Cita también un port. *enquina*, *enquinação*, como si existieran en este idioma con el mismo sentido, pero como no hallo tal cosa en ningún diccionario portugués, ni siquiera el de su hermana, supongo confusión con el citado *enguinação* o con *inquinação* 'contaminación, mancilla'.— [4] La forma *yeguedat* de Berceo, *S. D.* 773, sólo figura en el ms. moderno *V*; los antiguos traen *yenguedat* y *enguadat*. En *Apol.*, 373*d*, hay realmente *eguedat* según Marden, pero el sentido no es seguro, y podría tratarse de un homónimo.— [5] «Dono eis lures estremos de terminis istis in antea a todas partes que los habeant *ingengos* et liberos», *BRAE* VIII, 588. La reducción de *enyengo* a *yengo* es como la de *ensoso* (INSALSUS) a *SOSO* y en este caso ayudaría la reducción fonética de *eny-* a *ey-* (y luego *y-*).— [6] Con esta forma comp. el logud. ant. *eniu* 'soltero, núbil' *(IN)GENIUS (M-L., *Wiener Sitzungsber.* CLXV, v, 60).— [7] Tomado del lat. *ĭnquĭnare* íd. En castellano *inquinar* no aparece hasta Acad. (ya 1843), aunque Franciosini (1622) registra *inquinor* [?] «putrefacio, corruzione». Pero en portugués Bluteau y Moraes lo documentan en autores de h. 1600. También se ha empleado el derivado *coinquinar* en castellano según la Acad.— [8] Imposibilidad semántica en términos absolutos, no la hay: comp. fr. *tu m'emmerdes*, etc. En el mismo sentido debe mencionarse que *inquinia* en Murcia, además de

'inquina' es 'dolencia grave, contagio' e *inquinarse* 'malearse, enfermar'. De todos modos no es verosímil separar el cast. *inquina* del port. *engar, enguinar.*

Inquinar, V. *inquina* y *enconar   Inquiridor, inquirir, inquisición, inquisidor, inquisitivo, inquisitorial, inquisitorio,* V. *querer   Inronia,* V. *ironía   Insaculación, insaculador, insacular,* V. *saco   Insalivación, insalivar,* V. *saliva   Insanable, insania, insano,* V. *sano   Inscribible, inscribir, inscripción, inscrito,* V. *escribir   Insculpir,* V. *esculpir   Insecticida, insectil, insectívoro, insecto,* V. *segar   Insenescencia,* V. *senil   Insensatez, insensato, insensibilidad, insensibilizar, insensible,* V. *sentir   Inserción, inserir, insertar, inserto,* V. *disertar   Insidia, insidiador, insidioso,* V. *sentar   Insigne, insignia, insignido,* V. *seña   Insimprar,* V. *ejemplo   Insimular,* V. *semejar   Insinuación, insinuador, insinuante, insinuar, insinuativo,* V. *seno   Insipidez, insípido, insipiencia, insipiente,* V. *saber   Insistencia, insistente, insistir,* V. *existir   Insito,* V. *injerir   Insola,* V. *isla   Insolación, insolar,* V. *sol   Insolencia, insolentar, insolente, insólito,* V. *soler   Insolubilidad, insoluble, insoluto, insolvencia, insolvente,* V. *absolver   Insomne, insomnio,* V. *sueño   Insondable,* V. *sonda   Inspección, inspeccionar, inspector,* V. *espectáculo   Inspiración, inspirador, inspirante, inspirar, inspirativo,* V. *espirar*

INSTALAR, del fr. *installer* 'poner en posesión de un empleo, cargo o beneficio', 'establecer a una persona o un objeto en el lugar que le está destinado', tomado del b. lat. *installare* 'poner en posesión de un beneficio eclesiástico', derivado a su vez de *stallum* 'asiento en el coro', latinización del fr. ant. *estal* íd., que procede del fráncico **STALL* 'lugar para estar', 'vivienda', 'establo' (a. alem. ant., alem., neerl., ingl. *stall*, ags. *steall*, escand. ant. *stallr*). *1.ª doc.: Aut.,* sólo como término forense, en la 1.ª ac.

La Acad. no admitió otra ac. que ésta hasta 1899, en que ya reconoce su empleo como sinónimo de 'colocar'; Baralt (1855, 1874) denuncia ésta como galicismo. En realidad el vocablo, con mayor o menor antigüedad, lo era en todas sus acs.; en francés se halla desde 1403, en la ac. eclesiástica, ampliada ya en el S. XVI. El b. lat. *installare* aparece en textos franceses; de allí el vocablo pasó al italiano (donde está poco arraigado), catalán, portugués, inglés, etc. En español moderno es palabra muy empleada. El primitivo *estal* es frecuente en francés desde el S. XII (*Loherains,* en el sentido de 'asiento del coro'), y pasó también al it. *stallo* íd., mientras que el it. *stalla* 'establo, caballeriza' parece ser germanismo autóctono, de origen gótico o quizá longobardo; en cuanto al cast. antic. *estala,* 1517, Torres Naharro, Gillet, III, 484

[Quevedo], port. *estala* íd. [med. S. XVII: F. M. de Melo, en Moraes], no es de creer que ninguno de los dos sea germanismo autóctono: que es préstamo en castellano lo indica claramente el tratamiento de la LL, y tratándose de un término de carácter militar es mucho más probable, sobre todo en esta época, que se tomara del italiano que del portugués; respecto de este idioma, un germanismo autóctono (como lo admite Gamillscheg, *RG* I, 373-4) ya no se puede descartar del todo, pero la falta de testimonios antiguos del vocablo y su aislamiento geográfico, siendo allí más popular el sinónimo *estrebaria* (= **establería*), todo indica que es también italianismo penetrado por conducto del castellano.

DERIV. *Estalación* [*Aut.*], del b. lat. galicano *stallatio* íd., derivado de *stallum,* que también se tomó directamente en la forma *estalo* (Acad.). *Etalaje,* tomado del fr. *étalage,* derivado de *étaler* 'exhibir, extender', que a su vez lo es del antiguo *estal.*

Instancia, instantánea, instantáneo, instante, instar, V. *estar   Instauración, instaurador, instaurar, instaurativo,* V. *restaurar*

INSTIGAR, tomado del lat. *instigare* 'incitar, estimular'. *1.ª doc.:* h. 1440, A. Torre (C. C. Smith, *BHisp.* LXI); APal.[1]

Lo empleó también el Comendador Hernán Núñez (1499), pero fuera de estos dos y otros autores latinizantes, debía de ser palabra muy poco empleada por aquel entonces y aun en el S. XVI, pues falta en Nebr., C. de las Casas, Percivale y Covarr.; sin embargo ya figura en el *Quijote* y en Oudin, y desde entonces se halla con cierta frecuencia. Hoy es palabra de uso común en la lengua culta.

DERIV. *Instigación* [*Corbacho* (C. C. Smith); Oudin]; *instigador* [APal. 208d]. *Instinto* [*estinto,* h. 1360 o 1422, L. de Ayala, *Caída de Príncipes, Aut.,* s. v.; *instinto,* Nebr.; en varios autores de fines del S. XV o del XVI; el vulgarismo *distinto* se halla en Cervantes y Espinel, vid. Fcha., hoy *istinto* es popular en todas partes], tomado del lat. *instinctus, -ūs,* 'instigación, impulso', derivado de *instinguĕre,* variante rara de *instigare; instintivo.*

[1] «*Lacessere,* que es provocar o *instigar*», 232b; «*stimulare: instigar,* pungir, aquexar y incitar», 471d.

Instilación, instilar, V. *destellar   Instintivo, instinto,* V. *instigar   Institor,* V. *estar   Institución, institucional, instituidor, instituir, instituta, instituto, institutor, institutriz, instituyente,* V. *estar   Instrucción, instructivo, instructo, instructor, instruir, instrumentación, instrumental, instrumentar, instrumentista, instrumento,* V. *construir   Insubordinación, insubordinado, insubordinar,* V. *orden   Insudar,* V. *sudar   Insufla-*

ción, insuflar, V. soplar   Ínsula, insular, insulina, V. isla   Insulsez, insulso, V. sal   In-
sultador, insultante, insultar, insulto, V. saltar
Insume, V. sumir   Insurgente, insurgir, insu-
rrección, insurreccional, insurreccionar, insurrec-
to, V. surgir   Intacto, intangibilidad, intangible,
V. tañer   Integérrimo, integrable, integración,
integral, integrante, integrar, integridad, integris-
mo, integrista, íntegro, V. entero   Integumento,
V. techo

INTELIGENTE, tomado del lat. ĭntellĭgens,
-ēntis, 'el que entiende', 'entendido, perito', participio activo de intelligĕre 'comprender, entender',
a su vez derivado de lĕgĕre 'coger, escoger'. 1.ª
doc.: 1605, Quijote.

Intellegere en latín es forma más clásica, pero
la variante con i predominó en el latín tardío.
Inteligente falta todavía no sólo en APal. y Nebr.
sino en C. de las Casas, Percivale y Covarr.; el
primero de estos lexicógrafos traduce el it. intelli-
gente por entendido; por otra parte figura ya en
Oudin, pero es ajeno al léxico de Góngora y de
R. de Alarcón, y aun Cervantes sólo lo emplea
como sinónimo de 'entendido' (inteligente en las
materias de Estado), no en la ac. absoluta de
'dotado de inteligencia'. Hoy es palabra muy empleada por la gente educada, pero todavía poco
por el pueblo, que le prefiere listo[1].

DERIV. Inteligencia [intellegentia, h. 950, Glosas
de San Millán, aunque debe de figurar sólo en calidad de voz latina comprensible; Corbacho (C. C.
Smith, BHisp. LXI); APal. 19b, 274b: «la mente,
parte del ánima más valerosa, procede della la
intelligencia»; 1499, H. Núñez y ya frecuente en
el S. XVI; está en C. de las Casas y R. de Alarcón, pero no en Covarr.], tomado de intelligentia
íd.; inteligenciado. Inteligible [1433, Villena (C.
C. Smith); 1540, A. de Guevara], tomado de intellĭ-
gĭbĭlis íd.; inteligibilidad. Intelecto [1438, J. de
Mena; aunque también figura en Oudin intellecto,
APal. sólo lo define como voz latina, falta en
Nebr., C. de las Casas, Covarr., es ajeno al léxico
del Quijote y de R. de Alarcón, Casas traduce el
it. intelletto por entendimiento, y Aut. y Terr.
dicen que es voz anticuada, nota que ya le había
quitado la Acad. en 1869, no en 1817], tomado
del lat. intellectus, -ūs, íd.; intelectual [h. 1440,
A. Torre (C. C. Smith); h. 1580, Fr. L. de Gra-
nada], intelectualidad; intelectivo [A. Torre (C. C.
Smith)], intelectiva; intelección.
[1] Comp. fr. ĭntelligent, desde 1488 (RF XXXII,
91). Para representantes populares de INTELLI-
GERE en vasco, vid. Schuchardt, ZRPh. XL, 491-
2, y aquí s. v. ENDILGAR.

Intemperado, intemperancia, intemperante, in-
temperie, V. templar   Intempesta, intempestivo,
V. tiempo   Intención, intencionado, intencional,
intendencia, intendenta, intendente, intensar, in-

tensidad, intensificación, intensificar, intensión, intensivo, intenso, intentar, intento, intentona, V.
tender   Ínter, V. entre   Inter-: se han omitido totalmente algunos de los menos usados entre
los vocablos que contienen este prefijo   Inter-
cadencia, intercadente, V. caer

INTERCALAR, v., tomado del lat. ĭntercălāre
íd. 1.ª doc.: 1580, Fdo. de Herrera.
Pero éste explica su significado a continuación,
de suerte que no debía de ser usual; falta todavía
en C. de las Casas, Oudin, Covarr., y Aut. advierte que sólo se aplica al día añadido de los años
bisiestos; todavía la Acad. en 1843 explica que
éste es el único uso propio, aunque la generalización de sentido es ya común en el S. XIX y
quizá antes (Moratín emplea intercalar como sustantivo en sentido general).
DERIV. Intercalar adj. [1499, H. Núñez], tomado de intercalaris íd.; intercalación; intercaladura.

Interceder, V. ceder   Interceptación, inter-
ceptar, V. concebir   Intercesión, intercesor, in-
tercesoriamente, V. ceder   Interciso, V. decidir   Interclusión, V. clausura   Intercolumnio,
V. columna   Intercostal, V. cuesta   Intercu-
rrente, V. correr   Interdecir, V. decir   Interdental, V. diente   Interdicción, interdicto, V.
decir   Interés, interesable, interesado, interesal,
interesante, interesar, interesencia, interesente, V.
ser   Interfecto, V. afecto   Interferencia, V.
preferir   Interfoliar, V. hoja   Ínterin, interi-
nar, interinario, interinidad, interino, V. entre
Interior, interioridad, V. entre   Interjección, V.
adjetivo   Interlocución, intelocutor, interlocutorio, V. locuaz

INTÉRLOPE, tomado del fr. interlope íd., y
éste del ingl. interloper 'comerciante que trafica
sin autorización'. 1.ª doc.: Acad. 1869, no 1817.
En francés aparece desde 1691, en inglés desde
1590. Del inglés pasó también al neerl. y b. alem.
enterloper, vid. NED. Sin embargo, como la formación híbrida con el ingl. dial. lope 'saltar' y el
lat. inter- sería extraña, quizá el vocablo inglés
no sea más que una deformación del neerl. antic.
onderloopen 'meterse enmedio' (V. el gran Woordenboek der Nederlandsche Taal de De Vries y
otros), equivalente del alem. unterlaufen 'entre-
mezclarse, introducirse'.

Interludio, V. ludibrio   Interlunio, V. luna
Intermediado, intermediar, intermediario, intermedio, V. medio   Interminación, V. amenaza
Intermisión, intermiso, intermitencia, intermitente,
intermitir, V. meter   Internación, V. entre
Internacional, internacionalidad, internacionalismo,
internacionalista, internacionalizar, V. nacer   In-
ternado, internar, interno, V. entre   Internodio,
V. nudo   Internuncio, V. nuncio   Interpela-

ción, interpelante, interpelar, V. *apelar Interpolación, interpolador, interpolar,* V. *pulir Interponer, interposición,* V. *poner Interprender, interpresa,* V. *prender*

INTÉRPRETE, tomado del lat. *ínterpres, -ĕtis,* 'mediador', 'intérprete'. *1.ª doc.:* APal. 139*d*, 220*d*. En Nebr. hallamos impreso *interpetre* y luego *interprete; Aut.* trae ejs. de Quevedo y posteriores. Vélez de Guevara por el mismo tiempo emplea el femenino *interpreta* como paroxítono[1].

DERIV. *Interpretar* [h. 1440, Mena, Pz. de Guzmán (C. C. Smith, *BHisp.* LXI); APal. 90*d*, 539*d*; Nebr.], tomado de *interpretare* íd.; *interpretador,* sustituto antiguo de *intérprete* [*enterpretador,* Berceo, *Mil.,* 866*a; 1.ª Crón. Gral.,* 189*a*40]; *interpretante; interpretación* [Mena (C. C. Smith); APal. 182*b*; Nebr.]; *interpretativo.*

[1] «No truxe en vano a esta guerra, / para descubrir disinios, / a Celia por *interpreta.* / No podrá la muerte misma / de vos dibertirme apenas», *El Rey en su Imaginación,* v. 1842.

Interrogación, interrogante, interrogar, interrogativo, interrogatorio, V. *rogar Interrumpir, interrupción, interruptor,* V. *romper Intersecarse, intersección,* V. *segar Interserir,* V. *disertar Intersticio,* V. *estar Interusurio,* V. *uso Intervalo,* V. *valla Intervención, intervencionismo, intervencionista, intervenir, interventor,* V. *venir Intestado,* V. *testar Intestinal, intestino, intima, intimación, intimar, intimatorio,* V. *entre Intimidación,* V. *temer Intimidad,* V. *entre Intimidar,* V. *temer Íntimo,* V. *entre Intitulación, intitular,* V. *título Intonso,* V. *tundir Intoxicación, intoxicar,* V. *tósigo Intradós,* V. *dorso Intramuscular,* V. *músculo Intransigencia, intransigente,* V. *exigir Intrepidez, intrépido,* V. *trepidar*

INTRINCAR, alteración del anticuado *intricar,* tomado del lat. *íntrīcare* 'enmarañar, enredar', derivado de *trīcari* 'buscar rodeos, poner dificultades', y éste de *trīcae* 'bagatelas'. *1.ª doc.: entricar* e *intricar,* ambos en Nebr., con la traducción «enhetrar, *intrico*».

También emplea *entricado* Cervantes en el *Quijote* (I, i, ed. Cl. C. I, 53), mientras que en sus demás pasajes escribe *intricado,* y así Ercilla como Virués, Lope (Cuervo, *Obr. Inéd.,* p. 208, n. 8), Vélez de Guevara (*La Serrana de la Vera,* v. 2469), Covarr. y Oudin emplearon *intricado* e *intricar,* a pesar de que *Aut.* atribuye falsamente a Cervantes la forma moderna y alterada; lo mismo hace con Juan de Mena, que ya empleó el participio en la primera mitad del S. XV, y aunque no puedo comprobarlo, seguramente será otra modernización injustificada; efectivamente A. del Campo me cita *intricadas razones* en la *Coronación* de Mena. Después no hay testimonios seguros de *in-*

trincar, -ado, hasta *Aut.* Se trata de una propagación de nasal al modo de *encentar* o *manzana. Intrigar* se tomó del fr. *intriguer* íd., y éste del it. *intrigare* 'enmarañar, embrollar', procedente de la misma voz latina; el vocablo se tomó en francés en el S. XVI con este último sentido, y en el XVII tomó el de 'hacer maquinaciones o manejos', con el cual volvió a Italia (ya en el S. XVIII) y pasó a España: Terr. lo señala por primera vez como galicismo innecesario y lo propio hace Capmany con *intriga* en 1805 (Viñaza, p. 903), pero en el año 1817 ya le había dado el pase la Academia.

DERIV. *Intrincable. Intrincación. Intrincado* (V. arriba). *Intrincamiento. Inextricable* [ya Acad. 1780, no Covarr., C. Casas, ni APal.; *ynestricable* h. 1580, B. de Villalba en Fcha.] negativo del lat. *extricare* 'desenmarañar'. *Intriga* [Terr. V. arriba]. *Intrigante. Intríngulis* 'intención solapada o razón oculta que se entrevé o supone en una persona o acción' [Acad. 1884; ej. de Pardo Bazán en Pagés], voz familiar de formación incierta, quizá emparentada con *intriga;* sin embargo, como no se explicaría el modo de formación, es más probable que sea alteración del it. *intíngoli,* plural de *intíngolo* 'guisote con salsa', 'pócima' (derivado de *intíngere* 'mojar algo en una salsa u otro líquido', y éste de *tíngere* = cast. *TEÑIR*), pero contaminado por *intriga*[1].

[1] La Acad. supone una locución latina *in triculis,* de *triculae* diminutivo de *tricae* 'enredos', pero el caso es que ese **triculae* no es palabra conocida, por lo menos en latín clásico.

Intrínseco, intrinsiqueza, V. *entre Introducción, introducir, introductor, introductorio,* V. *aducir Introido,* V. *antruejo Introito,* V. *ir Intromisión,* V. *meter Introspección, introspectivo,* V. *espectáculo Introversión, introverso,* V. *verter.*

INTRUSO, del lat. *íntrūsus,* participio de *íntrūdĕre* 'introducir', derivado de *trudere* 'empujar'. *1.ª doc.:* Covarr.; 1648, Solórzano.

Está también en Oudin, pero no en C. de las Casas. El lat. *intrudere,* aunque se cita en manuscritos de Cicerón, no está bien documentado hasta la Edad Media, pero *trudere* y otros compuestos suyos son muy clásicos.

DERIV. *Intrusión* [Oudin]. *Intrusarse* [Acad. 1869, no 1843], muy poco usado. *Abstruso* [1726, Feijoo; falta *Aut.*], del lat. *abstrusus* 'escondido', participio de *abstrudere* 'ocultar'.

Intubación, V. *tubo*

INTUICIÓN, tomado del lat. tardío *íntŭĭtĭo, -ōnis,* 'imagen, mirada', que en el lat. escolástico tomó el sentido filosófico; derivado de *íntŭēri* 'mirar'. *1.ª doc.: Aut.*

Deriv. *Intuitivo* [íd.]. *Intuito*. *Intuir* [Acad. 1925], derivado secundariamente de *intuición*.

Intueri deriva de *tueri*, que además de 'mirar' significaba 'proteger'; de ahí *tutor, -ōris*, 'protector', de donde el cast. *tutor* [Mena (C. C. Smith, *BHisp*. LXI); h. 1490, *Celestina*; APal. 66*d*; Nebr.; seguramente anterior al S. XV]; *tutoría* [Pz. de Guzmán (C. C. Smith)]; *tutriz*; *tutela* [Nebr.], de *tūtēla* 'protección'; *tutelar*.

Intumescencia, V. *tumor*   *Intususcepción*, V. *concebir*

INULTO, tomado del lat. *ĭnŭltus* íd., derivado de *ultus*, participio pasivo de *ulcisci* 'vengar'. *1.ª doc.*: Villamediana, † 1622.
Latinismo poético raro.

Inundación, inundante, inundar, V. *onda*
Inusitado, inútil, inutilidad, inutilizar, V. *uso*

INVADIR, tomado del lat. *ĭnvādĕre* 'penetrar violentamente (en alguna parte), invadir', derivado de *vadere* 'ir'. *1.ª doc.*: h. 1440, A. Torre (C. C. Smith, *BHisp*. LXI); Oudin; 1684, Solís.
El mismo vocablo existía ya en la Edad Media en forma popular, pero modificó rápidamente su significado hasta dar el de *EMBAIR*. Vocablo usual hoy día entre gente educada.
Deriv. *Invadiente*. *Invasión* [Oudin; Argensola]. *Invasor* [1444, J. de Mena, *Lab.*, 214*f*; 1499, H. Núñez].

Evadir [1499, H. Núñez; A. Guevara], tomado de *evadĕre* 'escapar'; *evasión* [Mena, *Lab.*, 266*d*; 1600, Sigüenza]; *evasivo* [Acad. 1869], *evasiva, evasor*.

Invaginación, invaginar, V. *vaina*   *Invalidación, invalidad, invalidar, invalidez, inválido*, V. *valer*
Invasión, invasor, V. *invadir*   *Invectiva, invehir*, V. *vehículo*   *Invencible*, V. *vencer*   *Invención, invencionero, invenible, invenir, inventar, inventariar, inventario, inventiva, inventivo, invento, inventor*, V. *venir*   *Invernáculo, invernada, invernadero, invernal, invernar, invernizo*, V. *invierno*   *Inverosímil, inverosimilitud*, V. *verdad*   *Inversión, inverso, invertido, invertir*, V. *verter*   *Investidura*, V. *vestir*   *Investigable, investigación, investigador, investigar*, V. *vestigio*   *Investir*, V. *vestir*   *Inveterado, inveterarse*, V. *viejo*   *Invicto*, V. *vencer*   *Ínvido*, V. *ver*

INVIERNO, del antiguo y popular *ivierno* y éste del lat. vg. HĬBĔRNUM íd., abreviación del lat. TEMPUS HIBERNUM 'estación invernal'. *1.ª doc.*: *ivierno, Cid; invierno*, J. Ruiz, 1297*d*.
La forma etimológica es general y frecuente en Berceo (*Mil.*, 713*d*, etc.), es también la del *Apol.*, aparece todavía en APal. (192*d*, pero *ynvierno* 4 veces ibid. y 193*b*), Nebr. (*ivierno*, s. v. *en-*

vernar; pero *invierno*, s. v.), Juan de Valdés y en el andaluz Mateo Alemán; hoy sigue siendo popular en muchas partes: Andalucía (Castro, *RFE* V, 198), Nuevo Méjico (Espinosa, *Studies*, p. 272), zona andina del Ecuador (Lemos, *Barbar. Fon.*, p. 40), Chile (G. Maturana, *AUCh*. XCII, ii, p. 45 y glos.), etc.
Deriv. *Invernar* [*ynvernar*, APal. 373*b*; *inv-*, h. 1515, Woodbr.; Nebr., f° *f8r*° y *h5r*°, prefiere *envernar* a *invernar*; íd. en ast., V], del lat. HIBERNARE; *invernador* ('empleado de las grandes fincas argentinas encargado de encerrar el ganado por la noche y llevarlo al pastoreo al salir el sol', Borcosque, *A través de la Cordillera*, p. 117, comp. el *Cerro de la Invernada* en los Andes sanjuaninos); *invernada* [J. Ruiz, 1304*a*; APal. 75*d*]; *invernadero* [Nebr., *env-*]; *invernal*[1] [Nebr.], antes *enverniego* [íd.], hoy también *invernizo* (especialmente *sandía i.*); también se ha escrito cultamente *hibernal, hibernizo*. Ast. *envernia* 'acción de invernar', *dar ganado a envernia* 'darlo en *comuña* durante el invierno' (V). *Invernáculo* [Acad. ya 1817], tomado del lat. *hibernaculum*. *Hiemal*, tomado del lat. *hiemalis*, derivado de *hiems* 'invierno', del cual *hibernus* era derivado indoeuropeo.

[1] Como el cast. *invernal* ya se documenta en 1495 y el it. *invernale* sólo una vez aparece en 1562 y Tommaseo lo documenta sólo desde el S. XIX (como observa Migliorini, *Cos'è un Vocab.*, 83), quizá sea hispanismo en italiano.

Invigilar, V. *velar*

INVITAR, tomado del lat. *ĭnvītare* íd. *1.ª doc.*: Oudin, con remisión a *combidar*.
Sería raro en la época clásica, pues falta no sólo en Covarr., Percivale y Minsheu, sino también en *Aut.* y Terr., y la Acad. en 1843 (ya no en 1884) lo consideraba anticuado; más tarde, quizá por influjo francés, se ha hecho más corriente que *convidar*, por lo menos en el uso común español; sin embargo, *convidar* sigue siendo muy general en otras partes, p. ej. la Arg.
Deriv. *Invitación* [Acad. 1843, no 1817]; *invitado*; *invitatorio* [h. 1600, J. Gracián].
Convidar [*Cid*; frecuente en toda la E. Media, Berceo, *Apol.*, J. Manuel, J. Ruiz; Nebr., APal. (222*d*), y la mayor parte de esos autores escriben con *b*; muy clásico, comp. arriba; Cej. IV, § 39][1], del lat. vg. *CONVĪTARE*, variante de INVITARE común a todos los romances de Occidente, probablemente alteración por influjo de CONVIVIUM 'convite'; *convidada*; *convidado*; *convidador*; *convidante*. *Convite* [*conbit* o *conbid*, J. Ruiz, 52*b*, 713*d*, 1079*a*, 1258*b*; *combite, Lucano, Alf. X* (Almazán); S. XV, Biblia med. rom., *Gén.*, 19.3; APal. 7*b*; Nebr.], tomado del cat. *convit* íd., préstamo que recuerda los suntuosos banquetes de la corte catalana de Jaime II y Pedro el Ceremonioso, y el influjo culinario catalán, jalonado por una

serie de libros, desde el Arte Cisoria de E. de Villena, llena de catalanismos, hasta el *Libro de Guisados* de Mestre Robert de Nola, traducido en el S. XVI; antes se dijo castellanamente *convido* (*Fn. Gonz.*, 237; *Apol.*, 474d). *GdDD* 1867 trae *convite* (como catalanismo) del lat. CONVICTUS 'banquete'; pero el cat. *convit* 'banquete' es naturalmente inseparable de *convit* 'invitación' y del it. *convito* 'invitación' y 'convite', cuya *-t-* sencilla se opone inequívocamente a CONVICTUS: luego hay que desechar la idea.

Envidar [1591, Percivale; 1605, *Pícara Justina* y *Quijote;* frecuente en los clásicos], duplicado hereditario de *invitar*, común a todo el romance; *envite* [*emb-*, 1570, C. de las Casas; frecuente en los clásicos], tomado del cat. u oc. *envit* (la Acad. registra una variante genuina *envido*).

¹ En la Argentina se emplea hoy popularmente en el sentido de 'ofrecer (un manjar)': «¿por qué no me *convida* un pedazo de tóncor?», F. Burgos, *La Prensa*, 4-IV-1943; 17-V-1942; 23-V-1943.

Invocación, invocador, invocar, V. *voz In-volucrar, involucro,* V. *volver Inyección, in-yectar, inyector,* V. *abyecto Inyuncto, inyungir,* V. *junto Iñame,* V. *ñame Iñar, iñido,* V. *relinchar Ión,* V. *ir*

IPECACUANA, tomado del port. *ipecacuanha* y éste del tupí o lengua general del Brasil: al español llegó por conducto del francés o del latín botánico. 1.ª *doc.*: Terr.; Acad. ya 1817.

En portugués se documenta desde 1643, y en variantes fonéticas desde 1587: Friederici, *Am. Wb.*, 317.

IR, del lat. ĪRE íd. 1.ª *doc.*: orígenes del idioma (doc. de 1056, en Oelschl.; Cid, etc.).

Para cuestiones morfológicas remito a las gramáticas históricas; para fraseología, Cej. IV, § 13. Al diccionario pueden competer las cuestiones relativas al supletivismo, en virtud del cual ciertas formas o tiempos de *ir* se han reemplazado por formas de VADERE o de ESSE. El empleo de *fué* y formas análogas en los tiempos del tema de pretérito es general desde los más antiguos textos literarios (*Cid;* Berceo, *Mil.*, 711c; etc.); es fenómeno común con el port. *foi*, no ajeno al francés popular, por lo menos en el pretérito indefinido (*il a été*), y especialmente arraigado en dialectos orientales de la lengua francesa: sus raíces lejanas se hallan en el latín familiar y aun en pasajes coloquiales de Cicerón y Plauto; vid. *FEW* III, 246, y la bibliografía allí citada; en especial, para el español, Vallejo, *RFE* VIII, 185, y Tallgren, *Annales Acad. Scientiarum Fennicae*, B, XI, 1-11; sería especialmente umbro, según Vetter (cita de Mz. P. *Enc. Ling. Hisp.* I, CXXXVIII), pero puesto que lo usan Cicerón y Plauto, no se puede

aducir como prueba de las teorías oscas de Mz. P. En romance el infinitivo IRE sólo se ha conservado en hispano-portugués, bearn. *i* (valles de Aspa y Baretóns: *BhZRPh.* LXXXV, § 190; *Bouts dera Mountanho* IV, 94), y en algunos dialectos réticos, italianos, dalmáticos y rumanos. El castellano medieval conservaba todavía las formas *imos* e *ides* del plural del presente (*Cid, Auto de los Reyes Magos*, Berceo; *ydes* todavía en el *Rim. de Palacio*, 1100, forma ésta que sobrevive hasta más tarde)¹. El vulgarismo *dir* por *ir* (ultracorrección debida a pronunciaciones vulgares como *ejar* por *dejar*) es propio de todos los dialectos leoneses, andaluces y murcianos, y de casi toda la América española², aparece en el sayagués del S. XVI, y no es ajeno al portugués vulgar (por lo menos en las Azores: *RL* II, 46); V. mi nota en *RFH* VI, 235. En el *Rim. de Palacio* (690, 736, 740, 742, etc.) y en otros textos medievales se emplea *fui* en combinación con un infinitivo como forma perifrástica del pretérito simple (*fuestes entender* 'entendisteis'); comp. el pretérito catalán, donde es el presente de *ir* el que desempeña este papel (*vas entendre*). A las frases cast. *irse haciendo viejo*, port. lo mismo o *ir para velho*, responde el gallego con el simple *ir vello* («vai *indo vello*» Castelao 90.2, 106.32).

DERIV. *Ido*, vulgarmente 'loco' en la Arg. (E. del Campo, *Fausto*, v. 499) y otras partes. *Ida* [1251, *Calila*, 40.727; Nebr.]. *Yente. Adir*, tomado del lat. *adĭre* íd.; *adición (de la herencia). Circuir*, tomado de *circŭīre* íd.; *circuito* [1433, Villena (C. C. Smith, *BHisp.* LXI); 1582, A. de Molina], de *circŭĭtus, -ūs; circuición. Coito* [1438, J. de Mena], tomado de *cŏĭtus, -ūs*, íd., derivado de *cŏīre* 'juntarse', 'ayuntarse carnalmente'; *coición; coitivo. Comicio*, tomado de *comĭtĭum* 'lugar donde se reunía el pueblo', de una variante de *coire; comicial. Exir*, ant. (pron. *ešír*) [*Cid;* Berceo, *Mil.*, 72b, 92c; etc.]³, de EXĪRE 'salir'; *exida* [*Cid;* Berceo, *Mil.*, 911d, etc.]; tiene interés el futuro epentético de *exir* empleado por Berceo: «ca temo que *iztremos* con ganancia liviana» (*S. Lor.* 92d, *PMLA* XLV, 513). *Éxito* [*Aut.;* en España está casi absolutamente generalizada la ac. 'resultado feliz'; aunque la Acad. todavía no admite esta ac. en 1884, ya *Aut.* la da a entender al observar que de una empresa ardua se dice que «no tendrá *éxito*», y si bien Moratín todavía habla de un *éxito infeliz*, hoy en la metrópoli difícilmente se podría decir así y ni siquiera es usual, al emplear *éxito* en la ac. usual favorable, especificar que fué *bueno*; en cambio, sí se habla mucho de *buen éxito* en la Arg., pero haría falta averiguar hasta qué punto no hay allí influjo italiano], tomado del lat. *exĭtus, -ūs*, 'salida', 'resultado'. *Exicial*, tomado de *exitĭalis* íd., derivado de *exitium* 'muerte (violenta), destrucción'. *Iniciar* [*iniciarse*, hablando de clérigos, *Aut.;* nota Baralt en 1855-74, que la Acad. todavía no lo admite en la ac. 'dar conocimiento de algo descubriendo sus arcanos'], tomado del lat. *ĭnĭtĭare* íd., que sólo en la baja época toma también la ac. 'empezar' (en la Arg. se emplea hoy *iniciar* como sinónimo de este verbo castellano en todos sus usos), derivado de *initium* 'comienzo', y éste de *inire* 'entrar, emprender'[2]; *iniciación; inicio*, arg. y de otros países americanos (no admitido por la Acad.); *inicial* [*Aut.*]; *iniciativo* [Acad. ya 1817]; *iniciativa* [Acad. 1843 (no 1817), como término forense]. *Óbito* [Acad. 1843, no 1817], tomado de *obĭtus, -ūs*, íd., derivado de *obire* 'fallecer'; *obituario. Preterir* [*Aut.*], tomado de *praeterire* íd.; *preterición; pretérito* [Arguijo, † 1620 (C. C. Smith); h. 1650, M. de Ágreda]. *Pretor* [h. 1580, A. de Morales], tomado de *praetor, -ōris*, íd., derivado de *praeīre* 'ir a la cabeza'; *pretorial; pretoriano, pretorianismo; pretorio, pretoriense; pretura* o *pretoría. Rédito* [h. 1440, A. Torre (C. C. Smith); 1595, Fuenmayor], tomado de *rĕdĭtus, -ūs*, 'regreso, vuelta', 'renta'; *redituar; redituable; reditual. Sedición* [1515, Fz. de Villegas (C. C. Smith); Covarr.], tomado de *seditio, -onis*, 'discordia', 'rebelión'; *sedicioso* [1569, Ercilla (C. C. Smith); princ. S. XVII, Argensola], de *seditiosus* íd.

Transir ant. 'morir' [Berceo, *Mil.*, 178; *S. Or.*, 165; «fasta que sia *transida*», *Sta. M. Egipc.*, v. 1173], tomado del lat. *transire* 'pasar más allá, traspasar'; de donde el moderno *transido* 'acongojado'; al principio *transido de frío* (así ya en Alf. X, *Cantigas*, 331), *de hambre, de dolor*, quería decir propiamente 'muerto' (P. Espinosa, en 1625, *Obras*, p. 196.18, lo califica de voz vulgar; sustantivado en un sentido casero no bien precisado en el port. F. Garcia Esgaravunha, S. XIII, *ZRPh.* XX, 151); *transición; tránsito* [*tránsido* 'el acto de la muerte', *Alex.*, 167b; Berceo: *-ito*, Lope]; *transitar* [1702, Cienfuegos, *Aut.*], *transitable; transitivo* [*Aut.*]; *transitorio* [1438, J. de Mena], *transitoriedad; transeúnte* [*Aut.*], de *transiens, -euntis*, part. activo de *transire*. V. además *AMBITO, PERECER, SUBIR.*

Ión, tomado del gr. ἰών, participio activo del verbo ἰέναι 'ir', hermano del verbo latino correspondiente. Cᴘᴛ. *Catión*, del anterior, formado con el prefijo de *cátodo. Paremia*, del gr. παροιμία 'proverbio', compuesto de παρά 'junto a', a la manera de' y οἴμη 'marcha del relato', 'relato', derivado de ἰέναι 'ir'; *paremiólogo; paremiología; paremiológico. Proemio* [Santillana], de προοίμιον 'preámbulo', derivado de οἶμος 'camino, marcha'; *proemial.*

De ᴇxᴵᴛus el cpt. *forajido* [*fuera exidos* 'bandidos' 1557, C. de Villalón, *V. Turquía, NBAE* II, 90*b*: «[En Nápoles] andan los salteadores... que allá llaman *fuera exidos*, como si acá dixésemos encartados o rebeldes al rei»; 'salido afuera', a. 1577, Duque de Villahermosa; 'íd.', 1578, Ercilla[4]; 'bandido', Covarr.; 1612, Diego de Villalovos, *Comen-*

tarios de las cosas sucedidas en los Paises Baxos, M. 1612, 147*v°*: «se hallava este *foragido* napolitano...»; 1612, L. de la Puente en *Aut.*; 1615, *Quijote*; 1621, Tirso, *Cigarrales*, ed. Renacimiento, M. 1913, p. 185, haciendo referencia a bandidos de tierras catalanas], probablemente tomado del italiano, por conducto del catalán antiguo *fora(e)ixit* 'rebelde, desterrado' (1458, 1465): vid. *Enc. Ling. Hisp.* II, 208, donde el propio Colón rectifica honestamente el mentís que me había infligido con sus *Occitanismos.*

Introito [1499, H. Núñez], tomado del lat. *ĭntroĭtus* 'entrada', compuesto con *intro* 'dentro'; comp. *ANTRUEJO. Vademécum* (o abreviado *vade*), de la frase lat. *vade mecum* 'anda conmigo'. *Vaivén* [Calderón, *Aut.*]; no parece tratarse de los imperativos, sino de los indicativos de *ir* y *venir*, pero entonces no se comprende la forma del último; quizá sea palabra de procedencia forastera, comp. fr. *va-et-vient* (que parece ser moderno) y cat. *vaivé* íd. (que ya ha de ser medieval, pues el derivado *vaiver, -era*, 'movedizo', 'haragán', 'frívolo, débil', hoy mallorquín, ya aparece en Jaume Roig, v. 15850, y una variante *vayvarea* en otro texto antiguo, vid. Ag.). Gall. *vaiche!* especie de interjección afirmativa («—¿quieres comer? —*vaiche*!», Sarm. *CaG.* 192*v*): sería imperativo + *che* 'te', tal como *ándale*!, el esp. *vaya!*

[1] El imperativo *ite* por 'vete', muy general en Santiago del Estero y todo el Norte argentino (O. di Lullo, *Canc. de Sgo.*, p. 286), no es conservación del imperativo latino ī, sino forma vulgar de *id* ĪTE, de la segunda persona plural, la cual, como es sabido, se combina en la Arg. con el pronombre singular en el voseo.— [2] También en Cuba, *Ca.*, 188. Fraseología asturiana en V.— [3] Anticuado ya en el S. XIV: el ms. *A* de Berceo lo reemplaza sistemáticamente por *salir*.— [4] Citas de Borao, s. v.

IRA, del lat. ĪRA 'cólera, enojo'. *1.ª doc.*: 1100, *BHisp.* LVIII, 360; *Cid.*

Palabra popular en toda la Edad Media (*Reis d'Orient*, Berceo, *Apol.*, J. Manuel, J. Ruiz, etc.) y más tarde, aunque hoy se ha anticuado en el habla del vulgo; Cej. V, § 115.

Dᴇʀɪᴠ. *Airar* [*Cid*; en toda la Edad Media se emplean promiscuamente *airar* e *irar*[1], pero el *Cid* distingue entre aquél en el sentido 'retirar el señor su gracia al vasallo' y éste en el de 'encolerizar', para lo cual y para el origen de la locución *vida airada*, vid. M. P., *Cid*, 434; Cuervo, *Dicc.* I, 296-8]; *airado* y su variante anticuada *irado*[2]. *Erecer* 'enrabiar, irritar' judesp. (1555, Biblia de Ferrara, *BRAE* III, 502; IV, 461), con su derivado *irecimiento* (*BRAE* IV, 641), alteración de **iracer*, del lat. ĪRASCĪ 'encolerizarse', por influjo del anticuado *erzer* 'levantar' y de los verbos en *-ecer;* comp. cat. ant. *iréixer* o *iréixer-se* 'enojar-*

se"³; de ahí también los derivados cultos *irascible*
[h. 1440, A. Torre (C. C. Smith, *BHisp*. LXI);
APal. 500*b*; h. 1580, Fr. L. de Granada]; *iras-
cibilidad*; *irascencia*. *Iracundo* [h. 1440, A. Torre
(C. C. Smith); APal. 224*d*; h. 1610, Lope, Nie-
remberg], tomado de *iracŭndus* íd.; *iracundia*
[APal. 224*d*].

¹ Todavía Nebr. *airado* junto a *irado súbitamente.—* ² Toma la ac. 'enhiesto, agudo' en el
Yúçuf A, 34*c*: «echáronlo en un pozo con una
cuerda muy grande, / a medio oviéronla cortada, / cayé en tierra entre lax fierax en una piedra *irada*, / pero [fuera] de xuxtalle no le feçie-
ron nada», que es como debe leerse, vid. ed.
M. P., p. 300. Esta ac. se explica por frases como
«niebla precodida, o pedrisca *irada*», Berceo, *S.
Dom.*, 69, o «si fará buen tiempo o tempestad
irada», *Alex.*, 1320. Esta acepción debe relacionarse además con la de 'impetuoso' que tiene
irado en *Fn*. González, 140*c*, hablando de corrientes de agua, y de la cual derivará el vasco
ant. *iradu* 'apresurado' (1596), Michelena, *BSVAP*
XI, 296.— ³ Lulio, *Meravelles* IV, 115; Eiximenis,
Doctrina Compendiosa, p. 52; B. Metge, *N. Cl.*
X, 72.20; *s'irasc*, pretérito, Eiximenis, *N. Cl.*
VI, 121.

Iracho, irasco, V. *igüedo*   *Irecimiento*, V. *ira*

IRIS, tomado del lat. *īris, -is*, y éste del gr.
ἶρις, -ιδος, 'arco iris'. *1.ª doc.*: 1555, Laguna, y
Covarr., como nombre de la íride o lirio cárdeno
o hediondo; *Aut.*, como nombre del arco iris.

Éste se ha llamado también, en español, *arco
del cielo* [APal. 546*d*] o *celeste* (así Covarr., s. v.
lirio), o *celestial* (APal. 224*d*), en Murcia *arco de
San Martín* (cat. *arc de Sant Martí*), port. y gall.
arco da velha [Moraes; Castelao 249.11; *coisas o
histórias do arco-da-velha* 'cuentos tártaros, de Maria Castaña', lo cual revela que se ha vuelto en
Portugal expresión vieja y algo folklórica]; es más
popular *arco iris* (así ya *Aut.*, en la definición)
que *iris*.

DERIV. *Irisar* [Acad. 1869, no 1817]; *irisación*.
Irídeo. Iridio. Iridescente (*iridis-* por errór en
Acad.). *Iritis*.

IRONÍA, tomado del lat. *īronīa* íd., y éste del
gr. εἰρωνεία 'interrogación fingiendo ignorancia',
'disimulo', derivado de ἐρέσθαι 'preguntar'. *1.ª
doc.*: Covarr.; Oudin.

APal. 142*b* parece ya emplear el vocablo como
castellano, pero en 546*d* y otro pasaje lo explica
como palabra meramente latina, y lo mismo hace
Hernán Núñez en 1499; falta en Nebr., C. de las
Casas y Percivale, pero lo emplea ya Calderón;
Cej. IV, § 76. Spitzer (*RFE* XVI, 153; *Lexik. a.
d. Kat.*, 63, 159) supuso que el dialectal *inronia*
'ojeriza, tirria' y variantes abajo detalladas¹ procedía de ĪRONĪA, lo cual no está muy claro desde el
punto de vista semántico ni fonético, pues no se
justifica el cambio de acento, y mucho menos el paso de -R- a -*rr*-, y sobre todo es etimología sospechosa dada la ausencia completa de descendencia
hereditaria de IRONIA; en vista de que *erronia*
significa 'terquedad, testarudez' en Torres Villarroel (*Vida, Cl. C.* 206.16, Onís acentúa -*ía*) 'incredulidad' en Lope (Fcha., que acentúa la *i* seguramente sin razón), y 'manía' es el sentido que
tiene *enrònia* en catalán (Tortosa: *BDC* III, 95;
Maestrazgo: G. Girona; Valencia, según Giner
i March; Alcoy: M. Gadea, *Tèrra del Gè* I,
291), me parece claro que se pasó de 'tener manía a alguien' a 'tenerle tirria', y el sentido etimológico sería 'idea errónea', de suerte que será
alteración de *errónea*, que aparece, con esta ac. y
con la variante *yrroña*, en un texto de fines del
S. XV², comp. *yrróneo* en el *Corbacho* (ed. P.
Pastor, 235.8) y también *yrroneidad* en Fz. de
Villegas (1515), vid. Smith, *BHisp.* LXI, s. v.
errar. Aunque en algunas partes se acentúe la
terminación -*ia*, en todo o en parte se trata de
grafías infundadas³, y si ya cuesta suponer lo
mismo en el caso del salm. *roñia*, Cespedosa *ronia*,
Fresno el Viejo *orronia* (*RFE* XV, 261), se tratará
de un cruce de *erroñ(i)a* con su sinónimo *manía*.
La *i-* de *i(n)ronia* y análogos, junto a la influencia
del prefijo *in-*, se debe, como la de *iglesia*, a las
combinaciones *la grronia, una grronia*⁴.

DERIV. *Irónico* [1604, Jiménez Patón]. *Ironista.
Ironizar.*

¹ Murc. *inronia* 'rencor, odio, mala intención'
(G. Soriano; la definición 'intención, índole' dada
por Sevilla se basa en la locución frecuente *tener mala inronia* 'saña, mala sangre', que he oído
muchas veces en la prov. de Almería), and. *inronia* 'animosidad, aversión, odio' (AV), venez.
ironia 'iracundia' (Alvarado), hond. *enroña* 'inquina, mala voluntad' (Membreño), canar. *enro-
ñarse* 'incomodarse, enojarse' (Millares).— ² «Pa-
résceme ser *yrroña*, / y opinión non verdadera, /
que el pastor roña y baçera / él sanase syn ca-
loña», en las respuestas que un anónimo redactó
contra las Coplas de Mingo Revulgo, conservadas en ms. de esta fecha y publicadas por Gallardo en su *Biblioteca* I, 228, copla VIII.— ³ Así
García Soriano desmiente la acentuación que
Spitzer atribuía al diccionario menos cuidado de
Sevilla, y Alvarado la que el mismo autor atribuía a su compatriota Medrano en su léxico de
Maracaibo. Claro está que carece de valor el
erronia que con el sentido de 'oposición, desafec-
to, ojeriza' registraba la Acad. en 1843 y 1884.—
⁴ En cuanto al cat. *rònic* o *rònec* 'de mala calidad', 'viejo, gastado', 'yermo, sin compañía', arag.
rónego, rónico 'descarnado, viejo, raído, anticuado', que Spitzer quiere traer de IRONICUS, me
parecen ser también procedentes de *erróne(g)o*;
para el catalán, comp. *mústic* 'mustio'.

Irracional, irracionalidad, V. *razón*   *Irradia-*
ción, irradiar, V. *rayo*   *Irredento*, V. *redimir*
Irrefragable, V. *sufragar*   *Irrequieto*, V. *quedo*
Irrigación, irrigador, irrigar, V. *regar*   *Irrisible,*
irrisión, irrisorio, V. *reír*

IRRITAR, 'excitar, causar ira', tomado del lat.
ìrrītāre íd. *1.ª doc.*: 1607, Oudin.

Irritadísimo figura ya en Luis de Babia (1604);
irritar está en la segunda parte del *Quijote*, y en
Ruiz de Alarcón (1628, 1634), pero es ajeno a
APal., Nebr., C. de las Casas (que traduce el it.
irritare por «escitar, provocar»), Percivale y Covarr.
En el S. XVII se hallan otros ejs., y desde entonces se ha hecho palabra muy popular; ast.
enritar (V). Previamente había existido una variante hereditaria *erridar* (J. Ruiz, 485) o *enridar*
(SS. XIV y XV), en el sentido de 'azuzar el perro', 'incitar, excitar', V. ejs. en Cej., V, § 115, y
Voc.[1] De *enridar* por cruce con *azuzar* parece resultar el antiguo *ENRIZAR* (véase).

DERIV. *Irritable; irritabilidad. Irritación* [Oudin],
también *irritamiento. Irritador; irritante. Enrida-*
miento.

[1] APal.: «*Viriatus... enrridó* a los españoles
contra los romanos» (529*d*; 207*d*; enrridamiento
203*c*, 207*d*).

Irritar 'anular' y derivados, V. *razón III*   *Irro-*
gación, irrogar, V. *rogar*   *Irroña*, V. *ironía*
Irruir, V. *derruir*   *Irrumpir, irrupción*, V. *rom-*
per   *Isagoge, isagógico*, V. *acto*

ISATIS, 'variedad de zorro ártico', origen desconocido. *1.ª doc.*: Acad. 1936.
Según el *NED* el ingl. *isatis* (pron. *áisatis*),
documentado desde 1774, vendría de algún idioma
indígena del Ártico; la coincidencia con el grecolatino *isatis* 'pastel, hierba tintórea' sería casual, lo
cual cuesta algo de creer (¿parecido de color?).

ISBA, 'vivienda de madera', tomado del ruso
izbá 'casa rural, provista de calefacción', por conducto del fr. *isba* de las traducciones de novelas
rusas. *1.ª doc.*: Acad. 1936.

ISLA, del lat. ĪNSŬLA íd. *1.ª doc.*: Berceo.
Figura también, como nombre propio, en docs.
de 1206 y 1210 (Oelschl.), en Juan Manuel, etc.
General en todas las épocas y común a todos los
romances. No hay razón para considerar con
M-L. (*REW* 4475) que el vocablo castellano y el
port. *ilha* son cultismos; a primera vista no se
comprende por qué, si este filólogo consideraba
populares el fr. ant. *isle* y el cat. *illa*, no hacía lo
mismo con las formas respectivamente semejantes del castellano y el portugués; parece que su
idea fué que el latín vulgar había generalizado una
forma epentética *ISCLA, de donde resultarían el
it. merid. *ischia, isca*, trentino *isča*, sardo *iša, iska,*

prov. *iscla*, fr. *île* y cat. *illa*, mientras que las formas romances que no presentan la epéntesis de
-C- no podrían ser populares. Desde luego habría
que modificar los detalles de esta concepción,
pues si en rigor podría mirarse el fr. *île* como
continuación de *ISCLA, tal como *mâle* de MASCU-
LUS o *moule* de MUSCULUS, el cat. *illa*
de ninguna manera podría corresponder a esta
base fonética, ya que los grupos -CL- y -SCL-
permanecen siempre intactos en este idioma
(*mascle, musclo*, etc.), de suerte que *illa* sólo
puede salir de *iȷla < *isla (tal como *almoina*
'limosna', *rama* 'resma', *vailet* = fr. ant. *vaslet*,
etc.); por otra parte, el port. *ilha* deberá explicarse de la misma manera[1], y difícilmente puede concebirse que esta tan evolucionada forma luso-cata-
lana, también muy extendida en tierras occitanas,
tenga nada de cultismo, tanto más cuanto que a
poco que la síncopa de la U de INSULA se hubiese
retrasado, el resultado portugués habría sido ciertamente *ísua. En cuanto al español, no es menos
posible que salga de *ISCLA el cast. *isla* que el
fr. ant. *isle*, comp. cast. *maslo* MASCULUS, *muslo*
MUSCULUS; de todos modos no es necesario suponerlo así ni en castellano ni en francés y no hay
razón alguna para creer que en latín vulgar no
pudieron coexistir dos formas igualmente populares *ISCLA e *IS(U)LA[2], distinguidas local o social-
mente; ambas formas coexisten en casi todos los
dominios romances, pues en lengua de Oc antigua
y moderna *ila, ilha, isla* e *irla* tienen mayor extensión que *iscla*, casi únicamente rodanense, y en
catalán no faltan huellas de *ISCLA: *Peníscola*,
ciudad valenciana situada en una península[3] (llamada *Peñíscola* en castellano), *Les Iscles*, famosa
estación prehistórica en una altura inaccesible en
el Ribagorza (*1.ᵉʳ Congr. de la Ll. Cat.*, p. 41).
Más datos acerca de las formas italianas y romances, en Schuchardt, *ZRPh.* XXV, 349-53;
XXVI, 115. La forma cultista *insula* alcanzó cierta extensión en castellano antiguo, especialmente
en Libros de Caballerías (*Amadís, Quijote*), *insola*
en el Poema de Alfonso Onceno (442), gall. *insua*
(menos común que *illa*), port. *insua* 'isla fluvial':
ya medieval *insoa Ctgs.* 307.10, 424.16, *MirSgo.*
73.19; comunísimo hoy el topónimo y apellido *Insua* (siempre acentuado en la *i*, por más que bar-
baricen algunos forasteros). Tiene bastante extensión en romance la aplicación de INSULA a lugares
de tierra firme: además de *isla* 'manzana de casas'
(*Aut.*), ac. arraigada sobre todo en portugués (Oporto, *RL* XII, 138-140; etc.), catalán y occitano
antiguo, se nota el paso al significado de 'paño de
terreno entre hondonadas profundas' (así en la
prov. argentina de Mendoza, 'bosquecillo de árboles en medio de una llanura' (así *isleta* en la
prov. de San Luis)[4], 'lugar fértil vecino a un río',
como en los Grisones y en el Sur de Italia[5], 'pantano' como en Asturias y Galicia (*illò* [-ŏLA], en
Vall.), etc.; V. mis notas en *RFH* V, 66n.1, y

Anales del Inst. de Etnogr. Amer. de Cuyo V, p. 97.

DERIV. *Islario* [1560, título del libro de Alonso de Sta. Cruz]. *Isleño* [1548, D. Gracián], también *insulano. Isleo* 'isla pequeña situada junto a otra mayor' [1492, Woodbr.; 1604, L. de Babia; recuerdo bastantes ejs. anteriores en cronistas de Indias][6], como el port. *ilheu* íd. [med. S. XVI, J. de Barros y D. do. Couto, en Vieira], tomado del diminutivo fr. ant. *isleau, islel* (SS. XII-XVI, God. IV, 613)[7]. *Isleta* [1492, Woodbr.; h. 1580, Fr. L. de Granada]. *Islote* [1526, Woodbr.; 1590, J. de Acosta]. *Aislar* [princ. S. XV, *Canc.* de Baena: Cuervo, *Dicc.* I, 298]; *aislado; aislador; aislamiento; aislacionista* 'el partidario del aislamiento de un país en política internacional, especialmente en los Estados Unidos de América' (muy corriente en la prensa y en escritores políticos hispánicos, por lo menos desde h. 1935, no admitido por la Acad.), del ingl. *isolationist*, derivado de *isolation* 'aislamiento'; como este concepto se está haciendo autóctono en la política de todos los países, valdría la pena formar correctamente *aislamentista. Insular. Insulina,* por extractarse de las isletas de Langerhans en el páncreas.

[1] Esta forma parece existir en Asturias, aunque no la encuentro en los vocabularios asturianos,. y ni siquiera está en Rato en el orden alfabético; pero éste en su pág. XVII cita, según Muñoz Romero, un doc. que éste dice ser del S. VIII (?), y donde aparece dos veces la misma localización, la primera escrita *In Illes* y la segunda *In Illias,* y explica Rato «*Illes,* en bable, isla, pantano, en lat. *insula*».— [2] De la distribución primitiva de ISCLA e I(N)SULA en romance trata Aebischer, *Bol. de Fil.* XIII, 185-200.— [3] Ésta es la pronunciación popular que hoy sigue predominando, aunque también se oye *Paníscola* y *Penyíscola. Peniscola* se lee en docs. de 1225, 1229, 1236, 1242, 1246, 1247 (Huici I, 94, 135, 249, 349, 425, 451), en Muntaner (cap. 9), Crón. de Jaime I, etc. (junto a *Paní-,* Jaime I, pp. 178, etc.), *Penniscola,* doc. de 1226 (Huici I, 99, etc.); *paníškula* (o *panašk-*) en el Idrisí, Abenalabbar, Abenabdeluáhid (Simonet, s. v. *Pennéxcola*); quizá sea útil advertir que el paso de *Peniscla* a *Península* es debido a la intervención del árabe, que no tolera grupos de 3 consonantes. Es probable que sólo se inspirara en este nombre propio Nebr. al redactar su artículo «*peniscola, casi isla*: península», pues *Aut.* reconoce que esta forma «no tiene uso» y no la conozco como apelativo en ningún autor; claro que la ñ (*ny*) se debe a la etimología popular *peña.* Lo propio ha ocurrido en Portugal, donde una pequeña península de la costa entre el Mondego y el Tajo,. conserva el nombre de *Peniche,* forma medio portuguesa, medio mozárabe, con pronunciación algo arabizada: *peniskla > Peniščä > Peniche.* Con carácter de apelativo sólo me es conocido,

como representante del lat. *paeninsula,* el cultismo *península* [1611, P. Mantuano, *Aut.*]; *peninsular.*— [4] E. Wernicke, *La Prensa de B. A.,* 29-XI-1942, 9-VI-1940; J. P. Sáenz, ibid. 6-VIII-1944.— [5] Sic. centr. y merid. *isula,* Cilento *iška,* «striscia coltivata lungo i torrenti», Rohlfs, *ARom.* IX, 169.— [6] Es confusa la otra ac., que *Aut.* documenta en Moret, a med. S. XVII, y que este diccionario define «parte de isla, o a manera de isla, que por lo regular es de peñascos en forma de corona», y la Acad. «porción de terreno circuída por todas partes de otros de distinta clase o de una corona de peñascos u obstáculos diversos»; ¿se tratará de un arrecife, como el de las islas de coral, *atoll,* en el Pacífico? Sea como quiera, ese sentido es más raro y no es el fundamental.— [7] Claro que no puede admitirse que venga de **isledo,* con Baist (*ZRPh.* XXXII, 34), quien parte de la premisa falsa de que no es anterior al S. XVIII.

Islán, V. *holanda Islario, isleo, isleño, isleta,* V. *isla*

ISLILLA, 'sobaco', 'clavícula', alteración del antiguo *aslilla,* que a su vez resulta del más antiguo *aliella* 'sobaco', diminutivo del lat. ALA íd., por cruce con *asilla* 'clavícula' y 'sobaco', diminutivo de ASA. 1.ª doc.: *aliella,* h. 1400, Glos. de Toledo; *asilla,* 1585, Arfe; *aslilla,* APal.; *islilla,* princ. S. XV, *Canc.* de Baena.

En el glosario de Toledo *aliella* traduce el b. lat. *acella,* que es variante del lat. *axilla* 'sobaco', como se ve por la traducción *sobaco* que el contemporáneo glosario de Palacio da a la misma forma *acella;* ello se confirma, y al mismo tiempo se ve que *aliella* no es una errata, por reaparecer esta forma en aquel mismo glosario como traducción de *escella,* otra variante del propio *axilla,* documentada en el bajo latín de otras partes (vid. Du C.). No hay dificultad para ver en esta forma un diminutivo del lat. ĀLA, que además de significar 'ala', conserva en Horacio y en otros su sentido etimológico de 'sobaco'; sabido es, en efecto, que el nombre más corriente del sobaco en latín, o sea AXILLA, no es más que un diminutivo de *AXLA, forma etimológica de ĀLA; la misma formación de un diminutivo (que permitiese distinguir las dos acs. 'ala' y 'sobaco') se repetiría más tarde, cuando ya se había perdido noción de la formación de AXILLA, y así resultó *ALELLA, de donde el cast. ant. *aliella.* Por otra parte *asilla* figura claramente como nombre de la clavícula en el leonés Juan de Arfe de Villafañe: «el hueso del pecho [= 'esternón'], cómo prende ambas *asillas,* que dos huesos largos y delgados, que hacen la olla de la garganta y las puntas de los hombros»; también está en Iriarte (1774), que aunque juega del vocablo en su otra ac. de 'pretexto, asidero', lo emplea en el sentido de 'sobaco', como se ve por su alusión a las cosquillas: «buscar *asillas* para cosquillas»[1] (V. las citas en el *DHist.*). Se comprende el doble sentido, tratándose de un derivado de *asa*, pues si las clavículas tienen forma de asas, también se puede asir a una persona por los sobacos a modo de asas; en una ac. muy análoga el port. *asêlha* se emplea en el Alentejo: «articulação escápulo-humeral: *aselha do hombro*» (Leite de V., *RL* IV, 228); por lo demás, en este idioma sólo significa 'pequeña asa de cesta, etc.' (documentado en Lopes de Castanheda, h. 1550, por Moraes, s. v. *azelha*). Cruzándose los dos sinónimos *alilla* y *asilla* resultó *aslilla*, que heredó los dos significados del segundo, como sugirió ya, con certera intuición, Spitzer (*WS* IX, 80n.), a pesar de no disponer de la documentación que ahora cito y que demuestra irrefutablemente su punto de vista[2]. APal. dice que *aslilla* es sinónimo de *sobaco*, y del lat. *ala* (12*d*), y en el mismo sentido emplea *islilla* a mediados del siglo siguiente S. de Horozco al hablar del mal de bubas; por otra parte el anatómico Montaña (1551) toma *aslilla* por 'clavícula'[3], y lo mismo significa *yslilla* ya en una poesía del *Canc.* de Baena debida a Páez de Ribera[4], mientras que *aslilla* en el *Canc.* de Castillo (h. 1500) y en Fernández de Villegas (1515), e *islilla* en el *Quijote* (I, xxxiv, 181), pueden significar en rigor cualquiera de las dos cosas; para esas autoridades, V. el *DHist.* y las citas de Rodríguez Marín, en su edición crítica de la obra cervantina (1927, III, 106n.). Hoy *eslilla* es la clavícula en la Argentina: «me había quebrado la *eslilla* y... tal vez tuviera el brazo sacado» (Guiraldes, *D. S. Sombra*, ed. Espasa, p. 201). Finalmente el cambio de *aslilla* en *eslilla* es debido a sustitución de «prefijo» (como *ascuchar*, *asconder*, *astilla* > *escuchar*, *esconder*, *estilla*, etc.), y posteriormente se supuso que *eslilla* era un diminutivo de *isla* con disimilación vulgar del tipo *escribir* > *escrebir*: de ahí la ultracorrección *islilla*, tanto más fácil cuanto que las clavículas sobresalen como islas de hueso en medio de la carne. De hecho la forma *eslilla* es también antigua y la emplea APal. en su pág. 34*b*: «ascella, logar so el braço, dicho porque de las *eslillas* se mueven los braços».

Ante esta explicación sencilla y coherente es preciso abandonar las otras etimologías propuestas: M-L. (*RFE* X, 301) admitía un cruce de AXILLA con un gót. *AHSĬLA de igual significado (deducido del a. alem. ant. *ahsala*, alem. *achsel*, ags. *eaxl*, escand. ant. *ǫxl*), pero lo más probable es que de producirse tal cruce el resultado hubiese sido idéntico a la forma AXILLA y no una forma de pronunciación tan incómoda como *AHSILILLA; en cuanto a que el latín vulgar formara un «rediminutivo» *AXILLELLA, como quería Castro (*RFE* IV, 394; V, 30), es inverosímil en grado sumo tratándose de una voz de aspecto diminutivo tan marcado como ya lo era AXILLA, y por lo demás

seguramente se habría formado más cómodamente *AXILLINA o algo análogo[5].

[1] En realidad se trata de un proverbio popular, ya registrado por Correas en 1627: «buscar *asillas* por costillas: achaques para bregas, achaques de pendencia, buscar asidero». Claro está que debe leerse *cosquillas* en vez de *costillas*.— [2] El *isla* de Berceo que cita ahí Spitzer (*Mil.*, 666) es seguramente 'lugar rodeado de mar', pues como observa M-L. (*WS* IX, 88) no se puede a un tiempo llevar un saco bajo el sobaco y «troxado a cuestas», es decir, cargado sobre las espaldas. Como variante de su etimología, en *MLN* LIII, 125, propuso un cruce de AXILLA con *alilla*, lo cual deberíamos ahora entender en el sentido de que *asilla* 'sobaco' venga de AXILLA; pero esto no es posible: MAXILLA > *mexilla* prueba que AXILLA no habría alterado por disimilación su *x* palatal, y por lo demás habría resultado una sorda, mientras que hoy se pronuncia con sonora en el Alentejo, y lo mismo da a entender la grafía de Arfe. Debe concederse, con todo, la posibilidad de que *asilla* descienda del lat. AXILLA alterado por el influjo de *asa* en virtud de una etimología popular. Pero tal supuesto es innecesario.— [3] «Las *aslillas* son dos huesos delgados que nascen del hueso del pecho, y se va a juntar cada uno de su lado con los huesos de las espaldas...».— [4] «Los dientes terrosos, la lengua engordida, / color amarillo, los ojos jaldados, / las mexillas altas, la frente salida, / las *yslillas* secas, los beços colgados»: las clavículas salientes son típicas del hombre flaco.— [5] Carece de fundamento la vaga definición «la parte del cuerpo en el animal, desde el quadril hasta debajo del brazo, que también se llama ijar», que da *Aut.*, pronto rectificada por la Acad.

Islote, V. *isla*

ISO-, primer elemento de compuestos cultos, tomado del gr. ἴσος 'igual'. *Isobárico* [Acad. 1899], compuesto con βάρος 'pesadez'. *Isócrono* [Acad. ya 1817], con χρόνος 'tiempo'; *isocronismo*. *Isoglosa* (usado por los lingüistas, falta Acad. 1939), con γλῶσσα 'lenguaje'. *Isógono* [*Aut.*], con γωνία 'ángulo'. *Isómero* [Acad. 1899], con μέρος 'parte'; *isomería*; *anisómero*. *Isomorfo* [Acad. 1899], con μορφή 'forma'; *isomorfismo*. *Isoperímetro* [*Aut.*], con περίμετρος 'contorno'. *Isoquimeno* [Acad. 1899], con χειμαίνειν 'hacer tiempo invernal'. *Isósceles* [*Aut.*, con cita coetánea], con σκέλος 'pierna'. *Isotermo* [Acad. 1884], con θερμός 'caliente'. *Isótero* [Acad. 1899], con θέρος 'verano'.

Isquiático, *isquion*, V. *cia*   *Istierco*, V. *estiércol*

ISTMO, tomado del lat. *isthmus* y éste del gr. ἰσθμός íd. 1.ª *doc.*: 1564, D. Gracián.

No debía de ser voz conocida, porque éste se cree obligado a explicarlo a continuación; pero Lope lo emplea ya en sus versos.

Itar, V. *echar*   *Iterable, iteración, iterar, iterativo*, V. *reiterar*

ITINERARIO, tomado del lat. *ĭtĭnerărĭum* íd., derivado de *iter, itĭnĕris*, 'camino'. *1.ª doc.*: 1587, Ant. Agustín; Covarr.

ITRIA, derivado culto de *iterbita*, otro nombre de la gadolinita, mineral obtenido en Ytterby, Suecia. *1.ª doc.*: Acad. 1899.
DERIV. *Itrio* [íd.], *erbio* y *terbio*, son nombres de otros tantos metales raros que se han hallado en la iterbita, con cuyo nombre se han formado.

Ive, V. *y*   *Ixe*, V. *ese*   *Ixordiga*, V. *ortiga*

IZAGA, 'juncal', tomado del vasco **izaga* íd., derivado de *iz* 'junco grande'. *1.ª doc.*: Covarr., quien infundadamente supone sea voz arábiga.
Aun cuando *izaga* no figura en Azkue, se trata de una derivación de tipo corriente en este idioma (vid. *AULAGA*).

IZAR, parece tomado del fr. *hisser* (fr. ant. *hicier*, picardo *hicher*), donde significaba 'azuzar' en la Edad Media, y desde donde el vocablo pasaría a los idiomas germánicos y a los demás romances; en francés es probable que sea onomatopeya atribuída primero al cazador que anima al perro y luego al oficial que anima a los marineros a levantar algo tirando de una cuerda. *1.ª doc.*: 1539, Antonio de Guevara.
Yçar figura también en Oudin (1607), en Saavedra Fajardo (1640), etc. En francés se halla *ysser la voile* en Nicot (1606), y *inser* aparece con el mismo significado ya en Rabelais (1552), pero la existencia anterior de *ysser* se deduce de la del derivado *yssas* 'driza', documentado ya en 1538 y 1541 (Jal, s. v.), comp. *insail* 'driza' en Rabelais. Mucho más antiguo es *hicier* 'azuzar a un perro', 'instigar a una persona', documentado desde 1180, en Élie de Saint Gile y en el *Poème allégorique* del Museo Británico (God. IV, 474); la ac. 'azuzar' no es ajena a España: sant. *isar* 'azuzar a los perros' (G. Lomas, 198), Sajambre *aisa* 'voz empleada con este objeto' (Fz. Gonzz., Oseja). Como voz náutica, al principio, *izar* se emplearía sólo absolutamente, sin complemento, y como verbo de mando, como todavía es usual hacerlo hoy en el uso marinero; el empleo transitivo (*izar una bandera, una vela, un mástil*) ha de ser secundario.
La relación semántica entre 'izar' e 'instigar, animar' resulta clara de pasajes frecuentes como el de Rabelais: «Couraige, enfans... Au tringuet de gabie. *Inse, inse!* Aux boulingues... La main a

l'insail. Inse, inse, inse... Sus, sus, sus, enfans, diligentement» (God. IX, 759): fundamentalmente este *inse* repetido es una interjección exhortativa, algo dicho para animar, lo mismo que su vecino *sus*; y claro está que *hisser* viene del antiguo *hicier* 'azuzar', tal como el cast. *azuzar* procede de este *sus* onomatopéyico repetido ahí por el creador de Gargantúa; en cuanto a *hicier*, es evidentemente la onomatopeya *hsss* dirigida al perro de caza, comp. tantas onomatopeyas análogas como cast. *izgar, hiscar, enguizgar, inguisar*, port. *enguiçar*, gasc. *ahiscà, aguissà*, cat. *aquissar*, etc. (V. s. v. *GUIZQUE*). La situación descrita por Rabelais es típica y corriente, como sabe cualquiera familiarizado con cosas de mar; recuérdese también el pasaje de Guevara «y por decir tirad de esto u de aquello, dicen ellos a grandes voces *iza, iza!*» y el de Oudin «*yça, yça*: le cry des forçats pour mettre tous la main à eslever quelque chose». La misma figura semántica vemos repetida en alemán, donde *aufhetzen*, propiamente 'azuzar, instigar', aparece en 1548 en el sentido de 'izar una vela' (cita de Kluge). Que *hisser* 'izar' tenía *ç* etimológica lo prueba la forma de Valenciennes *hicher*, con la equivalencia picarda de la *ç* parisiense.
Esta etimología es nueva. Es mérito de P. Barbier (*RLiR* X, 139-142) haber señalado la equivalencia de *hisser* con el *hicier* antiguo, y aunque su explicación semántica no es convincente, pues no hay necesidad de suponer que el vocablo significara propiamente 'silbar', tuvo también el acierto de indicar que la etimología escandinava admitida por Diez y M-L. (*REW* 4149), sueco *hissa*, es infundada, pues este vocablo no sólo es ajeno al escandinavo medieval, sino que parece ser préstamo reciente, de acuerdo con autoridades especializadas como Falk y Torp. Pero Barbier, como Bloch, Gamillscheg y Kluge, se empeñan a todo trance en buscar un origen germánico: este último (seguido por Wartburg en la nueva ed. de Bloch) parte del b. alem. *hissen* [1536], que Gamillscheg da erróneamente como neerlandés; Bloch prefiere el neerl. *hijsen*; pero son estas formas germánicas, por el contrario, las que vienen del francés; Barbier postula un fránc. **HISKJAN* 'silbar' (neerl. med. *hisscen* íd.), base que hubiera dado **hissier* en francés antiguo y no *hicier*, *hisser* y no *hicher* en picardo. La aparición temprana del vocablo en España y en Portugal (varios ejs. de *içar* en el S. XVII, desde la primera mitad, en Bluteau) indica que el centro de difusión sería Francia; así lo confirman la *h* aspirada, que reaparece en el préstamo marroquí *hîsa!* (sólo empleado como interj., Brunot), y la existencia del significado medieval 'azuzar'. Desde Francia pasó al neerl. *hijschen*, neerl. med. *hyssen* (> ingl. *hois*, después *hoist*), b. alem. *hissen* y de ahí al dan. *heise*, sueco *hissa*; por otra parte, al port. *içar*, cast. *izar*, cat. *hissar*, it. *issare*.

Acepción metafórica de *izar* será gnía. *içado* 'amancebado' [1609, J. Hidalgo], que debe explicarse por una aplicación del verbo náutico como *se la izó* 'yació carnalmente con ella', comp. el cat. *se l'ha tirada* en el mismo significado[1].

Deriv. *Iza* 'ramera' [*iça*, fin S. XV, R. de Reinosa, en Cej., *Voc.*; J. Timoneda, † 1583[2]; el port. *iça*, en el sentido de 'amante, manceba' figura ya varias veces en la *Ulisipo*, a. 1547, según Moraes], derivado de *izarse* en el sentido de 'amancebarse': es inaceptable la etimología de J. A. van Praag (*RFE* XIX, 415-6), según el cual se trataría del hebreo *išá* 'mujer', pues la trascripción de *š* por *ç* causaría grave dificultad, y no hay ej. de palabras germanescas de origen hebreo[3].

[1] También podría pensarse en el amante que se «iza» o entra por la ventana de su amiga.— [2] «Y si fueras ganapán, / qualquier cuerda fuera rota: / y si bravoso rufián, / no havría *iça* ni manflota», *BRAE* III, 569. Otros ejs. en Juan Hidalgo y en *Guzmán de Alfarache* (*Cl. C.* V, 132).— [3] Que un vocablo como *malsín* venga del hebreo se comprende, pues los judaizantes eran *malsinados* por serlo, pero ¿por qué tendría este origen una denominación de la prostituta? El Sr. van Praag transporta a la España renacentista, anacrónicamente, los hechos de Alemania, donde los judíos han influído bastante en el Rotwelsch. Pero los judíos españoles, todos muy prósperos económicamente, nada tenían que ver con el hampa.

IZOTE, 'liliácea de origen centroamericano', tomado del náhuatl *iczotl* íd. *1.ª doc.*: 1780, Clavijero; Acad. 1925.

Ya Sahagún cita *iczotl* como azteca (1575). Vid. Robelo, pp. 584-5.

IZQUIERDO, vocablo común con el portugués (*esquerdo*), catalán (*esquerre*), gascón (*querr* o *esquerr*) y languedociano (*esquer, -rra*), del mismo origen que el vasco *ezker(r)* íd.; probablemente procede de una lengua prerromana hispano-pirenaica, y aunque no se puede asegurar que la forma vasca actual no sea de origen romance, es más verosímil que el vocablo se extendiera desde una zona de lengua vasca en la época visigótica. *1.ª doc.*: *Exquerdo*, 1117, nombre propio, en escritura mozárabe toledana (Simonet, s. v.).

Hallamos también el vocablo, escrito con *z*, en el fuero de Daroca de 1142, *esquierdo* en escritura de Sahagún de 1171, y en otras de Castilla de 1202 y 1209[1]. El vocablo no figura en las principales fuentes literarias de la Edad Media, pues el *Cid*, Berceo, Juan Ruiz y APal. (*242b, 112d, 213d*) emplean *siniestro*, pero en el glosario de Toledo (h. 1400) hay *man esquierda* y en el coetáneo del Escorial *mano ysquierda*, Nebr. se decide ya por *izquierdo*, el uso de este vocablo es general por lo menos desde el S. XVI, y, en el

sentido propio, *siniestro* sólo se halla en algún texto clásico (p. ej. de Lope) en verso o por afectación de arcaísmo. En Aragón damos con una variante más arcaica: *esquerro* aparece en el Poema de Yúçuf (186) y *ezquerro* en inventarios aragoneses de 1374 y 1375 (*BRAE* II, 351; IV, 213).

La forma con *-rd-* reaparece en Galicia y Portugal, donde tenemos *esquerdo* documentado por lo menos desde h. 1430 (ej. de Don Duarte en Cortesão), y en el S. XVI los ejs. abundan. Por otra parte, la *-rr-* es general en catalán y lengua de Oc[2], y en ambos idiomas el vocablo es tan antiguo como en castellano, pues el cat. *esquerre, -a*, se documenta ininterrumpidamente desde Guillem de Berguedà (fin del S. XII)[3], y hay ejs. del oc. *esquer, -rra*, desde la primera mitad del S. XIII; el examen de los testimonios antiguos y modernos de este último arroja un resultado coherente desde el punto de vista geográfico, según el cual el vocablo es propio de los dialectos gascón y languedociano en el concepto más amplio de los mismos: el límite extremo puede trazarse englobando los departamentos de la Gironda (Amanieu de Sescás), Tarn-et-Garonne (Cassaignan), Lot (Lescale; *ALF*, 629), Sur del Cantal (Vermenouze; *ALF*), Aveyron (*ALF*) y Hérault (Puisserguier; Montpellier, de donde era D. Sage citado por Mistral)[4]. Está fuera de dudas que la alternativa entre *-rr-* y *-rd-* es de razón fonética, como dejaron sentado Blondheim (*Miscell. Elliott* 1911, I, 248), M-L. (*Das Katal.*, 1925, 65-67), Rohlfs (*l. c.*, § 384) y yo mismo (*VRom.* II, 455), advirtiendo que el fenómeno se da precisamente en palabras prerromanas[5], y probablemente sólo en el sentido del cambio de una *-RR-* originaria en *-rd-*.

Desde que Larramendi, Mahn (*Werke der Troubadours* I, p. xxvii; *Etym. Untersuch.*, 75-6) y Diez (*Wb.*, 461) llamaron la atención acerca de la coincidencia entre la voz romance y el vasco *ezker* 'izquierdo' (con artículo *ezkerra*) nadie ha dudado de que existe parentesco entre las dos palabras, ni de que el vocablo no tiene nada que ver con el lat. *scaevus*, como soñaba Covarr., o con sus hermanos indoeuropeos, el gr. σκαιός y el lit. *kaire̜*; la mayoría de los lingüistas ha estado de acuerdo, además, en que debe buscarse el origen en un idioma prerromano. Sólo Hugo Schuchardt vaciló, pues si bien en la *ZRPh.* XXIII (1900), 200, afirmaba el origen ibérico y exhibía el caso como la mejor prueba de la identidad lingüística entre el ibero y el vasco; en la *RIEV* VI, 275, sospechó que la voz vasca fuese de origen germánico, insistiendo en la idea en *Litbl.* XXXIX, 41, y todavía en uno de sus últimos trabajos (*Wiener Sitzungber.* CCII, iv, 20n.1) escribía que los críticos no habían logrado borrar del todo esta sospecha suya. Se fundaba Schuchardt en el parecido del vasco *ezker* con *ezkel* 'bizco', registrado por Azkue en varios pueblos de Vizcaya, Guipúzcoa, Laburdi y Baja Navarra: el parecido de éste con el a. alem. ant. *scëlah* (alem. *scheel*), ags. *sceolh*, escand. ant. *skjalgr* 'bizco', 'torcido', es realmente notable, y nada más fácil que pasar de 'torcido' o 'deforme' a 'izquierdo' o 'zurdo'; ahora bien, la alternancia entre -*l*- y -*r*- es un hecho común en la fonética vasca. Sin embargo, esta idea ha encontrado poca credulidad en la crítica,. y el propio Schuchardt la expuso como insegura; por lo que hace al vasco, según indicó M-L. (*l. c.* y *REW*, 3116), éste· no pudo tomarlo más que del gótico y ahí el vocablo hubiera sido *skilg*- o *skilw*-, de forma ya más alejada; pero, sobre todo, la dificultad estaría por parte del romance, pues como nota Jud (*Rom.* XLII, 602-3) una -*l*- sólo alterna con -*r*- sencilla, y si todavía en vasco se concebiría que este vocablo se hubiese visto arrastrado a la órbita de los mucho más numerosos cuya -*r* final alterna con -*rr*- en los derivados y en la forma articulada, ahí tenemos las formas romances con su unánime -*rr*- (> -*rd*-) para probarnos que ésta es la forma originaria. La idea de Schuchardt parece haber sido que el vasco tomara el vocablo del gótico, y el romance lo aceptara luego del vasco, que si no es proceso verosímil tampoco podría rechazarse del todo; pero entonces deberíamos admitir que entre el primer contacto de los vascos con los godos en el S. V y el momento en que aquéllos transmitieran su *ezker* a las hablas neolatinas trascurrió un plazo lo bastante largo para que en él pudiera realizarse el cambio semántico de 'torcido' a 'izquierdo' y el proceso fonético-analógico que alteró la *l* primero en *r* y después en *rr*, lo cual nos llevaría ciertamente a una época en que ya no podía producirse el fenómeno romance de la diptongación de *e* en *ie*.

Es preciso abandonar la idea. Pero también es fuerza reconocer que la de derivar *ezker* dentro del vasco de la palabra *esku*, que en este idioma designa la 'mano', tropieza asimismo con dificultades. Observaba Diez que en los derivados y compuestos vascos no desaparece la -*u* final del primer elemento. Mahn, por su parte, ofrecía una etimología sugestiva, suponiendo que *ezker* viene de *esku oker*, donde *oker* (doc. ya en 1025) es adj. común que significa 'retorcido' o 'contrahecho' en el territorio de lengua vasca o poco menos (con artículo *okerra*): el fr. *gauche*, propiamente 'alabeado', el it. *mano manca*, el propio cast. ZURDO, y muchos más, nos prueban cuán a menudo la idea de 'izquierdo' se expresa con palabras que designan un defecto o una deformidad; en cuanto a la forma, se esforzaba Mahn en descomponer *esku* mostrando que toda la sílaba *ku* era elemento sufijal o agregado, pero éstas son especulaciones arriesgadísimas en que no podemos seguirle; por otra parte, sería más fácil admitir que *eskuoker* se cambió por haplología en *esker*. Si esta etimo-

logía, que ha convencido a buenos críticos (Gonçalves Viana, *RH* X, 610; *Apostilas*), no logró persuadir a Schuchardt es a causa de la *z* de *ezker*, que se opone a la *s* de *esku* 'mano' y de su pariente indudable *eskuin* 'derecho', registrado por Azkue en algunas localidades de la zona vasca de Francia; y, en efecto, el vasco suele mantener distintas las dos sibilantes *s* y *z*.

Pero aun dando por sentado el carácter prerromano de nuestro vocablo y su parentesco con el nombre vasco de la mano, faltaría averiguar en qué relación recíproca se hallan la forma vasca y la romance. M-L. en su nota de 1925 dice que el vasco *ezker* es verosímilmente de origen romance, y Schuchardt en la suya de 1900 afirmaba que no pudiendo haberse extendido el vocablo romance desde una zona tan reducida como la de lengua vasca, debería remontarse hasta el ibero. En su apoyo puede aducirse la gran antigüedad de la diptongación castellana en *ie* y la extensión del vocablo a zonas tan alejadas del Euzkadi actual como Portugal y la Alta Auvernia. Pero si la trase de Schuchardt tiene algún sentido, éste debe ser que el vocablo pasó al romance antes del comienzo de la Edad Media; ahora bien, entonces sería preciso partir de una base como EZKᴜERR, pues una ᴋ seguida inmediatamente de ᴇ se habría palatalizado en fecha tan temprana[6], dando algo como *ecierdo* en castellano, *exerre* en catalán, etc.; con este modo de razonar se haría aún más clara la relación con el vasco *esku*, pero como corolario habríamos de admitir con M-L. que el vasco *ezker*, en su forma actual, es romanismo. Lógico como es este razonamiento, no deja de suscitar escrúpulos muy fuertes; sobre todo no sé que en vasco exista ningún sinónimo de *ezker*, voz de uso absolutamente general, mientras que en iberorromance *siniestro* y sus formas afines fueron usuales, según hemos visto, hasta fecha tardía.

Apenas puede haber duda de que estamos ahí ante el resultado de una de tantas interdicciones o tabús que han afectado la palabra para 'izquierdo', a causa del mal agüero que envuelve: el oc. *ma senega* (propiamente 'vieja'), el it. *mano manca*, el fr. *main gauche* se explican de esta manera, y ya en latín *sinister*, etimológicamente 'ganancioso'[7] (Ernout-M.; Hofmann, *Lat. Umgangssprache*, § 132), reemplazó a *laevus* y a *scaevus*, que eran las denominaciones indoeuropeas; ¿por qué no admitir que cuando a su vez SINISTER fué tomando en romance la connotación de 'siniestro, fatídico', los pueblos de lengua romance para reemplazarlo el vocablo de la lengua vasca, que entonces se dejaría oír aun en la Rioja y Norte de Burgos, en el Alto Aragón y el Pallars, y por la vertiente francesa hasta Luchon y el valle de Arán, y que desde allí el vocablo se propagaría hasta el Atlántico y, Francia adentro, hasta el Cantal? El hecho pudo ocurrir en la época visigoda, cuando ya estaba cerrado el proceso de palatalización de la c^e, pero todavía no se había terminado la diptongación de la E abierta. La discrepancia entre la vocal tónica del cast. *izquierdo* y el arag. *esquerro* sugiere que el préstamo tendría lugar en fecha ya próxima al cierre de este proceso fonético.

Conviene ahora que citemos aquí una variante romance, inadvertida hasta ahora, que podría confirmar tanto la etimología de Mahn como la época relativamente tardía del préstamo: en los valles de Arán, Luchon y Barousse se emplea la forma *quèrr, quèrra*, para 'izquierdo', que es bien tentador deducir directamente del *okerr* 'torcido, contrahecho' del vasco moderno, lo cual sólo es posible con un préstamo post-romano, cuando ya la c^e no se palatizaba[8]. Es de interés la variante gall. *šikę́rdo*, del Limia (*VKR* XI, 279).

Finalmente vid. las importantes observaciones de Michelena (*BSVAP* XI, 296-7) acerca del origen del vasco *ezker*, y en particular su oposición a admitir un paso espontáneo de *sk* a *zk* en vasco.

Deriv. *Izquierdo* 'zurdo', 'ligado o impedido de su mano derecha' (en la Biblia judía de Ferrara, mientras que la moderna, de Constantinopla, emplea *izquierdero: BRAE* IV, 642). *Izquierda. Izquierdear. Izquierdista*.

[1] Cuervo, *Obr. Inéd.*, 408, n. 4; Oelschl.— [2] Una forma femenina *esquerdo* citada vagamente por Mistral es dudosa, no confirmada en parte alguna, y podría explicarse como creación moderna, analógica del tipo *ver(t) ~ verdo* (fr. *verte*). Por lo demás sólo en Toulouse se halla *esquert* (Visner), ultracorrección moderna de *esquer*, según comprueba el derivado *esquertié* 'zurdo', que nos muestra cómo no hay relación entre eso y la *d* del castellano.— [3] Ejs. de Jaime I, Muntaner, Eiximenis, etc., en Balari y Ag. Además Bernat Metge (*Libre de Fortuna, N. Cl.* 71.1, *braç esquerre* rimando con *terra*), Jaume Roig (7787, 12749), etc.— [4] Vid. *FEW* III, 337-8; Raynouard III, 192; Levy; Rohlfs, *BhZRPh.* LXXXV, § 73. En los Pirineos el vocablo se puede localizar en todos y cada uno de los valles, pues la laguna que deja Rohlfs en la parte central (quizá por no haber tenido en cuenta la forma *querr*) queda rellenada al agregar los valles de Arán, Luchón y Barousse, donde también se emplea.— [5] En forma preponderante o única, pues CIRRUS (> *cerda*) es palabra de etimología desconocida en latín, vocablo «popular» según Ernout-M., préstamo de un idioma mediterráneo según Niedermann.— [6] Comp. lo ocurrido con el nombre del pueblo de *Err* en Cerdaña, en el S. IX *Ezerre*, procedente del vasco *Ek-erri* 'pueblo soleado'; del mismo origen será *Ierre*, nombre de un valle orientado hacia el Sur, en el término de Sora, partido de Vic.— [7] Se trata ahí de un caso de antífrasis, como en el cat. *té molta mà esquerra* 'es muy hábil', ensi-

nistrar 'adiestrar'.— [8] La *o-* de *oker* pudo confundirse con la *-u* de *esku*. Es verdad que Sarrieu, *RLR* XLVII, 517, 512, dice que en Luchon *quer* 'izquierdo', *lisso* 'deslizadero' y *parro* 'barra, talanquera' alternan con *esquer, eslisso* y *esparro*, y así afirma que *quer* es aféresis de *esquer*. En el dialecto del Valle de Arán, que conozco a fondo, no se dan, sin embargo, tales alternancias o aféresis, ni existen las formas *esquer, eslissa* ni *parra, cuya existencia haría falta confirmar aun en Luchon. La opinión de Sarrieu me parece injustificada. El duplicado *lisso* y *eslisso* se explica por el carácter deverbal del vocablo, emparentado con DESLIZAR, que también existe sin prefijo. *Parro* viene del germ. SPARRA, se explicaría fácilmente por haplología en el plural *les esparres*: nada de eso es posible en el caso de *querr*. He anotado esta forma en todo el valle de Arán: en San Juan de Torán, las Bordas, Montcorbau, Arties y Gessa. *Querr* está tan arraigado entre los araneses que lo emplean incluso cuando hablan en catalán, según observé muchas veces. ¿No será también de influjo forastero la variante *esquer* en Luchon? Nótese que los tres valles en cuestión son los más aislados y arcaizantes, por su situación en el Pirineo Central. Wartburg atribuye también *kero* 'izquierda' a las hablas del Lot y del Cantal, fundándose en el *ALF*, pero es indicación inexacta: lo que allí figura es *hkero*, es decir, *ma hkero*, contracción de *ma esquerro*, con la pronunciación aspirada de la *s*, propia de esos dialectos. Ya en prensa este libro, recibo las sabias notas de A. Tovar en el *Bol. de la Soc. Vasc. de Amigos del País* VII (1951), 453-5 y 583 (ampliadas en *Z. f. celt. Phil.* 1952), donde confirma la presencia de *esku* 'mano' en la formación de *ezker*, citando muchos ejs. de vacilación entre *s* y *z* ante *k*, y propone como etimología del total *esku erdi* 'media mano' (opuesto a *eskuon > *eskuin* 'mano buena'). Este punto queda dudoso, como reconoce Tovar (nota 6), pues no hay ejs. seguros de eliminación de *-di*; tanto más cuanto que ya he probado que el cast. *izquierdo* es diferenciación de *izquierro*. También falta hallar alguna explicación del hecho de que si la *-z-* es constante en *ezker* la *s* no es menos constante en todas las variantes de *eskuin* 'mano derecha'. ¿Acaso porque la haplología, en *esku oker*, determinara una pronunciación enfática *s* > *z*? Creo, pues, que no se puede aceptar la etimología a base de *erdi*. Pero tampoco la de *oker* es segura, pues cuesta verdaderamente creer que no haya relación entre *izquierdo—esquer(re)—querr* y el tipo céltico sinónimo KERRO-: irl. med. *cerr* 'izquierdo, torcido', irl. mod. *cearr* «left-handed, wrong», gaél. *cearr* «wrong, awkward», probablemente afín al lat. *cerritus* 'demente' (para más parentela, vid. Stokes-Bezz. 81; Holder III, 1206; Strachan, *IdgF.* II, 369; y Walde-P. II, 590, que

no está de acuerdo con Pedersen, *Vgl. Gramm.*
I, 83). Fácilmente podríamos concebir que en
hablas mezcladas de tipo celtibérico se formara
el híbrido ESKU KERRO- > ESKERRO- y que pronunciándose éste con s céltica, de tipo predorsal,
fuese reproducido como *ezkerr* (z vasca = s predorsal) al tomarlo en préstamo los vascos. De
todos modos la falta de palatalización de la κ
neolatina nos obligaría a admitir que los romances

5

no lo heredarían de su substrato ibero-celta y lo
tomarían del vasco; aun el aran. *querr* < célt.
KERRO- habría debido pasar por una habla local
vascoide. Proceso de trasmisión complicado—celta + ibero-vasco > celtibérico > vasco > romance—aunque no inconcebible en una noción tan
expuesta a interdicciones lingüísticas, que afectan
más al material indígena que al importado.

J

JABA, amer., 'cesto a manera de jaula que sirve para el transporte de objetos frágiles', del taíno *haba* íd. *1.ª doc.*: *haba*, 1526, Fz. de Oviedo.

Así Oviedo como el P. Las Casas y Aguado escriben *haba* (o *hava*) y los dos primeros atestiguan que es palabra de los indios de Haití y Cuba. Los españoles extendieron además el vocablo a la América Central y a toda la América del Sur, salvo los países del Río de la Plata. Hoy una variante *waba* o *wapá* sigue viva entre los caribes de Tierra Firme, y Schuchardt (*Litbl.* VII, 73) sospecha que de ahí venga *waïà* íd., empleado en el dialecto criollo francés de Trinidad. No tiene fundamento la opinión de F. Ortiz (*Ca.* 39) de que sea variante de *ALJABA*, pues el propio Oviedo, en otro pasaje que no cita Ortiz, afirma que es palabra indígena, y si viniera del mismo origen que *aljaba* no se explicaría la antigua grafía con *h-*. Lenz, *Dicc.*, 415; Friederici, *Am. Wb.*, 292-3; Cej. IX, § 213.

DERIV. *Jabuco*, cub. (Ortiz, *l. c.*).

JABALCÓN, 'madero ensamblado en uno vertical, para sostener provisionalmente otro horizontal o inclinado', alteración, debida a la contaminación de *BALCÓN*, de la variante *jabalón*, procedente del ár. *ǧamalûn* 'techo en forma de caballete', 'bóveda ojival', derivado de *ǧaml* 'camello'. *1.ª doc.*: *jabarcón*, 1633-65, Fr. Lorenzo de San Nicolás.

Según Pagés (s. v. *farda*) se lee en ese autor: «la espera es una farda que se hace en los pares por la parte de abajo, en que el *jabarcón* descansa con su barbilla». *Aut.* define el *xabalón* o *xabalcón* «el madero que se tiende desde la viga maestra en el tejado», y *xabalconar* o *xabalonar* «formar con xabalcones el tendido del tejado, que va desde el madero o viga maestra, en que se afirma el cubierto, para poner las tejas». Indicó la etimología correcta Dozy, *Gloss.*, 288-9. El vocablo arábigo está documentado en el diccionario de Lane y en autores egipcios antiguos y modernos, según Dozy (*Suppl.* I, 219); por lo demás, Fagnan corrige a Dozy diciendo que *ǧamalûn* significa 'cúpula', y según Kremer 'pérgola' («berceau, allée couverte»). Fundándose en la *x-* de *Aut.*, rechaza Baist (*KJRPh.* VIII, i, 201) toda relación del vocablo castellano con el fr. ant. *jable* 'frontón', que efectivamente es palabra sin posible relación con nuestro vocablo; pero Baist rechaza por la misma razón la etimología de Dozy: ahora bien, la grafía de *Aut.* es demasiado moderna para tener fuerza alguna en este sentido. No es posible tampoco derivar de *JABALÍ* como quiere Sainéan (*BhZRPh.* X, 106) fundándose en el alem. *schweinsrücken* «grille en forme de toit», compuesto de *schwein* 'cerdo'.

DERIV. *Jabalconar*, o *jabalonar*, V. arriba.

JABALÍ, del ár. *ǧabalî* íd., abreviación de *ḫinzîr ǧabalî* (*ḫinzîr* 'cerdo', *ǧabalî* 'montés', derivado de *ǧábal* 'montaña'). *1.ª doc.*: *javalí*, J. Ruiz, 1088a.

Asegurado en este pasaje por la rima (*mi, Ali, valí*); en 1122b el ms. *S* introdujo en medio del verso la variante *javalín* y en 314b *jabalyn*. Hay *javarí* en el *Poema de Alfonso XI*, 1243, *javalí* en Nebr., *jabalín*[1] en el *Libro de los Gatos* (Rivad. LI, 547) y en las *Relaciones* de Rojas (1613). Para el leon. *jabaril*, Krüger, *NRFH* V, 438-9. Por lo demás, *jabalí* es clásico y de uso general; port. *javalí*. Las demás lenguas hermanas conservan la antigua denominación romance PORCUS SINGULARIS (cat. *senglar*[2], fr. *sanglier*, it. *cignale*, etc.).

DERIV. *Jabalina* 'hembra del jabalí' [1634, Mateos]. *Jabalinero*. *Jabaluno* (*piedra jabaluna* como nombre de una especie de jaspe, en Córdoba, a. 1737, *BRAE* I, 69; en Murcia *jabalina*, G. Soriano). *Jabato* [Acad. 1843 (no 1817) 'cachorro del jabalí'; A. Venceslada: 'jabalí' en Huelva y Sevilla].

¹ Forma propia actualmente de Andalucía, Salamanca, Cespedosa (*RFE* XV, 151), etc.— ² El castellanismo *jabalí* se oye en el País Valenciano y Sur del Principado, pero la pronunciación con *j* castellana (así, p. ej., en Almatret, Tivissa, Beceite) revela su fecha reciente y escaso arraigo. En el Sur Valenciano puede ser antiguo, pues se pronuncia con *v* labiodental, p. ej. en Jijona.

JABALINA, 'especie de venablo empleado especialmente en la caza mayor', del fr. *javeline* íd., derivado de *javelot* 'pica empleada en la guerra', que a su vez lo es del céltico GABALOS 'horca', 'tridente o fisga'. *1.ª doc.*: princ. S. XVII.

Aparece en Lope, Góngora y Oudin (*javalina* y *jabalina*); una variante *javalena* en Covarr. Reconoce éste que es menos usado que *venablo*. Falta todavía en los diccionarios de los SS. XV y XVI. En francés *javeline* se documenta desde 1327, y de ahí pasó también al catalán y a varios idiomas germánicos (pero no al portugués). En castellano pudo entrar tanto más fácilmente cuanto que podía apoyarse en el castizo *jabalí*, pues la jabalina se emplea contra ciervos y demás caza mayor; pero se trata de una coincidencia casual. Para el origen de la voz francesa, vid. *FEW* IV, 12. La antigua forma normanda *gaveloc* muestra especial parentesco con el galés *gaflach* íd., y obliga a desechar el origen germánico propugnado por Braune, *ZRPh.* XLII, 150; por lo demás, GABALUS está documentado en el latín de la Galia en el sentido de 'horca, patíbulo' y hoy sobrevive en el celta insular con el de 'bifurcación', 'rama bifurcada'.

Jabalinero, V. *jabalí*   *Jabalón, jabalonar*, V. *jabalcón*   *Jabaluno*, V. *jabalí*

JABARDO, 'enjambre pequeño', origen incierto. *1.ª doc.*: 1513 (?), G. A. de Herrera.

Cej. IX, § 213. Recoge por primera vez el vocablo *Aut.* definiendo «enjambre pequeño que suele salir de las colmenas después de los principales». Falta en fuentes lexicográficas anteriores. Terr.: «*jabardo* llaman a una porción de enjambre con su reyezuelo, de modo que de varios jabardos se hace un enjambre [así lo explica Herrera], quitando el rey que sobra, pues en su gobierno sólo debe haber uno; otros toman la voz *jabardo* por todo un enjambre, vid. Séjournant, *Dicc.*». *Xabardo* se emplea hoy en el Occidente de Asturias, mientras que en Colunga dicen *sabañón* (Acevedo-F.).

Casi nadie se ha interesado por la etimología. Brüch, *RLiR* II, 53, propone traerlo del ár. *ǧawâl*, plural de *ǧúl* 'rebaño'; en realidad sólo se conoce *ǧiwâl*, el significado es sólo 'rebaño de caballos o camellos' y sobre todo se trata de un vocablo ajeno al árabe vulgar (falta en Dozy, *Suppl.*). Para explicar la terminación suponía Brüch

que el vocablo pasara primero al catalán en la forma **javar* tomando una *-t* secundaria, como los vulgares *cart, mart*, y del catalán se trasmitiera al castellano; pero aun pasando por alto otras dificultades fonéticas y olvidando que esas formas *cart* o *mart* son muy recientes y locales, y sólo se hallan en monosílabos (en los polisílabos la *-r* se enmudece), conviene subrayar que tal vocablo no parece ser catalán, pues me es desconocido personalmente y falta en las mejores fuentes lexicográficas (Fabra, Ag., y aun Bulbena y Labèrnia; sólo está en Vogel). Hay que desechar, pues, la idea.

Es sorprendente el significado del port. *javardo* 'jabalí', 'hombre soez y grosero', cf. Sajambre *esbardo* 'cría del oso', Babia íd. 'persona tosca y desmañada' que da Fz. Gonzz. con un *alterciu* o *albarcín* del ast. occid. Silveira, *RL* XXXV, 88-89, que la califica la voz portuguesa de meridional, hace notar esa disparidad semántica recordando que existe *Javarro* como nombre de lugar portugués y *Jabardo* como apellido castellano (por lo menos en Colombia), y se inclina por relacionarlo con el it. *zavardarsi* 'ensuciarse', *zaffardoso* 'sucio, sórdido'; mas parece que hemos de mirar estas dos voces como independientes (cf. ZAHURDA).

Podría tratarse de un derivado de la forma aragonesa, leonesa o gallega *enxame* 'enjambre' con el sufijo prerromano *-arro* ～ *-ardo*: **enxamardo* > **enxabardo* (por disimilación) y luego *xabardo*. Pero claro que esto es muy hipotético y en primer lugar debería averiguarse si Herrera escribe el vocablo con *x* o con *j*¹. Teniendo en cuenta el cespedosano *jarbar* 'enjambrar, llenar de cosas menudas y espesas' (*RFE* XV, 261) podría relacionarse con HARBAR, pero no veo el enlace semántico.

Es posible que el sufijo sea prerrom. y el radical también. Comp. Sierra de Francia *ajabardarse* 'guarecerse entre matas (un animal bravío)' (Lamano), con el cual relaciona GdDD 2593 un extrem. y toled. *jabardo* 'prenda desechada' (vocablo que falta en Acad. y en Zamora Vicente, y que importaría poder comprobar) derivándolos de «extrem. *jebrado*, separado, desechado» y del tipo gall. *xebrar* EX-SEPERARE (V. aquí s. v. *separar*, art. *PARAR*), lo cual no es posible fonéticamente, salvo si se parta de **axebradar* > *ajabardar* (y de ahí *jabardo* como derivado regresivo); es posible que tengamos ahí una pista que valga la pena seguir, pero los procedimientos nada escrupulosos de GdDD en la cita de formas dialectales, obligan a desconfiar; y por otra parte el sentido del *ajabardarse* de la Sierra de Francia y del port. *javardo* 'jabalí' hace pensar si puede tratarse primitivamente de un nombre del jabato (derivado de JABALÍ o de su variante *jabarí*), que se aplicara, p. ej., al enjambre pequeño que se refugia en una colmena apartada, como el jabato perseguido se guarece entre matas. Para poder seguir adelante faltan datos de fiar.

DERIV. *Jabardear* [1513, G. A. de Herrera]². *Jabardillo*.

¹ No se halla en la edición de 1539, en la parte que trata de las abejas (libro V, cap. 1-9, fº 140-150). Como observó Cuervo, en otros casos los académicos de *Aut.* citaban de Herrera una edición posterior con adiciones.— ² La variante *pavordear* [Acad. ya 1817] no debe de ser originaria, sino debida a una etimología popular que compararía a la nueva reina del pequeño enjambre con un *pavorde* o dignatario.

Jabarzo, V. *jaguarzo*   *Jabato*, V. *jabalí*   *Jabeca*, V. *jábega*

JÁBEGA, del ár. *šábaka* 'red', de la raíz *šábak* 'enredar, entrelazar'. *1.ª doc.*: *xábega*, 1543, F. de Ocampo.

Por Neuvonen, p. 302, podría entenderse que el autor ya ha hallado el vocablo en el S. XIV, pero no figura en los Glos. de Castro, APal., Nebr., PAlc., C. de las Casas ni Oudin; sí en F. del Rosal (1601) y en el *Guzmán de Alfarache* (*Cl. C.* II, 190.1): como solían emplear a vagabundos para tirar de la jábega en la pesca del atún, en las supuestas Ordenanzas de los Pícaros incluídas en ese texto se pone por condición que hayan cumplido dos años de jábega¹. Del mismo origen, port. *xávega* (*chávega*), cat. *xàvega* (ant. *exàvega*, ya en 1460, J. Roig, v. 5913; también *aixàvega*, Alcover), oc. mod. *eissaugo* (o *savego*, *saugo*), fr. *aissaugue*, estos dos últimos tomados del catalán. El anticuado *jabeca* que la Acad. registra, ya en 1884, en el sentido de «aparato destilatorio que se usaba en Almadén para el beneficio de los minerales de azogue» parece ser mero duplicado de *jábega*: consistía, según las últimas ediciones de la Acad., en «una fábrica rectangular cubierta por una bóveda en cañón, con varias filas de agujeros, donde se colocaban las ollas casi llenas de mineral de azogue». Ahora bien, *šábaka*, además de 'red', designa varios objetos de forma comparable: 'parrilla', 'enrejado', 'emparrado', 'mosquitero', 'parte del astrolabio que en otras partes se llama *telaraña* o *red*' (vid. Dozy, *Suppl.* I, 722b, 723a); las filas de agujeros pudieron compararse fácilmente con un reticulado o una parrilla, y de hecho Belot trae también la ac. «terrain où il y a beaucoup de puits»².

DERIV. *Jabegote*. *Jabeguero* [1609, J. Hidalgo]. *Enjabegarse* 'enredarse un cable o una red en algún objeto del fondo del mar', and. (A. Venceslada), procedente de *šábak* en la ac. 'enganchar' (Dozy, *Suppl.* I, 722a), de donde viene asimismo el venec. *sabega* «croc ou grappin à plusieurs branches dont on se sert pour draguer le fond de la mer et en retirer les objets perdus» (Jal), cat. *xàvega*, que he oído en esta misma ac. en Sant Pol de Mar. *Jabeque* [*Aut.*, *xabeque*, como embarcación muy usada en el Mediterráneo, especialmente por mallorquines e ibicencos], del mismo origen que el cat. *xabec*, port. *enxabeque* [S. XV], fr.

chébeck, a saber del ár. vg. *šabbâk* [S. XIII], derivado de *šábaka* 'red': fué antiguamente una barca de pescar y posteriormente una embarcación costanera o un pequeño navío de guerra; vid. Dozy, *Suppl.* I, 723a (que rectifica el *Gloss.* del mismo autor), Jal (s. v. *chabek* y *enxabeque*); la Acad. desde 1899 cita *jábega* como nombre de una embarcación de pesca semejante al jabeque, pero más pequeña³. En cuanto a *jabeque*, admitido por la Acad. en 1884, como voz familiar, en el sentido de 'herida en el rostro, hecha con arma blanca corta', por Eguílaz (p. 426) como voz andaluza, y por Cej. (IX, p. 619) como propio de Córdoba, Málaga y Cádiz, no se ve claro en qué forma puede venir de *jabeque* 'embarcación', aunque el empleo preferente en la frase *pintarle un jabeque a uno* parece indicar que se trate de un chirlo comparable en su forma con este objeto; sea como quiera, el vocablo no puede separarse del cat. *xiribec* [ya en 1797 («un bon *x.* al cap» Maldà, *El Col·legi de la Bona Vida*, 135)] íd. (con variantes locales *xirivell* y *xirnac*, vid. Ag.), cuya sílaba *-ri-* quizá sea ampliación secundaria, ora por cruce con otro vocablo⁴, ora por creación expresiva (comp. cat. *cucurulla*, cast. *cucurucho*, frente al lat. CUCULLA íd.), y desde luego no es posible que venga, como sugirió Eguílaz, de un ár. *hábaq* 'golpe dado con un látigo' (derivado del verbo *hábaq* 'dar un latigazo'), pues se trata de un vocablo mal documentado en árabe (sólo en el poco fidedigno Kazimirski, pero no en el *Suppl.* de Dozy ni en Belot), y la *x-* catalana no concuerda con el *h* arábigo⁵. Para *jabeque* 'chirlo' tampoco hay que pensar en ár. *hábat*, como quiere Asín (*Al-And.* IX, 31), «trace d'une blessure» (Belot, no Dozy), ya por razones fonéticas.

¹ La forma *xábeca* o *xáveca*, que junto a *xávega* da Covarr., parece ser, por el contexto, arábiga y no castellana.— ² La Acad. había propuesto derivar de un ár. *sábek* 'crisol', y hoy vuelve a proponer *sabîka* 'lingote', 'crisol', derivado de *sábak* 'fundir un metal'. Éste es, en efecto, el sentido de dicho verbo, pero así *sábek* como *sabîka* en el sentido de 'crisol' son palabras desconocidas de los diccionarios, como ya observó Eguílaz (p. 426), al proponer identificar *jabeca* con *jábega*, sin apoyar bastante su idea en lo semántico, por lo demás. De hecho la etimología *sabîka* presenta dificultades insuperables tanto fonéticas como semánticas, pues el resultado castellano de este vocablo no podía ser otro que *CEVICA* (que de hecho existe). Supone Eguílaz que el vocablo deba acentuarse *jábeca*, y bien puede ser así, puesto que se trata de una palabra antigua; por lo demás es posible, en estas condiciones, un traslado de acento en árabe vulgar: comp. los casos análogos de *ALBAHACA* y *ALMAZARA*.— ³ Baist, *ZRPh.* XXXII, 44-45, rechaza con razón la etimología de Sainéan (*ZRPh.* XXX, 318; *Sources Indig.* II, 422), quien ba-

sándose en una forma italiana *sciabecco* (según Baist, errata de lectura) por *stambecco* 'cabra montés', supone que éste sea el significado primitivo de *jabeque;* yerra Sainéan al afirmar que *šabbâk* sea vocablo reciente en árabe, y nada más inverosímil que partir de un término alpino como *stambecco* (< alem. *steinbock* = chivo de peña) para el origen de un vocablo mediterráneo. Sainéan confirma, según ya era de suponer, que el turco *scunbekî*, que se había dado como étimo de la voz romance, no es más que un reflejo tardío de la misma.— ⁴ Es lo que me parece más probable. Este vocablo sería *jerigonza* en el sentido de 'acción extraña o ridícula', 'gesto, visaje'; de ahí *jeribeques* 'guiños, visajes, contorsiones' que la Acad. registra en sus ediciones del S. XX.— ⁵ Por la misma razón debe rechazarse el ár. *ḥibâk* «raya de color distinto del fondo» (Acad.), 'línea trazada sobre la arena' (Belot; no en Dozy).

Jabeira, V. *aljaba*   *Jabelgar*, V. *albo*   *Jabeque*, V. *jábega*   *Jabino*, V. *sabina*

. JABLE, 'gárgol en que se encajan las tiestas de las tapas de toneles y botas', del fr. *jable* íd., cuyo significado primitivo parece haber sido 'parte exterior de las duelas que sobresale del jable'; parece ser idéntico al norm. ant. y fr. dial. *gable* 'hastial, parte superior triangular de la fachada en la cual descansan las dos vertientes', procedente del galo-latino GABŬLUM 'horca, patíbulo', por el cruce de los dos maderos que forman el borde superior del hastial. *1.ᵃ doc.*: Aut. (escrito *xable*, con grafía contraria al origen).

Gall. *xabre* 'surco o muesca en que se meten los fondos de una pipa, barril o balde' (Sarm. *CaG.* 63*v*, 98*r*). En francés *jable* se halla desde 1564 con el mismo sentido que en castellano; en varios dialectos (Poitou, Sologne, etc.) y en francés mismo designa la «partie des douelles d'une barrique en dehors de la rainure du fond», y éste puede ser el sentido originario. Éste procederá del de «partie de la toiture qui surplombe le mur» que tienen el derivado *jablasse* en el Berry, y otras formas dialectales; a su vez este vocablo nos conduce al norm. ant. y fr. dial. *gable* 'hastial' [h. 1200], que se explica fácilmente por el galo-latino GABŬLUM 'horca, patíbulo', variante fonética del céltico GABALOS, estudiado aquí s. v. *JABALINA;* puede tratarse de una variante sufijal céltica o más bien de una adaptación de la palabra a la fonética latina. Es satisfactoria esta etimología, propuesta por Wartburg, *FEW* IV, 17-18, aunque partir de una comparación del cruce de los dos *chanlattes* o maderos que constituyen el borde superior del hastial, en forma bifurcada, con las dos puntas de una horca, me parece preferible a la idea del autor de comparar con el madero saliente de un patíbulo moderno. Menos probable es que el étimo sea germánico, según querían A. Thomas y

Braune (*ZRPh.* XLII, 141), entre otras razones porque el galo GABULUM está bien documentado en glosas, y su variante GABALUM en autores latinos de Galia.

JABÓN, del lat. tardío SAPO, -ŌNIS, íd., tomado a su vez del germ. *SAIPŌN- (alem. *seife*, ingl. *soap*, etc.); la *j*- castellana, antiguamente *x*-, quizá se explique por influjo del verbo *xabonar* o *enxabonar*, que puede continuar un derivado lat. vg. *EXSAPONARE. *1.ᵃ doc.*: *xabón*, APal. 48*b*, 433*b*; Nebr.; Cej. VIII, § 25.

Aunque no tengo a mano ejemplos más antiguos que éstos, es indudablemente vocablo tan viejo como el idioma, de uso general en todas las épocas y común a todos los romances (port. *sabão*, cat. *sabó*, etc.). El cambio de *s*- inicial en *x*- se da indudablemente en bastantes palabras, y aunque algunas, de carácter especial, se explican por un influjo mozárabe o morisco (como *JIBIA*), y en ciertos casos vasco-pirenaico, para otros difícilmente podría contentarnos esta explicación; en el de *JUGO* es evidente el influjo de *enjugar* EXSUCARE (comp. cat. *eixugar*, port. *enxugar*, frente a *suc*, *sugo*), y también en el nuestro es concebible que se formara *EXSAPONARE 'cubrir de jabón, jabonar a fondo', después 'jabonar', y que éste influyera con su *x*- sobre su primitivo¹. Cat. *sabó*, port. *sabão*; gall. *xabrón* (Lugrís; *Irm. Fal.*; *xabrón de rosas*, Castelao 204.17), en el cual hay influjo de *xabre* 'especie de arena', ast. *sable* y *sablón* (vid. *ZAHORRA*) por el empleo popular de ese detergente al lavar las escudillas o las manos.

DERIV. *Enjabonar* [*enxabonar*, Nebr.], o *jabonar* [1615, *Quijote*], más común éste en la actualidad (V. arriba; pero ast. *enxabonar*, V, y comp. port. *ensaboar*, cat. *ensabonar*); *jabonado*; *jabonador*; *jabonadura*. *Jaboncillo*. *Jabonero* [*x*-, Nebr.; *Quijote*, comp. M. Goyri de M. P., *RFE* II, 33-35]; *jabonera* [*ierva xabonera*, Nebr.; *sabonera* es variante cat. admitida en cast.; *saponaria*, latinismo²]; *jabonería*. *Jabonete; jaboneta*. *Saboneta* 'reloj cuya esfera, cubierta con una tapa de metal, se descubre apretando un muelle' [Acad. 1884], del fr. *montre à savonnette* íd. [h. 1872, Larousse, *Grand Dict. Univ.*], por comparación con una cajita de jabón de afeitar (no de *Savona*, ciudad italiana, como dice 'Acad.). *Jabonoso. Saponáceo.*

CPT. *Saponificar; saponificación. Sapindáceo*, derivado culto del lat. mod. *sapindus*, nombre de un árbol de Jamaica del cual se extrae una especie de jabón (Terr., s. v. *sapindo);* parece tratarse de un compuesto culto del lat. *sapo* y el nombre de las *Indias; sapina* 'salicor' [Acad. 1884] se relaciona con el mismo nombre o deriva, de otra manera, del lat. *sapo*, pero es palabra mal documentada y dudosa.

¹ Sin agotar los usos fraseológicos del vocablo recordaré que *dar jabón* es 'lisonjear', de donde pudo salir el arg. *hacer jabón* 'haraganear' (*M.*

Fierro I, 450, y nota de Tiscornia), *dar un jabón* 'reprender ásperamente' (también en la Argentina: Lusarreta, *La Nación de B. A.*, 5-X-1941).— [2] *Jabonera* se aplica a dos cariofileas (*Lychnis dioica* y *Gypsophila struthium*), pero el cat. *sabonera*, en varios puntos, p. ej. en Alicante, designa una salsolácea, la *Obione portulacoides* o verdolaga marina, planta que contiene sosa y por lo tanto se le saca jabón. Esta misma planta se llama en castellano *sayón*, denominación recogida recientemente por la Acad. [1925], y que según Máximo Laguna (a. 1817) es sólo usual en Murcia y Orihuela (Colmeiro IV, 528); *sayón* está probablemente por *sabón* o por *sabonera ~ *sayonera*, con variante que quizá sea puramente fonética o bien debida al influjo de la vacilación entre *sabuco* (variante de *SAÚCO* usual en Murcia—G. Soriano—, Asturias—R, *sabuga*—y otras partes) y *sayugo* (doc. de Valladolid, a. 1260, Staaff, 56.13; y hoy todavía en Salamanca: Lamano). También del deriv. *saponaria*, en forma en parte culta: gall. *herba xaboeira* (Samos), *semprenoiva* [< *sapronaria* con etim. popular 'siempre novia o nueva'] o *semprenuvia* en Neda (vid. Sarm. *CaG.* 138r, A48r).

JABORANDI, del tupí *yaborandí*, tomado por conducto del port. *javarandim* y el ingl. o fr. *jaborandi*. 1.ª *doc.*: Terr.; Acad. 1899.

Vid. *javarandim* en Moraes («raíz brasílica oficinal»); Morínigo, *BAAL* III, 48.

JACA, antiguamente *haca*, tomado del fr. ant. *haque*, ingl. *hack*, íd., abreviación del ingl. medio *hakeney* íd. (de ahí el ingl. mod. *hackney*, fr. *haquenée*, cast. *hacanea*), que a su vez procede del nombre del pueblo de Hackney al Norte de Londres, donde había renombrados pastizales y el principal mercado de caballos de la zona londinense. 1.ª *doc.*: *jaca*, h. 1400, Glos. de Toledo; 1438, «cavallo trotón, *jaca*, mula...», *Corbacho*, ed. Simpson, p. 91; «*haca*, *pequeño cavallo*: inannus»[1], Nebr.

Según el Glosario del *Cancionero* de Baena, *jaca* aparecería también en esta colección poética, pero es dudoso, pues un olvido del editor hace imposible comprobarlo (falta en W. Schmid). La *f*-puede no ser más que una notación de la *h* aspirada. Con posterioridad encontramos *haca* en el *Quijote*, en Covarr., en Quevedo[2], etc.; *aca* en Quiñones de B., *NBAE* XVIII, 823*b*. Del pronto arraigo del vocablo en España da indicio el mozárabe *háqqua* (pron. *háqqa*) recogido por PAlc. como traducción de *hacanea*[3]. Del mismo origen son el cat. *haca* [*aqua*, 1428, *BRAE* XIX, 738], it. *acca* [S. XVI, Zaccaria lo cree de procedencia hispánica][4].

En cuanto a *hacanea*, se documenta desde APal. («*gradarius*... el cavallo que anda llano sin quebrantar al que en él cavalga; entre los que fablan

vulgar se dice portante o *hacanea* que va de ambladura», 183*d*) y Nebrija. Covarr. explica «*hacaneas*, los quartagos y *hacas* que traen a España de las Islas Septentrionales... vienen de Inglaterra, de Polonia, de Frisia y de otras provincias de aquellas partes; *hacas* y *hacaneas* todo viene a significar una cosa, salvo que llaman *hacanea* a la que es preciada, cavallería de damas u de Príncipes»; en efecto, Sancho asegura que la Princesa Dulcinea viene montada no sobre borrica, sino sobre una resplandeciente hacanea (II, x, 34)[5]. Que las jacas vienen y venían de Inglaterra es hecho bien conocido, según se ve por el nombre moderno *poney*, por la traducción «equus britannicus» que da Nebr. y por los detalles de Covarr. Pero a España el vocablo debió llegar desde Francia, donde *haquenée* se halla desde 1367 y *haque* en 1457, con el derivado *haquet* en Coquillart (segunda mitad del S. XV), y ya en 1327 (Bloch). Sin embargo, Inglaterra es el país donde hallamos *hakeney* y variantes en fecha más antigua (1292, 1307, 1340). Según documentó Skeat (*Etym. Dict.*, s. v., y suplemento); *Rom.* XXXVII, 164) la población de Hackney en el Middlesex, antiguamente *Hakeneya*, *Hakeney*, se hallaba en una zona de pastizales para caballos y junto a Smithfield, donde había el mercado de caballos más conocido de la región londinense. La forma *haca* debió aplicarse a caballos de menor precio que las hacaneas, precisamente por el carácter abreviado y familiar de esta variante, que también puede explicarse como procedente del nombre de persona *Haca* que sirvió de base para la denominación del pueblo de Hackney (propiamente 'propiedad de Haca junto a un río'); que en inglés *hack* no aparezca hasta 1687 (según el *NED*) no es muy de extrañar tratándose de una forma abreviada y en cierto modo inoficial.

DERIV. *Jaco* 'caballo pequeño y ruin' [Acad. ya 1817]. En port. y gall. es más antiguo y arraigado *faco* (Sarm., *CaG.* 90r, A18r, lo pone tras *égoa* y entre ella y *rocín*); «a cabalo dun *faquiño*» Castelao 63.32; «jamelgo; rocín, cabalgadura vieja y flaca» (en el cast. de Galicia: *BRAE* XIV, 118); portugués *faco d'agrear* 'caballo padre' (*RL* XVII, 211); Bierzo *faco* 'caballo pequeño' (Fernández Morales).

[1] Para esta traducción latina, vid. *ENANO*. Pero seguramente no es más que una errata por el lat. *mannus* 'jaca'.— [2] «Que a los tales les llamen caballeros chanflones... como lacayos; se queden con título de ayos de *hacas* flacas y viejas», *Premáticas del Tiempo*, *Cl. C.* IV, 57.— [3] Con significado secundario, and. y arg. *jaca* 'gallo de edad' (Toro G., *BRAE* VII, 624).— [4] Sic. ant. *hacca* (*ARom.* VI, 295), napol. antic. *acca*, sardo íd. (de origen español según Wagner, *VRom.* IV, 257).— [5] La deformación *cananea* que sufre el vocablo en boca de Sancho, enmendada por D. Quijote, se halla también en Quiñones de

B. (*DHist.*). Quizá también en Tirso, *Burlador* I, 517 (V. nota de Castro).

JÁCARA, 'romance o entremés breve, de tono alegre, en que suelen contarse hechos de la vida airada', 'especie de danza, con la música correspondiente, que acompañaba la representación de una jácara': como también significó 'germanía, lenguaje del hampa', debe ser derivado de *jácaro* 'rufián', que a su vez viene de su sinónimo *JA-QUE*. 1.ª *doc.*: fin S. XVI, Cervantes.

El vocablo aparece en el *Coloquio de los Perros* en el sentido de 'lenguaje jergal': «la noche nos halló en Triana... y habiendo mi amo *avizorado* (como en la *jácara* se dice) si alguien le veía, se entró en una casa...» (*Cl. C.*, 272), mientras que en *La Ilustre Fregona* es 'bravuconería, actitud pendenciera': «como estaba hecho al trato de las almadrabas, donde se ejercita todo género de rumbo y *jácara*, y de extraordinarios juramentos y boatos, voleó allí el capelo y empuñó un puñal que debajo del capotillo traía, y púsose en tal postura que infundió respeto a toda aquella agudadora compañía» (*Cl. C.*, p. 309); y en *El Rufián Dichoso* de Cervantes, donde aparecen los ejs. más antiguos del vocablo, *jácara* equivale a 'vida airada, hampona' (Cej. IX, p. 448). Como nombre de una composición literaria aparece más tarde, en el *Diablo Cojuelo* de Vélez de Guevara (1641), cuyo protagonista se alaba de haber inventado «las pandorgas, las *jácaras*, las papalatas, los comos, las mortecinas, los títeres...» (*Cl. C.*, p. 25); cronológicamente el primer testimonio del vocablo en este sentido parece ser el de Castillo Solórzano en 1627.

Quiñones de Benavente, por aquellas mismas fechas, es autor de numerosas *jácaras*, cuya composición es fácil de estudiar. Era género popular, que solían pedir los espectadores desde el patio, y lo tenían a punto las compañías, para entretener al público en los intervalos o al fin de sus representaciones; se trata unas veces de una narración en verso, recitada y cantada por un solo actor (así en la ed. *NBAE* XVIII, 530, 574), en otras ocasiones es una breve acción dramática y dialogada (ibid. 514, 544, 558), pero lo que es común a las más de ellas, con mucho, es la intervención, en la acción o en la narración, de rufianes, jayanes, jaques o valientes, y en general de gente de la vida airada, unas veces mencionados por su nombre y en otras ocasiones reconocibles por su lenguaje (*enoho* 'enojo', p. 514b, *oler el poste*, p. 558b; *gura, garla*, p. 574b; *jembra*, p. 594b; *uced seor hidalgo*, p. 841b, etc.). En el título de las narradas consta que el actor las c a n t a b a, y por el mismo desarrollo de la acción en las dialogadas se adivina que iban acompañadas de un movimiento coreográfico y seguramente de música, lo cual acabaría por ser el único rasgo permanente, pues ya en alguna de las

escritas por Quiñones parece borrarse su carácter germanesco (así p. 544); de la *jácara* como baile o tonada tratan Juan de Esquivel en un libro de 1642 y Cotarelo (pp. CCLII, CCLXXXIV y sig. de su estudio), y como Juan de Caramuel trata *De versibus quos* «*xacara*» *appellat Hispanus* en su libro *Rhythmica* de 1665, es probable que ahí también se trate meramente de un baile[1]; creo será lo mismo en la poesía de Solís (mediados del S. XVII) citada por *Aut.* Este diccionario cita otras acs. derivadas, fácilmente explicables: «junta de mozuelos y gente alegre que de noche anda metiendo ruido y cantando por las calles», «en estilo familiar se toma por molestia o enfado, tomada de la alusión de los que andan de noche cantando jácaras», «mentira o patraña, tomado de que las más veces lo es el sucesso que en ella [la narración literaria así llamada] se refiere». Para más detalles acerca del carácter y evolución de la jácara, V. el estudio completo de Cotarelo, *NBAE* XVII, pp. CCLXXIV-CCXC. Del castellano pasó el vocablo al port. *jácara* «hé hum tom em quartetos, que de ordinário se canta nas Loas ou cantigas compridas em que se narrão successos» (Bluteau), del cual Moraes cita dos ejemplos en F. M. de Melo (med. S. XVII); hay variantes *chácara* (Vieira) y *xácara* (Fig.), que quizá sean más recientes, pues no quedan documentadas, y en Miranda de Duero se pronuncia hoy *jacra* (= *žákra*) 'romance' (Leite de V., *Philol. Mirand.* I, 159). El valenciano *xàquera* será también castellanismo, aunque arraigado, y designa una danza popular local[2].

No creo que con estos antecedentes nadie dude de que *jácara* es una palabra derivada de *jaque* 'rufián', según ya reconocieron *Aut.*, Cotarelo, Rodríguez Marín y el propio Salillas (*RH* XIII, 66). En efecto, al rufián mismo se llamaba *jácaro*, como consta en *Aut.*, en Torres Villarroel (Fcha.) y ya en Cervantes: «barrida está Sevilla, y diez leguas a la redonda, de *jácaros*; no pára ladrón en sus contornos; todos le temen como al fuego» (*La Ilustre Fregona*, p. 237). La terminación *-aro*, *-ara*, es, pues, el conocido sufijo átono[3]. Apenas hay que refutar otras etimologías. Es infundada la teoría de Baist (*RF* IV, 350) de que *jácara* sea primitivamente voz brasileña con el sentido de 'campamento de indios', idéntica al cast. *CHACRA* o *chácara* 'huerta': además de que este vocablo quichua penetró en el Brasil en fecha muy tardía, no se explicaría entonces la *j-* castellana ni los varios significados del vocablo. Eguílaz, seguido en parte por la Academia, separa *jácara* 'romance' de *jácara* 'mentira' (p. 427), derivando éste del ár. *šúqar* 'mentira' (propiamente 'gallo')—voz ajena al árabe vulgar y que no explicaría la *á* acentuada—, y aquél de un ár. *šáʿar* 'poema, versos'; ya Gonçalves Viana (*Apost.* II, 552) objetó con razón que el *ʿain* arábigo no da nunca *k* en romance, pero hay algo más grave, y es que *šáʿar* es forma in-

ventada, aunque Eguílaz la atribuya a PAlc. y a
R. Martí: lo único que traen estos lexicógrafos
(como los diccionarios clásicos, por lo demás) es
šícar, que de ninguna manera pudo dar *jácara*. Tampoco puede venir del ár. vg. *ğakâra* «taquinerie, 5
caractère mutin, contrariant» (Boqtor, Dozy), como
sugiere con dudas Asín, *Al-And.* IX, 31. Concreto
las razones para rechazar esta etim. arábiga: lo
menos grave es la discrepancia en la acentuación,
pues se registra también un adjetivo *ğâkir* o *ğákir* 10
«taquin, mutin, contrariant». Es segurísimo que si
un vocablo de esta forma hubiera existido en el
árabe vulgar de Occidente, sonaría con *é* (o *í*) y
no con *á*: basta para ello que preceda *ğ*, o siga la
letra *kef*, y aun una *i* postónica tiene a menudo tal 15
efecto; pero ahí coinciden los tres factores. Además, tales nombres y la raíz verbal correspondiente
ğkr son palabras ajenas al árabe común y no registradas en ninguna fuente, ni hispanoárabe, ni magrebí, ni del estilo normal. 20
Se trata de un grupito de vocablos a f e c -
t i v o s, todos documentados en diccionarios egipcios y sirios recientes, y en algún texto literario
suelto, oriental, además de las *Mil y una Noches*
(Dozy, *Suppl.* I, 202*b*), recopilación en su mayor 25
parte de procedencia egipcia, en todo caso oriental y casi toda postmedieval (sólo de una ac. verbal
tan especial como 'importunar el vendedor a alguno
para que se le compre un objeto' parece haber un
dato suelto anterior, según Freytag, cuya fuente 30
ignoramos); falta del todo esta raíz en R. Martí,
Beaussier, Fagnan, Ferré y demás diccionarios
occidentales.
En este mismo sentido sería conveniente dejar
bien averiguado si en romance tenía primero *š* 35
sorda o sonora inicial, y como los datos castellanos son posteriores a la confusión de *š-* con *ž-*
convendría tener datos portugueses y valencianos
más claros; por desgracia, nada agrega el *AlcM*:
a Moll y a mí sólo nos consta la pron. *čákera*, 40
pero no sé con seguridad si sonaba así al Norte
y al Sur de la zona «apitxada». El único dato que
puedo agregar ahora no es de pertenencia segura:
hay una *Cova de Ğákera* en el término de Albaida
(¿acaso refugio de gente de mal vivir? Sólo sé 45
que por allí había andado la banda de forajidos
«Els Carnissers»). Hacen falta más datos y que sean
más seguros. Pero además, nunca será esto decisivo, y mientras sea verosímil que el vocablo se
creara en la germanía castellana del S. XVI, sigue 50
en pie la verosímil etimología indicada.
Desde luego no puede venir de JACULUM 'dardo'
(*GdDD* 3583*a*).
DERIV. *Jacarear* [S. XVII, Quiñones de B.]. *Ja-
carista* [íd.]. *Jacarero*. *Jacarando* 'guapo, valentón' 55
[Góngora]; *jacarandoso* 'donairoso, desenvuelto'.
Jacarandino; *jacarandina* 'junta de rufianes' [1609,
J. Hidalgo, en el vocabulario y en el romance
citado en la ed. del *Buscón*], 'germanía, lenguaje
rufianesco' [1605, *Pícara Justina*, ed. Puyol II, 60

94; Quevedo, *Buscón*, C. Cl., 269; Covarr., s. v.
xac-], 'jácara, canción' [Calderón, *Alcalde de Zalamea* III, x, ed. Losada, p. 159]; *jacarandana*
'junta de rufianes' [1609, J. Hidalgo]; *jacarandai-
na* íd. [Calderón, ibid. I, i, p. 99].
[1] Véanse las citas en las ediciones del *Diablo
Cojuelo* por Bonilla y Rodríguez Marín, *l. c.* Caramuel quiere derivar el vocablo de la raíz hebrea
zacar «meminisse», de donde **zácara* 'memoria,
recuerdo, narración'. Claro está que sin fundamento, aunque su idea hallase eco en Salillas
(*RH* XIII, 61), quien por lo demás achaca *zacar*
al árabe.— [2] Falta en Ag., pero es voz corriente.
Por lo regular se le llama *xàquera vella*, y el
vocablo se pronuncia con el sonido de *ch-* castellana (o acaso *ğ-* allí donde es vivo este sonido):
«La *xàquera* vella, galant reverència, / gentil homenatge de música i flors, / l'antiga i novella
barroca València, / magnífic hostatge d'eternes
amors», Bernat de Rafalafena, *Bol. de la Soc.
Castellon. de Cult.* XVI, 431; «tocaba con su
dulzaina las antiguas contradanzas valencianas, la
cháquera vella o el baile al estilo de Torrente,
y las muchachas... danzaban ceremoniosamente,
dándose la mano, cruzándose las parejas, como
damas de empolvada peluca» Blasco Ibáñez, *Cañas y Barro*, p. 178; «la *jáquera vella* es un
antich ball valencià, p a n t o m í m i c h y molt
aparatós, que al sò de la dolçayna y tabalet se
feha en les grans festivitats», Martí Gadea, *Tèrra
del Gè* I, 119 (también I, 17). El cambio de *a*
postónica en *e* no prueba necesariamente gran
antigüedad, pues afecta a la *a* postónica interna
de muchos cultismos recientes.— [3] Y un elemento radical, como M. P. suponía en su estudio
sobre estos elementos (*Festgabe Mussafia*, p. 357).

JÁCENA, tomado del cat. *jàssena*, primitivamente *jàssera*, y éste del ár. vulgar *ğasr* 'viga',
'barra o barrera', en el idioma clásico 'puente'.
1.ª doc.: *xácena* «la viga atravesada que sostiene
a las demás vigas menores», *Aut.*

En este diccionario consta como término técnico de arquitectura; por lo demás, la Acad. lo
da como voz balear y alicantina, es decir, no castellana. Sin embargo, *jácena* y *jársena* se emplean
en Murcia (G. Soriano), *chácena* en Bielsa y *chaza*
en Plan y Gistáin (Alto Aragón) (*BDC* XXIV,
166); es posible que se haya empleado en otros
puntos del Norte de España, pues de ahí pasaría
al portugués del Minho, donde se oye *jaze*, *jázia*
y también *jaza*, éste ya en un vocabulario de la
2.ª mitad del S. XVIII (Leite de V., *Opúsc.* II,
167).
Sin embargo es palabra sólo esporádicamente
conocida en castellano (a no ser como término
estrictamente técnico), mientras que en lengua
catalana es de empleo general y ya antiguo. *Jàssena*, que hoy es propio del País Valenciano y de
Ibiza[1], se lee ya en las Costumbres de Tortosa,

del S. XIII (*jácena*, ed. Oliver, pp. 10.130), mien‑
tras que *jàssera* es la forma propia del Principado
y de Mallorca (*BDC*, 188). De ahí pasó también
a oc. ant. *jazena*, *jaina*, oc. mod. *jasèno*.

Según indicó Hugo Schuchardt (*RIEV* VI, 1914,
p. 6 de la tirada aparte) se trata del ár. *ğasr*, que
en árabe clásico significaba 'puente, calzada', en
España tomó el sentido de 'barra' o 'barrera' (R.
Martí *ğásar* «obex»), y hoy aparece en muchas
hablas modernas con la ac. 'viga' (Dozy, *Suppl.*
I, 195*a*; Belot), entre ellas en las del Noroeste de
África². Como apunté en *BDC* XIX, 37, el cam‑
bio de *jàssera* en *jàssena* se debe a la mayor fre‑
cuencia de esta terminación átona, tal como en el
cat. *tòfena*, *tòfona* 'trufa' < *tòfera*, variante del
lat. TUFERA³.

¹ Así en esta isla y en Benifallim, *jàssina* en
Alcoy (*BDLC* IV, 198; *BDC* XXIV, 235).—
² Schuchardt refutó con razón la infundada etimo‑
logía vasca de M‑L. (*REW*¹ 4578) *jasena*, deri‑
vado supuesto del verbo *jasi* o *jaso* 'levantar,
llevar'. El propio M‑L. borró luego este artículo,
aceptando con reservas el étimo de Schuchardt,
que Rohlfs da por seguro (*ZRPh.* XLIX, 114).
La base lat. *JACĪNA 'yacija' que se propone en el
FEW V, 5*b* es imposible, así desde el punto de
vista fonético, como en lo semántico y formativo,
por más que *jazina* se documente en Provenza
desde h. 1250, pero como forma latinizada
(*BhZRPh.* CXV, 191).— ³ No es posible que una
terminación romance *-ena* se agregara al ár. *ğâ'iz*
'viga' para dar *jácena* como supone Dozy, *Gloss.*,
289; ni tampoco que se trate de *ğīzân*, plural
del propio vocablo, según quiere la Acad.

Jacerán, V. *jacerino*

JACERINO, *cota jacerina* 'cota de mallas', pro‑
bablemente adaptación del ár. *ğazā'irî* 'argelino',
derivado de *al‑Ğazā'ir* 'Argel', de donde parecen
haberse traído estas cotas. *1.ª doc.*: 1586, Diego
de Torres, *Historia de los Jerifes*.

En este autor figura como adjetivo, relativo a
la armadura de un musulmán: «una cota de malla
jacerina, vestida debaxo de la marlota»; análoga‑
mente en Pérez de Hita: «que le diessen una
adarga fina, hecha en Fez, y una rica cota *jace‑
rina* que él tenía, labrada en Damasco» (*Guerras
C. de Granada* I, 69); otros datos en Cej. IX,
§ 175. Verdad es que con esto no queda demos‑
trada la afirmación de Covarr. de que las mejores
cotas jacerinas se habían hecho en Argel, pero sí
de todos modos que se hacían en tierra de moros.
Tiene razón Dozy, *Gloss.*, 289, al señalar esta
laguna de nuestra documentación y subrayar que
el cast. *jacerina*, con el port. *jazerina* y el it.
ghiazzerino íd., son inseparables del fr. ant. *jase‑
ran*¹, oc. ant. *jazeren* de igual significado; pero
como éste en la *Chanson de Roland* aparece en la
forma *osberc jazerenc*, oc. *ausberc jaserent* o *zaze‑*

rent, está claro que en francés tenía *-enc* origi‑
nario y por lo tanto estas formas no pueden apoyar
la etimología de Dozy: fr. *jac* 'jaco, jubón' + ár.
zárad 'malla, cota de malla', que además de sos‑
pechosa por su hibridismo tropieza con el hecho
de que *jac* (y toda la familia de palabras estudiada
aquí s. v. *CHAQUETA*) es palabra tardía, no do‑
cumentada antes del S. XIV². Hay que renunciar
a la idea de Dozy y volver, por lo menos provi‑
sionalmente, a la etimología de Covarr., también
aceptada por Diez (*Wb.*, 162), Engelmann, Eguí‑
laz, el *DGén.*, Gamillscheg (*EWFS*) y Sainéan
(*Sources Indig.* II, 398‑9): en iberorromance e
italiano se sustituyó la terminación arábiga genti‑
licia *-î* por la castellana equivalente *-ino*, y en
lengua de Oc y francés se hizo lo mismo con la
terminación autóctona correspondiente *-enc*.

¹ De ahí se tomó el cat. ant. *gesaran* (Ag.),
cast. ant. *jasarán*, *jacerán*, *jaserán*, del cual da
ejs. el propio Dozy.— ² Claro está que todavía es
peor la etimología de Defrémery, *Rev. Critique*,
1868, p. 407, persa *kazāgand* 'cota de mallas', de
evidente imposibilidad fonética.

Jacilla, V. *yacer*

JACINTO, tomado del lat. *hyacinthus* y éste
del gr. ὑάκινθος, nombre de una flor violada o
azul, y de una especie de amatista. *1.ª doc.*: 1432,
J. de Mena, como nombre de flor; Nebr.: «*ja‑
cinto*, piedra preciosa; *j.* flor»; APal. 199*b*, 234*b*,
define el vocablo como latino.

Cej. IV, § 84. Pasando a través del árabe, el
vocablo llegó también como nombre de piedra
preciosa, en la forma *jagonça*, Alex. O, 1329*a* (P:
girgonça), vid. *JERIGONZA*.

DERIV. *Jacintino*. *Vaccinieo*, deriv. culto del lat.
vaccinium 'arandano', hermano del gr. ὑάκινθος.

Jaco, V. *chaqueta* y *jaca*   *Jactancia*, *jactan‑
cioso*, *jactante*, *jactar*, *jactura*, *jaculatoria*, *jaculato‑
rio*, *jáculo*, V. *echar*   *Jachalí*, V. *jagua*   *Jada*,
jade, V. *azada*

JADE, tomado del fr. *jade*, antes *ejade*, que a
su vez se tomó del cast. *piedra de la ijada*, em‑
pleado en el mismo sentido por los conquistado‑
res de América porque se aplicaba vulgarmente
contra el cólico nefrítico o dolor de la ijada. *1.ª
doc.*: *piedra de la ijada*, 1569, Monardes; *jade*,
Aut.

Monardes en su libro sobre cosas de las Indias
dice que la *piedra de la yjada* sirve para «pre‑
servar que no caygan en el dolor de la yjada»¹, y
Raleigh en su obra sobre la Guayana (1595) afir‑
ma que los españoles llaman al jade *piedras hija‑
das;* de ahí *iada* en el diccionario italiano de Flo‑
rio de 1598. Ya en 1655 el francés Voiture habla
de *l'ejade* como nombre del mismo mineral, e
igual escribe Davis en Inglaterra dos años más

tarde; posteriormente los franceses alteraron *l'eja-*
de en *le jade*, por donde se ve que el vocablo
pasó primero del castellano al francés y después
se trasmitió desde ahí, en su forma alterada, al
inglés y demás lenguas modernas, entre ellas el
propio castellano. Todavía *Aut.* hace constar que
el jade viene «de la América Meridional», aunque
agregando que la emplean mucho turcos y po-
lacos, que por su parte la importarían de Oriente;
en efecto, era antigua y muy conocida entre mongoles, tibetanos y chinos, pero carece de fundamento la afirmación de la Acad. de que procede
del chino *jud*, pues en realidad el nombre chino
es *yu* o *yu-še*, como atestiguan viajeros españoles,
franceses e ingleses de los SS. XVII-XIX, vid.
Dalgado, s. v. Averiguó por primera vez el verdadero origen Max Müller, y lo documentó satisfactoriamente el *NED* (véase), levemente rectificado por A. Thomas, *Mélanges* (2.ª ed., p. 125);
para la inverosimilitud fonética e histórica de la etimología IASPIS, -ĪDIS, que se admitía anteriormente, vid. M-L., *ZRPh.* XXIX, 407-9.

¹ Se trata del cólico nefrítico o dolor causado
por los cálculos renales o mal de piedra, al cual
se aplicó el principio tradicional «similia simili-
bus curantur». De hecho, como atestiguan Bluteau y *Aut.*, se da también el nombre de *nephrí-
tica* al jade.

Jadeante, jadear, jadeo, V. *ijada*

JAEZ, del ár. *ǧahâz* 'ajuar', 'provisiones', 'arnés',
de la raíz *ǧáhaz* 'abastecer', 'preparar', 'aderezar,
equipar'. *1.ª doc.: jahez*, princ. S. XV, *Canc.* de
Baena.

Primitivamente significa, como en árabe, 'atavío, aderezo, en general', aplicado aun al de las
personas; Villasandino, quejándose de que ya es
viejo, reconoce «conviene que me desdiga / para
siempre desta *ves*, / de todo gentil *jahés* / e de
amar ninguna amiga» (*Canc.* de Baena, n.º 175,
v. 19); J. A. de Baena: «Señor, alto rey de España, / pues tenemos tales jueses, / que miren
nuestros *jáheses*, / si venimos de Alimaña, / o de
Chipre o de Cucaña» (ibid., n.º 357, v. 19); y el
verbo *jaesar* es 'proveer, aderezar': «onrrados,
servidos e acompañados / costosas moradas, fermosas mugeres, / fyjos e fijas / con muchos pla-
seres, / de muy rrycas joyas son bien *jaesados*»
(Ferrant Calavera, ibid., n.º 529, v. 28)¹. Por las
rimas se ve que se pronunciaba *jahez* con -*z*. Otro
ej. antiguo en Fz. de Oviedo (Fcha.). El sentido
etimológico de *jaez* «vestido o aderezo de vestirse» se conservaba todavía en la germanía del
S. XVI, y *enjaezar* era «adereçar», *enjaezado* «galán» (J. Hidalgo). Ya en árabe, sin embargo, aparece ocasionalmente la ac. 'arnés' (Dozy, *Gloss.*,
290; *Suppl.* I, 228); pero se comprende que en
español se generalizara la aplicación a las caballerías, y especialmente a las galas que éstas lucían

en días de función, por las pomposas justas y
desfiles a caballo a que tan dados eran los moros,
y en especial los Zegríes y Abencerrajes de los
últimos reinados de la Granada independiente,
brillantemente descritos por Hurtado de Mendoza
y Pérez de Hita. Del mismo origen port. *jaez*
'arnés, especialmente el lujoso', ya documentado
en el S. XVI. *Aut.* explica sugestivamente la ac.
secundaria 'género, calidad' [Acosta, 1590] porque
«en las fiestas o justas los de cada quadrilla llevan uniformes los colores de los jaeces».

DERIV. *Enjaezar* [*jaesar*, princ. S. XV; *enjaezar*,
1499, H. Núñez; V. arriba]. *Jaecero.*

¹ El verbo *jahezar* figura también en G. de Segovia, h. 1475 (p. 84).

Jafariz, V. *zafariche*   *Jafarrón*, V. *zaharrón*
Jagorra, V. *zahorra*   *Jagonce*, V. *jerga* II

JAGUA, del taíno *šawa* íd. *1.ª doc.: xaguá*,
1515, P. Mártir de Anglería.

Friederici, *Am. Wb.*, 323-4. También aparece
en Fz. de Oviedo (1526), en el P. Las Casas
(1552-61)—que observa debe acentuarse en la primera sílaba—y en otros posteriores, todos los cuales se refieren a las Antillas y escriben el vocablo
con *x-* (en Oviedo una vez con *j-*, que será modernización del editor). La Acad. afirma que viene
del «mejic. *xahualli*», y es verdad que existe en
náhuatl *xaua* 'pintar (la fruta)', 'afeitarse (la india)' y *xaualli* 'afeite' (Molina); por otra parte nos
informan Anglería y Oviedo de que los indios se
pintaban con *xagua*, de suerte que algún parentesco debe haber entre esta raíz azteca y la correspondiente antillana (quizá ambas sean préstamos
mayas), pero además de que Molina no da el vocablo como nombre de una planta y Robelo ni
siquiera lo menciona, la cuestión puede resolverse en favor del taíno o arauaco como lengua
que trasmitió el vocablo a los españoles, en vista
de que va figura en P. M. de Anglería, cuya obra
es anterior al descubrimiento de Méjico; además
sabemos que *šáwa* (*cháoüa*) era más tarde el nombre usual en el dialecto arauaco de las mujeres
caribes. En el mismo sentido se pronuncian H.
Ureña (*RFE* XXII, 183; *Indig.*, 116) y Coll y
Toste (F. Ortiz, *Ca.*, p. 79). Por lo demás, es posible que contribuyera al error de la Acad. el dato
de *Aut.* de que la *xagua* se llama *xachali* (no
xahualli) en Méjico, y aunque hoy la Acad. dice
que *jachalí* es un árbol diferente, Uribe nos informa de que en Colombia llaman *jagua* al fruto
del jachalí.

Jaguadero, V. *enjuagar*   *Jaguar*, V. *enjuagar,
yaguar*

JAGUARZO, 'arbusto de la familia de las cistíneas semejante a la jara', se llamaba *šaqwâš* en
el árabe de España, pero como es ajeno al árabe

de los demás países y difícilmente puede ser voz
semítica, el origen es incierto; en vista de que
ciertas variedades de cisto se llaman *sargaça* en
portugués y tienen hojas parecidas a las del chopo, quizá venga del lat. SALICASTRUM 'sauce bor- 5
de o agreste', de donde en mozárabe *xaugaçro*
y *xaguarço*. *1.ª doc.*: šaqwâṣ, Abentarif, y šakwas,
Abenalauam, ambos del S. XII; *xarguazo*, h. 1560,
Clusio; *xaguarça*, 1608, Dodoneo; *xaguarço*, 1610,
Escolano; *xuagarzo*, *Aut.*; *jaguarzo*, Acad. 1899. 10
El diccionario de Vittori en 1609 trae *xaguarcio;*
por lo demás, el vocablo falta en casi todos los
diccionarios castellanos hasta fecha muy reciente,
pero Colmeiro recoge *jaguarza* y *jaguarzo* en varios botánicos. Fuera del castellano sólo hallamos 15
charguaço 'helianthemum chamaecistus Mill.' en el
portugués de Argozelo, en el Este de Tras os Montes (*RL* XXXI, 162), mientras que Fig. da como
trasmontano *charguarço* (errata por *chaguarço*, a
juzgar por el orden alfabético) con el colectivo 20
chaguarçal; gall. *chogazo, chagazo, chaguazo* y
otras variantes (J. L. Pensado, *Opúsculos gallegos
S. XVIII*); más variantes portuguesas y gallegas
de interés da J. M. Piel (*Misc. de Etim. Port. e
Gal.*, 1953, 89): *changarço, sagoarço*, el top. *Sa-* 25
goarçal; Rohlfs (*RFE* XXXVIII, 93) agrega otras
formas: *guargaso* y *cualgaso* 'Cistus monspelien-
sis' (dilaciones de *juargazo*); *chaguarzo* en la Sierra de Francia (Lamano); leon. (La Lomba) *juagazo* 'jaguarzo', *BRAE* XXX, 328; *jabarzo* en Anda- 30
lucía (A. Venceslada).
Datos anteriores al S. XVII sólo los conozco en
autores árabes: el malagueño Abenalbéitar († 1248)
trae šaqwâṣ en dos pasajes de su libro de botánica (šaqrâṣ en otro, pero es errata) explicando 35
«especie de leña de bosque que suele quemarse en
los hornos entre nosotros, en parte del Andalús»;
la misma forma aparece en el almeriense Abentarif (S. XII), mientras que su coetáneo el sevillano Abenalauam trae šakwas, que Abenalbéitar 40
en otro pasaje da como nombre de un cisto, observando que se emplean las dos formas šaqwâṣ
y šakwas (vid. Dozy, *Suppl.* I, 776a y 778a, y
Simonet, pp. 574-5). Ya la vacilación entre *q* y *k*
y entre ṣ y *s* denuncia un vocablo advenedizo en 45
árabe, y lo mismo sugiere su estructura cuadrilítera; por lo demás, no sólo falta en los diccionarios árabes corrientes, sino también en Beaussier
y Lerchundi (hoy en Marruecos se emplea para
'jara' el hispanismo *ešteppa*). Todo esto indica que 50
šaqwâṣ, lejos de ser el étimo semítico del cast.
jaguarzo, como parecen admitir Eguílaz, Baist (*RF*
IV, 389) y Steiger (*Contrib.*, 215; *Festschrift Jud*,
695-6), no es más que la documentación más antigua de una voz puramente española, según vie- 55
ron ya Dozy y Simonet[1]. Hace observar Simonet
que una especie de cisto, el *cistus halimifolius*,
se llama en portugués *sargaça* (Fig.), según otros
sargaço y *saragaça*, según Laguna *cergaço*[2], y conjetura que se le dió este nombre, semejante al 60

arag. y cat. *sarga* 'sauce', por semejar sus hojas
a las de este árbol. Es punto éste muy importante
y que necesitaría comprobación por parte de botánicos[3].
El hecho es que la variedad principal de jaguarzo lleva el nombre científico *cistus populi-
folius*, es decir, 'de hojas semejantes a las del
chopo', árbol que tiene analogía con el sauce aunque sea algo distinto (el nombre *halimifolius* de
la *sargaça* portuguesa indica analogía con las hojas del armuelle, pero claro está que los nombres
pasan de una variedad a otra). Fonéticamente la
idea de Simonet sería practicable: no son raros
en mozárabe los casos de vocalización de una L
entre A y consonante (*fauchel, xaux, bauṣ, pauma,
xaut, taupa*, vid. *RPhCal.* I, 94, n. 38) y se concibe que *xauga-* pasara luego a *xagua-* tal como
FRAGUA viene de *frauga*, o *-iguar* de *-iugar* <
-IFICARE (comp. *jimaguas* variante de *ximielgos,*
s. v. *MELLIZO*).
En cuanto concierne al origen de la terminación de *jaguarzo*, desde luego no hay que pensar en -ATUS, como hace Simonet; la forma
portuguesa parece indicar -ACEUS, lo cual sería
algo sorprendente para las formas mozárabes, pues
en este dialecto suele hallarse el resultado *-acho,*
pero como hay indicios de que algunas variedades
mozárabes tenían z o ç como el castellano o portugués, no puede descartarse esta posibilidad; sin
embargo, faltaría entonces explicar la *r* de *jaguarzo*, y aunque Steiger la considera de formación
secundaria y espontánea, hablando vagamente de
«disimilación en contacto» y comparando otros
casos, que no son de recibo (pues tienen explicaciones individuales), todo esto no satisface, y
tampoco convence una ultracorrección de la tendencia a reducir *rz* a *z*, como en los ejemplos
(*camurça, alicerce*, etc.) que reúne J. de Silveira
en *RL* XXXIII, 245. Recordando que ST se cambia en mozárabe en ç, un ante R, según prueban
Cáceres < *Caçres* < CASTRIS y *Alcázar*, podríamos partir de SALICASTRUM 'sauce borde o silvestre' (Plinio; *REW* 7531), que bien pudo aplicarse
a una planta que tuviera alguna semejanza con el
sauce, y sería muy natural que *xaguaçro* se cambiara en *xaguarço*, como ACEREM *azre* pasó a *arce*
o *albiçras* a *albricias*: de la misma manera es muy
probable que ESCARZAR salga de CASTRARE (*es-
caçrar);* en cuanto a la variante antigua šaqwâṣ
sin *r*, presentaría otra reducción de este grupo
complejo, que podemos admitir tanto más legítimamente cuanto que ZAMBO parece ser representante mozárabe de su sinónimo STRAMBUS, y
junto a *ENGARZAR* de INCASTRARE está la variante *engazar;* al fin y al cabo se trata de un caso
muy análogo al de *nuesso* y *vuesso* de NOSTRUM,
VOSTRUM, o *mossar* de MONSTRARE[4]. En definitiva
ésta es una idea nada inverosímil, aunque no puede calificarse de segura.
La notable semejanza de *jaguarzo* con el port.

ant. *exaarguazes* o *exaguazes,* otro nombre de la
enfermedad caballuna que se conoce en castellano
por *AJUAGAS* (véase) no conduce a ninguna parte, pues la gran disparidad semántica sugiere más
bien una semejanza casual. También debe serlo la 5
que media con el sudamericano *cháguar* o *chagual,*
especie de cáñamo silvestre, que parece ser de
origen quichua (vid. Lenz y Friederici)[5]. No he
podido consultar el artículo reciente que al port.
chaguarço dedica Piel (*Rev. de Portugal,* Serie 10
Língua, XV, 1950, p. 14). Comp. *JARAMAGO.*
    [1] Partir del ár. *ša^c rāwî* 'silvestre, que crece en
los bosques' (así Pagés) no es posible fonéticamente, aunque Abenalbéitar aplique precisamente este adjetivo al *šaqwâs.*— [2] La forma citada en 15
este lugar se halla realmente en Laguna: «el cisto
llámase en griego *cistos,* latín *cistus,* árabe *kaniet,*
cast. y cat. *estepa,* port. *cergazos».* A lo cual
agrega Suárez de Ribera, en su ed. de 1733, que
«se llama... por los portugueses o *Gargazo* especie 20
de esteba, por los castellanos *cerguacos* y también
corcacos» (lib. I, cap. 108; vol. I, pp. 142-3). Seguramente hay que leer *cerguaços* y *çorcaços,* y es
posible que la *G-* de *gargazo* y la *-c-* interna de
la última forma sean también erratas. Sea como 25
quiera, la forma *cerguaços* confirma que estamos
ante nombres del *jaguarzo* y aporta útil apoyo
a mi etimología.— [3] El artículo de José I. Louro en *Misc. Coelho,* 352-62 (ha insistido después en *Boletim de Fil.* XIII, 310-26), deja 30
averiguada esta cuestión en forma incontrovertible, y sienta definitivamente que el port. *sargaço*
es derivado del lat. SALIX. El nombre del alga
conocida por *sargazo* [*salgazo,* 1535, Fz. de Oviedo, cita de Zaccaria; falta *Aut.*] se tomó del 35
port., donde *çargaço* está ya, h. 1550, en J. de
Barros (Zaccaria); es probable que este nombre
no sea más que una aplicación extensiva del
sargaço 'jaguarzo' (que también pasó ocasionalmente al cast.: *cergazo* 'jara' en Oudin), como 40
indica Louro; hay variante *argaço,* usual en el
Norte (Póvoa de Varzim—Leite de V., *Opúsc.*
II, 296—, Viana do Castelo, Tuy; *-azo,* como
gallego en Vall.), ya en Moraes (S. XVIII) y en
Monte Carmelo (S. XVII). En Galicia *argazo* 'todo 45
género de broza que arroja el mar a la orilla'
(también llamado *balume* y empleado para estercolar o como *estrume*) y *argazones* 'grandes
algas' (Sarm. *CaG.* 83r4 y r5f.). Comp. el gall.
xabre 'sargazo' (Vall.), que puede estar por **xabra-* 50
ço = jaguarzo; menos verosímil me parece que
sargaço venga de **algaço,* derivado de *alga,* como
admite Cornu (*GGr.,* § 129), lo cual sólo sería admisible explicando la *-r-* y la *s-* por una confusión
tardía con *sargaço* 'jaguarzo', pero es más natural 55
admitir que *argaço* salga de *sargaço* por influjo
de *alga;* de la misma opinión que Cornu parece
ser Basto, *RL* XIII, 84-88n., que puede consultarse para más datos sobre el asunto (en cuanto
al dial. *argaço, -guiço,* 'hoja seca de pino', parece 60

ser voz independiente, en relación con *ARGA-
ÑA*).— [4] *Mastranzo* de MENTASTRUM podría explicarse pasando por *mentacro, mentarço, mertanço,
mertranço, mestranço.*— [5] *Cháguar* en el sanjuanino Conte-Grand (diario *Los Andes,* 25-VIII-
1940) y en otros argentinos (H. Carrillo, *La
Prensa,* 15-IX-1940), *chaguar* en Santiago del
Estero (nota de S. M. Lugones a su ed. de *M.
Fierro* II, 2464) y en el propio San Juan (Rogelio Díaz, *Toponimia,* s. v.); *cháguara* en el
vocabulario de *M. Fierro* por Tiscornia, p. 398;
chaguarazo 'latigazo' en este poema y en Payró
(*Pago Chico,* ed. Losada, p. 72); *chaguál* en
Chile.

JAGÜEY o **JAGÜEL,** 'cisterna o aljibe', del
taíno de Santo Domingo. *1.ª doc.:* jaguey, 1518,
Alonso de Zuazo.

Friederici, 324-5. Predomina en el S. XVI, y ya
en Fz. de Oviedo, la grafía *xaguey,* aunque se hallan también varias grafías con *j-,* quizá debidas
a modernización; luego es probable que el vocablo tuviera una forma como *šawéi* en el idioma
indígena. Oviedo y Las Casas atestiguan formalmente que es palabra indígena de la Española.
Hoy es vivo *jagüey* en Méjico, América Central,
Venezuela y Perú, *jagüel* en Chile y la Arg.[1];
según F. Ortiz en Cuba ha existido, aunque anticuada, aquella forma en el sentido de 'depósito
de agua subterráneo' (*Ca.,* 61), hoy en esta isla
es nombre de árbol, especie de *Ficus,* y ya Fz.
de Oviedo atestigua también este significado (quizá
sea voz independiente; Lenz conjetura que con
este árbol se hicieran dornajos o artesas, de donde
se pudo llegar a 'cisterna' pasando por 'lavadero').
La variante *jagüel* es local y moderna [S. XIX],
pues en el propio Chile traen *jagüey* los cronistas
de los SS. XVI y XVII (Lenz; Draghi, *Canc.
Cuyano,* p. 460); no creo, por lo tanto, que de
ella pueda deducirse una primitiva pronunciación
india *šawél,* diferentemente adaptada, sino que habrá un cambio de terminación por otra más frecuente, como en el nombre de lugar *Caracuey >
Caracuel* (M. P., *Oríg.,* 158).
    [1] Véanse los datos de Lenz, *Dicc.,* 416. Ade-
más V. el vocabulario de *M. Fierro* por Tiscornia; la ed. del mismo poema por Lugones,
p. 231; C. E. Babell, *La Nación,* 28-IV-1940.

JAHARÍ, dicho de una especie de higos que se
crían en Andalucía, del ár. *ša^c arî* íd., derivado de
ša^c r 'pelos, vello'. *1.ª doc.:* 1886, Eguílaz; Acad.
1925.

Ša^c rí o *ša^c arî* se aplica en árabe a géneros especiales de varias frutas y plantas (melocotones,
etc.), distinguidos por el vello que los cubre; y
según Abenalauam, Almacarí y el Cartás se aplica
también a una excelente especie de higos (Dozy,
Suppl. I, 763b). Indicó la etimología Eguílaz. Para
acabar de asegurarla debería hallarse alguna des-

cripción del higo jaharí independiente de la que da Eguílaz, autor digno de toda desconfianza.

Jahariz, V. *zafariche*

JAHARRAR, 'allanar la pared con yeso, raspándola después y disponiéndola para el blanqueo', probablemente del ár. *ǧáyyar* 'encalar', derivado de *ǧîr* 'cal'. *1.ª doc.: xaharrar* en doc. palentino que sería de 1505, BHisp. LVIII, 360; 1591, Percivale; Oudin[1]; *jaharrar*, Covarr.[2]

Aut. repite la definición de Covarr. y da ej. de Palomino (1708). Dozy, *Gloss.*, 290, en la duda de Müller entre el sustantivo *ǧayyâr* y el verbo *ǧáyyar* se decide por «*ǧayyâr*, chaux» porque «il vaut toujours mieux dériver les mots espagnols des substantifs arabes»; sin embargo éste es un prejuicio de Dozy, pues si bien son menos numerosos los arabismos entre los verbos, hay ejs. indudables y no precisamente raros; por otra parte, según su propio *Suppl.* (I, 238) el único sustantivo que significa 'cal'[3] es *ǧîr*, palabra vulgar (en lugar del clásico *kils*), pero empleada por buenos autores y hoy viva en todo el Norte de África; *ǧayyâr* significa 'encalador, calero'[4]. En cambio, el verbo *ǧáyyar* es 'encalar' en PAlc. y otros, y así debe entenderse ya en R. Martí, que lo cita sin traducción bajo el epígrafe *calx*. No hay gran dificultad fonética en derivar de ahí *jaharrar*, puesto que la -*y*- intervocálica se pierde en castellano en contacto con una vocal anterior aun en voces de origen arábigo (*ALDEA, Baeza*, vid. Steiger, *Contrib.*, 301-2); verdad es que entre dos AA la yod se conserva en las palabras de origen latino, pero en los préstamos es fácil que las leyes fonéticas se alteren levemente (como ocurrió con la yod, p. ej., en *GARÚA); por* lo demás, *ǧáyyar* sonaba vulgarmente *ǧéyyar*, de donde se pasaba a **jearrar* y de ahí *jaharrar* por asimilación; para la -*rr*- comp. *ATAHARRE*. Sin embargo, Eguílaz (p. 428) se negó a aceptar esta etimología alegando que no explica la *h* castellana; ahora bien, este argumento sólo tendría algún sentido si esta *h* no fuese meramente ortográfica, sino aspirada, que es lo que él insinúa al citar como variantes *sajarrar* y *SAJELAR*. Pero éste significa algo muy diferente: «limpiar de chinas u otros cuerpos extraños el barro que preparan los alfareros para sus labores»; se trata por lo tanto de un vocablo independiente; en cuanto a *sajarrar* no es palabra conocida que yo sepa, será variante local andaluza (A. Venceslada da, en efecto, *zaharrar*, localizado en Osuna), pero entonces deberá comprenderse más bien como cruce de *jaharrar*, quizá con *sajar*, o más bien con *zabollar* 'unir los ladrillos con yeso' (A. Venceslada). La etimología de Eguílaz *sáhhal* 'aplanar' (que vulgarmente sería *séhhel*) es inaceptable fonéticamente, como indicó Baist, *RF* IV, 375; tampoco convence la relación supuesta por este erudito con *CHAFAR* o *ZA-*

FAR. Es también imposible por razones fonéticas partir, como hace la Acad., de *hûwârà* 'tierra blanca'. Variantes de *jaharrar: jarrar* y *jarrear* [Acad. S. XX].

DERIV. *Jaharra (xa-,* «plastre ou gyps pour enduire des murailles, plastras ou vieilles demolitions, gravois», Oudin); *jaharro* [Covarr.].
   [1] «To plaister a wall with white lime», como voz de origen arábigo. «Enduire un mur, plastrer». Minsheu agrega una variante *xahartar* que no pasará de ser una errata.— [2] «Igualar la pared rehinchéndola con yeso y raspándola, e igualándola con la plana queda aparejada para enluzirla», «vocablo arábigo».— [3] Él traduce «chaux» y «plâtre» (= 'yeso'), pero no hallo confirmación de esta segunda ac. en sus citas ni en Probst, Bocthor, Beaussier, Lerchundi, PAlc. ni R. Martí.— [4] Es verdad que Abenalhaxxá (S. XIII), en sus glosas al Mansurí, dice «*ǧayyâr*, es la cal, llamada entre el vulgo *ǧîr*». Pero deberá entenderse como una explicación imperfecta, de tipo etimológico, como abundan entre los lexicógrafos árabes; la estructura morfológica de *ǧayyâr* es lo bastante clara para todo el que sabe árabe para que no sea necesario precisar que se trata de un nombre de oficio. Tampoco es exacto que PAlc. traduzca *encaladura* por *ǧayyâr*, como dice Eguílaz, sino por *taǧyîra*.

JAIBA, probablemente del arauaco de las Antillas. *1.ª doc.: xaiba*, 1526, Fz. de Oviedo.

Oviedo dice que es voz de las Antillas y el P. Las Casas explica también que así dicen los indios; sin embargo, el vocablo se empleó pronto con referencia a otras partes de América; hoy es vivo en Cuba, Costa Rica, Venezuela, Ecuador, Chile y otros países americanos (Pichardo; Lemos, *Supl.* II, p. 20). En el S. XVI aparece escrito siempre con *x-*. No tiene fundamento el origen arábigo supuesto por I. de Armas. Friederici, *Am. Wb.*, 325-6; Lenz, *Dicc.*, 417.

DERIV. *Jaibero* chil. 'referente a jaibas', 'que las pesca'. *Jaibón*, chil., 'joven de casa buena, chico bien' (Borcosque, *A través de la Cordillera*, p. 12).

JAIQUE, del ár. africano *hajk* 'manto largo de lana, por lo común blanco, que sirve de vestido durante el día, y de manta por la noche'. *1.ª doc.*: Acad. 1884.

Palabra traída recientemente de Marruecos y aplicada por lo común a los moros, aunque en Andalucía se dice también, en tono algo humorístico, de los vestidos europeos, cuando son pesados o engorrosos. Dozy, *Suppl.* I, 345b, comp. 338b.

Jairón, V. *jirón*   *Jájara*, V. *fárfara*   *Jajo*, V. *sacho*   *Jalandro*, V. *andrajo*

JALAPA, abreviación de *raíz de Jalapa*, como

se dice todavía en Méjico, por haberla recogido los españoles por primera vez en esta población mejicana. *1.ª doc.: rayz de Xalapa*, 1615, Francisco Ximénez; *xalapa*, 1721, Pedro Silvestre. Friederici, *Am. Wb.*, 326; Robelo, 586, 589n.1. También se llamó *raíz de Mechoacán*.

Jalapar, V. *alabar* *Jalar*, V. *halar* y *jamar* *Jalbegador, jalbegar, jalbegue*, V. *albo* *Jaldado, jalde, jaldeta, jaldo, jaldre*, V. *gálbulo* *Jalea*, V. *hielo* *Jaleador, jalear*, V. *hala* *Jaleco*, V. *chaleco* *Jaleo*, V. *hala* *Jaletina*, V. *gelatina* *Jalifa*, V. *califa* *Jalma, jalmería, jalmero*, V. *enjalma*

JALÓN, tomado del fr. *jalon* íd., de origen desconocido. *1.ª doc.*: Acad. 1843, no 1817.

El fr. *jalon* aparece desde 1613 (*FEW* IV, 32). No tiene fundamento semántico la relación derivativa que quisieran ver M-L. (*REW* 3652) y Wartburg entre *jalon* y *jaillir* 'brotar, borbollar', que a su vez es también de origen muy incierto y de todos modos sin relación semántica con *jalon*[1]. En castellano *jalón* es término técnico de topógrafos, aunque últimamente se ha empleado también en sentidos figurados.

Deriv. *Jalonar*.

[1] Wartburg, *FEW*, s. v. *GALIRE, se adhiere lacónicamente a la etimología de Gamillscheg. Éste relaciona *jaillir* con el fr. *gallon* (recipiente) y éste con la familia del cat. *galleda* 'cubo': ambos supondrían una base *GALNA, que junto con *jaillir* procedería de un célt. *GALI- 'hervir' relacionado con el gaél. *goil*, irl. *gailim* íd. (según MacBain emparentados con el alem. *quellen* 'brotar, un líquido'). Por lo pronto estas palabras gaélicas parecen ser locales y modernas (faltan en Windisch, también en Stokes-B. y en los índices de Pedersen, V. Henry y Walde). Pero sobre todo son los datos semánticos del propio Wartburg los que se oponen a tal etimología. *Jaillir* (con su variante norteña y etimológica *galir*) fué transitivo hasta el S. XV y significaba «jeter, lancer vivement». Teniendo en cuenta el matiz de 'fuerza' o 'vivacidad' propio de *jaillir*, todavía sería preferible partir de la familia del irl. ant. *gal* 'valentía', galo GALLOS (nombre nacional), córn. *gall-os* 'potencia', galés *gallu* 'poder', bret. *gallout* 'poder', lit. *galė* 'potencia', paleoslavo *golêmŭ* 'robusto', que por lo menos forma un grupo antiguo y bien conocido en celta.

JALOQUE, 'dirección o viento sudeste', seguramente tomado del cat. *xaloc*, que es hermano de oc. ant. *eissiroc, eissalot*, e it. *sirocco* (*scirocco*), de origen incierto, probablemente del ár. *šurûq* 'salida del sol', de la raíz *šáraq* 'salir el sol'. *1.ª doc.: xaloque*, h. 1570, Zurita, *Anales de la Corona de Aragón*.

Se trata ahí de la dirección o punto cardinal: «forcejando las galeras se esparcieron unos de otros llevando las proas entre Levante y *Xaloque*». Es palabra poco frecuente en castellano, empleada en narraciones de hechos de la Corona de Aragón; además hoy apenas es usual más que en Murcia (G. Soriano), aparece en el murciano Pérez de Hita («principiando de una loma que estava más a la vuelta del Medio día, della tiraba la buelta del *jaloque*», *Guerras C. de Granada*, ed. Blanchard II, 248) y en alguna narración de hechos de Italia («viniendo de adonde nosotros veníamos, que es de tramontana hacia *jaloque*... hay unas montañas asperísimas», hablando de Calabria, en Miguel de Castro, aa. 1593-1611, *RFE* XII, 68), es decir, en textos influídos por el catalán o el italiano; por lo demás, es verdad que se halla en Covarr. («*euro*... vulgarmente se llama *xaloque*, levante entre marineros») y en Oudin («*x.*: nom de vent, le siroc»), pero falta en APal. y Nebr., y falta del todo o es raro en las narraciones de navegantes castellanos y de los descubridores de América (que emplean *sureste*); es característico el hecho de que Oudin y *Aut.* remitan, como más conocido, al notorio extranjerismo *siroco*.

Apenas puede dudarse, pues, de que el vocablo se tomó del catalán, donde *xaloc* (ant. *exaloc*) es común, frecuente en todas las épocas, popular en toda la costa, y documentado sin interrupción desde el S. XIII (Crón. de Jaime I, ed. Aguiló, 284.6, 475.9; Lulio, *Meravelles* II, 28; Atlas catalán de 1375, citado por Jal, etc.). El port. *xaróco* es también vocablo poco arraigado, aunque no tan poco como en castellano: es característico el detalle de que se defina como viento propio del Mediterráneo (así Fig.); sin embargo es verdad que en el Alentejo designa el viento Levante (ibíd.), que se emplea en Torres Vedras (junto a Lisboa) (Leite de V., *Lições*, 427) y en el Bombarral (*RL* XX, 163), mientras que en el Ribatejo *xarouco* es 'viento Sudoeste' (*RL* XVI, 152n.2), y ya Bento Pereira recoge *xaróco* en 1647 como «vento terral»; de todos modos la vacilación en el significado y en el vocalismo es indicio de escaso arraigo. También oc. ant. *(e)issalot* debe ser adaptación del cat. ant. *exaloc*, por el sentimiento de la correspondencia entre *eiss-* occitano y *ex-* catalán; mientras que *eissiroc*, documentado h. 1300 en la costa provenzal, debe ser italianismo. En italiano tenemos *scilocco* en los SS. XIII y XIV, *scirocco* en Dante y latinizado *sirochus* en texto genovés de 1283 (ahí *si-* puede ser notación latina de *ši-*), mientras que la forma moderna *sirocco* es bastante más reciente (todavía en 1607 empleaba B. Crescenzio *scirocco*), y quizá se deba a una latinización a base de la falsa etimología que derivaba el vocablo del nombre de Siria; nótese la grafía *syroch* en R. Estienne (1549). Del italiano el vocablo se propagó al francés, donde, exceptuando traducciones y textos de autor italiano, no aparece hasta Rabelais (S. XVI); y por otra parte al neogriego y a varios idiomas eslavos. En árabe hallamos ya *šalûq* para el viento Sudoeste en un texto 5 de 1365 y *xulúq* en PAlc., pero el vocablo debía percibirse como extranjero, pues es ajeno a los autores árabes medievales; hoy se emplea *šloq* en Marruecos, Argelia y Malta, pero *šalûk* en Egipto (Bocthor), y el dialecto de Siria vacila también 10 entre *šlûq* y *š(u)lûq;* como esta vacilación en el vocalismo y el consonantismo es característica de los extranjerismos en árabe, como ya observó Devic, no debemos dudar de que este vocablo es de origen romance en este idioma, contra lo cual no 15 puede alegarse la antigüedad del testimonio de 1365, posterior en siglo y medio a la documentación romance.

Sin embargo, no me cabe duda de que en romance el vocablo es a su vez de origen arábigo. Es verdad 20 que no se puede partir simplemente del ár. *šarq* 'Oriente', como propusieron Jal, Engelmann, Devic y Dozy, pues esta base no satisfaría en lo fonético[1]. Pero hallamos una base adecuada en el ár. *šurûq* 'salida del sol', que es voz común al idioma 25 clásico y al vulgar, pues hoy se registra en Argelia (Beaussier) y Egipto (Probst), y no dudo de que será de uso general en el Norte de África, aunque lo omitan otros diccionarios locales, por ser voz de la lengua común. Es fácil comprender que, 30 en el contacto entre marinos latinos y moros en las costas africanas, estos últimos designaran la dirección oriental por el lugar donde sale el sol, y aquéllos tomaran el vocablo como nombre del punto cardinal[2]; de hecho el diccionario clásico 35 *Tâğ al-ᶜArûs* registra *šurûq* como nombre de esta dirección. El cambio de -*r*- en -*l*- es normal en los arabismos (ejs. numerosos en *BDC* XXIV, 76) El ligero traslado semántico de 'Este' a 'Sudeste' no puede sorprendernos cuando tantos otros han 40 ocurrido en nombres de vientos y puntos cardinales: *CIERZO* ('Noroeste' < 'Norte'), *griego,* etc.; por lo demás, ya hemos visto que *jaloque* ha significado también 'Este' y aun 'Sudoeste', y es concebible que en las costas septentrionales 45 del Mediterráneo designara *jaloque* el mismo lugar que los moros habían designado con el término *šurûq* en la costa africana, y que en aquellas otras latitudes estaba al Sudeste y, en cambio, no ya al Este. 50

Véase ahora G.ª Gómez, *Ben Quzmān* III, 371-4, que a propósito de un viento *falúl* o *fulúk* que aparece dos veces en el poeta (quizá 'viento Oeste', identificación probable pero insegura) quiere replantear toda la cuestión etimológica de *jaloque* 55 con conclusiones indecisas y algunos argumentos muy inciertos, pero con documentación nueva y digna de atención que se debe estudiar con más calma.

No es admisible la etimología que propone Co- 60

lin, romance *SALŪC-[3] 'viento cargado de sal, procedente del mar', derivado de SAL y hermano del gr. ἀλυκός 'salado', pues no hay tal sufijo -ŪC- y la Ū no explicaría la *o* romance, además de que esta denominación no convendría precisamente en la Costa Oeste y Norte de Italia. Para documentación y bibliografía etimológica, vid. Vidos, *Parole Marinar.,* 569-75 (y *ARom.* XIX, 323); Dozy, *Gloss.,* 355-6; Devic, p. 63; Steiger, *Contrib.,* 198, 357; Scheludko, *ZRPh.* XLVII, 428; *REW* 8478a; Colin, *Hespéris* VI, 69-70; Dickenmann, *VRom.* II, 290.

DERIV. *Jarquía* 'distrito al este de una ciudad y dependiente de ella' [Acad. 1925; «el arrabal que llaman *axarquía»*, 1599, *Guzmán de Alfarache*; *ax-,* arrabal de Córdoba, Covarrubias; véase Eguílaz, 75], del árabe *šarqîya,* femenino de *šarqî* 'oriental'.

[1] Devic admite una anaptixis *šaraq* y después cambió de *a* en *o,* ya en árabe vulgar, por influjo de la postvelar *q.* Pero estas anaptixis, que se producen en otros grupos consonánticos finales (p. ej. -*kn,* -*tm,* etc.), no afectan al grupo -*rq* (comp. el cat. ant. *nou d'eixarc* 'nuez moscada' que contiene precisamente *šarq* 'Oriente'.— [2] No tiene razón Vidos al afirmar que *scirocco* y congéneres sólo designen primitivamente el viento y no la dirección. He dado varios ejs. de este último valor, y tan antiguos como el de B. Latini, en que se apoya Vidos, son los de la Crónica de Jaime I, donde aunque el vocablo se emplee hablando de vientos, la preposición que le precede indica que expresa la dirección y no el viento mismo («faya tanta de mar, pel vent que faya al *exaloch»,* 284.6). No es menos claro el mismo sentido en el Atlas de 1375 (Jal, s. v. *exeloch*).— [3] Convendría comprobar si se funda en el marroquí *s(ä)lûq* 'salobre'. Parece realmente existir este adjetivo: Beaussier, sin vocalizar, traduce *šlwq* como adj. de una sola terminación por *saumâtre* (y como sust. por «vent du Sud-Est») y Lerchundi recoge junto con ese dato la confirmación de Sid Alí Saláui (de Salé?), según el cual esto se pronuncia *xlok* o *xelók* «agua salobre» en Marruecos. No hay otras voces de tal sentido en Dozy, en Beaussier ni en Belot, pues esta raíz significa ahí «fendre, arracher, fouetter» y así R. Martí, como PAlc. traducen *salobre, salado, salinus* sólo con el deriv. del ár. común *mulḥ* 'sal'. Y sin embargo es posible que ya existiera ese vocablo en el S. XIII, pues R. Martí da, bajo *aquaticus* (p. 249) un misterioso vocablo *saláuq* que Dozy ha interpretado como «aquatique»; parece que no es eso, pues en la pág. 126 de R. Martí esto va con la equivalencia *agua* y en la propia pág. 249 la primera equivalencia de *aquaticus* es el conocido *mawî,* lo cual parece indicar que *šalauq* era sólo uno de los conceptos relacionados con la idea de agua, y es razonable suponer que sea ya 'agua salada'. ¿Habrá que

ver ahí el sufijo prerromano hispánico -AUCO-
(cat. *badoc, bajoc,* etc., pg. *-ouço*) cuya variante
-AUCIO- aparece en muchos topónimos mozárabes
en *-oche* (*Pedroches,* etc.; port. *-ouço*)? Lo
cierto es que SAL- o su derivado SALEINO- existía
en las varias lenguas célticas como nombre de
la sal; aunque Pok. *IEW,* 878 sólo admite ese
derivado para el céltico insular, de todos modos,
además de SALĪMO > ky. *heli* 'mar', cita el río
Sala como célt. (alem. *Saale* y homónimos en
Holder) y hay *Saalach = Salzach,* junto al cual
tenemos *Salacia* como nombre de *Alcacer do Sal*
(cerca de Lisboa) desde Estrabón e inscripciones,
y el río *Salho,* junto a Braga, llamado *Salacia*
por el Itin. Ant. parece representar un céltico
SALĮO- junto a SALAKĮ-; ahora bien, no está claro
que esto último deba separarse del célt. común
SALAKO- «sordidus, libidinosus» (Pok. *IEW* 879,
cf. con otra vocal temática gr. ἁλυκός 'salado').
¿Habrá que pensar en una infección SALACO- >
SALAUCO- comparable a la que observo en *sábalo
y saboga* (art. *SÁBALO*)? Weisgerber (*Rhen. Ger-
mano-Celtica*) ha señalado brillantemente un caso
de esta infección A > AU ya en Varrón y yo
mismo he publicado alguno más. Se trataría
pues de un mozarabismo de origen céltico hoy
conservado en el árabe magrebí. Pero que todo
esto se halle en la base de la palabra que iba a
dar origen a *jaloque,* sigue pareciéndome ciertamente muy problemático.

Jalufa, jaluso, jaluza, V. *jamar   Jaluga,* V. *se-*
ruga   Jallulla, -llo, V. *hallulla   Jallundres,* V.
ajeno   Jamacuco, V. *zamacuco*

JAMAR, 'comer', vocablo jergal, probablemente de origen gitano y procedente de la raíz sánscrita *khā-* íd. *1.ª doc.:* Espronceda, 1808-42, ed.
Cl. C., 174; Acad. 1899, como voz andaluza, en
ediciones posteriores como familiar.
    Pertenece al caló español (Besses) y catalán
(*BDC* VII, 11ss., s. v.; ahí pronunciado con *j*
castellana), al habla de los gitanos del Alentejo
(Coelho, *RL* I, 12, con la misma pronunciación),
al dialecto de la Ribera salmantina del Duero (Lamano), al lunfardo argentino; en Méjico y en
Honduras es *jambar. Jamar* y *jamelar* se emplean
en el habla de los gitanos españoles, con *jamaranó*
'glotón' y *jamaripén* 'glotonería'. Creo que tiene
razón M. L. Wagner al derivarlos del gitano, iden-
tificándolos con la raíz sánscrita *khā-* o *khāna-*
'comer'[1]; creo también que anduvo acertado al
buscar el mismo origen al sinónimo *jalar.* Éste se
emplea en caló español y catalán, en los cuales
parece ser de fecha más moderna que *jamar:*
este último en Barcelona todavía se conoce, pero
se recuerda sobre todo como cosa de los abuelos,
mientras que *jalar* (todavía no registrado por la
Acad.) es de uso general y cotidiano (aunque rechazado por la lengua culta; *j* castellana); se em-

plea también en Valencia y en Murcia (G. Soriano) y es vocablo del dialecto gitano español (junto
con *jalelar, jallipear* y derivados), donde se explica
naturalmente por la tercera persona del singular
khāla 'él come' de dicha raíz verbal. No creo, en
cambio, que atinara dicho filólogo, en un trabajo
posterior (*VKR* III, 118), al identificar este *jalar*
con el arg., ecuat., cub. y mej. *jalar* o *jalarse* 'em-
briagarse', que procede del término náutico *HA-
LAR* 'tirar de algo', según muestra el derivado
jalón 'trago de aguardiente' (cat. *tirada* íd., comp.
cast. *beber de un tirón*), y las otras acs. de *jalar* en
países americanos: 'cobrar un precio muy alto por
una cosa' (*me jalaron 50 $ por este reloj*) en el
Ecuador (Lemos, *Semánt.,* s. v.), *jalarse* 'ponerse
ojeroso, desencajado' (*Julanita tiene la cara jalá*)
en Cuba (*Ca.,* 112). Para ejs., refutación de otras
etimologías y justificación de la presente, vid. M. L.
Wagner, *Notes Ling. sur l'Argot Barc.,* 66-67, que
insiste en su idea en *Filología,* Buenos Aires, III,
161 ss.
    DERIV. *Jamancia* 'comida', 'hambre' [revolución
de la Jamancia en Barcelona, princ. S. XIX; hoy
murciano, G. Soriano]; *jamanza* 'zurra, paliza',
murc. [*Aut.;* G. Soriano; propiamente 'hartazgo,
atracón de golpes']. *Jalancia* 'comida' (así en catalán). *Jalufa* o *jaluza* 'gazuza' murc.; *jarlusa* (no
con -*z*-) en Almería, íd.; *jaluso* 'goloso', extrem.
(*BRAE* IV, 92).
    ¹ En cuanto a la *m* quizá se deba a la onoma-
topeya *¡ham!,* que expresa avidez.

Jamás, V. *ya   Jamba, jambaje,* V. *gamba*
Jambar, V. *jamar   Jambrar,* V. *enjambre*
Jambúas, V. *jamugas   Jamelgo,* V. *hambre*
Jamerdana, jamerdar, V. *mierda*

JAMETE, ant., 'tela de seda rica', tomado del
b. gr. ἑξάμιτος, propiamente 'de seis hilos', compuesto de ἕξ 'seis' y μίτος 'hilo', por la forma de
tejerla; pero, aunque se desconoce por qué conducto llegó el vocablo a España, en todo caso no
es palabra heredada del latín vulgar. *1.ª doc.:*
xamed, Cid; xamete, Alex., 894a.
    M. P., *Cid,* 166.17 y 903. *Xamet* aparece en
textos del S. XIII, *xamete* en el XIV y todavía
en el *Amadís* (*Aut.*), *xamit* en *Sta. M. Egipc.* y
otro texto contemporáneo. A los ejs. citados por
M. P. pueden agregarse *xamet, Alex.,* 1338; *Gr.
Conq. de Ultr.,* 305. El vocablo se halla también
en cat. ant. *samit* [Ag., S. XIII], oc. ant. *samit,*
fr. ant. *samit* (> a. alem. med. *samît,* alem. *samt*),
it. *sciàmito* (acentuación que no se puede asegurar, tratándose de una palabra medieval); comp.
FEW IV, 418a. Observa M. P. que no es probable que la Acad. tenga razón al acentuar *jaméte*
contra la etimología, pues no se explicaría entonces el paso de *i* a *e.* Sin embargo, observaré que
ninguno de los textos poéticos castellanos permite
asegurar cuál era la acentuación de la palabra, y

que en cambio el acento en la última sílaba está asegurado por la forma misma del vocablo en francés[1] y por las rimas en lengua de Oc: M. P. cita un ej. de *samit* rimando con *ardit*, y yo puedo agregar otro donde está acoplado a *vestit*[2]. En castellano mismo no es de creer que, si se hubiese acentuado *xámed o *xámet, se hubiera podido convertir luego en *xámete: el resultado posterior habría sido ciertamente *xámed, como *huésped*. La falta de -o final en castellano prueba que el vocablo no es patrimonial, sino tomado de otro idioma medieval. La *é* no prueba nada en favor de la tesis acentual de M. P.: por la terminación no habría dificultad en creer que se tomó del galorrománico, con cambio de la terminación rara -*it* por -*et(e)*, tan frecuente en los galicismos; sin embargo, la *x*- parece indicar que no es ésta la fuente, que tampoco puede ser el italiano, por la terminación ni por la fecha misma del vocablo; quizá, como tantos otros nombres de telas preciosas, sea mozarabismo. En resumen, la historia del vocablo es oscura, pero es seguro que no es palabra hereditaria en Castilla y no hay motivos firmes para cambiar la acentuación que admite la Academia.

DERIV. *Jametería*, 'zalamería', murc. [Terr.; Acad. ya 1817], no es probable que venga del ár. *ḥammâd* 'que alaba sin cesar' (palabra ajena al árabe vulgar, a juzgar por su ausencia en el *Suppl.* de Dozy): el matiz de 'zalamería' (que no es lo mismo que 'alabanza' o 'adulación') indica más bien comparación con la lisura y tacto agradable del jamete.

[1] La *î* larga del alemán medio prueba también que se tomó de una forma romance con *i* acentuada.— [2] «Tals a vestit / drap de *samit* / et pot ben gran aver mandar, / que ges no·l do / nom de baró...», Peire Cardenal, *Predicansa*.

Jamieta, V. *hijo*

JAMILA, 'hez del zumo de las aceitunas, que queda después de sacado el aceite, alpechín', del ár. *ğamîl* 'grasa derretida'. 1.ª *doc.*: 1726, *Aut.*

Dice en su artículo *alpechin* este diccionario: «esta hez, que no es azeite... por otro nombre en los molinos de aceite se llama *jamila*, particularmente en la Mancha»; el vocablo falta en el orden alfabético. Terr. parece conocer el vocablo por otro conducto, pues da «*jamilla*: heces del aceite, sirve para estercolar la tierra», y cita la traducción que él mismo hizo del *Espectáculo de la Naturaleza* de Pluche; en la misma forma aparece *jamilla* en Acad. 1843 y 1884, mientras que Eguílaz, dos años más tarde, imprime *jámila*, acentuación que ha conservado la Acad. desde la edición siguiente hasta la actual, pero en 1817 imprimía *jamila*; en cuanto a la Acad., el cambio de acento inspira desconfianza porque en la primera edición donde aparece va acompañado de la etimología ár. *ḥâ-*

mila 'la que lleva algo encima' (completamente inverosímil, por lo demás), y por lo tanto es probable que se inspire sólo en esta seudo-razón; pero Eguílaz no tenía este motivo, puesto que conserva la etimología de Dozy, y por lo tanto creeríamos que tiene algún dato positivo para acentuar la *a*, si no estuviéramos familiarizados con el descuido general que reina en este diccionario. Quedamos, pues, en duda acerca de la acentuación del vocablo, si bien con sospecha de que es paroxítono[1]. Como etimología propuso Dozy (*Gloss.*, 290) el ár. *ğamîl* 'grasa derretida' («omentum liquefactum», «adeps íd.», Freytag), que si bien no hallo en fuentes vulgares ni en el Corán, y no se relaciona claramente con el sentido general de la raíz *ğ-m-l*, debe ser palabra existente, puesto que su significado reaparece en *ğamûl*, y varias formas del verbo *ğámal* significan 'derretir grasa' (ac. denominal). No hay dificultades fonéticas, y semánticamente el cambio es comprensible.

[1] *Aut.* acentúa siempre los esdrújulos, por lo menos en el cuerpo de sus artículos, mientras que no acentúa *jamila*. Aunque ciertamente acentúa también bastantes veces las palabras que son llanas.

Jamón, jamona, V. *gamba*

JAMUGAS, 'silla para cabalgar a mujeriegas', del lat. SAMBŪCA 'máquina de guerra en forma de puente levadizo', que en la Edad Media pasó a designar unas andas para el transporte de damas, y hoy todavía es nombre de las parihuelas en los Pirineos; el vocablo latino, que primitivamente significaba una arpa (con cuyas cuerdas se compararon las entrelazadas que formaban el puente levadizo), se tomó del gr. σαμβύκη, y éste a su vez del caldeo *sabbeká* 'objeto entretejido y reticulado'; en romance el vocablo sufrió en algunas partes el influjo de (*EN*)*JALMA* y su familia, a lo cual se deberá también la *j*- castellana. 1.ª *doc.*: 1599, Guzmán de Alfarache (*Clásicos Castellanos* I, 80).

Designa ahí una silla con respaldar y brazos para que las mujeres vayan a caballo, según el anotador. También en Castillo Solórzano, *La Garduña de Sevilla* (1642) (*Cl. C.*, 58). Dice Covarr.: «*samugas* es un género de angarillas, que sobre un albardoncillo se afirman, y las mugeres van en ellas muy seguras y recogidas; éstas usaron los moriscos, y después se han comunicado entre nosotros, y el nombre es hebreo, de la palabra *samuch*, que vale 'coniunctum, firmatum'»; claro está que esta etimología no es aceptable, como tampoco el grecolatino *chamulcus* (especie de trineo), que propone *Aut.* Este dicc. da la forma *xamuga* o *xamugas* y define «una especie de silla hecha de unos correones y brazos de madera, a modo de los de las sillas comunes, pero son redondos y más largos; sirve para que las mugeres vayan con alguna conveniencia sentadas en las caballerías...»; semejantemente la Acad. «silla de tijera, con patas curvas y correones para apoyar espalda y brazos...»[1]. Hoy *jamugas* se emplea en la Ribera del Tormes, *jamúas* en Astorga, Colunga, Cespedosa, *xamúas* en el Occidente de Asturias; la forma etimológica *sambugas* se conserva en el Norte de Burgos, también *jambúa*, o con deglutinación de la *s-* (en la combinación *las (s)ambugas*) *ambúa* o *ambuga* en la misma zona, *amugas* en Soria, en las Alpujarras y en el Alto Aragón (Bisaurri, Plan), de lo cual es variante puramente ortográfica *hamugas* de Andalucía y de la Litera.

En lengua vasca *zamuka;* en catalán *samugues* (Valencia: Lamarca; Maestrazgo: G. Girona; Tortosa; y otras localidades del País Valenciano, de Lérida y de Ribagorza), *gamusses* en Tremp, *aixemugues* en Játiva, y con influjo de *salma* 'enjalma': *salmugues* en la Conca de Tremp y Valle de Boí; de ahí por deglutinación *almugas* o *amugues* en otros lugares de Ribagorza. Formas análogas reaparecen en el gascón pirenaico: *samügues* en el Bajo Valle de Arán y en Luchón y Barousse, *saumügues* en el Valle de Aure, *aumügues* en el Alto Valle de Arán. Hay también significados varios; el más arcaico, propio de los Pirineos catalanes y aragoneses, lo define Coll «aparato especial de madera que se pone sobre la albarda para sujetar los haces de mies, leña, etc., cuando se transportan a carga», y hay dos variantes: puede tratarse de una especie de andas en forma de escala de madera (vid. grabado en Krüger, p. 73, y foto en Elcock, *AORBB* VIII, 127)[2] o bien es un aparato en forma de arco de madera con travesaños que sujeta lo transportado a la albarda (fotos 38 y 42 en Krüger); secundariamente 'tronco de abeto medio podrido, enhiesto en el bosque' en Barousse, 'soga para atar la carga de los animales' en Tortosa. En Castilla, León y Andalucía es, en cambio, la silla para montar a mujeriegas, o bien nada más que el mullido de la montura (así en Cespedosa). Para documentar esta distribución dialectal, vid. Krüger, *BDC* XXIII, 74, 143 y 173; Rohlfs, *BhZRPh.* LXXXV, § 214; G. de Diego, *Contrib.*, § 529; Corominas, *Vocabulario Aranés*, p. 102.

En la Edad Media el vocablo existió en otras partes: el fr. ant. *sambue*, documentado copiosamente desde el S. XII al XV, designa en los primeros siglos una silla para que las señoras monten en mulas o palafrenes (*Perceval, Aiol, Dolopathos, Floovant*, etc.), después la funda o gualdrapa que cubre esta silla (E. Deschamps, Froissart), finalmente una tela con que se hace esta gualdrapa (God. VII, 301); el b. lat. SAMBŪCA, documentado desde fines del S. VIII[3] en textos de muchos países (Du C.), es el nombre de unas andas para transportar mujeres distinguidas; y de ahí, o mejor

del francés arcaico, proceden el a. alem. ant. *sambuh, samb(u)oh*, «basterna»[4], es decir, 'andas cerradas para mujeres', y el galés ant. *saumucou* (citado por M-L.). Además, napol. ant. *sambuca* 'silla de montar', en texto de 1354 (Alessio, *RLiR* XVIII, 40).

A este propósito me permitiré observar, en breve inciso, que el alem. *sänfte* 'andas', que Kluge cree aplicación figurada de *sänfte* 'suavidad', sin probabilidad semántica, debe ser continuación del a. alem. ant. *sambuh*: fonéticamente éste había de dar *sampch > *sampf*, que había de confundirse tanto más fácilmente con *sanft* 'suave', cuando que éste tenía una variante bajo-alemana *sa(n)cht* (de donde hoy alem. *sacht*): de ahí luego el plural moderno *sänfte*.

Volviendo al problema que nos ocupa, se necesitaría ser ciego para no ver que este SAMBŪCA no es otra cosa que el lat. cl. SAMBŪCA 'máquina de asedio consistente en una especie de puente levadizo que se lanza desde una torre contra las murallas, para que pasen los asaltantes', bien documentado en Festo, Vitruvio, Vegecio y glosarios grecolatinos (πορθητική μηχανή'): véanse la descripción de Du Cange, y la de Vegecio en sus traducciones francesas transcritas por God., que éste resume con las palabras «échelle portée sur un chariot et terminée à sa partie supérieure par une plateforme sur laquelle pouvaient se placer une vingtaine d'hommes». Esta escala es bien parecida a la que todavía se emplea en las *samugues* de los Pirineos, y se comprende que de ahí se pasara a 'parihuela o andas', sea para llevar objetos agrícolas o para transportar personas, y finalmente a la silla para damas. Por otra parte, como ya indicaron Festo y Vegecio, se trata del mismo vocablo que en latín antiguo significa 'arpa', «nam ut in organo chordae, sic in machina intenduntur funes»[5]. En este sentido *sambuca* es palabra común con el griego, y de origen semítico (V. arriba); comprobación de que el fr. ant. *sambue* y sus hermanos romances no son otra cosa es que *sambue* existió también en el sentido de 'arpa' en francés (glosario latino-francés de Montpellier en Godefroy).

Sin embargo esta etimología, tan clara, se volvió difícil y misteriosa para los que hasta ahora han estudiado el vocablo. Diez se limitó prudentemente a señalar el parentesco de *sambue* con la voz alemana, sin pronunciarse sobre el origen de ésta, y lo mismo hice yo en mi *Vocab. Aranés*. G. de Diego (*ZRPh.* XLI, 587) afirmaba más decididamente el origen germánico, mientras que M-L. en la primera edición de su diccionario (n.º 7560), notando que en germánico el vocablo es sólo alto-alemán, sospechó un origen céltico, el cual afirma resueltamente en su tercera edición. Pero este céltico, a pesar de la semejanza falaz con CARRŪCA 'arado', no era por cierto de buena ley. El céltico insular no tiene nada semejante, y en cuanto al

a. alem. ant. *sambuh*, tiene un aire extranjero inconfundible. Termino con las palabras de J. de Priorat, traductor de los clásicos, que en su ingenuidad medieval resultó más perspicaz que M-L.: «*sambuque* est faitz a la meniere / d'une harpe tote entiere, / car autant et tot ausiment, / a il de cordes voirement»[6].

DERIV. *Samugo* arag., albac. 'hombre terco y taciturno', b. arag. *samugón* 'hombre importuno' (Puyoles-Valenzuela).

[1] De acuerdo con su uso para damas podían hacerse muy ricamente obradas: «unas *jamuguillas* doradas con su funda», inventario de Murcia de 1614 (*BRAE* XIII, 498).— [2] Así también en el Maestrazgo y en Játiva. El vasco *zamuka* es 'albarda' según Pouvreau; según Azkue 'jamugas' y secundariamente 'esparto' en Baja y Alta Navarra, que es donde se emplea.— [3] En las Fórmulas Andecavenses, texto renano (A. Thomas, *Rom.* XXXVI, 159). También en Ordericus Vitalis, Vincent de Beauvais, Federico de Sicilia, etc. Las variantes mucho más raras *sambuta* y *sabuta* son puramente gráficas, por la frecuente confusión paleográfica de *c* y *t*, y el olvido de la tilde.— [4] Para la explicación del cambio de género en este vocablo alemán y en muchos semejantes, V. el artículo de Brüch, *ZRPh.* XLI, 17ss.— [5] «Erat pons quidam ligneus, qui f u n i-b u s   c i r c a   t e n s i s, e navibus aut turri lignea arectus, condescendendis hostium muris viam praebebat», Vegecio.— [6] Inútil decir que *jamugas* y su familia no son derivados de SAGMA 'enjalma' como sostiene Krüger: claro está que así no se explicaría el sufijo ni las formas sin *-l-*, mientras que las que la tienen son recientes y puramente locales; lo que Krüger toma por etimología no es más que etimología popular o contaminación. Que el grupo .-MB- se haya conservado en el Norte de Burgos no es de extrañar, pues en esta zona enlaza la *-mb-* del leonés y santanderino con la conservación del mismo grupo en la zona de Álava y la Rioja, foco estudiado por M. P. en sus *Orígenes*. Tampoco es verdad que el vocablo venga del vasco, como dice la Academia, sino al revés. A última hora me doy cuenta de que T. Bolelli indica ya la buena etimología en *It. Dial.* XVIII, 60.

Jamugo, V. *samarugo*   *Jamurar*, V. *húmedo, zamuro*   *Janapoya*, V. *amapola*

JANGADA, 'almadía', 'salida o idea necia e ineficaz', tomado del port. *jangada* 'balsa', y éste del malayálam *čangāḍam* íd. 1.ª doc.: 1696, *Vocab. náutico de Sevilla*, en *Aut.*

La ac. figurada [Acad. ya 1884] se explica por ser la almadía embarcación imperfecta; de ahí, luego, ast. centr. y occid. *xangada* 'jugarreta, mala partida', y el domin. *por jangá* 'en abundancia' (Brito; propiamente 'a balsadas'). Para otros re-

presentantes castellanos de esta voz portuguesa, vid. *CHANGADOR*. En Portugal el vocablo arraigó desde princ. S. XVI, poco después de oírlo por primera vez los portugueses, en las costas de la India, de los dialectos dravídicos locales, en los cuales, por lo demás, parece ser tomado del scr. *saṅghaṭṭa* 'unión'. Vid. Dalgado, s. v.

Japupa, V. *abubilla*   *Japurriar*, V. *chapurrar*

JAPUTA, 'acantopterigio muy apreciado en el Mediterráneo', del ár. *šabbûṭ* 'Uranoscopus scaber'. 1.ª doc.: 1789, Medina Conde; Acad. 1899.

Entre los peces que frecuentan la costa malagueña, lo menciona Medina, explicando «pescado muy, conocido y sabroso, es todo negro, hocico redondo, y los ojos junto a él». No figura entre los nombres mediterráneos del *Uranoscopus scaber* recogidos por Carus (II, 648). Indicó la etimología Eguílaz (p. 428). Para el vocablo arábigo vid. Dozy, *Suppl.* I, 721a. Se halla en este idioma desde el siglo XIII, y ya entonces se empleaba en las riberas del Eufrates y el Tigris; se cuenta además que un músico que vivía bajo Harún el Raxid dió este nombre por comparación a una especie de laúdes que inventó: luego parece ser palabra originaria del árabe, donde quizá proceda de la raíz *š-b-ṭ* 'adherirse, pegarse', que aunque no es muy clásica se halla desde autores antiguos. Es ejemplo interesante de *bb* arábiga cambiada en *p* romance (comp. *chipâtu*, palabra de la misma raíz en PAlc., citada por Dozy ibid.). Port. *xaputa*, val. *xaputa*, o *saputa* (Boscà, *Geogr. Gral. del R. de Valencia*, p. 498).

JAQUE, tomado del ár. *šâh* 'rey en el juego de ajedrez', tomado a su vez del persa *šâh* 'xah, rey de los persas'. 1.ª doc.: 1283, Libro del Ajedrez de Alfonso el Sabio (*dar xaque* 'amenazar al rey, darle jaque').

Cej. IX, § 197. Aparece también en Juan del Encina y es frecuente en los clásicos y de uso general; del mismo origen el port. *xaque*, ya frecuente en el S. XVI. Como el juego del ajedrez fué trasmitido desde la India por los persas y los árabes, es natural que el vocablo venga del persa. En árabe *šâh* es frecuente como nombre del rey del ajedrez en muchos autores medievales desde h. 1100 por lo menos (a los citados en el *Gloss.* de Dozy, 352-3, agréguese Abenabdelmélic, en el *Suppl.* del mismo autor, I, 441a); además la locución *'aᶜwâd aš-šâh*, con que Almacarí (S. XVII) llama los trebejos o piezas, indica que el vocablo también se empleó allí como nombre del propio juego del ajedrez. La conservación de la *â* clásica, que en esta posición habría debido convertirse vulgarmente en *e*[1], indica trasmisión culta del vocablo (o acaso pronunciación persianizante). Tampoco es regular, según observa Neuvonen (235-6), la transcripción del *h* por una *-k* romance: puede tratarse también de una pronunciación culta romance, que tratara de imitar el sonido extranjero exagerándolo, tal como se pronunció *nichil* (de ahí *aniquilar*) en vez de *nihil;* sin embargo, lo normal en un arabismo hubiera sido más bien la transcripción por *f,* de suerte que es probable que hubiera influjo del sinónimo *escaque,* ya con este sentido en el *Canc.* de Baena (*juego de escaque,* p. 465; *harpas e escaques,* p. 209) y que se cita ya del Poema de F. González[2]; éste es vocablo común con el cat. *escac* 'jaque', *escacs* 'ajedrez' [S. XIII][3], oc. ant. *escac,* fr. *échec* [*eschax, eschiec,* desde el S. XII], it. *scacco* [S. XIII: Dante, G. Villani, D. Compagni], que en bajo latín ya se halla frecuentemente en la forma *scacci* o *scaccum,* desde el S. XI por lo menos (Petrus Damianus, cardenal de Ostia). No es probable que éste deba separarse de la denominación persoarábiga y castellana, pero como la inicial *sc-* sería inexplicable si partiéramos sólo de ésta, debemos admitir que una grafía culta ocasional *scachum* o *sciachum* en que se tratara de representar el fonema *š,* ajeno al latín, a base de la pronunciación romance de *sce* y *sci* como *š,* sufriría luego el influjo del fr. ant. *eschiec,* lat. longobardo y galicano *scachus,* alto-it. *scac* 'robo, botín' (procedente del fráncico y longobardo *skâk:* Gamillscheg, *R. G.* I, 222; II, 154), con tanta mayor facilidad cuanto que en latín un juego análogo al del ajedrez se denominaba *ludus latrunculorum,* propiamente 'juego de los bandidos o mercenarios'; esta contaminación se comprueba por el neerl. med. *scaec* 'jaque' (neerl. mod. *schaak,* pron. *sχâk*), que ha sido tomado del romance primitivo, como alto alemán medio *schâhc,* alemán *schach*[4].

Posteriormente *jaque* toma otras acs. Es frecuente su empleo en locuciones como *tener a uno en jaque* o *ponerle en jaque* 'bajo el peso de una amenaza'; o en *jaque dé aquí,* frase con que se invita a alguno a irse de un lugar [Lope, en *Aut.*]; ya en la segunda parte anónima del *Lazarillo* (a. 1555) se lee «parecióme que a poco de aquellos *jaques* podría ser *mate*» (II, iv). De ahí, como han observado varios, y en particular Cotarelo (*NBAE* XVII, p. cclxxiv), viene el germanesco *jaque* [J. Hidalgo, 1609] como nombre del rufián o matón, que adopta continuamente esta actitud de reto y amenaza[5] (para un derivado de esta ac., vid. *JÁCARA*).

En la ac. aragonesa 'cada una de las dos bolsas de las alforjas' [1734, *Aut.*], *jaque* tiene una variante *jeque* [íd.], que viene evidentemente del ár. *šiqq* 'mitad de una cosa, parte de un todo', derivado del verbo *šaqq* 'hender, rajar, dividir', como indicó Dozy; y la variante *jaque* supone que el sustantivo *šaqq,* derivado de la misma raíz, tuvo también este sentido, lo cual es fácil, puesto que *šaqq* se documenta en textos vulgares con las acs. 'entrepiernas, separación de los muslos', 'hornacina, hueco' y otras que derivan de la misma idea

fundamental de 'división en dos partes', que por lo demás es la que tiene en el idioma clásico. De ahí también *jaque* [*Aut.*] en el sentido de 'peinado de mujer con raya en medio y cubriendo de pelo la mitad de la frente'.

DERIV. *Jaquear* [*Aut.*]. *Jaquel* [h. 1600, Pérez de Hita, ed. Blanchard I, 149]; *jaquelado.* Es préstamo del fr. ant. *eschaquier* (hoy *échiquier* = cat.-oc. *escaqu(i)er*) 'tablero de ajedrez' (de donde varios objetos de su forma, y en particular paños o telas a cuadros de varios colores) el gallego ant. *eschaquel* (*froyas d'eschaquel* 1478, *mantees d'eschaquel* en otro doc.: Sarm. *CaG.* 119r y p. 550a18). *Jaquero. Jaquetón.* De la variante *escaque: escaqueado* [íd.] o *escacado.*

[1] Es muy dudoso que así se explique el port. *xeque,* variante moderna que más bien me parece de origen francés; falta todavía en Moraes.— [2] De ahí *escaque* 'trebejo del ajedrez' [1283, *L. del Acedrex,* 370.29; Nebr.], 'casilla en dicho juego' [1605, *Pícara Justina*], *escaques* 'labor en forma de tablero de ajedrez' [h. 1580, Argote de Molina]. Al partir para *escaque* del ár. *sikâk* «las filas de casas alineadas, las calles», Asín (*Al-And.* IX, 29) sólo tiene en cuenta la ac. castellana, secundaria, y prescinde completamente de la historia del vocablo en las demás lenguas romances, que excluye del todo semejante étimo.— [3] *Jugar als scachs,* Lulio, *Meravelles* I, 128; *tauler dels escachs,* íd., *Doctrina Pueril,* p. 287; *scac mat,* y *scaq et mat,* R. Martí, pp. 127 y 570; *escach pel roch,* J. Roig, v. 9996.— [4] La primera idea que ocurre es que una grafía medieval *schachum,* en la cual *sch* representara *š,* fuese leída como *scacum.* Sabido es que en la actualidad, en latín moderno, es corriente representar el fonema *š* por el símbolo triple *sch* (así por ejemplo en las transcripciones del hebreo). Pero dudo que esta convención ortográfica sea lo bastante antigua para explicar la forma *scaccum,* que ya se documenta a med. S. XI por lo menos. No hay duda de que esta grafía *sch* (= *š*) es imitación de la grafía del alemán moderno o, a lo sumo, de la grafía igual del inglés medio; ahora bien, en estos idiomas el cambio del grupo germánico *sk* en *š* quizá no sea muy anterior al S. XII, y por lo tanto hasta entonces no pudo nacer la grafía *sch* = *š* en alemán ni en inglés; en latín debió ser aún más tardía.— [5] Covarr. quiere sacarlo de un *xaque* 'anciano', 'alcaide, señor', pensando evidentemente en el ár. *šáih* que tiene este sentido; pero vulgarmente se pronunciaba *šéih,* y lo único que de hecho se conoce en español es en realidad *xeque* [Zurita, h. 1570]. El *xaque* de Covarr. es, pues, una forma supuesta que seguramente no ha existido nunca. Pichardo registra como vulgar en Cuba *cheche* 'valentón', que sería de formación onomatopéyica, pero creo que *jaque* es otra cosa. Carece de apoyo la opinión de Baist (*RF* IV,

411), que identifica nuestro *jaque* con el vocablo que significa 'chaqueta' o 'jubón'.

Jaque, jaqueta, V. *chaqueta*

JAQUECA, 'dolor de cabeza que, por lo común, ataca sólo una parte de la cabeza', del ár. *šaqîqa* 'mitad', 'lado de la cabeza', 'jaqueca', derivado de *šaqq* 'hender, dividir'. *1.ª doc.*: *axaqueca*, 1438, *Corbacho*; *xaqueca*, h. 1500, J. del Encina[1].

Axaqueca es frecuente en el S. XVI (*DHist.*), *alxaqueca* figura en la *Lozana Andaluza* (1528). Voz frecuente y de uso popular. En árabe es ya clásico en la ac. castellana, y era vulgar en España a juzgar por su aparición en R. Martí (trad. «dolor», p. 125). El parecido con el grecolatino *cachexia* 'malestar general', señalado por Mayans (*Orig.* I, 128), no es más que casual.

DERIV. *Jaquecoso.*

¹ En el *Lapidario* de Alfonso el Sabio (1272) se habla de «la dolor que se faze en la media cabeça, a que llaman en arábigo *xaqueca*» (Neuvonen, 243), lo que no prueba el uso en castellano.

Jaquel, jaquelado, jaquero, V. *jaque   Jaquetilla, jaquetón*, V. *chaqueta*

JÁQUIMA, 'cabezada de cordel, que suple por el cabestro, para atar las bestias y llevarlas', del ár. *šakima* 'cabestro, jáquima'. *1.ª doc.*: *xaquima*, J. Ruiz, 926b, 377b (en ac. figurada 'alcahueta').

En Nebr. «*xaquima de bestia*: camus». En Juan de Valdés «unos dizen *xaquima* y cabestro, porque *xaquima* es lo que se pone en la cabeça»; varias veces en el *Quijote*. Registran también el vocablo Oudin, Covarr., *Aut.* y Terr., sin acentuarlo (el acento aparece ya en Acad. 1843). En árabe el vocablo aparece siempre escrito *šakima* y está documentado desde la primera mitad del S. XI, en el cordobés Abenhayán, en R. Martí («capistrum»)[1], PAlc., y hoy se emplea, siempre con la misma acentuación y con la traducción 'cabestro', en Marruecos, Túnez, Tripolitania y Egipto (Steiger, *Contrib.*, 343; Lerchundi; Bocthor; Dozy, *Gloss.*, 353). En vista de la discrepancia entre el acento castellano y el arábigo, sería importante saber si una acentuación *jaquima* ha existido en nuestro idioma (Steiger cita un and. *hákima*), pero del sistema de acentuación inconstante que rige en los antiguos dicionarios citados, no es posible deducir nada; sin embargo la rima *xaquíma* (: *prima*: *cima*) de J. Ruiz permite resolver la cuestión afirmativamente. El vocablo existió también en portugués antiguo, en las formas *xaquima*, *xaquema* y *xacoma* (éste ya en doc. de 1470-80, Moraes), y estas últimas indican precisamente la acentuación esdrújula; gall. *xácoma* (Vall.). Val. *xaquima*, 1575, On. Pou, *Thes. Pue.* («x. o cabestre o dogal: camus», p. 35). Como se formó un verbo *šákkam* 'encabestrar' (PAlc.), derivado de *šakima*, es posi-

ble que en el mismo sentido se empleara la primera forma *šákam* y que posteriormente se cambiara *šakima* en *šákima*, identificándolo con el participio activo de este verbo; aunque esta explicación es muy hipotética, no se encuentra nada mejor. Un caso análogo hay en *RECUA*.

El étimo ár. *hákima* «cabezada, cabestro» de Asín (*Al-And.* IX, 32) no hace falta discutirlo, ni valdría la pena comprobar su existencia en España, por ser incompatible con la *x-* medieval del cast. *xáquima*.

Además la voz arábiga sólo la encuentro en Kazimirski y Belot *hákama* [no con *i*] 'martingale qu'on met autour du menton d'un cheval' (que lo sacarán de Freytag); falta en Dozy, PAlc., R. Martí, Lerchundi, Beaussier, Marcel, Ferré, Roland de Bussy, Boqtor; sin embargo, pudo emplearse en España, pues deriva de la raíz conocidísima *hkm* 'gobernar, dominar, juzgar' que es de uso universal y también español (de ahí el verbo *hákam* o *áhkam* 'museler le cheval', también registrado sólo por Kazimirski y Belot). Claro que de ahí no puede venir el cast. *jáquima*, por la razón indicada, aunque sí es posible que el ár. *šakima* se convirtiera vulgarmente en *šákima* por influjo de este casi-sinónimo.

DERIV. *Enjaquimar. Jaquimazo. Jaquimero.*

¹ De todos modos, nótese que si bien PAlc. acentúa *xaqūma* (pl. *xacáim*) y también R. Martí escribe *šaqīma* en la p. 280, en la 126 lo que trae el ms. es *šaqîya* «capistrum», que desde luego se ha de enmendar, pero la enmienda en *šáqima*, con breve, sería tan fácil y aun más, dadas las letras que constan en el ms.

JAQUIR, ant., 'dejar, desamparar', tomado del cat. *jaquir* íd., y éste del fráncico **JAHHJAN* 'declarar', 'entregarse' (a. alem. ant. *jëhan* 'decir, declarar', 'confesar', a. alem. med. *jehen* 'reconocer la derrota, darse por vencido', de donde el derivado alem. *beichte* 'confesión'). *1.ª doc.*: 1262; Acad. 1817.

Palabra muy rara en castellano; aunque aparece en un doc. murciano de 1262 que no carece de rasgos lingüísticos típicos del Oriente peninsular (Mz. Pidal *DL*, n.º 365). Es en cambio, frecuente en catalán antiguo[1], y todavía viva allí dialectalmente (*gicar, gecar*, en Cerdaña, Alto Urgel, Cardener, Segarra, etc., *jaquir* en el Ampurdán). *Jaquir* en Andalucía 'abandonar (a una mujer)' (A. Venceslada). Para el origen germánico y parentela romance, vid. mi *DECat.*; Gamillscheg, *R. G.* I, 167, 260n.1; *REW*, 4580; Diez, *Wb.*, 159.

¹ Documentada desde 1099, *Rev. de Bibliogr. Cat.* VII, 9.

JARA, 'arbusto de la familia de las cistíneas', del ár. vg. *šáʿra* (ár. cl. *šaʿrã*) 'bosque', 'bosquecillo', 'matorral, mata'. *1.ª doc.*: *xara*, med. S. XIII (*Alex.*, 1328c; doc. de Écija, a. 1258).

Neuvonen, 202-3; Cej. IX, § 209. Hay ya una decena de ejs. en el S. XIII, entre ellos uno gallego. En todos ellos significa 'bosquecillo', 'matorral' o 'bosque'. En el mismo sentido en la *Gr. Conq. de Ultr.* (h. 1300): «comenzaron luego de facer... saeteras cubiertas con cueros crudos e zarzos... los caballeros andaban buscando, por los montes e por las *jaras* e por valles e recuestos, urga para facer los zarzos» (Rivad. XLIV, 329); y todavía un par de veces en el *Canc.* de Baena (n.º 392, v. 51; otro ej. cito s. v. *piara*). La ac. 'bosque, selva' se conserva hoy en el judeoespañol de Monastir (*RH* LXXIX, 532) y de Oriente en general (M. L. Wagner, *ZRPh.* XL, 547). La ac. moderna no la hallo hasta Nebr. («*xara, mata conocida:* myrrica», f°n7v°), y Laguna (*Aut.*). El vocablo pasó también al gall.-port. ('bosquecillo o bosque' «un dia cavalgava por cabo d'ũa xara» *Ctgs.* 148.25; Fig.; *xara* parece ser allí menos conocido que su sinónimo romance *esteva*, V. ESTEPA), y al siciliano (vid. M. L. Wagner, *ZRPh.* LII, 657-60); en cat. se ha empleado en Valencia, no en el Principado [«*xara*: ladanum» 1575, On. Pou, *Thes. Pue.* 51]. El ár. *šáᶜrā'* en el idioma clásico sólo es adjetivo, con el sentido de 'cubierto de hierba o de plantas', femenino de *'áš°ar* 'peludo, velloso', que deriva de *šaᶜr* 'cabellos, pelo'; pero vulgarmente, en España y Norte de África, tomó desde la Edad Media el sentido de 'bosque' (R. Martí, etc.: Dozy, *Suppl.* I, 763a), y en la Península acabó por significar «greña, mata» (PAlc.); estos autores emplean la variante *šáᶜra*, según corresponde vulgarmente a un vocablo de su estructura morfológica.

Dudo que sea lo mismo que *jara* 'estepa' el homónimo para 'saeta'. Éste se documenta desde 1566 en el poeta culto tudelano J. Arbolanche (*Las Abidas*: «las *xaras* de Cupido» 12v22, 71v26) y en Juan de Castellanos (h. 1580), quien hablando de las amazonas sudamericanas las llama «mujeres sin maridos / armadas con aljabas y con *jaras* (: raras)» (*Elegías*, p. 455); también en el *Quijote* («que no la alcançara una *xara*» II, xxiii, 90), Tirso («Ya se van a asaetarnos... / Ya me parece que siento / una *jara* en estas tripas», *Condenado por Desconfiado* II, xiii, ed. Losada, p. 146), Quevedo (Fcha.), Oudin[1], Covarr.[2] y *Aut.* (s. v. *xara*). No es claro que pueda explicarse a base de *jara* 'mata', porque «se hacían las saetas de la mata llamada jara», como dicen *Aut.* y Oudin; haría falta probar que la jara o saeta fué, como aseguran la Acad. y otros, inspirándose en esta supuesta etimología, un «palo de punta aguzada y endurecida al fuego». Como *jara* en árabe sólo significó 'bosque', 'matorral', y en castellano mismo no tuvo otro significado hasta el S. XV, no es fácil sacar de ahí un vocablo con el sentido de 'saeta'. Más bien se podría partir de la ac. 'cerda, pelo rígido de puerco' que tienen *šáᶜra* y *šaᶜr* en hispanoárabe (PAlc., R. Martí) y ya en árabe antiguo: ahí sí habría

por lo menos analogía de forma. Pero como no hallo la ac. española en árabe, conviene preguntarse si no se trata en realidad de un vocablo de origen diferente. Sea como quiera, debía tener *x*- antigua, pues *xara* es portugués con el mismo sentido [1664, J. F. Barreto, en Moraes]. Los artículos *jarón* 'palo seco de la jara' y *jarilla* 'varilla puntiaguda' del vocabulario andaluz de A. Venceslada, parecen comprobar que se pudo pasar de 'varilla de jara' a 'flecha'.

DERIV. *Jaral*[3] [*x*-, S. XIII, *L. de los Cavallos*, 7.18]. *Jarazo. Jarilla* 'especie de brezo muy común en la Arg.' (R. Díaz, *Topon. de S. Juan;* Levene, *Hist. de la N. Arg.* I, 474; etc.); *jarillero* 'vendedor de jarilla para quemar'; *jarillal. Jaro* 'mancha de monte bajo', alav. 'roble pequeño'. *Jaroso.* Del val. *xara*, quizá deriva *xerics* «arus» [On. Pou, *Thes. Pu.*, 51], puesto que las aráceas son arbustos afines a las cistíneas.

[1] «*Xara*: bois dont on fait les dards et fleches, la fleche mesme; *xara enerbolada:* une fleche envenimée».— [2] Pretende distinguir entre *xara* 'estepa' y *jara* «especie de saeta que se tira con la vallesta», pero lo hace así a causa de una imposible etimología hebraico-caldea.— [3] El gall. *xaral* significa «tierra medio piedra que no cede bien al azadón» (Vall.). Pero ¿es lo mismo?

JARABE, del ár. *šaráb* 'bebida, poción', 'jarabe', derivado de *šárib* 'beber'. *1.ª doc.: xarabe*, h. 1270, *Hist. Troyana*, 51.3.

Es frecuente en esta forma desde el S. XVI por lo menos (Laguna, en *Aut.*); *axarabe* en Venegas (1537), Covarr., etc. En Nebr. hallamos una variante «*xarafe de medicina*: potio; *xarafe para gomitar*: tropis» (así también en PAlc.), que se explica por la pronunciación vulgar de la *-b* final arábiga como *-f* (Steiger, *Contr.*, p. 109; Corominas, *BDC* XXIV, 69)[1]. Otra variante tuvo gran extensión en castellano antiguo: *xarope*, frecuente ya en el S. XIII (desde *Calila*), vid. Neuvonen, 264-5; J. Ruiz, Pedro de Berague (Rivad. LVII, copla 140), *Danza de la Muerte* (copla 374), Álvarez Gato, *Amadís* (*Aut.*), etc.; *axarope* en el glosario del Escorial, en el *Canc.* de Baena y en Gordonio; *xarop*, *Gr. Conq. de Ultr.*, 565. Es la forma común con los demás romances: port. *xarope*, cat. *xarop*, oc. *eissarop*, it. *s(c)iroppo*, fr. *sirop*, b. lat. *siruppus* (< ár.). Es dudoso si esta forma procede del mismo étimo arábigo que *jarabe* o de otra forma de la misma raíz; la Acad., seguida por A. Castro (*Glosarios*, p. 216) y Neuvonen, asegura que viene de un ár. *šarúb*, que explicaría más fácilmente la *ó* tónica, pero por éste significa principalmente 'agua medio salada, poco potable o de gusto desapacible', y no convence la explicación de Neuvonen de que ahí está el concepto popular del medicamento como poción desagradable, pues la noción más típica de *jarabe* en la conciencia del vulgo es justamente la de 'bebida dulce' y aun 'demasiado dulce'; verdad es que según Lane también puede ser *šarûb* un mero sinónimo de *šarâb*, pero no es verosímil que en casi todos los romances se prefiriera esta variante rara al árabe común *šarâb*, que es comunísimo precisamente en el sentido de 'jarabe' en toda clase de escritores, desde el S. XI por lo menos (Dozy, *Gloss.*, 218; *Suppl.* I, 740*b*). Creo tiene razón Steiger (*Contrib.*, p. 311) al considerar *xarope* como resultado de un proceso de velarización y labialización de la *â* por la *r* precedente y la *b* siguiente, fenómeno del cual hay otros ejs. indudables (como *Marruecos*, cat. ant. *Marrocs* < *Marrâkiš*). Comp. GUARAPO.

DERIV. *Jarabear. Jaropar; jaropear, jaropeo. Jarapote,* and. y arag.; *jarapotear. Sorbete* [med. S. XVII, *Criticón*, ed. Romera III, 111; «confección de algún zumo de fruta sabrosa u otra cosa y azúcar en punto muy alto de hielo para su duración»; no Nebr., Casas ni Covarr.; pero sí en *Aut.* y en Acad. 1780; un *sorveta* «cocimiento de guindas y albaricoques pasados como ciruelas pasas», que se halla ya en una obra dramática de Cervantes según Fcha., será ya lo mismo], del it. *sorbetto* que se cita repetidamente desde 1581 como bebida turca (Prati) y que ya existiría en 1553, a juzgar por el fr. *sorbet;* en italiano, del turco *šerbét* (que ha pasado en esta misma forma al judeoespañol de Bosnia, *RFE* XVII, 145n.) y procede de la misma raíz arábiga de *jarabe,* probte. del ár. vg. de Siria *šarbât* «limonade, verre de limonade» (Belot), propiamente plural del ár. *šárba* «une gorgée, un coup qu'on boit» (íd.), «sorvo, trago de cosa líquida» (PAlc., y otros testimonios vulgares en Dozy I, 740)[2]. En italiano el turco *šerbét* fué incorporado a la familia del it. *sorbire* 'sorber': de ahí la *s-* y la *o*. Pero ya Eppendorff en 1540 emplea *serbett* 'bebida refrescante turca' en su *Türkischer Keyszer Ankunft* (*MLN* XXXVIII, 406), hoy alem. *scherbet,* y el ingl. *sherbet,* también tomado directamente del turco, se documenta desde 1603 con referencias repetidas a Turquía (*NED*)[3].

[1] También *xarofe* 'bebida, irrigación' en texto judeoespañol de Salónica (*BRAE* II, 300), que combina las características de *xarafe* y *xarope,* con significado diferente procedente de la ac. básica de la raíz *šárib*.— [2] Engelmann y Dozy, *Gloss.* 340 (seguidos por Devic) preferirían partir del ár. *šúrba,* sin duda guiándose por la vocal del cast. *sorbete.* Realmente existe *šúrba* «trago, bevida para gomitar» en PAlc., pero en él la vocal es sospechosa de estar influída por el cast. *sorber.* Los demás testimonios que Dozy, *Suppl.,* cita de *šúrba,* al menos en parte han sido vocalizados por Dozy a base del prejuicio que concibió en su primer libro, pues Boqtor, a quien cita, no vocaliza y sin duda hay que suplir en él la vocal del clásico *šárba.*— [3] Baist, *RF* IV, 410, pone también en duda la suposición de Devic de que la *-t* pueda venir del *ta marbuta* del sin-

gular arábigo, y observa con razón que la forma *šorbêt,* documentada hoy en el Norte de África, es préstamo del francés, si bien con *š-* por reincorporación a la familia arábiga del vocablo. El sufijo del ár. egipcio *šarbataǧi* «limonadier» (Boqtor), comprueba también que el vocablo se ha propagado modernamente desde Turquía a los países arábigos.

Jaraíz, V. *zafariche*   *Jaral*, V. *jara*

JARAMAGO, 'planta crucífera muy común entre los escombros', probablemente del ár. *sarmaq* 'armuelles', y éste del persa íd. 1.ª doc.: *xaramago,* APal. («una yerva dicha *amarascus* o *xaramago*», s. v. *amarus,* 16*b*)[1]; Cej. IX, § 209.

El dicc. de Crist. de las Casas (1570) traduce *xaramago* por «yerva: ramolaccio», Percivale «*xaramago*: wilde rape» (que designa varias especies de *brassica*), Oudin (1607) «*xaramago*: roquette, herbe» (de donde pasó a Vittori, 1609, y otros): creo que esas equivalencias son sólo aproximadas, aun la última ('oruga', *Eruca Sativa*), aunque *Aut.* escribe también «se cría entre los sembrados y paredes de tierra o arrimada a ellos; llámanla en muchas partes *oruga*... algunos confunden esta planta con el rábano sylvestre: verdad es que la oruga, el rábano sylvestre y el erisimo se equivocan mucho unas con otras por parecerse mucho, assí en sus figuras como en sus virtudes». Según Sarm. (*CaG.* 94r, A148v), Vall. y Brotero, el port. y gall. *saramago* es el *Raphanus raphanistrum*[2], llamado en castellano *jaramago menor,* según Nemnich (fr. *ravenelle,* cat. *ravenissa*), mientras que el llamado *saramago major* en portugués es la *Còchlearia armoracia L.* (fr. *cran*); para estas y otras denominaciones vid. Rolland, *Flore* II, 129-33, 90ss., 84, 69ss.; Terr. cita ej. de *jaramago* en la *Arcadia* de Lope, y dice que en algunas partes le llaman *jaramillo,* mientras que el *jaramo* según la Agricultura de Valcárcel (1765-95) sería el rabanillo silvestre. Sea lo que quiera de los detalles, y aunque alguna de estas equivalencias sea infundada, de todos modos es claro que *jaramago* ha designado varias plantas análogas, de la familia de las crucíferas. Como variantes dialectales, además del gall.-port. *saramago,* conozco *zaramago* en Cespedosa (*RFE* XV, 145, 276).

Jules Cornu, *Portug. Spr.,* § 108, quiere partir de SISER AMARĬCUM, compuesto de un antepasado del cast. *amargo* y de SĬSER, -ĔRIS, 'rapónchigo', planta campanulácea bastante diversa de las designadas con el nombre de *jaramago.* El propio Cornu (§ 120) identifica con *saramago* el port. ant. *çanbarco*[3], que Maestre Giraldo (a. 1318) cita como una planta medicinal no identificada, junto con el mirto, el lentisco y la «galha»: el único fundamento para la identificación es el vago parecido formal y el hecho de que ciertas variedades de jaramago son también medicinales;

M-L. (*REW* 7955*a*) se adhirió a esta etimología, pero C. Michaëlis (*RL* XIII, 289-90) sólo lo hizo con muchas reservas, citando en su apoyo la variante gallega y minhota *samargo*⁴. La propuesta de Cornu no es convincente por varias razones. 5 Sin entrar a discutir si está justificado el empleo del epíteto 'amargo'—lo cual nadie se ha detenido en demostrar—, ni poner objeciones a la reducción de SISER en *sar*- (¿por haplología?), nótese que no hay representantes romances de este vo- 10 cablo grecolatino; lo probable sería, pues, que el compuesto SISER AMARUM fuese ya de fecha latina, y entonces deberíamos admitir que la sustitución de -*amaro* por -*amargo* se produjera tardíamente en romance al introducirse la *g* de *amar-* 15 *gar* en el adjetivo correspondiente (un lat. *AMARĬCUS no ha existido nunca); si esto ya complica la cuestión, más se dificulta al advertir que el cambio de -*amargo* en -*amago* no pudo producirse por disimilación, pues esta -*r*- era mucho 20 más fuerte que la otra, material y psicológicamente, de suerte que el resultado de una disimilación en vocablo de tal estructura habría sido más bien *salamargo. Por el contrario, creo que la variante gallega y miñota *samargo* es alteración de *sarama-* 25 *go*, pasando por *saramargo* (con contaminación de *amargo*), y luego *samargo* por haplología.

Paréceme claro que la forma primaria es *saramago*, y creo tuvo razón Eguílaz (p. 431) al señalar como étimo el ár. *sarmaq*, que designó el 'armuelle', 30 según el Qamûs, en el egipcio Bocthor y el español Abenalbéitar (S. XIII), mientras que para los comentaristas del Razí (h. 900) era el androsemo o todabuena; como indican Freytag y Dozy (*Suppl.* I, 650*a*) se trata de un préstamo del persa *sarmaq*, 35 *sarmaǧ* o *sarma*⁵ 'armuelle' (Steingass). Ambas plantas son consideradas distintas del jaramago: aquélla es una salsolácea y ésta una hipericínea, pero además de que el doble significado árabe nos prueba que esta denominación, culta y 40 extranjera, pudo cambiar de planta, nótese que el *Raphanus Raphanistrum* se designó en bajo latín por *armoracea*, que era en realidad el nombre de la remolacha, salsolácea análoga al armuelle, y el italiano llama *ramolaccio* a la *Cochlearia*. Luego 45 no se justifica el escepticismo con que Baist (*RF* IV, 421-2) acoge el étimo de Eguílaz, por razones semánticas, y alegando que el vocablo árabe pudo venir del español, lo cual no es posible puesto que existe en persa y ha de proceder de allí. 50 *Sarmaq* en árabe se acentuaría en la primera sílaba, pero el vulgar traslada el acento a la última en voces de tal estructura; la anaptixis *sarmago* > *saramago* es de tipo muy corriente; en castellano el *zaramago* de Cespedosa ha de ser la forma 55 originaria, alterada en la lengua común por contaminación de *jara*, que era nombre de planta más divulgado.

¹ Pensará el lexicógrafo en el lat. *amaracus* 'mejorana', que nada tiene que ver con el jara- 60

mago. Pero Palencia se guía muchas veces por un mero parecido verbal.— ² Gall. *xaramagos* 'cosa amarga' Rosalía (cita en *DAcG.*, s. v. *acougo*). El *saramago* se llama *labrestos* en el Minho portugués (ya en Bluteau), forma que vendrá de RAPHA(N)ISTRUM (¿o RAPISTRUM?) (vid. Leite de V., *Opúsc.* II, 109).— ³ Acaso deba leerse *çanbarço* e identificar con el *JAGUARZO* y su variante *jabarzo*.— ⁴ Menciona en Colmeiro *samarmaje* 'althaea officinalis' (p. 222, con etimología arábiga) y el jazmín *sambac* (p. 234) que él hace venir de Persia. Para el estudio del jaramago trae materiales Colmeiro, en *Enumer. y Revis. de las Pl.* I, 199, 253, 266, 169, que no puedo consultar.— ⁵ Variantes que existen también en árabe (Abenalbéitar y Boqtor, respectivamente).

Jaramendado, jaramendero, V. *jaro   Jaramugo*, V. *samarugo   Jarana, jaranear, jaranero*, V. *arana   Jaranzo*, V. *ojaranzo   Jarapa, jarapal*, V. *harapo   Jarapastroso*, V. *zarpa   Jarapote*, V. *jarabe   Jarazo*, V. *jara   Jarbe*, V. *ejarbe*

JARCIA, 'aparejos y cabos de un buque', 'conjunto de redes de pescar', 'carga de muchas cosas diversas sin orden ni concierto', del gr. biz. ἐξάρτια, plural de ἐξάρτιον 'aparejos de un buque', derivado del gr. ἐξαρτίζειν 'equipar, aparejar un navío', y éste de ἄρτιος 'ajustado'. 1.ª *doc.*: *exarcia*, inventario aragonés de 1369.

Ahí tiene el sentido de 'enseres': «*exarcia* de cozina, dos sartenes, dos calderuelos, unas treudes» (*BRAE* II, 709); en otro de 1374 aparece en el sentido de 'conjunto de muchas cosas desordenadas': «una grant *exarcia*, yes a saber: striperas, muesos de ffrenos e vancos de ffrenos con otros ffierros, ffueron stimados en XX sueldos por ffierro viello» (*BRAE* II, 344). Pero el sentido primitivo sería, como en los demás romances, el marino, ya documentado en APal.: «*aplustre* es la *xarcia* de la nao o la vela y los otros aparejos como pértigas y remos», «*sitarcie* son las *xarcias* de los marineros o navegantes» (25*b*, 459*d*), y en doc. de 1492 (Woodbr.); en el mismo sentido está en Fr. L. de Granada, mientras que Cervantes y Quevedo lo emplean en el de 'carga de cosas distintas para cierto uso' (Fcha.), y en los Estatutos de Zaragoza aparece con la ac. pescatoria. Sigue siendo vocablo vivo hoy en día, aunque no de uso general; Cej. IX, § 207. Del mismo origen, port. *enxàrcia* 'cordaje de navío', oc. ant. *sàrsia* [1374]¹ o *sàrtia* [1390], hoy *sàrtis* (*FEW* III, 261), it. *sarte* o *sartìe* 'aparejos de navío'; en catalán la forma común es hoy *xarxa*, pero *xàrcia* en algún punto del Principado, *sàrsia* en la costa alicantina y en Tortosa, *xèrxa* o *xèrxi* en Mallorca, *sàrtia* en Denia, y la ac. más corriente es 'red de pescar', o 'redes (colectivo)', en la Edad Media se halla *exàrcia* con frecuencia desde el S. XIII (Perpiñán, a. 1284, *RLR* IV, 374; *Consulado de Mar*,

cap. 20, 56, 90 y passim), por lo regular 'aparejo
de navegación', otras veces 'cordaje' en particular
(ibid., cap. 163). Procede, según indicó Diez (*Wb.*,
282), del gr. biz. ἐξάρτιον 'aparejos náuticos', documentado desde el S. VIII.

DERIV. *Enjarciar* o *jarciar*.

¹ Hoy *sársyẹs* 'redes' en Agda (*ARom.* XXI,
276).

Jarda, V. *ardilla   Jarda, jardo,* V. *jaro*

JARDÍN, tomado del fr. *jardin* íd., diminutivo
romance del fr. ant. *jart* 'huerto', procedente del
fráncico *GARD 'cercado, seto' (a. alem. ant. *gart*
'círculo, corro', ags. *geard* 'cercado', ingl. *yard*
'patio', escand. ant. *gardr* 'cercado', gót. *gards*
'casa', 'menaje'). *1.ª doc.*: Nebr. («horti, xystus»);
1570, C. de las Casas.

Es galicismo profundamente arraigado y ya frecuentísimo en los clásicos (*Quijote*, etc.), donde
suena como palabra distinguida. Sin embargo es
de entrada bastante tardía (falta *Cid*, Berceo, *Apol.*,
J. Ruiz, J. Manuel, *Glos.* de h. 1400, APal.). En
la Edad Media, como en latín, se empleaba en este
sentido *HUERTO* (véase), y aun hoy día sigue
empleándose en el lenguaje popular de algunas
partes; así en Bédar (Almería) *jardín* es voz desusada entre la gente del país y se llama *huerto*
al jardincito contiguo a la casa destinado al recreo
y al cultivo de flores. Para la formación del fr.
jardin, vid. Gamillscheg, *R. G.* I, p. 192; la variante normando-picarda *gardin* muestra el consonantismo primitivo conservado¹: de ahí el préstamo inglés *garden* (el alem. *garten*, a. alem. ant.
garto, es derivación independiente, pero fonéticamente no podría explicar la forma francesa).

DERIV. *Jardinero* [Nebr.]; *jardinera; jardinería*
[Nebr.]. *Enjardinar.*

¹ Aun en lengua de Oc es general el galicismo
jardin; una variante *gardin*, de la que se registra
un ejemplo suelto, será meramente gráfica.

Jardo, V. *jaro*

JARETA, 'costura que se hace en la ropa, doblando la orilla y cosiéndola por un lado, de suerte que quede un hueco para meter por él una
cinta o cordón, a fin de encoger o ensanchar la
vestidura cuando se ata al cuerpo': del ár. vg.
šaríṭa 'cuerda', 'cinta' (ár. *šaríṭ* 'cuerda de fibras
de palmera trenzadas'). *1.ª doc.*: *xareta*, 1573, Eug.
de Salazar; *xaretas* «carriage ou charriages des
grosses pièces d'artillerie: certaines rets ou bor-
dages ès navires, faits de cordes ou de grilles de
bois, pour engarder l'ennemi d'y abborder ou en-
trer», Oudin, 1607.

Como variante agrega *xarete de navío* íd. De
ahí pasó el vocablo a Minsheu. En Salazar tiene
la misma ac. náutica que en Oudin, también registrada por el *Vocab. Marít.* de Sevilla, de donde

pasó a *Aut.* La ac. corriente no se registra hasta
este último diccionario; hoy es de uso general;
Cej. IX, § 205. Del mismo origen, port. *xareta*
«rede com que se impede a abordagem de um
navio», «rede de pescar»; val. *eixareta* (o *aixere-
ta; xareta,* ya documentado en el S. XVI) 'trencilla hecha de esparto o cáñamo, con la cual se
hacen las suelas de las alpargatas', 'cada una de
las vueltas de soguilla que forman estas suelas',
también aplicado a la trenza de anea o esparto
con que se hacen las sillas. *Šaríṭa* 'cuerda', 'cuerda de nave', se registra en el árabe de España y
en varios autores africanos medievales; *šaríṭ* es
clásico y hoy en Argelia tiene además la ac. «tresse, ruban tressé, galon de laine ou de soie», «corde
tressée platte en palmier ou en sparte» (Beaussier).
V. mi nota en *BDC* XXIV, 56-57; Dozy, *Gloss.*,
354.

DERIV. *Jaretón. Enjaretar* (en Murcia 'intercalar, incluir', 'hacer algo con rapidez'); *enjaretado.*

Jareta, V. *zaratán   Jargonza,* V. *jerigonza*
Jaricar, V. *exarico*

JARIFO, 'rozagante, vistoso', del ár. *šaríf* 'noble, ilustre', 'excelente, de calidad superior'. *1.ª
doc.*: *xarifo*, S. XV.

En el glosario de las *Leyes de Moros* y de la
Suma de la Ley y Çunna, textos moriscos de los
SS. XIV y XV, respectivamente, figura «*jarifo*,
-a: noble, distinguido» (*Memorial Hist. Esp.* V,
427ss.)¹. En un romance tradicional viejo, correspondiente a la segunda mitad del S. XV, el vocablo tiene ya el sentido moderno o quizá el de
'fino, aristocrático': «Ella hincada de rodillas, / él
estála enamorando; / sacándole está aradores / de
las sus *xarifas* manos» (M. P., *Floresta* II, 82.24)²;
de ahí puede venir la ac. 'blanda' que en calidad
de neologismo atribuye a *cosa xarifa* Cascales en
1617 (ibid.). Por lo demás, el vocablo es frecuente
en el Siglo de Oro, con su sentido moderno: «un
Adonis Chaldeo, / ni *xarifo* ni membrudo, / que
trahía las orejas / en las jaulas de dos tufos» (Góngora, en *Aut.*), «TUR. Yo vengo a ver a Juana,
prenda mía. / RES. Y yo a gozar de Luisa el alegría. / TUR. La mía es una idea en rostro y
talle. / RES. En el talle la mía la aventaja, / porque
Luisa es *jarifa*» (Quiñones de B., ed. *NBAE*, 692;
otro ej. análogo, p. 596); otro ej., de Andrés Muñoz, en *Fcha.* La etimología es indudablemente
šaríf, voz de uso general en clásico y en vulgar,
que aunque significa fundamentalmente 'noble,
ilustre' también puede tener el valor de 'excelente'
(p. ej. aplicado al aceite, Dozy, *Suppl.* I, 749*b*)
como dijo Engelmann (Dozy, *Gloss.*, 354); y no
haríf 'amante', según quería Eguílaz (p. 431) y
admitió dubitativamente Steiger (*Contrib.*, 259),
vocablo menos conocido por lo demás, aunque ya
está en las *Mil y una Noches* (Dozy, *Suppl.* I,
272*b*; la ac. 'cliente, comprador' es africana y re-

ciente). La razón decisiva es la fonética, pues la *x*- antigua, y aun la *j*- del Siglo de Oro, no puede conciliarse con un *ḥ* arábigo; el sentido, por otra parte, indica lo mismo[3]. Hay modernamente una variante *garifo* [Terr.; Acad. ya 1843] que se deberá a contaminación del sinónimo *garrido*: hoy es usual en Álava (Baráibar), en la Arg.[4], etc., y con el sentido secundario de 'hambreado, glotón' en el Ecuador y Costa Rica (Lemos, *Semánt. Ecuat.*, s. v.); si esta variante fuese antigua y *jarifo* tuviera fecha reciente podría tomarse como indicio de un étimo arábigo con velar o aspirada inicial, pero no es éste el caso.

[1] Como se le atribuye el étimo ár. *šaríf*, supongo que el texto traerá *xarifo*, grafía modernizada en el glosario. Por lo demás, ese texto es medio árabe todavía.— [2] Un pliego suelto trae la variante *jarifes*.— [3] Baist, *RF* IV, 361-2, vacila y piensa también en la intervención de *garïb* 'extranjero' y otras posibilidades que no hay por qué tener en cuenta.— [4] «¿Quién se va? ¿Usté? No lo veo tan *garifo* como pa que lo conchaben. —Por mal compuesto que esté—repliqué no queriendo cejar—, me he de ir.» Guiraldes, *D. S. Sombra*, ed. Espasa, p. 215; íd. p. 294; y en el glosario de Tiscornia a *Martín Fierro*. En el norteño Leopoldo Lugones parece tener la ac. 'vigoroso' (Toro G., *BRAE* IX, 707).

Jarilla, *jarillal*, *jarillero*, V. *jara*   *Jarillo*, V. *aro*   *Jarique*, V. *exarico*   *Jarisco*, V. *arisco*   *Jarlusa*, V. *jamar*

JARO, 'rojizo, aplicado especialmente a los puercos que tienen el pelo de este color', origen incierto; puede ser lo mismo que *sardo* o *jardo* 'que tiene mezcla de colorado, negro y blanco', port. *sarda* o *xarda* 'mancha amarillenta en el rostro, peca', cast. ant. *saro* o *sarro* '(pelo) amarillento, medio cano', y entonces se podría pensar en un lat. *SARRUS, paralelo a SARRĀNUS 'purpúreo', pero es etimología muy insegura. 1.ᵃ doc.: *Aut.*

Define este diccionario «adjetivo que se aplica al puerco, parecido al jabalí en el color y la dureza de las cerdas, lat. *hispidus*», pero Acad. ya en 1843 rectifica «se aplica a los puercos que tiran a rojos o cárdenos»; en 1884 «dícese del pelo rojo; aplícase al que tiene rojo el pelo; dícese del cerdo de este color; m., cerdo mestizo de jabalí», mientras que en las últimas ediciones lo ha simplificado en esta forma: «dícese del animal que tiene el pelo rojizo, y especialmente del cerdo y del jabalí». Si la definición de *Aut.* fuese exacta se podría pensar en el ár. *šaᶜr* 'cerda, pelo del puerco', admitiendo que al cerdo parecido al jabalí se le aplicara el calificativo de 'cerdoso' por la dureza especial de sus cerdas; pero la idea fundamental parece ser la de color, y la aplicación al cerdo mestizo vendrá precisamente del matiz de su piel, pues así lo indican los datos de otras

fuentes: en las provincias de Burgos y Soria, según informe de G. de Diego (*RFE* III, 307) *jaro* es el 'toro sardo o pintado', con variante *jardo* en los partidos de Salas y Lerma[1]; en Salamanca *jaro* (con las variantes *jaramendado* y *jaramendero* debidas a un cruce con *remendado*) es 'animal cuya piel tiene manchas blancas', y el ej. de Maldonado prueba que se aplica precisamente al cerdo (vid. Lamano); en Andalucía *jara* significa 'onza de oro, moneda' (ej. en Toro G., *RH* XLIX, s. v.), pero como observa A. Venceslada se le llama así «por el color *jaro* o rubio encendido».

La variante *jardo* nos conduce al cast. *sardo*, que la Acad. [S. XX] define 'dícese del ganado vacuno cuya capa tiene mezcla de colorado, blanco y negro'. Claro está que éste es inseparable del port. *sarda* 'mancha amarillenta que algunas personas tienen en el rostro, sobre todo las de cabello rubio' (Fig.), «mancha pequena e parda no rosto, mãos» (Moraes) y *sardo* 'el que tiene *sardas*', aplicado también al 'toro manchado de negro', tanto más cuanto que *sardo* y *saro*, según Moraes, son 'de color de *sarda*', y este último según Fig. se aplica en el Algarbe y las Azores al cerdo negro; además en Braganza dicen *xarda* por *sarda*, y *xardo* es allí apodo aplicado a los judíos (Leite, *RL* II, 120). Desde luego no es aceptable la idea de C. Michaëlis (*RL* III, 185), ya puesta en duda por M-L., de que *sarda* venga de *suarda* por suponer el vulgo estas manchas ('efélides') causadas por el sudor: no se explicaría la pérdida de la *u*.

Finalmente no debemos perder de vista que en el *Alex.* se aplica *sarro* o *saro* al color de la barba de la gente madura o de los viejos, que tantas veces toma un tono amarillento más que cano: «embiolas pora Greçia a la su madre cara, / a las sus ermanas que ninas las lexara, / al su maestro bono, el de la barva *sara* [*P*, *sarra* en *O* contra la rima], / al que muchos castigos bonos le ensennara» (1803*c*), «sedien cerca del rey todos los ançianos, / los de las barbas *sarras*, de los cabellos canos / estavan mas alexos ninos mas levianos, / los de media edat posieron los medianos» (181*d*)[2]. Si ésta es la forma originaria nos explicamos el cambio de *sarro* en *sardo*, según el fenómeno fonético estudiado en *IZQUIERDO* y en *CERDA*. Así nos vemos conducidos a una base alternante *SARU ~ *SARRU. ¿Será prerromana? Es muy posible, y en el mismo sentido se podría citar el vasco vizc., hoy anticuado, *saru* 'overo, caballo cuya piel está mezclada de pelos blancos y leonados, de color parecido al del melocotón' (Azkue), pero claro está que éste puede ser de origen romance[3]; aunque muy posiblemente este hápax debe ser una mera errata por *laru*: Michelena, *BSVAP* XI, 297. Quizá haya relación con el *sarro* dentario, que es amarillento, pero como éste parece ser variante del prerromano SARNA, así no explicamos la forma con -*r*- sencilla. Debemos buscar, pues, si hay algún posible origen latino. Y se nos ocurre que SARRANUS es muy corriente en latín clásico aplicado a los trajes de color purpúreo (Virgilio, Juvenal, Sidonio, etc.), pero también aparece en un autor más vulgar, y español, como Columela, y éste lo aplica a flores: *rosa* y *violae sarranae* (Forcellini). Sabido es que viene de *Sarra*, antiguo nombre de Tirio, de donde se traía la púrpura. Podría imaginarse que en España se formara un adjetivo *SARRUS* o quizá *SARRIUS*, comparable a gentilicios como *Tyrius* o *Itălus*. Aun la variante *SARUS* no sería quizá imposible de explicar, puesto que el latín vacila entre *Sara* y *Sarra*, como nombre de la mujer de Abraham y como denominación del río Saar, afluente del Mosela (V. los testimonios de ambas formas en Georges, *Lateinische Wortformen*). De todos modos subrayemos que esta etimología—que en lo semántico no presentaría dificultades, dados los frecuentes cambios de matiz en nombres de color de animales—resulta muy incierta por la falta de otros testimonios romances de *SARRUS* y aun de SARRANUS[4].

No es de creer que haya relación alguna con *SARRIO* 'rebeco', pese a GdDD 3319.

[1] Sánchez Sevilla dice que *jardo* es 'buey o vaca blanco y negro'.— [2] J. Keller quisiera dar preferencia a la lección *soras* que sólo en el segundo pasaje trae *P*, y que seguramente equivale al fr. ant. *sor*, oc. *saur* «couleur d'or, jaune brun» (REW 7626), voz cuya influencia, en efecto, será responsable de esta alteración—de ahí «potra de pelo *soro*» en invent. arag. de 1379 (*BRAE* II, 711), y asimismo *halcón soro* (del cual no tengo datos anteriores a Acad.). Pero la rima del otro pasaje del *Alex.* indica que *sara* o *sarra* es lo que escribió el autor. La traducción 'apretada, de respeto' de Cej. (*Voc.*), y 'larga, bellida, honrada' de Sánchez, se basan en meras conjeturas y no tienen valor.— [3] Si la alternancia que Schuchardt observó en voces vascas entre *s-* y *l-* iniciales, y que él explicaba, en forma poco satisfactoria, por aglutinación de los artículos romances IPSE e ILLE, estuviese asegurada, deberíamos hacer mucho caso de la relación que establece Azkue con *laru* 'amarillo pálido'. Pero esa teoría de Schuchardt es muy incierta y *laru* vendrá de CLARUS (Michelena, *Bol. Soc. Vgda. Am. País*, X, biblgr., p. 11 de la separata).— [4] Sánchez Sevilla, *RFE* XIV, 180, cree que *sardo* o *jardo* viene de un lat. vg. *SARCĬTU* 'zurcido, cosido', participio de SARCIRE, por una metáfora como la de *remendado* 'que tiene el pelo de varios colores'. La existencia de este SARCĬTU es más que dudosa, según veremos en *ZARZA*, pues lo natural es que el clásico SARTUS fuese reemplazado por SARCĬTUS, puesto que era participio de SARCĪRE. Por lo demás, esta etimología obligaría a separar *sardo* de *sarro* y de *jaro*, lo cual es inverosímil. En cuanto al port. ant. *pano jardo* 'tejido de lana de color cenicienta', su *j-* sólo se explicaría si

fuese castellanismo muy moderno; creo que será variante de *jalde* (V. aquí s. v. GALBULUS) < fr. *jaune*. En cuanto a derivar el cast. *jaro* del fr. *jard* (también escrito *jar(s)* o *jarre*) «long poil dur et luisant à la superficie des peaux de castor, de loutre, etc., et qu'on enlève pour laisser à découvert le poil soyeux; poil dur qui se trouve accidentellement dans une toison et la déprécie» (ya documentado en el S. XIII en la forma *gart*), como quieren Gamillscheg (*EWFS* 536) y M-L. (*REW* 7594a), no es posible—sea cual se quiera el origen de la voz francesa, que unos creen céltica y otros germánica, vid. Bloch—en vista del sentido verdadero de *jaro* y en vista de las variantes de esta palabra.

Jarocho, V. *farota*   *Jarofe, jaropar, jarope, jaropear, jaropeo*, V. *jarabe*   *Jarondo*, V. *orondo* *Jaroso*, V. *jara*   *Jarpil*, V. *harpillera*   *Jarquía*, V. *jaloque*

JARRA, tomado del ár. *ǧárra* íd. *1.ª doc.*: 1251, *Calila* (4 veces).

Como observa Neuvonen (p. 171) no hay otros ejs. en el S. XIII, y como los mss. del *Calila* son posteriores, cabría sospechar una interpolación; pero se halla también en Juan Manuel (*Conde Luc.*, ed. Knust, 290.22) y en catalán *jarra* y *gerra* son frecuentes desde el S. XIII (aquél en la Reva de Perpiñán, a. 1284, *RLR* IV, 375; de éste hay muchos ejs. en el *Consulado de Mar*, Costumbres de Tortosa, etc.). Creo, pues, que es justa la fecha del S. XIII en castellano. Palabra frecuente y de uso general en todas las épocas, común con el port. *jarra* y cat. ant. *jarra*. De España pasó el vocablo a oc. ant. *jarra* [3.r cuarto del S. XIII], fr. *jarre* [1449], it. *giarra* [S. XVI: Zaccaria]. En catalán predomina la variante *gerra*, que existe también en el Norte de Portugal [Montecarmelo, 1767] y en Galicia, y que se explicará por una pronunciación dialectal diferente en el árabe hispánico (comp. las vacilaciones en la pronunciación de la *a* arábiga junto a *r* notadas por Tallgren, *Homen. a M. P.* II, 707, y Neuvonen, 269, líneas 7-8; trataré de esta cuestión en mi *DECat.*)[1]. *Gárra* es palabra general en el árabe de todas las épocas, también documentada en el de España por R. Martí.

DERIV. *Jarro* [h. 1400, Glos. del Escorial; Nebr.: «jarro de vino: oenophorum; jarro qualquiera: urceus»], también port. *jarro*, cat. *gerro*. *Jarrón* [1682, Núñez de Cepeda]. *Jarrear. Jarrazo. Jarrero* [Nebr.] 'vendedor de jarros' (en Cuba 'vanidoso', *Ca.*, 163); *jarrer* ant. [Acad. ya 1817] < ¿cat.? *Jarreta*.

[1] Claro que el cat. y port. *gerra* 'jarra' no viene del lat. GERŬLA 'mujer que lleva pesos' (GdDD 3083).

Jarra 'narria', V. *zorra*   *Jarretar*, V. *jarrete*

JARRETE, tomado del fr. *jarret* 'corva', 'corvejón', derivado del fr. dial. *jarre*, oc. *garra* 'jarrete', 'pierna', del galo *GARRA (bret. *gâr*, córn. *gar*, galés *garr*, irl. ant. *gairri* 'pierna'). *1.ª doc.*: Crónica de 1344, *BRAE* XI, 358.

Aparece también *jarrete* en APal. («*periscelides* que son armellas del *jarrete* de las mugeres», 356*b); es frecuente desde el Siglo de Oro (J. de Acosta, Villegas). En la ac. 'sangría', documentada en Gordonio (h. 1500, cita en *G. Alfarache*, ed. *Cl. C.*, nota a IV, 53.26), quizá sea más bien postverbal de *(d)ejarretar*, tal vez con influjo semántico de *jasar*; de ahí la ac. 'defecto, tacha' en que emplea el vocablo Mateo Alemán (*G. Alfarache* I, 54.1, y *l. c.*). Las variantes *garrete* y *desgarretar*, empleadas en Guatemala, Colombia, Venezuela, Chile y Argentina, no pueden ser formas originarias, contra lo que creen Cuervo (*Ap.*, § 754; *Obr. Inéd.*, 61n.6) y Tiscornia (*BDHA* III, 49), pues entonces no podrían venir del francés (donde *garret* es sólo forma dialectal del extremo Norte), y la terminación extranjera *-ete* indica que no son palabras primitivamente españolas[1]; como lo medieval, según hemos visto, es *jarrete*, deberemos admitir que hubo en América influjo de los representantes genuinos de *GARRA* (V. éste), ayudado por la ultracorrección del fenómeno de *arriesgar* > *arriejar*, *rasguñar* > *rajuñar*, *disgusto* > *dijusto*, etc.

DERIV. *Jarretera* [*jaretera*, APal. 299*b*; *jarr-*, *Aut.*], tomado del fr. *jarretière* íd., derivado de *jarret*; variante *charretera*. *Desjarretar* [*deja-*, h. 1270, *Hist. Troyana*, 70.23; igualmente en Oudin, 1607, *dexa-* en Vélez de Guevara, *Serrana de la Vera*, v. 1025; *El Rey en su Imaginación*, v. 269; *desja-*, *Quijote* II, vii, *Cl.· C.* V, 138; Quevedo, *Cl. C.* IV, 72, 147; Quiñones de B., *NBAE*, p. 677; de las tres maneras en Lz. de Arenas, a. 1633, p. 3, etc.; y más ejs. arriba, nota], con sus variantes *ajarretar* 'atar fuertemente' (en Cespedosa, *RFE* XV, 169) y *jarretar* 'desjarretar', 'debilitar' [1596, Juan de Torres]; *desjarretadera*; *desjarrete*.

¹ Verdad es que se lee un ej. de *desgarretar el caballo* en Pérez de Hita (h. 1600), ed. Rivad. III, 571*b*2f., según lo cual esta forma ya vendría de España, lo cual es posible. Pero habría que comprobar esta lección en una ed. mejor. La de Blanchard omite este pasaje (I, 237.36), pero lo que se lee allí en otros es *desjarretar* (I, 32) o *dejarretar* (I, 55).

Jarrio, V. *sarro*   *Jarro*, *jarrón*, V. *jarra*
Jarrua, V. *garulla*   *Jársena*, V. *jácena*   *Jartillo*, V. *suerte*   *Jaruguito*, V. *garúa*   *Jaruva*, V. *seruga*   *Jarvilla*, V. *salvo*   *Jasa*, *jasador*, *jasadura*, *jasar*, V. *sajar*   *Jaserán*, V. *jacerino*

JASPE, tomado del lat. *iaspis* 'piedra preciosa semejante al ágata', y éste del gr. ἴασπις, ἰάσπιδος, íd. *1.ª doc.*: *iaspis*, *Alex.*, 261; *jaspe*, APal. 233*d*, 459*d*, 543*d*; Nebr.

En todos ellos aparece como nombre de una piedra preciosa. La ac. 'mármol veteado' se documenta desde el S. XVII (*Aut.*). En la *Gr. Conq. de Ultr.* (p. 95) el *jaspe* o *jaspre* aparece con la ac. secundaria 'tela de seda de varios colores, parecida al damasco', que por lo general sale en bajo latín, en francés y en otros romances en la forma corrompida *diasprum*, *diaspro* (*FEW* V, 32); del it. *diaspro* 'jaspe' se tomó el cast. *diaspro* íd. [h. 1600, Ribadeneira], *diáspero* [1555, Laguna] o *diásporo* [Acad.].

DERIV. *Jaspear*; *jaspeado*. *Jaspón* [Córdoba, 1737: *BRAE* I, 69]. *Diaprea*, tomado del fr. *diaprée*; *diapreado*, del fr. *diapré*.

Jasquear, V. *fasquía*   *Jastre*, V. *sastre*   *Jatear*, V. *hato*

JATEO, *perro* ~, 'el que se emplea en la caza de montería, y especialmente en la de las zorras', quizá tomado del fr. *chien de château* 'perro de castillo', por ser esta clase de caza propia de los nobles. *1.ª doc.*: *xateo*, 1582, Argote de Molina.

Se lee en este autor «criador es el que tiene a cargo criar los canes, tocantes a 'la montería, sabuessos de suelta, que son ventores, lebreles y perrillos raposeros, que por otro nombre se llaman *xatéos*», conforme a lo cual *Aut.* define 'perrillo raposero'; pero la Acad. (ya 1884) explica que es «perro de unos dos pies de altura, de pelo corto, y de orejas grandes, caídas o muy dobladas; se emplea e n l a c a z a d e m o n t e r í a y especialmente en la de las zorras». La transcripción del fr. *château* por *xateu* y luego *xateo* sería normal en los SS. XV y XVI. Aunque no puedo documentar el fr. *chien de château*, es probable que haya existido semejante locución.

Jato, V. *choto*   *Jaudo*, V. *saber*

JAUJA, origen incierto, quizá por alusión al rico valle de Jauja en el Perú. *1.ª doc.*: *Tierra de Xauja*, 1547, Lope de Rueda, *El Deleitoso*, paso 5.º (*Cl. C.*, pp. 236, 239, 241); *Acad.* 1884. Con referencia al lugar peruano de Jauja, ya en 1543.

Trae bastante documentación posterior M. Herrero García en su artículo *Jauja*, publicado en *Rev. Indias*, Madrid II, 1941, pp. 151-9. En cat. *Xauxa*[1]: En los Pirineos catalanes *xauxar-se* significa 'mofarse, burlarse', junto al cual existe *xautar-se*, que además de esto tiene el significado de 'darse importancia' y 'dar importancia a alguna cosa' (*poc me'n xauti*, vid. Ag.; no hay duda de que éste, que se halla también en lengua de Oc, está tomado del fr. ant. *peu m'en chaut* 'poco me importa', del mismo origen que *CALER*; de 'importa poco' se pasó a 'burlarse (de algo)'; *xautar* pudo cambiarse en *xauxar* por repetición expresiva (y quizá por el influjo del italianismo *xanxa* 'chanza'). Semánticamente podría venir de ahí *xauxa* en el sentido de 'país de mentirijillas' y *jauja* podría haber sido entonces un catalanismo en castellano. Pero claro está que esto habrá que tenerlo por muy dudoso mientras no pueda aducirse documentación en los dos idiomas. Tiene además esta hipótesis el grave problema de basarse en un verbo catalán de extensión meramente local.

En vez de la etimología catalana que acabamos de citar y la quichua a la que se aludirá en el párrafo siguiente, la explicación que parece más verosímil es la que hace partir este vocablo del nombre de lugar peruano *Jauja*. Es lo que propuso la Acad.: "Por alusión al pueblo y a la provincia de igual nombre en el Perú, célebres por la bondad del clima y riqueza del territorio". También Lenz, *Dicc. Etim.*, 417, relacionaba con ello el chil. *jauja*, palabra rara, con el sentido de «mentira, noticia inventada, bola», diciendo que «tal vez está en el fondo el país de *Jauja* (antiguamente *Xauxa*) con sus fabulosas riquezas sobre las cuales corrían tantas mentiras que ha llegado a ser el símbolo del país de los disparates, tanto en España (Zerolo) como en Chile». Y aunque no me es posible comprobar la bondad del clima y la riqueza de Jauja, el hecho es que disponemos de alusiones muy tempranas a estas cualidades de Jauja; así Francisco de Xerez (1534) escribe: «este pueblo de *Jauxa* es muy grande, y está en un hermoso valle; es tierra muy templada; pasa cerca del pueblo un río muy poderoso; es tierra abundosa» (cita de Jz. de la Espada en su ed. de *Las Ant. Gentes del Perú* de Las Casas, p. 15n.); también Cieza de León (1553) habla de las riquezas de «el grande y hermoso valle de Jauja, que fue una de las principales cosas que hubo en el Perú» y de su «templo muy riquísimo, y muchos depósitos llenos de todas las cosas que podían ser habidas» (Rivad. XXVI, 432a, cap. 84).

Puesto que hay variantes chilenas *jauja jauca, yauca, llauca²*, *yoica* y *chaucha*, todas ellas en el mismo sentido, parecería posible que esta palabra tuviera una etimología quichua, ya que Lira registra en este idioma *chauka* «engaño, embuste, mentira jocosa», «embustero, mentiroso, mentecato», con los derivados *cháukay* 'embaucar' y *chaukáchiy* 'embaucamiento', y el P. Lobato da *chaukani* 'burlarse de alguno'. La etimología quichua de *ARANA* proporcionaría un buen paralelo. No sería entonces el vocablo *jauja* el que procediera del de la comarca peruana de *Jauja*, sino al revés.

Pero el origen quichua está muy lejos de ser seguro, a causa de los graves problemas fonéticos que quedan sin una solución convincente. Para empezar, no es fácilmente explicable el cambio de *ch-* inicial en *š* o *j-*, a menos que se trate de una dilación. Más dificultades aún presenta el comportamiento de la *-k-* intervocálica, sonido que se adopta en el caso de los quechuismos antiguos

por una *-c-* castellana, si no me engaño; y aunque es cierto que varios dialectos quichuas cambian actualmente la *-k-* interna en una *-j-* castellana (h)³, hay que pensar en la existencia de una *š* antigua, si atendemos a la forma catalana con *-x-*. Por estos motivos, quizá haya que pensar que el quich. moderno *chauka* (que falta en G. de Holguín y, a juzgar por la ignorancia de Lenz, es ajeno aun a los buenos diccionarios modernos de Middendorf y Tschudi) pudiera haberse tomado del castellano; máxime cuando dentro del quichua no es fácil explicarlo etimológicamente, pues la idea de *chau* 'incompletamente, en forma inconclusa' (V. art. *chaucha* de Lenz) está muy alejada⁴.

¹ Martí Gadea, *Tèrra del Gè* II, 18, escribe *Jauja*, lo cual deberá pronunciarse *txautxa*, a no ser que sea *háuha*, como castellanismo.— ² Esta *ll-* se explicaría por contaminación de *llauca* 'peladura', según observa Lenz.— ³ En la toponimia argentina y de otras partes es muy frecuente *Pujio, Los Pujios*, procedente del quich. ant. *púkyu* 'manantial' (*púhyu* en Lira).— ⁴ Otros parónimos quichuas no ofrecen mucho asidero: *chákkhcha* 'tela ahelada, tejido ralo', *cháhcha* 'brinco', *schahcha* (*šáhča*) 'pedo o ventosidad mudo'. En rigor, desde éste se podría llegar a 'mentira', pues el cambio de *h* ante consonante en *u̯* castellana es normal.

JAULA, tomado del fr. ant. *jaole* íd., hoy *geôle* 'calabozo', procedente del lat. CAVEOLA, diminutivo de CAVEA 'jaula'. 1.ª doc.: *javola*, 1251, *Calila*; *jaula*, h. 1400, glos. del Escorial y de Palacio.

En *Calila* el murciélago tiene miedo de que «lo tomarán los homes et lo pondrán en *javola*» (Rivad. LI, 65). *Javola* figura asimismo en la *Gr. Conq. de Ultr.* (h. 1300), vid. *CHABOLA*, y en Juan Manuel: «los falcones... fazíale una *javola* en medio del corral e mudava los allí» (*Caza*, 46.15). Todavía Nebr. da *jaola*, como forma básica, junto a *jaula*, mientras que Juan de Valdés emplea *jaula*, y esta forma parece ser de uso general en el Siglo de Oro. De todos modos, el vocablo no debió de generalizarse hasta muy tarde, y en la Edad Media pertenecería exclusivamente al léxico señorial, conforme a su entrada como término de cetrería; la prueba es que entre los judíos de Marruecos se pronuncia *jaula* con *j* castellana (y no con *ž-*), pronunciación enteramente excepcional en este dialecto, que prueba que el vocablo ha entrado recientemente desde España y no fué llevado por los judíos cuando su expulsión (*BRAE* XIII, 222). Sería posible que el traslado del acento se produjera ya en el Sur de Francia, donde hoy se emplea también el galicismo *jaule* en el Bearne, Perigord (*-lo*) y Lemosín (*-la*), vid. *FEW* II, 555a y b; sin embargo, la existencia de la forma *ja(v)ola* en castellano antiguo sugiere un fenómeno español. En francés antiguo se halla *jaole*, junto a *jaiole*, del cual es

reducción; de ahí procede también el ingl. *gaol*
'cárcel' (pronunciado en todas partes *jail*, como se
escribe en los EE. UU.).

Existió también una forma hispánica autóctona
gayola 'jaula': «si quis furatus fuerit... avem can-
tantem in *gayola*», en ms. aragonés de fin S. XV
(Tilander, p. XXVII, n.), y ya en inventario aragonés de 1397 (*BRAE* IV, 217)[1]; en mozárabe
qayyûla tomó el sentido de 'mandíbula' (R. Martí)
o «varilla del cuello» (PAlc.; *varilla* = cat. *barra*
'quijada'); gall.-port. *gaiola* 'jaula', 'cárcel', port.
'vivienda nimia y angosta', gall. 'canastillo' (Vall.),
cat. montañés *cajola* 'cuenca o depósito de fuente
en las peñas, etc.' y, por contaminación del catalán
ant. *càrcer*, cat. pop. *garjola* 'cárcel, encierro'. Según
observó A. Castro, *RFE* V, 36, la *ó* conservada
de *gayola* ha de explicarse por la procedencia dialectal, de algún dialecto alto-aragonés arcaizante
(de donde procederá también el vasco *kayola* 'jaula' en todos los dialectos vascos, Azkue; en la
forma *gayola* aparece en el F. Gral. de Navarra
V, vii, 23, p. 203), o bien del mozárabe. Otra forma
autóctona es el murc. *gaibola* 'huronera' (G. Soriano), *gaixbola* en el catalán de Altea (contaminado por *caixa*), and. *garibola*, murc. *garigola* (R.
Xarriá, Acad.), contaminados por el cat. *garjola*
(para cuyo origen vid. Wagner, *Not. Ling. sur
l'argot barc.*, 61); el vocablo quizá se cruzara a su
vez con el ár. *taïbût* 'arca', dando el val. *taibola*
'huronera', 'escondrijo', 'cárcel', 'sepultura' (*BDC*
XXIV, 44-45), de éste con variante *tiribola* 'huronera' en el valle de Albaida. Me inclino ahora a
negar el enlace con *taïbût*, y creo que el cruce fué
con el hispano-árabe *ṭabáriya* ~ *ṭabaira*, val. *ta-
baira* (*BDC* XXIV, 43) 'especie de recipiente', del
cual he dado una etim. irania en mi reseña de *Al-
And.* 1973, sobre el Abencuzmán de G.ª Gómez.

La forma española autóctona fué *gabia*[2], que todavía conserva toda su vigencia en catalán, mientras que el portugués adoptó *jaula* (*gábia* en Tras
os Montes 'excavación en torno a la vid'). En castellano la leemos desde López de Ayala, fin S. XIV
(*gabia de ave*, vid. Cejador), y todavía Lope de
Rueda escribe «no avía pega ni tordo en *gavia*
que tanto chirlase» (*RFE* XII, 406), mientras que
en los clásicos está ya restringido a las dos acs.
'jaula de loco' y 'cofa de navío'[3]. En la ac. náutica
el vocablo se halla no sólo en italiano [S. XIV],
sino también en catalán, portugués y mozárabe
(así hoy en árabe de Argelia y de Egipto: Simonet, s. v.), y en castellano se documenta desde el
S. XV, en Rodríguez de la Cámara, Nebr. (con
-v-), APal. (íd., 94*d*) y Eugenio de Salazar[4], de
suerte que no puede ser italianismo, como pretende Terlingen (256-7), aunque se puede vacilar
entre un catalanismo y una creación autóctona.

DERIV. *Jaulero. Jaulilla. Jaulón.* Enjaular [1590,
J. de Acosta]; *manjolar* 'llevar el ave de cetrería
en jaula o cesta' [1556, Mosén Juan Vallés, en
Aut.], del fr. *engeôler* 'enjaular', de donde *anjo-

lar* y de ahí *manjolar* con la misma alternancia
popular de prefijos que en *mamparar* por *amparar*,
mantuvión por *antuvión*, santand. *mangullir* por
engullir, val. *mampendre* por *emprender*. Gall.-
port. *engaiolar* 'encerrar en jaula o en la cárcel'
y *-lar-se* 'vivir encerrado o aislado' (port.) íd. y
'embaucar'[5], *-ado* 'cautivo, enjaulado'[6], cat. *engar-
jolar* 'encerrar o capturar a un ser viviente (en
jaula, cárcel, etc.)'.

Gaviero. Gavieta; gaviete. Gavión 'cestón de
mimbres lleno de tierra, que sirve para defender
de los tiros enemigos' [S. XVI o XVII: Terlingen, 219], tomado del it. *gabbione* íd.; gnía. *gavión* 'sombrero' [M. Alemán, *Ortogr.*, a. 1609,
cap. 3], me parece derivado autóctono de *gavia*
'cofa de navío' < 'cabeza' (V. arriba).

Cachulero murc. 'gayola, especie de jaula'; *ca-
chulera* murc. 'cueva, escondrijo', parecen tomados
de derivados del cat. *cajola*, arriba citado (pero
comp. *CACHIRULO*).

[1] En otro del año 1400 se lee *gayela* («una *gayela* con una calandria; otra *gavia* con un ver-
dún», *BRAE* IV, 221), que puede ser reducción
de *gayuela*, o quizá más bien errata de lectura
por *gayola*. *Gaiola* 'recipiente de corcho para
colmena de abejas y otros usos' existe en el
catalán de la Plana de Castellón (G. Girona), donde puede ser mozarabismo; la forma propiamente catalana la he oído en las sierras de Montserrat
y del alto Berguedà, donde *cajola* o *cajoleta* es
'hueco en las „peñas'.— [2] Se ha supuesto que en
vasco *kabia* pasó a *abia* tomando el sentido de
'nido'. Sin embargo, la ac. 'jaula' está tan mal
documentada que me guardaré de dar esta etimología por segura, aunque la admitan Uhlenbeck, Michelena, Tovar y creo que otros.—
[3] «Agua un costado toma... / hundióse y dejó
al viento / la *gavia*, que la escoja / para morada
suya, / que un loco en *gavias* mora», Tirso, *Burlador* I, 496, 498.— [4] También Cervantes, Espinel y, según ha podido apreciarse, en Tirso. En
M. Alemán, secundariamente, 'cabeza' (Fcha.).—
[5] «Pra *engaiolar* un fato de galegos papans», «a
cántas mulleres *engaiolei* chiscándoles un ollo»
Castelao 180.20, 174.21.— [6] «Mirar galiñas *engaio-
ladas* como paxaros», «os moinantes tiñan *engaio-
lado-o*» (a un niño lisiado, haciéndole pordiosero),
Castelao 222.25, 214.4f.

JAURÍA, 'conjunto de perros que cazan dirigi-
dos por un mismo perrero', origen incierto, quizá
tomado del hispanoárabe *ḥauríya*, que parece haber significado 'especie de danza' o 'cuadrilla de
bailarines' y procederá del gr. χορεία 'danza', 'corro de danzantes'. *1.ª doc.*: 1721, Silvestre.

«Al escamado tiro da mil veces / con el unto
que Cintia a su *xauría*», se lee en ese autor, y
Aut. define «El agregado de podencos que cazan
juntos y componen una quadrilla; puede venir del
xau, xau, que es la voz con que se les alienta, por

la similitud que tienen con su latido; lat. *venaticorum canum manus vel agmen*». Quizá primitivamente fuese sólo de podencos, pero hoy se entiende por *jauría*, según define la Acad., lo que arriba he transcrito; Larra escribió «un horrendo jabalí perseguido de una *jauría* de valientes canes» (Pagés).

Aut. aludía a su artículo *xau* «voz que se usa por modo de interjección para animar e incitar a algunos animales, especialmente a los toros; *xau xau*, se usa repetida la voz para significar el aplauso ruidoso que se da inconsiderada y tumultuariamente»; aunque no conozco otros testimonios de esa interjección, será así, pero nótese que la interjección para irritar al toro no es lo mismo que la empleada para animar al perro (en ese sentido lo que se conoce es *sus* o *c(u)sss*), y la formación *xau-eria* > *xauría*, que estaría dispuesto a admitir Baist (*RF IV*, 370) no tiene verosimilitud[1].

Más atención merece la etimología propuesta por Simonet (s. v. *hauríya*), y resumida arriba. Por desgracia el vocablo árabe *hauríya* es un hápax que sólo hallamos en R. Martí (S. XIII), el cual, después de traducir el verbo lat. *saltare* 'bailar' por la palabra arábiga corriente que significa lo mismo (*ráqas*), agrega ᶜ*ámal suǵurdiya wa hauríya*, es decir, 'hacer *suǵurdiya* y *hauríya*', palabras desconocidas ambas. En cuanto a la primera, conjetura Simonet que venga del lat. *socordía* 'estupidez', 'indolencia', que tomaría un sentido análogo al del cast. y port. *folia* 'especie de baile', propiamente 'locura', y esta idea recibe considerable apoyo por parte del marroquí ᶜ*ámal al-'iskurdīya* 'zambullirse alguno después de haber dado una o dos vueltas en el aire', lo cual parece confirmar la idea de que el sentido fundamental es 'zapateta, pirueta frívola'[2]. En cuanto a *hauríya* no contamos con apoyo ninguno[3], si no es el supuesto étimo χορεία, voz bien conocida así en el sentido de 'danza' como en el de 'corro de gente que danza', y bien representada en latín y romance; pero el *h-* arábigo, como representación de la χ griega, indicaría en forma concluyente que no es palabra mozárabe, sino tomada del griego por el árabe de Oriente; no presentaría dificultad el cambio de *o* en *au*, del cual reuní otros varios ejs. en voces de esta procedencia en *RPhCal.* I, 91, n. 29. Al fin y al cabo no es nada imposible que este helenismo árabe haya quedado inadvertido por los demás lexicógrafos, dado el esfuerzo purista que se advierte en casi todos los escritores árabes, y el nombre de un tipo de baile particular no es de los que tienen probabilidades de aparecer con frecuencia en literatura ni en las colecciones léxicas de dialectos modernos. La duda, sin embargo, persiste al advertir que ni el propio R. Martí recoge el vocablo en su parte arábigo-latina, donde no hay más que *hauriya* (con *i* breve), traducido «virgo», palabra semítica

que ha dado nuestro *HURÍ* y que nada tiene en común con χορεία; es verdad, por otra parte, que la frase citada más arriba no puede, por su contexto, contener un vocablo que signifique .'muchacha', y que tampoco *suǵurdiya*, voz comprobada por el árabe de Marruecos, figura en la parte arábigo-latina de R. Martí[4].

Por otra parte en español mismo el vocablo está documentado muy tardíamente (falta en los lexicógrafos del Siglo de Oro y anteriores), y nada hay de análogo en los romances más próximos. La etimología de Simonet supondría un vocablo originariamente andaluz y tomado del árabe en fecha muy tardía, pues así sería más comprensible la transcripción del *h-* arábigo por *j-* castellana (y no por *f-*), todo lo cual es posible. Y en el aspecto semántico se comprende el paso de 'corro de danzantes' a 'jauría de perros', pues unos y otros actúan juntos y de concierto; bastará comparar el caso de *cuadrilla de perros* junto al fr. *quadrille* 'especie de danza'. Sea como quiera hará falta una cuidadosa indagación lexicográfica en fuentes arábigas, para asegurar esta etimología[5].

Lo que sugiere Spitzer, *MLN LXXI*, 385, es muy forzado: sólo se explica por la desconfianza no injustificada que le inspira la única etimología propuesta hasta ahora. Préstamo del fr. *charroi* 'convoy de impedimenta', que en el dialecto de Nantes significa «embarras, bruit» y también en francés literario ha tomado a veces el sentido de 'danza de brujos en aquelarre', quizá procedente asimismo de la idea de 'ruido'; de ahí se habría pasado a 'jauría' por la batahola que arma una cuadrilla de perros al perseguir la presa. Pero el cambio de *charroi* en **xaruí* [!], luego **jauri* y finalmente *jauría* por influjo de *cuadrilla*, es desde luego inadmisible.

[1] El apoyo que quiere prestar Baist a esa etimología citando *xaurado*, que él traduce 'apurado, acosado' («bedrängt»), no tiene valor alguno, pues no hay tal palabra castellana. *Aut.* la cita de Villegas, quien la menciona como palabra de Dante: se trata en realidad del it. *scia(g)urato* EX-AUGURIATUS.— [2] Para la metátesis de la sílaba inicial, V. los casos reunidos aquí s. v. *ESPINACA.*— [3] Dozy, *Suppl.* I, 334b, no da otros ejs.; está también en Lerchundi, s. v. *zambullirse;* nada parecido en Freytag, Fagnan, Beaussier, Probst, Marçais (*Textes Ar. de Tanger*), etc.— [4] Parece como si este lexicógrafo hubiese escrito primero la parte arábigo-latina, que figura en primer lugar en el manuscrito (vid. p. xxiii de la ed.), y que al componer luego la parte latino-arábiga, además del léxico ya contenido en la primera, hubiese agregado voces arábigas de sentido afín (más bien que igual) que le sugería la palabra latina correspondiente.— [5] Según Garzón existiría en la Argentina la pronunciación *jáuria*, pero el testimonio de la grafía de las ediciones de Marsilla no me parece prueba bastante.

Jauto, V. *saber*   *Javola*, V. *jaula*   *Jayán*,
V. *gigante*   *Jayuyo*, V. *hallulla*   *Jazarán, jaza-*
rino, V. *jacerina*

JAZMÍN, del ár. *yāsamīn* y éste del persa; la
forma española actual no puede venir directamente
del árabe, pero quizá se tomara del cat. *gesmir*,
gessamí, con influjo del cast. ant. *azemín*, que sí
es arabismo directo. *1.ª doc.*: *azemín*, Juan Manuel († 1348), *Libro del Caballero e el Escudero*
(Rivad. LI, 252); *jazmín* med. S. XV, Gz. Manrique[1].

No conozco otros testimonios medievales. *Jaz-*
mín está documentado con frecuencia desde principios del S. XVII (Sigüenza, Cervantes, Quevedo, Calderón, Covarr.). En catalán aparece *gez-*
mir ya en Eiximenis (fines del S. XIV; *Regiment*
de la Cosa Pública, 26.27), *gesmir* dos veces en
Jaume Roig (1460), vv. 10585, 12343 (-*r* asegurada por las rimas) y en el *Tirant lo Blanc* (h. 1470),
gicimir (léase así en lugar de *gitimir*) en la Farmacología de Klagenfurt (S. XV o XIV, *AORBB*
III, 263), y el plural *gessemins* en Francesc de la
Via (S. XV y *gisimins* 1429, G. Colón, loc. cit.);
hoy se dice *gessamí* (o *llessamí*) en el Principado,
gesmil en el País Valenciano (o *germil*), *gessamí*,
gesmil o *geramí* en Mallorca. La forma clásica en
árabe es *yāsamīn* (al cual correspondería *yesemín*
en la pronunciación vulgar) o *yāsamūn*, pero en el
diccionario hispanoárabe de R. Martí (S. XIII)
figura *yismîna*, que será nombre de unidad correspondiente a un genérico *yismîn*: es probable que
bajo esta grafía debamos entender una pronunciación real *yesmîn*. De ahí saldrá, con disimilación,
la forma valenciana *gesmir* ⁓ *gesmil*, mientras
que el cast. ant. *azemin*, junto con la otra forma
catalana *gessemí*, procederán del tipo árabe clásico.

Quizá sea arabismo directo el it. antic. *ges-*
mino (hoy alterado en *gelsomino* por influjo de
gelso 'frambuesa'), mientras que el oc. mod. *jaus-*
semin, jansemin, gensemil, será tomado del catalán. El fr. *jasmin* [h. 1500] suele mirarse como
tomado del castellano; pero así el cast. *jazmín*
como el port. *jasmim* presentan un tratamiento del
y- inicial que no puede ser autóctono. Indudablemente en España se difundió el vocablo desde los
vergeles valencianos, en una variante *gesmí* (plural
gesmins); de la adaptación en *jazmín* puede ser
responsable la antigua forma castiza *azemín*, que
presenta el tratamiento normal de la J- inicial en
castellano[2].

DERIV. *Jazmíneo*.

[1] Vid. G. Colón, *ZRPh*. LXXVIII, 76-78 con
documentación en varias lenguas.— [2] Se podría
pensar en un préstamo del catalán oriental, lo
cual explicaría sin más la *a* castellana, por la
pronunciación de aquel dialecto; además en tierras valencianas sólo conocemos formas en -*r* o
-*l*. Sin embargo, me parece más natural partir

de la vega valenciana. En el mismo sentido puede
alegarse la forma *jesminero* 'lugar plantado de
jazmines' empleada por el valenciano de lengua
castellana B. de Villalba (1577), según Fcha.

Jea, V. *exea*

JEBE, tomado del ár. *šabb* 'vitriolo', 'alumbre',
de la raíz *šabb* 'encender'. *1.ª doc.*: *axebe*, 1423,
E. de Villena.

La forma *axebe* se halla también en documentos
murcianos anteriores al S. XVII y en algún otro
texto (*DHist.*). *Enxebe* aparece en ley de 1552
de la *N. Recopil.*, según *Aut.*, y este mismo diccionario cita *xepe* como propio de Aragón. En cuanto
a *jebe* no lo hallo registrado hasta Terr., como voz
de tenerías; la Acad. en 1817 lo da como aragonés. Hoy es palabra en general desusada.

DERIV. *Enjebar* [*enx-*, 1552, en la ley citada].

Jeben, jebena, V. *jenabe*   *Jebo*, V. *jíbaro*
Jebrar, V. *parar*   *Jeda, jedar*, V. *fecundo*

JEFE, tomado del fr. *chef* íd., que a su vez
procede del lat. CAPUT 'cabeza'. *1.ª doc.*: *xefe*,
Aut. Pagés, s. v. *mequetrefe*, cita ej. de *jefe* ya
en Calderón.

Es palabra tardía, que falta todavía en C. de las
Casas, Percivale, Covarr., Franciosini, Minsheu y
Oudin; éste traduce el fr. *chef* sólo por *cabeça*,
caudillo y *general*. Creo haberlo hallado en documentos relativos al sitio de Barcelona en 1714.
Un cat. *quefe*, que se halla algunas veces en el
S. XIX, es castellanismo, y por lo demás ha caído
hoy en desuso. También port. *chefe* e ingl. *chief*
son galicismos. *Jefe político*, que había significado
en España 'gobernador civil', ha tomado en la
Arg. el sentido de 'jefe de policía'.

DERIV. *Jefa* [Acad. 1843, no 1817]. *Jefatura*
[Acad. 1899].

Jeito, V. *echar*

JEJA, tomado del cat. *xeixa* íd., del mismo origen incierto que el langued. *sieisso*, langued. y
prov. *saisseto,* quizá de un célt. *SASSIA íd. (comp.
galés *haidd*). *1.ª doc.*: Terr.

El término castizo en castellano es *candeal*. La
Acad. admitió el vocablo con la localización «en
nuestras provincias de Levante» (ya en 1869). De
hecho se emplea en Albacete (*RFE* XXVII, 249)
y Murcia (G. Soriano). En catalán lo hallamos ya
en textos de los SS. XIV o XV (*Misc. Fabra*,
173); allí es de uso general y muy popular, y en
el País Valenciano se conserva una forma *seixa*,
que ha de ser la etimológica (M. Gadea, *Tèrra*
del Gè II, 79, 154). El área se prolonga hacia el
Norte en el langued. *sièisso* «variété de froment
barbu» (Mâzuc), *saisseto* o *seisseto* «froment de
la plus belle qualité» (Sauvages), que es también

rodanense (Mistral); *saisseta* se documenta en Aviñón ya en 1445 (Pansier). Como etimología señaló M-L. (*ZRPh.* X, 172) la voz *asia*, que Plinio (XVII, 40) da como denominación de esta especie al pie de los Alpes; supuso este filólogo 5 que debía enmendarse el texto en **sasia*, de acuerdo con la base céltica postulada por el galés *haidd*, al cual corresponde en sánscrito *sasya* y en bactriano antiguo *hahya*[1]. Sin embargo, el propio M-L., poco más tarde, en su *Roman. Gramm.* I, 10 rectificó, partiendo de un lat. SAXEA, y en la *ZRPh.* XVII, 566-70, explicó que lo hacía porque el grupo intervocálico -SI- sólo podía dar -s- y no -*ix*- en catalán, -*is*- y no -*iss*- en lengua de Oc, razón indudablemente fundada (como notó también 15 Baist, *KJRPh.* IV, 315); en reemplazo del étimo céltico proponía M-L. un adjetivo lat. SAXĔUS 'de color de roca'. Con ello no logró la aprobación de Schuchardt (*ZRPh.* XVI, 522-3), que apoyaba SASIA con nuevas razones, ni la de 20 Jud (*ARom.* VI, 192n.), quien rechaza el étimo SAXEUS por razones semánticas, y propone partir de una variante céltica **SASSIA*, con una geminación dialectal. Quizá pueda aceptarse esta conclusión, aunque conviene no perder de vista que las 25 demás formas indoeuropeas también postulan -s- sencilla; haría falta citar otros ejs. De dicho fenómeno fonético, pues luego se ha visto que el que entonces citaba (fr. *amblais*) no es valedero. El principal fundamento de M-L. puede haber sido 30 la existencia de un oc. ant. *sais, saissa*, adjetivo documentado en el sentido de 'gris' (*pel sais, crin saissa*) en tres trovadores de fines del S. XII y comienzo del XIII. Pero la verdad es que éste lo mismo puede ser un derivado de **SASSIA* 'candeal' 35 que el primitivo de esta palabra, comp. el cast. *trigueño* 'moreno', derivado de *trigo*, y *candeal*, derivado de CANDĬDUS 'blanco'. En conclusión, ninguna de las partes ha logrado probar su tesis en forma definitiva[2].

DERIV. *Sisella* 'paloma torcaz', arag. (Coll A.), tomado del cat. *xixella*, dial. *sissella* (anotado en Bellmunt de Mesquí, prov. Teruel), cat. ant. *saxell*, íd., por el color gris de esta ave, comp. fr. *biset* íd., derivado de *bis* 'gris oscuro' (V. mi nota, *BDC* 45 XIX, 41). PAlc. 170*b*7 «çorita paloma: *xákxa, xákx*» que, por cierto, es indicio claro de un étimo con -*x*- y no con -SSI-, pero no es razón firme contra SASSIA > *xeixa* sino más bien contra la identidad etimológica de *xixella* con *xeixa*; el hispanoárabe *hamīma çakrïa* «paloma que cría en las piedras», PAlc. 341*a*16, prueba que *xakxa* y *xixella* deben venir directamente de SAXUM, puesto que es un derivado del ár. *çákra* «peña, gran piedra» (PAlc. 346*b*39). Representantes de SAXUM en la 55 toponimia mozárabe son no sólo el *Sa(i)x* de Villena, sino también la pda. *Séixa* de Benicàssim.

[1] Por lo demás, según J. U. Hubschmied, *VRom.* III, 110, la caída de s- estaría documentada como fenómeno dialectal en galo, en lo cual 60

no hay acuerdo común.— [2] Nótese además que hay una oposición vocálica entre el langued. *sièisso*, que parece suponer un étimo en Ĕ + I, y el cat. *xeixa* que se opone a ello rotundamente, postulando A + I (un étimo en Ĕ habría dado **xixa* en catalán). En vista de que el testimonio occitano de 1445 apoya el vocalismo catalán, hemos de creer que *sièisso* sea forma secundaria: quizá regresión de *saisseto* > *seisseto*.

JEJÉN, 'mosquito tropical pequeñísimo', probablemente del taíno de las Antillas. 1.ª doc.: *xixenes*, Fz. de Oviedo, a. 1535; *xoxenes*, B. de las Casas; *xexenes*, h. 1565, Aguado.

Friederici, *Am. Wb.*, 330-1. Las Casas atestigua la procedencia indígena, y es probable que como los más términos americanos de esta época sea de procedencia taína; verdad es que existe hoy *henhen* en maya (H. Ureña, *BDHA*, IV, p. xiii, n.), de suerte que quedamos en duda acerca de si en este idioma es hispanismo, o si el taíno lo tomó en préstamo del maya de Yucatán, como puede demostrarse en otras palabras (V. HENEQUÉN, HURACÁN). La grafía de los autores arriba citados no permite sino creer que la palabra indígena tenía š-š-, de suerte que la hipótesis de un mayismo antillano se hace muy difícil y cobra probabilidad la otra; sin embargo, existe otra alternativa, y es que en ambos idiomas sea formación paralela, por onomatopeya del zumbido del jején, con variante en el consonantismo. Esto es muy posible. Para la extensión geográfica, vid. Hz. Ureña, ibid. 55; Rogelio Díaz, *Toponimia de San Juan* (Argent.); para más documentación antigua, Cuervo, *Ap.*[7], p. 687; Draghi. *Canc. Cuyano*, p. 468.

JELIZ, 'especie de inspector de la seda', del ár. granadino *ǧelís* íd., que en árabe clásico sería *ǧallâs*, derivado de *ǧálas* 'asentar', probablemente porque tenía por misión dar posada a los mercaderes de seda. 1.ª doc.: S. XVI.

Véase la documentación y la justificación semántica en Eguílaz, 411-2, y en Dozy, *Gloss.*, 275-6.

Jelma, jelna, V. *encella*

JEME, 'distancia que hay desde la extremidad del dedo pulgar a la del dedo índice, separado el uno del otro todo lo posible', del lat. SĒMIS 'medida de medio pie'. 1.ª doc.: S. XIII, *xeme*, L. de los Cavallos, 47.11; *xem* íd. 48.16; *xeme*, 1386, López de Ayala (Cej. VIII, § 66, y *Voc.*).

Tiene *x*- antigua: «chapines de un *xeme*, poco menos, en alto», *Corbacho* (1438), ed. P. Pastor, 125.5; íd. en el *Arte Cisoria*, de Villena (glos. de F. B. Navarro). *Aut.* escribe todavía así, con ejs. de los SS. XVI y XVII; *geme*, en Tirso de Molina, es tardío[1]. Hoy, por lo común, está anticuado, aun en Asturias: «*xeme*: significó la medida de un palmo» (Rato), que efectivamente es casi lo mismo que un jeme, con poca diferencia; en catalán fué usual sólo en tierra valenciana: «la distancia entre lo dit gros y segon estesos, que's diu en Valencia *xem*, y en Catalunya *forc*», 1575, On. Pou, *Thes. Pue.*, 76. Tienen ciertamente razón *Aut.* y M-L. (*REW* 7811) al traerlo del lat. sēmis²; este vocablo se declinaba primeramente como masculino, sēmis, semissis, compuesto de semi- 'mitad' y as 'unidad de moneda y de medida', pero como ésta era declinación de un tipo muy excepcional, algunos autores clásicos (como Cicerón y Vitruvio) ya hacen semis indeclinable; significa básicamente 'medio as', pero también 'medio pie' (Plinio, Columela); en romance sēmis daría primero un singular *xemes*, cambiado después en *xeme* por analogía, igual que *el pechos* (pectus n.) pasó a *los pechos* y *el pecho*. La *x*- castellana le recuerda a Baist el it. *scemo* 'incompleto', que procede también de semis, empleado ya adjetivamente en latín, y con variante semus en la baja época; sin embargo, *scemo* se explica por el verbo *scemare* 'mutilar', que supondrá ex-semare, lo cual no está claro cómo podría aplicarse al castellano³. Cree Azkue (*Homen. a M. P.* II, 88) que *xeme* puede venir del vasco *zee* 'palmo' + *me* 'delgado o pequeño', con el cambio de *z*- en *x*- que es normal en los diminutivos vascos, pero el nombre castellano no puede separarse de las demás formas romances⁴. El hecho es que en toda la Lombardía se emplea *sömes* o *somes*, precisamente en el sentido de 'jeme' (M-L., *REW*, 7812), con la -s latina conservada.

Deriv. *Jemal. Gema* [Acad. ya 1843 (no 1817): *j*-] 'parte de un madero escuadrado donde, por escasez de dimensiones, ha sido preciso dejar la corteza'; *gemoso*.

Cpt. *Tremís* [Acad. S. XIX], tomado del lat. *tremissis* íd., compuesto de *tres* y la terminación de *semissis*.

¹ «No son éstas de la marca, / hermano, de los judíos. / Ésas son narices romas / y hidalgas... / Quítense ésas luego, luego / ... / pónganse otras de dos *gemes*». *NBAE* IV, 52b.— ² En el mismo sentido habrá que entender la opinión de Baist (*GGr.* I, § 42) y de Espinosa (*Arc. Dial.*, 235) cuando dan como base «semi».— ³ Sin embargo, quizá existió en castellano preliterario un adjetivo *seme* o *xeme*, con el sentido del it. *scemo*, y un verbo *xemar* (ex-semare), tal como existen en cat. y oc. *sem* y *semar*. Entonces la *x*- pudo extenderse desde ahí al nombre de medida. No sería inconcebible que de este adjetivo viniese el adverbio asturiano *xemes* 'una vez' (*de xemes en cuando* 'de cuando en cuando'). Pero es más natural explicarlo, con Rato y Spitzer (*RFE* XXI, 279), por el lat. sēmel, comp. cat. *ensems* 'a la vez, al mismo tiempo'. sēmel pasaría a *siemes* y

éste a *xemes*, de donde la *x*- pudo comunicarse fácilmente al nombre de medida. Lo que no es admisible es la idea de Spitzer de que el nombre de medida sea aplicación especial de este adverbio: *tiene tantos xemes* = 'tantas veces de tomarle la medida', explicación forzada e inverosímil.— ⁴ Quizá, por el contrario, el vasco recibió del castellano *xeme*, deduciendo de ahí un aumentativo *zeeme*, y luego *zee* 'palmo', una vez separado *me*, que se sintió como adjetivo vasco. Las formas *zehame* 'jeme', y *zeabethe* 'palmo entero', que Azkue cita de Pouvreau, no ofrecerían obstáculo, pues es sabido que el vasco desdobla a veces sus vocales, y aun intercala después una *h* en el hiato.

JENABE, 'mostaza', ant., del lat. sĭnāpi, y éste del gr. σίναπι íd. *1.ᵃ doc.*: *axenabe*, S. XIV, *Libro de la Montería* (*DHist.*); *xenabe*, Sánchez de Vercial (1370-1426), Rivad. LI, 471.

«*Xenabe o mostaça*: sinapis» figura también en Nebr.; para Aldrete (1606) ya estaba anticuado: «*xenable*, que ya dezimos *mostaza*» (Viñaza, col. 47); figura también en Covarr. La *x*- podría indicar una pronunciación mozárabe o morisca; *şinâb* es palabra antigua en árabe, no sólo documentada en numerosos autores y léxicos hispanoárabes (Simonet, s. v. *çináb*)¹, sino también en el árabe clásico y de Oriente, de donde llegó el vocablo a los musulmanes de España, y aun es dudoso que en árabe sea helenismo o latinismo, pues en griego mismo es palabra de origen egipcio (Walde) y el árabe pudo tomarla de allí directamente o por medio de otro idioma semítico. Sea como quiera, no es de creer que el cast. *jenabe* sea arabismo², pues tendría *ç*-, y la variante *jenable* se enlaza con el cat. *sanabre*, gall. *xebra*, logud. *senabre*, alto-it. *senavra*, etc. (*REW* 1933): quizá se expliquen estas formas por una declinación vulgar sinapis, *sinapĕris*³ con -*l*- secundaria en castellano, como en *plática*. No es seguro que el alavés *jében* (con cita de otras variantes castellanas en Baráibar) represente la acentuación griega sínapi, según quiere M-L., puesto que podría ser variante de procedencia vasca (donde existe también *siape*); Bureba *jében* «hierba mala, de elevada altura, hojas grandes y flores amarillas», *jébenes* en la Rioja, *géniba* en el Norte de Burgos, *RDTP* IX, 46. En cuanto al mirand. *senva*, puede ser también reducción portuguesa de sēáva (> sēva > *senva*).

Deriv. *Sinapismo* [Acad. S. XIX].

¹Formas como *āşnâb* y *ha-šenafi-t* se hallan también en el árabe y el bereber rifeños (*Hespéris* VI, 71).— ² Ya Sarmiento (*BRAE* XVII, 289-90) rechazó por su parte esta etimología de *Aut.* Había recogido *xébena* en Cistiérniga (Valladolid), *xéniba* o *gébena* en Castilla y en gall. una forma más conservadora *xiebra* (*CaG.* p. 26, A101r, 94r).— ³ Pero más bien creo que habrá conta-

minación de *pebre* 'pimienta' PIPER, y algún influjo de *jengibre*.

Jenequén, V. *henequén*

JENGIBRE, del lat. ZINGĬBER, -IBĔRIS, y éste del gr. ζιγγίβερις íd.; la forma castellana parece haberse tomado de otro romance, probablemente de oc. ant. *gingibre*. 1.ª *doc.*: 1260, *Partidas*.

Aparece también en los Aranceles santanderinos del S. XIII y en muchos textos del XIV y XV (A. Castro, *RFE* IX, 269); *gengivre* en el *Corbacho* (ed. P. Pastor, 89.20), *-ibre* en Nebr.[1], etc. La variante *ajengibre* documentada desde el S. XIV al XVIII (*DHist.*) se debe a influjo de *AJENJO*. En lengua de Oc la forma *gingibre* es muy frecuente, junto a *gingebre* (Levy IV, 121). También podría venir del catalán, donde *gingibre* se halla en el S. XV, junto a *gingebre* [1221, cita de Castro]. En todo caso no es de creer que sea forma castiza en castellano, pues tendríamos *enzebre*, como resultado de GINGIBER (*CGL* III, 546.53), cuya G, por lo demás, no es más que expresión gráfica del grupo DJ- con que el latín vulgar imitaba aproximadamente la Z- griega. Comp. *CENCI-BERA*.

DERIV. *Gengibrante*, 'especie de confitura' (J. Ruiz, 1335*b*), tomado de oc. ant. *gingibrat* íd. (*confitura de gyngibracho*, a. 1232, doc. relativo a Montpelier, *Bol. Soc. Castellon. de Cult.* XVII, 258), comp. *CODOÑATE*; a pesar de que *gengibrante* es la forma del ms. *S* y está apoyada por las tres palabras con que rima el vocablo, es de creer que Juan Ruiz diría y escribiría *gengibrate*, como *G*, y que estamos ante una de tantas rimas imperfectas del Arcipreste, que el escriba del ms. *S* quiso arbitrariamente remediar de este modo. Derviado culto: *cingiberáceo*.

[1] «*Gengibre maqui*: machir; *gengibre valadí*: gingiber».

Jéniba, V. *jenabe*   *Jenijo*, V. *cenizo*   *Jeniquén*, V. *henequén*   *Jepe*, V. *jebe*

JEQUE, del ár. *šáiḫ* 'anciano', 'caudillo local'. 1.ª *doc.*: *xeque*, h. 1580, Zurita.

La pronunciación arábiga vulgar era *šéiḫ*. V. *JAQUE*.

JERA, 'obrada, jornal', 'la tierra que puede obrar en un día un par de bueyes', salm., extr., voz leonesa procedente del lat. DIARIA, plural de DIARIUM, 'ración o comida diaria', 'salario, jornal', derivado de DIES 'día'. 1.ª *doc.*: 1627, Gonzalo Correas.

G. de Diego, *Contrib.*, § 187; Cej. VIII, § 53. En latín solía emplearse DIARIA sólo como plural, y ya aparece en glosas con el sentido de 'salario cotidiano'; es fácil el paso de esta idea a la de 'cantidad de labor que puede hacerse en un día, a

cambio de este salario'. También existe en gallego[1] y en portugués, donde además de *geira* 'medida agraria, yugada', se oyen en Tras os Montes las frases *ir á geira* o *ir ganhar a geira* 'ir al trabajo, a ganar el jornal' (*RL* IV, 260); zamor. «*buena jera*: buen negocio (aplícase al que rompe loza, mueble o vestido)», Fz. Duro, *Mem. Hist. Zam.* IV, 468 s. v. Forma propiamente castellana es el desusado *hiera* que como equivalente de *jera* recoge la Acad. en sus ed. del S. XX (debiera escribirse *yera*).

[1] *Xeira* «tierra con dos *ferrados* de sembradura (de centeno)» Sarm. *CaG.* 182r, «tiento o avance que de una vez y sin interrupción se da a una labor» (Vall., Lugrís), «ayuda gratuita que un labrador presta a otro, trabajando parte del día en sus tierras» (Vall. s. v. *geira*), 'jornada de trabajo' (irónico): «rematar a *xeira* e... mollar a gorxa, ó pé dunha pipa de viño», 'tarea odiosa': «*xeira* tan macabra» (Castelao 216.4, 202.15), *a xeiras* 'alternativamente' (Carré), cf. Pensado, *CaG.*, pp. 111-112.

Jera 'regalo', V. *jira*   *Jerapellina*, V. *harpillera*

JERARQUÍA, tomado del b. lat. *hierarchĭa* 'jerarquía eclesiástica', compuesto con el gr. ἱερός 'sagrado' y ἄρχεσθαι 'mandar'. 1.ª *doc.*: 1444, J. de Mena, *Lab.*, 24*b*; 1570, C. de las Casas.

También en Fr. Luis de Granada y en otros autores del Siglo de Oro. De uso común en el lenguaje escrito y en el habla culta. *Hierarchia* aparece en el latín eclesiástico del *Codex Iuris Canonici* (Koestler) y pasó desde allí a todos los idiomas modernos; en griego antiguo se halla el adjetivo ἱεράρχιος 'relativo a un alto sacerdote', y en latín medieval *hierarcha* 'arzobispo' (Du C.). *Aut.* registra ya, sin ejs., la aplicación a rangos civiles.

DERIV. *Jerarca* [1481, Rodrigo de Zamora; *Aut.* lo da como anticuado]. *Jerárquico* [1703, I. de Ayala], de *hierarchicus* íd. [fin del S. VI, S. Gregorio Magno, *Bull. Du. C.* XII, 74].

Otros compuestos de ἱερός: *Jeroglífico* [*hieroglífico*, Covarr.; *gero-*, A. Manrique, † 1649], tomado del lat. *hieroglyphĭcus* y éste del gr. ἱερογλυφικός íd., compuesto con γλύπτειν 'grabar', así llamados porque se servían de estos caracteres los sacerdotes egipcios; *jeroglífica*. *Jirapliega* [*geripliega*, 1591, Percivale; *jira-* 1605, *Pícara Justina*], tomado del gr. ἱερὰ πικρά (*girapigra* en Du C.) 'amarga santa', así llamada porque en su composición entraba el acíbar. *Hierofante*, de ἱεροφάντης, compuesto con φαίνειν 'mostrar'. *Hieródula*, compuesto con δοῦλος 'esclavo'. *Hieroscopia*, con σκοπεῖν 'examinar'.

Hierático, tomado del lat. *hieratĭcus* y éste del gr. ἱερατικός 'sacerdotal', derivado de ἱερός.

Jerba, V. *serba*

JERBO, tomado del fr. *gerbo* y éste del ár. *yarbûᶜ* íd. *1.ª doc.*: Terr.; Acad. 1914.

No puede en realidad considerarse palabra castellana. Devic, p. 39*a*; Dozy, *Suppl.* II, 851*a*.

Jeremiquear, V. *gemir*

JERGA I, 'tela gruesa y tosca', del mismo origen incierto que el fr. *serge* y port. *(en)xerga*, que designan básicamente paños de luto, seguramente emparentados con el cast. *sarga*, oc. *sarga*, fr. ant. *sarge*, rum. *saricǎ*, b. lat. *sarica*, que designan telas más o menos bastas, pero antiguamente se habían aplicado a tejidos más ricos, a veces de seda; unos y otros parecen ser descendientes del lat. SĒRĬCA 'paños de seda', pero queda alguna dificultad por aclarar, de naturaleza fonética en el segundo caso y semántica en el primero. *1.ª doc.*: J. Ruiz, 763*a*.

La vieja desaconseja ahí a doña Endrina viuda que lleve «*xergas* por mal señor, burel por mal marido». Análogamente «*xerga o saial*: sagum» y «*enxergado por luto*: sagatus», en Nebr.; Cej. IX, § 209. Lo primitivo fué, pues, que designase vestidos de luto. En el Ordenamiento Real (1348, *Aut.*) quizá designe ya precisamente un paño grosero, sentido que tiene en Fz. de Oviedo, según Fcha., y en Covarr.; según éste la locución *estar una cosa en jerga* 'comenzada y no perfeccionada', como dice Cervantes, se dice «como de los paños antes de estar acabados de labrar», de suerte que la jerga sería propiamente un paño poco trabajado. En la Arg. es 'pieza burda de lana que, debajo de la carona, se pone al caballo para ensillarlo'[1]. También el port. *xêrga* era «pano de que antigamente se faziam vestidos de dó e de luto» (Moraes, con cita de 1544), hoy *enxêrga* es allí 'colchón pequeño y grosero', como el cast. *jergón*. El fr. *serge* es «étoffe commune de laine qui est croisée», y en la época clásica se dice precisamente de los vestidos de luto; no es exacto que esta forma sea, o sea únicamente, alteración de la antigua *sarge*, como dicen los diccionarios franceses, pues *serge* se halla ya en 1383 y *sergeon* en 1416 (Du C., s. v. *serica*).

El cast. *sarga* es «tela de lana algo más fina que la sempiterna, la qual sirve regularmente para forro» (*Aut.*, con ej. de Ant. de Guevara, a. 1539), «tela cuyo tejido forma unas líneas diagonales» (Acad.), aunque tuvo también la ac. «tela de seda que hace cordoncillo, con alguna más seda que el tafetán doble: hay *sarga* imperial y de Inglaterra» (*Aut.*, con ej. de 1680); oc. *sarga* (fin del S. XII, S. XIV, etc.); fr. ant. *sarge* (SS. XII-XVII), de donde el it. *sargia* «specie di panno lino o lano, di vari colori, che era in uso per cortine; ora, una coperta ordinaria da letto», port. y cat. *sarja* «tela creuada de seda, fil, cotó, lli o llana, teixida a vies»; además rum. *saricǎ* «sayon, manteau à longs poils», alb. *šarkę*, eslavón *sraka*, y b. lat. *sarica*. Es de

notar que éste ya es antiguo, pues se halla repetidamente en un documento escrito bajo Justiniano (S. VI) y en otros italianos de los SS. IX y XI. También es de notar que la sarga no siempre ha designado paños humildes, pues en *Baudoin de Sebourc* (S. XIV) se lee «en un biau lit, paret d'une *sarge* dorée», León Ostiense († 1115) habla de una «*sarica* serica», es decir, 'de seda', y en la citada escritura de Justiniano es una *sarica prasina ornata*. Como puede verse en esos antiguos textos latinos, se trata, no de un paño, sino de una saya o túnica.

Como etimología propuso F. Diez (*Wörterbuch*, 281), el lat. SĒRĬCA 'paños o vestidos de seda', y su opinión se ha aceptado generalmente (*REW* 7848), con más o menos reservas. Falta explicar, por una parte, la Á del tipo SARICA; teniendo en cuenta la antigua ac. 'túnica', no está fuera de razón admitir, según hace Gamillscheg (*EWFS*), un cruce con el lat. SAGUM. Por otra parte debemos reconocer que es sorprendente en lo semántico el radical cambio de un paño de seda en una *jerga*, pero la evolución paralela de SARICA indica la posibilidad de este cambio, que debió realizarse pasando por 'ropa de luto', lujosa al principio y luego convertida en un humilde burel; nótese que *serica* se lee como sinónimo de *sarica* 'túnica' en la Vida de San Ermenfredo (Du C.). Mayor escrúpulo causan las formas sardas y balcánicas siguientes: Nuoro θerga, logud. (*at*)*terga*, campid. *zerga* «vestiario che il padrone dà alla servitù (nei giorni festivi)», alb. *tsergę*, búlg. svcr. *cerga*, rum. *cergă* 'tejido de lana burdo', 'manta de lana', 'tienda', todos los cuales postulan de concierto una base con TS- o TĬ- inicial (M. L. Wagner, *Das Ländliche Leben Sardiniens*, 158, n. 2): es innegable la identidad semántica notable con el cast. *jerga*, y se hace difícil hallar un cruce que pueda explicar satisfactoriamente esta inicial, en territorios tan diferentes. Por lo demás, la *x*-castellana no corresponde a esta base, sino más bien a s-, y quizá deba explicarse, en vista del port. *enxerga*, por el citado verbo *enxergar*, que podría corresponder a EX-SERICARE: por lo demás, la misma inicial reaparece en el ast. *xarga* 'jerga, tela de urdimbre gruesa'[2].

Recordaré finalmente que se ha explicado el título de la novela caballeresca *Las Sergas de Esplandián*, de Ordóñez de Montalvo (1508), por un *serga* en el sentido de 'tapiz con la historia de un personaje', emparentado con *xerga* y con *sarga* (así Foulché-Delbosc, *RF* XXIII, 591-3; A. Castro, *RFE* IV, 394), y aunque no se ha probado documentalmente la existencia de tal vocablo, el hecho es que *sarga* está bien documentado en este sentido («cuatro *sargas* de labor / con la historia de David», en Lope, cita de R. Marín, en su ed. del Quijote 1916, VI, 400), y *serga* aparece en bajo latín en el sentido de 'estera' en un necrologio medieval (Du C.). Probablemente sea casual la semejanza con el scr. *sárgaḥ* 'capítulo de un poema épico' (propiamente 'chorro, disparo' de la raíz ieur. *selg-* 'disparar, cazar'), aunque podría sospecharse que la palabra pasara a través del árabe con ocasión de transmitirse el material narrativo (Panchatantra, Hitopadeça, etc.) (si acaso tendría que ser en árabe sanscritismo y no iranismo, pues en iranio esta raíz tiene naturalmente también forma *hərəz-*, *hiš-*, etc.). Por lo demás, esta raíz tiene amplio desarrollo semántico en índico *sárgaḥ* 'curso (de una flecha)' 'chorro' 'das Entlassen, Ausgiessen' (ya en el Rig Veda un compuesto III, 33.4) del verbo *sṛjáti* 'suelta, arroja, derrama'.

La existencia de un descendiente castellano de SĒRĬCUS está asegurada por otra parte, aunque se trata más bien de una tercera variante vocálica SĪRĬCUS, documentada en inscripciones latinas (Bertoni, *ZRPh.* XXXIV, 209), variante de procedencia griega (σηριχός 'de seda'), con la pronunciación tardía de la η griega. *Sirgo* se halla, en efecto, para 'seda' desde *Calila* (1251: *el gusano del sirgo*), también en las *Consolaciones* del Antipapa Luna (fin del S. XIV; p. 586), en la *Crónica de Juan II* (S. XV; «moral..., árbol... de cuyas fojas se haze el *sirgo*», vocabulario de med. S. XV, *RFE* XXXV, 338, y todavía en Nebrija; mientras que para Covarr. ya es sólo el hilo de seda torcido, y Cabrera define «conjunto de fibrillas delicadas y lustrosas de que se componen los capullos formados por los gusanos de seda; y los hilos delgados y sutiles que se hacen de estas fibrillas»; el port. *sirgo* es 'gusano de seda'. Del mismo origen el milan. ant. *sirigo* «¿stoffa di seta?», calabr. *síricu* 'gusano de seda', Parma *silga* «quel filo che si trae dai bozzoli posti nella caldaia, prima di cavarne la seta», Módena *sirghe* «ciò che rimane dei follicelli dopo cavata la seta», it. *sirighella*, *sinighella*, íd. Además vid. *SIRGA*.

DERIV. *Jergón* [«*xergón*: culcitra stramenticia», Nebr.; ast. *sergón* 'saco de hoja o de paja para dormir', Rato], port. *enxergão* íd. *Jergueta*. *Jerguilla* «tela delgada de seda o de lana, o mezcla de una y otra, que en su tejido se parece a la jerga» [*Aut.*]. *Enjergar* [enx-, Nebr., V. arriba]; *enjergado*.

Gall. *dexergar* 'descubrir con la vista', 'ver, percibir' (Vall.), 'contemplar curiosamente'[3], gall. central *desargar* 'descubrir mirando' (en Lalín: Crespo Pozo), también secundariamente gall. común *enxergar* 'atisbar' (Crespo Pozo)[4], portugués *enxergar* 'divisar, entrever, observar' [1535, *Eufrosina*, etc.], y esta variante ya no es reciente tampoco en Galicia: «parece que inda *enxergo* / por entre ramalleiras / travesos estudiantes / correr e estralouzar» Añón, *Poesías...*; el proceso semántico de *desxergar* 'quitar las jergas que cubren una cosa' > 'contemplarla', cf. el port. *descortinar* 'avistar, descubrir a lo lejos' (*os mareantes descortinaram a terra*). Palabras que nos recuerdan la situación angustiosa del navegante trasatlántico tratando de descubrir lo que se oculta tras un horizonte de celajes tormentosos.

Xirgado 'labrado con seda' [*cinto xirgado y muy polido*, fin del S. XV, Rodrigo de Reinosa, *Philol. Q.* XXI, 34, 43]. *Sirguear*, arag. ant., invent. de 1374 (*BRAE II*).

Sarguero; *sargueta*. V. además *JILGUERO* y *SIRGA*.

¹ Tiscornia, *M. Fierro coment.*, 427-8; Draghi, *Canc. Cuyano*, p. 221.— ² La semejanza de *jerga* con el ár. *ḥírqa* 'paño', 'trapo', 'pañales', que Lerchundi traduce por *jerga*, y figura ya en árabe clásico, en R. Martí y en PAlc., ha de ser casual de todos modos.— ³ Los que miran la procesión, comiéndose con los ojos a un niño lujosamente adornado «loitaban para *dexergar* de perto os írtidos atavíos» Castelao 219.25.— ⁴ Éste, por otra parte, 'endilgar', 'discursear de cualquier modo' (Lugrís). No parece que realmente exista la variante *enxerguer* que han supuesto algunos. Hay, según Sarm., un gall. *enxergar* 'crecer', v. g. de las nabizas que aún no crecen se dice *ainda non enxergan* (*CaG*. 225r), agrega que también es «erguerse, levantarse; creo que también es verbo obsceno de *erigo*»; parece que sugiere la existencia de un verbo que si acaso tendría que ser **exerguer* o a lo sumo **enxerguer* 'ponerse en erección', pero no veo ni en su texto, tal forma y hay que desconfiar de su etimomanía; basta con la derivación que acepto.

JERGA II, 'lenguaje especial, difícil de comprender, jerigonza', derivado retrógrado de oc. ant. *gergon*, que a su vez se tomó del fr. ant. *jargon* o *gergon*, íd., dialectalmente *gargon*, primitivamente 'gorjeo de los pájaros', derivado de la raíz onomatopéyica GARG- que expresa las ideas de 'tragar', 'hablar confusamente', y otras relacionadas con la *GARGANTA*; en cuanto al sinónimo castellano *jerigonza*, antiguamente *girgonz*, parece ser el mismo oc. ant. *gergons* (caso recto de *gergon*), confundido en España con otra palabra de origen y significado distintos, *girgonça* 'jacinto, piedra preciosa': éste procede del fr. ant. *jargonce* íd., el cual a su vez resulta de la alteración que, por influjo del fr. antic. *jargon* 'piedra preciosa de un amarillo rojizo' (tomado del ár. *zarqûn*, vid. *AZARCÓN*), sufrió el fr. ant. *jagonce* 'jacinto', procedente en última instancia del gr. ὑάκινθος íd. *1.ª doc.*: *xerga*, *Aut.*: «lo mismo que *xerigonza*, y assí se dice *habla en xerga*»; *girgonz*, *Alex.*, 1350c; *girigonça*, 1492 (Nebrija, *Gram. Cast.* IV, 6, ed. Galindo 96.15).

Jerga en esta ac. parece ser palabra tardía en castellano: falta en el vocabulario de Juan Hidalgo (1609), en los lexicógrafos del Siglo de Oro y en los anteriores, y *Aut.* no cita testimonios de autores. Mucho más antiguo, con este significado, es *jerigonza*, que además del *Lazarillo* (cita de Cuervo, *Obr. Inéd.*, 208, n. 22; *Ap.*, § 807)¹, figura ya en C. de las Casas (1570), Covarr. y Oudin, así como en varios autores de princ. S. XVII (Cervantes, Quevedo, Espinel, Quiñones de B.; Vélez de Guevara, *El Rey en su Imaginación*, v. 1247)². Del mismo origen es el port. *gerigonça*, hoy más comúnmente *geringonça*³, que se halla ya en la *Eufrosina* de F. de Vasconcelos (1536). Alteraciones locales modernas son *jerigoncia* en Cespedosa, *cirigoncia* en localidades vecinas (*RFE* XV, 136, 139), *sirigonza* en el caló mejicano (*ZRPh.* XXXIX, 518, 547), y la forma regresiva *xíriga* o *xériga*, nombre de la jerga de los tejeros, canteros y cesteros asturianos (*ZRPh.* L, 738), procedente de *gíriga, del cual salió por otra parte el port. *gíria* (también *gira* en Moraes)⁴. Mucho más antigua que estas formas es la aparición aislada del vocablo en el *Alexandre*, donde hablando de la Torre de Babel se lee: «setenta e dos maestros fueron los maorales, / tantos son por el mundo los lenguajes cabdales, / este *girgonz* que traen por (las) tierras e por (las) cal(l)es / son se controbadiços entre los menest(e)rales»⁵.

Para explicar la -*z* del cast. ant. *girgonz* insinúa Spitzer, con mucha reserva (*MLN* LXXI, 385), imaginar un lat. vg. o romance arcaico *GAR-GONĬCE, remedo de adverbios como VASCONICE > *vascuence*, ROMANICE > *romance*. Es ingenioso pero rebuscado y demasiado hipotético; además el hecho de que en francés, donde (a juzgar por la *j*-) habría debido originarse esta forma, precisamente ella no existe, obliga a descartar del todo la idea.

No cabe duda, me parece claro, que así este *girgonz* como la *jerga* del S. XVIII proceden del oc. ant. *gergon*, que ya aparece en el sentido de 'lenguaje de malhechores' o 'lenguaje incomprensible' en un texto del S. XIII (*gergons*, caso sujeto o recto, en el *Donatz Proensals*) y en otro de la primera mitad del XIV (*gergó*, en el *Libre de Vicis e Vertutz*). Aunque tan antigua, esta forma ha de ser a su vez tomada del fr. *jargon*; en este idioma el vocablo aparece ya en el S. XII con los sentidos de 'gorjeo de las aves', 'voz de los animales', 'chisme, charloteo', 'rumor que se hace correr', todavía vivos a princ. S. XVI, pero pronto se especializa en la ac. 'lenguaje incomprensible del hampa', en el cual lo hallamos ya en el Norte de Francia en el S. XIII y con gran frecuencia desde principios del XV; la variante *gergon*, propia del occitano y el español, se documenta allí en los SS. XV y XVI, y hoy en muchísimos dialectos, y además encontramos *gargon* en los SS. XIII y XIV, variante confirmada por *gargonner* (SS. XIII y XV) que aparece junto a *jargonner* [S. XII] 'charlar, parlotear', 'gorjear', y después 'hablar en jerga': está claro que las formas en *ga*-, propias de autores picardos⁶, presentan el consonantismo etimológico del vocablo, y que el sentido etimológico es el general 'gorjear, parlotear', expresado mediante la raíz onomato-

péyica GARG-, como en *gargoter* y *gargouiller* (o *jargouiller*) 'borbotear (un líquido)', 'hablar indistintamente'; para esta documentación y para la interpretación etimológica, vid. Sainéan, *L'Argot Ancien*, 30-31; *Les Sources de l'Argot Ancien* I, 1-2; II, 377-9; *Sources Indig.* I, 232; *Autour des Sources Indig.*, 559; Ant. Thomas, *Rom.* XLVII, 389; *FEW* IV, 59, 62a (el punto de vista del *REW* 3685 ha sido refutado definitivamente por estos autores)⁷; el paso de *jar*- a *ger*- se debe a un fenómeno de la fonética francesa de la época, y la variante *girgon*, que también se halla en lengua de Oc, se explica por influjo de la palatal precedente.

El vocablo en cuestión pasaría a España y a Italia desde Francia, pues también el it. *gergo* es voz tardía, aunque ya se halla como nombre de la jerga de los ladrones, en Roma, en 1598 (Löpelmann, *RF* XXXIV, 663). En cuanto a España, entró en dos formas diferentes: *gergon*, de donde el regresivo cast. *jerga*, y por otra parte la variante oc. *girgons*, en caso sujeto; ésta se confundió, según ocurre tantas veces con los extranjerismos, con un término de forma semejante y ya arraigado previamente: *jargonça* se halla desde 1250 en el *Lapidario* de Alfonso el Sabio como nombre de la piedra preciosa llamada jacinto, y el vocablo reaparece con diversas variantes en numerosos textos medievales: *girgonça* en *Calila* (ed. Allen, 24.218), *jagonze* en la *Gr. Conq. de Ultr.* (302), *girgonza* h. 1326 en Juan Manuel, *girgonça* en Juan Ruiz y en el *Arte Cisoria* de E. de Villena, *girconça* en el *Arte de Trovar* del mismo autor (*RFE* VI, 175). Fácilmente se comprende que el *girgons* occitano en el sentido de 'jerga' se confundiera con este vocablo, tanto más cuanto que así esta piedra preciosa como el habla jergal eran cosas rebuscadas y fuera del alcance del vulgo, y por consiguiente al designarlas con un mismo vocablo se podía tener la impresión de estar empleando una misma palabra en su sentido propio y en el metafórico: de ahí también la metamórfosis de *girgons* en *girgonz* y luego *girgonça*; de ahí se pasó, por una anaptixis de tipo común, a *girigonça* (así en C. de las Casas) y por disimilación *gerigonça*.

Por su parte el nombre de piedra *girgonça*, con sus variantes *jargonça* y *jagonze*, es también de importación galorrománica: en este sentido hallamos en occitano antiguo *jargonsa*, *gergonsa*, *gergonci*, *jergons* y *jargonci*⁸, y en el Norte de Francia *jagunce* [S. XII, Marie de France], *jagonse*, *jacunce*, *jargunce*, etc.; para las denominaciones francesas y españolas de esta piedra, vid. Nykl, *Mod. Philol.* XVIII, 597-600. Como probó Schuchardt (*ZRPh.* XXVI, 398, 589, y XXVIII, 146-156) la forma primitiva es *jagonse*, *jacunce*, que procede en última instancia del gr. ὑάκινθος íd., del cual debe admitirse una variante *ἰάκυνθος o *ὑάκυνθος (sea por metátesis vocálica o por cambio de sufijo), comprobada indirectamente por la grafía *Hyacunthus* de una inscripción latina, algo tardía, del Norte de Italia; el vocablo pudo llegar a Francia directamente, con el cambio de -THUS en -*ça*, sea por una derivación adjetiva en -IA, o por la pronunciación fricativa de la θ del griego tardío, pero también existe la posibilidad de que se trasmitiera por conducto del siríaco (arameo) *yāquntā*, forma que cuenta con numerosa representación en lenguas semíticas y del Asia Menor, y que procede a su vez del griego; el *tau* arameo se transcribiría por *ts* en romance gracias a su pronunciación interdental y con tendencia a la asibilación, y el vocablo arraigaría en Francia, sea por el influjo de las Cruzadas, sea por obra de los numerosos comerciantes siríacos que en la época merovingia frecuentaban los mercados franceses, según testimonios coetáneos: la -*g*- francesa, difícil de conciliar con un helenismo heredado del latín vulgar, es favorable a esta procedencia siríaca. En Francia, sin embargo, el vocablo sufrió cruce con el nombre de otra piedra preciosa de forma parecida, tanto en la realidad como en su expresión lingüística, a saber *jargon*, especie de piedra preciosa, procedente del ár. *zarqûn* (V. *AZARCÓN*): de ahí la *r* de las formas *jargunce*, *jargonsa*, *gergonsa*, etc.

Réstame sólo llamar la atención sobre ciertas evoluciones semánticas secundarias del tipo *jerigonza*, que tendrán como base la idea de 'cosa rebuscada': en Espinel ya significa 'acción ridícula y extraña' (*Aut.*), y de ahí que en Canarias *hacer jerigonces* valga 'hacerle gestos a alguno' (S. de Lugo, Pérez Vidal), *h. jeringonsas* 'gracias, monerías' (Rég. Pérez, *Rev. de Hist. de La Laguna*, n.º 78, 258); por otra parte en catalán el vocablo cayó bajo la órbita del verbo *girar*, allí tan popular, convirtiéndose en *giragonsa* y tomando consiguientemente el sentido de 'rodeo, vuelta cerrada en un camino', frecuente desde el S. XIX (alguna vez en la variante *gerigonsa:* Ag.)[9].

DERIV. *Jergal* [Acad. 1936]. *Jerigonzar* antic. [Tirso, en Pagés].

[1] Como Cuervo ahí no hace hincapié en la interdental, no podemos estar seguros, aunque cite tres ediciones de 1554, de que éstas escriben el vocablo con *z* y no con *ç*.— [2] Como indicio de que no era todavía de uso general en el S. XV puede citarse el hecho de que los judíos de Marruecos no la pronuncian con *ž*-, sino con *ḥ*-, prueba de que no pertenecía a su vocabulario en el momento de la expulsión. Más datos, Cej. VIII, § 30.— [3] Esta forma vulgar, debida a propagación de la nasal, falta todavía en los diccionarios del S. XVIII, Moraes y Bluteau (1715), pero figura ya en Montecarmelo (1767); en España se halla en ediciones del S. XIX, y es corriente en Colombia y Venezuela.— [4] Para otra etimología menos verosímil de *giria*, V. nota en el artículo *GIRO*.— [5] El tercer verso es muy di-

ferente en el ms. *P*, pero me parece texto mucho menos plausible. Hay, sin embargo, en la lección de *O*, una contradicción entre el singular *este girgonz* y los plurales *son* y *controbadiços*, pero podría subsanarse fácilmente, sea enmendando *estos girgonz*, sea admitiendo en el segundo hemistiquio la lección de *P*, *estos lenguajes tales*, conservando en el hemistiquio primero de la *O*. La idea del autor me parece ser que los idiomas derivaron de las jergas profesionales de los albañiles de la torre bíblica, tales como las que hoy son «controbadizas entre los menestrales». Aunque la voz *girgonz* no perteneciese al autor del *Alex.*, sino al copista del ms. *O*, de todos modos lo tendríamos así documentado en el S. XIV.— [6] De ahí el neerl. med. *gargoensch* (hoy *bargoens* por cruce con el fr. *baragouin*), y ciertas antiguas formas inglesas en *ga*-.— [7] Tampoco es atendible el origen germánico en que piensa Th. Braune, *ZRPh.* XLII, 141, comp. Gamillscheg, *EWFS*.— [8] Estas dos variantes, en el lapidario languedociano de h. 1300 publicado por Contini, *VRom.* III, 263-4; las demás en Levy.— [9] No es originariamente compuesto de *girar*, como opina Moll (*AORBB* II, 55). Tampoco creo que el germen de la desviación semántica catalana se halle también en castellano, a pesar de la definición académica «lenguaje lleno de r o d e o s», *jerigonzar* «hablar con rodeos», pues esto no son más que resabios artificiales que ha dejado en el lexicógrafo la falsa etimología de Covarr., que derivaba arbitrariamente *jerigonza* de GYRARE.

Jergón, V. *jerga* I y *azarcón* *Jergueta, jerguilla*, V. *jerga* I *Jeribeque*, V. *jábega* *Jericoplear*, V. *copla* *Jericote*, V. *chirigota* *Jeriezgo*, V. *arisco* *Jerigonce, jerigonza, jerigonzar*, V. *jerga* II *Jerigonza*, V. *giro* II

JERINGA, del antiguo *siringa*, lavativa', y éste tomado del lat. *sȳrīnga* 'jeringa, lavativa', que a su vez procedía del gr. σῦριγξ, -ιγγος 'caña', 'flauta', 'tubo'. 1.ª *doc.*: «*siringa de cirugiano:* clister, oricularium», Nebr.

Así también en Juan de Valdés. *Aut.* patrocina ya la forma *xeringa*, documentándola en Quevedo; Cej. VIII, § 99; análogamente cat. *xeringa*, it. *sciringa, scilinga*, mientras que el francés conserva la forma más culta *seringue*, port. *seringa*[1]. Por influjo de la *i* siguiente se cambió *siringa* en *xiringa*, y de ahí luego salió *xeringa* por disimilación. Se empleó también como nombre de una planta cuyos tallos se utilizan para hacer flautas (llamadas *syringes* en latín y en griego), vid. Colmeiro; pero en este sentido predominó el diminutivo *jeringuilla*; hay variante *celinda*, especialmente en autores andaluces del S. XIX (*DHist.*), alteración debida al influjo de otros nombres de planta, como *celidonia* y *celiandro* (con su derivado *celindrate*).

Deriv. *Jeringuilla*. *Jeringar* [*Aut.*, ya, también, con el sentido secundario de 'molestar, fastidiar', hoy vulgar, pero muy vivaz en varios países]; *jeringa* 'molestia' cub. [*Ca.*, 161]; *jeringón* 'molesto, el que fastidia' íd. (ibid. 161, 229); *jeringación; jeringador; jeringatorio; jeringazo*.

¹ Del port. pasó al castellano de América *seringa* y *siringa*, como nombre de la goma elástica sacada de una euforbiácea amazónica. Probablemente es la misma palabra que 'jeringa', aunque no consta la explicación semántica; comp. Friederici, *Am. Wb.*, 566*b;* con referencia al Brasil se documenta el vocablo desde 1846 (falta todavía en Moraes).

Jeringonza, V. *jerga* II   *Jeroglífica, jeroglífico*, V. *jerarquía*

JERPA, 'sarmiento delgado y estéril que echan las vides por la parte de abajo y junto al tronco', de un lat. vg. *ŚERPA*, derivado de ŚĔRPĔRE 'rampar, arrastrarse', así llamado por ser tallo rastrero. *1.ª doc.*: *serpia*¹, S. XIV, *Castigos de D. Sancho*, p. 151.

Cej. VIII, §§ 207, 30. Nebr. y PAlc. registran «*serpa de vid:* dracunculus», que de ahí pasó a *Aut.* y a la Academia con la definición «el sarmiento largo de la vid que suele enterrarse para criar otra». En cuanto a la forma moderna, Cabrera cita de un autor antiguo (G. A. de Herrera, ¿1513?) «es bien agora quitar a las vides todas las... *xerpas*», diciendo que es voz anticuada y definiendo «raicecilla, barbajuela». También gall. *xerpa*. Indicó la etimología Baist, *ZRPh.* V, 238², con aprobación de M-L. (*REW* 7857). SERPERE se ha conservado en forma popular en el sardo *sèrpiri*. La falta de diptongación en la variante nebrisense *serpa* se explicará por ser un mozarabismo andaluz. En cuanto a la *x-* castellana, puede ser debida a *jirpear* 'cavar las cepas' [como riojano, en *Aut.*] o **dejerpar* (*deserpiada* 'vid a la cual se han arrancado las serpas', en los *Castigos de D. Sancho*, p. 151), que procederá de EX-SERPARE; también podrá tratarse de **ŚERPA* > **sierpa* > *xerpa*.

¹ Hoy se dice así en Andalucía según la Acad.—
² El it. antic. *serpa* 'pedazo de acero en el que se envuelve la mecha para encender el arcabuz' (Petrocchi) no está claro si tiene el mismo origen.

Jerpil, V. *harpillera*

JERRICOTE, 'potaje compuesto de almendras, azúcar, salvia y genjibre', lo mismo que el cat. ant. *arricoc* o *potatge de N'Erri Coc*, parece derivar del nombre de un inglés *Harry Cock* 'Enrique el cocinero'. *1.ª doc.*: *Aut.*

Donde se documenta sólo en el fº 24 de la traducción del tratado de cocina compuesto por el catalán Robert de Nola. Pero debe de tratarse de una edición muy tardía de esta traducción castellana, pues la ed. de 1929, que reproduce exactamente la de 1529, no trae esta palabra en parte alguna; en cambio en la p. 72 (que según veo por varios cotejos corresponde al fº 24 de la ed. utilizada por *Aut.*) se trata del *potaje merritoche*, cuya descripción corresponde exactamente a la que resume *Aut.* Yo había pensado en derivar de un cat. **gerricot*, variante de *gerricó* 'jarrito' (voz conocida en Barcelona, aunque sólo la registra el dicc. mallorquín de Amengual, y la empleó el mallorquín Joan Alcover, *La Serra*, v. 22).

Pero me parece ha hallado la buena solución L. Faraudo de St. Germain (*Bol. Acad. B. Letras* XXIV, 32 y 40). Tras examen directo confirma este erudito que *jerricote* figura en la forma *potage merritoche* en la ed. de la trad. de Nola de 1529, y *potage que se dice nerricoque* en la ed. príncipe (1525). El modelo catalán trae *potatge de Nerricoch*, y en otro libro culinario catalán más antiguo, el *Libre de Sant Soví*, escrito en el S. XIV o h. 1400, se describe la forma de hacer «*arricoch a moltó*». El texto del *Sant Soví* afirma que dicha obra se tradujo de una escrita por el cocinero del Rey de Inglaterra. El examen de las varias formas hace verosímil la interpretación de Faraudo de que se trata del nombre de un *Harry Cock* inglés (quizá el mismo a que se refiere el *Sant Soví*). En *nerricoch* (*-ch* = *-k*) y en *nerricoque* se aglutinó el cat. *N'* = cast. *don*; *merritoche* sería corrupción manuscrita, y *jerricote* transcripción oral, con la *H* inglesa representada por *j*. Se explicará por la pronunciación débil de la *-rr-* inglesa el and. *jericote* 'guiso hecho con caldo de gallina, almendras, azúcar, salvia y jengibre' (AV).

Jeruga, V. *seruga*   *Jerviguilla, jervilla*, V. *siervo*   *Jesa*, V. *dehesa*   *Jesminero*, V. *jazmín*   *Jeta*, V. *seta*   *Jetar*, V. *echar, atar*   *Jetazo*, V. *seta*   *Jeto*, V. *atar*   *Jetón, jetudo*, V. *seta*   *Jezna*, V. *encella*

JÍBARO, 'silvestre', 'campesino' (Antillas y Costas del Caribe), origen incierto, probablemente indígena americano, quizá derivado del taíno *šiba* o *siba* 'piedra', suponiendo que éste tuviera además el sentido de 'peña', 'cerro'. *1.ª doc.*: *gibaros* «los criollos y mestizos de la Española, Puerto Rico y otras islas», P. Murillo Velarde, *Geographía Histórica*, Madrid 1752, según Bachiller, *Cuba Primitiva*, p. 310; *perros jibaros* 'perros salvajes, montaraces', 1785, en el dominicano A. Sánchez Valverde (*BDHA* V, 249).

Actualmente *jíbaro* es, ante todo, el nombre del campesino blanco de Puerto Rico, y por otra parte de una tribu muy belicosa, araucana o guaraní, que habita en la zona amazónica de la República del Ecuador: son famosos estos indios por su genio arisco, que ha sido causa del abandono repetido de las misiones enviadas para convertirlos, y

que en 1599 dió lugar a un exterminio general
de los cristianos de la región. Aunque Bachiller
y Morales en su libro citado (p. 271) afirma que
gíbaros significaba 'montaraces' según Fr. Ramón
Pané (o más bien Paner), religioso catalán que vi- 5
vió en la Española desde 1496 a 1499 y nos dejó
un valioso tratado sobre las supersticiones de los
indígenas, no logro comprobar la cita y sospecho
que haya ahí una confusión[1]. Fuera de las dos
citas del S. XVIII que he reproducido arriba, el 10
vocablo no empieza a ser citado con frecuencia
hasta 1820, en que ya aparece en periódicos de
Puerto Rico y en descripciones de extranjeros relativos a esta isla. Pichardo en su diccionario de
Voces Cubanas de 1836 dice que *jíbaro*, voz in- 15
dígena, es 'montaraz, rústico, indomable', pero que
en Cuba se ha reducido su empleo al *perro jíbaro*,
alguna vez el *gato jíbaro* (más bien llamado *cimarrón*), y en la parte oriental se aplica también
algunas veces al hombre de modales o costumbres 20
agrestes, llamado *orejano* en Santo Domingo; en
diccionarios cubanos posteriores ya sólo se habla
de *perros jíbaros* (Martínez Moles; Ortiz, *Ca.*,
p. 55). Con referencia a Sto. Domingo (*BDHA*
V, 195) nos informa Hz. Ureña de que *jíbaro*, 25
como *campuno* u *orejano*, es «descriptivo y valo-
rativo», mientras que para denominar objetivamente a los campesinos se dice *los del campo*. En el
sentido de 'agreste, rústico' se emplea también en
Tabasco (G. Eskildsen), en Honduras es 'persona 30
alta, gruesa y vigorosa' (Membreño), en la Costa
Atlántica colombiana *estar jíbaro* es 'estar harto o
repleto de comida' (Sundheim), en cuanto a la
ac. general mejicana 'especie de mestizo' (Acad.
ya 1884) y la peruana 'cierto baile de los indios' 35
(Malaret), según los lexicógrafos locales modernos
no son conocidas en la actualidad, y su fuente es
dudosa[2].

Ha tratado del vocablo especialmente Malaret
(*Vocabulario de Puerto Rico*, s. v.; y en el folleto 40
Por mi Patria y por mi Idioma, 1942, 1-6); insinúa este escritor la posibilidad de que el vocablo
venga del nombre de la tribu ecuatoriana, llevado
a P. Rico por la inmigración de muchas familias
sudamericanas, procedentes en su mayoría de Vene- 45
zuela, que se refugiaron en la isla a raíz de un
decreto de 1813: para ello se funda en el paralelismo del nombre cubano equivalente *guajiro*,
procedente del de una tribu establecida entre Colombia y Venezuela; pero además de que el Ecua- 50
dor amazónico es mucho más remoto, *jíbaro* se
documenta en las Antillas por lo menos desde
1752, y es más natural y conforme a la corriente
general suponer que un término antillano se aplicara por los conquistadores a la tribu ecuatorial 55
que se distinguía por sus instintos montaraces.
No sería imposible que haya relación, según la
idea de Mugica recogida por Malaret, con el bilbaíno *jebo* «aldeanazo», «joven fornido, de maneras y formas toscas» (Arriaga, *Lexicón Bilbaíno*; 60

Revoladas de un Chimbo, s. v.), pero la semejanza
no es lo bastante grande para que se pueda asegurar nada, y por otra parte el vocablo bilbaíno
no parece ser de origen vasco (nada análogo en
Azkue) y se ignora su origen. Lo más prudente
es limitarse a declarar desconocido el origen, según hacen Hz. Ureña (*BDHA* V, 128) y Navarro
Tomás (*El Español en Puerto Rico*, p. 35).

Sin embargo, el propio Ureña lo incluyó antes
entre las voces antillanas de procedencia indeterminada, «pero que parecen taínas» (*Indig.*, 120), y
el portorriqueño Coll y Toste (1907), seguido por
F. Ortiz (*Ca.*, 55), deriva del «radical indoantillano
jiba 'monte', y *ro* por *ero*, que como sufijo español
equivale a hombre»[3]. Hace falta documentar mejor este *jiba*. Que algo hay de eso parece indicarlo
la toponimia cubana, pues además de *Jíbara* hay
Jibacoa, nombre propio de una hacienda, pueblo,
puerto y río (*coa* 'fuente', Bachiller, pp. 249, 307),
Jibarú, hacienda, y *Jibabúnico* (p. 307), barrio de
la ciudad de la Trinidad (comp. *Jatibonico*, pp. 375
y 298; *Guaniguanico*, p. 350; *Búnico*, p. 225)[4];
pero no hallo testimonios de que esto signifique
'monte' o 'bosque'. Lo que sí se conoce es *siba*
'piedra', que hoy pronuncian *šiba* las mujeres de
los Caribes isleños, cuyo idioma pertenece a la
familia del taíno: De Goeje, *Journal de la Soc.
des Américanistes*, N. S., XXXI, 13 y 57; el propio De Goeje da la variante *siba* como documentada en caribe, Hz. Ureña menciona *ciba* en el
P. Las Casas (p. 127) y Bachiller cita el vocablo
en el texto de Ramón Paner (1499) en la forma
siguiente: «le regaló [a una mujer] muchos *guanini* [joyas de oro de poca ley] y *sibas* [piedras]
para que las llevase atadas al brazo: en el país
los *colesibi* son piedras parecidas al mármol, que
llevan en brazaletes»[5]: más testimonios antiguos
de *ciba* y *siba* en Friederici, *Am. Wb.*, 188, entre
ellos el de Colón, de 1494: «ferida fecha con
ciba, que quiere decir con piedra»; de ahí el nombre de la región dominicana del *Cibao*, que ya
Anglería (1510) traduce por «saxosum», los nombres de lugar cubanos *Sibanacán*, *Sibanicú* y *Si-
barimar* (Bachiller, p. 384), el dominicano *Ciba-
guara* (íd., p. 244) y probablemente el derivado
ceboruco o *seboruco* (*sibaruco*) que los cronistas
del S. XVI definen. repetidamente como 'terreno
áspero y quebrado': Cieza de León en 1553 escribe «otra cosa no hay que montañas muy espesas e *ceborucos* muy malos» (Friederici, *Am.
Wb.*, 156-7).

Con *seboruco*, al parecer, pasamos ya de la idea
de 'piedra' a la de 'peña', 'breña' o 'terreno quebrado', y como ese tránsito semántico es muy
común, sería lícito partir de la variante *šiba*
(= *xiba*) y admitir que *jíbaro* deriva de ahí, como
los sinónimos *cimarrón*, *cerrero* y *cerril* proceden
de *cima* y *cerro*. El sufijo podría ser indígena,
quizá idéntico al del citado *Jíbara*, o bien podría
tratarse del sufijo átono español *-aro*, que se agrega

aun a voces americanas (*GUACHARO, GUÁM-PARO*), y desde luego a vocablos de formación muy tardía, como *JÍCARA*, derivado de *jaque* a fines del S. XVI⁶.

¹ Por desgracia la obra nos ha llegado por vía indirecta, y los textos de que dispongo inspiran poca confianza. Un examen rápido de la edición resumida y comentada que da el propio Bachiller y Morales, pp. 165-182, y de la más completa de los *Archivos del Folklore Cubano* I, 124-145, no ha dado resultado. La figura de Paner ha sido tan lamentablemente descuidada que ni siquiera los americanistas especializados saben cómo pronunciar su nombre, que suelen escribir Pane en lugar de Pané (con ortografía correcta Paner); el nombre de pila parece ser Ramón y no Román. Un Fra Paner, «home revoltós», figura en las disputas entre el Convento de la Merced y el Concejo barcelonés en 1571 (*Manual de Novells Ardits* V, 196), y aunque no puede ser el compañero de Colón, sí podría tratarse de un próximo pariente suyo.— ² Malaret atribuye también el vocablo a la Argentina, basándose en Segovia (pp. 126 y 449), pero ahí parece ser artículo de carácter enciclopédico. No lo he oído nunca en este país, ni lo recoge Garzón, más fidedigno.— ³ Relaciona especialmente con *Jíbara*, lugar y puerto de Cuba. Según Pichardo *jibara* es, en Villaclara y otras poblaciones de la Vueltarriba, el nombre del *Erythroxylum brevipes*, arbusto silvestre que en otras partes de Cuba se llama *jibá*. Ahora bien, dice Ortiz que *jíbaro* viene «de la voz indoantillana *jibá*, 'bosque', 'monte'».— ⁴ Sin contar *Hibahasue*, monte de Haití (p. 299), que quizá sea otra cosa.— ⁵ *Cuba Primitiva*, p. 169. Los paréntesis son de Bachiller. La verdad es que la palabra *siba* no figura en el texto de los *Archivos* (p. 127). Los plurales *guanini* y *colesibi* procederán de la versión italiana en que se basa, por lo menos en parte, el texto actual de Paner.— ⁶ Se podría pensar en derivar de *siba* el nombre de los *Siboneyes*, que se han tomado como prototipo de la población indígena de Cuba (Bachiller, pp. 244-6), y aun el de los *cimarrones* (¿dilación nasal de *cibarrones?*).

JIBIA, tomado del mozárabe *xibia*, procedente del lat. SĒPĬA, y éste a su vez del gr. σηπία íd. *1.ª doc.*: *sibiya* y *šibiya*, 1106, Abenbuclárix; *xibia*, J. Ruiz, 1104*b*; Cej. VIII, § 23.

Las formas citadas *sîbiya* y *šibiya* están también en Abenalbéitar, *xibia*, como palabra hispanoárabe, en PAlc., *šiba* en Abenalauam, y *chébbia*, *šébbia*, *síbia* y otras formas análogas en los dialectos africanos del árabe (Simonet, 515). También el port. *siba* presenta una forma semejante. Suele citarse *jibia* como ej. del «tratamiento esporádico» de la *s*- latina como *j*- (*x*-), pero en realidad el tratamiento de la P en combinación con yod prueba terminantemente que ésta no es palabra pura-

mente romance, sino mozarabismo o arabismo, aunque en última instancia sea de abolengo grecolatino; en el grupo PĬ la P se conserva intacta en romance, sin excepción: *apio, sepa, quepa*, etc. Nuestra -*b*- no es, pues, un caso de sonorización romance de la -P- latina, sino debida a la pronunciación arábiga, y por lo tanto la *x*- será también mozárabe. El tratamiento puramente romance lo vemos en el cat. *sípia* o *sépia*, oc. *sepcha* o *sípia*, port. *siba*, hoy gall. *xibia*, pero Sarm. recoge todavía *sibia* y *xibia* (*CaG.* 82*v*), it. *seppia*, fr. *seiche* 'jibia'; vasco *txipiroi* 'calamar, jibión' (< *txipio(n)e*, con -*r*- antihiática), que a su vez ha dado el bilb. *chipirón* (Arriaga). Pedro de Rúa (¿soriano?), a. 1549, empleó en castellano *sepia* (*Aut.*); como nombre de colorante *sepia* [Acad. S. XIX] se tomaría del it.

DERIV. *Jibión*.

JÍCARA, probablemente tomado del náhuatl *šikálli* 'vasija de calabaza, vasija de ombligo', compuesto de *šiktli* 'ombligo' y *kalli* 'receptáculo'. *1.ª doc.*: *xícalo*, Fz. de Oviedo, poco después de 1535; *xícara*, h. 1540, Fr. Marcos de Niza.

Friederici, *Am. Wb.*, 332-3¹; L. B. Kiddle, en *Philol. and Documentary Studies* I, n.º 4, Tulane University, 115-154; Hz. Ureña, *RFH* VII, 288-90; Nykl, *RH* LXXVII, 185. *Xicales* aparece también en Bernal Díaz del Castillo, y *xícaras* en varios cronistas del S. XVI; en España lo emplean ya Lope, Tirso y Moreto, y sigue hoy siendo palabra bien vivaz en todo el país² como nombre de la taza pequeña para tomar chocolate, en Méjico, América Central y Cuba (Pichardo, s. v. *güira*) es 'vasija para depositar alimentos' o 'vasija pintada para adorno de la casa', en Santo Domingo 'vasija hecha de la cáscara interna del coco'. Primitivamente fué una vasija hecha del fruto de la *Crescentia Cujete* o calabacero, empleada para el chocolate, para lavarse las manos, para depositar alimentos, etc. Del castellano pasó al it. *chicchera* [S. XVII: Zaccaria] y al cat. *xicra*. En azteca *xikalli* está ya documentado por Molina. El traslado del acento se explica por la explosión glotal que afectaba la primera sílaba del vocablo y que los españoles pudieron tomar por un acento; comp. *Mexico* > *Méjico*, *šikamatl* > *jícama*, y *petla-kalli* > *petaca*. No se ha explicado, en cambio, por qué se cambió la *ll* (pron. *l* doble) en -*r*-. Puede ser debido a una trascripción aproximada de la combinación fonética extranjera -*l·l*-, favorecida por la general labilidad del sufijo átono castellano (comp. lo dicho bajo *CÁRCAVA);* pero acaso no pueda descartarse del todo el influjo del hispanoárabe y árabe africano *šikâra* 'mochila', 'talega', 'saco grande para grano y harina', bien documentado desde el S. XIII (R. Martí; PAlc.; Dozy, *Suppl.* I, 777*b*), aunque nuestro vocablo no está documentado en castellano antes del descubrimiento de América, y el traslado del acento se opondría a que mirásemos a aquél como étimo del cast. mod. *jícara;* comp., sin embargo, *ALBRI-CIAS, JAQUIMA, RECUA;* y *šákkara* 'olla' figura en diccionarios del árabe clásico; el argumento decisivo contra el árabe está en la abundante documentación americana del S. XVI y el especial arraigo de la palabra en Méjico y América Central.

DERIV. *Jícaro* 'escudilla hecha de cáscara de coco' cub. (*Ca.,* 170), hond. *Jicarazo. Jicarón* (*jicaró* en Acad. 1936 es errata). *Jicarudo* 'carilargo' mej., nicar. *Jicarero* 'fabricador de jícaras'; *jicarería. Jicarista* [S. XVII, Esquilache].

¹ Aunque atribuye la cita de *una xícara de cacao,* en Fr. B. de Sahagún, al año 1532, conviene no olvidar que este libro no se publicó hasta 1575.— ² Variante *cícara* en Cespedosa, *RFE* XV, 146.

Jicrocio. V. *socrocio*

JIFA, 'desperdicio que se tira en el matadero al descuartizar las reses', del ár. *ǧífa* 'cadáver', 'carne mortecina'. *1.ª doc.: chifa,* h. 1630; *xifa, Aut.*

Reza la primera documentación: «llaman algunos al murmurar comer maçapanes, porque de ello se tiene gusto, y no saben que es el afeyte quel demonio le da, pues no es sino comer la hedionda *chifa* y pestífera çucidad», texto morisco publ. p. Oliver Asín, *Al-And.* I, 433. Define *Aut.* «lo que se arroja, o lo que falta y quitan, en los mataderos, cuando se desquartizan las reses para el público». Entre los sefardíes de Marruecos sigue pronunciándose con *j* palatal sonora *jifa* 'cadáver en corrupción', 'gente perversa, indigna', 'hedor, pestilencia' (*BRAE* XV, 210). En Andalucía corre una variante *guifa:* «la gente menuda de la *guifa* y del matadero», en Estébanez Calderón (*RH* XLIX, 466); podría explicarse, como *gareta* y *garifo* por *JARETA* y *JARIFO,* por una ultracorrección de la tendencia andaluza a pronunciar *la jayínah* por *las gallinas* (ó acaso por contaminación). Pero el cat. ant. *carns guifes* 'carnes mortecinas' (Tortosa, a. 1344, *BABL* XII, 61) prueba que la explicación debe de ser otra: probablemente una pronunciación de tipo egipcio o arcaico, con la *ǧ* pronunciada *g,* debió de ser corriente en el árabe magrebí e hispánico, en este vocablo.

Ya en árabe clásico existe *ǧífa* 'cadáver', especialmente el que empieza a heder, y en el vulgar de España y de otras partes aparece traducido por «carne mortezina» (PAlc.), «morticinum» (R. Martí; Dozy, *Suppl.* I, 239).

DERIV. *Jifero* [1591, Percivale, g-: «one that selleth flesh by retaile dressed; sometimes used for a butcher»; 1607, Oudin «tue-boeuf, celui qui tue les boeufs à la boucherie, boucher»; 'matarife', 1613, *Coloquio de los Perros*¹; 'inmundo', ibid.²; 'cuchillo de matarife', Quiñones de B.³; *Estebanillo*]⁴; *jifería; jiferada* [Quevedo], hoy *chifarrada*⁵

en la zona de Málaga 'señal larga de quemadura o cortadura' (Toro G., *RH* XLIX, 413), *chinfarratá* en Extremadura (*BRAE* III, 665); *jifear,* judesp. marroq. 'ahogar, estrangular', 'apurar, no dejar respirar a uno hasta hacerle pagar lo que debe' (*BRAE* XV, 210).

¹ «Mis padres debieron de ser alanos de aquellos que crían los ministros de aquella confusión, a quien llaman *jiferos*», dice uno de los perros, ed. *Cl. C.,* p. 215.— ² «No poner mi boca *jifera* y sucia en aquellas manos limpias y blancas», p. 220.— ³ «Si esto sufres y no chillas, / tus uñas de balde están; / y tu flema, de manifiesto; / y tu *jifero,* de paz», *NBAE* XVIII, 594.— ⁴ Es casual el parecido con el gr. ξιφήρης 'armado de espada', voz poética; Aldrete, *Origen,* 65r°2, lo creía étimo de nuestro vocablo. Hay contacto, pero secundario, con *chafarote* y variantes (V. *CHIFLA*).— ⁵ Forma análoga a éstas (cf. arriba el morisco *chifa* de h. 1630) será *La Xifarrera* (pron. *čif-*) nombre de una casa rústica en el término municipal de la Font de la Figuera, 1'5 km. al S. del trifinio con Énguera y Moixent. Supongo se tratará de un antiguo muladar adonde arrojarían cadáveres y otros animales (cf. el val. *Carraixet,* el cat. *Canyet* y el *Despeñaperros* de Sierra Morena, etc.).

Jija, V. *salchicha*   *Jifia,* V. *xifoides*

JIJALLO, arag., 'planta análoga a la barrilla', origen desconocido. *1.ª doc.: xixallo, Aut.*

«Arbusto de poco menos de una vara de altura, cuyas hojas son muy angostas, cenicientas y blandas; es excelente pasto de ganados, y muy sabroso, pues no necessitan de sal los que se apacientan dél; críase en los yermos y páramos que no están en montaña; es voz de Aragón; lat. *species cytissi*» (*Aut.*). En español no es sólo voz aragonesa: santand. *jijallu* 'salsola vermiculata' (G. Lomas). La variante *sisallo* aparece ya en Cabrera († 1833), y en la Acad. ya en 1884, y es la que se emplea en la zona de Caspe. En el catalán de Mequinenza he oído *sisall,* con -s- sonora; también he anotado *sisall,* con sonora, en Saidí (junto a Fraga) y en Algaió (junto a Tamarit de Llitera); la forma *siall,* recogida algo más al NE., en Albelda, comprueba la antigüedad del vocablo en cat. occidental, y el detalle de que el étimo, desde muy antiguo, tenía -s- intervocálica sencilla, sonido que en esta lengua cae por disimilación en los vocablos que ya tienen otra s.

Borao advierte que «se escribe también *xijallo* y se pronuncia *sisallo*», y bajo este artículo identifica con la *Salsola Vermiculata.* No conozco más parentela en catalán ni en gascón, y no creo que tenga relación con el vasco *sits* (o *sis*) 'basura, estiércol', 'polilla', bastante extendido en ambos significados por Vizcaya y Guipúzcoa (en una localidad de esta provincia *sitx* 'cagarruta de oveja';

Azkue)[1]. Steiger y Hess, *VRom.* II, 63, citan a ese propósito la Agricultura de G. A. de Herrera (1513), aunque no resulta claro si el vocablo se halla en este autor, y agregan que en el catalán de Elche la misma planta se llama *siscall*, el cual es derivado evidente del cat. *sesca, sisca*, cast. *SISCA*, jisca, que a su vez se cree de origen céltico. ¿Será *sisallo* derivado de la misma raíz? Para ello haría falta que -*ca* fuese un elemento sufijal o agregado, y no parece ser así[2].

DERIV. *Jijallar* (*sisallar* en la Litera: Coll A.).

[1] El vasco *sits* está muy extendido en el sentido de 'polilla', pero en el de 'basura, estiércol' es sólo variante del común *sats* —Michelena, *BSVAP* XI, 297—, lo cual, junto con la -s- sonora a que acabo de referirme (en desacuerdo con la *ts* o *tx* vasca), me disuade de esta posibilidad etimológica.— [2] Cierto que Zimmer relacionaba el irl. ant. *sescen* 'marisma' con irl. *sesc*, galés *hesp*, 'árido, estéril' (Thurneysen, p. 111), pero Pedersen (I 71, 76) separa las dos familias, trayendo ésta de un SESQU-, y aquélla, a la cual pertenece *SESCA 'jisca', de *SEP-SK-, comp. escand. ant. *séf* 'junco'.

Jijas, V. *salchicha*   *Jijear, jijeo*, V. *ijujú*
Jijén, V. *jején*   *Jijona*, V. *fontegí*   *Jilbarbera*,
V. *jueves*

JILGUERO, 'Acanthis carduelis', del antiguo *sirguero*, derivado de *sirgo* 'paño de seda', porque sus colores recuerdan los de los paños antiguos de este tejido. 1.ª doc.: *sirguera*, S. XIII, *Elena y María, RFE* I, 66[1]; «*sirguerito, ave:* carduelis pictus», Nebr.; *xilguero*, citado de Lope por *Aut.*

La forma *sirguero* figura también en el *Tributo de César*, de Santiago Alvarez Gamero, segunda mitad del S. XVI, en C. de las Casas (1570), Percivale, Oudin y Covarr., en novela mejicana de 1620, y hoy sigue siendo usual en Extremadura; *sirguerillo* está en María de Zayas (*DHist.*, s. v. *cendali*); *xirguerito* está en Bartolomé de Villalba (1577); *silguero* se halla con frecuencia en los clásicos: Cervantes, Lope, Suárez de Figueroa, P. de Oña y Quiñones de B. (*NBAE* XVIII, 545), y hoy es todavía la forma popular en Santander, Andalucía, Méjico, Costa Rica, Chile, Arg.[2], Asturias y castellano de Galicia (*BRAE* XIV, 91); gall. *silgueiro* (Sarm. *CaG.* 91v; Vall.).

La comparación de estas diversas variantes nos muestra que *sirguero* es seguramente la originaria, cambiada luego en *silguero* por disimilación, y en *xilguero* al palatalizarse la s por acción de la *i* siguiente. Ahora bien, notó M. P. que los colores variados del plumaje del jilguero, oro viejo, amarillo vivo y negro intenso con pintas rojas, recuerdan mucho las combinaciones de los paños de seda antiguos, y como la seda se llamaba antiguamente *sirgo* no hay dificultad en derivar de ahí nuestro vocablo; para el origen de *sirgo*, V.

JERGA I.

El sinónimo *pintacilgo* [*Aut.*; -*silgo*, 1602, *Nomenclator Octolinguis*, s. v. *carduelis*, seg. Sarm.] se explicaría seguramente por un cruce del otro sinónimo *pintadillo* [*Aut.*] con *sirgo* o *silgo*, empleado este último en Maragatería como adjetivo con el significado 'de dos colores o pelos', hablando de la capa de los animales (*BRAE* III, 60); *pintassilgo* es palabra más corriente en portugués que en castellano, y se halla documentada en la forma -*sirgo* en lo antiguo (C. Michaëlis, *Misc. Caix*, 143-4), y ya en el *Palmeirim* de 1544 (Moraes)[3]; en gallego, localmente, *pintaxilgo* en Goyán, *pintasilvas* en Verín (Crespo Pozo). En vista de la poca extensión de *pintacilgo* en castellano, no tiene importancia para la etimología su -*c*-.

No es aceptable la etimología σίλυβον 'especie de cardo', sugerida por Baist (*ZRPh.* VII, 115) y adoptada por M-L. (*REW* 7924) y A. Alonso (*Problemas de Dialectol. Hispanoamer.*, 158), en vista del paralelismo con el lat. *carduēlis* y los romances *cardelina, cardina, cadernera, chardonneret*, nombres del jilguero, todos ellos derivados de *cardo*: no hay, en efecto, indicio alguno de que nuestro vocablo tuviera -*b*- originaria en lugar de -*g*-, ni hay otros testimonios de la existencia de esta voz griega en romance ni casi en latín[4]. *GdDD* 6130-1 pretende apoyar su étimo σίλυβον 'cardo' con un nav. *cilbo* 'jilguero'; pero no hay tal *cilbo*: Iribarren sólo recoge *cilbete* «nombre que dan en Tafalla a una clase de pájaro», sin precisar más de qué pájaro se trata, que no sabemos tenga relación alguna con el jilguero. Las objeciones que contra la etimología de M. P. formularon M-L. y Baist (*KJRPh.* VI, 392) son vagas y carecen de fundamento[5]. El adjetivo *silgo* que he citado arriba aporta una buena confirmación del étimo aquí aceptado, y *xerguerito* en una *Farsa* del S. XVI (Fcha.) es derivado de *jerga*, sinónimo de *sirgo*.

El gall. *xílgaro* (Rosalía de Castro, *Follas Novas*, glos.; Carré; Castelao 205.3; como pontevedrés ya en Sarm., *CaG.* 125v, cf. Pensado ib. p. 235) o *sílgaro* (G. de Diego, *Gram. Hist. Cast.*, 38, n. 6) 'jilguero' es otro derivado de *sirgo*, con el sufijo átono -*aro*; la misma formación tiene la variante *xílguero* coruñés (Cuveiro), *sílguero* que corre en Chile y Tucumán, y *jílguero* empleado en la Rioja argentina y en el Ecuador (V. mi nota en *RFH* VI, 213-4).

[1] «El gayo e la gaya, / ... / el tordo e el lengulado / e don palonbo torcado / e el estornino e la calandra, / que sienpre de amor cantan, / el pelisco e la *sirguera*, / que de todos los buenos eran».— [2] En coplas populares de todo el país, y en particular Cuyo, Córdoba y Santiago del Estero (Draghi, *Canc. Cuyano*, 34, 247, 248, 573, 574; I. Moya, *Romancero*, I, 211; O. di Lullo, *Canc. de Santiago*, 160, 384). Para la demás documentación, vid. Cuervo, *Obr.*

Inéd., 97-98; *BDHA* IV, 297; *BRAE* XIV, 91; *RH* XL, 160. En Cáceres y Sierra de Gata se pronuncia *šilgéro*, pero es *š-* secundaria y reciente, pues la *x-* antigua se pronuncia *h* en estos pueblos; Θargéïru en un pueblo de lengua portuguesa de la misma provincia (Espinosa, *Arc. Dial.* 226).— [3] Una variante *pintassilbo* corre hoy en varias localidades del Minho portugués (Leite de V., *Opúsc.* II, 441, 504), pero no se puede dar mucha importancia a esta variante local y moderna.— [4] Es verdad que sale una vez en Plinio, como voz erudita, pero es arbitrario derivar de ahí el port. *silva* 'zarzamora', que siempre se ha identificado con el lat. SILVA; en cuanto al nombre portugués de pájaro *sílvia*, por lo demás vocablo poco común, no es el 'jilguero', sino el 'pardillo', y no vendrá de ahí, sino del nombre propio de persona.— [5] No es verdad que *sirgo* no designara paños de seda, sino sólo la seda en bruto. Lo contrario es lo más frecuente en la Edad Media: «los que son vestidos de *sirgo* e de púrpura no pueden santamente vestir a Jesucristo» (*Consolaciones del Antipapa Luna*, p. 586a), «El Infante traxo dos caballos, y dos piezas de *sirgo* y dos espadas de plata» (*Crónica de Juan II*, en *Aut.*), y V. el ej. de *xirgado* que cito s. v. *JERGA* I.

JILMAESTRE, 'teniente de mayoral que suple por éste en el gobierno de los caballos o mulas de transporte de las piezas de artillería', tomado del alem. *schirrmeister* íd., compuesto de *meister* 'maestro' y el radical de *geschirr* 'guarnición, arreos' y *schirren* 'aparejar, enjaezar'. *1.ª doc.*: Acad. ya 1817 (*gi-*).

Jilovento, V. *barlovento* *Jilso*, V. *fijo, hincar* *Jimagua, jimelga*, V. *mellizo* *Jimbre*, V. *enebro* *Jimelga*, V. *amagar, mellar* *Jimenzar*, V. *sembrar, semilla* *Jimio*, V. *simio* *Jinda*, V. *jindama.*

JINDAMA, 'miedo', también *jinda*, derivados del gitano *hiñar* y sus variantes *hiñdas, hináva, hendáva*, 'evacuar el vientre', por alusión a las consecuencias fisiológicas del miedo. *1.ª doc.*: *jindama*, h. 1880 en M. Fz. y González, *BRAE* XXXIII, 80; 1908, Pastor Molina, *Vocab. de Madrileñismos.*

Jinda figura en Baroja y otros. Vid. M. L. Wagner, *Notes Ling. sur l' Argot Barcelonais*, 63-64; Miklosich, *Denkschriften der Wiener Akad.* XXVI, 221.

Jinebro, V. *enebro*   *Jinestada*, V. *ginebrada*

JINETA, 'especie de garduña africana y española', emparentado con el ár. africano *ǧarnáit* íd., pero la correspondencia fonética es imperfecta, y como el origen de este vocablo, a su vez, no está

averiguado y no puede ser de oriundez semítica, la cuestión no está resuelta, aunque no es improbable que el vocablo romance sea de procedencia africana, con influjo fonético de *JINETE*. *1.ª doc.*: 1573, Mármol, *Descripción general de África*; en Portugal y en Cataluña el vocablo ya se menciona en los SS. XII y XIII.

Además de Mármol *Aut.* cita un pasaje de Martínez de Espinar (1640), que parece indicar conocimiento algo incierto del vocablo y del animal: «hai otra especie de hurón que llamamos *patialvillo*... y se cree es este animal el que llamamos *gineta*». Covarr. define «una especie de fuyna, cuya piel adereçada sirve para aforrar ropas»; ahí, como en Mármol, se trata de p i e l e s de jineta, lo cual estaría de acuerdo con una procedencia forastera del animal. Bluteau (1715) define «*gineta ou geneta*: espécie de doninha, cuja pelle lanuginosa he salpicada de negro ou pardo; adereçada serve para forrar roupas; vive em lugares aquáticos», y cita de Gesner (supongo se trata del naturalista y filólogo suizo del S. XVI): «est bestia, paulo maior vulpeculâ... pelles vestibus assuuntur et pretiosae habentur... *Ginettas* Hispania mittit, formâ et moribus domesticis mustellis, quas nos *foinos* vocamus, similes, pelle variâ ac nigro et cinereo alternantibus maculis distincta». Cita luego a Favyn (1620), cuyo texto puede verse en God., quien describe dos clases, una común y otra rara, de extraordinaria belleza, «cuja pelle esfregada e aquentada exhala um cheiro como de almiscar, que he huma das razões porque os cavalleiros e as damas forravão com ella as suas vestiduras, atè virem de Moscovia as pelles zebellinas que levarão a todas ventajem; diz este mesmo autor que esta casta de ginetas preciosas vem da India ou da Africa». Cuenta luego que al derrotar Carlos Martel a Abderramen repartió como despojos muchas pieles de jineta halladas en el ejército invasor, y termina diciendo que el vocablo no es arábigo, según advirtió Galland, sino formado del b. lat. *fagina*, diminutivo *fagineta*, nombre francés de la garduña[1].

Cualesquiera que sean sus méritos en definitiva, esta idea, patrocinada por Ménage, no puede calificarse de disparatada: una forma aspirada y con artículo la **hagineta* fácilmente pudo convertirse en la *gineta*. Verdad es que en España la aspiración sólo pudo ocurrir en Castilla; ahora bien, ahí la G[i] habría dado y o cero, además de que *-eta* no es sufijo castellano, por lo tanto esta forma no podría ser castellana, y menos (a causa de la *h*) podría ser portuguesa, leonesa, aragonesa o catalana. Quedaría, sin embargo, el gascón, y ahí justamente 'garduña' se dice *hažína* o *ǧína*, en el valle de Arán (V. mi *Vocab.*), *hažìnou* en el del Lez, *ajìno* en el alto valle del Garona y en Luchon, *hažìno* en Ossau (Rohlfs, *BhZRPh.* LXXXV, §§ 374 y 399); ahora bien, nada sería más natural en esta zona que un diminutivo **hažinéta* o **haži-*

néto. Pero el caso es que tal diminutivo no lo
tengo documentado, y la dificultad peor es que en
gascón la caída total de la *h*- aspirada es fenómeno muy localizado, casi esporádico, y en todo
caso reciente, mientras que *jineta*, o por lo menos
sus congéneres romances, están bien documentados desde el S. XII, época en que la desaparición
de una *h* gascona sería poco menos que inconcebible.

En efecto, en un doc. portugués de 1137 se
menciona ya *una pelle de janeta* (Viterbo, s. v.
foles), del fr. *genette* se hallan una decena de
ejs. antiguos desde el S. XIII hasta princípios
del XVII, sin interrupción (God. IV, 258), y en
catalán tenemos ya el siguiente, de 1284: «peli-
ceria... de salvazina, axí can son *janetes*, fahines,
volps, gatz martrins» (*Reva de Perpinyà*, *RLR* IV,
371), que al mismo tiempo nos confirma que la
jineta era distinta de la *fahina* o garduña².

Ya Diez (*Wb.*, 165) sospechó que fuese de
origen oriental; Dozy (*Gloss.*, 276; nada nuevo en el *Suppl.* I, 189*b*), seguido por Devic (39),
Eguílaz (413), M-L. (*REW* 3943*b*) y Gamillscheg
(*EWFS*), parte del ár. *ǧarnáiṭ* (pronunciado vulgarmente *ǧarnéiṭ* o *ǧernéiṭ*), nombre de este cuadrúpedo en el Norte de Africa. Sin oponerse a la
etimología, observa Bloch que esta forma arábiga
no es segura. El vocablo, en efecto, falta en los
diccionarios, pero lo recoge un orientalista responsable como Cherbonneau, en calidad de palabra usual en tierras africanas, y Beaussier, por
su parte, lo registra, aunque sin vocales, como
propio del Oriente de Argelia³. Sea como quiera
este vocablo no puede ser genuino en árabe dada
su estructura, y me falta competencia para decidir si tiene o no sus raíces en bereber. ¿Volveremos por esta razón a sospechar un origen romance admitiendo que de España pasó al Norte de
África? Dadas las dificultades de la procedencia
gascona, sólo quedaría la alternativa mozárabe,
dialecto donde el sufijo *-eta* parece ser autóctono;
pero ahí se conserva la F-. Como nuestro conocimiento del mozárabe es incompleto no podemos
asegurar que en algunas zonas de su área no se
aspirara o eliminara la F-. De todos modos, esto
es muy dudoso, y las menciones romances de la
jineta, casi siempre relativas a su piel, como artículo de lujo, sugieren decididamente una procedencia ultramarina⁴.

¹ Sarm. localizaba a la *gineta* en Castilla, en la
Sierra del Piélago hacia Talavera: «animal montés como garduña o marta, se sube a los árboles, fondo blanco y manchas algo azules» (*CaG.*
234*r*).— ² El it. *giannetta* 'piel de garduña', como
figura en una correspondencia enviada desde Madrid por Sassetti en 1581, puede ser, como nota
Zaccaria, castellanismo o portuguesismo. Hoy en
catalán el vocablo no es popular en el Principado,
pero sí en Mallorca. Se dice *geneta*: Alcover lo
anota en Llucmajor (*BDLC* XIII, 26), lo em-

plea B. Ferrà en sus *Comedias* (*Illes d'Or*, I, 32),
y P. d'A. Penya se sirve del vocablo en la frase proverbial *ses genetes ja són fuites* 'se han
marchado los importunos' (*Illes d'Or*, 123). Todo esto revela la popularidad y arraigo local del
vocablo en Mallorca.— ³ En efecto, a juzgar por
Lerchundi, es ajeno a Marruecos, donde se diría *sébseb*; y en Oriente, *°írsa* o *'abū °arûs* (ibid.,
propiamente 'novia' o 'padre de la novia', aunque otros diccionarios traducen éste por 'comadreja').— ⁴ Interesaría saber dónde está documentada la variante cast. *ganeta*, que la Acad. registra ya en 1843 (no 1817).

JINETE, significó primeramente 'soldado de a
caballo que peleaba con lanza y adarga, y llevaba encogidas las piernas, con estribos cortos', y
procede del ár. vg. *zenêtî* (ár. *zanātī*) 'individuo
de Zeneta', tribu bereber, famosa por su caballería ligera, que acudió en defensa del reino de Granada en el S. XIII. *1.ª doc.: cavalleros ginetes*,
con referencia a esa tribu, 2.º cuarto del S. XIV,
Crónica de Alfonso X.

Se refiere esta crónica a la llegada de los Zenetes a España en 1263. A los mismos hechos
alude la *Crónica* catalana de Jaime I, redactada
como una década después de ocurrir los hechos,
con las palabras: «haviém hoït d' abans que·l Rey
de Castela s'era desavengut ab lo Rey de Granada, e que·l Rey de Granada de lonch temps
havia percaçats los moros d'elèn mar, e que passa-
ven los *Genets* en sa terra» (395). Otros pasajes
de esta crónica narran cómo D. Jaime acudió al
socorro de su yerno el Castellano, rescatando de
manos de los Zenetes el reino de Murcia, y les
llama siempre *Genets* (vid. Balari). En el mismo
idioma *genet* o *ginet* es usual en toda la Edad
Media, sea como nombre de un soldado de a caballo que ataca súbitamente, y huye si no puede
herir mortalmente (así a fines del S. XIV en Eiximenis), sea como denominación de una raza de
caballos rápida, que se cabalgaban sin bardarlos
(*encobertar*), es decir, los caballos empleados por
los Zenetes (vid. Ag.). En ambos sentidos es corriente también el vocablo en castellano¹ y en
portugués medievales; de España pasó el vocablo
a Francia, donde el oc. ant. *janet*, *jainet*
(*ZRPh.* XLVII, 431) y el fr. *genet* [1384:
BhZRPh. LIV, 79], designan un caballo hijo de
padre árabe y madre española, y también al it.
ant. *giannetto* (SS. XV-XVII), it. *gin(n)etto*
[S. XVII], íd. (Zaccaria). El sentido antiguo es
el registrado todavía por Nebr.: «*ginete*: levis armatura eques; *g. de Salamanca*, *vaso*: urceolus
fictilis», y en los tres glosarios de h. 1400 (s. v.
gétulus 'africano', *hippodamus* 'domador de caballos' y *prodromus* 'corredor'). En el sentido moderno de 'el que monta a caballo' es usual por lo
menos desde princ. S. XVII (Cervantes, etc.);
Cej. VIII, § 40. Para pruebas históricas de esta

etimología, vid. Dozy, *Gloss.*, 276-7; para más documentación, Steiger, *Contrib.*, 146, n. 2, y Fcha., s. v.; para nombres de lugar del tipo *Atzaneta*, *(La) Gineta*, *Ginete*, y quizá, por lo menos en parte, *Sanet* y *Benissanet*, reveladores del influjo local de los Zenetes y frecuentes sobre todo en el Bajo Ebro, Mallorca, País Valenciano y Murcia, vid. Dubler, *Festschrift Jud*, 196 y mapa. En el aspecto material nótese que el cambio de *z-* en *j-* se halla también en *JIRAFA* y algún otro caso; y obsérvese que no debe partirse del nombre geográfico *Zanāta*, denominación de la tribu en sí, como hacen mis predecesores, sino del gentilicio *zanātī*, pronunciado vulgarmente *zenêtī*, de acuerdo con la fonética del hispanoárabe, hoy *zenâti* en el Norte de África. Una confirmación la aporta el adjetivo femenino *genetia* (*hòmens a cavall a la genetia*, en las instrucciones de Jaime II a su embajador en Marruecos, a. 1323, *Homen. a M. P.*, I, 830, e igualmente en Muntaner)[2].

Deriv. *Jineta*; fué primitivamente adjetivo: *lanza jineta* 'la corta que blandían los Zenetes', luego abreviado en *jineta*[3]; *espada jineta* (1369, testamento de Pedro el Cruel); *silla jineta* (*Canc.* de Baena, p. 477); *cabalgar a la jineta* (Cervantes, etc.). *Jinetada*. *Jinetear* (para el uso en la Arg., vid. Tiscornia, *M. Fierro coment.*, s. v.); *jineteada* (Granada, *BRAE* VIII, 361).

¹ Cast. *cavallo ginete*, ya 1348, *Cortes de León y Castilla* I, 619.— ² La etimología de Diez, gr. γυμνήτης 'soldado armado a la ligera', es imposible porque designa un soldado de infantería, y hoy es rechazada unánimemente, aunque se apegue a ella la Acad.— ³ «Tomavan escudo y lança, / la *gineta* ivan jogando», Poema de Alfonso XI, v. 400*b*.

JINGLAR, 'dar gritos de regocijo', 'burlarse', ant., tomado del fr. ant. *jangler* 'burlarse', 'parlotear' (quizá por conducto de la lengua de Oc o del catalán), palabra a su vez de origen incierto, pero en vista de la variante normando-picarda *gangler*, es probable que venga de la raíz onomatopéyica GANG-, que indica contoneo o balanceo y figuradamente burla o ironía. 1.ª doc.: *gingrar*, 1509, J. del Encina; *jinglar*, 1605, *Pícara Justina*; Cej. VIII, § 41.

«J. Ha, ño hay Diabro que ño bulren. Piernicurto: Hora déxalos *gingrar*», exclaman los pobres pastores burlados por los estudiantes, en el *Auto del Repelón* (ed. Acad., p. 241)'. En otro pasaje uno de ellos se manifiesta alarmado por las consecuencias que vendrían si las burras se huyeran al monte (*amontassen*) ahuyentadas por los gritos alegres o *gingrones* de los estudiantes². *Aut.* dió una traducción infundada, que luego se ha perpetuado en las ediciones del dicc. académico y entre los comentaristas: citando un pasaje de la *Pícara Justina* explica «moverse colgado de

una parte a otra, como el columpio». Tal ac. no puede justificarse con ej. alguno⁵; ya García Lomas hizo notar que en la Montaña, donde el vocablo fué vivo, no ha tenido nunca este sentido sino el de 'meter ruido gritando', y el propio diccionario de *Aut.* define correctamente la variante aragonesa *xinglar*, que señala un académico de aquella región: «gritar, pronunciando o sin pronunciar voz alguna, en signo de regocijo». Esto es precisamente lo que significa en el pasaje de la *Pícara*, donde se trata de la codicia con que miran el oro las mujeres: «me avían dicho que traía al cuello un muy hermoso Christo de oro esmaltado..., además de unos pendientes de perlas graciosas y costosas, que de solo oírlo me *ginglava* el coraçon, que el oro tiene este efecto en las mugeres, que a las quietas las haze correderas» (ed. Puyol, II, 46); el anotador cita la frase proverbial de Correas (1627) «*jínglalas*, Juan, que como vienen se van», y agrega que debe referirse a monedas «pues la gente del pueblo aún llama *chinglar* a hacer sonar las monedas contra una piedra u otra materia dura para saber si son buenas o falsas», con lo cual se referirá a su tierra leonesa, de donde era oriundo Puyol, lo mismo que el autor de la *Pícara*, y de donde proceden casi todos los datos citados (se hace «cantar» o «chillar» las monedas para ver si suenan bien); sea como quiera, vemos que Correas conocía el vocablo en su ac. ordinaria, a juzgar por el comentario que pone a dicha frase «de aquí hacer burla con meneos y ademanes» (273). Cf. gall. *chinclar* 'hacer sonar metales' («*chinclar* adovíos de prata», Castelao 238.12), intr. 'producir sonido un metal, vaso, etc., al chocar con otro' (Carré), *chincar* 'tocar ligeramente una cosa' (Vall.) y *xuncras* (s. v. *JUGLAR*).

Trátase de voz bien conocida en otros romances. En cat. es sobre todo valenciana en la actualidad: Ros traduce *janglar* por «fisgar, burlar», Sanelo da *jangla* «fisga, burla», leo *janglar-se* 'burlarse' en Martí Gadea (*Tèrra del Gè* III, 13), *estar de jangla* 'de buen humor' en el castellonense Borràs i Jarque (*Bol. de la Soc. Castellon. de Cult.*, XVI, 71) y el traductor de Andrés el Capellán (S. XIV) vuelve el lat. *ludificum* por *de jangle* y *ludere* por *janglar* (*De Amore*, pp. vii y xii). Muy conocido es oc. ant. *janglar* «railler, se moquer», «bavarder», *jangolar* «se moquer», «glapir», hoy *jang(ou)là* y *ging(ou)là* (de donde puede venir la variante castellana) «glapir», «se lamenter», «hurler» (Mistral), y todavía lo es más el frecuentísimo fr. ant. *jangler* que Oudin traduce por 'chocarrear' y que en multitud de textos de toda la Edad Media aparece en las acs. de 'charlar', 'divertirse riendo y parloteando'.

Partióse del germánico, en vista del neerl. *janglen* 'importunar', ingl. *jangle* 'pelearse', sueco dial. *jangla* íd., y nor. *jangla* íd., y M-L., que con razón se mostraba escéptico ante esta idea en la primera edición de su diccionario (4574), acabó por rendirse en la última ante los argumentos de germanistas a ultranza como Vising, Th. Braune (*ZRPh.* XL, 335), Gamillscheg (*EWFS*, p. 469) y Brüch (*ZRPh.* XXXVIII, 696). Pero en realidad estos argumentos tienen poca fuerza y sabido es que sus autores muchas veces se inclinan por el origen germánico de una manera sistemática. La voz francesa está documentada desde mucho antes que en germánico, y es señal elocuente la de que el vocablo sea ajeno no sólo al escandinavo medieval, sino aun a las lenguas literarias correspondientes; los anglistas son unánimes en reconocer el origen francés del ingl. *jangle*, y el propio Gamillscheg parece haber abandonado la idea en su libro más crítico *R. G.*

Sobre todo, en el caso de aceptar una etimología germánica dejaríamos sin explicar las variantes con *ga-*, bien documentadas en romance: langued. *gangoulhà* «éclater de rire», *ganguelà* «geindre, piauler» (Mistral), *gancleor* 'charlatán' está en el picardo Gautier de Coincy (a. 1223), *gangle* 'jactancia' en Raimbert de París (fin del S. XII), *gaungleors* en un Libro de Costumbres anglonormando, *gangleries* en el Libro del *Chevalier de la Tour*, *glenglerie* «verbositas» en el glosario de Conches (God. IV, 632-3), finalmente *gangle* pasó al inglés medio, donde se halla en el *Alisaunder* del S. XIV (Skeat). Que tenemos ahí el consonantismo originario no puede caber duda. Ahora bien, es sabido que GANG- es raíz onomatopéyica bien representada en Francia: en el *FEW* se registran en muchos dialectos *se ganguiller*, *gangalà*, *ganganer*, *ganguigner*, *gangouner*, *gangassà*, todos ellos con sentidos centrados alrededor de las ideas de «se balancer», «se dandiner», «branler, agiter». El paso de 'agitarse', 'bambolearse', 'contonearse', a 'burlarse', es facilísimo: me bastará recordar el alem. *schwank* 'burla', 'cuento burlesco', aplicación figurada de *schwang* 'oscilación' (vid. Kluge), y las mismas palabras francesas de la familia GANG- y DAND- han iniciado su evolución hacia el sentido figurado: Neuchâtel *ganguille* «fille volage», fr. *dandin* «homme d'une contenance niaise», «flâneur», St. Étienne *dandâra* «personne babillarde, qui s'agite en parlant»; en definitiva GANG- no sólo es variante de DAND-, sino aún más de GARG-, en el cual la ac. 'charlar' está tan extendida (*gargouiller*), y sabido es que en ésta se ha cumplido también la evolución fonética GA- > *ja-*, de donde *jargonner*, *jargouiller* y *jargon* (V. aquí *JERGA* II). En resumidas cuentas el vocablo *jangler* nació en francés, donde tuvo en la Edad Media el arraigo máximo, y por obra de los *farceurs gaulois* se extendió desde allí a varios idiomas germánicos y al Sur de la Romania.

¹ Álvarez de la Villa en su ed. da la definición académica, citando un pasaje de S. de Horozco, pero que contiene *singlar*, término náutico sin

relación con esto.— ² Ed. Acad. 231; claro está que no es 'enjalmas', como súpone arbitrariamente el anotador.— ³ Debió de haber confusión con el verbo dialectal ast. *xi(ri)ngar*, berc. *acingar*, colomb. *chilinguear* 'mecer, columpiar' (Cuervo, *Disq.* 1950, 568) de forma y origen diferentes, aunque también onomatopéyico.

JINGOÍSMO, tomado del ingl. *jingoism* 'patrioterismo agresivo', derivado de *jingo* 'patriotero', que a su vez se tomó de la frase *by Jingo!* 'pardiez', que figuraba en el estribillo de una canción de los partidarios de la guerra con Rusia en 1878. *1.ª doc.:* Acad. 1936.

Poco usado en castellano, alcanzaría cierta difusión en este idioma a raíz de los hechos de 1898. DERIV. *Jingoísta*.

Jinja, jinjo, jinjol, jinjolero, V. *azufaifa*

JIPIJAPA, es el nombre de una pequeña ciudad de la República del Ecuador, donde se fabrican esta tira vegetal y los sombreros que con ella se hacen. *1.ª doc.:* Acad. 1914.

Cada vez se extiende más la forma abreviada *jipi*, como nombre de los sombreros, no sólo en Cuba, sino en muchas partes; en algunos puntos de la América del Sur dicen *jipa* (*Catauro*, 122). CPT. *Jipiguano* 'sombrero de guano en forma de jipijapa' (ibíd., 185).

Jira 'pedazo de tela', V. *jirón*   *Jipón*, V. *jubón*

JIRA, 'banquete opíparo', tomado del fr. ant. *chiere* 'comida de calidad', extraído, en la locución *faire bone chiere* 'dar bien de comer (a alguno)'—propiamente 'acogerle bien, hacerle buena cara'—, de *chiere* 'rostro, semblante', del mismo origen que el cast. *CARA*; la forma española debe proceder de la forma dialectal *chire*, propia del Este y el extremo Norte de Francia, o será debida a la contaminación de otro vocablo. *1.ª doc.:* *xira*, Francisco de Osuna, † h. 1542; Cej. VIII, § 30.

Léese en la 5.ª parte del *Abecedario Espiritual* de Francisco de Osuna: «porque el día de la muerte hará con ellos gran *xira* el demonio». Por los mismos años, en 1537, escribe el Maestro Venegas, deformando su definición por una etimología fantástica: «*xira* es nombre griego que quiere dezir *mano*» y «tanto es *hazer xira* como hazer buena mano llena de todo bastimento para el combite o almuerço»; en la 2.ª parte, anónima, del *Lazarillo* (1555), hablando de borracheras: «yo nunca los dejaba boquisecos, queriéndolos llevar conmigo... a do hacíamos la buena y espléndida vida y *gira*; allí nos aconteció muchas veces entrar en nuestros pies y salir en ajenos» (Rivad. III, 91); J. de Castellanos: «diéronles de comer, y anda la *jira* / del vino de Jerez y de Cazalla...» (para una parte de estas citas, V. la ed. del *Qui-*

jote por R. Marín, 1928, V, 96); Cervantes: «tres días antes que muriese habíamos estado las dos en un valle de los montes Perineos en una gran *jira*; y, con todo eso, cuando murió fué con tal sosiego y reposo» (*Coloquio de los Perros*, ed. *Cl. C.*, 298), «si no ha sido el tiempo breve que estuvimos en casa de don Diego de Miranda, y la *gira* que tuve con la espuma que saqué de las ollas de Camacho, y lo que comí y bebí y dormí en casa de Basilio, todo el otro tiempo he dormido en la dura tierra..., sustentándome con rajas de queso y mendrugos de pan» (*Quijote*, II, xxviii, 108); «los carniceros... lo poco que queda de buena carne, lo meten en un cajón para dar a dos pasteleros y tres taberneros, con quien es posible que están concertados con pacto tácito, por dos o tres *giras* que les hacen al mes» (Martí, *Alfarache*, Rivad. III, 407); «JUAN. Yo pido a vuestra hermana en casamiento. / COSME... Que reviente de cena la cocina, / que haya baile, haya *jira*, haya locura, / y que os tome las manos luego el cura» (Quiñones de B., *NBAE*, XVIII, 588).

Una lectura atenta de esos textos muestra que el vocablo no tenía otro sentido que el de 'acto de comer y beber espléndida y abundantemente'. En efecto, C. de las Casas define «*xira, comida plazentera*: cera, gozzaviglia», Oudin «*xira*: chere, banquet, festin, ripaille», Covarr. «*gira*, comida y fiesta que se haze entre amigos con regozijo y contento, juntamente con abundancia de comer y beber y mucha alegría y chacota», *Aut.* «banquete espléndido que se hace entre amigos con regocijo, bulla y chacota». No hay otra cosa en el período clásico, y es menester llegar hasta Calderón para dar con una ligera desviación semántica, por la cual el vocablo llega a hacerse sinónimo de 'fiesta (sin comida)': «la Chispa, que es mi alcaida / del boliche, es la primera / mujer en jacarear. / Haya, señor, *jira* y fiesta / y música a su ventana; / que con esto podrás verla / y aun hablarla» (*Alcalde de Zalamea*, II, iii, ed. Losada, p. 124).

El vocablo parece haberse anticuado en el S. XVIII, pues Terr. lo define, como hace en estos casos, remitiendo a otra palabra, *banquete*, y *jira* o *gira* son ajenos al léxico de Moratín. Sin embargo, el diccionario y la lengua literaria lo mantuvieron en vigor, pero borrada desde mucho atrás la distinción etimológica entre *x* y *j*, y perdido el sentido vivo de la palabra, se tendió a relacionarla con el verbo *girar*. Ya la Acad. en 1843 define «banquete c a m p e s t r e que se hace entre amigos...»; aunque no está totalmente anticuado: en muchos puntos de España (p. ej. en la prov. de Almería), sigue bien popular en el sentido de 'comida campestre' (ingl. *picnic*), pero desde luego sin el sentido erróneo de 'excursión' ni 'viaje'. Por las copiosas citas dadas arriba se ve que era indiferente que la *jira* se diese en el campo, en casa o en un establecimiento ciudadano, y aun lo prime-

ro es muy raro, por más que el único ej. que cita *Aut.*, el del *Coloquio de los Perros*, se refiera casualmente a un banquete celebrado en un valle pirenaico (aunque no sabemos si en el campo o bajo techado), y en ello se fijaría la Acad. para agregar el adjetivo «campestre»; pero ayudaría la falsa relación con *girar*, evocando la idea de una excursión o ida al campo.

Pero posteriormente la alteración se hizo más grave entre ciertos escritores semicultos, que dieron en desenterrar este vocablo del léxico, y arbitrariamente lo hicieron sinónimo de 'excursión, viaje a través de una comarca'; así lo comenta irónicamente Cuervo: «con singular satisfacción y como si ellos mismos se celebraran la elegancia del feliz hallazgo, emplean hoy unos cuantos colombianos la voz *jira*... en el sentido de excursión, correría: 'El Excmo. Sr. Presidente ha vuelto ya de su *gira* por los departamentos del sur'; sin duda que la frase *dar una vuelta* les ha sugerido la empecatada idea de que aquella palabra sale de *girar*; por eso ponen la *g*» (*Ap.*, § 507). Por desgracia no se prestó atención al merecido latigazo del sabio filólogo, y sobre todo en América siguió empleándose por algunos, sobre todo en la prensa, esta creación arbitraria, y aun ocurrió que se apoderaron de ella periodistas defensores de un purismo fácil, que huyendo del fr. *tournée*, y en lugar de echar mano de las expresiones tradicionales *excursión* o *viaje artístico* o *recreativo*, profundamente imbuídos de la expresión galicana, se empeñaron en hallarle un equivalente mecánico e igualmente breve, y para ello impusieron *gira*, con aires de casticismo, saliendo del fuego para caer en las brasas de afrancesar semánticamente, o más bien deformar en forma irreconocible, una vieja palabra clásica. Lo más grave es que la Academia, después de resistir mucho tiempo ante ese error, ha acabado por darle consagración en sus últimas ediciones, admitiendo artificialmente junto al tradicional *jira*, una *gira* «paseo, excursión recreativa emprendida por una reunión de personas». Esperemos que esta consagración sea pasajera.

El mismo vocablo hallamos en port. *xira, ter boa xira*: «bom pasto e comer, como em banquete lauto» (Moraes, con citas de la *Ulisipo*, a. 1547, y de Antonio Ferreira, † 1569; citas modernas en Fig., *bonachira, chira* y *xira*). El autor de la *Ulisipo* alude ya a la procedencia francesa: «eu seguro que tem *bonaxira*, que elle é c o m o F r a n c ê s: não canta senão depois de molhado o papo» (cita de Cortesão). En catalán tenemos *xera* 'banquete opíparo' y 'fiesta bulliciosa de muchachos' en Vic (Ag.), pero hay acs. más amplias que nos recuerdan las del francés: *aixeres* 'agasajos, buena acogida' («quines *aixeres* li han fetes a N.!: volen que es casi amb la noia»). Pues no cabe duda de que así esta palabra catalana como la luso-castellana *xira* proceden del fr. *chère* 'calidad más o menos alta de una buena comida', y sobre todo *faire bonne chère* «traiter bien à table, avoir une excellente cuisine»; fr. ant. *faire bone* o *belle chiere* «faire bon accueil à quelqu'un, le traiter bien» (ambos ya en el S. XIII), y más antiguamente *chiere* 'rostro, semblante, expresión de la cara' o 'cara (en general)'¹. Sabido es que el vocablo logró amplia extensión, gracias al prestigio de las comilonas francesas, en otros muchos idiomas: neerl. med. *schiere* 'comilona' (y *goede sier maken*), a. alem. med. *schier*, it. *cera* íd., vasco *txera* 'acogida' (vid. pormenores en Michelena, *BSVAP* XI, 297), etc. Como resultado fonético español es verdad que esperaríamos más bien *xera* que *xira*, pero aquella forma, aunque la cita la Acad. (ya 1843) como equivalente anticuado de 'jira, regalo, comida espléndida', no puedo en realidad documentarla. Para la *i* de *xira* deberemos tomar en consideración que la forma francesa medieval es *chiere*, pero así y todo sería natural que se hubiese conservado alguna huella de la *e*. Es probable, por lo tanto, que debamos partir de la forma dialectal francesa *chire*, que es ya antigua, pues entre otras fuentes se documenta en una Pasión del S. XV, y hoy tiene gran extensión dialectal, en Normandía, Artois, Bélgica, Vosgos y Alsacia (*FEW* II, 348-51). Es probable que el vocablo se tomara en los Países Bajos o en Picardía durante las guerras y la ocupación que allí mantuvieron los españoles desde la primera mitad del S. XVI, o quizá ya de boca de los alemanes y flamencos que acompañaron a Felipe el Hermoso. Mucho menos probable me parece una contaminación con otro vocablo, acaso el antiguo *exida* 'salida', contaminación que sólo adquiriría verosimilitud de haber sido antigua la ac. 'banquete campestre', contra lo indicado arriba. Propusieron ya esta etimología Moraes y Tallgren (*Neuphil. Mitteil.*, XIII, 1911, 166, comp. XXVI, 189n.) sin documentarla históricamente ni justificar la *i*.

¹ Véase además lo que digo de este uso en *CARA*. Quizá de éste se derivaría el gall. *calaceiro* 'comilón, tragón', disimilación de *caraceiro*; Sarm., *CaG.* 121*v*, conocía además un *calaza*, regresivo por 'bodrio, comida', que no arraigó, pues ya no se oía en 1745.

JIRAFA, tomado del ár. *zaráfa*, por conducto del italiano u otro romance; las antiguas formas tomadas directamente del árabe fueron *zarafa*, *azorrafa*, *azoraba*. 1.ª doc.: *zaraffa*, 1283, varias veces en el *Libro del Ajedrez*; *girafa*, 1570, C. de las Casas.

Zarafa reaparece en Juan Manuel (Rivad. LI, 248), *azoraba* en la *Gr. Conq. de Ultr.* (p. 4), *azorafa* en la *Crónica de Alfonso X* (2.º cuarto del S. XIV), *azorrafa* en antiguas versiones bíblicas (*RFE* XIX, 69; Solalinde); la forma moderna la hallamos también en Percivale, Oudin,

Covarr., Terr. (pero no en *Aut.*). El fr. *girafe* se documenta desde los SS. XV (*giraffle*) y XVI, y ya *giras* en el S. XIII y *gerofle* en Marco Polo; la aparición temprana en este autor hace verosímil la opinión de Bloch de que el vocablo llegara al francés por conducto de Italia. En árabe se dice *zaráfa* (que vulgarmente puede ser *zeráfa*) o *zuráfa*; modernamente, en el Norte de África, corre también la forma *ǧuráfa*. Vid. Dozy, *Gloss.*, 278; *Suppl.* I, 587*a*; Neuvonen, 242; Steiger, *Contrib.*, 146; Devic, 39*b*.

Jirapliega, V. *jerarquía*

JIREL, 'gualdrapa rica de caballo', tomado del ár. vg. *ǧilál* 'adorno de seda con que se cubre la grupa del caballo en días de fiesta', que en árabe clásico era plural de *ǧull*, de igual significado. 1.ª doc.: 1607, Oudin: «*girel*: une sorte de caparasson et couverture de cheval de parade, *giret*».

Falta en Casas, Percivale, Covarr.; *Aut.* cita ejs. de Colmenares (1637) y Esquilache (1651). También port. *charel* o *xarel*. Según indicó Dozy, *Gloss.*, 278, el antiguo plural *ǧilál* se ha convertido hoy en un singular y así se emplea en Egipto y Argelia. Para detalles semánticos V. el artículo de Dozy.

Jirgonz, V. *jerga* II   *Jirguero*, V. *jilguero*

JÍRIDE, 'planta fétida semejante al lirio', tomado del lat. *xy̆ris*, *-ĭdis*, y éste del gr. ξυρίς íd. 1.ª doc.: *xíride*, 1555, Laguna (*Aut.*).
Comp. Baist, *ZRPh.* V, 550ss.

Jirigate, V. *zalagarda*   *Jiringar*, V. *jinglar*
Jirle, V. *sirle*   *Jirma*, V. *esquilmar*   *Jirofina*, V. *cario-*

JIRÓN, 'pedazo triangular que se injiere en un vestido o en un blasón', 'trozo desgarrado de una ropa', tomado del fr. ant. *giron* 'pedazo de un vestido cortado en punta' (después 'parte del mismo que va de la cintura a la rodilla', hoy 'regazo'), y éste del fránc. *GAIRO* (a. alem. ant. *gêro* 'trozo de ropa en forma de cuña', alem. antic. *gehren* 'regazo', ags. *gâra*, ingl. *gore*, escand. ant. *geire*). 1.ª doc.: «*girón de vestidura*: segmentum», Nebr.

Poco después, en un inventario aragonés de 1497, se lee «un sayo de *girones* negro, fforrado de piel negra» (*BRAE* II, 87). Oudin traduce *giron de camisa* por «le gousset d'une chemise», *giron de vestidura* «une sorte de bordure au bas d'un habillement faite de plusieurs pieces decoupees» y *giron* «giron en armoiries»; Covarr. «ciertos pedaços triangulados que ingerían en los sayos, para que hiziessen más ruedo, y en los que eran de térciopelo echavan estos *girones* de brocados o telas»: la insistencia en el ruedo se debe a que Covarr. deriva arbitrariamente de *gyrare* 'dar vuelta', y de él pasó el detalle a *Aut.* y hasta las últimas ed. de la Acad., pero el ej. que *Aut.* cita de Mármol no lo confirma. Además, como término de Blasón, significa «una figura triangular, a modo de una punta, como si fuera un pedazo de tela cortado en triángulo» (ejs. de Cervantes y otros de los SS. XVI-XVII): de ahí la ac. genealógica 'contribución de un linaje a la sangre de un individuo': «¿Es, señor, deste linaje? [de los Abencerrajes]. S. Entiendo / que tiene algún *girón* de aquesta sangre; / porque se dize della... / que amava un Bençerrage» (Lope, *Pedro Carbonero*, v. 1288, con otras citas de Lope donde amplía este sentido: «es buena naturaleza y tiene un *girón* cristiano», «un *jirón* tengo español, fuera de haberle servido y haber nacido en España»). Posteriormente llega a significar 'pedazo desgarrado de una ropa', así ya en Colmenares (1640). En Lz. de Arenas (1633) hay una variante *jairones* «pequeños triángulos isósceles cuyo ángulo superior es generalmente muy agudo» (pp. 26, 178). En cuanto a *jira*, del mismo sentido, que no aparece hasta *Aut.* (sin citas), es derivado regresivo, sacado de *jirón* según el modelo de *tela* junto a *telón*, *piel* junto a *pellón*, etc.[1] Más datos, Cej. VIII, § 30. El cast. *jirón* está tomado del fr. ant. *giron* 'pedazo triangular de un vestido o de un escudo', palabra muy frecuente en el idioma vecino en todas las épocas, y ya documentada en el sentido de 'franja', 'fleco', en la Historia normanda de José, del S. XII (*RF* XIV, ii, 339) y en otros textos de la época. Para la evolución semántica desde el fr. *giron* hasta el cast. *jirón*, compárese ANDRAJO. Para el origen germánico de este vocablo, vid. Gamillscheg, *R. G.* I, 239; Kluge, s. v. *gehren;* el it. *gherone* 'pedazo' es germanismo directo, pero en español no puede serlo, pues en gótico la palabra habría sido *GÁIZA, que hubiera dado resultado muy diferente. Sin embargo debió ser galicismo ya antiguo, pues del castellano pasó al mozár. *ǧorrón* 'girón de vestidura' (PAlc.; Simonet 280; Dozy, *Suppl.* I, 189), marroq. *chérra* 'rasgón', 'jirón' (Lerchundi), cuya *rr* se explica por la tendencia del árabe a la estructura triconsonántica. *Girón* está documentado ya en gallego antiguo: «muito vo-la escotaron, / ca lhi talharon cabo do *giron*» (R. Lapa, *CEsc.* 298.5). Representantes dialectales modernos son el alto arag. *chirón* 'desgarro en la carne', 'jirón, harapo' (*RLiR* XI, 209), el colombiano *chiros* 'andrajos' (Rivera, *La Vorágine*, glos.), y *chira*, que en Colombia significa 'jirón' (Cuervo, *Ap.*, § 999), en Costa Rica 'envoltura del plátano' y en El Salvador 'llaga'. Representantes vascos en Michelena, *BSVAP* XI, 297.

Desde luego *jirón* no viene de un neerl. *scheuren* 'desgarrar' (como dicen Acad. y *GdDD* 5963a): en neerlandés *sch* nunca ha valido š (como en alemán), sino hoy *sχ* y antes *sk*.

DERIV. *Jironado* [Cervantes, en *Aut.;* Tirso,

Condenado por Desconfiado III, xvi, ed. Losada, p. 169]; *ajironar* [vid. *DHist.*]. *Chirapa* 'andrajo' en Bolivia, pero en la ac. peruana 'lluvia con sol' parece ser quichuísmo (vid. *RFH* VI, 8).

[1] Pidal en el glosario del *Canc.* de Baena supone que *xira*, documentado en poesía de este cancionero escrita por Villasandino, sea el moderno *jira* 'pedazo rasgado de una tela'. Pero es evidente que se trata del galicismo catalán *xira* 'señor' < fr. *sire* (V. ejs. en Aguiló): «El señor, que es grant *xira*, / los malos fechos estrañe, / por amor que ['a fin de que'] se desgañe / quien lança con falsa vira». El poeta invoca la ayuda de Dios, contra sus contrincantes en un pleito, porque le acusan calumniosamente (n.º 163, v. 25).

Jirpear, V. *jerpa*   *Jirre, jirria,* V. *sirle* *Jisca*, V. *sisca*   *Jisma, jismero,* V. *chisme*   *Jitar*, V. *echar*   *Jiz,* V. *tiza*   ¡*Jo!*, V. ¡*so!*

JOBO, antill., centroamer., venez., 'árbol terebintáceo de fruto parecido a la ciruela', del taíno *hobo* íd. *1.ª doc.*: hobo, 1516, Anglería.

En la misma forma figura también en el P. Las Casas, Aguado, Castellanos y otros autores del S. XVI; el primero atestigua que es palabra propia de la Española: Friederici, *Am. Wb.*, 299; hoy todo el mundo pronuncia *jobo* en las Antillas; sólo en Méjico, donde es voz importada, se oye (h)obo (Hz. Ureña, *Indig.*, 112, 114).

Joca, V. *ova*   *Jocalias*, V. *chicolear*   *Jocar*, V. *hueco*   *Jocoserio, jocosidad, jocoso,* V. *juego* *Jocundidad, jocundo,* V. *ayudar*   *Jochar*, V. *hoto* *Joche,* V. *boche*

JODER, antiguamente *hoder*, del lat. FŪTŬĔRE 'practicar el coito'. *1.ª doc.*: Ya en los orígenes del idioma; S. XIII, *foder*, en el Fuero de Usagre y otros varios de esta fecha; en una inscripción cristiana de Granada de 1332-54 se lee la maldición *fodido qua*, *RFE* II, 120 n.

Foder, Canc. de Baena, f.º 35 v.º *a. Hoder* y *oder* aparecen varias veces en las *Coplas del Provincial*, del S. XV (n.º 6, 10, 11, 54), unas veces formando sinalefa con la vocal precedente, otras con hiato que indica pronunciación aspirada de la *h* (*RH* V, 257-60). Sin embargo, posteriormente predominó en todas partes la pronunciación aspirada, aun en las regiones donde por lo demás se ha perdido la aspiración; la razón no es sólo el empleo frecuente del infinitivo como interjección, según indica Orr (*RLiR* XII, 31), sino en general el carácter brutal de la palabra, que se presta a una pronunciación especialmente enérgica y achulada. Es difícil hacer historia del empleo de un vocablo de este tipo, por lo común evitado en los textos; sin embargo, el compuesto abajo citado permite seguir sus huellas por lo menos hasta el S. XIII. Para otras formas castellanas dialectales, tomadas del francés y del catalán, V. *FUTRE, FOTUTO*. Las demás lenguas romances parten de una base FŪTTĔRE (it. *fottere*, fr. *foutre*), incluyendo el cat. *fotre*. La base FŪTĔRE del castellano, más cercana al consonantismo clásico (para esta diferencia, vid. *BADAJO*), es también la del gall.-port. *foder*, documentado ya copiosamente en el S. XIII, en las *CEsc*. (V. el glos. de R. Lapa; p. ej. en Pero da Ponte, 304.2).

Deriv. *Jodido. Jodienda* 'acto de joder'.

Cpt. *Fodenculo, fududinculo*, y otras variantes parecidas, documentadas copiosamente, en calidad de insulto, en fueros del S. XIII (Cej., *Voc.*), 'sodomita pasivo' < FUTUTUS IN CULUM. También gall.-port. ant. *fududancu* (*velha fududancua, CEsc.* 71.18). *Fodestalho* «vicio da fornicação», ib. 286.15, cuyo segundo miembro no está bien claro. Debe de ser algo como *fode a *estallo*, cast. *jode a destajo*.

JOFAINA, del ár. *ǧufáina*, diminutivo de *ǧáfana* o *ǧáfna* 'escudilla grande, fuente honda'. *1.ª doc.*: aljufaina, 1615-7, G. de Céspedes y Meneses; *jofaina*, 1680, *Pragmática de Tasas* (*Aut.*).

Hallamos también *aljufaina* en Quevedo, *aljofaina* en varios autores de los SS. XVIII y XIX, *alcofaina* a mediados de aquel siglo en Torres Quevedo (*DHist.*) y hoy es popular en Méjico (R. Duarte), *jufaina* en *Aut.* como variante popular, *cofaina* es vulgar en muchos puntos: en Murcia, Bilbao (Arriaga), lo he oído a gente de Santander, y G. de Diego afirma que con este carácter es de extensión general (*RFE* VII, 386). Aunque arraigado en gran parte de España, el uso de *jofaina* y sus variantes no se extiende a todo el dominio de lengua castellana. *Palangana* es más popular en gran parte de América, desde la Arg. a las Antillas, y asimismo en Almería (donde *p.* es más conocido que *j.*, aunque más bien se dice *zafa*) y muchos puntos del Norte de la Península. La variante con *c* se explica por contaminación de otro vocablo, seguramente el ár. *qúffa* 'espuerta, capazo, cenacho', de donde el cat. *cofa*, cast. y port. (al)*COFA*[1]. En árabe *ǧufáina* no es más que el diminutivo del vocablo corriente, que era *ǧáfna* o *ǧáfana*, clásico aquél y vulgar este último (Dozy, *Suppl*. I, 201a). Puede ser una escudilla de madera, una fuente honda, o también una gran fuente de barro. Este mismo primitivo pasó también al castellano, con igual significado: *aljáfana* [1525, R. de Nola, p. 91; y otros autores de 1599 y 1614], *aljébana* (1599), murc. *aljébana*[2]. Se conoce la etimología desde Dozy (*Gloss.*, 144).

[1] Junto a *ALJOFIFA*, cuya *j* procede igualmente de un *ǧ* arábigo, parece existir también *alcofifa*, si bien no conozco esta variante más que por Eguílaz. Pero el cambio no se explicaría fonéticamente: si la forma es auténtica ha de ser debida asimismo a una contaminación, en este

caso la de *escoba*.— [2] El *DHist*. no acentúa, pero sí acentúan *aljébena* G. Soriano y ya *Aut.*, y no veo razón para poner en duda este acento, que coincide con el arábigo, por más que el traslado acentual sería posible en árabe vulgar.

JOFOR 'pronóstico, entre los moriscos', del ár. *ǧufûr*, plural de *ǧafr* íd. *1.ª doc.*: 1600, L. del Mármol.

En árabe clásico la adivinación del porvenir se llamaba *ᶜilm al-ǧafr*, donde *ᶜilm* significa 'ciencia, conocimiento' y *ǧafr*, según Freytag, sería una membrana de camello empleada con este fin por los adivinos. En autores africanos de los SS. XIII y XIV aparece ya *ǧafr* como sinónimo de pronóstico. Dozy, *Gloss.*, 291.

Jolambre, V. *horadar*

EN JÓLITO, ant., locución aplicada a las naves inmovilizadas por la calma chicha, o que están al ancla balanceándose, y luego tomada figuradamente por lo mismo que 'en suspenso'; término común al castellano con la lengua de Oc, el italiano y el catalán, pero sólo arraigado y popular en este último idioma, desde el cual debió de propagarse por Italia y España; el origen del cat. *en jòlit* es incierto, pero quizá venga en definitiva del fr. *joli* 'alegre', pasando por oc. *jòli* íd., dicho de las embarcaciones que oscilaban inmóviles como descansando y danzando. *1.ª doc.*: h. 1550, Lope de Rueda, *quedarse en jólite*, con referencia a una mujer que no llegó a casarse; Cej. IX, pp. 30-31.

Explica Sebastián de Covarrubias: «es propio término de marineros, cuando las galeras están en puerto, que no han de salir de él por algún tiempo; y en los navíos de alto borde algunas vezes se tomó *jolito* por calma, cuando por no tener viento están quietos y calmados». *Aut.* quiere acentuar *jólito* y define «ociosidad, suspensión o calma», pero era palabra ya muerta para los autores de este diccionario; tal acentuación carece de base y no hay tampoco ejs. del vocablo con otro uso que el de una locución adverbial. Como castellano aparece en varios autores de fines del S. XVI y del primer tercio del XVII, para los cuales vid. *Aut.* y Terlingen, p. 226, y además en *Los Baños de Argel* de Cervantes, hablando de una nave que se mantiene inmóvil cerca de la costa (*en xólito*, ed. 1615, f.º 60r.º).

It. *in giòlito* aparece primeramente en Annibale Caro, a med. S. XVI, en varios autores del S. XVII (Redi, Fagiuoli, Moniglia) y en los diccionarios náuticos de Bosio, Pantera y Fincati, de primeros de este siglo; pero ya entonces debía ser vocablo de uso poco extendido y de sabor extranjero, pues Franciosini (1620) sólo lo registra como español sin correspondencia italiana, y Redi después de emplearlo se apresura a explicar su sentido, y por cierto lo hace en términos tan perfectamente iguales a los de Covarr., que se tiene la impresión de que se limita a traducir el texto de este lexicógrafo, que escribía unos 60 años antes que Redi; por cierto que al hacerlo rimar con *crisòlito* deja fuera de dudas la acentuación del vocablo. Hoy en día es palabra desusada en italiano, como observa el *Diz. di Mar.*, y no sólo en la lengua literaria, sino en los dialectos: falta en los diccionarios de Venecia, Génova, Toscana, Savona, etc., y sólo tengo noticia cierta de que se emplee en Córcega, donde *in giólitu* es «in ozio, senza darsi pensiero di nulla»[1]. La conclusión que la Crusca saca de tal estado de cosas es que el it. *in giòlito* es de origen español. Tampoco en Italia consta otro uso que el de la locución adverbial *in giòlito*, pues aunque A. Caro escriba *stare 'n sulle berte e 'n sui giòliti*, también ahí tenemos la misma locución aunque puesta en plural y agregando una segunda preposición (por lo demás es ej. aislado); y todos los ejs. son náuticos o explicables por una metáfora de inspiración náutica[2].

Donde el vocablo tiene más arraigo es indiscutiblemente en catalán, aunque no tengamos ahí documentación muy antigua, pues el ej. que cita Ag. no es anterior al S. XVII (1604, Alc.; otro sin fecha en Griera); *en jòlit*, término náutico, ya en 1515 en Valencia, en Beltran i Ferrandis, *Obres Contemplatives* (vid. *Dic. Sanelo*, ed. Gulsoy). Pero en la actualidad su extensión es grande y sus variantes fonéticas y semánticas son numerosas. La ac. náutica sigue siendo conocida en la Costa de Levante (Sant Pol), pero allí mismo son más vivas las acs. figuradas: los peces, atontados por el petardo que les lanza el pescador, *queden enjòlits*; dicho de una persona es 'quedar encantado, como sin sentido'; a uno que se está sin hacer nada se le pregunta si está *en jòlit*; Ag. recogió *enjòlic* en Badalona 'sobrecogido, indeciso', *en joli, en jòlit* o *en jòlic* en Mallorca, que así él como Amengual explican 'en vilo, sin apoyo, sin sostén' o 'cogido sólo por un lado y suelto por los demás', 'con poca seguridad, firmeza y constancia'; todas, acepciones que fácilmente se explican partiendo del uso náutico. Pero además hallamos otros usos, en parte sustantivos o en locuciones diferentes, que nos revelan estamos en la patria del vocablo: en Barcelona, en S. Feliu de Guíxols, en Solsona, *juli* o *júlit* es el acto de tener las palmas en alto dentro de la Iglesia el Domingo de Ramos, y es el acto de saltar a la cuerda rapidísimamente, de suerte que apenas lleguen los pies a tocar al suelo; secundariamente, y desde ahí, llega a designar una paliza, un atracón de golpes o una derrota militar, y que esta variante sale de *jòli(t)* por metafonía es tanto más seguro cuanto que Griera registra también *jolit* (olvidando el acento) 'tunda, paliza'. Alguna de estas acs. debe prolongarse hasta tierras de Oc, pues Mistral registra *estre en jòli* «être en chemise, légèrement vêtu».

Es posible, según observó Spitzer (*Lexik. a. d. Kat.*, 69), que tenga razón Mistral al colocar esta locución en su artículo *jòli* 'alegre', adjetivo ya documentado en Goudoulí hacia el a. 1600, indudablemente préstamo del fr. *joli*, fr. ant. *jolif*, que si hoy significa 'bonito', era siempre 'alegre' en la Edad Media: el traslado de acento es natural, pues existe conciencia de que el francés hace agudas las palabras con *i* postónica (*mérite, avide, unique*), de ahí que al provenzalizarlo se cambiara *jolí* en *jòli*. Al pasar del Sur de Francia a Cataluña el vocablo se convertiría en término náutico, cambio que Jal explica diciendo que el barco «ayant l'air de danser, on disait qu'il était en joie». Aunque no puede negarse del todo la posibilidad de que la aplicación náutica ya existiera en Francia, pues Brantôme (1527-1614) ya habla de un navío *en joly*, pero dada la falta completa de otros testimonios franceses y la grandísima cantidad de hispanismos que caracteriza el lenguaje del autor de *Les Dames Galantes*, es más probable que ahí se trate de uno de ellos, aunque el punto de partida del vocablo sea en definitiva francés. Parece confirmar esta etimología la locución anotada por Griera en el catalán de Vic *estar de jolis* 'estar alegre'. Sea como quiera, aunque de origen francés, el vocablo recibió no sólo su sentido, sino también su terminación en Cataluña, pues sólo ahí es normal popularmente que reciban una -*t* final agregada todas las palabras que de otro modo debieran terminar en -*i* átona: *àpi(t), prèmi(t), col·lègi(t), sòmi(t), gèni(t), mèdi(t), oi(t)*; véase un caso semejante en otro término náutico, NÓLITO. En castellano la forma *en jòlite* del testimonio más antiguo confirma la procedencia catalana. Amplío aquí la nota que publiqué sobre esta palabra en *Symposium* (Syracuse), 1948, 114-5.

Un sustantivo *jolitee* (rimando con *me*), aunque no aplicado a naves, sino a la situación moral de unos enamorados platónicos embebidos en la contemplación de lejos, pero cautivos de su enemigo, aparece en el inglés de Chaucer (h. 1385), lo que da a entender que la -*t* no sea producto fonético catalán, sino ya procedente del francés, quizá de un abstracto en -TATE: «that serven love, for aught that may bifable! / But this is yet the beste game of alle, / that she, for whom they han this *jolitee*, / can hem ther-for as muche thank as me: / she woot namore [= knew no more] of al this hote fare, / by God!, than woot a cockow or an hare!» [= un cuclillo o una liebre], *The Knight's Tale*, v. 949.

[1] M. L. Wagner, *Litbl.* XXXVII, 375, n. 2, cita un toscano *giolito* «allegria vivace, in un ozio piuttosto lungo», definición vaga que no inspira confianza. Pero el caso es que el vocablo falta en Rigutini-Fanfani, *Vocab. It. della L. Parlata*; Fanfani, *Vocab. dell'Uso Toscano*; Cacchi, *Vocab. del Vernacolo Fiorentino*. La noti-

cia quizá provenga de Petrocchi, que al definir *giòlito* entre las palabras raras, con cita de uno de los autores ya mencionados por la Crusca y Tommaseo, agrega que es «propio del *contado*». Hace falta confirmación.— ² El *Diz. di Mar.* no justifica su afirmación de que el uso náutico sea secundario, desmentida por los propios testimonios que alega.

Jollín, V. *hollín*   *Jongoso*, V. *hongoso*

JONJABAR 'engatusar, lisonjear', término vulgar o jergal, tomado del gitano *hohavar* 'engañar', 'reírse de (alguien)', y éste del scr. *k(h)ákhati* 'él ríe'. *1.ª doc.:* h. 1905, Besses; Acad. 1925.

Registra Besses «*jonjabar*: engañar, engatusar», *jonjana* y *jonjanó* 'engaño, zalamería, socaliña', *jonjanar* 'sonsacar, engañar'. Borrow (1840) anota como pertenecientes al lenguaje de los gitanos de España *jojabar* 'engañar' y *jojana* 'engaño, mentira', y son, en efecto, términos empleados por esta raza en todos los países de Europa, vid. Miklosich, *Denkschriften der Wiener Akad.* XXVI, 221; procedentes en definitiva de la citada voz sánscrita, que es hermana del lat. *cachinnari*. La *-v-* no pertenece al radical sino a una desinencia del verbo gitano, y la segunda *-n-* de *jonjana* es también sufijal. En cuanto a la *n* de *jonjabar* quizá se deba a influjo de *sonsacar* o a una propagación de la otra *n* de *jonjana*.

Jopaipa, V. *sopa*   *Joparse, jopo*, V. *hopo*

JORA, 'maíz germinado que se emplea para hacer chicha', ecuat., per., boliv., chil., del aimará *sora* íd. *1.ª doc.: sora,* h. 1580, J. de Acosta; *jora*, 1846, Tschudi.

Aunque el vocablo pasó también al quichua, el término propio de este idioma es *huiñapo*, como ya indica Garcilaso el Inca, quien agrega *sora*, como propio de «otro lenguaje». Lenz, *Dicc.*, 419; Friederici, *Am. Wb.* 570.

Jorcado, V. *ahorcar*   *Jorco*, V. *charco*   *Jordiga*, V. *ortiga*

JORFE, 'muro de piedra seca', del ár. *ǧurf* 'pendiente escarpada', 'peñasco', 'dique'. *1.ª doc.:* 1607, Oudin¹; Covarr.

Eguílaz, 433; Dozy, *Suppl.* I, 187*a*. Palabra muy rara en castellano, que *Aut.* sólo documenta en Covarr.

DERIV. *Jorfear* 'formar un suelo sin bovedillas', voz de albañiles, en Terr.

¹ «Muraille faite de pierre seiche et sans mortier».

Jorguín, jorguinería, V. *hollín*

JORNADA, tomado de otro romance, probablemente de la lengua de Oc, donde *jornada*, íd., es derivado de *jorn* 'día', procedente del lat. DIŬRNUS 'diurno, que ocurre durante el día', adjetivo que en el latín tardío se sustantivó en el sentido de 'tiempo diurno', por oposición al nocturno. *1.ª doc.:* Berceo.

Este poeta lo emplea ya en los sentidos de 'tiempo que dura la claridad diurna', 'camino que se hace durante un día', 'distancia de camino de un lugar a otro'. Aparece también en J. Ruiz, en Nebr. («*jornada, camino de un día*: dieta, mansio»). En la Edad de Oro son frecuentes especialmente las acs. relativas al camino: 'viaje (en general, y sin referencia a su duración)', *La Señora Cornelia* (ed. Losada, p. 176), *Coloquio de los Perros* (ed. *Cl. C.*, p. 278), Tirso, *El Condenado por Desconfiado* (I, vi, ed. Losada, I, vi, 108), R. de Alarcón, *La Verdad Sospechosa* (*Cl. C.* 85); de ahí: 'expedición militar' [1527: Terlingen, 181], y especialmente 'alarma falsa, cuando por algún designio el capitán quiere apercibir su gente, o para probar su ánimo' (ejs. de Lope en *El Cuerdo Loco, T. A. E.*, p. 208); 'acto de una obra teatral' [1517, Torres Naharro: Terlingen, 100]. Aunque es posible que en alguna de estas acs. influyera un modelo italiano, *jornada* era palabra más o menos usada en sus principales acs. ya en la Edad Media, y así de ninguna manera puede pensarse que el vocablo se tomara del italiano, como suponen Terlingen, y ya J. de Valdés, *Diál. de la L.*, 34.22, aunque éste duda entre Italia y Cataluña. Esto último podría ser, pues *jorn* y *jornada* son corrientes en el catalán literario de todas las épocas (ya S.' XIII, en Lulio, en el *Consulado de Mar*, etc.); sin embargo, el cat. *jorn* se anticuó en la lengua hablada a fines de la Edad Media, y el uso de *dia* fué siempre preponderante en catalán, aun desde principios de la época literaria, mientras que en lengua de Oc la lucha entre los dos vocablos se desarrolló en sentido opuesto y *dia* sólo ha sobrevivido en algunas hablas gasconas y en las del Sur del Languedoc; es lógico, por lo tanto, suponer que el derivado *jornada* tuvo más vitalidad de buen principio en lengua de Oc que en catalán, que en efecto hasta hoy en día suele oponer *diada* al cast. *jornada*. Es probable, pues, que la fuente de este vocablo deba buscarse en la lengua de Oc; tampoco es de creer que se trate de una adaptación del fr. ant. *jornee*, que habría dado *jornea*, forma que de hecho existe en algunos textos de principios del S. XV, sea en el sentido de 'viaje' o en el de 'especie de casaca o túnica' (A. Castro, *Glos.*, 168-9).

DERIV. *Jornal* [h. 1400, Glos. del Escorial, trad. *diarium* y *stipendium*; APal. 132*d*, 274*d*; «*jornal, precio de trabajo de un día*: merces», Nebr.], tomado de oc. ant. *jornal* íd., otro derivado de *jorn*; cf. G. Colón, *Occitanismos* (*Enc. Ling. Hisp.* II, 179); *jornalero* [Nebr.]; *ajornalar*.

Jornea, V. *jornada*

JOROBA, la pronunciación antigua fué *horoba* con *h* aspirada, más antiguamente se halla *hadruba*, todo lo cual se tomó del hispanoárabe *ḥadúbba* o *ḥudúba*, variantes del ár. cl. *ḥádaba* íd., aunque queda algún detalle fonético por aclarar. *1.ª doc.*: *adruba*, h. 1400, Glos. del Escorial, traducido por una palabra del bajo latín que significa 'corcova'; *hadruba*, 1475, G. de Segovia, 48; *joroba*, *Aut.*

Hoy *joroba* es palabra de uso general, así social como geográficamente; por lo menos es el vocablo de uso más común en España, la Arg., las Antillas, Méjico y seguramente en otros países americanos. Sin embargo, se advierten en España diferencias regionales que procederán del tiempo en que *joroba* no era palabra de uso general. En amplias zonas de la Mancha, Cuenca y Aragón, aun siendo *joroba* palabra usual, la expresión más popular y vivaz es indudablemente *chepa*; lo mismo ocurre en Asturias y probablemente en otras regiones periféricas, y es de creer que en todas estas zonas ésta sea palabra más antigua que aquélla. Me inclino a creer, en cambio, que en Andalucía y en Madrid ocurriría lo contrario. Me advierte J. Giner que en el Bajo Aragón, Cuenca, Mancha oriental y Murcia, donde se emplea *chepa,* la palabra *joroba* es impopular, en tanto que los andaluces dicen ya *joroba* y no *chepa.*

En cuanto a lo antiguo todavía *Aut.* se limitaba a recoger *joroba* sin ejs. ni definición, remitiendo a *giba* y *corcoba,* y advirtiendo que era «voz familiar y jocosa», y aun Terr. dice que es voz familiar. Nada parecido se halla en los lexicógrafos del Siglo de Oro (nada hay en Cej. IX, § 164), y tampoco conozco ejs. en los escritores de la época o de fecha anterior; prueba elocuente de que *joroba* no era palabra corriente a princ. S. XVII es que nadie la empleó con referencia a Ruiz de Alarcón, víctima de tantos insultos y sarcasmos por su defecto físico, a pesar de que entre ellos pueden coleccionarse una quincena de términos sinónimos de *joroba* o *jorobado.* Luego el vocablo sería por entonces tan bajo, o pertenecería a un grupo social tan aislado, que nadie se atrevió a emplearlo. Esta fecha tan moderna nos explica por qué no se halla jamás en literatura la que hubiera debido por grafía antigua y correcta de la palabra, a saber, *horoba.* Así, con *h* aspirada, y análogamente *horobado,* es como pronuncian el vocablo los judíos hispánicos de Marruecos («quien da y quita, se le haze una *horoba»,* dicho popular, *BRAE* XIII, 532; XIV, 230; XV, 199). Es probable que estos sefardíes llevaran consigo el vocablo al ser expulsados de España a fines del S. XV, pero ni siquiera entre los judíos debía de ser palabra de uso común, pues así los de Argelia (según me comunica P. Bénichou) como los de Oriente (*RH* IX, 445, prover-

bios de Rodas n.º 157, 212) emplean hasta hoy *corcova.*

Sea de ello lo que quiera, la *h* judeomarroquí es indicio precioso para la etimología del vocablo, pues este dialecto conserva intactas hasta el día las consonantes medievales *j* (= *ž*) y *x* (= *š*), y sólo emplea una *h* aspirada en vocablos de origen arábigo o hebreo, donde esta consonante corresponde a una aspiración · semítica, o bien como representación de la F latina, aunque en este último caso es mucho más común hallar la *f-* conservada, o un enmudecimiento completo. Las demás variantes dialectales que se pueden recoger, no invitan a poner en duda esta procedencia de la consonante inicial, pues la variante *uḥurubáu* de S. Ciprián de Sanabria se aparta del resultado local de la *j-* o *x-* antiguas (la *u-* puede explicarse por aglutinación del antiguo artículo local *o,* semejante al portugués), el extremeño *chiroba* (*BRAE* III, 666) se explicará por cruce con el sinónimo *CHEPA,* madrileño *cheba,* y el ast. occid. *xoroba* (= *š-*) y gall. *šeróba* (*VKR* XI, 279) puede ser castellanismo reciente, con adaptación de la *j-* castellana a la fonética local según el modelo de otros casos (la palabra general en asturiano parece ser *chepa,* vid. Rato)[1].

Hallamos huellas medievales de nuestro vocablo, pero en variantes diferentes. Además de los dos testimonios de (h)*adruba* que he citado arriba, leemos *fadubrado* o (h)*adubrado* para 'jorobado' en textos de la segunda mitad del S. XIII, como las *Partidas,* el *Espéculo* y los *Libros del Saber de Astronomía,* luego *fadrubado* en Alonso de Cartagena (S. XV) y *adrubado* en García de Castrojeriz (h. 1350); *fadrubado* sería también gallego antiguo según Carré, aunque éste le atribuye la definición 'estropeado, desconcertado, descoyuntado'. Ya la Acad. buscaba el origen de *joroba* en el ár. *ḥádaba* íd., que es ya clásico, y en el Corán se hallan *ḥádab(u)* 'colina' y *ḥádib(a)* 'ser jorobado'; es verdad que esta base no es adecuada fonéticamente, pero Lapesa (*RFE* XXIII, 403-4) deriva *hadubrado* de un ár. *ḥadúb* 'joroba', que no sé dónde se documenta. Sin embargo, se trata, en efecto, de una palabra arábiga, que cuenta con buen número de variantes vulgares, pues en Egipto se dice *ḥádab* o *ḥádaba* (Probst, Bocthor), en Marruecos *ḥédba* (Lerchundi), en Argelia igual (Belkassem) o *ḥúdba* (Beaussier); en la España musulmana se dijo *ḥadúbba* según PAlc. y R. Martí, y *ḥudúba* según este último. De ésta puede venir *horoba,* con el cambio de *-d-* en *-r-* que vemos en BERENJENA, cat. *gairó* (*-idó, -irell*) < *gaįdún,* y demás casos que cito en *BDC* XXIV, 37, entre ellos algunos arabismos.

En el habla medieval de los judíos el vocablo aparece en variantes de interés: en judeofrancés se lee *hardobe, harduble, hardoble,* muchas veces *haldrobe,* una vez *haroble;* en un texto judeocatalán del S. XIV *farduba;* formas que Blondheim relacionó con las vulgares arábigas *hárdaba* (Egipto), *hardábbe* (Palestina) y *herdábbe* (Siria), que no sé en qué fuente se hallan. Está claro que de *hardobe* salió *hardrobe* por repercusión, luego disimilada en *haldrobe*, y que el cast. medieval *hadruba* debió tener una génesis semejante (*harduba* > *hardruba* > *hadruba*), de donde después, con metátesis, el derivado *(f)adubrado*. En cuanto a la forma normal del castellano moderno *joroba* y la variante francesa *haroble*, no está claro si deben explicarse por simplificación del grupo consonántico o un *hodroba*, o por paso directo de *hodoba* a *horoba*; esto último quizá sea más probable. También falta explicar el origen de la *r* adventicia en las variantes arábigas y hebreas del tipo *hardobe* o *hardabbe*. Claro que no se trata simplemente de una «disimilación», como dice Levy, aunque Blondheim remitiera para ello al tratado de Ružička sobre la disimilación semítica (p. 163): a lo sumo podría tratarse de una diferenciación si pudiéramos suponer un intermedio *haddúbba*. No deja de haber casos comparables de *r* adventicia: p. ej. *cerbatana*, y en Nebr. *zebratana*, proceden del ár.-persa *zabatâna*, y junto al romance *JINETA, janeta* [S. XII], hallamos en el Norte de África *ǵarnáit;* quizá en todos estos casos haya contaminación con otros vocablos, como indiqué en el caso de *CERBATANA*[2].

Del mayor interés sería averiguar. por qué conducto pudo llegar este arabismo hasta el castellano común, en fecha tan tardía. La frecuencia en fuentes hebreas podría indicar un arabismo propio primitivamente de los judíos, que ellos trasmitieran a la germanía y ésta al castellano familiar, aunque apenas conozco otros casos de influjo judaico en las jergas españolas (¿quizá *MAJO?*); suponiendo que pasara de los moriscos al lenguaje popular castellano, reduciríamos el hiato cronológico entre la fecha de aparición del vocablo y la de la expulsión, que en el caso de los moriscos tuvo lugar más de cien años después; la hipótesis judía parece mejor documentada; sin embargo, es probable que tenga razón González Palencia al sugerir que nuestro vocablo figura en el nombre de Martin H[a]rúba, toledano citado en una escritura árabe de 1187 (I, 144).

Para más detalles acerca de esta etimología, V. mi artículo en *AILC* I, 142-6; II, 179-80; con las útiles adiciones de R. Levy, ibid. II, 155-9: gracias a éstas queda descartada la otra etimología que tomé en consideración: lat. vg. *GIBBO-RATUS* (derivado de GIBBUS 'giba'), de donde *jorobado* y de ahí *joroba*.

DERIV. *Jorobado* [(*f)adubrado*, S. XIII, V. arriba; *jorobado, Aut.*]. *Jorobar* 'fastidiar, molestar' [*Aut.*]: es posible que sea un caso de floreo verbal por *joder*, como sugiere Mugica (*ASNSL* CXXIV, 191), aunque lo mismo ocurre con *gibar* (*chivar*), pero éste último podría ser una sustitu-

ción secundaria de *jorobar, jorobear* íd., en León (A. Garrote); *jorobeta* 'impertinencia' cub. (*Ca.,* 164), 'el que fastidia' arg., *gorobeto* íd., colomb. (con *g-* como evolución directa de la aspirada arábiga); *jorobadura. Gerovero* arag. 'el que acarrea objetos de un pueblo a otro' (Borao), con su derivado regresivo *gerova* 'oficio de gerovero': por comparación del gerovero, cargado de bultos a cuestas, con un jorobado. *Drobillo* 'rebujón en el vestido mal puesto', en Cespedosa (*RFE* XV, 260), sacado de una *(a)drobilla* diminutivo del antiguo *adruba* 'joroba'; en relación con *drobillo* y con el judfr. *haldrobe* (V. arriba) está Sajambre *aldubrio* 'envoltorio de ropa mal hecho' (Fz. Gonzz., *Oseja*, 187).

[1] Hiperdialectalismos semejantes se hallan. a veces en asturiano. Rato registra *xoveru* 'overo' (FALV-ARIUS), *xurgar* y *xurgón*, voces con F- etimológica; quizá sean adaptaciones de las formas *hobéru, hurgár* y *hurgón*, propias del asturiano oriental, al modelo normal del asturiano central, conforme a la idea que expone Rato de que la letra *j* no debe tolerarse en el verdadero bable.—
[2] La alternancia entre *hardobe* y *hadruba* podría compararse con el traslado del *dalet* hebraico en textos aljamiados hebreos (como *rdegier* por *dregier*), señalado por R. Levy, *RRQ* XXXV, 335 y n. 40; pero ahí parece tratarse de un fenómeno meramente gráfico.

Joronche, V. *carcunda*   *Jorondo,* V. *orondo*
Jorra, V. *hórreo, zahorra*   *Jorrar,* V. *zorra*

JORRO, 'remolque', 'arrastre', de un derivado o de una forma verbal del ár. *ǵarr* 'arrastrar, llevar a rastras'. 1.ª doc.: *navegar a jorro*, Nebr.

PAlc. traduce este artículo de Nebr. precisamente por el verbo ár. *ǵarr. Traer a jorro* figura en Barrantes Maldonado (1540), *llevar a jorro* en Covarr., y en *La Española Inglesa*[1]; otros ejs. del Siglo de Oro, desde Ercilla, en el *DHist.,* s. v. *ajorro,* y en Fcha. Hoy *jorro* 'camino que la madera en el monte al ser arrastrada al aserradero' en Andalucía (A. Venceslada). Port. *de jôrro, de rôjo* o *de zôrro* íd. (estos dos en Montecarmelo, a. 1767). En árabe *ǵarr* significa 'llevar a rastras', y es clásico e hispánico (R. Martí traduce *traicere* y *tirazar);* además vale 'remolcar' en textos referentes a la navegación. En vista de otros casos semejantes sería posible que a este verbo correspondiera un nombre de acción *ǵurr,* y de hecho hay actualmente *ǵúrra* 'huella', 'pista', 'serie' en Argelia (Beaussier); sin embargo es cierto que *ǵurr* no parece estar documentado (lo corriente como nombre de acción es *ǵarr*). Por lo tanto es muy posible que *jorro* sea solamente postverbal romance del verbo *jorrar* 'remolcar', documentado en portugués y en valenciano, y con variante *ajorrar* en español. Entonces podría explicarse la *o* romance, pues el futuro de *ǵarr* es *yaǵúrr* y el

imperativo *ǧurr*: sería, pues, uno de los casos no-
tados en el artículo *FIDEO* de verbo romance
derivado del imperativo árabe. Dozy, *Gloss.*, 291.
También se podría pensar en una onomatopeya
(vid. *ZORRA*).

DERIV. *Ajorrar* 'llevar a remolque' [1831, *Dicc.
Mar. Esp.*; 'llevar a rastras los troncos' en Mur-
cia], port. *jorrar²*, val. *jorrar* íd.³, and. *chorrar* (A.
Venceslada); mera variante es *ajorar* 'expulsar,
sacar afuera la gente', documentado en Mármol
(1570) y en A. Cabrera (1601), vid. *DHist.* y Cej.
IX, § 164 (no puede venir de *afuera*, como ahí
se dice). Gall. *enxorrar* 'traer a jorro y arrimar los
barcos cerca de tierra' (Sarm. *CaG.* 78v); no creo
que tenga esto que ver con un port. *enxorar*, ant.
axorar, con el cual y otros vocablos lo identifica
Pensado (ib. p. 176), a pesar de que difieren mucho
en la forma y en el sentido (el port. *jorrar* tiene
ž sonora y -rr-, que son constantes en nuestro vocablo).

¹ «Por no poder pasar tanta riqueza a sus dos
bajeles, la llevaban a *jorro* para meterla en el río
de Larache, que estaba allí cerca», ed. Hz. Ureña, p. 205.— ² «Hũa meninha paralitica *jorrava-sse*
pelas mãos; ela começou-se a *jorrar* pel eigreja
dũa parte e da outra», en los *Padres de Mérida*,
h. 1400, *RL* XXVII, 45; otro ej. antiguo *RL*
VIII, 133.— ³ «De la barca vieja que formaba pareja con *Flor de Mayo*, preguntaban si era llegado
el momento de *chorrar*. El Retor sonrió con
amargura. Bueno, que *chorrasen*... La tripulación
de la *Flor de Mayo* agarró el cabo de la red que
arrastraba la pareja y comenzó a tirar con gran
esfuerzo», Blasco Ibáñez, *Flor de Mayo*, p. 210;
íd., p. 48.

Jorro, V. *horro*   *Jorungar, jorungo,* V. *hurto*
Josa, V. *llosa*   *Jostar,* V. *justar*

JOSTRA, 'suela', 'costra, postilla', ant. y dial.,
del antiguo *sostra*, y éste probablemente hermano
del fr. ant. *sostre*, oc., cat. *sostre* 'cama de paja',
'techo', derivados del verbo romance *SUBSTRARE*,
que sustituyó en lat. vg. al lat. SUBSTERNĔRE, participio SUBSTRATUS, 'formar una cama o lecho'.
1.ª doc.: *sostra*, 'costra, postilla', 1386, López de
Ayala; *xostras de zapatos*, doc. de 1490.

También *sostra* h. 1400 en el glosario del Escorial, al parecer en el sentido de 'suela de zapato';
xostra de çapato, traducido por el hispanoárabe
chánca (vid. *ZANCA*) en PAlc. Para la documentación y para esta etimología, vid. A. Castro, *Glos.*,
296-7. De 'cama, substrato' se pasaría a 'trozo de
cuero que sirve de base al zapato' y de ahí a
'costra', sentido conservado en Salamanca; finalmente de ahí a 'mancha', en León. Gall. merid.
sostra 'entresuela de los zapatos' (en Ribadavia,
Sarm. *CaG.*, p. 117), port. ant. *sostra* 'costra'
[S. XIX]¹.

DERIV. *Jostrado* [1517, T. Naharro: Cej. IV,

p. 402; 1605, *Pícara Justina* (Fcha.); *sostrado* 'virote', Oudin; *jostrado*, aplicado al virote guarnecido de hierro y con la cabeza redonda, Covarr.,
s. v. *jostrado* y *virote*], así llamado quizá porque
antes la guarnición sería de cuero; en vista de la
forma de Oudin no es probable que venga del it.
giostrare 'justar, pelear en justa' (por lo demás, no
existe *giostrato* en italiano con el sentido español).
Del verbo *SUBSTRARE* directamente vienen santand.
jostrar 'dejar al adversario fuera de combate por
una paliza', 'inutilizar, embazar' (propiamente 'derribar'), Alto Aller *xostrá* 'caída al suelo', 'golpe
que se recibe al caer'.

¹ Que Carolina Michaëlis (*RL* XIII, 406) y otros
han querido derivar de CRUSTULA con manifiesta
violación de la fonética. No hay relación entre
este vocablo y un *xostra* 'vara' o *jostrar, xostre-
gar*, para los cuales vid. *JUSTAR* y *HOSTIGAR*.

JOTA I, 'baile popular muy usado en Aragón
y Valencia', origen incierto, probablemente del
hispanoárabe *šáṭḥa* 'danza, baile', derivado del ár.
šáṭaḥ 'bailar'. *1.ª doc.*: Terr., Acad. ya 1817.

Según un crítico anónimo (¿A. Castro?) de la
RFE (VIII, 309) vendría del arcaico *sota* 'baile', que
ya figura en las Gl. de Silos (n.º 258), deriv. del ant.
verbo *sotar* 'bailar', lat. SALTARE. Aunque no pueda
documentarse la fase intermedia *xota* o el verbo
correspondiente *xotar*, sería posible, pues justamente el cambio de *s-* en *š-* es frecuente en vasco
y en la zona pirenaica, a que pertenece Aragón.

Escribe Caro Baroja (*Pueblos de Esp.*, 437), a
cuyo libro remito para documentación: «sobre el
origen de la *jota* no se han puesto de acuerdo los
musicólogos, aun cuando muchos sostienen que es
invención musulmana e incluso de un poeta desterrado en Calatayud, que se llamaba *Aben Jot*.
Sea verdadera esta tradición o no (probablemente
la jota es cosa bastante moderna), lo cierto es que
su área es la misma que tiene la agricultura de
tipo hortícola, coincidiendo variaciones especiales
de ella (valenciana, murciana, aragonesa de Calatayud, etc.) con otras tantas zonas de huertas de
regadío». Los que sostengan la tradición de dicho
músico habrán de precisar más su nombre, pues lo
menos que pueda decirse es que tal nombre no
era de los más comunes entre los moros de España. Hoy en Argelia es conocido el nombre de
persona *Ḥûṭ* y por lo tanto pudo existir un *Ibn
Ḥûṭ*, que puede ser en lo que piensan dichos tra-
dicionistas. Pero una *j* española, si se trata de un
arabismo antiguo, difícilmente puede venir de un
ḥ, más bien de un *ǧ* o un *š*, y con estos sonidos
no conozco un nombre semejante, por lo menos
en el uso argelino actual. El escepticismo que
trasparenta Caro es, pues, motivado de sobra.

La etimología *sota* de *sotar* es menos inverosímil,
y no resultaría inaceptable, aun si la jota es de
fecha moderna. Aunque teniendo precisamente en
cuenta la fecha moderna de nuestra *jota*, debería

admitirse también como posible que sea una aplicación figurada de *JOTA* II, comp. la ac. literaria de *olla podrida*.

Vendrá del hisp.-ár. *šáṭḥa* 'danza, baile' según Asín (*Al-And.* IX, 32, fundándose en Ribera, *La Música de la Jota Arag.*, M. 1928, 14-16). Realmente el verbo *šáṭaḥ* 'bailar' fué y es popular en el árabe de España y del Magreb: figura en PAlc., quien traduce *baile* por *xathá* 112a3f (no sería problema si no figurara, pues un nombre de unidad *šáṭḥa* debe siempre emparejarse junto a un genérico como *šaṭḥ*) y está (por emplearse en Marruecos y Argelia) en Lerchundi y Beaussier; por otro lado el paso de *á* a *ó* ante las enfáticas *ṭḥ* es posible; y casi podemos decir que es lo normal. Luego esta etimología es muy verosímil y, aunque quedamos algo en duda por lo moderno de la documentación del cast. *jota*, el hecho es que la nueva etimología morisca de *danza*, que parece demostrada, obliga a dar la preferencia a la etimología árabe *šaṭḥ* sobre la muy hipotética de SALTARE.

No existe el nav. **zotar* 'bailar', inventado sin escrúpulo por *GdDD* 5859 (a base de «*zote*, en las danzas típicas de Valcarlos, voz que se da a los danzaris cuando han de saltar», que, como dice Iribarren, es pronunciación vasca del imperativo fr. *sautez*) ni parece existir el arag. *jotar* 'bailar' (falta Borao, Coll A., Puyoles-Valenzuela, Gnz. Guzmán, etc.); sí hay un gall. *choutar*, pero es 'saltar', no 'bailar', y no tiene nada que ver con *jota*: como lo muestra la africada, será cruce de *soutar* con *chozpar* y voces análogas.

DERIV. *Sotar* 'bailar', ant. [*sotare*, Glosas de Silos, n.º 250; *sotar* pertenecía al lenguaje común en el S. XIII, según se ve por la *Crón. Gral.* y la *Gral. Est.*, así como por el *Alex.*, 252[1]; desde J. Ruiz, 1001*b*, 1229, 1516, es verbo pastoril, como en González de Mendoza a primeros del S. XV[2] y en el S. XVI: M. P., *Oríg.*, 121, n. 1; para el influjo de los forasteros y posteriores *bailar* y *danzar*, que relegaron el antiguo verbo castellano a esta posición subalterna, vid. Aeppli, *BhZRPh.* LXXV, 51] del lat. SALTARE 'bailar'.

[1] También figura en la *Danza de la Muerte*, 84.— [2] «Las moçuelas en el corro / páganse del mi *sotar*», *Canc.* de Baena, 252.8. Según la Acad. empléase aún en Burgos.

JOTA II, 'potaje de bledos, borrajas y otras verduras', palabra mal documentada; probablemente del fr. ant. y dial. *jotte* íd., de origen céltico. 1.ª doc.: Acad. ya 1817.

No tengo otros datos acerca de esta palabra que los que da la Acad.; Eguílaz (433) asegura que es antiguo, y lo deriva del ár. «*fotta*» que documenta en el diccionario de Bocthor y en el de Kazimirski, con la definición «guisado de carnero compuesto de pedazos de carne cocida y de rebanadas de pan, mojado todo en el caldo y sazonado con especias». Es fiel y correcta la cita de Kazimirski, diccionario de escasa autoridad, por lo demás; en cuanto a Bocthor, lo trae en acs. parecidas, pero no indica nunca la vocalización. Según Dozy (*Suppl.* II, 236*b*), que se funda en la gran autoridad de Lane, el vocablo se pronunciaría *fátta*. Es palabra procedente del verbo *fatt* 'picar carne', de uso común, y documentado en España por PAlc. Es posible, sin embargo, que la vocalización supuesta por Eguílaz no carezca de fundamento, pues Freytag (III, 310), apoyándose en el *Qamûs*, da como coexistentes las variantes *fátta* y *fútta*, aunque sólo registra la ac. 'masa de dátiles picados en el mortero': claro está que se trata del mismo vocablo. De todos modos es algo extraño que *fútta* diera en romance un descendiente con *ó* y no con *ú*, como sería regular en esta posición. Además el cambio de *f-* en *j-* supondría que el vocablo en esta forma se empleó sólo modernamente y en el Sur de España. Luego la etimología arábiga no es imposible y sería imprudente pronunciarse mientras no tengamos más información acerca de la palabra española, pero no es de creer que sea casual el parecido con el fr. ant. y dial. *jotte, joute*[1] [S. XIII] «étuvée de légumes», etc., alto it. *żota* «sorta di minestra», voces que no pueden ser de origen arábigo, y cuyas afinidades célticas están bien sentadas, vid. *FEW* V, 90-92. Sin embargo, no puede tratarse de un hermano del galés ant. y córn. ant. *iot* 'gachas', bret. *iod*, que suponen una base *JUTU, sino de un deriv. galo de ella, *JŪTŪTĀ, V. mi art. de *ZCPh.* 1955: allí rectifico las conclusiones de Wartburg.

[1] Comp. *ius, iutis* 'caldo', en el *Catholicon* de Giovanni Balbi (que no creo tenga que ver con el recentísimo fr. *juteux* como se supone en *Paideia* 1956, 199).

JOVEN, descendiente semiculto del lat. JŬVĔNIS íd. 1.ª doc.: 1251, *Calila*, 20.94 (aplicado al elefante); J. Ruiz, 1357*b*[1].

El vocablo universalmente usado fué *MOZO*, no sólo en la Edad Media, sino en todo el Siglo de Oro. En prosa normal no empieza a encontrarse *joven* hasta el S. XVII. *Aut.* no cita más que un ej., del P. Sartolo (1693); Cej. IV, p. 358, ninguno. Sin duda los hay anteriores, aparte del de *Calila* y el de J. Ruiz, que acaso sólo pertenezcan a los copistas (S. XV, y h. 1400), pero se trata siempre de textos en verso o de pasajes donde se aplica a animales. Es de notar que el único texto del *Quijote* que contiene el vocablo son los versos de Altisidora al Caballero (II, xliv, 167v°), cuyo estilo a fuerza de ser poético es casi burlesco. Son también poéticos los ejs. de F. de Herrera, J. de Castellanos, Villaviciosa, Hojeda y Virués, que cita Robles Dégano (*Ortología*, p. 43), y como es palabra frecuentísima en Góngora (pero ajena aun a escritor semiculterano, pero teatral, como J. Ruiz de Alarcón), Quevedo lo denuncia repetidamente como palabra típica del culteranismo (*Libro de Todas las Cosas*, ed. *Cl. C.*, p. 148; *Aguja de navegar Cultos*, *RH* LXXVII, 341)². Lo mismo ocurre en portugués; mientras que en los demás romances es voz del fondo común y hereditario. Pero en castellano, si lo hubiera sido, el resultado fonético había de ser *jone*, comp. PEC- TINEM > *peine*, SANGUINEM > *sangre*, LENDINEM > *liendre*, *FAMINEM > *hambre*, y por otra parte CUBITUM > *co(b)do*, etc.

DERIV. *Jovenado*. *Jovenete* (?, lo único que conozco es el italianismo *joveneto*, empleado por Góngora, *joveneta* en Polo de Medina, Terr.). *Jovenzuelo* [Acad. 1925; *jovencillo, jovencito*, están ya en Moratín]. *Juvenil* [Mena (C. C. Smith, *BHisp.* LXI); Góngora; Covarr.], tomado de *jŭvenīlis* íd.; *juvenible* ant. *Juventud* [*juventut*, *Apol.*, 20b; *-ud*, J. Ruiz, 582b; *joventud*, íd. 911c; etc.], tomado de *jŭventus, -ūtis*, se hizo usual, aunque culto, mucho antes que *joven*. *Rejuvenecer* [*rejuvenir*, 1438, J. de Mena; *-ecer*, S. XVI, Cej. IV, p. 358; 1628, Huerta], formado según el modelo del antiguo y popular *remozar*; *rejuvenecimiento*. *Juvenco* [Acad. ya 1817], ant., latinismo raro, de *juvencus* íd., aunque ha tenido empleo más amplio en Galicia, a causa del gall. *xuvenca* (Lugrís, *Gram.*, 25), *xovenco, -a*, «de poco tiempo, novillo» (Carré), por lo demás vocablo conservado como romance sólo en rumano y en algún dialecto italiano y gascón (*REW*, 4641). *Júnior* [Acad. 1817], tomado de *junior*, comparativo de *juvenis* (para el uso anglicano de este vocablo, que tanto se está extendiendo, sobre todo en América, vid. Ortiz, *Ca.*, p. 193).

¹ «El buen galgo ligero, corredor e valiente, / avia quando era *joven*, pies ligeros, corriente», ms. *S*, pero *nuevo* en *T*. Éste sería lo vulgar en tratándose de animales.— ² Lo emplea en su prosa APal. («*juventus... muchedumbre de jovenes; ...juvenilis... que pertenece a los attos de los jovenes*», 230b), pero el estilo de este lexicógrafo es latinizante y artificial. Falta totalmente en Nebr., PAlc. y aun C. de las Casas (1570). Está ya en Oudin, pero es notable que Covarr. no mencione el vocablo más que en la observación «dezimos *joven* en lengua Española antigua, y cortesanamente *mancebo*», confundiendo curiosamente lo poético con lo arcaico, que tantas veces andan juntos.

Jovial, jovialidad, V. *jueves*

JOYA, tomado del fr. ant. *joie* íd., derivado retrógrado de *joiel* íd. (hoy *joyau*), que a su vez procede del lat. vg. *JOCALE, derivado de JOCUS 'juego'. 1.ª doc.: 2.ª mitad del S. XIII, *Fn. Gonz.*, 277d («cada unos sus *joyas* al altar ofreçieron»,

hablando de los cristianos que llevan a S. Pedro de Cardeña los despojos del ejército de Almanzor). *Joa* en la *Gr. Conq. de Ultr.* (h. 1300), p. 644; *joya* en J. Ruiz, en el *Conde Luc.*, en los glos. del Escorial y de Toledo, en Nebr. («*joia generalmente*: supellex; *joias de muger propias*: mundus muliebris»), etc. Voz de uso general desde el S. XIII. También se tomó prestado el primitivo *joyel* [*joiher* 1391, *BHisp.* LVIII, 91; se halla en Santillana, en Nebr.: «*joiel, firmalle*: emblema»]; y es frecuente en el S. XV; no hay por qué suponer que se tomara por conducto del italiano (así Terlingen, 336), donde es también galicismo. En esta acepción el francés ant. *joie* es frecuente en los SS. XIV-XVI, y de ahí pasó también a la lengua de Oc, italiano, catalán y portugués; como el oc. ant. *joia* ya se halla en este sentido en el S. XIII, podemos asegurar que también existiría en la misma época en el idioma de origen; desde luego el castellano pudo tomar el vocablo de la lengua de Oc o del catalán; el primitivo *joiel* es todavía más común en francés, ya aparece en el S. XII y es el único que ha persistido hasta la actualidad (*joyau*); también son más frecuentes y castizos el cat. *joiell*, it. *gioiello*, tanto o más que *joia, gioia*.

Como reconocieron Wendelin Foerster, G. Paris, M-L. (*REW* 4588), Gamillscheg (*EWFS*), Bloch y Wartburg (*FEW* V, 43), *joiel* procede de JOCALE (otros dicen que es derivado romance de JOCUS). Así lo comprueba el hecho de que en la Edad Media la variante fr. *joel* es la predominante, y de ahí vienen el ingl. *jewel*, alem. *juwel*; G. de Lorris en el S. XIII emplea *joal*¹; y lo comprueba asimismo el sic. *giugali* (¿galicismo temprano?). El hecho es que JOCALE y especialmente el plural JOCALIA son palabras frecuentísimas en el sentido de 'joyas' en todo el latín medieval, por lo menos desde el S. IX (glosas de Isón), vid. Du C. (el singular JOCALE en los glosarios publicados por Castro; comp. CHICOLEAR). No debemos vacilar en suponer que este vocablo perteneció ya al latín vulgar, al menos el de la Galia, y por lo menos ya en la época merovingia. El cambio semántico de 'juego, juguete' a 'joya' pudo producirse a través de la idea de 'objeto placentero', y comp. la misma duplicidad semántica en BRINCO. Pero nadie ha deducido de esta etimología de *joiel* el evidente corolario de que *joie* 'joya' no es más que un derivado regresivo del otro vocablo, más arraigado y más antiguo, y todos siguen repitiendo inconsecuentemente la identificación que hacía Diez entre este vocablo y *joie* 'gozo' GAUDIUM (*REW* 3705; *FEW* IV, 81). Sin embargo esta rectificación es de las que se imponen².

DERIV. *Joyel* antic. (V. arriba); *joyelero*. *Joyero*; *joyera*; *joyería*. *Joyón*. *Joyuela*. *Joyante*, *seda ~*, 'seda muy fina' [1590, *N. Recopil.*; Cascales], parece ser derivado de *joya*. *Enjoyar*; *enjoyado*. *Enjoyelado*; *enjoyelador*.

¹ De aquí, quizá, el vco. *juale* (lab. y Lezaca, a. nav. junto a Labort), *juare* (b. nav., ronc. y Lezaca), *joare* (ib., y sul. y Goizueta a. nav.) «cencerro». Parece que venga del castellano, por el hecho de que en el Roncal es uno de los raros vocablos que se pronuncian con *ḥ.* — ² Aunque la forma *joel* es la más frecuente en el francés de los primeros tiempos, la forma con -*i*- aparece muy pronto, y en el plural se generaliza desde antiguo, como evolución de *joeaus > joiaus* (ya en el S. XII: *Tristan*). Ayudaría además la vacilación dialectal en el tratamiento de la -*c*-, como en *oie* junto a *oue* AUCA, *poi* junto a *peu* PAUCUM, *aloyer* junto a *allouer*. Una vez existente *joiaus* o *joiel*, era natural que se percibiera como diminutivo de *joie* 'alegría', y que de *joiel* se dedujera un seudoprimitivo *joie* 'alhaja'. La doble etimología GAUDIUM y JOCALE no sirve de nada y es inverosímil.

JOYO, del lat. LŎLĬUM íd.; junto con el port. *joio* supone una base *JOJUM, mientras que las de otros romances corresponden a JOLIUM, ambas resultantes de la forma del latín clásico, por una combinación de asimilaciones y disimilaciones. 1.ª doc.: 1555, Laguna.

El toscano *gioglio* (ya en autores toscanos de los SS. XIII y XVII, y hoy forma rural de la región), Marcas *jojjo* (Servigliano, *ARom.* XIII, 257), oc. *juelh*, cat. *jull*, y formas dialectales del Friul y de Lión, corresponden a una base JOLIUM, que se halla documentada en un glosario conservado en manuscrito parisiense del S. IX («*acallis: iolio sive zezania*», *CGL* III, 631.19). Estas formas, lo mismo que el it. *giglio* 'lirio' de LILIUM, se explican por una dilación *LJOLJU, seguida de disimilación JOLIU; reincidiéndose en la tendencia asimilatoria se llegaría a *JOJU, de donde la forma castellana y portuguesa¹. Continuación normal de LOLIUM es el arag. *luello* [*lueillo* y *hueillo* Vidal Mayor; Acad. ya 1817; Borao]², lo mismo que el it. *loglio* y otras formas dialectales, vid. *REW* 5112. Parece haber un rioj. *luejo*, vasco *loiło*, leon. *lujo*, santand. *yujo* y otras formas citadas por GdDD 3938, que es indispensable comprobar (para el arg. y chil. YUYO, sin relación con esto, V. este artículo). Para la *j*- < L-, comp. it. *igiulare* s. v. AULLAR.

DERIV. *Juera*, extrem., 'harnero espeso para limpiar el trigo', de *joyera íd., derivado de *joyo*, o quizá tomado del port. *joeira*, gall. *xueira* íd., de formación análoga; gall. *xueirar* 'limpiar con *xueira*' (Sarm., *CaG.*, p. 77).

¹ Se podría sospechar que *joyo* sea forma leonesa, pues en otras partes se dice BALLICO, *ballueca* o CIZAÑA, y, en efecto, Sánchez Sevilla anotó *joyo* 'ballico' en un pueblo de la provincia de Salamanca; entonces el paso de JOLIU a *joyo* sería regular fonéticamente. Pero el port. *joio* indica que existiría realmente una variante *JOJU, así como el gall. *xoio* (Sarm. *CaG.* 122*v*).

47*v*, 58*v*, 145*v* y pp. 77-78; Vall.); dice además Sarm. que en la Rioja se empleaba *lluejo* y en el Bierzo *jolio* [?]. *Joyo* se oye en la provincia de Cuenca y parte de la Mancha (J. Giner), lo cual se opone a la posibilidad examinada como improbable al comienzo de esta nota.— ² De ahí quizá el apellido cat. *Llull*, llevado ya por el gran sabio del S. XIII. Pero *jull* es antiguo a juzgar por *farina jullosa*, en las Costumbres de Tortosa del mismo siglo (ed. Oliver, 396).

Juagazo, V. *jaguarzo*   *Juamano*, V. *agua*
Juanelo, V. *juanete*

JUANETE, 'hueso del nacimiento del dedo grueso del pie, cuando sobresale demasiado', de *Juanete*, diminutivo o despectivo de *Juan*, como nombre típico de gente rústica, la cual suele estar muy afectada de juanetes en los pies. 1.ª doc.: 1605, *Pícara Justina*.

Ahí está en el sentido de 'pómulo', que se dedujo del de 'juanete del pie', por analogía de forma. Como explica Covarr., «*juanetes* son los huesecuelos salidos de los dedos pulgares, assí de las manos como de los pies; arguyen rusticidad y tiénenlos ordinariamente la gente grossera: y por arguir mal ingenio [detalle innecesario] se llamaron *juanetes*, de *Juan*, quando tomamos este nombre por el simple y rústico». De que *Juan* se emplea así es prueba la locución *buen Juan* 'el que es de genio dócil y fácil de engañar', ya documentada en *Aut.*, cat. *bonjan*¹ 'bonachón'. Con más razón se aplicaría a gente rústica el derivado *Juanete*, con su sufijo despectivo². Vco. *juanikote* 'juanete', vizc. *juaniketoi*, que comenzó siendo NP, cf. el apellido *Juanicotena*, Michelena, *FoLiVa.* I, 51. Denominaciones semejantes del 'juanete' son GALINDO y ADRIÁN. La ac. 'juanete del pie' aparece también en Quevedo, y Polo de Medina h. 1630 habla humorísticamente de un *juanete en la espalda* (*RFE* XVIII, 242); es 'pómulo' en el argentino D. F. Sarmiento (*Facundo*, ed. Losada, p. 86). Por comparación con la posición de los pómulos en la cabeza se llamó *juanetes* a las vergas que se cruzan sobre las gavias, en lo alto del velamen de un buque [1616, Oudin; 1696, *Vocab. Marít. de Sevilla*; 1732, Fernández, en Jal], lo mismo port. *joanete*, mientras que el cat. *goneta* es castellanismo.

DERIV. *Ajuanetado* [1613, Cervantes, *DHist.*]. *Juanetero*. *Juanetudo*.

Juanelo 'artificio para elevar las aguas', del nombre de *Juanelo* Turriano (aludido por Cubillo de Aragón, Gracián, etc., vid. Fcha.), ingeniero italiano españolizado, que murió en 1585, e introdujo este aparato; otro derivado de *Juan*.

¹ Acaso tenga origen análogo una palabra gallega anotada por Sarm., *CaG.* 76*v*, 123*v*, *sangual* «un buen Juan, un pobre hombre simple», «tonto, inocente, toeliro». Podría ser disimilación de

sanguán por *San Juan* o *Xoan* con ultracorrección de la geada (Carré, único lexicógrafo que recogió el vocablo de Sarm. lo entendió mal, Pensado, p. 69n.).— ² De Covarr. pasó este artículo a Oudin, que lo incluyó en su ed. de 1616, pero éste termina: «on dit aussi *juanete* à un qui est grossier et lourd d'esprit, simple».

JUARDA, 'suciedad que saca el paño por no haberle quitado bien la grasa que tenía al tiempo de su fabricación', junto con el cat. *suarda* 'impurezas de la lana de oveja', derivará probablemente del verbo *SUDAR* (cat. *suar*), por ser debida al sudor de los animales. *1.ª doc.:* 1560, *N. Recopil.* V, xii, 12: «las faltas que hay en los paños, de razas, zurciduras, ~ o canillas».

Define Oudin «*xuarda:* la graisse ou huile qui demeure dans le drap à faute d'estre bien foulé»; y *Aut.:* «la mancha que saca el paño por la abundancia o redundancia de azeite en la lana, antes de cardarla». El cat. *suarda,* como término de tejedores, es «la suor de les ovelles, acompanyada d'altres impureses de què està carregada la llana en esquilar aquells animals» (E. Pons, *BDC* IV, 151), y como vocablo de pastores «brutícia que porta la llana per efecte de la sour del bestiar», «engrut que deixa el bestiar de llana a les persones que el manipulen, i sobretot als tonedors» (Amades, *BDC* XIX, 207); la misma forma cita como cast. Cej. VIII, § 85. Se dice también cat. *llana suarda,* como adjetivo (*BDC* XIX, 156), y éste puede ser el uso primitivo. De ser cierta esta etimología, el vocablo debiera ser de origen dialectal en castellano, en vista de la caída de la -D-, quizá aragonesismo, con lo cual concordaría el gran desarrollo de la cría de lanares en el Bajo Aragón, y el cambio de s- en x-, muy extendido en la zona pirenaica, como en vasco (pudo haber también contacto con el sinónimo estudiado s. v. *CHURRE* y *ZURDO*). La Acad. propone derivar *juarda* del lat. SORDES 'inmundicia', etimología menos probable desde todos los puntos de vista. Al parecer esta familia tenía ō, a juzgar por el fr. ant. y dial. *sourde* 'sucio', *REW* 8096, SŌRDĬDUS; lo cual descartaría totalmente la idea; pero aun admitiendo que pudiera existir un SŌRDES, el resultado sólo pudo ser *juarda* en castellano y *suarda* en catalán, a condición de admitir que en ambos idiomas el vocablo se hubiera tomado de una de las zonas aragonesas donde existe este tipo de diptongación, lo cual es bien poco verosímil; en catalán no sólo se localiza *suarda* a lo largo de los Pirineos hasta Cerdaña, Ripoll y Vallespir (*BDC,* l. c.), sino también en Mallorca (*BDLC* X, 28) y en Elche (*BDC* XVII, 53), lo cual difícilmente se conciliaría con un vocablo propagado por la transhumancia pastoril aragonesa.

DERIV. *Juardoso.* Podrán tenerse en cuenta los representantes dialectales gallego-portugueses y vascos de SŌRDES que cree haber hallado *GdDD*

6234, pero es incierto que lo sean y de todos modos necesitan comprobación.

Jubete, jubetería, jubetero, V. *jubón*

JUBILAR, tomado del lat. *jūbĭlare* 'lanzar gritos de júbilo'. *1.ª doc.:* Nebr.

Cej. IV, § 90. Aparece primeramente en el sentido secundario de 'alcanzar la jubilación': «*jubilado, suelto de trabajo:* emeritus; *jubilar, suelto ser assí*» (Nebr.). También en Juan de Valdés, en C. de las Casas, en Góngora, en Oudin y en Covarr.; *jubilado* 'privilegiado' en Fz. de Oviedo (Fcha.); pero *jubilar* 'regocijarse' se halla ya en el *Quijote* (I, xxxvii, 193) junto a la otra ac. Aquélla se explica por influjo de *jubileo,* festividad celebrada cada 50 años, porque la jubilación se concedía primitivamente después de 50 años de servicio.

DERIV. *Jubilación* [h. 1580, Fr. L. de León, *Aut.*]. *Jubilado* [Nebr.]. *Jubilante. Júbilo* [1596, Oña (C. C. Smith, *BHisp.* LXI); Oudin, pero Covarr. dice todavía «no es usado en la lengua castellana», y es vocablo ajeno al *Quijote,* a Góngora y a R. de Alarcón; ya en *Aut.*], tomado del lat. tardío *jūbĭlum* íd., derivado regresivo de *jubilare; jubiloso* [2.ª mitad del S. XIX, vid. Pagés]. *Jubileo* [Berceo, *Loores,* 149; J. Ruiz; APal. 227b; Nebr.], tomado del lat. *jubilaeus* 'solemnidad judía celebrada cada 50 años', tomado del hebr. *yōbēl* 'cuerno de morueco, con que se daba la señal de esta festividad', influído en latín por *jubilare.*

JUBÓN, derivado del antiguo *aljuba* o *juba,* que a su vez procede del ár. *ǧúbba* 'especie de gabán con mangas', pero es posible que las formas sin artículo al- llegaran por conducto de otro romance. *1.ª doc.:* h. 1400, Glos. de Toledo y del Escorial.

También en APal. («*diplois...* es vestidura doblada como *jubón* o hopa o sayo enforrado», 117b), en Nebr. («*jubón, vestido nuevo:* thorax») y abundan los testimonios en el Siglo de Oro; después queda anticuado en el lenguaje común, junto con la vestidura; una variante secundaria *jugón,* hoy corriente en Vizcaya, Extremadura, Asturias y Colombia, se halla ya en docs. de 1468 (Cuervo, *Obr. Inéd.,* 178-9, n. 27). En Aragón aparecen las variantes *jupón* (invent. de 1400 y 1406), y *gipón* (invent. de 1402: *BRAE* IV, 222; III, 361, 359), en relación con el cat. *jupó* [1404, Ag.] y *gipó* [1417]; se dice hoy *chipón* 'justillo, corpiño' en Gistáin y Plan, *chubón* o *chibón* como nombre de una prenda masculina en Ansó y Echo (Krüger, *VKR* VIII, 327); también oc. ant. *jupon* o *gipon,* fr. *jupon* [1319; alguna vez *gipon* en el S. XIV], it. *giuppone* (pero *gippone* en dos escritores de la zona anconitana, uno del a. 1524: *ARom.* IV, 93), gall. ant. *gibón* («o meu ~ branco» a. 1381, Sarm., *CaG.* 87v), portugués *gibão* y *jubão* (ambos ya clásicos). El primitivo del' cual vienen estos derivados es cast. ant. *aljuba* 'especie de gabán con mangas cortas y estrechas empleado especialmente por moros' [*algupa*, docs. de 943 y 984; *aljuba*, desde fines del S. XIII hasta el XV, *Corbacho* y Nebr.; vid. Neuvonen, 153, y *DHist.*]; la Acad. cita una variante *juba*, mal documentada. Hermanos de este vocablo son port. *aljuba*, cat. *jupa* [1452: Ag.; *aljuba* en las Costumbres de Tortosa, del S. XIII], oc. *jupa* [S. XIII, *ZRPh.* XLVII, 431; también *gipa*], fr. *jupe* [S. XII o XIII], it. *giubba* (antiguo *giuppa*). Probablemente del francés se tomaría el cast. *chupa* [1723][1].

El punto de partida lo constituye el árabe *ğúbba*, estudiado detenidamente por Dozy, *Vêtements*, 107-117. El paso de *bb* a *p* es normal en romance, especialmente en catalán. Junto a esta forma básica existen otras vocalizaciones. En Egipto dicen *gibbe* (= ár. cl. *ğibba*), vid. Probst y Dozy. En Argelia *ğébba* (=ár. cl. *ğábba*), vid. Belkassem B. Sedira, s. v. *robe;* Beaussier traduce «robe de femme juive; robe longue de mauresque» y en Túnez «longue et large blouse d'hommes sans manches», «robe courte»; R. Martí y PAlc. sólo registran *ğúbba*. De *ğibba* provendrá el tipo romance *gipó(n);* para una vacilación semejante en el vocalismo, vid. *ALJIBE*. Es singular la falta de artículo en el cast. *jubón*, frente a *aljuba:* parece indicar que aquel vocablo, documentado en fecha posterior, se tomó de otro romance. No será el portugués, donde la falta de *al-* no es menos anómala; en catalán no lo es, en cambio, pero ahí son casi generales las formas con *-p-* (Aguiló cita un *juba*, pero sólo como mallorquín); puede, en cambio, tratarse de un provenzalismo o de un galicismo (comp. *jube* en textos franceses de 1406 y de mediados del S. XVI, en F. Godefroy, IV, 672*b*).

DERIV. *Jubete* [la Acad. refiere al S. XV]. *Jubetero* [1391, *BHisp.* LVIII, 91; «*j. sastre que haze jubones*», Nebr.]; *jubetería. Jubonero. Chupeta; chupetón. Chupón. Chapona* [Acad. 1884, no 1843; *la chapona del general*, en el argentino Villador, *Mundo Argentino*, 15-III-1939; Cej. IX, § 212].

[1] Es popular en la Arg.: «la puestera se coloca la *chupa* (pequeña, adornada con borlas y flores de lana) sobre un hombro», Elena Hosmann, *La Prensa de B. A.*, 13-IV-1941. En cuanto al chil. *chomba*, Chiloé *chompa*, 'especie de jubón hecho de tejido de punto, de paño u otra tela, que usan los trabajadores y en especial los marineros' (Cavada), me parece alteración de *chupa* en boca de los araucanos.

Judaica, judaico, judaísmo, judaización, judaizante, judaizar, judería, judezno, judía, judiada, judiar, V. judío   Judicación, judicante, judicativo, judicatura, judicial, judiciario, V. juez

JUDÍO, del lat. JŪDAEUS íd. *1.ª doc.:* orígenes del idioma (*Cid*, Berceo, etc.).

El tratamiento de *-D-* parece indicar una leve influencia culta, pues aunque esta consonante intervocálica se conserva ampliamente en castellano, la caída de la misma es casi general en posición pretónica; en portugués el carácter culto de *judeu*[1] es claro (comp. cat. *jueu*, etc.); el tratamiento de *-AEUS* es regular, paralelamente al de MĚUS, DĚUS, etc.

DERIV. Vid. Malkiel, *Univ. of Calif. Publ. in Semitic Philol.* XI, 327-38. *Judía* 'habichuela' [1535, Fz. de Oviedo[2]; 1555, Laguna[3]; 1591, Percivale; Oudin]; para la actual área popular del vocablo, V. *ALUBIA*. No está clara la explicación semántica: quizá porque al cocerlas salen en seguida del agua (a diferencia de los garbanzos, que permanecen en el fondo), tal como el judío no se deja de bautizar[4]; o bien la denominación se aplicó primeramente a un tipo de habichuela caracterizado por alguna mancha de color, o por su color general amarillo, tal como los judíos debían llevar distintivos semejantes en la Edad Media; a no ser que se trate de una comparación de la forma cornuda de las vainas con el paño en forma de cuernos que los provenzales obligaban a llevar a los judíos medievales (de donde oc. *peis jouziou*, sic. *pisci judèo* 'pez martillo', Ancona *lumaga giudìa* 'caracol'), según propone Migliorini (*AGI* XXXVI, 94), que es hasta ahora la hipótesis mejor documentada, pero falta probar que tal distintivo se llevó en España[5]. Desechadas las etimologías de *judía* 'habichuela' examinadas en la nota 5 y no satisfaciendo, o no satisfaciendo del todo, las explicaciones semánticas a base de 'judío', hay que tomar en consideración la idea siguiente. *Judía* no aparece hasta Percivale y Oudin, mientras que Covarrubias y aun, al parecer, Laguna[6], sólo recogen en este sentido *judihuelo*, lo cual invita a sospechar que aquél se extrajera de éste secundariamente. De ser así podríamos suponer que sea alteración de un representante mozárabe de PHASEOLUS, la denominación más extendida en la Romania y aun en España misma: de ahí *fasiólo > *fusiólo, con la asimilación típica del mozárabe, luego castellanizado en *husihuelo y por etimología popular *judihuelo*.

Judiar; judión. Judiada. Judiar verbo transitivo ¿'humillar, maltratar'? en el uruguayo F. Silva Valdés («lo quisieron '*judiar*', pero luego de varios fracasos se convencieron de que estaban frente a un varón que no se dejaba 'arrear con las riendas'», *La Prensa de B. A.*, 26-VII-1942). *Judihuelo* [1605, *Pícara Justina;* en la ac. 'habichuela', V. *judía*]; *judezno* (Berceo, *Mil.*, 355-7) < **judeezno. Judería* (Berceo, *Mil.*, 426*b*, 647*d*, 721*b*, 758*c*, etc.) < *judeeria (*judaría* en Nebr.). *Judiego* ant. (APal. 46*d*, s. v. *aspaltus;* Nebr. «*judiega cosa:* hebraicus»), para *vino judiego*, vid. A. Castro D. S. Blondheim y J. Leite de V. en *RFE* VII,

383-4; IX, 180-1; XI, 66-69; esta forma provendrá de *judego (< JUDAICUS) con -i- por influjo posterior de judío; comp. cat. juïc, -iga < *JUDEICUS, -A; vasco vizc. ant. judegu 'judío', Michelena, BSVAP XI, 297. Judiento arag. ant. letra ⌐ -a 'escritura hebraica', en el Fuero de Navarra (Tilander, p. 240). Cultismos: judaico; judaica; judaísmo [Berceo]; judaizar [Nebr.], judaizante, judaización.

¹ Aunque es también la forma gallega (Vall.) y ya está varias veces en las Ctgs., se halla también jueu en algún texto antiguo y en la toponimia: Os Juêus, nombre de un lugarejo (en el concelho de Tondela, 40 km. al N. de Coímbra) que fué habitado por judíos y recibe el nombre de Popula de Judeis en una inquirição de h. 1250 (Silveira, RL XVI, 149).— ² Los datos más tempranos en lengua cast. indican que el vocablo era mirado en el S. XVI como única o principalmente aragonés: «fesoles: éstos se hazen acá [América] muy bien... llámanse en Aragón judías y en mi tierra arbejas luengas» declara categóricamente nuestra más antigua autoridad, Fz. de Oviedo (edición príncers, proemio del l. XI, fº 96r). Algo análogo decía Cienfuegos, casi un siglo después (1627), pues atribuía las judías negrillas a Murcia y las judías blancas a Aragón.— ³ Colmeiro, Enumer. II, 284, cita judía y judihuela como nombre del Phaseolus vulgaris en Laguna y en Palmireno (1573), sin precisar bien en cuál de los dos se halla cada variante (judihuelo en Laguna según Aut.).— ⁴ Covarr., que por lo demás sólo recoge en este sentido judigüelo (íd. C. de las Casas), explica «dichas assí, porque hirviendo en el agua caliente, saltan para arriba». No creo que se refiera con esto al miedo de que acaba de hablar como típico de los judíos. De judigüelo sale el judesp. žurgwélo, žirg- 'especie de judía' (RFE XXXIV, 56-57).— ⁵ Asín, Al-And. IV, 401, sospecha que judía 'habichuela' sea un arabismo sin relación con el adjetivo judío, para lo cual se funda en que ǧŭdiyâ' aparece traducido lūbiyā' (= alubia) en el Tâǧ al-ᶜArûs (léxico recopilado en Oriente, fin S. XVIII), y agrega que ambas denominaciones serían de origen persa en árabe, lo cual parece ser cierto en el caso de alubia, pero en persa no parece haber nada parecido a ǧŭdiyâ', y como por lo demás esta palabra es desconocida en árabe, lo razonable es creer que sea hispanismo. Rohlfs, ZRPh. XL, 340, aprobado por M-L. (REW 4598), cree se trata de un FABA JUDAEA, alusivo a la procedencia oriental de la habichuela. Compara la denominación alemana türkische Bohne, pero ésta se referirá a la importación de América, tal como el ingl. turkey 'pavo'. También compara el calabr. suraca 'habichuela', que parece representar FABA SYRIACA; pero el supuesto FABA JUDAEA tendría que venir entonces de la época romana, cuando todavía los judíos habitaban en Palestina, lo cual

es inverosímil dada la fecha moderna de judía, y la escasa extensión de esta denominación española, ajena a América y a buena parte de España (Andalucía, etc.). Fuera del castellano no conozco nada análogo, pues es vocablo totalmente ajeno, aun a las demás lenguas hispánicas, incluyendo el gallegoportugués (ant. feijoo, port. feijão, gall. feixò, freixò) y el catalán: no existe el balear judia citado por Colmeiro y juies en la edición de Pous i Pagès citada en mi primera edición era errata por xuies 'lonjas de tocino'. Gonzalo C. Leira, Papeles de Son Armadans, número 238, 1976, 69-70, formula la hipótesis de que el nombre se aplicara primero a las judías sin vaina, extendiéndolo después a las judías tiernas y a todas las habichuelas, y supone que se diría primero haba judía por alusión al glande del circunciso; todo es hipotético en esta explicación, empezando por el inicial carácter obsceno de la expresión y el hecho de que se llamara haba judía y no haba mora o morisca, cuando éstos eran más numerosos que los judíos. Un vasco xuduarima 'judías' fué recogido por Araquistain (guipuzcoano que vivía en Navarra y aportó sobre todo palabras de esa región, fin S. XVIII) según Azkue; ahora bien, arima quiere decir 'alma', así que esta denominación significa propiamente 'alma de judío'. ¿Por lo visto las judías pasaban por ser alimento propio de judíos, por ser manjar barato? Por lo demás, es verdad que en España (salvo Cataluña) las judías secas son poco apreciadas. Comp. los sinónimos HABICHUELA, ALUBIA, FRIJOL, POROTO, CHAUCHA.— ⁶ Según la eđ. de Suárez de Ribera (1733) (lib. II, cap. 99; vol. I, p. 107), aparece sólo «judihuelos en nuestra España, y también frisoles» en la parte atribuída taxativamente a Laguna (1555); judías (varias veces), y también frisoles y alubias en la parte que Suárez reconoce explícitamente como glosa suya; y en el título hay «en castellano judías y también judihuelos». Este título (según el facsímil de la ed. Dubler) ya está en la ed. de 1570. Se ignora si figura en la príncipe, de 1555, pero creo que se agregaría en la de 1570. Sea como quiera, en el texto de Laguna aparece varias veces judihuelos, que por lo tanto sería la forma más usual en su tiempo.

JUEGO, del lat. JŎCUS 'broma, chanza', 'diversión'. 1.ª doc.: orígenes del idioma (Cid; Berceo, etc.).

General en todas las épocas y común a todos los romances. La ac. latina es frecuente en la Edad Media: 'burla' en S. Dom., 165; Alex., 1987; J. Ruiz, 262, 734, y hasta hoy se conserva en juego de palabras [Nebrija], etc.; Cejador IV, § 90.

DERIV. Jueguezuelo. Jugar [jogar, Cid, 3249; S. Dom., 485b; Mil., 355b; Elena y María, RFE

I, 59; *Alex.*, 2026; pero *jugar, Cid,* 3319; *Apol.,*
148*a;* J. Ruiz, 345*d,* y general por lo menos
desde el S. XV: glos. de Castro, APal. 13*b,* 223*b,*
Nebr., etc.; ambas variantes en el *L. del Acedrex,*
10.9, 10.11, etc.; además hallamos *jugan* en presente en *Fn. Gonz.,* 683*a; juga* en Carvajales,
Canc. de Stúñiga, 371; Cej. IV, § 90], del lat.
JOCARI 'bromear' (sentido que en el castellano arcaico evolucionó en el de 'burlar, engañar', en los
citados pasajes del *Cid* y de *S. Dom.);* la evolución fonética presenta un problema difícil: de nada
sirve suponer un *JŬCARE (M. P., *Cid,* p. 724)
que no sabríamos cómo justificar, y tampoco basta comparar (M. P., *Manual,* § 20.2) con *ruido* RŬ-
GITU (donde la *u* se debe a la *i* siguiente), o con
pulgar y *vulpeja* (donde se debe a la L implosiva,
como en *dulce, surco, azufre,* etc.)[1]; más atinado sería, en vista de *juegando* y *juegaron* de la *Hist. Tro-*
yana de h. 1270 (94.12, 116.10), suponer que hubo
extensión del diptongo de las formas rizotónicas,
en la etapa *juoga,* de donde *juogar* y luego reducción a *jugar:* de la misma manera se halla *cuentar*
y *cuentada* en leonés antiguo (M. P., *Dial. Leon.,*
§ 18.5) y de ahí *cuntar, cuntado, cúnto* en asturiano moderno, y ya *cuntado,* forma frecuente en
todas partes en el S. XIII (*Alex. O,* 2*d,* 85, 88;
cuncta, Sacrif., 132*a,* etc.), y así podría también
explicarse *lugar* por influjo de *luego* LŎCUS (el
adverbio *luego* se reduce vulgarmente a *llugo* en
Ast., Sayago y Bajo Aragón, por su pronunciación
proclítica; maragato *gurar* en lugar de *güerar* (a
causa de *HUERO,* V. éste)[2]; la dificultad de esta
explicación estriba en que no puede aplicarse al
catalán, que no sólo dice *jugar,* sino también *juga*
en el presente, a pesar de que ahí no hubo nunca
diptongación, y admitir un aragonesismo en catalán sería muy forzado en verbo de esta naturaleza,
o más bien imposible dada la antigüedad del fenómeno[3]. *Jugada. Jugadera. Jugador. Jugante. Ju-*
garreta [*Aut.,* voz familiar]. *Juguete* [J. Ruiz, 625*a,*
1400*a,* jog- 513; 1640, Saavedra F.; 'chiste, chanza', 1543, *Crón. Gral.*], aunque documentado antes
que el fr. *jouet* [1523, *FEW* V, 37*b*], es probable,
por el sufijo, que venga de Francia: se tomaría
de oc. ant. *joguet,* del cual ya hay un ej. medieval
(¿S. XIII?) en el sentido de 'melindre'; *jugue-*
tero, juguetería; juguetear [*Aut.*], *jugueteo; jugue-*
tón [1605, *Picara Justina*]. *Jocoso* [A. Torre (C.
C. Smith, *BHisp.* LXI)].

Juglar [*jokulare,* en b. lat. aragonés, a. 1062,
Gili, *RFE* XIV, 274-5; fuera de esto el vocablo
se menciona primeramente en León en 1116 y
1136, M. P., *Poes. Jugl.,* p. 9; *joglar* y otras formas con *o* en Berceo, *S. Dom.,* 318, 701, 759;
Alex., 211, 1383, 1588; *Elena y María;* J. Ruiz,
649, 894; *Alfonso XI,* 406; pero ya *juglar* en
S. Dom., 775*b;* J. Ruiz, 899, 1095, 1234, 1315,
1440, y general en el S. XV; además de la ac.
común, puede significar 'músico' o 'bufón', y antiguamente se empleó como adjetivo sinónimo de

'alegre' o 'burlón', *sermón juglar, lengua juglara:*
M. P., *o. c.,* p. 4], descendiente semiculto del
adjetivo lat. JOCULARIS 'gracioso, risible', derivado
de JOCŬLUS 'chanza', diminutivo de JOCUS, con la
misma *u* que *jugar; juglara* [J. Ruiz, 986*d*] o *ju-*
glaresa [*Apol.,* 483*a; jugraressa, Alex.,* 313]; *ju-*
glaría [*Calila,* Rivad. LI, p. 11; M. P., *o. c.,* p. 4;
joglaría, Alex., 2, 655; *joglería,* Berceo, *S. M.,*
384; *juglería* J. Ruiz, 1489*b,* 1633*b; jonglería,*
Berceo, *S. Dom.,* 89, con influjo del fr. *jongleur*
'juglar', cuya *n* se debe a *jangler,* vid. JINGLAR];
juglaresco. De ahí, muy posiblemente gall. *xuncras*
'golfillo, niño despreciable'[4], 'traidor, truhán' (Vall.),
que puede ser vieja adaptación del oc. ant. *jon-*
gla(r)s 'juglar' nominativo (con el mismo proceso
que *chinclar* del afín *jangler,* vid. aquí JINCLAR).

[1] Aún peor es decir, como Baist (*GGr.* I, § 33),
que *jugar* se debe a *juglar,* que a su vez se explicaría por un origen francés, pues además de
que el fr. *jongleur,* fr. ant. *jogleor,* tiene forma
muy diferente, en francés no era normal todavía
el cambio de *o* en *ou* en el S. XIII, en que ya
el radical *jug-* es corriente en castellano y catalán.— [2] La idea se apoyaría en el hecho de que
en gall.-port. (donde no hay diptongación) se
dice *joga, eu jogo* etc., y los textos antiguos no
vacilan ni aun en las formas arrizotónicas (en
las *Ctgs.* siempre *jogar,* salvo algún caso suelto
de *jugar* en el ms. castellanizante E). La importancia que confiere en estos verbos al radical
acentuado la existencia de los importantes sustantivos *juego, cuento, -a, huero,* sería la causa
de que en estos casos, y no en otros, se hubiera
extendido el radical diptongado.— [3] Hallamos *juc,*
juga, en autores del S. XIV como Eiximenis (*N.*
Cl. VI, 53) y A. Canals (*Scipió,* 60), con *u* asegurada por las rimas en Jaume Roig (vv. 5498,
7739), y ya *juga* en la *Doctrina Pueril* de Lulio,
S. XIII (p. 252); verdad es que haría falta comprobar en los mss., en vista de que Lulio emplea
jogant en *Meravelles* II, 36; *joga* en las Vidas
de Santos rosellonesas del S. XIII. Hoy la forma
con *u* es general en los dialectos, sin excluir
Valencia ni Mallorca, y ni siquiera el catalán de
Alguer, en Cerdeña, aislado desde hace siglos;
sólo en el Rosellón se dice *jòga* (Saisset, *Per-*
pinyanenques, 46). Claro está que es inadmisible
explicar con Kuen (*AORBB* VII, 65) por analogía de las formas arrizotónicas, pues el cambio
catalán de *o* pretónica en *u* no es anterior al
S. XVI, y es completamente ajeno hasta hoy al
valenciano y al mallorquín. Las formas con *u*
no parecen ser ajenas al portugués puesto que
jugatar por *joguetar* se halla en Azurara (S. XV),
según Moraes; hoy suele escribirse *jogar* así en
portugués como en gallego, pero es dudoso el
valor de esta forma en idioma que hoy confunde
la *u* con la *o* átona. Formas irregulares de JOCA-
RE con *u* tienen también extensión considerable
en Italia: no sólo *giucare* en Boccaccio, sino hoy

lígur y lomb. *šügá*, piam. *ğügé*, tesinense *žüga*, veronés *žuga*, *žugare*, emil. *žugar*, romañol *šugér* (Rohlfs, *It. Gr.*, §§ 131, 35; II, p. 309).— ⁴ «¿Qué gato andáis a esfolar, ti e mais o *xuncras* de Rañolas?» Castelao 213.25.

Juepucha, V. *hijo*   *Juera*, V. *joyo*   *Juerga*, *juerguista*, V. *holgar*

JUEVES, abreviación del lat. DIES JŎVIS 'día de Júpiter'. *1.ª doc.*: orígenes del idioma (Berceo, etc.).

En leonés se conserva la fórmula latina completa: *die yoves*, doc. de 1250 (Staaff 56.26); comp. *DÍA*. Ast. *xueves* y la forma ultracorregida *fueves* (V).

DERIV. Otros derivados del lat. *Juppiter*, *Jovis*: *Jovial* [Lope], tomado de *jovialis* 'perteneciente a Júpiter', planeta al cual los astrólogos atribuían un influjo benéfico sobre los que nacían bajo su signo; *jovialidad* [Aut.].

CPT. *Jusbarba* 'brusco' [1505, PAlc., *juzbarba*¹; *Aut.* dice que *jusbarba* se halla en Laguna, 1555, y en Nebr., pero no lo hallé en la ed. de 1495; *chubarba*, como propio de Jibraltar, en *Aut.*], del lat. JOVIS BARBA 'barba de Júpiter'; de ahí el derivado port. *gilbarbeira* (disimilación de *girbarbeira* < *juisbarbeira*), que pasó a Canarias en la forma *jilbarbera* (vid. Steffen, *Rev. de Hist. de la Univ. de La Laguna*, n.º 70, pp. 19-28); también gall. *xilbardeira* en Pontevedra, *xilbarda* en Orense (con influjo de *barda* o *albarda*, y *silbardeira* (135v), contaminado por *silva* 'zarza', o *xenxibarbeira* (Sarm. *CaG.* 131v, 132v, A175v). Con la -*b*- conservada, pero contaminación de *jengibre*, cf. además lo que digo de *MARGALLÓN*. *Juglándeo*, derivado culto del lat. *juglans, -dis*, 'nuez', compuesto de *Jov-* 'Júpiter' y *glans*, propiamente 'bellota de Júpiter'.

¹ Tal vez haya que leer *yubalbaira* en Abenbeclarix en lugar de *yubl-naira* de los códices como equivalente del «español antiguo» *gašarans* [cat. *gaserans* 'brusco'] —aunque los códices traen '[a]š[a]r[a]nš o ğ[a]š[a]w[a]ns— y como equivalente del ár. *aqhuwân* [planta que según Dozy citan los árabes donde los europeos citarían «le lis ou la pâquerette blanche» (el brusco es una liliácea)].

JUEZ, descendiente semiculto del lat. JŪDEX, -ĬCIS: el acusativo JUDĬCEM pasó primero a *jú(d)ez* y luego a *juez*. *1.ª doc.*: *judez*, docs. de 1129 y 1148; *juez*, 1146 (Oelschl.).

Se ha discutido si *juez* proviene del nominativo JŪDEX, como admitieron M. P. (*Man.*, § 74.6) y G. de Diego, o del acusativo JŪDĬCEM, como prefieren Hanssen, Ford y Espinosa (*Arc. Dial.*, 12), con conservación de la I postónica por semicultismo. Indudablemente hay que dar la razón a los últimos. Que el vocablo no es comple-

tamente hereditario, es evidente, y si admitiéramos la conservación del nominativo latino esto también significaría que no lo es, pero entonces no explicamos satisfactoriamente la -*z*, y chocamos con el port. *juiz*, forma que es también común en castellano antiguo, así en Castilla (M. P., *D. L.*, 283.10, 19, 20, 26, doc. de Calatrava, de 1252), como en León (docs. de 1287 y 1291, en Staaff 68.15; 71.2, 83, 14; *Alex.*, 52). Cej. IV, § 92. La pérdida de la -D-, aun en voz semiculta y tras el acento, se explica por la pronunciación rápida y débil de los elementos postónicos en los esdrújulos; por lo demás, hallamos también *júdez*, algunas veces en el Fuero de Guadalajara y siempre en los de Béjar, Alfambra y Teruel (Tilander, p. 443). Perdida la -*d*- el acento se trasladó a la sílaba más abierta (como en *vío* > *vió* VĪDIT, *fúe* > *fué* FUIT, etc.). Sin embargo, durante mucho tiempo siguió pronunciándose *jüéz* como bisílabo, según vemos por el verso en Tirso (*Burlador* II, 403), en Vélez de Guevara (*El Rey en su Imag.*, v. 844) y en Lope¹.

DERIV. *Juzgar* [*judicare*, 2.ª mitad del S. X, Glosas Silenses, 36; *jutgar* o *julgar*, 1155, Fuero de Avilés; *judgar* y *juzgar* en Berceo; *judgar* en S de J. Ruiz 365, *juzgar* en *G* 365 y en *S* 123*d*; *jubgar* en *Conde Luc.*, Knust., 205.4, y en *Alf. XI*, 849; *julgar* en *Alf. XI*, 339, y en *Alex.*, 53, 445, 870, 1532, como en leonés y portugués; *jurgar* en los Fueros de Jaca y de Navarra (Tilander 351, 443); aunque *judgar* todavía aparece en Santillana y en el *Canc.* de Baena², la forma moderna está ya bien asentada a fines del siglo, y le da la preferencia Nebr., a pesar de que éste suele escribir -*adgo*], del lat. JŪDĬCARE íd., derivado de JUDEX; *juzgo* m., ant. 'juicio, sentencia' (-*dgo*, S. Mill., 470); *juzgado* [Nebr.]; *juzgador*, *juzgaduría*; *juzgamiento* [*jurg-*, S. XIV, Fuero de Navarra, Tilander, 351]; *juzgante*.

Juicio [*jodicio*, doc. arag. de 1090, Oelschl.; *ju(v)izio*, Cid; *judizio I* y *juyzio A* en Berceo, *Mil.*, 786*d*, forma ésta que tiende a generalizarse desde la 2.ª mitad del S. XIII³, aunque hay *juizo* en Cortes de 1322 y en el *Canc.* de Baena, p. 625, en rima con *fizo*; *juizio*, en G. de Segovia, 79; APal. 16*d*, 51*d*, 103*d*, etc., Nebr. y general desde el S. XV]⁴, tomado del lat. JŪDĬCĬUM íd.; *juicioso* [h. 1690, Cornejo, en *Aut.*; falta Covarr., Oudin; seguramente imitado del fr. *judicieux*, que ya se halla en Montaigne, en 1588; lo castizo es *cuerdo*]; *enjuiciar* [*Aut.*; *ynjuisiar* 'enjuiciar' ya en los problemáticos docs. guadalajareños de 1404 y 1427, *BHisp.* LVIII, 91], *enjuiciamiento*; *juiciero* ant. *Judicial* [APal. 87*b*]; *extrajudicial* [docs. guadalajareños de 1404 y 1427, *supra*]. *Judiciario. Judicatura. Judicante* arag. *Adjudicar* [h. 1570, Ercilla: Cuervo, *Dicc.* I, 197-8], tomado de *adjudicare* íd.: *adjudicación; adjudicador; adjudicatorio. Prejuicio* [Acad. 1884; APal. 212*d* «*infernus* es ceguedad del alma o *prejuycio*», 378*d* «*prejuizio* es conde-

537

JUEZ-JULIO

nar ante que se judgue por derecho y embaraçar la causa»], de *praejudicium* 'juicio previo', 'decisión prematura', 'perjuicio que causa ésta al interesado'; de ahí la forma alterada *perjuicio* [ya en Santillana: «consejat rettos juyçios; / esquivat los *perjudiçios*», p. 225; *Quijote*]; *perjudicial*; *perjudicar* [Covarr.]; *perjudicador*; *perjudicante*; en el sentido etimológico *prejuzgar*, *prejudicial*.

CPT. *Juzgamundos*.

[1] «Pasé sus calles las veces / que pude, aunque con recato, / porque en gente de aquel trato / hay maliciosos *jueces*», *Peribáñez* II, iii, ed. Losada, p. 127. Parecidamente *El Mejor Alcalde el Rey*, ed. íd., II, xx, 234; III, xiv, 253, 254; *El Cuerdo Loco*, vv. 1996 y 2479; *Pedro Carbonero*, v. 2035. De *juez* sólo tengo un caso, en *El Mejor Alcalde* III, xiv, p. 254. Esta pronunciación parece documentada por el verso en J. Ruiz, 336a, y en *Alf. XI*, 18, si bien aquí la grafía *joes* se halla con ello en extraña contradicción. De los datos de Robles Dégano, *Ortología*, p. 351, resulta que el paso de *juez* a *juez* tendría lugar h. el año 1600 o poco después, pues la pronunciación bisílaba es general o muy predominante en Fr. L. de León, Castellanos, Cervantes, Góngora, Lope, Hojeda, Guillén de Castro y Alarcón, pero el monosílabo predomina en los Argensolas, Villaviciosa, Tirso, Quevedo, Calderón, Rojas, Moreto, y ya en Ercilla.— [2] Cuervo, *Obr. Inéd.*, 408.— [3] Ejs. en Cuervo, *Obr. Inéd.*, 384, n. 3; Cej. IV, § 92.— [4] La frase *ser un juicio* es ponderativa 'ser mucho, una enormidad' (ejs. de M. Alemán y de Correas, en *G. de Alfarache*, Cl. C. II, 252.6). *Hacer juicio* en la Arg. (A. Córdoba, *La Prensa de B. A.*, 28-IV-1940) y Chile (R. A. Laval, *Oraciones, Ensalmos y Conjuros del Pueblo Chileno*, p. 9) vale 'hacer caso, dar importancia'.

Jufaina, V. *jofaina*   *Jugada, jugadera, jugador, jugante, jugar, jugarreta*, V. *juego*   *Juglándeo*, V. *jueves*   *Juglar, juglara, juglaresa, juglaresco, juglaría, -ería*, V. *juego*

JUGO, del lat. SŬCUS 'jugo o savia de los vegetales', 'jugo del cuerpo humano'; la *j-* se debe a influjo de *enjugar* y *enjuto*. 1.ª *doc.*: *sugo*, ms. *E* (2.ª mitad del S. XIV), y *xugo*, mss. *H* (íd.) y *V* (perdido, copia moderna), Berceo, *S. Dom.* 176d: «*xugo*, del fuste seco, ¿qui lo podrié sacar?»; Cej. VIII, § 85.

La lucha entre las dos formas en litigio duró largo tiempo, pues APal. todavía sólo emplea *sugo* («*sugo* o çumo de las ciruelas no maduras» 4b; 42b, 479b), Nebr. registra *sugoso* y *xugoso* (falta el sustantivo), Oudin y Covarr. dan *sugo* y *xugo* en plano de igualdad, aunque ya C. de las Casas (1570) sólo registra este último, que es el que se halla también en San Juan de la Cruz (Cl. C., 169) y en la *Pícara Justina* (glos. de la ed. Puyol);

Aut. ya da *sugo* como anticuado. No se trata de una evolución espontánea o dialectal de la s- latina, sino de una contaminación por parte de los emparentados *ENJUGAR* y *ENJUTO* (que tenían -x- antiguamente).

DERIV. *Jugoso*; *jugosidad*. Cultismos: *Sugar* 'chupar' [S. XIII y 1661, *HispR.* XXVI, 293]; *desucar* (*dejugar* en Acad. 1843) y *desucación*[1].

[1] *Jusello* 'potaje de caldo de carne, con perejil, queso rallado, huevos, etc.' [1525, en la traducción de Roberto de Nola], es tomado del cat. *jusell*, que figura en el original de esta traducción (Ag.), y está tomado a su vez de oc. ant. *jusel*, diminutivo de *jus* 'jugo', procedente del lat. JŪS íd., que por lo demás nada tiene que ver etimológicamente con *jugo*.

Juguete, juguetear, jugueteo, juguetería, juguetero, juguetón, V. *juego*   *Juiciero, juicio, juicioso, juiz*, V. *juez*   *Jujar*, V. *ijada*   *Jujear, jujeo*, V. *ijujú*   *Julco*, V. *surco*

JULEPE, del ár. *ǧullâb* íd., y éste del persa *gulâb* 'agua de rosas', compuesto de *gul* 'rosa' y *ab* 'agua'. 1.ª *doc*: princ. S. XV, *Canc.* de Baena: Cej. VIII, § 108, y *Voc.* «*Julepe o xarope: potio*», Nebr.

No es raro en los clásicos, p. ej., en Tirso[1]. Figuradamente toma varias acs.: 'reprimenda, castigo' (Acad.), 'trote, cansancio que se causa a alguno' en Cuba y Santo Domingo (Pichardo, Brito), 'susto, sobresalto, temor a un castigo' en el Ecuador, Arg., etc. (M. L. Wagner, *RFE* X, 78; Payró, *Pago Chico*, ed. Losada, p. 57). Es vocablo común con los demás romances: port. *julepo*, cat. *julep* (J. Roig, v. 2662), oc. ant. *julep* o *jolep* [S. XIV: *ZRPh.* XLVII, 431], fr. *julep* (Devic, p. 44), it. *giulebbe*. *Ǧulâb* y *ǧullâb* se hallan ya en árabe, este último en el hispano R. Martí, S. XIII, traducido 'jarabe' (Dozy, *Gloss.*, 293; *Suppl.*, I, 204b).

DERIV. *Julepear* 'asustar', arg. (Draghi, *Canc. Cuyano*, p. cxxvi; Montagne, *Cuentos Cuyanos*, p. 119; A. Córdoba, *La Prensa*, 22-IX-1940).

[1] «Muerte, bien os llaman trago, / pues sois purga que se bebe. / Pero la que receté, / a costa de tantas vidas, / en *julepes* y bebidas, / por el talión pagaré», *La Prudencia en la Mujer*, II, iii, ed. Losada, p. 213.

JULIO, I, 'séptimo mes del año', tomado del lat. *jūlius* íd. 1.ª *doc.*: Berceo, *S. Mill.*, 378.
General en todas las épocas. Comp. *JUNIO*.

JULIO, II, 'medida eléctrica', tomado del ingl. *joule* (pron. *ǧául*), formado con el nombre del físico J. P. Joule, de aquella nacionalidad. 1.ª *doc.*: princ. S. XX, Pagés.

Julo, V. ¡*so!*   *Juma*, V. *humo*   *Jumenta, ju-*

mental, junentil, jumento, V. *uncir*   *Jumera*, V.
humo   *Junaza*, V. *funículo*   *Juncia*, V. *enjun-*
dia   *Juncir*, V. *uncir*.

JUNCO, I, del lat. JŬNCUS íd. *1.ª doc.*: *yunko*, 5
982, Abenɣólɣol (Simonet, p. 618).
Yunko como nombre de la juncia, en el anónimo mozárabe de h. 1100 (Asín, p. 362), *junco* íd.
en la *Gral. Est.* 309b38. Como topónimo aparece *Val de Junco* en doc. leonés de 1126 10
(Oelschl.), *junco* en los tres glosarios de h. 1400,
en APal. (45b, 66d, 250b, 407b), Nebr., etc. Voz
de uso general; Cej. IV, § 88; y común a todos
los romances de Occidente. El cast. y port. *jun-*
co, así como el cat. occid. *junc*, gasc. *jünc*[1], de 15
ninguna manera pueden tomarse como cultismos,
contra lo que dice M-L. (*REW* 4619), a pesar de
que los demás romances prueben que la ʋ latina
era breve (cat., oc., fr. *jonc*): seguramente estamos ante un tratamiento especial ante *ṅk*, com- 20
parable al que presenta el it. *giunco*; quizá con
influjo auxiliar de la J- (comp. cast. *tronco, ron-*
co, bronco, it. *tronco, monco*, cat. *ungla, unclo*,
junto a *oncle*, etc.). Para representantes toponímicos del cast. *junco* y del mozár. *yunco*, vid. 25
M. P., *Oríg.*, 243-4, G. de Diego, *RFE* III, 310-
1n.; una tercera variante *unco*, que hoy tenemos
arraigada en todo el Uruguay y Arg., y quizá en
el Perú, y que en España aparece en derivados
en la zona meridional, ahí será de origen mozá- 30
rabe, mientras que en América podría pensarse
en una ultracorrección, aunque no es improbable
que allí también sea mozarabismo o leonesismo
(*RFH* VI, 245-6).
DERIV. *Juncal* [S. XVII, Moret] o *juncar* [1640, 35
M. de Espinar, *Aut.*]. *Juncoso* [Nebr.]. *Junque-*
ra [1209, Oelschl.]; *junqueral. Junquillo* [*Junque-*
llo, nombre propio, 1192, Oelschl.; -*illo*, Oudin;
S. XVII, *Aut.; Ca.* 230], de ahí el cat. *jonquillo*,
fr. *jonquille* [1596, *FEW* V, 66b], it. *giunchiglia.* 40
Juncada 'medicina con que curan los caballos
cuando tienen muermo, dándoles a comer lo tierno de los juncos mezclado con manteca de vaca
y otros ingredientes'[2], 'cierta fruta de sartén'[3].
Enjuncar. 45
Juncia [*yunǧa*, anónimo mozár. de h. 1100,
Asín, pp. 362-3[4]; *junça*, en las *Leyes de Moros*
del S. XIV o XV, *Memorial Hist. Esp.* V, 427
ss.; 1475, G. de Segovia, p. 80; así hoy en Murcia; «juncia: juncus odoratus, cyperus», Nebr.], 50
junto con el cat. *jonça* y port. *junça*, procede del
adjetivo lat. JŬNCĔA 'semejante al junco'; *jun-*
cial; junciana; junciera.
Derivado culto de *juncus: juncino.*
[1] Existe una variante castellana *jonco*, que em- 55
pleaba (a la vez que *junco*) Juan de Padilla (vid.
María R. Lida de Malkiel (*Juan de Mena*, índice).
Esta forma en -*ó*- tiene gran extensión en toda
la zona pirenaica, desde Arán hasta el Bearne,
también en el Gers (V. mi *Vocab. Aran.*, y *FEW* 60

V, 65b). En el alto Aragón se dice *chonco* en
Echo, lo he anotado también en la frontera cata-
lanoaragonesa, concretamente en St. Esteve de
Llitera (a pesar de que el cat. occid. y merid.
dice *junc* y no *jonc*); pero se emplea *chunco*
desde Ansó hasta el Valle de Broto y en la
Sierra de Guara (*RLiR* XI, 36). Para el mozár. *yunco*, V. BAYUNCO.— [2] *Aut.*; comp. Fabra: «*joncada*: medicament compost amb mantega de vaca, moll de joncs, etc., per a curar el
borm». La definición que da la Acad. parece
menos fundada.— [3] Así en Acad. 1817-1884; desde 1899 se agregó «de figura cilíndrica y larga a
manera de junco», explicación etimológica inverosímil. Pagés trae ej. de «Diego de la Fuente»,
bajo lo cual deberá entenderse la traducción de
Apuleyo por Diego López de Cortegana (que se
ha confundido con la de Alonso de Fuentes),
publicada en 1513. Puede tratarse de una ac.
derivada de la primera, o quizá más bien de una
voz diferente, tomada del it. *giuncata* 'requesón'
u oc. *joncada* íd., así llamado porque se hace en
una encella de juncos. Por otra parte, hay *jun-*
glada 'lebrada, guisado que se hace con liebre
frita con cebolla, tocino gordo, almendras, pan
remojado en vinagre, higadillos de gallina, jengibre, azúcar y canela', documentado en Roberto de Nola (p. 77), así en su traducción castellana (1525) como en el original catalán (Ag.).
Quizá sea alteración del anterior o del it. *giun-*
cata.— [4] Las variantes *yúnqa, yúnka* o *yunqiya*
serán latinismos árabes de procedencia oriental,
o quizá más bien derivados mozárabes de *yún-*
ko 'junco'.

JUNCO, II, 'embarcación de que se usa en los
mares de China e Indonesia', del port. *junco* y
éste del malayo *jung* íd. *1.ª doc.*: 1521, Woodbr.;
«un *junco*, que es navío de casi cient toneladas»
carta de la exped. de Legazpi a Filipinas (1565),
publ. Bna. 1566, p. 2; 1585, Fr. Juan G. de Mendoza.
Véase Dalgado I, 497-9; Skeat. En portugués
aparece desde 1510. Es posible que la voz malaya proceda de una antigua palabra china a que
se refiere Pauthier, después perdida en este idioma. Según las descripciones del S. XVI se trata
de un navío de gran porte, mientras que en otras
posteriores, y relativas a otras regiones, figura como embarcación pequeña. Del portugués pasó a
los varios idiomas occidentales, entre ellos el italiano, donde ya se documenta h. 1510 (Zaccaria).

Juncoso, V. *junco* I   *Junglada*, V. *junco* I,
nota 3.

JUNIO, tomado del lat. JŪNĬUS íd. *1.ª doc.*:
doc. de 1211, Oelschl.
Para la homonimia entre *junio* y *julio* en galle-
go-asturiano y otros romances, y para sus conse-

cuencias léxicas, vid. D. Alonso, *Rev. de Dialectología y Trad. Pop.* I, 429-54. Análogamente se creó *junsèga* para 'julio' en el gascón pirenaico (Arán, etc.). El catalán y el francés acudieron por esta razón al diminutivo *juliol* y *juillet*, que diferenciaban mejor de *juny* y de *juin*; en los demás romances ibéricos las formas *julho*, *junho* y análogas, hasta hoy conservadas en portugués, se emplearon primero en todas partes, pero no tardaron en introducirse las formas cultas en castellano. El gallego ha vacilado: en la E. Media se dijo como en portugués (Sarm. *CaG.* 68v, *juyo* debe leerse *juỹo = juiño*), hoy se han extendido las formas cultas (*Irm. Fa.*, p. 328, recomienda todavía *jullo*, *juño*).

Júnior, V. *joven*   *Junípero*, V. *enebro*   *Junir*, V. *uncir*   *Junquera, junqueral, junquillo*, V. *junco* I

JUNTO, del lat. JŬNCTUS, participio pasivo de JŬNGĔRE 'juntar'. *1.ª doc.*: S. XV, Biblia med. rom. (*Gén.* 14.15); APal., 227d: «*jugum*... para jungir animales para que fagan lavor y vayan juntos».

Aparece también en la locución prepositiva *junto a*: «el puñal que lo traen atado *junto a* las caderas» 81d, «es pequeño y *junto* al lado» 395d (más ejs. en las varias acs.: 82b, 158b, 159b); Nebr.: «*junto con otra cosa, tocándola*: contiguus». Ejs. de *juntos* en el sentido de 'unidos' en Mariana, M. Alemán, Cervantes, Lope, y otros clásicos, V. en Cuervo, *Ap.*, § 532; de ahí ha venido que en Colombia *juntos* se empleara vulgarmente en lugar de 'ambos'. En lugar de la citada locución *junto a* hallamos también *junto de*: «*junto de* los Alporchones / allí los van a alcançar», en Pérez de Hita (ed. Blanchard, I, 14; I, 1; I, 8), Timoneda (Rivad. III, 165), M. Alemán, Cervantes (*Las dos doncellas*, 136; *El Celoso extremeño, Cl. C.*, 168), Ruiz de Alarcón (*La Verdad Sospechosa, Cl. C.*, 97), etc., y hoy en la Arg. (*BDHA* III, 210); es la forma que ha quedado fijada en portugués en la ac. 'muy cerca de' (ambas ajenas al catalán y demás romances); en castellano *junto a* es la forma actual, que se distingue de *junto con* 'conjuntamente', hablando de varias cosas juntas. *En junto* 'al por mayor' se lee en el *Lazarillo* (M. P., *Antol. de Pros.*, p. 88); sustitúyelo *por junto* en ediciones posteriores, como hoy se dice. En el sentido de 'entornado', aplicado a una puerta o ventana («salí por mi ventana dejándola *junta*»), en el *Alfarache* de Martí (Rivad. III, 376 y 377), puede ser valencianismo (hoy *juntar la porta*, en este sentido, Lamarca; *ajuntar* en el cat. del Bajo Aragón).

DERIV. *Junta* [doc. de 1055, Oelschl.; *junta*, ms. *A*, *iunta*, ms. *I*, Solalinde, 'reunión, asamblea de las almas en el día del Juicio' Berceo, *Mil.*, 757d]; es común en todas las épocas, y hoy especialmente en América, en el sentido de 'confluencia de dos ríos': V. representantes toponímicos en M. P., *Oríg.* 244; «*junta de dos ríos*: confluens», Nebr.; «después, bajando por el bosque abajo / fué a ver la *junta* de Jarama y Tajo», Lope (*Angél.* vii, *Obras Sueltas* II, 100); hoy se dice *junta* en Cuba (Pichardo), *juntas* en plural en la Arg., Colombia y ya en Fernando Colón (*BRAE* VII, 618); *juntero*; *juntera* [Nebr.], *junterilla*. *Juntura* [Berceo, *S. M.* 227, Nebr.], de JŬNCTŪRA íd., común a todo el romance de Occidente. *Juntorio*. Duplicado de *junta* es *yunta* 'pareja de animales de tiro': se trata de una forma rústica, quizá dialectal[1], inseparable de YUGO y UNCIR, que presentan tratamiento análogo de la inicial, ya distinguido de *junta* en la forma moderna por Nebr. y PAlc.; *yuntero*; *yuntería*; *yuntar* por 'juntar' se lee en J. Ruiz, y *yunto* por 'junto' hablando de los surcos, existe modernamente (Acad.).

A pie juntillo, negar ~ 'rotundamente' [1604, G. de Alfarache, *Cl. C.* V, 115.21], posteriormente *a pie juntillas* [1625, P. Espinosa, *Obras*, 194.20; Quevedo, *Aut.*] o *a pies juntillas* [1609, 1614, Cuervo, *Ap.*, § 241 n.], por influjo de locuciones como *a sabiendas, a tontas y a locas, en volandas*, etc.[2]. *Juntar* [2.ª mitad del S. X, Glosas de Silos, 147; *Cid*, etc.; voz general en todas las épocas; Cej. IV, § 88; significa 'coser' en *Alex.*, 2334], derivado común con el port. y cat. (a)*juntar*, oc. ant. *jonchar*, fr. dial. *jointer* (*FEW* V, 69a); *juntador*; *juntadura*; *juntamiento*. Gall. ant. *juntança* 'unión' (*Ctgs.* 154.4), 'grupo de gente' (Castelao 180.2), no portugués.

Ayuntar [*Cid*, etc.; común en todas las épocas: Cuervo, *Dicc.*, I, 827-8; *ajuntar*, más corriente que *juntar* en cat. y port., es raro en castellano, hoy salmantino, y ast. *axuntar*, V]; *ayuntable, ayuntación*; *ayuntador*; *ayuntamiento* [h. 1250, *Setenario*, fº 40vº; *Conde Luc.*, 257.1]; *ayuntante*; *ayuntanza*; *ayunto*.

Coyuntura [*coniuntura, Alex.*, 136; «*coiuntura*: junctura; conjunctio; *c. de dedos*: codillus», Nebr.], derivado romance de CONJUNGERE 'juntar', que a su vez lo es de JUNGERE; *descoyuntar* [*Conde Luc.*; S. XV, Biblia med. rom., *Gén.*, 27.40], *descoyuntamiento*, *descoyunto*.

Los siguientes derivados son cultismos. *Adjunto* [h. 1580, Fr. L. de Granada: Cuervo, *Dicc.* I, 198]; *adjuntar* 'incluir, enviar adjunto', muy usual en América, pero rechazado por la Acad.; *adjunción*; *adjungir* ant.

Conjunto [med. S. XV: Cuervo, *Dicc.* II, 385-6, es sospechoso el ej. aislado del S. XIII allí citado]. *Conjuntar. Conjunción* [1288, *L. del Acedrex*, 374.4; APal. 36d, 83b, 90d]. *Conjuntivo*; *conjuntiva, conjuntival, conjuntivitis. Conjuntura. Subjuntivo* [-nct-, APal. 90d, 476b], de *subjunctivus* íd., propiamente 'perteneciente a la subordinación' (calco del gr. ὑπόζευξις 'subordinación').

Disyunto; disyunta. Disyuntivo; disyuntiva. Disyunción.

Inyungir.

CPT. *Yuxtaponer*, compuesto con el lat. *juxta* 'junto a' (de la misma raíz que *jungere*); *yuxtaposición. Yuxtalineal.*

[1] Y- por *j-* ante *u* parece ser rasgo fonético propio del lenguaje alfonsí: *yudgar 1.ª Crón. Gral.* 7*a*42, *yuez* ibid. 28*b*10, *yuntar* ibid. 183*a*-53, *yura* ibid. 17*b*6, 182*b*2, 411*a*36, 656*a*4, *yurar* 16*b*15, 182*b*2, 400*a*2, 655*b*51, *yunco Gral. Est.* 309*b*48, *yunquera* ibid. 298*b*32, *yurar* ibid. 298*b*19, *yuro* M. P., *D. L.*, 58.18.— [2] La idea de W. v. Wartburg (*ZRPh.* XLIII, 115) de partir de una locución *a juntillas*, derivada de *junta* 'juntura, articulación' no tiene fundamento histórico.

Juñir, V. *uncir, zumbar* *Jupón*, V *jubón*
Jur, jura, juradería, juradero, jurado, jurador, juraduría, juramentar, juramento, jurante, jurar, juratoria, juratorio, V. *juro* *Jurada*, V. *horadar*
Jurco, V. *surco*

JURDIA o JURDÍA, 'cierto instrumento para pescar', origen incierto, acaso derivado del ast. y port. *surdir* 'salir a la superficie', 'adelantar navegando', gall. *xurdir* 'darse prisa, adelantar en un trabajo' (que parecen tomados del fr. *sourdre* 'surgir' < lat. SŬRGĔRE). 1.ª doc.: «*xurdia*: un instrumento à prendre du poisson», 1607, Oudin.

De Oudin pasó a Franciosini y a Minsheu (1623), que traducen su definición al pie de la letra, pero el último acentúa gráficamente *xúrdia;* Terr. da «*jurdia*: especie de ingenio para pescar» y cita además Cervantes, *Recopilación de Ordenanzas acerca de Montes.* La Acad. desde 1843 define «especie de red para pescar», y ya en 1884 acentúa *jurdía*, pero dada la vaguedad de su definición es posible que también se base en Oudin o en Terr., y, por lo tanto, no podemos hacer mucho caso de su acentuación ni del sentido que da al vocablo. Debieran ante todo averiguarse bien ambos extremos[1]. Pero desde luego podemos rechazar la etimología de la Acad., ár. *zirdîya* 'cosa hecha de mallas', que no conviene fonéticamente y además es palabra supuesta: lo único que se conoce es *zárad* o *zárada* 'malla', con el derivado *zaradîya* (Belot; Dozy, *Suppl.* I, 585a). Mientras no se aclaren bien el sentido y forma del vocablo, nada podemos asegurar en punto a etimología. Si es una red u otro arnés flotante, no sería difícil relacionar con el ast. *surdir* 'surgir, salir a la superficie' (Rato), ast. occid. *surdir* 'levantarse, subir a la superficie, mejorar', *xurdir* 'adelantar en la labor y no detenerse hasta no acabar lo empezado' (Acevedo-F.), gall. *surdir* 'surgir, surtir o salir el agua de un caño con mucha violencia', 'originarse algo', *xurdir* 'adelantar una labor, no detenerse para que crezca lo que se hace', 'darse mucha prisa', 'discurrir' (Vall.), trasm. *xurdir* «lutar pela vida, moirejar», port. *surdir* «sair para fora; surgir; sobressair; emergir, vir á tona da água; prosseguir»: el paso de la ac. portuguesa a la gallega se comprende a base de la ac. «ir àvante navegando», ya documentada en portugués a mediados del S. XVI (Moraes). Se tratará de un término náutico del Cantábrico, tomado del fr. *sourdre*, pues como representante directo de SURGERE no se explicaría la *d;* desde luego no puede venir de *surtir*, que no explicaría tampoco esta consonante. El paso de s- a x- es frecuente en gallego (*xastre, xostra, xurdo,* etc.).

[1] En todo caso hay un adjetivo gallego que puede servir de base y que desde luego deriva de *xurdir*, como propongo abajo: *xurdio* 'pujante, robusto' (Lugrís; «o Arte *xurdio* dos primitivos» Castelao 49.16, 58.1, 60-12), 'magnífico, bueno de veras' (*unha casa xurdia, unha vaca xurdia; tu es xurdio* 'un vivo, un aprovechado'), que según el Apéndice a Eladio Rdz. se emplea mucho en la zona norteña (Ortigueira). Por lo demás, en *jurdia* el sentido se refiere al de *xurdir* 'surgir, emerger', y es posible que la formación adjetiva en -*ao* tenga el punto de arranque, sea en un **surdio* semiculto de SORDIDUS (voz de escolares compostelanos mal entendida por el vulgo), sea en un fenómeno análogo que surgiera de un semicultismo de EXORDIUM con el valor de 'base primordial'.

JUREL, tomado del mozár. *šūrêl* o del cat. *sorell* íd., diminutivos del lat. SAURUS íd., que a su vez se tomó del gr. σαῦρος 'lagarto' y 'jurel'. 1.ª doc.: *xurel*, 1505, PAlc.

El mozárabe *šūrêl* aparece ya en el almeriense Arbolí (S. XV), *šuríl* en PAlc. (con el nombre de unidad, secundario, *šuríla*), *šerál* en el árabe marroquí (Lerchundi) y *šerl* en el argelino (Beaussier). *Jurel* es la forma más extendida en castellano (*Aut. xurel;* Cej. VIII, § 126), la he oído en Almería y se emplea en Málaga [1789, Medina Conde], en Murcia dicen *sorel* o *jorel* (G. Soriano), en Chile *surel* (Echeverría, p. 49). «La caballa y el *zurel*» en Lope, *BRAE* XXIX, 338. Gall. *xorêlo* (= *escribano*, ast. *chicharro*, Sarm. *CaG.* 81*v*, 199*v*). La denominación catalana es *sorell*, extendida por toda la costa de esta lengua, pronunciada con *o* en Valencia (*El Archivo* II, 157), y ya documentada en esta región en 1369 (Ag.). En lengua de Oc hallamos *saurel* en la Narbonense y *sieurel* en Provenza (ambos en 1554), *suverèu* en Marsella y en el Var (*suvereau* según Cotgrave), *severèu* en el Ródano, *suarèu* en Niza (Mistral). Sardo *surellu, suredda,* it. *sugarello,* Elba *sugherello,* venec. *suro,* Roma *suvaro.* Por otra parte el primitivo se conserva en la forma *sauru* o *sauro* en Sicilia, Calabria, Nápoles y Roma (Rohlfs, *EWUG*, n.º 1920), *sàvaro* en Sicilia y

Tarento (Carus II, 669), *sô* en Génova (Casaccia); en fin, seguramente, el vasco guip. *sauri* «pez de la costa, muy insípido, fr. *saure*» (Azkue). Vid. Simonet, s. v. *xurel*; Barbier, *RLR* LIII, 50-52. El nombre científico del jurel es *Caranx Trachurus* o *Trachurus Trachurus*, y aunque tiene algún parecido con la caballa no debe confundirse con este pez (según hace M-L., *REW* 7627). En latín se halla SAURUS como nombre de pez en Casiodoro (según Barbier) y en Levio, coetáneo de Cicerón, citado por Apuleyo (Gaffiot); el gr. σαῦρος consta como sinónimo de τραχοῦρος, es decir, 'jurel'. La denominación 'lagarto' se le daría, según Barbier, por una analogía de forma (comp. it. *lacerto* 'caballa'): la analogía podría consistir en el cuerpo alargado que caracteriza al jurel; pero quizá sea preferible pensar en lo escabroso o tosco de la piel del jurel, especialmente en su cola, que dió lugar a la denominación gr. τραχοῦρος, y aun podría suponerse que se tomara 'lagarto' en el sentido de 'dragón', pensando en las dos aletas de grandes espinas que cubren el jurel. Las formas *sieurel, suvereu, sugherello, su(va)ro*, las atribuye Barbier a otro étimo, lat. SŪBER 'corcho', a causa de las «nuances jaunâtres et dorées de ce poisson», pero si esto ya es poco convincente desde el punto de vista semántico, menos lo es separar etimológicamente los dos grupos de denominaciones. Evidentemente debió haber préstamos de un idioma a otro. Es seguro que las formas sardas son catalanismos, como siempre ocurre en nombres de peces, y es probable que también lo sean todas las formas que Barbier quiere derivar de SUBER: el cat. *sorell*, pronunciado *surell* en la costa del Principado, Rosellón, Menorca e Ibiza, parecía derivado de *suro* 'corcho', de ahí la adaptación local en ciertos dialectos occitanos e italianos a los nombres locales de este vegetal; de ahí *sieurel, suvereu, sugherello*, etc., y los derivados regresivos *suro* y *suvaro*. En cuanto al cast. *jurel*, puede ser mozarabismo, pero entonces esperaríamos conservación del diptongo AU; más bien parece que la forma catalana se comunicaría a la costa andaluza (tomando š y u en boca de los moros granadinos), y de allí pasaría al castellano general.

Jurguñar, V. *hurgar*   *Juriega*, V. *garúa*
Juro, V. *horadar*

JURO, 'derecho que se tiene sobre algo', ant. y dial., en textos arcaicos *jur*, del lat. JŪS, JŪRIS, 'derecho, jurisdicción'; la forma moderna se explica por haberse tomado como derivado del verbo *jurar*. 1.ª doc.: *jur*, docs. de 1195 y 1202; *juro*, 1155, Fuero de Avilés, y doc. de 1206 (Oelschl.).

Ambas variantes y además la leonesa *jurio* se hallan en los manuscritos del Fuero Juzgo, a mediados del S. XIII en la locución *tener en su jur(io)* 'tener en su poder': «se la yglesia tobier dalguna cosa en su *jur*..., mandamos que los pos-

sessores de la iglesia, que tienen el *juro*, que jurem» (más ejs. en Fz. Llera). En la época clásica la ac. corriente es 'renta, derecho que se percibe sobre algo' («tiene un *juro* sobre las yerbas de Extremadura», *La Gitanilla*, *Cl. C.*, 44; ejs. análogos en *G. de Alfarache* I, 97.11; V, 65; en el *Alfarache* de Martí, Rivad. III, 381; Quevedo, *Cl. C.* IV, 117; Quiñones de B., *NBAE* XVIII, 968; Fcha.; *Aut.*). Se tomó *jur* por derivado postverbal de *jurar*, que era de uso más popular (al modo como existían *desmán* y *desmano*, p. ej.), y de ahí vino la forma posterior *juro*. Es frecuente la locución adverbial *de juro* 'de seguro, ciertamente', ya documentada en Juan del Encina, en doc. de 1523 (Fz. de Navarrete, *Viajes por la Costa de Paria*, 196, 198), etc., y hoy viva en Andalucía (A. Castro, *Lengua, Enseñanza y Lit.*, 74), Arg. (*BDHA* III, 203) y Colombia (Cuervo, *Ap.*, § 392), pero desusada en el lenguaje común español; en la Arg. es vulgar el redundante *dejuramente*.

DERIV. *Jurar* [*Cid*, etc., general en todas las épocas y común a todos los romances; Cej. IV, § 92], del lat. JŪRARE íd.[1]; *jura* [1102, Oelschl.]; *jurado* [1220 (M. P., *D. L.* 276)]; *juradero*; *juradería* [1401, *BHisp.* LVIII, 91, Nebr.]; *jurador, juraduría*; *juramento* [docs. de 1045 y 1210, Oelschl.; APal. 107b; Nebr.]; *juramentar* [APal. 143d; Nebr.]; *jurante, juratorio; juratoria*.

Conjurar [princ. S. XIII: *Sta. M. Egipc.*, Berceo, vid. Cuervo, *Dicc.* I, 386-9]; *conjura; conjuración* [med. S. XV, Gz. Manrique (C. C. Smith, *BHisp.* LXI); Nebr.]; *conjurado; conjurador* [Nebr.]; *conjuramentar; conjurante; conjuro* o, ant., *esconjuro*; ast. *esconxurar* 'exorcizar' (V).

Enjurar; enjuramiento.

Cultismos. *Abjurar* [med. S. XV, Gz. Manrique (C. C. Smith); h. 1580, Fr. L. de Granada: Cuervo, *Dicc.* I, 44]; *abjuración*. *Perjurar* [*Cid*], del lat. *perjurare* íd.; *perjuro, perjurador; perjurio*. *Injuria* [J. Ruiz], tomado del lat. *ĭnjŭrĭa* 'injusticia', 'ofensa'; *injuriar* [Nebr.], *injuriador* [Nebr.], *injuriamiento, injuriante; injurioso* [Corbacho (C. C. Smith)]. *Jurista* [APal. 146d; 1604, *Alfarache*, *Aut.*].

CPT. Son también cultismos. *Jurídico* [1515, Fz. Villegas (C. C. Smith); 1635, Salas Barbadillo], de *jūrĭdĭcus*, compuesto con *dicere* 'decir'; *juridicidad*. *Jurisconsulto* [Mena (C. C. Smith); APal. 228d], de *jurisconsultus*, con *consulere* 'pedir consejo'. *Jurisdicción* [juridición h. 1440, A. Torre (C. C. Smith); APal. 380d; Nebr.], de *juris dictio* 'acto de decir el derecho'; *juridicial* ant. [*jurisdicial*, APal. 227d]; *jurisdiccional. Jurisperito* [APal. 228d], de *juris perĭtus* 'perito en derecho'; *jurispericia. Jurisprudente* [*Aut.*] de *juris prudens* 'enterado en derecho'; *jurisprudencia* [fin del S. XVII, *Aut.*].

¹ En materia de construcciones me limito a señalar *jurar de* (*Quijote* I, iv, *Cl. C.* I, 121), y la

modal *yo os juro hacer mercedes* = '*juro haceros mercedes*' (Tirso, *Prudencia en la Mujer*, ed. Losada I, xvi, p. 199). Para *juria* o *jurio* en fórmulas de juramento o exclamación, vid. Gillet, *Homen. M. P.* I, 446-447; parece tratarse de una contaminación por parte de *pesia* (*pese a...*). Hay variante dialectal *yurar*, de la cual deriva el antiguo término forense *matrimonio a yuras*.

Jurquero, V. *surco*   *Jurrascar*, V. *zurrar*
Jurrio, V. *arre*   *Jusbarba*, V. *jueves*   *Jusello*,
V. *jugo*   *Jusmeso, jusmeterse*, V. *yuso*

JUSTAR, del lat. vg. *JŬXTARE 'juntar', derivado de JŬXTA 'junto a, al lado de', seguramente por conducto del cat. *justar* o de oc. ant. *jostar;* la *u* se debe a influjo de *justo*. *1.ª doc.: Alex.*, 1894. Cej. IV, § 92. *Jostar* en la *Gr. Conq. de Ultr.*, 523, *justar* en J. Ruiz 1078*d*, Nebr., etc. No hay razones terminantes para no considerarla palabra heredada directamente del latín, sino tomada de la lengua de Oc, según admiten M-L. (*REW* 4645) y De Forest (*RFE* VI, 330); es probable, sin embargo, que así sea, puesto que se trata de un término caballeresco, y la etimología popular que sufrió el vocablo se comprende mejor en un extranjerismo que en una antigua voz castiza[1]; sobre todo hay que tener en cuenta que en Francia el vocablo significa 'juntar, agregar' además de 'justar'; el influjo de *justo* se podía legitimar semánticamente, pues según define Nebr. la justa debía hacerse con armas iguales y justas. También es probable que sean galicismos el port. *justar* y el it. *giostrare*, mientras que el cat. *justar* (*ajustar*), fr. *jouter* (*ajouter*) son autóctonos puesto que conservan la ac. general 'juntar, añadir'. Recuérdese que *iusta* se halla como preposición en castellano arcaico [Oelschl.], y el derivado *iustano* 'cercano' en las glosas de Silos (296).

El germanista L. L Hamerích, *Neuphil. Mitt.* L, 49-56, pregunta si no sería preferible partir de un *JUSTARE derivado de JUSTUS, puesto que *JŬXTARE es también hipotético, sugestión que deberá efectivamente estudiarse con más calma.

DERIV. *Justa* 'lidia, torneo' [*Alex.*, 157, 730]. *Ayustar*, 'juntar dos cabos', término marino, adaptado del cat. *ajustar* 'añadir'; *ayuste.*

[1] El vasco *jostatu, dostatu* 'divertirse, recrearse' (Michelena, *BSVAP* XI, 297), que debió de tomarse directamente del oc., no ha sufrido esta etimología popular.

JUSTO, del lat. JŬSTUS 'justo, conforme a derecho', derivado de JUS 'derecho, justicia'. *1.ª doc.:* orígenes del idioma (*Cid*, Berceo, etc.).

General en todas las épocas y común a todos los romances. Cej. IV, § 92. No hay razones concluyentes para considerarlo cultismo en ningún romance, a no ser en fr. *juste* (y aun ahí se halla antiguamente *just*, que pudo ser hereditario e influido después por el latín).

DERIV. *Justa* 'la justicia', gnía. *Justillo* [med. S. XVII: Moreto; *chostillo* = cat. *gipó*, en el catalán de Bellmunt de Mesquí, prov. de Teruel]. *Ajustar* [S. XVI: Cuervo, *Dicc.* I, 302-5; los ejs. medievales allí citados pueden corresponder más bien a *JUXTARE, vid. *JUSTAR*]; *ajustado, ajustador, ajustamiento; ajuste. Injusto* [Nebr.], *injustamente* [1480, *BHisp.* LVIII, 360], *injusticia* [Nebr.]. *Justicia* [doc. de 1132, Oelschl.; Berceo, etc.; aunque cultismo, es general en todas las épocas], del lat. *justĭtia* íd.; la ac. 'magistrado, autoridad judicial', no restringida a Aragón, aunque ahí se conservó más que en parte alguna, se halla ya en el citado doc. aragonés de 1132, procede del latín tardío (Löfstedt, *Vermischte Beiträge*, p. 213), y hoy sigue viva en el ingl. *justice; ajusticiar* [h. 1600, *DHist.*], *ajusticiado, ajusticiable;* también se ha dicho *justiciar* [F. de Guadalajara; Berceo; J. Ruiz; Nebr.], *justiciable, justiciador; justiciazgo; justiciero* [h. 1295, *1.ª Crón. Gral.*, 659*b*40; Nebr.].

CPT. *Justificar* [APal. 156*d*], tomado de *justificare* íd.; *justificable; justificación; justificado; justificador; justificante; justificativo. Justipreciar* [Acad. ya 1817], *justipreciante* [Terr.], *justipreciación, justiprecio* [Terr.].

Juvenco, juvenecer, juvenible, juvenil, juventud, V. *joven*   *Juviello*, V. *ovillo*   *Juvo*, V. *yugo*   *Juzgado, juzgador, juzgaduría, juzgamiento, juzgamundos, juzgante, juzgar*, V. *juez*

K

KILO-, primer elemento de compuestos cultos, tomado del gr. χίλιον 'mil'. *Kilogramo* [Acad. 1869, no 1843], creado junto con los dos siguientes al implantarse el sistema métrico en Francia en 1795; es de uso común la abreviación *kilo;* compuesto de aquél: *kilográmetro. Kilolitro* [íd.]. *Kilómetro* [íd.]; *kilométrico. Kilovatio* [Acad. 1936]. Con otro valor se emplea otra forma del mismo elemento compuesto, más conforme al genio de la lengua griega, en *kiliárea.*

KIRIELEISÓN, 'imploración a Dios, al principio de la misa', tomado de la frase gr. (Κύριε, ἐλέησον 'Señor, apiádate'. *1.ª doc.: Aut.* cita ej. de Lope; y Pagés, del Romancero; APal. 230*d* define como expresión griega y latina.

En dicho romance está acentuado en la *ó,* rimando con *pasión; Aut.* acentúa *kyriéleison* como en griego y en latín; comp. Amunátegui, *BRAE* VIII,

387; la pronunciación de la η griega como *i* es la usual en toda la Edad Media. Muy usual ha sido siempre la abreviación *kirie,* en Berceo *quirio*[1] (*Sacrif.,* 34*c; Mil.,* 697*c*). Como la palabra Κύριε se pronuncia repetidamente en el ritual litúrgico, se ha empleado *los kiries,* junto con varios verbos, para indicar una acción repetida muchas veces o realizada copiosamente: así *beber los kiries* en Cervantes (*Rinconete y Cortadillo,* ed. R. Marín, p. 448) y F. de Rojas (*Cl. C.* XXIII, 31), *llorar los kiries* (Acad.), *reír los kiries* (Moratín). Para derivados del vocablo en otros romances, vid. Rheinfelder, *VKR* II, 124 ss., y aquí s. v. *GIROLA.*

[1] También *kirio* en vasco: *kirioak edan* = beber los quiries, y finalmente toma un sentido casi como 'nervio' o 'tuétano', Michelena, *BSVAP* XVIII, 94-95.

L

Lábana, V. *laja*

LÁBARO, tomado del lat. *labărum* íd. *1.ª doc.*:
h. 1600, Mariana.

Labe, labeo, V. *lapso*

LABERINTO, tomado del lat. *labўrinthus* y
éste del gr. λαβύρινθος 'construcción llena de rodeos y encrucijadas, donde era muy difícil orientarse'. *1.ª doc.*: Ya 1444, Juan de Mena, título de
su obra máxima. APal. 105*d*, 231*b*.
También en Juan de Valdés (1535); para testimonios y variantes contemporáneos, vid. *BRAE*
VI, 673. *Laborinto* en Torres Naharro (vid. índice de la edic. Gillet). Para la historia semántica del
vocablo, vid. Lida, *J. de Mena*, p. 262, donde
cita ej. catalán coetáneo. Para la alteración popular *labariento, abariento*, 'confusión, enredo',
'tráfago, ocupación', M. L. Wagner, *ZRPh.* LXIX,
380-1. Hoy *laberinto* es usual, si bien culto.
Deriv. *Laberíntico.* '

Labia, labiado, labial, V. *labio*   *Labiérnago*,
V. *aladierna*   *Labihendido*, V. *labio*   *Lábil*, V.
lapso

LABIO, tomado del lat. *labĭum* íd., que en
el S. XVI sustituyó el antiguo *labro* o *labrio*,
descendiente hereditario del lat. LABRUM íd. *1.ª*
doc.: 1570, C. de las Casas; *Aut.* cita ej. de Valverde Amusco, en 1556, que haría falta comprobar.
Labio aparece asimismo en F. de Herrera
(1581: Fcha.) y en Oudin, es la única forma registrada por Covarr., y la única que figura (muchas veces) en el *Quijote*, Góngora y Ruiz de
Alarcón; *Aut.* da bastantes ejs. de fines del
S. XVI y del XVII, y desde entonces parece haberse generalizado; Cej. VII, § 40; ast. *llabiu* (V).

Pero el antiguo *labro* o *labrio*, no sólo parece ser
general en la Edad Media, sino que se mantiene
hasta muy adelantado el S. XVI. Léese *labro* en
Berceo (*Signos*, 40; *Mil.*, 830*b*; *S. Dom.*, 692*b*;
Duelo, 38*c*; *labriello*, *S. Or.*, 16*d*; *S. Dom.*, 692*d*)[1],
Alex. (P 24*a*, 29*b*, 548*n*, 1588*c*, 2320*b*; O igual
pero en los dos últimos pasajes trae *beço*), *Crón.*
Gral. (c. 1047), *Gr. Conq. de Ultr.* (370, 609),
J. Ruiz (434*c*, 810*a*, 1487*b*), APal. (5*d*, 49*b*, 120*d*,
232*d*)[2]; una variante *lambro*, debida al influjo de
lam(b)er aparece en *Sta. M. Egipc.*, 1101, y el
derivado *llambrot* se conserva hoy en catalán, como expresión afectiva y pintoresca (*llepar-se els*
llambrots 'relamerse de gusto'). La variante posterior *labrio*, que revela ya un influjo de LABIUM,
aparece en el 2.º pasaje de J. Ruiz, pero sólo en
el ms. *S* (h. 1400), en Sem Tob (316*c*, rimando
con *sabios*, pero no hay necesidad de enmendar),
la *Celestina* (ed. 1902, 11.6), la *Comedia Selva-*
gia (1554, cita en la ed. de la *Celestina*, Cl. C. I,
55.6), en uno de los Autos del S. XVI publicado
por Rouanet (I, 363), en las *Moradas* de Sta. Teresa (Cl. C., 1910, 11), en Barahona de Soto (1586),
y todavía figura en calidad de variante en los diccionarios de Oudin y de Minsheu[3]. En catalán
puedo documentar *llavi* desde algo antes, a fines
del S. XIV[4], pero el hecho de que hoy se emplea
morro, con referencia a personas y sin matiz de
grosería, en las hablas del Rosellón, Mallorca y
País Valenciano, parece indicar que *llavi* en catalán es también cultismo[5], aunque ya antiguo y con
gran arraigo en el Principado. La conclusión que
debemos sacar de estos hechos es que lo mismo
ahí que en castellano *labio* fué un latinismo que
sustituyó en la época renacentista las viejas denominaciones populares *labro, bezo* y *morro*, que
iban tomando un matiz grosero: en portugués
beiço es todavía más usual que *lábio*. En latín
labrum es expresión más clásica, pero *labium* es
usual en los tiempos arcaicos y vuelve a serlo mu-

cho en la época tardía y en la Edad Media, hasta el punto de que Du C. lo señala como expresión medieval y poco latina. En los romances de Italia y Francia (excepto el Sur del Languedoc, que tiene el femenino *làbio* < LABIA) ha predominado LABRUM, pero sólo después de luchar con las expresiones más populares BUCCA y *POTTA o *POTTU, en forma paralela a lo ocurrido en España (V. el citado artículo de M-L.).

DERIV. *Labia* 'verbosidad persuasiva' [h. 1470: «hombre de muy buena *labia* / mas no tiene pies ni manos», *RH* V, 258, n.º 16; *G. de Alfarache, Cl. C.* II, 200.25, y V. s. v. *BRIBÓN*; Tiscornia, *M. Fierro coment.*, glos.; ast. *llabia* y *llapia*, V], tomado del plural lat. *labia* 'labios'; también port. *lábia* íd. [Manuel Bernardes, 1712: *RL* XIII, 75-78; Algarbe *laiva*, *RL* IV, 335]. *Labiado. Labial. Enlabiar, enlabiador, enlabio. Solabio* sor. 'socavo de una roca o terreno' (*RFE* XV, 342). Ast. *llabera* 'quijada' (V)?

CPT. *Labihendido. Labiodental.*

[1] *Labios* aparece en *Sacrif.*, 267c, pero de este pasaje no tenemos más que la copia del S. XVIII y será modernización.— [2] Nebr. y PAlc. no registran otra cosa que *BEZO*, que tuvo uso muy amplio en la Edad Media.— [3] Claro está que no es italianismo, como dice Terlingen, 354.— [4] *Labi* está ya en Antoni Canals, *Arra de Ànima*, 149; Eiximenis, *Llibre de les Dones*, ed. 1495 (Giese, *Anthol.*, 205.4); *Curial, N. Cl.*, I, 85, 91, 112; III, 83.— [5] No sé qué fundamento tiene la grafía con *v* adoptada por la lengua literaria; los mallorquines, que distinguen los dos fonemas, suelen escribir con *b*, pero hará falta averiguar hasta qué punto es palabra usual para los que así hacen. Desde luego carece de fundamento el supuesto de M-L. (*WS.* XII, 2) de que el cat. *llavi* sea castellanismo.

LABOR, del lat. LABOR, -ŌRIS, 'fatiga', 'trabajo', 'tarea'. *1.ª doc.: lavor*, doc. de 1030; *Cid;* Berceo; etc.

Cej. VII, § 40. La extensión semántica del vocablo es amplia en los primeros siglos: se refiere a cualquier clase de trabajo u obra, tanto en lo material como en lo espiritual, en sentido propio o figuradamente. A fines de la Edad Media se muestra la tendencia a especializar el significado en los trabajos agrícolas («surcos para sacar el agua que estoviere recogida en las *lavores* del campo», APal. 130b; «*labor de pan*: agricultura», Nebr.) o en los ejecutados en telas («*laculata* vestidura... que tiene a los lados broslada con aguja alguna *lavor* bien pareciente», APal. 232b, «el filo con que las texederas fazen señal de partija en la *lavor* del día» íd. 165d), así como en sentidos figurados; anteriormente se hallan ya estas acs., pero mezcladas con otras en cantidad no menor.

Una evolución del significado agrícola, pronto fi-

jada en catalán, alcanzó en castellano poco desarrollo; sin embargo hallamos *labores* en el sentido de 'grano' en los Fueros Aragoneses de h. 1300: «el pueblo que tú non conoçes coma los frujtos e las *labores* de to tierra, e sostiengas siempre calumnia»; y alguna vez en Berceo: «fue en pocos de annos la casa arreada; / de *lavor*, de ganados, assaz bien aguisada; / ya trovavan en ella los mezquinos posada»[1]; posteriormente se pasó de 'grano' en ac. colectiva (como producto de la labor agrícola) a 'semilla' con valor individual, que es el sentido del cat. *llavor* y que se encuentra también en Berceo[2]; vasco *labore* 'cosecha', 'grano', 'cereal' (Azkue). Aunque esta evolución semántica no echó raíces en castellano, el vocablo es evidentemente popular en la Edad Media, y su evolución fonética es de tipo hereditario: *lavor* es la grafía propia de Berceo (aunque uno de los mss. escribe a veces con -*b*-), del *Cid*, de los documentos primitivos en la medida en que distinguen los dos fonemas, y todavía de APal.; posteriormente, según gana terreno la preferencia por las acs. figuradas, el influjo latino va cambiando la -*v*- en -*b*-, y así escribe ya Nebr. El vocablo ha sido siempre femenino, aunque en textos arcaicos de Burgos y sobre todo de León se halla el masculino (ejs. en Oelschl. y en *MLN* XXVII, 168n.5), de conformidad con el género actual del port. *lavor*, como en el cast. de Galicia (Alvz. Giménez); lo común fué siempre lo contrario, hasta el punto de que la -*a* del artículo puede aglutinarse ocasionalmente («un labrador... andando... cerca de la mar en su *alabor*», 1541, Pero Mejía, *RFE* XIV, 278). Ast. *llabor* m. (R; V).

DERIV. *Laborear; laboreo. Laborea. Laborío. Laborioso* [APal. 148b], tomado de *laboriosus* íd.; *laboriosidad* (*laboroso* es raro).

Labrar [Orígenes del idioma, *Cid;* Cej. VII, § 40; ast. *llabrar*, V; general en todas las épocas y común a todos los romances salvo el francés y el rumano], de LABORARE 'trabajar'; *labra; labrada; labradero; labradío; labrado; labrador* [Berceo; ast. *llabrador* 'labrador', 'pechero', V], *labradoresco, labradoril, labradorita*, así llamada por haberse hallado en el Labrador; *labradura; labrandera* 'costurera, la que sabe hacer labores' [h. 1490, *Celestina, Cl. C.* I, 70.7, con más ejs. en nota; -*ntera* en Acad. es errata]; *labrante, labrantín, labrantío; labranza* [*laborança*, doc. de 1093, Oelschl.; -*brança*, J. Ruiz]; *labriego* [*Aut.*]; port. y gall. *labrego* («a concencia *labrega* e mariñeira» Castelao 151.1); *labrero* [Acad. ya 1817] '(red) de cazonal'[3]. El duplicado semiculto *laborar* se ha extendido modernamente; *laborable; laborador; laborante*: para el desarrollo en Cuba, donde parece haberse formado, vid. *Ca.*, 78; un *laborante* en otro sentido aparece en un texto de 1515 (*Fs. Wartbung* 1958, 586); *laborantismo. Laboratorio.*

Colaborar [Acad. 1884], *colaboración* [Acad. 1869, no 1817], *colaborador* [íd.].

Elaborar [1580, F. de Herrera], tomado de *ela-borare* íd.; *elaborable, elaboración, elaborador.*

¹ *S. Dom.*, 110*b.* Los editores no puntúan correctamente. Se trata de la conocida preferencia de Berceo por la coordinación yuxtapuesta, sin conjunciones («al posar, al mover, todas se esperavan», «oblidé toda cuita, el lazerio passado», *Mil.*, 8*c*, 12*c*, etc.). El sentido es 'bien provista de grano y de ganado': no se olvide que se trata de una granja monástica, dedicada a la explotación agrícola, tanto como a fines piadosos.— ² Hablando de la carta firmada por Teófilo, que había de llevarle al infierno, dice que Dios «non quiso que granassen essas tales *lavores,* / ca eran barbechadas de malos labradores», *Mil.*, 843*c* (uno de los mss., no entendiéndolo, cambia *gra-nassen* en *ganassen); en 842c llama otra vez a la carta *essa lavor.*— ³ No se ve la explicación semántica. Quizá tenga que ver con el gr. λάβραξ 'lobo de mar (pez)', que ha dejado descendencia en hablas romances de los Balcanes, o con su primitivo λάβρος 'voraz'.

Labrio, labro, V. *labio*

LABRUSCA, tomado del lat. *labrusca* íd. *1.ª doc.:* 1555, Laguna.

No parece haber sido nunca popular en castellano, aunque sí en mozárabe (*labrúšk* en el glosario de Leiden, S. XI), en catalán (*llambrusca*) y quizá en portugués (en vista del derivado *la-brusco* 'imbécil', 'grosero', 'sucio'), así como en los romances de Francia e Italia (*FEW* V, 108-9; *REW* 4814).

LACA, del ár. *lakk* y éste del persa *lâk,* que a su vez procede del scr. *lākṣā* íd.; *lacre,* de una variante portuguesa del mismo vocablo, porque la laca es parte importante en la composición del lacre: la forma más antigua de esta variante parece ser *lácar,* cuya *-r* es de origen incierto. *1.ª doc.: laca,* S. XIII, Aranceles santanderinos, *RFE* VIII, 12; Cej. VII, § 17.

La laca como mercancía era conocida en Europa desde mucho antes del descubrimiento de la India por los portugueses; en catalán figura *lacca* en la *leuda* incluída en las Costumbres de Tortosa, del S. XIII (ed. Oliver, 416), en lengua de Oc aparece por la misma época (*ZRPh.* XLVII, 431). Debió trasmitir el vocablo el árabe, pues muchos escritores medievales y más modernos, de este idioma, atestiguan el uso del *lakk* (o *lukk*) en el Norte de África (Dozy, *Gloss.*, 295-6; Devic, 46*a*); como la pronunciación vulgar moderna es *lekk* (así hoy en Marruecos: Lerchundi), debemos suponer que el vocablo se tomó en fecha muy antigua o bien por vía culta, en calidad de sustancia farmacéutica; cabe, sin embargo, que sea aún más antigua y que llegara por el comercio marítimo desde el siríaco o caldeo *laka,* aunque la *-a* romance no puede tomarse como prueba de este punto de vista, ya que podría tratarse de un nombre de unidad arábigo. Sea como quiera, el origen último del vocablo está en la India, donde se produce la mayor cantidad de esta sustancia (Dalgado I, 501-3); para la explicación etimológica de *lākṣā* dentro del sánscrito, vid. Skeat. En portugués los testimonios abundan desde 1498, empleando *laca, lacra, lacre* y *lácar* como meras variantes, esta última muy frecuente en el S. XVI. *Lacre* era la forma más popular, y *laca* la empleada en las boticas, como atestiguan Garcia da Orta (1563) y su adaptador al castellano, Cristóbal de Acosta (1578). En definitiva, se ha reservado *lacre* para la pasta compuesta de goma laca y trementina, empleada para cerrar herméticamente, pero los árabes emplean *lekk* y los italianos *lacca* para los dos productos. En cuanto a *lacre,* quizá proceda del malayo *lákri* (junto a *lak*¹), conforme se inclina a creer G. Viana (*RL* VIII, 27), pero él mismo en sus *Palestras* (p. 66, a. 1910) observa que *lacre* debe salir de *lácar,* forma predominante en los primeros tiempos, tal como el port. mod. *aljofre* viene de *aljófar,* y vulgarmente se dice en el idioma vecino *açucre* en vez del correcto *açúcar;* entonçes es probable que sea la forma malaya la que se tomase del portugués; teniendo en cuenta que los judíos españoles de Marruecos pronuncian *al-lákar* por 'laca' y 'lacre' (*BRAE* XIII, 225), con una *l* doble, que en su dialecto sólo se halla en arabismos recientes, cabe sospechar que la forma en *-ar* proceda del árabe marroquí, pero el asunto no se ha estudiado bien, y de ninguna manera podemos asegurar que esta *-r* no venga de la India. Del iberorromance proceden el it. antic. *lacre* [1643: Zaccaria], fr. antic. íd., ingl. *lacquer.* En castellano la primera documentación de *lacre* parece ser la de Fragoso (1572), en portugués ya se halla en 1508; Cej. VII, § 17. Con ac. secundaria se dijo *lacre* para 'azote' en germanía (Quiñones de B., *NBAE* XVIII, 575), por las marcas rojas que éste deja en la piel; por la misma razón se tomas como adjetivo de este color en la Arg., en Chile y en autores españoles (*BRAE* VII, 608). Comp. *LACRA.*

DERIV. *Laqueado. Lacrar* [Acad. 1869, no 1817].

¹ Para evitar posibles confusiones anoto que hay un chino ant. *lac* en otro sentido y sin duda completamente ajeno a esta cuestión, pues como *l-* puede salir fonéticamente de *gl-,* asegura Karlgren (*Or. Lit.-zeitung* 1926, 1960 s.) que viene de uno de los nombres indoeuropeos de la leche (GLAKT-) por más que éste sólo se haya conservado en griego (γάλα, γάλακτος) y en el latino *lac(t)* (Pok., *IEW*, 401). Lo cual, de cualquier manera, indica que esto no conviene como base semántica.

LACAYO, vocablo de origen incierto y de historia mal averiguada; si, como lo indica **nuestra** documentación actual, es más antiguo en Francia que en España, podría ser de origen occitano y resultar de una alteración de oe. ant. *lecai* 'glotón, codicioso', derivado de *lecar* 'lamer'. *1.ª doc.*: princ. S. XV, Villasandino, *Canc.* de ˌBaena, n.º 554, v. 3[1]; h. 1493, H. del Pulgar, *Crónica de los Reyes Católicos* (antes atribuída a Nebr.).

En ese texto, en Zurita (h. 1570) y en Lanuza (1620) aparece con el sentido de 'soldado ligero de a pie que acompañaba a los caballeros en la guerra' (*Aut.*), pero también es antigua la ac. 'mozo de espuelas, criado con librea que va a pie junto a su amo montado', que aparece varias veces en ley de 1565 de la *N. Recopil.*, en Lope (*RFE* XV, 73), Quevedo (M. P., *Antol. de Pros.*, p. 307), C. de las Casas («staffiere», a. 1570), Oudin, Percivale, Covarr., y muchas veces en el *Quijote;* Cej. VII, § 57, y *Voc.* Poco posterior es el vocablo en catalán, donde ya se lee *lacayo* en doc. de 1472, *alacayo* en la última parte del *Tirante*, a. 1490[2], y con el sentido de 'criado' *alacay* en 1558 (Ag., Alcover), *lacay* en 1560 («*a pedibus: vn patge, vn lacay o moço despuelas»*, en el Nebr. catalán, fº 1, vº, 2)[3]. El barcelonés Jer. Pau, h. 1490, tilda *alacayo* por *lacayo* de barbarismo (*Bol. Acad. B. L.*, Bna. 1950, p. 149). En lengua de Oc hallamos ya varios ejs. en el S. XV (Levy, IV, 296); uno de ellos, con la ac. 'bandido', podría corresponder también al XIV, y aun lo parece por el lenguaje; los otros dos significan 'soldado de a pie'. En francés hay también varios ejs. del tercer cuarto del S. XV, con la forma *laquais, alagues, alacays* (en plural)[4]. En otros idiomas el vocablo procede de Francia : it. *lachè*, alem. *lakai* [*lagegen*, 1513], ingl. *lackey*.

Acerca del origen escribió Spitzer (*RFE* XII, 239-45) un artículo interesante y lleno de sugestiones útiles, especialmente en el aspecto semántico, obteniendo la adhesión de M-L. (*REW*[3], 4657) y Wartburg (en Bloch[2]), pero no la de Bloch. Por mi parte estoy convencido de que debemos renunciar a su idea. Se trataría de una curiosa metamórfosis de la palabra *alcaide*, que en catalán habría pasado de *alcait* a *alcai y *alacai*, y de ahí se habría trasmitido al castellano y a los demás idiomas, dándose el caso notable de que las formas catalanas más antiguas que conocemos están tomadas a su vez del castellano, según muestra su *-o*: no es que esta especie de rigodón sea absolutamente inaudita, pero como el movimiento de vaivén hubo de desarrollarse con pocas décadas de diferencia, resulta inverosímil en alto grado. La facilidad con que el catalán aceptó en este vocablo formas acastellanadas es indicio firme de que no era autóctono en tierras catalanas. Evidentemente Spitzer se dejó seducir por la supuesta forma *alcay*, que como reconoce él mismo no es más que una errata deslizada en el diccionario Aguiló, y después no se decidió a abandonar su idea, que así queda sin apoyo, pues ni existe una forma *alcay*,

sea en el sentido de 'lacayo' o en el de 'alcaide'[5], ni se halla nunca *alcaide* o *alcait* en el sentido de 'lacayo' o de 'soldado de a pie'. Que *alcaide* 'jefe de fortaleza' pudiera llegar a 'esbirro' no prueba tampoco el paso a 'mozo de espuelas' o 'soldado de infantería'.

Mucho menos forzada es la etimología de Friedrich Diez (*Wörterbuch,* 185), quien identifica oc. ant. *lacai* con oc. ant. *lecai* 'glotón', 'codicioso', bien documentado en trovadores de los SS. XII y XIII (dos ejs. de *lecai* y dos de *licai(s)*, en Raynouard y Levy): era bien fácil el cambio de sentido, dado el carácter vil y «lacayuno» que se ha atribuído siempre a los lacayos, y la ac. más antigua en lengua de Oc, 'bandido'[6], de ninguna manera es desfavorable a la idea; nótese además la peculiar insistencia con que los textos más antiguos hablan de lacayos gascones (*Quijote* II, liv, 205; *Chron. scandaleuse de Louis XI*) y vascos (varias referencias en Spitzer, p. 242), o refieren el tipo de soldado de este nombre, sea a Cataluña (doc. francés de 1470; doc. ariegense de Levy, sea a Aragón (textos de Zurita y de Lanuza, citados arriba), localización pirenaica muy favorable a una procedencia occitana; el vocablo se extendería desde Gascuña por la gran abundancia de los lacayos gascones (nótese que todos los recogidos por Levy son textos gascones o tolosanos). *Lecai* es formación natural en lengua de Oc, como derivado de *lecar* 'lamer', fr. *lécher* (para cuyo origen, vid. Bloch, y *REW* 5027)[7], y el sufijo *-ais(s)* está lejos de estar aislado en este idioma (*savai, verai, punais, malvais, morais:* Adams, *Word-Formation*, 286-7); la dilación vocálica *lecai* > *lacai* no sería nada sorprendente, tratándose de una *e* pretónica (comp. *salvatge, balansa, travail*), y nótese que en vasco 'lacayo' se dice precisamente *lekai*, recogido por Azkue en Laburdi, Baja Navarra y Sule, es decir, sólo en los dialectos vascos que confinan directamente con la lengua de Oc; en el vasco agitanado *lakhaia* 'sacerdote'; en San Sebastián *lakaikun* «revoltoso» (Azkue); comp. campid. *allecaju* como nombre del mismo pez que en otros lugares llaman *lacchè* o *ala(c)caju* (*RLR* LVIII, 275); *Lecai* es nombre de lugar en el término de Viella (V. de Arán), *Laquay* en el de Lescure (H. Garonne). La procedencia pirenaica de *lacayo* y la etimología oc. *lecai* 'glotón' quedan todavía reforzadas por los datos vascos citados por Michelena, *BSVAP* XII (1956), p. 366, de los cuales parece deducirse una ac. antigua 'juglar' (acaso procedente de *'parásito' < 'glotón'). En efecto escribe I. Baleztena, *Homen. Urquijo* II, p. 456, comentando un doc. de Irurita (Navarra), del año 1585: «en comiendo, a lo que salió a danzar toda la gente, comenzó a hacer son de *lecayo*, Joanot Mendiondo, j u l a r, con su tambor y flauta, y comenzó a danzar a él, tomando guía, uno llamado Miguel Aroz... y con él hombres y mujeres treinta personas...» Este *son de lecayo*, en sus orígenes alguna tonadilla o musiquilla propia de los juglares occitanos vagabundos (nótese el nombre de *Joanot* que todavía lleva el navarro de 1585), acabaría por convertirse en el vasco vizc. *lekaio* «clamor, relincho humano» (idéntico en su forma al vasco *lekaio* 'lacayo'), documentado ya en un conocido cantar en vasco, que imita el comienzo de un romance famoso y se refiere a hechos de fines del S. XIV, aunque nos ha sido trasmitido por un texto del XVI: vid. Michelena, *Textos Vascos Arcaicos*, pp. 69-73, y Guerra, *Oñacinos y Gamboinos*, p. 220; por cierto que estos versos se refieren a Oñate, País Vasco-español. Por lo demás, el dato más antiguo en catalán, a. 1472, se refiere a «Sancho de B i l b a u, capità de lacayos del Sr. Rey» (Ag.), que habría seguido a D. Juan, rey de Navarra, cuando se instaló en Barcelona.

No quiero decir con esto que la etimología de F. Diez esté exenta de dificultades, especialmente la de las formas antiguas con *a-*, que deberían entonces explicarse por una contaminación[8]. En lo semántico no hay dificultad, pues de ninguna manera está averiguado (como O. Boch da a entender) que la acepción primaria sea la de 'soldado de a pie': lo contrario me parece mucho más verosímil teniendo en cuenta el italiano *fante* 'criado' > 'soldado de a pie', y el oc. ant. *sirvent* empleado en esta última ac.: recuérdese la explicación que Zurita da refiriéndose a los lacayos soldados: «*lacayo*: esto es servidor»[9].

Otras etimologías son mucho menos aceptables. El turco *ulak* 'corredor', pasando por el ngr. *ulákis*, no explica la terminación, ni la localización tan temprana en los Pirineos por los años de la caída de Constantinopla, cuando apenas había tiempo de que llegaran voces turcas a Occidente. Skeat cita varias voces arábigas o variantes de una misma voz que significa 'vil, abyecto, infame', entre otras *lakîᶜ* y el femenino *lákᶜa*, pero figuran sólo en diccionarios del árabe clásico, y no hay noticias de su uso en España (Dozy, *Suppl.* II, 548b), ni apenas en vulgar, aunque *l-k-ᶜ* se registre en Egipto en el sentido de «lambin, musard», y el verbo correspondiente *lákiᶜ* 'ser estúpido' sea conocido en Argelia (Beaussier); además faltaría explicar la terminación (la variante *lakāᶜi* que Skeat parece sacar de un diccionario persa no me es conocida en árabe).

DERIV. *Lacayuno* [Cervantes]; *lacayil. Lacayuelo. Alacayado.*

[1] «...trayo / non sé más que un *lacayo* / ...».— [2] En ambos ejs. se trata de un soldado de a pie.— [3] Hoy la forma *alacayo* se mantiene en el País Valenciano (M. Gadea, *Tèrra del Gè* II, 3) y en Mallorca, donde la pronunciación vulgar palatalizante le da la forma *alaque(i)o* (Alcover) y finalmente *alaqueu* (BDLC XIII, 308, 310).— [4] El pasaje que Diez y Spitzer atribuyen a Froissart (h. 1400) sería el más antiguo en francés,

pero lo sacan de Ménage; ahora bien, éste lo atribuye una vez a Froissart y otra, con cita más extensa y precisa, a Fauchet (S. XVI), que es lo que parece cierto.— [5] Sabido es que las variantes que cita Eguílaz carecen de valor, en particular las supuestas formas valencianas. Ese *alcay* 'alcaide' de Eguílaz no se confirma en parte alguna y es inverosímil, pues la *-t* final no se pierde en lengua catalana, en Valencia ni en otras partes.— [6] Para los *lacayos* o bandidos nobles de Vizcaya, vid. citas en Caro Baroja, *Los Vascos*[2], p. 113.— [7] Verbo del que no se conoce descendencia en la Península. Esto hace dudar de que derive de ahí un gall. *liquiar*, que Sarm., *CaG.* 65r, explica así: «verbo y nombre de taberna: llaman *liquiador* a un hueso de pernil para beber más y *liquiar*, que eso significa; los bebedores suelen traer consigo el dicho *liquiador* o hueso; y sucede pedírselo prestado unos a otros para ir a *liquiar*»; y en sus coplas: «bebían a pote / comían por cento / o *liquiadore* / non botaban menos». Pensado (ib., p. 127) rechaza la etimología lat. *liquidare* de Sarm. y sugiere el parentesco con el oc. *lecar*. Pese a lo dicho, es posible que tenga razón, suponiendo que sea resto de una expresión tabernaria de peregrinos goliardos occitanos o italianos. Cf. gall. *lacuceiro* (LACÓN), con el cual hay contacto, quizá meramente secundario.— [8] Esta variante se halla también en Guardiola (1591) y Quevedo (DHist.). Lo más probable es que hubiera influjo por etimología popular sugerida por la procedencia vasca de los lacayos y por el uso que los soldados de este nombre debieron hacer de la *ALAVESA* 'especie de pica' (comp. la variante fr. *alagués* 'lacayo'). Otras explicaciones posibles son una contaminación de *alcaide*, o bien que **alecai* venga de otro *alecar* (fr. *allécher*), sinónimo de *lecar.*— [9] El *Alacay* en Ansó es un antiguo baile local de ceremonia, donde los danzantes pasaban por debajo de un pañuelo sostenido por los «mahordomos» (Violant, *Pirineo Español*, p. 638). No consta el origen del vocablo. Pero más al Oeste, en el Valle de Salazar, se danza el *Bobo*, donde el personaje de este nombre se humilla pasando por debajo de un puente de pañuelos (ibid., p. 630). El origen semántico de los dos nombres puede ser paralelo, otro indicio del carácter o r i g i n a r i a m e n t e insultante o despectivo de la palabra *lacayo.*

Lacazo, V. *lacón*   **Lacear**, V. *lazo*

LACERAR, tomado del lat. *lacerare* 'desgarrar, despedazar', 'torturar'; el cast. ant. *laz(d)rar* 'padecer, sufrir', que en textos arcaicos es transitivo con el sentido de tormentar, es descendiente popular de la misma palabra. *1.ª doc.*: en el sentido moderno, M. de Ágreda, † 1665.

Lazrar o *lazdrar* es frecuente en toda clase de

textos medievales, desde el *Cid*, Berceo, *Apol.* y
Alex. (144, 1731) hasta el Poema de Alfonso XI
(2301), Sem Tob (141, etc.), los *Castigos de
D. Sancho* (157) y el *Rim. de Palacio* (1029);
todavía aparece *lazdrar* en textos modernos del 5
judeoespañol de Oriente (*BRAE* II, 296); el adjetivo o participio *laz(d)rado* 'doliente, miserable,
desgraciado' es todavía más frecuente que el verbo. El sentido de éste normalmente es 'padecer,
sufrir, penar', aunque aparecen también acs. se- 10
cundarias como 'pagar (algo) con un castigo' (Berceo, *S. Lor.*, 36), 'trabajar' (Sem Tob, etc., y hoy
en judeoespañol). Me abstengo de citar ejs. de las
dos variantes principales; además tenemos *ladrar* en
Alex., 2258d (como *SIDRA* < sicĕra); *lazar* (con 15
la misma reducción observada en *ENGA(R)ZAR*,
ЈAGUA(R)ZO y *ZAMBO*) en J. Ruiz 186c, Berceo, *S. Dom.*, 355b (ms. *E*), y quizá en *Mil.*, 394b
(*laizados*, ms. *I*); BKKR cita una variante *larzar*,
con trasposición como en *ARCE*. Estas alteracio- 20
nes fonéticas, sin embargo, son raras, porque se
oponía a ellas el influjo de los frecuentes *lacerio*
y *laceria*, cuya íntima relación con *lazrar* percibían
todos. Viceversa, gracias a la acción de estos sustantivos apareció tardíamente en castellano la va- 25
riante *lazerar*, que en portugués fué siempre normal, de conformidad con la fonética peculiar de
este idioma; en *Alex.*, 2113, es leonesismo, pero
más tarde gana terreno en Castilla, y Nebr. sólo
recoge *lazerado* «calamitosus», que es también la 30
forma empleada, y con frecuencia, por el autor del
Lazarillo, por Fr. L. de León, y todavía recogida
por Covarr. («el avariento que teniendo con que
poderse tratar bien, anda roto y mal vestido»),
aunque ya por entonces se había anticuado el vo- 35
cablo y sólo lo emplea el arcaizante Mariana, o
algún autor teatral, para dar color local al habla de
sus rústicos (Ruiz de Alarcón).
    Es discusión muy antigua la de si *laz(e)rar* viene
de LACERARE o del nombre propio LAZĂRUS, to- 40
mado en el sentido de 'leproso' o 'mendigo': ya
Covarr. concluye «cada uno tomará lo que le pa-
reciere más a propósito»; por la primera alternativa se inclinan M. P. (*Cid*, p. 730), Priebsch y
Cornu; por la segunda Diez (*Wb.*, 190), Cuervo 45
(*RH* II, 16), Nobiling (*ASNSL* CXXVI, 430),
Basto (*RL* XXI, 217-22) y otros, entre ellos M-L.
(*REW* 4958) y Wartburg (*FEW* V, 234, n. 5), aunque sin negar del todo la otra posibilidad. Es
indudable que *lázaro* 'mendigo andrajoso' ha exis- 50
tido en castellano (Quevedo en *Aut.*) y en italiano
(*lazzarone*), que en portugués es bien conocido en
la ac. 'lleno de llagas', en el Minho 'lisiado' (Basto, *l. c.*), y que todas estas acs. proceden de la
de 'leproso', conservada en Portugal y en Francia 55
(*ladre*) y explicable por la dolencia del Lázaro
evangélico. Pero en ninguna parte, fuera de Portugal y Castilla, se halla un verbo como *lazrar*
que pudiera derivar de este nombre propio, ni
hallamos tampoco formas romances que pudieran 60

apoyar la hipótesis de un lat. vg. *LAZĔRUS*, forma que sería preciso suponer para explicar la síncopa de la vocal interna en iberorromance, pues
el castellano no pierde nunca la -A- interna, mientras que la caída de la A postónica es normal en
el fr. *ladre*, y el paso de A a *e* no es menos normal y secundario en el cat. *Llàtzer*; la supuesta
ac. 'lepra' del cast. ant. *lazeria*, en que se apoya
Diez, es hipotética[1]. Además de que un **lazarear*
sería más natural en el derivado de un nombre
propio, las formaciones abstractas *lazerio*, *lazeria*,
serían tan difíciles de comprender con este étimo
como fáciles de explicar partiendo de LACERARE,
y esta base no presenta la más pequeña dificultad
para sacar de ella *lazdrar*, ni por la forma ni por
la construcción o el sentido. En efecto, en antiguos textos portugueses no es raro que *lazerar* se
emplee como transitivo o, lo que vale igual, como
reflexivo, con sentido de 'tormentarse, martirizar-
se, desazonarse': «Martin jograr, ay Dona Maria, / jeyta-se vosco cada dia, / e *lazero-m'* eu
mal» (*CV* 1102.3, 6, 9), «pediu-as a preyto tal /
d'i jazer, non fez al; / ca *xi laçerava* mal / con
minguas que avya» (*CV* 1003.14), «pero que m'eu
y ey a *lezerar* / sabor m'ey eu no que m'el faz
cuydar» (*CV* 442.18)[2]; *lazrado* también partiría de
la ac. transitiva (ejs. portugueses: «e poi-las el
tem sigo noit'e dia, / seu mal é trajê-las mal *lazeradas*» 'astrosas' Don Denís, v. 2597, «nunca
mui bõa dona vi tecer / mais vi tecer algũa *lazerada*» 'desventurada, miserable' 3.ʳ cuarto del
S. XIII, *ZRPh.* XX, 153)[3].
    Acerca de *lazrar* V. además Malkiel, *NRFH* VI,
209-76.

DERIV. *Laceración*. *Lacerado*. *Lacerador*. *Lace-
rante*. *Dilacerar*; *dilaceración*. *Lazrado* (V. arriba);
lazrador [*Rim. de Palacio*, 1562]; *lazroso* 'el que
padece mucho' (Berceo, *Mil.*, 864c). *Lazerio* [Ber-
ceo, *Mil.*, 317c, rimando con *cimiterio* y *mones-
terio*; todavía en G. de Segovia, siempre con -z-,
p. 86], gall.-port. ant. *lazeiro* (*Cantigas*), de un
lat. vg. **LACĔRĬUM*, derivado de LACERARE; *lazeria*
[h. 1250, *Setenario*, 15.18; *Calila*, 33.531; J. Ruiz;
Conde Luc.; *Alf. XI*, 1909, 1200; «mezquindad,
miseria, *calamitas*», todavía frecuente en el *Lazarillo*, en Mateo Alemán, *Cl. C.* II, 215.6, en
Covarr., etc.; Cej. VII, § 33; ast. *llaceria*, V],
port. y gall.[4] *lazeira* 'miseria', 'desgracia' y (con
influjo de *lázaro*) 'lepra'; especialmente 'hambre'
(ant. 'penalidad', p. ej. en un *Livro de Linhagens*
del S. XIV, *PMH, Script.* I, 186; hoy *eslazeirado*
'debilitado por el hambre' en Tras-os-Montes, *RL*
V, 49), de un lat. vg. **LACĔRĬA*, con conservación
parcial o restitución del grupo -rĭ- por influjo del
cultismo *miseria*, con el cual rima frecuentemente
en los textos (pero el regular *lazera* está en el
F. Juzgo: Cej.); *lacerioso*[5].
    Lacinia, tomado de *lacinĭa* 'franja o tira de un
vestido', de la misma raíz que *lacerare*; *laciniado*.
    Lancinar, tomado de *lancĭnare* 'punzar, desga-

rrar', que también pertenece a ese radical; *lanci-nante.*

[1] Sólo registrada por la Acad. en el S. XIX (ya 1817) y como antigua. Me parece inspirada en la supuesta etimología. Tampoco Moraes da ejs. en portugués. Si existe ahí se debe a contaminación de *lázaro* 'leproso'.— [2] Será transitivo en *CV* 683.9, si, como parece por el sentido, hay que enmendar *lazeran* en *lazerar*: «—De vos e d'el, filha, ey queyxume. / —¿Por qué, madre, ca non é guisado? / *Lazerar-mh'a* a esse perjurado». C. Michaëlis (*ZRPh.* XX, 212) cita otros ejs. en *CV* 558, 1005, *CB* 1523, que no todos son claros o transitivo-reflexivos.— [3] Por otro lado «malatería e *laserados* dela» se aplica a los leprosos hospitaliza-dos en Sta. María do Camiño (afueras de Pon-tevedra) en documento de 1420, luego *lazerados,* *lazerada,* etc. en una docena de ejemplos del mismo año, de 1422, 1436, 1438, 1439, etc. hasta principios del S. XVI, extractados por Sarmiento, *CaG.* 167v-171v (casi siempre es-crito así, rara vez con -*ser*- o -*zar*-); alguna vez aparece *los lázaros* en lugar de *los lazerados* (doc. de 1571, 173v).— [4] Los pordioseros «mostran-do as suas *laceiras* na beira do camiño» Cas-telao 215.5f.— [5] Con toda esta familia uniría yo el gall. *cerello* 'harapo' (Vall.) puesto que como señala Mettmann aparecen *zarello* y *azarello* en los mss. de las *Ctgs.* 273.28 como nombre de un tejido en mal estado «malparado vejo jazer aqueste (*a*)*zarello*». En una cantiga de escarnio Afonso Lopez de Baião, magnate portugués, echa en cara a su rival, poco después de 1250, que lleve «perponto roto sen algodon / e coberturas d'un velho *zarelhon*» (Rds. Lapa, *Ctgs. d'Es-carnho* 57.12). Es probable que ambos tengan ya el sentido de 'harapo', y esta -*z*- sonora del S. XIII nos conduce casi forzosamente a admitir un étimo con -*c*- intervocálica y no inicial; para lo semántico cf. aquí arriba respectivamente: *lazerio* -*eria* 'miseria', *lazeradas* 'astrosas' en Don Denís, *lázaro* y *lazzarone* 'mendigo andrajoso'. Quizás habría que postular un LACER-ICULUM ya muy antiguo y admitir que desde hace muchos siglos, cuando ya el artículo ILLE ∼ ILLA había perdido su sílaba inicial pero todavía subsistía su L- aun en el Oeste peninsular, nuestro su-puesto *lazerello* eliminó por deglutinación su L- inicial. Subsiste hasta hoy en gallego, donde ya Sarm. (*CaG.* 184r y v) y Vall. recogen *cerêllo* (y *cirello*) 'pedazo de trapo' 'mandil, refaixo o trapo muy viejo y despreciable'. Por lo demás no cabe duda que el vocablo se rozó despúes con otros sinónimos que indico en mis artículos CHARRO, HARPILLERA, INJERIR (*cerellar*) ZARPA (*zarrapastroso,* vco. *zarpil*), lo que ha originado nombres gallegos del andrajo como los que registran Crespo Pozo y el Apéndice a Eladio Rdz.: *zarapello* en el caurel y *acerpellado* 'andrajoso' en el Valle de Oro (Santa Cecilia),

zorrapallo en Padrón y *zarrapastro* en Redon-dela; por cruce con *pingallo* (= *pingajo*): *ciringallo* Vall.

Lacería, V. *lazo   Lacerio, lacerioso,* V. *lace-rar   Lacerto, lacertoso,* V. *lagarto   Lacinia, laciniado,* V. *lacerar*

LACIO, antiguamente *llacio,* del lat. FLACCĬDUS 'muelle', 'caído', 'lánguido', derivado de FLACCUS 'lacio'. *1.ª doc.*: *llacio,* Berceo, *Mil.,* 537c (*I*; *A lacio*).

Puede representar lo mismo la grafía *lhacio* de *S. Mill.,* 257. En J. Ruiz, 1492b, está *lacio*[1]; tam-bién en Nebr. («flaccidus, languidus») y APal. (527b), y es palabra bien conocida desde el Siglo de Oro; Cej. VII, § 33. La variante *lacio* con *l*-será de procedencia dialectal. Para ese tratamiento en hablas leonesas, V. lo que digo en *RFH* VI, 247. El vocablo latino está poco representado fue-ra del cast.: gasc. del Gers *lacit* 'marchito' (*Mé-langes Chabeneau,* 302) y alguna forma del Este de Francia y los Dolomitas (*REW* 3342).

DERIV. *Alaciarse* [1589, *DHist.*], con las varian-tes *laciar* (V. nota arriba) y *enlaciar.*

[1] El sentido de *lacias* en J. Ruiz, 376b, no está claro; la conjetura de *BKKR* de que sea pre-sente de *laciar* puede apoyarse en la existencia de tal verbo en G. de Segovia, p. 79.

Laco, V. *lagar   Lacón,* V. *lacónico*

LACÓN II, 'brazuelo del cerdo y especialmente su carne curada', voz asturiana y gallegoportugue-sa derivada del lat. LACCA 'tumor en las piernas de las caballerías'. *1.ª doc.*: ast. *llacón* 'brazuelo de puerco', 'bocado exquisito, fresco y estofado, y cuando salado, con verdura', 1891, Rato, Vigón; *lacón,* Acad. 1925.

Ast. occid. *tsacón* 'espaldar de cerdo' (Munthe, p. 68). Indicó la etimología M-L. (*REW* 4818); de la misma procedencia son el it. ant. y sept. *lacca* 'anca de cuadrúpedo', 'nalga', según Petrocchi en los toscanos Burchiello y Firenzuola, SS. XV-XVI, según otros 'corva', abr. *laccone* 'pantorri-lla'. El port. *lacão* se documenta ya en el 2.º cuarto del S. XVI (Moraes), y es muy arraigado y vivaz el gall. *lacón* (cuya etimología buscaba ya el P. Sar-miento —con poca fortuna— *CaG.* 99r, 121v, 127v): las dos peleantes «non tardaron en amostrar os *lacons* e os perniles rabuñados» (Castelao 217.14). LACCA aparece en Vegecio, *laccosa* en el mismo sentido en la *Mulomedicina Chironis, laccanium* 'tobillo' en la Ítala, vid. Walde-H.; aunque es poco probable que sea voz propiamente latina (como apócope expresiva de *lacertus* 'músculo'), más bien préstamo céltico o sorotáptico (de acuer-do con el área romance del vocablo), pues se trata de una raíz LEK- bien desarrollada en germánico y en báltico y con formas más análogas a LACCA (vid. Pok., *IEW*, 673.27ss., 35, si bien en germ. la к ha pasado fonéticamente a *h* o *g*).

DERIV. *Lacoeiro* gall. 'perezoso', 'glotón' (Sarm., *o. c.* 99*r*, 121*v*), «galbanoso, que anda con los *lacons* al aire, por no darse una puntada en los vestidos» (Vall.); gall. *lacuceiro* 'goloso' (*lacuceiro da cocina*, Sarm., *o. c.* 67*r*); *lacazán* gall. 'holgazán', Sarm.; «haragán», Vall.; «*lacazán*! panarra! cangrena!» llama la suegra al pobre yerno, Castelao 234.27, 212.8f. (propiamente 'zancajo', 'zancajoso'), *lacazo* berc. 'glotón', *llacuada* ast. 'comida abundante de judías, morcilla y patas y orejas de cerdo' (R), 'zaparrada' (V).

LACÓNICO, tomado del lat. *lacŏnĭcus* 'propio de Laconia o Lacedemonia', en memoria de la predilección que por el habla concisa mostraban los habitantes de esta región de Grecia. *1.ª doc.*: 1612, Juan de la Puente.

Falta todavía en Oudin y Covarr.

DERIV. *Lacón* (raro). *Laconismo* [1604, Jiménez Patón].

LACRA, 'defecto o vicio', 'reliquia de una enfermedad, achaque', origen incierto, quizá de *lacre* en el sentido de 'marca roja dejada por un azote o una llaga'. *1.ª doc.*: *la lacre* o *la lacra*, 1605, *Pícara Justina*.

Está ahí con la primera ac.: «devía de ser justa aquella mesonera, pues le comprehendió ['le afectó', le alcanzó'] aquella maldición que le echó... aunque bien creo yo que no estuvo la *lacre* en ser ella justa, sino en serlo la causa», ed. Puyol II, 129. En vista del artículo femenino es posible que tengan razón el publicador (en su glosario) y el dicc. de *Aut.* al enmendar en *lacra*, que es la única forma conocida por otras fuentes. Otro ej. en Palomino (1708): «plastecer con hyeso y cola hecho massa, los nudos o *lacras* o juntas que tuviere». De la otra ac. «reliquia o señal de achaque padecido o que se padece» no da *Aut.* ejs. en textos, mas parece que es en la que debía de pensar Covarr. al dar su definición, deformada por una etimología imposible: «la cosa que en sí es digna de lágrimas por la compassión que haze, *a lacryma*»; Cej. VII, § 46. No conozco otros testimonios en autores o diccionarios del Siglo de Oro ni anteriores. Más recientemente ha sido frecuente el empleo como sinónimo de 'achaque': «mi persona, la cual atendida mi decrepitud y hartas *lacras*, poco vale» (Sbarbi, en Pagés), «está sifilítico y lleno de *lacras*» (Moratín); es probable que *lacra* en esta ac. sea responsable de la *r* del cat. *xacra*, del mismo origen y significado que *achaque*, y del cat. *xacrós* 'achacoso'. En la Arg. es 'señal o lastimadura, particularmente si ya está seca, de una enfermedad que aparece en el cutis' (Garzón), en Puerto Rico 'costra o cascarilla que se forma en las llagas, úlceras, heridas, etc.' (Malaret), en Perú 'costra de llagas' (B. Murrieta), en Venezue-

la 'úlcera, llaga' (Calcaño o Picón Febres). En el Valle de Arán se emplea *lacrat* por 'podrido, medio consumido', hablando de un árbol, aunque éste podría tener otros orígenes[1]. Fuera del español sólo conozco esta palabra y el gall. *lacra* con las mismas acs. que en castellano (Vall.), junto al cual hallamos el pontev. *lacre* 'juego de niños en que se arroja al aire un palito de cuatro caras y si sale la llamada *horca* un niño azota al otro' (ver Sarm., *CaG*. 225*v* y p. 158) con lo cual se aludirá a las llagas que produciría el azote; además gall. *lacarear* 'aparecer hendeduras en un cuerpo cualquiera, con el sol, la sequía, el hervor, etc.' (comp. el ej. de *lacra* en Palomino), port. minhoto *alacrar* «não se desenvolver devidamente na parte superior, falando-se da espiga do milho»[2].

Cree Spitzer (*RFE* X, 375-7) que debe partirse de *lacre* 'pasta de laca para cerrar o marcar', sea pasando por 'color rojo' (así en América) y luego 'tizón o neguilla (enfermedad del grano)' (comp. el port. *alacrar*), o bien pasando por 'marca'. M-L. (*REW* 4859) rechaza la idea por razones semánticas. En su apoyo se podría citar la forma *lacre* de la *Pícara Justina*, aunque ya hemos visto que no es segura; por otra parte, la neguilla o tizón es negra y no roja. Luego quizá sea preferible partir de la idea de 'marca', teniendo en cuenta que en portugués *lacrar* tiene o ha tenido la ac. «queimar por tortura, com lacre pingado», según Vieira. Pero sólo este diccionario conoce, sin documentarla, esta ac., que falta en todos los demás a mi alcance. ¿Podemos fiarnos de ella? También es algo sospechoso que nuestro supuesto derivado sólo se halle en español y sea casi totalmente ajeno al portugués, cuando es ahí donde parece haber nacido *lacre*, variante de LACA, y que en castellano hallemos *lacra* pocos años después de la introducción del *lacre* portugués, documentado en castellano solamente desde 1578 y traído de la India en Portugal en los últimos años del S. XV.

Diez (*Wb.*, 462) comparó el cast. *lacra* con el ingl. medio *lak* 'defecto', 'fracaso' [h. 1280], ingl. *lack* 'carencia', fris. ant. *lek* 'perjuicio', fris. or. *lak* 'defecto, vituperio', neerl. med. y mod. *lak* 'falta', 'reproche, vituperio', b. alem. med. *lak*, sueco *lack* 'defecto, vituperio', isl. *lakr* 'defectivo, carente', dan. antic. *lak* 'falta, carencia, reproche', palabras emparentadas con el ingl. *leak*, alem. *lecken* y afines, con el sentido de 'rezumar, gotear', y con a. alem. ant. y b. alem. ant. *lahan*, ags. *léan* 'reprochar'; de un pre-germ. *lak-no-* vendría *lakka-* y de éste el ingl. *lack*, etc. (V. los diccionarios de Skeat, Franck y Falk-Torp, s. v. *lakkeløs* y *last*); luego no sería imposible postular un gót. *LAKK o *LAKKA, pero aunque se podría decir que la -*r*- romance se debe a una simple repercusión de la *l*- inicial (la *r* de *lacre* quizá tenga la misma explicación), me cuesta, sin embargo, aceptar esta etimología no conociendo formas romances sin -r-, y más en un vocablo no documentado antes del S. XVII.

Finalmente podríamos derivar nuestro *lacra* del lat. LACCA 'tumor en las piernas de una caballería', documentado en Vegecio, con derivados en otros autores latinos, y representado indiscutiblemente en gallegoportugués, en asturiano y en dialectos italianos: «si *laccae* in gambis fuerint, aut aliquis dolor coxae vel gambae, sanguis detrahatur gambis» (Vegecio, *De Re Veter.*, XXI, xxvii, n.º 3): quien recuerde el caso de *DOLAMA*, primero 'defecto oculto de las caballerías' y luego 'achaque que aqueja a una persona', no podrá oponer objeciones semánticas. Para explicar la -r- se podría pensar en repercusión o en un diminutivo *LACCULA[3] disimilado. Pero también ahí nos dejan en duda los mismos escrúpulos opuestos al étimo germánico, con la única ventaja de que el étimo es aquí vocablo ya documentado en romance y por lo tanto menos hipotético.

En conclusión, las tres posibilidades etimológicas son inciertas y tienen probabilidades muy equilibradas, con alguna desventaja para el étimo germánico, y una ligera ventaja en favor de la idea de Spitzer, en vista del germanesco *lacre* 'azote' (V. *LACA*), que atestigua indirectamente una ac. *'marca de azote': la atrevida evolución semántica indicaría entonces una palabra de procedencia jergal; nótese que en Salamanca *lacra* no es más que 'rasguño' o 'cicatriz'.

DERIV. *Lacrar* 'dañar la salud', 'pegar una enfermedad', 'perjudicar' [*Aut.*].

[1] En el dialecto local es fácil la reducción *lacrat* < *laquerat*, que podría derivar de un *hlaquèra* = bearn. *flaquère* «état d'inertie» (Lespy), oc. *flaquiero* «état de faiblesse, indolence, mollesse», *flacà*, gasc. *hlacà* «faiblir, fléchir, lâcher, rater, manquer de force ou de courage» (Mistral). O bien equivaler a Luchon *lakéro* «auge dans lequel on met le cochon pour le tuer» (*AORBB* VIII, 130), quizá emparentado con *LAGAR*.— [2] El brasileño *alacranado* «áspero, de superfície cheia de talhos e esfoladuras, como que denteada ou espinhosa», «(animal) cheio de feridas ou chagas» (como meridional en Lima-B.), *alacranar* o *lacranar* «produzir esfoladuras, chagas, feridas, tornar alacranado o corpo do animal ou alguma de suas partes» (L. C. de Morais), ha de ser derivado de *alacrán*, y seguramente castellanismo, comp. el arg. *alacranear* 'picar (el alacrán)', 'decir mal de alguien'. C. Ribeiro de Lessa, *Vocabulário da Caça*, trae *lacranar* «ferir; sangrar; dilacerar (diz-se das feras em relação aos cães de caça)», con el ej. «os queixadas, enfurecidos, rodearam o pobre *Foguete, lacranando*-o horrivelmente». El *alacranado* «vermelhão, alacrado», que da Taunay como propio del interior de San Pablo, me parece sospechoso. En cuanto al brasil. *lacrecanha* «mulher velha e desdentada» (Fig.,

Lima-B.), quizá tenga otro origen.— [3] En apoyo de *LACCULA quizá podría invocarse el alto-santand. *ñacla* «defecto, falta, alifaz», *BRAE* XXV, 391 (¿disimilación de *llacla* < *lacla*?). Desde luego esta forma no puede venir de MACULA, como dice *GdDD* 4024.

Lacrar 'cerrar con lacre', *lacre*, V. *laca*   *Lacrimable, lacrimación, lacrimal, lacrimar, lacrimatorio, lacrimógeno, lacrimoso*, V. *lágrima*   *Lactación, lactancia, lactante, lactar, lactario, lactato, lacteado, lácteo, lactescencia, lactescente, lacticíneo, lacticinio, lacticinoso, láctico, lactífero, lactina, lactómetro, lactosa, lactucario, lactumen, lactuoso*, V. *leche*   *Lacunario, lacustre*, V. *lago*   *Lacha* 'pescado', V. *alache*

LACHA, 'vergüenza', del gitano *láča* 'vergüenza', 'pudor', de origen indostánico. 1.ª *doc.*: Acad. 1884, como palabra de gente baja; Cej. VII, § 33.

Ast. *lacha* (*poca*) 'poco juicio, falta de formalidad' (Rato), arag. íd. 'poca aprensión, poco fundamento' (Borao), alav. *lacha* 'facha o aspecto desagradable' (Baráibar), *no tiene lacha para nada* 'no tiene maña', *qué lacha* 'qué figura' en Bilbao (Arriaga, que quiere derivarlo del vasco *latza* 'hirsuto, rudo, brusco'); he oído *poca lacha* 'falta de vergüenza' en Almería, y Cotarelo registra *lacha* 'fama', 'condición moral, índole' en el castellano de Galicia (*BRAE* XIV, 121). Según indicó M. L. Wagner (*RFE* XXV, 166-7) procede del gitano *lacha* 'vergüenza', 'pudor' (ya registrado por Borrow en 1840), hermano del hindustani *lādž* 'modestia', y procedente del scr. *lajj* 'avergonzar' (Miklosich, *Denkschr. d. Wien. Akad.* XXVII, 2). Para testimonios andaluces, vid. *RH* XLIX, 486. V. *ALACHE*.

DERIV. *Lacho* chil. «templado, enamorado» (G. Maturana, *AUCh.* XCII, ii, p. 64, y glos.; «el juez lo mandó llamar / y le raspó bien el cacho. / —¡Esto te pasa por *lacho*! / —salió diçiendo la Lora— / Ya veré si vas ahora / a oliarme, Loro borracho», en canción popular chilena, Draghi, *Canc. Cuyano*, 224a), quizá del git. *lachó, lachí* 'bueno, buena' (Borrow), que parece del mismo origen, pero en realidad es oscuro y seguramente independiente, pues tiene *č* sorda en todos los dialectos gitanos (Miklosich, *l. c.*). El rioj. *lacho* 'flaco' no será un *FLACCULUS (como dice *GdDD* 2821a) y, aunque menos difícil, no creo tampoco que tenga que ver con *lacha* ni aun quizá con el chil. *lacho*; no dudo que es préstamo del fr. *lâche* 'flojo', derivado de *lâcher* LAXICARE.

Lachar, V. *lancha*

LÁDANO, 'producto resinoso que fluye de la jara', tomado del lat. *ladănum* y éste del dórico λάδανον, gr. λήδανον, íd., derivado de λῆδος 'jara' (lat. *lada*). 1.ª *doc.*: 1555, Laguna.

La Acad. registra también *lada* 'jara', latinismo raro, y su derivado *ladón*.

Ladeado, V. *lado*   *Ladena*, V. *alacena*   *Ladeo, ladera, ladería, ladero*, V. *lado*   *Ladierna, ladierno*, V. *aladierna*

LADILLA, diminutivo del lat. LATUS 'ancho' por la forma achatada de este insecto. *1.ª doc.:* «palpebrarum pediculi; palpebrarum lens», Nebr.; Cej. VII, § 5.

El vocablo primitivo de éste, *lado* 'ancho', se conserva todavía en Berceo (*Duelo*, 157d «fazien las cortas luengas y las angostas *ladas*») y en doc. de 1042 (Oelschl.), así como en portugués antiguo. En cuanto a *ladilla*, *Aut.* cita ejs. de Fragoso (1581) y de la *Pícara Justina* (1605). También figura en C. de las Casas, Covarr., etc. En mozárabe hallamos *laṭálla* desde el S. XIII, en R. Martí, con la traducción aproximada «cimex», y la forma disimilada *naṭílla* en PAlc. En catalán el nombre más vulgar es *cabra*, pero existe también *lladella*, que Ag. localiza en Cataluña y Mallorca, *gadella* en esta isla (Moll, *AORBB* II, 72), *lledella* en Valencia según Sanelo, *nadella* en otras partes (como dialectal en Bulbena; sin localización en Ag.). Según Griera, *RFE* XXIX, 296, «*ladella*, palpebrarum lens» ya está en el Nebr. cat. de 1507, pero las voces de esta obra a veces son un calco del original castellano. El port. ant. *ladilha* ha de ser castellanismo por su terminación, pero no hay motivo para dudar del autoctonismo de otras formas catalanas y mozárabes; el campid. *lareḍḍa* según Wagner (*ZRPh.* XXXIV, 578-88; comp. Guarnerio, *KJRPh.* XII, 147) vendría del catalán (por disimilación de *ladeḍḍa*), aunque no hay tampoco razones concluyentes en este sentido. Salvioni, *ZRPh.* XXXIII, 735-6, y Schuchardt, *ZRPh.* XXXIV, 331-4, citando las denominaciones logud. *piogu ladu* y rum. *păduche lat*, propiamente 'piojo ancho', mostraron cómo *ladilla* ha de ser derivado del lat. LATUS íd., por la forma achatada del insecto; corolario de esta forma es que el insecto aparezca como relativamente ancho (comp. alem. *breit*, rum. *lat*, que además de 'ancho' significan 'chato'); al perderse el adjetivo LATUS, se alteró el vocablo en algunas partes o se le sustituyó por otros que expresaban ideas parecidas: port. *piolho ladro* o *chato largo* y sardo *piogu mannu* (MAGNUS). Tampoco hay razones concluyentes para dudar de que el nombre it. *piattola* o *piattone*, Servigliano *petecchia* (*ARom.* XIII, 262), sea otra cosa que el lat. vg. PLATTUS 'chato'.

Sin embargo, M-L (*ZRPh.* XXXI, 700-1) había propuesto considerar que así estos nombres italianos como el español proceden del lat. BLATTA; un diminutivo *BLATTELLA por disimilación habría simplificado su consonantismo en *BLATELLA, como sucedió en *ofella, sacellus, mamilla*, diminutivos de *offa, saccus, mamma*, y el tratamiento BL- > l-

del grupo consonántico inicial se halla algunas veces en castellano, aunque no no en los demás romances hispánicos (*lastimar* < *BLASTEMARE, aunque lo corriente es la conservación: *blando, bledo*, etc.), así como se simplifica GL- (*landre, lirón, lera*, etc.). Pero al parecer convencido por los documentados artículos de Schuchardt y Salvioni, M-L. renunció a su idea en la primera edición del *REW*, poniendo *ladilla* entre los descendientes de LATUS, y sólo gracias a la insistencia de G. de Diego (*Contrib.*, § 77)[1] volvió a su idea antigua en la 3.ª edición (*REW* 1158) y en *Das Katal.*, p. 141, con la consecuencia inevitable de mirar el cat. *nadella* como castellanismo, y lo mismo debería hacerse con las formas mozárabes; Malkiel (*Univ. of Calif. Publ. in Ling.* I, 286, n. 49) se adhiere.

Pero la adhesión de estos filólogos no podrá cambiar los hechos. La hipótesis *BLATELLA es innecesaria. A lo más se podría conciliar en parte las dos opiniones admitiendo con Wagner (*Litbl.* XLVIII, 277) que el it. *piattone, piattola*, es alteración de BLATTA por influjo de PLATTUS; en apoyo de esta idea podría aducirse que *platta* aparece en un glosario grecolatino trasmitido en códice del S. IX como traducción del gr. σίλφη, que significa lo mismo que *blatta*, a saber 'polilla', y que el calabrés *játtula* «piattola» (Rohlfs) parece representar más bien BL- que PL-; no son, sin embargo, razones de mucho peso[2], y aun cuando es concebible el paso de 'polilla' a 'ladilla' (el fr. *blatte* y el port. *barata* significan 'cucaracha'), de todos modos es otra pequeña dificultad. Más arriesgado parece todavía suponer que *ladilla* sea también en el fondo una alteración de BLATTA por etimología popular, y de todos modos es innecesario; nótese que Fragoso, sin preocupaciones etimológicas, hace constar que la ladilla es un «linage de piojos anchos».

En cuanto a *ladilla* como nombre de una clase de cebada '*hordeum distichon*' [S. XIX: Acad., Pagés], nadie duda de que viene de LATUS por la forma achatada de sus granos; en portugués *ladella* aparece en este sentido desde 1318 (C. Michaëlis, *RL* XIII, 322-4).

[1] No aduce datos nuevos ni conoce el trabajo de Salvioni.— [2] *Játtula* está mucho más extendido en Calabria con el sentido de «travicello lungo e sottile del tetto», que parece ser alteración de PLATTULA 'viga achatada', abr. *vęlattę* 'pértica', luego la misma alteración habría podido afectar al nombre de la ladilla. Y en cuanto al PLATTA del glosario nada en rigor se opone a que lo miremos como denominación nueva sin relación con BLATTA.

Ladillo, V. *lado*

LADINO, de LATĪNUS 'latino'; en la Edad Media el vocablo se aplicó a la lengua romance por oposición a la arábiga, y al moro que sabía hablar aquélla; con referencia a obras literarias designó las de lenguaje más culto y artificioso o próximo al latín; desde ambas ideas se pasó a la de 'advertido, astuto, sagaz'. *1.ª doc.*: fin del S. XIII, *Crón. Gral.* («moro tan *ladino* que semejava christiano»)[1].

Ladino designaba comúnmente las hablas o nacionalidades neolatinas por oposición a las de otras familias lingüísticas, cualesquiera que fuesen; así en la *Gr. Conq. de Ultr.* (214, 457) se refiere a las personas, y se contrapone a los súbditos del Imperio griego o de Oriente, pero en España es mucho más corriente que la oposición se haga con los moros y en particular con su lengua: así en el *Quijote* (I, xli), en *Guzmán de Alfarache* (*Cl. C.* I, 178), etc., y C. Michaëlis cita «cartas escritas una en arábigo e otra en *ladino*» en la Crónica de Alfonso X (h. 1340); en una poesía de J. A. de Baena (*Canc.*, n.º 399, v. 20) «vos pido rrespuesta por lengua *ladina*» parece significar 'idioma romance, idioma inteligible'. Pero además encontramos la ac. 'culto, fino, artificioso' (explicable partiendo de 'latinizante') en otras poesías de este cancionero: «Johan García, muy *ladina* / es mi arte que proçedo, / e non es segunt conçedo / tal la vuestra, vyl, mohyna, / muy astrosa, fornesina» (n.º 392, v. 1, del mismo poeta), «Señor Ferrand Peres, en Villasandino / non se criaron grandes escolares; / maguer, por ventura, para los juglares, / yo fise estribotes trobando *ladino*; / más, no se entiende mi saber indigno»[2]. En Guatemala se aplica a la población de lengua castellana, a diferencia de la de habla indígena: Gustavo Correa, *Publs. of the Middle Amer. Inst.*, Tulane Univ., XIX, 58*a*, 59*a*, 61*a*; primitivamente se dijo de los indios que habían aprendido a hablar romance, y así lo empleaba ya Rosas de Oquendo, h. el a. 1600, *RFE* IV.

En cuanto a la ac. moderna 'sagaz', ya documentada por *Aut.* en Fr. Hernando de Santiago (1596) y en otros autores del Siglo de Oro, es difícil asegurar de cuál de las dos acs. medievales procede: puede venir del moro ladino, que como tal podía desenvolverse mejor en tierra de cristianos, y así *ladino en la tierra* significa 'práctico' en el *G. de Alfarache* (*Cl. C.* II, 118), pero no es menos fácil pasar de 'culto' a 'sagaz y astuto': es posible que las dos corrientes coincidieran en dicho resultado. Para representantes de LATINUS en otros romances, que en parte presentan interesantes coincidencias con la evolución semántica castellana, V. *REW* 4927; *FEW* V, 199-200; Jaberg, *Mél. Duraffour*, 114-31; Duraffour, *VRom.* VI, 302-6.

¹ C. Michaëlis, *RL* III, 357.— ² Para la discusión acerca de si los antiguos *cantos de ledino* portugueses vienen de ahí o de LAETUS 'alegre', vid. C. Michaëlis, *l. c.*, y J. Moreira, *RL* V, 55-58. Pero nótese que de ser derivado de LAETUS no sería fácil explicar la terminación culta

-*ino*, lo cual no ofrecería dificultad en un descendiente semiculto de LATINUS; una vez aislado el vocablo del culto *latino* por la sonorización de la -T- era fácil que la etimología popular tratara de incorporarlo a una familia romance como la de *ledo* 'alegre' cambiando la *a* en *e*. Por lo demás, en portugués se emplea hoy *ladino* en el mismo sentido que en castellano, y en lo antiguo se dijo más popularmente *ladinho* para 'legítimo' y 'puro, sin mezcla'.

LADO, del lat. LATUS, -ĔRIS, íd. *1.ª doc.*: Berceo; doc. de 1219 (Oelschl.).

Como LATUS era neutro, el acusativo era LATUS y el resultado fonético había de ser un singular *lados* en castellano. Así se halla, en efecto, en algunos documentos arcaicos, en la locución *al lados de* 'junto a, al lado de', en documento de Burgos de 1225 (M. P., *D. L.*, 174.9: «los palomares de Munno, *allados de* Martín de molinero»; íd. 174.10, 11, 20, 21, 22, 23, 24), o simplemente *al lados* con el sustantivo regido en yuxtaposición (174.13, 14, 17; *allados don Munno*, doc. de 1227, ibid. 177.9; 177.10, 13, 16, 18). Pero pronto se sacó de *lados* un singular analógico *lado*, como ya vemos en los ejs. más antiguos; leon. *llado* en *Alex.*, 710, ast. *llau* (V). Es vocablo de uso general en todas las épocas y común a todos los romances medievales, aunque reemplazado después por COSTATUM en galorrománico y catalán. El gall. orensano *ládrias* 'tablas que se tejen entre los *estadullos*' (*Cuad. Est. Gall.* III, 428) parece ser el plural lat. LATERA con *i* epentética leonesa; comp. *ADRALES*. Para el antiguo adjetivo *lado* 'ancho', V. *LADILLA*.

DERIV. *Ladear*, *ladeado* [APal. 81*b*]; *ladeo*. *Ladera* [APal. 81*b*; Nebr. «*ladera de cuesta*: clivus transversus»]; *ladería*; *ladero*. *Ladillo*. *Lateral* [*Aut.*], tomado de *lateralis* íd.; *colateral*.

CPT. *Trilátero*. *Unilateral*.

Ladrabaz, V. *ladrón*

LADRAR, del lat. LATRARE íd. *1.ª doc.*: J. Ruiz. Cej. VII, § 4. General en todas las épocas y común a todos los romances salvo el francés y el rético. Ast. *lladrar* (V); en el valle de Venasque se dice *ñadrá* (*BDC* VI, 28), seguramente por influjo de la onomatopeya *ñau ñau*. Aunque en romance percibimos *ladrar* como una especie de derivado de *ladrón*, en realidad nada tienen en común por su origen los dos vocablos latinos correspondientes.

DERIV. *Ladrado* 'acosado por los ladridos de los perros' (*G. de Alfarache* I, ii, cap. 1), en Quevedo *estómagos ladrados* parece significar 'acosado, apurado (por el hambre)' (V. en *Aut.*), y en otro pasaje del *G. de Alfarache* (*Cl. C.* IV, 214.16) puede significar lo mismo o quizá 'expulsado de un lugar' («aquí estuvo una dama muy hermosa

y forastera, la cual venía *ladrada* de su tierra, no
con otro fin que a buscar la vida: tratóse como
doncella, y en ese hábito anduvo algunos días»).
Ladra. Ladrador. Ladradura. Ladrales, V. *ADRAL.*
Ladrante. Ladrido [Nebr.; la variante *latrido*, debida a un cruce con *latido*, se halla ya en la
1.ª mitad del S. XIV, vid. *LATIR*, y quizá sea
éste el punto de partida de las formaciones castellanas en *-ido*, derivadas de verbos en *-ar*, como
chillido, silbido y análogas: en latín se decía LA-
TRATUS, de donde rum. *lătrat*, it. *latrato*, port.
ladrado].

Ladria, V. *ladrón*

LADRILLO, diminutivo romance del lat. LATER,
-ĔRIS, íd. *1.ª doc.: ladrielo* princ. S. XIII; *-illo*,
fines del S. XIV, en el ms. *G* de J. Ruiz, 1174d[1].
Cej. VII, § 4. *Ladriello* en la *Gral. Estoria* I,
291a8. También aparece en APal. (235d, 236b),
Nebr., y *Aut.* cita ejs. del Siglo de Oro. Palabra
frecuente en todas las épocas, pero representada
solamente en castellano (comp. port. *tijolo*, cat.
rajola, fr. *brique*, etc.); el primitivo latino se conserva en el campid. *làdiri* «matton crudo». Se
dice comúnmente que el cast. *ladrillo* procede
del lat. LATĔRCŬLUS 'ladrillo pequeño', pero es imposible porque el resultado fonético de éste habría
sido *ladiercho. Para obviar la dificultad Nobiling (*ASNSL* CXXVI, 430) supone que LATERCU-
LUS en latín vulgar se reformaría en *LATERĪCŬLUS,
de donde vendría el port. *ladrilho*, y que de éste
la industria ladrillera habría tomado en préstamo
el cast. *ladrillo*, cuya terminación no puede co-
responder a -ĪCŬLUS. Pero en realidad es, al contrario, la forma portuguesa la que se tomó del
castellano, pues el vocablo verdaderamente castizo
es *tijolo* en el idioma vecino; así se comprueba
gracias a las formas *ladrello*[2] y *ladrielo* de docs.
portugueses de princ. S. XIII, citadas por Cortesão, y cuyo diptongo es evidentemente extranjero en Portugal; al mismo tiempo constituyen
la primera documentación, indirecta, de la voz
castellana. Aparece también la forma deglutinada
adrilho como préstamo del castellano en el gascón
del *Libre dels Establimentz de Bayona*, que creo
del S. XIV, 106.12, 106.16: V. el contexto en
Levy, *PSW* VIII, 184. Es posible que el nombre
de lugar *Fonte Ladrero* ('fuente enladrillada') de
un doc. castellano-viejo de la primera mitad del
S. XIII citado por Oelschl. sea derivado del preliterario *ladre procedente del lat. LATĔREM, del
cual *ladrillo* ha de ser diminutivo.

DERIV. *Ladrillar* m. [Nebr.]. *Ladrillazo. Ladri-*
llejo. Ladrillero. Ladrilloso. Enladrillar, y antes *la-*
drillar [Nebr.]; *ladrillado; ladrillador; desladrillar*
[*Aut.*].

[1] La lección de *S, librillo* 'lebrillo', es preferible
puesto que se trata de lavar platos y enseres de
cocina. Sin embargo, el error de *G* prueba la

existencia del vocablo en la época en que se escribió este manuscrito.— [2] Del preliterario *ladre-*
llo se tomó, con deglutinación, el vasco *adreĭlu,*
adraiĭu.

LADRÓN, del lat. LATRO, -ŌNIS, 'guardia de
corps, mercenario', 'bandido, forajido, ladrón en
cuadrilla'. *1.ª doc.*: orígenes del idioma (*Cid*, etc.).
General en todas las épocas; Cej. VII, § 13;
ast. *lladrón* (V), gall. *ladrón* (Castelao 224.18),
pero *ladra* 'ladrona'[1]; común a todos los romances
salvo el rumano y el sardo. En latín primitivo
LATRO nada tenía de peyorativo, como que procedía de la familia griega de *LATRÍA*, con el sentido etimológico de 'servidor (sirviente pagado, servidor de los dioses)'; este matiz favorable primitivo se mantuvo en el nombre propio de persona
LATRO, que persistió también como nombre de
pila en la Edad Media (Aragón, etc.), y después
como apellido. Pero ya en latín clásico aparece la
ac. 'forajido, ladrón en cuadrilla', que es la trasmitida a todo el romance, donde acabó por significar 'ladrón en general' suplantando en casi todas
partes el lat. FUR; esto es ya un hecho consumado en castellano desde los más antiguos documentos.

DERIV. *Ladrona* [Oudin]; en León se dijo *la-*
dria (Fueros publ. por Castro y Onís, 224.18),
como en Portugal (íd.) y en Cataluña (*llàdria*).
Ladroncillo. Ladronera. Ladronería. Ladronesco
adj. [1609, J. Hidalgo, en Pagés]; *ladronesca. La-*
dronzuelo. Ladrillo gnía. [1609]. *Latrocinio* [h.
1440, A. Torre (C. C. Smith, *BHisp.* LXI); 1597,
Castillo Bobadilla], tomado del lat. *latrocĭnĭum*
íd.; anteriormente se empleó una forma semipopular con metátesis provocada por influjo de *la-*
drón: ladronicio [1400, Gower, *Confissión del*
Amante, p. 320; *ladronizio,* APal. 101d, 451d;
todavía en Cervantes y Pantaleón de Ribera], comp.
cat. *lladronici,* oc. *laironici,* it. *ladroneccio;* también se dijo con derivación castellana *ladronía*
[*Rim. de Palacio,* 51; Nebr.]; *latrocinar, latroci-*
nante. Murc. *vidriola* 'alcancía', del cat. dial. *vi-*
driola, alteración de *lladriola (judriola, guardiola)*
íd., propiamente diminutivo de *llàdria* 'ladrona'
(porque se traga el dinero y no lo devuelve).

CPT. *Lladrobaz* 'ladronazo' [h. 1500, J. del Encina y Lucas Fernández, vid. Cejador] o *ladrabaz*
[2.º cuarto del S. XVI, Sánchez de Badajoz], cruce de *ladrón* con *rabaz* 'rapaz, robador' [L. Fernández, en Lamano, p. 92a], port. ant. *roubaz* íd.,
procedente del lat. RAPAX, -ACIS, íd. (contaminado
por *roubar* 'robar').

[1] «Era *ladra*, borracha e candonga» íd. 214.5;
no es extraño, en vista de tales frases y situaciones, que además del sentido propio Sarm. recoja
ladra 'borrachera' («tiene una *ladra*», *CaG.* 203r).

Lagaña, V. *legaña*   *Lagar, lagarearse, lagare-*
jo, lagarero, lagareta, V. *lago*

LAGARTO, de una variante *LACARTUS del lat. LACĔRTUS; probablemente se trata de una variante dialectal de esta voz latina de etimología oscura. *1.ª doc.*: como nombre propio en docs. de 1095 y 1171; como nombre común, S. XIII, ms. bíblico escurialense 1-j-8 (*Bol. Inst. Fil. Ch.* IV, 312). Cej. VI, § 44.

Nuestro vocablo está también en el *Conde Luc.* y es palabra frecuente y de uso general en todas las épocas. Además de 'lagarto', LACERTUS significaba 'músculo' y en particular 'bíceps', ac. que se conservó también en español: *lagarto* «músculo grande del brazo» (*Aut.*, con ej. de Corral, a. 1628), Sanabria *llagarto* 'lomo del cerdo', port. *lagarto* 'tendón' (A. Castro, *RFE* V, 39). Formas análogas a la castellana, como nombre del reptil, tienen el port. *lagarto* [existente en el S. XI, según se deduce de *lagartaria* en doc. de 1090 y pico, *lagarteira* en 1258: Cortesão], gall. *ligarto* (para éste y otros nombres gallego-port., V. el *CaG.* de Sarm., p. 227) y el cat. *llangardaix* [1381-6, Eiximenis, *N. Cl.* VI, 127], en algunas partes pronunciado todavía *llagardaix*[1], que parece debido a un cruce del preliterario *llagart* (sólo conservado en el Conflent, *ZRPh.* XLV, 250) con el mozarabismo *fardaix*[2]; el vocalismo latino sólo lo conserva el ast. centr. y orient. *llacierta* 'lagartija'. Es decir: los tres romances ibéricos postulan de concierto una base *LACARTUS en vez de LACERTUS.

Para juzgarla bien sería bueno conocer la etimología de la palabra latina, pero ésta en realidad se desconoce completamente, según ponen de relieve Ernout-M., y ni siquiera podemos asegurar si es de abolengo indoeuropeo o mediterráneo, pues no existe parentela cierta fuera del latín; es verdad que Walde-H. creen poder indicar un buen número de vocablos afines en otros idiomas indoeuropeos, correspondientes a una vaga raíz *leq-* 'doblar, torcer', 'colear', pero el artículo de este diccionario etimológico peca de un vicio fundamental: supone que la ac. 'músculo' es la originaria y 'lagarto' derivada de ella, lo cual es invertir a todas luces los términos naturales de la evolución semántica. No sólo porque la noción de 'músculo' es algo mucho menos elemental y necesario que la de 'lagarto', y por lo tanto es de esperar que se le den nombres figurados y secundarios, sino porque el paralelismo con *musculus* y con el gr. μῦς, ambos 'ratón' y 'músculo', es prueba concluyente de que se denominó el bíceps por comparación de su movimiento, al contraer el brazo, con el paso rápido del ratón o del lagarto a través de un camino. Debemos por lo tanto mantener un completo escepticismo ante el supuesto parentesco de *lacertus* con voces como el gr. λάξ 'golpeando con el talón', y en cuanto a formas más cercanas fonéticamente no quedan más que λιχερτίζειν 'saltar' (por lo demás voz rarísima sólo citada por Hesiquio) y scr. *lakuṭah*, *laguḍah*, 'porra' (que debería ser pracritismo por

lakṛtah), cuya analogía semántica es tan vaga que vale más descartarlas por completo en este problema.

En resumidas cuentas el origen de LACERTUS es completamennte oscuro, y no es inverosímil que sea voz ajena al indoeuropeo. Desde el punto de vista romance es evidente que *LACARTUS[3] hubo de ser variante de fecha latina, pues si el cambio de E en A se hubiese producido posteriormente, la c habría evolucionado en z romance y no en g; luego no es pertinente, a propósito de *lagarto*, hablar de formas como el fr. *lézard*, venec. *lanzardo*, Vincenza *risardola*, que se deben a alteraciones fonéticas modernas o a influjo del sufijo fr. *-ard*; también está claro que no puede atribuirse *LACARTUS a la analogía de este sufijo (como hicieron Diez, *Wb.*, 186, y M-L., *R. G.* I, § 182), sufijo que es sólo francés y de formación muy tardía. Tampoco es comparable nuestro caso con el del dalm. *lacarda* (> svcr. *lòkārda*), nombre de pez y documentado desde 1080 como nombre de persona, aunque sea seguro que designó propiamente el lagarto, ni con el ngr. λαχέρδα 'atún salado', pues en estos idiomas la c latina se conserva hasta hoy con su valor oclusivo velar, aunque le siga vocal palatal, y la á dalmática puede ser evolución fonética de la E latina, en este idioma de vocalismo muy desfigurado, que decía *kaina* por CĒNA y *čant* por CĔNTUM (para dichas formas balcánicas vid. Salvioni, *KǰRPh.* VII, i, 149; Skok, *ZRPh.* XLVI, 403-4; LIV, 433, 477; Bertoni, *Rom.* XLII, 167; G. Meyer, *Wiener Sitzungsber.* CXXXII, iii, 37).

En cambio sería tentador relacionar nuestro *lagarto* con el trentino *lugord*, *ligord*, Bergamo *ligurt*[4] y quizá Verona *ligador*, Vincenza *ligaoro*, aunque la vocal segunda de estas formas deba ser una O y no una A, pero estas formas pertenecen a una familia alto-italiana integrada entre otros por genov. *langỏ*, venec. *anguro*, lomb. *lingor*, Como *lingöri*, Parma *rangól*, Ventimiglia *angỏ*, langued. *lingrola*, que Rohlfs (*ZRPh.* LI, 274) deriva, al parecer con razón, de LANGURUS, LANGURIA (LANGA), documentados como nombre de una especie de lagarto en Plinio y que se creen de origen céltico; es verdad que ahí no se termina esta familia, que abarca trentino *lugor*, Mantua *lùgar*, *lùgher*, alto-it. ant. *ligoro*, Piacenza, Ferrara *ligor*, Bolonia, Como *ligur*, tosc. dial. *liguro*, Poschiavo *ligoeur*, venec. *laguro*, Ferrara *àlgu(o)r*, genov. y piam. *lagỏ*, Módena *rugól*, piam. de la Basilicata *lavǫru* (Schuchardt, *Vokal. d. Vulgärlat.* III, 89; Flechia, *AGI* III, 160-1), pero es razonable explicar este tipo intermedio *LACŪRUS, así como el trentino *lugord* arriba citado, por cruces o formas de compromiso entre LACERTUS y LANGURUS. Ahora bien, ¿sería imposible ver en *lagarto* otro resultado de un cruce semejante? No del todo, a condición de admitir una tercera variante prerromana como *LANGARTUS o algo así. Lo más probable, de todos modos, sería entonces que todos estos vocablos, incluyendo el latino LACERTUS, no sean más que variantes de un solo tipo prerromano.

Mientras no halle más apoyo este punto de vista, será más prudente limitarse a mirar *LACARTUS como variante latina. Según nota M-L. (ZRPh. XI, 255) tal variante se explicaría por dilación vocálica, y debería remontarse, como él ya implica, hasta la época en que el latín acentuaba las palabras en su sílaba inicial[5]. Sea como quiera esta variante podría relacionarse con novarca por noverca y las formas ansar, passar y carcar del Appendix Probi, y sería tanto menos sorprendente hallar *LACARTUS en la Península Ibérica cuanto que ahí han predominado también estas otras variantes del Appendix. He aquí las conclusiones que me parecen más aceptables, sujetándolas a las reservas que es forzoso hacer siempre, en cuanto a los detalles, en nombres de animales como éste, tan sujetos a alteraciones caprichosas, gracias a su presencia frecuente en fórmulas y dichos infantiles.

Otras tentativas de explicación me parecen decididamente falsas como cuando G. de Diego (RFE IX, 149) habla de un cruce de LACERTUS con *LUCARNA[6]: piensa con esto en el supuesto étimo del fr. lucarne 'buhardilla', que algunos han creído variante del lat. LUCERNA 'luciérnaga'; aunque hoy ya nadie cree en esta etimología de lucarne, que choca con insuperables obstáculos históricos y fonéticos, bastará observar que el cruce sólo pudo producirse mientras LUCERNA fuese nombre de un animal o insecto, y la forma con a, lucarne, no está documentada en parte alguna con tal valor.

Castellanismo es el ingl. alligator 'caimán' [1593, antes alagartoes, 1579: BhZRPh. XCI, 13], tomado de la forma articulada castellana el lagarto[7].

DERIV. Lagartija [lagartixa, 1475, G. de Segovia, 51; APal. 322d, 471d; Nebr.; la pronunciación sonora lagartiža se documenta en 1505, PAlc., en judeoespañol[8], y ya h. 1400 en el Glos. del Escorial, pero éste pertenece al dialecto aragonés, que se anticipó en la confusión de sonoras y sordas, luego será forma secundaria y debida a la mayor frecuencia del sufijo -ija -ICULA], con el mismo singular sufijo que el port. lagartixa (¿-ĪSSĬA?, comp. lagartija en doc. portugués de 1359, Viterbo)[9], que por lo tanto no tiene por qué ser castellanismo. Otras denominaciones de la lagartija[10]: lagartezna [S. XIII, Biblia Medieval, Levítico XI 30; 1600, Sigüenza], con sus evoluciones fonéticas lagaterna (disim. de lagarterna) en Soria, Burgos, Segovia, Palencia, Valladolid, León y Zamora, legaterna en Palencia, ligaterna en Soria, Burgos, Palencia, Valladolid, Cuenca y Teruel, regaterna en Burgos, regaltena en Soria, regartena y regatenda en Cuenca, recaterna y terna en Teruel. Arag. engardajina (Peralta), Fonz engardaixeta (AORBB II, 258), relacionados con el cat. llan-

gardaix, con deglutinación del artículo. Sangartana en la mayor parte de las tres provincias aragonesas, de conformidad con el cat. sargantana, y con la misma inicial que el navarro sangartilla (así también en él cat. del Alto Pallars occidental y partidos de Falset, Lérida y Las Borjas), nav. sarganteja, en Teruel sargantesa, en Huesca sangardixa, xangardina, singardalla, -allina 'lagartija' (cito según Griera), Broto sagardaixo (RLiR XI, 114), Venasque xingardaixo (Ferraz), cat. (Pobla de Segur) sangardall (Butll. del C. Excurs. de Cat. IX, 40) 'lagarto'; en mi estudio de RFH V expliqué estas formas por una metátesis de sa *langartana, sa *langartilla, etc., con el artículo arcaico sa (IPSA) del catalán y del gascón, y como tal artículo no parece haber existido en Aragón admitía que en esta región eran catalanismos; hoy dudo de esta doctrina por dos razones: 1.º los préstamos lingüísticos son poco naturales en nombre de animal tan humilde como la lagartija, y el ej. único que daba (port. lagartixa) resulta no ser extranjerismo, como admitían todos y yo mismo creí; 2.º sabandija significa 'lagartija' en muchos pueblos de Navarra, Álava, Zaragoza, Soria, Burgos y Segovia (sabandilla en Pamplona, sarbandija en Filipinas, sarabandija en Murcia), y como me parece inseparable del tipo vasco sumandile, seguandilla, sogandilla, sugangilla, zugangille, etc., creo que tenemos ahí una denominación prerromana *SAVANDĬLIA (SEV-), que cruzándose con el romance *langartana, -illa, daría sin dificultad sangartana, sangartilla, etc.

Lagarta. Lagartear; lagarteo. Lagartero; lagartera; port. y gall. lagarteiro 'astuto, artero, engañador' («vella lagarteira que non se avén coa pobreza» Castelao 278.23). Lagartijo; lagartijero. Alagartado o lagartado.

[1] Así en el Maresme, Priorato, Terra Alta, etc. La n catalana, que reaparece en la forma arag. langarto, de la Sierra de Guara (RLiR XI, 104), se explicará por el influjo de sangartana (o del preliterario *langartana) 'lagartija', donde se debe a propagación de la otra nasal.— [2] Variante de FARDACHO, para la cual V. mi artículo y además, RFH V, 14n.1, estudio que deberá consultarse para otros pormenores, especialmente los relativos a las formas aragonesas y catalanas (pp. 1-20).— [3] Pisani, Paideia XI, 315, se adhiere a mi tesis de que *LACARTUS es variante pre-latina de LACERTUS, voz preindoeuropea. *LACARTUS sería la forma primitiva (degradada en latín según las leyes del vocalismo medial de este dialecto itálico), y el osco la habría trasmitido a España.— [4] Flechia cita además un grisón lucard que no hallo en otras fuentes; Vieli trae luschard como sobreselvano (= it. lucerto), Pallioppi lintscherna o lütscherna como engadinés. Junto al cat. lluert (Tarragona, Rosellón), prov. luzert, it. lucerto, sobreselv. luschard, de *LUCERTUS, debió existir esta variante también en algunas hablas

aragonesas y mozárabes: de ahí el colectivo arag. *Lo-certales* (o *Los-certales*), cuya equivalencia mozár. *ločertale* > *ločortale* se cambiaría en *El Xortal* en varios lugares de la toponimia valenciana, nombre de tierras secas y rocallosas (Moixent, cerca del trifinio con Énguera y Font de la Figuera; otro hacia Benissa, etc.).— ⁵ Lausberg (*ASNSL* CXCIV, 370) parece preferir hablar de «labilidad de las vocales» en las palabras prelatinas, antes que hablar de intensidad inicial latina, y envía a *Litbl.* LVIII, 1937, 341.— ⁶ Atribuye su idea a Schuchardt, pero nada hay de esto en el pasaje citado de este autor.— ⁷ Para variantes de *lagarto*, V. el artículo de Griéra (*AORBB* I, 36), el mío citado, y abajo, a propósito de *lagartiia*. Nada de notable en Colunga *llargatu* (Vigón).— ⁸ *Gartiža* pronunciado con ž por los judíos de Constantinopla, Salónica y Karafería, Crews, *VRom.* XII, 196.— ⁹ Desde luego no puede ser -ISCIA, como admite O. J. Tallgren-Tuulio, siendo forma de Castilla. Por otro lado, también me parece difícil partir de -ĪXA, que más bien habría pasado a -*issa*, a juzgar por *hito* FĪCTUM, *frito* FRICTUM (*dixo* puede deber su *x* al apoyo que le prestaban *duxo, traxo, cinxo, tanxo,* etc.). El cat. *pixar*, cast. *pija,* de *PĪSSIARE, muestran, en cambio, que en -SSȊ- la s ya estaría algo palatalizada antes de consumarse del todo la trasposición de la yod. Comp. cat. *lla(n)gardaix,* aunque ahí la terminación se explica mejor por un cruce; cat. *(es)farditxa* 'lagartija'; y el ast. *brixu* 'rama delgada', si es que viene de *a(r)b(o)rixu. A los testimonios antiguos de la pronunciación secundaria sonora debe agregarse la rima *llagartijas: sabandijas: armandijas* en el salmantino Lucas Fernández (ed. 1514, p. 32).— ¹⁰ *Llagartesa* en el Este y Centro de Asturias, *llargatesa* en Colunga (V), *llargat(e)ixa* en Coaña y Franco, *chagartesa* en Lena, *chagarta* y *llargata* (V) en el Oeste de la región.

Lagaterna, etc., V. *lagarto*

LAGO, del lat. LACUS, -ŪS, 'balsa', 'depósito de líquidos', 'estanque', 'lago'. *1.ª* doc.: Berceo; doc. de 1213 (Oelschl.).

General en todas las épocas; Cej. VII, § 44; común a todos los romances.

DERIV. *Lagar* [*lacare,* doc. lat. leonés de 1098, M. P., *Oríg.,* 176; *lagare,* doc. de 1111, Oelschl.; *lagar,* doc. de Toledo 1191, M. P., *D. L.,* 261.15; general en todas las épocas]¹, derivado de LACUS en su ac. de 'balsa o depósito de líquidos'², y que ya designaba especialmente el lagar de vino («calcatorium») o de aceite («torcular»), según *CGL* IV, 358.47; de ahí vasco *lako* 'lagar de vino' (Laburdi, Baja Navarra y Sule: *BhZRPh.* VI, 44), cat. merid. *llac*³ (Escrig, Ag.), langued. *lac* íd., arag. *laco* 'noque o fosa de piedra en que se cristaliza el caparrós' (Borao); y, con influjo del gr. λάχχος 'hoyo',

'cisterna', hermano de la voz latina: logud. *laccu* 'lagar de vino', 'artesa', 'cuna' (vid. Jud, *ZRPh.* XXXVIII, 48-49; O. F. Emerson, *MLN* XLI, 244-6); es probable que *lago* existiera en el sentido de 'lagar' en el español arcaico, pues de ahí parece derivar el adjetivo (*viga*) *lagar* del *Cid,* que en J. Ruiz, 200a, ya está convertido en *viga de lagar; lagarejo* [Covarr.]; *lagarearse; lagarero;* ast. *llagareru* 'el que maneja el *llagar* y elabora la sidra', *llagarada* 'lagarada de manzana' (V); *lagareta* [Nebr.]; *llagarada* 'manzana estrujada para hacer sidra' ast. (V).

Laguna [doc. de 1074, Oelschl.; Berceo; voz de uso general; *alaguna* en Fz. de Oviedo y Cervantes de Salazar, *DHist.*], del lat. LACŪNA 'hoyo, agujero'; una variante *lagona,* que hoy se emplea en Sanabria (*Homen. a M. P.* II, 141), *llagona* en Miranda de Duero (Leite de V., *Philol. Mirand.* II, 193), figura ya con la grafía *lacona* en doc. de Palencia de 938, y *lagona* en otro de Sahagún de 1094; gall. *lagoa* [*lagõa, Gral. Est.* gall. S. XIV, 253.6] 'laguna, pantano, sitio húmedo' (Vall.)⁴; port. *lagôa* [*-ona,* S. IX: Cornu, *GGr.* I, § 31]; es cambio de sufijo⁵ sugerido por la idea de que era aumentativo de *lago; lagunal* 'laguna' (*Alex.,* 1606), en otros textos *lagunar* (como término de arquitectura es adaptación tardía del lat. *lacūnar,* así llamado por los huecos u hoyos que quedan en el artesonado); *lagunajo* [Nebr.] o *lagunazo; lagunero; lagunoso; enlagunar.* Gall. *lagueiro* 'el haz de lino puesto en el lago' (Sarm. *CaG.* 183r); gall. *solagarse* «anegarse en un lago o río», en Castelao *sulagar* 'sumergir', *asolagar* 'inundar figuradamente»⁶. Cultismo *lacunario.*

Alagar.

Derivado culto *lacustre.*

¹ A veces es el edificio donde está el lagar, así en un texto popular de Córdoba, a. 1618, M. P., *Floresta,* II, 218.11. Ast. *llagar* 'lagar donde se elabora la sidra' (V).— ² Además LACUS había designado una especie de artesa u otro recipiente para líquidos; en relación con esto y con el gr. λάχχος 'hoyo' tenemos el fr. ant. *lac* o *lai* 'fosa de los leones', ac. de la cual conozco un ej. aislado en cast. ant.: *el lago de los leones* en *Otas de Roma* f° 93v°, aunque no puedo asegurar que no esté inspirado en el original francés de esta novela.— ³ En valenciano se distingue el *llac,* depósito que recoge el zumo de la uva prensada, del *trull,* aparato con que se prensa: así lo ha observado J. Giner en Carlet, y lo mismo dice el dicc. de M. Gadea.— ⁴ «Era de noite e na *lagoa* do crego espellaba o luar», «...un home grandísimo viña cara min alancando por riba da *lagoa* sen chiscar a-i-auga», Castelao 286.3.— ⁵ Nada que ver con esto tiene el nombre del pueblo de *La Llaguna,* en la punta NE. de Cerdaña. Los franceses le llaman oficialmente *Llagonne,* por ultracorrección de la pronunciación rosellonesa -*una* < -*ọna;* pero en el país y en Cerdaña, donde todavía ọ

no se confunde con *u*, todo el mundo pronuncia *Llaguna*.— [6] «O desespero en que me me vin *sulagado*», «a Atlántida *sulagada*», «a saudade *asolaga* nun oculto e trascendente sentido as cousas», «a lampariña *asolaga* todo nun cheiro morno», Castelao 197.26, 88.19, 270.2, 209.13.

LAGOPO, tomado del lat. *lagōpus, -ŏdis*, y éste del gr. λαγώπους íd., compuesto de λαγώς 'liebre' y πούς 'pie'. *1.ª doc.*: Acad. 1925.

Término técnico de Botánica.

Lagosta, V. *langosta*

LAGOTERO, 'zalamero', tomado del cat. *llagoter* o de oc. *lagotier* 'adulador', derivados de *(l)lagot* 'adulación', de origen desconocido. *1.ª doc.*: 1535, Fz. de Oviedo (Cej. VII, p. 254); *Aut.*

Define este diccionario *lagotear* «hacer halagos, hazañerías y embustes para conseguir algún fin», *lagotero* «hazañero o zalamero», *lagotería* «zalamería industriosa para congraciarse o sonsacar alguna cosa». Pagés cita ejs. de *lagotería* en Bretón de los Herreros y otros autores del S. XIX. No ha sido nunca vocablo de uso general; Cej. sólo cita dos ejs. preclásicos. Mucho más populares son los cat. *llagoter* [fin del S. XIV], *llagoteria* y *llagotejar*, oc. ant. *lagotier* [2.ª mitad del S. XIII], y además tienen junto a sí el primitivo oc. *lagot* [princ. S. XIV], cat. *llagot* 'adulación' [S. XIV]. No hay duda, por lo tanto, de que en castellano es voz advenediza. Desde Diez (*Wb.*, 623) se ha supuesto (así *REW* 4857 y Gamillscheg, *R. G.* I, 377; *RFE* XIX, 230) que derivan de un gót. *LAIGÔN 'lamer', deducible del documentado BILAIGÔN íd. Pero es muy poco verosímil este supuesto cuando no existe en romance un verbo *lagar* (ni siquiera *lagotar*), ni en germánico un sustantivo que pueda explicar *(l)lagot*. Sainéan (*Sources Indig.* I, 236), seguido por Spitzer (*RFE* XIII, 113-4), quiere partir de oc. *lago* 'charco', bearn. *lagot* íd., *lagoutà* «remuer l'eau»: de 'chapalear' se habría pasado a 'charlar' y de ahí a 'halagar', con lo cual comparan el fr. *flagorner*, que habría seguido la misma evolución semántica; pero en realidad el origen de esta voz francesa es desconocido, y no persuaden las combinaciones de Sainéan a base de voces dialectales modernas y mal documentadas. Esta explicación no es inconcebible, pero está lejos de haber obtenido una demostración medianamente satisfactoria, y resulta inverosímil por la falta de todo testimonio medieval de *lagotar* 'chapalear' y aun 'charlar': la ac. mallorquina de *portar llagots* 'llevar chismes, calumnias' (así en Alcover, *BDLC* XVI, 130) es local, moderna y tiene todo el aspecto de un desarrollo secundario.

Suponer que *lagotear* venga de *halagotear*, derivado de *halagar*, es sumamente inverosímil (a pesar de Lavedán *alagòt* «caresse, mignardise, ca-

jolerie», Palay I, 31*b*), pues obligaría a suponer que el vocablo es castellanismo en catalán y lengua de Oc, en oposición con todo lo que nos enseña la historia y vitalidad del vocablo. Como el de tantas voces expresivas, el origen de *llagot* es oscuro.

DERIV. *Lagotear. Lagotería* [*alagotería* en el aragonés Azara, † 1804, *DHist.*, resulta de un cruce con *halago*].

LÁGRIMA, del lat. LACRĬMA íd. *1.ª doc.*: *lágrema*, Berceo, *S. Dom.*, 544; *lágrima*, *Mil.*, 247.

General en todas las épocas y común a todos los romances. *Lágrema* se halla en otros textos antiguos (*lagremal*, Berceo, *S. Or.*, 201; G. de Segovia, p. 71), pero *lágrima* es también frecuente desde antiguo (J. Ruiz, 438*d*; APal. 103*b*, 106*d*, 164*b*; Nebr.). Ast. *llágrima* (V). Con metátesis b. arag. *glárima* (Puyoles-Valenzuela), Pallars *clàrima* (*Misc. Fabra*, 301), con influjo de *clara* (*de huevo*).

DERIV. *Lagrimar* [Nebr.] o *lagrimecer* ant., o *lagrimear; lagrimeo. Lagrimal* (V. arriba). *Lagrimón. Lagrimoso* [Nebr.]. Derivados cultos: *lacrimal, lacrimatorio, lacrimoso*.

CPT. *Lacrimógeno*.

Láguena, V. *laja*   *Laguna*, V. *lago* y *cuneta Lagunajo, lagunar, lagunazo, lagunero, lagunoso*, V. *lago*   *Laical, laicismo, laicización, laicizar, laico*, V. *lego*

LAIDO, ant., 'ignominioso, torpe', tomado de oc. ant. *lait, -da*, 'feo', 'sucio', y éste del fránc. *LAID (a. alem. ant. *leid* 'aflictivo', 'repugnante', alem. *leid* 'pena', escand. ant. *leiðr*, ags. *lâth* 'enemigo, odiado', ingl. *loath* 'desagradable'). *1.ª doc.*: Berceo.

Todavía se empleaba alguna vez a principios del S. XV (*Canc. de Baena*). Para ejs. vid. Cej. VII, § 20, y *Voc.*; Pietsch, en *Festschrift Voretzsch*; además *Calila*, Rivad. LI, 28, 36, 41, 48; *Rim. de Palacio*, 120; Juan de Tapia, *Canc. de Stúñiga*, 214. Del mismo origen que el occitano es el fr. *laid* 'feo', mientras que el it. y gall.[1] (no port.) *laido* y aun quizá el cat. *lleig* han de ser préstamos galorrománicos. Vco. *laido* 'afrenta, escarnio' (lab., a. navarro y b. nav.), con muchos y antiguos derivados.

DERIV. *Deslaidar* (*F. Juzgo*, en *Aut.*).

[1] *Ctgs.* 81.27; «O tipo mais *laido* da vila», «a muller era *laidiña* pero traballadora» (Castelao 198.20, 230.2). Occitanismo de romeros compostelanos y de segreles aprovenzalados.

LAILÁN, ant., 'almoneda', voz mal documentada y de origen desconocido. *1.ª doc.*: Acad. 1884.

No tengo otras noticias del vocablo. Es imposible, por evidentes razones fonéticas, la etimología arábiga que propone la Acad. Lausberg lo relaciona con la raíz *dallâ* (?) 'montrer, indiquer' aludiendo a derivados de sentido parecido al vocablo castellano (*ASNSL* CXCIV, 370).

LAIRÉN, del hispanoár. *laįrānī*, de origen incierto, quizá derivado de un nombre de lugar. *1.ª doc.*: «uva péndula, también conocida por *mansanel* [= ¿manzanilla?], y en Sevilla, uva *laįrānī*», h. 1100, anónimo mozárabe (Asín, 167); *lairén*, Acad. ya 1869, no 1843.

No tiene fundamento la identificación que Asín sugiere con el arag. *lirón* 'almez' ni con el mozár. *laįrûn* 'gualda' (Dozy, *Suppl.* II, 561*b*; Simonet, 289). La fisonomía de *lairén* es claramente la de un nombre de lugar mozárabe en *-i-én* (lat. -IANUM)[1] de los que tanto abundan en el Sur de la Península, y el gentilicio arábigo *laįrānī* confirma la idea, pero nada análogo se halla en Madoz; ¿comp. *Llerena?* Estos gentilicios se acentuaban en la sílaba penúltima, en hispanoárabe, cuando ésta era larga, y subsiguientemente perdían en romance la terminación *-i*. No hay relación con uva ARIĴE o (a)*larije*.

Reúno en apéndice algunas otras denominaciones de especies de uva, de origen incierto, pero quizá análogo. *Uva turulés* «especie de uva fuerte» [Acad. ya 1817] (acaso sea la *correlés* que el ms. arag. del *Alex.*, 2109*c*, introduce en lugar de uva *torrontés*, si es que aquella forma es errata de lectura por **torrelés*); quizá esté por *turolense* 'de Teruel': la producción de vino en esta zona no es despreciable, pues la provincia producía unos 2 millones y medio de arrobas anuales a fines del S. XVIII, según Madoz (s. v. *Teruel*, p. 723), y en el partido de esta ciudad, aunque los viñedos no son abundantes, la cantidad de uva que dan es considerable (ibid., p. 739). Más oscuro todavía es el origen de *uva tortozón*, variedad de uva de racimos grandes y de granos gruesos, cuyo vino se conserva poco: documenta *Aut.* en G. A. de Herrera (1513), quien la equipara a la *herrial*; no es verosímil semántica ni morfológicamente que derive de TORTUS 'torcido', según dice la Acad.; pero también es difícil que se refiera al nombre de Tortosa, lo cual no nos explicaría el final *-ón* (comp. el gentilicio árabe *olla tortoxía* en invent. arag. de 1380, *BRAE* IV, 350).

¹ No puedo creer en la idea de M. P. de que los nombres en *-én* y *-ena* presenten un sufijo prerromano: el área exclusivamente meridional de estos nombres coincide perfectamente con el de la toponimia arabizada, y su raíz contiene siempre un nombre de persona romano, no prerromano, luego estamos ante el caso de *Pego* PAGUS, *Tejo* TAGUS, etc. Con esto no hay que mezclar el caso de los raros nombres septentrionales y pirenaicos en *-én*; salta a la vista que éstos no tienen nada que ver con el tipo mozárabe *-én*, *-ena*: 1.º porque, según muestra la consonante precedente, en aquéllos no hay yod, que es constante en éstos; 2.º porque su raíz no contiene en general nombres de persona. En Cataluña el timbre vocálico y la acentuación, diferentes, muestran ya que *Odèn*, *Ódena*, y el tipo *Granyén*, *-éna*, nada tienen que ver entre sí, aunque se haya creído lo contrario por ignorancia de las formas reales; por otra parte la *-n* conservada de *Odèn* sólo puede salir de -INNU o INDU (no -EN, que habría dado *-è*); *Tuixén* podrá venir de *Tuissén* < THIUDISIND. Luego los escasos nombres septentrionales en *-én* son de origen heterogéneo y sin relación con las masas de representantes mozárabes de -IANUM.

LAJA, 'piedra naturalmente lisa, plana y de poco grueso', 'piedra pizarrosa', tomado del port. *lage* o *laja* (también *lagem*, *lágea*) íd., y éste del hispano-latino LAGĔNA íd., de origen incierto, probablemente del céltico, donde designa una lámina u hoja de metal (galés *llain* 'hoja de metal', 'espada', gaélico escocés *lann* 'la hoja de una espada o cuchillo', irl. ant. *laigen* 'lanza'). *1.ª doc.*: med. S. XVI, Fz. de Oviedo (Cej. VII, p. 165) y en varios cronistas de Indias de esta centuria.

«Dieron con el navío sobre una *laxa* y metióse entre dos piedras» en una relación anónima de este siglo (*Col. de Docs. Inéd. del Arch. de Indias* V, 145); A. Rosenblat me dice que se lee también en Sarmiento de Gamboa, que escribió acerca de su viaje al Estrecho de Magallanes en 1580; *Aut.* cita ej. de la *Historia de las Indias* de A. de Herrera (1601) y del *Pasajero* de Suárez de Figueroa (1617), ambos en narraciones de viajes por mar; el último pudo beber en fuente americana, pues escribió un libro histórico sobre el Perú, y, en efecto, sería fácil hallar más ejs. en cronistas de Indias. Sin embargo, el uso del vocablo no era exclusivo de allí, pues M. Alemán lo empleó muchos años antes de trasladarse a Méjico, y lo hizo con referencia a Italia, al explicar que las calles de Florencia estaban empedradas de grandes *lajas* (*G. Alfarache*, *Cl. C.* III, 236.12).

Y es que *laja* en castellano era esencialmente voz de marinos, como sigue siéndolo hasta hoy: Lorenzo y Murga lo califican de término de hidrografía o pilotaje, y la Acad. (1843-99) explica que es «peña que suele haber en la barra o boca de los puertos de mar; como la de Cartagena»; desde este uso náutico pasaría al lenguaje de Sevilla, de donde era Alemán, y desde Cartagena se extendió a la sierra de su nombre, según noticias de los geólogos L. de la Escosura y L. Mallada¹, pues allí es nombre popular de un mineral.

Aunque ha sido empleado recientemente por otros geólogos de España, la toponimia nos demuestra que no es ahí donde arraiga, a no ser en Galicia, que nos ofrece una cincuentena de localidades llamadas *Laje(s)* o *Laja(s)*, en contraste con la absoluta falta de tales nombres en el resto de España, salvo el caso marítimo de Cartagena; por otra parte hay abundantes ejemplos del topónimo

(*La*) *Laja*, (*Las*) *Lajas* y derivados, en Filipinas, en Canarias[2] y en todos y cada uno de los países hispanoamericanos, y ahí es, en efecto, donde la palabra es viva y popular como apelativo. Esta distribución geográfica es ya indicio claro de que *laja* es vocablo portugués, extendido al uso náutico castellano y de ahí a América[3], y tal deducción se vuelve segura al tener en cuenta la documentación filológica gallegoportuguesa.

El b. lat. *lagena* se halla en port. en doc. de 1060, dos veces, y en otro de 1258, el diminutivo *lagenella* o *lagenela* aparece en uno del S. X y en otros de 1092 y 1258, y el derivado *llaginoso* en 957 y 985, *lagenoso* o *laginoso* en el S. XI[4]. Con posterioridad hallamos el femenino *lage*, bien vivo hoy en Portugal y documentado desde la primera mitad del S. XVI, en otros puntos *laja*[5], y son frecuentes y antiguas las variantes *lágia* (así en ley del S. XIII anterior a 1210, *PMH*, p. 543), *lágea* (João de Lucena, a. 1600) y *lágem* (Leitão d'Andrade, h. 1600); en Galicia *láxe*, f. «losa o piedra» (Sarm. *CaG*. 155r; Carré), especialmente la 'losa sepulcral' (Castelao 43.21, 249.7); derivados port. *lagear* 'empedrar con lajas' [S. XVII], *lagedo* 'cantera de lajas' [íd.]. Así las antiguas formas documentales como el paralelismo de estas variantes con *várgem* ∽ *varge* ∽ *várzea* = cast. *bárcena*, y con *vage* ∽ *vágem* ∽ *vágẽa* VAGINA, nos muestran que la base común ha de ser LAGĒNA o *LAGĪNA, y que *lage*, *laja* y *lágem* no son más que diversas reducciones de *lágẽa*. Indiqué ya todo esto en *RFH* VI, 161-3.

Averigüemos ahora el significado preciso del vocablo. Como término de pilotaje, según el citado diccionario marítimo castellano, es un «bajo de piedra que forma hojas, capas o filos, como la pizarra»; en la Sierra de Cartagena designa un esquisto arcilloso y bituminoso (Escosura), o un estrato cristalino formado por «filadios» (Mallada), palabra que a juzgar por su etimología debe designar un mineral hojoso; en San Juan y Mendoza (Arg.) hay canteras de *piedra laja*, mineral que se utiliza para el revestimiento de las fachadas de grandes edificios[6], en el Noroeste del mismo país los indios hacen una especie de morteros (*conanas*) con una *laja* o lámina de piedra de superficie plana[7]; en Chile define Medina «piedra arenisca apizarrada y cortante que se halla en capas horizontales sobrepuestas, bastante dura»[8], para Montenegro es «lasca» (es decir, 'trozo delgado desprendido de una piedra') y también «piedra rodada»[9], y en este sentido emplea *lajuela* Guzmán Maturana[10]; en Venezuela es una roca granítica aplanada (Alvarado); en Colombia se aplica a una roca de un promontorio sobre la cual se refugia gente huyendo de la crecida de un río[11]; en Honduras vale «sustancia terrosa, blanquizca, que sirve a las mujeres para fregar los trastos de cocina» (Membreño). Veamos, por otra parte, el gallegoportugués: los gallegos definen «piedra llana con que se cubren los pavimentos» («losa o piedra» Sarm. *CaG*. 155r, 130v), los portugueses «táboa, lousa de pedra lisa por cima, e plana o quasi», en la Sierra de la Estrella se llama *lages* una era hecha artificialmente con grandes losas de piedra cortadas en ángulo recto (Messerschmidt, *VKR* IV, 157). Es fácil ver que en todas partes se trata fundamentalmente de una piedra pizarrosa en forma de láminas o losas planas.

Ahora bien, en Moratalla se llama *láguena* a una piedra pizarrosa, en Murcia al detrito de la misma empleado para solar los terrados (G. Soriano), y en la Sierra de Cartagena la *láguena* se describe como el producto de la desagregación de las pizarras micáceo-talcosas (Mallada), o como la tierra que resulta del desmoronamiento de la *laja* (Escosura). Luego salta a la vista que el murc. *láguena* no puede separarse de *laja* y de su étimo *LAGĒNA. Por otra parte, agrega Mallada que en vez de *láguena* en Granada dicen *launa*, la Acad. (ya 1843) nos informa de que en la Alpujarra *launa* es una «tierra o especie de barro blanco de que usan en vez de teja para cubrir los tejados»[12], y Gonzalo y Tarín (cita de Pagés) dice que la *launa* es una tierra de color negro azulado que resulta de la descomposición de las pizarras; claro está que este and. *launa* es solidario del cat. *llauna* 'hojalata', que antes se empleaba en el sentido de 'lámina o placa de metal': *launes de cuyraces* (Leuda de Cotlliure, a. 1249, *RLR* IV, 250; *Curial e Güelfa*, N. Cl. I, 78), *vestit de llaunes d'argent* (Turmeda, *Divisió*, N. Cl., 110), *escrites en llaunes de ferre* (Eiximenis, *Regiment*, N. Cl., 77.17), etc.[13]; en efecto, la ac. mineral reaparece en la otra vertiente de los Pirineos: Lourdes *launa* «grande pierre lisse d'un côté». Lo mismo en gascón que en catalán hallamos otras acs. que se agrupan alrededor de la idea de 'lámina': Ampurdán *llauna* 'marisma, balsa de agua junto al mar' (anotado por mi padre en Sant Pere Pescador en 1898; P. Bertrana, *Proses Bàrbares*, 190, 192, 202; comp. el fr. *lame d'eau*)[14], Luchon *launo* «glace» (Rohlfs, *RLiR* VII, 142), Barousse *launo* «pellicule qui se forme au palais de la bouche», bearn. *launo* «partie dénudée d'une montagne», «couloir d'avalanches», Valle de Campan íd. «région ravagée par una avalanche», bearn. íd. «bande d'étoffe», «lame» (Rohlfs, *BhZRPh*. LXXXV, § 195).

Sé muy bien que Meyer-Lübke, después de fuerte vacilación (*Das Katalanische*, p. 55), se decidió a derivar el cat. *llauna* de un lat. vg. *LABĪNA, disimilación de LAMINA (como cat. *berenar* MERENDARE, it. *novero* NUMERUS), pero se trata de una disimilación muy poco frecuente para que osemos atribuirla, sin pruebas filológicas, nada menos que al latín vulgar, y por otra parte es evidente por lo dicho antes que por lo menos el and. *launa* no puede separarse del murc. *láguena* ni del port. *lage* < LAGĒNA; ahora bien, como el *au* catalán no puede venir de AU latino (> cat. *o*) es preciso suponer que una consonante se perdió entre los dos elementos del diptongo, como en *teula* TE-GŬLA, *fraula* FRAGŬLA, *graula* GRAGŬLA, etc., lo cual nos conduce a admitir que junto a *LAGĔNA existiría una base alternante *LAGŎNA, que en unas partes pudo dar (*l*)*launa* y en otras *láguena*[15].

Llegados aquí permítaseme citar un artículo de Dottin, *La Langue Gauloise*: «λάγινον, variante λάγονον (Dioscoride IV, 145), *laginen* (Pline XXIV, 139) 'hellébore blanc': irl. *laigen* 'lance', gall. *llain* 'lame'». Bertoldi en su monografía sobre el *Colchicum Autumnale* 'quitameriendas' (p. 85) no vacila en considerar célticas estas denominaciones que dan Dioscórides y Plinio al heléboro blanco, agrega *lagena* 'Crocus albiflorus' del glosario de Diefenbach, y con reservas Valsugana *lavéna* 'quitameriendas', diferencias semánticas que no deben preocuparnos, pues Bertoldi demostró con multitud de testimonios que el pueblo confunde las tres plantas (pp. 33 y 51), y su observación de que el cólquico, a imitación de otra planta afín, el iris, lleva nombres como *spadone*, *cotlèt* (= fr. *coutelet*) o *yäyä* (GLADIUM), confirma brillantemente la identificación que hace Dottin con el nombre céltico de la hoja de metal, comp. ingl. *wood-blade* 'heléboro'; Gamillscheg (*ZRPh.* XLIV, 112) agrega Vaud *l*(*o*)*ugan* 'beleño'. Sea lo que quiera de esta cuestión botánica, el caso es que el irl. ant. *laigen* 'lanza' (irl. *laighean*) y el galés *llain* 'hoja de metal', 'remiendo o parche largo', 'franja larga y estrecha' (*llain o dir* 'lengua de tierra': Owen Pughe) postulan indudablemente una base LAGINA, como indican los celtistas e indoeuropeístas (Pedersen, *Kelt. Gramm.* I, 97; Stokes, en Fick II[4], 238; Walde-P. II, 381; Macbain, s. v. *lann*), afín al irl. *laige* 'pala' (*LAGJA) y al gr. λαχαίνειν 'cavar'[16]. Me parece claro que de este céltico LAGINA 'hoja de metal', 'parche', procede nuestro vocablo portugués, por comparación de la hoja de piedra con una lámina metálica, y que la variante *LAGŎNA postulada por el catalán, gascón, andaluz y murciano corresponde a la variante λάγονον anotada por Dioscórides[17], cualquiera que sea su explicación[18].

En mi artículo propuse derivar el murciano *láguena* y el port. *laje* (LAGĬNA) del grecolatino LAGĂNUM 'pastel plano', o de una variante latinizada *LAGĪNUM. Esta idea me parece hoy imposible, pues LAGANUM sólo está documentado en el romance de la Magna Grecia, y una denominación topográfica como *Laja* tiene grandes probabilidades de proceder de una voz prerromana, pero poquísimas de que sea un helenismo, y aun menos en el Oeste hispánico; por otra parte, en lo semántico no satisface: el paralelo con el fr. *galet* 'canto rodado', *galette* 'galleta', no es aceptable, pues la dirección del tránsito semántico es la opuesta, y si es fácil concebir que se llamara *guijarro* a una galleta, no puedo creer que se diera a una losa un nombre como 'buñuelo' o 'panqueque'.

Hubschmid en el *FEW* V, 132*b*, deriva LAGĔNA 'losa', que él ya documenta en 775, de un galo *LAKE, sólo apoyado en un vocablo francoprovenzal y piamontés (que por lo demás no es inequívoco fonéticamente), y en una supuesta correspondencia con el gr. πλάξ; *LAGENA sería derivado de *LAKE, con una sonorización romance. Aun prescindiendo de que esto último es imposible (*VOCITUS no da *vogitus en la Península Ibérica y el resultado de un *LACĔNA habría sido necesariamente *lázia), está a la vista que recurrir a tan audaces combinaciones es como querer edificar una casa sobre un castillo de cartas[19].

Hay huellas de nuestro LAGINA en la toponimia de otras tierras célticas[20].

Concluyo sugiriendo que el cat. *llena* 'losa', más vivo en derivados locales y toponimia que como apelativo, y propio sobre todo del dominio catalán occidental, pero ahí esparcido por todo el ámbito —desde el valle de Boí hasta el Cardener y el Priorato— y que hasta ahora se había supuesto reflejar una base *LENA, podría ser más bien resultado de nuestro *LÁGINA, por temprana contracción en *LAINA; idea que someteré en el *DECat.* a estudio más crítico y a reserva de examinar si son compatibles con ella algunos topónimos más raros, aislados en el Alto Aragón, Pirineos gascones y Pallars Superior.

DERIV. Debe de ser muy antiguo, y ya formado en el celta ártabro, el deriv. colectivo *LAGENŌNO-, postulado por el gall. «*laxión* tierra de laxes» (Sarm. *CaG.* 188 *v*).

[1] *BRAE* XXII, 488-9.— [2] El bajo navarro *laxaharri* «pierre ou planche destinée à y frapper le linge pour le blanchir», citado por Van Eys (quien escribe con '*x* el sonido que ahora se representa normalmente con *ts*), es palabra bien conocida que nada tiene que ver con *laja* (Michelena *BSVAP* XII, 366).— [3] *Lajado* 'pavimento enlosado' se emplea también en judeoespañol y sale en la Biblia de Constantinopla, es decir, en la moderna, no en la antigua de Ferrara, que emplea *enlosado* en los mismos pasajes (*BRAE* V, 350); pero es sabido que este dialecto está lleno de portuguesismos.— [4] Cortesão, s. v.; Silveira, *RL* XVII, 129-130, quien reúne muchos topónimos interamnenses y trasmontanos documentados desde el S. XI o algo más tarde, en que el vocablo aparece en la forma *Lanhas* o sus derivados *Lanhelas*, *Lanhoso*, *-osa*. Estas formas corresponden a una antigua pronunciación *layẽela > *layela > lanhela*, con la misma evolución de la ɏ nasalizada que en el diminutivo *-inho < -ĭ(y)o < -ĭo < -INUS*, o en *tinha* 'tenía' < *tẽia*. Claro está que la forma *Lage*(*m*) o *Laja*, de acuerdo con el apelativo, es todavía más frecuente en la toponimia.— [5] La forma *laixa* empleada en el dialecto de Las Eljas (Sierra de Gata) se explica por la colonización gallega de este pueblo (Leite, *RL* XXVI, 259).— [6] *Pre-*

Guía de Turismo de San Juan, 1941.— [7] Eduardo Casanova, en Levene, *Hist. de la Nación Argentina* I, 377.— [8] *Chilenismos*, s. v.— [9] *Mi Tío Ventura* (cuentos), glosario, s. v.— [10] *Don Pancho Garuya*, p. 179.— [11] E. Rivera, *La Vorágine*, ed. Losada, p. 113.— [12] Para el terrado de *launa* de las viviendas de esta comarca, vid. E. Soler Pérez, *Sierra Nevada, las Alpujarras y Guadix*, Madrid, 1903, pp. 81, 98, 102.— [13] El cast. *launa* 'lámina o plancha de metal' [los indios de Haití «se arman y cobigan con *launes* d'arambre» según la 1.ª Carta de Colón (1492), ed. Carlos Sanz, facs., p. 3, lín. 3, expresión catalana, fonética y léxicamente preciosa para los que creemos que Colón pertenecía a una familia judeocatalana emigrada a Génova; 1651, Esquilache, *Aut.*] parece ser catalanismo.— [14] De ahí quizá Gers *alaounì* «préparer le lin dans l'eau ou dans la rosée d'une prairie» (Cénac), langued. *lòuno* «flaque d'eau»; en cuanto al prov. *lono, loueno*, que Mistral reúne con esta voz languedociana, Mackel y Gamillscheg (*R. G.*, 109, 380) lo derivan de un gót. *LŌNA, deducido del escand. ant. *lôn*, lo cual rechaza M-L. (*REW* 5114) como inverosímil históricamente; como *lona* existe también en Lión, quizá sea el mismo vocablo que el cat. *llauna*, extendido en su forma francoprovenzal hasta el Bajo Ródano.— [15] En cuanto al ast. *llábana* «piedra plana de grano o caliza que se extrae de canteras especiales» (R), 'piedra llana de poco grueso' (V), berc. *lábana* «peña grande extraída de la cantera o existente en el río», Sajambre *llábana* 'piedra lisa' y *-as* 'los tocinos del cerdo' (Fz. Gonzz., *Oseja*, 292; vid. para la extensión asturiana y leonesa del vocablo), que M-L. une a *(l)launa*, quizá sea voz independiente, relacionada sea con el it. *lavagna* o con el gasc. *labada* 'losa', procedente de *lábada < *lábeda < LAPĬDEM, con cambio de sufijo átono (V. los hechos mencionados en *CÁRCAVA*); cierto en rigor también se podría pasar de *lágona* a *lábona* y de ahí a *lábana*. El sardo *làccana* «confine» (*VRom.* V, 148) está muy alejado formal y semánticamente. Harri Meier, *RF* LXIII, 1-15, y *GdDD*, quisieran partir del lat. LAMĬNA para el port. *lagem*, el cast. *laja* y sus variantes; lo cual no puede tomarse en serio, aunque haya un santand. *llambra* 'roca lisa'. Éste en rigor podría separarse de *laja* y traerlo de LAMINA, y aun quizá se podría hacer lo mismo con el ast. *llabana*, santand. *llâneba*, Babia *tsábana*; pero tanto o más probable es partir del tipo céltico aun para estas formas, sea por medio de un *LAPĪNA (cruce con LAPIDEM: de éste viene el aran. *labada*, etc.); de ahí *labna > *lamna* o bien *lábana*; sea por alteración fonética LAGŌNA > *LAB(Ŏ)NA, etc.— [16] En cuanto al gaélico escocés *lann* 'hoja de metal', 'espada', 'escama de pez', 'disco', que Gamillscheg reúne con *llain*, a base de una forma primitiva *LAGNA, presenta un problema. Está claro que va con el irl.

ant. *lann* 'escama', 'parrilla', y los celtistas no están de acuerdo en cuanto a su origen: Macbain propone *LAG-S-NA, de la misma raíz que *laigen*, Thurneysen propuso *PLAD-S-NA (= gr. πλαθάνη) y Pedersen (*K. G.* I, 240) cree que es préstamo del lat. LAMINA. Sea como quiera, en vista del § 60 de Pedersen, resulta que -GN- en irlandés se simplifica en -*n*- prolongando la vocal precedente, de donde se deduce que *LAGNA habría dado más bien *lán* o *lánn*, luego deberá rechazarse la base de Gamillscheg, aunque no la de Macbain.— [17] Nada tiene que ver con el cat. *llauna* y su familia la forma *launa* que cita M-L. del seudo-Apuleyo: es errata del *REW* por *lanna*, y se trata del receptáculo que contiene las semillas de la *herba pedeleonis* (M-L. cree es variante vulgar de *lam(i)na*).— [18] Queda un punto oscuro: Stokes supone que *LAGINA tenía I larga (Pedersen y Macbain no aclaran este punto). Desde luego el irlandés no permite decidir la cantidad de la vocal originaria, pues en este idioma todas las vocales no iniciales, breves o largas, se convierten en *a* breve, algunas veces conservada en forma de *e* por influjo de los fonemas vecinos (Pedersen I, 265-6). En galés, en cambio, la ī se conserva *i*, mientras que la ĭ ante una -A final pasa a *e* (ibid. 41 y 51), y como la sílaba penúltima conserva el acento en el idioma antiguo, sus vocales no experimentan alteraciones por efecto de la falta de acento (ibid., 276 y ss.), luego *llain* correspondería al parecer a *LAGĪNA. Pero falta saber si no hubo un tratamiento especial tras el hiato creado por la pérdida de la -G-. Sabido es, en efecto, que *ai* y *ae* alternan en galés (Zeuss, *Gramm. Celtica*, pp. 100-2), y que el *ai* del galés antiguo más tarde se convierte en *ae* (Morris Jones, *Welsh Grammar*, § 29; Strachan, *An early Welsh Grammar*, § 1). El caso es que en la Edad Media *llain* aparece contado a veces como monosílabo y otras como bisílabo (Lewis-Pedersen, *A Concise Comparative Celtic Grammar*, p. 29), y esta última pronunciación quizá corresponda a *LAGĪNA. Pero la otra, ¿no indicaría más bien un *LAGNA, con otra formación sufijal, paralela a *LAGĪNA < irl. *laigen*? (sabido es que -AGN- da *ain* en el País de Gales: Pedersen I, 103). Son cuestiones intrincadas que deberé dejar para los especialistas. De todos modos las formas λάγινον, *laginen* y λάγονον de los naturalistas antiguos, junto con las formas romances, nos dan derecho a postular el tipo hispano-céltico alternante LAGĪNA ~ LAGŌNA, sea que lo miremos como debido a formaciones sufijales paralelas, pero diferentes, o a divergentes evoluciones fonéticas de los dialectos (quizá por intercalación de una vocal en *LAGNA, a causa de una pronunciación de este grupo diferente de la latina). Un caso semejante al nuestro observamos en el fr. *borne* 'mojón', oc. *boina, bozola*, que postulan *BODĪNA, mientras que el irl. *buiden*, galés *byddin*, suponen *BO-

DĪNA (*FEW* I, 465-71; Pedersen, *Litteris* VII, 22). Hay también formaciones en -ĔN- como el galo *DRAGENOS postulado por Wartburg a base del irl. *draigen,* galés *draen,* con aprobación de los celtistas (Pedersen, *l. c.,* 24).— [19] Últimamente (*RF* LXIV, 43-47) se inclina Hubschmid a ver en LAGĪNA una voz preindoeuropea fundándose en el nombre de lugar cretense Λαγινάπυτον, cuyo significado ignoramos todos. Por otra parte le sobra razón a Hubschmid para rechazar la opinión de Harri Meier (*RF* LXIII, 1-15) de que LAGINA venga de LAMĬNA por «cambio de sufijo» (!).— [20] De ahí puede venir el nombre de la región irlandesa de Leinster, llamada *Lagina* en muchos textos de la alta Edad Media (Holder, s. v.). Quizá tenga también el mismo origen el nombre del río *Leine,* importante tributario del Weser que pasa por Hanover, llamado *Lagina* o *Lagena* en bastantes documentos desde el S. IX al XI (Förstemann, *Altdeutsches Namenbuch* II, col. 4); que tenía una -G- lo corrobora el nombre de la comarca del Leine, llamada originalmente *Lagin-gau,* y en muchos documentos, desde el S. VI, *Laginga, Logne, Lacne,* etc. Me informa la Dra. Ida Hakemeyer, de Göttingen, que cerca de esa ciudad el Leine se caracteriza por las grandes lagunas superficiales que suele formar, sobre todo en tiempo del deshielo (comp. el cat. dial. *llauna,* del mismo significado). El Leine se encuentra en antigua tierra céltica, aunque muy cerca ya del lugar donde los etnólogos suelen colocar la antigua frontera entre celtas y germanos, luego es natural encontrar allí antiguos nombres célticos, sobre todo tratándose de un accidente tan importante como éste. Las etimologías germánicas que cita Förstemann para el Leine no satisfacen, y Müllenhoff, *Deutsche Altertumskunde* II, 233, califica este nombre de «undeutsch», lo cual sólo puede significar 'céltico' dado el contexto. No puedo detenerme aquí a examinar si es verdad que no haya parentesco entre nuestro tipo LAGĪNA ～ *láguena* ～ LAGŎNA y un sinónimo y parónimo prerromano renano y céltico: el alem. renano y b. alem. *lei* 'pizarra', que según Frings (*Germania Romana* 1932, 215-216) se propagó desde el Rin hasta otras comarcas de la Alemania central y Países Bajos (muy conocido, sobre todo por los nombres de lugares *Lore-Lei, von der Leien*), hol. *lei(steen)* y ya *leia* en el bajo alemán merovingio; las apariencias son de que faltó ahí siempre la -N-, más todavía si es verdad que hay parentesco con el grupo del gr. homérico y dial. λᾶϝας (*IEW*, 683) y con el irl. ant. *līac* (nom. *līa*) que suponen provisto de sufijo -*ank*- (detalle problemático, pues obligaría a suponer un préstamo goidélico al bretón, cf. LIKA ～ LIKKO, formas del céltico continental que significaron lo mismo en *Are-lica,* etc.); no habiendo representación de esta supuesta raíz indoeur. LEU- más que en los dialectos griegos, siendo vocablo por

lo demás sólo céltico (y de las zonas celtoides del alto y b. alemán) la etimología indoeuropea queda en vilo; Frings aceptó la etimología de la voz céltica de Pokorny; Weisgerber, en cambio, *RhGC.* 168, cree que es voz precéltica; Pok. mismo guarda silencio sobre la voz alemana; ¿no convendrá mejor de todos modos ver si la velar final de bretón *lec'h* e irl. ant. *līac* no es radical, más bien que un sufijo, y si en las formas germánicas la -*i* ha sido siempre no consonántica?

Laja 'traílla', 'cuerda', V. *dejar*

LAMA, 'cieno pegajoso de color oscuro, que se halla en el fondo del mar, ríos y estanques, y en el de las vasijas que han contenido agua largo tiempo', del lat. LAMA 'lodo', 'charco'. 1.ª doc.: 955, *Lama Tremula,* nombre propio, en doc. leonés[1].

Cej. VII, § 44. El lat. LAMA es palabra rara, sólo empleada por Ennio y Horacio, que eran oriundos de tierras ilíricas, y sin etimología indoeuropea (Ernout-M.). Sin embargo ha dejado descendencia en muchos romances, particularmente en todo el Centro y Norte de Italia, Retia, Provenza, Gascuña, así como en castellano y gallego-portugués[2]. Es verdad, como observó M. P., *ZRPh.* LIX, 203-4, que hoy como apelativo apenas existe fuera de Tras os Montes, Galicia[3], Sanabria y Asturias, y el estudio de la toponimia sólo amplía esta área hasta la línea Vizcaya-Lisboa[4], mientras que el empleo en América (*RFH* VI, 51) estaría de acuerdo con una procedencia leonesa. Pero en español la zona de su empleo parece haber sido más amplia en otro tiempo, pues se sirve del vocablo APal., que era de Soria[5]; lo registra Nebr., lo emplearon repetidamente Fr. Hernando de Santiago (1596) y Mateo Alemán[6], que eran sevillanos, y el derivado *lamách* 'encenagamiento' (con los secundarios *lammách* 'encenagar' y *mulámach* 'lodoso') era vivo entre los moriscos granadinos (PAlc.; Simonet; M-L., *RFE* VIII, 239). De todos modos la mayor vitalidad en tierras leonesas no está sólo demostrada por su supervivencia actual, sino por su especial frecuencia en documentación procedente de allí: V. el ej. citado arriba y *Roy Perez de la Lama* en doc. de Sahagún de 1253 (Staaff, 41.12). La forma *llama* que la Acad. define sin localizarla 'terreno pantanoso en que se detiene el agua manantial que brota en él' es asturiana, según se indicaba en la ed. de 1843. Distinción sinonímica: la *llama* es negra, y el barro, rojo, como anota un autor del Este de Asturias (M. P., *Dial. Leon.,* § 19.2).

Pok. *IEW* 654, dado que es voz con arraigo antiguo sólo en lit., let. (*loma, lăma* 'charco, hoya') y quizá búlg. *lam* (éste 'hoya, agujero')[7] y en la antigua toponimia iliria, admite que el latín lo tomó del véneto-ilirio, que es el nombre que él da al sorotáptico. Por lo demás, es dudoso que en última instancia sea indoeuropeo, pues reaparece en las lenguas finesas, luego si hay enlace real con el vocablo de los búlgaros, pueblo eslavizado pero de raza turania, podría ser un término originario del grupo uralo-altaico, acarreado hasta España desde el linde asiático.

DERIV. *Enlamar. Lameda* [Nebr.]. *Lamoso. La mar* (planta)[8] con su colectivo *lamaral*, arg. (R. Díaz, *Toponimia de San Juan*, s. v.)? *Lamargo* ast. (M. P.), también *llamarga* 'terreno de monte húmedo y anegadizo' (Rato) y *llamargo* (Acad.), leon. (La Lomba) *llamargo* 'tremedal' (*BRAE* XXX, 454), que M. P., *l. c.*, explica por LAMATĬCUM[9]; aunque podría también tratarse de un sufijo más semejante al del también ast. *llamuerga* 'cenagal' (V), comp. aran. *limòrca* 'limo'[10]. *Lamazal*, que M-L. cita como castellano comparándolo con el *lamách* de PAlc., sólo lo conozco como gallego-portugués (*lamaçal* ya a med. S. XIII, en Guillade, ed. Nobiling, v. 983); leon. *llamazar* (Acad.); ast. occid. *llameira* 'cenagal' (V, s. v. *llamuerca*). *Lámago*, V. s. v. LÉGAMO.

[1] Claro que no debe confundirse con FLAMMA según hace Oelschl. Comp. *tremedal, tembladero*, 'lugar pantanoso'.— [2] Para la extensión en romance, vid. *FEW* V, 133, y Ronjat, *ARom.* IV, 368-73. Existiría también en el Sur de Italia, pues Aebischer cita dos ejs. de Bari en docs. de 1021 y 1031 (*VRom.* I, 228). En la lengua italiana el sentido aparece ampliado y atenuado «campagna paludosa» aunque también «terreno basso su cui l'acqua s'impaluda», pero con aquél aparece ya en el *Purgatorio* dantesco, hablando de la «Valletta dei Principi» refiriéndose al fondo del valle: «Di questo balzo meglio gli atti e volti / conoscerete... / che nella *lama* giù tra essi accolti» VII 90; ac. apenas diferente de la específicamente piamontesa «terreno lungo i fiumi messa a prato e fiancheggiata da fossi». En la propia *Commedia* se habla también de un río romañolo, el *Lamone* (*Inf.* XXVII, 49).— [3] «O val, afundido na choiva... os camiños están cubertos na *lama*», «afundirse na *lama* de París» Castelao 155.14, 224.12.— [4] Nada tiene que ver el nombre de lugar *Los Llamosos*, de Soria, que está aislado, pues corresponde a *Clamosa*, pueblo de Aragón entre el Ésera y el Cinca, y al apelativo cat. *clamor* 'torrente ruidoso'.— [5] «Cayn... se ascondió en la *lama* del río» 103*d*, «un río lleno de *lama*» 191*b*. [6] «Levantéme muy bien puesto de lodo... tan lleno de *lama* el rostro y vestidos de pies a cabeza, que parecía salir del vientre de la ballena», G. de Alfarache, Cl. C. III, 162.5. Es eufemismo ahí por 'materia fecal'. Otros en *Aut.*— [7] Para más datos, vid. Walde-Pokorny II, 385.— [8] *Paso de Lamar* cerca de Jáchal, prov. de S. Juan, Arg.— [9] Un *lamaticom* genitivo plural figura, en efecto, en la inscripción céltica de Lamas de Moledo, Portugal. Caro, *Pueblos de Esp.*, 343,

sospecha alusión a divisiones de pastizales o algo semejante.— [10] Podemos vacilar entre sacar de ahí *margolla* 'tierra húmeda y pantanosa' (Rato) por deglutinación, o por metátesis, o al revés mirar *llamarga* y *margolla* como derivados de *marga* 'especie de arcilla' con aglutinación del artículo, idea menos verosímil. Quizá tenga que ver con esto *la marquina* de Oviedo (¿errata por *marguina*?) de que habla J. Alf. de Baena (*Canc.*, n.° 390, v. 25); el vasco *Markina* queda lejos.

Lama 'tela de oro', 'hoja de metal', V. *lámina*

LAMBEL o LAMBEO, término de Blasón tomado del fr. *lambel* íd., variante antigua de *lambeau* 'pingajo', que antes significó 'franja', de origen incierto. *1.ª doc.*: *lambel*, Terr. (con cita poco anterior); Acad. ya 1817.

Del francés se tomó el ingl. *label* 'etiqueta, rótulo'. Las variantes francesas *label* y *lambel* aparecen simultáneamente, en el S. XIII, y no se puede asegurar cuál sea la primitiva, pues ignoramos la etimología. La de Brüch (*ZRPh.* XXXVIII, 700), fránc. *LABBA* íd., aunque aceptada por M-L. (*REW* 4684), Gamillscheg (*EWFS*, s. v.; *R. G.* I, p. 206), y con reservas por Bloch, en realidad es improbable, pues además de dejar sin explicación la forma predominante con *m*, supone una base fráncica en desacuerdo con la de las demás lenguas germánicas: así el anglosajón y el escandinavo antiguo como el neerlandés y el bajo alemán tienen formas con -*pp*-, a las cuales correspondería -PP- en fráncico, y si el alemán tiene -*pp*- y no -*pf*- como debería esperarse, es, según Kluge, por ser palabra bajo-alemana generalizada por Lutero, pero todavía no entendida por sus contemporáneos meridionales. Comp. Sainéan, *Sources Indig.* II, 201; otras sugestiones en Diez, *Wb.*, 264. Podría pensarse en LAMELLA 'hojita', tan fecundo en Francia (*FEW* V, 134-8; Centro *alumelle* «long pan d'un vêtement») con influjo de LAMBERARE 'desgarrar'.

Lamber, lambear, V. *lamer*   *Lambicar*, V. *alambique*   *Lambida, lambistón*, V. *lamer*   *Lambra, lambrado*, V. *lañado*   *Lambre*, V. *ámbar*   *Lambreño*, V. *lombriz*

LAMBREQUÍN, tomado del fr. *lambrequin* íd., y éste de un neerl. med. *lamperkijn*, diminutivo de *lamper* 'velo'. *1.ª doc.*: Terr.; Acad. ya 1817. En francés desde el S. XV.

Lambriar, V. *lamer*   *Lambrija*, V. *lombriz*   *Lambro*, V. *labio*   *Lambrucio, lambrusco, lambucear, lambuzo*, V. *lamer*   *Lamedal*, V. *lama*   *Lamedor, lamedura*, V. *lamer*   *Lamelibranquio*, V. *lámina*

LAMENTO, tomado del lat. *lamĕntum* 'gemido, lamento'. *1.ª doc.*: h. 1515, Padilla, Fz. de

Villegas (C. C. Smith, *BHisp.* LXI); h. 1590, Bachiller F. de la Torre.

Falta todavía en APal., Nebr., C. de las Casas, Percivale, Oudin y es ajeno al léxico de Góngora, aunque ya figura en Mariana, en Covarr. y varias veces en las dos partes del *Quijote*. Modernamente se ha hecho bastante popular. *Lamentar* y *lamentación* se tomaron anteriormente.

DERIV. *Lamentar* [Mena (C. C. Smith); APal. 91*b*, 232*d*, 255*d*]; y en todos los autores arriba citados], tomado de *lamentari* 'gemir', 'lamentarse'; *lamentable* [Garcilaso (C. C. Smith); 1605, *Quijote*]; *lamentación* [Mena (C. C. Smith); APal. 232*d*; Nebr.; etc.]; *lamentador*; *lamentante*. *Lamentoso*.

LAMER, del lat. LAMBĔRE íd. *1.ª doc.*: *lamber*, *Alex.*, 1988*a* (*O*, y *lamer P*).

Cej. VII, § 40. *Lamer* figura también en J. Ruiz y es palabra de uso general en todas las épocas, pero en romance es exclusiva del portugués, castellano y sardo; en catalán sólo existen los derivados *llamí* 'golosina' y *llaminer* 'goloso', pero las formas bearnesas correspondientes (*FEW* V, 134) han de ser aragonesismos o catalanismos en vista de la conservación de la -N- intervocálica. La variante *lamber* es propia de los dialectos leoneses en el sentido más amplio del término (ast. *llamber* 'lamer', 'golosinear', V, etc.), aunque otro pequeño foco aparece también en Navarra y Álava, en relación con la pequeña zona local de conservación del grupo -MB- señalada allí por M. P. (*Oríg.*, 296); en América es forma popular o vulgar extendida por todos los países de lengua española y parece constituir uno de tantos leonesismos americanos (Corominas, *RFH* VI, 243); los ejs. antiguos citados por Cuervo (*Ap.*, § 788) son de procedencia leonesa o ignorada[1].

DERIV. Gall. *lambetada* 'golosina' (Castelao 158. 25, 210.2f.), *lambeteiro* 'goloso' (íd. 212.8f.), no portugueses; gall. *lambaz*, *lambaceiro*, *lambuzas* 'comilón', 'tagarote', 'páparo' (Sarm. *CaG.* 109*r*, 121*v*), pontev. *lambuxo* 'película que nace en el pezón de una mujer y la incomoda mucho' (íd., íd. 222*r* y p. 150). *Lambistón*, santand. 'goloso'. *Lambuzo* 'glotón, hocicudo', colomb., ecuat., venez., portorr. (*BRAE* VII, 337), *lampuso* 'descarado' cub. (Pichardo), *lambrucio* 'gorrón, aduladon' zamor. (Fz. Duro), 'goloso' and. (*RH* XLIX, 487), *lambrusco* 'íd.' mej.; *langucia* o *(l)ambucia* chil. 'hambre, voracidad'; *lambuzar* canar. (*BRAE* VII, 337), *-ucear* 'arrebañar' extrem., *lambuza* 'untadura' canar.; *lambucero* 'goloso' extrem. (Machado y Álvarez). *Lamedor* [APal. 29*d*]; *lamedura* [Nebr.]; *lambedero* 'lugar donde el ganado lame la sal' arg. (Mendoza; Carrizo, *Canc. de Jujuy*, glos.). *Lamerón*, en Hinojosa de Duero *lamberón* (M. P., *Dial. Leon.*, § 12.2); *galamero* puede resultar de un cruce de **lamero* con el tipo cat. *golafre* o *galafre* 'glotón'. *Lametón*. *Lamido*. *Lamiente*. *Laminar*

arag. 'gulusmear' (> bearn. *laminà* «téter»); *lamín* arag. 'golosina' (= cat. *llamí); laminero* 'goloso'[2]; *enlaminarse*. *Lamiscar*. *Llambión* 'goloso', 'el que lame' en Colunga, junto con *llambionada* 'golosina o acto de comerla', *llambiotar* 'lamer con frecuencia', *llambioteru* 'el que lo hace' (V); *llanviotada* ast. 'acción de relamer algo que gusta mucho' ast. (R), *llanviar* «envidiar la comida...» (íd.), leon. *lambriar* «hurtar comida... por golosina» (A. Garrote), *lambrión* 'glotón' (íd.); de ahí es posible que salga la voz *llambria* «parte de una peña que forma un plano muy inclinado y difícil de pasar», que la Acad. registra desde 1884 y que tiene aire leonés: será propiamente 'peña lisa (como lamida)'[3]; en Sajambre 'peña resbaladiza', *llambriar* 'enlosar con llambrias'; en santand. habría *llambra* y en leon. *lambriar* (Vid. Fz. Gonzz., *Oseja*, 294, quien piensa en LAMINA); la *r* de estas formas, como la de *lambrucio* y la del cat. *llambrir* es repercusiva. *Lambón* 'adulador' colomb. y empleado por la Pardo Bazán (*BRAE* VIII, 430; en catalán se emplea vulgarmente el híbrido *llepón*). *Relamerse* [Nebr.]; *relamido*.

CPT. *Lameplatos*.

[1] Para bibliografía dialectal V. mi citada nota. Además: charro salmantino *lamber* (Araujo, *Est. de Fon. Kast.*, p. 16), cub. *lambiar* (*Ca.*, 181); judeoesp. *lamber* (en la Biblia de Constantinopla, *BRAE* V, 350; en Marruecos, *BRAE* XV, 216), dialecto lleno de portuguesismos y leonesismos. *Lambear* se emplea también en Álava y en otras partes.— [2] Comp. el cat. *llaminer*. En castellano lo emplearon J. Ruiz (291*a*) y Lope de Rueda, y hoy, aunque es principalmente aragonés y murciano (como tal en Acad. 1817, sin localizar en eds. posteriores), no parece ser del todo ajeno a otras regiones: lo he oído a una mujer santanderina (no está en G. Lomas), pero viuda de un navarro y residente en Cuba. Vco. nav. y ronc. *laminurri* 'golosina', ronc. y salac. *lamiti* 'goloso' y también en el navarro Lizárraga de Elkano y el labortano Axular (1643); *lamikatu* «(pour)lécher» en roncalés, salacenco, y Elkano (cerca de Pamplona, 8 km. ENE.); y en Oyarzun (nav. de Guipúzcoa) y salacenco, también *lamizkatu*. No creo que *lamikatu* tenga relación con el cat. *llamec*, pero no aseguraría que una y otra voz no sean cambios de terminación de un **lamiatu* = arag. *laminar*. Azkue emplea *laminero* para traducir el vasco vizc. *lamisku* y el nav. *lamiti* (Dicc. y Supl.).— [3] Comp., sin embargo, el artículo prerromano **LAMĂRA* 'canchal', del *FEW*, tipo dudoso bajo el cual se agrupa una forma gascona aislada con varias alpinas.

Lamia, V. *amia*   *Lamido, lamiente, lamín*, V. *lamer*

LÁMINA, tomado del lat. *lamĭna* 'hoja o plancha de metal'. *1.ª doc.*: 1555, Laguna.

APal. (232d) sólo emplea *foja de metal* para traducir el lat. *lamina*. *Lámina* figura ya en C. de las Casas (1570), Covarr., etc., y según *Aut.* lo emplean varios autores del S. XVII; desde entonces se ha hecho bastante popular; Cej. VII, § 44. Antes se empleó en castellano el galicismo *lama* («*lama de hierro:* lamina», Nebr.), que todavía vive entre los judíos españoles para 'hoja de espada, sable u otra arma' (ya en la Biblia de Ferrara, de 1553: *BRAE* V, 350).

DERIV. *Laminar* v.; *laminado; laminador. Laminar* adj. *Laminero* 'el que hace láminas' [*Aut.*]. *Laminoso.*

CPT. *Lamelibranquio*, compuesto culto del lat. *lamella*, diminutivo de *lamĭna*, con *branquia.*

Lampa, V. *lapa* I   *Lampacear*, V. *lampazo*
Lámpada, V. *lámpara*

LAMPAR, 'sentir ardor en el paladar', 'tener ansia grande por comer o beber', deriva en último término del gr. λαμπάς, -άδος, 'antorcha', por la sensación como de fuego causada por alimentos picantes, que da ganas de beber. *1.ª doc.: alampar*, 1758, Padre Isla; *lampar*, Acad. 1884.

El asturiano Rato registra *alampar* «apetecer intensamente, tener necesidad apremiante de algo» y *lampar* 'andar hambriento', 'andar lleno de curiosidad'; Vigón: *allampar* 'ansiar alguna cosa, esp. de comer o de beber'. Como explica R. Cillero «cuando los pimientos son buenos y su picor sube de punto, hasta producir en la boca una sensación como de fuego, los comedores dicen que los pimientos *alampan*» (*BRAE* II, 715): así se emplea en la Rioja Alta y buena parte de Burgos, según este autor, pero también en Álava, en Asturias, y en general es popular en castellano; Sarmiento emplea *alamparse* (por *comer algo*) en una frase cast. (*CaG.*, p. 176). La forma *lampar* me parece más general hoy en día y se oye sobre todo en la ac. 'desear ardientemente' (*estaba lampando por hacerlo*); se trata de una extensión de la idea del deseo de beber; en Murcia se oye una forma acatalanada *llampar*, así empleada en el País Valenciano (Escrig; no en el Principado); Cej. VII, § 27, 41. Véanse paralelos semánticos en Spitzer, *BhZRPh.* LXVIII, 315. En Italia *lampare*, en tierras de Oc *lampejar* y en catalán *llampegar* es el vocablo correspondiente al cast. *relampaguear*. Wartburg, *FEW* V, 145-6, cree que se trata de un descendiente directo del gr. λάμπειν 'resplandecer' (de donde 'relampaguear' o bien 'arder'); M. L. (*REW* 4870) prefiere admitir que son derivados del helenismo latino *lampas, -ădis*, 'antorcha', 'lámpara'. En favor de M-L. se puede notar que el citado verbo griego era principal o únicamente poético (Homero, Eurípides, Platón, Píndaro, Aristófanes, Antología)[1], y que el tipo *lampar*, que entonces debiera ser primitivo, en lengua de Oc y catalán es ajeno al idioma antiguo y a

la lengua literaria, y sólo se halla esporádicamente en algún dialecto. Aplazo un estudio a fondo hasta mi *DECat*. En cuanto al español, es difícil que sea helenismo autóctono o voz latina hereditaria, dada la fecha tardía. Más probable es que se tomara del it. *allampare* 'arder', empleado figuradamente en la frase *ho una sete che allampo;* probablemente son también italianismos el oc. mod. *lampà* «boire ou manger avidement» y fr. *lamper* [1655] 'beber mucho líquido de un trago', voces afectivas y familiares que se han extendido bastante dialectalmente (*FEW* V, 174-5), y que Wartburg quiere derivar del tipo onomatopéyico *LAPPARE 'lamer', sin explicar la *m*[2].

DERIV. *Lampante* and. 'aceite de oliva completamente puro' (AV, definición errónea en Acad.)[3], tomado del cat. *llampant* 'resplandeciente', 'muy brillante, muy claro' (*huile lampante* en francés, empleado en el mismo sentido andaluz, de ha de ser occitanismo: *FEW* V, 145b). Gall. *lampartín*, despreciativo 'hombre tosco, rústico, mal hecho' (Sarm. *CaG*. 109v), probablemente de *lampante* 'el que lampa por comer'. Comp. *LÁMPARA, LAMPIÑO, LAMPARÓN, RELÁMPAGO.*

[1] Como testimonio del uso vulgar sólo podría aducir que se emplea en el griego de Bova (Calabria) para 'verse, ser claro, ser de día' (*EWUG*, s. v.).— [2] La Crusca no da ejs. de *allampare* hasta princ. S. XVIII y del afín *allampanare* hasta med. S. XVII (Lippi, Redi), pero sabido es cuán incompletos son los diccionarios históricos italianos. El sic. *allampari*, calabr. *allampare* 'estar hambriento', Tarento *allampato* 'ávido', Alessandria, piam. *lampè* 'beber ávidamente' comprueban el carácter popular del vocablo en Italia.— [3] *Lampio* como sinónimo de *limpio* se emplea en Almería como voz jocosa o agitanada, y resultará de un cruce de este último con *lampante*. Entre los gitanos del Alentejo significa «azeite» y 'candela, candeleiro', entre los de España «óleo», según Coelho, *RL* I, 13.

LÁMPARA, del antiguo *lámpada* y éste del lat. LAMPĂDA, acusativo de LAMPAS, -ĂDIS, 'antorcha', 'lámpara', tomado a su vez del gr. λαμπάς íd., derivado de λάμπειν 'resplandecer'. *1.ª doc.: lámpada*, Berceo, *S. Mill.*, 331, 335[1]; *lámpara*, h. 1280, *1.ª Crón. Gral.*, 186a22; APal. 47b, 255d, 515d; Nebr.

Lánpada, 1.r cuarto del S. XIV, *Cuento del Emperador Otas*, 446.24. *Lámpara* es de uso general, por lo menos desde el Siglo de Oro; ast. *llámpara* (V); Cej. VII, § 26. El lat. LAMPAS dejó descendencia en todos los romances de Occidente. Se difundió principalmente gracias al uso eclesiástico[2], y es casi seguro que el tratamiento del vocablo en castellano debe considerarse semiculto, como lo es en francés (no hay por qué postular un lat. vg. *LAMPA > fr. *lampe*, según se hace todavía en el *FEW*): en fin de esdrújulo esperaríamos pérdida de la -D- en castellano. Todas las formas romances provienen del acusativo, según es normal; esto es, de LAMPĂDA, forma helenizante que predomina ampliamente en la época clásica sobre el raro acusativo *lampădem;* de ahí que en el latín cristiano se creara un nuevo nominativo LAMPĂDA, que es muy frecuente desde h. el año 200 (Ítala, Comodiano, etc., vid. Georges, *Lex. d. lat. Wortformen*). El paso de *lámpada* a *lámpara* se debe a una pronunciación semiculta, y en parte a uno de los cambios consonánticos frecuentes en los sufijos o terminaciones átonos (V. s. v. *CÁRCAVO*)[3].

DERIV. *Lamparero* (el galicismo *lampista* es de uso bastante general en la Península, desde Cataluña a Portugal, y no ajeno a América, aunque se niegue a admitirlo la Acad. y guarden silencio Baralt y los colectores de americanismos; *lamparista* es raro); *lamparería* (*lampistería*). *Lamparilla*[4]. *Lamparín. Lamparón* 'lámpara grande', 'álamo temblón' (también llamado *lamparilla*). *Lampión* [med. S. XVII, Calderón], del fr. *lampion* [h. 1550] y éste del it. *lampione,* derivado del piam. *lanpia* 'lámpara'. *Eclampsia,* tomado del gr. ἔκλαμψις 'brillo súbito', derivado de ἐκλάμπειν 'brillar repentinamente', 'declararse de pronto (una enfermedad)', que lo es a su vez de λάμπειν. Para otros derivados de λαμπάς o λάμπειν, V. *LAMPAR* y *RELÁMPAGO.*

¹ *Lampada* en doc. de 959 (Oelschl.) será puramente latino.— ² Nótese que Nebr. sólo registra *«lampara de metal: lampas aenea»;* el vocablo no se emplearía para utensilios más rústicos.— ³ Es inverosímil la existencia de un lat. dial. *LAMPĂLA* que supone Brüch (*ZRPh.* LV, 151) como forma intermedia, para explicar la castellana y el it. *làmpana.* Éste presenta una caso de dilación de la nasalidad. El gall. ant. *lampaa* MirSgo. 137.2 viene normalmente de LAMPĂDA con la eliminación normal de la -D-. Hoy así en Galicia como en Portugal se ha impuesto el cultismo puro *lâmpada* (Lugrís, Fig.), que es ya la forma de las *Ctgs.* (151.27, 304.29, 312.85).— ⁴ En la ac. 'tejido de lana delgado y ligero, de que se solían hacer las capas de verano' [1680, *Aut.*] es alteración del fr. *nompareille,* íd., fabricado en Flandes, según indicaron Savary des Bruslons (1723), A. Thomas (*Rom.* XXVIII, 194) y Vidos (*R. Port. Fil.* IV, ii, 33-36). Parece tener razón Baist (*KJRPh.* VI, 392) al admitir que *momperada* [*Aut.*], nombre de una clase de lamparilla más fina y lustrosa, es otra alteración del mismo vocablo.

Lamparaza, V. *lampazo   Lámparo,* V. *lamparón*

LAMPARÓN, 'escrófula', origen incierto, quizá derivado de *lámpara* por lo lucio y blanquecino del cutis inflamado. *1.ª doc.*: S. XIII, *Libro de los Cavallos,* 46.9 (comp. G. Sachs, *HispR.* VI, 302).

En ese texto se trata de una «enfermedad de los solípedos, acompañada de la erupción de tumores linfáticos en varios sitios» (Acad. ya 1884); Colunga *llamparón* 'tumor purulento que se forma en las patas del ganado vacuno' (Vigón). Más conocido es en el sentido de 'tumefacción fría de los ganglios linfáticos que ataca el cuello, principalmente de los niños, y suele ir acompañado de un estado de debilidad general'. En este sentido se halla ya en las *Ctgs.* (321.12), en Nebr. y es frecuente en autores del Siglo de Oro, desde Laguna y Fragoso (*Aut.*) hasta Quevedo[1], Juan Rufo y Vélez de Guevara (Fcha.). El vocablo no figura en los diccionarios etimológicos. Opina Sachs que deriva del gall. *láp(a)ra,* ast. *llapará* 'llamarada' (Rato) (vid. *LLAPARADA*), seguramente en el sentido de 'inflamación', fundándose al parecer en el port. *laparão, -ões,* 'lamparón, -ones', pero este fundamento es sospechoso dada la fecha muy reciente de la voz portuguesa (sólo desde Vieira, 1873), que más bien sugiere una disimilación de nasalidad vocálica de *lamparão* (la forma que Nascentes da como básica); otro fundamento de Sachs parece ser el fr. *lampas* «tumeur inflammatoire du palais du cheval en arrière des pinces» [S. XIII, Renclus de Moliens; *Dit du Cheval a Vendre: Rom.* XXIV, 451], 'úvula' en Valonia y Picardía, «gosier» (La Fontaine, y en el Berry y Morvan), que Gamillscheg (*EWFS*) y M-L. (*REW* 4905) derivan de *lamper* '*LAMPAR*', voz que M-L. supone idéntica a *lapar;* pero el origen del vocablo francés a su vez es dudoso, y dado el sentido de los testimonios más antiguos parece que el significado más primitivo sería 'tumor del paladar del caballo': éste bien puede estar emparentado con nuestro *lamparón,* pero no nos aclara en definitiva el origen del vocablo. Lo más probable es que sea simplemente derivado de *lámpara,* en el sentido de 'lucio, brillante como una lámpara', «por la especie de resplandor blanquecino que tiene el cutis de los lamparones, a causa de lo estirado que está con su misma inflamación» (Covarr., *Aut.*), por una comparación semejante a la que envuelven *LAMPIÑO* y el *lampero* 'lucio' empleado por Sánchez de Badajoz, junto con colomb. *lámparo* 'pelón, sin blanca', *lamparoso,* que parece significar 'grasiento' en Lucas Fernández («qué ojos tien tan ñublosos... / *lamparosos,* / lagañosos», Cej., *Voc.*), «sucio, asqueroso» en el Cibao dominicano (Brito), «tiñoso, herpético o escrofuloso» en las biblias judías de Ferrara (1553) y Constantinopla (*BRAE* X, 351), *lámpara* 'mancha de aceite' [Acad. ya 1843], *lamparón* cub., mej., colomb., ecuat., per., bol., and.; cat. *llàntia* íd.: cast. *lampazo* 'mancha que sale en el rostro' (*Aut.*)[2].

DERIV. *Llampurdiar* 'causar lamparones', 'causar ronchas' en Libardón (Asturias: V), donde parece haber un cruce con oc. *lampourdo* '*LAMPAZO*' y «petite masse de graisse dans les toisons» (*FEW* V, 172 *a* y *b*).

[1] «Disculpábase conmigo diciendo que la venía de casta, como al rey de Francia curar *lamparones*», *Buscón, Cl. C.*, p. 79. A la misma creencia aluden Rufo y otros.— [2] El doble significado del salm. *lagará* f. 'lamparón' y 'mancha de la ropa' (quizá por la suciedad del que anda por lagares: recuérdese la desventura de los Infantes de Carrión) parece confirmar esta derivación en su aspecto semántico.

Lamparoso, V. *lamparón*

LAMPATÁN, 'raíz medicinal de una especie de zarzaparrilla que se cría en América y en la China', origen desconocido. *1.ª doc.:* Acad. ya 1817.

Quizá chino, pero nada parecido traen los diccionarios portugueses (Fig., Dalgado, etc.), franceses ni ingleses.

Lampazo 'mancha', V. *lamparón*

LAMPAZO, 'Arctium Lappa' (planta también llamada *bardana*), del lat. LAPPACEUS 'perteneciente al lampazo', derivado de LAPPA 'lampazo'. *1.ª doc.:* *lapaz*, S. XIII, *Libro de los Cavallos*, 88.21; *lampazo*, 1475, G. de Segovia, p. 84.

También en APal. («*glis* es *lampazo* o *lappa*, una yerva», 182*b*; *lampago* errata por *lampazo* en 233*d*), Nebr. («*lampazo, ierva conocida:* verbascum»), Laguna, Rodríguez de Tudela (1515), etc. (Colmeiro, III, 375; Cej. VII, § 41). Del castellano pasó al ár. granadino *lampázo* (PAlc.). Abenalɣazzar († 1004) menciona *lapâṣa* como nombre español de la cuscuta, que tiene la propiedad de adherirse como la bardana a las plantas de que se alimenta; vasco *lapaitz* (a. nav., guip.), *lapatz* (vizc.), *lapatx* (vizc., a. nav.) 'lampazo'. Otros derivados de LAPPA son el mozár. *láppa* 'cadillo, pequeño cardo' en PAlc. (por las escamas espinosas del lampazo), cast. *lapa* [*Aut.*], nav. *lapa*, y mozár. *lapáilla* o *lapâlla* en el anónimo de h. 1100 (Asín, n.° 289), en Abenɣólɣol y Abentarif (Simonet, 295), nombre de una variedad de lampazo, cast. *lapilla* 'cinoglosa' (Acad.), procedentes del lat. *lap(p)ella*, documentado en S. Isidoro (*Etym.* XVII, ix, 84) junto a *lappa*. Formas emparentadas son el cat. *llapassa* [Oliveres, a. 1839], *lleparassa* [Benedicto, a. 1866] o *repalassa* [Foix, 1842], vasco *lapaza*, arag. *lamparasa, -aza* (Loscos-Pardo, Alcañiz 1867; Texidor, 1864)[1], oc. *laparasso, rapalasso*, etc. (*FEW* V, 172*a*). En algunas partes se produjo una confusión entre nuestro vocablo y el grecolatino LAPATHIUM 'acedera, romaza': de ahí la variante *lappatia* como nombre de ésta en mss. de S. Isidoro (*Etym.* XVII, x, 20), Alentejo *lampaças* 'romaza' (*RL* XXIX, 221), Sora (abr.) *lampazze*, que Merlo (*Fonol. del Dial. di Sora*, p. 218) deriva de LAPATHIUM. Más testimonios de la misma confusión en bajo latín y en el Sur de Francia en Gamillscheg-Spitzer, *Die Bez. der Klette im Gallo-*

rom., Halle, 1915, pp. 19-22 y mapa; trabajo fundamental para todas las denominaciones del lampazo. La forma española con *m* no está bien explicada: aparte de la citada forma de Sora, la *m* sólo aparece en un fr. *lampe* 'romaza' citado por Duez (1642) y oc. *lampourdo* 'lampazo' (que se extiende por el Gard, Lozère, Aveyron, Tarn, Hérault y Aude, y aisladamente en Niza y Bajo Delfinado; aparece ya en Olivier de Serres, a. 1600, que era del Ardèche)[2], junto al cual el prov. *laporda* se halla ya en la Edad Media: me parece ser contracción haplológica de *lapa borda* 'lampazo bastardo', debido a la unidad de denominación de la *Lappa maior, Lappa minor* y *Verbascum Thapsus*, que conduce a llamar borde una de estas plantas (la explicación de Gamillscheg-Spitzer, p. 23, está menos apoyada); pero si la *m* resulta del encuentro de la *p* con la *b*, por diferenciación, la forma castellana debería separarse entonces de *lampourdo;* el caso es que *lampago* designa la saxífraga, planta de hojas semejantes al lampazo, en el seudo-Apuleyo (S. IV), y es variante de *lappago* 'especie de lampazo', que se halla en otros autores. Quizá haya influjo del duplicado *labrusca ~ lambrusca* o quizá en ambos casos la *m* se debe a una causa común.

[1] *Laparasa* en Pastor (1852) (¿que recogió plantas de Asturias?).— [2] Que en el contacto entre el área de *lampourdo* y la de *lap-* 'romaza' aparezca un *lampàs* 'romaza', en un punto del *ALF*, carece de interés.

LAMPIÑO, vocablo de historia mal estudiada y de origen incierto; si fuese portuguesismo, según parece por el sufijo, podría derivar de *lampo* 'precoz', aplicado a los higos y peras que se cogen en junio, y derivado a su vez del nombre de *Sanctus Iohannes Lampadarum*, cuya fiesta se celebra en junio encendiendo antorchas u hogueras (LAMPADAE en latín): de ahí *lampiño* 'muy joven'; pero este vocablo está documentado mucho antes en castellano que en gallegoportugués, y la supuesta evolución semántica no es evidente. *1.ª doc.:* S. XV o XIV: «Esaú mi hermano es omne velludo e yo omne *lanpinno*», *Biblia med. rom.,* Gén. 27.11; APal.: «Esaú... nasció... con tantos pelos que no tovo cosa sin vello, que fuesse *lampiña*» (12*d*).

También Nebr. («*lampiño: depilis, glaber*», y análogamente s. v. *oveja*). Por lo demás es frecuente en el siglo XVII (Covarr., Oudin, Quevedo, Huerta, Ovalle, y ya Percivale, 1591)[1] y de uso general desde entonces; Cej. VII, § 27. La terminación sugiere origen gallegoportugués, donde efectivamente existe el vocablo en la actualidad: gall. *lampo* y *lampiño* (Vall.), port. *lampinho*, pero es de notar que éste no se halla antes de Moraes (fines del S. XVIII), ni siquiera figura en Bluteau (1715). Quizá se trate de una laguna casual de nuestras fuentes, y el hecho de que en Chile se diga *barbilampino* en vez de *-iño* (Echeverría Reyes, p. 52) podría comprobar que se trata del sufijo diminutivo lusitano, al que correspondía *-ino* en leonés y castellano; pero claro que es prueba de poca fuerza[2]. C. Michaëlis (*RL* XI, 9-14) llamó la atención acerca de la relación con *figos lampos* y *peras lampas* 'precoces' que ya figuran en Gil Vicente y en Ferreira de Vasconcellos, a principios y mediados del S. XVI, respectivamente (más ejs. del S. XVII en Bluteau), *figos lámpãos* en doc. de 1531 y en Manuel Thomás (1635), y el derivado *lampeiro* 'el mozo que hace algo rápidamente', 'precipitado, atolondrado' [S. XVII], 'temprano, que viene de prisa' (S. XVIII, en Vieira); hay además *levar as lampas a alguem* 'obtener uno primero lo que él deseaba lograr' (Vieira), 'llevarle ventaja, serle superior' (en Rodrigues Lobo, 1619, cita de Bluteau), gall. pontev. *figos lampos* (Sarm. *CaG.* A14r). Como ya dice Bluteau, todo esto está relacionado con el nombre del día de San Juan, y, en efecto, a este santo de Junio se le dió en Portugal el nombre. de *Sanctus Johannes Lampadarum*, documentado en 1193, en memoria de las hogueras que se encienden en este día (lat. *lampas* 'antorcha', no luminarias de sebo, cera o aceite, como dice C. Michaëlis); confirma brillantemente esta etimología la forma *figo lâmpedo* del dialecto de Turquel (*RL* XXVIII, 233), tanto más cuanto que la aplicación de *lampo* se restringe a los higos y peras, y ya no se extiende a cerezas, fresas, uvas, manzanas y otras frutas que no son tempranas en junio. En cuanto a *lampiño*, Gonçalves Viana (*RL* XI, 241) objeta que la evolución semántica 'precoz' > 'muy joven' > 'desbarbado' no es convincente, y de hecho no puede decirse que sea evidente; sin embargo, si estuviese probado que *lampiño* es galleguismo o portuguesismo, podríamos aceptar la etimología, atendida la gran popularidad de *lampo* 'precoz' y su familia en el idioma vecino. Pero los hechos filológicos más bien indicarían mayor antigüedad en Castilla, y conviene no olvidar casos como el de *CARIÑO* en que la terminación también desorientó a los romanistas; lo mismo que en este caso, *lampiño* podría ser estrictamente castellano si derivara de un verbo **lampiñar* (con sufijo *-INIARE*), que bien podría salir de **lempiñar*, derivado disimilado de *limpiar*, si bien con influjo de *lámpara* por etimología popular, por lo lustroso o brillante de las lámparas y del cutis de los lampiños. Claro está que también podría ser derivado de *LAMPAS, -ADIS*, con esta base semántica, posible aunque menos evidente. En cuanto a *lampero* 'lucio' («afeitóla estotro mayo y púsola muy *lampera*[3]», en Sánchez de Badajoz, citado por Cej., *Voc.*), parece ser el equivalente leonés del citado port. *lampeiro* y hasta cierto punto confirma la teoría de C. Michaëlis.

[1] Quizá no fuese empleado generalmente en esta época, pues no sale en ninguno de los numerosos textos de la época, alusivos a la falta de barba y reunidos por Herrero García (*RFE* XII, 163-7). Lope dice *dejar la cara más llana que...*; Castillo Solórzano «a hacer de limpieza pruebas, / hallara muchos testigos; / pues de barba y lo demás / a todos excede en *limpio*», lo cual tiene escasa fuerza como prueba de que *lampiño* venga de *limpio*, pues ahí hay un juego de palabras con la *probanza de limpieza*.— [2] Nótese que C. Michaëlis cita un trasm. *barbilampinho*, como si el vocablo no fuese de uso general en el país vecino; y su hermana, como traducción de *bartlos, unbehaart*, sólo cita *desbarbado*. Habría que empezar por averiguar si en Portugal se siente como voz castiza.— [3] *Lampero* en *Alex.*, 1811d, no es claro: al saber la noticia de la invasión griega Poro «fu *lampero* e pesado, / mandó por toda India los pregones andar». ¿Hay que entender 'pronto e insistente'? Pero el contexto no nos enseña nada (si acaso un sentido diferente, aunque no me convence la interpretación 'lóbrego, triste' de T. A. Sánchez); *P* sustituye por *áspero*.

Lampero, V. *lamparón*   *Lampio*, V. *lampar*
Lampión, lampista, V. *lámpara*   *Lampo*, V. *relámpago*

LAMPREA, 'Petromyzon marinus L.', del lat. tardío NAUPRĔDA, alterado posteriormente en LAMPRĔDA, quizá por influjo de LAMBERE 'lamer', a causa de la propiedad del pez de adherirse a las peñas con la boca. *1.ª doc.*: J. Ruiz, 1114a.

También en APal. («naupreda, *pexe: lamprea*», 297d), Nebr. («*lamprea, pescado*: murena; *dixo Ambrosio*: lampreda»), Rob. de Nola (*L. de Guisados*, 164), *Aut.* (con otros testimonios), Carus (II, 498), etc. En latín se halla *naupreda* sólo desde Polemio Silvio (S. V); los mss. de Ántimo (S. VI) traen *nauprida* o *lamprida*, y en glosas posteriores figura *lampreda* (dos veces en un glosario Vaticano conservado en códice del S. X) y *lampetra* (en el del seudo-Filóxeno, códice del S. IX); esta última es la forma más alterada por la etimología popular *lambe-petram* 'lame la piedra', pero el vocablo se conserva en los seis romances principales de Occidente y todos ellos acusan formas procedentes de LAMPRĔDA. Vid. Schuchardt, *ZRPh.* XXX, 724. No es improbable que NAUPREDA sea compuesto latino de NAVIS 'barco' + PREHENDERE 'coger' (comp. PRAEDA 'presa, botín', de la misma raíz), por la considerable semejanza entre la lamprea y la rémora, a la cual los antiguos atribuían la propiedad de detener los barcos agarrándose a ellos: es también lugar común popular y literario la costumbre de la lamprea de succionar rocas u otros peces, como escribía Turmeda a fin S. XIV: «barbs hi viu qui pasturaven, / *llampreses* qui encalçaven / savogues *per a* xuclar» (*Cobles de la Divisió*, N. Cl., 104). La caída de la -D- tras vocal postónica no es normal en castellano, pero lo es en gallegoportugués, leonés y catalán, romances que han proporcionado casi toda la nomenclatura de la ictiología marina castellana, por ser casi los únicos hablados en las costas hispánicas antes de la Reconquista de Andalucía.

Deriv. *Lampreada. Lampreado. Lamprear. Lampreazo* 'latigazo', por la forma prolongada del cuerpo de la lamprea [1836, Pichardo]. *Lamprehuela* o *lampreilla*.

LÁMPSANA, tomado del lat. *la(m)psăna* y éste del gr. λαμψάνη íd. *1.ª doc.*: 1555, Laguna.

LAMPUGA, pez marino, 'Coryphaena hippurus', voz común a todo el romance mediterráneo, de origen incierto, acaso perteneciente a la familia del gr.-lat. LAMPAS, -ǍDIS, 'antorcha', por el color dorado de su piel. *1.ª doc.*: 1423, E. de Villena, *Arte Cisoria* (glos. de F. B. Navarro).

Figura también en Rob. de Nola (*L. de Guisados*, 192), en Covarr., en Quevedo[1], etc.; Cej. VII, § 27. No parece ser de uso general en castellano: no figura como castellano en Carus (II, 666) ni en Medina Conde, que le atribuye el nombre *atriaco* o *autriaco*, Carus *el austriaco*. Sí es general el cat. *llampuga* (que Ag. documenta ya en 1609), oc. *lampugo* (ya documentado por un autor francés en 1562), romano *lampuga, -uca*, nap. *lampuca*, Siracusa *lampugu*, Catania *alampuia*, Tarento *lambuca*, Malta *lampuca*, campid. *lampúga* (Wagner, *RFE* IX, 236), svcr. *lampuga* (Skok, *ZRPh*. L, 524), Cícladas λαμπούγα. Parecería, pues, que fuese sólo palabra mediterránea[2]. Vid. Schuchardt, *ZRPh*. XXX, 724; Barbier, *RLR* LVII, 319. Según este autor sería derivado del gr. λάμπειν 'resplandecer' o de su derivado λαμπάς 'antorcha', por el color de la lampuga, que aunque es azul plateado por encima y amarillo anaranjado por debajo, dentro del agua aparece todo dorado, de donde le viene el nombre de *dorado* que tiene también en castellano, *daurat* en mallorquín, *daurada* en Niza, *indoradda* en Génova; en cuanto al sufijo, sería -ǓCA, como en BESUGO, oc. *belugo, caluc, caluga*. En apoyo de este punto de vista se refiere Wartburg (*FEW* V, 146) a nombres de pez citados por el propio Barbier en otros trabajos suyos, campid. *lampu*, sic. *lampana, -ina*, cat. *llambrega* (comp. *llambregar* 'atisbar', oc. *lambrejà* 'centellear'), aunque en realidad éstos no son nombres del género Coryphaena, sino del Crenilabrus, muy diferente. Es posible, sin embargo, que este origen sea atinado; de todos modos el sufijo no está claro, pues -ǓCUS es terminación bastante rara y formas suditalianas como rom. *lampuga*, sic. *lampugu, alampuia*, suscitan la sospecha de que la *-c-* de Nápoles, Malta y Tarento pueda ser secundaria[3].

[1] Es autor de una «Carta de la Perola a la *Lampuga*» citada por A. Reyes, en la ed. de *Las Pa-* *redes Oyen, Cl. C.*, v. 2225.— [2] Sin embargo, por el libro de J. L. Pensado, en preparación, sobre el benedictino J. Sobreira (h. 1760), en el gallego de Orense, y aun en la forma local con geada (*lampuja*). Escríbeme Pensado que falta en las listas de peces marinos recogidos por Sarm. y no parece ser voz de mar. Pero el Dicc. de Carré la registra para un «pez ciclóstomo, de forma cilíndrica, vermiforme, que suelen emplear como cebo los pescadores del Miño».— [3] No puede descartarse la idea de que se trate del gr. λάμπουσα 'la resplandeciente', que latinizado en *LAMPÚSA pudo dar *llampua y luego *llampuga* en catalán, donde se documenta desde 1365 y donde tiene tanta extensión la caída de la *-s-* intervocálica, especialmente en palabras que contienen una L (p. ej. *lloella*, diminutivo de LAUSA 'losa'); del catalán, como muchos nombres de peces, se habría propagado a otras hablas mediterráneas; desde luego el murc. *llampuga* y el campid. *lampuga* se denuncian como catalanismos, y formas como oc. *lampruo, lamproue*, y sic. *alampuia* serían favorables a esta explicación, que naturalmente es incierta. G. Colón, *ZRPh*. LXXVIII, 78-79 y *Enc. Ling. Hisp.*, 220, apoya la idea del origen catalán en las lenguas vecinas, a base de pertinentes testimonios y datos castellanos y languedocianos (Rondelet, 1554).

LANA, del lat. LANA íd. *1.ª doc.*: Berceo; 1219, F. de Guadalajara.

De uso general en todas las épocas; Cej. VII, § 137; ast. *llana* (V); común a todos los romances[1].

Deriv. *Lanada. Lanado. Lanar. Lanaria. Lanero* [en la ac. 'halcón lanero', 1386, López de Ayala, es también derivado de *lana*, por conducto del fr. *lanier* íd., vid. *FEW* V, 150b: nombre dado a causa de la fama de villanos que tenían los cardadores de lana, interpretación confirmada por el pasaje de Ayala, vid. Cej.]; *lanería. Lanilla*[2]. *Lanío. Lanoso; lanosidad. Lanudo* [APal. 76d, 272d; Nebr.]. *Lanuginoso*, tomado de *lanuginosus* íd., derivado de *lanūgo* 'sustancia lanosa', 'vello, bozo'. *Enlanar*.

Cpt. *Lanífero. Lanificio; lanificación*.

[1] Hay una grafía rara *llana* en la *Gr. Conq. Ultr.* (Cooper II, 98rb3) de valor dudoso; si no es meramente gráfica y sin valor fonético, podría ser leonesismo o catalanismo (de manufacturas textiles) o acaso esté por *laña, lat. LANĔA 'hecho de lana', de donde el fr. *lange* y el oc. ant. *lani*, íd. Hay también *lloriga* (en 140vb36) que todavía es más probable no sea más que ocasional y meramente gráfico, pues el mismo libro trae *loriga* docenas de veces, como en 141ra22, 26, etc.— [2] De un LAN-ǏCŬLA (más bien que de un LAEN-ICULA como quiere J. L. Pensado, *Acta Salmant.* n.º 51, 55-57, puesto que LAENA apenas se ha conservado en romance, y desde luego no en iberorrománico) es probable que salgan los

gall. *lella, lenlla, lello, lenllo* 'mantelo de lana';
cf. LAN-ARIA > gall. *le(i)ra* 'buriel'.

*Lance, lanceado, lancear, lancéola, lanceolado,
lancera, lancería, lancero, lanceta, lancetada, lancetazo, lancetero, lancilla,* V. *lanza   Lancinante,
lancinar,* V. *lacerar*

LANCURDIA, 'trucha pequeña', origen desconocido. *1.ª doc.*: 1605, *Pícara Justina*, libro I, según Terr.

Este diccionario se limita a definir «especie de
pescado»; la Acad., ya en 1817, «la trucha pequeña que no llega a cuarterón». No tengo otras noticias acerca de este vocablo. No es posible derivarlo
del lat. *languria* 'especie de lagarto', según hacía la
Acad. en su ed. de 1884.

LANCHA I, 'piedra naturalmente lisa, plana y
de poco grueso', palabra dialectal del Oeste de España, de origen incierto, quizá resulte de **llancha* por disimilación, y entonces podría venir de
*PLANCŬLA, diminutivo del lat. vg. PLANCA, variante de PHALANGA 'rodillo', 'pértiga', 'palanca', 'plancha o tablón para pasar una corriente de agua',
que en ciertos dialectos del Sur de Italia y de los
Alpes tomó el sentido de 'losa de piedra', 'declive',
y procede en último término del gr. φάλαγξ,
-αγγος, 'rodillo'. *1.ª doc.*: 1232, doc. de Burgos,
M. P., *D. L.,* 182.81.

Lancha vuelve a aparecer en el *Corbacho* del
Arcipreste de Talavera (a. 1438), y al parecer se
trata del mismo vocablo; en la descripción de
una pelea se lee «entró en ella e armóle de rezio,
e paróle *lancha,* e alçóle las piernas en el ayre, la
cabeça escontra la tierra» (ed. Pastor, p. 172),
donde *parar lancha* me parece significar 'armar
zancadilla', por comparación con el «armadijo compuesto de unos palillos y una piedra para coger
perdices» (Acad., ac. 6), así llamado por la piedra
que lo constituye (comp. cat. *llo(s)ella* íd.). Además tenemos *lancha* 'piedra estendida y de poco
grossor' en Covarr. y en *Aut.,* *lancho* 'piedra que
se tira a alguno' en el extremeño Sánchez de Badajoz y su derivado *lanchazo* 'pedrada' en el mismo; Cej. VII, pp. 165-6, y *Voc.* A juzgar por la
toponimia hoy debe ser palabra de Andalucía y
del Oeste, pues hallamos lugares llamados *La Lancha, Lanchas, Lanchoso, -osa, Lanchar, Lanchal,
Lancharejo,* en todas las provincias andaluzas y
además en Cáceres, Ávila y Santander (Simonet,
p. 293)[1], *enlanchado* por 'enlosado' se emplea en
Cespedosa (*la cocina suele estar enlanchada, RFE*
XV, 280) y *lanchar* se emplea como apelativo en
Huelva[2]; además *lancha = laja* en San Martín de
Trevejo (Sierra de Gata: *RL* XXVI, 259), y en
la Beira (Fig.), *lancha* 'piedra esquistosa grosera'
en Tras os Montes (*RL* V, 94), gall. *lanchéla*
'teja que los niños arrojan en el río muy horizontal, para que haga saltos': *xugar ás lanchelas* en

Chantada (gall. central), Sarm. *CaG.* 130*v* y p. 163.
Parece que *lanchas de piedra* para las losas del
tejado se emplea en Arguijo (Soria), a juzgar por
la leyenda de la fotografía publ. por G. Manrique
en *RDTP* VI, 578. Baist, al llamar por primera
vez la atención sobre *lancha* (*ZRPh.* V, 561), supuso que era lo mismo que *plancha,* en forma
indígena **llancha,* luego disimilado en *lancha.*
Claro que esto no era posible, pues *plancha* es
galicismo, procedente de PLANCA, y por esto tiene
ch. Y una de dos: si el vocablo era autóctono,
tendría *ll-* pero *-ca,* y si era galicismo podía tener
-cha, pero no podía principiar por *ll-.*

W. Meyer-Lübke (*REW,* 6571) arregló la idea
en forma aceptable suponiendo un diminutivo latino **PLANCULA* del propio PLANCA, con lo que la
ch castellana se explica como resultado normal del
grupo latino NCL; en efecto, en Calabria existe
chiàncula o *chiàngula* «schiaccia, lastra di pietra
(che serve a fare trappole), piedra quadrata; trappola per topi e uccelli» (Rohlfs), junto al cual está
chianca «lastra di pietra; pietra su cui si lava;
trappola da topi» y además «grosso pezzo del fus-
to di un albero; ceppo dei macellai», etc.: aquél
es **PLANCULA* y éste PLANCA. -Esta última forma
se halla, en efecto, en latín vulgar: «*plancas:*
tabulas planas» en Festo (ed. Thewrek, p. 289);
planga se halla además en tres pasajes del glosario
de Plácido (*CGL* V, 37.17, 93.12, 134.22) y en las
glosas de Nonio (*CGL* V, 646.42), *palanga* figura
en Varrón y *phalanga* en muchos (vid. Georges
y los diccionarios corrientes). Está fuera de dudas
que de este PLANCA 'tabla plana' proceden el fr.
planche, oc. *planca,* piam. *pianca* 'tablón para pasar, pasadera', nap. y sic. *chianca* 'rodillo de carnicero' (Rohlfs, *EWUG,* n.° 2291) y también la
mencionada voz calabresa, que además de estos
sentidos tiene el de 'losa, lancha'; tránsito semántico fácil de concebir, pues igual que un tablón
puede emplearse una losa para pasar una corriente
de agua. El sobreselv. y subselv. *pla(u)nca, pleunca,*
'declive, terreno en pendiente' (*Festschrift Jud,*
p. 581) puede venir de la misma ac. calabresa, pasando de 'losa' a 'pendiente de rocas' y 'pendiente'.

En cuanto al cast. *lancha* no es imposible
suponer un diminutivo **PLANCULA,* comprobado
por el cal. *chiàncula,* aunque más testimonios antiguos de ese diminutivo serían muy útiles, pues
la formación de diminutivos de ese tipo no está
completamente muerta en el Sur de Italia, así como
en rigor podría tomarse esta forma calabresa por
un diminutivo de formación local y no antigua.
Por otra parte la disimilación **llancha > lancha*
es concebible, y la reducción de PL- a *l-* podría
explicarse por la tendencia fonética leonesa ejemplificada por M. P. (*Oríg.,* § 8.5) y yo mismo
(*RFH* VI, 247). Sin embargo, hay que reconocer
que ambos pormenores fonéticos, aunque explicables, nos dejan algo en duda sobre la certeza de

esta etimología. En el *Libro de la Caza* de D. Juan Manuel (3.28) aparece un Sancho Ximenez de *Lanchares*, que según observa Baist en su ed., es idéntico al Sancho Ximenez de *Lanclares* de otros documentos contemporáneos, y seguramente corresponde al nombre de lugar moderno y disimilado *Nanclares*: éste quizá conservaría el grupo *cl* por mozarabismo, lo cual confirmaría que la *ch* de *lancha* procede de CL; pero nos deja algo perplejos respecto de la PL- inicial, cuya evolución en L- en *Lanclares* no puede explicarse ya por disimilación. Quizá se trate de una reducción mozárabe.

Simonet relacionaba los nombres de lugar *Lancha* con dos nombres de lugar *Lanca* y *Langa* documentados en textos mozárabes, con el antiguo nombre lusitano *Lancobriga* y con el lomb. y emil. *lanca* 'cauce de río'[3], frprov. *lantse* «couloir d'avalanches», que además en algunos puntos toma el sentido «bande étroite de terrain entre deux rochers ou forêts», «bordure au milieu d'un rocher», «alpage escarpé» (*FEW* V, 151); aunque estas últimas acs. ya se acercan algo a las del cast. *lancha* (más al sobreselv. *plaunca*), está claro que ahí tenemos acs. secundarias, de suerte que difícilmente podríamos tomarlos como base para atribuir al vocablo castellano el étimo que suele admitirse para estos nombres alpinos, céltico *LANCA, emparentado con el lit. *lanka* 'valle'[4]. Según Pisani, *Paideia* XI, 315-6, sería *LANCŪLA, diminutivo de un mediterráneo *LAVEN-CA (comp. *amārunt* de *amāverunt*), emparentado con el irl. ant. *lia(c)* 'piedra' (< *LĒWANK-) y con el gr. λᾶας.

En cuanto al gall. *alancar* 'dar zancadas', que es otra cosa, vid. ZANCA.

DERIV. *Lanchar* 'cantera de lanchas'. *Lanchazo* 'pedrada' (V. arriba). *Lancho* (íd.). *Lanchuela*. *Enlanchar* (íd.).

[1] Acaso *Lanjarón* y *Alanje* sean variantes arabizadas, vid. Simonet.— [2] Según Gálvez C., *BRAE* XXII, 488, significaría lo mismo que *lachar* 'cada uno de los sinuosos desfiladeros por entre los cuales se deslizan los ríos y torrentes' en la provincia de Huesca. Esto se llama *achar* en el valle de Ansó, V. uno fotografiado al principio del tomo de Violant, *El Pirineo Español*. Es vasquismo: vizc. *atxarri* 'rocas o bajos de arroyos y ríos' (Azkue), compuesto de *atx* (*aitz*) 'peña' y (*h*)*arri* 'piedra'. El *lanchar* de Huelva significará sólo 'canchal, peñascal', pero no 'desfiladero', y sólo se parece por casualidad con el (*l*)*achar* pirenaico.— [3] *Lanca* o *Langhetta* es frecuente como nombre de prados o de márgenes de río en los valles italianos de los Grisones, vid. Planta-Schorta, *Rät. Namenbuch*.— [4] *Loncha* «piedra mediana, chata o plana, a manera de ladrillo» (Acad. ya 1843) es forma dudosa, cuya fuente debiera comprobarse.

LANCHA II, 'bote grande al servicio de un buque, o para navegar en el interior de los puertos o entre puntos cercanos de la costa', aparece primero en portugués y como nombre de una embarcación pequeña y rápida empleada en los mares de Oriente: viene del malayo *láncăr* 'rápido, ágil', por conducto del port. *lancha* 'embarcación pequeña para pescar o al servicio de un navío'. *1.ª doc.*: 1587, en carta de un Almirante de la Invencible (Terlingen, p. 250; Cej. VII, p. 127).

A pesar de que Skeat ya dió la verdadera etimología (*Notes on English Etym.*, p. 158; *Etym. Dict.*, s. v. *launch*), todos los romanistas siguen proponiendo etimologías romances imposibles, y los más se empeñan en buscar el origen en Italia. Sin embargo, así Jal como el *Diz. di Mar.* observan que en Italia el vocablo es tardío, pues no se halla hasta 1642, y por lo visto conservó hasta mucho más tarde un fuerte resabio extranjero, ya que la Crusca todavía no lo admitía en su diccionario de 1729; verdad es que Zaccaria halló ya *lancia* en el S. XVI, pero a juzgar por la cita de Vidos no lo localiza exactamente, y lo sacaría de alguna de las traducciones del español o del portugués que suele estudiar dicho autor: el caso es que un diccionario de marina tan detallado como el de Pantero-Pantera, en 1612, no contiene el vocablo; la palabra antigua en italiano y en catalán era *palischermo* (*panescalm*). En la Península Ibérica tampoco parece ser palabra de gran antigüedad, pues no figura en la enumeración de embarcaciones incluída en las *Partidas* (libro II, título xxiv) ni tengo noticia de ejemplo alguno portugués o castellano en la Edad Media. Sea como quiera, en portugués aparecen los primeros testimonios conocidos h. 1540, pues ya hay varios en la *Peregrinação* de Mendes Pinto (vid. Vieira, s. v. *lancha*; Yule, *Hobson-Jobson*, s. v. *lantea*); así Pinto como Gaspar da Cruz, h. 1560, mencionan las *lanchas* (anglizado en *lantea* en las traducciones inglesas) como embarcación empleada por piratas locales en la India y archipiélagos vecinos, por ej. por uno que aparece en el curso de un viaje de Liampú a Malaca. La traducción de Cruz explica que es embarcación pequeña y preferida por los corsarios, por su gran rapidez: «There be other lesser shipping than Junkes, called Bancones... other lesser called *Lanteas*, which doe rowe very swift, and beare a good burthen also: and these two sorts of ships... because they are swift the theeves do commonly use»; la cita de la *Malaca Conquistada*, en Moraes, prueba que en el S. XVII todavía era palabra propia del Extremo Oriente.

Otra embarcación parecida, y también propia de Malasia, lleva el nombre de *lanchara*, y Dalgado reunió de ella una docena de testimonios portugueses en los SS. XVI-XVII, desde 1515: el sentido no es menos claro, pues Fr. Luis de Sousa (1632) escribe «são *lancharas* embarcações de remo rasas e l i g e i r a s». Por lo tanto nadie discutirá la etimología de Skeat (en Yule) y de Dalgado: malayo *lancăr-an* 'ligera', compuesto de *lancăr* 'rápido', 'ágil'; la reducción fonética es del mismo tipo que en *JANGADA* < malayálam *chaṅgāḍam*. Ahora bien, el simple *lančār* se acentúa en malayo en la sílaba inicial, pues la regla en este idioma es acentuar siempre la sílaba penúltima, a no ser que esta sílaba termine en vocal y ésta sea breve, pues entonces el acento recae en la sílaba final (*Encycl. Britann.*, s. v. *Malay*); luego es natural que los portugueses redujeran *lánčār* a *lancha*. En conclusión, *lancha* es uno de los nombres de naves que los portugueses trajeron de Oriente, como *junco*, *champán* y aun un término tan general en América y Europa como *jangada*. De Portugal pasó el vocablo a España[1], y desde ambos países se difundió luego al italiano, catalán (*llanxa*), francés [1678, nótese que el primer testimonio es de Bayona] e inglés [*launch*, 1681, en una narración de viajes]. La etimología de M-L. (*REW* 4878) y Vidos (*Parole Marin.*, pp. 457-9), lat. LANCEA 'lanza', además de infundada semánticamente (la idea de Vidos de que se comparara una lancha con la forma de una lanza es estrambótica), no podría aceptarse ni si la modificáramos partiendo del verbo ingl. *launch* 'botar un navío' o it. *lanciare* 'lanzar', pues no se explicaría entonces que en Venecia se diga *lánča* (Paoletti *lanchia*) más bien que *lántsa*, según correspondería a la fonética local. Tampoco se puede aceptar la identificación de *lancha* 'bote' con *lancha* 'losa' en que pensó M-L. (*REW* 6571), pues no hay analogía semántica y el supuesto sentido originario de este último vocablo 'tabla plana' es hipotético y depende de una etimología incierta. Más arbitrario es todavía postular (como hace Lecoy, *Rom.* LXVIII, 9-12) un lat. *LANCULA, diminutivo de LANX 'plato de balanza', pues además de tener sentido tan apartado, LANX es palabra que no ha dejado descendencia romance.

DERIV. *Lanchada. Lanchero. Lanchón. Lanchaje* 'derecho que se paga por el uso de una lancha' cub. (*Ca.*, 230).

[1] Donde arraigó en Galicia, más que en otra parte alguna: «cando naufragaba unha *lancha* morría o patrón xunto c'os compañeiros» (Castelao 256.23); su uso por los pescadores de Pontevedra y La Guardia lo atestigua ya Sarm., *CaG.* 98v.

LANDA, 'grande extensión de tierra llana en que sólo se crían plantas silvestres', tomado del vasco *landa* 'campo llano, pradera', y del fr. *lande* 'landa', que a su vez proceden del célt. *LANDA 'lugar llano y despejado'. *1.ª doc.*: h. 1800, Moratín; 1903, Baráibar; Acad. 1925.

Cej. VII, § 23. Como palabra popular, se emplea en Álava y en Bilbao (Arriaga, *Revoladas*, vocab., s. v.), con el mismo sentido que en vasco. En este idioma es indudablemente celtismo antiguo, dado su arraigo en la toponimia; es dudoso por el contexto que tenga que ver con esto la palabra *landa* empleada en el *Canc.* de Baena, en poesía de Frey López (n.º 117, v. 9), y seguro que

es cosa diferente el (*l*)*lanna* del Poema del Cid. En el castellano común *landa* (Acad. S. XX) se tomó muy recientemente del francés; Moratín lo emplea ya, pero con referencia a Burdeos. Ahí procede de una palabra gala bien viva todavía en el céltico insular y emparentada con el germ. *land* 'tierra' (Thurneysen, 65; *FEW* V, 158-9). Fuera de Francia la palabra es advenediza en los demás romances, con excepción del catalán, en el que hubo de ser genuino antiguamente, a juzgar por los derivados colectivos *Llanars* (pueblo junto a Camprodon, *Landares* en docs. antiguos), *Llanera* (Solsonès) y *llaner* 'llano cuajado de pequeñas matas', anotado en el alto Berguedá (Bagá, etc.) y al pie del Montsec (Clua, Peralba). Claro que la homonimia con *Lana* impuso ahí pronto la eliminación del primitivo.

CPT. *Landó* [h. 1830, Larra en Pagés; Acad. 1843, no 1817], del fr. *landau* íd. [1823] y éste del nombre de la ciudad renana de *Landau* (compuesto del alem. *au* 'pradera junto a un río' y *land* 'país'). *Lansquenete* [Acad. 1936], tomado del fr. *lansquenet* [S. XV], y éste del alem. *landsknecht* 'mercenario (reclutado) en las tierras (del Imperio)' (por oposición a los soldados suizos); variante cast. *sacanete*.

Lande, V. *landre*   *Landera*, V. *llanta*
Landó, V. *landa*

LANDRE, del lat. vg. GLANDO, -DǏNIS, en lat. cl. GLANS, -DIS, 'bellota', 'bálano'. *1.ª doc.*: h. 1400, Glosario de Palacio, donde significa 'infarto inguinal'; *Danza de la Muerte*, 15 (sinónimo de *buba*); y en la trad. del Libro de Halconería de Pero Menino (Tilander, *RFE* XXIII).

Entre las fuentes posteriores figura en el *Corbacho* (ed. Pastor, 118) como nombre de la peste levantina; en APal. («todo linage de animales se consumía por *landre*» 20d; además 21b, 92d); Nebr. («*landre que mata con pestilencia*: glandula»); *dar a la mala landre* 'dar al diablo, maldecir' en *La Ilustre Fregona* (*Cl. C.*, p. 311). El sentido etimológico es 'tumor, buba' (así también en Nebr.: «*landres del cuello*»), comparada con una bellota, y posteriormente 'peste que se manifestaba con bubas'[1]; por otra parte, desde 'tumor' se pasó a 'bulto' y de ahí a 'escondrijo de dinero que se hace bajo los vestidos' (M. Alemán, *G. de Alfarache, Cl. C.* V, 142.12). A causa de su género femenino se pudo cambiar *landre* 'peste' en *landra* en judeoespañol (en el refrán *casar, casar, que la landra viene*, BRAE XIV, 234), secundariamente *llandra* 'tos ferina' en Colunga (Vigón); por etimología popular en algunas partes dicen *liendre* por 'tumorcito' (Cespedosa, *RFE* XV, 274). En autores vulgares latinos se halla GLANDO, -DǏNIS, como variante de GLANS, -DIS, 'bellota', 'bálano': así en Avieno, en el seudo-Cipriano, en inscripciones y quizá ya en Aulo

Gelio (*ALLG* XV, 548), también en glosarios
(βαλάνῳ, *CGL* II, 34.13); una ac. semejante a la
romance se halla ya en latín en el diminutivo
GLANDŬLA 'amígdala, glándula', de donde procede
el port. ant. *lândoa* («quando vires que lhe incham 5
aquellas *landoas*... filha hum ferro fervente agudo
e queima-lh'as», 1318, Maestre Giraldo, *RL* XIII,
247); pero *landre* no procede de ahí, según muestra su *-e* final, sino del lat. vg. GLANDĬNEM[2], con
el mismo tratamiento de la terminación que en 10
LIENDRE, SANGRE, INGLE; la reducción del
grupo GL- es normal (comp. *LIRÓN, lovillo >
OVILLO,* etc.). En la Edad Media se empleó además *lande* f. 'bellota', procedente de GLANS : Berceo, *Mil.,* 726; *Alex.,* 1401; *Sta. M. Egipc.,* v. 821 15
(«e quando avién grant conducho / *landes* avién e
poco frucho»). y todavía en Nebr. («*lande, por las
bellotas:* glans»). Hoy se conserva *lande* en Álava,
llande en Asturias y en el Obispado de Santander (según el glosario de T. A. Sánchez), *glande* 20
en la Rioja (Acad.) y, como cultismo, para la cabeza del miembro viril; formas análogas siguen
siendo de uso general en los demás romances,
desde el catalán hacia el Norte y el Este.

DERIV. *Landrecilla* [*Celestina,* como insulto ca- 25
riñoso, propiamente 'pestecita']. *Landrero. Landrilla*[3]. Cultismos: *glándula* [h. 1580, Fragoso], *glandular, glanduloso. Englandar* o *englantar.*

CPT. *Glandífero. Glandígero.*

[1] Claro está que en esta ac. no viene del fr. 30
ladre 'leproso', como quisiera Steiger, *BRAE* X,
187.— [2] GLANDINEM dejó huellas también en Italia : Garfagnana *jàndǝna* «ghianda» (Rohlfs, *It.
Gr.* 40).— [3] Ronc. *landriïa* 'lechecillas de cordero'
(Azkue). 35

Lanería, lanero, V. *lana*

LANGA, 'bacalao curado', tomado del fr. *lin-
gue* 'especie de bacalao' y éste del ingl. *ling* íd.
1.ª doc.: Acad. 1899; Cej. VII, § 23. 40
DGén.; REW 5065. El sonido algo indistinto de
la *e* nasal francesa se confundió con una *a.*

Langares, lángaro, langarucho, langaruto, V. 45
largo Langor, V. *lánguido Langorato,* V.
largo

LANGOSTA, del lat. LOCŬSTA 'saltamontes',
'langosta de mar'; variantes LACUSTA y LONGUSTA, 50
más semejantes a la española, y quizá explicables
por influjo de otros vocablos, parecen haber existido ya en el latín tardío. *1.ª doc.:* *langosta* 'saltamontes', en versiones bíblicas del S. XIII (*Bol.
Inst. Filol. Chile* IV, 313; *Mod. Philol.* XXVIII, 55
92).
Aparece también en los glosarios de h. 1400, y
en el sentido de crustáceo marino en J. Ruiz, 1111*a.*
La forma *lagosta* se lee en la *1.ª Crón. Gral.,*
20*a*32, en los Fueros de Aragón de h. 1300 ('sal- 60

tamontes', Tilander, § 139.13), en Nebr. («*lagosta
de la tierra:* locusta») y hoy sigue diciéndose *llagosta* en Asturias para la de mar (V). Se dice *lagosta* en portugués (*lang-* trasm.), en gallego predomina la variante *lagôstra* sin *n,* como nombre
de la de mar, en los mss. de Sarm. (también
Vall.), aunque el fraile benedictino también da
langosta y *langostra* (*CaG.,* p. 208), *llagosta* en catalán (pero *llangosta* en la capital valenciana,
llangost(a) en Tarragona, las Garrigas y el Alto
Pallars, *llagosta* de nuevo desde Alcoy a Alicante),
y las formas correspondientes a una base LACUSTA
son generales a todo el romance hasta el rumano,
mientras que en lengua de Oc reaparece *langousto,*
más semejante a la variante castellana. La forma
lacusta aparece en uno de los mss. de Plauto (*Bb*)
en *Men.,* 924 (Graur, *Rom.* LIV, 504)[1], y puede
explicarse sea por influjo de *lacus* 'vivero' o de
lacertus 'lagarto'; no está descartado que sea incluso variante originaria, pues algunos creen que
el vocablo está emparentado con el gr. ληκᾶν 'saltar', y quizá con *lacertus,* pero esto es muy incierto.
Más seguro parece que el sentido primitivo fué
'saltamontes', extendido a 'langosta' por comparación de las patas de los dos animales (vid. Ernout-
M.); la seudo-etimología de S. Isidoro «*locusta,
quod pedibus sit longis veluti asta*» (*Etym.* XII,
viii, 9) parece indicar que el santo pronunciaba ya
una forma vulgar *longusta* (no documentada en los
mss.), en que el vocablo, inmediatamente después
de la sonorización romance de la *-C-* intervocálica,
sufrió la contaminación de *longus* por la longitud
de las patas del animal; pero también es posible
que la *n* adventicia naciera en *langostino* por propagación de la otra nasal, pues el lat. vg. LUCUS-
TINUS es ya palabra antigua (documentada en el
Liber Glossarum, y en *CGL* V, 309.4), y de allí
se propagara a *lagosta.* De una antigua forma romance LONGUSTA saldrán el mozár. *'anǧûṣ* (S. XII,
Abencuzmán) y el ár. afric. *'ankûŝ,* con deglutinación de la L- confundida con el artículo (Simonet, s. v. *anchúç*). Acerca de las denominaciones
romances del saltamontes, vid. Schuchardt, *ZRPh.*
XXXI, 12ss.; Bertoni, *ARom.* I, 263.

DERIV. *Langostino* [*lagostín,* Nebr. 'pescado de
mar'; *langostín* íd., 1599, *G. Alfarache; langostino*
'especie de saltamontes', 1600, Sigüenza]. *Langos-
tón. Langostero* 'fisga para pescar langostas'; *ba-
landro langostero,* cub. (*Ca.,* 209).

[1] Sin embargo, como los demás mss. traen *lu-
custa,* forma muy extendida en latín, habría que
comprobar bien si no se trata de una falta de
lectura, dada la gran semejanza de *a* y *u* en la
escritura uncial.

Languicia, V. *lamer*

LÁNGUIDO, tomado del lat. *languĭdus* 'debilitado, enfermizo', 'muelle, flojo, carente de energía', derivado de *languēre* 'estar débil', 'ser indo-

lente'. *1.ª doc.*: Mena (C. C. Smith, *BHisp.* LXI), 1607, Oudin.

Falta todavía en APal., Nebr., C. de las Casas, Percivale, Covarr., y es ajeno al léxico de Góngora y del *Quijote; Aut.* da ej. de med. S. XVII (M. de Ágreda). F. de Herrera (h. 1580) se había anticipado empleando *languideza,* tomado más bien del it. *languidezza* (*Aut.* ya prefiere *languidez*).

DERIV. *Languidez* (V. arriba). *Languidecer* [Acad. 1884], en lugar del cual Oudin recoge *languir.* *Langor* (Santillana, C. C. Smith), ant., o *languor* (Oudin), tomado de *languor, -oris,* íd. *Deslanguido* [h. 1630, en el murciano Polo de Medina], comp.j cat. *esllanguit.*

Lanífero, lanificación, lanificio, lanilla, V. *lana*
Lanio, V. *lañado* *Lanio, lanosidad, lanoso,* V. *lana* *Lansquenete,* V. *landa* *Lantano,* V. *latente* *Lanteja,* V. *lenteja* *Lantel,* V. *planta* *Lanterna,* V. *linterna* *Lanterno,* V. *aladierna* *Lanternón,* V. *linterna* *Lantisco,* V. *lentisco* *Lanudo, lanuginoso,* V. *lana*

LANZA, del lat. LANCĔA íd. *1.ª doc.: lança,* orígenes del idioma (*Cid,* etc.).

De uso general en todas las épocas; Cej. VII, § 23; común a todos los romances de Occidente. El lat. LANCĔA sería oriundo de España (según Varrón), y quizá fuese voz celtibérica.

DERIV. *Lanzada* [Berceo]; *lanzazo* es raro. *Lanzón* [Góngora]. *Lanzuela* [-ç-, Nebr.]. *Lancero* [Nebr.]; *lancera; lancería.* Gall. *lanzal* 'esbelto, alargado, gentil' (Lugrís) expresivo y lindo adj., ajeno al cast. y al portugués: «son *lanzales* como pinos», «semella *lanzal* e ben proporcionada», «unha cigoña *lanzal* vixía» (Castelao 131.2, 131.13, 141.5). *Lanceta* [«*l. de sangrador*», Nebr.]; *lancetada; lancetazo; lancetero. Lancilla.* Ast. *llancín* 'cada uno de los dos maderos paralelos y más largos del *rastru,* en los cuales van sujetos los dientes' (V). *Alanzar* [1283, *L. del Acedrex,* 4.8, 294.1, 302.9], o *alancear,* o *lancear* [Nebr.]. *Lanzar* ['arrojar una lanza', *Fn. Gonç.,* 193; *1.ª Crón. Gral.,* 183a28, 397a13; h. 1300, *Gr. Conq. de Ultr.,* 110; 'arrojar con fuerza', J. Manuel, J. Ruiz; de uso general en la Edad Media y Siglo de Oro, hoy algo literario; Cej. VII, § 23], del lat. tardío LANCEARE 'manejar la lanza', común a todos los romances de Occidente; *lanzadera* [lanç-, APal. 324*b,* 339*b*; Nebr.]; *lanzador; lanzamiento; lance* [APal. 50 «*fusim*: adv., que va de *lance* en *lance,* esparziéndose», 173*d,* 217*d*; «*lance* (acto de lançar) en la mar: jactus, jactura; *lance como quiera*: jactus»; esta 2.ª ac. se referirá al acto de lanzar los dados, ac. que tiene el vocablo en latín, y desde la cual pasaría a 'accidente notable en un juego' y luego 'situación crítica en la escena o en la realidad'; *lanço* 'jugada' 1283, *L. del Acedrex,* 227.7]. *Relance* [Calderón, *Aut.*; *relanzo,* S. XV, *Mingo Revulgo* ibid.]. Gall. *en relanzo* (*bajar un monte* ∿) 'de

lado, al soslayo, no por la pendiente' (oído por Sarm. en los montes coruñeses, Bergantiños, *CaG.* 59*v,* 134*r*), y de ahí *relanciña* 'caída del monte' (en las rías occidentales). *Relanzar* [Acad. ya 1869]. Cultismos: *lanceados; lancéola, lanceolado.*

CPT. Del verbo *lanzar: lanzacabos, lanzafuego, lanzallamas, lanzatorpedos.*

Laña 'abrazadera', 'coco tierno', V. *lañado*
Laña 'pradera', V. *llano*

LAÑADO, 'afianzado con grapas', aplicado a un objeto resquebrajado, es de origen incierto: teniendo en cuenta que en Asturias, Galicia y Portugal *lañar* y sus afines significan 'agrietar, abrir con incisiones', es probable que sea descendiente de LANIARE 'desgarrar', cuyo participio en castellano, después de significar 'agrietado' se aplicaría al objeto resquebrajado pero reparado con abrazaderas. *1.ª doc.*: «Una bacia chica, de fust, de masar, *lannyada*», invent. arag. de 1368 (*BRAE* IV, 345); Cej. VII, § 27.

En un segundo inventario de esta procedencia dialectal se trata de tinajas: «cinquo tenalletas[1], las dos *lanyadas* y la una sana, y las otras dos fendidas», a. 1404 (*BRAE* IV, 526); en uno castellano: «yten otra artesa de masar, *lañada,* vieja» (testamento de F. de Rojas, a. 1541, *BRAE* XVI, 379). Nadie nos dice hasta aquí si se trata sólo de enseres agrietados o además afianzados con alambres o abrazaderas. Este último es el sentido en que traen el vocablo los diccionarios castellanos, pero todos ellos son posteriores: C. de las Casas (1570) «*lañar:* sprangare», «*laña:* spranga», Oudin «*lañar:* cramponner, mettre des fers et crampons ès murailles pour tenir les pierres jointes ensemble», «*laña:* un fer ou crampon que l'on use ès bastimens pour tenir les pierres jointes comme des ancres ou autres crochets» (de Oudin pasó a Minsheu y otros), *Aut.* «trabar, unir o afianzar con lañas alguna cosa», «*laña:* especie de grapa de hierro, que sirve para unir y trabar dos cosas; úsase de ellas en los edificios para unir los maderos o las piedras, y también se aderezan con ellas las tinajas y otras vasijas que están abiertas u hendidas». Hoy me son bien conocidos *lañado* y *lañar* en el lenguaje vivo de Almería, con aplicación a cántaros y otras vasijas reparadas con alambres, o en forma semejante, a fin de que no acaben de romperse cuando están hendidas o simplemente sentidas de un golpe; de ahí *laña,* aplicado a la abrazadera, alambre u otra pieza empleada con este objeto, vocablo del que *Aut.* cita ej. en J. Fragoso, a. 1580 («se dicen en latín *fibulas* las *lañas* de metal que se ponen en los edificios, para trabar las vigas o unas piedras con otras»), y puedo agregar otro de 1397: «un cofre encorado de blanco e forrado de *lannas* de fierro» (invent. arag., *BRAE* IV, 218); Cej. VII, §§ 44, 20.

Es muy difícil separar este vocablo del ast. *laña*

'grieta' que Rato da como significado básico, aunque conoce también el castellano[2], gall. *laña* 'grieta, hendidura', *lañar* 'agrietarse alguna cosa como la tierra, el barro, la cal, el cutis' (Vall.), *lañado* 'lleno de rendijas' («polas fendas do tabique *lañado*», Castelao 194.14), port. *lanho* 'golpe de instrumento cortante' (*o barbeiro fez-te dois lanhos*), en el Norte del Brasil «pedaço de carne em tiras; lardo», *lanhar* «dar golpes em; ferir; maltratar; deturpar»[3], *alanhar* «fazer lanhos, cortar ao longo; v. gr. *alanhar o peixe*, fazendo incisões para o salgar» (ya en Bento Pereira, a. 1647), *boca grande e eslanhada* «boca bem fendida», hablando de un caballo, ya en Maestre Giraldo, a. 1318 (*RL* XIII, 310); *Aut.* registra como gallego *lañar* 'abrir el pescado para salarle'[4], pero *lañear* tiene el mismo sentido en Santander (G. Lomas), y *lañar* en el Oeste asturiano es además 'limpiar las tripas del cerdo' (Acevedo-F.)[5]. Está fuera de dudas que todo esto procede de LANIARE 'desgarrar'[6], con paso facilísimo de esta idea a la de 'hender, agrietar' (también Arcos de Valdevez *lanhar* «fender, rachar», *RL* XXII, 23): es palabra difundida en todos los romances salvo el rumano, rético y catalán (*FEW* V, 164-5; *REW* 4892, 4894), y bien vivaz en el latín vulgar y tardío con la ac. 'sacrificar, inmolar' (en la Ítala, en el glosario hispánico de Leiden, S. XI, y en judeorromance: Blondheim, *Rom.* XLIX, 364-5)[7]. No creo que el paso de *lañado* '(objeto) agrietado y reparado' al transitivo *lañar* 'reparar con grapas el objeto agrietado' y la creación de un postverbal *laña* 'alambre o abrazadera empleados con este objeto' causen escrúpulo a nadie, tanto menos cuanto que *lañado* es más antiguo y más frecuente que *laña* en la época primitiva, de suerte que esta etimología podría darse ya por segura si no hubiese otra defendible y que ha sido aceptada comúnmente.

Desde Diez (*Wb.*, 187) se admite que el cast. *laña* viene de LAMĬNA 'hoja de metal', y M-L. (*REW* 4869), lejos de rechazar la idea, agrega gall. *lañado* 'provisto de abrazaderas' [?], *laña* 'grieta' y *lañar* 'agrietarse': es palmario lo inaceptable de la idea en cuanto a estos últimos, que el propio M-L. coloca en su artículo LANIARE; por lo que hace al castellano, fonéticamente puede aceptarse, pues ya en la Antigüedad o muy poco después hubo de existir una variante sincopada LAMNA[8]. Ciertas objeciones que pueden hacerse a la idea quebrantan su verosimilitud, pero no son dirimentes. En primer lugar Diez partió de LAMINA porque tenía una idea falsa del sentido de *laña*, que él traduce «scheibe, riemen», es decir, 'rodaja', 'correa', entendiendo mal el sentido del antiguo *laja* 'lonja' de la Acad.; parece que M-L. siguió las huellas de Diez sin preocuparse mucho del aspecto semántico; y aunque no es fácil ver cómo 'hoja de metal' pudo convertirse en 'laña', que es un alambre o una abrazadera, de todos modos el cambio no es inconcebible. La existencia popular

de LAM(I)NA en la Península Ibérica, y de LAMNA en romance, es mucho menos segura de lo que cree M-L.: el cat. *llauna*, and. y gasc. *launa*, no tienen que ver con LAMINA (V. *LAJA*), y tampoco es bien seguro que el sic. *lanna* venga de ahí (V. nota)[9]. Sobre todo es inverosímil separar el cast. *lañar* del gall.-port. y leon. *lanhar*, *lañar*, y en cuanto a éstos no puede dudarse del étimo LANIARE, tanto por su significado como porque MN no puede dar *nh* en gallegoportugués, donde esta familia se documenta desde antes que en Castilla[10]. En definitiva, el étimo LAMINA no es del todo imposible, pero sí mucho menos verosímil.

DERIV. *Lañar* y *laña* (V. arriba); *lañador*.

[1] En el Oeste de Cataluña se dice *tenalla* por *tinaja*.— [2] La ac. 'astuto, perspicaz', 'sujeto de poco crédito', *Juan es un laña, ¡bona laña!*, que registran él y García Rey, es más probable que venga de 'resquebrajadura', 'hendidura sutil', que de 'abrazadera'.— [3] El port. *lanha*, cast. *laña*, 'coco tierno o verde', es palabra de origen dravídico, sin relación con esto, vid. Dalgado.— [4] Dato acaso obtenido de Sarm., quien entonces, a los 39 años, vivía en Madrid; once años después lo anotó en Pontevedra: *lañado* «de la sardina, cuando está abierta» (*CaG.* 104v).— [5] De ahí Colunga *llaña* 'pez de la familia de los espáridos cuando está muy desarrollado' (V).— [6] Claro está que también el *lañar* «plaindre, lamenter» que Oudin y otros registran, con *laña* «plainte» y *lañador* «qui lamente», pero son voces sospechosas de italianismo, pues en Italia es donde *lagnarsi* ha tomado este significado. Castizo será en cambio *laña* 'lonja de tocino' que la Acad. daba ya como antiguo en 1843.— [7] El granadino *lanio* 'carnicero' (A. Venceslada) parece cultismo (¿término estudiantil o frailesco?), o bien mozarabismo.— [8] No todas las pruebas que se dan de este punto son seguras: el sentido de *lanna* en el seudo-Apuleyo es incierto (V. aquí s. v. *LAJA*). Sin embargo, *lamnula* se halla en glosas y *lamnicus* en agrimensores (Walde-H.); por otra parte el sic. y calabr. *lanna* (*landa*, *làndia*) 'hojalata' no pueden venir de LAMINA, sino de LAMNA, aunque la variante *lànd(i)a* no es fácil de explicar (comp. val. *llanda* íd. junto al cat. *llanda* 'llanta', de origen francés, y comp. el gall. *lamia* 'llanta' < LAMINA). También hay λᾶμνα en griego bizantino según M-L.— [9] Kuhn (*RLiR* XI, 174, 176) supone que Echo *lambrado* 'tocho, palo', *lambrada* 'paliza, tochada con una vara' vengan de LAMINA, lo cual no es nada convincente desde el punto de vista semántico ni dialectológico, pues el tratamiento *mbr* < MN no parece ser indígena en Aragón: luego para admitirlo debería ser en voz existente en castellano. Me parece más natural partir de *alambrado* 'bastón con contera de cobre', pues 'cobre' se decía *alambre* en castellano antiguo. Leo «una vara de sauce o de *lambras*» en el peruano o boliviano Arguedas (*La Prensa*

de B. A., 21-VI-1942), pero ahí tenemos el quich. *lámran* 'aliso'.— [10] De todos modos hay un representante seguro de LAMINA en el gall. *lamia* 'llanta de carruaje', que se extiende hasta Sanabria y algún pueblo de Salamanca (*VKR* XI, 273; Krüger, *Gegenstandsk.*, 220). ¡Pero nótese que es LA-MINA y no LAMNA! Finalmente en Lamano leemos dos artículos «*lamia*: laña» y «*laña*: lámina», que parecen apoyar la etimología de Diez; pero la verdad es que a fuerza de querer apoyarla se hacen sospechosos. Contra su costumbre no da ahí Lamano ejs. fraseológicos ni localiza el vocablo en el segundo caso: Lamano era hombre erudito, de suerte que en el segundo caso su papeleta indicaba simplemente una etimología (tomada de la Acad., que a su vez seguía a Diez), y en el primero el significado de *lamia* sería 'llanta' como en todas partes (el vocablo ha de ser galleguismo en Salamanca dada su fonética) y él lo traduciría mal, quizá por obsesión erudita.

LAPA I, 'molusco univalvo que vive asido fuertemente a las rocas costeñas', vocablo propio del castellano y el portugués, de origen incierto; parece tratarse de una aplicación figurada de otro vocablo: puede dudarse entre *LAPA* IV ('losa', 'laja que sobresale'), por comparación de la concha con la losa que tapa una covacha, y por otra parte el antiguo *lapa* 'lampazo' (< lat. LAPPA íd.) porque las lapas se agarran tan tenazmente a la roca como las escamas del lampazo a los vestidos; esto último es más probable porque se apoya en la variante *lampa*, muy extendida en los dos vocablos que se comparan. 1.ª doc.: *Aut.*; Cej. VII, § 41.

El portugués *lapa* ya se encuentra desde 1635, en la *Insulana* de Manuel Thomás (Bluteau). En español el vocablo tiene gran extensión, así en el Norte de España como en las costas americanas (oído muchas veces en Chile), aunque no sé que sea popular en el Mediterráneo, por lo menos nada de esto se conoce en catalán; ha pasado, en cambio, al bearnés costeño (*FEW* V, 256a). En la costa cantábrica existe una variante nasalizada: *lampa* en Bilbao (Arriaga, *Lex.*) y en Santander (G. Lomas), *llámpara* en Colunga y en el asturiano central (Vigón, *Rato*), «ast. *lamparas*: las lapas» (Sarm. *CaG.* 167r)[1], Viana do Castelo *lamparão* (*RL* VII, 83); *lampa* no es ajeno a Chile, pues en Chillán dicen *pegado como llampa* (Lenz, *Dicc.*, p. 877). Desde luego hay que rechazar por elementales razones fonéticas el étimo gr. λεπάς, -άδος, íd., lat. *lepas*, -adis, aunque lo admitan M-L. (*REW* 4985), Wartburg y la Acad.; este diccionario registra (ya en 1843) una variante *lápade* que no hallo documentada en parte alguna, y que si existe será una especie de cruce erudito de esta voz grecolatina con la castellana; como nota Sainéan (*Sources Indig.* I, 8) no hay descendientes romances populares de este vocablo culto,

pues la etimología del fr. dial. y antic. *availlon*, *lavagnon*, es problemática, y el prov. *lepada*, *alapedo*, es cultismo evidente. Fuera de esta conclusión negativa nada puede asegurarse respecto al origen de *lapa*, pero me parece probable que se trate de la aplicación figurada de un homónimo, y me inclinaría por *lapa* 'lampazo' en vista de las formas con *m*; *lapa* 'lampazo' se documenta en el glosario del Escorial (h. 1400) y en *Aut.*, y para la antigüedad y explicación de las formas con *m* en el nombre de planta, V. el artículo *LAMPAZO*. Sabido es que el lampazo es conocido ante todo por la propiedad de sus escamas espinosas de adherirse inseparablemente a los vestidos, y por otra parte me bastará recordar la comparación popular *agarrado como una lapa*, que se refiere al molusco. Por otra parte el canario *lapilla* o *pilla* 'chinche del brezo' (R. Pérez, *Rev. de Hist. de La Laguna*, n.º 78, p. 258), nos presenta el caso de un insecto comparable con una chinche (también famosa por la imposibilidad de deshacerse de ella) que ha tomado nombre de una variedad de lampazo: lat. *la(p)pella* en S. Isidoro, mozár. *lapâlla*, planta que se agarra a los vestidos (Asín, p. 142), cast. *lapilla* 'cinoglosa' (APal. 406d)[2].

[1] Como gallegos, además de *lapas*, recoge *lampas*, *lamparas*, *lamparos* en Viveiro (NE., 220v) y *lamparones* (189r y p. 207) y una forma *laipa* (*laypa*) que sólo figura en la *Col. de Voces y F. Gall.* y harto incierta (acaso resultante de la confusión de *lapa* 'marisco' con un cultismo *lapa* 'losa de la sepultura', que pudo tener variante *lapia*, si sale de LAPIDEM). Port. minhoto *lamparão*, port. dial. *laparão*.— [2] En cuanto al colomb. *lapa*, nombre de la paca, especie de roedor (E. Rivera, *Vorágine*, ed. Losada, p. 112 y glos.), no sé si proviene de una comparación con el nombre del molusco o si es palabra aborigen.

Lapa II, 'lampazo', V. *lampazo* y *lapa* I

LAPA III, 'telilla que ciertas criptógamas forman en la superficie de un líquido': atendiendo al significado del derivado *lapachar*, y de *lapa* en vasco, en otros romances, y en antiguos lexicógrafos castellanos, parece haber significado primitivamente 'lugar cenagoso o pantanoso', y pertenece probablemente a una familia de vocablos extendida por muchas lenguas indoeuropeas y uraloaltaicas, de carácter onomatopéyico, imitativo del ruido que se produce al chapalear por el fango. 1.ª doc.: «*lapa de vino*: flos vini», Nebr. (s. v. *lapa* y *flor*).

Aut. cita de A. de Morales (h. 1570) «el agua de este lago hace por encima una *lapa* gruessa de color de hierro pavonado...». Oudin, además de reproducir el artículo de Nebrija, agrega «*lapa*: une mare», que de ahí pasó a Franciosini y otros. En cuanto a *lapachar*, está también en Oudin («*lapachar y laguna*: marescage») y en *Aut.* «pantano que es más el agua que la tierra: y por el ruido que se hace quando se anda por él, se llamó *lapachar* por la figura Oonomatopeya», con ejs. de A. de Morales y del Inca Garcilaso (h. 1600). Cabrera cita una variante *lopachar* en G. A. de Herrera (1513): «ha de ser tierra enjuta, que si son manantiales o *lopachares* no es tierra buena» (*Agric.* IV, i), que aunque debiera comprobarse en una buena edición[1], es perfectamente posible, pues hay en esta familia variantes de vocalismo *lup-* y *lip-* (comp. el artículo *LUPPA que se anuncia en el *FEW*)[2]; alent. *lapacheiro* «lamaçal; lameiro».

En el *FEW* (V, 173) se ha formado un artículo «galo *LAPPA 'lodo'», del cual se deriva el oc. *lapo*, *lapàs*, *lapà*, *lapoun*, *lapay*, «boue», «argile», «bourbier», con representantes en el Bajo Languedoc y en toda Gascuña, vasco *lapa* «dépôt de sable mêlé de feuilles et de matières organiques que laisse une inondation» (dialectos de Francia), «marc de raisin, de pommes; lie de raisin, de cidre, de vinaigre et de liqueurs fermentées» (alto-navarro), Tortosa *llapó* 'musgo', Pallars *llapa* 'costra de suciedad que se forma en la cabeza de los niños', y las palabras españolas. El supuesto galo *LAPPA se presta a objeciones desde varios puntos de vista; en primer lugar el área geográfica Bajo Languedoc - Gascuña - País Vasco - catalán occidental-castellano, con la notable ausencia del gallegoportugués, de las hablas occitanas centrales y septentrionales y del Norte de Francia, no es muy favorable a un origen céltico: más lo sería al ibérico; por otra parte, la existencia de este vocablo gálico está muy mal apoyada, pues su principal fundamento es el irl. mod. *lapach* 'pantano' («a swamp, a marsh»), comparado con el gr. λάπη 'flema, mucosidad', vocablos cuya procedencia indoeuropea es completamente incierta[3]. El propio Hubschmid, que firma este artículo del *FEW*, el estudio previo de la *Festschrift Jud* (p. 258, n. 1) y una nota posterior (*RF* LXIV, 52-54), reconoce que el estudio de esta familia envuelve un problema oscuro, pues se extiende a las lenguas eslavas, turcas y ugrofinesas, y acaba reconociendo que se puede tratar de un grupo de origen «preindoeuropeo, en el cual todavía puede reconocerse parcialmente un carácter onomatopéyico: Luchon *lìpou-làpou* 'bourbier', zirieno *ḷup-ḷap*, onomatopeya del chapaleo a través del lodo aguanoso».

Esto es más aceptable, aunque conviene precaverse contra estas familias «preindoeuropeas», de que tanto están abusando ciertos lingüistas jóvenes y otros menos serios que Hubschmid; si esto significa algo en nuestro caso, sería que el céltico, el griego y el eslavo habrían heredado el vocablo, junto con las lenguas uraloaltaicas, de una familia lingüística anterior a la indoeuropeización, y que el céltico antiguo la habría trasmitido al romance; pero entonces, a juzgar por el céltico, el vocablo debiera tener -ᴋᵂ- originaria, mientras que el eslavo sólo se conformaría con -ᴘ-, y todavía faltaría explicar la -ᴘᴘ- geminada y admitir que en irlan-

dés es préstamo galo o britónico; estas contradicciones, así como la apofonía vocálica que hemos notado arriba, demuestran que no estamos ante un vocablo preindoeuropeo, y ni siquiera ante un celtismo romance, sino ante una onomatopeya, c r e a d a independientemente en romance y en los demás idiomas, quizá en fecha bastante moderna. Comp., en sentido análogo, Spitzer, *Studies in Philology* XLI, 528ss.; Sainéan, *Sources Indig.* II, 138, quien agrega representantes en dialectos franceses. Onomatopeyas análogas y emparentadas son *CHAPALEAR* y su familia, y por otra parte el tipo romance *lapar* 'lamer'.

DERIV. *Lapachar*, V. arriba.

[1] Que no es errata de los publicadores de Cabrera se comprueba por la fantástica etimología de este autor, LO(CUS) PA(LU)STER. Vid. también Cej. VII, § 92.— [2] De ahí también el vasco *lupari* (ya en los Refranes vizcaínos de 1796; Michelena, *FAzk.* querría partir de LUPARIA 'trampa de lobos', que no conviene semánticamente) 'atolladero', *lupetza* 'ciénaga', *lupetsu* 'cenagoso', *lupeztu* 'enlodar' (Azkue).— [3] Es siempre muy arriesgado buscar etimología indoeuropea a una palabra irlandesa no documentada en irlandés antiguo ni en las demás lenguas célticas. Cierto que Hubschmid agrega un irl. ant. *lap* 'lodo', cuya existencia no puedo comprobar en Windisch, ni en los glosarios de Stokes ni de Cormac. Estas palabras célticas no fueron estudiadas en las gramáticas comparadas de Pedersen ni de Zeuss, ni en el diccionario etimológico de V. Henry.

LAPA IV, 'roca que sobresale cubriendo un lugar', 'cueva', ant., vocablo común al castellano con el portugués y ciertos dialectos occitanos del Centro y del Sudoeste, de origen incierto, quizá de creación expresiva. *1.ª doc.*: h. 1510, en el leonés Andrés Bernáldez («cuevas, *lapas* e riscos», cita de Cej., *Voc.*).

También figura en la Biblia judeoespañola de Ferrara (a. 1553) en un pasaje donde corresponde a *cueva* de la versión de C. de Reina (*MLN* XI, 95). El simple *lapa* se emplea hoy en varias hablas occidentales: salm. *lapa* «peña solapada, cóncava, en forma de cueva», *lapo* «profundidad... de cuevas y barrancos», extrem. *lapa* «cavidad natural entre una peña o en los canchales» (*BRAE* IV, 94), santand. *lapes* «losetas de piedra destinadas a cubiertas de tejados». El vocablo, a juzgar por la toponimia, tiene muy poco arraigo en tierras de lengua castellana, pues Madoz, junto a muchos ejs. gallegos, sólo cita uno en la prov. de Badajoz y otro en Canarias, zonas de influjo portugués, lo mismo que el habla judeoespañola. En el idioma vecino ha sido siempre y desde antiguo palabra vigorosa, sea en el sentido de 'losa que sobresale', o en el de 'cueva', a veces simplemente 'losa, laja' (p. ej. trasm. *lapão* 'trampa para tejones', *VKR* IX, 162; trasm. *lapada* 'pedrada', *RL* V, 95). Se cíta ya un ej. en doc. de 907 en los *PMH,* donde no podemos asegurar si es 'losa' o 'cueva'; en otro de 1295 sería «cova ou abrigo sob rocha» (Leite de V., *RL* XXXIII, 310n.2; *Religiões* I, 213), sentido que está asegurado en los ejs. del 5 S. XVII que citan Bluteau y Moraes, mientras que el derivado *lapedo* 'conjunto de losas' nos asegura la otra ac. desde 1161 (Viterbo)[1]. Para la extensión dialectal, vid. Hubschmid; y lo firme y seguro nos lo indica la toponimia con importantes 10 orónimos y topónimos: Serra da Lapa entre Duero y Mondego con el pueblo de *Lapa* al pie, 40 km. NE. de Viseu, otros pueblos *Lapa do Lobo* junto al Mondego y más cerca de Coímbra (a 50 km.), *Lapas* al NE. de Santarén, *Lapa* barrio de Lisboa 15 e islote de Madeira, *Lapela* junto a Monção a la izquierda del Miño. En castellano quizá sea portuguesismo, o puede ser antigua palabra perdida en los dialectos centrales, pero conservada en el derivado *solapar,* que significaba propiamente 'cubrir 20 con algo sobrepuesto'; 'levantar empujando hacia arriba, solevantar': «si a poder de repelones el pellejo vos *ssolapo»,* h. 1400, en el *Canc.* de Baena (p. 105); 'cubrir': «te quiero mostrar las maravillas que este alcázar *solapa»* (*Quijote* II, xxiii, 25 *Cl. C.* VI, 92), con frecuente traslación peyorativa «*solapar:* malignitatem tegere» (Nebr.); Cej. VII, § 41; otro derivado es *traslapar* 'sobreponer' [1640, Martínez de Espinar, hablando de las piezas de un cañón], santand. *treslape* 'parte de la lastra 30 superior que en los tejados cubre a la inferior'.

Desde luego no podemos vacilar en desechar la idea de García de Diego (*RFE* XV, 342) de que *solapo* y *solapa* sean derivados del lat. LAPIS, -ĬDIS, 'piedra', a pesar de que en Soria se diga *solabio* 35 «socavo de una roca o terreno», que es derivado evidente de *labio,* en el sentido de 'reborde inferior del terreno sobresaliente', y sin relación con *lapa:* de LAPĬDEM sólo podía salir *laude* o **lábe(d)* en romance. Tampoco convence Brüch (*ZRPh.* 40 LII, 576-7) al admitir que el tipo **CLAPPA* 'roca' (V. *CHAPA*) se debilitó en **GLAPPA* en iberorromance, que por vía fonética debía dar · *lapa;* se oponen a ello las formas occitanas a que luego me referiré. 45

Hubschmid hijo estudió a fondo el problema en su artículo de la *Festschrift Jud* (255-7, 271-2, 278-9), en el cual se basa el *FEW* (V, 173-4): llamó la atención hacia el landés *lapà* «espèce de pierre ferrigineuse» (será un colectivo en -ARE) y 50 la forma *soulapo* «caverne sur le bord d'une rivière», empleada en el Sur del Cantal; desearíamos más documentación occitana para mayor seguridad. Admite Hubschmid un prerromano **LAPPA,* de origen «mediterráneo» y oriundo de Hispania: 55 para ello se apoya principalmente en el nombre del conejo, port. *láparo* y *lapouço*[2], fr. *lapereau, lapin;* éstos debieran ser tomados de España, de donde es originario el conejo[3], y efectivamente hay testimonios en el S. XIII de que en el Poitou 60

se compraban conejos importados de España[4]; ahora bien, otros nombres del conejo, como CU-NICULUS y LAUREX, derivan de vocablos que significaban 'madriguera', lo mismo que *láparo* deriva de *lapa* 'cueva', y si en la Península se formó ya en fecha antigua este importante derivado, es lícito deducir que el primitivo **LAPPA* sería una vieja voz local e hispánica, cuya área se extendía hasta el umbral de la Auvernia, según ocurre con otros iberismos.

El razonamiento que he reproducido es aceptable y convincente[5]; por lo menos lo es en cuanto a la antigüedad del vocablo en la parte occidental de la Península Ibérica, pues fuera del leonés y el gallegoportugués los testimonios de **LAPPA* son demasiado esporádicos o indirectos para que podamos asegurar nada. *Solapar* y *solapa* pueden ser leonesismos o portuguesismos en Castilla; en Aragón y Cataluña no tenemos ningún testimonio (el cat. *solapa,* aplicado sólo al vestido, es castellanismo, según muestra la *l-,* aún sentido como tal y sin testimonios antes del S. XIX); y puesto que se llevó a Francia el nombre del conejo, de uso tan general, mucho más fácilmente pudo llevarse allá el de su madriguera, representado solamente por el aislado *soulapo* de Aurillac, y llevado allá por los cazadores y mercaderes españoles: nada tiene de extraño que de 'madriguera' se pasara a 'caverna' en general; en cuanto al landés *lapà*[6] «espèce de pierre ferrugineuse», su sentido es tan diferente del del port. *lapa* que nada nos asegura sea el mismo vocablo: más probable es que vaya con *LAPA* III, ya que en las Landas hay *lapo* 'arcilla no compacta', que el propio Hubschmid atribuye con razón a esta otra palabra. Con ello quedamos limitados al Oeste hispánico. Por lo que hace a la antigüedad del vocablo, conviene no dejarse seducir por los tipos **LAPPĂRO-* y **LAPPAU-CIO-,* de corte arcaico, imaginados sin necesidad por Hubschmid para *láparo* y *lapouço,* pues los sufijos *-aro* y *-ouço* son vivos y creativos en portugués[7]; luego no tenemos pruebas de que el tipo *lapa* sea mucho más antiguo que su primer testimonio de 907. Sin duda su especial arraigo toponímico podría revelar una procedencia prerromana, y es posible, en efecto, que sea antigua voz local del occidente ibérico; pero ante la falta de todo punto de apoyo comparativo en el céltico insular o en ibero-vasco conviene preguntarse si no hay otras posibilidades[8].

En primer lugar observemos que lo que hace la losa que cubre la entrada de una oquedad se dice en inglés *to overlap* (p. ej. «buds are commonly covered with overlapping scales»), formación paralela a *so-lapar,* y el simple *lap* es «to pass over and close (a port, speaking of a slide-valve)» o, en general, 'doblar, envolver, cubrir', derivado del sustantivo *lap* 'lóbulo', 'faldones, regazo', y también 'salidizo, solapadura, avance', que ya existía en anglosajón, *læppa* 'faldón, bordillo', b. alem.

med. *lappe*, neerl. *lap*, de los cuales se tomó el alem. *lappen* 'trozo de paño colgante', 'pingajo' (y a. alem. ant. *lappa*), escand. ant. *leppr* 'trozo de paño', 'rizo de cabello'. Nada difícil sería postular a base de ellos un gót. *LAPPA 'paño colgante', y quizá ya 'salidizo, solapadura' como en inglés. La roca sobresaliente se habría comparado con el trozo de paño que cuelga sobre algo: nada más natural; y sabido es que abundan los germanismos propios del Noroeste hispánico, donde fué más intensa que en parte alguna la colonización suebovisigótica. Pero es el caso que también hallamos *lappole* 'párpados', 'cejas' en Pisa (Malagoli), y una variante *léppole* existe en otras hablas de Italia, según nos muestra el *AIS* (I, 102): la idea fundamental es la misma de objeto sobresaliente, y creo que debemos vacilar en ver ahí otra herencia gótica, sobre todo ante la inexplicable alternancia *lapp-:lepp-*. Más bien me inclinaría a admitir, como ya insinuó Spitzer (*ZRPh.* LI, 706), un radical LAPP- de creación expresiva y paralelo a KLAPP- (V. CHAPA), con la idea de 'tapar', 'golpear algo tapándolo', como el colgajo agitado por el viento, o la losa que oscila apoyada en un terreno desigual: al fin y al cabo es posible que la citada familia germánica se explique igualmente, como hermana y no como madre de la romance, pues el parentesco admitido con el gr. λοβός 'lóbulo' no explica de por sí la geminada germánica[9]. Recientemente, en *RF* LXIV, 50-52, agrega Hubschmid otros representantes de esta familia, que refuerzan más la impresión de una raíz expresiva.

DERIV. *Solapar* (V. arriba); *asolapar* 'asentar una teja o losa sobre otra de modo que sólo cubra parte de ella' [1777, *DHist.*]; *solapado* [Fuero de Vizcaya]; *solapo* [1605, *Pícara Justina; a solapo* 'a escondidas, bajo mano', 1613, *Celoso Extremeño*]; *solapa* 'la parte del vestido que se pone encima de otra' [*Aut.*], también *solape* (íd.) o *solapamiento*. *Traslapar* (V. arriba); *traslapo*; *treslape* (V. arriba).

[1] Según Sarm., «la palabra *lapa* o *lampa*» se usaría y «se entiende en Pontevedra por sepultura» (*CaG.* 60v); luego cita «en *â lampãa* onde jaz miña filla Ynes» en doc. pontevedrés de 1427, y acaso sea lo mismo en uno de 1476, de sentido incierto por el contexto («para huma *lampaa* ante a capela nova», acaso 'lámpara'); por lo menos, en parte, de todos modos, el sentido es 'tapa del sarcófago': «e que labren la *lampara* que está ante la puerta de la dicha yglesia e la lanzen sobre mi sepoltura» en 1501, *o. c.* 168v, 178r, 171r. Luego todo esto es un cultismo procedente de *lapídem* y alterado por la paronimia con el otro vocablo sacristanesco *lampǎdem*, y aunque propiamente se sentiría algún enlace con *lapa*, no parece que haya prueba alguna del uso de la forma *lapa* para 'sepulcro' y en todo caso estos datos no nos orientan en nada sobre el origen de *lapa* 'solapo' o 'cueva'.— [2] Comp. Évora *alapardar-se* 'esconderse' (*RL* XXXI, 109).— [3] Un detalle importante se fija mejor en el *FEW*: el fr. *lapin* [S. XV] ha de ser cambio de sufijo, puramente francés, de *lapereau* [1320], pues no hay en la Península forma alguna indígena con este sufijo: rosell. y cat. ribag. *llapí* son galicismos locales y esporádicos, y al port. dial. *lapim* (en Arcos de Valdevez) le denuncia como tal su terminación (no -*inho*).— [4] En apoyo del origen portugués nótese que *lapin* significa al principio *gazapo*, lo mismo que *lapereau* y el port. *láparo*, -*ouço*; con este sentido se opone a *connin* 'conejo' en el Diario del normando Gonberville a med. S. XVI (*ASNSL* CLXX, 309).— [5] Los gót. *LAPPA-AUSÔ 'oreja pendiente', y su hipocorístico *LAPPILÔ, que Brüch (*ZRPh.* L, 68-74) postula como étimos de *lapouço* y *láparo*, son construcciones inverosímiles y además tropiezan ambos con dificultades fonéticas. Con buenas razones los rechazó Spitzer en la nota abajo citada. Pero quizá se pasara de 'conejo' a 'madriguera' (y no a la inversa) y se trate de un sorotáptico LAPPĀ O LAPPO-(-IN) 'conejo' que podríamos combinar con el prus. y lit. *lape* 'zorra', letón *lapsa* [= ἀλώπηξ ??] y las palabras para diversos animales reunidas por Pokorny, *IEW* 1179.12, etc. (algunos han pensado [vid. *DCEC* III 1004b] que *raposa* y palabras conexas vengan también de allí, cf. oc. *rabàs* 'tejón'); la idea de que sea una palabra sorotáptica invitaría a añadirle alb. *lapë* (< LĀPĀ) 'vaca', suizo *loobe* 'íd.', let. *luõps* 'ganado' (Pokorny, 654.10) recordando cuántas veces toman múltiples sentidos concrétos (muy vagamente conexos) las raíces indoeuropeas aplicadas a animales, plantas, partes del cuerpo y campos semánticos análogos.— [6] Así hay que acentuar, puesto que el dialecto de las Landas no tiene palabras en -*a* átona.— [7] Nótese que casi todos los ejs. de -*ouço* que cita Hubschmid se aplican a radicales puramente romances (*pedrouço, medouço, galarouço*); en otros no hay tal sufijo, pues *CADOZO* es arabismo todo entero (véase este artículo). Lo que él toma por alternancia céltica, en -*oço* junto a -*ouço*, no creo que sea más que pronunciación dialectal portuguesa. Acerca de este sufijo, vid. Spitzer, *ZRPh.* LIII, 298. Ejs. de -*aro* agregado en romance he dado muchísimos en este libro.— [8] Hubschmid supone que *LAPPA es un hermano «mediterráneo» [¿en Portugal?!] del lat. *lapis* y del gr. λεπάς, pero este último significa 'roca pelada' y por lo tanto es derivado puramente griego de λέπειν 'pelar'; en cuanto a *lapis*, Ernout-M. y Walde-H. coinciden en que es palabra de origen completamente incierto.— [9] Una formación como «sombrerito *lapa-lapa*» 'sombrerito de alas caídas', que leo en una copla popular de Santiago del Estero, Arg. (O. di Lullo, *Canc.*, p. 378), parece indicar que este radical sigue con fuerza creativa. Verdad es que hay hermandad

con el quichua *laphápa* «tela que cuelga de ciertos sombreros y del quepis de los soldados, para hacer brisa» (Lira), pero este vocablo está aislado en quichua y falta en González de Holguín (1608), de suerte que allí es también creación moderna. 5

Lapachar, V. *lapa* III   *Lápade*, V. *lapa* I
Lapar, V. *lamparón*

LAPAROTOMÍA, compuesto culto del gr. λα- 10 πάρα 'ijadas' y τέμνειν 'cortar'. *1.ª doc.*: Acad. 1925.

Lapaz, V. *lampazo*

LÁPIDA, tomado del lat. *lapis, -ĭdis* 'piedra', 15 que en la baja época era femenino. *1.ª doc.*: Berceo, *Sacr.*, 270d, 271c[1].

Después no conozco otros testimonios hasta med. S. XVII (M. de Ágreda, Cornejo, en *Aut.*; 20 falta APal., Nebr., C. de las Casas, Oudin, Covarr.). La misma forma tiene el vocablo en el port. *lápida* [S. XVII-Moraes; hoy se prefiere *lápide*], cat. *làpida* íd., it. *làpida* 'piedra que tapa un pozo', ant. 'lápida' (hoy *làpide* en este sentido). 25 Esta variante arranca ya del bajo latín, donde el género femenino de *lapis, -ĭdis*, estaba muy arraigado (*Bull. Du C.* XII, 122), lo mismo que en latín arcaico; aunque en el latín medieval suele hallarse *lapis*, no falta algún ej. de *lapida* (h. 1050, 30 *FEW* V, 171a). Duplicado procedente del nominativo latino es *lápiz* [*lapis*, Góngora, Oudin; *lápiz*, 1708, Palomino; *Aut.*; Cej. VII, § 36], que junto con el port. *lapis* y el cat. *llapis* se tomó seguramente del it. *lapis*, de uso frecuente desde la pri- 35 mera mitad del S. XVI por lo menos (Cellini, Vasari, Galileo, etc.): penetró en calidad de término pictórico (así en Palomino) y tomó el sentido actual por la barrita de grafito u otras sustancias minerales empleadas para hacer lápices[2]. Es muy 40 dudoso, en cambio, que sea otro duplicado, menos culto, *laude* 'piedra con inscripción sepulcral' [*lauda* o *laude* «une grande pierre comme pour mettre un épitaphe ou autre inscription», Oudin; *laude* «la piedra con inscripción que se pone sobre la 45 sepultura del difunto», Covarr.; ej. en Colmenares, 1640; *lauda* figuraba como ant. en Acad. 1843, calificación que después se ha borrado], pues como cultismo habría debido ser *lápida*, y como voz hereditaria esperaríamos algo como **lábie* o 50 **labe* (comp. ⁻ĬDUS > ⁻io, en *limpio, lucio, lacio*, etc., y por otra parte *TRÉBEDES*); aunque una evolución semiculta **labde* > *laude* no sería enteramente inconcebible, ante el caso de *RAUDO* y *estreudes*, y el duplicado con *-a* sería también ex- 55 plicable con LAPÍDA, es más sencilla y más verosímil la explicación de Covarr. «a *laudando*, porque en ella se esculpen los títulos y loores» del difunto: luego sería otra ac. de *laude* ~ *lauda* 'alabanza'[3].

DERIV. *Lapidar* [*Apol.*, 559d; *Alex.*, 1745], tomado de *lapidare* íd.; *lapidación; lapidario* [APal. 234b]. *Lapídeo; lapidoso. Dilapidar* [1413, E. de Villena, *Tr. de Hércules, Aut.*], de *dilapidare* 'lanzar acá y acullá como chinitas', 'malgastar'; *dilapidación; dilapidar. Lapicero; lapizar.*

CPT. *Lapislázuli* [1555, Laguna], tomado del it. *lapislàzzuli* (de donde se extendería al francés y demás idiomas modernos), cuyo segundo elemento procede del persa *läžwärd* 'lapislázuli' (comp. *AZUL*); de ahí el derivado *lazulita*.

¹ En estos pasajes no tenemos más que la copia del S. XVIII.— ² No procede de **lápid*, con pronunciación comparable a *Madriz*, según supone Leite de V. fijándose en el mirand. *lápeç*, pl. *lápedes*, vulgarismo local y moderno (*Philol. Mir.* I, 320). La *-z* castellana se explica juntamente por el timbre extranjero de la *s* italiana y por la rareza de palabras castellanas en ⁻is. En América, a causa del seseo, se emplea mucho el plural *los lápiz* (A. Alonso, *Probl. de la l. en Amér.*, p. 92).— ³ La duda quizá no se pueda nunca solventar del todo, pues ni siquiera la existencia de una variante **labde* sería decisiva, cuando son corrientes las grafías ultracorregidas como *abténtico*.

Lapilla, V. *lampazo*   *Lapilla*, V. *lapa* I
Lapislázuli, lápiz, V. *lápida*   *Lapo*, V. *lamparón*,
alabar y *lapa* IV

LAPSO, tomado del lat. *lapsus, -ūs*, 'deslizamiento, caída', 'acto de correr o deslizarse', derivado de *labi* 'deslizarse, caer'. *1.ª doc.*: 1554, *N. Recopil.* II, x, 12 (*Aut.*): «*lapso* y transcurso de treinta días».

Falta en los diccionarios del Siglo de Oro, y es ajeno al léxico de Góngora y del *Quijote*, pero *Aut.* cita ej. en texto literario de la primera mitad del S. XVII. Después se ha afirmado en el idioma culto[1].

DERIV. *Labe* [1626, F. de Navarrete], tomado de *labes* 'caída', 'ruina', 'mancha'; *labeo*. De LABES por vía popular procede el napol. *lavę* (comp. cat. *(a)llau* 'alud', del mismo origen), de donde it. *lava*, y de ahí el cast. *lava* 'materias en fusión que salen de los volcanes formando arroyos encendidos'. *Lábil* [Acad. 1925], de *labĭlis* íd.

Colapso, tomado de *collapsus, -ūs*, 'caída, hundimiento', derivado de *collabi* 'hundirse', que a su vez lo es de *labi*.

Ilapso, de *illapsus*, de formación paralela.
Prolapso.
Relapso [1595, Guardiola, *Aut.*], de *relapsus, -a, -um*, 'que ha vuelto a caer'.

¹ Acerca de si es correcta la expresión *lapso de tiempo*, vid. *BRAE* XI, 203-9.

Laqueado, V. *laca*

LAR, 'cada uno de los dioses familiares', 'ho- 60

gar', tomado del lat. *Lar* íd., íd. *1.ª doc.: lares* 'hogar', Góngora.

Falta en C. de las Casas, Oudin, *Quijote*, etc.; *Aut.* señala otro ej. del S. XVII, y el empleo de *lares* en el sentido gongorino se ha hecho común en el idioma literario, aunque conserva resabio fuertemente culto; Cej. VII, § 33; Covarr. señala una ac. popular: «*lares*: los hierros que están en el hogar, de los cuales cuelgan los calderos para calentar el agua y guisar». En esta ac. el vocablo arraigó en Asturias, en la forma local *llares* (también *llar* 'hogar' en Colunga: Vigón), también en leonés salmantino («duernas, dornajos y *llares*» Lucas Fernández, ed. 1867, p. 31) y desde ahí se extendió a varios lugares del territorio español, como Cespedosa (*RFE* XV, 145), el Noroeste de Cádiz (*BhZRPh.* LXXXIX, 89), bilb. *llara* (Arriaga). De igual origen es el cat. *llar* f. 'hogar', Bearne y Bigorra *la* f. «dalle du foyer», gasc. y langued. ant. *lar* (Rohlfs, *BhZRPh.* LXXXV, § 192) y port. y gall. *lar* 'hogar de fuego', 'hogar = vivienda'.

En radical desacuerdo con la opinión unánime de todos los que hasta aquí han tratado de la etimología de *llares* 'las cadenas en que cuelgan los calderos en el hogar', G. de Diego (*BRAE* XXXV, 209-11; *GdDD* 4686) asegura que este nombre no procede del lat. LAR 'hogar'. Esta etimología, pese a la unanimidad de los eruditos antiguos y modernos, sería nada menos que absurda, y la suya, si le oímos, es la evidencia misma: se trataría de una aféresis de *cadenas ollares*, derivado de *olla*. Por mi parte no niego que se trate de una idea que parece convincente, por lo menos a primera vista, pero un examen crítico y riguroso no muestra la evidencia de que nos habla el veterano colega.

Examinemos sus datos y argumentos uno por uno. 1.º En parte de Burgos, Guadalajara y Cuenca se dice *ollar* y no *llar* para la 'cadena del hogar', y es evidente que ha de ser aquélla la forma originaria. 2.º El resultado fonético de LAR en castellano es *lar* y no *llar*; ahora bien, la forma *lar* como nombre de dicha cadena no existe. 3.º El cambio de L- en *ll-* es estrictamente propio del catalán y de una pequeña parte de las hablas leonesas, y suponer que una forma leonesa se hubiese propagado y generalizado como nombre de este objeto sería inconcebible. 4.º Aun si admitiéramos tal posibilidad en teoría, el hecho es que en estas zonas leonesas y catalanas las cadenas del hogar no se llaman *llares*, sino que se les dan los nombres de *ABREGANCIAS, caramilleras* (*CREMALLERA*), *jarriales* (o cat. *calamàstecs, cremalls*), luego mal pudo tomarse en préstamo de esos dialectos una denominación que en ellos no existe. 5.º Sería inconcebible el cambio semántico de 'hogar' en 'llares'. 6.º Los demás idiomas y el castellano mismo dan todos a las cadenas del hogar nombres que envuelven fundamentalmente la idea de 'colgar' (gr. χρημαστήρ, de donde *cremallera*, etc.;

abregancias de PLICARE 'clavar') y aun más comúnmente consisten en un derivado o compuesto de la palabra *olla* o de un equivalente, aludiendo al utensilio que cuelga de los llares: alem. *kesselhaken*, ingl. *pot-hanger* o *pot-hook*, cast. dial. *calderizo* y *jarrial*; paralelamente *ollares*, derivado de *olla*. 7.º La reducción de *ollar* a *llar* es un hecho de aféresis trivial, tal como en (o)*bispo*, (o)*brizo*, (o)*chavo*, mientras que un cambio de *lar* en *ollar* sería inexplicable: luego *llar* nada tiene en común con el lat. LAR y la forma que todos los etimologistas han tomado por primitiva no es más que una alteración vulgar comparable a *chavo*.

No me reprochará el Sr. G. de Diego que no haya reproducido todos sus argumentos y datos; por el contrario, creo haberlos presentado cada uno con toda su fuerza y aun en forma más ordenada y lógica que su autor. Pero he aquí lo que queda de ellos en la realidad. 1.º G. de Diego no dice dónde ha encontrado esta «decisiva» forma *ollares*; he leído concienzudamente los once primeros tomos de la *RDTP* y centenares de glosarios y publicaciones dialectales, y ésta es la primera vez en que hallo mención de tal forma. En diversos artículos he señalado y aun probado docenas de veces que este filólogo inventa a cada paso formas y significados siempre que le conviene en apoyo de sus etimologías; en los vocabularios de estas provincias publicados en dicha revista no hay, desde luego, nada de esto (Guadalajara, *RDTP* II, 142; Renera, ibid. VII, 139; y en los dos vocabularios burgaleses, bastante copiosos, de Guadilla y de Quintanillabón: *RDTP* V, 149; IX, 54); luego si alguien pone en duda la existencia real de la forma *ollares*, nadie podrá tacharle de excesivamente desconfiado.

Y sin embargo digo que no dudo de la existencia de tal forma en alguna parte, especialmente en algún pueblo de Burgos, provincia que G. de Diego conoce de primera mano y que en su juventud recorrió palmo a palmo: debe de tratarse de alguna forma local recogida por él personalmente. Pero, en lugar de localizar vagamente, aun reconociendo, como hace, que sólo se emplea «en parte» de la provincia, habría debido especificar en qué pueblos, porque no dudo que se trata de una variante poco extendida y estrictamente local; en cuanto a las otras dos provincias, quizá también exista ahí en algún punto suelto, pero ya tenemos derecho a ser más escépticos, dadas las libertades que suele tomarse el autor, pues lo que se halla realmente allí es *ollero* «trípode para sostener los pucheros junto al fuego» en Renera (Guadalajara), *l. c.* ¿Será éste el fundamento único de la afirmación y la forma *ollares* será sólo una forma supuesta por el Sr. G. de Diego? Más de una docena de veces le hemos sorprendido en inexactitudes tanto o más graves; sin embargo, quiero creer que en este caso no sea así.

Pero en cuanto a que *ollar* sea «evidentemente» lo originario, nadie querría seguirme, aunque quisiera concedérselo. En Santander el adral del carro se llama *odral*, en la Rioja y Burgos mismo el lagar se llama *agar*; ¿por qué no fundar ahí sendas y brillantes etimologías nuevas? *(L)agar* vendría de *AQUARIS, puesto que es lugar de líquidos; *odral* derivaría de *odre*, por ser el lugar del carro adonde se sujetan los odres; la aglutinación de *l-* es un hecho «trivial», la asimilación vocálica también. *Agar, odral*: ¡he aquí las formas «evidentemente» originarias, si hemos de seguir las nuevas normas etimológicas que se nos proponen! No: aun un estudiante del primer año de Filología se da cuenta de que *agar* y *odral* son formas alteradas por deglutinación o por etimología popular. Y se da cuenta de ello porque lo único antiguo, y lo único aceptado por la lengua literaria (más respetuosa de las formas tradicionales que los bables locales), son *lagar* y *adral*, documentados ambos desde antiguo, procedente éste de un *ladral* todavía más antiguo, y ambos asegurados por las etimologías satisfactorias LACUS y LATERALIS. En nuestro caso presente ha echado mano el Sr. G. de Diego del recurso de decir que la etimología LAR no es satisfactoria, pero hay que proclamar en seguida que lo único aceptado por la lengua culta y lo único documentado desde antiguo es *llar*, forma ya empleada en doc. de Sta. María de Frías de 1372: «unos *llares de fierro*» (Mz. Pidal, *Enc. Ling. Hisp.* I, p. XCVII); h. el a. 1500 por Lucas Fernández, ed. 1514, fº A V, rºa, y confirmada uniformemente por todas las fuentes literarias desde entonces acá: Aldrete, *Aut.*, etc.; el propio G. de Diego cita de Pérez Moya, en 1673: «las cadenas en que cuelgan las calderas al fuego se dicen *llares*, de [lat.] LARES». Habría que dar razones muy fuertes y argumentos muy recios para destruir en nuestro ánimo la legítima presunción de antigüedad que esta uniformidad presupone. Pero pasemos a los demás argumentos.

2.º La forma *lar* no sólo no es cierto que no exista, sino que está documentada desde antiguo como nombre de las cadenas del hogar: es la que da Covarrubias, y es la que hoy se emplea en la Beira (*lares*, *RL* XI, 158) y en Mogadouro —Tras os Montes (íd., *RL* V, 95)—, mientras que en la localidad vecina de Lagoaça se dice en forma levemente alterada *lárias*, en las tres con el sentido precisamente de 'cadenas del hogar'; *lares* es también antiguo en estas tierras y lo recoge ya el dicc. de Moraes como provincialismo portugués. Sospecho que debe de existir también en lugares de Castilla, pero yo no aseguro más que aquello de que puedo dar pruebas; en todo caso ahí tenemos en forma apenas levemente alterada *elar* «cadena gruesa, rematada en un gancho, que sirve para colgar el caldero sobre el hogar» [< *el lar*], usual todavía en Navarra (Iribarren), sin hablar del derivado vasco *laratz* (vasco común), *elaratz* y *elatz* (guip.)[1].

3.º El cambio de L- en *ll-* es desde luego ajeno al castellano; en este punto doy la razón a G. de Diego y se la niego a M. P., en cuya teoría de la existencia de la pronunciación *ll-* en fecha preliteraria por Castilla y Mozarabía (y ni siquiera por Aragón) no creo en absoluto; de todos modos todos estamos de acuerdo con M. P. en que la *ll-* tuvo grandísima extensión en las zonas de dialecto leonés, *latissimo sensu*, incluyendo las provincias de Santander, Salamanca, etc. Y el hecho es que los *llares* o cadenas del hogar son un enser propio del Norte de España, y aunque se emplee en partes del Centro y aun algún punto del Sur, de una manera general es ajeno a la casa andaluza y del mediodía español (desconocido, p. ej., en la prov. de Almería), y en ninguna parte es de uso tan frecuente y típico como en el extremo Norte de la Península, desde Cataluña hasta Galicia pasando por Santander, etc.; luego ya no sólo no es inconcebible que el cast. *llares* sea un préstamo de las hablas de esta zona, sino que es natural y aun es de esperar; los demás nombres de este objeto usuales en castellano presentan igualmente las características fonéticas del dialecto leonés: *cremalleras* o *caramilleras* en su -*ll*-, *abregancias* en su -*r*-. Y no sólo no es inconcebible que el nombre de los *llares* sea objeto de préstamo lingüístico, sino que la existencia de tal préstamo se hace indiscutible y aun palpable por la forma port. *lhares*, usual en otras partes de la Beira (*RL* I, 213), cuya *lh* en portugués es absolutamente incompatible con la etimología OLLA de G. de Diego, y sólo puede explicarse por este mismo préstamo lingüístico del leonés que él tiene tanto empeño en negar.

4.º Que en las zonas de L- > *ll*- sea desconocida la palabra *llares* es falso de toda falsedad: ya hemos visto que la empleaba el salmantino Lucas Fernández y hoy corre en partes de Asturias (Vigón) y de Santander; el propio G. de Diego cita de Pereda la frase «las llamas lamiendo los *llares*», cuyo sentido es inequívoco: el contexto muestra que no se trata del hogar, sino de las cadenas. Desde estos lugares es desde donde se propagó el vocablo. Sin duda en otras hablas leonesas se dice *abregancias* o *caramilleras*: nada más natural dada la inmensa variedad de los dialectos astur-leoneses; y es natural también que en parte de ellos *lar* o *lareira*, *llar* o *llareira*, sólo designe el hogar (como en Sanabria: Krüger, *Gegenstandsk.* 83-84).

5.º Nada más natural que algo que significa de por sí 'hogar' pase a designar lo que precisamente suele llamarse *cadenas del hogar*. Todavía lo comprenderemos mejor si tenemos en cuenta el sentido harto vago y comprensivo de LAR en las hablas del Norte hispánico: en el trasmontano de Vila-Real *lar* es un hornillo de madera cerrado (*RL* XII, 105), y en Santander *llar* se aplica a un fogón que está en un poyo o meseta. Por esta razón el hogar en sentido estricto se llama en Santander *el llar bajo;* como dice Pereda: *la lumbre en el llar bajo, o sea en el santo suelo.* Por oposición con esto hay, claro está, un *llar alto,* que puede ser el mencionado fogón sobre poyo, o simplemente la parte alta del hogar, en la que quedan suspendidos los calderos; suspendidos de las cadenas, y he aquí por qué éstas constituyen el *llar alto,* y por lo tanto se llaman *los llares,* expresión que por el mismo hecho de estar en plural (como *cadenas*) ya es inequívoca y no necesita determinativo. Sea como abreviación de *cadenas de los llares* o bien de *llares altos,* nada más comprensible que el uso de *llares* como sinónimo de *calamilleras.*

6.º Ahí parece guardar el Sr. G. de Diego su triunfo: el alem. *kesselhaken* es paralelo de sus *cadenas ollares.* Pero no, porque *kessel* es 'caldero' y no 'olla': realmente lo que se cuelga de los llares son utensilios de metal y no de barro (que fácilmente se romperían si cayeran); son, pues, calderas y calderos. De ahí que los llares se llamen *calderiz* en la Puebla de Híjar, *calderizo* en otras partes; el inglés *pot* es un término genérico. Las ollas podrán quizá colgarse también de los llares, pero no suele hacerse tanto: V. los grabados de las *abregancias* de Sanabria (Krüger, *o. c.,* p. 93) o del *llarín* o *llar* de Segovia (*RDTP* I, 684), o la definición de Covarr. y la que se da con referencia a Vila-Real: «em cima do lar ['hogar'] a cambalheira ['cremallera'] que sustem uma c a l d e i r a» (*RL* X, 212; XI, 299; XII, 102), en todas partes lo que se pinta o se menciona en relación con los llares es una caldera o caldero, nunca una olla; ésta, para mayor seguridad, se pone sobre los estrébedes, y éstos sí que pueden llamarse *olleros,* como hemos visto que ocurre en Renera de Guadalajara.

7.º Que *llar* no es un vulgarismo como *chavo* ya lo hemos probado con las alusiones a Aldrete, Lucas Fernández, etc. Que no tenga nada en común con el lat. LAR, ya sería difícil de creer, aun si no viéramos tan fácil la evolución semántica: así como en el sentido de 'hogar' es voz ora femenina (cat., gasc.), ora masculina (santand., sanabr., port.), también *llares* 'cadenas del hogar' aparece con ambos géneros, masculino en Aldrete y en Pereda, pero como femenino lo empleó Pantaleón de Ribera (vid. *Aut.*) y éste es el único género que *Aut.* admite. Notable sería esa coincidencia si no hubiese identidad etimológica, y partiendo de *cadenas ollares* el género masculino que hoy predomina sería incomprensible. Niego rotundamente que haya la menor dificultad en explicar como alteración la forma *ollar* (admitiendo que exista): *la llar* se cambiaba muy naturalmente en *l' allar* y éste pasó a *ollar* por un influjo meramente superficial de *olla;* según el propio *GdDD allar* es como se llaman las cadenas del hogar en otras partes de Burgos y en la Rioja, de lo cual no hay que dudar puesto que ahí cita el testimonio de

Goicoechea, y la aglutinación se produjo igualmente cuando el vocablo tiene el sentido de 'hogar', con la misma propagación de la variante leonesa afuera de sus límites dialectales, pues difícilmente puede dudarse de que viene de LAR el gall. *anllar* (Vall.), *inllar* (ib., Supl.), «sitio retirado en las cocinas, cerca del hogar, para tener la leña partida que ha de consumirse durante el día o por la noche» (hay todavía una variante gallega *illar* sin la nasal secundaria, si hemos de creer a *GdDD*): es otra especialización semántica de LAR, comparable a la del *llar alto* y *llar bajo,* y no hay por qué pensar en ANGULARIS, como se dice en este diccionario (n.º 527). Lo que sí, en cambio, tenemos derecho a negar es que fuese fácil el cambio de *ollares* en *llares,* que G. de Diego califica de «trivial». Los ejs. que da del mismo son recusables. ¿Por ventura se ha dicho *bispo* en Castilla? Se dice en Portugal, se ha dicho en Aragón y se dice *bisbe* en Cataluña, o sea en tierras donde el artículo determinado es *lo* o bien *o,* y por lo tanto se trata de una deglutinación; análogamente *chavo* es propio de Cataluña, Aragón y Murcia (además se comprende que *un ochavo* pudo separarse como *uno chavo*); en cuanto a *brizo* y *obrizo* son dos palabras que nada tienen que ver entre sí. En general la aféresis es un fenómeno concebible sólo en palabras que se empleen en singular, porque entonces siempre cabe por lo menos un encuentro con la vocal final del artículo, de un adjetivo epíteto, etc. Pero *llares* y el supuesto *ollares* es palabra sólo empleada en plural, y ahí, en las combinaciones *los ollares* y análogas, la pérdida de la *o-* ya sería inexplicable.

En una palabra, no hay motivo alguno para dudar de que la etimología tradicional de *llares* sea la correcta.

DERIV. Gascón pirenaico centro-oriental *larè* 'el hogar', gall. y port. *lareira* íd. («ó redor da *lareira*» Castelao 185.21), gall. centr. *lareiro* «despectivo de hombre tosco, grande, rústico, mal hecho» (Sarm., *CaG* 109r), orensano *larengo* (ib. 90v, 202r) 'lechón', cerdo doméstico' y el pontev., trasm. y sanabrés *larego* (Pensado, *o. c.,* pp. 223-5, demuestra como otras formas, **lareizo,* etc., y significados introducidos por los lexicógrafos gallegos se deben a lecturas erróneas y desinteligencias de los textos de Sarmiento); se trata de derivados de *lar* 'hogar, casa, patria' sea en el sentido de 'cerdo doméstico' (opuesto al jabalí) sea en el de 'puerco patrio', pues en efecto consta que en la cordillera central (O Seixo) designan *lareses* a los «puercos del país», parecidos a los canaveses y más o menos diferentes de los *puercos de Castilla;* otra variante será un mote gallego *laranxos* 'hombre tosco, rústico, palurdo' (Sarm. *o. c.* 109v y copla 734) sacado de *lareiro* o *larafouzas,* por intrusión humorística de *laranxa* 'naranja' y el cast. *naranja* (gall. *laranxeiro, CaG.* 93r, v); cf. aquí *larafouzas,* s. v. HOZ II. *Larario.* Ast. *llarada* 'porción de nueces, manza-

nas, etc., que se ponen en un sitio a escondidas'
(V). Sajambre y ast. *allariao* 'se dice del suelo
cubierto de fruto caído durante la noche' (Fz.
Gonzz., *Oseja*, 188).

¹ Más que ser deriv. debe de presentar evolución
de *-es* en *-etz* (cf. *gorputz* CORPUS, etc.) y asimilación vocálica. Schuchardt, *BuR*, 25, explicó el
pasó a *laatz* > *labatz* > *lagatz* en forma que no
admite duda. Y nótese que todas estas variantes
—en particular la más general *laratz*— son elocuente prueba de que lo antiguo en las hablas
castellanas próximas al vasco era *lares*, y no
llares, que habría dado en vasco formas como
*iĺares, **eĺares* o **liares*, todas ellas inexistentes.

LARDO, del lat. LARDUM íd. *1.ª doc.*: J. Ruiz,
1373b¹.

APal. «*lardum*... agora se llama *lardo* y es lo
que se guarda en casa de la grosura mas firme
del puerco»; Nebr. «*lardo de puerco*: lar(i)dum».
Aut. no cita ejs. y hoy es palabra anticuada o muy
regional², reemplazada comúnmente por *grasa* o
gordura. Cej. VII, § 30. Conservado en todos los
romances y más popular en catalán y portugués.
DERIV. *Lardar* [*Aut.*] o *lardear* [M. Alemán;
Estebanillo]; es de interés la ac. 'molestar gravemente a alguno' [*le lardaron a palos*, *Aut.*], 'castigar a uno echándole pringue hirviendo' [Cervan-
tes: Fcha.], comp. gall. *eslardexar* 'enconar la
herida' (*VKR* XI, s. v.), Echo *eslardadizo* 'rasguño' (*RLiR* XI, 161), que parecen relacionarse semánticamente con el fr. *larder* «introduire dans
une viande un morceau de lard» > «transpercer
de flèches, de coups d'épée» (*FEW* V, 190b). *Lardero*, *jueves ~* [J. Ruiz], muy popular en castellano, aunque según Cej. (*Voc.*) hoy sería propio de
Cuenca y Aragón. *Lardón* 'lugar no impreso en
un trabajo tipográfico' (> 'adición hecha al margen en las pruebas')³, quizá tomado del cat. *llardó*
'chicharrón', 'persona sucia', familiarmente 'mancha'. *Lardoso*. *Enlardar*.

¹ No veo razón para considerarlo adjetivo, como
hacen BKKR; habrá una coma: *mucho tozino,
lardo que non era salpreso*.— ² Vivo en el aragonés de Ansó, según me informan particularmente.— ³ *Ladrón* en el mismo sentido será alteración
por etimología popular.

LARGO, del lat. LARGUS 'abundante, considerable', 'liberal, generoso'. *1.ª doc.*: orígenes del idioma (*Cid*, etc.).

General en todas las épocas; Cej. VII, § 30;
ast. *llargu* 'largo', *llargu de mano* 'largo en trabajar' (V); común a todos los romances. La ac.
moderna, por la que *largo* sustituyó a *luengo*, es
tardía: no se puede documentar claramente hasta
Nebr., y aun éste admite todavía «*largo en ancho:
latus*», junto a «*largo en luengo*: prolixus» y «*largo, liberal*: largus». En el *Cid*, *Alex*. (486, 1436b),
Apol. y Berceo (*Signos*, 27d; *Loores*, 2b; *Duelo*,

78d; *S. Mill.*, 361) sólo hallo la ac. 'copioso, abundante, grande, numeroso' o bien 'generoso', y así
es todavía en los glos. de h. 1400 (donde traduce
a *dabsilis*, y *largamente* a *large*, *largiter*, *multipha-
rie*, *latoque*, etc.) y en APal. («*latifundius*: el que
possee *largas* heredades en el campo», 236b; «*dap-
silis*: *largo* en griego», 104b), mientras que en J.
Ruiz aparece la ac. hoy predominante en otros
romances, 'ancho': «estava refusando el asno con
la carga, / andava mal e poco, al cavallo enbar-
ga; / derribóle el cavallo por medio de la varga; /
diz: —don villano nesçio, buscad carrera *larga*»
239d¹ (o bien 'grande': «el cuerpo ha bien *largo*,
mienbros grandes, trefudo», como en inglés y en
francés antiguo). Pero en el Siglo de Oro ya estaba fijado el significado predominante de hoy,
único que registra C. de las Casas (1570) y, junto
con 'generoso', Covarr.; a él corresponden los testimonios allegados por Fcha., y la frase *tan largo
me lo fiáis* en el *Burlador de Sevilla*, comp. *muy
larga me la levantáis* 'me dais demasiado que hacer' en J. de Valdés (*Diál. de la L.*, 19.10). La
misma sustitución de LONGUS ha realizado el cat.
llarg, y al parecer antes que el castellano: «*¿sabs
per què t'enujes de larc offici e lonc sermó?*» se
lee ya en Lulio, a fines del S. XIII (*Doctrina
Pueril*, p. 228), mientras que en los demás romances LARGUS es 'ancho', aun en lengua de Oc
y en portugués (si bien ahí la ac. 'luengo' no es
inaudita y tampoco en gallego²).
DERIV. *Larga*. Gall. *largacío*, *-ía* 'espacioso, dilatado' (Lugrís; Vall., *Supl.*): «xa chegaron os días /
que... / das grandas *largacías* / as brétemas s'alon-
garan: / ven a maturidade / vosa mies verdecente
/ galegos...» Pondal, a. 1910; no en portugués.
Largaria 'longitud' (acentuado en la *a* y no
en la *i*; es forma de influjo catalán, que sólo hallo
en los valencianos B. de Villalba, p. 250, y Tosca;
Covarr. dice que se emplea «en algunas partes»);
largor (*llargor* en Colunga: Vigón); *largura* [Nebr.;
para la Arg., vid. Garzón, pero es de uso bastante general). *Largueza* 'liberalidad' [*Conde Luc.*;
APal. 244b; Nebr., etc.], raramente *larguez*. *Larguero*³. *Larguirucho* [Acad. 1843, no 1817; *langaruto*, Covarr., *Aut.* < *largaruto* por disim.;
langarucho, Terr.; *largaruto* en el chileno Guzmán Maturana, *D. P. Garuya*, 204; *largoruto*
en Málaga, *RH* XLIX, 487; *largurucho* también
andaluz, venezolano, argentino; y el regresivo *lángaro* en la Arg., Colombia, Costa Rica y Méjico],
comp. cat. *llargarut*, Colunga *llargaritu* (Vigón);
el ast. *llangristu* 'sabiondo, respondón' (V), quizá
esté por *llarg(a)ristu*, si no es cruce de *llen-
guateru* con *listo*. De este grupo salen también
zamor. *langares* 'larguirucho', nav. *langorato*, y no
de LONGUS (así *GdDD* 3942); en ast. occid. *longarito* y aun gall. *langrán* ya es posible que se
trate de LONGUS o por lo menos habrá influjo de
éste.
Largar 'soltar, aflojar' [h. 1440, Díaz de Gámez,

en Jal, 32*b*: es básica la acepción náutica,
t:mbién documentada 1525 (Woodbr.), 1567, 1635,
1732, y en portugués en 1541, Jal, 912*a*, 1540*a*;
de ahí las varias acs. modernas 'dar (un golpe)',
popular en España, Cuba y muchas partes (*Ca.*,
230), 'marcharse de un lugar' España, etc., 'ir'
o 'venir' en la Arg.⁴, de ahí como modal *largarse a hacer (algo)* 'ponerse a hacerlo', común
en el gauchesco y generalmente en el uso rural
(*BDHA* III, 260; oído en el campo mendocino);
por otra parte 'perdonar' en Juan de la Cueva⁵,
y de ahí 'ceder' en el ast. *llargar* (Vigón), 'soltar'⁶
y 'entablar la carrera' (Granada, *BRAE* VIII, 362)
en el Plata, etc.], la fecha de la voz iberorromance
y su gran vitalidad indica que de ella se ha tomado
el fr. *larguer* «lâcher l'écoute, etc.» [1609: *FEW*
V, 187*b*], más que de la lengua de Oc, donde también es antiguo el vocablo [principio del S. XIV:
FEW V, 186], pero como término náutico es voz
atlántica y no mediterránea, ajena al catalán⁷ y poco
castiza en italiano. *Largueado. Alargar* [Berceo y
frecuente en todas las épocas: Cuervo, *Dicc.* I,
310-4; nótese que en el ac. 'dar longitud'
ya puede documentarse en el *Alex.*, y es frecuente
desde el S. XV; coexiste, sobre todo en la Edad
Media, con acs. que más bien corresponden a *largar*]; *alargadera; alargador; alargamiento; alargas
de tiempo* (Nebr.), después sustituído por *largas*
[*dar ~, Quijote*], quizá aféresis fonética.

Largición, tomado de *largitio, -onis,* íd., derivado de *largiri* 'mostrarse generoso, donar'.
CPT. *Largomira.*

¹ Así también en el ms. leonés del *Alex., a
luengas e a largas,* mientras que el original, a
juzgar por las rimas, traería *a luengas e a ladas,*
lección conservada por *P* (253*c*).— ² Pero aun ahí
'ancho', 'suelto' es bien vivo y lo más castizo,
cf. *alargar o refaixo* 'aflojar, desabrochar' en Rosalía, *alargar el zapato cando me apreta* canc. popular, *alargar as rendas, alargar a bulsa, alargar
un nó* 'desatar un nudo' (*DAcG.*).— ³ «Se sentó en
el *larguero* del catre», E. A. de Pereyra, *La Prensa de B. A.,* 22-III-1942.— ⁴ «Era cosa de *largarse* cada cual a trabajar», M. *Fierro* I, 155;
«*larguesé* conmigo que el Periquito me ha contao... Hombres y mujeres se *largaron* tras él»,
Montagne, *Cuentos Cuyanos,* 90.— ⁵ «El príncipe, conmovido a lástima, *largó* a Celia la palabra
(que le había dado)», *RFE* XXIV, 214n.— ⁶ «La
carne *larga* poco a poco la sustancia y el caldo
resulta fuerte», Chaca, *Hist. de Tupungato,* 262.—
⁷ Sólo en el Rosellón se dice *llargar* por 'hacer
salir el ganado' (oído en Illa), ya junto al límite
occitano.

Lárice, laricino, V. *alerce*   *Larije,* V *arije*

LARINGE, tomado del gr. λάρυγξ, -υγγος,
'parte superior de la tráquea arteria'. *1.ª doc.*:
h. 1580, F. de Herrera.

Tarda en afirmarse el uso del vocablo, que hoy
sigue siendo puramente culto; falta todavía en
Oudin y Covarr.
DERIV. *Laríngeo. Laringitis.*
CPT. *Laringoscopio; laringoscopia. Laringología*
[Acad. Supl. 1939], *laringólogo* [íd.].

LARVA, tomado del lat. *larva* 'espectro, fantasma', 'máscara fantasmal'. *1.ª doc.*: en el sentido
de 'fantasma' ya en Quevedo, según Terr.; en la
ac. zoológica, Acad. ya 1817.
Ésta se explica porque el insecto está en la larva
como disfrazado.
DERIV. *Larvado,* propiamente 'enmascarado'.
Larval.

LASAÑA, tomado del it. *lasagna* íd. *1.ª doc.*:
Nebr.: «*lasaña o orejas de abad:* laganum».
También Covarr., de donde lo cita *Aut.*; Terr.
menciona otros léxicos. La voz italiana parece descendiente de un lat. vg. *LASANĔA,* derivado del
gr. λάσανον 'trébedes de cocina', 'cocina'. V. el artículo de Rodinson sobre *lisonja* (*Studi Levi Della
Vida* II, 1956, 425ss.), donde se apunta la sospecha, al parecer fundada, de que *lasagna* sea una
alteración del ár. *lauzînağ.*

Lasarse, V. *laso*

LASCA, 'lonja, rebanada', 'rodaja', 'astilla, fragmento', santand., ast., canar., and., cub., es palabra
antigua en portugués, seguramente emparentada
con el cat. *llesca* 'rebanada', que a su vez se enlaza con un grupo de formas dialectales mozárabes, occitanas, francesas, italianas y alemanas, de
forma correspondiente y sentido análogo, de origen incierto; al parecer es aplicación figurada de
un antiguo nombre del carrizo, por las hojas planas y cortantes de esta planta, llamada LESCA,
pero con vocalismo vacilante (*e ~ i ~ u*) desde la
Baja Alemania hasta Italia y el País Vasco, voz de
origen incierto, probablemente prerromano. *1.ª
doc.*: Acad. ya 1817, como ant., «lancha, chapa u
hoja de piedra»; 1846, S. de Lugo, *Voces Canarias,* «astilla de madera, lonja, etc.» (*BRAE* VII,
337); Cej. VII, § 33.
Lo recogen asimismo otros varios lexicógrafos
canarios, como Pérez Galdós, los hermanos Millares y Pérez Vidal; designa además una tajada
delgada de carne, jamón, etc. La frase *sacar lasca*
'sacar raja, sacar partido de un asunto' se emplea
allí, en Cuba y en Colunga (Vigón); en Santander
es 'pedazo de madera redondeado empleado en las
lanchas para arrastrar el aparejo de pescar' (así
en Pereda) y 'planchuela de metal, madera o piedra empleada como señal o para jugar los muchachos' (G. Lomas); según la Acad. (S. XX) es también andaluz en el sentido de 'lonja'; y en Cuba
es voz de uso general, que se oye en boca de
todo el mundo, sea con el sentido de 'rebanada de

pan, jamón, queso o dulce', sea en el de 'astillas de madera que saltan al golpe del hacha' (Martínez Moles, p. 190; *Ca.*, 82). En Canarias se emplea el verbo *lasquear* 'hacer lascas, astillar' («se partió la pierna y lo peor es que se le *lasqueó* el hueso»), en Yucatán *lascar* 'lastimar, rozar, magullar' (R. Duarte) y en Tabasco 'descascarar los objetos de peltre, porcelana o loza'; como término de arqueólogos se emplea en el sentido de 'fragmento pétreo desprendido de otro mayor y de figura ancha y delgada' (Cotarelo, *BRAE* X, 623), que es a lo que aludiría la Acad. al recogerlo como voz antigua en el sentido de «lancha, chapa u hoja de piedra» (1843), después rectificado (ya 1899) en 'trozo pequeño y delgado desprendido de una piedra'.

Como nuestro vocablo falta en casi todos los glosarios dialectales asturianos y leoneses, y al parecer tiene poca extensión en América (ni siquiera Puerto Rico o Santo Domingo), parece dudoso que sea voz arraigada desde antiguo en dialectos españoles y más bien parecería tratarse de un portuguesismo llevado a unas partes por los navegantes portugueses (Canarias, Cuba) y en otras tomado del uso náutico portugués. En el idioma vecino es voz antigua y de uso general: «fragmento ou estilhaço de madeira, pedra ou metal», «peça de madeira, na borda dos barcos de pesca, pela qual passam as linhas das rêdes» (Fig.), 'rodaja' (*uma lasca de assúcar, de presunto*, Moraes), con ejs. desde med. S. XVI (Castanheda)[1], gall. *lasca* «astillazo; trozo delgado; fragmento desprendido de un hueso o piedra» (Carré), port. y gall. *lascar* «partir em lascas», «tirar lascas de».

El cat. *llesca* no es palabra de uso menos general, especialmente en el sentido de 'rebanada de pan', en el cual ya lo hallamos en un ms. de primeros del S. XIV (*Rom.* LIV, 478) y en el *Tirant*, pero localmente se encuentra también *llesca de cansalada* 'témpano de tocino' (oído en el Pallars), 'trozo de grasa de cerdo o de tocino' (1489, Ag.): la e es abierta en catalán oriental y cerrada en el occidental, lo cual indica un étimo con Ē o Ĭ; del catalán pasó al sardo *liesca* «scheggia» (Wagner, *RFE* IX, 258; Guarnerio, *KȷRPh.* XI, 172). He aquí el testimonio más antiguo: «concedo ad recia Sancte Eulalie *lesca* I de ferre, et ad recia Sancti Cucuphatis alia *lesca* et ad Sancta Maria Rivipullentis cavags IIII», doc. de 1078 en el Cartulario de St. Cugat, II, p. 356.

Existe también en dialectos de Oc: oc. ant. *lęsca* «tranche, morceau», bearn. *lésque* «tranche étroite et mince, tranche de lard, de jambon, de pain», Landas íd. «clairière étroite» (Palay), bearn. *lesc*, *lesque*, adj., «mince, fluet; élancé; élégant, distingué» (íd.), Aveyron *lísco*, *lèsco* o *lèso* «tranche mince de pain» (Vayssier)[2]. Reaparece en dialectos franceses, y aun en el francés familiar *lèche* «tranche fort mince de quelque chose qui se mange (de pain, de jambon)» (Littré); efectivamente

lesche de pain es bastante frecuente desde el S. XIII hasta el XVI, con variante *leske* en varios textos picardos («li petis enfes en sa main / tint une *leske* de blanc pain», en unos milagros redactados en esta región en 1278, *Rom.* LXIV, 478); está también en Rabelais, y en algunos ejs. toma el sentido de «lames ou plaques de fer dans l'armure», «mailles» (S. XV), 'lengua de tierra' en d'Aubigné (Littré, s. v.; God. IV, 703a, y 761a). También hay *leskę* 'rebanada de pan' en los Abruzos, y Spitzer lo señala con igual sentido en una carta escrita por un romano (*BhZRPh.* LXVIII, 228), mientras que el it. *lisca* es 'parte astillosa del lino o cáñamo', 'espina de pescado', que en el Piamonte es *lesca* y en Génova *resca*. Finalmente la glosa «*lisca: sniede*» se halla en un glosario alemán del S. XIII, y el vocablo existió en mozárabe a juzgar por el verbo derivado *láqqaš* «dolare», 'hacer astillas' en R. Martí y el sustantivo *lúqša* 'astilla, cepilladuras' en el mismo y en PAlc., que en forma más parecida a la romance reaparece en el Norte de África: marroq. *léšqa* 'raja o astilla' (Lerchundi), argel. *léška* o *líška* 'rebanada, lonja' (Simonet)[3]. El sentido de todas estas palabras es fundamentalmente el mismo, 'raja', 'lonja', pero el vocalismo oscila entre A (cast.-port.), E, que es el más difundido (cat.-oc.-fr.-it.-mozár.), e Ī, al cual corresponden la forma italiana, el gall. *lisca* «pizca, raja o porción pequeña de...» (Vall.), y alguna forma suelta del Sur y del Norte de Francia (Mouzonnais *liche* 'petit morceau mince et plat': *donne mü'n lichette dü pain*, *Rev. de Champagne et de Brie* 1897, 722).

La misma vacilación hallamos en el nombre del carrizo: vasco *lezka* 'tallo de junco largo con que se guarnecen las sillas' (Azkue)[4], 'Cyperus longus' (Lacoizqueta; *BhZRPh.* VI, 45; recuérdese que el carrizo es una ciperácea), Dordogne, Puy de Dome y H.-Alpes *lescho*, fr. *laîche* 'carrizo', piam. *lesca*, lomb., genov. y emil. *lisca*, Metauro *lisca* y *lesca*, friul. *lèscule* íd., alem. *liesch*, a. alem. ant. *lesc*, neerl. med. *lissce*, *lessce*, b. alem. med. *lêsch* y *lûs(ch)*. Las formas germánicas oscilan entre *ê*, *î* y *û*, en Francia ǫ, ǐ e ī. La conclusión que saca Wartburg de esta vacilación, inexplicable así por el germánico como por el romance, es que el vocablo debe de ser pre-germano y pre-romano, y también seguramente pre-céltico (*Festschrift Jud*, 336-8 y mapa 6). Efectivamente, aunque ya lo hallemos en glosas alemanas desde el S. VIII (Kluge, *ARom.* VI, 235-6; *Etym. Wb. d. dt. Spr.*, s. v. *liesch*), no hay razones positivas para creer que sea más antiguo en alemán que en romance. Comp. el tipo sinónimo SĘSCA ∾ SĪSCA (V. aquí *SISCA*), que puede tener algo que ver con el nuestro o haber influído en la vacilación vocálica.

En la Península Ibérica, fuera del vasco, no hallamos la ac. que se supone primitiva 'carrizo', pero como ésta coexiste con 'lonja', 'astilla', en todos los demás idiomas, desde el punto de vista geográfico es legítimo identificar los dos vocablos, contra lo que asegura Gamillscheg (*R. G.* II, 149, contradiciendo la identificación admitida en I, 371)[5]; el vocalismo A del castellano y portugués no se halla tampoco en otras partes, pero no es de extrañar esta nueva variante, cuando en otras partes hallamos todas las demás posibilidades vocálicas. El aspecto semántico es el que suscita mayor escrúpulo. Las hojas planas, finas y cortantes del carrizo no se prestan mal a la comparación, según observa Bloch[6], pero no es ésta planta tan generalmente conocida que nos deje sin inquietud la falta de paralelos de esta aplicación figurada en el caso de otras denominaciones. De todos modos los ejs. en que *lesche*, *lasca* y análogos se aplican a hojas cortantes, esquirlas, etc., prestan bastante apoyo a la identificación[7].

Como étimo sugeriré la posibilidad de que sea el céltico *VLĬSCA 'vara, varilla, bastoncito' (irl. ant. *flesc* íd.), para el cual vid. *FLECHA;* la reducción del grupo inicial, inusitado en romance, y el paso de 'varilla' por una parte a 'cañizo' y por la otra a 'astilla' (> 'rebanada') no presentarían gran dificultad. Sólo faltaría entonces explicar las variaciones vocálicas: quizá por influjo del tipo sinónimo SISCA y de algún otro vocablo.

V. ahora el artículo de Hubschmid, ZCPh. XXIV (1953), 81-90, que agrega muchos materiales de interés y desde luego confirma que el origen es prerromano. Pero en cuanto a explicación concreta, la que él propone no es una verdadera etimología, sino un andamiaje de hipótesis desprovistas de apoyo. Como ya se le ha reprochado varias veces, su proceder, al analizar *LĪSKA ⁓ *LĒSKA en *LEI-SK-Ā, suponer luego que éste venga de *ELEI-SK-Ā, y descomponerlo todavía en *EL-EI-SK-Ā admitiendo una raíz indoeuropea EL- sin comprobación alguna, corresponde a un sistema que permitiría etimologizar cualquier palabra en cualquier sentido que se desee, y por lo tanto es incapaz de d e m o s t r a r absolutamente nada. Supone luego Hubschmid que junto a *EL-EI- existiera una raíz paralela *EL-EU-, de la cual saldría un *LEU-SK-Ā alternante con *LŪSKĀ: de éste, el b. alem. med. *lusch*, etc.; de *LEUSKA vendría el a. alem. med. *liesche* (p. 82) y alguna otra forma germánica (b. alem. ant. *lius* 'alga' y varios nombres de lugar, de sentido enteramente ignoto, nada tendrán que ver con esto): algún germanista debería examinar con cuidado esta interpretación fonética del a. alem. med. *liesche* (¿no será forma dialectal con *ie* = *i*?, y caben otras interpretaciones), pues la fonética germánica de nuestro romanista nos inspira tanta menos confianza cuanto que en romance se permite interpretaciones tan inadmisibles fonéticamente como la de que el cat. *sisca*, cast. y arag. *jisca*, salga de *SĔSCA (pp. 87-88), como *víspera* de VĔSPĔRA: sabido que ese cambio es enteramente ajeno al catalán y aun al aragonés. Parece bastante claro que la alternancia LĔSCA : LĪSCA : LOS-

CA : LŪSCA : LASCA es inexplicable por el indoeuropeo, y por lo tanto no será voz de esta familia; más bien recuerda las lenguas donde la vocal no cuenta para nada y sólo importa la armazón consonántica, como en las camito-semíticas: se tratará quizá de un vocablo precéltico del llamado substrato «bereber» del celta; Hubschmid, a quien el tipo portugués *lasca* (¿también delfinés *lātša* 'carrizo'?) estorba para su teoría, se ve obligado a «dejarlo provisionalmente a un lado». No es seguro que pueda explicarse por cruce con otro vocablo, y desde luego dudo mucho que éste pueda ser *lastra*, ya que *lasca* no es nunca 'piedra' o por lo menos está muy mal documentado en este sentido.

Hubschmid cree que el sentido general 'rebanada', etc., es más primitivo que el de 'carrizo' y en esto quizá tenga razón, dado que éste tiene menor extensión que el otro en el Sur de Francia y es ajeno al catalán, al portugués y a muchas hablas italianas, que sí conocen la ac. general, y teniendo en cuenta que el carrizo y plantas análogas llevan nombres como *glaïeul*, *espadaña*, *schwertlilie*, *messer*, *sedge*, etc. De todos modos no hay seguridad εu ninguno de los dos sentidos, pues en alemán nuestro vocablo no tiene más que el significado botánico, y no faltan los ejs. del traslado semántico en el sentido que él rechaza (cast. *rebanada*, *empinar*, cat. *alzinar-se*, lat. *robur*, etc.).

[1] Otros en Moraes y Vieira; ya en Bluteau.— [2] La última forma va con el aran. *lèsa* 'témpano de tocino', junto al cual existe la variante *hèda* en el mismo valle; parece haber cruce con otra u otras palabras: FISSA 'hendida' y el tipo germ. FEUSA (*FEW* III, 488a).— [3] De ahí el judesp. marroq. *lexqá* 'astilla, viruta, rancajo', *lexqear* 'producir astillas' (*BRAE* XV, 217).— [4] En casi toda Guipúzcoa y en Narbarte, al pie del Baztán, *liska* 'verdín, lodazal, liga' parece ser otro caso, pero ya hay más analogía semántica en *lisco* 'escapo, bohordo, de nabo o berza' (bazt., Ainhoa, Lezaca).— [5] Para representantes de este tipo en la Suiza alemana con el sentido de 'carrizo', vid. Jud, VRom. VIII, 60. Asegura GdDD 3776, sin documentarlo, que *llasca* 'astilla' se emplea en Silos (Burgos): pero el aislamiento de esta forma en Castilla es sospechoso, y la *ll-* confirmaría en forma terminante que estamos ante un préstamo leonés.— [6] También identifica M-L. (*REW* 5082), mientras que Wartburg, sin negarlo, deja la cuestión en suspenso.— [7] El étimo *LASKA, alto-alemán ant. o más bien gótico, deducido de alem. *lasche* 'harapo, pingajo', que ya existe en la fase media del alto y bajo alemán y del neerlandés, así como en islandés moderno (Kluge, s. v.), propuesto por Gröber para el cast. y port. *lasca*, ha sido rechazado con razón por M-L. (*REW* 4919) como inadecuado desde el punto de vista semántico. En cuanto al cast. *lascar* [Acad.- ya 1817], port.

lascar, 'aflojar o arriar muy poco un cabo' nada tiene que ver con *lasca*: estará tomado del fr. dial. (norm.) *lasker* = fr. *lâcher* 'aflojar', que procede de LAXICARE íd., derivado de LAXUS 'flojo' (*FEW* V, 228ss.). También bilb. *lascar*, en la citada ac. marina y además 'dar dinero, soltar la mosca', vasco *lazkatu* 'solventar, soltar' (Arriaga).

LASCIVO, tomado del lat. *lascīvus* 'juguetón', 'petulante', 'lascivo'. *1.ª doc.*: APal. 235*d*, 359*d*; *Celestina* y frecuente en el S. XVI (C. C. Smith, *BHisp.* LXI).

Falta en Nebr. y C. de las Casas (1570), pero figura en Covarr., en Oudin y en el *Quijote*, y es frecuentísimo en Góngora, que lo emplea en los varios sentidos latinos; sin embargo el único usual en castellano moderno y ya en Cervantes es 'sensual'; *Aut.* cita ejs. de Quevedo y otros escritores más tardíos.

DERIV. *Lascivia* [h. 1525, Alvar Gómez y muchos S. XVI (C. C. Smith); 1605, *Quijote*]. *Lascivoso* ant.

LASO, ant., del lat. LASSUS 'cansado, fatigado', 'debilitado'. *1.ª doc.*: *Alex.*, 156; *Apol.*, 458*c*.

Con -*ss*- sorda en lo antiguo. Está también en J. Ruiz, en APal. («*malidus* es ya *laso* y cansado y que vino a flaqueza», 261*b*; 106*b*, 514*b*), pero ya por entonces debía de ser voz anticuada: falta en Nebr. y es raro y cultista en el Siglo de Oro (F. de Herrera, Esquilache); Cej. VII, § 33. Con él se confundió el cultismo *laso* 'flojo, lacio' de LAXUS; así en J. del Encina (Cej.), en Sigüenza (*Aut.*), etc., y hoy en la ac. 'sin torcer', aplicada al hilo.

DERIV. *Lasitud* [h. 1580, F. de Herrera], tomado de *lassitudo, -inis*, íd.; también *lasamiento* [íd.] o *lasedad*. *Lasarse*. *Delaxar* 'cansar' (Acad. 1884, no 1843), grafía ultracorrecta. Todos ellos son anticuados, aunque *lasitud* se emplea alguna vez en lenguaje poético o en tono elevado de prosa, por lo demás confundido muchas veces con *laxitud*.

LASTAR, 'suplir lo que otro debe pagar, con el derecho de reintegrarse', 'sufrir por otro', probablemente del gót. LAISTJAN 'seguir los pasos de alguien', 'ejecutar, practicar (algo)', que en otras lenguas germánicas tiene el sentido de 'cumplir (una promesa, un deber)'; quizá, sin embargo, se trate de otra palabra gótica de la misma raíz con otra terminación y sentido semejante. *1.ª doc.*: J. Ruiz: «a las vegadas *lastan* justos por pecadores», 667*a*; Cej. VII, § 33.

El botánico mozárabe zaragozano Abenbuclárix, que escribía en 1106, ya recoge *lášta-raǧina* como nombre del terebinto, propiamente 'suelta-resina' (Simonet, s. v.). Nebr.: «*lastar: pagar pena*; *luo*». Covarr. explica «hazer el gasto en alguna cosa, con ánimo y con derecho de rebocar lo de otro, a

cuya cuenta se pone:· quando yo he sido fiador de uno y me han hecho pagar por él la deuda principal y costas: se me da carta de pago y *lasto* para cobrar de la parte a quien fié: y dízese *lasto* las costas que me han hecho por él», Oudin «*lastar*: espargner, regagner, recouvrer, reparer», «*lastar, pagar pena*: payer une peine ou amande, endurer, estre chastié, souffrir peine»; *Aut.* «pagar o gastar por otro, reservando el derecho del recobro; *pro aliquo solvere salvo proprio iure repetendi*». La ac. propiamente jurídica no es rara: «Tomás Gutiérrez... para cobrar de Mateo de Salzedo, autor de comedias, 1020 reales y medio de plata, que había *lastado* por él, como su fiador, por el alquiler de cierta casa», doc. de Sevilla de 1591 (*BRAE* I, 61). Pero mucho más comunes son los usos figurados o traslaticios[1], y sobre todo el de 'sufrir o padecer en lugar de otro': «le quiso con los ojos quitar la vida, y se lo dió a entender dilatándole muchos días el despacho, haciéndole *lastar* y padecer» (*G. de Alfarache*, *Cl. C.* II, 151.10), «Burlaste a doña Ana. D. JUAN. Calla, que hay parte aquí que *lastó* / por ella, y vengarse aguarda» (Tirso, *Burlador* III, 615); y muchos más que pueden verse en *Aut.*, Cej. y Fcha. Alguna vez hallamos una forma alterada por repercusión de la líquida, *lastrar* (Valderrama, a. 1603; *llastrar*, h. 1500, Lucas Fernández). También existe el sustantivo *lasto* 'el recurso que se da al fiador o persona que ha pagado por otro, para que reclame del deudor por quien ha pagado' (Covarr.; *Aut.*, con ej. de 1722), *carta de lasto* en Antonio de Cáceres (1616), 'sufrimiento' «salý desta lazeria, de cuyta e de *lastro*» J. Ruiz, 1311 (*lasto* en el ms. *T*). En portugués el vocablo es inusitado hoy en día (falta en Fig., Cortesão y otros), y aunque Bluteau, Vieira y Moraes registran *lastar* «pagar; sentir algum mal ou damno por outro», y se registran ejs. de Marinho de Azevedo (h. 1640) y de Franco Barreto (1664) en la ac. figurada, es muy incierto que sea vocablo castizo en este idioma, pues Bluteau declara conocerlo sólo a través del diccionario de Bento Pereira (h. 1650), el primero de aquellos autores y el castellano Covarr.

Ya Diez, *Wb.*, 462 (con la aprobación de M-L., *REW* 4858, y Gamillscheg, *RFE* XIX, 235-6, y R. G. I, 382-3), indicó como étimo el gót. *laistjan*, frecuente en la Biblia de Úlfilas, junto con sus derivados *afarlaistjan* y *galaistjan*, en los sentidos de 'seguir los pasos de alguien', 'ejecutar, practicar (algo)' (p. ej. *practicar el bien, Thessal.* V, 15; *practicar la justicia, Ad Rom.* IX, 30); es palabra hermana del a. alem. ant. *leisten* 'cumplir un mandato, un deber' (hoy 'ejecutar, realizar'), b. alem. ant. *lêstian*, fris. ant. *lâsta*, ags. *lǣstan*. Luego todas las lenguas germánicas postulan una base LAISTJAN, que ofrece cierta dificultad formal como punto de partida del cast. *lastar*, pues los verbos germánicos en -JAN suelen dar verbos romances en -*ir*. Sin embargo no es regla sin excepciones. Por otra parte, es posible que se trate, bien de un gót. *LAISTŌN, de sentido semejante a LAISTJAN, o bien de un derivado puramente romance del sustantivo LAISTS 'huella' (del cual deriva LAISTJAN), sustantivo bien documentado en gótico. Sin embargo, nótese que el sentido del cast. *lasto* indica más bien una formación postverbal, y de ninguna manera un descendiente directo de LAISTS; por otra parte, el sentido de 'cumplir la obligación de otro', que parece ser el primario en el cast. *lastar* está más cerca del significado alemán que del gótico; a pesar de ello, una voz puramente castellana dentro del romance ha de venir precisamente del gótico y no de otro idioma germánico, luego no sería extraño que en el idioma de los visigodos hubiese existido una variante verbal de LAISTJAN con otra terminación y con un sentido más próximo al castellano. Sea como quiera, apenas cabe dudar de esta etimología, pues la reducción de AI a una *a* romance es fenómeno normal y bien conocido en los germanismos, y es muy natural que el antiguo derecho castellano, tan influído por la *Lex Wisigothorum*, recibiese este tecnicismo jurídico del lenguaje nacional de este pueblo. Desde luego no puede tratarse del a. alem. ant. *(h)last* 'peso', sugerido por la Acad., que no explicaría bien el sentido primitivo de *lastar*.

DERIV. *Lasto* [J. Ruiz, V. arriba].

[1] A veces simplemente 'pagar': «Demonios o criadas: / ¿de lechugas hacéis las ensaladas? / Los pobres amos son los que lo *lastan;* / ¿pues de hojas de rábano, no bastan?», Quiñones de B., *NBAE* XVIII, 509.

Laste, V. *lastre*   *Lástica*, V. *elástico*

LASTIMAR, 'agraviar, ofender', 'herir levemente', 'dolerse, compadecer', del lat. vg. BLASTEMARE, alteración del lat. BLASPHEMARE 'decir blasfemias', tomado del gr. βλασφημεῖν 'pronunciar palabras impías', 'difamar, hablar mal (de alguien)'; probablemente se trata de una disimilación de labiales en la pronunciación vulgar *BLASPEMARE; en otros romances el vocablo ha conservado el sentido de 'vituperar', 'blasfemar' (fr. *blâmer*, cat. *blastomar*, it. *bestemmiare*, etc.), mientras que en castellano y portugués se pasó de 'difamar' a 'ultrajar, agraviar' y de ahí por una especie de eufemismo 'herir físicamente' y por otra parte 'causar lástima'. 1.ª doc.: J. Ruiz, 1052b; Cej. VII, § 33.

Este último significado es el que tiene en el libro del Arcipreste de Hita: «tú con él estando, / a ora de prima, / vístelo levando, / firiendo que *lastima*, / Pilatos judgando, / escúpenle encima / de su faz tan clara, / del cielo rresplandor», es decir, 'viste como se lo llevaban, golpeándole en forma que daba lástima'[1]. En el sentido, que juzgo etimológico, de 'agraviar, ofender moralmente', el vocablo es clásico: «bolviéronla a la presencia del *lastimado* padre», a una doncella que había escapado de su amante de casa de sus padres dejando a «sus parientes afrentados» (*Quijote* I, li, 268vº), el Caballero de los Leones habla del «cuytado coraçon y *lastimadas* entrañas» de Doña Rodríguez, afectada por la deshonra de su hija (II, xlviii, 181rº), «la conversación, sazonada y alegre, pero sin *lastimar* a nadie» (Cienfuegos, a. 1702, *Aut.*), «si buscamos... agudeza la suya [de la lengua castellana] es de tal viveza que pica sin *lastimar*» (Aldrete, a. 1606); *Aut.* define «agraviar y ofender con lo que se dice y habla», Covarr. «puede uno *lastimar* assí de palabra como de obra, y el herido o injuriado dezimos quedar *lastimado*», Oudin «*lastimar*: poindre, picquer, affliger, faire douleur, o f f e n c e r, faire pitié», etc.; véanse más ejs. de matiz moral en los diccionarios de Góngora y de Ruiz de Alarcón. No faltan ejs. análogos en portugués del S. XVI («visitar diversas Províncias... deixando-as *lastimadas* a todas com mortes e deshumanidades que usava», *Monarquia Lusitana*, en Vieira), y ya en APal. observamos una ac. parecida «*proscindere* es romper y *lastimar* con denuestos» (68d). Era fácil pasar de 'agraviar, injuriar' a 'herir físicamente', la ac. más común en castellano de todas las épocas, especializada sobre todo en el matiz de una herida leve: en un principio se trataría de una expresión eufemística, que evitaba lo alarmante de la palabra *herir*. Así ya en APal. («*percellere* tanto es como ferir y *lastimar* y affligir o escarmentar a otri», 68d), y es frecuente en los clásicos castellanos («¿quiere v. m. que me *lastime* las posas?», *Quijote* II, xli, 154; ej. del *Soldado Píndaro* en *Aut.*) y portugueses («cansados os algozes de a *lastimar*, e quebradas as varas todas lhe disse a Santa menina...», *Monarquia Portuguesa* ibid.). Anticuada hoy, pero muy vivaz antiguamente era además la ac. 'causar lástima' (y reflexivamente 'compadecerse') que hemos notado en J. Ruiz y es todavía muy frecuente en el Siglo de Oro («lo que tanto nos avía *lastimado* en oíllo», *Quijote* I, xiii, 46; Ruiz de Alarcón, *Las Paredes Oyen, Cl. C.*, p. 214; «nadie de mí *se lastime*, / los que me ven tan amarga / muerte morir», Vélez de Guevara, *La Serrana de la Vera*, v. 3226; ejs. de Sta. Teresa y de M. Alemán en Fcha. y *Aut.*; etc.); de ahí port. *lastimado* 'que causa lástima' en Ruy de Pina, h. 1500 (*Inéd. de Hist. Port.* II, 133).

Ya dijo Diez (*Wb.*, 51) y confirmaron M-L. (*R. G.* I, § 424; *REW* 1155) y otros, que hay una relación evidente entre *lastimar* y el cat. ant. *blastomar* (hoy *flastomar*), oc. ant. *blastemar*, campid. ant. *blastomai* (hoy y ya antiguamente *flastimare*: Wagner, *ASNSL* CLX, 234), rum. *blestemà*, todos ellos 'blasfemar', pero en catalán y lengua de Oc además 'maldecir, vituperar (a una persona)', fr. *blâmer* 'vituperar' (> it. *biasimare*); para más representantes dialectales vid. *FEW* I, 403, y *REW* s. v.; ahora bien, es evidente que éstos vienen del lat. BLASPHEMARE 'blasfemar', cuyo original griego significa fundamentalmente 'decir palabras impías o de mal agüero' (compuesto de βλάπτειν 'dañar' y φήμη 'palabra'), pero también 'hablar mal de alguien, difamar'; hay además fr. ant. blastenge y oc. ant. blastenh 'reproche', 'injuria', de BLASPHEMIUM, y el it. bestemmia, sinónimo y descendiente de BLASPHEMIA, con su derivado bestemmiare 'blasfemar'. Semánticamente no hay dificultad.

En lo fonético, la variante BLASTEMARE la hallamos ya en una inscripción latina de Galia. Su génesis se ha juzgado diversamente. M-L. en la primera edición de su diccionario sugería una contaminación de AESTIMARE 'apreciar', pero no tratándose ni de un sinónimo ni de un antónimo, sino únicamente de un vocablo de sentido vagamente relacionado, tal contaminación es muy poco verosímil. Es preferible la idea de Grammont (RLR LV, 109) y de Kretschmer (Der Lesbische Dialekt, col. 176) de ver ahí el efecto de una disimilación de labiales. Menos seguro es si el fenómeno se produjo en romance o ya en griego, puesto que βλαστημέω se halla en griego moderno, y especialmente en los dialectos de Lesbos y de Bova (Calabria: EWUG, § 336), donde vlastemmao o flastimao significa 'blasfemar'. Dada la documentación mucho más temprana en romance que en griego es más probable la primera alternativa, que supone previamente una pronunciación vulgar BLASPEMARE muy de acuerdo con las tendencias del latín popular[2]: luego las formas dialectales griegas procederán del romance o del latín vulgar.

En cuanto a la forma hispano-portuguesa llama la atención primeramente la reducción de BL- a l-. Si fuese cierto que este tratamiento fonético fuese el normal, como dió a entender M-L. (R. G. I, § 424), y afirmó Bonfante (RFE XXII, 190), no habría dificultad; pero el otro ej. único que se cita en apoyo de esta norma es falso, según vimos s. v. LADILLA, y por el contrario dos palabras bien populares antiguas y muy empleadas, como BLANDO y BLEDO, demuestran lo contrario (la rareza del grupo inicial latino BL- hace que no se hallen más ejemplos). Sin embargo, la reducción es normal en GL- (LIRÓN, LATIR, LANDRE, LANDE, (G)LERA, port. leiva), y se produce a veces, particularmente en León, en los grupos FL- (LACIO) y aun PL- (LANCHA I, y otros casos allí citados). Luego es lícito admitir que podía afectar esporádicamente a BLASTEMARE, donde la tendencia a la reducción se apoyaba además en el influjo disimilatorio de la otra labial -M-.

En cuanto al paso de E a i, arrancó seguramente de lástima, donde se explica por la posición postónica en interior de esdrújulo, como en LÁGRIMA < lágrema. En francés existieron ocasionalmente acs. más próximas a la española, pues blasmer equivale a blesser en sentido moral en la Vida anglonormanda de San Edmundo Rey, S. XII (Rom. LXII, 399); comp. además el catalán esblaimat 'pálido' y su hermano el francés blême.

Finalmente la etimología propuesta por Fouché (RH LXXVII, 145), LASSUS 'cansado', cruzado con AESTIMARE, puede rechazarse sin necesidad de discutirla.

DERIV. Lastimamiento; en su lugar se dice lastimadura no sólo en Cuba (Ca., 102), sino en muchas partes, aunque la Acad. no admita esta palabra; también lastimón íd. en Cuba (íd., p. 232). Lastimador. Lástima [1591, «greefe, hurt», Percivale; también en el Quijote, Covarr., Oudin, Nieremberg y otros posteriores; en portugués ya h. 1540, Mendes Pinto y Moraes Cabral, en Vieira]: puede ser formación antigua, creada cuando todavía había verbos con presentes esdrújulos, o bien ser creación moderna y analógica de lágrima junto a lagrimar[3]; lastimero 'cruel' (¿o 'lastimoso'?) [ya en J. de Mena, NBAE XIX, 129b. Nebr., s. v. mote, f° i7r°; falta por olvido en el orden alfabético, lo mismo que lastimar y lástima], port. lastimeiro [principios del S. XVI, Gil Vicente, en Cortesão]; lastimoso [1605, Quijote].

[1] Cejador quiere enmendar «levando, a todos lastima», sin fundamento, pues G trae un texto diferente (por lo demás corrompido: «levando e feridas lastima»), y el verso de esta cantiga es irregular (dándole Judas paz, como si fuesse rapaz, etc.). Ducamin, seguido por BKKR, interpreta ¡qué lastima! como una exclamación, lo cual da un texto inaceptable estilísticamente, y supone un sustantivo lastima = 'lástima' no documentado en parte alguna.— [2] Parece que en griego βλασφημεῖν sólo podía disimilarse en *βλασθημεῖν. Es verdad, empero, que según Kretschmer σθ se convierte en στ (aunque no habla de ello en la col. 157, donde correspondería, pero sí en la 181, donde tampoco hay datos sobre el fenómeno, pero menciona el paralelo sđ > sd). De todos modos no precisa si es fenómeno antiguo o reciente.— [3] Del castellano se tomaron el cat. llàstima 'lástima' (del cual no conozco ejs. anteriores al S. XIX) y el sic. làstima 'molestia', que De Gregorio arbitrariamente quería derivar del gr. ἄσθμα 'asma' (St. Gl. It. IV, 313ss.); en Mallorca se emplea también llastimar 'quejarse', desusado en el Continente. Aunque no rechazado del todo por el catalán académico, llàstima no es muy vivaz en el lenguaje popular, y el estilo castizo lo reemplaza fácilmente con malaguanyat y otros giros fraseológicos.

Lasto, V. lastar

LASTÓN, 'nombre de varias gramíneas, especialmente el Piptatherum multiflorum', derivado romance del vasco lasto 'paja' o de su antecedente prerromano. 1.ª doc.: h. 1817, Lagasca (Colmeiro

V, 317, como nombre de la *Avena Filifolia* en Orihuela).

Peralta (1836) recoge «*lastón:* yerba seca» en Aragón. La Acad. le dió entrada, sin calificación regional, en 1899. En Aragón se emplea desde Ansó hasta Fanlo (Alto Aragón central), también en Caspe y en la Litera (*llastón*): Rohlfs, *BhZRPh.* LXXXV, § 20; Kuhn, *RLiR* XI, 118; M. Coarasa (Echo), *ASNSL* CLXVII, 245, v. 32; Casacuberta, *BDC* XXIV, 173; Coll A. El gasc. *lastou(n)* se oye desde Aspa hasta el Valle de Barèges, pero también en el valle de Arán (donde es frecuente el colectivo toponímico *Lastoà*), *Prat Lastouet* en el término de Castillon-Larboust (valle de Luchon). En Cataluña el nombre aparece deformado en *llistó*, que se oye especialmente en el Vallespir, Ampurdán alto y bajo y Gironés[1]. El *llistó* es hierba que se hace por los yermos; en Llagostera el corresponsal del Inst. d'Estudis Cat. define «se diu del p a l l e n c quan és sec». Como observa Rohlfs, se emplea para rellenar jergones; y cuando es seca es igual que paja. Ello justifica plenamente la etimología propuesta por Rohlfs, vasco *lasto* 'paja', vocablo común a todos los dialectos de este idioma y muy fecundo en derivados (Azkue). Del derivado *Lastonosa* es alteración el apellido *Lastanosa*, nombre de un conocido erudito aragonés del S. XVII.

¹ Pero el vocalismo propio se conserva en el topónimo *Llastanosa* (Ripollés, Vallespir).

LASTRA, 'piedra plana y de poco grueso', voz bastante extendida dialectalmente en la Península Ibérica, sobre todo en el Norte, desde el Pallars hasta Galicia y Tras os Montes, hermana del it. *lastra* 'baldosa', extendido por la mayor parte de Italia (poco en los Alpes), de origen incierto, quizá prerromano, pero es más probable que sea un antiguo préstamo de los constructores de iglesias traído de Italia, donde sería derivado regresivo de *lastricare* 'pavimentar', derivado a su vez de *lastrico* 'pavimento', para cuyo origen, V. *ÁSTRAGO.* 1.ª doc.: *Ad Lastras,* en doc. de 853, Cartulario de San Millán.

El vocablo aparece también en doc. de Sahagún, de 1048, citado por Hubschmid, y en los dos siguientes, que nos permiten ver como ya se empleaba entonces para determinaciones topográficas: «includit... fonte Privati usque ad illa *lastra* et per soma iera et ad illos pedruecos de Sancti Cipriani», doc. de Santoña, de 927 (*Bol. Acad. Hist.* LXXIII, 425); «en tres vales una terra de Sancti Stephani; en la *lastra* una terra de Sancti Stephani», doc. del mismo lugar, de 1210 (ibid. LXXV, 342). Por lo demás el vocablo no apareció o apareció muy poco en literatura, en la Península Ibérica. No tengo noticia de ejemplos literarios en castellano, catalán ni portugués; en la tradición lexicográfica castellana aparece por primera vez en el vizcaíno Terr. («*lastra:* lancha, piedra, losa»);

el artículo «*lastra:* lancha, piedra chata o extendida» aparece en la Acad. ya en 1843; en portugués falta todavía en los diccionarios de los SS. XVIII y XIX; antes se hallan algunos que me parecen derivados de *lastra,* aunque los diccionarios suelen atribuirlos a *lastro* 'lastre, arena o guijarros que se ponen en la cala del navío, como contrapeso': sobre todo *lastrar* 'pavimentar', 'cubrir un tejado con chapas', que ya está en Fernão Lopes, a med. S. XV («uma grande e espaçosa pomte, *lastrada* de terra e d'area», Cortesão), y en Pantaleão d'Aveiro, a. 1593 («o telhado *lastrado* de chumbo», Moraes); en cuanto a *lastro* 'fondo (del mar, o del río), piso (de una cueva, etc.)', ya documentado en Juan de Barros, h. 1550, se puede vacilar, y es difícil asegurar si tienen o no razón los lexicógrafos al identificarlo con *lastro* 'lastre que se pone en el f o n d o del navío', pues existe también la ac. 'base, fundamento (p. ej. de una virtud)'.

De todos modos, aunque el vocablo haya encontrado poca acogida literaria, hoy está arraigado en muchas partes de la Península. De Oeste a Este encontramos los datos siguientes. Minho *lastroada* 'pedrada', Braganza *lastrão* 'base de piedra sobre la que giran las galgas en los molinos de aceite' (Fig.), trasm. *lastra* «pedra larga, lagem, lanchão» (*RL* V, 95; XIII, 119), «lâmina de pasta argilosa que se converte en telha», gall. *lastra* 'gneis y micacitas' (*BRAE* XXII, 489), 'lancha o piedra delgada', *lastrar* 'enlosar, solar con lastras o losas algún sitio' (Vall.). Sanabria *llastra* 'piedra larga y aplastada, de forma irregular' (Krüger, *Dial. de S. Cipr.*, p. 63), salm. *lastro* 'lancha, lastra', Sierra de Francia *lastrero* 'cantera' (Lamano) Quintanillabón *lastra* 'losa' (La Bureba) (*RDTP* IX, 47), Colunga *lastra* 'laja' (Vigón), *L(l)astres* pueblo de Asturias, Albacete *lastra* 'astilla de madera' [?] (*RFE* XXVII, 249).

Se localiza el vocablo, además, en varios puntos de Castilla la Vieja: en Segovia *lastra* 'terreno abundante en piedras, de mala calidad y poco a propósito para el cultivo' (Vergara), en Cuéllar aparece con el mismo significado (*BRAE* XXXI, 159). *Lastra* 'bancal de forma oblonga situado en la ladera de un cerro' en Villar del Arzobispo (Llatas). Anoto *llastra* en muchos pueblos valencianos de la zona central, entre ellos Vilamarxant, Cassinos y hacia Torrent y Llombai (*Lastra* con *l-* en Olocau), generalmente en el sentido de 'lista o franja de terreno de forma alargada', pero en Cassinos me lo definen «una llenca de terreno pobre que s'ha tret un treballador», «finca treta a força de sacrificis i suor».

Pero en las Sierras de Almería *lastra* de nuevo vuelve a designar un bloque de piedra pendiente y liso en la montaña. Vasco vizc. *lastra* 'bloque de piedra delgada y larga' (Azkue), y *arlasta* 'bloque delgado de piedra' vizc., de *arlestra, cpto. con *arri* 'piedra'; *lastra* «campo antes cultivado y hoy en barbecho» en Villarreal (part. de Jaca junto al límite de Navarra y Zaragoza, Bergmann, *Grenzgebiet Ar.-Nav.*, 53), Venasque *llastra* 'lámina de pizarra de gran espesor y dimensión' (Ferraz). Ribag. (cat.) *llastra* 'piedra de pizarra' (*Congr. Intern. Ll. Cat.*, p. 230), Valle de Boí *llastra* «peña pendiente» (Ag.)[1], más al Este el vocablo ya no es conocido[2], pero sí en el Sur, donde lo he oído en varios pueblos de la zona catalana de Teruel.

Obsérvese, por otra parte, la laguna que queda entre Navarra y Venasque, tanto más sorprendente cuanto que el Alto Aragón es buen refugio del léxico arcaico[3]. Los datos de la toponimia coinciden con esta distribución geográfica, pues las localidades llamadas *Lastra, Lastras, Lastres* o *Lastrilla* se hallan en número de tres en Lugo, dos en Asturias, una en Palencia, cuatro en Ávila, tres en Segovia, cuatro en Burgos, una en Santander (Madoz), la arriba citada de los Pirineos de Lérida, y hay un *Riu Llastres* al Oeste de Tarragona (pero éste ha de ser más bien OLEASTROS). El área del vocablo no pasa a la vertiente Norte del Pirineo.

Pero reaparece en Italia, y aquí con mayor vitalidad, y con mayor extensión y arraigo aún que en nuestra Península. *Lastra* «pietra con superficie piana, usata per lo più a lastricare strade», «un cristallo grande da finestre, vetrate»; de que la *lastra* es ante todo una baldosa o adoquín empleado para pavimentar calles y lugares semejantes, dan fe muchas frases proverbiales como *ci ha consumato le lastre*, hablando del enamorado que pasea la calle de una mujer, etc.; dialectalmente el vocablo se halla en los Alpes orientales (Comelico *lastra* 'superficie escarpada, pelada y pedregosa') en los Abruzos (en Campobasso 'piedra de trillar'), en el Sur (en Tarento 'cristal de ventana'), y seguramente en otras partes; del italiano pasó a la Engadina en el sentido de 'plancha de hojalata que cierra un horno', y esporádicamente y con la misma procedencia aparece en un escritor anglonormando de fines del S. XII (*FEW* III, 223a). Efectivamente es palabra antiquísima en Italia, que según veremos ya aparece por los años de 830 y en otros muchos documentos de la alta Edad Media, reunidos por Du C.

En cuanto a la etimología, Diez (*Wb.*, 244), guiándose por la semejanza con el it. *piastra* «lastra di ferro o altro metallo»[4], procedente del grecolatino EMPLASTRUM 'emplasto', propuso mirarlo como un mero duplicado de este vocablo, con pérdida fonética de la P. No era extraño que tan inconcebible fenómeno no causara escrúpulo en tiempo de Diez, pero ya es más chocante que M-L. siguiera admitiendo esta etimología (*REW* 2863), sin más que decir que esta eliminación no estaba explicada; y así es natural que lo mismo yo (*BDC* XXIII, 296) que Krüger (*l. c.*), Wartburg y Hubschmid (*FEW* V, 196-7; *RF* LXIV, 49-50) nos negáramos a aceptar la idea. Pero sólo este último lingüista ha tratado hasta ahora de sustituirla por algo más o menos positivo, suponiendo que vie-

ne de un *LASTRA, procedente de *LAK-STRA, que a su vez sería derivado del hipotético galo *LAKE; otro derivado de éste sería *LAK-SKA, de donde vendría *lasca*, lo cual desde luego es imposible, pues este vocablo no significa, según él cree, 'losa de pizarra' o 'fragmento de piedra', sino 'rebanada', 'astilla', de cualquier material (V. mi artículo).

El trabajo de Johannes Hubschmid es meritorio y de él he sacado varios datos importantes, pero en cuanto a *LAKE, ya hice notar en mi artículo *LAJA* cómo carecen de toda base varios de los fundamentos de ese tipo etimológico, y los demás son supuestos y harto arriesgados. Es evidente la imprudencia de levantar otra audaz construcción encima de cimientos tan endebles. Por otra parte, el área del tipo *lastra*, limitado a Italia y al Norte Ibérico, es singular, y nada tranquilizador el buscar un origen céltico a un vocablo que falta totalmente en la Galia transalpina y aun en la cisalpina. Verdad es que de *LASTRA deriva Hubschmid el valesano *lafra* 'baldosa', completamente aislado, admitiendo que LASTRA pasara a *laϴra en galo tardío; por otra parte el trentino y dolomítico *lasta* 'losa de piedra', y Brescia y Valvestino *lasa* (*lašo*), vendrían de una variante morfológica *LASTA, con evolución fonética a *LASSA en dicha etapa idiomática. Audaces combinaciones. Aunque el paso romance de *str* a *fr* no sea posible en las dos localidades valesanas en cuestión, es normal desde luego en hablas francoprovenzales vecinas, y nada se opone a que el valesano *lafra* sea importación reciente del it. *lastra*, alterado en su fonética al pasar por las zonas intermedias: el aislamiento absoluto de este vocablo en galorrománico invita a considerarlo italianismo. También las formas citadas de Brescia y el Trentino serán alteraciones debidas a alguna contaminación u otra causa moderna.

Más importante que especular sobre tales variantes locales me parece establecer bien el ambiente lingüístico a que pertenece *lastra*. Transcribo el primer ejemplo italiano, en que se trata de la edificación de una iglesia: «jussu Pontificis, nocte una, tanta allata sunt omnia paramenta: calces et latercula, petras et bisalos, lapides et ligna, columnas et *lastras*, arenam et sabulos...», en una hagiografía escrita por Agnello, obispo de Ravenna, por los años de 830 (Muratori, *Rerum It. Scr.* II, i, 106b). Al mismo orden de ideas pertenecen los testimonios reunidos por Du C.: «tabula lapidea vel bractea tenuis, quo modo secari solent m a r m o r a ad pavimentum vel ad parietes inducendos», «aperiri fecit altare praedictum et arcam magnam ultra communem staturam, in ipso sub una *lastra* m a r m o r e a positam», «*lastrum:* basis seu pes c o l u m n a e»; V. testimonios romances semejantes, desde el S. XIII, en Tommaseo. Luego está claro que *lastra* en italiano no es vocablo topográfico, arraigado en el terruño, sino término perteneciente al ambiente culto de la construcción de basílicas y sepulcros religiosos. No es que esto pruebe, incontestablemente y por sí solo, que el vocablo no es prerromano, pero en vista de que por su área no tiene probabilidades una hipótesis céltica, y de que apenas se puede hallar un substrato prerromano común al Centro y Sur de Italia y al Norte de Iberia, conviene mirar si hay posibilidades romanas o postromanas.

Ahora bien, junto a *lastra* se halla *lastricare* «pavimentar con lastre», el cual, según hoy sabemos, deriva de *làstrico* 'pavimento', y éste a su vez procede del lat. vg. *ASTRĬCUM*, gr. vg. ἄστρακον, gr. ὄστρακον 'pavimento que se hacía con cascos o tiestos de vasija', V. aquí s. v. *ÁSTRAGO*. Si junto a PETRICARE estaba PETRA, junto a *rampicare* está *rampa*, *brancicare* junto a *branca*, *sbarbicare* junto a *barba*, *nevicare* junto a *neve*, y así *rosicare*, *zoppicare*, *morsicare*, etc., ¿no era natural que de *lastricare* se sacara *lastra* para denominar «le pietre da lastricare»? ¡Tanto más cuanto que ahí tenemos el probable influjo de *piastra*, sinónimo de *lastra*!

Yo no dudaría en dar esta etimología por segura, desde luego, si no causaran algún escrúpulo las formas iberorromances. Por una parte, en la Península Ibérica tenemos *ÁSTRAGO* y su familia, hermana y sinónima de *lástrico*, pero no conocemos una variante hispánica con *l-* inicial aglutinada ni un verbo correspondiente del cual se pudiera sacar *lastra* fácilmente. Quizá sería menos arriesgado suponerlo que imitar las combinaciones prerromanas que he criticado arriba; pero así y todo me parece muy expuesto. En cambio considero lícito admitir un préstamo temprano del *lastra* italiano a los constructores de iglesias hispánicos. Nótese que la zona del Alto Pallars donde hoy encontramos *llastra* es precisamente la zona de Sant Climent de Taüll, donde se levantan las antiguas iglesias pallaresas del Románico primitivo, con sus admirables frescos de influjo bizantino y con todo un arte primitivo, pero lleno de resabios orientales, que bien puede señalar precisamente hacia esa Ravenna medio griega del S. IX, donde por primera vez aparece el vocablo. Otro foco de expansión de la palabra, a juzgar por el área actual y los ejs. antiguos, parecen constituirlo la Basílica de Compostela y los monasterios leoneses, donde hay también influjos orientales e itálicos. Por lo demás, para un vocablo eclesiástico apenas es necesario justificar la posibilidad de introducción de un término procedente de la Roma papal, y la pobreza de España en los tiempos primitivos de la Reconquista obligaría ya a suponer que mucho del arte de construir iglesias se volvería a aprender de Roma. La dificultad estriba en que en España los ejs. antiguos que he citado no se refieren a la construcción, sino que aparecen como denominaciones topográficas. Habrá que pesar la posibilidad de que en España el vocablo sea de otro origen que en Italia y acaso prerromano. No sería el primer caso

de esas coincidencias. Sin embargo, nótese que no escasean los testimonios hispánicos de *lastra* como piedra de pavimentar (V. arriba), recuérdese que el hiato geográfico entre el área norteña del vocablo y el área catalana es menos favorable a un origen ibérico que a una importación itálica con focos diversos, y piénsese que si *lastra* era una piedra plana no debe extrañar mucho que los notarios e c l e s i á s t i c o s aplicaran el vocablo a piedras de esta forma, aun cuando fuesen naturales, sobre todo al deslindar las propiedades de una iglesia o de un monasterio. Y se me concederá que si la temprana importación del it. *lastra* a España no es segura, debe por lo menos considerarse posible, y verosímil por lo tanto la etimología que he propuesto[5].

Ha aparecido ahora una nota de Johanes Hubschmid, *ZRPh.* LXVI, 32-33, y el trabajo suyo cuya aparición anuncio en la nota 5 (V. allí p. 37). No hay duda ahora de que las variantes *lasta* y *lasa* son importantes, sobre todo la primera, cuya existencia confirmo todavía con la nota de A. Prati, *I Valsuganotti* (1923), p. 73: *Cima Lasta* [1765] es una de las cumbres más importantes de la Valsugana (Trentino, junto al Véneto), y hoy se emplea allí *lasta* «lastra», refiriéndose «alla parete nuda della cima di quel monte». Todo esto obliga a estudiar de nuevo la posibilidad de un origen prerromano. Quizá esté ahí la verdad. Y sin embargo de ninguna manera anula esto la posibilidad de la etimología romance, tan convincente, que he dejado expuesta. Además de que *lasta* y *lasa* pueden ser debidos a cruces locales, hay la posibilidad de un proceso fonético puramente romance, por lo menos en el primer caso: recuérdense *encastrar* y *encastar*, *claustra* y *clasta-crasta* (V. *CLAUSURA* nota 2, *CÁRCAVO* n. 13; *Fs. Jud*, 566), *ostra* y *ostión*, vco. *ostro* y *osto* 'hoja', vco. *lastro* y *lasto* 'paja', *orchestra* y *orquesta*, *rastar* y *rastrar*, *est(r)ella*, *regist(r)o*, *rist(r)e*, *est(r)ella*, *est(r)ellar*, *(r)est(r)allido*, *last(r)e*, *magiost(r)a*. Desde luego sólo parte de estas formas se crearon por eliminación espontánea de la *r* del grupo *str*, mientras que en las demás se trata por el contrario de una *r* introducida secundariamente, y en alguno hay una disimilación de tipo ordinario; de todos modos las primeras bastan para probar la posibilidad de una eliminación de la R, y todas juntas habrían facilitado, así como así, la creación del duplicado *lasta* junto a *lastra*. Por encima de todo: falta estudiar detenidamente la fonética de las hablas locales italianas donde aparecen *lasta* y *lasa*.

DERIV. *Lastre* 'piedra de mala calidad en lajas resquebrajadas' [Covarr.]; *lastrón*. *Alastrar* 'coserse contra la tierra una ave u otro animal para no ser descubierto' [«*alastrarse el animal*: asternor», Nebr.; Pineda, 1574, *DHist*.], 'amusgar el animal las orejas'. And. *solastra* 'piedra plana y fina' (AV).

¹ Son conocidos los despeñaderos llamados *Les*

Llastres de la Morta, en el camino de Boí al valle de Arán.— ² Por ej. en Àreu, en el Pallars Oriental. En la vecina localidad de Tor me dijeron que significaba 'terreno fangoso', dato que me parece suspecto en vista de su aislamiento.— ³ Quizá tenga razón Krüger al suponer que *lenastra* 'losa' en el Valle de Vio (*Die Hochpyr.* A, II, 79) resulte de un cruce del tipo LENA (*FEW* V, 249a), bien representado en los valles aragoneses, con un *lastra* preexistente; pero claro que es inseguro, pues también podría tratarse de un mero derivado de LENA.— ⁴ A veces también de tierra, madera o cristal. Antiguamente aparece en el sentido de 'losa de piedra'.— ⁵ En carta hace hincapié Hubschmid en las variantes locales altoitalianas *lasta* y *lasa*, como indicios de un origen prerromano (con formación sufijal diferente), tal como hacía ya en el *FEW*, agrega ahora más testimonios de la primera y remite a un artículo suyo *Pyrenäenwörter vorroman. Ursprungs*, que ha de aparecer en Salamanca en el verano de 1953. Para que podamos dar tanto valor a estas formas (que pueden ser variantes modernas, explicables acaso por la fonética local, o bien por contaminaciones) tendrá que darnos Hubschmid más detalles acerca de los dialectos y de los diccionarios dialectales donde figuran estas formas, probarnos que está realmente familiarizado con el pormenor fonético de estos dialectos y agregar más precisiones sobre el contexto y la semántica de los documentos citados, que descarten toda sospecha de que se trate de una voz de sentido distinto, todo lo cual suele abstenerse de hacer en sus trabajos (la mayor parte de sus citas traen el vocablo con mayúscula: ¿cómo sabemos su significado si es nombre propio?, ¿qué es *cuppis* del doc. de 1340 que acompaña a *lasta* como sinónimo? ¿Se trata del alto-it. *cop(po)* 'teja'?). Cierto es que Tagliavini (*ARom.* X, 8) trae «*lasta* o *lastra* (*REW* 2863) frequentissimo toponimo» y atestigua que en el Cadore vale «piano roccioso fortemente inchinato», pero ¿cuál es la forma viva en el Cadore y cuál es la que se funda en una interpretación, siempre discutible, de la toponimia? Y en definitiva, aun si diéramos por probado que *lasta* significa lo mismo que *lastra* y que ya era usual en el S. XIV y aun antes, esto no sería prueba todavía de que no es forma secundaria, debida a una contaminación u otra causa local, y menos aún lo es de que *lastra* sea prerromano. La propuesta etimología romance sigue siendo aceptable, el problema de los detalles queda en pie, y los nuevos datos anunciados por Hubschmid deberán estudiarse con cuidado, y con saludable escepticismo esta etimología prerromana.

Lastrar, V. *lastre*; 'pagar', V. *lastar*

LASTRE, 'peso de piedra, arena o cosas se- mejantes, que se pone en el fondo de la embarcación, a fin de que ésta entre en el agua hasta donde convenga', quizá del germ. *last* 'peso', aunque entonces lo probable es que se hubiera tomado del neerl. o ingl. *last* íd. y que hubiera servido de intermediario el fr. antic. *last* (hoy *lest*); pero más bien *lastrar* parece proceder de una disimilación de *a(r)rastrar*, quizá ayudada por el nórdico *last(r)ar*. 1.ª doc.: «*herma* significa forra o *lastre* del navío», APal. 191d; «*lastre de la nave*: saburra», Nebr.

Aut. cita varios ejs. del S. XVII; Woodbr. da *lastre* en 1493 y *laste* en 1519; Cej. VII, § 33. En portugués, *lastro*, que ya aparece en el 3.ʳ cuarto del S. XV, en Azurara (Jal). Es vocablo ajeno al Mediterráneo, pues en italiano se dice *zavorra* (< SABURRA íd.), y *lasto* es vocablo raro y desusado[1]; en catalán se decía *sorrar* por 'lastrar' (*Cons. de Mar*) y *sorra* 'lastre' (Ag.), mientras que *llast* es voz reciente y mal documentada (sólo Bulbena y Fabra). En francés actualmente es *lest*, bien documentado desde el S. XVII (Jal), y anteriormente en el sentido de 'carga de mercancías' [1282], con variante *last* en 1208, y *lastage* y *laster* en textos de la segunda mitad del S. XIV; *lest* se tomó probablemente del fris. ant. *hlest* 'carga', mientras que *last* pudo tomarse del neerl.[2] o del ingl. *last* íd.; derivados todos ellos de *hladan* 'cargar' (hoy alem. *laden*, ingl. *load*). Seguramente por conducto del francés entraría el vocablo en el uso hispánico, alterándose posteriormente *laste* o **lasto* en las formas actuales, por repercusión de la otra líquida. Cabría pensar en un préstamo directo de una forma escandinava antigua **hlastr*, aunque la forma real del antiguo escandinavo era *hlass*, pero los compuestos modernos *barlast*, *baglast* del sueco, danés y noruego (para los cuales vid. Kluge, s. v. *ballast*; Mahn, *Etym. Untersuch.*, 20-21) parecen indicar la existencia de una variante como la supuesta; sin embargo, esta suposición sería arriesgada, pues no se hallan casos de voces náuticas tomadas por el iberorromance directamente del escandinavo. En cuanto al bretón *lastr* es más verosímil que sea hispanismo que supervivencia de una antigua forma francesa que sirviera de intermediario entre el escandinavo y el español. En fin, el antiguo *lastro* 'pena', contra lo que supone M-L., nada tiene que ver con *lastre*, V. *LASTAR* (donde se dan otros ejs. de la repercusión de líquidas).

En Chile *lastrar* parece significar 'arrastrar por el fondo', y esto ya es antiguo, pues en este sentido emplea el vocablo PAlc. al traducir el ár. *'arsaịt* por «naves sacar del agua» (319.3) y por «alastrar la nave, lastrar la nave» (81.10, 286a27). Dozy (Suppl. I, 529a) entendió falsamente «lester un vaisseau» y, no tan mal, «tirer un vaisseau de l'eau». Obsérvese que «alastrarse el animal» aparece traducido por el propio PAlc. (81.11) como *šälläq* («xélleq»; cierto es que esta palabra hispanoárabe es otro problema léxico (donde parece haber cruce con *šakkal*, y la *q* de PAlc. ignoramos si vale por *qaf* o por *kef*, letra con que lo escribe RMa., pero en esta forma no existe tal raíz en árabe clásico); de todos modos lo cierto es que el dicc. de Nebrija traduce *alastrarse el animal* por «asternor, asternaris» (o sea 'echarse por el suelo hacia algo'), los de Oudin y Vittori por «être couché par terre et appesanti pour avoir trop mangé», Franciosini por «gettarsi o s t r a s c i n a r e per terra l'animale» y Núñez por «s'abattre, se tapir contre la terre, en parlant des oiseaux et des animaux qui ne veulent point être découverts»; además *šalûqa* (otros escriben *šalukka*) es «bagasse, garce, fille de joie» en dos fuentes norteafricanas: propiamente 'arrastrada, zorra'; *xéleq* o *taxlíq* es «çancadilla, traspié en la lucha, enlazadura, enredamiento» (cuasi 'arrastre de pierna'). Porque ¿qué puede significar «alastrarse el animal» sino 'arrastrarse'? Volviendo a las naves, el significado del ár. *'arsaṭ* es bien conocido: esta raíz la traduce RMa. por «accipere portum» (y también «surgir in portu» que es la ac. clásica y vulgar a la vez, «mouiller, jeter l'ancre») lo mismo en la 1.ª forma que en la IV y la II, pero ésta además es «aborder, prendre terre» (Beaussier) y aquélla es «jeter le filet» en el Idrisí (o sea 'arrastrado por el fondo'), y el sustantivo *risà* es 'cangrejo' en el Mansurí (propiamente 'el que se arrastra'). Así que no hay que dudar que *'arsaṭ* pasó de 'fondear' a 'varar las naves' = 'arrastrarlas por la arena', y que en este sentido emplea PAlc. su *alastrar* o *lastrar*, en todos los casos ('cargar de lastre' se decía entonces *çaborrar*). Lo más probable es, pues, que se trate de una disimilación de *a(r)rastrar*, aunque quizá ayudada por el término nórdico *last(r)ar* (que a su vez recibiría de *arrastrar* su *r* adventicia), y quizás por una pronunciación morisca **arastrar*.

DERIV. *Lastrar* 'cargar de lastre' [Nebr.; *lastear* o *lastra* 1493, Woodbr.] o *alastrar* [íd.; *DHist.*] (vid. arriba); cf. *LASTRA. Deslastrar* [Ercilla, *Aut.*].

[1] Esporádicamente aparece *lastrare* «caricar le navi» en la traducción del Consulado de Mar, del S. XVI, y en doc. genovés de 1692, *lastrico* 'lastre' en Crescenzio, a. 1602. Formas tomadas del español, con adaptación a *lastrico* 'pavimento', por etimología popular.— [2] Quizás hubiera que decidirse por el neerlandés, pues en documentos del S. XIII (1228, etc.) *last* se halla en toda Picardía con el sentido de 'carga de mercancías', *Rom.* LXVIII, 200.— [3] «Hay *salmo fario* o *browm trout* y percas, que se pescan con facilidad *lastrando* 'terribles' a fondo», *Guía del Veraneante, Ferrocarriles del Estado*, Chile, 1942, p. 245; falta en los diccionarios de americanismos. No creo que pueda ser un derivado del portugués *lastro* 'fondo del mar' (V. *LASTRA*) como yo había supuesto, no sin alguna vacilación, en el *DCEC*.

LASÚN, 'locha, cierto pez malacopterigio de río o lago', tomado del vasco *lasun* «mújol, muble». 1.ª doc.: Acad. 1899.

La voz vasca se emplea en Vizcaya y Guipúzcoa, según Azkue. Aunque el mújol es pez marino y acantopterigio, ha de tratarse del mismo vocablo, que es de fisonomía vasca inconfundible. Variantes y documentación vascas, en Michelena, *BSVAP*, XII, 366. «Muble» es variante vasca de *mújol*.

LATA, 'vara o palo largo', del b. lat. ant. LATTA íd., vocablo común con el céltico y el germánico, que debió tomarse de una de estas dos familias lingüísticas, quizá de la primera; en cuanto a la ac. 'lámina de hierro o acero estañada', no se ha estudiado bien su historia, mas parece ser extensión de la otra, quizá pasando por 'fleje, tira de chapa de hierro'; esta ac. es más antigua en italiano y en francés y debió tomarse de uno de estos idiomas. 1.ª doc.: 1.ª ac., S. XIII, Fuero de Teruel (ed. Gorosch, s. v.); 2.ª ac., 2.º cuarto S. XV, Diez de Games.

En la primera ac. falta en los diccionarios de la época clásica y preclásica; *Aut.* define «*latas*: los palos sin pulir, y como se cortan de los árboles, que sirven para formar las techumbres y mantenerlas, atravesando o texiendo en ellas otras ramas más delgadas, sobre las quales se colocan las tejas», citando el ej. del *Soldado Píndaro* «apenas entramos a una sala, quando con lanzas de pendones, varapalos y *latas* nos... empezaron a sacudir el polvo»; agrega que en la Náutica son «vigas de las cubiertas superiores» y cita el *Vocab. Marít. de Sevilla* (1696). Hoy el vocablo está arraigado en muchas partes: me dicen que en Valsaín (Segovia) designa un tronco de árbol plantado, pero sin ramas; en Plan y Gistáin (Huesca) es la caña de pescar (*BDC* XXIV, 173)[1]; en León «varal; palo largo que sujeto por sus extremos a dos puntos de apoyo sirve para colgar la ropa recién lavada u otros objetos» (Puyol, *RH* XV, 5); Santo Domingo 'vara larga' (Brito); Cuba 'en el campo, ... palo grueso, en bruto, colocado horizontalmente sobre horquetas de quita y pon, para impedir el paso' (Pichardo; *Ca.*, 170); Méjico 'árbol largo y delgado, como ciertos abetos de los bosques que rodean la capital' (oído allí); Tucumán 'cierta planta silvestre que florece' (F. Burgos, *La Prensa de B. A.*, 26-X-1941); etc.; Cej. VII, § 5. Es también portugués: *lata* «cada uma das varas ou canas transversais da parreira; renque de videiras altas, dispostas em armação, aos dois lados do caminho; caibro; trave que atravessando a nau, sustenta a coberta superior», con ej. clásico en Moraes; *latada* 'parra', ya documentado en los primeros años del S. XVII (Bluteau); Viana-do-Castelo *lato* «caibro ou vara de madeira apodrecida na vinha e que só serve para queimar» (*RL* XXVIII, 272). En catalán es muy vivo en la ac. 'cada uno de los maderos estrechos que, puestos perpendicularmente a los cabrios, sirven para sostener las tejas', de ahí 'varita flexible de abedul empleada para hacer cestas' (así en el Alto Pallars) y después 'pleita de esparto o de cáñamo', especialmente viva en Baleares (*llatra*) y en Tarragona y Valencia, donde *llata* ya se documenta en esta ac. h. 1460, en Jaume Roig (v. 7532); en otra ac., según veremos, ya aparece en el S. XIII. Además oc. y engad. *lata*, fr. *latte* «pièce de bois longue, mince et platte, servant à faire des cloisons, des treillages, etc.» [S. XII]. Aun cuando el vocablo está documentado muy antiguamente en catalán y en galorrománico, la naturaleza de su significado lo hacía poco apto para figurar en la literatura medieval y para atraer la atención de los lexicógrafos, y dado el arraigo general y popular en la Península me inclino a creer que es palabra autóctona en hispano-portugués, contra lo que parece sospechar M-L. (*REW* 4933), comp. vasco *lata* 'armazón del tejado', 'seto de madera', 'tabla', 'tablón', 'cancilla, puerta de los campos', vivo en todos los dialectos y con copiosa derivación (Azkue).

En cuanto a la 2.ª ac., aparece varias veces en las dos partes del *Quijote* y en Oudin («*lata, oro de lata:* or faulx, laiton», «*hoja de lata:* lame de laiton et de fer blanc»). *Aut.* trae *lata* y *hoja de lata*, con ej. de éste en 1680, y manifiesta que hasta entonces se traía de Alemania, hasta que bajo Felipe V se obtuvo en España el secreto de su fabricación; Cej., *Voc.*, sin indicar fuente, afirma que se importaba de Alemania y de Milán. Es ac. común con el portugués, pero totalmente ajena al catalán (que emplea *llauna*, vid. *LAJA;* en Valencia *llanda*) y a la ngua de Oc. En francés suele decirse *fer-blanc*, pero existe *latte* en la ac. «bande de fer plate, telle qu'elle arrive de la forge». En italiano *latta* es más vivo en esta ac. y está allí abundantemente documentado desde el S. XVII por lo menos, y además lo hallamos a mediados del S. XIV en Frate Simone da Cascia aplicado a una 'hoja o lámina de cualquier metal'. Puesto que consta que en España se importó del extranjero la hoja de lata hasta principios del S. XVIII, es casi seguro que el vocablo es extranjerismo; García de Diego (*RFE* XI, 342n.) afirma que se tomó del francés, lo cual al fin es posible, pues Francia podría ser el país de origen para toda la Romania, pero como esta ac. está mejor afirmada en Italia y las noticias de la importación no se refieren a Francia, sino a Alemania y a Milán, es más probable que la fuente inmediata de la voz española sea el italiano. De todos modos apenas cabe dudar de que *lata* 'hojalata' es aplicación traslaticia de *lata* 'madero plano', tanto más cuanto que antiguamente parece haber designado una especie de fleje o tira de chapa de metal, que fácilmente podía compararse con una vigueta[2]: «seront tenus de livrer *late* de douves, tout comme il en convendra pour la dite couverture», S. XIV (Littré); «la... barcella deu esser fassida per totes

les ores de la barcella de *lates* de ferre, e una *lata* de ferre deu passar per mig de la barcella, que tenga e sia fermada de la una ora de la barcella tro en l'altra», Costumbres de Tortosa (S. XIII), ed. Oliver, p. 400. Ahora bien, siendo esto así, como en Italia no se halla *latta* en su ac. primitiva (sólo *lata* en bajo latín genovés, vid. Rossi), deberemos admitir que se tomó de Francia.

En definitiva, pues, el área propia del vocablo en romance parece comprender toda la Península Ibérica, toda Francia, y quizá los Alpes centrales y otros puntos de la alta Italia. La más antigua documentación se halla en el *Liber Glossarum*, compuesto en España en la primera mitad del S. VIII, donde encontramos la glosa «assares: *lattas*», semejantemente «*lattas:* asseres», en el Glosario de Ripoll, unos 200 años más tarde (*Rom.* XLVII, 440). Además del romance el vocablo existe en a. y b. alem. ant. *latta*, alem. *latte* 'tabla delgada, vigueta; ripia; estaca; listón; lata del techo; árbol largo y recto', neerl. *lat*, ags. *lætt;* por otra parte irl. ant. y mod. *slat* f. 'varita', galés *llath* o *yslath* 'varita', 'lata', 'pértiga', bret. *lâz* «perche, gaule», que juntos suponen una base céltica *SLATTĀ. La relación entre las palabras germánicas y las célticas ofrece un problema difícil. Por lo pronto el consonantismo de los varios dialectos germánicos no se corresponde correctamente, pues a las formas del anglosajón y bajo alemán correspondería en alto alemán *latza*, que efectivamente está documentado, pero sólo en el dialecto mittelfränkisch; por otra parte también se halla *laththe* en inglés medio (hoy *lath*), que podría explicar la forma del alto alemán, pero entonces quedaría sin explicación la forma anglosajona (donde correspondería *-th*); Thurneysen (*Keltorom.*, 66) afirma, por el contrario, que el ingl. *lath(the)* es préstamo céltico, y declara ignorar si lo son las demás formas germánicas. Los germanistas vacilan y recurren a expedientes quizá posibles, pero complicados y dudosos, para obviar la dificultad (Kluge, *ARom.* VI, 306; *Etym. Wb.*, s. v.). Por otra parte, como la L- germánica no corresponde fonéticamente a una SL- céltica, se haría preciso admitir que en esta raíz alternaban L- y SL- en indoeuropeo, según ocurría, efectivamente, en algunos casos. Pero estando el vocablo germánico documentado solamente en los dialectos occidentales, y habiendo dificultades fonéticas, más sencillo es admitir que la voz germánica es un celtismo o romanismo, puesto que al fin y al cabo el vocablo se documenta por primera vez en país tan alejado de Germania como es España; así lo hace V. Henry; y Jud (*Bündner-Monatsblatt*, 1921, p. 45) se inclina por lo mismo admitiendo que la reducción fonética de SL- a L- se producía ya en galo tardío, por lo menos en ciertos dialectos[3]. Debemos dejar el problema en manos de los especialistas, pues es cuestión complicada: la existencia del germ. LATHAN- 'tabla' (> alem. *laden*) parece indicar que había realmente una alternancia indoeuropea SL- ~ L- en esta familia, de suerte que no es extraño que lingüistas de tanta autoridad como Pedersen (*Vgl. Gramm. d. Kelt.* I, 84, 185) y Walde-Pokorny (II, 382) admitan el carácter autóctono del vocablo así en germánico como en céltico; y por otra parte no debemos rebajar la fuerza de las razones que inducen a sospechar un celtismo en germano⁴. Sería bueno averiguar este punto, pues de él podría depender el origen que atribuyamos a la familia de voces romances, que ha de estar tomada, bien del germánico (como quisiera Wartburg, en Bloch²) o bien del celta. De todos modos esto último parece mucho más probable, admitiendo la hipótesis citada de Jud, dada la extensión geográfica del vocablo romance, la falta de documentación en gótico (lo cual dificultaría la explicación de las formas hispánicas a base de un étimo germánico), y aun la índole del significado, poco en armonía con el que suelen tener los germanismos romances⁵. Comp. *LÁTIGO.*

En el sentido de 'discurso o cosa fastidiosa' *lata* se documenta por primera vez en 1882-3, y posiblemente ya h. 1877⁶, y deriva probablemente de *lata* 'varal, palo largo', en cuanto se empleaba para golpear (tal como figura en el ej. citado el *Soldado Píndaro*), en forma parecida a como han tomado este sentido los amer. *macana, macanazo,* el port. *maçada* 'lata' o el cast. *porrada* 'pesadez, necedad' (*dar la lata* sería primero 'golpear, aturdir' y de ahí 'aburrir'): según ha indicado convincentemente D. Alonso, *BRAE* XXXIII (1953), 351-88 (*latazo* puede derivar directamente de *lata* 'palo' o ser aumentativo de *lata* 'fastidio' como *bromazo* de *broma*).

Deriv. *Deslatar. Enlatar. Llatar,* leon., 'cercado que se hace con troncos sostenidos horizontalmente' [Acad. 1884, no 1843]. *Latería* 'conjunto de latas de conserva', cub. (*Ca.,* 233). *Latero* 'el que da la lata' [1895, Unamuno]; *latoso* 'pesado' [1907, íd.] *latear* amer. 'dar la lata'; para *latazo* 'cosa fastidiosa, lata grande' [Acad. falta aún 1947, mientras que *lata* ya está en 1914], V. arriba.

¹ Ac. que es común con el gasc. *lata, late* (Arán, Bearne), y con el cat. pallarés *llata* (*BDC* XXIII, 273).— ² Además nótese que el fr. *latte* designa también un sable largo, e igualmente el cast. *lata* en la Arg. (Tiscornia, *M. Fierro coment.,* vocab., s. v.), en el cual era fácil la comparación con una varita; de ahí pudo pasarse también a 'hoja de metal cortante' y después 'hoja de metal' en términos generales.— ³ Aquí tocamos el problema de la existencia de la lenición en galo tardío. Se trata de un conjunto de fenómenos que se producen sobre todo en el céltico insular, en fecha ya antigua; en cuanto a la *s,* el fenómeno es anterior en gaélico a los primeros documentos (S. VIII) y en británico se documenta desde el S. VI, pero las alteraciones de esta consonante

debían arrancar por lo menos de los últimos siglos de la Antigüedad, pues no sólo el fenómeno estaba consumado en el momento de la invasión de Inglaterra por los anglosajones, sino que los latinismos del celta nos muestran que ya durante la ocupación romana la *s* céltica no era igual a la latina. En cuanto al celta continental, el caso se ha juzgado diversamente. Kleinhans y Pedersen, en *Litteris* II (1925), 87, están de acuerdo en que el cambio de *sl* en *hl* no está probado ni en cuanto al galo tardío. Pero al servirse de este argumento para rechazar la etimología que Jud había propuesto para el fr. dial. y ant. *amblais* 'vencejo vegetal empleado para sujetar el yugo al arado', a saber *AMBI-LATT-IOM, derivado de nuestro *SLATTA, lo hacen sólo con carácter auxiliar; su razón principal es que las formas romances postulan una base en -ATIU o -ATU, y por lo tanto el segundo elemento del vocablo ha de ser el participio LATO- de la raíz verbal LA- 'poner', a lo cual es preciso asentir (según reconoce el propio Jud, *Rom.* LII, 340, n. 6). Con posterioridad se han señalado, y aun con cierta abundancia, una serie de hechos que parecen probar la existencia de fenómenos de lenición en galo. J. U. Hubschmied ha reunido muchos en *VRom.* III (1938), 108-36. Sin duda todos los ejs. de Hubschmied son más o menos discutibles; es más, un buen número de ellos es muy dudoso y aun posiblemente falso, sobre todo en el material toponímico, también en algunas etimologías sueltas de nombres comunes. Pero quedan otros que difícilmente se podrán negar. Uno de los más notables es el tipo SLEUDIA 'trineo', que se extiende desde Gascuña hasta el Friúl, y desde la Alta Italia y Provenza hasta Bélgica (valón *sklûze*), está documentado en glosas manuscritas por lo menos desde el S. IX, y hoy subsiste en bretón y en gaélico: ahora bien, la gran mayoría de las formas romances empieza por *l-* (Hubschmied, *Zeitschr. f. dt. Mund.* XIX, 188; Jud, *Rom.* LI, 456; Rohlfs, *ASNSL* CLXV, 83-86; Corominas, *Vocab. Aran.,* s. v. *lübya*). Pero Hubschmied da otros ejs. claros para SL- (*l. c.,* 111-4), SN- (115-7) y -S- intervocálica (108-110); los de S- ante vocal son más discutibles, pero quizá aceptables, y aun puede agregárseles el que me parece más convincente, *asia* documentado en Plinio en vez de *SASSIA (V. aquí *JEJA*). Y hay todavía más consonantes gálicas probablemente afectadas por la lenición. No sólo los casos numerosos y en gran parte seguros reunidos por Hubschmied para la -M- (pp. 117-136) y alguno que ya había admitido el propio Pedersen (*Borvo, cervesia,* en *Vgl. Gramm.* I, 168, n. 7). Jud, Wartburg y todos, según creo, están de acuerdo en identificar el tipo engadino *rai* 'criba', que por la Valtelina y Vaud se prolonga hasta el Franco Condado, Lorena y Valonia, con el oc. y frprov. *drai* del mismo significado, que también se extiende a través de los Alpes hasta Gorizia (Jud, *BDR* III, 66-67; *ZRPh.* XXXVIII, 64; Wartburg, *FEW* III, 153), y todos coinciden en reconocerle origen prerromano, en vista de la inicial no latina DR-, pero es probable que tenga razón Jud al atribuir la caída de la D- a la lenición gálica, dada la gran debilidad de la D postvocálica (en medio de palabra o en posición inicial) en las lenguas célticas (Pedersen I, 110). El cat. *bèrbol*, aveyr. *emberbesit*, Champsaur, Barcelonnette, Aix *bèrbia*, *bèrbi*, *bàrbia*, genov. *zerbia*, 'herpes', parecen suponer galo *ÐERBĬCE, -ĬCA, junto al tipo DERBĬTA, -ĬCA, -ĬCE, admitido en el *FEW* III, 46, y por Pedersen, *Litteris* VII, 24. Junto al tipo prerromano *DARBON- 'topo', ya documentado en el S. V, existe una variante *đarbon*, *zarbon*, *žarbon*, que se extiende por los departamentos de Isère, Saboya, Ain, Jura y el cantón de Ginebra; quizá tenga razón Schürr (*ZRPh.* XLVII, 508) al explicarlo por influjo del tipo oc. *garri* 'ratón' que en el punto más meridional de Saboya figura en el *ALF* en la forma *đáryo*, pero nótese que éste es el único punto en que coinciden (o quizá sólo lindan) las áreas de los dos vocablos, pues la de *garri* es exclusivamente occitana, y no francoprovenzal, con esta única excepción, a juzgar por *FEW* IV, 71*b*; de suerte que deberá tenerse en cuenta la posibilidad de un fenómeno de lenición que explique *zarbon* y variantes. Tanto más cuanto que entre vocales hay casos bastante claros, por lo menos tras ʊ: el grisón *schlieusa* 'trineo' parece suponer *SLEUZA (Hubschmied, p. 112, n. 3; lo mismo diría yo del rouergat *leuso*), mientras que la forma *lébio*, *líbio*, *lúbio*, que se extiende por toda Gascuña, supone una base *LEU(D)IA > *LEVIA, que es inverosímil separar (como quisiera Rohlfs) del LEUDIA de otras partes, atribuyéndole un étimo diferente. En vasco: *lea* en Salazar, *lega* en Lezaca (NO. de Navarra) y en todo el centro y sur del guipuzcoano, *lĩa* o *lia* en Sule y Garazi (b. nav.), *liga* lab., *lera* lab., bazt., salac., Lezaca y en el centro y SO. del guipuzc., *liña* en Garazi (b. nav.). En gasc. y vco. hay, pues, caída total de la -D-. Y el caso quizá se repita en el cast. *NAVA*, que reaparece en Lombardía, Liguria, Córcega, Véneto y Friúl, según subrayó recientemente Bertoldi, y en la toponimia grisona (Schorta, *VRom.* VI, 17), y que varios han relacionado con el tipo NAUDA, sinónimo que hallamos en occitano, francés y bretón; V. últimamente, en este sentido, Battisti, *Diz. Topon. Altoatesino* I, 139; el étimo *SNAUDA reaparecería en el celta insular según Hubschmied (p. 115). También en el fr. (ant.) *borne*, *bosne*, 'mojón', parece representar una pronunciación BOÐĬNA 'montón de piedras' (> *bózina*) en lugar del BODINA que postulan el irl. ant. *buden*, galés *byddin*, 'tropa, batallón' (< 'montón de gente'); comp. lo dicho acerca de este vocablo en *LAJA*, y comp. el tipo *MŬZĬNA 'montón de piedras' documentado en dialectos alpino-lombardos (*REW* 5800). Creo que hay que admitir para el galo tardío la existencia de ciertos fenómenos comparables a la lenición, sobre todo en condiciones especiales como SL- o en posición intervocálica, y me parece excesiva la negación absoluta que hace Pokorny en su trabajo reciente de *VRom.* X, 254-67 (cuyas explicaciones de CERVESIA y *savart* son inverosímiles), aunque Pokorny tiene razón al reaccionar contra toda aplicación general y al reprochar la falta de crítica con que procede Hubschmied en tan delicados problemas.— [4] V. Henry cree que *SLATTA viene del mismo radical que el irl. ant. *slaidim* 'golpear', bret. *laza* 'matar', admitiendo que sale de una raíz SPLAD- «sólo representada en los más antiguos dialectos germánicos»; entonces el préstamo celta en germánico sería seguro. Pero no veo a qué raíz puede referirse, si no es la del a. alem. ant. *spaltan* 'hender' (eslavón *rasplatiti* < -*poltiti*, Walde-P. II, 678), que no corresponde bien a su descripción. Para la posibilidad de que la base céltica *SLATTA pasara al vasco *eslata* 'vallado' (registrado por Azkue sólo en Marquina, vizc.), vid. M-L. y Spitzer, *RIEV* XV, 388-9, y XVII, 97. No es seguro. Para una interpretación negativa del mismo hecho, no menos insegura, vid. Bähr, *RIEV* XVIII, 163. Es preciso dejar la cuestión en manos de los vascólogos.— [5] El importante estudio de D. Alonso, que cito en seguida, publicado mucho después de escribir este artículo, al aportar (pp. 365-75) muchos más datos semánticos sobre la difusión de las acs. rurales de *lata* 'palo', 'ripia', confirma decididamente el carácter autóctono de *lata* en hispano-portugués. En cuanto a *lata* 'hoja de lata', la documenta Alonso (en las dos variantes *lata* y *hoja de lata*) ya en Díez de Games, junto con *hoja de Milán* [1528] y *hoja de Flandes* [1561], y no llega a conclusiones decididas en cuanto a su origen (pp. 375-9), si bien sospecha que pudo empezar por designar una chapa delgada de madera (sin probarlo históricamente) o que se relacionara a *lata* con *latón*, como si éste fuese derivado de aquél, y así se aplicara primero a una hoja de metal dorado (de lo que hay prueba en la *Celestina* —vid. cita en la p. 379—, y más arriba la he dado en Oudin); esto último debió de ayudar, pero el texto que he citado de las Costumbres de Tortosa documenta como más antiguo y sin duda más básico el paso por 'fleje de metal'.— [6] En catalán dicen algunos, recientemente, *llauna*, en este sentido, por un calco semántico del castellano, como si se tratara de *lata* 'hoja de metal', pero otros emplean en catalán el castellanismo desembozado *lata*.

Lata, V. *tala* y *dislate*   *Latacín*, V. *leche*
Latastro, V. *lato*

LATAZ, 'nutria que vive en el Pacífico septentrional', tomado del gr. λάταξ, -αγος, 'nutria'. *1.ª doc.*: Acad. ya 1817.

Latear, V. *lata*

LATENTE, 'oculto', tomado del lat. *latens, -ĕntis*, íd., participio activo de *latēre* 'estar escondido'. *1.ª doc.*: h. 1520, Padilla, ej. único (C. C. Smith, *BHisp.* LXI); Acad. 1869, no 1843.

Al parecer entró como vocablo médico, pero se ha extendido bastante en la lengua escrita. Muchos, y aun gente bastante culta, lo emplean disparatadamente en el sentido de 'palpitante' o 'vivo, animado, intenso', por creerlo participio del verbo *latir;* vid. Cuervo, *Ap.ʼ*, p. 423; Spitzer, *RFE* XVI, 149; Ortiz, *Ca.*, 231. Es palabra que sería preferible evitar fuera del lenguaje técnico.

DERIV. *Latitar* ant. 'esconderse', tomado de *latitare*, frecuentativo de *latere*; *latitante* [Mena (C. C. Smith)]. *Delitescencia*, tomado de *delitescere* 'esconderse', derivado de *latere*. *Lantano*, derivado culto del griego λανθάνειν 'estar oculto', hermano del lat. *latere*; se dió tal nombre a este metal por su rareza.

CPT. *Letargo* [h. 1600, Paravicino], tomado del gr. λήθαργος 'letárgico', 'olvidadizo', 'perezoso', compuesto de λήθη 'olvido' (de la misma raíz que λανθάνειν y ἀργός 'inactivo'; *letárgico, letargía* [med. S. XV, Juan Agraz (C. C. Smith)], *letargoso, aletargar*.

Latero, V. *lata*

LÁTEX, tomado del lat. *latex, -ĭcis*, 'líquido, licor'. *1.ª doc.*: Acad. 1936.

Tecnicismo botánico.

CPT. *Laticífero*.

Latido, latiente, V. *latir*   *Latifundio, latifundista*, V. *lato*

LÁTIGO, 'correa o cordel empleados para azotar, para asegurar las cinchas, etc.', voz propia del castellano y el portugués (*látego*), de origen incierto; como la ac. más antigua es 'correa para amarrar' es probable que se trate de un gót. *LAITTUG*, hermano del ags. *lâttêh* 'dogal'. *1.ª doc.*: Antonio de Montoro (1404-1480).

Parece tratarse ahí de la ac. 3.ª de la Acad. 'cuerda o correa con que se asegura y aprieta la cincha'; se habla de varios arreos de un caballo: «las cinchas tengo en Vitoria / los *látigos* en Palencia» (*Canc. de Obras de Burlas*, ed. 1841, p. 104). La aplicación más común 'azote para avivar las caballerías', además de Agustín de Salazar († 1675), figura ya en Oudin («escourgée, un fouet à chasser le sabot») y en Covarr.; otras veces es 'azote para castigar a una persona', así en López de Villalobos (1515), en Quiñones de B. (*NBAE*

XVIII, 593), en Covarr. y con cualquiera de las dos aplicaciones en Percivale (1591; «a leather strapp, or a hempen lashe of a whippe»); Cej. VII, § 5. En Cuba se aplica especialmente al azote largo empleado por el que va en coche sin calesero guiando desde dentro, pues el *látigo* común a la española se llama allí *fuete* (Pichardo, en este artículo). En otros puntos de América se conservan acs. más semejantes a la del primer testimonio: 'tira de cuero para amarrar carga' en Chile (Lenz, *Dicc.*, p. 383), en Nuevo Méjico 'correa de cuero o de cerda de caballo, especialmente la que se ata al cinto' (*BDHA* IV, 57), mientras que la variante *lático* es 'sobeo o cuerda que sujeta el timón al yugo' en Puerto Rico (Navarro Tomás, p. 156). En portugués se dice *látego* «azorrague, chicote de cordas ou de correias» (aplicado al castigo de personas en dos autores de la 2.ª mitad del S. XVI, Moraes, Bluteau), «corda que liga os dois volumes das cangalhas»; la ac. «tira de coiro cru, com que se apertam os arreios e que faz parte da cincha», hoy confinada al Sur del Brasil, coincide con la del más antiguo ej. castellano, y es también la del primer testimonio portugués, que por cierto es bastante anterior: «melior sinla de azémelo valeat 16 denarios cum suo *látego* et cum suis armellis, et sine *látego* et sine armelis valeat 8 denarios; et sinlia de asino valeat unum solidum cum *látego* et cum armelis... et melior subrecinlia de caballo cum *látego* et cum coriis et cum ferris», en doc. de 1253 (PMH, *Leges* I, 195).

Apenas se ha escrito nada acerca de la etimología de este vocablo, olvidado en los diccionarios etimológicos de Diez y de M-L. Este autor, en su *R. G.* I, 369, indicó vagamente que podía ser derivado de *latir*, claro está que no en su sentido etimológico de 'ladrar', sino en el de 'palpitar (el corazón)', pero como nunca *latir* se ha aplicado a agitaciones de otra clase, y desde luego no a las sacudidas del *látigo*, esta idea, que tampoco satisface desde el punto de vista morfológico, puede abandonarse sin más discusión. Claro está que el vasco *latigo* está tomado del español y no al revés, de suerte que no interesa para la etimología. La única sugestión razonable es la de Jud, quien, de paso y brevemente, dijo que *látigo* podía ser derivado de LATA (*Bündnerisches Monatsblatt*, 1921, p. 45); M-L. la rechaza por «oscura morfológicamente y poco verosímil en vista de la escasa fecundidad de *lata* en castellano». Ahora bien, en el artículo correspondiente he indicado que LATA parece ser palabra autóctona, al menos en una de sus acs., en todos los idiomas iberorromances y en vasco: la etimología de Jud, en lo fundamental, me parece posible. Cabe dudar en los detalles semánticos y morfológicos. Podría partirse de *lata* en el sentido de 'varita' (p. ej. *lato* es 'palo largo' en el Minho—Leite de V., *Opúsc.* II, 496—y en otras provincias portuguesas, Fig.), de donde se pasaría a 'látigo', sea con paso metonímico del mango del látigo a todo el azote, sea por el empleo primitivo de varitas flexibles luego sustituídas por el látigo de correa o de cuerda. Pero en vista de que en los dos ejs. medievales el vocablo designa una correa para apretar la cincha, es probable que ésta sea la ac. primitiva y entonces habría que partir de la idea de 'cuero trenzado, pleita', teniendo en cuenta que el cat. *llata* significa 'pleita de esparto o de cáñamo' ya en la Edad Media; ahora bien, esta ac. no está documentada en castellano. Desde el punto de vista morfológico, los escrúpulos de M-L. se atenúan al tener en cuenta la forma port. *látego*, que él parece haber olvidado y que es la más antigua cronológicamente: el paso de *-ego* a *-igo* es natural en castellano, dadas las formas como *Padiérniga, Cabuérniga, Dóñiga* y otras análogas recogidas por M. P. (*Oríg.* 341-3): *LÁGRIMA, LÁSTIMA* y otros muchos demuestran que hay una tendencia popular a cambiar *e* en *i* en el interior de los esdrújulos.

Luego ese sufijo puede corresponder por la forma al lat. *-ĬCUS*, y lo más sencillo sería admitir que de LATTA se derivó temprano un adjetivo *LATTĬCUS, que aplicado en combinaciones como CINGULUM *LATTĬCUM 'cincha de pleita' pudo luego simplificarse sustantivándose. Pero es verdad que este tipo de derivación es muy poco frecuente en romance. ¿Sería posible que el derivado procediera ya del céltico, que dió nacimiento al primitivo *LATTA? Ahí aumentarían las dificultades. El tipo de sufijo en -C- más común en las lenguas célticas es el de la forma -ĀCO- (Pedersen II, 30)[1]; existían también derivados célticos en -ĬCO-, como los que indica Pedersen: *TOKʷĬKO- 'verosímil' (galés *tebyg*, comp. gr. ἄτοπος 'extraño, estrambótico'), *KANKSTĬKA 'yegua', y sobre todo *GHAISĬKA 'broche' (galés *gwaeg*), derivado del galolatino GAESUM 'lanza', donde vemos el valor diminutivo, que tan a menudo se halla en el equivalente -ĀCO-; de suerte que un celta *LATTĬKO- 'trenzado pequeño' en rigor sería posible (para ejs. galos análogos, Dottin, *L. Gaul.*, 109). Fuerza es reconocer, sin embargo, que estos ejs. son muy escasos.

Por otra parte, lo de que el tipo LATTA sólo en catalán (donde no existe *látigo*) tenga el sentido de 'trenzado', mientras que en castellano es solamente una vara o una vigueta, en contraste con el látigo de correa o de cuerda, es un hecho que separa fuertemente las dos palabras e invitaría a buscar para las dos una etimología diferente; lo mismo sugieren las consideraciones geográficas, pues si *látigo* es estrictamente castellanoportugués, *lata* tiene indiscutiblemente su centro de máxima vitalidad en Francia y en Cataluña.

Me inclino a creer que sea *látigo* palabra germánica sin relación con *lata*. Si tenemos en cuenta que el *látigo* portorriqueño 'sobeo que sujeta el timón al yugo'—y el *látigo* del castellano y portugués medieval hubo de ser algo parecido—es precisamente lo mismo que el balear *DOGAL* (V. este artículo), y que DUCALE está traducido por *latteh* en los glosarios anglosajones, es fuerte y motivada la tentación de relacionar etimológicamente el cast. *látigo* con esta palabra germánica. *Lâttêh* es palabra anglosajona conocida y nada rara con el sentido de 'dogal, ronzal' («a leadingrein»), genitivo *lâttêge*; se trata de un compuesto de *lâd*, sustantivo verbal que significa 'conducción', de la familia del ingl. *to lead* (ags. *lædan*), alem. *leiten* (a. alem. ant. *leiten*), escand. ant. *leiða*; el segundo elemento es *têah* 'cuerda' (hoy *tie*), escand. ant. *taug* f., derivados de *têohan* 'tirar de algo, arrastrar', a. alem. ant. *ziohan* (hoy *ziehen*), gót. *tiuhan*. Junto a *lâttêh* tenemos otro compuesto hermano *lâtteôw* 'guía, conductor', y que se trata de compuestos comunes a los varios idiomas de la familia nos lo indica el escand. ant. *leiðtogi* 'guía', compuesto análogo al tipo *herzog* 'duque, general', común a todo el germánico (ags. *here-toga*, escand. *her-togi*, etc.).

No tiene, pues, nada de atrevido postular un gót. *LAITTUG 'dogal, ronzal', que fácilmente pasaría a designar una correa para sujetar el timón, para amarrar la carga o para asegurar la cincha. Cuán fácilmente desplazan su significado preciso estos arreos de caballerías nos lo muestran multitud de ejs., como el mismo *látigo* en sus varias acs. españolas, como *dogal* ('sobeo' en las Baleares), o como el alem. *zaum* 'freno, bocado', que etimológicamente es también derivado de la raíz de *ziehen* y primero valdría 'ronzal'. Puede discreparse en el pormenor de la forma gótica, pero está claro que en este idioma pudo existir algo muy semejante a la que he supuesto[2]. Ahora bien, partiendo de ahí no hay dificultad en explicar *látigo*, con la reducción de AI a *a*, hecho que es corriente en los germanismos romances (comp. *LASTAR*, etc.), y con cambio de la vocal átona y breve de la terminación -UG en la romance de *-ego* o *-igo*.

Contra los argumentos en que he apoyado esta etimología germánica y en favor de la céltica no se puede invocar el mall. *desllatigar* 'desenredar', que sólo en apariencia sugiere la existencia de un cat. **llàtic* 'trenzado de pleita', hipótesis a la cual se oponen dificultades fonéticas considerables[3]: es más natural creer que este modernísimo y puramente dialectal *desllatigar* resulte de un cruce de *desllatar* con su cuasi-sinónimo *deslligar*[4].

Es completamente inaceptable la etimología de Spitzer (*AILC* II, 25-28), que supone *látigo* derivado de un verbo **latigar* 'disciplinar', procedente a su vez de PRACTICARE 'familiarizar', 'sermonear': además de lo atrevido de la deducción semántica tenemos ahí una verdadera imposibilidad fonética, pues el tratamiento de -CT- y el paso de PR- a *pl*- indicaría cultismo, con lo cual sería contradictoria la reducción ulterior de *pl*- a *l*-, sólo posible en leonesismos muy populares y en palabras que tuvieron L desde sus orígenes.

DERIV. *Latigadera. Latigazo. Latiguear; latigueo. Latiguera; latiguero. Latiguillo.*

¹ En galo la acentuación no estaba sujeta a las reglas latinas y había muchos esdrújulos con sílaba penúltima larga (M-L., *Wiener Sitzungsber.* CXLIII, ii), de suerte que un *LÁTTĀCO- no sería inconcebible, y de ahí se podrían sacar en rigor las formas romances. De todos modos esto es inverosímil, pues los numerosísimos nombres de lugar en -ĀCUM se acentúan siempre en la penúltima. Comp. vasco *lataga* 'palo de la cancilla' y *lataka* 'cancilla de heredades' (cuya raíz no es enteramente vasca, pues se trata de un cpto. del celtismo vasco *lata* (V. s. v. *LATA*) más el vasco *aga* 'palo', Michelena, *BSVAP* XII, 367).— ² A *têah* f. correspondería más bien un femenino *TAUGÔ en gótico, pero un neutro gótico *TUG tiene correspondencias en otros idiomas (escand. ant. *tog* 'cuerda para conducir algo'; análogamente ags. *tôh-line* «remulcus», b. alem. med. *touwe*, escocés *tow*, alem. *tau*, etc.). Por lo demás, una base *LAITTAUGO no sería tampoco inadecuada para explicar *látigo*, puesto que el acento caería aun ahí en la primera sílaba, y no es inconcebible que la -o de los femeninos se romanizara ocasionalmente en -U latina. En cuanto al primer elemento, es verdad que el verbo *LAIDJAN no está documentado en gótico, pero la existencia del sustantivo verbal *LAIDO 'conducción' en este idioma parece deducirse del préstamo finés *laita* 'camino, carril'. Tras sílaba larga como la de LAID- es normal en gótico que los compuestos se formen sin vocal de unión: de ahí LAID-TUG > LAITTUG.— ³ Como en catalán no existe la aludida tendencia castellana a cambiar *-ego* en *-igo*, el resultado catalán de un céltico *LÁTTACO- o *LÁTTICO- sólo podía ser *llàtec. Lo mismo cabe decir si partimos del étimo germánico. Por lo demás, sería muy extraño el no encontrar huella alguna de tal sustantivo en catalán antiguo y moderno; de suerte que se impone explicar *desllatigar* por medios verbales y no nominales.— ⁴ Comp. cat. *entortolligar* 'enroscar alrededor de algo', cruce de *entortollar (INTORTĬCULARE) con *lligar*.

LATIR, 'dar ladridos entrecortados el perro cuando ve o sigue la caza, o cuando de repente sufre algún dolor', 'dar latidos el corazón, las arterias o la apostema cuando madura', del lat. GLATTĪRE 'lanzar ladridos agudos'. *1.ª doc.:* h. 1300, *Gr. Conq. de Ultr.*, 26 (1.ª ac.).

Cej. VII, § 5. Etimológicamente *latir* se aplicaba al can pequeño o bien al mayor cuando por cualquier razón ladraba en tono agudo: así todavía en APal. «los canes ladrar, las vulpejas gañir, los cachorros *latir*» (536d); así todavía en oc. ant. y mod. *glatir*, fr. ant. y cat. ant. *glatir*, y de ahí, por analogía, en castellano, el matiz que define *Aut.* «formar el perro de caza un género de voz, con que da a entender por dónde va siguiendo el rastro que lleva», con ej. de Mateos (1634). Secundariamente, con la misma comparación que envuelve el gr. ὑλακτεύειν, pasó a significar 'palpitar (el corazón, etc.)', ac. que ya se halla en APal.: «pneuma es soplido del pulmón, por el qual *late*» (368d)¹, y que es común con oc. *glatì*, mientras que el cat. mod. *glatir* ha llegado desde ahí hasta 'anhelar, desear con vehemencia'; el port. *latir* sólo conserva el significado canino, pero existió ahí también el otro, quedando con él el sustantivo *latido*; gall. *later* «latir, latidos» (Vall., Lugrís) y gall.-port. *latejar* 'dar latidos el corazón'².

DERIV. *Latido;* nótese la variante *latrido* («tanto que yo oí los *latridos* de los canes el son de los cuernos, cavalgué luego...»), en el *Cuento del Emperador Otas* (p. 466, 1.6), princ. S. XIV, debida a la contaminación de *ladrar;* de ahí, progresando la contaminación, posteriormente *ladrido,* que dió el arranque a los sustantivos castellanos en *-ido* derivados de verbos de sonido, de la primera conjugación, formación ajena al latín y a los demás romances³. *Latiente* [Oudin; raro].

¹ Ocasionalmente llega hasta 'temblar': «*tremere:* temblar, aver pavor, *latir* con los miembros, estremecer».— ² «Un gran corazón que parece *latexar* ...necesita dúas forzas», Castelao 89.20, 227.3.— ³ Ayudó *ruido,* y luego *sonido,* que al principio se pronunciaría *sónido,* como representante semiculto de SŎNĬTUS, trasladándose después el acento bajo el influjo de *ruido* y *ladrido.* Con estos modelos se crearon finalmente *chillido, silbido, aullido,* etc.

Latitante, latitar, V. *latente*

LATO, tomado del lat. *latus, -a, -um,* 'ancho' *1.ª doc.:* h. 1520, Padilla (C. C. Smith, *BHisp.* LXI); 1614, Aldrete (*Aut.*).

Falta APal., Nebr., Percivale, Oudin, Covarr., Góngora, *Quijote.* Muy culto, y hoy raro, fuera de las expresiones jurídicas *culpa latà* y *sentido lato;* ésta se ha extendido algo fuera del lenguaje del derecho. En portugués existe el adjetivo *lado* como voz popular, también conservado en otros romances, y aun en el castellano primitivo (Berceo), según comprueba el diminutivo *LADILLA.*

DERIV. *Latitud* [1492, Woodbr.; 1573, Mármol]; *latitudinal, latitudinario, latitudinarismo. Latastro* 'base cuadrada de poca altura y por lo tanto ancha' [Terr.]; éste cita a Sagredo 1526, pero quizá sólo lo hace para la definición del sinónimo *plinto;* Acad. ya 1817]; por razones morfológicas es evidente que no puede derivar del lat. *later, -ĕris,* 'ladrillo', como dice la Acad. *Dilatar* [h. 1440, Bachiller de la Torre: Cuervo, *Dicc.* II, 1233-6, quien deriva erróneamente de *dilatus,* participio de *differre;* en realidad éste y el cultismo *dilación* sólo influyeron secundariamente sobre *dilatar* 'ensanchar' dando la ac. 'diferir', que también se documenta desde Santillana y otros coetáneos de Torre y que es muy clásica], tomado del lat. *dilatare* 'ensanchar', derivado de *latus* 'ancho' (sin relación etimológica con *(di)latus,* participio de *(dif)ferre); dilatable, dilatabilidad; dilatación; dilatado; dilatador; dilatativo.*

CPT. *Latifundio* [falta aún Acad. 1832], lat. *latifundium,* íd., formado con lat. *fundus* 'propiedad rústica'; *latifundista.*

LATÓN I, 'aleación de cobre y cinc', del ár. *lāṭûn* íd., que parece ser voz procedente del Asia central, en cuyas lenguas turco-tártaras *altun* y variantes designan el oro y en algunas partes el cobre. *1.ª doc.: allaton,* a. 852, Cartulario de San Millán; *letón,* h. 1250, *Setenario,* p. 42.1; *latón,* J. Ruiz, 1004*a.*

Se debe esta etimología a mi maestro J. J. Hess von Wyss. La publicó por primera vez su discípulo Steiger, *Contr.,* 354-5; *Festschrift Jud,* p. 665; pasajes que deben verse para más detalles en la documentación romance y turca. La antigüedad del vocablo en árabe, además de los testimonios del tunecí Abenjaldún (S. XIV) y del marroquí Almacarí (S. XVII), citados por Simonet, s. v., se funda en un pasaje del lexicógrafo murciano Abensida (S. XI), quien cita el testimonio de Aben as-Sikkit, oriundo del Ḫuzistán (entre Ispahán y Básora) y fallecido en Bagdad en 859; traduzco el texto de Abensida *(Muḫáṣṣaṣ* XII, 25, línea 5) según cita facilitada por el Prof. Hess: «dijo Abu Alí que un género abarca el cobre y el *lāṭûn*», y más abajo, línea 9, menciona juntamente el *šábah* ('cobre amarillo') y el *lāṭûn.* Documentada así la existencia del vocablo en el antiguo árabe de Oriente, ya no cabe dudar de que estamos ante un arabismo romance; lo confirma no sólo la calificación de «morisco» que Nebr. da todavía al latón, sino la forma con artículo árabe aglutinado *allatón,* que es frecuentísima en antiguos textos castellanos. Además de que *allaton* o *allatone* aparece varias veces en el citado documento de 852, tenemos esta forma en otro de Sahagún de 1025, *allaton* en Toro en 1050 (M. P., *Oríg.,* p. 28) y en inventarios aragoneses de 1331, 1369, 1374 (tres veces), 1378 y 1402 *(BRAE* II, 553, 343, 221; IV, 215), *alatón* en la citada escritura de 1025 (Simonet), en inventarios aragoneses de 1362 y 1497 *(BRAE* III, 90, 91; II, 89), en textos literarios de los SS. XV y XVI y era todavía usual en el S. XVIII *(DHist.),* *llatón* en 1378 *(BRAE* IV, 215); finalmente la variante *alladon* que aparece también en 852 (Steiger, *l. c.*) y en doc. de Covarrubias de 1112 (M. P., *Oríg.,* p. 256), y que M. P. consideraba extraña, se explica bien partiendo de una base arábiga con ṭ. Ya Schuchardt había pensado en relacionar con el turco osmanlí *altyn*

'oro', al estudiar el bereber *aldun, allun* 'plomo', 'estaño', 'soldadura', 'hojalata' (*Roman. Lehnw. in Berb.,* p. 15; comp. *ZRPh.* XXXIV, 267), que él indicó como formas emparentadas con *latón,* aunque acabó por admitir que el vocablo era de origen romance, y casual la semejanza con el turco. Pero la etimología romance de *latón,* como derivado de *lata,* no sólo no satisface porque aquél no es metal que se emplee mucho en planchas o en varitas (en los citados documentos sólo se habla de lámparas, cruces, jarros, bacines, morteros, agujas, platos y pomos de espada hechos de este material), sino que está contradicha por la fecha tardía de *lata* en el sentido de 'hoja de metal' u 'hojalata', que en España no aparece hasta el S. XV y en Italia y Francia en el XIV. Otras formas romances son el port. *latão* (pero *letóum* en el Minho: Leite de V., *Opúsc.* II, 39; «as portas de madeyra fezo-as ella cobrir de bõo *latom* fyno et tam fermoso era que semellava ouro», *Gral. Est. gall.* 162.12), cat. *llautó* (documentado con gran frecuencia ya en la Edad Media, desde 1249: *RLR* IV, 251, etc.), oc. ant. *laton* [h. 1225], *leton, loton,* fr. *laiton* [*leiton,* S. XIII], it. *ottone* (*oton* y *laton* en los glosarios alto-italianos del S. XV, *Denkschr. d. Wiener Akad.* XXII, 173, *latonum* Génova, 1403), lomb. *loton,* Venecia, Friul, Gardena *laton,* Val di Non *leton,* sic. *ottuni,* etc.; las varias formas romances parecen proceder de un doble foco de penetración: Sicilia (ahí primero *lottone,* por el influjo velarizante del ṭ, o «'iṭbaq»; después *ottone* con deglutinación del supuesto artículo) y Península Ibérica (*latón, letón);* el cat. *llautó* es alteración de **llató* por contaminación del autóctono *llauna* 'lámina de metal, hojalata'[1]. Para el verosímil origen turco-tártaro del ár. *lāṭûn,* V. la citada nota de Steiger; el turco *altun* 'oro' se documenta desde el S. XI, y está esparcido no sólo por el turco de Occidente, sino por los varios dialectos tártaros y mongoles, en algunos de los cuales designa el cobre.

DERIV. *Latonero. Latonería.*

[1] No es probable que debamos partir de un **al-altun* > *llautó,* como supone Steiger, pues no hay formas en *alt-* en árabe (el bereb. *aldun* se explicará por la fonética de este idioma) y el catalán no vocaliza normalmente la *l* en esta posición.

LATÓN II, arag., murc., almer., 'fruto del almez', derivado del lat. LŌTUS, tomado del gr. λωτός 'almez'. *1.ª doc.: lidonero* 'almez', h. 1330, Juan Manuel, Rivad. LI, 252.

Colmeiro, IV, 663, cita la siguiente documentación: *latonero* en Laguna (1555), *lidonero* en Fragoso (1566), *alatonero, lotono* o *lodoño* en Aragón, según Cienfuegos (1627), *(a)latonero* en la misma región, según Suárez de Ribera (1733) y varios botánicos posteriores, *ledón* allí mismo, según Quer (1762), *lodón, lirón* o *lodoño* según su contemporáneo Sarmiento, *alatonero* en Cuevas (Almería), *allatonero* en Sta. Cruz de Moya (Cuenca) y *aligonero* o *lligonero* en Titaguas (Castellón), según Rojas Clemente (1807), *(a)lironero* en Murcia, según Vergara. Todos ellos, al parecer, como nombres del árbol, mientras que el fruto se llama *alatón* en Cuevas, *(a)lirón* en Murcia. Agregaré que según G. A. de Herrera (1513) se decía *latonero* en Aragón y Rioja, *lidonero* y *aligonero* en Valencia (*DHist.*); según A. Castro (*RFE* VI, 340-4) se emplea *lodoño* en Navarra (Acad. 1899)[1], *londoño* y *lidoeiro* en Galicia; según Sarmiento *lodoeiro*, pero como nos cuenta él mismo (Pensado, *CaG.*, p. 56), este nombre ya era poco o nada conocido en Pontevedra en 1756 y volvió él a propagarlo; sin embargo subsistía vivo *lodoeiro* en el gallego orensano (*o. c.* 134v, 136r, 144v) y reducido en parte a *lodeiro* (93v, 134v, A45v); en otros lugares de Orense y Pontevedra se altera en *lamigueiro* o *lamagueiro* (ib.), quizá por cruce de un *lodogueiro* con ALMEZ, *almecino* o un *almecineiro*.

Según García Soriano se dice *lirón, -ero*, en el Centro, Sur y Sudeste de Murcia, *alatón, -ero*, en el Noroeste de esta región; *latón* he oído también en Bédar (Almería), y esta forma se extiende por amplias zonas de Aragón, particularmente en la Puebla de Híjar (*BDC* XXIV, 173); en Fonz dicen *llironero* (*AORBB* II, 260); la Acad. registra como aragonesas *latonero* (ya 1843) y otras variantes; *lodón* 'almez' Terr.; íd. en la Ribera salmantina del Duero, *RDTP* V, 106; arag. *litón* y *litonero*, Peralta (1836). En la toponimia existen *Lodón* (Oviedo), *Torrelodones* (Madrid), por más que éste es nombre de fecha arcaica, en genitivo singular TURRIS LOTONIS ('torre del almez'); y el pueblo catalán de Teruel llamado *Lledó* recibe en aragonés el nombre de *Lidón*. Como formas portuguesas citaré especialmente *lódão* (con *o* abierta y sufijo *-ănus* átono), valioso para la etimología, y *lotonario* aparece ya en un documento portugués de 1067 (*ZRPh.* XXXV, 394). En catalán hay *lledó* y *lledoner*, para el fruto y el árbol, el primero ya documentado a fines del S. XIV (Eiximenis, *Regiment*, 25.14; Turmeda, *Divisió*, 107)[2], en el Pallars y en las Garrigas he oído *lladó*, en el Priorato *llidoner; lliró* y *llironer* en Valencia (ya Sanelo, S. XVIII), oído en Carlet, pero la forma *lleó* (< *lledó*) reaparece en Jijona, etc. Fuera de la Península Ibérica llamaré sólo la atención hacia Istria *lodogno*, Pirano *ladogno*, croato de Istria *ladonja*, esloveno *london* (Schuchardt, *ZRPh.* XXXV, 394-5); en cuanto al girondino *ledoune* 'fruto del madroño' (Moureau), landés *auledoun*, Guyenne *ledouno*, vendrán de UNĔDO, -ŌNIS, íd., en vista del significado, y de que en los dialectos gascones es regular la conservación de la -D- intervocálica.

Pero tal etimología sería imposible para los nombres iberorromances, por razones semánticas y fonéticas (pues en catalán y portugués la -D- cae sin

excepciones), y es innecesario e inaceptable suponer con G. de Diego (*RFE* XI, 336-8) que este vocablo tuviera algo que ver con ellos. Schuchardt (*ZRPh.* XXIV, 420; XXVIII, 194; XXIX, 223; para otras denominaciones del mismo árbol, *ZRPh.* XXXIV, 338-42; XXXV, 385-96) demostró que nuestro vocablo procede del gr. λωτός, que si en Grecia designaba una planta forrajera, en Libia se aplicó al azufaifo, y en otras partes de África al almez, según atestiguan Teofrasto y otros[3]; también el lat. LOTUS, tomado del griego, se aplicó a varias plantas, pero según Meyer, *Geschichte der Botanik*, es nombre del almez en el español Columela. El derivado LOTO, -ŌNIS, que suponen la mayor parte de las formas hispánicas, pudo ya existir en la Antigüedad, puesto que en unos Hermeneumata Vaticanos transmitidos en ms. del S. X ya se lee la glosa «λωτων: *loto*» (*CGL* III, 428.47).

La -*t*- de las formas aragonesas es regular dialectológicamente, y de allí debió propagarse hacia el Sur; el paso de *lodón* a *ledón* es disimilatorio, y no es de extrañar que tras la inicial palatalizada *ll*-, propia del catalán y de algunas hablas aragonesas, la *e* se convirtiera en *i* (no hay por qué hacer intervenir la inverosímil contaminación, propuesta por Castro, del lat. arcaico lĭtŭus 'bastón', que no ha pasado al romance, y tampoco facilitaría la explicación fonética); finalmente la -*r*- se explica como la del cast. vg. *seguirilla*, val. *seguerós* < *sedegós*, etc.

DERIV. *Latonero* 'almez' y variantes, V. arriba. CPT. *Lotófago*.

¹ *Lodoñero* 'guayaco' (Acad. ya 1884) es uno de tantos casos de aplicación del nombre de un árbol europeo a uno americano diferente, pero comparable.— ² Y como nombre de lugar *ipso Ledono* ya en 1008 (Cartulario de Sant Cugat II, 61).— ³ Como cultismo *loto* figura ya en *Aut.*, aplicado a plantas africanas diferentes del almez.

Latonero, V. *aliso* y *latón* II   *Latoso*, V. *lata*

LATRÍA, tomado del lat. latrīa 'culto de latría', adoración', y éste del gr. λατρεία 'servicio', 'culto', derivado de λάτρις 'salario'. *1.ª doc.*: Covarr.

Término litúrgico sin popularidad.

DERIV. *Latréutico*, derivado de λατρεύειν 'servir', otro derivado de λάτρις.

Latrido, V. *ladrar*   *Latrocinante, latrocinar, latrocinio*, V. *ladrón*

LAÚD, del antiguo *alaúd*, y éste del ár. ᶜûd 'madera', 'laúd', con el artículo arábigo *al-* aglutinado. *1.ª doc.*: *alaút* (G), y *laúd* (S), en J. Ruiz, 1228c.

La consonante ᶜain arábiga, que inicia este vocablo, tiene un fuerte sonido gutural, imposible de reproducir en romance, que los españoles oían como una especie de *a* profunda, según se ve por las transcripciones de PAlc.; de ahí que *al-ᶜûd* se oyera como *alaúd*. *Alaúde* es también la forma portuguesa, cat. *laüt·* (de ahí, como en castellano, por comparación de forma, el popular *llaüt* o *lla-* *gut* 'embarcación pequeña a remo'), fr. *luth*, it. *liuto*. En castellano apareció pronto una pronunciación vulgar diptongada *láud*, ya documentada indirectamente por la grafía inversa *labdes* en doc. de Salamanca de 1503 (*BRAE* X, 577), y directamente por la métrica de Valbuena (h. 1600); hoy es la predominante en buena parte de América (Cuervo, *Obr. Inéd.*, pp. 250, 254), pero la pronunciación culta ha restablecido *laúd*, que es como mide Calderón.

DERIV. *Archilaúd* [Calderón].

Lauda, V. *lápida* y *loar*   *Laudable*, V. *loar*

LÁUDANO, alteración inexplicada del lat. *la-* *dănum* 'goma de la jara' y éste del gr. λάδανον o λήδανον íd., derivado de λῆδος 'jara', que en la historia de la Medicina pasó a designar un medicamento a base de opio; el nombre parece haber llegado a Europa desde el ár. *lâdan* y en realidad es posible que también en griego el vocablo proceda de la antigua Arabia. *1.ª doc.*: Nebr., «*láu- dano, olor conocido*: ladanum».

En Nebr. designa todavía la aroma preparada con goma de jara; en el mismo sentido dice Oudin «c'est le jus d'une certaine herbe qui sent bon, les Apoticaires le nomment *ladanum*... et selon aucuns c'est une viscosité qui vient sur la feuille d'un arbrisseau nommé *cistus*, que les Espagnols appellent *xara*». *Aut.* lo da ya como nombre del extracto de opio, y el mismo sentido tiene evidentemente en la pragmática de 1680, que allí se cita. En hispanoárabe hallamos ya *lâḏan* «aromata» en R. Martí (S. XIII), en el almeriense Abentarif (S. XII) y otros, *léden* y *laudanun* en PAlc., todos con el sentido primitivo, conservado también en el Norte de África actualmente (*lâdan* o *âdan*); vid. Dozy, *Suppl.* II, 524*a*, y Simonet, p. 288. El suizo Paracelso, a princ. S. XVI, describió con el nombre de *laudanum* cierto medicamento eficacísimo que decía formado de oro en láminas, perlas imperforadas y otros ingredientes, pero según el *NED* pronto los médicos sospecharon que las curas de que se alababa este tratadista las había obtenido realmente con un preparado de opio, y desde entonces se aplicó a éste el nombre de *láudano* (comp. Skeat). Falta de todos modos averiguar por qué dió Paracelso el nombre de la goma de jara a su medicamento. Puede ser que lo eligiera arbitrariamente por su parecido con el lat. *laudandus* 'digno de elogio'; pero también pudo haber una semejanza real en la aplicación médica de las dos sustancias, pues nos consta que hoy en Argelia se aplica el (*l*)*adân* 'pasta negra compuesta de varios aromas' para la prevención de ciertas epidemias; cabe también que hubiera una semejanza en el olor o en otras propiedades. Todo esto está por indagar. Tampoco se conoce la causa de la alteración de *ládano* en *láudano*; el testimonio más antiguo de esta variante parece ser el que da Raynouard de un texto languedociano de la 1.ª mitad del S. XIV; como antiguamente se halla la grafía *labdanum* (así en Cotgrave y en Blount, S. XVII), que podría ser grafía erudita ultracorrecta (quizá por influjo de λάβδα, variante muy frecuente del nombre griego de la letra *l*), podría *láudano* resultar de una pronunciación vulgar española de esta grafía; también cabría contaminación de *laudare* 'alabar'; o teniendo en cuenta que PAlc. da la forma con *u* como existente en árabe (aunque es dato muy tardío y sin confirmación), pudo haber contaminación de algún vocablo árabe, especialmente *áudan* 'muelle, delicado', de la raíz *wádan* 'mojar, poner en remojo o maceración', pero es poco probable en vista del escaso empleo de este vocablo arábigo[1], y de que *ládan* en árabe parece haber sido palabra popular y antigua, poco sujeta por lo tanto a contaminaciones. En efecto, Heródoto, el primero en mencionar el λήδανον, dice que los árabes la llaman λάδανον, de suerte que la palabra griega vendrá probablemente del árabe preislámico, importado, junto con otros perfumes, de Arabia, tierra famosa por sus aromas (el persa, que Skeat supone fuente del griego, lo recibiría más bien de este idioma o del árabe).

¹ Sólo en el *Qamûs*, citado por Freytag y otros diccionarios corrientes. No hay datos de uso vulgar ni coránico.

Laudar, laudativo, laudatoria, laudatorio, V. *loar* *Laude*, V. *lápida* y *loar*   *Laudemio, laudo*, V. *loar*   *Launa*, V. *laja*

LAUREL, tomado de oc. ant. *laurier* íd., derivado de *laur*, que a su vez procede del lat. LAURUS íd. *1.ª doc.*: *lorer*, *Alex.*, 889 (*O*, pero *laurel P*); *laurel*, *Lucano Alf. X* (Almazán); y está en el *Tratado de las Enfermedades de las Aves de Caza*, de la 2.ª mitad del S. XIII, p. p. B. Maler, *Filologiskt Arkiv* IV, p. 38; h. 1400, Glos. de Toledo.

Figura también *laurel* en APal., Nebr. y es de uso general por lo menos desde el Siglo de Oro; Cej. VII, § 17; la variante antigua *lorer* se ha de mirar como catalanismo (< *llorer*). No es extraño que el vocablo español se tomara de la lengua de Oc o del catalán, en primer lugar por ser el laurel ante todo árbol mediterráneo, y sobre todo a causa de las famosas coronaciones de poetas en los Juegos Florales de Tolosa y Barcelona. Aunque los diccionarios occitanos corrientes omiten *laurier*, lo hacen por olvido, pues es forma documentada con cierta frecuencia desde la primera mitad del S. XIII (Raynouard IV, 27*b*; Levy, *P. S. W.* IV, 336*a* [s. v. *laur*] y 338*a* [s. v. *laurel*]); Pansier).

En el Occidente peninsular se conservan antiguas formas castizas: port. *loureiro* (*loi-*) y *loiro* (*laurel* sólo figurado), gall. *loureiro* (Sarm. *CaG.* 94v), en el centro (cordillera del Seixo) *laureiro* 'acebo baccífero' (194v); ast. *lloureiro, tsou-, loureiro, laur-,* en el Occidente, *alloru* (LAURUS) en el valle de San Jorge, y *lloreu* (quizá del colectivo LAURETUM) en Colunga (Vigón); del propio LAURĒTUM viene el leon. *lloredo* 'lauredal' citado por la Acad.

DERIV. *Lauredal* [Nebr.]. Cultismos: *Laurear* [APal. 237b, 336d]; *laureado; laureando. Lauráceo. Láureo* [Santillana (C. C. Smith, *BHisp.* LXI)]. *Lauréola* [*-eóla,* h. 1525, Alvar Gómez (C. C. Smith)]. *Laurino, lauríneo.* Y el simple *lauro* [h. 1440, A. Torre, Santillana (C. C. Smith); S. XVII: *Aut.*].

CPT. Asturiano occidental *llorbaga* 'baya del laurel' (Acevedo-F.), mozár. *orbaca* (Asín), del lat. LAURI BACA íd. (de donde también el italiano *orba(c)ca*). *Lorbaga* gall. (reducción fonética de **lourbaga*) 'fruta del laurel', ya en una ctga. port. del rey D. Dinis, h. 1300, como 'purgante' («jazia feramente / un seu amigo doente, / e buscava-lhi *lorbaga*», R. Lapa, *CEsc.* 95.4); modernamente recogido por Sarmiento en Santiago y Pontevedra (*CaG.* 197r, 182v); hoy se ha anticuado casi en todas partes, aunque sobrevive, en su sentido propio, en algún punto de Galicia (Xove), en hablas fronterizas del asturiano (*llorbaga* Acevedo-Fz.), y, alterado como *luberga*, en la península pontevedresa de Morrazo; mientras que en otras partes de Galicia es hoy 'cabecita del lino' (Pensado, *CaG.,* p. 135); y en Pontevedra significó además 'borrachera' (sin duda por influjo del sinónimo y parónimo *lurpia,* Sarm., *o. c.,* p. 132). *Laurífero. Lauroceraso,* compuesto con el lat. *cerăsus* 'cerezo'.

Laurel (animal), V. *lirón*

LAURENTE, 'oficial que en los molinos de papel tiene por cargo principal asistir a las tinas, con las formas, y hacer los pliegos', palabra hermana del cat. *alabrent* o *(l)abrent,* de origen incierto, quizá relacionado con el fr. med. *halebran* 'pato bravío' y con el oc. *alabreno* 'salamandra'. *1.ª doc.:* Acad. ya 1817, no 1780.

Según Aguiló el cat. *alabrén* designa en los molinos papeleros de Beceite (zona catalana de Teruel) el oficial que echa los trapos preparados a las masas¹ del molino para hacer la pasta; por otra parte dice que en Capellades (prov. de Barcelona) se llama *labrent* el trabajador papelero que tiene el molde donde se pone la pasta líquida; Labèrnia (1840), que era de la prov. de Castellón, da las formas *alabrent* y *abrent*², copiando la definición de la Acad., y en su diccionario castellano-catalán recoge *labrent.* Cataluña y Valencia son las tierras de la antigua fabricación de papel, introducida por los árabes en España; muy famosas son, sobre todo, además de las de

Capellades, las fábricas de Alcoy, en la zona más arabizada del País Valenciano. Por otra parte la *b* catalana no puede corresponder normalmente a la *u* castellana, luego es probable que una de las dos formas esté alterada por algún influjo perturbador, y como sería difícil explicar de esta manera la variante con *-b-,* a priori es más verosímil que sea el cast. *laurente* el alterado por influjo del nombre propio *Lorente,* lat. *Laurentius.* La inicial amovible *al-* y las razones históricas invitarían a buscar un origen arábigo, pero de este lado no hallo pistas convincentes. A no ser que se trate de *ᶜibrānî* 'hebreo', palabra empleada en vulgar de España y de África, aunque falte en Dozy, pues la registran R. Martí (pp. 140, 412) y Beaussier; fonéticamente no habría la menor dificultad, pues la pronunciación vulgar hubo de ser *ᶜebrâni* o *ᶜebrêni,* pero suponer que los judíos fuesen empleados especialmente en la fabricación de papel durante la dominación arábiga, aunque es posible, por ahora es conjetura gratuita. ¿Se tratará, contra los indicios expresados, del nombre propio *Lorente, Laurente?* Semánticamente quizá pudiera hallarse un camino, teniendo en cuenta las frases proverbiales italianas «San Lorenzo dalla gran caldura, Sant' Antonio dalla gran freddura, l'uno e l'altro poco dura» y «arrostito sulla gratella come San Lorenzo», que aluden al suplicio de San Lorenzo sobre una parrilla, lo mismo que el it. jergal *lorenzo* o *lorenza* 'reja'³; el *laurente* pudo comparársele si es que está expuesto particularmente al calor cuando ha de manejar la pasta líquida, extremo que no puedo comprobar. Claro está que todo esto es muy dudoso.

Más verosímil es que haya relación con dos nombres de animales: oc. *alabreno, labreno, alabranda,* etc., 'salamandra' (Mistral; *REW,* s. v. SALAMANDRA; Schuchardt, *ZRPh.* XXVII, 164; Sainéan, *Sources Indig.* II, 327)⁴, con la cual se le habría comparado por su exposición al calor, tal como se supone que la salamandra vive en el fuego. Por otra parte el fr. *halbran* 'pato bravío joven', antiguamente *halebran* (*Ménagier,* S. XIV) o *alebran* (Rabelais, *5ᵉ. Livre,* cap. 14, ed. Plattard, p. 46), procedente del a. alem. med. *halberent* (propiamente 'pato a medias'). También ahí es posible imaginar analogías semánticas con un oficial que desempeña un trabajo penoso, sea por la mocedad que por esta razón es de creer que tenga este oficial, sea a base de la ac. figurada del verbo *hal(le)ḅrener* 'rendir de fatiga' [Rabelais]⁵, propiamente 'hacer que el halcón se quiebre las plumas cazando el *halbran'.* Por lo demás es de creer que el influjo de *alebran* haya actuado en el cambio de SALAMANDRA en *alabreno.* Aunque no tengo noticia concreta de que ninguno de los dos nombres haya existido jamás en catalán o en castellano, ésta no sería objeción decisiva tratándose de animales pertenecientes a actividades tan internacionales como la cetrería y la magia. Además de que la aplica

ción al oficial papelero pudo hacerse ya en Francia, sin que ello haya llegado a nuestro conocimiento.
¹ (?) Quizá *masses* sea mala grafía por *maces* y debamos entender 'mazos'.— ² De él copiaron diccionarios posteriores, como Saura (1852), Alcover, etc.— ³ Migliorini, *Dal Nome Proprio al Nome Comune*, p. 132. En cuanto al it. dial. *lorenzo* 'necio' (ibid., p. 228), no se ve relación posible.— ⁴ Y lionés *albrande* íd.— ⁵ Para el cual vid. Spitzer, *BhZRPh.* XXIX, 37.

Láureo, lauréola, laurífero, lauríneo, laurino, lauro, lauroceraso, V. *laurel   Lauto,* V. *lavar   Lava* (de volcán), V. *lapso   Lava* (de metales), *lavabo, lavacaras, lavación, lavacro, lavada, lavadero, lavadientes, lavado, lavador, lavadura,* V. *lavar   Lavajal,* V. *lavajo   Lavaje,* V. *lavar*

LAVAJO, 'charca', alteración, por influjo de *lavar,* de *navajo* íd., derivado del prerromano *NAVA,* que entre otros ha tenido el significado de 'lugar pantanoso' (probablemente el sentido originario). *1.ª doc.*: *labâǧuš,* en escritura mozárabe de Toledo, de 1202 (Simonet, p. 627); *lavajo,* princ. S. XV, Villasandino, *Canc.* de Baena, n.º 104, v. 3.
En una poesía obscena compara ese poetastro las vergüenzas de una mujer con un *alvañar* y también con un *lavajo,* voz que rima con otras en *-j-* sonora (*trabajo, destajo, carajo*). Covarr. sólo cita *Lavajos* como nombre propio, pero Nebr. aduce «*lavajo* o *lavajal:* volutabrum» y Oudin es más explícito: «*lavajal* o *lavajo como de puercos:* bourbier où les pourceaux se veautrent, veautroir, bauge»; *Aut.* define el vocablo en plural, «ciertas lagunas que se hacen alrededor de los Lugares, que se forman de las lluvias u de las crecientes de los ríos y arroyos, donde las mugeres acostumbran ir a lavar, y suelen servir de abrevadero para los ganados». Lo de que servía para ir a lavar es algo sin fundamento en la realidad (la Acad. lo suprimió en sus ediciones posteriores) que el académico autor de esta papeleta agregaba sólo con el objeto de explicarse la supuesta etimología *lavar,* pues la traducción latina de *Aut., caenosus locus,* y la francesa *mare d'eau,* de Terr., son más sinceras: a nadie se le ocurriría ir a lavar a un lugar cenagoso, o a un charco; también agrega Terr. el adjetivo *lavajoso* 'cenagoso' y a propósito de *lavajo* observa «en algunos lugares le llaman *navajo,* sin duda por corrupción». En realidad *navajo* es bastante antiguo, según se ve por el refrán «cerco de luna *navajo* enxuga: estrella en medio, *navajo* lleno», ya recogido por *Aut.* Como, según veremos en el artículo correspondiente, una de las acs. más antiguas (ya documentada en el S. XIII) y seguramente la originaria, de *NAVA* es 'lugar inundado o pantanoso', no creo que quepa duda que *navajo* es un mero derivado aumentativo-despectivo de ese vocablo (como *lagunajo* de *laguna*), que al quedar anticuado *nava* en el uso común

quedó aislado en el vocabulario popular, y por lo tanto trató la gente de relacionarlo con otra palabra castellana; en nuestro caso se ofrecía el verbo *lavar,* muy naturalmente, puesto que de agua se trataba. También ayudaría *laguna(jo),* y nótese que el cazurro andaluz del S. XV altera *Navas* en *Lavas de Tolosa* (M. P., *Poesía Jugl.,* p. 465). Un derivado de nuestro vocablo, vivo todavía en el habla arcaica de Tras-os-Montes, conserva el consonantismo etimológico: *navalhão* «na terra, pedaço muito m o l h a d o, que nas searas se deixa por semear, só para herva» (*RL* V, 98). El vocablo debió existir primitivamente en Cataluña, aunque hoy se ha olvidado, pues son numerosos los lugares llamados *El Navall* o *El Navai,* p. ej. la *Serra del Navai* (oficialmente *-ll*) cerca del pueblo de Montseny, partido de Granollers, *Prat de Navall* en Josa (Solsona), *Torrent de Navall* en Arsèguel (Seo de Urgel); ligeras variantes parecen ser *La Navatlla,* partida de Àreu (Pallars), y la *Font y Coll de Navaies,* en Vandellòs (Falset), donde se cuenta que hubo una antigua población (Amades, *Butll. del C. Excurs. de Cat.,* 1933, 252); en *BDC* XXIII, 327, reuní varios ejs. de *Nabail* o *Navaille(s)* en los departamentos de Ariège, Altos y Bajos Pirineos; en cuanto al gasc. *noualho* «étang, marais», recogido por Mistral, será labialización secundaria debida a la consonante labial siguiente, a no ser que vaya con el tipo NAUDA, que al fin y al cabo parece ser variante céltica de NAVA¹. Comp. LAVANCO.
Por las razones semánticas indicadas no es aceptable el étimo de G. de Diego (*Contrib.,* § 353), *LAVACLUM en vez de LAVACRUM 'lavadero'.
Y tampoco tiene probabilidades la relación que Simonet sugiere con *lapachar,* sólo admisible a base de una fuerte arabización; es más sencillo derivar de *NAVA.*
DERIV. *Lavajal* [Nebr.].
¹ El oc. ant. *novalha* que M-L. (*REW* 5966) saca de una breve nota de Herzog (*ZRPh.* XXVII, 126, aunque éste escribe *noalho*), no parece existir. Desde luego es inadmisible semánticamente la etimología de estos autores: lat. NOVALE 'artiga'.

LAVANCO, 'pato bravío', alteración del antiguo *navanco* por disimilación; se trata de un derivado de *NAVA* 'lugar pantanoso en despoblado', por ser los que más frecuentan los patos bravíos, que huyen de los ríos y parajes acuosos habitados. *1.ª doc.*: *navanco,* J. Ruiz, 1082a, 1108a, ms. G (S, más moderno, trae *lavanco*).
En Juan Ruiz los *navancos* figuran, en medio de los ánades y los ansarones, entre las mesnadas de Don Carnal. En las Cortes de Alcalá de 1348, entre los *adobos* que se prohibe llevar en los paños, figuran los de *cuello de lavancos* (*RFE* VIII, 18). Rodrigo de Arana en el *Canc.* de Baena menciona, junto a los *falcones,* los «*lavancos,* que son corajudos» (n.º 432, v. 5), y el editor Pidal explica en

su glosario «especie de ánade, que vive en los ríos», y agrega la variante *navanco,* que no sé de dónde sacaría, pues no figuraba en las ediciones entonces publicadas de J. Ruiz. En el *Arte Cisoria* de E. de Villena (cap. VI, ed. Barcelona, 1879, p. 43), entre las varias aves (pollos, gallinas, pollas) «de que usan comer en estas partes» se citan «alcaravanes, *lavancos* y anderonías». También figura en la *Cetrería de Evangelista* (S. XV), *ZRPh.* I, 241, y en un auto del S. XVI, de los publicados por Cronan (p. 363), se habla de «la cresta de un *lavanco».* Finalmente Covarr. define «ánade que comúnmente anda en las lagunas», y *Aut.* agrega que es un pato bravo y cita ejs. de los SS. XVI y XVII[1]. Hay además *alavanco* en dos textos citados por el *DHist.,* que parecen de los SS. XV-XVII, variante en la cual habrá influído el fr. med. *alebran* de igual significado pero de origen germánico (vid. *LAURENTE).* Hoy *lavanco* sigue siendo vocablo vivo en varios lugares: Sarmiento cita un gall. *lavanco* 'ave marina de color ceniciento, como el *corvo mariño,* pero éste es negro', con variante rústica *alavanco* (*CaG.* 194r y p. 241; cf. *BRAE* XVIII, 129).

Parece claro que *lavanco* es disimilación de *navanco,* y éste derivado de *NAVA* 'lugar inundado o pantanoso', comp. *navajo* y *LAVAJO* 'charca': se dió este nombre al lavanco, a diferencia de los demás patos, porque siendo bravo huye de ríos y lagunas concurridas por los cazadores, y prefiere quedarse en las navas y lavajos, que están desiertos, pero contienen agua. Una comprobación de la forma etimológica hallo en gnía. *navarro* 'ansarón' (J. Hidalgo), que evidentemente es deformación intencionada de *navanco,* pero no podría serlo de *lavanco;* y otra prueba de la etimología veo en el ast. *llabancu* 'cerdo de dos o tres meses' (Vigón), que no tiene otra cosa en común con un pato bravo que la predilección por revolcarse por charcas y lavajos (V. la definición que da Oudin a esta palabra), cf. s. v. *FRAJENCO.*

Bertoldi, *ZRPh.* LVI, 179-188, quisiera igualar *lavanco* con el emil. *albèra, albàr, albèr,* Romagna *arbèla,* 'pato bravo', piam. *arbèna,* Mesocco *arboràna* 'perdiz de alta montaña'; bien puede tener razón Bertoldi al derivar estos vocablos alto-italianos de una raíz precéltica ALB- 'altura', pero admitir que de ahí proceda asimismo *lavanco,* alterado por influjo de *lavar,* es ir a buscar un origen demasiado lejano, y el influjo de este verbo no tiene verosimilitud, además de que así no explicamos *navanco.*

[1] En cuanto a *avanco* que se lee en la ed. Rivad. del *Libro del Caballero e el Escudero* de J. Manuel (p. 250), junto con el buitre, entre las aves que no cazan ni son cazadas, tiene razón el *DHist.,* por razones semánticas, en suponer que sea errata por *avanto, ABANTO* (V).

LAVAR, del lat. LAVARE íd. *1.ª doc.:* labare, 2.ª

mitad del S. X, Glosas de Silos; *lavar,* Berceo, etc. General en todas las épocas; Cej. VII, § 15; ast. *llavar* (V); común a todos los romances[1].

DERIV. *Lava* 'lavaje de minerales'. *Lavabo* [Acad. 1869, no 1843; pero Terr., al decir en su artículo *lavabo* «por lo común se dice en Cast. *lavatorio»,* da a entender que *lavabo* ya se emplearía algo en la misma ac., de suerte que no es seguro, como dice Cuervo, *Ap.,* § 526, que se tomara del francés[2], donde esta ac. no se documenta antes de 1805, *FEW* V, 219b], de la palabra latina *lavabo* 'yo lavaré', con que empieza el salmo que pronuncia el oficiante cuando se lava las manos después del ofertorio, de donde pasó el vocablo a designar la toalla con que el sacerdote se seca las manos [1560, en fr.], el lugar donde la dejaba, y finalmente un lavatorio cualquiera; es palabra empleada en España, pero no en América. *Lavación. Lavada* (cub.: *Ca.,* 233; y en muchas partes). *Lavadero* [Nebr.]; ast. *llavadera* «piedra alineada por una cara que se pone en el río para lavar' (V). *Lavado. Lavador* [Nebr.]. *Lavadura* [íd.]. *Lavaje. Lavamiento. Lavandero; lavandera* (en Colunga *llavandera* es 'aguzanieve', Vigón); *lavandería. Lavándula,* del latín científico *lavandula,* derivado del it. *lavanda* 'espliego', así llamado por su empleo en colonias y otros líquidos de tocador (en la Arg. tiene gran extensión el italianismo o galicismo *lavanda). Lavativo; lavativa* [*Aut.*]. *Lavatorio* [*Corbacho* (C. C. Smith, *BHisp.* LXI); 1590, Acosta]. *Lavazas* [Nebr.]. *Lave. Lavotear; lavoteo. Deslavar* [Berceo, *Signos,* 70]; ast. *esllava* 'el agua con que se lavan platos y ollas después de comer' (V); *deslavado; deslavadura* [Nebr.]; *deslavamiento; deslavazar* (ast. *esllavazar,* V); *deslave. Relavar; relave.*

Cultismos. *Lauto,* tomado del lat. *lautus* íd., propiamente participio pasivo de *lavare. Loción* [Acad. ya 1817], de *lotio, -onis,* 'acción de lavar', derivado de *lotus,* variante del participio *lautus.* Comp. *LOZA. Colutorio,* de *collutorium* íd., derivado de *colluere* 'lavar', y éste de *lavare; coluvie.*

CPT. *Lavacaras. Lavadiente(s). Lavamanos.*

[1] Hoy desusado en Cataluña y Baleares y reemplazado por *rentar* a causa de la homonimia con *llevar* 'levantar', 'quitar', pero *llavar* fué general en la Edad Media, y hoy sigue siéndolo en Valencia, y en algunos puntos del cat. occid. (Mequinenza), donde no existía homonimia.— [2] Sin embargo es verdad que en castellano no se documentan las acs. intermedias citadas arriba, y sí solamente la de 'parte de la misa donde el sacerdote recita el salmo *Lavabo'* (Terr.). La procedencia francesa es probable, sobre todo por razones geográficas.

LAVERCA, 'cogujada', palabra principalmente gallega, del germ. LAIWERKŌ (al. *lerche,* ingl. *lark,* etc.). *1.ª doc.:* 1253.

No es vocablo propiamente castellano ni perteneciente al portugués normal, aunque se ha empleado bastante en Galicia escribiendo en castellano; además es voz dialectal portuguesa, del Miño y otras provincias del Norte, donde ya se documenta en un fuero de 1253 (*PMH, Leges*, p. 195). Pero sólo en gallego ha tenido curso general, como nombre de la *alondra arvensis* o cogujada (Vall., *lab-*), aunque se ha dado este nombre también a la alondra (que es *laberquela* en Samos y *nabarquela* en Láncara, Crespo Pozo), y ya lo anotó Sarm. (*CaG*. 211*v*); en todo caso se emplea en zonas centrales como Redondela, Pontevedra, etc., mientras que en el Incio la llaman *labarquela* y en el Salnés *laberco*, según Crespo Pozo.

Señaló la etimología Schuchardt en 1891, *Paul u. Braune's Beitr. z. Dt. Spr. u. Lit.* XVIII, 534; y la adoptó M-L., *REW* 4954, aunque ya Sarmiento había visto que se trataba de una palabra germánica («gótica»). Se trata, sin duda, de una palabra perteneciente a todo el germánico y documentada en todas las lenguas del germano occidental y nórdico, desde el escand. ant. *lǽvirki*, el ags. *lâwerce* y el b. al. ant. *lēverka* (a. al. ant. *lērihha*) hasta el ingl. *lark*, el alem. *lerche*, etc.; sin duda por casualidad, no figura en los textos góticos.

No se puede asegurar si el dialecto germ. que dió *laverca* es el gót., como admiten Schuch. y M-L., o el suevo, opinión de Gamillscheg, *Romania Germanica*, 384-5, y de Kluge (ed. de 1921). Por una parte, *laverca* puede salir de una forma romance primitiva **leverca* por una disimilación de tipo muy repetido. Por otra parte, no consta cuál sería exactamente la forma del gótico y cuál la del suevo, pues la forma básica del vocablo germánico depende de muchos argumentos y de datos complicados. Gamillscheg adopta el supuesto de que hubiese LĒ- etimológico, que se conservaría en gótico y pasaría a Ā en germánico occidental, y remite al ags. *lâwrice*, pero una *â* anglosajona puede salir normalmente de AI, y por otra parte hay variantes *læwerce* en el propio anglosajón.

Partiendo de la comparación de las formas germánicas no parece posible asegurar cuál de las tres bases *laiwerca*[1], *lāwerka* o *lēwerka* sería lo más antiguo; las formas finesas parecen indicar que la primera, pero no es argumento decisivo, pues aunque no se puede descartar el origen indoeuropeo de esta palabra, no hay etimología indoeuropea, ya que apenas hay parentela cierta en otras lenguas de esta familia (Kluge-M., s. v.; no admitida por Walde ni Pok. en sus diccionarios). Agrego por mi parte que en báltico existe un nombre de ese pájaro de forma sin duda emparentada: prus. ant. *werwirsis* (glos. de Elbing 733), lit. *vieversỹs* (Baravykas, Lyberis, etc.). Aunque la *-s-* lituana no corresponde exactamente, la grafía *s* del prusiano suele indicar una sonora (pron. *z*) que correspondería normalmente a -G- etimológica, y ésta da -K- germánica. Luego, las dos últimas sílabas pueden venir de -ŲERGI- (-GA) y corresponderían per-

fectamente (tanto más cuanto que en lituano podría ser préstamo de otra lengua báltica, lo que explicaría la *-s-*); sólo la consonante inicial discrepa y ésta en báltico podría ser debida a contaminación de otro nombre de la misma ave, lit. *vyturỹs* (Völkel; Lyberis; Pok., *IEW* 1176.6) o de alguna forma eslava, como el nombre de la alondra en ruso, *žávoronok*, sin duda compuesto de *voróno* (paleosl. *vrana*) 'corneja'. Pero tampoco el báltico arroja claridad sobre la cuestión que nos interesa; y además es imprudente asegurar si, en las voces que he citado, las lenguas bálticas son dadoras y no deudoras.

En conclusión, es bastante seguro que en romance *laverca* no es palabra de origen prerromano sino germana, si bien es tan fácil que venga del suevo como del gótico. Mas ¿por qué ese germanismo en un terreno semántico bastante insólito? Si en Galicia había quedado como nombre, igual que en las demás lenguas romances el céltico ALAUDA, la fonética histórica gallega (donde AU en hiato se reduce normalmente a *o* y no *ou*) conducía a una evolución fatal **aoa* y ésta naturalmente se reducía a **ó*; pero este nombre que no era viable, de ahí la adaptación excepcional de un nombre germánico de pájaro.

DERIV. *Laverco* 'pez semejante al salmón' en Pontevedra; y *laverco* 'rústico, páparo, corpulento' (Sarm. *CaG*. 67*r*, 211*v*, con nota de Pensado, pp. 219-20); en portugués 'homem-finório'.

[1] También AI > *a* es posible desde el punto de vista romance: esta reducción no es rara en los germanismos (SAIPO > *sapo*, HAIGIRO > *agró* y otros).

Laxación, laxamiento, laxante, laxar, laxativo, laxidad, laxismo, laxista, laxitud, laxo, V. *dejar*

LAY, tomado del fr. *lai*, y éste de una forma bretona o galesa hermana del irl. ant. *laid* 'canción'. 1.ª doc.: princ. del S. XV, *Canc. de Baena*, p. 261; Acad. 1899.

Thurneysen, 103-4; *REW* 4854; Gamillscheg, *EWFS* 547. Raro en castellano. Esa palabra, viva en francés y oc. antiguos, que aparte de la ac. estrictamente poética tenía la de 'poesía quejumbrosa y lamentación', desde allí pasó al gall. y port. ant. *lais* 'composición poética' (en *Ctgs*. 8.15, 8.17, 103.16, y en una canción del portugués F. Rodrigues Redondo, princ. S. XIV, *CEsc*. R. Lapa, 139.13, etc., singular rimando en *ais*), y también con el sentido de 'lamento', 'queja de dolor' encontramos *laio* en gallego moderno (no port.), Vall., que por lo tanto no será celtismo directo sino extensión desde el empleo poético occitano: «*laios de dôr*» (Castelao 28.6); de ahí el deriv. gall. *laiarse* 'quejarse dolorosamente': «sempre remataba *laiándose*», «non fan mais que *laiárense* polo que perderon» (Castelao 161.2, 186.6, 273.4f., 215.6f.); *laido* 'quejido' (Vall.; Lugrís;

«a tristura do seu *laído* ten caídas de fado portugués», Castelao 215.5f.); gall. *salaio* 'suspiro' (Vall.), fruto de un cruce con *salouco* (= SOLLOZO).

LAYA I, 'pala fuerte de hierro con cabo de madera, que sirve para labrar la tierra y revolverla', del vasco *laia*[1] o *lai* íd. *1.ª doc.:* en el vizcaíno Terr.; Acad. ya 1817 (como empleado sólo en algunas partes).

Define Terr.: «Un instrumento con dos dientes de hierro, de la hechura de una ache, con que se trabaja, y vuelve de arriba abajo, en gruesos céspedes, la tierra», y da ya como equivalente el vasco *laya*. Éste se emplea hoy en todos los dialectos vascos de España y también en Laburdi (Azkue), mientras que en Francia es 'sarmiento' o 'ramita', quizá el significado originario (¿comp. *lakatz* 'ramita'?); tiene el vocablo gran abundancia de derivados en vasco (*laian, laiari, laiatu* 'layar', *laieta* 'operación de layar'), luego parece ser allí palabra autóctona. Así lo cree también Schuchardt, *ZRPh.* XXIII, 199. En Santander dicen *aliaya* y *aliayar* (G. Lomas).

DERIV. *Layar. Layador.*

[1] Según Michelena, *BSVAP* XII, 367, a juzgar por el verbo *laia-tu, -a* no es el artículo (aunque Azkue señala también una variante *lain* en Oyarzun, que no se ha comprobado). Para S. Pouvreau *laya* es «branche de vigne». Por carta agrega mi amigo que en Éibar la forma determinada es *laixia*, que supondría *laixa* (< *laia*), indeterminado.

LAYA II, 'calidad, especie', probablemente del port. *laia* íd., donde es palabra más antigua que en castellano, y además significó 'lana'; como en esta ac. es alteración dialectal del port. ant. *lãa* (hoy *lã*), lat. LANA, es probable que la otra ac. salga de ésta y que se partiera de frases como *dois vestidos da mesma laia* por 'de la misma lana, de la misma estofa'. *1.ª doc.: Aut.*

Este diccionario sólo dice «calidad o casta de alguna cosa: y assí se dice esto es de otra laya». No conozco testimonios anteriores del vocablo y *Aut.* tampoco cita ninguno; ej. del andaluz Estébanez Calderón (S. XIX) en Cej. VII, p. 105. Parece haber sido palabra recién importada en el S. XVIII. Según Mahn, *Etym. Untersuch.*, 9-10, la empleó ya el P. Isla († 1781) en su traducción del Gil Blas, escrita en sus últimos años. En España es voz de tono más bien literario y de carácter afectivo. En la Arg. la emplea el habla gauchesca, en tono meramente descriptivo, como equivalente de 'manera de ser': «el muchacho rebosó de energías, se le hinchó el pecho y redoblábronse sus afanes; en toda su *laya* advirtió la madre que lo iba a perder» (Alberto Córdoba, *La Prensa de B. A.*, 9-VI-1940; otro ej. parecido del mismo autor, *ibid.* 25-VIII-1940); «paisanos de todas *layas*» en B. Hidalgo, «bichos de todas la-

yas» en Ascasubi, «esas trampas no enriedan / a los zorros de mi *laya*» M. *Fierro* I, 952. Ese mayor arraigo, tono más popular y contenido semántico más amplio en la Argentina que en España son muy favorables a un origen portugués. Ahora bien, en Portugal también es palabra más popular y más antigua: *laya de gente* aparece ya en la *Eufrosina* de Ferreira de Vasconcelos (h. 1537), «e assim aos outros authores desta *laya*» en la *Chorographia* de Barreiros (1561), citados por Moraes y Bluteau.

Gonçalves Viana (*Ap.* II, 55), fijándose en que la expresión despectiva, quiere partir del gitano *lay*, que significaría lo mismo: la idea debe rechazarse porque no había gitanismos todavía en Portugal ni en España en la primera mitad del S. XVI (no se hallan hasta el XVIII o fines del XVII, y faltan del todo en J. Hidalgo, que es de 1609); por lo demás, ese gitano *lay* no será antiguo ni estará extendido en este lenguaje, cuando falta en el léxico comparado de Miklosich y en el de Borrow; sólo encuentro *laia* 'plata' en Coelho (*Os Ciganos de Portugal*, p. 86), que lo mismo que *lay* será, por el contrario, portuguesismo (*moeda de boa laia* 'de buena plata'). Más atinado estaría Vieira al deducir *laia* 'especie' de *laia* 'lana'; efectivamente, en esta ac. el vocablo es anticuado según Fig., pero en el Minho significa todavía «tecido de lã, semelhante ao fio de Escócia»; Bluteau dice que *laya* es «a lã mais fina que ha», y pone como ej. *meyas de laya*, pero Moraes pone sencillamente que decir *meyas de laya* es lo mismo que *meyas de lã*, y así debe de ser, pues será sencillamente variante dialectal de *lã*, antiguo *lãa*, en el cual se intercaló *y* como consonante antihiática, lo mismo que en *cheia* de *chẽa* PLENA, *veia* de VENA. En efecto, es sabido que la *a* nasal tiene en portugués un timbre mucho más cerrado y palatal que la *a* ordinaria, de suerte que en muchas partes del país vecino se confunde del todo o por lo menos se trastrueca frecuentemente con la *ẽ* nasal, así por ej. en los Algarbes (Nunes, *RL* VII, 38). Algo nos hace dudar el encontrar en Évora *pessoas da mesma leja* «da mesma idade e convívio» junto a *leja* «cardume, multidão» (*RL* XXXI, 126), pero es dato muy aislado, sin confirmación en ningún diccionario ni, que yo sepa, en otros glosarios dialectales; como la *e* ante consonante palatal se confunde también con *a* en las tierras portuguesas meridionales, bien puede tratarse en realidad de una pronunciación *laja*, y tendríamos entonces la *y* pronunciada *ž* como en muchos puntos de la vecina Andalucía.

Se han propuesto otras etimologías que no pueden tomarse en consideración. Ya Diez rechazó toda relación con el ags. *lag*, a. alem. med. *leye* 'ley, manera de ser'; con razón, pues la forma gótica o sueba sería *LAG o algo análogo, que de ninguna manera explicaría la *y* romance; Larramendi, seguido por Humboldt, Mahn y Diez, sugirió que fuese lo mismo que el vasquismo castellano *laya* 'herramienta de cavar', con la rebuscada explicación de que la tierra dura del País Vasco requería que varios trabajadores apretaran una misma laya, y de ahí vendría la otra ac.: como notó Schuchardt (*ZRPh.* XXIII, 199) esto es increíble, y hay que separar los dos vocablos, entre otras razones porque el vasquismo en cuestión es muy reciente en castellano y desconocido en portugués. Baist, *KJRPh.* VI, 392, indicó vagamente una identidad con el fr. *laie* 'camino forestal que rodea un trecho de bosque en venta', vocablo que se cree procedente de un fránc. LAIDA 'camino', pero como esta voz germánica no pudo llegar al castellano direcamente sería preciso admitir un préstamo francés, y si bien es imaginable que 'camino, vía' pase a 'especie', no lo es que se llegara a este sentido partiendo de la clase específica de camino descrita arriba: por ello M-L., que todavía vacilaba en la primera edición de su diccionario, borró resueltamente esta etimología en la 3.ª Finalmente Spitzer, *ZRPh.* XXXIX, 617, supuso que venía del fr. ant. *lei* 'ley', comparando el cast. *de soslayo*, arag. *de vislay*, que procederían del fr. ant. *a besloi*; pero esta última etimología es muy problemática y seguramente falsa; en cuanto a *laya* < *lei*, no haría falta recurrir al francés para justificarla semánticamente, pues también *ley* se empleó en castellano, como en catalán y en otros romances, en el sentido de 'especie' («que qualquiere persona, de qual quiere *ley* o condición sia... pague...», en el fuero aragonés de 1350, *RFE* XXII, 25): la dificultad no está ahí sino en la fonética, y para ello el francés, antiguo o moderno, sirve tan poco como el castellano, pues no se justificaría el paso de *ey* u *oy* a *ay*, y tampoco la *-a* agregada.

Layador, layar, V. *laya* I   *Layérnago,* V. *aladierna*   *Lazada, lazar,* V. *lazo*

LÁZARO, 'pobre andrajoso', así llamado por alusión al mendigo del Evangelio curado por Jesús de su afección leprosa. *1.ª doc.:* Quevedo (*Aut.*).
DERIV. En memoria del mismo se llama a la lepra *mal de San Lázaro*. De ahí proceden *lazarino, lazarista* y *lazaroso* [los tres, Acad. S. XIX]. *Lazareto* [*Aut.*], tomado del ít. *lazzaretto* íd. Spitzer en su reseña al *DCEC* remite a su art. de *WS* en que mostró que el it. *lazzaretto* viene en realidad de *Nazareth* si bien alterado por influjo de *Lázaro*. Seguramente tiene razón: inmediata al E. de Salou (Campo de Tarragona) hay la playa llamada *Nazaret*, que vulgarmente recibe el nombre de *L'Agzaret* y también se le ha llamado *Llatzaret* (*Butll. del C. Excurs. de Cat.* 1923), seguramente por estar allí el antiguo lazareto del puerto de Salou. *Lazarillo* 'muchacho que guía a un ciego' [h. 1690, Mtro. León], en memoria de Lazarillo de Tormes, que desempeña este oficio en la célebre novela publicada en 1554 (existieron denominaciones paralelas, como *gomecillo*, en M. de la Parra, 1691,

Aut., que se referiría a algún personaje de nombre Gómez). Comp. *lazrar,* s. v. *LACERAR.*

Lazdrar, V. *lacerar*

LAZO, del lat. vg. *LACIU, simplificación del lat. LAQUEUS íd. *1.ª doc.:* Berceo.
General en todas las épocas; Cej. VII, § 44; ast. *llaciu* (V); común a todos los romances. El paso de LAQUEUS a *LACIU es común a todos ellos y debió estar ya consumado en latín vulgar; se explica por una simplificación casi forzosa de la combinación compleja LAQUIU, que resultaba impronunciable (no por una disimilación como dice Tilander, citado en el *FEW* V, 182a, n. 9). En castellano antiguo, y hoy en las hablas que distinguen, tiene *z* sonora (Espinosa, *Arc. Dial.,* 82), en contraste con la sorda del port. *laço*, oposición que es regular según la fonética de los dos idiomas.
DERIV. *Lazada* [Nebr.]. *Lacero; lacería. Lacear. Enlazar* [Nebr.]; *enlazamiento* [íd.], *enlazadura* [íd.], *enlazable* [íd.]; *enlace* [h. 1700, *Aut.*]; *desenlazar* o *deslazar* [*Aut.*], *desenlace. Entrelazar; entrelazamiento.*

Lazrador, lazrar, V. *lacerar*   *Lazulita,* V. *lápida*   *Leal, lealtad, lealtanza,* V. *ley*

LEBECHE, del hispanoár. *labâǧ* o del cat. *llebetx,* ambos probablemente tomados del b. gr. *libíči,* procedente del gr. λιβύκιον, diminutivo de λιβυκός 'procedente de Libia', 'Oeste'. *1.ª doc.:* 1585, López Tamarid; 1604, en el murciano Pérez de Hita.
«Comenzó a batirse la tierra por la parte del Poniente *leveche*, que es lo más llano della» (*Guerras C. de Granada,* ed. Blanchard II, 246). En Covarr.: «viento que sopla entre Poniente y Mediodía»[1]; *Aut.* cita ej. de Lope, y advierte que es voz del Mediterráneo; así es, en efecto, y Ramírez Xarriá afirma que es propia de Murcia. Al imitar el pasaje de Lope «brame el *leveche* y solano» Rojas sustituyó aquél por *cierzo*, sin duda por no considerarlo bastante castellano (*BRAE* XXVIII, 308). En hispanoárabe hallamos *labách* en PAlc. («viento entre poniente e ábrego»), y *l-b-ḥ* en Abencuzmán (S. XII) deberá enmendarse en *labâǧ* (o *libâǧ*); en el Becrí († 1093), que era de Huelva, se lee *l-b-š*[2]; *l-bâǧ* en escritura árabe siciliana; hoy *lebéch* en Marruecos, *lebâǧ* y *lebâš* en Argelia, *l-b-š* en Egipto (Simonet, s. v.; Dozy, *Suppl.* II, 510a), *labâš* o *labaǧ* en Siria, y esta última forma (sin vocales) ya se documenta en Egipto en el S. XIV (*Göttinger Nachrichten,* 1882, 442). Como ya indiqué en *BDC* XXIV, 77, la vacilación en la consonante final es indicio claro de un origen no árabe (como indica también la falta de una raíz adecuada en árabe), y la triple representación *-ǧ, -č* y *-š* se explica perfectamente como un esfuerzo por adaptar el sonido *č*, ajeno al árabe.

En efecto el vocablo es antiguo y arraigado en los romances mediterráneos; especialmente el cat., donde *llebetx* es frecuente desde el S. XIII (*lebeg*, Jaime I, 94, 475; *libeig* ibid. 94; *labeig*, Lulio, *Meravelles* II, 28; etc.), y el italiano, donde hallamos *libeccio* desde la misma época, con variante *lebezho* en una poesía genovesa de los SS. XIII o XIV, *libecchio* en el Ariosto (XVIII, 141); hoy *lebeccio* en Liguria y Nápoles, *libìchio* o *lebič* en el Véneto, *li*(m)*bìči* o *libbìči* en Calabria y Sicilia, etc. (Vidos, *Parole Marin.*, 459-62); en lengua de Oc *labeg* (*-etch*), ya documentado desde el S. XIII o XIV, y hoy general en toda la costa occitana, por su *a* se denuncia como catalanismo, y las esporádicas formas francesas son las unas del mismo origen (*labeche* en Amyot, *le bech* en Rabelais) y otras de procedencia italiana (*lebeche* en Brunetto Latini).

Es vano el empeño de Simonet, Dozy y M-L. (*RFE* VIII, 241), de partir del gr. λίψ, λιβός, 'viento Suroeste', cuyo resultado árabe habría sido ciertamente **libs*[3]; el ár. vg. *lebek*, admitido por M-L. (*REW* 4959a) y Vidos, no existe, que yo sepa, y no debe ser más que una errata del poco cuidado diccionario de Lokotsch. En vista de estas dificultades traté en mi nota citada de explicarme la etimología en la forma siguiente: el gr. λίψ habría dado por vía culta el it. *libo* íd.. voz desusada que sólo se documenta a mediados del S. XVI (Alamanni); de ahí con el sufijo diminutivo -ĬCŬLUS habría salido el *libecchio* del Ariosto, y la forma dialectal genovesa *libeccio*, extendida desde ahí por toda Italia y toda la Romania. Pero ahora, en vista del conjunto de la documentación, se impone abandonar esta hipótesis, pues no se puede atribuir bastante antigüedad al fenómeno fonético genovés *cchi* > *cci*, ni al influjo lingüístico de este dialecto, como para justificar la generalización de esta forma en todo el Mediterráneo y ya desde el S. XI; por otra parte el sufijo -ĬCULUS es poco fecundo en italiano, y habría dado formas con *i* tónica aun en toscano, además de que la base culta *libo* es tardía, mal documentada, y una forma tan culta difícilmente podía constituir el punto de partida de una voz general en romance y en árabe.

Rohlfs, *EWUG*, n.º 1258, indica que en el griego de Calabria este viento se llama hoy *libìči* o *limbìči*, formas que según la fonética local pueden venir de un gr. ant. λιβúχιον, y por lo tanto admite esta base para todas las formas romances. Rohlfs tiene razón. Λιβυχός para 'relativo a Libia' es de uso general en griego, pero debo advertir que Tolomeo emplea repetidamente λιβυχὰ τετρχτημόρια para 'cuadrantes occidentales' (*Tetrabiblos*, 183, 184), hablando del influjo de la situación del sol en el nacimiento de ciertas personas; en el segundo pasaje dice explícitamente que por tal expresión se entiende lo opuesto a los cuadrantes de la salida del sol (ἀπηλιωτικά) u orientales.

Es lógico que el egipcio Tolomeo tomara la Libia como sinónimo del Oeste, y dado el influjo decisivo de este sabio en la Edad Media no debemos extrañar que se impusiera su terminología. Hubo gran extensión de los diminutivos en -ιον en el griego tardío, y en nuestro caso corresponde a ellos la terminación -*i* del griego de Calabria; del griego tardío λιβúχι = λιβúχιον procederán, por lo tanto, todas las formas romances y árabes, que pudieron tomarse directamente del griego de la Magna Grecia, cuando ya la χ se había palatalizado allí ante ι. La única dificultad está en que esperaríamos formas con -*v*- dada la evolución de la β en el griego medieval; pues el ligero traslado semántico de 'Oeste' a 'Suroeste' no sería extraño en un nombre de viento, comp. *JALOQUE, GRIEGO* y *CIERZO*, cuyo significado también se trasladó levemente; es además muy posible que los dos puntos puedan explicarse conjuntamente por el influjo de λίψ 'Suroeste' sobre λιβúχιον 'Oeste', de donde una base **li*(m)*byki* o *libbyki* con *b* oclusiva como la π de λίψ y con el significado de éste[4].

[1] Oudin en 1607 identificaba con el viento Sudeste; desde 1616 admitió concurrentemente la definición de Covarr., que es la única que conozco en el uso vivo y creo la única correcta.— [2] Probablemente *labaš*, no hay razón para leer *lébš* o *libš*, según hace Simonet sugestionado por la supuesta etimología.— [3] Si el vocablo hubiese pasado al árabe por conducto del mozárabe podríamos tener *lebš*, pero de ninguna manera se explicarían las formas con *ǧ* o *č* ni la intercalación de una vocal entre las dos últimas consonantes; además, lo probable entonces sería que sirviese de base el acusativo *libe*(m), sin -*s*. De ser helenismo directo traído por el árabe de Oriente entonces no podríamos esperar otra cosa que **libs* y no se justificaría ni la *e* ni la *š*.— [4] Quizá el árabe sirvió de intermediario entre el griego egipcio del S. VII y el romance, lo cual explicaría la -*b*- en romance; entonces el vocablo no sería hereditario en el griego de Calabria. Por otra parte no sorprendería un helenismo romance procedente de la Magna Grecia: el cat. *a*(l)*jau, arjau,* 'caña del timón' **OIACEM* < gr. οἴαξ (*Homen. a Rubió i Lluch* III, 293-4), presenta huellas en su *a*- de la fonética sud-italiana. En cuanto a la generalización del diminutivo λιβúχιον no es nada extraña en un viento por lo general suave como el *lebeche*: puedo atestiguar que en la Costa de Levante catalana es comunísimo el empleo del diminutivo *llebetxol*.

LEBERQUISA, 'pirita magnética', del alem. *leberkies* íd., compuesto de *kies* 'grava', 'pirita', y *leber* 'hígado', por el color que es común a esta víscera y a aquel mineral. 1.ª *doc.*: Acad. 1899.

Lebrada, lebrasta, lebrasto, lebrastón, lebrato, lebratón, lebrel, lebrero, V. *liebre*

LEBRILLO, 'vasija ancha de barro vidriado que sirve para lavar ropa y otros usos', del mismo origen incierto que el cat. ant. y dial. *llibrell* (hoy *gibrell* o *ribell*); si viene de un diminutivo del lat. LABRUM 'pila', 'tina', 'bañera', 'lagar', sólo puede ser por conducto del mozárabe *librêl*, pues de otra manera no se explicaría la *i* o *e* de la primera sílaba, pero aun así esta etimología puede suscitar escrúpulos. *1.ª doc.: librillo*, J. Ruiz, 1174d.

Se trata ahí del utensilio empleado para lavar platos, sartenes, calderas, etc. (en *G ladrillo* es errata). También Nebr.: «*lebrillo grande de barro:* labrum; *lebrillo pequeño...*». *Aut.* cita ejs. de la *Descripción de África* de Mármol (1570) y de Acosta (1590). Palabra de uso muy popular; Cej. VII, § 15; en algunas partes dicen *librillo*, seguramente por etimología popular[1]. No es menos popular el cat. *gibrell* [1498], que en lo antiguo es comúnmente *(l)librell*, documentado con frecuencia desde fines del S. XIV («terrassos, escudelles, cresols, *llibrells*, rajoles», Eiximenis, *Regiment, N. Cl.*, 32.28; J. Roig, v. 14701; muchos ejs. en Ag.); hoy se pronuncia con *g-* en casi todo el Principado, pero *llibrell* en Castellón y Valencia, *ribell* en Reus, las Garrigas, Lérida, Mallorca y el Alguer (Cerdeña), *ribrell* o *-ella* en Fraga, *dribell* (< **dibrell*) en la Albufera valenciana. Todas estas formas se explican por disimilación del primitivo *librell* o *llibrell*. Fuera de España apenas hallamos forma alguna comparable, a no ser el oc. *libel* «vas ad mingendum vel cacandum», documentado sólo una vez en el *Floretus*, glosario de h. 1470, que Pansier supone escrito en Marsella (Levy, *P. S. W.* IV, 398; Pansier, V, 181)[2].

Siguiendo huellas de Nebr., R. Cabrera propuso derivar *lebrillo* de LABRUM, y su ej. fué seguido por Diez, Parodi y M-L. (*REW* 4812). LABRUM designaba sobre todo una vasija de grandes dimensiones empleada para lavar todo el cuerpo, p. ej. la bañera en que sorprenden a Diana; otras veces es un lagar o tina llena de vino (Virgilio), etc. Semánticamente no habría dificultad, pues el diminutivo debió designar una vasija más pequeña, y hoy todavía el lebrillo se emplea para lavar los pies. El diminutivo, de acuerdo con las normas latinas, era LABELLUM, y éste ha dado formas del tipo *lavelu* 'dornajo, artesa para agua', diseminadas por toda Lombardía y Liguria[3], y además el it. *avello* 'sepulcro', el a. alem. ant. *labal*, y si no me engaño el ags. *lǽfel* «bassin», que en la forma *lebil* aparece en los glosarios anglosajones de Epinal, Erfurt y Corpus Christi, glosado por «(aqua-) manile». No sería nada sorprendente que bajo el influjo de LABRUM el latín vulgar hubiese cambiado en algunas zonas LABELLUM por *LABRELLUM.

Pero ni la *e* castellana ni la *i* unánime del catalán y de la lengua de Oc pueden avenirse con esta base, a pesar de que los mencionados filólogos no manifestaran escrúpulos en este punto. Claro está que no sería posible hacer responsable al ár. *gibb*

'aljibe' de este cambio en el vocalismo (como M-L. lo hacía para la *g-* del cat. *gibrell*, en la 1.ª ed. de su diccionario, por lo demás innecesariamente, pues esta *g-* se debe a una disimilación bien natural), puesto que la *i* no está circunscrita a las formas con inicial alterada. Como por otra parte la forma occitana tiene *-b-* conservada a pesar de que esta consonante no va seguida de *r*, y en estas condiciones la *-b-* no corresponde a *-B-* latina, sino más bien a *-P-*, surgen graves dudas acerca de la justeza de la etimología *LABRELLUM.

También es verdad que otros étimos presentarían todavía peores dificultades. Forteza, *Gramática Catalana*, § 156, sugiere LĪBELLA 'plato de balanza', que explicaría directamente el oc. *libel* y las formas mallorquinas y leridanas como *ribell, ribella*; pero ahí también surgiría la dificultad de la *-b-*, y por otra parte LIBELLA, aunque sea diminutivo de LIBRA 'balanza', sólo está documentado en el sentido de 'nivel (de albañil)' o 'as, moneda de poco valor'. El parecido con el gr. λέβης, -ητος, lat. *lebes, -ētis*, 'caldero', 'fuente' (que ha dejado un representante aislado en el Sur de Italia, *REW* 4960), es considerable, pero deberíamos admitir cambio de sufijo *-et* en *-el*, bastante difícil de justificar en castellano, *-b-* por cultismo, y la rara (y dudosa) disimilación occitana *-e-é-* > *-i-é-* (¿como en *finestra* FENESTRA?): en total es inverosímil. Más alejado está todavía LAPIDEUM 'cacharro de piedra', que ha dejado descendientes en muchos dialectos italianos y en vasco (*FEW* V, 169; *BhZRPh.* VI, 45).

El único camino que alcanzo a ver para explicar *lebrillo* partiendo de *LABRELLUM sería admitir que el vocablo no es propiamente castellano ni catalán, sino sólo mozárabe, desde donde se habría trasmitido a los romances del Norte. De hecho en mozárabe lo tenemos documentado antes que en parte alguna: *l-brâl* 'escudilla, barreño' en el anónimo sevillano de h. 1100 (Asín, 142), *librâl* «conca» en R. Martí, *libríl* «lebrillo grande de barro» en PAlc. Nótese que los testimonios, bastante antiguos, de J. Roig y del *Tirante* son valencianos, que el de Eiximenis también se puede referir a esta región y que el segundo testimonio catalán habla precisamente de «2 *librells* grans de terra, d'obra de Valencia». Luego eran frecuentes los barreños procedentes de esta región, como toda la famosa loza y azulejos de «obra de Manises». En mozárabe se justificaría el cambio arabizante de *a* en *e*. Esto, a la verdad, no desvanece del todo nuestros escrúpulos, pues el vocalismo inicial de la primera sílaba parece realmente haber sido *i*, a juzgar por la grafía de R. Martí, J. Ruiz, PAlc., el *Floretus* y las formas catalanas; en rigor se podría decir que la grafía de R. Martí representa una *ę* cerrada (que no había manera de representar exactamente con los diacríticos árabes), la de PAlc. es una alteración granadina posterior, en J. Ruiz hay metafonía causada por un anterior *libriello*, y las formas catalanas se deben a la palatalización de la *l-* inicial; siempre quedaría de todos modos el testimonio del *Floretus*, que además presenta la dificultad de la falta de *-r-*, en contradicción con las formas arábigas e hispánicas. De todos modos debemos reconocer que un hápax no puede nunca tener valor decisivo, y puede deberse a mil influjos exteriores o accidentales⁴, además de la posibilidad algo complicada de un mozár. ant. *lebel*, procedente de LABELLUM y trasmitido a Provenza.

¹ El *Cerro del Librillo* al Oeste de Mendoza (Arg.) tomaría nombre de alguna fuente provista de esta vasija.— ² El diminutivo catalán *gibrelleta* tiene el mismo sentido de 'orinal'. El femenino no diminutivo *gibrella* está también muy extendido en Cataluña para un lebrillo grande.— ³ Vid. *REW* y Jud, *ZRPh*. XXXVIII, 54.— 'En lengua de Oc es testimonio aislado, pues Queirás *leveit* «bassin, espèce de bidon», junto con *lavese* de Niza y *lavesoun* «chaudière» del Var, vendrán del it. *laveggio* LAPIDEUM. Bien mirado *libel* podría ser alteración de un mozarabismo *librel* bajo el influjo del autóctono LAPIDEUM.

Lebrillo 'rollo de cerillas', V. *libro*   *Lebrón, lebroncillo, lebruno*, V. *liebre*

LECANOMANCÍA, tomado del gr. λεκανο-μαντεία íd., compuesto de λεκάνη 'lebrillo' y μαντεία 'adivinación'. *1.ª doc.*: Acad. 1899.

Lecayo, V. *lacayo*   *Lección, leccionario, leccionista*, V. *leer*   *Lecina*, V. *encina*   *Lectisternio*, V. *lecho*   *Lectivo, lector, lectorado, lectoral, lectoralía, lectoría, lectura*, V. *leer*

LECHE, del lat. vg. LACTE (lat. cl. LAC, LACTIS) íd. *1.ª doc.*: *leiche*, doc. de 1129 (Oelschl.); *leche*, Berceo, etc.

El descendiente de LACTE es de uso general en todas las épocas y común a todos los romances. En latín era neutro, y pasó al masculino en la mayor parte de los romances, pero en castellano, catalán, gascón, parte del languedociano (H-Gar., Ariège, Aude), así como en las hablas de Cerdeña y del Véneto, se hizo femenino; el género masculino del gall. y port. *leite* se extiende a León (Cabrera Alta) y a Asturias, no sólo el Oeste (Acevedo-F.), sino aun en Colunga (*llechi presu*: Vigón; V. éste para variantes fonéticas de esta región; fem. según Rato y Canellada). LACTE es variante propia del latín arcaico y del tardío.

DERIV. *Lecha. Lechada. Lechal* [Nebr.]. *Lechar. Lechada* 'masa fina de cal o yeso, o de cal mezclada con arena, que sirve para blanquear paredes': con un sentido inicial como éste el gall. *litame* o *latamia* 'variedad de cosas, color, vestido, etc.' (*va vestido de dos litames* 'de dos quinolas') (Sarm., *CaG*. 198v), sería propiamente 'blanqueadura, en-

caladura de dos matices'; como en Setados, Sarm. oyó luego *litame* «de un mismo sentir, de una materia» (231r), por lo visto aplicado a personas; aunque cabría entender 'de una misma lechigada o camada', derivándolo de LECHO. *Lechaza. Lechecillas. Lechero* 'que contiene leche', 'que vende leche'; en Andalucía y Colombia 'logrero, cicatero', ac. no bien explicada (no satisfacen las explicaciones de Cuervo, *Ap.*, § 647; ¿alusión sexual?); *lechera* 'vasija para leche' [APal. 414], *llechera* 'lechetrezna' ast. (V); *lecherear* 'cicatear' arg. [Ascasubi: *BDHA* III, 149]; *lechería*; *lecherón* 'vasija para leche', 'mantilla de niño' arag., 'cierta planta' arg. (F. Burgos, *La Prensa*, 21-IV-1940); *lecherina* en Castilla = gall. *trovisca* 'tithymalus characias Vig.' (Sarm. *CaG. A96v*).

Lechetrezna [«*l.*: titymallus», Nebr.; también en Laguna y botánicos posteriores: Colmeiro, IV, 640ss.; fonéticamente pasó en algunos lugares a *lechetrerna*, de donde Cespedosa *lechetrena*, en pueblos vecinos *-eterna*, *RFE* XV, 277, en otras partes *lechitierna*, Colmeiro, en Murcia *lechinterna*], parece resultar de una alteración de *letrezna* (con influjo de *leche*)¹, que a su vez procede del lat. LACTORIS, -IS, íd., documentado en Plinio, pero la terminación castellana es oscura. El punto de partida de la *-r-* del tipo *lechetrezna* y afines románicos creo debe de estar en el gr. λαθυρίς, de donde, según Wartburg (*ZRPh*. LXVIII, 23), vendría el langued. *lantrezo* 'Euphorbia lathyris': tratándose de un nombre de planta, un helenismo es normal en cualquier lengua romance y no hay por qué pensar en un legado del griego masaliota; después el influjo del lat. LACTE habría hecho el resto. El cat. *llet(e)resa* procede del lat. tardío LACTERIDA (frecuente en glosas, *CGL* VI, 618, y en el *Capitulare de Villis*, escrito en Francia h. 810, *ZRPh*. XXXVII, 552), que debe de resultar del acusativo griego λαθυρίδα *LACTE²*, pero una ampliación *LACTERI-DINE, como la que supone M-L. (*REW* 4832) para el castellano, sería morfológicamente sin ejemplos; más bien que el sufijo dim. de *lobezno, rodezno, torrezno*, habrá, en cast., *LACTERIDINA por contaminación de RICINUS 'ricino', cast. *rezno*, pues al fin ambas plantas tienen uso medicinal. *Lechecinos* arag. 'cerrajas', mozár. *lejtečinuš* en Abenbuclárix, *lejtečún* en Abenalŷazar, cat. *lletsó*, oc. *laitisoù* (Simonet, s. v. lete-; M. P., *Oríg.*, 294), *lechocino* o *lechoncino* en la Rioja, *RDTP* IV, 288; en calidad de variante de *lechecino*, en la parte oriental de Aragón, he anotado *lataθin* en Belver de Cinca; en los pueblos vecinos, ya de lengua catalana, Fraga, Torrent y Saidí es *llantaïm* (pl. *llantaïms*, por *lleteïns*, con propagación de nasal, resultado normal de *LACTICINUM). *Lechigada* 'mezcla de leche agria, pan y grasa, que se da a los perros de caza' [h. 1300, *Gr. Conq. Ultr.*, 27].

Lechón [*Leitones*, nombre de lugar port., en 1059, *RL* XXXV, 95; «una porca cum suos *lectones*», doc. de Toro de 1099, M. P., *Oríg.*, 92;

J. Ruiz; APal. 89d, 110b; Nebr., etc.], comp.
λαχτεντον íd., ya en un papiro egipcio (KJRPh.
VII, 61); lechonato, -ata, 'lechoncillo' cub. (Ca.,
247, 79); lechona.

Lechoso; lechosa. Lechuga [h. 1400, Glos. 5
del Escorial; APal. 361d, 433d; Nebr.], del lat.
LACTŪCA íd., conservado en todos los romances
salvo el rético; lechugado; lechuguero; lechugui-
lla ['cuello, 1613 Covarr.; pero ya se empleó mucho
en el S. XVI, de donde pasó al cat. de Valencia 10
«llechuguilles o marquesites: additamenta sinuosa
et rugata, quae summis manicis et collaribus adiun-
guntur» 1575, On. Pou, Th. Pu., p. 305], enlechu-
guillado; lechuguino 'lechuga pequeña' [Nebr.],
'muchacho imberbe que se mete a galantear', 'el 15
que sigue rigurosamente la moda' [Acad. ya 1843];
deslechugar [«d. las vides: frondo vites», Nebr.],
deslechugador [íd.]. Lechuzo 'muleto que no tiene
un año' [Aut.]. Enlechar [«enlecharse, estar de
leche: lactesco, lacteo», Nebr.]. Colactáneo, tomado 20
de collactanĕus íd. V. además LECHUZA.

Del gr. γάλα, -ακτος, 'leche', emparentado con
el lat. lac, proceden los siguientes. Galáctico. Galac-
tita, -ites. Galactosa. Galaxia, tomado de γαλαξίας
'lácteo'. Galio 'cierta hierba rubiácea', de γάλιον íd. 25
CPT. Laserpicio, tomado de laserpicium íd., compuesto de lac y sirpicium, 'propio de la sirpe
(cierta planta)'. Galactófago. Galactómetro. Galega,
compuesto culto de γάλα con αἶξ, αἰγός 'cabra'.
Polígala [Acad. ya 1869], del lat. polygăla, gr. 30
πολύγαλον, así llamada por su uso como pasto
de vacas; poligaleo. Poligalia.

¹ Comp. cat. lletetresa empleado en la Plana de
Vic, en vez de lleteresa, rosell. llitresa o lleitresa
(Rolland, Faune IX, 275), mall., val., ribag., Prio- 35
rato lletrera.— ² Nótese que el lactoris pliniano
más que resultar de la adaptación de un gr.
*γαλαχτερίς (sólo en griego se explica termina-
ción tan singular) será ya λαθυρίς. De otros cambios de sufijo romances vienen las formas sar- 40
das (logudorés lattórigu, -úrigu, Nuoro lattóri-
cu, Max L. Wagner, ASNSL CXXXIV, 312)
y la portuguesa leitariga, trasmontano leita-
rega (comp. el Puerto de Leitariegos entre Asturias y León), así como el mozár. letrêra, -aira, 45
en Abenŷólŷol (Simonet, s. v.), comp. cat. merid.
lletrera; vasco vizc. literio «colleja» (Azkue², Supl.).

Lechera 'litera, lechiga', V. lecho   Lechería,
lechero, lecherón, lechetrezna, V. leche   Lechi- 50
ga, V. lecho   Lechigada, V. lecho y leche   Lechigado, V. lecho

LECHÍN, adj. que se dice de una especie de
olivo cultivado en tierra de Écija, muy productivo 55
de aceituna y de aceite; origen incierto, quizá de
un lat. *ASTIGĪNUS 'ecijano' (de donde *echiyín y
con artículo lechín). 1.ª doc.: «lechin, azeituna:
radius, radiolus», Nebr. h6rº (también s. v. azeituna). 60

El lat. radius figura en Virgilio (su diminutivo
en Columela) como nombre de una especie de
aceituna larga. De Nebr. lechín pasaría a Oudin
(«une sorte d'olive longue») y a Percivale («a kind
of long olive; also the galling or wearing off the
hair of horse or mule when they first beginne to
worke»), pero falta en Covarr. y Aut. La Acad. los
recogió ya en 1843, con referencia a Écija. Podría
imaginarse que de un *ASTIGĪNUS, derivado de
ASTĬGI 'Écija', saliera *echiyín y de ahí lechín con
aglutinación del artículo, aunque es suposición algo
arriesgada, pues no se ve por qué en el derivado
tendríamos la evolución fonética -ST- > ch, propia
del mozárabe granadino y tardío (BDC XXIV, 71;
PMLA LXII, 332-3), y no la evolución a -ç- cumplida en Écija. Quizá se trate de otro nombre
propio¹.

¹ Nótese que Plinio (III, 12, y III, 14) cita en
la Bética dos ciudades diferentes llamadas Lastigi.

LECHINO, 'mechoncillo de hilas que se coloca
en lo interior de las úlceras y heridas para facilitar
la supuración', del lat. LĬCINIUM 'compresa, gasas',
derivado de LĪCIUM 'lizo', pero el consonantismo
indica que hubo de llegar al castellano por conducto del mozárabe. 1.ª doc.: 1581, J. Fragoso.

Aut. define «clavo de hilas que usan los cirujanos para las heridas, llagas y otras cosas»; falta
en otros diccionarios del Siglo de Oro. Indicó la
etimología Cabrera, y la acepta M-L. (REW 5018),
agregando representantes lombardos y genoveses.
Port. lichino, que Bluteau define «são fios juntos
que... se metem nas chagas e feridas para se não
cerrarem mais depressa do que convem; differem
das mechas, em que estas tem fios torcidos por
fora, para ficarem tesas e capazes para entrarem
pelas cavernas das chagas... o que não tem os li-
chinos», y cita ej. en la Recopil. de Cirurgia de
A. da Cruz (1661), y otro de lechino en la Cirurgia de Ferreira. En castellano hay significado secundario 'grano o divieso puntiagudo y lleno de
materia que sale a las caballerías' [Acad. ya 1817],
con variante lechín en esta ac. [Acad. ya 1869].

LĬCINIUM daría *lechiñ y luego *lechín, en
mozárabe, parcialmente castellanizado en lechino.

Lechinterna, lechitierna, V. leche

LECHO, del lat. LĔCTUS 'cama'. 1.ª doc.: leito,
doc. leonés del a. 1000; lieto, 1090; leycho, 1125
(Oelschl.); lecho, princ. S. XIII (Berceo, etc.).

De uso bastante frecuente y popular en la
Edad Media, después queda confinado a la lengua literaria, y se vuelve término genérico y de
matiz vago, equivalente más bien de yacija que
de cama; Cej. VII, § 61. Conservado en todos los
romances excepto el rumano.

DERIV. Lechera ant. 'litera, lechiga'; lichera
dial. 'manta'. Lechiga ant. [doc. de Osma de 1228,
M. P., D. L. n.º 214, lín. 30; Berceo; J. Ruiz;

«*lechiga de muertos*: sandapila, pheretrum», Nebr.;
Aut. ya sólo lo cita de Nebr.], del lat. LECTĪCA
'camilla, litera'; *lechigado* 'postrado en cama' [Berceo]; *lechigada* (como voz vulgar y malsonante en
P. Espinosa, a. 1625, *Obras*, p. 196; 'conjunto de
plantas que se crían a un tiempo' en Cespedosa,
RFE XV, 167); *lechigal* 'lecho', ant. (Berceo);
alechigar o *-ugar* (*DHist.*). Deslechar, deslecho.
Litera [1600, *N. Recopil.* en *Aut.*; Cej. VII,
§ 61], tomado del cat. *llitera* íd., derivado de *llit*
'cama'; *literero*; *litería*. Loquios, tomado del gr.
λόχιος 'referente al parto', derivado de λόχος 'parto', y éste de λέχος 'lecho', voz hermana del lat.
lectus. Para el gall. *litame*, vid. *LECHE*.

CPT. *Lectisternio*, tomado de *lectisternium*, compuesto con *sternere* 'hacer (la cama)'.

Lechuga, V. *leche*

LECHUZA, 'ave rapaz y nocturna de unos 35
cm. de longitud, *Strix flammea*', antiguamente *nechuza*, es palabra en cuya formación colaboraron
el lat. NŎCTŬA 'lechuza' (de donde *nuétiga* en
Santander) y el cast. *leche*, por la superstición antigua de que la lechuza gustaba de echarse sobre
los niños de teta como si los amamantara; es dudoso dónde estuvo el punto de partida del vocablo, aunque por razones morfológicas lo más probable es que **nochuza* fuese un derivado despectivo de **nochua* (< NOCTUA), después alterado en
nechuza y finalmente, por influjo de la citada
superstición, *lechuza*. 1.ª doc.: *nechuza*, S. XIII, en
el ms. bíblico escurialense I · j · 8; *lechuza* en otro
pasaje del mismo y en muchos textos del S. XIV.
Solalinde (*Mod. Philol.* XXVIII, 92) cita 12 ejs.
de *lechuza* procedentes de la *General Estoria*, de
la Biblia de Arragel (h. 1430), de la de Ferrara
(1553) y de otras cuatro biblias conservadas en
mss. de los SS. XIV y XV. Además aparece en
Juan Manuel (*Caza* 86.21; Rivad. LI, 250b42),
en López de Ayala (4 veces *lechuza* y 1 *lechucha*,
citas en la ed. del *Libro de la Caza* por Baist), y
más adelante en APal. (74b, 302b, 304b), Nebr.,
Fr. Juan de Lerma (*BRAE* XVII, 246) y muchos
más[1] que no hay por qué citar extensamente, a
no ser los siguientes, que aluden a características
de la lechuza: su nocturnidad, de donde el adjetivo *lechuzo* 'nocturno'[2], su mal agüero[3], o la
creencia popular de que chupan el aceite de las
lámparas.

Claro está que ésta no es razón para derivar su nombre del gr. λέχυθος 'alcuza', como
hace Covarr., idea imposible por razones fonéticas, y además porque esta palabra griega no existió jamás en romance[4]. Tampoco puede aceptarse,
por lo menos tal como la formularon, la idea de
Baist (*l. c.*)[5] y Sainéan (*BhZRPh.* I, 103) de que
viene de *leche*, a causa de una hipotética superstición que atribuiría a la lechuza la costumbre de
mamar o robar leche: la lechuza no es el chota-

cabras (lat. *caprimulgus*, cat. *cabrer*, alem. dial.
melker, *milchsauger*) y las supersticiones en torno de aquel pájaro, bien conocidas, se refieren a
otras cosas.

Algunas de ellas, muy antiguas, hacen referencia a la lactancia, pero en forma muy diferente.
Para un estudio a fondo de estas creencias me
bastará remitir a un artículo de Samuel G.
Oliphant[6], y por mi parte me limitaré a los testimonios capitales. Un antiguo dramático latino, Titinio (S. I a. d. C.), preceptúa proteger con ajos
los labios de las criaturas si la *strix* los oprime tratando de meterles sus tetas entre los labios; Ovidio dice que esta ave busca a los niños desamparados por su nodriza corrompiéndolos (*vitiando*)
en sus cunas y lacerando sus entrañas a picotazos;
Plinio, más crítico, después de resumir la superstición relatada por Titinio, comenta: «*fabulosum*,
pues falta saber de qué ave se trata en realidad»[7];
finalmente San Isidoro nos informa de que se le
daba vulgarmente el nombre de *amma* porque se
cuenta que da leche a los recién nacidos. He aquí,
pues, por qué se le llamaba 'ama' o 'nodriza', y
el nombre permaneció vivo en España y Mauritania, testigo el mozár. *mam(m)aira*, que R. Martí
y PAlc. dan como traducción del lat. *noctua* y de
los cast. *curuxa* y *lechuza*, y el ár. '*umm as-sibyân*
(*-subyân*), propiamente 'madre de los niños', que
el propio R. Martí y Beaussier nos transmiten como propio de España y de Túnez, respectivamente, con las traducciones *noctua* y *chouette*, *offraie*.
Si el pueblo ha creído que la lechuza daba leche
a los niños (*lac praebere fertur*), según S. Isidoro,
no es nada difícil admitir que de *leche* se haya
podido derivar *lechuza*. La forma *nechuza* que
asume el vocablo en el texto más antiguo que lo
menciona sería entonces una alteración debida al
influjo del sinónimo que voy a mencionar.

En efecto ya el primero de los etimologistas castellanos, el cordobés Francisco del Rosal, escribía
en 1601, «*lechuza*, corrupto de *nochuza*... que el
latino asi mesmo llama *noctua* y el montañés
nuetiga». *Nuétiga*, con sus variantes *nuética*, *nétigua* y *muétaga*, sigue siendo, en efecto, el nombre que se da a la lechuza en la provincia de Santander (G. Lomas), *ñuética* en el ast. oriental de
Ribadesella (V, s. v. *coruxa*); Sajambre *mo(n)tuviella* 'lechuza' y otras formas citadas por Fz. Gonzz.,
313; para la *m-* cf. *MOCHUELO*. Y los descendientes romances de NŎCTŬA son muchos, pues de ahí
vienen no sólo los conocidos it. *nòttola*, friul. *gnotul*, fr. ant. *nuitre*, oc. *nuecho* y *nichoulo*, sino
también el port. *noitibó*, que representa un diminutivo **NOCTUOLA*, con la reducción normal de
-oa a *-ó* e intercalación de una consonante antihiática, en forma análoga al santand. *nuétiga*. Si
el vocablo existe en Portugal, en la Montaña y en
el Sur de Francia es sumamente probable que
existiera asimismo en Castilla, situada entre estas
zonas, y está claro que NŎCTŬA habría dado **no-*

chua o algo análogo. Además se conservó NOCTUA no sólo en Santander y Asturias, sino también algo más al Sur: *nueta* 'lechuza' en Tierra de Campos (Centro y Sur de la prov. de Palencia, *RDTP* II, 482); vid. también *MOCHUELO*. Lo poco común de la terminación -UA fué causa de los varios «cambios de sufijo» que experimentó el vocablo en Santander y en otros lugares (Téramo *nòttice*), y en particular ayudó a que asumiera una terminación diminutiva, hecho natural, así como así, en todas partes (comp. alem. *käuzchen*, fr. *choutte*), tratándose de una ave pequeña por comparación con su congénere el buho: de aquí el nombre portugués, la variante en -ULA que sirvió de base a las formas italiana, friulana, francesa y occitana, y de aquí otras ampliaciones como el poschiavino *noitaröula*. Nada sorprendería, pues, que de *nochua se formara el diminutivo-despectivo *nochuza*, disimilado en *nechuza*, que vemos en Rosal y en la Biblia del S. XIII. Éste se alteraría luego en *lechuza* por influencia de la superstición estudiada.

Es difícil decidir definitivamente entre las dos posibilidades. Conviene advertir que según el erudito estudio de Oliphant los latinos confundían en el nombre de *strix* el murciélago y la lechuza; Oliphant llega a afirmar que *strix* sólo significó 'murciélago' en la Antigüedad, lo cual debe de ser exagerado[8], pero es seguro que en el conjunto de mitos tejido alrededor de la *strix* están confundidos los dos animales, con predominio de las características del primero en la época más antigua[9]; sobre todo, y por ignorante que sea el vulgo, sería difícil hacerle creer que una ave tiene tetas, de modo que un nombre como *mamaira*, que tan claramente alude a las mamas, se aplica mucho mejor al murciélago. Probablemente habrá habido buen número de confusiones individuales, y trasmisión del nombre del uno al otro. Teniendo en cuenta estos hechos debemos precavernos contra la posibilidad de que la tradición, en la zona hispánica y la musulmana colindante, fuese, si no determinada o creada, por lo menos ayudada y acompañada por la alteración de *nechuza* en *lechuza*. Todo ello aumenta nuestra duda de que en su origen *lechuza* fuese un mero derivado de *leche*. Para aclarar problema tan enredado será preciso acudir al auxilio de la morfología.

Como derivado de *leche* en el sentido de 'amamantadora' el vocablo *lechuza* tiene mucho de sorprendente. Si *gentuza* viene de *gente*, *carduza* de *carda*, *caperuza* de *capa*, *carnuz* y *carnuza* de *carne*, *pajuzo* y *terruzo* y *testuz(o)* de *paja*, *tierra* y *testa*, es siempre en calidad de despectivos-diminutivos, y sería difícil o imposible hallar derivados donde el sufijo -*uzo*, -*uza*, sirva para indicar un ser caracterizado por dar lo que expresa el primitivo. El caso de *lechuzo* 'muleto de menos de un año' es también diferente, pues éste

como el *lechón* se distinguen por estar recibiendo este alimento, y así como se les llama *mulo* o *cerdo de leche*, también se le pudo formar un nombre con el derivado de este sustantivo; como nombre de la nodriza sería más difícil de concebir una denominación *lechiza o *lechuza, pues lo que la distingue de las demás mujeres no es el t e n e r leche (que también la tiene la madre), sino el d a r l a a niños ajenos: a ella y al animal que se le compare le conviene más una denominación derivada de un verbo (*nodriza* de NUTRIRE, etc.). Puesto que -*uza* es sufijo que no hace más que agregar el matiz despectivo-diminutivo al vocablo a que se aplica, como *carnuza* de *carne* o *gentuza* de *gente*, es más natural que el primitivo de que vendría ya el nombre de la misma ave, en nuestro caso NOCTUA.

Para terminar advertiré que el cambio de *n*- en *l*- pudo iniciarse en nuestro vocablo con carácter meramente fonético, puesto que existe una variante *lechuzna*[10], bien documentada en el glosario del Escorial, como traducción de *noctua* y de *nycticorax*; y este *lechuzna* pudo salir de *nochuzna por una mera disimilación. En cuanto a esta alternancia de sufijos es hecho muy análogo al de *espeluznar* junto a *espeluzar*, y *gollizno* junto a *gollizo*[11]. Como prueba de la frecuencia del cambio de *n*- en *l*- por disimilación me bastará recordar *LUCHARNIEGO* (otro derivado de NOX), *LAVANCO* y, por otra causa, *LAVAJO*.

DERIV. *Lechuzo*, como nombre de ave, en la Arg. (Draghi, *Canc.*, p. 226; 'nyctalops accipitrium', Sabella, *Geogr. de Mendoza*, 138, 147); como adj., 'nocturno', V. arriba; 'hombre que anda en comisiones' [*Aut.*].

[1] *Aut.* cita en dos autores del S. XVII; Pagés en Saavedra Fajardo; Cej. VII, § 67.— [2] *Requiebro lechuzo* en Vélez de Guevara (Fcha.); «infelice estado de los músicos, murciégalos y *lechuzos*, siempre sujetos a semejantes lluvias y desmanes» (se refiere al chaparrón recibido por unos tocadores de serenata), *La Ilustre Fregona* (*Cl. C.*, p. 276).— [3] «Si uno va en negocios y topa zurdos, se vuelve como si topara un cuervo o oyera una *lechuza*», Quevedo (cita en *RFE* XVII, 172).— [4] Ciertas denominaciones romances parecen responder a esta idea, como el òc. *beu-l'òli*, aunque falta saber hasta qué punto no es éste una alteración por etimología popular del nombre catalán *òliba*, *òvila* < germ. ŬWWÍLA (V. mi artículo en los *Mélanges M. Roques*). Sea como quiera no sé que en parte alguna se le haya llamado precisamente 'alcuza'.— [5] En *RF* XXXIV, 469, puesto sobre la pista por el artículo de Simonet, redacta la idea en forma diferente, pero ambigua.— [6] *Transactions and Proceed. of the Amer. Philol. Assoc.* XLIV, 133-149; XLV, 49-63.— [7] «Ubera eas infantium labris immulgere» (lo cual entiende mal Simonet como si fuese «solían chupar los pechos de los niños»), «sed

quae sit avium constare non arbitror».— [8] Nótese que Ovidio la describe como ave de gran cabeza y «stantes oculi» o mirada fija, lo cual conviene mucho mejor a la lechuza. Otras características citadas por Ovidio y otros aluden claramente al murciélago, como el ponerse cabeza abajo y patas arriba, y permanecer sin comida durante el invierno.— [9] El pueblo sigue confundiéndolos muchas veces. En mis encuestas dialectológicas por Gascuña y Cataluña he tropezado a menudo con este *quid pro quo*. Y quizá ocurre lo mismo en zonas muy lejanas, pues el nombre árabe oriental de la lechuza que cita Cañes (*'abū wáḡaḥ*, propiamente 'padre o sujeto de la dignidad') se parece extraordinariamente al que lleva el murciélago en Argelia según Ben Sedira (*'abū ḡlida* 'padre de la firmeza').— [10] *Lechuzna* debe de ser usual en murciano, pues en el valenciano fronterizo de Monóvar se dice *llechusna* (Amancio Mtz. Ruiz, *Cañís y Canisaes*, p. 93). [11] Claro que sería inverosímil suponer un *NOCTŪCĪNA* 'la que canta de noche (*noctu*)', por muy tentador que parezca. Nuevas formaciones compuestas de este tipo no se crean ya en el latín vulgar tardío, y por la misma razón no se puede aceptar al pie de la letra la idea de Piel (*Biblos* XXI, 12-13) de explicar el port. *noitibó* por NOCTI-VOLA, aunque el influjo de *vo(l)ar* pudo ayudar a la formación de la labial antihiática.

Lechuzo, 'muleto que no tiene un año', V. *leche* y *lechuza* *Ledania* 'límite', V. *aledaño* *Ledanía*, V. *letanía*

LEDO, ant., 'alegre', del lat. LAETUS íd., pero la falta de diptongación indica probablemente que la forma española se tomó del lenguaje de la lírica gallegoportuguesa. 1.ª *doc.*: Berceo, *Mil.*, 448d (ms. *A*).

En la Edad Media es común en poesía: J. Ruiz, 1305; *Vida de S. Ildefonso*, 859; *Rim. de Palacio*, 857; *Danza de la Muerte*, 211. Todavía no estaba olvidado en el Siglo de Oro, pues lo emplean Góngora, y alguna vez Lope, pero J. de Valdés subraya que sólo se usa en verso (*Diál. de la L.*, 112.9). De la poesía se extendió al estilo de los libros de caballerías: así en la *Gr. Conq. de Ultr.*, 62; en el *Lanzarote* de 1414 (*RFE* XI, 293), etc. De éstos llegó a extenderse ocasionalmente a ciertos libros de historia, de lenguaje arcaizante (ejs. en *Aut.*). A pesar de todo, siempre se consideró voz poética y hoy ya está en desuso. Si fuese palabra realmente castellana debiéramos tener *liedo* (forma que parece llegó a existir; por lo menos la cita el glosario de la Antología de Alfonso el Sabio por Solalinde, aunque no la he verificado en los textos; pero en todo caso hubo de ser rara). Un cultismo tendría seguramente la forma *leto*; luego debe suponerse que se tomó de la lírica galaico-lusitana, que hacía gran uso de *ledo*. Sigue hasta hoy siendo palabra viva en gallego-portugués, y aun popular, al menos en ciertos ambientes, por más que Vall. la declarase anticuada: «con que *ledicia* escoitaría nas mañás *ledas* de domingo as conversas dos feligreses», «feitiña de cara, *leda* de xenio, traballadora de condición» (Castelao 186.2, 204.22).

Que además *lélo* era palabra conocida en la zona mozárabe lo indica una etimología de Almacarí recogida por Simonet, s. v.; para la probabilidad de que un derivado abstracto, *ledor*, aparezca en una *ḥarḡa* mozárabe del S. XI, vid. mi artículo de *Al-And.* XVIII.

DERIV. *Leticia*; gall. *ledicia* palabra muerta en portugués (donde es normal *ledice*), pero todavía viva en Galicia (que Manuel María, ha reemplazado en el título de sus *Poemas* de 1974, «Odes num Tempo de Paz e de Alegría», por más que históricamente *alegría*, como prueba su *-l-*, debe ser históricamente un intruso), vid. supra ej. de Castelao. *Letame* [Acad., ya 1817, como ant.], tomado del it. *letame* 'abono de la tierra', derivado de LAETUS en la ac. 'fértil'.

CPT. *Letificar*; *letificante*; *letífico*.

Ledón, V. *latón II*

LEDONA, 'flujo diario del mar', ant., tomado del lat. tardío y medieval *liduna*, *ledona*, 'reflujo marino', probablemente de origen céltico. 1.ª *doc.*: Oudin («le croissant de la mer»); Acad. ya 1817. Vid. Du C. y Walde-H., s. v. *ledo*.

Ledor, V. *ledo*   *Ledro*, V. *lerdo*

LEER, del lat. LĔGĔRE 'recoger', 'escoger', 'leer'. 1.ª *doc.*: orígenes del idioma (*Cid*, etc.).

General en todas las épocas; Cej. VII, § 59; común a todos los romances salvo el rumano.

DERIV. *Leído* [«*ombre que lee mucho*: litteratus», Nebr.]; *leída*; para ciertas palabras gallegas en las que pudo intervenir de alguna manera *leer* para su formación, vid. *LELO*. *Leyenda* ['escrito, lo que se lee', Berceo, *Mil.*, 860c, etc.; *leenda*, *Alex.* 781; «*leienda*: litterae, scriptura», Nebr.; la especialización en 'narración tradicional que no se ajusta a la verdad histórica' no se registra hasta el S. XIX, Acad. 1884], de LEGĔNDA 'cosas que deben leerse, que se leen'; *legendario* [h. 1700, Mondéjar], raramente *leyendario*. *Leyente*. Cultismos. *Lección* [Berceo, con variantes fonéticas; *lición* íd., *Alex.*, *Partidas*, todavía muy empleado en el Siglo de Oro, y hoy vulgar; *lección* es preferido por Nebr., Oudin, Sobrino, etc., *lección* por Covarr.: Cuervo, *Obr. Inéd.* 136, 194, 196], del lat. *lectio, -onis*, 'acción de leer'; *leccionario* [*liçionario*, J. Ruiz, 1632]; *leccionista*; *aleccionar* [*alicionar*, 1628; *alecc-*, S. XVIII, DHist.]. *Lectivo*. *Lector* [*Partidas* I, vi, 11, como grado eclesiástico, sólo *leedor* en la ac. general; *letor*, Nebr., Oudin, pero *lec-*

tor Covarr., y ya Santillana y Mena (vid. J. A. Pascual, *La trad. de la D. Com. atr. a E. de Aragón*, 160-2)], de *lector, -ōris*, íd.; *leedor* emplea todavía J. de Mena; *lectorado*; *lectoral, lectoralia*; *lectoría. Lectura* [*letura*, Covarr.; *lect-*, algún ejemplo en S. XV; h. 1515, Fz. Villegas (C. C. Smith, *BHisp.* LXI); ejs. del S. XVII en *Aut.*]. *Legible* o *leible* [Nebr.]. *Legión* [h. 1280, *1.ª Crón. Gral.* 392a22; S. XVI, *Aut.*; Cej. VII, § 59], de *legio, -ōnis*, íd. (derivado de *legere* en el sentido de 'escoger', 'reclutar'); *legionario. Léxico* [*lexicón*, Covarr.; *léxico*, Acad. 1869, no 1843], del gr. λεξιχόν íd., derivado de λέξις 'dicción, palabra', y éste de λέγειν 'decir', hermano del lat. *legere*.

CPT. *Lexicografía* [Terr.]; *lexicográfico* [Acad. ya 1884]; *lexicógrafo* [Acad. ya 1869]. *Lexicología* [Terr.]; *lexicológico; lexicólogo*.

Lega, V. *lego*   *Lega*, V. *ligar*   *Legación, legado*, V. *ley*   *Legador, legadura, legajo*, V. *liar*   *Legal, legalidad, legalista, legalización, legalizar*, V. *ley*

LÉGAMO, 'cieno, barro pegajoso': tanto el sufijo como el radical parecen indicar origen céltico, y es probable el parentesco con el fr. *lie* 'heces', oc. *ligo* íd., alto-it. *lidga, ledga*, etc., 'légamo', que corresponden a un radical alternante LĚG-, LĪG-, 'capa, depósito', 'heces, légamo', conservado en la primera forma en el celta insular y muy extendido en indoeuropeo; la *é* castellana supone una Ę cerrada que deberá justificarse en céltico por un tratamiento divergente, propio de las hablas celtibéricas. *1.ª doc.: légano*, 1513, G. A. de Herrera[1]; *légamo*, Calderón (*Aut.*).

La forma de Herrera está también registrada por Oudin (que remite a *cieno*), lexicógrafo que a veces trae vocablos sacados de Herrera; Terr. en su artículo *légamo* dice que «algunos lo corrompen diciendo *legano*», con lo cual se referirá a Oudin, a quien cita tantas veces. *Aut.* no registra esta variante, la Acad. sí en sus ediciones del S. XIX, y agrega el colectivo *leganal* 'charca de légano' (ya en su ed. de 1843). El mismo Herrera por lo menos conocería la variante predominante en -*m*-, puesto que emplea el verbo derivado *alegamar* (*DHist.*). Sin embargo, no hay que dudar de la existencia de *légano*, pues aparece en la toponimia: el *Campo de Leganitos*, famoso por sus fuentes de muchos caños (con el consiguiente barro), ya mencionadas en el *Quijote* (II, xxii, 83), y absorbido más tarde por la urbanización de Madrid, donde hoy es nombre de calle; *Leganiel*, municipio de la prov. de Cuenca, «en una vega pingüe» (Madoz), cerca del Tajo; *Leganés*, pueblo del partido de Jetafe, al Sur de Madrid[2]; de ahí la forma leonesa *yégano* (Lamano). En cuanto a *légamo* es forma generalmente conocida, y aunque falta en los lexicógrafos medievales y del Siglo de Oro, *Aut.* cita ej. de Calderón («ovas,

légamos y lamas»); Cej. VII, § 55. El vocablo no existe en los romances vecinos[3]. Desechada por imposible fonéticamente la idea de Cabrera, lat. ULĪGO, -ĬNIS, 'humedad' (en S. Isidoro 'suciedad del limo o del agua'), queda el origen céltico propuesto por Schuchardt con ciertas vacilaciones (*ZRPh.* XXIII, 196, 422) y luego aceptado por otros.

Légamo para él es derivado de la misma raíz céltica que el fr. *lie* 'heces, pósito'. El origen e historia de este vocablo francés presenta sus dificultades, que no ha eliminado el reciente artículo del *FEW*; tantas, que sería de desear un estudio monográfico. Desde Thurneysen (*Keltoroman.* 66), y el propio artículo de Schuchardt, se le deriva de la familia del irl. ant. *lige* 'lecho', 'sepultura', galés *lle*, bret. *lec'h* 'lugar'[4], galés *llai* 'suciedad'; la voz irlandesa procede de un célt. ant. *LĚGIO, procedente de la raíz indoeuropea LEGH-, a la cual pertenecen entre muchos más el gr. λέχος 'cama', el alem. *liegen*, ingl. *lie* 'estar echado', etc. De la misma raíz parece haberse formado el galés *llaid* 'fango', bretón *lec'hid* «vase, lie» (bret. med. *lechit*), que corresponden a una base *LĚGĬT-; de un tal *LĚGĬTA podría salir la familia alto-italiana representada por Valtelina, Bergamo, Brescia, Belluno, Treviso *leda*, Venecia, Padua, Verona, Vincenza, Tĭeviso, Trento *lea*, 'depósito fangoso del agua', mientras que Monferrato, Reggio, Parma *lidga*, Modena *ledga*, vendrían de una metátesis *LETIGA; a los cuales agrega Jud (*BDR* III, 78) el sobreselv. *gliet* 'fango', alto-engad. *glitta* «crosta sudicia del formaggio»; el étimo LĪQUĬDUS de Flechia quizá no pueda descartarse del todo, recordando cuántas veces se habla de «fango líquido», por una exageración muy natural; pero el cast. *lidia*, LIRIA (véase), aporta una decidida confirmación a la etimología *LĚGĬTA. También ahí los especialistas en estos dialectos debieran analizar el pormenor de la fonética de estas formas para ver si se puede llegar a una decisión inequívoca.

Pero más falta hace aún este análisis en cuanto al fr. *lie* y su familia. En lo semántico no hay dificultad, pues de 'lecho' o 'yacimiento' se pasa a 'capa, depósito' y de ahí a 'heces' con gran facilidad. Pero en cuanto a la forma, Schuchardt daba a entender que podía venir de *LĚGA, mientras que Wartburg ante el oc. *lio* o *ligo*[5], cast. y port. *lía*, se opone a esta base y acepta una sugestión recibida de Pokorny, por la cual se podría suponer una forma gala *LĪGA, con Ī procedente de Ē indoeuropea, según la conocida regla céltica; esta alternancia cuantitativa está de acuerdo con la morfología indoeuropea, pero en este caso no se halla documentada en el céltico insular. De todos modos conviene advertir que en español y portugués el vocablo es indudablemente galicismo reciente, no documentado antes de *Aut.* y Bluteau (que todavía la siente como voz francesa: nótese la gran cantidad de sinónimos más castizos, *heces, pósito, borra*, etc.). También cabe dudar del autoctonismo del vocablo occitano, pues en contraste con el francés, documentado desde el S. XII, en lengua de Oc no se documenta hasta fecha reciente, y aunque está hoy muy extendido en todos los dialectos y hay una variante *ligo*, esta -g- puede ser antihiática y favorecida por el verbo *ligà* 'atar'[6]. Por el contrario, hay que preguntarse si el valón *lèye*, Mosela *lēy*, bearn. *léye*, no postulan precisamente *LĔGA (> *lieye > fr. *lie*), en vista de que LĔCTUS da *leit* en Lorena y Franco Condado, y LĔGĔRE da *lére* en Lieja, *léhe* en Stavelot y formas análogas en muchos dialectos del Este de Francia, justamente citadas por Wartburg. Por esto insisto en que hará falta un análisis minucioso de las formas francesas por un dialectólogo. En cuanto a *lias* 'heces', de las glosas de Reichenau y de las fórmulas de fines del S. IX (*ASNSL* CXXVI, 114), me parecen formas demasiado tardías para decidir la duda entre *LĪG- y LĔG-, que no olvidemos es la única forma documentada en céltico (comp. *LIRIA*).

En cuanto al cast. *légamo* las incógnitas que presenta no son menores. El sufijo me inclinaría por el origen céltico, pues aunque Schuchardt por la misma razón preferiría hablar de «celtibérico», me parece que el carácter indoeuropeo de este sufijo *-amo* es muy probable: qué más claro que los nombres hispánicos epigráficos de él mismo cita, *Clutamus* (recuérdese el gr. χλυτός, lat. ÍN-CLŬTUS 'ilustre', del cual la voz celtibérica tiene todo el aire de un superlativo), *Uxama* 'la alta, la altísima', *Medamus* 'el borracho', son palabras que se explican todas por raíces célticas o indoeuropeas bien conocidas. Sin embargo, no hay que dejarse llevar demasiado aprisa por este sufijo, que en español ha continuado productivo y podría ser un agregado muy moderno, según sugiere la alternancia con *légano*. Hay por otra parte la dificultad fonética: *légamo* parece postular un radical en LĔG- (o bien en LĬG-) que difícilmente podríamos justificar en la raíz céltica estudiada. Sabido es que la Ē céltica corresponde a EI indoeuropeo, de suerte que así este supuesto como el de un LĬG- nos llevarían si acaso a una base L(E)IGH-, con sonante Į intercalada entre las dos consonantes L y GH, lo cual es inconciliable con la raíz LEGH- 'yacer'. Sin embargo esta raíz no queda descartada por este razonamiento, pues nuestro conocimiento de los dialectos del céltico continental es demasiado imperfecto para ello. Hay en la toponimia hispánica nombres indoeuropeos y seguramente célticos, que resultan desconcertantes para ·el celtista tradicional, como COMPLŪTUM < COM-PLOU-TO- 'confluencia', y no se puede hallar rasgo más contradictorio de todo lo que sabemos del celta que esta conservación de una P etimológica. ¿No podría ocurrir que en dialectos celtibéricos se conservara la Ē indoeuropea sin pasar a Ī? Justamente hay casos de conservación de Ē en galo que no están bien explicados (Pedersen, *Gramm.* I, 51, nota), aunque todos parecen hallarse en posición átona y en los miembros segundos de un compuesto. Así y todo no perdamos de vista que formas con Ē en nuestra raíz no están documentadas inequívocamente en galorrománico y de ninguna manera en el celta insular.

Aparte de esta posibilidad queda la de que *légamo* (como quizá *páramo*) pertenezca a una lengua indoeuropea pre-céltica (¿lígur?), por desgracia posibilidad muy vaga.

Ante estas dudas es bueno pensar si *légamo* no puede tener otro origen. Lo que se halla, a la verdad, es muy vago. Puede pensarse en un gót. *LAIMS, hermano del alem. *lehm* 'barro', 'arcilla', 'fango', voz general en el germánico occidental desde sus más antiguas etapas y representada con variantes en escandinavo y en otras familias indoeuropeas (lat. *limus*); de ahí pudo derivarse *lémago y *légamo*. Suposición atrevida. Algo menos arbitrario sería hacer caso del trasm. *lágamo* «paul» ('pantano') (*RL* XIII, 119), que bien parece ser metátesis de *lámago, derivado del comunísimo *lama*, comp. *Lamagal* lugar de la provincia de La Coruña (y aun *Lamuqueira* en Asturias, *Lamego* en Portugal). Para ello deberíamos suponer que *légamo* sea voz mozárabe, con el frecuente cambio arabizante de *á* en *é*. El hecho de que la toponimia sólo permita localizar nuestro vocablo en Castilla la Nueva, y con terminación mozárabe tan caracterizada como *-iel*, no sería desfavorable a la idea; tampoco la fecha tardía en que lo documento, ni el contraste que presentan los centenares de ejs. que trae Madoz del topónimo *lama* en todo el Noroeste de España con la pobreza de ejemplos de *légamo*, algo extraña si éste es vocablo céltico, y por lo tanto arraigado desde antiguo en el Norte del país; mucho menos extraña si es voz propia del Sur, donde la toponimia es bastante menos rica y más moderna. Me apresuro a advertir que la idea está lejos de convencerme, entre otras razones porque *légano* debería explicarse entonces por un cambio de sufijo secundario, posibilidad indudable en vista de los numerosos cambios de sufijos átonos que he estudiado s. v. *CÁRCAVO*, pero así y todo es una dificultad más que disminuye mucho la verosimilitud.

En resumidas cuentas el problema de *légamo* es oscuro, y faltan trabajos previos para resolverlo. En definitiva lo más convincente y sencillo es volver a la citada raíz célt. LĔG- 'lecho, depósito' admitiendo que los dialectos hispanocélticos pronunciaban cerrada la ĕ: de lo cual en efecto tenemos numerosos indicios, vid. *BERRO, AMELGA, SERNA, TERCO* y otros citados en estos artículos y en mi estudio de *ZCPh*. 1955.

DERIV. *Alegamar* (V. arriba); *enlegamar*. De *légano: leganoso, leganal. Liásico* es derivado del ingl. *lias*, tomado a su vez del fr. *liais* 'especie de

piedra caliza', que vendría de *lie* según el *FEW*
V, 315, lo cual no es seguro por lo demás.
¹ «También se crían (los castaños) en un *legano* humido», *Agric.* III, xx, cita de Cabrera.—
² La terminación no es clara. Quizá forma mozárabe por **Leganets = Leganitos*.— ³ Sainéan,
Sources Indig. II, 138, relaciona con valón *lèque*
«vase noire, sédiment boueux», *lèche* «bave,
étang naturel», Romagna *lecca* 'fango'. Pero estas formas se apartan fonéticamente, con su sorda, y la ac. 'baba' sugiere derivarlas del fr. *lécher* 'lamer'.— ⁴ En cuanto a éste los celtistas
discrepan. Henry lo refiere a la misma raíz y
parte de un **LĔGOS* con -s conservada (como la
palabra griega) o de **LĔG-SO-*; mientras que Pedersen (*Gramm.* I, 319) lo pone entre los ejs.
de Ē céltica < indoeur. EI, lo cual nos llevaría
a otra raíz completamente distinta, que por lo
demás no especifica.— ⁵ Es muy inseguro que el
vocablo ya se halle en la Edad Media. Levy,
P. S. W. IV, 393, cita dos ejs. del *Livre Noir
de Dax*, que por lo demás no es anterior al
S. XV. En cuanto a *liga* en Bertran d'Alamanon
el sentido es oscuro, pero más bien parece tratarse de 'lazo', derivado de *ligar*.— ⁶ Por lo demás varias de las formas citadas por Wartburg
me parecen más bien derivadas de este verbo:
de bouno ligo «de bonne qualité» = cast. *moneda de buena liga*, fr. *de bon aloi*. Es verdad
que el vasco *lika* 'materia pegajosa' y 'liga para
pájaros' (para cuya -k- comp. vco. *lekeda* citado
s. v. LIRIA) puede corroborar la antigüedad del
oc. *ligo;* de todos modos no podemos asegurar
sea antigua esta palabra vasca.— ⁷ El tratamientc
que le da la G. de Diego en *RFE* IX, 138, no aclara nada. A pesar de Walde-H. es sumamente dudoso que el galés *llaid* tenga que ver con el irl.
lathac y el lat. *latex* (comp. Ernout-M. y los autores arriba citados), y si tuviera valdría más no
mezclar nada de esto con *légamo*. Nada sacaría-
mos del complicado cruce con LIGA + FIMUS
+ CAENUM.

LEGAÑA, voz común al castellano con el catalán y la lengua de Oc; la forma más extendida
y antigua, y probablemente la primitiva, es *lagaña;*
el origen es incierto, pero como son improbables
las etimologías romances que se han sugerido, es
verosímil que sea prerromano, quizá del mismo
origen proto-hispánico que el vasco *lakaiña* (y su
familia *laka, lakar, lakatz*), que significa 'gajo', 'hebra', 'nudo de árbol', 'aspereza', suponiendo que
el sentido básico fuese algo como 'brizna', 'broza',
'menudencia'. *1.ª doc.: laganya*, refranes aragoneses del S. XIV¹; *legaña*, quizá ya en Fragoso
(1581, cita de *Aut.*), *legañoso* en Oudin.
Predomina ampliamente en lo antiguo la forma
con *a.* Así en los tres glosarios de h. 1400 publ.
p. Castro; en el *Canc.* de Baena («vos... mirastes
con *lagaña* / a quien dais loores tantos», Íñigo de

Stúñiga, n.º 576, v. 3); en el *Corbacho* (a. 1438:
ed. P. Pastor, 136.22); en la *Celestina* (h. 1490:
«ay ojos que de *lagañas* se agradan», IX, ed. *Cl.
C.* II, 31.11); APal. (136b, 184b, 241b, 249b, 365b);
el *Quijote* («mira con unos antojos que hazen parecer... a la pobreza riqueza, y a las *lagañas* perlas», II, xix, 71b); Quevedo²; en el aragonés Juan
de Vidós, a. 1671 (*DHist.*, s. v. *catarata*), etc.;
Cej. VII, § 46. Hoy sigue siendo la forma empleada vulgarmente en Albacete (*RFE* XXVII, 235),
Cáceres y Salamanca (Espinosa, *Arc. Dial.* 178),
Asturias (*llagaña*, Vigón), Cuba, Uruguay (A. F.
Padrón, en *Bol. de Filol.* de Montevideo III, 153),
Arg. (ya en Ascasubi, *S. Vega*, v. 2824, sentido figurado 'hombre ruin'), y en muchísimas partes de
España y América.
Legaña, es bastante tardío, pues C. de las Casas
(1570), Percivale (1591) y Covarr. (1611) sólo registran todavía la forma con *a*, y ésta es todavía
la que prefiere *Aut.*, si bien advirtiendo «dícese
comúnmente *legaña*», forma de la cual cita ejemplos en Fragoso, que por lo demás debiera comprobarse.
En catalán se suele escribir *lleganya*, pero sabido
es que en el habla barcelonesa, rossellonesa, balear
y de la mayor parte de Cataluña no se distingue
la *e* de la *a* pretónica; de los dialectos que distinguen tengo anotado *llaganya* en dos localidades
pallaresas y *lleganya* en otras dos, en el País Valenciano dicen *llaganya* (Escrig; M. Gadea, *Tèrra
del Gè* II, 156), sustituído en la Ciudad y Huerta de Valencia por el vulgarismo *maganya*, debido
a una confusión con esta palabra, que significa
'perjuicio, daño'³. Es frecuente en la Edad Media,
desde el S. XIII («*leganya* en uy», Lulio, *Doctrina Pueril; lagaynós*, Costumbres de Tortosa; «los
ulls són fets *laganyosos*, los labis grochs, lo cuyro
dessecat», A. Canals, *Arra de Ànima*, 149; «los
ulls... lagrimosos, ab *laganya*», *Curial, N. Cl.*, III,
224, etc.); cierto B. *Lagaios* (grafía arcaica por
llagányós) se cita en un doc. de Cervera del S. XII
(Pujol, *Docs. en Vulgar*, 6.19); recuérdese la figura
de *Asnar Lagaya* (que seguramente hay que leer
como *Laganya*), el héroe de la reconquista de
Vall-de-roures (prov. Teruel) en el S. XII.
En lengua de Oc *laganha* se documenta
desde la primera mitad del S. XIV, y el derivado *laganhós* ya en el *Jaufré*, que es de h. 1230
(Raynouard IV, 7)⁴; hoy el vocablo se extiende
desde los Bajos Alpes (*lagan* 'gota que le cae al
legañoso') hasta los Bajos Pirineos, y por el Norte
llega hasta el Drôme (a juzgar por *laganhousa*
«fauvette»), el Aveyron (*logógno* en Vayssier), la
Dordogne (St. Pierre-de-Chignac) y la Gironda
(Moureau, *La Teste*), vid. *FEW* V, 130-1⁵; casi
en todas partes tiene *a* en la primera sílaba, salvo
en St. Pierre-de-Chignac, el Gers y los Altos Pirineos, donde aparecen formas con *e* (Rohlfs,
RLiR VII, 132)⁶. Por el Oeste *lagaña*, *-nha*, llega
hasta el gallego y el portugués de Tras os Mon-

tes, pero es voz ajena al portugués común, que en este sentido emplea *remela*.

Aunque nada trae el *REW*, se han propuesto varias etimologías romances, que por lo demás no merecen aprobación. Ya Puigblanch (Viñaza, *Bibl.*, p. 830) propuso una base *LEMICANĔA, que derivaría de un adjetivo *LEMĬCUS 'legañoso', a su vez derivado del gr. λήμη 'legaña', también empleado alguna vez en latín, pero sin descendencia romance; aunque siguieran sus huellas M. P. en su *Manual de Gram. Hist.*, y Brüch (*Misc. Schuchardt* 1922, 58), esta etimología no se puede tomar en serio, entre otras razones porque sería imposible pasar de *lengaña* a *legaña*: en tal posición no se produce nunca la eliminación disimilatoria de una nasal[7].

Bourciez, *Bulletin Hispanique* III, 232, propuso un *LAGANĔA, derivado del gr. λάγανον 'especie de buñuelo', también empleado alguna vez en latín, y hoy conservado en el romance de la Magna Grecia (Rohlfs, *EWUG* n.º 1205): pero claro está que estas hablas italianas pudieron tomarlo del griego local, y desde luego esto no prueba en absoluto que el vocablo perteneciera al latín vulgar general, como sería preciso para que con él se formara un derivado romance de tipo arcaico como el supuesto; por lo demás, en lo semántico es idea bastante inverosímil, pues si es natural que se haya comparado la legaña con un trocito de mantequilla (alem. *augenbutter*), de ninguna manera lo sería la comparación con un buñuelo; finalmente así nos cerraríamos toda posibilidad de explicar la variante *legaña*, pues si fonéticamente es frecuentísimo el paso de *e-á* a *a-á*, la evolución contraria no se registra, y sería difícil hallar una contaminación que hubiera podido actuar en los tres romances que conocen la forma con *e*. En conclusión, pese al favor que esta idea ha encontrado en el *FEW*, es ciertamente inaceptable. Spitzer pensó primero en LĪGARE 'atar' (*Neuphil. Mitt.*, 1913, 171), después en LIQUARE 'derretirse' (*Lexik. a. d. Kat.*, 87), del cual esperaríamos más bien *leguaña, y además no es vocablo conservado en iberorrománico. El supuesto de Schuchardt (*ZRPh.* XXIX, 561) de que el lat. LACCA 'tumor' y 'planta de savia medicinal' tuviera una variante *LACA (de la cual podría derivar *lagaña*) con la ac. de 'resina de árbol', que él supone etimológica, derivando el vocablo del indostánico *lak* 'laca', además de ser excesivamente hipotético, tropieza con el hecho de que esta forma es reducción moderna del scr. *lākṣa*. Tampoco merece atención la idea de Vogel (*Neuphil. Stud.* V, 49) y Sainéan (*Sources Indig.* I, 194) de derivar de LACUS 'lago', sea a base de 'niebla que se levanta del lago' (comparando el sentido del cat. *llegany* 'nubecita'), sea a base de 'charco' > 'lodo'; ni la base *LĬPPĪCANEA que sugiere Covarr.[8]

Algo más razonable parece la idea de Baist (*KJRPh.* VI, 393) de derivar nuestro vocablo de la misma raíz céltica que *LÉGAMO:* la dilación de *legaña* en *lagaña* sería tan natural como la que vemos en *BALANZA, SALVAJE, varraco*, etc., y semánticamente no habría dificultad; pero además de los tropiezos con que choca el origen céltico de *légamo* y que debemos contar con la posibilidad de una alteración de *lámago* > *lágamo, lég-*, o una derivación de LĪGARE (puesto que el légamo es lodo p e g a j o s o), las dificultades principales estriban en que el área de *legaña* es mucho más amplia que la de *légamo* (ajeno al catalán y la lengua de Oc) y en que según vamos a ver nuestro vocablo parece haber tenido la sorda *-C-* como consonante originaria. En efecto, hoy se dice *lacanho* en Lescun y otras hablas gasconas que conservan las sordas originarias, y la forma mozárabe era *laqáįna*, documentada por R. Martí en el S. XIII, con la traducción *lippitudo*. Llamó la atención Simonet (s. v. *lacáina*) hacia la semejanza con el vco. *lakaiña* 'gajo' (aunque no pueda aceptarse, por imposibilidad fonética, su etimología LACĬNĬA 'franja'.

Desde luego esta idea merecía más atención de la que hasta ahora se le ha prestado, aunque los sentidos de la citada voz vasca sean múltiples y complicados: 'ramilla que se desgaja de otra', 'cada una de las partes en que se divide un racimo de uvas', 'gajo de naranja, de ajo, etc.', por otra parte 'hebra de hilo', 'cada uno de los manojos de pelo de que se hace una trenza, o de los cabos que constituyen una cuerda', acs. propias de Vizcaya y Guipúzcoa, mientras que en bajo-navarro es 'porción de lino, lana, cabellos, etc.'; no hay que dudar de que *lakaiña* va con *lakatz* 'gajo (en sus varios matices)', y además 'nudo de rama, saliente en un árbol o pared, púa de injerto, rama de arbusto' (de ahí *lakazdun* 'palo que tiene nudos'), y con *lakar* 'nudos de una rama, rama nudosa', que también vale 'aspereza del terreno' y 'casquijo, guijo'; una forma más primitiva parece ser *laka*, que además de 'hilo torcido' es 'almud de granos', 'maquila que se paga por la molienda' (de donde *lakari* 'celemín' y *lakatu* 'distribuir la harina en el molino', 'cobrar la molienda'). La idea fundamental me parece ser la de 'brizna', de donde 'hebra', de ahí 'porción de pelo' y luego 'de grano', etc.; por otra parte, de 'brizna' se pasaría a 'objeto menudo', o sea 'nudo, aspereza', 'guijo', y por la misma idea se pueden explicar los otros derivados *lakasta* (> cat. *llagasta*, oc. *lagasta*), *lakats* y *lakain* en el sentido de 'garrapata', en algunas partes especialmente la garrapata pequeña o rezno, pues este último significa además 'guedejas, cabellera sobre la nuca' (comp. *lakaiña* 'parte de una trenza'). De la noción de 'brizna', 'objeto menudo', 'chuchería' se llega muy fácilmente a 'legaña', tanto más cuanto que no en todas partes nuestro vocablo designa la secreción ocular: el cat. *llegany* es 'nube pequeña', el oc. *laganho* designa el 'euforbio', el 'diente de león' y el 'ranúnculo'.

La idea de que exista un parentesco aborigen con el vasco es sumamente verosímil dada el área del vocablo a ambos lados del Pirineo, y recibe una confirmación tan curiosa como inesperada gracias a la glosa catalana *lagayna* (S. XIII), que en el Vocabulista de R. Martí lleva la palabra *qáḍā* (en árabe 'mota en el ojo', 'brizna de paja') y está en dicho vocabulario traduciendo el lat. *festuca*, de este mismo significado: luego parece que en el catalán primitivo *llaganya* (del cual *lagayna* es grafía arcaica de tipo corriente) significó precisamente 'brizna' como en vasco; claro está que era facilísimo pasar de 'mota o broza en el ojo' a 'legaña'[9].

Creo, en efecto, poder asegurar que este cambio semántico se ha producido en otras partes: el port. *remela* 'legaña' había sido *ramela* (S. XVI: Moraes, Fig.), y por lo tanto significó primeramente 'ramita, brizna', 'mota (en el ojo)'; el origen del it. *cispa*, engad. *tschierpla*, 'legaña', apenas se ha indagado, pero como junto a él está (*s)cerpellino, scerpellato* '(ojo) que tiene los párpados vueltos del revés' (comp. *cispellino* 'legañoso'), (*s)cerpellone* 'error grosero', *scerpellare* «penzolare», me parece claro que ha de venir del tosc. *scerpare*, friul. *cerpì* (*zerpì*) 'podar los sarmientos', que en la primera ed. del *REW* se derivaban de DISCĔRPĔRE, y por lo tanto el sentido básico de *tschierpla, cispa*, será también 'ramita, brizna, mota'[10]

Desde luego es inadmisible la etimología *LICAGO, -GINIS (híbrida de «celta» con sufijo latino, inexistente en celta), admitida por *GdDD*, en relación con el presunto étimo de *légamo* y *liga*. Por otra parte, lo único que se puede suponer como celta es LEG- 'pósito', que no convendría en lo semántico (además -AGINEM no da -*aña* en castellano, aunque dé este resultado en ciertas hablas y dialectos romances).

DERIV. *Legañoso* [*lag*- Vidal Mayor; Dios prescribe que no se allegue a su servicio el que fuere «giboso o *lagaynnoso*, oviere nuve en el ojo... o... en el cuerpo empeines» (Levít. XXI, 20, S. XIII, Bibl. Med. p. 161); APal. 67*d*, 74*d*]. *Legañil*.

[1] «Agüelo dormidor, *laganya* lo cuebre», *RFE* XIV, 366.— [2] «No finjan ríos sus ojos, porque no somos servidos de beber *lagañas* ni aguas de cataratas», *Premática* de 1600, ed. Hz. Ureña, p. 176.— [3] Los tres testimonios medievales sacados de textos del dialecto occidental traen también *a; legaña*, en Lulio, figura en ms. que confunde ya muchas veces los dos fonemas.— [4] Un arroyo hoy llamado *Lagagnoux* en el Aude, y *Rivus Lipidus* o *Lipposus* en el S. XIII, lleva el nombre de *Laquaies* o *Laguajes* (que debe entenderse *Laganies*) en doc. de 1212 (Sabarthès).— [5] La semejanza con el lionés *bagagne* íd., parece ser fortuita, pues será sencillamente derivado de *baga* «crotte», como admite Sainéan, *Sources Indig.* I, 194.— [6] Bourciez cita además una forma gascona *liganho*. Pero *laganho* se oye aun en el gascón pirenaico, así en el Bearne como en el Alto Garona.— [7] Por el contrario, es claro que el aislado astur. *lengaña* se debe a una propagación de nasal, de tipo corriente.— [8] Nótese, con todo, que no es idea tan descabellada como el *LEMICANEA que ha encontrado favor en algunos romanistas, pues al fin LIPPUS era el vocablo normal para 'legañoso' en latín, y la reducción fonética de *lepgaña* a *legaña* no sería tan difícil. Sin embargo, y a pesar del cremonés *lepegà* 'gotear el ojo', citado por el *REW*, es una base demasiado construída.— [9] Es verdad que el propio R. Martí traduce *lippitudo* por el citado ár. *qáḍā*, de lo cual podría deducir alguien que en el árabe de España este vocablo hubiese tomado la ac. 'legaña'. Pero como el lat. *festuca* no significa 'legaña', sino siempre 'mota, brizna', es forzoso admitir que en uno de los dos artículos *qáḍā* no es traducción de la palabra latina correspondiente, sino meramente un vocablo de sentido conexo, sugerido al autor por la palabra en cuestión; ahora bien, como los léxicos árabes no reconocen a *qáḍā* otro sentido que 'mota, brizna', hemos de suponer que es en el artículo *lippitudo* donde no es traducción, sino vocablo de sentido próximo. De todos modos, aunque *qáḍā* hubiese significado 'legaña' en el árabe de España, el artículo de R. Martí nos proporcionaría la prueba de que es posible pasar de la idea de 'mota, brizna' a la de 'legaña'.— [10] No sé si el friul. *sgarbel* 'legaña' va con el galorrománico GARBA 'gavilla'. Con esta etimología vasca la forma *legaña* puede sin duda explicarse por una variante en la base prerromana del vocablo. Comp. alternancias vascas como *baltz ~ beltz, barri ~ berri, azkan ~ azken, azur ~ e(n)zur, apaiz ~ apez*, por lo dicho arriba acerca de la dificultad en explicar *legaña* de otros modos; pero opina Michelena, *BSVAP* XII, 367: «para explicar desde el punto de vista vasco la alternancia *lagaña ~ legaña* sería acaso mejor citar ejs. de disimilación del tipo *alkar ~ elkar*, que no son raros; los que se aducen admiten explicaciones particulares, a excepción de *azkan ~ azken*, que es un ej. de asimilación».

Legar 'atar', V. *ligar*   *Legar*, V. *ley*, *liar*
Legatario, V. *ley*   *Legenda, legendario, legible, legión, legionario*, V. *leer*   *Legislable, legislación, legislador, legislar, legislativo, legislatura, legisperito, legista, legítima, legitimación, legitimador, legitimar, legitimario, legitimidad, legitimista, legítimo*, V. *ley*

LEGO, del lat. LAĪCUS 'que no es clérigo', 'propio del que no es clérigo', y éste del gr. λαϊκός 'perteneciente al pueblo', 'profano', derivado de λαός 'pueblo'. *1.ª doc.*: Berceo (*Mil.*, 871*a*, etc.).

Es ya frecuente en la Edad Media (J. Manuel, J. Ruiz, etc.). El duplicado culto *laico* aparece

como anticuado en Acad. 1843 y fué ya de uso
común en el S. XIX.

Deriv. *Lega. Laical. Laicismo. Laicizar; laicización.*

LEGÓN, del lat. LĬGO, -ōnis, íd. *1.ª doc.:* Berceo.
Figura también en el Fuero de Plasencia («si el
ferrero *legon* o açada... o otra ferramienta quebrada por sana vendiere», *RFE* VIII, 14); *Aut.* da
ejs. clásicos; Cej. VII, § 46. Popular en todas las
épocas[1], pero el castellano es el único idioma neola-
tino que lo ha conservado, junto con algunas hablas limítrofes de los otros romances ibéricos:
gall. *legón* 'especie de azadón o azada grande para
cavar y mover la tierra', minhoto *legão,* val. *llegó*
(Alicante, Valencia), Fraga *llagó* (*BDC* IV, 41);
legona figura ya en el valenciano Jaume Roig, en
1460 (v. 14709). En Aragón dicen *ligona* [1350,
RFE XXII, 15, ya Acad. 1843]. De ahí también
bereb. *aldžun* o *Θalgunt* «houe, pioche», y quizá
sardo *ligone* [h. 1200], Wagner, *VRom.* V, 150.
Cpt. Gall. ant. *fouce-legón* 'hoz-legón', h. 1230
en el trovador Martín Soarez, que era de la Limia
(entre Galicia y el Minho portugués), sería según
Bouza-Brey el insecto «grilo-ceboleiro, flagelo das
hortas» aplicado a un juglar Lopo, que es hombre
dañino: «come verde *fouce-legon / mais non é*
sazon» (R. Lapa, *CEsc.* 293.8).
¹ En Almería se aplica popularmente a la mujer que anda con muchos (también se le llama
escardillo); otras veces con sentido más indulgente,
pero en tono de reconvención, lo aplican los padres a sus hijos.

LEGRA, 'instrumento de hierro, en forma de
media luna, con dos cortes muy sutiles, y torcido
por la punta, de que se sirven los cirujanos y ve-
terinarios para raer la superficie de los huesos',
descendiente semiculto del lat. LĬGŬLA 'cuchara',
'lengüeta', y otros instrumentos de forma semejante. *1.ª doc.:* S. XIII, *Libro de los Cavallos* (45.19;
légara íd. 25.18); 1581, Fragoso (*Aut.*).
Este diccionario traduce por *scalpra lunata.* Está
también en Covarr. Voz técnica. En Asturias *la*
llegre (Colunga), *ţşegra*¹ o *llégara* (Oeste), es 'herramienta pequeña y curvada por la punta, en forma de lengua, que se emplea para ahuecar los
zuecos o almadreñas' (Munthe, Vigón), asimismo
(l)legra en Santander (G. Lomas). También port.
legra, 'trépano para perforar los huesos del cráneo,
o para los cascos, patas y dientes del caballo, en
forma de barrena, sierra circular o espátula', ya
documentado en Maestre Giraldo (1318), quien advierte que se emplea para ahuecar huesos; en el
Alentejo designa una «lámina curva e cortante para
escavar a madeira da qual os cabreiros fazem
colheres de pau e outros objetos». Ya Carolina Michaëlis, *RL* XIII, 335-6, indicó la etimología. El
lat. LĬGŬLA designaba ante todo una cuchara y
algún enser semejante; era derivado de LINGĔRE

'lamer', y por influjo de éste y de LINGUA 'lengua'
se creó una variante LINGŬLA, que además de 'cuchara' significó 'lengüeta', 'espadín larguirucho', y
otras herramientas comparables a una lengua, acs.
que se trasmitieron también a LIGULA. De ahí la
aplicación a la forma curva de la legra. El cat. *ale-*
gra, documentado solamente en la Albeitería de
Díeç (S. XV), parece ser castellanismo. *Lígula*
[h. 1580, F. de Herrera], 'epiglotis', 'especie de
estípula', término de Médicos y Botánicos, es duplicado culto.

Deriv. *Legrar* o *alegrar* [ambos desde Fragoso,
Aut., DHist.; tener legrado el casco, en *G. de Al-*
farache, Cl. C. III, 102]; *legración; legradura.*
Legrón.
¹ No creo que de ahí salga *cheira* variante de
CHAIRA, como supone Alarcos Llorach (vid.
ADICIONES).

LEGUA, del lat. tardío LEUGA íd., de origen céltico. *1.ª doc.:* orígenes del idioma (*Cid,* etc.).
De uso general en todas las épocas (Berceo, J.
Manuel, APal. 242b, 280d, Nebr., etc.; Cej. VII,
§ 55), común a todos los romances hispánicos y
al galorromance. El latín vacila entre *leuca* y
leuga, pero esta forma está mejor documentada,
pues se halla en inscripciones, y también en Gregorio de Tours y en San Isidoro de Sevilla (*Etym.*
XV, xvi, 2); ahí los mejores manuscritos traen
leugas, pero *B, K* y *T* escriben *leuvas.* La misma
forma se halla en los *Getica* de Jordanes (S. VI),
KJRPh. XII, 65. Luego parece que la G tras ʊ
se labializó pronto y en seguida desapareció (acaso
ayudando la lenición céltica), de donde finalmente
el paso de LEʊA a *legua,* como WARDAN a *guardar,*
o germ. TREUWA a *tregua;* comp. port. *légoa,* cat.
llegua, oc. *lega,* y por otra parte ags. *lêowe.* Esta
explicación fonética es menos hipotética que la que
supone una inversión LEUCA > *LECUA, no documentada en parte alguna. Todavía en la *Gr. Conq.*
de Ultr. (h. 1300) leemos *lehua* (p. 349); y en
catalán antiguo (Lulio, *Meravelles* II, 39, 112;
Senescal d'Egipte, N. Cl., 150) y dialectal se lee
lleuga (forma que no puede venir de LEUCA, comp.
oca AUCA). Michelena, *BSVAP* XII, 367, llama la
atención hacia la forma vasca *lekoa* documentada
en Leiçarraga, que junto con el mozárabe invita
realmente a creer en una base antigua en -CUA
aunque agrega que tal vez no suponga necesariamente un lat. LECUA en vista de casos de ensordecimiento como a.-nav., guip. *okendu, ukendu,*
'ungüento', suletino *ünküntü* 'perfume'. En mozárabe por cierto el *lécua* o *lícua* de Pedro de
Alcalá podría favorecer la interpretación tradicional, pero hay que contar con una arabización
del fonema g (ajeno al árabe) en *q,* según ocurre
otras veces (*qút* 'godo', *şaraqúşţa* CAESAR Augus-
TA). Es de notar la falta de diptongación en
castellano frente al fr. *lieue;* aunque conocemos
mal el timbre de las vocales en los dialectos del

céltico continental, hay indicios de que la ĕ era cerrada en celtibero (vid. *LÉGAMO*); aunque también cabe la posibilidad de que el cast. *legua* sea un semicultismo, pues LEUGA (LEUCA) llegó a ser vocablo oficial y muy difundido en el latín tardío y en la alta Edad Media; también es posible una disimilación de semivocales: *liegua* > *legua*. Comp. *FEW* V, 262; Walde-H., s. v.

DERIV. *Leguario.*

Leguleyo, V. *ley*

LEGUMBRE, del lat. LEGŪMEN n., íd. *1.ª doc.:* APal. 138*d*, 239*d*; Nebr.

General en todas las épocas; Cej. VII, § 59; común a todos los romances. Pero sólo en castellano es femenino (así ya en APal.), en los demás es voz masculina, incluso en portugués, gallego (Alvz. Giménez, 47) y catalán (así ya en las Costumbres de Tortosa, ed. Oliver, 401, 403; *Spill*, v. 10127); sólo rum. *legumǎ* coincide con el género castellano, y algunas hablas modernas del Oeste y Sudeste del territorio lingüístico francés (*FEW* V, 246*a*), pero en este último caso es probable que se trate de una coincidencia secundaria.

DERIV. *Leguminoso*, derivado culto.

Leíble, leída, leído, V. *leer*

LEILA, 'fiesta nocturna entre los moriscos', del ár. *lájla* 'noche'. *1.ª doc.:* h. 1600, Juan de la Cueva (Pagés); Acad. 1884.

Para el uso de *leyla* 'noche' en el castellano de los moriscos, V. el glosario de las Leyes de Moros de los SS. XIV y XV, en *Memorial Hist. Esp.* V, 427ss.

Leima, V. *delito*   *Leja*, V. *dejar*   *Lejanía, lejano*, V. *lejos*   *Lejar*, V. *dejar*   *Lejar*, V. *alijar*   *Lejas*, V. *lejos*

LEJÍA, abreviación romance del lat. AQUA LIXĪVA 'agua de lejía', del adjetivo LIXĪVUS 'empleado en la colada de ceniza'. *1.ª doc.:* *lexia*, h. 1400, Glos. del Escorial.

Escrito igualmente en APal. («*lixivium* es *lexia* fecha de agua con ceniza para limpiar paños de lino», 250*d*), Nebr., etc. De uso general en todas las épocas; Cej. VII, § 61; ast. *llixía* (V) común a todos los romances salvo el portugués (que emplea el cultismo *lixívia*), y el catalán y la lengua de Oc, que tienen descendientes del neutro LIXĪVUM (*lleixiu, leissiu*), ya empleado como sustantivo en latín con el sentido de 'lejía'. Mozár. *lehšia* o *legšia* (Simonet). En el Alto Aragón se oye todavía una forma *lešíba* (Ansó y Echo: *RLiR* XI, 55), con conservación de la -*v*-, comp. *vacía* VACIVA, *umbría* UMBRIVA, etc. Como base de la forma castellana, podría también admitirse, en rigor, el lat. cl. LIXIVIA, pero no estaría de acuerdo con la for-

ma del francés (*lessive*) y de otros romances. Se ignora la cantidad vocálica de la sílaba inicial, que también podría ser Ī, disimilada según suele ocurrir en latín vulgar. Comp. *LIJO*. Nótese la ac. de *lejía* 'agua putrefacta' en *G. de Alfarache* (*Cl. C.* II, 280).

DERIV. *Lejío* 'lejía de tintorero' [Acad. ya 1817], tomado del cat. *lleixiu*, V. arriba. Arag. *lexivizos* 'aguas sucias de la colada' oído en la Sierra de Guara. *Enlejiar*; cultismo *lixiviar*. *Elijar* [Acad. ya 1817], voz farmacéutica, tomada del lat. *elixare* íd., de la misma familia que *lixivus*; *elijación*; *elijable*.

Lejío, V. *ejido*

LEJOS, del lat. LAXIUS 'más ampliamente, más libremente, más separadamente', adverbio comparativo de LAXUS 'amplio', 'suelto'. *1.ª doc.:* *lexos*, 1236, M. P., *D. L.* 278.30.

En el S. XIII predomina *lueñe* (Berceo, *Apol., Conde Luc.*, etc.), pero *lexos* se halla en otros textos de este siglo (*1.ª Crón. Gral.*, 184*a*43, 397*b*2; *Buenos Proverbios*, etc.) y del XIV (*Conde Luc., Libro de Buen Amor*) y pronto se hace de uso general: APal. 78*d*, 132*b*, 252*b*; Nebr., etcétera. A veces se dijo *alexos* (*Libro de los Gatos:* Rivad. LI, 557) y no es rara la variante *lenxos* (desaprobada por J. de Valdés, *Diál. de la L.* 81.12), debida al influjo de *lueñe*, port. *longe*, o más bien al de *alongarse* sobre *alexarse*; Cej. VII, § 46. Como etimología propuso Diez (*Wb.*, 462) el adjetivo LAXUS, idea aceptada por M-L. (*REW* 4956), que supone secundaria la -*s* (*Rom. Gramm.* II, § 624), por influjo de la de *fueras, antes, menos, detrás*, etc. («*s* adverbial»). Sin embargo, como un adverbio **lexo* se halla tan poco como **lueñes*, sería preferible una explicación que diese cuenta de la -*s* directamente. Con razón Zauner (*Altspanisches Elem.*, 1908, 68), seguido por Hanssen (*Gram. Hist.*, § 626), admitió como base el adverbio comparativo LAXIUS, de uso muy frecuente en latín y que desde el punto de vista semántico presenta una explicación más fácil que LAXUS: «de numero pastores, alii angustius, alii *laxius* constituere solent» (es decir más o menos juntos), Varrón *R. R.* II, 10, «Romanos, remoto metu, *laxius* licentiusque futuros» ('más dispersos') Salustio, *Iug.* 92; en Cicerón parece hallarse ya en el sentido castellano, si bien con matiz comparativo «si *laxius* volent proferre diem», 'aplazarlo hasta más lejos, hasta más tarde', *Ad Att.* 14. *Lejos* es palabra exclusiva del castellano dentro del romance, pues sólo hay vagas huellas del mismo en los romances más vecinos: *aleixar-se* 'apartarse' en portugués antiguo, aunque algunos de los ejs. son sospechosos de castellanismo (Moraes; Viterbo; *RL* XXVI, 116); *Leixões* roca lejana en el puerto de Oporto (Piel, *R. Forsch.* LXX, 131). El ej. de *serà per ells laix menat* en un texto catalán del S. XIV, que Spitzer (*Lexik. a. d. Kat.*, 84-85) quiere traducir «mener en longueur», aparte de estar completamente aislado, no es bien claro por el contexto, y además debiera ser forma aprovenzalada, pues en catalán se esperaría *leix*. Para el empleo de *lejo* como adjetivo, hoy vulgar en Cuba («esa estancia está muy *leja*» *Ca.*, 185, 233, 234), vid. nota 17 de Cuervo a la *Gram.* de Bello. La expresión *lejas tierras* o *lejas partes* (así en Suárez de Figueroa, *Aut.*) tiene bastante extensión. Comp., además, Spitzer, *MLN* LIII, 131.

Deriv. *Lejísimos. Lejitos. Lejuelos. Lejura. Lejano* [APal. 147d], *lejanía* [íd. 119d]. *Alejar* [*alexar*, 2.ª mitad del S. XIII, *Fn. Gonz.*: Cuervo, *Dicc.* I, 330-1; *alenxar* en Rodríguez de la Cámara: *DHist.*]; *alejamiento*.

Lejuguera, V. *ajonjolí*   *Lelí, lelilí*, V. *alarido*

LELO, voz de creación expresiva. *1.ª doc.: Aut.* Cej. VII, § 48. Formaciones paralelas son vasco *lelo* 'tontuelo', 'sonsonete, estribillo', 'tema, porfía, manía', 'reputación, gloria'[1], sardo *lella* (Wagner, *Litbl.* XXXVI, 288), *lellare* 'tener lentitud en el trabajo', corso *allelleratu* 'bastante obstinado' (Falcucci). Por otra parte, port. dial. *lelo* 'vanidoso' (Algarbe), 'liviano, alocado' (trasm.), cat. *lero* o *lelo* 'lelo, alelado', Pallars *leleiar* 'desvariar'. Con éstos especialmente se enlaza el port. *léria* 'conversación difusa', 'monserga, broma, patraña, mentira' (H. Michaëlis, no Moraes), gall. *leria* 'conversación, charla, habladuría' (Valladares, Lugrís, Castelao[2]), 'discurso sin sustancia', 'historia', plañidera'[3], 'disparates, habladurías' (Piel, *RForsch.* LXX, 132); port. y gall. *leriante* 'fanfarrón, charlatán', minhoto *larecer* 'hablar mucho', gall. *leriár* 'charlar, conversar' (Vall., en Monforte, según Crespo Pozo), *larear* 'hablar en demasía' (en Sanabria), otros *laretar* y *larapetar*; *leriante* 'hablador, charlatán' (Vall.). La *e* plena y larga con que Vall. registra *leriar* prueba que es contracción de dos *ee*, de donde el retroceso del acento, como en el cat. *bòria* < *boería*, val. *dèsset* < *de(z)esset* (*BDC* XX, 249-251); lo más probable parece ser que, una vez formado el abstracto *lería* de *lelo*, cayese bajo el influjo de la familia de *leer*, cf. ingl. *lecture* 'conferencia' y luego 'prédica'.

Paralelos son también el ast. *llollo* 'tonto', gall. *lolo*, etc. (Ebeling, *AILC* V, 199; *GdDD* 3727). Para otras formaciones semejantes (como fr. *gaga*, cat. *babau*, etc.), vid. Horning, *ZRPh.* XXV, 738-9; Spitzer, *ZRPh.* LVI, 76; con otro vocalismo, en alemán, alto-italiano y neogriego (Schuchardt, *ZRPh.* XXXVI, 40). El ár. *lêlla* 'señora' (*Quijote* I, xxxvii, 197; Simonet, p. 306) también será formación hipocorística del mismo tipo, pero está ya más alejada por el sentido. Desde luego nada tienen que ver el vocablo castellano y sus afines con el lat. LAEVUS 'izquierdo', 'estúpido, torpe', a pesar de la Acad.

Deriv. *Alelar* [Acad. ya 1817; princ. S. XIX, D. de Rivas: *DHist.*], *alelamiento*.

[1] En el famoso *Leloaren Kantu* aparece, en el estribillo, convertido en el nombre de un personaje, pero seguramente se trata de una mala inteligencia en el curso de la trasmisión oral. Suponer con Mahn, *Etym. Untersuch.* 58-59, que es, por el contrario, el nombre de este personaje el que dió lugar al adjetivo castellano, es completamente infundado.— [2] «Dispois d'unhra *leria* raposeira, quedamos amigos» 200.9.— [3] «Estaban escoitando a *leria*... pra aclarar que o progreso iña cara á aberta», «ista senxela *leria* deixoume amaiado» Castelao 179.3, 183. 19.

LEMA, tomado del lat. *lemma*, *-ătis*, 'título, epígrafe', y éste del gr. λῆμμα 'provecho, recibo', 'premisa mayor de un silogismo', 'tema (de un epigrama, etc.)', derivado de λαμβάνειν 'tomar'. *1.ª doc.*: 1724, I. de Ayala (*Aut.*).

Cultismo bastante extendido en el lenguaje literario.

Deriv. *Dilema* [1596, Fonseca; 1611, Covarr.], del lat. *dilemma*, y éste del gr. δίλημμα íd.; *dilemático*.

Lemán, lemanaje, V. *leme*

LEMANITA, derivado culto de *Lemannus*, nombre latino del Lago de Ginebra, en cuya proximidad se encontró este mineral. *1.ª doc.*: Acad. ya 1869, no 1843.

LEMBO, tomado del lat. *lĕmbus* y éste del gr. λέμβος íd. *1.ª doc.*: como anticuado, Acad. 1869 (no 1843).

Deriv. *Lembario*.

Lembrar, V. *membrar*   *Lembreño*, V. *lombriz*

LEME, 'timón', vocablo común con el portugués y el vasco, de origen incierto; quizá tomado del vasco *lema* 'timón' y éste procedente del lat. TEMO, *-ŌNIS*, íd. *1.ª doc.*: *lime*, h. 1400, *Rim. de Palacio*[1]; *leme*, princ. S. XV, Villasandino[2].

Leme se halla asimismo en APal. («maestro... en la navegación el que goviorna el *leme* o timón», 259b). Falta en los diccionarios del Siglo de Oro y en *Aut.*, pero está en Oudin («le baston avec lequel on tourne le gouvernail du navire, et se prend aussi pour le gouvernail mesme»), y en Eugenio de Salazar (h. 1573), como nombre del timón y de su caña (Fcha.); Terr. cita ejs. de Lope y uno de Céspedes; Acad. (ya 1843) lo declara anticuado. Cej. VII, § 50. En portugués y gallego sigue siendo palabra generalmente conocida, y allí se documenta desde los Comentarios de Albuquerque († 1515), Jal, 922a (para ejs. del Siglo de Oro, vid. Bluteau y Vieira). El vasco *lema* es también de uso común, en Vizcaya, Guipúzcoa, Laburdi y Alta Navarra, y los numerosos derivados y compuestos denotan un vocablo de gran arraigo y popularidad: *lemako*, *lemari* o *lemazain* 'piloto', lab. *lemeatu* 'guiar el timón' y *lemeada* 'trabajo del timón', vizc. *lemoro* 'limera, aro de hierro en que se mete el timón', vizc., guip. *lemorratz* 'pernio en que se fija el timón'.

Diez, *Wb.*, 463, identificado con *LIMÓN*, palabra independiente en realidad, quería partir del ags. *lim* 'miembro de un cuerpo', 'rama de un árbol' (ingl. *limb*) o isl. *limr* íd., pero además de ser poco verosímil semánticamente, echaríamos de menos el intermediario francés que se halla siempre en los germanismos náuticos iberorromances (el vocablo es muy diferente en gótico: *lithus*)[3]; más inaceptables son todavía el étimo lat. LIMUS 'oblicuo' de Suchier, y gr. λέμβος, que no significa 'timón', sino 'barquichuelo', propuesto por Sarmiento (*BRAE* XVII, 722). El maestro de los estudios vascos, Schuchardt, vaciló considerablemente en su juicio acerca de nuestro vocablo. Primero (*Litbl.* XIII, 428) escribió que el vasco *lema* venía del castellano, y acabó por afirmar lo mismo (*ZRPh.* XXXVI, 40), admitiendo que el étimo era en definitiva el germ. *helm* 'caña del timón', idea ya defendida por Jal. El vocablo germánico es ya ags. *helma* m. (hoy ingl. *helm*), a. alem. med. *helm* (alem. *helm*) 'caña del timón', isl. *hjálm* 'timón'[4]: pero es visible que de ninguna de estas formas se puede llegar fonéticamente a *leme* (aun suponiendo una anaptixis *éleme*, todavía nos hallaríamos con el obstáculo insuperable del traslado de acento); por lo demás, en un germanismo náutico sería muy extraño no hallar un intermediario francés. Es preciso, pues, abandonar la idea.

Por lo demás, el propio Schuchardt, en *BhZRPh.* VI, 35, había sostenido que la voz romance era de origen vasco, y que en este idioma procedía directamente del lat. TEMO, -ŌNIS, 'timón': en efecto, la idea es perfectamente posible, pues no escasean los ejs. de una T- o D- latina o romance convertida en *l*- por los vascos: vasco general *leka* 'vaina de legumbre', en Vizcaya, Baja Navarra y Sule *theka*, oc. *teco* íd. < lat. THĒCA 'estuche, vaina'; *laratro* 'taladro' y *leun* 'liso, suave' (que ya aparece documentado como nombre de persona en el S. XIII), en Vizcaya 'llano' (Michelena, *Apellidos Vascos* § 409), que saldrá del oc. *teune*, lat. TENUIS; *lardai* 'timón de carro' (junto a guip. *dardai* 'fuste de lanza', 'flecha', lab. y b. nav. *darda* 'flecha') < *dardo*; guip. *liziprina*, -*ifrina*, 'disciplina'; guip. *listila* 'canal de tejado', que parece representar DISTILLARE; ronc. *lantza* 'danza'; guip. *latil* 'especie de molusco' < *dátil*; vasco-fr. *liferent* 'diferente'; b. nav. *lipizta* 'disputa'. Por otra parte, Schuchardt en su trabajo citado reunió casos de *l*- vasca adventicia en voces en que representa otra consonante inicial latina o en que se antepone a un vocablo de inicial primitivamente vocálica. Michelena, *BSVAP* XII, 367 señala que dicho cambio

no ofrece obstáculo insuperable[5]. En suma, es falsa la afirmación que hace Meyer-Lübke (*REW* 5041), al poner en duda la etimología TEMO, de que el cambio de T- en *l*- vasca sólo puede apoyarse débilmente. Siendo ésta la etimología, la forma *lime* de López de Ayala (y bien representada en el derivado *limera*) podría corresponder a la variante romance *TĪMO de donde procede el cast. *timón*[6]; y la forma o *lema* que Jal documenta en Albuquerque y que lo empleó también una vez Lope (si, como supongo, no es errata en *BRAE* XXVIII, 308), sería la primitiva, copiada literalmente del vasco *lema*, pero con género masculino según el modelo de *timón*, género que después habría determinado el cambio de *lema* en *leme*. La etimología vasca no podrá considerarse segura mientras no se haya investigado más a fondo la fonética de los elementos latinos de este idioma[7], pero de momento presenta mucha verosimilitud, sobre todo teniendo en cuenta que en nuestro caso el cambio de *t*- en *l*- recibiría un impulso decisivo por el influjo de *lemán* 'piloto' (V. derivados), cuyas huellas se advierten en el citado vasco *lemari* 'piloto'; la única causa de duda verdaderamente sólida está en la rareza de los vasquismos en materia náutica[8].

DERIV. *Limera* [*lemera*, 1611, Th. Cano; *limera*, 1696, *Vocab. Marit. de Sevilla*, en *Aut.*], 'agujero para el paso de la cabeza del timón' (cuya *i* se relaciona con la forma *lime* de L. de Ayala). *Lemán* 'piloto práctico' [fin S. XIV, en el Fuero de Layrón (ast. o gall.), 16 (Mtz. López); como ant., Acad. 1869], este vocablo no ha tomado de *leme* más que su *e*, pues es préstamo del fr. ant. *laman* [1346], que a su vez procede probablemente del ags. *lâdmann* 'guía, conductor'; *lemanaje*. Acerca del fr. ant. *laman*, *loman*, 'piloto marino', P. Barbier, *Studies presented to R. L. G. Ritchie*, Cambridge, 1949, 9ss.

[1] «Quien el *lime* govierna desea su vida», 22a; forma parte de una serie de coplas sólo trasmitidas en el ms. *P* (S. XV), que contienen una alegoría náutica.— [2] «E pues que la nave gentil ya guaresçe, / podemos dezir que es bien vasteçida / de mástel, d'entena, de velas conplida, / el *leme* rroguemos que Dios lo endereçe», *Canc.* de Baena, n.º 334, v. 16.— [3] El b. lat. *limo* 'clavo en el cubo de la rueda' que Diez cita del *Vocabularius optimus*, parece resultar de una mera confusión en la glosa frecuente «*limbus*: clavus transversus in veste» (*CGL* VI, 646), cuyo sentido le aleja irremisiblemente de *leme*.— [4] Se creyó que era variante del ingl. med. *halm* 'mango', ingl. *helve*, a. alem. ant. *halp* 'mango del hacha', alem. dial. *helm* íd., pero desde que Sperber, *WS* III, 77-78, reprodujo algunas figuras de caña de timón en forma de sombrerito, se reconoció que debía ser idéntico al gót. *hilms*, escand. ant. *hjalmr*, ags. y a. alem. ant. *hëlm*, 'yelmo, casco'.— [5] «Los casos de *l*- vasca procedente de una

oclusiva apical latina son bastante numerosos, aunque esté lejos de ser la correspondencia normal. Hay incluso ejs. de *l-* procedente en último término de otra oclusiva, como *letagin* 'colmillo', de *betagin*, lit. 'diente del ojo', acaso pasando por un **detagin* intermedio, resultado de una asimilación. Lo que resulta muy difícil de explicar en ese supuesto es la vocal final de la palabra vasca: sería de esperar **lemo* si partimos, por raro que sea, del nominativo latino, o **lemoe*, **lemoi(n)* si del acusativo. Por otra parte, formas como vasc. *lemeatu*, *lemeada*, parecen indicar más bien un románico **lemear*». ¿No habrá ahí algo comparable al caso *Bilboa* ∼ *Bilbao*, combinado con la simplificación del grupo complejo *oea* en la forma articulada?— ⁶ Por otra parte comp. el cast. ant. *rimo* en lugar de *REMO*.— ⁷ En la última nota del artículo *LIBÁN* rechazo la imposible etimología gala propuesta por Hubschmid para el cast. *leme*.— ⁸ El vasco primitivo carecía de palabras en T- inicial: de ahí el cambio T- > *d-* (> *l-*). Por otra parte la alternancia *-a* ∼ *-e* es muy frecuente en vasco: *at(h)e* ∼ *ata* 'puerta', *artza* ∼ *(h)artze* 'pedregal', *etxa* ∼ *etxe* 'casa', *art(h)e* ∼ *arta* 'encina', *and(e)re* ∼ *andra* 'señora', etc.

LEMNÁCEO, derivado culto del gr. λέμνα 'lenteja de agua'. *1.ª doc.*: Acad. 1899.

LEMNISCO, tomado del lat. *lemniscus* y éste del gr. λημνίσκος 'cinta'. *1.ª doc.*: Acad. ya 1869, no 1843.
DERIV. *Lemniscata*.

LÉMUR, tomado del lat. *lĕmŭres* 'espectros, fantasmas de ultratumba'. *1.ª doc.*: con referencia a la Antigüedad: Terr.; Acad. ya 1869 (no 1843); en la ac. botánica, Acad. 1936.
DERIV. *Lemurias* [Terr.].

Len, V. *deleznarse*   *Lena*, V. *alentar*, *lenocinio*   *Lencera*, *lencería*, *lencero*, V. *lienzo*   *Lendel*, V. *andén*   *Lendera*, V. *linde*   *Lendrera*, *lendrero*, *lendroso*, V. *liendre*   *Lene*, V. *deleznarse*

LENGUA, del lat. LĬNGUA 'órgano muscular situado dentro de la boca, que sirve para comer y pronunciar', 'lenguaje, manera de hablar'. *1.ª doc.*: orígenes del idioma (*Cid*, etc.).
General en todas las épocas y común a todos los romances. El tratamiento fonético portugués *língua*, causado por la metafonía, se extiende hasta el asturiano occidental y central (*llingua*), y en lo antiguo aparece en el *Fuero Juzgo*, vid. Pietsch, *MLN* XXIV, 163. La metátesis *luenga* se registra hoy en varias hablas populares, especialmente en el asturiano de Colunga (*lluenga*, Vigón), y aparece ya en un monólogo popular en el *Corbacho* (1438) y en el ms. *P* del *Alex.* (822a).

Sin entrar a fondo en el estudio de las acs. derivadas me limito a señalar las siguientes. 'Información, noticia': *Alex.*, 822a («de las huestes de Dario vieno *l(u)enga* certera»), *G. de Alfarache Cl. C.* II, 162.3 («fuíme por la ciudad *tomando lengua*»), etc. 'Lengua extranjera o incomprensible': *hablar en lengua*, con referencia a los extranjeros en Colombia (Cuervo, *Ap.*, § 566), a los indígenas en el Salvador (Salazar Arrué, *La Nación de B. A.* 1-I-1940), *hablar lengua* los negros que conservan el idioma africano, en Cuba (*Ca.*, 177); relacionado con ello es el empleo adjetivo *moro lengua* 'moro intérprete' en el *G. de Alfarache* (*Cl. C.* I, 183.9). *La lengua del agua* 'la orilla del mar, lago o río': 1495, Woodbr.; «otro almugávar en esta misma guerra, a la *lengua del agua*, acometido de veinte hombres de armas, mató cinco antes de perder la vida», Fco. de Moncada, *Expedición de Catalanes y Arag.* (M. P., *Antol. de Pros.*, p. 276); *G. de Alfarache*, *Cl. C.* I, 86.11; *Lazarillo*, 2ª parte anónima, Rivad. III, 106; *Lazarillo* de I. de Luna, p. 114. Entre los numerosos nombres de plantas formados con *lengua de...*, Nebr. menciona *lengua de buei*, *de cordero* y *de perro*; el anónimo sevillano de h. 1100, *léqwa bwêy* y *léqwa de lop* (n.º 295, 296), y Abenɣólɣol (a. 982) *yéngwa bûba* (Simonet) que indudablemente debe enmendarse en *lengwa bûba*.
DERIV. *Lenguado* adj. [*bien lenguado* 'elocuente', *Alex.*, 1452, 2118; *barba lenguada* 'hocico largo, trompa', *Alex.*, 1902], m. 'pez malacopterigio' [*APal.* 364b, 462b, 'lat. *solea*'; Rob. de Nola, *L. de Guisados*, 191]; *lenguadeta* [*APal.* 248d]. *Lenguaje* [Berceo, *Mil.*, 321b; *Poema de Alf. XI*, 1293-4; *Crón.* de 1344, M. P., *Inf. de Lara*, 277.12; de uso general en todas las épocas], tomado de oc. ant. *lengatge* (gracias a las poéticas trovadorescas) o cat. *llenguatge*¹; acs. especiales: «*lenguage proprio*: sermo vernaculus», Nebr.; especialmente 'lengua castellana' (M. P., *Inf. de Lara*², p. 488), o por el contrario 'lengua extraña incomprensible' hoy en Cuba («me echó un *lenguaje*», *Ca.*, p. 177). *Lenguaz* 'el que habla mucho, con impertinencia y necedad' (*G. de Alfarache*, *Aut.*), otras veces 'hablador gracioso' («gustando más ser tenidos por *lenguaces*, decidores y graciosos», *G. de Alf.*, *Cl. C.* IV, 190.28). *Lenguaraz* 'que habla varias lenguas' [med. S. XVII, *Aut.*], 'atrevido en las palabras' [*Aut.*; para el uso en la Arg., Tiscornia, *M. Fierro coment.*, vocab., s. v.]. *Lenguarada*. Ast. *lluengateru* 'hablador, charlatán' (V). *Lenguatón*. *Lenguaza*. *Lengudo*. *Lengüear*. *Lengüeta* [h. 1580, Fr. L. de Granada]; *lengüetada*; *lengüetería*; *lengüetear* 'dar lengüetadas' arg. (Tiscornia, *M. Fierro coment.*, vocab.); *lengüeteo* 'acción de dar lengüetadas' cub. (*Ca.*, p. 185). *Lengüezuela*. *Lengüín* cub., *lengüino* en el Este de Cuba, 'hablador, chismoso' (*Ca.*, 238). *Deslenguado* [Nebr., en las dos acs. 'que habla mucho' y 'que no habla mucho']; *deslenguar*; *deslenguamiento*. Cultismos.

Lingual. Lingüístico [Donoso Cortés, † 1853, en Pagés]; *lingüística* [Acad. 1869, s. v. *afijo;* Cuervo, 1874, *Disq.,* 1950, p. 131]; *lingüista* [fin S. XIX, Mz. Pelayo].

Linguete, tomado del fr. *linguet* y éste de oc. *lenguet.*

CPT. *Lengüilargo. Trilingüe.*

[1] Sería éste, a juzgar por la forma *ell llenguaje* de la *1.ª Crón. Gral.,* 659a26. Sin embargo, cabe pensar en una repetición mecánica de la *ll* precedente.

Lenidad, leniente, lenificación, lenificar, lenificativo, lenir, lenitivo, lenizar, V. *deleznar* (nota)
Lenjos, V. *lejos*

LENOCINIO, tomado del lat. *lenocĭnĭum* 'oficio de alcahuete', de *leno* 'alcahuete'. *1.ª doc.:* med. S. XVII, G. de Tejada (*Aut.*).

Falta todavía en los diccionarios del Siglo de Oro. Cultismo exclusivo del idioma escrito.

DERIV. *Lenón* ant. 'alcahuete', tomado del citado *leno. Lena* ant. 'alcahueta', del lat. *lena* íd.

Lente, V. *lenteja*   *Lentecer,* V. *lento*

LENTEJA, del lat. LENTĬCŬLA íd., diminutivo del sinónimo LĔNS, -TIS. *1.ª doc.:* J. Ruiz, 1167c.

De uso general en todas las épocas y común a todos los romances de Occidente. La forma castellana y el it. dial. *lenteccia* (incluyendo quizá el it. *lenticchia*), así como el gall. *lentella* (Sarm. *CaG.* 91v), proceden de LENTĬCŬLA, mientras que las formas galorrománicas, catalana (*llentilla,* hoy cat. centr. *llentia*) y portuguesa (*lentilha*) corresponden a LENTĬCŬLA. La variante disimilada *lanteja* se halla en un ms. de J. Ruiz, en los glosarios de A. Castro, en el *Guzmán de Alfarache* (*Cl. C.* II, 10.16; V, 27.13), etc.; Cej. VII, § 59.

DERIV. *Lentejar. Lentejuela* [Acad. ya 1817], en la ac. 'cada una de las planchitas de metal brillante que se cosen a un vestido como adorno'; pasó al cat. *antiqüela* (= cat. puro *llustrí*), *Romancerillo* de Milá, n.º 259 B, v. 4 (romance recogido en La Llacuna). Del lat. LENTĪGĬNEM: port. *lentigem* 'mancha de la piel, efélide lentiforme', gall. *lentinxas* 'granillos como lentejas que nacen a los cochinos y vician el tocino' (Sarm. *CaG.* 67r) y con la variante *lantinxas,* que es la que el propio Sarm. pone en boca de rústicos en su copla 1076.

Lente [1708, Tosca], tomado del lat. *lĕns, -tis,* 'lenteja', por comparación de forma; *lentezuela. Lenticular.*

Lenterna, V. *linterna*

LENTISCO, del lat. LENTĪSCUS íd. *1.ª doc.:* APal. 57b, 76d; Nebr. («*lentisco, árbol de almáciga:* lentiscus»).

General en todas las épocas; Cej. VII, § 59;

común a todos los romances de Italia, Cerdeña, Sur de Francia y Península Ibérica (más al Norte no existe la planta)[1]. No hay motivo para creer que en castellano y otros romances sea cultismo, como afirma M-L. (*REW* 4982), pues las formas muy alteradas de los dialectos italianos son indudablemente populares y por lo tanto prueban que la ī era larga. La variante *lantisco,* hoy muy extendida en Andalucía (Acad.; oída en las montañas de Almería), se explicará por influjo de *lanteja* (V. *LENTEJA*) y se documenta ya en Góngora y en uno de los mss. del *Celoso Extremeño* (*Cl. C.,* p. 106).

DERIV. *Lentiscal. Lentiscina.*

[1] El cat. y oc. *(l)lentiscle,* it. *lentischio,* más que representar un diminutivo en -ŬLUS, presentarán repercusión de la líquida. Para la forma metatética *listincu* y análogas, de Cerdeña y Sur de Italia [SS. XII-XIII], vid. Wagner, *VRom.* V, 150-1.

LENTO, tomado del lat. *lĕntus* 'flexible', 'tenaz', 'viscoso', 'duradero', 'lento'. *1.ª doc.:* med. S. XV, Diego de Burgos (C. C. Smith, *BHisp.* LXI); Oudin («lent, tardif, lasche, laisant, pesant, paresseux»).

Es ya frecuente en Góngora, y *lentamente* sale en el *Quijote* (II, xxix, 113), pero falta todavía en Percivale (1591), y Covarr. (1611), y C. de las Casas (1570) traduce el it. *lento* solamente por «tardo, tardío, perezoso». El vocablo había sido heredado del latín en la forma popular *liento,* con el significado de 'húmedo', procedente del de 'viscoso, pegajoso' que tiene LENTUS en Virgilio y otros: así se halla ya en Nebr. («*liento por umedad:* lentus»), *Guzmán de Alfarache* («friégate las mañanas el rostro con un paño, antes *liento* que mojado, porque no salga limpio ni sucio», *Cl. C.* II, 196.13), *Aut.,* etc.[1], y creo que éste es también el sentido de *tierra lienta* en la traducción de Abenbassal, h. 1300, *Al-And.* XIII, 421.13,8 (de abajo), 422, 423.1. Es ac. documentada en italiano (así C. de las Casas, 1570), sardo, francés, etc. (*REW* 4983), y particularmente en port. *lento* 'humedecido', gall. íd. 'húmedo, cubierto de moho, blando' (Vall.); con su abstracto *lentura* 'humedad' (port.), 'suavidad, cariño, tibia protección' (gall.)[2]. Otra ac. secundaria es 'poco vigoroso y eficaz', en *calentura lenta, fuego lento,* en Laguna (1555) *sobre las lentas brasas;* la cual existe con carácter popular en valenciano: «*llenta:* una cosa continua o que no dexa: *febra llenta,* fiebre lenta» (Sanelo, S. XVIII), «*lenta:* ni fría ni caliente» (Tastu).

DERIV. *Lentitud* [Góngora]. *Lentor. Lentura* («lascheté, mollesse, tardiveté», Oudin). Derivados de *liento* (V. arriba): *lentecerse* ant. («hazerse *liento:* lentesco», Nebr.), *enllentecer* (Acad.); *relentecer* («r. a otra cosa: lento», «relentecerse: lenteo, lentesco», Nebr.), de ahí *relente* 'humedad nocturna' [*Aut.,* que otros dicen *rellente,* como advierte este diccionario, comp. la variante *llento*

'húmedo' arriba citada; Cej. VII, § 52; en el
sentido de 'cachaza' figura ya en el *Quijote* (II,
53), me recuerda Griffin: «¡por Dios —respondió el huésped— que es gentil *relente* el que mi
huésped tiene!» (II,59)].

¹ Hay también variante *llento*: «Ningún molinero... no sea osado de mojar ningún costal ni lo
poner en lugar que esté *llento* para que pese
más», en las *Ordenanzas* de Toledo (a. 1603),
BRAE XVI, 544-5.— ² «A *lentura* garimosa dunha
terra natal», «durmes na *lentura* do meu seo»,
«na *lentura* das sabans», Castelao 93.23, 290.21,
195.16.

Lenzal, lenzuelo, V. *lienzo*

LEÑA, del lat. LĬGNA, plural de LĬGNUM 'madero, leño', 'madera'. *1.ª doc.*: Berceo; doc. de
1215 (Oelschl.).

Frecuente y popular en todas las épocas; Cej.
VII, § 59; ast. *lleñi* f. (V); común a todos los romances, aunque algunos sólo han conservado el
plural o el singular. Éste, lat. LĬGNUM, ha dado el
cast. *leño* 'trozo de árbol cortado' [APal. «*cau-
pillus* es *leño* cavado, como barqueta o copa-
nete» 67b, 154d; Nebr., etc.], 'embarcación semejante a la galeota' [1430, Woodbr.].

DERIV. *Leñador* [h. 1400, glos. del Escorial y de
Toledo, «que va por leña: *lignator*», Nebr.];
leñatero [Acad. 1899; *leñatera*, nombre de un pájaro en la Arg., B. Elkin, *La Prensa*, 16-VI-1940],
adaptación del cat. *llenyater*, donde es la única
expresión usual y donde las formaciones en *-ater*
tienen más vitalidad que en castellano. *Leñame*
[como ant., Acad. ya 1817], tomado del cat. *llenyam*
o del it. *legname*; *linamen* ant. (Acad.). *Leñar*
arag. *Leñazo* 'garrotazo' [fin del S. XVI, J. de
Castellanos; 1646, *Estebanillo González*; Acad.
S. XX], usual en arag., murc., centroamer., colomb.,
venez., cub. y seguramente otras partes (Sundheim;
Gagini; Toro G., *BRAE* VIII, 416; *Ca.*, 41)
Leñero. Leñera. Leñoso [1555, Laguna]. Cultismos: *Lignario. Lignito.*

CPT. *Lignáloe* o *lináloe* [*Aut.*], compuesto con
el lat. *alŏes* 'áloe'. *Lignum crucis*, frase latina que
vale 'leño de la cruz'.

LEÓN, tomado del lat. *leo, -ōnis*, íd. *1.ª doc.*:
Cid.

De uso general en todas las épocas (Cej. VII,
§ 13), y aunque siempre fué palabra universalmente conocida, la conservación intacta de la *e*
prueba que volvió a modelarse constantemente
según el latín; y como era animal extranjero en
todas partes, así ocurrió en todos los romances.
En América del Sur es el nombre popular del
puma (pronunciado *lįon); en la América Central,
del cuguar.

DERIV. *Leona* [APal. 240b; Nebr.; etc.]. *Leo-
nas* pl. 'calzas' gnía. [1609, J. Hidalgo], quizá de

leona 'crea, género de tela' que según *Aut.* (s. v.
crea) se llamaba así «porque viene de León de
Francia» (A. Thomas, *Rom.* XLIII, 63-65; pero
creo que este León será más bien Lyon que St. Pol
de Léon, Finistère)¹; pero también es posible que
les viniera el nombre de lo frecuente de las calzas
leonadas. *Leonado* [APal. 45d, 172b] o *aleonado*
(*DHist.*). *Leoncillo* [Nebr.]. *Leonero; leonera; leo-
nería. Leónica. Leonino; leonina. Verso leonino*
[1580, F. de Herrera], del fr. *léonin* [S. XII] íd.,
que se cree derivado de *Leo*, nombre latino de un
canónigo de París que lo habría inventado (*FEW*
V, 256b; Bloch, s. v.). *Leontina* 'cadenilla para el
reloj' [1876, Pereda], cub., venez., costarriq., hond.,
cub. y usual en España (Gagini; *BRAE* VII, 608;
Ca., 159), galicismo rechazado por la Acad., tomado del fr. *léontine* [neologismo según el *DGén.*,
a. 1900], que parece ser aplicación del nombre
propio de mujer *Léontine*, derivado indirecto de
LEO.

CPT. *Leopardo* [APal. 45d, 241b; *leonpardo*,
54d, Nebr.]², tomado del lat. *leopardus*, abreviación de *leopardălis* íd., que a su vez es compuesto
de *leo* con el gr. πάρδαλις, -εως, 'leopardo';
comp. *PARDO*.

¹ «*León, ciudad de Francia*: Lugdunum», Nebr.—
² Comp. cat. ant. *leupart*, ya en Lulio, S. XIII
(*Meravelles* II, 89). *León pardo* sigue siendo forma popular, p. ej. en Tucumán (Carrizo, *Canc.
Pop.*, glos.).

LÉPERO, 'ladino' cub., 'bribón, pícaro' centroamer., 'pobre, miserable' mej., ecuat.; origen
incierto: si es primitiva la ac. cubana, puede derivar del nombre de D. Pedro de Lepe, obispo
de Calahorra en el S. XV y famoso popularmente
por su sabiduría, según muestra la frase proverbial
saber más que Lepe. 1.ª doc.: 1836.

En esta fecha aparece en el diccionario cubano
de Pichardo: «familiar: solamente en sentido metafórico para significar una persona entendida, sus-
picaz o sagaz»; y en el mismo año nos informa
un viajero norteamericano de que así llamaban en
Tejas a los hispanos del bajo pueblo (Craigie-
Hulbert, *Hist. Dict. of Amer. English*). Como mejicanismo lo admitió la Acad. (ya en 1869). La ac.
cubana está confirmada por Martínez Moles («individuo astuto, listo»). En Méjico escribe R. Duarte, con referencia al Distrito Federal: «*lépero*:
belitre, canalluza; *leperaje*: garullada, reunión o
conjunto de léperos; *leperada*: dicho o hecho de
léperos; *leperuza*: pelandusca». En Costa Rica,
Gagini: «bribón, pícaro, perdido; en México, pobre, miserable». En el Ecuador, Cornejo: «arruinado, sin dinero». R. Duarte supone que venga
de *lepra* por epéntesis, y Gagini, más razonablemente, que se tomara del ingl. *leper* [pron. *lépə(r)*]
'leproso'. Pero si no me engaño en el inglés de
América no se emplea *leper*, sino solamente *le-
prous*, y ni allí ni en Inglaterra ha tenido el vo-

cablo otro sentido que el propio (*NED; Dict. of Engl. Dialects;* Craigie-Hulbert). El paso semántico de 'ladino' a 'pícaro, bribón' y el de éste a 'pobre, miserable' es muy fácil y natural, de suerte que bien puede ser primitiva la ac. cubana, y entonces es difícil no relacionar el vocablo con la frase española *saber más que Lepe* 'ser muy perspicaz y advertido' [Acad. ya 1884, no 1843; Cej. VII, § 50], alusiva, según la Acad. y los diccionarios enciclopédicos, a D. Pedro de Lepe, obispo del S. XV, autor de conocidas obras catequísticas[1]. Para derivados americanos con sufijos átonos, vid. *GUÁCHARO, GUÁMPARO;* para otras derivaciones modernas de este tipo, *JÁCARA, láparo* (s. v. *LAPA*), etc.; caso semejante al nuestro es *lésero* «leso» (en Chile y el Brasil = 'idiota') en el dialecto de los Arcos de Valdevez (*RL* XXXI, 297). Otro derivado de *Lepe* será el val. *lepa* 'mentira', voz jocosa y familiar (M. Gadea, *Tèrra del Gè* I, 128).

¹ Reconozco que debería comprobarse la existencia de este personaje en fuentes más directas. Varias que están a mi alcance no hacen referencia al mismo.

Lepidia, V. *delito*   *Lepidio, lepidóptero, lepisma,* V. *lepra*   *Leporino,* V. *liebre*

LEPRA, tomado del lat. *lĕpra* y éste del gr. λέπρα íd., derivado de λέπειν 'pelar'. *1.ª doc.:* Berceo.

Muy frecuente ya en la Edad Media (J. Ruiz; APal.; Nebr.); de uso general. El it. *lebbra,* y los derivados cat. *llebrós* 'leproso' [h. 1390, Eiximenis, *Doctr. Compendiosa,* 318.21], *llebrosia* 'lepra' [por las mismas fechas, *Amic e Melis, N. Cl.,* p. 137], oc. ant. *lebros, lebrosia,* son de forma hereditaria. En castellano las antiguas denominaciones populares fueron *gafedad, gafez* y *albarazo.*

DERIV. *Leproso* [APal. 241b; Nebr.]; *leprosería.* Otros derivados de la citada raíz griega: *Lepidio,* tomado del lat. *lepidium,* y éste del gr. λεπίδιον íd., diminutivo de λεπίς, -ίδος, 'escama, cáscara de nuez, etc.'. *Lepisma,* del gr. λέπισμα 'escama levantada de la piel'.

CPT. *Lepidóptero,* compuesto de λεπίς 'escama' con πτερόν 'ala'. *Leptorrino,* de λεπτός 'pelado, fino' con ῥίς, ῥινός, 'nariz'.

Lera, V. *glera* y *helera*

LERCHA, 'junquillo con que se ensartan aves o peces muertos, para llevarlos de una parte a otra', origen incierto; tal vez de **lescha* y éste de un prerromano **LĬSCŎLA* derivado de **LISCA* (vid. *LASCA*). *1.ª doc.:* 1615, *Quijote.*

«O encantadores aziagos y mal intencionados, ¡y quién os viera a todos ensartados por las agallas como sardinas en *lercha!*», exclama Sancho (II, x, 36a). Falta el vocablo en los diccionarios del Siglo

de Oro y en *Aut.;* no conozco otro ej. que éste; tampoco Cej. VII, § 64. La Acad. en su ed. de 1822 lo registra ya[1], casi con la definición actual, advirtiendo que es vocablo de la Mancha, nota que se borró posteriormente[2].

Según M. Valladares Núñez *lercha* es también gallego, que Sarm. había definido: «cosa pequeña, delgada, flaca, ruin». Pero es generalización que sus propios ejemplos (*CaG.* 187r) permiten precisar algo más: *una lercha o piltrafa de cualquier cosa* y figuradamente *esta vieja es una lercha* (también 'persona sucia' Vall.), pero sobre todo *una lercha de tocino* sugiere que el sentido propio fuese 'lonjita', 'tira de materia animal o vegetal'. Ahora bien, esto recuerda el tipo prerromano del cat. *llesca,* cast. *LASCA,* para el cual hemos llegado a la conclusión muy verosímil de que en última instancia se trata del célt. **VLĬSCĀ* 'vara, varilla, bastoncillo', cambiado en parte en **LISCA* (> cat. *llesca*), en parte en **FLISCA* (irl. *flesc,* fr. *flèche* > *FLECHA*). Tal vez aquí tengamos una forma céltica diminutiva o derivada **LISCOLA,* puesto que *muscho* (< MUSTIO) evoluciona en gall. y port. *murcho.*

Tan poco conocido era el vocablo en cast. que Pellicer († 1679) pensó que en el pasaje cit. del *Quijote* debía leerse *percha;* pero Clemencín en su ed. de 1835 lo da como voz conocida (si bien haciendo referencia a la Acad.), y observa que la enmienda de Pellicer es inadmisible, pues así se halla en todas las ediciones antiguas, además de que se podría *colgar,* pero no *ensartar* en una percha. Acaso tuvo Cervantes el impromptu de poner en boca de Sancho una frase que hubiera oído a algún Saavedra gallego pariente suyo: ¿recordaba sólo vagamente como barbaridad de rústico? Nada análogo conozco en otros romances. Dice Julio Cejador que puede venir del vasco *ler* 'reventón', *lerdatu* 'aplastar', pero no es nada verosímil semántica ni morfológicamente; si *ler* (*lerra, lerrondo*) 'pino' hubiese significado primitivamente 'tronco', sería posible suponer un diminutivo **lertxa* o **lertxo* con el sentido de 'rama', pues *-txa* y *-txo* son sufijos frecuentes con este valor, pero el caso es que no hay indicio de que *ler* haya valido jamás 'tronco'. El it. *lèrcio* significa 'sucio, soez', en Cerdeña 'bizco', sentido secundario debido a cruce con *guercio* (M. L. Wagner, *RF* LXIX, 261) (para su origen, vid. Diez, *Wb.,* 380; *REW* 4993; Spitzer, *Lexik. a. d. Kat.,* 86), pero tampoco vemos ahí agarradero semántico.

DERIV. Gall. *lerchán* 'hombre sucio, descarado, descocado' (Vall.) y *larchán* 'haragán, perezoso; gañán' (íd.): «ainda viña o *larchán* en demanda do carozo!», «habías de empreñar ti, *larchán!*», Castelao 213.16, 233.16.

¹ «El junquillo con que se atraviesan las agallas de los peces para colgarlos».— ² Quizá se habría leído mal "manchego" por "maragato" en la nota de un académico.

LERDO, 'pesado, torpe, tardo', 'bobo', voz común al castellano con el portugués, de origen incierto; quizá emparentada con la familia constituída por el cat. *llǫrd*, oc. *lǫrd* 'sucio', fr. *lourd* 'pesado', it. *lǫrdo* 'sucio', que suelen derivarse del 5 lat. LŪRĬDUS 'amarillento, pálido', y que en varios dialectos y textos antiguos toman el sentido de 'necio', pero el desarrollo de la vocal tónica presenta dificutades, que por lo demás existen también en el tipo catalán-ítalo-galorrománico, y pueden explicarse por una confusión con el gr. λορδός 10 'encorvado'; pero en el hispánico *lerdo* la dificultad se agrava por la *e* (que no puede salir de *ue* puesto que *lerdo* es también vasco y gallegoportugués), luego probablemente no tiene que ver 15 con la familia de *lordo*, y quizá sea voz prerromana, posiblemente afín al vasco *lerde, lertzo*, 'baba', *lerdo* 'resina' (derivado de *ler* 'pino'). *1.ª doc.*: J. Ruiz 993*c*.

En este único ej. medieval el poeta califica de 20 *serrana lerda* a la que creyó tan fácilmente sus ofertas matrimoniales; Nebr. define «ignavus, iners» y en el Siglo de Oro el sentido oscila entre 'bobo, de inteligencia obtusa' y 'tardo, lento, pesado (de movimientos)': «¡qué hace el amor! ¡qué vivos 25 hace a los agudos, y tibios los *lerdos* y flojos, y qué avisados a los sabios!», Lope de Rueda (ed. Acad. I, 258); «dotrinada estaba en lo que había de hacer, y de mi padre prevenida; demás que no era *lerda* y para semejantes achaques tenía en 30 su servicio lo que había menester», *G. de Alfarache, Cl. C.* I, 81.5; «no hay gitano necio ni gitana *lerda*: que como el sustentar su vida consiste en ser agudos, astutos y embusteros, despabilan el ingenio a cada paso y no dejan que críe moho 35 en ninguna manera», *La Gitanilla, Cl. C.*, p. 24; «un hermano que tenía, ¿es vivo? J. RANA: No, sino *lerdo*», Quiñones de B., *NBAE* XVIII, 747.

Por otra parte es también clásica la ac. 'lento': «con quien es *lerdo* en esto del dinero, / espuela 40 suelo ser de caballero», íd. íd. 683; «T.: ¿Puedo entrar? V.: ¿Qué le diré? C.: Entre, ¡qué *lerdo* que estáis!», íd. íd. 633; Covarr. define «espacioso y torpe, dízese comúnmente de las caballerías». Ésta es la ac. que ha predominado en la Arg., 45 donde el vocablo es de uso mucho más popular que en España, y se aplica tanto a las personas como a los animales, y también a las cosas: «ésta es una enfermedad *lerda*» (que tarda en progresar o en curarse), «para prestar sus socorros / las mu-50 jeres no son *lerdas*: / antes que la sangre pierda / lo arrimaron a unas pipas…», *M. Fierro* I, 2000[1].

En el uso común español es palabra más literaria, pero advierte Arriaga que en ninguna parte se usa tanto como en Bilbao, y da el ej. «no seas *lerdo*», 55 'no seas tonto, majadero'; Cej. VII, § 64. Tendría gran importancia averiguar si *lerdo* es voz castiza en gallegoportugués, o préstamo castellano, pero los materiales de que se dispone no bastan para dar una respuesta decidida en ningún sentido: 60 sólo puede asegurarse que ya es voz antigua y arraigada en el idioma: además de «sem arte; inhábil; pouco destro; grosseiro» (ej. de Vieira, h. 1680), es 'lento, tardo de movimientos', ac. que Fr. L. de Sousa (1619) aplica a persona, y Bluteau advierte que se refiere especialmente a caballos, citando ej. que no puedo fechar; en gallego «torpe en el andar; tardo en comprender; zafio, rústico»; según Fig. tiene *e* cerrada, según Moraes y Vall. sería abierta.

Las varias etimologías propuestas pueden verse resumidas en el meritorio trabajo de Malkiel, *Philol. Q.* XXV (1946), 289-302. Ya Diez (*Wb.*, 208), notando el considerable parecido de *lerdo* con el tipo *lǫrd(o)*, que se extiende desde el italiano hasta el francés y el catalán, con los sentidos fundamentales de 'sumamente sucio' (it., cat. y parte de oc.) y 'bobo, estúpido' (fr. y parte de oc.), lo identificó con *lerdo* y propuso como origen de ambos el lat. LŪRĬDUS 'amarillento, pálido'; a la tesis de Diez se adhirieron esencialmente Schuchardt (*ZRPh.* XIII, 529-30), M-L. (*REW*, 5176), y muchos más, entre ellos últimamente Rohlfs (*ASNSL* CLXI, 314), Bloch y A. Alonso (*RFH* VII, 44-45).

Empecemos por dejar sentada la considerable identidad semántica de los dos vocablos. Aunque hoy el fr. *lourd* significa 'pesado' en sentido físico (*un poids lourd*), esta ac. no es corriente antes del S. XVII[2], mientras que el vocablo abunda muchísimo en el sentido de 'boto, estúpido' desde el S. XII hasta el XVI: «mes ele fet oreille sorde / qu'ele n'est pas fole ne *lorde*», Renart, «cela est trop sot et trop *lourd*» y «une statue de bois mal taillée et *lourdement* paincte» en Rabelais (God. V, 42*a*), «tous suyvront la créance et estude / de l'ignorant et sotte multitude, / dont le plus *lourd* sera reçu pour juge» (*Gargantua*, cap. 58, ed. 1919, p. 283), etc.

En las lenguas italiana y catalana prepondera la acepción 'sucio, repugnantemente sucio'[3], que es también la propia de Gascuña, Languedoc y Rouergue (Palay, Coromines, Mistral, Vayssier)[4]; evidentemente esta ac. es la más fácil de explicar a base de sentido que LURIDUS tenía en lat.: de hecho *luridatus* es ya 'sucio' en Tertuliano, y las glosas *luridus*: *sordidus* son harto frecuentes y antiguas (*CGL* VI, 662), pero las acs. occitanas 'pesado, lento', 'mareado, aturdido', que hoy parecen ser propias de Provenza, y «lourdaud, maladroit» de Guiena y los Alpes (Mistral), no serán debidas exclusivamente a influjo francés, puesto que en la Edad Media el *Donatz Proensals* traduce *lortz* por 'duro de oído', y en un misterio alpino del S. XV *feo lordo* bien parece significar 'oveja que padece de vértigos'[5]. Esta última ac. la citan otros como propia de los dialectos de Valonia, Morvan, Berry y Lyon, y Schuchardt supuso que al sentido franco-español se llegara desde el de 'pálido' pasando por esta ac. dialectal. Por lo demás hay otros caminos posibles, y aun creo que alguno es más verosímil.

Pero lo que salta a la vista es que la dificultad real en esta etimología no es semántica en manera alguna, sino de naturaleza fonética. En efecto, que LŪRĬDUS tenía Ū larga está probado por decenas de versos inequívocos de todos los períodos de la literatura latina, desde Lucrecio hasta Ovidio, Silio Itálico y Columela (el rioj. *lurdo* 'oscuro' y el ast. *llurdo* 'un pez oscuro', citados por GdDD 3993, no son representantes del vocalismo lat. LŪRIDUS, enteramente aislados en romance, como dice GdDD 3993, sino occitanismos locales [de *lourd* 'sucio']). Para eliminar la dificultad se ha echado mano a varios expedientes, sobre todo la contaminación, sea la de *tŭrdus*, o la de *sŭrdus*, o la de *spŭrcus*, ninguna de las cuales satisface, dada la disparidad gramatical en un caso, semántica en el otro y fonética en el último; con mayor verosimilitud se podría recurrir a *gŭrdus* 'grosero, embotado', pero ni esto ni la variante dialectal itálica que imaginé hace años[6] me satisfacen, puesto que no explican el vocalismo de *lerdo*. Ahora bien, es muy atendible la sugestión de Graur (*Rom.* LIV, 504-5) al señalar las glosas latinas donde *lordus* o *lurdus* traducen el lat. *cloppus* 'cojo' (CGL III, 330.35, ms. del S. IX) o *mancus* (II, 17.27, en el antiquísimo seudo-Filóxeno), y, en efecto, la traducción 'cojo' aparece unánimemente junto a *lurdus* o *lordus* en los 4 muy antiguos glosarios anglosajones (Barbier, RDR II, 191). En vista de ello, aunque no llegaré a afirmar, con Graur, que *lourd* no viene de LURIDUS, sino del gr. λορδός 'encorvado, inclinado' (de donde el cultismo *lordosis* 'corcova con prominencia anterior'), sí considero muy probable que en el latín tardío se produjera una mezcla o confusión entre LŪR(Ĭ)DUS y λορδός, popularizado por los médicos grecolatinos, de donde el lat. vg. LORDUS, que reunió las acs. 'lívido, sucio' y 'cojo, de andar pesado': de ahí podrían haberse originado luego las acs. 'lento' o 'de comprensión tarda'.

La confusión entre voces tan semejantes, y ambas de uso médico, parecía inevitable, pues LURIDUS también se aplicaba a los enfermos de ictericia («*luridus*: ἰκτερικός», CGL II, 125.22). Conviene advertir que la ómicron griega era vocal breve, pero más bien cerrada, de donde resulta la pronunciación ǫ en muchos helenismos romances bien conocidos (TORNUS, SOÓRPAENA, etc.), pero otras veces (en préstamos más antiguos) predomina la cantidad breve y resulta ŏ > ǫ. Luego a poco que en algunas partes se anticipara la adopción de λορδός, como en las zonas muy helenizadas del Sur de Italia, pudo resultar LǪRDUS, de donde el calabrés *luordu*, *lǫrdu* 'sucio'[7]; sic. *lǫrdu*, cuya ǫ se debería al influjo del sinónimo (*s*)*porco*, según Rohlfs, *It. Gr.*, § 82; y por otra parte el gall. *lòrda* 'lodo que se coge en el ruedo de los vestidos', *lordeiro* 'el que con faci-

lidad se ensucia' (Vall.), *enlordado* 'ensuciado, zarrapastroso'[8]. Ahora bien, este vocalismo nos explicaría también la forma española, a condición de admitir que **luerdo* pasara a *lerdo*, tal como *culuebra* a *culebra*, *flueco* a *fleco*, *luego* a *lego*, o tal como *serba* viene de SŎRBUS. En favor de esta etimología se podría invocar la gran antigüedad y difusión de la ac. 'boto de entendimiento', comprobada por el proverbio *Populo stulto Episcopus lurdus*, que pronunció un antiguo obispo de Milán, según un escritor de la primera mitad del S. XII (Du C.). Reconocía yo en el DCEC, de todos modos, que no convenía darla por segura mientras no se hallaran testimonios de **luerdo* en castellano y no se comprobase que el gall.-port. *lerdo* es un castellanismo.

En realidad no se confirma que exista la forma *lorda* en el ms. G de Juan Ruiz, 993c: la lectura es enteramente incierta, y es preferible leer ahí *lerda* como en el otro ms. (V. mi edición). Así desaparece el apoyo más sugestivo para la identificación con el tipo romance *lordo*. Por otra parte, las dudas en cuanto al carácter de préstamo supuesto para el gall.-port. *lerdo*, se agravan al observar que también en vasco es *lerdo*, documentado en los dialectos más conservadores: con el sentido de 'tonto' en Vizcaya (N. y O.), con el de 'inactivo, pesado' en el Baztán, con el de '(jueves) lardero' en Sule, propiamente 'jueves gordo'. Es de creer, pues, que *lerdo* ha tenido siempre *e* y nunca *ue*, y que nada tiene que ver con *lordo* ¿Será prerromano?

He aquí un muy fuerte argumento que se puede esgrimir en apoyo de esta idea: *lerdo* en el Valle de Salazar es «resina», derivado evidente (con sufijo -*do*) del antiquísimo y prerromano *lerr* 'pino' (ronc., sul.[9] y salac.), que muchos relacionan con el tipo prerromano del lat. *larix*, al. *lärche*, su.-fr. (*l*)*arze*. Es concebible que de 'resinoso', pasando por 'pegadizo', se llegara a 'lento' y 'tonto'. Otras palabras vascas, como *lerdatu* y *lerdikatu* 'aplastar' 'hacer desfallecer', *ler egin* 'reventar' (guipuzcoano, vizcaíno), y *alto* y *bajo navarro*), *lertu* 'reventar' y 'resbalar', *lertxun* 'tiemblo (árbol)'[10] forman un conjunto cuya trabazón no es transparente, pero que de todos modos tiende a confirmar el carácter autóctono de esta raíz. En particular ahí está el importantísimo vasco común *lerde* y *lertzo* 'baba', que forma puente desde la idea de 'resina' a la de 'bobo' 'lento'.

Desde luego las demás etimologías propuestas son mucho menos aceptables. Algunos se han limitado a explicar el cambio de *lordo* en *lerdo* por una contaminación medieval o moderna: Unamuno (*Homen. a M. P.* II, 59) y otros admitían la de *lelo* o *lento* (pero ambos aparecen en la lengua varios siglos más tarde que *lerdo*), y Brüch (ZRPh. XXXVI, 577) la de un gót. **LIRTS* 'izquierdo, torpe'[11]. Para otras propuestas, francamente imposibles, me limitaré a remitir al trabajo de Malkiel.

La primera idea de Spitzer (*Lexik. a. d. Kat.*, 86-87), adoptada por Gamillscheg (*EWFS*), de un galo *LERDOS o *LORDOS, además de no fundarse más que en una voz moderna del dialecto gaélico de Escocia (*loirc*), que se cree procedente de un derivado *LORD-SKOS y significa 'pie mal formado' (Pedersen, *Vgl. Gramm.* I, 80-81), es inaceptable como base de una voz romance que tiene arraigo hasta en Calabria. Es infundada la sugestión de Lecoy (*Rom.* LXXI, 551) de que un ej. de *lerdear* en el sentido de 'cojear' (aducido por Malkiel, pero habría que comprobarlo) apoye el étimo céltico *LORDOS de Spitzer: tal base carece de apoyo firme en céltico, como acabo de indicar (si acaso podría enlazarse con los sentidos del gr. λορδός). Más razonable es la segunda propuesta de Spitzer (*RFH* VII, 43-44), a base de separar *lerdo* de *lordo*, y para aquél partir de un leonés *leldo LĒVĬTUS 'fermentado con levadura' (cast. *leudo*), representado por el salm. *lleldo* o *yeldo*, santand. *dieldu*, que además de este sentido y el de 'inflado' llega a tener el de 'pálido, exangüe'; como ya desarrolló más largamente A. Alonso, la dificultad mayor no es ni fonética (pues *lieldo > *leldo podría explicarse gracias al verbo *leldar, tal como el cast. *leudo*) ni propiamente semántica, pero sí es increíble que un adjetivo de sentido técnico en la región de origen se extendiera a todo el castellano y gallegoportugués con un sentido general y afectivo del cual no hay huellas en la supuesta patria del vocablo, ni las hay del cast. *leudo* o gall.-port. *lévedo* en el sentido de 'lerdo'. Una de las etimologías más inverosímiles es la propuesta por Malkiel en su citado trabajo, por lo demás útil y sugestivo. Supone que *lerdo*, perteneciendo a la categoría de los adjetivos postverbales, viniese de un verbo hipotético *lerdar[12] 'ir despacio', y éste de un lat. vg. *GLĒRĬTARE, derivado a su vez del lat. vg. *GLĒS, GLĒRIS[13], variante de GLĪS 'lirón'; no hay por qué insistir en lo arbitrario de la idea en sus supuestos más vitales, pues basta observar que el latín vulgar no formaba derivados en -ITARE más que con radicales verbales, pero nunca con nombres[14]. El étimo **INĔRTUS (por INERS) que sugiere Piel, *RForsch.* LXX, 132, es indefendible en todos los aspectos, no sólo el fonético.

DERIV. *Lerda* o *lerdón* 'tumor sinovial que padecen las caballerías' (dicho así porque las hace ir *lerdas*). *Lerdez* ant. *Enlerdear* (V. arriba, nota). *Lerdear*, arg.

[1] El matiz argentino es ya el que observamos en 1745 en Lozano, *Hist. de la Conq. del Paraguay* cuando explica que el oso hormiguero o tamanduá «es bestia muy *lerda*» (libro I, cap. 11; tomo I, p. 289).— [2] Se halla alguna ac. análoga, pero de carácter figurado, «*lourdement* chargée de dettes», Amyot (S. XVI), God. X, 97.— [3] En catalán es popular sobre todo en los dialectos meridionales del Principado: del Priorato tengo anotados *aigua llorda*, *poble llord*. Otros lo registran en la Conca de Barberá, Campo de Tarragona, Ribera, Tortosa y zona catalana de Teruel.— [4] Localmente se hallan matices afines a esta idea fundamental, especialmente 'feo' en Tortosa, en Aniane (Hérault; *BhZRPh.* LXI, 46), etc., donde por lo demás coexistirá con 'sucio', como ocurre en el Rouergue. Por lo demás el matiz 'feo' pudo ser ya antiguo, puesto que la glosa «*informis: turpis vel lorida* seu *sine forma*» se lee ya en un códice Vaticano del S. X (*CGL* V, 504.16). No sé que en catalán valga 'pesado, torpe' en parte alguna, como asegura M-L., aunque algún lexicógrafo poco informado se haya dejado guiar por el fr. *lourd* al traducir este vocablo dialectal y literario.— [5] El otro ej. que cita Levy (*P. S. W.* IV, 439) es oscuro.— [6] En *BDC* XIX, 38, admití un *LŌRĬDUS umbro-sabélico explicable por la raíz indoeuropea *ghlou̯r* (gr. χλοƑερός > χλωρός 'amarillo') a que se ha atribuído este vocablo. Hoy Hofmann rechaza esta etimología de Walde y la sustituye por otra que también haría posible esta suposición. Por lo demás ambas etimologías son dudosas y no hay ninguna firme (Ernout-M.). Realmente *lūrdus*, después de la síncopa, tenía una estructura bastante extraordinaria, pues no sólo *surdus*, *turdus* y *gurdus* tienen *ŭ*, sino también *burdus* 'bastardo' y otros; lo cual podía ya bastar por sí solo. Sería interesante comprobar si hay representantes de LURIDUS con *ū*: Schuchardt (*Litbl.* XIV, 97) afirma que el galés *llur* 'lívido' viene de LŪRĬDUS; Piel, *Rev. de Portugal, Língua Portuguesa*, XIV, 154-5, deriva de ahí el port. *ludro* 'sucio', 'turbio' (comp. gníа. *ledro* 'bajo o que vale poco'), y en Colunga *llurdu* es un «pez del género labro, de color o s c u r o», pero no perdamos de vista que en leonés y portugués es corriente la metafonía *ó-u > ú-u*.— [7] La explicación de Lausberg (*BhZRPh.* XC, 26n.) por una alternancia dialectal latina del tipo de la de FŎRNUS: FŬRNUS, no convence puesto que la síncopa de LŪRIDUS en LŪRDUS no se produjo hasta el latín tardío.— [8] «*A sua nai, enlordada de pés a cabeza*» Castelao 214.3.— [9] Nótese la variante *leher* de Sule, que se extiende a otras palabras de la misma familia; cf. aún las variantes *lirdi, lirdikatu, lirin*.— [10] Más incierto el parentesco con *lero* 'porfía' (sólo en Marquina) con *lerin* 'fruta curada, muy madura' (b. nav., sul.) y con *lerindu* 'madurar'.— [11] Esto es ya imposible. Se trata en realidad de un lapso, pues lo único que admitiría la fonética gótica es *LAÍRTS (es decir, *lḗrts*), cuya Ē habría dado *ie* en castellano. Por otra parte tal voz gótica no tendría otro apoyo que el alem. dial. (bávaro) *lërz*, sólo documentado desde el alto-alem. medio, y que alterna con *lerk, lirk* y *lurz* (¿voces expresivas?, ¿contaminaciones? Desde luego no serán palabras antiguas).— [12] Que de ninguna manera puede apoyarse en los existentes *enlerdar* (en algún autor del S. XVI) y el modernísimo *lerdear*, pues claro

está que ambas formaciones son típicas de los verbos derivados secundariamente de un adjetivo.— [13] De donde el fr. *loir* y el gall. *leirón*. Debe tratarse de una variante dialectal itálica en Ē, no en Ĭ (según admite Wartburg), pues el latín cambiaba automáticamente en Ĕ la ι breve ante R. Nótese, por lo demás, que el castellano sólo posee *lirón*, que viene de GLĪREM, en contradicción con el inverosímil *GLERITARE.— [14] Repásese la lista de ejs. formada por M-L., *Rom. Gramm.* II, § 587, aunque es hecho conocidísimo. Todos derivan de un verbo (CIRCITARE, MISCITARE, MOVITARE, SEDITARE, etc.), sin excluir VANNITARE de VANNERE, *VANITARE de *VANARE (cat. y oc. *vanar-se* 'alabarse'), PIGRITARE de PIGRARE (*REW* 6491); excepción única sería el supuesto *NASITARE, pero es etimología muy dudosa (V. *REW*), las voces dialectales italianas que se le atribuyen vienen más bien de un cruce con *fiutare*. Puede aumentarse fácilmente la lista de M-L. sin tropezar con excepciones. HEREDITARE es derivado haplológico de HEREDITAS (Walde-H.), por lo tanto no contiene -ITARE, sino -ARE. Spitzer supuso en otro tiempo un *DE-EX-SOMN-ITARE (que en rigor podría venir de SOMNIARE) para el cat. *deixondar* 'despertar', pero lo común es *deixondir*, que lo mismo que *espaordir* = oc. *espavorzir*, presenta el cambio de -*zir* en -*dir* tras consonante (como en *Vilardell* VILLARICELLUM, *Lligordà* LUCRETIANUM, etc., vid. mi artículo de *Estudis Romànics* III).

Lero, V. *lirón*   *Lesano*, V. *lisiar*   *Lésero*, V. *lépero* y *lisiar*   *Lesión, lesionador, lesionar, lesivo*, V. *lisiar*   *Lesna*, V. *lezna*   *Lesnordeste*, V. *este*   *Leso*, V. *lisiar*   *Lesonja*, V. *lisonja*   *Lessueste*, V. *este*

LETAL, tomado del lat. *letalis* íd., derivado de *lētum* 'muerte'. *1.ª doc.*: h. 1520, Padilla; otro ej. suelto en Jáuregui (C. C. Smith, *BHisp.* LXI); Acad. ya 1817.

Voz poética y médica.

Letame, V. *ledo*

LETANÍA, tomado del lat. *lĭtanīa* 'plegaria', y éste del gr. λιτανεία 'súplica', 'plegaria', derivado de λίτανος 'suplicante' y éste de λιτή 'ruego'. *1.ª doc.*: *ledanía*, Berceo; *letanía*, Nebrija.

La forma antigua, semipopular, además de Berceo, aparece en *Alex.* (58, 271), *Fn. Gonz.* (264), *Gr. Conq. de Ultr.* (p. 79), J. Ruiz (764); cat. *lledànies*, pero en castellano se acentuaba la *í*, según prueban las rimas en J. Ruiz, *Fn. Gonz.*, *S. Mill.*, 33, etc. El sentido a veces es traslaticio: 'retahíla, relación de cosas seguidas' (*Alex.*, J. Ruiz), 'cuentos, entretenimientos' (*Fn. Gonz.*), 'historia' (Berceo, *Mil.*, 97a); Cej. VII, § 50.

Letargía, letárgico, letargo, letargoso, V. *latente*   *Leticia, letificante, letificar, letífico*, V. *ledo*

LETRA, del lat. LĬTTĔRA íd. *1.ª doc.*: orígenes del idioma (*Cid*, etc.).

Renunciando a estudiar los sentidos del vocablo, me limito a notar que *letras* en el sentido de 'carta misiva' se halla en *Alex.*, 735a, 741a, y Nebr. todavía admite el singular *letra* en esta ac. (para la cual, véase Gillet, *HispR.* XXVI, 284-5). La ac. 'letra de cambio', documentada desde 1547, es imitada del italiano, donde se documenta desde fines del S. XIV (Terlingen, p. 284). Para los nombres de las letras del alfabeto en el castellano del S. XVII, vid. Navarro Tomás, *RFE* VII, 152.

DERIV. *Letrado* [Berceo]; *letrada*; *iletrado. Letrero* [Nebr.]. *Letrilla* [1605, *Pícara Justina*]. *Letrón. Letrudo. Deletrear* [es· lo que deberá leerse en vez de «*deleitar, juntar letras*: syllabico», Nebr.]; *deletreado*; *deletreador*; *deletreo.* Port. *soletrar*, gall. *soletrear* 'deletrear' (Castelao 54.21, 161.32). Cultismos: *Literal*; *literalidad. Literario* [1615, *Quijote*]; *iliterario. Literato* [1438, J. de Mena, *literatíssimo*]; *iliterato*; *literatura* [*APal.* 25b], antes se dijo *letradura* (*Castigos de D. Sancho*, 121; J. Manuel, Rivad. LI, 242; *Libro de los Enxemplos*, 440). *Aliteración, aliterado*, derivados cultos formados en los varios idiomas modernos a princ. S. XIX. *Obliterar* [Acad. 1884], de *oblĭtterare* 'borrar'; *obliterador*; *obliteración.*

CPT. *Trilítero. Cuadrilítero* (más bien que *cuatrilítero*), falta en Acad., pero es muy usual en lingüística semítica.

LETRINA, tomado del lat. *lātrīna* 'baño', 'retrete para evacuar el vientre', contracción de *lăvātrīna*, derivado de *lavare* 'lavar'; la forma española se debe a una etimología popular que relacionó arbitrariamente este cultismo con LETRA. *1.ª doc.*: Nebrija («*letrina*: latrina»).

Letrón, letrudo, V. *letra*   *Letuario*, V. *elegir*   *Leucemia, leucocitemia, leucocito, leucofeo, leucoplaquia, leucorrea*, V. *luz*   *Leúda*, V. *leve*   *Leudar*, V. *leve*

LEUDE, tomado del b. lat. *leudis* 'hombre libre que sirve al rey', voz común a todas las lenguas germánicas (alem. *leute* 'gente', etc.). *1.ª doc.*: Acad. 1884.

Se halla en el latín de la *Lex Wisigothorum*, y en el de las antiguas leyes nacionales de las varias tribus germánicas.

Leudo, levar, levantar, V. *leve*

LEVE, tomado del lat. *lĕvis* 'ligero, leve'. *1.ª doc.*: Santillana (C. C. Smith, *BHisp.* LXI); 1605, *Quijote* I, ii, 5 («que de *leve* causa procede»).

Es ya frecuente en Góngora, y Covarr. registra

«*cosa leve:* cosa de poca consideración y momento»; *Aut.* da ejs. desde 1641. Desde entonces el vocablo se ha afianzado en la lengua literaria, pero todavía sólo se emplea como voz del lenguaje elevado, en prosa cuidada, poesía, estilo forense, etc.; Cej. VII, § 63. Suele citarse un cast. ant. *lieve,* que sería representante popular del mismo vocablo, que no es inaudito como mero adjetivo: «como diximos es mas *lieve* e mas seguro», trad. cast. de Abenbassal, *Al-And.* XIII, 386; por lo demás se halla también en ciertas combinaciones: en Berceo el adverbio compuesto *bien lieve* 'quizá' (*S. Dom.,* 406, *S. Or.,* 88*d*), que corresponde al rosell. *belleu,* oc. *benleu* íd.; de *lieve* 'fácilmente' *Alex.,* 842; *Gral. Est.* I, 303*a*51; *1.ª Crón. Gral.,* 648*b*43; en APal. 513*b* el sentido del adjetivo *lieve* no es claro, parece haber errata.

Cat. *lleu,* oc. *leu* 'leve' 'fácil'. De éste parece préstamo trovadoresco, sustantivado como voz familiar, el port. *léu* «ocio, tuna», *ao léu* 'sin sombrero' 'ligero de ropas' («o labrego que se deixa cair coa barriga *ao léu* e a camisa encharcada em suor», R. Lapa, *Colóquio-Letras* XIII, 1974, 10).

Deriv. *Levedad,* antes *levidad. Levar,* del lat. Lĕvāre 'aliviar', 'librar', 'levantar': en las acs. ordinarias que hoy corresponden a LLEVAR (V. este artículo) es tan antiguo como el idioma (*Cid,* etc.), pero en las de 'recoger las anclas' y 'levantar gente para la guerra', en las cuales se ha conservado la forma *levar,* será forma tomada del fr. *lever,* como término náutico o militar; la distinción semántica entre los dos duplicados ya existía en tiempo de J. de Valdés («por mejor tengo dezir *llevar,* aunque no fuesse sino porque· *levar* también significa *levantar*», *Diál. de la L.,* 78.14), aunque en su tiempo todavía se decía *levar* por 'llevar', como dice él mismo (o le hace decir el tipógrafo) en el *Diál. de la Doctr. Crist.* de 1529 (f° ci, v°, y ciiii, v.°), y es grafía constante en APal. (2*d,* 8*d,* 17*d,* 38*d,* 122*d,* 214*b*), mientras Nebr. ya escribe *llevar; levar ferro* se lee en Cervantes y Lope (Fcha.), en contraste con *llevar* en las demás acs.; de ahí gnía. *levar* 'marcharse' [en 2 romances de J. Hidalgo]; *leva* 'recluta de tropas' [1613, Babia], 'partida de una embarcación' [Covarr.], 'huída' [1604, *G. de Alf., Cl. C.* IV, 116], gnía. 'treta, ardid, astucia' [rom. de J. Hidalgo; *G. de Alf., Cl. C.* II, 187.1; *Rinconete*][1], variante antigua *lieva, levada* 'molinete que se hace con una arma antes de ponerse en guardia' [«*levada en algún juego:* proludium», Nebr.; esta ac. o la siguiente en la *Celestina, Cl. C.,* 185], 'lance de esgrima' [1605, *Pic. Justina*], gnía. 'treta, engaño' [princ. S. XVI: Hill II, 76]; *levadero; levadizo* [APal. 264*d;* Oudin]; *levador* [rom. de J. Hidalgo]; *levadura* [Berceo; Covarr.; Oudin]; *levamiento.*

Levante 'oriente' [Nebr.]; *levantino* [*Aut.*], *levantisco* 'levantino' [1573, E. de Salazar, *Cartas,* 41; *G. de Alf., Cl. C.* I, 54].

Levantar [h. 950, *Glosas Emil.,* 3; general desde el *Cid;* Cej. VII, § 63; ast. *llevantar,* con fraseología, en V], formación común con el port. *levantar,* que sólo reaparece en el engad. *alvantar,* sobreselv. *leventar* (*Festschrift Jud,* 583)[2]; *levantada; levantadizo* arag. [invent. de 1403, *BRAE* IV, 523, n.° 41; otro ej. acabo de citar en nota]; *levantado; levantador; levantadura* [APal. 213*b,* Nebr.]; *levantamiento* [APal. 139*d,* 512*b;* Nebr.]; *levante* 'acción de levantar'; *levantisco* 'turbulento' [h. 1835, J. de Crespo en Pagés; Acad. ya 1869, no 1817] pudo nacer de una mala comprensión de *levantisco* 'levantino' (V. arriba); *llevantu* ast. 'calumnia' (V); *alevantar* [DHist.], *-adizo, -amiento.*

Liviano [Berceo, *Mil.,* 888*d,* etc.] supone un derivado lat. vg. *LEVIANUS del cual proceden también el gall. *levián* 'de poco peso' y el port. ant. *livão* [3.ʳ cuarto del S. XIII, *ZRPh.* XIX, 201; el port. mod. *leviano* es castellanismo], en contraste con el tipo *LEVIARIUS que predominó en galorrománico y catalán (V. *ligero,* más abajo): en castellano *liviano* es voz de uso general y frecuente en la Edad Media (*leviano, Alex.,* 695; *Fueros de Aragón* de h. 1300, § 273.1), con los sentidos materiales 'ligero de peso' (*Danza de la Muerte,* 356; *Celestina* XII, *Cl. C.* II, 89.6), 'rápido, ágil' (*Alex.,* Berceo, *l. c.*), '(herida) sin gravedad' (*F. de Aragón, l. c.*), todavía corrientes en la España del Siglo de Oro (Cej. VII, § 63), pero hoy confinadas al leonés y el hispanoamericano (*RFH* VI, 224), mientras que en el uso común español se ha tendido a restringirlo en las acs. figuradas y peyorativas 'antojadizo, de poca consistencia, ligero de cascos' (ya APal. 515*b;* Ruiz de Alarcón, *Verdad Sospechosa, Cl. C.,* 108), 'deshonesto' (1626, Céspedes), o en la sustantivación *livianos* 'bofes' [APal. 21*b;* Nebr.]; *liviandad* [-*t,* h. 1250, *Setenario,* f° 16r°*b; levianidad,* Nebr.], antes *livianeza* [Nebr.] o *livianez; alivianar* [Nebr.; 1547, P. Mejía], hoy desusado en España, pero no en América; *aliviánamiento* 'ligereza, simpleza' judesp. (*BRAE* I, 453).

Ligero [Berceo; frecuente desde entonces en todas las épocas; Cej. VII, § 78; ast. *llixeru,* V], del fr. *léger* íd.[3], y éste del lat. vg. *LEVIARIUS, derivado y sinónimo de LEVIS, y voz común al fr. con el oc. y cat.; desde el francés pasó en forma de préstamo a los demás romances de Occidente (*FEW* V, 288-9); hoy en el castellano de España ha reemplazado casi totalmente a la antigua voz castiza *liviano* (V. arriba)[4]; el asturiano de Cabranes *llibiero* no es continuador genuino de LEVIARIUS, como dice GdDD, sino cruce local de (*l*)*liviano* con *ligero; ligereza* [h. 1275, *1.ª Crón. Gral.,* 8*a*30; APal. 167*d,* 242*d;* Nebr.], ant. *ligerez; ligeruelo; aligerar* [1584, Cervantes: Cuervo, *Dicc.* I, 346-7].

Leudo 'fermentado con levadura (aplicado al pan o a su masa)' [*liebdo* 'agitado, optimista', Berceo, *S. Lor.,* 18*d*], de *LĔVĬTUS 'levantado', participio vulgar en vez de LEVATUS; la forma

moderna, que se halla ya en Nebr. («*leudo, pan:
fermentatus*») y en Rob. de Nola («masa que sea
bien *leuda*», 129), debe su falta de diptongación al
verbo *leudar; leúdo* en Gonzalo Correas[5], *ĭludo* en
Sánchez de Badajoz; formas dialectales: judesp.
levdo (*RF* XXIII, 988), *lieldo* en Cespedosa y
lludo en localidades próximas (*RFE* XV, 152, 272),
también en Tierra de Campos (Sarm. *CaG*. 232*v*),
lleldo o *yeldo* en Salamanca (Lamano), *lloudo* en
Sanabria (*RFE* V, 39), *dieldu* y *tsieldu* en Asturias y Santander, *ludio* en Extremadura, *liudo* en
Bogotá y en el Sur de Chile (Cavada), que en el
centro de este país ha tomado la ac. 'lacio, marchito, decaído', aplicado al cuerpo humano en días
de calor excesivo (Z. Rodríguez; Román; Lenz,
Dicc., p. 784); en algunas partes se emplea el
femenino sustantivado, para el fermento o levadura: ast. *dielda*, Huelva *leúda* (*RFE* XXIV, 227),
and. *linda*[6]; fuera del castellano existen port. *lêve-
do* 'fermentado', gall. *lévedo* (*pan o masa léveda*,
Sarm. *l. c.*), Pallars y Ribagorza *lleute* 'levadura' (también Venasque *lleuto*, Ferraz), gasc.
lhèute íd. (Arán, Comminges, Valle de Aura:
BhZRPh. LXXXV, § 196), it. *lièvito*, además bearn.
lhèute «levée, action de soulever»; para más variantes y documentación, Cuervo, *Ap.*, § 117n.;
G. de Diego, *RFE* III, 315; *FEW* V, 291*a;* de
ahí el verbo derivado *leudar* 'fermentar (la masa
de pan)' [*lebdar*, Berceo, *Sacrif.*, 77; *leudar*, Nebr.;
liudarse, Sánchez de Badajoz; *liudar*, Las Casas,
Apol. Hist., en Cuervo, *Ap.*[7], p. xix; hoy *ludiar*
es usual en Extremadura, y *liudar* en Santo Domingo, *BDHA* V, 44-45, Colombia, Chile y Arg.,
donde he oído el presente intransitivo *liúda* en el
Norte de Mendoza, pero también se dice *liudarse*,
Chaca, *Hist. de Tupungato*, 363; para *aleudar* y
alleudar, V. DHist.; Cej. VII, § 63. *RDTP* IX,
705-11, y *GdDD* 3848-50].

De LEVAMEN: gc. *lebame, leüame, -ami* > guip.
legami(n), especialmente en el Beterri.

Aliviar [*alleviar* y *aliviar*, Berceo: Cuervo, *Dicc*.
I, 350-3; *aliviar*, Nebr.; 1493, Woodbr.; J. de
Valdés, *Diál. de la L.*, 55.14, desaprueba la forma
con *e*, achacándola a Nebr.], del lat. tardío ALLE-
VIARE 'aligerar', representado en todos los roman-
ces de Occidente; *alivio* [Nebr.; Cej. VII, § 63];
Colunga *lliviadora* 'pieza del molino que sirve para
suspender el rodezno' (Vigón, *Supl.*).

Elevar [APal. 277*d* «llamamiento que *elieva* o
ensalça»; falta todavía en Nebr. y PAlc.; *Aut*.
cita ej. de fines del S. XVI, y desde entonces es
corriente], tomado del lat. *ēlĕvare* íd.; *elevación;
elevado* (en Cuba y EE. UU. 'ferrocarril que va
sobre una fábrica de hierro levantada en el aire',
Ca., 230), *elevador* (anglicismo cubano para 'as-
censor', *Ca.*, 231; en la Arg. 'almacén de granos,
de gran elevación', tiene el mismo origen, con
cambio de significado). *Solevar* [APal. 31*b* «*arrigo*
es alço, *solievo*], del lat. SUBLEVARE íd.; *soleva-
miento, solevación;* de ahí por cruce con *aliviar:*

soliviar [Nebr.; PAlc.; ej. de med. S. XVI en
Aut.]; *soliviadura, solivio, solivión*, ant.; y por
nuevo cruce con *levantar: solevantar* [1615, *Quijote*], *solevantamiento, solevanto;* finalmente *soli-
viantar* [Acad. 1884]; duplicado culto de *solevar*
es *sublevar* [1683, Betisana], *sublevación, suble-
vamiento.*

[1] Puede venir de la idea de 'huída con dinero
de alguien', comp. cast. *alzarse con una cosa*,
cat. *aixec*, 'estafa', 'dinero con que huye alguien'.
Podría pensarse también en 'treta en el juego',
comp. *levada*. Para ejs. vid. Hill y Fcha. También en el *Lazarillo* de Luna (p. 113); hoy vivo
en Colombia, Méjico, etc. (*BRAE* VII, 615).—
[2] La variante *devantar* (para la cual V. *DEĴAR*),
aparece en la novela morisca del S. XVI *El Baño
de Zarieb* (*Homen. a M. P.* I, 380), etc.; *devan-
tadizo (tavla -iza)*, en invent. arag. de 1378,
BRAE IV, 216. Para la distinción entre *levantar*
y *erguir*, vid. Valdés, *Diál. de la L.*— [3] Para el
tratamiento, comp. *ALIĴAR*.— [4] En cambio en las
hablas leonesas e hispanoamericanas se emplea preferentemente en acs. figuradas. *Tené la mano muy
llixera* 'ser largo de manos' en el asturiano de Colunga (Vigón). En la Arg. casi sólo significa 'rápido' (en todas las acs. de este vocablo: frases
como «la victoria será no solamente cierta, sino
ligera» se leen corrientemente en la prensa), a lo
más 'ágil'. En J. Ruiz la locución adverbial *de
ligero* aparece en la ac. 'prontamente, fácilmente', 419*a*, 1669*b*.— [5] Pronunciación popular semejante a *deuda* > *deúda, diúda*, o *reuma* > *reú-
ma*.— [6] A. Venceslada. Interesante forma mozárabe, con el tratamiento *-bd-* > *-nd-* estudiado
s. v. *GUISANTE*, y reducción de *ie* a *i*; de ahí
acaso *lindia* que emplean en el Roncal como
nombre romance de la hierba llamada *polbora*
en vasco local (Azkue). Ya Abencuzmán empleó
el mozár. *lebţa* en uno de sus zéjeles árabes
(*al-faţir wa-l-lebţa bi-dammī*) que G.ª Gómez
explica «quiero pan cenceño y con levadura»
(V, estr. 8; cf. *Al-And.* XXXVII, 1972, 417).

LEVIGAR, tomado del lat. *lēvĭgare* 'alisar',
'pulverizar', derivado de *lēvis* 'liso'. *1.ª doc.*: Acad.
1884.

DERIV. *Levigación.*

CPT. *Lientería*, tomado del gr. λειεντερία íd.,
compuesto de ἔντερον 'intestino' con λεῖος 'liso',
hermano de *lēvis; lientera; lientérico.*

LEVIRATO, derivado culto de *levīr, -i*, 'hermano del marido'. *1.ª doc.*: Acad. ya 1869, no
1843.

LEVITA, 'israelita de la tribu de Leví, dedicado al servicio del templo', tomado del lat. tardío
levīta, adaptación del hebr. *lewī* íd.; en la ac.
'chaqueta larga de hombre con faldones cruzados
por delante' se tomó del fr. *lévite*, nombre apli-

cado a esta prenda por parecerse a la que llevaban
los levitas en las representaciones teatrales. *1.ª
doc.*: 'sacerdote israelita', 1542, Escobar; 'prenda
de vestir', Acad. ya 1843, no 1817 (en francés
desde 1782).

Tiene gran difusión en América un derivado regresivo *leva* (Payró, *Pago Chico*, ed. Losada, p.
132), para cuya extensión, vid. *BDHA* IV, 57n.
Levosa es deformación familiar y festiva.

DERIV. *Levítico. Levitón.*

Levógiro, V. *diestro*   *Levosa*, V. *levita*   *Le-
xar*, V. *dejar*   *Léxico, lexicografía, lexicográfico,
lexicógrafo, lexicología, lexicológico, lexicólogo*, V.
leer

LEY, del lat. LĔX, LĒGIS, 'proyecto de ley', 'ley'.
1.ª doc.: orígenes del idioma (doc. de 1158,
Oelschl.).

General en todas las épocas; Cej. VII, § 59;
común a todos los romances. La forma *lee* que
vemos en *Alex. O*, 1948c, fué intermedia entre
LEGE y *ley;* éste se pronunciaba comúnmente bisi-
lábico en Berceo y otros textos coetáneos. En lo
antiguo es muy común la ac. 'religión' (Berceo,
Juan Manuel, etc.), y también la ac. figurada 'manera' (Berceo, *Mil.*, 899b, «a leï de ladrón», *S.
Mill.*, 6 «a leï de pastor»; otros ejs. s. v. *LAYA*
II), que reaparece en otros romances y está a la
base del vasco dial. *legez* 'como' (propiamente 'según la manera'): Azkue, *Homen. a M. P.* II, 91.

DERIV. *Leal* [orígenes del idioma : *Cid*, etc.],
del lat. LEGALIS 'legal' (por lo menos en port. y
cast., en cat. *lleial* y en oc. *leial*, no se ve razón
para considerarlo cultismo, según hace M-L.,
REW 4968)[1]; *lealtad* [Berceo; Nebr., etc.; *leal-
dat*, J. Ruiz, 177], antiguamente también *lealtanza; desleal* [-*ar*, *Alex.*, 161], *deslealtad* [1251, *Calila* 35.572; *1.ª Crón. Gral.*, 28a33]. Duplicado
culto es *legal* [h. 1520, Padilla (C. C. Smith, *BHisp.*
LXI); Covarr.]; *legalidad; legalista; legalizar,
legalización; ilegal; ilegalidad.*
Leguleyo [Acad. 1832, no 1780, no Covarr.,
Casas, Fcha., A. Pal.], lat. *legulejus*, íd. *Legar*
[1348, Orden. de Alcalá], vocablo jurídico, tomado
del lat. *legare* 'enviar, delegar', 'dejar testamenta-
riamente'; *legado* [APal. 25b; Nebr.]; *legacía*
[Nebr.]; *legación; legatario.*
Alegar [1240, Fuero Juzgo: Cuervo, *Dicc.* I,
324-6; en esta época se halla también *allegar*], to-
mado del lat. *allegare* íd.; *alegación; alegato.*
Delegar [h. 1260, *Partidas*: Cuervo, *Dicc.* II,
873-4], tomado de *delegare* íd.; *delegación* [Vidal
Mayor 6.28.36; Nebr.]; *delegado* [íd.]; *delegante;
delegatorio.*
Relegar [? 1263, M. P., *D. L.*, 278.20; Acad.
ya 1869], de *relegare* íd.; *relegado* [1444, J. de
Mena, *Lab.*, 41h]; *relegación.*
Legista [Nebr.; h. 1515, Fz. Villegas (C. C.
Smith); S. XVII, *Aut.*], *leyista* forma vulgar del

Este de Cuba (*Ca.* 238).
Legítimo [*legítimamente* 1339, *BHisp.* LVIII,
360; Nebr., s. v.; *ligítimo*, Nebr. s. v. *leal;
Quijote* I, xxviii, *Cl. C.* III, 62; hoy vulgar en
España, Colombia, Chile, Cuervo, *Obr. Inéd.*, p.
180], tomado del lat. *legítĭmus* íd.; *legítima, legitimario; legitimidad; legitimista; legitimar* [*Corbacho* (C. C. Smith); Nebr.], *legitimación, legitimador; ilegítimo, ilegitimidad, ilegitimar.*
CPT. *Legislador* [Covarr.], tomado de *legislator*
íd., compuesto de *lator* 'el que lleva' (derivado de
ferre) y *legis*, genitivo de *lex; legislación* [Acad.
ya 1817]; de ellos se derivó regresivamente *legislar* [1599, G. de Alfarache], *legislativo, legislatura. Legisperito.*

[1] En la época arcaica significa a menudo 'verdadero' (p. ej. Berceo, *Mil.*, 48c).

Ley 'cantidad de metal contenida en una moneda o aleación', 'calidad de un género', V.
alear II   *Leyenda, leyendario, leyente*, V. *leer
Lezda, lezdero*, V. *lícito*

LEZNA, del antiguo *alesna* y éste del germ.
occid. *ALĬSNA (deducido del a. alem. ant. *alansa,
alunsa*, alem. dial. *alesne*, ingl. dial. *alison*), derivado de ÁLA íd. (alem. *ahle*, ags. *æl*, etc.). *1.ª
doc.: alezna*, h. 1300, *Gr. Conq. de Ultr.; lesna,
Aut.* (que todavía prefiere *alesna); lezna*, Acad.
ya 1869, no 1843.

Alesna en López de Ayala y en varios autores
clásicos (*DHist.*), también en G. de Segovia (1475),
55 (*alezna*, *-e*, *-o*, en el mismo es probablemente
variante de *deleznar*); Cej. VII, § 132. Del mismo
origen cat. *alena* (que no hay por qué considerar
castellanismo o provenzalismo según hacen el
REW y el *FEW*), oc. ant. *ale(se)na*, fr. *alêne*, it.
lésina. Luego parece ser voz ya tomada por el latín
vulgar al germánico occidental.

Lezne, V. *deleznarse*   *Lía* 'soga', V. *liar*   *Lía
*'heces', V. *légamo*   *Liana*, V. *bejuco*   *Lianza,
liar*, V. *ligar*   *Liara, liaro*, V. *aliara*   *Liásico,
V. *légamo*   *Liastra*, V. *arista*   *Liatón, liaza,
V. *liar*   *Libación, libamen, libamiento, libar*

LIBÁN, tomado del cat. *llibant* 'cuerda gruesa
de esparto', palabra común con el occitano, que
también aparece en algunas modernas fuentes italianas y magrebíes, pero tomada del catalán casi
en todas partes; de origen incierto, quizá emparentada con el fr. dial. *limande* 'tabla delgada'
'atadura, lazo'. *1.ª doc.*: 1797, Cavanilles; Acad.
1899.

En catalán es palabra muy arraigada y vivaz en
todas partes[1]. Se documenta ahí en docs. roselloneses de 1265[2], 1338 (Alart)[3], 1391 y 1474, en otro
de 1406 (Jal), y Ag. da de *llibant* muchos testimonios del Principado desde med. S. XV. Es voz
de empleo especialmente marino, pero pertenece

también al uso lingüístico general. En lengua de Oc hallamos «una corda de *libant* per lo pos ['pozo']» y «cordas jonc ditz *libans* gros» en docs. aviñonenses de 1376 y 1397 (Pansier III, 103), y el b. lat. *libanum* aparece en doc. provenzal de 1363[4]; hoy no parece ser voz generalmente extendida, pues falta a Palay y Vayssier, y Mistral sólo da de *liban* ejs. provenzales; además el languedociano Sauvages registra «*liban:* corde de jonc» y «*trâlio* ou *liban de pous-a-raco:* la traille d'un puits à roue»: luego parece estar limitado a la costa mediterránea[5]. En Italia está hoy en uso *libàn* en Génova y en Venecia-(como vocablo exclusivo de los pescadores, hecho de junco o de carrizo, frente al más general y arraigado *caolame*, Boerio), *libànu* en Calabria, *libbànu* en Sicilia, ambas formas en Cerdeña[6]. En lo antiguo no lo hallamos hasta fines del S. XVI, y se trata de la obra de un traductor[7], luego aparece en los léxicos náuticos de Crescenzio (1602) y Pantero (1614), y *libanum* en el bajo latín de Sicilia en 1646. Por lo demás, y hechas estas rectificaciones, V. la documentación reunida por Vidos, *Parole Marin.*, 462-5.

En árabe es palabra poco conocida, y además exclusivamente vulgar y moderna. En realidad no consta su empleo más que en la costa africana, quizá sólo argelina[8]. Es muy improbable que sea voz propiamente arábiga, pues sólo podría venir de la raíz *l-b-n*, cuyos sentidos nada tienen que ver (principalmente 'leche', 'ordeñar')[9]; además el ár. *-ân* habría dado *-én* en romance. Luego es de creer que en árabe sea voz de origen románico (contra la opinión de Gregorio; *REW* 5008*a*; y Vidos).

En románico el origen es completamente oscuro, pues la antigüedad, popularidad y extensión de los testimonios en Provenza y en Cataluña se equilibran aproximadamente. Lo que resulta más probable es que en castellano sea catalanismo. Por otro lado, en Italia ha de ser vocablo importado de Provenza o Cataluña.

Ahora bien, la lengua de Oc es, al parecer, el único romance que emplea el vocablo para usos no náuticos, especialmente como cuerda de pozo (1376; Sauvages; Mistral): luego hay razón para sospechar que tenga allí más arraigo que en parte alguna, y que sea ésta la patria del vocablo. Con estos antecedentes me parece significativa la coincidencia con Anjou *limande* «branche de saule que l'on attache pour renforcer une haie; lien pour les fagots», Vendôme íd. «gaule longue et flexible», Loches (Indre-et-Loire) íd. «clôture de bruyère coupée», pertenecientes al tipo *limanda, -ande,* que se extiende por los dialectos del Oeste, Centro y Sur de Francia, con el sentido de «pièce de bois plate et étroite» [1319], 'anaquel, tabla de armario' [1491 S. XVI, en docs. de Limoges: *Bull. Soc. Arch. et Hist. du Lim.* LV, 574; *Rom.* XXXV, 479, y hoy general en lengua de Oc], y

en algunos puntos tiene una forma masculina: Montauban *limandoû* «buffet de cuisine», Barèges *liman, limandet* «gardemanger du pâtre» (*VKR* VI, 48; Schmitt, *Terminologie Pastorale dans les Pyr. Centrales,* 14). En el gascón del Gers no aparece antes del S. XVI, lo que, coincidiendo con la *nd* conservada, hace suponer que se trata de una voz de importación, Polge, *Nouv. Mel. Phil.* 1960, 45.

Como es sabido, puede tratarse de una aplicación especial del nombre de la platija (Pleuronectes limanda), pez conocido por su forma larga y aplanada, según muestra la comparación francesa *plat comme une limande* (Riegler, *ARom.* XXI, 413); como por otra parte es conocida la platija por su flexibilidad, es natural que se aplicara *limanda,* por una parte, a una culebra (Lemosín, S. XII: Levy, *P. S. W.* IV, 401), y por la otra, a una «gaule longue et flexible» y a un «lien pour les fagots»[10]; en este último sentido, el masculino *liman(d)* pudo pasar fácilmente a *liban* por disimilación. En cuanto al origen último, lo único razonable me parece la sugestión de Bloch, fundada en el fr. ant. *lime* [1280], Niza e ít. *lima,* 'platija', según el cual sería derivado de una aplicación figurada de *lima* 'instrumento de limar', a causa de la rugosidad de la piel de este pescado, que se distingue por sus «squamae minutae», según Carus[11], «más fuertes y unidas que las del lenguado», según la Acad[12].

[1] En Sant Pol de Mar designa cuerdas de dos o tres dedos de grueso como las que tienen en la playa los pescadores. De L'Escala me explican que ha de ser de esparto, pues si fuese de cáñamo se llamaría *calabrot*.— [2] Se ha venido diciendo que *libanus* se encuentra en bajo latín genovés en 1265, pero no hay tal. Conviene precisarlo porque es la documentación más antigua del vocablo en cualquier lengua, y en realidad es catalana. Da este dato Jal, pp. 1121-2, s. v. *panfilius.* Se trata del inventario de una saetía o pánfilo vendida por un constructor de Portvendres (Bonaver, Magister Portus Veneris) al italiano Nicoloso Capello di Castro (por lo cual lo transcribió Jal en el Archivo Notarial de Génova), con inventario de lo que se encuentra a bordo: «arbores duo fornite de tota sarcia... anchore 4, retes 2, agumene ['gúmenas'] 3 nove, *libani* 2, lancie ['balanzas'] duo». Claro que se trata de los nombres que da el personal catalán (rosellonés) de la galera vendida.— [3] El *Invent. de la Llengua Cat.* de B. Alart (s. vv. *jonc, espersina* y *libant*) agrega documentos roselloneses de 1338, 1378, 1381 y 1432: en todos se trata de «1 libant de jonc», «XX libants d'espart», etc. El área del vocablo abarca todo el dominio de la lengua, incluyendo las Baleares y el valenciano hasta Alicante; en cuanto a Menorca, el Archiduque L. Salvador define 'soga de pozo' (*Die Balearen* II, 362); para Mallorca vid. *DAlcM.,* que cita tam-

bién doc. valenc. del S. XV; de Alicante transcribe Cavanilles un catálogo de la cordelería de esparto, de med. S. XVIII, en que los tres artículos de grueso mínimo y de 25 brazas de largo son «*libanes* cinquenos de 3 a 4 pulgadas de periferia, *libanes* quaternos de 2 ó 3 pulgadas; *libanes ternos* de 27 brazas de largo» (*Observaciones... R. de Valencia* II, 252n.; 2.ª ed., p. 321). Por lo demás éste es el único dato conocido del «cast. *libán*», adaptación del catalán alicantino.— [4] «Unum libanum de offa ['esparto' (vid. Jal, s. v. *auffe*)] trium cannarum vel circa» DuC. Parece ser importante para la etimología el detalle de que el *libán* es cuerda vegetal, en lo cual coincide todo el mundo, y especialmente de esparto o de junco: así en el documento anterior, en el de 1397, en Sauvages, etc.— [5] Falta en efecto en la mayor parte de las fuentes occitanas: no está en Raynouard ni en Levy *PSW* («*liban* amarre» en el *Petit Dict.* puede fundarse en los datos de Pansier); tampoco en el Ronjat (*Gramm.*) ni en el glos. de Appel ni en los modernos de Arnaud-Morin, Mázuc, Lhermet, Doujat-Visner. El primer lexicógrafo que lo registró fué Duhamel, *Traité général des pêches* (a. 1769): «en Provence la corde qui borde le pied du filet et à laquelle on attache le lest», único caso que recoge Sainéan (*Sources Indig.* II, 196) quien se contenta con declararlo de origen oscuro. — [6] Ni siquiera en estas hablas parece ser de uso general, pues falta en varios diccionarios venecianos (Piccio), lígures (Schädel, *Ormea*) y en los de muchas hablas costeñas: corso, pisano, napolitano, tarentino, romañolo, y al del habla de los marineros de Savona según Noberasco. Los datos positivos están reunidos en Tommaseo y Jal. Del escaso conocimiento que existe en Italia es buen indicio la acentuación errónea *libano* con que la registra nada menos que Petrocchi.— [7] Serdonati en su traducción de G. Maffei, *Storie delle Indie Orientali*, a. 1589; o sea que será también de fuente hispánica. Vid. nota 2. — [8] Está ausente de la gran mayoría de los léxicos árabes: Lane, Beaussier, Fagnan, falta en léxicos egipcios como Probst, en los argelinos de Belkassem B. Sedira y Lentin, en los marroquíes de Tedjini, Ferré, Lerchundi. Interesa especialmente ver que no figura en obras dedicadas en particular al léxico náutico: la de Solayman y Charles para el Líbano, de Brunot para Rabat y Salé, de Oman (*Ittionimia*), de la *Lingua Franca de Levante* por Kahane y Titze. Freytag cita sólo *labân* 'cuerda de amarre' y *libân* 'cuerda que guarnece por debajo una red de pescador' como «voces vulgares», de las alegorías del Mocaddesí («Les oiseaux et les fleurs»), publ. por Garcin de Tassy (París 1821), seguramente también no argelino. En fin Dozy (*Suppl.* II, 515) la encuentra en Humbert (*Guide de la Conversation Arabe*, 1838), que suele reflejar el uso argelino, en un viajero

de 1852 y en el dicc. de Boqtor (1828). He aquí por qué se ha afirmado (yo mismo lo hice en el *DCEC*) que se emplea en Egipto y en Sudán Central. Pero aun esto necesita rectificación. El dato de 1852 es de Werne y revela (como le reprocha Dozy) desconocimiento absoluto de la gramática arábiga; el relato es de un viaje a Mandera (al Sur del Lago Chad) pero está en de referirse a Argel o Egipto. En cuanto a Boqtor, es cierto que es una obra excelente de un erudito egipcio, pero aumentada por Caussin de Perceval, que introdujo palabras de otras fuentes, entre ellas magrebíes, así que en él puede tratarse también del uso argelino.— [9] Dudo que pueda haber relación con la voz *libna* o *lábina* que el *Qamûs* define como faldón o pieza añadida a una camisa; la cual, por lo demás, tampoco se explica por ninguna raíz.— [10] Acs. de este tipo llegan muy cerca del Mediterráneo, pues en la Ardèche *limandas* son «les deux pièces extérieures qui servent avec le timon prolongé à former le brancard d'une charrette», Clugnet, *Gloss. du Patois de Gilhoc.*— [11] *Prodromus Faunae Mediterraneae* II, 589. Este pescado parece ser el mismo que en gall.-port., y aun en cast., se llama *acedia*, cuyo nombre se explica por un gusto acídulo tan marcado que M. Sarmiento dice «parece una hoja de limón» (*CaG.* 80v). Parece claro que ahí está la mejor explicación etimológica del nombre de pez *limande*. Quizá tenga que ver con *limande* el nombre de la *acedia* en gallego sept.: *lirpia* en la Coruña, *lirpa* en el Ferrol (Sarm. íd., 220v, 80v, A15v), cuya terminación recuerda por otra parte la de *clupea* 'alosa', 'sábalo pequeño', que según el propio Sarm. (*CaG.* 220v, cf. Pensado, p. 220) sería el étimo de *chepa* 'especie de panchoz' en Xubia, en la misma zona, etimología aceptable si suponemos (como es natural en estas condiciones) alternancia *clipea ∽ clupea*, con lo cual nos acercamos a *lirpia*: como Sarmiento pone los dos peces juntos en una larga lista, es verosímil que exista alguna relación ictiológica.— [12] Nada hemos progresado con la temeraria construcción de un galo *LĒM-, con alternancia dialectal *LĪM-, propuesta por Hubschmid, y aceptada con visible desgana por Wartburg (*FEW* V, 247-8): dicha base gala, sin parentela en el céltico insular, sólo se funda en el lat. *līmen* 'travesaño', pero como observa Wartburg éste tendría ī indoeuropea y no *ei* (que es el que da ē en céltico), según los datos de Walde-H. El otro fundamento de este étimo, cast. *LEME* (véase), no tiene ciertamente nada que ver. Partiendo de *lima* falta explicar la terminación. Si algún día se vuelve a pensar en un origen galo tendrá que ser por otro camino que el indicado por Hubschmid. Acaso la raíz *slig-*, representada por irl. ant. *sliachtad* 'acto de alisar o aplanar', *sligim* 'embadurnar', con sufijo *-ma* o *-sma*, que es como algunos explican el lat. LĪMA; entonces la idea de 'superficie plana' se habría bifurcado por una parte en 'tabla plana' y por la otra en 'platija'. Es llamativa la coincidencia de este vocablo con el femenino galés *llyfan* 'cordón', 'cordel (cuya -*f*- está por -*v*-). Sin embargo, las demás formas célticas indican que el original común hubo de ser ya bastante más diferente: córn. *louan* «funis vel funiculus», bret. *louffan* «courroie à lier les boeufs», irl. ant. *loman* (fem.) 'cordel', gaél. *lomhainn* «a leash», irl. mod. *lomna* «a cord». La base hubo de ser *LOMANĀ (Stokes-B. 255; McBain s. v. Pedersen, *Vgl. Gramm.* § 99, p. 164; nada en Pok., *IEW*, ni Walde-P.), lo cual será muy difícil enlazar con *lliban(t)* en forma alguna (a no ser echando mano del expediente inverosímil de los cruces de palabras). Sin embargo, como el vocablo céltico no tiene etimología indoeuropea (el enlace con el lit. *làmata* 'ratonera' es vago e inverosímil, y descartado explícitamente por Pok., *IEW*, 674-5, y Walde-P. II, 434), quizá tenemos derecho a pensar en una voz del substrato precéltico, y esto ya da mucha mayor latitud. Comp. *LIMÓN* II, y para la caída de S-, V. n. 3 s. v. *LATA*. Alguien podría ver una confirmación de ello en la alternancia -*m*-:-*b*-, que recuerda la lenición céltica -M- > -B-, documentada en galorromance por etimologías probables como la que dió Jud del fr. dial. *savart* (V. aquí nota, *LATA l. c.*); pero en nuestro caso yo no creo en tal posibilidad, pues entonces esperaríamos -*v*- y no -*b*- en romance. Tampoco me convence un cruce del cat. *lligam* 'atadura', 'lazo', con *tibant* 'tenso, tirante', porque ninguna de las dos palabras significa precisamente lo mismo que *llibant*.

LIBAR, tomado del lat. *lībare* 'probar, catar', 'ofrecer en libación a los dioses'. *1.ª doc.*: APal. 243*b*; Lope.

DERIV. *Libación. Libamen. Libamiento. Libatorio.*

Libela, V. *libra*   *Libelar, libelático, libeldo, libelista, libelo*, V. *libro*   *Libélula*, V. *libra* *Líber*, V. *libro*   *Liberación, liberado, liberador, liberal, liberalesco, liberalidad, liberalizar, liberar, liberatorio, libertad, libertador, libertar, libertario, liberticida, libertinaje, libertino, liberto*, V. *libre*

LIBÍDINE, tomado del lat. *lĭbīdo, -ĭnis*, 'deseo', 'apetito desordenado, sensualidad', derivado de *lĭbēre* 'gustar'. *1.ª doc.*: 1438, Juan de Mena. Es uno de los latinismos excesivos empleados sin éxito por este poeta. Pocos le imitaron, ni siquiera Góngora, sólo el latinizante APal. 244*d*, y *Aut.* advierte que «es voz latina y antiquada». Lo único que cuajó fué el derivado *libidinoso*, y como sustantivo, *lascivia*. Recientemente han empleado los freudianos *libido* o *libídine* como tec-

nicismo de su jerga especial.

DERIV. *Libidinoso* [1444, J. de Mena, *Lab.*, 114*d*; APal. 244*d*, 388*b*; 1499, Núñez de Toledo; Calderón, etc.], de *libidinosus* íd.

Libón, libonazo, V. *ibón*

LIBRA, del lat. LĪBRA 'libra de peso', 'balanza'. *1.ª doc.*: 1100 (*BHisp.* LVIII, 361); 1219, *F. de Guadalajara*; etc.

Nebr. registra «*libra, peso de doze onças*: libra; *libra, moneda*». General en todas las épocas; Cej. VII, § 99; común a todos los romances de Occidente.

DERIV. *Librear* 'distribuir por libras'. *Libreta* [«*l., libra pequeña*: libella», Nebr.]. Cultismos. *Libración* [h. 1640, Nieremberg], de *libratio* 'acción de nivelar', 'balanceo'. *Libela*, del lat. *libella*, diminutivo de *libra*. *Libélula* [Acad. 1884], tomado del lat. científico *libellula*, diminutivo del lat. *libella* 'balanza', 'nivel'. *Litro* [Acad. 1869, no 1843], tomado del fr. *litre* m., íd., formado por los inventores del sistema métrico [1795] a base del fr. *litron* [S. XVI], medida de granos usual en Francia, al parecer derivado semiculto del b. lat. *litra*, medida de líquidos, que procede a su vez del gr. λίτρα, hermano y sinónimo del lat. *libra*. V. además *NIVEL* y *equilibrio* (s. v. *IGUAL*).

Libraco, libracho, V. *libro*   *Librar*, V. *deliberar*   *Librazo*, V. *libro*

LIBRE, descendiente semiculto del lat. *līber, -a, -um*. *1.ª doc.*: doc. de 1200 (Oelschl.); Berceo, etc.

Es ya frecuente en la Edad Media (J. Manuel, J. Ruiz, etc.), y en todas las épocas ha sido voz de uso general y frecuente en el idioma escrito y no ajeno al oral, aunque poco empleada en sus estratos más populares; Cej. VII, § 99. Baist, *KJRPh.* IV, 300, trata de explicar la terminación -*e* del castellano, y del port. *livre*, frente al acus. lat. *liberum*[1], por un antiguo galicismo, lo cual resulta ya inadmisible en vista de que en francés es voz tardía [1339] y poco común en la Edad Media, que tardó mucho en afianzarse frente al popular *franc*; no hay duda de que lo mismo el it. *libero* y el fr. *libre*, que el hispano-portugués *libre* son voces semicultas, cuya terminación castellana se explica por una adaptación del nominativo *liber*. Es raro el duplicado antiguo *líbero* que registra la Acad.

DERIV. *Librar* [*Cid*], de *liberare* 'libertar'; además de esta ac. [Berceo, *Mil.*, 910*c*], pasa a significar 'despachar' [íd. 800*a*; *Gr. Conq. de Ultr.*, p. 281], 'sentenciar, resolver' (*Alex.*, 445; *Rim. de Palacio*, 215, 620), 'acabar, perder' (*S. Dom.*, 359, 542), 'quitar, poner fin a' (S. XVI, J. E. Gillet, *Tres Pasos de la Pasión*, p. 978), 'realizar, ejecutar' (Sem Tob, copla 6), 'tratar (con alguien)' (íd., copla 323); en la ac. 'expedir una orden de pago' [Nebr. «*librar dineros*»] parece ser calco del cat. *lliurar* o fr. *livrer*, donde se halla la ac. 'entregar', que es básica de ésta; nótese que para Quevedo *librar* era palabra culterana (*Aguja de navegar cultos*, RH LXXVII, 341); *librado; librador; libramiento* [Nebr.]; *libranza* [íd.], *librancista; librante; libratorio* 'locutorio' [1504 (*Fs. Wartburg* 1958, 586); Lugo en 1842 lo considera propio de Canarias: *BRAE* VII, 337]; *libradura* 'secundinas, placenta' en Colunga (Vigón). El duplicado *liberar*, que falta en. *Aut.*, era considerado voz anticuada por la Acad. hasta sus últimas ediciones, pero ya en el S. XIX se empleaba, en calidad de latinismo, como voz de economistas y legistas (Pi y Margall, en Pagés; Código de Comercio español; lo empleó Unamuno, etc.), y en efecto, *acción liberada* es de uso general (*Ca.*, 57); mucho menos recomendable es el reciente empleo general italianizante, como sinónimo de *libertar*, en el estilo periodístico y militar (en el cual suele tener algo de sarcástico); *liberación, lbierador, liberatorio*.

Librea [Nebr.; Cej. VII, § 99], tomado del fr. *livrée* íd., propiamente 'cosa entregada al criado'; *librear* 'adornar'.

Liberal [h. 1295, 1.ª *Crón. Gral.*, 664*a*35; APal. 244*d*, Nebr., ambos en la ac. 'generoso, dadivoso'; este uso y el de *artes liberales* son los únicos corrientes en el Siglo de Oro y admitidos por *Aut.*][2], tomado del lat. *liberalis* 'propio de quien es libre', 'noble, honorable'; aplicado a las ideas políticas opuestas a los extremismos de derecha y de izquierda, parece haber nacido en Francia, donde ya se halla en Siéyès y en Benjamin Constant en 1795 y años siguientes; de ahí pasó a aplicarse (por primera vez en España y en 1810) a un partido político; vid. Juan Marichal, *Year Book of the American Philosophical Society*, 1955, 291-3; *liberalidad* [*Corbacho* (C. C. Smith, *BHisp.* LXI); APal. 244*b*]; *liberalesco; liberalismo; liberalizar; iliberal. Libertad*[3] [h. 1250, *Setenario*, fº 1 vº *a*; J. Ruiz], tomado del lat. *libertas, -atis*, íd.; *libertario. Liberto* [Santillana (C. C. Smith); APal. 244*b*, 507*b*], tomado de *libertus* íd.; *libertar* [Santillana (C. C. Smith); APal. 265*b*], *libertado, libertador; libertino* [APal. 244*b*, aplicado sólo a los libertos hasta *Aut.*; en la ac. 'desenfrenado en lo moral' se tomó del francés en el S. XIX, idioma donde ya se halla en el S. XVII, y con el matiz de 'indócil a la religión' desde 1525], *libertinaje*.

Deliberar en la ac. 'librar, libertar' (h. 1410, Gonz. de Clavijo; Nebr.), ac. en la cual es muy usual en toda la Edad Media y hasta h. 1500 la forma *delibrar*, vid. Cuervo, *Dicc.* II, 878*b*, 879*a* (de ahí un adjetivo *delibre* 'suelto, ágil', *tan sabidor e tan d.*, *Calila* 36.604) (para *deliberar* 'acordar', V. artículo aparte), *delibramiento* y *delibrador* (Nebr.).

CPT. *Librecambio; librecambismo; librecambista. Librepensador; librepensamiento. Liberticida.*

[1] No tengo a mano materiales para indicar la antigüedad y extensión dialectal del femenino *lliure* en catalán (sabido es que en el dialecto central no se distingue de *lliura* esta pronunciación).— [2] Toma la ac. 'diestro' en el estilo gauchesco argentino: B. Hidalgo, en Draghi, *Canc.*, p. lxxxiii.— [3] También se empleó el anticuado *libredumbre*.

Librea, V. *libre*   *Librear*, V. *libra* y *libre*
Librecambio, librecambismo, librecambista, libredumbre, V. *libre*   *Librejo*, V. *libro*   *Librepensador, librepensamiento*, V. *libre*   *Librería, libreril, librero, libresco*, V. *libro*   *Libreta*, V. *libra* y *libro*

LIBRO, tomado del lat. *liber, -bri*, íd. 1.ª *doc.*: orígenes del idioma (*Cid*, etc.).

De uso general en todas las épocas; Cej. VII, § 36; ast. *llibru* (V); tiene forma culta en todos los romances. El término botánico *liber* [Acad. 1884, no 1843] es duplicado, procedente de la ac. etimológica 'parte interior de la corteza de las plantas', que los romanos emplearon a modo de papel (de donde luego la ac. 'libro').

DERIV. *Librero* [APal. 440*d*]; *librería* [Nebr.]; *libreril. Libresco. Libreta* 'cuaderno' [Acad. ya. 1817]; *librete* [J. Manuel, J. Ruiz], con su duplicado italianizante *libreto* [Acad. 1884]; *libretín; libretista. Librillo* [Berceo], zamor. *lebrillo* 'rollo de cerillas que se enciende por ambos cabos en las ofrendas por los difuntos' (Fz. Duro). *Librote. Libraco* [Acad. 1843, no 1817], *libracho. Librazo.*

Libelo [h. 1400, *Danza de la Muerte* XLII, 6; Nebr.: «*libelo en el pleito*: libellus; *libello diffamatorio*: carmen famosum»][1], tomado del lat. *libellus* 'librito', diminutivo de *liber; libelar* [*Danza de la Muerte* XLII, 2]; *libelático; libelista*.

[1] Hubo variante anticuada *libeldo*.

Licantropía, licántropo, liceísta, V. *lobo   Licencia, licenciadillo, licenciado, licenciamiento, licenciar, licenciatura, licencioso*, V. *lícito   Liceo*, V. *lobo*

LÍCITO, tomado del lat. *licitus* 'permitido', participio pasivo de *licēre* 'ser lícito'. 1.ª *doc.*: Santillana[1], APal. 245*d*: «*licitus*... es cosa *lícita* a alguno de fazer»; 166*d*: «fornicación... toda corrupción no *lícita*».

Ilícito [h. 1440, Torre; Mena (C. C. Smith)] debió arraigar antes que *lícito*, a juzgar por la omisión que hace Nebr. de este último solamente. *Aut.* registra ejs. del S. XVII. El verbo LÍCERE se conservó con carácter popular en francés (*loisir*), lengua de Oc y cat. *lleure*; y aunque ya ajeno a Portugal, no lo fué siempre (ejs. portugueses de *lezer* en el S. XIV en Cortesão, y alguno clásico en Moraes) y no lo es del todo en Galicia, en cuyos montes septentrionales (Bergantiños, Arousa) oyó todavía Sarm., en 1745 y 1755, *non teño lezere* (tiempo, vagar) *para fazer isto* (*CaG.* 59*v*, 188*v*); precisamente era de Rianxo —donde lo anotó Sarm.— Alfonso Castelao, que todavía lo emplea: «os días de *lecer*», «se nós dispuxéramos de *lecer* pra buscá-las» (60.3, 120. 32); el participio LÍCITA, aplicado a un tributo, dió el cat. *lleuda* (> oc. dial. *leuda*, fr. local *leude*), oc. ant. *lesda*, b. lat. galicano *lezda*, de donde se tomó en castellano *lezda* [Acad. ya 1843] por parte de algunos tratadistas de historia del derecho.

DERIV. *Licitud*. *Ilícito* [Nebr.], *ilicitud*.

Licencia [Berceo; frecuente desde la Edad Media; «*licencia en mala parte; l. como quiera*», Nebr.; Cej. VII, § 61], tomado de *lĭcĕntĭa* 'libertad, facultad, licencia'; *licencioso* [Covarr.]; *licenciar* [«*l.: do copiam*», Nebr.]; *licenciado* [íd.], *licenciadillo; licenciamiento; licenciatura*.

Licitar [Acad. ya 1817], tomado del lat. *lĭcĭtari* 'ofrecer en almoneda', derivado de *licēre* 'estar en venta' (del cual parece ser una aplicación traslaticia *licēre* 'estar permitido'); *licitación, licitador, licitante*.

¹ C. C. Smith, *BHisp.* LXI; vid. también, J. A. Pascual, *La trad. de la D. Com. atr. a E. de Aragón*, p. 194.

Licnobio, V. *luz*   *Licopodio*, V. *lobo*

LICOR, tomado del lat. *lĭquor, -ōris*, 'fluidez, liquidez', 'líquido', derivado de *liquēre* 'ser líquido, manar libremente'. 1.ª doc.: 1278, *Lapidario de Alfonso X*, como femenino, *MLN* XXVII, 168, n. 5.

Palabra poco común en la Edad Media; empléala también APal. («*balsamum... su liquor se llama opobálsamo*», 42*b*; 17*d*). *Aut.* da varios ejs. del S. XVI, y si bien recomienda *liquor* reconoce que «algunos escriben *licor*»; seguramente nunca se pronunció de otro modo.

DERIV. *Licorista*; en Cuba *licorero* (*Ca.* 63); *licorera*. *Licoroso*. *Líquido* [1433, Villena (como término fonético), h. 1440, A. Torre (C. C. Smith, *BHisp.* LXI), Nebr., s. v. *tragar*]¹, tomado de *lĭquĭdus* íd.; *liquidez*; *liquidar* [1554, ley de la *N. Recopil.* II, v, 54], *liquidable, liquidación, liquidador; ilíquido*. *Licuar* [1628, Huerta], de *lĭquare* 'tornar líquido'; *licuable; licuación; licuante*. *Licuecer* [*Celestina* (C. C. Smith)], ant. *Colicuar*. *Deliquescente*, tomado de *deliquescens, -tis*, participio de *delĭquescĕre* 'volverse líquido'; *deliquescencia*.

Prolijo [h. 1440, Corbacho (C. C. Smith); Nebr. «*-ixo, cosa luenga:* prolixus»] tomado de *prolixus* 'fluyente', 'largo, profuso', de la misma raíz que *liquēre;* es palabra muy socorrida en el S. de Oro y que tiende a tomar matices varios; el más co-

mún, entonces como hoy, es 'profuso, demasiado largo' (frecuentísimo hablando de escritos, nada raro con referencia a palabras, p. ej. Rojas Zorrilla, *Cada qual lo que le toca*, v. 1267; Vélez de Guevara, *El Rey en su Imag.*, v. 144, *prolijo sois, prolijo estás*), otras veces 'duradero, interminable'², de donde se pasa a 'pesado' («viejo cansado y *prolijo,* / agradeced que no os doy / la muerte a mis manos hoy», Calderón, *Alcalde de Zalamea* III, viii, ed. Losada, p. 157; «al más limpio amor *prolija*», Lope, *La Fe rompida*, ed. N. de la Acad. V, 586*b*) y a 'lento' («ay Dios, y qué *prolija* novia hace doña Beatriz, y si a mano viene, aun de la cama no se habrá levantado», G. *de Alfarache, Cl. C.* IV, 161.16; Cej. VII, § 61); de ahí era fácil el tránsito a «demasiadamente cuidadoso y esmerado» (*Aut.*), ac. hoy anticuada en España, pero que en algunas partes ha degenerado en sinónima de 'esmerado', al cual sustituye completamente en el Río de la Plata³, quizá también en otras partes de América; en todo caso se lee en cronistas de otras zonas del Continente: «algunas cosas de manos que piden *prolijidad* y flema, como es hacer cestas», Ovalle (1644), *Hist. Rel. del R. de Chile* (Draghi, *Canc.*, p. 241), «la artificiosa *prolijidad* de buscar las caras para la parte exterior y los ajustes para la interior», M. de Olivares (1766), *Hist. de Chile* (Draghi, *Canc.*, 507), «la muchedumbre de acequias y su *prolija* industria», J. Juan y A. de Ulloa (1746), *Noticias S. de América* (Perú), ed. 1918, I, 308 (otros, pp. 293, 309); otro ej. en A. de Solís, *Hist. de N. España*, cita *Aut.* s. v. *gámbaro;* y es o habrá sido vulgar en Andalucía: «semos toos / machuchos, limpios y güenos, / de concencia muy *prulija,* / que no gastamos enredos» (Fernández Avila, *BhZRPh.* LXXII, 100).

CPT. *Liquidámbar*. *Licuefacer; licuefacción; licuefactible; licuefactivo*.

¹ Localmente toma la ac. 'puro, sin mezcla' (*leche líquida*), así en Salamanca, Guatemala, Ecuador (*BRAE* VII, 468).— ² «A muchos quitarás la duda y a mí un impertinente y *prolijo* desasosiego», «qué días tan tristes aquéllos, qué noches tan *prolijas*», «el cansancio del *prolijo* tiempo», G. de Alfarache, *Cl. C.* I, 193.23, 207.18, 196.11; «oy a de ser el día, cavalleros Zegrís, en que nuestros *prolixos* vandos avrán fin», Pérez de Hita, ed. Blanchard I, 283; «rendido al *prolijo* peso», Calderón, *La Vida es Sueño* I, vii, ed. Losada, p. 27.— ³ «Con curiosidad *prolija* / luego el gaucho procuró / por donde vichar...» Ascasubi, *S. Vega*, v. 9303; «estaba en una *prolija* pieza de rancho, acostado en un catre», «tusé mis cabellos... y acomodé mis prendas con *prolija* satisfacción», Guiraldes, *D. S. Sombra*, ed. Espasa, 205, 146. *Una edición prolijamente presentada, una sirvienta prolija*, etc., son frases triviales en la Arg. y pertenecientes al lenguaje más cuidado; se llega a decir *desprolijo* para 'descui-

dado' (I. Moya, *Romancero* II, 271); *prolijidad* 'minuciosidad, esmero' [Santillana, probablemente no en esta ac. (C. C. Smith)] se halla ya en Sarmiento, *Facundo*, ed. Losada, p. 237; *M. Fierro*, II, 1411; *prolijamente* 'con cuidado', ibid. (*BDHA* III, 241).

Licurgo, V. *lobo*   *Lichera*, V. *lecho*

LID, del lat. LĪS, LĪTIS, 'disputa', 'pleito': la ac. castellana 'combate' se explica por la frecuencia del combate judicial en la Edad Media. *1.ª doc.*: *lide*, docs. de 1076 y 1100 (Oelschl.); *lid*, *Cid*, etc.

De uso muy corriente en la Edad Media, queda confinado después al lenguaje elevado o arcaizante (Nebr.: «*lid en trance de armas; lid en el pleito*»); Cej. IX, § 152. El lat. LIS se ha conservado solamente en castellano y en el port. *lide*. Como latinismo forense se ha empleado alguna vez el culto *lite*.

DERIV. *Lidiar* [doc. de 1074; *Cid*, etc.], del lat. LĪTĬGARE 'disputar, pelearse con palabras' (sólo conservado en cast. y en el port. *lidar*); el cambio de sentido romance es solidario del de *lid*; frecuente en todas las épocas, aunque hoy el uso popular español sólo le da el valor de 'luchar con el toro' o 'porfiar con alguien', en la Arg. popularmente 'sufrir afanes por algo' (*M. Fierro* II, 1346; pronunciado vulgarmente *liriar*: nota en la ed. de S. M. Lugones); propia del *Alex.* es la construcción transitiva *lidiar una ciudad* (196, 1080, 2056); *lidia* [Acad. ya 1884; en 1843 como ant.]; *lidiadero; lidiador* [*Cid*]; *lidiante;* ast. *delidiar* 'luchar contra los riesgos, trabajos e inconvenientes para superarlos' (V). Es duplicado culto *litigar* [Mena (C. C. Smith, *BHisp*. LXI); APal. 15*b*, 67*b*, 228*d*; ley de 1527 en la *N. Recopil*. II, xi, 27]; *litigación; litigante* [Mena (C. C. Smith)]; *litigio* [h. 1440, A. Torre (C. C. Smith); APal. 83*b*, 250*b*; ejs. del Siglo de Oro en *Aut*.; -*ijo*, Torres Naharro, vid. índice de la ed. Gillet], tomado de *lītĭgĭum* íd.; *litigioso* [APal. 139*b*, 250*b*].

LIDÓN, adj. ant. 'liso, natural', quizá del lat. LĪTUS 'frotado, borrado', de donde 'alisado', participio de LINĔRE 'untar, frotar, borrar'. Que *lidón* salga de *nidón* 'ingenuo, niego' (Spitzer, *MLN* LXXIV, 147) es también posible. *1.ª doc.*: *litón*, 1021; *lidón*, *Alex*.

Lidonero, V. *latón*

LIEBRE, f., del lat. LĔPUS, -ŎRIS, m., íd. *1.ª doc.*: 1251, *Calila*, ed. Allen 20.92; J. Ruiz.

De uso general; Cej. VII, § 36; ast. *llebre* (V); común a todos los romances. El género latino se ha modificado como en castellano en todos los romances, excepto el rumano, albanés, sardo, y cier-

tos dialectos de Italia y del Norte de Francia (incluyendo el francés literario).

DERIV. *Lebrada*. *Lebrasto* (Acad. ya 1822) y *lebrasta* ant. 'cachorro de liebre', de un lat. *LEPORASTER*[1], -TRI, íd., con pérdida de la segunda *r* por disimilación; de ahí *lebrastilla* ant., íd. [Nebr.] y *lebrastón* 'liebre vieja', 'hombre astuto y sagaz' [*Aut*.]; *alebrastarse* (Acad.) y *alebrestarse*[2] [1535, Fz. de Oviedo] 'parecerse a una liebre', 'aplastarse en el suelo como liebre', 'acobardarse'; en Cuba (*Ca*. 50, 242) y Colombia (E. Rivera, *La Vorágine*) 'excitarse sexualmente', quizá relacionable con el empleo que se hace en la prov. de Almería de *mala liebre*, y algunas veces *liebre* a secas, en el sentido de 'mujer deshonesta', aunque el último más propiamente es 'mujer ladina, astuta' (comp. *zorra* y *puta*, que en varios lugares del dominio lingüístico tienen también los dos sentidos); o ac. explicable por la de 'hombre astuto' (> 'malicioso') que tiene *lebrastón*[3]. *Lebrato* (ast. *llebratu*, V), *lebratón* o *liebratón*. *Lebrel* [Nebr.], tomado del cat. *llebrer* íd.; *lebrero*. *Lebrón; alebronarse; lebroncillo* [APal. 496*b*]. *Lebruno* [Nebr.]. *Alebrarse*.

Derivado culto: *leporino*.

[1] Nótese sin embargo que sólo *lebrastilla* figura en Nebr., de lo que podría inferirse que *lebrasto*, -*a*, sean raros. Si esto no es casual deberíamos deducir que *lebrastilla* viene de un *LEPORASTELLA*, diminutivo clásico del hipotético *LEPORASTER*, y que *lebrasto* se sacó de *lebrastilla* secundariamente, en castellano. Sin embargo la existencia antigua de *lebrasto* parece deducirse de la de su derivado *alebrestarse*, -*astarse*.— [2] ¿Hay relación con el gallego dial. *labèstro* = *saramago* (vid. J. L. Pensado, *Op. ling. gall.*, p. 164), que también es portugués, y en lat. botánico es *rapistrum*? *Rapistrum* parece que se halla ya en Columela.— [3] Piel, *RForsch*. LXX, 132, llama la atención hacia el hecho de que *leporem excitare* tiene sentido obsceno en Petronio, 131.5 (cat. *aixecar la llebre* 'suscitar una cuestión impensadamente').

LIENDRE, del lat. LĔNDIS, LĔNDĬNIS, forma vulgar que sustituyó a la clásica LENS, LENDIS, íd. *1.ª doc.*: APal. 240*d* («*lens, lendis, es liendre, gusanillo que algunas vezes sale de los piojos*»); Nebr. «*liendre de cabellos: lens*».

Palabra popular en todas partes y en todos los tiempos; port. *lêndea*, gall. *lendia* (Sarm. *CaG*. 91r)[1]. En casi todos los romances ha predominado la forma vulgar LĔNDĬNEM, que hallamos documentada en Teodoro Prisciano (*KJRPh*. II, 71) y en Marcelo Empírico (*ARom*. V, 442)[2]; en romance ha tomado por lo común el género femenino, en forma paralela a PULEX y CIMEX; LENS como femenino aparece ya en Samónico[3].

DERIV. *Lendroso* [Nebr.]. *Lendrero* [íd.], *lendrera*. *Deslendrar*.

[1] Pero en el gallego del NE. (Viveiro) reemplazado por *miudas* (Sarm. *l. c.*), propiamente 'menudas'.— [2] Salvo el fr. *lente* que procede de *LENDITEM, y el fr. dial. del Nordeste *len(z)* que conserva la forma clásica.— [3] Nótese la ac. figurada 'experto, valiente', usual en el gauchesco argentino (B. Hidalgo, ed. Tiscornia, I, 41).

Lieco, V. *lleco*   *Lieldo*, V. *leve*   *Lientera,
lientería, lientérico*, V. *levigar*   *Liento*, V. *lento*

LIENZO, del lat. LĬNTĔUM 'tela de lino', 'lienzo'; es incierta la explicación del diptongo *ie*, pero hay indicios de que una variante LĒNTĔUM existiera ya en latín vulgar. *1.ª doc.*: *lentio* doc. leonés de 904; *lenzo*, íd. de 918; *lienço* doc. santand. de 980 (Oelschl.), Berceo, etc.

Es voz de uso común desde la Edad Media (J. Manuel, J. Ruiz, etc.). Siempre con *ç* sorda (así también APal. 18*d*, 302*d*; Nebr. «*lienço, paño de lino*: lintheum»); ast. *llenzu* «lienzo de lino» (V). Conservado en gall.-port. *lenço*[1], cat. *llenç* 'especie de paño'[2], y en algunos dialectos italianos; en el *REW*, 5072, se cita además, en logudorés antiguo, *linthu* 'franja de tierra' y *pannos lenthos*. Por otra parte cat. *llença* 'cordel o sedal para pescar' (Costa de Levante, Ampurdán, Mallorca, Ibiza, Alguer), 'cordel para tomar medidas' (Valencia), it. *lènza* 'sedal para pescar' (así en las Islas Lípari, *VKR* III, 355, y en la lengua literaria), en lombardo y ferrarés antiguos «striscia di velluto, fettuccia che nell'acconciatura femminile del '400 cingeva il capo passando sulla fronte», en Iesi «colletto» (*ARom.* IV, 224), en Calabria «lenza dell'amo», «cencio da cucina», «striscia di terreno» (Rohlfs), murc. *liensa* 'hilo de cáñamo que se emplea como cordel en la pesca de volantín y de palangre' (G. Soriano). Finalmente el diminutivo LINTĔOLUM se ha conservado en todos los romances de Occidente. La forma española con *ie* presenta un problema que M-L., *Introd.* § 152, resolvía admitiendo un lat. vg. *LĔNTĔUM debido al influjo de LĔNTUS, lo cual no es inverosímil desde el punto de vista semántico si partimos de la ac. 'flexible' que tenía el lat. LENTUS y que ha conservado en algunas hablas romances, de Cerdeña y del Norte y Sur de Italia[3]. Jud, *ASNSL* CXXIV, 404, observando que el logud. ant. *linthu* y el a. alem. ant. *lenz* 'paño' postulan LĬNTĔUM, pone en duda la base LENTEUM. De hecho se trata de una cuestión poco clara. El port. y el cat. no nos dicen nada acerca de la calidad originaria de la *e*; en sardo hay formas que corresponden a Ĭ y otras a Ē, y no parece que estas últimas sean catalanismos antiguos[4]; en Calabria, junto a la forma *lenza*, que correspondería a Ĕ (si no es italianismo), y que se halla difundida por toda Calabria, tenemos un *linza* «fascia di tela» y «striscia di terreno» que postula Ĭ (o Ē), y se halla en la zona Norte, más conservadora; el logud. *lentolu*, Nuoro *leθolu* (Wag-

ner, *Hist. Lautl. d. Sard.*, § 412), 'sábana', corresponde a LEN-. La *è* del it. *lenza* parece confirmar la Ĕ originaria, pero queda la duda de si es forma dialectal, culta o alterada de otra manera (sobre todo teniendo en cuenta pron. toscanas como *-mẹnto, -mẹnte* y *prẹndere*). En total la cuestión queda dudosa, sobre todo teniendo presente que el cast. *lienzo* podría en rigor explicarse por metátesis de un semiculto *lencio* (como *niervo* de *nervio* o *luenga* de *lengua)*; es verdad que no tengo testimonios de tal forma *lencio*. Por otra parte, LENTEUM se halla en una inscripción latina, por desgracia difícil de fechar[5], y en algunos glosarios latino-griegos[6]; en ambos casos es lícito todavía sospechar la pronunciación vulgar *ẹ* = Ĭ; en cambio, la fecha es ya demasiado antigua para ello en la grafía λέντια 'vestidos de lienzo' que Wartburg (*ZRPh.* XLII, 373) cita de un periplo del S. I d. C.; pero ¿no puede tratarse ahí de una helenización algo arbitraria, según el modelo de ἐν- = *in-*? En conclusión, faltan más elementos de juicio para eliminar las dudas.

En Cuba *lienzo* designaba una medida o porción de tierra sembrada (*Ca.* 103, 170).

DERIV. *Lienza* 'tira estrecha de cualquier tela'; en Cuba y Murcia 'cordel para pescar' e 'instrumento para medir longitudes' (*Ca.*, 103; G. Soriano). *Lenzal* [Nebr.]. *Lencero* [Nebr.], *lencera, lencería. Lenzuelo. Enlenzar.*

[1] «Arcas aculgadas de *lenzo*» Castelao 280. 2.— [2] Palabra poco popular en la actualidad, como indica ya la pronunciación irregular valenciana con *è* abierta (Renat, *Misc. Fabra*, p. 357). M. Gadea emplea *llènç* un par de veces en el sentido de 'pintura' (*Tèrra del Gè* I, 258). Aguiló da un ej. de 1517, y otro sin fecha, quizá de la misma época o algo anterior. Es popular en la zona catalana de Teruel (*BDC* IX, 71).— [3] Walde-H. afirma que se trata más bien de una evolución fonética especial ante NT, y remite a *fendere* por *findere* 'hender'. No creo que se refiera al *fendere* 'golpear' desusado que figura en *offendere, defendere, infensus*, pues todo el mundo está de acuerdo en que éstos tienen otra raíz, *gʷhen-* (gr. θείνειν, scr. *hanti*, frente a *findere* de *bheid-*). Por lo que Walde-H. dice s. v. *fendicae*, parece incurrir en confusión con la evolución romance FĬNDERE > *fendere*.— [4] M-L. no trata del asunto en su monografía sobre el logudorés antiguo, ni Wagner en su fonética histórica. Sin embargo, el log. ant. *lenthu* 'panno di lino' está ya en el Condaghe de Silki y *lentholu* en el de Bonárcado: son autóctonos, según M. L. Wagner, *RF* LXIX, 260, luego el sardo parece confirmar la existencia antigua de LENTEUM.— [5] CIL XIV, número 2215. Encontrada en el Lacio. Contiene algún vulgarismo como *linia*, que no es indicio de gran antigüedad, y más arriba se lee también *lintea*, sin diferencia de sentido.—

[6] *CGL* II, 429.22, en el antiguo glosario del seudo-Cirilo (ms. del S. VII), y en otro trasmitido en ms. del S. IX (III, 286.40, 287.27; nótese aquí la grafía griega λέντεα).

Lieva, lieve, V. *leve*   *Liga*, V. *ligar* y *alear* III
Liga, V. *liria*

LIGAR, descendiente semiculto del lat. *ligāre* 'atar'. *1.ª doc.*: 1251, *Calila* (el embrión «está ligado de su onbligo fasta el onbligo de su madre», ed. Allen, 14.306).

En el S. XIII se halla por lo común la forma hereditaria *legar*: Berceo, *Mil.*, 371c («legáronli las manos con un fuerte dogal»), 897aI, 260bI, 897a; *S. Dom.*, 628; *Duelo*, 32[1]; *Alex.*, 1552a (lle-), 2091b (le-), *legadura* 1708c[2]; en todos estos lugares el significado es 'atar (con cuerdas)'; además *legar* 'hacer impotente para la generación, con hechizos' en el Fuero de Alcalá y en el de Plasencia (Cej., *Voc.*). Hoy todavía se dice *legar* en Cespedosa para 'atar las ovejas para esquilarlas' (*RFE* XV, 149); it. *legare*, port. ant. *legar* (S. XIV o XV en Fig.). Pero pronto predominó la forma culta con *i*, que es común al castellano con el port. mod. *ligar*, y el cat. ant. y mod. *lligar* (a pesar de que en este idioma es palabra más popular que en hispano-portugués, por no existir allí el verbo *atar*)[3]. *Ligar* escriben J. Ruiz («absolvióle de todo quanto estava *ligado*», 1161d), APal. («*adnodare* es *ligar* y atar» 8d; «*ligar*... en uno atar» 89d; 53d, 219b), Nebr. («*ligar con hechizos*: devoveo»), y, con frecuencia y con las varias acs. modernas, en muchos autores de los SS. XVI y XVII citados por *Aut.*[4].

En cuanto a la tercera variante *liar*, no parece hallarse hasta fechas bastante tardías: *liar las armas sobre Rocinante* en el *Quijote* I, v, *liarlas* 'huir' en Polo de Medina, «*lía*: soga de esparto para *liar* los fardeles o tercios de cargas... y de allí *liar* por atar, y su opuesto *desliar*» en Covarr., «*liar*: empacqueter, emballer, emmailloter» en Oudin; Cej. VII, § 70-71; esta fecha tardía indica que debió tomarse del fr. *lier*[5]; el port. *liar* se halla ya a med. S. XVI (J. de Barros, Camoens, Mendes Pinto), y los derivados *liação, liame* y *liança* aparecen ya en docs. de fines del S. XV y en las *Ordenações Afonsinas* de 1446 (Moraes), pero nótese que en portugués predominan las ac. figuradas, la política 'formar alianza' (comp. el galicismo cast. *aliar*) y la náutica 'trabar el maderamen de una nave', de visible origen francés. Tal vez, lo mismo en portugués que en castellano, entró con el carácter de galicismo náutico (*liar un cabo, liar el petate*, etc.).

DERIV. De *ligar*. *Liga* 'materia viscosa para coger aves' [h. 1400, glos. del Escorial; APal. 530d; Nebr.; Cej. VII, § 71][6], 'confederación o pacto' [Nebr.], 'aleación' [Nebr.; para esta ac. V. *ALEAR* III], 'cinta de seda, hilo, etc., para asegurar las medias y calcetines' [1599, M. Alemán, *G. de Alf.*; 1605, *Quijote*; Fcha.]; *liguilla. Ligación. Ligada. Ligado. Ligadura* [APal. 6d, 17b, 78d, 252d: «*l.* fecha de muchas correas a manera de lazadura»; «*l. con hechizos*», Nebr.]. *Ligallo*, arag. [1317, en Klein, *The Mesta*, 12 n. 1] en la misma ac. la forma aragonesa o mozárabe *lligallo* se emplea en el catalán del Maestrazgo, de donde 'camino de rebaños' (*BDC* XIX, 159); 'liga de talega' en Echo (*RLiR* XI, 21); *ligallero. Ligamaza. Ligamiento. Ligarza. Ligazón*, V. *VARENGA. Desligar*; gall. *esleigado* '(hombre) desagradecido' (Sarm. *CaG.* 185r) de *desligado* por contaminación de *ley* (cat. *tenir-li llei a algú* 'cariño, apego', que no es ajeno al castellano ni al gall.-port.).

Derivados de la forma antigua *legar*. *Lega* 'atadera, cuerda' en Cespedosa (*RFE* XV, 149). *Legadura* [*Alex.*, V. arriba]. *Legador. Legajo* [1626, Céspedes]. *Enlegar*. De *liar*: *Lía* [Covarr.; 1680, *Aut.*]. *Lianza* ant. *Liatón. Liaza. Lío* [«*lío de armas*», 1615, *Quijote*]; *lioso*.

El gall. rúst. *liorna* 'monserga' («con boas *liornas* te ves ahora» 'te vienes', Sarm. *CaG.* 191v) no será verdadero derivado de aquí sino de una interpretación popular, como aumentativo de *lío*, del nombre de la ciudad de *Liorna* o *Liorno*, que el labriego oía en las narraciones lejanas y a veces inverosímiles de los marineros; sin embargo, secundariamente el vocablo cayó popularmente bajo la influencia de *loita* 'lucha' con dos consecuencias: a) se creó una variante *liorta* y b) ambas tomaron la ac. «algarabía, confusión en decir y obrar» (Vall.), usual también en el castellano local gallego[7]; gall. *liaza* 'mazo de mimbres, atadijo de pulpos', port. *liaça* (Sarm. *CaG.* 208r y p. 219).

Cultos: *Ligamen. Ligamento; ligamentoso. Ligatura* ant. *Aligar; aligación. Coligar* [med. S. XV: Santillana; Cuervo, *Dicc.* II, 197-8], de *collĭgare* íd.; *coligación; coligado; coligadura; coligamiento. Obligar* [1221, M. P., *D. L.* 274.46; 1247, íd. 96.6; APal. 224b, 468b, 514b «*vadatus* quiere dezir *obligado*, que anda sometido a fiança»; Cej. VII, § 70]; *obligación* [APal. 514b], *obligacionista; obligamiento* ant.; *obligado; obligante; obligativo; obligatorio, obligatoriedad; desobligar* [Pérez de Hita, Rivad. 643b; pero la ed. Blanchard, II, 205, lee «no queda en nada *obligado*»]. *Religar; religación.*

CPT. *Ligagamba* [med. S. XVI, Lope de Rueda; E. de Salazar; Fcha.], adaptación del cat. *lligacama* 'liga'; *ligapierna* ant.

[1] En 260b el ms. *A* trae *ligar*, pero *I legar*. En *Loores*, 267, tenemos *ligar*, pero ahí sólo disponemos de una ed. moderna.— [2] Así en *O*; el ms. *P*, del S. XV, trae *lig-* en todos los pasajes.— [3] El fr. *lier* es forma analógica de verbos como *prie*, infinitivo ant. *proiier*; en la Edad Media es frecuente la forma normal *loiier*. Oc. *liar* (también alguna vez el semiculto *ligar*) puede resultar de *lear* en hiato.— [4] Como acs. espe-

ciales, nótense cub. «*ligar* la zafra del azúcar, es
venderla de antemano toda ella en conjunto por
un precio» (*Ca.* 62), *ligar un mate amargo* 'tomarlo' Guiraldes, *D. Segundo Sombra*, ed. Espasa, p. 43.— ⁵ Aunque en principio parece posible la pérdida espontánea de la -G-, como en
lidiar LITĬGARE, *humear* FUMĬGARE, nótese que el
caso no es bien igual, pues en estos verbos la G se
hallaba siempre en posición más débil, sea pretónica o bien en final de esdrújulo (presente LĪTĬ-
GAT), mientras que en el presente LĬGAT la -G- estaba en posición fuerte. En cuanto a *leal* y *real* (LE-
GALIS, REGALIS), pudo haber influjo de *ley* y *rey*.
FUSTĪGAT da, en cambio, *hostiga*.— ⁶ Para esta
ac., comp. fr. *liant* 'elástico', 'tenaz' (*cire*, *pâte
liante*), 'flexible' (*bois liant*). Comp., sin embargo, *LIRIA*.— ⁷ Admitida incluso en ediciones recientes de la Acad. [no 1832] como cast. familiar, sin nota de localismo. En gallego: «no sé-
culo XIX os cregos galegos participaron nas *lior-
tas* políticas» en el escritor chantadense X. Costa
Clavell (1975).

Ligereza, ligero, ligeruelo, V. *leve*

LIGIO, tomado del b. lat. galicano *ligius*, latinización del fr. *lige* 'vasallo' y a veces 'libre', voz
de origen germánico, pero cuya procedencia exacta es incierta. *1.ª doc.:* Acad. 1869, no 1843.
    Para el origen del fr. *lige*, vid. principalmente
Gamillscheg, *EWFS*, s. v., y *R. G.* II, 72, con la
bibliografía allí citada; la hipótesis ahí defendida presenta dificultades, pero mayores son aún
las que ofrecen las etimologías de Bloch y de
M-L. (*REW* 4993a).

Lignáloe, lignario, lignito, lignum crucis, V. *leña
Ligón, ligona*, V. *legón   Lígula*, V. *legra*

LIGUSTRO, tomado del lat. *lĭgustrum* íd. *1.ª
doc.:* 1555, Laguna.
    Hay variantes *ligustre* y *aligustre* [1802: *DHist.*].
    DERIV. *Ligustrino*; *ligustrina* arg. 'planta em-
pleada en los cercos' (A. Sampol de Herrero, *La
Prensa*, 1-II-1942).

LIJA, del mismo origen incierto que el port.
lixa íd.; acaso de *LIJO* 'inmundicia', por las muchas escamas (comparables a costras y suciedad)
que cubren el cuerpo de la lija. *1.ª doc.:* J. Ruiz:
«allí vino la *lixa*, en aquel desbarato: / traya muy
duro cuero, con mucho garavato», 1109a. Cej.
VII, § 78.
    Según Cisternas¹ y el *Prodromus* de Carus² es
el nombre castellano del *Scyllium stellare* (también llamado *pintarroja*), *Scyllium canicula* (también *tollo*), *Carcharias Glaucus* (*tintorera, melga-
cho, tiburón*) y *Carcharias Lamia* (íd.), peces selacios todos ellos; cat. *gat, gat vaire, tintorera,
tauró*, fr. *roussette, requin*, it. *gatto, verdesca, la-*

mia. Valladares, *Dicc. Gallego*: «*lija*: voz genérica,
comprensiva, no sólo de los llamados Perros de
mar (*squalus canicula* y *squalus catulus*), sino también del marrajo (*sq. cornubicus*), el cazón (*sq.
mustelus*) y la zorra de mar (*sq. vulpes*): especies pertenecientes al orden de los selacios,
familia de los escuálidos, voraces todas y algunas de gran tamaño, como es el tiburón».
Nebr.: «*lixa, pescado de cuero áspero*: scatina»
y «*lixa, medio raia, pescado*: scatiraia»; Covarr.:
«*lixa*: una especie de pescado, cuyo cuero es tan
áspero que alisan con él los entalladores toda obra
de madera». Pronunciado todavía *lixa*, con palatal sorda, por los judíos de Marruecos (*BRAE*
XIII, 223). Port. *lixa*. Los demás romances emplean nombres muy diferentes. También el árabe:
wázġa (Lerchundi), *lewéme* (PAlc.; < lat. LAMIA),
kalb baḥrî o *kalb al-baḥr* (Bocthor; Dozy, *Suppl.*
II, 481, propiamente 'perro marino')³.
    Barbier, *RLR* LVI, 210-1, con aprobación de
M-L. (*REW* 5081)⁴, admite que es postverbal del
verbo *lijar* e identifica a éste con *alisar*, it. *liscia-
re*, 'alisar, acariciar, quitar asperezas'⁵. M-L. observa, empero, que no es verosímil partir del gr.
λισσός 'liso', como admitía Barbier, porque ésta es
voz épica exclusivamente propia de Homero y sus
imitadores, y sin indicio alguno de que pasara al
latín vulgar. Por otra parte, como veremos en el
artículo *LISO*, este adjetivo romance tuvo en todas partes -S- sencilla (o -SĬ-) en sus orígenes⁶,
aun quizá en los del it. *liscio* (comp. it. *camiscia,
camicia*, CAMISIA); ahora bien, sólo una forma con
-SSĬ- podría explicar la *x* de *lixa* (> *lija*). Si el
étimo fuese el germ. LĪSI 'en voz baja', 'despacio',
ags. *lisian* 'deslizarse', como se inclinan a admitirlo Diez y el propio M-L., el parentesco de *lija*
con *liso* debería descartarse definitivamente, pues
con la -S- simple germánica no habría manera de
explicar la *x* (*j*). Verdad es, sin embargo, que esta
etimología germánica es muy insegura y aun improbable, y que teniendo en cuenta la vacilación
consonántica entre el tipo romance *liso*, el it. *liscio*, el cast. *deslizar* y el cat. *lliscar*, es verosímil
una creación expresiva u onomatopéyica. En estas
condiciones no es imposible que en hispano-portugués existiera una variante consonántica *liš*-, alternante con *lis*- y *liz*-, y que de aquélla viniera
lijar. Indudablemente esta etimología no es infundada desde el punto de vista semántico, puesto que la lija era conocida sobre todo por el empleo de su piel para raspar, alisar, limpiar o pulir
maderas y metales, en memoria de lo cual sigue
hoy dándose el nombre de papel de lija al hecho
con vidrio molido o arenilla y destinado al mismo objeto. Pero advirtamos que tal origen sólo
sería posible si *lija* fuese derivado postverbal de
lijar, pues precisamente nada hay menos liso que
la piel de la lija (comp. el pasaje de J. Ruiz); en
estas condiciones sería de esperar que el verbo se
empleara desde antiguo y con frecuencia. Ahora

bien, el caso es que *lijar* es tardío y está sólo medianamente representado. En castellano falta en Nebrija y en los diccionarios del Siglo de Oro, y *Aut.* sólo lo cita de Palomino en 1708; en portugués falta en Bluteau, y Moraes lo registra solamente en António Feio, de 1612. Esta circunstancia unida a la falta de todo testimonio de la raíz *lix-* en el sentido de 'liso' o 'deslizar' obliga a dejar en cuarentena, y con muy fuertes dudas, esta etimología.

Por lo demás no hay otra que sea segura. En castellano y en portugués existe *lijar* (por. *al(e)ijar*) como variante de *lisiar*. APal. la emplea como sinónima de 'herir', 'desollar': «cota es para guarnecer el cuerpo del guerrero... que no le *lige* el golpe del enemigo» 252d, «carrancas, collar de cuero clavado con puas de fierro que ponen a los canes para que non los *ligen* los lobos» 280d, «dizen bestias *a vastando*, porque dañan y *lijan* con mordedura o con las uñas» 158b, «*mordere: morder, roer, lijar*, culpar» 288b. En el mismo sentido lo emplean López de Ayala («nin haya árboles muchos, así como salcedas, que se *lijaría* el falcón... et da en tierra e *lijase*») y Sánchez de Badajoz (vid. Cej. VII, § 78, y *Voc.*). Como se ve, no es forma exclusivamente leonesa, sino muy difundida, pues López de Ayala era vasco y Palencia era oriundo de Soria. No sería inconcebible el paso de 'desollar' o 'lastimar rozando' (que es lo que hoy significa *lijar* en Santander según G. Lomas) a 'desgastar o limar con lija', pero como la *-j-* de aquel verbo era sonora, sería menester que una contaminación muy eficaz y natural hubiese alterado la *-ž-* de este vocablo en *-š-*; para ello no satisface a primera vista la de *lixo* 'inmundicia' (V. el artículo siguiente). Sin embargo, la reflexión nos enseña que no sólo hay afinidad semántica suficiente para esta contaminación, sino que aun es posible que. *lixa* sea de buen origen un mero derivado de *lixo*. Recordemos que el lat. *squalus* 'lija' está junto a *squalus* 'sucio, inmundo' (*vestem squalam et sordidam* en Ennio), de donde *squalere* 'estar cubierto de placas, de escamas, de suciedad' y *squalidus* 'inmundo'. Es probable que *squalus* y su casi-sinónimo *squatus* (cat. *escat*; «genus piscis dictus quod sit squamis acutus et eius cute l i g n u m p o l i t u r» en una glosa citada por Ernout-M.), vengan del mismo radical que *squama* y que el tipo romance (cat., oc., etc.) *escata* 'escama', y que así como se dió este nombre a la lija por su piel hirsuta, el vocablo tomara por otra parte el sentido de 'escamoso, rugoso, cubierto de costras y suciedad' (lat. *squalidus*); viceversa se pudo comparar la lija con un ser cubierto de costras y sucio o *lijoso*. No sería extraño que ésta fuese la verdad, y esto parece lo menos difícil de admitir.

DERIV. *Lijar* (V. arriba).

[1] *Peces comestibles que se crían en las costas españolas del Mediterráneo*, Valencia, 1867.—

[2] *Prodromus Faunae Mediterraneae*, 1889-93, II, 508, 509, 511, 513.— [3] Simonet quiere relacionar con *liya*, que aparece en un códice mozárabe de Dioscórides como nombre del hipocampo o caballo de mar, pero no hay la menor verosimilitud fonética ni semántica en esta relación, y es del todo imposible la etimología *lēvigare* 'alisar' que a base de ello atribuye él (seguido por la Acad.) al verbo *lijar* y, por lo tanto, a *lija*. Basta notar que la *-j-*, según los datos antiguos, portugueses y judíos, venía de una š antigua y no de una ž.— [4] Implícitamente parece admitir lo mismo Spitzer, *ZRPh.* XLII, 343.— [5] El vasco vizc. *leiza* (costa central de Vizcaya) se podría usar para prestar algún apoyo a la idea: Azkue lo traduce por 'lija (selacio)' y por un fr. *liche* que no creo sea conocido en este sentido, pues sólo me consta como nombre del *mújol*, pez absolutamente diferente (para el cual V., infra, *lisa*). Por otro lado, *lixa* es el nombre general de la 'lija' en vasco (lab., a. nav., guip., vizc.).— [6] No hay por qué tener en cuenta el fr. *lisse*, palabra sumamente tardía y seguramente tomada del masculino del oc. *lis*, cuyo femenino *liso* tiene sonora, como en todas partes.

LIJO, 'inmundicia', ant., del mismo origen incierto que el port. *lixo* 'basura', probablemente del lat. arcaico LIXA 'agua de lejía' ('líquido asqueroso'); pero como este vocablo parece haber tenido ĭ breve, que habría dado *e* romance, quizá hubo confusión fonética y semántica con LĪXA 'servidor de un ejército, cantinero', que en la baja época toma el sentido de 'vil' y 'lujurioso'. 1.ª doc.: *lixo*, 1.ª mitad del S. XIII.

Se trata de la *Razón de Amor y Denuestos del Agua y el Vino*. Uno de los dos protagonistas del poema, el vino, increpa al agua diciéndole «¿Quieres que te diga ahora una cosa? / No sé res tan *lixosa*: / tú sueles cal[l]es e cal[l]ejas mondar, / ... y andar; / por tantos de *lixos* de lugares / delexas tu[s] se[n]nal(l)es, / e sueles lavar pies e manos / e linpiar muchos *lixos* panos ['paños'], / e sueles tanto andar co[n] polvo mesclada / fasta qu'en lo[do] eres tornada» M. P., *RH* XIII, 617. Luego al parecer existiría un adjetivo *lixo* 'sucio', 'lijoso' en esta época. Pero el caso es que ni en portugués ni en castellano existe otra huella de tal adjetivo, a no ser el cast. ant. *lijo* 'lijoso' que registra la Acad. ya en 1843[1]; en vista de ello y del estado sumamente corrupto de la copia del poema que ha llegado a nuestras manos, me inclinaría a dar la razón a C. Michaëlis (*RL* VII, 19, 26), enmendando estos versos de suerte que desaparezca el adjetivo *lixo*[2].

Más tarde leemos *lixo* traduciendo los lat. *immunditia* y *spurcitia*, y el plural *lixos* traduciendo *sordes* y *piaculum* ('impiedad, abominación') en el ms. bíblico escurialense I-j-8 del S. XIII (*Bol. Inst. de Filol. de Ch.* IV, 396); «qui tocare el *lixo* del hombre o de la bestia o de toda cosa que pueda enlixar» Bibl. Med. S. XIII, Levít. VII, 21; *enlixar* traduciendo a *contaminare* aparece también en Deut. XXI, 23 y Núm. XIX, 20, y XXXV, 33; *lixo* por 'cada uno de los pecados lujuriosos' en *Alex.*, 2210³; «lamíalos e limpiávalos del *lixo*» en la *Gr. Conq. de Ultr.*; «comparados al estiércol que todos acocean e al *lixo* que todos aborrecen», *Castigos de D. Sancho* (Cej. *Voc.*); «fiz cantares caçurros de quanto mal me dixo; / non fuyan dellos las dueñas nin los tengan por *lixo*, / ca nunca los oyó dueña que dellos mucho non rixo», J. Ruiz, 947c; «*lixo*: lo mesmo que *cieno* o *limo*», Nebr.; todavía lo empleó Fr. L. de León («todas ellas son un melindre y un *lixo* y un asco») y algún coetáneo (comp. Cej. VII, § 78), pero ya no figura en Covarr. ni Oudin, a pesar de que ambos traen *lixa*, y el segundo, *lixoso*; y *Aut.* sólo consigna ambos como voces anticuadas; hoy apenas se podrá hallar el sustantivo fuera de Asturias, pero aquí es muy vivo: «*acepillar*: alisar la madera, quitar los *lixos* a la ropa, enfrescala ['limpiarla']», «*llixu*: es una cosa tenue e insignificante, que se introduce en los ojos o cae en la comida o sobre la ropa, V. *mota*» (R, V)⁴, y ha creado los derivados *llixar* 'ensuciar' («dixo la sartén al cazu: quita pa allá non me llixes», Rato, s. v. *cazu*) y *lixadura* 'el mal hecho en los ojos por un lijo' (donde puede haber confusión con el *lijar* LAESIARE estudiado por mí s. v. *LIJA*). Algo más vivo es hoy y parece haber sido ya en la Edad Media el adjetivo *lixoso*, que no sólo hallamos en la *Razón de Amor*, el ms. bíblico I-j-8, la *Gr. Conq. de Ultr.* (264), los *Castigos de D. Sancho* (p. 88), pero además en *Calila y Dimna* (ed. Allen, 6.76, 48.916, 72.394), las *Partidas* (*Aut.*), la *Hist. Troyana* de h. 1270 (56.100), el *Cuento del Emperador Otas*, el glosario de Toledo, y hoy registramos *lišóza* 'sucia' en Sanabria (*Homen. a M. P.* II, 137), *lišózu* en la Sierra de Gata y *rópa lihóza* aun en varios pueblos del Centro de Cáceres (Espinosa, *Arc. Dial.*, 178). Es decir, el área del vocablo parece haber sido preferentemente leonesa, pero no dejó de tener cierta vida en Castilla y aun en Aragón, a juzgar por la *Razón de Amor* y el glos. de Toledo.

Sin embargo, hoy es más gallegoportugués que castellano: gall. *lixo* 'tamo, lanilla, mota, pajilla, etc., que se encuentra en un líquido, entra en un ojo, cae sobre la ropa' (Vall.; «prefires *lixos* do ar» Castelao 280.9), port. *lixo* 'basura', 'excrementos mayores'; *lixoso* se documenta con gran frecuencia desde el S. XIII (*Cantigas*, 219; Guillade, v. 900; Don Denís, v. 2590; *Padres de Morida*, RL XXVII, 48), y hoy es muy vivo en Galicia como expresión de la idea de 'sucio' en general (RL VII, 216; Schneider, VKR XII, 101), mientras que en Portugal *lixoso* y *lixento* sólo significan, de un modo específico, 'lleno de basura, excremento, etc.'.

La variante *lušár* es viva en Asturias y Galicia⁵; el anónimo gallego de h. 1850 clasifica *lujar* como castellano local de Galicia y cita *lujarse* en autor dialectal salmantino de 1787 (RL VII, 216); en los *Padres de Mérida* (h. 1400) ya leemos «a lengua dos segraes cõ que homẽ vive nõ *luxe* a mente» (RL XXVII, 48), está también en la Crónica Troyana en gall. del S. XIV (II, 193.7), en el *Libro de Esopo* en portugués medieval (glos. de la ed. Leite de V.), y Gil Vicente escribe *luxar-se* por 'ensuciarse con excrementos' (Fig.); J. J. Nunes cita *luxar* 'ensuciar', *luxôso* 'sucio' y *mãos luxas* como propios del Algarbe (RL X, 339; *Chrestom. Arch.*)⁶. Además *enluxar* como variante de *ensuziar* está en mss. de los *Castigos de D. Sancho*, escritos en el S. XV (p. 134, ms. *C*; p. 135, *E*) en castellano, pero sin duda por escribas leoneses o gallegos (V. mi reseña de la ed. Rey). Precisamente fundándose en esta variante en *-u-* propuso Parodi, *Rom.* XVII, 69, un étimo *LUTULARE, derivado de LŬTUM 'lodo', así para *luxar* como para *lixo*, pero salta a la vista la imposibilidad fonética de tal etimología para un vocablo que tuvo y tiene š sorda en todas partes; en vista de que la forma con *u*, a diferencia de la variante en *i*, aparece en el verbo *luxar* y el adjetivo *luxo* (pero no en el sustantivo *lixo*), me parece hay cruce de *lixo* con los port. *sujo*, *sujar*, 'sucio', 'ensuciar', que en Galicia tendrán formas en š, o bien con *lucio* 'grasiento' (LŪCĬDUS), que en port. habría de tomar la forma *lujo*, gall. *luxo*. Por lo tanto, no tenemos por qué hacer mucho caso de estas formas para la etimología de *lixo*, más antiguo, más extendido y más importante. Tampoco es posible, a causa de la š y por otras razones, relacionar a *lixo* con el galorrománico *LIGA 'heces' (V. LÉGAMO), según quería Steiger (BRAE IX, 520).

En cambio, podemos atender a la sugestión de Cornu (GGr. I², § 17), seguida por Gassner (RF XXII, § 32,2b) y J. J. Nunes: estos autores parten de una base LIXIUM o LIXUM remitiendo al artículo LIXA del CGL. Es palabra ajena al latín clásico, pero el gramático Nonio, de princ. S. IV, nos informa de que LIXA quiere decir «ceniza o líquido mezclado con ceniza»; en este y otros pasajes lo relaciona etimológicamente, calificándolo de voz arcaica, con LIXIVUM 'lejía', ELIXUM 'cocido en agua' y LIXA 'cantinero'; y en glosas posteriores se define LIXA (o la forma seguramente errada LIX) ora por 'ceniza' ora por 'agua'⁷; sin duda tiene razón (vid. Ernout-M. y Walde-H.) al relacionar con LIXIVUM y ELIXUM, que a su vez serán ampliaciones consonánticas del radical de LĪQUĬDUS. El sentido fundamental de LIXA sería 'agua de lejía, agua mezclada con ceniza', comp. LIXĬUS, adjetivo empleado por Varrón, según Plinio, con referencia a la lejía. Nada más apropiado como prototipo de lo sucio que el agua de lavar (recuérdese el pasaje de la *Razón de Amor*), y en efecto *lejía* se ha empleado en castellano mismo en el sentido de 'líquido putrefacto': «de noche dábamos *legías* a las damas cortesanas, y a las puertas cantaletas ('cencerradas')»[1] (*Guzmán de Alfarache, Cl. C.* II, 280.23); V. otros ejs. de lo mismo s. v. *LEJÍA.*

Con esto y echando mano a LIXIUS, si LIXA no nos satisface como base fonética[2], podríamos contentarnos, si no nos asaltara un grave escrúpulo al estudiar el vocalismo: el it. *lesso* 'cocido en agua' supone que (E)LIXUM y su familia tendrían ĭ, de acuerdo por lo demás con la etimología pre-latina. Ahora bien, LIXA en el sentido de 'servidor de un ejército', 'cantinero', vocablo frecuente desde el S. I a. de J. C., no parece tener relación etimológica con nuestra familia de vocablos, con la cual sólo por etimología popular la relacionan Nonio y otros glosadores («*lixiones: aquarum* portitores»); parece tratarse de un préstamo, quizá etrusco, y la grafía λεῖξαι del léxico de Suidas parece indicar que este vocablo tenía ī larga; pero naturalmente la confusión entre los dos LIXA era inevitable, tanto más cuanto que 'cantinero', 'truán de ejército', es idea de tendencia naturalmente peyorativa, y, por lo tanto, a nadie sorprenderá que en glosas, además de la descripción «qui exercitus sequuntur quaestūs causā», aparezcan las definiciones *vilis, luxuriosus* y *mercennarius* (*CGL* V, 523.39; IV, 534.31; *Gramm. Latini, Suppl.*, 294.11); en este sentido el vocablo tuvo su vida, pues en las glosas de Reichenau (*Wiener Sitzungsber.* CLII, vi, 106a), ya en el S. VIII se lee «*lixatus*: luxoriosus»[9], *lix* es 'macho cabrío' en Papias, y esto nos recuerda muchos ejs. iberorromances de *lixo* y *lixoso* en sentido lascivo: los *lixos* del *Alex.* con referencia a la sodomía, el incesto, etc.; el *lixoso* del *Cuento de Otas* aplicado a un forzador de mujeres; «foi vençudo de desejo *lixoso* e ávol» en los *Padres de Mérida*; gall. ant. *lixoso* 'inmundo, inmoral' («aquel poçon tan *lixoso*», «pecador e *lixoso* es na alma», *Ctgs.* 225.49, 152.32, etc.). En definitiva, pues, es probable que LIXA o LĪXIUS 'agua de colada' se confundieran vulgarmente con LIXA 'cantinero', 'truán', 'vicioso', resultando de la mezcla un LĪXIUS 'agua u objeto sucio', 'acto carnal sucio', de donde el cast. y port. *lixo*[10]. Es uno de tantos casos en que la Iberorromania nos conserva un arcaísmo latino perdido en el resto de la Romania.

DERIV. *Lijoso* (V. arriba). *Lexedumbre* 'porquería' ant. (*la lexedumbre de las malas costumbres* en los *Bocados de Oro* del S. XIII, según *Aut.* pero ¿es correcta la primera *e*?). *Enlijar*. El extrem. *espolijarse* 'revolcarse las gallinas por el suelo, echándose tierra o arena por encima' (*BRAE* IV, 90) puede venir de ahí si está por *esporlijarse*. Comp. LIJA[11].

¹ En esta época todavía no se conocía la *Razón de Amor*. Pero quizá no debamos dar mucha importancia al detalle; poco familiar como era el arcaico *lixo* a los lexicógrafos españoles del S. XIX, era fácil una mala inteligencia de alguno de los textos donde figura *lixo*, bajo la influencia del más frecuente *lixoso*.— ² Que la lectura del ms. por M. P. fué correcta en este punto lo demuestra un cotejo con el facsímil publicado por él mismo. Pero un copista como el que se olvida la segunda sílaba de *lodo* estaba muy distraído, y es evidente por la misma letra que la copia la hizo precipitadamente, a la diabla. Así hay que reconocer a Doña Carolina el derecho a suponer que en el último ej. el copista olvidó el segundo *os* de *lixosos panos*, y que más arriba estropeó los dos versos «y por tantos de *lixos* andar; / y por tantos de lugares»: después de escribir la primera *y* su vista pasaría del primer «por tantos» al segundo, y dándose cuenta luego de que se olvidaba algo intercalaría *andar* y *de lixos* fuera de sitio (entonces debería suponerse la errata ya en el modelo de nuestro copista, pues en la copia actual no hay nada interlineado). También cabría simplemente enmendar «por tantos de *lixosos* lugares» suponiendo que el segundo *de* es repetición mecánica del primero. Sea como quiera la extraña construcción «tantos de *lixos de* lugares» no es posible y, por lo tanto, hay que enmendar en una forma u otra, de todos modos.— ³ El ms. aragonés sustituye por *vicio*.— ⁴ La ac. 'mota, broza en el ojo' viene de 'basura', comp. el cast. popular *tiene una basurita en el ojo*, aran. *lordèra* 'basura' y 'mota en el ojo'.— ⁵ «*Enluxar*: ensuciar con residuos de paja, hierba, hilaza, etc.; *dixo el cazu a la sartén: quita pa llá non m'enlluxes*», Rato, refrán que Vall. imprime en la forma siguiente, con su falsa grafía *j = x*: «dijoll'a caldeira ò pote: quítat'alá, non me *lujes*»; «A vida *luxada* de Maria de Médicis», «*luxa-*las mans», «nunha cama revolta e *luxada* hai un home asesinado» (Castelao 62.15, 198.5, 54.23).— ⁶ También hay un verbo *luxar* en el castellano G. de Segovia (h. 1475), pero quizá tenga razón Tallgren al negar que tenga que ver con nuestro vocablo e identificarlo con el cultismo que significa 'dislocar'.— ⁷ También «*lixa* aqua dicitur ab eo quod sit soluta», relacionado con *elixum*, en las *Etym.* de S. Isidoro, XX, ii, 22.— ⁸ De un LIXA más bien se esperaría *lisso* o *lissa*, V. lo dicho en nota a *lagartija*.— ⁹ No es convincente la explicación semántica 'pasado por la colada' o 'cocido en agua' > 'sin jugo ni vigor', 'desprovisto de médula', que sugiere Hetzer, *BhZRPh*. VII, 40.— ¹⁰ Como alternativa de esta explicación sólo cabría admitir un *LĪXĬDUS > *lixio*, que pasaría a *lixo* al mismo tiempo que *dixieron* a *dixeron* o *mujier* a *mujer*. Pero entonces esperaríamos encontrar huellas de *lixio* en textos arcaicos.— ¹¹ Más bien parece que hay identidad etimológica con el port. *espojar-se* 'revolcarse', lo cual recuerda palabras como *polisá, puvisa*, etc. de las que trato en mi art. *PAVESA.*

LILA 'arbusto de flores moradas', tomado del fr. *lilas* íd., antiguamente *lilac*, y éste del persa *lilak* (también *nilak*) 'azulado', 'cárdeno como los dedos entumecidos', diminutivo de *nil* 'añil'; probablemente por conducto del ár. *lilâk* 'lila (arbusto)' *1.ª doc.*: Terr. dice que los madrileños llaman *lila* el color morado claro; Acad. ya 1817 como nombre del arbusto; Cej. VI, § 81.

En francés hallamos *lilac* desde 1611; en inglés, la misma forma, conservada hasta hoy, se documenta desde 1597 (Skeat). *Aut.* registra *lilac* en 1734, pero no habiendo testimonios anteriores en castellano ni en portugués (falta en Bluteau, 1717; *líla*, Moraes; *lilá* o *lilás*, Fig.), este *lilac* no será arabismo directo, sino tomado del francés, como es evidente en el caso de *lila*. Devic, p. 46; Dozy, *Gloss.*, 297. En la ac. 'tonto, fatuo' [Acad. 1925] es variante del onomatopéyico LELO, quizá influído por *lilaila* 'lo impertinente y ridículo' (V. FILELÍ), pero comp. también cat. *liro* 'medio idiota'. En la ac. 'cierta antigua tela de lana' [Oudin; *Aut.*; en portugués ya Bluteau, 1717], se tomó del fr. *Lille*, ciudad de Flandes donde se fabricaba esta tela.

Lilaila, lilaina, lilao, V. *fileli*   *Liliáceo*, V. *lirio*   *Lililí*, V. *alarido*   *Lima* 'fruto del limero', V. *limón I*

LIMA I, 'herramienta para limar', del lat. LĪMA íd. *1.ª doc.*: APal. 247b («*lima*... que dizimos *lima* de fierro, cuya aspereza y dureza puede adelgazar y polir todos los metales»).

De uso general en todas las épocas; Cej. VII, § 57; común a todos los romances de Occidente. DERIV. *Limar* [h. 1275, *1.ª Crón. Gral.*, 13a19; *Conde Luc.*, ed Knust, 77.13], del lat. *limare* íd.; *limador*; *limadura* [*Conde Luc.*, 77.16]. *Limalla* [Acad. ya 1817], tomado del cat. *llimalla* o del fr. *limaille* íd. *Limatón* [Terr.], ¿del catalán *llimetó* (cuya *e* se pronuncia como *a*)?

LIMA II, 'especie de viga', término técnico de origen incierto. *1.ª doc.*: 1603, Ordenanzas de Toledo.

Falta en los diccionarios del Siglo de Oro y en *Aut.* Lo registró primeramente Terr. «en la arquitectura la viga que baja por cada una de las esquinas de un tejado, y a que se van a fijar otras vigas que se alargan conforme se van acercando a la altura, y pasan de solera a solera», «*lima en diagonal*: madera que sirve para mantener las tejas», «*lima* llaman los albañiles a la fila de tejas que están puestas de lomo, y donde parten todas las canales», «*lima-hoya*, canal que recibe el agua de todas las otras, que comúnmente son menores»; Pichardo, 1839: «cada una de las vigas... que forman ángulo en la culata o punto semejante de la casa con corriente, tocando el vértice a la cumbrera»; la Acad. ya en 1843 registraba *lima* en el sentido de «canal grande que suele ponerse en el ángulo de los tejados para recibir y conducir las aguas»; ya en 1899 daba las definiciones actuales: «madero que se coloca en el ángulo diedro que forman dos vertientes o faldones de una cubierta, y en el cual se apoyan los pares cortos de la armadura», «dicho ángulo diedro»; del primero dió Pagés el ej. siguiente de las Ordenanzas de Toledo «las *limas* que van en los rincones han de tener más alto que los maderos de la armadura», además da un ej. de Fr. Lorenzo de San Nicolás (1633) para *lima tesa* 'dicho ángulo diedro cuando es saliente' y uno de Ardemáns (h. 1720) para *lima hoya* 'el mismo cuando es entrante'. Es palabra muy frecuente en López de Arenas (1633): *la lima de una armadura* (p. 9), *armadura de lima bordón* (p. 7), el *coz de limas* (p. 7), etc.; Mariátegui define en su glosario «pieza de madera que forma la esquina o arista de los dos paños contiguos de una armadura de faldón». Quizá fijándose en el pasaje del Conde de Rebolledo (h. 1655), que contiene el vocablo en la segunda ac., «en las *limas* se cortan o b l i c u a m e n t e los lados de las pizarras», admitieron Pagés y la Acad. que *lima* venía del lat. LĪMUS 'oblicuo'; la idea no puede rechazarse del todo, pero como no hay testimonio alguno de que LĪMUS pasara al romance, debe considerarse como muy incierta. Por lo demás no sé que nuestro vocablo exista en otro romance alguno, ni que haya sido objeto de estudio alguno etimológico. Pero deberá tenerse muy en cuenta la posibilidad de que, junto con LIMÓN y su sinónimo *limonera*, se tomara del fr. *limon* 'cada una de las dos varas en cuyo centro se coloca una caballería para tirar de un carruaje', en calidad de derivado regresivo, pues este vocablo francés ha tenido también la ac. «poutre qui soutient les marches d'un escalier» (S. XVI, 1732), «solive» en los dialectos occitanos de Alès y de Jalhay (*FEW* V, 247a), y en él la ac. «support d'un lit» es frecuente en textos de los SS. XII y XIII[1].

DERIV. *Limatón* cub. 'viga más delgada, que sostiene la lima' (Pichardo).

[1] Llamo la atención sobre un vocablo catalán cuyo sentido ignoro, pero podría tener relación con LIMA II: en un doc. barcelonés de 1477 se da permiso a los albañiles para «fer *limbells* e recórrer terrats ['azoteas'], fer e scurar ['arrebañar, limpiar'] clavegueres ['cloacas'] e aubollons ['albañares']», *Butll. del C. Excurs. de Cat.* XLVII, 235. Pero quizá haya errata.

Lima III 'fruto', V. *limón I*   *Limaco*, V. *limaza*   *Limador, limadura, limalla, limar, limatón*, V. *lima I*

LIMAZA, del dialectal *limaz*, y éste del lat. LĪMAX, -ĀCIS, f., con cambio de terminación por influjo del género del vocablo. *1.ª doc.*: 1505, PAlc.

En la 1.ª ed. de Nebr. se lee «*limaga a* [léase *o*] *bavaza o bavaso* [léase *bavosa*]: limax». Es posible que sea errata por *limaza,* que es como enmendaron tácitamente PAlc. y Oudin al reproducir el encabezamiento de este artículo; de todos modos, aunque es enmienda posible, dado que el orden alfabético en Nebr. no es absolutamente riguroso, no puede considerarse segura, puesto que el vocablo va entre *lima* y *limando* (lo cual no correspondería a *limaza;* nótese que el vocablo no podía tener -*ç*- sino -*z*-, como escribe PAlc.). Falta *limaza* en Covarr., y debió ser voz más bien local ya en el S. XVIII, puesto que *Aut.* dice «lo mismo que *babaza,* gusano; es voz latina y la trahe Nebrixa en su vocabulario y el P. Alcalá». Cej. VII, § 76.

Hoy sus variantes tienen considerable extensión dialectal: *limaço* en el Alto Aragón (*BDC* XXIV, s. v.; Cej. VII, § 76), en Lerín (Navarra, com. de A. Alonso), en Bilbao (Arriaga) y en Álava (Baráibar), *lumiaco* y *llumiaco* en Santander (M. P., *Dial. Leon.,* § 6), en Asturias *llimaz* m. en Colunga y Valle de San Jorge, *llimiagu* en Oviedo y Villaviciosa (datos de Vigón), *ţşumiau* y *ţşimiau* en el Oeste (Munthe), *llimaco* en el límite de Galicia (Acevedo-F.), *limacha* en Viveiro (gall. NE., Sarm. *CaG.* 90v), *lumáchega, lamáchega, lumigacha* (*RL* VII, 217), o *limigòcha* (Vall.) en gallego. Más variantes dialectales (necesitadas de comprobación), en *GdDD* 3881 y 3633.

Por lo demás en gallego-port., y aun en el Bierzo y Sanabria, reina *lesma, lesmia* (ambos en Sarm. *CaG.* 184v, 90v, A21r) o *lesminha,* el plural femenino *lezmes* o *lézmezes* en Mestre Giraldo (a. 1318: *RL* XIII, 336), gall. y minhoto *lismo* 'saliva viscosa de los moluscos', todo lo cual parece venir de una variante dialectal itálica *LĒMEX, -ĬCIS,* con metátesis *lemze > lezme*[1]; quizá tengan el mismo origen el rum. *melc* o *melciu* (> búlg. *melčov*) y aun Meuse *lemchon ~ melçon* citados por Sainéan (*Sources Indig.* II, 105).

Otras formas romances con cambio de sufijo son el cat. *llimac* (comp. el nav.-arag. *limaco*), gasc. *limac,* Bethmale *lumac* (*BhZRPh.* LXXXV, § 121), rosell. *llimauc,* langued. *limauco,* Lot, Tarn, Hérault, Aveyron *milhauco*[2]. Es innecesario e inverosímil el artículo *LIMACEUS* del *REW:* el it. ant. y dial. *limaccia,* fr. *limace,* se explican por influjo del género femenino de LI-MAX (con acción secundaria de -ACEA) y las demás formas continúan pura y simplemente LIMĀCEM.

DERIV. *Limazo. Lumaquela* [Acad. 1899], tomado del it. *lumachella* íd., propiamente 'caracol pequeño'.

[1] El vocablo está representado en eslavo, y con fuertes variantes de sufijo, en báltico y germánico, pero el gr. λείμαξ, que en este sentido sólo se halla en Hesiquio, difícilmente podrá mirarse como la fuente del vocablo latino, sino como la-

tinismo griego, contra lo que opinan Walde-H. y Ernout-M. basándose en argumentos falaces (el it. *lumaca* no representa un acusativo griego, sino variante morfológica romance, como el cast. *limaza,* y seguramente tardía, pues de un plural *le lumace* o *lumaci* se podía sacar analógicamente un singular *lumaca,* como había *manica* junto a *le man(i)ce*). Sea como quiera el vocablo parece tener EI originario, V. los citados diccionarios etimológicos, que también sugieren sea secundaria la cantidad larga de la A; siendo esto así, una variante osco-umbra LĒMĬC- se latinizaría parcialmente en **LĒMĬCEM,* única forma que puede explicar la gallego-portuguesa; a no ser que se trate de una voz hispanocéltica, con lo cual la Ē < EI sería normal, y también la *i* de *lismo* sería explicable. Para la explicación de *lézmezes,* V. *güérmeces < VŎMĬCES,* aquí, s. v. *GORMAR.* Para documentación de *lesma* y variantes, V. Cornu, *GGr.* I, § 305; Schneider, *VKR* XI, 119, 141, 273, comp. 210-11. Desde luego la explicación que M-L. quisiera admitir para *lesme* (**lem(a)zinha > lezminha* y de ahí *lezme* derivado regresivo) es absolutamente imposible, pues la *a* no se sincopa nunca en portugués. Para todo esto V. mi reseña de Ernout-M. en *VRom.* XIII, 370.— [2] Para éstos me cuesta creer, por razones de continuidad geográfica, en la etimología céltica MIL- o MEL- sugerida por Jud, *VRom.* VI, 257-8.

LIMBO, tomado del lat. *ĺmbus* 'orla o extremidad de un vestido', de donde 'lugar apartado en el otro mundo'. *1.ª doc.:* h. 1440, A. Torre (C. C. Smith, *BHisp.* LXI), h. 1620, M. de Roa; *imbo,* principio del S. XV, *Canc.* de Baena (p. 691).

Cej. VII, § 86. Para otros testimonios de la forma *imbo,* alterada por deglutinación de la *l-,* que se confundió con la del artículo, vid. Cuervo, *Ap.,* § 818; hoy se dice así en Colombia, y en Cespedosa es una 'línea del juego de pelota que señala las jugadas buenas y malas' (*RFE* XV, 261).

Limbrar, V. *umbral* *Lime,* V. *leme* *Limen,* V. *umbral* *Limera,* V. *leme* *Limero,* V. *limón I*

LIMETA, 'frasco de cristal para vino', diminutivo de *lima* o *nima* íd. (documentados ambos en mozárabe), y éstos del lat. NĬMBUS 'chaparrón', 'nube cargada de agua', 'frasco para vino'. *1.ª doc.:* 2.º cuarto del S. XVI, Sánchez de Badajoz.

En su *Recopilación en Metro* II, 242, se lee «Negra, lava esas *limetas,* / hínchelas de tinto y blanco». También en Lope de Rueda: «hay ragea y unas *limetas* de vino que él mismo s'está diciendo: bebéme, cómeme, bebéme, cómeme» (*Cl. C.,* 243 = Acad. II, 202). Falta en Nebr. y APal. y Covarr. se limita a definirlo como «género de vasos», pero Oudin precisa más «une espèce de phiole de verre comme ce que l'on appelle a Paris un bocal», y *Aut.* «cierta vasija de vidrio a modo de redoma, que sirve para poner en ella vino u otro liquor». El vocablo no pertenece hoy al uso común español, lo cual puede explicar la vaguedad de la definición de la Acad. «botella de vientre ancho y corto, y cuello bastante largo», pero es usual en Andalucía según Simonet, Benoliel (*BRAE* XV, 217) nos informa de que *limeta* «botella» es usual entre los judíos de Marruecos, y en América está ampliamente difundido: con este mismo sentido lo emplean los cubanos de Tierradentro (Pichardo, p. 161), en Chile designa una botella de vidrio a juzgar por la frase proverbial «no es lo mismo soplar que hacer *limetas*»[1], y es palabra usual en el gauchesco argentino con la ac. transcrita arriba[2].

Simonet, en su *Glosario*, s. v. *límma* y *nîma*, relacionó con estas dos formas, empleadas, respectivamente, aquélla por R. Martí (S. XIII) con la definición «fiala», y ésta por el cordobés Abenhayán († 1064) y el africano Abenalhaxxá (S. XIII) en el sentido de 'especie de botella o redoma de cristal'. No hay manera de explicar *nîma* como voz arábiga (no corresponde al sentido de la raíz *n-w-m* 'soñar' y no hay una raíz *n-y-m*). En cuanto a *límma*, Dozy (*Suppl.* II, 550a) lo coloca junto a *malámm*, «réceptacle», «vase de forme sphérique avec deux très-petites anses», empleado en Egipto según dos fuentes modernas; quizá no sería del todo imposible sacar estos vocablos de la raíz árabe *l-m-m*, aunque nada semejante a estas palabras traen en ella los diccionarios clásicos ni vulgares (Beaussier, Lerchundi, Fagnan, etc.) y el sentido general de la raíz ('reunir', 'estar cerca de algo') está completamente alejado[3], pero la existencia de *nîma* en autores más antiguos, inseparable de *límma*, está indicando que el origen de éste ha de ser otro.

Lo señaló ya el propio Simonet en el lat. NĬMBUS, que Marcial empleó en el sentido de una botella de cristal para echar agua o vino: entre los epigramas destinados a inscribirse en objetos regalados (*apophoreta*) figura uno con el título *Nimbus vitreus*, cuyo texto reza «A Iove qui veniet, miscenda ad pocula largas / fundet *nimbus* aquas: hic tibi vina dabit» (XIV, 112); nótese que los epigramas que preceden y siguen se refieren también a vasijas (*urceus fictilis, calices Saguntini, ampulla potoria, patella Cumana, calices vitrei, lagena vinaria*). No sólo el sentido es claro, sino que la comparación que hace Marcial con el nubarrón preñado de agua, enviado por Júpiter, nos explica con evidencia el origen de la denominación, a base de *nimbus* 'chaparrón', 'nube tempestuosa': también el nimbo de vidrio estaba destinado a arrojar en abundancia, ora agua, ora un chubasco de vino (de ahí el chiste)[4]. Que *nimbus* se disimilaba corrientemente en *limbus* nos consta ya en

latín, por fuentes diversas: así nos lo advierte Servio al comentar un pasaje de la Eneida (II, 615; *ALLG* XI, 119), y en San Isidoro, *Etym.* XIII, x, 3, el ms. *K* trae la variante *lymbus* en lugar de *nimbus* «densitas nubis intempesta et obscura»; era pronunciación tan extendida que determinó el nacimiento de una ultracorrección *nimbus* empleada en el sentido de *limbus* 'orla', 'cinta de lienzo dorado que las mujeres se ponen en la frente': *nimbus* escriben en este sentido San Isidoro (*Etym.* XIX, xxxi, 2) y Petronio, las lecciones *limbus* y *nimbus* coexisten en los mss. de Arnobio, y Forcellini observa que *limbus* era en realidad lo único correcto en esta ac. Está claro, pues, que *nimbus* y *limbus* pudieron también coexistir en el sentido de 'limeta', y derivar de ahí los mozár. *límma* y *nîma*, y el cast. *limeta*, causará tanto menos escrúpulo cuanto que la asimilación de MB en *m* es normal en castellano, y el sufijo *-eta* es particularmente favorecido en mozárabe y en andaluz. NĬMBUS no podía tener otra cosa que I breve, según la fonética latina, y de hecho lo comprueba el it. *nembo;* lo cual ocasiona una primera duda por la *i* y no *e* castellana, pero el mozárabe conserva a menudo la *i* en este caso (*RPhCal.* I, 89, n. 23), lo cual nos vuelve a confirmar en la procedencia mozárabe de la voz castellana. Sin embargo, el hecho es que precisamente el mozárabe no asimila MB en *m*, contra lo que hacen el castellano, aragonés y catalán; pero no es demasiado difícil admitir que el vocablo pasó a los mozárabes desde el Norte de España[5]. Sea que el vocablo se heredara directamente del latín o pasara a través de los musulmanes de España, la etimología parece asegurada; de España pasaría al árabe, y extendido hasta Egipto daría lugar al nuevo derivado árabe *malámm*, para el cual contaba este idioma con muchos modelos de nombres de instrumento en *ma-* que coexisten con sinónimos desprovistos de tal prefijo. Para nombres de vasijas análogas de procedencia romance en árabe, V. *ALIARA* y *REDOMA* (?). Es probable que NĬMBUS dejara también descendencia en el Sur de Italia: calabr. *limba, limma*, 'vasija de barro', salent. *limmu, limba*, Tarento *limmo* «conca, catino», sic. *lemmu* «catino», Abruzo y Campania *rimba* 'vasija de barro', gr. de Bova y de Ótranto *limba, limbeḍḍa* 'tegame', *limbo, limbuḍḍi, limbuna* 'vasija de barro para lavar' (Rohlfs, *EWUG* 1257), gr. de Epiro y de Cefalonia λίμπα 'vasija de barro', 'charco', alb. *limbę, limę* 'gamella', 'plato', maltés *lenbi* «mastellone per lavare la roba», a los cuales Rohlfs sospecha origen griego (comp. λίγμα 'escudilla', en glosas), pero el especialista G. Meyer (*Roman. Lehnworte im Ngr.*, 45) los mira como romanismos griegos, y M. L. Wagner (*Byz.-Ngr. Jahrb.* VIII, 211) relaciona ya con el *límma* de R. Martí, sin pronunciarse acerca del origen. Aunque el sentido sea algo diferente del de *limeta*, difícilmente podrá dudarse de que el

étimo de esta familia es también NĪMBUS, a cuyo
vocalismo corresponde perfectamente[6]

[1] Guzmán Maturana, *D. P. Garuya*, p. 300; íd.
en Acad. como chileno.— [2] «Cuando la ocasión
llegó / cenaron a lo divino / con dos *limetas* de
vino / que la patrona sacó», Ascasubi, *Santos
Vega*, v. 245; *M. Fierro* I, 706. Y los ejs. que
cita Tiscornia, *M. Fierro coment.*, p. 432. De
ahí figuradamente 'la frente de las personas, particularmente si es ancha y abultada', 'la cabeza
de las mismas, especialmente si carece de pelo',
según Garzón (comp. Segovia). V. además M. L.
Wagner, *RFE* XX, 177.— [3] En autores vulgares
llega a significar 'tocar levemente', 'indicar', por
lo tanto se comprende que el infinitivo de la 4.ª
forma, rigiendo el sustantivo *múskir* 'bebida em-
briagante, mosto', signifique en un autor clásico
'beber vino' (Dozy, *Suppl.* II, 549b), pero claro
que ahí estamos siempre en la idea de 'tocar, catar, probar', y no sería fácil derivar de ahí un
sustantivo con el sentido de 'botella'.— [4] No hay
otros testimonios en latín, pero éste basta, por lo
claro, y más tratándose de un español como Marcial. Friedländer en su edición de Leipzig, 1886,
explica que es una vasija de cristal con muchas
aberturas, para rociar con líquidos; ignoro la
fuente de esta descripción (aceptada por Darem-
berg-Saglio y Pauly-Wissowa) que no se funda
en el texto de Marcial, y quizá no pase de una
fantasía. En su sentido propio y como cultismo
científico se tomó *nimbo* en el S. XIX; de ahí
nimbar.— [5] Entonces un cast. **ņema* o **lęma* se
cambiaría en *nima, lima*, por la pronunciación
árabe, que no habiendo consonante enfática prefería la *i* a la *ę*. O bien podemos admitir una
pronunciación semiculta cast. *nima, lima*, pronunciación que se justificaría por el empleo como
vasija litúrgica; entonces podríamos prescindir
totalmente del intermedio mozárabe o hispanoárabe.— [6] Recordando el cat. *figueta* 'limeta'
(*ALC*, mapa 93) se podría suponer que esta vasija se llamó 'higo' en unas partes y en otras 'lima, limón' por comparación con la forma de estos frutos. Tratándose de un higo todavía se concibe la comparación con una limeta ventruda,
pero en realidad no veo semejanza alguna con un
limón o lima. Por otra parte, como el *figueta*
del Principado se continúa por el Norte (Rosellón, Valle de Arán) con *fiola* (fr. *fiole*, lat. PHIA-
LA), más bien creería yo que *figueta* es cambio
de sufijo de *fi(g)ola* y tiene la misma procedencia.

LÍMISTE, del mismo origen que el fr. *limestre* 'especie de paño de lana'; del ingl. antic. *lemster* íd., propiamente nombre de la ciudad de
Inglaterra donde se fabricaban estos paños. *1.ª
doc.*: ya en 1486 (*Fs. Wartburg* 1958, 584; más
documentación en *Hisp. R.* XXVI, 285); 1605,
Miguel de Madrigal[1].

Éste pone el «fino *límiste*» al final de unos versos esdrújulos, que pueden verse en la ed. del
Quijote por Rodríguez Marín (a. 1916, V, p. 194).
Sancho en una sarta de refranes y frases proverbiales dice «más calientan cuatro varas de paño
de Cuenca que otras cuatro de *límiste* de Segovia» (II, xxxiii, *Cl. C.* VI, 293). El sevillano R.
Fernández de Ribera († 1631, obras desde 1609)
en su inédita *Asinaria* confirma la acentuación del
vocablo en los versos siguientes citados por el
mismo erudito: «ropa de mil colores mal vestida / le llegava a los pies grosera y tosca, / con
un vendo de *límiste* ceñida... / con un vendo de
límiste me aprieto, / paño solo, por fino, que ha
acertado / a recojerme en sí como discreto». También Quevedo h. 1640 habla del *límiste de Segovia*, al parecer como de un paño cuya estima había desmerecido (V. la nota citada), en lo cual
puede fundarse la afirmación de la Acad. en 1899
de que el *límiste* era paño ordinario. En una poesía germanesca de la 1.ª mitad del S. XVII (publicada por primera vez en 1655) se habla de un
condenado, Ganchoso el Tabernero, a quien pa-
sean vestido de *límiste* azotándolo por las calles[2].
Aut. define «el paño de primera suerte, más fino
y perfectamente trabajado, que se fabrica en Segovia»; el primer lexicógrafo que recoge el vocablo, Oudin, da una variante distinta «*limista*: fin
drap».

Con razón relaciona la Acad. con el fr. antic.
limestre «sorte de serge croisée qu'on fabri-
quait à Rouen», empleado ya por Rabelais y
corriente en el S. XVII; en el diccionario de
Trévoux (1704) se asegura que viene del nombre
del primer fabricante, y aunque esta explicación la
han repetido el *DGén.* y Gamillscheg, carece de
pruebas documentales. Que el vocablo venga de
un nombre propio es probable, y por ello se
habrá dicho también en francés *drap de limestre*
y *serge de limestre* (Trévoux), pero en realidad
tal nombre no es conocido, ni en Francia ni en
España, como nombre de lugar o de persona[3]. La
procedencia francesa no sería inverosímil, puesto
que de paños se trata, y dada la fecha algo más antigua de la documentación en el país vecino; pero
en realidad no hay prueba alguna de que no sea por
el contrario el vocablo francés el de procedencia
española, y aún podría indicarlo así el dato de
Trévoux de que se fabricaba con la «mejor lana
de España». Del francés se tomaría el bret.
limestra adj. «violet, pourpre» (V. Henry), que
según Troude es sustantivo masculino anticuado y vale «la couleur pourpre, le violet» y «le
drap violet». Desde luego hay que descartar la
etimología sugerida por Henry, lat. LIMBUS OS-
TREUS.

La buena etimología la encontró Sainéan (*La
Langue de Rabelais* II, 226-7): es el nombre de
la pequeña ciudad inglesa de *Lemster* (también
llamada *Limster* y *Leominster*) todavía conocida

por su comercio de lanas y que antes lo había sido por la fabricación de tejidos finos, según prueban dos antiguas comedias inglesas: «Yelding forth fleeces stopled with such wood, / a *Lemster* cannot yield more finer stuff», «far more / soft than the finest *Lemster* ore [= wore]» (Dodley, *Ancient Plays* VIII, 220, 443).

[1] Según la Enciclopedia Espasa el vocablo aparece también en Márquez (1612) y en Pineda (h. 1590), lo cual no puedo comprobar, pues no figura en el orden alfabético del *Prontuario* de Mir, de donde lo cita Espasa.— [2] *Límiste*, como se lee en la ed. de 1664, ha de ser la buena lección, pues no tiene sentido «el límite golpeado» que se lee en las otras ediciones. Véase Hill, *Poesías Germanescas*, pp. 164 y 240.— [3] La terminación de *límiste* recuerda la de un nombre de lugar como *Frómista*, villa de la provincia de Palencia, de transparente etimología germánica: gót. FRŬMĬST 'primero', FRŬMĬSTI 'principio'. Pero nada parecido a *límiste* conozco en gótico ni en otros idiomas de la familia.

LÍMITE, tomado del lat. *līmes, -ĭtis*, 'sendero entre dos campos', 'límite, frontera'. 1.ª doc.: *Celestina* (C. C. Smith, *BHisp.* LXI), APal. 247b: «por el vmbral entran los ombres en las casas como por *límites* en los campos»; 104d.

También lo emplea Pero Mejía (1545) y es frecuente desde el Siglo de Oro (*Quijote*; ejs. de varios en *Aut.*; Covarr.); modernamente ha penetrado en el lenguaje hablado y aun no es ajeno a las clases populares. El duplicado popular *linde* se halla desde los orígenes del idioma: Oelschl. lo recoge como femenino desde 1074, y *limde* en 934 y 1156; Cej. VII, § 86. El género femenino, que también hallamos en APal. 104d, es ajeno al latín, donde *limes* es masculino, pero era fácil el cambio en un sustantivo de la tercera declinación, y el hecho reaparece en el port. *linda* 'linde', cat. *llinda* 'dintel'[1], y M-L. cita Lión *lĕda*, Val Canobbia *lünda* 'lindero de un campo', Val Sassina (Tesino) *limeda* íd.

DERIV. Derivados de *límite*. *Limitar* [h. 1440: *Corbacho*, A. Torre, Santillana, etc. (C. C. Smith); 1502, *BHisp.* LVIII, 361; 1570, C. de las Casas; 1595, Fuenmayor], tomado de *līmĭtāre* 'rodear de fronteras', 'limitar'; *limitable*; *limitación* [1515, Fz. Villegas (C. C. Smith)]; *limitado*; *limitativo*. *Limitáneo. Extralimitar*; *extralimitación. Ilimitado*; *ilimitable*.

Deriv. de *linde*: *Lindar* 'umbral', voz muy rara, tomada del cat. *llindar* íd. (comp. arriba *llinda*). *Lindazo. Lindero* [1213, Oelschl., ya como sustantivo, aunque primero fué adj.]; *lindera* [h. 1400, Glos. de Toledo]; *lindería. Lindón. Lindar* v. [*alindar*, 1578, A. de Morales, Fr. L. de Granada: *DHist.*; forma que es general en el Siglo de Oro, Cuervo, *Dicc.* I, 349, aunque ya aparece *lindar* en Zúñiga, a. 1600, pero esta última forma se generali-

za en el S. XIX]; ast. *llindiar* (Oviedo), *allindar* (occid.), *llendar* (Colunga y San Jorge) 'cuidar de que el ganado que se apacienta en una heredad no traspase ciertos límites', *llende* f. 'acto de *llendar*', *llendón* 'porción de terreno dedicado al pasto', *llenderín* 'aguzanieve' (también llamada *paxarín del ganáu*) (V), con *e* por influjo de ALEDAÑO (*alendaño*); *lindante; alindamiento. Colindar* [Acad. 1936]; *colindante* [Acad. ya 1869]. *Deslindar* [*delimdare*, a. 978, Oelschl.; *deslindar*, S. XIII, *Fuero Viejo, Partidas*: Cuervo, *Dicc.* II, 1096-7; ast. *desllingar*, V], del lat. tardío DELIMITARE íd.; modernamente se emplea algunas veces, seguramente por galicismo, *delimitar*, no admitido por la Acad.; *deslindador, deslindadura, deslindamiento, deslinde. Translimitar; translimitación.*

CPT. *Limítrofe* [como poco usado, en Terr.; Acad. ya 1817], tomado del lat. tardío *limitrŏphus* '(campo) atribuído a los soldados que guardaban las fronteras, para atender a su subsistencia', compuesto con el gr. τρέφειν 'alimentar'; la forma castellana se tomó del fr. *limitrophe*, lo cual explica el cambio de terminación.

[1] Comp. el fr. ant. *linte* m., íd., que siendo voz rara puede ser derivado regresivo del sinónimo *linteau.*

Limnar, V. **umbral**

LIMO 'lodo', tomado del lat. LĪMUS íd. 1.ª doc.: h. 1350, *Poema de Alfonso XI*, 120.

También en APal. («*limax* es gusano que nasce en el *limo* o en lodo», 247b; 46d) y Nebr. («*limo, por el cieno*: limus»). No es raro en el Siglo de Oro (*Aut.*) y no está olvidado en la actualidad; conservado en todos los romances, aunque es raro y literario en Italia, Cataluña y otras partes, y raro y sólo antiguo en francés.

Port. y gall. *limos* 'las aguas que rompen antes del parto, fluído amniótico', de donde figuradamente 'signos de germinación o nacimiento de algún hecho': «uns anaquiños de eternidade que ainda xacen nos *limos* da concencia labrega e marineira», «os *limos* étnicos que rixen o seu instinto» (Castelao 272.4, 151.1).

DERIV. *Limoso* [*Gral. Est.* I, 159b; APal., 394b; Nebr.]; *limosidad.*

LIMÓN I, 'fruto del limonero', del ár. *laĭmún* y éste del persa *līmū(n)* íd.; en el árabe de España el vocablo sufriría el influjo del ár. *līma*, de donde viene el cast. *lima* 'fruto del limero', y que parece ser de la misma familia: de ahí la *i* de *limón*. 1.ª doc.: principio del S. XV, Fr. D. de Valencia, *Canc. de Baena*, n.º 502, v. 34; APal.: «es de maravillar que siendo diversos linajes de árboles... naranjas y *limones* y toronjas y *limas*, que llamamos en romance, todas estas cosas confonda la latinidad antigua so vn nombre de *cidro*», 78d.

Falta en Nebr. lo mismo *limón* que *lima;* pero PAlc. agregó este último a su nomenclatura, traduciéndolo al árabe por *lima* y por *laimóna,* y «*lima, árbol*» por *lima.* Según *Aut.,* G. A. de Herrera (1513) cita *lima* en el sentido de 'lima' y de 'limero', y Laguna repite la observación de Palencia de que el latín y el griego no distinguen entre *lima* y *limón.* El ár. *laimûn* figura ya en los diccionarios clásicos y hoy se pronuncia igual en Marruecos (Lerchundi); mientras que *lima* figura en los marroquíes Abenbatuta y Abenjaldún (1.ª y 2.ª mitad del S. XIV) y hoy es usual en el Norte de África; por lo demás en Argelia *lima* es el nombre del limón (Beaussier, Ben Sedira), y de la misma manera se llama *llima* el limón en el catalán de Valencia, distinguiéndose la lima por *llima d'agredolç, llima dolça* o *llima bergamota*[1]; Eiximenis, que vivió en Valencia a fines del S. XIV, distingue entre *teronges, llimons* y *llimes* (*Regiment,* 25.11); también el mallorquín coetáneo Turmeda emplea *llimons* en rima con *lledons* (*Divisió,* 107); hoy en Cataluña se dice *llimona,* que procede del nombre de unidad ár. *laimûna.* Es sabido que el ár. *laimûn* viene del persa, donde coexisten *līmū* y *līmūn* (¿éste influído por el árabe?); hay formas semejantes en malayo y javanés, aunque falta averiguar si no vienen del árabe, y se citan formas más diferentes en sánscrito. Dozy, *Gloss.,* 297-8; *Suppl.* II, 563*a;* Devic, 46; Skeat, s. v. *lemon.*

Deriv. *Limonada. Limonado. Limonar. Limonero* 'árbol que hace limones', 'vendedor de limones'. De *lima: limero.*

[1] En castellano normalmente se distingue la *lima* del *limón,* y en la Arg. la *lima* es citro bien conocido (Draghi, *Canc.,* p. 83).

LIMÓN II, 'cada una de las dos varas en cuyo centro se coloca una caballería, para tirar de un carruaje', tomado del fr. *limon* íd., de origen incierto, tal vez cruce de *TIMÓN* con *limande* 'tabla estrecha', 'pértiga' (para el cual V. *LIBÁN*). 1.ª *doc.: Aut.*

Define éste los *limones* «los dos maderos largos que se ponen a uno y otro lado, para formar el assiento de la carreta, que tirada de bueyes sirve para conducir carbón, trigo, sal u otras cosas». Falta el vocablo en Covarr., Oudin y fuentes anteriores. En francés, en cambio, *limon* es voz de uso constante en la historia del idioma y ya se documenta varias veces en el S. XII. Se han hecho varias tentativas etimológicas, muy vagas e insatisfactorias, que pueden verse en el *REW* 5041, y en Gamillscheg, *EWFS,* s. v. No es mejor la de Hubschmid acogida en el *FEW* V, 247-8, que a base de relacionar con el vasco *lema,* cast. y port. *LEME* 'timón de una nave', construye una base céltica *LĒM- 'travesaño', sin apoyo en el céltico insular, y sólo relacionada con el lat. LĪMEN íd.; el vocablo tendría EI indoeuropeo (lo cual

niegan los latinistas), diptongo que en céltico se reduce a Ē, pero, según esta hipótesis, se convertiría en Ī en algunos dialectos gálicos. Pero la atrevida construcción se derrumba al advertir que *LEME* no es céltico, sino una alteración vasca del lat. TEMO.

Quizá sea verdad, así y todo, que el fr. *limon* represente un céltico *LĪM- del mismo origen que el lat. LĪMEN, hipótesis que ahora se simplificaría al poder operar con un vocalismo Ī (= Ī indoeuropeo) en todas partes[1], coincidente por lo tanto con el que admite Walde-H. para esta palabra latina. Por otra parte, la etimología queda absolutamente hipotética, perdiendo incluso la ilusoria comprobación que le daba el hispánico *leme.* Y como *limon* es palabra técnica del transporte, correspondiente a una fase avanzada en el desarrollo de la carretería, me parece bastante inverosímil a priori una etimología céltica. Ya no diría su mismo del vocablo *limande,* que desde Gamillscheg viene relacionándose con *limon,* pues los significados indican un término agrícola, vinculado al terruño: «pièce de bois dans laquelle s'emmanchent les bâtons d'une claie ou barrière», «branche de saule que l'on attache pour renforcer la haie», «lien pour les fagots», «clôture de bruyère coupée», «gaule longue et flexible», y luego «limons de charrette» en el Poitou; si el sufijo puede explicarse por el céltico, según indica Hubschmid[2], un origen prerromano parece bastante probable (V. una conjetura en mi nota a *LIBÁN*). Como los limones son lo mismo que el timón, con la diferencia de ser dos, y por lo tanto menos gruesos, y corresponder a un estado más adelantado en la historia del transporte, es posible que *limon* salga de *timon* por cruce con *limande* 'pértiga', con la cual coincidía el *limon* por su menor grueso; idea ya sugerida por Gamillscheg con cierta vacilación, y que a mí me parece muy verosímil[3].

Deriv. *Limonera* [Acad. ya 1817], es de uso más común que *limón* en castellano. *Limonero* '(caballería) que va con limoneras'.

[1] Las formas *lemon, lemette,* de la Suiza Francesa, aunque ya aparezcan en los SS. XV-XVII, pueden corresponder fonéticamente a LĪM-, como ya advierte Wartburg, n. 4.— [2] Para ello no hay que contar con la variante *limante,* señalada en dos localidades del Suroeste, a la cual se concede demasiada importancia en el *FEW.* Tiene razón Gamillscheg al mirarla como un cruce moderno con *charpente.* Por lo demás no se olviden alteraciones modernas como la de *courante* en *courande,* tan extendida en los dialectos franceses (*FEW* II, 1566*a*) y cat. *corranda.*— [3] Sainéan, *Sources Indig.* I, 157, compara *limon,* que en el Morvan significa 'surco para que se escurran las aguas', con *lisoire* (Richelet) «pièce de bois au dessus de l'essieu», que vendría de *lise* 'barro', y supone que *limon* 'limonera' venga de

limon 'limo'; pero desde el punto de vista semántico es idea sumamente inverosímil.

Limonada, limonado, limonar, V. *limón* I
Limonera, V. *limón* II   *Limonero*, V. *limón* I
y II   *Limosidad*, V. *limo*

LIMOSNA, del antiguo *alimosna*, descendiente semiculto de *elimosẏna* pronunciación usual del
lat. *eleemosẏna* íd., tomado del gr. ἐλεημοσύνη
'piedad, compasión', 'limosna' (derivado de ἐλεεῖν
'compadecerse'). *1.ª doc.: almosna*, doc. de Tórtoles, a. 1200 (Oelschl.); Berceo; *alimosna*, en varios textos del S. XIII; *limosna, Apol.*, 132*b*.

Berceo empleó por lo menos una vez la forma
culta *elemósina*, asegurada por el metro: «serán
las *elemósinas* de los buenos gradidas», *Loores*,
172*d;* pero su forma habitual parece ser *almosna,*
que es como leen la mayor parte de los mss. en
S. *Dom.*, 105*c* («demandava *almosnas* como romero fito»), 467*a*, S. *Mill.*, 97; también *Alex.*, 660,
Gr. Conq. de Ultr., 482. Es forma coincidente
con el cat. *almoina*, oc. *almosna*, fr. *aumône*, alem.
almosen; y, en otras tierras, con el gall. y port. *esmola*, forma que sale de *esmolda* < *esmolna* <
elmosna[1]. Por otra parte lo más corriente sería la
forma semiculta, con conservación de la pretónica
interna, *elimosna* (así *Gr. Conq. de Ultr.*, 553*b;*
Calila, ed. Rivad., tres veces en 53*b*), y luego
alimosna: Elena y María (*RFE* I, 62), *Estoria de
los Santos*, escritura de Silos de 1371 (*RFE* I, 85),
Proverbios de Salomón (*Homen. a M. P.* I, 283),
Calila (ed. Rivad., 29*b*)[2]. De ahí salió el moderno
limosna por confusión con la *a* del artículo; y
esta forma, que es la de APal. (44*d*, 235*b*) y Nebr.,
y general desde entonces, se halla ya comprobada
por el metro en el citado pasaje de *Apolonio* («que
las *limosnas* aya sin grado a pedir»); Cej. VII,
§ 118. Baist (*GGr.* I, § 34) cree que el tratamiento
fonético del vocablo indica que se tomó del italiano, pero no es así, pues la falta de diptongación se debe a tratamiento semiculto[3] (como la
conservación de la pretónica interna), y la -*i*-
existía ya en la pronunciación del latín tardío:
«est potius dicendum per *e elemosyna*... quam
elymosina per *i*», *CGL* V, 584.11 (ms. del S. IX);
se trata de la pronunciación de la η como *i*, general en el griego helenístico.

DERIV. *Limosnar* ant. [*alimosnar, Alex.*, 2236],
comp. gasc. *amoinà*[4] íd.; más tarde *limosnear; li-
mosnador; limosnadero* [*Gr. Conq. de Ultr.*, 94].
Limosnero [Nebr.; *elemosnero* 1332, *BHisp.* LVIII,
361]; ejs. en Amunátegui, *BRAE* VIII, 389-93;
limosnera. Llimosniegu 'el que da muchas limosnas' ast. (V).

¹ La forma antigua *esmolna* está en las *Ctgs.*
75.25, 155.25, 203.12, 258.13; *esmolda* está en
los *MirSgo.* 40.15, 48.16 y en un doc. de Pontevedra a. 1425 (Sarm. *CaG.* 175*v*); *esmola* en
Castelao 216.4f. De la forma antigua *esmolna*

salen el verbo *esmolnar* en una *CEsc.* (R. Lapa,
145.1) y *esmolnador* 'que da muchas limosnas'
(*Ctgs.* 254.18), pero ya *esmolar* 'pedir limosna'
en otra (78.18); cf. gasc. *amouinà* 'pedir limosna'.— ² En la ed. Allen aparece siempre *limosna*
(46.871, 117.572, 583), pero la extraña forma *algun limosna* que aparece en el primer pasaje difícilmente puede explicarse de otro modo que como modernización de *algun alimosna* por un copista distraído.— ³ No creo se trate de la pronunciación cerrada de la ómicron griega, en vista
del cat. *almòina*, oc. *almòsna*, aranés *amòina*, it.
limòsina, fr. *aumône*, todos los cuales corresponden a una o abierta.— ⁴ De donde, además, *amoina* o *amuina* 'limosna' en todos los dialectos
vasco-franceses y en Salazar (Michelena corrige
en *amoina* la forma *amoin* consignada por Azkue); también gallego *moina* 'hipócrita, taimado', *moinante* 'vagabundo, pordiosero' (Mtz.
López; Castelao 214.4f., 215.6f.), reliquias de
los peregrinos gascones de Compostela.

Limoso, V. *limo*

LIMPIO, del lat. LĬMPĬDUS 'claro, límpido'. *1.ª*
doc.: orígenes del idioma (*Cid*, etc.).

Es ya de uso general en la Edad Media; Cej.
VII, § 26. Heredado sólo por el port. *limpo* íd.,
rum. *límpede* 'claro (aplicado al agua, la luz, los
conceptos)', 'libre, no ocupado', y por algún dialecto italiano y retorrománico; el sardo y sic.
limpiu, napol. *limbie* 'limpio' son castellanismos;
hay algún rastro suelto en el catalán occidental
pirenaico: *llempo* (< **llémpeu*) 'trozo de montaña sin vegetación' en la Sierra de Cadí, *Coma
Llémpia* vallecito yermo en Andorra[1], los cuales,
junto con Istria *lénpido*, Emilia *leinpid* (Schuchardt, *Rom. Etym.* I, 19, 22, 23), Lucca *lémpo-
ro*, prueban que LĬMPĬDUS tenía ĭ tónica, como hay
que esperar también desde el punto de vista latino (*AILC* I, 176-7); el resultado preliterario sería **lempio* y después *limpio* por metafonía. La
ac. castellana 'limpio' se halla ya en latín en el
S. V (Celio Aureliano).

Nótese la sustantivación americana *limpio* 'des-
campado, claro en el bosque': *el venado salió a
un limpio*, en Cuba (*Ca.*, 206), Arg. (Ascasubi,
Santos Vega, v. 3803), etc.

El cultismo *límpido* [Acad. 1869, no 1843; ya
en Campoamor, por las mismas fechas: Pagés]
parece tomado por conducto del francés [h. 1500].

DERIV. *Limpieza* [J. Ruiz; APal. 237*d*, 237*b*,
64*b*; Nebr.]; antes también *limpiedad* o *limpie-
dumbre* (*Partidas: Aut.*); gall. ant. *limpedue* o
limpidõe (según los mss.) 'limpieza' (*Ctgs.* 312.7,
< -ITUDINEM). *Limpión* arg. 'descampado en el
bosque' (J. P. Sáenz y Luis Franco en *La Prensa*,
5-VII-1942 y 14-IV-1940). *Limpiar* [APal. 116*b*,
130*d*; Nebr.; ast. *llimpiar*, V], del lat. tardío
LIMPIDARE íd., que ya se halla en Vegecio («pannis

lineis *limpida*», *Veter.* II, xliii), derivado común con el port. *limpar*; también se dijo *alimpiar* [Nebr.]; *limpia*; *limpiadera*; *limpiadero* ant. («*l., por do se alimpian*: emunctorium», Nebr.); *limpiador*; *limpiadura* [APal. 143*b*, 146*d*; Nebr.]; *limpiamiento*; *limpiante*; *limpión* 'limpiadura'. Derivado de *límpido*: *limpidez*.

Linfa 'agua' poét. [Mena (C. C. Smith, *BHisp.* LXI); Lope], 'humor que se halla en varias partes del cuerpo' [*Aut.*], tomado del lat. *lympha* 'divinidad acuática', 'agua', más correctamente *limpa*, que parece ser el primitivo del cual deriva *limpidus*; *linfático* [princ. S. XVIII, Martínez: *Aut.*]; *linfatismo*. A su vez *lympha* se tomó del gr. νύμφη 'novia', 'mujer joven', 'ninfa', 'divinidad de las fuentes', de donde el cast. *ninfa* [h. 1440, A. Torre (C. C. Smith); S. XVI, *Aut.*]; *ninfea*, *ninfeáceo*; *ninfo*; y el compuesto *ninfomanía*; *paraninfo* [Covarr.; *Persiles*, en el sentido 'el que anuncia una buena nueva'; 'el que anuncia la entrada del curso universitario pronunciando un discurso solemne', *Aut.*; 'lugar donde éste se pronuncia', Acad. S. XIX], de παράνυμφος 'padrino de bodas', compuesto con παρα 'junto a'; *paraninfico*.

CPT. *Limpiabarros*. *Limpiabotas*. *Limpiachimeneas*. *Limpiadientes*. *Limpiaplumas*. *Limpiaúñas*. *Endolinfa* (V. *linfa* entre los derivados).

¹ Y otros de igual nombre en el Alto Pallars.

Lináceo, V. *lino*   *Linaje*, *linajista*, *linajudo*, V. *línea*   *Lináloe*, *linamen*, V. *leña*   *Linar*, *linaria*, *linaza*, V. *lino*

LINCE, tomado del lat. *lynx*, *lyncis*, y éste del gr. λύγξ, λυγχός íd. *1.ª doc.:* APal. 248*d*; Nebr., s. v. *bramar*.

Pero de APal. 247*d* se deduce que lo único generalmente conocido en castellano era en esta época *lobo cerval*. La explicación de Hernán Núñez, en 1499, «las entrañas del a n i m a l *lince*» indica lo mismo. Mientras que *gnía. lince* 'ladrón a quien ponen de atalaya' (1609) y el adjetivo *ojos linces* de Cienfuegos (1702) indican que ya por entonces estaba popularizado. También escribe *ojos linces* Espinel en 1618 (Fcha.); Cej. VII, § 96. Desde Diez se viene admitiendo que *onza* 'especie de pantera' [*-ça*, Nebr.; Cej. VII, § 96], cat. *onça* y *unça* (ambos ya en Lulio, S. XIII)¹, mozár. *únça* (PAlc.), fr. *once* [S. XIII], sale de un *LŬNCEA del latín vulgar, derivado de esta voz griega, con deglutinación del artículo, que se conservó en el it. *lonza* [Dante]; en realidad, sin embargo, es etimología incierta.

DERIV. *Lincear*. *Linceo*. CPT. *Lincurio* [1438, J. de Mena], compuesto con el gr. οὖρον 'orina'.

¹ *Onça*, *Meravelles* II, 89, 132.5, 7, 139.15; *unça* ibid. 124, 130, 132.9, 138.25, 27, 139.5, 16, 21.

LINCHAR, del ingl. *lynch*, del nombre de Lynch, hacendado de Virginia que a fines del S. XVIII instituyó tribunales privados para juzgar sumariamente a criminales flagrantes. *1.ª doc.:* Acad. 1899; empleado por Pardo Bazán (Pagés).

El verbo inglés está en uso desde 1836, pero ya en 1811 se habla de la aplicación de la «ley de Lynch»; los historiadores locales aseguran que se aplicó desde 1776 o 1780. *NED*. El vocablo ha acabado por aplicarse a la ejecución tumultuaria e instantánea sin juicio de ninguna clase.

DERIV. *Linchamiento* [1923, *Catauro*, p. 112]. *Linchador* [íd.], falta en la Acad.

Linda, V. *leve*   *Lindante*, V. *límite*   *Lindaño*, V. *aledaño*   *Lindar*, *lindazo*, *linde*, *lindera*, *lindería*, *lindero*, V. *límite*, *dintel*.

LINDO, significó primitivamente 'legítimo', de donde más tarde 'auténtico', 'puro', 'bueno', y la ac. moderna; resulta de **lidmo*¹ por trasposición de las consonantes, en portugués *lídimo*, antiguamente *leídimo*, y es descendiente semiculto del lat. *legítĭmus* 'legal, legítimo', derivado de *lex* 'ley'. *1.ª doc.:* 1240, *Fuero Juzgo*, Esc. I, 100, var. 8; h. 1280, *General Estoria*.

En este libro Juno es calificada varias veces de *muger linda* o esposa legítima de Júpiter (*RFE* XV, 24, 26, 37); ella misma hablando de su marido dice «si él duenna más fermosa e mejor que yo oviesse fallado para su muger *linda*, non tomara a mí»; la misma expresión hallamos en la *1.ª Crón. Gral.*, cap. 57, 975 y 978. El sentido es indudable, pues en la Crónica General *mujer linda* traduce el *uxor* de la Eneida, y en la *General Estoria* figura en una prosificación del *Alex.*, que en el mismo pasaje trae también *uxor*. También tenemos *recibióla por su mugier lindamientre* (*1.ª Crón. Gral.*, cap. 1034), y más allá, con referencia a un reino se habla de la «heredera *linda* quel devié aver por natura e por derecho» (p. 714*a*8). Esta ac. tardó en envejecer, pues todavía en el primer cuarto del S. XV figura *muger linda* en el mismo sentido en el *Libro de los Gatos* (ed. Northup, xxiv, 3). Se trata, pues, de una ac. jurídica, y como tal arcaizante, que vivió largo tiempo, pero ya estaba olvidada a fines de la Edad Media. En los SS. XIV y XV es más corriente que signifique, por una leve traslación de sentido, 'auténtico', 'puro', a veces 'noble': «cristianos *lindos*» en el Fuero Juzgo, «fijo de dueña e de cavallero *lindos*» en *Zifar* (ed. Michelant, p. 117), «la mejor sangre y mas alta et mas *linda* que pudiere haber» en Juan Manuel (*Estados*, Rivad. LI, 316*a*27), «los gavilanes... son aves de caça muy *lindas* e gentiles et de grand esfuerço» en López de Ayala (*Aves de Caça*, p. 146), y ejs. sin número en el *Canc.* de Baena, de los cuales bastará recordar el de Villasandino «e pues rrepresenta grant manifiçençia / uestra alta persona, con capaçidat, / esfuérzame mucho la *linda verdat,* / que nunca se parte de uestra presença» (n.º 155, p. 145) y mencionar algunos más (n.º 4, p. 13; n.º 260, p. 267; n.º 360, p. 425; n.º 111, 2 y 36; n.º 364, v. 11; n.º 386, v. 10; n.º 390, vv. 46 y 68; n.º 392, v. 20). En portugués, donde *lindo* es castellanismo ya muy arraigado, se hallan también las acs. 'legítimo' y 'puro', vid. G. Viana, *Palestras Filológicas,* 68-71[2]. El sentido de 'puro' no desapareció con la Edad Media, pues todavía en 1595, en el *Libro de Grandezas y Cosas Memorables de España* se habla de las «fuentes hermosíssimas y de *lindíssima* agua» de la ciudad de Madrid (*RH* XVIII, 7).

Pero ya desde el Siglo de Oro *lindo* había tomado un sentido vago de elogio en términos generales, tan vasto y comprensivo como el de la palabra *bueno:* Cervantes habla de un *fácil* y *lindo ingenio* (*Ilustre Fregona,* Cl. C., 268) y de *tan lindo y tan despejado ladrón* (*Gitanilla,* 79); Tirso, de *lindo cuento* y *llegar a lindo tiempo* (*Vergonzoso en Palacio* I, 486; II, 977); Ruiz de Alarcón, de *lindos enredos* (*Verdad Sospechosa,* Cl. C., 78); Vélez de Guevara, de *linda camuesa* (*Serrana de la Vera,* v. 578) y de *linda ocasión* (nota al *Rey en su Imag.,* p. 136); Quiñones de Benavente, de *lindos nabos, linda tarde, lindo sastre, lindo remediador, linda cosa, lindo humor, lindo tiempo...* (*NBAE,* XVIII, pp. 768, 539, 750, 593, 592, 807, 512). Dada la vitalidad de estas acs. en el habla actual de América no es de extrañar que abunden extraordinariamente en los cronistas de Indias: Fernández de Oviedo lo aplica a *desseo, ribera, oro, lino, fruta, vaso, viga, animal, terciopelo...;* otros autores de la colección de Navarrete, a *prado, agua, cuerpo, cabo, costumbre, color, cuesta, gente, campo, remedio, venado...* (vid. Zaccaria, s. v.); Toribio de Ortiguera, el de la Jornada del Amazonas (1560), a *temple* y *llanada* (*Hist. Primit. de Indias* II, 325, 326); Garcilaso el Inca, a *vinagre* y *miel* (*Coment.* I, viii, cap. 9)[3]. Se pudo llegar a darle sentidos como 'sano' («ya sano y *lindo* me siento», Quiñones de B., 761), 'culto, inteligente' (Tirso, *Condenado,* I, viii, ed. Losada, p. 109) y aun 'mucho' («con *linda* prisa nos lleva», Lope, *Cuerdo Loco,* v. 401). No me detengo ya, por muy conocidos, en el adverbio *lindamente* en el sentido de 'bien'[4], ni en la exclamación ¡*oh qué lindo!* 'oh, qué bien'[5]. Bastará recordar que ante este abuso y confusión, los puristas del Siglo de Oro acabaron por querer excluir esta palabra del lenguaje correcto (Morel-Fatio, *Rom.* XXII, 484-6). Si no lo lograron, consiguieron por lo menos que en España se anticuase esta vaguedad semántica, y el vocablo se especializara definitivamente en el sentido estético. Pero el habla argentina, y seguramente la de otros países americanos, sigue fiel al uso clásico, y allí este adjetivo se aplica como valoración favorable a la temperatura, la fuerza, el apetito, el dinero, el carácter y toda clase de nociones morales o utilitarias; con valor adverbial se emplea *lindo* o *lindaso* con el valor de 'bien' (*voy a pasarlo lindo*), 'fuertemente' (*atropelló lindo,* B. Hidalgo, en Tiscornia, *Poetas Gauch.* I, v. 30), o 'mucho' (*ha llovido lindo, el pueblo crece lindo*); como locuciones estereotipadas que parecen conservar un matiz arcaico, más de 'auténtico' que de 'bueno', pueden citarse, en los ambientes criollos, *macho lindo* 'hombre de arrestos, capaz de cualquier hazaña' (Chaca, *Hist. de Tupungato,* 284), y *loco lindo*[6] o *lindo loco*[7] como nombre de un tipo original, audaz y alocado, que a veces se encuentra en Buenos Aires.

En cuanto a la ac. estética que es hoy general en España, y literaria en todas partes, sus raíces arrancan de lejos[8]; pero al principio, junto a la idea de hermosura, queda mucho del matiz de nobleza o elegancia, todavía emparentado con el etimológico: «ojos prietos e rientes, / las mexillas como rosas, / gargantas maravillosas, / altas, *lindas* al mi grado», Santillana (M. P., *Poesía Ár. y P. Eur.,* p. 91), «*linda cosa:* nitidus, elegans», Nebr.; Cej. VII, §§ 53, 63.

Acerca de la etimología remito al estudio de Cuervo, *RH* IX, 5ss., y al mío de *AILC* I, 175-181, en los cuales se citan más ejs. y se argumenta detenidamente el aspecto fonético de la cuestión[9]. Es un hecho que *legítĭmus,* término técnico del lenguaje jurídico, pasó primero en la Península Ibérica a *leídimo* (Moraes), *leídemo* (doc. de 1278 en Viterbo) o *liídimo* (SS. XIV y XV, en Cortesão), y fundiéndose las dos vocales *lídemo* (íd., ibíd.) o *lídimo,* que todavía es usual en portugués en el sentido de 'legítimo' o 'auténtico'[10]: lo mismo que en castellano antiguo de *mujer linda,* se habla en estos documentos portugueses de *filhos liídimos, sémel liídima* o *procurador leídemo.* En vista de la frecuencia de estas formas port. en *ii* no es extraño que la forma cast. *lindo* carezca de huellas de la *e* pretónica, desde los ejs. más antiguos. Pero como el castellano es mucho más radical que el idioma vecino en materia de síncopas vocálicas, oponiendo *andas* a *âmedas, codo* a *côvado, -azgo* a *-ádego,* también era natural que cambiara *lídemo* en **lidmo,* y de ahí, con trasposición análoga a la de *cadnado* en *candado* o *riednas* > *riendas,* salió finalmente *limdo* y *lindo.* El timbre labial de la consonante no cambia nada, pues la misma trasposición vemos en el cast. ant. *cisme* CIMĬCEM (vid. *CHINCHE* y *CHISME*) que en *gonce* > *GOZNE,* e igual evoluciona CUMŬLUM > *colmo* que GENĔRUM > *yerno.* La misma trasposición observamos en el arcaico *rendir* por 'redimir' (*1.ª Crón. Gral.,* 378a14), *rendimiento* por 'redención' (F. Llera, Vocab. del *F. Juzgo,* s. v.), y en el cat. *Marenda* < MARITĬMA (V. mi trabajo). Por otra parte la etimología LĬMPĬDUS, que se admitió durante mucho tiempo, es imposible desde el punto de vista fonético, puesto que no hay casos de síncopa de la I postónica en voces en -ĬDUS[11] (LIM-

PIDUS > *limpio*, TEPIDUS > *tibio*, etc.), y aun si admitiéramos una excepción en nuestro caso, deberíamos esperar **lendo* y no *lindo*, puesto que la I tónica era breve (V. *LIMPIO*). La base LEGITIMUS parece indudable, y por si alguna duda quedara todavía a algún erudito será bueno recordar la antigua forma port. *liimdo* que Piel señala en una crónica del S. XV (*Rev. Port. de Fil.* IV, 267)[12].

DERIV. *Lindeza* [Nebr.]; *lindura*. *Alindar*. *Alindongarse* salm. *Lindero*, ant., *buey lindero* 'de buena raza' (J. Ruiz, 1092*a*).

¹ Para la variante salmantina *lígrimo*, vid. en este Dic. s. v. *ÍNGRIMO*.— ² Además del portugués tomó prestado el vocablo el it. *lindo* «attillato, elegante, leggiadro», documentado desde med. S. XVI, frecuente en este siglo y el siguiente, y hoy todavía no olvidado. Entre los dialectos notamos sic. *linnu* y Valmaggia *lindi* «pulito, liscio (ramo, sasso, vetro)», *va lindi* «va bene (una cosa)», *ARom.* I, 206. Para otros préstamos lingüísticos dejados por la denominación española en Lombardía, vid. E. Mele, *Fanfulla della Domenica*, 19 y 26-VII-1908, y *Giorn. Stor. della Lett. It.* LXXII, 1913.— ³ De esta ac. llamada «impropia» reunió ejemplos numerosísimos Gallardo en su *Ensayo*, p. 246, n. 1. Lejos de ser impropia, puede calificarse de normal entre los clásicos.— ⁴ Haedo dice que en Argel hay «gran copia de Judíos... que hablan español, italiano y francés muy *lindamente*», *Topogr. de Argel*, ed. Bibl. Esp., p. 116; «*lindamente* lo encaxé», Lope, *Corona Merecida*, v. 724; Vélez de Guevara, *Rey en su Imag.*, v. 914.— ⁵ Lope, *Cuerdo Loco*, v. 1516; Tirso, *NBAE* IV, 52*b*. ¡Oh qué *líndico*!, Lope, Acad., N. Ed. V, 156*b*.— ⁶ *Vivos, tilingos y locos lindos*, obra publicada en Buenos Aires h. 1900 por Francisco Grandmontagne.— ⁷ «¡Vaya, vaya con ese linyera de tanta labia, pero al fin sólo un *lindo loco*!», Edmundo Wernicke, dos veces, en *La Prensa*, 29-XI-1942.— ⁸ El caso más antiguo parece ser el *lindas donzellas* de la *Danza de la Muerte* de h. 1400 (v. 201).— ⁹ Después de mi trabajo no creo que todavía se insista en defender la etimología LĬMPĬDUS, como últimamente hicieron Fouché, *RH* LXXVII, 139, y M. P., *Oríg.*, 565-6 y *RFE* XXXIV, 4. Después de leer este artículo de R. Menéndez Pidal, M. L. Wagner (*ZRPh.* LXIX, 383), se declara razonadamente por LEGITIMUS. Es insostenible la etimología de *lindo*, partiendo de un hipotético gót. LIND- (más bien sería LINTH-) que correspondería al a. alem. ant. *lindi*, al. *lind*, ags. *lîðe* 'suave', ingl. *lithe* 'flexible' (admitida en ciertas ediciones del dicc. etim. alem. de Kluge, y extrañamente todavía en la de 1967): además de los muchos obstáculos fonéticos y semánticos insalvables, está el hecho de que ese vocablo germánico es peculiar del germ. occid. y ajeno al escandinavo

y al gótico.— ¹⁰ *Moller lijdyma ...lijdema* en la *Gral. Est.* en gall., princ. S. XIV, 242.14, 21 (aunque también aparece ya una vez «fillos *lyndos* nē dereytureiros erdeyros» 73.26 en ese texto traducido del castellano y no carente de castellanismos); *filla lidima* en doc. gallego de Pontevedra a. 1388, Sarm. *CaG.* 168*v*; *fillo liidino* imprime López Aydillo en *MirSgo.* 72.18, cuyo ms. no pone puntos a las *ii*, luego hay razón sobrada para creer que dice *liidmo*, ya metatizado, o *liidimo* (como, en efecto, edita Pensado (p. 48.9).— ¹¹ En mi estudio admitía aún *laude* LAPĬDEM, pero ahora creo indudable que viene de LAUDEM. En cuanto a *raudo*, quizá hay un tratamiento especial debido al carácter poético del vocablo, pero hay otras explicaciones (vid. el artículo), entre ellas la de que sea derivado regresivo de *raudal* y *raudón*, voces de empleo más general.— ¹² Nueva documentación medieval (S. XIII) en apoyo de la ac. 'legítimo' y de la buena etimología en G. Colón, *ZRPh* LXXVIII, 79.

Lindo 'liudo', V. *leve*   *Lindón*, V. *límite* *Lindura*, V. *lindo*

LÍNEA, tomado del lat. *līnĕa* 'hilo de lino', 'cordel', 'línea', 'rasgo', derivado de *līnum* 'lino'. 1.ª doc.: *liña*, h. 1250, *Setenario*, fº 9 vº *b*; 1.ª *Crón. Gral.*; *linea*, APal. 40*d* («*axis* es *línea* correspondiente por derecho, por medio de la pella de la spera, desde meridión a septentrión»), 65*b*, 96*b*, 184*b*, 248*b*.

En la Edad Media es corriente la forma popular *liña*, en la ac. 'descendencia': «descendió por *linna* de generación de la semient de Mahómat», en la *Crón. Gral.*, y análogamente en la *Gr. Conq. de Ultr.*, varios pasajes del *Canc.* de Baena, en Pedro Tafur, etc. (Cej., *Voc.*); también aparece en la ac. 'hebra del anzuelo', ya en doc. de 1148 (Oelschl.), en fueros del S. XIII, y todavía aparece esta forma en un refrán del Maestro Correas (1623); hoy queda relegada a Canarias (*BRAE* VII, 337) y Galicia. La forma culta *línea*, aunque falta todavía en Nebr. y PAlc., figura ya en C. de las Casas y Covarr., es corriente en el *Quijote*, etc., y se hace desde entonces de uso general, si bien popularmente se oye todavía *liña* y sobre todo *linia*; en el caso del verbo *alinear* la forma con *i* es general en la lengua hablada (todos dicen *alíniense*); Cej. VII, § 73.

DERIV. *Lineal* o *linear*. *Lineam(i)ento*. *Linear* v. *Alinear* [Acad. 1843, no 1817]; *alineación*. *Delinear*; *delineación*, *delineador*; *delineamiento*; *delineante*. *Entrelínea*; *entrelinear*. *Translinear*. Derivados del popular *liña*. *Adeliñar* ant. [*Cid*]. *Aliñar* [*Partidas*; Cej. VII, § 73; ast. *alliñar*, V]; *aliñado*; *aliñador*; *aliñamiento*; *aliño* [med. S. XVI, Horozco]; *aliñoso*; *desaliñar*; *desaliñado*; *desaliño*; *desliñar* [Acad. ya 1843], parece un cruce de *aliñar* con *deshilachar*. *Deliñar*; *endeliñar*. *Liño*

[1513, G. A. de Herrera]; *liñuelo; entreliño. Linaje* [1107, *BHisp.* LVIII, 361; doc. de 1209, Oelschl.; y bastante frecuente en los siglos medievales; Nebrija, Cejador VII, § 53. *Lignage*, principio S. XIII, *Liber Regum, BRAE* VI, 197; Berceo], tomado del cat. *llinatge* íd., disimilación de *llinyatge*, derivado del arcaico *llinya* por 'línea'[1]; común a los varios romances: it. *lignaggio*, fr. *lignage*, oc. *linhatge*, port. *linhagem*, todos ellos con *ñ* interna, salvo el castellano y el catalán, pero la disimilación, que era fatal en catalán (en medio de las dos palatales *ll-* y *-ny-*), no se explicaría en castellano, por lo cual y por el carácter no castizo en cast. de las formaciones en *-aje*, es seguro que en esta lengua se tomó de la del *Tirante* y Pedro el Ceremonioso, de donde procedieron tantas palabras de esta rama semántica, como *pundonor, orgullo, ufano, cartel*, etc.; nótese que al menos en la forma despalatalizada, *linaje* no es palabra muy antigua en castellano (Nebrija), pues en el *Liber Regum* se lee *lignage* y es probable que en Berceo y en el doc. de 1107 y 1209 *n* sea la consabida grafía imperfecta por *ñ*; en catalán, desde luego, se documenta copiosamente desde los orígenes del idioma (Jaime I, etc.): primero en la forma *linyatge* (ibid.; *Vides Ross.* 233r1), después ya pronto *linatge* (forma no menos frecuente en dichas *Vidas*). *Linajista; linajudo.*

CPT. *Linotipia*, tomado del ingl. *linotype*, contracción de *line of type* 'línea de composición tipográfica'; *linotipista.*

[1] Colón, *Enc. Ling. Hisp.* II, 235, pregunta por qué ha de venir del catalán y no del francés o el occitano, puesto que en estas dos lenguas se documenta desde el S. XI. Pero aunque así sea, todo el mundo reconoce que en el estado respectivo de la filología francesa y la catalana, el tener una palabra documentada en el S. XIII en ésta y en el S. XI en aquélla es indicio de tanta antigüedad en la una como en la otra. Siempre la ciega aplicación de los criterios de la filología, con desprecio de los de la lingüística. El profesor Colón no debe dar a la documentación más valor del que se le puede reivindicar. En el S. XI no hay en general notación clara de la *v* como diferente de la *n* ¿Cómo saber que una grafía francesa *linage* escrita entonces no significa *liυaǧe*? He aquí la razón; y pregunto por mi parte: ¿Hay testimonios claros de una forma con *-n-* y no con *-υ-* (fr. *gn*, oc. *nh*) en francés y en lengua de Oc? Es en catalán donde la influencia convergente de la *ll-* y la *ǧ* imponía la disimilación: en castellano, en francés, en occitano, casi no había razón alguna para disimilar, y de hecho es *linhatge* lo que se halla en oc. y *lignage* en fr., siempre, o casi siempre.

Líneo, linero, V. *lino   Linfa, linfático, linfatismo,* V. *limpio*

LINGOTE, del fr. *lingot* íd., de origen incierto, quizá del ingl. *ingot* 'lingote' y 'molde de fundir metales'. *1.ª doc.:* Terr.; Acad. 1869, no 1843.

En francés es frecuente desde los primeros años del S. XV, y Bloch asegura haber hallado un ej. ya h. 1327. En inglés se documenta dos veces en Chaucer, h. 1386, en el sentido de 'molde de fundir metales', que no vuelve a aparecer hasta fines del S. XVI y es frecuente en los SS. XVII-XVIII, pero está hoy anticuado; la ac. moderna no se documenta en inglés hasta 1560. Esta cronología y el mayor desarrollo de la alquimia y la metalurgia antigua en el Continente que en Inglaterra hacen dudar a los autores del *NED* del origen inglés. Éste fué razonado por Diez (*Wb.* 627) y defendido documentadamente por Skeat. De hecho es la única etimología plausible que se ha indicado, pues la derivación del lat. *lingua* 'lengua' no es convincente en cuanto al sentido, y menos por la forma, pues el sufijo *-ot* indicaría una formación romance y a ello se opondría la *i* del radical[1]. En inglés hay una etimología semántica y morfológicamente irreprochable en el ags. *goten* 'fundido' con prefijo *in-* que indica introducción (la forma alemana correspondiente *einguss* significa efectivamente 'molde de fundir', y aun parece tener técnicamente el sentido de 'lingote'); también la existencia de la ac. 'molde', ajena al francés, presta verosimilitud a la procedencia inglesa. Sin embargo, hay algunas dificultades fonéticas: el participio *goten* pasó a *yote*, por analogía del infinitivo *yheten*, desde el S. XIV, aunque es verdad que en un compuesto pudo quedar fosilizada la forma fonética; y esperaríamos una vocal final *-e* en inglés medio, la cual no se halla en Chaucer. Aunque estas pequeñas dificultades no sean insuperables, las dudas causadas por la cronología las ponen de relieve, y obligan a dejar la resolución del problema para los especialistas. Desde luego, tanto el castellano como el portugués *lingote* son préstamos recientes, sin interés para la etimología[2].

[1] El caso del fr. *linguet* 'barra para impedir el movimiento de retroceso en un cabrestante', con *in* (= fr. *ẽ*) por haberse tomado de la lengua de Oc a fines del S. XVII, no es aplicable a *lingot*, que es término perteneciente a una técnica poco desarrollada en el Sur de Francia.— [2] Del cat. *llengot* ni siquiera puedo confirmar la existencia, a no ser en el sentido de 'pieza de metal que se intercala en los moldes de imprenta en los lugares donde debe dejarse un blanco en la impresión' (Fabra, Griera). Normalmente se dice *lingot*. Bulbena y Amades (*BDC* XII, 44) dan *llengot* para 'barra de metal', especialmente la de hierro empleada como lastre, pero ambos lexicógrafos tenían poco escrúpulo en inventar formas para darles aspecto «más catalán». Aun si es forma popular, será alteración secundaria.

Lingual, linguete, lingüista, lingüística, lingüístico, V. *lengua*

LINIMENTO, tomado del lat. *lĭnĭmĕntum* 'acto de embadurnar', derivado de *lĭnĕre* 'embadurnar, untar'. *1.ª doc.:* 1629, Huerta.
A veces también *linimiento*. Vocablo farmacéutico.

Linjavera, V. *aljaba* y *ajonjolí*

LINO, del lat. LĪNUM íd. *1.ª doc.:* doc. de 1112 (Oelschl.).
De uso general en todas las épocas; Julio Cejador y Frauca, en *Tesoro de la Lengua Castellana,* VII, § 73; asturiano *llinu* (V); común a todos los romances.
DERIV. *Lináceo. Linar* [doc. de 1060, Oelschl.], muy frecuente en la toponimia. *Linaria. Linaza* [Nebr.], también port. *linhaça* (comp. cat. *llinosa,* fr. *linette,* it. *linseme);* también se ha dicho *linuezo* [*linueso,* Cortes de Valladolid de 1573, *BRAE* XVI, 644; Oudin, *linueço;* Covarr. y Acad. 1817, *linueso;* Acad. 1884 -*uezo* como murciano; Acad. S. XX como familiar], probablemente tomado del fr. ant. *linuis, linois* (igual sufijo en *chenevuis,* hoy *chenevis,* cat. *canemuixa* 'cañamones'). *Líneo.' Linero. Linón.*
CPT. *Linóleo* [Academia, 1899], del inglés *linoleum,* compuesto de *lino,* y el latín *oleum* 'aceite', por hacerse este producto con aceite de linaza.

Linotipia, linotipista, V. *línea   Lintel,* V. *dintel*

LINTERNA, del anticuado *lanterna,* tomado del lat. *lantĕrna* íd.; la *i* española se explicará por influjo de *interna* (por estar la luz encerrada en las linternas). *1.ª doc.: lenterna,* Berceo, *S. Dom.,* 531*d; lanterna,* 1402, invent. arag. (*BRAE* III, 539); *linterna,* principios del siglo XIV, *Libro del Cav. Zifar,* 13.8; Alonso Fernández de Palencia, 255*d.*
Lanterna se halla también en doc. náutico de 1430 (Woodbr.), en *Guzmán de Alfarache,* en el *Casamiento Engañoso* (*Cl. C.,* 202), en el *Quijote,* en Espinel (Fcha.), y es la forma adoptada por Nebrija, que el *Dic. de Autoridades* no miraba todavía como enteramente anticuada, si bien prefería la forma en *li-; lenterna*[1] aparece en fray Juan de Lerma (S. XVI), *BRAE* XVII, 238; y Julio Cejador y Frauca, en *Tesoro de la Lengua Castellana,* VII, § 26. Estas dos variantes se deben al influjo de *interna* (lenguaje vulgar *enterna*) por la misma etimología popular que fué causa de que apareciera en el latín tardío la variante *laterna,* relacionada con *latēre* 'estar oculto', pero el verdadero origen del vocablo latino es el griego λαμπτήρ 'antorcha', 'lámpara', 'linterna'. Los de-

más romances literarios conservan el vocalismo latino: portugués *lanterna,* catalán *llanterna* (pero *linterna* en St. V. Ferrer, *Sermons* I, 71.27), francés *lanterne,* italiano *lanterna,* etcétera; aunque dialectalmente aparecen formas en *i* en muchas partes: *linterna* en la Beira (*RL* V, 164), *alinterna* en el Algarbe, en el Minho y en Miranda de Duero desde 1658 (*RL* VII, 37, 284; Leite, *Opúsc.* II, 471); *linterna, -arna,* en algún dialecto francoprovenzal (*FEW* V, 166*a*); *linterna* en hablas retorromances, y en dialectos italianos desde las Marcas (*ARom.* XIII, 257) hasta Calabria y Sicilia; *intjerna* en serviocroato (Bartoli, *Das Dalmatische* I, 307; Jud, *Archiv für das Studium der neueren Sprachen,* CXXII, 433; W. Meyer-Lübke, *REW* 4896).
DERIV. *Linternazo. Linternero. Linternón.*
[1] *Lenterna* en el gallego de las *Ctgs.* (134.65 y 405.17).

Linueso, linuezo, V. *lino   Liña, liño, liñuelo,* V. *línea   Lío, lioso,* V. *ligar*

LIPEMANÍA, compuesto culto del gr. λύπη 'tristeza' y μανία 'locura, manía'. *1.ª doc.:* Acad. 1899.
DERIV. *Lipemaníaco.*

Lipidia, V. *delito   Lipiria,* V. *delito*

LIPOMA, derivado culto del gr. λίπος 'grasa'. *1.ª doc.:* Acad. 1899.
CPT. *Lipoideo* [Academia, ed. de 1936], compuesto de dicho vocablo griego y εἶδος 'forma, aspecto'.

Lipotimia, V. *delito*

LIQUEN, tomado del lat. *līchen, -ēnis* íd., y éste del gr. λειχήν 'lepra', 'herpes', 'liquen', derivado de λείχειν 'lamer'; pasó al castellano por conducto del francés. *1.ª doc.:* Terr.; Acad. 1843, no 1817.
En francés era usual desde 1545, y al francés alude expresamente Terr.

Liquidable, liquidación, liquidador, liquidámbar, liquidar, liquidez, líquido, V. *licor   Lir,* V. *lirón*

LIRA, tomado del lat. *lўra* y éste del gr. λύρα íd.: *1.ª doc.:* Juan de Mena, Santillana (C. C. Smith, *BHisp.* LXI); hacia 1530, Garcilaso, *A la flor de Gnido.*
Seguramente ya se empleó con anterioridad, pero APal. todavía define como voz exclusivamente latina, dándole *guitarra* como equivalencia castellana (249*b*). Es muy usual en la poesía del Siglo de Oro (Góngora, Lope, etc.) y épocas posteriores; Julio Cejador y Frauca, en *Tesoro de la Lengua Castellana,* VII, § 66.

Deriv. *Lírico* [ya 1444, J. de Mena, *Lab.*, 123*e*; 1605, *Quijote*; Góngora], tomado de *lўrĭcus* y éste del griego λυρικός 'relativo a la lira', 'que toca la lira, poeta lírico'; *lírica. Lirismo* [Acad. 1884]. *Lirado.*

LIRIA 'liga, materia viscosa del muérdago, empleada para cazar pájaros', voz dialectal de origen incierto; como antiguamente era *lidia*, y en el portugués del Minho *líria* significa 'heces del vino', quizá venga del céltico *LETĪGA (Módena *ledga*, Parma *lidga*), metátesis de *LEGĪTA 'fango', 'heces', de donde proceden, por una parte, el galés *llaid* y bretón *lechit*, y por otra parte el alto-italiano *le(d)a* 'depósito fangoso del agua'. *1.ª doc.*: «*viscus*: cosa llena de *lidia*», h. 1400, en el glosario del Escorial.

El propio glosario traduce en otra parte el lat. *viscus* por *liga*. A Castro comenta «*lidia* es el moderno *liria* 'liga', que vive, por ejemplo, en Andalucía, con equivalencia acústica de *-r-* y *-d-*». En la tradición lexicográfica aparece *liria* muy tarde, sólo en las ed. de la Acad. en el S. XIX (ya 1843). No tengo otros datos acerca del vocablo en castellano[1]; Cej. VII, § 76. Que *liria* viene de *lidia* por vía fonética me parece claro, comp. la pronunciación argentina *liriar* LITIGARE, documentada en el artículo *LIDIAR*. Lo más sencillo sería que *liria* tuviese el mismo origen que el sinónimo *liga*, y si éste viene de LIGARE, no sería imposible explicar *lidia* por un *LĬGĪTA, participio vulgar de dicho verbo (formado como VOCĬTUS de VACARE, PLICĬTUS de PLICARE); pero esta conjetura es inverosímil no habiendo testimonios directos ni indirectos de tal participio en parte alguna. El minhoto *líria* 'heces del vino' (Fig.), trasm. *lírias*, ast. occid. *lliras* 'aftas, enfermedad de la boca, frecuente en los niños', nos orienta hacia la familia céltica estudiada s. v. *LÉGAMO*. El galés *llaid* 'fango', bret. med. *lechit*, bret. mod. *lec'hid* «vase, lie», suponen una base céltica *LĔGĬT-; del fem. céltico *LĔGĬTA suele derivarse el lomb. *leda*, Véneto *lea* 'depósito fangoso del agua', alto-engad. *glitta* «crosta sudicia del fromaggio», sobreselv. *gliet* 'fango', y también, según M-L., el vasco *lekeda* 'humor viscoso del limaco, caracol, gusanos', 'suciedad que se forma en la superficie de las aguas estancadas', 'cola de pegar objetos', 'goma' (*lekedatu* 'apegar, encolar'); por otra parte Monferrato, Reggio, Parma *lidga* y Módena *ledga* «fanghiglia» postulan una metátesis *LĔTĪGA. De la misma puede venir sin dificultad el cast. ant. *lidia*, comp. LITĬGARE > *lidiar* y por otra parte TĔPĬDUS > *tibio*; y las acs. vascas prueban que no hay la menor dificultad semántica. Para asegurar mejor la etimología sólo desearíamos poder documentar mejor el vocablo en los textos y dialectos españoles.

¿Hay que deducir de ahí que el cast. *liga* 'liria' también procede del céltico? Quizá sí, y esto tendría gran importancia para el análisis fonético del fr. *lie* 'heces', que unos derivan de *LĔGA y otros de un *LĪGA más hipotético, único que podría compaginarse con la forma española (V. *LÉGAMO*). De todos modos nótese que la explicación del cast. *liga* a base de *ligar* es en sí irreprochable, y que nada se opone a que consideremos a *liga* de origen diferente de *liria*.

[1] Fr. Diego de Valencia, poeta leonés, que escribía en el 1.ʳ cuarto del S. XV, en lugar de la conocida frase proverbial «ser tortas y pan pintado» (p. ej. *Quijote* II, ii, 9) dice «non es todo *lirias* nin pan rrepintado», *Canc.* de Baena, n.º 516, v. 52. Cej., *Voc.*, quiere traducir 'bagatelas' e identificar con *lilio* = *lirio*, idea confusa e inadmisible. No creo tampoco que se trate de nuestro vocablo, sino de una alteración del lat. *collyris, collyrida*, 'torta' (*colerida* en los glosarios de Castro), puesto que a *torta* sustituye el vocablo en esta frase.

Liria, V. *lirón*   *Liriado*, V. *era*   *Lírica, lírico*, V. *lira*

LIRIO, del antiguo *lilio*, y éste tomado del lat. *līlium* íd. *1.ª doc.*: *lilio*, Berceo, *S. Or.*, 28; *lirio*, h. 1400, Glos. del Escorial; Nebr. («*l. blanco o açucena*: lilium»).

Lilio escribe también APal. repetidamente (247*b*). En ambos autores podría ser latinismo artificial, por lo demás. Hoy es palabra popularizada considerablemente; Cej. VII, § 76. Formas semejantes tenemos en el port. *lírio*, cat. *lliri* (antiguo *llir*), oc. *lir* o *liri*, piam. *liri*. Estas formas no tienen relación directa con el gr. λείριον: la voz latina y la griega parecen ser procedentes con carácter independiente de una lengua mediterránea, quizá camítica, donde alternan formas con *-r-* y *-l-* (Meillet, *Aperçu d'une hist. de la l. gr.*², p. 43; Niedermann, *Litbl.* XLV, 310; Walde-H.). Las romances se explican por disimilación, fenómeno que ya se hubiera producido en latín de no tratarse de un vocablo forastero. El nombre de lugar cat. *Lillet* LĪLIĒTUM prueba que existieron formas no disimiladas en España. Del fr. *lis* (< *lilius*) se tomó el cast. *lis* [frecuente en Lope, V. la tesis W. McCready, *La Heráldica en las obras de Lope de Vega*, Univ. de Chicago; Calderón] como término heráldico:

Deriv. *Liliáceo.*

Lirión, V. *lirón*   *Lirismo*, V. *lira*

LIRÓN I, 'mamífero roedor, parecido al ratón, que pasa el invierno adormecido y oculto', derivado del antiguo y dialectal *lir*, procedente del lat. GLĬS, -ĪRIS, íd. *1.ª doc.*: 1252, Cortes de Sevilla («penna *lirones* que non vala más de mr.»).

También en doc. de Portugal de 1253 se habla de la *pena* (o 'piel') *de lirionibus*, y el mismo animal se menciona en los Aranceles santanderinos del S. XIII (*RFE* IX, 276). Un *Martin lirom*, seguramente personaje adormilado, aparece en doc. de Sahagún de 1257 (Staaff, 47.31): Figura también en APal. (182*b*); Nebr., además de *lirón*, cita *lir*, como equivalente del lat. *glis*, y «*lirioncillo, especie de ratón: nitela*»; Cej. VII, § 76. Rato registra *llires* como femenino en Asturias en el sentido de 'comadreja'; Vigón da *liria* o *rataliria* como propio de Colunga; M. P., *Oríg.*, cita como formas asturianas del nombre de la comadreja *lliria* (Infiesto), *llira* (hacia Oviedo), *tsiria* (Quirós y Teberga), *rataliya* (Llanes), *ratallina* (Ribadesella); si el femenino *llires* de Rato es auténtico no hará falta suponer un lat. GLĪRĬA, bastará el cambio romance de *llires* en *lliras* > *llirias*.. La forma mozárabe *'aġríl* 'lirón', trasmitida por R. Martí (S. XIII), conserva la consonante inicial latina. El gall. *leirón*, minhoto y trasm. *leirão* «rato dos campos» (*RL* I, 221; V, 226), parecen corresponder a la base *(G)LIRIONEM, citada arriba en documento portugués, quizá con vocalismo itálico dialectal Ē, como en el fr. *loir* (comp. lo dicho s. v. LERDO), pero no es seguro, ya que pudo haber diferenciación *lijrón* > *leirón*. De todos modos el vocalismo dialectal GLĒRE parece existiría en España, pues en Bédar (Almería) llaman *lero* a un bicho que vive oculto en un agujero que él mismo se abre en el suelo: los niños, que lo persiguen cantándole las palabras *lero, lero, sal del agujero*, tienen miedo de los ojos con que se los mira y temen su mordedura (?); otros le llaman *laurel*, quizá deformación voluntaria, por una especie de tabú infantil causado por este temor.

LIRÓN II, 'alisma', tomado del lat. *lyron, -i*, íd. *1.ª doc.*: Acad. 1884.

Lirón 'almez', V. *latón II*   *Lirondo*, V. *liso*
Lironero, V. *latón II*   *Lis*, V. *lirio*

LISA, 'pez de río parecido a la locha', 'mújol', del mismo origen desconocido que el cat. *llissa* o *llíssera* 'mújol', y probablemente del mismo origen que oc. *liço, licho, lecho*, it. *leccia*, venec. *lissa*, svcr. *lica* 'Lichia amia'; la forma propiamente castellana es *liza*: la variante actual se tomó del catalán. *1.ª doc.*: *lica* (que deberá leerse *liça*), como nombre de un pez que se cría a un tiempo en los ríos y en el mar, Juan Manuel, h. 1326, Rivad. LI, 251.

Covarr. da «*liza*: un pescado de mar, lat. *cephalus*, del nombre griego *cephalos*, lat. *capito, -onis*». *Aut.* «*liza*: cierto género de pescado del mar, que tiene la cabeza muy grande a proporción de lo demás del cuerpo», y cita a J. de Acosta (1590) que entre los peces de Indias, comunes con los de Europa, menciona «*lisas*, sábalos, etc.». Rob. de Nola (1525) ya traería *lisa* (p. 181). Hoy la Acad. da *lisa* como nombre de un pez de río del orden de

los malacopterigios abdominales, parecido a la locha, de 5 ó 6 cms. de longitud y de carne insípida, abundante en el Manzanares y otros ríos del centro de España; además le conserva la ac. 'mújol'[1]. En portugués *liça* es nombre del «mugem negrão, quando novo» (Fig.). En Murcia se dice más bien *liza* que *lisa*, según G. Soriano; Cascales, a princ. S. XVII, cita «mújoles, lizas, anguilas...». En catalán es también el nombre de las varias especies de mújol (Carus, *Prodromus* II, 706-8): se dice *llissa* en Valencia y Baleares[2], *llíssera* en Cataluña; *lissos* aparece en un texto castellano de Valencia de 1599 (*BRAE* III, 453); en Benifallet (Bajo Ebro) recogí *llissal* como nombre de un pez de río semejante a la *madrilla*. Fuera de España un nombre parecido designa un pez bastante diferente, parecido al jurel, la *Lichia amia, glauca* o *vadigo* (en otras nomenclaturas *Centronotus*). Mistral cita *liço* como propio de Narbona, *licho* de Burdeos, *lecho* o *leco* del Languedoc, y da como forma básica *lico* [?], y como equivalentes franceses *liche* o *leiche* (que faltan en el *DGén.*). Deanović, *ARom.* XXI, 279, menciona *lèso* f., en Agda, *lissa* o *linza* en Venecia, *lisa* o *lizza* en Trieste, *lica* f. en el serviocroato de Ragusa y de otras partes (*c* = *ts*). Carus, *Prodromus* II, 672-4, encuentra *litcha* en Sète, *lechio* en Marsella, *leccia* en Niza (también *lecca*), Génova, Liorna y Roma, *lizza* en Cáller, *ricciola* en Nápoles, *lizza* en Adria, Venecia, Fiume, Cáttaro y Trieste, *lica* en Croacia, λίτζα en las Cícladas; además, como nombre de la *Serviola Dumerilii*, pez semejante, *leccia* en Génova, *ricciòla* en Nápoles, *alicciola, arricciola, arriciula, liciolu, licciulu* en Sicilia, *acciola* en Malta. El it. *léccia* se halla desde el S. XVII (Baldinucci); el genov. ant. *lezha* c. 1300 (*AGI* II, 205, v. 75).

Claro está que el nombre científico *Lichia* no tiene gran interés etimológico, pues se inspirará en el bordelés *licho* u otra forma romance. De la comparación de las varias formas parece deducirse una base *LĪCĬA (o *ALĪCĬA en vista de las formas sicilianas), cuyo origen ignoro; acaso haya relación con el lat. ALLEC 'escabeche', 'boquerón', V. ALACHE y para el sentido comp. los casos citados s. v. LOCHA. El cat. *llíssera* presenta un sufijo átono que se agrega en este idioma con cierta frecuencia (mall. *mèrlera* 'mirlo', cat. *plàtera* 'fuente', etc.). La forma española con -*s*- es catalanismo moderno, sin duda procedente del Turia, el Júcar o el Ebro, como lo son los nombres de las especies semejantes, MÚJOL y ANGUILA. El parentesco de *lisa* con LOCHA y LASÚN, que admite la Acad., no es posible por evidentes razones fonéticas.

[1] M. Brunet, en *La Nación de B. A.*, 9-II-1941, cita entre los peces del Pacífico las «lisas relucientes».— [2] Del catalán viene el sardo *lissa*.

Lisarse, V. *deslizarse*

LISERA, 'berma, espacio al pie de una muralla, que sirve para que las piedras que se desprenden de ella se detengan y no caigan en el foso', tomado del fr. *lisière* íd., propiamente 'borde u orillo de un paño', 'borde de un terreno, de un bosque', derivado del fr. antic. y técnico *lis* 'orillo de un paño', procedente del lat. LĪCĬUM 'lizo', que en Francia tomó el sentido de 'hilos de la trama', los cuales forman el orillo en la parte en que sobresalen de la urdimbre. 1.ª *doc.*: 1709, Tosca (*DHist.*, s. v. *berma); 1734, Aut.*

Es convincente esta nueva etimología propuesta en Bloch y en el *FEW* V, 313-4.

LISIAR, derivado de *lisión,* variante antigua y vulgar de *lesión* 'herida', tomado del lat. *laesio, -ōnis,* íd., que es derivado de *laedĕre* 'herir'. 1.ª *doc.*: S. XIII?, Fuero de Medinaceli.

Cej., *Voc.*, cita «mas non la maten nin la *lisien*» en este fuero y «coxa mi mula, *lissiada*» en el *Canc.* de Baena; Cej. VII, § 78. APal. emplea el vocablo como mero sinónimo de 'herir': «el ciervo fuyendo traspassa por medio de los espinos, los ojos oscurecidos, sin se *lisiar*» 72*b,* «cabras selvajes... suben a las alturas y quando sienten daño avenidero derruécanse desde las cumbres y cáense sobre sus cuernos syn se *lisiar*» 58*b* (también 43*d,* 322*b);* Nebr. «*lisiar o dañar:* laedo». J. de Valdés en su *Diál. de la L.:* «*lisiar* dizen algunos por *cortar,* y es vocablo antiguo, corrompido según pienso de *laedere... cortar* es general a muchas cosas, y *lisiar* solamente sinifica herir con hierro, no quisiera que lo uviéramos dexado... lo usamos en otra sinificación... un cavallo muy gruesso dezimos que sta *lisiado,* y quando... uno quiere mucho una cosa, dezimos que sta *lisiado* por ella» (111.20); *Aut.* da esta última ac. como especialmente aragonesa. Como puede verse la ac. 'estropear de un miembro', que es la normal en la actualidad (aunque no lo reconozca la Acad.), tardó mucho en aparecer; aunque es ya la que registra *Aut.,* el único ej. que este diccionario da del verbo, en Ribadeneira, princ. S. XVII, presenta todavía la ac. 'dañar'. El sentido es también vagamente 'lesionar' en los varios ejs. del Siglo de Oro o anteriores reunidos por Cotarelo, *BRAE* IV, 379. La ac. moderna parece haber nacido en el participio *lisiado,* con carácter eufemístico. Está clara en Bartolomé de Alcázar (1692), *Aut.,* ya en C. de las Casas, 1570 («*lisiar:* stroppiare; *lisiado:* stroppiato»), Covarr. («*lisiar* vale estropear algún miembro»), y aun quizá en APal. («*atte* se llaman los que teniendo *lisiadas* las piernas insisten andar sobre las plantas y refuellan mas la tierra que andan» 36*d*). Del mismo origen son el cat. ant. *alesiat* 'lisiado, estropeado de un miembro' [h. 1470, *Tirant*][1] y el port. *aleijar* o *alejar* [h. 1537, Jorge Ferreira] 'mutilar, lisiar', b. lat. portugués *aligiado, alisiado* (1262, 1271, Cortesão). Para la variante cast. *lijar* 'lastimar', V. LIJA. No

hay que suponer un lat. vg. *LAESIARE* derivado directo de LAESUS 'herido', según hacen C. Michaëlis (*KJRPh.* IV, 343) y M-L. (*REW* 4842), pues el resultado romance habría sido cast. y cat. *lesar,* no habiendo posibilidad de que tal formación vulgar (no documentada en latín ni en Du Cange) diera un resultado fonético culto. Está claro que se trata de un derivado romance del semicultismo *lesión,* que antiguamente aparece en la forma *lisión* («ixió de la foguera sin toda *lissión*», Berceo, *Mil.*, 367*a;* APal. 322*b,* etc.)[2], y a veces tiene precisamente el sentido de 'lisiadura': un cojo, en J. Ruiz, dice «cay de la escalera, fynqué con esta *ligión*» (460*d);* port. *aleijão* 'deformidad, lisiadura'; antiguamente se formó un derivado más claro, *lisionado* 'lisiado' («De Tabladiello era un barón *lisionado* / ... / era de mala guisa de gota entecado, / bien abrié quatro meses que yazié lechigado», Berceo, *S. Dom.*, 549*d;* 639*d*).

DERIV. *Lesión* (V. arriba; Cej. VII, § 78); *lesionar; lesionador. Lesivo. Leso* [med. S. XV, Pedro Torrellas[3]; *lesa majestad,* 1648, Solórzano; Cej. VII, § 78], tomado del lat. *laesus* 'herido'; chil. *lesano* 'tonto, necio' (Guzmán Maturana, *Cuentos Tradicionales,* p. 126); *ileso* [princ. S. XVII, Paravicino, *RFE* XXIV, 313].

Colidir [1580, F. de Herrera], tomado de *collīdĕre* íd., derivado de *laedere;* cultismo raro; *colisión* [íd.], de *collisio, -ōnis* íd.: de uso más frecuente.

Elidir [1597, Castillo de Bobadilla], tomado de *elīdĕre* 'expulsar golpeando', 'suprimir una letra'; verbo raro, que sólo se ha hecho de uso normal en su ac. gramatical y en fecha reciente; *elisión* [Acad. ya 1869].

[1] Ag. cita un ej. del verbo *lesiar* 'lastimar' en el S. XVII.— [2] Todavía en Juan de Ávila y en el *Quijote* (Fcha.).— [3] «Han assí el juyzio *leso* / que siempre tienen buen seso / si no quando es menester», *Canc.* de Stúñiga, p. 459. De esta aplicación intelectual ha venido el chil. *leso* 'tonto, necio', que también se oye en el Perú, Bolivia y Oeste arg. (Draghi, *Canc. Cuyano,* 437; *Novenario,* 85; Camino, *Nuevas Chacayaleras,* 33, 119); también en el portugués del Brasil 'idiota, necio', y en dialectos de Portugal: Arcos de Valdevez *lésero* «leso» (*RL* XXXI, 297), alent. *lézio* «baldado; aleijado; sem acção». Para otras aplicaciones populares del mismo cultismo, comp. *lëis* 'lisiado, paralizado' en el dialecto retorrománico de Gardena (Lardschneider).

Lisimaquia, V. *análisis   Lisión, lisionar,* V. *lisiar*

LISO, voz común a todos los romances de Iberia, Sur de Francia, Alpes, Italia y Cerdeña; supone una base romance *LĪSĬUS,* de origen incierto, probablemente voz de creación expresiva, sugerida por el ruido del deslizamiento por una superficie lisa. *1.ª doc.*: J. Ruiz, 435*b;* principio del S. XV, Fr. Diego de Valencia, *Canc.* de Baena n.° 506, v. 3.

Liso tenía indudablemente *s* sonora en lo antiguo, como se ve por las rimas de J. Ruiz, de Fray Diego (con *anviso* y *viso*, a pesar de la falsa grafía *lisso* del ms.), y de F. Manuel de Lando (*Canc.* de Baena, 269), y por la grafía constante de lexicógrafos cuidadosos como APal. («*levis... sin barba* y *liso*», 242*d;* 68*b*, 181*b*), Nebr. («*liso por cosa llana e rasa:* laevis») y PAlc.; Cej. VII, § 78. Hay también sonora en el port. *liso*, cat. *llis, llisa*, oc. *lis* (hoy el femenino es *lisa*, y el derivado *lizar* 'embadurnar', *lizat* 'resbaloso' ya se documenta en la Edad Media); por otra parte postulan claramente una base *LĪSIUS sardo común *lišu*, logud. *liyu*, campid. *lišyu* (M. L. Wagner, *ASNSL* CXXXIV, 313-4), mientras que el engad. *lisch*, it. *liscio*, exigen también una base en -IUS, y aunque no nos ilustran sobre si la *s* sería sencilla o doble, no hay motivo para dudar de que su consonantismo fuese igual al de los demás romances, pues en italiano se halla *bascio* y *cascio* junto a *bacio, cacio* (BASIUM, CASEUM), y desde Siena para el Sur se dice *cascione* OCCASIONEM (M-L., *Rom. Gramm.* I, § 511). Podemos partir en todas partes de un prototipo *LĪSIUS, con la salvedad de que el port. *liso* más bien parecería corresponder a *LĪSUS (comp. *beijo, queijo*), pero pudo haber reducción temprana del diptongo *i̯i̯* antes de que su segundo elemento llegara a palatalizar la *s* siguiente. En cuanto al fr. *lisse* es palabra reciente (S. XVI) y debe mirarse como provenzalismo (Barbier, *RLR* LVI, 211), por lo tanto no hace falta tenerlo en cuenta. Como étimo difícilmente puede tomarse en consideración el gr. λισσός 'liso', como observa M-L. (*REW* 5081), por ser palabra homérica, sólo imitada más tarde por algunos épicos e historiadores, que, por lo tanto, no hay probabilidad de que pasara al latín vulgar. Tampoco es verosímil que venga del germ. occid. LĪSI 'silencioso', 'suave, delicado' (documentado en alto y bajo alemán y en neerlandés desde la etapa media de estos idiomas, a. alem. ant. *liso* 'en voz baja', 'despacio', comp. ags. *lisian* 'deslizarse', sueco *lisa* 'alivio'), como han aceptado varios desde Diez (*Wb.* 194)[1]: no lo es por razones semánticas, y teniendo en cuenta que una voz que falta en francés y tiene arraigo antiguo en todos los dialectos sardos no es probable que venga del germánico. Por otra parte hay variantes fonéticas muy semejantes, pero incompatibles con la base *LĪSIUS: sobresel. *leischen* (f. *leischna*) 'liso', 'resbaloso', fr. *aléser* 'pulir, regularizar la superficie de un metal' (Berry *aliser*) que suponen LES-; cast. DESLIZAR y demás formas citadas en este artículo, que corresponden a LĪZ- o LĪCI-; cat. *lliscar* 'deslizarse', que presenta LĪSC-; oc. ant. *lipsar;* b. lat. itálico *lixare* 'alisar' en texto del S. VIII (*Bull. Du C.* XII, 135); vacilaciones que fácil-

mente se explicarían admitiendo un origen expresivo u onomatopéyico; nótese que en griego existen también λίς, λίσπος y λίστρος, de suerte que lo probable es que también estas formas y aun acaso parte de las germánicas sean de creación expresiva[2].

Wartburg, *FEW* V, 381-4, se funda en un hapax bajo latino del S. VIII, *lixare* 'alisar', que no deja de ser una latinización arbitraria de la voz romance, para partir de un lat. LĪXARE 'hacer la colada' (meramente supuesto, aunque lo da sin asterisco: sólo hay *elixare* 'hacer hervir', un *lixare* de este mismo sentido, que figura únicamente en algún glosario medieval, y *lixivus* 'pasado por la colada'). Etimología insostenible en lo semántico y en lo fonético.

Lirondo [*Aut.;* Cej. VII, § 76] sólo empleado en la frase *mondo y lirondo*, parece resultar de un cruce de *liso* con *morondo* 'pelado, sin cabellos' (para el cual V. MONDO), AILC I, 156*n*. (no satisface un cruce triple de *limpio, mondo* y *lirio*, como propone Spitzer, *ARom.* VII, 514). Desde luego no viene del lat. ELĪSUS 'arrancado', 'aplastado' (así *GdDD* 2411*ch*).

DERIV. *Lisura* 'cualidad de liso' [APal. 181*b;* Nebr.], 'ingenuidad, sinceridad', de donde en Guatemala y el Perú 'palabra o acción grosera e irrespetuosa'[3], comp. gnía. *liso* 'desvergonzado' [1609, J. Hidalgo]; *lisor. Alisar* [1513, G. A. de Herrera], que también se ha dicho *enlisar* y *lizar* (Acad.; Cej. VII, § 78); *alisador; alisadura.*

¹ Sin embargo, nótese que Gamillscheg, muy propenso a las etimologías germánicas, no registra ésta en su *R. G.*, y la rechaza con buenas razones en *EWFS.*— ² Podría imaginarse que el verbo LĬNĔRE 'embadurnar, untar' formara en latín vulgar un participio *LĪSUS, desde cuyo significado fácilmente se llegaría al de nuestro adjetivo. Pero aparte de que más bien esperaríamos *LĬSUS, con la vocal del infinitivo (el tipo VĪSUS : VĬDERE es muy poco frecuente para que su analogía fuese eficaz), y además de que LINERE apenas ha dejado huellas en romance, el hecho es que el cast. *ALEDA* nos prueba que el clásico LĬTUS fué también el participio empleado en latín vulgar. *Liso* recuerda algo el fr. ant. *alis* 'tupido, compacto (hablando de la masa del pan)', oc. *alis*, cat. *alís* '(pan) sin levadura', que vienen de ALLĪSUS 'golpeado', de donde 'apretado a golpes', 'compacto'; pero de todos modos el sentido es bastante distinto.— ³ De ahí por eufemismo *lisura de gallina* 'huevo' (M. L. Wagner, *La Lingua Spagnuola in America*).

Liso, V. *deslizar*   *Lisol*, V. *análisis*

LISONJA, derivado regresivo de *lisonjar* 'lisonjear' y *lisonjero*, que antiguamente fueron *losenjar, losenjero* (de donde las formas modernas, por metátesis vocálica); éstos se tomaron de oc. ant. *lauzenjar, lauzengier*, íd., derivados de *lauzenja* 'lisonja' (y *lauzemnhe* 'alabanza'), que probablemente proceden del b. lat. LAUDEMIA, -EMIUM, derivados de LAUDARE 'alabar' con la terminación del antónimo BLASPHEMIA, -EMIUM, 'vituperio'. *1.ª doc.: Lossenja,* med. S. XIII, *Buenos Proverbios,* 35.23 (así en el manuscrito del S. XIV; la forma moderna en el del XV, ed. Knust, p. 531); *1.ª Crón. Gral.,* 665a18; *lesonja,* 1328-35, *Conde Luc.,* ed. H. Ureña, p. 42¹; *lisonja, Lucano,* Alf. X (Almazán); 1330, J. Ruiz, 183a, 672b, 1437d.

Cej. VII, § 11. De *losenjar* tenemos ejs. anteriores, del S. XIII: *Disputa del Alma y el Cuerpo,* v. 31 («o son los palafrés que los qüendes ie los res / te solién dar por to *losenjar?*»); *1.ª Crón. Gral.* (en *Infantes de Lara,* 224.19); *Cuento del Emperador Otas* («yo non vos quiero losenjar nin traer; más quiero vos desengañar», 396.24). De ahí se pasó primero a **losinjar* por influjo del grupo de consonantes palatal, y después por metátesis a *lisonjar,* que no es raro en la Edad Media: Crónica de 1344 (*Infantes de Lara,* 267.1), Sem Tob, 494²; *Conde Luc.,* p. 127; *lesonjar, Conde Luc.,* p. 243. Es también antiguo *losenjero:* Berceo, *S. Lor.,* 22; *Loores,* 4; *Duelo,* 83; *Alex.,* 51, 1507; *Gr. Conq. de Ultr.,* 518; *lisonjero* ya en el *Zifar,* 13.20. El vasco ha conservado hasta hoy formas sin metátesis: *losentxatu* 'lisonjear' (Azkue, *Homen. a M. P.* II, 90), *losincha, losencha* 'lisonja, adulación', *losinchari(a)* 'lisonjero, adulador' (Manterola), *lusintxa* (*Auñ.* I, 162. 32). Está fuera de duda que se trata de préstamos de oc. ant. *lauzenja* 'lisonja, adulación', *lauzenjar* 'lisonjear', *lauzengier* 'lisonjero', motivados por el enorme desarrollo que tomó esta noción en la ideología de los trovadores. Nótese que la variante oc. *lauzemnhe* 'alabanza' (Levy, *Petit Dict.*; Raynouard IV, 28b) pasó también a la Península con sentido peyorativo: «se aquel *lousinhamento* nõ tirã logo do seu coraçõ», 'lisonja', en los *Padres de Mérida* de h. 1400 (*RL* XXVII, 48); por lo demás, en portugués se dice normalmente *lisonja, lisonjar, lisonjeiro.* Lo mismo que el vocablo occitano pasó al portugués y castellano, así como al catalán antiguo (*llausenjar, llausenger*), también se trasmitió al it. *lusinga, lusingare,* y al fr. ant. *losenge* 'lisonja'; pero en francés coexiste una variante autóctona, sin el matiz peyorativo desarrollado por la casuística amorosa de los provenzales: *louange* 'alabanza'. Es imposible separar a éste y a *lauzemnhe* de la variante *lauzenja,* admitiendo como étimo del último un fráncico *LAUSINGA 'mentira', sólo fundado en el ags. *lêasing, lêasung,* isl. mod. *lausung* íd., derivados del ags. *lêas* 'falso, mentiroso', como hacen Baist, *ZRPh.,* XXXIX, 616, M-L. (*REW* 4947), Gamillscheg (*EWFS;* R. G. I, 225); además de que esta separación es imposible, nótese que la forma en -A no se documenta en germánico, y que el adjetivo germánico *laus, los* sólo tiene el sentido etimológico de 'suelto, libre, desprovisto' en los dialectos

continentales y escandinavos más próximos geográfica y cronológicamente al fráncico, por lo cual no es de creer que en este idioma tuviera otro sentido. Es evidente, pues, que Diez tenía razón al juntar *lauzenja* y *louange* y derivarlos de LAUS, -DIS, 'alabanza', o de LAUDARE 'alabar'. En cuanto al sufijo, la variante *lauzemnhe* (también *laudime, lauzesme, laudeme;* vid. Raynouard, y Levy, *P. S. W.*), paralela a *vendemnha, vendémia,* fr. *vendange,* VINDEMIA, indica claramente el camino: la *j* no procederá de una G etimológica, sino de la I de un grupo MJ, lo mismo que en *blastenjar* 'vituperar', *blastenh(e) blastenha* 'vituperio', procedentes de *BLASTEMIUM, -EMIA, por BLASPHEMIUM, -EMIA³. El tipo LAUDEMIUM lo hallamos en bajo latín, especialmente en la ac. 'aprobación que daba el señor a una transacción comercial realizada por el enfiteuta', 'derecho que se pagaba para obtener esta aprobación o alabanza' (vid. Lespy-Raymond, *Dict. Béarnais,* s. v. *laudimi;* de donde oc. ant. *laudime, lauzesmes, lauzisme,* cat. *lluïsme,* cat. ant. *lloïsme* (con *-s-* secundaria como en *regisme* REGĪMEN), y los cultismos cast. e it. *laudemio.* Pero tuvo también el sentido general de 'alabanza', de donde 'adulación'; y su terminación debemos explicarla por influjo de su opuesto BLASPHEMIUM, BLASPHEMIA, 'vituperio': sabido es que posteriormente se sacaron de ahí otras formaciones abstractas, sobre todo en francés, donde la terminación coincidía con la de *chalenge* 'acusación': de ahí fr. ant. *laidenge, costenge, haenge* y hoy *vidange⁴.*

Wartburg (*FEW* V, 212), Gamillscheg y otros explican el fr. *losange* 'rombo de un escudo' a base del galo *LAUSA 'losa'. Esta explicación, como ya observa Bloch, tiene el defecto de suponer para *losange* una ac. 'en forma de losa' que no está documentada en parte alguna, y además obliga a admitir en galo un sufijo -INGA, cuando lo único que parece haber existido en este idioma es -INCA. Por este motivo llegué a admitir en el *DCEC* la posibilidad de que el fr. *losange* 'alabanza' fuera la misma palabra que *losange* 'rombo', posibilidad que ya rechacé en las adiciones a aquel diccionario. En efecto, M. Rodinson, *Studi Levi Della Vida* II, 1956, 425-35, confirma por un lado que es falsa la etimología LAUSA para *losange* 'rombo', pero prueba además que la identificación con *losange* 'alabanza' es también secundaria. El vocablo primitivamente significó un pastel de forma romboide, y se tomó del ár. *lauzînağ* íd.; éste a su vez vendría del pelvi *lauzēnak,* derivado de *lauz* 'almendra', lo cual ya no está claro, pues esta última palabra es propiamente arábiga y no irania, y sin embargo la sufijación *-înağ,* desde luego, no se explica en árabe; pero sí (creo) en iranio. Nuestro vocablo debió de tomarlo el francés directamente del árabe, durante las Cruzadas, y se empareja con otros arabismos en materia de pastelería, como *mazapán* y *mazamorra.* De ahí el cast.

lisonja 'rombo en el escudo' [1546-8, Fz. de Oviedo; 1588, Argote; Andrés Muñoz; Fcha.] y *losange* 'íd.' [1734, *Aut.*].

DERIV. *Lisonjear* [APal. 171*d;* Nebr.], antes *lisonjar* (V. arriba); *lisonjeador* [*lisonjador, Rim. de*
Palacio, 280, 701; *alisonjeador,* 1438, según me
comunica D. Agustín del Campo]; *lisonjeante. Lisonjero* (V. arriba); *lisonjería.*

[1] «Porque veades que non vos lo digo por *le-*
sonja, tan bien como vos diré las aposturas que
en vos entiendo, tan bien vos diré las cosas en
que las gentes tienen que non sodes apuesto».—
[2] Así en el códice de la Bibl. Nacional; *lisongear*
en el del Escorial, pero no es posible por el metro.— [3] En muchos de los casos de la grafía oc.
lauzenga se tratará de la frecuente representación
de *ja* por *ga.* Es verdad que hallamos *lauzenga*
en rima con *lenga, venga, tenga,* en *Flamenca,*
por lo cual no cabe dudar que existieron también
formas con *g* velar, de las cuales el it. *lusinga.*
Pero es muy natural que en el Sur del territorio occitano se crearan estas formas dada la gran
frecuencia del sufijo germánico *-enga* = *-enja* en
Lemosín, Auvernia y Delfinado, mucho más fecundo que el excepcional *-enja* = *-emnha;* es verosímil que el vocablo se creara en el Lemosín,
por los grandes poetas amorosos, como Ventadorn
y Bornelh, y el primero de todos, Guillermo de
Poitiers, y de ahí se extendiera al Sur.— [4] Que
el fr. ant. *losange* sea formación independiente de
la occitana y derivada de *los* (LAUS) con el sufijo *-enge* (tan poco vivaz), como quiere Jeanroy
(*Poésie Lyr. des Troub.* II, 110 n. 3), es increíble. No importa que ya se halle en la épica del
S. XII y que un ej. suelto ya salga en 1119 (en
oc. todavía es más antiguo, fin S. XI): esto sólo
puede probar cuán pronto y cuán generalmente
se abrieron paso en el Norte las i d e a s de los
trovadores, aun antes de que aparecieran sus imitadores líricos, los *trouvères.*

LISTA, 'tira, especialmente la de distinto color que tienen ciertas telas y otros objetos', 'tira
de papel, con un catálogo de nombres', 'este mismo catálogo', del germ. occid. LĬSTA 'tira, franja',
'orillo' (a. alem. ant. *lîsta,* alem. *leiste* 'raya', 'orillo', 'listón', b. alem. med., neerl. med., ags. *lîste,*
ingl. *list,* 'franja', 'orillo', 'tira', escand. ant. *lista*).
1.ª doc.: 2.ª mitad del S. XIV, *Libro de Miseria de*
Omne (cita de Aguado); h. 1400, Glos. de Toledo y de Palacio ('orillo', 'cinta, banda'); *listado*
'rayado', en J. Ruiz, 1004*b,* prueba que ya entonces existía el sustantivo.

También «piedra que resplandece teniendo *lis-*
tas negras», en APal. 519*b,* y como sinónimo de
'vivo' en Nebr. (s. v. *vivo*). Cristóbal de Castillejo, en la primera mitad del S. XVI, emplea la locución *por la lista* 'por la apariencia' (Fcha.), que
debe referirse primitivamente a un paño. La ac.
'catálogo, padrón' ya aparece en Ambrosio de Mo-

rales (1575) y en el *Quijote;* en el sentido de 'tira
de tela o papel', de donde procede la ac. anterior,
ya está en *Aut.; Cej.* VII, § 67. Aunque *lista*
ya aparece en el glosario atribuído a Filóxeno, que
se escribió en el Sur de Italia, a lo más tarde en
el S. VI (con sentido dudoso 'barrera' o 'trazo,
línea'; *Bull. Du C.* II, 40-41; *Rom.* LIII, 424;
CGL II, 123.54), ésta no es razón de peso para
desechar el origen germánico; lo sería si el vocablo tuviera que venir del fráncico, como supone
Gamillscheg (*R. G.* I, 232), pero siendo común al
italiano con todo el galo e iberorromance, es
más probable que se tomara del germánico occidental común por el latín vulgar, quizá con otros
términos referentes a la indumentaria militar[1].

DERIV. *Listado* [J. Ruiz; para formas extranjeras tomadas del cast., Vidos, *R. Port. Fil.* IV, ii,
32-33]; también *listeado. Listel* [Acad. ya 1817],
arquit., del fr. ant. *listel,* hoy *liteau;* variante disimilada *ristrel* [Acad. 1914, no 1843]. *Listero. Lis-*
tón 'cinta' [h. 1600, Inca Garcilaso], 'pedazo de tabla angosto' [1633, Lz. de Arenas, p. 11; *Aut.*];
listonado; listonar; listonero; listonería; enlistonar,
enlistonado. Alistar 'poner en lista', 'inscribir en la
milicia' [h. 1600, Mariana: Cuervo, *Dicc.* I, 438-9],
alguna vez *listar; alistado; alistador; alistamiento.*

[1] En Cuba *vender una lista* 'pasar frente a la
persona a quien se enamora', *vender listas* 'enamorar a una mujer', se explicaría porque el vendedor de listas y encajes pasa y repasa por la calle, según *Ca.,* 187.

LISTO, del mismo origen que el port. *lęsto,*
cat. *llęst* e it. *lęsto,* a los cuales correspondería
*liesto en castellano, luego reducido a *listo;* la eti-
mología es incierta, sobre todo por la fecha tardía
en que aparecen estos vocablos, pero como en catalán, occitano e italiano antiguos la misma palabra
aparece como participio pasivo de LĔGĔRE en el sentido de 'leer' y en el de 'escoger', quizá se trate
de una aplicación figurada de la idea de 'escogido',
de donde 'fino' y 'pronto, avisado'. *1.ª doc.:* 1517,
Torres Naharro (*ZRPh.* LXXVIII, 80, 81); h.
1604, Pérez de Hita; 1605, *Quijote* I, iv, 11;
xlvii, 251.

En Ginés Pérez de Hita es 'expedito, desembarazado': «tuvo por grande estorbo para su
expedición las dos hijas que llevaba y resolvió
descargarse dellas degollando a la grande con un
puñal y enterrando viva a la pequeña; assí se fué
listo a la sierra con los demás compañeros» (*Gue-*
rras C. de Granada, ed. Blanchard II, 287). En el
Quijote es 'pronto, diligente, vivo': «la lengua
queda y los ojos *listos*», «la rueda de la fortuna
anda más *lista* que una rueda de molino», «andan
por aquí los encantadores muy *listos* y demasiadamente curiosos». Covarr. define «diligente y
agudo». *Aut.* «diligente, pronto, vigilante y avisado». También lo emplearon Quevedo y otros
coetáneos.

Falta en los demás diccionarios clásicos y preclásicos, y es ajeno al léxico de los grandes autores medievales y de otros, de los cuales poseemos vocabulario[1]; Cej. VII, § 78. El verbo *alistar* 'tener pronto, poner a punto' se halla ya un poco antes, desde la *Galatea* de Cervantes (1584), vid. Cuervo, *Dicc.* I, 350*b*; hoy es usual en la Arg., y *alistarse* 'arreglarse, vestirse, ataviarse' en el cast. de Galicia (Alvz. Giménez).

El port. *lésto* «desembaraçado, despejado», «pronto, expedito, a ponto de partir», es ya frecuente en el S. XVI, desde Mendes Pinto (1541), vid. Moraes y Bluteau. El cat. *llest* tiene las mismas acepciones que el castellano, y es palabra muy viva y popular en todas partes, bien documentada desde 1460, y su derivado *enllestir* ya en 1437 (*ZRPh.* LXXVIII, 81). De oc. *lèst* (o *lèste*) «prêt, préparé», «dispos», «leste, agile», no conozco ejs. antes del S. XIX, pero no parece ser tomado del francés, a juzgar por su primera ac. El it. *lèsto* «destro, presto, agile» [mediados del S. XVI, Salvini, etc.], «allestito, apparecchiato, pronto» [íd., Sassetti], «astuto, scaltro» [S. XVII], «un po' corto, che rende i movimenti (dal vestito)» [Borghini, † 1580], «da poter maneggiarsi con lestezza» [A. Caro, † 1566]; el ej. más antiguo que cita Tommaseo es el de Maquiavelo que corresponde a h. el año 1500 en el sentido de 'advertido, muy atento'; sabido es que del italiano se tomó el fr. *leste* 'vivo, ágil', documentado desde 1578.

Toda esta documentación nos enseña poco acerca del lugar de origen del vocablo, que según ella parece ser igualmente antiguo y castizo en todos los romances meridionales (el sardo *lestu* o *lestru* quizá sea italianismo o catalanismo). Como la *e* catalana en esta posición corresponde a Ĕ, es claro que todos los romances corresponden a una base única LĔSTU, con reducción de *ie* a *i* en castellano, comp. *ri(e)st(r)a* RĔSTEM, *avispa* < VĔSPA, etc.

Las etimologías que se han propuesto hasta ahora valen muy poco. Desde luego podemos rechazar la de C. Cipriani, *Rom.* XXXI, 135, que partía del it. *allestare, allestire*, 'aprontar, aparejar', sacándolos del germ. *HLASTJAN o *hlesten*, 'cargar' (> 'cargar el navío', 'disponerlo para la partida'), para el cual vid. aquí LASTRE. Un germanismo como éste sería muy sorprendente en italiano, donde precisamente no se castiza la palabra correspondiente a *lastre* (se dice *zavorra*), y además hay toda clase de dificultades. Diez, *Wb.* 192, quería partir del gót. *listeig* 'astuto' o a. alem. ant. *listic* 'ingenioso, artificioso', derivados del gót. LISTS, a. alem. ant., ags., escand. ant. *list*, 'astucia'; esta etimología encontró favor en Kluge (s. v. *list*), Gamillscheg (*EWFS; R. G.* II, 149), y últimamente en la 3.ª ed. del *REW* de M-L. 5083*a*[2] y en la nueva ed. de Bloch por Wartburg; estos autores parten del sustantivo correspondiente gót. LIST (en el *REW*, por errata, *lista*), o longob. LIST (así Gamillscheg y Wartburg, quienes por lo visto olvidan que el vocablo es también iberorromance). Esta etimología no merece tanta atención: además de la grave disparidad semántica y morfológica, la Ĭ germánica difícilmente podía dar *i* castellana, y desde luego no puede justificar la *e* abierta de que parten el portugués, catalán, lengua de Oc e italiano. Se impone renunciar a ella.

Cornu, *GGr.* I[2], § 8, quiere explicar nuestro vocablo por un cruce de *presto* con *leve*, para lo cual se fija en la variante *lestes*, muy frecuente en el portugués del S. XVI, cuyo punto de partida está evidentemente en la locución *lestes e prestes*[3] «modo de falar que se diz do que está prompto e preparado» (Madureira, 1739); no dudo, en efecto, de que la variante *lestes*, estrictamente portuguesa, sea debida al influjo de *prestes*, pero me cuesta creer que el cruce con *leve* sea el responsable de la aparición del adjetivo *lesto*, pues *leve* y *presto* no son sinónimos, condición indispensable para los cruces, y además es difícil creer que un cruce así se pudiera producir con carácter independiente en tantas lenguas romances[4].

Clédat, *Dict. Étym. Fr.*, sugirió que *listo* y su familia vengan del lat. arcaico SUBLESTUS 'débil, flaco', documentado en tres pasajes de Plauto, recogidos por Festo; Nonio, comentando los mismos pasajes de Plauto, asegura que el sentido es 'leve, frívolo'[5], lo cual podría dar base semántica para *listo*, pasando por 'ligero, ágil', pero tal sentido no resulta claro de ninguno de los tres pasajes y en dos de ellos parece realmente significar 'débil'. Así y todo quizá no fuese del todo imposible llegar al sentido de nuestro vocablo, y sería concebible que el prefijo SUB- se hubiese tomado como atenuativo o diminutivo, creando un *LESTUS en el sentido de 'muy ligero'[6]. Ésta sería una de las etimologías menos inverosímiles, si no fuese que el vocablo en cuestión sólo se halla en Plauto, y es dudoso que pudiera mantenerse en el latín vulgar.

Nadie parece haber prestado atención al hecho de que cat. *llest*, it. *lesto*, oc. ant. *lesta*, es palabra bien conocida en la Edad Media en calidad de participio del verbo que en latín es LĔGĔRE 'leer', 'escoger'. El it. ant. *lesto* 'leído' es bastante frecuente: lo recoge Monaci en el glosario de su *Crestomazia It. dei primi secoli*; M-L. en *R. G.* II, § 341; lo empleó el abruzzés Buccio di Ranaldo en su *Storia di Santa Catarina* escrita en 1330 y en su *Storia d'Aquila* de 1343-1362 (Mussafia, *Wiener Sitzungsber.* CX, 369, y glos. s. v.), y no sería difícil señalar otros testimonios[7]. El cat. ant. *llest* 'leído' quizá es todavía más frecuente: además del ej. que cita Ag., aparece en las Vidas de Santos Rosellonesas del S. XIII, en Bernat Metge, fin del S. XIV (*N. Cl.*, 81), y sería fácil agregar muchos más. Además el vocablo existió en el sentido de 'escogido', que tiene en el catalán Desclot, a fines del S. XIII: «vint e cinch galeres, les quals armà de hòmens triats e *lests* e de tots los altres» (p. 347); de ahí *llesta* 'selección': «el sant Para apostoli mès en *lesta* a un sant hom, que de dos bisbats prenés la un, qual que vulla li plagués» (Lulio, *Meravelles* I, 117, *N. Cl.*), «car si del tot vos havia conquesta / per fina amor (que altrament no ho volria), / vostre joiós servidor en seria, / car vei portats d'altres totes la *llesta*» en un texto del S. XV (*N. Cl.* IX, 131.4); otro ej. de 1390 en Ag., s. v. *lesta*. De oc. ant. *l(i)esta* íd. hay también 4 ejs. medievales (Levy, *P. S. W.*)[8].

De ahí el verbo derivado cat. *llestar* 'escoger', hoy vivo en Ripoll, en el Rosellón y aun en el Baridà, junto a la Seo de. Urgel; el diccionario de Torra (1653) registra variante *llistar;* rosell. *llest* 'elección, escogimiento' (J. S. Pons, *Canta Perdiu*, p. 50); aran. *alistà* 'escoger'. Todo esto indica la existencia de **lęsto* como participio de LEGERE en una amplia zona del latín vulgar o del romance primitivo, pues la concordancia tan singular entre el italiano meridional y septentrional, la lengua de Oc y el catalán no puede ser fortuita ni moderna, y el sentido 'escoger', que LEGERE no ha conservado en romance, acaba de probar la antigüedad de la formación; así la confirma la forma *legestum* 'leído' registrada por el gramático galorromano Virgilio Marón h. el año 600 (*Wiener Sitzungsber.* XCIX, 530), aunque este tratadista, algo fantasioso, modificó un poco el vulgar *lestus* para adaptarlo al radical de LEGERE. Por lo demás, la forma primitiva parece haber sido **LĔXĬTUS* o **LĔXTUS* a juzgar por el vocalismo de una parte de las formas romances, oc. ant. *liesta*, cat. *llista;* frente a cat. *(l)lesta*, que representa la pronunciación reducida y más tardía **LĔSTUS*. Los modelos serían *posĭtus*, *visĭtus*, *responsĭtus*, *absconsĭtus*, *tensĭtus*, *quaestus*, y aun *textus* (dada la relación del texto con la lectura), apoyados en la existencia del pretérito *lexi*.

Como ya lo indiqué en mi *Vocabulario Aranés*, s. v., y en *AILC* III, 176n., es verosímil que *listo* no sea más que una aplicación especial de ese antiguo participio tan extendido. 'Escogido' es idea que se presta a toda clase de evoluciones semánticas que expresen ideas laudatorias, como lo son todas las envueltas por nuestro adjetivo. En el Pallars se llama *bestiar de llista* el ganado escogido, de la mejor calidad (comunicación del Sr. Violant i Simorra); en el Sur de Cataluña *llestat* (en Tortosa: Moreira, *Folklore Tortosí*, 545) o *llistat* significa 'espigado, esbelto', 'alto, derecho y liso', aplicado a los árboles y a las piezas de madera[9]. Así vemos que el vocablo podía tomar el sentido de 'alto y delgado', que es lo mismo que 'fino', y está cerca de 'primoroso, de primera calidad'; fácilmente se podía pasar de ahí a 'sagaz, avisado', 'diligente' y finalmente 'pronto, a punto'[10]. No es dificultad insuperable para esta etimología el hecho de que *listo* o *lesto* como participios

no parecen haber existido nunca en castellano ni portugués; tampoco se pueden documentar con este valor adjetivos como *falto, ducho, suelto, junto* o el sustantivo *dehesa*, y, no obstante, es segura y bien averiguada su procedencia participial; la existencia del participio *(l)lest* en catalán y lengua de Oc, idiomas donde no hay participios analógicos en *-est*, obliga a creer que este participio debió ya formarse en latín vulgar, y refuerza esta creencia el significado 'escogido' que sólo es latino y no se conservó en el verbo romance *llegir* o *léger* o *leer*[11]. Lo único que causa algún escrúpulo es la fecha tan tardía de la aparición del adjetivo *lesto, listo,* en todos los romances, algo sorprendente si esta palabra se heredó del latín vulgar. Pero quizá no debamos extrañar demasiado la aparición tardía en una palabra de tono fuertemente afectivo, que significa 'avispado, vivaz, diligente', y adviértase que chocará con esta dificultad cualquier otra etimología, aun el cruce de *presto* con *leve*, que sólo en latín vulgar pudo producirse siendo común a romances tan separados como el italiano y el portugués, y que sólo así podría explicar la *i* (< *ie*) del castellano en contradicción con la *e* cultista del cast. *presto*[12].

No tienen fuerza alguna los argumentos que oponen Wartburg (*ZRPh.* LXXIII, 268-273) y G. Colón (*ZRPh.* LXXVIII, 79-81); por lo demás la etimología germánica que defiende Wartburg es insostenible, como ve también Colón; pero no sé por qué se me atribuye una explicación del cast. *listo* (< *liesto*), que parta de **LĔXĬTUS*, en la que yo nunca he pensado, pues no podía desconocer que de LĔXĬTUS sólo podría haber dado **léxedo* o a lo sumo **lesto* y que precisamente la *i(e)* supone una base LĔSTUS, lo mismo que en catalán. En cuanto al oc. *liesta* es otra palabra (sustantivo abstracto), de base participial, y por lo tanto es lógico que parta de una forma analógica y más conservadora. No hay nada de jergal en los ejemplos castellanos que cito (aunque uno de ellos aparezca casualmente en una poesía germanesca, donde todo no es jergal, claro está, y Torres Naharro, Medrano, etc., nada tienen de germanesco): es meramente familiar, lo propio que el italiano *andar lesto*. La nota de Colón tiene, en cambio, gran valor por la documentación que proporciona, tanto para el castellano como para el catalán. Lo que es absurdo es suponer que sea préstamo del italiano: se opone claramente la *í*. En definitiva, parece que Colón quisiera partir de la aislada y artificial forma *legestus* sólo documentada en Vergilius Maro (h. 600), gramático de lenguaje conocidamente arbitrario.

DERIV. *Listeza. Alistar* (V. arriba).

[1] En C. de Castillejo *engañado por la lista* (*Cl. C.* I, 223) no significa «rápida, ligera» como quiere definir el editor, sino evidentemente lo mismo que *engañarse por la lista y opinión* en III, 110, es decir 'apariencia', V. *LISTA*.— [2] Des-

pués de rechazarla en la 1.ª ed., n.º 4152, como difícil fonética y semánticamente; refutación que se olvidó de borrar en la 3.ª edición.— ³ *Prestes* que según Cornu representaría un lat. *PRAESTIS, sería según M-L. un préstamo de oc. ant. *prestz*, en lo cual debe tener razón en vista de la *-s.*— ⁴ Schuchardt, *ZRPh.* XL, 607, propone la misma idea para el it. *lesto*, pero el cast. *listo* según él se explicaría por cruce con un *visto*, equivalente del fr. *vite*, it. *visto, vispo, visco*. Dualidad que aumenta la inverosimilitud de la idea, además de que *visto* en este sentido no existe en castellano.— ⁵ En el mismo sentido «*sublestum: leve*» *CGL* V, 647.66, que debe de fundarse en el pasaje de Nonio.— ⁶ Análogamente el cat. *llostre* 'crepuscular', 'entre dos luces', *entre dos llustres* 'en el crepúsculo', parece procedente del lat. SUBLUSTRIS 'mal iluminado'.— ⁷ Por lo demás hay otros participios de este tipo en italiano, como *mosto* 'movido' y *dellesto*, ambos en el propio Ranaldo, y los numerosos participios en *-esto*, tan extendidos en la región veneciana; vid. M-L., *R. G.* II, 377, 383; Ascoli, *AGI* IV, 393-8; III, 467. Pero en catalán y lengua de Oc no hay nada más por el estilo, lo cual prueba que estamos ante una formación de raíces muy antiguas, como forma analógica de *vist, quest, respost.*— ⁸ De *elesta* en Bertran de Born, que Raynouard entiende 'elegida', el sentido no es bien claro, comp. Levy, *P. S. W.*, s. v., pero puede tener razón Raynouard, comp. Mann, *Das Participium Praeteriti im Altprov.* (*Ausgaben u. Abhdlgn.* XLI), p. 12.— ⁹ Recoge esta forma un excursionista en Poboleda (Priorato), *Butll. del Club Pirinenc de Terrassa*, 1927, p. 170. Oí *fusta llistada, arbres llistats* en Aitona, junto a Lérida, etc. Y en L'Albi, al Sur de Borges Blanques, anoté la copla popular «A l'Albi tenen un maig / que és bo per fer una arcada / i naltres n'hi tenim un, / una peça molt *llistada*, / que té cent i quatre pams: / dintre del bosc se'n criave».— ¹⁰ También se podría pensar en 'leído, culto' > 'inteligente, sagaz'; comp. alent. *treslido* (< *tras-leído) «muito inteligente» (Capela, *O Dial. de Elvas*). O, fijándose en la frase que cita Aguiló, «la qual letra *lesta*, me dix que ell...», se podría creer que de 'leído' se pasó a 'terminado, acabado' y 'perfecto'.— ¹¹ Sí, en cambio, en el otro participio land. ant. *lheyte* «choix» y su derivado *alheytar* «choisir» (Millardet, *Recueil de Textes des Anciens Dialectes Landais*, 1368, 18; Lespy), oc. ant. *alechar* íd. (Levy), procedentes de LECTUS; lo cual deja fuera de dudas la etimología de *l(i)esta* «choix».— ¹² Sólo si miráramos *listo, lesto*, como una creación expresiva comparable a *visto ~ visco ~ vispo*, se explicaría naturalmente la aparición tardía. Pero en tal caso la vocal aguda *i* me parece indispensable y característica, y ya hemos visto que la *i* castellana tiene todo el aire de una evolución fonética de Ĕ.

Listón, listonado, listonar, listonería, listonero, V. *lista* *Lisura*, V. *liso* *Lit*, V. *alud*

LITA 'landrilla del perro', tomado del lat. *lytta*, íd., y éste del gr. λύττα 'rabia', por creerse que la engendraba la landrilla. *1.ª doc.*: Acad. ya 1817.

LITAR, tomado del lat. *lītare* íd. *1.ª doc.*: Acad. ya 1817.
DERIV. *Litación.*

Litargirio, V. *lito-* *Lite*, V. *lid* *Litera*, V. *lecho* *Literal, literalidad, literario, literato, literatura*, V. *letra* *Literero, litería*, V. *lecho* *Litiasis, lítico*, V. *lito-* *Litigación, litigante, litigar, litigio, litigioso*, V. *lid* *Litina, litio*, V. *lito-* *Litisconsorte, litiscontestación, litisexpensas, litispendencia*, V. *lid*

LITO-, primer elemento de compuestos cultos tomado del gr. λίθος 'piedra'. *Litocálamo*, con χάλαμος 'caña'. *Litocola* [1555, Laguna], con χόλλα 'cola'. *Litoclasa*, con χλάσις 'rotura'. *Litófago*, con φαγεῖν 'comer'. *Litofotografía, litofotografiar; litifotográfico. Litogenesia. Litografía* [Acad. 1843, no 1817]; *litografiar; litográfico; litógrafo. Litología; litológico; litólogo. Litotomía*, con τέμνειν 'cortar'. *Litotricia*, con el lat. *tritum* 'triturado'. *Litargirio* [1734, *Aut.*], del lat. *lithargўrum* y éste del gr. λιθάργυρος íd., compuesto con ἄργυρος 'plata'; también se dijo *litarge*. Derivados del mismo vocablo griego son: *litiasis; lítico; litina; litio.*

Litón, V. *latón II*

LITORAL, tomado del lat. *lītoralis* 'costeño', derivado del lat. *lītus, lītŏris*, 'costa, litoral'. *1.ª doc.*: Acad. ya 1817.

Litosfera, V. *atmósfera*

LITOTE, tomado del lat. *litŏtes* y éste del gr. λιτότης íd., derivado de λιτός 'tenue'. *1.ª doc.*: h. 1764, Terreros; Acad. 1884.

Litotomía, litotricia, V. *lito-*

LITRARIEO, derivado culto del gr. λύθρον 'sangre sucia', por el color de las flores de estas plantas. *1.ª doc.*: Acad. ya 1899, no 1869.

Litro, V. *libra*

LITURGIA, tomado del b. lat. *liturgĭa* íd. y éste del gr. λειτουργία 'función pública, servicio público', 'servicio del culto', derivado de λειτουργός 'funcionario público'. *1.ª doc.*: 1599-1601, Ribadeneira; Covarr.

Falta en los demás diccionarios del Siglo de Oro.

Deriv. *Litúrgico*.

Liudar, liudo, liviandad, liviano, V. *leve*

LÍVIDO, tomado del lat. *līvĭdus* 'azulado negruzco', 'de color plomizo', derivado de *līvēre* 'tener este color'. *1.ª doc.*: 1515, Fz. Villegas (C. C. Smith, *BHisp.* LXI); Acad. ya 1817.

Corriente en la lengua literaria.

Deriv. *Lividez* [Acad. 1869, no 1843]. *Lividecer* [Acad. 1936]. *Livor* 'color cárdeno', 'cardenal, equinosis' [Góngora; latinismo poético raro], tomado de *līvor, -ōris,* íd.; *livorar* ant. 'acardenalar, golpear brutalmente' [Berceo, *Mil.,* 265, 383; *F. Juzgo*].

Liviecho, V. *ovillo*   *Livieso,* V. *divieso*   *Lixiviar,* V. *lejía*   *Liz,* V. *alud*   *Liza* 'mújol', V. *lisa*   *Lizázara,* V. *alizace*

LIZA, 'campo dispuesto para que lidien dos o más personas', 'combate caballeresco', del fr. *lice* íd., que antiguamente designó una barrera que rodeaba estos lugares o la que se empleaba como fortificación, probablemente del fráncico *LĪSTJA,* que puede ser mera variante sinónima del germ. occid. *LĪSTA* 'listón', 'tira, franja' (de donde nuestro *LISTA*), como la que supone el ags. *līste* íd.; o bien derivado adjetivo de aquella palabra germánica, en el sentido de 'cosa hecha de listones o varillas'. *1.ª doc.*: *liça,* h. 1440, *Crón. de D. Pero Niño.*

Cej. VII, § 78. Escrito así también en APal., en Nebr. y en el *Libro del Paso Honroso* refundido por Juan de Pineda en 1588 (Cuervo, *Obr. Inéd.,* p. 390n.). La ac. 'campo dispuesto para que lidien dos o más personas' aparece en *Aut.,* donde se documenta en Luis de Ulloa, med. S. XVII; Oudin: «*liça, tela de justa*: lice ou barriere pour courir la lance et pour jouster». APal. y Nebr. recogen solamente la ac. secundaria 'combate caballeresco': «en batalla de uno a uno venció ciento y veynte *liças*» (299b), «los athletas o vencedores en *liça*» (301d), «*liça, trançe de armas*: certamen». En francés antiguo designaba *lice* una barrera cualquiera, aun las que cerraban una calle (así en Pierre Cochon, h. 1420; God. IV, 773c), las que formaban la borda de un barco (God. X, 78c) o rodeaban el altozano o atrio de una iglesia (1381); pero desde el S. XII aparece especializado en las empalizadas que cercan un palenque de justas o las empleadas como fortificación guerrera; que lo esencial es la barrera y no el cercado lo indica también la ac. figurada 'obstáculo, impedimento' (med. S. XIV). Del francés o de la lengua de Oc pasó el vocablo a los varios romances de Occidente: port. *liça,* it. *lizza* (ant. *liccia*), y aun quizá el cat. *lliça* (que podría ser autóctono); el sentido

en todas partes es especialmente el caballeresco representado en castellano, pero en catalán aparecen también otras acs.: 'barrera que cerca la liza' [*Amic e Melis, N. Cl.* XLVIII, 132, h. 1400 o algo antes], 'patio cerrado delante de una casa de campo' (así especialmente en el Nordeste del Principado). El único étimo aceptable fonéticamente es el fráncico *LĪSTJA* (comp. Gamillscheg, *EWFS,* s. v.), que puede ser mero sinónimo de nuestro *LISTA* (véase) en el sentido etimológico de 'listón, varilla', atendido que el ags. *līste* postula precisamente una base protogermánica *LĪSTJŌN-* (frente al a. alem. ant. LĪSTA)[1], a la cual correspondería *LĪSTJA* en fráncico; o bien, según indica Gamillscheg (*R. G.* I, 276), se tratará de un derivado adjetivo en -JA, formado como LAUBJA 'glorieta' (V. LONJA) frente a LAUB 'follaje': entonces el sentido básico sería 'cosa hecha de listones'. Con *LĪSTJA* no hay dificultad fonética, pues tratándose de una voz algo tardía como ha de serlo un término tomado del fráncico, es natural que el grupo TJ fuese tratado como tras cualquiera consonante, dando ç, y no se combinara con la s dando el grupo *iss,* según ocurre en las palabras latinas[2].

[1] También éste pasó temprano al latín vulgar, pues un *lista* en el sentido de 'barrera, liza' se encuentra en el Glosario de Filóxeno, recopilado en el Sur de Italia, en el S. VI lo más tarde (según Laistner, *Bull. Du C.* II, 40).— [2] Otros étimos no se pueden tomar en consideración. Derivar de LICIUM 'lizo, hilo o cordón para urdir' no es verosímil por razones semánticas. Un *LĪTEA* derivado de LIS 'pleito', 'pelea' (como propusieron Salvioni y Fitz-Gerald, *RH* IX, 25), hubiera dado fr. *lise,* oc. y cat. *(l)lisa,* cast. ant. *liza.* Desde luego el cast. *liza* no puede ser mero derivado de *lizo,* pues éste tenía z sonora en la Edad Media.

LIZO, del lat. LĪCĬUM 'hilo transversal con que se separan los hilos de la urdimbre para facilitar el paso de los de la trama', 'hilo de la trama', 'hilo o cordón en general'. *1.ª doc.*: *lizo,* h. 1400, Glos. del Escorial.

Tiene z sonora también en APal. («*lizos* en que se ligan los estambres de las telas», 245d; «quien entrava en casa ajena a buscar fruto entrava ceñido con *lizo* y tenía puesta ante los ojos una escudilla por mostrar empacho de la presencia de las madresfamilias», 233b) y Nebr. («*lizo para ordir e texer*: licium»). En Chile *lizo* significa hoy «palito que reemplaza a la lanzadera en los telares de mantas de lujo», según la Acad.[1]; Cej. VII, § 86.

Deriv. *Liza* arag. 'hilo grueso de cáñamo'. *Enlizar* [«*e. tela*: licia addo telae», Nebr.]; comp. el gall. *enliçarse* 'enmarañarse' (con θ sorda en los pueblos del Limia que distinguen, conforme a la fonética gallegoportuguesa; Schneider, *VKR* XI, 265).

[1] Comp., en la Arg.: «El *liso* es un sencillo

mecanismo destinado a facilitar el cruce de los hilos después del paso de cada hebra transversal», Chaca, *Hist. de Tupangato*, 301; «el telar además lleva en su parte baja de dos a cuatro pedales o *sarunas*, que sirven para que la tejedora accione los *lisos* para el cruce de los hilos», Orestes di Lullo, *La Prensa de B. A.*, 15-XII-1940.

LOAR, del lat. LAUDARE 'alabar'; como el vocablo más castizo fué *alabar*, desde los orígenes del idioma, y en la misma época su sinónimo aparece en la forma latinizante *laudar*, es posible que *loar* sea forma tomada en la Edad Media del francés o del catalán. *1.ª doc.: laudar, Cid; loar*, h. 1250, *Setenario*, fº 4 vº *a; 1.ª Crón. Gral.*, 186a16, 846b51; Juan Manuel; Juan Ruiz.

Loar se halla en alguna de las poesías de Berceo (p. ej. *Loores* 144, 147), pero se trata de obras de las que no poseemos edición fidedigna; donde la tenemos, aparece siempre *laudar* (*Mil.*, 22, 27b, 496, 497, 546, 790a, 829; *Sacrif.*, 182; *S. Dom.*, 303, 308, 643). La misma forma hallamos en *Fn. Gonz.* 680c. Por otra parte, de *loar* y sus derivados sólo hay algunos ejs. en la 2.ª mitad del S. XIII (*loa*, en el *Apol.*, 77, de lenguaje aragonés y catalanizante), aunque luego se generaliza: *loamiento*, *Yúçuf*, 1; *loar*, en *Calila* (ed. Allen, 150.220, 73.424)[1], en Juan Manuel, Juan Ruiz, APal., Nebr., etc. Nunca fué palabra muy corriente, aunque pertenecía al lenguaje noble, y aun podía salir en algún proverbio de estilo elevado; J. de Valdés cita uno y al mismo tiempo observa que no es palabra del todo desusada: «*loar* por *alabar*, es vocablo tolerable, y assí dezimos: Cierra tu puerta y *loa* tus vezinos» (*Diál. de la L.*, 112.15); Cej. VII, § 17. Después del Siglo de Oro ha seguido viviendo en el lenguaje escrito, pero acentuando aún su rareza. Como no es muy probable que el latinismo *laudar* se hubiera introducido en un vocabulario tan estrictamente romance como el del *Cid* si *loar* fuese corriente, cabe sospechar que el castellano tomó esta forma del francés ant. *loer* (hoy *louer*) o del cat. ant. *loar* (hoy *lloar*). Puede ser uno de tantos vocablos de gente de Iglesia introducidos por el movimiento cluniacense.

Más vivaz se ha demostrado el cat. *lloar*, aunque literario en el día, y quizá algo más aun el port. y gall. *louvar* («gabemos e *louvemos* a pintura tradicional» Castelao 36.25).

DERIV. *Loa* [*Apol.*, 77d]; gall. *louva* (no port. mod.): «en *louva* da vida luxada de Maria de Médicis» Castelao 62.13). *Loable* [APal. 86b, 341b; Nebr.], algo más usado que *loar*. *Loadero*. *Loador*. *Loamiento* ant. [*Yúçuf*, 1]. *Loanza* ant. [APal. 128d, 199d], comp. cat. *lloança*, gall. *louvanza* (no port.): «un esprito superior a toda *louvanza*» (Castelao 189.30). *Loor* [*loor*, *S. Or.*, 18d (f.), *Sacrif.*, 34b (m.), *S. Dom.*, 349d, pero ahí *V* trae *lodor*], comp. oc. *lauzor*, cat. *llaor*, port. y gall.

louvor («en *louvor* de nosa tradición», Castelao 301.25). *Desloar* [Nebr.]. *Conloar* ant. [*Aut.*; *conloyar*, *Cid*, 3558]. *Trasloar*.

Voces tomadas del latín por vía culta: *Laudable*. *Laudar*, conservado hasta hoy en el sentido de 'dictar sentencia el árbitro'; *laudo*. *Laudatorio*; *laudatoria*; *laudativo*. *Laude* 'alabanza' [Berceo], tomado del lat. *laus*, *-dis* íd.; para la ac. 'piedra sepulcral', que también parece procedente de *laus*, V. s. v. *LÁPIDA*. Gall. *alaudo* 'alabanza' (Castelao 233.2f., 219.23: «deitaba *alaudos* á sua bonitura»), ajeno al portugués y a cuya conservación (o formación?) habrán contribuído los cast. *alabanza* y *halago*. *Laudemio* [*Aut.*, con ej. de Machado de Chaves], tomado del b. lat. galicano y catalán *laudemium*, para cuya formación. V. s. v. *LISONJA*. Gall. *laudar* en el sentido de 'pagar laudemio o renta a un señor' fué empleado como verbo rústico por Sarm., *CaG*. 107v y copla n.º 953: «Pedro por sus tierras *lauda* al Conde de Maceda». *Colaudar*.

CPT. Port. *louvaminha* 'lisonja', 'alabanza excesiva y afectada' (documentado por Moraes en varios escritores del S. XVI y por Cortesão en *Don Duarte*, h. 1430), *louvaminhar* (datos en el *Elucidário* de Viterbo), *louvaminheiro* 'el amigo de louvaminhar' (h. 1430, Don Duarte); pertenecieron ya a la terminología poética medieval de los *cantares de louvaminha* que el trovador Martin Moxa (quizá gallego o leonés, aunque se le creyó aragonés, y que escribía entre 1270 y 1330) llama *louvamîares* (en rima con *logares*, etc.) (R. Lapa, *CEsc.* 418.29); y *loomiñar* se encuentra ya en la *Gral. Est. gall.* del S. XIV: «Yo... vioa Jupiter e pagouse dela et falou lle, et começou de a *lóómjnar* em suas palavras» (250.9). Evidente préstamo del occitano, de la frase lemosina *lauza amia* 'alaba a la amiga, a la amada'; para la evolución fonética, cf. el posesivo *mia* > *mīa* > *minha*. Se ha conservado también en gall. actual *aloumiñar* 'acariciar, arrullar; agasajar; halagar, adular' (Vall.; *DAcG*. con ej. de Fz. Magariños)[2]; con variantes *loumiñar* y *loumiñeiro* 'acariciador, cariñoso' (Vall.), *aloumiño* 'persuasión' (Vall.), *alumiñar* 'inspirar, persuadir' (Lugrís, citas de Pintos y del P. Sobreira en *DAcG*.), forma contaminada por *alumear* o *alumiar* 'iluminar', 'aconsejar'.

[1] Aunque esta obra es de 1251, sus manuscritos son muy posteriores y contienen bastante modernización.— [2] También en Castelao *alumiñar un fillo* y *verbas aloumiñantes* 'palabras halagüeñas', 168.18, 183.3.

Loba 'hembra del lobo', V. *lobo*   *Loba* 'especie de sotana', V. *hopa*   *Loba* 'lomo entre surcos', *lobada*, *lóbado*, V. *lobo*   *Lobado* 'lobulado', V. *lobo* II

LOBAGANTE, 'crustáceo marino del tamaño de la langosta y de la forma del cangrejo de río:

Homarus vulgaris', probablemente de un lat. vg. *LUCOPANTE, variante de *lucuparta* que designa el lobagante en un autor latino del S. V; se tratará de una leve deformación del gr. λυχοπάνθηρ 'onza, especie de pantera', nombre que se daría al crustáceo por el aspecto agresivo que le dan las enormes pinzas de que está armado. *1.ª doc.*: 1582-5, Fr. L. de Granada; port. *lobaganto*, ya h. 1270.

Son las fechas en que escribía sus cantigas Gonçal Eanes do Vinhal, mayoral portugués que residía en Castilla: «vossa madre con algun caçon / vos fez, sen falha, ou con lobaganto» rimando con *canto* (R. Lapa, *CEsc.* 170.19). En Fr. Luis de Granada se lee «las conchas... que tienen los peces armados, como son la langosta y el *lobagante*» (*Aut.*, s. v. *concha*); y, en otro pasaje: «son de extrema admiración las armas defensivas que [Dios] dió a la langosta de la mar, y al *lobagante*, porque estos nombres tienen en Portugal» (*Aut.*, s. v.). *Aut.* define «cierta especie de langosta marina de color azulado y variado de pintas negras, *locusta marina discolor*». El vocablo no es solamente portugués, como podría creerse por Fr. L. de Granada: Terr. dice «*bogavante* llaman en Andalucía a una especie de langosta marina bastante grande; en Galicia le llaman *lubigante*» (así Sarm., *CaG.* 232r); y Medina Conde, *Conversaciones Malagueñas* (1789): «*bogavante*, *logabante* o langosta de mar: encarnado con patas y uñas, y dos más grandes como tenazas, con que lleva la comida: es testáceo, con conchas muy fuertes y encarnadas, y de buena carne»; and. *vagavante* (Sarm. *CaG.* 232r, donde rectifica el andaluz *logabante* que había dado antes).

Julio Casares en un sabio artículo sobre este nombre (*Homen. a M. P.* II, 49-55) anota las siguientes variantes recogidas personalmente: *lub(r)igante* (La Coruña), *ollocántaro* (Santander), *ollocanto* (Avilés) (además se le llama *escribano* en Madrid y *grimaldo* en Baleares); en Asturias se dice *llocántalo* (Rato), *llobicante* (Vigón)[1]. Vasco *abakando* en Lequeitio y *abakondo* en Bermeo y Zumaya (con deglutinación del supuesto artículo románico). Según C. Michaëlis (*RL* III, 178) *labagante* (*lav-*) o *labugante* (Lisboa), *navegante* (Oporto), *lombrigante* (Galicia); *lobagante* se documenta en portugués en los SS. XV y XVI (*Foral de Lisboa*, *Canc. de Resende*), *lubaganto* rimando con *quanto* en el S. XIV (*Canc.* de la Vaticana). Bluteau dice que el lobagante es «hūa especie de lagosta, excepto que he mais delgado, e tem as bocas mais compridas e a cor alionada», y agrega que Plinio le llama *leo marinus*. En catalán: *llomàntol* (Valencia), *llamàntol* (Principado)[2]; en Sant Pol de Mar he oído *llamanto*, y el blanense Ruyra escribe *llobregant*[3]. En italiano se dice *lupicante*, forma ya documentada en el S. XVI (Tommaseo), y en la Toscana *lupacante*. Son también formas antiguas las occitanas siguientes, que saco del trabajo de Schuchardt (*ZRPh.* XXXI, 27): *ligouban* (Niza), *lingoubau* (Marsella), *li(n)goumbau* (en otras partes). Y el campid. *lungubandi*; en Cáller se dice *longupanti* (M. L. Wagner, *ARom.* XIX, 26). Lo mismo que las hispánicas *bogavante* o *navegante*, otras formas han sufrido fuertes alteraciones por cruce o etimología popular: campid. *lungfanti* (cruce con el tipo napolitano *elefante de mare*); genov. *lungobardu*, de donde oc. *lo(u)rmand* y después *nourmand*, etc.; pero la única forma occitana que podemos documentar en la Edad Media, *lingombant* (a. 1439: Pansier), nos acerca considerablemente al cast.-port. *logabante*, *lobagante*. *Ligombeaulx* (pl.) aparece también en Rabelais (IV, cap. 60; Plattard, nota 34 de su ed., lo da como nombre empleado en Marsella).

Esta forma hispánica, en sus dos variantes, es una de las que considero básicas, pues está documentada desde el S. XIV y aparece confirmada por el it. *lupacante*, *lupicante*, también antiguo.

Ahora bien, sería difícil desconocer la relación que ha de existir entre esta denominación romance y la latina LUCUPARTA que nos ha trasmitido el galorromano Polemio Silvio en su lista de animales acuáticos («natantia») escrita en 449 d. C.; esta lista no contiene ninguna explicación ni identificación de los nombres, ni tenemos otro medio de suplir estas explicaciones que el que nos proporciona el agrupamiento de los mismos dentro de la lista, que es bastante numerosa; ahora bien, *lucuparta* va inmediatamente detrás de *locusta* 'langosta' y de *astachus*, nombre de una variedad de lobagante (*Astacus marinus*); por esta y otras razones[4] podemos asegurar que el significado que doy a *lucuparta* está sugerido objetivamente por el texto de Polemio Silvio, y no es una identificación adivinatoria basada exclusivamente en un vago parecido de nombres, como la que propone Schuchardt[5].

Por extraño que parezca, no se le ocurrió a Schuchardt relacionar con *lobagante* y su familia de nombres romances. Y sin embargo, creo merece aprobación la etimología que sugiere para *lucuparta*: gr. λυχοπάνθηρ 'onza, especie de pantera' (vid. Liddell-Scott), compuesto de λύχος 'lobo' y πάνθηρ 'pantera'. Sabemos que Plinio llamaba al lobagante *leo marinus* o *leo* (*Hist. Nat.* IX, 51), y hoy todavía se le llama *leone* en italiano; nada más natural, pues, que la denominación λυχοπάνθηρ 'onza', sugerida como aquélla por el aire armado que observó ya Fr. Luis en nuestro crustáceo; y en nuestro caso hay menor exageración, y comparación más exacta, a causa de las pintas negras que salpican su color azulado (*Aut.*), como las manchas de la pantera, la onza y el leopardo; al influjo del nombre de este último se deberá la alteración gall. o ast. *leocántaro* que cita Schuchardt. Está claro que λυχοπάνθηρ sufrió en seguida varias alteraciones encaminadas a darle un aspecto latino: *lucopante* o *lucopanta* (que es la forma real que sospecho bajo el texto de Polemio, por desgracia no carente de erratas, según mostró A. Thomas), de donde el malagueño *logabante*, y por metátesis *lobagante*, it. *lupacante* o *lupicante*, quedando así relacionado con el lat. *lupus*, en lugar de su sinónimo gr. λύχος, poco conocido de los pescadores latinos; por otra parte, en algunas partes se conservó la terminación griega en -*r*, de donde el ast. *llocántaro* (< **lopcá-*), el cat. *llomàntol* (< **lobá-* < **logba-*), etc. Las demás formas son fáciles de explicar.

Creo que podemos ahora enterrar las etimologías anteriores, que me limito a mencionar brevemente: *mero* derivado de LUPUS 'lobo', según Sainéan (*BhZRPh.* X, 60), *lupicante* (comparable al it. *capricante*), porque «salta como un lobo cuando se le quiere coger» (pero ¡lo mismo hacen todos los peces del mundo!); derivado de *LÓBREGO*, según C. Michaëlis (l. c.), y éste de RUBRICUS 'rojizo', y después 'crepuscular', aplicado al lobagante por sus «colores inciertos y cambiantes»; cruce de LOCUSTA 'langosta' con *TARÁNTULA*, según Schuchardt (*l. c.*), lo cual, entre otros muchos, tiene el inconveniente de considerar secundarias las formas *lobagante* y *lupicante* documentadas en lo antiguo, y dejar inexplicadas muchas otras formas, según nota M-L. (*REW*, 5098); un hipotético **LUPICANTHĂRUS*, según Casares (*l. c.*), compuesto de LUPUS 'lobo' con el helenismo CANTHARUS 'especie de escarabajo', vocablo débilmente documentado en latín y peor en romance. De esta última etimología y de la de Michaëlis lo menos que podemos decir es que ante la forma de Polemio Silvio se hacen inverosímiles.

[1] Sarm. cree recordar ast. *lleocantaro* (*CaG.* 84r), pero la *e* puede ser debida a confusión con la etim. *leo, leonis*, que anduvo buscando. Sarm., por lo demás, sólo se refiere a una palabra asturiana y no gallega y fué F. J. Rodríguez, interpretando mal a Sarm., el responsable de que se haya tomado esta palabra como gallega (vid. J. L. Pensado, *Contr. crít. lexicogr. gall.*).— [2] *Llomàntol* será asimilación de **llobàntol*; después *llamàntol* por diferenciación de labiales (comp. *clatell* < *clotell*; *si mel convé* < *si molt convé*).— [3] «Ets una Xucladora... el teu barret és teixit d'una herba que no ha vist mai el sol. Les dues agulles que te l'aguanten al cap són dues banyes de *llobregant*», *Pinya de Rosa* I, 119. Además *llongant* en la empordanesa Víctor Català y *llangans* pl. oído por mí en Cadaqués, supongo con singular *llangà*, pues hay la *Roca Llanganera* peña submarina en el Cabo de Creus, donde cogen muchos. Además vid. el *DAlcM.* s. v. *llamàntol*, que cita otras variantes y un *lopmàntol* en doc. valenciano del S. XIV.— [4] Lo cito de la ed. de Mommsen en las *Abhdlgn. der Leipziger Akad.* II, 268, línea 24. Los nombres que siguen son *hirundo, lutarius,*

platensis ('platija'), *solea* ('lenguado'), *naupreda* ('lamprea'), etc. Es decir, pasa ya a los peces propiamente dichos; pero no sin lógica transición, pues (dejando aparte el *lutarius*, que ha de ser un pez de lodos que no puedo identificar) la *hirundo* es, según los diccionarios, lo mismo que el fr. *aronde*, cast. *golondrina de mar*, es decir, la *trigla volitans* de Linneo (Carus, *Prodromus* II, 647): este pez tiene la parte superior y los lados óseos, y «squamae fortiter carinatae», por lo tanto, puede también calificarse de pez acorazado, ya que no armado; y otra variedad de *Trigla*, la *T. cataphracta*, está «laminis osseis tectum» (Carus) y es el que en castellano se llama *El Armado* y en catalán *Malarmat*. Nótese, además, que otra especie del mismo género, la *Trigla milvus*, se llama *llombrigau* en el Rosellón, *lloumbrigna* (es decir *llombrinyà*, o *llombrigà*, si aquella grafía es errata por *lloumbrigua*) en Portvendres (según Barbier, *RLR* LXVII, 344, que propone etimología poco convincente), nombres que sería bien difícil separar del cat. *llobregant*, gall. *lombrigante*: todo hace creer que pasaron desde el lobagante a este pez, por comparación. Luego la identificación de *lucuparta* con el lobagante se confirma desde todos los puntos de vista.— [5] En *ZRPh.* XXX, 723, supone que *lucuparta* sea el *Scyllium canicula* o el *Scyllium stellare*, peces selacios de más de un metro de largo, que en nada pueden relacionarse con un crustáceo; en Bari se les da el nombre de *liabardo*, en Girgenti *labardu* y en otros puntos de Sicilia *gattupardu*. Parece tratarse de LEOPARDUS.

Lobanillo, lobarro, lobato, lobatón, lobeco, V. *lobo*

LOBELIÁCEO, del nombre de Matías de Lobel, que vivió en el S. XVI. *1.ª doc.:* Acad. 1914.

Loberco, lobisón, V. *lobo*

LOBO, del lat. LŬPUS íd. *1.ª doc.:* orígenes del idioma (doc. de 1057, Oelschl., etc.).

General en todas las épocas; Cej. VII, § 96; común a todos los romances. Algunas aplicaciones especiales: Nebrija registra «*lobo marino, pescado:* vitulus marinus, phoca; *lobo cerval*[1]: lupus cervarius»; en Colunga *llobu* «pieza de madera que va en la parte inferior del suelo del carro y sirve para sujetar las *pértigues*» (Vigón, con fraseología).

DERIV. *Loba* [doc. de 1157, Oelschl.], del lat. LŬPA íd.; la ac. 'lomo no removido por el arado, entre surco y surco' [«*loba entre sulco e sulco:* scannum»[2], Nebr.; Cej. VII, § 92], no hay duda de que es aplicación figurada de *loba* 'hembra del lobo', pero presenta un problema semántico; en Murcia se dice *lobada*, mientras que en catalán *llobada* es 'el espacio de tierra cerrado por la curva que ha de hacer el surco al encontrarse la reja con un tocón de árbol u otro obstáculo que le impide seguir en línea recta[33], comp. *llop* 'nudo que se hace en los tejidos al enredarse cuando los pasan por la máquina de lavar' (*BDC* IV, 117), quizá porque el *llop* o la *llobada* «se comen» mucha ropa o mucha tierra arable[4]. *Lóbado* [«*lobado en los puercos*: angina, sinanche; *l. en los otros animales*: struma», Nebr.][5] es derivado de *lobo*, con el sufijo átono estudiado por M. P. (*Festgabe Mussafia*, 396), por comparación de los estragos de este mal, al propagarse alrededor, con el destrozo causado por un animal voraz; junto a *lóbado* existiría *lóbano, de donde *lobanillo* [«*l. en el cuerpo*: tuberculum; *l. en la cabeza*: gangilium», Nebr.; el vocablo existía ya en la Edad Media, pues la forma alterada *lobinillo* aparece en las *Leyes de Moros* del S. XIV, y el castellanismo *lumbenilho* se empleó en un texto portugués de fines del S. XIV; Cej. VII, § 92][6], que aunque se aplica a un tumor indolente, tiene también la propiedad de propagarse alrededor y antes se creía que podía degenerar en cáncer[7]; del mismo origen es el lat. vg. *LŬPĚA, de donde el cat. *llúpia* 'lobanillo' [con referencia a enfermedad del caballo en la *Manescalia* p. p. Batllori, S. XIV o XV, *AORBB* V, 204][8] (> cast. *lupia* [S. XIII, *Libro de los Cavallos*, 104.18; 1551, Chacón, *Trat. de la Jineta*, cap. 14; 1582, Fragoso; Cej. VII, § 92], como término de cirugía en *Aut.*, raro y poco popular en castellano; port. *lupa*, *lúpia*[9], sardo *lúpia*, *lúbia*, *lóbia*) oc. *loûpio* «tumeur enkistée» (en glosarios de los Altos Alpes, Gard, Tarn, Bajos Pirineos) (> fr. *loupe* [S. XVI], aunque no está resuelto el problema de si es la misma palabra *loupe* 'lente de aumento', que en el sentido de 'piedra preciosa poco transparente' ya se documenta en 1358)[10], it. *lupia* (¿acentuación?)[11]; otras denominaciones de la misma familia: oc. *loubet* o *mau loubet*, port. *loba*, *lobão*, *lobinho*, corso *lupa*, lat. médico moderno *lupus;* han tratado de estos vocablos, además de M. P., *l. c.*, y una nota breve de Spitzer (*ZRPh.* XLIV, 580-1n.)[12], G. Sachs, *RFE* XXI, 51-53[13], y M. L. Wagner, *Litbl.* XXXVII, 384, y *Festschrift Jud*, 549-52.

Lobarro 'lobina' murc., comp. cat. *llobarro*. *Lobatón*. *Lobera* (ast. *llobera* 'sitio donde se guarecen los lobos', 'ladronera', V.); *lobero*. *Lobezno* [Nebr.], del lat. tardío *LŬPĬCĬNUS*, sólo documentado como nombre propio de persona (*REW* 5169)[14]; en algunas partes se ha empleado *lobato* [Acad. S. XIX], particularmente en Asturias (Vigón: *llobatu*), mientras que en el Oeste de esta región se dice *tsubercu* o *llobeco* (Vigón). *Lobina* 'róbalo' [Acad. ya 1869][15], comp. arriba *lobarro*, y el artículo *RÓBALO;* Rabelais emplea *lubine* (IV, cap. 60), y según Plattard (n. 36 de su ed.) así se llama en Nantes el pescado designado comúnmente por *bar* en francés. *Loboso*. *Lobuno* [J.

Ruiz]; *alobunado*.

Cultismos. *Lupus* (V. arriba, sobre *lóbado*). *Lupanar* [*Aut.*], de *lŭpānar*, *-āris*, íd., derivado de *lupa*, que además de 'loba' significaba 'cortesana'; *lupanario*. *Lupino*. Proceden del gr. λύχος, hermano y sinónimo de *lupus*, además de los compuestos abajo citados: *liceo* [Aldana, † 1578 (C. C. Smith, *BHisp.* LXI); Lope], del lat. *Lycēum* y éste del gr. Λύχειον, escuela donde enseñaba Aristóteles, nombre que designaba propiamente el contiguo templo de Apolo, del sobrenombre de este dios, matador de lobos; *liceísta*.

Cpt. *Lobisón* 'licántropo', arg., urug., tomado del port. *lobishomem* íd. (dialectalmente *lambuzão*, *-ões*), alteración del lat. *lupus homo*[16]; para el gall. *lobishome*, vid. Risco, *RDTP* I, 514-33. *Llopicón* ast. 'planta de hojas caulinarias, grandes y vellosas, cuyo zumo se recomienda para la curación de heridas: crece en terrenos incultos y su tallo produce flores amarillas' (V): semicultismo, ¿de LUPI CONUS 'piña de lobo'? *Lubricán* 'crepúsculo' [1580, F. de Herrera; Cej. VII, § 92], *entrelubricán* 'entre dos luces' [1549, Núñez de Toledo], de *entre lob(o) y can*, porque a esta hora no se puede distinguir entre los dos animales (Cuervo, *Rom.* XII, 110-2); la *r* se debe al influjo de *lóbrego*. Gall. (en muchas partes) *lubicán* «lobezno, mezcla de loba y perro, muy dañoso» (Sarm. *CaG.* 231r).

Licántropo, compuesto de λύχος 'lobo' y ἄνθρωπος 'hombre'; *licantropía*. *Licopodio*, compuesto culto con πούς, ποδός, propiamente 'pie de lobo'.

[1] Para la explicación del adjetivo, Sainéan, *BhZRPh.* X, 61. — [2] *Scamnum* en latín es 'espacio de tierra que sobresale entre dos hoyos'. — [3] María A. Salvà, glosario a su traducción de *Mireio; BDLC* IV, 245; 'cometer una falta, tener un descuido, al labrar' o 'dejar de ir una vez a una reunión o tertulia habitual' es *fer una llobada* (Ag.). Se documenta ya en el S. XV: «los qui logats, / humiliats, / obrar volran, / e suaran / en les cavades / no fent *lobades*, / del divinal / diner real / seran pagats», J. Roig, *Spill*, 14518. — [4] O quizá por comparación del camino ondulante con la marcha del lobo que merodea de noche alrededor del ganado (comp. fr. *marcher à pas de loup* 'silenciosamente'). Quizá debiera revisarse la etimología que todos dan del fr. *louvoyer* 'andar en zig-zag', 'hacer bordadas', como derivado del escandinavo *lof* 'lado del buque en que se da el viento', pues *ir de bolina* (fr. *aller au lof*) no es lo mismo que hacer bordadas, operación en que se presenta al viento tanto el *lof* como el lado opuesto; además los derivados de *lof*, como *lofer* 'ir de bolina' suelen conservar la *f* como sorda. Tratan de *loba* y *lobada*, en forma poco satisfactoria, Riegler (*ARom.* XVII, 434) y Sainéan (*BhZRPh.* X, 62). — [5] Aunque Covarr., Oudin, *Aut.* y la Acad. lo apliquen tam-

bién nada más que a los animales, los autores de comedias pastoriles de principios del S. XVI lo refieren a personas: «*llóbado* malo me acuda si la verdad yo no os digo», J. del Encina, ed. Acad., p. 304; «*llóbado* renal te mate», Lucas Fernández, íd., p. 34; «Adán... / *lobado* y mala ranilla / hízolo andar de puntilla, / por igualarse con Dios», Sánchez de Badajoz, *Recopil.* II, 293; Cej. VII, § 92. Más documentación en la ed. de Torres Naharro por Gillet (V. el índice). En cuanto a la acentuación, creo que no ha existido otra que *lóbado*, a pesar de que *Aut.* acentúe *lobádo*, y el diccionario académico por respeto a su ilustre antecesor haya borrado el acento desde 1899, después de haber acentuado *lóbado* desde 1843 a 1884; que los demás diccionarios clásicos no pongan acento no prueba nada, claro está, pero Percivale imprime en 1591 «*lóbado*: bunches in the flesh, a disease in a horse, called the fashions». El caso es, como observa M. P., que así acentúan los tratados de veterinaria, y en Salamanca, donde el vocablo es muy vivo, y se emplea en diversas variantes, siempre es esdrújulo: (*re*)*lóbado*, *malóbado*, *lóbrago*, *malóbrago*; el empleo frecuente en imprecaciones, causa la aglutinación de *mal* o del prefijo *re-*. *Alóbado* en Salcedo, a. 1594 (*DHist.*). De ahí el derivado *lobadado* 'atacado de lóbado' (Nebr.) o *alobadado* (Covarr.).— ⁶ En Canarias *nobanillo*, Steffen, *Rev. de Hist. de La Laguna*, n.º 85, p. 93.— ⁷ *Aut.*, s. v. *lobanillo*: «se van aumentando con el tiempo infinitamente; son de dificultosa curación»; s. v. *lupia*: «tumor duro y glanduloso, causado de humores gruessos, los cuales suelen malignamente acedarse, y hacen degenerar el tumor en cancro: y si no se resiste va corrompiendo y paciendo las partes cercanas». Fragoso, ahí citado, dice que son «dificultosas de curar».— ⁸ El tratamiento de -PI- y la metafonía de ŭ ante ị son regulares, de suerte que quizá no tenga nada de culto. Hay variantes mall. *llopia* (*BDLC* IX, 291), menorquín *llupía* (*BDLC* VIII, 237), Alto Pallars *llúbia*.— ⁹ Bluteau cita de la *Alveitaria* de Galvão (1678): «de terem nas estribarias as mãos assentadas em pedras, em que escorregão muitas vezes, nasce abrirem e engendrarem *lupas*»; de la *Cirurgia* de Ferreira: «também são de espécie de *lupia* huns tumores que nascem em as munhecas das mãos e tornozelos dos pés».— ¹⁰ De ahí el cast. *lupa* usual, aunque rechazado por la Acad. Muy extendida la variante popular *upa*, con deglutinación.— ¹¹ Según la descripción detenida de Tommaseo, que no da autoridades, significa 'lobadillo' y también 'tumor que nace a las caballerías, especialmente en la punta del codo'; en esta ac. se indica el sinónimo latinizante *natta*, citado también en un texto portugués del S. XIV (*nacta*). La forma italiana ha de ser extranjerismo o bien cultismo. Tommaseo indica un b. lat. *lupia*, que Du Cange sólo recoge, en el

sentido de 'lobanillo', en la narración de los milagros del catalán San Ramón de Penyafort († 1270), pero que acaso perteneció también al vocabulario de la escuela médica de Salerno. Petrocchi recoge además, como término desusado, it. *lupa*, galicismo.— ¹² No hay que pensar en el gr. λοβός 'lóbulo', de significado muy distinto, no heredado por el latín ni el romance.— ¹³ Hay que descartar el étimo LŬPĪNUS 'altramuz', legumbre que a diferencia de la *landre* y el *orzuelo*, ahí citados, no presenta analogía de forma, y no explicaría los demás vocablos de esta familia. En cuanto a *cavaillo lobado*, en doc. castellano de 1364, este empleo adjetivo, si realmente quiere decir 'atacado de lóbado', no está a la base del sustantivo *lóbado*, sino que es derivado independiente, aunque procedente del mismo radical.— ¹⁴ De ahí supone M-L. que venga también el port. ant. *luberno* (a. 1253), alent. *liberne* 'lobo cerval', 'gato montés', gall. *loberno* 'lobo cerval' (en la zona al NE. del Ferrol: Xubia y Teixido, Sarm. *CaG.* 221r, 231r, 232r, 90v), y del port. se tomarían fr. ant. *luberne* 'piel de lobo cerval' (frecuente desde el S. XIII) y oc. ant. *loberna* (hapax de princ. S. XV). El vocablo portugués tendría que ser castellanismo (comp. *rodízio* = *rodezno*). Quizá tenga razón J. de Silveira al oponerse a esta etimología del nombre del lobo cerval, y suponer que contiene un sufijo -ERNUS; Walde-H. supone un célt. LUPERNO- (I, 836), del mismo origen que el lat. LUPUS, pero reconoce que esta raíz no está documentada en céltico. En realidad se ha visto después que sí existe esto en céltico: ky. *llywarn*, bret. *louarn*, córn. ant. *louuern* 'zorra', y ya documentado en la antigüedad por el nombre de persona galo Λουερνιος, briton. antiguo *Lovernios*. Pok., *IEW* 1179.2-5 y 690.33-42, se decidió en fin a postular un ieur. *LOUPERNOS con sufijo céltico y perteneciente a la misma raíz que el scr. *lopāçáḥ* 'chacal' y 'zorra', en persa med. *ropas* (< *LOU-POK-), ave. *raopi* íd. (< LOUPI-): se trataría de la raíz del scr. *lumpáti* 'saquea, perjudica', *lopáyati* 'hiere, lastima', lit. *laupýti*, letón *lupt* y *laupít* 'robar, despojar, desollar'. Es lícito, pues, volver a la idea de Silveira de que se trate de un celtismo gallego-portugués, pues LUPICĪNUS *lobezno* tiene otro sentido y habría dado indefectiblemente *lobízio* en esta lengua; pero el resultado fonético del tipo *LOUPERNOS no podía ser otra cosa que *LUERNO- o *LOUERNO- en céltico; hay dos soluciones: que el gall.-port. venga de un sorotáptico LOUPERNO- (hermano de dicha voz céltica) —cf. la existencia de la raíz en báltico— o más bien que el célt. LOUERNO- pasara a *loberno* con -b- (y no -v-) en portugués, por contaminación de *lobo*: idea esta última tan convincente que casi se impone. A muchos ha parecido extraño que una endeble bestezuela como el lobo cerval llevara nombre de lobo (así solía decírmelo Joan Sales, que los ha cazado en las montañas de Prades). Acaso el propio *lobo cerval*, cat. *llop cerver*, sería también un retoño indirecto de ese indoeuropeo *LOU(P)ERNO-. De todos modos el fr. ant. *luberne* ha de ser préstamo, y quizá lo sea también en lengua de Oc o en portugués, pues no es de creer que una formación con sufijo tan singular, y ajeno al latín vulgar, se produjera independientemente en los dos países. En lo que Silveira no tiene razón, desde luego, es en negar que el cast. *lobezno* represente LUPICINUS, so pretexto de que éste tenía la segunda I larga según los diccionarios. Como se trata de un nombre documentado en los SS. IV y V, nadie puede saber la cantidad por métodos filológicos, y los demás casos de este sufijo (URSICINUS, ROTICINUS), nos enseñan que tenía I breve. La forma medio romanizada *Lupéchenus* aparece en un códice longobardo de 891 (M-L., *Roman. Namenstudien* I, 66). Quizá a pesar de todo tenga razón M-L., y el vocablo se extendiera a todas partes desde Castilla por alguna circunstancia comercial que no podemos precisar; aunque es verdad que en castellano no conozco la ac. 'lobo cerval', que por lo demás podía desarrollarse fácilmente.— ¹⁵ Vid. Schuchardt, *ZRPh.* XXXI, 643. En Asturias *llobina* (Vigón) y de esta región vendrá también el *llubina* registrado por la Acad.; en la Arg. he oído *lubina;* de ahí quizá el bilb. *loina,* cierto pescado de agua dulce, que Arriaga vacila en derivar de ahí o del vasco *loi* 'fango'. Para la extensión del vocablo, comp. svcr. *lùbīn,* etc., en Skok, *ZRPh.* LIV, 202. Ya Azkue (1905) emplea *loina* como traducción del vasco *aburmo ∿ aburno,* pez de ría, fr. *chevesne,* blanco y muy espinoso. No está en Acad. 1899, pero sí en el Dicc. Manual Acad. de 1950 como pez muy pequeño, de río, voz alavesa y navarra; Azkue lo da también como vasco vizc. y guip. trad. «madrilla, boga, pez de ríos; ablette, petit poisson de rivière à peau argentée» y vco. *loira* a. nav. y guip.; luego no tiene nada que ver con la lobina ni con el calamar, lat. LOLLĪGO, -ĬNIS, y puede descartarse toda aproximación etimológica con esas dos palabras, pues es mucho más probable derivarla del vco. común *loi* 'lodo'. S. v. *alborna* Azkue lo traduce con duda por 'brème'.— ¹⁶ Para la voz portuguesa, vid. H. R. Lang, *ZRPh.* XIII, 217-221; para la rioplatense, M. R. Lida, *El Cuento Popular Hispanoamericano,* p. 24; F. Silva Valdés, *El lobisón, La Prensa de B. A.,* 21-VIII-1942; para la explicación del préstamo, *RFH* VI, 143n., 236.

LOBO II, 'lóbulo', tomado del gr. λοβός 'perilla de la oreja', 'lóbulo del hígado'. *1.ª doc.:* Terr.; Acad. 1884.

Tecnicismo raro.

DERIV. Menos lo es *lóbulo* [íd., íd.]; *lobulado;* *lobulillo* 'lóbulo pulmonar pequeño'; *lobular* adj.; *lobulillar* adj.: los tres, tecnicismos médicos, ausentes en Acad.

CPT. *Trilobular.*

Loboso, V. *lobo* I

LÓBREGO, adjetivo común al castellano y al portugués, de origen incierto, probablemente del lat. LŬBRĬCUS 'resbaloso', que ya en la Antigüedad significaba también 'engañoso', 'peligroso' y 'pecaminoso', y de ahí parece haber pasado a 'tenebroso' y a 'triste'. *1.ª doc.: Alex.,* 1102a, 1110c.

Al narrar la aparición nocturna de una figura resplandeciente que le anuncia sus grandes conquistas, el protagonista de esta obra explica que antes y después de la aparición «era la casa *lóbrega* e la noche escura». Juan Manuel en su *Libro de la Caza* escribe, hablando de los gerifaltes, «en la casa do mudaren, deben guisar que, quando quisieren, que sea muy *lóbrega*» y «débenle poner en una casa *lóbrega* et fría». Ahí tenemos, pues, el vocablo empleado sin ninguna connotación afectiva, como sinónimo meramente descriptivo de *oscuro,* aunque sin duda indicando mayor intensidad en la falta de luz. Pero lo común es que alguna noción concomitante se agregue, que indique tristeza o un sobrecogimiento pavoroso claramente expresado, o por lo menos sugerido perceptiblemente por el conjunto del texto: de la frecuencia o casi constancia de este caso podemos deducir que la idea iba ya envuelta, según va desde luego en nuestro sentido lingüístico actual, en el mismo vocablo *lóbrego* y sus derivados.

Más que a *oscuro* se acerca, pues, a *tenebroso,* con todas sus resonancias morales y religiosas (tinieblas infernales, tinieblas del pecado, tinieblas de la muerte). La misma impresión temerosa que se desprende del citado pasaje del *Alexandre,* reaparece muchas veces; como en Santillana: «di, ¿non temes las escuras / grutas o bocas de averno? / ¿Non terresçes el infierno / e sus *lóbregas* fonduras?»; y así la alusión al infierno es frecuente: «vai de Cocyto ás *lóbregas* moradas» en la *Eneida* de Franco Barreto; «en las cavernas *lóbregas* de Dite» leemos en el *Quijote* II, xxxv, 136. En el más antiguo ej. gallegoportugués se trata de una cárcel: «en prijon p e r i g o o s a / ... / e pois esto prometeu / logo ll'o cepo caeu / en terra, mais non s'ergeu: / atendeu / ant'a noite *lubregosa* / ... / log'abriu a cárcer mui t e n e b r o s a...», *Cantigas de S. Maria* CVI, 6; como en el *Bernardo* de Valbuena («y de un *lóbrego* sótano encubierto, / cárcel de un grave pueblo aprisionado, / ... / cien almas de una vez sacó de pena») y en tantos otros textos que podría agregar sin buscar mucho. La alusión a la muerte o a situaciones semejantes no es menos común («siete años estuvo debajo de tierra con paciencia de cadáver... componiéndose de muerto en la color y fiereza inculta, con la humidad y *lobreguez*»), y ya en uno de los ejemplos más arcaicos, cuando en la *General Estoria* se toca retóricamente el tema de la comunidad de la muerte: «¿non veedes la luna que quando es más cumplida e más luzient, estonces le viene ell eclipsi? ¿Non veedes las estrellas, que las crube la *lobregura*?... ¿las llamas de los fuegos luzientes, que quando les cubre la *lobregura* que ayna se amatan?» (*RFE* IV, 245); Diego del Castillo se queja en el S. XV: «mirando vuestra presencia, / m u e r o yo, triste, sin muerte / ... / nin con vos vivo de día, / nin syn vos en t e n e b r u r a, / ... / nin sin vos jamás podría / fenescer su *lobregura*» (*Canc. de Stúñiga*, p. 83). No sólo es casi constante el uso del vocablo en estas situaciones, sino que repetidamente se nos ha advertido que *lóbrego* tiene tanto del sentido de 'melancólico' o 'triste' como del matiz de oscuridad; y para algunos, más: así Nebr. se limita a definir *lóbrego* como «lugubris, miser», Juan de Valdés afirma que *lóbrego* y *lobregura* son meros equivalentes de *triste* y *tristeza*[1], y de la misma manera hay que entender los pasajes del *Lazarillo*: «entramos en casa; la qual tenía la entrada oscura y *lóbrega* de tal manera, que parecía que ponía t e m o r a los que en ella entravan», «a la casa triste y desdichada, a la casa *lóbrega* y oscura»[2]; y todavía entiende lo mismo Jovellanos cuando dice que Oviedo es «algo *lóbrego*» (Pagés). Tienen, pues, razón la Acad. al incluir una ac. «triste, melancólico», y Percivale y Oudin al dar como equivalentes extranjeros «sad, mourneful» y «lugubre»; Cej. VII, § 92.

Esta reunión de autoridades, además de darnos idea clara del sentido del vocablo en todos sus matices, nos permite asegurar, en conclusión, que *lóbrego* ha sido dicción de uso constante en el idioma desde el S. XIII, en calidad de palabra noble, a veces marcadamente culta, y de fuerte carga afectiva. Un par de ejemplos portugueses que he intercalado, nos han mostrado ya que no es menos antigua y clásica en el idioma vecino; recordaré además, con Fig., que en la *Crônica dos Frades Menores*, publicada por Nunes y escrita según éste a fines del S. XIV, aparece *lobregura* en un contexto que vale la pena notar por cuanto confirma la propensión a emplear el vocablo con matices morales: un fraile normando está aquejado por un escepticismo persistente sobre la Santísima Trinidad, pero gracias a sus ruegos ardientes para que Dios le ilumine, tiene un sueño divino, al terminar el cual «toda a tentaçom e *lobregura* se partirom d'elle» (II, 141). Si en portugués es palabra castiza, no lo es en cambio el cat. *llòbrec*, que no he encontrado nunca en la Edad Media ni antes del S. XIX y es palabra ajena al lenguaje hablado: se trata indudablemente de una adaptación de la voz castellana por parte

de los poetas de la Renaixença, adaptación por lo demás poco usada; si Fabra se mostró indulgente con ella admitiéndola en sus obras lexicográficas, fué sin duda por la supuesta aparición del vocablo en la toponimia[3]. Tampoco hay rastro de este adjetivo en otros romances.

En cuanto al origen, *lóbrego* es vocablo para el cual se han propuesto varias etimologías, casi igualmente plausibles, por lo menos a primera vista; nada menos que cuatro en nuestro caso: LUGUBRIS, RUBRICUS, LUBRICUS y LUCUBRARE. Pero un examen riguroso obliga a mirar la primera y la última como muy poco verosímiles, y conduce a encontrar diferencias apreciables contra la segunda y en favor de la tercera. Propuso LŪGŪBRIS 'triste' Diez (*Wb.*, 464), y todavía G. Paris (*Rom.* IX, 333) parece inclinarse en su favor; pero además del cambio de terminación, presentan insuperable dificultad fonética la U larga y el acento: sabido es que todas las palabras de tal estructura se acentuaron en la penúltima en latín vulgar, y aun el cultismo italiano *lugùbre* sigue la regla[4]. La idea parece estar arrinconada en la actualidad, y con razón.

Más favor ha encontrado la etimología de Schuchardt (*ZRPh.* XIII, 531), también sugerida por Cornu (*GGr.* I, § 27), a saber, el lat. LŪCŪBRARE 'trabajar de noche, a la luz del candil'; le siguieron M-L. (*REW*, 5150) y G. de Diego (*RFE* IX, 141), seguramente influídos, según suele ocurrir a M-L., por el prestigio de Schuchardt. Pues se trata de la idea más forzada de todas[5]: *lóbrego* sería derivado regresivo del verbo portugués *lobrigar, lubri-, lobregar*, 'columbrar, ver indistintamente', documentado desde el 2.º cuarto del S. XVI, en Sá de Miranda: «que, dos seus mistérios altos / assi *lubrigando* vejo / que não são pera tais saltos» (ed. Michaëlis, p. 213)[6]. Y *lobrigar* saldría de LŪCŪBRARE 'trabajar con luz artificial', de donde 'estar con poca luz' y luego 'ver indistintamente': pero tanto esta transición semántica como la que supone el derivar *lóbrego* de *lobregar* son algo forzadas, a lo cual se agrega la *o* de Ū, la metátesis, y la misma formación de un adjetivo deverbal, posible pero de tan escasa frecuencia: teniendo en cuenta que *lobregar* es voz mucho más tardía que *lóbrego* y sólo existe en Portugal, es mucho más lógico concluir que *lobregar* es el derivado de *lóbrego* y no viceversa[7].

Más atención merece la idea de Baist (*ZRPh.* VII, 120) y C. Michaëlis (*RL* III, 178) de derivar *lóbrego* del latín de glosas RŪBRĪCUS 'rojo': desde el punto de vista semántico la explicación de Baist 'rojo' > *'rojo oscuro' > 'oscuro' es posible, dadas las frecuentes vacilaciones en los matices de color, aunque puramente hipotética; mejor la de Michaëlis de relacionar con el cielo rojizo del crepúsculo, de donde 'semioscuridad', aunque el matiz constante de *lóbrego* sea precisamente 'oscuridad profunda', 'tinieblas'; tampoco hay dificultades fonéticas insuperables, según muestra la conocida etimología *Llobregat* < RUBRICATUS (al cual puede agregarse otro río catalán de aguas rojizas, el *Llobregós* RUBRIC-OSUS); de todos modos reconozcamos que así la disimilación de una R- inicial en L- como la abreviación de la ī (comp. el frecuente RUBRĪCA) por influjo de la terminación frecuente -ĬCUS, son fenómenos excepcionales, cuya dificultad, al agregarse a la disparidad semántica, nos obliga a dudar mucho de la justeza de esta explicación[8].

La etimología que creo preferible fué sugerida por Foerster (*ZRPh*. III, 562-3), y aunque mereció la aprobación documentada de Cuervo (*Rom*. XII, 109-110), no parece haber hallado mucho favor. *Lóbrego* de LŪBRĬCUS 'resbaladizo'. Sin embargo esta etimología tiene, frente a las demás, el mérito de no presentar más que una dificultad ú n i c a. Eliminándola la etimología queda probada: se trata del sentido. Ahora bien, LŪBRĬCUS, vocablo muy vivo en latín y bien conservado en varios romances (artículos LUBRICARE y EXCOLLUBRICARE del *REW* y el *FEW*), tenía en latín una semántica muy flúida. Además de 'resbaladizo' y 'liso, sin asperezas', en Tácito es 'vacilante, tropezador', aplicado a personas, y de ahí pasa a tener el conocido significado moral 'lúbrico, sensual, pecaminoso'. Éste pertenece ya al latín eclesiástico, pero es sumamente común y antiguo (vid. Du Cange, Arnaldi, Baxter), pues arranca de frases como la de la Vulgata «via eorum erit quasi *lubricum* in tenebris» (*Jerem*., 23, 12). Si ahí vemos ya acopladas las dos ideas que estamos tratando de relacionar (*lubricum-tenebrae*), ¿cómo no recordar los numerosos empleos morales de *lóbrego* que hemos visto más arriba? La *lobregura* del Fraile Menor, tentado por el diablo; las *lóbregas fonduras infernales* de Santillana: todo esto suscita el tema cristiano de la oscuridad que inflige el pecado a sus seguidores, la negrura moral de las almas condenadas y los infinitos matices figurados de la palabra *negro*; luego el tránsito opuesto de 'pecaminoso' a 'negro' era también posible en una cultura tan penetrada de moral y de cristianismo como la de España; tanto más cuanto que *lóbrego* envolvía la idea de 'triste' o 'miserable' (según define Nebr.) no menos que la de 'oscuro'. Ahora bien, el caso es que el cambio debió arrancar de muy arriba. No sólo Cicerón y otros muchos toman *lubricus* por 'peligroso, azaroso' (recuérdese la *lobregura* de la *cárcer perigoosa* del Rey Sabio), y Virgilio lo hace sinónimo de 'engañoso', sino que Cuervo citó un ej. del sustantivo LUBRICUM en el S. VII con el sentido evidente de 'tinieblas': «erit caelum novum... et lux splendiflui atque immensi candoris radians c l a r i t a t e perpetua, absque aliquo n o c t i v a g o f u s c a n t e *lubrico* permanebit in aeternum»; se trata del esplendor celestial, absolutamente desprovisto de lobregueces. Y para mayor elocuencia del ej., éste se debe a un

español, San Valerio, que al mismo tiempo era Padre de la Iglesia. Parece muy seguro que el tránsito semántico se debe al estilo florido y metafórico de los moralistas eclesiásticos del bajo Imperio y período visigótico. Una confirmación decisiva nos la aporta el francés antiguo: God. traduce *lubre* por «dangereux, pénible, sombre, triste», y Villon escribe «mes *lubres* sentemens» y «pour gesir en lieu *lubre* et a v e u g l e»[9]; ahora bien, que este *lubre* es LUBRICUS lo prueban sin réplica las demás acs.: en *Le Gan de Jean Godard* es «glissant, lisse, poli» y se aplica a los peces, en los *Miracles de Notre Dame* es adverbio sinónimo de *légèrement*, y Christine de Pisan y Jean Molinet lo emplean como equivalente de 'lúbrico, lascivo' («afin que tout homme fuie *lubre* vie et l u x u r i e u s e»); hoy todavía *lubre* vale 'resbaloso' en Normandía, el Orne y el Maine. Es evidente que LUBRICUS pasó al francés por vía semiculta (según muestra la caída de la terminación esdrújula y la *u* conservada) con todas las acs., propias y figuradas, que tenía en el estilo eclesiástico[10]. En conclusión, el étimo LUBRICUS es bastante más probable que los arriba indicados[11], sin hablar ya de otros[12].

DERIV. *Lobreguez* [Quevedo]. *Lobregura* [fin S. XIII, *Gral. Estoria*, vid. arriba]. *Lobreguecer* o *alo(m)breguecer* [S. XV, vid. formas con y sin *m* en el *DHist*.] o *enlobreguecer*.

[1] *Diál. de la L.*, 112.13. La explicación «son vocablos muy vulgares, no se usan entre gente de corte» obedecerá a una moda pasajera de esta parte del S. XVI, tan propenso a estos cambios, pues desde fines del siglo lo hallamos en la pluma de autores intransigentes en este punto, como Góngora, y así el empleo mitológico de Cervantes y Barreto, como el tono de las frases de Quevedo, nos muestra que era por el contrario palabra del lenguaje noble.— [2] *Cl. C.*, pp. 169 y 205. No es oportuna la explicación de Correas (*Vocab. de Refr.*, ed. 1906, p. 587a) al primero de estos pasajes: «para decir *desaliñada*».— [3] El creador parece haber sido el dicc. valenciano de Escrig, 1851 (no en Sanelo); los mallorquines Figuera (1840) y Amengual sólo ponen *lóbrego* sin catalanizar, Belvitges, Labèrnia y Ag. de ninguna manera. En el Principado lo introduce el «*Dicc. de Barbrismes*» de Careta 1901, sin documentar, y de ahí pasa a Bulbena, 1906, etc. No sé si lo empleó escritor alguno antes de J. Ruyra en un cuento (publ. en 1919 pero sin duda escrito hacia 1910-15, seguramente con la excusa del topónimo) y de él lo aceptaron Fabra (D. Ortogr.), y Bertrana (1920) y Roig, imitadores de Ruyra (Alc.). Tampoco está en los dicc. de los SS. XVII-XVIII. Hay un pueblo llamado oficialmente *Vall-llòbrega* en el partido de La Bisbal, y una vieja casa de campo del mismo nombre cerca de Cercs (partido de Berga); Ag. cita además un torrente de *Llòbrega*

cerca de Riells. En cuanto a los dos primeros puedo asegurar que todo el mundo pronuncia en realidad *Vall-llobrèga*, según he notado en excursiones y me ha confirmado gente de la comarca. Como en catalán sería extraño el traslado del acento, creo que la etimología es otra. Sea una variante de *Vallabriga* (localidad de Ribagorza que viene de VALLIS APRĪCA 'valle soleado'), sea un homónimo del *VALABRICA o -BRĒCA que M-L. (*Die Betonung im Gallischen*, 22) estableció como étimo del *Valabrègue* del departamento del Gard, tal vez sin relación con los nombres célticos en -BRĪGA; niega tal relación el maestro con atendibles razones fonéticas y morfológicas, que quizá confirme el detalle siguiente: un VALABRICENSIS, con -C-, está documentado en inscripción del Norte de Portugal (*RL* I, 232; XXV, 18). Debió haber variantes con o, pues *Valabrègue* aparece en la forma *Volobrega* en documentos antiguos y Tolomeo cita un *Volobriga*. Que los *Vall-llobrèga* catalanes deben tener un origen semejante lo confirma el hecho de que este idioma conserva el grupo intervocálico -BR- ante el acento, pero lo cambia en -ʮr- detrás del mismo (comp. *lliura* LIBRA, etc.). Lo cual comprueba que *llòbrec* no puede ser voz castiza en catalán, y prueba por otra parte que el acento actual de *Vall-llobrèga* debe ser primitivo. Me inclino a creer que las menciones documentales *Vallis lubrica* de 968 y 1163, y *Vallelubrica* de 1116 (Alsius, *Nomenclàtor*, 141; Monsalvatje, *Col. Diplom.* XVII, 234), han de interpretarse como seudo-etimologías cultas de los notarios medievales. Aun si el étimo VALLIS LUBRICA fuese cierto, de todos modos no probaría que *llòbrec* haya sido jamás vocablo catalán vivo.— ⁴ Si pensáramos en un cultismo, la dificultad de la ʊ y de la -o final se agravarían todavía.— ⁵ Nótese que el maestro austríaco no estudia *lóbrego* de propósito. Está buscando ejemplos de adjetivos deverbales para ilustrar el caso de *árdego, amargo* y *resséssego*.— ⁶ Hay variante *lombrigar* en Montecarmelo, que lo mismo que el *alombreguecer* 'ofuscar, tornar oscuro' de la Crónica de Álvaro de Luna (S. XV, *DHist.*), se explica por influjo de *sombra*, leon. *solombra*.— ⁷ Por lo demás, ni siquiera nos consta, con plena seguridad, que LUCUBRARE, verbo de sentido y empleo muy intelectual (Cicerón, Livio, Plinio, Apuleyo: idea horaciana del pulimiento estilístico o elucubración a la luz del candil) perteneciera jamás al latín vulgar. Es cierto que de ahí derivaron Horning y Gauchat la familia dialectal *louvre* 'visita nocturna', *levrà* 'cuidar el ganado de noche', del Este y Sudoeste de Francia, y M-L. agrega el boloñés *lumbergär, lumbrigàr*, 'hacer crepúsculo'. Quizá sea esto cierto, sobre todo en cuanto a las voces francesas. Nótese, sin embargo, que la ʊ indiscutible de LŪCUBRARE, bien asegurada por ser derivado de LŪX y por la métrica de Fedro (Walde-H.), es una grave di-

ficultad, que M-L. salta con excesivo desenfado escribiendo, sin fundamento alguno, LŪCUBRARE. Si se logra establecer una buena etimología diferente para *lóbrego*, y probar, por ej., que viene de LŪBRĬCUS, cabrá derivar de ahí el verbo boloñés y aun las voces francesas. En cuanto a Bas-Maine *lügron* «petite lumière», que Horning (*Litbl.* XXI, 336) quiere atribuir a la misma base y que presentaría ü = ʊ, se trata más bien de un derivado de oc. *lugor* «lumière», *lugoros* «luisant», *lugrà* 'lucero' (LŪCOR). Con el port. *lobregar* 'ver indistintamente' y el boloñés *lumbergär* 'hacer crepúsculo' comp. el galés ant. *louber*, galés med. *lleuver*, mod. *lleufer* «lux, lumen», bret. *lufr* «éclat, lustre, splendeur», que al parecer postulan un *LOUCBRON 'luz, luminar' (Stokes-B. 243), reducible a *LŌCBRON. De ahí tal vez la base romance *LOCBRĪCARE 'brillar' que necesitaríamos para este verbo luso-emiliano. Pero si esto es así, veo más claro que nunca que estas palabras deben apartarse del cast. *lóbrego*, cuya etimología LUBRICUS sigue pareciéndome satisfactoria, aunque no descarto del todo la posibilidad de contactos secundarios entre las dos familias.— ⁸ El apoyo que Parodi (*Rom.* XVII, 69) quiso prestar a esta etimología es ilusorio. Según él el hápax *lobreçer* 'anochecer' del *Alex.*, 1151a, sólo podría explicarse por RUBESCERE 'enrojecerse' cambiado en *RUBRESCERE por influjo de RUBRICUS, y por lo tanto confirmaría esta etimología de *lóbrego*. Pero ya Cornu (*Litbl.* XVIII, 203) notó que se trata probablemente de una falta de escriba por *lobreguecer*. El ms. *P* trae *escurecer*, y el cuento de sílabas, casi siempre regular en el *Alex.*, requiere un tetrasílabo, pues las terceras personas del imperfecto en -*ié* se cuentan siempre como monosilábicas en este poema: luego debemos leer *queriè lobreguecer*. Aun si así no fuese, una forma aislada nada probaría. *Lobreguecer* o *alobreguecer* sí se halla en otros varios autores.— ⁹ Tan clara era esta ac. que basándose en ella afirma G. Paris, *l. c.*, que el vocablo viene de LUGUBRIS. Pero entonces todavía no se habían publicado los materiales de Godefroy, que hubieran mostrado al sabio francés la procedencia indiscutible de LUBRICUS.— ¹⁰ Foerster y Cuervo sacaban *lóbrego* de LUBRICUS por vías semánticas complicadas y materiales, que no me parecen aceptables. El primero alude a una serie 'resbaloso' > 'húmedo' > 'mohoso' > 'triste' (comparando el cast. *mohíno* y la familia del cat. *moix* 'malhumorado' < MUSTEUS); el segundo propone 'resbaloso' > 'húmedo' > 'subterráneo' (por ser húmedos los lugares de esta situación) > 'oscuro'.— ¹¹ Al étimo LUBRICUS > *lóbrego* no cabe objetar la ʊ que atribuyen a este vocablo muchos latinistas. Sabido es que los autores clásicos pueden contar como largas las vocales breves ante grupos de consonante más líquida, y a ello se deben las pocas escansiones que han guiado a los lexicógrafos latinos en este caso. Verdad es que de ciertas particularidades de la métrica de Plauto ha deducido alguien que LUBRICUS tenía realmente ʊ larga (vid. Ernout-M.), pero el metro yámbico, con sus variadísimas sustituciones posibles, es tan flúido y ambiguo que raramente permite conclusiones seguras. Sea como quiera, los romances postulan ǔ inequívocamente con etimologías fuera de toda sospecha: fr. ant. y dial. *lovergier* 'resbalar', fr. ant. *escolorgier*, oc. ant. *escolorjar* (el rumano, que tiene *lunecà*, no distingue entre ǔ de ʊ, como es sabido).— [12] Sólo como curiosidad puede recordarse que Sainéan (*BhZRPh.* X, 68-69) derivaba *lóbrego* de *lubricán* (V. LOBO). Por el contrario, éste, que viene de *lobo y can*, debe su *r* al influjo de *lóbrego*. Se podría argumentar en favor de un origen prerromano pensando en el tipo céltico LOBRO- (galés *llwfr* «souffreteux», bret. ant. *lobur* «faible», bret. *lovr* «ladre, lepreux», irl. ant. *lobur* 'débil', afines al lat. *labi* 'corromperse'), pero como la o de esta palabra céltica es breve habría una grave dificultad fonética, que difícilmente superaríamos suponiendo una pronunciación hispanocéltica paralela a la demostrada de Ĕ como ę (vid. TERCO, etc.).

Lobulado, lóbulo, V. *lobo* II   *Lobuno*, V. *lobo*   *Locación, locador*, V. *loguer*   *Locajo*, V. *chocallo*   *Local, localidad, localismo, localización, localizar*, V. *lugar*   *Locatorio*, V. *loguer*   *Locativo*, V. *loguer y lugar*   *Lociar*, V. *loza*   *Loción*, V. *lavar*

LOCO, palabra propia del castellano y el portugués, procedente de un tipo *LAUCU de origen incierto; quizá del ár. *láuqa, láuq*, femenino y plural del adjetivo *'álwaq* 'tonto', 'loco'. *1.ª doc.*: orígenes del idioma (Berceo); y *locura* figura ya en el *Cid*.

Loco es palabra de uso general en todos los períodos literarios de la Edad Media[1]. Desde el principio se halla en sus dos acs. de 'el que ha perdido la razón' (p. ej. en el ms. bíblico I:j·8 del S. XIII *locura* traduce *amentia;* en los glos. del Escorial y de Toledo, h. 1400, *loco* traduce *amens, furiosus, vesanus*) y 'tonto, estulto, imprudente': «non entendién que todo Sathanás lo guiava : / quando por aventura en algo açertava, / por poco la gent *loca* que no lo adorava» (Berceo, *Mil.*, 724d), «non pasó mucho que non se arrepintió el cuervo por lo que le dijera, et dijo: —*loco* fuí en decir lo que dije» (*Calila*, Rivad. p. 49), «ca sy non fuesse *loco*, / no usaría asy / conosciendo algún poco / deste mundo y de sy» (Sem Tob, copla 265), etc.; Cej. VII, § 87; ast. *llocu*. También en gallego-portugués: «e da mansedume vos quero dizer / do mar : non ha conto, e nunca será / bravo nen sañudo... / mais se en desdén / ou por ventura algun *louco* o ten / con gran tormenta os fará morrer», S. XIII, Pay Gómez

Chariño (*BRAE* XVII, 685), «o voss' amig', ai amiga, / de que vos muito fiades, / tanto quer'eu que sabhades / que unha que Deus maldiga, / vo-lo tem *louqu*'e toleito, / e· moir'end'eu com despeito», Don Denís, v. 2391, y es sumamente frecuente en las *Ctgs.*, por lo común en el sentido de 'necio, imprudente' (*louco e sandeu* 245.11, y por lo menos 6 casos más), pero también 'insano' («foi *louco* sen contenda, sempre d'alí adelante» 297.51); «as gentes das terras, porque erã estonçes tã *loucos* como avedes oydo que nõ casavã ainda por ley nẽ aviam ainda molleres cõnosçidas» (*Gral. Est. gall.*, princ. S. XIV, 113.26). La naturaleza de los textos medievales hace que la 2.ª ac. se encuentre con mayor frecuencia[2]. Es posible que ésta sea la etimológica (como lo es en el galorrománico *fol*, y en el cat. *boig*), pero no se puede asegurar.

El vocablo es ajeno a los demás romances, aunque ha penetrado como castellanismo en el catalán de Valencia y de algunas otras partes (*lloco*), y en algunos dialectos de Oc. Las etimologías propuestas presentan todas inverosimilitudes graves.

Diez (*Wörterbuch*, 195)[3], seguido por Sainéan (*BhZRPh.* I, 114; *Sources Indig.* I, 96), Rohlfs (*ARom.* V, 414-5), y con reservas por Spitzer (*Lexik. a. d. Kat.* 89-90), M. L. Wagner (*RFE* XI, 272-6) y M-L. (*REW*[3] 9038a; la rechazaba en *REW*[1] 3781a), identificaba con el it. *a(l)locco*, it. dial. *locco*, que significa propiamente 'mochuelo', pero también a veces 'torpe', 'estúpido' y aun en algún punto 'imbécil', y procede de la onomatopeya del lat. tardío ǓLǓCCUS 'mochuelo o lechuza'[4]; como reconoce Wagner, el cambio semántico se explica por los movimientos torpes y la inmovilidad del mochuelo, más que por el grito del buho, comparable al de un loco que se burla de la gente, según quisiera Rohlfs, o por el grito estridente y de mal agüero del mochuelo (Wagner); sea como quiera, desde una voz de tal significado es fácil llegar a 'torpe', pero no directamente a 'insano'; sin embargo, de 'torpe' se puede pasar a 'tonto', y el tránsito de 'tonto' a 'demente' es muy común, de suerte que no hay objeciones semánticas decisivas contra esta etimología. Pero a la forma latina y a las formas italianas correspondería *lôco* en portugués y no *louco*, que según hemos visto es la forma general desde el principio; esta objeción ya da mucho que pensar, aunque es verdad que, siendo voz imitativa, existiría la posibilidad de una variante en la base onomatopéyica. Pero la dificultad más grave, y a mi entender dirimente, es que *loco* en el sentido de 'mochuelo', 'lechuza' o 'buho', no ha existido nunca en la Península Ibérica[5]. Se impone, pues, una actitud escéptica.

E. Muret (*Mél. Nicole*, Ginebra, 1905, 379-89) propuso partir del nombre del héroe homérico *Glaucos*, que enloquecido por Zeus trocó sus ar-

mas de oro por las de bronce de Diomedes, diez
veces menos costosas; aunque no habría dificultad fonética, la idea ha encontrado muy poca aceptación, pues no se ve por qué camino el nombre
de un personaje de la Ilíada, y tan poco conspi-
cuo, pudo popularizarse hasta tal punto en la Península[6]. Lapesa, *50 Jähr. Fs. Ib-Am. Inst. Hamburg*,
1969, piensa que no se ha tenido en cuenta un
refrán aragonés del S. XIV que dice: «Bien ye
gloc qui a gloc cueyta» (*RFE* XIII, 370); él lo
interpreta como «bien loco es quien apremia u
hostiga a un loco», lo que «si tal interpretación es
acertada, apoyaría la hipótesis favorable al étimo
Glaucus; ya sea el héroe de la Ilíada que trueca
su lanza de oro por la broncínea de Diomedes,
ya el pescador ovidiano transformado en deidad
marina, o *glaucus* sin mayúscula 'garzo, de ojos
verdosos'». ¿Pero existió realmente tal forma *glóc*?
Por cierto no existió nunca: no hay confirmación
en otra fuente alguna, y la edición de Ríus Serra
está cuajada de erratas, confundiendo a veces *c*
por *t* y *t* por *c*, como *pet* por *pec* 366.26, *guardet*
por *guardeç*, *menet* por *meneç* 371.117, *pot* por
poc 372.145, etc. Ahora bien, debe tratarse aquí del
oc. y cat. ant. *glotón* 'individuo despreciable, bribón'. Es bien conocido que en el S. XIII la antigua declinación imparisilábica *glot ∼ gloton* fué
sustituída por la regular *glotz*, acusativo *glot*. El
trovador catalán Cerverí de Girona en un poema
escrito sin duda para las fiestas de la Coronación
de Pedro el Grande (verano de 1276, cf. el verso 63) pone el caso sujeto *glotz* en rima con *crotz*
'cruz', *potz* 'abismo' (y *dotz*, *sotz*, *motz*, *totz*)
con el sentido evidente de '(pecador) culpable',
'bellaco': «glotz / de mal dir e de far qué dirà /
al Jutjament? can la Cortz er mandada/ on Deus...»
(poema 18/91, v. 43).

Más se acerca a lo verosímil la idea de Kurylowicz (*Rocznik Orientalistyczny*, Lwow, 1925, II,
254), repetida por C. C. Rice (*Hisp. R.* III, 162-
3), y ya antes insinuada por la Acad., de que
loco venga del ár. *'álwaq*, femenino *láuqa*, plural
láuq, 'tonto' («fatuus», Freytag IV, 137*a*): la base
láuqa es perfectamente adecuada para *loca*, y está
averiguado que en adjetivos de este tipo las lenguas romances generalizaban la forma del femenino árabe (V. GAFO, ZARCO). Sin embargo,
estamos lejos de poder asegurar que tal vocablo
se empleó en el árabe de España, y desde luego
la afirmación de Kurylowicz «la ac. corriente en
árabe es 'loco'», hecha sin ningún apoyo, debe calificarse de arbitraria: el vocablo no pertenece al
árabe corriente (falta en Lane). Un examen de las
fuentes lexicográficas nos deja perplejos: el adjetivo figura junto con el abstracto *láwaq* «stultitia,
stoliditas» en varios diccionarios de la lengua clásica (desde el *Qamûs*, S. XIV), pero es ajeno al
lenguaje coránico, y es dudoso que exista en árabe vulgar (falta en Bocthor, Beaussier, Lerchundi,
los glosarios hispánicos y otros); según cita de

Dozy (*Suppl.* II, 558*a*) la raíz árabe *l-w-q* significa 'estar loco' en el diccionario hebreo-árabe
del rabí cordobés Abulualid (h. 1150), pero nótese que Dozy deja la responsabilidad de esta traducción a Wright, que por lo demás era buen arabista. No está claro que *'álwaq* se explique por
los significados antiguos de la raíz *l-w-q*, poco
frecuente en árabe y de sentido poco definido;
en el hispano Abenalauam *láuqa* designa la parálisis del labio del caballo, e igual ac. tiene el verbo correspondiente en R. Martí[7], pero así este diccionario como el de PAlc. dan como nombre de
esta parálisis *láqwa*, y en esta forma aparece el
vocablo en diccionarios clásicos y según Freytag
ya en el Harirí (Básora, comienzo del S. XII);
no cabe duda, pues, que Dozy tiene buenas razones al considerar *láuqa* metátesis de *láqwa*; es
legítimo sospechar que el mismo origen tenga no
sólo el ár. vulg. *'álwaq* 'encorvado' (usual en Siria
y el Líbano: *Mohit*, Belot), verbo *láwaq* 'encorvar', sino también el mismo adjetivo en el sentido de 'tonto', quizá por la mueca del imbécil:
láwwaq significa, efectivamente, 'hacer muecas' en
el Norte de África. Que *láuqa* 'tonta' no sea forma
originaria, sino metátesis de *láqwa*, no sería óbi-
ce para la etimología, y, por el contrario, los datos aducidos son vagos indicios de que el vocablo
existió en árabe vulgar antiguo y aun quizá en
España (por lo menos en la ac. 'parálisis'). Pero
está claro que se necesitarían apoyos más firmes
e inequívocos para asegurar el origen árabe. Tienen la palabra los arabistas especializados; y, sea
como quiera, convendrá no perder de vista esa posibilidad en estudios futuros.

Y realmente ahora, tras la discusión entre Abda-
laziz Al-Ahuaní y García Gómez, parece que
queda averiguado que Abencuzmán emplea *lauq*
o *lúq* en el árabe de uno de sus arduos zéjeles:
se trata del n.º 12, 21.5, donde parece que el
copista de nuestro *unicum* escribió *li-l-ltfa*[h] y hay
que leer *li-l-lauqa*[h], o con menos enmienda *li-l-*
luqa[h]: esto último es facilísimo, pues *f* y *q* sólo
difieren en la posición del punto diacrítico: el
texto diría, pues, «*tumma naštam li-l-luqa id nal-*
tahäm» 'luego a la loca [mi mujer], cuando vuelvo
en mí [de la noche mala], en tanto el insulto
satisface al odio contra los enemigos, / y no he
de dejar este nombre [de enemiga, dado a mi
mujer] / hasta que me echen encima la tierra
[en la tumba]' (*Al-And.* XXXVIII, 1973, 279);
me parece a mí que es corrección que se impone,
porque lo del ms. no tiene sentido, y al mismo
tiempo es enmienda más conservadora que la de
la-hä o *li-l-bino*, que habían propuesto primero,
respectivamente, G.ª Gómez y Al-Ahuaní: y ésta
conviene indiscutiblemente al sentido del contexto
más claramente que las otras dos. Es fuerte apoyo
de la etimología arábiga de *loco*, que quizá podremos ahora dar ya por demostrada.

En mis artículos CHOCHO y CLUECO he demostrado que vienen del nombre de la clueca estas palabras castellanas y además el trasm. *chôcho* 'loco', 'imbécil', 'sin grano', minhoto *choucho* 'chocho', 'estúpido', mozár. *guĝcûn* 'necio, loco', cat. *cloc* 'enfermizo, achacoso', *ou cloc* 'huevo huero', y, con variante en la base onomatopéyica, cat. *llòca* 'clueca', '(pera) papanduja, medio podrida', gasc. *loc* 'papandujo'[8]; ahora bien, esta variante LOCC- ha existido también en hablas castellanas, pues en Vitoria y Condado de Treviño el huevo huero o podrido se llama *loco* (Baráibar); está claro que de '(huevo) empollado por la clueca' se pasó a 'huevo huero', y esta evolución, coincidiendo con 'inmovilizado como la clueca' > 'enfermizo', 'achacoso', explica las acs. 'chocho', 'imbécil' y 'loco'; como el minhoto *choucho* muestra que la misma raíz onomatopéyica puede aparecer con diptongo *ou*, hay que contar con la posibilidad de que la palabra *loco*, port. *louco*, venga también de la idea de 'huero'. Pero reconozcamos que la duda es legítima e inevitable ante la poca extensión hispánica de LOCC- en el sentido de 'clueca', 'papanduja' y 'huero', y la ausencia total de documentación de la raíz LOUC- o LAUC- en este sentido.

En conclusión *loco* es palabra de origen oscuro, acaso árabe[9]. Decir con A. Thomas (*Rom.* XXXVII, 335-6) que hay que contentarse con un *LAUCUS, quizá prerromano[10], no es adelantar mucho, y el compartimiento semántico a que *loco* pertenece no abunda en palabras de este origen; por otra parte la estructura fonética breve, simple y firme del vocablo, deja estrecho campo a la especulación fonética, y como casi necesariamente lleva a la base sentada por Thomas, y ésta difícilmente se deja explicar por lenguas conocidas, la posibilidad prerromana tampoco puede descartarse del todo[11].

DERIV. *Loca* arg. 'antojo' («me dió la *loca* de venir al Norte», P. Rojas Paz), en el Uruguay 'mal humor' (Malaret). *Loquear*. *Loquero*; *loquera*. *Loquesco*. *Locuelo*. *Locura* [*Cid*]; ast. *llocura* (V), gall. ant. *loucura* 'necedad, imprudencia' (*Ctgs.* 40.30 y passim). *Alocado* [med. S. XVI, D. Gracián]. *Enloquecer* [S. XIII, *Purg. de S. Patricio, Homen. a M. P.* II, 227; Nebr.]; *enloquecedor*; *enloquecimiento*. *Sonlocado*. Gall.-port. *reloucar* 'volver loco de remate' tr. (port.), 'estar alocado (por)' intr. (gall.): «*reloucou* de ledicia», «eu *reloucaba* por deprender o agarradiño» (Castelao 205.25).

[1] Nada más falso que la afirmación contraria de Groussac, *RH* XV, 278n.— [2] Entre las acs. dialectales modernas nótese 'inexperimentado, boquirrubio' en ciertas hablas del Norte de Portugal: Valpaços *louco* «viçoso», Ervedosa-do-Douro *louquinho* íd. (*RL* III, 328; XXVII, 95).— [3] Diez había pensado en un origen céltico, comparando ciertas voces irlandesas, pero Thurneysen, *Keltorom.*, 66, le hizo observar que éstas

eran tomadas del inglés.— [4] En los dialectos se extiende desde Sicilia hasta el Abruzo, y también en las Marcas, en los Alpes lombardos y piamonteses, y seguramente en otras partes. El significado por lo general es «uomo goffo e balordo»; el propio Rohlfs en su diccionario calabrés (s. v. *loccu* y *dduccu*) traduce así y «stupido». Sólo en alguna habla siciliana se halla *lucchignu* «che ha dello scemo, merlotto, mogio». A las formas citadas por dichos autores pueden agregarse Iesi (Marcas) «*lòcco:* stupido, allocco» (*ZRPh.* XXXIV, 694), Val Anzasca *luk* «stordito», *lukuñ* «schiaffo», *oloch* «allocco, uomo balordo», *ulúk* «alocco», «membro virile» (*ARom.* XIII, 176, 187). Rohlfs compara *barbagianni* 'buho' y «uomo sciocco e balordo» y *chiurlo* 'buho' y «uomo stolido e da poco».— [5] El marroquí *yuka* o *muka* 'mochuelo', en que hace hincapié Wagner, es onomatopeya local e independiente, y desde luego nada tiene que ver con el mozárabe, según admitieron arbitrariamente Simonet y otros; la idea de un cambio L- > ḷ- en mozárabe está desechada; además ahí no habría ḷ sino *y*, y achacar yeísmo al mozárabe sería por lo menos un anacronismo. En cuanto al *alucón* 'mochuelo', que *Aut.* atribuye al murciano Diego de Funes (1621), es palabra sospechosa que no encuentra confirmación en parte alguna; los autores del *DHist.* han suprimido esta autoridad (para lo cual tendrán alguna razón) y no dan ninguna. Por lo demás, aunque exista, es onomatopeya sin relación directa con ULUCCUS, y no daría base fonética satisfactoria para *loco*.— [6] M. P. (*Cid*, 735), y C. Michaëlis (*RL* XXII, 50), con evidente duda, la aceptaron. Ya Baist en el *GGr.*, *Span. Sprache*, § 49, derivaba de GLAUCUS sin explicar en qué sentido. ¿Sería partiendo del adjetivo que significa 'garzo, de ojos verdosos'? En Platón γλαυχός significa 'azul blanquizco' y sabemos que los griegos no gustaban de los ojos de este color (mientras nos consta por los trabajos de C. Michaëlis que las mujeres de tales ojos gozaban de favor en tierras hispánicas). ¿Acaso 'de ojos blanquecinos' se pudo pasar a 'albino', 'cretino', y de ahí 'tonto', 'loco'? Pero claro está que esta hipótesis requeriría un apoyo filológico que no le sé encontrar. La relación entre el fr. *ébloui* 'deslumbrado', a. alem. ant. *blôdi* 'enfermizo', 'tierno, débil' y el alem. *blödsinnig* 'imbécil', es de otra naturaleza. La idea de Brüch (*ZRPh.* XXXVIII, 676ss., n.º 3781*a*; comp. *Misc. Schuchardt*, 58) de un *GLAUCUS derivado del raro GLAUCIRE 'balar' no ofrece base semántica adecuada.— [7] R. Martí atestigua una palabra que parece debida a un cruce de *lauqa* con algún sinónimo que no logro precisar de momento: el verbo *lauṭar* figura en el epígrafe *stultus* (p. 594) y un nombre de acción *lauṭarat* en la p. 174 está traducido por «stultizare».— [8] Rohlfs, *BhZRPh.* LXXXV, § 198, quiere traer este vocablo de la

idea de 'loco, insano', pero claro que esto es
invertir el orden natural, y además el conjunto
de vocablos arriba citados demuestra lo contrario.— ⁹ Es curiosa la variante asturiana *llucu* ⁵
(Rato s. v. *llucu* y *amemiellar*, pero *llocu* s. v.
perllocu y *plasmar*); sin embargo, la metafonía
ó-u > *ú-u* es frecuente en el dialecto.— ¹⁰ Partir
de un ibérico o proto-vasco *lauko* 'cuadrado' >
'necio' > 'loco' es claro que sería audacísimo, ¹⁰
por más que los cubanos usen *cuadrado* por
'necio'; aunque en Lezaka (nav. al lado del lab.)
y Oyarzun *lauko* fuese 'sapo' (hoy anticuado),
ésta es una pobre confirmación de un vco. *lauko*
'necio'. Que éste quería decir 'cuadrado' (< *lau(r)* ¹⁵
'cuatro' + *-ko*) sí se comprueba: Azkue le da
los sentidos de 'cuadro' 'cuarto (moneda)' 'cuatro del naipe' 'cuarteta poética', *lauki* 'cuadrado'
'porción', *laukote*, *laukun* 'cuádruplo', etc.—
¹¹ Para el origen de la metáfora *la loca de la* ²⁰
casa 'la imaginación', vid. M. P., *El Estilo de*
Sta. Teresa, en *La Lengua de Colón y otros es-*
tudios, p. 150.

Locomoción, locomotor, locomotriz, locomovible,
locomóvil, V. *lugar* ²⁵

LOCRO, 'guisado de carne con patatas, maíz,
pimiento y otros ingredientes', arg., chil., boliv.,
per., ecuat.; de origen indígena americano, probablemente del quich. *rokkhrᵒ* íd. *1.ª doc.*: 1590, J.
de Acosta, con referencia al Perú. ³⁰

Friederici, *Am. Wb.* 347-8; Lenz, *Dicc.*, 435.
Rokro «guisado de papas y ají» ya aparece en
1608, en el diccionario quichua de González de
Holguín (no en Fr. Santo Tomás); quizá tenga ³⁵
que ver con *rocoto* «ají grande y hueco que no
cuece mucho» [1560, Sto. Tomás], aunque el tipo
de consonante velar sea diferente (*rokkóto* en Lira). Lenz dice que no sabe que el vocablo se emplee fuera de la zona de influencia incaica, y así es ⁴⁰
si son completos los datos de Malaret, que no pasan del departamento de Nariño, en el Sur de Colombia. Sin embargo, hay que tener en cuenta que
figurando en la Acad. no lo recogen los diccionarios de americanismos; por otra parte, por Pichar- ⁴⁵
do, Brito y Patín Maceo sabemos que *locrio* en
Santo Domingo es 'arroz amarillo cocinado con
azafrán, y agregando pedazos de carne de puerco
y sobrecarga de manteca'. Un quichuísmo llevado
a Sto. Domingo es tan extraño como corriente el ⁵⁰
caso de una voz antillana extendida por toda América y aun al quichua; sin embargo, aquí todos
los indicios son favorables a la procedencia de este
idioma, pues los tres testimonios de los SS. XVI-
XVII alegados por Friederici corresponden al Pe- ⁵⁵
rú, y el cambio de *r-* quichua en *l-* romance es
regular (*Rímak* > *Lima*).

LOCUAZ, tomado del lat. *loquax, -ācis*, 'hablador, parlanchín', derivado de *loqui* 'hablar'. *1.ª* ⁶⁰

doc.: princ. S. XVII, Góngora.
También en Espinel (1618); *locuacidad* ya apa-
rece en 1515, Fz. Villegas (C. C. Smith, *BHisp.*
LXI), Oudin y también en Espinel.

DERIV. *Locuacidad* (V. arriba). De *loqui*: *Locu-*
ción [Quevedo]. *Locuela* [*Santillana* (C. C. Smith)].
Locutorio [h. 1580, Sta. Teresa]. *Alocución* [S.
XIX, *DHist.*]. *Circunlocución* [1499, H. Núñez];
circunloquio [h. 1530, Guevara]. *Coloquio* [1444,
J. de Mena, *Lab.*, 24*h*; Oudin; Nieremberg]. *Elo-*
cuente [Mena (C. C. Smith); Nebr.]; *elocuencia*
[*Corbacho*; Nebr.]; *elocución* [*Aut.*]; *eloquio*.

Acerca de *interlocutor* [Quevedo, en *Aut.*, no
en Nebrija, Cristóbal de las Casas ni Cova-
rrubias], V. el trabajo de Niedermann, *VRom.* XIII,
16-23, que indica cómo en francés, donde parece haberse empleado por primera vez el vocablo
interlocuteurs, es Marot (S. XVI) el primero que
lo utilizó, precisamente en plural (que es también el número en que emplea Quevedo la palabra española) en el sentido de 'personajes que hablan en un diálogo' (ac. dada también por *Aut.*),
derivado del lat. *se interloqui* 'interrumpirse mutuamente'. En *Le Fr. Mod.* XXII (1954), 89-95,
Spitzer da documentación anterior para *interlocu-*
tores, que en latín se documenta desde 1513 en
Erasmo y deriva del lat. tardío *interloqui* 'dialogar', empleado sólo en el S. IV por Calcidio,
traductor de Platón, y calco del griego διαλέγεσθαι.
Interlocución; *interlocutorio*. *Proloquio*.

Locuelo, locura, V. *loco*   *Locutorio*, V. *locuaz*

LOCHA, 'pez de agua dulce, del orden de los
malacopterigios abdominales', probablemente del
fr. *loche*, de origen incierto. *1.ª doc.*: *loxa*, como
castellano, en Ménage, † 1692¹; *locha*, Terr.

Dice éste «*locha*: pez, V. *anchoba*; también le
llaman *loche*»; en la Acad. figura ya en 1843, con
la equivalencia latina *cobitis*. Sarm. registró como
gallegos *locho* y *locha* en 1745, macho y hembra
de un pez semejante al barbo pequeño; pero negro,
no colorado; los conoce sólo por referencia; en
otros trabajos suyos registró *locha* y *lorcha*, éste
usado por los niños en Pontevedra: ahí la identifica con la *Aphya cobite* de Rondelet² (más datos
en Pensado, *CaG.*, pp. 198-9). Según Vall. es
«*lòrcha* (Clupea alosa *seu* Alosa communis): alacha,
lacha, alosa o sábalo... malacopterigios abdominales, familia de los arenques o clupeidos... en la
primavera sube por los ríos a desovar; entonces
es muy buena su carne, frita y rebozada en harina; pero cuando se coge en el mar, seca y de
mal gusto». Según Barbier h., *RPhFL* XXIII
(1909), 126-9, el fr. *loche* es el nombre apropiado
del Nemachilus barbatulus, la Cobitis tenaea y
el Misgurnus fossilis, y por extensión se llama
loche d'étang a la alosa o sábalo, y *loche de mer*
a una especie de gobio y a la Motella mustela
(o tricirrata), pez semejante a la mustela y del

orden del bacalao. En el dialecto normando se dice *loque* por *loche*, y en Picardía se emplea *loquette* como nombre de las familias de los Blennii (fr. *baveuse*) y de los escualos; en lengua de Oc se dice *loco*; en flamenco se cita *locke*[3]; y ciertos diccionarios italianos registran *locca* (1660) y *locchia* (1729). No todas estas formas serán autóctonas[4], pero sí la normando-picarda y también oc. *loco* (Mistral), dada la existencia de variantes dialectales regulares (Alpes *locho*, Delfinado *liocho*, Rouergue *alouoco*). Esto indica que la *ch* francesa procede de -CCA, y de rechazo prueba que el ingl. *loach* [1357] y el cast. *locha* son préstamos franceses; en cuanto al castellano, así lo comprueban las variantes *loche* y *loxa*, tomada ésta en los SS. XIV-XVI en que la *x* castellana sonaba igual que la *ch* francesa[5]. La aparición tardía del vocablo castellano es otra prueba; en francés, en cambio, aparece desde el S. XIII, y *loche de mer* en el XIV. Puede tener razón Barbier al postular un tipo *LŎCCA, aunque nada se opondría a que supusiéramos *ALŎCCA, como voz céltica emparentada con ALAUSA 'sábalo', con terminación diferente[6]. También cabría en lo posible un *LŎTTĬCA derivado del galo LOTTA [S. X] 'Gadus lota', *REW* 5130: recuérdese que *loche* es nombre de un gádido, la Motella mustela[7]. Basándose en que se llama *ligoche* al pez en Blois y a la babosa en ciertas hablas normandas, variante que con este significado y con otras terminaciones reaparece en el Maine, el Poitou y el Rouergue, postula Gamillscheg un célt. *LIGOCCA, emparentado con *lie* 'heces', '*LÉGAMO*' (V. este artículo), pero esto no es admisible, pues la -G- no se habría conservado en hablas tan septentrionales como las citadas; y en francés mismo, por lo menos en la Edad Media, deberían encontrarse huellas de la vocal de la primera sílaba[8].

Lo común a todos los pescados citados es la forma alargada del cuerpo, según Barbier, y quizá esto baste para explicar que el fr. *loche* se aplique a la babosa o a ciertas especies de caracol en dialectos de la Alta Bretaña, Maine y Sudoeste del territorio lingüístico francés; vid. Gamillscheg, *EWFS*, s. v. Sin embargo habrá que examinar más detenidamente la posibilidad de que la ac. primitiva sea 'caracol', y que se trate de un representante normando-picardo de (C)LOCHEA por COCHLĔA 'caracol'. El cat. *llossa*, oc. *lossa*, fr. *louche* 'cucharón' parecen ser representantes de dicho *LOCHĔA con la misma pérdida disimilatoria de la C-. Esta teoría nos obligaría a suponer que el norm.-pic. *loque(tte)* sea hiperdialectalismo y que las formas occitanas en *-co* sean adaptaciones paralelas del francés. Lo cual no parece muy verosímil a primera vista.

[1] No figura en la primera edición de su Diccionario Etimológico Francés de 1650, s. v. *loche*, pero sí en la 2.ª y póstuma, de 1694. De ahí pasó a Trevoux, y de éste a Terr. (variante *loja*).— [2] La *-r-* se deberá a influjo de *LERCHA* 'junquillo en que se ensarta el pescado'. Alvz. Giménez, 80, da gall. *lorcho* 'alacha, haleche'.— [3] En diccionario de 1630, pero los lexicógrafos neerlandeses Skinner y Hoeufft (*Verzameling Fransche Woorden van Nordsche Taalen afkomstig*, 1840, s. v.) declaran no conocer tal palabra, de la cual algunos han querido derivar el fr. *loche*; luego será el flamenco *locke* el que venga del picardo *loque*.— [4] Las italianas faltan en Tommaseo y Petrocchi. *Locchia* recuerda el caso de galicismos conocidos como *brocchia, crocchio, rocchio*; todo indica que así *locca* como *locchia* se tomaran de hablas occitanas que conservan -CCA como *-ka* o *-ḳa*.— [5] Yerra desde luego Barbier al postular un *LOCCŬLA para el cast. *loxa* (*loja*) y el it. *locchia*; el grupo -CCL- no podía dar *-j-* o *-x-* castellana, sino precisamente *-ch-*. Por el contrario, la trascripción de la *ch* francesa por *x* (*j*) es hecho corriente: *jefe* < *chef*, etc.— [6] No cabe partir de un *ALAUCA, cruce de ALAUSA con HALEX, -ICIS, otro nombre del sábalo, pues una base como ésta habría dado *aloue* o *aloie* en francés (comp. *oie* ~ *oue* y en *rouer*). A no ser que el vocablo hubiese irradiado desde el Norte del territorio occitano o desde el Norte de Italia, lo cual es inverosímil.— [7] *Lota* se empleó, seguramente como galicismo, en castellano: APal. 469*d* lo da como equivalente de *squilla*. Para el fr. *lotte* y sus congéneres, comp. Barbier, *BDR* IV, 127; *RLR*, LXVII, 275.— [8] Quizá haya un cruce, aunque éste difícilmente será con *limace*, como sugiere Bloch, pues no explicaría la *-g-* (a no ser que pensemos en *liloche* > *lioche* > *ligoche*).

LODO, del lat. LŬTUM íd. *1.ª doc.*: 1209, como nombre propio (Oelschl.); *Alex.*, 1883*b* y *c*.

En uno de estos versos aparece la variante leonesa *llodo* en el ms. *O* (pero *lodo* en *P*). El vocablo sale también en J. Manuel y J. Ruiz, y ha sido siempre de uso general; heredado por todos los romances salvo el rético y el francés. Para el matiz preciso interesan las definiciones de APal. («es tierra dissolvida con el humor del agua», 255*b*; comp. 41*d*, 247*b*, 257*b*) y Nebr. («tierra mojada e sovajada»; Cej. VII, § 90[1].

DERIV. *Lodazal*; *lodachar*. *Lodoso* [ya princ. S. XV, *Canc.* de Baena (Lida, *Mena*, p. 107); APal. 247*d*; Nebr.]; otros dijeron *lodiento*. *Enlodar* [Nebr.]; *enlodecerse* [íd.]; en el *Alex.*, *lodado* 'enlodado' (2115). Gall. *enlodrar* 'ensuciar' (Sarm. *CaG.* 113*r*), *enludrar* 'manchar, emporcar' (110*v*). Seguramente mera alteración fonética por repercusión de líquida (*enludrar* con la *u* del sinónimo *luxar*, V. *LIJO*). No descarto, sin embargo, que se enlace en alguna forma con la familia del galorrománico y catalán *lourd*, cat. *llord* 'sucio' (vid. *LERDO*), con la cual hay conexión segura en el caso del gall. lucense *lordas* 'cazcarrias (en la capa)' (*vay cheo de lordas*, Sarm., *o. c.*, 125*v*); sin embargo es verosímil que el indigenismo de éste no sea muy antiguo y que se trate de una voz occitana o francesa introducida por los romeros de Santiago. *Lúteo.* tomado del lat. *lŭtěus* íd. *Poluto* [1438, J. de Mena], tomado de *pollūtus*, participio de *pollŭěre* 'manchar, mancillar', derivado de la misma raíz que *lutum*; *polución* [1498, F. Lpz. Villalobos, *Sumario de la Medicina*, 236 'efusión del semen'; 1541, Alvar Gómez 'mancilla' (Nougué, *BHisp.* LXVIII); h. 1550, Azpilcueta].

¹ Matización en la cual no coinciden los varios romances. El cat. *llot*, p. ej., es sólo el de las aguas estancadas y de los grandes aluviones, pero *lodò* se traduce por *fang* cuando se habla del habitual en los caminos y calles, mientras que esta palabra tiene sólo raramente *fango* por equivalencia, y otras veces *barro* o *lodo*.

Lodón, V. *latón*   *Lodoñero*, *lodoño*, V. *latón* II   *Lodoso*, V. *lodo*

LOFOBRANQUIO, compuesto culto del gr. λόφος 'penacho' y βράγχιον 'branquia'. *1.ª doc.*: Acad. 1899.

Logabante, V. *lobagante*   *Logadero*, V. *loguer*   *Logar*, V. *lugar* y *loguer*   *Logarítmico, logaritmo*, V. *lógico*   *Logia*, V. *lonja* II

LÓGICO, tomado del lat. tardío *lŏgĭcus* íd., y éste del gr. λογικός 'relativo al razonamiento', derivado de λόγος 'palabra', 'argumento', 'discusión', 'razón', derivado a su vez de λέγειν 'decir'. *1.ª doc.*: Nebr.: «*logica, ciencia:* dialectica, logica; *logico, cosa desta arte*»¹.

Aut. documenta ya en autores del S. XVI y del XVII. Hoy ha penetrado aun en el lenguaje hablado, aunque no es popular.

DERIV. *Lógica* [h. 1250, *Setenario*, f° 8v°b; Nebr.], del latín *lŏgĭca*, griego λογική. *Logical* [fin S. XV, Fn. Pérez de Guzmán (Lida, *op. cit.*, 268)]. *Ilógico.* Los siguientes derivan también de λέγειν, directa o indirectamente. *Antilogía*; *antilogio*; *antilógico. Apología* [1620, Salas Barbadillo], tomado del gr. ἀπολογία 'defensa, justificación'; *apologista*; *apologizar* [h. 1800, Jovellanos), probablemente tomado del ingl. *apologize* [S. XVI], *apologizador, apologizante*; *apologético* [1596, López Pinciano], tomado de ἀπολογητικός 'defensivo'; *apologética. Apólogo* [1547, Pero Mejía], tomado del lat. *apŏlŏgus* y éste del gr. ἀπόλογος 'relato detallado', 'fábula'; *apológico. Diálogo* [1448, Santillana, *Diálogo de Bías contra Fortuna*], del lat. *dialŏgus* y éste del gr. διάλογος 'conversación de dos o de varios', derivado de διαλέγεσθαι 'discurrir, conversar', propiamente 'hablar a través (διά) de algo'²; *dialogar* [J. de Mena, † 1456; Nebr. lo indica como propio de ese autor]; *dialoguista; dialogizar; dialogismo, dialogístico; dialo-*

gal. Dialecto [1604, Jiménez Patón], del gr. διάλεκτος 'manera de hablar', 'lengua', 'dialecto'; *dialectal; dialectalismo* (y los compuestos *dialectología* y *dialectólogo*, éste ausente todavía de la Acad.). *Dialéctico* [*-ético*: h. 1440, A. Torre (C. C. Smith, *BHisp.* LXI); APal. 119*b*, 454*d*], de διαλεκτικός 'referente a la discusión'; *dialéctica* [*-lét-*, med. S. XIII, *Buenos Prov.*, 13.7; APal. 19*b*, 251*d*]. *Dilogía; trilogía; tetralogía*, formados con las formas prefijadas de los números griegos '2', '3' y '4' y λόγος 'tratado'. *Epílogo* [1580, F. de Herrera], de ἐπίλογος íd., derivado de ἐπιλέγειν 'añadir (algo) a lo dicho'; *epilogar; epilogismo. Paralogismo*, de παραλογισμός íd.; *paralogizar. Prólogo* [APal. 86*b*, 388*b*], de πρόλογος íd.; *prologar; prologal; prologuista. Prolegómenos. Silogismo* [1433, Villena (C. C. Smith); APal. 31*b*, 454*b*], de συλλογισμός 'razonamiento', 'silogismo'; *silogístico* [h. 1440, A. Torre (C. C. Smith)]; *silogizar.*

CPT. *Logaritmo* [1708, Tosca], compuesto de λόγος 'razón' y ἀριθμός 'número'; *logarítmico. Logogrifo*, del mismo y γρῖφος 'red', 'enigma'; *logogrífico. Logomaquia*, de λογομαχία íd., compuesto de λόγος 'palabra' y μάχεσθαι 'pelear'.

¹APal. 251*d* define *logica*, pero como voz latina.— ² Para la pronunciación vulgar *diálogo*, vid. *BDHA* I, 99n.

LOGRO, del lat. LŬCRUM 'ganancia, provecho'. *1.ª doc.*: S. XIII, ms. bíblico I-j-8, traduciendo el lat. *usura* (*Bol. Inst. Filol. Ch.* IV, 350).

También aparece en el glosario de Toledo (h. 1400), traduciendo *fenerarius*; en el mismo sentido de 'rédito', aparece en APal. (93*b*, 103*d*, 157*b*); en Nebr. («*logro en la usura:* lucrum, foenus»), etc.; todavía es frecuente en este sentido en el Siglo de Oro (*Aut.*). Pero desde los primeros siglos del idioma el verbo *lograr* fué de uso más frecuente.

Primitivamente tiene el sentido de 'gozar el fruto de una cosa': cuando Minaya vuelve del combate con el escudo destrozado a cuchillazos explica el poeta «aquelos que gelos dieran non gelo avian *logrado*», pues «de XX arriba ha moros matado»; al saber la deshonra de D.ª Elvira y D.ª Sol, exclama el héroe «non la *lograrán* los infantes de Carrión, / que a mis fijas bien las casaré yo» (*Cid*, 2452, 2833). Análogamente en Berceo: la Virgen, lacerada por el dolor, dice a los verdugos de su hijo: «matatme, sí veades criados vuestros fijos; / sí veades criados a los que engendrastes, / e *logredes* los cuerpos por qui mucho lazdrastes, / que soltedes el cuerpo que de Judas comprastes» (*Duelo*, 58*b*), es decir, 'así podáis disfrutar de vuestros hijos' (= los cuerpos o personas por quienes sufristeis); y en J. Ruiz: «llega el omne tesoros por *lograrlos*, apodo; / viene la muerte luego, e déxalo con lodo» (1534*c*: *apodo* 'yo calculo, imagino', o bien (*a*) *apodo* = 'según sus cálculos, según sus planes'). Todavía es éste el sentido en que toma el vocablo Nebr.: «*lograr de alguna cosa*: potior, fruor; *lograr de la vida*: fungor vita»; ac. que todavía reconoce *Aut.*: «gozar, tener o posseer, como *lograr salud, conveniencias*, etc.», y es la que hay que entender en los dos ejs. de autores que erróneamente cita como pertenecientes a la ac. moderna: «la abundancia de frutos que *logra* el otoño y enriquece aquel Reino» (Ovalle, 1642), «*logró* ['aprovechó'] la oportunidad de executarlo solo, sin atender al peligro del Duque» (Betissana, 1683). Esta ac. procede de la etimológica 'hacer ganancias', que es la del lat. LŬCRARI y que todavía se halla algunas veces en la lengua medieval: «que ningunos omes nin mugeres non anden baldíos por el nuestro señorío, nin pediendo nin mendigando, mas que todos *logren* y vivan por labor de sus manos» Cortes de 1351 (cita de Cabrera). De 'gozar el fruto de una cosa' se pasa con leve transición a 'aprovecharse o valerse de algo', como *lograr la ocasión, el tiempo*, etc., V. los ejs. de *Aut.* y este otro: «JACINTA: Yo agradezco, / señor, lo que me ofrecéys» / D. GARCÍA. Mirad, que me agraviaréys / si no *lográis* lo que ofrezco», Ruiz de Alarcón (*Verdad Sospechosa, Cl. C.*, 23); ac. conservada por Torres Villarroel en el S. XVIII (Fcha.) y hoy en el Interior argentino: «a cualquier hora que corriese viento de estos dos puntos había que *lograrlo*, y trabajar aunque fuese de noche, pues podía llegar el fin de febrero y malograrse la cosecha» (Chaca, *Hist. de Tupungato*, p. 291), «El cura no sabe arar, / ... / él cosecha sin sembrar. / Él gana cabras y ovejas, / ... / Él *logra* a la gente vieja / y *logra* a la gente nueva, / cobra su buena moneda / al enterrar a los muertos, / tullidos, mancos y tuertos / los *logra* cuando se mueren», copla popular recogida en Mendoza (Draghi, *Canc. Cuyano*, p. 161). De la idea de 'gozar del fruto' se pasó en el reflexivo *lograrse* a 'tener éxito una empresa', 'llegar a perfección un producto', y en el participio *logrado* 'que ha tenido éxito, que alcanza perfección' (*un libro logrado*); *Aut.* ya documenta estas acs. en el Siglo de Oro.

En cuanto a la ac. moderna 'obtener', 'conseguir', no figura todavía en Oudin, Percivale ni Covarr., y creo puede afirmarse que era todavía un neologismo en el Siglo de Oro; nacería en la frase *lograr uno sus deseos*, donde sería primitivamente 'disfrutar de ellos', pero ya tiene el sentido moderno en un pasaje del *Quijote*: «Tomé Cecial que víó quan mal avía *logrado* sus desseos, y el mal paradero que avía tenido su camino, dixo al Bachiller...» (II, xv, 53vᵒ); pero se trata todavía de un ej. único en el libro[1]. Como consecuencia del empleo más frecuente de *lograr*, pronto este verbo adquirió la primacía sobre *logro* (de cuyo étimo derivaba su original latino), y este último pasó pronto a sentirse como un postverbal; de ahí que *logro* tenga ya el sentido 'consecución'

en Eugenio Coloma, S. XVII (*Aut.*). Cej. VII, § 13.

El lat. LUCRUM ha dejado descendencia sólo en rumano, castellano y portugués, también en catalán y occitano antiguos, y hay algún ej. de *loir* 'ganancia' en francés en el S. XIII (*PMLA* LIV, 632-4); LUCRARI permaneció en los mismos idiomas y además vienen de ahí el it. *logorare* 'gastar, desgastar' y el galés *lygru* 'echar a perder' (Schuchardt, *Litbl.* XIV, 97). Duplicados cultos son *lucro* [*Aut.*], *lucrar* [Acad. S. XIX].

DERIV. *Lograr* (V. arriba). *Logrero* [Berceo]; *logrería*; *lograr*.

Lucrativo [h. 1440, A. Torre (C. C. Smith, *BHisp.* LXI); fin S. XVII, Mondéjar, *Aut.*]; *lucroso*.

CPT. *Malograrse, malograr* [1.ª mitad S. XVII, *Aut.*], *malogrado* [S. XVII][2], *malogro* [íd.].

[1] El de Góngora que interpreta así Alemany, contiene en realidad la ac. 'disfrutar'. En *Calila*, ed. Allen, 99.94, es interpolación impertinente del editor. — [2] No es imposible que con este compuesto se confundiera *mal-agorado*, derivado de AGÜERO, con el sentido de 'desventurado' (cat. *malaurat*, oc. *malauirat*); éste aparece en el ms. aragonés del *Alex.*: «Budas, un troyano que fue *mal avorado*, / por ferirse con él vino muy denodado, / diole el rey tal colpe... / echólo muerto frío» (509*a*, donde O trae *mal aventurado*). Así lo sugería Unamuno, *Homen. a M. P.* II, 60. Pero como *malogrado* puede explicarse por *mal-logrado* solo, harían falta más pruebas. Escriben *mal logrado* Rodríguez del Padrón (*Canc. de Stúñiga*, 62) y Vélez de Guevara (*Serrana de la Vera*, v. 1639).

LOGUER, ant., tomado del cat. *lloguer* 'alquiler', y antiguamente 'pago', 'recompensa', 'salario', del lat. LOCARIUM 'precio que se pagaba por la posada', derivado de LOCUS 'lugar, paradero'. 1.ª doc.: Berceo.

En *S. Dom.*, 144*d* (*V*)[1] y en *S. Mill.*, 226 significa 'pago de algún trabajo'; en *Apol.*, 429*b* la terminación está asegurada por la rima y el sentido es 'beneficio obtenido por un cantor público'; en el Fuero de Avilés *luguer* será occitanismo. En textos aragoneses aparece la forma genuina *loguero* 'salario' (fuero de 1350, *RFE* XXII, 135-6). De un cruce con ALQUILER nace la variante *aloguer*, documentada en Alfonso el Sabio, *aloguero* en el Fuero Viejo de Castilla, en las *Partidas* y en A. de Cartagena (S. XV), *alluguero* en doc. castellano de h. 1300 (*DHist.*); de ahí también el port. ant. *aluguer* (*RL* XIV, 62-64).

Por otra parte el verbo LOCARE 'poner, colocar', derivado de LOCUS, tomó el sentido financiero de 'poner (dinero) a interés', y de ahí 'alquilar (el dueño) sus bienes', 'alquilarse, ponerse a sueldo (de alguien)', en la baja época 'alquilar los bienes o los servicios de otro', de donde el cat. *llogar*, oc.

logar, fr. *louer*, it. *allogare*, que aunque de origen
semántico diferente de *lloguer*, *loyer* y afines, fueron percibidos en romance como miembros de una
misma familia; en castellano antiguo el vocablo es
bastante frecuente, aunque sobre todo en textos 5
orientales y jurídicos; parece tratarse en unas partes de un catalanismo u occitanismo, en otras de
un semicultismo: *logar* 'pagar a una mujer por
su cuerpo' *Apol.*, 399c, 'contratar (a un obrero)'
en el fuero aragonés de 1350 (*RFE* XXII, 135-6; 10
en Torres Naharro, vid. índice de la ed. Gillet),
presente *luegan* en otro texto aragonés (*Col. de
Doc. para la Hist. de Aragón* V, 468), arag. *logar*
'alquilar un jornalero'; con prefijo *allugado* 'mercenario' *Alex.*, 69c, ast. *allugáse* 'acomodarse en 15
servicio de otro' (Vigón), *alogar* en el Fuero Viejo, Fuero Real, Fuero de Zorita y *Partidas* (*DHist.*),
alugar en el Fuero Juzgo y en las Ordenanzas de
Sevilla (ed. 1527, texto anterior) (*DHist.*)[2]; port.
y gall.[3] *alugar* 'alquilar'. 20

DERIV. *Logadero, alogador, alogamiento, aloganza*, todos ant. Port. *alugueiro, -guel, -guer* 'alquiler', gall. ant. *alugos*[4]. Cultismos, tomados del fran-
cés del código civil napoleónico: *locación, locador,
locatario*; *locativo* 'relativo al contrato de arrien- 25
do' [*Acad.* S. XIX].
   [1] Los textos de *E* y *H* son alteraciones evidentes de *V*.— [2] *Alogamiento* por 'alojamiento de soldados' en Cervantes de Salazar es italianismo militar esporádico del S. XVI.— [3] «Rapaciños *alu-* 30
gados a xornal» Castelao 215.9.— [4] «Por los *alugos* que cada ano render toda a dita casa» Pontevedra a. 1427, Sarm. *CaG.* 176v.

Loina, V. *lobo*   *Loja*, V. *aloja*

LOLIGÍNEO, 'perteneciente a la familia de las
jibias y calamares', derivado culto del lat. *lolligo,
-ginis* 'calamar'. *1.ª doc.*: falta todavía en *Acad.*
Término de naturalistas.
   Por vía popular el vocablo pasó solamente al
it. *lolligine* y a algunas lenguas hispánicas: mozár. 40
laguéi̯na 'calamar' (plur. *laguein*) PAlc., ár. marroq. *lewáyen* o *luáina* (Simonet, *Glos.* 288-9),
port. y gall. *lula*: ésta era la forma usual en el 45
NE. (Viveiro), en Pontevedra la disimilada *lura*
«especie de *xibia* sin concha» (Sarm. *CaG.* 232r,
85v; 82v, 81r, 100r, 188v, 199r, A15r); como
parece que la forma mejor documentada en lat. es
lolligine, con dos *ll* (Walde-H.; Ernout-M.), no 50
es necesario suponer en gallego una procedencia
mozárabe para explicar la *-l-*: *lollĭ(g)inem* dió
lulín, que percibido como un diminutivo se convirtió en un seudo-primitivo *lula* ∼ *lura*, cf. *lulão*
'motacilla tricirrata' en la Póvoa de Varzim. Carece 55
de fundamento semántico la etim. latina *lunula*
'pequeña luna' admitida por algunos filólogos portugueses. En mozárabe parece que hubo disimilación de *lolii̯ne* en *lowii̯ne*. También dejó descendencia en el mozárabe balear: menorquín *aluja* 60

'especie de calamar' (Moll, *Misc. Alcover*, 422),
probablemente pasando por (*a*)*lui̯iže*(*n*). Es llamativo el parecido con el bilb. *loina* 'pescado de agua
dulce', pero al parecer casual, vid. *LOBO*.
   DERIV. Gall. burlesco *lulo* 'pescador de oficio'
(Vall., supl.; Carré).

Lolio, V. *joyo*   *Loma, lomada*, V. *lomo*

LOMBARDO, primitivamente nombre de los
longobardos, luego de todos los habitantes de Italia (donde se estableció aquella nación germánica),
y finalmente denominación específica de los de
Lombardía, ha servido en castellano para designar
varios objetos procedentes de Italia o inventados
en este país. *Lombardo* 'banco de crédito' [*Acad.*
1899, pero en realidad mucho más antiguo, como
que en esta fecha ya estaba anticuado]; 'toro castaño' (*Acad.* S. XX). *Lombarda* 'variedad de berza semejante al repollo' [*Aut.*], también Toulouse
loumbardo (Bertoldi, *VRom.* V, 95n.). *Lombarda*
'bombarda, arma de fuego' [h. 1400, glos. de Palacio; 1r. cuarto del S. XV, Crón. de Enrique III;
Nebr.; otros textos de los SS. XV-XVII en Terlingen, 209-10; en Italia *bombarda* se documenta
desde 1376, pero la propia naturaleza del vocablo
indica que, aunque la invención fuese italiana, la
palabra debió originarse fuera de Italia, probablemente en Cataluña o en el Sur de Francia] por
influjo de *BOMBA*, onomatopeya de un ruido sordo, se cambió *lombarda* en *bombarda* [1435-9,
Tafur, *HispR.* XXVI, 271; leo *bombarda* en
Santillana († 1458), p. 124; Terlingen, 205-6; en
catalán desde la Crónica de Pedro el Ceremonioso,
escrita h. 1380, con referencia a hechos de 1359][1],
de donde posteriormente el derivado regresivo
bomba en el sentido de proyectil [1569; en Francia, 1640; en Italia, fines del S. XVII].
   DERIV. *Lombardada* [1499, *Aut.*]; ac. secundaria, por influjo de *lomo*: 'costalada', en Colunga
(Vigón). *Lombardear* [1482 (*HispR.* XXVI, 285);
1516, Terl.] o *bombardear* [1609, *DHist.*]; *lombar-
dero* [1503 (*HispR.* XXVI, 285); 1504, Woodbr.],
lombardería [1482 (*HispR.* XXVI, 385)].
   [1] Suele afirmarse por el contrario que *lombarda*
viene de *bombarda* por etimología popular (así
Terlingen, etc.), pero esto no nos explicaría el
extraño empleo del sufijo *-arda*, poco genuino en
España e Italia, que son los países donde se documenta más antiguamente.

LOMBRIZ, del lat. vg. LŪMBRIX, -ĪCIS, alteración del clásico LŬMBRĪCUS 'lombriz de tierra',
'lombriz intestinal', ocasionada por la gran frecuencia del plural LUMBRICI. *1.ª doc.*: Berceo.
   Ya en este autor (*S. Dom.*, 452d) el femenino
está asegurado por la rima: «tu cevas las *lom-
brizes* que yazen soterradas». De uso general en
todas las épocas; Cej. VII, § 52. En latín vulgar
hallamos *lumbricibus* en la *Mulomedicina Chiro-*

nis, 453 (S. IV), *ALLG* XII, 408, 553; en el Dioscórides lombardo del S. VI *lumbrices* es plural femenino (*RF* XIV, i, 619), y la misma forma o el singular *lumbrix* aparecen en glosarios latinos (*CGL* III, 477.42; II, 434.37). El port. *lombriga*, ast. *llombriga* (ast. occid. *tsumbriza*, Vigón), cat. *llambric* (raro)[1], oc. *lombric*, fr. ant. *lombri*, it. *lombrico*, rum. *limbric*, proceden de LUMBRĪCUS, pero la forma básica del castellano reaparece en las formas *lombrídz* y análogas de los dialectos italianos del Piamonte, Bérgamo, Luca y Parma (Salvioni, *Rom.* XXIX, 551; *KJRPh.* VIII, 141).

DERIV. *Lombriguera* [*Aut.*], *lombrigón* [Acad. 1925], derivados de fecha latina o romance primitiva.

[1] Esta alteración vocálica debe de haber existido también en castellano, en vista de *lambrija* «lo mismo que *lombriz*; dícese regularmente de la persona que está muy flaca y delgada» [*Aut.*], que M-L. (*REW*, 5157) deriva de *LUMBRĬCŬLA, de donde también vendrían las formas *onfriga* y *lanfrigora* de los dialectos lombardos de Val Canobbia y Brissago. Sin embargo, esta etimología no es segura. En el supuesto de que Babia *tsambrixa* (Gnz. Álvarez) fuese forma genuina, probaría en efecto que esta -*x*- (= -*j*-) no viene de -CL-; sin embargo, mientras no tengamos pruebas de la extensión y antigüedad de la -*x*- cabrá admitir que sea castellanismo, y también podría haber influjo de la terminación de *lagartija*. Por otra parte es bastante convincente a primera vista la idea de GdDD 229 de que *lambrija* esté por *alambrija*, de *alambre*, pues el arag. *lambreño* «lambrija» (Borao) y el arag. de Litera *lembreño* «enjuto de carnes, delgado» (Coll A.) es también verosímil que salgan de *alambreño*. En cuanto al burg. *lambruzco* íd., de que habla ahí *GdDD*, si es forma real, es de creer que venga más bien de *lambrusca* = LABRUSCA compárese *sarmentoso* íd; aunque la existencia de tal burg. *lambruzco* está muy necesitada de comprobación (falta en *RDTP* V, 149; ibid. IX, 47; y Acad.), pues es muy sospechosa la coincidencia de ideas con el artículo de Brüch, *ZRPh.* LXIV, 143-5, cuyos razonamientos etimológicos acerca de *lambrija* son forzados (desde luego *lambreño* no puede salir de *lambrijo* «por disimilación»; influjo de LABRUSCA sobre *LUMBRICULA en latín vulgar es inverosímil; la coincidencia de *lambrija* con las formas italianas es fácil que sea casual). El rum. *limbric*, macedorrum. *lâmbric*, parece corresponder al mismo radical LAMBR-.

LOMO, 'parte inferior y central de la espalda', 'en los cuadrúpedos, todo el espinazo desde la cruz hasta las ancas', del lat. LŬMBUS íd. *1.ª doc.*: *lombo*, doc. de Castilla, de 912; *lomo*, íd. 969 (Oelschl.); J. Ruiz, J. Manuel.

General en todas las épocas; Cej. VII, § 52;

ast. *llombu*, V; común a todos los romances salvo el rumano (en francés, rético y ciertas hablas del Norte de Italia, tiene la forma LUMBLUS, explicable por un diminutivo o por repercusión fonética).

DERIV. *Loma* 'colina' [*lomba*, doc. de 1011; *loma*. doc. de 1074; ejs. en M. P., *Oríg.*, 37, 295, 296-8. y en Oelschl.; *Cid*, etc.; ast. *llomba*, V], derivado propio del cast. y el port. *lomba*[1]; en gall. ant. *lomba* es todavía 'dorso plano o lomo de un monte', aplicable a peñas, no a una colina suave: «un mõesteiro que jaz sobre *lomba* d'ũa gran pena» (*Ctgs.* 39.6). *Lomada* arg. (Tiscornia, *M. Fierro coment.*, p. 432); ast. *llombada*, *llombardada* 'costalada' (V)[2]; *lomaje* 'línea de cumbre', 'conjunto de colinas' arg.; *lometa*; *lometón* cub. 'montículo' (*Ca.*, 65). *Lomear* 'mover los caballos el lomo'[3]. *Lomera*. *Lomillo* 'solomillo' arag. [en el murciano Polo de Medina, † h. 1650; > cat. vg. *llomillo* íd.]; 'parte superior de la albarda', amer. 'pieza del apero que sirve de silla' [Ascasubi, *Santos Vega*, v. 955; Hernández, *M. Fierro* II, 4548, y V. el vocab. de la ed. Tiscornia, p. 383]; gall. *lombélos* «entrecuestos o solomos» (Sarm. *CaG.* 135r); *lomillejo* 'parte del apero de la mula' arg. (Borcosque, *A través de la Cordillera*, p. 84); *lomillería*. *Solomillo* [1560, Mz. Montiño], que también se ha dicho *solomo* [1605, *Píc. Justina*]. *Lomoso*. *Lomudo*. *Alomar*. *Deslomar* [Nebr.]; *deslomado* [íd.]; *deslomadura* [íd.]. Cultismos. *Lumbago* [Acad. ya 1869], del lat. tardío *lumbāgo*, -*agĭnis*; *lumbar* [Acad. íd.].

CPT. *Lomienhiesto* o *lominhiesto* [1605, *Píc. Justina*].

[1] El val. *lloma* es popular desde el Maestrazgo hasta el Sur del territorio, y ya se documenta en Valencia en 1591 (*Anales del C. de Cult. Val.* VIII, 43), pero no antes, y como es ajeno al uso catalán y balear, y su tratamiento fonético no se ajusta al mozárabe, será probablemente aragonesismo.— [2] Pero, vid. s. v. *LOMBARDO.*— [3] Ocasionalmente 'moverse la tapa de una vasija puesta al fuego': «cercanos a la lumbre se ovillan gatos y perros... *lomea* la tapa de la pava...», J. J. Figueroa Aráoz, *La Nación de B. A.*, 18-VIII-1940.

LONA, 'tela fuerte para velas de navío y otros usos', del antiguo *olona*, y éste de *Olonne*, ciudad francesa en la costa del Atlántico donde se fabricaba esta tela. *1.ª doc.*: *alona*, 1495, Woodbr.; *lona*, 1519, íd.; h. 1590, J. de Acosta.

También figura en Lope (*Aut.*), en Tomé Cano (1611), en un ms. náutico de h. 1620, etc. (Jal, pp. 125 y 271); *olona* está en otro ms. del mismo siglo y de la misma naturaleza (Jal, p. 1232*b*, s. v. *proveduría*). El testimonio más antiguo es del port. *lona*, en ms. náutico de 1506 (ibid., s. v. *brreu*). Es conocida la fabricación de lonas en Olonne, departamento de Vendée; lo cual explica el port., cast. y cat. *lona*, it. *alona*; también se fabricaron en Noyal, Alta Bretaña, de donde el fr. antic. *toile noyale* (S. XVII) y el vasco *oiála*[1] íd. (Jal, s. v. *toile*).

DERIV. *Loneta.*

[1] En Lequeitio *olana* < fr. *olonne* (Azkue).

Loncha, V. *lancha* y *lonja*   *Londoño,* V. *latón* II   *Lóndriga,* V. *nutria*   *Loneta,* V. *lona*   *Longa, longadura, longanimidad, longánimo,* V. *luengo*

LONGANIZA, del lat. vg. LŪCANICIA, derivado del lat. LŪCANĬCA 'butifarra o longaniza', así llamada porque se hacía en Lucania; en romance **luganiza* pasó a **lunganiza* y luego *longaniza,* por un proceso fonético corriente, ayudado por el influjo de *luengo* 'largo'. 1.ª *doc.:* h. 1400, Glos. del Escorial y de Toledo.

Así en estas obras como en el cazurro andaluz del S. XV (M. P., *Poesía Jugl.,* 305), en la *Gaya de Segovia* (a. 1475; p. 84), APal.[1] y Nebr. («*longaniza:* farcimen; lucanica»), el vocablo tiene -*z*-sonora. De uso general en todas las épocas; Cej. VII, § 94; ast. *llonganiza* (V). Formas equivalentes son el cat. *llonganissa* (vulg. *llangonissa*) y el port. *lingüiça* (ant. *longariça*)[2]. Desde Diez era tradicional derivar estas palabras del lat. *longano, -ōnis,* 'intestino grueso', 'especie de embutido', que por lo demás no explicaba la terminación romance, pero como ya observó M-L. (*REW* 5119, comp. 5114*a*) en realidad no parece existir tal palabra. Lo que se halla en muchos autores, desde Varrón (S. I a. C.), es *longavo,* con la variante bastante frecuente *longao* (explicable como *pao* junto a *pavo, -onis*), y otra variante ortográfica *longabo;* en realidad ignoramos la cantidad de la *a,* que bien pudo ser breve y entonces no habría dificultad en derivar de ahí el logud. *longu* 'longaniza'. En cuanto a la forma *longano,* se halla sólo en los manuscritos de Celio Aureliano (S. V) y varias veces en Vegecio (h. el a. 400), vid. Niedermann, *VRom.* V, 180-1; de ahí deduce este filólogo que esta variante *longano* no es mera lectura falsa de *n* por *u,* como supone M-L., sino que se formó por interpolación de una *n* antihiática; pero esto no es admisible: no hay tal fenómeno fonético y los ejs. que se citan son de pura apariencia; creo en efecto que se trata de una errata que alcanzó alguna extensión en ciertos manuscritos gracias al influjo de *longaniza* y del lat. *lucanic(i)a.*

La etimología verdadera de *longaniza* es la ya indicada por Cornu (*GGr.* I², § 121), lat. LŪCANĬCA (Cicerón, Marcial), voz ya clásica, lo mismo que *lucanicum, lucana* y *lucania,* como nombre de una butifarra o longaniza; en efecto la otra variante LŪCANICIA se halla también en los mss. de San Isidoro (*Etym.* XX, iii, 28) y ofrece una base irreprochable para las palabras romances: el primitivo **luganiza* pasó a *lunganiza* por propagación de la nasal (fenómeno frecuentísimo) y finalmente

longaniza al actuar el influjo de *luengo* (comp. cat. *llonganissa* 'retahíla, cosa inacabable'). Por lo demás LUCANICA también se conservó en el vasco *lukainka* (de donde vizc. *lucainca* 'longaniza, salchicha', Arriaga)[3], el neogriego λουκάνικο alban. *lëkongë,* y todo un grupo de palabras dialectales alto-italianas (*lügán(e)ga*)[4] y retorromances (engad. *liaungia,* etc.), vid. M-L. (*REW,* 5134), donde faltan todavía las formas iberorromances.

[1] «*Lucanice,* que son *longanizas* se dixeron assí porque primero se fizieron allí las salcizas o *longanizas:* que es una confección o mezcla de carnes menudas metidas en tripa», 253*b;* también 193*d.* — [2] También aran. *laṅgwísa* (o *leṅgwanísa*), que puede ser equivalencia del cat. vg. *llangonissa;* pero el vocablo no aparece fuera de allí en lengua de Oc, luego quizá sea catalanismo más o menos estropeado. — [3] Hay variante *lukaika:* entre las dos cubren todo el territorio de lengua vasca; pero Azkue no precisa el área respectiva; en el valle de Salazar *lukarika:* la -N- intervocálica pasa a -r-, o cae del todo, en muchas variedades vascas, y en otras suele nasalizar la vocal siguiente. La base común es pues LUCANICA. — [4] Ya *lugánica, -ániga* «Wurst», en el glosario veneciano del S. XV publ. por Mussafia, *Denkschr. d. Wiener Akad.* XXII, 175.

Longar(es), longazo, longevidad, longevo, longincuo, longitud, longitudinal, longor, longuera, longuería, longuetas, longura, V. *luengo*   *Longarito,* V. *largo*

LONJA, 'tira de cuero, correa larga', 'pedazo ancho y delgado de carne y de otras cosas, especialmente de tocino o jamón', en ambas acs. se tomó del fr. *longe* 'correa, en especial la empleada para sujetar un animal', 'mitad de la canal de un animal sacrificado': en la primera ac. el vocablo francés es aplicación especial del fr. ant. *longe,* femenino de *long* 'largo'; en la segunda ac. el origen es incierto a causa de la ac. 'lomos de persona', muy frecuente en la Edad Media, que sugiere una etimología **LŬMBĔA* 'perteneciente al lomo', pero no es improbable que sea extensión del sentido 'témpano de cerdo u otro animal', que puede explicarse por el adjetivo *longe* 'larga'. 1.ª *doc.:* 1.ª ac., h. 1325, Juan Manuel; 2.ª ac., parece hallarse ya en J. Ruiz, a. 1330.

En el *Libro de la Caza* Juan Manuel emplea *lonja* en el sentido de 'tira de cuero con que se sujeta el halcón a la alcándara' (21.25, 49.9); López de Ayala a fines del mismo siglo repite la denominación en el cap. 31 de su libro, mientras que en el 29 escribe *longa* (C. Michaëlis, *RL* XIII, 426-7; contexto en Tiscornia). *Aut.* explica «en la volatería es la correa larga que se ata a las pihuelas del ave, para no tenerla muy recogida», y cita la *Cetrería* de Mosén Juan Vallés (1556), quien da la equivalencia «luengas o lon-

jas»[1]; otro ej. algo anterior en Cristóbal de Castillejo (Fcha.); además «pedazo de vaqueta con que se afianzan en los coches los balancines menores al mayor» (*Aut.*); Cej. VII, § 52. En el Plata se ha ampliado hoy esta ac. del vocablo haciéndolo sinónimo de 'tira de cuero vacuno', por lo común cuando ya se la ha limpiado del pelo, aunque ésta no parece ser condición necesaria (*M. Fierro* II, 2620, y ed. Tiscornia, p. 432; Malaret); *lonjear* 'reducir a tiras un cuero (cuando todavía tiene pelo)' (*M. Fierro* I, 2016). Hasta aquí se trata evidentemente de una de las dos palabras que en francés tienen la forma *longe*, con el sentido moderno de «lanière qu'on attache à la patte d'un faucon pour qu'il reste sur la perche» o «lanière de cuir trouée dans une partie de sa longueur, à laquelle est attachée la mèche d'un fouet»; en francés antiguo es muy frecuente desde el S. XII. y no sólo era término de cetrería, sino que se aplicaba asimismo a otros tipos de correa, p. ej. la destinada a sujetar un animal al establo, a una estaca, etc. (God. V, 19*b*; X, 93*b*), o para llevar un condenado al patíbulo (*Roman de la Rose*, v. 1752). Hay acuerdo en derivar este vocablo del adjetivo *long*, lat. LŎNGUS, cuyo femenino tenía antiguamente, de acuerdo con la fonética histórica, la forma *longe*; así se comprueba por el oc. ant. *longa*, frecuente desde princ. S. XIII, por el cat. *llongues* 'riendas', y por las formas castellanas *lonja* y *luenga*, arriba citadas: lo esencial de la lonja era, en efecto, el ser larga, para dar cierta latitud de movimientos al animal.

De la otra ac. el primer testimonio parece hallarse en Juan Ruiz: la monja tentada por la Trotaconventos se defiende con la fábula del cuervo y su queso, y concluye «non es cosa segura creer dulce lisonja, / de aqueste dulçor suele venir amarga *lonja*; / pecar en tal manera non conviene a monja: / religiosa non casta es perdida toronja» (1443*b*); aunque el texto no es trasparente, parece tratarse de una alusión anticipada a la toronja de que se habla luego, fruto en el que alterna la dulzura con el amargor, luego se trataría de la ac. 'rebanada de fruta'. Con posterioridad las referencias son generalmente a la carne de cerdo: Nebr. define «*lonja de tocino: frustrum suillum*», en términos análogos se expresan J. de Valdés (*Diál. de la L.*, 126.22), Oudin y Covarr., y *Aut.* dice «el trozo ancho y delgado que se corta de los perniles de tocino»; la referencia al tocino no es absolutamente precisa puesto que Góngora habla de cortar una lonja de jamón, y en otro pasaje emplea el vocablo con alusión obscena a un hombre; modernamente no es raro que *lonja* se aplique a la carne de cualquier animal, y aun al pedazo largo y delgado de cualquier materia (de césped en el ej. de Alejandro Oliván citado por Pagés)[2]. Lo único constante es la forma alargada, la idea de pedazo cortado de algo: generalización que se habrá producido en castellano por la

coincidencia de los dos *lonja*, que ya Covarr., como hoy la Acad., tendía a definir conjuntamente.

En francés *longe* es hoy precisamente la de ternera, más que de otros animales, pero en lo antiguo fué común aplicarlo especialmente al cerdo (*Roman de la Rose*, v. 11751); con referencia a animales el vocablo es frecuente desde princ. S. XIII (God., *ll. cc.*). Pero en el idioma vecino, a diferencia del castellano, *longe* no es una rebanada, sino toda una mitad de la canal de los animales, «moitié en long de l'échine, depuis le bas des épaules jusqu'à la queue», es decir, lo que en castellano se llama un *témpano* o una *hoja*: en el pasaje citado del *Roman de la Rose* se trata de un glotón desmesurado, que come «de porc au meins une *longe*», y así claramente en casi todos los ejs.[3]. Nada más claro semánticamente que derivar este sentido del lat. LŎNGA, puesto que se trata de un pedazo que abarca toda la longitud del animal. Sin embargo, es verdad que el vocablo en los SS. XII, XIII y principio del XIV aparece además como sinónimo de 'lomos' y con referencia al hombre. Por esta razón la opinión de los romanistas, poco menos que unánime, desde Diez hasta Bloch, saca *longe*, como término de anatomía humana o animal, de un lat. *LŬMBĔA, adjetivo derivado de LUMBUS. Sólo Salvioni, *RIL* XL, 1055, protestó, en nombre del sic. *longa* «schiena del maiale, schiena degli animali», que en Calabria es *longa* o *logna*, y ya aparece en aquella forma del S. XIV en la *Vita del Beato Corrado*, texto siciliano del S. XIV («portami di la carni di lu porcu, zoè di la *longa*»), y M-L. se adhirió, incorporando el vocablo a su artículo LONGUS. Por lo demás es sabido que el fr. *longe* tuvo amplia fortuna extranjera, pues de ahí proceden: ingl. *loins* 'lomos' [princ. S. XIV], oc. mod. *lounzo, lonzo, lonjo* «longe de mouton, de veau, la moitié de l'échine», *lounzo de biòu* «filet de boeuf» (Mistral; igual ac. *loûnzo* en Sauvages, Visner, Vayssier; *lounjo* en este último), con el paso regular en lengua de Oc de *nj* a *nz*[4]; de ahí pasó al it. *lónza*, por lo común en plural, *lonze*, «l'estremità carnose della testa e delle zampe degli animali grossi macellati che rimangono attaccati alla pelle nello scorticarli», también 'lomos, flancos (de persona)', y por otra parte al cat. *llonza*, ya documentado en el S. XV, en la ac. 'pedazo de carne de carnero, etc., adherida a una falsa costilla' (Fabra), en Valencia «morrillo: porción carnosa que tienen las reses en la parte superior y anterior del cuello» (Escrig): la procedencia francesa del vocablo se confirma al advertir que en Desclot (fin del S. XIII) *les lonzes* se refiere a una parte del cuerpo de un guerrero (p. 336)[5]. Dada esta amplia difusión, y el hecho de que *li lonzi di lu cavallu* ya se mencionan en la Veterinaria siciliana del S. XIV (*ZRPh.* XXIX, 592), no se puede desconocer el derecho que asiste en principio a Bertoni (*ARom.* V, 102) cuando se niega a abandonar el étimo *LŬMBĔA y admite que el sic. ant. *longa* pudo venir también del fr. *longe*, con trasposición a la fonética del dialecto. Bloch hace valer en favor de *LUMBEA* la variante *loigne* (de donde el ingl. *loin* y el calabr. *logna*), que en efecto es muy frecuente en el francés medieval. Pero advirtamos que es argumento ambiguo y de escasa fuerza, pues también *longe* en la ac. 'correa' tiene la variante *loigne*, *logne*, y con grandísima frecuencia (God.): ahora bien, ahí no cabe otro étimo que LONGA. Pudo haber influjo de *éloigner* (equivalente antiguo *allonger*, *eslongier*), pero en realidad parece tratarse de un fenómeno de fonética dialectal francesa: junto a *grange* GRANĬCA se halla *graigne*, *gragne*, etc., especialmente en hablas del Este y el Nordeste; junto a *mensonge* es frecuente *mensoigne* desde muy antiguo y de ahí viene el it. *menzogna*, pero el tipo etimológico MENTIONICA está confirmado inequívocamente por el oc. *messorga*, cat. ant. *monçónega*, y últimamente parece abandonarse del todo la idea de una variante *GRANIA o *MENTIONIA, vid. el *FEW* y Gamillscheg, *EWFS*, en los artículos correspondientes[6]. *Loigne* no es, pues, buena prueba de *LŬMBĔA[7]. Y no hay duda de que un étimo único LONGA simplificaría la cuestión. En conclusión el problema no puede resolverse por ahora definitivamente, pero el origen francés del vocablo castellano en ambas acs. no admite dudas.

[1] Igual en catalán coetáneo: «posar les *longes* al esparver: alligare pedes accipitris loro vel pedica», 1575, On. Pou, *Thes. Pue.* 57.— [2] Ya Percivale (1591) define en términos generales «a great piece or part», aunque luego agrega *lónja de tocino*.— [3] Quizá tenga la ac. castellana en el texto de 1412-4 que cita Godefroy, aunque no es claro. En un misterio del S. XV publicado por Jubinal (I, 20) el contexto no nos ilustra sobre la idea exacta.— [4] Levy recoge un ej. medieval de *longas de mouton*, interpretando *lonjas*, pero no hay mucha razón para dudar de que ahí la *g* se pronunciara oclusiva.— [5] La *z* sorda del it. *lonza* quizá se explique por influjo de *lonzo* 'flojo, sin fuerza', que según M-L. (*REW*, 5167a) vendría del longob. *lunz* 'perezoso' (comp. Pieri *ALLG* XV, 131 y ss.; M-L., *ZRPh.* XXIV, 142). Sin embargo, habrá que tomar en consideración el cat. *llonze* 'persona que no se da cuenta de nada por falta de vivacidad', que Spitzer (*Litbl.* XLVIII, 129) trata de explicar semánticamente a base de *llonza* 'falsa costilla'. Estudiaré el problema en mi *DECat.*, en relación con el mall. *llonzí*, de sentido diferente.— [6] Se ha tratado recientemente de este problema fonético en *ZRPh.* LXV, 247, y Dupire, *Mél. Haust*, 137, artículos que no se hallan a mi alcance. Pero V. el estudio concluyente de Jud en *VRom.* X, a propósito de *mensonge*.— [7] Tampoco lo es la glosa «*vertebra: cardo vel lumbia*» (*CGL* II, 596.33), que parece indicar una ac. 'charnela'.

LONJA II, 'tienda donde se venden ciertas especias', 'centro de contratación de mercaderes', 'atrio de una iglesia y otros lugares destinados al paseo': tomado del fr. *loge* 'glorieta', 'choza', 'gabinete, camarín', 'centro de contratación', por conducto del cat. *llotja* (val. y mall. *llonja*); en francés el vocablo procede del fráncico LAUBJA (a. alem. ant. *louppea*) 'glorieta', 'galería', 'sala', quizá derivado de LAUB 'hoja'. 1.ª doc.: 1439-45, Pero Tafur.

Ahí en la ac. 'tienda', con referencia a la de un banquero o cambista; *Aut.* define «la tienda donde se vende cacao, azúcar, especias y otros géneros» y da un ej. del *Persiles*. En la ac. 'centro de contratación de mercaderes' se lee ya en doc. de 1490, y Nebr. trae «*lonja de mercaderes: emporium*»; es ac. frecuente desde el Siglo de Oro (ejs. del *Quijote* y de Morgado, en Baralt, *Dicc. de Galic.*, s. v. *bolsa*); si no me engaño es la única que conserva cierta vida, aunque prestada, en castellano, pues sólo se aplica a los famosos edificios de las ciudades catalanas y de la Corona de Aragón, donde se reunían los mercaderes y aun hoy sirven, en algunos puntos, de bolsa. Las demás acs. son más raras: 'atrio de una iglesia' [1600], 'lugar empleado para pasearse' en Juan de Valdés (*Diál. de la L.*, 126.22; donde no es seguro que no haya italianismo individual del autor)[1]. Para más documentación, Terlingen, pp. 134, 273-5; Cej. VII, § 37. En catalán el vocablo es más antiguo y de sabor más castizo: los ejs. abundan desde el S. XIV, especialmente en la variante *llotja*[2]; las acs. más corrientes son 'galería, palco' y 'casa de contratación comercial': aunque esta ac. ha existido también en francés (SS. XVII y XVIII; Littré, acs. 8 y 15) y en italiano, Cataluña parece ser su lugar de origen, pues es donde aparece primero (Eiximenis; *Consulado*), y el más antiguo testimonio italiano, citado por Terlingen (a. 1400), se refiere precisamente a la ciudad de Barcelona. La variante *llonja* es hoy mallorquina y valenciana (rima con *monja* en Jaime Roig, a. 1460, v. 2615), y la emplea el gerundense Eiximenis (a. 1381-6; *12èn. del Crestià*, N. Cl. VI, 73) con referencia a Mallorca. La epéntesis de la *n*, que en castellano aparece aislada[3] y no existe en otros romances[4], en Valencia forma parte de un conjunto de hechos, pues este dialecto catalán responde con *rellonge* al *rellotge* 'reloj' del catalán normal, y con *bronja* al cat. *brotxa* 'brocha'; el arag. ant. *fulange* 'follaje en un blasón' (inventario de 1426, *BRAE* VI, 738) es también catalanismo, según muestra la *u* (cat. *fullatge*). Así el cat. *llotja* como el it. *loggia* son préstamos del francés, aunque ya antiguos en estos idiomas; es posible que algo influyera el it. *loggia* en el S. XVI en el uso de la voz castellana, pero ésta era esencialmente preexistente y tomada del catalán. Pasó también al portugués *loja* 'casa de tierra', de donde 'pavimento térreo de un edificio a ras del suelo';

un gall. *loxe* 'tiempo donde se compran cosas corrientes' en documentos de Pontevedra, y Sarm. anotó *loge* 'bodega donde se salan las sardinas' en Vilaxoán de Arousa (*CaG.* 188v).

Sólo en fr. es germanismo directo, pues sólo ahí es normal la evolución consonántica LAUBJA > *loge*; verdad es que del ostrogodo pasó también al it. dial. *lobia, lubbione,* y del suebo se trasmitiría al gall. *lobio* 'emparrado' [960][5]. Además del gallego este vocablo germánico se trasmitió al vasco *lobio* «parc où on met le bétail» y «devant de maison où on étend litière à faire fumier», ya en Oihenart (Michelena, XII, 367). Lo cual, a no tratarse de una palabra viajera, tiene verdadera importancia, pues es difícil que un vocablo suebo pasara al vasco, y más al de Francia; por otra parte si es antiguo en vasco, la falta de diptongo ahí coincide con el mismo fenómeno en gallego, y podría quizá utilizarse este argumento en la disputa que sostienen los germanistas acerca de si pertenece a la raíz del alem. *laub* o a la del gót. *luftus* (cierto es que el AU parece estar asegurado por la documentación del S. IX y por el préstamo finés); el haber pasado al vasco y al finés podría también ser argumento para admitir un origen gótico y no germánico occidental.

En fr. el sentido más antiguo parece ser 'glorieta de follaje', también ac. del alem. mod. *laube,* y el propio Kluge la admite como primitiva en *ARom.* VI, 306-7: entonces sería, como suele admitirse, un derivado de *laub* 'hoja, fronda'; por otra parte también son antiguas, en alto alemán y en francés, las acs. 'galería en lo alto de una casa', 'techo protector', de las cuales deduce Kluge, en su diccionario etimológico, que el vocablo pertenecería a otra raíz germánica, la del gót. *luftus* 'aire', escand. ant. *lopt* 'piso alto', ingl. *loft.* Sea de ello lo que quiera, LAUBJA es palabra antigua en germánico, ya documentada en glosas del S. IX (Kluge, *l. c.*) y por el germánico trasmitida al finés *laupio* 'techo interno'.

En resumen, el esquema histórico es: fráncico > fr. > cat. > cast.; fr. > it.; y en la ac. 'casa de contratación, bolsa' el vocablo volvió del cat. al fr. y pasó también desde aquél al it.

Italianismo arquitectónico, después aplicado al centro de reunión de los masones, es *logia.*

DERIV. *Lonjear. Lonjeta. Lonjista. Alojar* [2.º cuarto del S. XV, Díaz de Gámez: Cuervo, *Dicc.* I, 353-4; Torres Naharro, vid. índice de la ed. Gillet; Cej. VII, § 37, también *lojar* una vez en el S. XV], tomado del cat. *allotjar* y éste del fr. *loger,* derivado de *loge* 'cámara, habitación'; *alojamiento; desalojar* [h. 1572, Hurtado de Mendoza: Cuervo, *Dicc.* II, 957-8], *desalojamiento, desalojo. Logis* [Acad. 1899], tomado del fr. *logis* 'alojamiento, estancia'.

[1] Comp. 130.14, donde da *lonja* como voz italiana equivalente del cast. *corredor.*— [2] Ag. Con referencia a la de Barcelona en el *Consulado de*

Mar, ed. Moliné, p. 220, pero no se trata de las partes antiguas del *Consulado,* que se remontan al S. XIII.— [3] *Loja* sin *n* es raro en castellano, pero se lee en APal. 16d, 128d, 287d.— [4] Terlingen cita el neogriego λόντζα dando a entender que esta *n* pudo venir de Italia. Pero según mostró Schuchardt (*ZRPh.* XXXV, 88n.), e indiqué yo mismo (*Symposium,* 1948, 113-4), se trata de un fenómeno peculiar de los italianismos griegos, debido a condiciones especiales del gr. moderno, que no afecta sólo a la consonante *ggi,* sino también a otras (a veces la ν tiene un valor meramente gráfico). Para las acs. de esta voz griega y para su trasmisión al turco y al servio, vid. Gustav Meyer, *Roman. Lehnworte im Ngr.,* 45. Desde luego nada tiene esto que ver con el val.-cast. *(l)lonja.*— [5] «La parra que está junto a una casa para sombra y pasear», vivo en Ribadavia y otras partes, Sarm. *CaG.* 216v. Vid. Gamillscheg, *R. G.* I, pp. 189, 384; II, p. 20. Es chocante la falta de diptongo en el gall. *lobio;* quizá evolución dialectal sueba o tratamiento romance especial ante B, comp. gall.-port. *pôbre* PAUPER, *escôpro* SCALPRUM; también cabría que resulte de un cruce de dos formas dialectales diferentes: *loubio* y *loibo,* ambas normales. En la toponimia es frecuente en toda Galicia y la variante *Loivo(s)* se extiende hasta el Bajo Duero: tres o cuatro localidades en el Minho, Tras-os-Montes y hasta cerca de Oporto: allí se documenta como *Lovio* en 960 y tres veces en un texto de princ. S. XIII (Silveira, *RL* XVI, 157), luego *ov* no es reducción de un antiguo *ouv.* El gall. *alboyo* 'especie de alpendre; cobertizo para carros, etc., como lo tienen las casas de aldea' (Sarm., *CaG.* 76v; Alvz. Giménez) quizá sea una palabra independiente, acaso variante del gótico *bawiþa,* que Gamillscheg, p. 385, postula para explicar ciertas voces retorrománicas, occitanas y vascas (cf. gót. *bauan* 'habitar', a. y b. al. ant. *bûan,* a. al. med. *bûwen* íd. y 'construir', a. al. ant. *gabûid* 'vivienda', V. BÓVEDA), y cabría en lo posible que una forma visigótica *buwid* o análoga pasara a un *boio* gall., al cual se sumara *al-* de *alpendre;* cf. además el repetido topónimo gall. *Bour(i)o,* que se ha supuesto procedente de un germ. *bûrja* (Gamillscheg, p. 385), etimología problemática. En fin, no sería inconcebible que del cruce de *alpendre* con *lobio* resultara *alboyo,* quizá pasando por *alpobio* con asimilación y luego eliminación de la segunda *b.*

LORANTÁCEO, compuesto culto del lat. *lorum* 'correa, tira de cuero' y el gr. ἄνθος 'flor', por la forma del cáliz de estas plantas. *1.ª doc.:* Acad. 1899.

LORCA arag. 'madriguera de conejos', de un hispano-lat. *LAURĬCA afín a LAURICES 'gazapos', documentado por Plinio. *1.ª doc.:* 1859, Borao.

En otras hablas aragonesas *lórica* y *orca* (*RDTP* VII, 224), sanabr. *llorga*, cat. dial. *llòrca* (en Maella y Massalió, Bajo Aragón).

DERIV. Alto-arag. *(l)oriquera* íd., cat. *lloriguera*. De ahí también el cat. *llorigó* 'gazapo', port. *lourgão;* los port. dial. *lorga* 'madriguera', 'sumidero de agua', y *lura* 'madriguera', quizá representen bases *LŌRICA, *LŪRA (salm. riberano *lurga* *LŪRICA), con diferente resolución del diptongo de una base común prerromana *LOUR-. Más datos y consideraciones en M. L. Wagner, *AILC* V, 152; Hubschmid, *Festschrift Jud;* Elcock, *De quelques affinités*, p. 98 y mapa 14.

LORCHA, 'barca más ligera que el junco, empleada en las costas de China', del port. *lorcha*, y éste quizá alteración del chino *long čuen*, por influjo del gall. *lorcha* 'aleche'. *1.ª doc.:* Acad. 1884.

En portugués desde 1540. V. la justificación de la etimología, y la documentación portuguesa, siempre relativa al Extremo Oriente, en Dalgado I, 533. Para el gall. *lorcha* como nombre de pez, V. *LOCHA*.

LORDOSIS, tomado del gr. λόρδωσις íd., derivado de λορδός 'encorvado', 'jorobado'. *1.ª doc.:* Acad. 1925.

LORENZANA, cierta especie de lienzo grueso; al parecer del pueblo de este nombre, donde se fabricaba. *1.ª doc.:* Terr.: «especie de lienzo semejante al que sirve para toallas».

Acad., ya en 1817, registra el vocablo con la explicación «lienzo grueso que se fabrica en Galicia, en un pueblo de este nombre». Hay efectivamente uno así llamado en el partido de Mondoñedo, que comprende cuatro feligresías denominadas *San Adrián, San Jorge* y *Santo Tomé de Lorenzana*, y *Sta. María de Villanueva de Lorenzana;* de todos ellos advierte Madoz que no tienen industria alguna, aunque reúnen entre todos 900 casas; hay además otro *Lorenzana*, de 46 casas, en el partido de León, del cual advierte que tiene 4 molinos harineros y fabricación de hilo e hilaza, que se vende en las ferias de la capital; aunque sea población menos importante, dada su proximidad a la ciudad de León, es posible que se trate de éste.

LORIGA, del lat. LORĪCA 'coraza', derivado del lat. LŌRUM 'cuerpo', 'correa'. *1.ª doc.:* *lorika*, doc. arag. de 1029; *loriga*, doc. leonés de 1034; *Cid*, etc.

En tiempo del Cid y hasta el S. XIII todavía las lorigas eran de cuero, después se hicieron de metal (vid. M. P., *Cid*, 736-8, para pormenores y documentación); Don Quijote usaba todavía loriga (I, xxx, 31). La variante *loriega* en la *Gr. Conq. de Ultr.*, p. 81, requeriría comprobación en el manuscrito. Del mismo origen port. *loriga* y cat. ant. *(l)loriga;* por lo demás no se ha conservado en romance, aunque el préstamo del vocablo al gr. bizant. λωρίκιον, por una parte, y por la otra al irl. *luireach* y galés *llurig* (Jud, *ZRPh.* XXXVIII, 34; Stern, *KJRPh.* IV, 60) demuestra la amplia extensión primitiva del vocablo. Los demás romances emplearon un derivado de CORIUM 'cuero', que desde Francia pasó también al cast. *coraza*.

DERIV. *Lorigado* 'armado con loriga' (Berceo, *S. Mill.*, 289; *Alex.*, 197; *Fn. Gonz.*, 380); comp. el cat. *desllorigar* 'dislocar (un hueso)' (por comparación con el ensamblado de láminas que constituye la loriga de metal). *Lorigón. Loriguero.*

Loriguillo, V. *laurel*

LORO I, m., 'papagayo': del lenguaje de los Caribes de Tierra Firme, que llamaban a este pájaro *roro*. *1.ª doc.:* h. 1550, Fz. de Oviedo.

Al narrar la conquista del Nuevo Reino de Granada nos informa ese autor de que allí se llama *loros* a una especie de papagayos medianos, menores que los guacamayos; a fines del siglo el indio peruano Garcilaso escribe que *loro* es nombre español de una especie mediana, menor que el guacamayo y mayor que el periquillo y la catarnilla, mientras que los indios llaman a todos *uritu*. *Orito* 'papagayo' está ya en el dicc. quichua de Fr. D. de Sto. Tomás (1560). Como ya insinuó Cuervo (*Ap.*, § 219) y demostró plenamente Friederici (*Am. Wb.*, 348-9) *loro* no puede venir del quichua ni del malayo, como se ha asegurado repetidamente; es casi seguro que el dato de Fz. de Oviedo proviene de la narración de Jiménez de Quesada, conquistador en 1539 de lo que después fué Colombia, en una fecha en que apenas había existido contacto con el Perú, y sólo esporádicamente habían tocado los españoles en las islas malayas; por otra parte, el Inca Garcilaso subraya que *loro* es voz de los españoles y no de sus compatriotas, de suerte que se ha llegado a sospechar, no sin justificación, que sea, por el contrario, el quichua *uritu* el que proceda del cast. *lorito*, aunque también es posible mirarlos como voces independientes; en cuanto al malayo, el vocablo tiene allí más bien la forma *nori* o *nuri* que *lori* o *luri*, y de hecho los viajeros hispanoportugueses, con referencia a aquellas islas, emplean la forma *nores* (João de Barros, *Décadas* IV, 8, 10; B. de Argensola, *Conq. de las Malucas*, libro II), luego debe abandonarse la etimología malaya defendida por Gonçalves Viana, *Apostilas* II, 83 (comp. C. Michaëlis, *RL* XI, 52-53). En realidad nos consta por datos coincidentes de varios lingüistas, desde 1680, que *roro* (o *loro*) es la denominación empleada en los dialectos de los Chaimas, Cumanagotos, Tamanacos y otros indígenas de la familia Caribe.

DERIV. *Lora* 'loro de cualquier sexo', colomb., centroamer., per.

LORO II adj., 'de color oscuro', del mismo origen que el cat. ant. *llọr* y gall. *louro* íd., port. *louro* 'rubio', *lauret* en hablas gasconas, también seguramente el vco.· vizc. *laru* 'amarillo pálido', 'ictericia', *lauru* y *lor* en dialectos alpinos del Véneto, *larẹ* en albanés, todos ellos como denominación de animales manchados de colores oscuros; probablemente del lat. LAURUS 'laurel' por el matiz oscuro que distingue su verde del de otras plantas (o bien de un adjetivo derivado del mismo). *1.ª doc.: vacca laura*, en doc. leonés de 930; *loro*, J. Ruiz.

Éste escribe «muchos bueys castaños, otros foscos e *loros*», 1215c (rima con *toros*, etc.). APal. precisa bien el matiz de un pardo amarillento tirando a negro: «*luridus: loro*, amarillo, color maculado, color triste y diverso: dízense *loros* los ombres que tienen el cuero n o d e l t o d o n eg r o, s a l v o d e t a l m a n e r a a m a r il l o q u e d e c l i n a a n e g r o r» (256d), «*pallens*... quien está amarillo y *loro,* y le fuye el color con miedo» (335d), «*barrus* [léase *burrus* 'rojizo'] es roxo e *loro*» (42d; también 174b). Nebr.: «*loro*, entre blanco y negro: *fuscus; loro*, que tira a negro: *luridus*». En las Leyes de Moros de los SS. XIV y XV publicadas en el *Memorial Hist. Español* V, 427ss., *loro, -a,* designa al mulato o mestizo. El cordobés Francisco del Rosal, en 1601, confirma esta ac.: «*loro* llamaban al esclavo que agora decimos mulato, no bien negro»; Cej. VII, § 17.

En efecto Joaquim Miret i Sans nos confirma que los *moros llors* se citan a menudo como esclavos en documentos medievales de Cataluña, pero indudablemente yerra este autor, sugestionado por el port. *louro,* al entender 'rubio' el ej. que encuentra en un doc. de 1275 (*RH* XLI, 11 ss.); en 1460 escribió Jaume Roig «totes / de qualque stat, / color, etat, / ley, nació / ... / les christianes, / juhies, mores, / negres e *lores*, / roges e blanques, / dretes y manques» (v. 424); V. varios ejs. en Ag., aplicados al color de personas, donde va asociado con *negre* o *fuscus;* hoy vive todavía *llora* como nombre de una especie de seta, la que en otras partes se llama *puagra* (BDC IV, 24), de característico color morado o violáceo: así lo anoté en Tavèrnoles (cerca de Vic), con *o* abierta, pronunciación confirmada por la rima de Roig. Ahora bien, una *o* abierta catalana, cuando corresponde a una *o* castellana sin diptongo, indica precisamente un étimo con AU.

No sabemos cómo leer la grafía *l-w-ra* que aparece en varias escrituras árabes de Granada, como calificativo de vacas y becerras (Simonet, s. v. *lora*), seguramente con el sentido de 'oscura, parda': lo mismo podría ser *láura* que *lûra* (= *lora*). Sea como quiera, los demás romances confirman inequívocamente el diptongo AU originario: *lauret* como calificativo de bueyes en el Bearne, Armagnac, Ariège y aun en Niza (*FEW* V, 209a; cita de Ducamin en el artículo de M. P.) se aplica según los lugares a un animal rojizo, bayo o dorado, pero estos animales, según los proverbios populares que allí se indican, suelen tener al menos la cola y el hocico negros y el resto del cuerpo gris; en el habla véneto-rética de Comelico, *lauro,* aplicado a vacas y ovejas, es «macchiato, variopinto, multicolore, pomellato», mientras que *lor* en las hablas vecinas, pero más italianizadas, de Erto, Treviso y Belluno expresa una «mescolanza di bianco col nero», y el albanés *larẹ* es 'manchado, abigarrado' (Tagliavini, *ARom.* VI, 135). Está claro que las manchas negruzcas son lo más característico, lo que llama la atención de la vista, en la capa de estos animales. Pero también es cierto que un adjetivo aplicado en todas partes al color de los animales estaba muy sujeto a mudanzas de sentido, a causa de los infinitos matices que pueden distinguirse en los mismos, y el caso frecuente de la abigarradura o piel manchada.

Luego no es de extrañar que el port. *louro* presente un sentido discordante, «de cor média entre o branco e cor de oiro, como a das espigas secas», es decir, en una palabra, 'rubio', sentido que ya tiene el vocablo en los *Lusíadas* (1572); sin embargo, esta ac. no fué general ni en el idioma vecino, pues en gallego, aunque existe *louro* en el sentido portugués (Vall.)[1], tiene también la ac. castellana (bois *louros*) y aun puede llegar a ser sinónimo de 'negro', p. ej. en Betanzos, según atestiguan el anónimo de 1850 y Leite de Vasconcelos (*RL*, VII, 216), comp. la frase popular allí citada *mais louro que o carbón;* al 'ciervo volante', por sus cuernos y su color moreno, se le da en algunos puntos de Portugal el nombre de *vaccaloira,* en Galicia *vacaloura* y en Asturias *vacalloria* o *vacallorina;* ahora bien, ésta es la única ac. documentada en gallegoportugués medieval, pues ya en las Cantigas del Rey Sabio se habla de *mouros brancos e louros* (ed. de Mettmann, 325.55, 406.36), como en el catalán antiguo, siempre aludiendo a los esclavos musulmanes mulatos o negros que venían del Sáhara o de Abisinia[2].

M. P., *Rom.* XXIX, 357-8, propone explicar *lo(u)ro* por el lat. LAURUS 'laurel', «por el color oscuro de las hojas de esta planta, y el más oscuro de su fruto». Verdad es que por mucha latitud semántica que admitamos en el terreno del color—y es sabido que siempre ha habido mucha (recuérdense los cambios sufridos por *PARDO,* la oposición entre *ROJO* y su hermano el cat. *ros* 'rubio', los encontrados matices que expresa el fr.

ant. *bloi*, etc.)—siempre resultará algo chocante que un color verde tan conocido como el del laurel se convirtiera en negruzco o en pardo amarillento; tampoco el testimonio del *Donatz Proensals* (h. 1240) con su artículo «*laura*: color laureus» es del todo decisivo, pues su autor pudo guiarse por una etimología culta; pero no perdamos de vista que, aunque verde, el laurel se distingue por el tono muy oscuro de su verdor frente al de las hojas de las demás plantas, y concebiremos que a una vaca de color rojizo o bayo o amarillo, pero de tono muy subido o negreante se la distinguiera llamándola BADIA LAURA o RUBRA LAURA, después de un tiempo en que sólo se hablaría de VIRIDIS LAURUS; y que afirmándose esta aplicación a los animales, por su frecuente aparición en escrituras de compraventa (frente a la poca aplicación del color verde en semejantes ocasiones), se acabara empleando LAURUS por sí solo, sobre todo cuando se trataba del color algo indefinido pero oscuro que conocemos hoy por moreno o pardo[3]. Por lo demás ya hemos visto que el vocablo se aplica también a colores diversos, como morados, rojizos o bayos, a condición de que tiren a oscuro o tengan manchas de este color. El escrúpulo morfológico de que esperaríamos más bien LAUREUS que LAURUS, expresado por Baist (*KJRPh.* VI, 393), es de alcance dudoso, pues aun si recusáramos por moderno el paralelismo con los colores *violeta, naranja, aceituna*, con el fr. *marron* o el cat. *blau cel*, de todos modos ni siquiera podemos asegurar que *loro* no puede venir fonéticamente de LAUREUS: por una parte **lóurio* debía reducirse necesariamente a *louro* en gallegoportugués (comp. *chuva, estudo*), y no olvidemos en castellano y catalán la monoptongación total de AU fué tardía, no anterior al S. XI: hasta entonces la yod no podía trasladarse a la sílaba precedente por estar ocupado el sitio por la *u*, y en el S. XI ya era tarde y la yod se habría eliminado simplemente; el fr. *noise* de NAUSEA no es paralelo oportuno, puesto que en francés del Norte la reducción de AU a *o* es muy antigua, por cierto bastante más que el principio del S. IX (*cosa* en los Juramentos de Estrasburgo); en cambio, el oc. *nausa* «noise, querelle» y el cat. *nosa* 'estorbo, molestia' nos demuestran cuál fué el tratamiento normal de los romances meridionales.

Otras etimologías son inverosímiles o francamente imposibles. De ellas la menos improbable es la de Cornu (*GGr* I, § 33), **RAVŬLUS*, diminutivo de RAVUS 'gris amarillento', reducido a **RAULUS* como *avus* a *aus, rivus* a *rius*, pero además de exigir una base hipotética y cuyo primitivo no ha dejado descendencia romance (aun los artículos RAVIDUS y RAVICUS del *REW* han de suprimirse, según demuestro en otras partes), supone una reducción fonética excepcional y una metátesis violenta; además el catalán conserva el diptongo en casos semejantes (*graula* de GRAGULA, *fraula* de FRA-

GULA, *paraula* de PARABOLA, *taula* TABULA, etc.). RŬBRUS 'rojo' (Baist, *ZRPh.* VII, 120) es fonéticamente imposible, según reconoció el propio Baist en su artículo posterior. Y las antiguas etimologías LŬRĬDUS 'lívido' y AURĔUS 'dorado' tropiezan con obstáculos insuperables de la misma naturaleza y parecen ya abandonadas: entre otras razones precisamente en portugués es imposible la aglutinación del artículo *el* que algunos supusieron[4].

DERIV. Ast. *allòriàu* 'alocado, aturdido' (V).

[1] Sentido que parece tener también en la farsa agridulce de Castelao: «unha muller avellentada, unha moza garrida, duas rapaciñas bonitas, un vello petrucio e tres nenos *loiros*: todos choran a fío...» 163.3.— [2] Es probable que la desviación semántica portuguesa tuviese antiguo arranque, pero no me parece muy osado admitir que Camoens, con su enorme prestigio, acabara de inclinar la balanza en sentido al hablar de Apolo como *o louro deos* (*Lus.* IX, 57), seguido después por Sá de Meneses («abrindo estava as portas do Oriente / do *louro* Apollo a bella precursora») y tantos más. Ahora bien, en estos poetas humanistas pudo influir la seudo-relación etimológica con Apolo coronado de laurel y enamorado de este árbol: «os l o u r e i r o s / do *louro* deos amados e queridos», como escribe el Virgilio lusitano, con evidente figura etimológica. En ello pensaría C. Michaëlis, *RL* XI, 52-53, al anunciar un futuro estudio encaminado a demostrar que *louro* viene de un LAUREUS alusivo al dios; pero este artículo no llegó a escribirse nunca, quizá por haberse convencido la ilustre filóloga de la justeza de la etimología de M. P., publicada 3 años más tarde. Y en efecto no es nada verosímil esta generalización romance de un epíteto culto de un dios que ni siquiera pertenecía al Panteón primitivo de los romanos.— [3] Un caso paralelo presenta el ár. *'áḫḍar* 'verde' que aplicado a caballos designa un pelaje oscuro, traducido por el cast. MORCILLO (véase), y por el fr. *louvet* 'amarillento oscuro' («surtout quand il se rapproche de l'olive un peu mûre», Dozy, *Suppl.* I, 378); el derivado *ḫuḍairí* es 'mulato'. Acaso hubo uno de los acostumbrados calcos semánticos del árabe.— [4] La enmienda de Schuchardt (*Roman. Lehnworte im Berb.*, 14n.1), cruce de AUREUS con LAURUS, no sirve de nada, pues si se reconoce a LAURUS afinidad semántica suficiente para provocar un cruce (fenómeno que siempre requiere una verdadera sinonimia), ya no hay por qué hacer intervenir a AUREUS (por lo demás el origen del bereb. *auraγ* o *uraγ* 'amarillo' en realidad se ignora).

Loro 'lauroceraso', V. *laurel*   *Lorza*, V. *alforza*

LOSA, del vocablo prerromano LAUSA 'losa' o

'pizarra', que se extiende por toda la Península Ibérica, Sur y Sudeste de Francia, y Piamonte, de origen incierto. *1.ª doc.*: doc. de 1210, Oelschl.

También aparece en J. Ruiz, en el sentido de 'trampa' (644*d*) o 'lastra de piedra' (927*a*). El derivado colectivo *lau̯šar* aparece en escritura mozárabe de 1222 y el simple *láu̯ša* «lapis» en R. Martí (M. P., *Oríg.*, 107-8, comp. 577). Nebr. registra «*losa para tomar aves*: decipula; *losa para losar*: crusta marmorea». Palabra de uso común en todos los tiempos; Cej. VII, § 11. No lo son menos el port. *lousa* «lámina de pedra» y 'pizarra'[1], también «armadilha de pedra para os pássaros»; el cat. *llosa* y el oc. *lausa*, ambos con las mismas acs. (en los Pirineos orientales y centrales, en ambas vertientes, la ac. 'pizarra' es general); más allá llega hasta el Piamonte, y en Francia se extiende a todo el dialecto francoprovenzal, el del Franco Condado y parece haber llegado hasta Lorena. Un primer testimonio se halla en *lapides lausiae* de la Tabla de Aljustrel en Lusitania[2]. Ahí tenemos un derivado adjetivo 'piedras de losa o de pizarra'; de esta forma adjetiva viene el ast. occid. *ṭṣouxa* o *chouxia* 'pizarra', sanabr. *llouja* 'pizarra', *lloujeira* 'cantera de pizarra' (M. P., *Dial. Leon.*, § 4.1; A. Castro, *RFE* V, 39). En cuanto a las demás formas romances no habría dificultad, en cuanto a la mayor parte, en derivarlas de la misma base fonética (comp. lo dicho s. v. *LORO* II), pero el port. y gall. *lousa* se oponen a ello con su *s* no palatalizada, y obligan a suponer una base *LAUSA, de la cual LAUSIA (que habría dado *louja en port.) sería adjetivo derivado.

Acerca de la cuestión de a qué lengua hubo de pertenecer este vocablo, poco podemos afirmar; puede darse por descartada la procedencia latina o itálica, de una forma emparentada con el gr. λᾶς, tal como habían supuesto Bücheler (*ALLG* II, 606) y más tarde Nigra (*AGI* XIV, 285), V. las razones dadas en contra por Schuchardt (*l. c.*) y M-L. (*ZRPh.* XXIII, 473-4). Pero sobre si el vocablo es céltico o no lo es, discrepan las opiniones; una antigua etimología céltica fué rechazada por Schuchardt, *ZRPh.* VI, 424; no obstante, este autor en su citado artículo posterior admite como posible esta nacionalidad lingüística, que M-L. más bien rechaza en el *REW* (4946), y Wartburg la admite (*FEW* V, 211-2), pero con la salvedad de que acaso los galos la heredaron de una población anterior, lo cual sería lo mismo que negar el carácter céltico del vocablo. El único argumento firme en esta disputa es el esgrimido por Jud (*ASNSL* CXXIV, 391): la limitación del vocablo dentro de Francia al Sur y al SE., hace dudar del origen galo. Claro está que, por razones geográficas, tampoco puede ser ibérica una palabra extendida hasta el Piamonte y el interior de Suiza[3]. Pero nada se opone a que proceda de un tercer pueblo[4]. Vco. *lauza* «dalle de pierre», propio de la Navarra francesa y española, pero *lauzatu*

«tejado, toit» está además en los Refranes vizcaínos del S. XVI, y el cpto. *harlauza* (*arri* 'piedra') «dalle» es también suletino y labortano (*arlau* y *arlaba* registrados por Bera-Me., no Azkue, se habrán extraído también de **arlau(z)*). Para formas locales catalanas, vid. *VKR* IX, 162, y mi *DECat.*; para representantes locales gallegoportugueses, Hubschmid, *Festschrift Jud*, 270-1. La variante *lòsa*, que, en la vertiente Norte de los Pirineos, se extiende desde el Bearne hasta las Landas, Gers, el Valle de Arán y Toulouse (pero ya no en el Ariège; vid. *ALF*, 1756 'ardoise', y comp. 154 'boue'), y podría suponer una variante primitiva *LŎSA, se explicaría, según Krüger, *Die Hochpyr.* A, II, 81, como préstamo hispánico debido a que en estas regiones se cubrían antes los techos con paja.

DERIV. *Losar* o *enlosar* [«e.: pavimento», Nebr.]; *losado* [«*l. de piedras*: lytostrotum; *l. de azulejos*: asarotum; *l. de ladrillos*; *l. de arte musica*; *l. de maçacote*», Nebr.; APal. 329*b*; como nombre topográfico, «fué al *losado* que dizen de Canjáyar», Pérez de Hita, *Guerras C. de Granada* II, 97]. *Loseta* ('losa artificial de cemento hidráulico' cub., Ca., 72). *Losilla*.

¹ El geólogo Gálvez C. define el gall. *lousa* como «pizarra tegular» (*BRAE* XXII, 489). El mismo sentido es normal en portugués.— ² Es muy dudoso en cambio que la frase *lausum fecit filio*, incomprensible, del *Truculentus* de Plauto, deba enmendarse en *lausam fecit filio* entendiendo 'enterró a su hijo', vid. Schuchardt, *ALLG* VII, 113-4, contra la opinión de Schöll, *ALLG* IV, 258.— ³ Para representantes toponímicos y dialectales en este país, vid. J. U. Hubschmied, *VRom.* III, 102-3.— ⁴ Parece haber relación de hermandad (pero no de préstamo) con un abundante grupo de palabras griegas de raíz λαυσ- (λαϝ(ε)σ-) con el significado de 'piedra, losa', para las cuales vid. Walde-H., s. v. *lausa*. V. además Schuchardt, *Roman. Etym.* II, 195. La reciente tentativa de Kurylowicz, *Mél. Vendryes*, 213, para atribuir el vocablo al céltico, no ha conducido a resultados positivos. Puede reconocerse como verosímil su idea de que el sentido inicial es el de 'pizarra', y entonces es muy posible que venga de la idea de 'partir', como el gr.-lat. *schistus*, el cast.-vasco *pizarra* (?) y otros paralelos. Pero nada adecuado a esta idea se halla en celta insular. El lingüista polaco supone un céltico *LOUS- o *LEUS- hermano de las formas germánicas *fleuso* 'lonja de tocino' y *flosa* 'escama', que corresponderían a una raíz indoeuropea PLEUS- 'partir', ampliación de (S)PEL-; pero la posibilidad es vaga y la analogía semántica demasiado remota para tomarla como prueba seria. En cuanto al alem. *fliese* 'losa', que él, fiándose del anticuado diccionario de Fick, explica por una raíz alternante *PLEIS-, nada puede tener que ver con ello, puesto que era *vlins* en alto alemán antiguo (vid. Kluge). Ni

siquiera podemos considerar averiguado si el vocalismo primitivo fué LEUS-, LOUS- o LAUS-, en lo cual vacila Wartburg (*l. c.*, nota 7 y fin de la columna *a*), y para lo cual poco ilustran las listas de Dottin, *Langue Gaul.*, 60 y 97.

Losange, V. *lisonja*   *Losar* V. *losa*   *Losenjar*, V. *lisonja*   *Loseta, losilla*, V. *losa*   *Loseta*, V. *osar*   *Lota*, V. *locha*

LOTE, tomado del fr. *lot* 'parte que toca a cada uno en un reparto', y éste del fráncico *LÔT (gót. *hlauts·* 'lote', 'herencia', a. alem. ant. *hlôz* 'lote', 'partición de una herencia', alem. *los*, b. alem. ant. *hlôt*, etc.). *1.ª doc.*: Acad. 1869, no 1843. Gamillscheg, *R. G.* I, 243; *EWFS*, s. v.; Kluge, s. v. *los*. Voz muy tardía en castellano, pero que tiende a extenderse. Entró por vía industrial y después comercial; en Galicia ya se había difundido mucho en 1745 entre los trabajadores de las herrerías populares de la zona del Sil (Queiroga), donde lo tomaban por «un peso, farda, carga, balumbo», aunque aplicado particularmente al hierro (Sarm. *CaG.* 100*v*), pero también se extendía hasta nombrar un 'haz de leña o de otra carga' (215*v*). En vista de esta última ac. no se debe descartar del todo la posibilidad de que el vocablo quedara en Galicia como reliquia de un suevo *hlôt* o *hlut*, hermano del a. alem. ant. *hluz* 'parte que le toca a uno en suerte en una propiedad', *hlôz* 'parte atribuída de una herencia o derecho' (b. al. ant. *hlôt*, ags. *hlot*, ingl. *lot*, gót. *hlauts*, escand. ant. *hlautr*) (Kluge, s. v. *los, IEW*, 605), pero ni el aspecto semántico ni la escasa difusión de este significado en el propio gallego recomiendan la idea, pues en portugués, aunque *lote* aparece desde textos del S. XVII (Moraes) es ya con las acs. del tipo francés.

DERIV. *Lotero* [Acad. ya 1817]. *Lotería* [*Aut.*]. *Lota* and. *Loto* provincial por 'lotería'; si no me engaño se emplea en la Mancha y en todo caso en tierras valencianas, aun hablando en catalán: el dicho popular recomienda no fiar «de les jugaes de lóto / de les pelaes de la fulla / ni de l'arròs de fora cóto» (Alberic).

Lotiforme, loto, lotófago, lotono, V. *latón* II
Loureiro, V. *laurel*

LOXODROMIA, compuesto culto del gr. λοξός 'oblicuo' y δρόμος 'carrera, curso'. *1.ª doc.*: línea *loxodrómica*, *Aut.*; *loxodromia*, Terr.; Acad. 1899.
DERIV. *Loxodrómico*.

LOZA, 'vasijas de barro fino', palabra hermana del port. *louça* íd., de origen incierto, probablemente del lat. LAUTIA 'ajuar proporcionado a! huésped', relacionado a su vez con LAUTUS 'suntuoso'; de ahí *loza* con el sentido etimológico de 'objetos domésticos de lujo', del cual es probable

que derive *lozano* 'elegante', luego 'hermoso' y finalmente 'frondoso, lujuriante'. *1.ª doc.*: «*loça, vasos de barro*: fictilia vasa, frivola», Nebr.; en portugués, 1254.

También en C. de las Casas (1570): «*loça*: scoviglie, stoviglie, vasellamento»; Percivale (1591): «vessels of earth»; Oudin (1607) «*loça, vasos de barro*: vaisselle de terre, petites ustensilles faites de terre», a lo cual agregó en la ed. de 1616 «*loça*: porcelaine et vaisselle de terre fine»; Covarr. habla también de platos y escudillas de barro, como no podía ser menos en vista de su etimología LŬTĔA 'cosas de lodo, de barro'; *Aut.*, diccionario más objetivo y libre de prejuicios, puntualiza que se trata de lo «fabricado de barro fino y lustroso» y cita ejs. del sevillano Pedro de Medina («en este lugar de Triana se hace mucha y mui buena *loza* o vedriado») y de Cervantes; Fernández de Oviedo habla de «*loça* o barro labrado muy gentil» (*DHist.*, s. v. *barro*, ac. 4); Cej. VII, § 90. Efectivamente es palabra de uso general, pero dada la naturaleza de su significado no hemos de extrañar que no se halle en literatura antes del S. XV. En portugués es *louça*, documentado no sólo desde 1540, en Mendes Pinto (Vieira), sino ya en 1446, en las *Ordenações Afonsinas* (Moraes), y anteriormente en documentos de 1258 y 1254, citados por Cortesão, s. v. *loiça* («toda madeira lavrada, assy *louça* como outra»), que es el ej. más antiguo en ambos idiomas; en el vecino y en gallego designa cualquier clase de vajilla, fina u ordinaria, de barro, de tierra, de porcelana o de metal (*louça de fôlha, de estanho, de cobre, de ferro);* además se llama *louça* a los recipientes cargados en la bodega del barco, o sea toneles, pipas y cubos, de lo cual hay el ej. de Mendes Pinto y otro de Duarte Pacheco (1629), vid. G. Viana, *RH* XI, 157-8[1]. Para el empleo popular del port. *louça*, vid. L. Chaves, *Homen. a F. Krüger*, 1952, I, 199-206. Que la relación con el barro es inconstante y de importancia secundaria, aun en castellano, se prueba por el testimonio de Las Casas y Oudin, y lo confirma el diccionario mercantil de Nemnich (1797) al incluir en sus listas la *loza de piedra, loza de Fayanza* y *loza de China*[2].

En cambio me parece tener mucha antigüedad otra acepción, que puede deducirse de un proverbio, puesto que los refranes suelen conservar material lingüístico antiquísimo (comp. mis observaciones relativas a *TROPEZAR* y al it. *stanco*, en el artículo *ESTANCAR*). Registra por primera vez este refrán, en forma completa, Gonzalo Correas en 1627: *ande la loza, que de vieja me tornaré moza*, con la explicación «dícese a los que huelgan en bailes y placeres»[3]; pero ya antes había registrado Covarr. la frase *ande la loça*, con forzada explicación semántica[4], que Oudin trata de hacer más plausible[5]; también la emplearon Fr. Ant. Pérez (1603; Cej. VII, p. 427) y Quevedo: «Neptuno en viéndolos dijo / a gritos: ¡ande la loza!». La frase francesa que Oudin cita como paralela, no es forjada para el caso, sino realmente usual en otro tiempo y empleada por Rabelais: «nous ferons tantoust bonne chere, *tout ira par escuelles:* nous sommes céans de nopces. Tenez, beuvez, soyez joyeulx», «Vive le noble Panigon!... en cuisine *tout y va par escuelles...* Ainsi, mon ami, dit Pantagruel, tousjours à ces cuisines» (IV, cap. 12, p. 67; cap. 10, p. 59). Sin embargo, ya se ve la diferencia: en fr. y occ. el dicho tenía sentido literal, y se trataba en realidad de comida, que se echaba verdaderamente por escudillas enteras. En castellano tiene un significado mucho más lejano del del vocablo *loza*.

No hay necesidad de insistir en que el étimo LŬTĔA es imposible, puesto que el *ou* portugués postula AU imperativamente. Aunque *GdDD* 4000a acepta el étimo LAUTIA, transige sin embargo con el étimo LUTEUS para explicar varias palabras sueltas que en realidad nada tienen que ver con *loza* ni con LUTEUS: el *santand. (es)lociar* 'embadurnar, enlodar' creo que deriva de *lucio* 'luciente, liso' (V. s. v. *LUZ*) y de su derivado *luciar*, de donde 'ponerse afeites y untos en la cara', 'embadurnársela' (y luego 'enlodar'); la voz local ast. y leon. *llueza (tsueza)* 'lodo, barrizal' podría salir también de este *loc(i)ar* por derivación regresiva, o quizá tenga que ver con el gall. *luxar* 'ensuciar', que si viniera de un LUSI- habría dado *lues-* en leonés.

Baist trató del vocablo sin llegar a conclusiones decididas, pues vacilaba entre *GLAUCĔA, derivado de GLAUCUS 'verdoso, verde grisáceo', aplicado a la loza vidriada o barnizada, y *LAUTĔA, derivado de LAUTUS 'suntuoso, lujoso' (*KJRPh.* V, 408-9; *ZRPh.* XXX, 467-9).

Finalmente M-L., quizá inspirándose en esta idea de Baist, propone la solución más satisfactoria a mi entender: el lat. LAUTIA. Verdad es que M-L. se limitó a sugerir la idea lacónicamente (*REW* 4949) sin fundamentarla en el aspecto semántico.

¿Qué significa LAUTIA? Se trataba, en su ac. más conocida, de un término del derecho público romano, que aparece en antiguos senatusconsultos y repetidas veces en las Historias de Tito Livio: al llegar a territorio romano los embajadores de potencias amigas, era costumbre darles hospitalidad a expensas públicas, lo cual solía expresarse con la fórmula consagrada *loca lautiaque praebere;* es expresión que hizo fortuna y la hallamos repetida hasta la latinidad tardía, generalizando la aplicación a la vida privada en el sentido de 'proporcionar hospitalidad, dar acogida en una casa': Apuleyo la refiere a su asno al ser admitido y alimentado en un establo (*Metam.* IX, 11; III, 26), Símaco lo dice de un amigo que dió entrada a las Musas en su palacio (*Epist.* X, 21), y la mencionan Servio (a propósito de *Eneida* VIII, 361) y muchos más. No creamos que se trata de una fórmula rígida: los autores demuestran tener conciencia del valor del vocablo por sí solo, al emplear *lautia (lautiorum)* como sustantivo independiente, con el valor de hospedaje, o mejor, puesto que de un plural se trata, como expresión de los varios objetos, comodidades y servicios que se ponen a disposición de un huésped; así escribe Cicerón a un amigo en sus Cartas Familiares «mihi si spatium fuerit in Tusculanum veniendi, istic te videbo: sin minus, persequar in Cumanum, et ante te certiorem faciam, ut *lautia* parata sint» (IX, 5).

Esta concreción del sentido no es supuesta, sino muy real, y la oposición entre *loca* y *lautia* en la fórmula consagrada sugería naturalmente que *lautia* expresaba el complemento natural de los lugares o habitaciones destinadas al huésped, es decir el conjunto de utensilios y muebles que necesita el hombre para comer, asearse y dormir con comodidad. Si es verdad que *lautia* viene de *lautus* 'lavado', según ya decía Festo y admiten hoy opiniones autorizadísimas[6], el sentido primitivo sería 'enseres de tocador'; si el vocablo pertenece más bien a la familia de *dare*, como prefiere Wald-H., y sugieren Plutarco y Polibio con sus traducciones griegas[7], seguimos sin salir de la esfera de lo concreto, e importa poco para la fijación semántica final en el latín tardío, pues el cambio del arcaico *dautia* (Paulo el Diácono) en *lautia*, hubo de realizarse bajo la acción de *lautus* 'lavado', 'aseado', 'suntuoso'. A nosotros hispanistas lo que más importa es el sentido que tomó en la baja época según tres autores especialmente próximos a lo español por la fecha y la geografía: un viejo gramático anónimo de la colección Endlicher y el autor del antiguo glosario falsamente atribuído a Cirilo en un ms. del S. VII (*CGL* II, 298.12), donde hormiguean los vulgarismos de sabor hispánico (*denostatio, gammus, strigare* 'restregar'), coinciden en traducir *lautia* por ἐνδομένια o ἐνδομενίαι 'ajuar de casa; muebles, vestidos', y ya algo antes el gramático africano Carisio (S. IV) lo equiparaba a *supellex* 'vajilla' (I, p. 21, ed. Putsch): difícilmente podía orientarse el vocablo en otro sentido, dado el influjo persistente e inevitable de *lautus* 'lavado', 'lujoso', que tanto se deja sentir ya en las definiciones de los antiguos («*lautia*: esculenta et poculenta ad l a u t i o r e m victum accommodata», cita de Forcellini), y que influyó también en el matiz de esplendidez, lujo y abundancia que manifiestamente connota a *lautia* en el contexto de clásicos como el español Séneca[8], el aquitano Sidonio Apolinar[9] y otros tantos[10]. ¿Cómo no recordar, ante estas descripciones de banquetes, la *lo(u)ça* hispanoportuguesa, que si no siempre es de lujo, casi siempre se caracteriza por un material fino por lo menos (Oudin, *Aut*)?

Y si los textos literarios medievales no guardaran sobre esta palabra un silencio bastante natural para narraciones históricas, épicas o religiosas, no hay duda de que la sorprenderíamos en acepciones más amplias que cubren otros aspectos del contenido ideológico de *lautia*: testigo la frase tradicional *ande la loza* 'échese el resto, divirtámonos sin temor al gasto', que tanto se acerca a las *dapes Cleopatricae* de Sidonio, a los *convivia, lacunaria* y *aurum* de Séneca, al *lautior victus* de los otros.

Un derivado arcaico no tenido en cuenta aquí, muestra otra prueba de la tendencia a tomar un sentido abstracto y ponderativo. El gall. *louzo* es 'sustancia, materia, enjundia': «e verás axiña o *louzo* que teño» copla que Sarmiento pone en boca de un rústico (1081), y nos lo explica expresivamente: voz muy común, significa *materia circa quam*, v. g. «fulano hiciera esto pero *non ten louzo*», «fulano hiciera hijos, pero no halla *louzo* en su mujer; en cast. dicen hiciera si tuviese *barro a manos*» (*CatVG.*, pp. 66, 267).

Por lo demás la laguna se rellena con un derivado probabilísimo de *loza*: el adjetivo *lozano*, que por suerte abunda en la Edad Media, por ser entonces palabra tan de moda como el *bizarro* y el *gallardo* de los clásicos, el *galano* o *galante* del S. XVIII y el *rozagante* de muchos contemporáneos. Como todos estos adjetivos, *loçano* llegó a significar muchas cosas, pero la idea madre ha de ser la de 'elegancia', inseparable de la hermosura, inseparable a su vez del vigor o gallardía físicos. No es muy natural que alguien se empeñe en querer separar el vocablo de este orden de ideas. Si se llama *loçana* a una mujer naturalmente hermosa, también se la ha calificado después de *rozagante*, aunque el vocablo designara propiamente los vestidos lujosos y arrastradizos; si *loçano* llega tantas veces a 'valiente' y aun 'soberbio', *bizarro* y *gallardo* presentan también las dos caras según que se apliquen a la mujer o al varón; si otras veces es 'sensual, dado a amoríos', acordémonos de que *garrido* vale no solamente 'hermoso' y 'elegante' («vestida no de labradora sino de *garrida* palaciega», *Quijote*), sino que también equivalió a 'lascivo, deshonesto' en su vieja patria galaico-lusitana.

Teniendo esto en cuenta, aceptemos con agradecimiento las copiosas listas de ejs. del sabio artículo de Malkiel (*Univ. of Calif. Publ. in Ling.* I, vii, 260-7) y las de Cej. VII, § 89: salta a la vista ante esta muchedumbre innumerable que se trata de una voz favorita, de una palabra al uso, llena de resonancias afectivas, que forma parte de este mundo fantasioso y cambiante de la moda: siendo esto así aquel autor debiera haber empezado por las aplicaciones femeninas, en lugar de comenzar por los ejemplos relativos al varón (según convenía a su tesis), y aunque sus clasificaciones semánticas son generalmente aceptables, no podemos dejar de rebelarnos ante el segundo grupo de ejs. femeninos: donde Malkiel quiere ver 'noble, majestuosa', los autores, con los sinónimos que escogieron, nos muestran en todas partes la intención de decir 'hermosa', cuando no 'elegante': *bella e*

loçana, loçana e hermosa, apuesta e loçana, rezan casi todos estos ejs.; ¿cómo no ver la noción de elegancia cuando los autores escriben «dar te he esas cosas bien *loçanas* e fermosas» (J. Ruiz, 1005*b*, a la serrana que le pide dijes y atavíos), «venía (la Riqueza) *loçana* c o n s u s a r r e o s » (Martínez de Toledo), «la sortija y la manilla te hazen yr muy *loçana*» (Urrea), «traya en la cabeça muy rricos apostamientos e *loçanos*», «paños reales muy rricos e *loçanos*» (traductor de John Gower), aunque se empeñe Malkiel en traducir en unos casos 'fuerte, vigorosa' y en otros 'bella'? No me cabe duda que fué 'elegante' el sentido fundamental, procedente de LAUTIA y *loça* 'suntuosidad', 'lujo', y que de ahí se pasó a 'hermoso', 'gallardo' vigoroso' y finalmente 'valiente' y algunas veces 'soberbio'[11], y una vez más el lenguaje arcaico de los antiguos poetas gallegoportugueses nos indica el buen camino, pues allí abunda más que en parte alguna la ac. 'elegante, bien ataviada', alternando, claro está, con la de 'poderoso', 'arrogante': me limito a remitir a los glosarios de Lang, *Canc. Gallego-Castelhano* («neat, elegant»; «finery, elegance»); Magne, *Demanda do Santo Graal* («vestido de galas, adornos e atavios, que vive em l u x o»); José Joaquim Nunes, *Cantigas d'Amigo*; Mettmann, *Ctgs.*; y R. Lapa, *CEsc.*, cada uno de los cuales aduce abundante ejemplificación. Claro que, por supuesto, la acepción 'elegante, bien ataviado' es menos frecuente al hablar del hombre, en quien importa más el vigor físico y moral que la hermosura o la gracia en el atavío y, sin embargo, aun ahí tenemos frases inequívocas como «onbre *loçano*, moço e fermoso» (*Corbacho*) o «ha de ser lindo, *loçano* / el galan a la mesura, / a p r e t a - d o e n l a c i n t u r a » (Suero de Ribera), por más que en el trabajo citado las hallemos bajo el epígrafe erróneo «chivalrous, gallant».

En los ejs. más antiguos: ¿tiene ya el mismo sentido? Quizá no importaría mucho, que ya es sabido cuántas veces una cronología mecánicamente aplicada puede desorientar al etimologista: si bastara este medio infalible en nuestros estudios no tendríamos por qué ser lingüistas y nos bastaría la labor de acopio meramente filológica. Pero advirtamos que aun entre estos ejs. más antiguos abunda y aun quizá predomina lo estético, aunque oscilen entre la elegancia y la hermosura o prefieran este último matiz, al fin bien poco distante: «si se levaret nulla mulier pro sua lozania» en el arcaico fuero de 1095[12], «de su cuerpo muy *loçana*», aplicado a Sta. María Egipciaca, «fruente blanca e *loçana*» en la *Razón de Amor*, etc.

Por otra parte convendrá que nos acordemos de la tendencia romance a sustituir el adjetivo radical por uno sacado del abstracto derivado correspondiente, reemplazando *invĭdus* por *invidiosus* de *invidia, perfĭdus* por *perfidiosus* o *perfidiatus*, fr. *avaritieux* o cast. *avariento* en lugar de *avarus*, cat. *superbiós* en vez de *soberbio, humildoso* o *sanitoso* o *vanidoso* superponiéndose a *humilis, sanus* y *vanus*, LEVIANUS a LEVIS, SUPERIANUS (> *soberano, sobeiran*) a SUPERUS o SUPERIOR; y resultará claro para todos que *loçano,* port. *loução,* es un *LAUTIANUS derivado de LAUTIA, que ha hecho las veces del clásico LAUTUS, y nadie vacilará en identificar la *vida loçana* con el *lautus victus et elegans* de Cicerón, los *cavalleros loçanos* con el *lautus eques Romanus* de Nepote, los *ricos apostamientos e loçanos* con el *lautum et copiosum patrimonium* del grande orador; y si a veces el vocablo romance se desvía, con alusiones deshonestas como en la *Lozana Andaluza* o la *louçainha da carne* del *Castelo Perigoso*[13], no olvidemos que Plauto distinguía entre la *mulier lauta* y la *nondum lauta,* entendiendo por aquélla a la que ya no era virgen; y si pueden sustantivarse *los loçanos* aplicándose a gente de vida soberbia o vanidosa también Marcial y Plinio nos hablan de las *cenae lautorum;* finalmente, a fuerza de ampliar los sentidos de *lautus,* el adverbio *laute* acabó por convertirse en un mero intensivo en el latín familiar (J. B. Hofmann, *Lat. Umgangssprache,* § 69), y hasta esto puede llegar a repetirse en romance con los variadísimos usos de *loçanamente* en la Edad Media.

Por lo demás, que el latín tardío sintió la necesidad de formar un adjetivo derivado de LAUTIA, para sustituir al LAUTUS anticuado, no es cosa nueva, pues que también existió *lautiosus,* salvado del olvido por el glosador francés que tradujo *lautia* por *lautiositas,* junto con «delicatives viandes» y «delicativeté» (Du C., s. v.). Para terminar, dos palabras sobre un detalle fonético. Así *lo(u)ça* como *loçano* (*loução*) tienen ç sorda constante en castellano[14] y en portugués; y es verdad que el castellano cambia TI entre vocales en la sonora *z,* pero adviértase que ahí estamos tras la semivocal U, y así como CAUTUS da *coto* a pesar de TOTUS > *todo,* no es sorprendente que *loça* se oponga a *-eza* -ITIA; luego lo que era objeción dirimente contra LUTEA no es obstáculo en nuestro caso[15].

En cuanto a la etimología germánica preconizada por Malkiel, para demostrar brevemente su imposibilidad palmaria, basta indicar que no existe ejemplo alguno (ni él ha probado de hallarlo) del grupo FL- inicial convertido en una *l-* portuguesa. Esto se opone de un modo rotundo a su étimo gót. FLAUTJAN 'jactarse', 'alabarse neciamente', que ya tantos otros aspectos inverosímiles presenta: derivado romance en *-ano* de un verbo inexistente en romance[16], aplicación a un radical verbal de un sufijo que sólo se agrega a raíces nominales, sin hablar ya de lo semántico ni de otras dificultades que él mismo, honestamente, se adelantó a reconocer[17]. Pero todo esto es secundario en comparación del tratamiento de FL- > *l-,* imposible en portugués, y raro y puramente dialectal en español. Aun prescindiendo del portugués, tampoco logró Malkiel hacer verosímil el tratamiento *l-* en español,

con carácter general. En realidad ni siquiera trató de hacerlo, pues entretenerse en demostrar, como hace, que los sonoros GL- y BL- dan o pueden dar *l-,* no interesaba para el caso, tan poco como enterarnos de que STL- daba L- en latín arcaico, o echar mano de las etimologías falsas de *LANCHA* (PLANCULA), *LADILLA* (*BLATELLA) o *LÁTIGO* (PRACTICUS). El tratamiento FL- > *l-* es un dialectalismo leonés, quizá debido a ultracorrección del cambio de L- en *ll-,* o quizá explicable por otra causa, pero de todos modos leonés (nombres asturianos *Laviana* y *Laciana*); si los historiadores gallegos o leoneses como Lucas de Tuy hicieron preponderar las formas *Laín* y *Lambra* (frente a la *Doña Llambla* de la castellana *Crónica General*), y si *lacio* se impuso al *llacio* de Berceo, poco importa, puesto que las formas regulares se hallan en otras partes, y *lloçano no a p a r e c e   e n   n i n g u n a   entre los centenares de ejs. que tan eruditamente nos presenta nuestro colega (quien supongo no querrá refugiarse en el *lloçano* de los sayagueses que escriben *lloco, lluna, llazo*), como tampoco hallamos un port. *chouçao o un leon. occid. *xouçano que hagan pareja con los *Châmoa* y *Xáiniz* que él mismo nos cita. En una palabra, llevó razón Baist al anunciar que nadie lograría con éxito separar *lozano* de *loza*[18].

DERIV. Gall. *louceiru* 'estante para guardar la loza' (con ç sorda en las hablas del Limia que distinguen las dos interdentales: *VKR* XI, 197); cub. *locería* 'lugar donde se vende loza', 'conjunto de la que constituye un ajuar casero' (*Ca.,* 131).

Lozano [*loçano,* princ. del S. XIII, Berceo; *Sta. M. Egipc.; Razón de Amor;* V. arriba y el citado artículo de Malkiel]; *lozanía* [doc. de 1059]; *lozanear* [A. de Cabrera, 1549-1598]; *lozanecer* o *enlozanecer* [S. XIII, *1.ª Crón. Gral.*]; *enlozanarse* [S. XV, Malkiel, p. 266]. De un verbo **louçãar,* deriv. de *loução,* por combinación con el gall. *estralar* 'estallar': gall. *estralouzar* 'retozar, enredar metiendo ruido unos con otros' (Sarm. *CaG.* 185r).

[1] Este sentido tan amplio se conserva hasta la actualidad. Una gallega a quien conoce mi familia se lamenta siempre, después de un convite, de la mucha *loza* que le tocará fregar, refiriéndose explícitamente a los cacharros de metal más que a los platos de barro.— [2] No veo otro fundamento que el prejuicio etimológico a la afirmación de Cabrera († 1833) de que *loza* designa propiamente el barro mismo de que se hacen las vasijas, en lo cual ha acabado por seguirle aun la Acad., si bien no antes de 1899.— [3] Luego añade, a modo de explicación etimológica, pero sin aclarar por qué entra en el proverbio: «*loza* se llaman los platos y escudillas y vasijas en junto, que se hacen de aquel barro» (ed. 1924, p. 50*b*).— [4] «Quando hazen mucho ruido las moças holgándose unas con otras a semejança del que hazen los platos y las escudillas quando ellas mismas las lavan en los barreños».— [5] «Que tout aille par escuelles,

faisons ripaille, bonne chere», ed. 1616 (no en 1607).— [6] Ernout-M., s. v., y bibliografía en Walde-H.— [7] Ξένια 'presentes de hospitalidad', παροχή 'abastecimientos, víveres proporcionados a alguno'.— [8] «An, ut c o n v i v i a populis instruantur, et tecta a u r o fulgeant, parricidium tanti fuit? Magna enimvero *lautia* sunt, propter quae m e n s a m et l a c u n a r i a ... maluerint», *Controversiae* II, ix, 11. Otros leen *et lauta*, pero como observa Hildebrand en su edición de Apuleyo la falta consistente en cambiar *lautia* por *lauta* es comunísima en los manuscritos.— [9] «Dapes C l e o p a t r i c a s et loca *lautia* putes», *Epist.* VIII, xii, 8.— [10] «Loca *lautia* p r o l i x e praebuit... cibariis a b u n d a n t e r instruxit», Apuleyo, *l. c.*— [11] Recuérdese todavía la dualidad semántica de *brío*, aplicado al varón valiente, pero también al *brío* de una mujer hermosa o bien vestida.— [12] ¿Quién no ve que es forzar el texto atribuir la lozanía al raptor y no a la robada?— [13] Magne, *A Demanda do Santo Graal*, III, 241.— [14] La única excepción es el sardo *lošanu*, con *s* sonora (*ZRPh.* XXXIV, 586), castellanismo que pesa muy poco para el caso, dada la frecuencia con que se alteran arbitrariamente los sonidos al pasar los vocablos a un idioma que no tiene la equivalencia de aquéllos. Por lo demás no sólo Nebr. y PAlc. escriben *loça* y «*loçano o gallardo*: lascivus, e l e g a n s», sino que la grafía con *ç* es constante en los textos de la época alfonsí, en Juan Ruiz, etc. (vid. Malkiel, y comp. Cuervo, *RH* II, 21; *Obr. Inéd.*, p. 427).— [15] Quizá alguien objete que tras υ se sonorizan las fricativas (CAUSA > *cosa* con sonora medieval). Esto nos dejaría en duda, pues nuestra africada no es fricativa ni oclusiva. Pero, sobre todo, las diferencias dependen más bien del timbre que del modo de articulación, comp. PAUPER > *pobre*, oc. *paubre*, frente a AUCA > *oca*, *auca*; recordemos que el resultado de GAUDIUM vacila entre *gozo* y *goço*. Es asunto complicado, pero de todos modos no hay otro ej. de AUTĮ que se pueda oponer al nuestro; y una base AUCĮ no sería preferible, pues el castellano lo mismo sonoriza CĮ que TĮ tras vocal sencilla.— [16] Trata Malkiel de orillar el tropiezo admitiendo como posible que el participio activo FLAUTJANDS se romanizara en *FLAUTIANU; pero claro está que el resultado sólo podía ser *FLAUTIANTE o *FLAUTIANDU. Para ello recurre al influjo subsidiario de *ufano, sobrançano*. Pero esta clase de combinaciones deja incrédulos a todos los críticos.— [17] Grave es la de que en voces tardías como las de origen gótico no es de esperar alteración alguna del elemento inicial de los grupos de L. En efecto FLASKO > *frasco*, BLANK > *blanco* (port. *branco*), etc. En cuanto a que -JAN diera -*iar* (y no -*ir*) en iberorromance, es muy dudoso, pues de las etimologías que reúne Gamillscheg para demostrarlo sólo una entre las hispánicas (*ATAVIAR*) es aceptable. Lo normal es -*ir*.— [18] La nota reciente de Harri Meier sobre *loza* y *lozano* (*RFE* XXXIV) rechaza la etimología de Malkiel por razones semánticas análogas a las que doy. Aporta poco interesante.

LÚA, 'guante' ant., del gót. LÔFA 'palma de la mano', junto al cual existió el derivado *GALÔFA 'guante' a juzgar por el rioj. *goluba* 'especie de guante tosco'; esta última forma corresponde al escand. ant. *glôfi*, ags. *glôf*, ingl. *glove* 'guante', y es probable que el primitivo LÔFA tuviera también el sentido de 'guante', pues el danés *luffe* significa 'manopla de cuero'. 1.ª doc.: *luva*, docs. de 1091 y 1051 (Oelschl.); S. XIII, Aranceles santanderinos.

Más ejs. antiguos de *luva* cita A. Castro, *RFE* X, 113-4 y Cej. VII, § 37. Puede agregarse *luva* en *Alex.*, 81 y 1611, y en el *Libro de la Caza* de D. Juan Manuel («desque el falcón saliere de la mano deve el falconero tirarle la *luva*», ed. Baist, p. 98). La variante más moderna *lúa*, con eliminación de la consonante, aparece ya en otro pasaje de Juan Manuel (Rivad. LI, 319a), en el *Arte Cisoria* de E. de Villena (cap. 3, p. 23), en la *Gr. Conq. de Ultr.* (301), en el *Corbacho* (*BRAE* X, 36-38), así como en las *Partidas* y el *Amadís* (*Aut.*). El port. y el gallego conservaron la forma *luva* como denominación normal del guante hasta hoy en día (Castelao 50.24), mientras que en castellano el vocablo fué arrinconado posteriormente por *GUANTE*, de origen fráncico y de procedencia catalana, y sólo se conserva aquél en el sentido de 'guante de esparto para limpiar las caballerías' o como voz dialectal manchega.

Ya Diez indicó correctamente el origen germánico de *lu(v)a* (*Wb.*, 464); Goldschmidt, Körting y Baist (*ZFSL* XIII, ii, 188) vacilaron, y M-L. (*REW*, 3803) se engañó postulando un gót. *GLÔVA (hermano del ingl. *glove*), forma imposible por su -V- (que no corresponde a la -F- primitiva, sonorizada en inglés) y también por la inicial; pues, como han reconocido hace tiempo los especialistas, el grupo inicial *gl*- del anglosajón y del escandinavo es contracción en este caso de *gal*-, contracción imposible en gótico; vid. Skeat, s. v. *glove*; Falk-Torp, s. v. *lôve* y *luffe*. Hay que volver por lo tanto (según indica Gamillscheg, *RFE* XIX, 236; *R. G.* I, p. 383) al gót. LÔFA, que significaba 'palma de la mano' (comp. isl. *lôfi*, nor. *lôve* íd.), y no hay dificultad fonética, pues es cosa averiguada que la ô del gótico literario se pronunciaba muy cerrada; tanto como una *u*, en el dialecto de los visigodos; V. las numerosas pruebas en el libro de Gamillscheg (II, 32-33: *Bermudo* < BERIMÔDS, cat. *Alamús* ALAMÔDIS, oc. *trabuc*, mozár. *ṭarbuka*, mall. *trobiguera* < THEUHBRÔKS)[1]; pronunciado *lufa* el vocablo gótico, pasó a *luva* en romance por una sonorización normal, y luego a *lúa*.

En cuanto al significado, es verdad que los textos ulfilianos no nos permiten asegurar que el gót. LŌFA significara otra cosa que 'palma de la mano', pues sólo aparece en la combinación *slah lôfins* 'golpe de palma', es decir 'bofetada'; pero no es seguro que esto no deba interpretarse 'guantada', pues el simple *luffe* tiene el sentido de 'manopla de cuero' en lengua danesa. Sea como quiera el derivado *GALŌFA (= ingl. *glove*) hubo de existir también en gótico a juzgar por el riojano *goluba* 'guante tosco para arrancar los cardos de los sembrados', registrado recientemente por la Academia (1925, no 1884)[2].

El Sr. Kurt Reichenberger, *VRom.* XVIII (1959), 13-30, pretende probar que *lúa* y el port. *luva* no vienen del germánico, sino del lat. ALŪTA 'cuero curtido con alumbre', etimología que si ya es algo forzada en el aspecto semántico, es totalmente imposible en el fonético. Para ello tiene que suponer que *lúa* se tomó del catalán, donde el vocablo nunca existió, de ahí pasó al cast., donde ya está documentado en 1051, y al portugués, donde ha sido siempre el único vocablo para decir 'guante'. Pero el cambio fonético de ALŪTA en *alúa* es tan imposible en catalán como en castellano. Se ha dejado desorientar este señor por su total desconocimiento de la fonética catalana (confunde ahí fenómenos tan inconexos como el tratamiento de TI con el de la -T- intervocálica y comete otras confusiones elementales) y por su total falta de familiaridad con la filología catalana en general (una vez más han desorientado a un estudioso extranjero el mal diccionario de Griera y los pésimos diccionarios valencianos). El supuesto cat. *aluda* 'guante' simplemente no existe, es una ultracorrección local valenciana, de carácter puramente gráfico, del castellanismo *lua*, confundido con el cat. *aluda* 'piel curtida con alumbre'; por lo demás sólo figura el supuesto *aluda* 'guante' en el léxico de Labernia (que era valenciano), de donde pasó a Griera y alguno más, que lo cita expresamente de Labernia. Las dificultades fonéticas que pretende encontrar Reichenberger a la etimología germánica son imaginarias, como basta a probarlo, en cuanto a la *u*, una lectura atenta y crítica de los materiales de Gamillscheg y del artículo *lúa* del *DCEC*, que no ha logrado él entender. En ninguna parte digo que la desaparición de la -F- sea debida al hecho de ser un germanismo; es fenómeno normal en castellano la igualación de la -F- intervocálica con la -B- y la -v- y es sabido que éstas pueden desaparecer entre vocales, sobre todo delante o detrás de una *o* o una *u* (*sahuco*, *treúdo*, *zohorra*, *luey*, *río*, *estío*, *ahuelo*, etc.), si los ejs. de pérdida total de una -F- son menos numerosos (el port. *luva* por lo demás la conserva como *v*) es simplemente porque esta consonante es rarísima en latín en posición intervocálica (sin embargo hay tal desaparición en cat. y prov. *preon* PROFUNDUS, fr. *écrouelles* SCRO-

FELLAS, etc.). Que se escriban tales artículos es lamentable, pero más lo es que lo publiquen tales revistas.

DERIV. *Luvero* 'guantero' (doc. de 1214, Oelschl.). [1] Nótese que los dos únicos ejs. iberorromances que cita en sentido contrario, a saber, *eslabón* y *coca*, en realidad no vienen del germánico, y por lo tanto deben eliminarse de la lista.— [2] La Acad. registra la locución náutica «*tomar por la lúa*, dicho de las embarcaciones, perder el gobierno porque las velas reciben el viento por la parte de sotavento, por donde no están amuradas»; en Cuba «*a la lúa:* loc. marítima, cuando por la inseguridad del viento la embarcación pierde el gobierno, pues no hincha la vela con fijeza; cuando por ser el viento franco en popa, puede amurarse la vela a babor o a estribor indistintamente» (*Ca.*, 198). Pero nada tendrá esto que ver con *lúa* 'guante', sino con el germanismo port. *ló* 'barlovento', *ir de ló* 'ir de bolina', fr. *lof* 'barlovento', cast. *abarloar* y otras palabras que estudio en el artículo BARLOVENTO.

Lubina, V. *lobo* y *róbalo*   *Lubricación, lubricador*, V. *lúbrico*   *Lubricán*, V. *lobo*

LÚBRICO, tomado del lat. *lūbrĭcus* 'resbaloso', que ya en la baja época tomó la ac. figurada 'pecaminoso', 'lascivo'. 1.ª doc.: princ. S. XVII, Lope, Góngora, Oudin.

Lope, Góngora y Huerta sólo lo emplean, en calidad de latinismo crudo, con su sentido etimológico, que es todavía el único registrado por *Aut.* y Terr., de suerte que se podría sospechar que el uso literario más corriente de hoy en día, en el sentido de 'lujurioso, lascivo', se deba a una imitación del francés; quizá no sea así, sin embargo, y quizá nos encontremos ante un olvido de *Aut.*, pues Oudin ya trae «*lúbrico:* lubrique, glissant, inconstant» y «*lubricidad:* lubricité, paillardise» (de donde el vocablo pasó a Minsheu); de todos modos haría falta confirmación, pues *lúbrico* falta en C. de las Casas, Percivale y Covarr. Para un representante hereditario, V. LÓBREGO.

DERIV. *Lubricidad* [Oudin; no *Aut.*]. *Lubricar* [éste y *lubrificar*, como antiguos, en Acad. 1817; la forma afrancesada *lubrificar*, ajena al latín, es ya frecuente en el S. XIX (cita de Monlau, † 1871), aunque la Acad. no le haya dado el pase hasta ediciones recientes], tomado del lat. *lubricare* 'hacer resbaloso'; *lubricación, lubricador, lubricante, lubricativo*.

Lucas, V. *maestro*   *Lucencia, lucentor, lucera, lucerna, lucerno, lucérnula, lucero, lucible, lucidez, lúcido, lucidura, luciente, luciérnaga, Lucifer, luciferal, luciferino, lucífero, lucífugo, lucilina*, V. *luz*

LUCILLO, 'sepulcro', del lat. LOCĚLLUS 'cajita, cofrecillo', diminutivo de LOCŬLUS 'compartimiento', 'sepulcro', y éste de LOCUS 'lugar'. *1.ª doc.*: *luziello*, h. 1280, *1.ª Crón. Gral.*

Leemos en ese texto: «abrióse una vez un *luziello* por si mismo, et salió ende una gran voz que lo llamó por su nombre» (172). Es palabra bastante usada en la Edad Media: *locilo* en el *Libro de los Gatos* (Rivad. LI, 555), *lusillo* en el *Canc.* de Stúñiga, poesía de Juan de Torres (p. 162), *luzillo* en la *Crónica Sarracina* escrita h. 1430 por Corral[1], *lucilla*[2] y *luzillo*[3] en Nebr., etc. *Aut.* explica «la caxa de piedra dentro de la qual sepultan los cuerpos de los nobles» y da ejs. de Gil González, Colmenares, Covarr. y el Brocense. En vocablo de este carácter es difícil precisar la época en que cesó de emplearse popularmente, pues era fácil que su uso se mantuviera entre los eruditos por tradición arqueológica: éste parece ser ya el caso de Colmenares (1640). Por este mismo carácter arcaico puede explicarse la aplicación preferente a gente de distinción. En latín clásico LOCELLUS era 'cajita' o 'cofrecillo, estuche', pero en el idioma vulgar hubo de heredar el sentido de su primitivo LOCULUS, término de ebanistería y de arquitectura, que del sentido de 'compartimiento' había pasado al de 'nicho, sepulcro'; en cuanto a LOCELLUS esta ac. quizá ya se halle en Marcial y desde luego la anotamos en una inscripción hispánica fechada en 579 (Carnoy, *La Langue des Inscr. Esp.*, 259); es también frecuente en glosarios, aunque ahí se trata más bien de 'ataúd': «*feretrum*: lectum funebre, id est *locellum*» (*CGL* IV, 75.20, 518.41), «*f.*: lectum defuncti vel *locellum*» (*CGL* V, 294.26). En romance tenemos el fr. ant. *luisel* 'ataúd', a veces 'sepulcro' [SS. XII-XVII, hoy conservado en valón y picardo: God. V, 49]; también existió el vocablo en portugués antiguo (ej. de 1298, en Viterbo s. v. *apostamente*) y en algún dialecto alto-italiano (*REW*, 5095). La forma castellana podría explicarse por cambio fonético de *loziello* en *luziello* (y luego *luzillo*), pero el francés y demás formas romances parecen indicar que hubo cambio anterior de o en ū, y así lo confirman ciertas glosas (*lucellus*, *-um*, traducido por una palabra griega que significa 'cajita' en *CGL* III, 92.17; II, 263.48). Debe de haber una etimología popular, quizá a base de *luz*, y motivada por la costumbre de colocar candelabros u otros luminares junto al ataúd (comp. la vecindad del *luesel* y el *luminaire* en doc. de 1495 citado por God.).

[1] «El rey e el mayoral van al *luzillo* e alínpianlo muy bíen de dentro, e métese en él desnudo qual nasció, e la culebra consigo; e el mayoral le echó con una grand palanca la cobertura de suso» (M. P., *Floresta* I, 283.17).— [2] «*L.*, *sepultura de piedra*: cippus». Debe leerse *luzilla*, puesto que va en el orden alfabético entre *Luzia* y *luzillo*.— [3] «*L.*, *este mesmo*: tymba».— [4] *Luce-*

lo puede ser grafía imperfecta por *luzelo*. Los diccionarios modernos latinizan en *locelo*.

Lucimiento, V. *luz*   *Lucina*, V. *ruiseñor*

LUCIO, 'cierto pez de río o de lago, semejante a la perca', tomado del lat. *lūcĭus* íd. *1.ª doc.*: APal. «*dentris*, que es linaje de pexe que dizen *lucio*», 109b; «*lictus* es pexe que llaman *lucio*», 246b. También en Oudin «*lúcio*: un brochet». Falta en *Aut.*, pero lo recoge la Acad. ya en 1843, y antes Terr.; éste observa que el lucio sólo se distingue de la merluza en ser ésta de mar, y aquél de río. En latín aparece LŪCIUS como nombre del lucio, pues lo cita Ausonio entre los peces del Mosela; de ahí el lat. *luccio* 'lucio' y cat. *lluç* 'merluza', que es también el significado que, por lo menos hoy en el Languedoc, tiene el oc. *lutz* (hoy en algunas partes *lùci*, y como nombre de otros peces de mar, vid. Mistral); vasco *lutxo* 'lucio' en Ustariz, b. nav., y el dim. *lutxana* 'pez parecido al bacalao, pero más largo', en Fuenterrabía[1]; svcr. *luc*, *luč*, 'lucio'; del catalán se tomó el murc. *yus* o *llus* (G. Soriano), también el cast. desusado *luz* 'merluza' registrado por la Acad. en el S. XX. Para la etimología del lat. LŪCIUS, seguramente derivado de LUX por el color plateado de su vientre y costados, vid. Schuchardt, *BhZRPh.* VI, 25-26. La forma castellana *lucio* parece indicar trasmisión culta, aunque también podría ser forma dialectal leonesa o contaminación de un antiguo *luzo* por el adjetivo *lucio* (V. LUZ). Comp. *MERLUZA*.

[1] No sé si el guip., lab. y a. nav. *legatz* = vizc. *lebatz* 'merluza' saldrán de un *leuatz* alterado (en una u otra forma) de *lutz*: Schuch. admite esto como posible, partiendo de una disociación de la palatal *llu-* en *liu-* > *leu-*, aunque difiere la solución concluyendo que en la familia *lucio-merluza* se han cruzado raíces célticas y germánicas (con la romance) (es seguro que LUCIUS dejó descendencia vasca: *lutxo* [y de ahí *lutxana*], luego *lutz* > *luutz* > *lubutz* > *lebutz* (*legutz*) no presenta escrúpulo, y en rigor, aun por vía fonética se podría llegar de ahí a *lebetz* ᴖ *legetz* > *lebatz* ᴖ *legatz*, pero es más verosímil que ahí intervenga la contaminación de un sinónimo).

Lucio adj., V. *luz*   *Lución*, V. *alicante*   *Lución*, V. *deslizar*   *Lucir*, V. *luz*   *Luco*, V. *lugano*   *Lucrar*, *lucrativo*, *lucro*, *lucroso*, V. *logro*   *Luctuosa*, *luctuoso*, V. *luto*   *Lucubración*, *lucubrar*, V. *luz*

LUCHAR, del lat. LUCTARI íd. *1.ª doc.*: Berceo.

También en Juan Ruiz, APal.[1], Nebr., etc. Popular en todas las épocas en la ac. 'contender dos personas cuerpo a cuerpo'; en las demás es de uso más literario. Conservado en todos los romances. Se ignora la cantidad de la ʋ latina: el *it. lottare* hace suponer Ŭ, el rum. *luptà* y el sardo *alluttare* son equívocos, mientras que las formas .de los demás romances corresponden más bien a Ū, salvo la lengua de Oc, que vacila: en lo antiguo *lochar* y *luchar* son allí de igual frecuencia, y hoy parece predominar el último (pero marsell. *louchà*). Port. *lutar, luta*, antiguamente *luitar, luita* (frecuente en las *Ctgs.* y *Gral. Est. gall.* 297.27, 29, 38, 298.12)[2]. De todos modos hay que tener en cuenta la posibilidad, en algunos idiomas, de un cierre de la *u* por la palatal siguiente; o bien contaminaciones.

DERIV. *Lucha* [Berceo; Nebr.: «*lucha de desnudos: gymnasium; lucha como quiera: palestra*»; Cej. VII, § 86], del lat. tardío ᴌᴜᴄᴛᴀ íd.; *luchador* [APal. 37*b*]. *Reluchar.* Cultismos: *eluctable; ineluctable. Reluctante.*

¹ «*Luctari*: lidiar, que es *luchar*, y *luctantes* los que *luchan* uno con otro: enhiestos se tienen fasta que el uno cayga; estos llaman los griegos athletas y al logar deputado al *luchar* dizen palestra», 254*b*; análogamente, 90*b*.— ² Los gall. *loitar, loita*, que son las formas registradas desde Sarm. (*CaG.* 218*r*) y ya en los *MirSgo.* 72.12, son evolución fonética normal de *ui.*

Lucharniego, V. *noche*   *Lucho*, V. *ducho*
Luda, ludada, V. *alumbre*   *Ludia, ludiar*, V. *leve*

LUDIBRIO, tomado del lat. *lūdĭbrĭum* 'burla, irrisión', derivado de *lūdĕre* 'jugar' y éste de *lūdus* 'juego, diversión'. 1.ª *doc.*: 1663, Gómez de Tejada (*Aut.*).

Falta todavía en Góngora y en los lexicógrafos del Siglo de Oro¹. Voz meramente literaria.

DERIV. directos e indirectos de *ludus*, todos ellos cultos. *Lúdicro* [S. XVII, obra titulada *Días Geniales y Lúdicros*; latinismo crudo y raro, admitido por la Acad. en su Supl. de 1939], de *ludĭcrus* 'divertido, recreativo'. *Ludión*, de *ludio, -onis*, 'histrión, volatinero'.

Aludir [1535, J. de Valdés; vid. Cuervo, *Dicc.* I, 368], de *alludĕre* 'bromear o juguetear con alguien', 'aludir'; *alusión; alusivo.*

Coludir, de *colludere* 'jugar juntos, entenderse'; *colusión.*

Deludir, de *deludere* 'burlarse (de alguien)'; *delusión.*

Diludir, dilusivo.

Eludir [1612, J. Márquez, *Aut.*; falta aún Oudin, Covarr.], de *eludere* 'escapar jugando'; *eludible; ineludible.*

Iludir [latinismo raro, no en *Aut.*], de *illudere* 'burlarse (de alguien)'; *ilusión* [Cetina, † h. 1557 (C. C. Smith, *BHisp.* LXI); princ. S. XVII, Jer. Gracián, † 1613; Oudin; Covarr.], de *illusĭo, -onis*, 'engaño'; *ilusionarse* [no admitido por la Acad. hasta 1925, todavía lo reclama en 1923 el

Ca., 121]; *ilusivo; iluso; ilusorio; desilusionarse, desilusión* (en 1923 reclama este último el *Ca.*, 112, por ser ilógica su exclusión si se admite el verbo).

Interludio, derivado culto de *ludus* 'juego, representación'.

Preludio [Lope], de *praeludium* 'lo que precede a una representación'; *preludiar; prelusión; prolusión.*

¹ APal. 255*b* parece castellanizarla únicamente para comodidad de su traducción de la voz latina.

Ludimiento, V. *ludir*   *Ludio*, V. *leve*   *Ludión*, V. *ludibrio*

LUDIR, 'frotar o estregar una cosa con otra', probablemente del lat. ᴌᴜᴅᴇʀᴇ 'jugar, juguetear', quizá pasando por 'retozar amorosamente, yacer carnalmente'. 1.ª *doc.*: 1591, Percivale («to rubbe one thing with another»).

También en Oudin (1607): «*l. o fregar una cosa con otra:* frotter une chose contre une autre». Falta en Nebr., APal., Covarr. y muchas fuentes clásicas y medievales; pero *Aut.* cita ej. de Sigüenza (a. 1600), donde funciona como intransitivo «la cama era el suelo desnudo, y allí *ludían* los huessos y los miembros cansados», y otro del *Persiles*, que ya ofrece el verbo en construcción transitiva: «hicieron assimismo fuego *ludiendo* dos secos palos el uno con el otro»; Cej. VII, § 99. El vocablo existió en portugués antiguo, pues figura un par de veces en el *Livro da ensinança de bem cavalgar* de Don Duarte (h. 1430) en la forma *luir:* «nem as pernas aperte de tal guisa que traga os pees soltos e lhe *luam nas estrebeiras*» y «*em tal* guysa que os pees lhe andem nas estrebeiras *luyndo*»¹. Lo mismo en gallego «*luido, -a:* desgastado por el uso o *ludimiento:* se aplica a las monedas desgastadas por el continuo roce y uso de ellas» (*RL* VII, 216); Vall. registra *luir* y *luirse* en el mismo sentido y en el sentido castellano. De ahí además el burg. *esluyir* 'resbalar' de que habla *GdDD* 2410*b* (desde luego ni el uno ni el otro pueden venir del lat. ᴇʟɪᴅᴇʀᴇ 'arrancar', 'aplastar', como dice él). Quizá por leonesismo se emplea la misma forma, y con ac. parecida, en muchos puntos de América: mej. «*lullir* [es decir: *luyir*]: tengo el vestido *lullido* 'gastado', fulano *se lulló una pierna* por 'se la rozó'» (R. Duarte); en Mendoza (Arg.) se dice «se están *luyendo* las espaldas del saco», y allí he leído el rótulo «se cose y zurce cualquier *lullidura* en un traje»; «el lazo tendido que, mediante un fuerte tirón de quien lo detentaba, escurríase de nuevo, *luyendo* la piel del que pretendía arrebatarlo», «argollas *luídas* (de las espuelas)» en los argentinos norteños Quiroga y Leopoldo Lugones (*BRAE* XVII, 330; IX, 706); Chiloé *luírse* 'resbalarse, escurrirse por una superficie', *luído* 'resbaladizo', *luída* 'resbalón' (Cavada), que no deben derivarse del arauc. *lluin* 'derretirse, desleírse' (como quería Lenz, *Dicc.* 440); también se dice *luir* en Santo Domingo. Seguramente acertó M-L. (*REW*, 5153a) al derivar *ludir* del lat. *ludere* 'jugar', y es probable que tenga razón al suponer que se llegó a la ac. 'rozar' pasando por 'yacer carnalmente, retozar amorosamente', que ya se halla no sólo en textos medievales (Du C.), sino también en Catulo, Horacio y otros clásicos; de todos modos nótese que siendo más antigua la construcción intransitiva, cabe también que se pasara de 'tener juego' a 'rozar'; en lo que yerra M-L. es al suponer que *ludir* sea cultismo, pues sabido es que la -D- intervocálica suele conservarse en castellano, por lo menos inmediatamente tras el acento (como lo estaba en LUDIT, LUDUNT, etc.); en cambio la -D- se pierde siempre en gallegoportugués y aun en leonés. Luego el tratamiento es normal y con ello se eliminan los escrúpulos que Spitzer opone a esta etimología en *RFH* VII, 44[2]. No creo que haya relación entre *ludir* y los germanescos *luda* 'mujer' (V. ALUMBRE), *ludio, -a*, 'vellaco, -a', *ludios* 'cuartos u ochavos' (J. Hidalgo), ni tampoco con *liudo, leudo*, 'fermentado' (en Extremadura *ludio*, V. LEVE)[3].

[1] Aunque Cortesão entiende 'andar flojos, zangolotear' me parece que el sentido es el mismo que el castellano, si bien intransitivo.— [2] Se inclina a creer que sea *luir* la forma primitiva, dando a entender que *ludir* resulte de una ultracorrección de la tendencia vulgar a perder la -d- intervocálica. Lo cual no es posible, siendo así que *ludir* figura en autores de fines del S. XVI y principios del XVII, cuando nunca se manifiesta tal tendencia.— [3] El cub. *lujar* 'ludir' (Pichardo, p. 161), tendrá otro origen: irá con el gall.-port. *luxar* 'ensuciar' (V. LIJO).

Ludria, V. *nutria*   *Lúe*, V. *luir*   *Luego*, V. *lugar*   *Luello*, V. *joyo*   *Luen*, V. *luengo*

LUENGO, 'largo', ant., del lat. LŎNGUS 'largo'. *1.ª doc.*: orígenes del idioma (Glosas Silenses; doc. de 994, Oelschl; etc.).

Fué de uso general en toda la Edad Media (ejs. al azar: *S. Mill.*, 128; *Alex.*, 58, 136; *Fn. Gonz.*, 7, 188; aún APal. 17b, 48d, 252b: Nebr. «*luenga cosa: longus*»). En el S. XVI ya pasa a ser vocablo anticuado, aunque no de un modo brusco; J. de Valdés quisiera preservarlo en su lengua prócer: «*luengo* por largo, a u n q u e l o u s a n p o c o s, yo lo uso de buena gana», pero se apresura a citar el estilo arcaico del refranero: «de luengas vías, luengas mentiras» (*Diál. de la L.*, 111.17); todavía figura en el primer *Lazarillo* (1554), pero ya no en el de Luna (1620), vid. la observación de M. P., *Antol. de Pros.*, 85; después sigue hallándose algunas veces en verso (un ej. en Góngora; *Aut.* cita en Ant. de Mendoza, a. 1625), pero en el *Quijote* es ya palabra característica del

estilo arcaico de los trozos caballerescos y otros análogos; *longo* en la biblia moderna judeoespañola de Constantinopla (*BRAE* V, 351); Cej. VII, § 23. La variante rarísima *lungo* citada por Acad. ha de ser italianismo ocasional. Comp. *LARGO*.

DERIV. *Luenga* ant. 'tardanza'; *a luengas* 'a la larga' (*Alex.*, 830); *luenga* 'buro, greda', al Oeste de Barbastro (Gálvez C., *BRAE* XXII, 489). *Longa* 'nota de la música antigua', latinismo. *Longar; longares. Longazo. Longincuo*, tomado del lat. *longinquus* íd. *Longitud* [1492, Woodbr.; 1548, Pedro de Medina], tomado del lat. *longĭtūdo, -dĭnis*, íd.; antes se dijo *longura, longor, longueza* o *longadura; longitudinal. Longuera*[1] (*Llongueres* es frecuente en la toponimia catalana, y formas parecidas están bien representadas en Italia y el Friul, Prati, *RLiR* XII, 50). *Longuería*. Gall. *longueirón* (marisco que describe Sarm. *CaG.* 184r, etc., cf. Pensado, p. 212; Castelao 43.15, 218.8)[2]. *Longuetas. Longuezuelo. Longuiso. Lueñe*[3] [orígenes del idioma: Glosas de Silos, escrito *luenge*; Berceo *luen* o *lueñe*, etc.; frecuente en toda la Edad Media, p. ej. *Sta. M. Egipc.*, 338; *Alex.*, 486, 1271; *Gr. Conq. de Ultr.*, 453; Sem Tob, 102; *Danza de la Muerte*, 18; *lueñes*, Nebr.; *alueñe*, *Calila*, Rivad. LI, 41, 48[4]; hoy todavía conservado en Asturias, *lloñi* en Colunga, *llonxi* y *tsuenxi* en el Oeste de esta región (Vigón), que a su vez se dan la mano con el port. *longe*, gall. *lonxe*], del lat. LŎNGE íd., más tarde sustituído en castellanos por LEJOS (véase)[5].

Alongar [doc. de 934; *Cid*, etc.; vid. Cuervo, *Dicc.* I, 354-5]. *Delongar. Elongación. Oblongo* [*Aut.*], de *oblŏngus* íd.; *oblongada. Prolongar* [APal. 87d, 93b; 391b: «prorrogare es distraer *prolongar* y espender»], tomado de *prolongare* íd.; alterado en *perlongar* en el lenguaje marítimo, acaso por imitación del cat. *perllongar; prolonga; prolongación; prolongado; prolongador; prolongamiento. Lontano* [princ. S. XV, en F. Manuel de Lando y en otra composición anónima, vid. Terlingen, y *Canc.* de Baena, n.º 285, v. 71; hoy aisladamente en León: Puebla de Lillo *lontano* 'lejano', en Goy, *Susarón*, p. 497], italianismo ocasional de los poetas italianizantes del Cancionero de Baena, del it. *lontano*, y éste del lat. *LONGITANUS* (fr. *lointain*, oc. *lonhdan*, cat. *llunyedà*); *lontananza* [Terr.].

CPT. *Longánimo; longanimidad. Longevo* [ya J. de Mena (Lida)], tomado del lat. *longaevus*, compuesto con *aevus* 'edad'; *longevidad*.

[1] Bera-Mend., traduciendo el vco. *alor-zerrenda*, que quiere decir 'tira de sembrado o cultivo'. De origen romance es sin duda el vco. *longaiña; -aina*, de Roncal, Salazar, Aézcoa y Baztán, y además vizcaíno 'capote, levitón'; cat. *Llongaina* es un topónimo menor bastante esparcido por Cataluña.— [2] Marroquí *long*, malag. *longueról*, pg. *longueirão*, gall. *longueirón* 'solen dactylus' (marisco), vid. Simonet, Lerchundi y Sarm. *CaG.*

237r, 84r, 200r, 217r, A15r, A17r.— ³ La forma
aragonesa *luent* (Tilander, *Fueros de Aragón*,
pp. 460, 542, con su derivado *lonteza* 'lejanía')
enlaza con el cat. dial. *llunt* (Castellón de la
Plana, etc.), en lugar del cat. *lluny*; habrá una
contaminación, acaso con *sovint* 'a menudo', que
etimológicamente era *sovín* o *soviny* (SUBINDE).
Desde luego estos aragoneses *luent*, *lonteza*, no
pueden explicarse por los lat. LONGITER, LON-
GITUDO, como quisiera Tilander, *Studia Neophil.*
XIX, 313.— ⁴ Creo que el tratamiento fonético es regular y estrictamente castellano, contra
lo que sugiere Baist (*GGr.* I², § 24): el diptongo *ue* no es ahí diptongación espontánea, sino
suma de la ŏ (que no diptongaría ante palatal)
más la yod involucrada en la ñ, comp. el antiguo
vergüeña VERECUNDIA, *cuero* CŎRIUM.— ⁵ Más datos acerca de *lueñe* en la n. 17 de Cuervo a la
Gramática de Bello y *DHist.*, s. v. *aluén* y *alue-*
ñe. Para la trasformación del adverbio *lueñe* en
el adjetivo *lueñe* y más tarde *lueño*, especialmente en la locución *lueñas tierras* (íd. en el cat.
llunyes terres), V. datos en Cej., *La Lengua de*
Cervantes, s. v.

Lueñe, lueño, V. *luengo*

LUGANO, 'pájaro cantor semejante al jilguero y al verderón, *Fringilla spinus*', emparentado
con el port. *lugre*, cat. *llucaret*, *-eta*, oc. *lucre*, it.
lucherino, alto-it. *lùgaro*, *lugarin*, de origen incierto; quizá del lat. LŬCĀNUS 'de la aurora', porque
gusta de cantar a esta hora. *1.ª doc.*: *lugaro*, 1405,
Fco. Imperial; *lugano*, 1566, Arbolanche; 1646,
Estebanillo (*Aut.*).

Describiendo Imperial una visión que se le pre-
sentó al despertarse, «passando el aurora, viniendo el día», dice «cantavan *lugaros* a los rruyseño-
res, / commo acostumbran al alva del día». El verso de arte mayor exige el acento en la *a* de *luga-*
ros (aunque es verdad que en esta poesía hay varios versos mal medidos). *Canc. de Baena*, n.º 226,
v. 31. En *Aut.* se imprime con acento el pasaje
del *Estebanillo* «agachándome como quien andaba a caza de *lúganos*»¹, y define «páxaro pequeño
de jaula, del tamaño de un pardillo; es variado de
colores, pardo, verde y pajizo; canta bien y suele
tomar el canto de otros pájaros». Terr. da *lugano*
como variante de *lujano* y explica éste como «ave
pasajera, que baja de las Sierras en octubre, es
menor que un canario, de un verde hermoso, y la
corona de la cabeza negra; enjaulada, lo cual se
hace fácilmente por ser muy pacífica y mansa,
apenas cesa en el canto, que es bastante agradable»². La Acad. lo registra en 1843 como equivalente de jilguero; pero ya en 1884 se había restablecido la definición de *Aut.*, que más tarde se
ha detallado más.

El dicc. de Figueiredo registra el port. *lugre* como pájaro conirrostro, especie de jilguero verdoso,

Chrysomitris spinus, Lin.; no tengo otros datos
portugueses. En catalán Ag. registra *lluqueret*
«ocellet de bardissa», es sinónimo de *verduell* según el rosellonés Companyó y en este dialecto ya
se registra en 1745; Griera da *llucareta* 'Fringilla
citrinella, L.' como usual en Vinaroz y Burriana;
según Fabra es Carduelis citrinella, 'pájaro de un
gris amarillento, menos oscuro en las partes inferiores'. En lengua de Oc *lucre*, usual en Provenza
y ya documentado en Zerbin (primera mitad del
S. XVII), particularmente en el Var y en Toulon,
también en el Hérault, mientras que en Niza dicen
lieucre: es la Fringilla spinus de Linneo, *tarin* en
francés, *zeisig* en alemán, *siskin* en inglés (Rolland,
Flore Pop. II, 191-2; X, 63-64). *Lucardillus* aparece en Niza en un texto bajo-latino de 1333 (Du
C.). En italiano se dice *lucherino* o *lucarino*; *luga-*
rin ya aparece en un vocabulario veneciano de fines del S. XV, mientras que otros dos glosarios
del veneciano rústico y del veronés, del mismo siglo, registran *lùgaro*; según Mussafia (*Denkschrif-*
ten d. Wiener Akad. XXII, 175) hay las formas
dialectales siguientes: venec. y genov. *lùgaro*,
friul. *lùjar*, Lucca *locorino*, venec. y veron. *luga-*
rin, friul. *lujarin*, Cremona, Romagna *lugaren*,
Parma *logarein*, Génova *lügain* [< *lügarin* con
pérdida fonética de la -r-], Tirol *lugherim*, Brescia, Crema *lugherì*, Bergamo *logarì*, Milán *lego-*
rin, Crema *legorì*, Como *ligurin*.

Comparando estas formas se adivina que *lucari-*
no, lugarino, es la primitiva, de donde *lügurin* >
ligurin > *legorin*³; como estas formas en *-in(o)*
tenían aspecto diminutivo, se sacarían de ellas seu-
doprimitivos como los ejs. citados de *lùgaro*, en
el dialecto líguro-provenzal de Menton *lugaro*, sic.
lucaru, por otra parte sic. *lécora*, napol. *lecura*,
maltés *écora*. También el port. *lugre* se explica fácilmente por regresión de un *lug(ue)rinho*, oc.
lucre por un *lucrin*, y aun la dualidad entre el
cast. *lugano* y el antiguo *lugaro* se explicaría más
fácilmente por derivación retrógrada de un *luga-*
nino parcialmente disimilado en *lugarino*. En
términos parecidos M-L., *REW* 5135, quien declara desconocido el origen. No es convincente el
étimo de la Acad. *lūcānus* 'del bosque', que carece
de justificación semántica: ni éste ni el primitivo *lūcus* 'bosque' son palabras heredadas por el latín vulgar ni el romance⁴. El pasaje de Francisco Imperial y la denominación dialectal francesa
pinson d'aube (Haute-Marne), sugieren un *LŪCA-*
NĪNUS derivado de LŪCĀNUS 'propio del alba'; voz
ésta continuada en romance por oc. *lug(r)an* 'lucero matutino' (*REW* 5133); de ahí *LUCARINUS*
por disimilación; el cast. *lugano* podría ser el
propio LUCANUS o bien regresión de *LUCANINUS.
La -c- de las formas catalanas y occitanas se debería a alguna contaminación. De todos modos,
convendría también tener en cuenta el cat. *lluer*
'Carduelis spinus' (cf. Gulsoy, *Sanelo*, s. v.); parece haber además un navarro *lleguacero* que Az-

kue emplea para traducir el roncalés *beurtxori* 'estornino'. El fr. *tarin* y los germánicos *zeisig*, *siskin* (de procedencia eslava), parecen ser onomatopeyas imitativas del canto.

[1] No son raros los errores de acentuación en *Aut.* Comp., sin embargo, la vacilación entre *JILGUERO* y el gall. *xílgaro*, hisp.-am. *jílguero*. De hecho hoy *lúgano* es como se dice en Andalucía (A. Venceslada): la vacilación acentual se explica por el probable carácter regresivo de *lúgano*, sacado de *luganino* (V. abajo); está ya *luganos* (en verso, pero con acento ambiguo) en el navarro Arbolanche (1566), 22r10.— [2] Esta forma *lujano* difícilmente puede explicarse si no es por pronunciación gallega. Falta el vocablo en Valladares.— [3] De ahí *ligurinus* en fuentes bajolatinas post-medievales, citadas por Du C. y Diefenbach, *Gloss. Lat.-Germ.*, que corresponderán al uso vulgar del Norte de Italia. De ahí deducía la *Crusca*, seguida por Diez, que el vocablo venía de *LIGURINUS* 'pájaro de Liguria', lo cual carece de base, naturalmente. Otra forma *lucar* tardía, en Diefenbach, será latinización del alto-it. *lugar(o)*.— [4] Claro está que el anticuado *luco* 'bosque', sólo empleado por Juan de Mena, es latinismo crudo. Hay sólo algún nombre de lugar, vid. Simonet, s. v. *luc, lúcar, lúco, luch*.

LUGAR, del lat. LOCALIS 'local, del lugar', derivado de LŎCUS 'lugar', al que sustituyó porque su descendiente arcaico *luego* se confundía con el adverbio de igual forma. *1.ª doc.*: *locar*, doc. de 933 (Oelschl.); *logar*, *Cid*, etc.; *lugar*, doc. leonés de h. 1100 (M. P., *Oríg.*, 169).

Logar es todavía la forma normal en Berceo (*Mil.*, 317c, 725a, 896b, 878cA) y en otros textos del S. XIII; y aun en el *Rim. de Palacio* (41, 145). Sin embargo, tenemos *lugar* en doc. leonés de 1250 (Staaff, 36.17), y desde luego en APal. (139b, 326d, 335d) y Nebr. Formas sin disimilación de la segunda *l* se hallan todavía en el *Alex.*: *logal*, *Alex.*, 217, 388, 504, *lugal* en *Alex.*, 1432, 1554, y en otros textos (p. ej. la traducción del *Livro de Falcoaria* de Pero Menino, Tilander, *RFE* XXIII). Cej. IX, § 152. Ast. *llugar* 'pueblo' (V). Paralelamente port. *lugar*; junto a éste se halla el port. *logo* en la Edad Media como sustantivo equivalente de *lugar*, y todavía, aunque en frase proverbial, a med. S. XVI en Ferreira de Vasconcelos; M-L. (*REW* 5097) cita un cast. ant. *luego* cuya fuente ignoro, pero al menos hay leon. ant. *logo* en doc. de 965 (M. P., *Oríg.*, 216). La sustitución de *luego* o *logo* por el derivado *lugar* se explica porque frases como *en otro luego*, *en aquel luego*, podían resultar equívocas, sobre todo cuando *luego* significaba 'entonces' (V. abajo en los derivados). Durante mucho tiempo, sin embargo, coexistirían *logar* y *luego* como sinónimos, de donde pudo nacer una forma contaminada *luegar* o *luogar*, que después se reduciría a *lugar* (comp.

la variante *lugo* abajo citada, y los hechos paralelos mencionados en CONTAR, JUGAR y PULGAR: éste puede deberse al influjo de un arcaico *puelze* < POLLICEM).

La locución prepositiva *en lugar de* aparece muchas veces alterada en *en guar de*, ya en el *Corbacho* (1438) y en otros textos, y hoy vulgarmente, p. ej. en Nuevo Méjico (*BRAE* X, 180; *BDHA* I, 259n.).

La locución *tener lugar* 'suceder, acontecer', rechazada primero como impropia por la Acad., y calificada de galicismo por Baralt y otros, fué ya admitida por la Acad. en 1852.

DERIV. *Lugarejo. Lugareño. Lugarete*, *-ote*.

Otros derivados y representantes de LOCUS. El adverbio lat. ILĬCO 'inmediatamente', propiamente compuesto de IN LŎCO 'en el lugar, allí mismo' (comp. fr. *sur-le-champ* 'luego'), fué restituído en latín vulgar, de acuerdo con las tendencias generales de este lenguaje, en su forma prístina[2], y abreviado en LŎCO, de donde el fr. ant. *lues*, el port. *logo* y el cast. *luego* [*lueco*, med. S. X, Glosas Emilianenses, 2, traduciendo a *repente*; *luego*, *Cid*, etc.; la variante *lugo* debida a reducción en el uso proclítico se halla ya alguna vez en Berceo y en la 1.ª *Crón. Gral.*, es frecuente en Juan del Encina, y hoy pertenece al habla vulgar de los judíos, de los aragoneses, y de otras partes, *RFE* XVII, 124-5, n.; Cej. IX, § 152; ast. *lluego*, V][3].

A desloga 'lejos, en lugares apartados', ant. (*Alex.*, 1844).

Cultismos. *Local* [APal. 22b, 78b]; *localidad*; *localismo*; *localizar* (imitado del francés, aunque Baralt recomienda su admisión), *localización*. *Locativo*, gram. *Colocar* [S. XIV, *Castigos e docum.*; vid. Cuervo, *Dicc.* II, 199-201], tomado de *collocare* íd.; *colocación*. *Dislocar* [fin S. XVII, *Aut.*][4]; *dislocación* [fin S. XVI, Fragoso, en *Aut.*]; *dislocadura*; *disloque*.

CPT. *Lugarteniente* [h. 1590, Ant. de Herrera], adaptación del b. lat. *locum tenens* (port. *logotenente*, cat. *lloctinent*, fr. *lieutenant*, etc.); *lugartenencia*.

Locomotor, *-ora* [Acad. ya 1869, no 1843], adaptación del ingl. *locomotive* 'locomotora, máquina de ferrocarril' [1829], para cuya formación y antecedentes filosóficos, vid. Lerch, *Studia Neophilol.* XII (1940), 210-36 y Spitzer, *MLN* LVI, 403; *locomotora* viene de una traducción latina literal de la frase de Aristóteles τὸ κινητικὸν κατὰ τόπον. *Locomotriz*; *locomóvil*; *locomovible*; *locomoción* [Acad. íd.]. *Trilocular*, compuesto del lat. *loculus* 'lugarcito', 'compartimiento'.

[1] El sentido en romance pronto evolucionó. El matiz hoy muy general 'después' ya se nota en Berceo, *Mil.*, 893a. Claro que el etimológico permaneció con gran extensión (Nebr.: «statim», «luego que: cum primum») y es todavía el preferido en Chile (ahí, además, muchas veces, 'pronto') y en otras partes. Hay otros matices secunda-

rios: 'entonces' (*Lazarillo*, en M. P., *Antol. de Pros.*, p. 89), 'algunas veces, de cuando en cuando' (Cuervo, *Ap.*[7], p. 545). En vez de *luego que* [Berceo, *Mil.*, 883a], se halla también *luego como* (*Guzmán de Alfarache*, Cl. C. I, 175.1, II, 63.12; Pérez de Hita, Rivad. 519a, pero Blanchard lee *assí como llegó...*).— [2] Tal como el latín vulgar restituyó CONTENERE por CONTĬNERE, PERJURARE por PEJERARE, COMMANDARE por COMMENDARE, CONSACRARE por CONSECRARE, etc.— [3] En ciertos valles alto-aragoneses se reduce a *lugo* 'en seguida', oído en el catalán fronterizo de Perafita de Fades. Schuchardt, *Prim. L. Vasconum* § 54, admite que el vco. *lekhu* 'lugar' (que ya está en Landucci, y que Leiçarraga ya emplea con el sentido de 'pueblo, población', Luc. XV, 15) es préstamo del «esp. *luego* 'lugar'». Lo cual es bastante discutible. Michelena, *Fon.* § 9.1 da esta etimología con un «quizá» y Azkue, s. v., pregunta «¿Qué relación hay con el lat. *locus?*»; de esta reducción de *ue* a *e* no da Michelena otro ejemplo que *erregu* (a. nav., guip. y ronc.) < *ruego* [pero cf. otra opinión posible aquí s. v. *rezar*]. Lo más extraño sin embargo es la fuerte evolución de ŏ > *ue* > *e* junto a la conservación de -C- pues cabría admitir que la palabra se tomó de un alto-aragonés *lueco* en fecha relativamente tardía, pues en Castilla y León el paso de -C- a -g- debió de ser anterior al paso de ŏ a *ue* (quizá no al de ŏ a *uo*, pero en todo caso no es verosímil que la etapa *ue* sea anterior a la sonorización de las intervocálicas). Ahora bien, *lek(h)u* es general en los siete dialectos y en el alavés de 1562 y el bajo navarro de 1571. Lo más sencillo y razonable me parecería admitir que el vasco antiguo tomó **loku* y **errogu* en préstamo ya del latín vulgar y después los cambió en *leku* y *erregu* por una disimilación intra-vasca: no olvidemos que los dialectos vascos o no tienen acento de intensidad o lo han tenido pero con fuerza mucho menor que el romance, luego allí el acento tónico no se oponía a la disimilación de la primera vocal.— [4] Vulgarmente se toma en muchas partes como sinónimo de *alocar*, por etimología popular (p. ej. Draghi Lucero, *Canc. Cuyano*, p. 67).

Lugaro, V. *lugano*

LUGRE, tomado del ingl. *lugger*, quizá derivado de *lug-sail*, especie de vela característica de esta embarcación. *1.ª doc.*: Acad. 1843, no 1817.

El fr. *lougre* se documenta en 1778; el ingl. *lugger*, algo más tarde, en 1783 (Jal, s. v.), pero quizá sea casual este orden de aparición. El origen último presenta algunas oscuridades, aunque desde luego ha de ser germánico, pero quizá no de procedencia inglesa, pues el vocablo existe también en holandés y en danés.

Lúgubre, V. *luto*   *Luguer*, V. *loguer*

LUIR, 'redimir (censos)', tomado del lat. *lŭĕre* 'desatar', 'pagar'. *1.ª doc.*: h. 1800, Jovellanos (en Pagés); Acad. ya 1817.

Como aragonés en las ed. de la Acad. en el S. XIX. Para el náutico *luir* 'rozar', V. *LUDIR*.

DERIV. *Luición*. *Lúe* (muchos médicos dicen *lúes*, sing.), tomado de *lues* 'disolución', 'peste'. En cuanto a *luísmo* es palabra independiente, tomada del cat. *lluïsme*, para el cual V. s. v. LISONJA.

LUIS 'moneda de oro', y (HIERBA) LUISA: ambos del nombre propio de persona Luis, Luisa, el primero en memoria del rey francés Luis XIII, que acuñó primeramente estas monedas, el segundo por la reina española María Luisa, esposa de Carlos IV, a la cual fué dedicada la planta. *1.ª doc.*: *luis*, Terr.; *luisa*, Acad. 1843, no 1817.

La hierba se llama en catalán *mariallüisa*.

Luísmo, V. *lisonja*   *Lujar*, V. *ludir*

LUJO, tomado del lat. *luxus, -ūs*, 'exceso', 'libertinaje', 'lujo'. *1.ª doc.*: Oudin («*luxo*: luxe, superfluité, excès, dissolution»).

Falta todavía en C. de las Casas, Percivale, Covarr., y es ajeno al léxico del *Quijote* y de Góngora. El primer ej. que registra *Aut.* es de Saavedra Fajardo, a. 1640; se advierte en este diccionario que la *x* en esta palabra se pronunciaba como *cs*, y todavía Iriarte en 1780 reprobaba a los que la pronunciaban con *j* (Cuervo, *Obr. Inéd.*, 98), pero Terr. registra las dos variantes y la Acad. ya había consagrado la nueva pronunciación en 1843; Cej. VII, § 86.

DERIV. *Lujoso* [Acad. ya 1817]. *Lujuria* [*loxuria* y *lux-*, J. Ruiz, 'lascivia'; APal. 64b, 194d, 257b; Nebr. «*lux-*: salacitas, mulierositas; mollicia»; la pronunciación con *-j-* es ya antigua en esta palabra, de otro modo no se explicaría la errata *injuria* en el *Quijote* II, viii, 28; *Aut.* la admite al no hacer advertencia sobre la pronunciación de la *x*, y Terr. sólo registra *lujuria*; Cej. VII, § 86], tomado del lat. *luxŭrĭa* 'exuberancia, exceso', 'suntuosidad', 'vida voluptuosa'; *lujurioso* [*lux-*, h. 1280, *1.ª Crón. Gral.*, 193b38; APal. 47b, 131b, etc.; Nebr.]; *lujuriar* [S. XIV o XV, *Caída de Príncipes*; APal. 175d; Nebr. «libidinor»]; *lujuriante* [Acad. ya 1817].

Luxación [Acad. 1884], tomado del lat. *luxatio, -iōnis*, íd., derivado de *luxare* 'dislocar (un hueso)', y éste de *luxus, -a, -um*, 'fuera de lugar, que ha sufrido luxación', que parece ser del mismo origen que *luxus* 'desvío, exceso'; los médicos emplean también *luxar*, no admitido por la Acad.

Lumaquela, V. *limaza*   *Lumbago, lumbar*, V. *lomo*   *Lumbral*, V. *umbral*

LUMBRE, del lat. LŪMEN, -ĬNIS, 'cuerpo que despide luz', 'luz'. *1.ª doc.: Lumne*, como nombre propio, en doc. de 1065 (Oelschl.); *lumbre, Cid*, etc.

En Berceo todavía predomina la forma *lumne* (en ciertos pasajes las variantes cultas *lumen, lúmine*). La ac. común en la Edad Media es 'cuerpo que despide luz, lumbrera, luminar': *con lumbres e con candelas* en el *Cid*, 244, *Señor Santo Domingo, lumne de las Españas*, Berceo, S. *Dom.*, 248a (*lunbre* en *E*), de donde figuradamente 'el sentido de la vista' (*S. Mill.*, 159, *S. Dom.*, 546a), y todavía APal. (154d, 204d, 255d), Nebr. («lumen, lux») y C. de las Casas no registran otra, ni la hay en el léxico del *Quijote*. Pero en el lenguaje popular, pronto se pasó de ahí a 'llama', como en J. Ruiz («la *lunbre* de la candela encantó e el fuego / que quanto era en Roma en punto morió luego», 262c), y después 'fuego', no sólo en cuanto alumbra, sino por lo que calienta, ac. que ya registramos en el mismo poeta: «levóme consigo / e diom buena *lunbre*, / como es de costunbre / de sierra nevada» (1029c), y en el glosario de Toledo («*estingo:* matar *lumbre*»). La ac. 'fuego' en el Siglo de Oro empieza ya a predominar, de suerte que *Aut.* sólo ejemplifica la antigua y etimológica en un texto anticuado como el *Amadís*, y hoy ésta apenas se conserva más que en las frases cristalizadas *querer más que la lumbre de los ojos* o *ser* (*algo*) *la lumbre d. sus o.* (ya en el *Quijote*). Cej. VII, § 17. Se trata de una innovación semántica común con el portugués (donde la ac. antigua se conserva mejor)[1], pero ajena al catalán y demás romances, aunque un paralelo puede hallarse en otras hablas del Sur de Europa, pues el mismo sentido ha tomado *luci* en Sicilia y Calabria, y φωτία en la Grecia actual (Rohlfs, *Münchener Sitzungsber.*, 1944-6, v, 45). Por influjo del cuasi-sinónimo *luz* tomó *lumbre* el género femenino en castellano, desde los textos más antiguos, mientras que el portugués, gallego (Alvz. Giménez, 48) y demás romances (incluyendo el leonés y asturiano occidentales y antiguos documentos ovetenses: M. P., *Dial. León.*, § 19.2, n. 2; Casado Lobato) se mantienen fieles al masculino, que corresponde al neutro latino; sólo en catalán podemos sorprender el primer paso de esta evolución, pues este idioma distingue *la llum* 'la luz' de *el llum* 'la lumbrera o cuerpo que despide luz', 'la lámpara'[2].

DERIV. *Lumbrada. Lumbrera* [*lumn-*, Berceo, *Mil.*, 290, 711; *Alex.*, 1166, 1179; *lumbrera* «luminare», Nebr.]; raramente *lumbraria* ant. (hoy judeoespañol, *BRAE* V, 351); *lumbrerada, -arada. Lumbrería* ant. *Lumbroso* ant. 'luminoso' [*lumn-*, Berceo, *Mil.*, 864d; *-mbr-*, *Rim. de Palacio*, 833; «luminosus», Nebr.]. *Alumbrar* [Berceo; vid. Cuervo, *Dicc.* I, 368-71; ast. *allumbrar*, V]; *alumbra; alumbrado* [Nebr.]; *alumbrador; alumbramiento* [Nebr.]; *alumbrante*; port. y gall. *alumiar* (la

acentuación *alúmea* en Castelao 288.18, revela que en realidad es *-iar* y no *-ear*). *Deslumbrar* [h. 1570, Sta. Teresa: Cuervo, *Dicc.* II, 1099-1101]; *deslumbrador; deslumbramiento; deslumbrante; deslumbre. Relumbrar* [APal. 89b; «*r.* o *reluzir*» luceo», Nebr.]; *relumbrante* [Mena, *Yliada* (C. C. Smith, *BHisp.* LXI)]; *relumbre* o *relumbro; relumbrón; relumbroso* [Boscán (C. C. Smith)]. *Traslumbrar; traslumbramiento. Vislumbre* [h. 1550, Montemayor; Pérez de Hita, ed. Blanchard II, 172; siempre f. en los clásicos, hoy se lee alguna vez como m.], con el prefijo BIS- que de 'dos veces' pasó a significar idea de oblicuidad o imperfección, comp. it. *barlume*, cat. *besllum* (sólo moderno); el port. *vislumbre* es tomado del cast.; *vislumbrar* [S. XVIII, *Aut.*]. Para *vislumbrar* no se puede tomar en serio la ocurrencia de *GdDD* 7253 de partir de VIX LUMINARE, por más que VIX haya dado el cast. ant. *abés*: ni existe un cast. **lumbrar* ni LUMINARE significaba 'ver'. Cf. port. *lobregar* 'vislumbrar' y su hermano boloñ. *lumbergär* estudiados aquí s. v. *LÓBREGO*.

Cultos: *Luminar* [APal. 492b, hablando del sol y la luna], de *luminare* íd.; *luminaria* [S. XV, Biblia med. rom., Gén., 1.14; APal. 154b], del pl. del mismo sust. latino; rara vez *iluminaria. Lumínico. Luminoso* [Mena (C. C. Smith); APal. 255d]; *luminosidad. Luminiscencia. Iluminar* [med. S. XIII, *Buenos Prov.*, 1.9; 3 ejs. en el S. XV (C. C. Smith); Góngora; Calderón; Covarr.][3], de *illuminare* íd.; en su lugar registraba Nebr. *luminar* («*l.* *libros*: minio»); *iluminación* [*Corbacho* (C. C. Smith); Covarr.]; *iluminador* [íd.]; *iluminado* [Berceo, *S. Lor.*, 20]; *iluminativo; iluminismo.*

CPT. *Luminotecnia* [Acad. 1939].

[1] Gall. *lume* 'fuego' Castelao 253.12; ejs. populares en la misma ac. en Vall.— [2] Concreción de sentido que no es enteramente inaudita en castellano, pues Lope de Rueda emplea *lumbre* como sinónimo de 'vela, cirio': *salió con una lumbre en la mano* (cita en M. P., *Cid*, p. 738). En catalán *la llum* se debe a la eliminación que en este idioma ha sufrido el representante de LUX, cat. ant. *la lluu*, cuyo género y acs. fueron heredadas por el sustituto *llum*. Sólo el italiano mantiene hoy concurrentemente *lume* y *luce* con la misma repartición semántica, aproximadamente, que el latín y que el castellano primitivo.— [3] Falta APal., Nebr. Comp. cat. *illuminar*, ya en Lulio (*Meravelles* I, 124).

LUNA, del lat. LŪNA íd. *1.ª doc.:* orígenes del idioma (Glosas de Silos, *Cid*, etc.).

General en todas las épocas; Cej. VII, § 17;
ast. *lluna* (V); común a todos los romances.

DERIV. *Lunación. Lunado. Lunar* adj.˙ [APal.
255*d*]; m. 'claro de luna, luz de la luna', ant.
(Nebr.; = gall.¹-port. *luar*); 'pequeña mancha en
el rostro o en parte del cuerpo, especialmente la que
se tiene de nacimiento' [Nebr.: «*l., señal del cuerpo:* naevus»; C. de las Casas «neo»; sale ya tres
veces en el *Quijote*, y abundan los ejs. clásicos,
vid. Pagés], gall. *luar* (el port. *lunar* es castellanismo o latinismo, ya documentado en R. da
Cunha, h. 1620)²; *lunarejo* '(animal) que se distingue por uno o más lunares sobre su pelaje', arg.
(> brasil. *lunarejo*; Granada, *BRAE* VIII, 192;
A. Alonso, *Probl. de la L. en Amér.*, p. 171; se
aplica a veces a las personas: «qué decís, *lunarejo* 'el diablo?», A. Sampol de Herrero, *La Prensa de B. A.*, 28-VI-1942). *Lunario. Lunático*
[*Alex.*, 2165], así llamado porque su dolencia se
atribuye a un mal influjo de la luna; lo cual también se dijo *alunado* [Nebr.], de ahí *alunarse, alu-
namiento;* hoy ast. *allunáu* (V). *Lunecilla. Lunel*,
del fr. *lunel. Lunes* [*el día lunes*, ms. astrológico
del S. XIII, probablemente alfonsí; *lunes*, h. 1295,
1.ª Crón. Gral., 396*a*9; J. Ruiz, J. Manuel, etc.;
para la construcción con *día* o sin él, aquélla leonesa, rioplatense y chilena, vid. *RFH* VI, 231-4;
Cej. VII, § 17; ast. *llunes*], abreviación del lat.
vg. DIESLŪNIS, documentado en inscripciones
(*REW* 5164): sale de DIES LŪNAE 'día consagrado
a la Luna', con una alteración provocada por la
terminación de DIES MARTIS, JOVIS, VENERIS. *Luneta* 'bovedilla en forma de media luna, abierta para dar luz a la bóveda principal' [1640, Colmena-
res], 'adorno en forma de media luna que usaban
las mujeres en la cabeza' [APal. 256*b;* h. 1580,
Fr. L. de León, Fcha.], 'sitio del teatro donde
hay las butacas, platea' (por su contorno semicir-
cular) [*Aut.*], 'butaca de platea' [h. 1800, Moratín,
ac. hoy conservada en Cuba, *Ca.*, 21]; *luneto. Lunilla. Lúnula. Interlunio.*

¹ «Noite de *luar*», «o *luar* vai entrando», «espellaba o *luar*» Castelao 24.17, 155.21, 288.17,
286.4.— ² La explicación semántica no es evidente.
Lo esencial en los lunares es el color diferente, y
como no es raro que sean de forma más o menos
redondeada se les pudo comparar con una luna
llena, sobre todo si son de color más claro, lo
que sucede a veces en las personas de tez morena, y no es nada raro en las caballerías, a las que
también se aplicó el vocablo (comp. *lunarejo*, y
«sobre vistosa y blanca hacanea / de vistosos *lunares* remendada», B. de Balbuena, en Pagés).
Sin embargo, es verdad que el lunar de color
más oscuro es el más corriente («un *lunar* pardo», *Quijote* I, xxx, 147; «tinha sobre a espá-
doa esquerda, onde o braço começa a nacer hum
lunar preto», R. da Cunha; *tres lunares negros*
en un caballo en Ruiz de Alarcón, vid. Denis),
y es muy común que crezca pelo sobre los lu-

nares («un *lunar* que tenía sobre el labio derecho a manera de vigote», *Quijote* II, x, 36); en
estos casos la comparación con una luna llena es
menos natural. Bien puede tener razón Bluteau,
al desarrollar una idea ya insinuada por Covarr.˙:
«assim chamado porque he opinião de alguns,
que he effeito da Lua ou de algum outro planeta, predominante no instante da conceição», y
cita el pasaje de Suetonio en que dice que Augus-
to nació con varias manchas dispersas por el pecho y el vientre en la forma, orden y número
de las estrellas de la constelación de la Osa. Luego pudo creerse que el lunar era debido a una
acción de la luna sobre el niño dentro del gremio
materno, así como es común atribuirlo a un
deseo que tuvo la madre durante la gestación
(fr. *envie*, cat. *desig*, 'lunar'); el que haya lunares en forma y color de luna pudo dar pie a esta
creencia, que luego sería generalizada y teorizada
por los astrólogos; esto tendría la ventaja de explicarnos la forma culta del port. *lunar*, que en
voz de esta índole difícilmente puede concebirse
como debida a castellanismo. En cuanto al *lunar*
'claro de luna' citado por Nebr., como castellano
sólo lo conozco en algún texto leonés medieval
(*Otas de Roma*).

Lunada, V. *lunanco*   *Lunado*, V. *luna*

LUNANCO, aplicado a los cuadrúpedos que
tienen una anca más alta que la otra, es derivado de **lun* 'anca', variante dialectal del antiguo
llun, que procede del lat. CLŪNIS 'nalga', 'cadera'.
1.ª doc.: Acad. ya 1817.

No sé qué extensión tiene hoy el vocablo en
España, si es que realmente es allí conocido; desde luego es muy vivo en el Plata y en Chile (ahí
alterado en *nunanco*: Román)¹. *Llun* aparece traduciendo el lat. CLŪNIS en el Glosario del Escorial (h. 1400), y ya en el Tratado de Albeitería
leonés del S. XIII, estudiado por G. Sachs, *HispR.*
VI, 302, con el sentido de 'nalgas'. La reducción
de CL- a *l-* es fenómeno dialectal leonés del que se
hallan otros ejs.: V. mi nota en *RFH* VI, 111-2.
En latín CLŪNIS, que era masculino y femenino,
significaba 'nalga' o 'cadera': no ha dejado otro
descendiente romance que éste y el valón *clon*
«hanche des animaux», *dicloné* «déhanché» (*FEW*
II, 801). La ac. 'pierna de cerdo o jabalí', que ya
hallamos documentada en latín, se perpetuó también en el cast. *lunada* 'anca y muslo del puerco',
hoy anticuado, pero documentado en la *Tragedia
Policiana* de Sebastián Fernández (1547)², la *Pícara Justina* (Fcha.), *Fuenteovejuna* de Lope (I, v.
218), y Covarr., que ya reconoció correctamente
la etimología. Otro derivado del mismo radical es
costarr., salv., venez. y colomb. *alunarse* 'ludirse el
lomo de las caballerías', que ya se halla en Suárez de Peralta (1580), en pasaje mal entendido por
el *DHist.*³.

Deriv. *Lunada, alunarse*, V. arriba.

[1] A los ejs. que aduzco en mi artículo citado agréguese «una yegua *lunanca* y tristona», E. Montaine, *La Prensa de B. A.*, 7-IX-1941; por analogía, aplicado a la luna en cuarto menguante: «la luna, vieja ya, despareja, *'lunanca'* y enorme, apareció sobre un cerro» (*figura etymologica*), Silva Valdés, *La Prensa de B. A.*, 15-II-1942.— [2] «Una tajada de tocino de la *lunada*», *NBAE* XIV, 9.— [3] Si *alunado* significara realmente 'constipado' no se comprendería el texto «habiéndole primeramente trasquilado y fajado la dicha parte *alunada*». Claro es que la misma etimología popular fué causa de que estas mataduras se atribuyeran a influencia de la luna, y alguna vez pudo extenderse el vocablo a las sufridas en otras partes del cuerpo; pero Gagini, Salazar y Alvarado coinciden en que las alunaduras se producen en el lomo.

Lunar, lunarejo, lunario, lunático, lunecilla, lunel, lunes, luneta, luneto, V. *luna* *Lundre*, V. *nutria* *Lungo*, V. *luengo* *Lúntriga*, V. *nutria* *Lunilla, lúnula*, V. *luna* *Lupa*, V. *lobo* *Lupanar, lupanario*, V. *lobo* *Lúparo*, V. *lúpulo* *Lupia*, V. *lobo* *Lupicia*, V. *alopecia* *Lupino*, V. *lobo* y *altramuz*

LÚPULO, tomado del lat. tardío *lupŭlus*, diminutivo del lat. *lupus* íd., de origen incierto. 1.ª doc.: 1515, Rodríguez de Tudela; Terr.; Acad. ya 1817.

Lúpulo como nombre de flor figura en Lope, *Jerus. Conq.* XVII, v. 328. Cuervo, *Obr. Inéd.*, p. 221, señala *lúparo* en Fr. Tomás Guerrero Ribadeneira, que coleccionó nombres en el Sudoeste de España y quizá en Portugal, a fines del S. XVII. Colmeiro (IV, 651) cita *lúpulo* en Fz. de Sepúlveda (1522), Laguna (1555) y otros, *lupo* en Fuentidueña (1706), *lupios* en Barnades (1771). En portugués *lúparo* ya figura en texto citado por Bluteau, anterior por lo tanto a 1716, y en B. L. de Abreu (1726), *lúpulo* en otro texto citado por Bluteau. El cat. *llúpol* se documenta ya en Laguna (1555), también en 1587 y 1617 (Ag.); *boca de llop* en Oliveres (1839). El it. *lùppolo* se halla ya en autores del S. XVII y seguramente anteriores (Tommaseo). En latín aparece *lupulus* en un autor de la decadencia (Matthaeus Silvaticus), y en glosas (*CGL* III, 547.42, glosario trasmitido en ms. del S. X u XI); y *lupus* en el mismo sentido está en Plinio. Pero es muy problemático, en vista de la *pp* italiana, y por razones semánticas, que pueda ser la misma palabra que *lupus* 'lobo'. Como *lúpulo* es voz tardía y de poco arraigo en castellano me limitaré a remitir a los estudios de Bertoldi, *Rom.* LIV, 453-64; Wartburg, *Mél. Haust*, 421-7; Steiger, *Westöstliche Abhdlgn.*, *Fs. Rudolf Tschudi*, 1954, 87-106; *REW*, 5171 y 5172[1]; el vocablo castizo es *hombrecillo*. Más sobre *lúpulo*

en mi nota sobre dicho sinónimo, s. v. *HOMBRE*.

Deriv. *Lupulino*.

[1] Bertoldi cree que se trata de una variante de *rumpus* 'sarmiento entrelazado con ramas de árboles', palabra de la cual se sospecha origen céltico (Ernout-M.); el alto-it. *rovertisi, rovertin* 'lúpulo' y variantes vendrían de un *RUPORTINUS*, variante del lat. RUMPOTINUS, derivado de *rumpus*; sin embargo, observemos que el tipo *LUPURTĬCA*, admitido por M-L., y confirmado por el bergam. ant. *luvertiga*, interpretable como compuesto de LUPUS y URTICA se apoya en el hecho de que el lúpulo es una urticácea. La identificación con *lupus* 'lobo', sea a base del gusto amargo de su grano (Sainéan, *BhZRPh.* X, 61) o porque el lobo pueda esconderse debajo de las ramas del lúpulo (Bluteau), parece inverosímil. La idea de Räsänen a que se adhiere Hubschmid, de que venga en último término del iranio *hauma* (sogd. *xwm*, scr. *soma*), el nombre indoiranio del néctar de los dioses, no es imposible pero sí incierta según Henning (*Iranistik*, 1958, 85n.1).

Lupus, V. *lobo*

LUQUETE I, 'pajuela: paja o mecha cubierta de azufre que, arrimada a una brasa, arde con llama' (y de ahí 'ruedecita de limón o naranja que se echa en el vino para que de ella tome sabor' porque incita a beber como si encendiera la sed): procede del anticuado *aluquete*, y éste del ár. *wuqáid* 'fósforo, cerilla', diminutivo de *waqîd, waqîda*, 'mecha', 'fósforo', del verbo *wáqad* 'encender'. 1.ª doc.: 1606, Fr. P. de Vega, Cej. VII, p. 433; Covarr.

Escribe este lexicógrafo: «es lo mismo que *alguaquida* o pajuela de piedra açufre... algunos dizen ser arábigo porque *luquid* en Fez vale lo mismo que la pajuela de el alcrevite; *luquete* se llama también una ruedecita de cáscara de naranja, que se suele exprimir en el vino: y díxose assí porque si la exprimimos a la vela, se enciende aquel humorcillo, y se torna fuego»; da además la variante *aluquete*, remitiendo a *alguaquida*. Falta el vocablo en los lexicógrafos anteriores y contemporáneos, y en su primera ac. no es fácil citar ejs. en los textos, porque se presta poco este sentido para el empleo literario; sin embargo, esta ac. es viva en muchas partes, particularmente en Aragón, donde ya la recoge Peralta (1835), la registran ediciones tardías de Oudin y de Franciosini (ed. 1735, no sé si figura en las del S. XVII), así como Terr., y la Acad. la tiene ya en 1843, pero todavía *Aut.* registra solamente la 2.ª ac. Ésta sí se prestaba a comparaciones literarias, y así la hallamos en varios autores clásicos; muchas veces tiene el matiz de 'condimento que da sabor': «donde estás más celebrado / que en el vino está el *luquete*» (Tirso), «es parlar sin murmurar / lo

que beber sin *luquete*» (Ruiz de Alarcón), «en su
taza a mí me mete / porque es goloso y bebe con
luquete» (Moreto); pero también es frecuente que
tenga el valor de 'incitante', 'lo que provoca a beber': «¡cuántas topo por las calles / hermosas!... 5
más bellas / que tras el pastel las pellas, / que el
vino tras el *luquete*» (Tirso), «¿en qué paró la pesadumbre fiera? / D. VICENTE. Hicímoslos a todos luego amigos / y fueron luego allí cartas de
pagos, / de la paz que firmaron, ciertos tragos. / 10
CORCUERA. Sí, que ya vienen a ser las peleo-
nas / lindos *luquetes* para beber vino / royendo
un hueso de paz por tocino» (Quiñones de B.,
NBAE XVIII, 805b); Villegas (1617) compara al
Amor y a Baco con los padres de su poesía y ter- 15
mina diciendo «pues ambos a dos, lira, / a ti y a
mí nos sean / plectrillo con que suenes, / *luquete* con que bebas»[1]. Es decir, se equiparó el ácido
incitante del fruto con el ardor que experimenta
el sediento, a modo de luquete que le abrasa la 20
garganta; comp. *LAMPAR*. Por lo tanto, no hay
necesidad de recurrir a la forzada explicación semántica de Covarr., ni pensar en una etimología
diferente, el ár. *luqât* 'friolera, objeto despreciable', según quiere Dozy, *Gloss.*, 298[2].   25
  Luego debemos partir de la ac. 'pajuela para
tomar fuego de las ascuas' como etimológica; y
reconoceremos que la etimología arábiga de Covarr.
y Dozy presenta todos los visos de exactitud.
Waqîda significaba «mecha de encender» en his- 30
panoárabe (PAlc.) y es derivado normal de *wáqad*
'encender', verbo de carácter universal en este
idioma; hoy se pronuncia *uqîda* en Túnez, *ugîda*
en Libia (Griffini) en el sentido de 'fósforo, cerilla', y el masculino *waqîd* en el mismo sentido 35
se documenta en varios lugares del Norte de África (parece hallarse ya en el egipcio Makrizí, comienzo del S. XV). De *waqîda* procede indudablemente el cast. *alguaquida* 'pajuela, luquete', ya
documentado en el *Corbacho* (1438), en el *Canc.* 40
de Horozco (med. S. XVI; vid. *DHist.*, s. v.) y
en Covarr.; hay variante fonética *aulaquida* en
B. de Mendoza (1594) en el sentido de 'incitante
o provocación a la guerra', que no hay por qué
acentuar *auláquida*, como se ha hecho en el *DHist.*, 45
pues Horozco acopla en rima *alguaquida* con *cumplida*. En cuanto a *luquete*, acaso la inicial *wa-
se redujo fonéticamente a *u*, según da a entender Steiger (*Contrib.*, 294, 345)[3]; pero dada la generalidad de la inicial *(a)lu-* (y no *alo-* o *algua-*), 50
en contraste con *alguaquida*, es preferible dar la
razón a Dozy y partir del diminutivo *wuqáĭd* que
está también documentado como sinónimo de
waqîd en el Norte de África (Dombay, Humbert),
y del cual procederán asimismo el *luquid* de Fez 55
(Covarr.) y el argelino *luqîd*, usual entre los judíos de esta ciudad[4].
  Conviene, empero, tener en cuenta que el tipo
luquete tiene amplia difusión en otros romances.
En catalán *lluquet* es 'pajuela para encender' y 60

además 'pedacito de azufre que se pone en las
cubas'; en la primera ac. ya aparece en el *Curial*
(h. 1450)[5], en Jaume Roig (1460)[6] y en el Cancionero Satírico Valenciano de fines del S. XV; en
algunas partes es 'hongo yesquero' y en otras, partiendo de 'brizna', ha llegado a ser el nombre de
una 'hierbecita de hoja menuda adherida al suelo, en la baja montaña' (oído en Surroca, no lejos de Ripoll). En lengua de Oc *luquet* es nombre
del fósforo o cerilla de azufre: así en el Valle de
Arán, en el Tarn-et-Garonne (*VKR* VI, 41), en
el Aveyron (Vayssier), *aluquet* en las Landas (Millardet, *Atlas*, n.º 18); según el mapa *allumette*
del *ALF*, el tipo *luquet* se extiende por los departamentos de Pirineos Orientales, Este del Ariège
y H.-Garonne, todo el Tarn, Aveyron y Lozère,
y buena parte del Aude, Hérault, Gard y Cantal;
el diccionario tolosano de Doujat y Visner recoge acs. muy semejantes a las castellanas y catalanas: «*un luquet d'iranje*, un morceau d'écorce
d'orange, une tranche; *luquet* donne l'idée d'un
lambeau, d'une brindille, d'une allumette de quoi
que ce soit», *luquetaire* «qui soufre des brindilles
de chenevotte». Ahora bien *(a)luquet* parece estar
respecto de oc. *alucá* 'encender' en la misma relación que el fr. *allumette* respecto de *allumer*; y
como se ha explicado *alucà*, que ya se halla varias
veces en textos de med. S. XIII y del XIV (Raynouard, Levy), por un tipo lat. *ADLUCICARE*, derivado de *LUX*, *-CIS*[7], es preciso asegurarnos bien
de que no hemos sido víctimas de un espejismo
en nuestra etimología arábiga; por el contrario, la
palabra hispánica podría ser un provenzalismo. Pero la verdad es que *luquet* no se documenta en
lengua de Oc hasta fecha reciente, y la variante
con *a-* está allí reducida a un solo dialecto local;
por otra parte, la etimología *ADLUCICARE* es sumamente sospechosa desde el punto de vista morfológico y fonético[8]. Tampoco es seguro que *allumette* sea derivado espontáneo de *allumer*[9]. La
que sí puede ser derivada de *LUX* es la variante
alugà 'encender', que hoy se emplea en los dialectos arcaizantes del valle de Arán, el Bearne (Les-
py-R.) y el Gers (habla del cantón de Lombez:
Bouts dera Mountanho IX, 219)[10]; no hay ahí dificultad alguna en partir de *ADLUCARE*, tanto más
cuanto que *ADLUCERE* ya está documentado en latín; y aunque no tengo documentación medieval
de *alugar*, la hay en cambio de *deslugar* 'apagar,
eclipsar, desvanecer' (Ventadorn) y *eslugar* 'aclarar, iluminar' (Bernat de Venzenac), que atestiguan indirectamente la existencia de *alugar*. Creo,
pues, que *(a)luquete* y el cat. *lluquet* son realmente arabismos (nótese la procedencia valenciana de todos los ejs. catalanes medievales), que pasaron ya en fecha algo antigua al Sur de Francia
y fueron causa de que en parte de este territorio se cambiara el etimológico *alugar* en el inexplicable *alucar*, así como, viceversa, este verbo fué
causa de la variante *aluquet* en el sustantivo. Me

confirma en esta creencia la procedencia arábiga de *alguaquida,* y por otra parte de *alcrebite* y tantos términos de alquimia, y también el viejo arraigo meridional de los vendedores callejeros de luquetes, que▸tan bien documenta Covarr. (s. v. *al-* guaquida) en la Valencia del Siglo de Oro y en la Roma de la Antigüedad[11].

¹ *Cl. C.,* p. 313. Véanse allí, en Pagés y en *Aut.* otras de las citas que he reproducido.— ² No hallo este vocablo en árabe vulgar (Dozy, *Suppl.),* aunque bien pudo existir allí, pues se halla la raíz *láqaṭ.* La comparación con el fr. *zeste* 'membrana que separa los gajos de una naranja o de una nuez', 'objeto insignificante', es poco oportuna, pues no sé que este vocablo se emplee en el sentido de 'luquete para dar sabor'.— ³ Comp *Wâdi-* > port. *Odi-* (*Odiana,* etc.), *wa šâ' llâh* > *ojalá, waqî* > *aloquín,* y sobre todo el cast. ant. *aluceda* si viene de *wisâda* 'almohada' como asegura el propio Steiger, *Festschrift Jud,* pp. 664ss.— ⁴ Beaussier da *w-q-y-d* sin vocalizar. Los *uqîda* y *ugîda* arriba citados pueden venir del diminutivo femenino correspondiente.— ⁵ «Trametia per la boca, per lo nas e per les orelles orrible fum de sufre, e los ulls qui parien *luquets* quant se comencen a encendre...», *N. Cl.* III, 62.— ⁶ «Avinentea: / *luquet* e tea / es de chich foch, / e poch a poch / s'ençen molt gran», v. 10164.— ⁷ Así lo hace, p. ej., Tilander, *Rom.* LII, 484-7.— ⁸ La verdad es que es sumamente dudoso que de ahí pueda venir también el fr. ant. *aluchier* 'plantar', 'colocar', 'cultivar', 'alimentar', 'atraer', según Tilander porque la luz es necesaria para que crezcan las plantas; idea muy forzada. Sospecho que nada tiene que ver esta palabra francesa con la occitana; aunque alguno de los ejs. de esta última citados por Raynouard puede corresponder más bien al tipo francés (quizá el ej. de Garin d'Apchier).— ⁹ Recuérdese la teoría de Gilliéron acerca de *allumette* procedente de *allumelle* LAMELLA; aun el mismo Wartburg, que no la acepta, reconoce que el problema no está bien aclarado.— ¹⁰ En la Gironda (Moureau), Sur de las Landas (Millardet, n.º 17) y otros puntos del Bearne se dice *alucà.* Mistral, sin distinguir bien las dos variantes, y confundiéndolas con una palabra independiente, dice que se emplean en Gascuña y Languedoc.— ¹¹ Spitzer, *Lexik. a. d. Kat.,* 89, estudió *lluquet* en relación con el cat. *llucar* 'mirar', palabra moderna y de tono afectivo, de procedencia oscura, que difícilmente nos puede ilustrar sobre la historia de *luquete.* Sí deberá tenerse muy en cuenta este artículo cuando se estudie mejor el origen del fr. ant. *aluchier* 'plantar' (comp. cat. *'luc* 'brote').

LUQUETE II, 'casquete esférico que cierra la bóveda vaída', probablemente del it. *lucchetto* 'candado, cerradura postiza en forma de cajita' (toma-

do del fr. *loquet* 'pestillo', diminutivo del fr. ant. *loc* íd., que viene del fráncico *lok,* hermano del ags. *loc,* ingl. *lock,* b. alem. ant. *lok* íd.). *1.ª doc.:* Acad. 1925.

Lurdo, V. *lerdo   Lurga,* V. *lorca   Lurte,* V. *alud*

LUSCO, voz rara, dialectal o anticuada, procedente del lat. LUSCUS 'tuerto'. *1.ª doc.:* 1754, Sarm.; Acad. ya 1817 (como anticuado).

No conozco documentación de la palabra en parte alguna; quizá sea más bien dialectal que antigua, contra lo que afirma la Acad.¹. Es viva en portugués (*lusco* 'tuerto', 'bizco', 'ciego') y catalán (*llosc* 'corto de vista, cegato', ya en el S. XIII, Lulio; hoy en catalán central, en Tortosa, Valencia, Menorca, etc.; *llusc* en el Pallars, Andorra, y creo que en Gerona y otras partes); también se ha conservado en oc. *losc,* fr. *louche,* it. *losco,* logud. *luscu,* formas que, junto con la más extendida en catalán, corresponden a LŪSCUS; lo mismo puede suponerse del port. *lusco,* pero el cat. dial. *llusc,* el bearn. *lusc* y ciertas formas dialectales de Valonia y de Toscana parecen suponer LŬSCUS (Wartburg, *RDR* III, 446-7), quizá debido a influjo de LŬX 'luz'. En latín significaba sobre todo 'tuerto', alguna vez 'bizco', y a juzgar por varios derivados tendría también la ac. 'miope, que ve poco'; estas dos se comprueban en ciertas glosas ('στραβός', *CGL* II, 438.31; 'minus videns', *CGL* IV, 11.29; V, 219.34; comp. Ernout-M. y Walde-H.). El murc. *llosco* 'oscuro, a media luz' es catalanismo. Autóctono parece ser el sanabr. *llosco* 'intestino grueso del cerdo, morcón' (propiamente 'ciego'), *RFE* V, 39; el ast. *llisgu* 'bisojo' (V) se deberá a un cruce de *lusco* con *bizco, bizgo.*

Todo esto me induce a creer que la Acad. dió entrada aquí a una palabra en realidad gallega (o a lo sumo asturiana), aunque ésta ni siquiera en su región conservaba mucha vitalidad. Nos informa Sarm. de que en su tiempo todavía se empleaba en Galicia la locución «entre *lusco* y *fusco*», seguramente en el sentido de 'entre dos luces, a la luz crepuscular', pues lo hace a propósito del lat. «*luscus*: tenebroso» y de un sustantivo gallego dialectal *losca,* empleado sólo a orillas del Miño, donde llamaban así «la avenida del río cuando viene turbio», de cuya etimología correcta ya se da cuenta; también otra le busca: «entonces cogen allí *salmones,* sábalos, truchas, anguilas, etc.: acaso aludiendo a *lasca,* que en gótico es el *salmón*», pero ahí escamotea las letras, pues aparte de que se ignora cómo llamaban este pez en gótico, como el nombre isl. ant. *laks,* ags. *leaks,* a. al. ant. *lahs,* es común en germánico y otras lenguas indoeuropeas, siempre con la forma básica *laks,* es ésta la única forma que podríamos suponer para el gótico. No hay necesidad de esas fantasías antifonéticas: se tratará de un viejo adjetivo gallego *lusco* ∽ *losca* 'oscuro' (< 'de poca vista') con la metafonía normal en esta lengua; aunque ya en el S. XVIII estaba eso quedando anticuado y después no lo ha recogido ningún diccionario gallego.

¹ Es probable que la Acad. se funde en APal. 256*d*, artículo *luscitio*, donde leemos «el ombre *lusco* que vee poco o quasi nada durante el día, pero en la tarde vee mas claro que al medio día y mira mejor... *luscus* se dice quien en parte re-- conosce la luz y los antiguos a los *luscos* dixeron *coclites*». Pero al menos en la segunda parte es evidente que Palencia, según su costumbre, se limita a dar terminación castellana a una voz puramente latina, meramente para la comodidad de su definición; y es probable que en la primera parte haga lo mismo. Luego no parece existir tal cast. ant. *lusco*.

LUSTRE, 'brillo, esplendor', tomado del it. *lustro* íd., por conducto del cat. *llustre* o del fr. *lustre*; en italiano es derivado de *lustrare* 'lustrar, dar brillantez', que viene del lat. LŪSTRARE 'purificar', 'iluminar', derivado de LŪSTRUM 'sacrificio expiatorio, purificación'. 1.ª doc.: «*lustre en la pintura*: splendor», Nebr.; Padilla, Boscán (C. C. Smith, *BHisp.* LXI).

No conozco ejs. medievales; aparece en C. de las Casas («lustro»), Percivale («the shew, the glistering or glass of any colour»), Oudin («lueur, splendeur, lustre»), Covarr. («el resplandor de qualquiera cosa que está alisada o acicalada, o de su calidad es lustrosa»); falta en el léxico del Quijote, pero es frecuente en el lenguaje culto de Góngora, Ruiz de Alarcón, etc.; *Aut.* cita ejs. en Laguna (1555) y Ovalle (1642); Cej. VII, § 17. La trad. cast. del catalán Robert de Nola (1525) emplea *lustre* con referencia a repostería (p. 135). Hoy es sólo popular hablando de los zapatos y de alguna superficie bruñida, pero en sus sentidos figurados sigue siendo palabra de tono noble. *Lustrar* aparece una vez en Góngora, y lo menciona rápidamente y sin ejs. Covarr., aunque al hacerlo junto a *ilustrar* no nos convence de que para él fuese palabra usual; falta en los lexicógrafos de la época y todavía *Aut.* se limita a citar a Covarr. agregando que era palabra «de poco uso»; luego en castellano hemos de considerarlo derivado de *lustre*, o a lo sumo latinismo o italianismo de introducción posterior; hoy se emplea popularmente con referencia a los zapatos, como derivado castellano de *lustre*. En los romances vecinos, portugués, catalán, francés, *lustre* y *lustrar* con sus variantes fonéticas son también voces de escaso arraigo o de introducción tardía. Sólo en italiano son ya muy antiguas: *lustrare* ya se halla en Boccaccio y en el Vasari (1.ª mitad del S. XVI), *lustro* se registra desde Dante. Característico del origen italiano es el hecho de que Nebr. lo consi-

dere término de pintura; sin embargo, la *-e* del cast. *lustre* indica que no sería italianismo directo sino pasado a través del catalán *llustre*, como suele ocurrir en los italianismos anteriores al S. XVI; si no, hubo de pasar a través del fr. *lustre*, que es también italianismo tardío [1489]¹.

En el sentido de 'período de cinco años' *lustro* [1549, P. de Rúa]; *lustre* en este sentido en Garcilaso, Fcha.] es latinismo crudo, tomado de *lustrum* íd., así dicho porque las purificaciones rituales se cumplían cada cinco años.

DERIV. *Lustrar* [h. 1525, Alvar Gómez, Cetina (C. C. Smith); princ. S. XVII, Covarr., Góngora; no fué usual hasta fecha reciente, vid. arriba]. *Lustroso* [*Celestina* (C. C. Smith); Oudin]. *Lustrina*. *Lustrillo* 'charol' en el Oriente de Cuba (Ca., 31). *Deslustrar*. [Boscán (C. C. Smith)]. *Enlustrecer*. Cultismos: *Lustración*. *Lustral*. *Lustramiento*. *Lústrico*. *Ilustrar* [Mena, muchos ya en el S. XVI (C. C. Smith); h. 1570, Ambrosio de Morales; en la ac. 'adornar con grabados' ya se halla en 1555 en Laguna, pero este préstamo no prosperó hasta que en el S. XIX volvió a tomarse, esta vez del fr. *illustrer*, aunque la Acad. todavía no lo admitía en tiempo de Baralt, sí en 1869], del lat. *illustrare* íd.; *ilustración*; *ilustrado*; *ilustrador*; *ilustrante*; *ilustrativo*. *Ilustre* [h. 1440, A. Torre, Mena (C. C. Smith); h. 1570, A. de Morales, Sta. Teresa], del lat. *illustris* íd.; *ilustreza* ant.; *perilustre*.

¹ No conozco ejs. antiguos del cat. *llustre*, pero esto se probablemente casual, pues Ag. lo omitiría por ser palabra común a todos los romances modernos. Por lo demás, en catalán el vocablo se apoyaba en un viejo término autóctono, el adjetivo *llustre* o *llostre* 'crepuscular, de media luz': cat. dial. *llostre* adj. 'crepuscular' (p. ej. *ja és llostre* 'ya anochece', empleado en el NE. y en el blanense Joaquim Ruyra), cat. central *llustre* (adj. y además empleado como sust. *entre dos llustres* 'entre lobo y can'). En apariencia es derivado de la misma variante con *o* el gall. *lóstrego* 'relámpago' (Sarm. *CaG.* 113r; Castelao 87.12; Lugrís, *Gram.*, 167; Carré), dial. *lóstrego* (Mirás, *Comp. de Gram. Gall.*, p. 46); *lostregar* 'relampaguear' (Lugrís, Carré), *lostregazo* 'relámpago grande', 'golpe rápido dado con una vara'; y también en Galicia existe variante con *ú*: *lustrego* (ib. 63r) y un verbo *lostrexar* 'tronar, relampaguear, caer rayos' («non se acordan de Santa Bárbara senon cando *lostrexa*» 113r), que no sé si es forma correcta en *-ejar* o ultracorrección temprana de la «geada». Es palabra gallega ajena al portugués, pero de evidente antigüedad. Por otra parte no estoy convencido de que no tengamos ahí la supervivencia de algo céltico, pues hay un tipo galo LEUCIDO- ∽ LOUCIDO- superviviente en el mismo sentido en el cat. rosell. *llaucet* y en las hablas languedocianas adyacentes (vid. *FEW*); cf. irl. ant. *lōchet*, británico *luched* (ky. *lluched*, corn.

ant., bret.) 'relámpago', galo LEUCETIUS (LOUC-)
epíteto de Marte. La forma romance parece demostrar que no es tema en -*nt*- (por lo tanto
no hay por qué admitir con Pok., *IEW* 688, 28ss.
que en británico sea préstamo); no sería inconcebible, pues, algo como *LÓUKSTREKO-.

Lutado, V. *luto*

LÚTEA, 'oropéndola, pájaro amarillo', tomado
del lat. *lŭtĕus* 'amarillo', *1.ª doc.:* Marcuello, *Hist.
Nat.* (anterior a 1734, y creo posterior a 1700):
cita de Terr.; Acad. ya 1817.

Lúteo, V. *lodo*

LUTO, 'duelo, aflicción', 'signos exteriores del
mismo', tomado del lat. *lŭctus, -us*, íd., derivado de *lugere* 'llorar', 'lamentarse'. *1.ª doc.:* J. Ruiz.
«A biuda non convién / fasta que pase el año
de los *lutos* (sic) que tien / casarse; ca el *luto* con
esta carga vien», 759c y d. En APal. «*prolugere*
es continuar *luto* o llorar más luengo tiempo que
solía», 388b; «quien usa traer vestiduras negras,
de *luto*», 395d. También en Nebr., y es palabra
de uso general desde antiguo; *Aut.* cita ej. en ley
de 1565; Cej. VII, § 86. En gallego y en portugués antiguo hay una forma popular o semipopular *loito*; en judeoespañol coexisten *luito* y *lutio*
con *luto* (M. L. Wagner, *Homen. a M. P.* II, 197).
En latín es comúnmente 'duelo, pena', pero también se aplica a todo el aparato fúnebre y a veces ya al vestido de luto (V. ej. de Tácito, *Anales* II, 75, en Cabrera).

DERIV. *Luctuoso;* raramente *lutoso. Enlutar, en-
lutado* [«e.: pullatus; e. con xerga», Nebr.]; raramente *lutado* [Nebr.] ant. *Lúgubre* [Oudin; Polo
de Medina, † h. 1650], tomado de *lūgŭbris* íd.,
derivado de *lugere*.

Luva, V. *lúa*   *Luviello*, V. *ovillo*   *Luvio*, V.
yugo   *Luxación*, V. *lujo*   *Luyir*, V. *ludir*

LUZ, f., del lat. LŪX, LŪCIS, íd. *1.ª doc.:* orígenes del idioma (Berceo, etc.).

General en todas las épocas; Cej. VII, § 17;
común a todos los romances, salvo el rumano y
el francés (aunque pronto anticuado en lengua de
Oc y catalán). Para ejs. de *luz* en sus varias acs.
vid. Cuervo, *Disq.*, 1950, 10-18.

DERIV. *Lucero* [Berceo; ast. *lluceru*, V], *lucero*
no puede venir del lat. LUCIFER (como han dicho
muchos), que sólo habría podido dar *lucebro* (o
a lo sumo *luz(e)fiero* de haber habido recomposi-
ción): el port. *luzeiro* comprueba que es derivado
romance en -ARIUS; comp. oc. *luga(n)* íd., LUC-ANUS.
Lucera. Luciérnaga [*luziérnega*, 1251, *Calila*, ed.
Allen, 54.1112; ed. Rivad., p. 32b; *luciérnega*, h.
1400, Glos. del Escorial; la forma con *e*, aparece
también en el *Momo* de Almazán, a. 1554, y en el

Nebr. lat.-cast. (s. v. *pyrolampis*), aunque el cast.-
lat. trae «*luziérnaga:* nitedula» y ésta es la forma
que registran Oudin y *Aut.* y la que hoy se emplea en España, mientras que en la Arg.[1] y según
creo en Colombia y otros países americanos se dice *luciérnega*], derivado del lat. LŬCĔRNA 'candil,
lámpara'; para el gall., cf. X. Alonso Montero,
«Nombres gallegos de la *luciérnaga*», en *Bol. Co-
mis. Prov. de Monum.*, Lugo 1971, VIII, 1-7;
igual significado tiene *lluerna* en algunos dialectos
catalanes[2]; en Bilbao se emplea la forma *luserna*
(Arriaga) y *lucerna* se escribe en el Vocabulario
Achagua de Neira y Ribera (a. 1782), *RFE* XVI,
283; duplicado culto *lucerna* [2.º cuarto S. XV,
Pz. de Guzmán (C. C. Smith, *BHisp.* LXI)];
lucernario 'tragaluz', cub. (*Ca.*, 56); *lucerno; lucérnula; enlucernar. Lucilina* 'petróleo' zamor. (Fz.
Duro, *Mem. Hist. de Zamora* IV, 468-76).

Lucir[3] [oríg. del idioma: Berceo, etc.; ast. *llucíse*
'lucirse', V]; cat. *lluir*, port. *luzir*, gall. *locir* (pres.
loce, Castelao 209.1); *lucible; lucido; lucidor;
lucidura; luciente* ['hermoso', Berceo]; *lucencia*
ant. (Berceo, *S. Dom.*, 708; *Alex.*, 781), de donde
gall. pontev. *lucencia* 'la última luz del horizonte'
y topónimos (Sarm. *CaG.* 231r); *lucentor* [h. 1490,
Celestina, Fcha.]; *lucimiento* [Nebr.]; *deslucir*
[Nebr.], *deslucido* [íd.]; *enlucir* [«e. lo escuro:
illustro», Nebr.], *enlucido* (a veces *enluciado* según la Acad.), *enlucidor, enlucimiento; relucir*
[*Corbacho* (C. C. Smith)], *reluciente* [íd.]; *tras-
lucir* [intr. 'verse algo a través de otra cosa', princ.
S. XIV, *Zifar*, 138; -*rse*, «perluceo», Nebr.], *tras-
luciente, traslucimiento, trasluz*.

Lucio [h. 1330, *Conde Luc.*, ed. Knust, 30.7[4]],
del lat. LŪCĬDUS 'brillante', 'luminoso'; con su derivado *aluciar* y sus compuestos *carilucio* y *cas-
quilucio* (*DHist.*); duplicado culto es *lúcido* [ya
1444, J. de Mena, *Lab.*, 268a. Acad. 1843, no
1817], con su derivado *lucidez; dilucidar, di-
lucidación, dilucidador, dilucidario; translúcido*.
Lucubrar [González de Salas, † 1658], tomado
de *lūcŭbrare* 'trabajar a la luz del candil'; *lucubración* [íd.], es de uso corriente *elucubración* (derivado del lat. *elucubrari*, quizá por conducto del
fr. *élucubration* [1750]), no admitido por la Acad.

Antelucano.
Contraluz.
Dilúculo.

CPT. Gall. *lucencú* 'luciérnaga' (Sarm. *CaG.*
A21v), de *luz*+*en*+*culo*, denominación también
muy extendida en hablas occitanas[5]. *Lucífero* [San-
tillana (C. C. Smith)], tomado del lat. *lucífer, -a,
-um*, compuesto con *ferre* 'llevar'; duplicado del
mismo es *Lucifer* [Acad. ya 1817], también *Luzbel*
[Acad. 1884; Pagés cita ej. de Zorrilla], port.
Lusbel, que Cornu (*GGr.* I, § 185) considera evolución fonética popular del vocablo latino, pero
comp. el fr. antic. *Luciabel*, empleado por Marot
(S. XVI) y G. Bouchet (Sainéan, *Sources Indig.* I,
266); *luciferal; luciferismo. Lucífugo.*

Leuco-, primer elemento de compuestos cultos formados con el gr. λευχός 'blanco', de la misma raíz que el lat. LUX: *leucemia* (con αἷμα 'sangre'); *leucocito* (con χύτος 'célula'), *leucocitemia; leuco-feo* (con φαιός 'moreno'); *leucoplaquia* (con πλάξ 'placa'); *leucorrea* (con ῥεῖν 'fluir').

Licnobio, compuesto de λύχνος 'lámpara', otro derivado de la misma raíz, y βίος 'vida'.

¹ Payró, *Pago Chico*, ed. Losada, p. 171; Cuervo, *Ap.⁷* p. 592; *Obr. Inéd.*, p. 185.— ² Está ya con este significado en Lulio, S. XIII (*Meravelles, N. Cl.* II, 151). He oído *lluęna* (con alteración oscura) en Ascó, junto al Ebro; *lluberna* se emplea en Valencia (Lamarca). En romance el vocablo tomó ʊ por influjo de LŪX, ya en fecha antigua, según muestran los préstamos galés *lygorn* e irl. *luacharn* (M-L., *KJRPh.* II, 72).— ³ Por un barbarismo estupendo se emplea este verbo en Cuba y otros países del Caribe con el valor del ingl. *look* tomado intransitivamente por 'parecer', 'verse (a alguno o alguna cosa) en tal o cual forma' (*el presidente lucía serio y preocupado*); esta intolerable trasfusión semántica, que ha arraigado sin protesta en el habla de muchos, difundida a todo el mundo hispánico con la fuerza enorme de las agencias de prensa, cine y radiodifusión, amenaza generalizarse, como centenares de anglicismos pujantes y menos desembozados, mientras los comentaristas de lenguaje, atrasados como siempre, siguen tronando contra el peligro del galicismo.— ⁴ «Don Cuervo..., comoquier que las vuestras péñolas son prietas, tan prieta et taṇ *luzia* es aquella pretura, que torna en india como péñolas de pavón», ed. H. Ureña, p. 42. «¿Non te miembras que eres / de vil cosa criado? / De una gota suzia, / podrida y dapnada: / y tienes por *lusia* / estrella, muy presçiada», Sem Tob, copla 384. «Limpiar las armas con... arena hasta que se parasen *lucias*», 2.ª parte anónima del *Lazarillo* (1554), Rivad. III, 97. «Oh pícaros de cocina, sucios, gordos y *lucios...*», *La Ilustre Fregona*, ed. Cl. C., p. 225. «*Luzio o luziente*: lucidus; *l. assí*: illustris», Nebr.; índice de Torres Naharro; en la ed. Gillet; Cej. VII, § 17. Hoy es popular en Sto. Domingo con el sentido de 'grasiento' (Brito) y en otras partes. La voz *luzit* que aparece como color de caballo en el códice de Leiden del S. X u XI (*Homen. a M. P.* I, 153) no tiene que ver con esto (M. P., *Oríg.*, 406).— ⁵ Con los mismos vocablos o reemplazando CŪLUS, por eufemismo, con CAMERA (= *cámaras*, palabra decente para 'ꞇorrencia, ᵭiarrea'): arac. y gasc. *luts-encramba*; cf. Rohlfs, *Le Gascon²*, p. 111 y n. 191; *FEW* V, 478. La fórmula infantil de que se ha hablado es un reflejo del vocablo más que la raíz de su creación. Lo básico es la creencia de que la luciérnaga lleva una linterna en el trasero (y quizás haya alusión al hombre que tiene que salir de noche para evacuar).

Luz 'merluza', V. *lucio*   **Luzbel**, V. *luz*

LL

Llábana, V. laja   Llabera, V. labio   Llacierta, V. lagarto   Llacio, V. lacio   Llacuada,
V. lacón   Lladral, lladrales, V. adral   Lladrobaz, V. rapaz, ladrón

LLAGA, del lat. PLĀGA 'golpe', 'herida'. 1.ª
doc.: Berceo, Mil., 427d (plaga I, llaga A).

«Como Don Cristo sovo, sedié crucificado : /
con grandes clavos preso, grand plaga al costado».
Plaga está también en Alex., 68, mientras que
Apol., 442b, Juan Ruiz, Juan Manuel, APal. (7b,
25d, 128d, 365d) emplean llaga; también Nebr.:
«llaga reziente con sangre: vulnus; llaga con materia: hulcus». De uso general en todas las épocas y común a todos los romances; la ac. 'úlcera', innovación romance, se nota ya en APal.
(«eglicopium es llaga que nasce dentro del ojo»);
el castellanismo llaga está hoy bastante arraigado
en el catalán hablado, junto al castizo nafra y el
arcaico plaga. El cast. plaga en la ac. 'calamidad,
azote' es cultismo ya empleado a princ. S. XVII
(Covarr.; 1612, Juan Márquez); también se empleó en la ac. etimológica 'herida, llaga' (Mariana,
APal., etc.).

Deriv. Llagar [plagado 'afligido', S. Dom., 402;
ll-, Apol., Alex., 999], del lat. tardío PLAGARE 'golpear', 'herir'; llagador; llagamiento. Llagoso
[Nebr.] ant.

Cultismos. Plagar 'llenar de una cosa nociva'
[Aut.]; plagado; plagoso ant. Aplagar (DHist.).
Plagio [Acad. ya 1869], tomado del lat. plagium
'apropiación de esclavos ajenos', 'plagio literario',
sustantivación del gr. πλάγιος 'oblicuo', 'trapacero,
engañoso', de la raíz de πλάζειν 'golpear', 'hacer
vacilar', 'descarriar', que es la misma del lat. plaga; plagiar, de plagiare íd.; plagiario, de plagia-
rius íd. Plectro [Herrera y Fr. L. de León (C. C.
Smith, BHisp. LXI); Cervantes, Aut.], tomado
del lat. plectrum y éste del gr. πλῆκτρον, derivado de πλήττειν 'golpear' (voz afín al latín plaga).

Cpt. Plagióstomo, compuesto de πλάγιος 'oblicuo' y στόμα 'boca'. Plesímetro, compuesto con
dicho verbo griego.

Llagartesa, V. lagarto

LLAMA, I, 'lengua de fuego', del lat. FLAM-
MA íd. 1.ª doc.: flama, Berceo, Signos, 19; llama,
h. 1250, Setenario fº 1rºa; J. Ruiz.
Flama está también en Alex., 523a (O y P)¹. De
uso general en todas las épocas y común a todos
los romances.

Deriv. Llamarada [APal. «flagra son o llama-
radas o son açotes», 163b]; también cat. flamara-
da, Ferrara fiamarada, Bologna fiammarata; para
el sufijo compuesto -arada, vid. Spitzer, ZRPh.
XLIV, 83-84; carece de fundamento la etimología FLAMMA RAPIDA propuesta por Nigra (AGI XV,
284) y aceptada por M-L. (REW 3350), pero rechazada con buenas razones por Salvioni (KJRPh.
VII, 136) y Spitzer (l. c.); el salm. chamaratá
(M. P., Dial. Leon., § 8.5) contiene sufijo -ar-ata
ada. Llamear [Alex., 653; Acad. 1884], llameante
[Alex., 818]. Sollamar [«amburo», Nebr.]. Cultismos. Flámeo. Flámula [1579-90, Ercilla (C. C.
Smith, BHisp. LXI)]. Inflamar [enfl., Corbacho
(C. C. Smith); 1475, G. de Segovia, p. 70], de
inflammare íd.; inflamable [Mena (C. C. Smith)];
inflamación; inflamamiento; inflamatorio. Extranjerismos. Flamante [Mena (C. C. Smith); 1605,
Quijote; es ya frecuente en Cervantes, Góngora y
Paravicino (RFE XXIV, 313)], tomado probablemente del it. fiammante íd., aunque es posible
que el origen último se halle en el fr. flambant,
ya documentado como sinónimo de nuef en el
S. XII, vid. DGén., comp. cat. flamant íd. [h.
1450, Curial, N. Cl. III, 98]; flambante como término de blasón en Aut. Flamear [1696, Vocab.
Marit. de Sevilla], del cat. flamejar, como término
náutico. Soflama [Aut.] y soflamar [íd.], palabras

de formación incierta, que difícilmente pueden haberse creado en castellano, en vista del grupo -*fl*-, seguramente préstamos del catalán, donde *soflama* tiene el mismo valor, y donde *soflamar*, especialmente en Valencia, se emplea además para 'chamuscar' y 'ruborizar'; y existiría ya en la Edad Media, pues de un cruce de este vocablo con el sinónimo *socarrimar* (y no, sin influjo de *sublimar*, V. éste) resulta la variante catalana *soflimar* 'chamuscar' empleada en cat. occid. desde el Pirineo hasta Alicante (hacia el Sur más bien *sofrimar*): lejos de ser castellanismo el cat. *soflama* (como se ha supuesto) parece pues que hubo trasmisión en sentido inverso. Nada análogo existe en italiano, francés o portugués. *Soflamero*.

CPT. *Flamígero* [ya h. 1580, Fdo. de Herrera, *Canción a don Juan de Austria,* vencedor de las Alpujarras], compuesto con el lat. *gerere* 'llevar, producir'.

¹ En 634*d* la lección correcta es la de *P*, *trava*, a juzgar por la rima; por lo demás el copista de *O* al escribir *lama* pensó seguramente en *LAMA* 'pantano' y no en *llama*.

LLAMA, II, 'variedad doméstica del guanaco', del quich. *ḷáma* íd. 1.ª *doc.*: 1535, Fz. de Oviedo. Lenz, *Dicc.*, 444-5; Loewe, *Z. f. vgl. Sprachf.* LX, 145ss.; Friederici, *ZFSL* LVIII, 135ss.; *Am. Wb.*, 351. Es vocablo femenino; sólo se ha empleado como masculino en territorios como el Centro y Sur de Chile, y algunas veces en España, en los cuales no existen llamas.

Llama 'terreno pantanoso', V. *lama*

LLAMAR, del lat. CLAMARE 'gritar', 'clamar', 'exclamar', a veces 'llamar'. 1.ª *doc.*: *clamare*, 2.ª mitad del S. X, glosas de Silos; *llamar*, Cid.

Clamar es la forma normal en Berceo (p. ej. 892*c*, 908*d*), *Auto de los Reyes Magos, Fuero de Avilés,* y algún otro texto arcaico. En latín se construía CLAMARE como intransitivo; o, de ser transitivo, llevaba como complemento directo las cosas dichas; sin embargo, se halla también con dos acusativos, el de la persona y el de la cosa llamadas (*clamare aliquem insanum,* Horacio), y, sobre todo en autores populares, lleva a veces un solo acusativo de persona, tomando ya así el valor del cast. *llamar,* si bien con el matiz de hacerlo a grandes voces: *clamare janitorem* (Plauto), *clamare morientem nomine* (Virgilio). En castellano se siguió empleando con acusativo de cosa y complemento indirecto de persona: «*clamávanlis* los omnes traídores provados» (Berceo *l. c.*; pero ya puede construirse con pasivo de persona: «Madre de gracia plena por end eres *clamada*», 908*d*), «los lugares de la sierra que *les* llaman Alpujarras» (Pérez de Hita, *Guerras C. de Granada,* ed. Blanchard II, 10), «los que habiéndose hallado en un punto con otro... le *llamaren* cicatero, le conde-

namos que le *llamen* lo mismo» (Quevedo, *Cl. C.* IV, 39)¹, «tuvo que hacer un esfuerzo para perdonarle el que le hubiera *llamado* cursilona» (Pérez Galdós, cita en Alonso-H. Ureña, *Gram. Cast.* II, 19)²; pero también se oye la construcción con doble acusativo, sobre todo en España (*la llamó necia*). En romance se halla además *llamar* en el sentido de 'dar voces a uno o hacer ademanes para que venga', y en este sentido es normalmente transitivo («luego *la llamó* al retrete», Romance artificioso de 1570-95, M. P., *Floresta* II, 152, y 35, «embió a *llamar* a Alabez», Pérez de Hita, *Guerras C. de Granada* I, 58); pero como en el origen se sobreentendió *llamar* (*su nombre*), es natural que a veces se halle, sobre todo en autores arcaicos y regionales, como intransitivo: «*le llamó*» en la *Estoria del Cavallero Plácidas,* S. XIV, texto rigurosamente loísta, «muchos terrenos perdidos para el fruto a que *les llama* la naturaleza», en Jovellanos: Cuervo (*Rom.* XXIV, 99) observa que «con este verbo el régimen es a veces indeciso», y Bello dice que este régimen «apenas es anticuado» (*Gram.*, ed. 1936, § 929); en efecto en la Arg. suele decirse *Señora, el Señor le llama;* en España *la llama.*

CLAMARE ha persistido más o menos en todos los romances, pero en francés, lengua de Oc y catalán sólo conserva la ac. culta 'clamar', si bien el uso castellano se extiende hasta las hablas occidentales del gascón pirenaico: bearn., Lescun *clamà* = fr. *appeler* (*quin te clamos?* '¿cómo te llamas?', *BhZRPh.* LXXXV, § 166). Coincide bien con el cast., el port. y gall. *chamar*³.

El duplicado culto *clamar* ya se halla en Santillana (Cuervo, *Dicc.* II, 155-6).

DERIV. *Llamada* [Berceo, *Duelo,* 8; Calderón]. *Llamadera* 'aguijada' (así en Marmolejo, prov. Jaén, *RFE* XXIV, 227). *Llamado* m. [«*llamado o llamamiento*», Nebr.; «el Rey embió a llamar a Alabez, el qual fué a su *llamado*», Pz. de Hita], hoy, y ya en tiempo de *Aut.*, está anticuado en España (donde lo sustituyen *llamamiento* y *llamada*), pero sigue muy vivo en la Arg. y generalmente en América. *Llamador* [Nebr.]. *Llamamiento* [Nebr.]. *Llamante. Llamativo* [1613, Cervantes].

Cultismos. *Clamor* [Cid; *Lucano* Alf. X (Almazán), h. 1530, Guevara], del lat. *clamor, -ōris,* íd.; *clamorear* [princ. S. XVII, Lope, Tirso, Quevedo: Cuervo, *Dicc.* II, 157]; *clamoreada; clamoreo; clamoroso; clamista; clamoso. Aclamar* [1144, Fuero de Peralta; su uso se hace muy raro después del S. XIII, hasta que vuelve a tomarse del latín en el Siglo de Oro, y lo emplean Cervantes, Hojeda, Lope, etc.; vid. Cuervo, *Dicc.* I, 116-8; *DHist.*], de *acclamare* íd.; *aclamación; aclamador. Declamar* [princ. S. XV, *Canc.* de Baena; vid. Cuervo, *Dicc.* II, 826-7], de *declamare* íd.; *declamación; declamador; declamatorio. Exclamar* [Mena (C. C. Smith, *BHisp.* LXI); Oudin; 1615, *Quijote*], de *exclamare* íd.; *exclamación* [h.

1515, Fz. Villegas (C. C. Smith); Oudin; 1615, *Quijote*]; *exclamativo*; *exclamatorio*. *Proclamar* [Oudin], de *proclamare* íd.; *proclamación* [Oudin]; *proclama* [1737, *Aut.*]. *Reclamar* [S. XV, Biblia med. rom., Gén. 4.10; APal. 115*b*, 419*d*, 497*d*], de *reclamare* íd.; *reclamación* [S. XV, Biblia íd. 27.34; Oudin]; *reclamante*; *reclamo*; *reclamista*.

¹ Para el uso de un pronombre en este caso, comp. «¡Zerbín infame! / ... / ZERBÍN. ¿Eso es razón que me *llame* / quien me conoze?», Lope, *Pedro Carbonero*, v. 2689. Otras veces se emplea un adverbio: «*Señora*, que así *llamábamos* la mujer del maestro», *Buscón*, *Cl. C.*, p. 24. Y en otros casos el nombre que se da se introduce con preposición «había oído *llamarla* de hechicera», *Coloquio de los Perros*, *Cl. C.*, p. 288.— ² Igualmente construye el portugués «os Eslavos *chamam* Cici aos Rumenos da Istria», Leite de V., *Opúsc.* II, 461.— ³ P. ej., «*chámanlle* a Marquesiña» Castelao 158.19. Nótese la construcción con *por*: «*chamar po lo* demo», «*chamar por íl*», 'llamarle, invocarle' íd. 118.3, 71.2.

Llamarada, V. *llama* I   *Llamargo*, V. *lama* *Llamativo*, V. *llamar*   *Llamazar*, V. *lama* *Llambión, llambiotar, llambria*, V. *Lamer*   *Llambra, lláneba*, V. *laja*   *Llameante, llamear*, V. *llama* I   *Llamera*, V. *álamo*   *Llampa*, V. *lapa* I   *Llámpara*, V. *lapa* I   *Llampuga*, V. *lampuga*   *Llampurdiar*, V. *lamparón*   *Llana, llanada*; V. *llano*   *Llande*, V. *landre*   *Llandra*, V. *landre*   *Llaner*, V. *llanto*   *Llangristu*, V. *largo*   *Llanque*, V. *planta*

LLANO, del lat. PLANUS 'llano', 'plano', 1.ª doc.: orígenes del idioma (ultracorrección *flano* en doc. de 1081; *lano*, íd. de 1118; *llano*, *Cid*, etc.).

De uso general en todas las épocas y común a todos los romances de Occidente. Nótese la ac. figurada 'evidente', en el Siglo de Oro (Tirso, *Condenado por Desc.*; Calderón, *Alcalde de Z.* III, xi, ed. Losada, p. 161). El duplicado culto *plano* ya se halla en Paravicino († 1633) y M. de Silveira († 1636). *Plan* 'primer suelo o fondo de un navío'¹ [1680, *Recopil. de Indias*], de ahí 'fondo de una llanura' [1642, Ovalle; usual hoy en la Arg., etc.; *Aut.* cita además el *Plan de Cartagena*, donde tiene el sentido de 'llanura', y es catalanismo murciano]², tomado del cat. *pla*. Para la ac. 'plano, planta de una ciudad, etc.', V. *PLANTA*.

DERIV. *Llano*³ m. 'llanura' [Berceo]⁴; *plano* como cultismo geométrico [1708, Tosca]. *Llana* 'herramienta de albañil' [*Aut.*], 'cara de una hoja de papel' [3r. cuarto del S. XVI, Palmireno]; en ambas acs. se emplea la forma culta o local *plana*, en la 1.ª hoy sólo murciano [PAlc., Covarr.]⁵, en la 2.ª [1611, P. Mantuano] ha triunfado sobre *llana*. *Llanada*. *Llanero* 'llano, adj.' [*Alex.*, 1477] ant.; 'habitante de las llanuras' amer. Gall. [*chairo*]; *chaira* adj. (esta *veiga* es *mui chaira*, Sarm. *CaG.*

131*r*) < *chãeira* de *chãa*; gall. *chaira* f. 'vallecillo o extensión de terreno más o menos llano, con diferentes cultivos' (Vall.): «gabea por outeiros e corre por *chairas* tiñosas» (Castelao 236.2f.), 'pedazo de hierro acerado en que los zapateros afilan la cuchilla' (Vall.) (vid. *CHAIRA*). *Llaneza* [h. 1570, Ambr. de .Morales]; antes se dijo *planidat* (*Alex.*, 1014, 1072). *Llanote*. *Llanura* [APal. 55*b*, 93*d*, 287*d*]. *Allanar* [1240, *F. Juzgo*]; vid. Cuervo, *Dicc.* I, 385-8]; *allanador*; *allanadura*; *allanamiento*. *Rellano*; *rellanar* [*«rellanado*: sessilis», Nebr.]; *arrellanarse* [1716, *Aut.*]. *Aplanar*; *aplanadera* (en Cuba *aplanadora*, *Ca.*, 122); *aplanador*; *aplanamiento*. *Planada*; *planador*; *planazo* 'cintarazo, golpe dado de plano con una arma' (en Cuba, *Ca.*, 98, y en muchas partes). *Planicie* [Santillana (C. C. Smith, *BHisp.* LXI)], tomado de *planïties* íd. *Planudo*. *Complanar*. *Explanar* [Mena, Santillana (C. C. Smith); h. 1490, *Celestina*]; antes se había empleado con carácter popular y en la forma *desplanar* 'explicar', Berceo, *Sacrif.*, 184, equivalente del fr. ant. *esplaner*, ingl. *to explain*, cat. ant. *(d)esplanar* íd.⁶]; *explanación*. *Explanada* [h. 1530, Terlingen, p. 217], tomado como término de fortificación del it. *spianata* (que ya se halla en el *Orlando Furioso*, un poco antes). *Replana* 'germanía, caló', per.; *replanar* 'hablar de este modo' íd. *Laña* designa una pradera llana rodeada de bosque, en el Valle de Ordesa: *Lañas del Caballo*, *del Estado*, *de Pascual*, *de Saratieto*, Victoriano Rivera, *Guía del Valle de Ordesa*, M., Espasa, 1929, pp. 128, 134, 153. Sin duda alteración de *plaña* (= gascón *planha* 'pradera llana', PLANĔA), con tratamiento vasco de la inicial, comp. los vascos *landatu* 'plantar', *luma* 'pluma', *laket* 'placer' (PLACET O PLACĬTUM).

CPT. El it. *pianoforte*, como nombre de una especie de clavicordio que puede tocar ora suave ora fuertemente, pasó al cast., y lo emplea ya Moratín en la forma *forte-piano*; la Acad. registra la variante completa y la abreviada *piano* ya en 1817; *pianista*; *pianola*. El adv. it. *pian piano* también se empleó familiarmente en España [1628, Corral; *piano piano*, Moratín].

¹ Quizá trascendiendo desde el uso náutico (que debe de ser de vieja influencia cat.-oc.): gall. *sentados a plan* 'sentados en el suelo' (Castelao 214.12).— ² En Cuba significa además 'lugar aplanado para construir un horno de carbón' y 'parte plana del machete' (*Ca.*, 83, 98).— ³ Port. o *chão*, gall. o *chan* y o *chao* 'el suelo' son las palabras corrientes en esas lenguas para designar el 'suelo' (Castelao, 208.2f.; Lugrís, *Gram.* 119; si bien también se emplea en Portugal y Galicia el cultismo *solo*, que los literatos gallegos tienden hoy a mirar como castellanismo); para la extensión dialectal de *chan* y *chao* en gallego —predominando aquél en la mitad Oeste y éste en el N. y el E.— vid. los datos detallados de GdD, *GrHGall.*, 115-6. *Chan* significa también

'terreno llano' (Lugrís, *Gram.* 155), pero son el fem. *chã* port. y *chá* gall. los que se emplean con el significado de 'llanura' (= cat. *plana*, fr. *plaine*) y quizá resulte de un antiguo *chã(n) régea* el nombre del importante pueblo de *Chandrea* (= cast. *Chandreja de Queija*, partido judicial Trives, y otros). Un antiguo aumentativo de éste (PLAN-ACEOS) sería el gall. *chanzos* 'los cuatro maderos largos que forman la grade (unidora del arado al yugo)' (Sarm. *CaG.* 95v); por lo demás cf. el *BANZO* prerromano, que seguramente influiría (y aun podría *chanzo* resultar de un cruce de aquél con *chan* PLANUS). Duplicado con resultado fonético distinto *chazo* 'tabla como el silbo de los capadores, mediante la cual, y dando con un mazo, se aprietan los arcos de una pipa o tonel' (Sarm. *CaG.* 98r y p. 121). Además hubo deriv. dim. en -ELLUM: *chãelo* > gall. pontev. *chenlo* '[superficie] a manera de canal entre dos ribazos' (y al parecer, alguna vez también *chenla*), frecuente en la top. menor y aun la mayor, *Chelo, -la* nombre de lugar en Portugal (Pensado, *o. c.*, pp. 94-5).— [4] En la Arg. se emplea *el llano* 'la oposición, posición del político que no está en el poder'.— [5] En francés *plane* «outil tranchant, ayant une poignée à chaque bout, qui sert à aplanir le bois», forma reciente que ha sustituído al fr. ant. o antic. *plaine*, que todavía predomina dialectalmente (*FEW* IX, 14n.2). De ahí se tomó el port. *plaina* 'cepillo de carpintero, garlopa' y gall. *plaina* 'el banco a modo de garlopa fija en que pulen las duelas de los toneles' (Sarm. *CaG.* 98r).— [6] «Molt plach a Fèlix ço que·l ermità li ach *desplanat* de Déu», S. XIII, Lulio, *Meravelles* IV, 282; *esplanar* en la trad. de Andrés el Capellán, p. LXII.

Llanta 'berza que no repolla', V. *planta*

LLANTA, 'cerco metálico de las ruedas', probablemente del fr. *jante* 'pina de rueda', y éste del célt. *CAMBĬTA* íd. (de donde el bret. *kammet*), derivado de *CAMBOS* 'curvo' (irl., galés, bret. *cam(m)* íd., y la familia del cast. CAMBA). *1.ª doc.*: 1591, Percivale («the binding iron about the wheels of carts»).

También en Oudin («les jantes d'une roue»), Covarr. («la cortadura de la rueda del carro adonde van a dar los rayos del cubo a la circunferencia; y particularmente apropiamos este nombre al hierro de que se guarnece el tal cerco y se clava por la parte de fuera») y *Aut.* Parece seguro que es galicismo, tomado del fr. *jante* [S. XII], como ya indicó Covarr. (en el mismo sentido D. Alonso, *RFE* X, 307-8), pero el tratamiento de la consonante inicial es extraordinario. Como indica Wartburg (*FEW* II, 126b) no será galicismo directo, sino tomado por conducto del gascón *yante*; efectivamente, de haber pasado directamente al

castellano el resultado habría sido ciertamente *janta*, pues entonces todavía se equivalían aproximadamente la *j* francesa y la castellana. De todos modos sorprende que esta *y-* se convirtiera en *ll-* cuando el yeísmo castellano es un fenómeno tan moderno; el hecho se explicará por el paso del vocablo a través de la región vasca o la aragonesa, en la cual existió un foco temprano de yeísmo o más bien lleísmo (V. *GRULLA*); suponer que ayudara PLANTA por etimología popular o erudita, según quiere Alonso, no sirve de mucho, pues no es lícito proceder por abstracciones léxicas como el artículo PLANTA del diccionario de M-L., sino por voces castellanas reales; ahora bien, *planta* 'base del pie' no estaba fonéticamente más próximo a *llanta* que a *yanta*, y en cuanto a *llanta* 'berza' (que viene de PLANTA) era vocablo completamente alejado por el sentido y sólo local[1].

No es aceptable la etimología PLANTA de M-L. (*REW* 6575), pues el castellano sería el único romance donde este vocablo latino habría tomado el sentido de 'llanta'; nótese además que los términos de civilización material avanzada (ajenos a la cultura primitiva del carro) suelen ser de importación forastera en castellano; el hecho de que *llanta* haya permanecido extraño al portugués (donde se dice *chaço*) corrobora el galicismo, y también lo corrobora la difusión del vocablo francés por Italia, donde se extiende, en la forma *ianda*, hasta el Norte de Apulia (Rohlfs, *ASNSL* CLXXI, 136).

Que la etimología del fr. *jante* es el célt. *CAMBĬTA* (*FEW* II, 125-7; *REW* 1542) se comprueba por la forma valona *tchame* íd. (Haust, *Rom.* LIV, 135).

DERIV. *Enllantar*.

[1] Sí pudo, en cambio, haber influjo del val. *llanda*, que además de 'hojadelata' o 'lámina de metal', significa precisamente 'llanta', que acaso sea diferenciación de *llanna* LAMINA, comp. el gall. *lámia* 'llanta' (*VKR* XI, s. v.); con ellos hay que relacionar Bureba *landera* 'llanta', *RDTP* IX, 47. Quizá hubo influjo por esta parte. Sin embargo, es difícil. Pues una de dos: o entró *jante* por los Pirineos Orientales, y entonces faltando el intermediario gascón habríamos de esperar *janta*, o penetró por el Occidente y entonces Valencia queda muy alejada. Como *llanda* se extiende hasta Albacete (*RFE* XXVII, 235) y Murcia (G. Soriano), quizá pudo llegar más al Norte, y pudo su influjo, junto con el gall. *lámia* (variantes en *VKR* XI, lámina de la p. 288), ayudar a consolidar la *ll-* inicial del cast. *llanta*. Sin embargo, nótese que el val. *llanda* parece ser relativamente moderno (Ag. afirma haberlo hallado en el S. XV, pero sin documentarlo), lo antiguo en Valencia y Cataluña era *llauna*, de otro origen (V. *LAJA*), y en Mallorca y aun el Principado *llanda* tiene precisamente el sentido de 'llanta de carruaje', todo lo cual suscita la sospecha de que este vo-

cablo catalán venga de un fr. dial. *jande (comp. Bourbon *chande* 'llanta') cruzado en Cataluña, semántica y fonéticamente, con el autóctono *llauna* 'lámina de metal'. Entonces el val. *llanda* 'hoja de lata' pudo nacer como otro resultado de este cruce. En resumen el problema es complejo, pero no creo pueda dudarse del origen francés del cast. *llanta*.

Llantar, V. *planta*   Llantear, V. *llanto*   Llantén, V. *planta*

LLANTO, del lat. PLANCTUS, -ŪS, 'acción de golpearse', 'lamentación', derivado de PLANGĔRE 'golpear', 'golpearse en señal de dolor', 'lamentarse'. *1.ª doc.*: *planto*, h. 1200, *Libre dels Tres Reys d'Orient*, 71; *Sta. M. Egipc.*, 881; *llanto*, 1251, *Calila*, ed. Allen, 181.133.

También leemos *planto* en Berceo (*Mil.*, 469c, donde sólo hay el ms. *I*; *Loores*, 38), en el ms. bíblico I-j-8 del S. XIII (*An. Inst. Filol. Ch.* IV, 406) y aun en Juan de Valdés (*BRAE* VII, 287); de *llanto*, fuera de *Calila* (cuyos mss. están a veces modernizados), no tengo ejs. anteriores a APal. («*Cocytus* es... río dicho de *llanto* y gemido», 82b; también 232d) y Nebr. («*ll.*: planctus»); sin embargo, como todos los textos antiguos que contienen la forma en *pl-* presentan formas de tipo aragonés (comp. *ploro* por *lloro* en el citado ms. bíblico) no creo que deba darse importancia a la escasez de testimonios viejos de la forma *ll-*, que en realidad sería muy antigua. En romance pasó *llanto* de 'lamentación' a 'acción de llorar', comp. it. *piangere* 'llorar'. *Llanto* es palabra de todos los tiempos y tonos del idioma, aunque hoy *lloro* sea algo más popular; tiene correspondencia en todos los romances de Occidente, si bien el port. *chanto*[1], cat. *plant* y fr. *plaint* se anticuaron pronto.

DERIV. *Llantear* ant. (APal. 82b, 164b, 189d; Nebr.). *Llantor* 'el que llora' ant. (Berceo, *S. Mill.*, 355). *Plañir* [-er, Berceo; *Apol.*; -ir, h. 1430, J. de Mena], del citado PLANGĔRE; teniendo en cuenta los ejs. citados por *Aut.* nada se opone a que miremos este vocablo como un arcaísmo sacado por J. de Mena de Berceo (donde la conservación de PL- es normal), y perpetuado gracias a aquél en el idioma literario, del cual no parece haber salido nunca el uso de este verbo, desde entonces; en algún texto se encuentra *llaner*, quizá disimilado de *llañer*, como deberíamos esperar en cast.: «començaron a *llaner* e a llorar e a fazer el mayor duelo del mundo», *Cuento de Otas*, fº 63rº; la forma regular está también documentada en el propio *Otas*, como en «fue mucho *llannido* de los españoles» *1.ª Crón. Gral.* 12a51; *lanner* en *Gral. Est.* I 18a40, *chanzer* en el ms. gall. del S. XIV (Mtz. López); pero la forma más corriente en gall.-port. ant. era *changer*, que en las *Ctgs.* aparece muchas veces como intr. («ían... chorando e *changían*» 221.42), como tr. («*changían* a gentil

dona que perderan», 5.155) y como reflexivo («ela se *changía*», 195.58), en la *Crón. Troyana*, en el *Graal*, etc. *Plañido*; *plañimiento*; *plañidero* adj. [Moratín], antes sólo parece hallarse el sustantivo *plañidera* [Polo de Medina, † h. 1650]; *complañir*.

¹ Ctgs. 21.32, etc., *MirSgo.* 21.28, *Canc. Vatic.*

Llanura, V. *llano*   Llaña, V. *lañado*   Llañer, V. *llanto*

LLAPARADA o LLAPADA, 'llamarada', voz asturiana, hermana de la gall.-port. *labareda*, de origen seguramente prerromano, probablemente sorotáptica y emparentada con la raíz indoeuropea LAP- 'lucir, quemar', común al báltico *lāpa*, *lópė*, *-is* 'llama', 'antorcha', con el hitita y otras lenguas de aquella gran familia. *1.ª doc.*: *Llaparada* 1892, Rato; port. *labareda* 1589, Fr. A. Arraes.

Pertenecen a la misma familia Colunga *llaparada* «llamarada que se levanta del fuego», *llapada* «llama, en la ac. de parte del fuego que se levanta en figura piramidal» (Vigón), Moimenta (trasm.) *lapea* «grande labareda de incêndio», ast. occ. *chaparea*; gall. *labareda* 'llamarada' (1755, Sarm. *CaG.* 203r; Lugrís), *labarada*[1] y *laparada* íd. (Vall.), *laparear* 'agitar el viento la llama de una luz, o de la lumbre en el hogar'; Ervedosa do-Douro *alambarar* 'incendiarse', *lambra* 'llamarada' (*RL* XXVII, 118).

El origen es incierto, pues no convence admitir un derivado del onomatopéyico *lapar* 'lamer' en el sentido de 'lengua de fuego' (nótese el ast. *llapada*), como admite M.-L. (*REW* 4905), comparando al alem. *leckende Flamme*; idea incierta, pues aunque no falte algún testimonio popular de *lapar* en Galicia (Vall.) y aun Asturias y prov. de León, se trata por lo demás de un vocablo raro o forastero en casi todo el dominio castellano y portugués, y teniendo en cuenta sobre todo que así no explicamos la *-b-* gallegoportuguesa. Puede ser vocablo prerromano hispánico, según propone G. de Diego en *Contr.*, § 351, emparentado con el vasco *labe* o *laba* 'horno' (comp. suletino *labatü* 'quemar, hacer una hornada', *labaka* 'reverberación', *labaki* 'artiga', Lhande, pero nótese que no existe un vasco *labaria* 'hoguera' citado por G. de Diego).

Sin embargo esta idea choca con la *-b-* del portugués, donde el vocablo es ya muy frecuente en autores clásicos[2], lo cual postula inequívocamente una *-P-* etimológica. En definitiva la buena idea fué, según me parece, la que había tenido primero García de Diego en 1922, de relacionar con el letón *lāpa* 'antorcha de pino' (*RFE* IX, 129-130), acerca del cual mucho nos enseñan Mühlenbach-Endzelin (*Lettisch-Deutsches Wörterbuch* II, 439 y 475).

Se lo rechazó Meyer-Lübke porque en céltico habría desaparecido la *-P-* en este vocablo. Es indudable, y sin embargo opino que la idea del

venerable lexicógrafo, esta vez, en definitiva, era
buena. No cabe dudar en efecto de que estamos
ante una palabra y una raíz de viejo y amplio
arraigo en indoeuropeo: por lo tanto no vendrá
del céltico, pero sí de la lengua de los sorotaptos, 5
que conservaba la P. En efecto, la palabra es
común a todas las lenguas bálticas: prus. ant.
lopis 'llama', lit. *lópė* 'luz encendida' o 'haz de
teas'; y, con otras variantes radicales, reaparece en
algún dialecto eslavo suelto, en el verbo lit. *lìpst* 10
'arde', *liepsnà* 'llama', en formas algo más diferentes en céltico (irl. ant. *lassair* 'llama', galés
llachar 'brillante', < *laps-*), griego λαμπάς 'antorcha', λάμπω 'yo luzco, lanzo destellos'[3], scr. *lop-*
'encender' e hitita *lâp-* 'estar en brasas, ardiente' 15
y aun escandinavo (Pok. *IEW* 652-3; Walde-P.
II, 283). La base LAPA-RĀ, que suponemos sorotáptica, explica la mayor parte de las formas romances, que tienen inicial *lab-*; y las menos numerosas en *lap-* pueden ser debidas sea a una anti- 20
gua geminación expresiva, sea al influjo de *lapar*
'lamer', cf. Ervedosa *alambarar*, donde la contaminación es de LAMBĔRE, sinónimo de *lapar*.
    DERIV. Gall. NE. *labaruda* 'moza guapa, bonita'
(en Viveiro, anotado por Sarm.) (< 'muchacha 25
ardiente, atractiva'). Acojo con escepticismo los
supuestos gall. dial. *lapa* 'llama' y *lapear* 'llamear',
cuyo garantizador más de una vez ha empleado
vocablos imaginarios.
    [1] «A vida voltou nunha branca *labarada*» Cas- 30
telao 194.27.— [2] «Levantou tanta *labareda* de in-
dinação» en Antonio Feio, «apagar algumas *laba-
redas* dos alevantados que ainda havia por aquelas partes» en Diogo do Couto (Moraes).— [3] Interesa a este propósito la opinión de F. B. J. 35
Kuiper (*Museum* LVI, 1951, 83) de que λάμπω
y sus parientes, y en particular las palabras bálticas, no constituyen una palabra indoeuropea,
sino un elemento del substrato paleo-europeo
secundariamente (aunque ya en fecha antigua) 40
indoeuropeizado; y ahí habla Kuiper con particular autoridad, pues fué él en 1937 quien en
sus trascendentales *Indogermanische Nasalprae-
sentia*, p. 152, llamó la atención de esta importante familia de palabras. 45

Llar, llara, V. *lar*   *Llara*, V. *aliara*   *Llatar*,
V. *lata*

LLAVE, del lat. CLAVIS íd. *1.ª doc.:* orígenes 50
del idioma (Berceo, etc.).
    La forma propia de Berceo parece ser *clave*
(comp. *clavero*, *Mil.*, 83*b*), aunque en la obra de
este poeta también se lee *llave*, pero en pasaje
donde no disponemos de mss. antiguos; por lo 55
demás es sabido que Berceo tiene fonética aragonesa en este punto. Fuera de esto, *llave* es forma
y palabra de uso general en todas las épocas; es
voz común a todos los romances[1]. El duplicado
culto *clave* se doc. desde h. 1570 (A. de Morales). 60

    DERIV. *Llavero* [*cl-*, 'sacristán, portero', Ber-
ceo, *l. c.*]; *llaverizo* ant. *Llavín*, que no es sólo
'llave para abrir el picaporte' (Acad.), sino también
'llave moderna, de pequeño tamaño, para abrir una
cerradura de calidad superior'.
    Cultismos y semicultismos. *Clavero* 'llavero'
[1062, Oelschl.], 'dignidad en una orden militar',
también *clavario*; *clavería. Clavija* [APal. 359*b*],
del lat. *clavĭcŭla* 'llavecita' (duplicado más culto
clavícula [1708, Palomino], *clavicular, -ado*; *sub-
clavio*); *clavijero, -era*; *enclavijar*. Gall. *caravillas*
[< *cra-*] 'los palitos que juntan al yugo las golillas
en que se mete el pescuezo de los bueyes' (Sarm.
CaG. 95*r*), y con tratamiento radicalmente hereditario, *chavella* 'la clavija que junta el timón con
el yugo' (ib. 95*v*). *Cabrita* ast. 'cada una de las
dos clavijas de madera que sirven de apoyo a las
sopértigas' (V). *Conclave* [1444, Santillana; este
autor y Hojeda acentúan *concláve* que es lo que
preceptúa *Aut.*, de acuerdo con el latín, pero *cón-
clave* se halla en Villaviciosa, en Jáuregui y en el
propio Hojeda, y ha sido admitido por la Acad.
desde 1884, aunque todavía prefiriendo *concláve*:
Cuervo, *Ap.*, § 98], de *concláve* 'cuartito, habitación
pequeña'; *conclavista.*
    CPT. *Autoclave. Clavicímbalo*, también *clave-* o
clavicímbano. Clavicordio, formado con el lat. *chor-
da* 'cuerda musical'.
    [1] Renuncio a hablar de las acs. secundarias. Vi-
gón señala las siguientes en el asturiano de Colunga: «cada una de las piezas de madera que,
a modo de cepo, sujetan el husillo a la *pesa del
llagar*; cada uno de los dos pernos que sujetan
la *cimbriella* sobre la viga; especie de pasador de
palo con que se cierra la collera».

LLAVIEGU ast., 'arado', gall. *labèga*, port. *lavego*, origen incierto: como designa un tipo de
arado perfeccionado, el arado con ruedas en Portugal, quizá esté emparentado con el nombre rético del arado con ruedas, *ploum*, longobardo *plovum*, a. alem. ant. *pfluog*; podría tratarse de un
*LAVAECON, formado con *LĀVON, corresponden-
cia céltica de *plōvum*, más el sufijo celtibérico -AECO-.
1.ª doc.: h. 1800.
    En esta fecha anotaba Jovellanos (Rivad. XLVI,
345) *llaviegu* como nombre asturiano del arado.
Rato: «*llabiegu*: arado» (también s. v. *gayón*);
Vigón: «*llabiegu*: arado. Castropol *vasadoiro*, en
Luarca *visadoiro*». Ahora bien, el *vasadoiro*, en el
Occidente de Asturias (adonde se refiere Vigón),
es el «arado con ruedas» según Acevedo-F. En
esta zona de la región no se emplea el vocablo
que nos interesa, aunque Acevedo-F. cita *chaviego*
como voz de Tineo, o sea del territorio donde L-
inicial se convierte en *ţş* (representado aproximadamente por *ch-*). Canellada da una reproducción
del *llaviegu* (p. 57), donde no se ven las ruedas,
sea porque en Cabranes designe otro tipo de arado, o sea porque, estando estas ruedas en un avan-

trēn separado, no se consideraran parte esencial y se omitieran en el grabado. De todos modos, aun en Cabranes, el *llaviegu* no es un arado cualquiera, sino un tipo más perfecto que el *tazón* y la *andeza*, tipos más rudimentarios, empleados en labores preparatorias, y desprovistos, ésta de *sechoriu* (cuchilla suplementaria) y aquél de reja y orejas (vid. Canellada, en los artículos correspondientes).

El área del vocablo se interrumpe en el Oeste de Asturias y Oriente de Galicia, pero vuelve a aparecer en el partido de Betanzos (prov. Coruña) en la forma *labèga*[1] (Vall.), y luego en muchos puntos de Portugal. Allí ya Bento Pereira, que nació en el Alentejo en 1608, recogía *lavêgo* como «arado grande, para limpar o campo das raizes, etc.» (cita de Moraes). Según Krüger (*Gegenstandsk.*, 187) se trata del «arado de ruedas», llamado *lavego*, *lamego* y *labrego* en Extremadura, *labrêgo* en Paredes de Coura (Minho, *RL* XVIII, 122) y en Arcos-de-Valdevez (*RL* XXII, 23): en estas localidades se trata de un arado provisto de dos orejas (*aivecas*) móviles y de dos *rabiças* (cruz de la mancera). Que se trata de un arado de tipo más elaborado que el arado rudimentario, nos lo confirman en todas partes. El vocablo se ha alterado en varios lugares por etimología popular: según la Acad. gallega existen en Galicia las variantes *arabega* y *arabesa* (con influjo de *arar*, y la segunda con cruce de *vesadoiro*), y se trata de un «arado antiguo de madera, tamaño mayor que el ordinario, que lleva una tabla de mancera que se cambia a cada surco para volver la tierra: se emplea en trabajos profundos, generalmente para sembrar el maíz, y suele llevar un a v a n t r é n compuesto de d o s r u e d a s de m a d e r a; usado en la comarca de Vigo». En Santander *laviego* se altera en *ariego* por la mencionada etimología popular, y es según G. Lomas «el arado llamado *romano*»: en la lámina XIX de la nueva edición pueden verse reproducciones del *arado romano* o *ariego*, y de los tipos más rudimentarios llamados *aladro antiguo* y *rejón de roturar*.

En cuanto a la etimología, no se ha propuesto hasta aquí nada sostenible. Jovellanos sugería un lat. **CLAVICULUS* diminutivo de CLAVUS 'clavo', imaginando que en una época primitiva se empleó para arar una especie de clavo: lo cual es tan arbitrario desde el punto de vista etnográfico como imposible en el aspecto fonético. Krüger se fijaba en la variante local portuguesa *labrêgo* admitiendo que era derivado de *labrar*, pero como nota M-L. (*REW* 4810) es evidente que *labrego*, *ariego* y *arabega* son otras tantas deformaciones locales del tipo común *lav(i)ego*, cuyo origen deja M-L. en la oscuridad. Inútil decir que no puede ser lat. *illabi* + *equus*, como escribe Vigón. Más bien podría imaginarse, si sólo conociéramos la forma asturiana, que *llaviegu* deriva de *llavía* 'cla-

vija', que Rato define «unos tarugos de madera que se colocan en la punta de las pértigas del carro». Pero ya en el aspecto semántico cabría objetar que todos los tipos de arado tienen clavijas; y son sobre todo las formas gallegas y portuguesas, las que prueban que esta etimología es imposible. El ast. *llavía* viene de CLAVICULA con evolución regular de la CL- inicial y de la -CL- interna, según la fonética asturiana. Pero en gallegoportugués CLAVICULA da *chavelha* y no puede dar otra cosa, con lo cual está en flagrante contradicción la forma gallega (*lavèga*) y la forma portuguesa (*lavêgo*) de la palabra que nos interesa. Fonéticamente nos vemos conducidos a un tipo LAVĘCU, que habrá de ser prerromano, conforme sugieren el sufijo celtibérico -AECU y la abundancia de nombres prerromanos en la terminología romance del arado (fr. *charrue*, *soc*, *raie*, cast. *amelga*, etc.).

La forma del *lavego* coincide notablemente con la del tipo de arado que Plinio llama *ploum* y describe así (*Nat. Hist.* XVIII, 172): «latior cuspis ['reja'] et acutior, in mucronem fastigata, eodemque gladio scindens solum et acie laterum ['orejas'] r a d i c e s h e r b a r u m s e c a n s, ut duas adderent tali r o t u l a s, quod genus vocant *plaumorati*; cuspis effigiem palae habet»; observa Plinio que este tipo de arado había sido inventado recientemente en la Retia gálica («non pridem inventum in Raetia Galliae»), lo que puede entenderse como la parte de Retia que tocaba con la Galia cisalpina. De ahí que la mayor parte de los críticos enmienden la lección *vocant plaumorati* (cuya -*i* final la denuncia como corrupta) en *vocant ploum Raeti*. Las *rotulae* agregadas al *ploum* de los Retios coinciden con el avantrén de ruedas mencionado repetidamente como característico del *llaviegu*, y su empleo especial para cortar las raíces de las hierbas recuerda notablemente la propiedad del *lavego* portugués más característica a los ojos de Bento Pereira. Hace tiempo que se ha reconocido en el *ploum* de Plinio el abuelo lejano del lomb. y emiliano *piò*, ladino-tirolés *plof*, y el antecedente del nombre germánico del arado representado por el longobardo *plovum* (S. VII, *Leges Longobardorum*: Diez, *Wb.*, 23), el a. alem. ant. *pfluog* (hoy *pflug*), b. alem. ant. y neerl. ant. *plôg*, fris. ant. *plôch*. Como indicó Jud (*ASNSL* CXXI, 1908, 91)[2], los datos etnográficos y lingüísticos en el territorio germánico indican inequívocamente que esta denominación viajó desde los Alpes propagándose hacia el Norte: se trata de una denominación ajena al gótico (donde 'arado' era *hôha*) y advenediza en escandinavo y anglosajón, pues allí el nombre antiguo era *arðr* (= ARATRUM) y en Inglaterra *plough* aparece en fecha tardía, trasmitido desde Alemania por conducto del escand. tardío *plôgr*. También la correspondencia fonética irregular de la *p-* germánica con la *p-* del rético de Plinio prueba que en germánico estamos ante un préstamo del sustrato pregermánico. Las etimologías germánicas o indoeuropeas que se han sugerido (Falk-Torp, s. v.; Walde-P. I, 812) son inverosímiles (dudosas aun a los ojos de sus autores), y por el contrario hay formas probablemente emparentadas en los actuales dialectos retorromances de Suiza (b. engad. *fliana*, a. engad. *flia*, *flüa*, romanche *fléua*, con correspondencia irregular de la consonante inicial). Véase más acerca del vocablo en Schrader, *Reallexikon*² II, 186; Kluge, s. v.; Walde-H. s. v. *ploum* y *plauromatum* (comp. *plaustrum* y *ploxenum*). Se trata de todos modos de una vieja palabra del sustrato centroeuropeo.

Y siendo así es perfectamente posible que la heredara de este sustrato el celta continental lo mismo que el germánico, y que el celta la adaptara a su fonética, que elimina la P- inicial y cambia la ō en A: la correspondencia céltica de PLŌVUM sería por consiguiente *LAVON, de donde podría derivar *llaviegu*. Sin duda alguna esta etimología es hipotética e incierta, pues no hay huellas de tal vocablo en las lenguas célticas modernas. Éstas conservaron en general el tipo indoeuropeo ARATRO- (irl. *arathar*, galés *aradr*, córn. *aradar*, bret. *arazr*), o bien introdujeron palabras sustitutas, de carácter evidentemente secundario (irl. *cécht*, propiamente 'rama' o 'gancho'). Pero se trata de las lenguas insulares, en las cuales no es extraño que no lograra penetrar este vocablo del sustrato centroeuropeo. Los nombres galos del arado, propiamente los ignoramos: parece que en un período arcaico existió ARATRO-, conservado como componente de nombres propios, pero junto a él se introdujo CARRUCA (fr. *charrue*), como nombre de un tipo de arado especial, y junto a él pudo existir *LAVON, sea como nombre del arado con ruedas, sea como denominación peculiar al celtibérico, o como las dos cosas a la vez. Lo que presta apoyo a esta sugestión es el sufijo típicamente celtibérico del derivado *LAVAECON, que hemos de suponer como base de *llaviegu*. Los celtas al entrar en España traerían consigo este nuevo tipo de arado perfeccionado y con él su denominación centroeuropea, y el vocablo se conservaría sólo en esta región astur-galaico-lusitana, que es la más rica en reliquias célticas dentro de la Península Ibérica.

Quizá otro derivado del tipo rético PLOVUM ∽ PLOGUM, de procedencia sorotáptica, es el cat. *pollegana*, *-llagana*, que designa el tipo de arado más viejo y tradicional. Se oye en muchos puntos, p. ej. lo he anotado en la Torre de l'Espanyol, junto al Ebro, y sospecho es alteración de un *pologana*, anaptixis de *plogana*.

DERIV. *Llavegar* 'labrar con el *llaviegu*' (R, *Supl.*) = port. *lavegar*. *Llabegada* 'el movimiento que se hace con el *llabiegu* al labrar la tierra' (V). Aunque es poco probable, teniendo en cuenta que *l-* y *n-* a veces alternan en vasco, podríamos preguntarnos si el vco. *nabas* 'arado' tiene que ver con el célt. *LAVON y con el *llaviegu* ast.

¹ Por cruce con *arado*: *arabega* «besadoiro, el arado de tres rabizas, para labrar la tierra en pelo, como el del Porriño» [S. XVIII, P. Sobreira, cit. *DAcGall.*], y cruzándose éste con *besadoiro*: gallego viguense *arabesa* «arado antiguo de madera para trabajos profundos...» (ibid.).— ² Ahora publicada en el libro *Rom. Sprachgesch. u. Sprgeogr.* (p. 38, con nueva e importante nota en pp. 533-534).

LLECO adj., 'inculto, que no se ha roturado nunca', origen incierto: si está emparentado con el fr. ant. y dial. *froc*, *floc*, 'terreno inculto', quizá ambos procedan del lat. FLŌCCUS 'copo de lana', 'pelo de los paños', por haberse comparado los matorrales con la lana o borra enmarañada de una res; pero este parentesco es inseguro. Más probable es que estemos ante un vocablo de origen prerromano sorotáptico. *1.ª doc.*: *leuco*, a. 870: «tam in culto quam et in *leuco*» (Jusué, *Cart. de Santillana*, p. 4, línea 36).

Fuera de ahí no volvemos a tener noticias del vocablo hasta Covarr.: «*llecos*, campos que no se labran, y no rompidos: y de aquí se dice tierra virgen, y *lleca*, la que no ha sido abierta para enterrar en ella cuerpos; no sé su etimología»; de ahí pasó a Oudin (1675, no 1616), a *Aut.* y a la Acad. G. de Diego, *Contrib.*, § 257, aduce las variantes siguientes: *liego* en el Burgo de Osma (prov. de Soria), *bieco* (¿dónde?) y *blieco* en Vinuesa (Soria); añádase santand. *lleca* o *yecu* «terreno virgen» (G. Lomas), nav. *lieco* «terreno de labranza que se deja sin cultivar», «terreno baldío, erial», según Iribarren propio del Centro y la Montaña (Alvar, *RDTP* III, 480, confirma su empleo en el castellano de Oroz-Betelu)¹.

Por lo demás apenas se conoce otra documentación castellana ni hispánica, y por lo tanto se hace difícil emitir opiniones con alguna seguridad. Sólo con reserva debe tomarse lo que sigue. Ya Bugge (*Rom.* III, 163) señaló el parentesco con el fr. ant. *floc* 'terreno inculto', que para él sería alteración de *froc*, admitiendo que *lleco* salga de *llueco* y éste de *flueco*; en efecto este cambio fonético es normal y el otro es posible, puesto que *culebra* sale de *culuebra*, y *lerdo* probablemente viene de *luerdo* (= *lordo*)². Baist, *GGr.* I, 889, sentó ya como étimo FLŌCCUS > *lleco*, y le siguió M-L. (*REW*¹ 3375), sin dar explicaciones; a lo cual se opone G. de Diego declarando que se trata de una etimología incomprensible: se referirá con ello al significado³; en cuanto al tipo fonético *FLECCUS que él propone, carece de apoyo sólido. Brüch, *ZRPh.* XXXVIII, 686-7, admite que el fr. *floc* y el cast. *lleco* salen de FLŌCCUS por la evolución semántica arriba indicada, y que el fr. *floc* se cambió en *froc* por cruce con los antiguos y dialectales *frost*, *froust*, 'abandonado, arruinado', que Du Cange documenta copiosamente en la forma latina *fraustum* desde el S. IX, con el sentido de «ager incultus et eremus»; a lo cual opone

Wartburg, *FEW* III, 816*a*, en una nota breve, la
objeción de que este cruce no tiene en cuenta la
repartición geográfica de las variantes; en consecuencia se contenta (lo mismo que M-L., *REW*,
3528, en cuanto al francés) con partir de un tipo 5
*FLŎCCU de origen desconocido. Según los datos
de Wartburg, así *froc* como *flot* (cuya -*t* es secundaria y de facilísima explicación) se documentan
desde princ. S. XIV, y precisamente en Picardía
y Normandía, con un ej. aislado en Burdeos, pero 10
hay también derivados en Vendôme y en Blois;
completándolo con los informes de Du C. (s. v.
fraustum) vemos que *froc* se halla desde 1196 por
lo menos, y puede localizarse sobre todo en la región picarda, pero también en el Anjou (otro ej. 15
en *Rom.* LXV, 21), mientras que *flos* (plural de
floc) aparece en 1307 en Guillaume Guiart, que
era de Orléans; luego el vocablo está muy extendido por los dialectos franceses y a base de la documentación no es posible asegurar cuál de las dos 20
iniciales *fr*- o *fl*- es más antigua. En consecuencia,
la explicación de Brüch a base de un cruce me parece lícita, si bien quizá sea preferible (en vista
de que el origen de *fraustum* no está claro, y por
otras razones) admitir el cruce de *friche*, sinóni- 25
mo de *froc*, muy extendido por toda Francia y ya
documentado en el S. XIII; las formas bajo-la-
tinas que he citado en nota me parecen corroborar la idea⁴. Desde el punto de vista semántico
pueden señalarse algunas confirmaciones: oc. ant. 30
aus, *aps*, 'inculto' (también b. lat. *apsus*) es lo
mismo que *aus* 'vellón de lana', lat. HAPSUS 'copo
de lana', según indicaron Spitzer (*ARom.* IX, 72-3)
y ya el propio Brüch (*ASNSL* CXXXV, 173-5);
por mi parte (*Festschrift Jud*, 566-7) indiqué la 35
posibilidad de que el tipo prerromano *BLĒSE
'pastizal', difundido por todo el cantón de los Grisones sea lo mismo que el cat. ant. y oc. *blese*
(hoy *ble*) 'pabilo de lámpara', y Tarn *blayzun*
«bouillon blanc» (comp. el cat. *floc* 'mechón de ca- 40
bello' y fr. *mèche* 'pabilo'): sin embargo, esta
identificación del cat. *ble(se)* me parece hoy mucho menos verosímil (vid. *MELENA*).

Volviendo al castellano, cabría la posibilidad, aunque no se puede demostrar, de que *lleco* saliera de 45
*llueco, hermano del fr. *floc*, y que ambos vinieran
del lat. FLOCCUS. Con ello sería difícil poner de
acuerdo la forma *leuco* del Cartulario de Santillana, pero tratándose de una forma copiada en cartulario muy posterior pudiera ser que estuviéramos 50
frente a una grafía alterada, p. ej. en lugar de *lueco*
(= *llueco*); sea como quiera, y con cualquier etim.,
no sería fácil explicar *leuco* como variante real de
lleco. Lo que más hace dudar de la identidad de
la palabra castellana con la francesa no es la forma 55
de Santillana ni la etimología de *floc*, sino las
variantes modernas de *lleco* citadas ya por G. de
Diego. Es verdad que no parece posible explicar
todas ellas por un solo étimo, y es probable que
haya habido ahí cruce con otro vocablo (comp. 60

ast. occid. *billeco*, gall. *bilerca*, 'castaña huera').
Teniendo en cuenta que Soria está cerca de la
Rioja, en cuyas proximidades se hablaba todavía
vasco en tiempo de Berceo, acaso se pudiera explicar *blieco* y *liego* por una forma vasca de
FLŎCCUS como el alto-navarro *bloka* 'pelusa del
lienzo', b.-nav., ronc. y suletino *floko*, *floka*, 'ramo de flores'. Pero las dudas acerca de la ecuación *lleco* = fr. *floc* se agravan al tener en cuenta
la forma *liego*⁵ recogida por M. P. en la zona del
Burgo de Osma (según nos explica en *Cid*, 1173.22)
y empleada por él mismo al describir el itinerario
del héroe castellano: «Como 3 km. al Este de
Alcubilla el camino que seguía el Cid corta a la
Calzada de Quinea; consérvanse bien visibles restos de ella en una faja *liega* de unos 3 metros
de ancho que atraviesa las aradas en las inmediaciones del Duero» (ibid., 43.10). No podemos
menos de abrigar la sospecha de que -(*i*)*ego* y
-*eco* sean sufijos en nuestro vocablo (comp., p. ej.,
el ast. occid. *llobeco* 'lobezno'), y que un radical
li- se haya contraído secundariamente a *ll*- como
lieva pasó a *lleva* (de donde *llevar*). Verdad es
que así tampoco logramos ver una etimología, pues
lo mismo el fr. ant. *liois* «espèce de pierre cal-
caire peu dure», fr. med. *lyaz*, hoy *liais* (*FEW* V,
315*a*), que un derivado castellano del radical de
LÉGAMO o de *lía*, quedan bastante alejados semánticamente; lo mismo cabe decir del cat. *llé-
col* y *llicorella* 'piedra de pizarra', y *llac*, *llaca*, *lla-
cor* (o *llecor*) 'lodo, légamo'; de todos modos estas
palabras deberán tenerse en cuenta en futuras investigaciones.

En realidad ahora me parece sumamente improbable la explicación examinada, no sin escepticismo, más arriba, de partir del lat. FLŎCCUS. Puede
que el cast. *lleco* y fr. *friche* y sus variantes estén
en relación con una voz prerromana, posiblemente
sorotáptica, emparentada con g. al. ant. *broccho*,
bráhha «Umbrechung des Bodens», escand. ant.
brák 'barbecho', alem. *brachfeld*. Vid. mis *Topica
Hesperica*, I, 72-73, nota 4.

¹ Es claro, y ya por el sentido, que no puede
venir, como dice Alvar, del vasco *leku* 'lugar,
sitio', cuyo carácter eusquérico es por lo menos
sospechoso (¿ < arag. *lueco* LOCUS?, V. *LUGAR*
n. 4); en cuanto al étimo célt. *BALKOS 'fuerte,
rígido' de *GdDD* 891, no hace falta hablar de tal
descarrío.— ² No creo constituya diferencia esencial
la calidad palatal de *ll*. No puedo citar casos de
llue > *lle*, pero es que semejante grupo a la fuerza tenía que ser muy raro. Que *llueca* lo haya
conservado no prueba nada, tratándose de una
voz dialectal y onomatopéyica (también *clueca* lo
conservó a pesar de *fleco* < *flueco*, *frente* <
fruente, *preba* < *prueba*).— ³ Señala los artículos *frecum* y *flichium* de Du C., que también se
definen «ager incultus et eremus»; del último
no hay más que un ej. parisiense de 1273, y del
otro tres ejs. de h. 1300, los tres franceses, y por

lo menos uno, más especialmente picardo. Pero estas formas, mucho menos frecuentes que *froc* o que su latinización *frocus*, serán debidas a cruces locales con el sinónimo *friche*, que ya se halla en el S. XIII, y junto al verbo *défricher* hay forma dialectal *defreucher* (Gamillscheg, *EWFS*).— [4] Por lo demás la vacilación entre *fr-* y *fl-* se halla también en otro homónimo, *froc* 'hábito de monje'. Gamillscheg, *ZRPh*. XLI, 641, propone traer el fr. *froc* 'erial' de un tipo *FROCCUS que sería variante fonética del célt. VROIKOS 'brezo' (de donde *'campo de brezos' > 'campo inculto'); pero el cambio de VROIKOS en FROCCUS queda sin analogías, y él mismo no recoge la idea en su *EWFS*, que es de fecha posterior.— [5] El vco. *labaki* 'artiga, noval' (a. nav., salac., lab. y en el Beterri guip.) está alejado formalmente, aunque existe una variante *laaki* en las Aldudes, Amikuse (b. nav.), Andoain y Usurbil (al S. de San Sebastián).

LLEGAR, del lat. vg. PLĬCARE 'plegar', derivado regresivo del lat. cl. APPLĬCARE 'arrimar', 'abordar', 'acercar': así el primitivo como el derivado tomaron, en la baja época y en varios romances, significados de lugar como 'dirigirse hacia', 'arribar' y análogos. *1.ª doc.*: *aplekare*, en la segunda mitad del S. X, Glosas Silenses, 241; *llegar*, *Cid*, etc.

Aunque *llegar* con el valor intransitivo moderno es frecuente desde el *Cid*, es notable la frecuencia de la construcción transitiva en los textos medievales y aun en los clásicos. Cito unos cuantos en que tiene el matiz de 'hacer llegar, conducir': «si Dios me *legare* al Cid», *Cid*, 1529; «demostróle la vía ca bien acerca hera, / *legó*lo a la puerta que falló mas primera», *Apol.*, 143c; «la merced que Dios le había hecho en le *llegar* a tal estado, de ser señor de tanta y tan buena gente», *Abad D. Juan de Montemayor*, 27.19; «sacóme de la choça, *llegóme* a dos senderos», J. Ruiz, 985a; «allí lidia el Conde de Laredo muy fuerte, / congrio cecial e fresco: mandóle mala suerte / a Don Carnal seguiéndol, *llegándol* a la muerte», J. Ruiz, 1118c[1]; «tengo que non avedes por qué trabajar mucho por *llegarlo* a logar que vos dé mal galardón commo el deán dió a don Illán», Juan Manuel (*Conde Luc.*, ed. Knust, 51.10); «*applicare* es *llegar* y poner junto alguna cosa», APal. 25b; «si Dios me *llega* a tener algo que de govierno», *Quijote* II, v, «otro que hazia el oficio de Maestresala *llegó* un plato de fruta delante, pero apenas huvo comido un bocado, quando... se le quitaron delante con grandíssima celeridad; pero el Maestresala le *llegó* otro de otro manjar...», íd. II, xlvii, 174v°; «en un entremés me dieron una herida que me *llegó* casi al fin de la vida», *Coloquio de los Perros*, Cl. C., p. 328. Más frecuente es todavía con la ac. 'acercar' o 'juntar': *Cid*, 276, 355; *S. Mill.*, 416; *Alex.*, 226, 377a, 1140,

1289; *G. de Alfarache*, Cl. C. II, 208.20; *Quijote* I, iv, 13; vii, 22; II, xvii, 60; *Coloquio de los Perros*, p. 317; Vélez de Guevara, *Serrana de la Vera*, v. 3247, etc.[2]. Estas construcciones transitivas y reflexivas son las etimológicas, aunque un ej. suelto de la intransitiva, y con la misma ac. que en castellano moderno, aparece ya en la *Peregrinatio Aetheriae*, del siglo V: «Persae... iam prope *plicarent* civitati, ita ut usque tertium miliarium de civitate essent» (XIX, 9, ed. Heraeus[1], p. 21).

PLICARE es palabra poco frecuente en la Antigüedad, aunque ya aparece alguna vez en poesía, en Lucrecio y Virgilio, con el sentido de 'plegar, doblar'; pero lo común, e incomparablemente más frecuente entre los clásicos, es APPLĬCARE; y como indican Ernout-M., PLICARE es forma extraída secundariamente de los compuestos *applicare*, *complicare*, *explicare*, *implicare*, intensivos de la misma raíz que *plectere* y que el gr. πλέχειν 'trenzar'; el carácter secundario de PLĬCARE se comprueba por la reducción de ĕ a ĭ que sólo en los compuestos era posible; en efecto, el empleo de PLĬCARE no se hace usual hasta la baja época y hemos de mirarlo por tanto como una mera variante vulgar de APPLĬCARE, del cual no se distingue en cuanto a usos ni acs. en las fases antiguas de los varios romances (portugués, castellano, catalán, lengua de Oc, etc.). APPLICARE era corriente con la ac. 'arrimar': *applicare castra flumini* en Livio, *applicare scalas moenibus* en Curcio, etc., y ya muy a menudo en construcción reflexiva *applicare se ad arbores, ad flammam*, en César y en Cicerón, p. ej.; en particular se nota el uso náutico *applicare navem* en el sentido de 'dirigir el navío hacia cierto rumbo' (Cicerón), y de ahí el matiz de 'hacer abordar a atracar una embarcación' que es frecuentísimo en los autores más clásicos y en toda la latinidad (*in Erythraeam classem applicat* Livio, *cum istuc adplicuisset* Séneca, etc.), aun en el galorromano Gregorio de Tours (Bonnet).

Como ya hizo observar Jules Cornu, *GGr.* I, § 134, seguido por M-L. (*REW*, 548), Jud (*ASNSL* CXX, 460; CXXVII, 430; *ZRPh.* XXXVIII, 28-29n.) y otros, este uso está muy cerca del sentido moderno del cast. *llegar*, y hemos de mirarlo como su fuente principal: se trata meramente de una generalización 'atracar' > 'arribar' > 'llegar', que se ha repetido otras veces en castellano, como en el uso argentino de *arribar* y en el andaluz de *aportar* (*aportó con un pavo* 'compareció'). La misma generalización se extiende al port. *chegar*, al val. *aplegar*, antiguamente *plegar*[3], al campid. *appillai* 'llegar', 'venir' (*appill'a ddomu*; M. L. Wagner, *ASNSL* CXXXV, 112: de una metátesis *APPICLARE) sic. *chicari*, *jicari*, calabr. *acchjicari* y aquilano antiguo *plecare* 'llegar' (Rohlfs, *It. Gr.* II, 439)[4]. Que el matiz primero sería en todas partes 'atracar' lo hace sospechar el arcaico romance de Dalmacia, donde *aplicare* aparece con este valor en docs. de Zara, Spàlato y otras partes, escritos en los SS. XIII y XIV (Bartoli, *Das Dalm.* II, 265), y lo confirma la más antigua fuente catalana que emplea el vocablo, la Crónica de Marsili, escrita probablemente por un mallorquín en la primera mitad del S. XIV[5]; nótese que la forma en *a-* es precisamente la que se halla en el ej. español más antiguo, en las glosas de Silos, donde *non aplekat* traduce el lat. «nec ad osculum ecclesiam accedat», y *applicare* tiene el sentido de 'llegar' en textos bajo-latinos de Castilla de los SS. XI y XII (Cuervo, *Dicc.* I, 391*a*). Sin embargo, no es probable que un verbo de uso tan sumamente copioso, y de tantas acs. varias como *llegar*, tenga un origen único; tanto más cuanto que existen otras acs. locativas en varios romances, en primer lugar el rum. *plecà* 'marcharse', que recuerda curiosamente el gascón *aplegà-se* «s'en aller» (en el Lavedán, según Wartburg, *Rom.* LIII, 235), pero como Palay define «se retirer, revenir vers sa demeure», esto nos conduce a su vez hacia el cat. *plegar* 'acabar el trabajo, darlo por terminado', en Mallorca *aplegar* (*BDLC* IX, 92); ahora bien, ya Densuşianu, *Hist. de la L. Roum.* I, 194, llamó la atención hacia la posibilidad de sacar el sentido rumano del de 'dirigirse a alguna parte' que parece tener *plicare se* en la *Peregrinatio Aetheriae*, la patria de cuyo autor suele buscarse en España: «iter sic fuit, ut per medium transveramus caput ipsius vallis et sic *plecaremus nos* ad montem Dei» (II, 4, Heraeus, p. 2), «sic denuo *plicavimus nos* ad mare» (VI, 3, p. 8)[6]. Es probable, pues, que hubiese orígenes semánticos múltiples, partiendo de la idea general de 'arrimar', 'dirigirse a', de donde por una parte 'ponerse en marcha'[7] y por la otra 'acercar', 'hacer llegar' o 'llegar'[8].

Deriv. *Llega*. *Llegada*. *Llegadizo* (*pl-* 'allegadizo', Berceo, *Duelo*, 183). *Llegado*. *Llegamiento* 'allegamiento, ayuntamiento' (*APal.* 93*d*). *Allegar* [orígenes del idioma, *Cid*, etc.; vid. Cuervo, *Dicc.* I, 388-91], de APPLICARE (vid. arriba); *allegadera*; *allegadero*; *allegadizo*; *allegado*; *allegamiento*; *allegancia, -anza*. Del gall.-port. *chegar*: gall. *arrechegarse* 'arrimarse de muy cerca': «*arrechegándome* ó buraco do ouvido», Castelao 190.10.

[1] En 914*b* Cej. entiende «cada día *llegava* la fabla, más *non* ál» como equivalente de 'llevar', pero no es seguro (Ducamin puntúa «cada día *llegava*, la fabla, más *non* ál» aunque no recuerdo otros casos de laísmo en el Arcipreste).— [2] Más frecuente aún el empleo de *llegarse* reflexivo: *Calila* (ed. Allen), 20.84; *APal.* 35*d*; Berceo, *Mil.*, 893*a*, 900*c*, 871*c*; *Quijote* I, xviii, y passim; *Cid*, 37, 3511.— [3] No pertenece a los demás dialectos catalanes, que emplean *arribar*. M-L., *Das Kat.*, § 154, cree que es supervivencia mozárabe; Spitzer, *ARom.* IX, 151, supone una mera adaptación del cast. *llegar* a la fonéti-

ca valenciana. Esto último es imposible, y la interpretación de M-L. no es segura (V. los otros hechos catalanes que cito más abajo). Hoy este uso de *aplegar* no sólo es general en todo el País Valenciano, hasta el extremo Norte, sino que se extiende aun al habla de Valderrobles, localidad catalana de la provincia de Teruel, más próxima a la de Tarragona que a Castellón. Todos los ejs. medievales son valencianos o de autor de procedencia ignorada (*Eximplis* de Ag.; hay motivo para sospechar que el *Curial* sea también valenciano). La variante *plegar*, sólo medieval, es muy frecuente en el *Curial* (*N. Cl.* I, 49, 69, 94, 111), y ya aparece en el *Corbatxo* que Moll atribuye al S. XIV (*BDLC* XVII, 105), de oriundez desconocida; *plegar* 'llegar' varias veces en el *Tirant*, comprobado en la ed. príncipe, cap. 229 y 233 (= ed. Riquer, pp. 668, 682).— [4] Para las formas sardas e italianas, vid Rohlfs, *Romanica Helvetica* IV, 64.— [5] «Que manàs a las naus donar las velas e seguir la galea del rey, qui volia *applegar* al port de la Palomera», 52; «los sarrayns... guardants las galeas e taridas partir... anaven ont pus prop podian de la mar, a peu e a caval, guardants ont *aplegaria* la host», 54; «en Rodrigo logà una tarida d'aquelas que ja eran estadas a la host per cavayls a portar... e *applegà* a les seus... havents contrari vent per Malorcha *applegaren* a Tarragona», 122. Luego la ac. no es 'llegar por mar', sino precisamente 'dar en tierra, atracar, tomar puerto', nótese especialmente el 2.º pasaje.— [6] El contexto general indica más bien 'dirigirse' que 'acercarse': después del primer pasaje citado se describe largamente la ascensión al Sinaí (*mons Dei*).— [7] M-L. separa el rum. *plecà* de las demás formas romances y quiere explicarlo por *plicare tentoria* 'plegar las tiendas', como término militar, de donde 'levantar el campo', 'partir'. En este sentido podría utilizarse el cat. *plegar* 'dejar el trabajo', igualándolo al francés *plier bagage*, y el griego συσκευάζεσθαι 'allegar el atuendo de las tropas', 'prepararse para partir', palabra técnica de la soldadesca (*Ciropedia* V iii, 16, etc.), de σκευή 'impedimenta militar' y σύν- 'junto', pero Luciano generaliza ya: σ.πρὸς τὴν φυγήν 'disponerse a huir'; pero también se puede partir de la idea de 'marcharse (al terminar el trabajo)', y quizá sea preferible, en vista de los ejs. de Eteria, no hacer dos grupos con las acs. locativas romances.— [8] Para completar el cuadro geográfico téngase en cuenta el gr. biz. y mod. ἀπλικεύω 'hospedarse', 'vivir (en algún lugar)'; si tenemos en cuenta que términos para 'hospedarse' como el cast. *parar* o el fr. *descendre* aluden también al término de un viaje (pues para viajeros se hacen las posadas), lo probable es que ahí también se trate, en el fondo, de 'llegar', como en Calabria y Dalmacia. A la explicación de Gustav Meyer (*Wiener Sitzungsber.* CXXXII, iii, 11) por *appli-*

care castra puede objetarse que en Livio esto no significa 'parar las tiendas', sino 'adosar el campamento (a un río)'. Finalmente recordaré la frase de Terencio «tum ille agens forte *applicat* / primum ad Chrysidis patrem *se*» (*Andria* V, iv, 21-22).

Lleira, V. *glera*   *Lleldo*, V. *leve*   *Llen*, V. *deleznarse*   *Llendar*, *llende*, *llenderín*, *llendón*, V. *límite*

LLENO, del lat. PLĒNUS íd. *1.ª doc.*: orígenes del idioma (*pleno*, Glosas de Silos; *lleno*, *Cid*, etc.).

Pleno es también la forma normal en el dialecto de Berceo. Voz de uso general en todas las épocas y común a todos los romances. La variante culta *pleno* está ya en Cervantes.

DERIV. *Llena*; gall. ant. *chēa* 'masa de líquido' («hūa gran chea d'agua» *Ctgs.* 356.22), port. *cheia* 'creciente de un río' 'inundación'; y más en gallego: «afogado nunha *chea* do rio» y generalizando ('un montón, mucho') «estivo unha *chea* de tempo» Castelao 50.11, 187.12. *Llenero* ant. (Berceo, *Sacrif.* 119 [*pl*-], *Alex.*, 1259 [íd.], 2104, *Apol.*, 44, J. Ruiz, 513*b*, 1668; Nebr. ya lo da como anticuado[1], aunque todavía está en Fz. de Oviedo según Fcha.). *Llenura*, a veces *llenez* o *lleneza*. *Llenar* [1535, Juan de Valdés, *Diál. de la L.* 108.9; *Quijote*, I, i, 2, etc.; los primeros lexicógrafos que lo recogen son Covarr. y Oudin: antes del S. XVI es general *henchir*], a veces *enllenar*; *llenante* 'flujo, 2.ª ac.' cub. (*Ca.*, 198). *Relleno* [m., APal. 48*b*; «fartus», Nebr.]; *rellenar* [Covarr.]. *Plenario* [Mena (C. C. Smith, *BHisp.* LXI); S. XVII, *Aut.*]; *plenero* ant.; *plenitud*. *Plétora* [Acad, ya 1869], tomado del gr. πληθώρη 'plenitud, superabundancia', derivado de πλήθειν 'estar lleno' (del mismo origen que el lat. *plenus*); la acentuación esdrúj. es bárbara, pero está generalizada; *pletórico*.

CPT. *Pleamar* [*Aut.* cita ej. de Gonz. Dávila, 1.ª mitad S. XVII], del port. *prea mar* (tomado a su vez del fr. *pleine mer*, con adaptación parcial al port. ant. *chea* 'llena'). *Plenilunio*. *Plenipotenciario*; *plenipotencia*.

[1] *Llenera* por *llenura* citado de Nebr. por *Aut.* parece ser confusión.

Llento, V. *lento*, *leve*

LLETA, 'tallo recién nacido', voz poco extendida, de origen incierto; quizá tomada del fr. antic. *jette* 'retoño' por conducto de una forma gascona **yete*. *1.ª doc.*: Terr.

Explica éste «llaman los labradores a todo el conjunto de cañas que sale de cada grano, por exemplo de trigo» y «*lletas* llaman en muchas partes a las hebras de azafrán, que tienen unas pequeñas cabezas o ápices amarillos»; Acad. ya recoge el vocablo en 1817: «el tallo recién nacido de las plantas que producen las semillas y cebo-

llas». No conozco más datos acerca de este vocablo, que creo de escasa extensión territorial; el aparecer en Terr. hace sospechar que se emplee en tierras vascas. Si el vocablo es usual en regiones donde no haya habido jamás confusiones de *ll* y *y* ni paso de L- a *ll*- (León), el étimo debiera tener PL-, FL- o CL-; pero no se ve entonces ninguna explicación. Mas si es voz aragonesa o vasconavarra, teniendo en cuenta los antiguos casos aragoneses de *y*- > *ll*- citados s. v. *GRULLA* (comp. *LLANTA*), cabría admitir un galicismo. *Jette* se halla en textos franceses desde fines del S. XIV hasta principios del XVII, y hoy se emplea en dialectos de la parte Sur del territorio lingüístico francés, también en hablas occitanas de la Dordogne y el Perigord (*jieto*) y en un par de localidades gasconas (*jite*, -*to*); formas análogas al oc. *ji(e)to* existen, por lo demás, en Aragón: Puebla de Híjar *chito* 'retoño, brote' (*BDC* XXIV, 168; *RDTP* VII, 216), de suerte que no parece desatinado sospechar origen romance al vasco *jet*, *jit*, *txit*[1], comp. *ECHAR*, n. 4. Es derivado normal del fr. *jeter* (JACTARE) en el sentido de 'retoñar', del cual procede también un masculino *jet*, de uso general en francés y muy extendido en dialectos de Oc, vid. *FEW* V, 17*b*.

[1] En cuanto al problemático vco. guip. *ietegi*, éste no tiene nada que ver con *lleta*: sería variante de *itegi*, *itoki* 'juncal', derivado de *i(h)i* 'junco' (Michelena *BSVAP* XII, 367).

LLEVAR, del lat. LĔVĀRE 'aliviar', 'levantar', 'desembarazar'; en la Edad Media se decía *levar*, presente *lieva*: cambiado éste en *lleva*, se extendió después la *ll*- a todo el verbo. *1.ª doc.*: orígenes del idioma (Glosas Emilianenses y Silenses, *Cid*, etc.).

La forma con *l*- es general o poco menos hasta fines de la Edad Media: así en el *Cid*, Berceo (p. ej. *Mil.*, 85*d*, 812*c*), *Apol.* (35, etc.), *Gr. Conq. de Ultr.* (593), J. Ruiz (p. ej. 2828*a*), *Alfonso Onceno* (49, 68, 1858), *Danza de la Muerte* (24), *Glos. de Toledo*[1], APal. (2*d*, 8*d*, 38*d*, 122*d*, 214*b*); el presente *lieva* es muy frecuente en el *Cid*, Berceo, *Libre dels Tres Reys d'Orient* (86), J. Ruiz (971*b*), y en muchos más, todavía en el *Corbacho* (dos veces en diálogo popular, en la p. 117.25, ed. Pérez Pastor) y en la *Égloga de la Resurrección* escrita h. 1520 (ed. Gillet, pp. 969 y 971); pero la forma moderna *llevar* está ya generalizada en Nebr. y desde el S. XVI. En la lengua arcaica es muy frecuente en la ac. latina 'levantar' (*Cid*, 576, 2040, 3127; *S. Or.*, 128; *Conde Luc.*, 28.16; J. Ruiz, 971*b*, en boca de la Serrana; *Reys d'Orient*, 86; *Gr. Conq. de Ultr.*, 593); también se halla bastantes veces en el sentido de 'quitar' (*Cid*, 1073, *Apol.*, 75*a*). Cej. VII, § 63. Aquella ac. es propia del italiano, galorrománico y catalán, mientras que en este idioma, en sardo, hablas del Sur de Italia y en rumano hallamos la de 'quitar' (en algu-

nas partes 'tomar'), que procede de 'desembarazar', ya documentada en latín; de ahí parte también el sentido de 'llevar encima, llevarse', propio
del castellano y el portugués.

Más documentación acerca de la *ll-* de *llevar*
en la nueva ed. del *Yúçuf* por M. P. Pero es inadmisible suponer que tenga esto (como ahí se
da a entender) relación alguna con el cambio espontáneo de L- en *ll-*, que es exclusivamente cat.
y ast., y nunca ha sido, diga M. P. lo que quiera, castellano, mozárabe y ni siquiera aragonés:
los pretendidos casos de *llobo* en el *Yúçuf* no
existen (nótese que se trata siempre de la combinación *el lobo*, y es sabido que en este caso la
grafía arábiga da representación redundante a la
geminada, con dos *lams* más *texdid*, escribiendo
p. ej. *al-lisân* 'la lengua' como si hubiese tres *lll*)
y no son menos ilusorios los demás testimonios
que se citan (erratas, grafías arbitrarias y etimologías falsas).

DERIV. *Lleva*. *Llevada*. Gall. *lebada de agua*
'presa para regar' (Sarm. *CaG.* 181*v*), porque sirve
para elevar el nivel de las aguas del río o arroyo:
es el fenómeno semántico que explica la palabra
común del catalán para 'levantar', o sea *aixecar*
EX-SICC-ARE, dialectalmente *aixecar-se* 'secarse (una
corriente de agua, una fuente, etc.)', pero transitivamente tomó el sentido de 'dejar progresivamente en seco una corriente de agua o una zona
de una corriente o embalse levantando su nivel
por medio de una presa y el aluvión que entonces
se forma', con lo cual ha acabado por hacerse *aixecar* la palabra corriente en la lengua para decir
'elevar, levantar', más corriente aún que *alçar*;
no hay por qué pensar con Sarm. en un gr.
λιβάδιον o λιβάς, -άδος, cuyo sentido no se parece
en nada al de nuestro vocablo. *Llevadero*. *Lleva-
dor*. *Llevanza*.

Conllevar [diccionario de la Academia ya 1869];
conllevador; *conllevancia* [voz inventada por J.
Ortega Gasset en las Cortes de 1931, falta todavía
en Acad.], *conllevante* [íd.]. *Relevar* [med. S. XV,
Crón. Juan II, *Aut.*; APal. 413*d*, 414*b*], tomado
de *relevare* íd.; *relevación*; *relevante*; *relevo*; *relieve* 'residuos de lo comido' antic. [1251, *Calila*,
Rivad., p. 56; *Gr. Conq. de Ultr.*, 190; *Quijote*
I, xx, *Cl. C.* II, 127; *El Celoso Extremeño*, *Cl. C.*,
p. 119; *Martí*, *Alfarache*, p. 381], tomado del fr.
relief (cat. *relleu* íd.); a esta ac. se agregó la ar-
tística [1600; *relievo*, 1639, 1600; Terlingen, 144-
5], imitada del it. *rilievo* [princ. S. XV].

¹ Hay empero *llevantar* en el Glosario del Escorial y *llevadura* en el de Toledo para 'fermento'.

Lliestra, V. *arista*   *Lligonero*, V. *latón* II
Llimar, V. *limaza*   *Llimiago*, V. *limaza*
Llisgo, V. *lusco*   *Lliviadora*, V. *leve*   *Llivie-
ro*, V. *leve*   *Lliviesu*, V. *divieso*   *Llobicante*,
V. *lobagante*   *Llocántalo*, V. *lobagante*   *Llo-*

guer, V. *loguer*   *Llollo*, V. *lelo*   *Llombardada*,
V. *lomo*   *Llondro*, V. *nutria*   *Llopicón*, V.
lobo   *Lloquera*, *lloquerada*, *lloqueru*, V. *chocallo*

LLORAR, del lat. PLŌRARE íd. *1.ª doc.*: orígenes del idioma (*Cid*).

Voz de uso general en todas las épocas y común
a todos los romances salvo el rumano, si bien la
ha perdido el italiano moderno.

DERIV. *Lloradera*. *Lloradero* 'manantial que
brota a través de las piedras' arg. (*La Prensa*, 8-
III-1942, 23-IV-1944; *La Nación*, 6-X-1940). *Llo-
rador*. *Llorante*. *Llorera*. *Lloriquear*; *lloriqueo*.
Lloro [h. 1295, *1.ª Crón. Gral.*, 394*a*43; APal.
128*d*, 254*d*], derivado común a todos los romances gálicos e ibéricos¹; *lloroso* [Berceo], también
oc. y cat. *plorós*, port. *choroso*. *Llorón* [*Quijote*];
llorona 'acto de hacer el pedigüeño' cub. (*Ca.*, 181),
'espuela' arg. [*M. Fierro* I, v. 178], 'pluma de avestruz' arg. (Camino, *Nuevas Chacayaleras*). *Deplo-
rar* [1499, Hernán Núñez, *Aut.*], tomado de *de-
plorare* íd.; *deplorable* [fin del S. XVII, *Aut.*].
Implorar [1433, J. de Mena], de *implorare* íd.;
imploración, *implorador*.

CPT. *Lloramico* 'lloriqueo' [*Quijote* II,49], junto al cual, según G. de Diego, tiene gran extensión
en castellano *lloramigas* 'llorón'; cat. *ploramiques*
íd., que se siente —quizá erróneamente— como
cpto. con *una mica* 'un poco', *a miques* 'levemente'; ast. occid. *xaramico* 'lagrimeo'; gall. *chorimi-
car* 'lloriquear, llorar' (*chorimica* un niño de teta,
Sarm. *CaG.* 205*r*), también *choricar* (Sarm. *o. c.*
214*r*), *chor(i)miqueiro* 'lloricón'; asturiano oriental
lloramugar 'lloriquear' (Rato), *lloramingar* (Vigón);
fr. *pleurnicher* íd. [h. 1660], alteración del norm.
pleurmicher, norm. *pleurmiche* 'llorón' (Sainéan,
Sources Indig. II, 326-7); son compuestos con
MĪCA 'miga' (cast. *miga*, cat. *mica*, fr. *miche* junto a *mie*), propiamente 'el que llora a migajas': en
castellano y gallego se alteró *lloramiga* en -*ico* por
influjo del sinónimo *lloriqueo*, gall. *choricón*, cat.
*ploricó*². *Lloraduelos*.

¹ No veo razón suficiente para creer que *lloro*
'flor de los cereales', así empleado en Cepedo-
sa, sea descendiente hereditario del lat. FLŌREM
'flor', como supone Sánchez Sevilla (*RFE* XV,
151); como al deshojarse la flor parece que la
planta llore, y teniendo en cuenta la -*o*, creo que
es ac. figurada de nuestro vocablo.— ² La explicación de G. de Diego, *Contrib.*, § 280, por cruce de *llorar* con *GEMICARE 'gemir' es imposible
porque esta palabra sólo existe en catalán (*gemegar*) y aragonés-murciano (*chemecar*, *gemequear*);
además no explica la *i* general del tipo *llorami-
cos*, ni el desacuerdo entre el cat. *gemegar* y
ploramiques.

Llorbaga, V. *laurel*   *Llorga*, V. *lorca*   *Lloría*, V. *flor*

LLOSA, ast., santand., vizc., 'terreno labrantío cercado', del b. lat. (CORTE) CLAUSA '(posesión) cerrada o cercada', participio pasivo de CLAUDERE 'cerrar'. *1.ª doc.*: *plosa*, grafía ultracorrecta (por *llosa*) en doc. de Santillana de 1084; *losa*, doc. de 1163 (Oelschl.).

Otras grafías ultracorregidas son *flausa* en 1034 y *flosa* en 1157 y 1219; vid. Oelschl. y M. P., *Oríg. del Esp.*, 245; comp. Fritz Krüger, *NRFH* IV, 399-400. El vocablo se emplea hoy en Asturias (Colunga *llosa* «heredad cercada», Vigón)[1], Santander y Vizcaya; además en Aragón hay la forma *klósa* 'pieza labrantía o heredad' (en Echo y Torla: *RLiR* XI, 34), de acuerdo con la fonética local; y en leonés occidental el vocablo pasó normalmente a *xosa* en lo antiguo, de donde hoy *josa* 'posesión o heredad poblada de árboles frutales' en Toro (Cabrera, s. v.), 'finca rural destinada al cultivo de árboles frutales' en Zamora (Fz. Duro, *Mem. Hist. de Zamora* IV, 468-76). Según ya indicó Cabrera, se trata de CORTE CLAUSA, que con este sentido cita él en doc. español de 1002, después abreviado en CLAUSA, que aparece en 1039 y 1102.

DERIV. *Llosón* 'porción grande, cercada, de terreno inculto', *llosu* 'llosa', en Colunga (Vigón).

[1] «Nombre genérico de las vegas de maíz que reúnen tales y tales condiciones que no hay por qué precisar ahora» Leopoldo Alas, *Doña Berta* I, 1. Parece que se refiere a la zona de Colunga, o no lejos de ella, pues la cita un poco más adelante, pero dice que es en el Concejo de Carreño, partido judicial de Gijón.

Llosco, V. *lusco*   *Llotrar, llotro*, V. *aquel*

LLOVER, del lat. vg. PLŎVĔRE que sustituyó el clásico PLŬĔRE íd. *1.ª doc.*: J. Manuel; J. Ruiz.

Aunque no dispongo de ejs. más antiguos, no hay duda de que el vocablo existió siempre en castellano; palabra común a todos los romances, que parten todos del lat. vg. PLŎVĔRE; esta forma está documentada en Petronio y existe ya en latín arcaico, aunque su explicación es dudosa[1]. Construcciones de interés son *lloverse* (*una casa, choza, cuarto*, etc.) 'llover allí dentro', ya documentada en Juan de Dueñas, med. S. XV (*BRAE* XIX, 740), la *Celestina* (IV, *Cl. C.* I, 165.1) y *G. de Alfarache* (*Cl. C.* IV, 240.24), y hoy viva en la Arg., Chile y muchas partes; *llover* transitivo figuradamente: «ha *llovido* sueño en todos vuestros criados», *La Ilustre Fregona* (*Cl. C.*, p, 317), *llover alcaparras* en Moreto, *llover piedras* de uso general (Cuervo, *Ap.*, § 741).

DERIV. *Llovedizo. Llovedor*, arg. (*un año muy llovedor*). *Lloviznar* [1492, Woodbr.; Nebr.]: para el sufijo, del mismo tipo que el de *espeluznar* y sustantivos en *-uzno, -izno, -ezno*, vid. *Word* III, 75n., donde rechazo una opinión inaceptable; posible también, aunque menos probable, es que

sea lo mismo que el del it. *piovigginare*, friul. ant. *plovizinar*, que saldrá de -IGO, -IGINIS[2], y de donde acaso venga el cat. *plovinejar*, Ariège *plabinejà*, por metátesis de *plovigenar; *llovizna* [Oudin; *Aut.*; falta en Nebr., Covarr., etc.]; nombres dialectales de la 'llovizna' *RDTP* VIII, 367-8, en Canarias, ibid. V, 192-5; en Asturias dicen *lloviscar* (Vigón), como el cat. *ploviscar, -squejar*, port. *choviscar*; *lloviznero* ant. (1492, Woodbr.); *lloviznoso*, cub. (*Ca.*, 73).

Lluvia [*pluvia*, doc. arag. de 1148; Berceo; *llu-*, J. Manuel, J. Ruiz], del lat. PLŬVĬA íd., de donde sale también el port. *chuva*, gall. *chuvia* [*CEsc.*, R. Lapa 381.3; *Gral. Est. gall.* 41.25, 185.12; Sarm. *CaG.* 209v] forma predominante (Vall., Lugrís), también *choiva*[3]; mientras que los demás romances parten de una forma PLŎ(V)IA del mismo vocalismo que PLŎVĔRE (en vista de *novia*, frente al cat. *núvia*, NŎVIA, no es posible admitir la base PLOVIA para el castellano)[4]; *lluvial; luviano*; *luvioso* [APal. 58*b*, 368*b*][5]. *Chubasco* [Acad. ya 1817, como término de navegantes], es lusismo náutico tomado del port. *chuvasco*, derivado de *chuva* 'lluvia'[6]; *chubasquero*.

Impluvio, tomado del lat. *impluvium* 'lugar destinado a recoger la lluvia'. *Pluvial; pluvioso*.

CPT. *Pluviómetro; pluviométrico*.

[1] La que da M-L., *Einf.*, § 152, suponiendo que PLOVERE fuese la forma heredada del indoeuropeo, cambiada en *-pluere* en virtud de la fonética histórica latina en los compuestos *compluere, impluere* y *perpluere*, y de ahí extendida al primitivo, es poco verosímil, según observan Ernout-M., dada la poquísima frecuencia de dichos compuestos. El cambio de *plou-* en *plū-* es normal en latín, y en hiato la *ū* debía abreviarse; pero el romance no puede haber conservado una forma pre-latina. Quizá *plu(v)ere* se diferenciaría en *plovere* como *ōvum* en *ǫvum*; la dificultad está sólo en que el rumano (que no conoce el cambio de *ŭ* en *ǫ*), también parte de PLOVERE (*ploae*).— [2] En apoyo de este origen de la terminación de *lloviznar*, y como paralelo fonético, podría citar el leon. de Babia y el Bierzo *empizna* 'herpe, efélide' (Gn. Álvarez), que es hermano del cast. *empeine*, port. *empigem*, y por lo tanto sale de IMPEDIG(I)NE.— [3] «Dende o adro dunha eirexa ollamo-lo val afundido na *choiva*» Castelao 155.12; *chovia* en el ms. E de las *Ctgs.* (143.1).— [4] Para la variante leonesa *luvia*, extendida a parte de América, y ya documentada en la *Hist. Troyana* de h. 1270 (81.79), y hoy en judeoespañol (*RFE* XVII, 136), vid. *BDHA* I, 201, 202n., *RFH* VI, 247. El ecuat. *sangre luvia* 'menstruo' tiene ya un antecedente en el *sangre lluvia* de Nebr.— [5] El cast. *piocha*, nombre de una alhaja mujeril [Acad. ya 1869], se habría tomado del it. *pioggia* 'lluvia' (¿por alusión a la lluvia de oro de Júpiter?); sin embargo, no hallo tal ac. en it.— [6] La falta de *i* corrobora plenamente el portu-

guesismo. No puede admitirse un cruce con *cha-parrón*, como el que propone G. de Diego (*RFE* IX, 127n.), lo que explicaría la falta de *i*.

Llubina, V. *róbalo*   *Llubina*, V. *lobo*   *Llue-*

ca, V. *clueca* y *chocallo*   *Llueza*, V. *loza* *Lluezo, llueza*, V. *clueca*   *Llun*, V. *lunanco* *Llurdo*, V. *lerdo*   *Llus*, V. *lucio*   *Lluvia, lluvial, lluviano, lluvioso*, V. *llover*   *Lluvieso*, V. *divieso*

M

Mabil, V. pabilo   Maca, V. macar y hamaca
Macabe, V. macabro

MACABRO, tomado del fr. *macabre* íd., sacado
modernamente de *danse macabre* 'danza de la
Muerte', antes *dance Macabré* o *Macabé*, del nombre propio de persona de la misma forma, que se
empleó en Francia en la Edad Media; aunque
esta etimología está comprobada sin lugar a dudas,
no se ha logrado averiguar por qué se aplicó este
nombre propio a la denominación de aquel género literario. *1.ª doc.:* Acad. 1914.

G. Paris, *Rom.* XXIV, 129-32; Horning, *ZRPh.*
XXI, 233-4; Sainéan, *Sources Ind.* I, 289-91. En
castellano es palabra muy·reciente, que ni siquiera
como galicismo era usual en el segundo tercio del
siglo pasado (falta en Baralt); aun en francés, la
aplicación del vocablo quedó restringida hasta entonces a la *Danse Macabre* o Danza de la Muerte, composición literaria o representación pictórica en que una serie de personajes de todas clases
y posiciones sociales desfilan despidiéndose de la
vida, guiados a una lúgubre danza por la figura
de la Muerte. Una obra literaria de esta clase, be-
llamente escrita, existe en la literatura castellana
h. 1400, y se inspiró en un modelo francés, pero
lleva el nombre *Danza de la Muerte;* en efecto en
el Norte de Francia fué donde nació y alcanzó mayor boga la Danza Macabra, y que sus manifestaciones inglesas, holandesas, alemanas y españolas
se imitaron de allí lo han comprobado una serie
de monografías, encabezadas por la que escribió
Seelmann en 1894. La primera mención francesa de la *dance de Macabré* es del año 1376; otras
veces se halla *dance Macabrée* y por lo común
dance Macabré, donde el nombre propio funciona como genitivo sin preposición, según era normal en el francés de la época. El empleo de esta
palabra como nombre propio de persona no es
raro en la Edad Media francesa, donde ya figura

como nombre de un moro en cantares de gesta
del S. XII y en otras fuentes; un *Laurentius Ma-
chabré* figura como capellán de Reiville en 1419,
acompañando al capellán de la iglesia de los Inno-
cents (E. P. Hammond, *MLN* XXIV, 63), precisamente donde había la representación pictórica más
renombrada de la Danza de la Muerte; sin embargo, no cabe pensar que este personaje diera su
nombre a la pintura, y con ello a las obras literarias que en ella se inspiraran, pues ya en 1407 y
en 1420 se mencionan las pinturas de esta danza
en dicha iglesia (*Hist. Litt. de la Fr.* XXIV, 716;
Littré, s. v.), y es de suponer que fuesen más antiguas si en ellas se inspiraron las señaladas. en
Westfalia en 1383, y la obra literaria francesa aludida, de 1376. Pero si *Macab(r)é* era corriente como nombre de sacerdotes franceses, otro anterior
pudo ser ocasión del de una pintura o poema por
él inspirados. Por otra parte, es posible que la
primera obra de este tipo pusiera en escena a los
siete hermanos Macabeos que, junto con su madre,
sufrieron martirio en 168 antes de Cristo, por la
causa nacional del pueblo hebreo[1]; es lo que sugieren el nombre latino *chorea Macchabeorum* y
el holandés *Makkabeusdans,* documentados en el
S. XV (*Rom.* XXIV, 588), pero estas menciones
tardías pueden deberse a interpretaciones posteriores. En cuanto al cambio de *Macabré* en *Macabre*
se debe seguramente al empleo del vocablo en el
folklore meteorológico francés: en el Morvan,
Vendômois y Meuse se llama *âbre Macabre* (o con
variantes parecidas, entre ellas *abre de Macabé*)
un desfile de nubes que se desprenden de otra
nube o salen de cierto punto del horizonte, en
días claros, y que se compararía popularmente con
la famosa danza; olvidada esta fuente literaria, la
imaginación del pueblo,· movida por la sílaba *-abr-,*
vió en la nube madre un árbol fantástico o comparó las nubecillas con otras tantas ramas, de ahí
el nombre *âbre macabré,* después alterado en *âbre*

macabre por la misma razón[2]; y esta alteración se comunicó en el siglo pasado al nombre de la danza (todavía acentuado *danse Macabré* en el S. XVIII).

La vieja etimología ár. *maqâbir* 'tumbas', 'cementerio' (todavía defendida por Devic, 46-47, Eguílaz y la Acad.), no toma en consideración la larga historia del vocablo francés; hoy sólo podría defenderse suponiendo que el vocablo árabe pasase directamente a Francia y allí se identificara, por etimología popular, con el nombre propio Macabeo, pero tratándose de una voz ajena a España y al Sur de Francia, y originada en la historia literaria del Norte, aun este supuesto es sumamente inverosímil. De dicha voz árabe procede realmente *almacabra* 'cementerio moro', que aparece una vez en Cervantes (*DHist.*), port. *almocávar* o *almocóvar*, Almería *macabe* (Dozy, *Gloss.*, 168); para la voz portuguesa vid. el Elucidario de Viterbo, I, 65; además *Almacave* es nombre de una freguesía en la ciudad de Lamego, D. Lopes, *RLu.* XXIV, 260. J. M. Solá Solé *HispR.* XXXVI, 1968, pp. 315-317, insiste en la vieja etimología arábiga y aun la toma como base máxima de su teoría del origen catalano-aragonés del género literario de la Danza de la Muerte; no aporta ningún dato, ni razonamiento nuevo en cuanto a lo primero, y ni siquiera parece darse cuenta de lo absurdo de buscar el origen de un vocablo en lenguas donde no está documentado sino como galicismo recentísimo; todos sus datos en apoyo de la existencia de *maqâbir* en España figuraban ya en mi artículo, pero nótese que todos ellos son *hapax* y que sólo documentan el uso del vocablo entre moros o moriscos (aun el raro almeriense *macabe*, hoy desconocido, por lo menos en la zona montañosa); aun en la parte histórico-literaria de su trabajo (pp. 303 ss.) no da pruebas sino meros indicios, en gran parte muy equívocos y dudosos. Limitándome al aspecto lingüístico observaré que ninguno de los pretendidos aragonesismos que cree hallar en la Danza de h. 1400 tiene carácter realmente aragonés: son todos vulgarismos en Castilla; en el verso 143 suele admitirse que hay que leer *cuer* (en lugar de *coraçón*), forma castellana a todas luces, y no *cor*. Me abstengo de opinar sobre el resto, puesto que no interesa para la etimología de la p a l a b r a .

[1] Spitzer, *Mélanges Dauzat* 1951, pp. 307-321, apoya la etimología a base del nombre de los Macabeos.— [2] V. la citada nota de Horning. H. Rötzler insistió en el tema, *RF* XXIII, 838 y 847-8, pero su hipótesis de que el nombre de este fenómeno meteorológico procede de Alemania carece de fundamento.

MACACO, tomado del port. *macaco* 'especie de mono', procedente al parecer de una lengua de Angola. *1.ª doc.*: Padre Isla, † 1781 (Pagés); Acad. 1884, no 1843.

Friederici, *Am. Wb.* 356; F. Ortiz, *Glos. de Afronegrismos,* 282-96. El vocablo aparece por primera vez en 1555 en Martín de Azpilcueta, navarro, que fué durante dieciséis años profesor de la Universidad de Coímbra; en autores portugueses se cita también en las *Noticias do Brasil* de Simão de Vasconcellos, en 1668; el naturalista Marcgraf en su Historia Natural del Brasil, h. 1643, describe el macaco extensamente asegurando que es originario de Angola y que «in Congo vocatur *macaco*» (vid. Bluteau, s. v.); según Ortiz *macwkw* significa 'mono' en lenguas del Zambese, *ma-ncanca* en el Luañgua, etc. (V. un resumen de su explicación en Nascentes). Los portugueses debieron aprender el vocablo en la costa de Angola durante sus primeros viajes de princ. S. XVI, y de allí lo difundieron a Portugal, el Norte de África (*makâka* en hablas árabes magrebíes: Simonet, s. v.)[1] y el Brasil, donde hoy es popular y está bien arraigado aun en idiomas indígenas (contra la posibilidad de que proceda de éstos, V. las notas de Friederici y Ortiz). Secundariamente 'desgraciado' en portugués, 'feo, deforme' en Cuba y Chile (Lenz, *Dicc.,* 455), «ruin, afeminado, mujeriego» en Bilbao (Arriaga), etc.

DERIV. *Macaca.* Para el hond. *macaco* 'cierta moneda', V. *MACUCO.*

[1] El parecido con el hispanoárabe *maqaqûn* 'garañón' (R. Martí) será casual.

MACANA, 'arma que empleaban los indios americanos, hecha con madera dura, en forma de espada o bien de cachiporra', voz indígena americana, tomada por los españoles del taíno de Santo Domingo. *1.ª doc.*: 1526, Fernández de Oviedo; la cita ya en su latín P. Mártir de Anglería en 1515.

Estas fechas bastan para probar que los españoles no pudieron aprender el vocablo de los indios mejicanos o peruanos, a pesar de que Lenz, *Dicc.,* 455-8, apoyara esta última opinión con especiosas razones. El P. Las Casas asegura explícitamente que es palabra llevada a Tierra Firme desde Haití; como el uso muy eficaz de las macanas por parte de los indios haitianos impresionó a los españoles (V. el pasaje citado de Oviedo) es natural que éstos acarrearan la palabra por todo el Continente y luego la aplicaran a armas análogas empleadas por los indígenas de todas partes: vid. Friederici, *Am. Wb.,* 357-9 (ya Cuervo, *Ap.,* § 971, y Hz. Ureña, *RFE* XXII, 182, sustentan la misma opinión). Es verdad que el vocablo se explica muy naturalmente en quichua, donde *-na* es sufijo instrumental muy vivo y el verbo *maka(n)i* significa «dar, aporrear, poner las manos en otro», documentado ya en el diccionario de González de Holguín en 1608: el derivado *makana* 'instrumento de aporrear' estaría absolutamente de acuerdo con los hábitos formativos más corrientes en la lengua de los Incas[1]. Pero la documenta-

ción histórica anterior al descubrimiento del Perú
prueba en forma concluyente que la palabra entró
en castellano desde el taíno de Haití; como por
otra parte es difícil creer que la semejanza con la
raíz quichua sea casual, hay que suponer o que
los taínos habían recibido el vocablo de los incas a través de los caribes, o que popularizándo-
se rápidamente en el Perú la denominación *makana*, llevada allá por los españoles, el quichua
sacara de ahí un verbo *makani* según el modelo
de los numerosos casos de semejantes correspondencias[2]. La ac. argentina (extendida de ahí a otras
partes) 'mentira', 'necedad', se explicará probablemente a base de la ac. obscena 'pene', que es también usual en la Arg. (por lo menos en Catamarca), comp. cat. *carallada* en el sentido de 'necedad',
'cosa sin valor', it. *minchione* 'imbécil' (de *min-
chia* 'pene'); sin embargo, D. Alonso prefiere pasar de la idea de 'porra' a la de 'lata, pesadez'
(vid. *LATA*)[3].

Deriv. . *Macanazo. Macanero. Macanudo* 'grueso
como una porra', de donde 'grande', 'excelente'
(así en Cuba, *Ca.*, 229, y en muchas partes). *Ma-
canear* 'hacer tonterías' arg. (falta todavía en
(Acad.).

[1] Verdad es que el sustantivo *makana* no figuraría en González de Holguín según la reedi-
ción de Lobato, que utilizo, publicada en 1901;
el editor agrega *makaña* «sable, espada de chon-
ta» como si fuese de su cosecha. Sí figura en
otros diccionarios quichuas modernos, como el
de Middendorf. El de Holguín será olvido casual, o habrá indicación equivocada en Lobato.—
[2] F. Ortiz, *Afronegrismos*, 298-9, señala *makana*
'garrote, palo, palma' en dialectos bantúes del
África central, y sospecha origen negro, lo cual
es imposible dada la fecha de Anglería. Por el
contrario, serían los negreros u otros viajeros
europeos los que llevarían esta palabra americana
al África. La opinión de Leo Wiener (resumida
en Ortiz, *Ca.*, 137), según la cual sería voz de
procedencia europea, no puede tomarse en serio; claro está que *macana* 'manzana' (o ¿'pomo
de la espada'?), si realmente figura en los citados
documentos silenses del S. XII, debe leerse *maçana*, según la costumbre gráfica de la época, y
nada tiene en común con la voz americana. De
igual manera se explica *maca* por *maza* o *porra*
en la Crónica de G. de Eugui (fin del S. XIV),
citada por Cejador. Más documentación americana puede verse en D. Granada, *BRAE* IX,
363.— [3] La explicación anecdótica que trasmite
A. Herrero Mayor en *La Nación de B. A.*, 22-
VI-1941, es inventada a posteriori, como suelen
serlo las etimologías anecdóticas. Si realmente es
de Sarmiento la frase «¿quiere dejarse de tanta
macana el Sr. Diputado?» que se le atribuye como interrupción a un discurso donde se repetían
incansablemente las palabras *arreando a macana
limpia*, será porque *macana* ya se empleaba en-

tonces en el sentido actual y el célebre parlamen-
tario jugó con el vocablo.

Macandón, V. *magancés*   *Macano*, V. *mocano*
(*moco*)

MACARSE, 'empezar a pudrirse las frutas por
los golpes que han recibido', palabra principalmente dialectal, del mismo origen desconocido que el
cat. y oc. *macar*, it. *ammaccare*, 'magullar, hacer
contusiones', probablemente del hebreo *machah*
'herida, golpe'. *1.ª doc.*: Covarr.

Nos informa éste «dízese de la fruta que cayen-
do en tierra ha recibido golpe, y por aquella parte se va pudriendo; como *membrillo macado*»;
Aut. no cita otro testimonio que el de Covarr. y
explica *macarse* como «empezar a pudrirse las frutas por haber recibido algun golpe que las ha
ablandado y magullado»; agrega *maca* «daño o señal que queda en la fruta del golpe o magulladura que se da cayéndose del árbol... lo que suele
suceder también a los melones que de estar echados de un lado mucho tiempo contraen por él
las *macas*», «cualquiera mancha en alguna cosa»,
«maula, engaño, fraude, y assí se dice que un negocio tiene *maca* quando se ha descubierto en él
algún enredo u falsedad». No conozco más testimonios antiguos. Hoy es palabra principalmente
dialectal: murc. *macarse* 'madurarse con exceso
una fruta' (G. Soriano), ast. *maca* 'la señal que
tienen las frutas de las piedras de nube o de haberse caído al suelo', 'las cicatrices que dejan las
llagas o las heridas' (Rato), León *fruta mancada*
(Puyol, *RH* XV, 6) que seguramente sale de *ma-
cada*. Asegura la Acad. que antiguamente *macar*
significó 'magullar', transitivo, de lo cual no conozco indicio alguno y debe dejarse en cuarentena.

Lo esporádico de la documentación del vocablo
en castellano y su total ausencia en gallegoportugués hacen dudar de que sea realmente voz castiza; aunque no puede asegurarse, cabe sospechar
que se propagara desde el gascón a lo largo del
Cantábrico y desde el catalán hacia Murcia y
otras partes. En catalán sí es voz de uso general,
con el significado amplio de 'magullar', y también
aplicado especialmente a la fruta; conozco ejs. desde el S. XIII («no gaus comprar erba seguada
per vendre... ni gaus descompondre ni mu(l)lar ni
macar la dita erba», Perpiñán, 1284-88, *RLR* IV,
512); no menos antiguo y castizo es en lengua
de Oc (ejs. medievales en Levy, etc.), y lo mismo podemos decir del it. *ammaccare* 'hacer contusiones', 'machacar', documentado ya en el
S. XIII en el siciliano Guido delle Colonne
(Crusca), en Boccaccio, etc.; el primitivo *maccare*
es ajeno al italiano común, pero se extiende por
los dialectos de Piamonte, Lombardía, Véneto y
Emilia; Trentino *macar* 'abollar', dolomítico *matχé*
'manchar', de donde *meggen* o *(der)macken* 'dejar

pequeñas huellas' o 'aplastar' en varios dialectos tiroleses y austríacos, que han de ser romanismos bastante antiguos (Kuen, *ASNSL* CXLVI, 115)[1]; aunque el vocablo está menos arraigado en el Sur de Italia, no puede asegurarse que sea ajeno a esta zona, en vista del napol. *maccarìa* 'matanza' (Filopatridi), abr. *makkę* 'gachas espesas', calabr. y sic. *maccu* «vivanda grossa di fave sgusciate, cotte nell'acqua, ammaccate e ridotte in pasta», que bien parecen ser derivados de este verbo, comp. Como *mach* 'cebada triturada'[2]. Tampoco ha sido ajeno al Norte de Francia, donde *macher* se extiende hoy por varios dialectos del Centro y Oeste de ese país, *maquer* es 'agramar cáñamo o lino' en Picardía, el derivado *maque* «machine à broyer le chanvre» es normando y *maquelotte* se halla en valón y otras hablas norteñas; hoy el derivado *mâchure* 'contusión' (con *â* moderno por influjo de *mâcher* 'masticar') y los compuestos *mâchefer* y *mâchicoulis* pertenecen todavía al francés común; es verdad que el artículo *mascher* de God. (escrito así en Montaigne y otros autores tardíos) produce el efecto de una voz dialectal y esporádica, pero hay además el derivado *maque* 'porra', 'maza', 'garrote', sumamente frecuente (God. V, 158-9), y documentado desde fines del S. XII o principios del XIII (*Loherains, Aiol*) hasta comienzos del XVI; la mayor parte o todos los testimonios son normando-picardos[3]. El bretón *mac'ha* 'apretar, oprimir', 'magullar, lisiar' («fouler») parece ser romanismo, pues falta a las demás lenguas célticas, pero su *c'h*, correspondiente a una -CC- antigua, parece indicar un préstamo muy antiguo (Thurneysen, *Keltorom.*, 66-67), y por lo tanto revela que el vocablo debió tener vigencia bastante general en la Francia merovingia.

El origen del vocablo es muy oscuro. Ya Covarr. llamaba la atención hacia la posibilidad de que venga del hebreo *machah* 'herida, golpe', y lo mismo apuntaba Diez (*Wb.*, 198-9); de hecho hoy se emplea *makká* 'golpe, herida, vicio, defecto, enfermedad' en el judeoespañol de Marruecos (*BRAE* XV, 219) y no cabe dudar de que tiene este origen; mas para que pudiéramos admitir la procedencia hebrea debería señalarse algún canal semántico muy especial por el que se hubiera generalizado este vocablo en romance, lo cual no se me alcanza y me parece muy difícil. Baist, *ZRPh.* XXXIX, 88-91, supone un lat. *MACCA 'porra' que por ser voz de aldeanos habría escapado al uso literario, supuesto inverosímil y sin apoyo en otras antiguas lenguas indoeuropeas; por otra parte la limitación del tipo *maque* a las hablas del extremo Norte de Francia nos confirma en nuestra incredulidad[4]. Vising (*ARom.* II, 24), Brüch (*ZRPh.* XXXIX, 202) y Gamillscheg (*EWFS*; pero no en *R. G.*), admiten un origen germánico, y aun M-L. lo admite como posibilidad (*REW*[3] 5196), pero además de que el mayor arraigo en el Sur que en el Norte de Francia es poco favorable

a este supuesto, tropezamos con la dificultad de indicar una base germánica bien conocida[5]. Otras etimologías propuestas (vid. *REW*) son francamente imposibles. Quizá deba tenerse más en cuenta el grupo formado por el osco (> lat.) MACCUS 'necio, bufón de comedia', etrusco *mace*, gr. Μαχχώ 'nombre de una mujer boba', μαχχοᾶν (Aristóteles) 'ser boto de ingenio' (Walde-H.), de donde el logud. *maccu* 'necio', menorq. *mac* 'duro de mollera' (*AORBB* III, 13)[6], cat. *mac* 'piedra, guijarro' (Mallorca, Principado), y tal vez el cast. germanesco *maco* 'bellaco' (J. Hidalgo, Cervantes, y en varios romances de germanía, vid. Hill)[7]; quizá se trate de una raíz expresiva MAKK-, común al griego popular, al osco, al etrusco y al romance primitivo, con la idea de 'aplastamiento': entonces lo primitivo podría ser el sustantivo *maca* 'cosa aplastada o abollada' y de ahí saldría el verbo *macar*[8].

Casi se impone relacionar con el letón *macu* (infinitivo *makt*) 'apretar, oprimir, tormentar, molestar' y checo *mačkati* 'apretar, comprimir, prensar'. Pokorny, *IEW*, 698, supone a éste formación diminutiva (= MAKIK-), derivada de un *makati* primitivo, y, postulando una raíz indoeur. *MAK-, enlaza con el lat. *macerare* y con *maceria* 'pared, tapia que encierra un huerto, etc.'; como esto último es problemático, así en lo semántico como en lo morfológico (Ernout-M. piensan en una variante de la raíz MAG- del eslavo *mazati*, etc., a la cual puede corresponder, por vía analógica, aun el gr. μάσσω ∾ μαγῆναι, cf. πλήσσω ∾ πλαγῆναι, ῥήσσω ∾ ῥαγῆν α y análogos, de suerte que no es seguro que μάσσω apoye la antigüedad de un MAK-), queda muy poca base para suponer que el romance *MACCARE sea voz itálica o latina «casualmente indocumentada»; convendría asegurar primero que el vocablo proceda del báltico y el eslavo comunes, lo cual quedará incierto por ahora, mientras no se halle en las demás lenguas de las dos familias. De no haber tal incógnita, dadas las grandes afinidades que con el baltoeslavo se registran en el léxico sorotáptico, sería natural la conclusión de que el romance lo tomó de este idioma, con lo cual coincidiría el especial arraigo en catalán, leonés y occitano.

Por lo demás no olvidemos el gr. μάχομαι 'peleo, lucho', μάχαιρα 'sable, cimitarra' (en especial la empleada por los persas, *Ciropedia*, l. IV y passim) contra lo que prefiere Pokorny, *IEW*, 697, no es seguro que suponga ieur. MAGH- más que MAKH-, como han admitido los que de aquí derivan un védico *sú-makha-* aplicado a los Maruts, jinetes semi-dioses que desencadenan las tormentas; cierto que el sentido de 'buen guerrero', que se ha atribuído a este epíteto del Rig Veda (I, 85, 4*a*), es incierto, pero no es menos incierto el enlace que Pokorny acepta con el nombre de las Amazonas, con el epíteto ἀμαζανώδης, que se empleó para nombrar el melocotón (= μηλέα περσική) y aun con un pérsico ἀμαζαχάραν 'guerrear', sólo documentado por Hesiquio; por más verosímil que sea que estas tres voces sean iranias (donde la z suele venir de GH, no de KH), el enlace etimológico con μάχομαι es inseguro, entre otras razones porque se podría tratar de derivados de una palabra como el gr. ἅμαξα 'carro', sea porque en escítico este vocablo hubiese designado el carro de combate, sea porque los escitas (que es lo que parece eran las Amazonas) eran conocidos como habitantes en carros (ἀμαξό-βιοι Tolomeo, ἀμαξεύοντες Filóstrato); ἅμαξα es compuesto de ἅμα- 'juntado', voz común al iranio y al griego, y el indoeur. AKS-'eje': éste se cree perdido sin huellas en las lenguas iranias, mas pudo muy bien haber existido en el escítico, lengua sin documentación antigua, y que entre todas las iranias era la más próxima al griego y al eslavo, que lo mismo que el sánscrito conservaron el nombre del eje (ἄξων, osī, ákṣaḥ); KS da x̌š o š en el Avesta, pero los griegos, que no tenían tales fonemas, pudieron transcribirlos aproximadamente con su ζ (además de que no se conoce bien la forma que tomó este grupo en la lengua de los escitas). Es posible que el véd. su-makhá en lugar de 'buen guerrero' signifique un concepto algo distinto, y vaya con el prototipo del sánscrito makhá- 'alegre, divertido, retozón' y el gr. μάχλος 'lozana, lasciva, impúdica' (Pokorny, IEW, 699), pero como en la mitología índica makhá-es también el nombre de un monstruo (matado por un dios, que por ello lleva el epíteto de makha-hán), y el gr. μάχλος se aplica también al dios de la guerra, con el sentido de 'furibundo', bien puede ser esto último lo antiguo, lo cual confirmaría que el verbo μάχομαι procede de MAKH-y no de MAGH-.

En definitiva, estos enlaces indoeuropeos no quedan menos problemáticos que los ya intentados con lo itálico y lo germánico, y últimamente me inclino a volver a la etimología hebrea de Diez y Covarr., teniendo en cuenta el empleo del vocablo entre los catecúmenos y mártires de la cristiandad heroica, en el mundo catacumbario de Roma, que tenemos documentado en las viejas hagiografías, cuyo asunto nos conservan J. de Voragine y sus traducciones romances (V. las Vides de S. Rosse-lloneses I, 154, s. v. macar, donde tenemos la primera documentación de macar y macament en lengua romance).

DERIV. Maca 'señal en la fruta', 'daño ligero', 'engaño, fraude' [Aut.].

¹ Para otros probables derivados italianos, vid. Maver, Rom. V, 219-20.— ² Maccum 'χοχχολά-χανον' (compuesto de λάχανον 'verdura, hortaliza' y χόχχος 'grano') se halla en los Herme-neumata Montepessulana trasmitidos en ms. del S. IX; algunos editores han supuesto que la palabra maccus 'gachas de habas' se halla en el texto de Lucilio (REW¹ 5198), pero esto es muy dudoso (Graur, Rom. LIV, 505).— ³ Entre 20 ejs.

cuento 14 de esta procedencia, sólo 1 parisiense (Martial d'Auvergne) y 5 que no sé localizar. Es pormenor de importancia, pues así se explica la conservación de la CCA, que de otro modo sería indicio de procedencia germánica tardía o de un extranjerismo.— ⁴ Cita Baist un vasco maka 'abolladura' y makila 'bastón', pero este último es en realidad el lat. BACULUM O BACILLUM, y maka, que es sólo bajo-navarro, es postverbal romance de macar (> vasco makatu).— ⁵ Brüch se limita a postular un germ. *MAKÔN hermano del gr. μάζειν 'amasar', del cual habría salido el germ. MAKJO que se pone a la base del fr. maçon 'albañil'; lo cual, además de harto hipotético, es inaceptable en lo semántico y presenta dificultades fonéticas (-cc- italiana). Vising parte del postulado inaceptable de que los grupos germánicos iniciales SM-, SN-, SL-, pueden perder su s- en romance por vía fonética, lo cual solamente se comprobaría en unas pocas voces locales y modernas, y por lo demás se basa en etimologías arbitrarias; así supone que la base fuese smacken 'golpear', común al b. alem. medio, inglés, holandés y escandinavo; Gamillscheg modifica la idea admitiendo un fráncico *MAKKÔN, que estaría con esta voz germánica en relación de alternancia consonántica (fenómeno que se da a veces en indoeuropeo, pero sólo muy esporádicamente en germano). La extensión geográfica del vocablo romance es decididamente desfavorable a una voz fráncica.— ⁶ Comp. el corso maccu 'blando', 'legaña', que puede relacionarse con estos adjetivos o bien con la ac. meridional de maccu 'gachas'.— ⁷ Sin embargo, es más probable que éste sea reducción jergal de macareno 'guapo, baladrón, valentón' [1626, Céspedes], que vendrá, según indica Aut., del nombre del barrio de la puerta Macarena en Sevilla; éste es antiguo como nombre propio, pues ya lo menciona el anónimo botánico de h. 1100, según Asín, p. XXXIV (< ¿MACARIANA, de MACARIUS?, aunque es extraña la desaparición de la i; por desgracia Asín no cita la forma exacta del manuscrito). No creo haya relación ni con el mozár. makân o makakûn 'garañón', ni con el fr. maquereau (V. MACA-RELO), contra la opinión de Simonet.— ⁸ Las formas gallegas y occidentales en -g- que cita G. de Diego, Contrib., § 374, quizá nada tienen que ver en realidad (V. AMAGAR); si acaso serán variantes de la base onomatopéyica. El cast. ant. *magar 'golpear' citado por GdDD 4011 (y 4013) no existe: salta a la vista que es grafía defectuosa del ms. S de J. Ruiz (520b) por majar (así G). En cuanto a suponer, con dicho filólogo, que macar salga de un lat. vg. *MA(C)ARE, primitivo arcaico del lat. MACULARE, sería inadmisible aun si no fuese seguro que este verbo deriva de MACULA, que contendrá el sufijo -TLA > -CULA. La etimología indoeuropea de MACULA no está bien clara, quizá es pariente más o menos lejano del a. alem. ant. *mâlan* 'pintar', alem. med. y mod. *mal* 'mancha', gót. *mêla* 'señales', gr. μέλας 'negro', en los cuales la -L- ya puede ser elemento sufijal. Sea de ello lo que quiera, en principio el lat. -CUL- viene del sufijo -TLO-, lo cual excluye la hipótesis del *GdDD*.

MACARELO, 'hombre pendenciero y camorrista', probablemente del fr. *maquereau* 'alcahuete', 'rufián', tomado a su vez del neerl. med. *makelaer* 'corredor, intermediario'; en el sentido y forma de la voz española influyó *macareno*, para el cual, V. la nota siete del artículo anterior. *1.ª doc.*: Acad. 1925.

Para la voz francesa, que ya se documenta en el S. XIII, vid Bloch, Gamillscheg y *REW* 5251. Comp. nota a *MÁSCARA*.

MACAREO, 'oleada impetuosa que sube río arriba en ciertas desembocaduras, al crecer la marea', del port. *macareu*, de origen incierto, probablemente africano o asiático, pero no está averiguada la relación con el fr. *mascaret* íd., que no puede asegurarse si es portuguesismo o voz independiente. *1.ª doc.*: 1626, Simón.

Es probable que la palabra castellana aparezca ya en los textos originales de Vicente Yáñez Pinzón (1513) y de Aguado (h. 1565), a pesar de que en las ediciones de sus obras se lee, respectivamente, *macajo* y *mareo*, seguramente errores de copia o de impresión. En portugués Friederici (*Am. Wb.*, 359-60) da ya un ej. de h. 1500 y otro de 1505-21, ambos referentes a las costas occidentales de África, y desde 1535 hay muchos, referentes todos a la India y Sudeste asiático; en castellano es menos frecuente que en portugués y se aplica por lo común al Orinoco o al Amazonas[1], mientras que los portugueses hablando del Brasil suelen emplear el vocablo indígena de aquellas tierras, que es el tupí *pororoca*. Como en Portugal este fenómeno es desconocido, y los portugueses no tuvieron precursores europeos en sus descubrimientos africanos y asiáticos, no es probable que sea ni una palabra antigua en portugués ni tomada de otra lengua europea; por estas razones es ya inverosímil la conjetura expresada vagamente por Gonçalves Viana (*Palestras Filológicas*, 71-77) de que sea derivado portugués de la raíz romance estudiada aquí en el artículo *MACAR* 'golpear, magullar', que además es palabra inexistente en portugués. Es más aceptable la conclusión de Dalgado (*Gloss. Luso-Asiát.* II, 3-5) y Friederici, de un término de origen asiático. El que propone Dalgado, guyaratí *makaró* (procedente del scr. *makara*; en Kalidasa, *Vikr.* IV, 54d, *makaraḥ* es un monstruo marino no precisado) 'monstruo marino', 'cocodrilo', es satisfactorio desde el punto de vista semántico, pues el fenómeno suele compararse popularmente con un animal: en hindustani lo llaman 'carnero', en guyaratí 'caballo', en Guiena

'toro', y en otras partes (según nota Bloch) se emplean metáforas parecidas, como cat. *cavall* 'gran oleada' y prov. *biòu d'aigo* 'torrente impetuoso' (propiamente 'buey de agua'); la conjetura de Dalgado de que los habitantes de la India dijeran a los portugueses que el fenómeno lo causaba un *makaró*, es decir un monstruo o cocodrilo, no es inverosímil, y acaso pueda apoyarse en la forma indirecta en que emplean el término Correia y Castanheda.

A pesar de todo, como ese conjunto queda poco claro, y como la terminación -*eu* tampoco se explica y sobre todo no existen noticias positivas de que *makaró* u otra forma de la misma palabra se emplee en parte alguna de la India como nombre del fenómeno, la etimología índica permanece dudosa. Teniendo en cuenta que los dos testimonios más antiguos se refieren a la costa occidental africana, que los portugueses frecuentaron ya mucho en el S. XV, y que, en cambio, no llegaron a la India hasta 1498, es decir, casi al mismo tiempo en que ya aparece *macareu* aplicado a Guinea, es quizá más verosímil una procedencia africana.

Quizás haya aquí alusión a un mito griego más o menos bien recordado por los viajeros del Renacimiento. En el *Laberinto* de Juan de Mena (103) se lee «Allí era aquel que la casta cuñada / fizo por fuerça non ser más donzella, / comiendo su fijo en pago de aquella / que por dos maneras dél fué desflorada; / e vimos en forma muy más aviltada / ser con *Macareo* la triste Canaçe, / de los quales amos un tal fijo naçe / que la vmana vida dexó ynjuriada». Se trata de Μαχαρεύς y Κανάχη, hijos de Éolo, cuya historia cuenta Ovidio en su Heroida undécima (vuelve a mencionarse en *Metam.* XIV, 562, en el comentario de Servio a la *Eneida* I, 75, y en las comedias de Higino). Macareo causó la muerte de su hermana Canace y del hijo que tuvo de ella; por lo demás a veces se le confunde con otro Macareo, hijo de Medea y muerto por su propia madre, y aunque en el pasaje de Mena el que comió a su propio hijo quizá sea otro personaje, la historia está relatada en forma que por lo menos se presta a confusión con el caso de Macareo. No sería extraño que un navegante portugués renacentista hubiese puesto su nombre a un fenómeno que causaba tantas muertes de viajeros incautos y al que se comparaba popularmente con un monstruo devorador.

Otro problema oscuro lo constituye la relación de esta palabra con el nombre francés *mascaret*, que en Francia se aplica al mismo fenómeno, registrado en las desembocaduras del Sena y de la Gironda. Siendo allí europeo el fenómeno (lo que no ocurre en tierras portuguesas) parece razonable la explicación de Mistral, aceptada por Gamillscheg y Bloch, según la cual se trataría del gasc. *mascaret* '(buey) de color bayo oscuro', palabra bien popular en toda Gascuña, según puedo confirmar personalmente, y ello se apoya en la denominación *rouart*, propiamente 'toro', que se aplica en Guiena a una oleada furiosa; sin embargo, este caso y el citado *biòu d'aigo* son algo diferentes, pues *mascaret* no es apelativo general del animal, sino nombre propio de un buey particular o de un color especial de bueyes, y la aplicación al fenómeno de un término tan específico se hace sospechosa. *Mascaret* 'oleada río arriba' se documenta ya en Bernardo Palissy a med. S. XVI, con referencia al Dordogne, y hay otro testimonio de primeros del S. XVII (God., X, 128), pero a estas fechas ya había tiempo de que los navegantes franceses hubiesen aprendido el vocablo de sus colegas portugueses, que por entonces eran los maestros de todos, y no sería sorprendente que afrancesaran *macareu* en *mascaret* ayudando la etimología popular sugerida por Mistral y por ultracorrección de la tendencia francesa a enmudecer la s en final de sílaba; la variante *macrée* empleada por Romme, profesor de navegación en Rochefort (Charente-Inférieure) h. 1780 (cita de Littré), sería favorable a este punto de vista. El cambio de *mascaret* o *macrée* en *macareu* sería más difícil de justificar, según observa G. Viana. De todos modos, teniendo en cuenta el carácter autóctono del fenómeno en las costas francesas del Atlántico, nada se puede asegurar mientras no se averigüe la etimología africana o asiática.

¹ Para una descripción del fenómeno, vid. Pablo Vila, *Geografía de Colombia*, p. 61. La gente de allí habla de «ríos que corren para arriba», pero en realidad es el mar el que se desliza aguas arriba.

Macareno, V. *macar*   *Macarro*, V. *macarrón*

MACARRÓN, del it. dial. *maccarone* (it. *maccherone*) íd., de origen incierto, quizá derivado de *macco* 'gachas', a su vez derivado probable de (*am*)*maccare* 'machacar' (para el cual V. *MACARSE*). *1.ª doc.*: 1517, Torres Naharro.

Para documentación española, vid. Terlingen, 339-40. En italiano es palabra antigua y de gran arraigo popular, documentada desde Boccaccio¹; los macarrones en Italia se fabrican en las casas, además de la manufactura industrial, y son alimento más difundido que en parte alguna. La etimología es controvertida. Además de otras conjeturas inverosímiles, para las cuales pueden verse los diccionarios de Zambaldi, Tramater y la Crusca, se han propuesto dos, ambas aceptables desde ciertos puntos de vista: 1.º el b. gr. μαχαρία 'cierta comida hecha con salsa y harina de cebada', y 2.º que sea derivado de *macco* 'gachas'. En principio y en igualdad de circunstancias son preferibles las etimologías que no obligan a suponer préstamos de lenguas extranjeras, sobre todo cuando se trata de palabras griegas no documentadas en latín; tampoco hay indicios geográficos que conduzcan a pensar especialmente en el griego, pues *maccherone* es palabra popular en toda la Península, y si región hay donde haya alcanzado su producción mayor auge que en otras es más bien la Lombardía que la Magna Grecia. Sin embargo, éstas no serían razones bastantes para decidirse contra la etimología griega, aceptada por Diez (*Wb.*, 382), Liebrecht (*Jahresbericht f. engl. u. roman. Lit.* XIII, 230), M-L. (*REW* 5250b) y Gamillscheg (*EWFS*); tampoco habría grandes dificultades semánticas ni históricas en aceptar la etimología griega: el vocablo griego aparece ya en Hesiquio (S. III) y al parecer sigue vivo hasta la actualidad (V. cita en Liebrecht); sea cuál se prefiera su explicación semántica en griego (Diez y Liebrecht dan dos divergentes), está claro que es derivado de una voz griega bien conocida, μάχαρ 'bienaventurado'. Pero la evolución fonética exigiría admitir: 1.º que μαχαρία se latinizó en MACARÍA en fecha antigua (de lo cual no hay testimonios), antes de que el romance admitiera palabras en -*ía*, de lo contrario hallaríamos huellas de la *i*; 2.º además de que el vocablo habría de ser de origen dialectal en Toscana, a causa de la -*r*- conservada, habríamos de admitir, para explicar la -*cc*-, que es préstamo griego tardío en el Norte de Italia, y que desde allí se propagó hacia la Toscana y el Sur, supuesto contradictorio con el anterior. No sería imposible imaginar alteraciones anómalas que nos permitieran salir de este dilema, pero de todos modos la etimología tropieza con graves dificultades.

Si partimos de *macco* 'gachas' o de su primitivo *maccare* 'machacar' no hay tropiezos importantes; hoy *macco* es más especialmente 'gachas de haba', pero en otros dialectos es 'gachas espesas' en general (Abruzo) o 'cebada triturada' (Como), y como derivado de *maccare* el significado primitivo hubo de ser 'pasta machacada de cualquier cereal o legumbre', luego bien pudo aplicarse a la de harina con que se hacen los macarrones; desde el punto de vista formal no hay necesidad de postular un intermedio *maccaro*, ante lo cual retrocede Diez, pues son frecuentísimos en italiano los sufijos compuestos, del tipo de -*erello*, -*eruolo*, -*ereccio*, -*ignuolo*, -*agnuolo*, -*atello*, etc. (vid. listas en M-L., *R. G.* II, § 353; *It. Gramm.*, § 556), y hay también ejemplos de -*erone*, como *gamberone* 'pierna gorda', etc.; por lo demás, también puede tratarse de un derivado directo del verbo (*am*)*maccare*, como ya observa Tommaseo, pues lo machacado se extiende y estira como las tiras de pasta de que se hacen los macarrones.

La ac. náutica 'cada uno de los palos que se ponen de pie derecho en la borda del navío para afianzar la falca' [1587, G. de Palacio, f° 122r°; 1696, *Vocab. Marít. de Sevilla*], también cat. *macarró*, existe ya en Italia (p. ej. en Venecia, vid. Boerio) y se explica por comparación de forma.

DERIV. *Macarro* 'especie de bollo o panecillo'

[Acad. 1936], derivado regresivo de *macarrón* en la ac. 'mostachón, especie de bollo', que parece desarrollada en España; en cuanto a *santo macarro* o *s. mocarro* (la primera forma en Quevedo, Fcha.; la segunda en Acad. y usual en Chile, vid. G. Maturana, glos. a los *Cuentos Tradicionales*), no es evidente la relación semántica con el anterior (comp. además gría. *maco* 'bellaco', s. v. *MACARSE*, y cat. *macarró* 'rufián' < fr. *maquereau*, para el cual V. *MACARELO*).

Macarrónico 'escrito en latín caricaturesco, mezclado de romance', y *macarronea* 'composición burlesca escrita en este lenguaje' (el primero ya 1600, en el P. Sigüenza, vid. Terlingen, 89-90), tomados de los it. *maccheronico* y *Maccheronea*, de igual significado; no parecen en realidad ser derivados directos de *maccherone* 'macarrón' («por una comparación burlesca», como dicen Zambaldi, Gamillscheg, Bloch y otros), sino del alto-it. *macaron* 'error garrafal'[2], que a su vez será aplicación figurada del mismo vocablo en la ac. 'hombre bobo' (propia aun del italiano literario, y muy popular en los dialectos del Norte)[3], pues de esta zona de Italia eran oriundos los dos primeros autores de Macarroneas, el paduano Michele degli Odasi (el Tifi) y el célebre mantuano Folengo (Merlín Cocaio), que escribieron poemas de ese nombre en 1490 y a princ. S. XVI[4]; en este sentido el vocablo acaso sea aplicación figurada, por la contextura blanda de la pasta de macarrón comparada con la flojedad del *maccherone*, que algunos definen como hombre débil al mismo tiempo que necio (Boerio, Mattioli), lo cual, por lo demás, debería comprobarse por gente conocedora de los dialectos, ante el peligro de una deformación etimologizante por parte de los lexicógrafos; pero también puede tratarse de un derivado directo de *macco*, que en varios dialectos de Italia significa 'blando' o 'necio' y es palabra de antecedentes latinos, si bien en último término puede estar emparentada con *MACARSE*, *macarrón* y su familia (V. el primero de estos artículos)[5]. Por lo demás, a la aplicación de *macarrónico* al «latín de cocina» ayudaría también la circunstancia de ser los macarrones y todas las pastas artículo principal de la cocina italiana.

¹ El italianismo catalán *macarrons* ya se documenta en el S. XIV (*macarons* en la traducción del *Corbaccio*, BDLC XVII, 73).— ² «Marrone, strafalcione, sbaglio, errore» en Milán (Cherubini), «sgorbio, disegno di qualche principiante» en el Piamonte (Sant'Albino), «strafalcione, sbaglio, scorso di lingua» en Parma (Malaspina), «sbaglio madornale» en Piacenza (Foresti), etc.— ³ Así en Milán, Piamonte, Venecia (Boerio), Mirandola (Meschieri), Romagna (Mattioli) y muchos más.— ⁴ Para las más antiguas manifestaciones de la literatura macarrónica, vid. Toffanin, *Il Cinquecento*, 310, 331. Hay alguna anterior, procedente también del Norte de Italia, pero el

primero en emplear el nombre *Maccaronea* parece haber sido el Tifi, que era de Padua.— ⁵ Indica ya este origen Terlingen, pero partiendo sólo de 'hombre bobo', menos convincente en lo semántico; a su vez cita el libro de Donadoni, del cual no dispongo actualmente.

Maceador, macear, V. maza

MACELO, tomado del lat. *macĕllum* 'mercado de carne', 'matadero'. *1.ª doc.*: princ. S. XIX, Padre J. de Crespo (Pagés); Acad. 1914, no 1884.

Latinismo crudo y raro.

Maceo, V. maza

MACERAR, tomado del lat. *macerare* 'ablandar humedeciendo', 'consumir, torturar, mortificar' *1.ª doc.*: h. 1580, Fr. L. de Granada.

Ahí en sentido ascético; falta todavía en Oudin, en Covarr., en el *Quijote*, etc.; en Solís, a fines del S. XVII, ya aparece en el sentido de 'ablandar la dureza de algo' (por el fuego). En la actualidad sigue siendo principalmente término de ascética y de farmacia.

DERIV. *Maceración* [APal., 10*b*, aunque no es seguro que ya fuese entonces usual en castellano; Fr. L. de Granada]; *maceramiento*.

Macerina, V. mancerina   Macero, maceta,
macetero, macetón, V. maza   Macicez, V. masa
Maciella, V. macilla

MACIENTO (?), adjetivo de existencia incierta, acaso relacionado con el port. *macío* 'liso, suave', que procede del ár. *masīḥ* íd. *1.ª doc.* y única: 1566, Arbolanche.

Llamó la atención González Ollé[1] hacia la aparente relación de este «hapax» con el port. *macío*, palabra muy viva y conocida, desde la Edad Media y en todas las épocas, con el significado de 'liso', 'suave', 'acariciador, halagüeño'. El parecido es notable y especioso, y da a la idea visos de probabilidad la incertidumbre en que estaba el origen de la voz portuguesa, que algunos lexicógrafos, especialmente en Galicia, han querido relacionar con los cultismos *macilento* y *macies*: de ahí que ciertos diccionarios gallegos registren, junto al conocido *macío*, un *mácio* 'macilento'. Hay que desechar esta idea desde luego: si MACĬLĔNTUS hubiese dejado descendencia popular en portugués, habría sido en una forma *maziento*, que no existe, con -*z*- sonora, y con terminación *-iento*, y no -*io*, la única real. El lat. *macies* y su derivado adjetivo no han expresado nunca otra idea que la de delgadez o magrura, jamás la de palidez o debilidad que, con carácter más o menos abusivo, dan muchos al cultismo castellano *macilento*. No tengo bien averiguado si se esconde algo real y popular bajo ese gallego *mácio* «macilento», aunque lo verosímil es que no haya ni mucho ni seguro, y ese poco sea debido a una mezcla secundaria y semiculta de vocablos diversos.

En cuanto a la etimología del portugués *macio*, en realidad está fuera de dudas: como se admite generalmente desde el tiempo de Diez (*Wb*, 465) y Dozy (*Gloss.*, 298), es el ár. *masîh* 'liso, terso', voz ya clásica, común y derivada de la raíz *masah* 'frotar, enjugar', 'untar, almohazar', 'limpiar', 'halagar', bien documentado no sólo en el árabe clásico y oriental sino también en el de España y el Magreb (R. Martí s. v. *tergere*; PAlc. s. v. *alimpiar*, etc.; Dozy, *Suppl.* II, 589-90)². La fantasiosa idea de Carolina Michaëlis³ de derivar *macio* del nombre del famoso *Macias* o *Namorado* no merecía la aceptación que le dió M-L. (*REW*, 5209).

En cuanto al hapax *maciento*, aunque su forma parezca asegurada por la rima con *momento* y por el metro (que impide reemplazarlo por *macilento*), es muy dudoso que tenga que ver con el port. *macio*, porque, según el contexto, debería significar algo como 'inquieto, desasosegado'. Es posible que el autor escribiera ahí otra palabra, alterada por el impresor de esta obra juvenil; y aunque siendo Arbolanche de Tudela, gran foco de arabización, no sería absurda la idea de un arabismo local cruzado con algún adjetivo romance, acaso el propio *macilento* dado el colorido humanístico y culterano del léxico de este poeta. No conviene dar importancia a palabra tan mal atestiguada, y en todo caso está descartada la idea de derivar el supuesto gall. *macio*, y este hapax, del lat. *macies* por no existir descendencia popular romance, en parte alguna, de esta palabra clásica latina ni de sus derivados.

La buena solución, en resumidas cuentas, me parece es que ese tudelano *maciento* sea disimilación de un *meciento* 'el que se menea o agita mucho' deriv. del arcaico *mecer* 'agitar' (véase). Cierto que el sufijo *-iento* es propiamente denominativo, pero con matices muy semejantes al de aquí: *sediento, hambriento, mugriento, sudoriento, friolento, ceniciento, amarillento*, etc. Y no escasean los casos romances de vacilación entre *-entus* y *-ente(m)*: *rubentus* junto a *rubentem*, port. *fedorento* junto a *fedente*. Si agregamos los frecuentes casos navarro-aragoneses de paso de adjetivos de una terminación a la categoría de dos (*pobra*, etc.), casos de formación ambigua como *peciniento* (> *pecimiento* > *pizmiento*) junto a *empecinarse*, y la posibilidad de un influjo del cultismo *macilento*, superaremos los últimos escrúpulos.

¹ En la edición de *Las Abidas*, el importante poema lírico-pastoril del navarro Jerónimo Arbolanche, Madrid 1970-1972, glosario, s. v.— ² En el árabe tardío del Este y Sur de España, y aun en el magrebí moderno, debió desecharse más tarde el uso de *masîh*, reemplazándolo por el de otros adjetivos de la misma derivación, como *mamsûh* (Beaussier, etc.) o *mâsih* (RMa.),

seguramente por escrúpulos piadosos, pues *almasîh* 'el ungido' es el nombre árabe, y semítico general, del Mesías o Cristo (así en RMa. etc.), y eso sonaba a cristiano.— ³ En un trabajo primerizo de la *Miscellanea Caix-Canello*, 141.

Macilento, V. *magro* y *maciento*   *Macillo*, V. *maza*

MACIS, del b. lat. *macis*, que parece ser corrupción del lat. *macir*, gr. μάχερ, 'corteza de un árbol de la India', seguramente de procedencia oriental. *1.ª doc.:* 1525, Rob. de Nola, 62; 1581, Fragoso; *matis* será error de lectura por *macis* en la *Gr. Conq. de Ultr.* (h. 1300), p. 322.

El fr. *macis* se halla desde 1358, y el cat. *macis* ya en 1381-6 («flor de *macis* e de cubebes fines», Eiximenis, 3ç. del *Crestià, N. Cl.* VI, 53), el ingl. *mace* desde 1392-3; en bajo latín se documenta desde 1236, mientras que *macir* ya se halla en Plinio y μάχερ en Dioscórides, pero no estamos seguros de que designe precisamente lo mismo; vid. Skeat, Du C., etc.

Macizar, macizo, V. *masa*   *Maco*, V. *macar* y *macona*   *Macoca, macocana*, V. *macuquino*

MACOLLA, 'conjunto de espigas, vástagos o flores que nacen de un mismo pie', etimología incierta: es dudoso si es de origen arábigo o más bien resultado de una combinación de palabras románicas. *1.ª doc.:* h. 1620 ó 1630, Paravicino († 1633).

Falta en los diccionarios del Siglo de Oro, es ajeno al léxico del *Quijote* y de Góngora; faltan asimismo datos medievales; lo recoge por primera vez *Aut.* dando dos citas del S. XVII. Hoy es palabra bien popular, por lo menos en muchos puntos de España y de América. Pero es ajena a los demás romances, aun a los de la Península Ibérica; sólo en Valencia recoge Escrig *macòlla*, que es ajeno en general a los dialectos catalanes y me guardaré de asegurar que no sea un castellanismo reciente en Valencia. La forma salmantina *mancolla* 'macolla' (también llamada *concera* < ¿CONGERIES?), 'corro pequeño de hierba que sobresale de la que está enderredor' (Lamano), presenta propagación de la nasal. Nadie ha estudiado la etimología¹, y yo tampoco puedo ofrecer conjeturas fundadas. La estructura del vocablo sería favorable a un origen arábigo; bien podría tratarse de un derivado instrumental o locativo de las raíces *qll* o *kll*, con el prefijo normal en estos casos, *ma-*; no faltaría algún apoyo semántico, pues la primera en su décima forma significa 'crecer (una planta)' y en la segunda 'rebuscar (frutos)' (Beaussier), mientras que el participio *mukállal* (de la otra raíz citada) es '(parterre) rodeado de flores'; pero aunque estas dos raíces están bien representadas en árabe vulgar no hallo ningún vocablo que convenga como etimología. ¿Sería una voz peculiar del árabe de España?².

Sin embargo los hechos siguientes parecen indicar otra etimología puramente romance: el cazador de cabras monteses debe procurar acercarse a ellas, a cubierta de alguna peña o tormo «o si, en lugar de esto, hubiese alguna quebrada, vallejo, traspuesta o *macollada* de matas espesas que no se trasluzcan» dice Barahona de Soto, *Diálogos de la Montería*, p. 235; ahora bien, en la p. 211 lo que escribe es «si yendo [el cazador] dando su rodeo largo como tengo dicho, le sucediere pasar por alguna *macogollada* de matas espesas, de suerte que le fuerce a torcer el viaje, advierta de pasar por el lado contrario a la parte do está la res...». Esta variante más plena ha de ser la forma primitiva, de la cual será contracción vulgar *macollada*. Parece ser familia mejor representada en el Sur que en el N. de España, pues Barahona era andaluz, Gómez de Tejada, cit. por *Aut.*, era de Talavera, y Paravicino madrileño, y cf. los datos salm., val., hond. y arg.; Oliván creo era del Bajo Aragón. *Macogollada* podría ser cruce de *mata* o *matorral* con *cogollo*, *-olla*, o con un *cogollada* 'conjunto de brotes', que no sé si está documentado, pero poco importa hacerlo en un derivado de tipo tan adocenado. *Cogolla* es la 'cumbre del pino' en los mismos diálogos 361, 362 y *encogollar(se)* es 'subirse una ardilla a la cogolla del pino' (cf. el común *cogollo* 'brote de planta').

DERIV. *Macollo* hond. 'macolla' (Malaret). *Amacollar* [S. XIX, en el aragonés Oliván, *DHist.*] o *macollar* 'echar espiga (el maíz, la cebada, etc.)' (así en la Arg.: Alberto Córdoba, *La Prensa de B. A.*, 30-XI-1941; diario *Los Andes*, 9-VII-1940, p. 5), en Salamanca (a)*mancollar*; salm. *mancollera* 'macolla'.

¹ Inaceptable la idea de Lamano MANU COLLIGERE. No se explicaría la falta de *n* en castellano, ni la falta de diptongo en leonés.— ² Los nombres locativos pueden ser femeninos en *-a* y entonces pueden tener vocal *u* (Wright, *Ar. Gramm.* I, 128-9), de suerte que una palabra como **maqúlla* sería teóricamente posible en árabe. Sin embargo, el nombre locativo correspondiente a la 10.ª forma sería **mustaqáll*. Si la 1.ª forma de esta raíz hubiese tenido el mismo sentido que la 10.ª forma, lo cual no es raro que ocurra, tendríamos derecho a postular el nombre locativo **maqúlla* 'lugar donde crece una planta', y de ahí la ac. salmantina 'corro de hierba crecida', que fácilmente podía dar luego la ac. general. Pero tal ac. no es conocida en la 1.ª forma, y aun en la 10.ª sólo está documentada en el Qamús y en Freytag, pero no en Dozy, Fagnan, Beaussier, etc.

Macón, V. *hámago*

MACONA, 'banasta grande', voz cántabro-asturiana, probablemente derivada de *HAMACA* 'ca-

ma de lona', de donde 'parihuela' y 'canasta'. *1.ª doc.*: Acad. ya 1817.

La Acad. no localiza hoy el vocablo, aunque en 1817 decía que era propio de «las Montañas de Burgos»; desde luego no es de uso general. Es popular en Asturias: «*macón* m.: gran canasto de 4 ó 6 fanegas de grano, que sirve para depositar éstos y recoger las espigas en el campo, y se construye con un tejido de ripias de castaño o de avellano» (Rato; también s. v. *apelucar*), «*macón* m.: canasta capaz para cuatro o seis hectólitros de grano», «*macona*: suele aplicarse a la canasta ordinaria» (Vigón). Empleó *macona* el asturiano Palacio Valdés, según cita de Pagés. También cita *macón* Canellada para Cabranes. En Santander *macu*, *maconuco* 'baúl pequeño', *macona* 'cesto grande y sin asas', según G. Lomas, que cita *maco* y *maconuca* en obra de Alcalde del Río. Ahora bien, en la jerga portuguesa *maco* es 'saco' y en el portugués del Norte del Brasil *maca* es 'saco de cuero, atado a la grupa, en que se lleva ropa de viaje' (Teschauer, *Fig.*), mientras que en el portugués común significa 'parihuela con cuatro brazos para trasportar muebles o equipaje' y también 'cama de lona donde duermen los marineros' y 'especie de esquife para trasportar enfermos'. Está claro que en estas últimas acs. debe ser la misma palabra que *HAMACA*, tomada del castellano; de 'cama de lona' se pasaría a 'parihuela' y de ahí a 'baúl' o 'cesta grande'. Comp. *MACUTO*.

DERIV. *Maconáu* ast. 'el macón colmado de grano' (Vigón)¹.

¹ *Maconera* 'recuadro, compartimiento en forma de cuadro o cuadrilongo en un muro', registrado por la Acad. en 1817 y 1843, será palabra independiente.

MACRO-, primer elemento de compuestos cultos, tomado del gr. μαχρός 'largo', 'grande'. *Macrobiótica*, compuesto con βίος 'vida'. *Macrocéfalo*, *-lía*, V. *CEFÁLICO*. *Macrocosmo*, con χόσμος 'mundo'. *Macruro*, con οὐρά 'cola'.

MACUBA, 'cierta calidad de tabaco aromático', 'insecto de olor almizcleño empleado para comunicar al rapé un aroma parecido al de dicho tabaco', del fr. *macouba* íd., y éste del nombre de la población así llamada en el Norte de la Martinica. *1.ª doc.*: Acad. 1884.

Macuca, *macuco*, *macucón*, *macuenco*, *macuico*, V. *macuquino* *Macuenco*, V. *enclenque* *Mácula*, *macular*, *maculatura*, *maculoso*, V. *mancha* *Macuo*, *macuquero*, V. *macuquino*.

MACUQUINO, aplicado a la moneda cortada, de oro o plata, que corrió hasta mediados del S. XIX, de origen incierto. *1.ª doc.*: 1789, Alcedo, *Dicc. Geográfico e Histórico de las Indias.*

Transcribo de la traducción de Thompson, única de que dispongo: «*macúquina* [acentuación errónea], silver: the small reals and half reals of silver and reals de vellon, not stamped round the edges, which are current in commerce, with a trifling loss on account of the facility of coining them». Admitido ya por la Acad. en 1843 (no 1817), con referencia a la moneda que no tiene cordoncillo. J. T. Medina, *Las Monedas Chilenas*, dice que su circulación se prohibió en Chile y América española en el S. XVIII y princ. S. XIX. Según Malaret corrió en Arg., Bolivia, Méjico, Perú, Puerto Rico, Venezuela y Guatemala. El hecho de figurar el vocablo en diccionarios españoles no es prueba de que se empleara en España, aunque tampoco niego la posibilidad de que así ocurriera. El argentino Sarmiento emplea *macuquina* en 1842 (en *El Progreso*, 14 y 15 de noviembre) en el sentido de 'calderilla, moneda de poco valor', aplicado figuradamente al besuqueo frívolo. En canciones populares mendocinas sigue empleándose *macuquino* como sinónimo de 'dinero' en general (*tener m.*: Draghi, *Canc. Cuyano*, p. 165). Cuervo, *Ap.* § 909, explica el colomb. *macucón* (y por haplología *macón*) 'grandón, grandísimo', por alusión a la moneda macuquina, «que·a fuerza de desgaste y recortes parecía más abultada que la ordinaria» (quizá mejor porque esta clase de moneda se hacía algo mayor que la normal en previsión de los recortes que iba a sufrir). El caso es que *macuquino* se emplea en el sentido de 'muy grande', aplicado a cualquier cosa, en Mendoza (Arg.)[1]; pero en este sentido es más común *macuco*, que parece ser derivado regresivo («una arboleda *macuca* que no dejaba pasar ni un rayito de la noche estrellada», Guiraldes, *D. S. Sombra*, p. 129): así se dice en la Arg., Bolivia, Chile, Perú y Colombia (Malaret), y en el sentido de 'notable' en Venezuela; en el Ecuador, en cambio, ha predominado el sentido conforme a otra de las características de esta moneda: «de las personas o cosas viejas, inútiles e inservibles, por su deterioro y vejez» (Lemos, *Semántica*, s. v.). Hay, sin embargo, otras acs. y otras formas no tan fáciles de explicar: 'cuco, taimado' (Chile, Perú, Uruguay; ¿por influjo de *cuco?*), cub. *macuico* 'raquítico, débil'[2], colomb. *macuenco* 'grande, desmesurado', Puerto Rico *macuquero* 'macuco, zorrocloco'. Acaso sea *macuquino* derivado del murc. *macoca* 'cierta especie de brebas g r a n d e s' (*Aut.*), de origen a su vez incierto[3].

DERIV. *Macuquero* 'el que sin conocimiento de la autoridad se dedica a explotar metales de minas abandonadas' (quizá porque los destina a hacer moneda macuquina). *Macaco* hond. 'moneda macuquina de un peso'.

[1] Chaca, *Hist. de Tupungato*, p. 70.— [2] En la Arg. se emplea también *mácuo, -a*, para 'grande': «unas *macuas* nazarenas» 'grandes espuelas' (Draghi, *Canc. Cuyano*, 194), «una mescolanza *macua*» (Villador, *Mundo Argentino*, 12-IV-1939), «una

chuza *macua*» (íd. íd. 1-III-1939). La acentuación en la *a* está asegurada por el verso en el primer caso.— [3] Según G. Soriano es 'breva m a c a d a, muy madura y seca', también 'breva seca' en Albacete (Zamora V., *RFE* XXVII, 250). Estos autores piensan en un derivado de *MACAR*, lo cual no puede asegurarse. Además murc. *macocana* 'variedad de aceituna que madura temprano', 'hoja de morera lozana y g r a n d e'. Con ello se relaciona *macuca* 'cierta planta umbelífera' que nace en el Sur de España, 'arbusto silvestre parecido al peral' [Acad. ya 1843]. Como nombre de pez, *macoca* (= alem. *bärteldorsch*) es préstamo francés (Schuchardt, *ZRPh.* XXXII, 475-7, *REW* 1194), que nada tendrá que ver con esto.

Macuteno, macutero, V. *macuto*

MACUTO, cub., domin., venez., 'saco largo y estrecho que llevan al hombro los jornaleros, soldados, etc.', origen incierto, quizá negro africano. *1.ª doc.:* 1836, Pichardo.

Define éste «especie de saco largo y angosto tejido de guano»; según F. Ortiz, «saco largo y estrecho y, por extensión, envoltorio de la hamaca y ropa que lleva al hombro el jornalero», «medida de sal... de cuatro arrobas de capacidad» (*Ca.*, 140, 169); para Zayas «jaba o cesto formado de hojas de palmera entretejidas; es largo y estrecho, cerrado uno de sus extremos y con tapa por el otro, o con cuerdas que al apretarse unen sus bordes»; además de estos autores cubanos lo recoge la Acad. ya en 1914 como cesto cilíndrico de caña empleado por los pobres en Venezuela para recoger limosnas; V. además Malaret. Seguramente a raíz de las guerras de Cuba el vocablo pasó a España, donde se aplica en el ejército a una bolsa de paño en forma de cuadrilongo que llevan colgada del hombro los soldados para sus objetos de uso; en Andalucía, según A. Venceslada, es el 'petate que puede llevar una persona'. También se emplea *macutu* en el papiamento de Curazao, *macoute* en el criollo francés de Haití, *matutu* en el anglo-negro de Surinam (Schuchardt, *Litbl.* VII, 73). Seguramente tiene razón este autor al escribir que es más bien de origen africano que americano aborigen: éste es el sentido en que nos orienta el prefijo *ma-*; y en efecto F. Ortiz, *Glos. de Afronegrismos*, 302-6, cita *ma-kutu* 'escroto' en ciertos lenguajes del Congo[1]; es razonable suponer que el sentido fundamental fué 'bolsa'. No creo, en cambio, que haya relación con *MACONA*, ni menos con el lat. MACULA 'malla' (absolutamente imposible según la fonética histórica), como sugirió antes Ortiz en su *Catauro*. Tampoco hay razones positivas para pensar en la lengua caribe, según hace la Acad., ni en el arauaco, a lo que se inclina Hz. Ureña, *Indig.*, 112. En cambio comp. port. *macuta* 'moneda empleada e n A n g o l a'.

Deriv. Puede tener razón Ortiz al admitir que de ahí venga el mej. *macutero* 'ladrón, ratero' (porque llevaba macuto; o ¿porque hurgaba en los macutos?)².

¹ Está claro que hace falta absoluta el informe de un lingüista entendido en bantulogía; por la forma como Ortiz lo escribe cabe sospechar que se trate de un cpto. donde uno de los componentes signifique 'testículo' y sólo el resto tenga el sentido de 'bolsa, envoltorio, etc.'. La idea queda, pues, fuertemente incierta. Y como los datos geográficos y filológicos no son tampoco inequívocos, conviene no olvidar que en vasco hay una palabra muy parecida *zakuto* 'saquito, alforja', común al vizc., guip. y a. nav., y con el sentido de 'bolsa' es roncalés (de ahí probablemente *zakutuko* lab. 'provisiones frías que se llevan los cazadores y pescadores'). Es diminutivo normal de *zaku* 'saco'. Es concebible que en la jerga soldadesca se alterara esto en *macuto* por cruce con el sinónimo *mochila*. Quedamos en duda entre las dos posibilidades igualmente hipotéticas.— ² No sé cuál es la fuente de Ortiz. La Acad. registra el vocablo ya en 1884, pero imprimiendo *macuteno* (¿errata?); lo único que da Ramos Duarte es *macuté* 'ladrón, estafador', como propio de Coyoacán, suburbio de la capital mejicana (¿abreviación jergal?). D. Rubio (en Malaret) niega la existencia de *macuteno*.

Macha, V. *macho* I   *Machaca, machacadera, machacado, machacador, machacante, machacar, machacón*, V. *macho* II   *Machada, machango*, V. *macho* I y II   *Machado, machaqueo, machaquería, machar*, V. *macho* II   *Machana*, V. *manzana   Machar, machazo*, V. *macho* I   *Machear*, V. *macho* I

MACHETE, probablemente derivado de *MACHO* 'mazo grande'; el sentido primitivo parece haber sido el de 'hacha' que conserva *macheta* en las provincias leonesas. *1.ª doc.*: doc. de 1550 (Leguina); 1607, Oudin: «un couteau large ou une courte épée, un coutelas».

Covarr.: «el terciado que no es tan largo como la espada ni tan corto como el puñal o daga»; Minsheu: «a great knife that the pesants and olde men use in Spaine to weare at their girdles, like a butchers knife, or a cookes knife». Que el vocablo ya existía desde princ. S. XVI por lo menos, se deduce de la personificación *Juan Machiz* que aplicada al machete aparece en varios romances de germanía correspondientes a este siglo, entre ellos uno debido probablemente a Rodrigo de Reinosa, de principios de esta centuria, otro publicado en 1555, etc. (Hill, *Voces*, p. 111); el propio Juan Hidalgo que publicó estos romances da la equivalencia en su glosario de 1609 y además define el otro término germanesco *descuernapadastros* como «machete, terciado». Empleó ya *mache-*

te Quevedo (*Aut.*). Es también portugués «sabre de artilheiro, com dois gumes», «faca de mato», y lo registra ya Bluteau en 1715. Creo acierta la Acad. al derivar *machete* de *MACHO* II (para el cual V. su artículo); claro que es imposible la etimología de Covarr. greco-lat. *machaera* 'sable', 'especie de machete'. La ac. primitiva sería la que conserva *macheta* en León, Salamanca y Zamora: 'destraleja' (Lamano), 'hacha pequeña usada en las cocinas para picar la carne' (Fz. Duro, *Mem. Hist. de Zam.* IV, 468ss.); comp. otros derivados de *macho* en Salamanca: *machán* 'segurón', *machao* 'destral'. De 'hacha', quizá 'hacha de armas', se pasaba fácilmente a 'terciado, machete'. Nótese que el machete empleado para abrir paso en el monte o en la manigua tiene un oficio muy parecido al del hacha; ahora bien, esta ac. es muy antigua, pues ya se documenta en Aguado en 1565 («llevavan a cargo *machetes* y açadones para abrir el camino», Friederici, *Am. Wb.*, 362) y en Juan de Castellanos a fines del siglo («pues quedarán espejos y bonetes, / cuentas, cuchillos, hachas y *machetes*»). Transcribo el ej. más antiguo de *machete*, arriba citado: «*Machete* vizcayno¹ con brocal y contera y otras guarniciones de plata, con dos cuchillos, y la vayna de terciopelo verde». Del cast. está tomado el vasco b. nav. *martxite* 'podadera del viñador', con *r* debida a la contaminación de *martxo* 'marzo' o de *martilu* 'martillo' o de *markatu* «marteler, marquer les arbres» (sería impertinente citar esta forma local y moderna en apoyo de la falsa etimología MARCULUS de *MACHO* II). Michelena, *BSVAP* XII, 367, confirma el carácter secundario de *martxite*: la forma antigua en el propio dialecto bajo-navarro fué *matxite*, registrada por S. Pouvreau con la traducción «grande serpe», y es forma que se extendió por lo menos a parte del alto-navarro y del guipuzcoano.

Deriv. *Macheta*, V. arriba. *Machetazo*. *Machetear* o *amachetear*, ant. *machetar* [1565, Aguado, *l. c.*]; nótese la ac. marina 'clavar estacas' que vendrá del significado primitivo 'mazo'. *Machetero* [1565, Aguado, *l. c.*]. *Machinete* murc. 'machete'.

¹ También Góngora califica al machete de vizcaíno, vid. el vocabulario de Alemany.

Machicar, V. *macho* II

MACHICHA, f., del port. *maxixe*, nombre de la misma danza en el Brasil, propiamente nombre de una cucurbitácea indígena del país. *1.ª doc.*: diarios de h. 1905.

Quizá por conducto de Francia, adonde se introdujo la danza brasileña con el nombre de *matchiche* en 1904, lo propio que en Londres y Nueva York. Vid. los diccionarios franceses de Larousse y O. Bloch; el portugués de Figueiredo; Barnhart, *World Book Encyclopedia*.

Machiega, machihembrar, V. *macho* I

MACHÍN, 'Cupido', origen incierto; quizá del vasco *Matxin*, forma hipocorística del nombre de persona *Martín*, aplicado a los mozos de herrerías, por alusión al nacimiento de Cupido en la herrería de Vulcano. *1.ª doc.*: 1605, *el dios Machín, Pícara Justina* I, 183 (ed. Puyol).

En la misma forma lo emplean Ruiz de Alarcón, Agustín de Salazar († 1675), y ya antes sale *Machín* en este sentido en Villaviciosa (1615), Quiñones de B. y muchos más (Cuervo, *Ap.*, § 922n.). Victor en 1609 registra «*el dios Machín:* le dieu des amoureux, le dieu des masles» y lo copian Oudin (1616, no 1607) y Franciosini (1620). No es aceptable la idea de Victor de derivar de *macho* 'masculino', puesto que el amor no es menos propio de las hembras, y no correspondería al valor diminutivo de *-in* su función en este derivado; se trata de una seudo-etimología, en que se basa también el autor de la *Pícara Justina* al deformar el vocablo en *Dios Machorro* en II, 51. Explica *Aut.* «voz vasqüence que vale lo mismo que Martín: y se aplica en Vizcaya a todo hombre rústico y mozo del trabajo, y con especialidad a los mozos de las herrerías: por cuya alusión los Poetas Castellanos suelen llamar a Cupido el Dios Machín, por haber nacido en la herrería de Vulcano». La forma yuxtapuesta de la construcción «el dios *Machín*» es favorable a la idea. Que *Matxin* es forma familiar del nombre de Martín en vasco, es seguro (Azkue); y ya ocurría así en tiempo de Gonzalo Correas (1627), quien nos informa de que «*Machín* es Martinillo en Vizcaya» (*Vocab.*, 1.ª ed., p. 422, comp. pp. 392 y 693). También es natural que *Matxin* se aplique en vasco como nombre popular por excelencia a la gente humilde[1]; y es comprensible, dado el carácter vasco de la industria metalúrgica, que el término se extendiera por España como nombre de los mozos de herrería; sería bueno hallar comprobaciones independientes: a falta de ellas observemos que *matxin-sukalde* o *matxin-suzale* (donde entra *su* 'fuego') es en vasco 'torreznero, persona que casi de continuo está junto al fuego', 'casero, el hombre que sale poco de casa'. A fijar *matxin* en el sentido de 'mozo de herrería' contribuiría su semejanza con *macho* 'mazo de herrero'. Aunque Cuervo encuentra poco verosímil la etimología de *Aut.*, no puedo participar de su opinión: desde el momento en que se trata de un dios, y de una expresión mitológica, claro está que la expresión ha de ser de origen literario, y no es inverosímil que el literato inventor de la denominación pensara en el nacimiento de Cupido en la herrería de Vulcano, marido de su madre.

Spitzer, *MLN* LXXII, 579, reproduciendo muy mal mi explicación la rechaza con argumentos nada convincentes. La suya (< fr. *dieu-machin* 'éste, coso') es archihipotética y nada verosímil, además del anacronismo que sin duda entraña suponer la existencia del fr. *machin* en el S. XVI.

DERIV. *Amachinarse* 'amancebarse' arg., ecuat., colomb., centroamer., mej. (Segovia; Lemos, *Barbarismos*; Cuervo).

[1] Véanse los numerosos compuestos de *matxin* para denominar varios animales y vegetales en Azkue.

Machina, V. *máquina*   *Machinete*, V. *machete*

MACHO I, adj., 'del sexo masculino', del lat. MASCŬLUS íd., propiamente diminutivo de MAS, MARIS, de igual significado. *1.ª doc.*: *maslo*, Berceo, *Sacrif.*, 146d; *macho*, 1251, *Calila*, ed. Allen, 14.300, 153.311.

La variante *maslo* aparece también una vez (junto a 5 ejs. del dialectal *masclo*) en el ms. bíblico I-j-8, del S. XIII (Oroz, 319), y en *Calila* (126.146). Es palabra de uso general en todas las épocas y común a todos los romances; es erróneo creer con M-L. (*REW* 5392) que *macho* sea portuguesismo, pues el cambio de CL, PL o FL en *ch* es regular tras consonante. *Maslo* es también la forma que hallamos en Juan Manuel (*carnero o maslo: Caza*, 47.28)[1]. Arag. *masto* (con despalatalización *mascho* > *masţo* > *masto*); en la ac. 'patrón de injerto' es la misma palabra. Está claro que el arag. *masto* 'macho' no deriva de la rara forma proclítica *mastro* por *maestro*, como dice *GdDD* 4033. Sustantivado se aplicó *macho* especialmente a ciertos animales, en particular el macho cabrío[2]; también al cerdo, en el Oriente de Cuba (*Ca.*, 236; para otros sentidos especiales del vocablo en esta isla, ibid., 220). Para *macho* 'mulo', V. *MACHO* III.

DERIV. *Machada* 'hato de machos de cabrío'. *Machango* 'virago, marimacho' cub.[3]; en la Arg. *macha* o *machona* (*Ca.*, 41), en Andalucía y Méjico *machota*. *Machar* 'comportarse (una niña) como un varón' cub. (*Ca.*, 182). *Machazo* adj., colomb., arg. (Cuervo, *Ap.*[7], p. 127n.; Villador, *Mundo Argentino*, 29-III-1939). *Machear. Machiega. Machio* [«palma fembra muchas vezes sume te sus ramos a la palma que llaman *machia*», APal. 336b]. *Machón* [*Aut.*]. *Machorro* 'estéril, infructífero' [«*machorra*: sterilia, mascula», Nebr.; *machorra* 'oveja estéril', h. 1500, Lucas Fernández, 30], también 'marimacho'[4]; aquella ac. se explica por analogía de los nombres de plantas, en que suele llamarse *macho* al ejemplar que no lleva fruto, especialmente si su nombre es del género femenino (*palma macho* o *machía; oliveira macha* en port. ant., vid. Cortesão), después también a los de nombre masculino (*encienso macho, Pícara Justina*, glos. de Puyol, pero la explicación semántica es otra en este caso: por ser esta calidad de incienso la mejor, vid. Covarr.). *Machuno.* Cultismos. *Masculino* [APal. 266d, 267b; 1604, Jiménez Patón], de *masculinus* íd.; *masculinidad* [*Aut.*]. *Emasculación;* también se ha empleado emascular (no en Acad.), del lat. *emasculare* 'castrar'.

CPT. *Machihembrar* [*amachambrar* y *machimbrado* en Terr.; *machihe-*, ya Acad. 1817]. *A macho talón* 'a pie' arg.[5]

[1] De ahí se sustantivó *maslo* en el sentido de 'pene', de donde luego el de 'tronco de la cola de un animal' [Acad. ya 1843], 'raíz de la uña' [López de Ayala, *Aves de Caça*, Bibl. Esp. V, 102], 'astil o tallo de una planta' [Acad. ya 1843]; de ahí sale (como indicó Cuervo, *Ap.*, § 791) el rioplat. *marlo* 'espiga de la mazorca del maíz, sin los granos' (Carrizo, *Canc. de Jujuy*, 2144; Rogelio Díaz, *Toponimia de S. Juan*, s. v. *coronta*, etc.), en Chile *malro*; *marlillo* 'raspajo, escobajo' en Chiclana (Cádiz, *RFE* XXIV, 227). Claro está que no viene de MARGILA 'marga', como supuso Spitzer, *RFE* XIV, 248.— [2] Así ya en el Glos. del Escorial (h. 1400). Advierte *Aut.* «en las carnicerías se entiende por el macho de cabrío: y assí se dice a tanto vale el *macho*». Lo común ha sido precisar *macho (de) cabrío.*— [3] En cuanto a la ac. 'mono', que también fué usual en Cuba y en Canarias (*BRAE* VII, 338; de ahí 'chusco, payaso', 'niño que quiere pasar por adulto', Pérez Vidal), es palabra independiente, debida a un cruce de *MACACO* con *chango*, que en Venezuela, Cuba, Puerto Rico y Méjico significa 'mono', pero en el Uruguay e Interior argentino vale 'muchacho', en Chile 'hombre torpe y pesado' y es nombre de una tribu indígena (comp. Lenz, *Dicc.*, 252). Sin entrar en la cuestión del origen último de *chango*, creo que es palabra independiente, y no «aféresis de *machango*», como se ha dicho, pues no se producen normalmente aféresis de sílabas con inicial consonántica. Con el amer. *chango* comp. el vasco *txangu, -ko*, 'cojo', nav. *andar a chango* o *al chánguile* 'a la pata coja' (Iribarren), que por una parte parecen formas vasquizadas de *ZANCA*, y por otra parte enlazan con la ac. chilena 'hombre torpe y pesado': de donde se pudo pasar a 'mono' y también a 'muchacho (inexperto)'; luego se tratará de un provincialismo que desde la zona de Castilla limítrofe con el vasco emigraría a América (es arbitrario partir, con GdDD 2082a, de una «onomatopeya *chang*»).— [4] A la famosa Serrana de la Vera le aplica Vélez de Guevara en su comedia los calificativos «Locifer, / saltavardales, *machorra*, / el coco de las consejas» (v. 2698). Análogamente en la *Pícara Justina* (Fcha.).— [5] «La tierra hay que recorrerla así: de a caballo o a pie enjuto —*a macho talón*, decimos nosotros— si queremos... identificarnos con ella», en el mendocino A. R. Bufano, *La Prensa de B. A.*, 23-XI-1941. ¿No será alteración de *a macha-talón* (como *a machamartillo*)?

MACHO II, 'mazo grande para forjar el hierro', 'especie de yunque', origen incierto, probablemente variante mozárabe de *mazo* (V. *MAZA*). 1.ª *doc.*: APal. «*martellus* es mediano martillo, como al mayor llaman *macho*»[1].

Posteriormente el vocablo se halla en Covarr., con una explicación seudo-etimológica («los herreros llaman *macho* el banco sobre que está fijada la yunque pequeña, dicho assí porque para adereçar las limas se ponen sobre él como a cavallo»), en *Aut.* («el mazo grande que tienen en las herrerías para forjar el hierro»), etc. Desde Diez (*Wb.*, 465) se viene asegurando que en esta ac. *macho* viene del lat. MARCŬLUS 'martillo', y se citan como prueba las reducciones de *alcarchofa* a *ALCACHOFA* y de SARCULARE a *sachar*[2]. Sin embargo, por lo menos en el primer caso, las formas con *r* conservada son bien conocidas, mientras que nadie ha señalado un **marcho*; y por otra parte no es de buen método recurrir a explicaciones fonéticas de tipo excepcional para palabras que pueden tener una etimología más clara. Tanto más cuanto que MARCULUS era 'martillo' y no 'mazo' y que de los dos tipos que se disputaban el uso latino, MARCULUS por una parte y MARTULUS-MARTELLUS por la otra, el segundo, que es general en romance, parece ser el único que corría en latín vulgar[3]. Ahora que sabemos la importancia de los préstamos que el dialecto mozárabe hizo al castellano, lo más sencillo es considerar que *macho* es un mero duplicado dialectal de su sinónimo *mazo* (comp. *BORRACHO, CAPACHO* y tantos que he señalado en este libro)[4]. Importante parece el detalle de que *remachar* (V. abajo) reemplazó el antiguo *remazar*, empleado por Berceo, y confirmación elocuente la da *machucar*, cuyo origen mozárabe documento abajo, y lo comprueba la conservación de la sorda intervocálica de **MATTEUCA*. También se podría pensar en *macho* MASCULUS por el tamaño grande del *macho* 'mazo'[5]; pero dudo de que se pueda mirar como casual la semejanza de *macho* con *mazo*.

DERIV. *Machar* 'machacar' [APal. «a manera de centellas saltan del fierro quando le *machan* con los martiellos», 473d; la locución *a macha martillo* ya se halla en el *Corbacho*, a. 1438, Cej., *Voc.*]; en Malpartida de Plasencia y Serradilla emplean *machagranç(i)a* en el sentido de 'majagranzas', 'persona ignorante y terca' (Espinosa, *Arc. Dial.*, 34); *machado* 'hacha para cortar madera' (sólo como provincialismo gallego en *Aut.*; es también portugués, donde tiene el valor de 'hacha' en general); *machón* 'hacha grande de cortar', 'viga escuadrada' en Zamora (Fz. Duro), *machicu* = *mayu* MALLEUM en el asturiano de Colunga (Vigón), así como *MACHETE* y demás derivados citados en ese artículo; *machote* 'especie de mazo' [*Aut.*], *machota* íd. [íd.], *a machote* 'a golpe de mazo' («la puerta estaba cerrada *a machote*» 'firmemente', en el chileno G. Maturana, *Cuentos Tradic. en Chile*, p. 77 y glos.).

Derivado de la misma raíz que *machar* es su

sinónimo *machucar* [1251, 'machacar', *Calila*, ed. Allen, 19.79; S. XIII, *Libro de los Cavallos*, 33.5, 42.2], que pudo formarse con el sufijo verbal nada raro *-ucar* (*besucar, bazucar, emba(b)ucar, zabucar*, etc.), pero más bien creo que deriva de un sustantivo *machuca* 'porra, maza', hermano mozárabe del fr. *massue*, engad. y alto-it. *mazzüc*, rum. *măciucă*, íd. (lat. vg. *MATTEUCA, *REW* 5426), con conservación mozárabe de la sorda intervocálica, como sugiere el pasaje siguiente de la *1.ª Crón. Gral.*: «Diego Pérez de Vargas... era de Toledo... fue y muy bueno aquel dia, et fue de guisa quel fallesçió el espada et quantas armas traya; et quando... se vio menguado de armas, fue desgajar de una oliva vna braça con vn çepejon; et con aquel se metió en la priesa, et començó a ferir de una parte et de otra, a diestro et a siniestro, así que al que con él alcançava non avia mas mester; et fizo y con aquel cepejon, que seria mucho para lo fazer con todas las otras armas que traer podiese; et don Alvaro, con plazer que avia de las ceponadas que el cavallero dava tan a su voluntad, diziél sienpre, cada que el golpe oyé: 'así, Diego, así ¡*machuca, machuca!*'; et por esto, de aquel dia en adelante después, le llamaron Diego *Machuca*; et este sobrenombre lievan aun oy en dia algunos que del su linaje son» (728*a*5-28)[7]; más tarde *machucar* aparece en APal. («*affectus*... es *machucado* e ferido» 9*d*; «*cesus*: ferido, cortado, *machucado*», 73*b*; 81*d*), en Nebr. («*m.*: macero»), C. de las Casas, Percivale y Covarr., siempre con el matiz que hoy tiene *machacar* más bien que el actual de 'machucar'; con aquél se emplea todavía en muchos puntos de América, p. ej. Bogotá (Cuervo, *Ap.*, § 491, con citas antiguas) y Cuba (comp. *machuquillo* abajo), entre los judíos de Marruecos, en portugués[8] y, según creo, en Canarias[9], lugares donde *machacar* es más o menos inusitado; algún empleo tuvo un sust. *machuca*, por lo menos en catalán (ahí acaso mozarabismo directo), donde se lee en un doc. de 1599, en sentido personal (no veo claro si para 'rufián' o 'ramera')[10]. *Machucador*; *machucadura* [Nebr.]; *machucamiento*; *machucón* cub. 'machucamiento' (*Ca.*, 99); *machuquillo* 'guiso hecho con plátano machacado' cub. (ibid., p. 121). Para *machucar*, V. además ABRUMAR. En cuanto a la terminación *-uca* o *-ucar*, hay una explicación muy convincente, que no sé que se haya tenido en cuenta: es el resultado de un cruce de MATTEA con el lat. *festūca, fist-* 'mazo', 'pisón', y *fistucare* 'apisonar, machacar' (ya documentados en César, Catón y Plinio), y que se suelen considerar idénticos a *festuca* 'tallo', 'varita'.

Machacar se sacó tardíamente de *machucar* por un cambio de sufijo, acaso provocado por el grupo sinónimo *matraca* ~ *matraquear* ~ *matraqueo* (= *machaqueo*)[11]: *machacar* es, en efecto, muy posterior [1605, *Quijote* I, viii, 24; xv, 53; Oudin; Covarr.; y según *Aut.* ya en Hurtado de Mendo-

za, h. 1580, lo cual necesitaría comprobación], y la diferencia de matiz que hoy se ha introducido entre los dos verbos en el uso español no se observa (V. arriba) en lo antiguo ni en muchas hablas modernas; *machaca* [*Aut.*]; *machacadera; machacador* ('moneda de cinco pesetas': es floreo verbal por *peso macho*, M. L. Wagner, *RF* LXX, 194); *machacante* (en la milicia; y en Cuba en el sentido de 'mecánico, ayudante del chófer', *Ca.*, 63); *machacón* [*Aut.*]; *machaqueo*; *machaquería*[12].

Remachar [*remaçar* en Berceo: «el otro li tiraba el clavo *remazado*», *Duelo*, 150; «*ebetat* el que *remacha* lo agudo y lo embota», APal. 189*b*; «*obtundo* es raer en contorno y *remachar*», 319*b*] (> port. *remanchar*); *remachado*; *remachador*; *remache*.

[1] Ya en *Alex. P*, 1705*c*, pero la rima prueba que la lección *majo* de O es la correcta.— [2] Por lo demás suele olvidarse que Diez derivaba de MARCULUS no sólo el vocablo que significa 'mazo', sino también el que significa 'varón', 'masculino', lo cual parece absurdo, pero era disculpable en tiempo de Diez por el poco adelanto de la fonética histórica. Hace tiempo que nadie se acuerda de esta idea, pero los filólogos habrían debido revisar al mismo tiempo la premisa de esta falsa consecuencia.— [3] El artículo MARCUS del *REW* deberá seguramente suprimirse: MARCUS, que sólo figura en San Isidoro, tiene todo el aire de una voz forjada por este etimologista (comp. Ernout-M. y Walde-H.), y sus dos representantes romances son muy sospechosos: un término técnico de la Suiza francesa, de fonética ambigua, y el it. *marcone* 'marido' (!). De MARCULUS no cita M-L. otro testimonio que el cast. y port. (?) *macho*; Diez, sin embargo, agrega el sobreselv. *marclar* 'martillear', pero claro que éste es MARTELLARE (comp. *clavau* TABULATUM), como reconoció M-L.— [4] Baist, *ZRPh.* XXXIX, 88-90, se apartó ya de la idea de Diez, pero fué para derivar *macho* de *machar* y éste de un *MACCULARE derivado de la base ignota de MACARSE, lo cual es mucho más arriesgado.— [5] Sainéan, *Sources Indig.* I, 167, propone una comparación con el macho cabrío, comparando it. *berta* 'carnero' y 'maza'. Pero en el caso del carnero o morueco esto es ya una comparación tradicional (lat. ARIES, fr. *bélier* 'ariete'), que no se documenta en el del cabrón.— [6] *Hecho a corte de machado* se dice en gallego de un cuarto o casa u otra cosa hecho en figura de escuadra (Sarm. *CaG.* 214*r*). También port. y gall. *machada* 'hacha' (Alvz. Giménez). Es notable que ni *macho* ni *machar* sean hoy portugueses o gallegos, que yo sepa, contra lo que asegura M-L. Pero debieron de serlo antes. Así *Machos* como *Machados* se hallan como nombres de lugar en una ley de 1258 citada por Cortesão; comp. el gasc. *malh* 'pico de montaña', propiamente 'mazo', por comparación con un gigantesco yunque.— [7] Me parece claro que la frase

atribuída a D. Álvar Pérez el Castellano es un arreglo posterior para explicar este sobrenombre famoso, adquirido en la batalla de Jerez, de 1233. *Machuca* sería el nombre mozárabe que el propio Pérez de Vargas, como buen toledano, daba a la porra o cepa de olivo con que llevó a cabo la hazaña, o el que se le daba en Andalucía, donde se realizó el hecho; el verbo derivado *machucar* se hizo de uso general (quizá ayudando mucho la hazaña famosa) porque se apoyaba en el sinónimo *machar*, pero el sustantivo más humilde y local *machuca* acabó por olvidarse. Claro que un sobrenombre verbal *Machuca* no es imposible, partiendo del imperativo, aunque más bien podría esperarse *Machucante* o *Machucador*; pero el apodo nominal *Machuca* es aún más explicable, y me inclinaría a creer que se trataba de un término favorito del paladín toledano; V., no obstante, las razones (nada convincentes) que da Spitzer, *MLN* LXXII, 580, para creer que *machuca* en este sobrenombre es imperat. de *machucar*. La hazaña de Pérez de Vargas fué narrada posteriormente por otros, entre ellos Diego Rodríguez de Almela en el S. XV (*Valerio de las Historias* II, ii, cap. 13), y ponderada en el *Quijote* (I, viii, 24); V. también la cita de Covarr. De tan glorioso tronco descendería el célebre escritor indiano Bernardo de Vargas Machuca († 1622) (claro que no debemos pensar en una mera leyenda genealógica, pues la Crónica General se escribía unos 50 años después del suceso).—
[8] Ahí no puedo documentar *machucar* antes de Bluteau (1715) y quizá sea castellanismo. *Machoca* forma analógica, en lugar de *machuca*, 'acto o efecto de machacar', ya está en Bento Pereira (1647).— [9] Eso es lo que querrá decir Sebastián de Lugo al poner *machucar* entre las voces «que no corren en Castilla pero sí en Canarias» (*BRAE* VII, 341). La antigua identidad entre *machacar* y *machucar* la prueba también el pasaje citado del *Quijote*, donde Cervantes escribe que aquel sobrenombre nació porque «*machacó* tantos Moros».— [10] «Digué mil paraules atrevides... contra tots los officials de l'hospital dient que dalt si y havia porters també hi havia *matxuques* y belitres», cit. *DAg.* de la publicación en *La Veu de Montserrat*; quizá sea el mismo doc. leridano de 1599 que cita *AlaM.* con otro ejemplo de *belitre* (ambos en este artículo).— [11] Sobre este cambio se modelaron luego otros: ast. *machicar* (Vigón) y *machurriar*, que Rato define «m a c h u c a r los terrones», probando así que para él tampoco existía diferencia de sentido entre *machucar* y *machacar*.— [12] Algún detalle más acerca del complejo *machucar* ~ *machacar* puede verse en la nota 92 de Malkiel a *Univ. of. Calif. Publ. in Ling.* I, n.º 7, p. 275.

MACHO III, 'mulo', probablemente tomado del

port. *macho* íd., antiguamente *muacho*, derivado de *muo* (hoy *mu*), que viene del lat. MŪLUS. *1.ª doc.*: Juan de Mena, † 1456 (*NBAE* XIX, 219); 1605, *Quijote* I, xvi, 56.

En poesía compuesta en 1605 lo emplea Góngora jugando con el doble sentido de la palabra (ed. Foulché I, 265-6)[1]; también aparece en la 2.ª parte del *Quijote* (1615), en Covarr. (1611) y en Oudin (1607). Desde entonces es frecuente: léese en un inventario murciano de 1614 («tres mulas viexas y un *macho* ciego», *BRAE* XIII, 502), en Quiñones de B. y varias veces en Quevedo (*Buscón*, ed. Cl. C., p. 99; *Premáticas*, íd., p. 39). Pero falta en fuentes anteriores, que en cambio traen *mulo*: Percivale (1591), C. de las Casas, PAlc. (*mulo* y *muleto*), Nebr., APal. (45*d*, 228*d*, 290*b*, 290*d*)[2], Glosarios de Toledo y del Escorial, y un doc. de 1042 (Oelschl.)[3]. Esto no nos autoriza a asegurar que *macho* no se empleó con este sentido en castellano antes de princ. S. XVII, antes el ej. aislado de J. de Mena ya demuestra su empleo en el S. XV, pero sí nos da motivo sobrado para sospechar que no sería entonces palabra general ni antigua en el idioma. Desde 1886 se viene discutiendo si nuestro vocablo es idéntico al adjetivo *macho* MASCULUS o es portuguesismo derivado de MŪLUS, como sugirió Carolina Michaëlis (*Misc. Caix*, 135-6), y en uno y otro sentido se han dado bastantes argumentos de naturaleza semántica o fonética, pero salvo la erudita que planteó la cuestión nadie ha cuidado de llevarla al terreno de la historia filológica del vocablo, donde podía y debía resolverse. Aunque algunas opiniones de peso se declararon por la idea de D.ª Carolina (M. P., *Manual*, § 4.6; M-L., *REW*, 5742), por lo común fué acogida con incredulidad; Adolfo Coelho, C. de Figueiredo, Mégacles y otros se declararon en contra, y en Portugal encontró tan poco favor que la propia autora lo reconoce posteriormente y parece vacilar en su idea[4]; últimamente un lingüista de criterio tan independiente como Rohlfs ha afirmado repetidamente que es lo mismo que MASCULUS y se ha detenido en justificar esta etimología desde el punto de vista semántico; no hacía gran falta, pues es un hecho que *machorra* significa 'estéril' y que abundan palabras de esta formación en otros romances y demás idiomas[5], pero Rohlfs sospecha que la voz castellana no es más que un calco del vasco *mando*, que además de 'mula' o 'mulo' significa 'estéril' y también 'duro, lo opuesto a blando' y 'grande', de lo cual deduce que primitivamente valdría 'macho, masculino' —lo cual, desde luego, no está probado, aunque no negaré esta posibilidad, comp. la nota 5—; además si viniese de MŪLUS —dice— tendríamos *muacho*, y con el asterisco prueba su creencia de que tal forma no existe (*ZRPh*. XLVII, 403; *ASNSL* CLXII, 155).

Sin embargo, ya D.ª Carolina dió pruebas de lo contrario, aunque por desgracia citando ediciones de manejo incómodo, y con la desgracia de una errata tipográfica que impedía la comprobación. Cito, pues, las pruebas en ediciones más elaboradas y modernas: «e, se ficardes en besta muar, / eu vos conselho sempre a ficar / ant'en *muacho* novo ca en mua», en el gallego Joan García de Guillade, med. S. XIII (ed. Nobiling, v. 1076; o bien *Colocci-Brancuti*, n.° 409); «E d'este cambho foi el enganado / d'ir dar rocim feito e corredor / por ũa *muacha* revelador, / ... / por mua mal manhada / ... / melhor fôra dar o rocim doado / ca por tal *muacha* remusgador...», en Don Denís (ed. Lang, vv. 2655 y 2666; o bien *Canc. da Vaticana*, 1109). Por lo demás, agregaré por mi cuenta que el vocablo no fué exclusivamente portugués en su origen, sino también leonés, aunque en León lo he hallado sólo como apodo: *Fijos de Mulacho* en doc. de 1260 (Staaff, 80.9), y luego *Martín mulacho* (íd., 80.25). Examinando con atención los testimonios gallego-portugueses, vemos lo que ocurrió. *Muacho* significaba primeramente 'muleto, machuelo, mulo joven' (*muacho n o v o*), y también *muacha* sería 'machuela'; después, como tan a menudo ocurre con nombres de animales, el nombre del animal joven se generalizó a todas las edades, y si esto ocurrió sólo con el masculino, fué porque *mu*, por su estructura fonéticomorfológica anómala, creaba unas dificultades que los hablantes no encontraban en el femenino *mua*: recuérdese la historia de tantas palabras portuguesas en casos análogos, como *aa* ALA sustituído por *asa*, *s(a)ar* SANARE cambiado en *sarar*, *alguma* superponiéndose a *algu(a)* (frente a *algorrem* ALIQ'UNAM REM), *escada* victorioso sobre *esca(a)*. Ya Michaëlis hizo observar que la reducción de *muacho* a *macho* no era extraña en un idioma que cambia *consoante* en *consante*, *quatro* en *catro*, *coalheira* en *calheira*, *soarego* en *sarego*; en el caso de *m(u)acho* ayudó indudablemente el carácter labial de la *m*, que tendía a absorber la *u* siguiente, ya débil por su posición pretónica y en hiato; y la etimología popular MASCULUS —provocada irresistiblemente por el hecho de que el *macho* masculino se oponía a la *mua* hembra— acabó de dar la última balanzada[6]. La historia de la remonta nos podría ilustrar sobre las razones que motivaron la invasión del port. *macho* en tierras castellanas, como las que han motivado la ulterior expansión hasta Cataluña[7] y los Pirineos gascones; desde luego contribuiría la fuerza que daba al vocablo su aparente explicación lógica: *macho* = pareja masculina de la mula, como *macho* = pareja masculina de la cabra.

Ac. secundaria: 'hombre necio' [*Aut.*, que da el ej. *macho cargado de letras*].

DERIV. *Machuelo* [Góngora, 1605]. *Machada* 'necedad'.

[1] Poco después lo pone, en contexto portugués, en una poesía bilingüe (II, 238).— [2] En este último pasaje con explicaciones muy detalladas. Pa

recería natural que, si entonces se empleaba *macho*, hubiera indicado este sinónimo.— [3] Además el femenino *mula* en el *Cid*, *Apol.*, *Calila*, J. Ruiz, J. Manuel y otros.— [4] En *RL* III, 185, puesta a citar ejs. de desaparición de una *u* átona en hiato, manifiesta que no se atreve a citar *macho*, en vista de lo mal acogida que fué esta etimología. En *KJRPh.* IV, 343-4, propone un compromiso: MŪL-ACEUS habría debido dar *muaço y si en realidad pasó a *muacho* > *macho* fué por un cruce con MASCULUS; en ese *muacho* contaminado habría que buscar —sospecha ella— el origen del sufijo -*acho*, que de ahí se habría extendido a *lebracho*, *lobacho*, *muchacho*, *riacho*, *camara(n)chón*, etc. Hoy que el problema de -*acho*, -*ucho*, -*icho*, debe considerarse resuelto, no podemos tomar en serio esta ocurrencia (desmentida también por el leon. *mulacho*); la -*ch*- tiene origen vario en estos sufijos, a menudo italiano, algunas veces vasco-aragonés, pero en la gran mayoría de los casos se debe a mozarabismo, así en portugués como en cast., y de esta procedencia forastera-dialectal (sobre todo de un dialecto de moriscos y gente vencida, como el llamado «mozárabe») viene el fuerte tono despectivo o afectivo de este sufijo.— [5] Nótese, sin embargo, como he observado en *MACHO* I, que se trata normalmente de adjetivos o sustantivos f e m e n i n o s, a los que se compara con un macho por su infertilidad o esterilidad. Pero ya es más extraordinario caracterizar como estéril a un animal masculino llamándolo 'macho', cuando precisamente el *macho* se opone a la *mula*, que es a la que mejor habría sentado el nombre de *machorra*. En vasco mismo observa Azkue que muchos distinguen entre la 'mula' o *mando*, y el 'mulo' al que llaman con una formación derivada, *mandar*; es cierto que otros adoptan otros procedimientos, pero aquél ha de ser el más antiguo.— [6] No estaría por demás que los eruditos portugueses nos indicaran testimonios portugueses de la forma reducida *macho* 'mulo' que tuvieran alguna antigüedad (está ya en Bluteau, 1715), pero en realidad no es indispensable.— [7] Hoy bastante general, por lo menos en todo el dominio continental de la lengua, y ya no reciente: en 1575 el *Thes. Puerilis* de Onofre Pou (p. 38) da: «*macho*: burdo, -onis» junto a «*mul*, *mula*: mulus, -a»; diccionario de autor gerundense, pero lleno de voces de Valencia, donde vivía el autor; aparece también *matxo* en 1585 en la Seo de Urgel (Carreras Candi, *Misc. Hist. Cat.* V, 83, 84).

Machona, machorro, -a, machota, V. macho I Machucar, V. macho II

MACHUCHO, 'sosegado, juicioso', 'entrado en días', probablemente del ár. *ma'ǧūǧ* 'gente del Norte', equivalente del bíblico *Magog*; por el ca rácter flemático de los septentrionales. *1.ª doc.*: 1618, Góngora.

En 1625 Pedro Espinosa en su lista de «voces vulgares y mal sonantes» incluye «hombre *machucho*, de chapa», es decir 'persona de importancia, respetable'; poco después lo emplea humorísticamente Quevedo en su *Cuento de Cuentos*, donde como es sabido acumula las locuciones vulgares: «en Sigüenza había un hombre muy cabal y *machucho*, que dizque se llamaba Menchaca, de muy buena cepa» (ed. *Cl. C.* IV, 175). No era, pues, palabra tomada en serio por los clásicos, probablemente por su procedencia de los fondos más populares de la sociedad, de la gente más desheredada de aquel tiempo, los pobres moriscos. No es, pues, de extrañar que Góngora la tome irónicamente como sinónimo de 'fuerte, tremendo': «Thisbe... / temerosa de la fiera / aun más que del estornudo / de Júpiter, puesto que / sobresalto fué *machucho*, / huie» (ed. Foulché II, 296). No figura en los diccionarios de la época, pero *Aut.* define «maduro, sossegado y juicioso», Terr. «quieto, sossegado, prudente», de donde fácilmente podía pasarse a 'entrado en años', ac. que ya hallamos en Samaniego (1784) y Bretón de los Herreros (vid. Pagés). Sigue siendo palabra muy popular en Castilla y en otras partes. En la Andalucía oriental ha tomado secundariamente el valor de 'regordete, fornido'. En portugués explica Bluteau (1715; no conozco documentación anterior): «*homem machucho*: algumas vezes quer dizer homen de virtude, ou doutrina solida, ou homem de prudencia varonil; homem de grandes cabedaes; outras, homem de grande autoridade; outras, homem firme nas suas resoluções, etc.».

No parece que nadie hasta aquí haya estudiado la etimología, aunque algunos dijeron que viene de *macho*. No sé si el anotador anónimo de las Leyes de Moros castellanas del S. XIV (creo que es Gayangos) pensaba ya en *machucho* al poner a su texto el comentario siguiente: «*Maĝûs* [que él transcribe *machúz*] en arábigo significa 'mago, sabeo, adorador del sol'. *Maĝûĝ* [transcrito *machúch*] es hombre del Norte, y de una de las razas septentrionales conocidas por la gente de Gog y Magog: *'ahl ĝûĝ wa maĝûĝ*. Suelen los autores árabes equivocar a menudo estos dos nombres, dando a las gentes del Norte el de *Al-machúz*. A los escandinavos, que en el S. IX asolaron las costas de la Península, los llaman indistintamente *Al-machúch* y *Al-machúz*, más frecuentemente de esta última manera... Como la mayor parte de los esclavos, y principalmente los eunucos que tenían los árabes orientales y españoles, venían del Norte, es probable que por *majuci* el autor haya querido designar aquí un eunuco esclavo». (*Memorial Hist. Español*, 1853, p. 127)[1]. En términos generales pueden confirmarse estas afirmaciones, aunque los diccionarios traigan pocos datos referentes a este vocablo, por ser nombre propio; por lo de-

más no tenemos motivo para dudar de los datos de Gayangos, buen conocedor de la literatura hispano-arábiga. Freytag define (I, 15a): «*ma'ĝûĝ*: Magog (coniunctim cum *ya'ĝûĝ*), Scythae extremi Orientis, et praecipue illi qui Sinis ad septentrionem sunt, secundum alios Japhetidae, omnesque Asiae et Europae septentrionem incolentes gentes». Por lo que hace a *maĝûs*, tomado del gr. μάγος, aparece como colectivo en el sentido de 'mago, sabeo' ya en el Corán (no sé si también *ma'ĝûĝ*). En cuanto a la confusión de *maĝûs* y *ma'ĝûĝ* en el árabe de España y su aplicación a los normandos u otras gentes septentrionales nos las atestigua el cap. 14 de la *1.ª Crón. Gral.*, con su leyenda de los *Almujuces*, procedentes de las «yslas frias assí cuemo Nuruega e Dacia e Prucia», conquistadores luego de Inglaterra, Escocia e Irlanda, que habrían atacado por mar Bayona, la Coruña, Lisboa y Cádiz, y acabado poblando España en los tiempos primitivos: además del nombre, varios detalles de la leyenda tienen fuerte sabor oriental (astucia empleada para tomar la Coruña disfrazando los navíos de montañas) y revelan una fuente árabe, y a pesar del anacronismo es fácil adivinar ahí, por los pormenores geográficos, una reminiscencia de las incursiones normandas[2].

Convendrá verificar varios puntos, pero desde luego me parece bien sentado que los musulmanes españoles conocían por *ma'ĝûĝ* o *maĝûs* (o el derivado en -*î*, que en vulgar debía pronunciarse *ma'ĝûĝi* o *maĝûsi*) un pueblo de la Europa septentrional, y que este nombre era también conocido y popular entre los moriscos que quedaron después de la reconquista, p. ej. los de Castilla la Vieja a quienes se aplicaban las citadas leyes del Siglo XIV; en el *Recontamiento de Alixandre*, escrito en Aragón en el S. XVI, tenemos otro testimonio del conocimiento de los *Maĝûĝ* entre los moriscos españoles: en la narración de las conquistas del gran rey macedonio se habla de unas gentes que «eran de la tierra de *Yāĝûĝ* y *Māĝûĝ*, de la otra part del mont» (*RH* LXXVII, 542.7). En lo semántico, derivar de ahí *machucho* no presenta la menor dificultad, pues las gentes del Norte han pasado siempre por lentas, flemáticas y sesudas. Tampoco la hay en fonética, aunque es lícito vacilar entre un préstamo de *ma'ĝûĝ* (pron. vulgar *maĝûč*) ya algo antiguo, con dilación consonántica *maĝûčo* > *machucho*, o un préstamo tardío de los moriscos del S. XVI, cuando ya la *j* castellana no era *ž*, y por lo tanto el *ĝ* arábigo debía convertirse en *ch* al entrar en romance.

[1] Con esto último no sé si está en lo cierto Gayangos (los esclavos de los musulmanes eran más bien eslavos). En el texto de la citada ley del S. XIV se habla de las penalidades que deben pagarse por las mutilaciones u «omeçillos» cometidos en la persona de los musulmanes españoles

libres, después se trata de los siervos, y finalmente agrega: «el omezillo del christiano, o del
judio, que pague la meytad, et otrosy el omezillo
del *majuçi* ochocientos adárhemes, et el omezillo
de sus mugeres la meytad de sus omes». Los varios omeçillos de los musulmanes se tasaban diversamente según su importancia, en 12.000 adar-
mes, o en algunos camellos. En vista de que ya
se ha hablado antes de los siervos, dudo que
vuelva a tratarse de ellos después de hablar de
los cristianos y judíos: *majuçi* podrá referirse
más bien al cristiano extranjero, por lo tanto procedente del Norte y menos protegido que el
cristiano español; a no ser que se trate del esclavo del cristiano.— [2] Por otra parte, la confusión
con los magos o sabeos se reconoce por la referencia a Caldea, a Nabucodonosor y Jerjes, y por
la adoración del fuego que se achaca a los Almujuces.

Machuelo, V. *macho III   Machumacete*, V.
menjunje   Machuno, V. *macho* I   *Machurriar*,
V. *macho* II   *Madagaña*, V. *magaña   Mada-
ma, madamisela*, V. *dama*

MADAPOLÁN, del nombre de la pequeña ciu-
dad de Madapolam, en la costa Sudeste de la
India, donde se fabricaba ese tejido. *1.ª doc.:*
Acad. 1884.

Probablemente se tomaría del fr. *madapolam*
[1823] más que del ingl. *madapollam* [1832], acentuado en la *o*.

Madefacción, V. *mador*

MADEJA, del lat. MATAXA 'hilo', 'seda cruda',
que en romance ha tomado en todas partes el
mismo sentido que en castellano. *1.ª doc.: madexa*, J. Ruiz.

La forma aragonesa *madaxa* se lee en inventarios de 1362 («tres livretas de lino en *madaxas*»),
1365 y 1397 (*BRAE* III, 90; IV, 344, 218), vasco
mataza, sul., bazt., guip., vizc. (o *mataxa*, sul.,
salac., b. nav.). *Madexa* en Nebrija («*m.*: metaxa, dixit Mafaeus»), etc. De uso general en todas
las épocas y común a todos los romances, salvo el
rumano, el rético y el francés moderno (*REW*
5403). MATAXA 'hilo' aparece en Lucilio, Vitruvio
y S. Isidoro, la variante *metaxa* 'hilo', 'cuerdeci-
ta', en autores latinos tardíos; también existe
μάταξα o μέταξα en el griego de baja época; en
ambos idiomas parece ser voz de origen oriental
no bien precisado (Walde-H.).

DERIV. *Madejeta. Madejuela. Desmadejar* [«*-xar*,
deffaire du fil fait par escheveaux, l'entoüiller et
mesler, estre las et foible», Oudin; falta *Aut.*],
-ado [«... las, faible, desrompu», Oudin; «floxo,
desluido, poco airoso», *Aut.*; falta Covarr.], *desmadejamiento* [*Aut.*][1]. *Enmadejar*.

[1] Aunque es fácil de explicar semánticamente

el paso de *lana desmadejada* 'suelta, desatada' a
cuerpo desmadejado 'flojo, decaído', el fr. *déman-
tibuler* 'dislocar, desvencijar' (de *mandibule* 'quijada') nos podría hacer pensar en el vasco *ma-
t(h)ela, matel*, 'carrillo', también *matraila, matarla*, 'quijada', oc. *madaisso* íd., bereb. *amadel* íd.,
para los cuales Schuchardt, *Rom. Lehnw. im
Berb.*, 42-43, supuso una base *MATILLA debida
a un cruce de MAXILLA 'mandíbula' con MANDIBU-
LUM o MENTUM o con el céltico (galés) *mant* 'quijada'. Pero hay graves dificultades fonéticas, según observa M-L. (*REW*[3] 5403; citando un inexistente cat. *madeixa* 'quijada'), y como en lengua de Oc hay, junto a *madaisso*, los más corrientes *maisselo* y *maisso*, y en vasco junto *mate-
la* está *mazela* o *maxela*, que vienen regularmente de MAXILLA, es más probable que la palabra
bereber sea de otro origen, y que en vasco y en
lengua de Oc haya habido cruce parcial de MA-
XILLA con un derivado de MATAXA como nuestro
desmadejar. Comp. Spitzer, *ZRPh*. LIII, 299-300.

Madera, V. *almadreña*

MADERA, del lat. MATĔRĬA 'madera de árbol',
'madera de construcción', 'materiales', 'materia'.
1.ª doc.: matera, doc. de 940; *madera*, Berceo.

De uso general en todas las épocas; conservando sólo (en forma popular) en castellano y portugués (*madeira*), así como en algunos textos franceses medievales y en algunos dialectos sueltos
franceses e italianos (*REW* 5409); en otros romances en el sentido de 'madera' han predominado FUSTIS (cat., oc.), LIGNUM (rum., it.) o *bois*
(fr.). En el sentido filosófico secundario 'materia'
(que el latín calcó del gr. ὕλη), el castellano como
los demás romances ha empleado la forma culta
materia [Berceo, *S. Or.*, 89b, etc.; *Apol.*; J. Manuel; J. Ruiz, etc.], aunque Berceo (*S. Dom.*,
231c) empleó una vez con este sentido el popular
madera; en la ac. 'pus, podre' está ya en Nebr.

DERIV. *Madero* [doc. de 1143, Oelschl.; 'materia', Berceo, *Sacrif.*, 8b; el sentido moderno es general desde *Apol.*, J. Ruiz, J. Manuel], de un lat.
vg. *MATERIUM (sacado de MATERIA por analogía
del singular LIGNUM junto al colectivo, antes plural, LIGNA), del cual proceden igualmente port.
madeiro 'madero', cat. *madissos* 'cuadernas de barca o barco' (plural analógico en lugar de *ma-
di(r)s*), oc. *madier* 'tapa de la amasadera', Lucca
*mateo. Maderuelo. Maderable; maderada; madera-
je, maderamen*[1] o *maderación; maderero* o *maderis-
ta; maderería. Enmaderar* o *maderar* [ambos en
Nebr.]; *madeirar* 'cubrir de madera' gall. ant.
(doc. de Pontevedra S. XIV, Sarm. *CaG.* 88v);
enmaderamiento, enmaderación, enmaderado.

Material [Berceo; sustantivado, ya 1633, Lz. de
Arenas, p. 87], *materialidad, materialismo, materializar; inmaterial*.

[1] Lo emplea Azkue muy a menudo en las de-

finiciones de su dicc. y supl. vascos (en *zuraɪe* y *zubaje* 'conjunto de maderas de un edificio, charpente' y otras varias palabras), de suerte que debe de ser vivo también en el castellano vascongado. Como Iribarren no lo registra, no es seguro que esto sea general a todo el territorio de lengua vasca, y por lo tanto podría tener arraigo marino más que montañés o forestal, y así es bastante probable que se trate sencillamente de una propagación del sufijo de *velamen*, *botamen*, *pujaɪnen*, tanto más cuanto que también se registra un gall. *madeirame*, cf. *RHF* VI, 58 n. No es imposible, sin embargo, que tengamos ahí una alteración de *maderamiento* oriunda del País Vasco (por más que *sur* 'madera' parece ser de uso general en vasco y aun en todas sus variedades); Landucci registra *maderamentua* como traducción del cast. *maderamiento* (frente a *madera*: *cur*); ahora bien, en vasco tienen valor muy parecido los sufijos -*mendu* (de etimología románica) y -*men* (de origen menos claro), y aunque éste, tan productivo en este idioma, tiene por lo común aplicación muy diferente, en vasco coincide con los usos de -*mendu*, y aunque -*men* por lo común es postverbal y de nombres de acción, hay también algunos casos en que ya se acerca al papel que tiene en el cast. *maderamen*: *eskumen* 'manojo' (de *esku* 'mano'), *eiheramen* 'molienda' (de *eihera* 'molino'), *ahamen* 'bocado' (ya en Leiçarraga, S. XVI, de *aho* 'boca'), cf. Azkue, *Morf.*, pp. 68-69; Uhlenbeck, *Woordafl.*, 52.

Madiós, V. *madre*

MADOR, tomado del lat. *mador, -ōris*, 'humedad', derivado de *madēre* 'estar mojado'. *1.ᵃ doc.*: Acad. 1884.

Latinismo crudo y muy raro.

DERIV. *Madoroso*.

CPT. *Madefacción*, derivado culto de *madefacere* 'humedecer', compuesto de *madere* y *facere* 'hacer'. De la misma raíz indoeuropea procede el gr. μαστός 'pezón', 'teta', de donde los compuestos cultos *mastodonte* y *mastoides*.

MADRE, del lat. MATER, MATRIS, íd. *1.ᵃ doc.*: orígenes del idioma (doc. de 1074, Oelschl., etc.).

General en todas las épocas y común a todos los romances, salvo el rumano[1]. Variantes fonéticas: *mader* (de *piadat*), forma proclítica, Berceo, *Mil.*, 93b; *magre*, arg. (A. M. Vargas, *La Prensa de B. A.*, 29-XII-1940; A. Córdoba, ibid., 15-XII-1940); *máere*, *maire*, murc., and., chil. (Draghi, *Canc. Cuyano*, p. 365); *may*, como en portugués, vid. Navarro Tomás, *RFE* XII, 353n. Además de la ac. fundamental, Nebr. registra ya: «*madre do concibe la muger: uterus*; *madre de río*: *alveus*».

Madre de agua 'manantial copioso', 'depó-

sito de agua manantial' locución que ha quedado más viva en portugués (*mãi de água*) y que emplearían ya los moros portugueses '*umm al-mǎ*' propiamente 'madre de agua', donde '*umm* 'madre' tiene un sentido (semejante al que documentaré abajo en *madrejón* y *almatriche*, y en el topónimo *Madrid*, *Tóp. Hesp.* I, 114-116) con un punto de partida también en árabe clásico ('*umm* fuente, principio, prototipo'). La expresión *mãe de água* la documenta David Lopes (*RLu* XXIV, 269) en el nombre de las viejas calles de Lisboa y Santarén: *Subida o Calçada da Mãe de Água*, pero no se da cuenta de que en el nombre de *Athumarmal* que las fuentes del S. XII dan a esta subida en Santarén (hoy *Tamarmá*) está el ár. *ʈalᶜat umm al-mǎ*' 'subida de la madre del agua' (él cree que se trataría de un *mǎ 'l-mǎ* lit. 'agua del agua' que con este sentido no se halla en parte alguna).

DERIV. *Madrastra* [Berceo], derivado común a todos los romances gálicos e ibéricos (la disimilación popular *madrasta* se halla ya en APal. 311d; para su extensión geográfica, vid. Cuervo, *Obr. Inéd.*, p. 215; el catalán disimila en *madastra* de acuerdo con la ley fonética, mientras que en castellano y portugués la disimilación fué invertida por el influjo de *madre*). *Madraza*. *Madrearse*. *Madrecilla*. *Madrejón* 'especie de laguna, en el Chaco argentino' (Levene, *Hist. de la Nac. Argentina* I, 388). *Madrero*. *Madrilla* arag. 'boga', cat. occid. *madrilla* íd., de un femenino correspondiente al lat. MATRICŬLUS que ya se halla como nombre de pez en Apuleyo[2]. *Madrina* [Berceo], derivado común a todos los romances salvo el rumano; *madrinazgo*; *madrinero*; *amadrinar*.

Comadre [J. Ruiz; Nebr.: «c., madre con otra»] del lat. tardío COMMĀTER íd., derivado común a todos los romances de Occidente[3]; *comadrazgo* (pron. vulg. americana *comadrajo*, para cuyo significado en Cuba, vid. *Ca.*, 67); *comadrear*, *comadreo*; *comadreja* [J. Ruiz, 929c], para los nombres españoles de este animal, vid. M. P., *Oríg.*, 417-24 y mapa, p. 432: se extiende sólo a Castilla, Extremadura, Murcia, Andalucía y América, aunque hay un *coumairelo* análogo en la zona de Toulouse, y es derivado meramente romance de *comadre*, y no un lat. *COMMATERCULA*, que habría dado otro resultado fonético; *comadrero*, *comadrería*; *comadrona* 'partera' [Acad. 1925, no 1884; hoy es usual en España, Cuba (*Ca.*, 76) y otras partes, pero no en la Arg. ni otros países americanos, donde sólo corre *partera*], *comadrón* 'cirujano que asiste a un parto' [Acad. ya 1817, como voz nueva].

Desmadrar, -ado.

Enmadrarse.

Cultismos. *Materno* [Mena (C. C. Smith, *BHisp.* LXI); APal. 268b], de *matĕrnus* íd.; *maternal* [Santillana (C. C. Smith)]; *maternidad*. *Matrimonio* [J. Ruiz], de *matrĭmōnium* íd. (vulgar *matrimoño*); *matrimonesco*; *matrimónial* [Corbacho, Mena (C. C. Smith)]; *matrimoniar* (S. XV, Biblia med. rom., Gén., 20.18). *Matriz* [ac. figurada, 1604, J. de Florencia; ac. propia, *Aut.*], del lat. *matrix, -īcis,* íd.; antes se había empleado una forma popular *madriz* (APal. 268*d,* 539*d; madris,* 31*d,* 88*d;* 164*b*), que como nombre propio de lugar hallamos ya en Berceo (sin relación con *Madrid;* vid. G. de Diego, *RFE* VII, 139-40, y M. P., *RABM* XIV, 3-4) y comp. *ALMATRICHE; matrícula* [h. 1580, A. de Morales], de *matrīcŭla* íd., *matricular, matriculado, matriculador; matricaria;* de éste es duplicado popular *madriguera*[4] [APal. 101*b;* «*m. de conejo:* cuniculus», Nebr.]; otro derivado popular de MATRIX es *madrigado* [aplicado al toro padre, *Alex.,* 662; Torres Naharro, vid. índice de la ed. Gillet; *G. de Alfarache, Cl. C.* I, 209.13; de ahí '(hombre) astuto, experimentado', ibid. III, 15.3, con citas en nota; Cervantes, *Viaje del Parnaso,* ed. Rz. Marín VII, 135; se aplicaría primeramente a la hembra que ya ha parido, como sdo. *madricau, madrigadu,* «*pecora matricina», madrighe, -igudu,* «grande forte, vecchio (animale domestico)», M. L. Wagner, *RLiR* IV, 55n., si bien es verdad que esta ac. no se documenta en castellano hasta muy tarde].

Matrona [1595, Yepes], de *matrōna;* existió la forma popular *madrona,* aunque sólo se documenta como nombre propio de mujer; de ahí el derivado ast. *madronal* 'astil de hierro que sirve de molde en las fraguas' (Vigón), comp. it. *madornale* 'garrafal, enorme'; gall. *madroa* «[planta] buena [como remedio] para las mujeres, o acaso la matricaria» (Sarm. *CaG.* 135*v*); *matronaza.*

Metritis, derivado culto del griego μήτρα 'matriz', derivado de μητήρ 'madre', hermano de la voz latina.

CPT. *Cascamadre* [DHist.]. *Madreclavo. Madreperla* [*Aut.*]. *Madrépora* [Acad. ya 1817], probablemente tomado del it. *madrèpora* íd., de donde se cree vienen también el fr. *madrépore* y el ingl. *madrepore;* compuesto con PORO; sin embargo, vid. *NED; madrepórico. Madreselva* [mozár. *maṭrišílba* ya en Abenɣólɣol, a. 982, así como en el anónimo sevillano de 1100 y en Abenalbéitar[5]; *madreselva,* Nebr.; Lope, *Jerus. Conq.* XVII, v. 315], nombre que se le da porque abraza otras plantas con sus ramos sarmentosos[6]. Son compuestos cultos *matricida, matricidio* y *matriarcado.*

Madiós 'pardiez' ant., abreviación de *Madre de Dios* (para cuyo empleo en Asturias, vid. Vigón, s. v.). *Metrópoli* [h. 1580, A. de Morales], tomado del gr. μητρόπολις íd., compuesto de μητήρ 'madre' y πόλις 'ciudad', *metropolitano* [1499, Hernán Núñez]. *Metrorragia* compuesto de μήτρα 'matriz' y ῥηγνύναι 'romper, brotar'.

[1] Para el mal sentido de la frase *su madre* en la Arg., Cuba, etc., y las consecuencias lingüísticas de esta prohibición, vid. *Ca.,* 101.— [2] *Madrija* en Segorbe y en Murcia (Torres Fornés, G. Soriano). Comp. cub. *medregal* 'pez escombridio,

género Seriola' (Pichardo).— [3] Para la variante *cuma,* V. *COMPADRE.*— [4] Existió también en catalán arcaico (aunque hoy lo han perdido la lengua común y el dialecto central): «ipsa parada de ipsa *Madriguera*» se lee en una escritura original de 1046 (*Cartul. de St. Cugat* II, p. 253).— [5] Simonet, s. v. *mathre,* y Asín, p. 171. Comp. los nombres árabes *'unm-aš-šaʿarâ'* ('madre de la selva o jaral'), y *ṣulṭâna aǧ-ǧábal* o *raʿîs aǧ-ǧábal* ('reina o rey del monte'), si bien no está bien averiguado si designan precisamente la misma planta.— [6] También port. *madresilva,* it. *madreselva,* bearn. *seubemay,* langued. *seuvomaire; matrissilva* se halla como latino en las glosas de Tours del S. XII y en glosarios latino-alemanes (G. Paris, *Rom.* XXXII, 344), y quizá en otros más antiguos (Stadler, *ALLG* X, 103; comp. *CGL* III, 537.69). Otras denominaciones romances, como el cat. *lligabosc,* parten de una idea análoga. Comp. Rohlfs, *ASNSL* CLXXVI, 124, que piensa en alguna creencia mítica, y Wartburg, *Homen. a M. P.* I, 21.

Madreña, V. *almadreña*

MADRIGAL, tomado del it. *madrigale,* de origen incierto; el sentido primitivo parece haber sido 'composición sencilla y natural', porque tal era el estilo del madrigal, pero es dudoso si viene de MATRĪCALIS, propiamente 'perteneciente a la matriz o a la madre', o de MATERIALIS que también ha significado 'tosco, sencillo' en Italia. *1.ª doc.:* 1553, como nombre de composición musical; 1566, para una composición poética.

Para el uso en castellano, vid. Terlingen, 94, 151. Este género poético y musical nació en Italia; no hay noticias de su extensión a Francia hasta el 2.° cuarto del S. XVI, y a España, a mediados del mismo siglo, mientras que en Italia ya escribió madrigales el Petrarca a med. S. XIV, y los que hablan primero de este género poético, a principios de esta centuria, se refieren a él como un género bien popular y conocido. El dato más antiguo es de h. 1320, está en latín, y emplea la forma *matricale;* otro, de 1332 escribe *mandrialis* en latín y cita como forma vulgar *marigalis* (variante manuscrita *madrigalis); madriale* aparece en escritores italianos de la segunda mitad del S. XIV, y hay otra forma latinizada *matriale* en la misma centuria; posteriormente *madriale* y *madrigale* siguieron en concurrencia hasta el S. XVII inclusive[1], en que el uso acabó por decidirse por la última forma[2]. De estas varias formas hay que descartar *mandriale,* empleada por A. da Tempo en 1332, autor que deriva el vocablo del lat. *mandra* 'rebaño, recua' suponiendo se trate de una composición de pastores, y en consecuencia cambia la forma del vocablo; aunque esta etimología gozó de gran predicamento, y muchos la repitieron, es imposible porque la *n* no habría podido desaparecer en esta posición. Además de ésta se han propuesto muchas etimologías, todas infundadas, cuya lista completa puede verse en el trabajo de Biadene, y que no hace falta refutar de nuevo.

La duda está entre MATRĬCALIS y MATERIALIS. Defendió la primera dicho filólogo italiano en un metódico y fundamental trabajo de la *Rassegna Bibliografica della Lett. It.* VI, 1898, 329-36, suponiendo que dicho adjetivo latino, bien documentado en otros sentidos en dialectos del Norte de Italia (*madregal, me-*, 'referente a la matriz', 'hierba matricaria'), tomara el sentido de 'maternal', de donde 'natural, vernáculo' o 'tosco, sencillo', y él mismo nos informa haber oído *madregal* al Norte de Treviso como equivalente de «(persona) afabile, alla mano, dimestica, intima, cara»; otros han sugerido el paso de 'canción materna' a *'canción de cuna' y después 'madrigal' (R. A. Hall Jr., *Language* XVI, 342-3); semánticamente la fase intermedia 'canción íntima, natural' además de ser menos hipotética sería plausible y, aun si no estuviera documentada, constituiría tránsito fácil y de tipo corriente. Por último B. Migliorini (*Lingua Nostra* VI, 1944-5, 62-3; reimpreso en *Saggi Linguistici*, Florencia 1957, 288-9) se ha pronunciado decididamente por la tesis de Biadene, partiendo de un adj. véneto *ma(d)regal(e)* cuya base ha de ser el lat. MATRICALIS; el tránsito semántico que se habría dado del vocablo latino al italiano sería paralelo al que ha sucedido en el caso del lat. NATIVUS y fr. *naïf*.

MATERIALIS, ya sugerido por el Bembo y otros, fué defendido últimamente por Spitzer (*ZRPh.* LV, 168-70), Vossler y Rohlfs (*ASNSL* CLXXXIII 1946, 38-44); aquél parte de la ac. 'hijo natural' que tiene *filius materialis* en un documento florentino en bajo latín, suponiendo que de 'bastardo' se pasara a 'composición híbrida entre música y poesía': esto es poco verosímil, pues son tantas las composiciones que tienen este carácter que tal denominación no sería característica del género, además de que *madriale* o *materiale* no están documentados con tal sentido en lenguaje romance; en cambio, es aceptable la idea de Rohlfs, para el cual se habría tomado el vocablo, como hoy en *donna materiale, mobile materiale, lavoro materiale* en el sentido de 'sencillo, tosco' (ya *proverbio antico e materiale* en Giovanni Villani, 1.ª mitad del S. XIV). Por lo tanto estamos en la misma base ideológica admitida por Biadene. Y esto parece ser lo firme, pues además de muchos autores más tardíos que atribuyen este carácter al madrigal primitivo, y que pudieron estar influídos por el prejuicio de sus respectivas etimologías, así lo hace ya el autor más antiguo, Francesco da Barberino, al definir, sin preocuparse del origen, «rudium inordinatum concinnium ut *matricale* et similia». Desde el punto de vista fonético MATRĬCA-

LIS es más sencillo, pero MATERIALIS no es imposible; en todo caso parece claro que el vocablo debe ser oriundo de la Alta Italia (Grove, *Dictionary of Music*), de donde son varios de sus más antiguos tratadistas (A. da Tempo, Guidino da Sommacampagna), mientras que otras referencias tempranas proceden de la vecina Toscana (Petrarca; *Cronaca di Sta. Caterina di Pisa); así se explicaría sin dificultad el cambio de -c- en -g- en MATRĬCALIS, pero allí también podría explicarse la intercalación de una -g- en *madrial* (MATERIALIS) > *madrigale*, por una ultracorrección del cambio de *legale, regale* en *leale, reale*, fenómeno que ha sido causa de cambios análogos en algunos dialectos locales de la zona (*prega* PETRA, *mega* META)[3]; aunque esto último es más complicado, ésta no es razón decisiva en favor de MATRĬCALE. Para decidir el problema hará falta un análisis más detallado de la localización de las varias formas una vez se haya reunido más material antiguo que el que ahora tenemos; en una palabra, la cuestión no depende ya de la semántica, sino de la dialectología antigua y del acopio filológico.

DERIV. *Madrigalesco*.

[1] Todavía *madriale* en edición de los poemas de Marino, en 1653.— [2] Aun en español aparece una vez *madrial* en el título de un manuscrito de Barahona de Soto (fines del S. XVI), y *mandrial* en libro publicado en Venecia, en 1553 (Rz. Marín, *Barahona de Soto*, 679n.).— [3] El caso, más corriente, de *pagura* por *paura, ragunare* por *radunare*, no es comparable, pues ahí se trata de la formación espontánea de una *g* explicable por la *u* siguiente.

Madriguera, V. *madre*   *Madrilla, madrina, madrinazgo, madrinero*, V. *madre*   *Madriz*, V. *madre* y *almatriche*   *Madrona*, V. *madre*

MADROÑO, denominación propia del castellano y el portugués, de origen incierto, quizá prerromano y emparentado con el tipo *MORŌTŎNU que designa la fresa o el arándano en leonés (*meruéndano*) y gallego (*morodo, morote*), pero también en varios lugares el madroño: una variante *MOROTONEU pudo cambiarse fácilmente en *MOTORONEU por metátesis, de donde *madroño*. 1.ª doc.: *maṭrunyu*, como nombre español, en el tunecí Abenalŷazzar, † 1004; *madroño*, h. 1330, J. Manuel (Rivad. 252*b*25); h. 1400, Glos. del Escorial y de Toledo.

Maṭrûnyu aparece también en el anónimo sevillano de h. 1100 (Asín, 174-5), en Abenbucláriх (h. 1106), Abenalauuam, Abenalbéitar y en glosas mozárabes de Dioscórides, *matrûny* en Abentarif, y la forma más arabizada *matróna* está en PAlc. y hoy se emplea en Marruecos (Simonet, s. v. *mathróna* y adiciones). El derivado *madroñedo* está en el *Canc. de Baena*, n.º 392, v. 50. En portugués *medronho* es hoy de uso más o menos general, con ésta o con las variantes populares *madronho, modrenheiro, madronheira*, pero a juzgar por la toponimia este tipo domina más completamente en el Sur del País, mientras que en la toponimia del Centro y Norte se hallan *êrvado* y variantes (Leite de V., *RL* IX, 397n.1)[1]; también en España los descendientes de ARBŬTUS son propios del extremo Norte: ast. *érbedo* y *albedro*, alav. y santand. *a(l)borto*, alav., vizc. y rioj. *borto*, arag. *alborza, alborocera; de un cruce de alborto* con *madroño* resultará el ast. *alborniu* 'fruto del madroño' y *albornial* 'madroño' (V); Sajambre *albornio* 'árbol parecido al madroño' (Fz. Gonzz. *Oseja*, 186). En cuanto a Portugal, *medronho* se halla ya, como nombre del árbol, en Jorge Ferreira (h. 1557), pero el colectivo *madronial* ya aparece en una ley sin año, que parece ser de fines del S. XII (Cortesão): luego la forma con *a* también es antigua en portugués[2]. Para más documentación española y portuguesa, vid. Colmeiro III, 522-3. Y adviértase que no designa en todas partes lo mismo, pues en el Bierzo el *madroñeiro* es el serbal, y *madroñal* la serba (Sarm. *CaG*. 142v).

C. Michaëlis, *Misc. Caix*, 1886 pp. 136-7, propuso un derivado de MATŪRUS 'maduro', a saber: *MATURONEUS, porque «el fruto del madroño madura muy lentamente, pero cuando llega a ese estado aparece como el símbolo de la madurez misma, gracias a su color de un precioso rojo púrpura»[3]. Esto es verdad, pero no parece razón adecuada para que se distinguiera de este modo su fruto de los demás domésticos y silvestres que también maduran; así lo observó ya M-L. (*ZRPh*. XI, 270)[4]. Schuchardt en sus investigaciones acerca de los nombres romances de nuestro arbusto se ocupó de *madroño* repetidamente (*ZRPh*. XXVIII, 193-4; XXIX, 223): se inclinaba por un derivado de ARBŬTUS, que en romance presenta variantes en -TRUS, como it. ant. *àrbato, àlbatro*, ast. *albedro*, suponiendo un derivado hispánico *ARBĬTRŎNĔU, de donde *bedroño* (comp. *bed(r)eiro* junto a *erbedro* y *ervedeiro* en gallego, según Sarmiento) y finalmente *medroño* y *madroño*: el cambio en la inicial lo atribuyó primero a influjo de *madera*, *maduro* y *madre*, luego al de *mora*[5] y su familia (a la cual atribuye *meruéndano* y port. *morango*). Estos cruces no son imprescindibles, ya que pudo haber también una mera dilación de la nasalidad. Sin embargo, alteraciones de tipo tan excepcional como ésta, y como la pérdida del AR- inicial, que serían admisibles si se tratase de una forma dialectal moderna, quitan toda verosimilitud a una etimología si es la de un vocablo documentado copiosamente desde el S. X, y que en todas las épocas y en todos los dialectos aparece unánimemente con *m-* inicial. Me adhiero, pues, al escepticismo con que Leite de V. acogió esta etimología (a pesar del apoyo aparente que le da el corso *arbitronu*, *REW* 610).

Con lo cual no quiero afirmar que no haya habido contactos lingüísticos entre los sinónimos ARBUTUS y *madroño*. Nos informó Sarm. de que en la zona del Centro y Noroeste de Galicia se emplea un nombre *albitorno* o *albichorno* para designar una planta, que precisamente me parece resultar de un cruce ya antiguo de los dos tipos ARBUTUS (-ITUS) y MOROTONO-, MOTORONIO- (algo como *ARBITTORNU); la variante *albitorno* la oyó en Noya y en Cerdedo (E. de Pontevedra); en cuanto a *albichorno*, en Bergondo junto a Betanzos (*CaG*. 132r, 133v, 137v, A99r), es alteración muy secundaria, debida al uso contra las lombrices (o *bechocos*), pues la misma planta se conocía como *herba lombrigueira* en Samos, más al Este (aunque no sé si la caracterización de la planta como *lombrigueira* se deberá sólo a la creencia de que ciertos diviesos y carbunclos son causados por bichitos) y como *herba de San Pedro* (seguramente por lo benéfico de su fruto) entre los piadosos clientes del priorato de Cerdedo.

La vió el Padre Sarmiento, quien la describe así en su *CaG*. (99rA): «una planta alta como el verbasco, y tiene hojas muy suaves pero de un verde oscuro. El tallo es cuadrado, y las hojas son menores que las del verbasco. Dijéronme que echaba flores blancas. Sus hojas puestas sobre diviesos, *carafunchos*, etc., los revientan con prontitud. A esos diviesos llamaron allí *pausumas*». Aunque el verbasco y otras escrofulariáceas suelen ser menos altas que un madroño y que se trata sin duda de plantas distintas, lo mismo por los altos tallos que por la circunstancia de echar unas bayas que llaman tanto la atención, y probablemente buscadas por los niños, esta planta y el madroño no parecen ser tan diferentes que no quepa compararlas o relacionarlas.

Lo mismo aquí que en el ast. *albornin* 'fruto del madroño' ha habido, pues, un antiguo contacto entre los dos vocablos: tanto más fácil cuanto que el port. *medronho* nos muestra *e* en la 1.ª sílaba, que las variantes *(a)morote, moruétano, mir(ag)üétano, marganétanu* y *melétano* muestran una -t- (< -TT-) lo mismo que *albitorno*, y que según veremos en la nota 6, muchos representantes del tipo MOROTONO designan plantas todavía más diferentes del madroño, como el arándano y la fresera silvestre.

Especialmente importante me parece el detalle de que el madroño se llama *merodo* en el Bierzo (Fz. Morales) y en otras partes de León (Sarmiento), *morodo, (a)morote, morodeiro, moroteiro* o *morongueiro* en Galicia (Sarmiento, Sobreira), *amorote* junto con *madroño*, gall. NE. *amorólos* 'la fruta del madroño' (Viveiro, Sarm. *CaG*. 236v), *meródio* en el port. de Valpaços (*RL* III, 328)[6]; el mismo nombre designa la fresa[7]: gall. *(a)morote, morodo, morogo*[8], *morobos* y *moroguiños* (Sarm. *CaG*. 135r, pero *morogueiro* 'madroño'), port. *morango*[9]; y el arándano: leon. y ast. *meruén-*

dano, ast. *miruéndano*[10]. Estas varias formas postulan una base MORŎTĂNU o algo parecido[11], que difícilmente podrá creerse mero derivado del lat. MŎRUM 'mora' (contra la opinión de C. Michaëlis, *l. c.,* p. 139-40, y Schuchardt, *l. c.*), frutita muy diferente por su color y demás características: el extraño sufijo (comp. *peruétano*) indica más bien una voz prerromana, como lo es el cat. *maduixa* 'fresa' y su familia (vid. *MAYUETA*). Un *MOROTONIO, derivado del mismo radical, indicaría una fruta parecida al *MOROTŎNU, y de aquél saldría fácilmente una forma metatética *MOTORONIO- que explicaría el nombre romance: el cast. *madroño* y el port. *medronho* presentarían dos disimilaciones vocálicas, diferentes, de la o inicial; el primitivo *modroño* es corriente en el cast. de Galicia (Alvz. Giménez, 43)[12].

DERIV. *Madroncillo* (V. arriba). *Madroñal* 'sitio poblado de madroños' (pero el glosario del Escorial lo traduce por 'arbusto del madroño'). *Madroñero* murc.; *madroñera. Madroñuelo. Amadroñado.*

[1] El tipo *érvedo,* sin embargo, se halla también en puntos de Estremadura y aun, como nombre de lugar, en el Alentejo (*RL* XXIX, 291-2); es vivo en Valpaços (*RL* III, 327), en el Minho portugués (*RL* I, 221), en el gallego del Limia (*VKR,* XI, s. v.), etc.; Sarm.: berc. *hérbedos* (*CaG.* 142v), gall. *herbedos* (45r, 93r), acentuado *-édos* (155v); un deriv. **erbedeiro > *elbedreiro* (con repercusión y disimilación) se redujo a *bedreiro* empleado en Mondoñedo (155v). Cabe incluso preguntarse si el berc. *borrachines* (íd.) no podría resultar en algún modo de ERBUUS (cf. *bêbado,* infra).— [2] Para el cambio en *e* puede compararse el gall. *medroñas* 'zuecos', = cast. *(al)madr(u)eñas,* derivado de *madera.*— [3] En cuanto al sufijo, V. los ejs. citados por D.ª Carolina y por J. de Silveira en *RL* XXIV, 214. La erudita alemana sospecha que el cast. *madroño* sea préstamo gallegoportugués u occidental, en vista de que la forma normal de este sufijo en castellano es *-ueño,* y de que el sufijo mismo es más productivo en gallegoportugués. Así es, en efecto; sin embargo, a veces hay *-oño* aun en castellano: *ponzoña, carantoña.* De todos modos es probable que el vocablo fuese primitivamente ajeno a Castilla la Vieja y que se trate de una forma mozárabe o castellana-nueva. Comp. lo dicho s. v. *CARROÑA.*— [4] Sin embargo, aceptó esta etimología en el *REW,* s. v. MATURUS. También M. P. en su *Manual de Gramática Histórica.*— [5] Que es en el que piensa realmente en *Museum* X, 400, poniendo en relación el vasco y castellano dialectal *metra* (que lo mismo que el cast. *madroncillo* designa la 'fresa') con la vasta familia de nombres vascos, vascoides, célticos e iberorrománicos de la fresa y el madroño. Él los considera representantes del lat. MŎRUM 'mora': con ella se habrían cruzado el vco. *guri* (cf. vco.

mariguri 'mora') y el lat. CELSA (de donde saldría el vco. *masusta,* cf. sdo. *murighessa, -agessa*).— [6] Según *RPF* XI, mapa 18 (encuesta de Boleo) *ameródio* es el tipo reinante para 'madroño' en todo el centro y O. del trasm., *morango* en muchos puntos sueltos del Minho, trasm., Alto y B. Douro y Beira, y *medronho* es general en el centro y Sur del País y aun en muchos puntos del Norte; *érvado* sólo en cuatro localidades junto al límite litoral, entre la Beira y la Estremadura, y en otras cinco entre Beira Baixa y Beira Litoral (la alteración *bêbado* es un portuguesismo *bêbado,* junto al límite de la Beira y en otros puntos del centro de la Beira litoral).— [7] Una localidad del concelho de Anadía (al N. de Coímbra), llamada *Mirógos,* aparece en un doc. de 1101, donde J. da Silveira, *RL* XVI, 153, lee *villa Morongos.* Supongo que ese ms. inédito trae *Morógos* o *Morogõs* con una tilde larga que posiblemente el copista entendía poner sobre la *o* final: de otro modo no se explicaría la forma moderna *Mirógos.* Tendríamos pues ahí el resultado normal de MOROTŎNU en portugués. Desde luego esa nasalidad se desplaza bastantes veces, de donde las formas *morongueiro, -rango,* etc. De todos modos esto es un indicio más de que la base de las formas gall.-port. fué la misma que la de *miruéndano* (o *miruétano*).— [8] De ahí, con pronunciación vulgar gallega, vendrá el *morojo* 'fruto del modroño' que la Acad. registra ya en 1884 sin localizar (no está aún en 1843).— [9] Según la Acad. [ya 1843] *madroncillo* designa la fresa en castellano. Y viceversa *morojo* sería uno de los nombres del madroño.— [10] El *mirándanu* 'fresa silvestre' de Colunga (Vigón) resultará de *miruándanu* con *ua* leonés; de *mir(g)üétano* sale *miragüétanu* (Ribadesella) y luego *marganétanu* (San Jorge); Luarca *abruógano* (Vigón) saldrá de *meruógano, ber-.* Es difícil asegurar si el parecido con el lomb. *morón* 'frambuesa' (Sganzini, *Festschrift Jud,* 1943, 735), monferrino *(a)mrè(j),* lígur *m(er)ellu, murellu* 'fresa' (Salvioni, *KJRPh.* IX, 113), es algo más que casual. Muchas formas del tipo *meruéndano* figuran en las listas de nombres locales de la 'fresa' recogidos en *RDTP* VII, 694-6, y VIII, 195-211: en Galicia *amorote, -oto, amerodo, morogo, morango,* etc.; en Asturias: *miruéndano* en cuatro pueblos, *mirándano* en dos, *viruégano* en dos, *amorogo* en dos, *amorolo* en dos, *abrodo* en dos, *marganétanu* en uno; en la prov. de León, *meruéndano* en cuatro, y sendos pueblos *miruéndano, meiruéndanu, meiruéganu;* en Zamora *amaruóganu,* y *-uéganu,* en Palencia *amiérgano;* en Canarias *marángano, moriango;* en Ciudad Real, *madroño.* Por otra parte *melétano* en Liébana, y *amayueta, mayueta, meta, maita* en sendos pueblos santanderinos; *metra* en otros dos de allá y en uno de Álava; *mayueta* en uno y *amayeta* en cuatro de la Rioja; vasco *marrubi, maruri, maguari, ma(l)ubɩ, maɩuki*, con *marrubia* y *maluquio* en Álava y *márrubi* en Navarra. Agréguese La Lomba *miruéndano*, Tuizı (ast.) *biruégano* y *miruégano* 'fresa silvestre', *BRAE* XXX, 440. Desde luego tienen origen único todas las citadas formas de las provincias leonesas y gallegas, pero no es posible tomar como punto de partida la forma muy localizada *morogo*, como hace *GdDD* 4450a, pues su -*g*- será sin duda antihiática, y la base *MORŬCŬLUM admitida por este filólogo, derivando de MORUM 'mora', difícilmente puede concebirse que se aplicara a la fresa, pero sobre todo la -*ue*- leonesa y la *ò* abierta del gallego desmienten rotundamente tal procedencia fonética. En cuanto a *madroño*, está claro que no puede ser un derivado en -EUS del greco-lat. BOTRYON, -ONIS, 'racimo' (así *GdDD* 1103a).— [11] De MORŬTĂNU *meruédano* y con propagación de la nasal *meruéndano*; por otra parte *moródao* > *morodo* en gallego, *moródeo* > *meródio* en Valpaços; gall. berciano *miródos*, leon. berciano *miruéndano* 'fresa' (Sarm. *CaG.* 14r). Las formas gallegas en -*t*- corresponderían a una variante geminada en -TT-; también *moruétano* (como deberá leerse, y no *moruécano*) en el extremeño Torres Naharro (vid. índice de la ed. Gillet); en cuanto al port. *morango* podría ser derivado del mismo radical con sufijo diferente, o bien resultar de *morangueiro* < *morogueiro*: entonces podríamos comprender esta forma y la gall. *morogo* a base de -ŎDĂNU. Finalmente la inicial primitiva también podría ser MER-, y la terminación -ĒNU u -ŎNU (comp. *abrótano* < *abrótono*). Esto último, que seguramente sería lo mejor, facilitaría la explicación del derivado *MOROTONIO-, que vamos a suponer. Como la terminación -*edo* de *Mondoñedo* hace pensar en un colectivo de nombre de planta, no es infundado sacar ahí a colación el nombre de esta ciudad gallega: una variante *MONOTONIU (o -DONEU?) de esta forma básica, que sería buen punto de partida para un colectivo en -ETUM derivado de ahí, tenía que reducirse a *Mondoñedo* según la fonética gallega; *Mondoñedo* aparece como *Mindunietum* en documentos de la Alta Edad Media, pero era el nombre de un monasterio que suplantó el antiguo de ciudad céltica VALIÁBRIA (< -BRIGA). Creo que *Min*- es una falsa latinización de *Men*-, sea éste disimilado de *Mon*- u originario; pues aunque se ha empleado y se emplea *minduniense* como adjetivo culto de Mondoñedo, no conozco pruebas de *MINDUNIUM en textos antiguos, y aun si las hubiere en época visigótica o del Bajo Imperio todavía nos quedaría la duda de si la inicial era MĬN- o MEN-; se acerca este nombre al diverso lang. *Moutoumet* (< *Molotomietum?) villa antigua en el Aude, región no menos céltica que ésta.— [12] *Madroño* no tendrá nada que ver con el gall. *herva da madróa* 'artemisia vul-

garis L.', port. *madorneira* 'artemisia crithmifolia L.', que Silveira (*RL* XXXIII, 244) explica como derivados de MATRONA por su supuesta utilidad en los partos. Pero son plantas muy diferentes del madroño. De Silveira parece haber sacado Piel (*Festschrift zur 50 Jähre d. Ib.-Am. Inst. Hamburg*, 337) la idea de derivar el cast. *madroño* y el port. *medronho* de un hipotético *MATRŎNEUS deriv. de MATER (no del lat. MATRONA 'dama respetable', pues las formaciones en -EUS ya no eran productivas en la fecha romance tardía en que *matrona* y *comadrona* empezaron a aplicarse a la partera, por lo tanto habría que suponer un sufijo -ONEUS, y éste difícilmente se puede considerar de fecha latina), pero no da la menor prueba de que el madroño se empleara en los partos, y él también reconoce que la *artemisia* nada tiene que ver con el madroño. Ante etimologías tan infundadas semánticamente sólo cabe encogerse de hombros, y ésta se halla contradicha por la *e* del port. *medronho* y por el evidente parentesco con el tipo MOROTON(E)U.

Madrueña, V. *almadreña*

MADRUGAR, del antiguo *madurgar* y éste del lat. vg. *MATŬRĬCARE, derivado de MATURARE 'hacer madurar', 'acelerar', 'darse prisa'; de esta última ac. se pasó a 'levantarse temprano'. 1.ª doc.: *madurgar*, Berceo.

Así aparece en *S. Dom.*, 458c, ms. *V* (pero *madrugan* en *E*); *madurgada* en *Mil.*, 408d, ms. *I* (-*dru*- en *A*, y así en ambos mss. en 288a); la forma en -*dur*- figura también en *Apol.* y en el *Conde Luc.* (ed. Hz. Ureña, p. 105); pero J. Ruiz ya tiene *madrugador* (751d), APal. *madruga* (264b), Nebr. «*madrugar*; *antelucor*», etc. Es palabra de uso general en todas las épocas, pero sólo conservada en castellano y portugués, donde también se pasó a *madrugada*, -*ugar* desde la forma antigua *madrugar* [*Ctgs.* 105.109], *madrugada* [íd. 1.52, 32.49, etc.]. Ya en latín clásico el adverbio MATŪRE tendía a significar no sólo 'pronto', sino también 'temprano', y aun llega a 'de mañana' o 'de madrugada' en el latín lleno de vulgarismos de la hispana Eteria (S. V), para la cual constituye palabra favorita (V. el léxico especial de W. van Oorde), p. ej. «alia die *maturius* vigilantes rogavimus presbyteros...» (ed. Geyer, 43.2). En las Glosas de Silos se halla *de maturi* 'de noche' (n.º 16)[1].

DERIV. *Madrugada* [Berceo, vid. arriba]. *Madrugador*. *Madrugón* [*dar un madrugón* 'abandonar la posada sin pagar', *La Ilustre Fregona*, ed. Cl. C., p. 255; Quevedo, etc.; o en general 'levantarse muy temprano para dejar engañado a alguno', *Aut.* y ya en Paravicino, h. 1620, *RFE* XXIV, p. 315; en Cuba es 'anticiparse', pero se usa preferentemente para las malas acciones; para ello y ejs. clásicos, vid. *Ca.*, 35; para el uso en germanía, vid. Hill, *Voces germanescas*]. *Madruguero*, and.

¹ En la Arg. es muy empleado *madrugar* como transitivo en el sentido de 'anticiparse (a la acción de otro)': «la sacaba a bailar uno, y a la pieza siguiente... otro; de cuando en cuando intervenía un tercero que *los madrugaba* antes de empezar la música» (F. Silva Valdés, *La Prensa de B. A.*, 22-IX-1940). Así ya en un entremés anónimo del S. XVII («*madrugábalo* el aldeano y cómo lo *madrugaba*», *NBAE* XVII, 59). Otras veces es 'sorprender (al enemigo, en una pelea)': «usté es muy valiente, que siempre ha dado trabajo...—Cuestión de no dejarse *madrugar*» (Eliseo Montaine, *La Prensa*, 11-V-1941), y aun 'destripar, matar' (Mendilaharzu, *La Prensa*, 29-IX-1940); comp. A. Alonso, *Probl. de la L. en Amér.*, p. 83.

MADURO, del lat. MATŪRUS íd. *1.ª doc.:* Berceo.

También en J. Manuel, J. Ruiz, etc. De uso general en todas las épocas y común a todos los romances.

DERIV. *Madurez* [APal. 158*b;* *madureza*, ant., J. Manuel; APal. 66*b;* Nebr.]. *Madurar* [J. Ruiz; intr., APal. 66*b*, 269*b;* tr. y refl., Nebr.] de MATŪRARE íd., común a todos los romances salvo el fr. y el rum.; *maduración*, antes *madurazón; maduradero*¹; *madurador; maduramiento; madurante; madurativo.* Cultismos. *Inmaturo. Prematuro* [*Aut.*].

¹ En Cuba 'secadero de tabaco' (*Ca.*, 211).

Maello, V. *maguillo* *Maese, maeso*, V. *maestro*

MAESTRO, del lat. MAGĬSTER, -TRI, 'jefe, director', 'maestro, el que enseña'. *1.ª doc.: maistro*, doc. de 993; *maestro*, doc. de 1194 (Oelschl.).

De uso general en la lengua literaria (Berceo, etc.) y en todos los tonos del idioma; común a todos los romances¹. Las acs. secundarias son numerosas (p. ej. 'cirujano' en *Alex.*, 1691). Variante leonesa: *mestro, Alex.*, 213 (comp. port. *mestre*); en América *máistro* (p. ej. Carrizo, *Canc. de Jujuy*, glos.)², alguna vez *mestro* (*mestra,* Draghi, *Canc. Cuyano*, p. 322). Gran extensión tiene la antigua pronunciación reducida *maesso*, especialmente como tratamiento de consideración de tono popular, en particular dirigido a artesanos, músicos y otra gente de condición modesta³; de ahí que *maessa* pueda tener ac. fuertemente despectiva (ejs. en la ed. del *Rey en su Imag.* de Vélez de Guevara, *T. A. E.* III, v. 80 y pp. 132-3). En cuanto a la variante *maestre*⁴ y luego *maesse*, general en portugués (*mestre*)⁵, no creo que su *-e* se explique por tratamiento semiculto partiendo del nominativo MAGISTER (M. P., *Manual*, § 74), pues sería difícil explicar entonces la evolución po-

pular de -GĬ-, ni por préstamo francés, como suelen admitir los filólogos portugueses (vid. Nascentes) (ya el francés antiguo dice *maistre* y no *maestre*), pero es lícito vacilar entre la conservación del vocativo MAGĬSTER, dado el gran empleo en interpelaciones (¡*Maesse Pedro!*), y un préstamo del cat. ant. *maestre* (en parte oc. ant. *maistre): esto último parece indicado por el empleo caballeresco (*maestre de orden, maestre de campo*), náutico ('segundo de navío', ya 1478, Woodbr.; APal. 297*b;* ejs. en *Aut.; maestres de raciones* y *de plata*), gastronómico (*maestresala*, ya APal. 125*d*) y en la burocracia de la Corona de Aragón (*maestre racional, maestre de hostal*), esferas todas donde el influjo catalán se dejó sentir fuertemente en los últimos siglos de la Edad Media; lo más probable es que colaboraran las dos causas, siendo debido *maestre* principalmente al catalán-occitano, y *maesse* principalmente al uso vocativo.

DERIV. *Maestra* [Berceo; en germanía 'cierta trampa en el juego de naipes', vid. Hill]; *maesa* (V. arriba); *maesilla. Maestrado. Maestraje* (pero quizá haya ahí una mala inteligencia por parte de los autores del dicc. Acad.: se puede tratar del catalanismo *mastredaje*, para el cual V. *AZUELA*). *Maestral* [Nebr.]; en la ac. 'viento Noroeste' [1495, Woodbr.; h. 1580, Cervantes, *Galatea*] se tomó del cat. ant. *maestral* (hoy *mestral*, oc. *mistral*), así llamado probablemente por ser, en la Galia Narbonense, el viento dominante; *maestralizar. Maestrazgo* [-*adgo*, Nebr.]. *Maestrear. Maestresa*, ant. (tomado del cat. ant. *maestressa*, formación necesaria en este idioma donde *maestre* y *maestra* se pronuncian igual). *Maestría* [Berceo; 'remedio, medicamento', *S. Dom.*, 389, *mestría* íd. *Alex.*, 2088]. *Maestril* o *maesil. Maestrillo. Amaestrar* [*maestrar*, Berceo, y así hasta el S. XV, Cuervo, *Dicc.* I, 396-7; *ama-*, Santillana, Nebr.]; *amaestramiento* [Nebr.]; *amaestrado; amaestrador; amaestradura;* del antiguo *maestrar* vienen *maestrante* [*Aut.*] y *maestranza* [íd.]. *Contramaestre*⁶, tomado del cat. ant. *contramaestre.* Cultismos. *Magistrado* [-*ato*, Mena, *Yl.* (C. C. Smith, *BHisp.* LXI); APal. 88*d*, 259*b*], de *magistratus, -ūs*, 'magistratura', 'funcionario público'; *magistratura. Magistral* [ley de 1543, *N. Recopil.*, en *Aut.*], de *magistralis* íd.; *magistralia. Magisterio* [APal. 30*b*, 259*b*], de *magisterium* 'jefatura', 'función de maestro'; *magisterial.*

CPT. *Maestramente* [-*mient(r)e*, *Apol.*, 94, *Alex.*, 1958]. *Maestrescuela* [1290, *BHisp.* LVIII, 361; Nebr.]; *maestrescolía. Maestregicomar* 'juego de manos', parece resultar de un cruce entre el equivalente *Maese Coral* [1599, Fr. P. de Vega; más ejs. en Cej., *La L. de Cervantes*, s. v., y en Fcha.; una explicación etimológica en Covarr.] y el fr. *jaquemart* [1422], oc. ant. *jacomart* [1472], 'pandorga, estafermo', 'títere que da las horas en un reloj', 'juguete donde varios títeres golpean un yunque' (*FEW* V, 10*a*), procedentes a su vez del nombre propio de persona *Jacquemart*, derivado del fr. ant. *Jác(que)me*, lat. JACŎBUS; hay variantes *masecoral* y *masejicomar*. *Maselucas* 'cartas' gnía. está por *Maese Lucas*; en el propio Juan Hidalgo los naipes se llaman también *lucas*, y en Germanía [5] se empleó *luca* f. 'carta, billete o naipe', que quizá viene del fr. *luque* «faux certificat» (Hill, *Voces Germ.*, s. v.), por alusión a la Santa Imagen de Lucca; Spitzer, *Biblos* XXV (1950), apoya la identificación con la Santa Imagen de Lucca. Seguramente [10] hay que partir de *lucas* 'juego de cartas' (por los naipes que llevaban dicha imagen), de donde la formación jergal *ma(e)selucas*, por alusión humorística a los nombres de juegos *Maese Coral* y *Maestre Gicomar*. *Maestrepasquin. Maestresala* [15] [h. 1400, Glos. del Escorial y de Toledo; Nebr.].

[1] *Maizter* (o *ardi-maizter*) 'mayoral, zagal mayor' vasco salac. y ronc., *maister*, *-star*, *-zter* 'inquilino' bazt., salac., Aldudes, guip., *maistru*, *-türü* 'carpintero' b. nav.— [2] I. Moya, *Romancero* [20] *Argentino*, I, 143, cita dos ejs. de *maestro* como bisílabo ya en Luis de Tejeda (a. 1661); lo cual no es seguro que indique una pronunciación igual a la argentina y aun ni siquiera un verdadero diptongo *ae*.— [3] «Señor *maeso*» hablando [25] a un sastre en *El Licenciado Vidriera* (*Cl. C.*, p. 60), al Loaisa del *Celoso Extremeño* (p. 135), etc.— [4] «*Maestre* Bernalt, arcidiano de Nájera», doc. navarro de 1227, M. P., *D. L.*, 86.32.— [5] También *mestre* en el léxico leonés del *Alex.*, [30] 183, 1958.— [6] Para *contramaestre de muralla*, vid. *BRAE* XII, 398-402.

Mafa, V. *moho*   *Magadaña*, V. *magaña*

MAGANCÉS, 'traidor, dañino, avieso', del [35] nombre del Conde Galalón de Maganza (Maguncia), personaje de la *Chanson de Roland* y de la *Historia de Carlomagno*, famoso por su traición, que puso la vida de Roldán a merced de los moros. [40] *1.ª doc.*: 2.ª mitad del S. XIV, *Mocedades del Cid*, 2.ª parte, I, 652.

Es frecuente en los clásicos: sale en Fco. Pacheco (1569), Guillén de Castro, Cervantes, Quevedo, *Entremés de Mazalquivi*, etc.[1]. También en [45] otros romances: it. (raro), romanesco *maganzese* 'traidor', Bologna *maganzèis* «finto, mentitore», «ragazzo robusto, ardito, vivace» (*ARom.* XX, 202-3n.); val. *magancés* «mojigato o mogato», *magancesa* «mojigata, gazmoña» (Sanelo). La forma [50] *Magantia* en lugar de *Mogontia* o *Maguntia* se halla ya esporádicamente en los SS. IV y V, en una fórmula de St. Denis (S. VIII), etc. (Pirson, *RF* XXVI, 857). De *magancés* secundariamente se derivó el abstracto *magancia* «astucia o habilidad en [55] provecho propio y con perjuicio del prójimo; maula, engaño, bellaquería, maña, picardía, perfidia» (Román), «trapacerías, ademanes para emborrachar la perdiz, engañar» (G. Maturana, *D. P. Garuya*, Glos.) en Chile, *hacer maganza* «ociar u holgaza- [60]

near, esto es dejar el trabajo, darse al ocio» en el Ecuador (Lemos, *Semánt. Ec.*, s. v.), *maganza* 'acción de holgazanear o remolonear' en Colombia, que Cuervo, *Obr. Inéd.*, 236, quisiera derivar de *manga* por un proceso semántico y fonético inverosímil; de ahí, por otra parte, costarriq., colomb. *maganzón* 'remolón, holgazán', domin., cub., venez., ecuat. *manganzón*[2]; en Chile dicen *magancier* por 'bellaco, astuto, ladino', y según Toro G. (*BRAE* VII, 458) Lope empleó *magacería*[3] (¿errata por *magancería*, registrado por la Acad.?).

DERIV. Trato a continuación de algunas palabras que aunque no derivan realmente de *magancés*, han sido relacionadas con este vocablo así por el pueblo como por los eruditos, y han sufrido verdaderamente la influencia de este vocablo. *Macandón* 'camandulero, maula' [h. 1500, Juan del Encina; Lucas Fernández, ed. 1514, fº D 55 vº b], del nombre de Macandón, escudero del Rey Lisuarte en el *Amadís de Gaula*, que a más de 60 años solicita de Beltenebrós que le arme caballero, ceremonia que se realiza en medio de la algazara de las doncellas de palacio; Villasandino en el *Canc.* de Baena escribió «E pues no tengo otra renta / quise ser con grant razón / el segundo *Macandón*, / que después de los sessenta / comenzó a correr tormenta / e fué cavallero armado» (vid. ahí nota de Pidal, p. 652).

De *macandón*, por influjó de *magancés*, quizá combinado con una metátesis de sonoridad u otra alteración, se sacaría el adjetivo *maganto* 'triste, pensativo, flaco, descolorido y macilento' (*Aut.*), empleado ya en unas coplas de la Academia de Villamanta en 1592 («tan *magantas* quijadas», *BRAE* II, 202) y luego en Fonseca (1596) y en la *Pícara Justina*; de ahí el murc. *maganteria* 'tristeza, flojedad' (Sevilla) y el chilote *magantez* (Cavada)[4]; aunque quizá *maganto* no tenga relación con *macandón* y se haya extraído sencillamente de *magancia* según el modelo de *vagante ∿ vagancia* (pero desde luego no son meras variantes fonéticas de éstos, como dice *GdDD* 7001).

[1] Véase documentación en E. Mérimée, *BHisp.* XIII, 288-233 (comp. Hämel, *ZRPh.* XXXIX, 242-3); Rz. Marín, ed. del *Quijote*, 1916, I, p. 92; Fcha.; Román, s. v. *magancia*, *-ciero*. Otro más: «chirriaba la muchacha / y el séquito *magancés* / zurriando como avispas / repicaban a coger», Quevedo, *Musa* VI, romance LXIV.— [2] Brito («sin oficio, vago»), Pichardo, *Catauro* (p. 262), Rivodó (p. 253), Calcaño (p. 239), Lemos (*Semánt.*, s. v.).— [3] Es sumamente curiosa la forma *magatias* que ya se halla en las Glosas de Silos, 2.ª mitad del S. X, y podría tener importancia para el estudio de la antigüedad de la leyenda épica de Roldán y su temprano influjo en España. Por desgracia el sentido es oscuro. El texto del penitencial es «Qui in saltatione femineum abitum gestiunt et monstruose fingunt et malas et arcum et palam et his similia exercent

1 annum peniteant». *Monstruose* lleva la glosa «qui tingen lures faces» y *malas* lleva la glosa *magatias*. Así no se entiende. Desde luego habrá que borrar el *et* que precede a *malas*. Quizá hubo confusión entre la llamada de las dos glosas, y la primera traduce *fingunt malas* (que el glosa-dor entendió como equivalente de *tingunt malas*; recuérdese que *faces* se empleaba como sinónimo de 'mejillas'); entonces *magatias*, aplicado a *monstruose*, sería uno de los casos numerosos en que nuestro glosador pone un sustantivo donde haría falta un adverbio; debería suplirse una til-de sobre la segunda *a*, leyendo *magantias*.— ' No creo que se trate de una alteración de *vacante*, como sugiere ˎMalkiel, *Univ. of Calif. Publ. in Ling.* I, 271n.37, aunque éste pudo influir fo-néticamente. Tampoco parece haber relación con el gitano *mangante*, a no ser secundaria (vid. *MANDANGA*).

Magancia, V. *magancés*   *Maganel*, V. *manga-nilla*   *Maganto, maganza, maganzón*, V. *magan-cés*

MAGAÑA, en este vocablo del diccionario se han confundido dos palabras diferentes: *magaña* 'defecto de fundición en el arma de un cañón de artillería', tomado del it. *magagna* 'defecto', deri-vado de *magagnare* 'echar a perder' (hermano del fr. ant. *mahaignier* y cat. *maganyar*, quizá de ori-gen germánico); y el cast. ant. *madagaña, maga-daña*, 'espantajo', 'fantoche', 'armadijo', cat. dial. *madoganya*, de procedencia oscura: quizá estas úl-timas formas son hermanas del cat. dial. *marfana, marfanta*, 'fantasma', 'mujer mala', gnía. *maraña*, port. *marafona* y *magana* 'prostituta', y vienen del ár. *már'a ḫáná* 'mujer de burdel'. *1.ª doc.*: 1.ʳ vo-cablo, 1708, Tosca (*Aut.*); 2.º vocablo, *magadaña* o *madagaña*, J. Ruiz.

Magaña 'defecto de fundición en el cañón de artillería' es extranjerismo técnico con raíces super-ficiales en castellano, mientras que su étimo el it. *magagna* 'defecto' es palabra de uso general y an-tigua en este idioma; la averiguación de su etimo-logía no corresponde a este diccionario: la estu-diaré en mi *DECat.* y mientras tanto véase *REW* 5239[1].

Aut. registra sólo la ac. artillera, pero en Acad. 1843 se halla ya una segunda ac. 'engaño, astucia, ardid', de la cual parece ser responsable Ramón Cabrera († 1833), quien en su póstumo *Dicc. de Etimologías* reunía el *magadaña* del Arcipreste con un *magaña* o *malaña*[2] anticuado que significaría «engañifa, añagaza, artimaña para engañar, como la figura que se pone para espantajo de los pája-ros»; sin embargo, este significado es propio del *magadaña* del Arcipreste, mientras que de *magaña* no hay testimonios seguros sino en el significado artillero[3]. Juan Ruiz emplea el vocablo en dos pa-sajes: «muchos creen que guarda el viñadero el

paso, / e es la *magadaña* que está en el cadahal-so» (1442*d*), donde se trata de un refrán bien conocido que alude al espantapájaros montado sobre un armazón de tablas (*cada*(*h*)*also*). Así en el ms. *S; T* escribe *magdagaña* enmendado en *magadaña*, y *G magadagana*. En otro pasaje, donde sólo disponemos de *S*, se lee, hablando del men-sajero que le robó su amada, Cruz: «ca ante nin después non fallé en España / quien ansy me feziese de escarnio *magadaña*» (122*d*); *magadaña de escarnio* será 'espantajo o figurón de escarnio', quizá refiriéndose a una pandorga o estafermo víc-tima de los golpes de todos los caballeros. Aunque palabra más bien rara, siguió empleándose hasta mucho más tarde, pues el aragonés H. de Luna, continuador del *Lazarillo*, escribe h. 1620; «la vieja y la hermana, que vieron tan rendidos a los dos Roldanes, se llegaron a ellos y los desarma-ron...; como vi que aquellas *madagañas* no eran lo que parecían, me animé y acometí a ellos» (Rivad. III, 122), «las sandalias me podían ser-vir de cormas porque no tenían suelas... con esta f i g u r i l l a fuí a ver a mi amo, que me había enviado a llamar, el cual espantado de ver aquella *madagaña*, le dió tal risa que... me preguntó la causa de mi disfraz» (ibid., p. 113): seguimos, pues, con la ac. 'figurón, fantoche, espantajo'. En el *Tratado de las Colmenas* del aragonés Jaime Gil (1621) *malagaña* es 'armadijo formado sobre cuatro horquillas para que en él paren los en-jambres', V. el texto en la edición de J. Ruiz por Cejador.

El vocablo sigue empleándose hoy en el centro y Norte de Cataluña: *madoganya* en Andorra, *maduganya* en Castellbò, *madugany* en la Seo de Urgel y en Puigcerdá, significa 'espantapájaros' (*ALC*, mapa 188; Griera, *Tresor*, s. v.); cerca del Talladell (Segarra) existe un vértice de triangula-ción *Maduanya* (según el mapa del *Inst. Geogr. y Catastral*, a 1:50000, hoja de Cervera); *maga-nya de sècà* aparece como insulto en un texto de Castellón de la Plana por J. Barberà (*Bol. de la Soc. Castellon. de Cult.* XXIV, 185), y vendrá de *madaganya*, en este dialecto que pierde las *d* intervocálicas[4].

Está claro, por la sílaba *-da-*, que este vocablo no es idéntico al cat. *maganya* 'defecto', it. *maga-gna* íd., aludidos arriba. En cambio, por lo menos en lo semántico, parece haber relación con el gru-po de vocablos siguientes: cat. dial. (¿Maestraz-go?) *marfana* 'mujer necia' («ximpla»), Tortosa *marfanta* 'mujer mala, mujer cualquiera, mujerzue-la', 'mujerona alta y gruesa', 'fantasma', y el que se disfraza de aparecido con el objeto de espantar a la gente' (*BDC* III, 102; Griera, *Tresor*; Ag.), port. *marafona* 'prostituta', gnía. *maraña* íd. [1609, J. Hidalgo], port. *magana* íd. [1715, Bluteau][5], de donde *magano* 'impúdico, lascivo', 'hombre bajo, que hace acciones indignas', 'malo, malicioso, be-llaco' (Bluateau), «mariola, homem vil» (Moraes), *magana* 'tocata, música antigua' [1538, Jorge Ferreira]. Según indiqué en *BDC* XXIV, 26-27, no hay dificultad alguna en derivar el port. *marafona* y el cat. *marfana* del ár. *már'a ḥáná* 'mujer de burdel' (*már'a* 'mujer' es palabra generalmente conocida, y *ḥáná* 'burdel', 'coito ilícito', 'deshonestidad', se halla en el hispano R. Martí y en muchas fuentes vulgares). El paso de *ḥa* a *fo* en portugués está en regla fonéticamente (Steiger, *Contrib.*, 311, n. 1), y la pérdida de una *a* átona tras *r* es también corriente en catalán moderno; en cuanto al cambio de *marfana* en *marfanta*, se debe a cruce con *farfanta* 'bribona' (para cuyo origen V. *FARFANTE*); también es probable que gnía. *maraña* resulte de *marahana, -aña*; de 'prostituta, mujerzuela' se pasa fácilmente a 'mujer de mala figura' y 'espantajo'. En cuanto a *madagaña*, el cambio de *ḥ* en *g* no ofrecería dificultad, pues es bastante usual, pero ya es más sorprendente la sustitución de -*r*- por -*d*-, aunque sería natural la forma arag. *malagaña*, pues esta *l* (< *r*) es muy corriente en los arabismos; sin embargo, pudo haber una contaminación, y no olvidemos que el paso inverso de una -*d*- arábiga a -*r*- romance es un hecho conocido (p. ej. en *JOROBA* o en *BERENJENA*, y V. más ejs. en *BDC* XXIV, 37), que pudo dar lugar a ultracorrecciones[6]. Para el and. y santand. *magaña* = *LEGAÑA*, V. este último artículo[7].

[1] *Maganyar* es palabra bien viva en muchas hablas catalanas, y *maganya* 'defecto oculto' ya se encuentra allí en la Edad Media (*Consulado de Mar*, cap. 332); sin embargo, tratándose de un término técnico militar de aparición tardía, el cast. *magaña* debe ser italianismo y no catalanismo.— [2] Éste debe de ser errata del diccionario de Cabrera (cuya impresión no pudo vigilar el autor) en vez de *malagaña*, que es la forma que se halla en el texto de Jaime Gil citado por Cabrera a continuación.— [3] Claro que es posible que *magadaña* pasara vulgarmente a *mag(a)año* al debilitarse las *d* intervocálicas; pero no consta que así sucediera en castellano.— [4] Quizá tenga el mismo origen *maganya* como nombre de pájaro, que leo en una nota manuscrita del Sr. Porcar, de Castellón de la Plana. Dudo que sea el ár. *muġánniya* 'cantadora' (Dozy, *Suppl.* II, 230).— [5] Empleado en Serpa (junto al Guadiana), según Fig.; en portugués general valdría 'mujer jovial y desenvuelta'.— [6] La sustitución de -*ana* por -*aña* se halla en otros arabismos (vid. *HAZAÑA*), y en general es alternancia frecuente en castellano (V. ejs. en dicho artículo).— [7] Es probable que la familia de nuestro *madagaña* haya sufrido contaminación con la familia de *MANGANILLA* (véase). Parece asegurado si tenemos en cuenta que en el pasaje de la *Gr. Conq. de Ultr.* que cita el *DHist.* la forma *almagaña* de la ed. de 1503 sustituye, según creo, al *manganilla* de la ed. Rivadeneyra. En rigor cabría pensar en una anaptixis *managaniella,

-*ñella*, de donde el derivado regresivo y disimilado *madagaña* o *malagaña*. Pero dudo de que sea esto, sobre todo no creo que sea el origen único, pues una anaptixis tras nasal es fenómeno inusitado.

Magar, V. *maguer*   *Magarza*, V. *alharma*   *Magazén*, V. *almacén*

MAGDALENA, 'bollo pequeño, a modo de bizcocho, pero con más harina y menos huevo', quizá llamado así porque se emplea para mojar y entonces gotea «llorando como una Magdalena». *1.ª doc.*: Acad. 1869, no 1843.

Madalena o vulgarmente *maladena, malaena*, es muy popular en este sentido en todo el País Valenciano, incluyendo el Maestrazgo[1]. Según Spitzer (*Litbl.* XLIX, 363-4) tienen el mismo sentido el it. *maddalena* y el fr. *madeleine*; Spitzer propone la explicación semántica arriba indicada, comp. ingl. *maudlin* 'lloroso', 'embriagado'; V. allí para bibliografía y otras posibilidades más remotas[2]. No creo se trate de una alteración por etimología popular del término farmacéutico *magdaleón* «rollito largo, redondo y delgado, que se hace de cualquiera especie de emplasto, para ir partiendo las porciones que es necesario despachar» [1706, Palacios, en *Aut.*], tomado del gr. μαγδαλία 'masa de pasta'.

[1] En la pieza de Escalante († 1895) *Jeroni i Riteta*, el padre que devuelve sus versos al enamorado de Riteta le dice «tinga, per a empaperar *maladenetes*». *Malaena* es vulgarismo de la ciudad y huerta de Valencia (M. Gadea, *Tèrra del Gè*, II, 156) en lugar de *madalena*, empleado en el Sur, y p. ej. en Benassal.— [2] Para Magdalena como símbolo del llorón, comp.: «¡Vive Dios que me atraviese / esta daga!—LAURENZIA. Quedo, quedo, / que no soy de las que crehen / en *Madalenas* de amor», Lope, *Marqués de las Navas*, v. 379.

Magdaleón, V. *magdalena*   *Magia, mágica, mágico*, V. *mago*   *Magín, maginar*, V. *imagen*   *Maginacete*, V. *menjurje*   *Magisterial, magisterio, magistrado, magistral, magistralía, magistratura*, V. *maestro*

MAGLACA, granad., 'compuerta en una acequia', del hispanoár. *maġlaqa* 'cierre', derivado de *ġállaq* 'cerrar'. *1.ª doc.*: 1672, Ordenanzas de Granada; Acad. 1899.

Eguílaz (1886), p. 441. Comp. *Mola de Maclac*, nombre de un cerro grandioso e informe que cierra el paso del desfiladero del Regatxol, en los Puertos de Beceite.

Magnanimidad, magnánimo, magnate, V. *tamaño*

MAGNÉTICO, tomado del lat. *magnetĭcus* y éste del gr. μαγνητικός 'relativo al imán', derivado de μάγνης, -τος 'perteneciente a Magnesia'; 'imán', por la mucha piedra imán que se encontraba en las cercanías de esta ciudad de Asia Menor. *1.ª doc.: Aut.*

DERIV. *Magnete* ant. 'imán' (*Alex., P*, 1450c; alterado en *magnera* por el ms. *O*), se tomó de esta última palabra griega por conducto del lat. *magnes, -ētis. Magnetismo* [*Aut.*]. *Magnetizar; magnetización; magnetizador. Magnesia*, primeramente nombre de la manganesa, así llamada por su parecido con la piedra imán; *magnesiano; magnésico; magnesio; magnesita.*

CPT. *Magneto*, abreviación de *máquina magneto-eléctrica.*

Magnificador, magnificar, magníficat, magnificencia, magnífico, magnílocuo, magnitud, magno, V. *tamaño*

MAGNOLIA, tomado del lat. científico *magnolia*, creado por Linneo en honor de Magnol, botánico francés del S. XVII. *1.ª doc.:* Terr.; Acad. 1869, no 1843.

DERIV. *Magnoliáceo.*

MAGO, tomado del lat. *magus* 'mago, hechicero', y éste del gr. μάγος íd. *1.ª doc.:* Berceo.

Aplicado a los Reyes Magos en Berceo; aplicación general en APal. 182b, 259b, 529b. Bastante común en el lenguaje escrito, pero siempre culto.

DERIV. *Magia* [1615, *Quijote* II, xiv, 51], tomado del lat. *magīa* y éste del gr. μαγεία íd.; antes se dijo *mágica* o *arte mágica* (Oudin, etc.). *Mágico* [*Corbacho* (C. C. Smith, *BHisp.* LXI); APal. 17d, 207b], de *magĭcus*, griego μαγικός. De MAGĬCUS por vía popular (*maïgo > *meigo*) viene el leon. *meigo* 'brujo', de donde en port. *meigo* 'blando, afable, cariñoso'[1], cast. dial. *mego* íd. (Covarr.], pasando por 'encantador' (C. Michaëlis, *Misc. Caix*, 138; *ZRPh.* VII, 113; G. Paris, *Rom.* XII, 412; M-L., *ZRPh.* XI, 270); de ahí el derivado *meguez.*

[1] Antiguamente *meiga* 'impostura, artimaña insinuante': «meteu una taleiga / pouc'aver e muita meiga» en una cantiga de escarnio de Alfonso el Sabio (R. Lapa, *CEsc.* 24.20). Pero el gallego conserva hasta hoy el sentido originario: *meigo* 'brujo', encantador, embelesador', *meiga* 'bruja, mujer que pretende haber pactado con el demonio' (Vall.), 'bruja' y «mujer encantada, hermosa» (Lugrís), *meigallo* 'hechizo', *meiguice* (Lugrís) o *meiguería* 'brujería' (largo artículo éste, de sumo interés folklórico, en Vall.); gall. *meiga do mar* (pez también llamado *bruxa* y *feiticeira*) 'especie de lenguado capaz de andar en seco' (Sarm. *CaG.* 81r, cf. pp. 194-5).

Magoria, V. *mayueta   Magostar, magosto*, V. *agosto   Magrande*, V. *mama*

MAGRO, del lat. MACER, -CRA, -CRUM, 'delgado'. *1.ª doc.:* Berceo.

En *Mil.*, 874b es más bien 'escaso'. Hasta el Siglo de Oro es corriente aplicarlo a personas y animales como sinónimo de 'delgado, flaco', lo contrario de 'gordo' (ejs. hasta María de Ágreda, 1660, en *RFH* XXV, 248ss.), p. ej. «*crocotilum*, muy *magro*: Plautus: con los tovillos torcidos e las pernegüelas *magrillas*» (APal. 99b); pero ya en el S. XVII tiende a generalizarse la aplicación a la carne sin gordura, desprovista de grasa o sebo (así ya en Quiñones de B.), que hoy ha predominado. Palabra de uso general en todas las épocas y común a todos los romances.

DERIV. *Magra* 'lonja de jamón' [*Aut.*; en Albacete 'jamón', *RFE* XXVII, 242n.]. *Magrez* [*magreza*, APal. 131d, 258b, 265d, 459d; Nebr. íd.]; *magrura* [Acad. ya 1914]. *Magrujo* [1615, Villaviciosa; como vulgarismo en P. Espinosa, 1625, *Obras*, ed. Rz. Marín, 196]. *Enmagrecer* [Nebr.], antes también *magrecer* [Nebr.]. Gall. re-*magarido* 'flaco, aplicado a vivientes' (Sarm. *CaG.* 110r). Cultismos. *Demacrarse; demacración. Emaciación*, derivado culto de *emaciare* 'hacer poner delgado', derivado de *macies* 'delgadez', de la misma raíz que *macer. Macilento* [1640, Saavedra F.], de *macilĕntus* íd., también de esta raíz. Cf. *MACIENTO.*

MAGUER, ant., 'aunque', 'a pesar', del gr. μακάριε 'feliz, bienaventurado', vocativo de μακάριος, adjetivo de este significado; *maguer* significó primitivamente 'ojalá', ac. que todavía conserva en algún texto arcaico y en el it. *magari*, y de ahí pasó a tomar valor concesivo, por una especie de cortesía demostrada al interlocutor afectando desear que suceda lo que él nos objeta. *1.ª doc.: macare ke siegat* [= *maguer que sea*], traduciendo el lat. *quamvis*, en las Glosas de Silos, n.º 281, 2.ª mitad del S. X; *maguer, Cid*, etc.

Es voz frecuentísima en la Edad Media, especialmente hasta el S. XIV. No hay por qué repetir los muchos ejs. que pueden hallarse en M. P., *Cid*, 739, en los glosarios del tomo 57 de la Rivad., en Oelschl., *BKKR*, etc.[1]. J. Vallejo, *Homen. a M. P.* II, 68-71, estudió la progresiva decadencia del vocablo, debida al carácter plebeyo que fué tomando a fines de la Edad Media: el primero en evitarlo fué D. Juan Manuel, que con su fina sensibilidad aristocrática, introduce el neológico *como quiera que*; todavía es frecuente *maguer* en Villasandino, pero Santillana ya casi sólo lo emplea por necesidad métrica y nunca en prosa, y por esta época lo evita ya el común de la gente[2]; después sigue hallándose en los poetas, pero en el S. XVI se había enrarecido hasta el punto de que Juan de Valdés apenas lo recuerda, si bien no se muestra tan severo con su variante *maguera*: «*maguera*, por aunque, poco a poco ha perdido su reputación»; en el *Cancionero General* lo hallo usado de muchos en coplas de autoridad, como en aquella: *maguer que grave te sea...»* (*Diál. de la L.*, 112.20); y en tiempo de Lope la condenación había trascendido hasta el nivel popular y femenino[3]. La variante *maguera* es también antigua, pues ya aparece alguna vez en Berceo (*S. Or.*, 138) y en otros autores de los SS. XIII y XIV (J. Ruiz, 749*d;* *Tratado de la Doctrina,* 137; *Rim. de Palacio*, 889, 912), y después conserva mayor vitalidad que la otra variante, en textos de los SS. XV y XVI, y aun en el habla rústica de la mujer de Sancho Panza: es la única forma que registra Nebr. y la que mejor recuerda Valdés. Pero pronto tendió a especializarse en frases concesivas incompletas, como *maguera bobo, maguera niño, maguera muy mansito,* y en ellas tomó por razones rítmicas la acentuación secundaria *máguera,* que nos atestigua como aldeana el Maestro Correas (1623)[4]. Como observa Vallejo, difícilmente puede explicarse esta variante como las vulgares *asina, allina, aquina,* que sólo afectan a adverbios y el empleo adverbial de *maguera* es raro (*Alex.*, 2006; *Apol.*, 380); pero tampoco creo que haya aglutinación en frases como *maguer avino,* que no son muy frecuentes: a mi entender *maguera* nació de confusión con el verbo *ser* en el uso muy frecuente del tipo *maguer era niño* (*óvo lo de vencer*) > *maguera niño*[5]. Para el ast. *magar* 'cuando, desde que' y su explicación sintáctica, V. el trabajo de Vallejo. Esta variante *magar* se halla en textos leoneses desde antiguo (Fuero de León, Fuero Juzgo, *Alex.*, 73; doc. de 1243, Staaff 77.23) y en la *1.ª Crón. Gral.*, 647*b*26, 662*a*37 (pero *maguer* 180*a*7, 393*a*4, 645*b*49); *macar* en gallego antiguo, en un fragmento de traducción de las *Partidas* (*RL* XIV, 71) y R. Lapa, *CEsc.* 19.3, 23.9, 26.44; *mákkar* 'por lo menos' y 'aunque' en mozárabe (PAlc.): ambas se explican teniendo en cuenta la etimología.

La grafía *magüer,* que aparece primeramente en 1705 y es admitida por la Acad. desde 1780 hasta fines del S. XIX, es disparate que no tuvo nunca existencia en el lenguaje hablado espontáneo, como demostró con multitud de pruebas Cuervo, *Rom.* XXXIII, 255-8; a fines del S. XVIII y en el XIX se tomó este vocablo como tipo de la antigualla ridícula empleada por los arcaizantes amanerados, a quienes se daba el nombre de *magüeristas.*

Ya Diez (*Wb.*, 381-2) señaló la parentela romance de *maguer* y reconoció su etimología. Además del port. antic. *maguer,* que ha de ser castellanismo (lo castizo es el gall. ant. *macar,* arriba citado, otro ej. en Fig.), y del nizardo *magaro,* que es italianismo (probablemente también en romanche), existió *macari* en italiano antiguo, y hoy sigue empleándose *magari* (popularmente *magara*) en italiano común, en Nápoles *makarę* «almeno», Irpino *macaro* íd., calabr. *macari* 'si es preciso', 'aun si', *macari Dio* 'ojalá'; además milan. *magara*

che «benché», pullés merid. *macari ca* íd., piam. *magara* «quantunque» (Rohlfs, *It. Gr.* III, 73). En italiano común coexiste la ac. común 'ojalá' con 'aunque fuese' (*se de' figlioli n'avessi avuti, magar' a Dio, venti, non mi sarei sgomentato*) o sencillamente 'aunque' (*dev'andar di lì: magari ci andasse tutto il patrimonio*). También rum. *măcar* 'por lo menos'.

El punto de partida ya lo vió Diez: es el gr. ant. ὦ μαχάριε, muy empleado en los clásicos con el valor de '¡hombre dichoso!', '¡querido amigo!'; como exclamación, con el valor de 'dichosamente', pasó a significar 'ojalá', que es el sentido que tiene μαχάρι en griego moderno; parte en esta forma y parte en la primitiva μαχάριε (> *magaire* > *maguer*) pasó el vocablo directamente al romance del Sur sin que pueda documentarse en latín, a causa de su empleo exclusivamente coloquial. El valor desiderativo se halla todavía una vez en el lenguaje arcaizante de las serranas del Arcipreste: «vos que eso dezides, / ¿por qué non pedides / la cosa certera? / —Ella diz: ¡maguera! / e ¿si·m será dada?» (1034*d*). Pero en el lenguaje general pronto se generalizó el valor concesivo, que sorprendemos en pleno desarrollo en las citadas frases italianas; el proceso, por lo demás, se ha repetido en muchas partes, pues hoy lo vemos en el *ojalá* del lenguaje familiar argentino y colombiano[6], la misma evolución puede sospecharse en *siquiera* (*si quiera Dios* 'así Dios quiera'), y la podemos documentar históricamente en el cat. *baldament*[7]: en el Bearne *baudamén* conserva el sentido etimológico de «joyeusement» (Palay; = fr. ant. *baud* 'alegre' de conocido origen germánico), mientras que en Foix[8] y en el catalán rosellonés es ya 'ojalá', lat. *utinam*[9], y así era en la Edad Media[10], pero en la actualidad tiene el valor de 'aunque, a pesar de que' en toda Cataluña y en Mallorca[11].

En vez de adelantar, los filólogos romanistas, desde el tiempo de Diez, han demostrado un extraño retroceso en el estudio de nuestro vocablo: así M-L. (*REW* 5224) como Rohlfs (*EWUG* n.° 1302*a*) aseguran en forma extravagante que el it. *magari,* el cast. *maguer* y el gr. mod. μαχάρι vienen del turco. Es ya idea extraña buscar en el turco el origen de una palabra tan antigua y arraigada como el it. *magari,* pero achacar tal procedencia al cast. *maguer,* documentado desde el S. X, entra ya en lo absurdo. No es disculpa suficiente el ejemplo del eslavista Miklosich, quien había traído del turco *mégér* o *méjér* 'si no', 'salvo', 'sólo que', 'quizá', 'casualmente' el it. *magari,* rum. *măcar,* junto con el alb., búlg. y svcr. *makar* 'aunque'[12]. A su vez la palabra turca sería de origen persa (*Denkschriften der Wiener Akad.* XXXV, 125). Es posible que sea esta palabra turca la que viene del griego o bien que no tenga nada que ver con las voces romances, griegas y eslavas en cuestión, pero de que éstas son de origen griego no puede caber duda, aunque a su vez el it. *ma-gari* volvió a pasar al griego moderno en la variante υαγάρι, por un fenómeno nada raro en este idioma[13].

Es gran mérito de García Gómez el haber señalado la presencia de *makkâr* en Abencuzmán, y haber dado un claro, completo y convincente análisis de todos los pasajes. Cuatro veces lo emplea en el sentido de 'aunque', como en castellano; cuatro en el de 'sin embargo'; en una es 'siquiera', y hay un caso claro de 'ojalá' (como el it. *magari*, y como el cat. *baldament* 'ojalá' > 'aunque'), que ha conservado intacta la ac. etimológica (gr. *makárie*): 'no falte ignominia a quien te odie, y ojalá le sea tajada la mano' = *wa-yubtar lu qabḍu makkâr*...! No importa mucho el que en un par de casos se pueda vacilar levemente en el pormenor interpretativo[14]. Lo evidente ahora es la prueba palmaria de que *maguer - makkâr* existía así en el Norte como en el Sur de España desde la Alta Edad Media: en Burgos (Glosas de Silos) a mediados del siglo X; en el habla cordobesa ya a primeros del siglo XII; en gallego *macar* a med. del S. XIII (*Ctgs*. 9.88, 11.3, 64.58 y otros 10 pasajes) y en doc. de Monforte a. 1255 (Sarm. *CaG*. 137*v*) y *comprar macar lo queiran dar* en 1263 en un doc. del Bierzo (ib. 143*v*); en el mozárabe balear a fines del mismo siglo[15]. ¿Cómo sostener después de esto que el vocablo pueda venir del turco o de la lingua franca?[16]. Que el vocablo en toda la Romania desciende directamente del latín vulgar, el cual lo adoptó del griego coloquial, está fuera de toda duda. ¿Qué es, pues, lo que pudo inducir al Sr. García Gómez, a pensar en una procedencia «mediterránea», de la «lingua franca»?

No lo dice, pero es claro que es la existencia del turco *mégér* 'si no', 'salvo', 'sólo que', 'quizá', 'casualmente'. No sorprende que esta palabra impresionara a nuestro embajador en Ankara. Yo mismo en la 1.ª ed. de mi diccionario había ya llamado la atención hacia el cumano *magar* 'quizá' del diccionario de 1303, y hacia las variantes turcas *ger*, *eger*, *gerče*, con el viejo arraigo que todo esto supone en la familia turania. Sería pues conveniente saber algo del origen de la palabra turca, para acabar de quitar nuestros escrúpulos. Si no en cuanto a lo hispánico (que, estando documentado en los cuatro extremos de España desde los siglos X-XIII, salta a la vista que no puede venir del turco), por lo menos en cuanto a las voces balcánicas: rum. *măcar*, alb., búlg. y serviocroato *makar* 'aunque'. Claro que, ya por razones fonéticas, la -*k*- de estas formas nos prueba que no vienen del turco *mégér* sino del gr. antiguo μαχάριε. Y en cambio la -*g*- turca, no menos que las variantes aludidas, son inconciliables con una etimología griega. Se trata de dos palabras, aunque parecidas, totalmente independientes en su etimología. A reserva de mejor opinión por parte de los especialistas, me arriesgaré a sugerir

un origen probable de la palabra turca.

Todo un grupo de vocablos parecidos a ésta se extiende por la vasta extensión de las lenguas iranias. Los sentidos en persa son varios, pero como no es peculiar a este idioma iranio, antes aparece también en lenguas iranias centroasiáticas, vemos que las acepciones más generales son 'quizá' y '¿de veras?'. En persa moderno es *magar*, pero esto se pronuncia *meger* en otra variedades persas. Define Steingass «perhaps, by chance», «unless, except, only, if it is not» «moreover, nay» y aun «but», pero el yagnobi (Samarcanda) *magár* es 'quizá', '¿de veras, acaso?' (Andréev), y sarykoli (Turquestán chino) *magár* es lo mismo, y además 'sólo' (Pakhálina), afgano *ma(n)gár* 'pero, sin embargo' (Zudin, Lébedev); una variante *magám* (que según Andréev se explica por composición con *ham* 'y', 'igualmente') aparece en tádyik y yagnobi 'si, acaso, si de veras', iškašimi *magám* '¿de veras?', šugnani *mágam* 'es necesario, es preciso' (Zarubin)[17]. No hay que pensar en relacionar esta conjunción-adverbio con la familia indoeuropea del gót. *mogan* y esl. *mogo* 'poder', raíz que no estuvo nunca representada en iranio, pues además hay otras variantes (que explican las citadas variantes turcas): Saleman (*Pers. Gramm.*, pp. 8 y 127*), registra, junto a *magar* «wo nicht, etwa; sinon, excepté, hormis, peut-être», un *agar*, *gar*, *ar* «wenn», *gar na* «wo nicht», *(a)garča* 'aunque', *w(ag)ar* 'y si', y también en baluchi existen *ag̣(ár)* 'si', *ag̣arči*[18].

Varias de estas partículas están evidentemente compuestas con otras cuyo origen indoeuropeo es bastante diáfano, por lo menos en parte: *na* 'no', *ča* 'y' (= lat. -*que*, scr. -*ca*), *wa* 'y'. Lo cual nos lleva a sospechar que en *magar* esté *gar* combinado con una partícula semejante. El persa *mā* tiene en verdad acepciones muy varias[19], pues algunas no está muy claro de dónde salen[20], pero desde luego es indoeuropeo en la acepción «no, not, nothing», puesto que con este sentido aparece el vocablo ya en el Avesta y en el persa epigráfico de los Aqueménidas, y se trata de un hermano del gr. μή y del scr. *mā*; por otra parte en estas acepciones corre también en lenguas iranias sin posibilidad de arabismos, como las del Pamir y de la Sogdiana: šugnani *mā* 'que no, para que no', o meramente 'no prohibitivo' (precisamente el matiz de μή), yagnobi *ma*, yagn. y tádyik *maʰ* 'he aquí, ea' (= ruso *vot*, *na*). Ésta es también la opinión de Chodzko (*Gramm. d. l. langue persane*, p. 214), quien explica que en persa corriente está ya esta acepción muy anticuada, pero todavía se emplea ante ciertos optativos e imperativos (*me bâdâ* «qu'il ne soit pas, à Dieu ne plaise», *me gū* 'ne dis pas...'), y asimismo «devant *ger* (pour *eger*) donnant lieu à la particule exceptive *meger* 'sinon, excepté, outre, si ce n'est que': *hemê rind end meger Zeyd* 'ils sont tous vauriens, excepté Zeyd', *meger nešinnídid* 'n'avez-vous pas entendu?', *meger či* 'est-ce possible, quoi donc?[21]».

Evidente, pues, que *magar* es compuesto del iranio indoeuropeo *ma* con *(a)gar*, y éste, sea cual sea su origen, debe de ser también voz irania genuina; es difícil que ésta tenga que ver con el griego γάρ idea tentadora, y menos si es cierta la etimología que de éste se suele admitir[22].

La conclusión en lo que nos interesa es clara. El origen del vocablo oriental se halla en iranio, desde donde pasó al turco; pero en romance, en griego moderno, en albanés y en yugoslavo procede de una voz del griego antiguo sin relación alguna con la compleja creación irania. Caso aleccionador para ciertos lingüistas «a lo moderno»: sin el auxilio inconmovible de la filología romance habríamos creído que una palabra tan importante como esta conjunción tenía un origen único, si bien con varia ramificación semántica; y sin la base de la comparatística irania habríamos podido imaginar que en las lenguas orientales era un turquismo o el producto de una hibridación arabo-persa.

[1] Además Berceo, *Mil.*, 766a; Gower, *Confisión del Amante*, 353 (donde el editor glosa «aun, aunque»), etc.— [2] El copista que transcribe la *Crónica General* para uso del Marqués de Santillana lo reemplaza por *como quiera* (M. P., *Infantes de Lara*, 234.21).— [3] Teodora reprocha a Gerarda el uso del anticuado *maguer* y del neologismo *primorosa*, y ésta le reconoce que su lengua «es una calabriada de blanco y tinto» (*Dorotea* I, esc. 8).— [4] Pero la acentuación primitiva *maguéra* está documentada por el verso en *Alex.*, 2006 y en Juan de Mena, *Lab.*, 216.— [5] Una vez creada esta variante, claro que pudo extenderse a otros usos.— [6] *Ojalá* por 'aunque' tiene gran extensión. Frases como «ojalá fuera cierto no lo creería» son corrientes en el Interior argentino; las he oído muchas veces en Mendoza (ej. en Draghi, *Canc. Cuyano*, 88), y lo mismo anotan el cordobés Garzón («ojalá no llueva hemos de sembrar»), Ciro Bayo en Bolivia o Norte argentino, Sundheim en la costa colombiana (traduce «así, aunque, por más que»). Éste cita, ya en Quevedo, «ojalá supiera que me había de condenar, no me hubiera cansado en hacer buenas obras».— [7] Que varios han querido erróneamente traer del ár. *bâṭil* 'vano'.— [8] Alibert, *Gramatica Occitana* II, 242 (*baudament*).— [9] *Misc. Fabra*, 182. «*Baldament* puguem aviat donar a Mossèn Jampy alabances més allargades, ja que no més plenes de cor, per obres de major alè» (prólogo del *Pastorellet* a Jampy, *Llirs, Roses y Violes cullits en les montanyes del Canigó*, Perpiñán, 1914).— [10] «Tu e tes pars nulls temps vos veja en casa mia *baldament*, car...», «Curial... dix:—Yo·m pens que vós serets mia. —Hoch, *baldament* —dix lo duch —e no·m dó Déus honor si yo·m treball en toldre-la-us», *Curial* III, 71, 245. En el último pasaje hay el matiz de 'en

hora buena' que es muy típico del it. *magari.*— [11] Quizá ya en el *Poema de la Vida Marina* de fines del S. XIV (*RH* IX, 247).— [12] Efectivamente es voz muy frecuente, aun en escritores croatos: Gjalski, *Djela* VI, 266, 298.— [13] El cumano *magar* 'quizá' demuestra que el vocablo había entrado ya en los dialectos turcos en 1303, pero ni esta fecha ni el cambio de significado serían razones concluyentes para rechazar la posibilidad de que sea helenismo en turco. De 'ojalá' o 'por lo menos' a 'quizá' el tránsito no es imposible. A los turquistas toca juzgar el valor de la variante *(e)ger, gerče*, para decidir esta cuestión, que ya no interesa para el romance.— [14] Así, en II, 1.3, donde la traducción 'aunque', preferida por G. Gómez en III, p. 473, discrepa de 'por lo menos' admitida en el texto, y en LXV 9.4, donde traduce del mismo modo, y no 'sin embargo', como en sus conclusiones. He aquí los pasajes: «¡Por Dios qué presumida! Saluda *por lo menos.* / Conviene, si te entonas, que el entonar te siente», y «Quiero *al menos* dos piezas de mizcal, que mi holganza ahuyenten». Como se ve, los contextos se prestan a los dos matices interpretativos. Y digo que poco importa, porque el paso de 'aunque' a 'aunque sea, siquiera, por lo menos' es fácil, y también se comprueba en el it. *magari.*— [15] Escrito en Mallorca fué el libro de R. Martí. Aprovecho esta ocasión para señalar la subsistencia de *mequéri*, 'aunque', en el catalán de Ibiza (vocabulario de la Guía de Pérez Cabrero). La evolución fonética del mozár. *makáre* en *mequéri* revela el paso a través del árabe vulgar, que en la isla llegaría a suplantar al romance mozárabe poco antes de la conquista catalana. Me señala además Amadeu Soberanas que ha encontrado un caso medieval de *macari* en un texto catalán (del que da noticia en su contribución a la nueva *Festschrift Wartburg*), donde la -c- conservada atestigua en todo caso la procedencia mozárabe, aunque ignoremos dónde se tradujo ese texto de San Juan de la Peña, si en Valencia-Baleares o en el Bajo Aragón, supuestos ambos posibles.— [16] No menos discutibles son las otras pruebas que García Gómez quiere ver de mezcolanza geográfica en el léxico de Abencuzmán. *Cigale* no es palabra propiamente francesa, sino préstamo reciente del occitano (no hay cigarras en el Norte y *ga* se habría vuelto *ye* en francés), así que el moz. *čiqâla* de Abencuzmán se da la mano muy naturalmente con el cat. *cigala*; y el doble diminutivo *sardêl-sirdîn* no tiene por qué recordarnos especialmente el it. *sardella*, cuando el primitivo *sarda* de muchas hablas catalanas se continuaría sin interrupción hasta el *sarda* del árabe norteafricano. Siempre la tendencia a identificar lo hispano con lo castellano, y a olvidar que el mozárabe no era un dialecto del español central, sino otra lengua hispano-romance no menos afín al portugués y al catalán. Claro que con esto no digo que el mozárabe cordobés no pudiera contener algún préstamo, además de los árabes; pero no en el terreno de las herramientas básicas del idioma, como son las conjunciones.— [17] No se halla una ni otra forma en otras lenguas iranias como el osetino, yazgulami, baluchi ni curdo, por lo menos no lo encuentro en sus diccionarios y gramáticas. Acaso se perdió en algunas, pues salvo el osetino, pertenecen éstas a las mismas ramas iranias que las de arriba, que se extienden casi hasta los cuatro ámbitos del antiguo Irán.— [18] Gilbertson, *The Balochi language*, p. 173.— [19] En algunas parece claro que viene del árabe: «what, which, that which, whatsoever, how!, what!; somewhat, something» y quizá «why, wherefor».— [20] «As much as, as far as», «whilst, during, as long as».— [21] No pretendiendo agotar la cuestión, no entro en averiguar si ha habido también composición con el persa *ammā* 'pero' (que en parte será así lo sugiere el hecho de que el afgano *magar* 'pero' tenga el mismo sentido que *ama*), ni de si éste es realmente de origen arábigo, como cree Steingass, pero también está en šugnani *a(m)mo*, en el Pamir, donde un arabismo parece increíble.— [22] Pokorny es más reticente que Boisacq y Brugmann. En último término, no está descartado algún parentesco de γάρ y del ir. *(a)gar* con el gr. ἄρ(α) y el báltico *ir, ar*.

MAGÜETO, -A, 'novillo, -a, toro o vaca de dos o tres años de edad, por lo común no domados', 'bruto, estúpido', voz regional del Noroeste, de origen desconocido, probablemente prerromano. *1.ª doc.:* Acad. ya 1817.

La Acad. ha registrado el vocablo sólo en la primera ac.; en 1817 como voz provincial, calificativo que luego se ha borrado, creo sin razón. Sólo hallo el vocablo en hablas gallegas o leonesas. G. Rey lo registra en el Bierzo: «aplícase al buey y ternero gordos; en sentido fam. y despectivo suele, alguna vez, aplicarse a las personas». Por lo demás sólo hallo el sentido que parece ser figurado: Lamano da *magüeto* como propio de la Ribera del Duero, y como forma más común *magüetro*, recogido en Vitigudino y Ciudad Rodrigo, y define «deforme, de rostro abotagado; torpe, abrutado» (con ej. en el poeta regional Cuesta); además *magüito* «manso; humilde; dócil; hipócrita»; Rato: «*maguetu*, adj.: babayu ['tonto de capirote'], un pollo de la aldea» (en *mazcayu* 'simple, tonto' remite a *magüetu*, con diéresis); Vigón: «*magüetu:* necio, estúpido». En Santander, García Lomas anota *majueta* «derivado de *maja*, en tono despectivo» citando un ej. de Alcalde del Río «ningún hombre... me ha despreciado hasta la fecha, y menos por *majuetas* como ésa que sacas a bailar» (*majuetos* 'escaramujos' va con *MAJUELO* y nada tiene que ver): como *majo* 'bonito' es

voz netamente laudatoria según los ejemplos que cita G. Lomas, me parece que el sentido en el pasaje citado nada tiene que ver con el de *maja*, sino que es el de todas partes 'muchacha bruta, estúpida', aunque el influjo de *majo* pueda ser responsable del cambio de *g* en *j*. En gallego *magoto* se dice del pan mal cocido por el centro (Vall.). Supongo que nada tiene que ver el port. *magote* 'rebaño', 'grupo de gente' (*magoto* íd. en Sanabria: Krüger, *Gegenstandsk.*, 163). No creo tampoco que haya relación con el santand. *MAYUETA* 'fresa' ni con *MAJO*. La comparación con *IGÜEDO* y sus variantes podría sugerir un origen prerromano o vasco; comp. vasco *makur(r)* 'zambo', 'perillán, travieso, pícaro', que más comúnmente significa 'inclinado, arqueado', 'torcido', vizc., b. nav., lab. *makotu* 'encorvarse, arquearse', lab. *makor* 'callo', vasco *mako* 'vencejo, atadura', 'báculo, cayado', vizc. *makito* 't o n t o , m a j a d e r o', bilb. *maqueto* 'castellano establecido en el País Vasco' (Arriaga), vasco *maki* 'derrengado, cojo', *maker* 'contrahecho', *makera* 'cerda no castrada, cerda con crías', *makatz* 'árbol frutal bravío: peral, castaño, etc., silvestre' (Azkue). Una base prerromana *MACŎTTU pertenecería a esta familia satisfaría fonéticamente; el sentido podría ser 'bravío'. El sufijo reaparece en otras voces prerromanas de España: cat. *xerigot*, arag. *siricueta*, 'suero de la leche'; cat. *pigota*, arag. *picueta*, 'viruela de los animales'[1]. El sufijo prerromano quizá sea más bien -CŎTTU que -ŎTTU.

[1] Además de *igüedo* (*EQŎTO*), *picueta* y *siricueta*, comp. *Corocotta*, nombre de un famoso bandolero cántabro de fin del S. I a. C., mencionado por Dion Casio, que Schuchardt deriva del vasco *kur-* 'curva', y que otros han relacionado con el lígur, o con el nombre líbico de la hiena, *curucuta* (Schulten, *Numantia* I, 44 n. 14, 75, 77, 389; García Bellido, *La Península Ibér. en los com. de su hist.*, p. 666); esto último es lo que parece ser cierto, V. mi nota en *Col. Prerrom. Salam. 1974*, 380-1.

Magüeto, V. mogote

MAGUEY, del taíno de las Grandes Antillas. *1.ª doc.:* 1520, en carta de Hernán Cortés; ya aparece en el texto latino de P. M. de Angleria en 1515.

Cuervo, *Ap.*, § 971; Lenz, *Dicc.*, 462-3; Hz. Ureña, *Indig.*, 112. Coinciden estos autores en considerarlo vocablo del arauaco antillano, y más particularmente de Haití. Así lo afirman categóricamente Motolinía (1550) y B. de las Casas (1561), y también Hernán Cortés dice que es de las islas. La fecha de 1515 prueba, en efecto, que sólo podía ser de las Antillas o de la pequeña parte de América del Sur hasta entonces descubierta; la terminación *-ey* es frecuente en los arauaquismos[1].

[1] Malaret, *Semánt. Americana*, 103, dice que

Fernández de Oviedo da *maguey* como propio de Cuba, lo cual no puedo comprobar. Desencaminado, como de costumbre, anda L. Wiener (*ZRPh.* XXXIII, 522-6) al suponer que pueda ser corrupción por mala lectura de un **allaguey* variante de *ALOE*.

MAGUILLO, 'manzano silvestre', *maguilla* 'su fruto', antiguamente *maiella* (de donde *maguiella* como los vulgares *guierro*, *Guisabel*, *guisopo*), de origen incierto, acaso derivado de *MAYO*, por florecer por este tiempo. *1.ª doc.*: *maiella*, Berceo.

De la Virgen después de la crucifixión escribe este poeta que «rodié cruda *maiella*, [un] amarga *pitança*» (*Duelo*, 165a). En el Fuero de Soria, del S. XIII, se lee «non aya montadgo por texo nj por azevo... ni por coger *mayella* nj abellana, nj ceresa, a mano, nj por lande». Según indicó Lapesa, *RFE* XVIII, 117-8, no cabe duda que se trata de la fruta del *Malus Acerba* o del *Pirus Malus*, el nombre de cuyo árbol recoge Máximo Laguna (h. 1870) como *maguillo* o *maillo*, Arias (1818) y Rojas Clemente (h. 1810) para Andalucía como *maguillo* y F. Fz. de Navarrete (1742) como *maguilla* (Colmeiro II, 370-1); la Acad. trae ya en 1843 «*maguillo*, manzano silvestre que injertan en Murcia y en Granada» y en sus ediciones del S. XX agrega la variante *maíllo, -lla*. Vergara (*Vocab. de Segovia*, p. 94) recogió *meíllo* o *mello* y *meilla* o *mella* en la prov. de Burgos o de Santander; alto-santand. *mailo* o *maello* 'manzano silvestre', *BRAE* XXV, 390. Aunque la terminación y el sentido ya nos van alejando, quizá podamos agregar todavía berc. «*magueta*: muy parecida a las *lentejas*, aunque distinta, y menor que las *fabacas*: nace entre los panes y se come» (Sarm. *CaG* 145r). Atendiendo a las formas antiguas parece seguro que *maiella* (después *maílla*) es la forma originaria, de donde nacería **maguiella > maguilla*, no precisamente «para deshacer el hiato» (la llamada *g* «antihiática» se desarrolla antes o después de vocal posterior), sino más bien por una especie de 'espesamiento' o consonantización de *i̯e*, como en el vulgarismo andaluz *guierro*, *guielo*, o ante *i-*, como en *guisopo*, *Guisabel*. Un caso análogo tenemos en *NEGUILLA < *neiella <* NĬGĔLLA (comp. cat. *niella*), si bien aquí podría explicarse por influjo de *negro*. Quizá sea derivado del nombre del mes de *mayo*, como sugiere Lapesa, aunque debiera comprobarse que florece en tal mayo, por contraste con otros árboles semejantes, pues como al fin y al cabo son muchas las plantas que florecen en mayo no es ése detalle muy característico; (es muy dudoso que *MAYUETA* venga de *mayo*). Fonética y semánticamente es imposible la etimología de Eguílaz, ár. *mugáll* 'cereales, legumbres'. Pero hay que contar con la posibilidad de un **MALELLUS*, diminutivo de MALUS 'manzano', disimilado en **MADELLUS*. Más datos dialectales en *GdDD* 4061-2; también él piensa en **MALELLUS*.

MAGUJO, 'instrumento de hierro en forma de hoz, que sirve para sacar la estopa vieja de las costuras del costado y cubiertas de los navíos', tomado del it. dial. *maguggiu* (it. *magulio*) íd., de origen incierto, probablemente de un b. gr. **μαγούλιον*, diminutivo del gr. biz. μάγουλον 'mandíbula', 'mejilla', comp. el otro nombre italiano *becco corvino*. *1.ª doc.*: 1680, *Recopilación de Leyes de Indias* (*Aut.*).

También port. *magujo* [Vieira, no Moraes ni Bluteau]. En italiano *maguglio* «cavastoppa, becco corvino», según el *Diz. di Marina*, que menciona la forma *magùggiu* de Catania y *maùggiu* de Génova; el vocablo figura ya en Stratico (1813) y en Guglielmotti, quien lo cita en documentos toscanos. Además *macègu* «becco corvino» en Savona (Noberasco). Jal recoge el ablativo plural *maugiis* en un contrato de fletamiento, entre otros nombres de herramientas como hachas y azuelas: por desgracia no indica la fecha de este documento en bajo latín, que debe de corresponder a Génova y probablemente a la Edad Media[1]. El vocablo español y portugués hubo de tomarse del dialecto siciliano o quizá del genovés. En cuanto a la palabra italiana, no se ha estudiado su etimología. A título de conjetura sugiero un **μαγούλιον*, formado con el sufijo corriente del diminutivo griego, a base del gr. biz. μάγουλον 'mejilla', μαγοῦλα 'mandíbula', hoy en el griego de Calabria y en calabrés 'paperas', 'marmellas de cabra', 'tabla vertical para amasar, a ambos extremos de la artesa'; el citado diminutivo parece haberse conservado en la forma *magùli* recogida con esta última ac. en el pueblo de Samo, Sur de Calabria (Rohlfs, *EWUG*, 1299). Ya se halla en un escoliasta de Juvenal *magulum* en el sentido de 'boca, hocico, jeta'. Para nuestro propósito interesa ya poco saber si es palabra primitivamente griega o latina (comp. Walde-H.), puesto que de todos modos se empleó en griego desde temprano, y hoy sigue viva en Grecia y en el Archipiélago. **Μαγούλιον* significaría 'pico de pájaro', propiamente 'pequeña mandíbula' u 'hociquito', y se aplicaría a nuestro instrumento, exactamente como el it. *becco corvino*, por su forma encorvada como la del pico de un cuervo[2].

[1] No hay por qué enmendar *mazzis* como quiere Jal.— [2] Los esposos Kahane me informan amablemente de que μάγουλον no consta en griego en el sentido de 'pico de pájaro' ni en el de 'magujo'. Pero sí es conocido en el de 'mandíbula', y no es difícil que el diminutivo de una voz de tal significado tome el sentido de 'pico'. El hecho es que el escoliasta citado le documenta la ac. 'hocico'. Hay un dibujo del *becco corvino* en Stratico, *Vocab. di Marina* II, fig. 63. No creo, por razones geográficas, morfológicas y semánticas, que *maguglio* (voz ajena al catalán) tenga que ver con el cat. *magall*, oc. *magalh*, 'azadón de pico, zapapico'; éste es

muy difícil que venga del gr. μάχελλα 'especie de azada' (como sugirieron Herzog y M-L.), pues habría dificultades formales casi insuperables, a las cuales se agregarían las semánticas en el caso de *maguglio*.

Magular, V. *magullar*

MAGULLAR, voz hermana del gall.-port. *magoar* 'magullar, acardenalar', cat. *magolar* 'magullar', it. dial. *magolare* íd., sardo *magulare, mac(c)ulare*; probablemente descendientes semicultos del lat. *macŭlāre* 'marcar (la piel) con manchas', 'mancillar', 'corromper'; la forma castellana se deberá a un cruce de *magular* con *abollar*. 1.ª doc.: h. 1490, *Celestina*, ed. Foulché, 1902, p. 156.13.

«*Magullar carne: suggillo*» está también en Nebr., y *Aut*. cita 4 ejs. del Siglo de Oro. Es palabra de uso general desde entonces por lo menos. C. de las Casas (1570) «*mazzacare*», Oudin «*meurtrir ou meurdrir, battre et frapper quelqu'un sur la chair tellement qu'il y vienne des taches noires et meurdrisseures, froisser*»[1]. En portugués hay *mágoa* 'cardenal', 'mancha' (y modernamente 'disgusto, lástima'), *magoar* 'causar contusión', 'causar dolor, afligir', 'mancillar', ya documentado en fecha temprana; gall. *maguar* 'aplastar' (en el glosario anónimo de h. 1850, *RL* VII, 217), *magoar* 'lastimar o herir, sin querer y levemente' (Vall.)[2]; Litera *magolar* 'magullar' (Coll A.); cat. *magolar* íd. (sin ejs. antiguos en Ag.); Capodistria *magolar* «*percuotere*» (*vara che ciogo el baston e che te magoleo* [o *màgolo*] *i ossi*)[3]; sardo logud. *magulare, maculare*, campid. *maculai* 'manchar' (Spano), *macculai* 'aplastar' (M. L. Wagner, *BhZRPh*. LVII, 58; *ASNSL* CXXXIV, 314): esta última forma con influjo del grupo estudiado aquí s. v. *MACAR*; logud. *maguladu* 'agusanado'.

Es imposible la idea de G. de Diego (*Contrib.*, p. 109), seguido por Moll (*AORBB* III, 13), que quieren derivar estas palabras del mismo origen que *MACAR*, pues a ello se opone la *-g-*, y la terminación castellana tampoco se explicaría. Indudablemente tenía razón la Acad. al derivar de MA-CŬLARE, de cuyo derivado *MACULENTARE vendría según A. Thomas y M-L. (*REW* 5214) el fr. ant. y dial. *maillenter* 'aplastar', 'triturar'; ha fundamentado esta idea más detenidamente Malkiel (*Univ. of Calif. Publ. in Ling.* I, vii, 228-9, 270-1) llamando la atención sobre la variante *magular* («*mis ropas todas rasgadas / mis carnes tan maguladas*») que aparece en una de las primeras ediciones de la *Tragedia Josefina* de Micael de Carvajal (h. 1520); que el vocablo ha existido con esta variante lo prueban el soriano *magular* (Acad.) y el arag. *maular* (Carreter, *El habla de Magallón*). El tratamiento del port. *magoar*, cat. *magolar*, etc., es el típico de las palabras retrasadas o semicultas, puesto que -CUL- habría debido dar -*lh*- (cat. -*ll*-, cast. -*j*-), luego la forma castellana decidida-

mente semiculta *magular* no es sorprendente. Lo que no explican Malkiel ni la Acad. es la -*ll*- del castellano moderno, pues no hay analogía semántica con *aullar* (que él explica extrañamente por un imposible *EULIARE = EJULARE) para que éste pudiera influir sobre *magullar*, como indica Malkiel. Una explicación satisfactoria la sugieren los versos de Quiñones de B.: «*¿Quién aturde? ¿Quién golpea? / ¿Quién a b o l l a, quién magulla / la clausura de mis puertas?*» (ed. *NBAE*, p. 553). *Abollar* y *magullar* sí son casi-sinónimos, y aquél pudo fácilmente actuar sobre éste. El agente del cambio de *magular* en -*llar* no pudo ser *mallar* 'manchar' (como dice *GdDD*), pues esta forma sólo se emplea en algunos valles del alto Aragón, y la documentación antigua del cast. *magullar* indica que no es de importación aragonesa.

DERIV. *Magulla. Magulladura* [Nebr.]. *Magullamiento. Amagullar* [h. 1490, *Celestina, DHist*.].
[1] El glosario de Janer al *Rimado de Palacio* ya cita *magulladora* (sic) 'herida, llaga, contusión' en dicha obra, 136, pero lo único que ahí se halla, y lo único que permite la medida del verso, es *majadura*. 'Magulladura' sería traducción del editor, que por errata se convertiría en epígrafe.— [2] *Esmagulár* 'destripar terrones' en el Este de Lugo (*VKR* V, 114) será más bien derivado gallego de *esmagar* 'aplastar' que es de origen diferente (vid. *AMAGAR*). Un sufijo -*ullar* no existe en cast., pero sí es muy corriente en gallego.— [3] En este dialecto -*eo* es desinencia de presente de los verbos en -ARE, Mussafia, *Wiener Sitzungsber.* CIV, 66.

MAHARÓN, ant. y and., 'desdichado', del ár. *mahrûm* 'desterrado', 'descomulgado', 'desgraciado', participio pasivo de *háram* 'privar (de algo)', 'prohibir, descomulgar'. 1.ª doc.: *maharones*, pl., 1472, Rodrigo Cota, *RH* I, 72, estrofa 48.

El vocablo corría ya anteriormente, aunque no es seguro si Eiximenis (fines del S. XIV) lo tomó del castellano o directamente del árabe de Valencia, en la forma disimilada *baharon*: «*'beatus qui tenet, baharon qui va cercant', que vol dir que 'benauirat qui té, e dolent és qui cerca'*» (*Regiment de la Cosa Pública. N. Cl.* XIII, 179, repetido en la p. 182): sea como quiera la terminación muestra que el vocablo no llegó a catalanizarse del todo. El mismo proverbio repite S. de Horozco a med. S. XVI: «*beato quien posee / y maharón quien demanda*» (*BRAE* III, 411). Después cae en desuso y ya no lo registra *Aut.*, aunque aparece como antiguo en la Acad. desde sus ed. del S. XIX. Hoy sigue diciéndose *majarón* en Andalucía (A. Venceslada); éste no procede del gitano *majaró* 'santo, bendito', como pretende M. L. Wagner (*VKR* IX, 166; *Stray Notes on Spanish Romani*, 134-8), sino que la voz gitana ha de ser palabra independiente o si acaso andalucismo. Indicó la etimología árabe Müller. En cuanto a la va-

riante *baharón,* la hallamos también en J. del Encina (ed. Acad., p. 251), y de ahí parece haber
salido, por cambio de sufijo, *baharero,* que tiene
claramente el sentido de 'desgraciado' en J. Ruiz
(1255) y se halla también en Antón de Montoro, 5
sin que haya nada en el pasaje citado por el
DHist. que nos invite a apartarnos de la misma
idea de 'desdichado, miserable' (vid. Dozy, *Gloss.,*
298; *Suppl.* I, 279*b*).

Maharrana, V. marrano   Maherimiento, maherir, V. mano   Mahomía, V. badomía

MAHONA, del turco *magûna* 'barca o falúa',
que a su vez parece procedente del ár. *maʿûn* 'va- 15
sija', 'olla'. *1.ª doc.:* S. XVI?, romance citado por
Pagés.
Voz rara; falta en *Aut.,* pero la recoge la Acad.
ya en 1914. Dozy, *Gloss.,* 299; Eguílaz, 443;
Devic, p. 47, duda del origen árabe de la voz 20
turca.

Mahozmedín, V. mazmodina   Maicena, maicería, maicero, maicillo, V. maíz   Maído, V. mayar   Maílla, maíllo, V. maguillo   Maillar, V. 25
maullar   Maimón, V. mona

MAIMÓN, 'especie de mono' ant., 'bollo he-
chizado', probablemente del ár. *maimûn* 'feliz',
vulgarmente 'mono'; créese que porque procedían 30
estos animales del Yemen o Arabia Feliz. *1.ª doc.:*
h. 1326, Juan Manuel, Rivad. LI, 250.
«Et otras bestias pequeñas ha y que cazan...
así como ximios e adives e raposos e *maimones*»
escribe este autor. Aunque en muchas partes se ha 35
hablado de *gatos maimones,* no se trata ahí de
una especie de gato (como creyeron Janer y Eguílaz), sino de una variedad de mono. Según los informes reunidos por Blondheim se trata del cinocéfalo, que los franceses y algunos españoles lla- 40
man *babouin (babuino).* En árabe clásico *maimûn*
sólo quería decir 'feliz, afortunado', y el vocablo
en el sentido de 'mono' falta aun en muchas fuentes del árabe vulgar[1], mientras que figura en diccionarios turcos [1680] y persas (Devic). Pero otras 45
fuentes vulgares del árabe lo contienen, como Bernardino González (1709), que suele registrar el uso
de Siria y Palestina, Berggren, que corresponde a
este último país, y Belot, que suele recoger palabras del Líbano[2]; testimonios directos citados por 50
Thomas confirman el uso en el árabe de Marruecos y de Palestina, y en el persa del Golfo Pérsico, donde pasa por ser voz arábiga. El caso es que
la estructura del vocablo es arábiga, y que pertenece a la misma raíz que el nombre del Yemen, la 55
región meridional de la Península, donde son autóctonos los monos: así lo confirman los naturalistas modernos y el viejo folklore arábigo, y lo
corrobora PAlc., quien al informarnos de que el
cinocéfalo o gato paús se llamaba 'mono del Ye- 60

men' en el árabe de España, nos proporciona una
prueba antigua de que es real la relación entre
maimûn y el Yemen, llamado por los antiguos
«Arabia Feliz»; V. el trabajo de Blondheim,
Rom. XLI, 260-5. Luego todo indica que el turco y el persa tomaron el vocablo del árabe, y el
testimonio de Juan Manuel autoriza indirectamente a pensar que en esta lengua ya corría a principios del S. XIV por lo menos.
En cast. ha sido escasamente conocido en esta 10
ac.: falta en *Aut.,* Covarr., Oudin, etc., aunque lo
registra la Acad. desde el S. XIX; pero hay bastantes testimonios en francés y en italiano, que en
parte procederán indirectamente de España, vid.
A. Thomas, *Rom.* XXXVIII, 556-63 (y comp. el
trabajo de L. Wiener, *RF* XXXV, 954-85, cuyas
conclusiones etimológicas son, a veces, problemáticas). En catalán ya hallamos «simi o bogia
o *maymon*» en la *Reva* de Perpiñán de 1284
(*RLR* IV, 376).
En fecha bastante posterior encontramos en castellano aplicaciones secundarias algo sorprendentes:
ya *Aut.* registra el *bollo maimón,* que el *DHist.* define «roscón de masa de bizcocho o mazapán relleno de conservas, al que solían añadirse hechizos», Covarr. dice es «pan mezclado con hechizos de bien querencia: dar a uno *bollo maimón,*
averle ganado a todo punto la voluntad», y hay
ya ej. en Lucas Fernández (h. 1500). Estas creencias siguen vivas en varios puntos de España, par- 30
ticularmente en el Sur, y sabido es qué ingredientes asquerosos suelen emplearse al efecto; de algo
de esto nos habla ya el médico valenciano Jaume
Roig h. 1460 en su Libro de las Mujeres: «no
dura poch / ser menstruoses / ... / del 35
drap que·s muden / fetilles ['hechizos'] fan; / del
que·n roman / may bon paper / d'ell se·n pot
fer [no sirve para la fabricación]; / si·n fas pe-
nó, / mès al *maymó* / de les galeres, / bon vent
no·speres». 40
En este pasaje el lexicógrafo castellano encuentra algo conocido: en el *Cancionero del S. XV* la
voz *maymones* designa una parte de la nave (Cej.,
Voc.), que Covarr. llama *maimoneta,* definiéndola
'estaca donde atan las velas', y el *Vocab. Maríti- 45
mo de Sevilla* (1696), citado por *Aut.,* nos informa de que *maimonetes* son «unos curvatones o
palos de pie derecho, que están en la cubierta superior, cerca del palo mayor y trinquete, y tienen
sus roldanas para laborear por ellas las brazas del 50
trinquete y velacho, y otros diversos cabos de labor»; está también, en 1587, en G. de Palacio,
s. v. Con el pasaje de J. Roig a la vista adivina-
mos el origen de la denominación: marineros su-
persticiosos atarían al maimonete trapos menstruo- 55
sos de la mujer amada, en forma de pendón, con
la esperanza de que les trajera buen viento (creencia de la cual se ríe nuestro médico), mientras las
brujas aficionadas esperaban atraerse la querencia de un hombre esquivo dándole a comer la 60

horrible mixtura. Pero ¿qué tiene que ver todo ello con el simio? El hecho es, según el *Qamûs*, que se llama *maįmún* el 'pene': sospecho que lo mismo ocurriera con las partes femeninas, en ambos casos quizá por comparación con el aspecto hirsuto del cinocéfalo. *Ma(i)monet* es forma frecuente en francés antiguo como nombre de este animal. Olvidado ya de su repugnante origen, *maimón* significa hoy 'bizcocho fino de forma de manguito' en Zamora (Fz. Duro), y *maimones* 'especie de sopa con aceite' en Andalucía (Acad.)[3]. En cuanto al cat. *maimó* 'calmoso' (Cataluña, Mallorca), en el Priorato *maimeró* (*Butll. del Club Pirinenc de Terrassa* II, 170), recuerda el ár. *maįmún* 'feliz', pero quizá también venga, sencillamente, del nombre del mono. Comp. *REW* 5242 y la bibliografía allí citada.

DERIV. *Maimoneta, maimonete*, V. arriba.

[1] Dozy, *Suppl.*; R. Martí; PAlc.; Beaussier; Fagnan; Frisoni; Bocthor; Probst; Lerchundi.— [2] Como extranjerismo, pero sin precisar de qué lengua se tomó, en la lista que da al fin de su libro.— [3] Usual, p. ej., en Almería y Córdoba. Lo verdaderamente característico de esta sopa, que se prepara con un sofrito, son unas como bolitas de masa de harina y agua: de ahí ha venido la comparación con los antiguos bollos maimones. Tal como son en la actualidad los maimones se parecen más bien al alcuzcuz. Juan Valera (*La Cordobesa* en *Cuentos, Diálogos y Fantasías*, ed. 1887, p. 244) sospecha que «la torta *maimón* y *los maimones*, que son unas a modo de sopas» tomaran nombre de alguna persona, sea de Maimónides, por ser éste cordobés, sea de un califa Maimún, marido de Burán, la que dió nombre a la *ALBORONÍA*. Claro que esto no está fundado históricamente, y es suposición innecesaria.

Mainar V. *amainar*   *Maíta*, V. *madroño, mayueta   Maitinada, maitinante*, V. *mañana Maitines*, V. *mañana y amaitinar*

MAÍZ, tomado de *mahís*, nombre que le daban los taínos de la isla de Haití. *1.ª doc.*: *maiz* en el diario de Colón, a. 1500.

Lo menciona ya en latín P. M. de Angleria en 1493. El P. Las Casas atestigua categóricamente que es palabra de la Española, y así él como Fz. de Oviedo escriben *mahiz*; la *h* se aspira todavía en ciertos dialectos caribes, y Pichardo nos informa de que se aspiraba en su tiempo en el castellano de Santo Domingo; sin embargo, pronto predominó la grafía sin *h*. En cuanto al acento, el P. Las Casas en otro pasaje expresa taxativamente que caía en la *i*, y lo mismo comprueba la medida del verso en Juan de Castellanos: si hoy se pronuncia vulgarmente *máis* o *méi(s)* en muchas partes de América (pero no de España) es por una tendencia fonética bien conocida del caste-llano vulgar de estos países. Para documentación, y datos históricos y naturalísticos, vid. Cuervo, *Ap.*[7], p. 85; *Obr. Inéd.*, p. 255; Lenz, *Dicc.*, 465; Loewe, *Z. f. vgl. Sprachf.* LX, 145ss.; M. L. Wagner, *RFE* V, 297; König, *BhZRPh.* XCI, 132-3; Friederici, *Am. Wb.* 368-9; G. Pascu, *Le mais dans les langues romanes et balcaniques*, en *Estudis Universitaris Catalans* XXI, 451-69. En Asturias dicen *maizu*, y ya se halla *maizo* en documentos locales del S. XVII (Vigón), formas debidas al influjo de *panizo*, que en esta región y otras de España se ha empleado como sinónimo.

DERIV. *Maizal* [Fz. de Oviedo, 1535-50]. *Maicena. Maicero; maicería. Maicillo. Maicito* cub. 'cierto guiso de maíz' (*Ca.*, 78).

Maja, V. *majar*

MAJADA, voz común al castellano con el port. *malhada*, y existente asimismo en algunas hablas catalanas y del gascón pirenáico; probablemente de un *MACULATA derivado en el romance hispánico del lat. MACŪLA 'malla de una red', 'tejido de mallas', en el sentido de 'lugar donde pernocta el ganado rodeado de redes'. *1.ª doc.*: doc. de Sandoval de 1182.

En el cual se lee «totis *maiadis* et pascuis... et lla *maiada*... ela *maiada*» (M. P., *Oríg.*, 285). En los *Milagros* de Berceo una alma que «estava como oveja que yaze ensarçada», los ángeles «fueron e traxiéronla para la su *majada*» (279d); APal. 469a: «*stabula* son las *majadas* en que se recojen los hatos». Nebr. complica algo el concepto en su artículo: «*majada o posada*: mansio; *majada de ganado*: magalia, mapalia»; sin embargo, hay motivos para sospechar, en vista de la selección de un vocablo tan poco común como *magalia* o *mapalia*, que ahí Nebr. piensa más en la etimología, según a veces le ocurre, que en una descripción sin prejuicios; en efecto, como observa ya *Aut.*, no hay otra fuente española que registre la primera ac. 'posada', de suerte que deberemos tomar *mansio* más bien como otra sugestión etimológica: sea quiera la *majada* se ha tomado a veces como guarida de los pastores, pero no en el sentido general de 'posada'. En términos análogos vemos el vocablo en los textos clásicos recogidos por *Aut.* (Fr. L. de Granada, Pellicer): «bendito será el fruto de tu vientre, y el fruto de tu tierra, y el fruto de tus bestias y ganados, y las *majadas* de tus ovejas», «era día consagrado a Ceres, y de las vecinas *majadas* habían concurrido muchos labradores a la aldehuela».

Vicente García de Diego, *Contribución*, § 376, recoge varios testimonios, de Astorga, Santander, Soria y Aragón, para probar que en los dialectos modernos predomina el concepto de 'lugar al aire libre donde se recoge el ganado para pernoctar o sestear', si bien reconociendo que también puede designar la construcción rústica donde se encierra el ganado y aun los pastores. En términos generales podemos aprobar sus conclusiones, confirmadas por fuentes diversas: *malhado* «endroit où parquent les troupeaux» en el gascón de Barèges (Palay), «l'endroit où séjournent les bêtes à laine pendant la nuit (non enfermées)» en Gavarnie y en Gèdre (Schmitt, *La Vie Pastorale dans les Pyr. Centrales*, 21); por otra parte la ac. argentina 'rebaño o hato de ganado lanar' (Tiscornia, *M. Fierro coment.*, 433-4), que efectivamente he oído docenas de veces en los Andes mendocinos («una *majada* de ovejas o cabras», Chaca, *Hist. de Tupungato*, 287), aunque secundaria, sólo pudo originarse partiendo del lugar libre donde se recoge la manada, tomado luego por esta misma (*caminaré hasta que encuentre la majada*, entendido como si se aplicara a las ovejas que allí están); finalmente las acs. de *mallada* en catalán 'lugar de reunión de los conejos de bosque' (en Gandesa, según Amades, *Excursions* II, 289), 'terreno bajo en el bosque, desprovisto de árboles por estar inundado durante el invierno' (Blasco Ibáñez, *Cañas y Barro*, p. 66)[1], suponen también la ac. admitida como básica por G. de Diego. Verdad es que también existen otras, pero las creo secundarias. En portugués Bluteau no parece tener una idea muy clara del vocablo, pues vacila en su definición (el ej. alentejano que cita no parece ser muy antiguo); Moraes: «*malhada de pastor:* o lugar ou cabana rústica, onde vão repousar á noite, onde o gado repousa; e t a l v e z é cerrada»; Fig. recoge «cabana de pastores», «curral de gado» y «rebanho de ovelhas», pero también «estada de gado lanígero em terras de semeadura para as estrumar» y la antigua «terreno cercado em que se apascenta o gado»[2]; en catalán nos recuerdan a Nebr. el pasaje de Jaume Roig «casa segura / plasent e rica, / lo bordó hi fica, / fes-hi *mallada*, / pren-hi posada» (v. 12791) y la definición de Sanelo «casa de campo» (con cita de la Troba 20 de Ferrer), «*masada o mallada:* majada de ganado», pero no creo que se deba atribuir demasiada importancia a estos fáciles y tardíos desarrollos semánticos.

Sin embargo, la razón decisiva en favor de la etimología MACULA es la fonética: el étimo MAGALIA 'choza de pastores', voz púnica poco arraigada en latín, no es de creer que pudiera dar *majada* ~ *malhada*, perdiendo la -G- entre vocales en un derivado en -ATA, pues esta consonante sólo se pierde en romance junto a una vocal posterior, o a lo sumo tras I pretónica. Creo, pues, que debe abandonarse esa antigua etimología de Nebr. y Covarr., todavía aceptada por Diez y por la primera ed. de M-L.[3].

Más imposible es todavía partir de MANSUM o de MANSŎ, como sugiere Nebr., lo cual sólo podría ser en castellano si fuese portuguesismo, pero justamente, no sólo el port. *malhada*, gall. *mallada* 'trinca, compañía' (*fulano y fulano son de una ma-*

llada, Sarm. *CaG.* 198v, 222r), cat. *mallada*, gasc. *malhado*, demuestran que había -LL- o -CL- originarias, sino también el alto-arag. *mallata* (*RLiR* XI, 21; *BhZRPh.* LXXXV, § 198a)[4].

Por el contrario, son buena comprobación del étimo MACULA, ya columbrado por Gröber, defendido por G. de Diego, *l. c.*, y últimamente aceptado por M-L. y otros, el paralelo cast. *redil* 'majada al aire libre', derivado de *red*, y el gascón pirenaico oriental *malho* 'seto', puesto de relieve por Rohlfs (*ASNSL* CLXXVI, 136, 135). Es verdad que MACULA o el romance *malla* no es 'red', sino 'malla', y el pasaje de Varrón citado por G. de Diego en apoyo de un lat. MACULA 'red' es completamente inseguro[5]; de todos modos el hecho es que la metonimia 'malla' > 'tejido de malla' es normal en todos los romances (*cota de malla*, en catalán ocasionalmente *agafar el peix en les seves malles*, etc.), y *malhat* aparece en el sentido de 'red' en el occitano medieval. El escrúpulo de Krüger (*VKR* VIII, 350) de que la costumbre de encerrar el ganado con redes es desconocida en el Noroeste peninsular, donde la familia de *majada* está muy arraigada en la toponimia, está lejos de ser decisivo, pues esta zona no tiene de ninguna manera la exclusiva del arcaísmo hispánico, aspecto en el cual en nada le ceden, p. ej., los Pirineos[6].

DERIV. *Majadal*. *Majadear*. *Amajadar*.

[1] En este idioma sólo se conoce en las hablas al Sur del Ebro, pero está bien arraigado en la toponimia valenciana, y una *mallada del Fenollar* cerca de Valldigna (al Sur del Júcar) ya se documenta en 1300 (*Butll. de la Soc. Castellon. de Cult.* XVII, 35). *Les Mallades*, nombre de una partida del término de Sueca, en un contrato de 1506. Es posible dada la geografía del vocablo, en lo antiguo y en lo moderno, que en catalán sea mozarabismo. Es inseguro, sin embargo, pues Simonet no recoge ningún representante mozárabe auténtico del tipo léxico *majada*, y tampoco los veo en R. Martí ni en PAlc.; en este último *maquiála*, con que traduce 'majada', es palabra de raíz arábiga (Dozy II, 434a), sin relación alguna con esto.— [2] Además «barraca para o gado, porcos, etc.» en el Alentejo, «curral redondo aberto, de paredes inclinadas para o interior» cerca de Setúbal (*RL* II, 35), «cabana feita de ramos d'árvores e mato entretecidos' donde viven los *carvoeiros* de la Estremadura y Alentejo (*RL* I, 384), pero estos dialectos del Sur son muchas veces innovadores.— [3] Simonet quiere apoyarla con el ár. vg. *nawwâla* «cella, tugurium», ya documentado en el Glosario de Leiden y en R. Martí, y hoy arraigada en el árabe y el bereber del Norte de África, pero es muy dudoso que esto venga de MAGALIA, y si realmente tiene este origen, será como vocablo bereber hermano del púnico; desde luego no es supervivencia mozárabe, pues entonces no se explicaría ni la *n*- ni la -*w*-. Ciertamente no es descendiente romance de

MAGALIA el nombre de lugar valenciano *Ma-güella*, y el cat. de Aragón *Maella* debe ser más bien MACELLA. En cambio sí vendrán de dicha palabra hispanoárabe otros dos nombres de pueblos: *Nigüelas* a medio camino de Granada a Motril y el municipio y sierra de *Nigüella*, unos 20 km. al N. de Calatayud: pero precisamente estos nombres acaban de demostrar que *güe* o *wa* en dicho vocablo andalusí viene de ŏ o de WA, pero no de GA ni pudo dar *j* castellana, y por lo tanto nada tiene seguramente esto que ver ni con MAGALIA ni con *majada* (acaso con NOVALE 'campo roturado, cultivado', o es voz bereber). Podría venir de MAGALIA el arag. *Magallón* [1120], pero caben otras posibilidades.— ⁴ El étimo de Th. Claussen, *RF* XV, 882-3, lat. vg. *MALIATA, de un dórico μᾱλετος 'relativo a la oveja', derivado del griego μῆλον 'oveja', no tiene verosimilitud alguna.— ⁵ Otras ediciones leen «septum totum r e t e grandibus maculis integitur», con lo cual *macula* queda con su sentido habitual de 'malla'. Forcellini nota que sólo por sinécdoque puede llegarse a tomar *macula* como sinónimo de 'red'.— ⁶ Malkiel, *Univ. of Calif. Publ. in Ling.* I, 235-7, aporta materiales sobre la cuestión.

Majadería, majaderico, majaderillo, majadero, majaderote, majado, majador, majadura, majagranzas, V. *majar*

MÁJAGUA, antill., venez., colomb., ecuat., del antiguo *damahagua*, y éste del taíno de las grandes Antillas. *1.ª doc.: damahagua,* 1535, Fz. de Oviedo.

Damahagua se halla también en 1595 y 1740, *damajagua* parece hallarse ya h. 1565, *mahagua* en 1626, *majagua* en 1745. Vid. Friederici, *Am. Wb.,* 234-5. *Damahagua* pasó a *demajagua* por influjo de las numerosísimas palabras en *de-*; de ahí *majagua* por confusión con la preposición en frases frecuentes como *hamacas* (u otro objeto) *de damajagua (de-)*, como escribe precisamente Aguado ya en el S. XVI; ayudaría la pronunciación descuidada *emajagua* que registra el portorriqueño Íñigo Abad en 1788. La forma *damajagua* se conserva viva en varias repúblicas (Malaret). Aunque ningún autor antiguo precisa la procedencia del vocablo, que hoy es vivo en las lenguas continentales afines al caribe, y Oviedo sólo nos dice que este árbol es muy común en la Española y otras islas, y en Tierra Firme, es probable que los españoles aprendieran el vocablo de los arauacos más que de los caribes, puesto que este árbol es muy común en las tres Antillas mayores, y la terminación de esta palabra se parece a la de muchas palabras taínas.

DERIV. *Majagual. Majagüero.*

Majal, V. *manjúa*   *Majamiento,* V. *majar*

MAJANO, 'montoncillo de piedras que se pone en el campo para dividir las heredades o señalar los caminos', del mismo origen desconocido que el port. ant. y dial. *malhão* 'mojón'. *1.ª doc.:* doc. sevillano, al parecer del S. XIII.

Desde luego aparece h. 1400 en el Glosario de Toledo: «*congeries: majano* de piedras». A. Castro señala el pasaje «los logares por o amojonastes estas torres son estos... fue fecho *maiano* allend Guadiamar», de un documento publicado por Ballesteros, *Sevilla en el S. XIII,* p. xlvii. En portugués dice Viterbo que «*malhom* ou *malhão*» es «marco, baliza, termo, limite», y se halla en el foral de Cernancelhe, de 1514, y otros, pero no precisa en cuál de las dos formas figura allí el vocablo; Fig. nos entera de que en Tras os Montes *malhão* es «feixe de giestas ou outras plantas, atado com um vincilho e servindo para vedar terras». En español el vocablo fué registrado por Oudin («monjoie») y *Aut.,* cuya definición transcribo arriba. Sin entretenernos en la idea de Viterbo de derivar del b. lat. *mallum* 'tribunal feudal' —que es palabra popular en Francia, pero no en la Península Ibérica, además de tener -LL- y no -*lh*- (-*j*-), y de que sólo forzadamente podría relacionarse con el sentido de *majano*—, hemos de reconocer que los étimos sugeridos por romanistas tampoco ofrecen base firme. Lo único claro es que la -*j*- castellana junto a la -*lh*- portuguesa supone un étimo con -LI- o -CL- (eventualmente -T'L- o -G'L-).

Castro relaciona alternativamente con el valón *maie,* del cual es transcripción muy tardía el b. lat. *maia* (del cual Du C. sólo da un ej., con el sentido de 'montón de gavillas') —lo cual es imposible, pues se trata evidentemente del lat. MĒTA 'columna' (*REW* 5548)—, o con el cast. *mazo,* it. *mazzo* 'manojo de flores', que desde luego nada tiene que ver con el port. *maio florido* que él cita del *Canc. da Ajuda:* está claro que éste tendrá un sentido análogo al del cat. *maig* 'árbol adornado con flores alrededor del cual bailan los aldeanos en el mes de mayo', y no hay duda de que es idéntico al nombre del mes de mayo¹.

Spitzer, *MLN* LIII, 131, llama la atención sobre el mirandés *malhão* 'mojón', que figura en el *REW* (5797) entre los descendientes de MUTULUS, junto con la palabra castellana del mismo significado; en primer lugar es sospechoso este mirandés *malhão,* pues en este dialecto leonés -ONEM da -*oum*, y el vocablo no figura en el glosario mirandés de Leite de V.; por otra parte, está claro que ni tal palabra mirandesa ni el port. *malhão* o cast. *majano* pueden ser variantes o cambios de sufijo de MOJÓN, puesto que así no se explica la vocal de la primera sílaba.

Segl, *ZRPh.* XLII, 105, sugiere que *majano* (por errata convertido en *mojana* en el *REW,* 5554, que se adhiere sin crítica a la idea) sea una mera variante de *mejana* y ambos deriven del lat. MĒTŬLA 'pequeño montón de gavillas', que ha dejado unos pocos descendientes en dialectos del Norte de Italia. La idea no es absolutamente imposible en cuanto a *majano,* aunque extraña entonces la falta de variantes con *-eꞔ* conservada, pero por su principal apoyo carece de consistencia: *mejana* no significa ni mucho menos lo mismo que *majano,* sino 'isleta en medio de un río'; parece ser palabra aragonesa, que Peralta recogió como tal en 1836, y de él hubo de pasar a la Acad. [1884, no 1843], aunque ahí no lleve calificativo regional; en vista de la procedencia, la *-j-* no vendrá de *-T'L-,* sino de *-J-,* y parece seguro que atinó Väisälä (*Neuphil. Mitt.* XVI, 8-14) al derivarlo de MEDIANA 'intermedia', quizá por conducto del catalán. En consecuencia la idea de Segl es muy problemática. Por lo demás tampoco puede *mejana* venir de MEDIUS AMNIS 'centro del río' (*GdDD* 4234) puesto que AMNIS no pasó al romance.

En cuanto a la de Gröber, admitida por Körting y por M-L. en su primera edición, y últimamente desenterrada por Malkiel (*Univ. of Calif. St. in Ling.* I, 232), de que *majano* salga del lat. MACŪLA, es poco convincente: además de que este vocablo apenas está representado en castellano más que por voces de radical *manch-* o *mall-* (pues *majada* es derivado que pronto se hizo independiente de su tronco), desde el punto de vista semántico habría que imaginar un largo proceso hipotético 'mancha' > 'manchón' > 'extensión de piedras esparcidas' > 'montón de piedras levantado en alto' > 'mojón': es verdad que *mancha* en la costa atlántica colombiana y seguramente en otras partes es 'grupo de plantas que pueblan un terreno diferenciándolo de los colindantes' y luego, en el habla de los cazadores, se habla también de una *mancha de patos* o *de codornices,* pero todo esto está muy lejos de la idea de 'mojón'[2].

En definitiva, algo puede haber de cierto en las etimologías de Segl y Gröber, mas por ahora no tenemos nada que se parezca a una prueba. Y conviene tener muy en cuenta que los vocablos para 'montón de piedras' y 'mojón' son muchísimas veces prerromanos. No sería desencaminado relacionar con el vasco guip. y lab. *maila, maiła* 'montón largo de helecho o hierba', *maiłatu* 'poner el heno en pequeños montones en las operaciones de la siega', *maiłasto* 'carguilla de tallos de maíz', pero de ninguna manera podemos estar seguros de que estos vocablos vascos locales no sean romanismos, procedentes sea de METULA o de MACULA, comp. vasco *maila* 'malla de la red', 'grado de parentesco', 'decena de rosario', 'hilera de granos de la espiga', 'eslabón de la cadena', 'mancha de la retina', que bien parece ser MACULA[3].

[1] La idea puede haber sido que *majano* venga del lat. MALLĔUM 'mazo de herrero'. Pero aun suponiendo que de ahí se hubiera pasado a 'mazo o ramo de flores', quedamos cien leguas lejos de 'montón de piedras' o 'mojón'.— [2] Malkiel dice que *mancha* es 'montón' en la costa de Colombia,

citando un oscuro y reciente glosario de Revollo. Éste se fundará en la obra excelente y bien conocida de Sundheim, quien es verdad que define «montón, cáfila, bandada o manada», pero inmediatamente precisa que sólo se emplea en frases como las citadas.— [3] El salm. *mellón* 'carga de leña repartida en dos haces grandes', que Brüch (*Neuphil. Mitt.* XXII, 116) quiere traer de METULA, con anuencia del *REW,* será más bien lo que supone Lamano, derivado del leon. ant. *meyo* 'medio', a no ser que venga de GEMELL-ONE (vid. *MELLA*). En cuanto al *mellón* que la Acad. define 'manojo de paja encendida a manera de hachón' tampoco es verosímil que venga de METULA. Por lo demás, la definición de la Acad. es sospechosa. La única fuente del vocablo parece ser Nebr.: «*mellon de paja:* stramenti merges», que Aut. traduce bien: 'manojo de paja'; Oudin dice lo mismo y al igual que *Aut.* debe de fundarse sólo en Nebr.; *mellón* no figura en otros diccionarios, a no ser los que copian a *Aut.,* ni tampoco en glosarios dialectales. Es probable que Nebr. quisiera decir lo mismo que Lamano explica más detenidamente. En cuanto al agregado de la Acad. «encendida a manera de hachón» [ya en la ed. de 1843] creo que se inspira sólo en la seudo-etimología académica *malleolus* (imposible por razones fonéticas). Que el famoso Rojo y Sojo empleara el vocablo en este sentido no quiere decir nada: es sabido que la obra de este curioso no es más que una taracea de voces tomadas artificialmente del diccionario académico. Claro está que no habrá relación entre nuestro *majano* y el que con el significado de 'especie de buey' registran Lafone Quevedo (*Catamarqueñismos*), como propio de Tucumán, y Carrizo, en el Cancionero de esta provincia. El tipo balcánico MAGÚLA 'colina', 'ondulación del terreno', representado sobre todo en rumano, albanés, griego moderno y lenguas eslavas vecinas, estudiado últimamente por Pop (*RPhCal.* III, 116-33), está bastante alejado semántica y geográficamente; las formas itálicas e hispánicas que a veces se relacionan con él, tienen una raíz MOG- y es probable que sean independientes. El gasc. pirenaico *malh* 'pico rocoso' no creo tenga nada que ver con este MAGÚLA ni con *majano:* no hay por qué dudar de que viene de MALLĔUS 'mazo de herreⸯ' (comp. lo dicho s. v. *MACHO* II).

Majapola, colomb., V. *amapola*

MAJAR, derivado del arcaico *majo* 'mazo de hierro', que procede del lat. MALLĔUS íd. *1.ª doc.:* Cid.

Se halla también en Berceo, en J. Ruiz, *Poema de Yúçuf* (*majado* 'castigado', 219), *Rim. de Palacio* ('castigar, afligir, mortificar', 1019), etc. De uso general en la Edad Media, y vivo todavía, sobre todo en compuestos y derivados, aunque sufre fuerte concurrencia por parte de *machacar*[1]. Es derivado de *majo*, descendiente del lat. MALLĔUS, que todavía hallamos en el *Alex.*: «el fellón ferié más que un fiero *majo* / non dava por el lazerio quanto vale un ajo» (1563c), «priso *majos* de fierro, quebrantó los ferrojos» (103a)[2]; ésta es palabra bien conservada en los demás romances, sin excluir el cat. *mall* 'mazo de herrero', vasco *mailu* (bajo navarro, suletino y baztanés) íd., port. *malho* íd. En varias de las lenguas hermanas se halla también un verbo derivado como *majar*: port. *malhar* íd., cat. *mallar* 'picar con mazo', fr. *mailler* íd. (raro), guip. y vizc. *mailatu* 'abollar', y aun puede creerse que tal derivado llegó a existir en latín a juzgar por *malleatus* y *malleator*; si bien el escaso desarrollo del vocablo en las demás lenguas romances produce la impresión de un derivado formado individualmente por cada una de ellas y, en algunas partes, de uso intermitente; una forma medio latina *maliare* aparece ya en 1144 en el Fuero de Peralta (M. P., *Cid*, s. v.). *Mallo* 'mazo de calafate' [1680, *Recopil. de Indias*] es duplicado del antiguo *majo*, tomado del portugués.

DERIV. Gall. *mallo* 'el instrumento con que en las eras majan el maíz, etc.': compuesto de *mango* (el palo más largo) y *pertego* (el palo menor con que se bate), Sarm. *CaG.* 117r. *Maja* and., 'mano de almirez'. *Majado*. *Majador* [Nebr.]. *Majadero* 'mano de mortero', 'maza para majar' [Berceo, S. *Dom.*, 659a; glos. de Toledo y del Escorial, «*pilum* es *majadero* et *pila* es mortero: el que maja y donde majan», «*pistillum* con que muelen y majan es instrumento de fierro o de palo, *majadero*», APal. 362b, 364d; «*majadero para majar*: pistillum», Nebr.; más ejs. en Cej., *Voc.*], 'necio porfiado' [1591, «a blockhead, a dolt», Percivale; 1605, *Quijote* I, xvii, 61; xxx, 145; «m. llamamos al necio, por ser boto de ingenio como la mano del mortero, a la que se hace alusión», Covarr.; ej. de P. Espinosa, 1625, en Cej., *Voc.*; etc.]: la comparación se explica porque el necio majadero es machacón como la mano de almirez, comp. port. *maçar* «enfadar repisando conversas ou assuntos; importunar», *maçada*, *maçadura* o *maçadoria* «conversa fastienta e longa; trabalho fastiento»[3]; *majadería* [1605, *Quijote*]; *majaderico*; *majaderillo*, diminutivo de *majadero* 'mano de mortero' que por comparación de forma tomó la ac. 'bolillo' [1605, *Píc. Justina*]; *majaderote*; *majaderear* cub. 'hacer majaderías' (*Ca.*, 230); *majarete* 'hombre galanteador, almibarado' cub., probablemente contracción de *majaderete* (*Ca.*, 182). Gall. *malladores* 'borrachos' (Sarm. *CaG.* 198v), probablemente como 'majaderos, que majan o cansan con sus impertinencias'. *Majadura* [Nebr.]. *Majamiento*[4]. *Mayal* [Acad. ya 1914] es leonesismo, o bien puede ser aragonesismo, puesto que hoy se emplea en Navarra (Iribarren).

Mallete, del fr. *maillet* 'mazo'; *malleto*, prob. del cat. *mallet*.

Cultismos. *Maleable* [Acad. ya 1817], quizá tomado del fr. *malléable*, que ya se encuentra h. 1500; *maleabilidad*. *Maléolo*, del lat. *malleŏlus* 'martillito'; *maleolar*; de la misma voz latina, por vía popular, sale el ast. *mayuolo* 'badajo' (M. P., *Dial. Leon.*, § 3.4).

CPT. *Majagranzas* [*Quijote*], comp. el refrán «mientras descansas, *maja* essas granças», ya mencionado por J. de Valdés, *Diál. de la L.* 113.13.

[1] Para el uso rural en el Interior argentino, vid. Chaca, *Hist. de Tupungato*, p. 260. En la versión de los Fueros aragoneses conocida por Vidal Mayor, que parece corresponder a la 2.ª mitad del S. XIII, *maillar* tendrá el sentido de 'golpear (a una persona)' (comp. *Yúçuf* y *Rim. de Pal.*): «quoal se quiere cavaillero grant o chico matare al omne en la carrera o... en algun logar *maillare* o *reteniere*...» (Tilander, p. 304). Para otros ejs. análogos vid. el vocab. del *Cid* por M. P.— [2] Aunque el ms. más moderno *P* reemplaza en un caso por *macho* y en el otro por *maço*, la rima prueba que *majo* era lo empleado por el poeta.— [3] Si *majadero* fuese derivado de *MAJADA* en el sentido de 'rústico', que vive en majadas de pastores o labradores', sería menos natural el matiz de 'pesado, porfiado' que es característico de *majadero*.— [4] ¿Qué significa *majero* en S. de Horozco?: « y la mujer loca y vana, / que por traerse se casa, / suele decir de liviana: / —Ándeme yo bien galana / y ruede el *majero* en casa» (*BRAE* III, 127). *Traerse* parece ser ahí 'ir bien trajeada'.

Majarrona, V. *marrano*   *Majencia*, *majería*, V. *majo*   *Majestad*, *majestuosidad*, *majestuoso*, V. *mayor*

MAJO, -JA, 'tipo popular español achulado, que afecta elegancia y valentía', adj. 'ataviado, lujoso', 'lindo, hermoso', voz popular de origen incierto; quizá sea derivado de *majar* 'golpear' y *majo* 'mazo', empleados en un sentido erótico, pasando éste a designar a un amante achulado y luego al chulo en general. 1.ª doc.: *Aut.*

Define este diccionario, como sustantivo masculino, «el hombre que afecta guapeza y valentía en las acciones o palabras; comúnmente llaman assí a los que viven en los arrabales de esta corte». No trae ejemplos. Escríbía el P. Martín Sarmiento que *majo* era «voz introducida de pocos años a esta parte en Madrid. Oíla la primera vez el año de 1725, y entonces oí pronunciar *majar*, lo cual paró en *majo*». Lo empleó D. Ramón de la Cruz (h. 1764-5)[1]; Moratín: «Algeciras... todo es casillas pobres, cuestas, lodo, muladares y gorrinos, y *majos* con sus capotes», «Es bata / y con su cola y sus vuelos / largos y sus cintas... ¡Anda / majo! Y cómo cruje», pasajes citados por Ruiz Morcuen-

777

MAJO

de, quien agrega, del gaditano González del Castillo (1763-1800), «sale *Retaco,* con jorobas, vestido de *majo».* Está también en Iriarte y Jovellanos. Sabido es que como sustantivo masculino y femenino es palabra muy viva en el S. XIX, y muy de la época, sobre todo en Madrid y en Andalucía.

De la ac. adjetiva 'ataviado, compuesto, lujoso' da ejs. Pagés de Hartzenbusch, Pérez Galdós y Pardo Bazán: en el sentido de 'lindo, bonito' es propio sobre todo de Asturias, Santander y Vizcaya (ejs. en Vigón y en García Lomas, s. v. *majueto;* otro de Pereda en Pagés); en Aragón, donde es sumamente popular, se oye mucho en ese sentido, además del de «lujoso, elegante, bien puesto de traje», único que registra Borao. De ahí el cat. popular *maco, -a,* 'bonito, lindo, hermoso', castellanismo reciente y unánimemente rechazado por los escritores, pero bastante arraigado en el habla del vulgo y aun en el lenguaje familiar (también 'valiente, matón', sobre todo en la frase *fer el maco*). En español es generalmente voz afectiva, ausente de la prosa seria, aunque se podría hallar algún ej. de lo contrario[2].

Spitzer, al reseñar el *DCEC,* lo explica a base de MALLEUS en el sentido de su diminutivo MALLEOLUS 'vid nueva' (de donde 'retoño', y de ahí 'muchacho' y luego 'chulo'), lo cual además de harto hipotético en cuanto a la historia semántica de la voz castellana, peca decisivamente por el hecho de que MALLEUS no ha tenido nunca, ni es posible que haya tenido tal sentido.

Por lo demás, los romanistas se han abstenido casi completamente de estudiar este vocablo. Diez, *Wörterbuch,* p. 465, se limita a llamar sobre él la atención de sus lectores, sin decir una palabra de su origen; nada hay tampoco en el diccionario de M-L. Hugo Schuchardt, *ZRPh.* XXVIII, 135, observa atinadamente que la historia semántica de *majo* parece ser la misma que la de *guapo,* e insinúa paralelismos semánticos con *gandul* y *faraute.*

Todo ello es justo, pero no revela ideas definidas acerca del origen. Un hecho importante es la fecha moderna de *majo*: no sólo falta en Covarr., Oudin y diccionarios anteriores, sino que parece ser palabra totalmente ajena a la germanía de los SS. XVI y XVII (nada en Hill, *Voces Germanescas*). Los romances vecinos nada seguro nos ofrecen: pues es muy dudoso que el port. *malho* «pessoa hábil, fina; coisa ╲certa, infalível» (Fig., falta en dicc. anteriores), aplicación figurada de *malho* 'mazo' —probablemente por el tino con que debe manejarlo el herrero, so pena de lastimarse gravemente— tenga algo que ver con nuestro *majo*; ningún indicio útil podemos tampoco derivar del ast. central *maxu* «mozu, currutacu, pasiador: *el que maxu busca, maxu mantién»,* «*maxiar:* facer el maxu; facer el visu ['lanzar miradas dulces']; dir a vistes; facer el sor ['hacer el señor'?]» (Rato): esta forma no prueba que la *j*

de *majo* venga de una *x* antigua, pues no son raros los casos de una antigua *h* aspirada dialectalizada en *x* en el asturiano moderno[3].

Mucho más valioso, si estuviéramos seguros de que es la misma palabra, sería el testimonio del judeoespañol *maho.* El diccionario del judeoespañol de Oriente por Cherezli lo transcribe con חַ y traduce «calme»; Foulché-Delbosc (*RH* I, 28), con la misma transcripción, dice que es «mou»; en un proverbio de Rodas tiene el valor de 'tranquilo': «espántate del río *maho,* que del fuerte poedes salvar» (*RH* IX, 445); Baruch (*RFE* XVII, 132) dice que en Bosnia es «suave, manso» y agrega el verbo *amahar* 'aliviarse': *me amahó el dolor de diente* 'me pasó'; efectivamente hallamos este verbo intransitivo en el sentido de 'curarse' en un texto de Monastir (Luria, *RH* LXXIX, 556) y en otro de Skoplje, donde se trata de la cicatriz dejada por una marca o sello aplicado con hierro candente (Crews, *Recherches,* p. 173, 271); agrega este autor que el vocablo se emplea en Salónica y en Sarajevo. Podría sospecharse que el verbo sea anterior al adjetivo, en vista de que éste no parece ser conocido en el judeoespañol de Marruecos (por lo menos falta en el vocabulario de Benoliel), mientras que lo es «*amahar* acariciar» (*BRAE* XIV, 571). La identidad de estos vocablos sefardíes y el cast. *majo* está lejos de ser evidente, pero cabría pasar de 'suave', 'muelle', a 'elegante' y luego 'chulo'. Ahora bien, la *h* aspirada del judeoespañol nunca corresponde a una antigua *j* o *x* medieval; cuando es *h* (חַ) algunas veces viene de la antigua *h* aspirada procedente de F, pero este fonema suele conservarse como *f,* por lo menos en la mayoría de los casos, de suerte que casi siempre una *h* sefardí corresponde a una aspirada o velar semítica, y es indicio por lo tanto de origen árabe o hebreo del vocablo; ello es seguro cuando se trata, como en nuestro caso, de la aspiración fuerte *h* (חַ)[4]. Crews sugiere procedencia del ár. «*maḥḥa* être usé (habit), être effacé (trace, écriture)». Así define, en efecto, Belot, y por lo menos en la primera ac. el vocablo está apoyado en la autoridad del *Qamûs* y del Ɏauharí (Freytag, IV, 153a)[5]; junto a este verbo los mismos diccionarios dan el adjetivo *mahh* 'viejo (traje)' («tritus»). Efectivamente sería posible el paso de 'gastado' a 'liso', 'pulido', 'suave', etc.; por desgracia no estamos seguros de que tal palabra, ajena al Corán, se emplee en el árabe vulgar (falta en Dozy, Beaussier, Bocthor, Lerchundi, Ben Sedira, Dieterici, etc.)[6].

Es muy dudoso que tenga algo que ver con *majo* o con el judesp. *maho,* el papiamento *mahos* 'feo' (Hoyer, p. 51), que Lenz acentúa *mahós* y declara de origen desconocido (en su libro sobre este dialecto, p. 250).

Sólo si la palabra española no tuviera nada que ver con el judesp. *maho* podríamos pensar en relacionarla con el sayagués *majote* (pron. *mažóte?),* que aparece como voz insultante en Rodrigo de Reinosa («pues yo os certifico, villano majote... don necio virote», Cej., *Voc.*) y ya en Lucas Fernández, h. 1500, dirigida por un palurdo a su igual («don *majote*, ño pensés / de habrar tanto por desprecio, / aunque presumás de ñecio», ed. Acad., p. 20); todavía Pedro Espinosa, en 1625, cita *majote* (entre *retartalillas, harbullista* y *transido, entumido*) entre las voces vulgares y malsonantes (compárense estos ejs. con la frase hecha *la maja y la mona* en el *Dicc.* de Sánchez de la Ballesta: «usamos de esta manera de dezir, cuando queremos significar alguna compañía no muy dichosa»). C. Michaëlis (*Canc. da Ajuda* II, 831) expuso otra idea hablando de la fiesta del primero de mayo en Portugal: «sai um rapazinho, engalanado e coroado de flores—o *Maio, o Mainho, o Maio-Moço, o Maio pequenino, el Mayito*. Em algumas terras, não ha *Maios* mas antes *Maias*, ricamente vestidas com enfeites, joias e flores. As garridas *majas* de Andaluzia, qué são senão Maias? Em Portugal pelo menos diz-se das moças bem postas que andam *garridas como uma maia.*» Realmente estas *mayas* han existido (Gillet, *Propal.* III, 810). Por razones fonéticas *maja* entonces tendría que ser mozarabismo, pero es etimología inverosímil a todas luces, y más aún en vista de la fecha moderna del vocablo. Puede ser un derivado del arcaico *majo*[7] 'mazo de herrero' (MALLEUS), paralelo a *majadero*, por lo pesado y porfiado. Lo mismo podría ser el *majo* moderno. He aquí el parecer que, con la natural circunspección, tiene la bondad de comunicarme el Prof. Max L. Wagner, autoridad, si las hay, en esta materia: «El verbo *majar* significa 1.º 'machacar, moler', 2.º (fig.) 'molestar, fastidiar'; no me parece en manera alguna inconcebible que partiendo de la ac. 'pesado', 'impertinente', se formara un derivado aplicable a los chulos, que son molestos y cargantes, pero también hacen alarde de cierta elegancia de oropel. Es de creer, por lo tanto, que *majo* sería primitivamente una palabra de germanía, lo mismo que *chulo*».

En apoyo de su idea citaré sobre todo el sayagués *majote*[8] arriba anotado, cast. *porro* 'torpe, necio' (*Quijote*), *porrón* 'pelmazo', *porrada* 'necedad'; V. el artículo *LATA*; y *porra* que en Juan Ruiz y en Jaume Roig se aplica a personas de mala vida, derivados todos ellos de *PORRA* (véase).

Me inclinaba, pues, hasta ahora, desechando las demás etimologías, a retener la posibilidad de la apoyada por Wagner, y de la etimología arábiga sugerida en la nota 6: en este caso podría ser vocablo de los moriscos, que de ellos pasara a los judíos y por otra parte a la germanía popular andaluza, desde donde pudo fácilmente trascender al uso general, en el S. XVIII.

Una idea que necesitaría estudio más serio es si puede venir del ár. *maǧūš* 'pagano', ya usual en España en el S. XIII, puesto que su derivado *maǧūšîya* 'paganismo' está ya en R. Martí y *maǧūší* es el nombre de una variedad del cambronero o espino albar («églantier») en Abenalauam (Dozy *Suppl.* II, 569b). Son préstamos del iranio: persa ant. *maguš*, nominativo de *magu-* 'sacerdote, mago' (cf. Nyberg, *Manual of Pahlavi*, 122, s. v. *magū, magūk*). Claro que puede ser casual, pero junto a *majo* está *majuelo*, que puede ser la traducción exacta (por lo menos lo es aproximada) del mencionado *maǧūší*.

Pero ahora (1974) examinando de nuevo el problema, creo que se impone ver en *majo* una creación del lenguaje erótico, que partiendo de los metafóricos *majar* 'coire' y *majo* 'miembro viril', conduciría a la idea de 'amante arrufianado' (cf. nota 1): desde el sentido provincial 'mano de almirez' (nota 7), o 'mazo', se pasa en muchas partes a designar el miembro —basta recordar *porra*—; desde sentidos de *majar* como 'batir, machacar', y verbos de sentido análogo, el tránsito a 'coire' no es menos común (cast. *follar*, cat. *cardar*, etc.), y es sabido que *majar* valía 'machacar', ast. *mayar* 'desgranar las vainas con un *majo*', gall. *mallar* 'apalear'[9]. Ahora bien, que *majo* significó primero 'amante rufianesco' o 'querindango' lo prueban muchos datos de fuentes ya antiguas y de provincias conservadoras. González del Castillo escribía «pues sepa V. que [él] es el *majo* de una amiga [mía]»[10]; la acepción de majo como «querido» la dan el vocabulario churro del Villar del Arzobispo por V. Llatas, y un cuidadoso glosario murciano escrito por D. Eulogio Saavedra en 1888: es seguro que se podría localizar en otros sitios. Al mismo medio erótico nos trasportan frases como éstas de Pérez de Ayala: «a ver quién es el *majo* que se pone al alcance de mis *divinos cuernos*» «¿quién es ese amador tan *majo*?», y aun este caso del femenino en Jovellanos: [va hacia el Prado] «una *maja* con trueno y rascamoño, / alta la ropa, / erguida la caramba...» (Rivad. I, 33).

En fin, es decisivo el ambiente erótico, que nos revelan ya en el S. XIV Juan Ruiz, y los satíricos portugueses, para un compuesto de MALLEUM (> *majo*). Las desenvueltas e impúdicas serranas del Arcipreste emplean el vocablo repetidamente, y todo prueba que ya con alusión sexual: «salteóme una serrana / al assomante del rostro: / "*fademaja*", diz, "¿donde andas? / ¿qué buscas o qué demandas?"»; ya se sabe cómo termina esto: cuando la «traviessa» le dice «luchemos un rato... / desbuélvete de aqués hato», el pobre hubo de «fazer quanto quiso»; y antes es otra serrana desvergonzada la que se aplica el vocablo ella misma: «respondióme: —La chata! / yo so la *fademaja* que a los omnes ata»[11].

Ahora bien, el libro del Prof. Manuel Rodrigues Lapa nos proporciona ahora en sus *Cantigas de Escarnio* nuevos datos sobre este vocablo, que me conducen a enmendar la interpretación imperfecta que di en mi edición del Arcipreste. Se trata de sendas canciones eróticas del segrel gallego, de h. 1250, Pero da Ponte, y del Conde Pedro de Portugal, princ. del S. XIV; aquél se refiere al «ataque» de un pederasta que se alaba de haber rechazado «eu digo, com'ome *fadimalho* / ¡quanto mais posso d'aquestes *fodidos*!, / e trob'a eles e a seus.., maridos», el otro nos habla de que la naturaleza obliga a todas las criaturas a «fazeren criança», «des que son *fadimalhas*», o sea desde que son capaces de practicar el coito; el segrel gallego, aludiendo a hechos más brutales, le da valor más erótico 'aficionado al coito heterosexual', con sugerencia de su fuerte potencia («quanto mais posso»). Ésta es la lección de los dos mss. en ambos pasajes (340.1, 325.4). Como ya vió Teófilo Braga, el vocablo en su forma propia sería *fodi-malho* (como sería en latín «futue, mentula!»), hasta el punto de que Braga enmendó el vocablo en esta forma; pero atina el Prof. Lapa al repugnarle cambiar la lección constante de los códices, y el vocablo empleado por Juan Ruiz o sus copistas confirma que *fa-* era la forma en que corría el vocablo.

Pero es que, sin embargo, ambos tienen razón a la vez: primero se diría *fodemaja* o *fodimalho* pero luego se cambió en *fad-*. Quizá la iniciativa partió de la combinación paralela, empleada entonces en Castilla, *fadeduro* (967e, 969e, 959eG) o sea *fode-duro*, con *duro* adverbial, 'duramente, reciamente'. Una disimilación provocaba aquí el paso de *fode-*, ante la labial tónica, a *fade-*; y el eufemismo aprovechó este accidente para disimular el compuesto de *foder*, disfrazándolo de compuesto de FATUM (apoyándolo en *malhadado, fadamaliento* 'desgraciado' Berceo *S. Dom.* 274, y demás). Siguiendo el ejemplo de este sinónimo el eufemismo cambió también *fode-maja* (-malho) en *fademaja, fodimalho*. En *fademaja*, más que de *majo* 'pene' se trata de *majar* 'coire', combinación de dos imperativos, como se ve por el hecho de que esta forma en *-a* viene aplicado a un hombre.

No es imposible que hubiese continuidad cronológica desde el S. XIV hasta Ramón de la Cruz, pues la corriente subterránea del lenguaje erótico, aun sin aparecer en literatura, es probable que no se interrumpiera nunca.

DERIV. *Majeza* [Terr.]. *Majería* 'cualidad del que es majo o petimetre' (sólo en Terr.). *Majura* ast., santand. (Vigón) 'hermosura'.

[1] En muchas de sus obras, incluso en sus títulos: *La maja majada. El Careo de los majos. Los majos vencidos. Las majas de Lavapiés* (1764). *Las majas vengativas* (1768). *Las majas forasteras. El majo escrupuloso. Los majos de buen humor* (1770), etc. Agradezco estos y otros informes sobre esta palabra a don J. Giner i March, a quien debo varios datos y aun ideas introducidas en la nueva edición de este artículo. Importante para todo esto es un libro reciente de Carmen Martín Gaite, *Usos Amorosos del Dieciocho en España*.— [2] El filológo Montesinos escribe con carácter claramente laudatorio y sin ironía: «el Romancero podría darnos otros *majos* ejemplos», refiriéndose al color azul como símbolo de los celos (en su ed. de *La Corona Merecida* de Lope, p. 200).— [3] *Xoveru* 'overo' (FALVUS-VARIUS), *xurgar* 'hurgar', *xurgón* 'hurgón' en Rato; *xoroba* 'joroba' en Acevedo-F.— [4] El Prof. Wagner me informa de que él anotó *mado* 'blando' en Constantinopla (*en cama mada*), y *maru* 'puro' se emplea en Bosnia (*con un peñi di oru maru*, Wiener, *Songs*, en *Mod. Philol.* I. 262). Como él observa, estas formas no nos ayudan a encontrar una etimología.— [5] La segunda ac., que sería propia de la cuarta forma *'amáḥḥ(a)*, sólo la veo en Belot.— [6] Fagnan señala *maḥḥâ* «qui efface, qui fait disparaître» en el comentario del Beidauí sobre el Corán, que él atribuye a la raíz m-ḥ-w, a la cual el *Qamûs* y el Ŷauharí dan en efecto el sentido de «delevit, obliteravit». Bien mirado nada se opondría a que el cast. *maja* viniese de *maḥḥâ'* fem. del adj. *'amáḥḥ*, que Freytag, fundado en la autoridad del *Qamûs*, atribuye a nuestra raíz m-ḥ-ḥ y define (con otro sentido) «pinguis». Por lo demás poco importaría que venga de esta o de aquella raíz, pues de todos modos al femenino clásico *maḥḥâ'* correspondería en árabe hispánico la pronunciación *máḥḥa*. Es posible que realmente existiera algo de esto en hispanoárabe, pero sólo podríamos invocar un testimonio indirecto. PAlc. registra la cuarta forma verbal *'ámḥà* (primera persona *'amḥáít*), con las ac. «raer del corazón», «raer de la memoria», «desfigurar lo figurado», «deslavar», «deshacer» (Dozy, *Suppl.* II, 571b); la conjugación corresponde a una raíz m-ḥ-y y no m-ḥ-w, pero es lo mismo, pues en árabe vulgar las raíces terminadas en y se confunden constantemente con las en w, y no faltan casos de confusión con las de consonante geminada. En resumen es posible que el adjetivo *maḥḥ* o por lo menos un femenino pronunciado *maḥa* existiera en hispanoárabe, pero las pruebas no son seguras. En otras raíces arábigas las pistas son todavía más vagas: *maḥḥ* «lenitas» (*Qamûs*), *'maḥḥ* «benigne tractavit, lenis fuit» (íd.), *máhah* «pulcher» (íd.); nada de esto, por lo demás, se halla en Dozy.— [7] Vivo hoy en Murcia, Andalucía y la Mancha para la 'maza del mortero', según comprobó Giner i March.— [8] Sin embargo, este apoyo será muy dudoso mientras no conste que *majote* se pronunciaba antiguamente con *j* sonora. Ahora bien, en el único caso en que puedo comprobarlo en una ed. coetánea (L. Fernández, ed. 1514, p. 4) hallo *maxote* escrito con x. A base de *-x-* no se columbran posibilidades etimológicas; y al fin y al cabo es inseguro que haya relación con *majo*.— [9] «Fea vivín, *mallada* e batida» exclama la muchacha moribunda, seducida por un vividor, Castelao 183.18.— [10] El *Soldado fanfarrón*, Cádiz 1845, I, 52.— [11] Versos

959e, *971b*, *952e*. Es cierto que estas lecciones de los códices leoneses s y т no son compartidas por el castellano G, que pone *hadeduro*. Era pues vocablo de León más que de Castilla, en consonancia con el uso gallego-portugués que ahora veremos. Pero al fin, la palabra *hadeduro* parece tener el mismo contenido etimológico.

Majorana, V. *almoraduj*   *Majúa*, V. *manjúa*

MAJUELO, 'viña nueva que ya da fruto', primitivamente tuvo el sentido, hoy dialectal, de 'cepa nueva de vid'; del lat. MALLĔŎLUS 'martillito', 'sarmiento de viña cortado en forma de martillo o muleta para plantarlo', diminutivo de MALLĔUS 'martillo', 'mazo'. *1.ª doc.*: *malguelo* (= *malwélo*), doc. de 1039; *magguelo* (= *mazwélo*), doc. de 1044 (Oelschl.).

La ac. romance colectiva ya se documenta en docs. del S. XII: «illas vineas novellas quas *moiolios* vocamus», doc. de 1116 (*Esp. Sagr.* XXXVI, ap. 46), «tres aranzcadas de vinna en el *maguelo novo*», doc. de 1144; también *Apol.*, 636c (posiblemente en *Alex.*, 604), Nebr. («*majuelo*: novellas vites»), etc. Aebischer, *ZRPh.* LXIX, 195-202, documenta la ac. 'viña nueva' ya en doc. de 988; conjetura que la nueva ac. romance nació en el Sur de Francia y de ahí pasó a España, de lo cual no da pruebas suficientes. Palabra de uso común en todas las épocas, representada en todos los romances de Galia e Iberia y en italiano. En la Rioja conserva el sentido primitivo de 'cepa nueva de vid' [*Aut.*]. San Isidoro describe la forma del sarmiento llamado *malleolus*, que explica la comparación con un martillito: «*malleolus* est novellus palmes... cognominatus... quod in ea parte qua deciditur ex veteri sarmento prominens, utrimque mallei speciem praebeat» (*Etym.* XVII, 5).

En cuanto a la ac. 'espino albar, escaramujo', el vocablo ya se halla en Juan del Encina: «yo te mando una borrega / de las que van al *majuelo*» (*Teatro*, p. 71). Es inseguro si es aplicación traslaticia del mismo vocablo, o si tiene etimología diferente. Desde luego no será el gr. μῦξα 'especie de ciruelo', como quiere la Acad., voz de significado muy diferente, que no ha dejado descendencia romance y apenas parece haberse empleado en latín, aunque aparezca en Plinio; además habría obstáculos fonéticos insuperables (la ʊ de ninguna manera podía convertirse en *a*, la *j* = ž de Juan del Encina no puede venir de x, etc.). La explicación de M. P. (*Rom.* XXIX, 347-8) como diminutivo de MŬLLĔUS 'rojo', por el color de las bayas del escaramujo, es plausible en principio, pues pudo haber disimilación *mololo > *malólo*, y recibe cierto apoyo de la etimología del sinónimo *ESCARAMUJO* (¿*ESCARIUM MŬLLĔUM?); pero esta otra etimología es muy incierta, la disimilación indicada no es de tipo corriente, y siempre es preferible no postular dos etimologías diferentes para dos palabras idénticas, mientras no haya absoluta necesidad. Y quizá no la haya, pues entre vegetales es siempre frecuente la aplicación del nombre de uno a otra planta: el espino en cuestión tiene fruto comestible, muy apetecido por el ganado y por los niños (como dice Laguna, en *Aut.*, s. v. *majuela*), que se paran a comerlo junto al camino, como quien esquilma una viña en sazón, y así puede compararse al majuelo o viña nueva que ya da fruto; como observa Baist (*KJRPh.* VI, 388-9) el empleo de este arbusto en setos vivos le hace más comparable al majuelo, que se planta expresamente, por contraposición con otros arbustos espinosos nunca plantados por el hombre

Mayuelo significa 'albaricoque' en Alosno, Huelva (*RFE* XXIV, 228): ¿forma mozárabe con disimilación de *ll* en *y*?

DERIV. *Majolar* m. *Majuela* 'fruto del majuelo' [1555, Laguna][1]. *Majoleto* [Acad. 1884] o *marjoleto* [como and., ya 1843], forma influída por *margen*, pues el majuelo nace en ribazos; *ma(r)joleta*; también *marzoleto*, *-eta* [Acad. ya 1914]. Que *ma(r)joleto* derive de una voz que significa 'margal' como el celto-lat. MARGILETUM es idea absurda semánticamente (*GdDD* 4157; además toma este supuesto como punto de partida de una audaz etimología del nombre de *Madrid*, opuesta a la de M. P., y a la que he demostrado en *Topica Hesperica* I, 114). Poco conocido es un gall. *mallons* 'espacios de tierra que se dejan entre una y otra carrera de cepas en las viñas' según Sarm., *CaG.* 106v y p. 95 (ausente de las demás fuentes, salvo Carré, que suele copiar de Sarm.), pero port. duriense *malhões* «montes de terras, feitos nas cavas das vinhas, e desfeitos no ano seguinte, en que se faz a escava de águas»: pueden salir de un aumentativo *malho[l]on[e]s*.

Majuela 'correa de cuero con que se atan los zapatos' [1600, Sigüenza, *Aut.*], también *malhó* en el portugués trasmontano (Fig.), ac. explicable, como sugiere M-L., partiendo de 'botón en forma de yunquecillo por el cual se pasa dicha correa', comparado con un pequeño mazo de herrero; *majolar* v. *Desmajolar* [h. 1530, A. de Guevara, *Aut.*].

[1] Otras acs.: «corimbi, las *majuelas* de las yedras y uvas, o sortijas de las vides, con que se atan» ('zarcillo'), APal. 95b; «sepros dizian a las *majuelas* que llevan por fruto el laurel», íd. 447b (¿'arbusto como el majuelo'?).

Majueto, V. *magüeto*   *Mal*, V. *malo*   *Mal-*: no se hace referencia a algunos de los derivados formados con este prefijo; deberán buscarse bajo el segundo elemento de los mismos   *Mala* 'valija', 'correo', V. *maleta*   *Mala* 'malilla', V. *malo*

MALABAR, *juegos -es*, así llamados por la destreza con que los ejecutan ciertos habitantes de esta región costeña del SO. de la India. *1.ª doc.*: Acad. 1936.

Se tomó del portugués, donde es más vivo y ha formado más derivados que en castellano.

DERIV. *Malabarista. Malabarismo* [port. ya en 1918, vid. Dalgado].

MALACATE, 'cabrestante movido por caballos para extraer minerales de las minas, agua de pozos, etc.', antiguamente 'huso', del náhuatl *malákatl* íd., compuesto de *malina* 'torcer hilo' y *ákatl* 'caña'. *1.ª doc.*: 'huso', 1598, Tezozómoc; 'cabrestante, etc.', Acad. 1869, no 1843.

Las minas mejicanas fueron causa de que este vocablo mejicano se extendiera por toda América, aun en Chile y en la Arg. (ya se empleaba en Mendoza en el año 1900, diario *Los Andes*, 9-VII-1940, pág. 4). Lenz, *Dicc.*, 466; Friederici, *Am. Wb.*, 369. La ac. originaria se conserva en Méjico y en Honduras.

Malacatón, V. *melón*   *Malacia, malacología, malacológico, malacopterigio*, V. *muelle*   *Malacuenda, malaestanza, malagana*, V. *malo*   *Malagaña*, V. *magaña*   *Malandante, malandanza, malandar*, V. *andar*

MALANDRÍN, tomado del it. *malandrino* 'salteador' o del cat. ant. *malandrí* 'bellaco, rufián', que parecen haber significado primitivamente 'pordiosero leproso', derivados del lat. MALANDRĬA 'especie de lepra', que es alteración del gr. μελάνδρυον 'corazón del roble' (por el color oscuro, común a las dos cosas), y éste contracción de μέλαν δρυός 'lo negro del roble'. *1.ª doc.*: 1605, *Quijote*.

Según Clemencín (ed. del *Quijote* II, 60) ya aparecería en libros españoles de caballerías, lo cual no puedo confirmar ni desmentir. Para ejs. castellanos, vid. Terlingen, 310-11. En catalán *malandrí* aparece ya a fines del S. XIV, al parecer con el sentido de 'rufián', 'bellaco': «Sàpies que com un jove de Sibília enterrogàs un *malandrí*, on havia presa tan gran ganyada ['cicatriz'] que portava per la cara, respòs lo *malandrí* que lla on ell no fugia, ans estava ferm de cara», a. 1381-6, Eiximenis (*Dotzèn del Crestià*, N. Cl. VI, 76); «lo bacallar ['bellaco'] o escaltrit, *malendrí*, tafur e alcavot o en altra manera viciós», íd. (*Doctrina Compendiosa*, p. 90). Pero el vocablo se ha conservado mejor, y es probable que haya tenido siempre mayor vitalidad, en italiano, donde tiene generalmente la ac. 'salteador, ladrón de caminos', y aparece ya en Giovanni Villani, 1.ª mitad del S. XIV; además Du C. reúne varios testimonios en bajo latín referentes a Italia, ya a principios del S. XIV (1310, 1326, etc.); la variante *malandrenus*, mera alteración fonética, está ya en un escritor veneciano de 1280. Del italiano pasó el vocablo al fr. *malandrin*, documentado desde 1611, y ya una vez, pero con referencia a Italia, h. el a. 1400. Junto a *malandrino* conoció el italiano *malandro* adj. 'maleante' (en el toscano Sacchetti, 2.ª mitad

del S. XIV), y dialectalmente se halla *malandra* 'prostituta' en Como, *balandra* íd. en Milán (Sainéan, *Sources Indig.* I, 400-1)[1]. Es probable, sin embargo, que el vocablo haya tenido raíces autóctonas en el Sur de Francia, donde no sólo se cita *malandrin* con referencia a hechos del tiempo de Carlos V (Mistral) —puede ser italianismo— y *malandron* 'malandrín' aparece ya un par de veces h. el a. 1600 (Nostredame, *Chron. de Provence, Rom.* XXXIII, 570), sino que *malandrous* 'valetudinario, enfermizo' ya se documenta en Marsella en 1362 (en la forma francesa latinizada *malandreusus*, Du C.). Indudablemente el sentido originario no fué precisamente 'salteador' o 'vagabundo', pues de buen principio lo hemos visto aplicado a gente maleante de varia ralea, y esta ac. 'enfermizo' (asegurada por el contexto: *malandreusis et pestilentibus*) nos coloca en la buena pista etimológica, arriba indicada y ya vista por Du C. Los vocablos para 'pordiosero' pasan fácilmente a 'vagabundo', 'bandido', testigo *GALLOFO* y tantos más; y el pordiosero se presenta muchas veces como atacado de lepra y otras enfermedades semejantes. La etimología de oc. *malandrous* y del lat. MALANDRIA la indicó ya Schuchardt, *ZRPh.* XIV, 178-9; *malandre*, como mal del caballo, y en el sentido de 'achaque de las personas', sigue siendo palabra usual en francés [S. XIV], oc. *malandro* «maladie de langueur, de consomption», «affection chronique», it. *malandre* pl. 'mal de la piel en los equinos'; en latín *malandria* es 'rozadura en el pescuezo del caballo' y también 'especie de lepra (en el hombre)', *malandriosus* 'atacado de este mal' se registra desde el S. IV: se trata en último término del gr. μέλαν δρυός 'lo negro del roble, su corazón' (Homero)[2].

Diez, *Wb.* 188; Caix, *ZRPh.* I, 422; Horning, *ZRPh.* XXIX, 530; Gamillscheg, *EWFS*, s. v., y otros se empeñaron en buscar a *malandrino* una etimología diferente, que Horning formula brevemente: *malandrin* < *mal.* + *landrin* 'buen andarín', éste derivado de oc. *landra* 'vagabundear', fr. dial. *élandrer, landorer* 'entretenerse, roncear', it. antic. *landra* 'mujer de mala vida', los cuales a su vez vendrían de un a. alem. med. *lenderen*, neerl. *slenteren*, alem. *schlendern* 'estar desocupado, vagabundear', etimología esta última admitida aun por M-L. (*REW* 4885a) y otros (V. allí la bibliografía). Pero ya Bertoni (*L'Elemento It. nella L. It.*, p. 145) puso reparos desde el punto de vista italiano, y Bloch (s. v. *malandrin*) prefiere contentarse con un «origen desconocido». En realidad la forma *lenderen* sin s- es rara en germánico (ni siquiera la menciona Kluge, s. v. *schlendern*)[3], y lo único algo antiguo en esta familia lingüística parece ser el radical *slent-*, alterado en alto alemán por un fenómeno fonético local (vid. Kluge): luego esta familia germánica no sirve como base de las voces romances. En éstas las formas con l- inicial (o *sl-, él-*) son modernas y dialectales: lo antiguo es *malandrino, malandro* y análogos. Luego se impone considerar que no sólo *malandrino* no está compuesto con *mal-*, sino que, por el contrario, fueron los hablantes dialectales los que vieron ahí arbitrariamente un prefijo *mal-* y crearon los secundarios *landrino, landrin, landra, élandrer* (y, con influjo de *il s'endort*, fr. *lendorer, lendore*)[4], por un fenómeno de derivación retrógrada.

¹ En portugués, donde es voz importada, como en castellano, se halla *malandrim* desde principios del S. XVII (Bluteau); hoy también se hallan *malandro, malandraço* (de donde no creo sea «contracción» *madraço*, según se dice en *VKR* X, 89), pero estas formas más bien parecen regresiones operadas en portugués, pues no aparecen hasta diccionarios recientes (faltan en Bluteau, Moraes y Vieira).— ² Más tarde μελάνδρυος se aplica a una especie de escabeche de atún; también pasa al latín con este sentido; y APal. 128*d*, no sé con qué fundamento, afirma hablando de este pescado: «manera de salsa quel vulgo llama *malandrea*».— ³ Las raras formas italianas como venec. *slandrona* 'prostituta', contienen el prefijo italiano peyorativo *s-* (DIS-).— ⁴ Éste ya se halla en Rabelais (IV, cap. 41, ed. Plattard, p. 154), en una lista de nombres o apodos de cocineros, todos ellos peyorativos.

Malaquita, V. *malva*   *Malar*, V. *mejilla*   *Malarse*, V. *malón*   *Malatería, malatía, malato*, V. *maleta*, nota   *Malautía*, V. *maleta*   *Malavenido, malaventura, malaventurado, malaventuranza*, V. *venir*   *Malavés, malavez*, V. *abés*   *Malbaratador, malbaratar, malbaratillo, malbarato*, V. *barata*   *Malcarado*, V. *cara*   *Malcasado, malcasar*, V. *casa*   *Malcaso*, V. *caer*   *Malcocinado*, V. *cocer*   *Malcomer, malcomido*, V. *comer*   *Malcontentadizo, malcontento*, V. *contento*   *Malcoraje*, V. *mercurio*   *Malcorte*, V. *corto*   *Malcriado, malcriar*, V. *criar*   *Maldad, maldadoso*, V. *malo*   *Maldecido, maldecidor, maldecimiento, maldecir, maldiciente, maldición, maldicho, maldita, maldito*, V. *decir*   *Maleabilidad, maleable*, V. *majar*   *Maleador, maleante, malear*, V. *malo*

MALECÓN, 'murallón o terraplén que se hace para defensa de los daños que pueden causar las aguas', origen incierto; si es de procedencia mozárabe y emparentado con el sardo *maragoni* 'peñasco', podría venir de un lat. vg. *MURICONEM derivado de MUREX, -ĬCIS, 'escollo agudo'. *1.ª doc.*: Bastante anterior a *Aut.* ha de ser el ej. de *malecón* citado en *Al-And.* XIX, 169, de las *Memorias para la Hist. de la Plaza de Mazagán, traducidas del portugués por un Franciscano*, donde se emplea como equivalente del port. *courassa* 'espolón fortificado junto a una plaza fuerte, a lo largo del mar'. El autor portugués, Couto d'Albuquerque, publicó su libro en 1629, y la traducción castellana,

por los pocos indicios que tengo, parece poco posterior. *Aut.*: «parapeto que se hace para defensa de las aguas».

Aunque es palabra generalmente usada o conocida¹, falta en los diccionarios anteriores al de *Aut.*; tampoco dispongo de testimonios literarios o documentales antes del S. XVIII, salvo el citado en el párrafo anterior. Lo emplea Moratín, quien hablando del río Ádige, escribe «es necesario contenerle con palizadas y *malecones*»; Jovellanos lo aplica a un dique para desviar un río (Pagés). En la construcción de caminos, secundariamente, se da este nombre a cada uno de los bloques de piedra o de otro material que se construyen a lo largo de una carretera, cuando ésta bordea un precipicio, para protección de los viandantes (Encicl. Espasa).

Es vocablo ajeno a los idiomas circunvecinos; nadie ha hecho averiguaciones acerca del origen. Sólo M. L. Wagner, *ARom.* XV, 241, sugiere haya parentesco con una palabra sarda y corsa que supone prerromana: campid. *maragoni* «fessura di roccia» (existe también en la toponimia), campid. *margangioni* «sassaio, mucchio di petre» (así y *Morgongiori* en la toponimia), corso *varangonu, vangaronu* (alterado por influjo de *uangonu* 'valle'), *karravoni* «burrone, frana», Elba *barakone* (Bottiglioni, *Atlante della Corsica*, mapa 706, puntos 44, 47, 48 y 34), que también reaparece en el Continente: *maragonę* «il precipizio, il dirupo» en la Campania junto a los Abruzos (*AIS*, mapa 428, punto 712); y los nombres de lugar corsos *Maraco* y *Maraconcello* (*mulino di ~*)². A primera vista la idea de que el nombre de una obra de ingeniería sea de origen prerromano no parece muy convincente. Sin embargo, si reflexionamos que *malecón* pudo designar primero una pared roqueña natural, y que prerromano es un casi-sinónimo como el fr. *quai* 'muelle' y 'malecón', deberemos reconocer que la idea de Wagner no está fuera de lo razonable, aunque la figura fonética de las formas sardas e italianas, discrepantes entre sí y de la forma española, aconseje dejarla en estudio³.

Sin embargo, me parece más probable que así las formas sardas e italianas como la española vengan por disimilación de un lat. vg. *MURICŌNE 'arrecife, escollera', derivado del lat. MUREX, -ĬCIS, 'escollo agudo', del cual salen el abr. *morğę* 'peñasco', calabr. *murgia* «roccia, rupe scoscesa, sasso», «terreno roccioso, sasseto», según M-L. (*REW* 5755) y Rohlfs; aunque la ū de MUREX está documentada en Virgilio, las formas italianas citadas corresponden a ŭ, de suerte que *morecón podía disimilarse en *marecón, malecón. Otros derivados de MUREX son el svcr. *mrkijenta* 'escollo' y el fr. *murger* 'montón de piedras'⁴. Esta etimología supondría que *malecón* es palabra de origen mozárabe, con *r* > *l* y conservación regular de la sorda. Mozarabismo podría ser también *múcara* 'rompiente submarina, escollo cubierto por el 'agua'

[1600, Sigüenza y Góngora][5] que vendría por metátesis de un colectivo *MURĬCA.

Se hubiera podido imaginar que *malecón* sea derivado de *MUELLE*, puesto que 'muelle' y 'malecón' se llaman con una misma palabra en otras lenguas, como el francés, pero en vista de la -*l*-sencilla no podría ser voz propiamente castellana (ni catalana): ahora bien, no hay nada semejante en italiano ni en sus dialectos (nada veo en diccionarios del sic., calabr., napol., romano, genov., romagn., venec.) ni tampoco en portugués o lengua de Oc; queda la posibilidad de un derivado mozárabe, tanto más defendible cuanto que *mûl* 'muelle' existe en Argelia (Beaussier) y *mûn* en Marruecos (Lerchundi): sin embargo, ahí no veo un derivado análogo a *malecón*, y las citadas voces magrebíes pueden ser préstamos del italiano más que del mozárabe[6]. Lo primero que debiera hacerse es hallar documentación que estableciera la antigüedad de la palabra en español (algunos sondeos en documentos cubanos no han dado resultado, a pesar de la fama del *Malecón* de la Habana moderna; y nada hay en Jal ni en las fuentes más accesibles).

[1] En Santiago de Chile y en Mendoza el vocablo vivo es *tajamar*, que recuerda, además del de la Habana, el tajamar de los navíos, y el port. *quebramar* 'malecón'. *Malecón* es palabra de escaso arraigo toponímico: sólo veo un lugar así llamado en Filipinas.— [2] Bottiglioni, citado por el propio Wagner, los relaciona con palabras y nombres de significado muy diferente. Pero en la p. 97 de sus *Elementi Prelatini* los coloca entre los nombres de posible entronque ibérico, sin dar razones.— [3] ¿Hay algo semejante en vasco? En Azkue no veo nada. Larramendi da *lurrezia* como traducción de 'malecón'; lo cual falta en Azkue y será palabra forjada con *lur(r)* 'tierra' y el sufijo de abstractos -*ezi*.— [4] *MURICARIUM*, *REW* 5758. Hubschmied, *VRom*. III, 147, cree por el contrario que éste es celtismo.— [5] Con referencia al Mar Caribe, Friederici, s. v.; *múcara* no figura en la Acad. hasta después de 1914 (sin localización). El primer lexicógrafo que demuestra conocer bien el vocablo es el cubano Pichardo (1836), en el cual, s. v. *caico*, leemos que las *múcaras* se diferencian de los caicos en que éstos no salen a la superficie del agua, percibiéndose sólo las rompientes. Como tantos otros términos náuticos se aplica en Cuba a la topografía terrestre, designando una piedra que se encuentra a nivel de la superficie de un terreno de poco valor. Antes que Pichardo lo había recogido ya el Dicc. Marítimo [de Fz. de Navarrete, 1831], que lo cita de léxicos antiguos y vacila en cuanto al significado. No veo razón para creerlo indigenismo antillano como hacen Bachiller, Zayas y Friederici, aunque lo sean los sinónimos *caico* y *seboruco*. La primera aparición en Góngora es favorable a un mozarabismo andaluz.

El caribe *múc(u)ra* 'tinaja' (Fried.) nada tiene que ver semánticamente.— [6] Como Málaga es ciudad que carece de puerto natural y los muelles que protegen el que ahora tiene son largos y fueron de construcción prolongada y costosa (vid. Madoz, s. v., p. 72), cabría imaginar un derivado romance de *Málaqa*, forma árabe del nombre de la ciudad. Nótese, sin embargo, que un malecón es algo diferente de un muelle; por otra parte, la construcción del Muelle Viejo de Málaga no empezó hasta el S. XVI, aunque pudo haber intentos olvidados, por parte de los moros. El Himyarí (1461, pero fundado en un original de h. 1300) habla del antiguo muelle de Málaga edificado «le long d'un môle de maçonnerie construit par les Anciens. Le môle pénètre dans les deux bassins naturels du port de Málaga : il est construit en blocs de pierre pareils à des pics de montagnes» (p. 214).

Maledicencia, V. *decir*   *Maleficencia*, *maléfico*,
malejo, *malembo*, V. *malo*   *Malentrada*, V. *malo*
Maleolar, *maléolo*, V. *majar* *Malestar*, V. *estar*

MALETA, tomado del fr. ant. *malete* íd., diminutivo de *male* (hoy escrito *malle*) 'baúl', que a su vez es tomado del fráncico *MALHA* 'saco de viaje' (a. alem. ant. *malaha*, a. alem. med. *malhe*, neerl. *maal*). *1.ª doc.*: *Fn. Gonz.* 274a («Muchas rricas *maletas* e muchos (de) çurrones»); APal. («*zaberna*: arca o almariete o *maleta* fecha de cuero, como caxa para meter vestidos o alguna otra·cosa», 547b)[1].

En francés *malete* 'valija' se halla desde 1294 (*Miracles de St. Eloi*) hasta el S. XV y hoy todavía en ciertos dialectos (Morvan, Perche, Valonia). El primitivo *malle* ya aparece en el S. XI[2]; de ahí el ingl. *mail*. En castellano *mala* 'valija' aparece en la Crónica de 1344 (M. P., *Inf. de Lara*, 297.8); modernamente se ha empleado por la 'valija del correo de posta' (*Aut.*); *mala* 'maleta' en el gallego del Limia (*VKR* XI, glos.); Azores *m'lêxa* 'fardo' (*RL* II, 305). En cambio *maleta* es voz viva y generalmente conocida, sobre todo en España y parte de América; en la Arg. se emplea más bien *valija*, mientras que *maleta(s)* ha tomado el valor de 'alforja(s)' (*M. Fierro* I, 1641, etc.). Figuradamente 'joroba' en Cuba (*Ca.*, 90), *maletudo* 'jorobado' allí y en el Ecuador (Lemos, *Barbar. Fon.*, s. v.)[3].

DERIV. *Maletero* 'vendedor de maletas' (Acad.), 'cargador de equipajes' (*Ca.*, 78). *Maletín*. *Maletón*. Para *maletía*, *malatía*, *malato*, *malatería*, V. arriba, nota.

[1] *Maleta* en Berceo, *Signos*, 22d, nada tiene que ver con este vocablo. Dice el texto «El ángel pregonero· sonará la corneta, / oírlo han los muertos quisque en su capseta ['sepulcro'], / correrán al juicio quisque con su *maleta*». Aunque *BKKR* traduce 'valija' (tratándose de los difuntos en el

Juicio Final, la idea es extravagante), en realidad
se trata de 'pecados, delitos', como *malfeta* en
Juan Manuel, *Libro de los Consejos* (Rivad. LI,
268*b*): «non le deben [los grandes señores al rey]
facer bollicios en el regno nin le facer ninguna
malfeta, et guardarse los más que pudieren del'
fazer enojo», lat. MALE FACTA n. pl., cat. *malifeta*
'fechoría'. Tampoco me parece probable que un
maeta 'valija' aparezca en el gallego García de
Guillade, med. S. XIII, como quiere Nobiling
(vv. 1015 y 1032): el ms., por lo menos en el
primer pasaje, trae *maera*, que no sé qué es, pero
no es de creer que un galicismo tan tardío per-
diera su -*l*- intervocálica; la forma real en gallego y en portugués es *maleta* o *mala* (no sé de dónde sacó Fig. un antiguo *maeta* «coxim, colchão»,
que falta en Moraes, Cortesão, Vieira, Bluteau;
probablemente de esta supuesta fuente). Mal(*f*)*eta*
MALEFACTA ha de ser forma semiculta, en vista
del tratamiento de -ACT-, o bien deducida secundariamente de *malfetría*. Este grupo de vocablos
pudo mezclarse con la familia estudiada por G.
de Diego, *RFE* VII, 140, y Spitzer, *Neuphil.
Mitt.* XXII, 48-49: *malato* 'leproso' en Berceo
(*S. Dom.*, 477*d*), *peccador de malato* íd. en las
Mocedades del Cid. No veo claro si Araquistáin
(1746) al decir «achacoso, malato, doaquea» entendía *malato* como palabra regional castellana,
o —así lo entendió Azkue— como vasca (aunque
erdérica); Michelena, *FAzk.* 143, piensa que es
aquello «a todas luces»; a mí me parece algo
más dudoso. Ast. *malatería* 'lazareto' y aun
malatía 'enfermedad en general' (*Zifar*, 25.9) son
italianismos tempranos, explicables por la abundancia de leprosos en el Levante (it. *malato* 'enfermo' MALE HABĬTUS 'el que se encuentra mal';
vid. además Terlingen, 356; *RFE* XXI, 52; *RL*
XIII, 80), mientras que *malautía* 'enfermedad' en
Alex., 2103*c* O (léase igual y no *malantía* en 24
y 1313) ha de ser occitanismo; por otra parte,
cast. ant. *maletía* (lectura de *P* en los pasajes citados del *Alex.*; *Calila*, ed. Alemany, p. 22;
Apol., 198*d*; *S. Mill.*, 130; *S. Dom.*, 410*a*, 429*d*),
gall.-port. *maleita* 'fiebre terciana', -*tas* 'tercia-
nas' (Sarm. *CaG.* 109*r*), salm. *maleta* 'epidemia
de las personas y del ganado', Soria *maleto* 'enfermo', podrían venir de MALE(D)ĬCTA 'maldición'
(como supone Spitzer), desde luego no de MA-
LEHA(B)ITUS con pérdida inadmisible de la B
(como creía G. de Diego), pero como esperaríamos formas con *ch* en Soria y Salamanca, me
parece más probable admitir un cruce de *malato, malatía*, con nuestro *maleta* 'pecado, fechoría' y al menos en parte con MALEDICTA 'maldita'
(cat. ant. *malèit, -èita*). En cuanto al moderno
maleta 'mal rato' en Aragón, 'persona insignificante o que actúa mal' (and., ecuat., chil., etc.),
'prostituta' (vid. los ejs. en Hill, *Voces de Germanía*), son *maleta* 'valija' relacionados con *malo*
por un floreo verbal o etimología popular (aun-

que pudo contribuir *maleta* MALEFACTA).— [2] Para
la prehistoria de *malle*, vid. Vendryes, *BSL*
XLIII, 134-9.— [3] En catalán *maleta* sufrió tem-
pranamente una transformación (por antífrasis
eufemística) en *boneta*, que ya aparece a fines
del S. XIII (Desclot) y todavía se oye en Mallorca; vid. *BONETA*. Viceversa suele admitirse
que *malette* 'especie de vela de navío' en Rabelais
(God.) sea alteración del común *bonette*. Pero
debería investigarse la cuestión.

Maleta, V. *boneta*   *Maletía*, V. *maleta*   *Malevolencia, malévolo, maleza*, V. *malo*   *Malfa-
rio*, V. *faramalla*   *Malfecho, malfechor, malfei-
ta*, V. *hacer*   *Malfestar*, V. *mano*   *Malfetría*,
V. *hacer*   *Malfeta*, V. *maleta*   *Malgastador,
malgastar*, V. *gastar*   *Malgranada*, V. *grano*   *Malhablado*, V. *hablar*   *Malhadado*, V. *hado*   *Malhecho, malhechor*, V. *hacer*   *Malhojo*, V. *ho-
Malhumorado, malhumorar*, V. *humor*   *Malicia,
maliciable, maliciador, maliciar, malicioso, malignante, malignar, malignidad, maligno, malilla, malina, malingrar*, V. *malo*   *Malintencionado*, V.
tender   *Maljurada*, V. *horadar*   *Malmandado*,
V. *mandar*   *Malmaridada*, V. *marido*   *Malme-
ter*, V. *meter*   *Malmirado*, V. *mirar*

MALO, del lat. MALUS, -A, -UM, íd. *1.ª doc.*:
orígenes del idioma (Glosas de Silos, *Cid*, etc.).

De uso general en todos los tiempos y común
a todos los romances salvo el rumano.

DERIV. *Mala* adv. ant. 'en hora mala', del cual
es abreviación (Berceo, *Mil.*, 419; *mala para* 'guay
de', refranes arag. del S. XIV, *RFE* XIII, 371);
muy común en catalán medieval (Lulio, *Consili*,
v. 523; *Set Savis*, v. 1508; Eiximenis, *Doctr.
Compendiosa*, 60; J. Roig, *Spill*, v. 5328, etc.; de
ahí el compuesto cat. mod. *malaguanyat* 'malogrado'), comp. cast. ant. *buena* 'en buena hora', M.
P., *Cid*, p. 294.

Mal adv. [orígenes del idioma: *Cid*, etc.; de
uso general y común a todo el romance], del lat.
MALE íd.; *mal* m. [íd., *Cid*, etc.; 'crimen', Berceo, *Mil.*, 902*a*], sustantivación común a todos los
romances. *Maldad* [Berceo], derivado común a los
tres romances ibéricos; *maldadoso* [Nebr.], voz rara, hoy empleada vulgarmente. en Chile (G. Maturana, *AUCh.* XCII, ii, p. 64 y glos.). *Malear* [«*m.
el ganado*: sterilesco», Nebr.]. Derivado paralelo
a *malear* será el gall. *maiar* o *amaiar* (ajenos al
portugués), con una evolución fonética paralela a
la del gall. y port. *caiar* 'calear, encalar, blanque-
cer': *mayar* 'flojear en un trabajo' (Valladares), *ma-
yarse* 'helarse, pasmarse el fruto de los árboles', 'des-
madejarse, sentir flojedad en todo el cuerpo', *mayado* 'helado, pasmado' (dícese del fruto de los
árboles que se malogra antes de madurar) (*figo
mayado para meu amo*; *figo maduro para min*);
DAcG. *amayado* 'flojo, dejado, caído de ánimo',
'marchito, descolorido (planta, flor)'; *ista senxela*

leria deixoume amaiado ['abrumado, abatido'], Castelao, 183. La semántica se opone a que derive de *mayo* (como sugiere Vall., por el desmadejamiento «de los días calurosos del estío», pero éste no es el caso del mayo) y que sea alteración de (*d*)*esmayar* es improbable por la forma y por los matices. *Maleante* [gnía., «burlador», 1609, J. Hidalgo]; *maleador. Malejo. Malembo* 'enfermo', vulg. en Cuba (*Ca.*, 259), con sufijo africano. *Maleza* ant. 'maldad' (Berceo, *Mil.*, 902; Gower, *Confisión del Amante*, h. 1400, pp. 64, 130), mod. 'espesura de arbustos' («*m. o breña*: fruticetum, frutetum» Nebr.; *malesa* [*-edo*] en cat. y gasc. pirenaicos tiene la ac. 'terreno escarpado', que he oído en Saldes, p. ej., y *RLiR* VII, 143; a la cual puede aludir Nebr. con «breña»; la ac. castellana se oye en el cat. del Maestrazgo), de MALĬTĬA 'maldad'. *Malillo*, dimin. de *malo* [*maliello*, Berceo; *Alex.*, 499]; *malilla* 'la carta segunda entre las de más valor, en algunos juegos de naipes' [1604, *G. de Alfarache*], también dicha *mala* [*Aut.*], por antífrasis (menos buena que el as), 'uno de los juegos de naipes, en que desempeña papel principal esa carta' [*Aut.*]; para sentidos figurados en Gracián, vid. *RFE* II, 384; de *malilla* salen el cat. *manilla* y el fr. *manille* íd. *Malucho* o *maluco* (éste en Santander, Chile, etc.; *malucón* 'algo enfermo' chil., G. Maturana, *AUCh.* XCII, ii, p. 45 y glos.); *maluquera* 'dolencia', cub., colomb., y quizá *malunquear* 'estropear' filip. (*Ca.*, 259). Ast. *amaláu, -ada*, 'ligeramente enfermo' (V). *Enmalecer(se)*. Cultismos. *Malicia* [*Apol.*], de *malĭtĭa* id.; *maliciar* [1600, Sigüenza], *maliciable, maliciador*; *malicioso* [1251, *Calila*, 26.292; *Conde Luc.*; J. Ruiz]. *Maligno* [*-ingno*, Berceo; gran extensión tiene la forma popularizada *malino*, que figura en rima en J. del Encina, Ercilla, Cáncer, etc. (Cuervo, *Obr. Inéd.*, 140), y en los dicc. de C. de las Casas y Covarr.][1], de *malĭgnus* íd.; *malignidad* [*APal.* 29*d*, 261*b*]; *malignar* [Acad. S. XIX], *malignante*; de ahí parece ser variante fonética (con trasposición paralela a la de *candado* < *cad'nado*, y comp. la citada grafía de Berceo) el salm. *malingrar* 'enconarse una picadura o herida' (en Vitigudino: Araujo, *Est. de Fon. Kast.*, p. 14), *malingrinar, -lengr-, -langr-* 'enfermar', 'enconarse una herida' (Lamano), berc. *amalingrar* 'enconar, inficionar' (G. Rey), berc. *malingrarse* 'malearse en lo físico' («le pusieron este remedio a Pedro y *malingróse*», 'se enconó', Sarm. *CaG.* 146*r*) y la Acad. registra (*des*)*malingrar*: no creo haya verdadera relación con el fr. *malingre* 'raquítico' (comp. *Language* XIII, 148; *RFE* XII, 239; *ZRPh.* XL, 493; Sainéan, *Sources Indig.* II, 331), ni con el port. *molengrar* 'ir despacio, hacer algo lentamente' (*RL* XXVIII, 272). Desde luego no es lícito traer este grupo de *malingrar* de una locución MALE INQUINARE 'ensuciar malamente' (así *GdDD* 4060).

CPT. *Malagana* 'desmayo, desfallecimiento, ataque' [Acad. 1925, como fam.; lo empleó ya Fer-

nández de Avellaneda en su *Quijote*, pero Lope atestigua que es palabra valenciana, *BRAE* XXI, 349, y con este carácter lo recoge ya el dicc. de Lamarca, a. 1839, y lo he oído en el Maestrazgo y en cat. occid.]. *Malamente* [Berceo; etc.; Nebr.]. *Malandante* [J. Ruiz; *-ant*, h. 1295, *1.ª Crón. Gral.*, 411*b*13]; *malandanza* [Berceo]; *malandar. Maléfico* [Nebr.], tomado del lat. *malefĭcus* íd.; *maleficio* [Berceo, *Mil.*, 722*b*], de *malefĭcium* íd.; *maleficiar; maleficencia. Malentrada. Malévolo* [Jáuregui, † 1641], de *malĕvŏlus* íd., compuesto con *velle* 'querer'; *malevolencia* [*Aut.*]. *Malhojo* [1615, Roa], venez. *malojo*, cub. *maloja*[2]; *malojal; malojero; malojear* cub. 'cortar maloja, forrajear' (*Ca.*, 188)[3]. *Maltrapillo* 'pobre diablo, infeliz', 'golfo' [1599, *G. de Alfarache*, Cl. C. I, 184.19, 214.3; II, 43.19; en el *Alfarache* de Martí, Rivad. III, 380; en el *Lazarillo* de Luna, ibid., p. 116]. *Malhaya*, exclamación tan antigua como el idioma y común con el oc.-cat. *mal(h)aja* y gall.-port. *mal-aja, mal-aia* (*mal-aia tal guerra, Ctgs.* 193.28); a causa del empleo proclítico debilitado en *mália* en gallego moderno (Vall., Lugrís; Castelao cita el refrán «*mália o dente / que come a semente*» 251.23). También se emplea, especialmente en catalán, el contrapuesto *ben haja*.

[1] De ahí se ha supuesto que salga el cast. ant. *malina* 'temporal de mar', 'gran marea', que registra la Acad. Sin embargo, como ya se halla *malina* aplicado a la marea en Marcelo Empírico (Galia, S. IV) es más probable que sea otro derivado de MALUS, o quizá voz céltica (como el antónimo *LEDONA*), vid. Walde-H. y bibliografía citada.— [2] La variante *marojo* se explica por disimilación en la frase preliteraria *malfoljo*.— [3] *Malhojo*: comp. M. L. Wagner, *ZRPh.* LXX, 272-3, que no se ha de confundir con el homónimo *marojo* 'viscum cruciatum', especie de muérdago que se cría sobre los olivos y los álamos, sólo en Andalucía (desde Jaén hasta Granada, Ronda, Jibraltar y Sevilla) [1619, Diego San José, en Colmeiro II, 634-5], hoy *meloja* en la misma región según Rz. Marín 'planta tan viscosa que se emplea dentro de las casas para evitar con ella la molestia de las moscas, que se le pegan'. Este vocablo procede del ár. *mulúḫa*, hispanoár. *mâlba ballûḫa* o *malûḫa*, ár. literal *mulûḫíya* o *mulûkíya* 'malva viscosa', ya documentada en el botánico sevillano de h. 1100 (Asín, pp. 34 y 163), y tomados a su vez del gr. μολόχη 'malva' (comp. Walde-H., s. v. *malva*). Luego no se trata del lat. MELLOSUS 'meloso', como sospecha Asín, lo que no explicaría el *ḫ* arábigo. En cambio viene de MALUM FOLIUM el cast. *melojo* 'Quercus Tozza, Bosc.', especie de roble albar, recogido con este nombre por Boissier (1837) en la Sierra de Segura, y por Máximo Laguna (1864) en Cuenca, Soria y Teruel, *marojo* en Aragón (Asso, 1770), comp. *marfueyo*, nombre del roble albar en Molina Seca, según Sarmiento (Colmeiro IV, 672,

674). No tiene que ver con ninguno de los dos *meloja* 'lavaduras de miel', derivado de *MIEL*. No sé si es lo mismo que el *viscum cruciatum* el *marhojo* que Covarr. define «el moho que se cría en los árboles, quasi *malahoja*», citando a Nebr. como su única fuente; pero es el caso que no figura ni en este diccionario, al menos en su ed. de 1495, ni en PAlc. Comp. G. de Diego, *Contrib.*, § 385, s. v. MALUM FOLIUM (pero en este artículo se confunden vocablos de otra etimología). Si es cierta la etimología arábiga de *marojo, malhoja*, el vocablo al propagarse al Norte (propagación verosímil dado el gran prestigio de los botánicos mozárabes) hubo de interpretarse como MALUM FOLIUM por etimología popular: de ahí ast. occid. *marfoyo, -ollo*, 'musgo de mar' (Acevedo-F.), ast. *marfueyu* (sin definición en R); o bien se alteró por influjo de *arfueyu* 'muérdago' (V, R), *arhueyu* 'muérdago de los pumares' (Canellada), que viene de **azfueyu* < ACIFOLIUM 'acebo'; para otros varios representantes dialectales de este tipo V. *GdDD* 4077, donde andan en mezcolanza vocablos de otros orígenes, y algunos que hace falta comprobar. La decisión entre las varias etimologías defendibles de *marojo* y sus homónimos o semihomónimos, y la separación de los varios troncos etimológicos, si realmente hay varios, como parece, es asunto muy complicado. P. Font i Quer (*Mem. R. Acad. Ci.*, Barcelona, XXXI, 444) sugiere todavía otra, también atendible, al identificar el vocablo con el cat. *marfull* 'Viburnum Tinus L.', del cual cree derivado colectivo el nombre de lugar *Mollfulleda*, cerca de St. Hilari Sacalm; esto le conduce a derivar de **MOLLIFOLIUM*, compuesto con MOLLIS, por la blandura y suavidad de las hojas; me aclara de palabra mi sabio colega que la blandura es característica evidente en las hojas del *marojo*, mucho menos en las del *marfull*, aunque cabe todavía calificarlas de blandas. Hay que reconocer, de todos modos, que se trata de dos plantas muy diferentes.

Malóbado, malóbrago, V. *lobo*   *Maloca*, V. *malón*   *Malogramiento, malograr, malogro*, V. *logro*   *Malojo, malojal, malojero, malojo*, V. *malo*   *Maloliente*, V. *oler*

MALÓN y el ant. *MALOCA*, arg., chil., per., 'irrupción o ataque inesperado de indios', del arauc. *malokan* 'pelear, abrir hostilidades (con alguien)'. *1.ª doc.*: *maloca*, 1625-34, en Chile, Tribaldos de Toledo; *malón*, en el chileno Sanfuentes, † 1860, y en el argentino Ascasubi, en obra escrita en 1850-70.

Lenz, *Dicc.*, 467-9; Tiscornia, *M. Fierro coment.*, 434; Friederici, *Am. Wb.*, 372-3. *Maloca* es frecuente en los SS. XVII, XVIII y primera mitad del XIX, después queda anticuado. Ya el P. Valdivia registra el arauc. *molocan* 'pelear' en 1606; Febrés en 1764 da *malon, malocan* «hacer hostilidad el enemigo, o entre sí por agravios, saqueando sus ranchos y robando cuanto topan, y dicha hostilidad»; Augusta en 1916 sólo halla en araucano *malon* 'correría para saquear las casas o llevarse animales', *malotun* 'dar un malón', *malókontun* 'hacer a alguno un malón en su casa, para saquearla' (éste compuesto con *kontun* 'entrar'); en cuanto al araucano de la Argentina, Barbará en 1879 anota *malon* y *malocan* 'saquear, invadir'. Como Lenz no precisa si la doble forma araucana *malon* y *malokan* se explica dentro del sistema morfológico de esta lengua, no podemos descartar la posibilidad, dada la fecha tardía de *malón* en castellano y en araucano, de que esta variante sea alteración producida en castellano y comunicada a la lengua indígena[1]. En cuanto al boliv., brasil., colomb. y venez. *maloca* 'aldea de indígenas', 'hato de ganado', 'pandilla de gente', Lenz y Friederici suponen que sea aplicación secundaria de *maloca* 'ataque', voz que se habría trasmitido a las víctimas del mismo, lo cual no es imposible puesto que consta que el uso de este término araucano, en su ac. propia, se comunicó desde el Plata al Brasil; pero quizá tenga razón L. Alvarado al admitir que es palabra meramente homónima, de origen tupí.

DERIV. *Maloquear* [1660]. *Maloquero* 'el que se dedica a estas correrías' (ejs. en Friederici).

[1] Existió un verbo *malarse* en la época colonial: «ay nuevas de *malarse* por la poca fuerça e resistencia de los dichos...», es decir, 'sublevarse los indios, dar malón (por falta de guarnición española)', cita de Manuel G. Lugones, *Don Pedro del Castillo* (folleto publicado en Mendoza, h. 1941), cap. 5, n. 6. Se sacaría de *maloquear* (1660, 1673, 1833) íd., que pronunciado vulgarmente *maloquiar* (y quizá *maluquiar*) daba la impresión de un derivado como *besuquear* junto a *besar*: de ahí que se formara *malar(se)*. Y de éste pudo salir como abstracto castellano *malón*, tal como *apagón, pisotón, tirón, desgarrón*, de *desgarrar*, etc. Desde luego la familia de vocablos en estudio no es derivada en castellano de *MALO*, como han dicho algunos.

Malparado, malparanza, malparar, V. *parar*   *Malparida, malparir, malparto*, V. *parir*

MALPIGIÁCEO, del nombre del biólogo italiano Malpighi, † 1694. *1.ª doc.*: Acad. 1914, no 1884.

Malquerencia, malquerer, malqueriente, malquistar, malquisto, V. *querer*   *Malro*, V. *macho I*

MALROTAR, 'echar a perder', antiguamente *marrotar*, derivado de un adj. **manroto* 'roto con las manos'. *1.ª doc.*: *marrotar*, h. 1270, *Hist. Troyana*.

Léese ahí «fueron bien diez mill los que... fuéronse ferir... e destos ovo y tales que morieron... e muchos que fincaron y con las armas *marrotadas*» (81.23). La misma forma en López de Ayala: «vienen aquellas péñolas quebradas todavía a *marrotar* más fasta que se fienden... assí *marrótanse* mucho. Otrosí se *marrotan* las aves e quiébranseles muchas vezes las péñolas» (Cej., *Voc.*). *Aut.* define *malrotar* «destruir o malbaratar la hacienda u otra cosa; dícese también *marrotar*, y algunos bárbaramente *marlotar*», y cita ej. de la *Cetrería* de Vallés (S. XVI), muy semejante a los de Ayala, y otro de Ponce de León (1605) en que se aplica a la hacienda. Es palabra anticuada, por lo menos en el castellano normal (falta ya en Covarr., Oudin, Nebr., APal.). Pero existe en portugués *amarrotar, amarlotar*, «enrugar, encrespar, amachucar, enxovalhar, abatir», *marlotar* «dar aspecto rugoso». El sentido primitivo sería 'ajar', 'echar a perder manoseando o golpeando con la mano'. Indicó la etimología correcta G. de Diego, *RFE* VII, 126.

La formación con *mano* es paralela a *mamparar, manlevar, ma(n)herir*, o más bien a *mampuesto* (*mampostería*), *mancomún, mancuadra, mancuerda*, etc. Como en *maherir*, la *n* desapareció fonéticamente, aquí por asimilación a la *r: marrotar*. La variante *malrotar*, se debe en parte al influjo del frecuente prefijo *mal-*, ayudado por espontánea tendencia fonética, que vemos realizada en *COMULGAR* y en el antiguo *malfiesto* 'autor manifiesto de un delito', del que Cej. (*Voc.*) da ejs. en el Fuero de Medinaceli y se halla también en el de Alfambra: «omne que *malfiesto* fuere de omicidio et no avrá de que lo peche, préndalo el júdez» (Tilander, p. 315). Finalmente la variante *marlotar*, que con razón califica de bárbara *Aut.*, se debe a una ultracorrección vulgar de la tendencia dialectal española y portuguesa a cambiar *rl* en *lr* (*bulra, milro, Calros*). Desorientado por esta forma secundaria supone Spitzer (*RFE* XIV, 248-9) que *marlotar* venga de un **marla* hipotético como variante de *marga* (comp. el fr. centr. *marner* «rendre friable comme la marne»)[1], idea inaceptable por partir de una forma que nunca existió en la Península Ibérica, y ya inverosímil desde el punto de vista semántico.

Deriv. *Malrotador*.

[1] El arg. *marlo* 'espiga de la mazorca del maíz', que Spitzer cree prueba de la existencia de aquella variante, nada tiene que ver con *marga* semántica ni etimológicamente (es variante de *maslo* por *MACHO* I).

Malsano, V. *sano*

MALSÍN, 'delator', 'cizañero', del hebreo *malšín* 'denunciador', derivado de *lašón* 'lengua', 'lenguaje'. *1.ª doc.*: «malsin: delator», Nebr.

Está también en el *Guzmán de Alfarache*: «y lo peor es que hurta como si se lo mandasen; y

debe de ser así, pues el guarda, el *malsín*, el cuadrillero, el alguacil, todos lo veen y hacen la vista gorda» (*Cl. C.* I, 146.3); y en muchos textos clásicos (vid. *Aut.*); Cej. IX, § 201. Eran los judíos que vivían de denunciar a correligionarios suyos (sobre todo en materia fiscal); la autoridad cristiana se prestaba a perseguirlos a instancia de las aljamas, pero exigiendo para ello fuertes sumas (*BABL* VI, 207-216). Hoy en judeoespañol sigue vivo *malsín* en el sentido de 'calumniador' (M. L. Wagner, *Judenspan. von Konstantinopel*, § 176), *malsín* entre los judíos de Marruecos (*BRAE* XIII, 537). Es el participio factitivo del verbo *lašan*, a su vez derivado de *lašón* 'lengua'. A la alteración de *š* en *s* contribuiría, por lo menos, una etimología popular española: *malsinar* parecía compuesto de *mal* y *signar*, como todavía suponía Diez. M-L., *REW* 5269, recoge ya la buena etimología, citando un trabajo de Lagarde. En Aragón se documenta desde 1307, y muchas veces en el resto de este siglo: *malsim* (bis) 1307, cat. *malxins* (refer. a Aragón) 1379, *malsins*, pl., 1390. También port. *malsim*. Este préstamo del hebreo, fenómeno tan raro en castellano, se explica por las frecuentes denuncias de que eran objeto los judaizantes antes de su expulsión definitiva de España.

Deriv. *Malsinar* 'acusar' [h. 1530, Fr. A. de Guevara, Fcha., quien también cita ejs. de *malsín*; «ser malicioso mofador, *malsinar* a los de casa», 1554, *Lazarillo*, M. P., *Antol. de Pros.*, V. nota]. *Malsindad* ant. y hoy judeoesp. (*BRAE* V, 352, con la variante plural hebrea *malsinoth* en la Biblia de Constantinopla). *Malsinería*.

Malsonante, malsonar, V. *sonar*   *Malsufrido*, V. *sufrir*

MALTA, 'preparado de cebada que se emplea en la fabricación de la cerveza', del ingl. *malt* íd. *1.ª doc.*: Acad. 1914, no 1884.

El vocablo inglés es vieja palabra germánica, emparentada con *melt* 'derretir', el alem. *malz*, etc. Al entrar en castellano el vocablo se adaptó a la forma del lat. *maltha* 'especie de asfalto' (empleado alguna vez en castellano, vid. Terr.) o a la del nombre geográfico *Malta*, con los cuales no tiene relación etimológica. Quizá se tomó por conducto del fr. *malt* [1702], lo cual explicaría el género masculino.

Deriv. *Maltosa*. (*Leche*) *malteada* (falta en Acad. 1939).

Maltrabaja, V. *trabajo*   *Maltraedor, maltraer*, V. *traer*   *Maltrapillo*, V. *malo*   *Maltratamiento, maltratar, maltrato*, V. *trato*   *Maltrecho*, V. *traer*   *Maluco, malucho*, V. *malo*   *Maluquio*, V. *madroño*

MALVA, del lat. MALVA íd. *1.ª doc.*: J. Ruiz;

quizá ya en doc. de 1098 (Oelschl.), donde figura en calidad de nombre propio.

También aparece *málba* en el anónimo botánico sevillano de h. 1100 (Asín, 161-3); éste registra además *málba aurâto*[1] 'malva loca', con la explicación «significa *malva tonta*, porque es grande y de espeso follaje»; V. el texto para otras variedades. *Malva loca* según Nebr. se traduce en latín por «malope». El tratamiento fonético de MALVA (como el de *albo, alto*, etc.) es más conservador que el normal (de *topo, otro*, etc.), probablemente por cierta influencia de las clases más instruídas (en nuestro caso los médicos y herbolarios); sin embargo, no puede calificarse de voz semiculta; es palabra de uso general, y común a todos los romances de Occidente.

DERIV. *Malváceo. Malvar* [Nebr.]. *Malaquita*, derivado culto del gr. μαλάχη 'malva' (voz hermana del lat. *malva*), por una semejanza de colores.

CPT. *Malvarrosa. Malvavisco* [APal. 15b; Nebr.], compuesto con el lat. HĬBĪSCUM 'malvavisco'; en algunas partes sufrió disimilación, de donde el port. *malvaisco* [1318, RL XIII, 341], los vulgares cast. *malvarisco* (Bilbao —Arriaga, *Lex. Bilb.*—, Cespedosa, *RFE* XV, 154; y ya en APal. 143d, 261d) y *malvisco* (en Bogotá, y ya en los dicc. de Vittori y de Oudin: Cuervo, *Ap.*, § 814), el cat. *malví*, etc.

[1] Léase *m. aurâta*: los signos hispanoárabes de *-o* y *-a* son casi iguales.

MALVADO, del lat. vg. MALIFATIUS 'malhadado, desgraciado', compuesto de MALUS 'malo' y FATUM 'destino', con una evolución semántica como la sufrida por *miserable* y palabras semejantes de muchos idiomas; aunque no es imposible que existiera en latín vulgar una variante *MALIFATUS, de la cual podría venir directamente la forma española, es mucho más probable que ésta se tomara de oc. ant. *malvat, -ada* (caso recto *malvatz*), alteración analógica de *malvatz, -aza*, que también se halla en los trovadores, y viene regularmente del documentado MALIFATIUS. *1.ª doc.: malvazo*, Berceo; *malvado*, S. XIII, Fuero de Sepúlveda (Cej., *Voc.*).

Léese en Berceo *oriella malvaza* por 'viento maligno'[1]. Ésta era la forma que debería esperarse en castellano, luego reemplazada por el secundario *malvado*. En castellano antiguo ésta es palabra menos frecuente que en catalán y galorrománico: aparte del ej. arriba citado del S. XIII, sólo puedo citarlo en el glosario del Escorial (h. 1400), en APal. («*impiatus*... se dize por ombre de *malvadas fazañas*», 216b, también 31d, 544b), en Nebr. («corruptus, vitiatus»); después aparece una vez en el léxico noble en que se expresa Don Quijote (II, xxiii, 113) y *Aut.* cita un ej. del S. XVII: por lo demás en el Siglo de Oro, como hoy en día, es ya palabra usada, aunque so-

bre todo en su función de sustantivo. En portugués no conozco ejs. de la forma *malvado* anteriores al S. XVI (uno de Camoens en Vieira), de suerte que allí bien pudo tomarse del castellano, o bien resulta de una sustitución paralela en el antiguo *malvaz*, frecuente allá en los textos arcaicos («o poboo *malvaz* dos mouros» 183.8, y muchos casos más en las *Ctgs.*, etc.). Inútil demostrar que es palabra frecuentísima desde la Edad Media en francés (*mauvais*) y lengua de Oc; también lo es en catalán *malvat, -ada*[2]; en cambio, el it. *malvagio* fué siempre palabra de fuerte tono literario y no presenta tratamiento fonético normal, ha de ser occitanismo o más bien forma importada de la Alta Italia. Nuestro vocablo es, pues, un término galorrománico en el sentido más amplio de la palabra.

Así no hay dificultad alguna en partir del étimo sólidamente sentado por Schuchardt en sus estudios modélicos de 1891 (*ZRPh.* XIV, 183) y 1907 (*ZRPh.* XXX, 320-8): MALIFATIUS 'desdichado', voz documentada en inscripciones, según ya indicó Schuchardt y confirma Walde-H. En occitano antiguo las dos variantes *malvatz, -aza* (o *-ais, -aisa*, en trovadores del extremo Norte), y *malvat, -ada*, son muy antiguas y ambas muy frecuentes y aseguradas por las rimas[3]. Está claro que *malvatz, -aza*, y el fr. *mauvais* sólo pueden corresponder fonéticamente a la base MALIFATIUS, y es muy natural que por analogía del número ilimitado de participios y adjetivos en *-at, -ada*, cuyo caso recto singular era en *-atz*, se creara secundariamente un caso oblicuo *malvat* y un femenino *malvada*. En catalán preliterario pudo ocurrir lo mismo si la desaparición de la declinación díptota no fué muy antigua en este idioma, pero como no encontramos huellas de la forma normal fonéticamente **malvau, -asa* (tal vez por lo extraordinario de tales terminaciones), es lícito sospechar que en catalán tengamos también un occitanismo arraigado desde antiguo: ambas explicaciones son posibles, puesto que dicho idioma forma la transición natural entre galo e iberorromance.

En cuanto a los componentes de este último en sentido estricto, la impresión general que produce la historia filológica es de que ahí el vocablo es importado, y la antigua forma gallegoportuguesa *malvaz, malvazmente*[4], o el *malvaz omne* que leemos en el *Tratado de las Enfermedades de las Aves de Caza* (fin S. XIII) p. p. B. Maler (*Filologiskt Arkiv* IV, p. 97), aportan una confirmación poco menos que terminante: parece claro que *malvazo* y *malvaz* son adaptaciones vacilantes de este vocablo tan frecuente en el lenguaje de los trovadores, y *malvado* lo es del posterior y analógico *malvat*. Si a pesar de todo prefiriéramos considerar *malvado* como autóctono cabría explicarlo, según admitía Schuchardt, por un lat. vg. **MALIFATUS, tal como en glosas se halla BONIFATUS 'feliz' junto al común BONIFATIUS[5]. Pero el supues-

to del préstamo occitano, preferido por M-L.
(REW 5265a), es mucho más verosímil, ahora que
estamos en posesión de la documentación filológica
iberorrománica. Hay en la Edad Media castellana
un verbo *malvar* 'enconar, echar a perder'; pero 5
aunque los lexicógrafos se han dedicado a recoger
ejs. de este vocablo, por ser curiosidad filológica,
era ya entonces mucho menos frecuente que *malvado*, y estaba olvidado o poco menos desde fines del
S. XV⁶; como nada semejante se conoce en ca- 10
talán⁷, en portugués ni en los demás romances,
salta a la vista que estamos ante una abortiva formación retrógrada de escasa extensión geográfica.

La etimología MALIFATIUS, regular fonética y semánticamente (recuérdese el tránsito de sentido 15
frecuentísimo que presentan el fr. *méchant* 'qui a
mauvaise chance' > 'malheureux', cat. *dolent* 'doliente' > 'malo', it. *cattivo*, gr. πονηρός, ingl.
wretched, etc.), sería un hecho aceptado por todo
el mundo desde que la lingüística romance se con- 20
virtió en ciencia rigurosa, a no ser por una nota de
G. de Diego (*Contrib.*, § 381), en que este autor
quiere resucitar la polémica anticuada desde los
tiempos superados de Diez, Körting, Bugge y
Caix⁸. Su idea de que *malvado* venga de MALE- 25
FACERE 'perjudicar, hacer mal' no puede aceptarse,
entre otras razones porque no explicaría el fr.
mauvais y oc. *malvatz, -aza*; además la reducción
a *MALEFARE sería inverosímil precisamente en España, que conserva FACERE (*fazer*), desconociendo 30
reducciones como CALEFARE (*escalfar* es importado), y esto le obliga a separar *malvatz* de su abstracto *malvastat*, contra todas las normas metódicas.

DERIV. *Malvar* (V. arriba). *Malvestad* ant. 'mal- 35
dad' [*Calila;* ms. bíblico I-j-8, S. XIII; Berceo;
Sta. M. Egipc.; Alex., etc.], tomado de oc. ant.
malvastat, -estat (esta última forma influída por
onestat, potestat, etc.), derivado regular de *malvatz*⁹. 40

¹ «Cerca la mayor nave trayén otra pocaza /
—non sé si li dizién galea o pinaza—, / que si
fuessen cuytados de *oriella malbaza* / en essa
estorciessen de la mala pelaza», *Mil.*, 593c.— ² Es
palabra favorita de R. Lulio (muchos ejs. en la 45
Doctrina Pueril, p. ej., p. 70, y en todas las obras:
Meravelles II, 68, 131, etc.), sale en las Vidas de
Santos del S. XIII (*AILC* III, 187, fº 2r1), en
Eiximenis (*Regiment, N. Cl.* XIII, 151.28), y en
general en todos los autores medievales.— ³ Así 50
el caso recto plural *malvatz* (que, por lo tanto, corresponde a un oblicuo singular *malvatz*, fem.
malvaza) en Daudé de Pradas; muchos ejs. del
femenino *malvaza, -aisa, malvazament; malvat,
-ada*, también en rima.— ⁴ La hallamos en las 55
Cantigas de Alfonso el Sabio, en los Inéditos de
Alcobaça (SS. XIV-XV), etc.; vid. Cortesão y
Cej., *Voc.*— ⁵ El fr. ant. *maufé* es MALUM FATUM.
aglutinado en fecha romance; *mauvé*, que se halla algunas veces es cruce de los sinónimos *mau-* 60

fé y *mauvais*.— ⁶ El primer ej. parece ser el de
las *Flores de Filosofía* (que G. de Diego cambia distraídamente en *Floresta de F.*), obra escrita por la mitad del S. XIII; después aparece un
par de veces en el *Canc.* de Baena, en la Crónica
de Pero Niño y en Fr. Hernando de Talavera
(nacido en 1428) (citas en Cejador). Falta ya en
Nebr., APal. y los lexicógrafos del período clásico,
así como en las muchas fuentes medievales consultadas. Hoy se conserva esporádicamente en Galicia (*malvarse* 'malearse, pervertirse una persona'
en el cast. local, Alvz. Giménez), Salamanca y
León.— ⁷ Sin embargo debe de emplearse localmente en el valenciano fronterizo, pues Escrig
recoge *malvar* 'corromper, depravar, viciar, alterar' desde su primera edición (de ahí pasó a
Escrig-Llombart y quizás a Martí Gadea); Escrig
era de Lliria a cuyo uso local corresponderá el
vocablo, pues yo lo he oído efectivamente en un
pueblo contiguo, Cassinos; pero si no me engaño
es ajeno al valenciano general (falta en Alcover-
Moll, Aguiló y Ferrer Pastor), aunque debe de
emplearse también en Castilla, pues Valor (aunque no lo define) se pregunta si es castellanismo;
tampoco lo registra V. Llatas en Villar del Arzobispo.— ⁸ El causante parece ser el libro dis-
paratado de Nicholson, *Rech. de Philologie Ro-
mane*; el Sr. García de Diego parece ser el único
que lo tomó en serio. En mi libro no analizo jamás los trabajos de aquel profesor, que además
de estar plagados de errores, no aportan nunca
información filológica y demuestran un desconocimiento total de las normas de la lingüística. Ya
Rohlfs, Spitzer, Grammont y otros lingüistas
eminentes se han hecho eco del escándalo que
causa el que tales elucubraciones encuentren admisión en revistas y editoriales del siglo XX.—
⁹ G. de Diego quiere partir de un *MALEFICITAS
-ATIS, idea inaceptable a todas luces.

Malvar, V. *malvado*   *Malvarisco*, V. *malva*
Malvarrosa, V. *malva*

MALVASÍA, del nombre de *Malvasía* forma
romance del de la ciudad griega de *Monembasía*¹
en la costa SE. de Morea. 1.ª doc.: 1513, Herrera
(*Aut.*); 1517, Torres Naharro (vid. índice de la
ed. Gillet); 1525, Rob. de Nola, p. 116.

En catalán *malvasia* (*malvesia* ya en el *Tirante*, h. 1470, así pronunciado hoy en el Priorato),
it. *malvagìa*, fr. *malvoisie* [1393], ingl. *malmsey*
[fin del S. XIV]. Es probable que en castellano
se tomara del catalán; que los catalanes trajeran
esta cepa de Quío durante su dominación en Grecia, en el S. XIV (más bien que a raíz de las
Cruzadas), como asegura la Acad., es verosímil, y
desde luego puede probarse que el «vi de *malvesia*» lo importaban de Creta a finales de esta dominación, según consta por doc. de 1403 (Rubió,
Diplomatari de l'Orient Català, p. 700); hoy son

famosas las malvasías del Priorato y sobre todo de Sitges. En Grecia las más célebres eran las de Creta (y las de Quío), pero quizá se embarcarían hacia Occidente en el vecino puerto de Morea. Véase más información en Bluteau.

De una variante metatizada *masvalía* se sacó el regresivo *masvale* [Acad. ya 1914, no 1843].

¹ El nombre más antiguo de esta ciudad Μονοβασία aparece en el S. IX, nombre que todavía se aplica a ese vino en griego; *vinum Monovaxie* Venecia 1363, *vinum de Malvasie* Venec. 1278; it. *malvagia / malvasia* S. XIV; oc. *marvasi*; a. al. med. *win von Malvasin* 1300 (Kahane, *Hom. Tovar* 1972, 219).

Malvavisco, V. *malva*　*Malvazo*, V. *malvado* *Malvender*, V. *vender*　*Malversación, malversador, malversar*, V. *verter*　*Malvestad*, V. *malvado*　*Malvezar*, V. *avezar*

MALVÍS, 'especie de tordo', tomado del fr. ant. *malvis* (hoy *mauvis*), que a su vez parece ser tomado del bret. ant. *milhuit. 1.ª doc.*: la *malviz*, Terr.; *malvís*, Acad. ya 1817¹.

En francés antiguo, donde se documenta desde h. el a. 1200, era también femenino, quizá por analogía de *perdiz*. Lo es todavía en Bilbao (Arriaga, *turdus iliacus*) y en Navarra (la *malviz*, Caro, *Pueblos de Esp.*, 283). También es palabra popular en Cuba (Pichardo, *turdus musiceas*). En España es ave de paso procedente de Francia. Como voz céltica aparece desde el bretón medio y también en córnico, con correspondencias fonéticas normales en los varios dialectos; hay también allí otras voces afines y varias posibilidades etimológicas, de suerte que ha de ser vocablo de formación céltica o a lo sumo importado allá desde fecha muy antigua. Vid. Thurneysen, *Keltorom.*, 107 (que Bloch-W. parece no haber tenido en cuenta); Gamillscheg, *EWFS*, s. v.². El sic. *marbizza* y el napol. *marvizzo* 'tordo' (según Rohlfs, *It. Gr.* I, 436, de un *MALVICEUS* cuyo fundamento no se ve) serán galicismos, de los que tanto menudean en estos dialectos.

¹ Así acentuado en todas las ed. del S. XIX; en la última falta el acento, quizá por un accidente tipográfico, pues se ha conservado en la referencia que acompaña a la variante *malviz*.— ² Thuasne en su edición de Villon (III, 367) supone sea un compuesto lat. MALUM VITIS 'el azote de la viña', idea cuyo fundamento semántico es preciso comprobar. *La mauviz* sale también en Villon (*Test.*, 1380), *la mauvis* en el *Livre du Roi Modus.*

Malvisco, V. *malva*　*Malviviente*, V. *vivir*

MALLA, tomado del fr. *maille* íd., y éste del lat. MACŬLA 'malla de red'. *1.ª doc.*: APal.¹; «*malla o arma de malla*: lorica», Nebr.

En el texto leonés *Cuento del Emperador Otas* (1.ª mitad del S. XIV) hallamos *desmallar* 'romper las mallas' (fº 64vº) junto a *desmayar* (fº 75rº), lo cual prueba que coexistían en esta época la forma afrancesada *malla* con la leonesa *maya*. La forma propiamente castellana fué *mancha*, empleada en este sentido en el *Alex.*, 657c O y P, donde observamos la misma propagación de nasal que en MANCHA, el cual procede de la misma palabra latina en otra ac.; *mancha* fué luego reemplazado por *malla*, gracias al influjo preponderante de Francia en la terminología guerrera de la Edad Media.

DERIV. Vid. MAJADA. *Mallar* ant. [«*mallar con malla*: lorico», Nebr.]; después *enmallar²*, *enmallarse*, *enmalle*. De un verbo *amallar* será derivado el gall. (*zapatos de*) *amallo* 'las medias botas que traen las mujeres (en Castilla empleadas por los jerónimos)': sugiere Sarm. (*CaG.* 104v) que venga de una especie de red o malla que forman las correas de atarlas. *Mallero* [Nebr.]. *Desmallar* [Nebr., y al parecer ya en el *Cuento de Otas*, vid. arriba; pero la forma castiza *desmanchar* se halla en el *Cid, Alex.*, la *Hist. Troyana* de 1270³, y todavía en el *Otas*], *desmallador, desmalladura* [Nebr.]. *Trasmallo* 'arte de pesca formado por tres redes...' [h. 1550, Lope de Rueda, *Entr. del Mundo, RH* VII, 253; ejs. del S. XVII en *Aut.*], anteriormente *tresmallo* [1527, *Orden. de Sevilla*, en Rdz. Marín, *2500 Voces*]⁴, ast. *tramallo o trasmallu* «aparejo para la pesca, de tres paños, con mallas de menor a mayor» (R), de un lat. vg. *TRĬMACŬLUM⁵ 'de tres mallas', del cual proceden el cat. *tremall* (dial. *tresmall*, WS VIII, 102-3)⁶, fr. *tremail*, it. *tramaglio*, port. *tramalho*, gall. *tramallo o trasmallo* 'aparejo pesquero' (descrito en detalle por Eladio Rdz.); de ahí parece resultar, por cruce con *arte* 'aparejo' (sinónimo antiguo de *tramallo*, según Eladio Rdz.), un vocablo gall. *atramallo* (< *artramallo*) (ajeno al port.), que falta en todos los dicc. gallegos, pero tiene evidentemente el sentido de 'atuendo, aparato, atavío': «para min a caricatura... ten moito mais espíritu que a pintura tradicional, vestida con *atramallos* de seda i escarola de gasas», «a luz amarela do sol, deitando polos ventanaes do beffroi enriba dos *atramallos* do carillon» (Castelao 36.22, 51.23); también influiría *trama* y *tramojo*, y asimismo actuó *cangallo*, según muestra otra variante consonántica: «*atrangallado* con mil adovíos de prata» (Castelao 193.23).

¹ «La *malla* de la loriga de Pálade», 127d; «*pinnate*... las *mallas* o ataduras de las redes», 362d.— ² En Cuba es especialmente 'envolver en tejido de mallas', aplicado al tabaco (*Catauro*, 211).— ³ Vid. la ed. de M. P., p. IX.— ⁴ Forma todavía conservada en Ansó (*RLiR* XI, 111) y otros pueblos del Alto Aragón (*BDC* XXIV, 182) y de Ribagorza (Griera, *WS* VIII, 102-3).— ⁵ Es como debe enmendarse el *TREMACULUM del *REW* 8875.— ⁶ De aquí el derivado regresivo *trema* que

designa una red semejante, y que no puede explicarse semánticamente como un préstamo del
fr. ant. *traime* 'trama', según quisiera Griera, *l. c.*

Mallada, V. *majada*   *Mallar*, V. *malla* y *majar*
Mallero, V. *malla*   *Mallete, malleto, mallo*, V.
majar

MAMA, 'madre' fam., del lat. MAMMA íd. y 'teta'; en esta última ac. es término científico tomado por vía culta. *1.ª doc.: mámma*, S. XI (mozár.);
Nebr.: «*mama, madre de niños:* mamma».
APal. ya emplea la otra ac. («*ubera* propiamente
son de las pécoras; *mamas* son tetas de muger»,
516*b*), pero ésta parece haber sido siempre cultismo, y en APal. figurará sólo a título de vocablo latino castellanizado para la comodidad de la
definición; *Aut.* recoge ej. de un anatomista de
principios del S. XVIII. La ac. 'madre' es tan antigua como el idioma, ya frecuente en las ḫarǧas
mozárabes trasmitidas por poetas de los SS. XI
y XII (*Al-And.* XVII, 93 y passim), y no lo es
menos en el Siglo de Oro: «lo primero que los
niños aprenden decir para con los padres es *taita*,
y lo primero saben decir a las madres es *mama*»
(1589, J. de Pineda, cita de Cabrera); Cuervo,
Ap., § 106, cita ej. de Tirso y otro de 1653, en
los cuales el verso asegura la acentuación *máma*.
La corte afrancesada puso de moda el decir *mamá*
en el S. XVIII, y así lo admitió la Acad. en 1803,
pero la acentuación castiza sigue viva en la mayor
parte de América y de España (así p. ej. en Asturias —Vigón—, en Almería, etc.), con carácter
rústico o familiar. V. más datos en M. L. Wagner,
RFE X, 236.

DERIV. *Mamita*, dimin. (en Madrid, etc., *mamaí-
ta*; en Asturias *mamina*). *Mamario*. *Mambla* 'mon-
tecillo aislado en forma de teta' [*Mamlas*, 972;
Mamblas, 978; M. P., *Oríg.*, 316, 182], del lat.
MAMMŬLA 'teta pequeña'; del mismo origen gall.
(*RL* VII, 217)[1] y port. *mâmoa* íd. (Leite de V.,
Mél. Ant. Thomas, 1927, 273-6); *La Mambla* se
halla como nombre de lugar único en la Plana de
Vic, pero no corresponde a la configuración del
paraje y no hay testimonios vivos del vocablo en
catalán; del francés se tomó el sinónimo *mamelón.*
Mamella 'cada uno de los apéndices alargados
que tienen en el cuello algunos animales, particularmente las cabras' [esta forma y la variante *marmella*, ya Acad. 1817], del lat. MAMĬLLA 'teta' (ac.
que conserva *marmella* en caló, Besses, y es normal
en el descendiente de MAMILLA en los romances
de Italia y Francia y en catalán, donde las marmellas se llaman *mamellons* [*BDLC* IX, 185] o
barbelleres; a influjo del cast. *barbilla*, que se habrá empleado en el mismo sentido, se debe la *r*
de *marmella*). Gall. *marmaruga* en Viveiro 'la
papada debajo de la barba' (Sarm. *CaG.* 121*r*), cf.
p. 145: la terminación se deberá a una contamina-

ción o cruce con *arruga*. *Mamellado*; duplicado
culto es *mamila*; *mamilar*.

Mamar [Berceo], de MAMMARE 'amamantar';
mamada; mamadera 'instrumento para descargar
los pechos en el período de lactancia', en arg.,
chil. y ecuat. 'biberón' (*BRAE* VII, 624); *ma-
mado* 'borracho' arg. (Tiscornia, *M. Fierro Coment.*,
s. v.); *mamador; mamandurria; mamante, maman-
tón* [Nebr.], *mamanteo* 'mimo a un niño' cub.
(*Ca.*, 30); *mamarón*, en Cuba y Galicia *mamalón*
'gorrón' (*BRAE* VIII, 506); *mamón* [APal. 262*d*,
Nebr.; en la ac. 'anona reticulata' o 'melicocca
bijuga', Fz. de Oviedo, 1535, afirma es palabra
indígena de Venezuela, y así lo acepta Friederici,
Am. Wb., 376, pero es probable tenga razón Ortiz, *Ca.*, 98, al explicarlo por la posición de los
labios prolongados hacia delante al comer la fruta;
el port. *mamão* (ya 1587), aplicado a otra planta
americana, se explicaría por la forma de teta que
tiene la fruta, según Friederici, 375]; *mamoncillo*,
cub., nombre del mismo árbol, y en el Este de
Cuba *mamoncillero* (*Ca.*, 235); *desmamonar*. *Mamoso; mamu(d)a* 'borrachera' arg. (Tiscornia, *M.
Fierro Coment.*, s. v.); *mamujar; mamullar* [Que-
vedo, en Fcha.]; *mamuete* ant. («nombre de denuesto», *mamurra*, Nebr.; h. 1535, *Com. Radiana*,
539). *Amamantar* [*mamantar*, Berceo, López de
Ayala; *amamantar*, Nebr.; gall. ant. *mamentar*
Ctgs. 26.8, port. *amamentar*], *amamantador, ama-
mantamiento*. *Desmamar* 'destetar' [raro en cast.,
no *Aut.*; en cat. ya S. XV].

CPT. *Mamacallos*, lo mismo se llama *mamaca-
lostres* en Valencia (Lamarca). *Mamífero*. *Mamola*
[med. del S. XVII, Moreto], probablemente de
mamóla = la mamó[2]; alterado en *mamona* en la
Pícara Justina, en Cervantes, Covarr., etc.; en Extremadura dicen *mamolazo* (Espinosa, *Arc. Dial.*,
84). *Mamotreto* 'libro grande en volumen y de
poco provecho' [Covarr.], 'cuaderno de notas' (ac.
que sólo hallo en *Aut.* y que no sé si es la del
pasaje allí citado de Lope), 'armatoste' chil., guat.,
venez., hond., portorr.; tomado del lat. tardío y
medieval *mammothreptus* y éste del gr. tardío
μαμμόθρεπτος (así en glos. latino-gr. trasmitidos
en ms. del S. XII, *CGL* III, 179.40, 251.65), propiamente 'criado (θρεπτός) por su abuela (μάμμη)',
después 'el que mama mucho tiempo' (Du C.),
'mamón' (glos. de Palacio y del Escorial), de donde
'gordinflón, abultado'[3]; para *mamotreto* V. Spitzer,
Essays in Historical Semantics, p. 38, especialmente su interpretación del pasaje de San Agustín, que le conduce a otra explicación semántica.
Mamavieja arg. (F. Burgos, *La Prensa de B. A.*,
4-IV-1943), *magrande* (< *mamagrande*) nmej.
(*BDHA* IV, 58) 'abuela'.
¹ «*Mámoas* llaman en Rianxo a unos monumentos sepulcrales que se hallan en los campos,
y contienen urnas cinerarias de los romanos»
Sarm. *CaG.* 188*v* [¿Romanos o *Urnenfelder*, sorotaptos?]; desde Padrón hasta Curruvedo hay

muchas mámoas con ollas, y también las hay en Salnés (191*v*), y al SE. de Monforte, en los montes de Piñol de Lemos (195*r*); Castelao, que era de Rianxo, habla de «as moreas de terra e pedras, que relembran *mámoas* en alguns cimeterios bretons» (122.10). Hay documentación antigua, p. ej. «vadit ad fontem de ipso rivulo d'Ámoa, usque in *mámoa* da Meda» a. 1130, refiriéndose al río de Ama o de Sanueira, al O. y junto a Pontevedra (*CaG.* 74*r*).— ² Significaría primitivamente 'ha caído en un engaño'; vid. Fcha.— ³ Parece carente de fundamento la afirmación de Covarr. de que es el nombre propio de un autor que escribió un libro de esta índole. Carpentier, en Du C., dice que *mametractus* (forma corrupta), al parecer en San Cipriano (S. III), es el título de un libro donde se explican las dicciones de la Biblia; podría ser título humorístico puesto por un erudito en el sentido de 'libro predilecto de un viejo', y por lo abultado de tales obras de exégesis habría tomado la ac. castellana; acaso se pueda averiguar este detalle evacuando las citas que ahí da Carpentier. En todo caso se trata de un libro muy célebre y muy leído en las Escuelas en el S. XVI, pues Rabelais lo pone entre los que el maestro necio hace leer a Gargantúa (cap. 14) y entre los que figuran en la biblioteca de San Víctor de París (*Pantagruel*, cap. 7), deformándolo ambas veces satíricamente en *Marmotret(us)* y atribuyéndole títulos burlescos. Plattard (nota 20 de sú ed.) explica que el *Mammotreptus* es un comentario de los salmos y de las vidas de santos.

MAMARRACHO, alteración de *momarracho*, que a su vez lo es de *moharrache*, tomado del ár. vg. *muharráǧ* 'bromeador', 'bufón', 'chusco', participio activo del ár. vg. *hárraǧ* 'bromear, bufonear'; *momarracho* salió de *moharracho* por influjo de *momo* 'gesto', 'mofa'. *1.ᵃ doc.*: moharrache, Juan de Mena, † 1456¹; «*moharrache o homarrache*: personatus», Nebr.; *mamarracho*, h. 1800, Jovellanos, y ya en Terr.

Éste agrega la variante *mamarrache* y define «figura de hombre mal hecha, mal pintada». Pichardo: «la persona que se disfraza o representa alguna figura ridícula en el Carnaval o en las fiestas de San Juan, Santiago, Santa Ana, etc.; así en Cuba; en Puerto Príncipe *gumarracho*»², que es alteración del metatético *homarrache* (-*o*) ya registrado por Nebr. *Aut.* sólo registra *moharrache* o -*acho* «el que se disfraza ridículamente en alguna función, para alegrar y entretener a otros, haciendo gestos, ademanes y muecas ridículas»; en este sentido aparece *moharrache* en Sánchez de Badajoz (2.º cuarto del S. XVI, Cej., *Voc.*) y *moharracho* un par de veces en el *Quijote*, etc. Hoy la Acad. no reconoce esta ac. al moderno *mamarracho*, pero el hecho es que siguen llamándose así (por lo menos en Barcelona) las personas disfraza-

das sin gracia que transitan por las calles en tiempo de Carnaval. Es alteración (por influjo de *mamar*) de *momarrache*, registrado por Covarr. La forma originaria es indudablemente *moharrache;* éste viene, como indicó Dozy (*Glos.*, 307-9), del participio activo del verbo ár. *hárraǧ* que significa vulgarmente «badiner, bouffonner, plaisanter»: el participio en cuestión tiene hoy en Damasco la forma clásica *muhárriǧ* 'especie de arlequín o cómico, que hace reír en las reuniones de gente', y se emplea también, con el sentido de «badin, bouffon, facétieux, farceur, plaisant, scaramouche», en Egipto y otras partes del Norte de África, aunque en este continente no se nos indica cuál es el vocalismo de la última sílaba. El cast. *moharrache* nos permite asegurar que en hispanoárabe se pronunciaba *mŭharráǧ*. Tal sustitución de vocales parece haber sido general en los participios hispanoárabes de las formas derivadas, p. ej. *mŭhtasáb* en lugar de *múhtasib* (ALMOTACÉN), *mustáᶜrab* por *mustáᶜrib* (MOZÁRABE), *muǧáwwar* por *muǧáwwir* (ALMOGÁVAR), *muṭbaq* por *muṭbiq* (Neuvonen, p. 134), etc. El traslado del acento era también normal en voces de esa estructura fonética; y por lo menos entre gente culta se conservaban también la *i* del participio activo, pues PAlc. en su gramática da *mucátil* peleador, *muméllic* acepillador, frente a *mucátel* peleado, *mumellec* acepillado (ed. Lagarde 25.14). Pero la acentuación *mucátel* nos muestra ahí que en este capítulo trata PAlc. de ajustarse a la pronunciación más correcta de los alfaquíes (de que nos habla a menudo en su libro) más que a la vulgar. En el propio PAlc. aparecen las formas vulgares en *a*, p. ej. *mubázaq* «salivoso, lleno de saliva» 391*b*12, que sería abusivo corregir en *mubázziq* (aunque así lo sugiere Dozy *Suppl.* I, 92*a*).

DERIV. *Mamarrachada. Mamarrachista. Mamarrachero* cub. 'el que acostumbra hacer mamarrachos' (*Ca.*, 65). *Mamarrachar* cub. 'mezclarse en diversiones de mamarrachos' (Pichardo).

¹ «Toma, toma, este diablo, / métalo allá en el establo, / de aquel que vi en un retablo / pintado por *moharrache*», NBAE XIX, 219*b*. También en un doc. de 1496 aplicado a las reses que los enmascarados solían quitar a los pastores para pagar los gastos de su fiesta, vid. J. Klein, *The Mesta*, 427.— ² Así también en el Cibao dominicano (Brito). *Gumarra* 'mujer de vida libre' será derivado regresivo.

Mambla, V. *mama*   *Mambolla*, V. *bambolla* *Mambre*, V. *ámbar*   *Mambrina*, V. *mambrú*

MAMBRÚ, 'chimenea del fogón de los buques', parece tratarse más bien de una cobertera de la chimenea, destinada a dirigir el humo según de donde viene el viento: de *Mambrú*, forma que ha tomado popularmente el nombre del general inglés Marlborough (1650-1722), convertido en prototipo del guerrero gracias a una famosa canción; probablemente por comparación del mambrú con un casco. *1.ª doc.*: Acad. 1914, no 1884.

Esta canción se puso de moda en Francia en el S. XVIII y desde allí se extendió por toda la Romania occidental; sabido es que en ella dicho nombre propio figura en la forma *Mambrú* (p. ej. en Asturias —Vigón—, en Cataluña, etc.). Para la explicación semántica, vid. Spitzer, *Lexik. a. d. Kat.*, 92; *ARom.* VI, 498-9; *REW* 5366a, y sobre todo Migliorini, *Dal Nome Proprio al Nome Comune*, 183-4. Éste atribuye al catalán (fundándose en no sé qué fuentes) la definición náutica arriba aludida[1], que es la que da al cast. *mambrú* el dicc. marítimo de Fz. de Navarrete, fundándose en otros dicc. náuticos no precisados: «tapadera de cobre o hierro, con que se cubre la boca superior del fogón, haciendo el oficio de chimenea giratoria, para dirigir el humo a la parte opuesta del viento». Quizá tenga razón Migliorini al suponer que hubo confusión popular entre *Mambrú* y el yelmo de Mambrino, del cual parece quedar memoria en el murc. *mambrina* 'especie de cedazo'.

Otras acs. tomadas por dicho nombre propio pueden verse en Migliorini; nótense especialmente norm. *malbrou* «chauferette en terre cuite», fr. *roue à la Marlborough* 'rueda de llantas anchas', de donde quizá piam. *marbro(u)ch*, romagn. *manbrù*, *manbroca*, «specie di carrettone», Carrara *mambruca* 'carretilla para trasportar las lastras de mármol' (*WS* VI, 107).

[1] Lo único que consta, aunque sólo por el defectuoso diccionario de Bulbena, es que en este idioma significa 'cobertera de hierro'. Sin embargo, no es inverosímil que tenga razón Migliorini al suponer que éste sea el significado completo.

Mamelón, mamelonado, V. mama

MAMELUCO, 'soldado de la guardia de corps de los sultanes de Egipto', fam. 'hombre necio y bobo', amer. 'mono: traje de faena compuesto de pantalón y camisa en una pieza'; del ár. *mamlûk* 'esclavo, sirviente', participio pasivo de *málak* 'poseer'. *1.ª doc.*: 1585, López Tamarid.

En este autor, así como en Pineda (1594), Fuenmayor (1595), Covarr., Oudin y *Aut.* sólo aparece como nombre de la famosa milicia egipcia, que acabó por derribar y sustituir a los sultanes de este país por miembros elegidos de su seno. En la ac. 'hombre bobo' (Bretón de los Herreros, en Pagés) pudo haber influjo de *eunuco*. La ac. americana la conozco de la Arg., es también usual en Chile, Perú, Ecuador (Malaret) y creo en Méjico, mientras que en Cuba (*Ca.*, 232) y Puerto Rico es la misma prenda aplicada a niños, y en Andalucía se habla también de *pantalones a lo mameluco*. Quizá sea ac. antigua, pues según Belot el ár. *mamlûk* significa vulgarmente 'delantal' en Siria (nada de eso en Bocthor, Beaussier, Lerchundi), y es ac.

que fácilmente deriva de la primitiva 'sirviente'; pero en vista de que F. Caballero empleó *pantalones a lo mameluco* (Malaret) hay que contar más bien con la posibilidad de que aluda al calzón bombacho de los Orientales (que es el sentido que *mameluco* tiene en Honduras).

Mamella, mamellado, V. mama

MAMEY, del taíno de las Grandes Antillas. *1.ª doc.*: *mameis*, pl., Fernández de Enciso, 1519 (ya en 1510 en el latín de P. M. de Anglería).

Ya Fz. de Oviedo habla en 1535 del *mamey* de la Española, y el P. Las Casas declara que es palabra india. Friederici, *Am. Wb.*, 375-6; F. Ortiz, *Ca.*, 134; Hz. Ureña, *Indig.*, 112. No hay por qué atribuirla al caribe, pues -*ey* es terminación arauaca frecuente (*caney*, *jagüey*, etc.).

DERIV. *Mameyazo* cub. 'golpe dado con un mamey' (*Ca.*, 120). *Desmameyar* 'desbaratar, estropear' cub. (íd., 18).

Mamífero, mamila, mamilar, mamola, mamón, mamona, mamoso, mamotreto, V. mama   Mampara, mamparar, mamparo, V. parar   Mampelaño, V. mamperlán

MAMPERLÁN, 'listón de madera con que se guarnece el borde de los peldaños', 'el peldaño mismo', origen incierto, quizá de *antpernal* formado con el prefijo *ante-* y la voz *pernal* 'estaca larga' (derivado de *pierna*): de ahí *amperlán*, cambiado luego en *mamperlán* según es corriente que suceda en las palabras que contienen este prefijo. *1.ª doc.*: «*mampirlán*: el escalón de madera», como voz murciana, *Aut.*

Según Terr. *mampirlán* es voz familiar para 'pícaro, astuto, sagaz'. La Acad. conservó la forma y definición de *Aut.* hasta que en 1899 la reemplazó por *mamperlán*, definiendo «listón de madera con que se guarnece el borde de los peldaños en las escaleras de fábrica», ac. que G. Soriano ha aceptado para el murc. *mampirlán*, y Escrig para el val. *mamperlat* ; pero al parecer ser, en efecto, según Griera (*BDC* XX, 114), quien da las formas catalanas *mamperlà* en San Carlos de la Rápita y Cabanes, *mamperlat* en Morella y *mamporlan* en Tortosa; para esta localidad indica *mamperlan* Moreira (*Folklore Tort.*, 660) y *monperlant* Mestre i Noè (*BDC* III, 103), quien confirma también la definición; ibic. *mumpetlà* 'marco de escalón' (Pz. Cabrero). Cuervo (*Ap.*, § 824; ya en la ed. de 1907) citó del andaluz Estébanez Calderón (1883) «al descender el *mampirlán* de la puerta del jardín», en lo cual parece fundarse la Acad. al localizar su definición de 1899 en Andalucía, pero hoy se ha rectificado atribuyendo a esta región la ac. 'escalón, especialmente el de madera'. En realidad lo que significa *pirlán* en Colombia (vid. Cuervo, *l. c.*) es 'el escalón de piedra que precede a una puerta', que puede ser la ac. empleada por Estébanez; A. Zamora define *mampirlán* como 'umbral' en Albacete (*RFE* XXVII, 250). La forma colombiana *pirlán* no está muy extendida, pero tampoco es exclusiva de allá, pues se emplea en Sevilla según Rz. Marín[1]; según un lexicógrafo catalán *pislán*[2] es 'peldaño de escalera' y en Cuba 'cerco que se pone como suplemento a las pailas o fondos, especialmente en los trapiches'[3].

En ediciones recientes ha agregado la Acad. como antiguas las variantes *mampelaño* y *mampernal*, que no puedo comprobar. Si ésta es antigua el vocablo podría ser realmente compuesto de *pierna* (según propone la Acad.), o más precisamente de su derivado *pernal* que es 'estaca larga que se pone en los bordes del carro...'; el primer elemento, más bien que *mano*, podría ser ANT(E)-, que alterna con *man-* en voces populares, como *mamparar*, *mantuvión* por *antuvión*, el val. *mampendre* por 'emprender', etc. No es inverosímil que en estas palabras *man-* proceda de (*a*)*vant-*, sinónimo de *ante-*, con nasalización de la *v* por obra de la *n* siguiente. Desde luego hay que contar con la posibilidad de un parentesco con *PELDAÑO*; pero como el origen de éste no se ha esclarecido bien hasta ahora (no parece posible derivarlo de *pie*) es más bien la etimología de *PELDAÑO* la que puede recibir luz de *mamperlán* que viceversa[4].

Spitzer (al reseñar el *DCEC*) supone que *perlán* procede de un fr. ant. *prelate* 'cabrio de un techo' documentado por God. en 1443 (derivado del célt. LATTA 'ripia', pero que el moderno *prélart* o *prélat* 'hule para cubrir mercaderías' tenga que ver con esto es semánticamente inverosímil). La idea es muy poco atrayente dada la rareza del vocablo francés, y no explica en absoluto la terminación de *peldaño*, indudablemente solidario de *mamperlán*.

[1] Cita de Malaret. Hay un artículo *pirlán* en las *2500 Voces* de Rz. Marín, pero esta obra no se halla ahora a mi alcance.— [2] J. Casanovas y Ferrán, *Colección de Vocablos incorrectos... usados por los catalanes cuando hablan el castellano y tomados al oído o leídos en periódicos y libros*, Barcelona, 1884; cita de Cuervo. Nada de esto conozco en catalán.— [3] Cita de Pichardo por Cuervo; no se halla en la ed. de 1862. Comp. Cuervo, *Ap.*[7], § 530.— [4] De ser antigua la forma tortosina *monperlan*(*t*) podría pensarse en el gentilicio MONTEPESSULANUS 'relativo a Montpelier', comp. *corda de Londres aut de Momperlé* en doc. portugués de 1253 citado por C. Michaëlis, *ZRPh.* XX, 211. *Mompeller* es hoy en Mallorca algo que se emplea para cerrar ventanas (P. d'A. Penya, *Illes d'Or* I, 121; Ferrà, *Comèdies*, ed. íd., I, 83). Por desgracia el vocablo falta en todos los diccionarios a mi alcance.

Mampesada, mampesadilla, V. *mano*   *Mampirlán*, V. *mamperlán*   *Mamporro, mampostear, mampostería, mampostero, mampresar, mampues-*

ta, mampuesto, V. *mano*   *Mamujar, mamullar*, V. *mama*   *Man*, V. *mañana*

MANÁ, m., antiguamente *mana* f., tomado del lat. *manna*, gr. μάννα, y éste del hebreo *man* íd. *1.ª doc.*: *mána* f., Berceo, *Sacrif.*, 15; *maná*, 1591, Percivale.

La acentuación en la primera sílaba está comprobada por la medida del verso en Berceo y en el *Canc.* de Baena, *magna*, p. 569. Lo mismo debemos suponer de *magna* en la *Confissión del Amante* (a. 1400), p. 244, y *la mana* en Laguna (1555) y en Luis de Oviedo (1581). Vid. Cuervo, *Rom.* XXXIII, 249-55; *Ap.*, § 113*d*[1]. La falta de acento en APal. (*manna*, 262*b*, 263*b*) y en C. de las Casas (1570) no prueba nada (comp. *alquile* por 'alquiler'); en Percivale aparece *maná* acentuado y como femenino; *maná* sin género en Oudin (1607). Covarr., que suele acentuar las palabras agudas en vocal, escribe repetidamente *manna* para el alimento bíblico, pero en artículo aparte da *maná* con ac. secundaria («es *la manà* un vapor muy grasso y suave, el qual... se condensa de noche, y decendiendo se assienta sobre las yervas... de tal manera que se puede coger como goma; de su naturaleza y uso della en medicina veràs... a Laguna sobre Dioscorides... *manà* es tambièn una confitura mas menuda que la gragea ordinaria...»); *Aut.* ya generaliza *maná* y así aparece en rima en Iriarte. Más datos en Gillet, *Propaladia* (V. el índice). Es probable la conjetura de Cuervo de que primero se cambiara el género adoptando el masculino por influjo culto, y que saliendo así el vocablo de las analogías morfológicas del castellano se le alterara el acento por imitación de *Jehová*, *Caná* y otros hebraísmos. En latín y griego se acentuaba en la primera sílaba y era comúnmente neutro, aunque el género femenino ya se halla en varios autores latinos cristianos. El it. *manna* f., y el fr. *manne* f., han conservado hasta hoy dicho estado de cosas, que es también, indudablemente, el del cat. ant. *manna* f. (*Costums de Tortosa*, 474; *Spill*, v. 13580; etc.), y aunque hoy predomina *mannà* m. en este idioma (o más popularmente *magnà* m.), todavía se conserva *manna* en Menorca y *maina* f. en Mallorca.

DERIV. *Manita. Manito*, m.

[1] En Colombia se conserva hoy *la mana* como nombre de la sustancia sacarina que fluye de varias plantas. *La Mana* y *Las Manas* son nombres de fincas, nada raros en Cundinamarca (una al S. de Zipaquirá, otra en Yerbabuena junto a Chía), aunque ahí no sé si se trata de la sustancia sacarina, de etimología hebrea, o de un postverbal del verbo *manar* en el sentido de 'manantial', cuya existencia implica el propio Cuervo en *Ap.*, § 921, y que quizá debiera comprobarse mejor.

Manada, manadero 'pastor', V. *mano*   *Manal*, V. *mangual*

MANAR 'brotar (un líquido)', del lat. MANARE íd. *1.ª doc.*: Berceo.

Es frecuente en este poeta (p. ej. *Mil.*, 867*b*). Palabra frecuente en los clásicos, no es rara en la Edad Media, y sigue viva en la actualidad, aunque es menos popular que *correr* (*agua*). No ha dejado descendencia popular en los demás romances, excepto el gall. ant. *măar* (Cornu, *GGr.* I, § 125); M-L. no ha admitido un artículo MANARE en su diccionario, dando a entender así que el cast. *manar* sea cultismo, lo cual no es imposible, pero sí muy dudoso. Es palabra totalmente ajena a los romances desde el catalán[1] hacia el Norte y el Este, y el port. *manar* es cultismo por su fonética. Sin embargo, esto último puede explicarse por la incomodidad morfológica que causaba el antiguo *măar*, de suerte que nada nos impide creer que estamos ante uno de los casos de vocablos clásicos sólo conservados en iberorromance, y así lo indica la riqueza en derivados populares. Nótese la antigua construcción *manar en oro* (*Coloquio de los Perros*, *Cl. C.*, p. 332), frente al normal *manar oro* (*G. de Alfarache*), *manar agua* (Nebr.), etc.

DERIV. *Manadero* ['fuente, manantial', *Gr. Conq. de Ultr.*, 329; Nebr.]. *Manante* [*aguas estantes... e manantes* 1395 (que Pottier, *BHisp.* LVIII, 361, entiende mal)]; *manantío* [*Acad. S. XIX*; m. 'menstruo', en la biblia judía de Constantinopla, *BRAE* V, 352], *manantial*, primitivamente adj. (*fuente manantial*: *fons*; *manantial cosa*: manalis, jugis; Nebr.; «*manalem* por *manantial* dixeron la fuente que siempre mana», APal. 262*d*), pero ya *manantial* m. en la *Gral. Estoria* (*MLN* XLVII, 47, y M. P., *Yúçuf*, lín. 313)[2]. *Dimanar* [h. 1690, Cornejo; falta todavía en los diccionarios de principios de siglo: Cuervo, *Dicc.* II, 1239], tomado del lat. *dimanare* íd.; *dimanación*; *dimanante*. *Emanar* [h. 1440, A. Torre, Mena (C. C. Smith, *BHisp.* LXI); h. 1600, Sigüenza], tomado de *emanare* íd.; *emanación*; *emanadero*; *emanante* [h. 1430, J. de Mena], *emanantismo*, *emanantista*. *Promanar*. *Remanal* 'hontanar', *remanoso* 'manantío', salm.

[1] Ahí la ausencia en rigor podría explicarse por la homonimia con MANDARE, pero no así en lengua de Oc, etc.— [2] Préstamos castellanos son el port. *manancial*, cat. (raro e impopular) *manantial*, sardo *manantiale*. En la Arg. es palabra impopular, sustituída por *vertiente*, pero existe en la toponimia andina (así en Potrerillos y en Casa de Piedra, junto a Mendoza; en la prov. de San Juan, etc.). Metátesis *maniantal* en Cespedosa, *RFE* XV, 142. En la Cartuja de Scala Dei (Priorato) he oído *manitral* y otras alteraciones, comprensibles por el carácter advenedizo del vocablo en catalán; una explicación parecida puede tener la variante *manancial*, que debió de aparecer como pronunciación errónea del *manantial* de las fuentes escritas, como descripciones de límites, escrituras de propiedad, textos tributarios y demás

notariales, que era donde más se usaba el vocablo: existió esta forma en castellano mismo (Oudin) y sobre todo en las lenguas vecinas que tomaron prestado el vocablo del castellano y por lo tanto no fué corregida allá por su empleo correcto en la lengua hablada y popular: se oye *manancial* en la zona catalana de Teruel, y aparece también en textos de este idioma (léese en el semanario *Lo Verdader Català*, que salía en Barcelona en 1843); en gallegoportugués se generalizó y ya la encontramos con carácter adjetivo en la *Gral. Est.* gall. del S. XIV: «a Asia por los montes *manăçiales* ou manadeyros... de que falou Prinio» (88.26). Al menos *font* y *pou manal* 'fuente o pozo que mana' ha de ser castizo en el Maestrazgo; es muy posible que esta familia estuviese arraigada en mozárabe, cf. *manualis fons* en Festo. Recuerdo haber hallado otros datos de penetración y arraigo considerables en el agro catalán. De la identificación con uno de ellos estoy muy inseguro, y sin embargo lo consigno porque revelaría muy viejo arraigo y en zona muy alejada: en los montes de Tregurà (alto valle de Camprodón) hay una partida y barranco del *Malitrau* (con una fuente también llamada así): la partida ya se documenta en 1560 (cf. mi *Entre Dos Llenguatges* II 115).

MANATÍ, 'pejemuller, mamífero sirenio', voz indígena antillana, probablemente del caribe. *1.ª doc.*: 1535, Fz. de Oviedo; y en el latín de P. M. de Anglería ya en 1515.

El P. Las Casas dice, con referencia a los mares de Haití, que es voz de los indios, pero no precisa categóricamente que sea palabra de esta isla; así lo dice el P. Cobo (1653), pero es testimonio demasiado tardío. Friederici (*Am. Wb.*, 377-9) y De Goeje (*Journ. de la Soc. des Amér.* XXXI, 14 y 59) lo admiten a la vez como voz arauaca y caribe; Cuervo (*Ap.*, § 971) dice es de Haití, Hz. Ureña (*Indig.*, 106) que es caribe. La terminación puede corresponder a este último idioma (*canarí, caricurí, colibrí*), pero no excluye el arauaco (al cual parecen pertenecientes *ají, maní*). Hoy el vocablo vive en el tupí del Norte brasileño, en varias hablas del Caribe isleño, y vivió en su afín el cumanagoto; en estas lenguas significa además 'teta' (que pudo ser el significado primitivo) y voces de la misma raíz designan la ballena y el delfín.

Para *manatí* en el sentido de 'bastón o látigo formado con la piel de este animal', Ca., 182.

Mancamiento, mancar, mancarrón, V. *manco*
Manceba, mancebía, mancebo, V. *mano*   *Mancellar, mancelloso*, V. *mancilla*

MÁNCER, tomado del lat. tardío *manzer, -eris*, y éste del hebr. *mámzer* íd. *1.ª doc.*: *manzer*, h. 1260, *Partidas*.

Todavía escrito *manzer* en *Aut.* Cultismo raro;

tecnicismo jurídico. Cfr. ár. argelino *múmzir* «né de la fornication» (Beaussier).

Mancera, V. *mano*

MANCERINA, del nombre del marqués de Mancera, virrey del Perú de 1639 a 1648, que ideó esta especie de plato. *1.ª doc.: Aut.*

En este diccionario se indica ya la etimología, luego repetida por Mayans, *Oríg. de la L. Esp.* I, 142; da aquél *macerina* como forma básica y *mancerina* como variante. También se ha empleado la alteración popular *marcelina*, en Aragón (Borao), y autorizada por el Duque de Rivas (*RFE* VII, 183). En Chile se ha aplicado también al plato para llevar mate, y como los mates así llevados eran de tamaño mayor, *mancerino* o su alteración *mansalino* han tomado allí la ac. 'extraordinario, de grandes dimensiones' (Román).

MANCILLA, probablemente del lat. vg. MACĔLLA, diminutivo de MACULA 'mancha', pero influído por el verbo *mancillar*, que en parte procede del lat. vg. *MACELLARE* 'matar, sacrificar', derivado de MACĔLLUM 'matadero', voz de origen independiente; sin embargo, existe la posibilidad de que *mancilla* sea un mero postverbal de este *mancillar*, derivado en el sentido de 'herida', que habría evolucionado secundariamente hacia los de 'mancha moral' y 'lástima'. *1.ª doc.: maziella* y *manziella* en Berceo.

Maziella aparece en *Sacrif.*, 185d («nin tacha nin *maziella* non fue en él fallada»), pero lo común en este poeta es ya *manziella*. Tiene z sonora en los mss. de ortografía cuidada, como en Guillén de Segovia (p. 83), APal. (39b, 48b, 55d, 92d, 138b, 255b, 359b), Nebr. («*manzilla* o *mancha*: macula»), lo propio que en el port. *mazela* (ant. a veces *manzela*). La ac. más común en la primera época es 'tacha, mancha moral' (p. ej. «que entró sin *maçiella* e quito de pecado», *Mil.*, 165d), pero se hallan otras como 'angustia, pena moral' (*Alex.*, 45), 'desgracia' (*Alex.*, 838; *S. Mill.*, 229d, 372a); a veces se acerca a un significado más material, como en algunos de los ejs. que cita Malkiel, n. 91[1]; no creo que los haya, al menos en la Edad Media, de una ac. 'mancha de color o de suciedad'[2]; la ac. 'lástima, piedad que inspira algo' apenas aparece claramente antes del Siglo de Oro[3]; hoy *manzía* 'pena, lástima' entre los judíos de Marruecos (*BRAE* XV, 219). En la actualidad *mancilla* es palabra anticuada, aunque todavía la emplea a veces el lenguaje escrito en la ac. 'mancha moral, deshonor'. En gallegoportugués antiguo se halla todavía la ac. fisiológica 'achaque, mal, lisiadura' («sarna e bustelas e freima... e... outras muitas enfermedades e *mazelas*», *Livro de Marco Paulo*), en la *Crónica Troyana* es «dolor, lástima, mal, daño, enfermedad» (glos. de Mtz. Salazar), en otras partes 'pena, dolor moral' (Malkiel,

n. 113), 'matadura, herida; enfermedad; todo lo que aflige; mancha en la reputación' (Pensado, *CaG.* p. 149). No hay formas equiparables en los demás romances.

Es básico para el estudio del origen de nuestra palabra el documentadísimo estudio de Malkiel, *Hisp. R. XV*, 291-7 (adiciones, *Univ. of Calif. Publ. in Ling.* I, 282, n. 216): es plausible su conclusión de que en la formación de nuestro vocablo colaboraron MACELLA, diminutivo de MACULA, y *MACELLARE, derivado de MACELLUM 'matadero' (a lo cual ya parece inclinarse M-L., *REW* 5199). MACELLA se halla una vez en notas tironianas, junto a *macula* (*ALLG* XII, 66), lo cual indica un sentido análogo al de éste, y se ha señalado también en un códice de glosas (*CGL* VI, 665); *MACELLARE 'matar, hacer matanza' no está realmente documentado (el testimonio de Papias en el S. XI es en realidad italiano), pero su existencia en latín vulgar está asegurada por la coincidencia del it. *macellare*, logud. *magheḍḍare*, fr. ant. *maiseler*, oc. ant. *mazelar*, port. íd. 'causar maduras, llagar' (ya *amazelar-se* 'lamentarse' en Fernão Lopes, S. XV), y el cast. ant. *manzellar, -illar* ['afectar de enfermedad', *S. Dom.*, 688a, etc.]. Como la existencia de un MACELLA 'mancha', a base de los testimonios citados, no puede mirarse como absolutamente indiscutible, lo más sencillo sería partir del verbo (*a*)*manzillar* (de MACELLUM), que es bastante frecuente en la Edad Media (Malkiel, nn. 97-103), y considerar *manzilla* como derivado postverbal. De *mancillar* 'hacer matanza' y luego 'herir' saldría *mancilla* 'herida', cuyo sentido evolucionaría luego hacia 'mancha moral' y 'lástima'. Aunque la diversidad de acs. de *lastimar* y *lástima* tiene raíz diferente (pues ahí lo primario es la ac. 'vituperar', 'ofender'), no dejaría de apoyar este punto de vista. Sin embargo, el cuadro semántico trazado arriba está... stante más próximo al sentido de MACULA que al de MACELLARE y el port. *magoar* 'ajar', 'contundir', 'ofender', derivado de *mágoa* 'mancha', 'contusión', 'tristeza' (MACULA) nos prueba que todas las acs. de *mancilla* y de *mancillar* pueden explicarse por el diminutivo de MACULA. Luego es más probable partir de éste, si bien reconociendo que con él debió confluir la familia de MACELLARE, cuya existencia fué siempre lozana en gallegoportugués, y estuvo indiscutiblemente representada en el castellano medieval por el adjetivo *manzillero* 'carnicero' de Juan Ruiz: *mastyn mazillero* 178a, *cigüeña manzillera* (la que se come las ranas) 202a, *león mazillero* (326c), *omne manzellero* (el donjuanesco, 561d); *lobos manzilleros* aparece todavía en Villasandino (*NBAE* XXIII, 341a)[4].

DERIV. *Macillar* y *amancillar* (V. arriba y *DHist.*); *mancilladero*; *mancillado*; *mancillamiento*; *mancilloso* [*mancell.*, *Sacrif.*, 90]; *mancillento* ant. (*manz-*, APal. 237d, 240d). *Mancillero* (V. arriba). Gall. *esmacelado* 'herido con contusión' *(tengo este carrillo, este dedo, esmacelado)*, Sarm. CaG. 218v y p. 149.

[1] Sin embargo, en la mayor parte predomina también el matiz moral, como en los dos del *Rim. de Palacio*, y en Leomarte (med. S. XIV) 175.10 («las grandes *manzillas* e llagas que me son venidas de la griega Elena»), 220.25 («las *m.* que el uno al otro fazía», Troilo y Briseida al despedirse). El más cercano es «bien entendían que ninguno non escapava sin *m.*», hablando de la destrucción de Troya, 127.22.— [2] Malkiel, n. 88, cita J. Ruiz 1555*b*, pero la *limpieza* a que ahí se opone *manzilla* es limpieza o pureza moral. Los equivalentes latinos *macula, labes* y *nota* (en los glosarios de Toledo y del Escorial) son palabras que tienen también acs. figuradas.— [3] «Decíalo con lágrimas... los qu'estábamos presentes tuvimos *mancilla*» Bernal Díaz, cap. 46. «No te pido con lágrimas mi esposo, / ni que de mi dolor tengas *mançilla*», Lope, *Corona Merecida*, v. 2593; *Pedro Carbonero*, v. 2173. Anteriormente hay usos próximos, como los que cita Malkiel, n. 94, pero al menos los del *Alex.*, P. de Berague, J. Ruiz, y muchos de *Alfonso XI*, son bastante distintos. Sin embargo, aparece una vez en *Fn. González* («avié de sus vassallos el conde gran *manzilla*», 540*c*).— [4] La *n* se debe sencillamente a propagación de la nasal inicial, como en MAN-CHA; es innecesario admitir influjos auxiliares. No es extraño que tengamos sonora tras la nasal en *manziella* y sorda en *mancha*: ello no prueba precisamente que la epéntesis se produjera en fechas diferentes, remontándose *MANCLA ya al latín vulgar, pues *mangla habría dado el mismo resultado (comp. *CINCHA*).

Mancipación, mancipar, V. *mano*   *Manclenco*, V. *enclenque*

MANCO, del lat. MANCUS 'manco', 'lisiado (de cualquier parte del cuerpo)', 'incompleto'. 1.ª doc.: Berceo.

Común en todas las épocas[1] y propio de todos los romances de Occidente. El judeoesp. *a lo manco* 'a lo menos' (Biblia de Constantinopla, *BRAE* V, 352) se tomaría del italiano, probablemente también el cat. popular *manco* 'menos'.

DERIV. *Manquear. Manquedad; manquera. Mancarrón* 'caballo matalón' [1555, H. Núñez de Toledo; Juan de Castellanos; Sor Juana Inés de la Cruz; Cuervo, *Ap.*[7], pp. xxii y 637; Tiscornia, *M. Fierro coment.*, s. v.; Rosas de Oquendo, h. 1600, *RFE* IV, 345, sevillano que vivió en el Perú y Méjico], hoy es propio de Chile y Río de la Plata, y desconocido en Colombia y en España, pero no hay por qué traerlo del araucano ni explicarlo por un cruce de *manco* con *matalón* (*BDHA* VI, 245), pues *manco* tiene ya esta ac. en J. de Timoneda (*BRAE* III, 569), de donde el arauc. *mancu* íd., y el sentido latino era ya 'lisiado

de cualquier miembro'. *Mancar* 'lisiar' [*Ilustre Fregona, Cl. C.*, 289], 'hacer manco', 'estropear' (así en la Pardo Bazán, *Obras*, 1943, p. 1490; en el argentino Payró, *Pago Chico*, ed. Losada, p. 170), 'lastimar' (así en gallego: *RL* VII, 217); *mancamiento*; compuestos de *mancar*: *mancaperro* 'ciempiés venenoso', 'cardo silvestre', cub., murc. (*BRAE* VII, 211); *mancafiesta* 'aguafiestas' (Carrizo, *Canc. Pop. de Jujuy*, Arg., glos., s. v.).

[1] Nebr.: «*manco de manos:* mancus».

Mancolla, V. *macolla*   *Mancomún, mancomunar, mancomunidad*, V. *común*   *Mancornar, mancuadra, mancuerda, mancuerna*, V. *mano*

MANCHA I, 'parte de un cuerpo de distinto color que el general', del lat. MACŬLA íd.; en fecha antigua se propagó la nasalidad al final de la primera sílaba resultando *mangla o *mancla, que regularmente dió *mancha* en castellano y portugués. 1.ª doc.: h. 1280, *Gral. Est.* I, 293*b*35; 1.ª mitad S. XIV, *Libro de la Montería*[1].

Aunque es indudablemente palabra tan antigua como el idioma, escasean los ejs. medievales, a causa del carácter de la literatura de esta época, y también porque entonces se empleaba siempre *mancilla* en lugar de *mancha* en los sentidos morales y figurados, y aun en algunos que se acercan mucho a los materiales. Está también en APal. («fierro encendido con que se queman las *manchas* a las ovejas», 58*d*; 236*d*; 258*d*), Nebr. («*m.* o *manzilla:* macula») y es frecuente desde entonces en los textos. General en todas las épocas y común a todos los romances de Occidente, si bien en rético, galorromance y catalán[2] la invasión del germ. TAIKKA le ha dejado reducido a ciertas acs. muy especiales[3]. La evolución fonética de MACŬLA a *mancha* no presenta realmente dificultad. Como vieron M-L., M. P., Cornu (*GGr.* I, §§ 138, 151), Leite de V. (*RL* II, 269) y otros, hay propagación de la nasal inicial, sea en la etapa MACLA > *mancla, según indican estos autores, o más bien (teniendo en cuenta la sonorización en el caso paralelo de *manzi(e)lla* en la fase *magla > *mangla, de donde luego *mancha*, como en CINGULA > *cincha*. Otras formas semejantes son el leonés *mangra* 'tizón del trigo', asturiano occidental *mángara*, extrem. *mangria* 'enfermedad de las patatas': estas sonoras bastarían ya para probar que no se trata de un cruce latino de MACULA con MANCUS 'manco' (así *GdDD* 4092). Son ilusorias las dificultades que encuentra Malkiel (*Univ. of Calif. Publ. in Ling.* I, 230)[4], que le conducen a la hipótesis innecesaria de un lat. vg. *MATULA, que además tampoco explicaría la forma *mancha* (desde luego el resultado de *MATULA no sería *macha*, como él supone, sino *malda o *maja*).

En cuanto al portugués, también allí existe *mancha* (*manchar* está ya en J. de Barros, med. del S. XVI, según Vieira), y no veo razón suficiente para admitir con el *REW*, que esta forma sea préstamo castellano: así el paso de -CUL- a -CL- y -*ch*- tras consonante, como la propagación de la nasal son fenómenos corrientes en el idioma vecino[6], y aunque es verdad que MACULA ha dado allí varios duplicados diferentes, *malha, mágoa, mangra,* *mácula* (comp. Gonç. Viana, *Ap.,* II, 97), pero son éstos, salvo el primero, los que presentan un tratamiento fonético menos genuino, por semiculto o tardío, y la coexistencia de *malha* con *mancha* no es razón suficiente para negar la genuinidad de este último, cuando hay otros duplicados aprovechados por el idioma para matices diversos. El cultismo *maculado* (hoy menos frecuente que su derivado *inmaculado*), ya en 1444, Mena, *Lab.,* 101*g* («*maculados* del crimen nefando»). Gall.-port. *mágoa* 'cardenal, magulladura' (port.), 'mancha' (port.), 'aflicción, dolor, disgusto, lástima' (port. y gall.): «a tia non gostaba do Rañolas ainda que lle tivese *mágoa*» (Castelao 214.2); *magoar* 'magullar', 'lastimar'[6], *magoar-se* 'lamentarse' (port.).

Mangla 'tizón', 'ládano', parece ser duplicado semiculto de *mancha*[7].

DERIV. *Manchar* [1.ª mitad del S. XIV, vid. ej. en el texto arriba citado], de MACULARE 'manchar'; *manchado; manchadizo*. *Manchón; manchoneado* 'terreno con manchas' (*Ca.,* 195). *Manchita* 'juego de pasa pasa' arg. (*M. Fierro* II, 3162). *Manchoso. Manchuela* [APal. 17*b*]. *Desmanchar; desmanchón*. *Maqueta* [Acad. 1936], tomado del fr. *maquette* [1752] y éste del it. *macchietta* 'boceto (de un dibujo)', dimin. de *macchia* íd., que es la forma italiana correspondiente al castellano *mancha*, y empleada normalmente con el significado de éste.

¹ «Las más finas colores que Nos fallamos de los alanos... son los... blancos manchados, en tal que hayan dos o tres *manchas*, et que sean grises o prietas», ed. Gutiérrez I, 117.— ² *Malla* significa en Mallorca cada una de las «lunas» que forma el aceite echado en el agua (*BDLC* XI, 334), en los Puertos de Tortosa y en el Maestrazgo 'mata o matorral de una planta' (comp. el *mallada* de Blasco Ibáñez que cité s. v. MA*J*ADA; comp. it. *macchia* y port. *malha* en la misma ac., y cast. *mancha* 'conjunto de plantas que pueblan algún terreno, diferenciándolo de los colindantes'.— ³ No es aquí el lugar de tratar a fondo del origen del nombre de la región de *La Mancha*, pero daré algunas indicaciones. Simonet (s. v. *mata*) supone se llamara así por tener vegetación diferente de las zonas colindantes; quizá, pero nótese que es territorio grande para que se conciba fácilmente el que la imaginación popular, muy limitada en lo geográfico, pudiera llamarlo así, mirándolo como si estuviese en un mapa o desde un aeroplano estratosférico. Es básica la nota de Zurita reproducida en Rivad. LXVI, 420n.4. De ella resulta que se daba a la Mancha el nombre de *Mancha de Monte Aragón* ya a

princ. S. XIV (Cortes de la menor edad de Alfonso XI) y aun en doc. de Don Denís de Portugal (1279-1325), así como en las Crónicas de López de Ayala y en muchos documentos posteriores. También se la había llamado simplemente *Monte Aragón*: «Hércules... pobló... Carthagena, e solien le llamar antiguamientre Carthagena Espartera, por que toda la tierra ó es ell esparto, que llaman agora *Montaragon*, obedecie a ella», *1.ª Crón. Gral.,* ed. M. P., 10a39; lo cual reemplazó Ocampo por *Mancha de Aragón;* Covarr.: «*Mancha de Aragón,* fue dicha antiguamente *Monte Aragón,* por un pueblo que allí estava deste nombre; era comarca áspera, y no cultivada en aquel tiempo; llamóse antes Campo Espartario, por el mucho esparto que allí nacía; aora cultivada es abundantíssima de pan; a imitación desta se devió de llamar *Mancha* un territorio del Obispado de Cuenca, adonde se coge mucho pan y vino». Zurita afirma que el nombre es idéntico al del pueblo de Almansa, y que primitivamente significaría 'tierra de espartos seca'; con ello no llegamos a resultado etimológico concreto, que yo sepa, y el pasaje de un documento de Pedro el Ceremonioso de Aragón no prueba nada: «por Magen [¿léase *Moxen* = Mogente?] e por Almesa [Almansa?], que es tierra de Don Juan, y es seca *Manxa,* y tal que poder del Rey no y poria turar, e com y fos entrat, no y poria dar dany», indica sólo que ya entonces se empleaba *Manxa* como nombre propio y que era conocida por su sequedad. Lo que trata de probar Zurita es que *Mancha de Monte Aragón* es anterior a *Mancha de Aragón,* como todavía se decía en su tiempo (y aun en el *Quijote* II, xxv, 96vº, en boca de un ventero). Quizá sí, pero *Mancha de Aragón* también es antiguo, puesto que ya figura en Nebr., y bien podría serlo mucho más. Sea como quiera no estoy convencido de que sea falsa la tesis que Zurita rechaza como tal, a saber que *Mancha de Aragón* estaba por *Marca de Aragón,* o zona castellana limítrofe de la Corona catalano-aragonesa (es un hecho, en efecto, como reconoce y documenta Zurita, que en Castilla se daba el r nbre de Aragón aun a ciudades del Sur de Valencia o de Cataluña). Ésta parece haber sido la convicción de Nebr., que traduce *Mancha de Aragón* por *Marchia Tarraconensis,* empleando este último vocablo como equivalente de *aragonés,* como solían hacerlo los humanistas. Y es un hecho indudable que *Manchas de Aragón* se aplicó a toda la franja fronteriza oriental del reino de Castilla, aun a la de Castilla la Vieja: «Nace o Douro junto de Soria, abaixo das *manchas d'Aragão;* e o Tejo nace da outra parte da serra», reza un doc. portugués poco posterior a 1538 (Leite de V., *Philol. Mirand.* II, 242n.). ¿Quién no reconoce ahí un viejo galicismo deformado? El fr. *marche* se asimilaría al autóctono *mancha,* tan cercano fonéticamente. En cuanto a *Monte Aragón*, algunos (como al parecer Covarr.) lo confundieron con el célebre monasterio de la provincia de Huesca, pero el origen de este nombre aplicado a la Mancha nos lo enseña el propio Zurita, quien, fundándose en «memorias antiguas», declara que es la sierra que se extiende desde la ciudad de Chinchilla hasta el Reino de Valencia, nombre que todavía le duraba entonces en la comarca: claro está que esta sierra se denominó así porque llegaba hasta la frontera aragonesa (= valenciana); y es fácil de comprender que a la parte de las «manchas de Aragón» que se hallaba cerca de esta sierra se le diera el nombre particular de «Mancha de Montearagón». Esta pequeña zona de Chinchilla se llamaría así, y el resto de la región sería *Mancha de Aragón* por ser fronteriza de las tierras del Rey de Aragón. Claro que hace falta estudio más completo (en otras partes el nombre procederá realmente de MA-CULA 'manchón de vegetación', como en el manantial de La Mancha, departamento de Las Heras, Mendoza, Argentina). No creo que esté en lo cierto Asín (*Contrib. a la Top. Ár. de Esp.*) al derivar el cast. *Mancha* del ár. *mánǧà* «alta planicie», pues en una palabra documentada ya en 1300 sería inexplicable que el *ǧ* del árabe hubiese dado *ch* y no *j*, y esperaríamos que la *á* se cambiara en *é*. Por lo demás *mánǧà*, derivado de la raíz *n-ǧ-w* 'salvarse, escapar' no significa 'meseta', sino 'lugar elevado donde uno se siente seguro' (así en Abenjaldún) o 'asilo, refugio, retiro' (Beaussier; falta en PAlc., R. Martí, Lerchundi, Bocthor. A propósito de la supuesta etimología arábiga del nombre de la *Mancha* debo hacer constar que esta raíz arábiga debió realmente ser usual en el árabe de España, pues el sinónimo *náǧà* 'lugar elevado donde uno se siente seguro' debe de ser el étimo del nombre del pueblo de *Natjà* en la Baja Ribagorza de habla catalana (ya documentado con la grafía *Najà* en el S. XVII, y hoy por lo general escrito *Na-chá*), cuya situación en la punta de una sierra, cerca de donde pasó durante más de un siglo la frontera musulmana, corresponde perfectamente a esta etimología. Por otra parte subsiste, en el caso de la *Mancha*, la objeción fonética, que hace muy dudosa esta etimología.— ⁴ Son útiles, en cambio, las notas de las pp. 271-4, que nos informan sobre detalles semánticos de interés y proporcionan copiosa documentación dialectal.— ⁵ Es verdad que el portugués no propaga la nasal en el caso de *mazela* ni en el de *maçã*, pero también tiene propagación en voces donde no la conoce el castellano (*manjerona* = *mejorana*) y a juzgar por las listas de Cornu allí es precisamente fenómeno más extendido que en el Centro de la Península.— ⁶ «Sen ánimo de *magoarte*», «Ó que mais o *maguou* foi que lle imitase as espullas do nariz» Castelao 283.2f., 199.27.— ⁷ ¿Qué significa la locución *vienen de mangla*,

que Pedro Espinosa (1625), *Obras*, 194.28, cita entre otras frases «vulgares y mal sonantes»?

MANCHA II, arag., murc., 'fuelle', del cat. *manxa* íd., y éste del lat. MANTĬCA 'saquito, alforja, zurrón'. *1.ª doc.*: 1836, Peralta, *Dicc. Arag.-Cast.*

Esta también en Borao, en el glosario de Segorbe de Torres Fornés, y en el murciano de G. Soriano. Pero el tratamiento fonético -NTIC- > -nch-, que no es posible en ningún dialecto castellano (comp. SALMANTICA > *Salamanca*, PERTICA > *pértiga*, etc.), ni aun los aragoneses, sólo es normal en catalán: PANTĬCA > *panxa* 'barriga', PERTICA > *perxa*, PŎRTĬCUS > *porxe, porxo*, *CRONTICARE > *gronxar* (corresponde lógicamente, tras consonante, a -TIC- > -tj- en posición intervocálica: -*atge* < -ATICUM, *jutjar* < JUDICARE, frente a arag. y cast. -*azgo, juzgar*). Luego *mancha* 'fuelle' ha de ser catalanismo. En catalán *manxa* se halla en este sentido por lo menos desde el S. XIV (Eiximenis, *Regiment, N. Cl.* XIII, 130.23) y es hoy de uso general. La misma evolución semántica presenta el it. *màntice* 'fuelle', mientras en lengua de Oc hallamos *manga* y *marga* en la Edad Media con el sentido de 'fuelle' junto al de 'zurrón' (*ASNSL* CXLVI, 298), y éste es el que hoy conserva *mantégo* en el gascón pirenaico (*BhZRPh.* LXXXV, § 339)¹. Otro representante romance es el corso *màntacu* 'odre' (Rohlfs, *It. Gr.* II, 29).

DERIV. *Manchar* arag. 'dar viento al fuelle'; *manchador* 'entonador, palanquero'.

¹ Algunos datos más sobre el vocablo en aragonés pueden hallarse en Malkiel, *Univ. of Calif. Publ. in Ling.* I, pp. 271-4.

Mancha 'malla', V. *malla*

MANDANGA, voz semijergal de origen incierto. *1.ª doc.*: Acad. 1936.

La Acad. la da como equivalente de *pachorra*, sin calificarla en forma alguna, pero creo se puede asegurar que en todas partes es palabra familiar o más bien casi jergal. Desde luego lo es en Barcelona. Griera (*Tresor*) la recoge en el sentido de 'batahola, escándalo', como palabra vulgar barcelonesa; es muy viva allí, en efecto, pero la ac. que conozco es 'cosa despreciable o conjunto de tales cosas' (*se'n va anar amb tota la mandanga, emporta't aquesta mandanga*), otras veces 'camándulas, afirmaciones sin valor' (*no em vinguis amb mandangues*)¹. En las Palmas de Gran Canaria es 'degenerado, sinvergüenza' (es incierto que tenga que ver con *mandinga* en cuyo artículo lo cita Pérez Vidal). No sé si está bien definido el altoarag. *mandangazo* 'paliza' (Kuhn, *RLiR* XI, 233). Quizá haya relación con el cub. *manguindó* o *manguindoi* adj. fam. «el hombre holgazán que anda de ocioso... y frecuentemente de gorra» (Pichardo); Malaret (*Dicc. de Amer.²*) había afirmado ser

voz africana, pero F. Ortiz en el suplemento del
mismo autor niega esta procedencia (aunque no es
lexicógrafo reacio a admitir esas etimologías) y
asegura que es gitana. No lo afirmaré yo, pues no
hallo asideros firmes para tal supuesto en las fuen- 5
tes gitanas a mi alcance; sin embargo, no hay duda
de que el ambiente a que pertenece *mandanga* y la
terminación de *manguindó* serían favorables a ello.

Quizá piense Ortiz en el gitano *mangar* 'pedir,
mendigar', voz que ha pasado en efecto al caló cas- 10
tellano, catalán y portugués, que reaparece en los
varios dialectos gitanos de Europa y tiene raíz
sánscrita (Borrow; M. L. Wagner, *Notes Ling.*,
69²; Miklosich, *Denkschriften d. Wiener Akad.*
XXVII, 9-10; Clavería, *Estudios Git.*, 182ss.). 15
Acaso *mandanga* venga del caló *mangante* 'mendigo' (Besses y copiosamente ejemplificado por Clavería), tan en boga en el español popular después
de la guerra, alterado en **manganda* por influjo de
macandón 'camandulero, maula' y de *maganta* 20
'triste, flaca' (V. *MAGANCÉS*); y luego *mandanga* por metátesis; pudo haber también algún contacto con *manga* (comp. *andar manga por hombro*
'haber gran abandono y desorden en las cosas domésticas') y con la familia de *mangón*; pero todo 25
esto es muy incierto. Una posibilidad sería que el
murc. *mindango* 'camandulero, socarrón' salga de
pendanga (derivado de *pender*), tal como sugiere
la Acad.; lo cual podría explicarse a base de una
forma mozárabe **bendanga*; de ahí saldría también 30
mandanga; comp. el murc. *mengajo* 'jirón que va
arrastrando' que se explica por *pengajo = pingajo* (PENDICARE) de manera análoga.
¹ Ha merecido muy poca atención por parte de
los lexicógrafos. En castellano falta por Alcalá 35
Venceslada, Toro Gisbert (*RH XLIX*), Pastor
Molina (*RH XVIII*), Salillas, Besses, Malaret,
Viotti, y otras fuentes jergales o dialectales. En
catalán no lo traen Fabra, Ag., Vogel, Givanel,
BDC XXI, M. L. Wagner, etc. Tampoco veo 40
nada semejante en las colecciones de voces gitanas de Borrow, Coelho, Miklosich.— ² El mismo
autor insiste en el tema en *Bol. C. y C.* VI, 204,
derivando del scr. *mārg-*.

MANDAR, del lat. MANDARE 'encargar, dar una 45
misión', 'confiar (algo), encomendar'. *1.ª doc.*:
orígenes del idioma (Glosas Silenses, *Cid*, etc.).

General en todas las épocas y común a todos los
romances de Occidente. Ocasionalmente aparece 50
con otras acs., como 'querer, permitir' en Berceo
(*Mil.*, 798, 805), *Alex.*, 346, J. Ruiz, 817. Para la
construcción *mandar buscar* o *mandar a buscar*,
vid. Cuervo, *Ap.⁷*, p. 312. Con ciertos verbos de
movimiento, especialmente *mudarse* y *cambiarse*, 55
tiene en varios países americanos carácter meramente pleonástico, por manera que, al menos en la
Arg., *mandarse mudar* es sinónimo de 'marcharse,
dejar algún lugar' (M. *Fierro* I, 833, y nota de
Tiscornia; B. Lynch, *La Nación*, 1-I-1940), y he 60

oído en Chile *mandarse cambiar* con igual valor,
mientras que Pichardo nos informa de que, en la
Tierradentro cubana, al que llega cabalgando se le
dice *mándese usted desmontar, mándese usted sentar*¹.

DERIV. *Manda* [1210, doc. en Oelschl.]; *mándida* 'legado' zamor. (Fz. Duro, *Mem. Hist.* IV,
468ss.; con la terminación de *pérdida, véndida,
cómpreda, búsqueda*, etc.). *Mandación. Mandade-
ro* [*Cid*], *mandadera, mandadería. Mandado* [doc.
de 1123, Oelschl.; *Cid*], *mandador. Mandamiento*
[doc. de 1170, Oelschl.]. *Mandante. Mandato;
mandatario* [Nebr.]. *Mando* [1251, *Calila*, 31.453;
1525, Woodbr.; h. 1580, A. de Morales]. *Mandón*
[1605, Ponce de León]. *Demandar* [*Cid*; Cuervo,
Dicc. II, 885-7], del lat. DEMANDARE íd.; *deman-
da* [doc. de 1194, Oelschl.]; *demandable; deman-
dadero; demandado; demandador; demandante; de-
mandanza. Desmandar* [Nebr.], comp. *DESMÁN;
desmandado; desmandamiento*.

Comendar ant. ['encomendar', Berceo, *Duelo*,
208; 'alabar', en el refrán arag. «qui se te *comienda* caro sse te vende», S. XIV, *RFE* XIII, 368;
todavía Nebr. vacila entre *comendar* y *encomendar*], del lat. COMMENDARE 'confiar (algo)', 'recomendar', 'alabar'; después sustituído por *encomendar*, raramente *acomendar* (DHist.); *comenda-
ción; comendadero; comendador* [doc. de 1184,
Oelschl.], adaptación del fr. ant. *comandeor* 'el que
manda'; *comendadora; comendadoría; sozcomen-
dador*, adaptación del cat. *sots-comandador* (donde *sots* es SUBTUS); *comendamiento; comendata-
rio; comendaticio; comendatorio; comendón* ant.
(glos. de h. 1400, vid. Castro); *encomendable;
encomendado; encomendamiento; encomienda* [Ber-
ceo], también *comienda*, con su derivado *(en)co-
mendero*. El duplicado *comandar* es galicismo militar tardío; *comando; comandita*, del fr. *comman-
dite* íd.; *comanditar; comanditario. Recomendar*
[1570, C. de las Casas]; *recomendable; recomendación* [h. 1460, *Crón. de Juan II* en *Aut.*]; *re-
comendante; recomendatorio*.

¹ Acaso haya relación o cruce con el empleo de
mandarse en el sentido de 'moverse sin estorbo'
que *Aut.* ejemplifica en la frase *no poderse mandar*, hablando del tullido, en Yepes y en Quevedo, y *mandarse* 'comunicarse, ir de una parte
a otra por cierto lugar', documentado en Luis
Muñoz; ya Berceo escribió «luego que fué criado, que se podió *mandar*» (*S. Mill.*, 5). Pero lo
dudo mucho, pues en el Norte de Portugal se emplea *mandar* como pleonasmo en frases totalmente diferentes: *mandei-le scriber* 'le escribí', *man-
dou-me scriber* 'me escribió' (Leite de V., *Opúsc.*
II, 497). Lo natural es interpretar estas frases como expresiones corteses de mucho miramiento
para la susceptibilidad del interpelado, dando a
entender que éste encarga a su servidumbre los
quehaceres materiales de la mudanza, o que al
desmontar se hace ayudar por un criado. Luego

se amplió el uso de esta fraseología, típica del orgullo hispano, hasta quedar ya sin sentido. Kany, *Sp.-Amer. Syntax*, trae otros materiales sobre la cuestión.

MANDARÍN, tomado del port. *mandarim* íd., y éste del malayo *mǎntǎri*, que a su vez es alteración del scr. *mantrinah* 'consejero, ministro de estado'. *1.ª doc.*: 1610, Pedro Teixeira; Terr.; Acad. ya 1843.

En portugués se documenta desde 1514, y se debe a una alteración de la citada voz malaya por influjo del port. *mandar*; vid. Dalgado, II, 20-23; comp. Schuchardt, *ZRPh.* XIII, 463ss. Del portugués pasó a todas las lenguas occidentales. Popularmente se le da el sentido de 'mandón' en Cuba (*Ca.*, 66) y otras partes.

DERIV. *Mandarina* 'especie de naranja' [Acad. 1914 ó 1899] por alusión al color del traje del mandarín[1].

[1] Ésta es la opinión común de los etimologistas. R. Kunze, *Zeitschrift für Deutschkunde*, 1929, 433, afirma que viene de *Mandara*, nombre indígena de la Isla Mauricio, donde se hace bien la mandarina. Aunque Kluge ha aceptado la idea, es de notar que su autor no cita prueba alguna, y sería extraño que este derivado con sufijo romance se formara con un nombre de la isla que no es usual en francés ni inglés, y no con un sufijo inglés, como sería de esperar tratándose de una colonia inglesa.

Mandarra, V. *mantel*

MANDARRIA, 'martillo de calafate', probablemente alteración del it. dial. *mannara* 'hacha, segur' (it. *mannaia*), procedente del lat. SECURIS MANUARIA 'hacha manual, que se maneja fácilmente'. *1.ª doc.*: 1680, *Recopilación de Indias (Diccionario de Autoridades)*.

Existe variante *bandarria* [1831, *DHist.*]. En Asturias es 'martillo grande para romper piedra' (Rato), en Cuba 'todo martillo pesado para batir hierro' (*Ca.*, 83). Pero el sentido primitivo es el de los calafates. En italiano *mannaia* es especialmente el hacha del verdugo o la del matarife, pero también se aplica a un hierro tajante empleado para menesteres de cocina, a una herramienta de maleteros para trabajar el cuero y a varios instrumentos de oficios; los derivados *mannarina, mannerola, mannaiuola* se aplican a hachas empleadas en la construcción de buques o en el abordaje, y esto último significa *mandarino da rambaglio* (*Diz. di Mar.*). La etimología de *mandarria* no parece haberse investigado nunca. Pero los cambios fonéticos son fáciles partiendo del italiano. La forma genov. o napol. *mannara* se adaptaría primero en **mandaria*, con evolución normal de la *nn* (comp. *PÉNDOLA*) y adaptación al sufijo español más semejante; el influjo material del port. y cat. *ban-*

darra 'mandria, rufián, desvergonzado', 'meretriz', haría el resto[1].

DERIV. *Mandarriazo* 'golpe dado con la mandarria' cub. (*Ca.*, 83).

[1] Aunque este vocablo expresa ideas muy alejadas, es sabido que los extranjerismos están sujetos al influjo de cualquier palabra bien conocida en el momento de su introducción. Y las herramientas de oficio tienen con frecuencia nombres muy fantasiosos: la *mandarria* se llama en Valencia *canari*, al parecer por el ruido agudo que produce (*Misc. Fabra*, 314).

Mandatario, mandato, V. *mandar   Manderecha*, V. *mano   Mandíbula, mandibular*, V. *manjar   Mándida*, V. *mandar   Mandil, mandilada, mandilandín, mandilandinga, mandilar, mandilejo, mandilete, mandilón*, V. *mantel*

MANDINGA, propiamente nombre étnico de los negros de una gran región del Norte de Guinea. *1.ª doc.*: último tercio del S. XVI, B. del Alcázar (según Mugica, *ZRPh.* XXXVI, 253).

No puedo comprobar este dato, pero desde luego hablan del «Rey *Mandinga*» en el sentido de 'reyezuelo' Quevedo (*Fcha.*) y el Mtro. Correas (*Vocab. de Refranes*, p. 521). No aparece en *Aut.*, ni lo ha admitido la Acad. hasta el S. XX, pero Pichardo registra *jutía mandinga* como nombre de una variedad negra de este cuadrúpedo aborigen de Cuba. Hoy en muchas partes de América, desde los países ístmicos (Malaret) hasta la Arg., *mandinga* es nombre popular del 'diablo' (Toro G., *BRAE* VIII, 493), y también significa 'encantamiento, brujería' (Acad., etc.). En Canarias se registran las acs. 'cobarde, collón' (S. de Lugo, *BRAE* VII, 338), 'asadura, vísceras' (donde hay cruce o confusión con *mondongo*), y *gandinga* 'individuo de pocos sentimientos ante un acto cruel' (Pérez Vidal); en Murcia *mandinga* es 'baldragas' (G. Soriano).

MANDIOCA, del guaraní *mandióg* íd. *1.ª doc.*: Diego García, 1526.

En esta relación del descubrimiento del Río de la Plata aparece ya *mandioca* (Morínigo) o *mandioco* (Friederici); en la poco posterior de Luis Ramírez *mandió* y, escribiendo desde el Río Paraguay, *mandioca*. Después abundan los testimonios. El nombre de la planta en guaraní es *mandii*, y Ruiz de Montoya (1639) dice que *mandióg* es el nombre de la raíz. No está bien averiguado el sentido del segundo elemento. Morínigo, *BAAL* III, 48-51; Friederici, *Am. Wb.*, 380-1. En Puerto Rico y partes de América del Sur está en uso la variante *mañoco*. No puedo confirmar que *mandioca* se emplee como nombre de un pájaro, como lo hace J. Villafañe, *La Prensa de Buenos Aires*, 7-VII-1940.

Mando, V. *mandar*   *Mandoble*, V. *mano*
Mandón, V. *mandar*   *Mandra, mandrache, man-*
drachero, mandracho, V. *mandria*

MANDRÁGORA, tomado del lat. *mandragŏra* 5
y éste del gr. μανδραγόρας íd. *1.ª doc.: mandrá-*
gula, S. XV, Biblia med. rom., Gén. 30.14; APal.
263*b*; Nebr.

Aut. da ya *mandragora*, que acentúa en la *o*, y
atribuye la misma forma a Laguna (1555). 10

Mandrasto, V. *menta*   *Mandrecho, mandret,*
V. *mandrón*

MANDRIA, antigua voz jergal, probablemente 15
tomada del it. *mandria* 'rebaño', empleado ya en el
idioma de origen como término despectivo hablando de gente borreguil; el it. *mandra* o *mandria*
viene del gr. μάνδρα 'redil', 'establo'. *1.ª doc.:* en
un romance de germanía de la 2.ª mitad del 20
S. XVI.

Es uno de los romances publicados por Juan
Hidalgo, algo anterior desde luego a 1600, probablemente escrito, según Hill (XIV, 24), en el 3.ʳ
cuarto del S. XVI: «no es posible a tal hombre / 25
quererle mujer del hampa, / porque, vive el alto
Coime, / que me pareze una *mandria*». Hidalgo
incluye el vocablo en su glosario con la traducción «simple o tonto». En otro romance de germanía posterior, pero correspondiente todavía a la 30
1.ª mitad del S. XVII (ya publ. en 1654), parece tener más bien el sentido que le atribuye *Aut.*
«hombre de poco ánimo y espíritu que se acobar-
da y no tiene valor para resistir a otro», pues se
trata de un preso a quien, al tratar de cobrar la pa- 35
tente a un novato, le responde éste con un puñetazo, hundiéndole dos dientes y un colmillo (Hill
LXVII, 107); ahí también se lee una *mandria*,
aplicado a un hombre, pero en otros dos, seguramente algo posteriores (publ. en 1655), es ya *un* 40
mandria, con sentido parecido. En el mismo sentido aparece *una mandria* en un entremés jacarandino de Quiñones de B. (se trata de un jaque incapaz de otra hazaña que «cosquillear / hasta hacerle abrir la boca / a algún talego bausán», 45
NBAE, XVIII, 594); igual tenemos en otros textos que ya hacen masculino el vocablo, y donde el
carácter jergal parece ya ir borrándose: «en pa-
rangón desta harpía / era un *mandria* Barbarroja,
/ Morato Arráez una dueña, / y el Draque in- 50
glés una monja» (Castillo Solórzano, a. 1627,
Homen. a M. P. II, 326), «la infame fortuneja
[favorece] / cada día a tantos *mandrias*, / a tantos zurdos y necios», Vélez de Guevara (ed. Rivad.,
95*c*), y el ej. de Salas Barbadillo en *Aut.*[1] Hoy, 55
como nota Azorín (*La Prensa de B. A.*, 11-VIII-
1940), se entiende por *mandria* sobre todo el 'cobarde' o el 'apocado', pero a veces se llega cerca
de la ac. catalano-aragonesa 'holgazán'[2]. El port.
mandrião (ya Moraes) es 'holgazán', 'desocupado', 60

'gandul' (Wagner, *VKR* X, 15); también se emplea *mandriar* 'holgazanear' y aun *mandriice* 'calidad de mandrião' (Cortesão). En catalán *mandra*
es voz popular, femenina, en el sentido de 'pereza', pero más recientemente se viene empleando
también *un mandra* por 'un perezoso'[3]; el mismo
sentido tiene *mandria* en Aragón, y en Segorbe
Torres Fornés define «haragán» y «egoísta», en
portugués *mândria* 'holgazanería' es voz familiar y
sólo recogida en diccionarios más recientes. El vocablo se extiende a parte de la lengua de Oc:
bearn. *mandre* f. «coureuse», *mandrì*, *-ilh* «paresseux», *mandroùlh* «gueux» (Palay), Aveyron *man-*
dre, *-o*, «roué, rusé» (Vayssier), Hérault *mandro*
«vieille sorcière» (Mâzuc), Gard *mandre* «fin,
adroit; un mendiant», *vielio mandro* «vieille ru-
sée ou matoise», *mandrouno, mandro*, «mendiante
valide et paresseuse; matrône, femme qui sert les
jeunes gens dans leurs amours» (Sauvages).

El carácter primitivamente jergal del vocablo,
bien documentado en castellano y hoy todavía perceptible en catalán y occitano, así como la fecha de
aparición en Castilla, son indicios favorables a un
origen italiano. Efectivamente, en Italia, si bien con
otro sentido, el vocablo es muy antiguo y pertenece al lenguaje común y aun al estilo noble:
mandra se halla desde el Petrarca y *màndria* desde
Dante, con el sentido de 'rebaño' o por extensión
'manada de gente', y no cabe duda de que es palabra de hondo arraigo en el idioma, sobre todo en
el Sur, pues *mandra* es en Campania, Pulla, Sicilia, Logudoro y Calabria la denominación popular
del 'redil' y también del 'rebaño' (así por lo menos en Calabria: Rolhfs, *EWUG* 1319; *Diz. delle*
Tre Calabrie; Spano, *It.-Sardo*)[4]; que ya en Italia existieron aplicaciones figuradas de sentido análogo a las hispánicas, lo prueba el derivado *man-*
drone, *-une*, 'holgazán', popular en Calabria
(Rolhfs), Campidano, Logudoro y Norte de Cerdeña (Spano), sin excluir el catalán del Alguer
(*mandró*, *BDC* X, 137, 140)[5], también el it. *man-*
dracchia 'prostituta', que no hay por qué derivar
de un inverosímil *MERETRACULA (como ya observaba G. Paris, *Rom.* XXX, 574)[6], comp. el mismo
sentido en el bearn. *mandre*. El origen fraseológico de estas acs. está en el empleo de *mandra* para
simbolizar todo lo brutal, bestial u ovejuno, algo
así como el it. *poltrone* 'haragán' es derivado de
'potro que se revuelca'; ya Tommaseo nota el
empleo frecuente de *mandra* en frases despectivas,
como *una mandria di birboni, di porci*; Petrocchi
agrega las frases *son mandre* «di gente che si las-
cia condurre pecorilmente», *alla màndria!* «a chi
si mostra trivialmente ingordo, àvido», y sobre todo el anticuado *darsi alla mandra, fare la mandra*
«fare il poltrone», «sdraiarsi come fanno le bestie»
ya documentado en el *Malmantile* de Lipp
(S. XVII). Era fácil que de ahí tomara pie la germanía española para su vocablo *una mandria* 'un
bobo, un apocado', y que por otra parte *mandra*

se propagara desde el Norte de Italia por el Sur de Francia y Cataluña[7].

Creo bastante segura esta etimología, ya apuntada por Spitzer (*Bibl. dell'ARom.* II, 160) y aceptada en el *REW*. Sin embargo, es bueno notar que *mandra* 'zorra' es palabra ya documentada en la Edad Media en el Sur de Francia, verdad que sólo una' vez (texto legal languedociano, quizá del S. XIV), y hoy está arraigada en el Bearne, el Ariège, el Hérault, el Gard; de ahí quizá se podría llegar a 'prostituta', 'alcahueta', 'astuta', y desde este sentido .no era imposible llegar hasta 'holgazana'[8]; Rohlfs (*ZRPh.* XLVII, 403) piensa en derivar *mandra* 'zorra' del vasco *mando* 'mulo', voz de antiguas raíces prerromanas, pero bien puede de haber semejanza casual, y el oc. *mandorro* «sotte», que él cita, puede estar por *mandrorro*[9]. Sea como quiera, dado lo muy frecuente de las denominaciones figuradas y simbólicas de la zorra, no hay razones firmes para suponer prerromano el oc. *mandra*[10], y a pesar de su fecha antigua, se puede creer en un viejo nombre de origen jergal y eufemístico, como el *marfuza* 'engañosa' de Juan Ruiz, los cast. *raposa* y *zorra*, el fr. *renard*, los cat. *guineu* y *guilla* (antiguos nombres propios de persona), etc.; si nos acordamos de que oc. ant. *volpilh* significaba 'cobarde', no podremos extrañar demasiado que se le llamara también 'holgazana' o 'cobarde' (*mandria*); V. aquí ZORRA[11].

Otros orígenes sugeridos pueden rechazarse más decididamente[12].

DERIV. *Mandriez. Mandracho; mandrachero,* V. arriba, nota.

[1] Sigue viviendo en las colonias americanas: «que por fuerza es camarada / de los guapos cabezones / que nada tienen de *mandrias*», romance argentino compuesto probablemente en 1777 (I. Moya, *Romancero* I, 149).— [2] «¡Qué quieres! Mi pobre Alejo / es un bendito de Dios. / Yo trabajo por los dos... / y gozar de Dios le dejo. / ¡Qué corazón de calandria! / ¡Qué pobre hombre! Vale más / no casarse una jamás / que casarse con tal *mandria*», Bretón de los Herreros, *Ella es Él*.— [3] El mallorquín Antonio Alcover emplea *mandragolí* en el mismo sentido (*BDLC* VI, 174), pero ahí tenemos un floreo verbal con *mandrágora, -ola*.— [4] El *REW*, 5290, da una imagen engañadora de la extensión del vocablo en romance, lo cual ha inducido a error a Rohlfs y otros. No parece existir un rum. *mandră*, y sí solamente *mîndru, -ă*, 'sabio', 'hermoso', palabra de origen eslavo sin relación con todo esto. Cat. *mandra* 'rebaño' se documenta sólo en el traductor de Ovidio Francesc Alegre (1494) y, por lo tanto, es latinismo ocasional. Otro tanto cabe decir del cast. *mandra*; el artículo de la Acad. se funda sólo en el testimonio de Covarr., el texto de cuyo artículo es claro: se trata solamente del grecolatino *mandra*. Es verdad que Juan de Valdés (*Diál. de la L.*, 22.19) cita el vocablo sin de-

finición en medio de una lista de palabras de origen griego, más o menos discutible, pero sin definición, y no se olvide que Valdés era refugiado religioso que vivía en Nápoles: puede tratarse de la voz italiana, o a lo sumo de un primer testimonio del uso jergal español, como podría sugerírnoslo el hecho de mencionarla entre *truhán* y *celemín, glotón, tragón;* por lo demás esto es inseguro. En definitiva *mandra* no es palabra heredada del latín vulgar, según admiten M-L. y Rohlfs, sino mero helenismo italiano, aunque antiguo y propagado popularmente desde la Magna Grecia.— [5] De Italia vendrá el murc. *mandrón* 'gandul' (Lemus, *Vocab. Panocho*).— [6] En Sicilia y Nápoles *mandracchio* es 'aprisco', y otras cosas en dialectos del Norte; es derivado de *mandra* con sufijo, no griego (*REW* 5291a), sino romance (como observa Rohlfs, *ASNSL* CLXI, 314). Desde este sentido o desde otro parecido era fácil llegar al it. *mandracchia*. De la citada voz napolitana viene gnía. provincial *mandracho* 'garito, casa de juego' (Acad. ya 1843), con su derivado *mandrachero*. Mucho más incierto es ya que a influjo de estos usos se deba la primera *r* de *mandrator* 'delator, calumniador', alteración de *mandator* que se lee en varios glosarios latinos (*CGL* VI, 675).— [7] La variante *màndria* sería de tono más popular que *mandra*, según Tommaseo. No sé si se trata del plural del diminutivo μανδρίον, documentado por Rohlfs, *EWUG*, o a una alteración debida a influjo de *bestia*.— [8] Paso directo de 'zorra' a 'pereza', còmo lo sugiere Riegler, *ASNSL* CLXVII, 63, es menos convincente, a pesar de un it. *mal della volpe* 'pereza', más o menos ocasional. En el cat. de la Seo de Urgel *mandra* valdría 'pesadilla', ac. comunicada por Griera, que no es aquí el lugar de comprobar ni de explicar.— [9] Más detalles sobre estas palabras da Rohlfs en *RLiR* VII, 168. Análogamente el port. y cat. *bandarra* 'rufián', 'desvergonzado', 'prostituta', puede también pertenecer a la familia que estudiamos.— [10] Si lo fuese o se comprobase que *mandra* 'zorra' es lo más antiguo, habría mejor base fonética y semántica en indoeuropeo, pues la coincidencia del lit. *mandras, mandrùs* «réveillé» y paleoesl. *mądrŭ* «sage», con el avéstico *mazdra* «sensé, raisonnable» (< *mand-dhra* < *mandh-tra*) y la raíz del gr. μανθάνω, μάθησις 'aprender, saber' y del scr. *mandhātar* «homme réfléchi, pieux» (cf. Benveniste, *Or. F. N. en Ie.*, 189; Pokorny, *IEW*, 730) daría derecho a postular una base precéltica MANDRO-(-Ā) 'astuto'.— [11] Más paralelos semánticos en Sainéan, *BhZRPh.* X, 75, 74, 72.— [12] La cadena semántica 'fiel de la balanza' (oc. *mandre* < *MANDAR = MAMPHUR) > 'miembro viril' > 'animal lujurioso' > 'zorra', sugerida por Spitzer, es inverosímil. No menos el partir del cast. jergal *mandil* 'criado de rufián', en vasco 'holgazán', como pensaba Schuchardt. El supuesto vasco *emandrea* no existe de hecho, aunque hubiera podido formarse con *ema* 'hembra' y *andre* 'señora, mujer', y además no significa 'flojo como una mujer', aunque lo afirme Larramendi.

Mandrial V *madrigal*   *Mandriez,* V. *mandria*

MANDRIL I, 'cierto cuadrúmano africano', tomado del ingl. *mandrill* íd., compuesto de *man* 'hombre' y *drill,* que designa otra variedad de cinocéfalo del Oeste de África. 1.ª doc.: Acad. 1843, no 1817.

En inglés desde 1744, y *drill* desde 1644; el origen de este último es incierto (conjeturas divergentes en Skeat y el *NED*). Comp. Loewe, *Z. f. vgl. Sprfg.* LX, 145ss.

Mandril (herramienta), V. *mandrón*

MANDRÓN, 'especie de ballesta', cat. *mandró* 'honda'; como en el Languedoc *mandrou* significa 'manivela, manija' es probable que sea vocablo hermano de oc. *mandre* 'eje de hierro sobre el que gira una máquina', fr. *mandrin* íd. (de donde el cast. *mandril*), pero el origen de este otro vocablo es a su vez incierto. 1.ª doc.: h. 1460, Crón. de Juan II.

«Peleaban cuanto podían con ballestas y hondas y *mandrones*» se lee en esta crónica. Mayans, *Oríg. de la L. Esp.* (1737) I, 186-8, en una lista de palabras «no frecuentadas» cita «*mandrón,* por un género de ballesta». Como palabra poco frecuente, causó dificultades a los lexicógrafos. Oudin (1607) traduce «une arrière-main»[1] y agrega vagamente «une sorte d'instrument». Covarr. «el primer golpe que da la bola o la piedra quando se arroja de la mano, de donde se dixo *mandrón,* quasi *a manu*». Esta definición, aunque poco clara y sospechosa de estar influída por la supuesta etimología, parece tener algún fundamento[2], pero desde luego es ac. secundaria y el caso es que en la Crónica de Juan II se trata evidentemente no de un golpe, sino de una máquina de guerra que lanza proyectiles[3]; aunque la Acad. siga aceptando la definición de Covarr., es evidente que sólo la 2.ª ac. del artículo del diccionario oficial es aceptable. Ésta, en efecto, es la única que se confirma: «instrumentos o pertrechos de guerra en que con correas, a manera de açotes, se reatan guijarros tan gruessos como el braço: son *mandrones*», «*onager*... es un linaje de pertrecho como *mandrón,* con que los combatidos defienden los muros lançando grandes piedras», APal. 245*b,* 325*b.*

Si el vocablo es raro en castellano, y probablemente advenedizo, en catalán tiene raíces más firmes. *Mandró* es hoy el nombre popular de la 'honda' en Barcelona, Costa de Levante (Ag.), Bajo Ampurdán (*BDLC* X, 366), Conflent (*ZRPh.* XLV, 249), etc.; aparece ya, a fines del S. XIV,

en Eiximenis (Ag.), aunque es posible que ahi se trate de una máquina de guerra como la descrita por APal. En el Languedoc hallamos *mandrou* definido «manivelle» en el dicc. de Couzinié, que corresponde al habla de Castres (Tarn) y en el de Sauvages, que en general refleja la del departamento del Gard. Es concebible la comparación del movimiento circular de una honda con el de una manivela o manija. Pero la ac. occitana nos lleva a relacionar el vocablo con oc. *mandre* m. «tourillon, axe de fer sur lequel tourne une machine, une porte, etc.», además de «manche, manivelle» (Mistral), que ya figura en un texto de Nimes, al parecer del S. XV, ahí designando la palanca de una romana (no el fiel, como se ha dicho, V. el texto). El fr. *mandrin* es voz tecnológica que denomina instrumentos varios, entre ellos el eje de un torno, la pieza central del mismo a la cual se sujetan los objetos que deben tornearse, y otras piezas metálicas de forma cilíndrica, empleadas para ajustar objetos, para perforarlos, etc.; es voz tardía, sólo documentada desde 1690, aunque probablemente muy anterior, pues la documentación de los términos de oficio depende de un azar: el ingl. *mandril, -drel,* que designa los mismos objetos y debe ser galicismo, se ha señalado (aunque no es seguro) desde princ. S. XVI, y un oc. ant. *mandrin* figura en un texto (de Arles) poco claro, pero referente a cerrajería, que parece del S. XV; es también galicismo el cast. *mandril* 'pieza cilíndrica en que se asegura lo que se ha de tornear', 'vástago que introducido en ciertos instrumentos huecos sirve para facilitar su penetración en las cavidades del cuerpo humano' [Acad. 1884, no 1843]. Es posible que el lugar de origen de todo esto sea Francia y es probable que *mandrin* 'eje' no sea otra cosa que el diminutivo de *mandre* 'eje' y 'manivela', puesto que ambos instrumentos se caracterizan por un movimiento rotatorio.

Pero el origen último es dudoso. Puede tratarse de un fráncico *MANDUL,* hermano del escand. ant. *mǫndull* 'manija del molino de mano', a. alem. med. y alem. dial. *mandel* 'rodillo para planchar la ropa lavada', como supusieron Falk-Torp (Fick, *Wb.*[4] III, 309), Schuchardt (*ZRPh.* XXXIV, 265) y Meringer (*Idg. Fgn.* XIX, 430), con la aprobación condicionada de Jud (*ASNSL* CXXIV, 403) y Gamillscheg (*EWFS);* no hay dificultades fonéticas[4] ni semánticas; de todos modos la fundamentación de dicha voz fráncica no es muy firme desde el punto de vista germánico, dado el carácter fragmentario de su área geográfica, y hay relación posible con el alem. *mangel* 'rodillo para planchar la ropa lavada' (a. y b. alem. med., neerl. med. *mange,* que Kluge deriva del lat. MANGANUM); luego, aunque ese étimo es plausible, no se puede considerar asegurado. Sainéan (*BhZRPh.* X, 74) y Spitzer (*ARom.* VII, 159) prefieren partir de oc. *mandra* 'zorra' (para cuyo origen V. *MANDRIA*), comparando oc. *reinard* «tour d'une charrette avec engrenage servant à serrer le chargement»; esta relación no es convincente, pues en este *reinard* sí tenemos algo que evoca la idea de la zorra apretando el cuello de la gallina, y tampoco sería muy oportuno comparar con el cast. *zorra* 'trineo', que se arrastra como la zorra avanzando cautelosamente; de todos modos la idea no puede descartarse del todo recordando las infinitas denominaciones tecnológicas basadas en lejanas comparaciones con animales, como el cast. *calandria* 'rodillo para prensar telas, etc.'. M-L. (*Abhdlgn. Schweizer-Sidler*, 24ss.; *REW*, 5278), al tratar del it. *mànfano* 'mango del mayal (instrumento de trillar)', dialectalmente *mànfero*, etc., con otros significados como 'tapón de tonel' (Metauro *manfrẹ* «manubrio», *BhZRPh.* XI, 69, etc.), como procedente del lat. MAMPHUR, documentado sólo en Festo, 'cilindro de madera envuelto de cuero, que hacen girar los torneadores', supone que ésta sea forma osco-umbra (mal escrita por *manfur* o **manfar*), a la cual correspondería según la fonética latina *MANDAR: de éste vendría el fr. ant. **mandre*, oc. *mandre*[5]. El razonamiento fonético de M-L. es irreprochable desde el punto de vista latino, y la definición de Festo se identifica extraordinariamente con la ac. francesa; las objeciones geográficas e históricas de Schuchardt, Jud y Gamillscheg, quedan ahora debilitadas al tomar en consideración la existencia del cat.-cast. *mandró(n)*, ya documentado en el S. XIV. Como, por otra parte, la postulación de un lat. *MANDUR o *MANDAR, absolutamente hipotético, sigue siendo arriesgada, debemos reconocer que es difícil pronunciarse entre esta etimología y la germánica.

Tanto más cuanto que caben todavía otras posibilidades. Es muy frecuente en el catalán medieval un *mandret* como nombre de una arma ofensiva, que sería de forma alargada (nótese el calificativo *sotil* en uno de los docs. de Ag.): la hallamos en Ag. en varios docs. del S. XV, desde 1403, a los cuales se pueden agregar otros[6], y los varios ejs. de *mandreter* 'fabricante de *mandrets*', además de que pasó al aragonés[7]. Ahora bien, en otro texto más antiguo, el vocablo aparece en el sentido de 'golpe directo con la espada': «si a les mans li fos vengut d'aquels seus antichs cavallers una d'aquelles espasses daurades: per cert ella agera donats en l'ayre raves(s)os y *mandrets*», S. XIV (*Corbatxo, BDLC* XVII, 75). God. cita un ejemplo francés antiguo de *maindroit* «terme d'escrime, coup droit». No cabe duda, en efecto, de que se trata de un término formado con MANUS y DIRECTUM, tal como los cast. *mandoble* o *manderecha*; luego pasaría a una especie de espadín adecuado para dar golpes directos o estocadas, es decir, un estoque. No sería imposible que en catalán y en los dialectos occitanos meridionales, donde *mandret* terminaba como un diminutivo, se sacara de ahí un seudoprimitivo *mandre* para designar un eje comparable a un espadín, y que así naciera toda la nueva familia estudiada. Entonces sería casi forzoso admitir que el vocablo se hubiese propagado desde Cataluña y extremo Sur de Francia, no sólo a Castilla, sino también a las demás hablas francesas (lo cual explicaría la fecha tardía en éstas).

[1] Percivale (1591) «a kinde of instrument; a throwing underhand»; es decir, acto de lanzar la pelota con la mano debajo de la misma y poniéndola más baja que el hombro o el codo. El *arrière-main* de Oudin habrá que entenderlo como 'golpe con el revés de la mano', ac. que tiene en el juego de pelota, pues en su parte fr.-cast. el propio Oudin explica *arrière-main* por 'revés' y 'bofetada'. Al parecer Oudin copia a Percivale; sin embargo, no estoy enteramente seguro de que la definición inglesa sea realmente de Percivale y no de Minsheu (1623), de cuyo diccionario la saco, aunque el vocablo no lleve la señal que distingue las adiciones que hace éste a Percivale.— [2] Más claramente explica Ag.: 'golpe que en el juego de pelota da el jugador para devolverla al que la lanzó primero'.— [3] Martínez de la Puente en su adaptación muy posterior de esta crónica (1678), al reproducir su texto, introduce la explicación «llamaban assí a la bola o piedra que se arroja con la mano», mutilación clara y arbitraria de la de Covarr., que por lo demás tampoco se aplicaba ahí. *Aut.* sigue ciegamente a Martínez, dando como suya esta definición, que todavía figura en la Acad. Claro está que ha de borrarse.— [4] Es extraña la objeción de M-L. de que ND'L no podía dar *ndr*, por ser *ndl* un grupo usual. Claro que no lo es en romance. El cambio se produce en el cast. *almendra*, en el fr. ant. y med. *glandre* GLANDULA (*FEW* IV, 146b), fr. ant. y dial. *amandre* (*FEW* I, 91b), fr. *fronde* *FŬNDŬLA, fr. ant. *alondre* 'golondrina' (= oc. *arongla*, HIRUNDULA, *FEW* IV, 435a), etc.; es análogo al caso tan frecuente del fr. *ordre* ORDINEM, cast. *sangre, ingle*, etc.— [5] Walde-H. desde el punto de vista indoeuropeo se opone a las bases de M-L. con -AR y prefiere -UR. Desde el punto de vista galorromance es indiferente, y si las formas hispánicas fuesen autóctonas sería preciso partir de una base en -UR o -ER. En italiano mismo éstas son aceptables (comp. *abrótano, còfano*); pero véanse, no obstante, los graves errores que señala M. L. Wagner (*ZRPh.* LXIV, 573-6) en estas formas dialectales italianas citadas en el *REW*.— [6] «Un carquax. Una spaça. Un broquer. Un *mandret*», doc. de Barcelona de 1416 (Moliné, *Consolat de Mar*, p. 356).— [7] «Una maleta en la qual havia un cuxot... et unos peynes de fierro de armar, et un *mandret*», inventario de 1393 (*BRAE* IV, 520), «Una cota de malla de fierro; un *mandret*; 32 madaxas de lino...» íd. de 1397; en otro de 1426 se cita junto con manoplas, etc. (*BRAE* IV, 520; 218; VI, 738). Le-

guina cita la forma castellanizada *mandrecho* en una traducción moderna de un bando de Castellón de la Plana, S. XIV: «multa de 20 sueldos por llevar de día, espada, cuchilla, *mandrecho*, lanza, dardo, brocha u otras armas semejantes». Se trata, pues, de una arma en forma de espada, lanza o semejante.

Mandrón 'gandul', V. *mandria manducar*, *manducatoria*, V. *manjar mendrugo Manea*, V. *mano menear* y *mano Manecilla*, *maneficio*, *manejable*, *manejado*, *manejar*, *manejo*, *manentrar*, V. *mano Maner*, V. *manido* **Manducación**, **manducar**, **Manduco**, V. **Manear**, V.

MANERA, del lat. vg. MANUARIA, íd., femenino de MANUARIUS 'manejable', de donde 'hábil, mañoso': el femenino tomaría el sentido de 'maña', 'procedimiento hábil', y luego 'modo adecuado de hacer algo'. 1.ª doc.: *maneira*, doc. de Nájera de 1152; *manera* en otro de 1209 (Oelschl.).

Manera es voz popular y muy frecuente, en sus varias acs., desde los autores más antiguos: Berceo, *Apol.*, Juan Manuel, Juan Ruiz[1]. Voz de uso general en todas las épocas, y común a los cinco romances de Francia y de la Península Ibérica (el it. *maniera* es galicismo, aunque antiguo). No sólo *manera* no es menos popular y antiguo en los romances ibéricos que en los de Francia, sino que en aquéllos es expresión de uso más general, por no estar sujeta a la concurrencia de sinónimos (como *façon*, *guise*, ajeno aquél y menos arraigado éste en España). Luego es imposible admitir con M-L. que en castellano sea préstamo de óc. *maniera*. Es verdad que en francés antiguo es frecuente junto a *maniere* el adjetivo *manier*, *-iere*, 'manual', 'manejable' y sobre todo 'hábil, mañoso', adjetivo no enteramente ajeno a la lengua de Oc[2] y al catalán (Ag.), y *maniere* en rigor no es más que el femenino sustantivado de tal adjetivo, pero la sustantivación debió de ser antiquísima a juzgar por el grado de abstracción y generalización que ya había alcanzado el vocablo en los textos más antiguos de todos los romances[3], y si en francés se perdió el adjetivo *manier* desde el S. XIV, la pérdida pudo ser algo más antigua en las lenguas hermanas, que por lo demás no cuentan con literatura tan antigua como el francés; por lo demás, en castellano mismo tenemos otro testimonio de MANUARIUS en el sustantivado *manero* 'apoderado, representante', del cual véanse muchos ejs. en M. P., *Cid*, y en Oelschl., s. v. *mannero* y *mannería*[4]. Me adhiero, pues, a la negativa que A. Castro (*RFE* V, 39) opone a tal préstamo, que no creo que nadie admita ya. Tampoco es verosímil el provenzalismo del port. *maneira*, que se documenta desde el S. XIV (Cortesão), y creo es tan antiguo como el idioma; y aunque ahí la conservación de la -N- intervocálica sea notable, el mismo caso se presenta en condiciones fonéticas iguales en JANUARIUS

> *janeiro* y en JANUELLA > *janela* 'ventana', de cuyo casticismo no cabe dudar[5].

Ejs. de significado más arcaico que el general se hallan ocasionalmente en el iberorromance antiguo: así 'maña'[6] y 'mesura, moderación'[7] en el catalán[8] medieval[9].

DERIV. *Amanerado* [1708, Palomino, *DHist.*], imitado del it. *manierato*; *amanerar*, *amaneramiento*.

[1] Alguna vez tiene el sentido de 'hechura, forma de un vestido': así en Nebr. «*manera de vestidura*: manuarium vestis», pero agregando la ac. general «*manera*, *modo* o *forma*: modus». Pero esta última es la más común desde el principio: *de grant manera* 'en alto grado', *Apol.*, 4*b*; *de fiera manera*, *S. Dom.*, 291; *en manera de*, *Mil.*, 470; «*usquequaque*: por todas *maneras*», APal. 538*b*, «*ut*... de qué *manera*», APal. 539*b*; y docenas de ejs. que sería fácil agregar.— [2] Por lo demás ahí parece tan raro. Levy halla un solo ej. de *arcs maniers* 'arcos manejables'; los tres que recoge Raynouard significan 'domesticado' y en dos de ellos hay la forma *mainier*: en realidad ahí tenemos otro vocablo, MANSIONARIUS, comp. *amai(s)nar* 'amansar, domesticar'.— [3] Debe de ser palabra muy antigua a juzgar por la gran frecuencia y generalidad de *maneria*, *-eries*, en bajo latín: V. muchos ejs. en Du C.., entre ellos de Abelardo (princ. S. XII), y de una crónica de Pipino, que supongo italiana del S. IX. He aquí otro en texto de un judío catalán del S. XII (Abraham Ben Hia): «si fuerit hic quidem liber a malis fortis et fortunatus, perveniet res illa ad meliorem perfectionem quam aliquid illius *maneriei*» (ms. 10009 de la Bibl. Nac. de M., f.º 28, v.º, *a*).— [4] En textos más tardíos sufre el influjo de *maña* tomando *ñ*, pero en el *Cid*, 1.ª *Crón. Gral.* y varios docs. de los SS. XII-XIV tenemos la variante con *n*.— [5] Tiene algo de espinoso este problema, pues no es convincente postular formas geminadas *JANN(U)ARIU, *MANN(U)ARIA, cuando en castellano y catalán no hay formas con *ñ*. Sin embargo, una pronunciación como *janvéla*, *janvéịro*, pudo subsistir hasta bastante tarde impidiendo así la dilución de la -N-, que ya no era intervocálica, y posteriormente el grupo *-nw-* se simplificaría perdiendo el segundo elemento, tal como en catalán y gascón-languedociano NOCTEM dió *nit*, *ne(i)t*, pasando por *nwit*, *nweit*.— [6] «No ha e·l món tan forçor ferre que ab *manera* no·s puxa amollir», Eiximenis (h. 1385), *N. Cl.* VI, 33.— [7] «Com totes coses que són ultra *manera* noguen als hòmens, la pus perillosa cosa és habundància sens *mesura*», Antoni Canals, de la misma época, *Providència*, 109.— [8] Claro que la ac. general y moderna 'modo' no es menos antigua allí, pues ya hay docenas de ejs. en Lulio (p. ej. *Doctr. Pueril*, 195, 201, 208, 220, 234, 247, 259, etc.).— [9] Comp. la monografía de Marco Treves, «*Maniera*, the His-

tory of a Word», *Marsyas* I, 68-88, que no está a mi alcance.

Manero, V. *mano* y *manera*   *Manezuela*, *manferidor*, *manferir*, V. *mano*

MANFLA, gnía., 'burdel', quizá del ár. *máhfil* 'reunión, asamblea', 'lugar de reunión', derivado de *háfal* 'reunirse'. *1.ª doc.*: fines del S. XVI, en un romance publicado por Juan Hidalgo.

Es uno de los romances quizá escritos por el mismo autor del vocabulario de germanía (Hill, XIX, 150). También aparece en este vocabulario, con la definición 'mancebía', y siempre con el mismo sentido y carácter germanesco, en Quevedo (*Aut.*), y en un romance de la 1.ª mitad del S. XVII (Hill, XCVI, 29, 58); de ahí se pasa luego a 'amante, concubina' en Jacinto Polo († h. 1650), y en la Mancha 'la lechona vieja que ha parido' (*Aut.*). Existe además el derivado *manflota* 'burdel', que ya aparece en Timoneda († 1583), *BRAE* III, 569, en la *Pícara Justina*, y en varios romances de germanía, entre ellos uno anterior a Juan Hidalgo, probablemente perteneciente al 3.ʳ cuarto del S. XVI (Hill, XXI, 2, 9), y también trasmitido en un cartapacio del mismo siglo[1]. Nadie ha estudiado el origen de este vocablo, que es ajeno a otros lenguajes jergales, al argot francés (falta en Sainéan, *Les Sources de l'Argot Fr.*, y en los principales diccionarios modernos), al murriesc catalán y al calão portugués (Fig., Viotti). No habría dificultades fonéticas ni semánticas de importancia en traerlo del ár. *máhfil* «réunion, assemblée; lieu de réunion», voz perteneciente al árabe común y antiguo, y procedente de una raíz bien conocida; consta su empleo en el árabe vulgar africano y español, pues en la primera de estas acs. aparece en el cordobés Abenhayán († 1064), en otros es «le cercle que les femmes forment autour des cavaliers qui font la fantasia» (Dozy, *Suppl.*), y hoy sigue empleándose en Egipto («synode, synagogue, cortège, pompe», Bocthor) en Argelia («réunion, assemblée, nombre de personnes», «cercle, lieu de réunion», Beaussier); además R. Martí trae la variante *máhfal* «concilium, synodus». La adaptación romance *macfla* fácilmente podía pasar a *manfla* (comp. *guisante* por *bisabt* PISUM SAPIDUM, *epilensia* por *epilepsia*, *finso* por *ficso*, vid. s. v. FIJO). Quizá tenga razón Zambaldi al derivar del mismo vocablo árabe el sic. *maffia* 'sociedad secreta de malhechores' (de donde el tosc. *maffia* 'miseria', ya documentado en Zannoni, 1819, vid. Tommaseo)[2].

Claro que el cast. *manfla* no puede salir de MANUS INFĬDA (!), como dice *GdDD* 4141.

DERIV. *Manflota*, V. arriba. *Manflotesco* [fin del S. XVI, Hill]; *manflotisco* [h. 1630, Quiñones de B., vid. Hill].

[1] «Que con la ganancia desta *manflota* / conpraré a mi rufo / espada y cota. / Con la ganancia / deste burdel / mercaré a mi rufo / espada y broquel. / En esta *manflota* / no se gana un pan: / mal para la puta / peor para el rufián», *BRAE* I, 313.— [2] Las varias explicaciones etimológicas discutidas o propuestas por G. de Gregorio, *St. Glott. It.* VII, 220, carecen de valor, como indica el mero enunciado de las mismas: ár. *mohaƒât* 'exención' (Aleppo-Calvaruso), ár. *mahiaṣ* (Avolio), sic. *máfara*, *smáƒaru*, 'disparate, despropósito', que a su vez vendría del mismo origen que el it. *mànfano*, *mànƒero*, 'mango' (V. aquí, s. v. *MANDRÓN*), tal como cree Gregorio. El hecho, subrayado por éste, de que *maffia* no se documentaría antes de 1860, tiene poca fuerza contra el origen arábigo tratándose de una palabra a un tiempo germanesca y dialectal. Prati deriva el it. *màffia* del nombre de persona *Maffèo* (= *Mateo*); M. L. Wagner, *ZRPh.* LXIV, 574-5, lo pone en duda aduciendo en su apoyo oportunos datos semánticos y dialectológicos, pero no se declara por ninguna etimología.

Manflora, *manflórico*, *manflorita*, V. *hermético*

MANGA, del lat. MANĬCA 'manga (de una túnica, etc.)', derivado de MANUS 'mano'. *1.ª doc.*: doc. de 1104 (Oelschl.); Berceo, etc.

De uso general en todas las épocas y común a todos los romances. A continuación algunas acs. especiales de interés. 'Destacamento de soldados o grupo de cazadores' [Covarr.; Lope, *El Cuerdo Loco*, v. 2209, *dos mangas de piqueros*; Pérez de Hita, *Guerras C. de Granada*, ed. Blanchard, II, 245, *una manga de arcabuzeros*; hoy muy vivo y generalizado en la Arg., *no son más que una manga de locos* 'cuatro imprudentes'; es difícil asegurar si el it. *manica* íd., SS. XVI y XVII, es padre, hijo o hermano de la voz castellana (vid. Zaccaria)[1], que desde luego ha pasado al ár. argelino *mánga* «bande, troupe, escouade», Beaussier], ac. heredada del lat. MANUS. 'Obsequio, presente', 'trampa, negocio sucio', explicables por la costumbre medieval de regalar mangas a los que prestaban un servicio, que dió también lugar al it. *mancia* 'propina'; vid. Spitzer, *RFE* XIV, 69-71. 'Bolsa, saco', para la cual y para la locución *tener la manga ancha*, vid. Sarrailh, *RFE* XXII, 58-60. 'Espacio comprendido entre dos estacadas que van convergiendo hasta la entrada de un corral', cub. (*Ca.*, 102), chil., arg. (Chaca, *Hist. de Tupungato*, p. 295), de donde el frecuente nombre de lugar andino *La Manga*: en el citado documento de 1104, aparece ya aplicado a un campo y puede tener el mismo sentido.

DERIV. *Mangado* [Nebr.]; *mangada*; *mangajón*. *Mangote*. *Manguear*. *Manguero*; *manguera* [1495, Woodbr.; 1696, Vocab. Marít. de Sevilla]. *Mangueta* ('cierto madero de construcción', 1633, Lz. de Arenas, p. 8; 'pieza del carro' en Cespedosa, *RFE* XV, 267); del cat. *manigueta* (diminutivo de *màniga* 'manga') se tomó el término náutico idéntico en cast. [1587, G. de Palacio, 148r°]. *Manguilla. Manguita; manguito; manguitero, manguitería.* *Arremangar* [J. Ruiz, 1216c; S. XIV, Regla de los Dominicos, *RH* VII, 510; Glos. del Escorial; «*a.*: succingo», Nebr.; *G. de Alfarache, Cl. C.* IV, 120.8], también *remangar* [Berceo, *Sacrif.* 208b; J. Ruiz, 384c, con indicativo algo extraño tras *por bien que*, quizá explicable por el agobio de la rima; APal. 149d «extrafilatus: el que *remangado* los ombros saca la mano fuera del sayo»; *Leyenda de José*, p. p. Guillén Robles, p. 125]; *arremango;* el cat. *arromangar* (o *arrem-*)² está en desacuerdo con el cat. *mànega*, pero falta estudiar si es realmente un castellanismo.

Mango [h. 1335, *Conde Luc.*; «*mango de cuchillo:* manubrium», Nebr.], del lat. vg. *MANĬCUS³*, derivado romance de MANĬCA, que en latín designaba ya el gancho de abordaje y en it. tomó además la ac. 'mango (de cuchillo, etc.)': es derivado común al italiano (*mànico*) y a todos los romances gálicos e ibéricos. En los *MirSgo*. Lz. Aydillo imprimió *magarõ* para 'mango o punta del mango de una espada' en *MirSgo*. 125.8, palabra que no me es conocida en parte alguna y quizá no esté bien leída, pues hay *mãgo* (= *mango*) para el mango de la misma espada dos líneas antes; quizá *mãgarõ* = *mangaron*, cf. *mangeenlas* 'manganillas, máquinas de guerra' ibid. 95.32. *Mango* es hoy lo corriente en gallego y de ahí deriva *mangado* 'atado a un palo que sirve de mango': *fouces mangadas en paus* Castelao, *Esc. Don.* 299.17. *Mangorrillo; mangorrear* «emmancher, mettre un manche», *mangorreado* «emmanché» (ambos en Oudin); *mangorrero* [Nebr.]⁴. *Desmangar. Desmangorrear. Enmangar. Maniquete* [Acad. 1884], del it. *manichetto* íd., diminutivo de *manica* 'manga'. Gall. *maniquetas* = mitones 'especie de mangas para brazos y piernas' (Sarm. *CaG.* 114v, 214v), parece un término de moda, derivado del it. *manica*.

CPT. *Mangajarro.*

¹ También lomb. y venec. *mánega*.— ² *Arremanguat* se halla ya a primeros del S. XV, *Joan, Pere i Arnau Marc*, p. 69, p. p. A. Pagès; *arromangat* en el *Tirante.* Hoy la forma con *o* es general en el País Valenciano, Mallorca, Menorca, prov. de Tarragona, y comarcas de Las Borjas Blancas, Lérida y Balaguer; *arrem-* en el resto del Principado (*ALC*, 160; *BDLC* XIII, 183; Dicc. Alcover).— ³ En el *REW* 5303a, va sin asterisco, pero no sé que esté documentado.— ⁴ Sobre todo en el refrán o frase proverbial «en casa del herrero, cuchillo *mangorrero*», que ya se halla en Covarr., y sigue vivo en Chile (Canobbio) y en muchas partes. Del vasco *makur* «faux, contrefait», *mokor* «hargneux, pervers, difforme», *malkor* «stérile», deriva Rohlfs (*BhZRPh.* LXXXV, § 45) el gascón bigordano *magorro* «femelle stérile qui ne prend jamais». Debe tomarse en con-

sideración la posibilidad de que de ahí salga *mangorrero*, que *Aut.* define «lo que anda comúnmente entre las manos, inútil y de poca estimación», «se dice también del que anda vagando inútilmente». Sin embargo, mientras no se pruebe que ha existido con este sentido **mangorro* o **magorro*, o por lo menos que *mangorrero* se ha aplicado desde antiguo a personas, o a cosas que no tienen mango, la idea será problemática. He aquí la documentación, que parece más bien contraria a la idea, aunque cabe suponer que la supuesta etimología *mango* pueda haber deformado algo las definiciones: Nebr. «*mangorrero cuchillo:* culter manubriatus», Oudin íd. «un couteau qui a un meschant manche», Covarr. «*m.* dízese de lo que es ordinario y común a todos, que por andar de una mano en otra vale poco; proverbio: *en casa*, etc.», Percivale «*m. cuchillo:* a knife hafted»; además vid. Gillet en su índice a la *Propaladia.* En la Arg. y en el Uruguay se sustantiva *mangorrero* o *mangurrero* para designar un cuchillito ordinario, de uso manual, vid. Malaret, *Supl.*, y este pasaje del salteño J. C. Dávalos: «cada cual sacó de su avío una galleta patria y pronto los *mangurreros* comenzaron a rebanar bocaditos de carne dorada» (*La Nación de B. A.*, 22-IX-1940). Lo más probable por ahora parece que existiera *mangorro* en el sentido de ***'mango malo' y que de ahí saliera *cuchillo mangorrero* 'cuchillo mal mangado'. El vasco común *mauka* 'manga' (en Sule *mahuka*) quizá represente un **MANŬCA* (alteración de MANĬCA bajo el influjo de MANUS, -US). En cuanto a la ac. guipuzcoana y a.-nav. 'ganga', 'ganancia ilícita' (hacia la cual me llama la atención Michelena, *BSVAP* XI, 292), se explica por la costumbre medieval de regalar mangas o calzas, a que aludo en este pasaje y a propósito del cast. ant. *calzas*; desde luego no hay relación con el cast. *ganga*, de fecha tan reciente (el empleo de *entrarse de manga* en el mismo pasaje que *ganga* en Quiñones de B., coincide por casualidad).

Mangada, mangado, mangajarro, mangajón, V. *manga* *Mangana, manganear, manganeo,* V. *manganilla*

MANGANESA, 'mineral de donde se saca el manganeso', del fr. *manganèse*, que parece ser pronunciación imperfecta de *mangnesia*, grafía frecuente en la Edad Media en lugar de *magnesia*, que entonces designaba la manganesa, y viene del nombre de la ciudad de Magnesia en Asia Menor, cerca de la cual se hallaba la piedra imán: se le dió este nombre porque la manganesa se parece a esta piedra. 1.ª doc.: *manganese*, 1607, Oudin (así en la ed. de 1616); *manganesa*, Terr.; Acad. ya 1817.

En francés se halla desde el S. XVI, el it. *manganese* desde 1598 (Florio). Pero la evolución de las terminaciones se explica mejor admitiendo que el italiano viene del francés, y no al revés, como suele decirse. El alem. *manganerz* es alteración de *manganèse* por influjo de *erz* 'mineral'. *Magnesia* se halla ya como nombre de la manganesa en Gerardo de Cremona († 1187), *Isis* XII, 45.

Deriv. *Manganeso* [Acad. 1869, no 1817].

Manganeta, V. *manganilla*

MANGANILLA, 'treta, ardid', antiguamente 'cierta máquina de guerra', del lat. vg. *MANGANĚLLA, plural de *MANGANĚLLUM, y éste diminutivo del lat. MANGĂNUM 'máquina de guerra', tomado del gr. μάγγανον, que además de esta ac. tiene ya la de 'embrujo, sortilegio'. *1.ª doc.*: h. 1300, *Gr. Conq. de Ultr.* y *Cavallero Zifar.*

En el primero de esos textos sale varias veces como nombre de una máquina de guerra: «los engeños e las *manganillas*» (p. 328, también en la 280), «comenzaron luego de facer pedreras e trabuquetes e *manganillas* e castillos, con terminados e con saeteras cubiertas con cueros crudos e zarzos»; se trataba de una máquina de arrojar piedras (así claramente p. 337b), como lo eran conocidamente las pedreras y trabuquetes[1]. Por otra parte, el vocablo aparece pronto en la ac. 'treta, asechanza', dualidad que nada tiene de extraño, aun prescindiendo de que ya estaba en el étimo, si tenemos en cuenta la antigua identificación de la idea de 'máquina' con la de 'astucia, ingenio': gr. μηχανή 'expediente, truco', lat. INGENIUM 'máquina de guerra', etc. No es de extrañar, pues, que en el *Cavallero Zifar* se cite ya el proverbio «tal arma la *manganilla* que cae en ella de golilla» (ed. Michelant, p. 271), que aparece repetido en fuentes posteriores; de ahí pasó el vocablo al logud. *manghinella* «insidia, tresca» (Jud, *Rom.* XLIII, 457). El vocablo falta generalmente en los más frecuentados textos medievales, en los glosarios publicados por Castro, en APal., Nebr. y los diccionarios del Siglo de Oro[2], y cuando Covarr. nos informa de que equivale a 'truco de prestidigitador' quedamos en duda de si se deja influir algo por la etimología[3]; de todos modos la ac. 'jugarreta, treta' es usual en el S. XVII: «¿es treta o *manganilla*, / señores? ¿Qué es aquesto?» Quiñones de B. (*NBAE* XVIII, 752b), y Ruiz de Alarcón tituló *La Manganilla de Melilla* una comedia cuya acción se resuelve por un ardid de guerra o estratagema (comp. Denis, *Théâtre d'Alarcón*). En este sentido el vocablo sigue bien vivo hasta la actualidad en el castellano común, aunque en algunos puntos ha sufrido un cambio de sufijo: *manganeta* en Honduras, con la ac. 'red para cazar pájaros' en Aragón (*BRAE* VIII, 511), *jugar manganeta* en la Arg. (M. Fierro II, 3698, y nota de Tiscornia). La forma femenina debió de nacer en la ac. 'asechanza, jugarreta', como procedente de un neutro plural *MANGANELLA, también conservado en el it. *manga-*

nella, antiguamente 'máquina de guerra' y hoy 'palanca para levantar pesos'. Más extensión tiene el singular *MANGANELLUM, de donde el citado cat. *manganell* (de ahí el *maganel* que la Acad. ya registra en 1884, quizá errata por *mang-*), oc. ant. *manganel*, it. dial. *manganel, -ielle* 'mayal', 'agramadera', 'polea', 'rodillo de planchar' (*REW* 5297); en vista de tan amplia extensión no cabe duda que el diminutivo ya pertenecía al latín vulgar, tanto más cuanto que en griego moderno encontramos también el diminutivo μαγγάνι 'aspa de aspar hilo', 'devanadera'; el primitivo *mánganu* sólo se ha conservado en los dialectos fuertemente helenizados del Sur de Italia (Rohlfs, *EWUG* n.º 1291). Como se nota por la acentuación, el cast. mod. *mangana* 'lazo que se arroja a un animal para sujetarlo' (así en Méjico, *BDHA* IV, 193; en Cespedosa, *RFE* XV, 262; Acad. 1884, no 1843) es derivado retrógrado de *manganilla*. Comp. MAGAÑA. Pasó a través del árabe el cast. ant. *almajaneque* (ejs. medievales en *DHist.*)[4], cat. ant. *almajanec.*

Deriv. *Manganear; manganeo.* Ast. *desmanganiáse* 'jugar los brazos con soltura' (Rato), and. *desmanganillado* y *desmangarrillar* (A. Venceslada), resultante el último de un disimilado *desmanganrillar;* venez., canar. *desmanganillado,* ast. *-aniáu* (V), 'desgarbado', murc. *esmangarrillar* 'desvencijar' (*BRAE* VII, 465-6), recuerdo haber oído *enmangarrillado* 'renco o lisiado' a gente de Almería; de ahí el regresivo alto-arag. *mangarra* «toñán, falso, que tiene miedo al trabajo» (*RLiR* XI, 218; Borao).

[1] No era algo para hacer caer en un lazo al enemigo, como se sostiene en *RFE* XXV, 244-6; *trabuquete* (emparentado con *trabuco* y no con *trabucar*) tampoco era eso; estamos bien informados de la naturaleza del cat. ant. *manganell* por los pasajes de Muntaner donde sale el vocablo (Giese, *VKR* I, 170; Ag.), y así éste como el gr. μάγγανον nos consta que eran máquinas lanzapiedras. El otro pasaje en que habla de la «maestría» con que estaban hechos estos «engeños» de «guardar a sí e poder hacer mal a los otros», alude a las protecciones que defendían el cuerpo de estos antiguos artilleros contra las piedras del enemigo: «cubiertos con cueros crudos e zarzos». Saco, empero, de este útil artículo algunas de mis citas.— [2] *Manganilla*, como nombre de una hierba, en lugar de *manzanilla*, en el de Oudin, quizá sea mera errata.— [3] «Una manera de engaño artificioso y prompto, como suelen hazer los del juego de masecoral..., gr. *magganon*, praestigiae, seu machinamentum praestigiosum».— [4] Variante *almojanege Alex. O*, 1058a (*almañaneque* en *P*).

Mangano, V. *zutano*   *Mangante, mangar*, V. *mandanga   Mángara*, V. *mancha   Mangarra*, V. *manganilla   Mangla*, V. *mancha*

MANGLE, 'arbusto rizofóreo que suele crecer en el agua salada de las costas formando, junto con otros, enredados bosquecillos llamados manglares', voz indígena de la América tropical, de origen incierto, probablemente caribe o arauaco. *1.ª doc.*: *mangue*, 1519, Fz. de Enciso, con referencia al Brasil; *mangle*, 1526, Fz. de Oviedo.

El P. Las Casas (h. 1560) declara que pertenece a la lengua de Haití, pero no hay confirmación de otros autores de la primera parte del siglo, en que la lengua indígena de esta isla estaba más viva. Cuervo (*Ap.*, § 971) y Friederici (*Am. Wb.*, 383-4), admiten en consecuencia el origen taíno; Hz. Ureña dice lo mismo (*Indig.*, 103, 112), pero luego observa que la estructura del vocablo no es arauaca y puede ser préstamo de un idioma vecino. Nótese, empero, que la forma originaria parece ser *mangue*, conservada en portugués, y empleada por el primer autor castellano que menciona el vocablo; la *-l-* quizá nacería, por repercusión de la otra líquida, en el frecuentísimo derivado *manglar*. ¿Habrá relación con *MANIGUA*? Lo único seguro es que *mangle* ha de ser palabra americana y no malaya, como han supuesto algunos, pues aparece cuando apenas había habido contactos con el Sudeste asiático, y aunque se emplea en algunas islas del Extremo Oriente, sería llevada allá posteriormente por los portugueses. La fecha de la primera aparición hace posible que el vocablo se tomara del caribe continental o del tupí brasileño, pero el vocablo que De Goeje cita como propio de la lengua Kaliña (principal representante del Caribe insular) es muy diferente (*montoši*, *Journ. de la Soc. des Amér.* XXXI, p. 68). Más datos acerca del arbusto y del árbol, en Ramos Duarte, *Dicc. de Seudoaztequismos*, s. v.

Sin negar, al menos por ahora, la etimología americana, como no hay testimonios categóricos de que el vocablo pertenezca a lenguas de los indios (salvo el único y tardío del P. Las Casas, h. 1560) y Hz. Ureña halla dificultades fonéticas para un origen arauaco, es el caso de preguntarse si no estamos ante *mangla*, port. *mangra*, representante conocido del lat. MACULA, que en el it. *macchia*, cat. dial. *malla* y aun cast. *mancha*, ha tomado el sentido de 'matorral', sentido que convendría admirablemente a «los e n r e d a d o s b o s q u e c i l l o s llamados *manglares*». Entonces quizá habría que partir del colectivo *manglar* [h. 1560] y suponer que *mangle* sea derivado regresivo. El port. *mangra*, como descendiente seguro de MACULA, ya se documenta a med. S. XVI (Cortesão) y la locución figurada *venir de mangla* (nota 7 a *MANCHA*) asegura que su popularidad era ya antigua en 1625 en Castilla. Lo que me hace dudar bastante del acierto de esta idea es: 1.º que las formas *mangra* y *mangla* en Europa sólo se documenten en el sentido de 'tizón, enfermedad del trigo' o bien 'ládano', pero no en el de 'matorral'; y 2.º que el supuesto derivado retrógrado

mangle se documente 40 años antes que *manglar* y en una variante *mangue* (aislada, es verdad), que así no sería la explicación fácil ni clara. A pesar de todo la idea no puede desecharse sin mayor estudio.

DERIV. *Manglar* [h. 1560, P. Las Casas]. *Manglero* 'que vive en los manglares' cub. (*Ca.*, 244).

Mango 'parte por donde se coge un utensilio', V. *manga*

MANGO II, 'árbol terebintáceo', del ingl. *mango* y éste del port. *manga*, que a su vez procede del tamul *mānkāy* íd. *1.ª doc.*: *manga*, 1578, Cristóbal de Acosta, con referencia al Indostán; *mango*, 1788, Isert, con referencia a la costa atlántica de Colombia.

El mango era fruta originaria de la India oriental, sobre todo en su parte Sur, y conocida allí por los portugueses, éstos extendieron el nombre dravídico a las tierras de Malaya e Indonesia: de ahí pasó *manga* a las Filipinas. En portugués *manga* designa el fruto y se documenta desde 1554; el derivado *mangueira*, el árbol, ya en 1525 (Dalgado, II, 27-29). A América no fué trasplantado este vegetal hasta fines del S. XVIII: la primera noticia de Colombia es de 1788 (Friederici, *Am. Wb.*, 385); la primera en Cuba, de 1790 (Robelo, *Dicc. de Seudoaztequismos*). El vocablo parece haberse allí tomado del inglés, donde *mango* ya se documenta para la India en 1673; el portorriqueño *mangó* (Navarro Tomás, *El Español en P. R.*, 198n.) se tomaría por conducto del francés de Haití o de las Antillas, pues aunque lo normal, sobre todo en el francés de la India, es *mangue*, también se ha empleado en este idioma la forma anglizada *mango* (1830, 1860). Ac. figurada de este vocablo parece ser el arg. vg. *mango* 'peso' (unidad monetaria)'.

DERIV. *Mangal* 'sitio poblado de mangos' cub. (*Ca.*, 244). *Manguero* 'vendedor de mangos' (íd. 72).

Mangón, mangonada, V. *mangonear*

MANGONEAR, 'entrometerse en negocios ajenos', derivado romance del lat. MANGO, -ŌNIS, 'traficante', 'chalán'. *1.ª doc.*: principio del S. XV, Diego de Estúñiga, *Canc. de Baena*, n.º 424, v. 21; *Aut.*

Defínese ahí «andarse vago, sin saber qué hacerse», advirtiendo que es voz familiar. En este sentido debe de ser voz regional, sólo localmente conocida en España, correspondiente al murc. *mangón* 'holgazán', ast. *manguán* 'holgazán' (Rato), *mangullón* íd. y 'comedor' (donde hay cruce con *engullón*), Cespedosa *mangulán* 'holgazán, perezoso' (*RFE* XV, 262), gall. *desmangoletado* 'el que está desmadejado' (Sarm. *CaG.* 192v), trasm. *mangorriar* «não fazer nada» (*RL* XIII, 120), port. *mangoneiro* 'perezoso' (en un refrán, *RL* XXVI, 236),

mangona 'pereza' («termo chulo», Moraes, Fig.);
en esta ac. hay cruce con *ma(n)ganzón* (V. *MA-
GANCÉS*). El sentido que *Aut.* atribuye a *mangonear* es poco conocido en España, y desconocido
en Cuba (*Ca.*, 73) y otras partes. En el lenguaje 5
común *mangonear* es 'entrometerse uno en cosas
que no le incumben, ostentando autoridad e influencia en su manejo', ac. que ya tiene en el
Canc. de Baena («sabet que rescibo pena / solamente en maginar / de yo querer escuchar / vues- 10
tra obra non muy buena... / quiero vos desengañar,
/ qu'el vuestro *mangonear* / por toda la corte
suena»), más tarde en Moratín (vid. Ruiz Morcuende) y hoy es generalmente conocida en España, y con leves variantes en Cuba (*Ca.*, 73), 15
Méjico (Malaret, *Supl.*), Puerto Rico (íd., *Vocab.
de P. R.*), etc.; junto al verbo hallamos *mangón*
«dispostón» en Andalucía («es tan *mangona* que
todo lo quiere disponer», AV), con la variante
semántica 'grandullón' allí y en Murcia (ya docu- 20
mentada en *Aut.*).

De todos modos dudo de que este último venga
directamente del lat. MANGO, -ONIS, dada su extensión local y fecha reciente: quizá esté sacado de
mangonear bajo el influjo de *mandón*. En todo 25
caso es muy problemática la existencia de un cast.
mangón 'revendedor', sólo registrado por la Acad.
en el S. XIX (ya 1843), con la mención de antiguo, que por esta época solían los académicos
emplear abusivamente para introducir en el dic- 30
cionario voces de existencia hipotética en castellano
y admitidas para la explicación etimológica. Parece
perteneciente a esta familia el vocablo *mangonada*
que Nebr. traduce «elusio, ludibrium», es decir,
'engaño, burla'; Percivale explica «a bob on the 35
nose, a toy to mocke withall» y Oudin (1607)
«une nasarde, une mocquerie, une chiquenaude
par le nez»; esta dicción parece haber existido
en efecto, aunque pronto se anticuaría, pues Pagés
cita de Cáceres y Sotomayor († 1615) «nos apartas 40
de ti, nos das de mano, no quieres que parezca-
mos en tu presencia, nos das *mangonada*».

En cambio, es poco fidedigna la definición de
Covarr., evidte. inspirada en el deseo de ver en el
vocablo un derivado de *manga*: «el desvío que se 45
da a alguno con el braço y la manga»; *Aut.* da
pruebas claras de no conocer el vocablo sino a
través de Covarr. (a quien cita, por lo demás),
pero la Acad. ha seguido repitiendo esta definición
con la acostumbrada falta de crítica. En realidad 50
parece que *mangonada* significaría 'engaño', 'mofa',
como los que suelen hacer los chalanes.

De la supervivencia de MANGO en la Romania
hay pruebas múltiples, especialmente su extraordinaria vitalidad en el latín medieval, donde además 55
de las acs. clásicas toma también las de 'engañador', 'salteador', 'lacayo', 'aprendiz', siempre con
matices peyorativos, vid. Du C.; de ahí oc. *mango-
nier* (-*gan*-) 'revendedor', 'mercader de feria', 'quin-
callero', muy vivaz ya en la Edad Media y todavía 60

conservado en la actualidad[1], valón *mangon* 'carnicero, matarife' (ya medieval; Brüch, *VKR* VII, 248),
b. alem. ant. *mangôn* 'traficar' (Frings, *Germania
Romana*, 66). Mucho más dudoso es en cambio el
port. *mangão* 'engañador', *mangar* 'engañar', *man-
gação* 'engaño', pues el hecho de que todos los
consideran «termos chulos» (ya Moraes, faltan todavía en Bluteau), y la falta de testimonios antiguos, nos obligan a desconfiar: podría ser verdad,
como sugiere Fig., que se expliquen por el gesto
obsceno del corte de manga; más probablemente
se tratará del gitano *mangar* 'mendigar', etc., para el cual vid. Clavería, *Estudios Git.*, 182ss., y aquí
s. v. *MANDANGA*. M. L. Wagner, *ZRPh.* LXX,
267-9, allega datos, sobre todo acerca de los vocablos modernos de este grupo procedentes del
gitano y los que derivan del cast. *manga*. De todos
modos nada de esto se aplica al cast. *mangonear*,
y las demás formas romances citadas nos prueban
que MANGO fué palabra de vida real en la Edad
Media: de ella pueden derivar *mangonear* y el
antiguo *mangonada*. Es posible que debamos partir
de MANGONIZARE 'arreglar la mercancía, como hacen
los chalanes', verbo que se halla alguna vez en el
latín tardío, junto a la forma más común MANGO-
NICARE[2].

DERIV. *Mangoneo*. *Mangonero* ant., aplicado al
mes en que había muchas fiestas y no se trabaja-
ba [Acad. ya 1843 (?)].

[1] Bearn. *mangounè* «page, suivant» (Palay), *man-
gonier* 'charcutier' en un autor del Gers, Polge,
Mél. Phil. 1964, 51.— [2] Algunos detalles relativos
a esta familia en Graur, *Bull. Linguistique* IV,
62ss. (rum. *mangosit* «propre à rien»); L. Wiener, *ZRPh.* XXXIV, 672; Holmes, *PMLA* LIII,
34 (fr. ant. *mangon* 'especie de moneda', que
difícilmente será celtismo, como ahí se supone).

Mangorrero, mangorrillo, V. *manga*

MANGOSTA, tomado del fr. *mangouste* y éste
del port. *mangús*, tomado a su vez de una lengua de la India, marati *mungūs* íd. *1.ª doc.*: Acad.
ya 1817.

Terr. trae sólo la forma francesa *mangouste*. La
mangosta vive en el África y en la India (según
Fig. también en el Alentejo). Los franceses de la
India tomarían el vocablo del portugués de allí; en
este idioma ya se documenta en 1685, y sería anterior; en inglés desde 1674; en francés desde el
S. XVIII. El vocablo pasaría al portugués desde
el marati o del concaní, dialectos de un mismo
idioma neo-índico; procede en definitiva del scr.
aṅguṣa. Dalgado, 31. En portugués se emplean las
variantes *manguço, mangús, mongús, mangú*, y más
recientemente el afrancesado *mangusto*. La forma
francesa se explica por influjo de *langouste* 'langosta' y de *mangouste*, fruto del *MANGOSTÁN*,
ayudado por la vacilación fonética del francés popular entre *Auguste* y *Augusse* (recuérdese que ya

Villon hace rimar *prophe(s)te* con *fesse* y *fuste* con *fusse*).

MANGOSTÁN, tomado del port. *mangostão* y éste del malayo *mangistan* íd. *1.ª doc.:* Terr.; Acad. ya 1914.

En portugués se documenta desde 1613. Dalgado, II, 30-1; C. Michaëlis, *RL* XIII, 247-8; Skeat.

Mangote, V. *manga*   *Mangr(i)a*, V. *mancha*

MANGUAL, del lat. MANUĀLIS 'manual, que se puede coger con la mano', derivado de MANUS 'mano'. *1.ª doc.:* 1643, Varén de Soto (*Aut.*).

Como nombre de arma se halla también en el tratadista de esgrima del S. XVII Pérez de Mendoza; con este carácter hay noticias de que el mangual se empleó en los SS. XV-XVII (Leguina). Por otra parte, en Portugal (*mangoal*) y en la Extremadura española (*BRAE* IV, 94) *mangual* es el nombre del mayal, aparato agrícola para trillar (vid. Herculano de Carvalho, *Coisas e palavras*, Coimbra, 1953). En *mangual* tenemos el mismo tratamiento fonético que en *MENGUA* < *MINŬA; hay variante con el mismo tratamiento del grupo -NŬ- que en *ENERO, MANERA*, etc.: sanabr. *manal*, ast. *manal* o *minal* (Munthe), gall. *mal*, gall. y minhoto *manle*, todos ellos nombres del mayal (Krüger, *Gegenstandsk.*, 241).

Manguardia, V. *mano*   *Mangue*, V. *mangle* *Manguear, manguera, manguero, mangueta, manguilla, manguita, manguitería, manguitero, manguito*, V. *manga*   *Manguindó*, V. *mandanga*

MANÍ, del taíno de Haití. *1.ª doc.:* 1535, Fz. de Oviedo.

Éste declara categóricamente que así le llaman los indios de la Española, y lo confirman Las Casas, el Inca Garcilaso, el P. Cobo, etc. Sin embargo, sería raíz común al arauaco con el caribe isleño (*manli*) y con el tupí: la forma *mandubí* de este último ha pasado al portugués (parcialmente deformada en *amendoim*, por influjo de *amêndoa* 'almendra'; algunas veces *manobi*), y la emplearon también Cabeza de Vaca, con referencia al Plata, y Fz. de Oviedo. Lenz, *Dicc.*, 475; Friederici, *Am. Wb.*, 385, 381-2; De Goeje, *Journal de la Soc. des Amér.*, XXXI, 15. La afirmación de Pichardo de que procede de una lengua de Guinea se erróneas: parece fundarse solamente en el hecho de que en Cuba se da este nombre a cierta raza de negros. *Maní* es voz de uso general en castellano en toda la América del Sur y las Antillas, mientras que en España y en Méjico se emplea el nahua *cacahuate* (*-ete*), y los dos vocablos coexisten en Colombia y la América Central. Suele emplearse *maní* como colectivo en sigular (*me gusta el maní*)[1]; el plural se emplea para designar los granos individuales, y en este sentido es muy poco

empleado el correcto *maníes*, más se dice *manís*, y más aún el barbarismo *manises* (Arg., Cuba, P. Rico, etc.).

DERIV. *Manisal* 'sembrado de maní'; *manisero*, 'vendedor de maní', arg., portorr., cub. (*Ca.*, 73), etc., voces mal formadas (partiendo del plural *manises*), pero de uso general general, aunque no registradas por la Acad. Así se explican derivados como *ñanduseras, ombusal, santafesino*[2], que han dado lugar a ociosas y pueriles discusiones ortográficas, tratando filólogos locales de justificar la grafía con *-c-* por el romance antiguo y aun por el latín.

[1] «En un puerto de África hay muchos miles de bolsas de *maní* aguardando el embarque», *Los Andes*, Mendoza, 7-IX-1940.— [2] Ayuda en estos casos el sentimiento popular de que una *-s-* se agrega en los derivados de palabras en vocal aguda, a causa de la pronunciación vulgar *aní(s)*, *paí(s), nari(z), maí(z)*, etc., en países como Chile, casi toda la Arg., las Antillas, etc., donde la *-s* (y la *-z*) se pronuncia poco o nada.

MANÍA, tomado del gr. μανία 'locura', derivado de μαίνεσθαι 'estar loco'. *1.ª doc.:* Nebr. («*mania o locura:* furor»).

También APal. 263*d*, pero aunque emplea el vocablo en contexto castellano, lo hace definiendo la palabra como latina. Lo empleó también Laguna (1555) en el sentido etimológico, mientras que Pellicer a med. S. XVII le da ya su valor moderno y atenuado. En francés lo toma Ronsard todavía en 1552 en el sentido primitivo, como equivalente de *fureur*, pero ya sus comentaristas del mismo siglo observan el cambio de sentido (*Rom.* LXV, 176).

DERIV. *Maníaco* [APal. 263*d*; Nebr. «*m. o loco:* furiosus»][1], tomado del b. lat. *maniăcus*, alteración del gr. μανικός 'loco', por influjo de los muchos helenismos en *-iacus;* la variante *maniático* [*Aut.*], se halla también en latín medieval (Du C.).

CPT. Para los numerosos compuestos en *-mano* y *-manía*, V. el primer miembro. *Manicomio* [Acad. 1869, no 1843], compuesto culto con el verbo κωμεῖν 'cuidar', según el modelo de *nosocomio* (también it. *manicòmio*, port. *manicômio*, cat. *manicomi*, que faltan todavía en los dicc. del S. XVIII).

[1] Acentuado *maniáco* por Cancer, S. XVII (*Aut.*).

Manialbo, maniatar, V. *mano*   *Maniático*, V. *manía*   *Maniblanco*, V. *mano*   *Manicomio*, V. *manía*   *Manicorto, manicuro*, V. *mano*

MANIDO, 'tierno, ligeramente pasado (hablando de la carne)', participio del antiguo *maner* 'permanecer', y éste del lat. MANĒRE íd. *1.ª doc.:* 1539, A. de Guevara, *Menosprecio de Corte*, Cl. C., p. 83.10.

«No queremos vestir la ropa sin que esté enxuta, ni gustar la fruta sin que esté madura, ni co- mer la carne sin que esté *manida*, ni bever el vino sin que sea añejo»[1]. En *La Fénix de Salamanca* de Mira de Amescua se lee «un gigote de carnero, si está *manido*, no es malo» (*Cl. C.*, p. 17), y otros ejs. de Tirso y de Moreto, en Pagés. Ésta es, con mucho, la forma más frecuente de esta palabra, y la única que registran C. de las Casas en 1570 («*manido:* frolle»), el diccionario de Min- sheu, etc. El verbo *manirse* no aparece hasta más tarde, y con carácter secundario, extraído del ad- jetivo-participio *manido*. En Covarr. la definición de *manirse* sólo tiene carácter etimológico: «*ma- nirse* alguna cosa es detenerse de un día para otro, y assí se dixo *a manendo*, como carne *manida*, la que no se come recién muerta, sino que se guarda de oy para mañana». Más tardío es todavía el tran- sitivo *manir*, como ya se adivina por la distinta extensión concedida por Oudin a los dos artícu- los: «*manido:* tendre, attendry, devenu délicat, comme la volaille quelque temps après qu'elle est tuée; nous disons en Français faisandé et morti- fié; *aves manidas:* oyseaux faisandez et mortifiez, volailles mortifiées et tendres», frente a «*manir la carne:* faisander, mortifier, attendrir»; *Aut.* cita ej. del transitivo en el *Estebanillo González* (1646) y Pagés agrega otro en el *Comendador Griego* (1555), pero aunque esta forma curiosa ha llamado la atención a los lexicógrafos, que han señalado es- tos ejs., no hay duda de que siempre fué incom- parablemente más rara que el participio *manido*, y hoy muy escasas veces o nunca se emplea. *Ma- nido*, en cambio, es palabra muy viva, con el sen- tido clásico, y además con el de 'sobado, ajado, manoseado', también 'desgastado por el uso' (*la ca- misa está manida: se deshilacha toda*). M-L. (*REW*[1] y [3], 5341) definiendo abusivamente *manir* como 'preparar, aliñar, condimentar' quiere identi- ficarlo con el cat. *amanir* íd., it. *ammannire* íd., oc. *amanoir*, fr. ant. *amanevir*, que proceden del gót. MANWJAN íd.; le sigue Gamillscheg (*RFE* XIX, 145-6; *R. G.* I, p. 368); pero estos autores, como suele sucederles, proceden con extraño des- conocimiento del lenguaje vivo español, y de la historia del vocabulario hispánico. Es evidente que *manido* es inseparable de *manida* 'estancia', 'ma- driguera', 'mansión' (V. abajo), de clarísima eti- mología, y que además no es otra cosa que el par- ticipio del antiguo verbo *maner*, tal como *quedado* de *quedar*. De *maner* hay bastantes ejs. en la Edad Media: «el puerco acogíse a una cueva do solié *maner*», *1.ª Crón. Gral.*, cap. 690, «fue para la po- sada de su huésped querido, / Estrangilo, con que ovo la otra vez *manido*», *Apol.*, 328*d*; M. P., *Oríg.*, 382, y G. de Diego, *Contrib.*, § 386, citan ejs. del imperfecto de subjuntivo *masiessen* y del presen- te *mangan* en el S. XIV; y aun aparece alguna forma correspondiente al infinitivo secundario *ma- nir*, pero con el sentido y construcción etimológi- cos: *en la calle maniremos* en el Pentateuco cas-

tellano del mismo siglo (*Hisp. R.* X, 44). *Maer* 'quedar, permanecer' no era menos frecuente en gall.-port. ant.: Cortesão trae tres ejs. de los SS. XIII y XV, y C. Michaëlis (*RL* III, 171) trae otros del presente *manho, mans, man*, pretérito *masestes, maserom*, fut. *marrei*, etc.; *maso, mase- ron* y *meeren* (inf. personal) en *MirSgo.* 24.2, 55.17, 114.1, 143.18, y V. el glos. de las *Ctgs.* por Mettmann s. v. *mäer* 'quedar', 'pernoctar'. No cabe duda, pues, de que estuvieron acertados Covarru- bias y Diez (*Wb.*, 466) al derivar *manido* de MA- NĔRE, comp. el sinónimo cat. *estantís*, y el casi- sinónimo cast. *estantío*. Castellanismos deben de ser el gall. *manirse as carnes* 'ponerse tiernas y sazonadas, reblandecerse' (Vall.), el port. *manido* que falta en Bluteau y Moraes, Vieira declara tér- mino antiguo («tenro, molle, de consistência bran- da»), y Figueiredo califica de provincial («apodre- cido interiormente: *tronco manido, maçãs mani- das*»).

DERIV. *Manida* 'estancia, guarida, mansión' [h. 1260, *Partidas* IX, xx, 1; APal. 4*b*: «a diversos logares sin tener *manida* cierta»; 78*d*; 340*b*; ejs. de Fr. L. de León, Espinel y otros clásicos en *Aut.* y Pagés; de ahí el port. antic. *manida* «es- tança ou lugar onde se está» (Moraes, Vieira, no en Fig.). *Manir*, V. arriba. *Mesón* [*la maison*, 1173; *la meson*, 1181; *el meson*, doc. de Toledo, 1349, M. P., *D. L.*, 295.30][2], del lat. MANSIO, -ŌNIS, 'permanencia', 'lugar donde se permanece', 'alber- go, vivienda'[3], pero es dudoso si es descendiente indígena de la voz latina, o solamente tomado del fr. *maison* 'casa' como voz traída por los monjes, de Cluny y otros, y por los pobladores franceses de Toledo; en favor de esta última procedencia (sospechada por A. Castro, *RFE* III, 89-90) mili- tan las razones: 1) la grafía *maison* de docs. ara- goneses de 1073 y 1074 (M. P., *Oríg.*, 78, comp. 576), de Berceo (*S. M.*, 189; *S. Dom.*, 444), de las *Cantigas* de Alfonso X (31) y del *Canc.* port. de la Vaticana (1003, 1005, 1080); 2) en los docs. de 1173-4, 1181 (M. P., *D. L.*, 260.12, 18), 1203 (ibid. 263.11) y en los citados textos gallegoportu- gueses se refiere a monasterios o viviendas de reli- giosos, y en particular a la Orden del Temple o de Calatrava; 3) en los docs. toledanos referentes a es- tas órdenes, como los citados de los *D. L.*, abundan los galicismos como *convente* (265.5, 6, 12), *maes- tre, frere* (265.25, etc.), *ensemble* (270.6). Es, pues, indiscutible que en gran parte el vocablo es de in- troducción galorrománica, pero en la ac. 'venta', 'posada rural', quizá no pueda afirmarse lo mismo y, por el contrario, es probable que tengamos ahí una continuación directa de la MANSIO o etapa nocturna de las postas romanas, pues esta ac. no parece hallarse documentada en Francia[4], lo cual coincide con la evolución fonética autóctona del port. ant. *meijão* 'casa', comp. *Albergaria Vetera de Meigon Frio* en doc. de 1117, llamada *Meison Frido* en otro de 981 (*RL* XVII, 131)[5]; *mesona-*

je; *mesonero* [«stabularius», Nebr.]; *mesonil; mesonista*; es duplicado culto *mansión* [h. 1440, A. Torre, Mena, Santillana (C. C. Smith, *BHisp.* LXI), h. 1680, Solís, *Aut.*]; *mansionario*. De *mesón* en el sentido de 'casa' deriva *mesnada*, con síncopa de la vocal interna [*masonata*, doc. arag. de h. 1090, M. P., *Oríg.*, 78; *mesnada, Cid*, Berceo, etc.], primitivamente 'conjunto de hombres a sueldo de un señor y que vivían en su casa', luego 'tropas' [*«mesnada:* exercitus», Nebr.]; *mesnadero* [*Alex.*, 1867], *mesnadería*; de *mesón* deriva también el arcaico *amesnar* (DHist.). En francés antiguo el derivado *maisonage* se convirtió en *maisnage*, hoy *ménage* 'administración doméstica' de donde se tomó el cast. *menaje* 'conjunto de los muebles de una casa' [h. 1600, Ant. de Herrera].

Remaner⁶ [*Cid; Alex.;* remax, 3.ª del pret., en docs. leoneses de 1058 y 1061, *remaso* en otros docs. de este dialecto, en Castilla, a. 1050, *remaso* y *remanso* en Berceo, *romaso* en el aragonés *Liber Regum*; vid. M. P., *Oríg.*, 381-2, D. L., 184.27; *Cid*, s. v.; Oelschl.; Cej., *Voc.*], del lat. REMANĒRE 'permanecer'; de ahí el derivado *remanecer* íd. [*Cid*; 1237, M. P., D. L., 91.37; *Apol.*; Berceo; J. Ruiz; todavía en APal. 85*b*, 323*b*, 418*b*; en Lope de Rueda; y en el navarro Azpilcueta, 1553; mientras que en Bernáldez, *Crón. de los R. Catól.*; en el *Quijote* I, xii, 37; II, lxxii, 272; y en Covarr., aparece la ac. 'resultar algo inesperadamente', y en Cervantes, según Fcha., 'reaparecer súbitamente']; gall. *remanecer* 'resultar', 'quedar'⁷; *remanente* [1599, *G. de Alfarache*]; *remanso* 'lugar donde se detiene la corriente de un río' [*«carex...* yerva... que nasce en los *remansos* de las orillas de los ríos», APal. 59*b*; también 26*d*; Calderón; ac. secundaria 'cachaza', *Quijote* II, xvii, 63], del antiguo participio pasivo de *remaner*, con la *-n-* conservada por influjo del radical del verbo; *remansarse; remasaja* ant. 'resto' [Berceo; APal. 248*b*, 295*d*, 13*b*; también *remasija*, vid. Oelschl.]. Gall. *(ar)remansarse* 'ser semejante' (*esta herba (ar)remánsaselle a outra*, Sarm. CaG. 212*v*), quizá sólo porque en los remansos de las angosturas de un río las aguas se arriman a la peña: o bien hay cruce de *remedar* con *arrimar* o de uno de ellos con *remansar*.

En lugar y sustitución de *remanecer*, por influjo del lat. *permanēre*, aparece tardíamente *permanecer* [APal. 87*b*, 145*b*, 212*b*; Villaviciosa, en *Aut.*; Covarr.; Góngora; y de uso general en la lengua escrita desde el Siglo de Oro]; *permanente* [Jac. Polo]; *permanencia* [h. 1440, A. Torre (C. C. Smith); B. Gracián]; *permansión*. Otros cultismos. *Inmanente, inmanencia. Manso*, del b. lat. *mansus* 'masada', 'tierra que posee un monasterio' [Vidal Mayor; Acad. ya 1817, como voz asturiana; se emplea sobre todo en Cataluña, como equivalente del cat. *mas*]. Voces regionales de Aragón, en parte tomadas del catalán son *masa; masada; masadero; masía, masería*.

¹ Es arbitraria, como se ve, la definición 'carne curada' que trae el anotador.— ² En docs. mozárabes toledanos es frecuente el vocablo, pero la grafía arábiga no permite asegurar si debemos entender *mešûn, meǰšûn* o *maǰšûn;* del plural *mayāǧín* que aparece una vez en doc. de 1170 (Gonz. Palencia, *Moz. Toledanos*, doc. 1099, lín. 2) se deduce empero un singular *maǰǧûn,* (o *meǰǧûn*) con diptongo. Por lo demás, en 1142, 1156, 1175 y 1193 (docs. 1099*b*, 48, 1098 y 116) hallamos formas con š. En anotaciones latinas al dorso del doc. figuran las grafías *meison* (3 veces), *maison* y *messon*.— ³ En esta ac. ya en autores de la Edad de Plata o cristianos (Apuleyo, Vulgata, S. Agustí), vid. Lerch, *ARom.* XXIV, 172, pero esta ac. provendrá más bien del lenguaje de las postas romanas que del lenguaje de los Padres de la Iglesia, como cree Lerch.— ⁴ En catalán el vocablo está extinguido, pero existe algún testimonio suelto, que parece reliquia de un antiguo uso minoritario: *la mesó* en doc. de 1178 (Miret, *El Més Antic Text Lit. Cat.*, 21), «*mesons:* cases petites del poble» en Poboleda (Priorato), *Butll. del Club Pirin. de Terrassa* II, 170.— ⁵ Aun ahí debió haber reacción de la forma importada, pues la forma moderna de este nombre de lugar, *Mesão Frio* (citado en Leite de V., *Opúsc.* II, 26), no presenta la evolución portuguesa autóctona; interesan estos datos antiguos de esta villa por el hecho de su género masculino, coincidente en fecha tan antigua con el del castellano; en cuanto a las grafías, si la con *s* es indicio de procedencia extranjera (y presta tal apoyo al supuesto de un préstamo galorrománico), la forma *Meigon* (i. e. -*ij*-) revela que no fué así en todas partes, o que ocurrió muy temprano. Por otra parte, ésta se encuentra en el derivado *ameijoar, ameijoada* 'aprisco' y otros (C. Michaëlis, *RL* III, 173-4). La ac. general 'casa' está en *Sta. M. Egipc.*, 1179 (femenino a juzgar por la forma del posesivo *sus mesones*), *mesón de vezindat* en J. Ruiz, 704*d*. La moderna y específicamente española figura en Nebr. «*mesón:* taberna».— ⁶ Aunque no conozco testimonios del infinitivo, así el primitivo *maner* como el subjuntivo *remanga* y el pretérito *remaso* indican más bien un infinitivo *remaner* que *remanir* (aunque M. P., *Cid*, 823, supone lo contrario).— ⁷ Castelao 194.12.

Maniega, maniego, manifacero, manifatura, manifestación, manifestador, manifestante, manifestar, manifestativo, manifcero, manifiesto, manigero, manigordo, V. *mano*

MANIGUA, probablemente del taíno de las Grandes Antillas. *1.ª doc.:* 1836, Pichardo (1862); Acad. 1914, no 1884.

Es voz arraigada popularmente en Cuba, Puerto Rico y Santo Domingo. Como nota Hz. Ureña (*Indig.*, 120; *BDHA* V, 128) el aspecto del vocablo es favorable a un origen taíno. Acaso tenga el mismo radical que *MANGLE* (nada traen Friederici, Bachiller ni De Goeje). Fz. de Oviedo menciona una isla *Manigua* junto a Guanahaní, en el pasaje que cito s. v. *RUMBO*.

DERIV. *Maniguazo* 'matorral' cub. (*Ca.*, 83); *manigual* «conjunto de maniguas» (íd.); *manigüero* 'que vive en la manigua', 'alzado contra el gobierno' (íd. 232); *enmaniguarse* 'llenarse de malezas un terreno' (íd. 83).

Manigueta, V. *manga*   *Manija*, *manijar*, *manijero*, *manilargo*, *maniluvio*, *manilla*, *maniobra*, *maniobrero*, *maniobrista*, *maniota*, *manipulación*, *manipulador*, *manipulante*, *manipular*, *manipuleo*, *manípulo*, V. *mano*   *Maniquete*, V. *manga*

MANIQUÍ, tomado del fr. *mannequin*, probablemente por conducto del cat. *maniquí*; en francés se tomó del neerl. *mannekijn*, diminutivo de *mann* 'hombre'. 1.ª doc.: 1708, Palomino (*Aut.*). En francés se documenta ya en 1467. De este idioma proceden también el port. *manequim* y el it. *manichino*. En castellano debió entrar como término de pintura, introducido en forma catalanizada por la escuela de pintores valencianos del S. XVI.

Manir, V. *manido*   *Manirroto*, *manirrotura*, V. *mano*   *Manisal*, *manisero*, V. *maní*   *Manita*, *manito*, V. *maná* y *mano*   *Manivacio*, *manivela*, V. *mano*

MANJAR, tomado del cat. arcaico u oc. *manjar* 'comer', que ya en estos idiomas se emplea como sustantivo; procedente del lat. vg. MANDĬCARE, variante de MANDŪCARE íd., vocablo popular ya frecuentemente empleado en la Antigüedad (derivado de MANDŪCUS 'comilón', 'especie de ogro', que lo es a su vez de MANDĔRE 'masticar'). 1.ª doc.: Berceo.

Es ya frecuente desde el S. XIII, siempre como sustantivo: hay bastantes ejs. en Berceo, J. Ruiz y Juan Manuel; es dudoso, en cambio, que sea romance el ej. de *m-nǧar* 'comida, alimento' que cita Simonet en el cordobés Abencuzmán, a med. S. XII[1]. Sea como quiera, el tratamiento fonético y el uso exclusivamente sustantivado de *manjar* revelan un préstamo lingüístico; el matiz 'comida delicada', que toma pronto *manjar*, aunque no sea constante en la Edad Media, se explica por el lujo relativo de la mesa catalano-occitana, frente a la proverbial sobriedad de Castilla, sobre todo en los tiempos rudos del principio de la Reconquista[2]. No es de creer que *manjar* se tomara del fr. ant. *mangier*, que además de no emplearse generalmente como sustantivo[3], habría dado una forma castellana en *-er* o *-el*. M-L. (*REW* 5292) admite procedencia francesa, llevado de su prejuicio de que

oc. *manjar* y cat. *menjar* son galicismos; pero esto es inadmisible, pues nunca ha habido otra palabra en estos idiomas para expresar idea tan esencial[4]. El cat. *manjar* es frecuente desde el monumento más antiguo de esta lengua, las *Homilías de Organyà*, de fines del S. XII[5]; no viene de menos lejos el oc. *manjar*. En el catalán de los SS. XIII y XIV el radical inacentuado *menj-* alterna regularmente con el rizotónico *manug-* (*menug-*); las formas *jo menuc*, *ell menuga*, *ells menuguen*, *que ell menuc*, etc., son triviales en los *Usatges*, R. Lulio, Vidas de Santos del S. XIII, *Libre de Daniel*, etc., y todavía en la *Manescalia* de Batllori, que ha de ser del S. XIV adelantado[6]. Es alternancia paralela a la bien conocida del it. ant. *manuchi* (*Decamerón* II, v, p. 82) frente a *manicare*, sardo *mandigare* frente a *mandugu*, oc. ant. *manduc*, *manduja*, frente a *manjar*, fr. ant. *mandue* frente a *mangier*. Cuando en latín vulgar el acento caía en la Ū se decía EGO MANDŪCO, etc., pero fuera del acento se impuso pronto la analogía de los centenares de verbos en -ICARE, resultando la forma MANDICARE, que está bien documentada en glosas (*CGL* V, 116.13; 83.5). Ahora bien, el paso de MANDĬCARE, a través de la forma intermedia *mande(g)are* > *mandyare* a *menjar*, es tan normal como el de PENDICARE > *penjar* (comp. fr. *pencher*), VINDICARE > *venjar*, JUDICARE > *jutjar*, MANTICA > *manxa* (voz ajena al francés y a la lengua de Oc). En fecha más moderna el cat. *menjar* (cat. occid. *minjar*), en su función verbal, ha vuelto a extenderse por dialectos del Este y O. hispánicos: arag. *minchar*, berciano *minchar* (G. Rey), gall. *manxar* 'comer'[7]. Es notable, sin embargo, este empleo verbal, casi inaudito en la lengua antigua, pues lo único que hallamos fuera de Cataluña y del área traspirenaica, es el uso sustantivado, tan abundante desde luego en las antiguas fuentes gallegoportuguesas[8] como en las castellanas[9]; se tiene la impresión de un occitanismo propagado en Galicia por romeros y gallofos compostelanos. De ahí, acaso las *manjibellas*, clase de manzanas, anotado por Sarm., *CaG.* 13r.

Para la fecha e historia de *manjar blanco*, vid. A. Castro, *RFE* VIII, 406; en catalán *menjar blanc* ya se documenta h. 1460, en el *Spill* de J. Roig, v. 10123 (comp. el ár. *naǧira* y *manǧar* arriba citados en nota, con los cuales podría haber hibridación; pero *blanc manger* existe también en francés).

Manducar se tomó también del latín en calidad de voz festiva, ya empleada por Lope y Tirso[10]. DERIV. *Manjarejo* [APal. 181b]. *Manjarete*. *Manjorrada* [S. XV, en Cej., *Voc.*].

Manducación; *manducatorio*.

Mandíbula [Terr.; Acad. ya 1817] 'quijada', tomado de *mandībŭla* íd., derivado de *mandĕre* 'masticar'; *mandibular*.

Masetero, tomado del gr. μασητήρ 'masticador', derivado de μασᾶσθαι 'masticar', voz afín al lat. *mandere*. Además vid. *MANJÚA*.

¹ Son rarísimas en mozárabe las voces advenedizas de origen catalán o galorrománico: M. P., *Oríg.*, 538, cita tres, de las cuales debe descartarse *amilón*, que no hay por qué considerar préstamo forastero (V. *ALMIDÓN*); en cuanto a *formaje* 'queso', es catalanismo local, muy natural en el zaragozano Abenbuclárix. Sólo queda *m-nğar*; pero en realidad éste podría ser palabra arábiga que sólo por casualidad coincida con el romance *manjar*: *nağíra* es 'leche mezclada con harina o mantequilla', y el verbo *nágar*, bien conocido en el sentido de 'desbastar o labrar madera con cepillo' («dolare, rodere» en R. Martí), ha significado también 'calentar (agua) con una piedra candente' y 'preparar *nağíra*'; otro derivado de este verbo, de la forma *mínğar* o *mánğar*, y de significado análogo al de *nağíra*, no sería sorprendente en el árabe vulgar de España. Claro que el ár. argelino y marroq. *mánğa* (Simonet) es galicismo o italianismo reciente.— ² Nebr.: «*manjar*: cibus; *m. como carne o pescado*: ferculum; *m. de havas*: fabacium; *m. desmenuzado*: minutal».— ³ Sí se empleó en esta forma en la Edad Media, pero no sería frecuente a juzgar por la escasez y fecha tardía de los ejs. que cita God.; quizá era dialectal. En catalán y en lengua de Oc el sustantivo *menjar* (*ma-*) ha sido siempre de uso normal, como equivalente del fr. *mets* o *nourriture*.— ⁴ El it. *mangiare* no puede ser autóctono por razones fonéticas, pero podemos ver históricamente cómo esta forma sustituyó el castizo *manicare*. Aquél será más provenzalismo que galicismo.— ⁵ «Di a les pedres qe·s tornen pa, e *manga·n*», p. 42. *G* por *j* es grafía imperfecta, corriente en las Homilías. Otros ejs. del verbo en las pp. 34 y 44. Otro de la forma con *a* radical en las Vidas de Santos rosellonesas del S. XIII, fº 3.— ⁶ *AORBB* V, 221. Me bastará agregar algunas citas del *Libre de les Meravelles*: N. Cl. II, 51, 56, 89.8, 89.13, 89.16, 89.17, 92, 145.4; III, 17, 30, 85.4; IV, 84, 217.— ⁷ «Un rapaz que sería quén de *manxar* o seu pai polas pernas», «mentras os vermes non *manxaron* a pouca freba que trouxen» Castelao 210.7, 175.5, 213.15. *Manxador* 'comilón' íd. 212.17. Lugrís registra también *manxar* 'comer'.— ⁸ Muchos, en los glos. de las *Ctgs.*, de las *CEsc.* de R. Lapa, *Crón. Troy.*, *Gral. Est.* En portugués no hay más que un testimonio aislado, en el refrán «quen primeiro anda, primeiro *manja*» ya citado por Ferreira de Vasconcelos (1535) y otro escritor clásico (Moraes, Cortesão).— ⁹ La *e* del cat. mod. *menjar*, que predomina ya en Lulio, se debe a un proceso fonético y no analógico, pues es común a todos los dialectos catalanes (aun los occidentales) y reaparece en muchas hablas occitanas y aun francesas (*Rom.* VII, 427-35).— ¹⁰ «Lindamente he *manducado*, / satisfecho quedo ya», *El Condenado por Desconfiado* I, vi, Cl. C., p. 108.

Manjolar, V. *jaula*   *Manjorrada*, V. *manjar*

MANJÚA, 'cardumen, banco de peces' santand., 'pececillo semejante a la sardina' cub., portorr.; origen incierto, probablemente del fr. ant. *manjue* 'comida, alimento'; el sinónimo *majal* 'cardumen' podría venir de oc. *manjar* 'comida'. 1.ª doc.: 1836, Pichardo (1862), en la ac. cubana; 1884, Pereda, 1.ª ac.

Para Pichardo es «voz indoantillana» que significa «pezecillo de estos mares, sin escamas visibles, cuya longitud no exede medio jeme... idéntico a la sardina... color plateado... *Engraulis Brocenii, Bl.*», y agrega «*manjuarí*... pez común en las lagunas y aguas dulces de la Isla... *Lepidosteus Manjuari, Poey*». La ac. santanderina figura en el glos. de *Sotileza*, y G. Lomas da ej. de autor de Castro Urdiales. Como Suárez (1920), Ortiz (*Ca.*, 53) y la Acad. (S. XX) aseguran que la *manjúa* suele andar a bandadas, es claro que las dos acs. constituyen un solo vocablo; existen las variantes cubanas *majúa*, *magúa* y *manguá*, citadas por Ortiz (211); las dos últimas, de segunda mano, necesitarían comprobación; *majúa* significa además, secundariamente, 'mujer insignificante' (*Ca.*, 181); en el sentido propio la registra Bachiller y Morales (p. 318). Zayas dice que es voz caribe, Armas que es portuguesismo, Ortiz vacila. Hay motivo para ello, pues *manjuarí* tiene, en efecto, aspecto indígena. Pero es probable que haya coincidencia secundaria. Desde luego es difícil separar *ma(n)júa* de *majal* 'banco de peces', registrado por la Acad., sin localización, desde 1899; ignoro dónde se emplea.

El port. *manjúa* está hoy anticuado, pero Bluteau, que acentúa así¹, lo conocía todavía como voz vulgar en el sentido de «cousa de comer», y cita ej. del *Roteiro da India* (1699) de Pimentel: «estes pássaros andão buscando de comer, e onde achão *manjua*, ahi se verão mais». Además hoy significa 'sardina' en el Algarbe, como término de pescadores (Fig.); en Río de Janeiro *manjuva* o *-uba* es «peixe muito miudo» y además «comida; ordenado, salário; propina, gorjeta». La aplicación especial del vocablo a la denominación de pescados la confirma Gonçalves Viana, que recogió *manjoeira* «armadilha de rede e aros para caçar peixes» en Tras-os-Montes (*RL* I, 213).

No hay duda posible de que esta voz portuguesa es el francés ant. *manjue* 'comida, alimento', del cual Godefroy nos cita varios ejs. (V, 144) y otros en las acs. 'apetito, voracidad', 'comezón, picor'; en el *Livre du Roi Modus*, principio del S. XIV (*Rom.* LI, 253), es el 'paraje donde come el jabalí'. Era facilísimo pasar de 'comida, alimento' a 'sardinilla', pues este pescado se come entero, con espinas y todo, por ser muy pequeño, así que bien se le podía dar este nombre por antonomasia; y como la sardinilla anda a grandes bandadas era fácil también el paso ulterior a 'bandada de peces'. El fr. ant. *manjue* se explica como derivado postverbal del verbo *mangier*, cuyo presente era antiguamente *manjue*, y antes *mandue* (MANDŪCAT). Del francés pasó también al mall. y menorq. *menjua* 'comida, alimento' y 'apetito', val. *menjuga*.

Majal no será derivado de un *maja 'malla' o 'mancha' (lat. MACULA), como supone GdDD 4023, separándolo ilícitamente de *ma(n)júa*, y puede salir del oc. *manjar* o cat. *menjar* 'comida, alimento': los cambios fonéticos se explicarían sea por un intermediario vasco (aunque nada hallo en Azkue)[2] o por la pronunciación murciana, andaluza o antillana; comp. *majarete* por *manjarete* en las Antillas, Venezuela y Colombia (Malaret, *Supl.*).

[1] Moraes, sin duda arbitrariamente, acentuó *mánjua*, acentuación que pasó a Fig. y otros.— [2] Sin embargo vasco *manžuba* «yantar» 'la comida (que come un pastor en el campo)' en *Auñemendiko Lorea* del vizcaíno D. Aguirre I, 118.11. Por lo demás, la vaga semejanza del cast. *manjúa* con el vco. *antxua* 'anchoa', será casual.

Manjuari, V. *manjúa*

MANO, del lat. MANUS, -ŪS, íd. *1.ª doc.*: orígenes del idioma (doc. de 993 [Oelschl.], *Cid*, etc.).

General en todas las épocas y común a todos los romances[1]. Recojo sólo algunas acs. y locuciones especiales. *De mano* (719c, 945b, 1698c, 1709c) o *por de mano* (1411c) es 'en seguida, para empezar' en J. Ruiz[2], muchas veces acompañado de *luego* o *agora*. *Man(o) a mano* 'al punto, inmediatamente' ant. (*Libre dels Tres Reys d'Or.*, 180; Berceo, *Mil.*, 12, *S. Mill.*, 130, 176, 328; *Vida de San Ildefonso*, 291, 570[3]; *Alex. P*, 49a, 285a, pero *man(o) e mano* en O)[4], 'dos personas solas, en paridad de condiciones' mod.[5] *Man(o) a maxiella* (Berceo, *S. Mill.*, 209, 229), *mano en mexilla* (J. Ruiz, 179), 'pensativa, tristemente'. *Ir a la mano* (*a alguno*) 'reprimirle' (Vélez de Guevara, † 1644[6]; González Dávila, 1645). *Mano* 'lance en un juego', especialmente en las cartas, ha ampliado en América su significado, pasando a 'oportunidad, ocasión' en Colombia (Tascón), y a 'lance, aventura, chasco' en la Arg.[7], Chile[8], Venezuela, América Central, Antillas (Malaret). *Una mano de ciertos objetos* es un grupo de cinco en varios países americanos, en Cuba especialmente *una mano de plátanos* 'racimo', que puede ser de mayor número (Ca., 117); allí y en España mismo *una mano de rayos, de palomas*, etc., es ponderativo de gran cantidad[9]. Comp. *DESMÁN I.*

El diminutivo de *mano* es tradicionalmente, y aún hoy en España y en Sto. Domingo, *manecilla* [-*zilla*, Nebr.] o *manecita*; en Andalucía (*RH* XLIX, s. v.), Sto. Domingo (*BDHA* V, 194) y Nuevo Méjico (*BDHA* II, 12) se dice *manita*, en toda América (salvo N. Méjico, y quizá Méjico y Cuba) *la manito* (Cuervo, *Ap.*, § 237; Malaret; *BDHA* II, 119); en la Arg. es frecuente la frase

dar una manito 'ayudar'.

DERIV. *Antemano* adv. [1517, Torres Naharro, V. el índice de la ed. Gillet; *de antemano*, S. XIX, *DHist.*][10].

Manada 'lo que cabe en la mano (esp. puñado de hierba o cereal)' [h. 1300, *Gr. Conq. de Ultr.*, 299][11], de ahí 'hato de animales' o 'conjunto de gente' [*manadilla*, J. Ruiz 1016c, 1105b][12]; es inaceptable la idea de Munthe, J. J. Nunes (*RL III*, 261), Baist (*ZRPh.* XXXII, 429), M-L. (*REW* 5585) y Malkiel (*BHisp.* LIII, 68-76), de que *manada* venga de MĬNARE 'conducir (el ganado)', verbo que no ha sido nunca autóctono en castellano o portugués, por lo tanto el sustantivo debiera ser advenedizo, del catalán o lengua de Oc: ahora bien, en catalán se dice más bien *manat*[13] que *manada* y sólo es castizo en el sentido de 'puñado, manojo', y en lengua de Oc *menado* 'rebaño' es palabra local y ajena a la Edad Media[14]; en cuanto al ast. occid. *minada* 'rebaño' (sólo Munthe) y alav. *minada* (sólo en el Noroeste de la provincia) 'el conjunto de reses vacunas que se destinan a la labranza en una localidad', 'sociedad en que se aseguran las reses de la minada', cuya *i* tampoco concordaría con MĬNARE, son alteraciones locales y modernas de *manada* (quizá por influjo de *mina* 'aquello que abunda en ciertas cosas', Acad. ac. 6)[15]; el port. *manada* es castellanismo, a no ser que se explique por un *MANUATA, con tratamiento paralelo al de *janeiro, janela, maneira*, como sugiere Leite de V. (*RL III*, 261n.)[16]; comp. *DESMÁN; manadal* 'haz de plantas de helecho' ast. (Vigón); *manadero* 'pastor de una manada'. Gall. *manêlo* 'copo o manojo (de lana)', 'rollo de estopa que se hace cuando se rastrilla'; *amanelar* 'a uno 'arrollarle, sobarle y traerle de aquí para allí, manosearle' (Sarm. *CaG.* 183r): derivados que deben ser muy antiguos, procedentes de un lat. vg. *MANUELLU, lo cual explica la conservación de la -N- no intervocálica de -NU- tal como en *maneira* MANŲARIA, *janeiro* JANŲARIUS.

Manaza.

Mancera 'esteva, manija del arado' [-*zera*, h. 1400, Glos. de Toledo; 1475, G. de Segovia, 84; Nebr.][17] podría ser un lat. vg. *MANICIARIA, derivado de un *MANICIA, que se hallaría en Cerdeña (según quiere M-L., *RFE* XI, 20n.), o más bien *MANUCIARIA, derivado de MANŪCIUM 'mango'[18], pero es más probable que resulte sencillamente de un cambio de sufijo de MANICELLA 'manecilla, manija'.

Manear 'atar las manos a una caballería' [«*m. bestias*: compedes addo», Nebr.; *Aut.*], de ahí *manea* [*Aut.*; hoy vivo en toda América]; de un cruce del derivado *maneota* (Covarr.) con *maniatar* parece resultar *maniota* 'manea de caballería' [tetrasílabo en G. de Segovia, a. 1475, p. 64; *maneota*, contado como cuatro sílabas, figura también en Tirso, *Amar por señas*, I, i; 1680, *Pragmática de Tasas*, en *Aut.*][19]; *desmanear* [Güiraldes, *D. S.*

Sombra, ed. Espasa, p. 82].

Manejar [1591, «to handle, to manage», Percivale; Covarr. dice que es término de equitación y sólo por extensión se dice *manejar un negocio* «tratarle con destreza y liberalidad»; ejs. de med. S. XVII en *Aut.*; falta en C. de las Casas, 1570, quien traduce el it. *maneggiare* por 'manosear', 'negociar', 'feriar', 'exercitar', 'solicitar', 'gobernar', y J. de Valdés en 1535 cita el vocablo entre los italianos que desearía introducir en castellano, *Diál. de la L.*, p. 134], tomado del it. *maneggiare* íd. (en la Edad Media se había empleado *manear* por 'manosear', 'manejar', Berceo, *Mil.*, 875b, *Alex.*, 104, *Disp. del Alma y el Cuerpo*, 29); *manejable; manejado; manejo* [Covarr., como término de equitación]. Gall. *manible* 'manejable': «esta cesta es más *manible*» (Sarm. *CaG.* 228v).

Manecilla [Nebr.].

Manero 'manual, aplicado esp. al ave de cetrería que se viene a la mano' [1555, Mn. J. Vallés, *Aut.*; *mañero*, por cruce con *maña*, en el sentido de 'manejable, acomodaticio', frecuente en Cervantes, vid. *RFE* XXV, 246-8, y además *Celoso Extremeño*, *Cl. C.*, p. 117; *Rinconete y Cortadillo, Cl. C.*, 201; poco usual ya en tiempo de Cervantes, pero todavía está en los hermanos Figueroa, sevillanos, 3.ʳ cuarto del S. XVII], ant. 'apoderado, representante' [*Cid*; en otros textos *mañero* por influjo de *maña*, Oelschl., comp. M. P., *Cid*, 742], 'deudor sustituto' [1306, ibid.]; *mañeruelo* (*Quijote* II, lxxiii, *Cl. C.* VIII, 315); *manería* ant. Comp. *MANERA*.

Manezuela.

Maniego. Ast. (Ribadesella) *maniega* 'canasta' (V, s. v. *cesta*)[20].

Manija [APal. 19d «*ancea*, la *manija* de fierro en el escudo, que comprehende la mano», 22b «*ansa* es la *manija* por do toman el vaso, que es la asa»[21], 41b, 58d, 80b, 264d]; *manijero* and. (también escrito *manigero* por la Acad.) 'capataz de obreros rurales' no parece ser verdadero derivado de *manija*, sino más bien tomado del fr. ant. *maisnagier* (hoy *ménager*) 'obrero', 'administrador' (esp. el rural, comp. *mesnagerie* traduciendo el lat. *agricultura* en Rabelais, God. V, 293-4) adaptado a *manija*.

Manilla [«*dextrariola* son *manillas* que se ponen por bien parecer», APal. 112d; «*manilla*: armilla, dextrale», Nebr.; también s. v. *axorca*], probablemente tomado del cat. *manilla* (= cast. *manija*), ya documentado en el *Consulado de Mar*, S. XIII o XIV, cap. 153 ('manija o asa de un fardo'), y a med. S. XV, para una pulsera o ajorca de mujer (*Curial*, *N. Cl.* I, 166; *Spill*, vv. 3077, 7068, en rima), y hoy todavía empleado para la manija de la guadaña y la del torno en el Alto Pallars, la del remo en otras comarcas, las manillas del preso en todas partes[22]; *enmanillar a un preso* es usual aunque no lo registre la Acad.

Manivela [Acad. 1936], tomado del fr. *manivelle*

íd.[23], que viene probablemente del lat. MANUALIS.

Manosear [1570, C. de las Casas; Oudin; ejs. del S. XVII en *Aut.*], parece derivado de un antiguo adj. *manoso 'manejable' (cat. *manós* o *amanós); manoseador; manoseo*.

Manota; manotada; manotazo; manotear, manoteado, manoteo; manotón; desmanotado.

Sobremano. *Trasmano*.

Cultismos. *Manual* [APal. 6b], de *manŭālis* íd.; cruzado con *manejable*: *manuable* [1791, Juan de la Mata (dato de Gonzalo G. Leira); Acad. ya 1914].

CPT.[24] *Mancebo* [doc. de 1074 (Oelschl.), Berceo; es todavía 'esclavo' en *Apol.*, 374a, comp. 373d, 390c; 'criado' en dos docs. de 1074, *mancebo forro*, y quizá en Berceo, *S. Dom.*, 443; ya 'joven, muchacho' en *Duelo*, 14, 200, y *Mil.*, 155][25], del lat. vg. hispánico *MANCĬPUS, nominativo sacado secundariamente del lat. HOMO MANCĬPĪ (de donde el cat. y oc. *macip* 'criado, ganapán', gasc. del Ariège *macipoun* 'niño'), genitivo de MANCĬPĬUM 'propiedad', 'esclavo'[26], compuesto de MANUS y CAPĔRE 'coger'; *manceba* [1155, Fuero de Avilés; 'muchacha' en Berceo y en Nebr.; 'criada' en el *Conde Luc.*; 'concubina', J. Ruiz, APal. 262d, Nebr.]; *mancebete; mancebez* [J. Ruiz, 157, 1362] ant.; *mancebía* 'mocedad' [*Alex.*, 247, 1859; *Gr. Conq. de Ultr.*, 47; Nebr.], 'lupanar' [1400, *Confissión del Amante*, 480; Nebr.]; *amancebarse, -ado* [Nebr.], *amancebamiento*.

Gall. *manchea* 'manada: lo que se puede coger de una vez con la mano' (Vall.): MANUS PLENA; con su dim. *manchiña* (íd.) y un deriv. colectivo *manchada*[27]. Del gall. *ter man* 'agarrar' (Vall. s. v. *man*) deriva la loc. adverbial *a man tenta* 'con toda la fuerza de la mano', 'adrede, de intento' (Vall.): «esvaéronse as coores que che pintou Noso Señor *a man tenta*» (Castelao 279.28).

Mancornar [1836, Pichardo (1862), 'juntar o atar dos cosas semejantes, esp. dos animales de cuerno'; Acad. 1817; 'desviar de pronto el caballo', arg., *BRAE* VIII, 363; ast. *mancorniar* 'atar una vaca o un buey con un cordel sujeto a una asta y a una mano', Vigón], compuesto con *cuerno; mancuerna* [1836, Pichardo; Acad. no 1843].

Mancuadra [S. XIII, *Partidas*; Fueros, vid. Cej., *Voc.*; Keniston, *Fuero de Guadalajara*], compuesto con QUADRUS 'cuadrado', tomado en el sentido de 'cuádruple', porque en este juramento debían tomar parte cuatro personas, además del interesado, según nos informa el Fuero de Usagre; MANUS pudo tomarse ahí en la ac. latina de 'grupo de gente'.

Mancuerda [Acad. ya 1817].

Manderecha [h. 1430, J. de Mena, en Cej., *Voc.*; *Quijote*, vid. el vocab. de Cej.].

Mandoble [1569, Carranza, *Philosophia de las Armas*][28].

Manlevar ant. 'tomar prestado' [*Gr. Conq. de Ultr.*, 519, 632; en *Canc. de Baena*, p. 531, 'dar prestado]; *manlieva-* ant. 'empréstito' [*1.ª Crón. Gral.*, cap. 1052; *Crón. de Alf. XI*, en Cej., *Voc.;* en Berceo, *S. Dom.*, 449c, es 'préstamo']²⁹; *manlieve* 'acto de dejar un objeto en poder de alguien, a cambio de una fianza en dinero' (*Partidas*).

Manobre 'peón de albañil' murc., tomado del catalán; *manobra* murc.; *manobrero.*

Manojo [Berceo]; gall. ant. *mãollo, Ctgs.* 289.17, port. *molho*, gall. *mònllo*, del lat. vg. MANŬCŬLUS (vid. Walde-H.), alteración del lat. *manipulus, -upulus,* 'puñado', por influjo del sufijo frecuente *-uculus; manip(u)lus* es compuesto con *plere* 'llenar'; *manojear; manojera; manojuelo.*

A mansalva [Acad. 1869, no 1843], compuesto común con el catalán y el italiano (Petrocchi; falta en Tommaseo y en la Crusca).

Manso [Berceo; *Partidas* II, xxvi, 7], del lat. vg. MANSUS, -A, íd., que sustituyó el lat. cl. MANSUETUS, participio de MANSUESCERE 'domesticarse, amansarse', compuesto de MANUS y SUESCERE 'acostumbrarse'; del mismo origen port. *manso,* cat. y oc. *mans,* it. antic. *manso*³⁰; *mansedumbre* [*-umne,* Berceo], de MANSUETUDO, -ĬNIS, íd.; *mansedad; manseza; mansejón; mansito; mansero* 'peón a cuyo cuidado va una tropilla de mansos' arg.; *mansaje* 'conjunto de animales mansos' íd.; *amansar* [h. 1300, *Gr. Conq. de Ultr.*], *amansadero, amansador, amansamiento;* duplicados cultos: *mansueto, mansuetud, mansuefacto.*

Mastín [J. Ruiz], tomado del fr. ant. *mastin* [S. XII; God. V, 197b] 'criado', 'mastín', y éste del lat. vg. *MANSUETĪNUS* 'doméstico', derivado de MANSUETUS. *Mostins* como forma aragonesa en Jaume Roig (< *maustin* < MASUETINU, con trasposición de la *u*); Roca i Cerdà en su dicc. cat.-cast. de 1822 da *mustins* como catalán.

Mantener [1100, *BHisp.* LVIII, 361; *Sta. M. Egipc.*, 630; Berceo], compuesto común a todos los romances de Occidente; *mantenedor; mantenencia* ['conducta', Berceo, *Mil.*, 998b; 'alimento'³¹, *Confessión del Amante*, 346, 347; 'crianza, nutrición de una criatura', *Leyes de Moros*, SS. XIV o XV, *Memorial Hist. Esp.* V, 427; *-nienza* 'mantenimiento, vida, sostén', Juan Manuel, Rivad. LI, 395] ant.; *mantenimiento* [Berceo; *Conde Luc.*; Nebr.; etc.]; *mantención* fam., en la lengua común el cultismo *manutención* [1688, Betisana]; *manteniente* ant. (*Partidas* XIX, v, 1; *herir* o *pegar a manteniente* 'sin cesar' y luego 'fuertemente', *Gr. Conq. de Ultr.*, 130; *Aut.*; en el Siglo de Oro es ya sólo vulgar: P. Espinosa, en 1625, cataloga entre las locuciones vulgares y malsonantes, *Obras,* 196.17; Quevedo pone *a mantin-* en boca de un personaje del *Cuento de Cuentos, Cl. C.*, 182; en sus obras serias sólo lo emplea sustantivado; hoy vive todavía en Salamanca), comp. fr. *maintenant* 'acto seguido', 'ahora', cat. ant. (*de*) *mantinent* 'acto seguido'.

Mantornar 'binar' arag. [Acad.; alto-arag., ZRPh. LV, 573] y cat. occid. [1673, Pallars, Ribagorza, Bajo Urgel, Bajo Júcar, etc.].

Marmesor ant. 'albacea' [Acad.; murc., a. 1323-69, G. Soriano, p. 196], voz regional, en parte tomada del cat. *marmessor* [de uso general; S. XIII, *Cost. de Tortosa*, p. 169], del lat. MANŪMĬSSOR, -ŌRIS, derivado de MANŪMĬTTERE 'libertar (esclavos)' (propiamente 'enviarlos lejos del poder o *manus* del dueño'), nombre que se dió al albacea porque se le solía encargar la manumisión de los siervos fieles; en castellano se pasaría por dilación de consonantes a *masmessor y de ahí *mansessor* con trasposición [1258, M. P., *D. L.*, n.º 238.10, 35, 53; 1259, Staaff, 52.2].

Mampesada, -dilla, V. *pesadilla* s. v. *PESO.*

Mamporro [*Aut.*], compuesto con *porra.*

Mampuesto [Covarr., s. v. *mampostería;* h. 1680, Solís³²; *mampuesto* o *malp-* 'pared de una quinta, formada con piedra jabaluna', en Córdoba, 1737, *BRAE* I, 70]; *mampostero* [1528, *N. Recopil.* I, vi, 4; Covarr.; 'terreno inculto concedido por su dueño a un agricultor para que lo rote y plante de árboles, por la mitad del fruto que éstos produzcan', ast., Vigón]³³; *mampostería* [1600, Mariana; Covarr.; Oudin; en Asturias nombre del contrato agrícola explicado, Vigón]; *mampostear; mámpostor* ant.; *mampostura* ast. 'derecho que emanaba de dicho contrato'.

Maherir antic. 'designar para el servicio militar' [«*maherir para la guerra:* deligo», Nebr.]³⁴, 'designar o convocar para cualquier menester' [«dexando *maherido* al señor Pamphilo para que en la primera junta sea el primer novelador», 1589, Juan de Pineda, y otro ej. del mismo en Rz. Marín, *Quijote,* ed. 1916, IV, 381; «el tal Camacho es liberal... tiene asimesmo *maheridas* danzas, así de espadas como de cascabel menudo», *Quijote,* II, xix, *Cl. C.* VI, 11; ejs. de Argote de Molina y Mz. de Espinar en *Aut.*], del antiguo *manferir* o *manherir* («*legio... delectus* es mas abondante número *manherido* de toda la muchedumbre en tiempo de necessidad», APal. 239d; «si muriese alguno de aquellos *manferidos,* quel lugar que le *manfirió* sea tenudo de *manferir* luego otro en su lugar que vaya a servir [militarmente] a sus Altezas», ¿doc. S. XV?, *BRAE* XVI, 645; otro ej. igual en Cej., *Voc.*), del lat. MANŪ FERĪRE seguramente porque a los así designados se les daba un golpe a la espalda con la mano, como el espaldarazo del caballero novel; Acad. registra además la ac. 'comprobar la ley del oro o la plata', 'comprobar los pesos y medidas'; *maherimiento* [«*m.:* delectus», Nebr.].

Manialbo: Maniatado [Oudin; h. 1680, Solís, *Aut.*], y de ahí *maniatar* [Oudin; Covarr.; Pellicer, *Aut.*]³⁵. *Maniblanco. Manicorto. Manigordo. Manilargo. Manirroto* [1604, *G. de Alfarache, Aut.;* Covarr.], *manirrotura* [1618, Salazar de Mendoza, *Aut.*]. *Manivacío* [h. 1595, Fr. H. de Santiago, *Aut.*], antes *manvacío.*

Manicuro [Acad. 1914], en Cuba *manicurista* (*Ca.*, 83).

Manifacero arag., murc. 'entrometido' [1836, en el dicc. arag. de Peralta; y en los dicc. murcianos de Ramírez Xarriá y G. Soriano; ya en *Aut.* como de esta región], *manifecero* en Segorbe (Torres Fornés), cat. *manifasser* íd. (pero en Valencia *manifesser*, Sanelo, Lamarca, G. Girona): el significado primitivo es 'fabricador de utensilios' (así *manificero* en fueros aragoneses del S. XIV o XIII, Tilander, pp. 463-4), derivado semiculto del b. lat. **manïficium* 'utensilio, mueble manufacturado' (comp. *manificus* 'hecho con la mano' en Celio Aureliano, *manufex* en glosas latinas, *maneficio* 'utensilio, mueble' en varios textos legales aragoneses desde h. 1300, Tilander, *l. c.*, *maneficium* un ej. en b. lat. aragonés citado por Du C.), compuesto con *făcĕre* (cuya *a* se ha reintroducido en la forma moderna).

Maniobrar [Terr.] y *maniobra* [*Aut.*], imitados del fr. *manœuvrer* y *manœuvre*, como términos náuticos y militares, adaptados a la forma de *manipular, maniatar*, etc.; el vocablo francés y el oc. *manobra* (comp. cat. *manobre* 'peón de albañil'), son tan antiguos como el idioma [*manuvrer*, h. 1100, *Roland*] y se aplicaron primitivamente a las prestaciones manuales a un señor feudal: del b. lat. galicano *manu operare* 'trabajar con la mano' (ya en las Capitulares de Carlomagno); del francés se tomaron igualmente el port. *manobrar*, cat. *maniobrar*, it. *manovrare*[36]; *maniobrero*; *maniobrista* [Terr.].

Son cultismos: *Amanuense* [Torres Villarroel, med. S. XVIII; Acad. ya 1780; no Covarr. ni Fcha.] tomado del lat. *amanuensis* 'secretario', deriv. parasintético del lat. *a manu*. *Mancipar*, del lat. *mancĭpare* 'vender la propiedad' (compuesto con *capere* 'coger'); *mancipación*; *emancipar* [h. 1260, *Partidas*], de *emancĭpare* íd.; *emancipación*; *emancipador*; *emancipado*. *Manifiesto* [Berceo] de *manĭfēstus* íd.; *manifestar* [Berceo; *Calila*, ed. Rivad. 41[37]; *Gr. Conq. de Ultr.*, 618; semipopular: *malfestar* en el Fuero de Béjar, citado por Tilander, p. 537] tomado del lat. *manifestar*; *manifestación* [Nebr.][38], *manifestador*; *manifestamiento*; *manifestante*; *manifestativo*. *Maniluvio*, del lat. *manilŭvium* cpto. con *lavere* 'lavar'.

Manípulo [Berceo], del lat. *manĭpŭlus* 'haz, puñado' y en b. lat. 'manípulo' (V. arriba *manojo*, y el artículo MANOPLA); *manipular* [Terr.], del b. lat. *manipulare* (Du C.) íd. [fr. *manipuler*, 1795]; *manipulación*; *manipulador*; *manipulante*; *manipuleo*. *Manubrio* [1708, Tosca, en *Aut.*], de *manŭbrĭum* íd. (para cuya formación, vid. Walde-H.).

Manufactura [Acad. ya 1817; «materiales y manufaturas» 1633, Lz. de Arenas, p. 71], *manufacturero* [Acad. 1843, no 1817], *manufacturar*. *Manumitir* (V. arriba *marmesor*), *manumisión* [Covarr.], *manumiso, manumisor*. *Manuscrito* [h. 1650, Gil González, *Aut.*], *manuscribir*. *Manutigio*, de *manutĭgium*, compuesto con *tangere* 'tocar'. *Masturbar* [Acad. 1899, no 1832], lat. *masturbari*; *masturbación* [íd.], *masturbador* [Acad. S. XX]».

[1] Vco. *manu* 'poder, autoridad' [ac. ya latina], 'orden, mandato', común a todos los dialectos, salvo guipuzcoano y vizcaíno.— [2] «Que yo dexe a Orabuena, la que cobré antaño, / en dexar yo a ella rescibiera grand dapño; / dile luego, *de mano*, doze varas de paño, / e aun, ¡para mi corona! anoche fue al baño».— [3] «Fue con la clerisia el pueblo acordado / que escogiesen a él todos pora perlado, / fuéronse *mano a mano* todos al abadía...».— [4] La misma locución, con o sin *a* inicial, tiene también sentido temporal en italiano, aunque más bien con el valor de 'sucesivamente' o 'a medida que', contemporáneamente'; hoy la emplean algunos en la Arg., por italianismo, con esta ac., pero no tiene arraigo.— [5] Ya en Cervantes: «Los dos regidores, a pie y *mano a mano*, se fueron al monte», *Quijote* II, xxv, *Cl. C.* VI, 136; «fuéronse los dos *mano a mano*, como dicen, hasta que llegaron a la Huerta del Rey, donde... hallaron muchos aguadores», *La Ilustre Fregona*, *Cl. C.*, p. 288. En este sentido es de uso general. En la Arg., en el vocabulario de las carreras de caballos, es 'sin concesión de ventaja' (*BRAE* VIII, 363).— [6] «¿Quién, con salud y poder, / *se va* a su gusto a la mano, / i más si es lícito?», *El Rey en su Imaginación*, v. 97; citas allí, pp. 133-4.— [7] «Contaré un suceso yo / de cuando fuí libertino: / la *mano* que me pasó / con la mujer de mi amigo», copla popular (Draghi, *Canc. Cuyano*, 237, 137); Garzón.— [8] «Esto que viene ahora no es cuento, porque fué una *mano* que me pasó a mí mesmo», G. Maturana, *D. P. Garuya*, p. 27.— [9] Está claro que no tiene relación con el lat. MANUS el jergal *mano* o *manús* 'hombre, tío, socio': es gitanismo de origen índico, vid. Clavería, *NRFH* III, 158-60.— [10] M. de Montaigne usa *avant main* = «d'avance».— [11] «Confestim... lo que se faze aína e juntamente con otros, quasi en *manada*», APal. 89*d*. Ej. de Lope en *Aut.* [12] «Ala es parte de la az dispuesta en orden prolongado de *manada* de cavalleros», APal. 12*b*; de animales, 107*d*, 334*b*; Nebr.: «m. de ganado menudo: grex; m. d. g. maior: armentum; m. de cualquier cosa: agmen».— [13] Mozár. *manqâṭ* «manipulus», en R. Martí, parece cruce de este vocablo romance con *cabda* que en el mismo sentido trae PAlc.— [14] En gascón existe *mada* (< *manada*) 'puñado', que viene de MANUS; también en otras hablas de Oc.— [15] Sólo Munthe registra un verbo *aminar las bacas* 'conducirlas'; nada de esto en Rato, Acevedo-F., Vigón, etc. Haría falta comprobarlo. No creo que se trate de un galicismo local, en vista de que en gallego antiguo leemos *maandas* «turmas bellicas», 'haces de un ejército', y hoy *manda* en Galicia (Vall., Irm. Fa.). También está *mada* en gall. y port.; hay formaciones portuguesas como *panado* 'abastecido de pan', Piel *RForsch.* LXX, 132 (pero ¿son antiguas o meramente modernas y secundarias?).

[16] Otros materiales para esta cuestión en Malkiel, *Univ. of Calif. Publ. in Ling.* I, 274, notas 83-86.—
[17] El mozár. *mancáyra* en PAlc., íd., es errata por *mançáyra* (comp., viceversa, *carrança* por *carranca*); la transcripción *manqájra* por P. Torre se basa únicamente en el texto de PAlc. No hay relación directa con *manica aratri* empleado por algún autor latino (como quisiera Simonet). En el portugués del Alentejo *manzeira*, que en el Algarbe es el mango del mayal.— [18] También se documenta en latín tardío MANCIOLA 'manecita', del cual M-L. (*REW* 5293) saca, junto con alguna forma dialectal italiana, un cast. ant. *manzuela*, cuya fuente ignoro.— [19] Según el glosario de Gayangos *maniota* figuraría como nombre de un «instrumento de guerra» en la *Gr. Conq. de Ultr.*, 344, quizá el mismo instrumento que *mañeta*, que en 337*a* se describe como especie de porra o maza. Pero hay errata en la página; en la p. 345*a* vuelve a salir *mañeta*.— [20] El parecido con el fr. *manne*, voz de origen neerlandés (*REW* 5287) parece ser casual. También podría ser derivado de *manija* (ast. *y = j*).— [21] *Manija* sigue empleándose con el valor de 'asa' en la Arg.— [22] No viene del lat. MONILIA, pl. de MONĪLE 'collar de mujer', 'joyas' (como quisiera la Acad.), por razones fonéticas y semánticas evidentes.— [23] En francés antiguo *manvelle* (1297, 1312; que God. escribe mal *manuelle*, V, 151*a*), más tarde *mano(v)elle* o *manevelle* (X, 118*c*); por influjo de *manier*, dió *manielle* (SS. XIV-XV, God. V, 147*a*), de donde por compromiso entre las dos formas, *manivelle* [S. XVI]. No puede ser un *MANIBELLA, derivado de *MANIBULA, forma dudosa que se ha creído leer en Varrón. Aún menos *MANABELLA (A. Thomas, *Essais*, 338; *Mél.*², 143) o *MANUELLA (Brunel, *Rom.* LXI, 214-5), inaceptables desde el punto de vista de la morfología latina. Probablemente tenía razón Sainéan (*Sources Indig.* II, 250) al partir del lat. MANUALIS 'manejable', comp. el fr. ant. *manvée* 'manojo' MANUATA; el it. *manovella* y el sardo *manueḍḍa* serán galicismos. De la variante *manoelle* se tomó el cat. ant. *manuella*, término náutico («25 parells de *manuelles* de ulsina per obs del Pontó la hora que fa exercici», inventario de Barcelona de 1489, Moliné, *Consolat de Mar*, p. 371), y de éste el cast. *manuella* 'nombre que dan los marineros a la barra o palanca' (*Aut.*), 'la del cabrestante' (Acad.) [1708, Tosca]. Marroquí *manwîla* (pron. *manuíla* o *manuéla*) «palo o caña del timón» (Lerchundi, según comunicación de algunos informantes, entre ellos el Selauí): no sé si viene directamente de MANUALIS (cf. s. v. *mangual*), del cat. *manuella* o del it. *manovella*.— [24] Para el origen de los compuestos puramente romances en *man-*, téngase en cuenta mi nota a *vanguardia* (s. v. *GUARDAR*).— [25] Según H. da Gama Barros, *RL* IV, 247-65, en toda la alta Edad Media *mancipium* significa 'siervo' o 'esclavo manumi-

tido'; a principios del S. XI se especializa en el sentido de 'siervo o liberto joven' y desde el S. XII 'joven de nacimiento libre'. Sin embargo, la ac. 'muchacho' ya se halla en los *Hisperica Famina*, que se escribieron en el S. VI o VII, quizá en España o en Irlanda (*ZRPh.* XLI, 615). La ac. 'criado' en portugués se halla todavía h. 1400 en los *Padres de Mérida* (*RL* XXVII, 49).— [26] Un masculino *mancipius* aparece ya en una inscripción hispánica del S. II (Carnoy, 255, 263). Pero de ahí sólo hubiera podido salir *mancepo. Un *MANCIPU postverbal de MANCIPARE, como admite Fouché, *RH* LXXVII, 133, no es satisfactorio. El cat.-oc. *macip* y el it. *màncipe* prueban el empleo del genitivo MANCĬPĪ, acentuado ora en la Ĭ ora en la A, en latín vulgar. Vid. *AILC* II, 145.— [27] «Doulle un bisco a unha ⌣ de terra galega», «os médicos lambéronme una ⌣ de cartos», Castelao 180.21, 174.8, 217.1.— [28] No parece haber sido propiamente 'cuchillada grande dada con las dos manos', sino postverbal de un verbo *mandoblar 'golpear doblando la mano'; aquella definición es la funda *Aut.* solamente en el *Quijote*, donde el vocablo aparece un par de veces mezclado con nombres de otros tipos de estocada, sin distinción que nos aclare de qué se trata. Pero Covarr. (s. v. *manecillas*) dice sólo que es «cierto golpe en la esgrima», y Carranza explica claramente: «hay movimientos en la destreza que los haze el braço sin mover más que la muñeca, según vemos en los *mandobles* que usavan los antiguos, con sólo *doblar* la mano, de donde tomó el nombre» (cita de M. P., *La Serrana de la Vera*, pp. 166-7); confirma Minsheu: «a blowe stroken with doubling the hande backward».— [29] No tuvieron suerte estos vocablos en la lexicografía castellana; olvidado pronto su significado, *Aut.* les dió una interpretación fantasista, que los lexicógrafos posteriores han venido repitiendo o variando diversamente. Es conocido el sentido del cat. *manllevar*, oc. *manlevar*, 'tomar prestado' y esta ac. es también la que tuvo en castellano antiguo; el vco. *mailegatu* íd. y *mailegu* «prêt, crédit» es propio de los tres dialectos vascos de Francia; también está *mailebatu* en Haraneder (lab. S. XVIII); otras veces *maileatu* en los tres dialectos. En la *Crónica de Fernando IV* se aplica *manlieva* al empréstito hecho por un Rey a sus súbditos, empréstito que no siempre se devolvían: de ahí que *Aut.* interpretara 'tributo'; lo que se recogía de mano en mano es imaginario, sugerido sin fundamento por la etimología. En antiguos textos jurídicos, *manllevar* es 'dejar en depósito un objeto a cambio de una fianza' (*Costums de Tortosa*, ed. Oliver, pp. 25, 508); de ahí el *manlieve* que cita *Aut.* de las *Partidas*: estos depósitos daban lugar muchas veces a engaños o estafas, cuando se pedía mucho dinero por objetos sin valor.— [30] El lat. vg. MANSUS está documentado en el *Liber Glossarum*

compuesto en España h. el a. 700 (*CGL* V,
220.40). No es el participio de MANĒRE como dicen la Acad. y otros (vid. bibliografía en Nascentes), y como quizá creía el propio M-L. (quien
en el *ThLL* sólo cita el bearn. *maset* y el logud.
masedu como representantes romances de MAN-
SUETUS). Se extrajo de MANSUETUS por un proceso muy natural, a base del derivado MANSUETUDO,
tan frecuente en latín. Sabido es que en las palabras de esta familia la U era asilábica ya en latín clásico, luego debía pronunciarse *MANSETU-
DO en latín vulgar, que aparecía como derivado
de MANSUS 'quedado', de la misma manera que
TURPITUDO de TURPIS, LIPPITUDO de LIPPUS, LON-
GITUDO de LONGUS, etc. (puesto que la ĭ se pronunciaba igual que E en latín vulgar). La conservación de la -n- no se debe a propagación de la
nasal, como admiten Leite de V. y M-L., ni a una
fecha tardía del vocablo (según indica M. P.), ni
a un origen dialectal (como han sugerido otros),
sino simplemente a la conciencia de la composición de MANSUETUS y al influjo del verbo MANERE,
que impidieron en este caso la reducción de -NS-
a -S- en latín vulgar (comp. *remanso*, participio
de *remaner*, s. v. MANIDO, cat.-arag. *pansa* 'pasa' por ser participio de PANDERE).— [31] Significado generalizado por el gall. *mantenza*, hasta el
punto de que allí se mira hoy *alimento* como
un castellanismo (Lugrís, *Gram.*, 118, 168), mientras que en Portugal *mantença* es sólo 'sustento,
mantenimiento'.— [32] De ahí castellon. *mompost*
'material empleado en la mampostería', *Butll.
Soc. Castellon. de Cult.* XIV, 81, 82.— [33] En el
S. XIII significaba 'patrono, protector', derivado
de *mampuesta* 'amparo', por la simbólica imposición de mano del señor feudal: vid. ejs. en
Cej., *Voc.*— [34] Valdés, *Diál. de la L.*, 138.1, cita
maherir entre los vocablos castellanos sin exacta
correspondencia latina.— [35] *Manetrar* en Berceo,
Mil., 889, es otra cosa. Es errata por *manentrar*,
compuesto con *entrar*, y significa 'acometer'.—
[36] La variante oc. ant. *manaobra* sólo se halla en
textos gascones, y parece debida a una falsa restitución partiendo de la forma gascona *maobra*.
La fecha tardía de las formas españolas y catalanas obliga a descartar la posibilidad de una
formación autóctona.— [37] Ahí, como en las Leyes
de Moros de los SS. XIV o XV (*Memorial Hist.
Esp.* V, 427ss.), es 'confesar, declarar'.—[38] La ac.
política (Acad., n.º 4) debe precisarse en el sentido de que la manifestación es siempre ambulante, a diferencia del mitin. Distinción que no
sólo vale para Cuba (*Ca.*, 70), sino para España
y para todas partes.

Mano m., V. *maño*

MANÓMETRO, compuesto culto del gr. μανός
'raro, poco denso' y μέτρον 'medida'. *1.ª doc.*:
Terr.; Acad. 1869, no 1843.

DERIV. *Manométrico.*

MANOPLA 'pieza de la armadura antigua, con
que se guarnecía la mano', voz hermana del cat.
manyopa (cat. dial. *manyofa, -ova*), port. *manopla*,
it. *manòpola*, de origen incierto; quizá tomados
por vía semiculta del lat. vg. MANŬPŬLUS (lat. cl.
manipulus) 'haz, puñado', que en la baja época tomó el significado de 'toalla', luego 'ornamento litúrgico del antebrazo' y finalmente 'brazo de la armadura'. *1.ª doc.*: *mayopa* y *mayopla*, invent. arag.
de 1426; «*manopla, armadura*: manus ferrea»,
Nebr. *Manopla* está también en el *Paso Honroso*
de Juan de Pineda (68[58a]), redactado en 1588,
pero a base de un original de 1434.

Léese en dicho inventario «hunos avanbraços»;
dos *mayopas* de la antigor...; dos grevas; otro par
de *mayoplas* blanquas; un stoch» (*BRAE* VI, 738).
Es común que se omita la *n* del dígrafo aragonés
ny (= *ñ*), de suerte que bajo estas grafías debemos entender *mañop(l)a*. El Diccionario de Armería de Leguina nos informa de que *manopla*, denominación castiza en parte reemplazada por el afrancesado *guantelete*, se documenta desde el *Paso
Honroso*, de Juan de Pineda, publicado en 1588,
y redactado poco antes aunque a base de una actà
de 1436; se sabe que ya los persas empleaban manoplas, y mediante el estudio de la iconografía y
de los museos se puede seguir su historia en España desde la Edad Media, y en Francia desde el
S. XI. El port. *manopla* se documenta desde 1612
(Mendes de Vasconcelos, en Bluteau), pero una variante *monopla*, que interesa para la etimología,
está ya en Ruy de Pina, a fines del S. XV (Moraes). El it. *manòpola* aparece ya en B. Segni
(† 1558), también en Montecuccoli (Grassi, *Diz.
Militare*) y otros autores del S. XVII; actualmente, además, es el nombre de los mitones[1]. El cat.
manyopa aparece varias veces en el *Tirante* (h.
1470) y en un inventario de 1467 (Ag.); hoy se
llaman así unos guantes sin dedos usados por marinos y carreteros para defenderse del frío.

Creía Diez (*Wb.*, 203) que podía partirse del lat.
vg. MANŬPŬLUS 'haz, puñado', que por influjo de
MANUS habría tomado el sentido de 'guante'; pero es claro que este influjo no podía bastar para tal cambio semántico: haría falta por lo menos
el de un derivado de *mano* de sentido más próximo; por lo demás es extraño el tratamiento fonético, con *ó* popular pero tratamiento culto de la
-P-, tratamiento que se contradice con el hecho de
partir de una variante vulgar y no del lat. cl. y
medieval MANIPULUS. Es, pues, natural que M-L.
(*REW* 5306) rechazara esta etimología. Sin embargo, quizá no pueda abandonarse definitivamente.
Diez llamó la atención hacia el b. lat. *manipula*
'toalla': al parecer se trata de un derivado del verbo medieval *manipulare* 'manipular, manejar'; la
misma explicación se extenderá al lat. eclesiástico
manipulus 'manípulo: ornamento sagrado semejan-

te a la estola, que se sujeta sobre el alba al antebrazo'. Acaso se pasara de ahí a 'mitón' y luego
a 'guante': de hecho Du C. recoge un ej. de un
manivola en un texto que no puedo fechar ni localizar y otro de *manumola* en un documento de 5
1202 que creo referente a los Países Bajos; quizá este último sea errata de lectura por *maniuola* o
manuuola: ambos, parecen significar 'guante'. Sin
embargo, queda esto dudoso, y el conjunto de la
etimología sigue problemático. Nótese especialmen- 10
te que el cat.-arag. *manyopa*, de fecha tan antigua,
es muy reacio a toda etimología a base de MANU-
PULUS.

Sería concebible un compuesto griego *χειρ-
όπλον para 'manopla', puesto que ὅπλον 'arma' se 15
aplica muchas veces a las armas defensivas, y no
sería sorprendente que al latinizarlo se hubiera
sustituído el gr. χείρ por su equivalente latino *manus*; pero tal compuesto es hipotético, tampoco
explica la forma catalana, y finalmente para un 20
nombre de arma medieval sería más natural una
fuente germánica que griega.

Menos sorprendente es que no esté documentado un gót. *MUNDILÔFA, dado nuestro escaso conocimiento del idioma de Úlfilas en materia lexico- 25
gráfica; sus dos componentes son bien conocidos
en gótico. Según he indicado en el artículo *LÚA*,
es seguro que los godos empleaban para 'guante' la
voz LÔFA y su derivado *GALÔFA; el primer elemento de dicho compuesto no está atestiguado di- 30
rectamente en gótico, pero su existencia no es menos segura: se deduce de la del alto alem. ant.
munt 'protección' y 'mano', ags. *mund* íd., escand.
ant. *mund* 'mano', y además la confirman los nombres de persona góticos *Mundila* y *Mundiríx*; 35
mund- es palabra muy fecunda en todos los idiomas germánicos para la formación de compuestos
y derivados como *mundbora, vormundschaft, mün-
dig*, etc. Un *MŬNDILÔFA 'guante protector' estaría,
pues, en regla, tanto más cuanto que pudo ayudar 40
a su formación la conciencia del sentido etimológico de *MUNDA 'mano'; al pasar al romance pronto se contraería en *mon(d)lofa, cuyo extraño grupo de consonantes invitaba a una metátesis *mo-
nofla* o a una asimilación *monnofa*: de ahí por 45
una parte el hispano-italiano *manopla* y por la otra
el cat.-arag. *manyopa*, pues era casi forzoso que vocablo de este significado sufriera el influjo de *mano* cambiando en *a* la *-o-* etimológica. Queda solamente la *p* en lugar de *f*, y debo reconocer que ahí 50
está el punto flaco de la etimología. Hay una explicación posible. En primer lugar es importante
la forma dialectal cat. *manyofa* 'especie de guante
de lana empleado en invierno por los carreteros'
(en la Espluga de Francolí, según Griera, *Tresor*), 55
de donde con sonorización *manyova* 'guante de leñador' (señalado en dos localidades del Penedés)[2].
Ésta podría ser la forma verdaderamente hispánica, procedente del gótico; también oc. *manoufle*
(que el *REW* 5714 relaciona con el fr. *moufle*). 60

La variante *manopla* se extendería desde Italia, como término de armería, y en Cataluña se cruzaría
con el autóctono *manyofa, -ova*, dando la forma intermedia *manyopa*. El italiano *manòpola* puede explicarse por un cruce con *manipulus* 'ornamento
sagrado del antebrazo' y 'pomo de la espada'[3], o
quizá más bien por una forma longobarda *MUN-
DILOPA[4]. Un estudio monográfico sobre la historia y las denominaciones del guante y de la armadura podrá resolver definitivamente la cuestión.

Al imprimir este artículo, y a pesar de las fuertes apariencias en que se apoya la etimología germánica, deseo observar que ya no me parece convincente. Es indudable, en efecto, que *manípulo*,
partiendo del ornamento eclesiástico del antebrazo, llegó a designar los brazos de la armadura: «as
espadas... se tornaron vermelhas com sangue, e co-
ria pelos *manipulos* delas lorigas ataa os cotove-
los», 3.º *Livro das Linhagens* (2.ª mitad del
S. XIV), *PMH, Script.* I, 187, lín. 42; «desmallou-
le o *manípulo* da loriga» Crón. Troyana en gall. del
S. XIV (I, 318.9) traduciendo el fr. ant. *manicles*.
Parece, pues, que una variante *manupula* pudo
llegar desde ahí a 'guante de hierro' dando el cast.
manopla. La antigua procedencia eclesiástica del
vocablo explicaría el tratamiento semiculto, y explicaría también la preferencia otorgada a la forma del latín tardío *manupulum* en lugar de la clásica *manipulum*. Sólo la forma cat. *manyopa* y sus
variantes *manyofa*[5] (-ova) siguen causando cierto escrúpulo (pues para mirarlas como resultado de un
«cambio de sufijo» falta la condición de que *-opa*,
-ofa, *-ova*, sean terminaciones frecuentes). En
conclusión habrá que mantener el caso en estudio
y no perder de vista la posibilidad del étimo germánico, mas por ahora es más verosímil el origen
latino.

[1] El fr. med. *manople, -opole*, documentado solamente en dos traductores del S. XVI y en dos
diccionarios del XVII (God. V, 152) es italianismo evidente. Hay que separarlo de *manuple* 'manípulo' (ya en el *Mystère de St. Didier*), con el
cual lo confunde God. Un cast. *manópola* aparece también en Minsheu (1623).— [2] Ag.; *manyora*
en Griera es evidente error de lectura, por la semejanza de la *r* manuscrita con la *v*.— [3] Así en
un inventario aragonés de 1374: «una spada...
con bollones e smaltes, pesantes entramas las di-
tas pieças, con el *maniplo* de la spada, 7 marcos
6 onças» (*BRAE* II, 345).— [4] El longobardo cambia la *-b-* alemana en *-p-*. Sin embargo, la relación entre un longob. *LOPA y el escand. *lôfi*,
luffe, ags. *glôf*, no es la misma que entre el
longob. *rapan* 'cuervo' (*Rappiczo* nombre propio,
Gamillscheg, *R. G.* II, p. 221) y el escand. *hrafn*,
ags. *hræfn*, o entre longob. *wapjan* 'tejer' (*Guap-
paro*, en *R. G., l. c.*) y el escand. *vefja*, ags. *we-
fan*, o entre longob. *lopôn* 'alabar' (*Lopi*) y el
escand. *lofa*, ags. *lofian*, pues en estas palabras

tenemos -ḃ- germánica (de la cual la f no es más que una notación aproximada) mientras que LOFA tenía una verdadera -f- en gótico y en germánico común, procedente de P indoeuropea. Pero esta -f- es poco frecuente en posición intervocálica, y está sujeta al cambio en -ḃ- (longob. -p-) por «grammatischer Wechsel» (hefan y heban 'levantar' alternan en alto alemán, etc.). Para casos de «grammatischer Wechsel» en longobardo, donde f alterna con p, vid. Bruckner, *Die Sprache der Langobarden*, p. 150. También cabría un caso de ultracorrección en un idioma como el longobardo que se hallaba en el proceso de cambiar la p germánica en f con arreglo a la segunda Lautverschiebung (Gamillscheg, p. 218). En resumen, sería muy concebible la existencia de un longob. *LOPA.— [5] Esta forma quizá se encuentre ya en el *Tirant lo Blanc* (h. 1490), donde dice que la Princesa llevaba «sobre los seus daurats cabells, una *manyosa* tota plena de batents d'or e esmaltats» (ed. Riquer 1155. 13, íd. en las eds. Aguiló y Capdevila). Nadie explica ni sabe qué es una *manyosa*; debería comprobarse si en lugar de la s no hay una f o una s larga en la edición príncipe.

Manoseador, manoseo, manota, manotada, manotazo, manoteado, manotear, manoteo, manotón, V. *mano   Manque*, V. *aún   Manquear, manquedad, manquera*, V. *manco   Mansalino*, V. *mancerina   A mansalva*, V. *mano   Mansedad, mansedumbre, mansejón, mansesor, manseza*, V. *mano   Mansión, mansionario, manso 'masada'*, V. *manido   Manso 'benigno', mansuefacto, mansueto, mansuetud*, V. *mano   Manta*, V. *almanta   Manta, mantaterilla, manteador, manteamiento, mantear*, V. *manto*

MANTECA, voz común al castellano con el port. *manteiga* y cat. *mantega*; se extiende también a Cerdeña, Sur de Italia y Rumanía, pero en estas regiones parece ser voz importada de España; origen incierto, lo más probable es que sea voz prerromana; los tres romances suponen bases fonéticas primitivas diversas (-ĘCCA cast., -ĘCA cat., -AICA o -EICA port.), que pueden corresponder a otros tantos dialectos aborígenes. *1.ª doc.*: *mantega*, 1155, *Fuero de Avilés*, p. 83; *mantecca*, 1181, doc. toledano, M. P., *D. L.*, 260.14.

También hallamos *manteca* en un texto mozárabe del S. XII publ. por Sánchez Albornoz (Oelschl.) y *m-n-t-y-qa* en el mozárabe zaragozano Abenbuclárix, a. 1106[1]. Además tenemos *manteca* en *Calila* (ed. Allen, 129.17; ed. Rivad., 57), en Juan Manuel (*Libro de la Caza*), en Juan Ruiz, etc.; *mantega* en doc. de Sahagún, de 1256 (Staaff, 46.17), y de Oviedo, de 1274 (M. P., *Inf. de Lara*, glos., s. v. *azomar*). Siempre ha sido voz de uso general. La variante *manteca* se emplea en Castilla, Aragón (Valle de Vio, *VKR* X, 218), etc.;

mantega, como ya en los documentos antiguos, es hoy propio de las hablas leonesas: así en Asturias (Rato), en el bable de Lena (M. P., *Dial. Leon.*, § 19.2), en el de Colunga (Vigón *mantegueru*); la variante *manteiga* del leonés occidental (Teberga, Sta. Olaya, Astorga, M. P., *Dial. Leon.*, § 4.2; Cabrera Baja y Bembibre, según A. Garrote)[2], muestra que el substrato vocálico es aquí el mismo que en portugués. En efecto, así en este idioma como en gallego se emplea *manteiga*. Es forma ya muy antigua, que rima con *taleiga, veiga* y *meiga* en poesía de Alfonso X (*RL* III, 164; *Canc.* de la Vaticana, n.º 77; *Ctgs.* 276.43), y figura en docs. de 1200 (Viterbo I, 308b), 1255, 1258 (Cortesão), 1278 (*RL* XI, 90), etc.; es verdad que la forma *manteca* no parece haber sido siempre ajena al país vecino, pues no sólo figura en los fueros de Castelo Bom y Alfaiates, de h. 1200, que contienen muchos leonesismos (sobre todo el segundo), sino también en el de Coímbra, de 1145 (Cortesão, *addit.*). En catalán, donde siempre se ha dicho *mantega*, no es vocablo menos antiguo ni general: se lee ya en una leuda rosellonesa de 1249 (*RLR* IV, 251), y es muy frecuente en toda la literatura medieval[3]. Se ha extendido también a alguna zona de lengua de Oc, aunque no tengo noticias de que viva allí en la actualidad, a no ser en un sentido traslaticio («*mantego*: ordure, gadoue», Mistral); sin embargo, hay cuatro ejs. medievales (Levy) de *mantega* en su sentido propio, tres de ellos (SS. XII y XIII) procedentes de Narbona, junto al límite catalán, pero el otro parece ser de Cahors, en el extremo Noroeste del Languedoc.

La documentación es, pues, concluyente: es voz antigua y arraigada en toda la Península Ibérica, y aun en alguna pequeña zona del Sur occitano. No existe absolutamente ninguna razón válida para sospechar que en alguno de los romances hispánicos sea vocablo importado, aunque así lo hayan afirmado algunos. En todos ellos es y ha sido siempre la única denominación viva de este alimento, en sus diversas variedades[4]. El vocablo reaparece hoy en el Sur de Italia, en Sicilia, Calabria, Tarento, Basilicata, Pulla, Campania y por el Adriático llega hasta Manfredonia (Pascale; *AIS* VI, 1207; Rohlfs, *Diz. delle Tre Calabrie*), en todas partes con la forma *mantéca* (o su alteración normal *mandéca*), en Cerdeña la forma catalana *mantéga*. Pero en Italia el vocablo no se documenta antes del S. XVII (Zaccaria, Tommaseo), y aunque alguna rara vez aparece con su significado propio y general, tiene por lo común acs. especiales: hoy es 'pomada', «composizione di grassi per spelmare i cavalli» en el italiano común y en sardo, «grassa di cacio vaccino simile al burro», «il burro che si raccoglie dal siero dopo la manipolazione del cacio cavallo» en Sicilia, «grasso di maiale», «pomata», «grasso per ungere le scarpe» en Calabria. Estas acs. particulares pueden mirarse ya como indicio

de una palabra importada, y más claro es todavía
el indicio que da la forma de Sicilia y Sur de Calabria con *e*, donde debiera esperarse *i* si el vocablo fuese autóctono[5]; sabido es, como subrayan
los autores del *AIS*, que en el Sur de Italia el empleo de la manteca es muy raro, y su elaboración
popular es desconocida (vid. el mapa 1206, 'mantequera', «zangola»). Del Sur de Italia debió de
trasmitirse a Rumanía, donde *mantică* es palabra
muy poco conocida, según informó Weigand a
Schuchardt[6]; es probable que el vocablo entrara en
el Sur de Italia y en Rumanía como denominación
especial de la manteca de oveja, variedad empleada
en España y poco conocida en el extranjero, pues
consta que éste es el significado particular en Nápoles (Filopatridi) y en rumano (Cihac I, 157). En
conclusión podemos estar seguros de que *manteca*
es palabra antigua en toda la Península Ibérica e
importada muy recientemente en los Balcanes; en
cuanto al Sur de Italia, a pesar de las opiniones
contrarias[7], es probable que tampoco tenga raíces
hondas (comp. el manifiesto carácter advenedizo de
mantechiglia, sic. *mantichigghia*).

De la etimología poco se ha podido averiguar. Se
han propuesto etimologías latinas, que aunque difíciles de rechazar del todo, tropiezan con graves
y evidentes dificultades. Diez, *Wb.*, 466, seguido
por Cihac y Simonet, y por Schuchardt, en la última nota que dedicó al problema (*ZRPh.* XXIX,
553-4), parte del lat. MANTĬCA 'odre', por la preparación de la mantequilla en una mantequera de
cuero: es indudable que esta manera de prepararla
es antigua y arraigada en España, para lo cual hay
el verbo *maçar*, ya documentado en J. Ruiz[8]. Rohlfs
(que por lo demás formuló reservas a esta etimología en *ASNSL* CLXII, 154) sugiere otra explicación semántica: MANTĬCA aludiría a una especie
de cajita en forma de pera en que todavía suele
conservarse la mantequilla en el Sur de Italia; una
reproducción de esta cajita puede verse dibujada en
el citado mapa del *AIS*, y el hecho es que en esta
región se distingue hoy entre *burro* o *butirro* como
nombre de la mantequilla en general, y *mandeca*
como denominación, sea de la manteca conservada
en esta pera, sea de la pera misma[9]. Esto es realmente notable, pues invitaría a revisar la conclusión
provisional de que el vocablo es de procedencia
forastera en este país, si sólo allí se observara la
continuidad semántica entre MANTĬCA 'odre' y el
moderno *mandéca* 'perita en forma de odre'. Pero
esta continuidad es muy dudosa: nótese que en
Calabria y en algún punto de la Pulla, según el
propio mapa, se da a la perita o a su contenido,
el nombre de *butirru* (puntos 716, 761, 766); luego
también en el caso de *mandeca* el significado primitivo será 'mantequilla del viejo tipo local (imitado de los españoles)', y sólo secundariamente se
habrá aplicado a la perita típica, mientras que el
nombre tomado del italiano, *burro* (no autóctono
en el país), o su variante *butirro*, se reservarían más

comúnmente para la mantequilla corriente, expen-
dida en el comercio. Creo, por lo tanto, que ahí no
tenemos arcaísmo alguno (a no ser que entendamos
por arcaísmo lo introducido en el S. XVI), y que
aun si la etimología MANTICA fuese buena no habría
continuidad semántica de 'odre' a 'perita de mantequilla' sino pasando por 'mantequilla'. Ahora
bien, el traslado del acento de MANTĬCA a *mantéca*
presenta un obstáculo insuperable, al menos por
medios romances, y de tanta gravedad que por sí
solo nos obliga a renunciar a la etimología, a no
ser que recurriéramos a la hipótesis de una variante prerromana de esta voz latina, con el acento
trasladado, o que admitiéramos un intermediario
extranjero[10].

Más tarde sugirió Brüch otro étimo latino: *MA-
NUTĬGĬCA derivado de MANUTĬGĬUM 'acto de tocar
con la mano', aludiendo a una forma muy primitiva de elaboración de la mantequilla por agitación
directa con las manos; los reparos de M-L. (*Das
Katal.*, 131-2) a esta idea están cargados de razón: MANUTIGIUM es hápax de un escritor tardío,
Celio Aureliano, que lo menciona explícitamente
como traducción del gr. χειραψία, con todo el aire
de una creación ocasional, y la derivación en -ICUS
es rara en latín vulgar y desusada en la baja época, al menos cuando se parte de un sustantivo abstracto. Debo observar, sin embargo, que la comparación de las tres formas peninsulares conduciría
en forma necesaria, si nos empeñáramos en buscar
un punto de partida único, precisamente a una base en -ĬGĬCA, que podría contraerse bien en -ęica
(> port. *manteiga*, cat. *mantega*) bien en -ęcca
(como FIGICARE > *ficcare* > *ficar*) de donde el
cast. *manteca*. A pesar de este apoyo creo que debe desecharse la idea de Brüch, en vista de las objeciones incontestables de M-L., pues ni siquiera
nos cabe el subterfugio de pensar en una forma
equivalente creada con los mismos elementos por
un idioma indoeuropeo diferente del latín (idioma
que no habría cambiado en ĭ la A indoeuropea de
TANGERE)[11].

La argumentación de M-L. (*Das Katal.*, 131-2;
REW[3] 5324a) es razonable: puesto que los romanos apreciaban poco la mantequilla (cuyo nombre
latino BUTYRUM es helenismo), y Plinio al informarnos de que era alimento muy estimado de los pueblos bárbaros, cita expresamente a los lusitanos, cabe pensar que *manteca* y congéneres son voces heredadas de las lenguas prerromanas de España. Por
lo demás es preciso rectificar la base fonética postulada por M-L., *MANTAICA: las tres formas iberorromances sólo podrían conciliarse a base de un
*MANTĬGĬCA, pero es más probable que deba par-
tirse de tres variantes divergentes desde el comienzo, en la forma que he indicado al principio de
este artículo[12]. Queda, sobre todo, la duda acerca del pueblo prerromano a que pudo pertenecer
manteca. Imposible responder en forma concluyente si fué de lengua afín al ibero o al vasco[13], o bien

de idioma indoeuropeo, sea el celta u otro. En este último sentido mencionaron Schuchardt (*ZRPh.* XIII, 531-2) y Baist (*RF* I, 442-3; todavía en *GGr.* I, § 3) la raíz indoeuropea *menth-* 'revolver, dar vueltas, batir agitando' (scr. *mantha-ti* íd., eslavón *mętǫ* 'yo agito'), de la cual proceden el scr. *manthaja*[14] 'mantequilla', el esl. *smetana* 'nata'[15] y el lit. *smetona*; sin embargo, mientras no pueda precisarse la formación sufijal y el idioma indoeuropeo preciso a que el vocablo pertenecería, la idea quedará vaga; en céltico no parece existir base satisfactoria[16]. M. P. (*Rom.* XXIX, 358-9) recordó la opinión de Rosal «díjose *manteca* porque es *manto* con que se cubre la panza o vientre, y assí llaman *manto* a la manteca o sebo en que nace embuelto el niño»[17]. A condición de entenderlo en el sentido de que *manteca* no es derivado latino ni romance, sino derivado prerromano de la correspondencia de MANTUM en el idioma que proporcionó esta palabra al latín, la idea no es inadmisible, aunque no esté asegurado que MANTUM sea realmente prerromano (V. *MANTO*); como MANTĬCA es palabra de la misma familia, cabría también entonces pensar en la forma correspondiente de este idioma prerromano. Claro está que todo esto es por ahora vago, y quizá siga siéndolo siempre.

DERIV. *Mantecada; mantecado. Mantecón. Mantecoso*[18]. *Mantequero; mantequera. Mantequilla*: este nombre se da a la manteca de vaca en Colombia (Cuervo, *Ap.*, § 668), Nuevo Méjico (*BDHA* IV, 58), Cuba (*Ca.*, 112), otros países de América y en el uso común español[19], reservándose *manteca* para la 'grasa de cerdo'; *manteca* (-*ga*) con el valor de 'mantequilla, manteca de vaca', se conserva, como en portugués[20] y en catalán (ahí *llard* = manteca de cerdo), en Asturias (Rato) y en la Arg. (tiene todavía este sentido en *G. de Alfarache, Cl. C.* II, 235.20)[21]; *mantequillera* cub. 'vaso para conservar la mantequilla' (*Ca.*, 112), *mantequillero* en otras partes de América.

[1] Simonet entendía *manṭiqa* o *manṭeqa* (suponiendo que la ṭ llevase vocal quesra), mientras que M. P., *Orig.*, 101, n. 2, lee *manṭáiqa* (suponiendo vocal fatha). Ambas lecturas son posibles, pero la de Simonet es más probable, pues el vocalismo *ei* (< *ai*?) es sólo gallegoportugués y leonés, mientras que el catalán y aun el castellano suponen *e* primitiva, inequívoca en catalán.— [2] *Manteica* en Maragatería Alta, según el mismo autor. Será forma medio castellanizada.— [3] Por ej. en Lulio (*Meravelles* II, 109; *Doctr. Pueril*, p. 176), Eiximenis (*Terç del Crestià, N. Cl.* V, 51), Jaume Roig (v. 16243): ahí en rima con *mastega*, que se pronuncia con ę en cat. occid. y ę en el oriental, correspondiente al lat. vg. Ę.— [4] Para precisiones semánticas en castellano, V. abajo la nota sobre *mantequilla*.— [5] M.-L., *ZRPh.* XLVI, 121, habla de un sic. *mantiga*. Será confusión momentánea, pues Traina, Biundi y Mortillaro registran

unánimemente *manteca*, y lo mismo aparece en el *AIS* con referencia a una localidad de la isla.— [6] Sólo la encuentro en Cihac; Şăineanu da otra forma, *mantecă*; Tiktin, el diccionario más completo, nada.— [7] Bertoni (*ZRPh.* XXXVII, 738) opinó, al contrario, que se propagó a España desde el Este, sin alegar otra razón que la extensión en los dialectos italianos. Rohlfs (*ZRPh.* XLI, 455) dice brevemente que en Italia no es hispanismo, sino antigua voz mediterránea. M-L. ha opinado repetidamente (*ZRPh.* XLVI, 121, etc.) que en Italia es importación española.— [8] El héroe, para ponderar sus habilidades pastoriles, asegura a la serrana «sé *maçar* e fazer natas, e fazer el *odrezillo*» (1000*b*), con lo cual se referirá a la *manteca de vacas* que, según él mismo nos informa, tenían en abundancia las serranas del Guadarrama (969*a*).— [9] Hay contradicción entre la redacción alemana y la italiana: por lo visto no siempre se distinguió bien al hacer la encuesta. Sólo en el punto 736 consta categóricamente que *mandeca* es la perita y *butirro* su contenido. Por lo demás importa poco, pues fácilmente se podía pasar de una cosa a la otra, y en cualquiera de los dos sentidos.— [10] En el Sur de Italia éste podría ser el griego, que atrae el acento a la penúltima en los femeninos en -η. Pero el vocablo no parece existir ni siquiera en el griego de Calabria y̆ Pulla (falta en el *EWUG* de Rohlfs), además de que entonces esperaríamos formas romances en -*i*. Tampoco hay que pensar en un intermediario árabe, pues nada de esto se halla en las fuentes de este idioma, como ya objetó Baist (*Festschrift Vollmöller*, 256-7) a una insinuación de Schuchardt en este sentido.— [11] Por lo demás es vocablo apenas tiene representación en otras lenguas indoeuropeas, y no se menciona ninguna en céltico.— [12] El vocalismo de los dialectos catalanes es concluyente. Hay ę en catalán oriental, que sólo puede corresponder a Ē o Ĭ (no a Ě ni AI, que allí dan ẹ); ẹ en valenciano y catalán occidental, que equivale a cualquiera de las cuatro bases; ę en el Pallars que sólo puede ser Ē o Ĭ (no AI, que da siempre ẹ, y difícilmente Ě, que suele dar el mismo resultado). Luego el vocalismo catalán se opone a una base en AI como la que podría sugerir el portugués; con ello concuerda la forma occitana (*mantega* y no **mantaiga*) y también la castellana, pues tras AI no cabe una CC doble, y una C sencilla se sonorizaría en esta posición (comp. *vega* de BAICA, *plega* PLAĬCAT, *lego* < LAĬCUS). En cambio la *e* de los dialectos catalanes y languedocianos y el *ei* del portugués podrían emparejarse a base de ĘI, comp. *estret* STRĬCTUS (cat. or. *estrẹt*, occid. *estrẹt*) frente a port. *estreito; drẹt, drẹt* DIRĒCTUS frente a *dereito*. Para el castellano cabría en rigor la alternativa de que *manteca* fuese forma dialectal tomada del mozárabe o del alto-aragonés. Ambos supuestos son poco probables, dada la antigüedad y constancia de la forma con -ca en Castilla, y la documentada antigüedad del producto en la Sierra de Guadarrama.— [13] El vco. salacenco *mandika* 'estómago, cuajo del ganado, tripas de oveja' (que es *pantika* en el Roncal) tiene un derivado salac. *mandikaki* 'grosura, carne del vientre'. En definitiva, viene evidentemente de PANTĬCEM 'barriga', pues P- > *m* es normal en vasco. Pero sería muy inverosímil suponer que *manteca* venga de una forma ibérica análoga a este latinismo vasco; sin duda es una mera coincidencia.— [14] Aunque propiamente este *manthaja* no parece existir: falta Cappeller, Uhlenbeck, Thumb-Hauschild, Whitney (*The Roots of the Skr. Lang.*, p. 117). La raíz sí existe abundantemente en este idioma: el verbo significa 'agitar, remover, batir' (en las formas *mánthati* y *mathnắti* sobre todo, ambas desde el Rig-Veda, mientras que una tercera forma *máthati* es ya más tardía [Atharva-Veda y épica]); *manthanas* es 'batidor de mantequilla' y *mánthās* 'cucharón' (Uhlenbeck), *manthā* 'palo de batir', *manthānas* íd., *manthin* 'jugo de soma mezclado con harina' (Cappeller); cf. Pamir *mándam* 'yo bato', paleosl. *mętǫ* 'mezclo, combino', lit. *mentùris* 'molinillo, batidor'; Uhlenbeck duda que haya nada emparentado en celta, pues irl. *moth* 'pene' y *maidid* 'rompe' irían más bien con el esl. *motyka* = lat. *ligo*.— [15] De ahí suele derivarse el rum. *smíntana* íd. Puşcariu (*Dacorom.* III, 378ss.) afirmó por el contrario que las lenguas eslavas tomaron el vocablo rumano, que vendría de un *SUBMANTANA, derivado de MANTUM en el sentido de 'película que cubre la leche'; Rosetti (*Grai şi Suflet* V, 158-72) vuelve por el origen eslavo, y en efecto es difícil seguir a Puşcariu (entre otras razones a causa del extraño valor que ahí tendría SUB-).— [16] Desde luego nada tiene que hacer ahí el galés *maidd* 'suero de mantequilla', citado por Baist, pues supone un galo *MESGO- (fr. dial. *mesgue*), Pedersen, *Kelt. Gramm.* I, 88. En cuanto al irl. mod. *meadar* 'mantequera' habría que hallarlo por lo menos en irlandés antiguo (¿no tendrá que ver con *meadh* 'hidromel'?). En su artículo posterior reconoce Baist que ya no cree en esta etimología.— [17] Sin embargo, M. P. en *Dial. Leon.* declara que *manteca* es de origen desconocido.— [18] De ahí 'billete de banco' (por lo grasiento), en Cuba (*Ca.*, 112).— [19] Así ya en 1588, Díaz, *Tratado de las Enfermedades* (Cuervo), mientras que en Cervantes y en Góngora *mantequilla* es sólo la batida con azúcar. *Manteca* para la de vaca se emplea en ciertas regiones españolas, y aun no es del todo inaudito en el uso común español, aunque menos extendido que *mantequilla*.— [20] En gallego parece que coexisten los dos matices: Carré define «sustancia que se forma de la nata de la leche» pero otros implican lo otro: «grasa» Vall.; «a xente, derretendo as suas *manteigas*» Castelao 60.4.— [21] En Bilbao la mantequilla de vaca es *manteca de pasiegas* (Arriaga).

Mantehuelo, manteísta, V. *manto*

MANTEL, del lat. MANTĒLE 'toalla'. *1.ª doc.*: doc. de 908 (Oelschl.).

Es frecuente en docs. arcaicos, p. ej. uno de 934 (*Esp. Sagr.* XL, apend. 22), otro de 1076 («una muta de *manteles* leterados nobos cum suas fazalelias», M. P., *Oríg.*, 184), etc. Está también en el *Apol.*, J. Manuel, J. Ruiz, etc.[1]. Para APal. era palabra menos vulgar que *tovaja*: «gausape: *manteles* que se ponen en las mesas o con que el conbidado se limpia a la mesa... y en vulgar se dize *tovaja*» (176*d*; análogo: 264*b*). Empleado en todas las épocas, pero en esta forma es sólo castellano y portugués antiguo (Viterbo).

De la misma etimología, pero llegado probablemente por conducto del árabe es el cast. *mandil*. En español se halla por primera vez en un inventario aragonés de 1331 («un *mandil* derredor del leyto; otro *mandil* para banyo», *BRAE* II, 551); la ac. 'cortina de cama' está también en dos inventarios de la misma procedencia, de 1362 y 1378; significa además 'trapo, toalla, esp. la empleada para el caballo' (así en portugués ya en 1318, *RL* XIII, 348; en castellano figura ya en el *Lazarillo*, *Aut.*, y hoy en Andalucía y la Arg., *BRAE* IX, 534); y 'delantal' (Covarr.; así hoy en Tras os Montes, *RL* III, 63)[2]. En catalán coexisten *manil* y *mandil*, con las dos acs. 'delantal' y 'paño de limpieza', ambos por lo menos desde el S. XIV (*manil*, Ordenanzas de Pedro el Ceremonioso, a. 1344)[3] o el XV[4]; hoy es palabra de Valencia y Ribera del Ebro (*Excursions* II, 289), pero al menos antiguamente debió emplearse también en el Norte[5]. También hallamos *mandil*, y desde el S. XIII, en lengua de Oc, aunque la forma *mandilh* en que se emplea en Gascuña (Millardet, *Recueil d'anc. textes land.*, glos.) revela importación tardía (si fuese antiguo sería *manieu* o a lo sumo *mandieu*). En francés tiene evidentemente carácter importado (vid. God. V), y en italiano, aunque está extendido dialectalmente desde Génova hasta Calabria, se nota su ausencia en el idioma literario (vid. Rohlfs, *EWUG*, 1327). Podría dudarse de si el vocablo llegó al romance por conducto del griego o del árabe[6]: ambos idiomas pueden explicar el cambio de NT en *nd* y de Ē en *i*; en griego lo hallamos efectivamente no sólo en Hesiquio, sino en otros autores de baja época (*ThLL* VIII, 332.30ss.; Walde-H.), y la variante latina *mantile*, documentada en algún gramático, quizá sea ya debida a una reacción de la pronunciación griega. A propósito de *mandil* y de este lat. tardío MANTILE, esta última es la base que parecen suponer las formas de la palabra vasca que significa 'sábana': guip. *maindira, mandira*, a.-nav., guip. *maindire*, a.-nav. *maindere*, a.-nav. (Elcano) *maindre*, salacenco *mandre*, ronc. *mantre* (Michelena, *BSVAP* XII, 368). También en árabe tiene arraigo considerable y general, pues no es menos vivo en el árabe de Oriente (Damasco, p. ej.) que en el de Occidente, se halla ya en el glosario de Leiden que, aunque español, tiene criterio purista y es del S. XI, está en las Mil y Una Noches y en autores antiguos, como el egipcio Makrizí (h. 1400), y el lexicógrafo persa Fairuzabadí (S. XIV) no sólo registra el sustantivo *mandîl*, sino también el verbo *nádal* 'enjugar', sacado regresivamente de aquél por la lengua árabe (Dozy, *Suppl.* II, 653; Freytag; Simonet, s. v.). Esto no prueba que el vocablo sea propiamente árabe, como se ha dicho, pero tampoco es posible admitir que los árabes lo tomaran del romance hispánico. Cabe dudar de si pasaría del latín al árabe de Oriente directamente o por conducto del griego. Y también si en romance es helenismo o arabismo. Contra esta última posibilidad podría alegarse el cat. *manil*, puesto que *nd* no suele simplificarse en los arabismos[7], así como la antigüedad en el Sur de Francia y la gran extensión en Italia; pero ninguno de los tres argumentos es decisivo: la vacilación entre *manil* y *mandil* indica una adaptación tardía al consonantismo catalán (favorecida por la etimología popular MANUS, comp. cat. *eixugamà*, sinónimo de *manil*), ya hemos visto cómo por lo menos en Gascuña es voz importada, y es muy posible que la carencia de testimonios antiguos en Italia tenga un significado.

El nav. *mandarra* 'delantal' (Iribarren) quizá venga de una base vasca dialectal procedente de MANTĒLE: quizá **mandere(a) > *mandar(a)*. Pero también podría ser equivalente vasco de *avantal* (vid. *DELANTE*).

DERIV. *Mantelería.*

Mandilada; mandilandín; mandilandinga; mandilejo; mandilete; mandilón.

[1] El sentido suele ser el moderno, a veces el latino. En *Alex.*, 1899, parece ser lo mismo que 'bandera' o 'enseña': «cuemo venién los griegos de sanna cargados / yvan pora ellos a *manteles* echados; / cuemo de tal non eran los de Poro usados / fueron se acogiendo...», donde interesa la variante de *P mantillos.—* [2] La ac. 'criado de rufianes y mujeres públicas' [1609, J. Hidalgo] puede salir de ahí, o quizá más bien vendrá de la idea de 'paño higiénico' como nombre sarcástico.— [3] «Lo matí sia-li torcat lo dors e los membres ab frigol e ab *menil*», *Manescalia* p. p. Batllori, *AORBB* V, 206. Probablemente *manill* en las Cost. de Tortosa, S. XIII, p. 378 («albarda y estrigol e *manill*») es ya lo mismo.— [4] «Vench quasi nua... / duya sens pus / sobre la pell / un *mandil* vell, / antich, spletat», *Spill*, v. 13184.— [5] Alguna vez *mantil* por cruce con *mantell* (M. Gadea, *Tèrra del Gè* I, 309, hablando del de los masones).— [6] M.-L., que había admitido esto último en *Litbl.* XII, 59, vuelve al griego en *REW* 5325.— [7] Sin embargo, creo que hay alguna excepción entre los arabismos más arcaicos. El nombre del *Racó de l'Aufinac*, grandiosa quebrada en el término del Pratdip, partido de Fal-

set, vendrá del ár. *al-ḫandaq* 'barranco', pues es zona reconquistada ya en el S. XI.

Mantelado, V. *manto*   *Mantelería*, V. *mantel*
Manteleta, mantelete, mantelo, mantellina, V. *manto*   *Mantención, mantenedor, mantenencia, mantener, manteniente, mantenimiento*, V. *mano*
Manteo, V. *manto*   *Mantequera, mantequero, mantequilla, mantequillera, mantequillero*, V. *manteca*   *Mantera, mantero, mantés, mantilla, mantilleja, mantillo, mantillón*, V. *manto*

MANTISA, tomado del lat. *mantīsa* 'añadidura', 'ganancia'. 1.ª *doc.*: 1853, Vázquez Queipo, *Tablas de Logaritmos*; Acad. 1899. Por lo demás en latín es voz de origen extranjero, quizás procedente o al menos trasmitida por el etrusco.

MANTO, del lat. tardío MANTUM 'manto corto', que a su vez es de origen incierto; parece haberse extraído del lat. MANTELLUM, que quizá fuese voz antigua en latín. 1.ª *doc.*: doc. de 923 (Oelschl.); *Cid*, etc.

De uso general en todas las épocas[1]. Entre los romances sólo heredaron este vocablo el castellano, el portugués y el italiano [Dante, Petrarca, G. Villani][2]. En latín se halla MANTUS, -ŪS, como femenino en Probo, MANTUM «amictum breve» en San Isidoro y en varias glosas; el santo nos informa de que así lo dicen los *Hispani*, lo cual no deberá entenderse como equivalente de iberos o hispanos prerromanos, sino sólo como indicación de la conciencia de que era voz ajena al latín clásico[3]. Más antiguo es el sinónimo MANTELLUM, único conservado en todos los romances de Occidente (V. abajo *mantillo*), salvo el portugués; en latín aparece como hápax en Plauto, en el sentido de 'encubridura, capa (para ocultar mentiras)': ahora bien, Servio al comentar este pasaje emplea la variante *mantēlum*. Es posible que tenga razón G. de Diego (*RFE* VI, 287) al admitir que éste es lo mismo que *mantēlum, mantēlium, mantēle*, que con todas estas variantes se halla desde antiguo el vocablo, corriente en latín, para 'mantel', 'toalla', 'paño de secar'[4]; desde el punto de vista semántico es tesis admisible, pues *mantelum, -ele*, se empleaba también como paño para envolver objetos («in *mantelis* unguenta contigerunt», *Fratres Arvales*), en Arnobio parece designar una prenda de vestir, etc. Entonces *mantelum* habría pasado a *mantellum* como *querela* a *querella*, *camelus* a *camellus* (comp. *phaselus > faseolus*), y luego *mantum* se habría sacado de ahí en calidad de seudoprimitivo. Luego, sin descartar la posibilidad de que MANTUM en latín sea préstamo de otro idioma (comp. *MANTECA*), la tesis de la latinidad fundamental del vocablo cuenta con buenos argumentos[5].

DERIV. *Mantear* 'salir mucho de casa'. *Mantón* [S. XIV, *Rim. de Palacio*, 332; APal. 269b; *Qui-*

jote; comp. cat. ant. *mantó* arriba], para el uso actual, Amunátegui, *BRAE* X, 453. *Manta* [doc. de 969, Oelschl.; 1155, Fuero de Avilés[6]; Berceo, etc.; 'pañuelo de cabeza', 1288, *Acedrex,* 376.23; «*manta de cama:* lodix; *manta de pared:* auleum», Nebr.], derivado común al castellano con el portugués, catalán[7] y lengua de Oc (ahí 'especie de manto', ya común en la Edad Media)[8]: el sentido primitivo parece haber sido 'especie de abrigo', de donde 'manta de viaje' y finalmente 'manta de cama' (en italiano es castellanismo ocasional: Zaccaria; pasó también al mozárabe, PAlc., quizá Almacarí, vid. Simonet)[9]; gall. *manta* 'banco de peces, tropa de múgiles' (Sarm. *CaG.,* p. 203); *mantear* [1599, *G. de Alfarache*], *manteador, manteamiento* y su sinónimo *manteo; mantero, mantera; mantés* 'pícaro, pillo' [1868, como provincialismo cordobés, Aur. Fz. Guerra, *El Averiguador,* 1868[10]; Acad. 1884], probablemente derivado de *manta,* con el sentido de 'aficionado a yacer envuelto en una manta', comp. cat. del Ebro *mantós*[11], val. *manter* 'dejado, perezoso'[12], murc. *mantillón* 'desaliñado, sucio, sin aseo' [*Aut.*], que en Méjico ha tomado la ac. 'sinvergüenza'; *mantudo* o *mantón* adj. *Mantillo* [-*iello, Apol.,* 630*d*; «*prestennia... mantillos* que fasta hoy usan las mugeres de Arabia», APal. 381*b*], hermano del cat. *mantell,* oc. *mantel,* fr. *manteau,* it. *mantello* (V. arriba), raro en castellano (falta *Aut.*): hoy se conserva en la ac. 'capa de materia vegetal negruzca en el suelo cultivado' [con la cual compara Unamuno, en sus ingentes versos, el Cristo de Palencia], y en Sanabria como nombre de la toca típica de las mujeres (Fz. Duro, *Mem. Hist. de Zamora*), en otras provincias del Norte la forma de origen extranjero *mantelo* ha pasado a ser una especie de delantal (Acad. 1884, no 1843); *mantilla* [1552, López de Gomara, *Aut.*], de ahí el fr. *mantille* [S. XVI], it. *mantiglia,* port. *mantilha; mantilleja; mantellina* [APal. 420*b; Pícara Justina* en *Aut.*]. Del fr. ant. *mantel* 'manto' se tomó el cast. *mantel* como término heráldico, de donde *mantelado;* de la forma más moderna *manteau* viene *manteo* [Agustín de Salazar, † 1675], de donde *mantehuelo* y *manteista; mantelete,* término de blasón [1725, Avilés] o de fortificación [*Aut.*] o de vestidura, del fr. *mantelet; manteleta* [no *Aut.;* h. 1800, Jovellanos en Pagés, quien además cita un romance]; *desmantelar* [h. 1570, Ercilla], del fr. *démanteler; desmantelamiento.* Enmantar. *Somanta* 'tunda' [Acad. ya 1817], probablemente derivado de *manta* en el sentido de 'zurra aplicada (a un niño llorón p. ej.) debajo de las mantas de la cama' o por la idea de cubrir de azotes[13]. *Somantu* ast. 'regazo' (Vigón).

CPT. *Mantaterilla,* compuesto con *tirilla; mediamanta* cub. 'especie de turrón melcochado' (*Ca.,* 267).

[1] Berceo, *Mil.,* 851*c, S. Dom.,* 493; también en *Apol.,* J. Ruiz, etc.— [2] Pasó pronto al catalán, gracias al influjo conjunto del castellano y el italia-

no. Ya se halla a menudo en el *Tirante* y en inventario de 1430, en ambos asegurada la acentuación por el plural *mantos.* En otros ejs. más tempranos (Turmeda, *Bons Amon.,* 151; invent. de 1385, *Misc. Fabra,* 174) podría tratarse de *mantó,* con sufijo (¿diminutivo?) -ONEM, puesto que *mantonet* se halla varias veces desde princ. S. XV (Ag.). Claro que *manto* no puede ser autóctono en Cataluña, pues en esta posición no se conserva la -*o.* No existe el *mant* citado por M-L. En italiano no es ajeno a los dialectos: Servigliano *mantu* «velo (con cui alcuni nascono)», *ARom.* XIII, 258.— [3] Sofer, 144-5, cree que es voz céltica, y aunque le siguen varios etimologistas modernos (Hofmann, etc.), no da para ello razones positivas. En la baja época parece haber sido voz muy extendida, pues se halla en fuentes itálicas (Edicto de Diocleciano) y otras al parecer galorrománicas (cita de Arles en Sofer, de un doc. de 542 en Diez, *Wb.,* 203); pero también aparece temprano en España: S. Isidoro; doc. de 780 (en Diez).— [4] *Mantēlum* puede explicarse etimológicamente en latín. Parece comprobada la existencia de esta forma como la más antigua, por el testimonio de varios autores arcaicos (*ThLL* VIII, 332.26; Walde-H.).— [5] Ac. secundaria 'máquina defensiva de guerra que servía para cubrir a los que atacaban los muros de las ciudades', *Gr. Conq. de Ultr.* (fr. *manteau,* b. lat. *mantum*). En el mismo sentido *manta* en APal. 7*b,* 135*b,* 528*b,* y en Nebr. La ac. mineralógica, p. ej., en Cartagena, *BRAE* XXII, 489.— [6] «Nullius homne qui sacar armas esmoludas vel espadas nudas, de fora *manta,* contra suo vezino, pectet LX solidos», línea 34.— [7] «Suplic lo rei de pau / que·ns abric en la seu *manta*», Turmeda, *Div. de Mall.,* 142. En la Edad Media sólo como sinónimo de 'manto'; hoy sólo se emplea para 'manta de viaje' (no 'de cama'), lo cual quizá sea castellanismo.— [8] Ya se lee en una epístola latina dirigida a Carlo Magno, vid. Fz. Guerra, *F. de Avilés,* s. v. manto.— [9] La locución *a manta* 'en abundancia', también catalana, es popular en Aragón, en Vizcaya y en muchas partes. Quizá proceda de *manta de palos, de azotes,* que *Aut.* ya documenta en el judío portugués L. de León, h. 1690. Variante *a manta de Dios,* para la cual vid. *El Averiguador,* 1868, 263-4. No creo que sea, como se ha supuesto, catalanismo procedente de *mant* 'muchos', 'varios'.— [10] Este artículo, que trata también del origen, no está a mi alcance.— [11] «L'hivern... és el temps de les gallines *mantoses,* i ara no ponen», Bladé, *Benissanet,* en *La Nostra Revista* VI, Méjico, 1952, p. 455.— [12] «Casi totes les casades es tornen *manteres* y pereoses, que si pòden ja no alcen una paletta de tèrra», M. Gadea, *Tèrra del Gè* I, 303.— [13] Según Spitzer, *BhZRPh.* LXVIII, 317 (y *Litbl.* XLII, 400), sería derivado de *soma* 'carga' (SAGMA) con el mismo sufijo de *carpanta,* comp. «cat. *somaina* 'paliza'»; pero no conozco tal palabra cat. ni figura en las fuentes lexicográficas (si existe será cruce de *somanta*, también empleado en cat., con otro vocablo); *soma* no es palabra cat. ni cast. (sólo figura en Oudin, donde es galicismo ocasional); y *-anta* no es sufijo en *carpanta*. El alto-arag. *lomanda* 'paliza' (*RLiR* XI, 214) parece ser *somanta*, pronunciado *-anda* según la fonética local, con influjo de *lomo*.

Mantornar, V. *mano*   *Mantudo*, V. *manto*
Mantuvión, V. *uviar*   *Manuable, manual, manubrio*, V. *mano*

MANUCODIATA, 'ave del paraíso', del malayo-javanés *manuq-devata* 'ave de los dioses'. *1.ᵃ doc.*: 1620, Diego de Funes (*Aut.*)

Aunque en portugués no la documenta Dalgado antes de Bluteau (1720), debe de ser anterior, pues del portugués debió tomarlo el castellano.

Manuella, manufactura, manufacturar, manufacturero, V. *mano*   *Manuga*, V. *vánova*   *Manumisión, manumiso, manumisor, manumitir*, V. *mano*   *Manús* gnia., V. *mano*, m.   *Manuscribir, manuscrito, manutención, manutenencia, manutener, manutigio*, V. *mano*

MANZANA, del lat. MALA MATTIANA, nombre de una especie famosa de manzanas, así llamadas, al parecer, en memoria de Caius Matius, tratadista de agricultura que vivió en el S. I antes de J. C. *1.ᵃ doc.*: *mazana*, doc. de 1112; *mançana*, J. Ruiz.

La forma *maçana* se halla también en el *Cid*, Berceo (*Mil.*, 113, 246), *Calila* (ed. Rivad., 45), *Alex.* (318, 2380, 2383), *Razón de Amor* (v. 61), en los fragmentos del Graal estudiados por Pietsch, en inventario aragonés de 1492 (*BRAE* III, 362) y otros; todavía *maçanos* en Tor.vs Naharro (1517), vid. índice de la ed. Gillet; la forma predominante desde el S. XIV[1] es *mançana*, con propagación de la nasalidad (testimonios en Cuervo, *Obr. Inéd.*, 396n.3). Tiene siempre *ç* sorda en la Edad Media, y en Nebr., etc. Hoy la forma sin nasalización se conserva en el port. *maçã*[2], y en castellano sobrevive en el Sur y Oeste de León y partes de Zamora (Krüger, *ASNSL* CLI, 157), así como en Castropol (occid. de Asturias, *mazá*, cita de Vigón); *mazanera* 'manzano' en todo el Alto Aragón occidental y central (*RLiR* XI, 225)[3]. Es ya antigua la ac. 'pomo de la espada' (*Cid; Gr. Conq. de Ultr.; Lançarote* de 1414, *RFE* XI, 296; *Confessión del Amante*, 130, donde *mançaña* será debido a una tilde superflua sin significado fónico).

El vocablo, además del portugués y del castellano, se conservó esporádicamente en francés *pommes maciennes* [1425, y otro ej. más antiguo: *Rom.* XXXIII, 568-9; XXXVI, 280); en catalán sólo encontramos huellas toponímicas: *La Maçana, Maçanes, Maçaners* y *Maçanet* son nombres frecuentes en el Norte y Centro de Cataluña (la ex-

plicación de M-L., *REW* 5427, es inaceptable); tal vez un masculino como el cast. *manzano* existió allí también (no sé si como nombre del árbol), pero éste es muy raro: sólo conozco *El Maçà*, grandes pastizales entre Vilallonga de Ter y Pardines (en un paraje que un documento de 1297 llama *Manzanosa*). No cabe duda que fué también popular en la zona mozárabe, a juzgar por los colectivos *Massanît* o *Mašanêto* (-ETUM), que Simonet (pp. 331, 335, 343, 350) documenta en Abenaljatib (Loja), y en escrituras árabes (de Almería, etc.), y *Manšanâleš* (-ALES) en Toledo (con *Mançanil*, Baza 1572, que puede salir de cualquiera de los dos), además de *Massanêlla* (infra). Quizá una de las variantes mozárabes más extendida sería *La Maciana*, que es el nombre de dos partidas separadas en el valle de Albaida. Por lo demás, *maçana* es hasta hoy el nombre de este fruto en el catalán extremo-occidental, por ej. en Fraga y Mequinenza, desde donde se extiende hasta la zona leridana, conservándose en parte de esta área la variante etimológica sin *-n-*; *mançana* se emplea también en buena parte del valenciano y lo registra ya On. Pou, p. 62, en 1575, aunque distinguiéndolo con el equivalente *anthalium* de *poma = malum*, y para el árbol sólo *pomer*. Para la historia y geografía del vocablo en la Romania, V. el artículo de Aebischer, en *Est. de Toponimia y Lexicogr. Románica*, Barcelona, 1948, 99-128. Los *mala Matiana* se mencionan a menudo en la Antigüedad (Suetonio, Columela, Antología); según Plinio (*Nat. Hist.* XII, ii, 6) tomaron nombre del conocido escritor Caius Matius, amigo de César y motejado por Cicerón, que entre otras materias escribió bastante sobre Agricultura[4]; otros escriben *mala Mattiana* con dos *tt* (así Macrobio y Athenaios) y ésta hubo de ser la forma oral a juzgar por la evolución fonética en castellano y demás romances; por lo demás *Mattius* y *Matius* coexisten en latín como nombres de persona, y deben de ser meras variantes fonéticas de un mismo nombre; vid. Forcellini-Perin, *Onomasticon*, s. v. Por lo demás conviene no olvidar que *Mattium* y sus derivados *Aquae Mattiacae* y *Castellum Mattiacum* son el nombre antiguo de Wiesbaden junto al Rin (y de su suburbio Kastel), y con este carácter, están muy documentados en inscripciones de la Antigüedad, figurando *Mattium* además ya en Tácito; los especialistas dudan ahí entre un origen germánico (*mapa* 'prado por segar con guadaña') y céltico (que suele preferirse, Weisgerber, *Rhenania G. Celt.* 347, 348, 346), seguramente con justicia pues *Mal(l)-* y *Matto* están mucho más difundidos en el léxico céltico (Weisgerber, 122-123).

DERIV. *Manzanar* [*mazanare*, 954, Oelschl.; 1011, M. P., *Oríg.* 37][5]; raramente *manzanal* [Nebr.]. *Manzanero, -era* (forma empleada en Aragón, vid. arriba). *Manzaneta. Manzanil. Manzanilla* [*massanêlla*, mozár., Abenŷólŷol, a. 983, Simonet;

mansanêlla, h. 1100, anónimo mozárabe, Asín, p. 168; *mançanilla,* APal., 263*b*], así llamada por la semejanza de su botón con una manzana (por lo cual se llamó en griego χαμαιμῆλον), del español pasó al árabe magrebí y al fr. *mancenille; manza-* [5] *nillero; manzanillo. Manzanito. Manzano* [doc. de 1052, Oelschl.; 1106, *BHisp.* LVIII, 361; *maçano,* doc. murc. de 1275, G. Soriano, p. 193; *manzano,* J. Manuel, *Libro del Caballero,* Rivad. LI, 252*b*]. En gallego moderno el fruto es *mazá* y el árbol [10] *maceira* (Castelao 25.1, 156.13).

¹ Ya está en *Sta. M. Egip.,* Rivad. 311*b,* 314*b; Gr. Conq. de Ultr.,* 49; *mançanar* en doc. de 998 (Oelschl.); pero son lecciones que necesitarían comprobación.— ² Gall. ant. *maçãa, Ctgs.* 3.9 etc., [15] *MirSgo.* 136.25 (fem., aun con la ac. ʼpomoʼ 125.8).— ³ Forma medio vasca será *chana* en Bilbao (Arriaga). En Colunga (Asturias) *machana* es fruto de la patata y de otras plantas (Vigón).— ⁴ San Isidoro (*Etym.* XVII, vii, 3; otra mención [20] XX, iii, 11) y Athenaios afirman, por el contrario, que viene del nombre de la ciudad de Matia en Italia, pero es versión más tardía.— ⁵ *Manzaneda* en Berceo, *Mil.,* 4*b.*

Manzar, V. *maznar* [25]

MANZOBRE ant., ʼcomposición poética caracterizada por jugar con varias formas de un mismo verbo o de otras palabrasʼ, también *mazobre,* y en [30] portugués *mozdobre* o *mordobre;* origen incierto, quizá del ár. *muzáwwar* ʼalterado, falsificado, hermoseadoʼ, por alusión al artificio consistente en el trueque de formas flexionales. *1.ª doc.:* princ. S. XV, Villasandino. [35]

Escribió éste: «sin doble, *manzobre,* senzillo o menor, / syn encadenado, dexar o prender», *Canc. de Baena,* n.º 255, v. 13 (fº 85vºa). Comprobada la lectura en el facsímil del códice, no ofrece duda, como tampoco «non es arte de *mazobre*» (rimando [40] con *salobre*) en J. A. de Baena (ibid., n.º 261, v. 28, 87vºa). Por lo demás, *manzobre* está también en el Marqués de Santillana («Encadenados, lexaprén e *mansobre*», Santillana. p. 12, *Prohemio,* § XIV) y en P. G. de Segovia, y *mançobre* en Gómez Man- [45] rique, que Lang, *ZRPh.* XXXVI, 610, comprobó también en los mss. Cf. asimismo Lang, *Est. in mem. de Bonilla,* 1927, 517-8. Luego no tiene fundamento la sospecha de C. Michaëlis (*GGr.* II, ii, 195) de que estas formas castellanas sean una co- [50] rrupción de los editores, que ella propone reemplazar por la forma portuguesa *mordobre;* y no faltaba razón en caso contra a Teófilo Braga para negarse a admitir esta enmienda (a pesar de la desaprobación de Nunes, *KJRPh.* XI, ii, 339). Por el contrario, es [55] la forma portuguesa, aunque generalmente admitida por los eruditos, la que tiene dudosa fundación filológica, pues lo único que trae la fuente del vocablo portugués, o sea la poética del Cancionero Colocci-Brancuti, son las formas *moz dobre* [60]

y *mor dobē.* La variante *mordobre* se ha admitido generalmente por haber interpretado el vocablo como un compuesto de port. mod. *mór* ʼmayorʼ y *dobre* ʼdobleʼ. De hecho existe un género poético portugués antiguo llamado *dobre,* pero es preferible creer que este elemento sólo entró secundariamente en el vocablo que estudiamos, por haberse cambiado bajo el influjo de esta etimología popular la forma originaria *mozobre* en *mozdobre* (de donde fonéticamente *mordobre*). Realmente la sintaxis del presunto compuesto sería extraña si se tratase realmente de la suma de un adjetivo y su sustantivo: esperaríamos entonces **dobre mór.*

Parece muy probable que sea *mazobre* o *mozobre* la forma originaria, y que tengamos ahí un antiguo nombre árabe, heredado de la escuela poética del Andalús (comp. el caso de ESTRIBOTE, el origen árabe de *segrel,* etc.). Como *Almodóvar,* port. *Almodôvar,* viene de *mudáwwar* ʼredondoʼ, y tal como *Monóvar,* cat. *Monòver,* procede de *munáwwar* ʼfloridoʼ, podemos conjeturar que *mozobre* viniese del ár. *muzáwwar* ʼalterado, falsificado, contrahecho, falsoʼ, participio del verbo *záwwar* ʼalterarʼ, ʼcontrahacer, falsificarʼ, ʼhermosearʼ, voz popular en todas partes, documentada por los lexicógrafos clásicos (Freytag) y modernos (Beaussier), y de cuyo participio reúne Dozy (*Suppl.* I, 612-3) muchos testimonios medievales y africanos (en acs. secundarias como «boisson douce et enivrante»). No es nada sorprendente que a un género adornado con artificios tan rebuscados como los que caracterizan el *manzobre* se le diera el nombre de ʼhermoseadoʼ. No hay dificultad ni en la labialización de *aw* en *o* (comp. *qawwâd* > cat. *alcavot,* port. *alcaiote*), ni en el paso de *-ar* a *-re,* comp. port. *açucre,* cat. *sucre* frente al cast. *açúcar,* port. *azúcar;* como *almocreves* < *almoquevres* < *almoquéveres* (< *murákkib,* vid. aquí ALMOCREBE), ALMOCAFRE < *mukáffir,* ALMOJATRE < *nušátar,* etc. Tampoco puede sorprender la disimilación de la vocal pretónica ni la propagación de la nasal en la variante *manzobre.*

Manzorro, V. *mazorral*   *Maña* ʼmañanaʼ, V. *mañana*

MAÑA, probablemente de un lat. vg. **MANĬA* ʼhabilidad manualʼ, derivado de MANUS ʼmanoʼ. *1.ª doc.:* Cid.

Muy frecuente en todas las épocas y ya en castellano arcaico. La ac. moderna ʼhabilidadʼ, que es la etimológica, aparece representada en los textos más antiguos por la leve variante ʼastucia, estratagemaʼ: *Cid,* 610; *Mil.,* 222*d;* J. Ruiz, 188*c; Rim. de Palacio,* 636*a* (y quizá *Apol.,* 417*a*); y a veces conservada literalmente (*Apol.,* 352). Por otra parte hay otras, que se explican como derivadas de la idea de ʼmaña, habilidadʼ: ʼcostumbre, manera de serʼ: *Cid,* 2171; *S. Dom.,* 34; *Mil.,* 839*c; Apol.,* 365*b*¹; *Denuestos del Agua e el Vino,* 167²; *Fn.*

Gonz., 722b; *1.ª Crón. Gral.* (*Infantes de Lara*, 208.7, 240.11); *Yúçuf*, A8d; Sem Tob, 72; *Vida de San Ildefonso*, 79³; otras veces en la Edad Media llega a hacerse sinónimo de 'manera, modo': *Partidas* II, xxi, 19; *Infantes de Lara* (vid. glosario); *Rim. de Palacio*, 1452, 1519. En las *Ctgs.*, donde es sumamente frecuente, predomina la ac. 'costumbre, hábito' (por lo menos 9 casos), aunque en dos o tres más es 'manera' y en cuatro 'habilidad, artificio' (V. el glos. de Mettmann). Es decir, este vocablo siguió la misma historia semántica que su parónimo *manera*, que también era derivado de MANUS, y antiguamente significó 'habilidad' (Véase). Hoy, en el caso de *maña*, conservamos principalmente la ac. etimológica, aunque algún rastro se ha salvado de la ac. medieval 'costumbre', especialmente con el matiz de 'mala costumbre, vicio contraído (sobre todo por un animal)', muy viva sobre todo en América⁴.

Manha no es menos antiguo y general en portugués; aparece ya en el S. XIII, con el sentido de 'habilidad manual'⁵ y 'costumbres, manera de ser'⁶, el primer ej. es de h. el a. 1200 (Cortesão); de ahí *mua mal manhada* 'mula falsa' en Don Denís, v. 2662. En catalán y en lengua de Oc, aunque menos general y arraigada, es también palabra antigua, que ya aparece un par de veces en el catalán Eiximenis a fines del S. XIV con la ac. 'astucia, ardid'⁷, y en dos trovadores del S. XIII, el lemosín Jauzbert de Puycibot y el quercinol Matieu de Caercin, con la de 'manera de ser, cualidad'; hoy *magno* «minauderie, manières affectées», sólo en Bigorra y el Gers (Palay, Mistral).

Como etimología, la más clara es la de M-L. (*R G.* I, § 503; *REW* 5330), lat. vg. *MANĬA, derivado de MANUS, formado paralelamente a MAN(U)ARIA > *manera*; como en este caso, puede tratarse primitivamente de un adjetivo sustantivado; es probable que de ahí se derive el cat. *manyà* 'cerrajero' [1423], oc. mod. *manhan* 'calderero (ambulante)', fr. dial. *magnien, -ier*, íd., y 'zapatero remendón', 'castrapuercos', it. *magnano* 'calderero'. En latín sólo hallamos MANUA 'puñado, manojo', que cambiado en *MANIA parece haberse conservado en algún punto de España [*maña*: Terr.; en texto arag. de 1818, Borao; Acad. 1843] y en algún dialecto suelto de Francia y de Italia (*REW* 5329.2)⁸.

El P. Sarmiento (*BRAE* XVII, 582) y otros, pensaron en derivar *maña* del grecolat. MANÍA 'locura', 'manía', lo cual no puede aceptarse por razones semánticas, pues el sentido 'vicio, mala costumbre' no es el originario (V. arriba).

Señaló Cuervo, *Dicc.* I, 406, el íntimo parentesco entre *maña* y el verbo *amañar*, que sólo modernamente aparece con el matiz de 'hacer o componer algo mañosamente', mientras que en el ej. más antiguo es 'prevenir, preparar'⁹ (alto-santand. 'condimentar la comida', *BRAE* XXV, 379), y en el

Siglo de Oro es comúnmente 'acomodarse a hacer algo' [1513, G. de Herrera], vid. Cuervo, y *DHist.*¹⁰; port. *amanhar* 'componer, concertar' [1445, Viterbo], 'preparar la tierra para el cultivo', *amanhar-se* 'acomodarse, adaptarse'; gall. «ir *amañando* a posible defensa» (Castelao 79.18)¹¹. Ahora bien, es cierto que *amañar* recuerda notablemente el it. *ammannare, -nnire*, 'preparar, disponer', cat. *amanir* íd., y, como éstos, podría venir del gót. MANWJAN 'preparar', que en rigor pudo romanizarse en *ADMANIARE. ¿Deduciremos de ello que *maña* esté por *amaña, derivado de este verbo, en el sentido de 'prontitud, disposición'? Pero el hecho es que *amaña no está documentado, y tampoco, por lo menos antiguamente, un verbo *mañar; por otra parte el verbo *amañar* es mucho más reciente y menos extendido que el sustantivo *maña*, por lo cual es más natural suponer que sea derivado de *maña*, con el sentido básico de 'arreglar con maña', del cual es posible deducir todas las acs. antiguas y modernas, sin gran dificultad¹². Comp. *ARTE*.

DERIV. *Mañear* [Nebr.]. *Mañero* 'mañoso' [Nebrija]¹³; *mañería*; *mañerear* arg. 'ser mañero (un animal)' (Lugones, *BRAE*, IX, 709); para la ac. 'estéril', V. artículo aparte, y para la antigua 'fiador', V. *MANERA*. *Mañoso* 'que se hace con maña' [h. 1250, *Setenario*, fº 4rºb; fin del S. XIV, *Tratado de la Doctr.*, 111; Nebr.], 'que tiene mañas o resabios', 'remilgado, viciado' (Arg.), 'llorón, gritador' (bilb.: Arriaga). *Amañar* (V. arriba); *amaño. Desmañado; desmañar; desmaña; desmaño.*

¹ «Fue salliendo tan buena, de *manyas* tan conplida, / que del pueblo de Tarso era tanto querida».— ² «Agua, tienes una *manna* / non queria aver la tu conpanna».— ³ «íbanse con él de ninnos una grand companna / si había en si alguno alguna mala *manna* / castigábale Alfonso con alguna buena fasanna».— ⁴ «El zorro se hace viejo, pero no pierde las *mañas*», refrán muy popular en la Arg. y en otras partes. Véanse en *Aut.* otros semejantes. «Sólo los caballos muy mansos y sin ninguna *maña* se aseguraban con las riendas», Chaca, *Hist. de Tupungato*, 306. Bilb. *mañas* 'lloriqueos de mimo' (Arriaga). «No se me da que mi hijo enfermó, sino de la *maña* que le quedó», refrán usual entre los judíos de Marruecos (en España más bien *la reliquia que le quedó*); 'vicio, mala costumbre' en Monastir (*RH* LXXIX, 540).— ⁵ «Esta ama, cuj'é Joam Coelho, / per bôas *manhas* que soub'aprender, / cada u for' [en cualquier lugar que esté] achará bom conselho, / ca sabe bem fiar e bem tecer», Fernam Garcia Esgaravunha, p. p. C. Michaëlis, *ZRPh.* XX, 207.— ⁶ «Estas *mannas*, segundo o meu sen, / que o mar ha, ha el-Rei; e por én / se assemellan, quen o ben entender», Pay Gómez Chariño, *BRAE* XVII, 685.— ⁷ «E·l lleó anant ab *manya* contra aquell, pensà e proposà en si mateix que li parlàs blanament per tal que lo pagès no fugís», *Terç del Crestià*, N. Cl. VI, 108; «en lo

consell per què·s regeix la cosa pública... ha de grans falsaris e baraters qui ab *manyes* e maneres llurs li empatxaran son bo consell», *Regiment*, 86.21. Nótese la sinonimia *manyes e maneres*.— [8] El it. *manna* 'gavilla' sale directamente de la forma MANUA. De la misma voz latina quizá venga el ár. rifeño *amâno* 'gavilla de espigas' (Colin, *Hespéris* VI, 82). El supuesto parentesco con una voz céltica, sugerido por Diez, resultó falso (Thurneysen, *Keltorom.*, 87).— [9] «Quando el Rey estoviere asentado... tenga ya *amañada* la espuerta de palma cubierta defuera de cuero colorado», Villena, *Arte Cisoria*, a. 1423, cap. V, p. 36.— [10] Además en el *Quijote* y en Quiñones de Benavente (*NBAE* XVIII, 546). Algo de las acs. antiguas queda todavía: 'hacer las cosas esmeradamente', 'aprender sin trabajo a hacer las cosas bien y mañosamente' en Asturias (Rato), *amañao* 'acostumbrado, fácil de adaptarse a cualquier medio' en el Cibao Dominicano (Brito).— [11] Minhoto *manhar* «andar com manha», Leite de V., *Opúsc.* II, 497.— [12] Está, en fin, el problema del cat. *manyac* 'cariñoso, mimoso, acariciador', *manyaga* 'caricia'. Tratado con poco cuidado en el *DAlcM.* por ser ajeno al balear y valenciano, y al parecer extraño a la lengua medieval cat. y oc., pero de hondo y amplio arraigo por lo demás; en todo caso no es serio fabricar un absurdo e inútil lat. vg. **manuicare, ni posponer *manyaga* a un sustantivo *manyac* 'caricia' apenas existente (además langued. *magnac* y formas análogas de otros dialectos de Oc no me consta que se empleen también como sustantivas). Pero en todo caso, este enmarañado problema está más en condiciones de recibir que de arrojar luz sobre el resto del grupo romance *mañ-*, y merece estudio cuidadoso y de por sí. Tampoco Mistral, al posponer esas formas a las más alteradas del tipo *maniacle*, contribuyó a desatar ese nudo. En estos vocablos cat.-oc. las posibilidades de tres pistas etimológicas divergentes están bastante equilibradas: 1) *MANIA = MANUA: más obvia o menos rebuscada que las demás, pero no más atractiva, pues no hay un sufijo *-ac*, *-aga* en romance; 2) el grupo del galo μανιάκης, μανάκης, μάννος 'collar típico de los celtas' (perteneciente a la familia céltica e indoeur. del irl. *muin* 'cuello', ky. ant. *m(u)inici* 'collar', lat. *monile*, paleosl. *monisto*, protoiranio *məni-* (> *mini-*) íd.: para lo céltico, cf. J. Loth, *R. Celt.* XLV, 196 ss., *IEW*, 745-6; nada firme parece esta posibilidad, pero no desechable, dadas las hondas lagunas en el conocimiento del léxico prerromano y medieval de ambas vertientes pirenaicas, pues no está cerrado el paso desde este sentido al de 'enlace, abrazo' y 'caricia'; 3) MANIACUS —cf. prov. *maniacle* «fantasque, méticuleux»— se presenta ahí en còndiciones más atractivas que el gr. MANIA en el caso del castellano. Sea como quiera tal problema en nuestro caso

no puede guiarnos y tampoco sería prudente echarlo aquí en olvido.— [13] *Manuîra* como nombre de una planta que, aplicada en cierta forma, cura, y en otras, mata, en el botánico sevillano de h. 1100, sería aplicación especial de este adjetivo, en el sentido de 'astuto, traidor', según Asín, *Glos.*, 166. *Mañero* es muy vivo en la Arg. en el sentido 'que tiene mañas': Dávalos, *La Nación*, 22-IX-1940; Guiraldes, *D. S. Sombra*, ed. Espasa, p. 45; Draghi, *Canc. Cuyano*, p. 67.

MAÑANA, del lat. vg. *MANEĀNA, abreviación de HORĀ *MANEĀNĀ 'en hora temprana', derivado del lat. MANE 'por la mañana'. *1.ª doc.*: Cid.

Es probable que el empleo más antiguo sea como adverbio en el sentido de 'temprano, por la mañana': en esta ac. lo hallamos en el *Cid* («otro día *mañana*» 2111, «mucho es *mañana*», 'muy temprano', 881; con *-s* adverbial, *mañanas fué*, 836), *Libre dels Tres Reys d'Orient*, 96 («madrugaron grant *manyana*»), *Apol.*, 366; *S. Dom.*, 564, 689; J. Manuel, J. Ruiz, etc. De ahí pasaría a emplearse como sustantivo, *la mañana* (*Cid*, Berceo, etc.; mozár. *la manyâna* en una ḫarǧa trasmitida por el Laridí, med. S. XII, *Al-And.* XVII, 109). Es palabra propia del castellano; fuera de ahí sólo aparece algo análogo en Cerdeña, donde, por lo demás, se emplea el masculino: logud. *manẓanu*, campid. *mangianu*, men-, 'la mañana' (M. L. Wagner, *ARom.* XIX, 28)[1]. Los demás romances han preferido MATUTINUS, -A, aunque en la Edad Media se conserva MANE en algunas partes, y hasta hoy el femenino *mani* en el sardo de Gallura; lo mismo ocurría en el castellano arcaico: *la man*, *Cid*; Berceo, *Duelo*, 159; *Sta. M. Egipc.*, 705 («un poco come de pan, / después duerme fasta la *man*»)[2].

Con su otro significado de 'en el día siguiente al de hoy' *mañana* es ajeno todavía al S. XIII, y poco frecuente en el resto de la Edad Media, en que todavía se empleaba CRAS; pero pronto se hizo muy usual la combinación *cras mañana* (*Cid*, 3050; *Mil.*, 484; *Fn. Gonz.*, 480; *cras a la m*, frecuente en el *Cid*) en el sentido de 'mañana por la mañana', y abreviándola se tendió a decir adverbialmente *mañana*, que acabó por hacerse equivalente de *cras*: así ya en el *Poema de Alf. XI*, especialmente en las combinaciones *mañana en aquel día* (219d), *de mañana aquel día* (1438d) y *en el día de la mañana* (versión del *Roman de Troie* por Alfonso XI, *RFE* III, 146), finalmente *mañana* a secas (APal. 97b; Nebr.), pero todavía en portugués se dice *a-manhã*, con prep., en el empleo adverbial (gall. *mañán* sin prep.)[3]; evolución paralela en el cat. *demà*, oc. *deman*, fr. *demain*, it. *domani* DE MANE. Ac. secundaria 'oriente' en la Arg.: «para el lado de la *mañana* estaba el mar» (Guiraldes, *D. S. Sombra*, ed. Espasa, p. 159; ej. del it. *mane* en el mismo sentido, Diez, *Wb.*, 202).

Deriv. *Mañanear* [«*m.*, *levantar mañana:* mani-co», Nebr.]. *Mañanero. Mañanica, -ita,* en Asturias *-ina* (Vigón). *Trasmañana* antic. 'pasado mañana' (Nebr.); *trasmañanar.*

Amanecer [*Cid*], del lat. vg. hispánico *ADMA-NESCĔRE, derivado de MANE 'por la mañana': MA-NESCERE se halla ya en autor español del S. VII (Cuervo, *Dicc.* I, 402-5); del mismo origen port. *amanhecer* (influído por *manhã*[3]); *amanecer* m.; ast. *amanecerín* 'el momento en que amanece' (V); *amanecida; amaneciente. Maitines* [*matines, Cid;* íd. y *matinas,* Berceo; *maitines* o *matines,* en Rodríguez de Almela, S. XV, ms. de la 1.ª mitad del XVI, vid. M. P., *Cid,* 752], tomado del cat. occid. *maitines* (cat. *matines*), más que de oc. *matinas, mait-* íd., derivados femeninos de *mati* 'mañana', procedente del lat. (TEMPUS) MATUTĪNUM, de la misma raíz que MANE (contraído vulgarmente en MATTINU, y por ultracorrección *MACTINU > *maití);* esporádicamente se empleó en castellano antiguo *matino* 'mañana' (M. P., *Cid,* s. v.); modernamente se ha dicho *matinal* por galicismo; *matutino* es duplicado culto [Pz. de Guzmán (C. C. Smith, *BHisp.* LXI); Lope], *matutinal.*

[1] Un arcaico *maña* se halla varias veces en la *1.ª Crón. Gral.,* por lo común como adverbio («*otro día manna quando ellos viron las tiendas*» 303*a*6, «*otro día manna un cavallero savariego de la villa subió en el andamio*» 510*a*42, donde los mss. *F* y *O* traen *mañana*), pero también como sustantivo («*duró aquella batalla desde la manna fasta la noche*» 303*a*4). Esto indica que el adjetivo *MANEANUS fué precedido, como ya era de suponer, de otro adjetivo más breve *MANEUS, -A.— [2] Cat. ant. *man* lo recuerdo sólo como adverbio: «*lo senescal man se levà*», Set Savis, v. 1603.— [3] Y ocasionalmente sustantivado, tal como el cast. *el mañana,* cat. *el demà,* it. *il domani,* etc.: «*un menino que non traía consigo a comida do mañán*», Castelao 211.4f.— [4] No puede considerarse existente un cat. *amanèixer,* sólo empleado por algún valenciano castellanizante. Se ha hablado de calco semántico del árabe en la construcción del tipo *amaneció* (o *anocheció*) *a fula. no en tal lugar* o *en tal forma,* lo cual no es necesario, pues es construcción común a todos los romances y a otros idiomas (comp. la polémica Spitzer-A. Castro en *NRFH* III, 124 y 151, a propósito del libro del último, *España en su Historia*), pero sí hay arabismo indudable en la construcción con sujeto personal *fulano amaneció,* etc.: *la traición amaneció despierta e la lealtad adormida (Calila,* Rivad. 18*b*), *las yerbas floridas que amanescen verdes e anochescen secas (Buenos Proverbios,* ed. Knust, 42), *anoche[c]ió sano o ama-neció muerto, anocheció en Bilbao y amaneció en Madrid,* pues ésta es construcción exclusiva del castellano y el portugués dentro del romance, sin analogías en el sistema sintáctico romance, mientras que el ár. *'áṣbaḥ* «faire jour», «être au matin»,

«devenir tel ou tel au matin», forma parte de una larga serie de construcciones personales del mismo tipo, propias del árabe. El punto de vista que defiendo sobre este asunto coincide del todo con el que expuso detenidamente Alf Lombard en un excelente artículo de la *ZRPh.* LVI, 637-42.

Mañear, V. *maña Mañería, mañero,* 'representante', V. *manera*

MAÑERO, 'estéril', ant., del hispano-latino MAN-NARIUS íd., derivado de MANNUS, vocablo prerromano, que significaba 'mulo' y 'estéril', empleado en latín como nombre de una especie de jaca; hermano del vasco *mando, mana,* 'mulo', 'estéril', y del ilirio *MANDIUS 'muleto', 'buey (estéril)', que ha dejado descendencia en Rumanía, Albania, Italia y Tirol. *1.ª doc.:* 1030, doc. de Aranda de Duero.

Donde se lee: «*don Gutierre et don Monnio fuerunt bassallos de illo comite Garcia Fernandiz, et mattarunt illos mauros in Zervera, et fuerunt manneros; pro inde intrarunt earum divisas in cometato*» (M. P., *Oríg.,* 40). Aparece, en efecto, con gran frecuencia en toda la Edad Media con la ac. de 'muerto sin sucesión legítima' (cuyos bienes pasaban al soberano): «*sy muere algun pariente mannero non deve heredar en lo suyo*» (*Fuero de Castiella,* § 175). Más ejs. en Oelschl. (confundido con *manero* 'fiador' o 'representante', vid. *MANO*) y en Cej., *Voc.* Todavía era usual en el S. XV, en APal., Nebr. («*mañera, hembra:* sterilis; *m., muger que no pare:* effoetus»), así como en el Cartujano y en Fernán Pérez de Guzmán, mas apenas aparece ya en el S. XVI (vid. A. Castro, *RFE* XVI, 413; Miguel Herrero, *RFE* XXV, 246-8). Hoy *mañera* 'mujer estéril' sobrevive entre los judíos de Marruecos (*BRAE* XV, 219).

Del mismo origen es el port. ant. *maneiro* íd. (docs. de 1225 y 1281). Ambos proceden de MANNARIUS, cuyo femenino MANNARIA se lee ya en una inscripción latino-cristiana de España (Hüb-ner, n.º 309). Del mismo radical son el port. ant. *maninho* 'persona sin hijos' (*Cigs.* 21 «*fez aver fillo e hũa moller manĩa*»; doc. port. de 1296; «*estremou... as ovellas... que criavã fillos das que os nõ criavã et erã manỹnas*», *Gral. Est.* gall. 95. 33), más tarde 'bienes de los casados que morían sin hijos', *maninhádego* 'tributo que debían pagar sus herederos' (Viterbo; Leite, *RL* XXVII, 252)[1]; por otra parte 'estéril' bearn., aran. *mànou, -o,* landés *mane* «stérile, impuissant (en parlant du bétail)» (Métivier, *Agric. des Landes,* 732), Rouergue *mono,* íd., Armagnac *manàrrou* «mendiant, clochard» (*RLiR* VII, 132)[2].

Ya Gottfried Baist, *ZRPh.* XIV, 183, sugirió parentesco con el lat. MANNUS, pero como éste no significa 'mulo', sino una especie de jaca (documentado desde Lucrecio en toda la latinidad)[3], M-L. (*ZRPh.* XI, 256) y A. Castro (*l. c.*) dudaban de ese parentesco y se inclinaban a derivarlo del germ. MANN (gót. MANUS) 'hombre', 'varón', por una evolución semántica paralela a la del cast. *machorra*, lat. *taura* 'vaca estéril', porque la mañera pare tan poco como un macho. Sin embargo, partiendo del gót. MANUS habría dificultades fonéticas; sobre todo es indudable, como mostraron después Rohlfs (*ZRPh.* XLVII, 403) y el propio M-L. (*RIEV* XIV, 266; *REW*[3], 5307a), el parentesco con el vasco *mando* 'estéril', 'mulo', junto al cual el dialecto vizcaíno de este idioma presenta la variante *mana* 'estéril'. Luego es vocablo prerromano, y según indica Walde-H., se emparenta además no sólo con el citado lat. MANNUS (que según los antiguos era de procedencia gala, pero más bien será ilirio), sino también con el tipo *MANDIUS, que ha dado el alb. *męs*, *męzi* 'muleto', alem. tirolés *manz* 'vaca estéril', rum. *mînz* 'potro', it. *manzo* 'buey', engad. *manz* 'novillo' (*REW* 5289). V. además Hubschmid, *Pyrenäenwörter vorroman. Urspr.*, 28-29. Se trata, pues, de un tipo prerromano de área mediterránea, con las variantes MANN- y MAND-, y que designaría el mulo y varios animales jóvenes (que por lo tanto no habían criado todavía).

DERIV. *Mañería* 'esterilidad', 'derecho de los soberanos a suceder a los estériles en sus bienes' [1071, Oelschl.; 1103, M. P., *Poes. Jugl.*, 327n.9; M. P., *Oríg.*, 63].

[1] Sarm. lee *maninos* en escrituras medievales de Pontevedra, hablando de tierras que no dan fruto, y oye que todavía se usa; además ha encontrado agua o laguna *manera* por infecunda en peces, y *non pro manería* especie de tributo que pagan personas o tierras estériles, en escrituras de Castilla (*CaG.* 106v). De la raíz de nuestro *mañero* quisiera Georg Sachs derivar la palabra *maña*, que en el *Libro del Açedrex* de Alfonso X, a. 1283 (32.4, etc.), significa 'empate', partiendo de un port. *manho* 'estéril' que Viterbo documenta como hápax en un doc. de 1525. Pero el contexto citado es de sentido dudoso, y *manio*, que Viterbo cita en otra parte, no será más que variante fonética de *maninho*. Por ello dudo de que *maña* 'empate' tenga que ver con esto y sospecho deba partirse de la noción de 'astucia, estratagema' (que emplea el amenazado de perder, con objeto de llegar al empate). Lo comprueba el que *manera*, que también significó 'habilidad', se emplee asimismo en el sentido de 'empate' (*Açedrex*, 306.3).— [2] Otras formas del resto del territorio occitano que cita Sainéan, *Sources Indig.* II, 40, son más dudosas desde el punto de vista semántico.— [3] Sin embargo no es propiamente latino, y sabios lingüistas como Terracini, *Riv. di Filol.* XLIX, 405, y Weisgerber SFK[2] 45, 62, dudan algo de un origen «ilirio»; el celta no está desechado (Loewenthal *WS* IX, 188s.); y reúne Wölfflin, *ALLG* VII, 318-9, copiosos datos latinos. Hay coincidencia, no sé si casual, con el

chileno *mampato* (= arg. *petiso*, ¿luego cpto. *man-pato?*), para el cual vid. s. v. *PEPITORIA*.

Mañín, V. *meñique*

MAÑO, arag., chil., interpelación cariñosa entre amigos, origen incierto. 1.ª doc.: 1859, Borao.

Así Borao y el segorbino Torres Fornés como el chileno Cavada, aseguran que significa propiamente 'hermano'; Román asegura que se emplea no sólo en Chiloé, sino en muchas provincias de Chile. En realidad yo no lo he oído más que entre amigos, y aun como expresión de simpatía entre campesinos mutuamente desconocidos; no me consta que se emplee especialmente entre hermanos, de suerte que no está probado que sea aféresis de *hermano*, por pronunciación rápida, como en efecto se dice *mano* con este valor en casi toda América (Alonso-Rosenblat, *BDHA* I, 253n.)[1]. Por otra parte faltaría explicar la *ñ*, pues la sugestión de estos autores de que se deba al influjo de la *ñ* de *seño(r) Juan*, *seña Petra*, tropieza con el hecho de que, por lo menos en Aragón, no se emplea *maño* en compañía del nombre propio, sino a solas (*oye, máñooo; qué haces, máñaaa*). También tiene cierto uso en el catalán de Valencia, y es de notar que allí se aplica precisamente a los jóvenes y muchachos (de ambos sexos, al parecer; vid. Ag.); nótese que M. Gadea, quien la da como más típico de Teulada (Marina de Alicante), asegura que es propio de las mujeres el decirse *manyes* en lugar del *xiques* de otras partes (*Tèrra del Gè* I, 27). Ello podría sugerir que sea MANNA 'estéril' en el sentido de 'mujer sin hijos' > 'mujer joven' (vid. MAÑERO). Es posible que ésta sea la solución, tanto más cuanto que *mano* y *mana* se emplean en portugués, como término respetuoso y algo familiar en otras partes, y así se halla ya en los diálogos populares de Gil Vicente, a princ. S. XVI; ahora bien, el port. *mano* no corresponde fonéticamente a (GER)MANUS, como quisieran Leite de V. (*RL* 38-39) y otros (vid. Nascentes), pues entonces debiéramos tener *mão*, pero sí corresponde al arag. *maño* y a MANNUS. No parece verosímil que venga de MAGNUS 'grande', pues no es pertinente el paralelo semántico con el opuesto *chico* (que primero tomó el sentido de 'muchacho')[2]. En Valencia *manyo* tiene también el valor de 'manso', 'cariñoso', 'acariciante', lo cual indicaría una abreviación de *manyac*, de este mismo sentido, derivado de MANUS. Deberá ahondarse el aspecto histórico de la cuestión.

No sé si tiene origen análogo el vasco *manex* que los suletinos usan para llamar a los bajo navarros y labortanos; Azkue piensa que sea diminutivo de *Joanes* 'Juan', cf. también *manerrex* 'dadivoso' bazt., junto al cual existe *manesku*, que es 'generosidad' y parece venir de *emanesku* (*eman*).

[1] Comp. la nota de F. Ynduráin en *Arch. de*

Filol. Arag. IV, 201-5, que quisiera partir de *hermano*.— [2] En el griego de Calabria y de Ótranto *maño* (< MAGNUS) ha tomado la ac. 'hermoso' (*RLiR* IV, 171; *EWUG*), desde la cual sí podríamos llegar hasta el uso hispánico. Pero nada de esto se documenta en la Península Ibérica.

Maño 'grande', V. *tamaño*   *Mañoco* 'tapioca', V. *mandioca*   *Mañoso, mañuela*, V. *maña*

MAPA, tomado del lat. *mappa* 'pañuelo', 'servilleta'. *1.ª doc.*: *mapa mundi*, 1399, trad. de Gower, *Confessión del Amante*, 380; *mapa*, 1582-5, Fr. L. de Granada.

En bajo latín se dijo *mappa mundi* para designar la representación del mundo en un lienzo; después se empleó también para mapas de países y regiones. En la traducción castellana de Gower aparece todavía como frase latina, y el mismo carácter tiene *mappa* en APal. 265*b*. Pero ya está castellanizado del todo en Fray Luis, donde aparece como femenino (género todavía conservado en el castellano y catalán populares), y más tarde en Fonseca (1596) y en el *Quijote,* en los cuales es masculino. Figuradamente tomó el sentido de 'escrito en que se resume el estado de alguna cosa con toa sus partes' (*Aut.*), después la 'quintaesencia', finalmente 'cualquier cosa sobresaliente y notable en su línea' (*Aut.*), o sea 'la flor y nata' de algo. En esta ac. es femenino: «—He de apaciguar estos bandos con quitar seis cabezas a cada linaje—. Los caballeros... le suplicaron no hiciese tal, porque eran *la mapa* de la ciudad y todos bien emparentados», Pérez de Hita (Rivad. III, 545*b*; análogamente, 541*b*); con este valor sobrevive en algunas partes: «el modelo, lo mejor de una cosa» en Cespedosa (*RFE* XV, 160), «sidre de reyón ye la *mapa* de la sidre, la que se fai sin apertar munchu el sovigañu» (Rato, *Vocab. ...Bable,* s. v. *reyón*), «o sítio d'onde uma coisa é originária, o logar onde se dá em maior abundância: *as margens do Douro eram a mapa do vinho do Porto;* noutros pontos dizem *o mapa*» (trasm., *RL* V, 96). *Mapa* 'carta geográfica' es palabra popularizada en los romances ibéricos, en italiano (*mappa*), en inglés (*map*), etc.

En el sentido etimológico de 'paño', y con carácter hereditario, se ha conservado, en una variante disimilada *NAPPA, en el fr. *nappe* (ingl. *nap, napkin*) 'mantel', y con M- en muchos dialectos italianos del Sur y del Norte (*REW* 5342). Parece que de un derivado *MAPPACEU debe de proceder el mozár. *mampič* «rodilla de lienzo» en PAlc. (> ár. rifeño *mempič* «rodilla de lienzo para la cocina» Lerchundi) con propagación de la nasal (a la manera de *manzana, mancha, rincón*, etc.) y *â* > *i* por imela (cf. Dozy, *Suppl.* II, 636; Simonet, 329).

CPT. *Mapamundi* [V. arriba; *-di*, 1493; *-do,* 1492, Woodbr.].

MAQUE, 'especie de barniz', del japonés *makie* 'barniz de oro o plata'. *1.ª doc.*: Acad. 1884.

En dicha ed. define la Acad. «barniz durísimo e impermeable, compuesto de resinas y jugos de plantas asiáticas y de otros varios elementos», y además «zumaque del Japón» (ac. que en la ed. de 1939 no está definida en parte alguna, más que por un círculo vicioso de referencias). Ha de tratarse de la misma palabra que el port. *maquié* 'barniz japonés de oro o plata', documentado desde 1684 (Dalgado) y procedente del jap. *makie*, parcialmente confundido en castellano con *laca* (*lacre,* fr. *laque*).

DERIV. *Maquear* [Acad. 1884].

Maqueta, V. *mancha*   *Maqueto*, V. *magüeto*

MAQUILA, 'porción de grano, harina o aceite que corresponde al molinero, por la molienda', del ár. vg. *makîla* 'medida', de la raíz *k-y-l* 'medir'. *1.ª doc.*: 1020, Concilio de León.

Dozy, *Gloss.*, 300; *Suppl.* II, 506*a*; M. P., *Cid,* 747-8; Neuvonen, 41. Es voz frecuente en los documentos arcaicos, y viva todavía. Para el uso en los dialectos, vid. Krüger, *VKR* IX, 84n.[1] También port. *maquia*, gall. *maquia* 'porción de grano o aceite que percibe el molinero', de donde *maquieiro* 'la persona destinada a cobrar las maquilas' y tal vez las castañas *macaíñas* (< *maquiíñas) 'castañas redondas' en Deza (Ferrol) (Sarm. *CaG.* 214*v*), opuestas a las *cagallentas* o pequeñas, y llamadas así, quizá por ser preferidas como pago por los cosechadores cuando celebraban el magosto. En árabe es clásico *mikyâl* o *mikyala,* y muy corriente *káil* 'peso', 'medida de cereales'; pero existía una forma vulgar *makîla,* equivalente al participio pasivo femenino del verbo *kâl* 'medir': efectivamente, R. Martí (s. v. *mensurare*) nos informa de que *makîl* es lo mismo que *mikyâl,* y Dozy señala un testimonio de la forma femenina.

El cat. *màquila* 'medida de aceite de una libra de cabida', vivo en Tortosa por lo menos, presenta un problema fonético con su traslado acentual sorprendente. Ag. (o su editor), Mestre Noè (*BDC* III, 102), A. Matons (*BDC* X, 116), Fabra, Griera (*Tresor*) y Moreira (*Folkl. Tortosí,* 20), coinciden en esta acentuación, y todos hacen referencia a Tortosa, donde el vocablo es muy antiguo, pues ya aparece varias veces, precisamente con este significado, en las Costumbres de Tortosa, del S. XIII[2]. ¿Hemos de suponer que en todas estas obras el tipógrafo, o un filólogo poco conocedor del dialecto, se dejó llevar por la semejanza engañosa con *màquina?* Es difícil (pero vid. PABILO). Y de todos modos el hecho es que lo que yo he oído, aunque en tierra valenciana, es *makîla*: Me dicen en 1962 en Montaverner que la actual fábrica de papel *l'Assut del Moliner* había sido «molí de *makîla*». Además cuesta creer que la analogía con *máquina* haya obrado en la pronunciación popular.

Tanto más cuanto que el cast. *JÁQUIMA* presenta un retroceso paralelo. Pero aquí es más
difícil de concebir este traslado como posible en
árabe vulgar, pues había de estar bien viva la conciencia de la existencia de una semiconsonante de 5
prolongación entre la *k* y la *l.*

DERIV. *Maquilar* [*Aut.*]; *maquilandero* ant. (íd.);
maquila(d)ura 'precio de la molienda del trigo' en
Cespedosa (*RFE* XV, 272). *Maquilero. Maquilón.*
¹ En Chile, p. ej., *sacar maquila* es 'obtener un
beneficio': «el cuento... pues ahora mismo me lo
va a contar, y si no, retiro mi invitación al matecito, —digo bromeando a la buena Candelaria.
—¡Vaya con su mercé! Ya me sacó *maquila*...
Hay que dar en el gusto a los enfermos», G.
Maturana, *Cuentos Tradic., AUCh.* XCII, ii, 47.—
² «Cànter d'oli de Tortosa ha 43 liurades meyns
quarta. En lo cànter ha 8 cadafs; y en lo cadaf
ha 8 *maquiles;* y en la *maquila* ha 8 onces», ed.
Oliver, p. 399 (también, p. 59).

MÁQUINA, tomado del lat. *machĭna* íd., 'andamio', 'artificio, maquinación', tomado a su vez del
gr. dórico μαχανά (ático μηχανή) 'invención ingeniosa', 'máquina (de teatro, de guerra, etc.)',
'maquinación, astucia'. *1.ª doc.:* Fué ya algo usual
en los SS. XV-XVI. Está en Juan de Mena, acentuado *machína*, acentuación que le criticaron el
Pinciano y otros (Lida, *Mena,* pp. 277-9, 353);
1570, C. de las Casas (ed. 1591).

En la parte castellano-italiana de este diccionario
falta todavía, pero está en la parte ítalo-española:
«*machina: maquina* o ingenio»; figura también en
Covarr. y otros diccionarios de la época clásica. Lo
emplea ya Ambrosio de Morales (1575) y otros autores de princ. S. XVII (*Aut.);* en el *Quijote* es
frecuente. Quizá se empleara ya antes del S. XVI,
pero falta en Nebr., APal. y muchos glosarios de
autores medievales; de haber entrado realmente en
el XVI, sería probable que se hubiese tomado del 40
italiano, donde ya era de uso muy extendido a
principios de este siglo. Acs. traslaticias son ya
frecuentes en la época clásica (vid. *Aut.);* entre
ellas 'abundancia, cúmulo (de cosas)', p. ej. en el
Quijote (*máquina de necedades,* I, v, 15, etc.)¹. 45

DERIV. *Maquinar* [1605, *Quijote* I, xxxv, 186;
Covarr.], del lat. *machinari* íd.; quizá anterior a
la introducción de *máquina,* sobre todo el derivado
maquinación [h. 1650, Madre Ágreda, *Aut.*], pues
el cat. *maquinació* ya es frecuente en la Edad Me- 50
dia [fin del S. XIV]; *maquinador; maquinante.*
Maquinal [Acad. ya 1869], quizá imitado del fr.
machinal [1731]. *Maquinaria* [1708, Tosca, *Aut.*].
Maquinista [1600, Sigüenza]; *maquinismo* [Acad.
1936]. 55

Mecánico [2.º cuarto del S. XV, A. Torre, Pz.
de Guzmán (C. C. Smith, *BHisp.* LXI); 1570,
C. de las Casas], tomado del lat. *mechanĭcus* y
éste del griego μηχανικός íd.; *mecánica; mecanicis-
mo. Mecanismo* [Acad. ya 1914], alteración del lat. 60

tardío *mechanisma, -atis,* 'estratagema, habilidad'.
CPT. *Mecanografía; -ográfico; -ógrafo. Mecanote-
rapia.*
¹ Quizá popular en la Arg.: «obligados a sufrir / una *máquina* de daños», M. *Fierro* II, 2096.

MAR, del lat. MARE íd. *1.ª doc.:* orígenes del
idioma (*Cid,* etc.).

Desde luego es palabra general en todas las
épocas y común a todos los romances. En latín es neutro, en rumano y en francés femenino,
en italiano y sardo masculino, y en los demás romances coexisten o han coexistido los dos géneros,
aunque en portugués ha acabado por generalizarse
el masculino¹ y en lengua de Oc el femenino (Mistral; Palay; Ronjat, *Gramm. Ist.* III, p. 11), pero
el masculino estuvo allí bastante extendido en la
Edad Media; en catalán persiste aproximadamente
el mismo estado de cosas que en castellano². En
este idioma las preferencias actuales arrancan ya
de lejos, pues Nebr. distingue entre *mar honda,
mar somera,* «marino: *cosa de la mar*» por una
parte, y *mar oceanum* (sic), *mar estrecho, mar Bermejo* (= Mare Erythraeum) y *mar Mediterráneo*
por la otra; como hoy, ya los marinos preferían el
femenino en el Siglo de Oro, mientras que el influjo latino generalizó pronto el masculino en el
nombre propio de los varios mares (aunque Juan
de Mena escribía *la Mar Océana,* vid. Cuervo,
n. 28 a la *Gram.* de Bello); ambos géneros se hallan en los clásicos de la Edad Media, desde el *Cid*
(6 ejs. del masc. frente a 3 del fem.), Berceo, *Apol.,*
J. Ruiz, trad. de la *Confessión del Amante* (vid.
glos.), etc. Más datos en Hanssen, *Materiales Sintácticos* IV (*AUCh.* 1915). Debieron de existir preferencias geográficas, para el masculino en el Oeste (de acuerdo con el predominio decidido en portugués) y para el femenino en el Este (conforme
al menos decidido del femenino en catalán), pues
el ms. leonés del *Alex.* dice *enno mar* (609*d*), donde el aragonés trae *en la mar.*

DERIV. *Marea* [1492, Woodbr.; «*marea, viento
occidental,* vide *poniente*», Nebr., ac. que se explica por la situación de los puertos andaluces próximos a Sevilla; 'viento suave que sopla del mar',
h. 1650, Madre Ágreda, *Aut.;* 'movimiento periódico de las aguas del mar producido por la atracción del Sol y de la Luna', 1551, Martín Cortés,
Aut.], tomado del fr. *marée,* de esta última ac. *Marear* [1439, Pero Tafur; Quiñones de B., *NBAE*
XVIII, 670; y forma predominante hasta hoy];
en la ac., casi siempre reflexiva, 'turbarse la cabeza
y el estómago por el movimiento de una embarcación u otras causas de efectos parecidos', el
vocablo sufrió la concurrencia del sinónimo *alma-
diarse* [1560, Toribio de Ortiguera, en *Hist. Primit. de Indias,* II, *NBAE,* 421; frecuente desde
fines de este siglo, V. las citas algo más tardías de
Tiscornia; vivo todavía en Costa Rica], derivado
muy natural de *ALMADÍA,* por el movimiento

desconcertado de esta clase de embarcación; y del encuentro de los dos sinónimos resultaron los cruces *almadear* [1567-99], *almarear* [1676] y *almariar*, hoy popular en la Arg. (Tiscornia, *RFH* IV, 383-6); en la ac. 'navegar' *marear* ya se halla en 1494 (Woodbr.) y 1582 (Jal); *mareador; mareaje; mareamiento; mareante* [2.º cuarto S. XV, Jal; APal. 75b, 'navegante']; *mareo* [*Aut.*]. *Marejada* [Acad. ya 1914], tomado del port. *marejada* [h. 1550, J. de Barros] (¿o del cat.?). *Marengo. Marero. Mareta* [*mareta* 'marejada' en el *Dicc. náutico* de Pedro Fz. de Navarrete, 1675 (Gili, s. v. *arfar*); h. 1680, Solís, *Aut.*; la frase vulgar *andar con mareta* ya en Quevedo, *Libro de todas las Cosas, Cl. C.* IV, 148][3]; *maretazo. Marino* [J. Ruiz][4], de MARĪNUS íd.; *marina* [*Apol.*, 266a]; *marinar* [1519, Woodbr.], *marinante; marinear; marinero* [Berceo; *Partidas* II, xxiv, ed. Acad. II, 259], *marinera, marinería* [1501, Woodbr.], *marinerado, marinerazo; marinesco; marinista; amarinar; submarino*.

Gall. *marusía* 'fuerte inquietud del mar' (*hay mucha marusía* Sarm. en su viaje de 1755 *CaG.* 218r), que parece rectificación del dato de un informante de 1745 que, además de «vientos de tempestad», había definido *marusías* como «mareas vivas de los equinoccios» 65r, y en efecto hoy (Ape. a Eladio Rdz.) *marusía* o *ruxía* se emplea para 'mar picada, mala mar' en la baja ría de Vigo; mas por otra parte no parece que la referencia a la marea sea errónea pues el port. *maresía* además de 'marejada' significa 'mal olor que echa la bajamar': la forma en -e- se documenta desde Gil Vicente (dicc. de Machado). Derivado notable, cuya explicación no se ve bien clara[5]. No parece que haya razón suficiente para sospechar que sea un cpto. o una voz arcaica de procedencia extranjera o substrática. Y sin embargo no rechazo del todo lo uno ni lo otro: ¿MARIS *ZELA de zelari 'tener celo (o celos)' de donde tal vez 'inquietud'?; con *ciar* no habrá relación, dada la sonoridad de la -s- portuguesa; relacionar *Mori Marusa* que (según un dato de Filemón dado a conocer por Plinio) fué nombre antiguo —céltico o germánico— del Oceano Boreal o «septentrionalis» (Holder II, 449, Pok. *IEW* 748.15) sería sumamente audaz, y no menos postular un célt. *MORĪSÍA (derivado del célt. MORI 'mar') (> metát. *merosía > marusía*), además de que el sufijo -ISIA (frecuente en céltico) parece estar acentuado siempre en la primera *i*.

Marisco adj. ant. [«*ánade marisca*», h. 1326, J. Manuel, Rivad. LI, 251a31; «*m., cosa de mar*: marinus», Nebr.], sustantivado tomó la ac. 'animal marino invertebrado' [en port. ya S. XIII, *Foro de Beja, PMH, Leges*, II, 59; en cast., 1399, trad. de Gower, *Conf. del Amante*, 383.1, traduciendo *fish which has a schelle*; APal. 252d «*ostreas es marisco*»; 1617, C. Suárez de Figueroa, cita de Cabrera; otras en *Aut.*][6]; *mariscar* 'buscar mariscos' (ac. viva, p. ej., en la costa chilena), gnía. 'hurtar' [J. Hidalgo, 1611], 'hacer el pícaro o bus-

cón' [1599, *G. de Alfarache, Cl. C.* II, 36.20]; de ahí parece ser alteración (por influjo de *maleante*) el argentino cuyano *meliscar, -lescar*, 'recoger restos utilizables' (*AILC* I, 78-9; II, 176, 180-1), comp. *mariscador*, en la propia Argentina, con aplicación al interior del país[7]; *mariscante*.

Marisma [Berceo, *Mil.*, 433a; «*m.: ora marítima, ora littorea*», Nebr.; los dos ej. que cita *Aut.*, de 1582 y princ. S. XVII, se refieren a Andalucía y asimismo el del *P. de Alf. XI*, v. 1300b, donde también significa 'costa del mar'], del lat. MARĪTĬMA (ŌRA) 'costa del mar'; también port. *marisma*, comp. cat. *maresma* e it. *maremma* íd.; así la *i* como la *s* (comp. *BIZMA*) de la forma castellana se explican admitiendo que es mozarabismo andaluz, extendido ya en el S. XIII, a raíz de la conquista de Sevilla[8]; *marismeño*; duplicado culto es *marítimo* [1493, Woodbr.; Lope, en *Aut.*]. *Marola* [Acad. 1925], *marullo* [íd.], tomados de los port. *marola, marulho*, íd. *Enmarañar. Amarar; amaraje.*

CPT. *Maremagno* o *mare mágnum.*

[1] Hoy no se dice más que *alto mar*, etc. Pero los compuestos *preamar* y *baixamar* son buenos testigos todavía de la vacilación antigua. *Fazer-se* o *ir-se a la mar*, y la locución *a la mar de* 'mar adentro de, frente a (un lugar terrestre)', aunque ya documentados en los clásicos del S. XVI, parecen ser castellanismos, o más bien catalanismos náuticos, en vista de la forma del artículo. Abundante documentación en el diccionario de Vieira.— [2] En el Rosellón es sólo femenino (*Misc. Fabra*, 195), pero en los demás dialectos coexisten los dos géneros, aunque el femenino es tanto más general cuanto más popular es el tono (salvo en las ciudades). En la Edad Media se dijo *Mar Mediterrània* (Eiximenis), *Mar Roja* (J. Roig, v. 12471), y algunos restauran hoy este uso. En la *Doctrina Pueril* de Lulio el femenino es constante, creo (p. ej. pp. 169, 280), y así en otros autores medievales; pero también se halla entonces el masculino.— [3] En portugués ya aparece en 1602 (Moraes). Del castellano procede el ár. marroq. y argelino *marîṭa, -îta*, 'balanceo de un barco', que Simonet, quizá con razón, cree diminutivo de *marea* y no de *mar*; Rabat *maréṭa* «houle courté, roulis» (Brunot); pero como esto supone especial arraigo en Andalucía es razonable sospechar que *mareta* proceda de un mozárabe *mareyeta* = cast. *marejada*, contra lo cual no se puede objetar el que *mareta* y *maretón* 'olas pequeñas en mar abierto' (como lo define Azkue al darlo como equivalente del vasco vizc. *olarro*) sean usuales también en el Cantábrico, pues es sabido que muchas voces marinas andaluzas (como el mismo *ola*) se han comunicado a las costas del Norte. Por lo demás en la Costa Sur del Mar Caribe, por lo menos en la de Cartagena, *mareta* tiende a reemplazar a la palabra *ola* en casi todas sus acepciones; V. los detalles en Flórez y Montes, *Muestra del Léxico de la*

Pesca en Colombia, Bog. 1973, pp. 17 y 18.—
⁴ El empleo como sustantivo, como sinónimo aproximado de *marinero*, es tardío así en castellano
como en italiano (en catalán es todavía desusado);
falta en *Aut.*, Pereda lo pone entre comillas, y
Palacio Valdés lo emplea mucho menos que
marinero (Riegler, *ARom.* IX, 111). Parece ser
galicismo (en francés ya corre en el S. XVIII).—
⁵ En Galicia parece que haya algunos derivados
paralelos *nordesía* y *ventesío*, pero si acaso serían
creaciones según el modelo de *maresía* (sobre todo
si es verdad que esta forma no ha sido ajena al
gall., como dice Pensado, p. 175). Pero estas
formas no inspiran confianza. *Ventesío* ('ventisca, borrasca de viento y nieve') según dicho apéndice sólo figura en Carré; además no está todavía en la 2.ª ed. *Nordesía* procede del Supl. de
Vall. (de ahí a Eladio) 'lo referente al Norte y
viento fresco del Norte', pero me parece esto
una definición defectuosa, pues debe de ser derivado de *nordés* (que se emplea en gallego por
Nordeste): en efecto es *nordestía* 'viento frío del
Nordeste' en portugués. Y en cuanto a *ventesío*
debe de ser imitación (acaso sólo ocasional) de
vento travessío. Ahora bien, esto no puede ser
el caso de *maresía*, puesto que éste en Portugal
se pronuncia con *s* sonora y el otro con sorda.—
⁶ No hay por qué relacionar *marisco* con el b.
lat. *maruca* 'caracol' (*CGL* V, 377.23, en un glos.
anglosajón temprano, del cual procede el it.
merid. *maruca* o *maruzza* íd.), según quieren
Schuchardt, *ZRPh.* XXVIII, 321, y el *REW*
(5387). En cambio puede tener alguna relación
con ello el leonés *moruca* 'lombriz de tierra' (*RH*
XV, 6); vid. *SAMARUGO*. Para el sufijo *-isco*
comp. *morisco, arenisco, berberisco,* etc.— ⁷ Vivo
en la Argentina: «ya hacía dos días que salieran
de su casa los *mariscadores*; poca provista llevaban: yerba, mandioca sancochada...», E. Ezquer
Zelaya, *La Prensa*, 15-VI-1942.— ⁸ Claro que no
puede admitirse la explicación de Baist (*GGr.*
I, § 20) como préstamo del it. *maremma* adaptado a *morisma* (?). Pero tampoco es cierto que
no haya dificultad fonética, como asegura G. de
Diego (*RFE* III, 308), pues el resultado castellano sólo hubiera podido ser *marezma. Para
la *i* mozárabe, vid. *GUISANTE*. Para los descendientes romances de MARITIMUS, V. ahora el
trabajo de Aebischer, en *Est. de Toponimia y
Lexicogr. Rom.*, Barcelona, 1948, pp. 85-95. Es
notable el empleo adjetivo que observamos en
la *Gral. Est. gall.*, princ. S. XIV: «a todas las
outras yslas e aos lugares *marismos*» (79.9), cuya
explicación fonética es la misma de todos modos,
ora se dedujera del sustantivo mozárabe *marisma* ora fuese continuación directa mozárabe del
adjetivo MARITIMUS.

Marabú, V. *morabito*

MARACA 'calabacín lleno de piedrecitas, empleado como instrumento músico': en los países
septentrionales de América del Sur se tomó del
caribe o arauaco *maraka;* pero el brasileño *maraca*
y el rioplatense *maracá* proceden de la correspondiente forma guaraní (*mbaraká*). *1.ª doc.:* 1745,
Gumilla, con referencia al Orinoco.

Este autor dice que lo inventaron «los arauacas».
Pero el vocablo se encuentra con gran frecuencia
desde h. 1520 en autores latinos, alemanes, franceses y portugueses, con referencia al Brasil o a la
costa Caribe. Hoy está arraigado en Colombia¹,
Venezuela², Puerto Rico (f. Abad), Cuba, el Brasil,
y la expansión de la música tropical le ha dado
recientemente gran extensión; en el Río de la Plata dicen *maracá*. Vid. Friederici, *Am. Wb.*, 392.
Es poco probable que *MARIMBA* se relacione con
nuestro vocablo.

DERIV. *Maraquero* cub. 'tocador de maracas'
(*Ca.*, 260).

¹ «Cantó cierta vez un 'llorao' genial, a los com-
pases de las *maracas*, para infundirme la ironía
confortadora», E. Rivera, *La Vorágine*, ed. Losada, p. 101.— ² Calcaño. De ahí lo considera propio Cuervo, *Ap.⁷*, p. 502.

Maragatón, V. *melón*   *Marallo*, V. *maraña*
Marángano, V. *madroño*

MARAÑA, voz peculiar del castellano y el portugués, de origen incierto, quizá prerromano; parece haber parentesco con el tipo provenzal y francoprovenzal *baragne* 'zarzal, maleza, estorbo', tanto
más cuanto que *baraña* existe como variante de
maraña en España y Portugal; pero como las formas hispánicas tienen en hablas muy conservadoras la ac. 'cordón', 'hilacha, hilos enredados', es
también posible que *baraña* sea derivado del mismo radical prerromano que *baraça* 'cordón', 'cordel', 'cinta', 'lazo' (de donde *EMBARAZAR*). *1.ª
doc.:* h. 1520, Juan de Padilla.

Es ya frecuente en todo el S. XVI y sigue siendo palabra muy viva hasta la actualidad. Significa
'entrelazamiento de ramas o malezas', 'de hilos o
cuerdas' (ejs. frecuentes desde los primeros años
del S. XVII) o bien 'enredo, embuste' (ya L. de
Rueda, h. 1550), 'lance intrincado (p. ej. en una
comedia)' (así en el primer ej.); la diferencia de fecha entre las acs. figuradas y las materiales deberá
explicarse sencillamente por la mejor oportunidad
que daba a aquéllas la literatura; estas últimas
son también frecuentes desde antiguo, p. ej. 'desperdicio de seda' en pragmática de 1627 (*Aut.*) y
en las Ordenanzas de Granada 1672 (*DHist.*,
s. v. *azache*). Por lo demás, véase la abundante
documentación reunida por Malkiel en su básico
artículo del *BHisp.* L (1948), 147-171. No sería
difícil agregar otros ejs., sobre todo en la ac. 'enredo, engaño': «(América) es tierra de confusión, /
es caos do están las *marañas*, / es un infierno de

bivos / y un Antecristo en palabras», Rosas de Oquendo (fin S. XVI, *RFH* IV, 364), «supo el ama y mi amo la *maraña;* toda la casa lo celebró con extremo», Quevedo (*Buscón, Cl. C.,* p. 82); de ahí 'embrujo, conjuro' en el argentino Ezquer Zelaya (*La Prensa,* 1-II-1942). En portugués no hay motivo para dudar del carácter genuino de *maranha* «fios ou fibras enredadas; teia de lã antes de apisoada; *fig.* enrêdo; negócio intricado; astúcia», aunque algunos lexicógrafos, sin otra razón que el deseo de salir fácilmente del apuro etimológico, hayan asegurado que es castellanismo: el hecho es que allí ya se documenta en textos de fines del S. XVI y primeros del XVII (*Monarquia Lusitana;* vid. Bluteau), y no presenta menor vitalidad que en España. En ambos países hay una variante *baraña,* documentada en textos tempranos y en dialectos conservadores: *barañas* 'telarañas que oscurecen la vista' en Lobera de Ávila (a. 1548, vid. *DHist.*), *baranha* en las hablas portuguesas de Mogadouro (Tras-os-M.) y Atalaia, *baranho, -ño,* en Tras-os-Montes, Salamanca y Extremadura, *baraña* en Andalucía y en Méjico (Toro G., *BRAE* VII, 299), *embarañar* en Torres Naharro (1517), vid. índice de la ed. Gillet. En cuanto a la posibilidad de que existiera en mozárabe, téngase en cuenta que Abenalbeitar cita *marâniya* como nombre de un árbol parecido al jazmín y también llamado *haum al-maǧûs* 'haum de los magos o guebros' (*haum* palabra persa) Dozy II, 585 (según Belot el *haum al-maǧûs* es una planta medicinal).

Como la disimilación *m-n > b-n* (cat. *berena <* MERENDA) es harto menos frecuente que la dilación en sentido contrario (*DESMORONAR, mandurria, mengala, moniato, merenjena, moñiga,* etc.), existe la presunción de que *baraña* sea anterior a *maraña.*

Por otra parte, partiendo de la observación de que los sentidos materiales suelen ser más antiguos que los figurados, es natural que nos preocupemos especialmente por hallar en el fondo acs. concretas, y sobre todo las vinculadas a la vida rural y agrícola; de ellas nos proporcionan varias los arcaicos dialectos del Noroeste: Cespedosa *maraño* 'cordón de hierba que va dejando el segador a su izquierda y necesita ser volteado para que se seque' (*RFE* XV, 270), salm. *baraño* «fila de heno recién aguadañado y tendido en tierra antes de agavillado» (Lamano), ast. *marañu* «faja de prado que el labrador siega sin apartarse de una línea recta» (V), y así en el Centro y Occidente de Asturias y en el Bierzo (Rato, Canellada, Acevedo-Fz., G. Rey), Sajambre *marallo* (vid. Fz. Gonzz., *Oseja,* 305, quien lo señala en otros lugares de Asturias, León y Salamanca), La Lomba *marallo* 'montón alargado de hierba tal como queda al ser cortada por el segador', sanabr. *maraño, BRAE* XXX, 439, trasm. *baranho* «aquelle cordão de herva que nos lameiros resulta da ceifa á guadanha» (*RL* V, 30):

lo básico en esta ac. ha de ser la idea de 'cordón, hilo o hilera', pues alrededor de la idea de 'hilo' se centran las demás acs., como la portuguesa de 'hilos enredados', Beira *maranha* «t e c i d o de lã antes de ser tinto» (*RL* II, 250), Atalaia y Mogadouro *baranha* «como que t e i a s de aranha que se apresentam diante da vista cansada» (*RL* V, 30; XI, 40), y así ya en el ej. español de 1548; en el Bierzo *amarañar* parece ser 'hilvanar' (*la costurera amaraño pronto el vestido,* G. Rey); por otra parte *baraño* o *maraño* en Extremadura (*BRAE* III, 661), Salamanca y el Bierzo es «nube ligera que corre por el cielo», que bien mirado es como una hilacha (cat. *filagarsa de núvol);* de 'hilaza' facilísimamente se pasaba a 'desperdicio de seda' o a 'madeja enmarañada'. Nada de forzado hay, pues, en la tesis de relacionar semánticamente *baraña* con *baraza,* port. *baraça* o *baraço,* 'cordón, cordel, lazo para la caza, cinta de adorno'; tanto más naturalmente cuanto que los ejs. más antiguos de *embaraçar,* en el S. XV, nos presentan este vocablo con el matiz de 'enredar' (P. Marc), 'enmarañar' (*Tirante*). Cabe, pues, pensar, sencillamente, que *baraña* presente el mismo radical prerromano que *baraza,* con un sufijo diferente; aunque la vecindad fonética con *araña* y *telaraña* orientó la evolución semántica de *maraña* hacia la idea de 'tejido enmarañado y falaz'[1]. Aun cabría pensar si en *BARAJA* tenemos un tercer derivado de la misma raíz. La fecha algo tardía de *maraña,* explicable por su especialización en usos figurados, debe causarnos tanto menos escrúpulo para reconocerle origen prerromano, cuanto que un ej. suelto del mismo vocablo, en función de nombre propio, ha sido señalado por Oelschl. en doc. de 920.

Por otra parte es notable la semejanza fonética y semántica de nuestro *baraña* con el tipo homónimo que se extiende por Provenza, el Piamonte y el extremo SE. del territorio lingüístico francés. La idea de relacionarlos parece haber partido de Jud (*BDR* III, 13n.) o de Schuchardt (*ZRPh.* XXIII, 189?), y fué repetida por otros (Alessio, *ARom.* XXV, 167-70), especialmente Wartburg (*FEW* I, 242-3); en efecto es notable la semejanza del cast. *maraña* 'entrelazamiento de ramas o maleza' con Bouches-du-Rhône *baraño* «buisson» (*ALF* 187), Forez *baragne* «endroit stérile couvert de ronces, broussailles», St. Étienne «terres incultes, de buissons, ronces, etc.», Bresse Louhannaise (Saône-et-L.) «côté de la pièce de terre ordinairement garni de ronce», Niza *baraño* «ronce», Niza, Provenza, Gard *baragnàs* «hallier», «grande haie, entrelacement de ronces», piam. ant. *baragna* «luogo pieno di spine e di sterpi»[2], tanto más cuanto que prov. *baragno* significa entre otras cosas «embarras» según Mistral, y que el prov. (alpino, etc.) *s'embaragnà* es «s'embarrasser de quelque chose qui incommode», *desbaragnà* «débarrasser». Como esta familia presenta, con no menos extensión, el

sentido de 'seto, vallado' y luego 'pretil, pasamano'
se cree comúnmente que tenga algo en común
con el tipo ibero-galorromance BARANDA (comp.
alto-arag. *baraña* 'cerca para encerrar el ganado';
más dudoso aún es el parentesco con el fr. *brehai-* 5
gne 'estéril' y sus afines; para enlaces itálicos, réticos y albaneses, V. el artículo de Jud), lo cual
nos llevaría en otra dirección semántica y sin duda
hacia otra etimología, pues parece cosa averiguada
ya que *baranda* sale del sorotáptico VARANDA 'cer- 10
cado'. Por lo demás, el origen del prov. y frprov.
baragne, *-o*, es muy dudoso³, y no está asegurado
ni mucho menos el parentesco con *baranda*; si
bien todos concuerdan en mirar a aquél como
prerromano; y tal vez, a pesar de todo, no sea 15
inconciliable la idea de un nexo entre *maraña* y
baragne con el enlace arriba propuesto con el tipo
también prerromano *baraça* 'cordel'.

Para otras tentativas etimológicas, carentes de
toda solidez, me bastará remitir al trabajo de Mal- 20
kiel. La propuesta por éste no es mejor. Sólo con
audaces trancos semánticos podríamos llegar hasta
el lat. VORAGO, -AGĬNIS, 'sumidero', 'torbellino', 'sima': ¿quién no ve que sacar de ahí la idea de 'vallecito' ya es postular mucho, pero pasar luego a 25
'nube que se levanta del valle' o a 'atadura de la
hierba guadañada en el valle' es perder completamente el sentido de la realidad? La idea descan-
saba en el supuesto de ser cierta la etimología VO-
RAGO para el ast. *braña* 'pastos en terreno húmedo' 30
y para el cast. *breña*; en realidad hemos visto en
los respectivos artículos que esta etimología no
puede sostenerse, por razones fonéticas y otras, no
menos aplicables a *maraña*: el paso de la *o* pretónica a una *a* es inadmisible, y el cambio de -AGINEM 35
en -*aña* es sólo posible en estrecha zona dialectal.
Pero ni siquiera puede concederse la menor probabilidad de que (aun prescindiendo de la imposible
etimología VORAGO) haya relación entre *braña* y
maraña, pues los significados son alejadísimos: 40
braña se define siempre como lugar húmedo y lleno de pastos, paisaje fértil, pastoral y apacible, bien
diferente de la *maraña*, que en cuanto puede aplicarse al terreno o a la vegetación, evoca precisamente un conjunto de malezas secas e intransi- 45
tables.

DERIV. *Marañal*. *Marañero*. *Marañoso*. *Amara-*
ñar antic. [1537, Venegas del Busto]. *Enmarañar*
[*embarañar*, 1517, V. arriba; *enm-*, h. 1530, Gar-
cilaso], hoy de empleo más general que *marañar*; 50
por cruce con el cuasi-sinónimo *patraña*: salm.
empatarañado 'oculto, velado (hablando de la luna)'. *Desenmarañar* [princ. S. XVII], antes *des-*
marañar [1540, A. de Guevara]. *Marañón* 'Ana-
cardium occidentale', árbol de las Antillas, Vene- 55
zuela, Colombia y América Central [1836, Pi-
chardo]; aunque tiene el tronco torcido no es
de creer que tenga relación con *maraña*: será
de procedencia aborigen, lo mismo que *maray*,
que es nombre del mismo árbol en Costa Firme 60

(Pichardo), y *merey* en Venezuela y Colombia (Malaret): el cambio de *marayón en *marañón* se haría por influjo de *maraña*⁴.

¹ Dudo que haya relación alguna con el minhoto *marosca* 'engaño' (Leite de V., *Opúsc.* II,
498). A no ser que se trate de un cruce de *ma-*
raña con otro vocablo.— ² Citado de Bruzza, *Is-*
crizioni Vercellesi, p. XCVI, por Rossi, *Misc. di*
Storia d'Italia XLIV, 212. Modernamente *ba-*
ragna significa 'parra' en el Piamonte.— ³ De este
tipo provenzal-lígur, homónimo del castellano, ha
vuelto a tratar después Hubschmid, *ZRPh.* LXVI,
43.— ⁴ Son confusos los datos de Bachiller y Morales, p. 323. Puede tener razón Pichardo al identificarlo con *Marayo*, nombre primitivo de la isla
formada en la desembocadura del Amazonas, que
de ahí recibió su otro nombre de *Río Marañón*.
Texidor (1871) dice que *marañón* es nombre del
endrino en algún punto de España (Colmeiro II,
294; de ahí pasaría a Simonet, s. v. *aranyón*): si
no hay confusión se tratará de *ARAÑÓN* alterado
por influjo de otra palabra, quizá *briñón* nombre
del mismo fruto en Liébana (*PRUNIONEM); pero
nada tiene esto que ver con el *marañón* americano ni con *maraña*.

MARASMO, tomado del gr. μαρασμός 'consun-
ción, agotamiento', derivado de μαραίνειν 'consumirse'. *1.ª doc.*: Acad. ya 1817 (en Terr. la forma mal adaptada del francés: *marasma*).

Término médico, cuyo uso tiende a extenderse
a la literatura.

Maratilla, V. *tarabilla*   *Maravedí, maravedina-*
da, V. *morabito*   *Maravilla, maravillar, maravi-*
lloso, V. *mirar*   *Maray*, V. *maraña*

MARBETE, 'etiqueta', anteriormente *berbete*,
origen incierto, quizá alteración del fr. *brevet* 'título de una profesión, pensión, beneficio, etc.', antiguamente 'papeleta' y 'etiqueta', derivado de *brief*
'carta, declaración', que procede del lat. BREVIS
'corto'; del mismo origen parece ser *membrete* 'aviso o anotación breve', 'epígrafe', aunque alterado
por influjo de *MEMBRAR* 'recordar'. *1.ª doc.*:
berbete, 1593, Fr. Hernando de Santiago; *marbe-*
te, princ. S. XVI, Lucas Fernández; *Aut.*

Se lee en aquel autor «y a otros papeles he visto puesto mi nombre; que como hay tantos que
tratan en esta mercancía, paréceles que con el *ber-*
bete o marca de oficial conocido pueden vender
por fina la del mal obraje» (citado por Rdz. Marín, *2500 Voces*, de la ed. de 1606). Igual forma
en la *Pícara Justina* (Fcha.). Define *Aut.* «*marbe-*
te: voz con que los mercaderes nombran un pedazo de papel que ponen a los extremos de las piezas, y en que anotan las varas que tiene la pieza y
el año en que se hizo el avanzo». Lucas Fernández: «saya azul color de cielo, / froncida, con sus
marbetes» (ed. 1867, p. 34). Dozy, *Gloss.*, 301

(*Suppl.* I, 502), seguido por Eguílaz, Oliver Asín (*BRAE* XV, 532) y otros, propuso ver en *marbete* un derivado del ár. *rábaṭ* 'atar', si bien reconociendo que en tal sentido no puede documentarse la voz arábiga; está, sin embargo, *mírbaṭ* 'lazo, atadura' y también *márbiṭ* o *márbaṭ*, que en Egipto tiene el sentido de 'haz de cosas atadas juntamente', 'ramillete'. Fonéticamente no habría dificultad. Y sería concebible que al marbete se le hubiera dado el nombre de atadura, aunque no sea la atadura sino el objeto atado con ella. Pero es más convincente la etimología sugerida por Spitzer (*AILC* II, 28-29) y resumida arriba, pues el fr. *brevet* tiene el sentido de 'etiqueta' ya en 1443, y otros análogos como 'receta para una mixtura' [1624], «écrit sous signe privé pour marchandise particulière, qui n'occupe pas tout le vaisseau» [1643][1]. Es verdad que en favor del étimo arábigo podría alegarse el arag. ant. *marmetado* («unas faldillas negras *marmetadas* con cortapisa de cetí verde» ¿'ribeteadas'?, inventario de 1497, *BRAE* II, 93), y el hápax catalán *marvets* (1488) citado por Aguiló (s. v. *mervets*) suponiendo que designe 'adornos de gonelas y briales'; los cuales bien parecen procedentes de dicha raíz arábiga, puesto que *ribete* tiene precisamente ese origen. Quizá sea así y ello nos permitiría asegurar la existencia de un ár. *marbiṭ* en el sentido de 'ribete'; lo cual tampoco sería razón decisiva para separar el cast. *marbete* o *berbete* de la citada voz francesa. Pero no puede descartarse del todo la posibilidad de que el arag. *marmetado* y el cat. ant. *marvets* vengan del galicismo *marbete* en el sentido de 'provisto de una atadura a modo de marbete'. Sea como quiera es probable que *brevet* pasara a *berbete*, y gracias al frecuente uso tras el artículo, *un berbete* se convirtiera en *un merbete* > *marbete*.

También es verosímil la tesis de Spitzer de que tenga el mismo origen *membrete* 'esquela o aviso breve para invitar o como memorándum' [*Aut.*], 'encabezamiento o epígrafe de un papel de escribir' [Calderón], 'anotación breve para memoria de algo, que después se copiará mejor' [1597, Castillo de Bobadilla] (en Oudin aparece sólo en ediciones tardías), puesto que el fr. *brevet* también significó 'papeleta en que se escribe un nombre' (S. XVI), etc.: fácilmente pasaría a *bebrete* > *mebrete* y el influjo de *membrar* haría el resto. Finalmente and. *prevete* 'titulillo', 'insidia que se echa a volar para conseguir algo' conserva una variante más semejante al étimo francés. Esta forma refuerza considerablemente la tesis de Spitzer para *marbete*. En conclusión, hay dos etimologías aceptables, entre las cuales va a ser difícil decidir definitivamente.

[1] De *brevet* sale el galicismo reciente *brevete* en esta última ac. (ej. mejicano del S. XIX en el *DHist.*). Hermano de su primitivo *brief* es el cast. ant. *breve* 'rótulo' [S. XV, *DHist.*]

Márbol, V. *mármol*   *Marca* 'señal', 'prostituta', V. *marcar*

MARCAR, de origen germánico, probablemente tomado del it. *marcare* 'señalar una persona o cosa (esp. una mercancía) para que se distinga de otras', y éste seguramente del longob. *MARKAN (a. alem. ant. *merken* 'atender, notar', ags. *mearcian* 'señalar con una marca, anotar', ags. *mearc*, escand. ant. *mark* 'signo, señal, marca'). *1.ª doc.*: 1488, *N. Recopil.* V, xxii, 8[1].

La historia de la familia romance de *marcar* no ha sido bien estudiada; aunque hace mucho que es bien conocido su origen germánico, no se ha averiguado desde qué dialecto teutónico penetró en romance, ni se ha hecho la historia de las migraciones interromances del vocablo ni se ha indagado el desarrollo semántico. En las lenguas iberorromances *marcar* y *marca* 'señal' son voces de introducción tardía, que no se tomaron del germánico directamente: en catalán y en portugués no se registran testimonios anteriores al S. XVI. En castellano aparece primeramente en la ac. de 'poner una señal oficial a las pesas o al metal contrastado': «mandamos que la persona que por Nos será deputada... entregue... en cada una de las dichas Casas de Moneda a lo menos un marco de ocho onzas... concertado a este respecto, y *marcado* y señalado... y otrosí, que en cada una de las dichas ciudades... ponga el Concejo della... un *marcador* que sea persona hábil y suficiente, de buena conciencia, y que sepa conoscer y ensayar la dicha plata» (ley citada), «que sean bien concertadas las dichas pesas, y puesta en ellas alguna *marca* conoscida de la persona que por Nos será deputada para las hacer» (*N. Recopil.* V, xxii, 3, mismo año). Éste es el único sentido en que registra el verbo Nebr.: «*marcar plata*: pustulo». Covarr. da ya otras acs.: «*marca*: vale longura y medida cierta, como *espadas de la marca, paños de marca*, y en el papel dezimos de *marca* mayor y *marca* menor; *marca* es una señal que se echa en las piezas labradas de oro y plata, y en otras cosas... a los cavallos de raza les ponen su marco o hierro; *marcar* es señalar». También Oudin: «*marca o señal*: marque, signe, tache, note; *marcar, señalar*: marquer, signer, faire une marque ou signe pour recognoissance, noter; *marcar plata*: affiner et marquer l'argent, le reduisant au tiltre qu'il doit estre». En efecto ya se habían desarrollado por entonces otras aplicaciones: *ramera marcada* era 'conocida' (por la marca que se les imprimía), ya en la *Celestina*[2]; *marcar por* 'reconocer el carácter o valor de una mercancía', muy frecuente, en aplicaciones figuradas, en el estilo de Cervantes «él los *marcó por* hebras de lucidíssimo oro» (*Quijote* I, xvi, 58), «*por* mías las *marco* desde aquí, y nadie las toque» (II, lix, 226), «descubrieron un baxel, que con la vista le *marcaron por* de hasta catorce o quince bancos» (II, lxiii, 245) (más ejs.

cita Fcha.), alguna vez con sentidos más ampliados («*marcó* desde allí la casa» 'se fijó en su situación, en cuál era', I, xl, 210). En definitiva todas estas acs. proceden de la comercial 'poner señales a una mercancía'. En el Siglo de Oro se le agregan algunas procedentes de las esferas militar y náutica; así registra *Aut.*: «*marcar las velas* es llevar el navío, cuando navega, a punta de bolina, que no toquen las velas o tome por avante, haciendo valisa con los catavientos», «*marcar el campo*, formar con estacas u otras señales el lugar que ha de ocupar un exército o un acampamento», y quizá proceda de ahí el uso de Mariana cuando escribe «contradice el sitio y distancia de los lugares *marcados* en Ptolomeo». El caso es que las aplicaciones de *marcar* eran todavía limitadas en el Siglo de Oro, y otras las recibió el vocablo en los SS. XVIII y XIX por influencia francesa, como nota Baralt para *marcado* en el sentido de 'evidente, visible, notable, intenso, abultado (repugnancia, gusto, facciones, etc.)', y aun *marca* en el sentido de 'cicatriz, lunar, insignia, distintivo, nota o señal, indicios, pruebas, muestras, presagio'.

Es visible en todo esto el carácter secundario e importado que tiene el vocablo en España. Pero no lo es menos, aunque por otras razones, en Francia. Ahí la *q* de *marquer* y *marque* es señal visible de procedencia forastera, y lo confirma la fecha: *marque* no aparece hasta med. S. XV (God. V, 262a, en el picardo Monstrelet) y el verbo *marquer* no se registra antes, aunque un ej. de *marqueur* en 1328 (God. X, 126c, en Agen) parece indicar que ya había empezado a correr en el siglo precedente, por lo menos en el Sur de Francia. Difícilmente podemos admitir una procedencia occitana, pues allí el vocablo no se documenta tampoco hasta el S. XV (Nimes, 1438, en Rayn. IV, 156a; Limoges, 1440, en Levy, V, 220a), y tampoco cabe achacar la *q* francesa a un influjo dialectal normando-picardo, pues lo que se halla en francés antiguo no es *marchier*, *marche*, sino solamente *merchier*, *merche*, y sobre todo el masculino *merc*, frecuentísimo desde el S. XII: ahora bien a estas formas correspondería *merquier*, *merque*, en normando-picardo. También en lengua de Oc la única forma castiza y antigua es *mercar*, *merca*, frecuente en la Edad Media, y hoy todavía muy vivaz en gascón. Estas formas con *e* son indudablemente las únicas genuinas en Francia, y procederán de un fránc. *MERKJAN o de un sustantivo de la misma familia. La patria romance de las formas con *a* hay que buscarla fuera de Francia y España, es decir, en Italia, donde en efecto nuestra familia está arraigada desde antiguo. Fra Guittone d'Arezzo († 1294) emplea ya *marcare* «segnare, notare» (junto con *marcare* «coniare, battere», que puede derivar de *marco* 'moneda'; Monaci, *Crest.*, pp. 297, 693), en el sentido 'imprimir una marca de infamia' lo hallamos en muchos estatutos lígures medievales, entre ellos uno de 1381 (Rossi, *Misc.*

di Storia d'It. XLIV, 177b), para 'señalar con marca comercial' está en docs. de 1384 y 1389 (Edler, *Gloss. of Med. terms of business*), y Tommaseo lo registra en el sentido de 'poner una marca oficial en una arma' en Matteo Villani († 1363), y «segnare i pesi e le misure» en varios estatutos antiguos; además tenemos la variante *marchiare* en Giovanni Villani († 1348) y en Bellincioni († 1492), en sentido comercial en doc. de 1376 (Edler) y hoy sigue siendo normal en esta ac.; hay también los sustantivos, que creo postverbales, *marco* [1389, Edler], *marchio* y *marca*, no menos antiguos. De Italia han de proceder, pues, las formas de los demás romances. Y en efecto la reducción del tipo germánico *MARKJAN a *MARKAN es normal en la fonética longobarda, y ejemplificada en palabras de estructura parecida por los germanismos italianos (Gamillscheg, *R. G.* II, p. 216); otros vocablos de esta procedencia presentan la J todavía conservada, de suerte que no sería imposible que *marchiare* correspondiera a la forma más antigua *MARKJAN[3].

No hay dificultad en suponer que el verbo *MARKJAN existiera ya en germánico con el sentido de 'marcar', pues en anglosajón las acs. 'señalar con dibujo, estampilla, etc.', 'anotar', 'destinar', se registran ya alrededor del año 1000 (luego son autóctonas y no debidas a un influjo romance; vid. *NED*, s. v. *mark*), y el verbo alemán *merken* pertenece ya a la fase del alto alemán antiguo. Por lo demás no puede descartarse del todo la posibilidad de que el sustantivo *marca* o it. *marco* en el sentido de 'señal' sea lo primario y que de ahí derive el verbo *marcare* (el ags. *mearc* ya se registra con este sentido en 950), pero la vacilación de la terminación *marca* ~ *marco* en romance más bien parece indicar que el verbo sea primario, y además hay discordancia entre la terminación femenina de la forma romance predominante y la terminación consonántica de los sustantivos germánicos del mismo sentido (el alem. mod. *marke* será forma de influjo francés, como ya dice el *NED*).

Por lo demás es preciso distinguir *marca* 'señal' y *marcar*, de otras palabras del mismo radical que entraron en romance por vías diversas. *Marcar* en el sentido de 'multar' y 'tomar represalias', con el sustantivo *marca* 'confiscación', 'represalias', parece ser oriundo del Sur de Francia, de donde proceden los ejs. más antiguos, y es posible que deba separarse totalmente de *marcar* 'señalar', derivándolo de oc. ant. *marcar* 'pisotear' (para el cual V. *MARCHAR*)[4]; de la lengua de Oc ha de ser tomado el cast. ant. *marcar* que en el mismo sentido cita Cej. (*La Lengua de Cerv.*, s. v.) en un doc. de 1220.

Marca 'frontera' o 'territorio fronterizo' parece ser el sentido etimológico de la familia germánica (de donde se pasó a 'señal que marca un límite' y luego 'señal'), y en este sentido el vocablo pasó temprano al galorrománico por conducto del fráncico (Gamillscheg, *R. G.* I, p. 157); desde el occitano o desde el latín galicano se extendió el vocablo a España, donde ya lo registra Nebr., si bien como voz nueva. En gallego-portugués existió también. Pero lo que aquí se halla, y con arraigo mucho mayor es un masculino *marco* 'mojón', todavía vivo en gallego (Vall. cita un adagio popular; *RL* VII 217); Sarm. *CaG.* 72*v*, 216*r*, sólo cita topónimos pero es frecuentísimo con este carácter[5], y tanto o más en Portugal: lo mismo como piedra clavada por el hombre que como roca aprovechada para marcar un límite [1091, Cortesão, *Subs.*], y en fin significa 'frontera' 'límite' («a ribeira de Caya é *marco* de Reino a Reino», entre Portugal y Castilla, en Sá de Miranda, etc.). No es fácil asegurar si es innovación portuguesa sacada de *marca* o si es tanto o más àntiguo que éste, mas parece más bien esto último; y aunque en gótico y a. al. ant. sólo se halle *marka*, el ags. *mearc* 'límite' y el isl. ant. *mark* (neutro) 'signo' dan pie para creer lo mismo.

Hay luego otro vocablo que creo emparentado, pero no como germanismo sino palabra de substrato: gall. *cómaro*, port. ant. *cómaro*, mod. *cômoro*. Define Sarm. conjuntamente *cómaro* y su derivado *comareiro* «aquellos límites de las heredades que por no ararse están siempre verdes» (*CaG.* 105*v*); en particular *comareiro* es la 'ladera hacia una pared, donde se siembra algo' (149*v*), 108*v*, 215*v*, 218*v*, 221*v*; aunque en Pontevedra se dice más bien *birta* (literalmente 'ruptura'), y en Xubia pronuncian *camareiro* (forma alterada paronomásticamente); es voz más o menos conocida en todas partes; también Vall. explica claramente *comareiro* y *cómaro* 'faja o residuo de tierra dejada a inculto, o a campo, alrededor de una heredad labrantía, para que sirva de tránsito o pasto', y Lugrís, abreviando, *cómero* 'pequeño ribazo', pero en definitiva resulta siempre que entre las dos heredades hay una linde —marcada o no por pared— y así forzosamente hay que dejar junto a ella una franja de terreno no labrada; de ahí los sentidos secundarios de 'montón de tierra que separa', «peça de terrão ajardinado» y «muro que nas propriedades rústicas sustenta a pressão dos terrenos declivosos», muy desarrollados en los textos portugueses; y *cómbaro* 'prado de secano' que Aníbal Otero recoge en el Alfoz de Lugo (Apéndice a Eladio).

En portugués propiamente dicho hallamos muchos casos de *cômaro* en diplomas de 925, 1059, 1250, etc., y Cortesão sólo cita de *cômoro* uno antiguo de 986, que se debería comprobar; más tarde, en el período clásico, en el país vecino se propaga y prepondera la forma asimilada *cômoro*, pero Sarm. señala *comaros* y *comareiros* en escrituras medievales de Pontevedra (69*v*) y *comareiro* en una de 1355 (88*r*)[6].

Creo que tenemos en esto un vocablo de subs-
trato, de la misma raíz indoeuropea MER-G- que ha dado el germ. *mark*, el lat. *margo* 'margen, linde' y el persa mod. *marz* 'país limítrofe'; en las lenguas célticas está documentada una forma de la misma raíz, con estructura distinta, MROGI (irl. ant. *mruig*) o MROGA (galo *broga*, -*brogoi*), etc. (*IEW* 738 Ernout-M.); en una lengua de substrato, del grupo del sorotáptico, fácilmente se podía formar un derivado en KOM- apuntando a la idea de 'co-lindar', 'limitarse recíprocamente dos vecinos': tal derivado existe en anglosajón *gemearc* 'frontera, franja fronteriza, delimitación', y a él correspondería rigurosamente el supuesto *KÓMMERGO-, pues es bastante normal que tales derivados llevasen acentuación inicial. Pero al latinizarse el país, la G, fonema débil sobre todo ante vocal labial (AGŬRIU, AGŬSTU se reducen a AÚRIU, AÚSTU en tantos lugares), se perdió pronto, por presentar la terminación átona -ERGO- con sílaba cerrada, un tipo estructural inusitado en la lengua. Del resultante CÓMMERO- pasaron los más a *cómaro* (cf. *cuévano*, *lábana*, it. *òrafo*, etc.) y otros a *cômoro* o hasta *cômbro*.

Rechazo sin vacilar el étimo CUMULUS que se ha dado tantas veces para esta palabra, no sólo porque en portugués y gallego esto sólo podía dar *cóm(o)o*, sino porque el significado no corresponde. Así por lo semántico como en el aspecto fonético (puesto que -MB- no se cambia en -*m*- en gall.-port.), debemos rechazar como étimo el célt. KOM-BERO- 'confluencia' o KOMBORO- 'acumuladizo, conglomerado' (*IEW* 132.1f., 130.3f.), con los cuales sólo cabría combinar, a lo sumo, suponiendo que en Galicia y Portugal se superpusieron al KÓMMORGO- o sorotáptico, confundiéndose con él en lo acentual y en la terminación fonética.

No hace falta, pues es fácil que KOMMERGO- se redujera pronto a *KOMMERO-. No examinaré ahora a fondo otra idea etimológica que aparece menos natural desde el punto de vista semántico, pero que acaso valdría la pena de explorar algo más. El irl. ant. *comarbe*, -*ba*, que se traduce como 'co-heredero' (Pok., *IEW* 781.8f.) o 'cofrade' (Weisgerber, *Rhen. Germ.-Célt.* 362, aplicado a San Benito (colega de los monjes irlandeses de Fleury en 650-670) es derivado en KOM- de un ORBHO- 'desamparado, huérfano' (> 'joven heredero'); habiendo verbos en irlandés de la misma raíz, con otros prefijos, que significan 'entregar' (*ro-eirpset*, *no-m-erpimm*) no sería inconcebible que, en otras hablas célticas, el tipo KÓM-ORBO- hubiese tomado el sentido de 'terreno abandonado'; para más documentación de ORBIO- en irlandés y en nombres galos, vid. Pedersen, *Vgl. Gr.* I, 117s., y H. Schmidt, *ZCPh.* XXVI, 252. Del mismo *KOMMERGO- quizá sea variante *Combarcio*, lugar del municipio de Tineo, occidente de Asturias (que no puede ir con el gall.-port. *várzea*, leon. *bárcena*, pues está ya afuera de la zona donde se pierde la -N- intervocálica) (supongo erróneas las grafías

Combacio y *Combarice* que dan otros). Otro derivado prerromano de esta raíz sería *MERGAUCIA > *mer(g)ouza* > gall. *marouzas, marouciñas* 'ribazos de broza y piedras que suele haber entre los comareiros, como tierra inútil' (Sarm. *CaG.* 108*v*), trasm. *marouça* 'torrão de terra' (Moraes, 10.ª ed.).

Finalmente *marco* 'moneda' es ya muy antiguo en Castilla, y documentado con frecuencia, no sólo desde el *Cid*, sino además en docs. desde 1026 (Oelschl.); hay también la variante *marca* [1120; M. P., *Cid*, 748; Mateu, *Glos. Esp. de Numismática*, s. v.]. Propiamente el *marco* o *marca* era el patrón ponderal o pesa tomada como modelo y contraste de la moneda de valor legal. En este sentido el vocablo es evolución semántica de la idea de 'signo' y figura ya en los varios idiomas germánicos occidentales y nórdicos desde fecha antigua: la forma germánica parece haber sido MARKA (Gamillscheg, *R. G.* I, p. 186), que tomada en romance por un plural neutro daría lugar a la formación de un singular nuevo *MARCU; según el citado autor el vocablo se habría extendido en romance desde Francia, aunque en realidad no puede descartarse del todo una procedencia directa del gótico en español. Partiendo de la idea de 'patrón de moneda' se pasó a sentidos análogos, como 'instrumento de que usan los zapateros para tomar la medida de los zapatos' [*Aut.*], y también, pasando por 'patrón (en general)'[7] se pasó a 'cerco que rodea una puerta o ventana' [Muñoz, princ. S. XVII] y 'moldura que circunda una pintura' [Muñoz, Lope].

DERIV. *Marca* (V. arriba). *Marcador* (V. arriba). *Marcación*. *Marco* (V. arriba). *Comarca* [h. 1540, P. Mexía], derivado de *marca* 'frontera'; *comarcar* [princ. S. XIV, *Zifar*, 36.17; 1480, *N. Recopil.* VII, vii, 3]; gall. ant. *comarca* 'territorio colindante' [*Ctgs.* 115.166]; gall. ant. *comarcar* 'lindar' [*Gral. Est.* gall. 57.9]; *comarcano* [S. XVI, *Aut.*; *los comarcanos vaqueros y pastores*, en el navarro Arbolanche, 48r13]. *Demarcar* [h. 1600, Mariana]; *demarcación*.

Marqués [hacia 1340, *Poema de Alfonso XI*, 1310*d*, 1726*a*; Glosario de Palacio; Alonso de Pal. 265*b*], tomado de oc. ant. *marqués* íd., derivado de *marca*, en el sentido de 'jefe de un territorio fronterizo'; *marquesa*; *marquesado* [1479, *BHisp.* LVIII, 361; Nebr.]; *marquesote* 'joven rico desocupado' [frecuente en Lope, M. P., *RFE* XXII, 392-3]; *marquesota* [Académia 1884, no 1817][8]; *marquesina* o *marquesa* [ambos ya en Academia 1869], imitados del fr. *marquise* íd., antes 'toldo tendido sobre la tienda de un oficial' (así llamada porque de esta manera se distinguía de las demás). *Marqueta*. *Marquetería*, tomado del fr. *marqueterie*, derivado de *marqueté* 'taraceado'. *Marquilla*. *Marquista*.

CPT. *Margrave*, tomado del alem. *markgraf*, compuesto de *mark* 'frontera', y *graf* 'conde'; *margraviato*.

[1] *Marquar*, lección de Janer en *Sta. M. Egipciaca* v. 556 (p. 311*b*) es inaceptable por el sentido, además de su inverosimilitud cronológica. Quizá deba leerse *menguar* con Pidal.— [2] «Esta muger es *marcada* ramera, según tú me dixiste: quanto con ella te passó has de creer que no caresce de engaño», acto 19, *Cl. C.* II, 188. De ahí el jergal *marca* 'prostituta' [1609, J. Hidalgo], también fr. *marque* [S. XV, Villon], como ya reconoció Dauzat (*Rom.* XLVIII, 409-10). *Marquise* en el mismo sentido [1628] es floreo verbal y no forma primitiva (como quisiera Sainéan *Sources Indig.* I, 363; otra explicación inaceptable del mismo, *BhZRPh.* I, 67). De ahí cast. *marquisa* y *marquida* (< *marquisa* × *marcada*), también en Hidalgo.— [3] Es verdad que en este caso hay algún ej. de paso de -KJAN a *-cire* (*o. c.*, p. 227), pero pudo haber otro tratamiento en circunstancias dialectales o cronológicas diferentes.— [4] Tilander, *Rom.* LVII, 429-31, cree que se debe partir de la marca impresa a las mercancías confiscadas; lo cual tiene el grave inconveniente de suponer para el occitano del S. XII la existencia de un *marca* 'señal' que allí no aparece hasta el XV y como italianismo; siendo *merca* el único autóctono. *Faire marca* es postverbal de *marcar* y no al revés. *Marcar* 'imponer represalias' se introduce también en Cataluña en el S. XIII (glos. de Oliver a las Costumbres de Tortosa; Du C.).— [5] Lo emplea él mismo en el sentido de linde del término de una población: «lugar de Magallanes se pone por *marco*» en una escritura medieval de Pontevedra, dice analizándola y quizá leyéndolo en ella (89*v*). Y, hablando de los montes de Marcón, al SE. y cerca de Pontevedra: «se llamaría así por aquella alta peña fita, que parece *marco* o *marcón*, y de hecho allí se dividen algunas feligresías (p. 32).— [6] Además también anotó Sarm. una forma alterada *camaro* 'comareiro, comaro' en la Ría del Ferrol (*CaG.* 221*v*).— [7] *De diversos marcos* es 'de diversos tipos o clases' en J. Ruiz 1110*b*.— [8] Éste y quizá el anterior se tomarían del cat., donde *marquesota* es ya medieval (*Cobles de la Marquesota*).

MARCASITA, del ár. *marqašîṭa* y éste del persa *marqašîšā*. 1.ª *doc.*: 1570, C. de las Casas (1591).

En este diccionario leemos «*marquesita, piedra:* piombaggio»; Percivale: «*marquesita:* a fire stone, a marquesite, a stone of brasse colour». En la misma forma está también en Oudin y en Covarr., pero no en Nebr. (1.ª ed.) ni PAlc. (sí en ediciones tardías de Nebr., según *Aut.*). Vittori (1609) trae *marcaxita*; Terr., s. v. *marquesita*, registra las variantes *marquisita* y *marcasita*, y la Acad. ha adoptado finalmente esta última forma (ya en 1884); otra variante es *margajita*. En francés se documenta *marcasite* (hoy *-ssite*) desde 1490 (*RF* XXXII, 103). La primera fuente europea parece ser *mar-*

chasita en Gerardo de Cremona († 1187), *Isis* XII, 45. Para la etimología perso-arábiga, Dozy, *Gloss.*, 301.

Marceador, marcear, V. *marte   Marcelina,* V. *mancerina   Marcelino,* V. *marte   Marcen,* V. *margen   Márcena,* V. *margen   Marceño, marceo, marcero,* V. *marte   Marcescente,* V. *marchito   Marcial, marcialidad, marcico, marcio,* V. *marte   Marco,* V. *marcar   Márcola, marcolador,* V. *martillo*

MARCONIGRAMA, compuesto de Marconi, nombre del inventor de la telegrafía sin hilos, con el gr. γράμμα 'escrito'. *1.ª doc.:* h. 1910.

Marcuero, V. *miércoles   Marculillo,* V. *masculillo   Marcha,* V. *marchar   Marchal,* V. *almarjo*

MARCHAMO, del ár. vg. *maršám,* derivado de *rášam* 'marcar, señalar, dibujar, sellar'. *1.ª doc.:* 1585, López Tamarid (citado por Mayans, *Oríg.* II, 250, quien reproduce la ed. de 1631).

Falta todavía en Covarr., Oudin, etc. *Aut.* define ya «la señal o marca que se pone en las Aduanas a los géneros». La reproducción del š arábigo como *ch* supone una entrada muy tardía del vocablo, desde luego no anterior al S. XVI. En árabe clásico el vocablo sería **miršam;* PAlc. sólo trae *márxan,* con la definición «hierro para herrar», es decir, para señalar con fuego (ganado, etcétera); es el único lexicógrafo que registra el vocablo. El español *marchamo* supone una pronunciación *maršám* en el árabe vulgar, que está de acuerdo con las normas acentuales y gramaticales de este dialecto. Documentación vulgar del verbo *rášam* en Dozy, *Suppl.* I, 531; *Gloss.,* 301-2; que es quien indicó la etimología precisa, aunque Tamarid ya dijo que era de procedencia arábiga.

DERIV. *Marchamar* [*amarjamar* 'marchamar' en doc. granadino de 1501, *Al-And.* XIV, 440]; *marchamero* [íd.]; *marchamador,* ant.

Marchante, marchantía, marchantería, V. *mercar*

MARCHAR, tomado del fr. *marcher* íd., antiguamente 'pisar, pisotear', y éste del fráncico **MARKÔN* 'dejar una huella' (a. alem. ant. *markôn* 'poner una marca, señalar', 'significar', comp. ags. *mearc,* escand. ant. *mark* 'señal'). *1.ª doc.:* h. 1550 (Rivad. XXXVI, 549a); 1568, Eugenio de Salazar.

Para los primeros ejs. castellanos, vid. Terlingen, 181-2. Dice Salazar que pertenece a la «lengua soldadesca», y el mismo carácter militar le reconoce Sigüenza h. 1600; así éste como el «Bachiller de Arcadia» (quien h. 1550 reprende a Pedro de Salazar por haber usado este vocablo italianizante en una obra muy reciente por entonces) advierten que es palabra introducida muy poco tiempo atrás. En los ejs. citados por *Aut.* (h. 1680 y 1728) sigue siendo palabra guerrera (quizá no en *G. de Alfarache*). En catalán aparece ya en 1586 (Guerau de Montmajor, *RH* XXXIV, 548), y por las mismas fechas puede documentarse en portugués. En Italia apenas es de introducción anterior, pues Varchi en la cuarta década del siglo lo califica de «nuovo verbo militare»[1]; por lo tanto está lejos de ser seguro que la palabra española se tomara en Italia, como afirma Terlingen: la obra de Pedro de Salazar se refiere a la guerra de Alemania, y por lo tanto es más natural que el autor lo aprendiera de gente de lengua francesa[2]. En el S. XVIII, y sobre todo en el XIX, *marchar* amplió la extensión de sus usos, saliendo ya de la esfera militar; en parte se debió ello a nuevo influjo francés, como observa Baralt al vituperar locuciones como *marchar bien o mal* (un poema o acción), por 'desarrollarse, sostenerse', *esto marcha* por *progresa,* etc., y así la *marcha de las lenguas, de la civilización, del tiempo, de las ideas,* cuando antes sólo se hablaba de la *marcha de la tropa.* Sin embargo, al final se ha acabado por rebasar los límites del empleo francés, al sustituir *irse* 'dejar (un lugar)' por *marcharse,* hoy general y debido a un impulso que nada tiene de forastero: así se hizo para huir del sentido sucio que en castellano había tomado aquel otro verbo (Casares, *Crítica Efímera* I, 75-81).

La verdadera etimología del fr. *marcher,* después de sugerirla Diez y proponerla formalmente Spitzer (*ZRPh.* XLV, 288-9), la demostró en forma convincente Tilander en su trabajo de *Rom.* LVII, 395-431 (comp. *Rom.* LVIII, 255-7). Fr. ant. *marchier* aparece primeramente h. 1170 en el sentido de 'pisotear', 'pisar', como verbo transitivo (*marchier le fust, marchier quelqu'un*); lo mismo cabe decir de oc. ant. *marcar;* en francés, a fines del siglo ya aparece como intransitivo (*marcher sur le ventre,* etc.), pero el uso transitivo todavía está bien vivo en los SS. XV-XVI, y hoy en algunos dialectos y en ciertos usos técnicos (*marcher l'argile*). H. el a. 1400 (Froissart), y sobre todo en la primera mitad del S. XV, aparece claramente la ac. 'caminar' (que ya se anunciaba en textos del XIII), aunque se trata sobre todo de un término técnico militar, con el matiz especial de 'hacer una marcha, avanzar (la tropa)', otras veces con el de 'marcar el paso'; así también en el S. XVII español: «Éstos ¿qué atanbores son? / —De don Rodrigo Xirón, / maestre de Calatraba. / —El maestre viene; alguna / nueba nos trae, pues *marchando* / entra en Plasencia», Vélez de Guevara (*La Serrana de la Vera,* v. 952). En el francés medieval se nota su frecuente uso como término del lenguaje de la caza, con el sentido de 'dejar una pisada', 'hollar'. Éste debió de ser el sentido etimológico, y es lógico suponer que el fráncico distinguiría entre *MARKÔN 'dejar una huella, imprimir una pisada' y *MERKJAN 'marcar, señalar' (de donde el fr. ant. *merchier, merche, merc*, V. *MARCAR*), aunque ambos verbos tengan casi los mismos sentidos en alto alemán antiguo (*markôn* «notare, significare, definire, destinare», *markjan, merken*, «designare» y luego «animadvertere», etc., Graff II, 850-1)[3]. Otras etimologías que se han dado del fr. *marcher* deben abandonarse.

Un germ. *MARHAN, admitido anteriormente por M-L., es palabra de existencia improbable, fundada solamente en una arriesgada interpretación de un pasaje latino del S. IV relativo a los sármatas, que no eran germanos (*ZRPh.* XXXIX, 203 y 494). Un lat. *MARCARE 'martillear' (derivado de MARCUS 'mazo'), de donde 'marcar el paso' (admitido por Brüch y Gamillscheg), es improbable por tratarse de palabra hipotética en latín, y porque la limitación del tipo *marcher* a Francia es más favorable a una procedencia germánica. La suposición de M-L. (*REW*[3], 5364) de que *marcher* se derivara de *marche* 'frontera', en el sentido de 'cruzar la frontera', es inverosímil desde el punto de vista semántico: se funda solamente en unos pocos ejs. dialectales y en algún raro texto en bajo latín, de fecha tardía (Tilander, *l. c.*, 429) y de tipo excepcional, frente al carácter general del fr. ant. *marchier* 'pisar' (*hoem qui a serpent marchié*, S. XII, etc.)[4].

DERIV. *Marcha* [h. 1680, Solís, *Aut.*]; gnía. 'asociación de ladrones' [1896, Salillas], 'robo' [1905, Besses], propiamente 'valentía' y antes sin duda 'actitud marcial'; de ahí *marchanas* and. 'presencia de ánimo, valentía' [1856, F. Caballero, *RH* XLIX, 501; AV]; *marchoso* and. 'engallado, que no pierde los arrestos' [1933, AV, con citas anteriores], 'amigo de lances airados y galanteos', 'gallardo, rumboso' [Acad. 1936], 'vistoso, de color encendido' [*cielo marchoso*, García Lorca][5]. *Contramarcha; contramarchar.*

CPT. *Marchapié* [Acad. ya 1914], náut., del fr. *marchepied* 'peldaño', propiamente '¡pisa, pie!'.

[1] Se cita ej. de Dino Compagni († 1324), pero debería comprobarse mejor, pues por este tiempo apenas se empleaba el vocablo siquiera en francés, y, sin embargo, es indiscutible el carácter galicado de este verbo en italiano. Si la cita es exacta se tratará de un extranjerismo esporádico y sin arraigo.— [2] En la lista del Bachiller no todos los vocablos son realmente italianismos. Era lugar común por entonces atribuir a Italia toda la jerga especial de los militares, por ser las guerras de Italia las más divulgadas.— [3] El ingl. med. *mark* 'caminar, marchar' (SS. XIII-XVI) no creo que sea voz germánica hereditaria, como supone Tilander, sino tomada del francés normando.— [4] Sin embargo tiene razón M-L. al objetar a Spitzer el que parta de un fr. ant. *marche* 'marca' que no parece haber existido. De *marche* 'pisada' no hay ejs. antes del S. XIV, así que será postverbal.— [5] El cat. *desmarxar* 'deteriorar, echar a perder'

[S. XIV, Alc.], hoy *-xat* 'pasado, deslucido', y que en la ac. 'desfigurado, disfrazado' ya aparece en el S. XIII, en Lulio (*Amic e Amat*, § 167), no tiene relación directa con esto ni con el caló cat. *marxa* 'robo', sino que vendrá del fr. ant. *de(s)marchier* 'pisotear', 'hacer algo desventajoso', derivado de *marchier* 'pisar'.

MARCHARIPÉ, and., 'pintura o afeite en el rostro de las mujeres', parece gitano. 1.ª doc.: Acad. 1936.

La terminación *-pé* (a veces *-pén*) es muy viva en gitano para formaciones abstractas. Luego ha de ser vocablo gitano, pero nada parecido hallo en las fuentes de este lenguaje (Borrow; Mayo; Dávila; Miklosich; Wagner, *Notes Ling. sur l'Argot Barc.*; tampoco está en Besses, Salillas, Toro Gisbert ni A. Venceslada). Comp. con and. *marchoso* y *marchanas* s. v. *MARCHAR*. ¿Híbrido romance-gitano? *Muršipé* 'valentía' (derivado de *murš* 'varón', 'marido', 'hombre joven', 'valiente'), citado por Miklosich, *Wiener Denkschr.* XXVII, 18, está bastante alejado, así en la forma como en el sentido.

MARCHITO, corresponde al cat. *marcit* íd., it. *marcito* 'podrido, consumido', que son participios del verbo romance *marcir, marcire*, 'marchitarse', procedente del lat. MARCĒRE íd.; pero la evolución fonética de la voz castellana es oscura y sólo puede explicarse admitiendo que se tomara del dialecto mozárabe. 1.ª doc.: APal. 235*d*: «*lassum* por *marchito* puso Virgilio». Algo anterior es el dato siguiente: «*marchito* dízese por las flores o yervas o frutas que están medio secas, o de yelo o de el gran sol; y algunas vezes... a ombres o mugeres que están, de enojo o de mal contentamiento, descolorados y delexados y floxos», vocabulario de med. S. XV, *RFE* XXXV, 338.

Está también en Nebr.: «*marchito*: marcidus, marcens», «*marchitarse*: marceo» (con la variante *enmarchitarse*). No conozco ejs. medievales[1], pero está ya muy generalizado en el Siglo de Oro: empléanlo muchas veces Góngora, y Cervantes en el *Quijote*, y *Aut.* cita otros ejs. Es muy posible que no siempre haya sido palabra de uso general, pues hay sinónimos tanto o más populares, como *ajado*; y *mustio* y *pasado* lo son más, por lo menos en el uso común español. Verdad es que Quevedo en su prólogo a las obras de Francisco de la Torre (1631) dice, refiriéndose a Herrera, que *mustio* es término culterano (*Homen. a M. P.* I, 554); mas por el contrario Góngora emplea muchas veces *marchito*, mientras tiene un solo ej. de *mustio*, y la comparación de los pasajes respectivos de sus obras y los del *Quijote* nos muestra que *marchito* era voz de tono elevado, empleada en frases nobles y en sentidos figurados. Luego es verosímil que *marchito*, ajeno al portugués, sea voz advenediza en Castilla, consolidada por el influjo del lat. *marcere*, cuya aura culta recogería. Lo más sencillo sería admitir (según hace Baist, *GGr.* I, § 44) que viene del italiano, donde *marcito* es participio de *marcire* 'consumirse', 'podrirse'; pero además de que *marcire* y *marcito* sólo se emplean en sentidos *figurados* o en el de 'podrirse' ('flor marchita' no se dice *marcita*, sino *appassita*, *passa* o *vizza*)², es inaceptable un italianismo de este calibre en el S. XV. M. P. (*Manual*, § 47.2b, 54.1) y Fouché (*RH* LXXVII, 154) quieren derivar *marchitar* de un verbo *MARCĪDĬTARE, derivado de MARCĬDUS 'marchito', que sigue ofreciendo dificultad fonética en la *ch* y en la *i*, también en la síncopa temprana, opuesta a los hábitos fonéticos del castellano, y que además constituye un derivado de tipo inadmisible en latín vulgar, que sólo empleaba el sufijo -ITARE para ampliar el radical de un verbo y no para formar derivados postnominales³. Todo el mundo ve la dificultad y nadie logra explicársela. Lo más sencillo y verosímil, puesto que nos resuelve todas las dificultades de una vez, es admitir que *marchito* sea voz mozárabe generalizada a todo el castellano: así se aclara la -*ch*- y se aclara la -*t*- (comp. casos como *capacho* y *canuto*); el gran desarrollo de la familia de nuestro vocablo en Nebr. y en Góngora sería confirmación de la idea de una voz primitivamente andaluza⁴. Es verdad que no hay comprobación directa en las fuentes mozárabes conocidas, pero éstas son tan parciales e incompletas que el argumento tiene fuerza escasa.

DERIV. *Marchitar* [Nebr.; Garcilaso, son. XXIII, v. 12] o *enmarchitar* [Nebr.]; *marchitable* y *enm-* [ambos Nebr.]; *inmarchitable*; *marchitadura* [Nebrija], hoy anticuado frente a *marchitez*. Ast. *desmarciáu* caído, flojo', 'que tiene el semblante mudado por haber pasado mala noche' (V), parece ser derivado de un *márciu MARCĬDUS; comp. cat. *desmarxat* 'pasado, que ha perdido la frescura'. Cultismos: *marcescente*, *inmarcesible* (en vez de *inmarcescible*).

¹ No figura en muchas fuentes de esta época (*Cid*, Berceo, *Apol.*, *Conde Luc.*, J. Ruiz, *P. de Alf. XI*, *Calila*, ms. bíblico I-j-8, glosarios de h. 1400).— ² También en catalán *marcir-se* es voz de tono noble, casi literaria, frente a *pansir-se*. Aunque el vocablo no es ajeno del todo al occitano y francés antiguos, produce el efecto de que sea semiculto en todos los romances. Pero esto no explicaría la dificultad fonética castellana, pues en latín no existe más que el participio activo *marcens* o el adjetivo *marcĭdus*, y aun si hubiera participio pasivo éste sería *marcĭtus*, que no explicaría ni el acento ni la *ch*.— ³ Schuchardt, *Roman. Etym.* I, 38, vió también la dificultad, y vacila entre el cambio de sufijo -ĬDUS por -ĬTTUS, o un diminutivo castellano de un arcaico *marcho procedente de MARCĬDUS, tal como port. *murcho* 'marchito' de MURCĬDUS (voz rara en latín) 'cobarde, perezoso'. Pero lo primero es inverosímil en grado sumo, y lo segundo es salir del fue-

go para caer en las brasas, pues nada hay más inseguro que la etimología de esta voz portuguesa, cuyo tratamiento fonético sería insólito, según reconocen Leite de V. (*RL* III, 276-7, n. 5), y Cornu, *GGr.* I, § 111; no es más aceptable el *MURCULUS postulado por aquél. Creo que es importante el gall. *mucho* (Sarm. *CaG.* 120r: *esta rosa xa está mucha*): éste y *murcho* saldrán de resoluciones distintas de un primitivo *muscho, que estará junto al cast. MUSTIO (MUSTĬDUS) en la misma relación que gall. *cantache* frente al cast. *cantaste*, gall. y port. ant. *che*, *ch'*, frente al cast. *te; comp. también *sujo* frente a *suzio*, *rijo* frente a *rezio*. La *r* de *murcho* puede ser meramente fonética, o favorecida por *marchito*. El gall. *murcio* 'humedad o corrupción de la carne', ast. occid. *esmurcirse* 'marchitarse', son cruces de *murcho* con *mucio* MUCIDUS (¿o quizá con MARCIDUS?); vid. MUCĔRE en *GdDD* 4460, de donde vienen algunos, aunque no la mayor parte, de los representantes que él cita. La existencia real de MURCĬDUS es sumamente problemática. Se trata de un hápax de Pomponio, trasmitido en el texto de San Agustín, y a propósito de una supuesta etimología. Que el nombre de la ciudad de *Murcia* venga de ahí (según defiende M. P., *Filología*, Bs. Aires, III, 1-5) no es menos dudoso; más probable es que se trate, como quiere Asín (*Contr. a la Top. Ár. de Esp.*) del ár. *múrsiya*, part. act. fem. de la 4.ª forma de *r-s-w* «être immobile, ferme; être grave, rassis; mouiller à l'ancre», bien documentado en autores populares medievales, así como en R. Martí y PAlc.; se tratará, pues, de 'afincado, firme, fijo' aplicado a la fortaleza musulmana fundada por Abderrahman y aludiendo a los cimientos muy sólidos que esta fundación en un subsuelo arcilloso y movedizo hacía necesarios. *Castrillo de Murcia* y el *Murcia* de la Vall d'Alba serán probablemente aplicaciones locales del nombre de la Murcia más conocida (fundaciones de murcianos, etc.); el cat. *Tamúrcia* no parece tener nada que ver con esto, y en cuanto al otro cat. *Aiguamúrcia*, que tan demostrativo parece a M. P., es nombre dudoso, que no nos aclara nada: se trata de una aldehuela insignificante (cuyo nombre se eligió en el S. XIX para denominar el municipio de Santes Creus, nombre de sabor demasiado monástico y feudal), que nunca aparece en docs. antes del S. XVIII, y si bien es verdad que está junto al río Gaià, no está junto a un paraje de aguas muertas: si verdaderamente quiere decir 'agua lenta', se tratará también del ár. *múrsī* 'inmóvil, fijo', que pasaría al habla local catalana de esta comarca, reconquistada en fecha bastante tardía. Spitzer, *Litbl.* XL, 207, trata de explicarse *marchitar* como derivado de MARCERE con un sufijo diminutivo, que atenuaría el matiz del verbo, a la manera del it. *cantarellare* o el alem. *geistreicheln*. Pe-

ro no hay casos comparables en castellano (con
este valor se emplean si acaso -icar, -iscar, -uzar:
enamoricar, neviscar, espeluzar), y además así no
explicamos la ch.— [4] También es propio de un
préstamo lingüístico el aceptar el participio sin
tomar el verbo. Un caso suelto de marchecer
'marchitar' parece hallarse en el segoviano Agustín de Ruescas (1546), vid. Cej., La Lengua de
Cervantes, s. v. marchito.

Marchoso, V. marchar   Mardal, V. morueco
Mardano, V. marrano y morueco   Marea, mareador, mareaje, mareamiento, mareante, marear, V.
mar   Marecer, V. morueco   Marejada, maremagno, marengo, mareo, mareógrafo, marero, mareta, maretazo, V. mar   Márfaga, márfega, V.
marga II

MARFIL, reducción del antiguo a(l)mà(l)fil, y
éste del ár. ᶜazm al-fíl íd., propiamente 'hueso del
elefante'. 1.ª doc.: almafil, doc. de 892 (Du C.);
marfil, 2.ª mitad del S. XIII.

Ammafide aparece en doc. gallego de 1019
(Festschrift Jud, p. 636); almafil, ammafide, en doc.
de 942, de igual procedencia (Gómez Moreno, Igl.
Mozárabes, p. 126); olmafi, en un antiguo doc.
portugués (Viterbo), parece ser mera errata por al-
mafí, forma que aparece en las Cantigas de Alfonso X (299.3 y en los MirSgo. 125.6); en Alex.
ha de leerse en todos los pasajes amarfil (así O
812b) o armafil (O 1633d), asegurado en el primer
pasaje por el metro[1]. La forma marfil se generaliza desde principios de la 2.ª mitad del S. XIII
(V. ejs. en Neuvonen, 58-59, y C. Michaëlis,
Homen. a M. P., 454-6). Quizá porque (aunque
debida a Simonet) fué publicada primeramente en
un diccionario desacreditado, como el de Eguílaz
(444-5), sigue dudándose o dándose todavía por
desconocida la etimología de marfil, port. marfim
(antiguamente marfi)[2]. En realidad, la resumida
arriba, obra de la erudición y buen sentido de
Simonet, no ofrece dudas: Dozy, que en su Gloss.,
302, la declaraba desconocida, anotó sin protesta,
de su puño y letra, la etimología de Simonet en
su ejemplar de mano; Baist, que en RF I, 130,
admitía todavía nâb al-fíl, en RF IV, 380, reconocía ya la etimología correcta. Y aunque Neuvonen
y otros no la traen todavía y ni siquiera la mencionan, parece ser por una distracción; sólo C.
Michaëlis, l. c., se obstina en su antigua etimología: alfil 'elefante' cruzado con mármol. Repetidas veces he rechazado por razones metódicas
estos cruces de voces de significado heterogéneo,
que sólo pudieron producirse en la mente de un
filólogo obsesionado por una preocupación etimológica; la idea, en nuestro caso, puede desecharse
sin escrúpulo: es indudable que marfil se emplea
a veces en la Edad Media como nombre del elefante vivo (Bocados de Oro; Libro de los Engaños; Acedrex, 340.18; Gr. Conq. de Ultr., 266;

J. Manuel; Rivad., 248, 291; Villasandino, Canc.
de Baena, n.º 218, v. 2, aplicado simbólicamente
al rey; González de Clavijo), pero la ac. 'marfil' es mucho más antigua y general, y no cabe
duda de que aquella aplicación se debe a una confusión popular de arfil 'elefante' (así en la Gr.
Conq. de Ultr., Canc. Geral y Canc. de Baena;
vid. además ALFIL) con marfil, nombre de la
materia conocida en Europa. De hecho, aunque el
nombre propio del marfil en árabe es ᶜâǧ, en el
árabe de Occidente se empleó también ᶜazm al-fíl
en este sentido, y así aparece un par de veces en el
tunecí Abenalɥazzar († 1004), V. los pasajes en Dozy, Suppl. II, 142b, y 21a; también se dijo en este
sentido ᶜazm al-ᶜâǧ, o sea 'hueso de marfil' (Dozy);
ᶜazm en árabe es 'hueso' y fíl 'elefante'. En lo fonético no hay dificultad alguna: ᶜazm al-fíl se convirtió en amalfil (comp. ᶜazm al-huqq 'hueso de la
cadera' > cat., oc. amaluc 'cadera, lomo'), que de
ahí pasó, bien a marfil, bien a alma(l)fil (como
AMYGDALA a almendra, amuerzo a almuerzo, (a)me-
na a almena)[3]. Las demás etimologías propuestas,
que chocan con graves dificultades fonéticas y de
todos los órdenes, pueden verse en la bibliografía citada, pero siendo decididamente inferiores
pueden echarse ya en olvido[4].

DERIV. Marfileño [APal. 349d; Acad. ya 1914].
[1] «El cabeçon del carro nol tengades por vil /
era todo ondado de muy buen amarfil». En otros
dos pasajes ambos mss. traen marfil, pero en todos ellos es posible métricamente la lección trisilábica.— [2] Marfín es también andaluz (ZRPh.
V, 305). No hay razón alguna para considerar
castellanismo la palabra portuguesa. En otros romances sí hay préstamo castellano: en catalán sólo
vori EBOREUS es castizo. En francés marfil corrió
en los SS. XVI y XVII (BhZRPh. LIV, 110).—
[3] También cabe paso directo de ᶜazm al-fíl a
almalfil en la fonética leonesa, y luego eliminación
del al-, tomado por la aglutinación del artículo.—
[4] El americanista Ezequiel Uricoechea, en El Tiempo de Bogotá, 12-XII-1872, llamó la atención hacia el tigré marafil 'hiena', y el makúa murfin
'marfil' (lenguas de Abisinia), afirmando que marfil es voz de etimología africana y no arábiga. La
primera de estas voces nada tendrá que ver; en
cuanto a la segunda, deberán aclararlo los especialistas: si no es portuguesismo llevado a la
costa somalí por los comerciantes portugueses en
camino a la India, quizá venga también del ár.
ᶜazm al-fíl. Sea como quiera, no hay por qué
dudar del origen arábigo del cast. marfil.

Marfoyo, marfueyo, V. malo

MARFUZ, ant., 'renegado', 'traidor', probablemente del ár. marfûd 'desechado, abjurado', participio pasivo de ráfad 'dejar', 'desechar', 'abjurar'.
1.ª doc.: J. Ruiz.
El Arcipreste llama al mensajero infiel que le

robó su amada «el traidor falso *marfuz*» (119*c*), donde el vocablo rima con *cruz*, *duz*, etc. En una sátira de Alfonso Álvarez de Villasandino (*Canc. de Baena*, n.º 142, v. 28) contra un personaje judaizante, éste en su testamento «manda quel pongan la Cruz / a los pies —¡ved qué locura!—, / el Corán —nescia escriptura— / en los pechos, al *marfuz*, / la Tora, su vida e luz, / en la cabeça la quiere». Es decir, tiene claramente el sentido religioso de 'renegado'. Eso mismo o 'traidor' puede ser en otros dos pasajes de dicho Cancionero («la caída del falso *marfuz*», p. 121; y «linage *marfuz*», p. 114). 'Traidor' es también en Cervantes («no te fíes de ningún moro porque son todos *marfuces*») y en Góngora (quien lo aplica a Herodes). Existió también en portugués antiguo, en el sentido de 'malo': «tudo isto nom he taybo ['bueno' o 'divertido'] / antes era muy *marfuz*», rimando con *cruz* en Vasco Coutinho, h. el a. 1500 (*Canc. Geral* III, 229; vid. C. Michaëlis, *RL* IX, 15 y 17n.6); y Moraes, citando un pasaje de Prestes, a. 1587, define «mao, levantisco». Se anticuó pronto el vocablo en ambos idiomas y ya falta en Covarr. y en *Aut.*[1] Según puede verse, el vocablo rimaba siempre en *-uz* y por lo tanto tenía *-z* y no *-s*. Sin embargo, el femenino *marfusa*, como epíteto de la zorra, aparece en rima con *escusa*, *usa* y *acusa* en J. Ruiz, 364*c*, y en los demás pasajes de este poeta este nombre de la zorra, aunque no figura en rima, está siempre escrito en ambos mss. con la *s* de tipo ordinario (332*b*, 339*c*, 362*c*, 1437*a*)[2]; luego parece que partiendo de la temprana confusión de *-s* con *-z* implosiva (comp. *DELEZNAR*, etc.) se creó una forma secundaria con *s*. Del castellano se tomaron el logud. y campid. *marfușu* 'vil, abyecto' (M. L. Wagner, *ASNSL* CXL, 243), napol. *marfuso* «imbronciato, corucciato» (Ambra), sic. *marfusu* (citado erróneamente en el *REW*, artículo VAFER, entre voces que significan 'astuto' o 'necio'), it. antic. *malfusso* 'bribón' (S. XV).

Como etimología pensaron Engelmann y Dozy (*Gloss.*, 302-3) en un ár. **marḫûṣ*, participio pasivo de *ráḫuṣ* 'disminuir, bajar (el precio de algo)', 'ser blando, dúctil, flexible'; pero el hecho es que tal vocablo arábigo no sólo es meramente supuesto, sino que es contrario a las reglas gramaticales un participio pasivo tratándose de un verbo intransitivo (Dozy ya no se refiere a esta etimología en su *Suppl.*, aunque lo hace siempre con las etimologías que considera seguras o probables). Luego es preferible la etimología indicada por la Acad. y aceptada por Tallgren, Spitzer (*Lexik. a. d. Kat.*, 93-94) y Steiger (*Contrib.*, 352)[3], *marfûḍ*, participio pasivo de *ráfaḍ* 'dejar, abandonar', 'desechar', en autores vulgares 'abjurar', 'recusar' (Dozy, *Suppl.* I, 540); *marfûḍ* era propiamente 'desechado' que bien podía pasar a 'renegado' (rechazado por todos), tanto más fácilmente cuanto que el participio activo *râfiḍ* quiere hoy decir 'hereje' en Argelia

(Beaussier), su derivado *râfiḍî* es precisamente 'renegado' en otros puntos del Norte de África (Hubert), y Fagnan lo cita, como nombre de varias sectas musulmanas, en el Adeuí. El paso de *-ḍ* a *-z*, aunque no es común, es muy natural (recuérdese *juzgar* JUDICARE, etc.) y no carece de ejs. en los arabismos castellanos, pues *héiç* 'esperma del hombre' se halla en PAlc. por *ḥaiḍ*, y *alcayaz* (variante antigua de *ALCAIDE*) viene de *qâ'id*.

[1] La Acad. lo cataloga ya en 1884, pero su primera ac. «repudiado, desechado» parece no tener otra justificación que la etimología (ya indicada en esta ed. de la Acad.), según la mala costumbre que imperaba en los lexicógrafos de entonces. El ej. de *marfug* que cita Eguílaz en el *Canc. de Obras de Burlas* será errata por *marfuz*, y su definición «repudiado, desechado» corresponde a la etimología y no al contexto, como sucede siempre en el glosario de este cancionero. No sé con qué fundamento cuenta el cat. ant. *marfús* «constipado, extenuado», que sólo figura en Labernia. Si es voz real será el participio correspondiente al fr. *morfondre* 'constipar', y sin relación con *marfuz*.— [2] *Marfusa*, sin definición, está también en las rimas en *-usa* en Guillén de Segovia (p. 53), pero indudablemente este autor debe de fundarse en J. Ruiz.— [3] Brüch, *Misc. Schuchardt*, 59, en quien se funda el *REW*, 5357, para volver a *marḫûṣ*, no aduce fundamentos nuevos y carece de autoridad en la materia.

MARGA I, 'roca compuesta de carbonato de cal y arcilla, empleada como abono', tomado del lat. *marga* íd., que se cree de origen céltico. 1.ª doc.: 1705, dicc. de Sobrino, según Terr.; Acad. ya 1817.

Éste lo cita también de ediciones tardías de Oudin (no en 1607 ni 1616), y de la Agricultura de Valcárcel (1765), pero falta todavía en *Aut.*, Covarr., etc. Según Terr. «en España es p o c o c o n o-c i d a esta tierra: no obstante se ha descubierto en el nuevo camino del Pardo, y aun me han asegurado que se usa en algunas partes de Castilla la Vieja, y le dan en unas el nombre de *marga*, en otras el de *tierra grasa* y en otras el de *piedra blanca*». También en catalán (falta Ag.)[1] y en portugués (falta Moraes) es voz muy tardía; en italiano se ha empleado alguna vez *marga* (Tommaseo) en lugar del común *marna*, que por lo demás es galicismo. Luego está bien claro que en todas partes *marga* es cultismo tomado, por los eruditos, del texto de Plinio (debe, por lo tanto, suprimirse el artículo 5351 del *REW*). Asegura Plinio que es palabra de origen céltico, aunque las formas del vocablo en los actuales idiomas célticos son advenedizas (Thurneysen, *Keltorom.* 107); sólo es hereditario el fr. *marne*, fr. ant. *marle*, procedente de un derivado MARGĬLA. Para otros derivados posibles, Jud, *ARom.* VI, 209; para indicaciones etimológicas, Walde-H.[2]

Deriv. *Margoso. Marguera. Margal. Margar.*
[1] *Margal* 'paraje pantanoso' es grafía antigua por
marjal, de origen arábigo.— [2] En *almarga*, que
según el *DHist.* sería 'marguera', debe haber confusión con *almarga*, variante de *MARGA* II (no
hay citas en *DHist.*, y falta en *Aut.*).

MARGA II, 'jerga que se emplea para sacas,
jergones, etc., y antiguamente se llevó como luto
muy riguroso', del ár. ʿvg. *márfaqa* (ár. *mírfaqa*)
'almohada', 'cojín', derivado de *ráfaq* 'ayudar', 'sostener' (y *mírfaq* 'codo'). *1.ª doc.: márfaga*, 1266,
Cortes de Jerez[1].

Márrega 'tela para hacer una cócedra (o colchón)' está en doc. de la Rioja Baja de 1289, *márfaga* en los Aranceles santanderinos del S. XIII,
marga en el Fuero de Soria, del mismo siglo, y
en la *1.ª Crón. Gral.* (con variantes mss. *márhagas*
y *márfagas*). Más documentación en A. Castro,
RFE X, 114-5; Neuvonen, 171-2. Seguía vivo
h. 1630, en el aragonés H. de Luna, con la ac.
'jergón': «aquella tarde enviaron un carro, en que
se llevaron hasta las estacas: ...no me dejaron sino
una pobre *marraga*, donde me echase como un perro» (*2.ª parte del Lazarillo*, Rivad. III, 127). Para
la ac. 'traje de luto', V. *Aut.*, con ejs. de los
SS. XV-XVII; otros en Borao, s. v. *márfega, márraga, márrega* y *almarrega*. El cat. *màrfega* 'jergón'
es palabra más viva y de uso más general que en
castellano, y ya se documenta en 1346 (Ag.); también parece ser catalán el inventario latino de 1336
citado por Dozy; además aparece dos veces como
glosa romance en R. Martí (S. XIII), s. v. *culcitra*
y *matalafium*. Hay un port. ant. *armárfega*, documentado en 1253. La evolución fonética es clara:
márfaga pasó a *márhaga* (*1.ª Crón. Gral.*), de donde *márraga* (comp. *GARRA*), *márrega*, o bien
marga. Del castellano pasó al vasco *marhega* 'manta', en particular la empleada para los animales de
carga, oc. *marrego* 'jerga', 'mantón de jerga' (Schuchardt, *Litbl.* XIV, 336), y val. *màrrega* 'marga
(tela)' (Lamarca), ya documentado en Jaume Roig,
h. 1460, para la enjalma de un pollino, en rima
con *càrrega* (v. 13122). Otras variantes: murc. *almarga* (G. Soriano), Ibiza *marefega* (*BDLC* XIII,
33). La forma ár. vg. *márfaqa* está en PAlc. con
la traducción «cabeçal o almohada de cabeça» y
«cabecera de cama». Es comprensible el cambio
semántico de 'cojín', 'almohada' en 'jergón' y de
ahí 'jerga para hacer jergones' (comp. Dozy, *Gloss.*,
158-9).

Deriv. *Marragón* rioj. *Marraguero* 'colchonero'
bilb. (Arriaga), alav. (Baráibar).
[1] De los testimonios mozárabes, de fecha anterior, que cita Oelschl., no podemos asegurar que
no empleen *marfega* en calidad de mera voz arábiga.

Marga, V. *almarjo*   *Margajita*, V. *marcasita*
Margal, V. *marga I*

MARGALLÓN, 'palmito', voz local tomada del
cat. *margalló* o *bargalló*, de origen incierto. *1.ª
doc.*: Acad. ya 1817.

Ahí como voz provincial. Colmeiro no registra
el vocablo entre las denominaciones castellanas del
palmito, *Chamaerops humilis* (V, 187). Que yo
sepa se emplea sólo en Segorbe (Torres Fornés);
Blasco Ibáñez sólo usa *margalló* como voz valenciana (*Cañas y Barro*, p. 66). En catalán encontramos ya *bragayons* glosando el ár. *ǧummâra* 'medula de la palma' en R. Martí (S. XIII), *bargue-
yons* en el mallorquín Marsili (¿1.ª mitad del
S. XIV?); *margalló* aparece ya en textos valencianos del S. XV, y Laguna (1555) cita *bargallón*
(sic) como catalán (V. además Alcover, s. v. *bargalló*). Aplazo un estudio detenido de la etimología
hasta mi *DECat.*, donde examinaré las relaciones
del vocablo con el cat. *barballó* 'espliego' (¿BARBA
JOVIS, 'rusco'?, vid. *gilbarbeira* en *JUEVES*) y con
margall 'cizaña'. Es inverosímil la etimología de
la Acad., lat. *margaris, -ĭdis*, que sólo aparece en
Plinio con el sentido 'dátil en forma de perla', derivado del gr. μαργαρίτης 'perla'.

Marganétano, V. *madroño*   *Margar*, V. *marga I*   *Margárico, margarín, margarina*, V. *margarita*

MARGARITA, 'perla', 'caracolillo marino', 'flor
de centro amarillo', tomado del lat. *margarīta* 'perla', y éste del gr. μαργαρίτης íd. *1.ª doc.*: 1.ª ac.,
Berceo, *S. Dom.*, 44; 1581, Fragoso; 2.ª ac., *Aut.*,
como gallega; 3.ª ac., Lope, *Jerus. Conq.* XVII,
vv. 307, 966.

En el sentido de 'perla' es voz culta, con escaso
arraigo en el Siglo de Oro, y hoy desusada[1]. Los
ejs. de Lope nos muestran que la 3.ª ac. era ya
usual, aunque no está en *Aut.* (comp. cat. *marga-
ridoia*, fr. *marguerite*, etc.).

Deriv. Gall. *margaridiña* (Sarm. *CaG.* 237v,
238r, 239r), *-ritiña* pontev. 'conchita a manera de
porcelana'. *Diamargaritón* 'confección farmacéutica con polvo de perlas' ant. [J. Ruiz, 1336, rimando
en *-ón*]. *Margarite* adj. 'meñique (dedo)', murc.
(también *margarín* murc.; *margaro* canar., *RFE*
XII, 80) [*dedo mergellit*, S. XIV, *Trat. de la
Nat. del Caballo*; *merguellite*, Corbacho; *melgue-
rite*, Pero Mexía; *ídolo margarite* 'ídolo diminuto',
h. 1640, Polo de Medina], del fr. ant. *margariz*
'renegado', 'traidor'[2], por la función de delator que
se atribuye al dedo meñique en canciones y fórmulas infantiles (*REW* 5351b, y con inverosímil
explicación semántica Spitzer, *RFE* XI, 314-5).

Margarina [Acad. 1899], derivado de *ácido margárico*, así llamado por el lustre perlado de las escamas de esta sustancia.
[1] Los ejs. citados por *Aut.*, así como el artículo
de Covarr., apenas pueden darse más que como
pruebas del conocimiento de la voz latina; lo empleó, sin embargo, como voz castellana Cervantes,

Quijote I, xxxiv, 182. En Oudin falta totalmente un artículo *margarita*.— [2] Para la relación de éste con *margarita* 'perla', vid. *Rom.* XIV, 417ss.; *ZRPh.* XX, 550. Sería una palabra diferente, procedente, a través de un bizantino μαγαρίτης, de un ár. *muhāǧir*, según los Kahane, *Homen. Tovar*, 1972, p. 227; cabe hacer serias objeciones a las dos teorías, y ni una ni otra son indignas de ulterior estudio. De un cruce de *margarite* con *meñique* y variantes salen el salm. *mermellique* y el leon. ant. *mermelique* (S. XIII).

Margarite, *margaro*, V. *margarita*

MARGEN, tomado del lat. *margo*, *-ǐnis*, 'borde', 'margen'. *1.ª doc.*: APal. 231*d* («*labra* se dizen las *márgines* y espacios que están en los cabos de alguna cosa» 231*d*, «espacio del contorno, que dizimos *margen*» 266*d*). *Marjen* en doc. de 1272 (pero nótese que es de Murcia, en este momento reconquistada por los catalanes), *BHisp.* LVIII, 361.

Nebr.: «*margen de libro*: margo». *Aut.* trae ejs. del S. XVII, con aplicación al papel, al río, etc. Entonces era siempre femenino, a juzgar por estos ejs. y por la clasificación de *Aut.*; en latín coexistían los dos géneros. El cat. *marge* m. 'ribazo' es representante hereditario, y una forma del mismo tipo existió también en Castilla, a juzgar por *marcen* f. 'amelga', hoy vivo en Jaén (*RFE* XXIV, 227); riojano (Valle de Ojacastro) *márcena* «trozo de tierra que se marca con el arado antes de sembrar, para repartir bien la semilla» (*RDTP* X, 329); para otras formas análogas, *GdDD* 4159. También parece ser popular el arag. *marguin* f. [fueros de h. 1300, «la *marguin* de la cequia», Tilander, § 173.3; hoy así en Plan, Gistáin y Echo, *almarguin* en Bielsa, *marguín*[1] en la Puebla de Híjar, *BDC* XXIV, 174, y en Navarra, Bergmann, *Hocharagon u. Nav.*, 53; *marguen* en Badaguás, *marguin* en Araguás, *margin* en otros pueblos: Alvar, *R. Port. de Fil.* III, 321], forma extraña de difícil explicación, pero que ha de presentar una evolución fonética especial del grupo RG[12], comp. gasc., langued., pall. y arag. *arguila* 'arcilla' (*BDC* XXIII, 275).

DERIV. *Marginar* v. [*margenar*, S. XVII, *Aut.* y Fcha.; *marginar*, *Aut.*]; *marginado*. *Marginar* adj. o más bien *marginal*.

[1] Con traslado de acento en el plural esdrújulo *márguines*.— [2] Desde luego no se debe a influjo del nominativo MARGO (según dice G. de Diego, *Contrib.*, 116). En lenguaje claro esto significaría que existió un arag. *margo, procedente del nominativo latino, y que de un cruce de esta forma con la regular *margen* o *marcen* resultó *marguen*, *-guin*; pero no hay tal forma romance *margo y su existencia es inverosímil. Lo más probable es que el vocablo llegara al romance aragonés por ⸱trasmisión a través del antiguo vasco local. Laus-

berg, *ASNSL* CXCIV, 370, se adhiere a esta idea y remite a *ZRPh.* LXX, 1954, 126 ss. y a su *Roman. Sprachwissenschaft* II, 1956, § 323.

Margolla, V. *lama*   *Margomar*, *margome*, V. *recamar*   *Margoso*, V. *marga* I   *Margrave*, *margraviato*, V. *marca*   *Marguera*, V. *marga* I   *Marguin*, V. *margen*   *Margullo*, V. *mugrón*   *Margullo*, *margullirse*, V. *somorgujo*

MARÍA, nombre propio de la madre de Jesucristo, empleado en numerosos compuestos, derivados y acs. especiales, como nombre común. La ac. 'vela blanca que se pone en lo alto del tenebrario' figura ya en *Aut. Baño de María* [1569, Pérez de Vargas; *baño María*, 1735, Cantelli, *DHist.*], se explica, según Bloch, por el nombre de María, hermana de Moisés, a quien se atribuían obras de alquimia ya en la antigüedad alejandrina, aunque luego se la confundió con la Virgen María [fr. *bain Marie*, S. XIV].

DERIV. *Marial* [h. 1640, Nieremberg]. *Mariano* [h. 1690, Cornejo]. *Marica*, dim. de *María* [*Quijote* II, v, 17, como nombre de mujer vulgarísimo], 'urraca' [*Aut.*], m. 'hombre afeminado' [1599, *G. de Alfarache*[1]]; *maricón* 'marica, hombre afeminado' [1517, Torres Naharro, índice de la ed. Gillet; 2.º cuarto del S. XVI, Sánchez de Badajoz I, 322; Quevedo, *Buscón*, *Cl. C.*, p. 281, y nota de Castro a este pasaje]; este matiz sigue en vigor en la Arg. y otros países americanos, mientras que en España significa hoy 'sodomita pasivo' (lo cual en América se dice *puto*, como en los clásicos); *mariquita* (para nombres dialectales de la *mariquita*, *RDTP* VI, 621-39). *Amaricado* (también es vivo *amariconado*, que falta en Acad.). *Marión* 'hombre afeminado' [Cervantes, en Fcha.] o *mariol* (éste quizá del it. *mariolo*); *mariona*; *marioso*. *Marica*, V. *urraca*.

CPT. En los siguientes, *Mari*, forma abreviada de *María* (usual en nombres propios compuestos, como *Mari Gutiérrez*, etc.), se toma como prototipo de nombre de mujer, y como equivalente semántico de 'mujer' en general (vid. Cej., *La Lengua de Cerv.*, s. v.). *Maricastaña*. *Marimacho* [Lope, *Aut.*]. *Marimandona*. *Marimanta* [1604, *G. de Alfarache*, *Cl. C.* IV, 99.16; Oudin; Quevedo, *Aut.*], porque sale envuelta en una manta. *Marimarica* [-*as*, Covarr.]. *Marimoña* 'francesilla (planta ranunculácea)' [Acad. 1899; con referencia a San Juan, Arg., h. 1850, O. Gil, *Bol. de la Junta de Hist. de S. Juan* III, 1942, p. 4]. *Marimorena* [*Aut.*]. *Maripérez*.

Mariposa [hacia 1400, Glosarios de Palacio, Escorial y Toledo; APal. 74*b*, 245*d*; Nebr.], compuesto en el sentido de 'María, pósate', quizá procedente de una canción infantil, como las numerosas denominaciones de mariposas y otros insectos, compuestos con este nombre, citados por Riegler, *ASNSL* CXLIX, 76-77; comp. además vasco *ma-*

ripampalona 'mariposa' (compuesto con el lat. PA-
PILIO), *mariburduntzi* 'libélula', *marikorkoila* 'caracol' (Schuchardt, *Litbl.* XL, 402n.1), sardo *maria-
volavola* (Wagner, *ARom.* XX, 69ss.); el port.
mariposa y el val. ant. *pariposa* (Jaume Roig, v. 5
7746)[2] son castellanismos, pero la forma castiza
maripoisa, -oija, existe en el portugués fronterizo
de la Sierra de Gata (*mariaposa* en otra localidad:
Espinosa, *Arc. Dial.,* 175), y en otras hablas portuguesas existe *pousalousa* ('ponte en la losa', C. 10
Michaëlis, *Misc. Caix,* 145-7) o *poisa-a-moira*
(trasm., *RL* V, 101)[3]; *mariposado; amariposado;*
mariposear, mariposeador.

Marisabidilla (compárese *marirrabadilla* en Quevedo: Fontecha). *Maritate* andaluz, guat., hond., 15
costarriq., 'trebejo, bártulo' (Toro Gisbert, *BRAE*
VII, 316), *maritata* per. íd., chil. 'cedazo o
canal empleado en los establecimientos mineros':
se explica probablemente por una advertencia doméstica exhortando a respetar los bártulos '¡María, 20
tate!' 'ten cuidado'[4]. *Maritornes,* por alusión al
personaje del *Quijote* (I, xvi, 56). *Marizápalos* 'mujer desaliñada' (Quevedo, *Fcha.*). Otros nombres
formados con *mari-* abundan en el habla popular
de Bilbao: *marilumo* 'mujer fantasiosa y ligera' 25
(vasco *luma* 'pluma'), *marimolso* o *marisasquel*
'mujer gordinflona y desaseada', *marimoño* 'la que
lleva alto y vistoso peinado', *marimurco* 'ruda, se-
misalvaje', *marisoro* 'loca, ligera de cascos', *mari-*
sorqui 'la que se emplea en conducir cargas, con 30
un *sorqui* sobre la cabeza' (Arriaga, *Lex. Bilbaíno*).
  ¹ «Si es verdad... que se valía de untos... seré
su capital enemigo y de todos los que de cosa
semejante tratan; pues demás de que son actos
de afeminados *maricas,* dan ocasión para que de 35
ellos murmuren y se sospeche toda vileza», *Cl. C.*
I, 68.12. Otros ejs. clásicos en Tiscornia, *M. Fie-*
rro coment., 437, y en *Aut.* Se trata sencillamente de *Marica* como prototipo de nombre de
mujer. Para ejs. de aplicación análogos, vid. Spit- 40
zer, *Bibl. dell'ARom.* II, 82ss.; M. L. Wagner,
ZRPh. XLIII, 121; XLIX, 107 (desde luego nada
tiene que ver ahí el lat. *mas, maris,* 'macho', como
había supuesto Horning, *ZRPh.* XXV, 743-
4).— ² Chabás se pregunta si significa 'mariposa'; 45
así será, a juzgar por el contexto; Escrig, 1851,
recoge como valencianos *maripòsa* y *mariposeta,*
y agrega *posa* como variante de aquél. Hoy parece castellanismo pues se ha conservado *papallona,*
la voz latina, y nadie dice aquello en la mayor 50
parte del dominio lingüístico. Recuerdo haberlo
encontrado en algún texto antiguo y quizá haya
sido realmente genuino en Valencia; Careta (*Bar-*
brismes, 1901, p. xv) reconoce que se halla en
el *Recull d'Eximplis* formado por M. Aguiló con 55
mss. del S. XV, de lenguaje puro, en gran parte
valenciano.— ³ Véase además Spitzer, *Bibl. dell'-*
ARom. II, 89, y Oehl, ibid. III, 112. La opinión
de que la variante rara *manipposa* sea la primitiva,
en el sentido de 'ponte en la mano', debe des- 60

cartarse. Se trata de una dilación de nasalidad
como la que presentan el it. *maniscalco,* cat.
manescal MARAHSKALK, Berry *manivole* (= fr.
centr. *marivole*).— ⁴ Lenz, *Dicc.,* 482-3, supone
un derivado no documentado del aimará *ma-*
ritha 'huir'. Pero es inverosímil la extensión de
tal vocablo hasta Andalucía y la América Central. En palabra de este significado es natural
que la ac. doméstica primitiva 'trebejos' no se
documente hasta fines del S. XIX, mientras la
ac. minera ya puede señalarse en 1776 en Juan
I. Molina.

MARIDO, del lat. MARĪTUS íd., derivado de MAS,
MARIS, 'macho, varón'. *1.ª doc.:* doc. de 1027,
Oelschl.

De uso general en todas las épocas y común a
todos los romances, salvo el rumano. Desde antiguo se abusó del vocablo aplicándolo al concubino,
por lo cual J. Ruiz se siente obligado a precisar
marido velado 'legítimo' (1327*b*); por la misma
razón se prefiere emplear para éste el nombre de
esposo en la Arg. y otros países americanos.

DERIV. *Maridaje* [Lope, *Aut.;* en sentido propio
estaba anticuado al hacerse este diccionario, comp.
el pasado «díxose»], adaptación del fr. *mariage*
'casamiento'. *Maridanza. Maridazo; maridillo. Ma-*
ridar [Nebr.]; *maridado* 'casado' (Berceo, *Duelo,*
14; *Calila,* Rivad., 64; J. Ruiz, 1570*c*; y en el
romancero; *Aut.* advierte que sólo se emplea festi-
vamente); también *enmaridar.* Derivado culto es
marital [Mena (C. C. Smith, *BHisp.* LXI); Lope],
en cuyo lugar registra Nebr. *maridable,* y otros
dijeron *maridal.*

Mariellu, V. *amarillo   Marilumo, marimacho,*
marimandona, marimanta, marimarica, V. *María*

MARIMBA, amer., parece ser voz de origen
africano. *1.ª doc.:* 1836, Pichardo (1862); Acad.
1869 (no 1843).

Pichardo nos informa de que es instrumento músico en forma de cajoncito, empleado en Cuba por
los negros bozales, y en la Vueltarriba es otro
instrumento músico en forma de aro de hierro.
Actualmente se ha extendido por gran parte de
América del Sur (Malaret) gracias a la difusión de
la música afrocubana. Comp. Ortiz, *Glos. de Afro-*
negrismos. Es poco probable que se relacione con
MARACA.

Marimba, V. *birimbao   Marimoña, marimoño,*
marimorena, V. *María   Marina, marinaje, mari-*
nante, marinar, marinear, marinera, marinerado,
marinerazo, marinería, marinero, marinesco, mari-
nista, marino, V. *mar   Mariol,* V. *María*

MARIÓN, nombre de pez, palabra de existencia
dudosa. *Aut.* citando a Huerta, traductor de Plinio
(1624), dice que es el sollo; Terr., fundándose en

el diccionario de Séjournant (S. XVIII), dice que
es el esturión, opinión adoptada por la Acad. ya
en 1817. Pero no hay noticias de esta denominación, en fuentes independientes[1], y Huerta atribuye categóricamente la voz *marión* a Plinio; ahora bien, tal vocablo no figura en los diccionarios
latinos (*ThLL*, etc.) ni lo veo tampoco en el original de Plinio en el pasaje citado. La variante
marón figura en Acad. ya en 1817. Este último
parece hallarse en Gonzalo Correas (1627): «el
quizote y el *marón* por Agosto pierden sazón (entiende que son pescados)», aunque no conozco un
pez llamado *quizote*. Tal vez relacionado, aunque
ha de ser pez bien diferente de esos dos, con el
gall. *mariola*, nombre que en Muros dan al que
es *barbada* en la Coruña (Sarm. *CaG*. 80r, A16r).

[1] Falta en Medina Conde. Según Carus, *Prodromus* II, 529, *marión* y *marón* figuran como
nombre del *Acipenser Sturio L.* en Cisternas, *Catálogo de los Peces Comestibles que se crían en
las costas españolas del Mediterráneo y en los
Ríos y Lagos de la Prov. de Valencia*, Valencia,
1867. Pero la fuente de Cisternas a su vez puede
ser la Acad.

Marión 'maricón', *mariona, marioso, maripérez,
mariposa, mariposado, mariposeador, mariposear,
mariquita, marisabidilla*, V. *María   Marir*, V.
morueco   Mariscador, V. *mar*

MARISCAL

MARISCAL, tomado de oc. ant. *marescal* 'mariscal', 'herrador', 'veterinario', o del fr. ant. (norm.)
mariscal íd. (hoy *maréchal*), que proceden del
fránc. *MARHSKALK* 'caballerizo mayor', compuesto
de MARH 'caballo' y SKALK 'sirviente' (a. alem. ant.
marahscalc 'caballerizo'). *1.ª doc.*: h. 1400, glos.
de Toledo. También en el vocabulario de med.
S. XV, *RFE* XXXV, 338.

APal.: «*mensores* se dizen los *mariscales* que en
el campo miden los logares donde los guerreros
finquen las tiendas y pavellones», 275d; Nebr.:
«*m.*: metator, metatus». Esto es lo que *Aut.* llama
mariscal de campo, mientras *mariscal de logis* era
el que cuidaba del servicio de la caballería (ordenanzas militares de 1728), y *mariscal* a secas 'oficial muy preeminente en la milicia, inferior solamente al Condestable' (1618, Salazar de Mendoza);
finalmente podía también tener el sentido de 'herrador'. El vocablo es más antiguo en Francia,
donde ya se documenta, en el Sur y en el Norte,
desde el S. XII; además la reducción de -LK a -*l*
se explica solamente según la fonética galorromance. Luego no cabe duda que el cast. *mariscal*
es préstamo septentrional, aunque puede dudarse,
en cuanto a la fuente precisa, entre oc. ant. *marescal* (algo menos frecuente que *manescal*, pero
documentado un par de veces, Levy, *P. S. W.*,
100), y el normando-picardo ant. *mariscal* (God. V,
170b; X, 124a). El mariscal fué primeramente el
caballerizo mayor del rey, después el alto oficial

encargado del cuidado y alojamiento de la caballería, finalmente un jefe militar de graduación
superior.

DERIV. *Mariscala. Mariscalato. Mariscalía.*

*Mariscante, mariscar, marisco, marisma, maris-
meño, marismo*, V. *mar   Marital*, V. *marido
Maritate, -ata*, V. *María   Marítimo*, V. *mar
Maritornes*, V. *María   Marjal* 'terreno bajo y
pantanoso', V. *almarjo*

MARJAL

MARJAL, 'medida agraria equivalente a 5 áreas
y 25 centiáreas', voz granadina tomada del ár.
márğaᶜ íd. *1.ª doc.*: Acad. ya 1817.

Indicó esta etimología Dozy, *Suppl.* I, 513a,
quien documenta abundantemente el vocablo en
árabe magrebí medieval y moderno, y lo señala
en escrituras árabes de Granada y ya en R. Martí
y PAlc. (resumido en Eguílaz, 445-6). El granadino Américo Castro confirma la existencia de
marjal 'medida agraria' en su región (*Lengua, Enseñanza y Lit.*, p. 68). Son normales fonéticamente el traslado acentual, de acuerdo con la acentuación del árabe vulgar, y la adición de una -*l*.

Marjoleta, marjoleto, V. *majuelo   Marlillo,
marlo*, V. *macho I*

MARLOTA

MARLOTA, del ár. *mallúṭa* 'saya', 'hábito de
monje', y éste del gr. μαλλωτή 'manto velloso',
derivado de μαλλός 'vellón de lana'. *1.ª doc.*:
¿S. XIII, *L. del Ajedrez*?; 1486; 1548, *HispR.*
XXVI, 285; h. 1550, Fz. de Oviedo, Romancero,
y Calvete de Estrella. *Merlota* 1505.

En el antiguo romance del obispo Don Gonzalo (M. P., *RFE* II, 133) se lee «Señor, al subir
de un monte, / y a la bajada de un llano, / vi
tanta *marlota* azul, / tanto albornoz colorado, /
tanta de la adarga blanca, / tanto brazo enaleña-
do». Por la misma época o quizá un poco más
tarde emplea el vocablo Calvete de Estrella (1552);
de algo antes (1546-8) es el ej. de Fz. de Oviedo
citado por Fcha. Se refiere casi siempre a moros
y moriscos: «salió la Reina con una *marlota* de
brocado de tres altos, con tantas y tan raras labores que no tenía precio», Pérez de Hita (*Guerras
Civiles de Granada*, ed. Blanchard I, 56); «Ben-
zaide lievar leonado / con unas de plata fina. /
¡Ay ha! / Alcaide de los Donceles / una *marlota*
marilia», Lope (*S. Diego de Alcalá*, Rivad. LII,
519b), etc. El vocablo sigue vivo en Valencia hasta
el S. XVIII: «*molòta*: marlota» (Sanelo, fº 9;
además «*marlota*: avellana grande» fº 99 y 104,
que no sé si es el mismo vocablo)[1]. Como en los
arabismos hay innumerables casos de *l > r* y
r > l (V. mi estudio del *BDC* XXIV, 1936, 74-
76, 288), es también posible que saliera asimismo del ár. *mallúṭa*, o de alguna leve variante
(quizás acarreada por los refugiados mozárabes de
León), el gall. centr. *marote* (Chantada) y *marota*

'casacón o sobretodo que llevan los estudiantes', 'tabardo, casacón de los aldeanos' (Sarm. *CaG.* 130*v*, 213*r*). Quizá sea también lo mismo el juego de dados llamado *marlota* en el *Libro del Ajedrez*, de Alfonso el Sabio (*RFE* XXIII, 187).

Mullûṭa, «saya de mujer; vestidura de mujer; cogulla de hábito de fraile; monjil, vestidura de monje» en PAlc., aparece en escrituras arábigas de Granada y Almería, y en el árabe africano y asiático, ya por el S. XIII (Simonet, s. v. *mollóta*; Dozy, *Dict. des Noms des Vêtements*, 87, 412; *Gloss.*, 303-4); otros emplean la forma *mallûṭa* (*Suppl.* II, 613a); no cabe duda de que viene del gr. tardío μαλλωτή 'manto velloso' (documentado en glosas, *CGL* VII, 576), femenino del adj. griego μαλλωτός 'provisto de pelo largo', que deriva de μαλλός 'vellón de lana'; por lo demás este vocablo griego pasó también al latín tardío, donde el hispano San Eulogio escribió *mellota* 'vestido de piel de oveja', de suerte que el vocablo árabe pudo tomarse no sólo del griego de Oriente, sino también del latín de España; de todos modos no cabe duda de que en castellano es arabismo. A la formación de la -*r*- pudo contribuir, además de la diferenciación de las dos *ll*, el influjo del verbo *marlotar* (*MALROTAR*).

V. ahora además el importante artículo de Robert Ricard, en *BHisp.* LIII (1951), 131-156, cuya primera documentación es de un inventario de 1486, y luego cita muchas docenas de ejs., casi todos del S. XVI, y todos referentes a moros o moriscos. Era vestido de gente de ciudad, de paño bueno y de colores vivos. De esta documentación deduce que debió de pasar al castellano a raíz de la guerra de Granada, no antes (frente a lo cual sería importante poder decidir si en el *Libro del Ajedrez* designa básicamente lo mismo). Del castellano pasaría al port. *marlota*, documentado desde 1531, con la misma aplicación, y en francés figura sólo en el *Gargantua* (de donde lo imitaron otros). En árabe se documenta por el mismo tiempo y con sentido semejante; en Marruecos *mellûṭa* en 1517, vestido de escarlata y terciopelo (la mención de Radziwill, a. 1583, con referencia a los mamelucos de Egipto, ha de estar influída por el castellano, en vista de la *r* de su forma *marlotta*), y pasado este siglo tiende allí también a caer en desuso, si bien más adelante lo mencionan algunos como vestido de beduínos (p. 150) y hoy los camelleros filalíes conservan *mellôṭa* como nombre de una chilaba abierta de arriba abajo y abotonada por 3 ó 4 botones u objeto equivalente (p. 154). En el vocablo arábigo parecen haberse confundido dos voces griegas diferentes: la citada μαλλωτή y además μηλωτή, mencionada desde San Pablo como vestido de piel de cabra o de carnero que llevaban los Padres del Desierto (deriv. de μῆλον 'carnero' y 'cabra'). De éste por vía culta salió la palabra rara *melota*, que aparece alguna vez en el castellano medieval (Glosarios de Castro, *Canc.* de Baena 362, como nombre de un vestido de monje).

¹ *La Marlota* existe en la toponimia valenciana: es una partida del término de Onda; pero éste acaso sea un derivado mozárabe de AMYGDALA.

Marlotar, V. *malrotar*   *Marmella*, comp. *cerviz*
V. *mama*   *Marmesor*, V. *mano*   *Marmetado*,
V. *marbete*

MARMITA, 'olla de metal', tomado del fr. *marmite* 'olla', de origen incierto. *1.ª doc.:* 1607, Oudin¹.

Aut. dice también que es de cobre y explica que es «voz francesa nuevamente introducida». En efecto ha tenido siempre escaso arraigo, y no cabe duda que se tomó del fr. *marmite* [1313], hondamente arraigado en este idioma y en los dialectos de este país, sobre todo los del Norte. La etimología de la voz francesa es muy oscura. La conjetura más fundada, aunque hipotética e incierta, es la de Sainéan (*BhZRPh.* I, 17, 69-70), de que sea primitivamente una denominación acariciativa del gato (formada con los términos sinónimos *mite*, *chattemite*, y *marlou*, *matou*), con el cual se habría comparado la *marmite*, que antiguamente estaba provista de pies o soportes (en efecto Oudin traduce el fr. *marmite* por «olla de cobre con pies», por la costumbre del gato de acostarse junto al hogar; de hecho *marmite* y *marmiteux*, documentados desde h. 1200, significan 'hipócrita'² y parece claro que son un caso del conocido tránsito semántico 'gato' > 'maula, hipócrita'. Es verdad que *marmite* en el sentido de 'gato' es una mera suposición. Pero las demás etimologías son menos consistentes: compuesto de *mal* y *miste* 'neto', 'limpio', voz de origen oscuro (Gamillscheg, *EWFS*), con cambio inexplicado de la *l*; ár. *bárma*, *búrma*, 'especie de olla', inadmisible en una voz procedente del Norte de Francia; partir del it. *marmitta* (en Servigliano *marmetta* «casseruola», *ARom.* XIII, 258), derivado de *marmo* 'mármol', como nombre primitivo de las ollas de piedra, como quiere Tommaseo, es inverosímil entre otras razones porque en Italia no se citan ejs. anteriores al S. XIX, y es voz de uso principalmente técnico, de suerte que allí debe de ser galicismo.

DERIV. *Marmitón* 'galopín de cocina' [1646, *Estebanillo*], del fr. *marmiton* íd.

¹ «*Marmitan, olla de cobre:* marmite, pot de cuivre», forma que será errata, aunque figure también en la parte franco-española y en la ed. de 1616.— ² El último está también en Rabelais en este sentido (*Garg.*, cap. 54) y en el secundario 'fraile' (*Pantagr.*, cap. 7, y III, cap. 10). La explicación semántica de Sainéan (*Langue de Rab.* II, 250) no es aceptable.

MÁRMOL, del lat. MARMOR, -ŎRIS, íd. *1.ª doc.:* *Apol.*, 445d.

El tratamiento fonético es popular, pues el castellano no sincopa en este caso (comp. *ÁRBOL, MIÉRCOLES, VÍSPERA*, etc.). Hay una variante *márbor* en *Apol.*, 96c, *márbol* en inventario aragonés de 1488 (*BRAE* IX, 126), que ha sufrido el influjo del cat. *marbre*. Gall.-port. *mármore* (Castelao 187.26). La variante no disimilada *mármor* se halla todavía en APal. 12b, 43b, 266d, en otros textos antiguos y clásicos (Cuervo, *Obr. Inéd.*, 214, n. 1), y todavía reconoce su empleo *Aut.*, pero Nebr. ya trae *mármol*, como el segundo pasaje de *Apol.*

DERIV. *Marmolejo* 'columna pequeña' [Nebr.]; comp. el Volcán *Marmolejo* en la frontera chileno-argentina (prov. de Mendoza). *Marmoleño* [Nebr.]. *Marmolillo. Marmolista;* en lugar de lo cual se dice *marmolero* en Cuba (*Ca.*, 62) y otras partes; *marmolería* (Acad.). Cultismos: *Marmóreo* [Santillana (C. C. Smith, *BHisp.* LXI); APal. 266d]. *Marmoración. Marmoroso.*

MARMOSETE, 'grabado alegórico que se suele poner al fin de un capítulo, libro o tratado', del fr. *marmouset* 'figurilla grotesca', 'niño'. *1.ª doc.:* marmoseto o -ete, Terr.; -ete, Acad. ya 1914.

En francés se documenta desde el S. XIII. Para la etimología de la voz francesa y su familia, emparentada con *marmot* 'niño' y 'mono' y quizá con *marmonner, marmouser*, 'murmurar', vid. Spitzer, *ZRPh.* XL, 103-7, 128; Sainéan, *Sources Indig.* II, 47-8; *REW* 5787 (comp. 5761, 5776b); Gamillscheg, *EWFS;* Bloch; y no se pierda de vista la voz oriental *MAIMÓN* 'mono' (con variante *mamón*).

MARMOTA, tomado del fr. *marmotte* íd., que parece ser alteración de **mormont* (sobreselv. y lomb. *murmont*, a. alem. ant. *murmunto*), procedente del lat. MUS MONTIS 'rata de montaña', por influjo de *marmotter* 'mascullar, murmurar'. *1.ª doc.:* Aut.

Este diccionario dice que es animal común en los Alpes de Saboya y Delfinado, y supone se tomara del italiano. Quizá tuviera ya cierto curso en castellano a princ. S. XVII, pues Oudin dice «*marmota*, selon aucuns le rat liron, et selon d'autres un marmot ou guenon», pero Percivale (1591) sólo admite la definición última: «*marmóta*: a munkie, a marmoset». Desde luego es palabra tomada del francés, donde se halla desde h. 1200, y de donde se tomó asimismo el it. *marmotta*. Aunque la marmota produce una especie de ronroneo como el del gato, no es de creer que sea mero derivado del fr. *marmotter* 'mascullar, murmurar' (voz onomatopéyica), en vista de las numerosas variantes como *marmitaine*, en texto borgoñón de princ. S. XIV (*ZRPh.* XL, 486), *marmo(n)taine* S. XVI, b. lat. *mormotana* (S. XIV), así como el a. alem. ant. *murmuntîn* o *murmunto*, que recuerdan demasiado la denominación registrada por el galorromano Po-

lemio Silvio (S. V.), *mormontana*, para que no tengan que ver con ella, y, sin embargo, son inseparables del fr. mod. *marmotte*. Como además hay sobreselv. y lomb. *murmont*, que equivale a MUREM MONTIS 'rata de montaña', de ahí vendrá también *marmotte*, aunque influído por *marmotter* por etimología popular, tal como el alem. *murmuntîn* se convirtió en *murmeltier* por influjo de *murmeln* 'murmurar'; por otra parte el *mormontana* de Polemio, con sus descendientes *marmitaine*, etc., vendrá de MUREM MONTANUM, comp. engad. *muntanella* 'marmota'. Diez, *Wb.*, 205; Jud, *Bull. du Gloss. des Pat. de la Su. Rom.* XI, 41; A. Bos, *Rom.* XXII, 550-2; Jeanroy, *Rom.* XXIII, 236-40; Sainéan, *BhZRPh.* I, 68-69, 91; *Sources Indig.* II, 47; Kluge, s. v. *murmeltier; REW* 5776b; Gamillscheg, *EWFS;* Bloch. En la ac. 'gorro de estambre de colores que usan los niños pequeños', usual en Zamora (Fz. Duro) y en Columga (Vigón), vendrá del fr. *marmot* 'niñito', para cuyo origen, V. *MARMOSETE.*

Siendo palabra y animal de origen francés no hay que pensar en un ár. *marbûḍa* 'acurrucada, tumbada', como quisiera Asín, *Al-And.* IX, 34.

Marmotear, V. *barbotar*

MARO, tomado del lat. *marum* y éste del gr. μᾶρον íd. *1.ª doc.:* almaro, h. 1580, Juan Fragoso; *maro*, con referencia a *amaro*, Terr.; *maro*, Acad. ya 1817.

Más sobre las variantes *almaro* y *amaro* en el *DHist.* Esta última se explica por influjo del lat. *amarus* 'amargo' (de hecho tiene este sabor el maro), y la otra es alteración de *amaro*, tal como *almendra, almena, almuerzo*, etc. de AMYGDALA, *amena*, ADMORDIUM.

Marocazo, V. *morueco* | *Marojal, marojo*, V. *malo* | *Marola*, V. *mar* | *Maroquil*, V. *morueco*

MAROMA, del ár. vg. *mabrûma* íd., propiamente participio de *báram* 'trenzar', 'retorcer'. *1.ª doc.:* ¿S. XIII?, en mss. de las *Partidas* (B. R.).

Ahí se lee: «marineros... han de seer sabidores de *maroma* et ligeros et bien mandados», ed. Acad. II, 263 (libro II, tít. xxiv); mientras que la lección adoptada por la Acad. reza «sabidores de marinería et ligeros...». Con posterioridad no vuelvo a hallar el vocablo hasta h. 1400 (Glos. del Escorial) y luego a fines del S. XVI, en Percivale (1591, «cable of a ship») y en Mármol («las gàleotas... tirando los moros y la chusma con *maromas* y rempuxándolas con los hombros... las sacaron todas del canal», vid. Jal, 1129b). El port. *maroma* se halla también desde el S. XVI o principio del XVII (*Monarquia Lusitana;* Leonel da Costa); hoy también *maromba*, que parece castellanismo. Parece tener arraigo autóctono al menos en parte del valenciano (sustituyendo a los castizos y ge-

nerales *sègola* o *gúmena*). *Maroma* se empleó
también en calidad de hispanismo en el lenguaje náutico italiano[1]. Como indicó R. Dozy en
Gloss., 304, el cast. *maroma* viene del árabe vulgar *mabrûm*, que PAlc. traduce «cordón de seda,
cordón de sirgo, torçal», propiamente participio pasivo del verbo *báram* «tresser un corde en tordant
les fils; retordre, tordre, tortiller, cordonner»
(Beaussier)[2], «croiser, rouler, entortiller» (Dozy,
Suppl. I, 77a); se diría primeramente *šariṭ mabrûm* 'cuerda retorcida' y luego abreviando *mabrûm*, y como hay también *šarîṭa*, equivalente de
šariṭ, se diría igualmente (*šariṭa*) *mabrûma*, de donde las formas romances; en éstas la *b* se perdió,
ayudando la disimilación de las dos labiales. Sabido es que la *û* se pronunciaba como *o* junto a
las consonantes enfáticas (entre ellas *r*); atiéndase
a que en el silabeo de este idioma se pronuncia
mab-rû-ma, y en España y Marruecos, por lo
menos, con *b* fricativa, que en esta posición implosiva es sonido muy poco perceptible, de ahí su
pérdida al pasar al romance. La etimología de
Müller y de Eguílaz *burm* o *barîm* 'cuerda' no es
posible fonéticamente.

DERIV. *Amaromar*. *Enmaromar* [med. S. XVIII,
Torres Villarroel). *Maromat* (1411) o *marromat*
(1390), en inventarios aragoneses (*BRAE* IV, 530,
517), como nombre de una especie de paño lujoso[3], en portugués antiguo *maromaque* («nobre es-
trado de *maromaques* e d'outros panos d'ouro»,
S. XIV, cita de Cortesão), del ár. *mabrûmât* 'cor-
dones trenzados', plural del citado *mabrûma*. *Ma-
romero* cub. 'el volatín que pasa la maroma' (*Ca.*,
184).

[1] Vid. E. Zaccaria, *Il Parao, il Maroma e il Cabrestante*, Modena, 1908.— [2] De ahí *mubárraǧa
mabrûma* «torse (colonne)».— [3] «Dos almátiguas
de panyo de *maromat* sines foradura», «un panyo
de seda verde de oro *marromat*, viello; otro panyo
de cendal». En el *Poema de Alf. XI*, 1630d «Sobrino deste rey moro, / de la sangre de Audalfa-
que, / armas traían de oro, / coberturas, *marromaque*». I. P. ten Kate traduce 'tela rayada' y
propone la etimología ár. *muráqqam*, participio
pasivo de *ráqqam* 'bordar'. Quizá con razón. Sin
embargo, en árabe vulgar no parece hallarse con
este sentido más que la primera forma (participio
marqûm, de donde los cast. *recamar* y *margomar*),
vid. Dozy, *Suppl.*, PAlc., R. Martí, Beaussier; y
la metátesis es algo violenta (comp., sin embargo, ALMOCREVE).

Marón, V. *marión* y *morueco*   *Maroto, -ote*,
V. *morueco*   *Marqués, marquesa, marquesado,
marquesina, marquesota, marquesote, marqueta,
marquetería, marquida, marquilla, marquisa, marquista*, V. *marcar*   *Marquesita*, V. *marcasita
Marquina*, V. *lama*   *Marra*, V. *marrar*

MARRA, 'almádena, mazo de hierro para rom-

per piedras', del lat. MARRA 'especie de azada', 'especie de arpón'. *1.ª doc.*: Nebr.: «*marra o almadana: marrae, marrarum*».

Es voz poco difundida: *Aut.* la registra solamente invocando el testimonio de Nebr. (y de su
imitador PAlc.); falta en Covarr., pero figura en
otros diccionarios del Siglo de Oro (Oudin). Hoy
es viva en gallego ('almadana' en el anónimo de
h. 1850, *RL* VII, 217; 'maza de hierro para las
canteras', Sarm. *CaG.* 110r; ya en una *CEsc.*,
R. Lapa 240.3), y no es ajena al portugués, lengua de Oc, francés, italiano; en particular hallo *mare* «pelle large et recourbée pour travailler
la vigne» en antiguos documentos gascones (Del-
pit, *Index des mots commentés dans les 10 pre-
miers vols. des Archives du Dépt. de la Gironde*)[1].
En latín *marra* es voz algo tardía, documentada
primeramente en Plinio y en el español Columela,
que parece tomada del semítico (Walde-H.).

DERIV. *Marrazo* 'hacha de dos bocas para hacer
leña' [*marraço* «une serpe», 1607, Oudin; Acad. ya
1817].

[1] En un doc. barcelonés de 1489 quizá designe
cada una de las puntas de los arpones del ancla:
«dos ruxons ab quatre mapes grans e tres petites,
les dos de quatre *marres* e una de tres *marres*, e
quatre anchores grans e una xiqueta», Moliné,
Consolat de Mar, p. 369.

Márraga, marragón, marraguero, V. *marga* II
Marraja, V. *almarraja*

MARRAJO, 'astuto, que disimula su mala intención', 'especie de tiburón', quizá de un nombre
hipocorístico del gato, como *morro, morrongo*, cat.
marruixa, etc., de creación expresiva. *1.ª doc.*: 1609,
en romance de J. Hidalgo; 1616, Oudin: «*marrajo*: sorte de poisson» (no en la ed. de 1607).

No está en Covarr. ni en otros diccionarios del
Siglo de Oro, y es ajeno al léxico de Góngora, de
Ruiz de Alarcón y del *Quijote*, pero lo emplea
Quevedo, como vocablo vulgar, en el *Cuento de
Cuentos*: «El padre, que era *marrajo*, lloraba hilo a
hilo, y iba y venía en estas y estotras» (*Cl. C.* IV,
176); también Quiñones de B.: «ARRUMACO. ¿Todo
ha de ser pedir con embeleco? / ¿No habrá amor
por amor? GUSARAPA. Bellaco trueco. / (Aparte:)
¡*Marrajo!*» (*NBAE* XVIII, 549); «si alguno por lo
bravo me embaraza, / el humo se me sube y soy
mostaza, / y metiéndola en una y otra olla, /
le hago llorar, y entonces soy cebolla. / Con
el *marrajonazo* que se adarga / con el no-tengo,
soy chicoria amarga, / pero si gasta con mani-
ficencia, / soy una caña dulce de Valencia»
(ibid., p. 683). Quizá fuese palabra de origen
germanesco, pues aparece por primera vez en
uno de los romances de germanía publicados
primeramente en la colección de J. Hidalgo[1], y
probablemente redactados a fines del S. XVI:
«desde mi tierna edad / he seguido lo Germano, /

encargado de marquisas ['prostitutas'] / que me
palmaban el cairo ['entregaban su ganancia'], / es-
tafando jorgolinos ['compañeros de rufianes'], /
y brechando ['metiendo un dado falso en el juego']
los *marrajos*, / he sido murcio ['ladrón'] y revesa
['el que estafa con abuso de confianza'], / tercio
['fiador'] doble ['falso'] en cruz y en garo ['en camino y en pueblo']» (Hill XXXII, 472). No está
claro si ahí significa 'jugador profesional' o si tiene ya la ac. corriente, bien clara en Quiñones, y
que *Aut.* define 'cauto, astuto y difícil de engañar',
a lo cual agrega pertinentemente Acad. 'que en-
cubre dañada intención'.

Como nombre de pez dice *Aut.* que es «especie
de tiburón semejante al becerro marino, aunque es
mucho mayor y más feroz que él, y no tan ligero;
está cubierto de un cuero recio y duro, y tiene la
boca armada con nueve órdenes de dientes; hállase regularmente en el Mar Índico, y su carne
no sirve de alimento», y agrega ej. de Huerta
(1624). En realidad es también conocido en el
Atlántico y aun en el Mediterráneo. Su nombre
está tomado del castellano en la forma catalana,
usual en la Costa de Levante, *marraco*, también
oc. *maraco*, y aun Guyenne *marracho*; desde el
punto de vista fonético cabe, en cambio, que sean
genuinos el val. *marraix*[2] y el port. *marraxo*, que
Bluteau[3] documenta en Fr. João dos Santos, *Ethio-
pia Oriental* (1609), y es vivo entre otras partes en
las Azores (*RL* V, 221); Moraes da además la
ac. adjetiva «sagaz, terrível» documentándola en
Bento Pereira (1647), y *marrêco* «sagaz, astuto» como término vulgar. Según Carus (*Prodromus* II,
505) el marrajo es el *Squalus Cornubicus* de Linneo, que se halla en las costas españolas del Mediterráneo (en algunos puntos de Provenza y Sicilia
se califica de raro), en el Atlántico y en los mares
del Japón.

Nada concreto puede asegurarse del origen de
un vocablo así, ni siquiera si su sentido primario
es como adjetivo o como nombre de pez (de donde
se pudo pasar a 'terrible' > 'sagaz' > 'astuto, hipócrita'). La conjetura de Sainéan (*BhZRPh.* I,
56, comp. pp. 17 y 63) de que sea propiamente un
nombre del 'gato' tiene ciertos visos de verdad;
no sólo porque al marrajo y a otras especies de
tiburón se le dan nombres como it. *cane di mare*,
cat. *ca marí*, sic. *mastinu feru*, sic. *pisci tauru*[4],
sino porque es común pasar de 'gato' a 'hipócrita'.
Entonces se trataría de una voz de creación expresiva como el cast. *morro, morrongo, -oño, -on-
cho*, cat. *marruixa*, fr. *marlou, matou*, Forez *marro*, todos ellos nombres acariciativos del gato, formados con la raíz de la onomatopeya *marramao*;
por lo menos en parte se trataría, pues, de una
voz afín a *marrullero*, quizá idéntica al port. *ma-
rralheiro* 'mañoso, marrullero', con *-j-* castellana
equivalente a la *-lh-* portuguesa; las formas port.
marraxo y val. *marraix* no constituirían objeción
seria, pues estas formas pueden ser castellanismos

adoptados en el S. XVI (no es de creer que un
nombre de este tiburón gigantesco sea indígena en
el Mediterráneo); por lo demás también cabe pensar en un sufijo diferente, con *-x-* originaria[5].

[1] No está en el glosario agregado por este autor.— [2] Figura en la lista de peces valencianos de
El Archivo II, 155, y me lo dan como usual en
Alicante. No es lo mismo que el tiburón: «para
morir vale más que se lo coman a uno los *marrajos* y tiburones, que son gente brava, que ser
chupado por los gusanos como estiércol», Blasco
Ibáñez, *Flor de Mayo*, p. 123. He aquí como describen el *marraco* en Sant Pol de Mar: «grande
como el *ca marí* pero más voraz; azul; 3 hileras
de dientes; pesa de 7 a 10 arrobas».— [3] «Espécie de tubarão do mar Océano, e particularmente
do mar de Moçambique; tem as guelas tão grandes que devora homens inteiros... em uma relação das Índias de Castella está escrito que os
Castelhanos apanharão hum, que pouco antes havia engulido um Indio... o qual foi achado vivo...
mas d'ahi a pouco morreo». La misma historia
atribuye *I* err. a Antonio de Herrera (1601), que
será el cronista aludido por Bluteau.— [4] Éste puede ser deformación del cat. *tauró*, que a su vez
puede serlo de *tiburón*. Por otra parte comp. la
primera ac. de *marrajo* en Acad. (ya 1843) «aplícase al toro o buey malicioso que no arremete sino
a golpe seguro».— [5] Claro que la etimología de
Sainéan no es segura. Podría tratarse de una voz
ultramarina. O podríamos atender a la sugestión
que nos proporcionan las voces portuguesas dialectales *marracho* y *marrancho* 'cerdo' (Fig.) relacionando el vocablo con *MARRANO*; pero esto
me parece poco verosímil.

Marrancho, marranchón, V. marrano

MARRANO, en la ac. 'cristiano nuevo' es indudablemente aplicación figurada de *marrano* 'cerdo', vituperio aplicado, por sarcasmo, a los judíos
y moros convertidos, a causa de la repugnancia que
mostraban por la carne de este animal; en el sentido de 'cerdo' es palabra propia del castellano y
el portugués (*marrão*), probablemente tomada del
ár. *máḥram* (*maḥrán* en pronunciación vulgar) 'cosa prohibida', por la interdicción que imponía la
religión musulmana a la carne del cerdo. 1.ª doc.:
965.

En dos escrituras leonesas de esta fecha se trata de ventas hechas al monasterio de Sahagún en
precio de una vaca «obtima et *marrano* I» y de
un buey «et *marrano* I»; puede notarse que el
vendedor en el primer caso se llama *Mutarraf* y en
el segundo *Zulaiman* (Vignau, *Índice de los Docs.
del Mon. de Sah.*, n.º 657 y 660). También aparece en tempranos docs. portugueses: «carne de
huma *marãa*», h. el a. 1200, y en fueros del
S. XIII se preceptúa dar como paga «duas porcas
e huum *marrao* e sete leitigas ['lechonas']», «duas

porcas e sennos *marraos* e sete leytigas» (V. las citas en el libro de Farinelli, p. 17; otras más tardías, p. 36 n. 2). «*Marrano, cochino de año:* majalis» figura en Nebr., y es palabra de uso muy extendido, de la cual cita *Aut.* ejs. en textos clásicos (más en Farinelli, p. 68, n. 2).

En cuanto a la aplicación a los judíos y moros recién convertidos, remitiré a la copiosa y eruditísima reseña histórica de Farinelli, en su librito fundamental *Marrano, Storia di un Vituperio* (Ginebra, 1925), y en particular a las pp. 29 y ss., cuya documentación no es posible resumir aquí; recordaré que en este sentido el vocablo, partiendo de Castilla, empezó a extenderse por Europa ya a fines del S. XIII, era generalmente conocido en Italia desde principios del XV, y acabó difundiéndose por toda Europa, pero se abusó de él hasta el punto de aplicarlo como insulto a todos los españoles y finalmente a cualquiera, en tono de desprecio; el resultado fué que como injuria cayese en decadencia en España desde el S. XVI. Del castellano pasó, como nombre de los judaizantes y moriscos relapsos, no sólo a los idiomas de allende el Pirineo, sino también al port. y cat. *marrano* [*marranes*, f. pl., h. 1460, *Spill*. v. 13852], como revela la terminación del vocablo, ajena a ambos idiomas (comp. port. *marrão* 'cerdo'[1]).

La indagación etimológica debe atender a dos problemas: 1.º identidad o diversidad fundamental del vocablo en sus dos significados 'converso' y 'cerdo', 2.º etimología de *marrano* 'cerdo'. El primero en realidad ya no debiera plantearse después del trabajo definitivo de Farinelli, acogido, especialmente en este punto, con la aprobación decidida de todos los críticos: Schuchardt, C. Michaëlis, Baist, D. Alonso, y obras de consulta típicas como el *Jüdisches Lexikon* o el *REW* de M-L.; uno tan ponderado, y ajeno al debate, como Migliorini, manifestó enfáticamente que el asunto quedaba terminado[2]. La idea de separar las dos acs. había nacido de la infortunada ocurrencia de Mariana de traducir arbitrariamente por «sea anatema, *marrano* y descomulgado» la fórmula latina *anathema maranatha sit*, donde el aramaico *maranatha* 'maldición' nada tiene en común, por el origen ni siquiera por el sentido, con *marrano*, improperio vulgar lanzado, no contra los herejes o descomulgados, sino contra los conversos sospechosos de ser relapsos; las repetidas prohibiciones papales y reales contra el uso de la voz *marrano* prueban ya que no era término eclesiástico y culto como *maranatha*, sino insulto de la plebe, que las altas esferas rechazaban como ajeno a su lenguaje y contraproducente en sus efectos. Sin embargo, la ocurrencia de Mariana tuvo éxito en España, porque permitía echar un manto culto y forastero sobre una expresión que los españoles se oían aplicar injustamente por los extranjeros hostiles, como voz españolísima (vid. Farinelli, passim, y en particular pp. 68 y ss.); tanto éxito tuvo la idea que todavía la ampara la Acad. con su autoridad, atribuyendo a *marrano* el sentido de «persona maldita y descomulgada» que nunca tuvo precisamente.

Aunque, según digo, ya nadie concede beligerancia a esta imposible etimología, esta tradición y quizá también el deseo de sacar virulencia al soez insulto, han dejado en algunos el prejuicio de que los dos sentidos de *marrano* deben ser palabras diferentes, y últimamente Malkiel (*Journal of the Amer. Oriental Soc.* LXVIII, 1948, 175-184) ha hecho una tentativa para demostrarlo por un camino diferente. A priori es inverosímil que dos palabras de sentido conexo en la imaginación popular, y de forma, área[3] y fecha[4] iguales, tengan orígenes distintos, y Malkiel no ha aducido indicio alguno de lo contrario; las supuestas extrañezas que alega no existen en realidad: nada extraño es que no se emplearan en este sentido los sinónimos *cerdo* y *cochino*, puesto que no existían en la Edad Media[5], que no se empleara *puerco* no es cierto (citas de la *Gitana Melancólica* en Farinelli), y por lo demás es natural que se prefiriera *marrano*, palabra afectiva en todas las épocas, y hoy también especializada como dicterio personal, sobre todo teniendo en cuenta que *marrano* era ante todo 'la c a r n e del cerdo'[6], y es probable que en su origen el dicterio significara precisamente 'carne prohibida'. Que no haya paralelos en otros idiomas sólo puede afirmarse olvidando los numerosos que ya citó Farinelli: en Provenza se llama a los judíos *gourret* 'gorrino, lechón', en el Piamonte *ghinòuja* (dimin. de *ghin* 'cerdo'), en Austria *saujud* (*sau* 'puerca'), en las Baleares *xu(i)eta* (de *xuia* 'carne de puerco', vid. *CHULETA*)[7], en el Bearne *gnàrrou* (que parece significar lo mismo, comp. *gnarrà* «grommeler», *gnarrare* «bougon»), y en Alemania y otras partes se citan canciones populares, textos literarios y figuras donde aparecen los hebreos, tratados de cerdos, amamantados por una hembra porcuna (Farinelli, 26-27); en todas partes el mismo grosero insulto: no queréis comer cerdo porque sois cerdos vosotros o vuestros padres; recuérdese la costumbre infantil, documentada en Provenza, Piamonte y Liguria, de escarnecer al judío imitando con el faldón del traje la oreja caída de un puerco, al mismo tiempo que le vocean la frase «negre bardaian, vaquì l'auriho de toun paire!»[8]. La identidad de los vocablos es, pues, indudable, y pretender que *marrano* viene del ár. *barrânî* 'ajeno, forastero', además de increíble desde el punto de vista fonético (pues no se comprendería entonces que nunca aparezcan como nombre del converso formas con b- conservada, ni formas con artículo al-, que son casi constantes en el caso de *albarrano* 'exterior'), implica la enorme inverosimilitud de suponer una denominación fría y objetiva en el ambiente de odio y pasión brutal en que nació y vivió siempre este famoso vituperio.

En cuanto al origen de *marrano* 'cerdo', es cuestión algo más oscura. No creo que haya relación con el cat. *marrà* 'morueco', cat. occid. *mardà* [S. XIII, Cost. de Tortosa, p. 124], alto-arag. *mardano* 'morueco', oído también en el pueblo de habla mixta catalano-aragonesa St. Esteve de Llitera, vasco-fr. *marro*, gasc. y langued. *mardan*, *màr(rou)*, *màrri*, *marrot*, cuya área se excluye mutuamente con la de *marrano;* la cuestión del origen de este otro vocablo queda para el *DECat.*, aunque desde luego parece más probable una procedencia prerromana (Schuchardt, *ZRPh.* XXXVI, 36; Rohlfs, *BhZRPh.* LXXXV, § 47), que la derivación del lat. MAS, MARIS, 'macho' (G. de Diego, *RFE* VIII, 410), que no explicaría la *-rr-*[9]. Claro que no se puede descartar la posibilidad de que el cast. *marrano* venga de una base también prerromana pero distinta.

Que *marrano* venga de **varrano*, derivado del lat. VERRES 'verraco', como quiere Malkiel (y ya sugirió Gonçalves Viana, *RL* I, 205), no es imposible en principio fonético: la dilación vocálica está bien documentada en el otro derivado *VERRACO* > *varraco*, ya en Juan Ruiz; la nasalización **varrano* > *marrano*, por efecto de la otra nasal *n*, es admisible, como lo es en MARAÑA y otros casos; sin embargo, nótese que aquí hay la gran inverosimilitud de que la forma con *m-* es constante desde el S. X hasta nuestros días: los casos de *barrano* son puramente locales y contemporáneos; no sólo no es «insostenible» la interpretación de Kuhn de que el cheso *berrano* (*RLiR* XI, 108) se deba a un cruce de *marrano* con *verraco*, sino que metodológicamente tiene todos los visos de ser cierta, siendo así que *marrano* y *verraco* son palabras documentadas desde la alta Edad Media, y *berrano*, forma local y moderna, combina el matiz propio del uno con su inicial y el final del otro; en cuanto al port. dial. (trasm.) *berrão*[10] 'verraco', su sentido lo separa ya de *marrano*, y atendiendo a la forma gall. *verrón* y al plural port. *berrões*, hay que dar la razón a Silveira cuando afirma que viene de **VERRŌNEM* y no de un **VERRANUM*, no documentado en parte alguna[11]. La objeción principal es semántica: si *marrano* viniera de VERRES esperaríamos hallarlo, sobre todo en lo antiguo, como nombre especial del cerdo padre, cuando en la Edad Media es tanto o más frecuente verlo aplicado a la hembra y al lechón. En suma la idea no es verosímil.

¿Volveremos al origen arábigo? Fundándose en la forma *majarrana* 'tocino fresco', que *Aut.* señala como andaluza, Saavedra, el etimólogo arabista de la Acad. (ya 1884), seguido por Baist (*KJRPh.* IV, 315), C. Michaëlis (en Farinelli, p. 19n.) y otros, supuso que *marrano* viene del ár. *muḥárrama* 'cosa prohibida'. Así la idea choca con dificultades insuperables de tipo fonético: ni el acento se traslada en los participios, ni la alteración de la *-m-* y la desaparición de la *u* y la *ḥ*, serían admisi-

bles[12]. Pero es fácil enmendarla en forma satisfactoria. A mi entender no se trata del participio pasivo de segunda forma *muḥárrama,* sino del sustantivo de la misma raíz *máḥram* 'lo prohibido, lo ilícito', voz bien conocida, perteneciente al árabe general, que Freytag (I, 372) traduce «vetitum, nefas», y Lane (556b, 555c, 555a) «forbidden, prohibited or unlawful». Es palabra perteneciente en particular al lenguaje religioso, que por este matiz se distingue el verbo *ḥáram* de los demás verbos que significan 'prohibir': R. Martí (s. v. *proibere*) lo aclara con las glosas «e x c o m u n i c a r e vel vetare; non licere», PAlc. lo traduce por «descomulgar», además de «vedar» (y dos derivados suyos equivalen a «descomunión»), en Argelia según Beaussier es «être sacré, à quoi il n'est pas permis de t o u c h e r», en Marruecos «prohibir (especialmente Dios)» (Lerchundi); aunque no tengo pruebas especiales del uso de *máḥram* en España, no hacen falta, tratándose de una voz del árabe general, y habiendo en los glosarios hispánicos testimonios abundantes de verbos y sustantivos de la misma raíz[13], y existiendo el testimonio categórico de Beaussier para Argelia, donde *máḥram* significa «interdit, prohibé, qui fait l'objet d'une interdiction»; el matiz religioso es bien visible en la frase común citada por Lane (525b): *múslima mauqûfa ᶜalà ḥadd máḥram* 'una musulmana llevada a pique de (cometer) el *máḥram* (= yacer con cristiano)'. Ahora bien, es sabido que en sustantivos de esta estructura el acento se trasladaba en hispanoárabe a la última sílaba: *máḥnab* > *maḥnáb* (acentuación documentada ya en el Glos. de Leiden y por el val. *monot*, *BDC* XXIV, 50), *ᶜáqrab* > *ᶜaqráb* 'ALACRÁN', *síqlab* > *siqláb* 'CICLÁN' y otros tantos; también es conocido que la *-m* final se pronunciaba en el árabe hispánico (ejs. abundantes en *BDC* XXIV, 27-28), y lo comprueba PAlc. con diversas variantes, como *márxan* por 'marchamo' y, en nuestra raíz, al dar la forma *ḥarrán* en vez del verbo *ḥárram*. Cuando al morisco español le proponían comer tocino contestaría, pues, *hû(a) maḥrán* 'es cosa ilícita', y es natural que los cristianos aplicaran este nombre a la carne del puerco que así oían designar[14]. Ello nos explica la aplicación especial de *marrano*, desde fecha muy temprana, a la carne del cerdo, y a los que mostraban escrúpulos por comer esta carne, y nos explicamos también el que los ejs. más antiguos aparezcan en escrituras de personajes de nombre arábigo, fuesen ellos moriscos o refugiados mozárabes.

DERIV. *Marrana* 'hembra del marrano', 'eje de la rueda de la noria' (porque gruñe), 'pieza del molino donde gira el peón del rodezno' (Vigón)[15]. *Marranada. Marranalla* (cruzado con *canalla*). *Marrancho* y *marranchón*, V. arriba, nota. *Marranería. Marranillo.*

[1] Como observa la Sra. Michaëlis (en Farinelli, 36n.2), el port. *marrano* 'converso' es menos común en la Edad Media que en Castilla. El gall.

marrán, además de 'puerco o marranilla' tomó el sentido de «giba, loma, corcova» —*fulano tiene marrán*— (quizá primero como sarcasmo insultante, llamándole 'judío'): ac. local en Galicia y en port. provinc. *marrã* (Sarm. *CaG.* 104v, cf. p. 138).— [2] Siguen apareciendo otras notas y trabajos, p. ej. el de D. Gonzalo Maeso en *Sefarad* XV, 1955, 373-385.— [3] Es arbitrario decir que *marrano* 'cerdo' sea especialmente aragonés: el pasaje citado de Hz. Ureña proclama precisamente lo contrario, y Borao sólo pretende que sea aragonesa la ac. secundaria 'hombre zafio'. Que se emplea en Granada lo prueba el derivado *marranera* 'zahúrda' (*RFE* XXIII, 251). En el curso del artículo lo localizo en otras muchas partes.— [4] Tampoco es verdad que *marrano* 'converso' no se pueda documentar antes de 1291. Ésta es la fecha del primer ej. ultrapirenaico (Toulouse), pero claro que en la Península hubo de ser más antiguo, aunque es natural que no se haga frecuente hasta que arrecian las persecuciones, al acercarse el fin de la Edad Media. Es importante la documentación reunida por J. da Silveira, *RL* XXXV, 93-94 y 138. Probablemente son de conversos las numerosas menciones como *Martino Marrano, Marina Marroa* de princ. S. XIII, y lo es sin duda el *Marano Vivas* de 1220, pues *Vidas* y *Vivas* son sobre todo nombre de judíos y moriscos.— [5] *Cochino,* que por lo demás no aparece hasta el S. XIV, sólo significa 'lechón' hasta el S. XVI; *cerdo* no se documenta con seguridad hasta el XVIII. *Lechón* nunca ha significado lo mismo que *cerdo* o *marrano.*— [6] *Marrã* es precisamente «carne de porco fresca» en la Beira (*RL* II, 250). Lo mismo significa el cast. *marrana* o *majarrana* según *Aut.,* que lo prueba con una cita de Espinel.— [7] *Xuieta* 'hebreo' se documenta desde el S. XVII y hubo de nacer por lo menos en el XV; afirmar que el bajo pueblo de las Baleares es bilingüe ahora (y no digamos entonces), y que por lo tanto calcó la denominación castellana *marrano* es mostrar una ignorancia extraña en un romanista.— [8] ¿Hace falta argumentar más? Es natural que los moros no llamaran 'cerdos', sino 'monos' u 'ovejas' a los judíos, puesto que compartían con ellos la repugnancia por aquel animal. No los infieles, sino precisamente los musulmanes de allende la frontera son llamados 'perros' por los cristianos medievales: al enemigo musulmán iba la expresión del odio del vulgo, al judío disfrazado una expresión de afectado desprecio. Que *marrano* se aplicara más bien al judío o morisco convertido que al israelita o mahometano fiel a su ley, es natural puesto que a aquél pretendía el vulgo conocerle por su repugnancia por la carne de marrano.— [9] El étimo MAS, MARIS, en el caso de *marrano* 'cerdo', propuesto por Silveira, *l. c.,* es aún menos verosímil, por las razones semánticas que alego abajo contra VERRES, con mayor fuerza en este caso.— [10] *Merrão* no parece existir. Es errata de M-L. por *marrão.*— [11] En cuanto al trasm. y gall. *marrancho* (*RL* I, 213; Sarm. *CaG.* 161r, 230v, A18v), documentado en Castilla a med. S. XV (*marranchón,* en Farinelli, p. 34) y también en antiguos textos aragoneses (Pagés), no hay duda de que es cruce de *marrano* con MACHO, que en efecto se ha empleado especialmente como nombre del verraco.— [12] Por ello observa Schuchardt (en Farinelli, p. 20n.) que sin la existencia de *majarrana,* con su *j* (< *h*) reveladora, él no podría creer en la etimología arábiga. Yo prefiero no apoyarme demasiado en esta forma, que no logro confirmar en otras fuentes, y que alguien podría tachar de sospechosa, quizá sin razón. No sabemos de dónde sacó Saavedra su idea etimológica, acaso de la misma papeleta en que el académico colaborador de *Aut.* dió a conocer la existencia de *majarrana,* lo cual despertaría sospechas. Sea como quiera, aun si esta sospecha es injusta, siempre cabe pensar que *majarrana* sea debido a un cruce de *marrana* con el and. MAJARÓN 'desventurado', perteneciente a la misma raíz arábiga.— [13] Como vulgar está hoy documentado *maḥram* en todas partes: V. los diccionarios de Bocthor (s. v. *interdit*), Probst, Belkassem Ben Sedira, Fagnan, etc. Ejs. de *máḥram* 'pariente con quien no es lícito casar' en Dozy, *Suppl.,* 1279a, Lane, Beaussier.— [14] Nótese que es natural la falta de aglutinación del artículo *al-* en estas circunstancias, en las cuales no es posible el artículo según la sintaxis árabe. Para la asimilación de *ḥr* en *rr,* compárense los casos análogos de *márrega* < *márhega* < MÁRFAQA, *garra* < *garha* < GÁRFA y el de ALMARRÁ. Con esta hipótesis cabe una transcripción dialectal *maharrano,* de donde el and. *majarrana.*— [15] Análogamente *marrano* 'madero trabado con el eje de una rueda hidráulica' y otras acs. técnicas (V. pormenores acerca de éstas en el trabajo de Malkiel); no hay por qué derivar de un b. lat. *marrenum* (según hace la Acad.), que es mera transcripción del fr. *marrain.*

MARRAR, alteración del antiguo *marrir* por influjo de *errar*; *marrir*, que en España apenas se halla más que en el participio *marrido* o *amarrido*, 'apenado', viene del germ. occid. MARRJAN (gót. *marzjan* 'irritar', a. alem. ant. *marren* 'impedir, estorbar'). 1.ᵃ doc.: *marrido,* Cid; «*marrar, faltar:* desum, deficio; *m., desviar de lo derecho:* erro», Nebr.

Marrar es palabra de uso poco común en el castellano clásico y moderno: *Aut.* cita un ej. de Pantaleón de Rivera (princ. S. XVII) en el sentido de 'desviar, desorientar'; es en cambio frecuente en los bucólicos de la primera mitad del S. XVI, con las acs. 'faltar', 'equivocar', 'no hacer bien, no lograr' (ejs. de Encina, L. Fernández, Sánchez de Badajoz, Torres Naharro, etc., en Fcha.; Cej.,

Voc.; y en la ed. de la *Propaladia* por Gillet, V. el índice), en consonancia con el empleo moderno en gallego: 'faltar' (*fue a darle y marrou o golpe y aquí faltan o marran tres reales para la cuenta,* Sarm. *CaG.* 110r). Y esto es ya muy antiguo allí, pues aunque no sé que se haya empleado en portugués, ya aparece en el gallego del S. XIV: «meteu mão á espada, e en coydando de matar, *marró-o* e doulle ēno cavalo» (*MirSgo.* 108.27). En Salamanca y en Cespedosa se emplea hoy *marriar* 'perder, equivocarse en el juego' (Sz. Sevilla, *RFE* XV, 139)[1]. En la Edad Media sólo hallamos *marrido* 'apenado, afligido': abundantes ejs. de los SS. XII y XIII en M. P., *Cid,* s. v.; posteriormente se halla con este sentido *amarrido,* en autores dramáticos del S. XVII, pero en pasajes de estilo pastoril o arcaico, y más tarde en obras poéticas (*DHist.*). Más arraigado se muestra *marrit* íd. en catalán y en lengua de Oc, así como el fr. *marri* y el it. *smarrito* 'desorientado, perdido'[2].

Este cuadro no permite decidir resueltamente si *marrir-marrar* es germanismo autóctono en Castilla, pronto anticuado o regional, o si es préstamo galorrománico; en el primer caso podríamos dar la razón a Gamillscheg (*R. G.* I, § 17), quien, en vista del rum. *amărî* 'amargar', 'perturbar' (pero éste podría ser derivado de AMARUS), se inclina por creer en un préstamo del germánico occidental al latín vulgar, motivado por la nostalgia de los mercenarios germanos en tierras latinas; en el otro, se trataría, según cree M-L. (*REW* 5373), de un vocablo difundido desde Francia y tomado del fráncico (y quizá del longobardo en Italia); comp. Braune, *ZRPh.* XXI, 213ss.; Lerch *RF* LX, 656ss. A pesar de la duda de Castro (*RFE* III, 195), es probable la idea de Brüch y M-L. de que *marrar* se deba al influjo de *errar* sobre *marrir.*

DERIV. *Marra* 'falta (de una planta en una viña, etc.)' [Nebr.; 1734, *Aut.*]. *Marro* 'hurto del cuerpo', 'falta de alguna cosa' [*Aut.*], nombre de varios juegos; *marrillo; marrón.* Desmarrido [Berceo; Covarr.; raro]. Demarrarse.

[1] Es voz de tono popular en el catalán de Valencia y de otras partes («és una regla general que no *marra*», M. Gadea, *Tèrra del Gè* I, 122), y de ahí procede el cat. común *marrada* 'rodeo, vuelta de un camino'. *Desmarrat = esmaperdut* 'que ha perdido el tino' en A. Alcover, *BDLC* XIII, 235.— [2] El verbo *marrir* más acá de los Pirineos sólo lo tengo anotado en catalán, donde es raro por lo demás (Massó Torrents, *Croquis Pirinencs* I, 22).

MARRAS, adv., 'en otro tiempo, en otra ocasión', del ár. *márra* 'una vez'. *1.ª doc.*: Berceo, *S. Mill.,* 206b.

Los diablos recordaban que San Millán «los oviera *marras* en Cogolla vencidos». En *Yúçuf* 6b tiene precisamente el sentido arábigo de 'una vez' sin referencia precisa a un acto pasado, aunque ésta pronto se generalizó. En el período clásico, como observa *Aut.,* pertenecía al estilo vulgar: así en el *Quijote* y hoy todavía; Pedro Espinosa en 1625 cataloga *el día de marras* entre las expresiones vulgares y malsonantes (*Obras,* p. 194, lín. 24). El ár. *márra* 'vez' es sustantivo empleado en todas las acs. del vocablo, aunque puede tener empleo adverbial expresando idea de tiempo. Aunque lo trivial es encontrarlo en la locución adjetiva *de marras,* también se ha empleado con función propiamente adverbial y sin *de,* vid. Cuervo. *Disq.,* 1950, 584, n. 68.

Marrasquino, V. *amargo* — *Marrazo, marrear,* V. *marra* — *Márrega,* V. *marga* II — *Marrido, marrillo, marro, marrón,* V. *marrar* — *Marromaque, marromat,* V. *maroma* — *Marrotar,* V. *malrotar*

MARRUBIO, del lat. MARRŬBĬUM íd. *1.ª doc.*: *marruvio,* 1399, trad. de Gower, *Confessión del Amante,* p. 391.

Con *-v-* escribe también Nebr. (APal. 95b, 135b, 169b, *marrubio;* 277d, *marrubeo*). Más documentación en *Aut.* Representado en todos los romances de Occidente (*REW* 5376; adiciones en Brüch, *ZRPh.* LVI, 629-33). *Marrúyu* aparece en mozárabe (Asín, *Glos.*; PAlc.). Gall. *marrujos* o *marujos* explicado como *marrajos* (que parece ser err. del ms. por *marrojos*), Sarm. *CaG.* 92r.

El lat. MARRUBIUM no significa 'fresa', como asegura *GdDD* 4176, aunque en vasco se hayan confundido los representantes de este vocablo con los de MAJOSTA (-OӨA) 'fresa', vid. *MAYUETA;* derivar de MARRUBIUM el cat. *maduixa* es además imposible fonéticamente; en las formas gall. y ast. *meruxa, moruxa,* 'fresa', hay cruce de MAJOӨA con el tipo *meruéndano* (vid. *MADROÑO*).

DERIV. *Marrubial.*

Marrulla, marrullería, marrullero, V. *arrullar*

MARSOPA, 'cetáceo semejante al delfín, que arroja a lo alto el agua que traga del mar', del fr. antic. *marsoupe* íd., y éste probablemente del germ. *MARISUPPA, compuesto de MARI 'mar' y SUP(P)AN 'sorber'. *1.ª doc.*: 1591, Percivale; Oudin; *Aut.*: «bestia marina de extraña grandeza, especie de ballena, la qual arroja con gran violencia y copia a lo alto el agua que traga del mar, formando una tempestad de lluvia...».

Es el *Delphinus Phocaena* de Linneo, llamado *marsopa* en las Baleares según Barceló (1868), Carus, *Prodromus,* 713; también *marsopa* en portugués [Vieira, *Fig.,* no Bluteau ni Moraes]. *Marisopa* aparece ya en el galorromano Polemio Silvio (S. V), y *marsuppa* en un texto latino referente al Poitou, del S. IX; también aparece *marsupa* en otro de 1190 y *marsupium* en uno de 1294; ya en francés hallamos *marsouppe* un par de veces en

1529 y 1592; todos estos textos, latinos y franceses, se refieren a la zona comprendida entre la Vendée y la Gironda. Antoine Thomas (*Rom.* XXX, 723), asesorado por Victor Henry (ibid., 605), sugirió la etimología germánica resumida arriba, y que en efecto no presenta dificultades. MARI 'mar', y sus evoluciones posteriores, es voz común a todas las antiguas lenguas germánicas (para la formación del compuesto, comp. gót. *mari-saiws* 'lago'); también está muy extendida la familia del alem. *saufen* 'beber, chupar (hablando de animales)': a. alem. ant. *sûfan*, b. alem. med. y neerl. med. *sûpen*, ags. *sûpan*, ingl. *sip*, escand. ant. *sûpa*, todos ellos 'sorber, beber sorbiendo'; para la formación se puede pensar en un *MARISŬPPA, con reduplicación debida a asimilación de *-pn-* en las formas flexivas, y vocal *u* reducida por alternancia morfológica, según propone V. Henry; o sencillamente *-SŬPPA se explicaría por el intensivo alem. *supfen, suppen* (a. alem. ant. *gisupphen*), de donde viene también el lat. vg. SŬPPA > SOPA (Kluge, s. v. *supfen, suppe*). Como la familia de *saufen* es ajena al gótico, hemos de creer que *MARISUPPA sería voz fráncica o neerlandesa antigua, propagada a lo largo del Océano, y tomada del francés en la Península Ibérica, como sugiere también la cronología de las formas romances documentadas.

Muy poco después del artículo de Antoine Thomas, y antes del de Victor Henry, escribió Schuchardt el suyo de *ZRPh.* XXX, 723, ratificado, después de leer el último, en *ZRPh.* XXXII, 83-84. Basándose en la tardía forma *marsupium* de 1294 (que es latinización arbitraria sin valor) y en el hecho de que el *Ostracion Trigonus L.* se llama en lengua de Oc *bourso* y *porc-de-mar* (comp. el alem. *meerschwein* 'marsopa', propiamente 'puerco de mar'), supone Schuchardt que *marsoupe* venga del helenismo lat. MARSŪPIUM O MARSUPPIUM 'bolsa'[1], pero esta etimología, a pesar de su aceptación por M-L. (*REW* 7377), presenta importantes dificultades fonéticas (-U(P)PIUM habría dado *-uche* o *-ouche* en francés), y tropieza con peores obstáculos de otra naturaleza: MARSUPIUM es helenismo totalmente ajeno al romance, y las explicaciones semánticas de Schuchardt no convencen en absoluto, pues el *Ostracion Trigonus* es pez sin analogía alguna con la marsopa; el nombre prov. *cofre de mar*, alem. *meerkoffer*, muestra que ha de tener algún parecido con una bolsa o un cofre[2]. En cuanto a la etimología germánica no presenta en realidad dificultades; precisamente el verso de Ovidio citado por Schuchardt con referencia a la marsopa « a c c e p t u m patulis m a r e naribus efflant» muestra que la imaginación humana se fija tanto en el agua previamente sorbida por la marsopa como en la que luego despide, y por lo tanto la denominación 'sorbedor de mar, sorbe-mar' es perfectamente justa[3]. En el mismo sentido se decide Walde-H. (s. v. *marisopa*). La variante cast.

marsopla [Acad. ya 1817] se debe a la etimología popular 'soplar'; es arbitrario ver ahí un lat. *SALPULA diminutivo de SALPA, como quiere Segl, *ZRPh.* XXXVII, 219.

[1] De ahí se ha derivado el cultismo cast. *marsupial* [Acad. 1899].— [2] Los paralelos citados por Schuchardt, sic. *murtaru*, fr. *chauderon*, nombres de delfínidos, están también alejados de la idea de 'bolsa'.— [3] Que el vocablo no haya dejado huellas en germánico, siendo una denominación fráncica no es muy extraño, y por lo demás la misma desaparición ha sufrido hoy el fr. antic. *marsoupe*. La antigua denominación fué suplantada por MARSWĬN 'puerco de mar' (alem. *meerschwein*, fr. *marsouin*). El propio Schuchardt reconoce que la aparición de un germanismo en Polemio Silvio no es extraña ya en el S. V, además de que en su texto parecen haberse deslizado interpolaciones medievales.

MARTA, de origen germánico; la procedencia exacta de la forma castellana es incierta, pero es probable que se tomara del fr. *marte* (variante de *martre*), que a su vez procede del germ. occid. MARTHR íd. (comp. el a. alem. ant. *mardar* íd., y el derivado b. alem. ant. *marthrîn*). 1.ª doc.: «*marta, animal conocido: martes, -tis*», Nebr.

Posteriormente citan las martas o sus pieles Ant. de Guevara, Fz. de Oviedo, Ambr. de Morales, Cervantes, Covarr., Huerta y otros autores del Siglo de Oro (vid. Fcha. y *Aut.*); casi en todas estas fuentes se trata de la piel y no del animal vivo, pero Morales habla de las que se cazan en Asturias y Galicia; allí mismo Sarm. cita un pontev. *marta*, Tuy *martaraña*, animal distinto del cast. *garduña* y sería la jineta, V. pormenores, Sarm. *CaG.* 203v, 204r, en otras partes *martuxa* o *marta das galiñas* (*CaG.* 109r, 206v y p. 242). Lo mismo ocurre con el port. *marta* (V. ejs. en Vieira y Bluteau), que ya se halla en Mendes Pinto (1541). El cat. *mart* es ya frecuente en el S. XV (Ag.)[1]; de ahí hubo de tomarse el plural *mars* que figura en un inventario aragonés de 1444 (*BRAE* II). Oc. *martre* m., moderno y ya documentado algunas veces en la Edad Media (Levy V, 133, *martre* y *martrin*, 147, *matre*); el aran. *gat marto* ha de proceder de *mártol < *mártor. En francés tenemos el femenino *martre* desde el S. XI; la variante menos frecuente *marte*, que algunos dan como moderna, se halla ya en el S. XVI, en Ronsard y en Montaigne (Littré). It. *màrtora*. Parece simplificación excesiva decir que todas estas formas son préstamos del fr. *martre*, según hace M-L. (*REW* 5384)[2]; pero también hay dificultades en considerar con Gamillscheg que el cast. y port. *marta* salgan de un gót. *MARTHUS, mientras que el fr.-oc. *martre* e it. *màrtora* vendrían del germ. occid. *MARTHR (*R. G.* I, 31, 383), pues además de que la TH gótica parece haberse ya convertido en D antes de la invasión de España (salvo en principio de palabra), como reconoce él mismo (p. 396, y II, 40-41), hay sobre todo la dificultad del género. El gót. *MARTHUS* correspondería a a. alem. ant. *mard*, fris. ant. *merth*, ags. *mearth*, escand. ant. *mǫrðr* (dat. *mǫrði*), que eran todos masculinos (salvo la forma del alto alemán, que es alguna vez neutra, y otras masculina, vid. Grimm, s. v. *marder*) y no femeninos; masculina hubo de ser, por lo tanto, la hipotética forma gót. *MARTHUS*. Luego de éste puede venir solamente el cat. *mart*, mientras que el femenino sólo se explica en francés, a causa de la ambigüedad de la terminación de *martre*. En conclusión es probable que el cast.-port. *marta* venga del fr. *marte*, y quizá sea también galicismo el it. *màrtora*. Más datos acerca del problema en Th. Braune, *ZRPh.* XXI, 215, y en Riegler, *ASNSL* CL, 109-111[3]. Para la posible aparición del vocablo en una glosa latina, vid. M-L., *Wiener Studien* XXV, 102, y Walde-H. s. v. *martola*; para la posible aparición en céltico continental, de *Martalo-* o *marto-*, vid. Loth y Fraser, *R. Celt.* XLI, 56, XLII, 62.

DERIV. Gall. *matuxa* y *martaraña*, V. arriba. *Martagón* 'sujeto cauteloso y astuto' [*Aut.*; ej. de Moratín en Pagés], vendría del nombre de la marta, por ser animal difícil de cazar, según *Aut.* (pero ignoro si puede haber relación con *MARTAGÓN* nombre de planta).

[1] Sigue hoy vivo, p. ej. *gat marc* «gato montés» en Sant Hilari Sacalm (*BDLC* VII, 145). En Estaon, alto Pallars, recogí *fagina marta*. En lengua de Oc no falta alguna forma análoga al cat. *mart*: Gers *galmar* «loir, mulot, rat» (Cénac-Moncaut) < *gat mart*. No es bien seguro que *martz* pl. en el trovador catalán Cerverí de Girona (tercer cuarto del S. XIII) sea 'martas' y no 'mes de marzo'; quizás las dos cosas a la vez: «celhas que semblon martz / mudan sovén lur colors», ed. Riquer, 909.9.— [2] La base fráncica «martar», de que parte M. L., está en desacuerdo con la fonética de este idioma, donde sólo *mardar* o a lo sumo *marth(a)r* serían posibles. Gamillscheg, *R. G.* I, p. 31 (comp. p. 261), se niega a creer que ninguna forma romance venga del fráncico, por la buena razón de que el fráncico había ya cambiado *rth* en *rð* antes de la invasión de Francia.— [3] El lat. *martes* que alguna vez se cita es lección dudosa, probablemente falsa, que estaría una sola vez en Marcial.

MARTAGÓN, 'especie de lirio', origen incierto, probablemente del turco *martagān* 'especie de turbante', por comparación de forma. *1.ª doc.*: 1555, Laguna.

Colmeiro V, 157, dice que es el *Lilium Martagon* L., y cita el testimonio de otros botánicos, desde princ. S. XVII; aparece también en Luis de Ulloa († 1663), según *Aut.* El fr. *martagon* se documenta desde el S. XVI, el it. *martagone* ya en 1561 (Citolini, en Tommaseo), el port. *marta-*

gão a fines del S. XVIII (Colmeiro; falta Bluteau y Moraes). Nadie parece haber indagado la etimología, e ignoro desde qué lengua romance se propagó el vocablo a las demás; carece de fundamento la afirmación del *DGén.* y de Gamillscheg (*EWFS*) de que es vocablo de origen español. Fonéticamente sería violento admitir una alteración de *martanón*, metátesis de *(a)marantón*, derivado de *AMARANTO*, que se ha empleado como nombre de ciertas clases de *martagón* (Terr.). No parece ser palabra arábiga (nada semejante en R. Martí, PAlc., Lerchundi, Bocthor, glos. de Asín, etc.). Bocthor define el fr. *martagon* como 'especie de lirio' (*naṷ° zánbaq*)[1]. Quizá hay relación con *ALMÁRTAGA* 'litargirio', puesto que los polvos de martagón se emplean en alquimia (citas inglesas de 1470 y 1540, *NED*). Según el diccionario turco-inglés de Redhouse, opinión adoptada por el *NED*, *martagān* sería voz turca, y se habría llamado así a esta especie de lirio por comparación con la forma de una especie de turbante de este nombre, adoptado por el sultán Mahomet I (1413-21): así parece confirmarlo el nombre alemán del martagón *türkenbund* 'turbante turco', y el hecho de que el inglés Gerarde le dé en 1597 el nombre de *lillie of Constantinople*; comp. *TULIPÁN*.

[1] Según Freytag, el Qāmūs trae *matk* como nombre del lirio. Pero según los datos de Dozy, *Suppl.* II, 567b, es error de Freytag y se trata realmente del regaliz.

MARTE, tomado del lat. *Mars, -tis*, nombre del dios de la guerra. *1.ª doc.*: *Mares*, como nombre del dios, 1280, *Gral. Estoria* (*RFE* XV, 42)[1]; *Marte*, como nombre del planeta, y simbólicamente del hierro, citado por *Aut.* en autores del S. XVII.

Desde luego hay testimonios anteriores de *Marte* (en sentido propio y con varias aplicaciones en Góngora, y sería fácil buscar ejs. desde el S. XV). La antigua forma *Mares*, procedente del nominativo *Mars*, persistió durante largo tiempo en la Edad Media (Pietsch, *Sp. Grail Fragments*; Gillet, *Mod. Philol.* XXIV, 359), y después siguió empleándose en el juramento *voto a Mares*, que ya no se entendía, y por lo tanto se relacionaba con el *mar* (Gillet, *RFE* XIII, 283-7)[2].

DERIV. *Martes* [1219, Oelschl.], del lat. DIES MARTIS 'día de Marte' por estarle consagrado; V. las observaciones sobre *lunes*, en gran parte aplicables aquí[3]. *Marzo* [*março, Cid*, etc.], del lat. MARTIUS íd., derivado de MARS, -TIS, por la consagración al dios de la guerra; *marcear, marceador, marceo; marceño; marcero; marzadga*, ant. [1237, M. P., *D. L.*, 91.12; *Partidas* XXIII, xviii, 3]; *marzal*; gall. dial. *marzal* 'mes de marzo' (*Irm. da Fala*, Voc. p. 323), port. pop. *marçalino* 'relativo a este mes'; *marzas; marzante; marcico* o *mirlo marcico* ant. 'especie de alcaraván o de mirlo' [h. 1326, Juan Manuel, Rivad. LI, 250b28 y 57], que según el glosario de Gayangos se llamó también *marzie-*

go; en portugués *maçarico*, pero antes *maracico*
(1253; Cortesão); comp. C. Michaëlis, *Misc. Caix*,
136-7 (falta en *Aut.*, Acad., etc.). *Marcial* [1605,
Quijote I, xxxvi, 142], tomado de *martialis* íd.
(alguna vez se ha dicho *marcio*); *marcialidad*.
  ¹ Dice Venus: «quando *Mares* me ovo ganada
tóvose por de muy buena fortuna».— ² No viene
de *María*, por eufemismo, como supone Baist,
KJRPh. VI, 394.— ³ Para la locución *dar con la
del martes* 'engañar', frecuente en el S. XVII,
vid. Cotarelo, *BRAE* V, 223-6.

Martel, martelo, martellina, V. *martillo*   *Martes*, V. *marte*   *Martiguar*, V. *morir*

MARTILLO, del lat. vg. MARTĔLLUS íd. *1.ª*
doc.: *martiello*, Berceo.
  Igual en *Alex.*, 1599; *martillo* ya en APal. 261*b*,
276*b*, Nebr., etc. General en todas las épocas y común a todos los romances de Occidente. En latín clásico hallamos MARCŬLUS y MARTŬLUS [Pli-
nio], del cual es diminutivo MARTELLUS, documentado en S. Isidoro (*Etym.* XIX, vii, 2) y en glosas; para la génesis de las formas latinas, vid.
Ernout-M. y Walde-H.¹.
  Gall. *martelo* (E. de Pontevedra) 'género de espuelas de caballero amarillas' (Sarm. *CaG*. A181*v*,
A104*r*); supongo sea lo mismo *partelos* 'florecitas
amarillas que nacen en los prados y entre los caminos' (ib. A44*v*), pero como tienen forma «de pico y
martillo» habría contaminación de la *p*- de *pico*.
  DERIV. *Martillada. Martillar* [Nebr.; *-tellar*, h.
1250, Setenario, fº 13r°a] o *martillear; martillado;*
martillador. Martillazo. Martillejo. Martilleo. Mar-
tillero. Amartillar.
  El it. *martello* 'martillo' tomó figuradamente el
sentido de 'celos' y 'tormento amoroso', y de ahí
pasó al cast. *martelo* 'pasión o capricho amoroso'
[1599, Alemán, *G. de Alfarache, Cl. C.* III, 40.14;
Cervantes, *Nov. Ej., Cl. C.* p. 225; pero ya J. de
Valdés dice que quisiera introducirlo en cast.];
amartelar 'ejercer atracción amorosa sobre una persona' [Lope, Tirso, etc., vid. *DHist.*], *-lado* [med.
S. XVI, Hurtado de Mendoza], *-lamiento.*
  ¹ Por lo menos en la Arg. se emplea en el sentido de 'parte del territorio de una circunscripción
que se introduce y queda enclavada dentro de
los límites de otra' («linda con los anteriores con
un *martillo* que se prolonga al norte cinco cua-
dras», Chaca, *Hist. de Tupungato*, 200), lo cual
constituiría una traducción castiza del crudo galicismo *enclave*, que muchos emplean.

MARTÍN, como denominación del martín pescador, no se sabe por qué se le ha llamado con
este nombre propio, y ni siquiera es seguro que
sea ésta la verdadera etimología de la denominación de esta ave. *1.ª doc.*: *martinete*, h. 1326,
Juan Manuel, Rivad. LI, 250*b*21 (entre los nombres de aves cazadas y que no cazan).

  Lo diría así J. Manuel porque el martinete o
martín pescador pesca y no caza. Mencionan también el *martinete*, h. 1640, Ovalle y Mtz. de Espinar *(Aut.)*; Covarrubias trae *martinete* y *martin*
del río; martin pescador, figura ya en *Aut.*, mientras que Diego de Funes (1624) da solamente *Mar-*
tinus piscator como equivalente latino de *íspida*
(Aut., s. v.), del port. *arbela* (?) y del cast. *ave*
del paraíso (en lo cual habrá confusión, por el
empleo ornamental de las plumas). Se dice también *martin pescatore* en italiano, *martim-* o *mar-*
tinho-pescador en algunas partes del territorio lingüístico portugués (falta Moraes), y *martin-pê-*
cheur en francés; en este idioma se encuentra el
antiguo *oiseau Saint-Martin*, y *martinet* aparece
ya en el *Livre du Roi Modus*, 3r. cuarto del
S. XIV (ed. Tilander I, 338); debe de ser anterior,
pues la terminación del cast. *martinete* indica procedencia galorromance; oc. *martineta* sale ya una
vez en la Edad Media.
  La etimología no se ha averiguado bien. Ya Ménage, seguido por *Aut.* y Acad., indican que se
llamó así porque el *martin pescador* viene por el
mes de marzo y se va por San Martín (11 de noviembre); la relación con el marzo hay que dese-
charla por razones morfológicas¹. En cuanto a la
otra, que Diez (*Wb.*, 205) hallaba dificultad en
aceptar, la ha apoyado Migliorini (*Dal Nome Pro-*
prio, 132-3), en el gran número de denominaciones y frases inspiradas en la fiesta de San Martín
como fecha terminal, sinónima de 'noviembre' o
de 'otoño', comp. cat. *santmartinada* 'otoño', cast.
a cada puerco le llega su San Martín, cast. ant.
martiniega 'tributo que se pagaba el día de S. Martín' [*Partidas* XXIII, xviii, 3; h. 1340, *Crón. de*
Alf. X, Aut.; dato anterior en Cej., *Voc.*] y bastantes más (véanse; y la aceptación de M-L., *REW*
5381). Puede que sea así. Sin embargo, nótese que
la fecha de emigración parece psicológicamente
mucho menos importante que la de llegada, y que
son muchísimas las aves que emigran en noviembre; luego será prudente esperar la publicación de
los materiales del *FEW*, y aun entonces es probable que deba procederse a una investigación mo-
nográfica para aclarar el problema. Gamillscheg,
EWFS, llamando la atención hacia el prov. *mar-*
telet, lemos. *martelot*, Berry *martinet* y *marteau*,
supone que todo junto resulte de «cambios de sufijo» de *martelet*, nombre que se le habría dado
por comparación con un martillo apuntado, a causa de la fortaleza del pico del martín pescador.
Desde el punto de vista semántico la idea no carece de verosimilitud, aunque llama la atención
desfavorablemente la fecha moderna de *martelet* y
variantes frente a la muy antigua y carácter más
general de *martinet, martin-pêcheur*, etc. Otras denominaciones de menor extensión, como cat. *ber-*
nat pescaire, oc. *guiraut pescaire*, Finistère *oiseau*
de Saint Nicolas, es probable que estén inspiradas
secundariamente en el tipo *martin-pêcheur* (San

Bernardo es el 20 de agosto, por lo tanto la explicación sugerida no valdría para la denominación catalana).

DERIV. *Martina* [Covarr., con referencia a la Albufera de Valencia]. *Martinenco. Martinete* (ave), V. arriba; 'penacho de plumas de martinete' [ejs. clásicos desde 1599 en Leguina; Oudin]. *Martinete*, 'especie de mazo, etc.' [*Aut.*; como parte del clavicordio, Covarr.], tomado del fr. *martinet* [1315], oc. ant. *martinet* (ya frecuente en la Edad Media); a la etimología personal *Martín* (Bloch; *REW;* falta en Migliorini) y a la explicación por cambio de sufijo de *martelet* (Gamillscheg) se pueden hacer las mismas objeciones que a las del nombre de ave. *Martineta* arg. 'perdiz grande de los campos, de alas coloradas', quizá derivado de *martinete* 'martín pescador' por comparación del copete que la distingue (Quiroga, *BRAE* XVII, 331-2; Inchauspe, *La Prensa*, 6-VIII-1944) con el penacho que adorna el occipucio del martinete o martín pescador. *Martinico* 'duende' [Acad. 1884]. *Martiniega* (V. arriba).

¹ Sólo sería posible si *martinus* ya existiera en este sentido en latín clásico.

MARTINGALA, la ac. primitiva parece ser 'fondo de una especie de calzas, el cual se atacaba por detrás', y parece haberse tomado del fr. *martingale* íd., alteración de *martigale* 'del pueblo de Martigue', en Provenza, cuya situación aislada, junto a la desembocadura del Étang de Berre, ha sido causa de que sus habitantes tengan fama de gente rústica, y de que conservaran antiguas vestiduras y costumbres. *1.ª doc.:* 1568, Eugenio de Salazar, *Cartas.*

En éste aparece dos veces como nombre de una parte de una especie de calzas apropiada para personas viejas que tienen súbitas necesidades fisiológicas; comparando burlescamente al anciano con un guerrero dice «saca dos pajes de armas a los lados, uno de espada, que le ata y desata la agujeta de la *martingala,* cuando es menester, y otro de lanza que a cada paso le pone el orinal en la mano, porque con la alteración de los rebatos cada momento ha menester poner la lanza en cuja» [entiéndase 'hacer sus necesidades'], p. 27; en la p. 64 ridiculiza a dos caballeros serviles, que, al acercarse el amo a su casa, se adelantan a hacer ademán de descabalgar «y al arrancar de la silla uno descubre la *martingala,* y otro la bragueta caída». Se trata, pues, de lo mismo que en Rabelais († 1553), en los primeros ejs. franceses del vocablo: «la *martingale* des fianteurs», «chausses commodes pour ses jambes... ou a la *martingale,* qui est un pont levis de cul pour mieux fianter»; la martingala se echaba abajo rápidamente (¡como un puente levadizo!), sacando así de apuro al incontinente. A lo mismo alude, evidentemente, Lope en su *Gatomaquia,* cuando hace hablar el gato Marramaquiz a su enamorada Zapaquilda con las palabras siguientes: «si no te he dado telas y damascos, / es porque tú no quieres vestir galas / sobre las naturales *martingalas* [= 'las nalgas'], / por no ofender, ingrata a tu belleza, / las naguas que te dió naturaleza» (v. 376). Y lo mismo significará en *La Tía Fingida*¹.

Por lo demás no conozco más documentación que ésta en lengua castellana; no sé que lo registre más que Oudin, quien traduce correctamente «chausses à la martingale». El vocablo hubo de anticuarse pronto en castellano, y así se explica el que *Aut.* al citar el pasaje de Lope lo traduzca, completamente al azar, «parte del arnés que cubría las entrepiernas». Aunque, rindiendo pleitesía a la autoridad del diccionario académico, todos los lexicógrafos posteriores se empeñen en ver ahí el nombre de una pieza de armadura (aun Gayangos en su glosario a Salazar) o unas calzas que se ponían debajo de la misma, no hay la menor prueba de que en castellano haya existido, antes del S. XIX, otra ac. que la arriba descrita; Leguina, *Dicc. de Armería,* hace constar categóricamente que no lo ha hallado nunca como término militar o de armadura «en documentos antiguos, ni en Crónicas o libros caballerescos». En francés *martingale* significa además 'gamarra, correa que partiendo de la cincha pasa por entre los brazos del caballo, se afianza en la muserola y sirve para afirmar la cabeza del caballo', ac. que en francés se documenta sólo en el S. XVIII, pero ha de ser anterior, pues en el ingl. *martingale,* de seguro origen francés, ya se documenta h. 1589, y varias veces en el S. XVII: es visible la comparación con la martingala de las calzas; de ahí pasó luego a una cuerda que sujeta el bauprés por debajo (en inglés ya en 1794; V. grabado en Jal, s. v.); y finalmente 'lance en los juegos de azar, encaminado a devolver al jugador lo que pueda haber perdido, más un beneficio', o en general 'artimaña', que en francés se documenta desde princ. S. XIX (Picard, en Littré), en inglés desde 1815, y en castellano lo cataloga la Acad. sólo desde 1899. No hay duda, pues, de que en esta ac. volvió a tomarse nuevamente del francés en el siglo pasado; y me parece no menos seguro que en la ac. primitiva es también uno de tantos términos de indumentaria de procedencia francesa.

Sin embargo, la etimología propuesta brevemente por el anglista Mayhew (*Modern Language Review,* volumen VII, 499), y aceptada por Bloch, tendería a probar lo contrario: *martingala,* según esta opinión, vendría del arabismo cast. *ALMÁRTAGA* 'especie de cabezada que se ponía a los caballos para tenerlos asidos mientras el jinete se apeaba', del cual justamente existe variante antigua *almártiga* (y derivado *almartigón*). Todo parece, en efecto, muy claro en esta etimología, que nos invitaría a partir de la ac. 'gamarra'; pero hay dificultades insuperables: como *almártaga* (-*iga*) sólo existe en castellano, el derivado habría tenido que formarse en España, donde precisamente no hallamos la ac. 'gamarra', y sobre todo sería imposible explicarse en castellano el sufijo -ala[2].

Hay que desechar, pues, la idea, y atenerse a la vieja etimología de Ménage, Mistral, etc., aceptada en general por los etimologistas: el gentilicio de *Martigue*, localidad célebre de Provenza, es *martigal, -ale* (prov. *martegau, -alo*), y desde *martigale* se explica formalmente *martingale*, con gran facilidad, por una trasparente etimología popular (*Martin* + *gale*). Nótese que Henri Estienne en 1583 menciona las *chausses à la martingale*, junto a las calzas «a l'hespagnole, a l'italienne, a la lansquenette», es decir, tenía conciencia todavía de que *martingale* era gentilicio; la danza bailada por los habitantes de Martigue en 1564 en presencia de Carlos IX la llama Noël du Fail (1585) «la *martrugalle* de Provence» (vid. God. X, 128a, b). Para la copiosa fraseología provenzal que presenta a los habitantes de este pueblo como gente simple y a la antigua, vid. Mistral, s. v. *Martegue, -gau*. No creo que haya por qué buscar más.

¹ Donde aparece, según A. de Apraiz, *Juicio de la Tía Fingida*, p. 229.— ² No es pertinente mencionar con Mayhew el fr. *amiral* 'almirante' y *garingal* o *galengal*. Son arabismos, pero no tienen -*ala*, sino -*al*, y en ellos esta terminación se explica por causas individuales aquí inaplicables.

Martinico, martiniega, V. *martín*

MÁRTIR, tomado del lat. tardío *martyr, -ўris*, íd., y éste del gr. μάρτυς, -υρος, 'testigo', 'mártir'. *1.ª doc.*: Cid.

También Berceo, J. Manuel, J. Ruiz, etc. De uso general en todas las épocas; Cej. VIII, § 49; la variante disimilada *mártil* (Vigón) no es, ciertamente, exclusiva del asturiano de Colunga.

DERIV. *Martirial. Martiriar* ant. [*Libre dels 3 Reys d'Orient*, 74; Berceo, *Mil.*, 765c, 850a; S. *Mill.*, 32; *S. Or.*, 17; *Gr. Conq. de Ultr.*, 510; etc.], después *martirizar* (como variante ms. en Berceo, *S. Dom.*, 255; ejs. clásicos en *Aut.*); *martirizador. Martirio* [Berceo]. CPT. *Martirologio* [*martiloyo, Partidas* XXIII, xviii, 3; *martilogio*, Nebr.; *martiro-*, h. 1600, *Aut.*].

Marucho, maruxo, V. *moro*   *Marueco*, V. *morueco*   *Marullo*, V. *mar*   *Marusiño* V. *arrullar*   *Marzadga, marzal, marzante, marzas, marzo*, V. *marte*   *Marzoleta, -eto*, V. *majuelo*   *Mas* m. V. *manido*; conj., V. *más*

MÁS, contracción del antiguo *maes* y éste del lat. MAGIS íd. *1.ª doc.*: h. 950, Glosas Emilianenses.

Véanse otros datos y variantes arcaicas en Oelschl., etc. La variante, principalmente leonesa, *maes* se halla en docs. de 1222 y 1246, procedentes del Este de aquella región (Staaff, VIII, 32; XXIX, 25); *mais* en *Alex*. (O), 31a, 1201, y aun en un doc. murciano de 1262 (G. Soriano, p. 193). Con el valor de conjunción adversativa, *magis* apareció ya en latín vulgar, donde primitivamente servía para agregar una circunstancia nueva, con el valor de 'hay más', 'es más'[1], y después pasó a emplearse como hecho alegado en oposición a lo anterior. Así aparece en castellano ya desde 1107, *BHisp.* LVIII, 361, y desde el *Cid* (con este valor *maes* en Berceo, *S. Mill.*, 80; pero *mas, Mil.*, 100d, 809b, 875b). El port. distingue hoy entre *mas* 'pero' y *mais* 'más', y el cat. medieval tenía una distinción parecida entre *mas* y *mes* (aunque hoy en catalán se ha anticuado y sólo se dice *però*, por más que también se emplee algo *mes* 'pero' literariamente); en gallego moderno sigue empleándose *mais* como adversativa, aunque algunos distinguen como en portugués. De todos modos, *mas* adversativo aparece ya en textos gallego-portugueses, junto a *mais* de los SS. XIII, XIV: R. Lapa, en su glosario de las *CEsc.* da 3 ejemplos de aquél junto a 14 de éste; en las *Ctgs.* ya tiende a predominar la distinción moderna, pero hay varios casos de *mais* 'pero' y algún manuscrito (que a veces castellaniza) tiene asimismo unos cuantos de *más* adverbio.

Renuncio a publicar aquí los materiales que poseo sobre el uso sintáctico de *más*, de *mas*, y de las locuciones y frases de que forman parte; me limito a unas breves indicaciones bibliográficas. Para *mas que* 'aunque', 'ojalá', 'a que', A. Lenz, *RH* LXXVII, 612-8; para el *más* ponderativo (¡*qué bastón más grande*!, etc.), M. L. Wagner, *ZRPh.* XLIV, 589-94; para *más* 'además', 'y', 'con', principalmente en gallegoportugués, vid. F. Krüger, *RFE* XIII, 74-76[2]; para el orden *más nada* y *más nadie* en lugar de 'nada más', 'nadie mas', propio del leonés y del hispanoamericano, vid. Corominas, *RFH* VI, 102-3; Kany, *Sp. Amer. Syntax*, 309-10[3].

CPT. *Demás* [*lo demaies*, 1221, Fuero de Villavicencio; vid. Cuervo, *Dicc.* II, 887-91; con el valor de 'además', p. ej. en J. Ruiz]; *demasía* [APal. 216b, 270 b; ast. *desmasía*, V]; *demasiado* adj. [h. 1460, *Crón. de Juan II*; APal. 214b, 215d; Nebr.; ast. *desmasiáu*, V], adv. [«*agan*, en griego *demasiádo*», APal. 10b; y ya en autores de la 2.ª mitad del S. XVI, Sta. Teresa, Fr. L. de León, en Cuervo, *Dicc.* II, 891-2; pero con este valor en todo el S. XVI y hasta fines del XVII se empleaba *demasiadamente*]; *demasiarse*, vivo en portugués, pero según Cuervo desusado en castellano. *Además* [h. 1250, *Setenario*, f° 5v°; *Alex.*; *Partidas*; en estas obras y en general en la Edad Media *además* tiene el valor 'con demasía', o bien '(cosa) de más', aunque Cuervo, *Dicc.* I, 187-8, ya señala un caso del valor moderno en el *Espéculo* y otro en el *Rim. de Palacio*, pero no se hace usual hasta Cervantes; puede que sea antiguo, pues ya se encuentra un caso suelto de DEMAGIS en Lucilio, 527]. *Endemás* ant. 'particularmente, con especialidad' [Acad. ya 1817], comp. cat. *endemés* 'además', 'por lo demás', quizá procedente de ÍNDE DEMAGIS 'además de ello'; comp. también port. *aindamais*. Gall. *e máis* 'y también' o sencillamente 'y' (algo enfático): «o crego *e mais* a criada / xugaban ós trebelliños...» (la conocida copla picaresca), «Pedriño *e mais* Rañolas sentábanse a falar na porta», locución de la que existen algunos ejemplos en Juan Ruiz y que reaparece en Provenza; en las *Ctgs.* tenemos al menos un caso de *e mais* («~ vos rogamos que...» 9.36).

¹ Como indica Bourciez *magis* se encuentra también en el sentido de 'más bien' (= *potius*), así en Catulo, Propercio, Virgilio, etc. («Non equidem invideo, miror *magis*»); es probable que éste, solo o en combinación con el otro, sea el verdadero origen de la ac. adversativa.— ² El gallego *mais* con el significado de 'además', también' aparece ya en las *Ctgs.*: «oíu *mais* que a Virgen» (53.45). *Més* en este sentido es también catalán antiguo, y *más* aragonés: «tocó, *más*, a la dita Leonor unos tovallones amariellos», inventario de 1374 (*BRAE* II, 345.— ³ Comp. «ay *más* otra razón, que devría dar a los entendimientos causa de non locamente amar», *Corbacho*, ed. Simpson, p. 20. Alvz. Giménez, 76, da fe del uso de estas expresiones y de *más algo* en el cast. de Galicia.

MASA, del lat. MASSA 'masa, amontonamiento', 'pasta'. *1.ª doc.*: Berceo.

Aunque se descuida a veces la distinción en los mss. medievales, los textos cuidados escriben con *ss*: «palatate eran *massas* fechas de figos rezientes» APal. 335b, «panadero que a manera de cera manea la *massa*» 71b (59d), «*massa, nombre general; massa de harina*: farina concreta», Nebr. De uso general en todas las épocas y común a todos los romances de Occidente. Especialmente en español es 'pasta de dulce': «mirad, caterva enamorada, que para sola Dulcinea soy de *masa* y alfeñique, y para todas las demás soy de pedernal», *Quijote* II, xliv (*Cl. C.* VII, 146)¹.

DERIV. *Masera* 'artesa' [doc. leon. de 1181, Oelschl.; hoy sigue muy vivo en las zonas leonesas]. *Masilla* [Acad. 1925; 1923, *Ca.*, 106-7, con descripción detallada; ac. militar, Acad. 1817-69]; *masillero, enmasillar, enmasillador* [ibid.]. *Masita* 'cantidad del haber de la tropa que retenía el capitán, destinándola a vestirla'; arg. 'dulce de pasta'. *Masón* 'bollo'. *Mazarota* [Acad. 1899], del fr. *masselotte* íd. [princ. S. XIII, *Sta. M. Egipc.*: Cuervo, *Dicc.* I, 413-4; en gall. está ya en las *Ctgs.*: «amassando pan», 258.30]; *masar* [«la casa donde se *massan* los panes», APal. 71b, 33d, 364d]; *amasadera; amasadero; amasador; amasadura; amasamiento; amasijo* [1569, Fr. T. de Mercado], antes también *amasadijo* [*G. de*

Alfarache]. *Macizo* [1475, *maciço*, G. de Segovia; íd. Nebr. «solidus»]³; *macicez* [«soliditas», Nebr.; olvidado en la última ed. de la Acad., pero empleado en la definición de *macizamente*]; *macizar* [Nebr.], 'arrojar cebo en el mar para atraer la pesca' ast., santand. (Vigón), dicho así porque suele arrojarse salmuera de sardinas, también llamada *macizo.*

¹ En la Arg. 'dulce de pasta'.— ² *Fogazas mal amassadas* J. Ruiz 968f. Nykl, *Mod. Phil. Chic.* XXVIII, 483, dice que eso se escribe *maçhar* en textos aljamiados y que viene del ár. *masaḥ.* Habría que ver si hay tal identidad con la palabra aljamiada para juzgar el valor de esta sugestión.— ³ Comp. port. *maciço*, cat. *massís*, oc. *massis*, fr. ant. *massiz* (God. V, 196a), it. *massiccio*. La forma española ha de explicarse, bien por una dilación en dos tiempos: **massizo > macizo > maçiço*, bien por préstamo del francés antiguo (*massiz*, femenino *massice*). También hubo de existir la pronunciación etimológica: hoy úsase *masízzo* entre los judíos de Marruecos (*BRAE* XV, 220).

Masa 'masada', *masada, masadero*, V. *manido* *Masato*, V. *mazamorra*   *Mascabado*, V. *menos*

MASCAR, del lat. MASTĬCARE íd. *1.ª doc.*: APal. 263b, «mandere por comer y *mascar*»; Nebr. «mascar: mando, manduco».

Aunque no tengo datos anteriores, no hay por qué dudar de que fuese de uso general en la Edad Media, como lo era en los SS. XVI y XVII (*Aut.*, Covarr., *Quijote;* otros ejs. en Tiscornia, *M. Fierro coment.*, s. v.); a princ. S. XVII aparece ya esporádicamente la variante culta *masticar* (P. Jer. de Florencia), que últimamente ha ganado terreno y está confinando la forma tradicional al uso vulgar¹. La síncopa MASTICARE > *mascar* no debe interpretarse como muy temprana, según se ha hecho, sino más bien como regresión de *mast-gar*, por la fuerza asimiladora de la *t* sorda y apoyada: es el mismo caso de *contar* y *Salamanca* (comp. cat., oc. *mastegar*, gall.-port. *mastigar*, junto al port. *mascar*).

DERIV. *Mascada* 'mascadura' [Nebr.], 'bocado' arg. y chil., 'provecho' arg. (Tiscornia, *l. c.*). *Mascadura* [Nebr.]. *Mascujar* 'mascullar' [«mascujando las razones» en romance de germanía de la 1.ª mitad del S. XVII, Hill, *Poes. Germ.*, p. 209, v. 43, y para la procedencia comp. p. 250], 'mascar mal o con dificultad' [Terr.]; *mascullar* [íd.]; *mascujada, mascujador.*

Del culto *masticar* (V. arriba): *masticación, masticador, masticatorio; mastigador* [Acad. ya 1817], probablemente tomado del portugués.

¹ La *s* en fin de sílaba se altera fácilmente; de ahí la variante *mazcar* que cita Tiscornia en *La Pícara Justina*, y *maixcar* en el *Alfarache* de Martí (Rivad. III, 368), aunque éste es alteración va-

lenciana del mismo tipo que *peixcar, màixquera, pareixca*, etc.

MÁSCARA, pertenece a un conjunto de vocablos de significados diferentes, pero conexos: a) *máscara* 'careta, disfraz', antiguo en italiano, lengua de Oc y catalán, y ampliamente difundido desde esta zona por las lenguas europeas y mediterráneas; b) *mascarar* 'tiznar', *mascára* 'tizne', arraigado y antiguo en lengua de Oc y catalán, y no ajeno al francés, castellano y portugués; c) *masca* 'bruja', propio del Norte de Italia, Provenza y Languedoc, y arraigado allí desde la alta Edad Media; aunque hay indudable afinidad semántica entre los tres grupos, es difícil que todo el conjunto tenga una sola etimología, y debe mirarse como probable el que *c* tenga antigua raíz europea, mientras que *a* procederá del ár. *másḫara* 'bufón, payaso', 'personaje risible' (derivado de *sáḫir* 'burlarse [de alguien]'), que en Europa se combinó con *c* modificando su significado; en cuanto al origen de este último es incierto, acaso germánico o céltico; y *b* puede ser derivado de *c* o resultar del influjo que sobre él ejerció *a. 1.ª doc.*: «*mascara o caratula*: persona», Nebr.

No parece haber testimonios castellanos de *máscara* en la Edad Media. Las acs. más antiguas son: 'careta', documentada ya en Nebr., en doc. salmantino de 1499 («conpro una *máxcara* para San Sebastián: costó seys reales», *BRAE* X, 573), en Juan de Valdés («antes *máxcara* que carátula», *Diál. de la L.*, 145.2), y frecuente en el Siglo de Oro; 'persona disfrazada', que ya figura en Cervantes (*Quijote* I, xix, 72), Lope[1] y Calderón (*Aut.*); 'mascarada, festejo en que toma parte gente disfrazada', ya en Mateo Alemán (Fcha.), Covarr. y otros autores del S. XVII (*Aut.*). La fecha tardía del cast. *máscara* confirma lo que ya indica la fonética si persistimos en considerar el vocablo de origen arábigo: que en castellano debió tomarse de otro romance, que dada la fecha debió de ser el catalán más bien que el italiano[2]; en efecto un arabismo directo tendría *z* en castellano, y el tratamiento *ḫ > k* en los arabismos castellanos es raro e indicio de procedencia forastera en castellano, pero corriente en catalán y en italiano.

En catalán el vocablo parece ser antiguo, pues Ag. registra *mascarat* 'disfrazado' en Valencia ya en 1391 (el ej. de *màsquera*, barcelonés, creo es del S. XVI). También será antiguo por lo menos *mascarat* 'traidor' en lengua de Oc, relacionado estrechamente con *máscara* 'disfraz': lo hallamos ya en la primera mitad del S. XIII en la *Cansó de la Crozada* languedociana, y en el italiano Sordello, de mediados de la centuria (*mascarat* como nombre de un partido político se halla también en textos latinos de Marsella y de Génova en el S. XIII, Du C.)[3]; el occitanismo *mascarado* 'traidor (no «traición»)» se encuentra en las *Ctgs.* 386.28. Pero donde ciertamente poseemos una documentación

más abundante de *màschera* 'careta', 'disfrazado', es en Italia: ahí aparece ya en Boccaccio (*mascarel* 'coco' en el pisano Ugutio, h. 1192). El fr. *masque* [1511] no es autóctono: viene del Sur, quizá de Italia, y presenta una reducción fonética de tipo corriente en este idioma (como *ángele > ange, Bárbara > Barbe*, etc.); de ahí pasa luego al ingl. *mask* [1562, pero *masker* 'disfrazado' 1533, *maskery* 'mascarada' 1548] y al alem. *maske* [1615]. Por lo demás puede creerse que el francés poseyó antes el vocablo en una forma más autóctona, pues de ahí derivará el fr. med. *maschier* 'fingir, disimular', todavía empleado por Molière, y ya en Villon (*Test.* 960) y en otros textos de la época (V. la ed. Thuasne II, 272-3).

La etimología arábiga de este vocablo, ya indicada por varios, desde Golio, fué demostrada como sumamente probable por Dozy (*Gloss.*, 304-7; *Suppl.* I, 637b-638a). El verbo *sáḫir* 'burlarse (de alguien)', es de uso general en árabe y pertenece ya a la lengua coránica (Dieterici); de ahí deriva normalmente *másḫara* 'bufón, payaso', 'persona que es la irrisión de otros', de uso también general y considerablemente antiguo, pues se lee en muchos autores clásicos, desde el S. XII, entre ellos el oriental Abenalathir, que escribía h. el a. 1200 y no visitó nunca el Occidente; hoy sigue siendo popular en Siria, Egipto y aun en todo el Norte de África[4] con las acs. 'histrión', 'bromista', 'personaje ridículo'. De ahí se pudo pasar fácilmente a 'personaje disfrazado' (ac. que en italiano ya es frecuente a princ. S. XVI) y luego 'careta'. Es etimología tan convincente que ha sido generalmente aceptada (p. ej. M-L., 5394; Kluge; Skeat)[5].

Sin embargo, existen una serie de dificultades y problemas que complican la cuestión, haciendo del origen de *máscara* una de las cuestiones más arduas de la etimología romance. Karpf, *WS* V, 121-4, hizo hincapié en la relación existente entre *máscara* 'careta' y *masca* 'bruja', y en la imposibilidad de derivar del árabe este último vocablo, que ya se documenta en Italia en el edicto del rey longobardo Rotario, del año 643; *masca* aparece también en el inglés Aldhelmo (h. 685), y quizá ya en el sentido de 'máscara' (más que 'bruja'). El obstáculo cronológico para explicar estas formas por el árabe es absoluto: no hay que pensar en un arabismo tan temprano (contra la opinión de Kluge). Tampoco puede tratarse de formas mal trasmitidas o mal fechadas, pues *masca* 'bruja' está también en varios de los glosarios anglosajones más tempranos (Kluge, *ARom.* VI, 308), y en otras fuentes en bajo latín de Inglaterra (Du C.) y de Italia (en una concordancia del S. VIII o IX, *Bull. Du C.* XII, 150), y hoy vive en todo el Piamonte, extremo Oeste de Liguria, toda Provenza y departamentos del Gard, Lozère, Hérault y Aveyron (*masco*; pero *maisso* en los Alpes valdenses, con evolución normal de -SCA; vid. *AIS*, mapas

814 y 812; *ALF*, 1244 y 1548). La documentación antigua de *masca* 'bruja' viene, pues, de países germánicos u ocupados por los longobardos, y por lo tanto es lícito buscar una etimología germánica.

Karpf propone el longob. MASKA 'red' (a. y b. 5 alem. ant. *masca*, neerl. med. *maessce*, ags. *maessce*, escand. ant. *moskvi* 'malla' y 'red') que habría tomado la ac. 'velo empleado como antifaz', 'careta', y luego 'bruja'. El paso de 'careta' a 'bruja' o viceversa está bien probado con numerosos ejs. de 10 las procedencias más diversas (vid. Karpf; Rohlfs, *ASNSL* XLXXV, 74; *Handwb. d. dt. Aberglaubens*, s. v. *hexe*; lat. *larva* 'fantasma, espectro' y 'careta'; y sobre todo, aquí, s. v. *CARÁTULA, CARETA* y *CARIZ*), por lo tanto no hay que du- 15 dar de que *máscara* 'careta' y *masca* 'bruja' puedan tener una misma etimología, pero el cambio de 'red' en 'careta' es ya más raro y dudoso[6], luego la etimología germánica, aunque no imposible, es muy incierta; y en cuanto a la forma *máscara*, este éti- 20 mo es completamente inverosímil, por razones morfológicas.

Queda abierta además la posibilidad de otro étimo germánico imprecisable, pero adviértase que la procedencia germánica no está asegurada desde el 25 punto de vista geográfico. Aunque M-L. afirme que el tipo *masca* 'bruja' es ajeno al occitano antiguo (insinuando así que sea voz longobarda tomada de Italia), esta afirmación está lejos de ser cierta: *masc* 'brujo' aparece en Aviñón en el S. XVI, y *masca* ya en 1396, aunque Pansier no precisa bien si 30 está en el sentido de 'bruja' o de 'máscara'; y hallamos el derivado *mascota* en las Costumbres de Narbona del año 1233[7]. En estas condiciones hay que descartar la idea de un préstamo longobardo 35 (aunque no quizá gótico), y examinar si el vocablo podría tener origen prerromano[8]. Fué Jud quien llamó la atención (*Rom.* LII, 204) hacia la necesidad de tener en cuenta la familia del oc. *mascarar* 'tiznar, ensuciar con carbón u hollín' cuando se 40 estudia el origen de *máscara* y de *masca* 'bruja', insinuando que aquélla podía ser la ac. primitiva. Y en efecto la relación semántica es clarísima en ambos sentidos: la bruja se tizna al salir por la chimenea, y lo hace también con el doble objeto 45 de causar miedo y de disfrazar o disimular su identidad, mientras que la forma más elemental de disfraz carnavalesco consiste en tiznajearse la cara (V. de nuevo el artículo *CARIZ*, y *CARÁTULA, CARETA*). El área de *mascarar* 'tiznar' es ex- 50 tensa, aunque su ciudadela principal está en la zona catalano-occitana. *Mascàra* 'tizne, mancha' ya se documenta a fines del S. XIV en el catalán Eiximenis (*Doctr. Compend.*, 120), y *mascarar* a fines del siglo siguiente, en lengua de 55 Oc «*mascarar: carbone tingere*» está ya en el *Donatz Proensals* de h. 1240[9]. En otros romances, si bien con carácter menos general, no faltan huellas del vocablo. El port. *mascarrar* 'tiznar', *mascarra* 'tizne', no los puedo documentar antiguamen- 60 te, pero no parecen advenedizos. El arag. *mascara* 'tizne' (Torres Fornés), *máscara* íd. (?, Peralta, Borao), *mascarar* 'tiznar' (ibid.; *BDC* XXIV, s. v.) podrían en rigor ser catalanismos, pero no lo ha de ser el cast. ant. *mascariento* (*bestión m.*) 'feo, deforme', en *Fn. Gonz.*, 11d, 487d, *mascoriento* (*Apol.*, 14d)[10]; parece ser catalanismo el sardo *mascara* 'hollín', pues sólo se halla en el Campidano (M. L. Wagner, *ASNSL* CXXXIV, 315), y será occitanismo el *mascarer* «noircir» de Rabelais, pero el fr. *mâchurer* «barbouiller, noircir» (sobre todo dialectal), fr. ant. *mascherer* (*mascurer* ya en el S. XII; la *u* se debe al influjo del fr. ant. *oscurer* 'oscurecer', 'ensuciar'), ha de ser genuino, en vista de la fecha y, además, de la evolución de SCA > *sche*.

Últimamente Hubschmid (*Roman. Helvetica* XXX, 86-87), siguiendo y precisando la pista de Jud, ha propuesto una ingeniosa etimología céltica: MASKARUS aparece como cognomen en una inscripción de Narbona[11]: ya que -ĂRO- se documenta como sufijo para ampliar nombres de colores (ALBĂRO-, LEUKĂRO-), MASKĂRUS sería derivado de un céltico MASK- 'negro o tiznado', del cual procedería *masca* 'bruja' ('la tiznada'); como eficaz contraprueba aduce el compuesto TALAMASCA 'bruja' y 'máscara', cuyo primer elemento sería el vocablo celta bien conocido TALOS 'frente' (bret., córn. y galés *tal* íd.)[12], y que por lo tanto significaría 'la de la frente (o cara) tiznajeada'. En efecto *thalamascha, dala-, talamasga*, 'bruja', se halla en muchas glosas alto-alemanas y en otros textos en bajo latín [Reims, a. 852], un fr. *talemache* 'máscara' se documenta en 1487, *talmaschier* «souiller, salir» en francés antiguo, y hoy este verbo perdura en las hablas populares de Bélgica y de los Vosgos hasta el Ain (en sentidos derivados «embrouiller, manigancer, tourmenter, harceler, insister»).

Es idea brillante, pero conviene no dejarse deslumbrar. Por lo pronto (sin olvidar que 'frente' no es igual que 'cara') no es claro el paso del *TALOMASKA que deberíamos suponer al TALAMASKA real; se trataría de una dilación vocálica del galo tardío, que reaparecería en el frprov. y gasc. *talapen, -ben*, 'hastial' de TALOPENNOS (otro compuesto de nuestro TALOS), pero el propio Hubschmid, con loable probidad, reconoce que ahí debió obrar una contaminación (del langued. *alapen* = gall. ALPENDRE, con influjo de *ala*). Sobre todo no hay en el céltico insular pruebas directas de que MASCA pertenezca a esta familia[13], y se ha creído hasta ahora que *talamaska* era compuesto germánico; el área actual en los dialectos franceses es favorable a esta idea, así que el a. alem. ant. *thalamascha* y el neerl. med. *talmasche* bien podrían ser voces germánicas y no celtismos o romanismos[14]. Finalmente si Hubschmid cree que el citado nombre de persona MASKARUS es céltico, por germánico lo tuvieron Förstemann (*Altdt. Namensb.* I, 1107-8) y Gamillscheg (*R. G.* I, 319, 328), y les asisten buenas razones: *Masko* aparece en Ratisbona ya en 778[15], y la fisonomía germánica de los derivados *Mesgilo* (San Gal, 804) y *Maskelin-Meskilin* (S. IX) es bastante clara[16]; el orden del compuesto *Mascarville* (H.-Garonne) y la terminación del bearn. *Mascaraas* (MASCARANIS) son decididamente favorables al gótico. Por otra parte el *Altceltischer Sprachschatz* de Holder da todavía más nombres en MASC- que Förstemann, y aunque es sabido el carácter poco crítico de aquella obra, y entre los ejs. citados la gran mayoría no presentan indicios claros de celtismo y varios provienen de zonas tan poco célticas como Nápoles, de todos modos es cierto que *Masciacus* (del cual hay bastantes testimonios) parece realmente céltico, y predominan las localizaciones en la Galia. En total quizá se trate de un elemento onomástico común al celta y al germano sin que podamos decidir de cuál de las dos familias fué oriundo o si perteneció a las dos como propio. La etimología céltica necesitará por lo tanto más apoyo. Y no olvidemos que quedan todavía otras posibilidades (V. algunas improbables en el artículo de Karpf). La presencia de nuestro radical en Cerdeña y el País Vasco podría sugerir un origen prerromano, pero no céltico. Bréhier, *Byzant. Zeitschr.* XII, 1ss., demostró que en Italia pululaban los mimos y payasos de origen oriental ya en los primeros siglos de la Era cristiana, y ello me trae a la memoria el ár. *másaḫ* 'metamorfosear', que ya es coránico (Dieterici) y aparece en R. Martí y en Idrisí, *másḫ* 'monstruo', 'enano', 'deforme' en R. Martí, Glos. de Leiden, Bocthor, etc. (Dozy, *Suppl.* II, 590) (sin relación con *másḫara*); acaso los mimos mencionados trajeran a la Italia antigua una voz siríaca o camito-semítica emparentada con ésta, que emergería luego en el S. VII[17].

En conclusión[18]. No creo que la notable semejanza del ár. *másḫara* 'bufón' con el romance *máscara* 'disfrazado' sea casual, y por otra parte este vocablo es ciertamente inseparable de *masca* 'bruja' y 'careta' y de *mascarar* 'tiznar', que por su fecha parecen ser de abolengo europeo, de suerte que es casi seguro el cruce en esta familia de una raíz arábiga con otra europea (según ya admitió Steiger, *Homen. a M. P.* II, 44-46); lo demás es oscuro[19].

DERIV. *Mascarada* [Acad. ya 1817], tomado del fr. *masquerade*, que a su vez es italianismo. *Enmascarar* o *mascarar* [*mascarado* «personatus», Nebr.]. *Mascarero. Mascareta. Mascarilla* [Calderón]. *Mascarón* [h. 1580, Argote].

[1] «Bolved allá los arcabuzes, *máscaras* (quítese el príncipe la *suya* y diga:) ...», *El Cuerdo Loco*, v. 2932.— [2] La forma *máxcara* de 1499 puede apuntar a lo mismo, pues la evolución -*sc*- > -*xc*- es propia del dialecto valenciano: *peixcar, pareixca*, y mi observación a *MASCAR* > *maixcar*. Verdad es que no es fenómeno ajeno a alguna habla castellana (*caxco* en el murciano Pérez de Hita

I, 69; Tallgren, *Est. sobre la Gaya de Segovia*, p. 43, n. 3; Espinosa, *Arc. Dial.*, 234, n. 4).— [3] En catalán este derivado se documenta un par de veces en el S. XVI, con el mismo sentido, hoy se emplea todavía en Mallorca para 'mal sujeto', 'hipócrita' (*BDLC* X, 489), y está muy extendido en la toponimia valenciana. La forma valenciana actual es *màsquera* o *màixquera*, y con *e* debiera escribirse el vocablo en el catalán de todas partes, aunque la indiferencia del catalán oriental en el vocalismo átono ha hecho que predominara la grafía *màscara* en la lengua literaria. Claro está que lo mismo el cat. *màsquera* que el it. *màschera* proceden de un primitivo *màscara*, por evolución fonética normal en los dos idiomas.— [4] Beaussier «risée, jouet; la risée des gens; bouffon, burlesque, grotesque, ridicule, cocasse».— [5] Algunos de los argumentos de Dozy no tienen fuerza. Que algunos franceses en el S. XVII hayan empleado *mascarade* en el sentido de 'bufón, payaso' no es indicio de que tal ac. sea antigua en romance, pues se trata exclusivamente de viajeros de Levante, que copian evidentemente el vocablo arábigo, de cuya relación con el romance tienen conciencia. Que hoy se emplee *másḫara* en árabe con el sentido de 'personaje disfrazado', y que de ahí se derive un verbo *tamásḫar* 'disfrazar' y 'burlarse', ya documentado en el S. XV, tampoco prueba nada en favor de la etimología, pues estas formas son seguramente tomadas del romance, como lo indica ya el hecho, anómalo en la morfología arábiga, de formar un verbo en *ta*- agregando este prefijo a un nombre en *ma*-.— [6] Como prueba sólo aduce Karpf un pasaje de Plinio donde se recomienda que el cosechador de incienso se ponga una careta o una red espesa para impedir que se trague parte de la resina; pero esto no basta.— [7] Parece significar 'alcahueta, -ete': «si qui deprehensi fuerint in adulterio, vel postquam moniti fuerint a judice suo, fama precedente sinistre suspitionis, ne domum intrent alicujus, ausu temerario contra ire presumpserint: ambo, vir et mulier, precedente eos *mascota*, nudi per villam publice fustigentur», *Archives de Narbonne*, 26a; V. en Levy la versión occitana coetánea, que conserva la palabra *mascota* sin aclaraciones. La *mascota* tiene que ser la dueña o el dueño de esta *domus* en que se ha prohibido entrar a los sospechosos de adulterio, y que acompaña y precede a los culpables en la fustigación pública a que se les condena a los tres. Hoy *mascoto* es despectivo de *masco* 'bruja' y además significa 'sortilège, ensorcellement» (Mistral); de ahí, por lo demás, se tomó el fr. *mascotte* 'amuleto', que algunos han empleado recientemente en castellano. El paso de 'bruja' a 'alcahueta' no hay necesidad de probarlo, cuando se trata de la lengua en que se escribieron la *Celestina* y sus continuaciones. Por otra parte Du C. nos informa de que en Auver-

nia se emplea *masca* por 'ramera', y la misma
ac. se documenta con frecuencia en glosas alto-
alemanas (*Handwb. d. dt. Aberglaubens* III, 1835-
8). El valón *maquerai* significa 'brujo' además de
'alcahuete' (Sainéan, *Sources Indig.* I, 100), razón
que quizá no sea suficiente para revisar la etimología del fr. *maquereau* (V. *MACARELO*) relacionándolo con *masca* 'bruja', en vista de que
maquerel se documenta abundantemente desde el
S. XIII, y siempre sin *s* (God. X, 120); y, sin
embargo, será mejor no perder de vista esta posibilidad. Comp. *mascot, -oto*, 'maladroit' en Lo-
magne (Gers) según Palay.— [8] En este sentido podría ser importante la presencia de *mascazzu* 'pesadilla' en la arcaica localidad logudoresa de Bitti
(*AIS*, mapa 812), hacia la cual llama la atención
Jud, *Rom.* LVII, 440. Que 'pesadilla' puede venir
de 'bruja' no cabe duda: comp. *masca* en el mismo sentido en el Sur y Oeste del Piamonte, y
los sinónimos *fata* en los Abruzos, *jana* en el Sur
de Italia y *striga* en el Véneto, con la misma ac.,
en el mapa susodicho. M. L. Wagner, *ARom.*
XV, 234-5, cree empero que dicho *mascazzu*
deriva de *mascare* 'desmayarse', el cual a su vez
se relacionaría sea con el vasco, a. nav., guip. y
vizc. *maskar* 'débil, desmedrado, alicaído, com-
pungido' y *maskartu* 'enervarse, encanijarse', sea
con el vasco *ameskaitz* 'pesadilla' (de *ames* 'sueño' + *gaitz* 'malo'). Sin embargo, la idea de Jud
no se puede descartar, y faltará examinar si el
vasco *maskar* 'débil' no tiene que ver con el
baztanés *maskaratu* 'tiznar' y *maxcaro* «animal
abigarrado de pintas negras y blancas» (suletino,
bajo navarro y labortano), y cat. *mascard* 'tiznado', con lo cual quedaríamos siempre dentro de
la misma familia. Por lo demás veo que Wagner,
ARom. XVII, 359-60, acepta la idea de Jud observando que *mascazzu* significa «vortice» en otras
localidades (comp. el oc. *foulet* 'remolino de viento' < 'duende'). Si *masca* es realmente antiguo en
Cerdeña tendremos ahí un argumento desfavorable, así para el origen germánico como para el
céltico. Pero falta saber si no es vocablo importado de Génova. M. L. Wagner, *RF* LXIX, 262:
Bitti *mascazzu* está tomado del sardo septentrional y ahí viene del N. de Italia (donde vive en
el Piamonte y zona de la Liguria limítrofe).—
[9] *Mašar* 'hollín', *mašará* 'sucio', en la Haute-
Loire, es decir, en la zona que cambia SCA
antiguo en *ša* (*ARom.* IV, 381). Interesante
por la terminación es el cat. *mascard, -arda,*
'(buey) manchado de negro', que es también aragonés de Venasque (Ferraz) y bearnés.— [10] *Mascarilla* es nombre de un pelaje de caballo en la
Argentina (A. Alonso, *Probl. de la L. en Amér.*,
171), pero ¿vendrá de ahí o de *máscara*?.— [11] «P.
M. Maskarus Marcello» son las únicas palabras
que se han podido leer, en el frontis de un edificio (*CIL* XII, 4985). Por desgracia no hay indicación sobre la fecha.— [12] También documenta-

do en un nombre propio galo y, con vocalismo
diferente, en irlandés; vid. Pedersen, *Vgl. Gramm.*
I, 132; V. Henry, *Lexique Étym. Breton*, s. v.—
[13] Scheftelowitz, *Zeitschr. f. vgl. Sprachf.* LVIII,
133, que creía también en un origen céltico de
masca 'bruja', relacionaba con el gaél. *masgul* 'halago, lisonja', pero es idea vaga, y el origen de
este aislado vocablo es oscuro.— [14] V. las suposiciones de Kögel, *Deutsche Literaturgesch.* I, ii,
249, quien admite que el vocablo tendría *th-* fricativa germánica, y conjetura para *thala-* el significado 'fantasmal, espectral', aunque sin otras
pruebas que paralelos semánticos. Aunque las formas en *d-* de ciertas glosas parecen indicar la
inicial *th-*, no constituyen razón decisiva frente a
la forma neerlandesa, y también se podría pensar en ags. *talu* 'cuento', a. alem. ant. *zala* 'relato', 'número', cuento': ant. *tala* 'cuenta, número';
o bien en ags. *tǽl* 'burla, calumnia', ant. escand.
tâl 'engaño, seducción', a. alem. ant. *zâla* 'asechanza, peligro'.— [15] De ahí el apellido cat. *Mascó*
que ya se documenta en el S. XIV (*BDLC* X,
9).— [16] También puede serlo *Mascarius (-harjis)*,
que es antiguo en Alemania. Para la extensión en
romance, ténganse en cuenta algunos datos. *Mas-
carou* en el Cantal, antiguamente *Mascheyrou,
-ou* (1600, 1618). *Mascayrolle* aparece en el Aude
desde 1332, y allí hay varios *Masquière* y *Mas-
careille* (Sabarthès). *Mascaró* y *Mascarell* son antiguos y extendidos en Cataluña y Valencia (M.
P., *Oríg.*, 204); *Mascaróch* y *Maxcarol* se documentan en mozárabe. *Mascarus* y *Mascarina* aparecen en Lombardía desde la Edad Media (Serra,
ZRPh. LVII, 543-4). El área no es claramente
germánica ni céltica, pero de la presencia en tierras
mozárabes, si se trata del mismo nombre, no sería muy favorable al celta.— [17] El siríaco *mask*
'bufón', citado por Steiger, parece voz advenediza, sin embargo.— [18] Las voces griegas de Hesiquio que cita Diez difícilmente podrían apoyar esta hipótesis, que por ahora es ciertamente vaga. Y no veo nada más en diccionarios del
griego bizantino que el tipo ya clásico βασκαίνειν
'hechizar', βάσκανον 'hechizo' (βάσκα en Hesiquio), que queda lejos.— [19] En cuanto al turco
maskara 'burla' (que de ahí ha pasado a las varias
lenguas indoeuropeas de los Balcanes, y al judeoespañol de Rodas, *RH* IX, 442), no hay por qué
sacarlo a colación en el problema que nos interesa: claro está que es préstamo del ár. *másḥara;*
luego puede resultar desorientador poner el rumano *mascară* junto al italiano *màscherà*, como
hace M-L.

Mascariento, mascarilla, mascarón, mascota, V.
máscara

MASCULILLO, 'juego de muchachos que consiste en coger a otro dando golpes con su trasero',
alteración de **basculillo*, diminutivo de **basculo*,

que viene del fr. *bascule* o *bacule* 'acción de golpear con el trasero de otro', derivado del fr. antic. *baculer* (después *basculer*) 'golpear en esta forma', compuesto de *battre* 'golpear' y *cul* 'culo', luego deformado por influjo de *bas* 'bajo', y en castellano atraído por *másculo* 'macho'. *1.ª doc.*: Lope; Acad. 1925.

Pagés (1914), que parece ser el primer lexicógrafo que recogió el vocablo, cita los versos de Lope: «los más de éstos son gigantes, / y dentro de su castillo, cuatro o cinco son bastantes•/ a darte tal *masculillo* / que nunca de él te levantes»; y define «acción de zarandear dos o más a uno cogiéndole por los sobacos y por las piernas, balanceándole en el aire y dándole, a cada vaivén, contra el muro, golpes en las posaderas». Acad.: «juego de muchachos en que dos cogen a otros dos y los mueven de modo que el trasero del uno dé contra el del otro» y fig. «porrazo, golpe»; and. *maculiyo*, murc. y and. *marculillo*, rioj. *mascudillo* (*GdDD* 959), *mascullido* (*RDTP* X, 329). En francés tenemos *baculer* «frapper le derrière de quelqu'un contre terre pour le punir», «bâtonner» [1377-1694], «prendre quelqu'un d'un côté par les pieds, de l'autre par les bras, et lui frapper le cul contre terre (jeu d'enfants)» (Picardía, Aunis), que es precisamente el sentido de *masculillo*; Cotgrave en 1611 trae ya la forma *basculer*, que luego ha predominado, si bien tomando posteriormente el sentido de 'balancearse, columpiarse' (porque el que se columpia en un tablón da el mismo golpe de trasero que en el juego descrito)[1]. *Baculer* es compuesto parasintético formado con *cul* y el imperativo de *battre* 'golpear', comp. el it. *batticulo* que designa precisamente el juego del masculillo, y además «armatura che copriva le parti deretane», y el delfinés *baticulà* «tomber sur le derrière» (St. Pierre d'Allevard). En francés *baculer* se cambió en *basculer* por influjo de *bas, basse*, 'bajo', porque en la acción de *baculer* se golpea hacia abajo. De *bas(s)culer* deriva el sustantivo *bacule* «punition qui consiste à faire heurter le derrière du coupable contre un objet dur» [1611], *bascule* «jeu où deux personnes, étant chacune sur le bout d'une pièce de bois mise en équilibre, s'amusent à se balancer» [1690], Gap *bacula* «espèce de jeu», Alençon *bascules* «châtiment corporel infligé parfois au joueur qui refuse d'être le patient ou le poursuivant»; es indudable que este sustantivo tuvo también el sentido preciso de 'masculillo' y que de ahí pasó el vocablo al castellano en la forma *basculo*, cuyo diminutivo *basculillo* se alteró luego en *masculillo* por su vago parecido con *masculino*, o por influjo de *másculo*, variante conocida de *macho* y de *maslo* 'cola'. Para las formas francesas, vid. *FEW* II, 1518-1519*a*, 1521; Gamillscheg, *ZRPh.* XLIII, 551-2; Bloch, s. v. *bascule;* la interpretación de Wartburg está viciada por el deseo de salvar en parte la interpretación errada que había dado en su artículo BACULUM; la explicación

de Gamillscheg, Bloch y Spitzer es más sencilla y coherente[2]. Spitzer indicó la etimología de la voz española en *RFE* XI, 187-8.

¹ La interrupción cronológica entre el *basculer* de 1611 y el de 1863 es accidental, debida a la poca atención que se presta en literatura y en lexicografía a estos juegos de muchachos. Así lo prueba el postverbal *bascule*, documentado sin solución de continuidad desde 1549, porque como nombre de aparato de utilización mecánica presentaba interés más general.— ² También es preferible la explicación de *bousculer* (antiguo *bouteculer*) por influjo de *basculer*, a la que da Wartburg.

Masculillo, V. *báscula*   Masculinidad, masculino, *másculo*, V. *macho* I   Mascullar, V. *mascar* Masecoral, *masejicomar, maselucas*, V. *maestro* Masera, V. *masa*   Masería, V. *manido*   Masetero, V. *manjar*   Masía, V. *manido*   Masicote, V. *mazacote*   Masilla, masita, V. *masa*   Maslo, V. *macho* I   Masmacora V. *máximo*   Masón, V. *masa*   Masón 'francmasón', *masonería, masónico*, V. *franco*   Masovero, V. *manido* Maste, *mástel, mastelerillo, mastelero*, V. *mástil* Masticación, masticador, masticar, masticatorio, V. *mascar*   Masticino, V. *almáciga*   Mastigador, V. *mascar*

MÁSTIL, anteriormente *mástel*, que es alteración del antiguo *maste*, por influjo del sinónimo *árbol; maste* se tomó del fr. ant. *mast* (hoy *mât*) y éste del fráncico MAST íd. (a. alem. ant., alem., neerl. med. y ingl. *mast*, ags. *mæst*, escand. ant. *mastr*). *1.ª doc.*: *maste*, h. 1260, *Partidas; mástil*, 1587, G. de Palacio.

Al describir las varias especies de navíos, explica aquel texto legal: «a los mayores que van a dos vientos llámanlos carracas, et d'estos hi ha de dos *mastes* et de uno» (II, xxiv; ed. Acad. II, 263). Esta forma se conserva en el leonés de Miranda de Duero (Leite de V., *Philol. Mirand.* I, 299). El gallegoportugués introdujo el vocablo en la forma *masto*, que se lee en las *Ctgs.* (172.10, 271.33, *maste* en otros pasajes), en la *Crónica Troyana* en gallego (S. XIV) II, 214, en los *Padres de Mérida* (h. 1400), *RL* XXVII, 50, etc., y después se alteró en *mastro* por influjo de *àrvore m(a)estra* 'palo mayor'; secundariamente 'asta de una cruz, pedestal de un cruceiro': «un *mastro* de cruceiro» (Castelao 128.12). Junto a *maste* se halla *árbol* en las *Partidas* con el mismo sentido, y no hay duda de que la sinonimia de *mastes* y *árboles* hizo que aquél se convirtiera en *másteles*. La forma *mástel* es general en los SS. XIV-XVI: en el *Cuento del Emperador Otas* (1.ᵣ cuarto del S. XIV)[1], *Rim. de Palacio*[2], trad. de la *Confesión del Amante*, de Gower (225), Villasandino (*Canc. de Baena*, n.º 334, v. 15), y todavía en carta de Colón de 1503 (Zaccaria; italianizado en *mastello* en la traducción a

este idioma); es también la forma que registran
APal. (22b, 22d, 30d, 94d, 262b), Nebr., C. de las
Casas (1570) y Percivale (1591); G. de Palacio y
Oudin ya reconocen *mástil* junto a *mástel*[3], y
Covarr. y *Aut.* sólo traen este último, pero la *e*
antigua se ha conservado siempre en el derivado
mastelero. La forma *mástil* se deberá a la rareza
de la terminación *-el*, que puso el vocablo bajo la
acción de voces como *débil, fácil, útil* (junto a las
cuales el vulgo había pronunciado *débel*, etc.). La
explicación fonética de Brüch (*ZRPh.* XXXIX,
204), aceptada por M-L. (*REW* 5397), es arbitraria
y se basa en el desconocimiento de la historia de
la voz castellana: *mástil* sería derivado regresivo
de *mastelero* (para el cual V. abajo), con «*i* asturiana» (?) en vez de *e*, y *mastelero* derivaría de
un fr. ant. *mastel* (que por lo demás parece ser forma meramente supuesta), diminutivo de *mast*[4].
Mastus navis aparece en las glosas de Reichenau,
lo cual prueba que el vocablo ya circulaba en Francia en el S. VIII, y por lo tanto no pudo tomarse del escandinavo (pues el contacto con los normandos apenas es anterior al año 900). Las denominaciones más antiguas en castellano fueron *árbol* y *palo;* en los romances mediterráneos no ha
penetrado el germanismo *mast*: cat. *arbre*, prov.
aubre, it. *àlbero.*
DERIV. *Mastelero* [*masteleo*, h. 1573, E. de Salazar, *Cartas*, p. 55; 1587, G. de Palacio, 90; 1611,
Th. Cano; y otros ejs. en Jal, p. 983; *mastelero*,
1528 (?) Woodbr.; 1696, Vocab. Marít. de Sevilla; *Aut.*], del fr. ant. *mastereau* (comp. port. *mas-
tareu*), diminutivo de *mast* (como *lapereau* de *lapin, aileron* de *aile, chapperon* de *chappe*, etc.);
para el paso de *-eo* a *-ero*, comp. *RÓMERO,
TRINCHERA, FERRERUELO,* etc.; *mastelerillo.*
[1] «Mas en la nave del emperador yva encima
del *mástel* una carbuncla... que toda la hueste
alumbrava...», ed. Amador, 398, 37-39.— [2] Ms.
N, 804a; pero los mss. *E* y *P* traen todavía *maste*, que se repite en una estrofa inmediata siguiente, ausente en los otros mss. (ed. Kuersteiner).—
[3] Lope de Rueda emplea *mástil* para 'rabo o mango de la cuchara', según Fcha.— [4] El arag. *masto* 'planta en que se hace un injerto' nada tiene
que ver con *mástil* (contra lo supuesto por Brüch
y M-L.), vid. *MACHO I.*

Mastín, V. *mano*   *Mástique,* V. *almáciga*
Masto, V. *macho I*   *Mastodonte, mastoides,* V.
mador   *Mastranto, mastranzo,* V. *menta*   *Mastredaje,* V. *azuela*   *Mastronza,* V *tranzar*   *Mas-
tuerzo,* V. *nariz*   *Masturbación, masturbarse,*
V. *mano*   *Masura,* V. *mayueta*   *Masvale,* V.
malvasía

MATA, antigua voz común a los tres romances
hispánicos, la lengua de Oc y el sardo; de origen
incierto: como el vocablo reaparece en el Sur de
Italia, con el sentido de 'ramo, manojo, haz', 'grupo de gente o animales', y en iberorromance puede
ser también 'conjunto de árboles o arbustos', es
probable que venga del lat. tardío MATTA 'estera',
de donde 'manchón de plantas que cubre cierta
extensión del suelo'. 1.ª doc.: «montem de *Mata*»,
en doc. gallego del S. VI; «kareira que discurre
pro ad *Mataplana*», doc. leonés de 932, M. P.,
Oríg., 368.
También «cella Sancti Uincenti dela *mata*», en
Oña, a. 967 (M. P., *Oríg.*, 353). Du C. cita documentación catalana numerosa desde 876. Para
datos castellanos tempranos, vid. Oelschl. y Simonet, s. v. En la Edad Media tiene sobre todo
valor colectivo: en el *Cid* la *Mata de Toranz* (v.
1492) parece ser un campo poblado de matas, o
quizá más bien un bosque de árboles; en el doc.
de 1148 que cita M. P. (*Cid*, p. 752) *mata encine-
ña* parece ser un bosque o bosquecillo de encinas;
en *Fn. Gonz.*, 150a, *mucha de buena mata* puede
referirse ya a una coscoja, pero será más bien un
bosquecillo de estos árboles; en Berceo, *Signos*,
21d, puede ser 'mata' o 'bosque' («non fincará conejo en cavo nin en *mata*»); el sentido de 'bosque'
está claro en J. Ruiz («fallé una vaqueriza cerca
de una *mata*», 952b). El sentido moderno por otra
parte es ya inequívoco en Nebr. («*mata o breña*:
frutex, virgultum») y *Aut.*, que da del mismo varios ejs. clásicos; pero todavía es 'bosquecillo'
hasta hoy en partes de América[1]. En catalán tenemos una evolución semántica paralela a la castellana, pero las hablas conservadoras del Pirineo tienen *mata* en el sentido de 'bosque grande de árboles', especialmente en la toponimia (la *Mata de
València*, selva sobre Esterri d'Àneu; la *Mata
d'Estaon*, en el Pallars, de *Planès* y de St. Pere dels
Forcats en la Cerdaña francesa; *Matamala, Mataplana, Mata-rodona*, etc.). En tierras de Oc, *mato*
«touffe d'herbe» debe de ser general actualmente
en gascón (Palay) y languedociano[2], y aun parece
extenderse más allá del Ródano[3]. El portugués ha
conservado *mata* en un sentido más arcaico: «bosque de árvores silvestres, onde se criam feras ou
caça grossa» [1188, etc., Cortesão], *uma mata de
vícios, de ignoráncias*, ya en Luis de Sousa (1619)[4],
mato 'bosque', 'monte bajo' [1083, Cortesão; cf.
lançar a mato 'perseguir, expulsar' en una *CEsc.*,
R. Lapa 198.17].
Pero además de esta área ibérica hallamos el vocablo en Cerdeña y el Sur de Italia: el sardo
mat(t)a «cespo, cespuglio», «albero», se documenta desde los SS. XII y XIII, en los Condaghes de
Silki (3 ejs.) y de Trullas o Bonárcado (Wagner,
Arch. Stor. Sardo III, 376; *VRom.* IV, 263)[5], y
por lo tanto no puede ser hispanismo. Como junto a *mata* está en portugués *moita* «mata de plantas arborescentes, rasteiras e densas» [*mouta* en
doc. de h. 1475, C. Michaëlis, *RL* III, 174], que
podría venir de un gót. *MATHWA 'prado que se
siega' (comp. a. alem. med. *matte*[6], ingl. *meadow*,
ags. *mæd, mædwe*, b. alem. ant. *mátha*, derivados

de la raíz del alem. *mähen* 'segar con guadaña'),
podría pensarse en la misma etimología para *mata*
a pesar de las dificultades semánticas, pero en vista del sardo, idioma que no contiene germanismos
antiguos, es preciso renunciar a la idea, como indica M-L., *Litbl.* XXXI, 69-70; por otra parte
tampoco es probable explicar *moita* por trasposición consonántica en un *MATT(U)LA, diminutivo
de nuestro *mata* (C. Michaëlis), de suerte que provisionalmente podemos admitir que *moita* y *mata*
nada tienen de común.

En cuanto a esta última palabra, se puede pensar en un origen prerromano, conforme hicieron
M. L. Wagner (*ARom.* XV, 231) y M-L. (*Homen. a M. P.* I, 68), pero será prudente tener muy en
cuenta la aparición del vocablo en los dialectos del
Sur de Italia, con significados notables: Amaseno
matta «fascio di legna o d'erba», *mattẹ* m. «fascio
di lino, d'erba, mazzo di fiori» (Vignoli), abr. *máttẹlẹ* m. «mazzo, manipolo» (Finamore), Molfetta,
Irpino íd. «manipolo, manella», Lucania *mattọrrẹ*
«scopa fatta di ginestra» (de *matto* 'ramo'; Lausberg, 127), Lipari *màttulu* 'broza', 'sarmiento, mugrón', 'injerto' (Coray, *VKR* III, 319), calabr. *màttulu* «fascio di fieno» (Rohlfs), y más formas dialectales en el *REW*, 5424.1; más al Sur el vocablo tiene el sentido de 'hato, bandada, grupo (de
personas, cosas o animales)' (que según hemos visto no es ajeno al portugués ni a la lengua de Oc):
napol. *mattuoglio* «gruppo di cenci, carta, stoppa o
simili per otturar qualche buco», «gomitolo, involto» (Filopatridi), calabr. *matta* «moltitudine,
branco», sic. *matta* «quantità, moltitudine, branco
(*matta di birbanti*)» (Traina), *màttula* 'madeja', y
esta ac. siciliana de *matta* debió de tener mayor
extensión antiguamente, pues se halla en el mantuano Castiglione y en el ferrarés Bartoli en los
SS. XVI y XVII.

En vista de ello creo que se puede dar la razón a W. Meyer-Lübke cuando se inclina a
considerar nuestro vocablo como un descendiente
de MATTA 'estera', «teges, storea, stragulum», que
de ahí pasaría a 'extensión de monte bajo que cubre el suelo', y luego por una parte 'grupo de objetos o seres vivos', 'ramo', o bien 'bosque', por la
otra 'matorral, mata extensa' y finalmente 'pie de
una hierba'[7]. El lat. MATTA es palabra tardía, sólo
documentada en S. Jerónimo, S. Agustín y otros
padres de la Iglesia (*ThLL* VIII, 490); parece ser
de origen semítico, seguramente procedente de la
forma púnica equivalente al hebr. *mittāh* 'manta,
cobertor' (derivado de *nāthāh* 'extender'), y se
comprende que arraigara principalmente en la Romania meridional, con mayores contactos africanos; sabido es que además pasó al alem. *matte*,
matze, 'estera'[8] y que por otra parte tiene probablemente el mismo origen el cat. *mató*, fr. dial.
maton, alem. *matte*, 'requesón' 'leche cuajada'[9],
mientras que el fr. *natte* 'estera' (Gamillscheg) y
la familia del cast. NATA 'crema de leche' pre-

senten el mismo cambio anómalo de M- en N- que
otro extranjerismo de origen púnico, MAPPA 'mantel' > fr. *nappe*; la coexistencia de *mata* y *nata* en
español con significados diferentes, no puede invocarse como argumento contra esta etimología,
como no lo es la coexistencia de *natte* y *maton* en
francés, duplicados explicables en extranjerismos,
que debieron de tomarse repetidamente y en condiciones dialectales y cronológicas diversas, en sus
varios significados[10].

DERIV. *Matear* 'sembrar matas', 'buscar entre
las matas'. *Mato* (comp. el port. *mato* arriba)[11].
Matilla, dimin. de *mata* [*mattélla* 'cantueso', en el
anónimo sevillano de h. 1100, Asín, p. 174]. *Matojo* [Acad. 1884; variante *tamojo*; comp. cat. *matoll*]; *matojal* 'matorral' cub. (*Ca.*, 225). *Matorro*
santand.; *matorral* [h. 1600, Mariana, *Aut.*], *matorraleje*. *Matuecas*: «oí que se llamaban así en
tierra de Madrid a las matas de tomillo silvestre,
distinto del tomillo salsero y *matocas*», dato que
anota Sarm. al final de su viaje de 1745, de regreso de Galicia a Madrid, no sé si como oído en
Labajos (algo al NO. de Segovia), donde acaba
de pasar, o ya más cerca de la capital; *matocas*
parece forma gallega que esto le recuerda (pero
que no anotó en el resto de la obra), por más
que no figura en otras fuentes gallegas, ni port.
(sólo *matoco* 'res destinada al matadero' Vall. de
matar), y un *matocada* 'objeto sacado [de matute]
de una casa de labor' en Muras (apéndice a Eladio
Rdz.). *Matoso*. *Enmatarse*[12].

¹ Así en el colombiano E. Rivera: «las negruzcas *matas* de monte provocaban el espejismo.
—Los caballos... ya venteron el bebedero—observó don Rafo. —No llegaremos a la *mata* antes
de media hora, pero allí calentaremos el bastimento» (*La Vorágine*, ed. Losada, p. 21). El glosario explica «islote de bosque en la llanura».—
² No hay mapa *touffe* en el *ALF*, y en *buisson*
el vocablo sólo aparece en el extremo Sur del
Aude y de Haute-Garonne. Pero registran el vocablo *Mâzuc* en Pézénas (Hérault), Buckenmaier
en el Sur del Aveyron (p. 51), y Vayssier parece
localizar *mato* y *matado* «cépée, rejetons qui
poussent sur un chicot» en el SE. del departamento, pero agrega sin localizar la definición «fourré, bouquet d'arbres». Frecuentísimo en la toponimia del Aude (Sabarthès).— ³ Así se deduce de
la abundancia de ejs. en Mistral, sin localización.
Otras acs. afines las localiza: «meule de foin et
de paille entassés par couches alternatives, en
Dauphiné», «paquet de chanvre peigné, écheveau
en Forez», «*lou bos di Mato*, près St. Restitut
(Drôme)». *Mata* no está documentado en lengua
de Oc medieval, y no lo hallo en vocabularios de
Basses ni Hautes-Alpes, Puy-de-Dôme, Cantal ni
Dordogne, luego parece ser ajeno a la zona Norte
del occitano, salvo en las acs. especiales indicadas por Mistral. Nótese que *mata* es el nombre
normal del avellano en los Pirineos gascones:

Arán, Luchón, Bagneres-de-Bigorre, Lavedan, Arrens (Rohlfs, *Le Patois de Lescun;* Palay; *ALF,* 918); denominación explicable por el crecimiento de este árbol en forma de matorral; comp. la denominación *busca, bösc, bosca,* en los Alpes lombardos (*RLiR* I, 237, 253-4). Además landés *amatuillà* «herser à la main, émotter, couvrir le grain dès qu'il est semé» (Métivier, *Agric. des Landes,* 710).— [4] De ahí vendrá *matilha* 'jauría de perros'.— [5] También en los Estatutos de Castel Sardo (según anotación de G. Bonazzi a mi ejemplar de Spano).— [6] Hoy palabra alemánica, muy frecuente en la Suiza meridional: docenas de ejs. en los pueblos de lengua alemana, en Planta-Schorta, *Rätisches Namenbuch.—* [7] En Cuba pasa a ser 'árbol (que produce tal o cual fruto)': *mata de cocos, mata de naranjas, mata de plátanos,* y aun *mata de caña* y *mata de palma* (*Ca.,* 122).— [8] También se lee «*mata* es coma mathalàs faitz de lana» (es decir 'colchón'), en la Regla occitana de San Benito, que parece ser de la región de Aviñón y del S. XIII (*ARom.* XIII, 447).— [9] En los dialectos franceses existe también *matte* en la ac. 'grumo de harina, de lana, etc.', de donde fr. *matte* «métal produit par une première fonte et qui n'est pas encore pur» [1627] > cast. *mata* íd. [Acad. S. XIX].— [10] No está a mi alcance el estudio que dedica a *mata* J. Balari Jovany en *Poesía Fósil,* Barcelona, 1890, y que será valioso por el aporte de documentación catalana primitiva. No hay que pensar en sacar *mata* del mismo origen que el it. *macchia* 'manchón de tal o cual hierba', cast. *mancha,* es decir, de MACULA, según quiere Simonet, s. v.— [11] Como nombre de lugar en la prov. de Elvira, citado por Abenjaldún (S. XIV), vid. Simonet.— [12] Después de mi estudio han aparecido dos trabajos que no aportan novedades ni argumentos que inviten a cambiarlo. Wartburg ha publicado el artículo **MATTA* («buisson») del *FEW* en el *Recueil Clovis Brunel* II, 1955, 671 ss. Hubschmid, *Pyrenäenwörter vorromanischen Urspr.,* 37-38, lo considera voz preindoeuropea; si le entiendo bien, no relacionada con este semitismo; en lo cual dudo que acierte. La acepción 'bosque' la he oído viva, como apelativo (*aquella mata...*), en Montçonís, cerca de Artesa de Segre.

Mata 'matarrata', *matabuey, matacabras, matacallos, matacán, matacandelas, matacandil, matacandiles, matacía,* V. *matar   Matación,* V. *matar* y *guadafiones*

MATACHÍN, 'cada uno de los hombres ridículamente disfrazados que danzaban al son de un tañido alegre, haciendo muecas y golpeándose', del it. *mattaccino* íd., derivado despectivo-diminutivo de *matto* 'loco', 'bufón' (para el cual V. *MATAR*). *1.ª doc.:* 1559, Fr. Francisco de Alcocer.

Éste los cita entre las «danzas y juguetes que

e s t r a n j e r o s traen para sacar dineros de la gente vulgar». Es voz frecuente en los clásicos (vid. ejs. en Terlingen, 156-8)[1]. A veces llevaban máscara: «lo mismo mandamos entenderse con los que semejantes visajes hacen... y con los que llevando máscaras de *matachines* o semejantes figuras, van por dentro dellas haciendo gestos, como si... les pareciese que son vistos» (*G. de Alfarache, Cl. C.* IV, 188-9); pero lo común era que no llevaran e hicieran reír con las muecas: de ahí *hacer matachines* por 'hacer gestos y visajes': «otros, reventando de contento, hacen graciosos *matachines*» (*id..* I, 211.1); de ahí la frase estereotipada *hacerse un matachín* o *parecer matachín* por 'quedarse atónito con gesto ridículo': «quedaron atónitos de la repentina visión, y mirándose el uno al otro parecían *matachines*» (H. de Luna, *2.ª parte del Lazarillo,* Rivad. III, 119), «uno de los caballeros... disparó en una risa que no la pudo sostener... nuestro poeta se había hecho un *matachín:* envolvió sus papeles... colóse la escalera abajo y dejónos para reír todo el año» (en el *Alfarache* de Martí, Rivad. III, 422). Como atestigua F. de Alcocer era danza de origen extranjero, y así Florio en su diccionario italiano-inglés (1598) como Oudin en el castellano-francés (1616) aseguran que era danza italiana. En efecto en Italia es donde se documenta primero, a princ. S. XVI, y ahí se explica muy fácilmente como derivado de *matto* 'loco', en su ac. de 'bufón'. Indicaron ya esta etimología Baist (*RF* IV, 396), Vidos (*ARom.* XIV, 133) y Terlingen. No es aceptable la de Dozy (*Gloss.,* 309-10; *Suppl.* II, 785a), ar. *mutawaǧǧihīn* 'disfrazados', plural del participio activo de la 5.ª forma derivada de *waǧh* 'cara', lo cual además de ofrecer importantes dificultes fonéticas, supone una ac. no documentada del verbo *tawáǧǧah* (sólo *muwáǧǧah* participio de la 2.ª forma lo está como sinónimo de 'enmascarado'). Tampoco es derivado de *matar,* como supone Covarr., pues el detalle de que los matachines se golpean (no se matan) es secundario y puede faltar. Del italiano vienen igualmente el port. *muchachim* (alterado por etimología popular), el fr. *matassin* [1550, Rabelais] y el ingl. *mattachin* [princ. S. XVII, Fletcher, *The Elder Brother* V, i].

En la ac. 'pendenciero, camorrista' [Acad. S. XIX] parece ser alteración posterior, debida al influjo del verbo *matar;* en la ac. 'jifero' (así *matanchín* en Cespedosa, *RFE* XV, 273), gall. *matachín,* puede ser lo mismo, o compuesto nuevo formado con *chino, chin,* 'cerdo' (así Sainéan, *BhZRPh.* X, 107). Más documentación en *HispR.* XXVI, 285-6.

[1] Otro en *G. de Alfarache, Cl C.* III, 88.5.

Matadero, matador, matadura, V. *matar   Matafalúa,* V. *matalahuva   Matafiol,* V. *guadafiones   Matafuego, matagallegos, matagallina, matagallos,* V. *matar   Matahalúa,* V. *matar   Matahambre,*

matahombres, matahumos, matajudío, V. *matar*
Matalafe, V. *almadraque*

MATALAHUVA, 'anís', alteración de un antiguo **batalhalúa* (cast. ant. *matalfalúa, matahalúa,* cat. ant. *batafalua*), y éste del hispanoárabe *al-ḥábbaᵗ al-ḥulûwa* 'el grano dulce'. *1.ª doc.: matafalua,* S. XIII, Aranceles santanderinos, *RFE* VIII, 12.14.

Matahalúa figura en el *Libro de la Montería* de Alfonso XI, *matalfalúa* en el *Corbacho* del Arcipreste de Talavera (ed. Simpson, p. 97, pero *matafalúa* en Pérez Pastor), *matalahuga* (s. v.) y *matalaúa* (s. v. *anís*) en Nebr. Hoy se pronuncia *matalahuga* con *h* aspirada en El Coronil (Sevilla, *RFE* XXIII, 370), *matalaúva* en Murcia (G. Soriano) y en Almería, etc. *Matafaluga* es palabra de uso hoy más general en catalán, pero no veo razones concluyentes para admitir que en castellano sea catalanismo, según afirmaron Steiger y Neuvonen (255-6); por lo demás en catalán antiguo hallamos formas más próximas al árabe: *batahalua* como glosa romance en R. Martí (S. XIII), *batafalua* en las Leudas de Tamarit (1243) y Cotlliure (1249, *RLR* IV, 247), y en las Costumbres de Tortosa del mismo siglo (ed. Oliver, p. 389). Pero también hay *batafaluga* en portugués antiguo [1318: C. Michaëlis, *RL* XIII, 268-9]. *Ḥábbaᵗ al-ḥulûwa* figura como nombre árabe del anís en R. Martí, *hábet hulúe* o *hábet halúa* en PAlc.: es compuesto de *ḥábbaᵗ* 'grano' y el adjetivo que en árabe clásico es *ḥulw* (fem. *ḥúlwa*) 'dulce', pero que en hispanoárabe pasó, según la fonética de este dialecto, a *ḥulú* (de donde el femenino analógico *ḥulûwa*). Me parece claro que en romance se prescindió del primer artículo y de la sílaba inicial *ḥa,* cambiando lo restante, *bat al-huluwa,* en *batahalúa* por una doble disimilación, y luego *matahalúa* por etimología popular, de donde ulteriormente *matalahúa, -uva* (poco probable me parece que en la forma sin artículos *ḥabbaᵗ ḥulûwa* se pronunciara el *ta marbuta,* como admite C. Michaëlis, pues ante consonante es siempre mudo, y así no explicamos la *f* catalana continuadora del segundo *ḥ* arábigo, que en estas condiciones habría desaparecido).

Otro descendiente de la raíz del ár. *ḥulw* tenemos en el port. *alféloa* 'masa de azúcar o melaza con que se fabrican artículos de confitería' del ár. vulg. *ḥälwa* 'bombón, golosina'. Aparece documentado ya en el S. XV (Viterbo) (vid. Dozy-Eng., 112; más exactamente Steiger, *Contr.* 177, 255). En esta forma la raíz está hoy muy extendida en el árabe magrebí (Túnez, Malta, Argel, etc.). Otra forma de la misma raíz *ḥälâwa* 'dulzura' se documenta en el árabe valenciano y granadino (Steiger, 177, 250, 326) y es del árabe general. Apenas se empleó nunca en castellano. Hay también un deriv. port. *alfeloeiro* 'confitero' [fin S. XVI, Moraes].

Matalobos, matalón, V. *matar*

MATALOTE, 'en relación con cualquiera de los buques de un convoy, el que le precede o el que le sigue', del fr. *matelot* 'camarada de a bordo', 'marinero', 'matalote', antiguamente *matenot,* voz de origen germánico, cuyo sentido fundamental es 'compañero' (neerl. med. *noot* o *genoot,* escand. ant. *nautr,* alem. *genosse);* la voz francesa viene probablemente del neerlandés, y aunque su étimo exacto es incierto, parece tratarse del neerl. med. *mattennoot* 'compañero de coy', formado con *mate* 'coy, cama de a bordo'. *1.ª doc.:* 1831, dicc. marítimo de Fz. de Navarrete; Acad. 1914, no 1884.

En fr. hallamos ya la ac. cast. a princ. S. XVIII (Jal). La etimología del fr. *matelot* ha sido muy discutida; es básico sobre todo el trabajo de K. Nyrop, *WS* VII, 81-101, 145 (reproducido con algunas modificaciones en su libro *Linguistique et Histoire des Moeurs,* y en dos versiones danesas, con cuidada traducción inglesa de H. Logeman, *Leuvensche Bijdragen* XXV, 53-94); fueron también importantes los trabajos de G. Baist (*Z. f. dt. Wortforschung* IV, 276), Stoett (*Noord en Zuid* XVIII, 5, comp. *Rom.* XXIV, 622), Alexander Bugge (*Videnskapsselskapets Forhandlinger,* 1912, n.º 5, Kristiania, 1912) y Hjalmar Falk (*WS* IV, 8n.). Los dos últimos parten del escand. ant. *moᵗunautr,* o más precisamente de su forma más arcaica **matunautr,* 'cada uno de los marineros que tenían las provisiones en común'. Esta procedencia es poco probable porque el influjo del vocabulario náutico escandinavo se ejerció todo de una vez en la época de los normandos o vikingos del S. IX y X, y no sólo el fr. *matelot* no aparece antes de 1350 (o a lo sumo 1323)[1], sino que es vocablo ajeno a textos del S. XII tan ricos en vocabulario naval como las obras del normando Wace. Luego es probable que se tomara posteriormente y entonces no cabe otra fuente que el neerlandés, que también proporcionó a la lengua francesa grandísima cantidad de vocablos náuticos. En cuanto al étimo neerlandés preciso, es también discutible: puede tratarse de **maatgenoot,* compuesto formado con *maat* 'compañero' y su sinónimo *genoot;* o bien de **matenoot* 'compañero de comidas', formado con *mate* 'comida', comp. a. alem. med. *mazgenôze* y la citada voz escandinava. En favor de éste puede invocarse el hecho de que los compañeros de mesa, entre los marineros, desempeñan un papel importante ya en los *Rôles d'Oléron* (*Leuvensche Bijdragen* XXV, 90-91)[2]. Finalmente Stoett y otros sugirieron el neerl. med. *mattennoot* 'compañero de coy', compuesto con *matte* 'estera', 'cama de a bordo'.

Esta etimología tiene la ventaja de fundarse en una voz neerlandesa documentada y no hipotética (V. el testimonio en *Leuv. Bijdr.* XXV, 78), por lo cual fué aceptada por Gaston Paris (*Rom., l. c.*), por Bloch, y en especial por Verdam,

en su *Middelnederlandsch Woordenboek*, autoridad
si las hay en la materia. Sobre todo resulta convincente por los repetidos testimonios que poseemos
de la existencia de parejas de marineros constituí-
das por la autoridad del buque, y destinadas a 5
compartir un mismo coy o hamaca y a asistirse
mutuamente (vid. Jal, artículo *matelot* 2); así explica Ét. Cleirac, *Us et coutumes de la mer* (1647):
«l'usage et coutume de la mer est de composer
l'équipage deux à deux, comme aux compagnies de 10
gens de guerre les soldats camarades, lesquels mar-
chent en mesme rang, et c'est ce qu'on dit *faire le
matelotage;* les deux ajoints se nomment l'un l'autre *mon matelot*, s'aiment et assistent mutuelle-
ment, et dans le navire ils font en mesme temps 15
les mesmes manoeuvres, se secourant en tout comme frères»; lo mismo atestigua ya el P. Fournier
en 1643, precisando que la distribución la realiza el capitán en persona. Se procuraba que mientras uno de los dos camaradas estaba de guardia, 20
el otro descansara en el coy común, y así se aho-
rraba un buen número de coyes. El antiguo manuscrito de los Rôles d'Oléron donde figura la interpolación mencionada, ya presupone ese estado
de cosas, al hablar de las indemnizaciones que en 25
ciertas circunstancias recibe el marinero «au dire
de *son matelot*», es decir, basándose en la estimación de este camarada. No se trata, pues, ahí de
los compañeros de mesa, que eran varios, sino de
su único compañero de lecho, como muestra el sin- 30
gular *son matelot*.

DERIV. *Matalotaje* [1591, Percivale, «victuals for
the sea»; 1601, Ant. de Herrera; Covarr.; *Aut.*
«provisiones de comida que se llevan en la embarcación»], 'provisiones en general' [*Quijote* I, xix, 35
71b; otros testimonios cervantinos en *Aut.* y en
Fcha.][3].

[1] En los *Rôles d'Oléron* (SS. XIII y XIV), texto fundamental de la legislación náutica francesa,
matelot aparece una sola vez y sólo en uno de los 40
manuscritos, en una especie de aclaración o glosa que tiene el aspecto de una interpolación.—
[2] El paralelismo con el tipo romance *compañero, compagno*, etc., germ. *gahlaiba*, y otras palabras que significan 'compañero' en términos ge- 45
nerales, en el cual hace hincapié Nyrop, tiene en
realidad poca fuerza, tratándose de una denominación específica del marinero o compañero de a
bordo. Tampoco hay que dar mucho valor al significado del cast. *matalotaje* 'provisiones de co- 50
mida en una embarcación', que es voz derivada
secundariamente del fr. *matelot* y no nos ilumina
sobre el sentido primitivo de este vocablo.—
[3] Secundariamente extrem. *meturutaje* 'pócima'
(*BRAE* V, 95), quizá con influjo de *menjurje*. 55

MATAR, voz típica de los tres romances hispánicos, que en la Edad Media significó también 'herir', y en los romances de Francia e Italia 'abatir,
dominar, afligir'; probablemente de un verbo lat. 60

vg. *MATTARE, derivado de MATTUS 'estúpido, embrutecido', que ya se documenta en la época imperial, pero a su vez es de origen incierto. *1.ª
doc.*: 2.ª mitad del S. X, Glosas de Silos (58, 81,
89, 93), *matare* traduciendo el lat. *interficere* o
necare.

Matar en su sentido ordinario es ya frecuente
desde los docs. más antiguos: *matare* en ḫarǧas
mozárabes del S. XI (*Al-And.* XVII, 83), «vestro
homine Guntino Dianeliz qui in meo peccato *ma-
tavi*», doc. de Celanova de 1022 (M. P., *Oríg.*,
360), y análogamente en doc. de S. Juan de la Peña de 1062 (Gili, *Homen, a M. P.* II, 102), en el
Cid (472), Berceo (*Mil.*, 758c, d), *1.ª Crón. Gral.*
(M. P., *Inf. de Lara*, 232.14, 18), etc. (más ejs. en
Oelschl.). No es menos antiguo ni de uso menos
general en portugués (ej. del S. XIII en Cortesão,
y otros de *matança* en 1151)[1], y en catalán, donde
se documenta con gran frecuencia desde el S. XIII
y aun el XII, y aunque en este idioma sufrió fuerte concurrencia de *auciure* (OCCIDERE) hasta el
S. XIV (todavía algo en el XV), desde entonces
es la expresión universalmente usada[2]. Se citan
también varios ejs. medievales en lengua de Oc,
con la ac. hispánica, procedentes todos, según creo,
del Bearne y Languedoc; hoy en general el límite
entre *matar* y *aucì* coincide con la frontera lingüística catalano-occitana (así por lo menos en la
zona gascona)[3], pero los numerosos topónimos en
Mato- recogidos por Sabarthès prueban que el vocablo se ha empleado y quizá se emplea todavía en
el departamento del Aude (*Mato-fagino, Mato-jou-
sious, Mattepezouls*, escrito *Mactapedilli* ya en
914).

El uso de *matar* como sinónimo de *interficere*
u *occidere* no es, sin embargo, el único antiguo en
la Península Ibérica. M. P. llama la atención en su
glosario a los *Infantes de Lara* hacia la ac. 'herir
(a una persona, sin matarla)', que hallamos en un
fuero de 1131, en *Alex.*, 2187, en el *Cuento de
Otas* (ed. Ríos, 438), y en la *Crón.* de 1344 (pero
el ms. *M*, escrito h. 1500, da muestras de no entenderlo ya e interpola); es posible que de ahí salga *matarse* 'pelear', conservado hasta la actualidad,
y ya documentado en la *1.ª Crón. Gral.* y en la de
1344, en Berceo, Juan Manuel, etc. Es probablemente una especialización de aquel sentido arcaico,
conservada en el lenguaje hípico y veterinario, la
ac. 'herir o llagar la bestia (por ludirle el aparejo
u otra cosa)', bien viva hasta hoy en día y no menos en el Siglo de Oro (ejs. de Vélez de Guevara,
en *El Rey en su imaginación*, *T. A. E.*, p. 133),
en Nebr., etc. (de ahí, en éste, «matar, como el
çapato: uro»; además «matar, despedaçar: trucida-
re»)[4]. No estamos con estas acs. muy lejos del sentido del fr. *mater*, oc. *matar*, 'abatir, dominar, afligir' («se truis Rollant ne lerrai que nel *mat*»,
Rolland; «ieu ai ja vist albre fuilhat, / que·s cocha
puis gel lo *mat*», Bertran de Born, etc.), y que
a veces llega también a 'herir' («a terra lo van

derrocar / e tant nafrar e tant *matar* / entro que semblec que fos mortz», *Guilhem de la Barra); la* ac. galorrománica fué también italiana, pues hallamos *ammattare* en 1330 en el abruzo Buccio de Ranallo («che questa persona *ammacte* / che tanto me combacte», *Wiener Sitzungsber.* CX, 414), napol. *smattare* «abbattere», y Petrocchi cita las acs. «premere, incalzare; punire; straziare; confondere» en Fr. da Barberino (h. 1300) y en la *Vita di Sta. Margherita*⁵; estas acs. reaparecen algunas veces en portugués antiguo, así en Joan Coelho: «non me soub'eu dos meus olhos melhor / per nulha ren vingar ca me vinguei; / e direi-vos que mal que os *matei*: / levei-os d'u veían sa senhor» (*Canc. da Ajuda*, v. 3831)⁶.

En cuanto a la etimología, es inaceptable la idea de M-L. (*REW* 5401) y C. Michaëlis (*RL* III, 183-4; XXIII, 53; *KJRPh.* IV, 344)⁷, de que *matar* y el adjetivo *mate* salgan del sustantivo *mate* 'lance final del ajedrez', de origen perso-arábigo⁸. Que una palabra de uso universal desde el S. X para una noción tan elemental y básica como la de 'matar' pueda venir de un juego aristocrático como el ajedrez es ya inadmisible en sí⁹, y además choca con la coincidencia completa del romance *mat(to)* con el lat. vg. MATTUS, documentado desde fecha muy antigua para que tal origen sea siquiera concebible¹⁰. Es evidente, como ya se inclinaba a admitirlo Diez (*Wb.* 384), e indican más recientemente Rohlfs (*Litbl.* XLVII, 360-1), Spitzer¹¹ y Wartburg (en el nuevo Bloch), que este MATTUS ha de ser de estirpe latina, y de él han de proceder el fr. *mat* 'abatido, vencido, afligido' [S. XII]¹², oc. *mat* íd., it. *matto* 'loco' (ac. ya documentada en Boccaccio y al parecer en Fra Guittone, pero más bien 'necio, estúpido' en la Edad Media (así frecuentemente en Dante); en francés el vocablo pasó luego a 'marchito' y 'sin brillo, mate', ac. en la cual tomaron prestado el vocablo francés los idiomas iberorromances [1680, el cast. *mate*, vid. *Aut.*] V. además el art. *MATTUS* del *FEW*, publicado antes en *Rec. Brunel* (1955), 674 ss.

En latín es raro; aparece una vez en Petronio, en boca de un personaje vulgar: «staminatas duxi ['he bebido'] et plane *matus* sum: vinus mihi in cerebrum abiit» (XLI, 12), lo cual no parece significar 'beodo', sino 'embrutecido, atontado'; otra vez en un epitafio versificado de la Antología Latina, donde se dice que una mujer *erubuit totaque mata fuit* 'se ruborizó y quedó toda confusa' (para la interpretación, vid. Sittl, *ALLG* II, 610; Heraeus, *Kleine Schriften*, 63; Specht, *Z. f. vgl. Sprachfg.* LV, 12): la primera sílaba de *mata* es larga en este verso, lo cual puede indicar una pronunciación *matta*, y la grafía con *tt*, confirmada por los romances, se halla efectivamente en glosas¹³; éstas son varias, documentadas en mss. que en parte se remontan hasta el S. VII, y dan las traducciones «fatuus, stultus, sine sensu, vacuus, follis» y también «tristis»; es posible que

el vocablo se halle también en uno de los escritores de la Historia Augusta. El origen de MATTUS es oscuro: se ha pensado en un derivado de MADĒRE 'estar húmedo, impregnado', sea a base de MADĬDUS o de *MADĬTUS; ambas alternativas causan grave escrúpulo fonético, aun la primera, cuando se trata de una forma documentada ya en el S. I; por otra parte en el aspecto semántico es también idea muy flaca, pues el supuesto de que la ac. fundamental sea 'mojado, empapado, beodo' no tiene otra base que una glosa trasmitida por Escalígero, y de fuente y fecha desconocidas¹⁴. Es posible que *matus* sea la forma primitiva, y *mattus* variante con reduplicación expresiva, a la manera del it. *brutto*, cat. *brut, -ta*, romance *PLATTUS < gr. πλατύς, y otros ejs. citados por Rohlfs, *l. c.* En definitiva, creo que debemos dejar en suspenso el origen del lat. vg. MAT(T)US, como hacen Ernout-M.¹⁵; pero que de éste vienen el it. *matto*, fr. *mat*, y el verbo romance *matar* 'abatir' > 'matar', parece indudable. Primitivamente *matar* sería, pues, una expresión eufemística, como hubieron de serlo el lat. *interficere*, el fr. *tuer* (propiamente 'apagar'), etc.

Otras etimologías propuestas pueden eliminarse sin escrúpulos. MACTARE 'sacrificar' palabra no trasmitida al romance, es absolutamente imposible desde el punto de vista fonético (aunque todavía transijan con él Bourciez, *Élem. de Ling. Rom.*, § 183, y Entwistle, *Sp. Lang.*, p. 68)¹⁶. El gót. MAITAN 'cortar' (según la idea citada por M. P., *Cid*, s. v.), en rigor sería posible desde el punto de vista fonético, pero es inconciliable con las formas latinas, francesas e italianas.

DERIV. *Amatar* 'apagar' [h. 1290, *1.ª Crón. Gral.*, en *DHist.*; Torres Naharro, vid. índice de la ed. Gillet; raramente 'matar', como en Gower, *Confessión del Amante*, 96, 342]; comp. *matar* 'apagar (la luz)' en el *Conde Luc.* (ed. Hz. Ureña, 165) y en muchos clásicos¹⁷; *amatador* ant. (*DHist.*), *amatante. Mata* 'matarrata'. *Matacía. Matación; matazón* cub. 'rastro, matadero, carnicería' (*Ca.*, 170), *matazonero* 'carnicero' (ibid. 268). *Matadero* [1587, Morgado]. *Matador* [1155, *F. de Avilés*]. *Matadura* [Nebr.]. *Matalón* [*Aut.*] o *matalote* [*Quijote*], por las mataduras de que suelen estar llenos; paralelamente se formaron *matungo* arg. y cub. 'matalón, caballo malo' [Pichardo; Payró, *Pago Chico*, ed. Losada, p. 84; Draghi, *Canc. Cuyano*, 157] y *matucho* arg. y boliv. [B. Hidalgo, princ. S. XIX; M. Fierro, vid. ed. Tiscornia, *Vocab.* s. v.]; este último se aplicó también como injuria a los españoles, por su poca destreza en cabalgar, y en el mismo sentido fué corriente en las guerras de la independencia *maturrango* [B. Hidalgo, *l. c.*], arg., chil.; *maturranga* [Acad. 1925], por otra parte, pasó a 'ramera' (< 'caballería vieja') y 'amante, querida', y en otro sentido pasó a 'treta, argucia, picardía' arg., colomb., centroamer., cub. (Pichardo), extrem. (*BRAE* IV, 95), Cespedosa (*RFE* XV,

261), León (*RH* XV, 6), Santander, ac. para la cual puede compararse *dolama* 'engaño' y 'defecto oculto de una caballería'[18]. *Matamiento. Matante. Matanza* [1074, Oelschl.]. *Matarife* [Acad. 1843, no 1832], quizá voz de procedencia jergal, comp. para el sufijo *artife* y *calcatrife;* o bien terminación imitada de *alarife, almojarife* y otros arabismos. M. L. Wagner, *ZRPh.* LXIX, 372-3, teniendo en cuenta la port. popular *magarefe* «aquele que mata e esfola reses», cree que *matarife* sería arabismo de origen desconocido, alterado en castellano bajo el influjo de *matar,* y con *-ife* a causa de *jifero.* Idea que por ahora, y mientras no se identifique este supuesto étimo arábigo, quizá pueda aceptarse, pero a beneficio de inventario. Para el sufijo comp. *mercachifle, -chifle. Mate* adj. y m. (V. arriba); *matidez* (por cruce con *palidez*). *Matón* [*Aut.*], gall. orensano 'carnicero' (Sarm. *CaG.* 156v, quien da como significado de la misma voz castellana el de 'guapo asesino'); *matonismo* [1923, *Ca.*, 225; Acad. 1936].

Rematar, propiamente 'acabar de matar' [Al. de Palencia 3b, «*abolere* es *rematar,* quitar o encender»], luego 'terminar' [Berceo; Vidal Mayor; doc. de Sevilla de 1284, M. P., *D. L.*, 354.17; J. Ruiz; Pérez de Hita, ed. Blanchard II, 1; Tirso, *Prudencia en la Mujer* II, iii. ed. Losada, p. 214; en el *Alfarache* de Martí, Rivad. III, 374; 1633, Lz. de Arenas, p. 43; etc.; también portugués y gallego, ya en las *Ctgs.* 174.13; y Castelao, 147.22], 'terminar la almoneda: adjudicarla' [1480, *N. Recopil.* II, iv, 36][19]; *remate* ['fin', Timoneda, Rivad. III, 164; Pérez de Hita, II, 325]; *rematador* 'subastador' arg.; *rematamiento; rematante. Trasmatar.*

CPT. *Matabuey. Matacabras. Matacallos. Matacán* [J. Ruiz; *Aut.*]. *Matacandelas. Matacandil; matacandiles. Matafuego. Matagallegos. Matagallina. Matagallos. Matahambre* arg., chil., cub. (*Ca.*, 102). *Matahombres. Matahumos. Matajudío. Matalobos. Matamoros* (> fr. *matamore* [S. XVII]). *Matamoscas. Matapalo. Mataperros; mataperrada. Matapiojos. Matapolvo; Matapollo. Matapulgas. Matarrata* [*Aut.*]. *Matasanos* [1615, Barbadillo]. *Matasapo. Matasellos. Matasiete.*

[1] Du C. cita ej. lusitano de 734, y Raynouard agrega otro relativo a Coímbra de 772; ambos necesitan comprobación.— [2] «Si aytal hom farà covinença a altre que li donarà 100 o 200 sous... si li *matarà* un hom o femna... aytal covinença no val», Costumbres de Tortosa, ed. Oliver, 66 (S. XIII). Es frecuente en la Crónica de Jaime I (pp. 40, 115, 358, 493), en Eiximenis (*N. Cl.* VI, 29, 30, 35 y passim; *Doctr. Compend.*, 313, 314), Bernat Metge (*Valter e G.*, 29.1) y muchísimos clásicos, aunque Ag. no dé ejs. En Lulio, como en el idioma moderno, como en francés antiguo y como en castellano, *mort* funciona como participio pasivo de nuestro vocablo («el cors féu ésser pobre, venut, turmentat, trebayllat, meynspreat,

mort en la creu», *Meravelles* III, 171). En Guillem de Berguedà, que es del S. XII, *Mata-gelós* figura como nombre propio de una lanza (*ARom.* XXIII, 44; Levy, s. v.).— [3] En *ALF* 1733 sólo se halla el galicismo *tuà,* fuera del Rosellón. Palay y Mistral dan muestras de conocer *matà,* pero debería comprobarse mejor.— [4] El Padre Simón, *Conquista de Tierra Firme* (1627), dice que el caimán cuando oye chillar a sus pequeñuelos dentro de los huevos, «con aquellas torpes uñas, con que entre la arena los *mata,* antecoge la manada de aquellos fieros pollos», es decir, 'ajar, coger brutalmente y causando mataduras' (cita de Sundheim, s. v. *madre de caimán*).— [5] Además 'matar' en Giovanni Villani y en Pucci (S. XIV). *Amater* con el valor de 'tuer' figura en el poema en ítalo-francés *Karleto,* v. 1600 (*ZRPh.* XXXVII, 662).— [6] No sé ver ahí ninguna alusión al juego de ajedrez, según quiere C. Michaëlis («ich setze sie *matt*»), visiblemente obsesionada por la supuesta etimología. Por lo demás la ac. 'matar' es mucho más frecuente en el mismo Cancionero (p. ej. vv. 340, 639); otros se citan en *RL* XXIII, 53.— [7] A pesar de la aprobación de Baist, *KJRPh.* IV, 312; Huber, *Litbl.* XXIX, 409; Gamillscheg, *EWFS* y Bloch. Nykl, *Mod. Phil. Ch.* XXVIII, 483, habla sólo del cast. a. *amatar* 'apagar' 'dañar contundentemente' como en J. Ruiz, y lo deriva del verbo ár. *mât;* aun con esta aplicación tan limitada me inclino a negarlo.— [8] En castellano *mate* y *mat* están documentados en el S. XIII (*Acedrex,* 10.25, 41.8, 51.12) y en el *Canc. de Baena* (Cej., *Voc.*); cat. *mat,* Jaume Roig, 9998; oc. ant. *mat* ya en trovadores del S. XII, y también medieval en francés. Dozy, *Gloss.*, 352-3, partía del ár. *mât* 'se murió' en la frase del juego de ajedrez *aš-šâh mât* 'el rey ha muerto', pero más tarde en *Suppl.* I, 717a, admite (citando bibliografía) que esto es una frase persa, mal entendida por los árabes, donde *mât* es adjetivo de aquel otro idioma, con el sentido de 'asombrado', 'fuera de tino, que no sabe qué hacer'.— [9] Lo sería ya por razones cronológicas, pues no hay noticias del ajedrez en Occidente antes del S. XI (vid. *JAQUE*) y *matar* era ya vulgarismo por lo menos en el X.— [10] Steiger, *VRom.* IV, 226, quiere volver al origen oriental por otro camino: el factitivo arábigo *'amât* 'hacer morir', popular hoy en Argelia, etc.; más detalles en el libro de su alumna E. Salomonski, *Funciones formativas del prefijo a- estudiadas en el cast. ant.*, Zurich, 1944. Contra lo cual valen las mismas objeciones, y además la propia existencia de *mater, matto,* etc., en Italia y Francia.— [11] *Bulletin Linguistique* de Rosetti VI (1938), 231-8, artículo que en lo semántico contiene abundante documentación y reflexiones de interés que aquí no es posible resumir.— [12] A los ejs. de God. V, 199, agréguese «furent si *mates* et si prises», 'troublées', en *Le Conte de Poitiers,* S. XIII, *Rom.* LXIV, 411-2.— [13] Es sabido que los mss. clásicos confunden a menudo las geminadas con las simples, sobre todo en voces poco usuales (*MANZANA*). Luego es posible que la geminada fuese siempre general en *mattus*.— [14] Behrens, *ZRPh.* XIV, 369-70, en apoyo de la misma idea aduce Mons *mat* «moite, humide», *pain mat, pâte mate* 'compacto' en Littré y Mistral, *temps mat = temps sombre* en un ej. francés del S. XV, todo lo cual es muy moderno y esporádico para tomarlo como punto de partida. A lo cual poco agrega Spitzer en su artículo; el rum. *ameṭi* no es de etimología segura y por lo demás significa 'atolondrar'.— [15] Recuérdese la atinada insistencia de Meillet en el carácter «popular» e inexplicable por el indoeuropeo de muchos adjetivos latinos de cualidades y defectos con vocalismo en *a* y geminación expresiva, como *crassus, bassus, flaccus*, etc.; nuestro *mattus* puede ser uno de tantos, aunque rechazado por el latín correcto (lo mismo que *bassus* y *plattus*). La clase de textos en que aparece *mattus* sería favorable a un origen griego, y ahí está la familia del gr. μάταιος 'necio', 'vano', etc., con μάτη 'necedad', ματᾶν, ματεύειν, etc. Es verdad que haría falta un μάτος, que no puedo documentar; no sé si existe en griego tardío.— [16] Aunque *mactari* aparece traducido por el pasivo de un verbo griego que significa 'hacer perecer' en el glosario del seudo-Filóxeno (*CGL* II, 125.47), que parece procedente del Sur de Italia y no posterior al S. VI, esto sólo puede tomarse como una falsa latinización del romance *mattare*.— [17] Lope, *El Marqués de las Navas*, p. 106; Tirso, *Burlador* I, 13; *Condenado por Desc.*, II, xiii, ed. *Losada*, p. 145; Quevedo, *Buscón, Cl. C.*, pp. 68, 197. Del cast. sale el vco. vizcaíno *amat(u)* 'apagar'.— [18] Para la extensión del vocablo, Toro G., *BRAE* VII, 443; *Ca.*, 42. No hay motivo para derivar de *matulo* 'envoltorio' (la forma *matulanga* citada por Pichardo y Armas parece ser sólo supuesta). Con otro sufijo se dice cub. *maturraca* 'ardid, marrullería' (*Ca.*, 266), que no es de origen africano, como quisiera Ortiz, *Afronegr.*, 333.— [19] No hay por qué suponer que venga de *remate* y éste de un *ramate* derivado de *ramo*, partiendo de la ac. 'ramo muy grande de flores de mano que sirve para colocarlo en las puntas de los altares' (*Aut.*), como quería M. P., *Rom.* XXIX, 364; por el contrario esta ac. (comp. la análoga que cita Cotarelo en Galicia, *BRAE* XIV, 100-1) se explica porque el *remate* se emplea para terminar o coronar los altares. Según observa Baist, *KJRPh.* VI, 395, los ejs. del sufijo *-ate* son mucho más tardíos y de función diferente (se trata de catalanismos como *hordiate, avenate, orate*). La forma con *a* es puramente hipotética y constituye una hipótesis innecesaria, pues la evolución semántica se comprende fácilmente.

MATE m., 'calabaza vaciada que se emplea para varios usos domésticos, y en particular para tomar hierba mate' rioplat., chil., per., ecuat., y de ahí 'infusión de hierba del Paraguay tomada a modo de té': del quichua *máti* 'calabacita'. *1.ª doc.*: 1570, Lope de Atienza (con referencia al Norte peruano).

Lenz, *Dicc.*, 483-4; Friederici, *Am. Wb.*, 401-2; Tiscornia, *M. Fierro coment.*, s. v.; Lizondo, 225-7. *Mate* como nombre de la hierba no se halla hasta 1740, en los viajeros Juan y Ulloa, y en este sentido sigue siendo voz ajena al uso americano, que da tal valor a la palabra *hierba* (distinguiéndola en esta ac. con la grafía *yerba*) o a lo sumo *yerba mate*. Es usual allí, en cambio, como nombre de la infusión, en frases como *tomar*[1], *servirse, ofrecer, cebar un mate* y otras (¿*quiere un matecito?*); sigue, empero, conservando el sentido etimológico[2], y toma además la ac. jergal 'cabeza' (lo mismo que *calabaza* en España)[3]. El área de *mate* 'plato, taza o vaso de calabaza' se extiende por el Norte hasta Neira (entre Bogotá y Popayán), pero no ya a la capital colombiana (Cuervo, *Ap.*, § 979).

DERIV. *Matear* 'tomar mate' rioplat. (Carrizo, *Canc. de Tucumán*, glos.; y en todas partes). *Matero* rioplat. (*fulano es muy matero*).

[1] «El tomar *mate* es una costumbre gauchesca colonial», en el uruguayo F. Silva Valdés, *La Prensa*, 24-XI-1940.— [2] «Cucharas para revolver el mosto y extraer los residuos, una es de cobre y la otra de *mate*», diario *Los Andes*, Mendoza, 31-VII-1940. En Las Ventanas (costa de Aconcagua, Chile) es el nombre del achicador para sacar agua de un bote, etc.— [3] «Todo pongo a tu mandado, / con la persona y la vida, / sólo al *mate* lo reservo / porque esa prenda no es mía», O. di Lullo, *Canc. Pop. de Santiago del Estero*, p. 342.

Matear 'sembrar o plantar matas', V. *mata*; 'tomar mate', V. *mate*

MATEMÁTICO, tomado del lat. *mathematĭcus* íd., y éste del gr. μαθηματικός 'estudioso', 'matemático', derivado de μάθημα 'conocimiento', en particular el matemático, derivado a su vez de μανθάνειν 'aprender'. *1.ª doc.*: APal. 267d[1].

DERIV. *Matemática* [sólo como palabra latina en APal. 267d; Covarr.; en pl., *Quijote* II, xviii, 66]. *Matematismo*.

CPT. *Polimatía*.

[1] Con sentido muy amplio: «los *mathematicos* también se dizen genethliacos, que disputan de las naturas de los ombres; estos primero se llamaron magos, despues *mathematicos*... Cuerpo *mathematico* quiere dezir no substancial». Aparece ya el sentido moderno en el *Quijote* I, xxxiii, 163.

Materia, material, materialidad, materialismo,

materialista, materializar, V. *madera   Maternal,*
maternidad, materno, V. *madre   Matero,* V. *ma-*
te   Matidez, V. *matar   Matiego,* V. *mata*
Matihuelo, V. *domingo*

MATIZAR, 'graduar un color con delicadeza',
'combinar con hermosa proporción diversos colores', vocablo propio de las lenguas iberorromances, de origen incierto; probablemente el b. lat.
(*a*)*matizare,* conocido desde el S. XII, se tomó
del b. gr. λαμματίζειν íd., derivado del b. gr.
λάμμα 'matiz' y antes 'cinta' y franja de color
diferente', que quizá esté emparentado con el gr.
λῶμα 'cinta'. *1.ª doc.:* h. 1400, Villasandino.
Aut. sólo recoge la ac. «unir y mezclar, con hermosa proporción, los colores diversos entre sí, en-
tretexiéndolos, y enlazándolos de suerte que sean
agradables a la vista», o con leves modificaciones
«manchar con algun color alguna cosa a trechos
salpicándola» (*matizar con sangre*) y «adornar, vestir y engalanar alguna cosa no material: como una
oración, discurso, etc.», y da ejs. del primer matiz
en Argensola y en Góngora, y del tercero en Mateo Alemán; Cabrera agrega otros en Fr. Luis de
León y en Saavedra Fajardo (*Empresa* 72). En
efecto el primero es significado frecuente y muy
clásico: «ya el alba blanca *matiza* / el manto blanco del zielo», Lope (*El Cuerdo Loco,* v. 383), «al-
fombras de mil colores *matizadas*», *Quijote* (II,
lxvii, 257), «por dalle color de verdad la quiso *ma-*
tizar con su misma sangre» (ibid. I, xxxiv, 181);
Covarr. define «mezclar con discreción unas colores con otras». De ahí podía generalizarse a 'pintar de cualquier color', como en el refrán glosado
de S. de Horozco: «con el rey mismo me eché, /
pero putá me hallé, / por mucho que me *matice*»
(*BRAE* III, 603); en *La Vida es Sueño,* los *mati-*
ces son sencillamente 'el colorido (de un retrato)':
«Soltad, Astolfo, el retrato (quítasele de la mano).
—Señora... —No son crueles, / a la verdad, los
matices» (II, xviii, ed. Losada, p. 61). Todavía seguimos dentro de la misma idea general cuando
matizar llega a valer 'bordar en colores': «era tan
diestra en labor, así blanca como bordados, *mati-*
zaba con tanta perfección y curiosidad, que por
toda la ciudad corría su nombre», *G. de Alfa-*
rache (*Cl. C.* IV, 144.14), y *matices* son 'borda-
do' en el mismo texto (*Cl. C.* IV, 150). Hoy ha
predominado en *matizar* y sobre todo en *matiz* la
otra ac. 'graduar delicadamente los colores', y *ma-*
tiz es el equivalente del fr. *nuance,* ingl. *shading,*
alem. *schattierung,* it. *sfumatura,* 'cada una de las
gradaciones que puede recibir un color sin perder
el nombre que lo distingue de los demás'; y aunque este significado está ausente del dicc. de *Aut.,*
no es menos antiguo que la otra ac. fundamental.
No sólo está registrado en Oudin, «ombre, om-
brage en peinture, enrichissement de diverses couleurs, esmail, lueur et esclat de couleurs, nuance en
tapisserie», *matizar* «ombrager une peinture, l'enri-

chir de plusieurs couleurs, diaprer, esmailler, nuer
en tapisserie», y ya en Percivale (1591) «*matiz:* the
shadow of a picture, the glasse or glistering shew
of colours», *matizar* «to shadow in painting», *ma-*
tizado «painted, shadowed in painting»[1]; pero acs.
semejantes no son raras en los clásicos: «los cabellos / eran de oro y sol de Oriente, / ... / la frente, debajo dellos, / era de un blanco *matiz*» Lope
(*El mejor mozo de España,* Rivad. XLI, 621*a*),
«cuando les pedís... os digan la verdad y sustancia de una cosa... cada uno le da sus *matices* y
sentidos, ya para exagerar, incitar, aniquilar o di-
vertir, según su pasión le dita», *Guzmán de Alfa-*
rache (*Cl. C.* I, 52.24), «muchas cosas hallarás de
rasguño y bosquejadas, que dejé de *matizar* por
causas que lo impidieron; otras están algo más
retocadas...» (ibid. I, 34.11, aunque ahí podría ser
en rigor 'colorir'). Nebr. expresa la idea con toda
claridad: «*matiz en la pintura:* umbra, tonus,
amorge», *«matizar en la p.:* illustro». Ambos significados fundamentales parecen hallarse ya en el
Canc. de Baena, donde leemos los primeros ejs.
que conozco del vocablo en estudio: Villasandino
le da el valor aproximado de 'pintar de un color
delicado' cuando escribe «fyso vos Dios delyca-
da, / onesta, bien enseñada: / vuestra color *ma-*
tysada / mas que rrosa del rrosal, / me tormenta
e desordena» (n.º 8, v. 11); en un adversario de
Juan A. de Baena, seguramente algo posterior, hay
el sentido de 'pintar de colores': «aun me rrefa-
se / la vuestra letrilla por quanto desdise, / por
ende conviene yo la *matise* / e ponga colores,
pues que se desfase» (n.º 445, v. 3); y *matiz* aparece en el propio Baena, más o menos con la ac.
moderna: «que tal ora ssea / por vos açeptado
aquesto que ffys, / con gesto muy ledo, ssyn saña
e pelea / por non sser pintado con fyno *matys*»
(n.º 466, v. 42). *Matizar* tuvo siempre *z* sonora en
lo antiguo, como podemos advertir por la grafía
imperfecta de la ed. Pidal del *Canc.* (*s* correspondiente, como es sabido, a una σ del ms.), e inequívocamente en la *Gaya* de G. de Segovia (a. 1475;
p. 84), en Nebr. y PAlc.
Nuestros dos vocablos, *matizar* y *matiz,* son también portugueses, y tienen ahí la ac. transcrita
arriba de *Aut.:* «variar com cores a pintura, borda-
do; illuminar, colorir a pintura», con muchos ejs.
clásicos en Moraes, desde h. 1540, en el *Palmeirim*
(*a praia se matiza de seixinhos variados, o sangue*
matiza as armas, o Sol para ti só as conchas mati-
zou, as flores matizão o prado, etc.), «*matiz:* a côr
diversa da tela da pintura, ou da em que se borda,
ou dos fios do chão da que se tece»; suele ser
masculino en este idioma, como en castellano,
aunque alguna vez tomó el género de *côr,* femenino: «donde do grande Nuno mais vitórias / le-
rás no mundo livro dos Tapizes / que as que Musa
de Homero nas memórias / retratou com fantásticas *matizes*» (Manuel de Galhegos, en Moraes).
El vocablo no es ajeno al catalán, donde Ag. ya

anotó «*matizar*: pintar» en un inventario de 1430; como se ve es antiguo en este idioma, y la lengua literaria actual admite *matís* 'nuance' (pl. *matisos*, con sonora) y *matisar* 'nuancer', pero conviene advertir que además de no ser vocablo popular (que tampoco lo es mucho en el castellano actual), el lenguaje hablado vacila entre *matisos* y *matissos* (no tanto en el verbo *matisar*, quizá por influjo del sufijo -*i*(*t*)*zar*), de suerte que no es imposible que en el catalán actual sea vocablo advenedizo.

Sentados así los hechos filológicos, poco podríamos decir de la etimología si nos limitáramos a lo publicado hasta ahora; ni Diez ni M-L. estudiaron el vocablo; Covarr. dice que es del «gr. *amatiso*: misceo», pero esta palabra que él cita de un diccionario publicado en 1553, no pertenece que yo sepa al griego conocido (quizá piense en ἀμάθυσα, aoristo de ἀμαθύνειν 'pulverizar, empolvar, alisar, nivelar, pulir', con el cual no puede tener nada que ver el cast. *matizar*). Tallgren, en una nota breve de *Neuphil. Mitteil.* XIV, 1916, 217, propuso agregar *matiz* a la familia del cast. *MATAR*, en el dicc. de M-L., sin dar explicaciones semánticas; Spitzer, en el *Bull. Linguistique* de Rosetti, VI (1938), 234, explica que es derivado de *mate*, «porque este color, ni oscuro ni brillante, admite muchos tonos diferentes»[2]. La idea de Spitzer y Tallgren (ya propuesta por Ad. Coelho) es natural, en efecto, pero tropieza con una grave dificultad: el adjetivo *mate* en iberorromance es voz advenediza, galicismo reciente, del que sólo en castellano tenemos documentación, aunque muy poco antigua, en 1680 (*Aut.*, s. v. *hyesso mate*). Está claro que de ahí no puede salir el antiguo y castizo verbo *matizar*, puesto que el adjetivo *mate* es hoy todavía palabra de escasa vitalidad en la Península Ibérica, incomparablemente menos que en Francia; sólo si ya en este país se hubiera formado el derivado *matiz* podría sostenerse, pero entonces encontraríamos huellas de tal vocablo, ya que no en el idioma actual, por lo menos en francés antiguo y en los dialectos, que no es el caso. ¿Será, pues, derivado del verbo *matar*, que aunque en castellano antiguo y moderno sólo tiene las acs. 'quitar la vida', 'herir, magullar', pudo haber significado preliterariamente 'abatir, humillar', como en francés, italiano, etc.? Aunque en lo semántico la idea es poco animadora, se podría intentar, pero ahí chocamos con obstáculos morfológicos: -*iz* no es sufijo castellano (para *CARIZ* vid. este artículo), de suerte que *matiz* debería ser postverbal de *matizar* (como *desliz* de *deslizar*), que desde luego no podría tener el sufijo culto procedente de -*IZARE* (*agonizar, martirizar, dogmatizar, electrizar*, vocablos recientes o latinizantes), sino un sufijo popular procedente de -*ICIUS*; pero éste ha dado -*izo*, y con carácter verbal apenas hallamos más que *encarnizar, granizar, hechizar* y *descuartizar*, que derivan de nombres en -*izo*, -*iza* (*carniza, granizo, hechizo*), y además no son palabras

postverbales (como debiera serlo un *matizar* derivado de *matar*), sino derivados de otros nombres (*carne, grano, hecho*)[3]. En una palabra, *matizar* no puede ser derivado de *matar* o de su familia. ¿Lo será de *mata*? ¿Acaso en el sentido de hacer compacto el color'? Idea audaz, que no encuentra apoyo en la historia arriba trazada. Es inútil discutir el MIXTICIUS de Cortesão, y el **mantiço* de Ribeiro, imposibles para la fonética.

Podría intentarse un camino nuevo. *Matice* es una de las formas más frecuentes que toma en francés antiguo el nombre de la amatista. Aunque falta tal artículo en God.[4], el vocablo está ya en la *Chanson de Roland*: *matices e jagonces* figuran entre los presentes que Ganelon recibe por su felonía (v. 638)[5]; todavía emplea *ametisse* un par de veces Amyot en el S. XVI (V. en Huguet), *esmatice* figura en el ms. I de Villon (*Test.*, v. 367), y de ahí por metátesis debe salir la variante *amecite* que Tobler documenta en *Floire e Blancheflor, Erec, R. de Troie* y Marie de France. La génesis de (*a*)*matice* no es difícil de comprender: el caso sujeto *amatistz* había de pasar a **amatiz* y de ahí el femenino *amatice* (por influjo del género de *pierre*, comp. *jagonce* HYACINTHUS); la forma *amatiz* puede calificarse, en rigor, de documentada, puesto que tenemos *aumatiz* en *la Mort Aymeri de Narbonne* (God. VIII, 104) y la latinización *amatixus* en un doc. de Hécart, conde de Autun, citado por Du C. Puede creerse que este vocablo francés pasara al castellano antiguo (comp. el préstamo de *jagonce*, s. v. *JERIGONZA*), y que de ahí se derivara *matizar*[6]. Sabido es que la amatista, piedra no muy notable por su precio, lo es en cambio mucho por la variedad y delicadeza de sus colores: Tommaseo define «pietra diafana di color violetto accostante al porporino, con macchie granellose dello stesso colore ma più chiare, o bianche sùdice, s f u m a n t i»; San Isidoro «purpureus est permixto violacio colore; et quasi rosae nitor, et l e n i t e r quasdam flammulas fundens» (*Etym.* XVI, ix, 1); Plinio «quod usque ad vini colorem accedens, priusquam eum degustet, in violam desinat fulgor... quiddam in purpura illa non est toto igneum, sed in vini colorem deficiens» (*Nat. Hist.* XXXVII, 121); APal. «es piedra en que estan esparzidos tres principales colores, quermesí y violado y rosado» (234*b*); Franco Sacchetti «sono di cinque qualità: qual ha color di rosa, qual di viola e qual è porporina; le più sono di vino inacquato molto»; Amyot «une couleur vive et un feu qui estincelle du fond de la pierre»; Lapidario de Marbodo «a culur purpurin o tel cume gute de vin»; Covarr. «piedra preciosa del color claro de la violeta, con el resplandor de la púrpura no encendida». Es decir, todos se hacen eco de la variedad de colores, y muchos subrayan la suavidad de algunos de ellos, su delicado matiz, el *vino inacquato molto* de Sacchetti, a que ya alude Plinio, las *lenes flammulas* de S. Isidoro, el «ru-

bore suffuso b l a n d o amethystos» de Avieno
(v. 1325), bien comparables con el alba clara que
matiza el manto blanco del cielo, en el *Cuerdo Loco*. Luego esta etimología nos explicaría a un tiempo los dos significados fundamentales del vocablo
castellano. No habría dificultad fonética, pues es
natural que al nacionalizarse el vocablo en castellano
la *c* francesa se hiciera *z* sonora, puesto que sonora
tenía el sufijo castellano *-izo, -izar* (sin contar con
que la *-z* final del postverbal *matiz* había de reaccionar sobre la intervocálica, tal como acostumbra acaecer). Que el castellano lo trasmitiera al portugués no es nada extraño en palabra procedente
de Francia. Por lo demás también cabría partir del
mozárabe, donde el paso fonético de -ST- a *ç* es
normal, aunque sería preferible pensar en Francia
no conociendo documentación del vocablo en mozárabe.

Pero mejor fundada que ésta aparece la etimología propuesta en el erudito trabajo de Eleanor
W. Bulatkin, en *Traditio* (Fordham Univ.), X, N.
York, 1954, 459-527. Según la documentación de
primera mano ahí aportada, el b. lat. *matizare*
(con variantes *maptizare, amatiçare* y *ematiçare*)
aparece en varios textos técnicos de pintura medieval, desde el S. XII al XV, con el sentido de
'graduar los tonos, realzar el color', y con el mismo valor sale el gr. λαμματίζειν ya en un tratado de h. el año 700 y en otros varios de la Edad
Moderna. Éste a su vez deriva del b. gr. λάμμα
'matiz de color', documentado en textos modernos,
pero sin duda idéntico a λάμμα, -ατος 'cinta, franja', que ya aparece en un glosario latino-griego
(*CGL* VII, 425), y que podría ser afín al gr. tardío λῶμα, -ατος, de este último significado [200
a. C.]. (*A*)*matizare* ha de resultar de λαμματίζειν,
con deglutinación de la *l-* tomada falsamente por
el artículo romance, fenómeno que pudo tener su
punto de arranque en el derivado (*a*)*matizatura*,
documentado en varios de los aludidos textos pictóricos en bajo latín (*matizadura* como cast., en
Oudin). El trabajo de la Sra. Bulatkin analiza a
fondo la historia semántica del vocablo, así como
su evolución fonética, en forma plenamente satisfactoria, y al mismo es preciso remitir para más
pormenores.

DERIV. *Matiz* [princ. S. XV, J. A. de Baena,
V. arriba], probablemente postverbal de *matizar*.
Matizadura (Oudin).

¹ C. de las Casas (1570) sólo la ac. general 'trazar, dibujar': «tratteggiare», «*matiz:* tratteggio».—
² No sé si se ha publicado el estudio sobre *matiz*
para el cual una alumna de Spitzer, Mrs. E.
W. Bulatkin, me pidió datos en 1947.— ³ La
única posibilidad sería suponer que *matizar* se
debiera a una adaptación del fr. ant. *matir* «mater, dompter, abattre», «flétrir» (God. V, 203*a*),
partiendo de formas como el presente *matist*, el
subjuntivo *matisse* o el imperfecto *matissoit;* pero además de fenómeno morfológico raro entre

los galicismos castellanos, es idea de bien escasa
verosimilitud semántica.— ⁴ Este lexicógrafo tuvo
intención de redactarlo, puesto que en *metiste* remite a *matice*, pero se le olvidó. En el *Complé-
ment* da alguna de las formas que cito, en su artículo *améthyste*. Tampoco existe tal artículo en
el *FEW* ni en el *REW*.— ⁵ Bédier no admite la
enmienda que algún editor ha hecho a esta forma del ms. de Oxford.— ⁶ La amatista no figura
en la enumeración de piedras preciosas que trae
Alex., 1306-30. Sí está en el *Lapidario de Alfonso X*, en otra forma: «*ametitez* llaman en
griego a la sexta piedra de la a. Bermeya es de
color et cuando la fregan salle su fregamiento
bermeyo que t i r a a c o l o r de oro» (p. 72*a;*
113*a*, lín. 16 del facsímil). Pero corrieron otras
formas y hubo otros lapidarios.

Mato, matojo, V. *mata*   *Matón, matonismo*, V.
matar   *Matorral, matorralejo, matorro, matoso*,
V. *mata*

MATRACA, del ár. vg. *maṭráqa* 'martillo',
'matraca para hacer ruido' (ár. *miṭraqa*), derivado
de *ṭáraq* 'golpear'. 1.ª doc.: 1570, C. de las Casas.

Que por lo demás lo trae sólo en la ac. secun-
daria «berta, burla»; pero la propia está ya en
Percivale (1591) «a floute, a scoffe, a gibe; also a
r a t t l e or toy for a childe»; figura también en
Covarr., y *Aut.* cita ejs. del S. XVII; otros en
Fcha. Señaló ya la etimología Dozy, *Gloss.*, 310.
La forma clásica en árabe es *miṭraqa* y sólo signifi-
ca 'martillo'; en el mismo sentido registra *máṭraqa*
R. Martí (s. v. *malleus*) y *matráca* PAlc.; hoy el
sentido de «crécelle» lo tiene en Egipto (Bocthor).

DERIV. *Matraquear* [1626, V. de Céspedes]; *matraqueo; matraquista* [1605, *Pícara Justina*].

Matraca, V. *atarraga*   *Matracalada*, V. *traca-
lada*   *Matraquear, matraqueo, matraquista*, V.
matraca

MATRAZ, 'vasija de vidrio rematada en un tubo largo y estrecho, empleada en química', del fr.
matras íd., de origen incierto, probablemente idéntico al fr. ant. *mat(e)ras* 'especie de dardo dispa-
rado con ballesta, y terminado en una pequeña porra de hierro', derivado del lat. MATARIS íd., de origen céltico. 1.ª doc.: 1706, Félix Palacios, *Palestra Farmacéutica* (cita de Terr.); Acad. ya 1817.

En castellano parece ser galicismo sin arraigo antiguo: nótese que el primer testimonio figura en
una traducción del francés, y el vocablo falta en
Aut., Covarr., Oudin, etc. En francés se documenta ya en un tratado del S. XV o XVI (aunque otros
lo atribuyen al XIV), y con frecuencia desde el
S. XVI (God. X, 133*c*). La forma del matraz, tal
como puede verse en los dicc. enciclopédicos, es
realmente comparable a un dardo largo con una
porrilla esférica debajo, y el fr. ant. *materaz, ma-*

tras, era precisamente una especie de dardo o flecha con una pequeña maza de hierro en su extremo inferior[1]; comp. el nombre alemán del matraz (*destillier*)*kolben*, propiamente 'porra'[2], y el cast. *porrón*, cat. *porró*, como nombre de vasijas de fondo abultado. Por lo demás sólo un estudio comparativo de la historia de los dos objetos permitirá eliminar las dudas, pues existe otra posibilidad que todavía no puede descartarse del todo. El ár. *maṭara* (también *mátar* y *máṭara*) designa una medida para líquidos, también 'odre para llevar agua', 'vasija de madera con el mismo objeto', y otras clases de vasijas, que se han descrito como de forma piramidal; es voz ya antigua en árabe, y hoy viva todavía en el Norte de África, que parece procedente del gr. μετρητής 'medida de líquidos' (Devic, 49*a*; Dozy, *Suppl.* II, 600*a*); si este vocablo se empleó entre los alquimistas árabes para designar el matraz, sería verosímil que lo hubiesen adoptado sus discípulos franceses asimilándolo formalmente a la voz *matras* 'dardo' preexistente en su idioma; pero el hecho es que no tenemos noticias de tal empleo alquímico del ár. *maṭara*[3]. En cuanto al fr. ant. *matraz* 'dardo', oc. ant. *matratz*, cat. *matràs* íd., vco. *matrazu* 'virote' en los Refr. vizcaínos del S. XVI, it. *mattarozza* 'remate grueso de un bastón, de un badajo', proceden del celtolatino MATĂRIS íd. (probablemente de una variante fonética *MATTARIS), etimología que me propongo estudiar en mi *DECat.* (mientras tanto vid. Schuchardt, *Roman. Etym.* II, 140; *ZRPh.* XXXIV, 263; Jud, *ARom.* VI, 209; Giese, *VKR* I, 167; *REW* 5402).

[1] Comp. en el *Perceforest*: «arbalestrier avoit chascun arbalestre, enoché en son arc un *matelas* a une grosse teste» (God. V, 201*b*). *Matelas* es variante que se halla otras veces como nombre del dardo, debida a confusión parcial con *matelas* 'colchón'.— [2] Littré cita ingl. *bolthead* (compuesto con *bolt* 'dardo'), como nombre del matraz, en un diccionario, que por lo demás no precisa.— [3] Dozy en su *Suppl.* no menciona para nada la etimología de Devic, a pesar de que tenía noticia de la misma, pues en las anotaciones marginales a su *Gloss.* (anteriores en fecha al *Suppl.*) remite con un interrogante a la etimología de dicho erudito. Luego parece que no quedó convencido.

MATRERO, 'astuto, redomado', origen incierto; probablemente tiene el mismo origen que *mohatrero* 'tramposo', derivado de *mohatra* 'venta fingida', 'engaño', procedente del ár. *muḥâṭara* 'venta usuraria', del cual parece haberse empleado como plural *maḥâṭir*: de éste saldría en castellano **mahatra* 'engaño, trampa' y de ahí el derivado *matrero*. 1.ª doc.: Nebr.

Este lexicógrafo no registra el vocablo en su lugar alfabético, pero sí «*siervo matrero*: veterator servus» (por oposición a *siervo boçal*); *veterator* es

lo mismo que 'envejecido en el servicio' y 'zorro, astuto'; PAlc. (s. v. *siervo*) traduce *matrero* al árabe por *ġaddâr* 'traidor, pérfido' y por *ḫurbî* «encallecido en astucias», 'engañoso'. Aunque falta en Covarr., C. de las Casas (1570) traduce «sagace», Oudin «fin, rusé, madré, matois», y *Aut.* «astuto, sagaz, diestro y experimentado en alguna cosa». En efecto es palabra usual en los clásicos, sobre todo en el S. XVI y principio del XVII. En la *Farsa del Mundo* se califica a éste de «variable, mintroso, / infame, *matrero*, discorde, malino, / perverso, alacrán, falaz, serpentino» (Cronan, *Teatro* I, 437); Timoneda escribe «tan artera; / hydeputa y qué *matrera*: / yo mugeres he tratado / públicas mas no he hallado / otras d'aquesta manera» (*Obras* I, 387); Cristóbal de Castillejo prevenía contra el casamiento con viudas «por estar / ya muy diestras en notar / cualquier falta de caderas, / y como son ya *matreras*, / no se pueden engañar / ni rendir» (*Diál. de Mujeres*, v. 2343); «el sargento era *matrero* y sagaz, y grande harriero de compañías» (*Coloquio de los Perros*, Cl. C., 279). V. dos ejs. más en *La Pícara Justina* (ed. Puyol II, 14, 59), con franco matiz peyorativo de 'marrullero', 'de astuta picardía'. El Maestro Correas define «el astuto redomado», citando el refrán «al sirviente lisonjero, el amo debe ser sabio y *matrero*». En efecto el vocablo puede tomar ocasionalmente un matiz laudatorio, pero es mucho más frecuente, como se ha podido apreciar, que se tome en mala parte, y así lo proclaman taxativamente Martí en su *Alfarache*: «dos maneras de prudencia pone el glorioso San Basilio: una es mala, y otra buena; de la primera se precian los hijos deste siglo, que llaman prudente al hombre astuto, malicioso, agudo, *matrero*, artificioso y redomado, el cual, con daño ajeno, mira por el provecho propio» (Rivad. III, 394). Hoy sigue con este significado en Cuba «astuto, sagaz, que no se deja coger o vencer» (Pichardo), pero la aplicación preferente a los animales y a la ganadería ha hecho que en América predominara el matiz, que ahí ya apunta, de 'receloso' (mej., chil.) y 'arisco, huidor' (arg.)[1]. Quizá sea voz más viva en América que en España, donde, sin embargo, la encontramos en la toponimia (cortijada de *Los Matreros*, en Bédar, Almería), y con otro sufijo, *matriegu* «matrero», en el asturiano de Colunga. Además port. *matreiro* «astuto, sagaz, sabido, escarmentado» (*toiro matreiro* «ja velho»), que ya aparece en la *Eufrosina* (h. 1537), según Moraes; gall. ant. *matreira* 'maña, astucia': «Aquí estades, ai, velho de *matreira*» CEsc. 57.51.

Nada, que yo sepa, se ha escrito hasta ahora acerca de la etimología, a no ser la sugestión de Tiscornia (*l. c.*), que citando la curiosa frase de Correas «la experiencia es *matorrera* (esto es, sabia, por *mater rerum*, madre de las cosas)», cree que en efecto vendrá de esta máxima latina; no hay que dudar de que el famoso aforismo de «la experiencia, madre de la ciencia», correría en los círculos universitarios salmantinos en la variante *experientia, mater rerum* (quizá abreviada de *mater rerum cognitionis*, 'madre del conocimiento de la naturaleza'), y los salmantinos menos ilustrados la corromperían en la forma que cita Correas; pero no hay que tomar este chascarrillo, recogido por el catedrático salmantino, por más de lo que es: una anécdota que se contaba en los claustros universitarios para reír a costa del vulgo ignorante; lejos de tomar *matorrera* por la forma originaria de *matrera*, lo que ya ofrecería dificultades fonéticas², hemos de ver en ella una de las acostumbradas modificaciones que inflige al latín el vulgo, que lo desconoce, guiándose por el léxico castellano que le es familiar, y en nuestro caso acercándolo a *matrero*.

Nada más natural, en cambio, que identificar *matrero* con *mohatrero* 'el que hace mohatras', es decir, 'fraudes o engaños'. *Mohatra* la define Nebr. (donde aparece por primera vez) como «versura», o sea 'acción de tomar prestado a un acreedor para pagar a otro'; Covarr. (seguido por *Aut.*) precisa más «es la compra fingida que se haze vendiendo el mercader a más precio del justo y teniendo otro de manga que lo buelva a comprar con dinero contante a menos precio; también se dize cuando se compra en la forma dicha y se vende a qualquier otra persona a menos precio». Agrega Covarr. «los que se ven en necesidad para cumplir alguna deuda hazen estas *mohatras*, y por cegar un hoyo hazen otro mayor», con lo cual alude a la situación que Bocthor explica más claramente al definir el hispanismo francés *mohatra* «contrat, marché, par lequel un marchand vend très cher a c r é d i t ce qu'il rachète aussitôt à très-vil prix, argent comptant» (comp. la definición que da Pascal en sus *Provinciales*, 8; y Jordan, *ASNSL* CLII, 78-80). Es palabra muy clásica³, que vemos empleada repetidamente en *G. de Alfarache* (otro ej. en *Aut.*): «haga un hombre su cuenta, y tenga necesidad en que se haya de valer de solos doscientos ducados; hallará, que si solos dos años los trae de *mohatra*, montarán más de seiscientos» (*Cl. C.* IV, 239.1). Es una de las transacciones típicas a que se dedicaban los usureros hebreos y moriscos en el mundo tan bien descrito por A. Castro en *España en su Historia;* ellos le dieron su nombre árabe *baiᵒ muḥâṭara* 'venta a riesgo' (por el que podían correr de que su víctima se alzara con lo vendido)⁴, y los cristianos españoles, tan imprevisores en su economía como arrogantes frente a sus explotadores, se apresuraron a agravar el sentido del vocablo, haciéndolo meramente sinónimo de 'fraude, engaño'; así lo emplea también Mateo Alemán: «donosa está la milicia para que... un hombre... aventure su vida en ella; ya todo es *mohatra*, mucho servir, madrugar...» (ibid. IV, 40.11); y es el sentido que le dan Vélez de Guevara («la simonía, la *mohatra*, la chisme», *Diablo Cojuelo*, tranco VII) y Cervantes,

cuando teme D. Quijote que en vista de la rustiquez de Sancho le tomen por un *caballero de mohatra*, es decir, 'fingido, de farsa, embrollón' (II, xxxi, 118). Más ejs. en Fcha. *Mohatrero*, de acuerdo con ello, viene a ser 'estafador', 'tramposo' (citas de Bonilla en la ed. citada): *mohatrera de doncellazgos* en Vélez de Guevara es una alcahueta, como la de la *Tía Fingida*, que engaña con falsas virginidades, «y donde cabe el Infierno todo, sin que se pierda gota, es en la hipocresía de los *mohatreros* de las virtudes, que hacen logro del ayuno y del oír Misa», Quevedo; «hijos diablos, asistid a *mohatreros* y a usuras, a venganzas, a pasiones, a envidias», íd.; «mal hacen en llamarle *mohatrero*: / los tales son rufianes del dinero», Salas Barbadillo; ocasionalmente aparece *mohatrón* con el mismo sentido: así ya en Lucas Fernández (Cej., *Voc.*) y en Quevedo, «entre todas las naciones, sólo es pobre el extranjero, y ha menester ser un *mohatrón* para que le entiendan esos señores» (*Cartas del Caballero de la Tenaza*, VII). No necesitaré más explicaciones semánticas para mostrar que *mohatrero* 'engañador' fácilmente se prestaba a expresar la idea de *matrero* 'pícaro redomado'.

Pero falta aclarar el aspecto fonético, pues no sería verosímil pretender que *moha-* se redujera a *ma-* en castellano por vía fonética. Cabría pensar en una variante *maḥâṭara* en árabe vulgar hispánico, donde *ma-* invade frecuentemente el terreno de *mi-* y alguna vez el de *mu-*; pero no creo, pues los participios (a cuyo tipo pertenece *muḥâṭara*) conservan tal inicial intacta en docenas de ejemplos, en hispanoárabe y en los préstamos del árabe al romance. Pero *maḥâṭir* puede ser el plural de *muḥâṭara;* es verdad que el plural normal de los nombres de esta estructura es más bien *muḥâṭarât*, y aunque ninguna de las fuentes citadas precisa el plural del vocablo, lo hace, sin embargo, R. Martí, en esta forma; pero este lexicógrafo se refiere sólo a la ac. 'peligro', y sabemos por los gramáticos que éste es el plural de este tipo de vocablos cuando hacen de participios o de nombres de acción, pero cuando se sustantivan o adjetivan se emplea un plural fracto⁵ (Wright, *Arabic Grammar*, § 302e, Rem. *b*, y § 303f Rem.); luego el plural de *muḥâṭara* en el sentido que estudiamos debió ser más bien *maḥâṭir* o *maḥâṭir*, que viene a ser lo mismo, pues este último tipo se reemplazaba siempre en el vulgar de España y de otras partes por el primero. De hecho Belot registra *maḥâṭir* «dangers, périls, risques», y como éste no figura en la fuente ordinaria de Belot (Freytag), ha de ser una de las formas usuales en el árabe hablado del Líbano, que ha agregado este lexicógrafo⁶. No hay duda de que *maḥâṭir* pudo dar *maḥatre* o *maḥatra* con *h* muda, de donde saldría *matrero*⁷; el caso es que aun en portugués, donde el vocablo, en su sentido primitivo, suele tener la forma *mofatra*, existe también *moatra* con enmudecimiento de la consonante.

DERIV. *Matrería* (V. arriba). *Matrerear* 'escapar al monte' arg. (Tiscornia, *l. c.*). Derivados de *mohatra: mohatrero* (V. arriba); *mohatrar* [Nebr.], *mohatrante; mohatrón* (V. arriba).

[1] Además de los ejs. que cita Tiscornia, *M. Fierro coment.*, 440-1, puede leerse en Payró, *Pago Chico*, ed. Losada, pp. 83 y 95. Toro Gisbert, *BRAE* VIII, 498, cita ejs. de *matrería* 'perspicacia' en autores españoles y cubanos.— [2] Que *mater rerum* pudiera deformarse primero en **materrero* y luego pasar a *matrero* por haplología no es absurdo desde el punto de vista fonético, pero ni es esto evidente ni es convincente imaginar que el adjetivo *matrero* pudiera nacer de la supuesta máxima **la experiencia es matrera*.— [3] Alguna vez, en fecha temprana, tiene el sentido más inocente de 'venta a crédito (sin intento de rescatar)', como en la cita de Diego de Hermosilla, a. 1543, en la ed. del *Diablo Cojuelo* por Bonilla, p. 201.— [4] Indicó esta etimología de *mohatra* Dozy, *Gloss.*, 316, fundándose en la definición arriba transcrita, que da Bocthor a *bái° muḥâṭara*. Esta última palabra por sí sola suele definirse 'peligro, riesgo' (así R. Martí, s. v. *periculum*; Freytag; Marcel; Lerchundi; 'apuesta' en Hélot); es propiamente el nombre de acción del verbo *ḫâṭar* 'poner en peligro', de uso general (Lane; Dozy, *Suppl.*). Pero Beaussier confirma para Argelia la definición de Bocthor, y atribuye este sentido, no a *baí° muḥâṭara*, sino ya a *muḥâṭara* solo: «contrat dans lequel on simule une vente à pacte de rachat pour stipuler des intérêts défendus».— [5] Comp. *mafâtil* plural de *maftûl* en el artículo siguiente.— [6] No hallo más datos sobre el asunto en el glosario de Dozy a su edición del *Bayano-l-Mogrib*, p. 23, ni en la reseña de Engelmann por Defrémery en el *Journal Asiatique* de 1862, donde se indicó la etimología de *mohatra* por vez primera. No sé si los habrá en el pasaje de las Mil y Una Noches citado por Dozy.— [7] Aunque quizá pudo ocurrir que **muatrero > matrero* como *muacho > macho*.

Matriarcado, matricaria, matricida, matricidio, matrícula, matriculado, matriculador, matricular, V. *madre* *Matriego*, V. *matrero* *Matrimonesco, matrimonial, matrimoniar, matrimonio, matriz, matrona, matronal, matronaza*, V. *madre* *Matul*, V. *matula*

MATULA 'torcida: mecha de vela o candil', voz provincial y gallegoportuguesa, del ár. *maftûla* íd., propiamente participio de *fátal* 'torcer' 1.ª doc.: «*Scatex*: un linaje de *matula* o mecha», APal. 437d; Acad. S. XX, como dicción poco usada.

No conozco más documentación castellana. En portugués es *matúla*, que Bluteau da como usual en el Minho y Fig. señala en el Alentejo, y en el sentido de 'paño de cocina' en la Beira. Figura ya en Gil Vicente, en el derrotero de Vasco de Ga-

ma, en el *Palmeirim* y en Nunes de Leão (vid. Gonçalves Viana, *Apost.* II, 121-2; Moraes); la acentuación se confirma por la grafía *matulla* de Nunes. Sin embargo, Vall. recoge *mátula*, que además de 'torcida' o 'moco del pabilo', significa 'hoja de verbasco o gordolobo, que, de seca, sirve para torcidas', y *matuleira* como nombre de la *Phlomis Lychnitis*. Para este significado comp. el cat. *herba blenera*, nombre de la misma planta, derivado de *ble* 'mecha, torcida'.

Nadie atinó hasta ahora con la etimología de *matula*. La que doy es mía. Gonçalves Viana y Nascentes declaran de origen desconocido; Diez, Meyer-Lübke, Dozy, Eguílaz, etc., lo omiten del todo en sus diccionarios; Fig. sugiere el lat. MEDŬLLA, que no es posible semántica ni fonéticamente. Pero es claro que se trata del ár. *maftûla*, propiamente participio pasivo del verbo *fátal* 'torcer'; la mecha o torcida se llama hoy *fatîl* o *fatîla* en el Norte de África, palabra de la misma raíz (Lerchundi, Beaussier, Bocthor), pero en España se empleaba precisamente con este sentido el participio *maftûl*, según nos informan PAlc. (s. v. *mecha* y *pavilo*)[1] y R. Martí (s. v. *licinus*), y el vocablo estaba ya tan fijado en esta calidad de sustantivo, que se le formaba un plural del tipo correspondiente a esta parte de la oración (*mafâtil*) y no de los propios a los participios (*maftûlûn*); indudablemente sería *maftûl* el nombre genérico, o colectivo, junto al cual existiría, como de costumbre, el nombre de unidad *maftûla*, del cual procede *matula*. Es posible que existiera una variante vulgar con acento trasladado *máftula*, según ocurre a menudo cuando la sílaba antepenúltima es cerrada (Steiger, *Contrib.*, 76-77); lo cual explicaría la acentuación que pone Vall. a la forma gallega, pero este acento quizá no viene del autor del libro y puede no ser auténtico: aunque Sarm. (*CaG.* 109r, 187r) se olvida a menudo de poner acentos, llama la atención que en este vocablo lo omita las dos veces, Eladio Rdz. lo escribe sin acento, si bien notando que Vall. le pone uno, y Carré (3.ª ed.) admite las dos acentuaciones, quizá sólo por deferencia a Vall.

La ac. vulgar moderna del port. *matula* 'grupo de gente ínfima y perversa' puede explicarse pasando por *matulão* 'torcidão grande, em phrase chula; homem grosseiro' (Bluteau), que quizá envuelva una alusión obscena[2].

En español el vocablo tendrá poquísima extensión, pues no aparece en vocabularios asturianos, leoneses ni andaluces[3]. Al parecer *metula* figura ya en el Glos. del Escorial, h. 1400 (vid. MECHA).

[1] Nótese que PAlc. transcribe *maftúl*, mostrándonos que la *a* no se cambiaba ahí en *e* en la pronunciación vulgar, seguramente por hallarse entre las dos labiales *f* y *m*.— [2] En cuanto a la ac. brasileña 'alforja con comida' quizá sea derivado regresivo de *matalotagem* 'provisiones'.— [3] Quizá venga de ahí el cubano *matulo* o *matul*

'bulto, lío', especialmente el 'atado de manojos de tabaco en rama', 'persona baja y rechoncha', *matulanga* 'lío, envoltorio' (Pichardo, Malaret; mas para éste comp. *matulanga* variante de *maturran-* *ga*), Salvador *matul* 'correa de cuero con que se sujeta la espiga del machete entre las dos lengüetas del mango' (Malaret).

Matulo, V. *matula*   *Matulanga*, V. *matar* y *matula*   *Matungo, maturraca, maturranga, ma-* *turrango*, V. *matar*

MATUTE, 'introducción ilegal de géneros', voz familiar de origen incierto, probablemente abreviación de *matutino*, por realizarse el contrabando de madrugada; a formar esta abreviación debió de contribuir el influjo del nombre propio *Matute*[1], empleado como deformación humorística de *Matusalén*. 1.ª doc.: *Aut.*

Definido ahí «la entrada de algunos géneros por alto: y también se llaman assí los mismos géneros entrados desta suerte; es voz provincial de Murcia y otras partes». Hoy es de uso general aunque de tono algo vulgar; Acad. define «introducción de géneros en una población eludiendo el impuesto de consumos», pero también se oye aplicado al contrabando que elude las aduanas de un Estado, y en general a toda introducción furtiva. Se dice sobre todo en la locución adverbial o adjetiva *de* *matute* (*entrar de matute, mercancía de matute*). Rabelais emplea *matute* como equivalente de *ma-* *tutin* o *matutinal* (Spitzer, *BhZRPh.* XXIX, 113; en *MLN* se adhiere a mi explicación, reemplazando el paralelo rabelesiano, que no parece ser válido, por el vco. *matuta* 'campana matutina'), y creo que ahí está también el origen principal de la locución española[2]. En textos clásicos encontramos *Matuta* como forma familiar y humorística del nombre del patriarca bíblico de larguísima vida: «nunca medre Justina si vosotros tal viéredes en los días de vuestra vida, aunque viváis más que *Matuta*» (*Pícara Justina* II, 213); Cervantes emplea la otra forma: «viva vuesa merced más años que *Matute* el de Jerusalén» en el entremés del *Viejo Celoso* (ed. Schevill-B. IV, 158), que al mismo tiempo nos muestra la génesis de esta pintoresca mutilación: creyó el pueblo que *Matusalén* era pronunciación vulgar en vez de *Matu(t) (d)e Salén* = *Matute de Jerusalén*; Góngora empleó *Matus*.

El port. *matuto*, empleado sobre todo en el Brasil, significa 'rústico, labriego, palurdo', también 'maniático', y 'astuto, marrullero' (ac. portuguesa según Nascentes), *matutar* 'cavilar', 'tener una idea fija'; en la jerga brasileña *matuto* es 'abundancia de negocios' (Viotti). Dudo de que haya relación íntima entre estas palabras y el cast. *matute*, aunque podría imaginarse el paso de 'labriego' a 'marrullero' y de ahí a 'clandestino'. Creo que el port. *matuto* nacería por una interpretación popular de *Matuto* = *Matusalén* como derivado de *mato*

'monte', 'selva', de donde *matuto* 'rústico'; en *ma-* *tuto* 'marrullero' y en *matutar* contribuiría la idea de madurez o reflexión machucha sugerida por el nombre de Matusalén. Es probable que este origen y *matutino* coincidieran en la formación de la palabra española. En Cespedosa *matute* es 'corteza del tronco y ramas de la encina o el roble' (*RFE* XV, 259): ¿por ser lo más viejo? o ¿por ser desperdicio que se vende como madera?

DERIV. *Matutear* [*Aut.*]. *Matutero* [*Aut.*].

[1] Conviene tener en cuenta que *Matutano* existe como apellido [poderoso comerciante de Barcelona hacia 1920, y tengo vaga idea de que este tratante de patatas era de origen valenciano] y que como nombre de persona es frecuente en la antroponimia valenciana (*Lloma de Matutano* en Culla; lo he encontrado muchas veces en otras encuestas). Ahora bien en mozárabe arabizado un *matuṭeno* podría resultar de MATUTĪNUS y ser ultracorregido en *Matutano* tras la Reconquista.— [2] Del uso popular de este vocablo en castellano da fe el chil. *matutines*, nombre que se da a una serie de chácharas tradicionales y sin sentido con que los cuentistas populares empiezan (y también terminan) sus consejas (algo dentro del género del *érase que se era...*, pero multiplicado y prolongado), vid. G. Maturana, *Cuentos Tradic.*, *AUCh.* XCII, ii, p. 57 y glos. Se les daría este nombre por ser lo primero de todo (aunque pudo contribuir el otro *Matute*, por ser las chácharas algo muy antiguo).

Matutinal, matutino, V. *mañana*

MAULA, 'engaño, triquiñuela', 'cosa despreciable', 'propina que se da a un criado': el significado primitivo parece haber sido 'astucia, marrullería', procedente en definitiva de *mau*, onomatopeya de la voz del gato, y de *maular* variante de *maullar*. 1.ª doc.: 1626, Quevedo.

Ahí es sinónimo de 'triquiñuela': «no quiero darte luz de más cosas; éstas te bastan para saber que has menester vivir con cautela, pues es cierto que son infinitas las *maulas* que te callo; *dar muerte* llaman quitar el dinero, y con propiedad; *revesa* llaman la treta contra el amigo...» (*Buscón*, *Cl. C.*, 279.5). También Quiñones de B., por el mismo tiempo o poco después, lo hace equivalente de 'treta': «soy / ¡el vaivoda de las tretas, / de las *maulas* el Colón, / el fénix de aquesta ciencia, / y todo el socarronismo!» (*NBAE* XVIII, 553). Luego parecería ser vocablo jergal, pero no figura en Juan Hidalgo ni lo recoge Hill en sus *Voces Germanescas;* también falta en los diccionarios del Siglo de Oro. *Aut.* define «engaño y artificio encubierto con que se pretende engañar y burlar a alguno» citando ej. de Solís (h. 1680); agrega que puede significar «lo que uno se halla en la calle u otra parte, o la alhaja que se compra por precio baxo», «provecho u gajes que se dan a los criados por llevar algún regalo: y más regularmente se llama assí lo que se suele dar a los cocheros cuando llevan en el coche alguno que no es su amo», «el mal pagador, tramposo y poco legal», ac. esta última que Terr. precisa más claramente: «uno que es sagaz, astuto, artificioso y mal pagador».

No es evidente la forma como estas varias acepciones pueden enlazarse con la primera, pero creo que será a base de la idea de 'cosa despreciable, sin valor'¹, comp. el murc. *maulica* «quehacer de utilidad insignificante y que para su arreglo o compostura exige la inversión de un tiempo que no merece dicho trabajo» (Ramírez Xarriá); por lo demás también pudo calificarse de 'fraude', desde el punto de vista del dueño, la propina que recibe el cochero al llevar a otro que no es su amo. El valenciano Sanelo en el S. XVIII registra también «*maula*: propina», pero la Acad. califica esta ac. de anticuada (ya en 1884). En la Arg. *maula* es hoy muy vivo, como masculino, en el sentido de 'cobarde' (< 'despreciable'), así ya en el *Santos Vega* de Ascasubi («si sos quiebra verdadero / o sos un *maula* embustero», v. 3965)².

No se ha estudiado bien el origen. Saavedra, el etimólogo arabista de la Acad., sugería dubitativamente en 1884 el ár. *máµlà* 'liberto, dependiente', idea que también se me había ocurrido tiempo atrás, y que explicaría bien las varias acs., a base de la idea de 'sujeto inferior, despreciable'. No quiero descartar del todo la posibilidad de esta etimología, pero tropieza con una grave inverosimilitud. *Máµlà*, desde el Corán, es palabra de doble y opuesto significado: por lo común significa 'dueño, propietario', por otra parte también vale a veces 'esclavo manumitido', 'auxiliar', 'acompañante'; en particular, en el Magreb medieval, podía ser el 'cliente o protegido', y solía aplicarse a los bereberes en su situación frente a las familias árabes que los habían adoptado y les daban nombre, V. los detalles y bibliografía citados por Dubler, *Festschrift Jud*, 184-5; *máµlà*, sin embargo, fué ante todo, allí y en todas partes y épocas, el 'amo' o 'dueño', y como las dos acs. eran incompatibles, la otra ac. clásica quedó casi eliminada en el lenguaje vivo, excepto en la aposición estereotipada *maµlâhum*, 'su cliente, el cliente de ellos', que se juntaba al patronímico de uno de estos libertos o bereberes cuando se mencionaba la familia árabe que le daba nombre; así, por ej., lo hace en Marruecos Almaccarí (Dozy, *Suppl.* II, 844a). Pero aun esto se olvidó a la larga, y hoy, aunque *máµlà* sigue siendo una de las palabras más empleadas en África (p. ej. en el título *Muley* 'señor mío', equivalente a *Sîdi*, y en árabe literal es *maµlayya*) y ha llegado a reemplazar a *sâḥib* y a *ḏû* como exponentes gramaticales de una cualidad cualquiera (*máµlà maᶜrûf* 'benéfico'), ningún vocabulario vulgar moderno registra ya la antigua ac. 'cliente, liberto', vid. Bocthor, Beaussier, Lerchundi, y sobre todo Marçais, *Textes Arabes de Tanger* (pp. 499-501). Lo mismo debía ya de suceder en el árabe de España, donde R. Martí sólo registra *máµlà* o *máµl* «dominus» y *máµlāh* «domina», y PAlc. *méul* 'dueño', *méule* 'dueña', *mauletna* 'dueña nuestra'. Conviene, pues, abandonar la idea, que por otra parte tampoco hubiera sido fácilmente practicable en lo semántico e histórico, puesto que la ac. más antigua de nuestro *maula* no es 'cosa despreciable', sino 'triquiñuela, engaño', y el arg. moderno *maula* 'cobarde' está separado del *máµlà* coránico por un hiato de doce siglos.

Los demás romances subrayan lo de que el sentido fundamental de *maula* es el de 'astucia, marrullería': cat. *maula* 'picardía', *mauleria* 'palabra o acción artificiosa para engañar', *maulet* 'nombre que en Valencia daban sus enemigos (*botiflers*) a los partidarios de la casa de Austria en la guerra de Sucesión', *gata maula* 'el que sabe disimular malas intenciones', como indicó Sainéan (*BhZPh.* I, 48, 64), ahí y en *catomiaulo* «câlin», Ginebra *catamaula* «femme toujours dolente», Mayenne *camiyao* «fainéant» se trata de un nombre hipocorístico del gato, animal marrullero por excelencia, de la misma manera que el francés *matois* 'astuto' está junto a *matou* 'micho, michino'. Se trata naturalmente de un derivado de *maular*, variante de *maullar*, que todavía se emplea en la frase *ni paula ni maula*; comp. *maullón* 'fullero' en Quevedo (Fcha.).

GdDD 4024 admite arbitrariamente que es catalanismo; pero aun en catalán sería inadmisible fonéticamente traerlo de MACULA 'mancha': es -GUL- el grupo que puede dar -µl- en catalán, pero nunca -CUL-.

DERIV. *Maulero* [Quevedo, Quiñones de B.³]; *mauleria* [*Aut.*]. *Maulón*.

¹ Con este sentido lo empleó bien claramente el P. Sarmiento en 1754: le daban la abadía del monasterio de Ripoll (entonces en lo más hondo de su decadencia), seguramente con la intención de apartarle de Galicia y emplearle en la obra de descatalanización, y él renunció para, «desembarazado yo de la *maula*», seguir dedicándose a sus investigaciones gallegas y científicas (*CaG.*, p. 43).— ² Otros ejs. en Draghi, *Canc. Cuyano*, p. 568; Villador, *Mundo Argentino*, 19-IV-1939, etc.— ³ «Vuelto lo de abajo arriba / está el mundo novelero / ... / así hallé al mundo *maulero*, / y así tengo de dejalle», *NBAE* XVIII, 828b. Más ejs. en *Aut.* y en Fcha.

Maular, V. *magullar* y *maullar*

MAULLAR, alteración del dialectal *maular*, derivado de la onomatopeya *mau* de la voz del gato; la forma *maullar* se explica por influjo de AULLAR. 1.ᵃ doc.: *mahullar como gato*, h. 1400, Glos. del Escorial.

En los *Refranes que dizen las Viejas tras el Fue-*

go, atribuídos al Marqués de Santillana, figura «gato *maullador*, nunca buen caçador» (n.º 338, *RH* XXV, 159); también *maullar* en APal. 537*b*, y *Aut*. documenta en Lope. Voz muy viva hasta hoy. La variante originaria *maular*, sólo la ha conservado el lenguaje común en la frase estereotipada *ni maula ni paula*, pero es viva con carácter general en el Alto Aragón (Sierra de Guara), junto con otras variantes como *miaular* (Sallent), *meolá*, *mi(g)olá* (Ansó), *migol(i)ar* (Echo), *RLiR* XI, 243; en la Biblia judía de Ferrara (1553) se halla *moyllar* correspondiente a *bramar* de la versión de Reina (*MLN* XI, 97); comp., en otros romances, cat. *miolar*, fr. *miauler*, etc., y vid. Sainéan, *BhZRPh.* I, 10; G. de Diego, *RFE* IX, 123 (pero no hay por qué suponer un lat. **MIAULARE*). De una onomatopeya parecida sale *meauca* 'especie de gaviota' citado por *Aut*. de la obra entonces reciente de Marcuello (¿arag?), cat. *meuca* íd. Otra variante es *mayar*, empleada por Lope (*Aut.*), para la cual vid. Sainéan, *l. c.*, otras son *miar* y *miañar* (Acad.) y el santand. *miagar*. Comp. *MAULA*.

DERIV. *Maullador* [2.º cuarto S. XV, vid. arriba]. *Maullido* [*Aut.*]. *Maúllo* [Lope, *Aut.*]. De *mayar*: *maído* [*Aut.*] o *mayido*. Entre las palabras de la misma familia figuran los nombres hipocorísticos del gato *mío*, *micha*, *micho*, *michino*, *miz*, *mizo*, *mozo*, etc.

Mauraca, V. *moraga*   *Maurecer*, *mauriento*, V. *moho*

MAUSOLEO, del lat. *Mausolēum* y éste del gr. Μαυσωλεῖον íd., derivado de Μαύσωλος, nombre de un rey de Caria a quien su esposa hizo construir un monumental sepulcro. *1.ª doc.:* Covarr.; Villamediana, † 1622.

En el *Quijote*, II, viii, 29, *Mausoleo* figura, por confusión, como nombre del rey mismo; en cuanto a la socorrida variante *mauseolo*[1], más que verdadera metátesis es disparate ocasional causado por la semejanza de cultismos numerosos como *alveolo*, *aureola*, *nucleolo*, etc.

[1] Ya en Fz. de Oviedo (1546-8), según Fcha. En realidad *mauseolo*, que está ya en rima en Juan de Mena, fué imitado por varios, desde Lope hasta Calderón (Lida, *Mena*, p. 273).

Mavorcio, *mavorte*, V. *marte*   *Maxilar*, V. *mejilla*   *Máxima*, *máxime*, *máximo*, V. *mayor*   *Maxmordón*, V. *mazamorra*   *Maya*, V. *mayo*   *Mayador*, V. *maullar*   *Mayal*, V. *majar*   *Mayar*, V. *maullar*   *Mayear*, V. *mayo*   *Mayestático*, V. *mayor*   *Mayeta*, V. *mayueta*

MAYO, del lat. MAJUS íd. *1.ª doc.:* orígenes del idioma (*Cid*, etc.).

Mao en *Alex.*, 1630, es variante leonesa. Ac. especial es 'árbol o palo alto adornado, que se pone en un lugar público, adonde en el mes de mayo

concurren los mozos y mozas a divertirse' [*Aut.*]; de ahí 'pelele espetado en un palo que ponen en las huertas para espantar los pájaros' en Zamora (Fz. Duro). Ya en latín era posible emplear *majus* como adjetivo de tres terminaciones (*calendae majae*, *idus maji*) y es posible que este uso se conservara sin interrupción en el habla popular (comp. *maya*, y las *fiestas mayas*, fiesta nacional celebrada en este mes en la Arg.).

DERIV. *Maya* [1599, *G. de Alfarache*, *Aut.*; comp. *Villa Maya* en Oelschl.]. *Mayear*. Vid. *MAGUILLA* y *MAYUETA*.

MAYOR, del lat. MAJOR, -ŌRIS, íd., comparativo de MAGNUS 'grande'. *1.ª doc.:* orígenes del idioma (*Cid*, etc.).

La variante *maor* es leonesa: *Alex.*, 9, 115, 243; Staaff, § 30, con muchos ejs. También antigua en gallegoportugués, donde han luchado largamente *maior*, *maor* y *mor*: ya en el S. XVI el portugués Jorge de *Montemayor* se llamaba en su tierra J. de *Montemor*; en gallego Lugrís admite *maor* y *mor*, Castelao emplea *maor* («as *maores* alegrías» 296.2f., 296.1f., 101.34). El vulgarismo *más mayor* se lee ya en Berceo, *Mil.*, 809*b*.

DERIV. *Mayora*. *Mayoral* [Berceo; *maoral*, *Alex.*, 296]; *mayorala*; *mayoralía*. *Mayorar* ant.; *mayorgar* 'hacerse fuerte, prevalecer, dominar' en las biblias judías de Ferrara (1553) y de Constantinopla (*BRAE* V, 352)[1]; otros ejs. judíos en Cej., *Voc.*, de un lat. vg. **MAJORICARE*; *mayorear* cub. (*Ca.*, 138). *Mayorazgo*[2] [1370, Leyes de Toro, en *Aut.*; *-adgo* «primogenitura», Nebr.], como adj. [*hija mayorazga*, 1602, en el *Alfarache* de Martí, Rivad. III, 375]; hoy *mayorazu*, *-aza*, en Asturias (Vigón); *mayorazgüelo; mayorazguete; mayorazguista; amayorazgar* [1841, *DHist.*]. *Mayoría* [1251, *Calila*, 40.709; 1605, Ponce de León, *Aut.*]. *Mayoridad Mayorista* 'en los estudios de gramática el que estaba en la clase de los mayores', 'comerciante al por mayor' (neologismo anotado en el *Ca.*, 54, que es ya de uso general, pero no en Acad.).

Mayúsculo [1600, Mármol, *Aut.*], tomado del lat. *majuscŭlus*, diminutivo de *major*.

Majestad [Berceo; para la ac. 'imagen de Jesucristo', comp. *Mil.*, 144*d*, aquí aplicado a la de la Virgen], tomado de *majestas*, *-ātis*, íd.; *majestuoso* [S. XVII, *Aut.*], alguna vez *majestoso*; *majestuosidad*; *mayestático*, imitado del alem. *majestätisch* e introducido, a fines del S. XIX, por los krausistas y a través de la oratoria de Salmerón (J. Casares, *Crít. Efím.* I, 61-65; A. Castro, *RFE* VI, 197).

Mayólica [Acad. ya 1914], tomado del it. *majolica* íd., así denominada por alusión a la isla de Mallorca (lat. MAJORICA), por haber sido introducida en Italia por gente de lengua catalana.

Máximo [*máximo pontífice*, APal. 259*d*; ejs. del uso general, en los SS. XVI y XVII en *Aut.*], tomado del lat. *maxĭmus* íd., superlativo ·de *magnus*[3]; *máxima*; *máxime*; *máximum*.

CPT. *Mayordomo* [doc. de 1120, Oelschl.] tomado del b. lat. *majordomus* íd., propiamente 'el mayor de la casa' (la forma arag. ant. *mayordompne*, Fueros de Aragón de h. 1300, Tilander, § 266.28; invent. de 1356, BRAE IV, 207; se debe a una falsa interpretación del cat. *majordom*, entendido como si contuviera *-hom* 'hombre')[4]; *mayordoma; mayordomía* [1253, M. P., D. L. 277.22; APal. 527d] o *mayordomazgo; mayordomear*.

[1] Del judeoesp. *mayorgado* hubo una curiosa correspondencia arcaica en el cat. rosell. *meregat* 'adulto', que aparece solamente en el ms. B de las *Vidas de Santos* rosell., n. 11 al fº 196: MAJORICATUS > *mairegat* > *meregat* (V. el glos. de la ed. completa de ese texto, Bna., Fund. Vives i Casajuana, 1976).— [2] Ni con este adj. *ma(y)orazgo*, *-ga*, ni con *mayoral* debe confundirse la muy curiosa palabra gallega *marulán* 'el labrador o persona más rica de la parroquia o aldea' (Carré, etc.), muy empleada sobre todo en las *bisbarras* o valles más conservadores de la región: «o lugar da Fanoy, do concello de Abadín (Mondoñedo) ...nesta aldea vivía o acomodado *marulán* Alonso García Alvarez de Luaces com seus sete fillos...» (fin del S. XVI), «o capitán Mateo Segade... pertencía ôs Segades, honrados *maruláns* que na fegresía de Albeancos labraban xenerosas leiras e tiñan casa bóa con infras de pazo... sua muller Marica Camino, nada na aldea do Carral ...tivo per pais a G. Camino i Elvira Rodríguez, tamén *maruláns* de aquelas montanas, os que a dotaron e casaron...», A. Cotarelo Valledor, *Lembranza de Mateo Segade*, en *Terra de Melide*, pp. 573-4. Trátase de un interesante celtismo, *MĀRŪLLĀNUS, derivado del célt. común MĀROS o MARŪ 'grande', con el fecundísimo sufijo diminutivo -ULLO-, tan frecuente en nombres de persona de la Antigüedad, del que Holder reunió más de setenta casos en inscripciones del mundo céltico, sobre todo en nombres propios de persona, pero también apelativos (como *betulla, cucullus, cintullus*, etc.); ver Holder, *Altcelt. Sprachschatz*, III 26, II 432-4, Pokorny, *IEW*, 704. Un clan de los gálatas llevaba en Ancyra el nombre Μαρουραγγηη, tan semejante a éste y atestiguado en tres inscripciones. Hay además un gall. *marulo* (Valladares, pero no Cuveiro ni Carré) y *marulas* (El. Rdz.) 'niño rollizo y saludable', pero lo más escaso y reciente de su documentación revela que es forma extraída de *marulán* regresivamente.— [3] Dozy, *Suppl.* II, 593a y Simonet, p. 342, recogen el mozárabe *masmaqûra* como nombre de la *Aristolochia Longa* (ár. *zarāwand ṭawîl*) en cinco botánicos y médicos españoles de los SS. XII-XIII y en el africano Abenalhaxxá (S. XIII), desde Abenbeklarix y Averroes, que ya la cita en su manual de medicina: casi todos declaran que es el nombre que se le da en la ağamía de

Al-Andalús; dos de ellos dan además una forma sinónima *masmaqurân*, derivada, y el *Dictionarium Medicum* de 1585, atribuído a Nebrija, dice que en latín farmacéutico es *masmacora*, forma cuya *o* en lugar de *u* se explica por la pronunciación arábiga. Como etimología propongo yo *maxima cura* 'cura o remedio máximo', teniendo en cuenta que la *Aristolochia Longa* es planta medicinal y diurética, y sin duda en tal calidad la cita el Manual de Averroes. Por lo demás, el Trat. anónimo de materia médica, ms. 890 cast. del Escorial, asegura que *msmqwra[t]* es el nombre que «entre nosotros en lengua ağamí» se le da al *uššâq*, o sea la goma amonjíaca (cf. Dozy *Suppl.* II 808b y s. v. *uššâq*).— [4] *Majordome* existe ya en catalán antiguo. Esta forma debió de ser familiar al autor del *Auto de los Reyes Magos*, a juzgar por su rima *mayordomo*: *toma*, donde hay además pronunciación catalana de la *-e* como *-a* o pronunciación gascona o catalana de la *-a* como *-e*. Lo cual Lapesa interpreta (en su reciente trabajo del *Homenaje a Krüger*) como indicio de que el autor era un gascón (o catalán) poblador de Toledo, y yo más bien como prueba de que era uno de tantos aragoneses de la época que escribían un lenguaje medio gascón o catalán (como los autores de los numerosos fueros navarro-aragoneses estudiados últimamente por Molho).

Mayorana, V. *almoraduj*   *Mayuelo* 'badajo', ast., V. *majar*; 'albaricoque' and., V. *majuelo*

MAYUETA, nombre antiguo y dialectal de la fresa, que con antiguas variantes se extiende al catalán, lengua de Oc y hablas de la Alta Italia; de un tipo prerromano, probablemente céltico, *MAIOθA (*MAIOSTA); se ignora el origen de la raíz de este vocablo, que puede ser prerromana, o acaso tomada por el celta del lat. MAJUS 'mes de mayo', pero la terminación desde luego no es latina ni romance. 1.ª doc.: «*mayueta*, fruta de cierta yerva: fragum», Nebr.

Posteriormente registraron *mayueta* los botánicos Jarava (1557) y Cienfuegos (1627), dándolo éste como propio de Burgos; Sarmiento, S. XVIII, registró *mayeta* como propio del Bierzo (Colmeiro II, 319). En el uso general, *mayueta* hubo de anticuarse pronto, reemplazado por el galicismo *fresa*, pues aunque C. de las Casas (1570), Percivale[1] (1591) y Oudin todavía reproducen el artículo de Nebr., ya no lo hace Covarr., quien sólo cita el vocablo, en su artículo *fresa*, como sacado de un Calepino, añadiendo que no es palabra empleada universalmente. Hoy sigue vivo en parte de la prov. de Santander, pero sólo como nombre de la fresa silvestre (G. Lomas; Vergara, *Vocab. de Segovia*, p. 93). Variantes fonéticas, explicables por la forma reducida *mayeta*, son *maíta* (G. Lomas), *armeta* (íd.)[2], *meta* (íd.), *metra* [Terr.; G. Lomas][3].

V. formas de este tipo entre las que he reunido en el artíc. *MADROÑO*; *GdDD* 4045 cita además rioj. *mayata*, que si no es errata (falta en los vocabularios de *RDTP* IV, 289, y X, 329) puede venir de un **mayuata* con diptongo de tipo aragonés; santand. *meléta(no)* se acerca ya netamente al tipo *MERUÉNDANO* que estudio allá; Sajambre *avellétanos*, -*llótanos* (Fz. Gonzz., 204). Del mismo tipo léxico de *mayueta* son el vco. *mazusta* (-*susta*), el gasc. piren. occidental *mastajoû*, -*ayoû*, *moustajoè*, 'frambuesa' (metátesis de **majoustoû*, con sufijo -ONEM; Rohlfs, *RLiR* VII, 141, 164; *BhZRPh*. LXXXV, 19; Palay); el langued. (latissimo sensu) *majoufo* (-*ouflo*, -*oufro*, *moufo*) 'fresa silvestre', que también se extiende al gascón del Gers, al Alto Lemosín, a la Auvernia y aun al centro de Provenza (Rolland, *Flore* V, 198, 196); bajo lemos., auvern. y prov. alpino *ma(i)ousso* (*mousso*), que también se extiende al frprov. del Sur, Lyon, Poitou y Saintonge; piam., lomb. y emil. *magiostra*; Erto (Dolomitas) *muta*; friul. *mautse*. Además es muy probable que el cat. *maduixa* 'fresa cultivada' venga por disimilación de **majuixa* y tenga por lo tanto el mismo origen[4]; debe de ser forma muy antigua, pues ya E. de Villena en 1423 da *madoxas* 'fresas', y no cabe duda que lo tomó del catalán[5]. Comp. *MOSTAJO*.

Trataré más detenidamente de la etimología en mi *DECat*. Diez (*Wb.*, 468), Schuchardt (*ZRPh*. XXIX, 218-21), M-L. (*REW*[1] 5250), Bertoni (*ARom*. I, 73-75), y otros, derivaron del lat. MA-JUS en el sentido de 'fruta que se cosecha en mayo', sin explicarse sobre las dificultades que presenta el sufijo. Pero Jud (*Rom.* XLVIII, 608) hizo notar que no está bien averiguado que el nombre de la fresa se derive en parte alguna del nombre del mes de mayo, y fijándose principalmente en el sufijo y en el área geográfica indicó que debía ser voz prerromana; las variantes que presenta el sufijo —observó—, inexplicables por la fonética romance, reaparecen en otro celtismo, *AMBUESTA*, con sus sucedáneos *almueça, almostrada, ĕboθa, bòffa*, etc.; a esta doctrina se han adherido esencialmente Bertoldi (*RLiR* IV, 231-3, agregando importantes elementos de juicio), Meyer-Lübke (*REW*[3] 5249a), Hubschmid, *Pyrenäenwörter vorroman. Urspr.*, 40-42 y yo mismo[6]. Un tipo originario **MAIOSTA*, conservado hasta hoy, con leves alteraciones, en Italia, Pirineos gascones y País Vasco[7], pasaría fonéticamente a **MAIOθA* (θ = z castellana) en una parte de los dialectos célticos; y el fonema extranjero θ se romanizaría sustituyéndolo por varios sonidos latinos, sea la oclusiva dental *t* (**MAIQTA* tipo castellano y dolomítico), sea las fricativas pero no dentales *f, s* o *š*. Queda el problema del radical. Mientras nada parecido pueda hallarse en el celta insular, deberá seguir teniéndose en cuenta la posibilidad de que haya parentesco indirecto con MAJUS; nótese el refrán citado por García Lomas «en abril fresas y en

mayo *mayuetas*», que explicaría bien por qué se dió tal nombre a nuestra fruta. No parece que MAJUS pertenezca a los elementos comunes al itálico y al céltico, pues aunque hay un nombre remotamente afín en osco, y aun en griego y en la onomástica gala se hallan nombres de persona indirectamente emparentados, la aplicación del nombre de la diosa *Maia* al mes de este nombre parece ser un hecho puramente latino (Walde-H., Ernout-M.). Conocemos los nombres galos de los doce meses, gracias al calendario de Coligny, y ninguno de ellos se parece a MAJUS[8]. Sin embargo, las lenguas célticas insulares han tomado todas ellas en préstamo el nombre latino: irl. *mai*, gaél. *màigh*, bret. *maé*, córn. *mê*, galés med. *mei* (Pedersen, *Vgl. Gramm.* I, 216). Quizá podamos suponer que ya el celta continental, en sus fases tardías, tomó parte en este préstamo, y que de ahí se derivó **MAIOSTA*; aun podría sospecharse que por esta razón permanecería ajeno el vocablo al galo septentrional, más reacio a la latinización, de donde la inexistencia de **MAIOSTA* en casi todos los dialectos franceses. Me apresuro a reconocer, sin embargo, que el apoyo semántico que he indicado arriba para la etimología MAJUS es discutible[9], y así queda abierta la posibilidad de que el parecido de *mayueta* y *mayo* sea puramente casual, y la raíz del vocablo sea también prerromana, y aun quizá precéltica.

[1] Éste agrega que *mayuete* es nombre de la fruta, y -*ueta* de la planta; Oudin asegura lo contrario.— [2] Además *armeína* (rimando con *aína* en un adagio), cambio de sufijo.— [3] Éste se emplea además en Álava. Larramendi y Terr., seguidos por otros, aseguran que es voz tomada del vasco, pero se referirán al c a s t e l l a n o del País Vasco y no al eusquera, pues Azkue no la registra, y la evolución fonética (con la diptongación ǫ > (u)e) indica voz romance.— [4] Hoy es palabra propia del catalán oriental, y según creo el mallorquín (ahí *manduixa*), mientras que *fraga* y *fraula* reinan en el Oeste, y también en Valencia (ahí junto al castellanismo *fresa*). Pero Cavanilles, h. 1790, cita una curiosa variante valenciana *marioches*. En Vic y en Figueres dicen *madoixa*, según Ag.; tengo anotado *madòixa* de Ger (Cerdaña) y *madóixa* de Setcases (valle de Camprodon).— [5] Otros nombres que deberán tomarse en consideración, aunque ya es inseguro que pertenezcan al mismo tipo, son Echo *masura* 'especie de mora pequeña que se hace en la montaña' (*BDC* XXIV, 174) —comp. el vasco *masusta*, V. también Schuchardt, *Museum* V, 399-400, y además *masustra* en vizc. y *marzusta, martzuka* en lab.; nos acercan mucho a nuestro nombre de la fresa el ronc. *marzuza* y el salac. *marzoza* (*Supl.* a Azkue[2]), sul. *masusa*, aunque son también nombres de la mora (de árbol)—, Ansó *magoría* (comunicación de J. Giner March), alto-nav. *mariguri*, guip. *marrubi*, alto-nav., bajo-nav. *malubi*, vizc. y guip. *maîluki*, vizc. *maîlug(a)i*,

bajo-nav. *malhuri* (Azkue).— [6] Para *MERUÉN-DANO* y *AMIÉSGADO*, que no parecen pertenecientes al mismo tipo etimológico, V. los artículos correspondientes.— [7] Agréguese *La Majouste* aldea del dept. del Cantal (Amé); *Majost*, propiedad montañesa en Klosters, Grisones (Planta-Schorta).— [8] A juzgar por nombres explicables etimológicamente, y por lo tanto aproximadamente identificables, como *Samon*, *Ogron* y *Giamon*, parece que el mayo correspondería a uno de los tres meses consecutivos *Equos*, *Elemb(i)* o *Edrini*, vid. Dottin, *La Langue Gauloise*, p. 174.— [9] Nótese que aunque siempre hubo fresas, su cultivo es algo moderno, que no se practicaba sino esporádicamente antes del S. XVII. Luego la oposición entre la fresa abrileña y la *mayueta* de mayo (lo que, por lo demás, no corresponde al clima de otras regiones) difícilmente se aplicaría a la Antigüedad.

Mayúsculo, V. *mayor*

MAZA, del lat. vg. *MATTĔA*, que parece ser derivado retrógrado del lat. MATEOLA íd. *1.ª doc.*: h. 1330, Juan Manuel, Juan Ruiz; al parecer contienen ya este vocablo el doc. de 1210 y aun el de 1177, que cita Oelschl.

Tiene *ç* sorda en la Edad Media: G. de Segovia, Nebr. («*m. para majar lino*: malleus stupparius; *m. de portero*: clava; *m. de carreta*: timpanum»)[1]. De uso general en todas las épocas y común a todos los romances de Occidente. MATEOLA aparece sólo en Catón, un par de veces, como nombre de un mazo para clavar una estaca; fuera de ello y de Plinio, que cita el texto de Catón, no hay más datos del vocablo en latín. Suele compararse con él el scr. *matyám* 'rastrillo' y el eslavón *motyka* 'azada', pero claro está que es relación incierta semánticamente; en la baja época aparecen *mat(t)iarius* 'soldado armado a la ligera', y el compuesto *mattiobarbulus*, como nombre de una arma que llevaba este soldado. Todo ello no nos asegura que estemos ante una voz genuinamente latina, y aun podría citarse en apoyo de un origen céltico el sufijo del derivado *MATTEŪCA* (vid. arriba *MACHU-CAR*, y fr. *massue*), pero justamente la existencia de *măciucă* en rumano resta probabilidad a un origen céltico; en cuanto al irl. ant. *matan* 'maza' e irl. med. *admat* 'madera de construcción', parecen voces independientes, que se remontan a un original MAZD-, afín al germ. *mast* 'mástil' (según Thurneysen, *Z. f. vgl. Sprachf.* XXXII, 570; Stokes, ibid. XL, 243-4). Así el castellano como el catalán y el galorromance postulan claramente una base con -TT- (el portugués y el italiano son equívocos), que no es probable se explique por contaminación de MACTARE 'sacrificar' o de *MATTARE* 'matar' (como supone Cornu, *GGr.* I², 900), pero sí es lícito admitir que Catón o sus copistas todavía no distinguían gráficamente entre TT y T

(comp. Cuervo, *Obr. Inéd.*, p. 399). Comp., además, la cuestión de MA(T)TUS en *MATAR*.

DERIV. *Mazar* [Acad. ya 1914]. *Mazada* [*maç-*, Berceo; 'golpe decisivo', J. Ruiz, 699*d*; otros ejs. en la ed. de Cejador]; *mazazo*. *Macear; maceador* (*maciador* 'especie de molinillo con que se bate la leche cuando se maza', en Colunga, V); *maceada* ('residuo de la leche después de mazada' ibid.); *maceo*[2]. *Macero* ['el que lleva maza', Nebr.]. *Maceta* [«*macella*, por *maceta*, que es vasija de agua», APal.; 'tiesto', 1587, Morgado, *Hist. de Sevilla*, *Aut.*; «un tiesto, que en Sevilla llaman *maceta*, de albahaca», *Rinconete y Cortadillo*, *Cl. C.*, 162, ed. princ. f° 73 r°; «pot ou caisse de bois pour y planter des orangers ou autres petits arbres fruictiers», Oudin], probablemente significó primero 'mazo de flores'[3] y luego la vasija que lo contiene; acaso sea mozarabismo, por el sufijo (a pesar de la *c*)[4], o menos probablemente italianismo, pues en italiano sólo hallamos el masculino *mazzetto* 'ramillete'[5]; *macetero*; *macetón*. *Mazo* 'porra' [Berceo; *Alex.*, 615; J. Ruiz; 'máquina de guerra', *Gr. Conq. de Ultr.*, 329; «*maço para majar*: malleus», Nebr.], masculino secundario, que reaparece en el port. *maço* y el it. *mazzo*; será castellanismo el ár. marroq. y argel. *mássọ* 'mazo de plumas, de cartas, etc.' (Simonet)[6]; *macillo*; *mazuelo*.

CPT. *Mazagatos* 'refriega' [Covarr.; Cervantes, *Nov. Ej.*, *Cl. C.* I, 288; figura también en el título de una comedia de Lope], probablemente tomado del it. *ammazzagatti*, compuesto de *ammazzare* 'matar', derivado de *mazza* 'maza' (para paralelos semánticos, vid. Sainéan, *BhZRPh.* I, 44, 45).

[1] Para la ac. 'cubo de la rueda del carro', viva en Chile y en algunos puntos de España, vid. Zamora V., *RFE* XXVI, 317. En Cuba 'pieza cilíndrica y horizontal, de acero, que con otras compone un trapiche de cañadulce, que con ella se machaca' (*Ca.*, 225).— [2] Hay un gall. *mazar* 'estropearse una fruta por efecto de golpe' (Carré), *mazado* 'machacado, magullado' (Vall., *Supl.*). Supongo es más bien propiamente gallego, aunque podría ser castellano local de Galicia, el verbo *macearse*, que Sarm. emplea a menudo, hablando de la sardina u otro pescado que se apelmaza o amazacota, cuando lo cogen con redes en secadas (*CaG.* 61v), o de la pera y demás frutas que está ya *zafada* o casi podrida (67v, 116v). Recuerdo que también emplea *maza* con referencia al pescado apelmazado.— [3] *Aut.* admite la ac. «ramo que tiene muchas flores juntas y apiñadas, y assí se dice *maceta de claveles, de azucenas*, etc.», aunque manifiesta que es «por extensión». En el ej. de Morgado no está claro si tenemos ésta o la ac. ordinaria. No creo que pueda pensarse en un origen arábigo; 'maceta o tiesto de flores' se dice en árabe *qaṣríya zahr* (Bocthor, s. v. *pot de fleurs*) y no hallo otras denominaciones; lo único algo parecido es *máḥbas* (plural *maḥâbis*),

nombre de una especie de vasija en Marruecos y en España, pero desde ahí no hay camino razonable para llegar a *maceta*.— [4] ¿O MASS-ĀTA acaso (cf. la ac. de A. Pal.) o MATTEA + -ATA? Tal vez en la ac. de 'masa de tierra con su planta'.— [5] Para el sentido argentino vid. Tiscornia, *M. Fierro coment.*, 481.— [6] De aquí debe estar tomado el vasco vizc. *mazo* 'torpe' 'regordete y fuerte', de donde derivará *mazote* empleado en el cast. de Santurce (Vizc.) como nombre del pez nombrado en vasco *arraingorri* (propiamente 'pez rojo'), según Azkue, y también *escarcho*, *certa* (éste quizá del vco. *zarta* 'vara'?) y *cuco*.

MAZACOTE, 'hormigón', 'barrilla', del mismo origen incierto que el it. *marzacotto* 'barniz para vidriar loza' y el fr. *massicot* 'óxido de plomo'; la palabra aparece primeramente en Italia y debe de proceder del ár. *mashaqûnyā*, que significa lo mismo que *marzacotto*; dicha palabra arábiga alteraría su terminación en italiano por el influjo de *cotto* 'cocido' por fabricarse este producto por cocción. *1.ª doc.*: «*maçacote* para solar: maltha», Nebr.

Para el estudio de este vocablo es fundamental el trabajo de A. Kluyver[1]. PAlc. define con la misma voz arábiga que emplea para traducir *argamasa*. Covarr. define «pasta o mezcla hecha de cal, arena y casquijo, con que se cimientan los muros y se rehinchen las paredes fuertes»; Oudin «un mortier fait de chaulx et de ciment, pour faire un pavé de salle ou de chambre»; Percivale (1591) «lyme and sand mixed together, the stuffe whereof glasse is made». *Aut.* reproduce la definición de Covarr., y agrega «por semejanza se llama el guisado u otra cosa que está seco, duro y pegajoso: y assí se dice que está hecho un mazacote; se dice también al necio y pesado», de lo cual da ej. en Góngora. En cuanto a la ac. 'barrilla, soda', a que ya parece referirse Percivale, la registra la Acad. ya en 1843. El vocablo se pronuncia hoy en Cáceres y Sierra de Gata con ç sorda, como en tiempo de Nebr.[2] En portugués *maçacote* es «barrilheira, herva de que se usa para fazer vidro» (Moraes), y en Tras os Montes *massacote* es «mistura de cal, barro e areia» (*RL* I, 213).

En Italia la tradición del vocablo viene de más lejos. Allí el *marzacotto* es una «composizione di cui si servono i vasai per investire i lor vasi, fatta con quella renella che fa il vetro, con feccia di vino bruciata ecc.»; Tommaseo cita ejs. de Boccaccio y del pirotécnico Biringucci (1540), el cual nos informa de que el *marzacotto* se hacía con la arenilla blanca empleada en la fabricación del vidrio, con *alume catino* (por el cual entiende 'soda', 'ceniza de barrilla', Kluyver, pp. 107, 121) o heces de vino quemadas, y con tártaro, poniendo esta mezcla a cocer en una hornaza, hasta que se vitrifica. Siendo ésta la composición del *marzacotto* se

comprende fácilmente que en España el vocablo pasara a designar la barrilla y también un mortero o argamasa de arena, cal y casquijo; y se comprende también que el fr. *massicot* se haya convertido en el nombre del óxido amarillo de plomo[3], con el cual debía combinarse el *marzacotto* para obtener un buen barniz, según el propio Biringucci y otros (Kluyver, p. 107). La antigüedad de la fabricación de este producto en Italia resulta de la documentación reunida, pues en 1442 se menciona el *marzachotto da fare vetro* y el *marsacotto da bicchieri* (*Z. f. dt. Wortforschung* VI, 66, n. 4), y tenemos una prueba de que ya se conocía con este nombre a fines del S. XIII. El fr. *massicot* no se documenta hasta 1480, aunque podemos creer que era algo más antiguo, pues del francés debe proceder el vocablo en inglés, donde se ha registrado desde 1472, y en neerlandés, donde la forma levemente alterada *masticot* (que también se halla en Francia y se debe a una contaminación de *mastic* 'almáciga') ya aparece en 1449.

Muy importante para la etimología es la mención de fines del S. XIII a que me he referido, la cual aparece en las *Pandectae Medicinae* del mantuano Mateo Silvático, obra fundada en modelos arábigos: allí se trata de la llamada *massacuma* (o *massicuma*), «materia quaedam qua vitrum fit: et vocatur vulgo *massa cocta*» (*o. c.*, p. 112); está claro que este *massa cocta* no es más que una latinización del it. *mazzacotto*, variante de nuestro vocablo que Tommaseo documenta en unas Ordenanzas de Siena y en otro texto de 1652; y en cuanto a *massacuma*, menciona Silvático como fuente suya al Razí, en cuyas traducciones latinas se halla en realidad *massacunia* (o *-umia*), mientras que el original arábigo de esta obra, así como el de Abenalbéitar († 1248), traen *mashaqûnyā* (Dozy, *Suppl.* II, 590b). Este vocablo no es primitivamente arábigo sino tomado del siríaco, y se sospecha que en este idioma proceda del griego, sea todo él o por lo menos uno de sus elementos. Sea como quiera, los alquimistas y médicos árabes lo emplearon mucho, pues también tenemos informes de que se utilizaba como colirio. A las diligentes investigaciones de Kluyver debemos el conocimiento de este importante elemento de juicio, y él mismo subraya (p. 116) que los europeos aprendieron de los árabes la técnica del barnizado de la loza; pero su teoría de que el vocablo romance no tenga relación etimológica con su sinónimo arábigo es sumamente inverosímil. La diferencia de género entre los dos vocablos es detalle de nimia importancia, y el hecho de que en los mss. de Silvático el vocablo aparezca estropeado por una errata de copia sólo compromete a esos copistas ignorantes, pero no prueba en manera alguna que los técnicos y operarios europeos no lo conocieran muy bien de viva voz.

En cuanto a la etimología que Kluyver atribuye a *mazacote*, a saber, el árabe *šabb qubṭī* 'alumbre egipcio', por muy erudita e ingeniosamente que la defienda, y aunque la reprodujera sin crítica M-L. (*REW* 7761b, de donde pasó a otros diccionarios), apenas se puede tomar en consideración. Es inadmisible que la sílaba inicial *ma-* «la pudieran agregar arbitrariamente los españoles a sus arabismos»[4], y tampoco es verdad que el š arábigo se transcriba normalmente por *z*; además, aunque es verdad que ocasionalmente se ha confundido el *marzacotto* o la barrilla con el alumbre (V. arriba la referencia de Biringucci), eran sustancias bien diferentes, y el alumbre egipcio era sólo una de las tres clases más conocidas de este mineral[5].

Abandonada del todo la idea de Kluyver, podemos estar bastante seguros de que *ma(r)zacotto* es alteración de su sinónimo el ár. *mashaqûnyā*[6], y a lo sumo podríamos admitir que el cambio de su terminación se debe a un cruce con *šabb qubṭi* (acentuado vulgarmente *qúbṭi*) si estuviéramos bien seguros de que este nombre se empleó alguna vez para designar el *marzacotto*; pero a juzgar por lo que hasta ahora nos consta es más probable que vulgarmente se cambiara *-qûnyā* en *-cotto* por el natural deseo del vulgo de explicarse el sentido de las palabras: el *marzacotto* se obtenía por cocción en una hornaza y por lo tanto era natural reemplazar el elemento extranjero e incomprensible por el it. *cotto* 'cocido'. Si se prefiere la fórmula del cruce se puede decir que *marzacotto* resulta de uno entre *mashaqûnyā* y *àlcali cotto*, que al fin y al cabo es lo que era nuestro producto. Es de creer que el vocablo emigraría de Italia a España y a Francia, países ambos donde aparece mucho más tarde[7].

DERIV. *Amazacotado* [Acad. ya 1914].

[1] *Verslagen en Mededeelingen der Koninklijke Akademie van Wetenschappen, Afd. Letterkunde*, 4ª. Serie, tomo VIII, 103-127, Amsterdam, 1907.— [2] Espinosa, *Arc. Dial.*, 53.— [3] De ahí el cast. *masicote* [Acad. 1884, no 1843].— [4] Para ello se funda Kluyver en que Dozy admitió la prótesis arbitraria de *mo-* en tres de sus etimologías (p. 316 de su glosario), pero estas etimologías son falsas a todas luces, del calibre de *moharra* < *hárba* o *BORCEGUÍ* < *šarkî*.— [5] Kluyver sólo logra documentar indirectamente la denominación *šabb qubṭi* a través de un tratado latino-español de los SS. X-XII, donde aparecería en las formas alteradas *cote* y *cote asse*. Lo córriente para decir 'egipcio' en árabe era *misrî* más que *qubṭi*; etc. El cast. *MOGATE* 'vidriado de loza' (véase), con el cual apoya Kluyver su etimología, nada tendrá que ver con *mazacote*, y desde luego no puede suponerse que venga de *moxigate*, como él asegura; los demás ejs. de esta síncopa que él cree hallar (*mojigato* 'hipócrita' y *mojiganga* ~ *moganga*) no presentan tal síncopa ni tienen que ver con el caso.— [6] Aun la *r* italiana puede explicarse así, fonéticamente, por una imitación imperfecta del grupo *sh* (> *hs* > *jz* > *rz*).— [7] Si fuese ver-

dad, como Kluyver supone sin pruebas, que procediera de España, podría pensarse en una etimología MASSA CŎCTA, que en mozárabe granadino había de pasar fonéticamente a *maçacoḫte*. Pero esta explicación es más arriesgada, sobre todo desde el punto de vista histórico.

Mazada, mazagatos, V. *maza*

MAZAMORRA, 'especie de gachas que se preparaban con los desperdicios de galleta', antigua voz común a todos los romances mediterráneos, de origen incierto; quizá alteración del ár. *baqsamâṭ* 'galleta de barco' (que a su vez procede del gr. παξαμάδιον 'bizcocho'). *1.ª doc.*: 1535, Fz. de Oviedo.

Con referencia al último viaje de Colón nos dice el P. Las Casas «pudrióseles tanto el bizcocho, y hinchóseles de tanta cantidad de gusanos, que había personas que no querían comer o cenar la *maçamorra* que del bizcocho y agua, puesta en el fuego, hacían». En el *Viaje de Turquía* (1555) se describe más detenidamente: «toman la harina sin cerner ni nada y hácenla pan; después aquello hácenlo cuartos y recuécenlo hasta que está duro como piedra, y métenlo en la galera; las migajas que se desmoronan de aquello y los suelos donde estuvo es *mazamorra*, y muchas veces hay tanta necesidad, que dan de sola ésta, que cuando habréis apartado a una parte las chinches muertas que están entre ello, y las pajas, y el estiércol de los ratones, lo que queda no es la quinta parte». En el *Guzmán de Alfarache* dice el protagonista, condenado a galeras: «diéronme mi ración de 26 onzas de bizcocho... acertó a ser aquél día de caldero, y como era nuevo y estaba desprovisto de gábata, recebí la *mazamorra* en una de un compañero» (*Cl. C.* V, 141.6). Aparece también en Fr. Pedro de Aguado, *Hist. de Venezuela* (1565); y con el sentido traslaticio de 'mezcolanza, confusión', hoy vivo en la Arg., está en las *Cartas* de Eugenio de Salazar. Como tantos términos marinos, el uso de este vocablo se popularizó y generalizó en América: Fz. de Oviedo emplea *maçamorra* por lo menos cuatro veces aplicándolo a unas puches de maíz, a una pasta de cacao o a una especie de gachas preparadas con leche de coco[1]. Hoy en la Arg. es una comida típica de la cocina criolla, que se prepara con maíz machacado, pelado, y cocido en agua o en leche; en el Este de Cuba es una «especie de atol hecho del jugo del maíz tierno, con leche y azúcar» (Pichardo, s. v. *majarete*; *Ca.*, 239), también «la ampolla o apostema que sale a las caballerías en la parte inferior de los cascos» (Pichardo, s. v. *masamorra*).

Fuera del castellano el vocablo tiene gran extensión. Port. *massamôrda* «termo náutico: as migalhas do biscouto» [Bluteau][2]. Oc. *machomourre*, de donde procede el fr. *machemoure* «des miettes de biscuit dont on faisait une soupe», ya documentado en el S. XVII (Jal, s. v.). It. *mazzamurro* (o *mazzamorra*) «tritume o rottame di biscotto, che si dà alle bestie (polli ecc.) e si usa ancora in marina», documentado desde Ramusio (1550-9) y Ulloa (trad. de Fernando Colón), vid. Zaccaria y *Diz. di Marina;* hoy genov. *massamôro* íd., Tarento *mazzamurra* «quantità di ragazzi plebei, marmaglia», sardo *mattsamúrru* 'especie de sopas de pan' (Wagner, *VKR* I, 82). Neogr. μαντσαμούρα 'migas de bizcocho de barco' [Somavera, 1709][3]. Donde el vocablo puede documentarse más pronto es en catalán: ahí *maçamorro* se lee ya en el Cancionero de Zaragoza, del S. XV, evidentemente como comida desagradable de marineros o galeotes: «veniu a considerar / quant és mal de practicar / tots dias lo *maçamorro*» (Ag.), y ya anteriormente en el Poema de la Vida Marina, de fines del S. XIV: «cuyts en lo calderó / ab del *masa moro*»[4].

Junto a *mazzamurro* existe en italiano *mazzamarrone* «soprannome in ischerzo, che denota grossolano, babbione, baggeo», vocablo que se lee en Franco Sacchetti (2.ª mitad del S. XIV), en el *Pataffio* (S. XV) y en Tassoni (principio del XVII), y que paralelamente, junto al port. *massamorda*, cast. *mazamorra*, tenemos en este idioma *maxmordón*, que el Padre Guadix (1593) definía «hombre de poca estima, tardo, pasmado y sin discurso». Trataré más detenidamente de este vocablo al final del artículo, pero desde luego el paralelismo de ambos vocablos en castellano y en italiano no puede ser efecto de una casualidad: el adjetivo personal tiene que ser derivado de nuestro *mazamorra, -orda*, de la misma manera que *papanatas* está en relación con *natas* y *papillas*, y *gachón* es derivado de *gachas*. Richardson en su vocabulario de Juan Ruiz supone que *moxmordo* o *maxmordón* viene del ár. *mašmûr*, y aunque esta idea no me parece aceptable en sí, debemos reconocer que el vocablo tiene marcada fisonomía arábiga: la *x* ante *m*, la vacilación entre *x* y *z* y entre *ó* y *ú*, la estructura general, semejante a la de un participio pasivo árabe, la aplicación a galeotes y remeros y el área mediterránea del vocablo, todo apunta hacia lo mismo. Sin embargo no es fácil determinar la fuente exacta, y creo que hemos de desechar la idea de Richardson, basada en palabra que no ofrece base semántica aceptable[5].

Por mi parte no puedo presentar tampoco un resultado del todo satisfactorio, y es natural que así sea, dado nuestro singular desconocimiento del vocabulario náutico del árabe[6]. Sin embargo puedo al menos señalar una pista. 'Galleta de barco' se dice hoy en Argelia *bašmâṭ* (Beaussier, Ben Sedira), *bušmâṭ* (Humbert), *buǧmâṭ* (Dombay); es palabra ya antigua, que hallamos, en la forma *bišmâṭ* y traducida por 'bizcocho', en textos como el Makrizî y el *Cabbâb*, y especialmente en los españoles Abenbuclárix (1106), Abenalbéitar y R.

Martí. Este último nos advierte que en *rumî* (es decir, en griego) se llama *baksamâdya*, y Abenalbéitar dice que es alteración magrebí de la palabra *baqsamâṭ*. Ahora bien, este último aparece en Almaccarí, de Marruecos, y hoy se conserva en Egipto (Bocthor) y en Palestina (*buqsimâṭ* «du pain bis» Berggren), vid Dozy, *Supl.* I, 90*b*, 103*a*[7]. Es sabido que se trata de una alteración del gr. παξαμάδιον o παξαμάς 'bizcocho' (Galeno), derivado de πηγνύναι (aoristo ἔπαξα) 'hacer compacto', hoy παξιμάδι 'dulces' en neogriego[8]. Es natural que este vocablo extranjero sufriera fuertes alteraciones en el árabe magrebí, de las cuales he citado arriba varias. Pero debieron existir otras más semejantes a *maçamorro, mazzamurro, mazamorra*.

Por lo pronto es sabido que la *â* arábiga se cambia en *ó* por influjo de una consonante enfática o labial (Steiger, *Contrib.*, 311; Corominas, *BDC* XXIV, 50), de suerte que es casi seguro que en España *baqsamâṭ* se pronunciaría *baqsamôṭ* y aun quizá **maqsamôṭ* con la frecuentísima dilación de la nasalidad. El influjo de *masa* y de *morro*, con los cuales el vocablo se relacionaba en romance por su mismo significado, había de conducir casi forzosamente hasta *mazamorra*. Por lo demás hay en árabe varias palabras que pudieron contribuir a la alteración: *ṭúrda* 'migas de pan cocido' (PAlc.), cuyo influjo podría explicar, si fuese necesario, el port. *maçamorda; kusûr* 'migas de pan' (R. Martí); *muḥámmaṣa* 'hormigos de masa' (PAlc.). Especialmente probable es que la semejanza existente entre *baqsamôṭ* 'galleta' por una parte, y *maksûr* 'quebrantado, desmenuzado' (PAlc.) y *mašmûr* 'empapado'[9] por la otra, causara un ár. vg. **maqsamûr* que explicaría directamente *mazamorro*.

Las otras etimologías de *mazamorra* que se han propuesto deben desecharse sin escrúpulo. Sainéan (*Sources Indig.* II, 348) y Morawski (*RFE* XXIV, 140) querían partir del oc. (más exactamente lemosín) *machà* 'mascar', 'aplastar' (MASTICARE o = *MACAR*) + *mourre* 'morro', pero ello es inadmisible en una palabra documentada mucho antes en España e Italia que en Francia. Tiscornia, *l. c.*, partía del gr. μάζα 'masa' (cuya *z* es griega, pero no lat. ni rom.: MASSA) + el sufijo -*orro*, pero así no explicaba la -*m*- intermedia[10]. Tampoco bastan MASSA BORDA o MASSA HORRIDA propuestos por Cornu (*Portug. Sprache*, § 78).

DERIV. *Maxmordón*, para cuya explicación semántica V. arriba, aparece por primera vez en Torres Naharro (1517, V. el índice de la ed. Gillet) y, a med. S. XVI, en Sebastián de Horozco: «en esta cibdad avía / un vigardo *maxmordón*, / que una demanda traía, / ÿ a una dama servía, / a quien tenía afición» (*Canc.*, p. 235); Baltasar del Alcázar, en el último tercio del siglo, pone el vocablo sin explicaciones en una lista de palabras anticuadas (ed. Rz. Marín, glos.); Correas, 1626 (*Arte grande de la l. cast.*, p. 33) señala una variante *masmordón* (junto a *maxm-*), que nos acerca todavía más al port. *massamorda*, cast. *mazamorra*; el Padre Guadix dice que es nombre 5 arábigo y vale 'hombre de poca estima, tardo, pasmado y sin discurso', y Covarr. lo confirma agregando que además envuelve la idea de «quien de callada sabe hazer su negocio, aunque sea dando pesadumbre y sufriendo injurias». El pasaje de 10 Torres Naharro (ed. Cañete I, 137) acaba de aclarar el sentido de 'lerdo' o 'rústico': «aunque parezco gañán, / un poquillo *maxmordón*, / yo sé...». Tal vez de ahí proceda el gall.-port. *mazmorra* «porreta o cabeza, y cachiporra de cualquier 15 cosa» (Sarm. *CaG.* 231*r*), a base de la idea de 'un porrudo, un cabezota' (pues no es de creer que tampoco éste venga de los ár. *masmûr* o *maṯmûr* citados en la nota 5; no sé qué es un *mazmorrillo* que Sarm. derivaría de aquí citándolo de «Nebri- 20 ja» pero no está en el diccionario de Nebr. y figurará sólo en alguna ed. tardía y anónima del mismo. Baltasar de Echaue, *Discuros de la antigüedad de la lengua cántabra bascongada* (a. 1607), dice que *masmordón*, vocablo antiguo, viene del vasco, don- 25 de significa «racimo floxo y desgajado» (Viñaza, col. 54)[11]. En realidad lo único que el vasco *masmordo* significa es 'racimo de uvas' a secas (Azkue): es compuesto de *mats* 'uva' y *mordo* 'racimo': luego esto nos deja muy lejos del sentido de *maxmordón*. 30 Verdad que un curioso *moxmordo* aparece una vez en Juan Ruiz, al describir a la Serrana monstruosa: «su boca de alano e los rrostros muy gordos, / dyentes anchos e luengos, asnudos e *moxmordos*» (1014*b*); y ahí ve Cej. una compro- 35 bación palpable de su vascomanía, traduciendo 'arracimados, amontonados'. Acaso tenga razón por una vez, pues ello entraría en el canon tradicional de fealdad que aquí está siguiendo Juan Ruiz. Entonces deberíamos separar completamente 40 *moxmordo* y el *maxmordón* clásico y de *mazamorra*. Sin embargo ello está lejos de ser seguro: bien podemos crer también que ahí *dientes moxmordos* sea locución abreviada por 'dientes de papanatas, de idiota, de rústico' (comp. ahí mismo 45 *dientes asnudos* 'dientes de asno').

Sería audaz —que no es decir temerario y ni siquiera decir inverosímil, aunque se acerque— suponer un *MO-SMORDO- ~ *ME-SMORDO-, del indoeuropeo hispánico (sorotáptico?), con el sen- 50 tido de 'hediondo' y 'sujeto o manjar grosero, repugnante o despreciable'[12], formado con un procedimiento reduplicativo muy normal en todo el indoeuropeo, sobre una raíz típica sobre todo del balto-eslavo, aunque no ajena al latín ni a ciertas 55 hablas helénicas, y muy posiblemente derivada del indoeuropeo común *(s)merd-* 'desgastar, perjudicar, morder', que va desde el scr. *márdati* 'desgasta, oprime, amasa' al lat. *mordere* 'morder', griego σμερδαλέος 'terrible' y germ. occid. común 60

smart 'doler', *smertan* 'cortante, mordiente' (Pokorny, *IEW*, 735-6); recuérdese el leto-lituano *smirdéti* 'heder, oler mal', lit. ant. *smarstas* 'hedor', prus. ant. *smorde* 'yezgo, arbusto maloliente', esl. común *smrŭdeti* 'heder' (todavía algo empleado en ruso *smerdétĭ*), junto a los cuales cita Hesiquio un σμόρδωνες 'hediondo' y σμορδοῦν 'futuere, coire', evidentes hermanos del lat. *merda* (Pokorny, *IEW*); la formación reduplicativa sólo está documentada en la raíz paralela o etimológica (lat. *momordi*, scr. *mamṛdé*) pero nos bastará recordar la gran proliferación figurada de la familia del germ. *stink(en)* para reconocer la naturalidad semántica de los varios matices de *moxmordo*, *maxmordón*, *massamorda ~ mazamorra* ('manjar medio podrido, rancho repugnante', que nos describen a lo vivo Las Casas, C. de Villalón, Mateo Alemán y el poeta catalán de Zaragoza), muy paralelos a los ingl. *stinker*, *stinkard*, *a stinking shame*, *to raise a stink*, etc., alem. *stinkfaul*, *stinklaune*, *stinkwut*, *stänker*, *stänkerei*, *stinkadores*, etc.

En cuanto al tipo *mazmorra* habría que admitir que sólo el rom. extremo (portugués) conservó la variante consonántica básica *massamorda*, asimilándose en los demás el grupo RD en *rr*, en parte por ultracorrección[13] de la tendencia -RR- > -*rd*- (tan estudiada en voces prerromanas de la familia de *izquierdo*, *morueco*, *zurdo*, *cerdo*) y parte por una etimología popular que tendería a la vez a analizar como 'masa de morros' (= labios sucios). Aprovecho la ocasión para señalar que el val. *somordo*, -*da* 'sordo, bajo, sórdido' parece debido a un cruce del cat. *somort*, -*ta* '(ruido o dolor) sordo (literalmente 'algo moribundo') con el mozár. *moxmordo*.

Maçato «mazamorra, puches, en lengua de Venezuela», según Fz. de Oviedo, hoy *masato* 'bebida fermentada' en Venezuela, Colombia, Ecuador, Perú y Bolivia (Malaret, *Semánt. Amer.*, 102): parece ser (como ya asegura Oviedo) palabra indígena caribe, más bien que derivado de *mazamorra* o cruce de éste con otra palabra, vid. Friederici, *Am. Wb.*, 405-6.

[1] El detalle de la documentación citada puede verse en Tiscornia, *M. Fierro coment.*, 442; Cuervo, *Ap.⁷*, p. xviii; Hz. Ureña, *BDHA* V, 42-43; B. E. Vidal de Battini, en *Filología*, B. Aires I (1949), 132-3.— [2] Quizá esté ya en Lopes de Castanheda, med. S. XVI, pues la voz italiana correspondiente, que Zaccaria cree hispanismo, figura en la traducción de Lopes por Ramusio. Comp. el trasm. *salamorda*, -*murdo* 'mixordia, salgalhada; individuo que fala pouco mas que morde pela calada' (Fig.), donde habrá cruce con otro vocablo.— [3] Gustav Meyer, *Roman. Lehnworte im Neugr.*, 49.— [4] Massó i Torrents, *RH* IX, 247. Como se trata de pareados heptasílabos, debe leerse, en ortografía normal, *massamorró*. Pero en el Canc. de Zaragoza el metro exige precisamente *maçamórro*, única acentuación

que encuentra paralelos en los demás romances. Creo que ésta en realidad fué la única acentuación existente, alterada arbitrariamente en el otro texto para las necesidades de la rima, de lo cual no escasean ejs. en la época. No hay por qué poner en entredicho la catalanidad de esta palabra, pues es sabido que el catalán conserva sin excepción la *-o* cuando se halla tras *rr* (*verro, ferro, porro, carro, morro, farro, modorro,* es decir, aun en palabras que no existen en castellano).— [5] Richardson traduce el vocablo de Juan Ruiz por '(dientes) grandes y descubiertos' y sugiere la existencia de un ár. vg. **mašmûr* 'arremangado' (de *šámar* 'arremangar', documentado en este sentido por el *Qamûs* y el *ⵖauharí,* raíz no ajena, aunque sólo en sus formas derivadas, al árabe vulgar: Freytag II, 449*a;* Dozy, *Suppl.* I, 185*b*). Pero además · de que esto se basa en una traducción insegura del vocablo de Juan Ruiz, esta base arábiga no explica el sentido de *maxmordón* ni el de *mazamorra,* y por lo tanto debe desecharse. Tampoco sería aceptable *masmûr,* participio de *sámar* 'clavar' (aunque *masmûr* sea 'nervudo, robusto' según el *Qamûs,* pero es palabra extraña al árabe vulgar y clásico, que falta en Dozy, Beaussier, R. Martí, PAlc.,. Dieterici). Ni me satisface el bien conocido y vulgar *maṭmûr* 'enterrado, encerrado' (comp. *MAZMORRA*), de donde se podría pasar a 'diente cubierto por los contiguos', y en rigor podríamos llegar a *maxmordón* pasando por 'cerrado de cascos', pero todo esto es forzado, y sobre todo no explica *mazamorra.*— [6] No conozco otras fuentes especiales que las siguientes, muy breves, y limitadas casi exclusivamete a nombres de embarcaciones: F. Wüstenfeld, *Die Namen der Schiffe im Arabischen,* en *Göttinger Nachrichten* 1880, 133-143; J. Gildemeister, *Über arabisches Schiffswesen,,* ibid. 1882, 431-448; Kindermann 'Schiff' im Arabischen, Dissertation Zwickau, 1934; Glidden, *A comparative Study of the Arabic nautical Vocabulary from Al-ᶜAqabah, Transjordan,* en *Amer. Oriental Soc. Journal* LXII, 1942, 68-72. Nada relacionado con *mazamorra* o *baqsamâṭ* se halla en las dos primeras.— [7] Otros nombres arábigos de la galleta de barco son de origen romance: *gallîṭ, qošṭ* y *biškóčo* en Marruecos, *biskóto* en Argelia (Lerchundi).— [8] De ahí el it. ant. y dial. *pasimata* 'pan cocido con canela y azafrán', turco *peksimet,* rum. *pesmet* (*REW* 6319). Gustav Meyer en las adiciones a su diccionario albanés supone por el contrario que deba partirse del turco, como compuesto de *peḱ* 'duro' y *simat* 'mojar', pero es imposible por razones cronológicas, no sólo a causa del ej. de Galeno, sino además por los testimonios árabes desde el S. XII.— [9] El verbo *šámar* no tiene este sentido en árabe correcto, sino otros ('arremangar', etc.), pero el vocablo debió confundirse con *šámmaḥ* 'mojar, empapar' (ya en Abenalauam y hoy en

el Norte de África), pues de ahí ha de venir el sic. *asammarari* 'empapar en remojo', como observa Dozy, *Suppl.* I, 785*a*.— [10] Poco antes de fallecer, el estimadísimo filólogo argentino me pidió datos sobre el vocablo, con miras a una nota, que según creo no llegó a publicarse. En su carta insistía aún en el gr. *maza,* aludiendo a *MAZACOTE* y *MAZAPÁN* (mas para éstos, que tampoco tienen que ver con dicha palabra griega, V. los artículos correspondientes), y manifestaba que los Kahane proponían partir de *morro* y *mazar* (¿'batir manteca'?, ¿it. *ammazzare* 'aplastar, matar'?). Claro está que esto tampoco satisface. En cuanto a que el grecolatino *massa* proporciona una base buena en el aspecto semántico para la primera mitad del vocablo, no hay por qué negarlo: en griego la empleaba Homero como 'pan de cebada', Hesíodo para «sorte de gâteau ou de galette»; alguna fuente del bajo latín la identifica con el bizcocho náutico («lo bescuyt: panis nauticus, biscoctum, *maza*», O. Pou, 1575, p. 72).— [11] Ésta parece ser la única base con que cuentan Rz. Marín, *l. c.,* y Cej. (en sus notas a Juan Ruiz) para asegurar que *maxmordón* era «hombre que se hace el bobo para vivir sin trabajar». Pero claro está que una definición basada en una etimología problemática debe desecharse.— [12] De ahí también *momórdiga* 'balsamilla, cucurbitácea' [1592], planta que si a algunos, probablemente por su olor, se les antojó balsámica, a otros de olfato más exigente les pudo parecer hedionda; cf. aquí s. v. *MORDER.* La formación MO-(S)MORDIKĀ tiene aire indoeuropeo y la variante *momórdija* será arabización, luego no sorprende la falta de -s- en un nombre que se emplearía particularmente en Andalucía.— [13] Junto al port. *massamorda* y a su posible étimo MO-SMORDO- podríamos quizá documentar asimismo en sorotáptico la variante MORD- o MORDON- (cf. *maxmordon*), pues *Moelios Mordoniegos* se ha encontrado como nombre de un dios en la inscripción de Cornoces (Orense) (J. Lorenzo y F. Bouza-Brey en *Cuad. de Est. Gallegos* XX, 1965, 161, cf. J. M. Blázquez, *Hom. a Tovar* 1972, 87.27). Quizá un dios protector de aguas sulfhídricas o de emanaciones sulfúricas, como la divinidad osca *Mefiteí* o *Mephitis* de que nos hablan Varrón, Plinio y Tácito (cf. *mofeta,* aquí en *MEFÍTICO*). Es sabido que el azufre no tiene nombre antiguo en las lenguas indoeuropeas: el lat. *sulp(h)ur* y el osco *mefiti* parecen ser préstamos mediterráneos; se ignora en realidad el origen del gót. *swibls* (ags. *swefel,* a. al. ant. *swêval,* ajeno al escandinavo), del eslavo *sěra,* y aun del griego θεῖον, y lo común ha sido darle nombres secundarios, como quizá lo sea θεῖον (¿propiamente 'humeante'?), fundados sea en el color (rus. *sera,* checo *síra,* lit. *sieras,* junto al esl. *šerŭ* 'gris', etc.) sea en el olor; éste, creo, es el caso del scr. *gaṃdhakraḥ, gāṃdhekraḥ* 'olor, perfume'

(ave. *gantay-* 'hedor', Pokorny, *IEW*, 466). No
faltaría, pues, fundamento para suponer que *mor-
don-*, junto al σμόρδωνες de Hesiquio y al lit.
smardìnti 'volver fétido' se hubiese empleado
para nombrar un dios protector de aguas o ema- 5
naciones sulfurosas y aun para nombrar el propio
azufre. Por lo demás Cornoces está a menos de
una legua de Orense y sus burgos.

Mazaneta, V. *manzana*   10

MAZAPÁN, voz común a todos los romances
de Occidente (it. *marzapane*, etc.), que además
del significado actual designó una cajita de madera, empleada como estuche y también para ex- 15
portar mazapán; es verosímil que sea éste el significado originario, pero la etimología es incierta.
1.ª doc.: 1373, invent. arag., como nombre de una
cajita; 1525, R. de Nola, p. 103, como nombre
de un dulce.   20
En la primera ac. es frecuente en los inventa-
rios aragoneses: «los potes, *maçapanes*, specería
y otras cosas en la tienda de la dita specíería
stantes», 1373; «un *maçapanet* chico con huna piedra de xristal e trocetes de aniello de cornelina», 25
1380; «hun par de guantes de fierro; tres *maçapanes* bueytos», 1403 (*BRAE* IV, 346, 349, 522);
aparece también la forma *marçapan*: «un braçalot
et un mandret de fier de armar; un *marçapan*
con fieros biellos», 1393 (ibid., 521). Como nom- 30
bre de la conocida pasta de almendras y azúcar
el vocablo figura ya en Fz. de Oviedo, h. 1535,
en Garcilaso el Inca y en el *Quijote* (vid. Terlingen, 340-1); en esta ac. está documentado por
Percivale, Oudin y Covarr., y además en C. de 35
las Casas (1570), que lo da asimismo como nombre de una medida («cubaita, copetta»). Del cat.
massapà, antiguamente escrito con ç, tenemos
abundante documentación desde el a. 1400, tanto
en la ac. 'cajita' (que es la más frecuente en el 40
S. XV) como en la de 'dulce de almendras y azúcar'; Ag. asegura que ésta se halla ya en el
S. XIV, y da muchos ejs. de la variante *marçapa-
pà*[1]. En lengua de Oc, *massapan* «boîte de carton
ou de bois léger» es ya frecuente en la Edad Me- 45
dia; el b. lat. *maczapanum* aparece en una fuente
occitana de 1347, como nombre de un estuche de
piedras preciosas, y *massapanum* en 1399 para
una caja de reliquias. El fr. *massepain* (también
marcepain) está registrado desde 1449. El it. *mar-* 50
zapane es frecuente en el sentido moderno desde
autores de princ. S. XVI, y en Nápoles y Sicilia
conserva hasta hoy la ac. de 'cajita'; el mercader
Pegolotti, que escribía en Chipre en 1340, emplea
el vocablo, así para denominar el dulce como en 55
el sentido de 'medida de grano', que puede considerarse mera variante del de 'cajita', y además nos informa de que el dulce de mazapán
fabricado en Chipre se exportaba en cajitas de
madera (*scatole di legno*). Luego es probable que 60

de éstas pasara el nombre a designar el producto
en ellas contenido; aunque también sería concebible el traslado opuesto del nombre del contenido al del envase, y extensión ulterior al estuche
de reliquias, joyas y armas, esto es ya menos
fácil y aun poco verosímil. Hasta aquí es posible seguir sin vacilación el razonamiento de A.
Kluyver en sus fundamentales trabajos sobre la
historia de este vocablo[2]. Lo que sigue, aunque
ingenioso y eruditamente apoyado, es ya muy discutible.
Se refiere Kluyver a un documento de 1202
relativo a la ciudad siria de Bathrûn, entonces
dominada por un señor pisano, en el cual éste
permite a sus paisanos el comercio libre con el
interior, sin otra condición que la entrega de un
marzapanus por cada barco. Es difícil juzgar el
valor de este testimonio aislado, que Kluyver sólo
conoce por el resumen del mismo en un tratado
moderno, y es difícil asegurar si está en lo cierto
al creer que esto es el nombre de una moneda
(y no el de una caja de mercancías); y más debemos guardarnos de asegurar que atine al adivinar,
por la analogía de otros casos, que este *marzapanus* era igual a la décima parte de la unidad
monetaria básica, y que por lo tanto deba entenderse la disposición del pisano como equivalente
a la exigencia de un 10 por 100 del valor de la
mercadería. Desde luego es insuficiente este pasaje para dar por sentada la existencia de una
moneda llamada *marzapanus*, que sería idéntica a
la moneda *matapan* empleada por los venecianos
en sus relaciones con Oriente en el S. XII, la
cual, en efecto, parece equivaler a 1/10 de lira. En
cuanto a *matapan*, sería palabra de origen arábigo, procedente de *mauṭabân* 'rey que permanece inmóvil, sin emprender expediciones militares'; este nombre procedería del ár. merid. (ye-
mení), no del árabe normal (donde tendría otro
sentido), y allí se explica como derivado del verbo *wátaba* 'estar sentado'; tal denominación se
aplicaría a la moneda, porque en ella se repre-
sentaba a Jesucristo sentado en su trono. Este
origen de *matapan* no es inconcebible, aunque
nos obliga a aceptar una serie de hipótesis, pero
desde luego no puede considerarse demostrado[3];
la desaparición de la *u* causaría también dificultades. Lo que en todo caso no se puede dar como probado, mientras no se confirme que *marzapane* fué nombre de una moneda, es que de
allí venga el *mazapán* romance[4]; al contrario, hay
que calificar esta hipótesis de audaz en demasía.
Sea como quiera, queda un punto importante que
se deberá averiguar, y que nadie tiene en cuenta.
Simonet indicó que en el cordobés Abencuzmán (med. S. XII) aparece *maḥšabân* como nombre del dulce, en un verso que significa «¡cuán
grato es el delicado mazapán!»[5]. Ahora bien, esta
forma *maḥšabân* podría ser muy importante para
la etimología, pues al parecer deriva de *ḥásab*

'madera' y del verbo *ḥáš(š)ab* 'enmaderar', 'cubrir de madera', 'desbastar', voces comunes al árabe de todas las épocas y regiones, y vivas en el de España (PAlc.); aunque no sé que pueda documentarse en parte alguna un sustantivo derivado *maḥšabân* 'cajita de madera', su formación se justificaría según los hábitos formativos de las lenguas semíticas y nos daría una etimología perfectamente aceptable: aun la *r* de *marzapane* se explicaría entonces como continuación del *ḥ* (>*f*), y el paso de *š* a *z* y el de *b* a *p* se deberían a la etimología popular naturalísima 'masa de pan' (como etimología verdadera no es admisible, entre otras razones, porque el mazapán no contiene pan, sino almendras y azúcar). Por más que la existencia misma de *maḥšabân* en el texto del poeta cordobés sea de lo más incierto. La lectura que ahora acepta D. Emilio García Gómez en este pasaje (III 362) nada tiene en común con la de Simonet[6].

[1] Hoy se emplea todavía en Castellón de la Plana: Guinot, *Escenes Castellon.*, 74.— [2] *Z. f. dt. Wortforschung* VI, 59-68. Es síntesis, hecha por el autor, de sus trabajos en neerlandés publicados en *Verslagen en Mededeelingen der koninklijke Academie van Wetenschappen, Afd. Letterkunde*, 4.ª serie, tomos II y VI, Amsterdam, 1897 y 1904.— [3] Lo único averiguado parece ser que esta moneda es de origen bizantino, pero no hay fundamentos firmes que obliguen a buscar un origen arábigo. Antes debieran agotarse mejor las posibilidades griegas. Se me ocurre que podría venir de μετὰ Παντοχράτορος 'con el Omnipotente', puesto que en él estaba representado el Señor, o de una forma abreviada μετὰ Παντός. Claro que no es más que una conjetura, pero no más arriesgada que la de Kluyver, desde luego.— [4] Gamillscheg. *EWFS*, s. v., basándose al parecer en Littmann, dice que el nombre de moneda viene del árabe-persa *marzubân* 'sátrapa'. En cuanto al ár. *marṭabân* 'vasija vidriada', que sería el punto de partida de *mazapán* 'cajita', ni es palabra conocida ni se deduce del sentido de la raíz *r-ṭ-b*. La etimología de Kluyver la han aceptado sin crítica M-L. (*REW* 5440), Kluge (que además cita un trabajo posterior de Fincke, fuera de mi alcance), Wartburg (en el nuevo Bloch) y otros.— [5] El sentido del verso basta éste, en efecto, o si se quiere, más literalmente, «¡bravo por el *maḥšabân* fino!». Nunca he podido cotejarlo con el conjunto de la poesía.— [6] Por desgracia me veo obligado a aplazar un nuevo estudio en conjunto de todo el problema.

MAZARÍ, 'ladrillo cuadrado, baldosa', del ár. vg. *laǧûr mazarí* íd., propiamente 'ladrillo egipcio', de *mazarî* variante vulgar de *miṣrî* 'egipcio'. *1.ª doc.*: «mazari, ladrillo: lydorum», Nebr.

Ladrillo mazarí figura también en Mármol (1600); nada nuevo agregan López Tamarid, Covarr. ni *Aut*. Piedras semejantes, de gran tamaño, se llaman en árabe *'aḥǧâr qubṭîya*, es decir, 'piedras egipcias'; ahora bien, 'egipcio' se dice más corrientemente *miṣrî*, en vulgar *maṣrî*, del cual ha de ser variante *mazarí*. PAlc. traduce *mazarí* por el árabe *laǧûra mazarîya*. Indicó este origen Dozy, *Gloss.*, 310-1.

Mazaroca, V. *mazorca*   *Mazarota*, V. *masa*
Mazarrón, V. *zaharrón*   *Mazato*, V. *mazamorra*
Mazazo, V. *maza*

MAZMODINA, 'moneda de oro acuñada por los almohades', del ár. *maṣmûdî*, 'perteneciente a Maṣmûda, nombre de la tribu berberisca a que pertenecían los Almohades'. *1.ª doc.*: 1541, Marco Aurelio Alemán.

La documentación antigua se refiere sobre todo a la Corona de Aragón, casi únicamente a tierras de lengua catalana, donde se documenta abundantemente desde el S. XIII; se menciona ya, como árabe, en 1160; vid. Mateu i Llopis, *Glos. de Numismática*; Dozy, *Gloss.*, 311-2 (comp. Neuvonen, 134).

MAZMORRA, del ár. *maṭmûra* íd., propiamente participio pasivo de *ṭámar* 'enterrar, tapar con tierra'. *1.ª doc.*: «mazmorra, prisión: ergastulum», Nebr.

Figura también en Covarr., y *Aut.* cita un ej. clásico. Desde entonces, por lo menos, es voz de uso general. En hispanoárabe *maṭmûra* significa entre otras cosas «mazmorra; calabozo; cárcel en el campo; aljibe; sima; caverna de tierra; bóveda; cueva» (PAlc.); era y es voz muy extendida en el árabe vulgar de todas partes (Dozy, *Suppl.* II, 60b; *Gloss.*, 312). De ahí también el port. *masmorra*, junto al cual se halla *matamorra* en Damián de Goes († 1574), vid. David Lopes, *RL* XXV, 272; judeoespañol marroquí *matmóra* 'silo' (*BRAE* XV, 220). El cat. mod. *masmorra* puede ser castellanismo, pues la vieja voz castiza era un arabismo diferente, *távega*. Para pormenores de la historia semántica, V. el artículo de Colin sobre *OGIVA* (*Rom.* LXIII, 377-81), que resumo en el artículo correspondiente.

MAZNAR, 'estrujar, ablandar, manosear', probablemente del mismo origen que el it. *macinare* 'moler', 'machacar', 'desmenuzar', rum. *măcinà* íd., a saber del lat. MACHĬNARI 'maquinar', 'moler', derivado de MACHĬNA 'máquina', 'muela'. *1.ª doc.*: S. XIII, *Libro de los Cavallos* (105.35, *masnar*, 103.24); J. Ruiz, 711b.

«La çera que es mucho dura, e mucho brozna e elada, / desque ya entre las manos una vez está *maznada*, / despés con el poco fuego çient vezes será doblada», escribió el Arcipreste. Análogamente en APal. «*mollio*... que se toma por amollentar, *maznar* y ablandar y alisar y tornar algo blando» (286*b*) «*globare* es amontonar mucho en uno y *maznar*» (182*b*), «*glarea*... se toma por *maznada y estreñida* y espessa materia» (181*d*); alguna vez tiene todavía el sentido más fuerte y más cercano al etimológico de 'machacar el hierro cuando está caliente' (Acad. 2): «*faber tectoris*... el que *mazna* el fierro» (150*d*). Covarr.: «*thlibo, tribulo, frango, premo, stringo*, etc., y en nuestro vulgar es propiamente *maznar* o estrujar: tratar con los dedos una cosa, como quien ablanda cera» (s. v. *capar*); lo cual reproduce *Aut.* Hoy sigue viviendo en algunos dialectos: en Cespedosa *manzar* 'estrujar con los pies, pisar' («toda la mañana en la calle *manzando* nieve y barro»); de ahí *manzaero* 'la parte del pie y del calcetín donde roza el zapato por la parte posterior' (Sánchez Sevilla, *RFE* XV, 261, y 168*n*.). No es un verbo *MANUCIARE 'tocar', 'tentar', derivado de MANUCIUM 'guante', 'puñado', según propuso Sz. Sevilla y admitió con dudas M-L. (*REW* 5333*a*), verbo del cual no existen otros testimonios; sino, como indicó Spitzer (*ZRPh.* LIII, 300), el lat. MACHĬNARI, que aunque en la Antigüedad significa más comúnmente 'maquinar' tiene ya también el sentido específico de 'moler' (testimonios en Densuşianu, *Hist. de la L. Roum.*, 192-3); de ahí el it. *macinare* 'moler', 'machacar' (y *màcina* 'muela'), retorrom. *masch(e)nè*, sardo *maghinare*, rum. *măcină* 'moler'. Otro representante popular de MACHĬNA en España, en el sentido de 'andamio para construir un edificio' (S. Isidoro, *Etym.* XIX, viii) es el derivado en -ALE, mozár. *maɣinar* (en escritura almeriense, S. XIV-XVI), de donde el mozarabismo cast. *mechinal* «el vacío o hueco que dexan en las paredes los que fabrican algún edificio, para poder·después poner en ellos los quartones o tirantes para hacer los andamios» [en el burgalés Ángel Manrique, † 1649; *Aut.*][1], vid. Simonet, 356. En *maznar* el consonantismo originario es, naturalmente, el de la forma antigua y clásica, y no el de la forma dialectal moderna *manzar*, que presenta la misma trasposición que el antiguo *vinzedades* < *viznedades* VICINITATES (M. P., *D. L.*, 204); el fenómeno se produjo en sentido contrario en *gozne, brizna, chisme*, port. *lesma*, y debe resultar de una ultracorrección local de esta tendencia más extendida.

[1] Aunque de origen mozárabe hoy es popular en Asturias (Rato), Galicia (*BRAE* XIV, 124), y *michinal* en el Ecuador (Cuervo, *Obr. Inéd.*, 168). Guip. *maisatu* 'estrujar' ¿< **masi(n)atu*? Si *maiseatu, maišiatu* 'murmurar, criticar' fuese lo mismo, en la forma se acercaría más a la etimología.

Mazo, V. *maza*   *Mazobre*, V. *manzobre*   *Mazonado, mazonadura, mazonear, mazonera, mazonería, mazonero*, V. *franco* (*francmasón*)

MAZORCA, 'porción de lino, lana o estambre que se va sacando del copo y revolviendo en el huso para asparla después', 'espiga de maíz y otros frutos semejantes', voz afín al port. *maçaroca* íd., y al vasco *mazurka* 'canuto de lanzadera', de origen incierto; es dudoso, a causa de la rara terminación, que sea derivado de *mazo* o *maza*, y por el contrario debe haber alguna relación con el ár. *māṣûra* 'canuto de lanzadera' (de origen persa), pero también entonces tropezamos con dificultades para explicar la terminación; quizá hubo un cruce de *māṣûra* con *horca* (que significó 'rueca'), en el sentido de 'rocada', y el port. *maçaroca* se debería a cruce con el port. *roca* 'rueca, rocada'. 1.ª *doc.*: «*maçorca* de hilo: pensum», Nebrija.

C. de las Casas: «*maçorca*: canopa[1], pannocchia» (1570); Percivale «flaxe on the distaffe, as much as is set at one time»; Oudin «*m. de hilo*: une fusée de filet»; Covarr.: «el hilo que la muger va sacando del copo, y revolviendo en su uso; dixose por la semejança que tiene con lo gruesso de la maça; algunas plantas se rematan en cierta forma que parecen *maçorcas*, y assí les dan este nombre: tienen en ellas su simiente». *Aut.* cita ej. de *mazorca de bubas* 'puñado de tumores' en Pantaleón de Ribera, princ. S. XVII, y de *mazorcas de panizos y alcandías* en Mármol (1600). Voz clásica y de uso general. El port. *maçaroca* tiene las dos mismas acs. principales que *mazorca*[2]; en su sentido primero, Bluteau cita ejs. clásicos, y además se lee ya en poeta del S. XV: «porque mais dona pareça / ... / de meadas tome conta / e saiba quanto se monta / a noite em *maçarocas*» (*Canç.* de Resende I, 251)[3]; gall. *mazaroca* 'mazorca o fusada' (Sarm. *CaG.* 96*v*). Esta forma del vocablo se extiende por los dialectos leoneses: *maçaroca* en el Centro y Oeste de Cáceres, en las Hurdes, Sierra de Gata y Oeste de Salamanca, *maçarueca* en Hinojosa de Duero (Oeste de Salamanca), *maçorca* en Malpartida de Plasencia, en todas partes con ç sorda, como escribe Nebr. (Espinosa, *Arc. Dial.*, 53); *mazaroca* en Salamanca (Lamano), Sanabria (también *mazarroca*) (Krüger, *Gegenstandsk.*, 254), y Galicia (Vall.; Milá, *Rom.* VI, 74)[4]; pero *mazorga* se emplea en el Este de Lugo ('madeja', *VRK* X, 149) y en parte de Asturias (Acevedo; Llano Roza, *Folkl. Ast.*, 270).

El problema del origen de *mazorca* y sus afines es de los más oscuros. Nada nos dicen los diccionarios etimológicos de Diez y de M-L. La idea de Covarr. de derivar de *MAZA* no es injustificada semánticamente, y a ella se han adherido esencialmente M-L. (*RFE* X, 396), G. de Diego (*RFE* XI, 341) y Spitzer (*RFE* XII, 245-8). Más que de *maza* podría decirse que viene de *mazo* en el sentido de 'haz, manojo'; o bien del propio *maza* por una mera comparación de forma, como dice Covarr.; al fin y al cabo todo queda en lo mismo, pues *mazo* viene de *maza*. Hay, en efecto, paralelos en Italia, y de forma notablemente parecida: milan. *mazzòccora* «pannocchia» (vid. Schuchardt, *ZRPh.* XXXIV, 275), Como *mazoch,*

Ferrara *smazzarina* íd., Agnone *mazzafurre* «spiga del mais», y con *n* secundaria Trento *manzarina*, Brescia *smansa*, Piacenza *mansa* «pannochia» (Jud, *Rom.* L, 620). No cabe dudar que todos ellos vienen de MATTEA, y aunque esto no resuelve rotundamente la cuestión, pues siempre se trata de la ac. 'mazorca de maíz', que en la Península Ibérica es seguramente secundaria, de todos modos cabe alegar que si se llamó así a la del maíz por su semejanza a la forma de una husada, y en Italia se comparó a aquélla con una maza, también era posible hacer la comparación de la husada con la maza[5]. La dificultad, en efecto, no es semántica, pero a todos embaraza el problema del sufijo *-orca*, y las combinaciones más o menos ingeniosas que sugirieron los eruditos arriba citados no pueden satisfacer. M-L. (seguido por G. de Diego) cree que *mazorca* es compuesto de *maza* con *horca*, que significaría 'rueca' en algún punto de España (V., en efecto, abajo), y que el port. *maçaroca* es compuesto de *maça* con *roca*, forma portuguesa de *rueca;* pero M-L. olvida que tal compuesto se pronunciaría indiscutiblemente **maçarroca*, y además en lo semántico esta combinación no satisface, pues estos compuestos, en romance, sólo podrían concebirse con gran dificultad y significarían 'una maza que es rueca'. Más razonablemente admite Spitzer que *maçaroca* es un mero derivado de *maça* con sufijo compuesto, como el del port. *bich-ar-oco* 'bicharraco'; pero entonces tropieza con *mazorca*, que de ninguna manera logra explicar[6].

En una palabra, el origen romance de *mazorca* choca con serias dificultades, que invitan a buscar si hay algo por otra parte. Ya López Tamarid en el S. XVI había afirmado que *mazorca* venía del árabe, pensando en el ár. granadino *maçorca* que PAlc. traduce «husada» y «maçorca de hilo»; le seguía tímidamente Engelmann, preguntándose si este ár. *maçórca* venía de la raíz *s-l-k*, de donde *sílka* 'hilo'[7]; pero claro está que esto se debe desechar, pues la estructura silábica de *maçorca* (¡y no **maçroca!*) denuncia claramente una palabra ajena al árabe, de procedencia romance, como reconoce sin vacilar Dozy, *Gloss.*, 312-3. En cambio éste propone partir del ár. *maṣura:* éste es palabra vulgar en el Líbano, Palestina, Egipto y otras partes del Norte de África, y significa aquí 'lanzadera', en Jerusalén «bobine de tisserand», en otros lugares tubos y canutos de usos varios[8]; se empleó en España, ya que PAlc. registra *mazúra*, aunque sólo en otra ac., 'crisneja de tres cuerdas'; para explicar la terminación admitía Dozy un compuesto *maṣûra rúkka*, cuyo segundo elemento es el germanismo *rúkka* 'rueca', extendido hoy por todo el Norte de África y de procedencia romance: tal compuesto habría de significar en árabe 'lanzadera o tubo de rueca', lo cual no satisface, y tampoco da cuenta de la terminación castellana *-orca*.

Pero hay un hecho que parece revelar haya algo de cierto en esta pista: el vasco *mazurka* significa precisamente 'canuto de lanzadera' en varios pueblos de Vizcaya y de Alta Navarra, *masorka* es 'lanzadera de tejedor' en Laburdi[9], y *maxurka*[10] 'canuto, pedazo de caña en que se recoge el hilo' en un pueblo de Guipúzcoa (Azkue); tan notable coincidencia semántica con el árabe, en regiones tan conservadoras como las del País Vasco, difícilmente puede ser efecto de un azar, de suerte que hay buen fundamento para sospechar que el sentido de 'lanzadera llena de hilo' fuese el etimológico en todas partes, pasándose de ahí a 'lana en carrete', que es lo que significa *mazurka* en otros pueblos navarros según Azkue (de ahí 'gorro de lana para niños' en el Roncal), y finalmente a 'husada de hilo o lana'. Podemos sospechar que el vocablo árabe *maṣura* (pronunciación vulgar *maṣóra*) al entrar en España, según ocurre a menudo con los extranjerismos, se cruzara con el antiguo vocablo indígena que significara lo mismo o algo muy parecido, a saber, *roca* en Portugal, y *horca* en Castilla, que además del sentido de 'rueca' tendrían el de 'rocada, rueca llena de hilo, copo de hilo o de lana'[11]: de ahí **maçoroca* (> *maçaroca*) en portugués y *maçorca* en castellano. Hasta este punto podemos aprovechar la idea de M-L. Y en efecto el empleo de FURCA con este significado está bien documentado en los Pirineos y en otras partes, y se explica por el antiguo tipo de rueca bifurcada, que allí estuvo y está en uso: de ahí Ansó *forca* 'rueca' (Bergmann, *Hocharagon und Navarra*, 81), *furkéta* íd. en el SO. de Asturias, vasco *burkil*, *mürkül*, *murkuila*, *urkil*, *burkula*, etc. (FURCILLA o FURCULA), gascón pirenaico *hourcèra* (o *hourcèt*) «quenouille à laine» (FURCILLA), valle de Münster *fourchetta*, Benevento *forkíḷe*, alb., búlg. *furka*, rum. *furcă* 'rueca' (vid. *BhZRPh.* LXXXV, 69; *VKR* I, 103; VIII, 252; Fahrholz, *Wohnen u. Wirtschaft im Ariège*, 124; Corominas, *Vocab. Aran.*, s. v.)[12].

DERIV. *Mazorquero. Mazorcar*[13] 'formar mazorca el maíz' cub. (*Ca.*, 211). *Cámbaro mazorgano* 'cangrejo marino ligeramente velloso, común en el Cantábrico (*DHist.*, s. v. *cámbaro*). *Mazorcador* 'mayal' (según Schuchardt, *ZRPh.* XXIV, 288).

[1] Vocablo cuyo significado desconozco. En la parte it.-cast. «canopa: maçorca». *Pannocchia* es 'mazorca de maíz'. En este último sentido el vocablo castellano que aparece pronto en el S. XVI: Fz. de Oviedo, P. las Casas (vid. Zaccaria, s. v. *mazzocchia*).— [2] Para la ac. jergal 'dinero', vid. paralelos en Spitzer, *Boletim de Filologia* III, 400-1.— [3] *Maçaroca* tendría *o* cerrada según Bluteau, pero abierta según Moraes. Fig. sólo indica que el masculino derivado *maçaroco* tiene *o* cerrada.— [4] Éste imprime *mazarroca*, pero lo enmienda en la p. 637.— [5] Comp. el cat. ribagorzano y pallarés *panzolla* o *mandolla* 'rocada' (*VKR* VIII, 255, 263) que parecen relacionados con PANŬCŬLA 'mazorca de maíz', aunque hay considerables dificultades (¿PANICELLUM × *PANUCULA?).— [6] Un